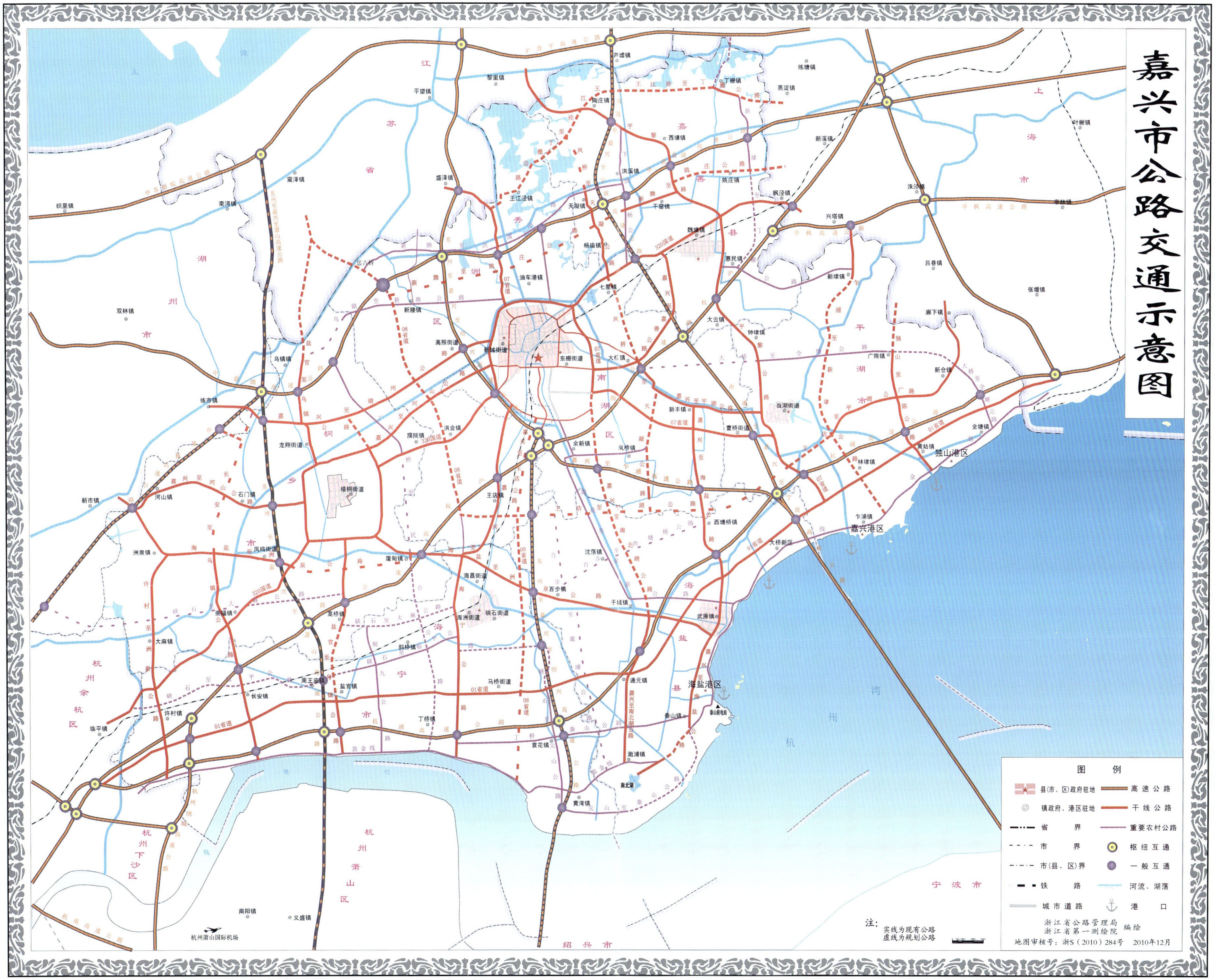
嘉兴市公路交通示意图
图例
县(市、区)政府驻地
高速公路
镇政府、港区驻地
干线公路
省界
重要农村公路
市界
枢纽互通
市(县、区)界
一般互通
铁路
河流、湖荡
城市道路
港口
浙江省公路管理局
浙江省第一测绘院
编绘
地图审核号：浙S（2010）284号 2010年12月
注：
实线为现有公路
虚线为规划公路
苏州市
上海市
杭州余杭区
杭州下沙区
杭州萧山区
宁波市
绍兴市
杭州湾
独山港区
嘉兴港区
海盐港区
杭州萧山国际机场
新城街道
东栅街道
新丰镇
大桥镇
七星镇
余新镇
凤桥镇
王店镇
洪合镇
新塍镇
高照街道
乌镇镇
濮院镇
梧桐街道
石门镇
河山镇
崇福镇
洲泉镇
屠甸镇
大麻镇
海昌街道
硖石街道
海洲街道
斜桥镇
周王庙镇
盐官镇
长安镇
许村镇
丁桥镇
袁花镇
黄湾镇
马桥街道
通元镇
秦山镇
澉浦镇
武原街道
于城镇
沈荡镇
百步镇
西塘桥镇
当湖街道
曹桥街道
广陈镇
新仓镇
乍浦镇
全塘镇
黄姑镇
林埭镇
新埭镇
廊下镇
吕巷镇
张堰镇
枫泾镇
兴塔镇
惠民街道
大云镇
钟埭镇
魏塘街道
西塘镇
姚庄镇
天凝镇
干窑镇
杨庙镇
油车港镇
王江泾镇
洪溪镇
陶庄镇
盛泽镇
黎里镇
芦墟镇
丁栅镇
平望镇
震泽镇
南浔镇
织里镇
双林镇
练市镇
新市镇
龙翔街道
临平镇
南阳镇
义盛镇
320国道
01省道
07省道
08省道

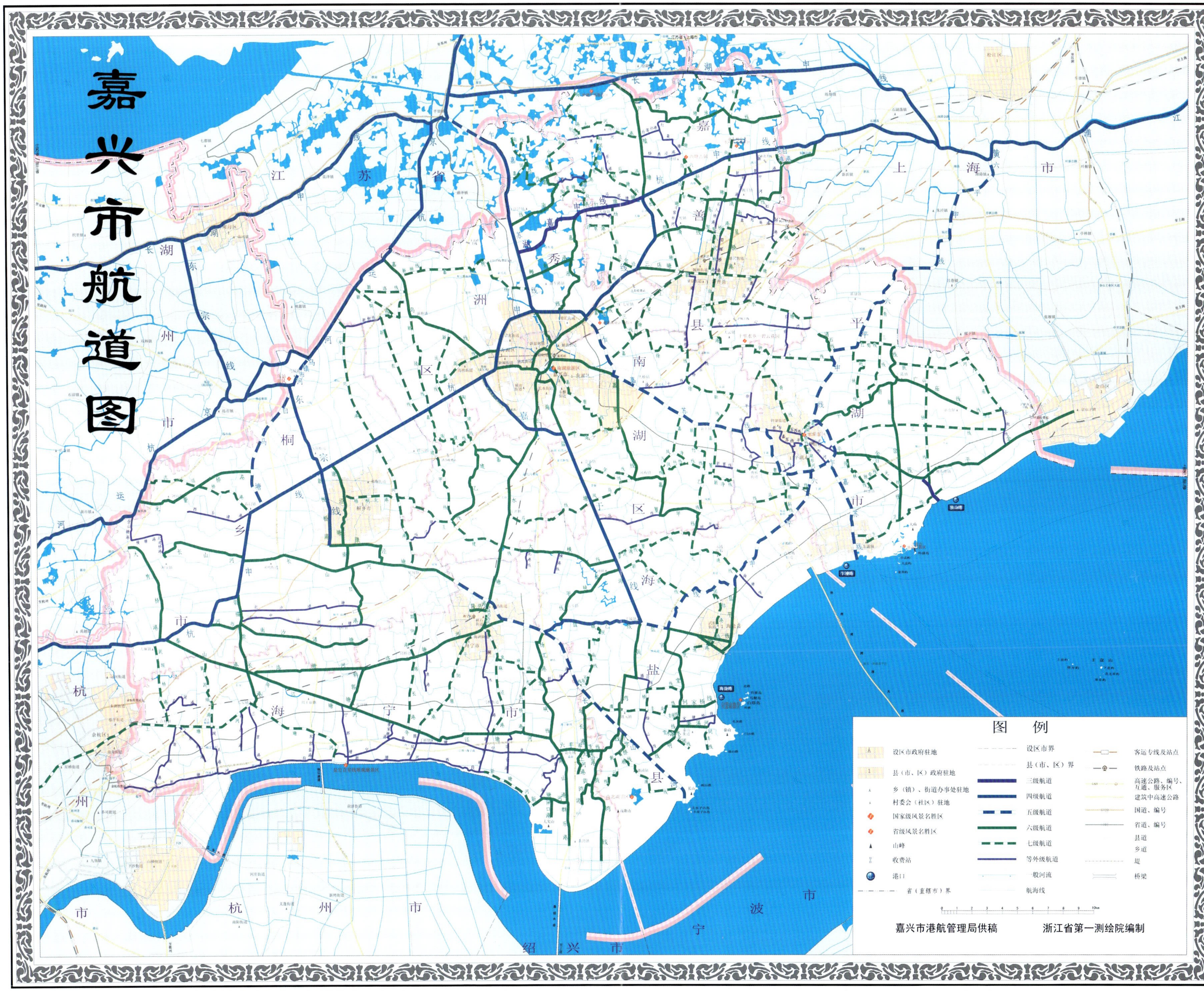

嘉兴市航道图
江苏省
上海市
杭州市
宁波市
绍兴市
图例
设区市政府驻地
县（市、区）政府驻地
乡（镇）、街道办事处驻地
村委会（社区）驻地
国家级风景名胜区
省级风景名胜区
山峰
收费站
港口
省（直辖市）界
设区市界
县（市、区）界
三级航道
四级航道
五级航道
六级航道
七级航道
等外级航道
一般河流
航海线
客运专线及站点
铁路及站点
高速公路、编号、互通、服务区
建筑中高速公路
国道、编号
省道、编号
县道
乡道
堤
桥梁
0 1 2 3 4 5 6 7 8 9 10km
嘉兴市港航管理局供稿
浙江省第一测绘院编制

嘉兴市客运站场物流基地布局图

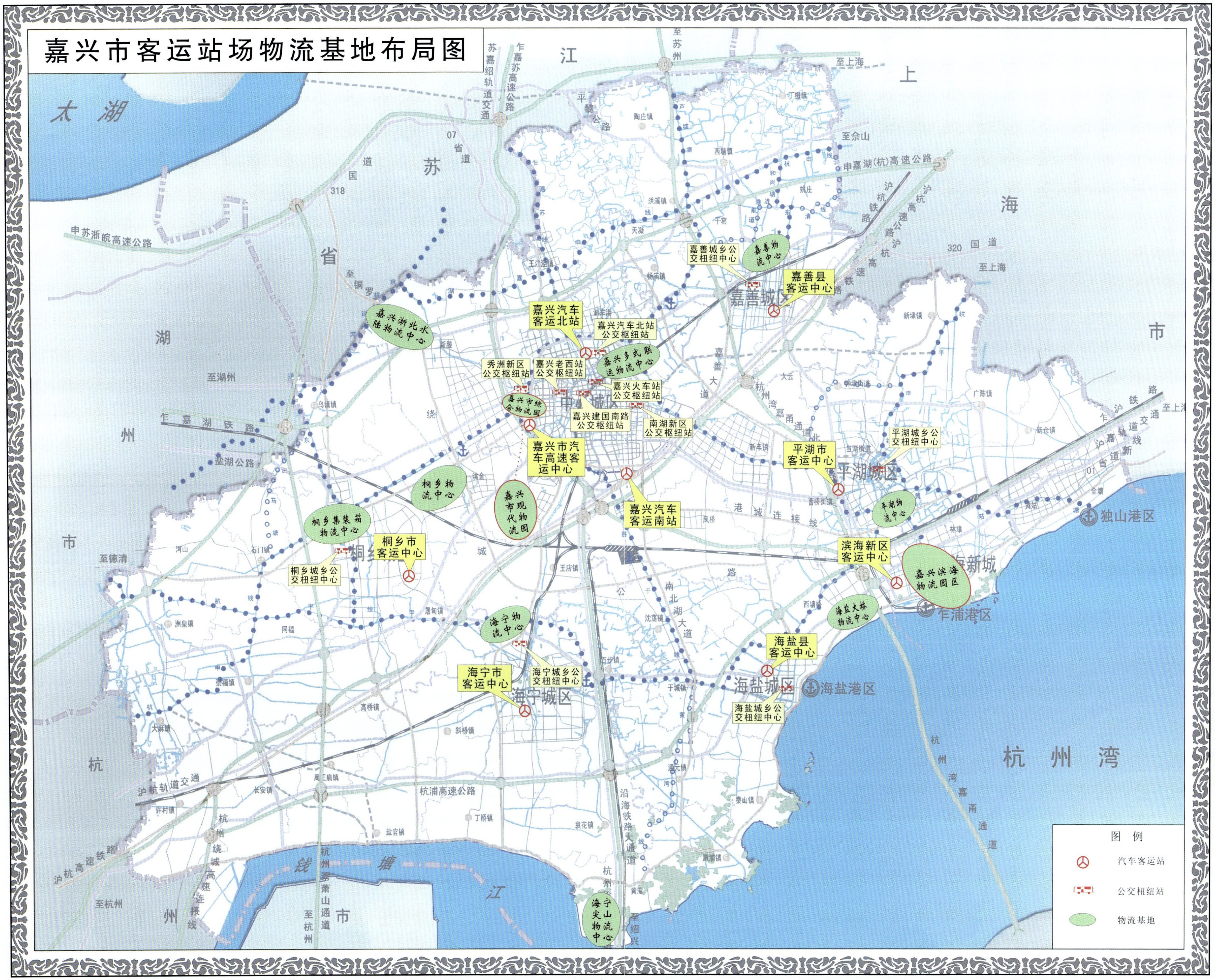

嘉兴·三塔

三塔位于嘉兴西门外京杭古运河畔。原茶禅寺前。塔初建于唐代，据《嘉禾志》记载：此处有白龙潭，水深流急，行舟过此多沉溺，人们推测“潭中有白龙兴风作浪，于是运土填潭，建三塔以镇之。”唐季僧行云，运土填潭，建塔三座以“镇潭中白龙”。三塔面河背城，旧时舟子遥见三塔，遂谨慎行驶，塔实起航标作用。每逢农历三月十六日，有踏白船等民俗活动。

三塔均为九层砖塔，中间一座稍高，约15米，塔内无梯可攀，每层壁嵌铁制浮雕佛像，饰白、黑、红三色。

◎ 道路 ——从小路到大路、从平面到立体

20世纪70年代末期320国道嘉善段

21世纪初期320国道嘉兴段

20世纪80年代中期320国道嘉兴洪合段经常发生堵车

21世纪初期320国道嘉兴至王江泾段

嘉兴的公路交通始于20世纪20年代，是采用官、商共同筑路、谁筑谁营以及官方筑路向商家出租运输专营权等方式，筹集资金兴办起来的。

党的十一届三中全会之后，变一家办交通为全社会办交通，发展加快。公路建设以提高为主，重点改造主要国省道，建设高速公路主骨架，同时加快县乡公路建设。

到2010年年底，嘉兴公路网分为三个层次，即高速公路网、干线公路网和农村公路网。全市公路总里程7669公里，公路密度以国土面积计为195.9公里/百平方公里。高速公路通车总里程350公里，高速公路密度8.9公里/百平方公里。全市乡（镇）、村公路通达率100%。

20世纪70年代末期07省道嘉兴段

21世纪初期07省道嘉兴段

◎ 道路 ——高速公路

杭州湾跨海大桥北接线、杭浦高速和乍嘉苏高速枢纽互通

跨海大桥北接线

乍嘉苏高速公路

乍嘉苏高速公路南湖区段

◎ 道路

公路通农家

320国道嘉兴段改建后的新面貌

2004年嘉兴乡村康庄公路率先实现“双百”目标

沪杭高速公路拓宽后的现状

◎航 道

嘉兴境内河流密布，航道密度达到50公里/百平方公里。通航里程名列浙江省第一。解放初期，嘉兴航道处于自然状态，只能通航100吨以下的船舶。20世纪90年代初，由于长期缺少投入、航道基础设施落后的窘状日益突出，京杭运河、杭申线等几大主干线连续被堵，受阻运输船达数十万艘。“九五”期间，嘉兴加大了内河航道建设。投入内河航道改造资金14.34亿元，建设和改造京杭运河、杭申线、六平申线、乍嘉苏线、嘉兴铁水中转港等“四线一港”工程，改造里程达247公里。

到2010年年底，全市境内共有定级航道224条，航道里程1949.9公里，其中四级航道214.69公里、五级航道167.29公里、六级航道374.73公里、七级航道268.48公里、等外线924.71公里。

原京杭大运河幸福桥航段

东宗线桐乡段

京杭运河桐乡段

◎航　道

解放前老石门湾

20世纪30年代京杭古运河(杭申线)陡门桥航段

原杭申线松老高桥航段

原杭申线东双桥航段

杭申线大堵航

◎航　道

解放初期杭申线三塔航段

改造后杭申线三塔航段

改造后杭申线北郊河航段

南郊河

杭申线塘汇航段

◎航　道

原六平申线斜桥航段

改造后的六平申线平湖段

解放初期乍嘉苏线嘉兴航段

改造前乍嘉苏航道

改造后乍嘉苏线平湖航段

◎铁　路

20世纪40年代嘉兴火车站

20世纪60年代嘉兴火车站

铁路桥梁

沪杭铁路为嘉兴境内唯一的铁路线。东北自枫泾（70k + 452mm）接轨入境，西南由许村（160k + 716.87mm）延伸出境。宣统元年六月二十八日（1909年8月13日）沪枫、杭枫段接轨，同年七月二十八日（8月12日）沪杭铁路正式通车。

沪杭复线全长200.3公里，市境内91.8公里，1978年开工建设，1991年12月27日下午2时30分，沪杭复线开通典礼在铁路长安镇站举行。

沪杭高速铁路，长158.8公里，2009年2月26日动工建设，2010年10月26日正式通车，东北自枫泾引入境，西南由许村延伸出境。在市境有85公里，设嘉善南、嘉兴南、桐乡、海宁西4个客运站。

蒸汽机火车

老嘉兴铁路道口

高铁列车

普通列车

嘉兴火车站

嘉兴火车站候车室

嘉兴秀洲区长水塘上的机场铁路大桥

嘉兴火车站候车站台

嘉兴火车站售票处

嘉兴高铁南站

嘉兴高铁南站候车室

嘉兴高铁南站售票处

嘉兴高铁南站候车室安检处

◎ 现代物流

水上运输

乍浦港码头

2007年，浙江省人民政府将大物流建设列为现代交通“三大建设”项目，嘉兴市政府紧紧抓住这个机遇，起步并加快交通运输业由单一运输方式发展向综合运输体系发展转变，嘉兴交通运输业正在实现由传统产业向现代交通运输业转型。

到2010年，全市完成公路营业性货运量7919万吨，周转量737090万吨公里，完成水路货运量8059.10万吨，货物周转量124.90亿吨公里，完成内河港口货物吞吐量9486万吨。确定了市级重点物流基地2家，市级重点物流龙头企业5家。完成物流园区建设投资7.5亿元，物流龙头企业建设完成投资2400万元。

水上运输安全管理

陆上运输安全管理

内河集装箱码头

◎ 现代物流

桐乡濮院羊毛衫市场——机械辅料城

嘉兴公交枢纽站

嘉兴蔬菜批发市场

桐乡皮毛市场

桐乡宇石公司物流车队

沃尔玛物流仓库

◎ 公共交通

1984年嘉兴市公交公司通车典礼

1986年嘉兴市公交公司车辆

嘉兴市公交公司投放新车辆

嘉兴解放初期无公交汽车，1955年由嘉兴汽车中心站开办市区公共汽车，同年4月16日市区中百公司开往东栅第一路公共汽车行驶。1984年1月17日，嘉兴市公共交通公司成立，当时有大客公交车6辆，公交线路1条。从1991年起，各县市相继也有了公交汽车。到2010年年底，全市共有公交线路422条（城市147条、城乡275条），车辆2365辆（城市公交1337辆、城乡公交1028辆），线路总里程6772公里，中途站点8106个（其中，城市2548个、城乡5558个），日均客运量达53.6万人次。全市实现村村通公交。公交出行分担率将近达到20%。全市拥有出租汽车2060辆，其中市本级873辆，各县（市、区）1187辆。嘉兴市本级各县（市、区）启动公共自行车系统建设。

嘉兴市公交公司新车辆

嘉兴市2008年中国城市公共交通周及无车日活动启动仪式

公交开到新农村

公共自行车

◎ 公共交通

公交车通到俺门口——截至2008年上半年嘉兴市的公交通村率已经达到99%

到2008年年底，嘉兴市的公交通村率已经达到100%

海盐农家娃坐上公交车

到2010年嘉兴市共有出租汽车2060辆

2009年5月嘉兴市首届的士节在嘉兴“七一”广场开幕

◎ 造船业

春秋时期，吴越争雄，泛造战船，籍载春秋槜李池（在王江泾北），为吴（国）造舰处，是嘉兴最早造船地。三国时期（222—280年）吴国的“船宫”（造船工场）造的船在诸州中很有名气，当时海盐的澉浦及王江泾一带都有很大规模的“船宫”。隋唐时期，官营造船场，大多在沿海。南宋开始，澉浦为杭州的外港，外来贸易的船舶常到澉浦停泊修理。

嘉兴市浙北造船有限公司造的油船

新中国成立前，嘉兴市及所属各县的船舶业和造船业的普遍情况是经营分散、技术落后、设备简陋。1954年，嘉兴市对船厂业主进行了初步组织。把资金少、不雇工、独立劳动的业主组成劳动者协会。1971年，浙江省航运公司嘉兴分公司船厂，试建成功068、069军用船舰，1991年，该厂又承造“浙嵊渔01450”钢质渔轮，为嘉兴造船业第一次打入沿海民用船舶市场。

嘉兴市伟佳船舶制造有限公司造的游船

到2010年，嘉兴基本形成符合先进制造业基地要求的以内河船舶为主兼沿海船舶的修造船业，建成比较完备的现代化船舶制造、船舶修理、船舶配件生产、船舶及配套产品交易和船舶综合服务区的产业综合体系。到2010年年底，嘉兴航区有61家船厂。其中嘉善30家，城郊8家，平湖8家，桐乡6家，海盐7家，海宁2家。

嘉兴市锦佳船舶制造有限公司造的26米钢铝结构高速艇

海盐林龙造船厂造的海轮

◎造船业

原嘉兴市造船厂

原嘉兴造船厂车间

嘉航船厂正在打造货驳

平湖浙北造船厂正在造船

嘉航船厂造的近海捕捞渔船

嘉善红旗塘船厂

海盐造船厂正在改造挂浆机船

平湖华海造船厂

◎ 水上客运

嘉兴中山路桥轮船码头

嘉善轮船码头

平湖客运码头

嘉兴市水上客运始于清光绪八年（1888年），当时海宁已有轮船载客运输，由上海招商局在硖石设点，经营硖石至上海一线客运业务。民国22年（1933年）嘉兴市及所属各县客轮航线有12条。共有内河汽船93艘，航快船493艘。

1978年，改革开放以后，水上客运有了较大发展和变化。1985年，嘉兴水上客运发展到了鼎盛时期，全市共有客运航线64条，客轮113艘，客驳68艘，全年完成客运量达1411.27万人次。

1991年后，由于陆路客运的蓬勃发展，水路客运日趋萎缩，航线和客运班次逐年减少。1997年，平湖市大利船务有限公司所经营的平湖至三叉河、平湖至新仓二条航线的停航，标志着嘉兴国营企业经营的水上客运航班全部取消。2001年以后，全市仅有几条水上旅游航线。2010年7月9日，嘉兴市南湖旅行社因水路客运业务日趋减少办理了水路旅客运输业务的注销手续。至此，嘉兴水上客运全面退出了历史舞台。

航运在未拓宽杭申线陡门航段的客轮

停泊在嘉兴客运码头烟雨号游轮

浙航402客轮

航运在乍嘉苏线航段的客轮

嘉兴南门轮船停靠码头

嘉兴东门轮船码头

◎ 渡口

平湖青阳汇渡口

嘉善三店渡口正在摆渡

桐乡崇福渡口

桐乡大麻渡口

据1985年嘉兴市乡镇渡口调查资料，嘉兴市共有渡口173处，渡船176艘，渡工251人，年渡运量6313754人次。2007年11月27日，嘉兴市境内位于杭申线上的最后一处渡口嘉善县杨庙三店渡正式撤渡。水乡嘉兴彻底告别千年渡运历史。

嘉兴最后一处渡口——嘉善三店渡口撤渡建桥落成典礼

◎船　舶

笔舫

网船

西湖画舫

书船

罱泥船

拉渡船

摆渡船

乌篷船

耙螺蛳船

撒网船

海船

木帆船

水上客轮

嘉兴市河段航段一轮拖队正在杭申线

嘉兴境内河道纵横，船舶历来是水上运输的主要工具。马家浜文化罗家角遗址中出土“拖泥板”状的木器，经专家辩证是嘉兴最早的船只雏形。19世纪末，嘉兴已有燃煤蒸气机轮船，20世纪10年代始有柴油内燃机轮船。1987年，嘉兴民间运输船舶的数量一度增长过猛过快，全市各类船舶到了顶峰时期，高达101036艘、382922总吨。2002年起，嘉兴市开展淘汰水泥船和淘汰营运钢质挂桨机船工作。到2010年，嘉兴市拥有营运货船4983艘，92.70万载重吨，其中：内河营运货船4964艘，84.47万载重吨；沿海营运货船19艘，8.23万载重吨。

拆解水泥船

淘汰挂桨机船

高速海事巡逻艇

海盐林龙造船厂造的海轮

◎ 桥 梁

嘉兴历史悠久，又是水乡泽国，因此桥多、起源早。据不完全统计，到1985年，嘉兴市有不同规模的桥梁共16029座。其中城、郊区2360座，嘉善1365座，平湖3742座，海盐1706座，海宁3141座，桐乡3715座。

到2010年年底，嘉兴市共有航道桥梁2288座。其中：四级航道141座，五级航道132座，六级航道406座，七级航道260座，等外航道上1349座。全市有公路桥梁7002座，总长308247延米，其中互通式立交桥22座，按跨径分：特大桥15座、大桥420座、中桥2146座、小桥4421座。

京杭运河原思古桥

大麻桥

乍嘉苏线王江泾大桥

海盐的欤城大桥建于宋绍兴三年(1133年)

平湖的马厩大桥

二十世纪二十年代京杭古运河嘉兴西丽桥

嘉善南门外三官堂桥

崇福司马高桥

◎桥 梁

嘉兴20世纪40年代西洋桥（西洋桥堍是嘉兴第一汽车站所在地，西洋桥也是解放前07省道必经之路）

京杭运河思古大桥

杭申线嘉善红旗塘航段北鹤桥

杭申线北郊河油车港大桥

公路立交桥

建设中的杭州湾跨海大桥

杭州湾跨海大桥夜景

◎ 港口与码头

原嘉兴铁水中转港码头

原嘉兴火车站装卸码头

嘉兴市区第一期码头整治

港航管理人员在原嘉兴运集公司三塔港区检查工作

嘉兴港内河港池试航成功

嘉兴港口分为沿海港口和内河港口二大部分。1986年，根据“一城一港、一县一港、一镇一港”的普查要求，在全市范围内共确定26个港口，其中内河港25个，沿海港口1个。

沿海港口包括乍浦、独山和海盐三个港区。2000年6月19日，乍浦港更名嘉兴港。嘉兴港有泊位25个，其中万吨级以上泊位6个。到2010年，全港货物吞吐量将达到3700万吨，集装箱吞吐量45万TEU。

嘉兴内河港由城郊、海宁、海盐、平湖、嘉善、桐乡六个港区组成，位列全国内河主要港口第八位。2007年，嘉兴内河港总体规划经交通运输部和浙江省人民政府批复，将嘉兴市二十五个港口合并，设立嘉兴内河港，并以行政区划设置城郊港区、嘉善港区、海宁港区、海盐内河港区、平湖港区和桐乡港区。到2010年，嘉兴市内河港共有港口经营企业1053家，泊位总数1784个，生产性泊位1629个，泊位长度：78.6公里，通过能力：10987万吨/年，最大靠泊能力1000吨。2010年7月，嘉兴内河港多用途港区一期开港营运。货物吞吐量已达8404万吨，位列全国内河港口第八位。

嘉兴港陈山原油码头

乍嘉苏线平湖白马航段码头

◎ 港口与码头

嘉兴港乍浦港区全貌

嘉兴港海盐港区

海宁市装卸码头

嘉兴内河港多用途港区

◎航 标

航标

六平申线平湖东湖段航标

电子指示牌

嘉兴第一座沿海航标建于清康熙年间，为引导海船夜里航行，在乍浦观山顶普照庵前立桅杆，夜晚悬灯。1954年，浙江省航运管理局工程队又在乍浦外蒲山、玉盘山、菜荠山各建1座电器闪光灯标。

1954年6月，嘉兴航运管理处制作了首批内河航标，其中第一座本质白色三角浮标，设在嘉兴杉青闸河墩石基上。到2010年，嘉兴航区内河航标共有2173座，其中助航标志551座，安全标志964座，信息标志658座。

京杭运河嘉兴段航标

管线标

应急电话标志

渡口标志

航段标志

◎ 班车客运

民国15—17年（1926—1928年）商办杭海、宁长、宁袁三家公司修筑杭州—闸口、盐官—袁花、盐官—长安段并经营客运，为嘉兴客运班车之始。

1990年年末，嘉兴市客运班车线路共233条，36530公里，其中跨省线路36条，9386公里；跨市（地）线路50条，7946公里；跨县（市）线路63条，7910公里；县（市）内线路84条，11288公里。

2010年，全市开行客运班车线路共742条，年平均日发班次8808个。其中高速公路客运线路34条，年平均日发班次228个；跨省线路237条，年平均日发班次796个；跨市（地）线路206条，年平均日发班次929个；跨县（市）线路82条，年平均日发班次2404个；县（市）内线路217条，年平均日发班次4679个。

20世纪80年代行驶在乍王线上客运班车

20世纪80年代行驶在杭枫线上客运班车

1993—2000年嘉兴汽车南站

1990年8月嘉兴汽车南站搬迁到嘉兴汽车西站

平湖汽车南站

嘉善班车指挥员

◎ 班车客运

班线车辆

海宁客运站班线客车在上客

海宁客运站

海宁客运站班线客车在途中

中转换乘站（桐乡河山五级站）

嘉善客运中心

◎ 交通科技

浙江省内第一艘数字扫测艇

2005—2009年，嘉兴市交通系统共向省、市申报科技计划项目30个，被批准立项的科技项目16个，至2009年年底，通过科技成果鉴定或验收的科技项目有12个。2010年，嘉兴市交通系统共向省交通厅申报科技计划项目7个，其中两个被省厅立项，加上第二批被省厅列入的2010年度科技计划项目，共有3项。

“十一五”期间，嘉兴市已建成全国首个内河水上交通指挥中心和各县分中心。建设交通运输指挥中心，提高了交通运输管理信息化水平；应用新兴网络技术，加强网络建设，初步实现了办公自动化。

沥青路面就地热再生重铺机组

驾驶模拟器在术科培训中的使用

嘉兴市水上交通指挥中心

新型预制混凝土劈裂砌块在南郊河航道护岸工程中应用

混凝土板桩技术在内河航道及码头工程中的应用

烤漆房油改电工程

◎ 交通文化

嘉兴船文化博物馆

桐乡港航处文化长廊

嘉兴市交通文化建设硕果累累。嘉兴船文化博物馆是国内首家船文化博物馆，是嘉兴市交通文化品牌，已成为嘉兴市开展爱国主义教育、科普教育和交通文化教育的基地。桐乡市港航处被交通运输部评为第二批文化建设示范单位。自20世纪90年代以来，嘉兴市交通系统组建了交通职工篮球队、乒乓球队、羽毛球队及桥牌队，还定期组织职工文艺表演和摄影竞赛活动，各项活动都取得了丰硕成果。

交通职工聚焦康庄工程

嘉兴市交通系统职工文艺会演

嘉兴市港航局职工合唱团大合唱

交通系统职工篮球比赛

嘉兴市交通系统职工文艺会演

◎ 文明创建

创建共产党员艇

向田春良革命烈士学习报告会

革命烈士张康杰

积极开展文明创建活动，不断提升交通形象。到2010年，嘉兴交通系统先后建成全国精神文明建设工作先进单位3个、省级文明单位14个、市级文明单位15个，市级文明行业8个。7个县（市、区）交通局、局属单位文明单位建成率达100%。建成省级文明公路19条、国家级文明样板航道2条，省级文明航道1条。

涌现了革命烈士——张康杰、田春良，“交通卫士”——杨彬，全国先进工作者、全国“五一”劳动奖章获得者吴建林，全国“五一”劳动奖章获得者仲顺金，全国交通运输系统劳动模范边胜荣、省级“劳动模范”获得者康一强，浙江省十大感动人物边胜荣等英模人物。

2004年，嘉兴市交通局被嘉兴市委市政府命名为文明单位、文明行业；2008年，被嘉兴市委市政府授予创建国家卫生城市先进单位和创建全国文明城市突出贡献奖；2009年，被浙江省委宣传部、省文明办评为“双万结对 共建文明”先进对子；2010年，被浙江省委省政府授予省级“文明单位”。

杨彬分队

浙江交通十大感动人物边胜荣

出租车爱心车队队长仲顺金

平民英雄吴建林（右二）参加国庆观礼

支援四川抗震救灾

嘉興市交通志

JIAXINGSHI JIAOTONG ZHI

嘉兴市交通志编纂委员会 编

方志出版社
Publishing House of Local Records

《嘉兴市交通志》编纂委员会人员名单

编 委 会

主　　任：顾国强

副 主 任：鲍忠良　张伟林　诸柏生　李　玲　董学军　张志东
严凤祥　鲍武明　王照祥　沈兰冠　寿中博　程若厅
方建义　陈连根　步海宾　陆佳荣　陈永林　洪国良
洪国平　王　强　张冬泉　白宁涛　金旗明　朱忠民
姚金根　王周良　汪国峰　王利浩　张伯敏

委　　员：寿楚林　钱宪明　张丽春　吕新江　花　屹　苏瑞明
刘荣林　陈建明　许志达　周天乐　陈　虹　郭林园
樊军芳

编 辑 部

主　　编：寿楚林

副 主 编：吴建民

执行主编：吴安琪

成　　员：何建春　万　丽　宋积慧　杨杭平　吴婷竹　汪江波
吴可珍　孟大荣　张志胜　薛永良　陆高发　周正亮
李克勤　张正山　徐建林　董立中　冯微红　姚祖德
颜惠萍　沈　楚　许福林　黄谷勤　褚汉江　计琪伦

顾　　问：季永青　周永富　童隆福　齐潮生　邱　阳　来益人
孙皎兴　费金海　孙建华　张文华

主要摄影人员：吴安琪　王　辉

序

嘉兴市交通运输局组织编纂的市域历史上第一部《嘉兴市交通志》即将付梓出版，为具有深厚历史文化底蕴的嘉禾大地谱写了交通文化的新篇章，令人欣喜，特致热烈祝贺！

嘉兴市是浙北门户，地处长江三角洲南翼，古为吴越接壤之地，今属上海经济区中心地带，揽京杭运河，居沪杭铁路及高速公路的中点和杭州湾大桥北端，扼我国东南水陆交通之要冲，物阜民丰，人杰地灵，素有“鱼米之乡，桑麻之地，丝绸之府，文化之邦”的美誉，而市区马家浜是久负盛名的新石器时代文化遗址，南湖更是现代著称的中国共产党诞生纪念地，嘉兴之于全国，无论在政治上、经济上、文化上都有着十分重要的影响。

嘉兴历史，与交通的关系非常密切。可以说，嘉兴的发展史、文明史，也是嘉兴交通的开拓史和交通文化的发展史。

嘉兴交通，古往今来，天时地利，各县优势，益以人力，源远流长。远在春秋时期，吴越两国在北风云角逐，槜李为决战之地。相传，南北草荡为吴越古战场，那里有国界河，设国界桥，古时以此分为两国国界。吴越争雄利用舟师，借助水道，在王江泾长虹桥东，有接战港，为吴越接战之处。这些形象的传说，虽难以稽考确证，但可以从中窥见当时水上交通之一斑。隋大业六年（610 年），凿开自京口（今镇江），经王江泾、嘉兴、石门、崇德，直达余杭（今杭州）的南北京杭古大运河，使“商旅往返，不绝于途”。唐太和七年（833 年）开挖汉塘，宋淳熙九年（1182 年）重竣横塘、魏塘等水运古道，明代广建塘埭，清康熙、嘉庆年间，作较大范围疏河浚港，至民国初年嘉兴已拥有“经水数百，支水数千”，干支相连，互为贯通，可通达杭州、苏州、湖州和上海等大中城市。中华人民共和国成立以后，人民政府为保障田庐，利济舟楫，组织群众掘地开挖红旗塘、白水塘、长山河，使内河沟通江海。从 1950 年开始，经过数次大规模整治河道和常年维护，水上航道状况明显改善，水上船只可全年畅行无阻，航道等级逐年提高，船舶通过能力日益增强。据 1985 年航道复查资料表明，全市内河航道长 2000.12 公里，其中干线航道 355.28 公里，支线航道 1644.84 公里。通过境内的省级航线有：杭申甲线、杭申乙线、乍平嘉苏线、角平申线、上塘河和长湖申线等 6 条，县际航线可通海宁、海盐、桐乡、平湖、嘉善各地。

“十一五”期间，嘉兴市交通运输局在嘉兴市委、市政府和浙江省交通运输厅的正确领导下，坚持以邓小平理论、“三个代表”重要思想和党的十七大精神为指导，树立和落实科学发展观，围绕中心，服务大局，开拓进取，创业创新，交通建设、行业管理、文明创建等工作取得显著成效。

建设“三横五纵一联”干线内河航道网，拥有定级航道224条，里程1950公里，航道密度达50公里/百平方公里。通航里程占全省的20%左右，名列浙江省第一。嘉兴内河港是全国28个内河主要港口之一，拥有内河码头泊位1784个，港口经营企业1053家，泊位长度71476米，港口吞吐能力达到9486万吨。

嘉兴公路网分为三个层次，即高速公路网、干线公路网和农村公路网。一是“三纵三横三连”高速公路网。到2010年，已建成一纵的南段：杭州湾跨海大桥及其北接线（一期），嘉绍通道（二纵）、钱江通道（三纵）正在建设中；三横：杭浦、沪杭、申嘉湖杭；三连：嘉兴至乍浦高速公路、杭州绕城高速海宁段、亭枫高速嘉善段。二是干线公路网。境内有G320国道、S101、S202、S203省道、湖盐线等干线公路，嘉兴中心城至副中心均有两条兼具部分城市道路功能的快速通道。三是农村公路网。截至2010年年底，全市公路总里程7669公里，公路密度以国土面积计为195.9公里/百平方公里。高速公路通车总里程350公里，高速公路密度8.9公里/百平方公里。全市乡（镇）、村公路通达率100%。

嘉兴交通“153060”效应已经显现，基本实现与上海、苏州、杭州、宁波、湖州等周边城市1小时互通；嘉兴市区与其所辖各县、市，各县（市、区）与其所辖乡镇基本实现半小时互通；各乡镇基本实现15分钟上高速。

2010年，全市完成公路营业性货运量7919万吨，周转量737090万吨公里，完成水路货运量8059.10万吨，货物周转量124.90亿吨公里，完成内河港口货物吞吐量9486万吨。确定了市级重点物流基地2家，市级重点物流龙头企业5家。完成物流园区建设投资7.5亿元，物流龙头企业建设完成投资2400万元。

到2010年年底，全市共有公交线路422条（城市147条、城乡275条），车辆2365辆（城市公交1337辆、城乡公交1028辆），线路总里程6772公里，中途站点8106个（其中，城市2548个、城乡5558个），日均客运量达53.6万人次。全市实现村村通公交目标，并开通了市区至湖州、海宁至杭州的城际公交线路。全市共拥有出租汽车2143辆，其中市本级923辆，各县（市、区）1220辆。2011年，启动公共自行车系统建设，开展首批50个服务网点的建设。公共交通已成为解决市民出行、缓解城市交通压力的主要方式之一，公交出行分担率达到20%。

“十一五”期间，已建成全国首个内河水上交通指挥中心和各县分中心。建设交通运输指挥中心，提高了交通运输管理信息化水平；应用新兴网络技术，加强网络建设，初步实现了办公自动化。

积极开展文明公路、文明航道、文明公交、文明出租车、文明示范窗口、群众满意窗口等系列创建活动，不断提升交通形象。全系统建成全国精神文明建设工作先进单位3个、省级文明单位14个、市级文明单位15个，市级文明行业8个。7个县（市、区）交通局、局属单位文明单位建成率达100%。建成省级文明公路19条、国家级文明样板航道2条，省级文明航道1条。

深入开展“红船先锋”创先争优活动，扎实抓好交通干部职工队伍建设。弘扬“惠民、奉献、服务”交通精神，全市交通系统先后涌现了革命烈士——田春良、“交通卫士”——杨彬、省道德建设先进个人吴建林、“全国五一劳动奖章”获得者仲顺金等英模人物。

交通是国民经济和社会发展的命脉，交通资源是不可替代的战略自然资源。嘉兴市交通条件的不断改善，有力的促进了经济社会的发展。2010年第六次人口普查，全市常住人口450.17万人，下辖南湖、秀洲两个区，平湖、海宁、桐乡三个市和嘉善、海盐两个县。所辖县（市）均进入中国百强县，三分之二的镇进入全国千强镇。2010年全市生产总值2296亿元，财政一般预算收入达334.33亿元，全市城镇居民人均可支配收入27487元，农村居民人均纯收入14365元。

编修地方志是我国特有的优秀文化传统，在当代则是社会主义文化建设系统工程的重要内容，意义非同寻常，我认为《嘉兴市交通志》体现了这一精神。编纂人员不辞劳苦，精心耕耘，将全市上下六七千年的交通史事，统合于一志之中，资料丰富，内容翔实，明古详今，难能可贵。全志具有鲜明的时代特征、地域特征和专业特征，融资料性、学术性、实用性于一体，是一部成功之作，相信面世之后定能发挥资治、存史、教化和交流的重要作用，为推进交通事业更大更好的发展作出历史贡献。谨向本志编纂人员致以诚挚和崇高的敬意！

2015年12月

（嘉兴市交通运输局局长）

凡　例

一、本志以马克思列宁主义、毛泽东思想，邓小平理论、“三个代表”重要思想，科学发展观为指针，以中国共产党十八大以来的路线、方针、政策为准绳，实事求是地记述嘉兴市交通运输事业的历史与现状。

二、《嘉兴市交通志》是一部地方性专业志，由概述、大事记、专志和附录组成。概述，综括交通全貌，总摄全书；大事记所载事物，是记述全市交通历史上所发生的大事要事；专志，以类系事，横分门类，纵叙史实，分编、章、节、目、子目、细目6个层次编排，设道路、水路、港口与码头、铁路、道路运输、交通管理、科技与交通文化等13篇；在附录中，阐明并收录某些单项性的重要资料。概述、大事记和附录，不列入篇的序列，也不设章、节、目。

三、本志是一部统合古今的交通专业志书，采用以志为主，述、志、记、传、图、表、录并用的综合体裁。

四、本志断限上始事物发端或资料可稽之时，下迄2010年，概述、大事记和其他个别事项记载有所延伸。本着“详今明古”“详近略远”的原则，着重记述中华人民共和国成立以来的史实。

五、记述范围：以记述下限时嘉兴市境为界，历史上按境域当时的县、州、府为界，与公布市域有所不同。中华人民共和国成立以后，以原嘉兴地区为前身，以原嘉兴县为基础，择要著述，1983年实行市管县体制后，以嘉兴市区为主，兼及所辖各县（市、区）。凡全市交通事业，不论其行政隶属关系如何，均作记载。

六、记事文体：概述，叙议结合，夹叙夹议；大事记，以编年体为主，对一些内容联系紧密、时间相距不远的事件，适当采用记事本末体；其余均用记叙文体。本志用语文体，引用古代文献等原始资料者除外。为保留原貌，有不厌求详和语言浅陋之处，未予改正，以存其真。

七、历史纪年，中华人民共和国建立以前，一般先写旧纪年，再夹注公元纪年，省略“公元”两字。清朝以前纪年用汉字，自“民国”始，用阿拉伯数字。1949年5月7日嘉兴解放，为文内所称“解放前”“解放后”的界限。“建国前”“建国后”系指1949年10月1日中华人民共和国成立前及成立后。

八、生人不立传。对在世人物的先进事迹，采取以事系人方法加以记述。建国后被评为县级以上的劳动模范和市（地）级以上的先进模范人物，列入“群英谱”，其余因事系人。

九、所载1949年5月7日以后的各种数据，以交通统计部门的资料为准，计量单位尽量采用国务院1984年3月颁发的《中华人民共和国法定计量单位》，历史上使用的计量单位名称照实原料记载，未予换算。

十、本志书资料，历史部分多录用历代正史、旧志；近、现代内容主要选自档案材料、有关刊物、报章、专著和各编志单位整理、校核的史实资料以及有关人士的回忆材料等，经考证鉴别载入。为节省篇幅，统一采用编后注。

十一、本志书中指公交出行分担率是按嘉兴市标准测算，2012年以后浙江省对公交出行分担率又有新的标准。

目　录

第二篇　水　路

第三篇　港口与码头

第四篇　铁　路

第五篇　道路运输

第六篇　外海航运

第七篇　内河航运

第九篇　交通管理

第十篇 交通行政管理机构

第十一篇　交通科技

第十二篇　职工队伍建设

第十三篇　交通文化

附 录

概　述

嘉兴市是浙江省省辖市，地处长江三角洲杭嘉湖平原，东北邻上海，西南连杭州，北接苏州，南濒杭州湾，背倚太湖，遥连天目，地居山泽之介，川原平衍，田地交叉，河道纵横，钱塘江沿岸地势隆起，北部多河荡，为古太湖遗留的湖沼群，因而形成由东南向东北缓倾的趋势。主要河流由大运河水系、澜溪塘水系和上塘河水系构成。全市属北亚热带季风湿润气候区，气候温和，雨量充沛，日照充足，四季分明。年平均气温 15.7℃，月平均气温以 7 月最高，为 28.1℃，1 月最低，为 3.3℃。年平均降水量 1177 毫米，年日照时数 2059 小时。全市总面积 3915 平方公里，其中平原 3450 平方公里，山地 47 平方公里，水域面积 418 平方公里；市城、郊区面积 968 平方公里，占全市面积的 24.7%。2010 年第六次人口普查，全市常住人口 450.17 万人，下辖南湖、秀洲两个区，平湖、海宁、桐乡三个市和嘉善、海盐两个县。嘉兴自古为富庶繁华之地，素有“鱼米之乡，丝绸之府”之美誉。所辖县（市）均进入中国百强县，三分之二的镇进入全国千强镇。2010 年，全市生产总值 2296 亿元，财政一般预算收入达 334.33 亿元，全市城镇居民人均可支配收入 27487 元，农村居民人均纯收入 14365 元。

嘉兴历史悠久。从市郊马家浜文化和桐乡罗家谷遗址出土文物确证，距今六、七千年前的新石器时代，这里就有原始人群定居，勤劳智慧的祖先在这片土地上繁衍栖息、耕织狩猎，开拓创造了震古耀今的交通文化。是长江下游、太湖流域新石器时代早期文化的代表。相传，大禹分天下为九州，当时，嘉兴地域即属“扬州之城”，春秋为吴槜李地。周敬王时置长水县，秦改由拳县。由拳县和海盐县，均属会稽郡。东汉时，从会稽郡与呈、吴郡、由拳、海盐属吴郡，三国时属吴国。

嘉兴是中国共产党的诞生地。1921 年 7 月，中国共产党第一次代表大会在上海召开，后因遭受法租界巡捕房的袭扰而被迫中断，转移到嘉兴南湖的一艘画舫上举行。在这艘画舫上，“一大”审议通过党的第一个纲领和第一个决议，选举产生党的领导机构——中央局，庄严宣告中国共产党的诞生，中国革命的航船从此扬帆启航。南湖红船见证了中国历史上开天辟地的大事变，成为中国革命源头的象征。

嘉兴旅游资源十分丰富，环境优美，是中国优秀旅游城市和国家园林城市。嘉兴自然风光以潮、湖、河、海并存驰誉江南，境内有革命圣地南湖、“天下第一潮”海宁钱江潮、“江南水乡古镇”嘉善西塘和桐乡乌镇，以及海盐南北湖、平湖九龙山等一批著名景点，构成了独有的江南水乡特色。

嘉兴交通，古往今来，天时地利，各具优势，益以人力，源远流长。远在春秋时期，吴越两国在此风云角逐，槜李为决战之地。相传，南北草荡为吴越古战场，那里有国界河，设国界桥，古时以此分为两国国界（国界桥今尚存，桥台北端有吴王夫差雕像，南端有越王勾践雕像）。吴越争雄利用舟师，借助水道，在王江泾长虹桥东，有接战港，为吴越接战之处。这些形象的传说，虽难以稽考确证，但可以从中窥见当时水上交通之一斑。隋大业六年（610 年），凿开自京口（今镇江），经王江泾、嘉兴、石门、崇德，直达余杭（今杭州）的南北京杭古大运河，使“商旅往返，不绝于途”。唐太和七年（833 年）开挖汉塘，宋淳熙九年（1182 年）重竣横塘、魏塘等水运古道，明代广建塘埭，清康熙、嘉庆年间，作较大范围疏河浚港，至民国初年嘉兴已拥有“经水数百，支水数千”，干支相连，互为贯通，可通达杭州、苏州、湖州和上海等大中城市。中华人民共和国成立以后，人民政府为保障田庐，利济舟楫，组织群众掘地开挖红旗塘、白水塘、长山河，使内河沟通江海。从 1950 年开始，经过数次大规模整治河道和常年维护，水上航道状况明显改善，水上船只可全年畅行无阻，航道等级逐年提高，船舶通过能力日益增强。据 1985 年航道复查资料表明，全市内河航道长 2000.12 公里，其中干线航道 355.28 公里，支线航道 1644.84 公里。通过境内的省级航线有：杭申甲线、杭申乙线、乍平嘉苏线、角平申线、上塘河和长湖申线等 6 条，县际航线可通海宁、海盐、桐乡、平湖、嘉善各地。到 2010 年年底，全市境内共有内河定级航道 224 条，里程 1949.9 公里，其中干线航道四级 214.69 公里，五级 167.29 公里，支线航道六级 374.73 公里，七级 268.48 公里，等外航道八级 52 条，298.83 公里，九级 9 条，36.79 公里。航道密度达 50 公里/百平方公里。通航里程名列全省第一。市境沿海的平湖、海盐两县和海宁市濒临杭州湾，海岸线长 124 公里。随着乍浦港建成，孙中山先生设想的“东方大港”正在崛起。

嘉兴的内河航运事业，自隋唐以来就很发达。隋炀帝凿渠浚运，沟通了太湖流域与北方地区的经济联系，使沃土通流，漕粮进贡，足食足兵。唐贞元年间开始，江南运河在运输上的地位日显突出。宋室南渡，杭州成为当时全国政治、经济、文化中心，贡赋进出，江南运河发挥主渠道作用。元、明两代，漕渠为闽广孔道，贡赋漕挽，明中叶后，集航道、驿道水陆两运为一的王江泾镇，北通苏州、松江、常州、镇江，南连杭州、绍兴、金华、衢州、宁波、台州、温州，西南连福建、广东和广西省，“南北往来，无有不从此经过”，富商大贾，车船辐辏。清朝康熙、雍正年间，运河漕运出现过黄金时期，乾隆帝六下江南，均从苏州登舟驶抵杭州，给江南运河留下了旷古无两的足迹。

古代的水上运输，长期停留在橹摇、拉纤和以风帆为动力的原始水平。清末，始有轮船业发展。光绪八年(1882年)由招商局从上海开硖石，光绪二十一年(1895年)由平湖开上海。道光二十一年(1841年)，英船驶至乍浦，外国航运侵略势力开始向杭州湾沿岸渗透，地方航运被迫向内河小轮船航运方面求取生存。民国初期，嘉兴小汽轮兴起，开辟客运航线营运，颇有起色，至民国23年(1934年)，嘉兴有永济、宁绍、乍嘉、通源、泰昌、和济、王清记、招商等8家轮船公司，拥有轮船35艘，可载重161吨，共有职工201人，资产12.1万元。但是，由于民国时期，战乱纷呈，连年出兵，导致内河航道淤泥，航线中断，航运业经久衰微。新中国新制度的建立，人民得以安居乐业，随着生产力的迅速发展，内河航运事业逐步得到振兴。到1990年，先后建立了航运企业21家，拥有机动船365艘，其中客轮53艘、5898客位，货轮214艘、3614吨位，油轮4艘、218吨位，拖轮184艘、15976千瓦；非机动船1395艘，其中客驳23艘、2251客位，货驳1370艘、94978.5吨位。全市城乡个体和联户拥有机动船18774艘、232098吨位，其中客轮9艘、480客位，货船18754艘、232098吨位。货驳(含帆船)215艘、4738吨位。水上运输形成一个多成分、多网络、多层次、多渠道的网络。1990年，全市专业航运企业共完成客运量320.11万人次、客运周转量8907.74万人公里，完成货运量696.95万吨，货运周转量97047.09万吨公里。

改革开放以后，嘉兴公路事业迅猛发展，水上客运不断萎缩，航线和客运班次逐年减少。随着旅客弃水走陆加快，1997年，平湖市大利船务有限公司所经营的平湖至三叉河、平湖至新仓二条航线的停航，这标志着嘉兴国营企业经营的水上客运航班全部取消，嘉兴水上客运就此体面退出历史舞台。

嘉兴内河港是长三角地区重要的港口，是中国内河28个主要港口之一。2006年，嘉兴内河港货物吞吐量首次突破8000万吨大关达到8002.43万吨，2007年10月，嘉兴内河港总体规划经交通运输部和浙江省人民政府批复，将嘉兴市二十五个港口合并，设立嘉兴内河港，并以行政区划设置城郊港区、嘉善港区、海宁港区、海盐内河港区、平湖港区和桐乡港区。

嘉兴市铁水中转港系嘉兴市首家建设的大型综合性内河港口。总投资6426万元。2001年12月7日，嘉兴铁水中转港和中国远洋运输(集团)公司，共同开通了嘉兴至上海国际集装箱内河支线。2008年12月，改造为嘉兴市粮食批发市场，另行选址新建内河多用途港区，即嘉兴内河港多用途港区。于2010年上半年正式开港运营。港区具有水陆口岸功能，海关、国检等口岸管理机关进驻港区，开展内河支线通关、陆路转关、空运转关等业务，实现进出口货物就地通关、报检；按口岸管理机关的要求设有进出口货物监管仓库、货场和监控系统，设有货物查验、熏蒸场所。

2010年，嘉兴市完成水路货运量8059.10万吨，货物周转量124.90亿吨公里。净增运力5810吨，拥有营运货船4983艘，92.70万载重吨，平均吨位186吨，其中：内河营运货船4964艘，84.47万载重吨；沿海营运货船19艘，8.23万载重吨。到2010年，嘉兴市内河港货物吞吐量已达9486万吨。共有港口经营企业1053家，泊位总数1784个，生产性泊位1629个，泊位长度：78.6千米，通过能力：10987万吨，最大靠泊能力1000吨。在全国内河港口中排名第8名。嘉兴港现有泊位25个，其中万吨级以上泊位6个，到2010年，全港货物吞吐量达到3700万吨，集装箱吞吐量45万标准箱。

海上运输，早在宋元时期，从包括澉浦、乍浦港口在内的东海航路，可“远淑诸番，近通福广”，每岁召集舶商，博易珠翠香货等物。明代，因倭患衰落。清初，朝廷实行海禁，海运中断。康熙二十三年(1684年)，弛海禁后，“生齿日多”，商贾燕户云集。民国年间，沿海运输业萎缩。1975年9月，在平湖县乍浦港陈山咀，新建起原油码头1座，万吨级巨轮可全年通航，首辟分别自秦皇岛、仪征港至乍浦的沿海原油运输线，它展现出乍浦港开发的广阔前景。1986年12月12日，被浙江省列为“八五”期间重点建设项目之一的乍浦港第一期工程开工，历时4年，累计完成投资额5385.04万元，占总投资73.27%，万吨级外海码头基本竣工。1990年10月，内河港池通航，至同年年底，主体工程大部分竣工，于1991年建成投产。乍浦港的开发与利用，为原有乍浦至定海、乍浦至椒江、乍浦至温州等4条货运航线增添新的活力。1990年，乍浦港货物吞吐量为

688.94 万吨(其中包括陈山原油码头 680.42 万吨)。

嘉兴的道路建设,年代久远。古籍记载,秦始皇东巡,修建了一条由会稽郡治吴县起,经上海金山,过平湖县境顾邑山至海盐秦驻山的驰道。隋开干渠筑有运河塘路,自王江泾入浙,纵贯市境达杭州,嘉兴境内长 66 公里,为从中国北方入境的要道,也为浙江省境内最早的古道之一。始于唐朝的驿传,历经宋、元、明、清数代,上下两千年,其兴衰起伏,在这条古驿道上反映得淋漓尽致。沿杭州湾北岸的捍海塘路,也是明、清时期的重要干道之一。清代,又修筑了许多县际古道和乡村大道,形成一幅以县城为中心,向四周辐射的水陆交织图。民国 16 年(1927 年)杭州至盐官,商筑第一条公路——杭沪线杭州至闸口段建成通车,路长 50.43 公里,为境内最早的的近代公路。民国 21 年(1932 年),其公路延伸至金丝娘桥,与上海方面公路衔接,使杭沪线全线贯通,公路运输业由此兴盛。民国 23 年(1934 年)乍(浦)王(江泾)公路全线竣工通车,民国 25 年(1936 年)杭善公路临平至枫泾段建成。至民国 26 年(1937 年)共建造公路 268.92 公里。但整个民国时期,由于战争频繁,财政艰窘,导致公路建设工程标准低,多为简易路面,少永久性桥涵,行车不易,旋成旋毁。中华人民共和国成立后,嘉兴公路建设进入一个新的发展阶段,特别是从 1984 年起,贯彻改革、开放的方针,随着社会主义商品经济的发展,使"要想富,先修路"的思想深入人心,全市普遍掀起"公路热",新建公路里程大幅度增长。1990 年年末,全市公路总里程已达 887.33 公里,为民国时期总和的 3.3 倍,是 1983 年年底 441 公里的 2 倍,其中二级公路 103.75 公里,三级公路 395.44 公里,四级公路 355.16 公里,等外路 32.98 公里。公路总数中,高级路面达 116.91 公里,次高级路面 279.74 公里,近 7 年内,公路通车里程比解放初至 1983 年的总和增加了 1 倍,通达乡镇占全市乡镇总数的 90.57%。1954 年至 1973 年,嘉兴地区暨嘉兴县交通局着手在公路路基边坡栽植行道树起,双行的绿树林荫公路逐渐延伸,至 1990 年年底,全市公路绿化里程为 768 公里,占通车里程的 86.6%。

2010 年年底,嘉兴市公路总里程已达 7668.834 公里,全市乡(镇)、村公路通达率 100%。按行政等级分:国道 307.733 公里;省道 312.879 公里;县道 1611.602 公里;乡道 1653.669 公里;专用公路 73.666 公里;村道 3709.285 公里。嘉兴交通实现了"153060"目标,即 15 分钟上高速:从嘉兴市中心城、副中心城、各乡镇、交通枢纽出发,15 分钟进入高速公路网;30 分钟直达:从嘉兴中心城市外环线出发 30 分钟内到达各副中心城市,从嘉兴中心城、各副中心城出发 30 分钟内到达各所属的乡镇;60 分钟互通:嘉兴境内任何两个重要节点之间 60 分钟可以互通,从嘉兴中心城外环线出发 60 分钟内可到达周边地级以上城市。

嘉兴水乡,人们濒水而居,架桥而行,造桥历史由来已久。然而,唐代以前的桥梁在几十年风雨飘摇中已荡然无存。两宋时期,造桥的数量、种类、技术和风格,可首屈一指,至今仍依稀可见。明、清两代所筑桥梁,以石拱桥、石梁桥为主要形式,在保存下来的几百座古桥中,犹以市区的长虹桥、秀城桥、秋泾桥等十几座为不凡,气魄高大宏壮,工艺细巧精湛。其中县(市)著名古桥有:嘉善的流庆桥、卧龙桥、三官塘桥,平湖的马厩庙大桥、当湖第一桥,海宁的紫薇桥、德义桥、平安桥,海盐的沈荡大桥、欤城桥、桐乡大通新桥、望仙高桥、松老高桥和司马高桥等。1949 年以后,公路建设迅速发展,新建桥梁数量之多,规模之大,质量之上乘,为历史所罕见。1971 年建成的红旗塘公路大桥,三孔净跨 118 米,中孔跨径 35.3 米,采用灌注桩墩台、双典拱型式,具有独特的风格。1985 年 12 月建成通车的中山东路、南湖路口铁路、公路立交桥,为下承式 3 孔箱形结构立交桥,总长 456 米,宽 25.5 米,限高 4.5 米,展示现代水平。1988 年建成的在 G320 国道嘉兴市区新辟过境段上的苏嘉运河大桥,为最长的公路大桥,共 10 孔,全长 248.95 米,桥面净宽 12 米,两边各加人行道 1 米,按跨越六级航道标准设计。1990 年年末,全市共有公路桥 822 座,总长 23065.42 延米,铁路桥 93 座,铁公立交桥 21 座。

到 2010 年年底,嘉兴市已有公路桥梁 7002 座,总长 308247.33 延米,其中互通式立交桥 22 座,13781.78 延米。按跨径分:特大桥 15 座,19246.45 延米;大桥 420 座,120951.2 延米;中桥 2146 座,84138 延米;小桥 4421 座,83893.66 延米。按行政等级分:其中国道上有公路桥梁 423 座,50911 延米;省道上有公路桥梁 485 座 43654.61 延米;县道上有公路桥梁 1692 座,100703.16 延米;乡道上有公路桥梁 1634 座 46266.26 延米;村道上有公路桥梁 2768 座 66712.33 延米。航道桥梁到 2010 年年底,嘉兴市已有 2288 座。其中四级航道上有航道桥梁 141 座,五级航道上有航道桥梁 132 座,六级及以下航道桥梁 2015 座。

杭州湾跨海大桥是国道主干线沈(阳)海(口)高速公路跨越杭州湾的便捷通道。北起嘉兴市海盐郑家埭,跨越宽阔的杭州湾海域后止于宁波市慈溪水路湾,全长 36 公里,2003 年 11 月 14 日开工,2007 年 6 月 26 日贯通,2008 年 5 月 1 日通车试运营,2011 年 7 月 17 日竣工。大桥的建成使宁波到上海的陆上距离缩短了约 120 公里,实现了变"杭州湾天堑为通途"的百年梦想。

嘉兴的陆上交通运输,几千年一直停留在徒步、肩挑、手拉、畜驮,直至清宣统元年(1909 年),沪杭铁路建成通车，嘉兴始有铁路运输。民国25年（1936年）7月，苏（州）嘉（兴）铁路正式通车，每日有4对客车往返于嘉兴与苏州之间，当时行旅称便，7年之后苏嘉铁路被日伪军拆除。1978年成立沪杭铁路复线指挥部，1987年6月至1990年12月，市境内共18个区间复线先后开通，沪杭线行车速度可达100公里/小时，平行能力由1978年的43对提高到85对，这条年逾八旬的苍龙，终于扭转了超负荷运行的困窘局面。1990年，市境内仅沪杭铁路一线，共有15个火车站（所），沪杭线杭（州）嘉（兴）段图定开行列车数为旅客列车22对、货物列车27对。

2010年年底，嘉兴沪杭客运专线高速铁路已建成，沪杭高速铁路长158.8公里，正线数目为双线，全线设计最高时速350公里，嘉兴境内东北自枫泾引入境，西南由许村延伸出境。其中在市境有85公里，设嘉善南、嘉兴南、桐乡、海宁西4个客运站，属嘉兴车务段。

嘉兴城第一次出现汽车运输为民国16年（1927年），杭州至盐官及盐官至长安通车，民国19年（1930年）杭州至乍浦通车。每间隔1小时开行一班客车，从嘉兴驶向平湖。30年代，嘉兴的公路旅客运输发展较快，但好景不长，抗战爆发，公路交通陷入半瘫痪状态，客货运输一蹶不振。直至1949年嘉兴解放，公路交通才得到恢复和发展。尤其是1978年以来，党的改革开放政策搞活了汽车运输业，出现了国营、集体、个体交通运输专业共同发展的新局面，一个以货运专业运输企业为主、社会运输为辅，客运以国营运输企业为主、集体运输企业为辅、合作运输为补充的公路运输新体系正在不断完善和发展。1990年年末，全市拥有机动车24804辆，其中大小客车3427辆、38692客位（其中营运2121辆、29351客位），大小货车5759辆、22873吨位（其中营运4808辆、19925吨位）。全市经营汽车货运的专业运输企业有9家，拥有货车280辆、2627.5吨位，从事汽车货运的个体户（联户）拥有货运汽车423辆、1220吨位。1990年，全市公路共完成货运量783.81万吨、货运周转量34889.19万吨公里，完成客运量2922.01万人次（其中交通部门2238.83万人次）、非交通部门688.19万人次（内个体103.77万人次）、客运周转量91752.56万人公里（其中交通部门60374.93万人公里，非交通部门31377.63万人公里（内个体4332.08万人公里）。十余年改革，客运量翻了一番，平均每年以10%以上的速度递增。

2010年，全年共完成营业性客运量11298万人，347157万人公里，完成货运量7919万吨，737090万吨公里。全市从事道路旅客货物运输业21513户，拥有道路旅客运输经营业户66户，道路货物运输经营21447户。共拥有营运客货车36787辆，道路运输从业人员6.76万人，平均每户营运客货车辆1.7辆，从业人数3.1人。道路旅客运输经营中：班线客运业户19户，平均每户90辆，包车业户10户，平均每户22.6辆；出租车44户，平均每户46辆，全市拥有100辆以上车辆的客运业户11户，50辆以上的11户道路货运经营中：汽车货运业户21447户，32806辆，平均每户1.5辆；其中：货物专用226户，2050辆，平均每户9辆，集装箱运输88户，938辆，平均每户10.7辆，危险货运34户，平均每户25.7辆。

2010年，全市开行客运班车线路共742条，年平均日发班次8808个。其中高速公路客运线路34条，年平均日发班次228个；跨省线路237条，年平均日发班次796个；跨市（地）线路206条，年平均日发班次929个；跨县（市）线路82条，年平均日发班次2404个；县（市）内线路217条，年平均日发班次4679个。

新中国建国初期，嘉兴市区及各县均没有公共交通汽车开驶。1955年4月16日起，嘉兴市区有第1路公共汽车运营，从嘉兴东门开往东栅口，5月1日，增辟第2路公共汽车，从嘉兴火车站始发，终点为李家斗飞机场。1984年，嘉兴市公共交通公司成立，新辟2条公交线路。1990年，在市城、郊区已开辟8路公共汽车，有公交汽车25辆，通车里程95公里，全年公交客运量333万人（次），总行驶里程91.6公里。

2010年，全市农村客运全部实现城乡公交一体化，开通城乡公交线路284条，投入车辆1107辆，其中一级公交线路28条，车辆168辆；二级公交线路118条，车辆677辆；三级公交线路138条，车辆262辆，全市880个行政村实现了“村村通公交”。市区城乡公交已实现“公车公营”，车辆较改革前增加了20%，座位数增加了1.6倍，总体运输能力提高了2.8倍，线路条数增加了40%，线路长度增加了50%，日发班次增加了60%，刷卡乘车比例突破50%，日均客运量提高了1.1倍。城乡公交已成为百姓出行首选。

嘉兴市客运出租汽车行业在1985年前以机动三轮车、方向式机动三轮车、厢式货车为主要运输工具充当出租车从事客运服务。1988年始，海盐县有6辆天津大发小面包车从事出租载客业务。1989年9月，海宁市双山乡火炬村村民王伟良购进1辆天津“夏利”轿车，经批准从事客运出租，1989年12月，平湖乍浦镇北荡村王华购进一辆旧的波罗乃茨轿车批准从事客运出租，分别开创了海宁市和平湖市出租车客运的先河。20世纪90年代初，个体出租车客运逐渐增多，出租车客运当时仅限于包车营运，城市出租车市场尚未形成。同一时期，个体运户青睐于厢式货车从事客运，车型多为昌河、大发、长安。和同类型面包车相比，因缴纳公路规费相差多，所以发展很快。1990年1月，个体户张保宁购置一辆菲亚特轿车，在桐乡县公路运输管理所办理道路运输证，该车为桐乡第一辆从事营运的出租轿车。嘉善县出租车始于1993年，有营运车辆51辆，254客位，但处于无人管理状态。1987年至1995年嘉兴市本级拥有客运出租汽车150辆，主要是等客上门、驻点经营。至2010年年底，嘉兴全市共有出租汽车2060辆，其中市本级873辆，嘉善县210辆，平湖市226辆，海宁市317辆，海盐县189辆，桐乡市245辆，有出租汽车企业36家，其中100辆车以上企业4家，平均每家企业有出租汽车57辆；有从业人员4000余人，日运送旅客约40万人次。有省级文明出租汽车企业2家，省级文明出租汽车车队9个，省级文明出租汽车135辆，省级文明车占车辆总数的6.3%。

嘉兴素有造舟制楫的本领。籍载，春秋时，治北三十里有槜李池，为吴（国）造舰处。清代，乍浦贾航、麇至、三山、鄞江、莆阳居民或造巨舰，出洋贸易。清光绪年间（1875至1908年），各县造船业以一家一户为主，以独家造船生产、独家租赁收入、独家传授手艺为宗法，适时流散于水乡各地，并发展成为有一定规模的造船工场。民国期间，由于政治、经济原因，造船工场几经兴盛、几经衰落。中华人民共和国成立后，与水运事业发展相适应，逐步建立起船舶制造业，1956年，桐乡县乌镇造船厂建立，除生产小船外，还生产50吨货驳船销往杭嘉湖地区。20世纪70年代，水泥船盛行，水泥船厂如雨后春笋般出现，遍及各县，水泥船逐步替代木质船。80年代，航运企业逐步把运输工具更新为钢质船，加上水上个体（联户）船舶的发展，遂使造船品种数量有增无减。1990年年末，全市有船舶修造企业60家，职工3676人，拥有一定的设备和较强的技术力量，能生产江、湖、河、水库运输半截工具和小型工程船舶，造船品种达40个以上。其中，交通部门有8家造船企业，职工900余人，拥有固定资产228.2万元，造船品种18个，全年建造船舶226艘、10814吨位。

2005年，嘉兴出台了嘉善姚庄、平湖新埭及独山港区、乍嘉苏线嘉兴段三大船舶修造基地和七个船舶综合服务区的发展规划。2010年，嘉兴年造船能力达50万载重吨，造船和船舶配套工业等船舶工业年产值达到30亿元。2010年1月3日，由浙江林龙港口有限公司建造的林龙采1和林龙采2沿海工程采砂船，经下水前检验后在海盐澉浦镇顺利下水。实现了嘉兴市沿海专业造船企业造船“零”的突破。2010年嘉兴航区有61家船厂，其中嘉善有30家、城郊有8家、平湖有8家、桐乡有6家、海盐有7家、海宁有2家。全市能够建造500吨级以上船舶的船厂有25家。具有500吨级以上建造能力的船台100个。全市从事船舶修造业的从业人员近2000人。其中专业技术工人1751人，专业技术人员190人。

车辆修造业，起步较晚，民国时期处于修修补补，建国后，才逐步建立起汽车配件生产、汽车修理和汽车装配厂家。汽车配件生产始于1958年，至1979年3月，嘉兴汽车修理厂成立。1983年，海宁客车厂、海宁救护车厂开始改装（装配）客车、救护车。1990年，全市从事车辆修理业的厂家和个体修理业达110家，不同程度地达到大修、三保、二保的修理能力。嘉兴有车辆制造（装配）工厂也具一定规模，海宁客车厂生产的HK520型、HK521型、HJ510型轻便改装汽车和HJ522型产品系列标准，达到省级标准，HK620型旅行车和1985年全省改装车辆质量评比中，获总分第一。

到2009年，嘉兴市汽车维修行业共有一、二类维修企业186家，其中一类企业32家，二类维修企业154家，三类汽车维修业户912家，摩托车维修业户1232家，从业人员6320人，维修产值2.94亿元，形成了“一类企业为龙头、二类企业为基础、三类企业为补充、多种经营模式并存、经济成份多元化”的市场格局，基本满足了嘉兴市机动车维修行业的需求。

2010年，嘉兴市汽车维修厂增加到2784家，即一类机动车维修户61家、二类机动车维修户202家、三类机动车维修户1546家、摩托车维修户975家，完成维修工作量合计1441178（辆次）。

嘉兴处于江南水乡，具有得天独厚的地理环境和优越的自然条件，伴随几千年社会的进步、生产力的发展，逐步成为浙北的交通枢纽。尤其引人注目的是，新中国成立后，嘉兴交通的发展速度，为任何历史时期不可比拟。改革开放又使经济更加繁荣，人民生活水平大幅度提高，科学技术不断进步，全市交通取得突破性进展，水路、公路、铁路运输全面协调发展。

大事记

春秋时期

● **吴阖闾元年**(前 514 年)　置为长水。

● **吴夫差二年**(前 494 年)　治北三十里,有槜李池,为吴造战舰处。

● **春秋末年**　吴国丞相伍员(字子胥),为泄太湖积水,通伐楚饷道,运盐以富国,凿伍子塘,长 40 余里,南接汉塘,流经嘉善城中,西北入汾湖。

秦

● **始皇年间**(公元前 221—前 210 年)　沿海筑驰道,东起金山,沿原海岸线至海盐秦驻山,续至澉浦。

● **秦始皇三十七年**(前 210 年)　秦始皇东巡,渡浙江,上会稽。至长水,闻土人谣曰:水市出天子。于是凿山夺天星穴,开长水塘,改长水为由拳县。

汉

● 习楼船。海盐设楼船守尉。

● **汉初**　由拳县隶会稽郡,后汉顺帝永建四年(129 年)割浙江以西为吴郡,由拳乃属吴郡。

● **三国**　孙权黄龙三年(231 年)由拳县"野稻自生",时以为祥兆,改曰禾兴县。赤乌五年(242 年)改禾兴县为嘉兴县。

隋

● **大业六年**(610 年)　炀帝命穿江南河,发众凿渠,起余杭,终京口(今镇江),广 10 余丈,凡 127 里。是年,石门县钱缪募卒通河撩浅。

唐

● 嘉湖地皆悬流重重,设堰埭,用牛挽船过堰。

● **开元元年**(713 年)　重筑盐官捍海塘堤,长 224 里。

● **开元年间**(公元 713—741 年)　建西塘文水漾中马鸣庵。

● **广德中**(763 年)　屯田使朱自勉浚亩距沟,浚沟距川,后刺史于硕缮堤防,凿亩浍,列树表道。

● **大和七年**(883 年)　开汉塘河,自嘉兴府城东流 50 里入平湖县境,今名平湖塘。

宋

● 宋漕运司治在府治东北一百步,当瓶山南,宋御千户所。

● **淳化三年**(992 年)　开招宝塘。

● **嘉祐五年**(1060 年)　转运使王纯臣修作秀州田塍,使民间道路延伸。

● **熙宁元年**(1068 年)　十月,治杭之长安(今属海宁市)、秀之杉青、常之望亭三堰。

● **熙宁年间**(公元 1068—1077 年)　建嘉善石拱桥熙宁桥,俗称卖鱼钱桥。

● **元符三年**(1100 年)　二月,诏苏、湖、秀州,凡开治运河港浦沟渎,修叠堤岸,开置斗门堰等,设役开江兵卒。

● **政和年间**(公元 1111—1118 年)　建陶庄登瀛桥(石拱一孔)。

● **绍兴元年**(1131 年)　秀州积水害稼,为员外杨及疏浚。

● **淳熙九年**(1182 年)　守臣赵善悉重浚运河官塘,自天宁寺桥至常丰闸 33 余里。

● **嘉定元年**(1208 年)　举人陶大猷重建陶庄流庆桥(石拱一孔,又名人字桥)。赵彦卫著《云麓漫钞》记载,浙西一带已有载客航船。枫泾镇南华亭塘边,已设有驿站,名"白牛驿"。

● **绍定年间**(1228—1233 年)　石门县令楼演浚县前河,东达运河。

● **淳祐六年**(1246 年)　澉浦港(包括乍浦在内)置市舶宫,十年置场。乍浦开港。

● **景宁中**(1262 年)　建刘王庙,每年正月二十为开印,入月十四日为诞辰。届期凡江浙之渔船咸集荡中(今市郊荷花乡刘王庙址),数以万计,演剧献牲,岁以为例。至二、三月之交,集船多于前数,谓网船会。

元

● 前期，乍浦设市舶司管理港务。

● **至元时**(1264—1294 年)　嘉善境内有递铺三处魏塘铺、张泾汇铺、枫泾铺。

● **至元十四年**(1277 年)　澉浦港扩大码头，改市舶场为市舶司，管理进出口关税贸易。

● **至元二十一年**(1284 年)　县尹顾泳重修自盐官至华亭县界捍海塘。

● **大德二年**(1298 年)　改澉浦市舶司隶属庆元(今宁波)市舶提举司。

● **至正年间**(1341—1368 年)　干窑北齐桥，天凝中正桥，里泽屠泾桥，靑山通济桥，罗星童典史桥皆建于该年代。

● **至正二十年**(1360 年)　元政府向张士诚征粮，集浙西米 11 万石，从澉浦港装船，海运至京。

明

● **洪武元年**(1368 年)　二月，发松江、嘉兴民夫二万，开上海县胡家港自海口至漕泾，1200 余丈，阔 20 丈，以通海船，并浚海盐澉浦河。

● **洪武十四年**(1381 年)　置河泊所。

● **洪武十五年**(1382 年)　乍浦市舶司改为河泊所，宣德(1426—1435 年)初裁撤。

● **洪武十九年**(1386 年)　在乍浦改建千户所，筑城 9 里，又筑捍海石塘，联络雄峙。

● **永乐五年**(1407 年)　修吴江、昆山、华亭、钱塘、仁和、嘉兴堤岸。

● **永乐九年**(1411 年)　修长洲(今苏州)至嘉兴石塘、土塘、桥函 70 余里，泄水洞 121 处。

● **宣德五年**(1430 年)　大理寺卿胡概巡抚东南，以嘉兴地广赋繁，析其东北境为嘉善县，建治魏塘镇。

● **景泰元年**(1450 年)　建秀城桥。

● **弘治七年**(1494 年)　治浙西水利，次年四月告成。又浙江参政周季麟修嘉兴旧堤 30 余里，易之以石。

● **成化十二年**(1476 年)　冬，极寒，冰凝逾月，舟楫不通。

● **嘉靖二十五年**(1546 年)　崇德县筑城亘运河东，于城外别开一河，以通漕运。

● **嘉靖二十六年**(1547 年)　嘉兴知府赵瀛浚治运河，筑语儿塘。疏浚市河，将淤泥垒于南湖，筑湖心岛。

● **嘉靖二十八年**(1549 年)　冬，巡盐御使董威浚盐运河 12 里。

● **嘉靖三十二年至三十五年**(1553—1556 年)　倭寇犯乍浦，烧杀抢掠，港务衰落。

● **嘉靖三十四年**(1555 年)　三月，嘉善县城建成。

● **嘉靖三十六年**(1557 年)　在乍浦设下关，以通海外。

● **嘉靖四十三年**(1564 年)　郡侯吴国仕自杉青闸直抵王江泾一带，官塘旧土石倾圮尽，以石筑塘，不惟牵挽平坦，而西来之水籍以节宣，免溢涸之患。

● **万历元年**(1573 年)　崇德县令蔡贵易浚运河，自彭河桥至羔羊，凡 20 里。

● **万历三年**(1575 年)　正月，嘉善知县李仕华倡建于嘉善南门渡口的一孔石拱桥落成，名见龙桥。

● **万历二十年** (1592 年)　水利佥事薛梦雷檄县令李培，起陡门至王江泾界，集附近居民疏浚。

● **万历三十九年至天启元年**(1611—1621 年)　知府吴国仕建长虹桥，该桥为三孔石拱桥。

● **万历四十四年**(1616 年)　桥南建三官堂，民间又称三官堂桥。

清

● **顺治元年**(1644 年)　开金山渠，自黄姑塘经全公亭至金山卫。

● **顺治十八年**(1661 年)　清政府第一次实行海禁，不准片板入海，历时 23 年。

● **康熙十二年**(1673 年)　水溢塘圮，秀水知县季见龙修筑帮涧堤岸。

● **康熙二十三年**(1684 年)　驰海禁，乍浦港复兴，至乾嘉之世鼎盛。同年，乍浦观山顶建普照庵，夜设竿灯，以照行舟。

● **康熙三十二年**(1693 年)　县令吕犹龙倡建三孔石拱桥，里人称为吕公桥。

● **康熙四十四年**(1705 年)　三月，南巡御舟，由松江循华亭塘至枫泾，经武塘(今魏塘镇)而至嘉兴。

● **康熙四十六年**(1707 年)　十一月，福浙总督梁乃鼎奉旨发帑疏浚杭嘉湖三府支河港荡，巡抚王然题明动帑，委嘉兴府知府藏宪祖开浚淤浅处，西丽桥 85 丈，北丽桥 95 丈，端平桥 85 丈，浚深俱 5 尺，广皆 5 丈有奇。又浚各乡诸港，于是蓄水溉田，舟楫往来，农商皆庆。

● **康熙四十九年**(1710 年)　乍浦出口港 10 万石。

● **康熙五十四年**(1715 年)　中日议定于日本长崎港进行铜勋贸易，乍浦港为中国铜船赴日主要港口。

● **康熙五十五年**(1716 年)　西塘竹匠朱公传“披剃为僧”，募建卧龙桥落成。

● **康熙六十年**(1721 年)　春，知府吴永芳捐奉兴工修筑苏杭驿路南塘加石培土，令益高厚；北塘自城外至王江泾 30 里于旧塘外增筑石岸。

● **雍正年间**(1723—1735 年)　过塘行许大隆、陈永茂、朱世丰先后设于乍浦。

● **雍正五年**(1727 年)　奉旨发帑开浚河道，修理城亘堤岸，巡抚李卫委员，修筑西北二路堤岸，行旅往来称便。

● **乾隆五年**(1740 年)　澉浦僧大矶募数千两白银，雇工修筑乍浦四牌楼至海口道路。

● **乾隆十四年**(1749 年)　同知叶齐于外蒲山顶建屋三揑，植木悬灯照海舟。

● **乾隆三十五年**(1770 年)　知县王士瀚开县东角里街自熙春桥至东津亭。

● **乾隆五十八年十月二十日**(1793 年 11 月 23 日)　南京王开泰寅二号商船从乍浦远航日本，载去《红楼梦》九部十八套。

● **嘉庆元年**(1796 年)　嘉善普明寺僧超凡募资，抒长约 3 公里的穿城大街，由拳石改铺条石。

● **道光二十一年**(1841 年)　一月七日，英船数十只驶至乍浦，停泊灯光山外，次日退至秦驻山，第三天进泊菜齐门向乍浦发炮，旋退。

● **道光二十二年四月初九**(1842 年 5 月 18 日)　英兵船在旧金家湾列阵相攻，既以小艇分兵由花鱼嘴登岸，抄出山后，薄城遂陷。英国侵略军大肆杀戮劫掠，在洋停泊之战船商船，或被所掳，或被所毁，损失巨大。

● **道光二十九年**(1849 年)　六月，浙西海宁、海盐等县，大雨弥月，洪水猛涨，遍地巨浸，船摇宅上，浮尸累累。

● **咸丰二年**(1852 年)　改漕运由河运为海运，试行招雇商船由江苏之上海出洋，以达天津。

● **咸丰六年**(1856 年)　亢旱水涸，石门知县丁溥开浚运河，自玉溪至羔羊堰十北水南来，溉田数万顷，塘东西赖之，岁仍有秋。

● **咸丰九年**(1859 年)　重建当湖(平湖)迎恩桥，改名当湖第一桥。

● **光绪八年**(1882 年)　国营招商局的“翔凫”号轮船航行于硖石至上海之间，途经嘉善，嘉兴，硖石等码头设员专司码头的航政管理工作。

● **光绪二十一年**(1895 年)　邑绅王铭贵创办王升记轮船局，辟平申航线。

● **光绪三十一年**(1905 年)　七月二十四日，为抵制英帝掠夺苏杭甬铁路权及美帝索要浙赣路权，浙江绅商在上海集议拒绝向英、美借款，决定浙江自造铁路，创设浙江全省铁路有限公司，公举开缺盐运使汤寿潜为总理。浙籍宦官朱锡恩等入奏，请将苏杭甬铁路早得撤废，英人不肯废约。

● 是年十二月，英商怡和洋行开辟由福州至乍浦的航线。

● **光绪三十二年**(1906 年)　九月，沪杭铁路浙路兴工修筑。

● **光绪三十三年**(1907 年)　正月，沪杭铁路苏路开工。

● **光绪三十三年**(1907 年)　三月，西塘、枫泾、魏塘、下甸庙等地学校和商界人士，开会集股，支持江浙二省自建铁路以反对英帝国主义夺取路权的斗争。

● 是年三月，沪杭铁路沪嘉段开工兴筑。

● **光绪三十四年**(1908 年)　沪杭铁路杭州至长安段通车。

● **光绪三十四年**(1908 年)　四月十二日，上海至枫泾段铁路竣工通车。

● **宣统元年**(1909 年)　四月十五日，杭州至嘉善铁路建成通车；至枫泾段建成通车。嘉善火车站建于城东北张丰村。又自车站新筑长约 1300 多米的泥结碎石大路，直通东门大街，是为嘉善第一条“马路”。

● **宣统元年**(1909 年)　七月二十八日，沪杭铁路在枫泾接轨，全线通车。

● **宣统元年**(1909 年)　四月十五日，沪杭铁路杭(州)嘉(兴)段告竣列车通至嘉兴。同年，八月十三日沪枫、杭枫段在枫泾接轨。同年，九月十二日，苏、浙两路互售火车票，沪杭铁路全线贯通。

● **宣统三年**(1911 年)　八月，乍浦外海轮局辟乍浦至镇海航线。

中华民国

民国元年(1912 年)

● 嘉善人许振祥仿上海黄包车式样，自制 15 辆出租，嘉善始有黄包车。

民国 2 年(1913 年)

● 6 月 15 日，新增嘉兴至平湖轮船 1 艘开驶。

● 是年，苏省铁路公司及浙省铁路公司同意将沪杭铁路全路让为国有。

民国 3 年(1914 年)

● 1 月，苏省铁路(上海至枫泾)由商筑收归国有，改名沪枫铁路。

● 4 月 11 日，袁政府交通部与商办浙江全省铁路有限公司股东代表签订了《接收商办浙江铁路合约》，将杭州至枫泾段铁路交归国有，公司所有股本由政府偿还。

●6月18日，商办浙江全省铁路有限公司改名为交通部直辖甬嘉铁路管理局。

●10月24日，将沪枫、甬嘉两路实行统一，改称交通部直属沪杭甬铁路管理局，设总局于上海。

●上海闵南轮局3艘客轮行驶申平线。

民国6年(1917年)

●10月3日，即农历八月十八日，沪杭铁路上海站添挂车，有二等客车7辆，专列接送观潮旅客。

民国7年(1918年)

●夏，应嘉善商会会长朱循柏的请求，次年夏在火车站月台西首的钢架松木梁板人行天桥建成。

民国8年(1919年)

●9月10日，嘉善、枫泾车站全体职工，参加"五四"以来沪杭铁路工人罢工，全线交通停顿。

民国10年(1921年)

●8月初，中国共产党第一次全国代表大会会议进行到最后一天，由上海转移到嘉兴南湖一艘画舫上继续举行，在这里宣告中国共产党诞生。

●10月，孙中山之《建国方略》出版，提出建议"以乍浦为港之正门"的东方大港的宏伟计划。

民国11年(1922年)

●6月4日，嘉兴通益、同利、翼轮、双利、四达、利济等6个小车公司车夫举行罢工，要求增加收入。罢工结果以车价加二成，于同月6日出车。

民国12年(1923年)

●6月1日，重订沪杭铁路货物运价。

●10月10日，嘉兴南汇至嘉兴开驶汽轮。

●11月17日，嘉兴商民购永济轮，行驶嘉兴至濮院、陡门等地，每日两班。

●是年，重订沪杭铁路客运运价。

●是年，公布浙江省修建公路省道地方团体及商人承筑条例。

民国13年(1924年)

●9月，江浙军阀齐建元、卢永祥混战，沪杭铁路遭受破坏，交通中断。10月，战争结束。12月，通车始正常。

●9月23日，沪杭铁路王店与嘉兴间78号钢桥和嘉兴东门菱塘桥(即71号桥)均被炸坏，上下行客车停驶。两桥分别于10月2日和10月12日修复通车。

●10月26日，嘉兴至嘉善开驶汽轮。

●11月3日，嘉兴至上海开驶汽轮。

●12月26日，孙传芳调兵数千人上午起分批赴嘉兴，嘉兴船只被封征用，嘉平、嘉乍各轮及各种汽轮、航船、人力车等停驶。

民国14年(1925年)

●11月，平湖人张丰受、韩怡民、胡谨修创办平沪轮局，由平沪号客轮行驶平申线。

民国15年(1926年)

●11月，夏超宣布浙江独立。孙传芳部宋梅村旅，与驻防嘉善的省保安队，在九里湾发生战斗，铁路行车中断数天。

●12月，沪杭路客车不通，嘉兴拉夫，劳动苦力被拉者一千余人。内河小轮，全部被部队封用。

●是年，乍浦福履人力车公司开业。

民国16年(1927年)

●7月，杭沪公路(杭州至金丝娘桥)商筑杭海段(杭州至海宁胡家兜)18.28公里竣工通车。

●7月，嘉兴市境第一条公路——宁(盐官)长(长安)公路由"宁长汽车股份有限公司"筑成通车，经营客货运输。

民国17年(1928年)

●3月，开始对城区西起安桥，东至日晖桥一线的18座石桥，改低铺平，使黄包车可以通行。

●6月，商筑宁袁公路(盐官至闸口)23.97公里竣工通车。

民国18年(1929年)

●春，里人重建马厩庙大桥。

●是年起，嘉善陈长明、西塘宋连生、金泽马五二最早用旧汽车引擎改装原航快船为"汽油班"客轮。

民国19年(1930年)

●1月12日，嘉兴天气奇寒，连日降雪，河道冻冰，内河小轮船均停驶。

●4月1日，杭平公路闸口至乍浦段土路(45.89公里)建成通车。

●4月1日，杭州至乍浦公路通车营业，为平湖公路客运之始。

民国20年(1931年)

●1月23日，沪杭甬铁路管理局于七星桥设计建造车站，开始打桩、填土。

●7月中旬，嘉兴连日露雨，河水陡涨，北乡一带已成泽国，阡陌不分，各埠小汽轮停驶。

民国21年(1932年)

●10月10日，乍浦至金丝娘桥公路建成，沪杭公路全线通车。

●同月，乍浦至县城公路建成通车。

民国22年(1933年)

●春，西骑雁塔寺住持僧德均，倾其私蓄，将塔湾街长约百米路段铺上条石。

●4月，嘉兴汽车站建成，站址在环城东路。

●6月18日，乍嘉公路嘉兴至王江泾段竣工通车。

●6月21日，城区黄包车夫罢工，在资方同意减租后复工。

●7月，浙赣铁路与京沪、沪杭甬铁路签订协议，办理货物联运，嘉兴、硖石、长安、王店分别列为指定站之一。

●是年，江苏省建设厅与浙江省建设厅订约，以闵行至金丝娘桥一线互通王江泾至嘉兴一线，相互取得行驶路权，订期4年。

民国23年(1934年)

●1月1日，乍王公路平湖至嘉兴段建成，使杭金公路与苏嘉公路衔接。

●2月，平湖至嘉兴公路建成。

●3月16日，嘉兴北门望吴桥设汽车分站，站址在望吴桥西利益丰酒店内，并于当日售票。

●4月，浙江省公路管理局与沪闵南站长途汽车公司暂定联运票价暨时刻表。

●7月16日，乍王公路平湖至嘉兴段正式通车。

民国24年(1935年)

●2月，苏(州)嘉(兴)铁路开工修筑。

民国25年(1936年)

●4月28日，苏嘉铁路74.4公里，全线接轨。

●5月，苏嘉公司向江苏省建设厅租借苏嘉线，计长76公里签订专营合同。

●7月15日，苏嘉铁路举行通车典礼。

●7月，苏嘉公路由公营转为商办，原湖嘉、苏嘉两公司合并改称"湖嘉苏嘉两路长途汽车公司"。

●11月15日，湖嘉路长途汽车公司在湖州汽车南站举行通车典礼。

●11月16日，杭善路(杭州至枫泾)82.33公里竣工后正式通车。次年上半年延伸至枫泾。

民国26年(1937年)

●抗战爆发，战区各商办长途汽车公司先后停业。

●9月，为准备抗战突击修建的焦善(嘉兴焦山门至嘉善)、善西(嘉善至西塘)二条简易公路竣工。

●11月15日，日本侵略军进入嘉善，县城沦陷。

●11月18日，日本侵略军从金山卫登陆后，嘉兴被日军侵占。

●是年，修筑善西公路(嘉善—西塘)长11公里，为嘉兴区军事临时路。

民国29年(1940年)

●乍浦港被日军封锁，海上断航，延续三年。

●海盐县政府组织钱江交通船队，航行于海盐至余姚间。

民国30年(1941年)

●8月20日，日本侵略军军用车一列在苏嘉铁路嘉兴北郊被预埋地雷击中，两个车头被震入河中，敌军伤亡百余人。

民国31年(1942年)

●3月，交通管理处改订公路票价，每客每公里5角，行李每5公斤每公里5分。

●9月21日，由于汪伪进行"清乡"，苏嘉、沪杭两铁路交通中断，嘉兴至各地水陆交通均被封锁。

民国33年(1944年)

●苏嘉铁路被日本侵略军拆除，钢轨、钢梁、枕木等被运往津浦线使用。

●4月28日，平湖开嘉兴早班轮船途中遇日本侵略军与抗日游击队战斗，乘客死12人，伤数人。

民国35年(1946年)

●4月25日，嘉善开平湖合兴客轮，在白水塘遭土匪抢劫。匪徒开枪打死打伤男女乘客各一人。

●5月，苏嘉湖嘉汽车公司苏州至平望段营业通车。

●8月，苏嘉湖嘉汽车公司平望与南浔段复业通车。

●12月，苏嘉湖嘉汽车公司由平望延伸至嘉兴，苏嘉全线通车。

●12月，湖州开上海客轮，途经北祥符荡时，被匪徒抢劫，损失千万元。

●12月25日下午，山阳班航船在白狮港被5犯拦劫，船员6人及旅客4人惨遭杀害。翌年，凶犯先后被捕判刑。

民国36年(1947年)

●4月，苏嘉湖嘉公司职工为司机关隘道被无辜拘捕事，组织罢工请愿。

●7月14日，嘉兴新昌车行三轮车20辆检验获准，正式给照行驶。

●9月1日，湖嘉、苏嘉路长途汽车公司与京沪区铁路管理局洽办旅客和行车联运。

●是年，乍浦镇士绅徐清杨在灯光山重建石台灯塔，每晚有专人点灯，山腰建凉亭。

●是年，平湖源锢、大康福、国泰新轮船公司创办，均开平申夜班，以货运为主。

民国37年(1948年)

●4月，苏嘉湖公司与浙江省公路局续订"承办苏嘉线王嘉段客运业务合约"。

●6月，嘉兴县南湖游船商业同业公会办理的帆船登记，检发申请表71份，实际核发66份。

●是年，澉浦至余姚有4艘民船往来行驶。

民国38年(1949年)

●4月21日上午，洽泰客轮在嘉善驶往西塘途中，遭匪徒五人洗劫，旅客被抢去金饰、银元、现钞甚多。

●5月，乍嘉公路东王坟桥为国民党军队烧毁，交通中断。中国人民解放军第三野战军自杭州方面向上海挺进，于5月4日解放桐乡，7日解放嘉兴、海宁，11日解放嘉善，11日解放平湖，14日解放海盐。

●5月8日，华东军区杭州军事管制委员会财经部铁道处接管沪杭甬铁路杭州至嘉兴段。

●6月3日，杭金公路(现杭枫公路)杭州至嘉兴段抢修完竣，通车。

●7月17日，顺兴号客轮从嘉兴驶往上海，途经枫泾，遭遇空袭，客轮因躲避飞机而失控翻沉，旅客死亡17人(其中孕妇1人)。

●8月1日，沪杭铁路修复通车。

●9月，嘉兴至乍浦公路木桥完成抢修。

●9月，市区码头工人组织起来，成立码头工会。

中华人民共和国

1949年

●10月1日，平湖县人民政府实业科成立，兼管交通。

●11月，市区人力车工人组织成立人力车工会。

●11月，嘉善县人民政府奉命，组织解放舟山后勤中队，先后动员民船近百艘，装运大米到乍浦，将其中15吨以上民船20余艘翻过海塘入海，演习装备、连结，参与解放舟山战役。

●12月，成立浙江航务管理局浙西航务管理所嘉兴分所，负责本地各港埠航运航线与船舶的检查，发放航运证件。嘉兴分所辖嘉兴、桐乡、海宁、嘉善、平湖、海盐。

●12月，市区建筑搬运工人组织成立建筑搬运工会。

1950年

●3月，中国人民解放军上海市警备区2辆水陆两栖坦克交申平线夜班船拖运平湖转乍浦，拖运途中拖缆折断，坦克进水下沉。

●3月，市区砻糠搬运工人组织起来，成立砻粮搬运工会。

●5月7日，嘉兴市搬运工会(筹)成立。

●6月，公营浙赣运输公司嘉兴分公司成立。

●6月，省交通管理局核准，交由苏嘉湖公司开驶客运班车，唯杭州至乍浦线有省交通公司行驶客车。

●10月1日，国营华东联运公司浙江省公司嘉兴办事处成立，经营水陆联运兼办押汇保险，地址在建国路360号。

●10月8日，嘉兴市搬运公司(筹)成立，军代表董奎富任筹委主任。

●10月10日，浙江省航运公司嘉兴营业处成立并开业。工农业处与省航管局嘉兴分所合并办公。

●是年，由搬运公司在嘉兴火车站西侧，开辟铁水中转港，担负货物的起水进站，出站下水中转运转业务。

1951年

●1月1日，省航运公司嘉兴营业处与省航务局嘉兴公所、国营华东联运公司嘉兴办事处合并办公，成立国营华东内河轮船公司嘉兴营业处。

●12月1日，公营浙赣运输公司嘉兴分公司并入华东联运公司嘉兴办事处。

1952年

●11月1日，乍(浦)平(湖)嘉(兴)公路42.13公里工程改建开工。

●12月20日，嘉兴市在全省首先实行浙西木帆船统一运价试点。

1953年

●1月15日，国营华东联运公司浙江省公司嘉兴办事处升级为浙江省联运公司嘉兴分公司，经管原嘉兴、湖州办事处及所属各联运站。

●2月，结合“镇反”“三反”运动，水陆交通单位开始进行民主改革，陆续建立水上治安管理制度，自己制定制度和建立船民协会。

●6月1日，嘉兴联运分公司并入浙江省航运管理局嘉兴分所。

●7月1日，成立浙江省航运管理局嘉兴航运管理处。

●7月25日，经过水上民主改革，木帆船联合运输社一律改称民船联合运输社。

●9月3日，改建乍(浦)平(湖)嘉(兴)公路工程竣工。

●11月1日，浙江省公路运输局杭州运输处嘉兴中心站成立，经营杭州至乍浦、嘉兴至乍浦客运。

●11月，乍(浦)平(湖)嘉(兴)公路恢复营运。

1954年

●3月，嘉兴航区水上运价第一次调整公布。嘉兴专区39个民船联合运输社(其中30个社、3个组、1个竹筏联运站)全部撤销。

●5月，杭嘉湖地区发生特大洪水，嘉兴各地抽派轮船、驳船、民船抢运低仓物资和抗洪救灾物资。

●8月，嘉兴专署设立交通运输管理局，在嘉兴市芝桥街。

●9月，海宁县长安镇船民子弟学校正式开学，为嘉兴市船民办学之始。

●是年，嘉兴市私营轮船业进一步实行社会主义改造，进行分行分业联营，嘉兴有7家轮船行联营。

●是年，崇德造船厂建立，为建国后全市最早的造船厂。

1955 年

●4 月 16 日，嘉兴市区第 1 路公共汽车开驶，自环城东路老汽车站经第一百货公司、火车站等站而至东栅。

●5 月 1 日，公私合营嘉兴轮船公司成立。

●是年，嘉兴航运管理处与华东内河轮船公司嘉兴营业处合署办公，实行两块牌子，一套班子。

1956 年

●1 月 1 日，嘉兴市第一造船生产合作社成立，入社社员 80 余人。

●1 月，嘉兴市航快船运输合作社成立，有社员 384 人，拥有木质船 66 艘、552 吨。

●7 月 1 日，嘉兴市第二造船员生产合作社成立，以修造农船为主，兼营租赁船舶。

●8 月 1 日，强台风过境，最大风力 11 级以上，公路水毁，航运中断，损失巨大。

●是年，交通部部长章伯钧视察嘉兴交通航运工作。嘉兴县搬运公司购置三吨货运汽车 1 辆，为建国后全市第 1 辆货运汽车。浙江省轮船公司嘉兴分公司撤销并入嘉兴市航运管理处。

1957 年

●6 月 25 日，嘉兴至濮院行驶客运班车，每日往返 3 次。

1958 年

●1 月 1 日，撤销浙江省轮船公司嘉兴营业处，成立浙江省嘉兴区航运局，同时成立嘉善、平湖、海宁、崇德营业站。

●4 月，嘉兴区航运局所属嘉兴客运营业所成立，下设新市、乌镇两工作组。

●6 月，嘉兴区航运局修船厂建立。

●7 月 1 日，铁路嘉兴中心站从长安镇迁移至嘉兴办公。嘉兴第一、第二两个造船生产合作社合并成立嘉兴造船合作工厂。

●9 月 25 日，嘉兴县地区国营嘉兴交通运输公司成立(由嘉兴市县水陆运输企业合并组成)。

●11 月 1 日，撤销嘉兴和湖州航运管理局，成立嘉兴专区航运公司统一管理和经营全区航运业务。

●11 月 24 日，成立嘉兴专区公路运输公司，下设湖州、嘉兴、孝丰等三个中心站。

●11 月，嘉善县并入嘉兴县，崇德县并入桐乡县，海盐县并入海宁县。成立嘉兴县三轮车小货车服务站。

●12 月，嘉兴交管局随行署迁址，从嘉兴西迁，改驻湖州市闻波斗。

●是年，成立嘉兴市交通运输指挥部，以协调铁、公、水运输。

1959 年

●2 月 19 日，铁路嘉兴站调车不当，发生车辆正面冲突，调度员魏炳奎碰死的重大事故。

●3 月，闸皇公路(闸口—金扬)修复通车，硖(石)闸(口)支线行驶客车。

●5 月，嘉兴汽车客运班车由濮院延至桐乡、崇福。

●9 月，由嘉兴县交运公司船厂承建"中共一大"纪念船(仿制品)——单夹弄丝网船于国庆十周年前夕完工，锚泊于南湖革命纪念馆湖滨展出。

●是年，嘉兴市物价委员会、嘉兴市交通局制订《嘉兴市搬运装卸费率计算标准和管理规则(试行草案)》。

1960 年

●3 月 28 日，嘉兴专区航运公司抽调人员成立航道养护队，承担浙西航区专业疏竣、打捞、航标和桥梁工程养护任务。

●12 月，红旗塘开挖工程竣工，全长 21 公里。

1961 年

●2 月 15 日，普降大雪，20 点 45 时始铁路通讯中断，至 18 日凌晨才修复。此间影响列车 118 列，经济损失 6 万元。

●5 月，恢复船舶进出口签证制度。

●5 月，嘉兴地区行署交通管理局撤销，建立专署工交办公室。

●9 月 16 日，铁路南湖站正式办理行车。

●11 月 15 日，嘉兴航快船运输站成立，拥有货轮 4 艘、货驳 74 艘。

●11 月，嘉兴专区航运公司改称嘉兴区航运局。

1962 年

●8 月 1 日，浙江省杭嘉湖航运局嘉兴分局成立。

1963 年

●1 月 24 日，撤销浙江省杭嘉湖航运局嘉兴分局，恢复成立嘉兴区航运局。

●1 月，地方国营嘉兴交通运输公司体制开始分解与转化，原货运站(航运)、造船厂和嘉兴县搬运公司合并为嘉兴县运输公司(集体企业)。

●12 月 21 日，铁道部代部长吕正操一行到周王庙等车站检查工作。

1964 年

●4 月，嘉兴市水泥造船厂(由南门造船社合并而成)建立，为浙江省定点生产水泥船的重点骨干企业，专业生产钢丝网水泥船。

●10 月 1 日，海宁第一艘新型钢质客轮"百灵"号投入营运，该船系省交通厅生产的第一艘新型客轮。

1965 年

● 1 月 1 日，嘉兴区航运局更名为浙江省轮船运输公司嘉兴分公司。

● 11 月，嘉兴航运管理处对开辟定期定线机动船、航快船规定审批权限。

● 是年，木帆船运输一社、二社合并为木帆船运输社。

● 嘉兴辖境公路归嘉兴养路总段管养(设海宁、嘉兴两工区)。

1966 年

● 1 月 1 日，浙江省轮船运输公司嘉兴分公司更名为浙江省航运公司嘉兴分公司。

● 3 月 10 日，嘉兴县物价委员会、嘉兴县交通局联合颁发《嘉兴县城镇搬运装卸运价计算管理试行规则》。

● 10 月，嘉兴县木帆船运输社改名为嘉兴县木帆船运输站。

● 同年下半年，“文化大革命”开始，交通运输生产秩序失常。

1967 年

● 8 月 15 日，嘉兴“造反派”武斗，二派对垒，浙航嘉兴分公司全部客货轮停航达 4 天之久，造成巨大经济损失。运输公司礼堂被焚。

1968 年

● 2 月 26 日，武斗使客货轮船全部停航，持续 2 天。

● 8 月，由各街道搬运站合并建立嘉兴镇东方红运输装卸站。

● 12 月，嘉兴县运输公司更名为嘉兴县红旗运输公司。

1969 年

● 是年，在平湖宝塔桥设立嘉兴第一个航标站，由平湖航运管理站代管。

1970 年

● 4 月，嘉兴地区革命委员会生产指挥组建工业局，交通归口工业局。

● 7 月，杭州至枫泾公路全线恢复通车。

● 11 月，中共中央 70(34 号)文指示：开展铁路、公路、水路联合运输。嘉兴地区统一运输指挥部成立，货运实行“五统”管理，客运实行铁、公、水一条龙服务。

● 是年，新建于环城东路的嘉兴汽车站竣工并投入使用，站屋 794 平方米。

1971 年

● 6 月，嘉兴县联合运输指挥部成立。

● 7 月，嘉兴地区革命委员会生产指挥组交通邮政局成立。

● 嘉兴至西塘公路始告修复，属平丘四级公路标准。

● 10 月，嘉兴地区统一运输指挥部成立，统一领导水陆联运工作。

● 11 月 6 日，设嘉兴客运联合售票处于建国路 189 号，预售铁路、公路、水路客票和“一条龙”联运客票。

● 12 月，全省航道养护工作会议在平湖举行。

1972 年

● 1 月，撤销嘉兴养路总段，按行政区域划分以县为单位，分别成立嘉兴、平湖、嘉善、桐乡、海宁、海盐等 6 个公路段，实行块块管理。

1973 年

● 1 月 1 日，嘉兴地区交通邮政局、农业局发出通知：对手扶拖拉机纳入机动车管理范围、无牌证的不准在公路上行驶。

● 4 月 15 日，上虞县百官外海运输社“浙虞 3 号”机帆船在海盐白塔山触礁，6 名船员全部遇难。

● 10 月 1 日，嘉兴地区交邮局撤销，嘉兴地区革命委员会交通局建立。

● 12 月，嘉兴航道桥梁队成立，专门承担跨航道桥梁建造和危险桥梁的改建工作。

1974 年

● 10 月，浙航嘉兴分公司以“厂社挂勾”形式，联办余新水泥造船厂，专门为嘉航分公司制造 60 吨水泥驳及维修货驳。

1975 年

● 3 月，杭金公路乍浦至金丝娘桥段开始改建沥青路面，计 21.5 公里。1977 年 7 月竣工。

● 7 月，上海金山石油化工总厂陈山原油码头建成投产，投资 5300 万元。

1976 年

● 4 月 20 日，海宁县建成长安船闸，并投入使用。

● 5 月，嘉兴县航管部门投资 13 万元，由省航道大队“红武”号绞吸式挖泥船机械施工疏浚斜桥市河黄墩港口至东环桥河段，于 1977 年 11 月结束。

● 5 月，嘉、沪投资 50 万元，筹建新仓朝阳船闸。建成后 60 吨级轮驳船可通过朝阳船闸经麻泾港，径至硖石，通过长山河，入大运河直达杭、嘉、沪、苏等地。

● 10 月，桐乡县修建杭申甲线上的羔羊大桥。大桥全长 61 米，桥高 4.27 米，桥面宽 5.5 米，可通行汽车。

● 是年，“航运工会”名称恢复为“中国海员工会”。

1977 年

● 下半年，嘉兴县交通局开始改建嘉兴—南汇航线的太平桥；硖石—平湖航线的甲类桥；嘉兴—新篁航线的永新桥、杨庙桥；新塍—濮院航线的道成桥 6 座桥梁。桥梁改建工程 1978 年年初完成。

● 冬，嘉善县水利局对流经大云、大通的中心河进行拓浚，投资 30 万元。

● 年末，斜桥市河疏浚工程动工，次年初竣工。疏浚后的斜桥市河通航能力达 100 吨级。

● 12 月 11 日至 14 日，省航运局在嘉兴召开会议，对嘉兴木帆船运输站船厂试制 15 吨机动驳船进行技术鉴定。会上还推广了柴油机惯性增压新技术。

1978 年

● 12 月 28 日，人工开挖长山河，自桐乡县起龙桥始，经海宁至海盐澉浦长山闸入海，挖土 1160 余万立方米，全部竣工，长 41.3 公里，开坝放水。工程计 43 天，用工 586 万工日，为建国后嘉兴地区最大水利工程。

● 是年，嘉兴航快船运输站更名为嘉兴县第三航运公司。

● 是年，铁路嘉兴火车站发展集装箱运输，陆续有 1 吨、5 吨集装箱到发。

● 是年，嘉兴地区革命委员会撤销，建立嘉兴地区行署，并成立嘉兴地区交通局。

1979 年

● 1 月，重建嘉兴地区公路总段。

● 3 月，嘉兴汽车中心站开展旅游业务，配置专用车辆，开辟嘉兴至苏州、无锡、宜兴(善卷洞、张公洞)几日游客运等路线。

● 4 月，嘉兴县红旗运输公司撤销，分别成立嘉兴县搬运装卸公司、嘉善县搬运公司、嘉兴县造船厂、嘉兴县汽车修造厂等 4 个单位。开辟平湖至嘉兴、石门、崇福、杭州路线。

● 8 月，嘉兴县木帆船运输站更名为嘉兴县第二航运公司。

1980 年

● 2 月 1 日，杭嘉湖地区内河航运试行省交通局颁发的《浙江省内河货物运价规则》和《杭嘉湖内河货物运价》，调整改革后的货物运价比原运价提高约 10%。

● 6 月，机关、企事业单位汽车由公路运输管理站统一调配管理，参加社会物资运输，以弥补专业汽车货运力量的不足。

● 7 月 10 日，嘉兴县交通局、嘉兴县公安局联合制订《嘉兴港内河航行、停泊暂行规定》，于同年 8 月 1 日起执行。

● 8 月 22 日 16 时 14 分，海宁县许村公社社办丝厂一艘水泥挂浆船 72 人落水，其中 26 人(男 2 人，女 24 人)遇难。

1981 年

● 5 月，嘉兴县改为县级市，经调整，建立嘉兴市航运公司。

● 8 月，嘉兴县搬运装卸公司更名为嘉兴市运输装卸公司。

● 同月，嘉兴县三轮车、小货车服务站更名为嘉兴市第二运输装卸公司。

● 10 月，嘉兴镇东方红运输装卸站更名为嘉兴市第三运输装卸公司，并开始办理汽车集装箱运输。

1982 年

● 5 月 26 日，嘉兴市造船厂制造 20 吨级钢质机动驳船，一次试航成功。

● 是年，经省府批准，从 3 月 1 日起，嘉兴地区按运费 3%征收航道护岸费，由航运管理部门负责代征。

1983 年

● 1 月 1 日，试行杭嘉湖内河货物运价里程。

● 9 月 20 日，撤地建市后，嘉兴市交通局挂牌筹建，局址在公园路口的郊区交通局内临时办公。

● 10 月 21 日，撤销嘉兴地区公路总段，建立嘉兴市公路段。

● 10 月 22 日，建立嘉兴市车辆监理所。李水法任所长，费国林任副所长。

● 10 月 23 日，嘉兴市人民政府任命来益人为嘉兴市交通局副局长，主持全面工作及着手组建嘉兴市交通局。

● 10 月 27 日，浙江省汽车运输公司嘉兴分公司成立。

● 12 月 8 日，嘉兴市人民政府任命房爱民为嘉兴市航运管理处主任。组建嘉兴市航运管理处。

● 是年，嘉兴市个体户唐根生购置 1 辆 3 吨钱江货车，从事个体货运。

1984 年

● 1 月 8 日，桐乡县永秀乡个体户无证驾驶 7 吨挂桨机船载客 68 人，由境内义马驶往崇福，在崇福跃进桥出口与杭申甲线过往船只相撞后沉没，所载乘客全部落水，其中 14 人溺亡。

● 1 月，嘉兴市公共交通公司成立。

● 7 月，嘉兴市物价局、交通局联合发文，通知执行浙江省关于“水上货运实行浮动运价的通知”，市内河航区范围内起运的水运货物，一律按杭嘉湖内河货物运价吨的运价率向上浮动 10%计费。

● 9 月 27 日，中国共产党嘉兴市交通局委员会成立。

● 11 月 5 日，嘉兴市公路运输管理处成立，人员编制暂定 4 人。

● 12 月 4 日，嘉兴市人民政府办公室发文，成立嘉兴市独山、乍浦港建港领导小组，副市长赵冰任组长，交通局局副局长来益人兼办公室主任，下设办公室。

● 是年，嘉兴郊区联营公司建立。

1985 年

●1 月，嘉兴市汽车技术协会成立，第一届理事长：来益人。

●2 月 26 日，海盐县澉浦东方村谢登国等承包的机动船在澉浦青山头海面，因严重超载，致船翻沉，船上 26 人全部落水，12 人溺亡。

●2 月底，乍浦港建港领导小组上报乍浦港万吨级码头可行性报告。

●3 月 23 日，海盐县横港乡万丰村 7 组唐柏庆等人驾驶的水泥挂浆机船，因船质差和超载等因，在航行途中于胜利村航段沉没，船上 13 人全部落水，其中 10 人溺亡。

●4 月 1 日，嘉兴市区始对三轮客车实行职工个人经济承包。

●5 月 15 日，铁路实行短途货物运输附加费。

●7 月 1 日，海宁市黄湾乡个体户王剑秋购置一辆 50 座客车开驶硖石至上海。

●7 月，杭(州)嘉(兴)湖(州)三市航运管理处联合提出《浙江省杭嘉湖内河货物运输计划管理改革意见》，经省航运局同意试行。

●8 月 12 日，嘉兴市车辆监理所和嘉兴市公路运输管理处合并，成立嘉兴市交通监理处，隶属于市交通局领导。

●8 月 27 日，海宁县 28 个乡镇实现乡乡镇镇通汽车。

●9 月底，乍浦港初步设计会在平湖召开，上报乍浦港初步设计。

●9 月，嘉兴市航运管理处组织航管人员 74 人，启用港监艇在海盐境内航道上，进行规模最大的联合航查。

●10 月 24 日，嘉兴市交通局组织“交通史志编写工作座谈会”在海宁县交通局召开。

●11 月 8 日，G320 国道杭枫公路嘉兴市辖段改建工程指挥部成立，市长周洪昌任总指挥。

●11 月底，嘉兴市交通战备领导小组成立，副市长徐良骥任组长，市交通局局长来益人兼办公室主任。

●同月，嘉兴市首条按交通部平丘三级标准修建的县道湖盐公路(嘉兴段)建成通车。

●12 月 29 日，铁路沪杭复线嘉兴立交桥竣工。

1986 年

●1 月，玻璃钢电动船“南湖一号”“南湖二号”在南湖渡口投入运行。

●2 月 1 日，嘉兴至新篁新线公路客班车试通车。沿途设吴家浜、净湘西、净湘寺等站。

●2 月 20 日，实行新颁发《嘉兴市城、郊区搬运装卸费率计算标准和管理规则》。

●2 月 25 日，交通部计划会议确定：“七五”期间建设乍浦港，并列入 1986 年补助项目，总投资 6500 万元，其中交通部补助 2500 万元。

●4 月 30 日，乍浦港工程指挥部成立，陈先林任指挥，房爱民、马云生任副指挥，俞云芳任顾问。

●5 月 1 日，嘉兴至杭州公路零担货运开行。

●5 月 11 日，新辟嘉兴至芜湖省际公路客运班车，每日开 1 班。

●5 月 23 日，嘉兴市船舶工业公司撤销。

●7 月 14 日，嘉兴市人民政府与省交通厅研究决定，调整、充实 320 国道杭枫公路嘉兴市辖段改建工程指挥部领导成员，总指挥：周洪昌，副总指挥：黄廷兰、卞锁保、杜云昌、徐良骥(常务指挥)，成员增加至 28 人。

●9 月，撤销嘉兴市交通器材公司，成立嘉兴市交通局材料供应站。

●12 月 1 日，新开嘉兴至黄岩公路客运班车。

●12 月 1 日，执行浙江省物价局、省交通厅关于调整内河货物运价的通知。内河货物运价调高 22%。

●12 月 12 日，乍浦港工程指挥部举行乍浦港第一期工程开工奠基。

1987 年

●1 月 1 日，嘉兴市交通机械配件厂更名为嘉兴市汽车传动轴厂。同日，海盐经欤城至硖石新线公路开行客运班车。

●3 月 20 日，嘉兴至常熟行驶客运班车，中途停靠王江泾、盛泽、平望、八坼、吴江、辛庄等站。

●6 月 5 日，新开嘉兴至湖州货运零担班车。

●9 月 20 日，嘉兴市境内短航线客票价调高 40%。

●10 月，嘉兴市交通局迁址中山西路交通大楼。嘉兴市航运管理处、嘉兴市公路运输管理处、嘉兴市交通监理处同时迁入。

●11 月 18 日，执行道路交通管理体制改革方案。市交通局、公安局签署协议，原隶属嘉兴市交通局领导的交通监理部门及由交通监理规费和养路费开支经费的干部、职工成建制移交给嘉兴市公安局。

●11 月 20 日，嘉兴市公路运输管理处、嘉兴市公路稽征处建立。

●12 月 7 日，浙江省汽车运输公司嘉兴分公司管理体制下放为市属企业，更名为嘉兴市汽车运输公司。

●12 月 10 日，乍浦港第一期工程主工程(浅水段栈桥)开工。

1988 年

●6 月 25 日，嘉兴市物价局、交通局发出“关于调整汽车客票票价的通知”，从 7 月 1 日起，按现行票基本票价调高30%。

●7月31日，嘉兴市交通志编纂委员会和办公室成立，并开展工作。

●9月1日，嘉兴市联运公司成立。

●12月19日，浙江省计经委、省物价局、省交通厅颁发《关于整顿公路和航运客运运价的通知》。嘉兴市汽车客运价作相应调整。

1989年

●3月7日，嘉兴市交通局召开各县(市、区)交通局长会议，部署对公路运输中经济违法活动的查处工作。

●3月27日，嘉兴市人民政府办公室发出嘉政办(1989)8号文"关于批转市财税局、交通局《关于嘉兴市城、郊区车辆征收地方道路建设费的规定》的通知"。

●6月25日，嘉兴市人民政府以(1989)65号文，建立乍浦港务局筹建领导小组。

●9月5日，水上客运票价调整，每人公里0.035元。

●10月1日，经浙江省人民政府同意自1989年10月1日起对通过杭枫公路嘉兴过境段的机动车辆征收通行费。

●10月11日，G320国道杭枫线嘉兴过境公路塘汇至七号桥12.1公里提前竣工。

●10月17日，桐乡县羔羊运输队1061号挂机船与嘉善县杨庙乡四达村1390号挂机船在红旗塘相撞，1390号船翻沉，4人溺亡。

●11月5日，位于腾云至栖真公路的南虹大桥正式竣工验收，该桥单跨70米，为全市单跨径最大的公路桥。

●11月27日至12月2日，由省交通厅、省交通设计院、省公路工程处等组成初验小组，对G320国道杭枫公路嘉兴市辖段加宽二级路改造工程进行竣工初验，评为优良工程。

●12月14日，交通部副部长王展意在省交通厅厅长邵尧定陪同下，视察杭枫公路嘉兴市辖段，对加宽二级路改造工程表示满意。

●12月15日，乍浦港第一期工程之一内河港开通。

●12月21日，嘉兴市人民政府与省交通厅在杭州举行公路、航运管理体制下放交接仪式。

●12月23日，嘉兴市公路段更名为嘉兴市公路管理处。

1990年

●3月10日，嘉兴市交通局批准浙江省航运公司嘉兴分公司更名为嘉兴市航运总公司。各县客运站更名为嘉兴、嘉善、平湖、桐乡、海盐、海宁县(市)航运分公司。

●3月，实施浙江省航运公司管理体制改革，原省航运公司所属的嘉兴等4个内河分公司，成建制下放给所在地省辖市管理。航运管理实行条块结合，以市(地)为主的体制。市航运管理处(港航监督，船舶检验所)隶属于所在地市交通局领导。

●4月1日，乍浦港务监督建立，主管金丝娘桥至盐官海域港监工作。

●4月5日，执行省物价局、交通厅有关内河和沿海货物运价调整的通知。

●5月1日，嘉兴市乍浦港务管理局(筹)成立。

●6月13日，平湖新汽车站奠基。

●7月3日，任命卞锁宝为乍浦港工程指挥部党委书记，倪慈云为副书记，赵元峰为党委委员。免去宋补根党委书记职务。

●7月16日，市长周洪昌、组织部部长夏益昌等领导赴乍浦慰问施工人员，并宣布市政府、市委任命倪慈云任指挥、赵元峰任副指挥，徐士元兼任副指挥、党委委员。

●7月23日，平湖至新埭公路通行客运班车。

●8月1日，嘉兴市汽车运输公司嘉兴新汽车站开业。

●9月22日，中共嘉兴市交通局党校成立。

●10月11日，沪杭铁路海宁新客站启用，开始办理客运业务。

●10月25日，乍浦港新建内河港池通航。

●12月10日，全国人大及省人大代表一行9人由省人大常委会主任陈安羽率领，视察乍浦港第一期工程建设工地。

●12月15日，乍浦港举行内河港池开港仪式。省交通厅副厅长周志卿，市政府副市长徐良骥，市交通局局长等人参加。嘉兴市航运总公司一个船队投入首航。

●12月21日，海盐县汽车新客站开业。

●12月底，嘉兴市成立沪杭高速公路嘉兴市建设领导小组，副市长徐良骥任组长，市交通局局长来益人任副组长，副局长黄振亚任办公室主任。

1991年

●1月16日，海宁市汽车新客站开业。

●2月20日，平湖至马厩和平湖至新埭客运航线停航。

●3月15日，浙江省公路学会嘉兴分会成立，会长：来益人，副会长：黄振亚，秘书长：冯祖钧，副秘书长：顾益民。1994年更名为嘉兴市公路学会。

●5月29日，平湖新汽车站举行落成典礼，次日启用。

●6月6日，嘉兴市海运公司成立。

●6月15日，国务院批准平湖撤县设市，同月28日在体育场举行庆祝大会，宣告平湖市成立。

●6月27日，乍浦港第一期工程之一：乍浦港万吨级外海码头竣工。

●7月1日，舟山"浙海815"轮成功试通航乍浦港新建外海码头。

●7月3日，嘉兴市乍浦港埠公司成立。

●7月上旬，连续两次洪涝灾害，使航运企业损失严重，其中本级航运企业减少营收140万元以上。

●7月，海盐县汽车运输公司客运站获省级“文明车站”称号。

●7月，嘉兴汽车站被评为1989年、1990年度全国交通系统物质文明、精神文明建设先进单位。

●8月29日至30日，省交通厅厅长邵尧定、副厅长蔡体楞、省航运局局长顾裕琦、省公路局副局长阎政等一行对嘉兴市海宁、海盐、嘉善、嘉兴郊区的公路、航道水毁情况进行考察，并向坚持在抗洪救灾第一线的交通职工表示亲切慰问。

●9月29日，乍浦港与舟山市沈家门港之间海上客运航线正式通航，由舟山海运公司浙海805号客轮运行。

●10月1日，桐乡县新汽车站启用，站址位于梧桐镇振兴中路2号。

●10月10日，嘉兴市运输装卸公司一区祁立洪被授予全国交通系统抗洪救灾先进个人。

●10月18日，乍浦港万吨级货运码头开通。

●11月20日，嘉善县新汽车站举行开业典礼。

●12月7日至9日，浙江省首届公路客运站务操作比赛在市汽车运输公司举行。

●12月10日，嘉兴市编委以嘉编〔1991〕61号文公布嘉兴市乍浦港务管理局级别，相当于正县级事业单位。

●12月25日，嘉兴市交通战备工作会议暨战备大队授旗仪式在嘉兴军分区举行。

●12月26日，沪杭铁路复线建设工程区间全部开通。长安镇新火车站启用。

●12月27日，嘉兴市内河航运公司成立。

1992年

●2月11日，京杭运河发生大堵航。

●2月25日至28日，桐乡段京杭古运河发生堵航。桐乡航管所70余人次赴现场开展疏通工作。

●4月8日，由嘉兴市航运总公司与省海运总公司联合研制的中国首艘内河挠性顶推船组科研成果在嘉兴通过部级鉴定。交通部、省交通厅、省科委工业处领导、专家出席鉴定会。

●4月17日，省委书记李泽民在市委、市政府领导陪同下视察乍浦港。

●4月25日，交通部部长黄镇东在省交通厅厅长邵尧定、嘉兴市副市长徐良骥等陪同下到乍浦港视察。

●5月3日，嘉兴市交通局以嘉交运〔1992〕183号文颁发《嘉兴市农用船舶管理暂行规定》。

●6月17日，平湖乍浦至慈溪气垫船正式开班。

●7月4日，乍浦港工程通过国家级竣工验收。

●10月11日至14日，交通部科技司副司长时信涵、国家交通投资公司水运项目组副主任韩世琪、交通部体改司副司长李宗琦、省交通厅厅长邵尧定等领导先后到嘉兴参加时装节活动，并视察了乍浦港、嘉兴铁水中转港等建设项目。

●10月21日至24日，杭申乙线乌镇段连续发生阻航现象，受阻航段长达7—8公里。

●10月24日，嘉兴市计委以嘉市计〔1992〕第504号文批复成立嘉兴市交通经济开发总公司，房爱民任总经理。

●10月26日，平湖市独新钱北段(广陈、前港、南桥)公路竣工验收。平湖市实现乡乡镇镇通公路。

●10月27日，凌晨五时许，海盐县副运10号船队满载块石下行，途经六平申线白苎桥下游300米处头档驳沉没在航道中心，造成堵塞，受堵航道长达3公里多。

●10月29日，嘉兴市二届人大常委会第29次会议任命孙皎兴为市交通局局长。

●12月5日，交通部副部长李居昌到嘉兴市视察交通建设情况。

●12月13日，嘉兴市编委以嘉编〔1992〕56号文批复建立嘉兴市内河港务管理处，与市航运管理处实行两块牌子，一套工作班子。

●12月24日，由于受长湖申线江苏段堵航的影响，引发杭嘉湖地区历史上堵航时间最长、受堵船舶最多、堵塞里程最长的大堵航，受堵船只2万多艘，堵航里程20多公里。

●12月30日，嘉兴市中级人民法院驻嘉兴市公路运输管理(稽征)处、嘉兴市航运管理处成立，并举行新闻发布会。

1993年

●1月4日，晚11时45分，堵航时间长达12天的京杭运河嘉兴航段和杭申甲线，杭申乙线、长湖申线恢复通航。

●2月1日—4日，17日—19日，分别在桐乡上市水泥厂至崇福丝厂航段，大麻松劳高桥航段发生阻航。

●3月份以来，海盐航区武原市河、白苎下游、东塘桥下游，以及官堂、通元航区相继发生因沉船引起的阻航。

●4月1日—3日，交通部专家组到嘉兴考察沪杭高速公路建设路线走向、建设规模、技术标准、投资估算和资金筹措及建设安排。

●4月16日—25日，嘉兴航区统一开展四省一市一局水上交通安全大检查。

●4月23日，沪杭高速公路嘉兴段沿线座谈会在嘉兴宾馆召开，浙江省副省长许运鸿、交通厅厅长邵尧定、副厅长蔡体楞到会听取意见。

●5月10日，京杭大运河桐乡市境内乌镇幸福桥北航段，发生一起省内航运史上罕见、严重的油运驳船船沉溢油起火事故。

●7月12日，高照乡“陶家筧东”渡口撤销。

●8月1日，嘉兴市航管处在塘汇、王江泾、思古桥、平湖大桥设置四个水上交通控制点，于零时起实行24小时日夜监控。

●8月21日，当嘉兴水位超过危急水位时，嘉兴航区全线停航。

●9月，经浙江省交通厅批准，平湖第一个公路收费站——原01省道平湖黄姑收费站开始收取车辆通行费。

●10月11日，嘉兴市政府办公室嘉政办发(93)104号文成立嘉兴市利用世行贷款改造内河航道项目领导小组。孙皎兴、来益人任领导小组副组长。成员徐忠汉，下设办公室，徐忠汉兼办公室主任，夏惠人任副主任，办公地点设在市航管处。

●11月8日，秀洲区在南汇举行全区25个乡镇乡乡通公路仪式。省、市、区有关领导参加。

●11月16日，沪杭高速公路嘉兴指挥部成立，副市长杨荣华任总指挥，倪慈云任常务副总指挥。

●同月，01省道复线(东西大道)建设市协调小组成立。

●12月16日，嘉兴市政府召开保障干线航道安全畅通工作座谈会，副秘书长寿剑刚主持会议，副市长姚金林出席会议并讲话，各县(市、区)政府的分管领导、交通局、航管处(所)的领导和有关部门的领导共70余人参加会议。

●12月19日，杭嘉湖内河航道网改造工程第三次工作会议在嘉兴市召开，省交通厅副厅长、省项目办领导小组副组长黄廷兰出席会议并讲话。

●12月22日，杭申线、乍嘉苏线航道改造工程在嘉兴市通过初步设计审查。

●12月30日，嘉兴市铁水中转港举行开工典礼，市交通局局长孙皎兴主持开工典礼、副市长姚金林到会并讲话，副秘书长寿剑刚出席。

1994年

●1月17日—21日，省政府缓解内河干线航运检查组来嘉兴市检查浙政发(1993)134号文件贯彻落实情况。

●4月17日，省政府浙政发〔1994〕58号文表彰缓解交通工作先进单位，海盐县人民政府获1993年度保障内河干线航运安全畅通优秀单位称号。

●4月20日，由交通部、劳动部、监察部、全总海员总工会联合组成的国务院安全生产检查组来嘉兴市察看杭嘉湖干线航道。

●4月25日，嘉兴市人民政府任命来益人为沪杭高速公路嘉兴市建设指挥部副总指挥。

●4月，嘉兴市进行水上交通管理体制改革，平湖市航运管理所由原受嘉兴市航运管理处和平湖市交通局双重领导变为条块结合、以县(市)为主的管理体制。嘉兴市航运总公司平湖分公司同时下放到平湖市，隶属于市交通局领导。

●5月9日—10日，世界银行内河项目组考察杭申甲线陡门至嘉兴段、嘉兴铁水中转港、京杭运河思古桥至乌镇段现场。

●6月，嘉兴市航道机械厂管理体制改革，由原嘉兴市航运管理处管理下放到平湖市，隶属于平湖市交通局管理。

●8月16日—19日，沪杭高速公路嘉兴指挥部召开标前会议和现场考察。

●12月2日，蚂桥乡四联村“石牌堰”渡口撤销。

●12月16日傍晚，在角平申线新埭镇原大悲渡渡口旧址航段发生一起当地村民毛桂芳私设摆渡船与一机动船相撞，造成8人落水，其中5人死亡的重大水上交通事故。

●12月，平湖市汽车运输有限公司兼并嘉兴市航道机械厂，嘉兴市航道机械厂终止法人资格。

1995年

●3月1日凌晨，平湖市总工会职工疗养旅游服务部一辆载客49人的大客车途径乍王公路新丰镇东青龙桥段时，从桥的北侧坠入河中，造成23人死亡、8人重伤、13人轻伤的特大交通事故。

●4月3日，交通部部长黄镇东、副部长刘锷一行检查G320国道嘉兴段拓宽工程、嘉兴铁水中转港和京杭运河嘉兴乌镇段航道改造工程情况。

●4月14日，交通部副部长刘金松一行在视察京杭运河山东、江苏、浙江段后，在嘉兴市召开座谈会。水运司副司长朱永光主持会议，副部长刘金松作讲话。浙江省交通厅副厅长黄廷兰、嘉兴市副市长姚金林分别在会上发言。

●4月14日，嘉兴市内河航道改造工程征迁动员大会召开，桐乡、平湖、嘉善、郊区等县(市、区)农工委、交通局、财税局、水利局、土管局有关领导参加会议。副市长姚金林到会并作重要讲话。

●4月26日，沪杭高速公路嘉兴段开工仪式在王店举行。

●5月10日，平湖市首批20辆城市小公交车在市区投入营运。

●5月11日，沪杭高速公路召开征迁工作会议，浙江省交通厅副厅长蔡体楞、嘉兴市指挥部副总指挥倪慈云到会讲话。

●5月24日，嘉兴市政府发《关于加强公路路政管理的通告》，为嘉兴市首个关于加强路政管理方面的规范性文件。

●6月，市政府批转嘉兴市地方交通基础建设周转金实施方案。

●9月16日，副省长张启楣、交通厅厅长郭学焕和省计委、省公路局有关负责人在副市长杨荣华、市指挥部倪慈云、市交通局徐忠汉陪同下视察、检查沪杭高速公路、G320国道建设情况。

●9月28日，嘉兴市南排北郊河工程指挥部成立。

●10月11日，国务院副总理邹家华、交通部部长黄镇东等一行，在常务副省长柴松岳、省交通厅领导的陪同下，到嘉兴市视察内河航道。

●10月16日，嘉兴市政府批准市交通局关于使用铁水中转港进港航道岸线的单位应共同承担进港航道工程建设费的意见。

●10月20日，市政府办公室下发《平湖市城市公共客运交通管理暂行办法》，把城市公交营运纳入政府管理。

●10月，全国内河航运建设工作会议在南京——杭州召开。这是建国以来，首次召开的全国性会议，研究和部署内河航运建设工作。会上，提出了我国航运建设规划的具体要求，即从“八五”计划开始，用30年左右的时间，把水运主通道作为建设的重点，逐步建成与综合运输网的发展相协调，以深水航道为主体，规模合理、设施配套、装备先进、管理科学、信息灵通、服务优质的水运主通道体系。

●11月13日—14日，世界银行代表到嘉兴检查世行贷款工程项目进展情况。

●12月11日—15日，京杭运河、杭申线、长湖申线航道修改初步设计和六平申线初步设计审查会在嘉兴市南湖饭店举行，交通部、省计经委、省交通厅、航运局、交通设计院以及杭州、嘉兴、湖州三市交通部门有关领导和工程管理人员共150余人参加会议。

●12月24日—25日，交通部水规院规划处主任李歌清一行在省航运局冯俊副局长陪同下，到嘉兴市调查水上运输、航道管理情况。

●12月27日，嘉兴市副市长姚金林在市交通局领导陪同下视察嘉兴铁水中转港。

1996年

●1月3日，嘉兴市人民政府办公室发出《关于成立嘉兴市内河航道改造工程指挥部的通知》。

●1月5日，嘉兴市人民政府办公室发出《转发市交通局关于加强嘉兴市航道管理意见的通知》。

●1月，青阳汇大桥建成，平湖市最大的渡口——青阳汇渡口撤销。

●4月1日—2日，浙江省内河航运建设工作会议在湖州召开，出席这次会议的有省政府办公厅、省计经委、审计厅、物价局、水利厅、土管局、交通厅等7个有关部门，杭嘉湖3个市分管市长，9个有关县（市）长，11个地（市）交通局（委）领导等135人，省政府副秘书长朱荣培主持会议，副省长张启楣作重要讲话。

●4月22日，浙江省政府在嘉兴市举行世行贷款高速公路项目、内河航道改造项目转贷协议签字仪式，世行借款支付正式启动并全面进入实施阶段(其中内河航道2546万美元)。

●4月，嘉兴市桥梁队张锦浩被评为浙江省劳动模范，同时获得全国总工会“五一”劳动奖章。

●5月9日，世界银行移民专家张朝华到平湖市、嘉善县对嘉兴市世行贷款内河改造项目征地拆迁中的有关情况进行检查。

●5月25日，嘉兴市内河航道工程全面开工典礼在新丰镇举行，浙江省交通厅、航运局、嘉兴市人大、政协、市委、市政府及承包商代表百余人参加开工典礼。

●5月25日，嘉兴市内河航道改造工程签约仪式在嘉兴市航管处举行。

●6月30日，平黎公路平湖段（平湖大道）开工建设，1999年10月完工。

●7月12日，嘉兴市副市长姚金林视察乍嘉苏线13标段嘉兴八字桥至王江泾航道改造情况。

●10月19日至20日，嘉兴市副市长姚金林在市交通局领导陪同下，视察内河航道改造工程。

●11月24日—26日，交通部基建司内河建设处陈雄处长率检查组在省交通厅、航运局领导陪同下，来嘉兴市检查内河航道改造工程。

●12月11日，杭申线北郊河工程河道土方正式破土动工，标志着该项工程已进入全面实施阶段。

●12月27日，油车港镇“轮船码头”渡口撤消。

1997年

●1月31日—2月1日，幸福桥等11个瓶颈段单项工程通过交工验收，其中优良工程3项，合格工程8项。

●4月27日，副省长卢文舸检查沪杭高速公路建设情况，市委书记陈加元陪同。

●6月27日—28日，杭嘉湖内河航道改造工作会议在嘉兴召开，省政府副秘书长朱荣培主持会议，副省长张启楣作指示。

●6月，乍嘉苏航道平湖市河段改造工程开工，按五级航道标准建设，2000年5月完工。

●7月22日—23日，省航运管理局王小萍一行到嘉兴检查内河航道重点建设情况。

●8月13日，嘉兴市市长夏益昌，副市长杨荣华率嘉兴市重点工程建设领导小组，在市交通局、市指挥部领导陪同下，冒雨检查铁水中转港建设工地。

●8月26日—28日，杭申线崇福市河改线工程开标会议在桐乡凤鸣宾馆举行，本开标项目有：北三里桥、黄家桥、李家桥、太子塘桥、老河道。

●8月29日，交通部副部长李居昌，在省交通厅厅长郭学焕、副厅长黄廷兰，省航运局副局长王小萍、嘉兴市副市长王洪涛等领导陪同下，检查嘉兴市内河航道改造工程。

●10月9日，交通部基建司内河建设处处长陈雄，在省航运局副局长王小萍等领导陪同下，检查嘉兴市内河航道改造建设工作。

●10月21日—22日，世界银行检查成员、环保专家迈克耐特先生来浙江省检查内河航运项目环保执行情况，实地检查第9合同杭申线毛家渡—荷花池施工现场及环保监测设施，并与嘉兴市交通局副局长徐忠汉及市指挥部有关人员进行会谈。

●10月28日，世界银行检查团在北京听取浙江省项目办主任黄廷兰等6人汇报，内河项目土建工程进度，设备采购、环保征迁、工程监理、项目资金、项目审计、技术援助与人员培训等方面工作。

●12月11日，嘉兴市人大视察内河航道改造工程。

●12月17日—18日，嘉兴市市长夏益昌、副市长王洪涛、姚金林等领导，检查内河航道京杭运河一合同、杭申线七合同、乍嘉苏线十一、十二合同段并作指示。

1998年

●1月12日，桃园乡张墩村“张墩”渡口撤销。

●3月12日，省交通厅副厅长顾德裕、省航运局局长顾裕琦、嘉兴市政府办公室副主任费建文及嘉兴、桐乡市交通局有关领导，到桐乡乌镇运河边参加植树活动，拉开了京杭运河嘉兴段绿化工程的序幕。

●3月13日，荷花乡东荷村“北白荡”渡口撤销。

●3月23日，市汽车运输有限公司一大客车从浙江瑞安市返平途经G320国道桐乡市蒋子庙桥时与一大货车发生碰撞，客车引起大火，造成包括驾驶员在内的2人死亡、4人受伤的重大交通事故。

●4月28日—29日，全省内河航道建设工作会议在嘉兴市阳光大酒店举行，省政府办公厅、省计经委、省项目办、省交通厅、杭嘉湖三市领导等120多人参加会议。省政府办公厅副主任楼小东主持会议，副省长卢文舸作讲话。

●5月23日—24日，交通部副部长胡希捷一行在省交通厅副厅长闻欣然、嘉兴市副市长王洪涛及省航运局、嘉兴市交通局和桐乡市有关人员陪同下，视察京杭运河乌镇段和乍浦港。

●6月10日—11日，交通部基建司司长陈祖兴一行在省项目办主任黄廷兰等领导陪同下检查嘉兴市内河航道改造工程。

●6月，浙江省公路交通标志、标线等安全设施的设置与管理，由公安交通管理部门移交同级公路管理机构。

●9月17日，嘉兴市人民政府办公室发出《转发市交通局关于进一步加强嘉兴市航道管理意见的通知》。

●12月29日，沪杭高速公路嘉兴段通车典礼在嘉善大云主车道收费广场举行。

1999年

●2月4日，甪平申线诸仙汇渡口发生一起渡船与一机动货船相撞事故，造成渡船上6人落水，其中3人死亡的重大水上交通事故。

●4月28日，乍嘉苏高速公路嘉兴段举行开工典礼。

●6月下旬，郊区交通局更名为秀洲区交通局、中共嘉兴郊区交通局委员会更名为中共嘉兴市秀洲区交通局委员会。

●8月10日，步云乡丰南村“塘桥浜”渡口撤销。

●9月24日，海宁(南北)大道竣工。

●11月2日，大桥乡十八里村“十八里”渡口撤销。

●12月17日，秀洲区县乡公路养护管理所更名为秀洲区公路管理段；秀洲区县乡公路路政管理所更名为秀洲区公路路政管理大队。

●12月7日，市政府和嘉兴市交通局就海宁市公路养护体制下放举行交接仪式。

2000年

●3月27日，栖真乡池湾村“石匠浜”渡口撤销。

●4月29日，高照乡陶泾村“陶家笕”渡口撤消。

●7月18日，塘汇乡南阳村“南阳”渡口、钱家桥村“蝴蝶港”渡口、“钱家桥”渡口撤销。

●9月18日，平湖市公路征费管理所成立。

2001年

●2月1日，撤销海宁市县乡公路养护所和海宁市公路路政管理所，其在编人员成建制并入海宁市公路管理段。

●3月28日，乍浦港一类口岸对外开放顺利通过国家验收，并于4月22日由交通部正式对外公布。

●4月24日，嘉兴铁水中转港通过省计委、省交通厅等部门组织的竣工验收。工程总投资7400万元，港区占地面积25.4公顷，拥有2个500吨级全天候作业区和9个300吨级泊位，年吞吐能力172万吨。

●4月26日，经嘉兴市秀城区人民法院裁定，嘉兴市内河航运公司宣告破产。

●4月28日，交通部副部长翁孟雄在浙苏两省交通部门领导陪同下，视察嘉兴思古桥航管站。

●5月14日，中共嘉兴市委、嘉兴市人民政府下发文件，乍浦港务管理局按规定报批后更名为嘉兴港务局，下辖独山港区、乍浦港区、海盐港区。

●5月，平湖市县乡公路养护、路政管理所并入平湖市公路管理段，并增设平湖市公路路政管理大队。

●6月1日，01省道复线平湖段北半幅路面改造工程开工，2001年12月25日完工。

●6月21日，浙江省航运局转发长江航务管理局文件，同意海宁市第一航运公司、第二航运公司转制组建海宁市顺胜运输有限公司，经营长江干线中下游及支流省际货物运输。公司注册资金50万元，从业人员93人。拥有拖轮3艘、货船(驳)24艘。

●7月12日，平湖市城市公共交通有限公司成立，20日，平湖市区公交1路线正式开通。

●7月15日，汽车北站正式启用，汽车南站于同日关闭，汽车西站的部分线路班车移至北站。

●7月29日，经嘉兴市中级人民法院裁定，嘉兴市航运总公司宣告破产(〔2001〕嘉经破字第6-1号)。航运总公司成立于1950年，为国有内河航运骨干企业。

●12月7日，嘉兴至上海国际集装箱内河运输首航仪式在嘉兴市铁水中转港举行。集装箱班轮每星期定期三班。

2002年

●6月19日，经交通部批复同意，省交通厅发函，嘉兴市乍浦港务管理局正式更名为“嘉兴港务管理局”，简称“嘉兴港”。

●8月7日，嘉兴市港航管理处更名嘉兴市港航管理局，各县(市)航运管理所更名为港航管理处。

●9月26日，全国内河航道养护工作会议在嘉兴市召开。交通部副部长翁孟勇、省交通厅厅长郭学焕、中共嘉兴市委常委、常务副市长王洪涛参加会议。会上，海宁港航管理处被交通部授予“全国航道系统先进集体”称号。

●10月9日，第二次全国内河航道普查试点工作在嘉兴市启动。此次航道普查包括全市内河航道概况、航道现状里程、标志等与通航有关的设施情况。

●10月28日，乍嘉苏高速公路嘉兴段通车。

●10月，全市第一个台资独资造船企业——平湖东昌游艇制造有限公司在平湖市新埭镇青阳汇开业。

2003年

●1月10日，中共嘉兴市委决定：浦加渔任嘉兴市交通局党委委员、书记；免去费金海的嘉兴市交通局党委书记、委员职务。

●2月，平湖市水上(旅游)客运停止营运。

●4月1日，平湖市殡仪馆水上码头封闭，在嘉兴全市最早结束非客船载客送葬的历史。

●4月29日，嘉兴市秀城区人民法院裁定：嘉兴市交通运输集团有限责任公司因企业机制难于适应市场经济的需要，已严重亏损，资不抵债，无力偿还到期债务，宣告嘉兴市交通运输集团有限责任公司破产还债。

●4月，嘉兴市造船史上第一艘内河千吨级货船(皖宣城货1886号)在平湖市东港船厂下水。

●8月8日，嘉兴港区乍浦汽车客运中心投入使用。

●9月1日，平湖市城乡公交一体化改造工程启动，平湖至广陈镇第一条城乡公交线路开通。至2004年年末，平湖市完成城乡公交一体化改造。

●10月26日，嘉兴市港航管理局承建的国内第一家船文化博物馆——嘉兴船文化博物馆建成开馆。

●10月29日，交通部副部长冯正霖到海宁调研乡村康庄工程建设和农村客运网络建设工作。嘉兴市领导王洪涛，海宁市领导冯水华、张仁贵、徐辉等陪同调研。丁桥镇和丁桥镇一新村分别被省交通厅列为全省沿海发达地区康庄工程建设示范镇和示范村。

2004年

●4月8日，中央电视一台、二台、新华社、《中国交通报》记者对海宁市乡村康庄工程建设和农村客运网络化工作进行实地采访拍摄。

●8月3日，油车港镇“荡滩头”渡口撤销。

●10月20日，交通部、省公路局领导视察丁桥镇乡村康庄工程建设工作。

●11月25日，杭(州)浦(东)高速公路与杭州湾跨海大桥北岸连接线工程同时开工建设。

●11月，新07省道开工建设，2006年9月完工。

2005年

●2月11日，平湖市最后一个渡口——曹家港渡口撤销，平湖市水上渡口运输方式历史结束。

●3月6日，平湖汽车客运南站启用。

●4月26日，07省道嘉王段拓宽工程开工。

●4月28日，海宁市公交二级网络改造完成并开通。

●5月24日，交通部副部长冯正霖及参加全国农村客运网络化试点工作经验推广会的160余名代表实地考察海宁城乡公交网络建设情况。

●6月1日，嘉兴市国鸿集团汽车工贸公司青年员工、市反扒志愿者、新塍镇人张康杰，见义勇为，晚8时许在市区追赶两名歹徒中，被歹徒用尖刀刺伤胸口，经抢救无效，于6月26日凌晨英勇牺牲，年仅22岁。张康杰牺牲后，被追认为"革命烈士"、"浙江省见义勇为勇士"、"嘉兴市劳动模范"、"嘉兴市首届道德模范",并被授予"浙江青年五四奖章"等荣誉称号。

●8月26日,新塍镇"钱码头"渡口撤销。

●9月8日,经省工商局注册登记,平湖市首家外商独资运输企业——法国弗玛运输(平湖)有限公司正式落户平湖。

●11月1日,浙北干线航道通行费开征。

●12月31日,秀洲区最后一个渡口——王江泾镇"西雁"渡口撤销。

●12月,原01省道独山港区段按路基宽21米、主车道13米进行拓宽改造。

2006年

●5月28日,交通部中国公路学会理事长李居昌一行在省交通厅副厅长张治中等陪同下,到海宁调研农村公路养护管理工作。

●9月15日,中共嘉兴市委决定:免去浦加渔的嘉兴市交通局党委书记、委员,市高速公路建设指挥部党委书记、委员职务。

●10月27日,杭申线秀洲段被交通部评为文明样板航道。

●11月21日,中共嘉兴市委决定:孙建华任嘉兴市交通局党委委员、书记。

2007年

●6月15日,全省农村公路养护管理试点现场会在海宁召开,海宁市列入全省试点县(市)之一。

●9月10日,申嘉湖高速公路新塍连接线延伸段工程开工,全长0.85公里,12月底完工。

●10月17日,海宁市最后一艘挂桨机船"海宁挂02289"上岸拆解,钢质挂桨机船退出海宁水运历史。

●11月7日凌晨3时18分,乍嘉苏高速公路王江泾治超站治超分队长、共产党员杨彬,在王江泾治超检测站依法对超限运输车辆例行检查时,在同事遭遇超载货车突然加速冲卡,生命受到威胁时,毅然冲上前去制止,却被该车拖带了1千多米,不幸以身殉职,年仅32岁。杨彬同志不幸殉职后,各级领导都予以极大关注。浙江省副省长王永明、省交通厅厅长郭剑彪、嘉兴市副市长赵树梅等分别作重要批示,交通部全国治超办、浙江省交通厅等上级单位先后发来唁电,对杨彬同志的不幸遇难表示深切哀悼,对杨彬同志的亲属表示诚挚的慰问。

●11月29日,新塍镇钱码头等八个行政村开通三级公交班线。

●12月27日,嘉善三店大桥建成通车。位于杭申线航道嘉善段三店的嘉兴市最后一处渡口撤渡。

2008年

●10月9日,中央文明办开展的"我推荐、我评议身边好人"投票活动正式开始,嘉兴市港航管理局职工吴建林入选全国"好人榜"。

●10月15日,嘉兴至绍兴跨江公路通道初步设计获交通运输部批复。同日,钱江通道及接线工程项目获省发改委核准批复。

●10月19日,全国政协提案委员会副主任毛林坤一行视察嘉兴市内河航运工作。财政部、国家发改委、交通运输部水运司的有关人员及嘉兴市领导李卫宁、赵树梅等陪同。

●11月13日,城郊港航管理处王江泾港航管理检查站边胜荣被交通运输部表彰为"全国交通行政执法文明标兵"称号。

●11月20日,省交通厅党组书记、厅长郭剑彪一行到嘉兴市开展学习实践科学发展观调研活动,听取嘉兴市交通工作发展思路汇报。市委副书记、市长李卫宁,副市长赵树梅及相关部门负责人陪同调研。

●12月14日,国家副主席习近平在嘉善交通报送的《浙江省交通厅与嘉善县共同破解嘉善交通发展难题》的信息上作出重要批示,指出嘉善县区位优势明显,城乡发展比较均衡,希望嘉善县以深入开展学习实践科学发展观活动为契机,采取有力措施破解交通建设难题,加快交通建设,推动经济社会又好又快发展。

●12月14日,嘉绍跨江通道举行开工仪式。

●12月15日,省委书记赵洪祝对嘉善交通作出重要批示,要求不辜负习近平副主席的期望,切实解决好嘉善及嘉兴接轨上海的交通问题。

●12月17日,副省长王建满率省考察组到嘉善调研交通工作,确定从"六个一"交通建设工程着手,推进嘉善交通建设。

●12月25日,杭州湾跨海大桥北接线二期预可通过省发改委和省交通厅联合组织的审查。同日,湖嘉申线航道嘉兴段一期工程正式开工建设。

2009年

●1月5日,钱江通道北接线(沪杭以南)设计招标开标,由浙江省交通规划设计研究院中标承担初步设计和施工图设计。

●2月16日,嘉兴市港航局城郊港航管理处思古桥检查站执法人员田春良,为救落水船员因公殉职。

●2月17日,嘉兴市副市长赵树梅一行到嘉兴市交通局调研指导市区城乡公交线路经营权到期配置工作和市区50辆经营年限到期的出租车营运权重新配置工作。

●2 月 20 日，交通运输部副部长翁孟勇一行到嘉善调研交通建设。

●2 月 26 日，浙江省副省长王建满到嘉善考察“六个一”交通工程建设工作。

●3 月 19 日，交通运输部和省交通运输厅联合编制嘉善县综合交通运输体系规划。

●3 月 20 日，国家副主席习近平在交通运输部报送的《关于支持浙江省嘉善县交通建设情况的报告》上作出批示，希望交通运输部继续会同浙江省交通厅积极推进项目建设的各项工程，精心设计、精心组织、精心施工，确保工程质量。

●4 月 1 日，嘉兴市委书记陈德荣、市委常委、秘书长蒋唯民、市人大常委会副主任钱满程、副市长陈越强等及市交通局、市处领导检查沪杭高速公路入城口至 G320 国道等路段城市出入口公路绿化工作。

●4 月 10 日，嘉善县召开综合交通发展规划初稿征求意见会，交通运输部、省交通厅、市政府、市交通局有关领导参加征求意见会。

●4 月 13 日，嘉兴市政府办公室正式下发《嘉兴市人民政府办公室关于重新配置市区 2009 年 50 辆到期出租汽车营运权工作的通知》。同日，嘉兴市交通局再次组织各出租车公司经理召开座谈会，对文件精神进行了传达和学习，市区 50 辆到期出租车营运权配置工作正式展开。

●4 月 16 日，副省长王建满在省交通厅副厅长储雪青陪同下，到嘉善检查指导交通工作，希望嘉善加快交通“六个一”工程建设步伐，为全省统筹区域综合交通工作提供值得推广的经验。

●4 月 27 日，浙江省交通运输系统学习实践科学发展观现场会在嘉善召开。

●5 月 6 日，嘉兴市及海宁市获全省农村公路养护管理试点工作先进市县。

●5 月 11 日，嘉兴市交通系统防控甲型 H1N1 流感疫情工作领导小组成立。

●5 月 13—15 日，钱江通道及接线工程钱江隧道部分初步设计通过浙江省发改委和浙江省交通运输厅的联合组织审查。隧道段长度为 4450 米(其中隧道长度 3949 米)，总投资 39 亿元。

●5 月 15 日，全省农村公路工作会议在海宁市召开，副省长王建满、省交通运输厅厅长郭剑彪及省、各市政府领导、负责人参加会议。

●5 月 18 日，在市运管处召开市区城乡公交线路经营权到期处置工作前期情况汇报会，副市长赵树梅、市城建交通处有关领导参加会议。

●6 月 1 日，省交通运输厅副厅长、省公路管理局局长李良福一行到嘉善调研公路建设和管理情况。

●6 月 19 日，交通运输部部长李盛霖一行对嘉善县的交通建设规划及部分交通项目进行考察调研。李盛霖指出：发展综合交通，统筹城乡发展是现代交通运输发展的必然趋势，也是经济社会发展的必然要求，更是贯彻落实科学发展观的重要举措。

●6 月 24 日，交通运输部道路运输司副司长徐亚华在省运管局局长张平平的陪同下到嘉兴市调研城市客运工作。

●6 月 30 日，浙江省交通运输厅“服务基层，服务企业”现场办公会在嘉兴市交通局召开，省交通厅副厅长储雪青、副厅长王德宝等领导对嘉兴各县(市、区)交通等部门提出的 22 个问题进行逐个解答。同日，嘉兴至海盐南北湖公路海盐段正式开工建设。

●7 月 24 日，嘉兴市交通局与武警医院警民共建活动签约仪式在武警医院举行，市交通局领导班子和武警医院领导班子出席签约仪式。

●7 月 27 日，宁波市交通局局长俞钢带领宁波市交通系统单位(部门)负责人到嘉兴市交通局考察交流统筹交通发展工作。

●8 月 1 日，出租车燃油附加费征收方案实施。

●8 月 9 日，省交通运输厅、省发改委与嘉兴联合召开杭平申线(浙江段)航道扩建工程可行性研究评审会，沿线各县市区人民政府、发改委、交通局领导以及专家组成员出席会议，省交通运输厅副厅长王德宝、嘉兴市政府副市长赵树梅到会指导。

●8 月 14 日，交通运输部水路运输量调研组一行到嘉兴调研统计工作。调研组到平湖大桥海事所实地查看海事签证情况，并抽查了嘉兴市下半年水路运输样本船舶。

●8 月 20 日，嘉兴市委书记陈德荣带领四套班子慰问嘉兴市公交公司和嘉绍高速公路工程建设工地人员。

●9 月 22 日，嘉兴市开展 2009 年城市“无车日”活动。推出开通 99 路环线公交，实行普通成人卡 1 个小时内第二次刷卡打对折优惠，公交运力加密等多项惠民措施。

●9 月 24 日，嘉兴市人民政府出台《关于嘉兴市区城乡公交运营体制改革的实施意见》。

●9 月 28 日，浙江省劳动模范表彰大会举行，嘉兴市公路管理处方建义获浙江省劳动模范称号。

●9 月 29 日，浙江省交通运输厅厅长郭剑彪一行到桐乡市进行大物流工作调研；同日，厅纪检组长耿洛佳一行对嘉兴市交通基层站所窗口单位文明创建工作进行暗访；嘉于硖航道改造工程嘉于段航道施工图设计通过省港航局组织的审查。

●10月9日，嘉兴市区城乡公交运营体制改革启动。至10月底，共完成11个片区、28条线路，127辆车辆的补偿，占应收购车辆总数的63%。

●10月15日，嘉兴内河港电子平面图通过交通运输部普查办审定，标志着历时近两年的嘉兴市内河港口普查工作基本结束。

●11月10日，由嘉兴市政府主办、嘉兴市交通局承办的首届中国(嘉兴)南湖国际物流论坛在嘉兴国际中港城举行，本次论坛的主题为“嘉兴区位经济与内河港口物流”。浙江省政协常委(原交通厅厅长)郭学焕、嘉兴市人民政府副市长赵树梅、上海市地方海事局局长陈秀平、嘉兴市交通局局长孙建华、浙江省港航管理局副局长邵银泉、上港集团总裁助理严俊、长三角内河港有限公司总经理粟志军，以及嘉兴各县(市、区)政府及部门相关领导、外贸企业代表共180人参加了论坛。中国物流著名学者、上海海事大学教授博导林国龙应邀作主题演讲。

●11月20日，嘉兴市区15个片区、37条线路、202辆车全部完成公交车辆收购，市区公交全部实现国有化经营。

●11月25日，中共中央委员、公安部副部长刘京，在省委常委、政法委书记、公安厅厅长王辉忠等领导陪同下，到嘉善红旗塘港航管理检查站，视察世博会水上安保准备情况。

●12月8日，长虹桥防撞墩改造工程通过验收。省内首个镇区域公交在大云镇试运营。

●12月9日，嘉兴境内申嘉湖高速、杭州湾大桥北接线、乍嘉苏高速、杭浦高速、沪杭高速5条高速公路施工图设计通过专家评审，这是全省第一个国家高速网设计审查项目。

●12月22日，嘉兴市委副书记、市长李卫宁，市委常委、常务副市长裘东耀，市委常委、市公安局局长梁群，市政府秘书长吴云达一行，在市公安局副局长姚钰明，市交通局副局长、港航管理局局长顾国强等领导陪同下，检查嘉兴市世博水上安保前期准备工作，并实地视察了嘉善红旗塘港航管理检查站。

●12月26日，嘉兴海宁连接杭州萧山的特大公路越江隧道——钱江隧道正式开始施工。

●12月31日，申嘉湖高速公路上海段(S32)实现主线通车，结束了申嘉湖高速公路浙江省界(嘉善姚庄)至上海的“断头路”状态，成为浙江与上海无缝对接的又一快速通道。

2010年

●1月8日，由嘉兴市港航管理局完成的《预制混凝土板桩技术在内河航道及码头中应用研究》课题，通过了省交通运输厅专家组鉴定。

●1月13日，中华人民共和国人力资源与社会保障部、交通运输部作出了《关于表彰全国交通运输系统先进集体劳动模范和先进工作者的决定》，嘉兴市城郊港航管理处边胜荣获“全国交通运输系统劳动模范”称号。

●2月25日，嘉兴塘汇港航管理检查站被中国海员建设工会全国委员会、交通运输部安全委员会评为2009年全国水运系统安全优秀班组。

●3月2日，嘉兴市开展2010年市区50辆营运权到期出租车的重新配置工作。

●3月5日，公安部副部长刘京一行视察沪杭高速公路嘉善大云超限运输检测站。

●3月9日，省委常委、省委宣传部部长茅临生，省委宣传部常务副部长胡坚，省委宣传部副部长、省文明办主任龚吟怡一行，到嘉兴船文化博物馆调研。

●3月18日，交通运输部公安局局长张玉胜检查嘉兴市世博安保工作。

●3月26日，来自杭州、嘉兴、湖州、绍兴、金华、丽水、衢州等7个地市港航系统的200多位代表，在嘉兴市塘汇港航管理站举行上海世博会水上安保誓师大会。

●4月1日，全市世博水上安保工作全面进入实战阶段，入沪船舶世博专项签证工作正式启动。

●4月8日，200余名嘉兴市武警支队的武警官兵和省公安学院的学员警，进驻沪杭甬高速公路嘉善大云超限运输检测站内武警浙江总队大云卡点。

●4月10日，嘉兴市世博安保工作万人誓师大会在嘉兴市市民广场举行。全市500名交通系统干部职工参加誓师大会。

●4月12日，嘉兴市委书记陈德荣，市委副书记、政法委书记鲁俊，到平湖大桥港航管理检查站调研世博安保水上卡点工作情况。

●4月14日，浙江省交通运输厅厅长郭剑彪一行检查“环沪护城河”世博安保工作。

●4月14日，嘉兴市上海世博会“环沪护城河”六平申水上检查站、红旗塘水上检查站正式启动。

●4月17日，嘉兴市交通局召开全市干线公路迎国检动员大会，部署迎检工作。

●4月21日，嘉兴市委副书记、市长李卫宁一行，检查世博安保工作。

●4月28日，中共嘉兴市委决定：张文华任嘉兴市交通局党委委员、书记；免去孙建华嘉兴市交通局党委书记、委员职务。

●4月29日，嘉善客运中心落成启用。交通运输部副部长冯正霖，副省长王建满，省交通运输厅厅长郭剑彪，副厅长储雪青、王德宝等参加客运中心启用庆典仪式。

●4月29日，交通运输部副部长冯正霖一行在嘉善就交通工作进行座谈，希望嘉善在统筹城乡发展中，以现有条件为基础，更深入研究公共服务均等化问题，为破除省际运输服务的政策性、体制性障碍，更便于老百姓出行做出努力和示范。

●5月1日，世博会开幕，嘉兴航区进入一级管控。全市检查船舶3693艘，对3963艘船舶发放船舶RFID通行卡。

●5月12日，浙江省内河75标箱最大集装箱船舶嘉集001号完成交船，由船厂交至船东嘉兴内河国际集装箱码头有限公司。

●5月19日，嘉兴市交通局召开局属单位干部大会，嘉兴市委组织部副部长朱静绮宣布任命文件，张文华任嘉兴市交通局党委委员、书记，提名任嘉兴市交通局局长，副市长赵树梅等参加会议。

●5月20日，浙江省交通运输厅副厅长李良福带队对嘉兴市干线公路迎国检、公路养护管理、路政执法、交通重点项目建设等进行检查并听取汇报。

●6月8日，嘉兴市委书记陈德荣专题听取了市交通局领导有关《嘉兴市水上客运系统规划》情况汇报，并要求再进一步完善后组织审查。

●6月10日，浙江交院副院长季永青到嘉兴市交通局挂职两年，任嘉兴市交通局党委委员、副局长。

●6月11日，上海港和嘉兴内河港合作签约仪式在嘉兴内河集装箱港区举行。嘉兴市副市长赵树梅等领导出席签约仪式。上港集团副总裁严峻，香港保华集团投资总监、长三角内河港公司总经理粟志军以及来自江浙沪的十多家货运、物流企业参加签约仪式。

●6月22日，嘉兴市委书记陈德荣在塘汇港航管理检查站登船，并在船上召开现场会，调研航道绿化工作。

●6月24—25日，交通运输部水运科学研究院专家一行调研嘉兴市内河港口物流发展规划，并对嘉兴市现代综合物流园北区(嘉兴综合物流园)和浙江嘉兴嘉化物流有限公司、海宁市公用码头等进行实地考察。

●6月25日，嘉兴市交通局局长张文华一行，在嘉兴市港航局局长顾国强、平湖市交通局局长盛宝庆等陪同下，到平湖大桥水上卡点检查世博水上安保工作。

●7月10日，交通运输部部长李盛霖一行到嘉善调研统筹城乡工作。

●7月30日，沪昆高速公路G60嘉兴段(原沪杭高速)国高网标志牌更换通过初验。

●8月4日，2009年嘉兴市国省道公路交通标志标线增设维护工程通过浙江省公路局核查和竣(交)工验收。

●8月4日，中共浙江省委书记、省人大常委会主任赵洪祝到嘉善视察交通系统基层党组织创先争优活动，指出上级各部门都对嘉善交通非常重视，要求不辜负各级领导的厚望，在创先争优活动中立足岗位、敬业争先、服务群众、多作贡献。

●8月10日，嘉兴内河港多用途港区项目通过交工验收，进入试运行阶段。

●8月18日，嘉兴首家船舶交易服务机构——嘉兴安通船舶交易有限公司成立，并为嘉兴及周边地区的内河、沿海船舶交易提供信息发布和交易平台，开展鉴证、评估等专业服务。

●8月25日，嘉兴市副市长赵树梅到平湖大桥港航管理检查站，督查世博水上安保工作。市政府副秘书长陈祖生，及市经贸委、安监局、旅游局和市交通局等相关单位领导陪同。

●9月6—9日，交通运输部办公厅到嘉善开展联学调研活动。

●9月6日，嘉兴市首条内河集装箱内支线获交通运输部批准。

●9月10日和26日，嘉兴内河港多用途港区检验检疫设施及海关监管场所分别通过验收。

●9月29日，省交通运输厅厅长郭剑彪在省港航管理局副局长唐伟明、嘉兴市副市长赵树梅、嘉兴市交通局局长张文华等领导陪同下，视察嘉善红旗塘世博水上卡点工作情况，并对最后阶段的世博安保工作进行部署。

●10月24日—25日，交通运输部政策法规司司长助理梁成初、宣传处处长李占川率中央电视台、《人民日报》等十一家中央新闻媒体组成的“十一五”农村公路建设成就宣传采访团对嘉兴市农村公路建设及管理养护情况进行采访。嘉兴市副市长赵树梅、省交通运输厅、省公路局、市委宣传部、市交通局、市公路管理处及县(市)相关领导陪同。

●10月30日，嘉兴陆路口岸搬迁至嘉兴内河港多用途港区，并更名为“嘉兴水陆口岸”。

●11月8—10日，交通运输部保密密码工作会议在嘉兴世茂花园大酒店召开。

●11月15日，浙江省港航管理系统上海世博会“环沪护城河”安保工作撤收仪式在嘉善红旗塘卡点举行。

●11月18日，嘉兴内河港多用途港区嘉集001号内河集装箱船实现首航，该船是浙江省第一艘内河集装箱船，可一次运载75标箱。香港大公报、香港文汇报、中新社、浙江卫视、浙江日报、浙江之声、中国交通报、交通旅游导报、嘉兴电视台、嘉兴日报等25家媒体对此次活动进行了现场报道。

第一篇　道　路

嘉兴的公路交通始于二十世纪二十年代，采用官、商共同筑路、谁筑谁营以及官方筑路向商家出租运输专营权等方式，筹集资金兴办起来。中共十一届三中全会之后，变一家办交通为全社会办交通，发展加快。公路建设以先普及后提高为主，重点改造国省道公路，建设高速公路主骨架，同时加快县乡公路建设。到2010年年底，全市公路网分为三个层次，即高速公路网、干线公路网和农村公路网。公路总里程7669公里，公路密度以国土面积计为195.9公里/百平方公里。高速公路通车总里程350公里，高速公路密度8.9公里/百平方公里。全市乡(镇)、村公路通达率100%。

第一章　古　道

至元《嘉禾志》载：“故(古)战场在县南四十五里夹谷中，即秦长水县，古槜李城也。”战国时，楚国置长水县。战国初年(公元前473年)，“勾践灭吴，使吴人筑吴塘”，所提及“吴塘”可稽考的有海宁境内的“上塘”和“洛塘”可通行人车马。而当时的游士说客，“后者数十乘，从者数百人”，恣意驰骋于江河南北，靠的是车马大道。几千年来，随着交通工具的发展，嘉兴古代交通经历了驰道、驿道的演变过程。

第一节　驰　道

秦始皇统一六国后，实行“车同轨”，陆路交通有了很大发展。秦始皇二十七年(前220年)始筑驰道，于三十七年(前210年)，秦始皇第5次东巡到会稽(今绍兴)，修建了一条由会稽郡治吴县起，经上海金山，过平湖县境顾邑山至海盐秦驻山的驰道。东汉袁康所编《越绝书》有载：“南可通陵道到由拳”。至元《嘉禾志》载：秦皇驰道在府西北，昆山南四里，相传有大冈路，西通吴城(指吴县)。《康熙、嘉兴府志》载：“海盐县有秦逕山美人庙、秦皇石桥、始皇驰道”；“秦驻山下，长堤沿海，相传为秦皇驰道”。宋《澉水志》：“秦皇石桥柱在秦驻山背，旧传沿海有二十六条沙岸，九涂十八滩至黄盘山，上岸去绍兴三十六里，风清月白叫卖声相闻，始皇欲作桥渡海，后海变洗荡沙岸，仅存其一黄盘山，邈在海中，桥柱犹存，淳佑十年，犹有于旁滩潮里，得古井及山石、树根之类，验井砖上字，则知东晋时屯兵处。”《海盐县志》载：宋王安石《秦驻山驰道》诗“穆王得八骏，万事不期修。茫茫千载问，复此好远游。车轮与马迹，此地亦尚留。想到治道时，劳苦如山邱。”

《汉书》卷51在《贾山传·至言》有载：“秦为驰道于天下，东穷燕齐，南极吴楚，江湖之上，淑海之观毕业。道广五十步……三丈而树，厚筑其外，隐以金椎，树以青松。”秦筑驰道，路线之长、宽度之广，取道之近，建筑之坚实，属前古无匹的大工程。秦汉间的离乱，驰道没有完全破坏。在汉武帝前，古驰道仍为帝王御道，西汉中叶，逐步开放驰道，先道旁，后中央三丈。汉平帝始元年(公元元年)遂下令罢三辅驰道，从此，驰道才加和到驿道的行列中去。

由于2000年的历史变迁，杭州湾几经沧桑，这条驰道早已淹入海中。

第二节 河、海塘路

运河塘路

隋炀帝大业六(610年),命穿江南河,自京口(今镇江)经毗陵(今常州)、无锡、吴县(今苏州),始入嘉兴北境闻川(今王江泾),又经三塔、陡门、濮院、皂林(今桐乡县炉头)、崇德(今崇福)、石门,出境而至杭州,长达八百余里,广十余丈。与邗沟、通济渠相通。在京杭大运河旁建有塘路,两旁植树。此运河塘路,始成为连接南北方的陆路要道。在嘉兴、桐乡境内长66公里。唐朝建立之后,朝廷为政治、军事和经济上的需要,在全国各水陆要道上广设馆驿,构成以首都长安(今西安)为中心,通达全国各地的驿路网。由长安至浙江的驿路,系经东都(洛阳)、郑州、汴州(开封)、扬州、苏州,再沿江南运河塘路入嘉兴境而至杭州。作为入浙门户的嘉兴,唐时已大规模整治塘路,修建桥梁。有关江南运河塘河的修建情况,宋代以后,史载尚多,择要记述如下:宋元符三年(1100年),诏苏湖、秀州,凡开治运河港浦沟渎、修叠堤岸,许役开江兵卒。明永乐元年(1403年),命户部尚书夏原吉治水江南;五年(1407年),修吴江、华亭和嘉兴等处堤岸;九年(1411年),修苏州至嘉兴二石塘桥路70公里。其后通政赵居仁自崇德北抵吴江植树固堤。巡抚周忱修运堤,创桥通道。弘治八年(1495)左参政周季麟修嘉兴旧堤,易之以石30余里。嘉靖二十六年(1547年),嘉兴知府赵瀛筑语儿塘,石塘起杉青、迄闻川(今王江泾),袤凡27里,土塘起语儿(即古槜李),迄西水(今三塔)。万历十五年(1587年),霪雨尽淹;二十一年(1593年),知县李培议富民出资、贫民出力修筑堤岸运堤;四十年(1612年),知府吴国仕勘议郡城自杉青闸直抵王江泾一带官塘,旧系土石各半,岁久倾圮,具文申请尽以石甃,秀水、桐乡、崇德三县共计建筑3207丈7尺。清康熙十二年(1673年),水溢塘北,知县李见龙督人修筑,帮阔堤岸。康熙六十年(1721年)春,知府吴永芳鉴交接苏杭驿路,南路稍固也多倾坍,北塘一线雨日皆浸,苔水时常冲突,土石易于崩坠,邮驿铺递常古颠簸,虽随废随修,但不能长久,捐俸兴工,复募诸有力者,南塘加石培土,令益高厚,北塘自城外至王江泾30里外旧塘外,增筑石岸。时适开浚城河,即以所疏之土,运送筑塘,土厚石坚,高宽平坦。雍正五年(1727年),奉旨发帑开浚河道,修理城坦堤岸,巡抚李卫委员动帑修筑西北二路堤岸,行旅往来称便。

捍海塘路

捍海塘路自杭州,经翁家埠、盐官、谭仙岭、澉浦、海盐、乍浦,直达上海,它横贯海宁、海盐、平湖境内,全线120余公里。

秦汉时期,捍海塘实为防海土堤,因堤顶较宽,覆踏成塘路。唐开元元年(713年),在海宁(盐官)、海盐一带重筑捍海塘,捍海塘路逐渐成为大道。乾符二年(875年),黄巢率兵20万攻临安,战败车撤,即经捍海塘路转去谭仙岭。吴越国时,钱鏐曾大规模修筑海塘。宋时名"海晏塘"。明初,为防倭寇侵扰,在浙江沿海各地,遍设卫、所、城。洪武十七年(1384年),设海宁卫、乍浦所,置烽堠、山寨、土城(堡),沿海塘路从黄湾起,到翁家埠,每隔二三里设一堡,共有35座堡。烽堠、山寨、土城之间,以道路相连,成为驿马、传车、邮递的主要通道。嘉靖二十一年(1542年),浙江水利佥事黄光昇在总结前人经验的基础上,在海盐县修筑鱼磷石塘,五纵五横,垒砌17层,每丈用大条石408块,使海塘雄伟坚固,岸线稳定长久。海宁捍海塘路,于清乾隆二年(1737年)四月,开工改筑土塘为鱼鳞石塘,历时6年,于乾隆八年(1743年)六月竣工。乍浦东自独山至金山卫,西自天后宫至澉浦塘路"本阔四五骑,可以并辔"。《浙江史地概要》(民国28年〔1939年〕版)有"自杭州经海宁、海盐、乍浦直达上海"的驿道记载。清末废驿改邮,捍海塘路成为民间大路。民国21年(1932年),建筑杭(州)金(丝娘桥)公路时捍海塘路大部分路基改成公路,个别塘段,如澉浦至谭仙岭塘、独山塘等,遗迹尚存。

第三节 驿 道

驿政

古代,在交通要道上置驿以传命贡物,接待来往官吏,称为驿传或邮驿。驿传之意,"以车曰传,以马曰驿"。嘉兴驿传制度,始于商周。秦汉时期,作为会稽郡治的吴县(今江苏省苏州市,是全郡的政治、经济中心,也是商业兴盛城市,郡治与南方县城之间的交通路线,从吴县出发,经由拳(今嘉兴)、海盐、余杭、钱塘一直延伸到鄞县。汉以法曹主驿传。西晋末年，黄河流域，遭受战乱，大量人口南迁，传入北方文化和先进的生产技术，经东晋、南北朝至隋统一，上下200年时间，使浙江北部经济的发展和郡县之间的道路交通有了促进。隋开运河，在运河旁建有塘路，运河塘路对隋路交通，至关重要。隋以驿传属兵部之驾部郎。唐朝建立之后，中国封建社会开始鼎盛，朝廷为政治、军事和经济上的需要，在各水陆要道上广设馆驿，构成驿路网，由首都长安(今西安)至浙江驿路，系经东部(洛阳)、汴州(开封)、苏州，由闻川(王江泾)入嘉兴境，而至杭州。唐代驿传隶属驾部，诸道观察使各设馆驿使。而各驿则有驿吏，驿夫由百姓充役，每30里设一驿，总天下设驿1639所。嘉兴驿传，在海宁县治盐官西北20里，唐贞观五年(631年)置桑亭驿，八年改义亭驿，西接临平驿，北接石门驿。在石门镇，唐有石门驿，故市名石门。宋承唐制，30里有驿。《梦溪笔谈》载："驿传旧有三等，曰步递、马递、急脚递是也。急脚递能日行四百里，军兴则用之。"宋熙宁中，又有所谓金字牌急脚递，古云羽檄漆黄金字于木牌之末，光明炫目，望者避路，日行五百里。自建隆二年(961年)始，驿夫由兵士充当。宋代在各驿之间增设驿铺，其设备也屡有变动。嘉兴所置驿铺，宋胜于唐。籍载，嘉兴急递铺凡10里一设，每铺设铺长一名，铺兵要路10名，僻路4至5名，"官使往返，不绝于途"。据嘉庆《嘉兴府志》载：安远驿，在望吴门外，宋宣和间秀州守曾纡重建。康熙《嘉兴府志》：急递总铺，在府治抚字坊下，宋置铺兵。

元朝的驿政，在太祖成吉思汗时就有设置，蒙古语称站赤，在全国各行省普设站赤。《元史·兵志·站赤》称："元制站赤者，驿传之驿名也。盖以通达边情，布宣号令。"元代的驿道，称为大道，由于元代以马作为官用交通工具，所以，驿道以陆路为主，而且重要的驿道都是陆道。杭州至崇德、嘉兴、王江泾北去的驿道，是水陆并用，但占主导地位的是陆路交通。南宋以后，杭州是全国最大城市，方圆百里，当时中书省所辖腹里站赤198处，而江浙行省所辖有262处，占全国各行省第1位。嘉兴当东南水陆交通枢纽，设置驿站、递铺颇多。据康熙《嘉兴府志》所载，在阜城门外西丽坊置西水驿。在西丽桥西百步许，嘉禾马驿址。元代，每10里或5人设一铺，嘉兴县急递铺17处，其中东塘6铺：马桥铺、半敢铺、下汇铺、高桥铺、魏塘铺、张泾汇铺；东接松江府枫泾铺。西塘5铺：通越门铺、赵家铺、深叶铺、马泾铺、杨梗泾铺，西接崇德县官窑铺。南塘3铺：高家湾铺、许浦泾铺、济川铺，南接海盐县莫泾铺。北塘3铺：施家舍铺、狄茂铺，北界首铺，北接平江路吴江县界铺。

明代，京师达于四方，设有驿，在京称会同馆，沿途置水、马驿，并递运所，以便公差人员往来。其间有军情重务，必给验符，以防作伪。明分嘉兴为秀水、嘉兴两县。嘉兴府有西水驿、皂林驿，负"传命贡物"使命，有嘉禾递运所，主要作用为"运递粮物"。洪武间定制，凡10里设一铺，每铺设铺长1名，铺兵要路10名，僻路5名或4名。

清代，废递运所。顺治二年(1645年)，定州、县设铺司、铺兵制度，禁止私役。同治六年(1867年)，浙抚咨准部复，以嘉兴一带驿路坍塌，准暂雇船代马驰递文报，修复后，"买买实驿，而归定制"据。光绪《嘉兴府志》载："特设驿递，以通中外紧急文报，又设铺兵，以达郡县之往来，是驿速而铺缓，驿冲而铺偏，驿纲而铺纪也。"嘉兴府以府治为中心，驿路东抵乍浦，南达海盐，西通石门，北出吴县，东北经嘉善延至各县。在这5条主要干道上，设有6个驿站，41个驿铺。清末，中国与外通商后新式交通工具逐渐输入。光绪三十二年(1906年)，废驿改邮，撤急递铺，建邮传部，但驿站继续存在，直至中华民国3年(1914年)驿站全部撤销，历经2000余年的邮驿制度，宣告结束。

干路

古代，嘉兴道路网以运河塘路，捍海塘路这2条为主干线。清代，嘉兴府共辖6县，除海宁设州，隶属于杭州府外，其余与今日嘉兴市行政区域基本相似，其中石门，桐乡设县治于嘉兴府，运河塘路即是干路。府城也分别有干路通往平湖、嘉善两县治。《重修浙江通志稿》载："清顺治二年，定州县铺司铺兵之制。"以嘉兴府为中心，主要干路有5路。

东路　嘉兴府前铺东10里至嘉兴县南铺，18里至十八里铺，18里至新丰铺，20里至平湖县前铺。

南路　嘉兴县南铺南10里至落纤铺，10里至钟塘铺，13里至马泾铺，14里至黄泥铺，10里至周墩铺，10里至朱公亭铺，10里至海盐县前铺。

西路　嘉兴府前铺西10里至三塔铺，14里至分乡铺，13里至越墙铺，13里至桐乡县永新铺，10里至皂林铺，10里至桐乡县前铺，10里至西蒋铺，18里至邵泾铺，10里至上漠铺，10里至石门县前铺。

北路　嘉兴府前铺北10里至杉青铺，13里至金桥铺，14里至市闻店铺，12里至江苏吴江县界。

东北路　嘉兴县南铺北10里至常丰铺，东北10里至团港铺，1里至隆华铺，14里至张泾铺，10里至江苏娄县界。

支路

嘉善县　嘉善县前铺至张泾铺，后入嘉兴县界。

平湖县　平湖县前铺北18里至转塘铺，18里至惹山铺，10 里乍浦东门铺，18 里至梁庄铺，18 里至芦沥场盐大使署。

海宁(盐官) 海宁州前铺，东 10 里至夏官铺，10 里至邵家铺，10 里至谢家铺，10 里至蔡家铺，10 里至谈山铺，后入海盐县界。海宁州前铺西 10 里至松林铺，10 里至驿村铺，10 里至谈村铺，10 里至陈桥铺，后入仁和县界。

海盐县 海盐县前铺南 10 里至兰田铺，10 里至常川铺，10 里至澉浦东门铺，后入海宁州界。海盐县前铺东北 9 里至九里铺，10 里至麦庄泾铺，后入平湖县界。

桐乡县 桐乡县前铺，10 里至皂林铺，18 里至青镇铺。

第四节 民间道路

干路

嘉兴境内的民间道路，起源甚早，原始社会时就已形成，历经数代增筑，不断延伸和发展。清末，修建了铁路。民国 17 年(1928 年)开始，兴筑了公路，嘉兴城与邻县及各乡镇村落之间的民间道路依然存在，大都为崎岖坎坷的泥路，偶而见有石板路、煤屑路。县际民间道路称为干路。其干路有 11 条。

嘉兴至平湖 民国 4 年(1915 年)《旧嘉兴府方域》载：出嘉兴东门 1 里 4 分至东马桥，东行 1 里 5 分至大溪家桥，东行 1 里 3 分至俞泾桥，东行过东栅口市至会坝桥，东南行 9 分至汉塘桥，东南行 3 里至复兴桥，东南行 2 里 5 分至麒麟坎桥，东南行 1 里 2 分至张家桥，东南行 3 里 1 分至十八里桥市，东南行 1 里 3 分至二坝桥，东南行 3 里 4 分至四坝桥，东南行 1 里 7 分至焦山门桥，东南行 4 里 1 分至塘耀桥，东南行 2 里 2 分至西塘桥，东南行过和平桥 1 里 4 分至中塘桥，东南行 1 里 6 分至新丰镇汛，东南行 3 里至大船桥，东南行 3 里 6 分至油车桥，东行 1 里 5 分至西杨泾桥，东行 3 里 7 分至界泾桥，东行 1 里 5 分入平湖县西门(毓秀门)。民国 17 年(1928 年)《嘉兴新志》载：出嘉兴东门逾宣公桥向东，沿角里街，经东塔南首，逾吴家桥至俞泾桥。自东门至此约 4 里半强，又改筑碎石路及煤屑路，可行人力车矣。逾俞泾桥、双溪桥，即入东栅镇，凡 2 里至会龙桥，渡角路而南，沿平湖塘南岸东行 10 里，至十八里桥，有市集。6 里至焦山门桥，逾桥至平湖塘之北岸，6 里至新丰镇，东行 15 里至平湖县城。此路长 43 里。

嘉兴至海盐 自嘉兴东门外南行 1 里 9 分至盐仓桥，东南行 1 里 7 分至南堰桥，南行 2 里 8 分至丰年桥，南少西行 3 里 3 分至东马塘泾桥，南行 1 里 7 分至小五环洞桥，南行 1 里 7 分至大五环洞桥，南行 1 里 9 分至石堰桥，南行 3 里 8 分至廿里桥，南行 2 里 9 分至余贤埭镇龙桥，南少东行 2 里 2 分至小石桥，南少东行 2 里 1 分至茜泾大桥，南行 1 里 8 分至马泾桥，南行 2 里 1 分至黄道闸桥，入海盐县界，东南行 5 里 5 分至望晖堰桥，东南行 4 里 8 分至永庆塘桥(即沈荡大桥)东，东南行 4 里 5 分至孟家堰桥，东南行 6 里至欤城镇，东南行 4 里 8 分至三环洞桥，东少南行 8 里 6 分至小栅桥，东少南行 9 分而入海盐县西门(望吴门)。全县 65 里 1 分。

嘉兴至桐乡 自嘉兴大西门外、西行 3 分强至西丽桥，西行 2 里 3 分至茶禅寺，西行 4 里 8 分至学肃塔，西南行 2 里 9 分至三观桥，西南行 1 里 4 分至新庙笕桥，西南行 2 里 6 分至何家笕桥，西南行 2 里 4 分至戴家笕桥，西南行 1 里 3 分至岳庙笕桥，西南行过万寿桥 3 里 7 分至陡门，西南行 2 里 2 分至南新河桥，西南行 2 里 3 分至三家笕桥，西南行过正家桥 1 里 2 分至正家桥西入桐乡县界，西南行 5 里 6 分至永桥桥，西南行 4 里 8 分至毛家渡桥，西南行 2 里 9 分至皂林桥，西南行过众建桥 9 分至登云桥，东南行 6 里 2 分至来远桥，南行 5 分入桐乡县北门(来远门)。全长 47 里 8 分。

嘉兴至吴江县 向嘉兴北门外北行 1 里至端平桥，北行 1 里 8 分至百步桥，北行 9 里 5 分至金桥，北行 3 里 2 分至长虹桥，北行 1 里 1 分至王江泾镇北，按江苏省吴江县县界。路面为石桥铺砌。

嘉兴至嘉善 自嘉兴东门(春波门)外东行 1 里 4 分至东马桥，东行 1 里 5 分至大溪家桥，东行 1 里 3 分至俞泾桥，东行过东栅市又 1 里 3 分至会龙桥，东少南折而东少北 4 里 6 分至七里店桥，东北行 1 里 3 分至西白露泾桥，东少北行 3 里 9 分至高丰庙桥，东北行 3 里 3 分至夏汇桥，东北行 1 里 7 分至陈家垫桥，东北行 1 里 6 分至兴秀桥，东北行 2 里 1 分至九里湾，东北行 3 里至六里桥，东北行 2 里 1 分至三里桥，东北行 2 里 3 分至跨塘桥，东行 1 里入嘉善县西门(太平门)。全县 32 里 4 分。

嘉兴至海宁 清时，海宁置州，属杭州府。有捍海塘路，横贯海宁，直通杭城。海宁至嘉兴，虽无直接干道相通，但间接干道有二途，其中一途，出盐官南门(镇海门)，自海塘头堡东行历二堡、三堡、四堡、五堡、八堡、十一堡、十五堡、十八堡、海防公所、炮台山、螳螂山脚、谭仙岭、入海盐县界。或自硖石镇竦秀桥出海宁境入海盐县经丁公堰桥、大施带桥、山野桥、得胜桥、黄泥堰桥、欤城入海盐至嘉兴路。硖石至嘉兴计程约80里。另一途，自盐官北门(拱辰门)往西北，经义惠桥、圣帝殿、太平桥、青莲寺至长安镇，再往北行经庄婆堰、八里亭入桐乡县。自长安镇北行经三里铺至崇福，而入运河塘路。盐官至崇福，全程39里7分。

平湖至海盐 据光绪《嘉兴水陆道里记》载，平湖通海盐主要道路有2条。以民国4年(1915年)《修正浙江省全省舆图并水陆道里记》所载，干路自平湖东门外东湖桥东南行，经虹霓堰、乍浦城北门、又南入乍浦城，出西门，折而西南，经包家埭、行素庵、白沃庙前、九里亭、五团庙前、敕海庙，而入海盐县城东门(靖海门)，此路长52里9分。另一路，自平湖小南门开始，经百步桥、广福桥、孟金河桥、图泽桥、四顾桥、西塘桥、凤凰堰桥、白苎桥、庆丰桥而入海盐县北门(镇朔门)。此路长46里8分。

海盐至海宁 海宁之名，有旧指盐官、今指硖石之别，故海盐至海宁主要道路有3条。其一出海盐南门(来薰门)，途经海塘(石塘)、汤家铺桥东、渡船桥东、长川坝、新仓桥东、顾家团桥东、青山麓东拱咀山麓、王家桥、南北湖中湖塘、谭仙岭、螳螂山、头圩、二圩、海防公所(大山圩)、智武岭、十八堡(塔山塘)、十七堡(石盘头)、十五堡(掇转庙)、十二堡(白虎塘)、十一堡(塘头)、八堡(华岳庙)、五堡(七里桥)、头堡而入旧海宁(盐官)镇海门。此路长107里6分。其二，出海盐西门(望吴门)，途径三环洞桥、欤城、黄泥堰桥、得胜桥、小墅桥、大施带桥、丁公堰桥、竦秀桥，而到硖石镇，入宁硖塘路。此路全长65里。其三，由硖石(今海宁市地)至盐官可沿宁硖塘路，此路为连接海宁3个城镇(硖石、斜桥和盐官镇)及抵达毗邻桐乡县的重要道路，分别由俗称宁郭塘路、郭塘路、斜桥塘路三合而一。它自硖石起，经西水塘桥(今伊桥)、张店、同仁桥(接济庵西)、庆云桥、前步桥、斜桥镇、后港桥、郭店、五嘉板桥而入盐官北门(拱辰门)。全程长38里。

海宁至桐乡 自海宁盐官北门(拱辰门)往西北行，经义惠桥(春富庵)、圣帝殿、太平桥(石井)、青莲寺，达长安镇。此段长20里1分，原为石板路纤塘。自长安镇往北行，经庄婆堰、八里亭，入桐乡县界，又经登云桥、郭南桥、崇福、迎恩桥、拱辱桥、六里桥、羔羊桥、观音桥、南皋桥、石门镇、洪济桥、曹家筧桥、万年高桥、肃溪桥、登云桥、来远桥，而入桐乡县北门(来远门)。从崇福至桐乡长约40里。

硖石至桐乡 自海宁硖石镇北行，经隆兴港复兴桥、朱氏明桥、扶桥、莫太史桥、屠甸镇、油车桥、东山桥，而达桐乡县治梧桐镇。此路全县38里6分。

海宁至杭州 自海宁盐官南门(镇海门)沿塘西行，经十三堡(大荆场)、三十堡(南秧田庙)、二十六堡(马牧港)、二十四堡(戴汛署)、二十三堡(老盐仓)、二十二堡(黄山庙)、十七堡(翁家埠中防署)，后出境入仁和县(今余杭县)接十六堡。此去西南而行，可至杭州府城内。此路全县78里6分，其中海宁境内段为35里4分。

嘉善至平湖 出嘉善西门，西南行，经跨塘桥、三里桥、门里桥、九里湾、兴秀桥、陈家垫桥、夏汇桥、丰庙桥、百白露泾桥、七里店桥、会龙桥，折而东南行，途经汉塘桥、复兴桥、麒麟坝桥、张家桥、十八里桥、二坝桥、四坝桥、焦山门桥、塘耀桥、西塘桥、中塘桥、新丰镇、大船桥、油车桥、西杨泾桥、界泾桥，而达平湖县西门(毓秀门)。全长约66里。

支路

嘉兴至各镇、村之间或两镇(村)之间的民间道路称为支路。民国17年(1928年)，嘉兴县有支路28条，长度为407里5分，大都为田间阡陌，路宽仅敷两人摩肩而过、供肩挑贸易往来的步行道。

新塍路 由嘉兴北门起，经栅堰桥西北行，过三官桥、板桥、折西行、过万福桥至马家浜杨家桥、奚家桥、周家坝、观音桥，直抵新塍镇。路长27里。另一路，由九里汇北行至周家坝，与新塍路合。较远4里。

九里汇路 嘉兴北门栅堰桥西行，经阴家桥、和睦桥、庙江村西北至里仁桥，即九里汇。路长12里。

新塍至青镇(今乌镇)路 自新塍西南门，过五家桥，经张家斗南行，过淇国桥至周家汇，西行至虹桥村、下塔庙、中塔庙、戴家埭而抵青镇东栅。路长25里。

嘉兴、双桥至王江泾路 自嘉兴北门，经栅堰桥、三官桥、板桥，北抵北圣桥，过沙河桥、陈家桥至双桥，路长14里5分。由双桥北行，经柴家浜、乌灯浜，过海云桥，直抵王江泾镇。路长10里2分。另外，王江泾路，也可自嘉兴北门杉青闸沿运路西岸北行22里至王江泾镇。

嘉兴、塘汇至杨庙路 由嘉兴北门东北行3里至太平桥，更东北行3里至塘汇，经绵羊里，过义和桥、鱼市桥、庙桥，经一带庙出县境北行，过里和桥、联珠桥、折东行，经普南房直抵杨庙。全路长23里。

杨库至马库汇路 自杨库南行，经南桥、孔家桥至马库汇，东行，过高桥南行至太平桥，与塘汇路合。全路长16里。

王江泾至南汇路 自王江泾长虹桥偏北行，经沈家浜、石桥头、冯家桥、张连村、园通桥、大中桥，即抵南汇镇。路长13里。

王江泾至甸上路 自王江泾经东行3里至甸上。

王江泾至盛家廊下路 自王江泾长虹桥东北行，经大有桥、张连村、水桥、丰北抵盛家廊下。路长14里。

马库汇、栖真寺至池湾路 自马库汇东行，折东北经善安桥，北行至栖真寺，凡6里，更东行1里至池湾。

濮院路 自嘉兴南门起，经梅湾里，过王龙桥，沿河岸而西南至真如寺，北折而西北，向三塔而行，过厚兴桥，折西南过古高桥、长玉桥、俞家桥、张家桥，折西过黄金桥，入濮院镇。路长28里。若未至古高桥，即折而西，过铁仙桥、陶家桥、姚家桥，也可至黄金桥，路长相差无几。濮院路屈曲异常，故行旅常遵运河塘路至陡门桥，乃折向东南入濮院镇。此路长31里。

马王塘至馀贤埭路 自马王塘桥东行，过青龙桥、长兴桥至馀贤埭镇。路长11里。

濮院至马王塘路 自濮院东行，过黄金桥、张家桥，东行9里至马王塘桥。此路长16里。

马王塘桥至王店路 自马王塘桥南行，过乐嘉桥、赵家石桥、太平桥、宝胜桥，即入王店镇。路长14里。

濮院至王店路 自濮院东南行，过北幽河桥、行担子桥、轻介桥、太石桥、何家桥，入王店镇。路长19里。

新丰至新篁路 自新丰镇南行15里至新篁镇，经北折桥、湖东浜、三娘子桥、朱家桥、或良浜、亭子桥、八角桥、菊花桥等地。

凤喈桥至新篁镇路 自新篁镇西北行18里，可至凤喈桥。路经通镇桥、东马金桥、马金桥、西张桥、大梅花桥、马明桥等处。凤喈桥西北里半为石佛寺。由此沿庙镇西岸，北行12里至麒麟坝，与平湖路合。距嘉兴东门12里半。

凤喈桥至馀贤埭路 自石佛寺南行(稍偏西)，过陈坟桥，西行可至馀贤埭。路长13里。

新社寺至凤喈桥路 自新社寺东北行，经花园村西之张家桥、陈思桥、东北行直抵凤喈桥。其不过陈思桥，北行经王家埭、太平桥、新桥，也通凤喈桥。路长13里。

凤喈桥、吕家埭至平湖路 自凤喈桥北行，过陈胡桥、摇泗桥至吕家埭市，凡6里。由此北行过小水桥、冲天、五星桥至平湖塘到坝，凡5里。路全长11里。

庄史里至凤喈桥路 自庄史里北行，过毛家桥、汤金桥、宗家石，折而东北抵凤喈桥。此路长11里。

新丰镇至徐婆市路 自新丰镇北行，过大枝里、娄浜，折西北过张子村，即至徐婆市。路长9里半。

徐婆市至嘉善路 自徐婆市北行，经百家桥、里下桥及伍子塘桥西堍、塘家桥，直抵嘉善县城西门。路长19里。

曹庄至东栅镇路 自曹庄北行，过亭子桥、高桥与平湖塘相合。路长11里半。

曹庄至南堰路 自曹庄西北行，过南张桥、义河桥、乌桥、三环洞桥，而至南堰镇。长13里。

第五节 驿站与铺递

驿站

在古驿道中嘉兴为入浙门户，“上通八闽，而旁达江右”，陆有马，水有舟，憩息有亭有馆。由于历史的变迁，嘉兴驿站史实其兴起、发展、更易、衰退，有载籍稽考的，自唐代始，兴衰起伏，几经演变。

西水驿 弘治《嘉兴府志》载：“在府治西三里，通越门外。元初置，船三十只，船户三百户。至正末毁于兵。”明洪武元年(1368年)四月，除授站提领为驿丞，重建，设站船16座。明末毁坍无存。清代，康熙十一年(1672年)，守宪李显荣檄知府王师重建，造夫房20间，厅堂3间，卷轩3间，仪门门楼具备。乾隆五十二年(1787年)，秀水县知县纪有堂建迎晖亭。咸丰十年毁。同治八年(1869年)，建驿房7间。

嘉禾递运所 清光绪《嘉兴县志》载，在西丽桥百步许，西水驿西南，元嘉禾马驿址，马驿马90匹，马户830户，水驿船80只，船户760户。明宣德间知府齐政重修，万历七年(1579年)裁并西水驿，改为龚太守生祠。

安远驿 清嘉庆《嘉兴府志》载：在望吴门外。宋宣和间秀州守曾纡重创，避朝散大夫闻人安远讳，由安远驿改名为禾兴驿清光绪间载。

长安驿 在海宁盐官西北20里。唐贞观五年(631年)置桑亭驿，八年(634年)改义亭驿。宋因之。元设水马2站，至元间改为长安驿。明代革。

赋亭驿 在海宁盐官西南。唐开元中柳遵立。宋因之。元至间与义亭驿一并改为长安水驿。

光华驿 在盐官县北1里。宋淳熙四年(1174年)建。

皂林驿 在桐乡皂林镇。明嘉靖甲午巡按御史张景奏改以驿，置石门县，仍其名，堂楼厨监毕备，后圮。清康熙十九年(1680年)，同知季舜有摄县知事重新。咸丰十年(1860年)毁，同治三年(1864年)建驿房17间，光绪年间重修。

石门驿 清嘉庆《嘉兴府志》载：在石门镇，唐有驿，故市各石门，后裁并。元至元年间，官驿属马驿，崇德县马四十匹，马户三百八十二户，又崇德县马十二匹，马户一百一十四户，则元时崇德亦尚有二驿也。

枫泾驿 宋置。有船5只，船户40户。后废。

清军馆 在嘉兴府治东偏。宋绍兴间城隍庙，元至元迁招提寺，曹刺史更为公馆。明洪武初又更为内馆驿，以迎四方往来使客，宣德间更为清军馆，弘治十六年（1503年），同知郑循尝而新之。

海昌馆 旧时盐官县北350步，旧名班宣。

秦驻馆 清光绪二十五年（1899年）《浙江通志》载：按唐图经，古有秦驻馆，去（海盐）县西半里，久已倾圮。宋长庆间县令李谔于县南立馆，仍是名，五代时废。

秦溪馆 《海盐县图经》：在县南15里。秦驻山下，旧志云，古津亭也。宋绍兴元年（1131年），县邻东祖永修，后县令李直养立是名。

望城馆 宋《武原志》云，禅悦院西偏有望城馆，建炎兵火此馆仅存，绿兴壬子欧阳延世撤废。樊图经云，禅悦院今天宁寺也。

海塘公馆 在（海盐）龙王庙石，明万历中知县饶廷锡建。

当湖公馆 在平湖县治西三百步，即宋当湖务基，明洪武间为税课局，嘉靖间改建。

语溪馆 在旧石门县治南，宋淳佑间建，后废。

皇华馆 《石门邝志》：清康熙二十年（1681年）建。

迎薰馆 在旧石门大南门外，即丞相署改建为使节往来驻泊之所。

东津亭 清光绪《嘉兴县志》载："在蒯搭坊，在春波门外，驿马桥东水次，东道驻节之所。"柳志载有临津亭，清毁。

北津亭 清嘉庆《嘉兴府志》：在望吴门外，北丽桥水次，北道官船驻节之所，旧有官厅侧房。

大胜津亭 在嘉善县治东3里。明天顺四年（1460年）建，久圮。

太平津亭 在嘉善县治西2里。明天顺间建，清雍正元年（1723年）重修。

海昌亭 旧时盐官县西北25里，长安上闸之房。

铺递

清代，嘉兴府并辖各县铺司计41铺，另海宁州15铺，共56铺。

嘉兴县 设县前铺、常丰铺、落纤铺、困港铺、十八里铺、新丰铺、钟塘铺、马泾铺。共8铺，铺司兵36名。

秀水县 设府前铺、三塔铺、分乡铺、赵墙铺、杉青铺、金桥铺、闻店铺、隆华铺、共8铺，铺司兵48名。

嘉善县 设县南铺、张泾铺、共2铺、铺司兵10名。

海盐县 设县南铺、朱公亭铺、周墩铺、黄尼铺、蓝田铺、常川铺、澉浦铺、麦庄泾铺、共9铺、铺司兵32名。

石门县 设县前铺、上漠铺、邵泾铺、南津铺、共4铺，铺司兵24名。

桐乡县 设县前铺、皂林铺、永新铺、西蒋铺、青镇铺、共5铺，铺司兵21名。

平湖县 设县前铺、转塘铺、惹山铺、乍浦铺、梁庄铺，共5铺，铺司兵18名。

海宁州 属杭州府，设州前铺、夏官铺、邵家铺、谢家铺、蔡家铺、谈山铺、松林铺、褚村铺、谈村铺、陈桥铺、定南铺、费林铺、骆家铺、夏村铺、许村铺，共15铺，铺司兵44名。

规格

据元代《至元·嘉禾志》所记，元代官驿分马驿和水驿两种。

马驿 嘉禾驿，马50匹，马户448户。录事司，马2匹，马户19户。松江府，马32匹，马户280户。嘉兴县马16匹，马户149户。崇德县马40匹，马户382户。海盐县马24匹，马户228户。

水驿 船80只，船户760户，其中西水驿，船30只，船户300户，松江府，驿船10只，船户80户，枫泾驿，船5只，船户40户，上海驿，船5只，船户40户，皂林驿，船30只，船户300户。

清顺治初，驿马各按驿路冲僻额设马匹一二十匹至一二百匹不等。马快船各按水驿冲僻设船5只至20只不等，每船量设水夫，其船有毁废及修补裁汰，历年增减不一。清同治年间，铺递设置，渐归定制。据清《光绪·嘉兴府志》所载，嘉兴府府属5驿，规模不等。西水驿：驿差144名，驿皂2名，船11只，水手48名。嘉兴县驿：马10匹，马夫5名，水驿夫209名。秀水县驿：马10匹，马夫5名，水驿夫220名。石门县驿：驿马20匹，马夫10名，水驿夫594名。桐乡县皂林驿：差夫64名。

经费

清代，古驿递各站设有夫役，以供舁舆抬扛，递送文书，喂养马匹等事。其夫役工食每名日给银二三分以至七八分不等，驿马草料每匹日支银1钱或八九分，均于驿站钱粮内开销。

据清嘉庆《嘉兴府志》载，元代嘉禾马驿址，明代万历廿年（1579年）裁并西水驿。西水驿，额设驿皂2名，共工食银12两，嘉兴县征给。陆路夫144名，共工食银1036两8钱，遇闰加银86两4钱。嘉兴县征给453两6钱加闰银37两8钱；秀水县征给银302两4钱，加闰银25两2钱；嘉善县征给银205两2钱，加闰银17两1钱；海盐县征给银75两6钱，加闰银6两3钱。每名人夫日给银2分。嘉兴县均平纤夫29名。共工食银1504两8钱，遇闰加银125两4钱。站马20匹，马夫名，共工料银270两。

原额应差、马、马夫共银308两，尚余银38两内应拨给秀水、石门两县马不敷工料银。

各县驿铺开支，嘉兴府属7县，以嘉兴县为最高。据嘉庆《嘉兴府志》载，嘉兴县额征驿站银1237两7分9厘。额征差、工料银38两，遇闰加增银64两1钱4分7厘。以上俱批解拨给各县。额征均平夫银1504两8钱，由西水驿分季领给。嘉庆五年(1800年)起，俱留县支给，余剩仍批解协拨。额征雇工料银308两，分季给。秀水县额征驿站银758两6钱3分9厘，遇闰加增银30两5钱4分3厘。额征均年夫银1584两，由西水驿分季领给，遇闰加增银132两，额征雇马工料银270两。县额征银259两2钱4分零，不敷银由他县解拨给。嘉善县，额征驿站银735两5钱7分8厘，遇闰加增银。海盐县，额征驿站银250两1钱8分1厘，遇闰加增银。平湖县，额征驿银260两9钱4分7厘。石门县，额征驿站银973两5钱7分6厘，遇闰增银。额征均平夫并协济银4290两8钱1分6厘，额征雇马工料银两，遇闰均加增银。桐乡县，额征驿站银379两5钱6分9厘，遇闰加增银21两9钱。

第六节 古桥梁

嘉兴市本级现存的古桥，有时间可考的最早建于500多年前，绝大多数重建于清朝至民国时期，以梁式结构为主，少量拱型结构。这些古桥工艺精湛、古朴典雅，桥板、桥墩和望上雕有龙、鱼、蝙蝠、狮子等吉祥图案，栩栩如生，有着较高的艺术价值。

至元《嘉禾志》记载：嘉兴军府桥梁164座，光绪《嘉兴府志》记载：嘉兴府桥梁559座，而崇祯《嘉兴县志》记载，嘉兴县的桥梁就有567座。

驿路桥梁

嘉禾泽国，沿路多跨河之桥。自吴越启土，汉魏筑塘，前建后修，日积月累，更朝千百年桥梁建设几经沧桑。唐代前建的桥梁已荡然无存。两宋时期，造桥的数量、种类、技术和风格，首屈一指，至今依稀可见。明清两代所建桥梁，以石拱桥、石板桥为主，气魄高大宏壮，工艺精湛。全市古桥几经沧桑，尚存数百座，其中驿路桥梁，主要以运河塘路桥梁为主。在京杭大运河嘉兴段上，自唐代至民国，建成许多拱型石桥。籍载，清末嘉兴府域共存驿路古桥383座，其中嘉兴府城94座，嘉兴县城外96座，秀水县城外83座。几经存废，至今著名的驿路桥梁，有15座。

长虹桥 长虹桥位于王江泾镇一里街东南侧，东西向跨京杭大运河。此处为嘉兴北大门，长虹桥是运河进入浙江的标志性建筑。据史料记载，该桥“气势宏伟，遥遥相望，犹如长虹卧波”，故名长虹桥。

长虹桥为3孔马蹄形驼峰式石拱桥，桥全长72.8米，桥顶宽4.9米，桥堍宽6.7米，中孔净跨16.2米，两边孔净跨9.3米，拱矢高10.7米。拱券采用联锁分节并列砌筑，拱券上方镶嵌石匾桥额，镌有阳文楷书“重建长虹桥”。每孔拱肩上均设有横系石一对，伸出墙面的端部雕有精致纹饰。桥面陡峻，如驼峰高耸，两侧设大块长条石护栏，无望柱，端部置抱鼓石，全桥护栏石砌成靠背式。桥顶为方形平台，正中雕刻轮回图案，东西两端各有石阶57级，采用长石板铺砌。桥东堍原建有一座高大的四柱石牌坊，牌坊上雕有龙凤等图案，1970年被拆毁。桥西堍现存一宿庵，相传古代有一高僧云游四方，在此住过一夜，又传清乾隆皇帝南巡时曾在此住过一夜而得名。

桥南北两侧中孔拱券旁各设有对联石两条，联石上的楹联无法辨认录得。两边孔旁各设有对联石四条，联石顶置雕刻纹饰的遮雨石，镌有阳文楷书楹联4副。南侧边孔主联：淑气风光架岭遥登彼岸；洞天云汉横梁稳步长堤。南侧边孔副联：劝世成善；愿人作福。北侧边孔主联：福泽长流物阜民安国泰；慈舟普渡江平海晏河清。北侧边孔副联：千秋永庆；万古长龄。

长虹桥修建于软土地基上，施工时采用“堆土法”建造，历经数百年至今仍巍然挺立。此桥除采用薄墩薄拱结构，减轻桥梁的自重，减少软基承受的压力外，还采用了桥梁宽度不等宽的构造，即桥宽从桥顶至两端桥堍逐渐加宽，从而减小了单位面积的压力，相应增强了地基承载力和桥梁的稳定性，在古代桥梁中较为少见。该桥拱券为马蹄形拱，圆拱的圆心夹角大于180°，在嘉兴地区非常罕见，现存大多分布于浙江绍兴等地，亦为数不多。京杭大运河浙江段现存的杭州拱宸桥、余杭广济桥、嘉兴长虹桥三大古桥均为马蹄形拱桥，实属珍贵。

据史料记载，长虹桥为明万历三十九年至天启元年间(1611—1621年)嘉兴知府吴国仕始建。清康熙五年(1666年)，嘉兴知府王鐄率里人朱麟世、张应麟等重建。嘉庆十七年(1812年)，由里人唐秉义、谢丕勲、陈嗣昌等募资再建。咸丰十年(1860年)，太平军与清兵在王江泾激战，两侧桥栏石部分损毁。光绪六年(1880年)，里人唐佩金出资修复。据传，清嘉庆十七年再建时，发起募建的静峰庵道士陈复古坐关三年，至绝食以信其志，四方乡亲踊跃乐助，捐资财者达数百人，共募银32000两，桥得以建成。

相传，清乾隆皇帝沿运河南巡时，此桥曾为进嘉兴的接驾桥，当时盛况可想而知。更有天气晴明时，登桥远眺，北之吴江盛泽，南之嘉兴北门外隐隐可见。有诗："虹影卧澄波，登高供远瞩。南浮越水白，北接吴山绿"之佳句。嘉兴市博物馆珍藏的清咸丰年间所作《虹桥画舫图》，描绘的就是接驾时热闹非凡的场景，反映了长虹桥及运河沿岸丰富多彩的社会生活景象，堪称江南的《清明上河图》。

长虹桥是我国南方3孔薄墩薄拱马蹄形驼峰式石拱桥的代表桥梁之一，是浙北地区平原软基上修建的最大石拱桥，已载入《中国科学技术史·桥梁卷》。1997年8月，被列为浙江省文物保护单位；2006年5月，作为京杭大运河的组成部分，被列为全国重点文物保护单位。

图1-1-1 长虹桥

北丽桥 位于今市区建国中路与环城北路交汇处的北侧。旧时穿望吴门(北门)、过北丽桥，陆路可直达苏州。始建于宋熙宁七年(1074年)，清顺治中知县孙继儒重建，乾隆四十三年(1778年)重修，咸丰末毁于兵，同治七年(1868年)知府许瑶光率邑绅重建。原为单孔石拱桥，抗战期间改为车行拱桥。1963年重建为梁板桥，1998年改建为廊桥。北丽桥名来历说法颇多：一是清谭吉璁在《鸳鸯湖棹歌》的注中说，高丽使臣在宋熙宁七年(1074年)路过嘉兴，适逢此时在造桥，故名。二是清初《重建北丽桥记》载，桥处八卦的坎宫，古有"坎宫北方水"之说。桥东为秀水，故名丽桥。三是城西运河上的桥取名西丽桥，故北门的丽桥便称北丽桥。

大通桥 俗名陡门大桥，位于秀洲区原八字乡陡门镇东(今属新塍镇)。始建于明嘉靖年间，为单孔大型石拱桥，长35米、宽5米。清光绪十六年(1890年)重建。该桥是原秀水县西部运河上的唯一桥梁，是沟通运河南北的交通要道，故名。抗战前该桥为新塍至濮院、王店的必经之路，曾筑支柱在桥上架板通车。1995年运河拓宽时，该桥被拆除。

皂林双桥 俗称姐妹双桥，即皂林东桥(便民桥)和皂林西桥(青云桥)，分别位于桐乡炉头镇皂林村和梧桐乡新安村。皂林东桥原名便民桥，俗呼登垠桥。明正统间(1436年)初建木桥，明天顺(1457年)改木桥为石桥。清乾隆二十九年(1764年)重建，榜曰皂林。民国5年(1916年)修缮如初。皂林西桥，旧志失载。两桥原均为大型单孔石拱桥，东西相峙，气势雄伟，跨大运河。西桥因年久失修坍损严重，1976年拆除，1982年10月，在原址向西百米处新建衍架拱桥，长74米，宽8.5米，为桐乌公路桥梁。东桥桥长16米，宽3.7米，水面至桥顶、高8.75米(常水位)，南北两坡各有石阶49级和52级，用长条石砌成，阶梯陡斜。桥顶栏内建成弧形坐椅供人登桥小憩，平台扶栏四端凿有石狮2对，栩栩如生。东双桥于20世纪90年代初运河"瓶颈"段改造时拆除，为考虑毛家渡撤渡后行人需绕道等因素，该桥新建时向东移位2.7公里。1995年12月新"东双桥"建成，砼桁架机耕桥，荷载汽－10，桥长107.43米，桥宽5米，通航净高5.5米。1997年11月桥头接坡完成，1998年1月通车启用。已拆建。

大通新桥 亦称大德新桥，位于桐乡县崇福镇西南上市乡新桥村大白坟自然村，横跨大运河。明宣德间(1426—1435年)沈璘创建。该桥长32.5米，宽3.9米，单孔石拱桥两边跨步阶石南30级、北28级。顶上大方形平台，龙门石上雕有旋叶形圆周。桥洞下靠南筑有纤塘，纤夫可从桥下通过。桥洞两边有石雕对联：虹梁跨塘北，重题柱石仿彭河；归路出城南，百里水程窥省会。相传此处本无桥，乡民进城须绕道甏瓦桥或南三里桥，非常不便。为此有人发起募捐建桥。桥成，往来通行大为便利，故名大通新桥。1992年，因坍损严重拆除，西移300米，建空心板梁公路桥，荷载汽－20，桥长83.8米，桥宽7.5米，通航净高5.5米。已拆建。

松老高桥 位于桐乡县永秀与上市乡交界处，横跨大运河。始建于宋代，明弘治九年(1496年)徐华重建，屡经兴废。嘉庆五年(1800年)，知县方维翰重建。相传，昔有老人于此舣舟作渡凡50年，所取渡值铢积寸累，遂建此桥。后老人化为松，桥因以名。该桥长41米，宽3.9米，系单孔石拱桥。20世纪90年代初，运河拓宽改造，石桥拆除。1995年12月，建成砼桁架梁机耕桥，桥长81米，桥宽5米，荷载汽－10，通航净高5.5米。已拆建。

望仙高桥 位于桐乡县大麻镇北，又名大麻高桥，横跨大运河因其地有麻姑仙迹，故名。明成化三年(1468年)里人沈本源捐修。弘治间(1488—1505年)重修。桥长32米，宽5米，系大型单孔石拱桥，今仍完好。1994年，运河拓宽改造，石拱桥拆除。1995年11月，建成混凝土桁架梁人行机耕桥，桥长159米，桥宽5米，荷载汽－10，通航净高5.5米。已拆建。

司马高桥 旧名南高桥，位于崇福镇城南，南北向跨京杭大运河古道。据《周礼》记载，周时设置六官，以司马为夏官，掌军政和军赋，后用为兵部的名称。清光绪二年(1876)重建司马高桥时，知县请求动用库银，得到兵部的支持，故桥以司马命名。古代以官衔作为桥名的极为少见。

司马高桥为单孔半圆形石拱桥，桥长29.4米，桥顶宽3.0米，净跨9.7米，拱矢高5.0米。拱券采用联锁分节并列砌筑，龙门石上雕有旋叶形圆周，拱肩处设有横系石一对，拱券上方镶嵌石匾桥额，镌有阳文楷书“司马高桥”，边款为“光绪二年重建……余丽元书”字样。桥面陡峻，两侧设长条石护栏，桥顶为方形平台，四角有雕饰石狮望柱4根，两侧砌成靠背式栏石，南北两端各有石阶28级。桥两侧拱券旁设有对联石，联石顶置遮雨石，镌有阳文楷书楹联两副。东侧联：碧浪驾舆梁事隶夏官资共济；白栏依雉堞情深秋水溯伊人。西侧上联：司马锡嘉名谁继长卿高风标题有北；下联因年久石质风化无法辨认。据清光绪《石门县志》记载，该桥始建于明洪武年间(1368—1398年)，清乾隆十四年(1749年)邑人沈廷槐重建，同治三年(1864年)兵毁，光绪二年(1876年)知县余丽元重建。司马高桥是桐乡市京杭大运河上原有14座古石桥中仅存的一座古石拱桥，颇为珍贵。2003年，该桥被列为桐乡市级文物保护单位。

图1-1-2 司马高桥

虹桥 位于浙江省历史文化名镇——长安镇中街与公庆街交叉处，南北向跨上塘河。因其远望如一道彩虹横亘在上塘河上而得名。该桥古时为义亭驿通向海宁州城盐官的重要津梁。虹桥为单孔半圆形石拱桥，桥长30.7米，桥顶宽3.8米，净跨12.5米，拱矢高5.7米。拱券采用联锁分节并列砌筑。桥面两侧设长条石护栏，间有方形望柱8根，栏石端部置抱鼓石。望柱上刻有缠枝花草图饰，柱顶原雕饰石狮，现已毁。桥中护栏石内侧有雕刻精致的花草图饰，西外侧有阴刻隶书“虹桥”两字桥额，东外侧为阴刻篆书“桥亘如虹”四字，两旁有栩栩如生的古代人物故事浮雕，在浙江古桥中不多见，堪称珍品。桥顶为方形平台，正中雕刻轮回图案，南北两端分别有石阶21级和18级，每级石阶由两块石板并列组成。桥两侧拱券旁设有对联石，联石顶置雕刻纹饰的遮雨石，北端联石被毁或被护岸砌筑包入，南端联石上无楹联，而是雕刻精致花纹图饰，甚是少见。1974年，在虹桥西侧建造了一座钢筋混凝土双曲拱新虹桥供现代交通使用。1989年，老桥维修加固，在桥北堍建亭立碑，碑刻虹桥纪略。现亭已不存，桥碑尚在。2007年再次修缮此桥。

该桥始建年代不详。南宋建炎年间(1127—1130年)迁都临安(今杭州)后，为图长治久安，曾改名长安桥。南宋咸淳《临安志》记载，虹桥又名长安桥。明成化《杭州府志》称桥亘如虹，故名虹桥。由此可知，该桥在南宋迁都前就已建成存在了。据清同治《修川小志》载：“虹桥，桥亘如虹，因名。又名长安桥，跨运塘河，进桥东北长河堰在焉。道光二十八年(1848年)五月，梅雨成灾，平地水深数尺，桥忽圮。咸丰二年(1852年)，邑绅许楣等捐募重建。”现桥为清咸丰二年(1852年)重建。明代文人胡奎作《虹桥夜月》诗云：渴虹饮涧不曾收，化作飞梁卧碧流。银汉水分天上下，白莲花出海东头。鹤归华表吹笙夜，龙献明珠解佩秋。载酒长安三十里，醉呼鹦鹉更陪舟。胡奎对此桥赞美有佳，推崇备至，于是“虹桥夜月”遂成为当时一大景观。1984年10月，该桥被列为海宁县级文物保护单位。

图1-1-3 虹桥

锦萦桥 位于海宁钱塘江镇，跨上塘河。又名石井渡桥。清乾隆二十六年(1761年)建成为单环洞石桥，长28米，跨经10米，顶宽2.5米，栏高0.5米。东西两端各有石阶27级。南北两侧条石护栏，镶有石柱20个，其中桥顶

4个雕刻狮像。桥下东堍筑有纤道。现桥完好。

义惠桥 位于春富庵自然镇，跨上塘河。又名春富桥。清康熙四十五年(1706年)建。光绪十八年(1892年)，乡绅徐炳琮、沈尔明等募捐重建。为单环洞石拱桥，长25.8米，跨径8米，高12米，顶宽4米。东西两端各有石阶30级。南北两侧条石护栏，镶有石柱16个。桥下东堍筑有纤道。现桥尚完好。

平安桥 位于盐官镇北门外盐官村、北大街北端，东西向跨上塘河。为单孔马蹄形石拱桥，桥长17.8米，桥顶宽2.6米，净跨6.8米，拱矢高4.3米。拱券采用联锁分节并列砌筑，拱肩处设有横系石一对，拱券上方镶嵌石匾桥额，镌有阳文楷书“平安桥”三字，桥中栏石外侧有阴刻“民国三十五年仲冬重修”字样。桥面两侧设长条石护栏，间隔望柱8根，桥中4根望柱雕饰形态生动的石狮，栏石端部置抱鼓石，东西两端各有石阶19级。桥顶为方形平台，顶盘石正中雕刻轮回图案，四角雕有精致纹饰，分别称为万卷书、笔锭、如意，寓意读万卷书，文星高照，必定如意，前程似锦，蕴含祝福祈愿之意。桥两侧拱券旁设有对联石，联石顶置遮雨石，镌有阳文隶书楹联两副。南侧联：桥接观音夕阳映澈双虹峙；镇隣通浦浅水浮看一苇航。北侧联：易矩为规静镇北门作锁匙；行远自道长安西望接梯航。桥南100多米处，原有一座观音桥，夕阳影里，两桥如双虹相映成趣，平安桥南侧上联描述的就是这种意境。据《海宁州志稿》记载，平安桥建于清雍正十二年(1734年)，道光十六年(1836年)、同治十三年(1874年)重修。现桥为民国35年(1946年)重修。2003年7月，该桥被列为海宁市级文物保护单位。

图1-1-4 平安桥

永庆塘桥 又名沈荡大桥，位于沈荡镇东聚金村，西北东南向跨陈家港。该桥原位于沈荡镇东的海盐塘上，后移建现址，海盐塘旧称永庆塘，故名永庆塘桥。

永庆塘桥为3孔马蹄形驼峰式石拱桥，桥全长48.0米，桥顶宽4.2米，桥堍宽4.8米，中孔净跨14.4米，拱矢高9.12米。拱券采用联锁分节并列砌筑，拱券上方镶嵌石匾桥额，镌有阳文楷书“永庆塘桥”。每孔拱肩上均设有横系石一。全桥山花墙采用钉靴式结构。桥面两侧设大块长条石护栏，桥中栏石外侧镌有“大清光绪捌年里人重建”字样。桥顶为方形平台，正中顶盘定心石上雕刻轮回图案，平台两边用整块花岗石凿成两张长3.8米、宽0.5米、高0.57米靠背式栏石，四角有雕饰石狮的望柱4根，石狮雕琢形态生动，栏石端部有方形素面望柱4根，并置抱鼓石。桥面陡峻，如驼峰高耸，两端各有石阶43级，桥堍设有一平台与两岸道路相连。整座桥采用花岗岩条石砌成。桥两侧拱券间和边孔旁各设有对联石4条，联石顶置遮雨石，镌有阳文楷书楹联4副。

海盐塘古称官塘，为历代漕运之通道，又是浙北排涝泄洪的主要通道。永庆塘桥始建于清康熙五十八年至雍正三年(1719—1725年)，后又在桥两堍各建一凉亭，道光年间(1821—1850年)圮。光绪六年(1880年)由邑人朱兰卿、陈元燮、蒋静君等发起重建，光绪八年(1882年)建成，桥位北移200米。抗日战争前，在修建海宁硖石镇至嘉兴新篁镇公路中利用该桥，在桥面石阶上筑水泥混凝土基座搭设木支架铺木桥面，建成了通车的公路桥，成为桥上之桥，抗战期间木桥被毁，不再通行汽车。1997年12月，因河道拓宽建设需要，移址于今聚金村陈家港上按原样重建，为海盐县现存的唯一一座3孔古石拱桥。2010年6月，该桥被列为海盐县级文物保护单位。

图1-1-5 永庆塘桥

欤城大桥 俗称欤城大桥。位于欤城自然镇东北端，跨海盐嘉兴航线。始建于宋绍兴三年(1133年)，原为3孔条石排架桥。明宣德中，邑人金文富修复。明弘治元年(1488年)坍损，知县浮秀重建，改为单孔拱型石阶桥，嘉靖年间重修。清乾隆二十七年(1762年)，里人肖东行、徐鲁源、朱介三等捐资重修。清同治初年(1862年)桥偏侧，清光绪十六年(1890年)邑绅徐用福、朱丙寿等再次重修，次年竣工。桥长49.9米，桥面宽5米，桥孔净跨14米，梁底标高10.88米，南有石阶54级，北有53级。

马厩庙大桥 马厩庙大桥位于曹桥街道马厩村，南北向跨赵泾港。清光绪《平湖县志》载：“马厩庙，在县南一十五里，俗传(齐)景公养马之所，故名马厩。”桥因此得名。

马厩庙大桥为3孔半圆形驼峰式石拱桥，全部用花岗岩建成。桥全长35.4米，桥顶宽2.85米，中孔净跨10.0米，拱矢高5.22米，两边孔净跨6.0米，拱矢高3.18米。拱券采用联锁分节并列砌筑，拱券上方镶嵌石匾桥额，镌有阳文楷书“马厩庙大桥”，边款为“民国十八年春”“里人重建”字样。中孔拱券下端刻有捐钱人姓氏和捐钱数额。每孔拱肩上均设有横系石一对。全桥山花墙采用钉靴式结构。桥面两侧设长条石护栏，桥顶为方形平台，正中雕刻轮回图案，四角有方形素面望柱4根，两边砌成靠背式栏石，栏石端部有方形素面望柱4根，并置抱鼓石。桥面陡峻，南北两端各有长石板铺砌的石阶37级。桥两侧拱券间和边孔旁各设有对联石4条，联石顶置遮雨石，镌有阳文楷书楹联4副。该桥上原有石亭一座，“文化大革命”时期被拆毁。

相传，春秋时期，齐景公受命南巡狩时，在此地驻军养马，为当地百姓办了许多好事，深得百姓爱戴，后人因此在他的“畜马之地”建庙祭祀，称为马厩庙。后来因战乱纷繁，庙会活动逐渐淡化，庙宇坍毁。明天启《平湖县志》有马厩桥载，该桥最迟应始建于明天启年间(1621—1627年)。清光绪《平湖县志》载：“马厩庙桥，光绪年间重修”。现桥为民国18年(1929年)重建。2011年1月，该桥被列为浙江省文物保护单位，此为嘉兴地区第二座被列为省级文保单位独立古桥。

图1-1-6 马厩庙大桥

流庆桥 又名永庆桥，位于陶庄镇北新街北端，南北向跨柳溪河。陶庄古名柳溪，宋淳熙年间(1174—1189年)，保义郎陶文干从苏州迁居此地，营造庄园，因名陶庄。

流庆桥为单孔圆弧形石拱桥，桥长18.2米，桥顶宽2.4米，净跨8.1米，拱矢高2.9米。拱券采用分节并列砌筑，这种砌筑方法嘉兴地区较少见。桥面两侧设长条石护栏，无望柱，现西侧保存完好，北侧仅存桥顶上一块长条石，桥中栏石外侧镌刻“流庆桥”三字桥额，今“流庆”两字已毁，“庆”字尚可辨认。桥顶为方形平台，正中雕刻轮回图案，南北两端各有石阶13级，南堍又向两侧各加铺3级石阶下坡。桥体为紫红色砂岩石砌成，南桥堍西侧拱墙上有一块石灰石，刻有“大清乾隆六十年岁次乙卯正月榖旦重修”字样。桥两侧拱券旁设有对联石，镌有楹联两副。联石顶置有横系石，伸出墙面的端部各雕刻有螭首一对，螭首造型古朴，雕刻手法简练。南北伸臂横梁两端，各雕龙头1个，古朴有神。

流庆桥俗称八字桥。民国初，镇人周芷畦《柳溪竹枝词150首》之四云：“八字桥分八字形，八新街试黛螺青。侬家新制十眉曲，谱与郎君带酒听”。原注：“八字桥在圆觉寺前。八新街即镇之北街。”圆觉寺即圆觉禅院，始建于宋景定三年(1262年)，晚于流庆桥。圆觉寺旧有“净池春晓”等四景。陶庄一地，有汾湖、夏墓荡、芦墟塘等，水云弥漫，风景清幽。元初大诗人杨铁崖来游，有“渔鼓画桥杨柳外，酒旗茅店杏花前”之句。

该桥始建年代不详，大约在宋嘉定年间(1208—1224年)，桥已圮。据清光绪《嘉善县志》载：“宋时由乡人陶大猷重建。”清乾隆六十年(1795年)重修，志书记载，此次重修仅补添了一些石块，桥体结构和造型基本未改宋制，保持了宋代风貌。今栏间石柱及北堍栏板已不全。流庆桥迄今约有800年，为嘉兴地区现存建造年代最早的古石拱桥，对研究嘉兴地区石拱桥的历史及其发展提供了珍贵的实物，具有重要的历史和文物价值。1982年9月，该桥被列为嘉善县级文物保护单位。

图1-1-7 流庆桥

城镇桥梁

嘉兴市本级 随着历史的变迁，相当数量的古桥已泯灭、拆除，或改建、迁建。值得欣慰的是嘉兴市本级还有300多座古桥被完好地保存了下来。

秀城桥 位于南湖区秀州北路秀州桥西侧，南北向。因跨秀水傍城郭而得名。昔日为城外芦席汇、鱼行街一带通往城里的主要桥梁。秀城桥为单孔半圆形石拱桥，桥长

37.2 米，桥顶宽 3.65 米，净跨 12.1 米，拱矢高 6.8 米。拱券采用联锁分节并列砌筑，拱券上方有阳刻楷书“重建秀城桥”桥额。桥面两侧设长条石护栏，桥顶为方形平台，正中雕刻轮回图案，两侧砌成靠背式栏石，可供行人小憩，四角望柱现存两根，栏石端部置有望柱 4 根，望柱柱头雕刻莲花状，并有抱鼓石。桥面陡峻，如驼峰高耸，南北两端各有石阶 36 级，每级石阶都凿成磨盘纹，起防滑作用。因建桥时桥南堍房屋满布，河岸狭窄，桥梁不能伸展，故在石阶起步离民居 2 米处筑有高 1.2 米的小平台，石阶经平台转向东西两侧而下与街面相连，有效地利用了桥堍狭窄的道路，构造巧妙，在古桥中比较少见。桥两侧拱券旁设有对联石，联石顶置遮雨石，镌有阴文楷书楹联两副。据民国《竹林八圩志》载，该桥始建于明景泰初年(1450 年)，后多次重修。现桥为民国 33 年(1944 年)时重修南端栏杆。秀城桥一带曾是明清时期嘉兴的商业中心和水陆码头集散地，此桥的存在对了解嘉兴商业发展的历史提供了实物资料。1981 年 10 月，该桥被列为嘉兴市级文物保护单位。

图 1-1-8　秀城桥

秋泾桥　又名迎春桥，位于南湖区闸前街东端，东西向跨，与三店塘交汇处的秋泾河，昔日是周边地区通往嘉兴城里的必经古道津梁。秋泾桥为单孔圆弧形驼峰式石拱桥，桥型舒展美观，气势雄伟。桥长 58.9 米，桥顶宽 4.1 米，桥堍宽 4.7 米，净跨 15.6 米，拱矢高 6.0 米。拱券采用联锁分节并列砌筑，拱肩处设有横系石(亦称龙头石)一对，用以联系加固两侧山花墙 (亦称拱墙)。桥面两侧设长条石护栏，桥顶栏石外侧镌有阳文楷书“秋泾桥”三字桥额，边款为“嘉庆十一年”“里人重修”字样，栏石端部置抱鼓石。桥顶为方形平台，正中雕刻轮回图案，两侧砌成靠背式栏石，四角原有雕饰石狮的望柱 4 根，现仅存西侧两根。桥面陡峻，东西两端分别有石阶 35 级和 39 级。桥南北两侧拱券旁各设有对联石 4 条，联石顶置遮雨石，原镌刻有楹联 4 副，因年久风化剥落，现字迹已基本全无，仅可见南侧联上联下部“利济”两字。因历经数百年风雨沧桑，桥梁拱券石和山花墙局部风化松动，拱券产生变形，危及稳固安全。近年已采用混凝土包护拱脚桥基及槽钢加固拱券等措施，保持桥梁安全通行，至 2010 年仍在使用。明清时期修建的单孔石拱桥跨径达到 15.6 米的古桥在嘉兴地区比较少见。

秋泾桥的石狮雕琢精致、形态古朴、栩栩如生，颇有吉祥喜庆的风韵，在嘉兴地区不多见，遗憾的是缺失不全。嘉兴地处平原水网地区，古石拱桥都建造得比较高，以利通航。桥顶都做成方形平台，四角设有望柱，望柱柱头多雕饰形态各异的狮子。古石桥上狮子位置设置为左右对称的两对，每对居左的是雄狮，右前足踩绣球，俗称“狮子滚绣球”，象征着权力和威势；居右的是雌狮，左前足抚幼狮，俗称“太师少保”，象征着子嗣昌盛，这是中华民族传统文化的一种体现。该桥始建年代不详。据明弘治《嘉兴府志》载：“秋泾桥，在县东北三里半。”明万历《秀水县志》亦有“迎春桥一名秋泾桥”的记载。可见，明弘治年间(1488—1505 年)已有该桥。明崇祯初年(1628 年)重建。现桥为清嘉庆十一年(1806 年)重修。抗日战争初期，中国军队曾踞此桥与入侵的日军激战，桥上至今仍留有弹痕。1981 年 10 月，该桥被列为嘉兴市级文物保护单位。

图 1-1-9　秋泾桥

日晹桥　位于南湖区南溪西路西端、曹王庙后沪杭铁路东侧，南北向跨长生河。日晹桥为单孔半圆形石拱桥，桥长 20.05 米，桥顶宽 3 米，净跨 8.6 米，拱矢高 4 米。拱券采用联锁分节并列砌筑，拱肩处设有雕刻纹饰的横系石一对，拱券上方镶嵌石匾桥额，镌有阳文楷书“重建日晹桥”，东西两侧边款分别为“光绪乙卯皋月里人集建”“光绪五年皋月里人集建”字样。桥面两侧的水泥栏杆为近年重新设置，桥顶为方形平台，正中雕刻轮回图案，南北两端分别有石阶 20 级和 15 级，石阶末端有部分用水泥抹平。桥两侧拱券旁设有对联石，联石顶置雕刻纹饰的遮雨石，镌刻楹联两副。该桥始建年代不详。据清光绪《嘉兴府志》载，明万历年间(1573—1620 年)已有此桥。现桥为清光绪五年(1879 年)重建。现桥两侧山花墙部分石块松动凸肚，桥孔内搭设木支架临时支撑加固。日旸桥南堍有一座曹王庙，俗称小曹王庙，是为纪念宋名将曹彬而建。曹彬是北宋开国功臣，谥武惠，故称谓曹武惠王。相传，曹彬当年在平定江南时，不妄杀一人，庇护百姓渡过劫难，后士民感其恩德而立庙祭祀。此庙由推官史显卿所建，后多次重修，现庙为清同治年间重建。

图 1-1-10 日旸桥

小周桥 位于凤桥镇茜柳村，南北向跨陆家浜。为 3 孔石柱木梁砖面桥，桥长 16 米，桥宽 1.2 米，3 跨总长 13.35 米。南北桥孔石柱分别由两块和三块长条石并列组成，柱顶设帽梁石，上置桥面木梁。桥面由五六根圆松木组成，上横铺一层木板，木板上平铺一层方砖，方砖上再侧砌小青砖，此种构造和用材在嘉兴地区不多见。因江南地区多雨潮湿，通常都是在石柱上设置石梁桥面建造石桥，疑当年造桥时，因石材缺乏或采运困难，便因地制宜就地取材采用此法，可谓匠心独具。在木梁上铺砌了 3 层砖，其主要作用是防止雨水下渗使木梁腐烂损坏，从而延长桥梁的使用寿命。桥面无栏杆，南北两端分别有石阶 5 级和 8 级。该桥在地方志不见记载，建造年代无从考证，疑清代所建，具有一定的研究价值。

图 1-1-11 小周桥

南星桥 原名新桥，位于凤桥镇新篁社区镇西街南端与南星路东端交叉处，东西向跨丁溪。南星桥为 7 孔石柱石梁桥，桥全长 37.1 米，桥宽 2.7 米，7 跨总长 30.4 米，中孔较大，两边孔略小。石柱由 5 块长条石并列组成，中孔东西两石柱下部已用水泥混凝土包筑加固，防止通航船只撞击，东面石柱上有建桥年代、募建人姓名的正书石刻，落款为张廷济书。桥台由块石叠砌，桥柱顶设帽梁石，上置桥面石梁。桥面每孔由 5 根石梁并列组成，中孔石梁外侧镌有阳文楷书“南星桥”题额，边款为“嘉庆庚申正月”、“里人公建”字样。桥面两侧为大块长条石护栏，间有望柱 12 根，望柱柱头雕刻莲花等图案，栏石端部置抱鼓石。望柱柱头雕刻莲花图案具有佛教意义，有仰莲、覆莲和束莲之分，称为莲座，莲座即佛座，因佛身多置于莲花之上，故名。莲花“出淤泥而不染，濯清涟而不妖”，作为桥梁装饰象征圣洁之美。桥栏石外侧镌有阴文楷书铭文，南侧为“文昌朗照”，北侧为“寿纪光华”，边款为“嘉庆辛酉”“张廷济书”字样。中孔桥柱两侧有阳刻楷书楹联两副。此桥原为砖桥，明末已存。明崇祯《嘉兴县志》载：“新行镇太平桥、俞家桥、新桥、中桥、楼前桥、青龙桥、孙家桥。”清乾隆年间，桥已坍。现桥为清嘉庆五年(1800 年)，由张起也、曹宏芳、戴盈科、陆苍佩、张驾虹、陆在川、张德容等 7 名里人同募重建，改建成石桥。重建前，由张廷济撰《募重建南星桥序》详述该桥的历史、重建缘由及过程。南星桥为嘉兴地区现存少数几座 7 孔石梁桥之一。2009 年 9 月，该桥被列为嘉兴市级文物保护单位。

图 1-1-12 南星桥

大中桥 又名中桥，位于凤桥镇新篁社区镇西街北端，东西向跨丁溪。大中桥为 5 孔石柱石梁桥，桥长 24.9 米，桥宽 2.2 米，5 跨总长 20.4 米，中孔较大，两边孔略小。现东端边孔被房屋建筑包入，西端边孔被填塞，河面上只能看见 3 孔桥梁。石柱由 4 块长条石并列组成，中孔东西两石柱迎水面条石均有被撞击断裂痕迹，已用槽铁夹箍加固，柱顶设帽梁石，上置桥面石梁。桥面每孔由 4 根石梁并列组成，中孔石梁外侧镌有阳文楷书“大中桥”题额，旁侧有仙鹤、凤凰、孔雀、云朵、花卉等浮雕，工艺精湛，栩栩如生，非常少见。桥面两侧为大块长条石护栏，间有望柱

8 根，栏石端部置抱鼓石，东西两端分别有石阶 6 级和 5 级。护栏石外侧镌有阴文楷书铭文，北侧为“康乐和亲安平”，南侧为“孝友睦栏任恤”，边款为“道光戊子秋日张廷济书”字样，由桥额边款可知现桥的重建年代。中孔桥柱两侧有阳刻楷书楹联两副。该桥原为砖桥，明末已存。明崇祯《嘉兴县志》载：“新行镇太平桥、俞家桥、新桥、中桥、楼前桥、青龙桥、孙家桥。”清雍正九年(1731 年)重建，至道光初年已成危桥。现桥为清道光八年(1828 年)，由里人张禹范、沈咸怡、王心耕、周宾四、闵益斋、周厚之、陆南舟等同募重建，易砖桥为石桥。清代文人张廷济和张邦枢分别撰有《重建大中桥记》，详述该桥的历史和重建的缘由、过程及意义。

会龙桥 建于明嘉靖甲辰(1544 年)，与东栅南乡相连。直到民国时，尽管市河双溪的南岸也成街市，会龙桥上的行门却照样早启夜闭。此门应在明嘉靖乙卯(1555 年)，为防倭寇，在东栅汉、魏两塘分流口建敌楼(哨楼，古称镇海楼)。会龙桥的行门，毁于何时，无确切说法。东栅人是看着它在长年失修后，一点点塌掉的。随它最后一根立柱朽木，在 20 世纪 50 年代因桥上东侧三官小庙的破木屋被拆除而随之影迹全无。1972 年，此明代古桥拆毁，东移约 50 米处新建双曲水泥拱桥，改名东栅桥。会龙桥的大量遗石被用于新桥的引坡。桥南西侧的坡壁中有一块带着一个碗口大小凹底球形光洁的小石潭，为原会龙桥行门的一个石头门臼。

常丰桥 为东栅市梢东西向石桥，至元《嘉禾志》已有记载。桥下的河流，北通炮船汇、西连小镇北河，东达网船汇，南入双溪。桥小作用之大，如同关隘。为老街东去白莲寺，沿魏塘达嘉善，顺汉塘到平湖的要道。明代绎站“常丰铺”，乃一站两铺，设于此。作为小镇东头口子，其行门一直保存到了 1949 年 5 月 5 日。时值嘉兴解放前夜，国民党败兵流窜至东栅，洗劫后，向新丰平湖奔命，最后一批败兵逃离东栅时，在常丰桥上安放炸药，石桥被毁。

双溪桥 位于东栅西口，三孔拱形，长十四丈，宽一丈三尺，石阶五十级，为嘉兴城东一古桥。桥下双溪与六里河相汇，当为水上防卫郡城的要冲。双溪桥始建于明弘治(1488—1505 年)间。《嘉兴地名志》记：“明清时，双溪桥下河中设水栅，以卫护县城，故名东栅口，后遂成地名”。

北郭桥 又名北角桥、迎龙桥，位于凤桥镇新篁社区菊花路渔村，当地称小新篁，东西向跨青龙港。北郭桥、北角桥，因桥地处新篁北而得名。清嘉庆三年(1978 年)重建时，改名迎龙桥，意为迎接青龙港水自南而来，“迎龙”又寓吉祥之意，但当地群众仍习惯称旧名。该桥为单孔半圆形石拱桥，桥长 25.1 米，桥顶宽 2.85 米，净跨 8 米，拱矢高 4.2 米。拱券采用联锁分节并列砌筑，拱肩处设有横系石一对，拱券上方镶嵌石匾，镌有阳文楷书“迎龙毓秀”题额。桥面两侧设长条石护栏，桥顶为方形平台，正中雕刻轮回图案，四角有雕饰石狮的望柱 4 根，两侧砌成靠背式栏石，栏石端部置望柱，并有抱鼓石。桥面东西两端各有石阶 15 级，石阶中间加铺了一条水泥坡道，方便车辆上下。桥两侧拱券旁设有对联石，联石顶置雕刻纹饰的遮雨石，镌有阳文楷书楹联两副。桥西端建有长 6 米的石板桥作为引桥，用以泄洪，成为整座桥的组成部分，桥总长 36 米。桥型舒展、壮丽。1980 年石板桥重修时，改为水泥板桥。据清同治三年(1864 年)《竹里述略》记载，北郭桥始建于康熙三十四年(1695 年)，嘉庆三年(1798 年)里人重建。重建前，由文人张廷济撰《募重建北角桥引》详述该桥历史、重建缘由及过程。

图 1-1-13 北郭桥

太平桥 位于凤桥镇新篁社区镇南街东端太平寺前，桥因寺得名，南北向跨丁溪，旧时曾为放生河。新篁通往平湖、乍浦的船只从桥下行驶。太平桥为单孔半圆形石拱桥，桥长 17.6 米，桥顶宽 2.55 米，净跨 7 米，拱矢高 3.4 米。拱券采用联锁分节并列砌筑，拱肩处设有横系石一对，拱券上方有阳刻楷书“重修太平桥”桥额。桥面两侧的长条石护栏系 2011 年修缮时重新设置，间有望柱 16 根，栏石端部置有抱鼓石。桥顶为方形平台，正中雕刻纹饰磨损不清，南北两端分别有石阶 11 级和 13 级。桥两侧拱券旁设有对联石，联石顶置雕刻纹饰的遮雨石，镌有楹联两副。桥孔内 5 条拱券石上排列着荷叶、莲花及如意等象征佛教图案的精美雕刻，旁边文字模糊难辨，其中有一条石上还雕塑了一座和尚手捧莲花，可谓寺前太平桥与桥堍太平寺相呼应，体现了佛文化的环境，别具匠心。该桥始建年代不详。据明弘治《嘉兴府志》载：“太平桥，在嘉兴县东南五十四里。”明弘治年间(1488—1505 年)已有此桥。明崇祯年间《嘉兴县志》载，新行镇桥七，首此。清同治三年(1864 年)《竹里述略》记载，现桥为乾隆二十九年(1764 年)重建。

图 1-1-14 太平桥

陆宣泾桥 陆宣泾桥位于大桥镇建国村，东西向跨油车港。陆宣泾桥为 3 孔石柱石梁桥，桥长 21.05 米，桥宽 1.6 米，3 跨总长 11.4 米。石柱由 3 块长条石并列组成，柱顶设雕刻纹饰的帽梁石，上置桥面石梁。桥面每孔由 3 根石梁并列组成，石梁外侧雕刻精致花纹，中孔镌有阳文楷书“重建陆宣泾桥”题额，边款为“光绪三十三年二月日立”字样。两边孔石梁南北侧分别镌有阳文楷书“文星现”“万事足”和“儿孙福”“五代荣”字样，体现了旧时人们对功名利禄、家庭兴旺、生活幸福的良好祈愿。桥面两侧为方条石搁空的坐凳式桥栏，间有望柱 8 根，此桥栏式样嘉兴地区比较少见，东西两端分别有石阶 10 级和 7 级。桥柱两侧有阳刻隶书楹联两副。该桥始建年代不详，现桥为清光绪三十三年(1907 年)重建。

图 1-1-15 陆宣泾桥

塘河桥 全称孝悌忠信塘河桥，位于大桥镇农建村与新丰镇胜利村交界处，东西向跨塘河桥港。塘河桥为 5 孔石柱石梁桥，桥长 23.2 米，桥宽 1.55 米，5 跨总长 17.55 米，中孔较大，两边孔略小。石柱由 3 块长条石并列组成，西起第 1 和第 3 桥柱现仅存 2 块长条石，柱顶设帽梁石，上置桥面石梁。桥面每孔由 3 根石梁并列组成，石梁外侧雕刻精致花纹，中孔镌有阳文楷书“孝悌忠信塘河桥”题额，边款为“嘉庆囗拾贰年”字样。桥面无栏杆，东西两端各有石阶 5 级。中孔桥柱两侧有阳刻楷书楹联两副。该桥始建年代不详。据民国 34 年(1945 年)《新丰镇志》载：“塘河桥，东堍感七下五庄，西堍感七上二庄。清嘉庆间里人周瑞春重建。”现桥为清嘉庆年间(1796—1820 年)重建。

图 1-1-16 塘河桥

五环洞桥 位于余新镇石堰村五环洞自然村通往海盐塘的小河上，沿塘跨河而筑。南北向，系单孔石拱桥，无护栏。东西桥首分别有“五环洞桥”额。南北各有石阶 20 级。石阶下分别有平坡 4.6 米左右。桥长 26.35 米，顶宽 2.5 米，底宽 3 米。拱跨 7.15 米，拱高 3.45 米。东西两侧均有桥联，因水深泥烂，难以抄录，仅得东侧下联：“东连沧海泽化蛟虬。”此桥建于何年不详。崇祯《嘉兴县志》载：“白苎都五环洞桥。”明已有此桥。

马泾桥 位于余新镇曹王村马泾自然村与凤桥镇兴善寺村曹九自然村的界河与海盐塘的交叉口。沿塘跨河而筑，南北向，系单孔石拱桥，无护栏。东西桥首分别有“马泾桥”额。南北各有石阶 20 级，桥长 21.7 米，顶宽 2.5 米，底宽 2.75 米。拱跨 7.8 米，拱高 4 米。东西两侧均有桥联，两端已不通行人。此桥始建于何年不详。崇祯《嘉兴县志》：“新丰都马泾桥。”明代已有此桥。现桥首“马泾桥”额之右有“光绪六年”字样。

张施桥 位于余新镇曹王村张施自然村与凤桥镇兴善寺村严家兜自然村的界河上。南北向，系单孔石拱桥，无护栏。东西桥首分别有“重修张施桥”额。南北各有石阶 13 级，其下各有 2 米左右的平坡。桥长 16 米，顶宽 2.15 米，底宽 2.4 米。拱跨 7.15 米，拱高 3.55 米。东西两侧有桥联。北桥墩东西两侧均已塌空。此桥始建于何年不详。地方志亦无记载。

兴善寺香花桥 位于凤桥镇西南兴善寺村的小街东侧。跨街南小河。南北向。系单孔石拱桥。水泥桥栏杆系新筑。东西桥首分别有“香花桥”额。南北各有石阶 10 级。其下各有 1.5 米左右的平坡。桥长 13.7 米，顶宽 2.25 米，底宽 3.1 米。拱跨 6.45 米，拱高 2.8 米。东侧桥联：“东壁龙渊锺秀 西湖凤渚朝阳。”西侧桥联：“九曲三潭潋水秀 千门万户蒙天香。”此桥始建于何年不详。嘉庆《嘉兴县志》载："香花桥(柳志)在县东南四十里。"明弘治年间已有此桥。重修或重建年代不详。

石佛寺香花桥 位于凤桥镇石佛寺旧址南的长生河上。南北向。系单孔石拱桥。东西桥首均有"香花桥"额。北侧可见石阶5级，南侧可见石阶3级。简易桥栏杆系新添。桥长8.4米(未含坡)，宽2.7米。拱跨5.25米，拱高2.7米。东侧桥联："波涵汪泽贯千流 岁奏阜成编万井。"西侧桥联："奎耀梅洲新景运 钵传石佛旧宗风。"桥始建于何年不详。明正统中僧子敬重建石佛寺，有八景，香花桥为其一。现香花桥桥墩西侧北边并列二石，左石刻"候选州同知、信官张广涵，独建香花桥。乾隆壬辰岁。"行书，系空心字。右石刻"前建：乾隆壬辰岁，信官张广涵独建。重建：光绪甲午年，信官朱采助赀，本学广文王震元助椿木，里人冯学古、陆瑞生、冯学艺仝助赀。"正书。此桥重建于乾隆三十七年(1772年)，至光绪二十年(1894年)再次重建。张广涵，不详。朱采(1833—1901年)，字亮生、号冶仙。嘉兴人。同治三年(1864年)优贡生。光绪十四年(1888年)累官广东雷琼道。有《清芬阁集》。

杜家桥 位于凤桥镇三星村杜家桥自然村的小河上。东西向。无护栏。系单孔石拱桥。南、北桥首有"重建杜家桥"额。东西两端各有石阶16级和13级。桥长10.9米，桥顶宽2.05米，桥底宽2.3米。拱跨7.8米，拱高4米。南北二侧均无桥联。两端各有一块水泥板铺在桥上，当桥坡用。此桥未见于地方志。《嘉兴市地名志》："据桥洞东壁石碑记载，该桥建于明代。"

沈庄塘桥 位于新丰镇(原属净相乡)金章村与平湖市曹桥乡之间，跨沈庄塘。东西向，系单孔石拱桥，栏杆石缺失。东西两侧原有石阶，已用钢筋混凝土预应力楼板改成坡道。桥长约36米，桥顶宽3米，桥底宽3.2米。桥拱跨估12米，拱高估6米。南北二侧不见桥联，北侧桥墩已有数块桥石掉落。此桥始建于何年不详。

迎龙桥 亦名"北角桥""北郭桥"，位于凤桥镇(新篁自然镇)北约半里，当地称"小新篁"。东西向，跨丁谿，系单孔石拱桥。桥南北两侧原有石护栏，现南北各缺护栏石一块，望柱剩3根，桥顶石狮剩1对。南北桥首有"重建迎龙桥"额。东西侧各有石阶15级。桥长25.1米，顶宽2.85米，底宽3.4米。拱跨8米，拱高4米。南北两侧均有桥联。桥西端原有长6米的平桥，用以泄水，于上世纪八十年代重修，现平桥桥板为水泥板。桥联石亦有损坏。同治三年《竹里述略》："北角桥，在小新篁北。康熙乙亥建。《伊志》作'北郭'。久圮。嘉庆三年里人重建。题曰'迎龙'。"康熙乙亥，即康熙三十四年(1695年)。《伊志》，即嘉兴知府伊汤安纂《嘉兴府志》。嘉庆三年(1798年)此桥重建前，张廷济撰《募重建北角桥引》记载该桥重建过程。

卜家环桥 桥名亦"雅吉桥"。位于王店镇三建村登棚老自然村(原属建设乡建丰村)，跨环桥港。东西向，系单孔石拱桥，无护栏。东西两侧分别有石阶11级。桥长11.85米，桥宽2.3米。拱跨估6米，拱高估2.8米。似有桥联。此桥始建于何年不详。明崇祯《嘉兴县志》卷三《桥梁》"嘉会都"中已有"卜家桥"记载。嘉庆《嘉兴县志》卷四《桥梁》、民国《梅里备志》卷一《桥梁》亦均有"卜家桥"或"卜家环桥，在里西十里"记载。此处原是王店镇去建设、海宁的主要通道之一。

马桥(老) 位于新塍镇观音桥村(原属新农乡马桥村)，跨马桥港。桥东原有马明王庙，故名马桥，村以桥名。南北向，系单孔石拱桥，无护栏。南北两侧分别有石阶16级。桥长21.2米，桥底宽3米，桥顶宽2.8米。拱跨估7米，拱高估3.5米。未见桥联。此桥不见于地方志，始建于何年不详。据说桥洞内有一石块上有文字。

凤仪桥 位于新塍镇康和桥村张墩自然村(原属桃园乡)，跨环桥港。南北向，系单孔石拱桥，有护栏，桥顶缺一护栏石块，亦用红砖补齐。南北两侧分别有石阶10级和14级。东西桥首有"凤仪桥"额。桥长10.85米，桥底宽2.6米，桥顶宽2.4米。拱跨6米，拱高3.2米。东侧桥联："晓日浴红春水上 遥山横碧画桥西"；西侧桥联："千顷桑麻歌大有 万家□□□□□。"此桥不见于地方志。始建于何年不详。桥额旁有"嘉庆□□□年"字样。

万寿桥 位于新塍镇洛西村红墩浜自然村(原属洛东乡庄新村)，跨红墩浜。南北向，系单孔石拱桥，无护栏。南北两侧分别有石阶12级，现用水泥板覆盖，以便车辆行驶。东西桥首有"万寿桥"额。桥长11.6米，桥底宽2.2米，桥顶宽2米。拱跨5米，拱高2.8米。东西两侧无桥联。此桥不见于地方志，始建于何年不详。桥额旁镌有"宣统二年""里人同建"字样。

毛桥 位于新塍镇洛东村毛桥自然村(原属洛东乡双板桥村)，跨毛桥港。东西向，系单孔石拱桥，无护栏。东西两侧分别有石阶14级，现用水泥板覆盖，以便车辆行驶。南北桥首有"重建毛桥"额。桥长13.1米，桥底宽2.3米，桥顶宽1.8米。拱跨7.5米，拱高3米。南侧桥联："神昭明德通天载 人掌丝伦集凤池"；北侧桥联："一泓水绕源天目 十里塘回接烂溪"。此桥不见于地方志。始建于何年不详。桥额旁镌有"民国十三年""里人仝建"字样。

蒲鞋桥 桥名亦为"永兴桥"。位于新塍镇火炬村蒲鞋浜自然村(原属高照乡)，跨蒲鞋浜。南北向，系单孔石拱桥，无护栏。南北两侧分别可见石阶4级和6级。东西两侧桥首有“重建永兴桥”额。桥长10.6米，桥底宽2.1米，桥顶宽1.9米。拱跨5.10米，拱高2.90米。东侧桥联：“青龙莅水德　玄地运文星”；西侧桥联：“永启田□茂　兴隆福寿增”(□字疑似繁体“蚕”)。咸丰、同治年间《新塍琐志》卷三《津梁》有“永兴桥”的记载。始建于何年不详。桥额旁镌有“民国拾八年”“里人仝建”字样。

万福桥　位于南湖烟雨楼荷花池与南湖之间的环形长堤上。东西向，系单孔石拱桥，东西两侧分别有石阶10级。南北桥首有“万福桥”额。桥长9.1米，桥宽2.7米。拱跨4.15米，拱高1.7米。桥上有护栏板，曾修换。南北栏板内外侧有郭仲选书“万福桥”三字(空心)。桥面有望柱石狮8对（东边北侧第2只石狮已损)。此桥始建于何年不详。崇祯《嘉兴县志》卷首附烟雨楼图，尚无此桥。雍正《浙江通志》附烟雨楼图此位置已有桥，为石板桥，而非石拱桥。《南巡盛典》附烟雨楼图已为石拱桥。

高丰桥　位于七星镇高丰村南部嘉善塘北岸。东西向，系单孔石拱桥，无护栏。南北侧桥首有“高丰桥”额。桥长12.6米，桥顶宽1.8米，桥底宽2米。拱跨4米，拱高2米。东西两侧原有石阶10级和8级。现均已坍塌。北侧桥联：“仁惠千家乐　魏塘万户安。”南侧桥联：“秋月常迎福迹 春波西送垂虹。”此桥原属沿塘桥。现在桥北新筑了塘坝、闸门。原桥桥基、拱圈石、石阶均已坍塌。桥东头通路已断，并挖去泥石，与闸门下的水道相通。桥西头仅有高低不平的小塍一条，与塘坝相连。整座桥梁立于宽阔的嘉善塘中，岌岌可危。此桥始建于何年不详。崇祯《嘉兴县志》卷三《桥梁》在“德化乡”中有“高丰桥”的记载，桥洞下顶端一石镌有“咸丰七年”字样。

香花桥　桥名亦为“步云桥”。位于大桥镇建国村徐家浜自然村与嘉善大云镇先锋村梅家坝自然村的交界处。跨香花桥港，南北向，系单孔无栏石拱桥，南北侧分别有石阶12级和11级。东西桥首有“步云桥”额。桥长17米，桥底宽3.5米，桥顶宽2.8米。拱跨7.1米，拱高3.05米。东西侧桥联不清。崇祯《嘉兴县志》卷三《桥梁》在“德化乡”中有“香花桥”记载。此桥始建年代不详。

张百子桥　位于城南街道长新村塘口自然村(原属南湖乡长桥村)，沿长水塘，跨长桥港。南北向，系单孔无栏石拱桥，南北侧分别有石阶8级，用水泥浇筑过。东西桥首有“张百子桥”额。桥长12.05米，桥底宽2米，桥顶宽1.85米。拱跨6.5米，拱高2.9米。东西侧无桥联，拱圈内南北两侧分别有6个长方形框(上二下四)，内刻文字，内容不详。此桥不见于地方志，始建年代不详。桥额旁风化严重，重建年份不清。

怀昌桥　位于城南街道梁林桥村怀昌桥自然村(原属南湖乡永联村)，跨怀昌桥港。东西向，系单孔无栏石拱桥，东西侧分别有石阶11级。南北桥首有“重建怀昌桥”额。桥长12.3米，桥底宽2米，桥顶宽1.7米。拱跨5.6米，拱高2.95米。南北侧不见桥联。桥拱内东侧已有数块拱圈石坍塌。此桥不见于地方志，始建年代不详。桥额旁重建年份亦不清。

仲昌桥　位于新塍镇观音桥村仲昌桥自然村(原属新农乡钱家湾村)，与王江泾镇虹南村(原属虹阳乡东石桥村)的交界处，跨大律港，东西向。系五孔无栏梁式石板桥，东西两侧分别有石阶5级，南北侧桥首有“重建仲昌桥”额。桥长23.25米，桥底宽2米，桥顶宽1.7米。孔跨18.25米，中孔高2.6米。南北两侧均有桥联。此桥未见诸地方志。桥额两边分别有“道光元年”“里人仝工”字样。

(南)马长桥　位于新丰镇(原属竹林乡)槜李村与凤桥镇清池村之间，跨马长泾。东西向。系无阶无栏五孔梁式石板桥。南北侧桥首有“重建马长桥”额。桥长22米，宽1.25米。孔跨20米，中孔高2.6米。南北两侧似不见桥联。此桥始建年代不详。新编《新丰镇志》称，此桥重建于清同治十年(1871年)。

北溪桥　桥名亦为“众福桥”。位于王江泾镇虹阳东南村魏家扇自然村，坐落在天花荡南至穆溪的入口处。东西向，原为五孔梁式石板桥，东西两侧各有石阶11级和8级。桥长35.1米，坡长6.1米，宽3.1米。东端另有堤数十米，因此地水面开阔，此桥东桥墩实际造在河中央。跨25.6米，主孔10米。桥高3.5米。咸丰、同治年间《新塍琐志》卷三《津梁》有“北溪桥”的记载。民国12年(1923年)《新塍镇志》卷六《津梁》亦有“北溪桥”的记载，民国年间(1940年)曾重修。2004年，中孔坍毁，王江泾镇人民政府重修为水泥梁，并于桥面加护栏。桥首额及桥联均已不见。1992年8月，嘉兴市文化局立牌公布，北溪桥为嘉兴市文物保护点。

翁家桥　俗称“汪家桥”。位于新塍镇小金港长港里自然村(原属桃园乡)与南洋村(原属新农乡朝阳村)的交界处，跨南港，南北向，系五孔无栏梁式石板桥。南北两侧分别有石阶4级和6级。东西侧桥首有“重修翁家桥”额。桥长24.35米，桥底宽2.5米，桥顶宽2.25米。孔跨19.35米，中孔高2.8米。东西两侧似不见桥联。中孔桥柱北柱内侧镌有长条形框，上下刻成荷花状，中间镌字，内容不清。此桥始建年代不详，桥额边亦未镌重修年代。咸丰、同治(1851—1874年)年间《新塍琐志》卷三《津梁》有连续的“三条桥”“汪家桥”“褚家桥”记载，为同一条河上的三座桥梁。

日晖桥　俗称“石灰桥”。位于王江泾镇宇泗浜村石灰桥自然村(原属嘉北乡)与东风村(原属双桥乡洪四村)的交界处，跨日晖桥港，南北向，系五孔无栏梁式石板桥，现新增铁栏杆。南侧原有石阶5级，北侧桥墩已坏，原有石阶不清。现桥两头均用水泥板铺平，以便车辆行驶。东西桥首有“重建日晖桥”额。桥长28.5米，桥底宽1.8米，桥顶宽1.65米。桥孔跨21.65米，中孔高2.75米。东西两侧有桥联。此桥不见于地方志，始建年代不详。桥额旁重建年代亦不清。

水太木桥 桥名亦“大夫桥”。位于余新镇黎明村俞家浜自然村(原属曹庄乡沙桥村)，跨水太木桥港，东西向，系五孔无栏梁式石板桥。东西石阶没入路面，已不易见到(其中西侧尚可见到石阶2级)，南北桥首有“重建大夫桥”额。桥长20.9米，桥底宽1.5米，桥顶宽1.3米。桥孔跨16.5米，中孔高2米。桥面石原由三块组成，现实际仅存边侧二块，缺中间一块桥石。南北两侧均不见桥联。此桥不见于地方志，始建年代不详。桥额旁桥面因石太狭，重建年份镌否不详。

西塘桥 桥亦名“马塔塘桥”。位于大桥镇焦山门村戴家自然村(原属云西村)。跨马塔塘，南北向，系五孔无栏梁式石板桥。南北两侧分别有石阶4级和2级。东西桥首有“重建马塔塘桥”额。桥长28.2米，桥底宽1.9米，桥顶宽1.65米。桥孔跨22.3米，中孔高2.75米，桥中间两个桥柱系墩式，两侧两个桥柱系条石式。东西两侧均不见桥联。嘉庆《嘉兴县志》卷四《桥梁》永丰乡有“马塔塘桥”的记载。始建年代不详，桥额旁亦看不清重建年份。

荷花桥 位于七星镇东进村荷花桥自然村。跨石桥港，东西向，系五孔无栏梁式石板桥。东西两侧原分别有石阶4级，现东侧石阶用水泥板覆盖。南北桥首有“荷花桥”额。桥长28.9米，桥底宽1.9米，桥顶宽1.8米。桥孔跨24.7米，中孔高2.5米。南北两侧均不见桥联。西起第2石柱应有3块条石，仅存南、中各一块，缺北边一块。东起第一跨桥面石坍塌，改用2块水泥板铺面。此桥不见于地方志。始建年代不详，桥额旁亦看不清重建年份。

善兴桥 位于秀洲区油车港镇古窦泾村姜家埭自然村与嘉善县杨庙镇光明村的交界处，系有阶无栏三孔梁式石板桥。桥东首有“善兴桥”额，西首有“秀善桥”额。桥的南、北分别有麟瑞庙和永昌庙，俗称“一担庙”。故此桥亦称“一担庙桥”。桥长21.2米，宽2.2米。跨16.2米，主孔6米。桥高4.4米。东边桥联：“一带村溪襟两邑　双祠神泽润三农。”西边桥联：“西来秀水潆洄远　东接麟湖流泽长。”近年新增水泥桥栏杆系。桥南、北侧原分别有石阶7级和4级，近年改造成水泥护坡。此桥原是木桥，始建于何年不详。清康熙五十年(1711年)改建为石桥。现存石桥系清嘉庆七年(1802年)七月由嘉善、秀水两县民众募赀重建。

大桥 桥名亦“南湖大桥”。位于油车港镇栖真村与胜丰村的交界处，南北向，跨大桥港，故称“大桥”。东西桥首有“重建南湖大桥”额。为三孔梁式石板桥。南北侧分别有石阶8级和9级。桥南尚有平坡2.15米。桥面有石护栏，中孔护栏上有望柱2对。桥长24.6米，顶宽2.3米，底宽2.45米。桥下一柱石已被船撞落河中，用木头顶住。东侧桥联：“济四境往来彩虹环水　叫一声敕方灵舫穿云。”西侧上联因柱石跌落河中而不可见，下联是“对绿波浩淼客免农裳”。此桥始建于何年不详，据油车港镇文化站杨跃兴编《悠悠水乡情·古桥篇》，现桥重建于道光二十三年(1843年)。

陶家桥 位于油车港镇陈家坝村，坐落在陶家港上。南北向，为有阶三孔梁式石板桥。桥面有石护栏，并有小石狮四只(现一只已破损残去)。东西桥首有“重建陶家桥”额。南北两侧分别有石阶10级，现用水泥板覆盖着。桥长21.35米，桥顶宽2.05米，桥底宽2.3米。桥跨12.95米，中孔高2.6米。油车港镇文化站杨跃兴编《悠悠水乡情·古桥篇》称，桥建于嘉庆二十二年(1817年)。

查庵桥 桥名亦“古查庵桥”。位于油车港镇胜丰村，坐落在查庵港上，东西向，为有阶三孔梁式无栏石板桥。东西两侧分别有石阶10级。桥长19米，桥顶宽1.95米，桥底宽2.25米。桥跨10.7米，中孔高2.5米。南侧桥联：“一道彩虹天上落　几家画舫镜中行”。北侧桥联：“四境常闻声壤歌　千秋永免赛裳乡”。此桥原为油车港镇、天凝等地进出嘉兴的陆上通道。油车港镇文化站杨跃兴编《悠悠水乡情·古桥篇》称，桥建于道光二十五年(1845年)。20世纪80年代用水泥浇筑护栏，桥面相应加宽，故南北桥首桥额已看不到。

斜桥 桥名亦“万安桥”。位于油车港镇胜丰村，坐落在斜桥港上，南北向，为有阶三孔梁式石板桥。桥面有石护栏，有望柱四根。东西两侧桥首有“重建万安桥”额。南北两侧分别有石阶8级。桥长18.9米，桥顶宽1.6米，桥底宽1.8米。桥跨12.5米，中孔高2.7米。东侧桥联：“南去郭河每听汽船晨笛声　北归栖市犹闻石寺晚钟声”。西侧桥联：“集品第重新殷拜万家生佛　祝过阁步经镇称一路福星”。桥联系隶书。此桥始建于何年不详。油车港镇文化站杨跃兴编《悠悠水乡情·古桥篇》称，此桥重建于民国十五年(1926年)。

孔家港桥 桥名亦“万福桥”。位于油车港镇上睦村南，坐落在孔家港上，南北向，为有阶三孔梁式无栏石板桥。东西桥首有“重建万福桥”额。南北两侧分别有石阶6级和7级。桥长19米，桥顶宽1.7米，桥底宽1.85米。桥跨

12.8 米，中孔高 3 米。东侧桥联：“东迎官水千层浪　西接金溪万智流。”西侧桥联：“南连槜李千人稳　北达闻泾万福安。”清宣统三年(1911 年)《闻川志稿》卷二《桥梁》载，官荡西有“孔家桥”。油车港镇文化站杨跃兴编《悠悠水乡情·古桥篇》称，此桥重建于清同治七年(1868 年)。

杨库桥　桥名亦“通济桥”。位于油车港镇上睦村中部，坐落在杨库港上，南北向，为有阶三孔梁式石板桥。旧时桥面设有木护栏，现已不存。东西桥首有“重建通济桥”额。南北两侧分别有石阶 5 级和 8 级。桥长 19.10 米，桥顶宽 1.65 米，桥底宽 1.8 米。桥跨 13.05 米，中孔高 3 米。东侧桥联：“东临风帆飞浦溆　西闻津鼓报陲亭。”西侧桥联：“溪流几曲桑麻绕　虹影中横垄亩通。”油车港镇文化站杨跃兴编《悠悠水乡情·古桥篇》称，此桥重建于清同治十三年(1874 年)。

荷花浦桥　位于油车港镇栖真村北端，坐落在荷花浦港上。东西向，为有阶三孔梁式石板桥。桥面有石护栏，有望柱四根。南北两侧桥首有“重建荷花浦桥”额。南北两侧原分别有石阶 8 级和 10 级。现用水泥板铺在上面。桥长 21.25 米，桥顶宽 1.6 米，桥底宽 1.8 米。桥跨 13.85 米，中孔高 3 米。南侧桥联：“行与之还得十亩河闲意　进而益上好二雨圩要津。”北侧桥联：“郤为半读半耕三家村舍　远课一晴一雨两岸桑麻。”清宣统三年(1911 年)《闻川志稿》卷二《桥梁》在栖真寺附近有“荷花浦桥”的记载。油车港镇文化站杨跃兴编《悠悠水乡情·古桥篇》称，此桥重建于清乾隆三十七年(1772 年)。

延寿桥　位于油车港镇池湾村，坐落在怀家埭港上。南北向，为有阶三孔梁式无栏石板桥。东西两侧桥首有“重建延寿桥”额。南北两侧分别有石阶 8 级。桥长 19.45 米，桥顶宽 2.05 米，桥底宽 2.3 米。桥跨 12.4 米，中孔高 2.8 米。中孔两桥柱原分别由三块条石组成，中间一块已掉落。东西两侧似有桥联，刻得浅，不清。清宣统三年(1911 年)《闻川志稿》卷二《桥梁》记载池湾附近有“延寿桥”。油车港镇文化站杨跃兴编《悠悠水乡情·古桥篇》称，此桥建于清嘉庆十三年(1808 年)。

新桥　正式桥名“万福桥”。位于油车港镇池湾村石匠浜自然村，坐落在东王港上。因该桥建造时已有老桥(石前桥)，故俗称“新桥”。南北向，为有阶三孔梁式无栏石板桥。东西两侧桥首有“重建万福桥”额。南北两侧分别有石阶 13 级。桥长 19.3 米，桥顶宽 2.2 米，桥底宽 2.5 米。桥跨 9.5 米，中孔高 2.9 米。东侧桥联：“天豆张平经甲龙　来福参秀德平寿。”西侧桥联：“南来接鸳凌流清　北去喜闻湖浪静。”油车港镇文化站杨跃兴编《悠悠水乡情·古桥篇》称，此桥建于清道光二十二年(1842 年)。

塘家桥　位于油车港镇西湖村西北，坐落在和尚港上。南北向。为有阶三孔梁式无栏石板桥。东西桥首有“塘家桥”额。南北两侧分别有石阶 9 级。桥长 19.20 米，桥顶宽 2.2 米，桥底宽 2.4 米。桥跨 11.5 米，中孔高 2.5 米。东侧桥联：“遥望鸳湖月　渐通彭蠡春。”西侧桥联：“三家村口湍声远　一雨溪河浪影平。”清宣统三年(1911 年)《闻川志稿》卷二《桥梁》，在官荡东有“唐(塘)家桥”的记载。油车港镇文化站杨跃兴编《悠悠水乡情·古桥篇》称，此桥建于清嘉庆十九年(1814 年)。

许家桥　位于油车港镇西湖村北，坐落在喉咙湾港上，东西向。据传桥名源于嘉兴城内许氏大姓，为有阶三孔梁式无栏石板桥。南北桥首有“重建许家桥”额。东西两侧分别有石阶 10 级和 8 级。桥长 18.65 米，桥顶宽 1.65 米，桥底宽 2.05 米。桥跨 10.8 米，中孔高 2.65 米。南北两侧无桥联。清宣统三年(1911 年)《闻川志稿》卷二《桥梁》，在官荡东有“许家桥”的记载。油车港镇文化站杨跃兴编《悠悠水乡情·古桥篇》称，此桥建于清嘉庆十九年(1814 年)。

西王港桥　正式桥名“怀仁桥”。据传此桥因栖真寺居士张怀仁得名。位于油车港镇西湖村东，横跨西王港，东西向，为有阶三孔梁式无栏石板桥。南北桥首有“怀仁桥”额。东西两侧分别有石阶 8 级和 9 级。桥长 19.1 米，桥顶宽 2.15 米，桥底宽 2.45 米。桥跨 11.55 米，中孔高 2.85 米。南侧桥联：“南接栖真香火界　北通鲍甸白云乡。”北侧桥联：“人逢花甲思延寿　客傍烟波总问津。”油车港镇文化站杨跃兴编《悠悠水乡情·古桥篇》称，此桥建于清道光十四年(1834 年)。

染店桥　位于油车港镇澄溪村，坐落在冯家港上，东西向，为有阶三孔梁式无栏石板桥。该桥因当地有染店得名，南北两侧桥首有“重建染店桥”额。东西两侧分别有石阶 7 级和 9 级。桥长 20.7 米，桥顶宽 1.8 米，桥底宽 2 米。桥跨 13.5 米，中孔高 2.8 米。南北两侧无桥联。东桥墩北侧数块桥石已掉落，桥柱石亦已有裂缝。旧时此桥为油车港、天凝等地进出嘉兴旱路的主要通道。桥始建于何年不详。清宣统三年(1911 年)《闻川志稿》卷二《桥梁》载，油车港左右有“染店桥”的记载。

大悲桥　位于新丰镇(原属竹林乡)赵家埭村外浜自然村与凤桥镇永红村之间，跨众欢塘。因旧时附近有大悲庵得名，东西向，系三孔无栏梁式石板桥。南北两侧桥首有“重建大悲桥”额。东西两侧原有石阶，现已用水泥铺平。桥长 20.8 米，宽 1.3 米。桥孔跨 14.4 米，中孔高 2.8 米。南北两侧不见桥联。此桥始见于何年不详。新编《新丰镇志》称，此桥重建于清康熙五十二年(1713 年)。

北庄桥　位于新丰镇(原属净相乡)横港村，跨北庄桥港，南北向，系三孔无栏梁式石板桥。西侧桥首有“重建北庄桥”额，而东侧桥首不见额。南北两侧分别有石阶4级。桥长17.7米，桥底宽2，桥顶宽1.3米。桥孔跨13.5米，中孔高2.40米。东西两侧不见桥联。此桥始见于何年不详。新编《新丰镇志》称，此桥重建于明崇祯年间(1628—1644年)，民国24年(1935年)10月又重建。抗战时毁掉北边一跨，后修复。现北边一跨的东侧桥石仍为崇祯旧构。

坟前桥 桥名亦“广福桥”。因桥在刘坟之南，俗呼“坟前桥”。位于新丰镇(原属净相乡)金丰村，跨横港南汊，南北向，系三孔无栏梁式石板桥。南北两侧不见石阶，有坡。东西两侧桥首均有“重建广福桥”额。又，西侧桥首南北石侧分别刻“长生乐”“五代荣”。东侧桥首南北两石分别刻“百子图”“永团圆”。桥长21米，桥底宽1.7米，桥顶宽1.65米。桥孔跨14米，中孔高2.45米。东西两侧不见桥联。此桥始见于何年不详。新编《新丰镇志》称，此桥重建于清光绪二十年(1894年)。

汤家桥 桥名亦“通家桥”。位于新丰镇(原属净相乡)金丰村驻地东，跨大石观泾，东西向，系三孔无栏梁式石板桥。东西两侧原有石阶8级和9级，后用水泥板覆盖。南北两侧桥首均有“重建通家桥”额。桥长19.2米，桥宽1.7米。桥孔跨12.1米，中孔高2.7米。南北两侧不见桥联。此桥始见于何年不详。新编《新丰镇志》称，此桥重建于清道光二十年(1840年)。

老凤凰桥 位于新丰镇(原属竹林乡)由桥村凤凰桥自然村，跨染店港，南北向，系三孔无栏梁式石板桥。南北两侧原有石阶不见，有坡。东西两侧桥首均有“凤凰桥”额。桥长17.8米，桥宽1.4米。桥孔跨12.3米，中孔高2.2米。东西两侧不见桥联。此桥始见于何年不详。新编《新丰镇志》称，现桥重建于清光绪十九年(1893年)。因桥东近200米处已新建水泥桥，亦命名“凤凰桥”，此桥遂改称“老凤凰桥”。

亭子桥 位于新丰镇(原属竹林乡)高家埭村。跨亭子桥浜，东西向，系三孔无栏梁式石板桥。南北两侧不见石阶，有水泥板坡。原无护栏，现用铁管加筑了简易护栏。南北两侧桥首均有“重建亭子桥”额。桥长20.65米，桥宽1.3米。桥孔跨11.35米，中孔高2.4米。东西两侧不见桥联。此桥始见于何年不详。新编《新丰镇志》称，现桥重建于明崇祯十二年(1639年)。1962年曾散架重组，部分石料取自新丰和平桥，但桥面石(桥门石)仍是崇祯旧构。

仙居桥 位于新丰镇(原属竹林乡)桂花村，跨仙居桥港。是永丰村与桂花村的界桥，东西向，系三孔无栏梁式石板桥。因西侧旧有仙居庵得名。东西两侧原分别有石阶3级和4级。南北两侧桥首均有“重建仙居桥”额。桥长13米，桥底宽1.1米，桥顶宽1米。桥孔跨10.2米，中孔高2.3米。南北两侧不见桥联。此桥始见于何年不详。新编《新丰镇志》称，现桥重建于清康熙四十八年(1709)。

方桥 位于新丰镇繁荣村大朱溇自然村，跨羊毛港，南北向，系三孔无栏梁式石板桥。现桥上已加筑钢筋混凝土桥面，原东西桥首额已不见。重修后增设了铁管护栏。桥长25.3米，桥宽2米。桥孔跨14.5米，中孔高2.3米。东侧桥联：“陆贽遗迹是冠还是履　昌黎名言非阁复非船。”西侧桥联：“曹塔射虹腰翠地春锁　朱溇横巨翅玉露秋圆。”桥联中有：“陆贽遗迹是冠还是履”一语。《嘉兴市志》认为此处是唐代名相陆贽的衣冠冢。此桥始见于何年不详。新编《新丰镇志》称，现桥重建于清嘉庆十六年(1811年)。方乃古代祭祀名，指四方之祭。

兴隆桥 又名“汤曹村桥”。位于新丰镇北牛桥汤曹自然村，跨三官塘西支。是原新丰北牛桥村与步云南宗村的界桥，南北向，系三孔无栏梁式石板桥。南北侧分别有石阶9级。东西桥首有“重建兴隆桥”额。桥长20.6米，桥宽1.05米。桥孔跨13.2米，中孔高2.3米。东西两侧不见桥联。此桥始见于何年不详。新编《新丰镇志》称，现桥重建于清光绪二十一年(1895年)。

屠坟桥 俗称屠家坟桥。位于新丰镇项前村肖家木桥自然村东北，跨九曲，南北向，系三孔无栏梁式石板桥。南北侧原有石阶，现已不见。用五孔水泥板覆盖其上。东西桥首有“重建屠坟桥”额。桥长23.4米，桥底宽1.1米，桥顶宽1.15米。桥孔跨15.5米，中孔高2.8米。东西两侧有桥联，字迹模糊。东侧桥联曰：“秋鸟嘉名侯作浦　春明远影□平湖。”(此处“□”字不清)西侧桥联曰：“□□□□□□□　路通沈庄水怀洙。”此桥始见于何年不详。新编《新丰镇志》称，现桥建于清光绪十五年(1889年)。

万寿桥 位于新塍镇独脚圩弄东端。原跨乌龙港，现港已填平，桥尚存，已属旱桥。东西向，系三孔无栏梁式石板桥。西侧有石阶6级，东侧石阶已不见。南北桥首有“万寿桥”额。桥长15.2米，桥底宽1.5米，桥顶宽1.4米。桥孔跨10.7米，中孔高已不可知。南北侧均有桥联，因桥柱已石埋入地下，北侧桥联仅见“朱雀桥”“乌龙岸”6字。南侧桥联仅见“成梁记”“题柱”5字。此桥始见年代不详。现桥额上亦看不到建造年份。咸丰、同治年间(1851—1861、1862—1874年)《新塍琐志》卷三《津梁》有“万寿桥，在镇北独脚圩”记载。

飏旗桥 俗称为“漾麟桥”。位于王店镇太平桥村飏凌自然村(原属蚂桥乡九联村)。跨飏旗桥港，东西向，系三孔无栏梁式石板桥。东西两侧不见石阶，东侧桥墩坏，用红砖、水泥砌筑了部分，东侧桥面板亦已改用钢筋混凝土预应力水泥板。南北两侧桥首有“飏旗桥”额。桥长17.2米，桥宽1.5米。桥孔跨12.80米，中孔高3.10米。南北两侧均无桥联。此桥南5米处已于2005年7月新建水泥桥。此桥两端已用砖墙砌死，不可通行。此桥似不见于地方志。始建年代不详。现桥额旁亦看不清重建年份。

相传，公元前510年，吴越两国会战于槜李南北大草荡(今嘉兴王店镇太平桥、八联、国庆村与洪合镇及南湖区城南街道一带)。越军大败而逃，被吴军追赶退至河边，河上只有一木桥，越军过桥一半便坍，未曾过桥将士被吴军杀尽，吴军大胜。越王允常仰天叹：“天不助我也！”此为吴越争霸第一次槜李之战。公元前496年，越王勾践继位，因不甘败，在木桥原址建造石桥，为向吴国进攻的起点，并在此石桥上飏起大纛。后吴国立夫差为王，在夫椒(今江苏吴县)一带再败越军。此为第二次槜李之战。回国后，勾践卧薪尝胆，发愤图强。公元前476年，仍在此桥边吴越再战，此次越国大胜，吴国终被越国所灭。三次槜李之战，均与此桥关联，越王勾践便将此桥命名为“飏旗桥”。

南云桥 位于新塍镇观音桥村(原属新农乡马桥村)。跨竹管泾港，南北向，系三孔无栏梁式石板桥。现新增铁栏杆。南北原分别有石阶3级和6级，现用水泥板覆盖着，便于车辆行驶。东西桥首有“重建南云桥”额。桥长18.25米，桥宽1.35米。桥孔跨12.95米，中孔高2.7米。东西两侧有桥联，因水深未录得。此桥未见于地方志。始建年代不详。桥首额边有“光绪十四年”“里人公建”字样，可见重建于光绪十四年(1888年)。

卜家桥 位于新塍镇观音桥村(原属新农乡马桥村)。跨竹管泾港，南北向，系三孔无栏梁式石板桥。现新增有铁栏杆。南北原分别有石阶6级，现用水泥板覆盖着，便于车辆行驶。东西桥首有“卜家桥”额。桥长17米，桥宽1.7米。桥孔跨11.4米，中孔高3米。东西两侧不见桥联。此桥未见于地方志。始建年代不详。桥额旁有“光绪八年”“里人重建”字样，可见重建于光绪八年(1882年)。

东石桥 桥名亦“正兴桥”。位于王江泾镇虹南村东石桥自然村(原属虹阳乡东石桥村)，与新塍镇观音桥村俞家浜自然村(原属新农乡钱家湾村)的交界处。跨东石桥港，东西向，系三孔无栏梁式石板桥。东西两侧分别有石阶4级和6级，南北两侧桥首有“新建正兴桥”额。桥长19米，桥底宽1.7米，桥顶宽1.6米。桥孔跨13.05米，中孔高2.6米。东西两侧均不见桥联。此桥始建年代不详。咸丰、同治年间(1851—1861、1862—1874年)《新塍琐志》卷三《津梁》有“东石桥”记载。桥额边未镌何年重建。东桥柱内侧有刻成长条形框，框内刻字，不易看清。桥南百米处已于2005年12月新建水泥桥(东石桥)，然老桥仍通行人。

思家桥 位于新塍镇观音桥村思家桥自然村(原属新农乡对头浜村)。跨思家桥港，南北向，系三孔无栏梁式石板桥。南北两侧原有石阶，已改筑成水泥坡面，石桥墩仍清晰可见。东西两侧桥首有“思家桥”额。桥长20.1米，桥宽1.65米。桥孔跨14.1米，中孔高2.65米。东西两侧均有桥联。此桥未见诸地方志。始建年代不详。桥额有“嘉庆八年”“里人重建”字样，现桥重建于嘉庆八年(1803年)。

天理桥 位于新塍镇观音桥村天理自然村(原属新农乡马桥村)。跨寺桥港，南北向，系三孔无栏梁式石板桥。南北两侧原有石阶，现已铺筑水泥板。东西两侧桥首有“重建天理桥”额。桥长15.8米，桥宽1.5米。桥孔跨10.6米，中孔高2.6米。东西两侧均有桥联。此桥未见诸地方志，始建年代不详。《嘉兴地名志》称“天理桥，重建于道光四年(1824年)”。

多稼桥 俗称“大脚桥”。位于新塍镇观音桥村大脚桥自然村(原属新农乡钱家湾村)。跨徐家埭港，系钱家湾村与南洋村的界桥。东西向，系三孔无栏梁式石板桥。无石阶。南北侧桥首有“多稼桥”额。桥长13.5米，桥宽2.15米。桥孔跨12.9米，中孔高2.45米。南北两侧均有桥联。此桥未见诸地方志。始建年代不详。桥额旁亦看不清重建年份。

麒麟桥 位于新塍镇观音桥村对头浜自然村(原属新农乡)。跨寺桥港，东西向，系三孔无栏梁式石板桥。东西两侧分别有石阶1级和4级。南北两侧桥首有“麒麟桥”额。桥长15.1米，桥底宽1.75米，桥顶宽1.6米。桥孔跨12.55米，中孔高2.45米。南北两侧不见有桥联。咸丰、同治年间(1851—1861、1862—1874年)《新塍琐志》卷三《津梁》：“凤凰桥，在镇东南六里。麒麟桥，在凤凰桥南。”始建年份不详。现桥桥额边似有“嘉庆”字样，年份不清。

油车桥 桥名亦“古虹桥”。位于新塍镇观音桥村油车桥自然村(原属新农乡对头浜村)。跨油车桥港，南北向，系三孔无栏梁式石板桥。南北两侧分别有石阶7级。东西桥首有“古虹桥”额。桥长23米，桥底宽2米，桥顶1.7米。桥孔跨12.9米，中孔高3.15米。东西两侧有桥联。此桥不见于地方志，始建年代不详。桥额旁亦未镌重建年份。

吕仙桥 位于新塍镇观音桥村屠家门自然村(原属新农乡马桥村)。跨吕仙桥港，东西向，系三孔无栏梁式石板桥。东西两侧原有石阶，先已用水泥板覆盖。南北桥首有“吕仙桥”额。桥长16.7米，桥宽1.5米。桥孔跨12.1米，中孔高3.2米。南北两侧均不见桥联。此桥不见于地方志，始建年代不详。桥额旁亦未镌重建年份。

凤凰桥 位于新塍镇南洋村(原属新农乡)。跨凤凰桥港,东西向,系三孔无栏梁式石板桥。西侧桥墩已坏,改用水泥板架于红砖砌成的桥墩上,权当桥面与护坡。东侧尚可见到石阶2级。南北两侧桥首有"凤凰桥"额。桥长17.1米,桥宽2米。桥孔跨12.6米,中孔高2.6米。南侧桥联的上联"南溯鸳湖杨柳风斜燕尾",下联未知。北侧桥联的上联未知,下联"一路行云鳌背可媲台堪"。咸丰、同治年间《新塍琐志》卷三《津梁》:"凤凰桥,在镇东南六里。"但不详始建年代。现桥额旁有"嘉庆二年""里人公建"字样,可见重建于嘉庆二年(1797年)。

怀丝桥 又称"外丝桥""怀思桥"。位于新塍镇南洋村(原属新农乡),与王江泾镇虹南村(原属虹阳乡)的交界处。跨凤凰桥港,东西向,系三孔无栏梁式石板桥。东西两侧原有石阶,现用水泥板覆盖,便于车辆行驶。南北两侧桥首有"怀丝桥"额。桥长21.5米,桥宽2.15米。桥孔跨14.3米,中孔高2.6米。南侧桥联的上联是"道通古佛塘前路",下联未录。北侧桥联是:"金波遥映星平点 玉宇平分月半规。"民国时期《新塍镇志》卷六《津梁》:"怀思桥,又八里。"始建年份不详。桥额旁亦不见重建年份。

发龙桥 位于新塍镇南洋村发龙桥自然村(原属新农乡)。跨平家港,南北向,系三孔无栏梁式石板桥。南北两侧原分别有石阶6级和8级。东西两侧桥首有"发龙桥"额。桥长16.75米,桥底宽2米,桥顶宽1.9米。桥孔跨10.1米,中孔高3.2米。东西两侧有桥联。其东侧"口传勒石千年吉 别港粘仁万古心。"此桥的桥柱内侧分别刻有四排文字,大约为助资人姓氏及数额,字不清。此桥不见于地方志,始建年代不详,桥额边亦未镌重建时间。

里安桥 位于新塍镇南洋村白蛇浜自然村(原属新农乡)。跨日井港,东西向,系三孔无栏梁式石板桥。东侧原有石阶6级,西侧已不见石阶。南北两侧桥首有"重建里安桥"额。桥长17.3米,桥底宽1.9米,桥顶宽1.5米。桥孔跨13.7米,中孔高3.2米。南北两侧不见桥联。此桥不见于地方志,始建年代不详,桥额旁亦未镌重建时间。

白老鼠桥 位于新城街道九里村陆家浜自然村(原属新农乡)。跨白老鼠港,东西向,系三孔无栏梁式石板桥,东西两侧不见石阶。南北两侧桥首有镌刻桥额的圆圈4个,因年久风化剥落,字迹已不可见。桥长12米(因桥墩没入路中,不可见,此部分未计入,故桥长偏短),桥宽1.2米。桥孔跨11.6米,中孔高2.8米。东西两侧不见桥联。此桥不见于地方志,始建年代不详,桥额旁亦未镌建造年代。从桥石的风化程度看,此桥建造较早。

建德桥 桥名亦"庆寿桥"。位于新城街道九里村吴家门自然村(原属新农乡蒋家浜村)。跨横泾港,南北向,系三孔无栏梁式石板桥,但桥面板呈圆弧形,且桥面板的中间部分系用小石板横铺。南北两侧原有石阶,已没入路中不可见。东西两侧桥首有"庆寿桥"额。桥长13.75米(因桥墩没入路中,不可见,此部分未计入),桥宽2.4米。桥孔跨12.95米,中孔高3.55米。东西两侧不见桥联。北边桥柱内侧刻有长条形的框,上下刻有荷花状,中刻"僧□□□"。桥北原有庆寿寺,据传为明朝代僧人所造。

朱家桥 桥名亦"境安桥"。位于新城街道九里村朱家桥自然村(原属新农乡)。跨朱家桥港,南北向,系三孔无栏梁式石板桥。其东侧现有铁护栏,系近年新筑。南北两侧原有石阶,已没入路中,不可见。东西两侧桥首有"重建境安桥"额。桥长14.1米,桥宽1.6米。桥孔跨13.1米,中孔高2.6米。东西两侧有桥联,未录得。此桥不见于地方志。始建年代不详。桥额旁镌有"宣统三年三月"字样。此桥重建于宣统三年(1911年)。

张家桥 桥名亦"吉庆桥"。位于新塍镇来龙桥村张家桥自然村(原属新农乡)。跨张家桥港,南北向,系三孔无栏梁式石板桥。南北两侧原有石阶,现已不见。西桥首有"吉庆桥"额。桥长13.95米,桥宽1.7米。桥孔跨12.15米,中孔高2.75米。东西两侧有桥联,不清,未录得。东侧桥面板已改筑成水泥板。桥柱内侧镌有长条形框,上下刻成荷花状,中间有字,不清。此桥与寺庙有关。此桥始建年代不详。咸丰、同治年间《新塍琐志》卷三《津梁》有"张家桥"的记载。然桥额边未镌重建年代。

陆边桥 位于新塍镇沙家浜村石洋浜自然村(原属新农乡)。跨陆边桥港,南北向,系三孔无栏梁式石板桥。北侧可见石阶9级,南侧原石阶处已用水泥板覆盖。东西两侧桥首有"陆边桥"额。桥长17.15米,桥底宽2米,桥顶宽1.6米。桥孔跨11.3米,中孔高2.9米。东西两侧有桥联,未录得。此桥不见于地方志。未详始建于何年。桥额边镌有"民国二十年"字样。此桥重建于民国20年(1931年)。

米仓桥 位于新塍镇沙家浜村石洋浜自然村(原属新农乡)。跨米仓桥港,东西向,系三孔无栏梁式石板桥。东西两侧分别可见石阶1级和2级。南北两侧桥首有"米仓桥"额。桥长12.1米,桥宽1.3米。桥孔跨10.3米,中孔高2.8米。南北两侧有桥联,因水深未录得。此桥不见于地方志。始建年代不详。桥额旁亦未镌建造年代。

东新桥 桥名亦"福新桥"。位于新塍镇桃园村张家塔自然村(原属桃园乡)。跨张家塔港,南北向,系三孔梁式石板桥。有护栏。南北两侧分别有石阶11级。东西两侧桥首有"重建福新桥"额。桥长19.6米,桥底宽2.25米,桥顶宽1.6米。桥孔跨11米,中孔高3.15米。东西两侧有桥联,水深未录得。此桥不见于地方志。始建年代不详。

桥额边镌有“民国”字样，传重建于民国20年(1931年)。

(北)倪家桥 位于新塍镇桃园村倪家桥自然村(原属桃园乡来凤村)。跨倪家桥港，南北向，系三孔无栏梁式石板桥。南北两侧原有石阶，已不可见。南侧改建成桥坡，北侧桥墩坏，已用水泥板覆盖。东西两侧不见桥额。桥长17.45米，桥底宽1.7米，桥顶宽1.45米。桥孔跨13.75米，中孔高2.5米。东西两侧不见桥联。此桥始建年代不详。咸丰、同治年间(1851—1861、1862—1874年)《新塍琐志》卷三《津梁》有“南、北倪家桥”的记载。此为北倪家桥，桥身看不出重建于何年。传此桥面被日本人撬掉，后重修时疑桥面板调错，镌额的一侧置于中间，而不见桥额。

年安桥 位于新塍镇桃园村年安桥自然村(原属桃园乡来凤村)。跨年安桥港，南北向，系三孔梁式石板桥，有护栏。桥面素面望柱4根齐全。南北两侧分别有石阶10级和9级。东西两侧桥首有“重建年安石桥”额。桥长20.75米，桥底宽1.9米，桥顶宽1.8米。桥孔跨12.6米，中孔高3米。东西两侧有桥联。此桥不见于地方志。始建年代不详。桥额旁镌有“民国拾四年”“里人公建”字样，此桥重建于民国14年(1925年)。

仲店木桥 位于新塍镇小金港村仲店木桥自然村(原属桃园乡仲店村)。跨仲店木桥港，南北向，系三孔无栏梁式石板桥。现东西两侧用红砖砌成护栏。南北两侧原有石阶5~6级，现用水泥板覆盖。东西两侧桥首有“仲店木桥”额。桥长21.7米，桥宽2.05米。桥孔跨15米，中孔高3米。东西两侧有桥联，水深未录。此桥始建于何年不详。桥额边亦未镌重建年代。咸丰、同治年间《新塍琐志》卷三《津梁》有“仲店木桥”的记载。

大木桥 桥名亦“禾同桥”。位于王江泾镇虹阳村大木桥自然村(原属虹阳乡虹西村)与新塍镇南洋村(原属新家乡)的交界处。跨大木桥港，南北向，系三孔无栏梁式石板桥。南北两侧分别有石阶8级和9级。东西两侧桥首有“重建禾同桥”额。桥长23.35米，桥底宽2米，桥顶宽1.7米。桥孔跨16.55米，中孔高3.2米。东西两侧有桥联，因水深未录得。此桥未见于地方志。始建年代不详。桥额旁镌有“宣统二年”字样，此桥重建于宣统二年(1910年)。

便民桥 位于王江泾镇虹阳村大木桥自然村(原属虹阳乡虹西村)。跨鸡头浜，东西向，系三孔无栏梁式石板桥。东西两侧分别有石阶6级和7级。南北两侧桥首有“重建便民桥”额。桥长17.3米，桥底宽2.4米，桥顶宽2.15米。桥孔跨12.4米，中孔高3.25米。南北两侧无桥联。此桥未见于地方志。始建年代不详。桥额旁亦未镌重建年份。

东杨家桥 位于王江泾镇沈家桥村杨家桥自然村(原属嘉北乡)。跨杨家桥港，东西向，系三孔无栏梁式石板桥。东西两侧分别有石阶5级。北侧桥首有“重建东杨家桥”额。桥长21.45米，桥宽1.7米。桥孔跨17.1米，中孔高2.9米。南侧中间一块桥面石已损，改换钢筋混凝土预应力水泥桥板。南北两侧不见桥联。此桥不见于地方志，始建年代不详。北侧桥额旁镌有“宣统三年二月”字样，现桥重建于宣统三年(1911年)。

西杨家桥 位于王江泾镇沈家桥村西杨家桥自然村(原属嘉北乡)，与新城街道的交界处。跨杨家桥港，南北向，系三孔无栏梁式石板桥。北侧有石阶5级，南侧石阶已不见，空存桥墩。东西两侧桥首有“西杨家桥”额。桥长20米，桥底宽2米，桥顶宽1.65米。桥孔跨16.1米，中孔高3.1米。东西两侧有桥联，因水深未得。南桥柱内侧刻成长条形框，内镌字不清。此桥不见于地方志，始建年代不详。桥额旁亦未镌重建年份。桥额字迹与东杨家桥额字迹同，此两桥均应重建于宣统三年(1911年)。

蒲鞋桥 桥名亦“长兴桥”。位于新城街道义庄村蒲鞋桥自然村(原属嘉北乡)。跨杨家桥港，东西向，系三孔无栏梁式石板桥。西侧有石阶8级，东侧石阶已不见。南北两侧桥首有“重建长兴桥”额。桥长17.15米(因东侧石阶桥墩已没入路面，未计入)，桥底宽1.8米，桥顶宽1.4米。桥孔跨14.45米，中孔高3.3米。东西两侧不见桥联。此桥不见于地方志，始建年代不详。桥额旁亦未镌重建年份。

风家桥 位于新塍镇旗星村邬家埭自然村(原属洛东乡杨山村)。跨风家港，南北向，系三孔无栏梁式石板桥。南北两侧各有石阶6级。东西桥首有“重建风家桥”额。桥长19.1米，桥底宽1.95米，桥顶宽1.6米。桥孔跨14.75米，中孔高2.75米。东西两侧无桥联。南桥柱内侧靠东一块刻成长条状的框，框内刻字，不清。北桥墩已坍，现用水泥板覆盖着。此桥不见于地方志。始建年代不详。桥额旁镌有“光绪二年三月”字样，可见现桥重建于光绪二年(1876年)。

张家环桥 桥名亦“众安桥”。位于新塍镇西文桥村王安庄(原属洛东乡)。跨张家环桥港，东西向，系三孔无栏梁式石板桥。东西两侧均不见石阶。南北桥首有“重建众安桥”额。桥长12.4米(未计入桥阶部分)，桥宽1.65米。桥孔跨11.8米，中孔高3.3米。南北两侧均有桥联。南侧的上联是“远接吴江通笠泽”。北侧的下联是“水达南北绕清溪”。另一上、下联被桥孔下一树遮挡，不可见。此桥不见于地方志，始建年代不详。桥额旁镌有“宣统二年”字样，可见现桥重建于宣统二年(1910年)。

许家桥 桥名亦“喜阶桥”。位于新塍镇洛东村许家桥自然村(原属洛东乡新红村)。跨许家桥港，东西向，系三孔无栏梁式石板桥。东石阶已没入路面，西侧石阶5级。

南北桥首有“喜阶桥”额。桥长 17.2 米，桥底宽 1.85 米，桥顶宽 1.7 米。桥孔跨 12 米，中孔高 2.9 米。南北两侧均有桥联。南侧的上联是“共仰福缘歌有庆”。下联被树遮挡，不易看到。北侧的桥联是“东亩西畴寻利涉　南樯北楫自安憩”。此桥不见于地方志，始建年代不详。桥额旁镌有“道光三年仲春”字样，现桥重建于道光三年(1823 年)，至今已有 180 年余。

潘蒋桥　桥名亦“虹济桥”。位于新塍镇洛东村潘蒋桥自然村(原属洛东乡新红村)。跨潘蒋桥港，南北向，系三孔无栏梁式石板桥。南北侧石阶已看不起到。东西桥首有“虹济桥”额。桥长 16.35 米，桥宽 1.7 米。桥孔跨 12.55 米，中孔高 2.65 米。南北两侧均有桥联。水深未录。此桥不见于地方志，始建于何年不详。桥额旁镌有“道光四年仲春”字样，现桥重建于道光四年(1824 年)，至今已有 180 年余。

万福桥　位于王江泾镇虹南村干家埭自然村(原属虹阳乡新力村)。跨万福桥港，南北向，系三孔无栏梁式石板桥。南北侧分别有石阶 10 级和 11 级。东西桥首有“重建万福桥”额。桥长 20.85 米，桥底宽 1.95 米，桥顶宽 1.65 米。桥孔跨 12.5 米，中孔高 3 米。东西两侧均不见桥联。此桥不见于地方志。始建年代不详，桥额旁亦不镌重建年份。

会堂桥　位于王江泾镇阳城村北墓城自然村(原属虹阳乡)与江苏省吴江市盛泽镇慰塘村的交界处。跨会堂桥港，东西向，系三孔无栏梁式石板桥。东西两侧分别有石阶 6 级。南北桥首有“重建会堂桥”额。桥长 19.25 米，桥底宽 1.7 米，桥顶宽 1.65 米。桥孔跨 14.35 米，中孔高 2.5 米。南北两侧均不见桥联。此桥不见于地方志。始建年代不详。桥额旁镌有“光绪拾年”字样，可见现桥重建于光绪十年(1884 年)。

石桥湾桥　桥名亦“仁德桥”。位于王江泾镇虹北村石桥湾(原属虹阳乡天星村)。跨石桥湾港，东西向，系三孔无栏梁式石板桥。东西两侧分别有石阶 11 级和 9 级。南北桥首有“重建仁德桥”额。桥长 20.85 米，桥底宽 2 米，桥顶宽 1.6 米。桥孔跨 13.2 米，中孔高 2.7 米。南北两侧均不见桥联。此桥不见于地方志，始建年代不详，桥额旁镌有“光绪五年”字样，现桥重建于光绪五年(1879 年)。

乌桥　位于新塍镇新庄村乌桥头自然村(原属八字乡)。跨乌桥港，南北向，系三孔无栏梁式石板桥。北侧尚可见石阶 3 级，南侧已不见石阶。东西桥首有“重建乌桥”额。桥长 20.05 米，桥底宽 1.8 米，桥顶宽 1.45 米。桥孔跨 12.5 米，中孔高 2.85 米。东西两侧有桥联，水深未录。此桥不见于地方志。始建年代不详。桥额旁镌有“嘉庆二年”字样，可见现桥重建于嘉庆二年(1797 年)。

北闸桥　位于新塍镇新庄村庄家石前自然村(原属八字乡)。跨南港，南北向，系三孔无栏梁式石板桥。北侧有石阶 6 级，南侧已不见石阶。东西桥首有“重建北闸桥”额。桥长 14.8 米，桥底宽 1.4 米，桥顶宽 1.35 米。桥孔跨 11.8 米，中孔高 2.9 米。东西两侧不见桥联。此桥不见于地方志，始建年代不详，桥额旁亦未镌重建年代。

新桥　位于新塍镇新庄村庄家石前自然村(原属八字乡)与桐乡市民合乡的交界处。跨风向港，东西向，系三孔无栏梁式石板桥。东西两侧有石阶已不见，桥墩已没入路面。南北桥首有镌额之圈，文字不清。桥长 14.1 米，桥宽 1.75 米。桥孔跨 11.3 米，中孔高 3.3 米。南北两侧不见桥联。西跨北侧桥面一块已改用水泥板。此桥不见于地方志，始建年代不详，桥额旁亦未镌重建年代。

沈家桥　桥名亦“万兴桥”。位于新塍镇天福村沈家桥自然村(原属八字乡红光村)。跨沈家浜，南北向，系三孔无栏梁式石板桥。北侧仅存石阶 1 级，南侧石阶已不见。东西桥首有“重建万兴桥”额。桥长 14.45 米，桥宽 1.3 米。桥孔跨 13.1 米，中孔高 2.95 米。东西两侧不见桥联，此桥不见于地方志，始建年代不详。桥额旁镌有“宣统三年”字样，现桥重建于宣统三年(1911 年)。

陛阶石桥　位于新塍镇天福村陛阶石桥自然村(原属八字乡红光村)。跨鸭港河，南北向，系三孔无栏梁式石板桥。南北侧石阶已不见，用水泥板覆盖。东西桥首有“鼎建陛阶桥”额。桥柱内侧刻有长条形框，内有字，不清。桥长 12.5 米，桥宽 1.45 米。桥孔跨 8.9 米，中孔高 2.85 米。东西两侧不见桥联。此桥不见于地方志，始建年代不详。桥额旁镌有“崇祯□年”字样。此桥自明崇祯年(1628—1643 年)建后未重建过，已有 360 余年历史。

亭子桥　桥名亦马鞍桥。位于新塍镇天福村孙家浜自然村(原属八字乡)。跨马鞍桥港，东西向，系三孔无栏梁式石板桥，已在南北侧增设铁管护栏。东西两侧石阶已没入路面，南北桥首有“马鞍桥”额。桥长 17.9 米，桥宽 1.45 米。桥孔跨 14.2 米，中孔高 2.85 米。南北两侧均有桥联。南侧上联：“便南北击楫往来此去四通八达。”另二联句被树遮挡，不易看清。此桥不见于地方志，始建年代不详，桥额旁亦不镌建造年份。

本山桥　位于新塍镇西吴村火路湾自然村(原属八字乡人民村)。跨本山桥港，东西向，系三孔无栏梁式石板桥。东侧有石阶 4 级，西侧石阶已不见。南北桥首额不清。桥长 11.5 米，桥底宽 1.6 米，桥顶宽 1.4 米。桥孔跨 9 米，中孔高 2.5 米。南北两侧不见桥联。西跨仅存石板一块，另一块为水泥板。此桥不见于地方志，始建年代不详，桥额旁亦不镌重建年份。

文登桥 位于新塍镇庙云桥村文剑阁自然村(原属八字乡)。跨文登桥港,东西向,系三孔梁式石板桥。桥面有护栏,存望柱3根(应有4根)。东西两侧原分别有石阶6级,现用水泥板铺平,以便车辆行驶。南北桥首有"重建文登桥"额。桥长17.5米,桥底宽2米,桥顶宽1.9米。桥孔跨12.4米,中孔高2.65米。南北两侧不见桥联。咸丰、同治年间《新塍琐志》卷三《津梁》有"文登桥"的记载,始建年代不详。桥额旁镌有"民国拾捌年"字样,现桥重建于民国18年(1929年)。

上成桥 位于新塍镇潘家浜村上仁浜自然村(原属八字乡)。跨上仁浜,南北向,系三孔无栏梁式石板桥。南北两侧石阶分别可见3级和6级。东西桥首有"上成桥"额。桥长16.6米,桥底宽1.2米,桥顶宽0.87米。桥孔跨12.7米,中孔高2.7米。南跨桥板已改筑成水泥板,东西两侧不见桥联。此桥不见于地方志,始建年代不详,桥额旁亦不镌重建年份。

南风桥 位于新塍镇万民村南风桥自然村(原属八字乡)。跨南风桥港,南北向,系三孔无栏梁式石板桥。桥面东侧用水泥板加宽0.2米,上筑水泥护栏。南北两侧石阶已不见,改建成水泥坡面。西侧桥首有"南风桥"额。桥长13.4米,桥宽1.25)。桥孔跨10.8米,中孔高2.25米。此桥不见于地方志,始建年代不详,桥额旁亦不镌重建年份。

丰乐桥 桥名亦"丰禄桥"。位于新塍镇万民村丰乐港自然村(原属八字乡)。跨丰乐港,南北向,系三孔无栏梁式石板桥。南北两侧不见石阶。东西两侧桥首有"丰禄桥"额。桥长13.05米,桥宽1.05米。桥孔跨9.8米,中孔高2.05米。此桥不见于地方志,始建年代不详。桥额旁镌有"大清道光戊申六月"字样,现桥重建于道光二十八年(1848年)。

泰昌桥 位于新塍镇富园村马和桥自然村(原属高照乡富村桥村)。跨富春桥港,东西向,系三孔无栏梁式石板桥。南北桥首有"重建泰昌桥"额。桥长15.6米,桥底宽1.6米,桥顶宽1.45米。桥孔跨12米,中孔高3米。东桥面板已改为钢筋混凝土预应力桥梁板。南北侧有桥联,水深未录得。此桥不见于地方志,始建年代不详。桥额旁镌有"民国十八年"字样,现桥重建于民国18年(1929年)。

富村桥 位于新塍镇富园村马和桥自然村(原属高照乡富村桥村)。跨富春桥港,南北向,系三孔无栏梁式石板桥。南北两侧石阶已见不到,有坡。东西桥首有"重建富村桥"额。桥长13.3米,桥底宽1.5米,桥顶宽1.1米。桥孔跨9.9米,中孔高2.65米。东西侧不见桥联。此桥不见于地方志,始建年代不详,桥额旁亦看不清重建年份。

南庙桥 位于新塍镇洛东村许家桥自然村(原属洛东乡新红村)。跨南庙桥港,南北向,系三孔无栏梁式石板桥。南北两侧分别有石阶7级和6级。东西桥首有"南庙桥"额。桥长16米,桥底宽1.9米,桥顶宽1.7米。桥孔跨10.7米,中孔高3.2米。东西侧有桥联,因水深未录得。此桥不见于地方志,始建年代不详,桥额旁亦看不清重建年份。

东石桥 桥名亦"永昌桥"。位于新塍镇洛兴村严家湾自然村(原属洛东乡塘南村)。跨东石桥河,南北向,系三孔无栏梁式石板桥。南北侧原有石阶,已改建为水泥坡面。东西桥首有"永昌桥"额。桥面板呈圆弧形,靠外侧刻有边。桥柱石及横梁凿磨得极光滑。桥长20.05米,桥底宽1.8米,桥顶宽1.55米。桥孔跨13.2米,中孔高2.85米。东西侧不见桥联,此桥不见于地方志,始建年代不详。桥额旁亦看不清重建年份。从桥的形式看,此桥似建于明。

慧智桥 位于新塍镇洛兴村慧智自然村(原属洛东乡)。跨慧智港,东西向,系三孔无栏梁式石板桥。东西两侧分别有石阶5级和6级。南北桥首有"重建慧智桥"额。桥长19.6米,桥底宽1.85米,桥顶宽1.65米。桥孔跨13.5米,中孔高2.4米。南北两侧均有桥联,因水深未录得。此桥不见于地方志,始建年代不详,桥额旁亦看不清重建年份。

复兴桥 位于新塍镇洛兴村惠思自然村(原属洛东乡)。跨南阳港,南北向,系三孔无栏梁式石板桥。南北两侧原有石阶,现用水泥板铺平,以便车辆行驶。东西桥首有"复兴桥"额。桥长16.6米,桥底宽1.6米,桥顶宽1.5米。桥孔跨13米,中孔高2.1米。北侧桥柱原由三块条石组成,现仅存中间一块。东西侧似不见桥联。此桥不见于地方志,始建年代不详,桥额旁镌有"民国三十年""四月旦立"字样。可见此桥重建于民国30年(1941年)。

王家桥 桥名亦"顺聚桥"。位于新城街道新义村(原属高照乡)。跨王家桥港,南北向,系三孔无栏梁式石板桥。南北两侧分别有石阶4级和3级。东西桥首有"重建顺聚桥"额。桥长13.45米,桥底宽1.15米,桥顶宽1.1米。桥孔跨9.9米,中孔高2.6米。东西侧似有桥联,不清。此桥不见于地方志,始建年代不详,桥额旁亦看不清重建年份。

戴公桥 位于新城街道高家桥村(原属高照乡)与新塍镇陡门村(原属高照乡老岳庙村)的交界处。跨斜泾港,东西向,系三孔无栏梁式石板桥。东西两侧原有石阶。南北桥首不见桥额。桥长12.9米,桥宽0.9米。桥孔跨12.1米,中孔高3米。南北侧不见桥联,此桥不见于地方志,始建年代不详。桥额旁亦看不清重建年份。

秀兴桥 位于王江泾镇东风村(原属双桥乡)。跨吴家浜,东西向,系三孔无栏梁式石板桥,现已增设铁栏杆。东西两侧有石阶3级和4级。南北桥首有"秀兴桥"额。桥长18.25米,桥底宽1.6米,桥顶宽1.5米。桥孔跨14.55米,中孔高2.8米。南北侧不见桥联。但桥柱内侧刻成长条形框，内有文字，不清。此桥不见于地方志，始建年代不详，桥额旁亦看不清重建年份。

计家桥 位于王江泾镇双桥村计家桥自然村(原属双桥乡)，跨吴家浜，东西向，系三孔无栏梁式石板桥。东西两侧原分别有石阶5级和3级，现改用水泥铺平。南北桥首有"重建计家桥"额。桥长16.55米，桥底宽1.7米，桥顶宽1.6米。桥孔跨12.85米，中孔高3.1米。南北侧不见桥联。此桥不见于地方志，始建年代不详。桥额旁镌有"光绪十二年二月吉旦立"字样。可见现桥重建于光绪十二年(1886年)。此桥东桥墩已坍，东桥柱北侧已缺少一块条石。

圣棢桥 位于王江泾镇双桥村毛家港自然村(原属双桥乡)，跨毛家港，南北向，系三孔无栏梁式石板桥。南侧有石阶7级，北侧原有石阶4级，现用水泥铺平。东西桥首有"重建圣棢桥"额。桥长19.15米，桥底宽2米，桥顶宽1.65米。桥孔跨13.95米，中孔高2.9米。东西侧不见桥联。桥柱外侧镌有花状图案，但看不清所镌内容。此桥不见于地方志，始建年代不详，桥额旁亦看不清重建年份。

郎嘉桥 位于王江泾镇西雁村(原属双桥乡)，跨西雁荡，东西向，系三孔梁式石板桥。桥面有护栏，狮子望柱4根齐全。东西两侧分别有石阶9级，南北桥首有"郎嘉桥"额。桥长24.1米，桥底宽2.4米，桥顶宽2.3米。桥孔跨16.2米，中孔高2米。南北侧均有桥联。因桥北河道截断，此桥似已成旱桥。北侧桥柱被泥土埋填，上下联分别仅能见到"架柱堪追""题梁那有"4字。南侧桥联未录得。宣统《闻川志稿》卷二《桥梁》有"西雁荡迤南曰'郎家'"的记载。始建年代不详。现桥额旁镌有"乾隆五十三年二月重建"字样，可见此桥重建于乾隆五十三年(1788年)。

沈水石桥 桥名亦"正兴桥"。位于王江泾镇长虹村与荷花村之间(原属荷花乡)，坐落在连四荡西北侧正阳庙南。南北向，为有阶三孔梁式无栏石板桥。桥面已用红砖、水泥加筑护栏。东西两侧桥首有"重建正兴桥"额。南北两侧分别有石阶9级和10级。桥长19.35米，桥顶宽2.1米，桥底宽2.6米。桥跨11.3米，中孔高2.45米。东西两侧有桥联。此桥始建年代不详。清宣统三年(1911年)《闻川志稿》卷二《桥梁》记载甸上村之北有"沈水石桥"。桥额旁看不清重建年份。

洪典桥 位于王江泾镇洪典村西首(原属荷花乡)，跨洪典港。东西向，系三孔梁式无栏石板桥。东西两侧分别有石阶8级。南北桥首有"鼎建洪典桥"额。桥长17.55米，桥底宽2米，桥顶宽1.6米。桥孔跨11.65米，中孔高2.6米。南北侧均有桥联。字迹较浅，不易看清。北侧下联"东迎旭日庆升平。"清宣统(1909—1911年)《闻川志稿》卷二《桥梁》"连四荡南有'洪店(典)'的记载"。始建年代不详，桥额旁亦看不清建造年份。

种福桥 位于王江泾镇洪典村西(原属荷花乡)，当地村民称此桥跨吼桥港，亦称"吼桥"。南北向，系三孔梁式无栏石板桥，南北两侧分别有石阶7级和9级。东西桥首有"重建种福桥"额。桥长17.65米，桥底宽1.75米，桥顶宽1.6米。桥孔跨11.1米，中孔高2.7米。东西两侧有桥联。字迹较浅，不易看清。南桥墩有二块桥石裂开。清宣统(1909—1911年)《闻川志稿》卷二《桥梁》"连四荡南有'吼桥'的记载"，始建年代不详。桥额旁镌有"光绪四年叁月吉旦"字样。此桥重建于清光绪四年(1878年)。

谢河桥 位于王江泾镇太平村高家浜自然村(原属荷花乡)，跨高家浜。东西向，系三孔梁式无栏石板桥，东西两侧分别有石阶7级。南北桥首有"重建谢河桥"额。桥长19.85米，桥底宽2.5米，桥顶宽2.2米。桥孔跨14.45米，中孔高2.9米。南北侧东桥柱有桥联，水深未录得。西桥柱无桥联。清宣统(1909—1911年)《闻川志稿》卷二《桥梁》"运河东有'谢河'的记载"。始建年代不详。桥额旁镌有"光绪拾年四月吉旦"字样。可见此桥重建于光绪十年(1884年)。

陆家桥 桥名亦"绿涧桥"。位于王江泾镇双桥村东蓝荷湾(原属双桥乡金桥村)，跨里荡。南北向，系三孔梁式无栏石板桥。南北两侧分别有石阶7级和10级。东西桥首有"重建绿涧桥"额。桥长17.65米，桥底宽1.9米，桥顶宽1.65米。桥孔跨10.85米，中孔高2.85米。东西侧均无桥联，此桥不见于地方志，始建年代不详。桥额旁镌有"宣统三年"字样。此桥重建于清宣统三年(1911年)。

褚家桥 桥名亦"永昌桥"。位于王江泾镇双桥村主人浜自然村(原属双桥乡)，跨主人浜。东西向，系三孔梁式无栏石板桥，东西两侧分别有石阶11级。南北桥首有"重建永昌桥"额。桥长19.95米，桥底宽1.7米，桥顶宽1.6米。桥孔跨12.15米，中孔高2.75米。南北侧均有桥联，但字迹甚浅，不清，未录出。此桥不见于地方志，始建年代不详，桥额旁亦看不清重建年份。

砖桥 桥名亦"陈家桥"。位于王江泾镇双桥村陈家自然村(原属双桥乡)，跨砖桥港。东西向，系三孔梁式无栏石板桥，东西两侧分别有石阶6级。南北桥首有"重建陈家桥"额。桥长16.2米，桥底宽1.75米，桥顶宽1.6米。桥孔跨11.35米，中孔高2米。南北侧均有桥联，水深未录得。只见到北侧下联有"南通越水乘"五字。此桥不见于地方志，始建年代不详。桥额旁镌有"光绪三十一年"字样。可见此桥重建于清光绪三十一年(1905年)。

兴福桥 位于王江泾镇双桥村丁家浜与高家浜自然村的交界处(原属双桥乡丁家浜村)，跨丁家浜。东西向，系三孔梁式无栏石板桥。东西两侧分别有石阶8级。南北桥首有“重建兴福桥”额。桥长19.65米，桥底宽1.8米，桥顶宽1.6米。桥孔跨12.9米，中孔高2.95米。南侧桥联：“永享清福寿初平来　众要长兴事赶前去。”北侧桥联：“北望吴江帆影稳　南通越水橹台逸。”此桥不见于地方志，始建年代不详。桥额旁镌有“光绪廿二年”字样。此桥重建于清光绪廿二年(1896年)。

天德桥　位于王江泾镇东荷村天德桥自然村(原属荷花乡东一村)与嘉善县天凝镇的交界处，跨天德桥港。东西向，系三孔梁式无栏石板桥。东西两侧分别有石阶12级和11级。南北桥首有“重建天德桥”额。桥长24.75米，桥底宽1.9米，桥顶宽1.65米。桥孔跨15.6米，中孔高2.95米。南北侧均有桥联，水深未录得。只见到北侧下联是“嘉名赐天德意知捐德必昌”。此桥不见于地方志，始建年代不详。桥额旁镌刻的字迹亦不清。传此桥重建于清咸丰九年(1859年)。

潘家桥　桥名亦“长生桥”。位于王江泾镇民主村杨家浜自然村(原属荷花乡)。跨杨家浜，东西向，系三孔梁式无栏石板桥，东西两侧分别有石阶7级。南北桥首有“长生桥”额。桥长18.15米，桥底宽1.9米，桥顶宽1.65米。桥孔跨12.45米，中孔高2.8米。南北侧无桥联。清宣统(1909—1911年)《闻川志稿》卷二《桥梁》载，连四荡北有“长生”，即潘家桥。始建年代不详，桥额旁亦看不清重建年份。

陈家桥　桥名亦“延庆桥”。位于王江泾镇荷花村蜡烛浜自然村(原属荷花乡)。跨蜡烛浜，南北向，系三孔梁式无栏石板桥。南北两侧分别有石阶7级。东西桥首有“重建延庆桥”额。桥长16.85米，桥底宽1.9米，桥顶宽1.6米。桥孔跨11.55米，中孔高2.6米。东西侧无桥联。此桥不见于地方志，始建年代不详，桥额旁亦看不清重建年份。

梅育桥　位于凤桥镇永红村(原清池村)，坐落在梅育浜上。南北向，系三孔无栏梁式石板桥。南北两侧原分别有石阶4级和6级，现已用水泥板覆盖。桥长15.5米，原宽1.1米(现用水泥板加宽至1.55米)。桥孔跨10.8米，中孔高2.3米。东西两侧有桥联，未抄录。桥首是否有额不知，何年建造亦不详。

福星桥　位于凤桥镇联丰村与大星村的交界处。跨星浜，东西向，系三孔无栏梁式石板桥。东西两侧原分别有石阶5级和6级。南北两侧桥首有“福星桥”额。桥长17.4米，桥底宽1.7米，桥顶宽1.6米。桥孔跨12.5米，中孔高2.15米。南北侧不见桥联。此桥不见于地方志，始建年代不详。桥额旁亦看不清重建年份。

石王庙桥　位于凤桥镇联丰村石王庙自然村。跨石王庙港。南北向，系三孔无栏梁式石板桥。南北两侧原分别有石阶5级，现用水泥板铺平。东西桥首有“石王庙桥”额。桥长16.2米，桥底宽2.05米，桥顶宽1.6米。桥孔跨11.1米，中孔高2.45米。东西侧不见桥联。此桥不见于地方志，始建年代不详。桥额旁镌有“光绪廿三年六月”字样，现桥重建于清光绪廿三年(1897年)。

张家木桥　桥名亦“文星桥”。位于凤桥镇联丰村张家木桥自然村。跨张家木桥港，南北向，系三孔无栏梁式石板桥。南北两侧原分别有石阶7级和6级，现用水泥桥铺平。东西桥首有“鼎建文星桥”额。桥长16.9米，桥底宽1.6米，桥顶宽1.05米。桥孔跨11.1米，中孔高2.85米。东西侧不见桥联。此桥不见于地方志，始建年代不详。桥额旁镌有“民国十二年　月里人仝建”字样，现桥重建于民国12年(1923年)。

李家木桥　桥名亦“永庆氏新桥”。位于凤桥镇联丰村李家木桥自然村。跨李家木桥港，东西向，系三孔无栏梁式石板桥。现增设铁护栏。东西两侧石阶已没入路面。北侧桥首有“永庆氏新桥”额。南侧中跨桥面已改为水泥板，无额。桥长11.25米，桥宽1.6米。桥孔跨8.25米，中孔高1.85米。南北侧有桥联，水深未录得。此桥不见于地方志，始建年代不详。桥额旁镌有“民国十六年九月”“里人仝建”字样，现桥重建于民国16年(1927年)。

(大)马鸣桥　位于凤桥镇联丰村马鸣桥自然村。跨马鸣桥港，南北向，系三孔无栏梁式石板桥。现南北侧原分别有石阶7级和4级，现用水泥板铺平，便于车辆通行。东西桥首有“永庆大马鸣桥”额。桥长14.55米，桥宽1.6米。桥孔跨9.75米，中孔高2.3米。东西侧有桥联，因水深未录得。明崇祯《嘉兴县志》卷三《桥梁》有“马鸣桥”的记载。始建年代不详。现桥额旁镌有“民国十七年八月”“里人仝建”字样，可见现桥重建于民国17年(1928年)。此桥西50米处已新建水泥桥，已少有行人。

(小)马鸣桥　大马鸣桥西一百米处。东西向，单孔无栏石板桥。东西侧原分别有石阶7级，现用水泥板覆盖。南北桥首有“马鸣桥”额。桥长12.15米，桥宽1.65米。桥孔跨4.15米，桥孔高2.5米。明崇祯《嘉兴县志》卷三《桥梁》有“马鸣桥”记载，除指大马鸣桥外，亦指小马鸣桥。现桥额旁镌有“民国”字样，现桥重建于民国。

庄桥　位于凤桥镇三星村庄桥自然村(原属庄桥村)。跨庄桥港，南北向，系三孔无栏梁式石板桥，南北侧原分别有石阶10级和11级。东西桥首有“重建庄桥”额。桥长20.7米，桥底宽1.95米，桥顶宽1.35米。桥孔跨11.85米，中孔高3.2米。东西侧有桥联，水深未录得。此桥不见于地方志，始建年代不详。桥额旁镌有“光绪五年己卯四月”字样，此桥重建于清光绪五年(1879年)。

河才桥 桥名亦“八塔泾桥”。位于凤桥镇星火村河才桥自然村。跨八塔泾，南北向，系三孔无栏梁式石板桥。南侧可见石阶3级，北侧石阶已没入路面。东西桥首有“独建八塔泾桥”额。桥长15.95米，桥底宽1.65米，桥顶宽1.6米。桥孔跨12.65米，中孔高2.3米。东西侧有桥联，水深未录得。此桥不见于地方志，始建年代不详。桥额旁镌有“光绪十年”字样，此桥重建于清光绪十年(1884年)。

曾家石桥 桥名亦“永兴桥”。位于余新镇永利村永兴桥自然村(原属曹庄乡红民村)与凤桥镇星火村曾家石桥自然村的交界处。跨永兴桥港，东西向，系三孔无栏梁式石板桥。东西侧原有石阶。现桥面、石阶均已用水泥铺平，桥面上新筑水泥护栏。原有桥面石、桥柱、桥墩尚全。南北桥首有“重建永兴桥”额。北侧桥额两边分别刻“义忠列，锦衣归”；南侧桥额两边分别刻“女星现，百子昌”。桥长17.85米，桥底宽2米，桥顶宽1.9米。桥孔跨12.75米，中孔高2.7米。南北侧不见桥联。此桥不见于地方志，始建年代不详。桥额旁镌有“大清乾隆”字样，具体重建年份看不清。此桥重建于清乾隆年间。

俞万桥 桥名亦“馀万桥”。位于凤桥镇星火村俞万桥自然村。跨俞万桥港，南北向，系三孔无栏梁式石板桥，南北侧原有石阶。现桥面、石阶均已用水泥铺平，桥面筑水泥护栏。原有桥面石、桥柱、桥墩尚全。东西桥首有“重建馀万桥”额。西侧桥额两边分别刻“同胜气，归兴道”；东侧桥额右边刻“万馀真”，左边亦有刻迹，文字不清。桥长20.4米，桥宽1.9米。桥孔跨15.2米，中孔高2.85米。东西侧不见桥联。此桥不见于地方志，始建年代不详。桥额旁镌有“大清乾隆五年”字样，此桥重建于清乾隆五年(1740年)。

义沙金桥 正式桥名“包兴桥”。位于凤桥镇星火村义沙金桥自然村。跨义沙金桥港，南北向，系三孔无栏梁式石板桥，南北侧石阶已没入路面。东西桥首有“重建包兴桥”额。桥长15.5米，桥底宽1.7米，桥顶宽1.3米。桥孔跨12.2米，中孔高1.65米。东西侧有桥联，水深未录得。此桥不见于地方志，始建年代不详。桥额旁镌有“光绪”字样，重建年份不清。

西庄桥 桥名亦“燕桥”。位于凤桥镇庄史村庄史自然镇(原属新篁乡)。跨燕桥港，东西向，系三孔无栏梁式石板桥。东西侧原有石阶。现桥面、石阶均已用水泥铺平，桥面上新筑水泥护栏，原有桥面石、桥柱、桥墩尚全。上层桥面板加宽，下层桥面板外侧的桥额不见。桥长17.3米，桥原宽1.5米(上层桥面板加宽至2.2米)。桥孔跨10.5米，中孔高2.5米。南北侧有桥联，因水深未录得。崇祯《嘉兴县志》卷三《桥梁》“里仁乡”有“燕桥”的记载。始建年代不详，现桥重建年份不详。

众安桥 位于凤桥镇庄史村河西自然村(原属新篁乡)。跨众安河，东西向，系三孔无栏梁式石板桥。东西侧石阶已没入路面。南北桥首有“重建众安桥”额。桥长14.6米，桥宽1.7米。桥孔跨11.4米，中孔高2.45米。南北侧无桥联。此桥不见于地方志，始建年代不详。桥额旁镌有“民国戊辰年”“里人仝建”字样。民国戊辰年即民国十七年。此桥重建于民国17年(1928年)。

钟家桥 桥名亦“张家桥”。位于凤桥镇大星村谢家头自然村，跨钟家桥河。南北向，系三孔无栏梁式石板桥。南北侧原有石阶，现桥面、石阶均已用水泥铺平，桥面新设筑铁护栏。原有桥面石、桥柱及北桥墩尚在，南桥墩用水泥重修。西桥首有“重建张家桥”额。桥长14.75米，桥宽1.5米。桥孔跨10.85米，中孔高1.9米。东西侧不见桥联。此桥不见于地方志，始建年代不详。桥额旁亦无重建年份。

李太康桥 位于凤桥镇大星村李太康桥自然村与新民村西楼自然村(原属新东村)的交界处，跨李太康桥港。南北向，系三孔无栏梁式石板桥。桥面新置铁护栏。南北侧原分别有石阶4级和7级。东西桥首有“李太康桥”额。桥长23.45米，桥底宽2.45米，桥顶宽1.75米。桥孔跨13.4米，中孔高3米。东西侧不见桥联。此桥不见于地方志，始建年代不详。桥额旁镌有“道光”字样。此桥重建于清道光年间，年份不详。

(西)钱家桥 桥名亦“聚顺桥”。位于凤桥镇栖柽村钱家桥自然村(原属新篁乡勤丰村)，跨钱家桥港。南北向，系三孔无栏梁式石板桥。南侧原有石阶(北侧石阶、桥墩已没入路面)，桥面、南侧石阶均已用水泥铺平，桥面新筑铁护栏。原有桥面石、桥柱及桥墩尚存。东西桥首有“重建聚顺桥”额。桥长17米，桥宽1.55米。桥孔跨12.5米，中孔高2米。东西侧不见桥联。此桥不见于地方志，始建年代不详，桥额旁重建年份亦不清。

石皮桥 位于凤桥镇庄史村汤金桥自然村(原属新篁乡南庄村)与茜柳村石场自然村(原属新篁乡胡庵村)的交界处，跨栖泾港。东西向，系三孔无栏梁式石板桥，原桥石阶已无。南北桥首有“重建石皮桥”额。桥长9.65米，桥宽1.05米。桥孔跨9.15米，中孔高1.5米。南北侧似不见桥联。此桥不见于地方志，始建年代不详。桥额旁镌有“咸丰”字样。现桥重建于清咸丰年间，具体年份不详。

徐家桥 位于凤桥镇茜柳村徐家桥自然村(原属新篁乡)，跨徐家桥河。南北向，系三孔无栏梁式石板桥。南北侧原有石阶，现桥面、石阶均已用水泥铺平，且加宽。原有桥面石、桥柱及桥墩尚全。东西桥首有“徐家桥”额。桥长12.6米，原桥宽1.2米(现加宽至1.75米)。中孔高1.60米。东西侧不见桥联。此桥不见于地方志，始建年代不详。桥额旁重建年份亦不详。

大寺桥 桥名亦“香花桥”。位于凤桥镇永红村大寺桥自然村(原属清池村),跨大寺浜。南北向,系三孔无栏梁式石板桥。南北侧分别有石阶4级和3级。东桥首有“香花桥”额,西桥首无刻迹。桥长16.95米,桥底宽1.9米,桥顶宽1.4米。桥孔跨10.85米,中孔高2.9米。东西侧不见桥联。此桥不见于地方志,始建年代不详,桥额旁重建年份亦不详。

吴庄桥 桥名亦“万寿桥”。位于凤桥镇永红村吴庄桥自然村,跨吴庄桥港。南北向,系三孔无栏梁式石板桥。南北侧分别有石阶。现桥面、石阶均已用水泥铺平,新筑铁护栏。原有桥面石、桥柱及桥墩尚全。东侧桥首有“重建万寿桥”额。西侧桥首不见桥额。桥长17.55米,桥底宽2.5米,桥顶宽2.4米,中孔高2.45米。东西侧不见桥联。民国《竹林八圩志》卷一《桥梁》载:“万春(寿)桥,俗呼吴庄桥,在宙圩。”始建年代不详。桥额旁有“咸丰”字样,现桥重建于清咸丰年间,重建年份不详。

馀粟桥 旧名“油车桥”。相传旧时桥畔有炼油作坊,故名。位于凤桥镇永红村南水弄自然村与新丰镇竹林村楼坟墩自然村(原属竹林乡赵家埭村)的交界处。跨众欢塘,东西向,系三孔无栏梁式石板桥。东西侧分别有石阶3级。南北桥首有“馀粟桥”额。2000年,东桥柱被船撞损石柱一根,现用铁管支撑桥面石挑梁。桥长15.2米,桥底宽1.5米,桥顶宽1.1米。桥孔跨11.9米,中孔高2.8米。南侧桥联仅存下联:“甘露庆云祥征千载”。北侧桥联:“流水永无波浪作　好风时有竹林来”。民国《竹林八圩志》卷一《桥梁》载:“馀粟桥,在宙圩。旧名油车桥。光绪间金胜昌募金重建,改题今名。”新编《新丰镇志》称:此桥重建于清光绪元年(1875年)。

南石桥 桥名亦“福星桥”。位于余新镇普光村荷叶地自然村(原属曹庄乡盛家浜村)与凤桥镇三星村吴家浜自然村的交界处,跨南石桥港。南北向,系三孔无栏梁式石板桥。南侧石阶2级,北侧石阶不见,北侧桥板更换成水泥板。东西桥首有“重建福星桥”额。桥长14.7米,桥宽1.1米。桥孔跨12.5米,中孔高2.6米。东西侧不见桥联。此桥不见于地方志,始建年代不详。桥额旁镌有“同治二年”字样。现桥重建于清同治二年(1863年)。

大成桥 位于余新镇普光村张家埭自然村(原属曹庄乡盛家浜村),跨张家埭港。东西向,系三孔无栏梁式石板桥。南北侧原有石阶,已用水泥将石阶、桥面抹平,并筑铁护栏,东桥墩用槽钢加固。原有桥面石、桥墩、桥柱尚全。南北侧桥首有“重建大成桥”额。桥长18.8米,桥底宽1.9米,桥顶宽1.7米。桥孔跨12.1米,中孔高2.45米。南北侧不见桥联。此桥不见于地方志,始建年代不详。桥额旁镌有“同治十二年”字样。现桥重建于清同治十二年(1873年)。

洑斜泾桥 桥名亦“福聚泾桥”。位于余新镇复兴村洑斜泾自然村(原属曹庄乡邓家港村),跨洑斜泾。南北向,系三孔无栏梁式石板桥。南北侧原有石阶,现用水泥板铺平。东西桥首有“重建福聚泾桥”额。桥长16.45米,桥宽1.5米。桥孔跨10.95米,中孔高2.6米。东西侧不见桥联,此桥不见于地方志。始建年代不详。桥额旁仅见清“大清”两字,具体重建年份不详。

曹孔洞桥 东栅街道腾字圩村人呼作“东桥”,亦称“永丰桥”。位于余新镇复兴村赵家埭自然村(原属曹庄乡五星村)与东栅街道腾字圩村姚家浜自然村之间,跨曹孔洞桥港。东西向,系三孔无栏梁式石板桥。东西侧原有石阶,现桥面、石阶均已用水泥铺平,新筑水泥护栏。原有桥面石、桥柱及桥墩尚全。南北侧桥首有“启建永丰桥”额。桥长15.5米,桥宽1.7米。桥孔跨9.8米,中孔高2.1米。南北侧不见桥联。此桥不见于地方志,始建年代不详。桥额旁重建年份亦不清。

亭子桥 桥名亦“汤汇桥”。位于余新镇复兴村庙泾港自然村(原属曹庄乡五星村),跨亭子桥港。东西向,系三孔无栏梁式石板桥。东西侧分别有石阶6级和7级。南北桥首有“重建汤汇桥”额。桥长16.8米,桥底宽1.9米,桥顶宽1.1米。桥孔跨11.40米,中孔高2.90米。南北侧不见桥联。此桥不见于地方志,始建年代不详。桥额旁镌有“民国三年”字样。现桥重建于民国3年(1914年)。

东桥 桥名亦“东兴福桥”。位于余新镇农庄村朱家村自然村,跨普光寺港。南北向,系三孔无栏梁式石板桥,南北侧原有石阶。现桥面、石阶均已用水泥铺平,并筑铁护栏。原有桥面石、桥柱及桥墩尚全。东西侧桥首有“重建东兴福桥”额。桥长19.2米,桥宽1.9米。桥孔跨12.8米,中孔高2.3米。东西侧不见桥联。北桥柱靠西侧缺石柱一根,用红砖补砌,用于支撑。此桥不见于地方志,始建年代不详。新编《余新镇志》称此桥“建于光绪五年(1879年)。”桥额旁镌有“民国七年清和月立”字样,现桥重建于民国7年(1918年)。

中桥 桥名亦“中兴桥”。位于余新镇农庄村朱家村自然村,跨普光寺港。南北向,系三孔无栏梁式石板桥,南北侧原有石阶。现桥面、石阶均已用水泥铺平,并筑铁护栏。原有桥面石、桥柱及桥墩尚全。东西侧桥首有“重建中桥”额。桥长19.1米,桥宽2米。桥孔跨12.7米,中孔高3米。东西侧不见桥联。北桥柱靠西侧缺石柱一根,用红砖补砌,用于支撑。此桥不见于地方志,始建年代不详。新编《余新镇志》称此桥“建于光绪五年(1879年)”。但桥额旁重建年份不详。

高家桥 桥名亦"太平桥"。位于余新镇农庄村高家桥自然村，跨三官浜北段。南北向，系三孔无栏梁式石板桥。南北侧原有石阶，现用水泥铺平，并筑铁护栏。东西侧桥首有"重建太平桥"额。桥长16.5米，桥底宽1.8米，桥顶宽1.45米。桥孔跨11.4米，中孔高2.3米。东西侧不见桥联。此桥不见于地方志，始建年代不详，桥额旁重建年份亦不清。

广开桥 位于余新镇农庄村广开桥村自然村，跨俞家浜。南北向，系三孔无栏梁式石板桥。南北侧原有石阶，现石阶、桥面石均用水泥铺平，并筑铁护栏。因桥面加宽，原桥面石已于新桥面石之下，东西侧桥首的桥额已不见。桥长17.25米，桥底宽1.9米，桥顶原宽1.2米，现加宽至1.5米。桥孔跨9.25米，中孔高2.4米。东西侧不见桥联。此桥不见于地方志，始建年代不详，重建年份亦不详。

大桥 桥名亦"兴大桥"。位于余新镇农庄村三官浜口南侧，跨三官浜南段。东西向，系三孔无栏梁式石板桥。东西侧分别有石阶7级和4级。南北桥首有"重建兴大桥"额。桥长20米，桥底宽1.7米，桥顶宽1.55米。桥孔跨11.35米，中孔高2.4米。南北侧不见桥联。此桥不见于地方志，始建年代不详。现桥桥额旁镌有"民国二年"字样，现桥重建于民国2年(1913年)。

油车桥 桥名亦"永临桥"。位于余新镇农庄村思仙桥自然村与余新水产村的交界处，靠近余新镇。跨油车桥港，东西向，系三孔无栏梁式石板桥。东侧有石阶2级，西侧不见石阶。南北桥首有"永临桥"额。桥长12.45米，桥底宽1.7米，桥顶宽1.65米。桥孔跨10.3米，中孔高2.2米。南北侧不见桥联。此桥不见于地方志，始建年代不详。桥额旁亦重建年份亦不详。

里长桥 俗称"斜桥"。位于余新镇普光村里长桥自然村(原属曹庄乡)与余新镇农庄村的交界处。跨里长桥港，东西向，系三孔无栏梁式石板桥。东西侧原有石阶，现用水泥铺平。南北桥首有"重建里长桥"额。桥长14米，桥宽1.5米。桥孔跨11.5米，中孔高2.8米。南北侧不见桥联。此桥不见于地方志，始建年代不详。桥额旁镌有"大清乾隆三十年"字样，此桥重建于清乾隆三十年(1765年)。

仙正桥 俗称"斜桥"。位于余新镇普光村仙正桥自然村(原属曹庄乡)。跨普光寺港，东西向，系三孔无栏梁式石板桥。东西侧不见石阶。南北桥首有"仙正桥"额。桥长14.75米，桥宽1.65米。桥孔跨10.85米，中孔高2.35米。南北侧不见桥联。此桥不见于地方志，始建年代不详。桥额旁镌有"光绪十三年里人同建"字样，此桥重建于清光绪十三年(1887年)。

万安桥 俗称"梅三娘子桥"。位于余新镇普光村万安桥自然村(原属曹庄乡)。跨普光寺港，南北向，系三孔无栏梁式石板桥。桥墩没入路面，南北侧不见石阶，上用水泥铺平。东西桥首有"重建万安桥"额。桥长14.3米，桥底宽1.7米，桥顶宽1.6米。桥孔跨10.5米，中孔高2.45米。东西侧不见桥联。此桥不见于地方志，始建年代不详。桥额旁重建年份亦不清。新编《余新镇志》称此桥建于清代中期。

六龙桥 位于余新镇普光村普光寺自然村(原属曹庄乡)。跨普光寺港，南北向，系三孔梁式石板桥。东侧尚有部分石护栏，可见狮子望柱一根(小石狮头已损)，其中间部分已改成水泥护栏，西侧不见护栏，南北侧不见石阶。桥面石上部呈圆弧形，中间桥石系横条形铺设。东侧桥首有"六龙桥"额。西侧已用水泥铺筑，不见桥额。桥长15.35米，桥宽2.3米。桥孔跨13.85米，中孔高3.2米。东西侧不见桥联。此桥不见于地方志，始建年代不详。桥额旁亦重建年份不清。新编《余新镇志》称此桥"建于明清时期"。中间桥石系横条形铺设，现桥疑重建于明末清初。

(西)义河桥 位于余新镇黎明村西义和桥自然村(原属曹庄乡)。跨义河桥港，南北向，系三孔无栏梁式石板桥。南北侧原有石阶，现石阶、桥面石用水泥铺平，并筑水泥护栏。原有桥面石、桥柱、桥墩尚全。东西桥首有"义河桥"额。桥长18.35米，桥底宽1.8米，桥顶宽1.7米。桥孔跨13.75米，中孔高2.75米。东西侧不见桥联。此桥不见于地方志，始建年代不详。桥额旁重建年份亦不清。

寺前桥 位于余新镇永利村寺前桥自然村(原属曹庄乡)。跨孔庙塘，南北向，系三孔无栏梁式石板桥。南北侧原石阶已没入路面。东西桥首桥额看不清。桥长16.55米，桥底宽1.5米，桥顶宽1.4米。桥孔跨14.85米，中孔高1.95米。东西侧不见桥联。南侧桥面石已换为水泥板。此桥不见于地方志，始建年代不详。桥额看不清，重建年份亦不清。

永兴桥 俗呼"唐家桥"。位于大桥镇吕塘村永兴桥自然村(原属曹庄乡阔家桥村)。跨永兴桥河，南北向，系三孔无栏梁式石板桥。南北侧原有石阶，现用水泥板铺平。东西桥首有"重建永兴桥"额。桥长19米，桥底宽1.6米，桥顶宽1.35米。桥孔跨11.4米，中孔高1.5米。东西侧不见桥联。此桥不见于地方志，始建年代不详。桥额旁镌有"嘉庆十年十月"字样，现桥重建于清嘉庆十年(1805年)。

小老太婆桥 桥名亦"永兴桥"。位于余新镇余北村赵家浜自然村(原属建成村)。跨篙子浜，东西向，系三孔无栏梁式石板桥。东西石阶不见。南北桥首有"永兴桥"额。桥长10米(石阶及桥墩已没入路面)，桥宽0.95米。桥孔跨 9.2 米，中孔高 2.15 米。南北侧不见桥联。此桥不见于地方志，始建年代不详。桥额旁重建年份亦不清。新编《余新镇志》称现桥建于雍正十三年(1735 年)。立柱及边侧石梁上刻有建造年份及捐助者姓名、银钱数量等，字迹模糊。

东乌桥 桥名亦“乌龙桥”。位于大桥镇联合村王家浜自然村(原属步云乡)。跨王家浜，南北向，系三孔无栏梁式石板桥。北侧石阶不见，南侧可见石阶 2 级。东西桥首有“重建乌龙桥”额。桥长 15.05 米，桥底宽 1.5 米，桥顶宽 1.15 米。桥孔跨 11.25 米，中孔高 2.4 米。东西侧不见桥联。此桥不见于地方志。始建年代不详。桥额旁镌有“大清雍正元年正月”字样，现桥重建于雍正元年(1723 年)。

方桥 桥名亦“百家桥”。位于大桥镇云东村冯家浜自然村(原属步云乡)。跨倪家浜，东西向，系三孔无栏梁式石板桥。东西侧分别有石阶 5 级和 3 级。南侧桥首有“毛张氏重建百家桥”额。桥长 21.35 米，桥底宽 1.3 米，桥顶宽 1.2 米。桥孔跨 15.65 米，中孔高 2.9 米。南北侧不见桥联。此桥不见于地方志，始建年代不详。桥额旁重建年份亦不清。传此桥为一位名“毛张氏”的妇女为修善积德，希图消灾，捐资建桥。

老娘桥 桥名亦“东兴隆桥”。位于大桥镇丰南村王家汇自然村(原属步云乡丰北村)。跨老娘桥港，南北向，系三孔无栏梁式石板桥。南北侧分别有石阶 4 级和 3 级。东西桥首有“重建东兴隆桥”额。桥长 15 米，桥宽 1.4 米。桥孔跨 12 米，中孔高 2.6 米。东西侧有桥联，因水深未录得。此桥始建年代不详。崇祯《嘉兴县志》卷三《桥梁》在“感化都”下有“老娘桥”的记载。桥面石除东西两侧为长条石外，中间由十块小条石横向铺设。此法铺设，一般说来建造年代较早。现桥额旁镌有“道光贰年六月”字样，可见现桥重建于道光二年(1822 年)，系仿原桥式样兴建。

顾婆桥 位于余新镇余西村胡家浜自然村与秀洲区王店镇庄安村胡子浜自然村的交界处。跨胡家浜，东西向，系三孔无栏梁式石板桥。东西侧分别有石阶 4 级和 3 级。南北桥首镌额处用水泥涂抹，字迹亦不清。桥长 15.6 米，桥底宽 1.35 米，桥顶宽 0.87 米。桥孔跨 10.6 米，中孔高 2.95 米。南北侧不见桥联。此桥系独面石桥，桥底呈平面，桥面呈圆弧形。东侧桥墩已有数块桥石掉落。此桥不见于地方志，始建年代不详。桥额旁重建年份亦不清。从桥的形式与石质看，此桥建造年代较早。

杨家桥 位于余新镇联新村杨家桥自然村与秀洲区王店镇红联村黄家埭自然村(原属蚂桥乡)的交界处。跨杨家桥港，南北向，系三孔无栏梁式石板桥。现桥面新筑铁护栏。南北侧石阶不见。东西桥首有“重建杨家桥”额。桥长 18.15 米，桥底宽 1.6 米，桥顶宽 1.15 米。桥孔跨 11.8 米，中孔高 2.75 米。东西侧不见桥联。南桥柱石已损，用红砖砌成墩式桥柱，以支撑桥面石。此桥不见于地方志，始建年代不详。桥额旁镌有“民国四年中秋日”字样，现桥重建于民国 4 年(1915 年)。

前桥 位于王店镇庄安村前桥自然村。跨南浜，东西向，系三孔无栏梁式石板桥。东西侧原有石阶，现用水泥板铺筑，以便车辆行驶。桥面北侧新筑铁护栏。南北桥首有“重建前桥”额。桥长 22.95 米，桥底宽 1.4 米，桥顶宽 1.1 米。桥孔跨 12.25 米，中孔高 3.1 米。南北侧不见桥联。桥柱内侧分别刻有长条形的框，内刻文字，字亦不清。清崇祯《嘉兴县志》卷三《桥梁》在“大彭都”下有“钱桥”记载，亦否“前桥”。此桥始建年代不详，桥额旁重建年份亦不清。

袁家桥 位于王店镇假山村袁家桥自然村。跨袁家桥港，南北向，系三孔无栏梁式石板桥。南北石阶不见，已用水泥铺平。南北桥墩用红砖加宽，亦对原石板桥面加宽。东西桥首原有桥额，已无法看到。桥长 14.45 米，桥底宽 2 米，桥顶原宽 1.2 米，现加宽至 1.8 米。桥孔跨 11.95 米，中孔高 2.9 米。东西侧不见桥联。明崇祯《嘉兴县志》卷三《桥梁》在“大彭都”下有“袁家桥”。始建年代不详。因未见桥额，重建年份亦不详。

慎思桥 位于大桥镇建国村潘家兜自然村与胥山村章店自然村的交界处。跨慎思桥港，东西向，系三孔无栏梁式石板桥。东西侧分别有石阶 2 级。南北桥首有“慎思桥”额。桥长 15.3 米，桥宽 1.15 米。桥孔跨 12.45 米，中孔高 2.4 米。南北侧不见桥联。此桥不见于地方志。始建年代不详，现桥额旁重建年份亦不清。

夏家泾桥 桥名亦“夏泾桥”。位于大桥镇卫星村孙家浜自然村。跨夏家泾，东西向，系三孔无栏梁式石板桥。东西侧原分别有石阶，现西侧尚可见 5 级。两侧对石阶均用水泥铺筑。南北桥首有“启建夏泾桥”额。桥长 18.3 米，桥底宽 1.9 米，桥顶宽 1.65 米。桥孔跨 13.1 米，中孔高 2.6 米。南北侧不见桥联。桥柱内侧有刻成长条形的框，内有文字，不清。西桥柱北侧倾斜。此桥不见于地方志，始建年代不详。桥额旁建造年份亦不清。

中塘桥 位于大桥镇焦山门村戴家自然村。跨中塘桥港，南北向，系三孔无栏梁式石板桥。南北侧分别有石阶 3 级。东西桥首有“重建中塘桥”额。桥长 19.1 米，桥底宽 2 米，桥顶宽 1.8 米。桥孔跨 16.1 米，中孔高 2.9 米。东西侧有桥联，因水深未录得。此桥不见于地方志，始建年代不详。桥额旁大致能见“光绪”两字，重建年份不清。

乌龙桥 位于七星镇博山村乌龙桥自然村。跨洪家塘，东西向，系三孔无栏梁式石板桥。东西侧不见石阶，已用水泥铺平。南北桥首有“重建乌龙桥”额。桥长 21.95

米，桥宽 1.95 米。桥孔跨 14.55 米，中孔高 2.05 米。南北侧不见桥联。此桥不见于地方志，始建年代不详。桥额重建年份亦不清。

邱家桥　桥名亦“舍兴桥”。位于东栅街道邱家桥村汪家头自然村。跨泥砖港，南北向，系三孔无栏梁式石板桥。南北侧分别有石阶 4 级和 3 级。东西桥首有“重建舍兴桥”额。桥长 22.9 米，桥底宽 2.2 米，桥顶宽 1.75 米。桥孔跨 16.2 米，中孔高 2.6 米。东西侧不见桥联。此桥始建年代不详。现桥额旁亦看不清重建年份。《嘉兴地名志》“东栅公社邱家桥大队”条下记载：“大队以邱家桥得名。邱家桥原名舍新(兴)桥。传昔有邱姓老太太在此修建尼庵和桥，因称邱庵和邱桥。1801 年的《嘉兴县志》亦载有此桥名。桥南原有古迹清林寺，现存始创建和尚墓碑。”

贯泾桥　位于王店镇马桥村贯泾桥自然村(原属马桥乡)。跨贯泾桥港，南北向，系三孔无栏梁式石板桥。现桥面上新筑铁护栏。南北侧分别有石阶 5 级和 4 级。东西桥首有“贯泾桥”额。桥长 18.95 米，桥底宽 2 米，桥顶宽 1.6 米。桥孔跨 14.45 米，中孔高 2.95 米。东西侧不见桥联。此桥不见于地方志，始建年代不详。桥额旁镌有“光绪十二年”字样，现桥重建于清光绪十二年(1886 年)。

安乐耕读桥　位于王店镇四联村顾家泾港自然村(原属马桥乡)。跨顾家泾港南支，东西向，系三孔无栏梁式石板桥。东西侧石阶不见。南北桥首有“安乐耕读桥”额。桥长 15.75 米，桥宽 1.15 米。桥孔跨 14.75 米，中孔高 2.55 米。南北侧不见桥联。此桥不见于地方志，始建年代不详。桥额旁亦看不清重建年份。

佛度亭桥　位于王店镇四联村佛度亭自然村(原属马桥乡)。跨顾家泾港，南北向，系三孔无栏梁式石板桥。南北侧石阶不见。东西首未见桥额。桥长估 16 米，桥宽 1.15 米。桥孔跨 15.5 米，中孔高 2.5 米。南北侧不见桥联。此桥不见于地方志，始建年代不详。桥旁是否镌有重建年份亦不详。

施安桥　桥名亦“主安桥”。位于王店镇国庆村施安桥自然村(原属马桥乡)。跨施安桥港，南北向，系三孔无栏梁式石板桥。南北侧石阶不见。东西桥首有“重建主安桥”额。桥长 11.6 米，桥宽 1.55 米。桥孔跨 11.1 米，中孔高 2.55 米。东西侧不见桥联。此桥不见于地方志，始建年代不详。桥额旁重建年份亦看不清。桥柱光洁，此桥建造年代较早。

盛安桥　位于王店镇国庆村王家头自然村(原属马桥乡)。跨王家头港，南北向，系三孔无栏梁式石板桥。南北侧石阶不见。东西桥首有“盛安桥”额。桥长 11.3 米，桥宽 1.35 米。桥孔跨 10.8 米，中孔高 2.65 米。东西侧不见桥联。此桥不见于地方志，始建年代不详。桥额旁镌有“嘉庆八年”字样，现桥重建于清嘉庆八年(1803 年)。

周庵桥　位于城南街道禾源社区西南。跨周庵桥港，南北向，系三孔无栏梁式石板桥。南侧石阶不见，北侧石阶 2 级。东西桥首有“周庵桥”额。桥长 12.7 米，桥底宽 1.8 米，桥顶宽 1.75 米。桥孔跨 10.9 米，中孔高 2.2 米。东西侧不见桥联。崇祯《嘉兴县志》卷三《桥梁》在“长水都”下有“周庵桥”记载。始建年代不详。桥额旁镌有“民国十九年庚午”字样，现桥重建于民国 19 年(1930 年)。

陶家桥　位于塘汇街道茶园村茶园南，坐落在陶家浜上。东西向，系三孔无栏梁式石板桥。东西侧不见石阶，但分别有桥坡 3.5 米左右。南北桥首有“重建陶家桥”额。桥长 23.75 米，桥宽 1.7 米。桥孔跨 16.35 米，中孔高 2.8 米。南北侧不见桥联，东桥柱石已更换。此桥不见于地方志，始建年代不详。桥额旁重建年份亦不清。

殳家桥　位于王店镇国庆村众心桥自然村(原属马桥乡)。跨殳家桥港，南北向，系三孔无栏梁式石板桥。南北侧分别有石阶 2 级。东西桥首有“重建殳家桥”额。桥长 15.8 米，桥底宽 1.7 米，桥顶宽 1.1 米。桥孔跨 12.6 米，中孔高 3 米。东西侧不见桥联。崇祯《嘉兴县志》卷三《桥梁》在“长水都”下有“殳家桥”记载。始建年代不详，桥额旁重建年份亦不清。

百家泾桥　位于王店镇红联村百家泾自然村(原属马桥乡一联村)。跨百家泾，南北向，系三孔无栏梁式石板桥。南北侧分别有石阶 2 级 3 级。东西桥首有“重建百家泾桥”额。桥长 14 米，桥底宽 1.4 米，桥顶宽 1.25 米。桥孔跨 11.2 米，中孔高 3 米。东西侧不见桥联。此桥不见于地方志，始建年代不详。桥额旁重建年份亦不清。

青龙桥　位于王店镇马桥村青龙桥自然村(原属马桥乡)。跨青龙桥港，南北向，系三孔无栏梁式石板桥。桥面上新筑铁护栏。南北侧分别有石阶 9 级 6 级。东西桥首有“重建青龙桥”额。桥长 19.65 米，桥底宽 1.6 米，桥顶宽 1.1 米。桥孔跨 12.5 米，中孔高 3.1 米。东西侧不见桥联。此桥不见于地方志，始建年代不详。桥额旁重建年份亦不清。

严家桥　桥名亦“安德桥”。位于王店镇国庆村严家头自然村(原属马桥乡)。跨严家桥港，南北向。系三孔无栏梁式石板桥，桥面新筑铁护栏。南北侧石阶不见，用水泥铺平。东西桥首有“重建安德桥”额。桥长 16.8 米，桥底宽 1.95 米，桥顶宽 1.6 米。桥孔跨 13.6 米，中孔高 3 米。东西侧不见桥联。南跨桥面板坏，用两块水泥板铺面。此桥不见于地方志，始建年代不详。桥额旁重建年份亦不清。

沈家桥　桥名亦“永兴桥”。位于王店镇太平桥村沈家浜自然村(原属姚家庄村)。跨沈家浜，南北向，系三孔无栏梁式石板桥。南北侧分别有石阶3级和6级，用水泥板铺平。东西桥首有“永兴桥”额。桥长15.15米，桥底宽1.2米，桥顶宽1.1米。桥孔跨10.55米，中孔高2.7米。东西侧不见桥联。此桥不见于地方志，始建年代不详。桥额旁重建年份亦不清。

金家桥 位于王店镇宝安村金家桥自然村。跨金家桥港，南北向，系三孔无栏梁式石板桥。南北侧分别有石阶1级和4级。东西桥首有“重建金家桥”额。桥长14.3米，桥底宽1.4米，桥顶原宽1.15米，现用水泥条加宽至1.35米。桥孔跨9.9米，中孔高2.15米。东西侧不见桥联。东边桥额两侧镌“永团圆”、“福禄现”。西边桥额南侧镌“百子图”，北侧看不清。此桥始建年代不详。光绪《梅里志》卷二《桥梁》：“金家桥　在里北二里许。同治八年里人金诚明倡募重建。”桥额旁镌有“同治八年九月吉旦”字样，现桥重建于清同治八年(1869年)。

蒋婆桥 位于王店镇南梅村蒋婆桥自然村。跨蒋婆桥港，南北向，系三孔无栏梁式石板桥。南北侧分别有石阶3级和4级。主孔桥面石被船撞毁，改用独面水泥板。桥额已不可见。原桥首有“蒋婆桥”三字。桥长16.95米，桥底宽1.5米，桥顶原宽1.25米。桥孔跨11.55米，中孔高3米。东西侧不见桥联。此桥始建年代不详。崇祯《嘉兴县志》卷三《桥梁》在“大彭都”下有“蒋婆桥”记载。光绪《梅里志》卷二《桥梁》：“蒋婆桥　在里东三里。光绪二年桐乡陈允中、里人李咸勋等倡募重建。”民国《梅里备志》卷一《桥梁》：“蒋婆桥　在里东三里。宣统三年绍兴许国泰独力重建。”此桥有确切的重建年份及建桥者姓名，虽主桥面已改用水泥板，仍收录在编。

牛桥 位于王店镇建林村牛桥头自然村。跨牛桥港，南北向，系三孔无栏梁式石板桥。南北侧石阶不见，有坡。东西桥首有“重建牛桥”额。桥长20.5米，桥宽1.65米。桥孔跨11.5米，中孔高3米。东西侧不见桥联。南桥柱内侧有长条形的框，内刻文字，不清。明崇祯《嘉兴县志》卷三《桥梁》在“长水都”下有“牛桥”记载，始建年代不详。桥额旁镌有“民国十年”字样。现桥重建于民国10年(1921年)。

倪家桥 位于王店镇庆丰村野猫汇自然村与建农村刘家坝自然村的交界处。跨倪家桥港，东西向，系三孔无栏梁式石板桥。东西侧石阶不见，有坡。南北桥首有“重建倪家桥”额。桥长21.8米，桥底宽1.8米，桥顶宽1.6米。桥孔跨11.6米，中孔高2.9米。南北侧不见桥联。明崇祯《嘉兴县志》卷三《桥梁》在“长水都”下有“倪家桥”记载。始建年代不详。桥额旁镌有“民国廿三年”字样。现桥重建于民国23年(1934年)。

兴隆桥 位于王店镇建农村兴隆桥自然村。跨兴隆桥港，东西向，系三孔无栏梁式石板桥。东西侧石阶不见，有坡。南北桥首有“重建兴隆桥”额。桥长13.4米，桥底宽1.6米，桥顶原宽1.1米，后用水泥条加宽至1.55米。桥孔跨8.5米，中孔高2.4米。南北侧不见桥联。此桥不见于地方志，始建年代不详。桥额旁镌有“康熙”字样，详细年份不清。

吴家桥 位于王店镇镇西村吴家桥自然村。跨吴家桥港，南北向，系三孔无栏梁式石板桥。南北侧石阶不见，用水泥铺平。东西桥首有“重建吴家桥”额。桥长16.95米，桥宽1.6米。桥孔跨13.3米，中孔高2.7米。东西侧不见桥联。南北桥面板两侧镌有助钱人姓氏及助钱数。此桥不见于地方志，始建年代不详。桥额旁镌有“嘉庆十八年”字样。可见现桥重建于清嘉庆十八年(1813年)。

唐家桥 桥名亦“助兴桥”。位于王店镇镇西村唐家桥自然村与建农村鲁家埭自然村的交界处。跨唐家桥港，南北向，系三孔无栏梁式石板桥。南北侧分别有石阶3级。东西桥首有“重建助兴桥”额。桥长13.75米，桥底宽1.2米，桥顶宽1.05米。桥孔跨9.95米，中孔高2.9米。南侧桥面板坍落河中，重修为水泥板铺面。南桥墩亦有数块桥石坍落。东西两侧均不见桥联。此桥不见于地方志，始建年代不详。桥额旁镌有“民国四年”字样。现桥重建于民国4年(1915年)。

王家桥 位于王店镇建南村王家桥自然村(原属建设乡钱家桥村)。跨王家桥港，东西向，系三孔无栏梁式石板桥。东西侧分别有石阶3级(已坍)。南北桥首有“重建王家桥”额。桥长18.2米，桥底宽1.8米，桥顶宽1.65米。桥孔跨14.3米，中孔高1.9米。南北侧不见桥联。此桥不见于地方志，始建年代不详。桥额旁镌有“光绪八年春吉旦”“里人仝助”字样。现桥重建于清光绪八年(1882年)。

金家桥 桥名亦“万年桥”。位于王店镇建南村金家头自然村(原属建设乡钱家桥村)。跨金家桥港，南北向，系三孔无栏梁式石板桥。南北侧石阶不见，用水泥板铺平。东西桥首有“万年桥”额。东侧桥额之左尚刻有“信士王忆山给”字。桥长14.25米，桥底宽1.3米，桥顶宽1.1米。桥孔跨9.15米，中孔高2.3米。东西侧不见桥联。此桥不见于地方志，始建年代不详。桥额旁重建年份亦不清。

大石桥 位于王店镇南星桥村大石桥自然村(原属建设乡西马浜村)与桐乡市屠甸镇蒋家桥村的交界处。跨大石桥港，南北向，系三孔无栏梁式石板桥。因北边河道拓宽5米左右，此桥桥墩已处于河中心，南北不可通行。桥长约15米左右，桥宽1.1米左右。桥孔跨11米左右，中孔高2.2米，北侧尚可见到石阶6级。桥额及重建年份未见，东西侧似无桥联。明崇祯《嘉兴县志》卷三《桥梁》在“嘉会都”下有“大石桥”记载。始建年代不详。现桥重建于何年亦未知。

打铁桥 位于王店镇三建村张家兜自然村(原属建设乡新云村)。跨打铁桥港，南北向，系三孔无栏梁式石板桥。南侧石阶没入路面，北侧有石阶4级。东西桥首有“打铁桥”额。桥长14.55米，桥底宽1.3米，桥顶宽1.1米。桥孔跨10.35米，中孔高2.2米。东西侧有桥联，水深未录。此桥不见于地方志，始建年代不详。桥额旁镌有“光绪乙亥年”字样，现桥重建于清光绪元年(乙亥，1875年)。

冯家桥 正式桥名“红丘桥”。位于洪合镇建北村塘子泾自然村(原属建设乡长春桥村)。跨塘子泾，南北向，系三孔无栏梁式石板桥。南北石阶不见，用水泥铺平。东西桥首有“红丘桥”额。桥长16.05米，桥底宽1.6米，桥顶宽1.5米。桥孔跨10.45米，中孔高2.95米。东西侧有桥联，水深未录。此桥不见于地方志，始建年代不详，桥额旁重建年份亦不清。

翟家桥 正式桥名“登瀛桥”。位于洪合镇建北村翟家桥自然村(原属建设乡长春桥村)与凤桥村朱家头的交界处。跨翟家桥港，南北向，系三孔无栏梁式石板桥。南北石阶不见，用水泥板铺平。东西桥首有“登瀛桥”额。桥长13.35米，桥底宽1.35米，桥顶宽1.25米。桥孔跨7.65米，中孔高2.2米。东西侧不见桥联。明崇祯《嘉兴县志》卷三《桥梁》在“嘉会都”下有“翟家庙桥”记载。始建年代不详。桥额旁镌有“民国十年”字样，现桥重建成于民国10年(1921年)。

合勺桥 位于洪合镇洪合村合勺桥自然村(原属蔡家浜村)。跨合勺桥港，东西向，系三孔无栏梁式石板桥。东西石阶没入路面。南北桥首有“新建合勺桥”额。桥长12.5米，桥宽1.2米。桥孔跨11.5米，中孔高2.65米。南北侧不见桥联。此桥不见于地方志。桥额旁镌有“民国丁卯年捌月吉旦”字样，现桥建于民国16年(丁卯，1927年)。

泰石桥 位于洪合镇泰石桥村汤家场自然村。跨泰石桥港，南北向，系三孔无栏梁式石板桥。南北侧分别有石阶7级。东西桥首有“重建泰石桥”额。桥长17.2米，桥底宽1.8米，桥顶宽1.65米。桥孔跨11.65米，中孔高3米。东西侧有桥联，河道南侧水深，南桥柱东西两侧柱联未录。北桥柱东侧上联：“击壤兴歌履泰当盛世”，西侧下联：“东传渔唱小艇出长塘。”《嘉兴地名志》“洪合镇泰石桥大队”条下有“泰石桥”记载，始建年代不详。桥额旁镌有“道光乙巳重建，民国三年重修”字样。现桥重建于清道光二十五年(乙巳，1845年)，重修于民国3年(1914年)。

陶家桥 桥名亦“瑞芝桥”。位于城南街道月河桥村钟家湾自然村(原属南湖乡莫家泾村)与八字桥村里浜自然村(原属南湖乡)的交界处。跨陶家桥港，南北向，系三孔无栏梁式石板桥。南北侧分别有石阶2级。东西桥首有“新建瑞芝桥”额。桥长15米，桥底宽1.3米，桥顶宽1.1米。桥孔跨11.8米，中孔高3.1米。东西侧不见桥联。此桥不见于地方志，桥额旁镌有“道光二十三年”“里人仝建”字样，现桥重建于清道光二十三年(1843年)。

花家木桥 桥名亦“上宁桥”。位于城南街道八字桥村史家埭自然村(原属南湖乡乘堂桥村)。跨路里泾港，南北向，系三孔无栏梁式石板桥。北侧有石阶2级，南侧石阶已没入路面。东西桥首有“新建上宁桥”额。桥长13.05米，桥底宽1.45米，桥顶宽1.35米。桥孔跨10.05米，中孔高3米。东西侧不见桥联，此桥不见于地方志。桥额旁镌有“光绪□□□”“里人仝建”字样，具体重建年份不清。

崔家桥 桥名亦“万兴桥”。位于城南街道长新村崔家桥自然村(原属南湖乡长桥村)。跨崔家桥港，南北向，系三孔无栏梁式石板桥。桥面上新筑铁护栏。南北侧石阶不见，已用水泥铺平。东西桥首有“新建万兴桥”额。桥长17米，桥底宽1.8米，桥顶宽1.55米。桥孔跨14.4米，中孔高2.8米。东西侧不见桥联。此桥不见于地方志，始建年代不详。桥额旁镌有“嘉庆六年”字样，此桥重建于清嘉庆六年(1801年)。

义圣王桥 位于城南街道真如村徐家浜自然村(原属南湖乡六号桥村，现位于中环南路北，中环西路东，城南街道办事处的西北)。跨义圣王桥港，南北向，系三孔无栏梁式石板桥。南侧石阶不见，北侧石阶已划入厂区围墙内。东西桥首有“重建义圣王桥”额。桥长12.7米，桥宽1.7米。桥孔跨11.9米，中孔高3.15米。东西侧有桥联，因水深未录得。此桥不见于地方志，始建年代不详。桥额旁镌有“光绪十七年三月吉旦”字样，现桥重建于清光绪十七年(1892年)。

西山桥 位于大桥镇十八里村山里泾自然村(原属东山桥村)。跨陶家漾，东西向，系三孔无栏梁式石板桥。东西侧分别有石阶7级，现为水泥板铺平。南北桥首有“重建西山桥”额。桥长24.1米，桥底宽2米，桥顶宽1.4米。桥孔跨15.2米，中孔高2.8米。南北侧不见桥联。此桥不见于地方志，始建年代不详。桥额旁镌有“光绪十三年”字样，现桥重建于清光绪十三年(1887年)。

顺兴桥 又名顺兴庙桥。位于新丰镇槜李村长屋子廊自然村(原属竹林乡)。跨顺兴庙港，南北向，系三孔无栏梁式石板桥。南北侧分别有石阶3级和5级。东西桥首有“重建顺兴桥”额。桥长16.1米，桥底宽1.75米，桥顶宽1.35米。桥孔跨11.45米，中孔高2.75米。西侧桥联：“北去方之竹林镇 南来都到里仁乡”；东侧桥联：“几折波光通亥市 一弯虹影接丁溪。”民国《竹林八圩志》卷一《桥梁》:“顺兴庙桥　南北跨西天、正来二圩。旧名夏家桥。明万历三十五年(1607 年)周文英重建,改今名。顷甲寅、乙卯间,里人秦文灿募金重建。桥额旁镌有“民国二年”字样,现桥重建于民国 2 年(1913 年)。

亭子桥　桥名亦“亭止桥”。位于嘉北街道常秀社区亭子桥自然村(原属嘉北乡亭子桥村)。跨姚坟港,东西向,系三孔无栏梁式石板桥。东西侧分别有石阶 8 级,现用水泥板铺平。南北桥首有“亭止桥”额。桥长 19.2 米,桥底宽 1.9 米,桥顶宽 1.4 米。桥孔跨 12.6 米,中孔高 2.1 米。南北侧不见桥联。此桥不见于地方志,始建年代不详。桥额旁镌有“民国癸酉年二月”字样,现桥重建于民国 22 年(1933 年)。

金堂桥　位于新嘉街道清华社区内清华苑 22 幢与清泰苑 20 幢之间(原属秀水乡西马桥村,现处于建国北路与东升中路交汇处的西北侧,从东升宾馆西侧弄内进入)。跨金堂桥港。南北向。系三孔无栏梁式石板桥。南北侧石阶已没入路面。东西桥首有“金堂桥”额。桥长 12.8 米,桥宽 2 米。桥孔跨 12 米,中孔高 2.05 米。东西侧不见桥联。此桥不见于地方志,始建年代不详。桥额旁镌有“光绪廿五年吉旦”“里人重建”字样,现桥重建于清光绪二十五年(1899 年)。

曹家桥　桥名亦“巨龙桥”,位于大桥镇胥山村。跨伍子塘,东西向,系三孔梁式石板桥,无护栏。东西两侧分别有石阶 8 级和 7 级。南北桥首有“建巨龙桥”额。桥长 24.2 米,桥底宽 2.1 米,桥顶宽 1.8 米。桥孔跨 13.2 米,中孔高 3.3 米。南北两侧均不见桥联,此桥始见年代不详。明崇祯《嘉兴县志》卷三《桥梁》在“感化都”下有“曹家桥”记载。桥额旁重建年份不清。

丰乐桥　位于城区中基路西、兴乐路南端(现属新嘉街道月河社区)。跨月河,南北向,系三孔梁式石板桥。原无护栏,现筑铁栏杆。南北两侧原有石阶,后改筑水泥阶。东西桥首有“重建丰乐桥”额。桥长 21.8 米,桥底宽 2.3 米,桥顶宽 2.1 米。桥孔跨 13.8 米,中孔高 3.1 米。东侧桥联不详。西侧桥联是“秀水架长虹南通鸳湖　月河环锦带西接龙川”。此桥始建年代不详。

马路桥　位于城区昌盛路 1108 号嘉兴东缨针织服饰有限公司西侧(现属塘汇街道锦绣社区)。跨和风港,东西向,系三孔梁式石板桥,无护栏。因东西两侧均为企业围墙,桥已不通行人。桥东跨石板上已用水泥墙板将桥隔断,石阶亦已拆除,仅剩孤桥而已。北侧桥首有“马路桥”额。南侧缺一条石,桥首额已见不到。桥长 14.2 米,桥底宽 2 米,桥顶宽 1.65 米。桥孔跨 13.8 米,中孔高 2.35 米。南北两侧均有桥联,因帮岸高,水深,未录得。此桥始见年代不详。桥额旁重建年份亦不清。

通泾桥　亦名“汤金桥”、“汤泾桥”。位于大桥镇吕塘村通泾桥自然村(原属曹庄乡)与新丰镇钱家浜村钱家浜自然村(原属竹林乡)的交界处。跨通泾桥港,东西向,系三孔梁式石板桥,无护栏。桥长 16.55 米,桥宽 1.15 米。桥孔跨 15 米,中孔高 2.8 米。南北两侧不见桥联,此桥始建年代不详。南侧桥额书:“永安桥　光绪拾六年庚寅十月立,嘉兴工程局捐资建造。”朝北桥额刻“重建二壩桥”。西侧桥柱靠南一条石东侧刻有“正德十一年(1516 年)丙子十月丁俊壹力重建”字样。该桥重建于明正德十一年(1516 年),清光绪十六年(1890 年)又重建。

戴家小桥　位于新丰镇东洲村戴家小桥自然村东。跨常住港,南北向,系三孔梁式石板桥,无护栏。桥长 17.4 米,桥宽 1.2 米。桥孔跨 13.2 米,中孔高 2.5 米。南北两侧均不见桥联,此桥始见年代不详。原中跨桥石落入河中,又从别处移来复置。北边跨西侧刻有“重建永兴桥”额。南桥墩板帽梁上刻“孟大拾汤土禧”。北桥墩上刻“信士沈虞公昭列諭柱一联”字样。

平家桥　位于新丰镇净相村祥湾浜自然村(原属净相乡叶家桥村),跨叶家桥港。东西向,系三孔梁式石板桥,无护栏。南北两侧分别有石阶 4 级和 3 级。桥南北两侧用水泥板加宽,桥额已不见。桥长 13.25 米,桥底宽 1.75 米,桥顶宽 1.65 米。桥孔跨 10.55 米,中孔高 2.35 米。南北两侧均不见桥联。此桥始建年代不详。未见桥额,桥额旁是否镌有重建年份亦不清楚。

福庄桥　俗称“庄桥”。位于新丰镇净相村庄桥自然村(原属净相乡张家埭村),跨金堂桥港。南北向,系三孔梁式石板桥,无护栏。南北两侧分别有石阶 4 级和 3 级。东西桥首有“重建福庄桥”额。桥长 13.65 米,桥宽 1.5 米。桥孔跨 10.6 米,中孔高 2.4 米。南北两侧均不见桥联。此桥始建年代不详。新编《新丰镇志》称,现桥重建于乾隆拾年(1745 年)。

盛高桥　俗称“大盛高桥”。(桥西北 30 米处有单孔小盛高桥)位于新丰镇净相村宋高埭自然村(原属净相乡张家埭村)与凤桥镇鲍桥村东高桥自然村(原属新篁乡)的交界处。跨南城桥港,南北向,系三孔梁式石板桥,无护栏。南北两侧分别有石阶 6 级和 7 级。现用水泥板铺平,以便车辆行驶。东西桥首有“重建盛高桥”额。桥长 20.1 米,桥宽 1.25 米。桥孔跨 12.15 米,中孔高 2.7 米。南北两侧均不见桥联。此桥及桥阶均有部分坍塌。此桥始建年代不详。新编《新丰镇志》载,现桥重建于咸丰壬子年,即清咸丰二年(1852 年)。

龙兴桥　俗称“西城桥”。位于新丰镇净相村淡旱浜自然村(原属净相乡张家埭村)，跨西城桥港。东西向，系三孔梁式石板桥，无护栏。东西两侧分别有石阶4级和3级。南北桥首有"龙兴桥"额。桥长13.75米，桥宽1.2米。桥孔跨10.05米，中孔高2.8米。南北两侧均不见桥联，此桥始建年代不详。新编《新丰镇志》称，现桥重建于宣统元年(1909年)。西桥柱(由三块条石组成)北、中两块条石的石质与其它桥柱石不同，此桥的桥柱亦重修。

李油车桥 俗称"油车桥"。位于新丰镇净相村吴祥浜自然村(原属净相乡)，跨油车桥港，东西向，系三孔梁式石板桥，无护栏。东西两侧不见石阶，但有坡道。南北桥首有"重建李油车桥"额。桥长16.7米，桥宽1.55米。桥孔跨13米，中孔高2.8米。南侧桥联："北接庄园，檇李成林曾纪胜　西连仁里，嘉禾合颖恍书祥。"北侧桥联："石梁改记，熙来攘往展安　企篋开输，一倡百阻成和。"此桥始建年代不详。新编《新丰镇志》载，现桥重建于光绪丙申年。即清光绪二十二年(1896年)。

秀才桥 位于凤桥镇三星村秀才桥自然村。跨秀才桥港，东西向，系单孔无栏石板桥。桥面铁护栏系新筑，东西侧原有石阶，现改为水泥坡面。北侧桥首有"重建秀才桥"额。桥长9.9米，桥宽1.55米。桥孔跨4米，桥孔高2米。此桥不见于地方志，始建年代不详。桥额旁重建年份亦不清。

支家桥 位于凤桥镇茜柳村支家桥自然村(原属新篁乡)。跨支家桥港，南北向，系单孔无栏石板桥，不见石阶。桥面加盖水泥板，并加宽。东西桥首额已不见。桥长18.55米，桥底宽2.5米，桥顶原宽1.7米(现水泥板加宽至2.2米)。桥孔跨4.75米，桥孔高2.1米。此桥不见于地方志，始建年代不详。因未见桥额，桥额旁有否镌刻重建年份亦不详。

朱家浜桥 桥名亦"仁美桥"。位于凤桥镇茜柳村朱家浜桥自然村(原属新篁乡)。跨朱家浜，南北向，系单孔无栏石板桥。南北侧分别有石阶10级。东西桥首有"仁美桥"额。桥长10.85米，桥底宽2.1米，桥顶宽1.2米。桥孔跨4.35米，中孔高2.6米。此桥不见于地方志，始建年代不详。因未见到桥额，桥额旁重建年份亦不清。

圆通庵桥 位于王江泾镇民和村东林港(原属荷花乡老民和村)。跨东林港，南北向，系单孔石板桥。桥面有护栏，望柱4根齐全。南北两侧分别有石阶11级。东西桥首已用水泥抹过，桥额不可见。桥长12.8米，桥底宽2.35米，桥顶宽1.85米。桥孔跨4.5米，桥孔高2.7米。清宣统《闻川志稿》卷二《桥梁》："闻湖迤南彰陵村左右……曰'圆通(跨东林港)'。"始建年代不详。

后富庄桥 桥名亦"世德桥"。位于王江泾镇闻川路南端(现属王江泾村)。跨小桥港，南北向，系单孔无栏石板桥，南北侧分别有石阶8级。东西桥首有"世德桥"额。桥长12.15米，桥底宽2米，桥顶宽1.6米。桥孔跨4.5米，桥孔高1.6米。清宣统《闻川志稿》卷二《桥梁》："镇南跨小桥港者有'世德'。"始建年代不详。桥额旁镌有"光绪七年十一月吉旦"字样。现桥重建于光绪七年(1881年)。

张家桥 位于王江泾镇新桥村张家桥自然村(原属双桥乡)。跨肖家荡东支，南北向，系单孔无栏石板桥。现有砖砌护栏系新筑。南北侧分别有石阶16级，现用水泥板铺平，以便车辆行使。东西桥首有"重建张家桥"额。桥长18.3米，桥底宽2.5米，桥顶宽2.4米。桥孔跨6.2米，桥孔高2.55米。清宣统《闻川志稿》卷二《桥梁》："露字荡西南曰'张家'。"始建年代不详。桥额旁镌有建造年份，但因砖砌护栏较高，难以辨认，似有"民国"字样。现桥重建于民国年间。

观音桥 位于王江泾镇古塘村李家浜自然村(原属双桥乡)。跨长条港，东西向，系单孔无栏石板桥。东侧原有石阶已不存，用水泥板铺平；西侧石阶亦不见，用石子、泥土铺平。桥面石存二块(从架桥面石的挑梁长度看，应有三至四块桥面石)。南北桥首有"鼎建观音桥"额。桥长14.65米，桥底宽1.8米，桥顶宽1米。桥孔跨6.15米，桥孔高3米。清宣统《闻川志稿》卷二《桥梁》："西雁荡迤南有'观音'。"始建年代不详。桥额旁重建年份亦不清。

宜观桥 位于王江泾镇荷花村姚家湾自然村(原属荷花乡前进村)。跨宜观桥港，东西向，系单孔无栏石板桥，东西侧分别有石阶9级和10级。南北桥首有"重建宜观桥"额。桥长13.1米，桥底宽2.1米，桥顶宽1.75米。桥孔跨5.9米，桥孔高2.1米。清宣统《闻川志稿》卷二《桥梁》："连四荡北有'宜观'。"始建年代不详。桥额旁镌有"光绪十六年"字样。可见现桥重建于清光绪十六年(1890年)。

延龄桥 位于王江泾镇范滩村范滩荡北(原属双桥乡)，跨杨柳港。东西向，系单孔无栏石板桥，东西侧分别有石阶3级和4级。南桥首有"延龄桥"额。桥长10.4米，桥底宽1.6米，桥顶宽1.45米。桥孔跨3.7米，桥孔高1.7米。东桥墩已损，桥面北侧一块改为水泥板。宣统《闻川志稿》卷二《桥梁》："延龄桥在范滩北"；"有李王猷碑记。"始建年代不详。桥额旁镌有"民国三年""里人仝建"字样。现桥重建于民国3年(1914年)。

善福桥 位于王江泾镇古荡村杨家浜自然村(原属双桥乡)，跨杨家浜。南北向，系单孔无栏石板桥，新建有铁护栏。南北侧分别有石阶6级。东西桥首有"善福桥"额。桥长9.7米，桥底宽2米，桥顶宽1.85米。桥孔跨3.7米，桥孔高2米。桥面石共四块，西起第二块正面有"凤诏龙章万古芳”刻迹，正书。此桥不见于地方志，始建年代不详。桥额旁镌有“民国廿二年”字样。现桥重建于民国22年(1933年)。

圆满桥 位于新塍镇陡门村圆满桥自然村(原属高照乡)，跨圆满桥港。南北向，系单孔无栏石板桥，南北侧原有石阶已不见。中间桥面石已改建成钢混凝土预应力桥板。原桥面石移至北侧桥坡上，边侧尚可见到“重建圆满桥”额。桥长11.1米，桥宽1.9米。桥孔跨5米，桥孔高2.5米。咸丰、同治年间《新塍琐志》卷三《桥梁》：“圆满桥在陡门塘北。濮文贵立愿建十二桥，此为最后，故名(伊志)。”现桥桥额旁有“民国拾六年”“仲冬月吉旦”字样。现桥重建成于民国16年(1927年)。

庙后桥 俗称“三朋桥”，圆满桥北二里许。位于新塍镇陡门村庙后桥自然村(原属高照乡)，跨庙后桥港，南北向，亦系单孔无栏石板桥。中间桥面石已改建为钢筋混凝土预应力桥板。原桥面石移至北侧桥坡上，边侧尚可见到“重建庙后桥”额。桥长19米，桥宽1.95米。桥孔跨5.9米，桥孔高2.5米。重建成于民国16六年(1927年)。

曹家门桥 桥名亦“北星桥”。位于新塍镇大通村北圩埭自然村(原属八字乡)，跨曹家浜。南北向，系单孔无栏石板桥，南北侧石阶已不见，有坡。东西桥首有“鼎建北星桥”额。桥长10.35米，桥宽1.25米。桥孔跨3.55米，桥孔高2.5米。此桥不见于地方志，始建年代不详。桥额旁镌有“民国六年里人同建”字样。现桥重建于民国6年(1917年)。

毕家桥 桥名亦“永福桥”。位于新塍镇大通村南圩埭自然村(原属八字乡)，跨南圩浜。南北向，系单孔无栏石板桥。南北侧石阶已不见，有坡。东西桥首有“永福桥”额。桥长9.55米，桥宽1.95米。桥孔跨3.5米，桥孔高2.5米。此桥不见于地方志，始建年代不详。桥额旁重建年份亦不清。

庆善桥 位于新丰镇北汤浜村南汤浜自然村，跨妙桥港。东西向，系单孔无栏石板桥，东西侧分别有石阶6级和8级。北侧桥首有“重建庆善桥”额。桥长14.3米，桥底宽2米，桥顶宽1.7米。桥孔跨4.8米，桥孔高2.3米。东西桥墩已有数块桥石掉落。此桥始建年代不详。新编《新丰镇志》称，桥于明天启二年(1622年)和民国六年(1917年)二度重建。桥西原有陆家坟。1992年月10月20日，嘉兴市人民政府公布陆家坟遗址为市级重点文物保护单位。明·高道淳《重修庆善桥记》：“新丰市南庆善桥崩，行者股栗。许君惺涵，里之长者，叩予以请予曰：‘善事亦先志也，敢勿尽力？’不三月而桥成。惺涵复过予曰：‘尚有太平、横坳二桥，俱颓废。此利涉而彼望洋，仁人忍乎？予亦倾囊重建。’非惺涵终始经营，安得速竣如是。时天启壬戌岁。”

朱家港桥 桥名亦“永庆桥”。位于油车港镇栖真村(原属栖真乡)，跨朱家港。东西向，系单孔无栏石板桥，东西侧分别有石阶9级。南北侧桥首有“新建永庆桥”额。桥长15米，桥宽1.2米。桥孔跨5.2米，桥孔高1.8米。桥南20米处已建公路桥，此桥已不通行人。此桥不见于地方志。桥额旁有“光绪十年”字样。可见现桥重建于光绪十年(1885年)。

(小)哑子桥 桥名亦“秀龙桥”。据传此桥因当时一位居士得名。位于油车港镇陈家坝村王家湾自然村(原属栖真乡)，跨王家湾港。东西向，系单孔无栏石板桥，东西侧分别有石阶4级和7级。北侧桥首有“始建秀龙桥”额。桥长11.15米，桥底宽1.9米，桥顶宽1.7米。桥孔跨4米，桥孔高2.35米。此桥不见于地方志。西侧桥墩之南边嵌石碑一块，高33厘米，长73厘米。上镌：“中华民国三二年七月重修秀龙桥圆满，众姓芳名开列于左。”共27行，刻36名捐钱姓氏及捐钱数。其中发起人金子元助洋10元，徐明发助洋60元，王子涓助洋5元，徐顺李助洋50元。□□助洋20元。现桥重修于民国32年(1943年)。

串港桥 桥名亦“兴龙桥”。位于油车港镇池湾村串港桥自然村(原属栖真乡)，跨串港。南北向，系单孔无栏石板桥，南北侧分别有石阶6级。东西桥首有“兴龙桥”额。桥长10.6米，桥宽1.3米。桥孔跨3.25米，桥孔高1.7米。此桥不见于地方志。油车港镇文化站杨跃兴编《悠悠水乡情·古桥篇》称，此桥建于清道光戊申年(1848年)。

石皮桥 桥名亦“万兴桥”。位于油车港镇池湾村东王港桥自然村(原属栖真乡三联村)，跨东王港。东西向，系单孔石板桥，桥面有护栏，望柱4根齐全。东西侧分别有石阶12级。南北桥首有“重建万兴桥”额。桥长14.5米，桥底宽2.2米，桥顶宽1.75米。桥孔跨4.5米，桥孔高2.65米。桥北30米处已新建公路桥，此桥已少有行人。此桥不见于地方志，始建年代不详。油车港镇文化站杨跃兴先生编《悠悠水乡情·古桥篇》称，现桥重建于民国18年(1929年)。

子孙桥 位于王店镇马桥村东沙浜自然村(原属马桥乡)。跨东沙浜，南北向，系单孔无栏石板桥，南北侧分别有石阶10级和8级。西侧桥首有“子孙桥”额。(东侧桥首镌的是“诒□桥”，此处□字不识)桥长10.9米，桥底宽2.1米，桥顶宽1.6米。桥孔跨3.05米，桥孔高3.1米。此桥不见于地方志，始建年代不详。桥额旁镌有“光绪十八年四月吉旦”字样，现桥重建于光绪十八年(1892年)。

东北桥 桥名亦“永福桥”。位于新塍镇观音桥村周家坝自然村(原属新农乡天理桥村)，跨沈陆桥港。南北向，系单孔无栏石板桥，南北侧分别有石阶5级，东西桥首有“重建永福桥”额。桥长8.3米，桥宽1.4米。桥孔跨4米，桥孔高2.65米。此桥不见于地方志，始建年代不详。桥额旁重建年份亦不清。

留畊桥 位于新塍镇南洋村曹家廨自然村(原属新农乡老南洋村)，与王江泾镇虹南村陈家桥自然村(原属虹阳乡新力村)的交界处。跨曹家廨港，南北向，系单孔无栏石板桥，南北侧分别有石阶7级。东西桥首有“留畊桥”额。桥长13.8米，桥底宽2.4米，桥顶宽1.6米。桥孔跨5米，桥孔高2.85米。北桥墩内侧有“鱼□□承”四字。民国十二年《新塍琐志》卷六《桥梁》有“留畊桥”记载。现桥额旁有“光绪二十一年施有堂□□”刻迹。现桥重建于光绪二十一年(1895年)。

南小桥 桥名亦“兴隆桥”。位于余新镇普光村张家埭自然村(原属曹庄乡盛家浜村)，跨张家埭港。北距大成桥50米左右，东西向，系单孔无栏石板桥，东西侧原有石阶。现用水泥铺平，新筑铁护栏。南北桥首有“重建兴隆桥”额。桥长9.9米，桥宽1.2米。桥孔跨3.8米，孔高2.05米。此桥不见于地方志，始建年代不详。桥额旁镌有“大清同治十二年八月”字样。现桥重建于清同治十二年(1873年)。

盛高桥 位于余新镇农庄村水车浜自然村(原属幸福村)，跨水车浜。东西向，单孔无栏石板桥，东西侧分别有石阶5级和1级。南北桥首有“盛高桥”额。桥长9.5米，桥底宽1.4米，桥顶宽1.2米。桥孔跨4.8米，孔高1.8米。此桥不见于地方志，始建年代不详。桥额旁似镌有“民国”字样。现桥重建于民国年间。

齐安桥 位于余新镇曹王村蒋家堰与张思桥两自然村之间，跨齐安桥港。东西向，系单孔无栏石板桥，东西侧分别有石阶不见。南北桥首有“重建齐安桥”额。桥长13.75米，桥底宽2.1米，桥顶宽1.65米。桥孔跨5米，孔高2.1米。此桥始建年代不详。桥额旁镌有“同治十三年八月吉旦”字样。现桥重建于清同治十三年(1874年)。

里洋桥 桥名亦“万年桥”。位于大桥镇桥西村郭家浜与刘家浜自然村之间(原属步云乡石街村)，跨里洋桥港。南北向，系单孔无栏石板桥，南北侧分石阶已不见，用水泥板铺平。西侧桥首有“万年桥”额。桥长12.85米，桥底宽1.5米，桥顶宽1.45米。桥孔跨3.75米，桥孔高1.6米。此桥不见于地方志，始建年代不详。桥额旁亦看不清重建年份。

亭子桥 桥名亦“东板桥”。位于大桥镇焦山门村亭子桥自然村(原属云西村)与桥西村东塘桥自然村(原属步云乡)之间。跨亭子桥港，东西向，系单孔无栏石板桥，东西两侧不见石阶。南侧桥首有“重建东板桥”额。桥长8.3米，桥底宽2.3米，桥顶宽1.5米。桥孔跨3.5米，桥孔高2.6米。此桥不见于地方志，始建年代不详。桥额旁重建年份亦不清。

北塘桥 正式桥名“永兴桥”。位于大桥镇倪家浜村东姚浜自然村(原属步云乡)。跨高家浜，南北向，系单孔无栏石板桥。南北侧分别有石阶3级。东西桥首有“新建永兴桥”额。桥长9米，桥底宽1.3米，桥顶宽1.15米。桥孔跨4.2米，桥孔高1.5米。此桥不见于地方志，始建年代不详。桥额旁重建年份亦不清。

三官塘桥 位于大桥镇云东村方家浜自然村，跨方家浜。南北向，系单孔无栏石板桥。南北石阶不见，用条石、石子铺平。东西桥首有“朱允昇独建”额。桥长14.5米，桥底宽1.55米，桥顶宽1.4米。桥孔跨4.3米，桥孔高1.9米。此桥不见于地方志，始建年代不详。桥额旁镌有“光绪三年”字样，现桥建于清光绪三年(1877年)。

杨家桥 位于大桥镇丰南村杨家桥自然村(原属步云乡)。跨杨家桥河，南北向，系单孔无栏石板桥。南北侧分别有石阶4级和6级。东侧桥首有“鼎建寿兴桥”额。桥长12.7米，桥宽1.90米。桥孔跨4.7米，桥孔高1.6米。此桥不见于地方志，始建年代不详。桥额旁镌有“民国八年”字样。现桥建于民国8年(1919年)。

馀旺桥 位于余新镇东洋浜村馀旺桥自然村与河桥头自然村之间。跨馀旺桥港，东西向，系单孔无栏石板桥。东西侧分别有石阶3级和6级，已用水泥铺平。南北桥首有“重建馀旺桥”额。桥长13.75米，桥底宽1.45米，桥顶宽1.35米。桥孔跨3.65米，桥孔高2.05米。此桥不见于地方志，始建年代不详。桥额旁重建年份亦不清。

里仁桥 位于大桥镇焦山门村里仁桥自然村。跨里仁桥港，东西向，系单孔无栏石板桥，东西侧分别有石阶4级和6级。南北桥首有“重建里仁桥”额。桥长9.85米，桥底宽1.6米，桥顶宽1.45米。桥孔跨4.2米，桥孔高2.1米。此桥不见于地方志，始建年代不详。桥额旁镌有“民国六年”字样，现桥重建于民国6年(1917年)。

西校桥 位于王店镇假山村西校桥自然村。跨西校桥港，东西向，系单孔无栏石板桥，东西侧原有石阶。现桥面、石阶已加盖水泥板，新筑水泥护栏。原有桥墩、桥柱、桥面石尚全。桥面加宽后，原桥额处于水泥板下而无法看到。桥长12.5米，原桥宽1.6米，现桥宽2.5米。桥孔跨3.5米，桥孔高2.3米。此桥不见于地方志，始建年代不详。桥额未见到，重建年份亦未知。

救民桥 位于大桥镇卫星村新开河自然村(原属卫国村)。跨新开河，东西向，系单孔无栏石板桥，东西侧分别有石阶10级。南北桥首有“启建救民桥”额。桥长13.25

米，桥底宽 1.9 米，桥顶宽 1.55 米。桥孔跨 5.35 米，桥孔高 2.3 米。此桥不见于地方志，桥额旁镌有“大清乾隆四十三年”字样，现桥建于清乾隆四十三年(1778 年)。

陆家桥 桥名亦“观音桥”。位于七星镇东进村陆家桥自然村。跨陆家桥港，东西向，系单孔无栏石板桥，东西侧分别有石阶 12 级和 10 级。南北桥首有“重建观音桥”额。桥长 12.55 米，桥底宽 2.1 米，桥顶宽 1.7 米。桥孔跨 4.3 米，桥孔高 2.6 米。此桥不见于地方志，始建年代不详。桥额旁重建年份亦不清。

陈家桥 位于王店镇马桥村陈家桥自然村(原属马桥乡二联村)。跨陈家桥港，南北向，系单孔无栏石板桥，南北侧不见石阶，用水泥铺平。东西桥首年久风化严重，桥额亦看不清。桥长 12.2 米，桥底宽 1.9 米，桥顶宽 1.6 米。桥孔跨 4.2 米，桥孔高 1.85 米。此桥不见于地方志，桥额不清，始建、重建年代不详。

沙家桥 位于王店镇国庆村孙家门自然村(原属马桥乡)。跨沙家桥港，南北向，系单孔无栏石板桥。南北侧不见石阶，仅有短坡。东西桥首有“沙家桥”额。桥长 7 米，桥宽 1.4 米。桥孔跨 4 米，桥孔高 1.8 米。此桥不见于地方志，始建年代不详。桥额旁镌有“道光八年六月”字样，现桥建于清道光八年(1828 年)。

青石桥 桥名亦“大青溪桥”。位于王店镇宝安村青石桥自然村。跨青石桥港，东西向，系单孔无栏石板桥，西侧有石阶 2 级，东侧石阶不见。南北桥首有“大青溪桥”额。桥长 8.4 米，桥底宽 1.5 米，桥顶宽 1.15 米。桥孔跨 4 米，桥孔高 2.65 米。此桥不见于地方志，始建年代不详。桥额旁重建年份亦不清。

何家桥 位于王店镇宝安村胡家门自然村。跨何家桥港，南北向，系单孔无栏石板桥。北侧有石阶 2 级，南侧石阶不见。东西桥首有“重建何家桥”额。桥长 7.8 米，桥底宽 1.35 米，桥顶宽 1.25 米。桥孔跨 3.3 米，桥孔高 2.05 米。此桥不见于地方志，始建年代不详。桥额旁重建年份亦不清。

银凤桥 位于王店镇建设村王家汇自然村(原属建设乡)。跨下亭港，东西向，系单孔无栏石板桥，东西侧分别有石阶 4 级和 5 级。南北桥首有“重建银凤桥”额。桥长 8.45 米，桥底宽 1.4 米，桥顶宽 1.1 米。桥孔跨 4.4 米，桥孔高 2.2 米。此桥不见于地方志，始建年代不详。桥额旁镌有“民国十七年”、“里人仝建”字样。现桥重建于民国 17 年(1928 年)。

含弘桥 位于王店镇三建村陈家村自然村(原属建设乡建中村)。跨含弘桥港，东西向，系单孔无栏石板桥，东西侧分别有石阶 6 级和 4 级。南北桥首有“含弘桥”额。桥长 9.4 米，桥底宽 1.7 米，桥顶宽 1.15 米。桥孔跨 3.6 米，桥孔高 2.2 米。此桥不见于地方志，始建年代不详，已不通行人。桥额旁重建年份亦不清。

长寿桥 位于洪合镇凤桥村蔡家浜自然村。跨蔡家浜，南北向，系单孔无栏石板桥。南北侧分别有石阶 4 级，现用水泥板铺平。东西桥首有“长寿桥”额。桥长 9.6 米，桥底宽 1.5 米，桥顶宽 1.15 米。桥孔跨 3.1 米，桥孔高 1.8 米。此桥不见于地方志，始建年代不详。桥额旁镌有“道光四年桂月”字样，现桥重建于清道光四年(1824 年)。

板桥 正式桥名“禄衣桥”。位于城南街道月河桥村钟家湾自然村(原属南湖乡莫家泾村)。跨板桥港，南北向，系单孔无栏石板桥，南北侧石阶不见，用水泥抹平。东西桥首有“禄衣桥”额。桥长 11.6 米，桥底宽 1.5 米，桥顶宽 1.15 米。桥孔跨 4.2 米，桥孔高 2.5 米。此桥不见于地方志，始建年代不详。桥额旁重建年份亦不清。此桥已少通行人。

万年众安桥 俗称“董家木桥”。位于新丰镇叶家桥村董家木桥自然村(原属净相乡)。跨赵家桥港，南北向，系单孔无栏石板桥。南北侧分别有石阶 5 级，现用水泥板铺平。东西桥首有“万年众安桥”额。桥长 9.75 米，桥底宽 1.8 米，桥顶宽 1.15 米。桥孔跨 4.35 米，孔高 1.75 米。此桥不见于地方志。始建年代不详。桥额旁镌有“光绪二十四年”字样，现桥重建于清光绪二十四年(1898 年)。

平安桥 俗称“平家桥”。位于新丰镇竹林村千步泾港自然村(原属竹林乡)。跨千步泾港，东西向，系单孔无栏石板桥。东西侧分别有石阶 5 级，现用水泥板铺平。北桥首有“重建平安桥”额。桥长 9.95 米，桥底宽 1.9 米，桥顶宽 1.15 米。桥孔跨 5.35 米，孔高 1.5 米。此桥北 20 米处已新建公路，千步泾港断，此桥已为旱桥，不通行人。民国《竹林八圩志》卷一《桥梁》：“平安桥，俗呼平家桥。东西跨正来、宿字二圩，在千步泾之中途。乾隆元年(1736 年)里人周文远、金天雨等募建。东西两堍俱有刻石，记聚募及助金者姓氏。东堍聚募周文远、朱端甫、钱文侯。西堍金天雨、张子端、孙云阡。助资者沈孝徵、沈儆周、赵子珩、钱子庭等，不具录。”

南珠桥 桥名亦“南朱桥”。位于新丰镇上八村南珠桥自然村(原属净相乡)与金章村李家头自然村(原属净相乡)交界处。跨南珠桥港，南北向，系单孔无栏石板桥。南北侧分别有石阶 10 级，现用水泥板铺平。桥面东侧一桥板已换为水泥板。新筑铁护栏。西侧桥首有“重建南朱桥”额。桥长 11.9 米，桥底宽 1.7 米，桥顶宽 1.4 米。桥孔跨 4.0 米，孔高 2.15 米。此桥不见于地方志，始建年代不详。桥额旁镌有“民国二十四年”字样，现桥重建于民国 24 年

(1935年)。

香花桥 位于新丰镇乌桥村独圩自然村。是嘉平塘北新丰段西起第十二座桥梁。跨宗村港，东西向，单孔无栏石板桥。东西侧分别有石阶6级。北桥首有“重建香花桥”额。桥长10米，桥底宽2米，桥顶宽1.05米。桥孔跨3.25米，孔高1.95米。民国《新丰镇志》卷二《桥梁》有“香花桥”的记载。始建年代不详。南桥额旁镌有“乾隆戊戌十月吉旦” 字样，现桥重建于清乾隆四十二年(1778年)。

独龙桥 位于王店镇蚕种场内(东距沪杭铁路30米)。跨雅吉港，东西向，系单孔无栏石板桥，东西侧分别有石阶6级和5级。桥面由独石构成，石呈紫色，面呈圆弧形。风化严重，桥额及建造年代均不可见。桥长9.8米，桥底宽1.9米，桥顶宽0.9米。桥孔跨4.9米，孔高2.5米。此桥始建年代不详。清光绪三年《梅里志》卷二《桥梁》:“独龙桥在市南蒋家湾积善庵前。”清光绪三年(1877年)前已有此桥。现桥面石西端用水泥框加门将桥固定，平时上锁，不可通行。

施王庙桥 桥名亦“凝秀桥”。位于油车港镇西湖村南端三家村自然村 (原属栖真乡)。据传因该地曾出过秀才，以此得桥名。又因桥边曾有施王庙，故此桥俗称“施王庙桥”。跨三家村浜，南北向，系单孔无栏石板桥，南北侧分别有石阶8级。东西桥首有“凝秀桥”额。桥长11.8米，桥底宽1.9米，桥顶宽1.6米。桥孔跨4.7米，孔高2.3米。此桥不见于地方志，始建年代不详。桥额旁镌有“道光廿五年”字样，现桥重建于清道光二十五年(1845年)。

堆金桥 位于新丰镇东洲村堆金桥自然村(原属竹林乡)。跨堆金桥港，东西向，系单孔无栏石板桥。东西侧原有石阶，现用水泥板铺平。南侧桥首有“堆金桥”额，北侧桥首有“重建堆金桥”额。桥长10.7米，桥宽1.5米。桥孔跨3.9米，孔高1.7米。此桥不见于地方志。始建年代不详。南侧桥首镌有“光绪三年七月里人公建”字样，北侧桥首镌有“民国十三年七月”字样。此桥于清光绪三年(1877年)重建，民国13年(1924年)又重建。后重建时，续用前次桥面石。此桥北百米处已建公路桥，亦名“堆金桥”。老桥已划入建筑工地内，不通行人。据2006年12月23日《青年时报》载，此桥已拆毁。

长春桥 位于新丰镇由桥村长春桥自然村(原属竹林乡)。跨安浜，东西向，单孔无栏石板桥。东西侧原有石阶，现用水泥板铺平。南北桥首有“重建长春桥”额。桥长9.7米，桥底宽2米，桥顶宽1.45米。桥孔跨3.7米，孔高1.8米。此桥不见于地方志，始建年代不详。新编《新丰镇志》载，此桥重建于清乾隆三十六年(1771年)三月五日。

杨花桥 位于新丰镇横江村韩家堰兜自然村(原属净相乡)。跨杨花桥港，东西向，单孔无栏石板桥。东西侧石阶没入路面。南北桥首有“重建杨花桥”额。桥长8.7米，桥宽1.45米。桥孔跨3.5米，孔高1.95米。此桥不见于地方志，始建年代不详。新编《新丰镇志》载，此桥重建于乾隆己未年(清乾隆四年，即公元1739年)。

清河桥 位于新嘉街道清河社区清河桥河下(现东升中路南侧)。跨秀水兜河，南北向，系单孔无栏石板桥。南北侧石阶没入路面。东西桥首原有“清河桥”额，因桥两侧用水泥条加宽，并新筑护栏，桥额已较难看到。桥长11.55米，桥底宽2米，桥顶宽1.6米。桥孔跨4.55米，孔高1.6米。此桥不见于地方志，始建年代不详。桥额旁加筑水泥条后，桥额不易见，建造年份更不可见。

后浜小桥 正式桥名“步云桥”。位于塘汇街道新禾社区后浜(塘汇镇西殳家弄内，原属塘汇乡藏字圩村)。跨后浜，东西向，单孔石板桥，无护栏。东西两侧分别有石阶5级和9级。南北桥首有“重建步云桥”额。桥长9.45米，桥底宽1.75米，桥顶宽1.65米。桥孔跨4.25米。因桥南河道已断，改建成水泥路面的通道，此桥已为旱桥，桥孔离底1.3米左右，不通行人。此桥不见于地方志，始建年代不详。桥额旁镌有“民国十五年”“里人公立”字样，此桥重建于民国15年(1926年)。

秀宝桥 位于油车港镇百花村百花庄自然村(原属塘汇乡)。跨宝秀桥港，东西向，系单孔石板桥。无护栏。东西两侧分别有石阶9级，石阶用水泥加筑。南北桥首有“秀宝桥”额。桥长12.6米，桥宽2.1米。桥孔跨4.75米，桥孔高2.2米。此桥南1米处已新建水泥桥，称“秀善桥”。老桥已不通行人。此桥不见于地方志，始建年代不详。桥额旁镌有“道光六年”字样，此桥重建于道光六年(1826年)。

万兴桥 俗称“铁店桥”。位于七星镇桥埭东路北侧，跨清水港。南北向，系三孔梁式石板桥，无护栏，90年代筑铁栏杆。南北两侧分别有石阶7级和6级。东西桥首有“重建万兴桥”额。额右刻“民国三十七年”，额左刻“里人公助”。桥长20.6米，桥宽1.65米。桥孔跨15.3米，中孔高2.9米。东侧桥联:“上下影摇波底月　往来人度镜中梯”;西侧桥联:“横截暮烟虹不断　高寨秋浩月分明”。此地原称凉亭汇，有集市。原有桥通向豪字圩，系砖木结构，始建年代不详。1948年春，保长沈新亭发起，由地方筹资二百石米重建，为三孔无栏梁式石板桥。现桥重建时间不长，保存较完好。

便民桥 位于市区中基路月河街区。跨外月河，南北向，单孔梁式石板桥。原无护栏，90年代加铁护栏。2007年月河街区改造时重筑，改石栏杆。南北两侧分别有石阶

6级和9级。东西两侧桥首有“重建便民桥”额。额右刻“嘉庆八年”,额左刻“里人公立”。桥长10.5米,桥顶宽2.2米,桥底宽2.5米。桥孔跨4.05米,中孔高2.5米。无桥联。此桥不见于地方志,始建年代不详。重建于嘉庆八年(1804年)。

思贤桥 位于秀洲区锦绣路锦绣社区南湖星辰湾小区内,东西向跨思车港。3孔石柱石梁桥,桥长20.8米,桥宽2.2米,3跨总长14.3米。石柱由4块长条石并列组成,柱顶设雕刻纹饰的帽梁石,上置桥面石梁。桥面每孔由4根石梁并列组成,石梁外侧雕刻精致花纹,中孔镌有阳文楷书“重建思贤桥”题额,边款为“嘉庆十年仲冬”字样。桥面两侧为大块长条石护栏,栏石端部成抱鼓状,中孔有雕饰形态生动的石狮望柱4根(现缺西端南侧1根),东西两端各有石阶7级。桥柱两侧有阳刻楷书楹联两副。南侧联:“河绕秋泾太平在望;梁成冬令利泽补余。”北侧联:“旧留遗踪乡因贤着;后人怀德桥以思传。”该桥始建年代不详。由桥额边款知,现桥为清嘉庆十年(1805年)重建。2010年3月,该桥被列为嘉兴市级文物保护单位。思贤桥原为纪念唐朝贤相陆贽(陆宣公)而建。桥东堍北侧置立有一块高2米石碑,碑的南面刻陆宣公像,北面刻《思贤桥碑文》,由浙江南湖置业丙戌年四月立。碑文全文如下:“陆贽(754—805年),字敬舆。唐代嘉兴人,生于城内斜西街东首。陆氏自东汉末已是江南望族,陆贽十八岁即中进士,由于善于预见,措施得宜,力挽危局,才使摇摇欲坠的唐王朝转危为安,故为德宗朝重臣,官至丞相。他的学养才能和品德风范广为后世赞誉,被列为中国古代十大名相之一,两享文庙,世称陆宣公。嘉兴城内旧有宣公祠、宣公桥、宣公路、宣公书院等。塘汇宋代旧有思贤乡院(为纪念陆贽而建),林木葱郁,规模宏大,院前有思贤桥,为嘉禾一胜。现存南湖星辰湾社区之花岗岩三孔桥乃清代嘉庆年间重建。现政通人和,国泰民安,思贤为范,重立此碑,以志纪念。”

图1-1-17 思贤桥

里仁桥 位于秀洲区洪高路西端秀塘桥东北侧、新城街道九里村,南北向跨新塍塘。单孔半圆形石拱桥,桥长23.5米,桥顶宽2.6米,净跨12.6米,拱矢高6.2米。拱券采用分节并列砌筑,拱肩处设有雕刻纹饰的横系石一对,拱券上方镶嵌石匾桥额,镌有阳文楷书“里仁桥”三字。桥面两侧原设有长条石护栏,现西侧已无,东侧尚残存部分。两侧新安装铁栏杆。桥顶为方形平台,正中雕刻轮回图案,东西两端各有石阶30级,石阶中间加铺了一条水泥坡道,方便车辆上下。桥两侧拱券旁设有对联石,联石顶置雕刻纹饰的遮雨石,镌有阳文楷书楹联两副。东侧联:“当年肇锡嘉名里仁为美;□□□重逭年准涵旧章。”西侧联上联:“沽酒一村人醉斜阳汇嘴;”下联无法辨认。该桥始建年代不详。清光绪《嘉兴府志》载:“里仁桥,在县北九里,名九里汇。道光八年,里人钱茂华、仲井田募资重建。”现桥为清道光八年(1828年)重建。后未见有重修或重建之记载。里仁桥的拱券砌筑方法为分节并列砌筑,较为罕见。嘉兴地区的古石拱桥基本上都是明清时期建造的,且以清代居多。这一时期的拱券砌筑方法一般都是采用联锁分节并列砌筑。2009年9月,该桥被列为嘉兴市级文物保护单位。

图1-1-18 里仁桥

闻店桥 位于王江泾镇一里街东端,长虹桥北侧,南北向跨与京杭大运河交汇处的市河东端。闻店桥为单孔圆弧形石拱桥,桥长24.4米,桥顶宽3.6米,净跨8.5米,拱矢高3.6米。拱券采用分节并列砌筑,拱肩处设有雕刻纹饰的横系石一对,拱券上方有阳刻楷书“闻店桥”三字题额。桥面两侧设长条石护栏,无望柱,端部置抱鼓石,全桥护栏石砌成靠背式。桥顶为方形平台,南北两端各有石阶20级,采用长石板铺砌。桥两侧拱券旁设有对联石,联石顶置雕刻纹饰的遮雨石,镌有阳文楷书楹联两副。西侧联:“纡回迓越水之波彩虹跨岸;襟带汇闻溪之景金雁联隄。”东侧联因在运河中,仅录得下联:“扶摇利涉永资海宴河清。”据清宣统《闻川志稿》载:“长虹迤北跨塘者曰‘闻店’。古闻人氏设肆处。初建失考。明天启末圮,里人蒋之华集同里重修。国朝道光七年里人重建。”此桥明天启末年(1627年)重修,现桥为清道光七年(1827年)重建。

图 1-1-19 闻店桥

济阳桥 俗称圣堂桥，位于王江泾镇南侧，南北向跨市河中段偏西处。济阳桥为 3 孔石柱石梁桥，桥长 25.5 米，桥宽 3 米，3 跨总长 16 米。石柱由 5 块长条石并列组成，南孔石柱内侧雕刻有“放生官河”字样，题记不清，柱顶设雕刻纹饰的帽梁石，上置桥面石梁。桥梁略呈八字形，中孔桥面由 5 根石梁并列组成，石梁外侧有阳文楷书“济阳桥”三字题额，两边孔桥面以石板铺砌石阶下坡与街面相连，南北两端包括引坡各有石阶 23 级。桥面两侧护栏石残损不全。该桥始建年代不详。据清宣统《闻川志稿》载，该桥为明代(1368—1644 年)前期陶氏所建。

图 1-1-20 济阳桥

浔阳桥 位于王江泾镇西侧，东西向跨市河西端。单孔半圆形石拱桥，桥长 15.9 米，桥顶宽 2.7 米，净跨 7.7 米，拱矢高 3.8 米。拱券采用分节并列砌筑，拱肩处设有雕刻纹饰的横系石一对，拱券上方有阳刻楷书“浔阳桥”三字题额。桥面两侧无栏杆，桥顶为方形平台，东西两端各有石阶 18 级。桥两侧拱券旁设有对联石，联石顶置雕刻纹饰的遮雨石，镌有阳文楷书楹联两副。南侧联上联大部分被护岸砌筑包入，仅见“采虹”两字；下联“日月光涵碧涉新”。北侧联上联因有数字没入水中，仅见“磴陟云根平步上”七字；下联大部分被护岸砌筑包入，仅见“湖添柳”三字。该桥始建年代不详。据清宣统《闻川志稿》载：“此桥与济阳桥皆前明陶氏所建，故以陶氏两郡望名之。”该桥为明代(1368—1644 年)前期陶氏所建。清宋景和《泛棹集》有诗云：春水桃花浪拍天，浔阳古渡柳含烟。蒲帆幅幅随风卸，桥外新回汉口船。

图 1-1-21 浔阳桥

麟湖桥 位于油车港镇栖真村怀家埭，南北向跨市河青龙港。传说南官荡、北官荡和东西千亩荡是仁兽麒麟出没地，故称为麟湖，桥以湖而名。为 3 孔石柱石梁桥，桥长 21 米，桥宽 2.2 米，3 跨总长 13.5 米。石柱由 4 块长条石并列组成，柱顶设雕刻纹饰的帽梁石，上置桥面石梁。桥面每孔由 4 根石梁并列组成，石梁外侧雕刻精致花纹，中孔镌有阳文楷书“重建麟湖桥”题额，边款模糊不清。桥面两侧为方条石搁空的坐凳式桥栏，端部置抱鼓石，中孔有望柱 4 根，望柱外侧设有竖向抱鼓石，抱鼓雕刻太极图案。南端有石阶 11 级，北端因靠近房屋密布的街面，经 4 级石阶后设一小平台，再转向西侧设石阶 7 级而下与街面相连。桥柱两侧有阳刻楷书楹联两副。东侧联：“矢一念慈悲克成善举；愿千秋巩固永济行人。”西侧联：“七十岁康强功程独建；千万人来往利益常叨。”此桥为一位七旬老人善举独建。此桥始建年代不详。据载，现桥为清道光二十二年(1842 年)重建。2010 年 3 月，该桥被列为嘉兴市级文物保护单位。

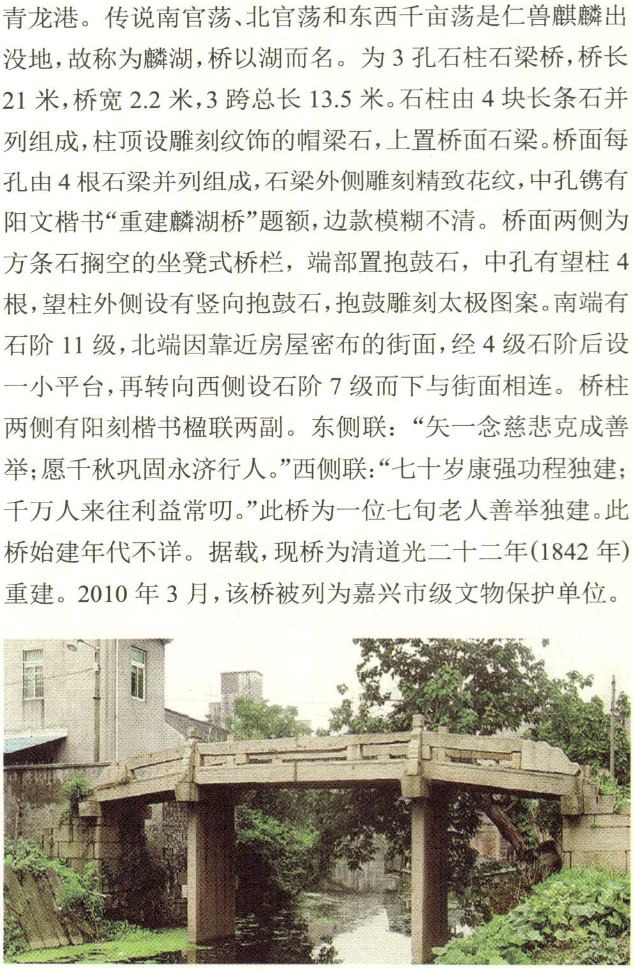

图 1-1-22 麟湖桥

步云桥 位于油车港镇栖真村朝东埭路，东西向跨市河。昔日为油车港镇、嘉善县天凝镇等地通往嘉兴的主要通道。为3孔石柱石梁桥，桥长22.6米，桥宽1.75米，3跨总长14.05米。石柱由3块长条石并列组成，柱顶设雕刻纹饰的帽梁石，上置桥面石梁。桥面每孔由3根石梁并列组成，石梁外侧雕刻精致花纹，中孔镌有阳文楷书“重建步云桥”题额。桥面两侧为方条石搁空的坐凳式桥栏，端部置抱鼓石，中孔有望柱4根，望柱外侧设有竖向抱鼓石，抱鼓雕刻太极图案。东西两端各有石阶9级。桥柱两侧有阳刻楷书楹联两副。北侧联：“水通千亩荡蟹美鱼肥之处；地接三家村鸡鸣狗吠相闻。”南侧联上联因东孔桥柱迎水面条石被撞击掉落，现用水泥砌砖块修补恢复，故上联不存。下联为：“行云暂住且听百八杵钟声。”该桥始建年代不详。据清宣统《闻川志稿》记载，栖真寺附近有步云桥。此桥在清宣统(1909—1911年)之前已有。现桥为民国3年(1914年)重建。

图 1-1-23 步云桥

南湖大桥 又名大桥，位于油车港镇栖真村与胜丰村交界处，南北向跨大桥港。该桥昔日为油车港镇、嘉善县天凝镇等地通往嘉兴的主要通道。为3孔石柱石梁桥，桥长24.6米，桥宽2.3米，3跨总长16米。石柱由4块长条石并列组成，柱顶设雕刻纹饰的帽梁石，上置桥面石梁。桥面每孔由4根石梁并列组成，石梁外侧雕刻精致花纹，中孔镌有阳文楷书“鼎建南湖大桥”题额。桥面两侧为方条石搁空的坐凳式桥栏，端部置抱鼓石，中孔有望柱4根，望柱外侧设有竖向抱鼓石，抱鼓石雕刻太极图案。东西两端各有石阶9级，石阶上加铺了两条水泥坡道，方便车辆上下。桥柱两侧有阳刻楷书楹联两副。东侧联：“济四境往来彩虹环水；听一声欸乃灵舫穿云。”西侧联因南孔桥柱迎水面条石被撞击掉落，现用木柱加固，故上联不存；下联为：“对绿波浩淼客免褰裳。”该桥始建年代不详。现桥为清道光二十三年(1843年)重建。

图 1-1-24 南湖大桥

长生桥 位于油车港镇澄溪村澄溪大街东端，南北向跨市河油车港。该桥昔日为贯通南北两岸交通的津梁，现仍在发挥着重要作用。为3孔石墩石梁桥，桥长22.2米，桥宽2.95米，中孔跨径6.45米，两边孔跨径4.9米。桥墩为实体石墩，由条石砌筑，呈上小下大的塔形构造，墩身较薄，墩顶宽约0.5米。墩顶设雕刻纹饰的帽梁石，上置桥面石梁。桥台由条石叠砌。桥面每孔由5根石梁并列组成，石面凿刻人字纹。石梁外侧雕刻精致花纹，中孔原镌有“重建长生桥”五字题额，20世纪60年代用水泥覆盖，边款为“清乾隆五十五仲春”石章。桥面两侧中孔为方条石搁空的坐凳式桥栏，有望柱4根，两边孔为大块长条石护栏，栏石端部呈抱鼓状，南北两端分别有石阶9级和8级。该桥始建年代不详。现桥为清乾隆五十五年(1790年)重建。2009年9月，该桥被列为嘉兴市级文物保护单位。

图 1-1-25 长生桥

问松桥 又名思皇桥，位于新塍镇中北大街东端，东西向跨市河。该桥的桥名由来颇具传奇色彩。据《新塍镇志》记载，相传南朝梁敬帝年间(555—557年)，南军杀伐至此，问松树云：“前不可去耶？”松点头，桥亦断，军不得渡而去。桥因此得名。清《新溪棹歌》有诗曰：历尽河浜访旧踪，人家塾阁市重重。南军昔日迷津处，缘是无人遂问松。问松桥为单孔半圆形石拱桥，桥长22.3米，桥顶宽3米，净跨9.7米，拱矢高4.9米。拱券为嘉兴地区较少见的分节并列砌筑法砌置，拱肩处设有雕刻纹饰的横系石一对，拱券上方镶嵌镌有“问松桥”三字的石匾桥额。全桥山花墙采用钉靴式结构。桥面两侧设长条石护栏，无望柱，端部置抱鼓石。桥顶为方形平台，正中雕刻轮回图案，两侧砌成靠背式栏石，东西两端分别有石阶 30 级和 33 级。桥两侧拱券旁设有对联石，联石顶置雕刻纹饰的遮雨石，但联石上无楹联。桥东堍设有一座涵洞，净跨 3.3 米，拱矢高 1.7 米，涵洞与桥身连成一体，成为整座桥的组成部分，桥总长 36 米。该桥始建年代不详。据《新塍镇志》记载，现桥为清道光二十二年(1842 年)重建。问松桥曾在 1992 年重铺桥面石阶，增补两侧护栏石，改建东堍涵洞。

图 1-1-26 问松桥

天竺桥 俗称观音桥，位于新塍镇西北大街南面，南北向跨市河。据民国《新塍镇志》载：“观音桥，在镇中市，桥上建有水莲庵，供奉观音大士，故名。”该桥又名解放桥，桥名的由来，据说是“文化大革命”时期所取之名。当地群众仍习惯称观音桥。天竺桥为 3 孔石柱石梁桥，桥长 29.2 米，桥宽 2.75 米，3 跨总长 15.2 米，中孔跨径 6.15 米。桥墩共有 4 排石柱，均由 5 块长条石并列组成，柱顶设帽梁石，上置桥面石梁。桥梁略呈八字形，中孔桥面由 5 根巨型石梁并列组成，石梁外侧雕刻精致花纹，镌有阳文楷书“重建天竺桥”题额，两边孔桥面以石板铺砌石阶下坡与街面相连。桥面两侧为长条石护栏，间有望柱 8 根，栏石端部置抱鼓石，桥顶护栏石外侧镌有阳文楷书“解放桥”三字题额，南北两端包括引坡各有石阶 24 级。桥柱两侧的楹联因石质风化字迹无法辨认，仅见西侧上联有“南无”二字。原桥上水莲庵现已不存。该桥始建年代不详。现桥建于清代(1616—1911 年)。

凤鸣桥 又名南桥，位于新塍镇少年路南端，南北向跨凤鸣港。该桥地处能仁寺西，因能仁寺一带地形似凤，旧称凤山，而桥位于凤首，故名凤鸣桥。凤鸣桥为单孔半圆形石拱桥，桥长 17.6 米，桥顶宽 2.8 米，净跨 6.7 米，拱矢高 3.5 米。拱券采用联锁分节并列砌筑，拱肩处设有雕刻纹饰的横系石一对，拱券上方镶嵌石匾桥额，镌有阳文楷书“凤鸣桥”三字，边款为“道光二十四年八月”字样。桥面两侧设长条石护栏，无望柱，端部置抱鼓石。桥顶为方形平台，南北两端各有石阶 15 级。桥两侧拱券旁设有对联石，联石顶置雕刻纹饰的遮雨石，但联石上无楹联。据民国《新塍镇志》载：“凤鸣桥，在镇南市街，俗称南桥。雍正九年，里人州司马江公纯捐资独建。道光年间重修。”此桥始建于清雍正九年(1731 年)，现桥为道光二十四年(1844 年)重修。

图 1-1-27 凤鸣桥

周公石桥 又名北亭子桥，位于新塍镇洛东村，东西向跨洛浦港。据史料记载，周公石桥由里人周某建，因名，又建周公亭于桥左。该桥因旧时桥上有一座亭子，遂称亭子桥。市河南岸另有一石桥，也称亭子桥，为区分，以方位称北亭子桥与南亭子桥。周公石桥为单孔半圆形石拱桥，桥长 20.7 米，桥顶宽 2.45 米，净跨 6.5 米，拱矢高 3.5 米。拱券采用联锁分节并列砌筑，拱肩处设有横系石一对，拱券上方有阳刻楷书“周公石桥”桥额。桥面两侧设长条石护栏，东端端部有抱鼓石，西端被毁。南侧间有望柱 6 根(缺西端 1 根)，北侧仅余望柱 1 根，桥顶望柱雕饰石狮，其余雕饰莲花。桥顶为方形平台，正中雕刻轮回图案，东端有石阶 20 级，西端石阶大部分已被挖拆损毁。桥两侧拱券旁设有对联石，联石顶置遮雨石，镌有阳文楷书楹联两副。南侧联：“上地川回通下地；北亭桥古对南亭。”北侧联：“千年虹影横新水；数里波光接澜溪。”据民国《新塍镇志》载：“周公石桥，雍正二年(1724 年)重建，乾隆三十九年(1774 年)重修，民国 3 年(1914 年)重建。”雍正二年，张起文撰有《重建周公石桥碑记》。桥东周公亭和桥上亭现已不存。

图 1-1-28 周公石桥

康和桥 位于新塍镇康和桥村，南北向跨康和桥港。相传，宋时金兵南下，康王赵构在金兵的围追途中曾经过此地，人们便将这座桥取名为康和桥，后来村以桥命名，该地也被称为康和桥村了。康和桥为5孔石柱石梁桥，桥长25.95米，桥宽1.65米，5跨总长20.4米，中孔跨径6.1米，中孔较大，两边孔略小。石柱由3块长条石并列组成，中孔石柱内侧镌有助资者姓名及金额，柱顶设雕刻纹饰的帽梁石，上置桥面石梁。桥面每孔由3根石梁并列组成，中孔石梁外侧镌有阳文楷书“重建康和桥”题额，边款为“大清国宣统”“里人重建”字样。桥面无栏杆，南北两端分别有石阶8级和6级。该桥始建年代不详。现桥为清宣统年间(1909—1911年)重建。

图1-1-29 康和桥

白云桥 位于新塍镇南洋村与沙家浜村交界处，东西向跨白云桥港。昔日为南洋村一带通往新塍镇的主要通道，目前仍在使用。白云桥桥为5孔石柱石梁桥，桥长26.9米，桥宽2.3米，5跨总长20.1米，中孔较大，两边孔略小。石柱由4块长条石并列组成，中孔石柱内侧镌有助资者姓名及金额，柱顶设雕刻纹饰的帽梁石，上置桥面石梁。桥面每孔由4根石梁并列组成，中孔石梁外侧镌有阳文楷书“重建白云桥”题额。桥面两侧为大块长条石护栏，栏石端部置抱鼓石，间有新安装的水泥望柱8根，并加装了铁扶手。东西两端各有石阶9级。为便利车辆上下，近年在石阶上架设了水泥板引桥，桥面整体浇筑了水泥混凝土，方便了车辆通行。中孔桥柱两侧有阳刻楷书楹联两副。南侧联：“蝃蝀浮空利涉舟行明镜；桑麻夹岸诞登人在白云。”北侧联：“溯鸳水于三秋过分烟雨；踏凤山之一曲时超风云。”该桥始建年代不详。据民国《新塍镇志》记载，现桥为清光绪三十三年(1907年)重修。

图1-1-30 白云桥

嘉善县 1962年，进行第二次桥梁普查，查明全县共有桥梁925座，木桥576座，石桥345座，钢筋混凝土桥4座。全县桥梁因航道及道路建设拆除或改建已减少2/3以上。新建桥梁都已采用钢筋混凝土为材料，结构形式也与旧时不同。如杭申甲线原有石桥3座，即凤桐乡的凤桐桥，3孔环拱，长约50米。观音桥单孔环拱，长约30米，杨庙乡的三店桥5孔平梁，长约70米都是大型石桥。至1988年止，全县共各类桥梁1654座，其中公路桥梁91座，铁路桥梁16座，城乡民间桥梁1547座。至1989年，全县尚存石桥141座。

三官塘桥 原名见龙桥，位于罗星街道瓶山街南侧龙鼎小区内，南北向跨南环城河。三官塘桥为单孔马蹄形驼峰式石拱桥，桥长3米，桥顶宽2.8米，净跨9.6米，拱矢高5.3米。拱券采用联锁分节并列砌筑，拱肩处设有雕刻纹饰的横系石一对，拱券上方镶嵌石匾桥额，镌有阳文楷书“重建三官塘桥”。全桥山花墙采用钉靴式结构。桥面两侧设长条石护栏，无望柱。桥顶为方形平台，正中雕刻轮回图案，两侧砌成靠背式栏石，栏石外侧原镌有“孝悌忠信”四个大字铭文，现已被凿除，但遗存字迹仍清晰可辨。桥面陡峻，南北两端各有石阶29级，桥堍各设一平台，再转向侧面设石阶5级下坡与道路相连，延缓桥的陡势，布局巧妙。桥两侧拱券旁设有对联石，联石顶置雕刻纹饰的遮雨石，镌有阳文楷书楹联两副。东侧联：“南极星临快驾长虹以康济；东升日丽请留司马之名题。”西侧联：“名署见龙即此卜当阳盛事；桡通昼鹢恰喜沾活水来源。”据清光绪《嘉善县志》记载，明万历二年(1574年)，知县李仕华等人倡议建桥，翌年该桥落成，取名见龙桥。万历四十四年(1616年)，桥南建三官塘小庙，见龙桥改称三官塘桥。清咸丰十年(1860年)毁于兵乱。清同治七年(1868年)，邑人许经帮等募资重建。1986年12月，该桥被列为嘉善县级文物保护单位。

图1-1-31 三官塘桥

福星桥 位于魏塘街道中山西路西端，东西向跨谈家浜港。为单孔半圆形石拱桥，桥长23.6米，桥顶宽3.3米，净跨 7.7 米，拱矢高 4.4 米。拱券采用联锁分节并列砌筑，拱肩处设有雕刻纹饰的横系石一对，拱券上方镶嵌石匾桥额，镌有阳文行书“重建福星桥”，边款为“光绪十二年丙戌冬立”字样。桥面两侧设长条石护栏，无望柱，桥顶栏石砌成靠背式，栏石端部置抱鼓石，东西两端各有石阶 23 级与街面相连。桥顶为方形平台，顶盘石正中雕刻轮回图案，四角雕有精致纹饰，分别称为“太极”“博古”“犀角”“双胜”，寓意吉祥如意、前程辉煌，蕴含祝福祈愿之意。这种古老图案雕饰较为少见。桥两侧拱券旁设有对联石，联石顶置雕刻纹饰的遮雨石，镌有阳文行书楹联两副。南侧联：“东近跨西建□□□；南通□有汇接长春。”北侧联：“政通人和古称兴□；日临月照今□□□。”拱券顶雕刻有“顺治丙申(1656 年)腊月吉日建造，本府总巡掌县事张文星择吉里人陈昱同室唐氏捐资建造”。此桥始建于清顺治十三年(1656 年)。现桥为清光绪十二年(1886 年)重建。2010 年 6 月，该桥被列为嘉善县级文物保护单位。

图 1-1-32 福星桥

卧龙桥 位于西塘镇北栅街，东西向跨市河口。因桥面东西石阶上各雕刻有一龙形纹饰，龙首向着顶盘石，宛如两条龙卧于桥面，故名为卧龙桥。卧龙桥为单孔半圆形石拱桥，桥长 30 米，桥顶宽 4.4 米，净跨 9.5 米，拱矢高 5 米。拱券采用联锁分节并列砌筑，拱肩处设有雕刻纹饰的横系石一对，拱券上方镶嵌石匾桥额，镌有阳文楷书“重建卧龙桥”。全桥山花墙采用钉靴式结构。桥面陡峻，如驼峰高耸，两侧设长条石护栏，栏石端部置方形望柱 4 根，并有抱鼓石。桥顶为方形平台，四角置有方形望柱 4 根，两侧栏石砌成靠背式。顶盘石正中雕刻轮回图案，四角雕有精致纹饰，一侧分别为“笔锭”“如意”，寓意必定如意；另一侧为“犀角”，还有一个已磨损不清，通常以“双胜”一起连用，寓意不断取得胜利，前程辉煌。顶盘石下边还雕有“瓶(平)升三戟(级)”图案，蕴含吉祥祈愿之意。这种古老图案雕饰非常罕见，目前仅在嘉善县发现两座桥雕饰这种图案。该桥东端有石阶 32 级，西端 30 级，西端桥堍设有小平台，再转向南侧设 9 级石阶与廊棚街面相连，便利人们通行，布局巧妙。桥两侧拱券旁设有对联石，联石顶置雕刻纹饰的遮雨石，镌有阳文楷书楹联两副。南侧联：“修数百年崎岖之路；造千万人来往之桥。”北侧联：“愿天常生好人；愿人常行好事。”据地方志记载，卧龙桥始建于明洪武年间(1368—1398 年)，原为木桥。由于常年失修，每逢雨天，桥面湿滑，过桥行人掉进河里溺死者时有发生。相传，清康熙年间，居住在桥堍的一位竹篾匠朱公传，生性善良。一日，亲眼见一位孕妇过桥时不慎坠河溺亡，悲痛万分，遂立志一定要募集钱款建造石桥，以济众难。无奈自己的手艺只能勉强维持生计，无力完成夙愿，于是决定投桥东永寿庵出家削发为僧(法名广缘)化缘造桥。广缘和尚以铁链穿身，四处化缘，苦行奔走十余年，历尽艰辛，终于募得白银三千余两。该桥于清康熙五十五年(1716 年)开始动工，历经三年，至康熙五十八年(1719 年)建成。桥两侧镌有两副寓意深邃、发人深省的楹联。清光绪《嘉善县志》记载，卧龙桥为康熙五十五年(1716 年)僧广缘募修。清咸丰末年(1861 年)，太平军与清军在西塘激战，忠王李秀成曾在卧龙桥上督战。1986 年 12 月，该桥被列为嘉善县级文物保护单位。2011 年 1 月，该桥作为西塘建筑群的组成部分，被列为浙江省文物保护单位。

图 1-1-33 卧龙桥

五福桥 位于西塘镇塘东街，南北向跨烧香港东端。为单孔石柱石梁桥，桥长 13 米，桥宽 2.1 米，跨径 5.6 米。石柱由侧面两块长条石中间嵌砌方条石组成，柱顶设雕刻纹饰的帽梁石，上置桥面石梁。桥面由 4 根石梁并列组成，石梁外侧镌有阳文楷书“重建五福桥”题额，两旁雕刻龙形纹饰。桥面两侧为方条石搁置的坐凳式桥栏，间有望柱 4 对，端部置抱鼓石。南端有石阶 12 级下坡与街面相连，北端因紧靠廊棚，经 12 级石阶后设一小平台，再转向西侧设石阶 4 级与廊棚街面相连，布局巧妙。桥柱两侧有阳刻楹联两副。西侧联：“人杰本地灵五符地数；民归卜天舆福自天申。”东侧联上联：“履道颂幽贞溯洄宛在；”下联字迹模糊无法辨认。据地方志记载，明正德年间(1506—1521 年)已有此桥。现桥为清光绪二十六年(1901 年)重建。2011 年 1 月，该桥作为西塘建筑群的组成部分，被列为浙江省文物保护单位。

图 1-1-34 五福桥

澜翠桥 位于干窑镇黎明村，东西向跨急水港。此桥为单孔半圆形石拱桥，桥长 22.7 米，桥顶宽 2.75 米，净跨约 10 米，拱矢高 5.5 米。拱券采用联锁分节并列砌筑，拱肩处设有雕刻纹饰的横系石一对，拱券上方镶嵌石匾桥额，镌有阳文楷书“重建澜翠桥”，边款为“嘉庆七年”“众人公捐”字样。拱券龙门石上有阴刻“光绪三年重建”字样。桥面两侧设长条石护栏，间有望柱 8 根，望柱柱头雕刻如意纹饰，桥顶栏石砌成靠背式，栏石端部置抱鼓石。桥顶为方形平台，正中雕刻轮回图案，东西两端各有石阶 22 级，桥堍设一平台，再分别转向北侧和南侧设石阶 5 级下坡与乡间道路相连。桥两侧拱券旁设有对联石，联石顶置雕刻纹饰的遮雨石，镌有阳文楷书楹联两副。原在桥东堍平台底部发现土中埋有一块高约 0.8 米，宽约 0.6 米的碑刻，石碑中部阴刻“大清康熙二十八壬十二月吉旦告成鼎建”字样，周边为雕刻精致的“双龙戏珠”纹饰，该桥应始建于清康熙二十八年(1689 年)，嘉庆七年(1804 年)重建，现桥为光绪三年(1877 年)再重建。清光绪《嘉善县志》记载与其基本相符。2010 年 6 月，该桥被列为嘉善县级文物保护单位。

图 1-1-35 澜翠桥

晋贤桥 俗称亭子桥，因原桥上建有亭，故名，现亭已不存。该桥位于干窑镇干窑村朱家浜，南北向跨亭桥港。为单孔半圆形石拱桥，桥长 32.7 米，桥顶宽 3.4 米，净跨约 10 米，拱矢高 5 米。拱券采用联锁分节并列砌筑，拱肩处设有横系石一对，拱券上方有阳刻楷书“晋贤桥”三字桥额。桥面陡峻，两侧设长条石护栏，原雕刻有蝙蝠、莲花纹饰，现已多处损毁残缺用红砖砌补。桥顶为方形平台，正中雕刻轮回图案，四角有方形望柱 4 根，两侧栏石砌成靠背式，南北两端各有石阶 34 级。桥两侧拱券旁设有对联石，联石顶置遮雨石，镌有阳文楷书楹联两副。据清光绪《嘉善县志》记载，此桥始建于明万历元年(1573 年)，现桥为清乾隆三十年(1765 年)重建。2010 年 6 月，该桥被列为嘉善县级文物保护单位。

图 1-1-36 晋贤桥

积善桥 位于陶庄镇朝北滩路，东西向跨净池漾。为单孔半圆形石拱桥，桥长 15.9 米，桥顶宽 2.45 米，净跨 6.6 米，拱矢高 3 米。拱券采用联锁分节并列砌筑，拱肩处设有雕刻纹饰的横系石一对，拱券上方有阳刻楷书“积善桥”三字桥额。桥面两侧设长条石护栏，栏石端部置有雕刻太极图案的抱鼓石。桥顶为方形平台，正中雕刻轮回图案，四角有方形望柱 4 根，望柱柱头雕刻如意和莲花纹饰，东西两端分别有石阶 14 级和 20 级。桥两侧拱券旁设有对联石，联石顶置雕刻纹饰的遮雨石，镌有阳文楷书楹联两副。该桥桥体部分石块松动变形。据清光绪《嘉善县志》记载，该桥建于清乾隆六十年(1795 年)。2004 年 1 月，该桥被列为嘉善县级文物保护单位。

图 1-1-37 积善桥

丰钱桥 又名王家桥，位于大云镇缪家村钱家浜，南北向跨大云塘。该桥地处嘉善县大云镇与平湖市钟埭镇交界处，旧时是两地往来的必经津梁。为3孔马蹄形驼峰式石拱桥，桥全长16.8米，桥顶宽2.3米，中孔净跨5.25米，拱矢高3.3米，两边孔净跨2.27米。拱券采用联锁分节并列砌筑，中孔拱肩处设有横系石一对，拱券上方有阳刻楷书“丰钱桥”桥额，边款为“光绪七年重修”字样。桥面两侧新设置水泥板栏杆，端部置抱鼓，间有望柱10对，桥顶为方形平台，南北两端各有石阶14级。桥两侧中孔拱券旁设有对联石，联石顶置雕刻纹饰的遮雨石，镌有阳文楷书楹联两副。东侧联：“桥通南北半月平分两邑界；水自东西一泓清澈万年春。”西侧联：“丰卜逢年菽粟收成多似水；钱称泉府贷财生殖涌如潮。”该桥始建年代不详。由桥额边款可知，现桥为清光绪七年(1881年)重修。丰钱桥为嘉善现存唯一的一座3孔石拱桥。1986年12月，该桥被列为嘉善县级文物保护单位。

图 1-1-38 丰钱桥

圆通桥 位于天凝镇古镇路，南北向跨市河(又称南秀塘)。为半圆形石拱桥，桥长25.2米，桥顶宽3.1米，净跨约8米，拱矢高3.8米。拱券采用联锁分节并列砌筑，拱肩处设有雕刻纹饰的横系石一对，拱券上方的桥额模糊不清。桥面两侧设长条石护栏，栏石砌成靠背式，无望柱，石料风化严重，现部分已损毁。桥顶为方形平台，正中雕刻轮回图案，南北两端各有石阶20级，石阶中间加铺了一条水泥坡道，方便车辆上下。桥两侧拱券旁设有对联石，联石顶置雕刻纹饰的遮雨石，镌有楹联两副，但已不能辨认。相传，当年天凝百姓为纪念圆通法师功德，将此桥命名为圆通桥。据清光绪《嘉善县志》记载，圆通桥为明万历十八年(1590年)重建，是目前嘉兴地区现存少数几座建于明代的石拱桥。1986年12月，该桥被列为嘉善县级文物保护单位。

图 1-1-39 圆通桥

大通桥 位于天凝镇镇东村，南北向跨林家埭港。为5孔石墩石梁桥，桥长32.9米，桥宽1.8米，中孔较大，两边孔略小。桥墩为实体石墩，由条石砌筑，呈上小下大的塔形构造，墩身较薄，墩顶宽约0.5米，权且名为“塔式薄型石墩”，较为少见。墩顶置雕刻纹饰的帽梁石，增强承重和稳定作用，上置桥面石梁。桥台由条石叠砌。桥面每孔由3根石梁并列组成，石梁外侧雕刻精致花纹，中孔镌有“重建大通桥”题额，边款有“光绪七年”字样。桥面两侧为方条石搁空的坐凳式桥栏，间有望柱6对，但东侧起2、3两孔石桥栏毁坏，现改置铁栏杆。南北两端原分别有石阶9级和8级，为方便车辆上下，现在石阶上铺筑了水泥坡道，两侧用砖砌水泥粉饰栏杆。该桥始建年代不详。由桥额边款可知，现桥为清光绪七年(1881年)重建。2010年6月，该桥被列为嘉善县级文物保护单位。

图 1-1-40 大通桥

三里塘桥 位于天凝镇洪福村，南北向跨三里塘。为5孔石墩(柱)石梁桥，桥长36.1米，桥宽2.1米，中孔较大，两边孔略小。桥墩为组合式结构，中孔二墩采用条石砌筑的实体石墩，两边孔石柱由4块长条石并列组成，桥台由条石叠砌，桥墩顶设雕刻纹饰的帽梁石，上置桥面石梁。中孔石墩为上小下大的塔形构造，墩身较薄，墩顶宽约0.5米，桥面每孔由4根石梁并列组成，石梁外侧雕刻精致花纹，中孔镌有“重建三里塘桥”题额，边款有“民国八年”字样。桥面两侧中间3孔为方条石搁空的坐凳式桥栏，间有望柱4对，两边孔为大块长条石护栏，栏石端部成抱鼓状，南北两端分别有石阶8级和11级。据载，该桥始建于明代。由桥额边款可知，现桥为民国8年(1919年)重建。2010年6月，该桥被列为嘉善县级文物保护单位。

图 1-1-41 三里塘桥

宝善桥 位于天凝镇洪福村北端，南北向跨福善泾港。为单孔半圆形石拱桥，桥长17.7米，桥顶宽2.8米，净跨约7米，拱矢高3.3米。拱券采用联锁分节并列砌筑，拱肩处设有横系石一对，拱券上方有阳刻楷书"宝善桥"三字桥额。桥面两侧的长条石护栏仅存西侧(有望柱1根)，东侧已毁。桥顶为方形平台，正中雕刻轮回图案，南北两端各有石阶22级。桥两侧拱券旁设有对联石，联石顶置雕刻纹饰的遮雨石，镌有阳文楷书楹联两副。据《嘉善县志》记载，该桥建于清光绪年间（1875—1908年)。2004年1月，该桥被列为嘉善县级文物保护单位。

图 1-1-42 宝善桥

平湖市 明天启七年(1627年)《平湖县志》载：县城桥梁20座及乡镇桥梁110座。清光绪十二年《平湖县志》载：县城桥梁39座、附郭桥(包括跨城河和跨城壕)18座；乍浦城内桥梁18座，附郭桥7座；四乡桥梁246座，共328座。民国15年(1926年)《平湖县续志》载：清末修建、重建桥梁26座。民国18年1月，县城建成湖墩桥，为县境最早钢筋混凝土桥。民国23年(1934年)，修筑赵家桥、印光石桥、珠汇桥等桥梁9座。民国35年，城关商人邵锡龄捐资修理县城建国桥、游桥、杨家桥、松风桥、使民桥、汉水桥、韦陀桥。1990年年末，全境有各种桥梁3799座，按所在地及用途分：有公路桥136座、乡镇桥3611座，城关交通桥52座；按建筑材料分：有钢筋混凝土桥3315.5座，石桥455座，木桥28座。

通济桥 俗称宝塔桥。光绪《平湖县志》载："通济桥塔院东，雍正庚戌(1730年)邑人倪吉林建，咸丰庚申兵毁，同治丁卯(1867年)重建。"原为五孔石梁桥，中孔宽8米，梁底标高7米，边孔各宽6米。1965年拆除，重建双曲拱桥，使用至今。该桥位于东湖报本塔东侧，东西跨海盐塘，浆砌块石桥台，中部垒砖，为有肋双曲砖拱式，单孔跨径30米，梁底标高7.63米，全长75米，桥面宽9.8米，栏杆齐全。六平申线从桥下通过，为重要跨航桥，又为浦江上游感潮河段分界线。因梁底下陷，属危桥。

半路桥 位于前港乡与徐埭镇交界处，跨广陈塘。据旧志记载，该地原有一木桥位于县城至广陈半路，名半路桥。始建年代不详。乾隆十一年(1746年)知县高国胤任内改建为石桥，故又名高公桥。民国期间，重建3孔石梁桥中孔宽6.44米，两边孔各4.45米，桥面宽1.9米，高37米，全长35米。1973年改建为钢筋混凝土双曲拱式，单孔跨径40米，梁底标高7.52米，全长50米，桥面宽3.5米。

金丝娘桥 位于金丝娘桥镇，南北向跨黄姑塘。据《平湖县地志》名载："相传在明代末年有一金姓女子，以刺绣为业，捐资在此建石桥一座，为颂扬她，取名金丝娘桥。"1958年，该桥重建为3孔石台石架木面梁桥，中孔宽7.2米，边孔宽5.1米及4.85米。全长33.4米，高3.8米，宽2.25米。为适应金桥镇交通发展需要,1984年改建为钢筋混凝土双曲拱桥，单孔，跨径30米，全长,40米，梁底标高6.35米，桥面宽5米，可供汽车，拖拉机通行。

吕公桥 位于城关镇东湖北端，东西跨东湖与上海塘衔接处。光绪五年《嘉兴府志》载:"吕公桥在启元门(东城门)外，为东湖关锁。康熙三十二年(1693年)知县吕犹龙建，雍正十二年知县锆列重建，同治五年邑人重建。"原桥系3孔石拱桥，中孔跨径8.6米，边孔各5.8米，两边阶石各35级，桥顶略高于民间楼房屋脊。桥身高大，结构坚固，颇为壮观。1964年，为改善设施，省交通厅拨款13万元，由工程师李新慧设计，省厅工程队承建，在原桥北侧建钢筋混凝土新桥，名平湖大桥，原桥拆除。因吕公桥之名历史悠久，名闻遐迩，群众仍称平湖大桥为吕公桥。此桥系3孔钢布架下承式钢筋混凝土桥墩及桥面板，中孔跨径21.108米，边孔各15.363米，梁底标高8.5米，全长55.734

米，桥面宽3.9米，净宽3.5米。1989年2月在原址重建，10月桥面架通，翌年6月完成。新桥为钢筋混凝土刚架拱桥，宽12米，梁底标高9米，单孔跨径45米，全长51.98米，由平湖桥梁队承建，现为城关镇东北水陆交通咽喉。

洁芳桥 位于吕公桥东南，两桥桥境基本相接，跨广陈塘。清光绪《平湖县志》载："乾隆丙辰屈天成建，岁久渐圮，同治庚午重修。"时为3孔石梁桥。1959年10月29日晚，客轮利用桥面吊梢。桥面条石断裂，2人身亡，桥亦毁损。翌年，重建钢筋混凝土双曲拱桥，单孔跨径21米，梁底标高7.28米，全长46.8米，桥面宽3米，1970年又重修，筑高和拓宽桥堍，便于车辆过桥。

当湖第一桥 原名迎恩桥，俗称三环洞桥，位于当湖街道解放路西端，南北向跨市河西段。为3孔半圆形驼峰式石拱桥，桥全长26.3米，桥顶宽3.35米，中孔净跨8.6米，拱矢高5.2米，两边孔净跨4.7米，拱矢高2.75米。拱券采用联锁分节并列砌筑，拱券上方镶嵌石匾桥额，镌有阳文楷书"当湖第一桥"，下边款为"里人重建"字样。桥面两侧设长条石护栏，无望柱，端部置抱鼓石。桥顶中间为方形平台，正中雕刻轮回图案，南北两端分别有石阶20级和22级，采用长石板铺砌。中孔拱肩处设有横系石一对，伸出墙面的端部雕有螭首，口含龙珠，形态生动。桥两侧拱券间和边孔旁各设有对联石4条，联石顶置雕刻纹饰的遮雨石，边孔旁联石无楹联，中孔联石镌有阳文楷书楹联两副。东侧联："影接梯云万里程开腾骥达；潮来柘水一声胪唱冠鳌峰。"西侧联："雄踞西关一水潆洄钟淑美；恩迎北阙群英次第践清华。"该桥始建年代不详。明天启七年《平湖县志》中已载有迎恩桥，可见该桥始建年代应在此之前。据清光绪《平湖县志》载："迎恩桥，启麟桥东，俗称三环洞桥，咸丰己未重建，并改今名。"现桥为清咸丰九年(1859年)重建。现桥堍两岸筑有亭台楼廊，建成了园林式绿化带，成为人们休闲游览之地。1993年12月，该桥被列为平湖市级文物保护单位。

图1-1-43 当湖第一桥

迎瑞桥 位于当湖街道南河头社区南河西段，南北向跨南河，因北端桥堍东侧原建有3孔石梁桥，与迎瑞桥成直角相连构成八字形，故俗称八字桥。后因河道变迁，桥孔逐渐被堵塞，现仍可看见遗存的桥面石梁。此桥为3孔石柱石梁桥，桥长14.7米，桥宽2.2米，中孔跨径5.7米，两边孔跨径4.5米。石柱由4块长条石并列组成，桥台由条石叠砌，桥柱顶设雕刻纹饰的帽梁石，上置桥面石梁。桥面略呈八字形，中孔桥面由4根石梁并列组成，石梁外侧雕刻精致花纹，西侧镌有阳文楷书"重建迎瑞桥"题额，边款为"乾隆三十一年""里人重建"字样，两边孔桥面采用石板铺砌石阶下坡与街面相连。桥面两侧为长条石护栏，中孔有望柱4根，望柱柱头雕刻纹饰，南北两端各有石阶13级。桥柱两侧有阳刻楷书楹联两副。东侧联："秀色迎来珂里逑；思波流共鹦湖长。"西侧联："春满南河开晓镜；日涵西漾荡晴晖。"该桥始建年代不详。据明天启《平湖县志》地图上标示此处有简易桥，称八字桥。清光绪《平湖县志》卷五载："迎瑞桥，日晖漾东，跨南河，乾隆丙戌年邑人屈天成重建。"由桥额边款知，现桥为乾隆三十一年(1766)重建。同治年间(1862—1874年)重修。1955年和1963年此桥又经两度整修。

秀源桥 又称南水门桥，位于当湖街道南河头社区南河西侧的日晖漾南端，坐落在勤俭路上，东西向跨日晖漾。该桥是平湖市老城内保存至今的唯一一座石拱桥，是南河头历史文化保护区内现存的5座石桥之一。此桥为单孔半圆形石拱桥，桥长21.8米，桥顶宽2.6米，净跨5.8米，拱矢高4.1米。拱券采用联锁分节并列砌筑，拱券上方镶嵌石匾桥额，镌有阳文楷书"秀源桥"，边款为"道光元年""里人重建"字样。拱券内东端雕刻有"城河放生"四字，左右两行小字为"禁止采捕以全物命""如敢故违立提重惩"。拱券内两边近水面及桥基北侧均有0.7米宽的石沿，常水位时，高出水面约0.2米，高水位时，没入水中，为旧时开关水城门行走所设。桥面两侧设长条石护栏，各间有望柱4根，栏石端部置抱鼓石。桥顶为方形平台，正中雕刻轮回图案，东西两端各有石阶17级，现石阶中间加铺了一条水泥坡道，方便车辆上下。桥两侧拱券旁设有对联石，联石顶置雕刻纹饰的遮雨石，镌有阳文楷书楹联两副。北侧联："雉围古堞连云势；虹卧晴波映日晖。"南侧联因石质风化字迹模糊不清。该桥始建于明嘉靖(1553—1554年)本邑筑城期间，当时称南城桥。清光绪《平湖县志》卷五载："秀源桥，日晖漾南，即南城桥，俗称南水门桥。"由桥额边款知，现桥为清道光元年(1821年)重建。

图 1-1-44 秀源桥

永凝桥 位于当湖街道南河头社区南河西侧的日晖漾北端，坐落在酒甏弄东端，东西向跨日晖漾。该桥是南河头历史文化保护区内现存的5座石桥之一。此桥为3孔石墩石梁桥，桥长20.5米，桥宽2.7米，中孔跨径5.5米，两边孔跨径4.8米。桥墩为实体石墩，由条石砌筑，呈下大上小的塔形构造，墩身较薄，墩顶宽约0.5米。墩顶设帽梁石，帽梁石端部浮雕神话传说中的暗八仙古老纹饰，工艺精湛，较为少见。江南水乡的石梁桥桥墩通常都由数块长条石并列组成石柱，即使采用实体式石墩，其构造一般都是墩宽1米~2米且上下同宽的大体积实体石墩。桥面略成八字形，中孔桥面由5根石梁并列组成，石梁外侧雕刻精致花纹，南侧镌有阳文楷书“重建永凝桥”题额，边款为“道光二年”“里人重建”字样，两边孔桥面采用石板铺砌石阶下坡与街面相连。桥面两侧为长条石护栏，中孔西端有望柱两根，栏石端部置抱鼓石，东西两端包括引坡在内各有石阶20级，石阶中间加铺了一条水泥坡道，方便车辆上下。该桥始建年代不详。据明天启《平湖县志》中地图上标示，此处有永宁桥。清光绪《平湖县志》载：“永宁桥，日晖漾北，康熙己卯重建。”易名为“重建永凝桥”。现桥为清道光二年(1822年)重建。

大扬泾桥 位于当湖街道当湖公园内，原东西向跨嘉兴塘北岸的扬泾港上，2003年8月整桥迁至当湖公园内。该桥为一座园林桥梁。此桥为单孔马蹄形石拱桥，桥长17.3米，桥顶宽2.5米，净跨6.5米，拱矢高4米。拱券采用联锁分节并列砌筑，拱肩处设有横系石一对，拱券上方镶嵌石匾桥额，镌有阳文楷书“大扬泾桥”。桥面两侧设矮条石护栏，无望柱。桥顶为方形平台，正中雕刻轮回图案，东西两端各有石阶18级。桥两侧拱券旁设有对联石，联石顶置遮雨石，镌有阳文楷书楹联两副。南侧联：“东去接当湖湖平潋滟；西流通汉水水秀澄清。”北侧联：“雨顺风调欢歌祝乐重；民安物阜临顾太平乡。”该桥始建年代无考。据地方有关资料记载和形制分析现桥应为清代中晚期所建。

青云桥 位于新埭镇新埭社区中大街，东西向跨南栅港。古时，此桥下有水栅，故俗称南栅桥。新埭镇为浙江省历史文化名镇。镇区老街长达1.1公里，沿三里塘河而建，与落北港和南栅港呈十字布局。街内多条弄堂贯穿，石板路蜿蜒，曲折幽深。传统民居建筑遍布，名宅大院点缀，砖雕门楼，石构浮雕，建筑精美，彰显深厚的历史文化底蕴。青云桥为3孔半圆形驼峰式石拱桥，桥全长34.6米，桥顶宽3.4米，中孔净跨8.1米，拱矢高4.8米，两边孔净跨4.8米，拱矢高2.4米。拱券采用联锁分节并列砌筑，拱券上方有阳刻楷书“青云桥”三字桥额，边款为“乾隆戊子年仲秋月”字样。中孔拱肩处设有雕刻纹饰的横系石一对。桥面两侧原有长条石护栏，桥上有石狮望柱4根，现仅剩南侧桥顶三块长条石和北侧一块抱鼓石，其余已全部损毁不存。桥顶栏石外侧刻有“乾隆庚寅岁清和月戈溪信士戈瀚敬舍”铭文。桥面陡峻，如驼峰高耸，桥顶为方形平台，正中雕刻“双龙戏珠”图案，东西两端各有长石板铺砌的石阶34级。桥两侧拱券间和边孔旁各设有对联石4条，联石顶置雕刻纹饰的遮雨石，镌有阳文楷书楹联4副。南侧中孔主联：“据北泖之上流环达南郊秀气；接东湖之正脉鼎兴西浙文澜。”南侧边孔副联：“晚凝净漾辉丹凤；暮醮清漪浴朝阳。”北侧中孔主联：“斡旋斗柄抡首善以提瑶；象合奎堰握中权而运轴。”北侧边孔副联：“端阳□□□□□；荣光联络宝珠□。”据2012年版《新埭镇镇志》记载，此桥始建于清乾隆三年(1738年)。由桥额边款和栏石铭文可知，现桥为清乾隆三十三年(1768年)开工重建，于乾隆三十五年(1770年)竣工建成。清代文人俞金鼎有诗云：“市南水栅接平畴，百级丹梯在上头。有客凌云怀壮志，青云桥畔独勾留。”南栅桥曾经历过多次战火，但至今还保存完好。1998年2月，该桥被列为平湖市级文物保护单位。

图 1-1-45 青云桥

太平桥 俗称北栅桥，位于新埭镇新埭社区落北港，东西向跨落北港北段。为单孔半圆形石拱桥，桥长29.3米，桥顶宽3.4米，净跨9.0米，拱矢高4.45米。拱券采用联锁分节并列砌筑，拱肩处设有横系石一对，拱券上方有阳刻楷书“太平桥”三字桥额。桥面两侧设长条石护栏，无望柱，栏石端部置抱鼓石。据载，桥上原有石狮望柱4根，后毁。桥顶为方形平台，正中雕刻轮回图案，东西两端分别有石阶32级和31级。西端拱脚处设有0.75米宽的纤道，嘉兴地区甚少见。昔日，落北港河面宽阔，过往船只很多，大船逆流航行时须拉纤而过，长年累月，桥上便留下了很深的纤痕。清代文人俞金鼎有诗云：“细流落北港分支，北太平桥浅水湄。闻说纤痕在磐石，巨船行过是何时。”桥两侧拱券旁设有对联石，联石顶置雕刻纹饰的遮雨石，镌有阳文楷书楹联两副。南侧联：“衍南北之长流前接双溪后五龙；连东西为一脉左萦方玉右圆珠。”北侧联：“人钟题柱前程远；家益平川利济长。”清乾隆十年(1745年)高国楹版及乾隆四十四年(1779年)张力行版《平湖县志》载有太平桥。该桥应建于清乾隆十年(1745年)至四十四年(1779年)间，与邻近的青云桥为同一时期所建。又据2012年版《新埭镇镇志》记载，该桥重建于清乾隆三十五年(1770年)。1998年2月，该桥被列为平湖市级文物保护单位。

图1-1-46 太平桥

清溪桥 位于林埭镇共和村，东西向跨独山塘。为3孔石墩石梁桥，桥长23.2米，桥宽1.6米，中孔跨径6.45米，两边孔跨径3.8米。桥墩为实体石墩，由石板交错叠砌，呈上小下大的塔形构造，墩身较薄，墩顶宽约0.5米。桥台由条石叠砌。桥墩顶设帽梁石，增强承重和稳定作用，帽梁石端部浮雕燕子、琵琶扇、无穷结、笔锭等古老吉祥纹饰，工艺精湛，较为少见。桥面每孔由3根石梁并列组成，石梁外侧雕刻精致花纹，中孔镌有阳文楷书“重建清溪桥”题额。桥面两侧为长条石护栏，栏石端部置抱鼓石，间隔望柱8根，中孔4根望柱有雕饰形态生动的石狮两对。桥东西两端各有石阶8级。据清光绪《平湖县志》记载，明嘉靖三十五年(1556年)，在该桥附近的沈庄进行过一场平定倭寇的战役，取得重大胜利，对稳定当时的海防有着重要作用，史称“沈庄大捷”或“清溪大捷”。据明天启《平湖县志》载：“清溪桥，沈渭、(沈)泾、(沈)溥建。”此桥应始建于明天启年间(1621—1627年)。抗日战争期间，因阻日军通行而拆除。民国36年(1947年)，当地村民在原址建木桥。1956年，用原构件重建石桥。2004年6月，该桥被列为平湖市级文物保护单位。

图1-1-47 清溪桥

仁寿桥 位于新仓镇杉青港村，东西向跨杉青港。为5孔石柱石梁桥，桥长25.5米(包括桥头路堤在内总长44米)，桥宽2.2米，中孔跨径6.75米，两边孔分别为5.3米和4.3米。石柱由4块长条石并列组成，桥台由条石叠砌，桥柱顶设帽梁石，上置桥面石梁。桥面每孔由4根石梁并列组成，南侧西起第2孔石梁外侧镌有阳文楷书“江苏金山朱承训堂”、第4孔为“民国戊辰年正月吉建”铭文，两旁均雕刻精致花纹。桥面两侧为大块长条石护栏，间有望柱8根，望柱头为球形，南侧中孔镌有“仁寿桥”题额，北侧为“杉青胜迹”。东西两端为护岸路堤接坡。桥柱两侧有阳刻楷书楹联4副。南侧中孔联：广仁所施万缘集□；长寿无极五星联珠。南侧边孔联：波光恍观南湖月；人影时迎野屋风。北侧中孔联：灵桥留影晨晖永；秀水道波后泽长。北侧边孔联：仰看杉长浓成荫；坐见帆轻落过桥。该桥始建年代不详。据桥额铭文和桥碑碑文记载，此处原有木桥一座，后圮。民国期间，江苏金山县朱承训堂少东家朱维绅为其太夫人(杉青港人)60大寿出资改建石桥，民国15年(1926年)开工，民国17年(1928年)竣工。桥西堍原建有方形石亭一个，亭内立有石碑一块，上刻建桥缘由、时间等纪事，现亭碑皆毁。1996年修建公路时，在仁寿桥北侧新建了一座钢筋混凝土桥，名为杉青港大桥。2004年6月，该桥被列为平湖市级文物保护单位。

图 1-1-48 仁寿桥

沈庄桥 位于曹桥街道愚桥村，东西向跨沈章塘。此桥为曹桥街道与嘉兴市秀洲区新丰镇交界处，桥西堍是新丰镇金章村。沈庄桥为单孔半圆形石拱桥，桥长 35.4 米，桥顶宽 2.84 米，净跨 8.8 米，拱矢高 5.3 米。拱券采用联锁分节并列砌筑，拱券上方刻有“重建沈庄桥”桥额。拱券内拱石上刻有捐银修桥人姓氏及捐银数等。桥两侧拱券旁设有对联石，原镌刻有楹联两副，因联石石质风化，桥身长满茂盛植物遮挡桥体，楹联无法辨识。桥面无栏杆。据当地人讲述，20 世纪 70 年代初，此桥桥栏基本齐全，村童常去桥上乘凉或跳水，后桥栏石被顽童逐块推入河中。现桥结构局部松动，桥面石阶塌陷损坏严重，加之上游不远处建了一座新的公路桥，该桥已少有行人通行，呈现荒废状态。该桥始建年代无考。据地方有关资料记载及铭刻和形制分析，现桥为清代初期所建。2011 年 6 月，该桥被列为平湖市级文物保护单位。

图 1-1-49 沈庄桥

南星桥 俗称新桥，位于曹桥街道百寿村，东西向跨赵泾港。为 3 孔石墩石梁桥，桥长 27.7 米，桥宽 1.7 米，中孔跨径 6.15 米，两边孔略小。桥墩为实体石墩，由条石砌筑，呈上小下大的塔形构造，墩身较薄，墩顶宽约 0.5 米。桥台由条石叠砌。桥墩顶设帽梁石，上置桥面石梁，帽梁石端部浮雕太极、博古、笔锭、如意等古老吉祥纹饰，工艺精湛。桥面每孔由 3 根石梁并列组成，石梁外侧雕刻精致花纹，中孔镌有阳文楷书“重建南星桥”题额，边款有“民国十六年”字样。桥面无栏杆，东西两端原各有石阶 9 级，现架设水泥板接坡，以方便车辆上下。该桥始建年代不详。由桥额边款知，现桥为民国 16 年(1927 年)重建。

图 1-1-50 南星桥

海盐县 海盐地处水网地带，古桥甚多，清光绪《海盐县志》择要记载有 138 座，其中建于宋代的 13 座，元代的 10 座，明代的 16 座，清代的 11 座。

北古荡桥 俗称北桥，“县西北四里”，位于城郊乡城原村。单孔石阶桥，长 17 米，宽,1.5 米，跨径 9.6 米。1968 年重修。

化城荡桥 清光绪《海盐县志》载：位于“县百二十五里”，今沈荡镇丽庄村。明成化中(1476 年)建。朱柞南化城新建。分东西两座，东名东长桥，长 26 米，宽 1.5 米；西名西长桥，长 46 米，宽 2 米。几经维修，今老桥尚在。

鹤驾桥 据清光绪《海盐县志》卷四记载：位于“县西南十五里”，今官堂、富亭两乡交界。为 4 孔条石排架桥，长 27 米，宽,3.5 米，梁底标高,5.78 米。始建年代无考。经多次维修，今仍完好。

新坟桥 清光绪《海盐县志》记作“汶桥”，位于今横港乡胜利村。为 9 条石排架桥，建造年代无考。桥长 48 米，宽 1.8 米,梁底标高 6.37 米，通航孔净跨 6.68 米。

浦漾桥 据清光绪《海盐县志》卷四记载：位于“县西南三十里”，今通元镇新石村、新浦村交界，为 9 孔条石排架桥，今中间 3 孔改为水泥板桥面。全桥长 48 米，宽 1.5 米，梁底标高 5.5 米。1983 年在该桥西 80 米处，新建一同名公路桥。

黄桥 俗称大王桥，位于“县西南 200 步”，今武原镇东南河滩九宫弄口。单孔石平桥，长 6.6 米，宽 2.7 米，跨径 4 米。始建于宋绍熙四年(1193 年)。

太平桥 又名钟家桥，“县西南 210 步”在黄桥西，位于今东南河滩朱家弄口，单孔石子桥。长 11 米，宽 2 米，跨径4米。始建年代无考。

驷车桥 又名韩桥，“县西南220步”，位于今东南河滩朱家弄口。单孔石平桥，长8.5米，宽3.5米，跨径4米。始建于宋绍熙四年(1193年)。

还珠桥 又名闻琴桥。据清光绪《海盐县志》记载:“有伯牙台，一名琴台”。《海盐图径》“东门外二十步，台侧有闻琴村、闻琴桥”。相传俞伯牙鼓琴于此，与听琴人钟子期结为“知音之交”。闻琴桥长6米，宽1.5米，跨径3米，不通舟楫，1985年拆除。

金家桥 位于今通元新友村，3孔条石排架桥，长12米，宽1.5米,两头有石阶。据清光绪《海盐县志》载:“县西南，陆司空庙西，宋时客舟入澉浦镇者多于此泊贸易。”此桥建于宋。民国19年(1930年)重修。

东黄桥 位于武原街道红益村，南北向跨东港。为5孔石柱石梁桥，桥长18.12米，桥宽1.6米，中孔跨径5.0米，两边孔略小。石柱由3块长条石并列组成，桥台由条石叠砌，桥柱顶设帽梁石，上置桥面石梁。桥面每孔由3根石梁并列组成，中孔石梁外侧镌有阳文楷书“东黄桥”题额，左边款可见阴刻“乾隆拾玖年□□□字样，右边款为阴刻“吉祥如意”。桥面无栏杆，南端桥堍原有石阶，现改成水泥坡道，北端桥堍填土平坡。该桥始建年代不详。由桥额边款可知，现桥为清乾隆十九年(1754年)所建。2010年6月，该桥被列为海盐县级文物保护单位。

图1-1-51 东黄桥

冯夷桥 位于沈荡镇冯夷街，东西向跨青龙漾。为3孔石墩石伸臂梁桥。石伸臂梁在石建筑中称为叠涩，在房屋建筑中便是斗拱构造。该桥桥长28.7米，桥宽2.5米，中孔净跨6.5米，桥面石梁长5.6米。桥墩宽1米(顺桥长方向)，墩采用条石砌筑，墩身上下游两端均为成分水尖形式。桥墩上部中孔用5层边孔以4层条石纵横交错层层挑出，成为伸臂结构，上面架设桥面石梁，以增加桥孔跨径，缩短石梁长度，有利排水和通航。桥面每孔由5根石梁并列组成，两端落坡用3块长条石横向铺设。中孔石梁外侧镌有阴文楷书“冯夷桥”题额，旁侧有人物、吉祥动物和精致花纹浮雕。桥面两侧设有水泥望柱各11根，现安装钢管扶手。桥中4根望柱上有雕刻生动的石狮一对和石象一对，工艺精湛。嘉兴地区的古石桥上通常都用石狮装饰，用石象装饰的仅见于冯夷桥。石伸臂梁桥为一特殊形式，后往折边拱桥演进，继而向石拱桥发展。石伸臂梁桥在嘉兴地区目前仅发现此例，浙江省也罕见，颇为珍贵，具有较高的价值。该桥始建年代不详。据《沈荡镇志》记载，现桥为民国25年(1936年)重建。2010年6月，该桥被列为海盐县级文物保护单位。

图1-1-52 冯夷桥

望龙桥 望龙桥位于通元镇通北村，东西向跨望龙港。为5孔石柱木梁砖面桥，桥长20.62米，桥宽1.55米，中孔跨径5.6米，两边孔略小。石柱由两块长条石并列组成，西端两孔石柱内侧雕刻有荷叶、莲花图案，柱顶设帽梁石，上置桥面木梁。中孔木梁外侧镌有阳文楷书“重建望龙桥”题额，边款模糊不清。桥面由6根杉圆木组成，上面横铺一层木板，木板上平铺一层方砖和一层小青砖，其上再侧砌小青砖。青砖桥面中间镶嵌一块雕刻轮回图案的石板。桥面无栏杆，两端桥堍填土接坡。原桥面为木条铺设，后年久腐烂损坏，再改用青砖叠砌。现在东西两个边孔桥面已部分损毁，改用架设两根石梁替代维持通行。该桥始建年代不详。据记载，现桥为民国16年(1927年)重建。2010年6月，该桥被列为海盐县级文物保护单位。

图1-1-53 望龙桥

永宁桥 位于通元镇通元村，南北向跨韩家桥港。为5孔石柱石梁桥，桥长21.1米，桥宽1.32米，中孔跨径5.6米，两边孔略小。石柱由3块长条石并列组成，桥台由条石叠砌，桥柱顶设帽梁石，上置桥面石梁。桥面每孔由3根石梁并列组成，中孔石梁外侧雕刻精致花纹，镌有阳文楷书“重建永宁桥”题额，边款模糊不清。桥面无栏杆，两端桥堍填土接坡。该桥始建年代不详。据记载，现桥为清代(1616—1911年)重建。2010年6月，该桥被列为海盐县级文物保护单位。

图 1-1-54 永宁桥

任祠堂桥 位于百步镇横港村，南北向跨市河。该桥原名篁墅塘桥，清乾隆年间(1736—1795年)，因任氏族人任用治在此建造一先贤任子祠（为祭祀孔子弟子任不齐而立），为任氏家祠，而后更名为任祠堂桥。任祠堂桥为5孔石柱石梁桥，桥长25.5米，桥宽1.7米，中孔跨径6米，两边孔略小。石柱由3块长条石并列组成，桥台由条石叠砌，桥柱顶设帽梁石，上置桥面石梁。桥面每孔由3根石梁并列组成，中孔石梁外侧雕刻精致花纹，镌有阳文楷书“重建任祠堂桥”题额，边款模糊不清。2010年，为方便交通和安全，有关部门在石梁上加铺水泥混凝土，桥面两侧加装了钢管栏杆，并设置禁止机动车通行标志。该桥始建年代不详。据《沈荡镇志》记载，现桥为清嘉庆四年(1799年)重建。2010年6月，该桥被列为海盐县级文物保护单位。

图 1-1-55 任祠堂桥

小杨家桥 位于百步镇百联村，东西向跨肖家亭港。为3孔石柱木梁砖面桥，桥长11米，桥宽1.6米，中孔跨径5米，两边孔略小。石柱由两块长条石并列组成，柱顶设帽梁石，上置桥面木梁。桥面由六七根圆杉木组成，上面横铺一层木板，木板上平铺一层方砖和一层小青砖，其上再侧砌小青砖。桥面无栏杆，东西两端各有石阶5级，现已塌陷损坏。据记载，现桥为清代(1616—1911年)所建。2010年6月，该桥被列为海盐县级文物保护单位。

图 1-1-56 小杨家桥

太平桥 位于于城镇吕家村吕家港中段，东西向跨与吕家港交汇处的太平漾。为7孔石柱石梁桥，桥全长28.7米，桥宽1.45米，中孔跨径4.9米，中孔较大，两边孔略小。石柱由3块长条石并列组成(中孔东侧石柱缺失1块)，西端第3个石柱断裂，现用角铁夹箍加固，桥台由条石叠砌，桥柱顶设帽梁石，上置桥面石梁。桥面每孔由3根石梁并列组成，中孔石梁外侧雕刻精致花纹，镌有阳文楷书“重建太平桥”题额，无边款。桥面南侧加装了铁质栏杆。两端无石阶，桥堍填土接坡。该桥始建年代不详。据记载，现桥为清代(1616—1911年)重建。太平桥为嘉兴地区现存少数几座7孔石梁桥之一。2010年6月，该桥被列为海盐县级文物保护单位。

图 1-1-57 太平桥

牛桥 位于于城镇八字村，西北东南向跨牛桥港。为5孔石柱木梁砖面桥，桥长21.17米，桥宽1.27米。石柱由3块长条石并列组成，桥台由条石叠砌，桥柱顶设帽梁石，上置桥面木梁。桥面由五六根圆杉木组成，上面横铺一层木板，木板上平铺一层方砖和一层小青砖，其上再侧砌小青砖。桥面无栏杆，两端桥堍填土接坡。1982年，曾在青砖上铺筑了水泥桥面，以便利交通和安全。2009年，在牛桥旁侧新建了一座钢筋混凝土公路桥，供现代交通使用，牛桥现已搁弃不用。现桥为清代（1616—1911年）所建。2010年6月，该桥被列为海盐县级文物保护单位。

图1-1-58 牛桥

思古桥 位于元通街道永福村，东北西南向跨东塘港。为5孔石柱石梁桥，桥长25.8米，桥宽1.9米，中孔跨径5.55米，两边孔略小。石柱由3块长条石并列组成，东端第2个石柱用铁箍加固，中孔桥柱两侧有阳文楷书楹联两副，但无法录取。桥台由条石叠砌，桥柱顶设帽梁石，上置桥面石梁。桥面每孔由3根石梁并列组成，中孔石梁外侧雕刻精致花纹，镌有阳文楷书“重建思古桥”题额，边款模糊不清。桥面无栏杆，两端桥堍原有石阶，现改成水泥坡道。该桥始建年代不详。据记载，现桥为清代（1616—1911年）重建。

图1-1-59 思古桥

海宁市

紫薇桥 位于硖石街道南寺街北端，地处紫微山（“微”或作“薇”）南麓惠力寺前，故名。因惠力寺始建于东晋，俗称西寺，故紫薇桥又名西寺桥。南北向跨仓基河。紫薇桥为单孔马蹄形石拱桥，桥长13.5米，桥顶宽3.1米，净跨6.4米，拱矢高4.2米。拱券采用联锁分节并列砌筑法，拱肩处设有雕刻纹饰的横系石一对，拱券上方镶嵌石匾桥额，上有阴刻楷书“重建紫薇桥”。桥面两侧设石板桥栏，栏石端部置抱鼓石，间隔望柱16根，桥中4根望柱雕饰形态生动的石狮，其余望柱雕饰束莲，石栏板和抱鼓石内外侧均雕刻花卉、松竹、云彩、蝙蝠、鹿马等图案，这些雕饰工艺精湛，形象逼真，古朴美观，江南一带甚为少见。桥顶为方形平台，两端为石板铺砌的石阶，南端有14级与南寺街连接，北端有15级通至惠力寺前。桥两侧拱券旁设有对联石，原镌有楹联两副，因石质风化楹联字迹模糊难辨。联石顶置雕刻纹饰的遮雨石。据《海宁州志稿》记载，紫薇桥始建于元大德七年（1303年），清雍正八年（1730年）重修，嘉庆元年（1796年）惠力寺僧释乘车改建环桥。桥堍现有两块桥碑，北堍称紫微桥，南堍一块称紫薇桥。1984年10月，该桥被列为海宁县文物保护单位。2002年，进行修缮加固。

图1-1-60 紫薇桥

下渡桥 俗称马家桥，位于硖石街道西山路北侧，坐落在中信证券硖西路营业部院内一隅的园林中，成为一座景观桥。东西向跨三里港。为单孔半圆形石拱桥，桥长10.7米，桥顶宽2.2米，净跨5.15米，拱矢高2.9米。拱券采用联锁分节并列砌筑，拱券上方镶嵌石匾桥额，镌有阳文楷书“下渡桥”三字，边款为“民国十二年”“里人重建”字样。桥底拱顶正中一方形拱石上刻有太极八卦图案，虽较模糊，但尚能辨认。桥面两侧设长条石护栏，无望柱，桥顶为方形平台，东西两端分别有石阶12级和11级。桥两侧拱券旁设有对联石，联石顶置遮雨石，镌有阳文楷书楹联两副。南侧联：寺接薇山钟声静听；桥连桐邑帆影遥飞。北侧联：水涨桃溪邻古墓；烟沈巷留吊荒亭。据述，下渡桥东南原还有一座上渡桥，两座石桥遥相呼应，被称作“汪坟门前两珍珠”，现上渡桥已被拆除。该桥始建年代不详。现桥为民国12年(1923年)重建。2010年8月，该桥被列为海宁市级文物保护单位。

图1-1-61 下渡桥

大瑶桥 俗称大姚桥，位于硖石街道南关厢北端(即重建的南关厢历史文化街区的北口)，南北向跨万绿浜。为单孔马蹄形石拱桥，桥长11.5米，桥顶宽4米，净跨6.4米，拱矢高4.2米。拱券采用联锁分节并列砌筑，拱券旁设有对联石两条，但上无楹联，联石顶置横系石。桥面为近年重修时采用水泥混凝土修筑，两侧新设置大块水泥混凝土栏杆，端部呈抱鼓状，间有望柱栏板外侧有阳文隶书“大瑶桥”三字桥额。桥顶为方形平台，正中刻有轮回图案，南北两端各有水泥台阶9级。该桥建于明末清初，后又经重修。1958年，在桥西侧扩建，拓宽约1米，使桥宽达到4米。

图1-1-62 大瑶桥

九曲桥 位于盐官镇西北隅盐官村，坐落在昔日的江南名园安澜园遗址内，原为一座园林桥梁。九曲桥建于明万历二十四年(1596年)，南北向跨放生池，为安澜园仅存之建筑遗址。桥梁原建九曲，现遗存四曲，桥长13.44米，桥宽1.54米，无栏杆，每曲由3根石梁并列组成，横卧水面。据史料记载，明万历二十四年(1596年)，戏曲家、太常寺少卿陈与郊(号隅阳)在南宋王氏故园遗址上重建园林，名隅园。清雍正十一年(1733年)，大学士陈元龙告老还乡，将隅园收为自己的别业，并把隅园改名为遂初园，俗称陈园。乾隆二十七年(1762年)，乾隆皇帝第三次南巡，第一次到海宁，驻跸遂初园。赞其“镜水涟漪，楼台掩映，奇峰怪石，秀峭玲珑，古木修篁，苍翠蓊郁”，即赐名“安澜园”，并亲自题额，命画师将园状绘图带回宫中，将圆明园中的四宜书屋景点略加改造，亦命名为安澜园。从此安澜园名闻天下。此后，乾隆帝三度南巡，均驻跸此园。陈氏也借机每次葺新，将安澜园面积扩至百亩，新增景点，建筑达三十余所，富丽堂皇，达到了鼎盛。之后，陈家日渐式微。清道光年间，安澜园已呈衰败之势。太平天国时期，安澜园损毁严重。同治年间彻底衰毁。20世纪50年代末至60年代初，残存的安澜园只剩得明代隅园时期曲桥仍低卧水面，为安澜园仅存之建筑遗址。1982年2月，安澜园遗址—曲桥及荷池被列为海宁县级文物保护单位。2003年7月，文物保护单位名称由“安澜园遗址—曲桥及荷池”调整为“安澜园遗址”。

图1-1-63 九曲桥

宜家桥 位于盐官镇东北侧安星村，东西向跨宁郭塘。为单孔马蹄形石拱桥，桥长17.8米，桥顶宽2.6米，净跨6.9米，拱矢高4.3米。拱券采用联锁分节并列砌筑，拱肩处设有横系石一对，拱券上方镶嵌石匾桥额，镌有阳文楷书“宜家桥”三字。桥面两侧设长条石护栏，间隔望柱8根，桥中4根望柱雕饰形态生动的石狮，栏石端部置雕刻精致纹饰的抱鼓石，式样尚不多见。桥顶为方形平台，正中雕刻轮回图案，东西两端各有石阶19级。桥两侧拱券旁设有对联石，联石顶置遮雨石，仅见南侧镌有阳文隶书楹联一副。联云：“携杖南来徐步仅一里；扬帆北去出城第二桥。”1916年9月15日(农历八月十八日)，孙中山先生一行从上海到盐官观潮，海宁县知事刘蔚仁等曾率军警及海宁知名人士在城外宜家桥恭迎入城。此次观潮，孙中山触景生情题写了名言：“世界潮流，浩浩荡荡。顺之则昌，逆之则亡。”据《海宁州志稿》记载，该桥始建于清康熙年间(1662—1722 年)。现桥为清宣统三年(1911 年)邑绅张承熙募款重建。2010 年 8 月，该桥被列为海宁市级文物保护单位。

图 1-1-64　宜家桥

德义桥　亦称大风桥，位于斜桥镇路仲古镇直大街，东西向跨淳溪港。为 3 孔石柱石梁桥，桥长 19.5 米，桥宽 1.8 米，中孔跨径 4.7 米，两边孔略小。桥墩共有 4 排石柱，每排均由 4 块长条石并列组成，中孔两石柱用槽铁夹箍加固，柱顶设帽梁石，上置桥面石梁。桥面每孔由 3 根石梁并列组成，石梁外侧雕刻精致花纹，中孔镌有阳文楷书“德义桥”题额，虽已被凿除，但遗留字迹仍清晰可见，边款为“民国廿三年”“里人重修”字样。桥面两侧为大块长石板护栏，间有望柱 8 根，中孔望柱雕饰古朴、形态生动的石狮两对，其余 4 根望柱雕饰莲花，栏石端部置抱鼓石，东西两端各有石阶 9 级。据《海宁州志稿》载：“德义桥，跨路仲市，东西皆列肆……柱石有大明永乐十二年甲午秋建及陈德明、陈颖生助建等字。清乾隆间重修，嘉庆乙亥、道光甲辰增修。”此桥建于明永乐十二年(1414 年)，后分别于清乾隆、嘉庆、道光年间重修。现桥为民国 23 年(1934 年)重修。明清时期，古镇陆续修建了许多桥梁，其显要位置的三座桥分别为德义桥、德风桥、德明桥，以颂扬路、仲、毛三氏义行功德。2010 年 8 月，该桥被列为海宁市级文物保护单位。

图 1-1-65　德义桥

德风桥　亦称小风桥，位于斜桥镇路仲古镇西市街，坐落在古镇村口，东西向跨西子浜。为 3 孔石柱石梁桥，桥长 13.4 米，桥宽 1.6 米，中孔较大，两边孔略小。桥墩共有 4 排石柱，每排均由 3 块长条石并列组成，柱顶设雕刻纹饰的帽梁石，上置桥面石梁。桥面每孔由 3 根石梁并列组成，中孔石梁外侧雕刻精致花纹，镌有阳文楷书“德风桥”题额，边款为“道光二年八月重建”“里人公立”字样。桥面两侧为长条石护栏，中孔有望柱 4 根，望柱柱头雕饰形态生动的石狮两对，栏石端部置雕刻精致纹饰的抱鼓石，东西两端各有石阶 6 级。桥柱两侧有阳刻楷书楹联两副。南侧联：西接彩虹云蒸霞蔚；东连德义璧合珠联。北侧联：何须司马方题柱；但遇留侯便授书。该桥始建年代不详，现桥为清道光二年(1822 年)重建。2010 年 8 月，该桥被列为海宁市级文物保护单位。

图 1-1-66　德风桥

鲁家桥　位于许村镇报国村，南北向跨鲁家浜。鲁家桥为单孔半圆形石拱桥，桥长 11 米，桥顶宽 1.8 米，净跨 4 米，拱矢高 2 米。拱券采用联锁分节并列砌筑，拱券上方有阳刻楷书“鲁家桥”桥额。桥面两侧无栏杆，桥顶中央雕刻轮回图案，南北两端原有石阶，现用石板横铺坡面，两端缓坡而下。桥两侧拱券旁设有对联石，联石顶置遮雨石，无楹联。该桥未见于地方志，建造年代不详。2010 年 8 月，该桥被列为海宁市级文物保护单位。

图 1-1-67　鲁家桥

黄安桥 位于许村镇景树村，南北向跨黄安桥港。黄安桥为单孔半圆形石拱桥，桥长18米，桥顶宽2.5米，净跨6.6米，拱矢高3.5米。拱券采用联锁分节并列砌筑，拱肩处、拱券旁和拱墙顶设有雕刻纹饰的横系石4根。桥面两侧无栏杆，西侧北端部分拱墙、桥面坍塌。南北两端各有石阶21级。该桥始建年代不详。清《海宁州志稿·都庄》中作“安桥”，应建于清代(1616—1911年)。

方远第一桥 俗称南桥头，位于许村镇孙桥村，东西向跨孙桥港。昔日为连接海宁与杭州市临平区的交通要道，现仍在使用，常有路人和非机动车通行。该桥为5孔石柱石梁桥，桥长18.3米，桥宽1.3米，中孔跨径5.15米，两边孔略小。石柱由两块长条石并列组成，柱顶设帽梁石，上置桥面石梁。桥面每孔由两根石梁并列组成，东端边孔石梁已更换，中孔石梁外侧有阴刻“方远第一桥”题额，边款为“隆庆庚午年正月吉旦”“重建宣统三年”字样。桥面无栏杆，两端桥堍填土接坡。该桥始建年代不详。由桥额边款知，建于明隆庆四年(1570年)，现桥为清宣统三年(1911年)重建。曾在20世纪中期加宽和整修，原桥面宽约1米，在两根石梁中间加筑了一条宽约0.3米的水泥混凝土，将桥面拓宽至1.3米。

图1-1-68 方远第一桥

桐乡市 1982年，桐乡市有3715座民桥，其中砼拱桥599座，砼梁桥1041座，钢梁桥84座，石拱桥102座，石梁桥1705座，木桥184座。境内民间古桥大都为单孔石拱桥。因运河是官商船舶往来之航道，故桥梁必须造得高竣而雄伟，孔高有达三丈余者，桅高七八米的船皆可扬蓬而过。远望如长虹卧波，圆的桥洞，方的石块，弧的桥背，方圆之间相处得体和谐，将力于构景功能，形成了江南水乡繁盛的独特风光和景观。境内有14座跨运河古桥，至1985年末保持完好的只有5座，其余9座已改建为现代混凝土拱桥。

彭河桥 位于上市与芝村乡之间，明成化九年(1473年)重建，今已改建，桥长34.7米，宽2.5米，系单孔钢梁桥。

南三里桥 又名包角堰桥，在崇福镇东南。宋嘉定十三年(1220年)建，后又经明清两朝四次重建、重修，1970年拆除。

青阳桥 位于崇福镇东门，即青阳门外的运河古道上。清顺治初年建，乾隆五十七年(1792年)、光绪二年(1876年)两次重建，1982年拆除。

迎恩桥 位于桐乡市崇福镇北部的运河上，西接北塘直街，东连茅桥埭。明正统年间建，为单孔拱型石桥。1970年拆除。

北三里桥 又名拱辰桥，位于桐乡市芝村乡上莫村杨家坝自然村与虎啸乡李家坝村陆家角自然村的交界处。明天顺六年(1762年)建，为单孔大型石拱桥，后经多次改建、重建。因桥离崇福镇万岁桥三里，故名。清光绪二年(1876年)重建时改名拱辰桥。1981年运河截直，桥被拆，在原址往北100米处建钢混双曲拱桥。1997年运河拓宽，桥址又往北移50米，建砼桁架梁机耕桥，主跨55米，桥长263米，桥宽5米。

南皋桥 又名南高桥，位于桐乡市石门镇南部，明嘉靖二年(1523年)建，最后一次于清同治十一年(1872年)重建，为单孔大型石拱桥，西侧石阶为34级、东为31级。桥栏两边各有石狮八只，桥柱刻有对联：“望一点含山西峙，遥看塔影小于针；按三条诸水南来，曲抱溪流清似玉。”1971年拆除。1997年运河石门市区段再次拓宽，该桥拆除，在原址南移约400米，新建砼架梁机耕桥，主跨55米，两边引桥各长156米，桥梁全长367米，桥宽4.5米。

东高桥 位于桐乡市石门镇东部。明成化十二年(1476年)建，为单孔大型石拱桥，南坡石阶36级，北坡石阶34级。桥石柱上镌刻有对联：“接苕水自天目西来；迳玉溪入苏境东折。”后屡经重建、重修，最后一次于清同治十年(1871)重建。1971年拆除。1998年，运河拓宽，再次改建为砼桁架人行机耕桥，主跨55米，桥长81米，宽4.5米。

单桥 又名万年高桥、钱店渡桥，位于桐乡市炉头镇单桥村。始建年代不详，明嘉靖年间重建，清嘉庆二十三年(1818年)重建时改名单桥，取与皂林双桥单、双相望之意。抗战期间受损，1956年重修，1985年拆除。1997年运河拓宽，再次改建为砼桁架人行机耕桥，全长367米，宽5米。

迎香桥 位于龙翔街道渔业村，原龙翔寺山门前，南北向跨横港。单孔半圆形石拱桥，桥长16.0米，桥顶宽2.2米，净跨6.5米，拱矢高3.25米。拱券采用联锁分节并列砌筑，拱肩处设有横系石一对，拱券上方镶嵌石匾桥额，镌有阳文楷书“迎香桥”三字。桥面两侧设长条石护栏，间有望柱8根，桥顶4根望柱雕饰形态生动的石狮，栏石端部置抱鼓石。桥顶为方形平台，正中雕刻轮回图案，南北两端各有石阶14级。桥两侧拱券旁设有对联石，联石顶置遮雨石，镌有阳文楷书楹联两副。东侧联：九华航渡通兰若；万树炊烟入柞溪。西侧联：到岸霜钟惊客梦；隔塘风遽引归帆。该桥始建年代不详。据1996年版《桐乡县志》载："清光绪三十四年（1908年）改建石拱桥。1990年重修。"2003年12月，该桥被列为桐乡市级文物保护单位。

图1-1-69 迎香桥

福严寺桥 又称寺桥、凤桥、劝农桥，位于凤鸣街道福严寺前，东西向跨寺河，桥因寺得名。福严寺桥为单孔半圆形石拱桥，桥长12米，桥顶宽4.68米，净跨约5米。桥身藤葛绿蔓遍布，垂绿遮容。桥面两侧设石板栏杆，间有望柱6对，端部置有抱鼓石。桥面有15级由两块石板并列组成的石阶，分从两端平缓而下。该桥始建年代无从考证。据推测，寺桥或为1500多年前建造福严寺时同时所建，之后此桥重建(修)历史不详。据桥碑记载，现桥建于清代(1616—1911年)。近年，寺桥东侧又建一钢筋混凝土桥供现代交通使用。2010年8月，该桥被列为桐乡市级文物保护单位。

濮院镇 濮院是历史悠久的江南水乡古镇。旧镇的规模与布局，在宋元濮氏定居时已具雏形，明清时又加以扩展而成。镇区成正方形，东西南北各三里，又因市镇为"流水道络其间"，镇内河道纵横交错，街巷依河延伸，屋宇傍河而筑，河上桥梁横架，街巷与街巷之间大多有各式桥梁相连，"小桥流水人家"的景象至今依然到处可见，显示了独特的自然与人文环境相结合的水乡文化。濮院旧镇区内现存古桥9座，并以古桥群的名义列为省级文物保护单位。

栖凤桥 位于濮院镇龙湾街南端，东抵北横街西端，东西向跨西市河。旧传濮院多梧桐，凤凰来集，故有"栖凤"之说。栖凤桥为3孔石柱石梁桥，桥长16米，桥宽3.26米，中孔跨径5.8米。石柱由5块长条石并列组成，柱顶设雕刻纹饰的帽梁石，桥台由条石叠砌，上置桥面石梁。桥梁略呈八字形，中孔桥面由5根石梁并列组成（中间1根已改为水泥混凝土梁），两边孔桥面采用石板铺砌石阶下坡与街面相连，东西两端分别有石阶13级和15级。桥面石梁外侧雕刻精致花纹，中孔镌有阳文楷书"重建棲凤桥"题额，边款为"道光二十二年立""里人重建"字样。桥面两侧为大块长条石护栏，桥顶有望柱4根，护栏石外侧镌有阳文楷书铭文，南侧为"南无阿弥陀佛"，北侧为"南无观世音菩萨"。桥柱两侧有阳刻楷书楹联两副。南侧联："影认璘彬人语千家储竹实；声闻节是溪流一泾福桐荫。"北侧联："桥跨西河红枝标题栖凤古；坊联北里碧油遥映晓江清。"据清《濮川所闻记》记载，该桥始建于宋代(南宋绍兴年间)，由濮凤所建。现桥为清道光二十二年（1842年）重建。濮凤乃濮院的开镇始祖。据史料记载，宋高宗建炎三年(1129年)，著作郎濮凤随驾南渡，来到梧桐乡幽湖一带(今濮院境内)，此地当时只是一草市，但遍植梧桐，别具一番幽境。濮凤见此情景诗兴大发，赋诗曰："凤凰非梧桐不栖"。濮凤觉得，"凤栖梧桐"，与名适符，方才妥帖，便定居于此，繁衍生息，濮凤就成了濮院的开镇始祖。

图1-1-70 棲凤桥

女儿桥 又称"语儿桥"，位于濮院镇横屋街西端，桥西为万兴街，东西向跨南市河，古为吴越分界处。相传，春秋时，吴王夫差督兵拒越时，溪人有生子能语者，而吴兵适胜，遂命为语儿乡，因以桥名，左有语儿亭。又传，越王勾践入吴，夫人道产女儿于亭，故称女儿亭，亭傍桥称女儿桥。今亭已废，桥尚存。女儿桥为单孔半圆形石拱桥，桥长16.6米，桥顶宽2.75米，净跨7米。拱券采用联锁分节并列砌筑，拱肩处设有横系石一对，拱券上方镶嵌石匾桥额，镌刻桥名模糊不清，边款为"大清嘉庆二年"等字样。桥面两侧设长条石护栏，桥顶护栏石外侧雕刻有捐资人姓名及金额，端部置抱鼓石。桥顶为方形平台，正中雕刻轮回图案，两侧有望柱4根(其中北侧东端1根残缺)，望柱头雕刻如意纹饰，东西两端分别有石阶 18 级和 16 级。桥两侧拱券旁设有对联石，联石顶置遮雨石，联石上无楹联，西端两条对联石被建筑物包入。桥西堍有日军侵华时修筑的一道壕门，为日军侵华的罪证之一。该桥始建年代无从考证。据史料载，南宋德祐年间(1275—1276 年)，濮振重修。现桥为清嘉庆二年(1797 年)重建。清代沈涛《幽湖百咏》中有诗云："语儿桥下女儿嫁，南北苏家尽浣纱。王谢堂前春燕去，满街桑影夕阳斜。"

图 1-1-71　女儿桥

大积桥　俗称新桥，位于濮院镇观前街，南北向跨庙桥港东端。大积桥为单孔石柱石梁桥，桥长 18.07 米，桥宽 2.4 米，跨径 6 米。石柱由 5 块长条石并列组成，柱顶设帽梁石，上置桥面石梁。桥梁略呈八字形，桥面由 5 根石梁并列组成，石梁外侧镌有阳文楷书"重建大积桥"题额。桥面两侧为大块长条石护栏，栏石端部成抱鼓状，桥顶有望柱 4 根，望柱柱头雕刻束莲，南北两端各有 15 级阶下坡与街面相连。据清《濮川所闻记》记载，该桥始建于元代，为元至元十六年(1279 年)至皇庆末年(1313 年)间，由濮鉴所建。清乾隆四十四年(1779 年)陈宗重建。此桥原在翔云观前，清嘉庆四年(1799 年)移建翔云观之东港口今址。濮鉴(1262—1313 年)，系濮凤十世孙。据史料记载，他生平乐善好施，如赈济灾民、创建佛寺、修桥铺路、开办义学、周恤孤寡等，而且善于创新，发展经济，开创了濮院丝绸产业，被称为"永乐市"，由此濮院也逐渐发展成江南名镇。濮院的古桥梁，大多是在这个时期建造的。

图 1-1-72　大积桥

大德桥　俗称庙桥，位于濮院镇中市观前街，南北向跨庙桥港中段。大德桥为单孔半圆形石拱桥，桥长 12.6 米，桥顶宽 2.75 米，净跨 7 米。拱券采用联锁分节并列砌筑，拱券内条石下部有雕刻荷叶、莲花及如意图案，题记文字模糊不清，拱券上方镶嵌石匾桥额，镌有阳文楷书"大德桥"三字。桥面两侧设长条石护栏，桥顶为方形平台，正中雕刻轮回图案，两侧有望柱 4 根，南北两端桥面无石阶，采用块石铺砌成斜坡与街面相连。据清《濮川所闻记》载，该桥始建于元代，为元至元十六年(1279 年)至皇庆末年(1313 年)间，由濮鉴所建。现桥为民国 9 年(1920 年)重建。

图 1-1-73　大德桥

大有桥　位于濮院镇大有街南端，南北向跨庙桥港西端。大有桥为 3 孔石柱石梁桥，桥长 15.1 米，桥宽 2.85 米，中孔跨径 4.93 米。石柱由 4 块长条石并列组成，南孔石柱内侧上有雕刻荷叶、莲花及如意图案，题记中清晰可见"本境福善寺僧"等字样，其他文字无法辨认，柱顶设帽梁石，桥台由条石叠砌，上置桥面石梁。桥梁略呈八字形，中孔桥面由 5 根石梁并列组成，石梁外侧镌有阳文楷书"重建大有桥"题额，两边孔桥面采用石板铺砌石阶下坡与街面相连。桥面两侧为长条石护栏，间有望柱 6 根(西侧残缺 1 根)，望柱柱头雕刻覆莲和束莲，栏石端部置抱鼓石，南北两端分别有石阶 15 级和 14 级。据清《濮川所闻记》记载，该桥始建于元代，为元至元十六年(1279 年)至皇庆末年(1313 年)间，由濮鉴所建。现桥为清宣统三年(1911 年)重建。大积、大德、大有 3 座桥都建造在观前街的庙桥港上，翔云观就地处观前街中。濮鉴当时先后创建了 5 座佛寺，镇区内佛教意境甚浓。3 座桥上都雕刻了象征佛教图案的荷叶、莲花及如意，还有"本境福善寺僧"等字样题记。3 座桥的桥名充满佛教文化，宣扬因果报应的佛教思想，提倡人要大积大德才会大有，积德从善才会有好报，桥文化和佛文化融合，互映成趣，耐人寻味。

图 1-1-74 大有桥

定泉桥 位于濮院镇北廊棚南端，东西向跨北市河。相传桥下有泉，大旱不涸，涌突不绝，故名定泉。定泉桥为单孔半圆形石拱桥，桥长16.9米，桥顶宽2.7米，净跨7.4米。拱券采用联锁分节并列砌筑，拱券上方桥额被藤葛绿蔓遮掩无法看清。桥面两侧为长条石护栏，端部置抱鼓石。桥顶为方形平台，正中雕刻轮回图案，两侧有望柱4根，望柱柱头雕刻如意纹饰，东西两端各有石阶18级。该桥始建年代不详。据清《濮川所闻记》载，现桥为清乾隆六十年(1795年)重建。

图 1-1-75 定泉桥

秀桐桥 位于濮院镇北廊棚北端，在定泉桥之北，东西向跨北市河。旧时为桐乡县与秀水县的交界处。秀桐桥为3孔石柱石梁桥，桥长13.83米，桥宽2.24米，中孔跨径4.65米。石柱由4块长条石并列组成，柱顶设帽梁石，桥台由条石叠砌，上置桥面石梁。桥梁略呈八字形，中孔桥面由4根石梁并列组成，石梁外侧镌有阳文楷书“重建秀桐桥”题额，两边孔桥面采用石板铺砌石阶下坡与街面相连。桥面两侧为长条石护栏，栏石端部成抱鼓状，桥顶有望柱4根，东西两端各有石阶14级。桥柱两侧有阳刻楷书楹联两副。南侧联：“星移秀水珠会彩；日照桐乡□蕴辉。”北侧联：“鸣凤翔来占运泰；卧龙见处颂时□。”该桥始建年代不详。据桥碑记载，现桥于清代(1616—1911年)重建。

图 1-1-76 秀桐桥

众安桥 俗称施全庙(桥)，位于濮院镇花园街北端，东西向跨东市河。众安桥为单孔半圆形石拱桥，桥长16.08米，桥顶宽2.2米，净跨6.9米。拱券采用联锁分节并列砌筑，拱肩处设有横系石一对，拱券上方镶嵌石匾桥额，镌有阳文楷书“重建众安桥”。桥面两侧设长条石护栏，端部置抱鼓石。桥顶为方形平台，正中雕刻轮回图案，两侧有望柱4根，东西两端各有石阶17级。桥两侧拱券旁设有对联石，联石顶置雕刻纹饰的遮雨石，但联石上无楹联。桥东堍原有为纪念南宋爱国将领施全而建的施全庙，现庙已毁，仅存亭。该桥始建年代不详。据清《濮川所闻记》记载，现桥为清道光四年(1824年)重建。1986年曾予修缮。

图 1-1-77 众安桥

王板桥 位于濮院镇仓前街东端，南北向跨东市河。为单孔半圆形石拱桥，桥长14.5米，桥顶宽2.4米，净跨6.5米。拱券采用联锁分节并列砌筑，拱肩处设有横系石一对，拱券上方桥额字迹难辨。桥面两侧设长条石护栏，无望柱，桥顶为方形平台，正中雕刻轮回图案，南北两端分别有石阶15级和14级。桥两侧拱券旁设有对联石，联石顶置遮雨石，但联石上无楹联。该桥始建年代不详。据桥碑记载，现桥建于清代(1616—1911年)。

图 1-1-78 王板桥

升平桥 位于濮院镇仓前街北端，沿十景塘，南北向跨与十景塘交汇处的升平桥港。此桥为桐乡市濮院镇与嘉兴市秀洲区洪合镇的交界处。升平桥为单孔半圆形石拱桥，桥长 16.4 米，桥顶宽 2.7 米，净跨 6 米。拱券采用联锁分节并列砌筑，拱肩处设有横系石一对，拱券上方镶嵌石匾桥额，镌有阳文楷书“重建升平桥”，边款为“民国卅五年吉旦立”字样。桥面两侧长条石护栏仅剩南侧部分，其余均损毁不存。桥顶为方形平台，正中雕刻轮回图案，南北两端各有石阶 15 级，末端约有 2 级石阶已用水泥铺平，石阶中间加铺了两条水泥坡道，方便车辆上下。桥两侧拱券旁设有对联石，联石顶置雕刻纹饰的遮雨石，镌有阳文楷书楹联两副。东侧联：“济寿歌仁乡称永乐；机声渔唱人共升平。”西侧联：“桐水西来联十景；梅泾南望慕双贤。”该桥始建年代不详。清嘉庆二十五年的《濮川所闻记》中已有升平桥记载，该桥应建于此前。民国 16 年《濮院志》载：“升平桥，在十景塘。道光八年重修。”由桥额边款可知，现桥为民国 35 年(1946 年)重建。2010 年 9 月，该桥被列为桐乡市级文物保护单位。

图 1-1-79 升平桥

大洋桥 位于大麻镇西南村，东西向跨大洋河。7 孔石柱石梁桥，桥全长 32 米，桥宽 1.7 米，7 跨总长 28.5 米，中孔跨径 5.9 米，中孔较大，两边孔略小。石柱由 3 块长条石并列组成，桥台由条石叠砌，桥柱顶设帽梁石，上置桥面石梁。桥面每孔由 3 根石梁并列组成，中孔石梁外侧镌有阳文楷书“大洋桥”题额，边款模糊不清。桥面正中雕刻轮回图案，两侧原无栏杆，现安装铁栏杆，两端石阶被土填平。该桥始建年代不详。据《桐乡县志》记载，清乾隆年间重建，现桥为道光十年(1830 年) 重建。大洋桥为嘉兴地区现存少数几座 7 孔石梁桥之一。2010 年 9 月，该桥被列为桐乡市级文物保护单位。

图 1-1-80 大洋桥

乌镇 乌镇地处两省三市交界处，典型的江南水乡古镇，市河纵贯镇区南北，东西支流密布。全镇以河为街，以岸为市，桥街相连，河埠廊坊，依河筑屋，名人故居，胜迹点缀，水镇一体，显示“小桥流水人家”的古镇风韵，呈现自然环境与人文环境和谐相处之美。据载，乌镇历史上曾有桥梁 120 多座，有“百步一桥”之说。至 1900 年，镇区仍存有古桥 39 座。

福昌桥 俗称浮澜桥，位于乌镇南大街南段，南北向跨与市河交汇处的浮澜桥港。单孔半圆形石拱桥，桥长 27.4 米，桥顶宽 3.3 米，净跨 11.3 米。拱券采用联锁分节并列砌筑，拱肩处设有雕刻纹饰的横系石一对，拱券上方镶嵌石匾桥额，镌有阳文楷书“福昌桥”三字。桥面两侧设长条石护栏，间隔望柱 12 根，望柱上雕有形态生动的石狮 12 只 (南端东侧 1 只和西侧 2 只损毁)，栏石端部置抱鼓石。桥顶为方形平台，两边砌成靠背式栏石。南北两端各有石阶 21 级与街面相连。桥两侧拱券旁设有对联石，联石顶置遮雨石，镌有阳文楷书楹联两副。东侧联：“练水西来烟色霏微开爽气；绣溪东去日华荡漾涌晴澜。”西侧联：“地接青龙云集成万家井邑；波迎白马星驰来百业舟航。”

相传，该桥系明宣德年间(1426—1435年)由镇人浮澜先生出资独建，故又名浮澜桥。河港也因此而名，桥北堍现在还有浮澜桥弄。浮澜即壶敏，字中行，自小聪颖，8岁就能作诗，其父因此为他取名“敏”，长大后擅长绘画，喜欢乘舟出游，自号浮澜先生。据1996年版《桐乡县志》载：“正德十三年(1518年)重建，改名福昌桥。现桥为清乾隆四十五年(1780年)重修。”2010年9月，该桥被列为桐乡市级文物保护单位。

图 1-1-81 福昌桥

图 1-1-82 通安桥

通安桥 位于乌镇西栅的西栅大街东端，南北向跨西市河。该桥俗称坊桥，谐音又称丰桥。清代时桥南堍西首有蔡氏宗祠，民国时被水警占为驻所，俗称水营，桥因此也曾名水营桥。通安桥为单孔半圆形石拱桥，桥长16.4米，桥顶宽3.2米，净跨8.8米。拱券采用联锁分节并列砌筑，拱肩处设有横系石一对，拱券上方镶嵌石匾桥额，镌有阳文楷书“通安桥”三字。桥两侧拱券旁设有对联石，联石顶置遮雨石，但联石上无楹联。桥面两侧设大块长条石护栏，间隔望柱12根，栏石端部置抱鼓石。桥顶为方形平台，正中雕刻轮回图案，两边砌成靠背式栏石。东边靠背栏石上镌刻有当地福昌冶坊捐助修桥的情况，落款为“清道光二十二年十月吉旦”字样。南北两端各有石阶20级下坡与街面相连，南端沿河美人靠、廊棚、水阁参差错落，绵延向前，风光怡人；北端与西栅大街相连，石板铺砌的街道逶迤伸向远方，两旁古民居、商铺、客栈鳞次栉比，散发着浓郁的古韵味。桥北端石阶上还修建了一道壕门，昼开夜关，以保安全。该桥始建年代不详。据史料记载，桥南堍在南宋嘉定年间(1208—1224年)为“都酒务酒正”治所，桥北堍曾有南宋尚书顾岩的宅园，西侧嵌有明万历年间《重建通安桥记略》的石碑。此桥在南宋时期就已存在，明万历年间(1573—1620年)重建。现桥为清道光二十二年(1842年)重修。

乌镇双桥 位于乌镇西栅，地处西栅的西栅大街西段，为西栅标志性建筑。它是修建在两条垂直相交的河道上，利用河流地形特点而设计的跨越两条河道的两座桥梁。双桥为通济桥和仁济桥两座单孔半圆形石拱桥组成，左为通济桥，右为仁济桥。

图 1-1-83 乌镇双桥

通济桥 东西向跨西高桥港，因桥较高且处镇西，俗称西高桥。桥长28.4米，桥顶宽3.5米，净跨11.8米。拱券采用联锁分节并列砌筑，拱肩处设横系石一对，拱券上方镶嵌石匾桥额，镌有阳文楷书“通济桥”三字。桥面两侧设长条石护栏，无望柱，全桥栏石砌成靠背式。桥顶为方形平台，正中雕刻轮回图案，东西两端各有石阶28级。整座桥建筑精致，优美壮观。桥两侧拱券旁设有对联石，联石顶置遮雨石，镌有阳文楷书楹联两副。南侧联：“寒树烟中尽乌戍六朝旧地；夕阳帆外是吴兴几点远山。”北侧联：“通霅门开数万家西环浙水；题桥人至三千里北望燕京。”该桥始建年代不详。据清《乌青镇志》记载，明正德十年(1515 年)重建，后万历三十九年(1611 年)再建，清康熙四十七年(1708 年)又重建，乾隆九年(1744 年)正圯，新市僧祖心募众重建。现桥为清同治六年(1867 年)，里人邱雨樵等募建。

仁济桥 南北向跨西市河，因旧时桥外水中曾设有木栅门，昼开夜闭，以防盗贼从水上进镇，故又名栅桥。仁济桥桥长 22.6 米，桥顶宽 2.8 米，净跨 8.5 米。拱券采用联锁分节并列砌筑，拱肩处设横系石一对，拱券上方有阳刻楷书“仁济桥”桥额。桥面两侧设长条石护栏，间有望柱 12 根，端部置抱鼓石。桥顶为方形平台，正中雕刻轮回图案，两侧砌成靠背式栏石，东西两端各有石阶 26 级。桥两侧拱券旁设有对联石，联石顶置遮雨石，联石上无楹联。该桥始建年代不详。据清《乌青镇志》记载，明正德十三年(1518 年)改建石拱桥，清雍正十二年(1734 年)重建。现桥为清同治年间(1862—1874 年)重建。仁济桥与通济桥两座桥相距 8 米，呈直角相交，无意间形成了“桥里桥”的视觉效果，无论站在哪一座桥边，都可以透过桥孔看到另一座桥，如同井中观月。乌镇双桥又被称为桥里桥。

图 1-1-84 仁济桥

中塘桥 又名永禄桥，位于洲泉镇道村村，东西向跨含山塘。此处是桐乡市与德清县交界处，昔日为杭湖漕运的水路通道。中塘桥为单孔半圆形石拱桥，桥长 32.6 米，桥顶宽 3 米，净跨 10 米，拱矢高 5 米。拱券采用联锁分节并列砌筑，拱肩处设有横系石一对，拱券上方镶嵌石匾桥额，镌有阳文楷书“中塘桥”，边款为“光绪六年冬季重建”字样。桥面两侧无栏杆，仅在桥顶设有一块长条石护栏，护栏石外侧有阳刻楷书“栏杆”两个大字。桥顶为方形平台，东西两端各有石阶 30 级，两侧加铺了水泥坡道，方便车辆上下。桥两侧拱券旁各设有对联石 4 条，联石顶置遮雨石，主联上镌有阳文楷书楹联两副，副联上无楹联。南侧主联：“旧迹著中塘通舟楫往还港分南北；新题仍永禄来轮蹄络绎路别东西。”北侧主联：“虹影跨石矶紧抱含山依荻岸；乌波通钱市平分语水下苕溪。”桥东堍有旧亭，石柱石凳，木梁青瓦，虽已破旧，但古风犹存。2008 年，在该桥南侧建造了一座钢筋混凝土桥供交通使用。该桥始建年代不详，现桥为清光绪六年(1880 年)重建。2003 年 12 月，该桥被列为桐乡市级文物保护单位。

图 1-1-85 中塘桥

聚宝桥 俗称元宝桥、三环洞桥，位于洲泉镇义马村，东西向跨含山塘。为 3 孔半圆形驼峰式石拱桥，桥全长 61 米(其中桥身长 39.4 米)，桥顶宽 3.3 米，中孔净跨 14.6 米，拱矢高 7 米，两边孔净跨 8 米，拱矢高 4 米。拱券采用联锁分节并列砌筑，拱券顶石上有阳刻楷书“聚宝桥”桥额。桥面两侧设石板桥栏，间有望柱各 22 根，桥顶为方形平台，石栏板外侧有阴刻楷书“聚宝桥”题额，东西两端分别有石阶 33 级和 32 级，石阶两侧边缘加铺了一条水泥坡道，方便车辆上下。桥孔内侧镌刻有捐助者的姓名及金额，部分已模糊不清。桥南北两侧两拱券间桥墩上方的拱墙上各镶嵌了一块元宝形状的白色巨大石雕，与桥名相合，非常醒目，全桥未设横系石和对联石，这在明清时期建造的古石拱桥中未有所闻，或于 1988 年重修时拆除。该桥始建年代不详。据旧志载：“清康熙年间重建三洞，称虎啸桥。雍正十一年(1733 年)再建，光绪时名永镇聚宝桥。”1988 年桐乡县人民政府组织重修。在桥两侧的拱墙上镶嵌有长条石匾，镌刻记载了此次重修的事项。2003 年 12 月，该桥被列为桐乡市级文物保护单位。

图 1-1-86 聚宝桥

万年桥 位于洲泉镇夜明村，东西向跨含山塘。单孔半圆形石拱桥，桥长20.6米，桥顶宽2.8米。拱券采用联锁分节并列砌筑，拱肩处设有横系石一对，拱券上方有阳刻楷书“万年桥”桥额。桥面两侧无栏杆，桥顶为方形平台，东西两端各有石阶21级。桥两侧拱券旁各设有对联石4条，联石顶置遮雨石，但联石上已无楹联可辨认。桥上原有亭，已毁，然柱石犹存。据明万历《崇德县志》载：“万年桥，永乐中建。”该桥始建于明永乐年间(1403—1424年)。清雍正年间(1723—1735年)重建。现桥为嘉庆二十三年(1818年)，徐姓道士劝募重建。2003年12月，该桥被列为桐乡市级文物保护单位。

图1-1-87 万年桥

淳安桥 位于洲泉镇众安村，南北向跨淳安港。桥南为杭州市余杭区运河镇戚家村，桥北为嘉兴市桐乡洲泉镇众安村，桥北西侧约400米为湖州市德清县钱塘村，与几百年前的三地分界几乎未变。一桥横跨嘉兴、杭州、湖州三市，被称为“一桥跨三府”，实为罕见。淳安桥为3孔石柱石梁桥，桥长23米，桥宽1.75米，3跨总长13.9米(南孔4.4米、中孔5米、北孔4.5米)。两端各有石阶4级和一个平台。桥墩共有4排石柱，均由3块长条石并列组成，柱顶设帽梁石，上置桥面石梁。桥面构造很有特色，通常都是由3根或4根石梁并列组成桥面，而该桥仅在两侧架设两根石梁，石梁之间横向铺设石板组成桥面，构造经济，施工省力，嘉兴地区目前只发现此例。为安全起见，现村民集资在桥面两侧安装了铁栏杆。淳安港为三地的界河，淳安桥亦成三地界桥，桥上雕刻的文字作了明确的标注。中孔桥面石梁外侧镌有阴文楷书“中央桥门为德清县东西连接之水道”，南桥柱侧面镌有“南首桥门东西直线杭县界”，北桥柱侧面镌有“北首桥门东西直线崇德县界”，明文规定了三地渔民划船经过桥洞的规则，以免发生碰撞。据载，该桥始建于明隆庆三年(1569年)。由桥柱上雕刻文字知，北桥柱上雕刻的“北首桥门东西直线崇德县界”，“崇德”两字模糊，似有被凿痕迹。据传，清康熙元年(1662年)康熙皇帝即位时，有鉴于崇德县与清太宗皇太极的年号“崇德”重名，为了避讳而下诏将崇德县改称石门县，直到1914年才恢复崇德县县名。可能当时淳安桥的村民为了避灾免祸，或者是官府的命令，将“崇德”两字给凿掉，但未彻底凿平，现尚能辨认。现桥为清代晚期重修。

其他古桥

国界桥 位于洪合镇洪合村，南北向跨九里港，春秋时为吴越两国界河，故九里港又称“国界河”，桥则称“国界桥”。桥北南分属吴越国。古时桥南北两岸原为草荡，相传为吴越古战场遗址。据《左传》记载，公元前496年—473年，吴国与越国争霸，曾进行过三次大规模战争，其中最有名的一场大战史称“槜李之战”就发生在这一带(槜李为嘉兴古时的地名)。1959年考古工作者在此进行考古挖掘时，发掘出土了大量的马骨、箭头和古代兵器，为历史的记载提供了考古上的证据。国界桥是一座3孔石柱石梁桥，桥长19.7米，桥宽1.6米，3跨总长12.4米，中孔跨径4.4米。石柱由3块长条石并列组成，南孔石柱迎水面的条石被撞击断裂，现用3道槽铁夹箍加固，柱顶设雕刻纹饰的帽梁石，上置桥面石梁。桥面每孔由3根石梁并列组成，石梁外侧雕刻精致花纹，中孔镌有阳文楷书“国界桥”三字题额，边款为“嘉庆辛未”“里人重建”字样。桥面无栏杆，南北两端分别有石阶6级和5级。桥柱两侧有阳刻楷书楹联两副。东侧联：星映斗牛临鹊驾；地连吴越判鸿沟。西侧联：披莱远溯夫余泽；端委常存泰伯风。两端桥孔内桥台上镶嵌有两尊小石像，北端为吴王，南端为越王。两尊小石像雕塑神态古拙，据考证，为明代以前作品。据史料记载，该桥始建于北宋，明代重建。现桥为清嘉庆十六年(1811年)重建。国界桥具有重要的历史价值和文物价值，1981年10月，该桥被列为嘉兴市级文物保护单位。为保护古桥，在桥上砌筑一道高墙，禁止通行。

图1-1-88 国界桥

鱼池汇桥 因跨鱼池汇港而得名，又名广福桥，位于油车港镇古窦泾村，东西向跨鱼池汇港，因桥东堍原有一座广福庵，故名，现庵已不存。该桥为7孔石柱石梁桥，桥全长40.6米，桥宽2.15米，7跨总长32.8米，中孔跨径6.4米，中孔较大，两边孔略小。桥墩为组合式结构，中孔二墩采用条石砌筑的实体石墩，其余各孔石柱由3至4块长条石并列组成，桥台由条石叠砌，桥墩(台)顶设雕刻纹饰的帽梁石，上置桥面石梁。中孔石墩为下大上小的塔形构造，墩身较薄，墩顶宽约0.5米。据说，当年建桥时工匠们考虑河道水流、通航及防止船只撞击等因素，为确保桥梁稳固安全而设计的。桥面每孔由4根石梁并列组成，石梁外侧雕刻精致花纹，中孔南侧镌有阳文楷书“鱼池汇广福桥”，北侧为“重建广福桥”题额，边款为“岁次辛酉”“民国拾年”字样。桥面两侧为大块长条石护栏，间有望柱16根，中孔望柱有雕刻精致、栩栩如生的石狮两对，栏石端部置抱鼓石，东西两端分别有石阶8级和6级。鱼池汇桥在第2、3孔和5、6孔间的桥柱两侧有阳刻楷书楹联两副。南侧联：“两岸渔邨蟹舍水接鸳湖；万家绣壤云塍波平麟渚。”北侧联：“舟来塘北春桑帆影参差；区接池西古寺钟声隐约。”鱼池汇桥除桥墩采用组合式结构外，桥栏望柱外侧均设有竖向抱鼓石，抱鼓雕刻太极图案，嘉兴地区较少见，唯在油车港镇集中存6座桥。古石桥通常仅在桥栏石端部设置抱鼓石，雕刻卷花纹、祥云纹、海口纹、回形纹、几何图案等，亦偶有太极图案，但像鱼池汇桥在桥栏望柱外侧设置竖向抱鼓并雕刻太极图案的桥梁，浙江省亦不多见。该桥始建年代不详。明万历《秀水县志》载：“鱼池汇桥，在麟湜乡。”明万历年间(1573—1620年)已有此桥。据记载，该桥为清代重建，现桥为民国10年(1921年)重建。1992年10月，该桥被列为嘉兴市级文物保护单位。

图1-1-89 鱼池汇桥

文星桥 俗称哑巴桥，位于南湖区鸳湖路仿古街东端，东西向跨长生河口，连接揽秀园和南湖生态保护区。该桥为3孔半圆形驼峰式石拱桥，桥全长34.6米，桥顶宽3.26米，中孔净跨10.4米，两边孔净跨均为5.2米。拱券采用联锁分节并列砌筑，中孔拱肩处设有横系石一对，拱券上方有阳刻楷书“重修文星桥”桥额。桥面陡峻，两侧设长条石护栏，间有望柱8根，桥顶为方形平台，正中雕刻轮回图案，东西两端各有石阶19级，每级石阶都由两块条石并列铺成。桥两侧拱券间和边孔旁设有对联石4条，联石顶置遮雨石，镌有阳文楷书楹联4副。北侧中孔主联：“鸳水龙渊锁西南之巨浸；马场渔溆接东北之安澜。”边孔副联：“焕文光上惊星斗；辉星象下启文人。”南侧中孔主联上联：“文澜吐纳双湖灵钟秀水；”下联因联石维修过，已不可见。边孔副联：“鹾客津梁欣利涉；画船烟雨庆怡波。”该桥始建年代不详。清光绪《嘉兴府志》中《临幸程治图》上有文星桥之名，应建于乾隆皇帝南巡之前。现桥为清同治六年(1867年)重建。文星桥一带(今揽秀园)，宋代称梅溪，宋元祐年间(1086—1094年)，僧人智鉴筑庵于此，植梅百株，称梅庵。明崇祯《嘉兴县志》记载有“梅溪八景”。元明两代，此地屡遭毁废，直到明崇祯五年(1632年)，里人孙洪基梦中遇一老者随地指示古迹，于是构筑庵堂，补植梅花，建孙大参、孙勋卿两公祠，恢复梅溪景观。清代，“梅溪八景”已失之记载，但仍然留有园林的遗迹，依稀可见池塘烟柳、曲径凄迷的景色。清乾隆皇帝6次巡视江南，对南湖烟雨楼情有独钟，曾8次登临游历，每次都赋诗留迹，先后作诗15首，现镌刻于湖心岛上的两处御碑亭内。据传，乾隆皇帝南巡时亦曾到文星桥一带巡游，堪称嘉兴地区最美丽的一座古桥。1992年10月，该桥被列为嘉兴市级文物保护单位。

图1-1-90 文星桥

塔塘桥 位于余新镇西南侧，东西向跨海盐塘。为单孔半圆形驼峰式石拱桥，桥长48.6米，桥顶宽3.45米，桥堍宽4.5米，净跨16米，拱矢高7.8米。拱券采用联锁分节并列砌筑，拱肩处设有横系石一对，拱券上方镶嵌石匾桥额，镌有阳文楷书“重建塔塘桥”，边款为“光绪乙巳三十一年”“同人公建”字样。桥面两侧设长条石护栏，桥顶为方形平台，正中雕刻轮回图案，两侧砌成靠背式栏石，四角有雕饰石狮望柱 4 根，石狮雕琢形态生动，护栏石端部原有抱鼓石已损毁，现仅余西端南侧一块。桥面陡峻，东西两端各有石阶 42 级，石阶两边加铺了一条水泥坡道，方便车辆上下。桥东端南侧山花墙上镶嵌有一块高 1.62 米，宽 0.81 米的《众善同登碑》石碑，碑上刻有捐款者、捐材料者或经营善事者的姓名以及捐赠金额或数量，碑左落款为“清光绪乙巳三十一年重建塔塘桥众善台玉镌刊环石外汇登于右”字样。桥两侧拱券旁各设有对联石 4 条，联石顶置遮雨石，镌有阳文隶书楹联 4 副。南侧主联：“西迎练浦东注风溪佳日快登临隐隐见双山古塔；南接盐官北通鸳水中流资砥柱魏魏镇百里横塘。”南侧副联：“十景里中收赏雪吟风姿雅集；扁舟圯下泊沽春唱晚任渔闲。”北侧主联：“由郡治至此逾二十里市集阛骈远脉受横塘实赖中流锁钥；溯明季迄今几三百年舆梁朽蠹近功侔永庆更迟一纪经营。”北侧副联：“为亘古开一奇世界道贯东西；使寰海息其大波澜水融南北。”桥下海盐塘船只运输繁忙，为防古桥被损，桥孔两旁上下游水中设置 4 个水泥混凝土防撞墩，并增设了警示标志。塔塘桥全桥的山花墙采用斗式结构。古石拱桥的山花墙砌筑大多采用条石分层顺砌，也有一些采用石板一顺一丁砌筑的钉靴式结构，而此桥采用了罕见的斗式结构。所谓斗式结构，即用石板顺丁石砌筑，每两层上平盖一批石板，形成斗式结构，斗内为填筑物。其优点可节省石料，操作方便，砌筑省力，牢固稳定。此类古石拱桥在嘉兴地区属首次发现，浙江省亦少见，该桥为研究古石拱桥的施工方法提供了珍贵的实物资料。该桥始建年代不详。据清道光《余闲小志・桥梁》载：“塔塘桥在里西，跨横塘。相传创自宋代，高踈雄壮，为郡郭南来第一桥。明崇祯甲申重建。”此桥在明崇祯十七年(1644 年)重建。现桥为清光绪三十一年(1905 年)重建。明清时期修建跨径达到 16 米的单孔石拱桥，塔塘桥在嘉兴地区尚属首座。1992 年 10 月，该桥被列为嘉兴市级文物保护单位。

图 1-1-91 塔塘桥

三步两爿桥 位于凤桥镇北石佛寺前的长生河上，因在两条河道的交叉处，呈直角相连，犹如一座连体的姐妹桥。据历代嘉兴府志记载，唐肃宗至德二年(757 年)，在此地掘得石佛 4 尊，遂建造寺院供奉，取名为石佛院。宋代赐名保圣院，明洪武时始称石佛寺。因石佛寺地貌形似一朵五瓣梅花，四周皆河，曲折盘错，所以，也称梅花洲。相传，寺院竣工后，香火旺盛，香客从四面八方赶来拜佛，但没想到寺前的两条河阻挡了香客的路，由此寺内僧人就化缘，在两河交叉处建造了两爿桥(嘉兴地区常将一座桥称为一爿桥)，由于从第一座桥下来只走三步就上第二座桥，故称之为三步两爿桥。因梅花洲曲水迂回，又是佛教圣地，香客众多，便形成了石桥众多且集中的特色，历代以来共建有 12 座石桥。随着寺院的屡经兴废，大多石桥已废毁无存，现仅遗存 3 座，三步两爿桥就是其中的幸存者。三步两爿桥，南北方向的一座名为聚秀桥，东西方向的一座名为常丰桥，呈直角相交连成一体。两桥均为单孔半圆形石拱桥，桥长分别为 13.2 米和 14.6 米，净跨分别为 5.8 米和 5.35 米，桥顶宽分别为 2.2 米和 2.5 米，全桥用花岗岩条石砌成。拱券采用联锁分节并列砌筑，拱肩处设有横系石一对，拱券上方镶嵌桥额，分别镌有“聚秀”和“常丰”两字。桥面两侧设长条石护栏，各间有望柱 8 根和 12 根，并置有抱鼓石。桥顶为方形平台，正中雕刻轮回图案，桥两端用两块条石并列铺成的石阶上下，分别为 11 级和 9 级，石阶凿成斜纹有利防滑。桥两侧拱券旁设有对联石，联石顶置遮雨石，联石上镌有阳文楷书楹联。聚秀桥东侧联：“锁梅花洲之去脉；镇禅仗沙之分堤。”聚秀桥西侧联：“波影射双龙井眼；河源通一鉴山泉。”常丰桥南侧联：“乘驷漫夸题柱客；成梁为助济川功。”常丰桥北侧对联石上无楹联。清初著名文人朱彝尊在《鸳鸯湖棹歌》中赋诗云：“伍胥山头花满林，石佛寺下水深深。妾似胥山长在眼，郎如石佛本无心。”三步两爿桥地方志不见记载。疑始建于唐代，明代重建。1992 年 10 月，三步两爿桥被列为嘉兴市级文物保护单位。

图 1-1-92 三步两爿桥

西丽桥 位于今市区三塔塘东端。旧时穿通越门(西门)、过西丽桥，陆路可直达杭州。原为单孔石桥，始建于宋熙宁以后，晚于北丽桥。石柱上雕有石狮，桥堍有蹲地石狮。石狮有两人高，仪表凝重、勇猛，栩栩欲生。此种蹲地石狮，唯西丽桥独有。清光绪二年(1876 年)重建，1949 年 5 月兵毁。20 世纪 50 年代初，在原桥处建钢筋混凝土桥。西丽桥在嘉兴城西，五行有“乾兑西方金”“金生丽水”之说，故名。“丽”还有成对之意，所以大运河在嘉兴城西、城北的桥都有丽桥。

端平桥 位于市区，连接鱼行街北端与北京路东端的桥梁。至元《嘉禾志》就有“端平桥”桥名记载，说在嘉兴县“县北三里”，以后的各种志书都沿用至元《嘉禾志》的记载，别无其他文字说明。端平桥下的运河是全程最窄处，桥又不高，所以东侧有落帆亭，凡帆船过桥都先落下篷帆。

甏瓦桥 也称彭河桥，位于桐乡市上市乡东安村沈家自然村与芝村乡利顺村交界处。早已倾圮，后在原址上新建了钢梁平桥。

虹桥 位于桐乡市上市乡胜建村虹桥自然村，为石梁平桥，历史上拆建过多次，最后一次是 1934 年由崇福僧人重建，但在 1982 年被拆除。

古代还在运河塘、长水塘、魏塘、汉塘、横塘、三店塘、华亭塘等沿塘塘路上，分别建有不同类型的纤塘桥，作为拉纤，辅助船只通航，这些小型桥梁以石板、石梁桥为主，结构简单，造型古朴，建造年代无考。

第二章 公 路

2010年底，嘉兴市公路总里程7668.834公里，其中高速公路349.299公里、一级公路632.924公里、二级公路544.17公里，三级公路1038.292公里。高级、次高级路面铺装率占总里程的90.5%。比"十五"末增加5512公里，其中新增高速公路200公里、新增一级公路236公里、二级公路253公里，累计完成农村联网公路1224公里。乡(镇)、村公路通达率100%。公路网密度196公里/百平方公里，继续保持全省第一。"十一五"公路养护、文明公路创建也取得显著成效，累计完成绿色通道工程336公里，文明公路创建410公里，干线公路路面大中修工程225公里和农村公路大中修工程424公里，累计改造农村危桥715座和全面完成撤渡建桥。乡道以上平均优良路率84%，国省道干线公路无差等路。

第一节 公路的历史演变

嘉兴的公路交通始于20世纪20年代，采用官、商共同筑路、谁筑谁营以及官方筑路向商家出租运输专营权等方式筹集资金兴办。民国16年(1927年)，杭沪公路杭州至海宁(盐官)段首先建成通车，后继续延伸修筑。民国21年(1932年)，杭州至省界金丝娘桥公路建成，与上海方向公路相接，即为杭沪公路。民国21年至23年(1932—1934年)，完成乍浦至省界王江泾段公路，与苏州方向公路相接。民国25年(1936年)，完成杭枫公路临平至枫泾段。至民国26年(1937年)，共建成公路268.92公里。此外还修建了抗日战备临时性道路：嘉兴区交通路43.12公里，嘉兴区纵队路118.27公里，杭善、焦善联络路2.13公里。

抗日战争期间，公路遭受破坏和失修失养。民国28年(1939年)至民国34年(1945年)间，嘉兴通车公路仅嘉兴至乍浦、嘉兴至王江泾、嘉兴至桐乡、长安至崇德共95.89公里。抗日战争胜利后，国民党政府虽曾抢修恢复，但因社会动荡，经济萧条，经费不足，物价飞涨，公路状况日益衰败。至1949年4月，全市可通和勉强通车公路仅216.58公里。解放前夕国民党军队溃逃前又加破坏，解放时全市公路均已不能通车。1949年5月先抢修恢复杭沪公路通车，6月嘉兴至王江泾段恢复通车，9月抢修乍浦至嘉兴公路恢复通车。次年5月抢修恢复嘉兴至桐乡段29公里通车。1952年乍浦至嘉兴段公路42公里按五级公路标准实施改建。1958年杭枫公路濮院至崇福段进行简易修复通车。1970年正式修复杭枫线嘉兴至枫泾、崇福至临平两段公路，使杭枫公路全线恢复通车。到1978年年底，全市通车里程达302.42公里，1979年后，全市公路建设发展速度加快。

到1981年年底，嘉兴地区(撤地建市前含嘉兴和湖州市，两市公路统计数据合一)公路通车里程1820公里，平均好路率58.9%，干线好路率70.5%。其中，嘉兴市境内三级标准公路总长70.118公里：乍平嘉王公路33公里(嘉兴—王江泾 14.068 公里，渣油路面，嘉兴—平湖九里亭18.932公里，泥结碎石路面)；杭枫公路66公里(嘉兴—桐乡濮院14.513公里，嘉兴—嘉善12.305公里，桐乡濮院—海宁科同39公里，渣油路面)；全市13个公社通车和基本通车，尚有18个公社争取十年规划内通车。

1983年嘉兴撤地建市，嘉兴交通开始由水路为主向以公路为主转变。1983年年底(撤地建市后嘉兴市和湖州市公路统计数据分开)嘉兴市公路通车里程411公里，铁路每百平方公里10.5公里，列全省最后一位，平均好路率42.5%，其中干线好路率48.3%。1983年，全市有13个乡镇通公路。到1988年，在"要想富，先修路"的思想指导下，在市、县经济得到快速发展的情况下，采取县(区)财政投入为主，上级补助，社会集资，乡村出土地，村民投养修工，三线拆迁，由各单位自负等措施，年底实现公路总里程翻一番，达到812公里，实现了嘉兴市内乡乡通公路。

1984年到1989年，新增公路422.80公里，在全市102个乡、57个镇中，已通公路的有140个乡镇，占88%，海宁市、桐乡县已实现乡乡通公路。到1989年年底，全市三级以上(含三级)公路有395.6公里，占47.65%，四级公路有386.78公里，占46.59%，等外公路有47.65公里，占5.76%，高级次高级路面有297.23公里，占全市公路总数的35.8%。1989年后，全市县、乡道路重点转移到道路提高，路面改善。

1990年年末，全市公路通车里程达到887.33公里。有144个乡(镇)通了油路，占全市乡(镇)总数90.57%。其中，二级公路103.75公里，占11.69%；三级公路395.44公里，占44.57%；四级公路355.16公里，占40.03%；等外32.98公里，占3.71%。高级、次高级路面达到总里程44.7%。822座桥梁全部实现永久性，公路绿化达到公路总里程88.64%。320国道和07省道在城区交叉，构成市区东西南北向的交通干线。01省道(杭沪公路)沿钱塘江北岸海塘边经乍浦至上海。湖(湖州)盐(海盐)公路由湖州市经桐乡、海宁至海盐，上述干线构成了本市"开"字型的公路主骨架。

1995年，320国道通过交通安全设施的配套建设，中间快车道路面宽15米，外侧各设3.5米的非机动车道，达到了机动车与非机动车分道行驶的目的。至年底，全市有公路1002公里，其中国道85.75公里，省道183公里，县道575公里，乡道158公里，全市公路密度达到25.6公里/100平方公里，全市的140个乡镇，已实现乡乡通油路的目标。

1998年年底，全市拥有公路里程1217.72公里，平均每百平方公里面积拥有公路31.1公里。全市乡镇通公路率100%，公路通村率41.6%，汽车通村率81.27%。按行政等级分，国道85.75公里，省道179.46公里，县道777.51公里，乡道175公里；按路面类型分，水泥混凝土路面346.39公里，沥青路面788.83公里，砂石路面82.5公里，高级次高级路面铺装率93.2%。

2001年9月，嘉兴至海宁、嘉兴至海盐公路改建工程完成建设任务，标志着嘉兴至所辖各县(市、区)中心城镇"半小时公路交通圈"全面建成。至2001年年底，嘉兴市公路通车总里程1882.749公里，新增公路372.35公里，全市公路密度48.09公里/百平方公里。

2003年，嘉兴市实施乡村康庄工程，同时把农村危桥改造、撤渡建桥和城乡公交一体化列入乡村康庄工程范围并同步实施。到2005年年底，全市农村公路里程达到2647.778公里，全市城乡公交三级网络基本形成，实现城乡资源共享，成为全国农村客运发展示范区。

"十一五"期间，重点建设完成杭浦高速公路、杭州湾跨海大桥北接线、申嘉湖高速公路嘉兴段、申嘉湖(杭)高速公路练杭线嘉兴段、嘉善至嘉兴至桐乡城际快速道路等，开工建设嘉绍高速公路、嘉兴至海盐南北湖公路、S203省道(S08省道)改建工程等。初步形成高速公路骨架网，重点改建和完善国省道及区域干线公路网络。除已建成高速公路外，还规划建设嘉绍跨江通道北接线、钱江通道北接线、杭州湾跨海大桥北接线二期等高速公路，形成"三纵三横"的网状高速公路，并拓展出通往南通、绍兴、萧山等地的快速便捷通道，实现对外交通"高速化"。干线公路网和农村公路网建设完善，中心城到副中心城及副中心城之间得到加强，被喻为"交通适度超前"和实现"村村通公路、村村通公交"，所有乡镇实现15分钟进入高速公路网；中心城市至副中心城市及各所属乡镇30分钟到达；嘉兴与周边地市级以上城市60分钟互通，境内任何两个重要节点之间60分钟互通。

第二节 高速公路

1998年12月，嘉兴市第一条高速公路——沪杭高速公路建成通车，里程为88.198公里。2002年，第二条高速公路乍嘉苏高速公路建成通车。2008年1月28日，杭浦、杭州湾跨海大桥北接线、申嘉湖三条高速公路同期建成通车。经过短短十年，嘉兴高速公路总里程已达到337公里，位居全省第一。高速公路密度达到每百平方公里8.6公里，位居长三角同等地市级之首。

根据省、市交通建设规划，至2020年，嘉兴市高速公路将构成"三纵三横三连"的网络格局。规划"三横"的杭浦、沪杭、申嘉湖三条高速公路和规划"三连"的嘉兴至乍浦高速公路、杭州绕城高速公路海宁段、沪杭亭枫高速公路联接线已经建成通车。规划"三纵"的南通—嘉兴—宁波高速公路中，杭州湾跨海大桥及大桥北岸接线已经建成通车。待嘉兴—南通、苏州—嘉兴—绍兴、苏州—嘉兴—杭州萧山高速公路建设完成，嘉兴市"三纵三横三连"的高速公路网络格局将提前实现。高速公路密度将达到每百平方公里11.75公里，超过欧美发达国家水平。

杭浦、沪杭、申嘉湖三条连接杭州、上海的大动脉，分别分布在嘉兴市的南部、中部、北部。杭浦高速公路线位走向基本是沿着杭州湾而行，对地区经济发展和规划的嘉兴滨海新区建设起到强劲的推动作用。地处嘉兴北部申嘉湖高速公路在推动沿线经济发展的同时，把西塘、乌镇、湖州市南浔三个古镇和一个全国最大的羊毛衫市场濮院串联成一线，形成了观光和购物的黄金旅游热线。杭州湾跨海大桥北接线则将杭州湾跨海大桥、乍嘉苏高速公路和三条沪杭大动脉连为一体。

至2010年，嘉兴市域内已拥有沪杭甬高速公路嘉兴段、乍嘉苏高速公路、杭浦高速公路嘉兴段、申嘉湖(杭)高速公路嘉兴段、杭州湾大桥北岸连接线及跨海大桥、杭州绕城高速公路嘉兴段。建成高速公路里程 349.299 公里，其中国道 215.461 公里，省道 133.838 公里。规划建设中高速公路为：嘉萧通道(钱江通道)、嘉绍通道、嘉通通道，规划里程 158.19 公里，总计里程 522.048 公里。高速公路网络中有互通 30 个，平均每 10 公里就有一个出入口，每个出入口附近方圆十几公里都成为投资开发的热土，加速了资金、技术、人口等要素的聚集。随着嘉兴“一主五副一新城”网络型大城市格局的加快构筑，高速公路两端和沿线出入口区域将形成明显的区位优势，高速公路沿线县(市、区)立足原有产业基础，依托临港工业、海河、公路联运等优势，加快建设区域性先进制造业基地、现代物流基地、优质农产品基地和旅游休闲基地。

表 1-2-1　嘉兴市高速公路建设里程表

序号	线路名称	里程(公里)	备注
1	沪杭甬高速公路嘉兴段	88.198	已建成
2	乍嘉苏高速公路	50.281	已建成
3	杭浦高速公路嘉兴段	102.794	已建成
4	申嘉湖(杭)高速公路嘉兴段	72.1	已建成
5	杭州湾跨海大桥北岸连接线(高速公路主干线)	24.785	已建成
6	杭州湾跨海大桥	18	已建成
7	杭州湾绕城高速公路嘉兴段	7.7	已建成
8	合计里程	363.858	已建成
9	嘉绍通道	63.79	规划建设中
10	嘉萧通道	42.07	规划建设中
11	嘉通通道	52.33	规划建设中
12	规划里程合计	158.19	规划建设中
13	总计	522.048	

表 1-2-2　嘉兴市境内高速公路网路线命名和编号对照表

类别	全称	简称	编号	嘉兴境内路段	里程(公里)	备注
国家高速	沈阳—海口高速公路	沈海高速	G15	杭浦高速(沪浙省界—海盐枢纽)	33.725	
				杭州湾跨海大桥(海盐枢纽-杭州湾跨海大桥)		
	常熟—台州高速公路	常台高速	G15W	乍嘉苏高速(江浙省界—嘉兴 1 号枢纽)	24.873	南湖互通改造成嘉兴 1 号枢纽
	上海—昆明高速公路	沪昆高速	G60	沪杭高速(沪浙省界—步云枢纽)	78.829	与 G92 重合线
				沪杭高速(步云枢纽—沈士枢纽)		
				杭州绕城高速(沈士枢纽—红垦枢纽)		
	杭州湾地区环线高速公路	杭州湾环线高速公路	G92	沪杭高速(沪浙省界—步云枢纽)	70.328	与 G60 重合线
				杭州湾大桥北接线(步云枢纽—海盐枢纽)		与 S7 重合线
				杭浦高速(海盐枢纽—绕城东枢纽)		G92 北线
				杭州绕城高速(绕城东枢纽—红垦枢纽)		
	杭州市绕城高速公路	杭州绕城高速	G2501	杭州绕城高速(沈士枢纽—绕城东枢纽)	7.706	
省级高速	杭州—宁波高速公路	杭甬高速杭州支线	S2	杭甬高速(沈士枢纽—绕城东枢纽)	9.385	
	杭州湾跨海大桥公路	杭州湾跨海大桥	S7	杭州湾跨海大桥北接线(步云枢纽—海盐枢纽)	20.922	与 G92 重合线
	乍浦—嘉兴—苏州高速公路	乍嘉苏高速	S11	乍嘉苏高速(嘉兴 1 号枢纽—海盐枢纽)	24.923	南湖互通改造成嘉兴 1 号枢纽
	上海—嘉兴—湖州(杭州)高速公路	申嘉湖(杭)高速	S12	申嘉湖高速	58.95	
			S13	练杭高速	12.822	
	杭州—浦东高速公路	杭浦高速	S16	杭浦高速(绕城东枢纽—大井枢纽)	6.836	

嘉兴地处长三角都市群的中心区域，在目前全省10个出省高速通道中，嘉兴市就占有4个，嘉兴的交通基础设施建设不仅对地区经济发展产生积极推动作用，同时，也关系到长三角地区间的相互交流和共同发展。杭浦、杭州湾跨海大桥北岸接线、申嘉湖三条高速公路建成通车后，与原有的沪杭高速公路和乍嘉苏高速公路形成的区域高速网络，有助于确立嘉兴市在长三角交通枢纽地位，促进浙北地区乃至全省与长三角的联系，对推动地区经济快速发展具有现实和深远的意义。

2010年，根据浙江省交通运输厅《关于实施嘉兴境内相关高速公路标志更换工程的通知》(浙交〔2010〕11号)，嘉兴市对境内沪杭高速、杭浦高速、乍嘉苏高速、杭州湾跨海大桥北岸接线高速、申嘉湖(杭)高速实施国家高速公路网重新命名和标志更换工作。“沪杭高速”命名为“上海至昆明高速公路”，编号为“G60”，简称“沪昆高速”；乍嘉苏高速公路（江浙省界—嘉兴）作为沈阳—海口高速公路并行线，命名为“常熟—台州高速公路”，编号为“G15W”，简称“常台高速”；嘉兴枢纽至海盐枢纽段为省级高速，编号为“S11”，简称“乍嘉苏高速”。“杭浦高速”浙沪省界至海盐枢纽段被命名为“沈阳—海口高速公路”，编号为“G15”，简称“沈海高速”；海盐枢纽至绕城东枢纽，编号为“G92”，简称“杭州湾环线高速”；沈士枢纽至杭州绕城东枢纽，编号为G2501，简称杭州绕城高速；绕城东枢纽至大井枢纽段为省级高速，编号为“S16”。杭州湾跨海大桥北接线编号为“S7”；申嘉湖高速命名为“上海—嘉兴—湖州(杭州)高速公路”，编号为“S12”、“S13”。

沪杭高速公路

沪杭高速公路分为浙江段和沪杭高速公路王店连接线改建工程二个部分。

沪(上海)杭(杭州)高速公路 “沪杭高速”命名为“上海至昆明高速公路”，简称“沪昆高速”，道路编号为“G60”。上海高速公路网编号A8公路，起于上海莘庄，经上海闵行、松江、金山和浙江嘉善、嘉兴、桐乡、海宁、余杭，终于杭州东郊彭埠镇与杭甬高速公路相接，东侧跨越G320国道进入浙江省，全长151公里。上海境内设莘庄、新桥、松江、大港、石湖荡等14座立交桥，采用全封闭、全立交，并设有交通监控、通讯、收费、安全防护、服务区等附属设施，为世界银行贷款项目建设的一条现代化高速公路。沪杭高速公路于1993年3月经国家计委批复同意建设，被列为国家“九五”重点工程，是沪(上海)杭(杭州)甬(宁波)高速公路的重要组成部分。总投资近57亿元(含拓宽)，于1995年9月正式开工，分为上海段和浙江段。上海段东起上海市区西南的莘庄，西至金山区的沪浙交界处。其中，上海段包括1985年5月23日正式开工、1990年建成通车的上海第二条高速公路——莘松高速公路(自莘庄至松江，全长20.6公里，路面宽28.5米，共有4条通道，设计时速每小时120公里，总投资3.2亿元)和28.2公里的新建段。新建段路幅宽为33.5米，道路先建四车道，预留两个车道在中央10.5米宽的绿化带里，全长48.7公里。1997年12月18日，上海段全线贯通。浙江段从枫泾镇东起，沿沪杭铁路走向，经嘉善、嘉兴、桐乡、余杭等县(市)至杭州彭埠，全长103公里(其中嘉兴段88.198公里)。公路设计宽26米，双向4车道，车速120公里/小时。全线主要工程有特大桥3座，大桥8座，中、小桥111座(含匝道桥)，涵洞79座，互通立交6座，分离式立交三线二跨2座，三线一穿12座，软基34公里，路面工程201万平方米，沿线房屋工程收费站主线7处，匝道10处，管理处1座，服务区2个，连接线4条共34.7公里。

1993年年底，嘉兴市成立沪杭高速公路嘉兴市建设指挥部，工程于1995年9月正式动工，1998年12月29日建成通车。2001年12月通过国家验收，被评为优秀工程。沪杭(昆)高速公路的建成为区域经济的高速发展提供了基础保障，成为区域社会经济发展的“黄金通道”。

沪杭(昆)高速公路通车以来，车流量以年均近20%的速度增长，日混合交通流量到达5.2万多辆（折合小车为9.3万多辆），已远远超过了四车道高速公路设计流量，成为当时期全国最繁忙的高速公路之一。沪杭高速公路作为浙江省、嘉兴市扩大开放、拉动经济的一条重要通道，其现状已很难满足经济的高速发展，因此，拓宽沪杭高速公路成为省委省政府实施“接轨大上海，融入长三角”战略的关键性工程。按照2003年第一次省长办公会议上提出的“实现沪杭高速公路拓宽八车道工程，2005年底建成通车”决策要求，沪杭高速公路嘉兴段拓宽工程于2003年7月29日开工，并于2005年12月25日建成，成为浙江省内第一条标准的八车道高速公路。

沪杭高速公路王店连接线改建工程 沪杭高速公路王店连接线一级公路改建工程是嘉兴至海宁公路的一部分，位于嘉兴市的西南部，起点与G320国道相交，终点王店环岛，全长8.353公里，于2003年7月开工，2004年12月竣工，总投资23333万元。工程与已竣工通车的嘉兴至海宁公路王店至海宁段相接，同时该路线与G320国道、沪杭高速公路、乍嘉苏高速公路、嘉海公路形成公路网，对嘉兴和海宁两市及沿线乡镇的经济和旅游事业的发展有着极为重要的作用。

乍嘉苏高速公路

乍嘉苏高速公路起自海盐县境内东西大道(新杭沪公路)杨树桥村西，路线自南向西北，跨盐平塘、海盐塘，沪杭高速公路、沪杭铁路、G320国道等，于北城浜跨大溪河后进入江苏省境内，是连接苏南经济区和杭(州)嘉(兴)湖(州)平原经济区的交通纽带。建设里程全长53.832公里。其中，苏浙省界—嘉兴1号枢纽简称常台高速，编号G15W，里程24.873公里；嘉兴1号枢纽—海盐枢纽，简称乍嘉苏高速，编号S11里程24.923公里；另有3公里多为废弃路段(海盐枢纽—乍浦港)。

乍嘉苏高速公路浙境段经省人民政府和省计经委批准立项，是以“四自”形式建设的省级A类重点工程。工程包括路基工程、通道桥梁工程、涵洞排水工程、路面工程、交通安全设施工程、绿化环保工程和机电工程等七个主要部分。工程采用平原微丘高速公路设计标准，全封闭、全立交，双向四车道，路基宽28米，设计时速120公里。工程于1999年6月1日正式开工，2002年10月竣工通车。乍嘉苏高速公路由嘉兴市高速公路建设指挥部组织建设，浙江省交通规划设计研究院设计，东盟营造工程有限公司、中铁二十局集团第一工程有限公司承建。工程总投资26.44亿元人民币。2004年7月通过竣工验收，2005年1月18日，乍嘉苏高速公路获建设部中国建筑工程鲁班奖(国家优质工程)。

乍嘉苏高速公路(常台高速)处于长江三角洲密集的综合运输网中，作为浙江省水运公路主干线“两纵、两横、五连”路网中的一连和所在区域嘉兴市“四纵五横”公路主骨架的主轴，此路段起到了将国道干线连接成网，提高路网整体效益的作用。此外，江阴大桥通车后，还起到为“同江—三亚”国道主干线分流的作用。

杭浦高速公路

杭浦高速公路始于杭州市绕城高速公路北线的大井互通，自西向东经余杭、海宁、海盐、平湖，穿越沪杭高速公路、乍嘉苏高速公路、杭州湾跨海大桥北岸连接线和07省道，终于浙江省与上海市交界处的界河，与上海的莘奉金高速公路(A4)相接。建设里程全长111.6公里(嘉兴段102.794公里)，全程为双向六车道，路基宽度35米，设计时速120公里/小时，工程投资91.65亿元。全线有特大桥9座，大桥79座，中小桥200座，互通、枢纽14处。全线共设11个出入口，连接线20.321公里。设计标准为全封闭、全立交六车道高速公路，设计行车速度120公里/小时，2004年11月1日开工建设，2008年1月28日建成通车。

2010年后，按照国家高速公路网线路命名调整名称后分为三段：1.G15沈阳至海口高速公路，简称沈海高速。路段起点位于浙江与上海交界处的界河沪浙省界，经海盐枢纽至杭州湾跨海大桥。主线全长33.725公里。2. G92杭州湾环线高速，路段起点位于海盐枢纽至杭州绕城东枢纽，主线全长70.328公里。3.S16杭州至浦东高速公路，简称杭浦高速公路，起点位于杭州绕城高速公路北线大井互通，全长6.836公里。

申嘉湖高速公路

申嘉湖高速公路起自上海市枫泾镇北，接上海市东塔线高速公路，由东北向西经嘉善县、秀洲区、桐乡市，穿越规划中的杭州湾跨海大桥北岸连接线(二期：嘉兴至南通高速公路)和乍嘉苏高速公路、07省道相交互通，经桐乡乌镇南进入湖州练市境内，终于湖州市杭宁高速公路鹿山枢纽，全长101.078公里，其中嘉兴段建设里程全长59.1公里。按照国家高速公路网线路命名调整名称为：S12上海至嘉兴至湖州高速公路，简称申嘉湖高速。工程总投资67.60亿元，为双向六车道，路基宽度35米，设计时速120公里/小时。全线有特大桥6座，大桥56座，中小桥56座，互通、枢纽9处，连接线27.968公里。于秀洲区王江泾镇境内设管理中心，建筑面积3779.5平方米。在嘉善县洪溪镇境内设服务区一对，建筑面积6570.6平方米。嘉兴段出入口及收费站共9处。工程于2004年9月30日开工建设，2008年1月28日全线建成通车。

申嘉湖(杭)高速公路

申嘉湖(杭)高速公路起点位于湖洲市南浔区练市镇嵇家庄S12申嘉湖高速公路练市枢纽，经乌镇、石门镇、河山镇、洲泉镇、新市镇、新安镇、雷甸镇、塘栖镇、崇贤镇，终点为崇贤枢纽，与杭州绕城高速公路北线相连接，全长50公里。按照国家高速公路网线路命名调整名称为：S13上海至嘉兴至杭州高速公路，简称申嘉湖高速练杭段。

桐乡段项目起点位于桐乡市石门镇周墅塘村与湖州德清市交界处，终点位于桐乡市洲泉镇坝桥村与德清交界处，经桐乡西后进入杭州市境内，建设里程全长13.082公里。线路涉及桐乡市石门镇，河山镇、洲泉镇三个镇九个行政村。工程采用全封闭全立交高速公路技术标准设计，采用双向四车道标准建设，路基宽28米，设计时速120公里每小时，路面采用沥青混凝土面层。全线建有桥梁19座(其中大桥10座、中桥9座)，涵洞28道、通道23处；上跨主线车行天桥3处，上下互通1处(桐乡西互通)。工程于2006年10月20日开工，2009年底完工，2010年1月25日交工。批复总概算45.58亿元人民币，桐乡市境内概算投资 8.6 亿元人民币。

桐乡市工程项目共征地 1115 亩(其中安置用地 126.6 亩);拆迁房屋 93786 平方米,其中简易房子 74.79 平方米;搬迁企业一家,特种养殖场 43.7 亩。迁移高压线杆 52 根、低压线杆 292 根、通信线杆 198 根、农电线杆 167 根、广电线杆 167 根;迁移自来水管 12374 米,改路 12374 米,改渠 26267 米;改造农桥 9 座、机埠 12 台、水闸 1 座。工程项目由浙江申嘉湖杭高速公路有限公司投资,由浙江交工路桥建设有限公司、浙江省交通工程建设集团有限公司承建。

杭州湾大桥北岸连接线

杭州湾大桥是交通部规划的"五纵七横"国道主干线中同江至三亚沿海大通道的重要组成部分,是 2003—2020 年公路交通建设规划"两纵、两横、十八连、三绕、三通道"中的一通道。按照国家高速公路网线路命名调整名称为:S7 杭州湾跨海大桥北岸连接线高速公路,简称杭州湾跨海大桥北接线高速。杭州湾跨海大桥北岸接线高速公路起自规划的嘉兴至南通高速与沪杭高速公路相交的步云互通枢纽,途经嘉善县、南湖区、平湖市、海盐县,与乍嘉苏高速公路相交,终于杭州湾跨海大桥北岸起点海盐县郑家埭,连接杭州湾跨海大桥、杭浦高速、乍嘉苏高速、沪杭高速。建设里程全长 24.785 公里,工程投资 22.39 亿元。

杭州湾跨海大桥北岸接线高速公路为双向六车,路基宽度 35 米,设计时速 120 公里/小时。全线有特大桥 1 座,大桥 3 座,中小桥 19 座。设有互通、枢纽 4 个(西塘桥互通、海盐枢纽、平湖互通、步云枢纽)。建筑面积 8217 平方米的管理中心设在平湖市曹桥街道境内。在南湖区新丰镇境内设南湖服务区 1 对,建筑面积 9086 平方米。全线有出入口及收费站 2 处(西塘桥收费站、平湖收费站)。主线设有海盐互通枢纽。工程于 2004 年 11 月 1 日开工建设,2008 年 1 月 28 日全线建成通车。

嘉兴至绍兴跨江通道北接线及跨江通道工程

嘉兴至绍兴跨江公路通道是经国家发展和改革委员会文件《国家发展改革委关于浙江省嘉兴至绍兴跨江公路通道可行性研究报告的批复》(发改交运〔2007〕3522 号)和交通运输部文件《关于嘉兴至绍兴跨江公路通道初步设计的批复》(交公路发〔2008〕360 号)批准建设。项目分北岸接线、跨跨江通道和南岸接线工程,全长约 69.46 公里。项目概算总投资 139.78 亿元,其中:北接线约 53.21 亿元。工程起点为乍嘉苏高速公路嘉兴南湖大道的交叉口处,向南沿线经嘉兴秀洲区、海盐县、海宁市,终于海宁尖山互通,北岸接线全长 43.26 公里。设枢纽互通 3 处(分别为跨乍嘉苏的嘉兴 1 号枢纽、跨沪杭的嘉兴 2 号枢纽和跨杭浦的海宁枢纽),设王店、百步(谈桥)、硖石、海宁枢纽、袁花、尖山及杭州湾、沥海和沽渚枢纽 11 处互通式立交。设海宁服务区 1 对,管理中心 1 处。另设王店、百步、硖石、袁花等 4 条互通连接线,长 15.4 公里。工程项目征地 6415.038 亩,建特大桥 4 座,大桥 10 座,中小桥 35 座。

嘉绍跨江通道经海宁黄湾跨越钱塘江进入绍兴市,经上虞沥海镇,终于沽渚,接杭甬和上三高速公路交叉口处相接。其中,跨江大桥约 10.2 公里,南岸接线约 16.3 公里。全线按双向八车道高速公路标准建设,设计行车速度 120 公里/小时,跨江大桥设计行车速度 100 公里/小时。路基宽度 42 米,全线桥涵与路基同宽,其中:钱塘江大桥桥面宽度为 40.5 米(不含布索区)。桥涵设计汽车荷载等级为公路–I 级。工程于 2009 年 5 月开工建设。

钱江通道及接线项目北接线段工程

钱江通道及接线项目北接线段工程经省发改委初设批复建设(浙发改设计〔2009〕191 号文)。项目起点为沪杭高速公路 K130+070 处,位于桐乡市骑塘乡西北,路线自北向南,跨南沙渚塘河、骑荆公路、洛塘河后进入海宁市境内。跨沪杭铁路、规划的硖许一级公路及东西大道和杭浦高速公路后与钱江隧道相接,路线全长 11.4 公里,概算投资 21.18 亿元。全线设枢纽互通 2 处、互通 1 处,主线上跨分离立交 1 座、主线下穿分离立交 1 座,服务区 1 处、收费站 1 处(与养护工区合址建设),周王庙互通连接线 4 公里。全线采用六车道高速公路标准建设,设计速度为 100 公里/每小时,路基宽度 33.5 米,桥梁宽度 2 × 16.25 米。连接线设计速度 80 公里/每小时,路基宽度 12 米。项目先行启动杭浦高速公路以南段建设。

第三节 国 道

嘉兴市境内国道由两部分组成:国家高速公路(国道部分)和普通公路(G320 国道)。2010 年,全市国道公路里程 307.733 公里,其中高速公路 215.461 公里;普通公路 92.272 公里。

国家高速(国道)

沈阳—海口高速公路 简称沈海高速，编号 G15，里程 33.725 公里。嘉兴境内路段：杭浦高速(浙沪省界—海盐枢纽)；杭州湾跨海大桥(海盐枢纽—杭州湾跨海大桥)。

常熟—台州高速公路 简称常台高速，编号 G15W，里程 24.873 公里。嘉兴境内路段：乍嘉苏高速(江浙省界—嘉兴 1 号枢纽)。

上海—昆明高速公路 简称沪昆高速，编号 G60，里程 78.829 公里。嘉兴境内路段：沪杭高速(沪浙省界—步云枢纽)；沪杭高速(步云枢纽—沈士枢纽)；杭州绕城高速(沈士枢纽—红垦枢纽)。

杭州湾地区环线高速公路 简称杭州湾环线高速公路，编号 G92，里程 70.328 公里。嘉兴境内路段：杭浦高速(海盐枢纽—绕城东枢纽，G92 北线)。

杭州市绕城高速公路 简称杭州绕城高速，编号 G2501，里程 7.706 公里。嘉兴境内路段：杭州绕城高速(沈士枢纽—绕城东枢纽)。

G320 国道

G320 国道自上海—杭州—南昌—昆明—畹町线。嘉兴市辖段(杭枫公路)从上海市枫泾沪浙省界处，经嘉善、嘉兴、桐乡、崇福至市界临平，全长 85.75 公里。沿线有大、中、小桥梁 83 座，公路是填方路堤，最大填土高度(桥头)2~4 米，一般填土高度 1 米左右。

民国 22 年(1933 年)，浙江省公路管理局重订第二次公路路线网计划，杭州至枫泾公路称杭善路，为七省联络公路的杭松线(杭州至上海内线公路)之一段。其中嘉兴附近利用嘉兴飞机场公路 11 公里。路基土方于民国 24 年(1935 年)工赈完成，宽 9 米。路面材料征工采集，因当地缺乏石料，系用碎砖瓦作路面骨料。桥梁均为石台木面或石台木排架木面，全部工程于民国 25 年(1936 年)10 月 13 日完成。该路施工由全国经济委员会拨借款。建筑经费 442417 元(法币)。

1952 年，嘉兴至马王塘 8.42 公里，由空军方面提出，经省财政经济委员会核准拨款，7 月，由浙江省公路局工程建筑总队嘉兴分队施工，路基一律加宽至 7.5 米，路面加宽到 5 米，修理木桥面 4 座，同年 11 月竣工，投资 7.94 万元(已折新人民币)。

1958 年，桐乡县人民政府组织力量，修复濮院至崇福南门段公路，路基宽为 6.5~7.5 米，路面宽 3.5 米，以碎砖瓦铺筑。桥梁共 23 座为临时或半永久式结构。工程投资 13.97 万元。1959 年 5 月，嘉兴至崇福段修复通车。

1969 年，嘉兴至枫泾段 28.92 公里、临平至崇福段 19.04 公里，均同时开工，技术标准采用六级甲，路基宽度 7.5 米，路面宽度 5.5 米(泥结碎石)，桥梁为永久式，桥面净宽 7 米，载重按汽－13、拖－60 设计，两段公路分别于 1970 年 6 月 9 日及 7 月 8 日完工验收，共投资 267.439 万元。至此杭枫公路全线恢复通车。

1971 年至 1972 年，嘉兴至崇福段公路木桥 18 座，总长 426 米，均改建成永久式桥梁，桥面宽 7 米，荷载按汽－13，拖－60 设计，由省拨款 70 万元，县组织施工。

1974 年至 1975 年，桐乡县境濮院至崇福段公路 27 公里按部颁三级标准进行改建，路基拓宽为 9 米，路面加宽为 7 米(泥结碎石)。

1976 年至 1977 年，嘉兴县境从濮院至东进段公路 26.82 公里，路基加宽为 9 米，行道树全面更新，并改建为黑色路面(渣油)。

1975 年至 1981 年，该线路面进行技术改造，由泥结碎石路面改建成沥青(渣油)表面处治，路面宽度 7 米，总投资 289.3 万元。

1981 年 11 月，国家计委、国家经委、交通部划定该线为国家干线公路网 G320 国道上海—昆明线中的一段。

1985 年，省交通厅决定对 320 国道杭枫段公路按平丘二级(加宽)公路技术标准，进行全面技术改造。年底即开始路基放样、备土和部分土方填筑等，由于路基填筑质量等方面存在不少问题，1986 年 6 月，经省、市商定，从 1987 年 1 月改由省第一、二、三公路工程队施工，路基宽度 15 米，路面宽度 12 米，路面两侧各设 1 米宽的沥青表处硬路肩和各 0.5 米宽度的土路肩，平曲线最小半径 400 米，最大纵坡 3%，路面横坡 2%，路肩横坡 3%。桥涵设计荷载等级按汽－20，挂－100；新建大中桥车行道宽 12 米，两边各设宽 1.5 米的人行道；新建小桥、涵洞与路基同宽；凡利用老桥的，拼宽 7 米。路面荷载标准为黄河 JN－150。改建工程路面标线采用中线为白色虚线；路面两边距中线 3.5 米处设白色反光分道块；全线设置柱式钢质标志牌和水泥混凝土里程碑。

全线浇筑 22 厘米厚水泥混凝土路面，长 60.74 公里(基层 30 厘米二灰碎石)；浇筑 10 厘米厚沥青混凝土路面 25.016 公里(基层为 26 厘米二灰碎石)。新建改建桥梁 87 座 3615 米(大桥 9 座、中桥 35 座、小桥 43 座)，涵洞 386 道。改建后公路全长 85.75 公里，其中老路拓宽总长为 63.973 公里，新辟线路有桐乡县崇福镇、虎啸乡、梧桐乡、嘉兴机场与市区外环线，总长 21.783 公里。全线共设计填筑土方 31.0654 万立方米、石方 96.438 万立方米，共耗用水泥 8.2 万吨、钢材 5009 吨、木材 3995 立方米、沥青 4423 吨。全线共征地 2121.6 亩、拆迁房屋 22354.79 平方米、迁移电力、电信(含电缆)、军用、广播线路 1952 杆 629.23 公里。工程总投资为1.6208亿元，由国家基建资金、交通部、省财政补助和省公路养路费四部分组成。工程于1989年12月2日交工验收。1990年11月29日通过交通部验收，改建工程总评为优良工程。

1995年实施改建工程，加宽二级，路基宽26米。行车道宽15米，设两侧绿化隔离带2×1.5米，非机动车道2×3.5米。

G320国道嘉兴段交通安全设施工程，全长85.75公里，路基宽26米，设四快二慢车道，改造主要交叉口26个，于1999年11月底竣工。

2000年至2001年改造成一级公路，路基宽26米，设双向四车道，设置中间隔离带2.0米，两侧设钢质护栏。

2000年，G320国道全线被交通部列为创建文明建设样板路路段。为完成创建任务，嘉兴市实施了G320国道上海枫泾至塘汇段22.33公里路面大修改造工程；G320国道市区过境段(外环线)主体工程及附属设施；新建嘉兴、桐乡两个公路站；七号桥和塘汇收费站点迁建工程；路面80000平方米混凝土板块和桥面修复；上海枫泾交界处高标准景点绿化；开展创建交通青年绿化工程示范段活动。G320国道枫泾至嘉兴段路面大修改造工程全长22.33公里，概算投资8640.1万元。工程当年开工当年完成交付使用，并被评为优良工程。通过开展文明建设样板路创建活动，G320国道嘉兴段创建为一条畅、洁、绿、美、安的文明公路，成为嘉兴社会经济发展的黄金大道。

2002年9月，320国道嘉兴段移交嘉兴公路建设投资有限责任公司，性质为经营性收费公路。

第四节 省 道

嘉兴市境内省道由高速公路和普通公路组成。高速公路(省道部分)有：S2、S7、S11、S12、S13、S16；普通公路省道有：S101省道(01省道复线、东西大道)、S202(07省道)和S203(08省道)。2010年年底，全市有省道312.879公里，其中高速公路133.838公里；普通公路179.041公里。

省道(高速公路部分)

杭州—宁波杭州支线高速公路 简称杭甬高速，编号S2，杭甬高速(沈士枢纽—临平交界)，里程9.385公里。

杭州湾跨海大桥高速公路 简称杭州湾跨海大桥高速，编号S7，杭州湾跨海大桥北接线(步云枢纽—海盐枢纽，与G92重合线)，里程20.922公里。

乍浦—嘉兴—苏州高速公路 简称乍嘉苏高速，编号S11，乍嘉苏高速(嘉兴1号枢纽—海盐枢纽)，里程24.923公里。

上海—嘉兴—湖州高速公路 简称申嘉湖高速，编号S12，(嘉善姚庄浙沪交界—湖州练市枢纽)，里程58.95公里。

上海—嘉兴—湖州(杭州)高速公路 简称申嘉湖(杭)高速，编号S13，(申嘉湖高速练市枢纽—桐乡西杭州交界)，里程12.822公里。

杭州—浦东高速公路 简称杭浦高速，编号S16，杭浦高速(绕城东枢纽—大井枢纽)里程6.836公里。

省道(普通公路部分)

老01省道(杭沪公路) 杭沪公路即老01省道。杭沪公路西通浙江省府杭州市，东接壤上海市，沿途经过海宁市古镇观潮圣地盐官镇、海盐南北湖，海盐境内秦山核电厂、武原镇、东方大港乍浦港，东西走向，全长111.862公里，是沿海经济开放区的一条重要交通要道，也是旅游必经之路。

该路为钱塘江海塘路堤，路基较高(一般填土高度3—6米)小叉道较多，全线100米以下半径的弯道为28个，最小半径63米，狭路较多，最狭处路基宽度只有6米左右，线型差，有89.952公里为四级公里。全线桥梁26座。

民国14年(1925年)11月至民国17年(1928年)6月间，杭州清泰门至闸口段公路由三家商办汽车公司分三段筑成：杭州乔司至胡家兜18.28公里，由商办“杭海二县县道汽车股份有限公司”修筑，于民国14年(1925年)11月创立并立案，民国16年(1927年)7月通车，名为杭海公路。民国19年(1930年)2月由省公路管理局给价洋22000元(公路公债)收回省办。胡家兜至海宁(盐官)8.18公里，由商办“宁长汽车股份有限公司”修筑，于民国15年(1926年)始筑，民国16年(1927年)7月与杭海公路同期通车，名为宁(盐官)长(安)公路。民国19年(1930年)8月1日起由省公路管理局承租，每年租金为洋4800元，承租期为10年。抗日战争胜利后，商办公司未复业，该路既归省所有。海宁(盐官)至闸口23.97公里，由商办“宁袁汽车股份有限公司”修筑，民国17年(1928年)6月建成通车，名为宁(盐官)袁(花)公路。民国19年(1930年)4月1日起由省公路管理局租用，每年租金为洋4620元，承租期为10年。抗日战争胜利后，该公司未复业，该路既归省所有。

以上三段由商办公司修筑，因经费有限，路面由碎砖瓦、贝壳、煤渣铺成，厚约12厘米，宽3.5米不等，路基宽度6~8米，桥梁8座，利用老桥改建而成。

民国18年(1929年)1月，闸口以东至乍浦段45.89公里改为省办。该段施工时称杭(州)平(湖)路，设杭平路区工程处负责施工，路基大部分利用海塘，路面仅就桥梁两端、车站及城镇附近酌铺有碎石煤屑路面750米，宽5米；煤屑路面2400米，宽3米、厚10厘米外，其余均为土路通车。新建桥梁15座，桥梁均为小型桥有木结构及石台钢筋混凝土板桥两种。15~60英寸皱纹铁管26道、12英寸水泥管162道。民国19年4月1日在杭州清泰门举行通车典礼，开放营运。工程经费278435元。

民国21年(1932年)淞沪停战协定后，国民党政府下令修建苏浙皖间六条公路，称为“三省联络公路”，其中之一称沪杭路。当时杭州经海宁、海盐至乍浦段已完工通车，继续施工的是乍浦至金丝娘桥省界段，全长21.3公里。浙江省公路局设立乍金段工程处负责施工，民国21年(1932年)6月1日开工，路基土方其中12公里于闸乍段施工同时已经筑成，其余9公里为新筑路基，宽度为7.5米。路面为煤屑或砂土，新路基上间铺碎砖，宽3米。民国21年(1932年)10月1日简易路面通车。同年10月10日全国经济委员会会同江浙两省举行沪杭公路全线通车典礼。后继续加铺碎石煤屑路面，于民国22年(1933年)3月正式竣工，工程经费94479元。民国21年(1932年)11月，7省公路会议中沪杭公路列为沪桂干线(上海—广西)之一段。

民国26年(1937年)11月5日，一股日军在乍浦以东的金山卫和全公亭登陆，沪杭公路未及破坏，即被日军占领。民国27年(1938年)，国民党当局海宁、海盐联合行动委员会为阻滞日军扫荡，督饬游击大队、抗日自卫大队将沪杭线上的狮子浜桥、烧香浜桥、六里洋桥、秦山桥等炸毁。以后又经过多次破坏，到抗战胜利，已是桥坍路毁，运输中断。

民国34年(1945年)9—10月间，沿线各县政府按照浙江省政府颁发《各县国民义务劳动服役修筑公路路基办法》，组织民工义务修路。民国35年(1946年)1月，国民政府第三方面军京沪区战俘管理处押日军战俘133师团、62旅团、91旅团二万三千余人修补沪杭公路路面、桥梁等工程，2月土路便桥勉可通车。3月公路总局第三公路工程总队成立沪杭路工程处，未及开工即因机构改组而撤销。4月，因杭(州)海(盐官)段海塘工程施工，物质运输频繁，该路路面不良，各方责难，才由省拨款500万元整修路面，5月竣工。同年(1946年)6月，行政院核准的第一期国道网计划，其中该线列入122—上海南昌线。民国36年(1947年)，浙江省公路局重订《浙江省公路路线网计划》，该线名203—杭沪线，为部定国道122—上海南昌线中浙境的杭州以北的路段。民国37年(1948年)，善后救济总署浙闽分署拨给工赈面粉200吨，作为杭沪路改善路面。原定应按国道乙级标准修复，后以工程过巨，经费有限，重新规定路基宽度改为修复至原有状态，新铺路面宽度为5米，桥梁采用半永久性，下部结构宽6米，桥面宽4米，这样实际上是按丙级省道标准进行改善。该线除重建被日伪填塞的桥梁外，主要是修复和改善路基和路面，其中由公路总局第一机械筑路队承包施工修建的有乍浦改线460米，杭海段泥结碎石路面20公里。

解放前夕，杭沪线缪家桥、何家桥、长安桥三座桥被国民党军队溃逃时所破坏，6处路基炸成缺口，全线不能通车。1949年5月中旬，省公路局组织力量将破坏3座桥梁架设“贝雷式钢架桥”恢复交通，并继续整修，积极支援解放上海战役。1951年，海盐县人民政府发动一万多民工，整修杭沪线该县境段路基路面。1952年年底，平湖县组织2万余民工整修杭沪线该县境段路基路面。

新中国成立至1975年，本路线一直为砂石路面。1975年以后，由省公路局投资，逐年开始改建。1975年，为配合陈山码头建设，乍浦—金丝娘桥段21.3公里改建成沥青路面，1977年7月竣工，投资158.77万元。1985年秦山核电厂开始建设，海盐敕海庙至秦山桥段，按三级公路标准改建；路基宽8.5米，路面浇筑为水泥混凝土，宽7米，厚18厘米。1981年该线列为省道杭(州)金(丝娘桥)线，编号为浙501线。至1990年8月底，该线市辖段112公里全部实现高级、次高级路面，其中水泥混凝土路面8.9公里，沥青渣油路面102.96公里。市辖段有大桥1座、中桥4座、小桥22座，共长605.19米，涵洞278道，实现全部桥涵永久化。1986年，为确保秦山核电厂大件运输，有浙江省第四公路工程队改建自秦山至金丝娘桥9座桥梁，加宽桥面至8米，设计载重能力为汽−20，挂−300；秦山桥以西其余桥梁载重为汽−15，挂−80。

1990年5月，该线改称杭(州)沪(上海)线，为省道浙01线，全长136.162公里。

2002年，杭沪公路(老01省道)降级为县道。线路名称为X331翁家埠—金丝娘桥，简称翁金线。

2003年，嘉兴市大力实施交通“六大工程”，完成老01省道(海宁段)单幅大修2.5公里(含桥头跳车)。

S101省道(01省道复线、东西大道) 1993年至1999年，海宁市、海盐县、平湖市以“四自工程”形式，分期对01省道进行异地建设，路线名称为01省道复线(东西大道)，路线全长104.178公里。

S101省道海宁段一期工程西起许巷乡前进村，东至谈桥乡东庄与海盐县石泉乡舒家村交界处。横贯长安、钱塘江、周王庙、郭店、丰士、丁桥、祝场、马桥、湖塘等11个乡镇，全长48.662公里。该工程是省政府批准的第四批“四自”工程项目，由海宁市交通局组织实施，嘉兴市交通设计所、余杭市交通设计所设计，由海宁市公路工程处、绍兴市交通工程公司、海宁市市政工程公司、余杭市公路工程公司、海宁市公路段、江苏通州交通工程公司、上海群鹰安装实业公司承建，总投资4.188亿元。

工程按平原微丘二级加宽技术标准建设，线型及横断面按一级公路标准布置。计算行车速度每小时100公里，路基宽度35米，其中中央分隔带宽2米，行车道宽2×11米，机动车道与非机动车道之间设置砼硬隔离。全线中小桥梁57座，其中中桥19座。工程分二期实施，一期工程(北半幅)于1993年12月开工，快车道部分于1996年1月底完工，其余工程于1997年10月完工。1997年11月18日，01省道复线(东西大道)改建工程受省交通厅委托，由嘉兴市交通局组织交工验收，被评为合格工程。二期工程(南半幅)于1999年3月动工，同年12月建成。

S101省道(东西大道)海盐段一期工程西起与海宁段交界处的石泉乡长山河桥(桩号K44+707)，东至与平湖段交界处的西塘桥镇胜丰村(桩号K75+43.51)贯穿8个乡镇，29个行政村，全长30.728公里。该工程是省政府批准的第四批“四自”工程项目(自行贷款、自行建设、自行收费、自行还贷)，由海盐县政府组建的“海盐县杭沪公路改造建设指挥部”组织实施、工程总投资3.01亿元。

工程按平原微丘二级加宽技术标准建设，路幅按一级公路标准布置，设计行车速度为80公里每小时，路基宽度为36米，行车道2×11.5米(含左侧路绿带和紧急停车带)、辅车道2×4.5米、中央分隔带2.0米(K57+280—K65+660段)及路肩2×1米，桥梁35座。工程于1993年12月15日开工，1998年7月底竣工。1998年9月3日至4日，受省交通厅委托，由市交通局组织对01省道复线(东西大道)海盐段改建一期工程进行交工验收，被评为合格工程。

S101省道平湖段一期工程西起与海盐段交界处的乍浦瓦北村(桩号K103+200)，东至与上海交界处的全塘镇金沙村(桩号K128+188)，贯穿4个乡镇，20个行政村，全长24.788公里(其中202米由上海方实施)。该工程按平原微丘二级(加宽)技术标准设计，路幅按一级公路标准布置，设计行车速度为80公里每小时，路基宽度为36米，行车道2×11米(含两侧路绿带及紧急停车带)，辅车道2×5米，路肩各宽1米，行车道与辅车道设0.5米隔离带，桥梁与路基同宽。全段共有桥梁32座，总长1480.1延米，并在全塘镇浦江村建收费站一座。工程分二期三次建设完成，一期工程于1993年11月底开工，1998年10月完工。1999年8月23至24日，嘉兴市交通局受省交通厅委托，对01省道复线平湖段一期工程进行交工验收，评为合格工程。1999年10月试通车，收费站开始收费。

S202省道(07省道、乍王公路) S202省道即07省道，起自乍浦东方大道与嘉兴东西大道相交处，经嘉兴港区、平湖市、南湖区、嘉兴市经济开发区、秀洲区，止于王江泾江浙省界太平桥头。全长58.288公里，贯通G320国道、东西大道、杭浦高速公路、杭州湾跨海大桥北岸接线、申嘉湖高速公路，全线为一级公路标准，其中，乍浦至嘉兴段，路基宽36米，嘉兴至王江泾段，路基宽45米，于2007年5月1日前，全线改造竣工，建成验收通车。

该路原称乍(浦)王(江泾)公路，全长58.61公里。南起乍浦叉路口(与杭沪公路相交于114K+252处)，走向与现存公路基本相同。民国18年(1929年)4月，测设乍(浦)、平(湖)、嘉(兴)、湖(州)路线。民国19年(1930年)3月，乍浦叉路口至平湖13.41公里段开始修筑，设有平(湖)嘉(兴)路工程处，后因资金不继，路基仅修至虹霓埝。民国21年(1932年)继续修筑，冬季竣工，路基宽7.5米；路面宽3米，厚10厘米，碎砖煤屑；桥梁11座、涵管60道、工程经费303546元；民国21年(1932年)6月，修筑嘉兴至王江泾段14.39公里，由江苏、浙江两省分任兴筑，路基宽7.5米，土方共约13.5万立方米，10月间完成。路面宽3米，下层用碎砖，上层用碎石，次年3月竣工。桥梁18座，其中17座为木桥，长度6~26米不等，唯运河桥为钢筋混凝土桁梁桥，8孔长76米，于民国22年(1933年)4月始告竣工，工程费164938元，6月间举行通车典礼；平湖至嘉兴段长27.80公里，于民国22年(1933年)始筑、次年2月初步建成通车，3月因土方未坚，停车重修，于7月1日正式通车。路基宽7.5米，土方约25万立方米，路面铺碎砖、煤屑、贝壳，宽3米。大小桥梁38座，涵管122道，工程经费242013元。抗日战争期间，屡遭破坏，至民国34年(1945年)3月，多数桥梁损坏，已不能通车，后又屡修屡坏，直至民国36年(1947年)12月，苏州至嘉兴全线修复通车。

民国37年(1948年)11月，乍嘉线桥梁损毁严重。民国38年(1949年)5月，东栅桥、焦山门桥、东文王桥被国民党溃军所毁，停止通车。7月，转入解放定海渡海作战，急需畅通后勤运输线路，省委、省军区同意紧急抢修乍浦至嘉兴、嘉兴至桐乡等5条支前公路。1949年8月下旬开工恢复该路，主要是修理桥梁，抽换腐烂木梁和桥面板，焦山门桥架设一孔51.82米双层双排贝雷钢架桥，1949年9月下旬修复通车。嘉兴至王江泾段于同年6月6日修复通车。

1952年，乍浦至嘉兴段公路被列为华东区军用线之一，9月进行测设准备工作，同年11月由省公路局工程建筑队正式施工。该线全长43.96公里，按6级公路标准改建。全线共建桥梁45座长432米，其中永久11座，半永久34座。工程于1953年9月完工，工程决算1443826万元(旧币)。1971年，根据交通战备需要，军事部门提出改建本线桥梁的要求，1972年5月开工，经过改建，全线桥梁除嘉兴市区运河桥外，均已达到永久式汽-13，拖-60，净-7标准，并能通过挂-100重车。1974年3月全部竣工。

1975—1979年，嘉兴县境从王江泾至渡船桥段，恢复拓宽路基为9米，行道树全面更新，嘉(兴)王(江泾)段路面改建成沥青(沥油)表处，路面宽7米。1979—1986年，乍浦至嘉兴(大庆路)39.25公里砂石路面，全部改建成宽7米的沥青(渣油)表处路面。

1982年，列为省道，称乍王线，路线编号为浙506。

1986—1988年，平湖市境乍浦至渡船桥段20.32公里，拓宽路基为14米，新植行道树11371株，并开始进行桥梁、路面加宽工程。

1990年，该线被定为省道浙-07线。亦称07省道。同年，省交通厅(1990)浙交复713号文批准，乍王线K35+700—K41+200(即嘉兴市区环城东路)包括接线全长6公里，按加宽二级平原公路标准进行改建，路基宽度15米，路面宽度12米，两侧沥青硬路肩各1米，路面结构为15厘米(填方)填隙碎石底基层+20厘米二灰碎石基层+22厘米水泥混凝土。桥涵按汽-20、挂-100与路基同宽，核定投资1008万元。征用土地244.919亩，拆迁房屋2834.97平方米，由省第二工程队施工，于1992年10月完工。同时，位于江浙两省交界处K57+800—K58+481.3，全长689.3米，按加宽二级平原公路标准施工，核定投资135.95万元，亦于1992年4月完工。平湖境内20.19公里亦按平丘二级标准逐年改建，至1993年全部建成。

1993年12月29日，07省道嘉(兴)王(江泾)段作为嘉兴市首条一级公路改建工程开工。此路起点自杭枫公路(即G320国道)于苏(州)嘉(兴)公路平交环岛处(桩号乍王线K46+625)，终点王江泾太平桥(桩号乍王线K58+489)，全长11.84公里，为全省首批公路“四自工程”项目，按平丘一级公路标准改造，设计行车速度100公里每小时，路基宽25米，行车道宽2×7.5米(即4×3.75米)，采用水泥混凝土路面，中央设1.5米宽的分隔带，非机动车道2×3米，采用沥青路面，路缘带宽2×0.25米；机动车道与非机动车道间设防撞护栏；全线大、中、小桥梁13座，计长1000米。其中特大桥1座，计长570.27米；涵洞27道，计长1005米；平交道65道；涵洞设计荷载为汽-20，挂-100，桥面宽度净2×11.5米+4×0.5米，中小涵洞与路基同宽，并设防撞护栏，行车道采用等厚式水泥路面。改建总投资1.6618亿元。工程于1996年6月30日完工，7月1日实现双幅路面通车。平湖境内，乍浦开发区至嘉兴新丰段，按平丘一级公路标准改建。路基顶宽36.5米，路面宽为2×15.25米，中央分隔带为5.5米，两侧路肩各0.25米，路面为沥青混凝土。设计荷载汽-超20，挂-120。于2004年11月施工，2006年9月完工。其中，新丰至嘉兴段，于1996年至1997年按二级公路加宽标准改造，投资7000余万元。

由于原07省道在平湖市境内穿越老城区，影响交通和行车安全，当地居民亦有反映。2005年5月，经嘉兴市发改委(嘉发改〔2005〕126号)文批准，由嘉兴市交通投资集团有限责任公司负责实施改造。改造工程分两段实施，其中嘉兴至王江泾段起点为07省道北郊河大桥处。路线基本沿老路两侧拓宽改建，终于江浙交界的太平桥桥头，路线长9.7公里，路幅宽度由原设计32米调整为45米。乍浦至嘉兴段起点为嘉兴东西大道与乍浦东方大道相交处，路线辟新线，经杭浦高速公路，过高子浜下穿杭州湾大桥北岸接线，绕过平湖市境内老城区，终点为三店塘互通，与G320国道嘉兴过境段相接，路长36公里，其中嘉兴境长23公里，平湖境长13公里。全线按一级公路标准设计，计算行车速度100公里每小时，路基宽36.5米。该段共设分离式立交2座1602米，特大桥4座2547米，大桥5座1109米，中小桥43座1870米，互通区1处。工程批准概算为17.50亿元。

S202省道(07省道)乍嘉段工程于2004年3月23日开工，2006年9月28日交工投入使用；07省道嘉王段于2005年8月26日开工，2007年4月28日交工投入使用。

08省道新海公路(S203省道)

S203省道即08省道原称海新线、新海线，亦称硖新公路。自海宁汽车北站至海宁市丁桥镇新仓，全长16.563公里。

民国16年(1927年)，由海宁地方士绅和县长筹议商筑，并筹得经费万余元。后又奉命归由省公路局办理，只是未能实施。直至民国25年(1936年)7月，才奉省政府之令，赶筑为军用公路，为嘉兴区纵队路之一。同年10月19日开工，28日告成。日伪时期，袁硖公路为日军所控制。抗战胜利后，海宁县政府于民国34年(1945年)10月3日奉命征发民夫以4昼夜赶筑完竣，计1230工日。但因沿路10余座桥梁无力筹建，故公路等于废弃。以袁硖公路和宁袁公路为基础，1958年12月17日，由国家投资10万元开始修建硖(石)闸(口)公路，次年3月13日公路筑成，经省交通厅派员验收，次日试车，月底正式通车。

1977 年 11 月，新辟金杨至新塘河桥一段，使硖石镇与杭沪公路直接相通，省、地投资 45.5 万元，由县组织施工，1979 年筑成通车。自此硖闸公路一分为二，一为海(硖石)新(仓)公路，一为闸(口)金(杨)公路。

改道后的海新公路。1982 年列为省道，浙 508 线，简称新硖线。路基宽度 8.5 米，路面原为砂石路面，宽 5.5 米。1985—1988 年由省公路局和海宁市地方财政共同投资，由县组织施工，改建路面：计水泥混凝土路面 2.2 公里；沥青表处路面 12.722 公里，均宽为 7 米。全线有永久性桥梁 15 座(中桥 5 座，小桥 10 座)，计长 329 米；涵洞 54 道，桥涵荷载标准为汽－15；挂－80。

1990 年该线改称新海线，为省道浙－08 线。该线局部路段先后于 1999 年、2003 年、2004 年对路面进行大修，2005 年对部分桥梁进行改建。交通部门管养段为沥青混凝土路面。路基宽 7.5 米，路面宽 7 米。

2010 年该线改称 S203 省道。

第五节 县 道

历史演变

六十年代，尚无县乡公路通车。县道公路建设起步于境内公路始建之时。二十世纪七十年代得到发展，二十世纪八十年代末，无论在建筑质量上，还是在速度上都达到了历史上新的水平。县道公路骨干网逐步形成，断头线路陆续接通，有力地促进了沿线地区经济和社会发展。

改革开放以后，公路运输的优越性日益明显。80 年代中期，各级政府都把兴修公路摆上工作日程抓紧建设。从县(市、区)到乡(镇)普遍建立了公路建设指挥机构。交通部门作总体规划，负责测量设计和技术指导。按照“民办公助”原则，由财政、交通部门补助，结合“民工建勤”社会集资等途径筹集资金和人力，积极兴工，克服了地下水位高、路基填方量大、土方来源缺乏、地基承载力低、桥梁多等困难，掀起建造公路的热潮。

1983 年，嘉兴撤地建市，嘉兴交通开始了由水路为主向以公路为主转变。各县、区至乡(镇)和乡(镇)间交通运输仍主要依靠水路，只有嘉兴至新塍、桐乡石门等几条公路，计 135.59 公里，乡(镇)通公路率只占 39.9%，县乡公路事业发展缓慢。嘉兴至新塍公路是抗战初突击开辟的军用公路，长期废置，70 年代末修缮通车。1984—1988 年，全市公路建设以每年 80 余公里的速度增长。1985 年，随着庆云至斜桥，许村至永福等公路建成通车，海宁市第一个实现乡乡镇镇通公路。随后，郊区栖真至油车港；城区顾家浜至义庄；嘉善大舜至丁栅；海盐角里至欤城等一批公路相继建成。桐乡新农村至洲泉、嘉兴至新塍、郊区洪合至硖石多条公路进行了改造，公路等级提高。

1990 年，全市实有县道 58 条，长 501.88 公里，专用公路 18 公里，乡道 36 条，长 95.84 公里，合计 615.72 公里，比 1983 年增加 3.5 倍。其中城、郊两区县道 96.88 公里，乡道 11.81 公里，合计 108.69 公里，比 1983 年增 8.32 倍。是年，全市通公路乡镇达到 90.57%。分路线列表于后。

1997 年底，全市有县道 637.81 公里。

1998 年底，全市有县道 777.51 公里。

2001 年 9 月，嘉兴至海宁、嘉兴至海盐公路改建工程的完成，标志着嘉兴至所辖各县(市、区)中心城镇“半小时公路交通圈”全面建成。

2002 年，全市公路通车总里程 1996.07 公里，其中县道 990.32 公里。2003 年年底，全市公路通车总里程 2006.05 公里，其中县道 1028.14 公里。2004 年，全市公路通车总里程 2062.99 公里，其中县道 1079.08 公里。2006 年，全市公路总里程 6488.50 公里，其中县道 1311.82 公里。2007 年年底，全市公路总里程 7091.51 公里，其中县道 1474.19 公里，乡道 1440.76 公里，村道 3672.09 公里。2008 年，全市农村公路总里程 6804.6 公里，其中县道 1548.5 公里。2010 年年底，全市公路总里程 7668.834 公里，其中县道 1611.602 公里。乡(镇)、村公路通达率 100%。

各县(市、区)县道公路情况

南湖区县道 139.303 公里。有：X104 嘉兴—海盐、X116 嘉善—桐乡、X201 大树—天凝、X202 乍浦—嘉兴、X203 焦山门—大云、X205 东栅—余新、X206 嘉兴—余新、X207 余新—新篁、X208 余新—沈荡、X209 余新—王店、X210 余新镇工业区—新丰镇竹林村、X211 余新—步云、X212 新丰—大桥、X213 余新—乍嘉苏。

秀洲区县道 193.192 公里，有：X102 嘉兴—湖州、X103 嘉兴—海宁、X117 嘉兴—湖州(老)、X202 乍浦—王江泾、X209 余新—王店、X301 王店—建设、X302 洪合—硖石、X303 洪合—新塍、X304 嘉兴—洛东、X305 嘉兴—新塍、X306 新塍—腾云、X307 腾云—油车港、X308 王江泾—黎里、X309 建有—汾玉、X310 嘉兴—铜罗、X311 申嘉湖—油车港、X312 嘉兴—桐乡、X313 洛东—桃园、X604 南北

表 1-2-3　1990 年嘉兴市县道公路汇总表

序号	县(市、区)	路线名称	辖区起讫地点	里程(公里)
1	桐乡境 28.741	湖盐公路	桐乡蔡里堡—海盐武原	63.48
	海宁境 12.64	湖盐公路	桐乡蔡里堡—海盐武原	63.48
	海盐境 22.10	湖盐公路	桐乡蔡里堡—海盐武原	63.48
2	嘉善县	善西公路	嘉善—西塘	11
3	嘉善县	车站支线		1.75
4	嘉善县	黎里—蒸淀	西塘—汾玉水泥厂	13.6
5	嘉善县	黎里—蒸淀	俞汇—蒸淀河桥	3.8
6	嘉善县	永宁村—俞汇	永宁村—姚庄	4.6
7	嘉善县	平湖—西塘	嘉善—大云叉口	8.5
8	嘉善县	东进—下甸庙	下甸庙—洪溪水泥厂	6.1
9	嘉善县	施家桥—新埭	施家桥—惠民	3.2
10	平湖市	平湖—西塘	平湖—钟埭县界	12.14
11	平湖市	韩家桥—兴塔	顾家桥—省界	14.87
12	平湖市	青阳汇—吕巷	青阳汇—省界	3.93
13	平湖市	平湖—廊下	高桥—省界	23.9
14	平湖市	新庙—钱圩	新庙—省界	2.58
15	平湖市	独山—新埭	新埭—青阳汇北	1.1
16	平湖市	独山—新埭	共建—广陈	4.3
17	平湖市	平湖—全塘	青阳汇南—向阳河	2.3
18	海盐县	新丰—海盐	海盐—元通县界	12
19	海盐县	六里—左家木桥	于城—沈荡	5.5
20	海盐县	落塘—袁花	落塘—官堂	3.14
21	海盐县	海盐—齐家		12
22	海宁市	洪合—小徐庙	小徐庙—建中县界	1.33
23	海宁市	硖石—崇福	硖北—迎丰	5.9
24	海宁市	洪合—小徐庙	硖石—公铁平交	0.59
25	海宁市	硖石—东山大桥		1.07
26	海宁市	硖石—斜桥		12.38
27	海宁市	丁桥—庆东桥		12.15
28	海宁市	桐乡—九里桥	前步桥—九里桥	10.24
29	海宁市	祝场—长安	祝场—前木埭	5.3
30	海宁市	祝场—长安	丰士—周镇	9.3
31	海宁市	胡家斗—洲泉	胡家斗—科冈	15.55
32	海宁市	塘桥—博陆	永福—塘桥	11.03
33	海宁市	闸口—金杨村	闸口—金杨村	12.83
34	桐乡县	嘉兴—乌镇	农场西—新生	2.1
35	桐乡县	嘉兴—乌镇	乌镇—民合	6.50
36	桐乡县	桐乡—九里桥	桐乡—南日	9.1
37	桐乡县	硖石—祟福	崇福—高桥	11.3
38	桐乡县	崇福—民兴	崇福—芝村	5.13
39	桐乡县	崇福—民兴	石门北叉口—安兴叉口	3.6
40	桐乡县	胡家斗—洲泉	洲泉—永秀	5.17
41	桐乡县	德清—新农村	新农村—韶村	20.95
42	桐乡县	桐乡—晚村	桐乡—河山	19.5
43	桐乡县	姚堡里—震泽	姚堡里—乌镇	5.8
44	桐乡县	卜院—新塍	卜院—农场南	4.41
45	桐乡县	屠甸镇支线		0.25
46	嘉兴城郊区	洪合—小徐庙	洪合—建中县界	11.66
47	嘉兴城郊区	道塘庙—乌船村	乌船村—王店镇南	6.07
48	嘉兴城郊区	宁思浜—思古桥		19.28
49	嘉兴城郊区	新丰—海盐	新丰—元通县界	12.3
50	嘉兴城郊区	东栅—新篁	东栅—凤桥	16.98

（续表 1-2-3）

序号	县(市、区)	路线名称	辖区起讫地点	里程(公里)
51	嘉兴城郊区	赵家斗—火烧桥	赵家斗—蚂桥	4.7
52	嘉兴城郊区	赵家斗—火烧桥	火烧桥—余新	3.63
53	嘉兴城郊区	新塍—天壬	新塍—桃园	7
54	嘉兴城郊区	新塍—天壬	腾云—虹阳	4.33
55	嘉兴城郊区	新塍—天壬	腾云—栖真	5.5
56	嘉兴城郊区	卜院—新塍	农场南—农场	3.26
57	嘉兴城郊区	嘉兴—乌镇	农场—农场西	0.9
58	嘉兴城郊区	嘉兴—乌镇	嘉兴—顾家浜	1

湖—王店、X811 乌镇—新塍、X814 濮院—新生。

嘉善县县道 171.945 公里，有：X108 平湖—黎里、X116 嘉兴交界—G320 交叉口、X201 大树—天凝、X203 焦山门—大云、X309 建有—汾玉、X401 嘉善—西塘、X402 丁栅—枫泾、X403 干窑—洪溪、X404 天凝—洪溪、X405 洪溪—下甸庙、X406 洪溪—三店、X407 西塘—丁栅、X408 丁栅—俞汇、X409 魏中—俞汇、X410 嘉善—新埭、X411 嘉善—大云互通、X412 杨秀泾桥—汾湖、X413 沙塔浜—变电所、X414 陶庄—芦墟、X415 缪洪线。

平湖市县道 246.48 公里，有：X106 独山—广陈、X107 广陈—平湖、X108 平湖—黎里、X202 新 07、X331 翁家埠—金丝娘桥、X410 嘉善—新埭、X501 平湖—兴塔、X502 平湖—钟埭、X503 广陈—新埭、X504 平湖—廊下、X505 虹霓—林埭、X506 平湖—乍浦、X509 九里亭—场前、X511 陆家桥—许家桥、X512 福臻—嘉善、X513 全塘—新仓、X514 长胜路、X515 当湖—乍浦、X516 庆丰—Y517、X517 平湖—斜桥、X518 曹桥—曹兑港、X519 金龙—黄家浜、X520 全塘—衙前、X521 金桥—衙前、X522 新仓—黄姑、X523 广陈—山塘、X524 野马—07 省道。

海盐县县道 313.651 公里，有：X104 嘉兴—海盐、X109 湖州—海盐、X115 硖石—海盐、X119 嘉兴—南北湖、X208 余新—百步超同、X331 翁家埠—金丝娘桥、X509 九里亭—场前、X601 元通—新善寺、X602 海盐—百步五丰、X603 海盐—于城、X604 南北湖—王店、X605 落塘—许油车、X606 核电厂—海宁尖山、X607 王店—石泉、X608 沈荡萧家堰—通元镇北、X609 秦山—紫金山、X610 南王线。

海宁市县道 254.415 公里，有：X103 嘉兴—海宁、X109 湖盐线海宁段、X110 崇福—长安、X302 洪合—硖石、X331 翁家埠—金丝娘桥、X701 硖石—尖山、X702 金阳—闸口、X703 金阳—秦山、X704 长许二线、X705 硖石—斜桥、X706 庆云—晏城、X707 祝场—庆云、X708 联胜—丁桥、X709 郭店—盐官、X710 天明—盐仓、X711 新 08 省道、X712 科同—天明、X713 长安—许村、X714 塘桥—许村荡湾、X715 硖石—斜桥(新)、X716 谈桥—袁花、X717 硖许线、X8023 桐乡—九里桥、X804 骑塘—荆山。

桐乡市县道 292.616 公里，有：X102 嘉兴—湖州、X109 湖州—海盐、X110 崇福—长安、X111 崇福—新市、X117 嘉兴—湖州(老)、X320 老国道、X706 庆云—晏城、X801 屠甸—新农村、X802 桐乡—九里桥、X803 崇福—楼下角、X804 骑塘—荆山、X805 科同—洲泉、X806 新农村—羔羊、X807 河山—道村、X808 桐乡—德清、X809 羔羊—民兴、X810 桐乡—斜桥、X811 乌镇—新塍、X812 姚堡里—太师桥、X813 濮院—民合、X814 濮院—新生、X815 俞家兜—众安、X816 崇福—永秀、X817 安木立交桥—严家埭、X818 嘉兴—桐乡、X819 安木立交桥—梧桐、X820 新生—民合、X821 高铁线、X822 高速连接线。

第六节　乡村公路

乡村公路又称乡村道路，由县统一规划，县、乡组织修建、养护和使用。

历史演变

中国共产党的十一届三中全会之后，特别是撤地建市后，实行改革开放以来，随着商品经济发展的需要，嘉兴市加快了县乡公路建设。

1983 年年底前，有乡道 3 条共 12.25 公里，其中嘉兴郊区焦山门—步云 4.35 公里，海宁向湖公路 6.2 公里，桐乡科同—大麻 4.7 公里。从 1984—1988 年的以普及为主到 1989 年后以提高等级为主，使嘉兴乡村公路建设有了很大的提高。

1990 年乡道公路

1990 年，全市共有乡道公路 36 条，长 95.84 公里，分路线列表如下。

各县(市、区)乡村公路情况

1997 年年底，全市有乡道公路 175 公里。至 2002 年，全市有乡道公路 556.72 公里。

表 1-2-4 1990 年嘉兴市乡道公路里程表

序号	县(市、区)	路线名称	辖区起讫地点	里程(公里)
1	嘉善县	干窑支线	干窑镇—善西公路	1.1
2	嘉善县		施家桥叉口—大云	0.8
3	嘉善县		幸福河—范泾	1.7
4	嘉善县		西塘—大舜	4
5	平湖市	独山—新埭	独山—黄姑	2.44
6	平湖市	场前—九里亭	九里亭—曹桥	3.49
7	平湖市	全塘—野马桥	虹霓—林埭	2.8
8	平湖市	金丝娘桥—衙前		4.2
9	平湖市	当湖—穗轮		0.85
10	平湖市	瓦山支线		0.8
11	平湖市	平湖—斜桥	小南门—斜桥	8.87
12	海盐县	场前—九里亭	场前—西塘桥	3.6
13	海宁市	荆山—周镇		8.3
14	海宁市	石井—云龙		2.3
15	海宁市	新凤桥—云龙		3.1
16	海宁市	周家弄—闸口	周家龙—白石桥	2.1
17	海宁市	庆云—路仲		3
18	海宁市	丰士—封家桥		2
19	海宁市	立夏—包王		1.2
20	海宁市	高桥—祝场		1
21	海宁市	黄墙里—秀金庵		1
22	海宁市	向湖公路	淡桥—陈家	6.2
23	桐乡县	属甸乡支线		0.28
24	桐乡县	青石乡支线		0.2
25	桐乡县	羔羊乡支线		1.7
26	桐乡县	留良乡交线		0.9
27	桐乡县	骑塘乡支线		1
28	桐乡县	塘桥—博陆	科同—大麻	4.7
29	桐乡县	新农村—亭桥		5.16
30	桐乡县	民兴乡支线		0.38
31	桐乡县	安兴乡支线		0.82
32	桐乡县	渔家斗—义马		2.7
33	桐乡县	南日—晏城		2.7
34	嘉兴城郊区	新荡—十八里桥	十八里桥—大桥	3.6
35	嘉兴城郊区	野猫汇—建设		2.5
36	嘉兴城郊区	焦山门—步云		4.35

2003年，按照“修好农村路，服务城镇化，让农民兄弟走上油路和水泥路”的总要求，嘉兴市实施了使农村交通基础设施发展历史性变革的乡村康庄工程。市委、市政府从嘉兴市实际出发，提出“公路标准等级化、路面铺装高级化、网络结构合理化、管理养护规范化、城乡客运公交化”的“五化”要求。结合嘉兴水网地带的特点，把农村危桥改造、撤渡建桥和城乡公交一体化列入到乡村康庄工程范围，并同步实施。为推动“千村整治、百村示范”工程，又进一步实施“连村到组达户”工程。至2003年年底，嘉兴市公路通车总里程2006.05公里，其中乡道558.88公里。

按照嘉兴市乡村康庄工程建设的进度安排，除嘉善县到2005年年末，其余县(市、区)到2004年年底基本实现村村通等级公路的目标。2004年，嘉兴市公路通车总里程2062.99公里，乡道564.88公里。

为更全面地满足广大农村群众的需求，根据康庄工程“立足需求、合理布局”的指导思想，市政府把今后几年内建设“到组道路”作为为民办实事的又一“民心”工程和康庄工程的延续工程来抓。按照到组道路建设“注重规划，搞好试点、整体推进”的总体思路，2004年做好试点工作启动，2005年基本完成试点建设任务，2006年全面开展到组道路改建工程建设。秀城区将余新镇余西村列为嘉兴市到组道路建设的试点镇、村。余西村按照科学规划、满足需求、注重实用、经济可行的试点工作要求，认真组织施工，严格控制质量，努力降低造价，于2004年年底全面启动连村公路和到组道路的前期工作。到2005年年末，全部完成连村公路和到组道路的建设任务。余西村连村公路和到组道路建设成为指导全市连村公路和到组道路建设的样板工程。

从2003年至2005年实施康庄工程期间，全市共完成通村公路建设1500余公里，其中完成通村公路路基改造877公里，完成通村公路路面改造974公里。到2005年年底，嘉兴市农村公路里程达到2647.778公里(密度为67.66公里/百平方公里)，通村(行政村)公路等级率和硬化率全部达到100%，准四级以上的村道1255.286公里，是全省唯一实现“双百”目标满堂红的地市。全市完成连村(自然村)公路242公里，到组道路1288.8公里，完成农村危桥改造4700座，撤渡建桥40处，新农村路网已基本形成。共开通城乡公交线路139条，投入车辆830辆，中心城(市本级)至副中心城(各县、市、区城区)一级城乡公交网开通率达100%；副中心城至所属乡镇政府所在地的二级城乡公交网开通率达100%；乡镇政府所在地至所属行政村村部所在地三级城乡公交网开通率达87.1%，惠及人口300多万。建设完成了5个公交枢纽站、472个港湾式停靠站、1204对招呼站点。

2006年，全市公路总里程6488.50公里，其中乡道1039.43公里，村道3716.36公里。

2007年，全市公路总里程7091.51公里，其中乡道1440.76公里，村道3672.09公里。

2008年，全市农村公路总里程6804.6公里，其中县道1548.5公里，村道3719公里，乡道1537.1公里。

2010年年底，全市公路总里程7668.834公里，全市乡(镇)、村公路通达率100%，其中农村公路里程为7048.222公里。农村公路中有县道1611.602公里、乡道1653.669公里、专用公路73.666公里、村道3709.285公里。

2009年起，嘉兴市开展农村公路文明公路创建活动。至2010年年末，全市有农村文明公路14条，创建里程163公里，农村文明公路站23个，农村文明公路示范站3个。农村文明(示范)公路站：海宁市周王庙镇公路管理站；嘉善县姚庄镇公路管理站；海盐县沈荡镇村镇建设交通管理服务中心。农村文明公路站：海宁市袁花镇农村公路管理养护站；海宁市丁桥镇农村公路管理养护站；海宁市斜桥镇公路管理站；海宁市黄湾镇公路管理站；海宁市马桥镇农村公路管理养护站；南湖区大桥镇农村公路管理养护站；南湖区余新镇农村公路养护站；南湖区新丰镇农村公路管理养护站；秀洲区洪合镇农村公路管理养护站；秀洲区新塍镇农村公路养护站；秀洲区王江泾镇农村公路管理养护站；海盐县百步镇农村公路养护站；平湖市钟埭街道农村公路管理养护站；平湖市新仓镇农村公路养护管理站；平湖市广陈镇农村公路养护管理站；平湖市林埭镇农村公路养护管理站；桐乡市崇福镇交通管理站；桐乡市梧桐街道城乡建设交通管理服务中心站；桐乡市龙翔街道交通管理站；桐乡市河山镇交通公路站。

表1-2-5　2010年嘉兴市乡村公路里程表

项目	全市	市区	南湖	秀洲	嘉善	平湖	海宁	海盐	桐乡
乡道	1654	274	179	96	231	256	355	187	349
村道	3709	742	259	482	269	607	520	366	1205
合计	5363	1016	438	578	500	863	875	553	1554

第三章 公路桥梁

第一节 公路桥梁历史演变

嘉兴历史悠久，又是水乡泽国，桥梁众多。历年来，政府对公路桥梁建设十分重视，每年都安排资金进行维护、维修、改造。撤地建市后，公路建设快速发展，桥梁建设也发生了质的变化，钢筋混凝土桥梁代替了石桥、木桥，公路桥梁代替了人行桥梁、机耕桥梁。特别是进入 21 世纪后上海市成为长三角经济发展的龙头，周边地区与上海的联系更为密切。公路、航道建设成为长三角经济发展的重要部分，带动了公路桥梁建设的高速发展，嘉兴市出现了许多大桥、特大桥、立交桥和高架枢纽。

1949 年以前嘉兴公路桥梁状况

嘉兴市在民国时期所建造的公路桥梁，多为临时性或半永久性桥梁。杭沪、乍王、杭枫三条公路上共建造桥梁 183 座，其中临时性桥梁 97 座，半永久性桥梁 45 座，两者占桥梁总座数近 80%，木面桥梁宽度一般为 4 米，载重标准为 5 吨。

民国 25 年(1936 年)，为了抗日战争的需要，国民政府军事委员会命令对杭沪、乍王、杭枫三条公路木面桥进行加固，以便通行炮车。开始时计划加固至载重 10 吨，后以所需经费过巨，改按载重 8 吨标准加固。于民国 25 年(1936 年)12 月动工，次年上半年完成。

抗日战争时期，公路桥梁遭到严重破坏。抗战胜利后，由于资金缺乏，只作简单修复，勉强维持通车，同时失修失养、木材腐朽，日甚一日，至解放前夕，公路桥梁状况呈全面恶化。

解放初期嘉兴公路桥梁状况

新中国成立后，嘉兴公路大量木桥技术状况普遍较差，每年一小修，三年一大修，对行车安全带来隐患，并且木材来源日益紧缺。建国初期，在国家财经和基建三材(钢材、水泥、木材)供应困难情况下，仍积极维修。1953 年改建乍平嘉公路中，新建石灰三和土木桥面 33 座，使用 20 年后，至 1973 年才改建为永久式桥梁。石灰三和土木桥面能起到木材防腐、减少木材磨损、延长木面桥使用年限，并使行车平稳、保养省力。

从 20 世纪 60 年代初开始，陆续进行干线公路木面桥改造，以适应战备需要。1971 至 1972 年对杭枫线崇福至嘉兴段木面桥钢筋混凝土改建，完成双曲拱桥共 18 座，总长 426 米，总投资 70 万元；1971 年完成杭沪线危桥改造，木面桥改建为钢筋混凝土双曲拱桥为主计 18 座，总长 347 米。1972 年改建乍浦至王江泾公路桥梁；(平湖县境 17 座、总长 199.4 米，1972 年 11 月开工，1974 年 3 月完工；嘉兴县境 27 座，总长 236.35 座，1972 年 7 月开工，1973 年 4 月完成)。杭沪、乍王、杭枫三条公路桥梁通过改造，全部实现永久化，载重达到汽－13，拖－60 标准，桥面宽度大部分达到净－7 米。

1990 年年末嘉兴公路桥梁状况

1990 年年末，全市国、省和县乡公路桥梁 870 座，25592 米。其中：G320 国道市境段 87 座，3615 米；杭沪线市境段 27 座 605 米；乍王线 56 座，1198 米；新海线 15 座，329 米；湖盐线(与县乡道重计 63 座 1730 米)。县乡道：市区 114 座，3494 米；嘉善 74 座，2534 米；平湖 125 座，2999 米；海宁 197 座，6119 米；海盐 56 座，1501 米；桐乡 119 座，3198 米。

表 1-3-1 1995—2009 年桥梁情况表

序号	年份	数量(座)	长度(延米)
1	1995	997	28648
2	1996	1056	31239
3	1997	1132	33970
4	1998	1440	57284
5	1999	1605	62814
6	2000	1649	66828
7	2001	2231	90776
8	2002	2365	104328
9	2003	2411	109304
10	2004	2468	113410
11	2005	2571	120628
12	2006	6010	208788
13	2007	6543	242727
14	2008	6744	273897.33
15	2009	6837	283551

2008年—2010年嘉兴公路桥梁状况

到2008年年底，嘉兴市有公路桥梁6744座，273897延米。按行政等级分：国道公路桥梁361座，42800延米；省道公路桥梁452座24581延米；县道公路桥梁1617座，95605延米；乡道公路桥梁1487座43126延米；村道公路桥梁2827座67785延米。按桥梁跨径分：特大桥11座，12393延米；大桥393座，102834延米；中桥2083座，78427延米；小桥4302座，62830延米。

2009年，嘉兴市有公路桥梁6837座，总长283551.2延米，其中互通式立交桥22座，11380.8延米。按跨径分：特大桥13座，14472.53延米；大桥404座，107842.86延米；中桥2069座，79908.2延米；小桥4351座，81327.61延米。

2010年年底，嘉兴市有公路桥梁7002座，总长308247延米，其中互通式立交桥22座，13781.78延米。按跨径分：特大桥15座，19264.45延米；大桥420座，120951延米；中桥2146座，84138延米；小桥4421座，83894延米。

主要干线桥梁

国道(高速公路)公路桥梁

1. G15沈海高速公路桥梁46座：顾家桥、穗轮村通道桥、金河村桥、金衙分离式立交桥、马家桥、建中桥、纪家埭通道桥、祝家埭桥、东沅河桥、战斗村通道桥、干家桥、金家浜桥、黄家浜桥、新港河桥、田漾桥、东盛家浜桥、新开沼桥、马家沼桥、横浜桥、卫国河桥、爱国河桥、丰路村桥、通道桥2、丰收河桥、黄姑塘大桥、独山塘桥、通道桥1、大堰头桥、海娄里桥、湾娄里桥、牵浦塘桥、乌鹊浜桥、山家浜桥、乍浦塘大桥、文屋廊桥、盐平塘大桥、黄家浜桥1、K85+453汽通、平斜分离桥、海盐枢纽27号桥、海盐枢纽26号桥、海盐枢纽25号桥、2号桥、纬三路分离桥、东西大道分离桥、三孔通道桥。

2. G15W常台高速公路桥梁38座：大溪港桥、西泾浜中桥、赵家湾桥、草庵头中桥、一号汽车通道、潘香港桥、墓城港中桥、乌沙河桥(加宽)、俞金港桥(加宽)、乍嘉苏跨申嘉湖主线桥、俞家浜桥、新农港桥、陈家埭桥、鲇鱼坝桥、新桥洋桥、龙王庙中桥、徐家洋桥、何家浜桥、新塍塘大桥、三家浜桥、象贤互通区主线桥、象贤互通区主线一号桥、杭申线特大桥、铁仙桥、北港桥、钱家埭桥、西河北浜桥、嘉兴互通主线桥、嘉兴互通式立交2号、东章桥、九里江桥、二号汽车通道、红旗村桥、双坟村港桥、李花村桥、国庆桥、公铁立交、三星桥。

3. G2501杭州绕城高速公路桥梁9座：上塘河桥、俞打石汽车通道、翁家埭桥、翁家埭汽车通道、海宁互通主线桥、贾洋村汽车通道、袁家坝汽车通道、红色村机动车道、01省道桥。

4. G60沪昆高速公路桥梁129座：新桥港、金刚桥、汽通桥1、朱家浜桥、横泾港桥、陆章江桥、沈家埭桥、汽通桥2、周家浜、米杖港桥、人通桥3、陆家浜桥、梅家兜桥、汽通桥4、白水塘桥、汽通桥5、戈家桥、彭家圩桥、中心河桥、唐桶浜、汽通桥6、冯家兜桥、张家浜、汽通桥7、北小桥、祥宁浜桥、小里港桥、机通1、六里塘桥、机通2、河泥浜桥、机通3、立新桥、新桥、放生河桥、汽通1、马家娄桥、嘉善塘桥、平湖塘桥、机通4、陶家庄桥、汽通2、郭树浜桥、殳庄港桥、机通5、张径港桥、汽通3、王庙塘桥、沙桥港桥、九曲港桥、文前桥、杨板桥、朱家村桥、里长桥、西长浜桥、梅园桥、海盐塘桥、莲埔桥、西庄桥、杜家兜桥、川塘桥、王店公铁立交桥、长水塘桥、姚家庄桥、庄家头桥、唐家桥、车河头桥、汽通1#桥式桥、刘家坝桥、缪家头桥、莲花港桥、建设新港桥、机通2#桥式桥、何家村桥、金家村桥、罗家村桥、耆宿桥、喇叭港桥、陆家浜桥、人行通道、长山河大桥、康泾塘桥、王家门港桥、塘子河桥、汽通一号、毛竹港桥、机耕路通道、石灰浜桥、石桥港桥、十七图桥、汽车二通桥、作水板桥、文桥港桥、斜港桥、陈家木桥、南日港桥、新河桥、宋家埭桥、石晖港桥、汽通三号、中沙渚塘桥、人通、祝家浜桥、汽通四号桥、马西浜桥、南沙渚塘桥、章家塔桥、汽通五号桥、陈家浜桥、计家浜桥、新开河桥、四角洋桥、杨家浜桥、牛桥港桥、金家港桥、人行通道1号、人家港桥、人行通道2号、长辛塘桥、修川路桥、南涵洞桥、斗门港桥、杜家浜桥、各界洋桥、长安公铁、汽车通道1号、人行通道3号、孙家浜桥。

5. G92杭州湾环线高速公路桥梁105座：平湖塘特大桥、海盐枢纽24号桥、陆家浜桥、帮岸浪桥、汽通0、大张桥、汽通1、北曹湾2号桥、北曹湾1号桥、大船桥、西元分离桥、姚家村桥、魏家浜桥、电庄2号桥、电庄1号桥、新兴汽通、张家亭子桥、通道桥0、董家村桥、古荡河桥、八字村桥、东朱家浜桥、海王分离桥、东徐家浜桥、盐嘉塘大桥、609通道桥、苏家浜中桥、通北汽通、沈家堰桥、虎哨亭桥、嘉南分离式立交桥、里洪塘大桥、通道桥、匠泥浜桥、通道桥2、南张浜桥、通道桥3、东西大道分离式立交桥、东沈家村桥、乌鸦浜桥、张油车桥、林家桥、长山河大桥、通道桥4、年长港桥、详艺浜桥、东港桥、通道桥、东草港桥、袁尖公路分离立交桥、袁硖港大桥、呈祥港桥、通道桥、朱家堰桥、贾六堰港桥、通道桥、瓦登泽港桥、旧仓港桥、通道桥、九曲港桥、麻泾港桥、丁桥分离式立交桥、通道桥、十八里桥、镇保公路分离立交桥、青春村桥、青春村汽通、新桥港桥、通道桥、麦帛港桥、丁桥分离立交桥、陈坟港桥、通道桥、尤车港桥、通道桥、泗沐港桥、诸桥分离立交桥、倪桥港桥、宁袁塘1

号桥、汽通桥、六里港桥、汽通桥、双木桥、机通桥、刘王庙桥、盐官大桥、上塘河桥、周家桥、徐家埭桥、蔡介洋桥、小桥、骑荆分离桥、汽通桥、金田桥、陈安寺桥、叶家村桥、汽通桥、汽通桥、蔡家石桥、通道桥、里港桥、长安镇桥、沈马埭桥、褚家浜桥、农发大道分离桥。

6. G320 沪瑞线公路桥梁 96 座：虹桥、北陶浜桥、化成桥、罗家纹桥、里泽桥、永宁桥、南桥、石灰桥、小寺桥、狗头泾桥、伍子塘桥、庄港桥、三店桥、小三店桥、摇灯港桥、后中港桥、前中港桥、平洋桥、颜庄桥、河曲港桥、河车浜桥、三桥港桥、三桥港桥(左)、三店塘桥(左)、三店塘桥(右)、张家港桥、龙星桥港桥、陆里长泾桥、闸门桥、将军港桥、苏州塘桥、短浜桥、化农桥、华云桥、万兴桥、顾家浜桥、雁金桥、新塍塘桥、殷秀桥、杭州塘桥、西木桥、顾家浜桥、怀昌桥、睦家桥、汪家桥、纵二路桥、新八号桥、李家桥、柴家桥、机场立交桥、黎明桥、马家桥、月河桥、叙星桥、灰土桥、报恩桥、浮石桥、朱家兜中桥、大道场桥、莲花桥、杨喜木桥、莲心桥、西木桥、百桃立交、杨园桥、乌朱桥、庆丰互通、环庆桥、泥家浜大桥、灵安桥、西河坝桥、蒋子庙桥、徐家庙桥、泗渡洋桥、桐乡六号桥、桐乡五号桥、桐乡四号桥、小虎啸桥、虎啸桥、中沙诸塘桥、崇福南门桥、南沙诸塘桥、南山里桥、许关村桥、上市桥、马西浜桥、俞家渡桥、海宁 14 号桥、海宁 13 号桥、海宁 12 号桥、海宁 11 号桥、海宁 10 号桥、海宁 9 号桥、海宁 8 号桥、海宁 7 号桥、海宁 6 号桥。

省道(高速公路)公路桥梁

1. S2 杭州支线公路桥梁 16 座：人行通道 4 号、汽车通道 2 号、长圆坝港桥、上塘河桥、汽车通道 3 号、石桥浜桥、东斜港桥、汽车通道 4 号、西沙港桥、运输河桥、红星港桥、人行通道 5 号、白龙江桥、汽车通道 5 号、横品河桥、龙河桥。

2. S7 杭州湾北岸连接线公路桥梁 27 座：步云枢纽 1 号桥、步云枢纽 2 号桥、步云枢纽 3 号桥、步云枢纽 16 号桥、港南桥、联合村桥、通道 1、赵文桥、徐新桥、西港河桥、东港河桥、肖家桥、乌桥村分离、马家头桥、平湖塘特大桥、徐家浜桥、白云桥、平湖互通 1 号桥、平湖互通 2 号桥、平湖互通 3 号桥、姚会头桥、平曹线大桥、钱家村桥、赵家村桥、庄马线大桥、1 号桥、海盐枢纽 2 号桥。

3. S11 乍嘉苏高速公路桥梁 38 座：甘蔗浜、石球洋桥、东浜桥、青龙港桥、甘蔗浜 1、油车浜桥、桥湾里桥、王家桥、主线桥、东塘桥、凌塘浜桥、鲍家汇桥、朱界浜桥、桃花村桥、南塘泾桥、鲍塔里桥、南木桥、胡家树桥、梅花塘桥、厚藤桥、梅花港桥、东新浜桥、德星桥、慎思中桥、王家埭桥、宁浜桥、曹王桥、庄桥港桥、矛家浜桥、干家村桥、新桥港桥、西兆浜桥、烧香港桥、余南村小桥、海盐塘大桥、范罗浜小桥、2 号桥、青龙桥。

4. S12 申嘉湖高速公路桥梁 61 座：白滩港大桥、主线中桥、主线中桥、主线中桥、东栅港大桥、主线中桥、小桥、和尚塘大桥、中桥、中桥、中桥、陆斜塘大桥、平黎公路高架桥、中桥、林家塘大桥、白老鼠湾大桥、芦墟塘大桥、中桥、小桥、中桥、杨庙港大桥、中桥、小桥、中桥、K21+797.5 中桥、嘉澄线大桥、K22+987 中桥、K23+607 中桥、K23+994 中桥、K24+630 中桥、嘉兴-油车港大桥、京杭古运河大桥、S202 省道跨线桥、K31+203 中桥、嘉桃线大桥、K32+794.7 中桥、和尚荡大桥、K35+948.5 桥、K36+496.5 中桥、K36+900 中桥、K37+895 中桥、K38+379.5 中桥、K39+856.5 中桥、虎啸浜大桥、新塍铜罗大桥、严墓塘大桥、芦花浜大桥、中桥、中桥、小桥、中桥、中桥、中桥、北永兴港大桥、小桥、中桥、中桥、中桥、中桥、小桥、乌镇南高架桥。

5. S13 申嘉湖练杭高速公路桥梁 16 座：箱通桥、伍子中桥、潘家中桥、天河大桥、洪圣里大桥、长秀大桥、朱家里中桥、汽车通道桥、汽车通道桥、良村中桥、寺后浜大桥、河山互通主线桥、桐德公路分离立交桥、鸡树下中桥、横塘港大桥、坝桥村大桥。

6. S16 杭州北支线高速公路桥梁 9 座：汽通桥、新塘河桥、塘洲公路分离桥、戴家河桥、汽通桥、汽通桥、朱家桥、汽通桥、绕城东枢纽桥。

7. S101 杭沪线公路桥梁 240 座：瑞丰桥、瑞丰桥(左)、罗桥、罗桥(左)、许巷桥、许巷桥(左)、海王桥、海王桥(左)、刺史桥、刺史桥(左)、新富桥、新富桥(左)、霸桥、霸桥(左)、鱼家桥、鱼家桥(左)、打铁桥 1 号、打铁桥 1 号(左)、石灰桥、石灰桥(左)、中心桥、中心桥(左)、三里桥、三里桥(左)、桃花桥、桃花桥(左)、云桥、云桥(左)、小龙桥、小龙桥(左)、龙安大桥、龙安大桥(左)、民谊桥、民谊桥(左)、李闸桥、李闸桥(左)、先生桥、先生桥(左)、王马桥、王马桥(左)、平桥、平桥(左)、陈岸桥、陈岸桥(左)、打铁桥 2 号、打铁桥 2 号(左)、广福桥、广福桥(左)、联丰桥、联丰桥(左)、清河桥、清河桥(左)、郭店大桥、郭店大桥(左)、宁郭塘桥、宁郭塘桥(左)、辛江塘桥、辛江塘桥(左)、群益桥、群益桥(左)、群利桥、群利桥(左)、福寿桥、福寿桥(左)、红联桥、红联桥(左)、高桥、高桥(左)、扁梁桥、扁梁桥(左)、群新桥、群新桥(左)、陆家桥、陆家桥(左)、金水桥、金水桥(左)、韩泾桥、韩泾桥(左)、联胜桥、联胜桥(左)、花甲桥、花甲桥(左)、乌金桥、乌金桥(左)、南丁国师桥、南丁国师桥(左)、黄墩桥、黄墩桥(左)、正阳桥、正阳桥(左)、金鸡桥、金鸡桥(左)、庆丰桥、庆丰桥(左)、新木长桥、新木长桥(左)、棱秀桥、棱秀桥(左)、友谊桥、友谊桥(左)、建设桥、建设桥(左)、承基桥、承基桥

(左)、谈桥、谈桥(左)、徐滨桥、徐滨桥(左)、南对方桥、南对方桥(左)、东庄桥、东庄桥(左)、章桥、章桥(左)、钟桥、钟桥(左)、长山河桥、长山河桥(左)、南大埝桥、南大埝桥(左)、小桥浜桥、小桥浜桥(左)、常慕大桥、常慕大桥(左)、直海浜桥、直海浜桥(左)、理洪塘桥、理洪塘桥(左)、贾贾桥、贾贾桥(左)、西埝桥、西埝桥(左)、肖家木桥、肖家木桥(左)、支家木桥、支家木桥(左)、高昌堰桥、高昌堰桥(左)、朱家木桥、朱家木桥(左)、麻泾港桥、麻泾港桥(左)、李家港桥、李家港桥(左)、莳安桥、莳安桥(左)、盐嘉塘桥、盐嘉塘桥(左)、点垢庵桥、点垢掩桥(左)、古荡河桥、古荡河桥(左)、团结港桥、团结港桥(左)、盐平塘桥、盐平塘桥(左)、泾口桥、泾口河桥(左)、五联桥、五联桥(左)、牛桥、牛桥(左)、野猫桥、野猫桥(左)、江家桥、江家桥(左)、永丰大桥、永丰大桥(左)、青年河桥、青年河桥(左)、泾海桥、泾海桥(左)、桑园河桥、桑园河桥(左)、北晒桥、北晒桥(左)、泥桥、泥桥(左)、直龙港桥、直龙港桥(左)、马家桥、马家桥(左)、十字洋桥、十字洋桥(左)、乍浦塘大桥、乍浦塘大桥(左)、陶家木桥、陶家木桥(左)、操马浜桥、操马浜桥(左)、渤塘桥、渤塘桥(左)、油车港桥、油车港桥(左)、铜勺浜桥、铜勺浜桥(左)、全丰桥、全丰桥(左)、郭家浜桥、郭家浜桥(左)、独山塘桥、独山塘桥(左)、丰收河桥、丰收河桥(左)、黄姑塘桥、黄姑塘桥(左)、新开河桥、新开河桥(左)、卫国河桥、卫国河桥(左)、山西沼桥、山西沼桥(左)、南中荡桥、南中荡桥(左)、沈家浜桥、沈家浜桥(左)、东横沼桥、东横沼桥(左)、陆家沼桥、陆家沼桥(左)、夏家浜桥、夏家浜桥(左)、农场圩桥、农场圩桥(左)、新港河桥、新港河桥(左)、北王河桥、北王河桥(左)、会龙河桥、会龙河桥(左)、前新河桥、前新河桥(左)、平安桥、平安桥(左)、九机厅桥、九机厅桥(左)、金沙河桥、金沙河桥(左)、东界河桥、东界河桥(左)。

8.S202 乍王线公路桥梁 68 座：闸桥、泥桥、长生桥、三里桥、六里桥、和尚桥、车路径桥、杨树径桥、远车桥、高桥、古横桥、北河桥、新桥、城南桥、魁星桥、东文王桥、西文王桥、六店大桥、沙家桥、胡家桥、伍家桥、蒋家桥、渡船河桥、大石泾桥、东青龙桥、西青龙桥、毛桥、堆金桥、万安桥、石坝桥、香花坝桥、新开河桥、焦山门大桥、焦山门桥(左)、常径桥、兴安桥、十八里互通立交桥、杨桥、断头河桥、新桥、西木桥、雀墓桥、嘉善塘桥、糠江洋桥、农药厂桥、盛浜河桥、十字洋桥、许安浜桥、许王村桥、长扦塘桥、施家浜桥、吴丰港桥、小里港桥、苏嘉运河桥、穆河溪桥、火车港桥、大井头桥、北郊河大桥、北圣桥、大沙河桥、陈家桥、双桥、港达桥、新桥、腾云桥、富星桥、前富庄桥、后富庄桥。

9.S203 海新线公路桥梁 10 座：中凉亭桥、万新桥、范家木桥、钱塔桥、伞树庙桥、金阳桥、凉棚桥、宁袁塘桥、六十里塘桥、新塘河桥。

嘉绍大桥

项目概况 嘉兴至绍兴跨江公路通道是《国家高速公路网规划》"7918"网中的一纵——沈阳至海口国家高速公路常熟至台州并行线的主要路段，也是浙江省高速公路交通规划中跨杭州湾的第二通道。项目北起乍嘉苏高速公路南湖枢纽，跨钱塘江后终于杭甬高速公路和上三高速公路交叉的沽渚枢纽，全长 69.5 公里，总投资 139.8 亿元。其中嘉绍大桥长 10.137 公里，投资 63.5 亿；南岸接线长 16 公里，投资 23.9 亿元；北岸接线长 43.3 公里，投资 52.4 亿元。项目全线采用八车道高速公路标准建设，其中两岸接线设计速度为 120 公里/小时，嘉绍大桥设计速度为 100 公里/小时，大桥通航等级为 3000 吨级。项目建成后，可将乍嘉苏高速公路、沪杭高速公路、杭浦高速公路、杭甬高速公路、上三高速公路和绍诸高速公路等便捷地连接起来，对完善国道、省道网络，促进长江三角洲经济一体化和产业结构调整升级具有重大意义。

项目特点 嘉绍大桥是项目关键性控制工程，分为南、北岸陆地区引桥，南、北岸水中区引桥和主航道桥。桥位区位于钱塘江尖山河段，自然环境复杂，建设条件特殊。桥位处江道变迁，主槽摆动频繁，冲淤变化剧烈，主槽摆动幅度约 2.3 公里。施工区域潮强流急，最高潮差可达 9 米，实测最大流速达 7.5 米/秒以上。气候条件复杂多变，每年受台风、潮汛、洪水影响很大，一年实际可施工天数只有 280 天左右。

技术创新 嘉绍大桥的几项关键技术创新既是工程难点也是最大亮点：

大桥主航道桥采用经济性好、建设条件适应性好、技术含量高的六塔独柱双幅四索面钢箱梁斜拉结构，总长度 2680 米，总宽度 55.6 米(含布索区)，建成后为世界上主桥连续长度最长、桥面宽度最宽的多塔斜拉桥。

为最大限度减少结构的阻水面积，不影响举世闻名的钱塘江涌潮景观，工程结构的阻水率控制在 5%以下，大桥水中区引桥基础取消承台，大规模采用单桩独柱结构形式，桩径 3.8 米，桩长 100—111 米，单桩混凝土方量 1300 立方米以上。

为解决因大桥主梁连续长度长，热胀冷缩而产生的长主梁温度变形对索塔受力的不利影响，创造性地提出和采用在主桥跨中位置设置释放主梁纵向变形的刚性铰装置，为世界首创，也为解决超长连续桥梁主梁的伸缩问题开拓新的方向。

主墩承台均埋置在河床底下，采用双壁钢围堰施工。单个钢围堰一次性沉放最大重量约800吨左右，开国内在如此复杂水文条件下沉放如此大规模钢围堰的施工的先例。

大桥采用独柱双幅四索面八车道斜拉桥低桩承台结构，六个混凝土主塔高170多米，体大壁厚；同时大桥钢箱梁下设X型混凝土托架，体量大受力复杂，对承台混凝土施工质量及耐久性提出了极高要求。

北岸水中区引桥70米跨预应力混凝土连续刚构十三联66孔，双幅布置，预制梁段计2878节，首次在国际上采用短线法预制、利用单桩独柱桥墩架桥机上大规模连续刚构节段拼装法施工。

大桥主桥全长2680米，钢箱梁总量达8万吨，共374个箱梁节段，体积、重量较大，无法通过栈桥进行运输，只能通过船舶运输到吊装位置进行安装。作业区域水浅流急、潮流汹涌，船舶运输、定位、吊装难度极大。国内尚未有如此大规模的钢箱梁在如此复杂多变的作业环境下进行施工的先例。

项目进展 项目前期工作始于1993年，2000年6月浙江省人民政府做出建设嘉兴至绍兴跨江通道工程的决定，2005年11月国家发改委批复项目建议书，2007年12月项目工可获得国家发改委批准，2008年10月项目初步设计获交通运输部批复。项目于2008年12月举行开工典礼，计划于2013年6月建成通车。按照浙江省交通厅〔2008〕44号会议纪要精神，浙江嘉绍跨江大桥投资发展有限公司负责该项目的建设，并按照项目法人制，负责该工程实施过程中的质量、安全、进度和廉政等全部建设责任。

钱江通道北接线(一期)工程

项目概况 钱江通道及接线项目北接线(一期)工程起点骑塘枢纽互通位于桐乡市骑塘乡西北(与沪杭高速公路相交)，终于钱塘江过江隧道北出口相接。该项目是浙江省高速路网交通规划的杭州湾上的“3通道”之一，与钱江隧道及南接线连接沪杭、杭浦、杭甬三条高速公路。一期工程全长11.415公里。项目批复概算投资21.18亿元，其中建安费用12.88亿元，施工工期为36个月。

钱江通道及接线工程全长43.981公里，其中过江隧道长度约3.25公里，按高速公路标准建设两管六车道盾构隧道，采用目前世界上在建的最大直径(15.43米)盾构推进。

立项情况 钱江通道北接线(一期)工程于2008年10月16日由浙江省发改委核准(浙发改函〔2008〕229号)，2009年12月31日浙江省发改委对项目初步设计进行批复(浙发改设计〔2009〕191号)，2010年7月21日浙江省交通运输厅对项目施工图进行批复(浙交复〔2010〕95号)。

土地使用情况 项目土地报批严格按照国家相关程序执行，2007年1月浙江省建设厅以《浙规字选〔2007〕第035号建设项目选址意见书》对项目选址论证报告批复，土地预审由浙江省国土资源厅《关于钱江通道及接线工程(嘉兴段)建设项目用地的预审意见》(浙土资预〔2008〕029号)批复。

第二节 公路桥梁分类

特大桥

2008年，全市有特大桥11座，12393延米。其中，嘉善3座，平湖3座，海宁5座。

2010年，全市有特大桥15座，19264延米。其中，南湖区1座，秀洲区1座，嘉善3座，平湖4座，海宁4座，桐乡2座。

大桥

2008年，全市有大桥393座，102834延米。其中，南湖区44座，14023延米；秀洲区64座，19961延米；嘉善69座，16646延米；平湖38座，10692延米；海宁40座，12612延米；海盐63座，10941延米；桐乡75座，17959延米。

2010年，全市有大桥420座，120951延米。其中，南湖区38座，12248延米；秀洲区70座，25198延米；嘉善71座，16998延米；平湖44座，11634延米；海宁46座，14908延米；海盐74座，19624延米；桐乡77座，20343延米。

中桥

2008年，全市有中桥2038座，78427延米。其中，南湖区245座，9350延米；秀洲区280座，10703延米；嘉善236座，11177延米；平湖211座，7766延米；海宁367座，12681延米；海盐303座，11382延米；桐乡396座，15368延米。

2010年，全市有中桥2146座，84138延米。其中，南湖区 244 座，9233 延米；秀洲区 286 座，11195 延米；嘉善 239 座，11522 延米；平湖 243 座，9441 延米；海宁 378 座，13205 延米；海盐 333 座，12665 延米；桐乡 423 座，16876 延米。

小桥

2008 年，全市有小桥 4302 座，62830 延米。其中，南湖区 389 座，7492 延米；秀洲区 447 座，9922 延米；嘉善 392 座，7443 延米；平湖 971 座，16317 延米；海宁 729 座，12638 延米；海盐 458 座，8780 延米；桐乡 916 座，17652 延米。

2010 年，全市有小桥 4421 座，83895 延米。其中，南湖区 384 座，7466 延米；秀洲区 448 座，9889 延米；嘉善 414 座，8040 延米；平湖 991 座，17036 延米；海宁 778 座，13883 延米；海盐 486 座，9743 延米；桐乡 920 座，17837 延米。

1990 年前单孔跨大于 40 米或全长大于 100 米大桥

苏嘉运河桥 该桥跨苏(州)嘉(兴)运河，为 320 国道嘉兴市区过境公路新辟线路上一座最长桥梁。桥梁共 10 孔，其中三孔为跨径 35 米装配或预应力钢筋混凝土简支梁，两边共配七孔(杭州方向四孔，上海方向三孔)跨径 20 米装配式钢筋混凝土 T 梁，全长 248.95 米。下部构成为三柱式钢筋混凝土灌注桩墩台。荷载标准：汽−20，挂−100。桥面净宽 12 米，两边各加人行道 1.5 米。桥设置 R=−3000 米竖曲线，全桥设泄水管 46 只。桥主孔河床底面标高(黄海)−1.29 米，设计通航水位(黄海)2.122 米，梁底标高(黄海) 8.622 米，净高 4.5 米，按通航 100 吨六级航道标准设计。该桥由省交通设计院设计，省第二公路工程队施工。1987 年 1 月开工，1989 年 1 月建成。工程投资 1,745,809 元。

长扦塘桥 该桥跨三店塘(又名长扦塘)，为 G320 国道嘉兴市区过境公路新辟线路上一座大桥。桥梁共 9 孔，其中三孔为跨径 35 米装配式预应力钢筋混凝土简支梁，两边各配三孔跨径 20 米装配式钢筋混凝土 T 梁，全长 228.96 米。下部构造为三柱式钢筋混凝土钻孔灌柱桩墩台。荷载标准：汽−20，挂−100。桥面净宽 12 米，两边各加人行道 1.5 米。桥面设置 R=3000 米竖曲线，全桥设泄水管 42 个。该桥主孔河床底面标准标高(黄海)−2.48 米，设计通航水位(黄海)2.122 米，梁底标高(黄海)6.622 米，净高 4.5 米，按通航 100 吨六级航道标准设计。该桥由省交通设计院设计，浙江省第二公路工程队施工，1988 年 4 月开工，1989 年 1 月建成。工程投资 1,649,606 元。

龙凤桥 该桥跨杭申甲线航道，为 G320 国道嘉兴市区过境公路新辟线路上大桥，桥梁共 9 孔，其中 3 孔为跨径 35 米装配式钢筋混凝土简支梁，两边各配三孔跨径 20 米装配式钢筋混凝土 T 梁，全长 228.96 米。下部构造为三柱式钢筋混凝土钻孔灌注桩墩台。荷载标准汽−20，挂−100。桥面净宽 12 米，两边各加人行道 1.5 米。桥面设置 R=3000 米竖曲线，全桥设泄水管 42 个。该桥主孔河床底面标高(黄海)−2.73 米，设计通航水位 2.122 米，梁底标高(黄海)6.622 米，净高 4.5 米，按通航 100 吨六级航道标准设计。该桥由省交通设计院设计，省第二公路工程队施工，1987 年 3 月开工，1988 年 2 月建成。工程投资 1,633,338 元。

新塍河桥 该桥跨嘉兴新塍航道，为 G320 国道嘉兴市区过境公路新开辟线路上大桥，桥梁共 9 孔，其中 3 孔为跨 35 米装配式预应力钢筋混凝土简支梁，两边各配三孔跨径 20 米装配式钢筋混凝土 T 梁，全长 228.96 米。下部构造为三柱式钢筋混凝土钻孔灌注桩墩台。荷载标准汽−20，挂−100，桥面净宽 12 米，两边各加人行道 1.5 米，桥面设置 R=3000 米竖曲线，全桥设泄水管 42 个。主孔河床底面标高(黄海)−1.69 米，设计通航水位(黄海)2.122 米，梁底标高(黄海)6.622 米，净高 4.5 米，按通航 100 吨六级航道标准设计。该桥由省交通设计院设计，省第二公路工程队施工，1987 年 5 月开工，1988 年 9 月建成。工程投资 1,633,462 元。

穆湖溪桥 该桥跨穆湖溪，为 G320 国道嘉兴市区过境公路新辟线路上新建桥梁，桥跨为 6 孔，各 20 米装配式钢筋混凝土T梁，下部构造为三柱式钢筋混凝土钻孔灌注桩，桩径为 120 厘米。桥梁全长 124 米。荷载标准汽−20，挂−100，桥面净宽 12 米，两边各加人行道 1.5 米。桥面设置 R=10000 米竖曲线，行车道采用钢钣伸缩缝，人行道采用锌铁皮伸缩缝。桥台桩尖落在亚黏土层中(−19.1)桩顶设计承载力 130 吨。河床底面标高(黄海)−1.30 米～−1.49 米，梁底标高(黄海)3.231 米，不属主要航道。该桥由省交通设计院设计，省第二公路工程队施工，1987 年 10 月开工，1989 年 1 月建成。工程投资 882,406 元。

南桥 在 G320 国道嘉善县境，由桥中心线左右两个半桥组成。桥梁主孔为 30 米预应力钢筋混凝土工字形组合梁，两边各配 7 孔 13 米装配式钢筋混凝土空心板，桥长 213.96 米，下部构造为双柱式钢筋混凝土钻孔灌注桩墩台。桥梁主孔轴线与河流中心线成 45° 交角。荷载标准汽−20，挂−100。桥面净宽 14 米。桥面设置 R=3000 米竖曲线，全桥设铸铁泄水管 32 个。主孔河床底面标高(黄海)−0.99，设计通航水位(黄海)2.122 米，梁底标高(黄海)6.13 米，按通航 100 吨六级航道设计。主孔墩桩尖落在黏土层中(−34.5)，桩顶设计承载力325.3吨。该桥由省交通设计院设计，省第二公路工程队施工，1988年建成。工程投资1,446,219元。

小寺桥 在320国道嘉善县境，由桥中心线左右两个半桥组成。桥梁沿枫泾方向，左半侧桥主孔为30米预应力钢筋混凝土工字形组合梁，两边各配三孔13米装配式钢筋混凝土空心板。右半侧桥主孔与左半侧相同，两边各配六孔13米装配式钢筋混凝土空心板，桥梁全长187.70米，下部构造为双柱式钢筋混凝土钻孔灌注桩墩台，桥梁主孔轴线与河流中心线成45°交角，河床底面标高（黄海）−1.57米，通航要求100吨六级航道，通航水位(黄海)2.12，梁底标高(黄海)6.13米。荷载标准：汽−20，挂−100，桥面净宽14米，桥上竖曲线R=3000米。该桥全长187.97米，省交通设计院设计，省第二公路工程队施工，1989年建成。工程投资1,134,201元。

俞家渡桥 在G320国道桐乡市境。桥跨结构为中间三孔16米钢筋混凝土空心板(斜30°)，两边各为三孔13米钢筋混凝土空心板(斜30°)，桥梁全长128.44米。下部构造均采用钢筋混凝土灌注桩，4#、5#、6#、7#墩桩径为120厘米，其余桩径为100厘米。设计荷载汽−20，挂−100。桥面净宽14米。河床面标高(黄海)−2.27米，设计通航水位(黄海)2.12米，梁底标高(黄海)6.192米。施工方法分左右两个半桥分别施工。该桥由省交通设计院设计，省第一公路工程队施工，于1988年10月建成。

蒋子庙桥 位于G320国道桐乡市境，1958年嘉兴至崇福恢复通车时为单孔砖拱桥。1983年因南排水利工程河道拓宽，改建为钢筋混凝土桁架拱，沉井石台，单孔跨径50.4米，全长70米，桥面净宽9米。1989年杭枫段改建二级公路时，利用老桥拼宽，在右侧新建一孔30米钢筋混凝土工字型组合梁及接线与另一侧桥梁接线接平，该桥由省第二公路工程队施工，于1992年5月改建完成。

澉浦桥 在海盐县澉浦，横跨长山河，是杭州至金丝娘桥(通上海)公路上的主要桥梁，桥跨结构共三孔，每孔30米钢筋混凝土桁架拱，下部结构为钻孔灌注桩，全长139.1米，桥面净宽为7米，设计荷载为汽−15，挂−80，由嘉兴地区出海工程指挥部设计，海盐县桥工队施工，于1978年7月开工，1979年建成。

白马塘桥 在湖盐公路桐乡市境，上部结构为钢筋混凝土钢架拱，单孔计算跨径40米，全长68.58米。桥面净宽7+2 × 0.7米，设计荷载汽−15，挂−80，竖曲线R=1000米，桥台为直径100厘米钢筋混凝土灌注桩，设计水位4米，拱底标高(吴淞)7.86米，两端各设小拱一孔，跨径2.25米。该桥由上海同济大学建筑工程分校建筑设计室设计，桐乡县桥梁工程队施工，于1987年建成。

西双桥 在湖盐公路桐乡市境，跨杭申甲线航道。上部结构为钢筋混凝土刚架拱，单孔计算距径56米，全长76.13米，矢跨比1/8，桥面净宽度8+2 × 0.25，设计荷载汽−15，挂−80，纵坡4%。桥台采用沉井基础，恒载推力457吨。设计水位(吴淞)3.25米，通航高度5.50米，拱底标高(吴淞)9.7米。该桥由同济大学建筑工程分校设计室设计，桐乡县桥梁工程队施工，于1983年建成。

果园桥 在湖盐公路桐乡市境。上部结构为钢筋混凝土桁架拱，单孔跨径40米，全长63.6米，桥面净宽7米，设计荷载汽−15，挂−80。桥台采用沉井基础，尺寸7 × 8.5米，沉井底标高(吴淞)−1.20米(河床底标高−0.3米)，顶标高4.5米。按6级航道H=400，拱底标高(吴淞)8.35米，该桥由桐乡县水利勘测设计室设计，桐乡县桥梁队施工，于1984年建成。

金牛塘桥 在湖盐公路桐乡市境。上部结构为钢筋混凝土刚架拱，单孔跨径45米，全长72.78米，桥面净宽7+2 × 0.7米，设计荷载汽−15，挂−80，竖曲线R=1000米，纵坡4%，横坡1%。下部结构：桥台为钢筋混凝土灌注桩(直径100厘米)。设计通航水位4米，拱底标高(吴淞)8.6米，通航净高4.5米。该桥由同济大学建筑工程分校建筑设计室设计，桐乡县桥梁队施工，于1986年建成。

由拳桥 在湖盐公路海宁市境，跨长水塘。上部结构为钢筋混凝土刚架拱，单孔跨径为40米，全长62米。桥面宽10米，设计载重汽−15，挂−80，桥面竖曲线R=1000米，纵坡3.5%。桥台为直径100厘米钢筋混凝土灌注桩。河床标高(吴淞)−1.05米，拱底标高(吴淞)7.8米，常水位2.95米，桥两侧各设小拱一孔，跨径2.50米。该桥由海宁市交通局设计，海宁县交通工程队施工，于1986年建成。

东山大桥 位于湖盐线海宁市硖石至海盐公路，跨长山河，上部结构为钢筋混凝土箱型拱、单孔跨径60米，全长88米，桥面净宽5.1米。设计载重汽−10，履−50，桥台为钻孔灌注桩基。该桥由上海市政设计院设计，市出海工程指挥部施工，1978年建成。

双山大桥 在湖盐公路海宁市境，上部结构为钢筋混凝土桁架拱、单孔跨径46米，全长77.55米，桥面净宽7米，设计载重汽−15，挂−80。桥台为钻孔灌注桩基。该桥由市出海工程指挥部设计，海宁县丁桥工程队施工，1979年建成。

凌塘桥 位于杭枫旧线嘉兴市郊，是杭枫线上跨径最大的一座钢筋混凝土双曲拱桥，于1970年杭枫线修复时建成。单孔跨径46米，全长55.4米，桥面净宽7米，设计载重汽−13，拖−60，在施工过程中发现基础位移，曾采取加强措施。该桥由上海市政工程设计院设计，嘉兴县杭枫公路修建指挥部施工。

凤桐港桥 位于嘉善县善西公路。跨航道杭申甲线，1971年善西公路修复时所建，单孔跨径46米，全长56米，桥面净宽7米。原桥设计汽－8、履－30。1988年进行改建，新桥设计为主孔跨径45米钢筋混凝土刚架拱桥，两端各设13孔简支梁引桥，全长144.67米，桥面净宽7米+人行道2×0.75米，设计载重为汽－15，挂－80。下部结构为直径100厘米钻孔灌注基。该桥由省交通设计院设计，湖州镇西桥梁队施工，1989年年底建成。

关桥 位于平湖市城关镇东南5公里处，为平湖至廊下公路上一座大桥，跨乍浦塘，系钢筋混凝土刚架拱桥。单孔跨径为50米，全长85.48米，梁底标高(黄海)9.8米，按300吨级航道标准建造，桥面总宽9.3米，行车道宽为7米，载重设计为汽－15，挂－80，由平湖县桥梁队施工。1987年2月动工，1988年6月建成，投资48万元。

南虹大桥 位于秀洲区新塍镇桃元至嘉善县天凝公路，跨苏嘉运河，桥型上部结构为钢筋混凝土刚架拱。下部结构为重力式沉井桥台，单孔跨径70.48米，桥长154.28米，净宽7米，设计载重汽－15，挂－80。拱底标高(吴淞)为9.918，拱顶标高为10.918，可通过300吨级轮拖船队。全桥总投资为97万元。该桥由上海城建学院勘测设计室设计，由嘉兴市桥梁工程队施工，从1989年3月开始施工，1990年8月竣工。

红旗塘桥 位于嘉善县善西公路，跨越红旗塘，上部结构为钢筋混凝土双曲拱、三孔，跨径为：一孔35.5米，二孔各为35.6米，全长116.3米，桥面净宽6米，设计载重为汽－10，拖－60，于1971年建成通车。

幸福河桥 位于嘉善县善西公路范泾支线(乡道)，为石台钢筋混凝土桁架拱，单孔跨径41米，全长71.68米。桥面宽6米，设计载重汽－10，由嘉善县桥梁队施工，1971年建成。

杨秀泾港桥 位于嘉善县西塘至汾玉公路，为石台钢筋混凝土工字肋拱，单孔跨径50米，全长65.3米，桥面宽7米，梁底标高(吴淞)7米，设计载重汽－15，挂－80，于1985年建成通车。

芦墟塘桥 位于嘉善县西塘至汾玉公路，上部结构为钢筋混凝土刚架桥，下部结构为灌注桩墩台，三孔，每孔跨径25米，全长111.5米，桥面宽7米，梁底标高(吴淞)8.5米，设计载重汽－15，挂－80，于1986年7月建成。

大舜大桥 位于嘉善县西塘至大舜公路，上部结构为钢筋混凝土刚架拱，下部结构为灌注桩台，单孔跨径60米，全长101米，桥面宽7.6米，梁底标高(吴淞)9.7米，设计载重汽－15，挂－80，于1990年7月建成。

白水塘桥 位于嘉善县嘉善至大云公路，上部结构为钢筋混凝土桁架拱，下部结构为沉井石台，单孔跨径40米，全长55米，桥面宽7米，设计载重汽－15，挂－80，于1986年11月建成。

茜泾塘桥 位于嘉善县里泽至姚庄公路，上部结构为钢筋混凝土刚架拱，下部结构为灌注桩台，单孔跨径50米，全长91.2米，桥面宽7.2米，梁底标高9.8米，设计载重汽－15，挂－80，于1988年3月建成。

南市桥 位于桐乡市洲泉至德清公路，上部结构为钢筋混凝土刚架拱，下部结构为石台沉井，单孔跨径48米，全长85.73米，桥面净宽7米，设计载重汽－15，挂－80，于1985年建成。

东高桥 位于桐乡市石(门)河(山)公路，上部结构为钢筋混凝土双曲桥，下部结构为石台沉井，单孔跨径50米，全长80米，桥面净宽5.1米，设计载重汽－10，于1976年建成。

嘉善塘桥 为乍王公路外环线上新建大桥，跨嘉善塘。上部结构为5孔，各20米跨径预应力空心板梁，下部结构为直径1.2米灌注桩。桥梁全长100.7米，车行道宽12米，两侧各为1.5米人行道，设计载重汽－20，挂－100，梁底设计标高(吴淞)7.8米，由省交通厅设计院设计，省第二公路工程队施工，工程投资为142.7万元，于1990年12月开始施工，于1992年10月完成。

洪溪大桥 位于嘉善县洪溪以南马塔塘与红旗塘交汇处上游约6.5米的独圩东端，跨经两条塘河，是县内最长公路桥。上部结构这钢筋混凝土桁架拱，下部结构桥墩为双排钻孔灌注桩主桩承台，桥台为灌注桩基础。墩台基础共有直径80厘米灌注桩45根。南北5个通航大孔，另有独圩人行单孔6米，桥南引坡55米，桥北引坡40，全长228.22米，桥面净宽7米，设计荷载标准汽－15级，挂－80。于1989年6月建成。2009年，由于航道改造，该桥重建。

盐嘉塘桥 位于杭浦高速公路海盐县境内(中心桩号K66+712)，跨盐嘉塘。桥梁全长904.08米，上部结构为预应力混凝土连续箱梁和预应力砼20米空心板，下部结构为198根Φ110厘米柱、12根Φ150厘米柱、4个独立柱和74道盖梁，基础为灌注桩，设计水位1.82米。桥梁净宽2×15.25米，双向六车道，设计荷载汽－超20级、挂－120。该桥于2007年5月竣工。

东西大道分离桥 位于杭州湾跨海大桥北岸连接线海盐县境内(中心桩号K47+365.413)，跨东西大道，桥梁全长887.4米，共计44孔，8联。全桥为先简后连后张法预应力预制小箱梁，下部结构为柱式桥墩，基础为钻孔灌注桩。桥梁宽35米，双向六车道，设计荷载汽－超20级、挂－120。该桥于2006年12月竣工。

吕冢塘桥 位于湖盐公路海盐县于城镇境内，全长

463.74米，跨吕家塘，为特大型桥梁。大桥中心桩号K92+086，多跨径总长460米，单幅桥面净宽15米，主桥18孔，主桥主跨100米、边跨360米，上部结构为预应力变截面箱梁+简支梁，设计荷载为汽－20、挂－100。该桥2004年12月竣工。投资2321万元。

盐平塘大桥 位于乍嘉苏高速公路海盐县西塘桥镇境内，跨盐平塘，为大型桥梁。全长369.6米，桥面净宽27米，设计荷载为汽－20、挂－100，验算荷载120，中心里程K2+695，引桥为19跨16米简支梁，主桥为单跨61.88米中承式系杆拱桥，18孔。通航等级5级。该桥2001年4月竣工。

海盐大桥 位于盐嘉公路海盐县武原和元通两镇边界，跨酱园港，为大型桥梁。中心桩号K34+046，全长286.3米，宽27米，主桥7孔，为三跨预应力混凝土变截面连续箱梁，南北引桥配跨均为30米预应力混凝土板梁。设计荷载为汽－20、挂－100，其中跨结构在当时为嘉兴市内桥梁之首。该桥2001年10月竣工。投资2600万元。

百步大桥 位于湖盐公路海盐县百步镇境内，全长305.74米，跨百步港，为大型桥梁。该桥中心桩号K86+873，多跨径总长302米，单幅桥面净宽15米，主桥孔数18孔，主桥主跨30米，主桥边跨272米，上部结构形式为空心板梁。设计荷载为汽－20、挂－100。通航等级7级。该桥于2004年12月竣工。总投资1280万元。

于城南桥 位于湖盐公路海盐县于城境内，全长343.34米，跨六平申航道，为大型桥梁。该桥中心桩号K94+788，多跨径总长340米，单幅桥面净宽15米，主桥孔数19孔，主桥主跨52米，主桥边跨288米，上部结构形式系杆拱。设计荷载为汽－20、挂－100。通航等级5级。该桥于2004年12月竣工。总投资1760万元。

铁路公路立交桥（市级）

嘉兴立交桥 沪杭铁路复线嘉兴立交桥工程是1981年4月7日，万里副总理到嘉兴视察时决定兴建，由国务院下达建设项目，1983年铁道部正式批准建设。初步设计概算工程总投资856万元，其中属地方施工的为437万元，此外由地方自筹106万元完成辅助工程及道路衔接工程。

立交箱涵、抽水泵房及现有货场的部分搬迁改造等工程由上海铁路局勘测设计所设计，上海铁路局工程处第四工程段施工；南北引道及配套工程，由上海市政设计院设计，嘉兴市铁路配套工程处组织施工，配套工程包括南北引道；平湖港南北驳岸工程；车站港桥；跨线桥；南引道的南北联络道及施工期间武警医院北侧便道、房屋、管线拆迁等配套工程。

立交桥中心位置为铁路里程K98+501处(即在解放南路平交道以东43米处)；由3只箱涵组成的下跨式立交桥。中孔通机动车道主箱涵净宽11.5米，高4.5米；两边孔非机动车道箱涵净宽7米，高2.5米。箱涵与沪杭正线成10度角斜交，总长30.27米。南引道东接角里街，通向平湖、乍浦公路；向西通过9米宽的南北联络道，分别连结南湖风景区与环湖路。立交桥及行道总长为456米。

嘉兴立交桥工程于1985年12月29日正式竣工通车，由此大大地改善了沪杭铁路把嘉兴市区分割南北两大块的交通条件，使路南的10多家工厂、3万余职工的主要工业区与路北的商业、居民区密切结合，对市区业与社会发展创造了良好的条件。

海宁市东立交桥 位于海宁市硖石镇北隅，是湖州至海盐公路下穿沪杭铁路复线的重要工程，穿越位置在铁路里程K124+544；立交桥洞身中心离铁路现有线190米左右，南接湖盐公路和海盐方向与硖石镇环城北路，北接湖盐公路湖州方向。东立交工程南段长170.42米，北端长161.439米(均自立交桥洞身中心算起)，主车道净宽9米(含每边0.25米边沟，两边慢车道宽6米(其中非机动车道宽4.25米，人行道宽1.5米，边沟宽0.25米)，两边绿化带各宽1.60米，立交桥总宽为23.70米，(不含排机动车道挡土墙宽)。立交引道工程由海宁市交通工程队施工，于1988年11月动工，1990年4月完工，引道工程造价153万元(不包括政策处理)。

嘉兴东立交桥 位于嘉兴市东郊，是乍浦至王江泾公路外环线下穿沪杭铁路复线的重要工程、穿越位置在铁路里程K96+190处，由6+9+6三只箱涵组成的下跨式立交桥，中间为机动车道宽9米，净高5米，两侧设分隔带各1.45米，非机动车道各5米，净高3.5米，人行道各1米。机动车道最大纵坡3.7%、非机动车道最大纵坡2.4%。箱涵长21.8米，两端公路接线长为470.9米。箱涵由铁路部门设计施工。两端公路接线工程由省第二公路工程队施工，工程费127万元，于1992年10月完成。

铁路公路立交桥（区级）

王店公铁立交桥 位于沪杭高速公路，中心桩号K102+845，1995年开工建设，1998年建成通车。桥梁全长875米，跨径35+17×25+22.5+3×30+22.5+11×25米+空心板，上部结构为T型梁，下部结构为桩柱式墩台，钻孔灌注桩基础，桥面宽26米。2003年加宽为8车道，于2005年通车，桥面全宽41.5米，净宽37.5米，两侧设钢筋混凝土防撞护栏。设计标准公路－Ⅰ级。

长安公路立交桥 位于沪杭高速公路，中心桩 K142+114，1995 年开工，1998 年建成通车。桥长 1175.34 米，跨径 5 × 30+49 × 30+2 × 13+2 × 7，上部结构为预应力 T 梁及空心板梁，下部结构为桩柱式墩台，钻孔桩基础，桥面宽 26 米。2003 年加宽。

公铁立交桥 位于乍嘉苏高速公路，中心桩号 K30+095，2002 年开工建设，2005 年建成通车。桥梁全长 842 米，跨径 12 × 20+25+2 × 30+12 × 20+30+5 × 20+14 米，上部结构为空心板梁，下部结构为桩柱式墩台，钻孔灌注桩基础。桥面全宽 30 米，净宽 27 米，两侧设钢筋混凝土防撞护栏。设计标准公路－Ⅱ级。

嘉兴互通式立交 2 号 位于乍嘉苏高速公路，中心桩号 K34+628，2002 年开工建设，2005 年建成通车。桥梁全长 665 米，跨径 16 × 20+30+45+30+13 × 20 米，上部结构为空心板梁，下部结构为桩柱式墩台，钻孔灌注桩基础。桥面全宽 30 米，净宽 27 米，两侧设钢筋混凝土防撞护栏。设计标准公路－Ⅱ级。

嘉兴 F 匝道跨 320 桥 位于乍嘉苏高速公路，中心桩号 K34+630，2002 年开工建设，2005 年建成通车。桥梁全长 204.6 米，跨径 7 × 20+3 × 20 米，上部结构为空心板梁，下部结构为桩柱式墩台，钻孔灌注桩基础。桥面全宽 16.5 米，两侧设钢筋混凝土防撞护栏。设计标准公路－Ⅱ级。

嘉兴互通式匝道引桥 位于乍嘉苏高速公路，中心桩号 K35+000，2002 年开工建设，2005 年建成通车。桥梁全长 142 米，跨径 7 × 20 米，上部结构为空心板梁，下部结构为桩柱式墩台，钻孔灌注桩基础。桥面全宽 9.5 米，两侧设钢筋混凝土防撞护栏。设计标准公路－Ⅱ级。

嘉兴互通式 A 匝立交 位于乍嘉苏高速公路，中心桩号 K35+180，2002 年开工建设，2005 年建成通车。桥梁全长 284.6 米，跨径 8 × 20+3 × 20+3 × 20 米，上部结构为空心板梁，下部结构为桩柱式墩台，钻孔灌注桩基础。桥面全宽 16.5 米，两侧设钢筋混凝土防撞护栏。设计标准公路－Ⅱ级。

蚂桥公铁立交 位于嘉兴至海宁公路，中心桩号 K11+323，1998 年建成通车。桥梁全长 400.8 米，跨径 20 × 20 米，上部结构为空心板梁，下部结构为桩柱式墩台，钻孔灌注桩基础。桥面全宽 36 米，两侧设钢筋混凝土防撞护栏。设计标准公路－Ⅱ级。

乌船村立交桥 位于洪合至硖石公路，中心桩号 K7+265，1997 年建成通车。桥梁全长 236.8 米，跨径 11 × 20+16 米，上部结构为空心板梁，下部结构为桩柱式墩台，钻孔灌注桩基础。桥面全宽 7.5 米，净宽 7.0 米，两侧设钢筋混凝土防撞护栏。设计荷载公路－Ⅱ级。

龙王庙立交桥 位于嘉兴至新塍公路，中心桩号 K4+896，2006 年建成通车。桥梁全长 307.7 米，跨径 6 × 20+2 × 25+6 × 20+16 米，上部结构为空心板梁，下部结构为桩柱式墩台，钻孔灌注桩基础。桥面全宽 7.5 米，净宽 7.0 米，两侧设钢筋混凝土防撞护栏。设计荷载公路－Ⅱ级。

公铁立交桥 位于乍浦至王江泾公路，中心桩号 K35+537，2006 年建成通车。桥梁全长 852.8 米，跨径 8 × 13+40+15 × 20+7 × 16 米，上部结构为 T 型梁，下部结构为桩柱式墩台，钻孔灌注桩基础。桥面全宽 7.5 米，净宽 7.0 米，两侧设钢筋混凝土防撞护栏。设计荷载公路－Ⅰ级。

匝道桥 位于乍浦至王江泾公路，中心桩号 K37+082，2006 年建成通车。桥梁全长 858 米，跨径 20 × 20+40+15 × 20+7 × 16 米，上部结构为箱梁，下部结构为桩柱式墩台，钻孔灌注桩基础。桥面全宽 7.5 米，净宽 7.0 米，两侧设钢筋混凝土防撞护栏。设计荷载公路－Ⅰ级。

第三节 各县(市、区)公路桥梁

南湖区

2008 年年底，南湖区共有公路桥梁 678 座，30865 延米。按行政等级分：国道上有公路桥梁 72 座，7373 延米；省道上有公路桥梁 61 座 3397 延米；县道上有公路桥梁 166 座，11494 延米；乡道上有公路桥梁 181 座，4825 延米；村道上有公路桥梁 198 座 3777 延米。按桥梁跨径分：大桥 44 座，14023 延米；中桥 245 座，9350 延米；小桥 389 座，7492 延米。

2009 年年底，南湖区共有公路桥梁 677 座，30874 延米。按行政等级分：国道上有公路桥梁 72 座，7373 延米；省道上有公路桥梁 61 座 3397 延米；县道上有公路桥梁 166 座，11498 延米；乡道上有公路桥梁 180 座，4807 延米；村道上有公路桥梁 198 座，3799 延米。按桥梁跨径分：大桥 44 座，14023 延米；中桥 245 座，9365 延米；小桥 388 座，7485 延米。

2010 年年底，南湖区共有公路桥梁 667 座，30089 延米。按行政等级分：国道上有公路桥梁 50 座，4078 延米；省道上有公路桥梁 70 座，5577 延米；县道上有公路桥梁 170 座，11902 延米；乡道上有公路桥梁 180 座，4683 延米；村道上有公路桥梁 197 座 3849 延米。按桥梁跨径分：特大桥 1 座，1142 延米；大桥 38 座，12248 延米；中桥 244 座，9233 延米；小桥 384 座，7466 延米。

秀洲区

2008 年年底，秀洲区共有公路桥梁 791 座，40586 延米。按行政等级分：国道上有公路桥梁 83 座，10463 延米；省道上有公路桥梁 42 座 2882 延米；县道上有公路桥梁 229 座，12141 延米；乡道上有公路桥梁 83 座 3439 延米；村道上有公路桥梁 354 座 11771 延米。按桥梁跨径分：大桥 64 座，19961 延米；中桥 280 座，10703 延米；小桥 447 座，9922 延米。

2009 年年底，秀洲区共有公路桥梁 792 座，40572 延米。按行政等级分：国道上有公路桥梁 83 座，10463 延米；省道上有公路桥梁 42 座，2772 延米；县道上有公路桥梁 228 座，12084 延米；乡道上有公路桥梁 83 座，3451 延米；村道上有公路桥梁 356 座，11803 延米。按桥梁跨径分：大桥 64 座，19961 延米；中桥 278 座，10619 延米；小桥 450 座，9993 延米。

2010 年年底，秀洲区共有公路桥梁 805 座，47585 延米。按行政等级分：国道上有公路桥梁 76 座，10713 延米；省道上有公路桥梁 43 座，9174 延米；县道上有公路桥梁 234 座，12992 延米；乡道上有公路桥梁 100 座，3919 延米；村道上有公路桥梁 352 座，10788 延米。按桥梁跨径分：特大桥 1 座，1304 延米；大桥 70 座，25198 延米；中桥 286 座，11195 延米；小桥 448 座，9889 延米。

嘉善县

1985 年年底，嘉善县共有桥梁 1365 座，其中新建、跨航桥梁 167 座。

1993 年年底，嘉善县共有桥梁 1654 座，总长 27839.93 延米，其中公路桥梁 91 座。总长 3560.56 延米，铁路桥梁 16 座，总长 61.70 延米，城乡民间桥梁 1547 座。总长 24217.67 延米。

2008 年年底，嘉善县共有公路桥梁 700 座，38738 延米。按行政等级分：国道上有公路桥梁 40 座，2033 延米；省道上有公路桥梁 26 座，61485 延米；县道上有公路桥梁 202 座，16435 延米；乡道上有公路桥梁 243 座，7875 延米；村道上有公路桥梁 189 座，6210 延米。按桥梁跨径分：特大桥 3 座，3472 延米，大桥 69 座，16646 延米；中桥 236 座，11177 延米；小桥 392 座，7443 延米。

2009 年年底，嘉善县共有公路桥梁 701 座，38248 延米。按行政等级分：国道上有公路桥梁 40 座，2033 延米；省道上有公路桥梁 26 座，61485 延米；县道上有公路桥梁 195 座，15574 延米；乡道上有公路桥梁 242 座，7867 延米；村道上有公路桥梁 198 座，6589 延米。按桥梁跨径分：特大桥 3 座，3472 延米，大桥 69 座，16185 延米；中桥 235 座，11118 延米；小桥 394 座，7473 延米。

2010 年年底，嘉善县共有公路桥梁 727 座，40032 延米。按行政等级分：国道上有公路桥梁 41 座，2051 延米；省道上有公路桥梁 25 座，6292 延米；县道上有公路桥梁 208 座，16586 延米；乡道上有公路桥梁 232 座，7554 延米；村道上有公路桥梁 221 座，7277 延米。按桥梁跨径分：特大桥 3 座，3472 延米，大桥 71 座，16998 延米；中桥 239 座，11522 延米；小桥 414 座，8040 延米。

平湖市

1990 年年末，平湖市仅有公路桥梁 136 座，且大多为中小桥。进入 21 世纪后，公路、航道建设带动了公路桥梁建设的高速发展，全市出现了许多大桥、特大桥、立交桥和高架枢纽。

2006 年年末，全市共有公路桥梁 548 座 41400.69 延米，其中特大桥 4 座，4942.5 延米；大桥 55 座，25651.48 延米。另外有枢纽立交 1 处，互通立交 4 处，分离立交 12 处。

2008 年年底，平湖市共有公路桥梁 1223 座，38410 延米。按行政等级分：国道上有公路桥梁 6 座，5992 延米；省道上有公路桥梁 94 座，2770 延米；县道上有公路桥梁 214 座，11606 延米；乡道上有公路桥梁 195 座，4524 延米；村道上有公路桥梁 714 座，13518 延米。按桥梁跨径分：特大桥 3 座，3635 延米，大桥 38 座，10692 延米；中桥 211 座，7766 延米；小桥 971 座，16317 延米。

2009 年年底，平湖市共有公路桥梁 1226 座，38560 延米。按行政等级分：国道上有公路桥梁 6 座，5992 延米；省道上有公路桥梁 94 座，2770 延米；县道上有公路桥梁 214 座，11631 延米；乡道上有公路桥梁 195 座，4552 延米；村道上有公路桥梁 717 座，13616 延米。按桥梁跨径分：特大桥 3 座，3635 延米，大桥 38 座，10692 延米；中桥 212 座，7818 延米；小桥 973 座，16416 延米。

2010 年年底，平湖市共有公路桥梁 1282 座，42908 延米。按行政等级分：国道上有公路桥梁 43 座，7254 延米；省道上有公路桥梁 104 座，5646 延米；县道上有公路桥梁 276 座，13339 延米；乡道上有公路桥梁 284 座，6120 延米；村道上有公路桥梁 575 座，10548 延米。按桥梁跨径分：特大桥4座，4797延米，大桥44座，11634延米；中桥243座，9441延米；小桥991座，17036延米。

海盐县

1985年年底，公路桥梁118座，总长3181.15米。随公路扩展，桥梁相应增加，至2005年年末新增156座，累计274座，总长12425.14米，其中200米长以上9座。2007年年末，全县公路桥梁494座，总长22213.31米。

2008年年底，海盐县共有公路桥梁824座，31103延米。按行政等级分：国道上有公路桥梁4座，416延米；省道上有公路桥梁63座，2464延米；县道上有公路桥梁292座，15501延米；乡道上有公路桥梁143座，4722延米；村道上有公路桥梁322座，8000延米。按桥梁跨径分：大桥63座，10941延米；中桥303座，11382延米；小桥458座，8780延米。

2009年年底，海盐县共有公路桥梁849座，32953延米。按行政等级分：国道上有公路桥梁4座，416延米；省道上有公路桥梁63座，2464延米；县道上有公路桥梁291座，16300延米；乡道上有公路桥梁144座，5139延米；村道上有公路桥梁347座，8633延米。按桥梁跨径分：大桥66座，12221延米；中桥309座，11490延米；小桥474座，9242延米。

2010年年底，海盐县共有公路桥梁893座，42032延米。按行政等级分：国道上有公路桥梁47座，8213延米；省道上有公路桥梁61座，2986延米；县道上有公路桥梁291座，16455延米；乡道上有公路桥梁169座，5700延米；村道上有公路桥梁325座，8677延米。按桥梁跨径分：大桥74座，19624延米；中桥333座，12665延米；小桥486座，9743延米。

海宁市

1990年起，海宁市公路(不含高速公路)刚架拱桥梁逐渐被梁板桥所替代，其设计荷载为汽－15吨级至汽超－20吨级。根据新的《公路工程技术标准》(JTGB01—2003)，桥梁汽车荷载级别分为公路－I级和公路－II级。

2007年年底，海宁市境内共有桥梁1068座。

2008年年底，海宁市共有公路桥梁1141座，43217延米。按行政等级分：国道上有公路桥梁85座，13080延米；省道上有公路桥梁151座，6786延米；县道上有公路桥梁197座，8480延米；乡道上有公路桥梁330座，7612延米；村道上有公路桥梁378座，7259延米。按桥梁跨径分：特大桥5座，5286延米；大桥40座，12612延米；中桥367座，12681延米；小桥729座，12638延米。

2009年年底，海宁市共有公路桥梁1160座，43675延米。按行政等级分：国道上有公路桥梁85座，13080延米；省道上有公路桥梁151座，6786延米；县道上有公路桥梁168座，7878延米；乡道上有公路桥梁356座，8181延米；村道上有公路桥梁400座，7749延米。按桥梁跨径分：特大桥5座，5286延米；大桥40座，12612延米；中桥374座，12947延米；小桥741座，12829延米。

2010年年底，海宁市共有公路桥梁1206座，46857延米。按行政等级分：国道上有公路桥梁97座，14098延米；省道上有公路桥梁151座，6645延米；县道上有公路桥梁197座，10027延米；乡道上有公路桥梁358座，8187延米；村道上有公路桥梁403座，7901延米。按桥梁跨径分：特大桥4座，4862延米；大桥46座，14908延米；中桥378座，13205延米；小桥778座，13883延米。

桐乡市

1990年起，桐乡市公路(不包括高速公路)刚架拱桥梁逐渐被梁板桥所替代，其设计荷载为汽－15吨级至汽超－20吨级。根据新的《公路工程技术标准》(JTGB01—2003)，桥梁汽车荷载级别分为公路－I级和公路－II级。

2008年年底，桐乡市共有公路桥梁1387座，50979延米。按行政等级分：国道上有公路桥梁71座，3442延米；省道上有公路桥梁15座，207延米；县道上有公路桥梁317座，19949延米；乡道上有公路桥梁312座，10129延米；村道上有公路桥梁672座，17252延米。按桥梁跨径分：大桥75座，17959延米；中桥396座，15368延米；小桥916座，17652延米。

2009年年底，桐乡市共有公路桥梁1432座，58669延米。按行政等级分：国道上有公路桥梁69座，3391延米；省道上有公路桥梁45座，7660延米；县道上有公路桥梁317座，19941延米；乡道上有公路桥梁312座，10125延米；村道上有公路桥梁689座，17553延米。按桥梁跨径分：特大桥2座，2080延米；大桥83座，22149延米；中桥416座，16551延米；小桥931座，17890延米。

2010年年底，桐乡市共有公路桥梁1422座，58754延米。按行政等级分：国道上有公路桥梁69座，4504延米；省道上有公路桥梁31座，7334延米；县道上有公路桥梁316座，19129延米；乡道上有公路桥梁311座，10114延米；村道上有公路桥梁695座，17672延米。按桥梁跨径分：特大桥2座，3688延米；大桥77座，20352延米；中桥423座，16876延米；小桥920座，17837延米。

表 1-3-2　2010 年各县(市、区)公路桥梁汇总表

单位：座

指标	全市	南湖	秀洲	嘉善	平湖	海宁	海盐	桐乡
按行政等级								
合计	7002	667	805	727	1282	1206	893	1422
国道	423	50	76	41	43	97	47	69
省道	485	70	43	25	104	151	61	31
县道	1692	170	234	208	276	197	291	316
乡道	1634	180	100	232	284	358	169	311
村道	2768	197	352	221	575	403	325	695
按桥梁跨径								
合计	7002	667	805	727	1282	1206	893	1422
特大桥	15	1	1	3	4	4	0	2
大桥	420	38	70	71	44	46	74	77
中桥	2146	244	286	239	243	378	333	423
小桥	4421	384	448	414	991	778	486	920

第四章 杭州湾跨海大桥

第一节 大桥概况

杭州湾跨海大桥是国道主干线沈(阳)海(口)高速公路跨越杭州湾的便捷通道。北起嘉兴市海盐郑家埭,南止宁波市慈溪水路湾,全长36公里,按双向六车道高速公路设计,设计时速100公里,设计年限100年,总投资134.54亿元。2003年6月8日,杭州湾跨海大桥在杭州湾南岸桥地址,宁波市慈溪水路湾举行奠基仪式,2003年11月14日在海盐县海域里打下第一根钢管桩,标志着杭州湾跨海大桥正式开工。2007年6月26日全桥贯通,在南航道桥南侧桥面上,由浙江省人民政府主办,嘉兴市、宁波市人民政府承办,举行隆重贯通仪式。中交公路规划设计院、中铁大桥勘测设计院等联合设计,37个施工单位、10000余名工程人员用4年零4个月的时间完成了5年的工程量,于2008年5月1日试运营通车(只限客车通行),10月11日起全面通车。2011年7月17日竣工。

杭州湾跨海大桥建在世界上三大强潮海湾之一的杭州湾海面上,以其桥长、工程量大、外观优美、科技含量高、施工环境复杂的显著特点,在国内外桥梁建设史上留下光辉的一页。大桥的建成使宁波到上海的陆上距离缩短了约120公里。杭州湾跨海大桥往北通过海盐互通立交桥分别与杭州湾跨海大桥北连接线、乍嘉苏高速公路、杭浦高速公路和苏(州)(南)通大桥连接,往南通过杭州湾跨海大桥南连接线至宁波绕城高速转入杭甬高速、甬金(华)、甬台(州)温(州)高速公路及舟山跨海大桥,成为宁波接轨上海、加快长江三角洲地区经济交流的黄金通道和浙江东南的重要交通枢纽。

第二节 大桥规划

杭州湾跨海大桥前期筹备始于1994年。经过人大代表、政协委员建议提案的提交,相继完成立项审批、机构组建,以及资金筹措、桥址两岸土地征迁、工程海域和岸线使用的审批工作,前期准备历时10年。

立项

1994年2月至2002年10月,宁波市历届市、省和全国人大代表、政协委员在市、省和全国的人大、政协会议上先后提交了20余件有关尽快建造杭州湾大桥的建议和提案。人大代表和政协委员积极建言献策,为科学决策提供了重要参考。

2001年4月23日,交通部在报国家计委的《关于杭州湾交通通道项目建议书审查意见的函》(交函规划〔2001〕100号)同意建设并建议采用桥梁方案。提出项目名称宜将杭州湾交通通道改称为"杭州湾跨海大桥工程"。

2002年4月30日,国务院第128次总理办公会议讨论本项目建议书,同意正式立项。5月29日,国家发展计划委员会《印发国家计委关于审批杭州湾跨海大桥工程项目建议书的请示的通知》(计基础〔2002〕808号),杭州湾跨海大桥工程项目被批准立项。

相关审批

环评 2002年8月30日至9月3日,国家海洋局、国家环保总局分别对《杭州湾跨海大桥工程环境影响报告书》进行审查。

土地 2004年11月3日,经国务院同意,国土资源部下达了对杭州湾跨海大桥建设用地共计40.5566公顷的批复(国土资函〔2004〕432号文),其中南岸24.0938公顷,北岸16.4627公顷。2006年3月和6月分别核发了南北两岸大桥建设用地的土地使用权证。

海域 2003年10月,国家海洋局海域管理司下达了《关于同意进行杭州湾跨海大桥项目建设用海的前期工作的函》(海管函〔2003〕52号)。2004年5月,经国务院同意,国家海洋局作出了《关于杭州湾跨海大桥项目用海的批复》(国海管字〔2004〕356号),明确大桥建设用海面积6098.17公顷,其中永久用海266公顷。同年10月底,核发海域使

表 1-4-1　宁波市杭州湾跨海大桥发展有限公司股东组成一览表

序号	股东名称	出资比例
1	宁波交通投资控股有限公司	40.50%
2	中国中钢集团公司	23.06%
3	嘉兴市杭州湾大桥投资开发有限责任公司	7.8%
4	慈溪建桥投资有限公司	7.02%
5	慈溪市北岸磁材应用技术开发有限公司	5.19%
6	宁波德邦大桥投资有限公司	4.18%
7	雅戈尔集团股份有限公司	3.16%
8	宁波方太厨具有限公司	2.60%
9	慈溪市吉桥投资有限公司	1.30%
10	宁波华联电子科技有限公司	1.30%
11	宁波更大集团有限公司	1.30%
12	宁波和森钢管有限公司	0.65%
13	慈溪市浒山镇工艺印刷有限公司	0.65%
14	宁波科环新型建材股份有限公司	0.65%
15	宁波舜大房地产开发有限公司	0.52%
16	宁波燎原工业股份有限公司	0.13%
总　计		100%

注:截至 2008 年 6 月

用证权书。

岸线　本项目建设所用的港口岸线均在杭州湾北岸。2003 年 11 月 3 日，经嘉兴港航管理局批复获准（嘉港〔2003〕66 号）。

建设资金　大桥工程项目建设资金分项目资本金和银行贷款，分别由业主筹措和银行贷款。资本金由宁波市杭州湾大桥发展有限公司筹措。几经调整，民营资本从开始时的 50.26%，调整为 28.64%。

组织机构　1994 年 2 月 23 日，宁波市成立杭州湾大桥建设领导小组。1998 年 10 月 29 日，宁波市政府批准成立杭州湾交通通道工程筹建处。2001 年 3 月 14 日，成立宁波市杭州湾交通通道建设领导小组。2001 年 4 月 30 日，经宁波市政府批准组建杭州湾大桥工程指挥部，工作职能为对大桥建设实施指挥、协调、管理和服务。2001 年 6 月，杭州湾大桥工程联合工作委员会由宁波、嘉兴两市政府授权成立，为代表两市政府决策、协调、监督建设杭州湾大桥工程的组织。2002 年 12 月 3 日，浙江省人民政府决定成立杭州湾跨海大桥工程协调小组。2003 年 6 月 23 日，成立由浙江省人民政府和交通部共同组建的杭州湾跨海大桥技术专家组。

第三节　大桥工程建设

工程设计

2001 年 5 月，确定了杭州湾跨海大桥“施工决定设计”的设计理念和“工厂化、大型化、机械化”的施工组织方案，尽可能地变海上施工为陆上施工，并明确提出设计使用寿命不少于 100 年的目标。

设计方案　水中区引桥均采用钢管桩基础，总用钢量约 37 万吨，采用大型船机施工和 GPS(RTK)测量定位；除少量高墩外，水中区引桥均采用预制桥墩，预制墩混凝土总量约 6 万立方，最大吊重 440 吨；水中区引桥上部结构采用跨度为 70 米的预应力混凝土箱梁，采用整孔预制、运架一体船运输和吊装；南岸滩涂区引桥采用钻孔桩基础，用长栈桥法施工。上部结构采用跨度 50 米预应力混凝土箱梁，采用整孔预制、梁上运输和架桥机架梁方案；北岸滩涂区引桥，采用钻孔桩基础、栈桥法施工。上部结构采用移动模架和悬臂现浇两种工法施工；南、北航道均采用钢箱梁斜拉桥和大直径钻孔桩基础，搭建大型海上平台进行基础施工；对海上各类混凝土结构和钢结构，特别是处于浪溅区和水位变动区的结构，进行专门的防腐蚀设计，以确保结构的设计使用寿命。

设计单位 杭州湾大桥主体工程设计由中交公路规划设计院、中铁大桥勘测设计院和交通部第三航务工程勘察设计院联合体承担。

工程量 杭州湾跨海大桥工程共需要钢材 82 万吨，水泥 129.1 万吨，石油沥青 1.16 万吨，木材 1.91 万立方米，混凝土 245 万立方米，钢管桩 5513 根，钻孔灌注桩 3550 根，承台 1272 个，墩身 1428 个。

招投标 杭州湾跨海大桥工程招标始于 2001 年 11 月，止于 2009 年 9 月，历时近 8 年，共开展 73 批次、113 个标段的招标活动，总标的达 137.98 亿元。

施工项目

试验段工程 2003 年 3 月，在南岸先行开展试验段工程，探索海上施工组织规律，为全面开展海上施工积累经验。

钢栈桥 大桥南岸滩涂长 9.78 公里，北岸滩涂长约 1 公里，采用搭建钢栈桥进行下部结构施工的方案。2003 年 10 月 31 日，IX—A 合同段按设计使用寿命 5 年的要求，开始搭建长 9.78 公里、宽 7 米的钢栈桥，共用钢材 5 万吨。

大桥基础 采用钻孔灌注桩和打入钢管桩。钢管桩为整桩螺旋卷制，2003 年 9 月 29 日开始制作，有直径 1.5 米、1.6 米两种，长度 71—89.35 米不等，共 5513 根。钢管桩制作需经过超声波和射线检测并进行防腐涂装处理合格后，由打桩船进行沉桩作业，其贯入度、桩顶平面位置及倾斜度等指标必须满足设计要求。钻孔灌注桩直径 1.0~2.8 米不等，最大长度 125 米，共 3550 根，采用以抗氯离子渗透性为主要控制指标的海工耐久性混凝土浇筑而成。承台共 1272 个，均采用海工耐久性混凝土现浇施工。有墩身 1428 个，其中陆上预制 474 个，海上现浇 954 个，均采用海工耐久性混凝土施工。

南、北航道桥 航道桥索塔共 3 座，其中北航道桥索塔 2 座，高 181.3 米(含塔座)，南航道桥索塔 1 座，高 202 米(含塔座)。南航道桥为 100+160+318 米三跨连续体系钢箱梁斜拉桥。2004 年 7 月 9 日沉放第一节钢护筒，2006 年 8 月 2 日完成承台浇筑，2007 年 1 月 10 日吊装第一段钢箱梁，2007 年 1 月 26 日主塔封顶，2007 年 6 月 11 日最后一段钢箱梁吊装到位，南航道桥顺利合龙。北航道桥为 70+160+448+160+70 米五跨连续半飘浮体系钢箱梁斜拉桥。2004 年 11 月 17 日主墩桩基开始施工，2006 年 12 月 27 日完成最后一根钻孔灌注桩施工，2007 年 2 月 6 日首段钢箱梁吊装到位，2007 年 2 月 7 日主塔封顶，2007 年 6 月 13 日最后一段钢箱梁吊装到位，北航道桥顺利合龙。

混凝土箱梁 南岸 9.78 公里滩涂区共需 50 米箱梁 404 片，预制梁工场建在南岸十塘南侧。50 米箱梁单片长 50 米、宽 15.8 米，重达 1430 吨，采用大体积预应力混凝土箱梁整体预制和梁上运输架设技术，运架重量在同类施工工艺中为世界第一。2005 年 7 月 28 日开始架设，2006 年 11 月完成。海上 18.27 公里共需 70 米预应力混凝土箱梁 540 片，单片长 70 米、宽 15.8 米，重达 2200 吨，重量为亚洲第一，采用整体预制和海上运输架设技术。2004 年 9 月，70 米箱梁预制场在海盐建成，同年 10 月下旬开始制梁。12 月底，完成箱梁出运码头建造及设备安装调试。2005 年 6 月 1 日开始架梁，由起吊重量为 2500 吨、起吊高度 40 多米的“小天鹅”号和起吊重量为 3000 吨、起吊高度为 50 多米的“天一号”运架船作业，2007 年 5 月完成 70 米箱梁的架设任务。

钢箱梁 钢箱梁分航道桥钢箱梁和海中平台匝道桥钢箱梁两种。航道桥钢箱梁每段宽 33 米，长 15.4—6.7 米不等，共 109 节段 1486 米。海中平台匝道桥钢箱梁每段长 43 米，宽 15~18 米不等，共 97 节段 1106.22 米，均由武船重工制造。钢箱梁采用厂(场)加工、预拼后运往施工现场吊装的施工工艺。2006 年 11 月开始钢箱梁安装施工，2007 年 12 月 25 日完成。

匝道桥 匝道桥是海中平台连接大桥和出入的通道，由 ABCDE 五部分组成，其中 A 匝道桥宽 15~18 米，其余 4 部分匝道桥各宽 8.5 米。下部结构采用桩柱体直径为 2 米的钻孔摩擦桩。墩身采用搭设施工平台、整体钢模板施工，上部结构则铺设 97 节段共 1106.22 米的钢箱梁。

海中平台 根据交通部对杭州湾跨海大桥技术设计的批复和省交通厅对杭州湾跨海大桥施工图批复，为提高大桥施工期间的效率，降低工程风险，在杭州湾跨海大桥 K1397 + 120 下游 150 米位置设海中平台一座，建设规模控制在 1.2 万平方米以内，建设期作为海上作业人员生活基地、海上救援、测量、通讯、海事监控平台；运营期作为大桥监控、海事监控海上紧急救援基地，远期兼有休闲观光服务功能。

服务区 大桥南北两岸设服务区。两岸服务区各建有加油站1座，服务区为司机和旅客提供休息、餐饮、如厕以及车辆加油、汽车维修保养等服务。

桥头标志 杭州湾跨海大桥标志雕塑“祥和”共有两座，分别在大桥南、北两岸。

项目管理

大桥指挥部受业主委托对杭州湾跨海大桥进行建设和管理，指挥部与项目部、监理办签定合同，运用合同、制度、和立功竞赛等措施对施工进行管理。

项目部 为加强对工程建设质量、安全、进度、投资的控制和对信息、合同等管理工作的协调，指挥部在工程管理处下设综合部、质量部、安全部及四个项目部。

监理办 杭州湾跨海大桥不设总监办，采用指挥部领导下的驻地办负责制。全桥主体工程设九个监理工程师办公室(驻地办)，分别负责相应施工标段的监理工作。

制度管理 指挥部先后制订并完善了68项管理制度和108项工程管理程序，统一700多张工程建设用表，坚持按程序办事，用制度管人。并制定《杭州湾跨海大桥工程专用施工技术规范》及《杭州湾跨海大桥专项工程质量检验评定标准》，2005年经省交通厅批准实施。

进度管理 按照工程总体计划，超前谋划，周密部署，统筹协调，及时纠偏，严把合同总体计划审批关，把握工程进度关键节点，解决施工中出现的问题，做到以周保月，以月保季，以季保年。

质量管理 严格贯彻“政府监督、法人管理、社会监理、企业自检”四级质量保证体系，建立“承包人自检，监理抽检，业主中心试验室比对”的管理模式，依托测量控制和试验检测“二个中心”，加强施工过程控制。

安全管理 坚持“安全第一、以人为本”方针，针对杭州湾恶劣的建设条件，制定了各类《应急反应预案》和《安全事故处理程序》，落实安全生产责任制，建立完善安全管理网络，通过对灾害性天气和杭州湾“小气候”现象的重点防控，实施变海上施工为陆上施工的施工组织设计方案。

投资管理 在资金使用上，严格工程变更审批程序和投资动态管理，控制工程造价。在内部管理上，加强会计核算，完善财务制度，委托中介审计单位对工程建设进行全程跟踪审价，确保资金运作安全。工程建设以来没有发生一起拖欠工程款现象。

合同管理 以诚信履约为前提，建立和完善人员、设备、分包和劳务台账，对履约情况进行不定期的抽查和专项检查，严格规范工程分包和劳务行为，督促承包人加强对劳务工的管理。

信息化管理 为加强工程建设的规范化管理，实现建设数字化大桥的目标，指挥部研发了信息化管理系统，通过数据采集系统、可视化形象进度管理系统、工程管理信息系统和OA系统为工程建设提供有力支持。

原材料供应及管理 工程建设物资品种多、数量大，质量要求高、供应难度大。根据不同物资的特性和要求，通过招标形式分别确定采用甲供、直供和推荐三种供应模式，保证建材质量，降低建设成本。

科研专题 1994年以来，在预可、工可、初步设计、施工图设计及建设等阶段，围绕建设条件、设计与施工方案、结构安全性与耐久性、运行管理等方面，先后开展了148项科研专题。

总体成果 杭州湾跨海大桥工程共开展148项专题研究，取得丰硕成果。先后获得技术革新成果250多项，发明专利10项，实用专利15项，国家级工法1项，省部级工法8项，发表论文139篇，出版专著5部，多项研究成果已纳入国家和行业标准或规范。2007年6月，大桥工程在第24届国际桥梁学术年会上进行了学术交流，受到国外同行和专家的高度评价。

核心技术 大吨位70米预应力混凝土箱梁整体预制和强潮海域海上运输架设技术；大吨位50米预应力混凝土箱梁整体预制和梁上运输架设技术；海洋环境下长寿命混凝土结构耐久性研究；大直径超长钢管桩设计、制造、防腐和施工成套技术研究；灾害天气对行车安全的影响及对策研究；河工模型与桥墩局部冲刷研究；跨海长桥全天候运行测量控制关键技术；南岸滩涂区浅层气勘探及工程对策研究；钢匝道桥铺装技术。

第四节 大桥管理

2007年11月，宁波市政府批准成立杭州湾跨海大桥管理局，行政级别为市政府直属的正局级事业单位，编制核定40名，内设机构为办公室、监控处(综合执法处)、技术与养护管理处、服务管理处和财务处共五个处室。

管理机制

联勤管理 为加强对杭州湾跨海大桥运营的监管，经上级批准设置了高速交警五大队、海事执法支队(嘉兴海事局)、路政七中队、消防中队、巡特警中队、大桥嘉兴、宁波治超站等执法及运营管理部门。

应急预案 针对大桥地理位置、气候环境和重要性等特点，制定了《杭州湾跨海大桥突发事件应急预案》和22个应急行动方案，2008年4月通过专家评审后试行。

安全防范

预控预警 在南北航道桥及高墩区设置风障，提高大风天气下车辆的通行安全等级。桥区海域设置88座配套的永久航标，(其中灯浮标38座，桥墩警示标志24座，孤立危险物灯桩1座，桥涵标22座，雷达应答器3座)。大桥区域设置船舶交通管理VTS系统，提升安全预控能力。大桥两岸设置超限运输检测站，严肃查处超载超限违法行为，保障大桥主体结构安全。

智能系统 全桥装有双向行车导向指示设备32套，平均每隔2公里一个。装有摄像机419台，覆盖桥面、海面、陆地区桥下安防、收费广场、服务区等多个区域。海中平台设置全省联网的封闭式收费系统，加装车牌识别器。设置结构健康监测系统，11套气象检测器设备，监控中心可随时掌握大桥上风速、风力、雨量、能见度、温度、路面状态等信息。在桥面路侧安装了154个紧急电话分机，遇突发状况车主可随时与监控中心联系。南北航道桥及海中平台附近安装384个有线广播喇叭，通知和处置违章停车或特殊情况。在南北航道桥和海中平台匝道桥钢箱梁内安装除湿机33套，自动对环境湿度进行检测，监控中心对系统运行状况随时进行监控。桥面采用远程智能单点多控技术，安装路灯、雾灯各1844盏。大桥监控及服务软件平台由3个主要模块、7个业务系统构成，涵盖交通安全监控、结构安全监控及照明、电力监控的数据和控制信息。

大桥养护

建立大桥养护中心，招标选择专业养护单位，以签订合同形式委托开展对大桥的技术养护。加大经费投入，积极推广、应用新设备、新机械、新工艺和新技术，提高养护的机械化、专业化和科学化水平，拥有一批性能优越、专业化程度高的养护机械设备。

第五节 大桥经营

经营机构

2001年10月，成立宁波市杭州湾大桥发展有限公司，负责杭州湾跨海大桥经营。公司成立时注册资本人民币2.4亿元，由宁波杭州湾大桥投资开发有限公司和嘉兴市杭州湾大桥投资开发有限责任公司共同出资。其中宁波杭州湾大桥投资开发有限公司出资人民币2.16亿元，占注册资本90%，嘉兴市杭州湾大桥投资开发有限责任公司出资人民币0.24亿元，占注册资本10%，资本金随大桥建设施工进度逐步追加。

经营业务

宁波市杭州湾大桥发展有限公司主要从事杭州湾跨海大桥的投资、建设、运营、管理、项目附属设施的经营和综合开发。大桥通行费收入为公司收入和利润的主要来源。主要经营：为过往车辆提供通行服务，按照收费标准收取车辆通行费，并对大桥进行管理、养护及维修，保证大桥通行质量。

收费情况

收费年限:《浙江省人民政府办公厅关于杭州湾跨海大桥收取车辆通行费的复函》(浙政办函〔2008〕22号)规定了杭州湾跨海大桥的收费标准，但并未就收费年限进行规定。

收费标准：大桥收费标准如下表：

表1-4-2 杭州湾跨海大桥车辆通行收费标准表

单位：元/车次

分类标准		收费标准
一类车	20座(含)以下客车、2吨(含)以下货车	80
二类车	20座以上40座(含)以下客车、2吨以上5吨(含)以下货车	160
三类车	40座以上客车(含32座以上卧铺车)、5吨以上10吨(含)以下货车	240
四类车	10吨以上20吨(含)以下货车	280
五类车	20吨以上及50吨(含)以下货车	320

收费原则：杭州湾跨海大桥在实际收费时，同时执行二义性路径计费方式和就低收费原则，实际收费同以上收费标准有一定偏差。

车流量情况

杭州湾跨海大桥于2008年5月1日试运营通车，同年10月11日开通货车通行。

养护情况

2008年5月1日，杭州湾跨海大桥通车以来，大桥发展有限公司秉承交通部“建养并重、强化管理；深化改革、调整结构；依靠科技、提高质量；预防为主、安全至上”的方针，不断提升养护理念，创新养护技术，使大桥养护工作逐步向制度化、规范化、专业化的方向发展。2008年、2009年和2010年连续三年荣获浙江省高速公路养护管理检查评比第一名。

表1-4-3　日均车辆通行情况一览表

年份	日均流量（辆）	同比增幅	日均通行费收入（元）	同比增幅
2008年	17287	/	1640009.99	/
2009年	22774	31.74%	2526628.56	54.06%
2010年	30478	33.83%	3324745.27	31.59%

表1-4-4　通行费收入一览表

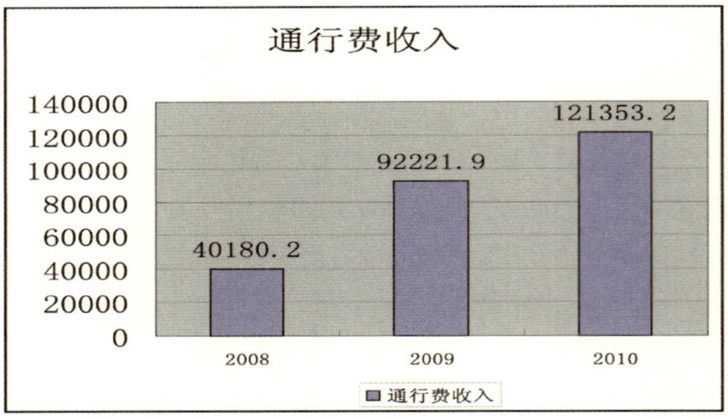

第六节　海盐县与跨海大桥建设

为了确保杭州湾跨海大桥工程在海盐县内及时开工顺利完工，2001年8月28日，海盐县人民政府成立杭州湾大桥筹建处海盐工作组，先后任命常务副县长姚沈良为组长，交通局长步伯康为副组长。海盐人民政府、杭州湾大桥筹建处海盐工作组从2002年4月3日始至2008年5月1日，先后召开90多次的协调会议，出台政策，解决房屋拆迁、杆线迁移、通电、通水、进场道路、农业、渔业的政策和协调处理施工单位与周边群众关系问题，以及相关部门与大桥工程的配合问题和治安保卫问题。海盐县信访局、杭州湾大桥筹建处海盐工作组、县经济开发区，西塘桥镇、武原镇、县农经局等单位先后接待了房屋拆迁安置人员来访21批127人次；海洋捕捞及海水养殖户来访36批321人次；环保及其他来访人员17批168人次的，通过耐心仔细的工作，按时完成海盐县域内大桥工程的前期政策处理，为杭州湾跨海大桥工程创造了良好的外部环境，在海盐人民的大力支持下，由于组织指挥得力，协调配合到位，保质高效施工，提前完成了跨海大桥建设任务。

房屋拆迁

2002年8月20日，开始丈量房屋，进户进行评估。2002年9月29日，海盐县人民政府与杭州湾大桥工程指挥部签订拆迁协议，至2003年5月30日，全部完成大桥工程北岸84米宽范围内的农民住宅房及集体用房的折迁工作。折迁中共涉及农户119户(含3户集体资产)，折迁房屋面积22722.53平方米，其中楼房16604.67平方米、平房4920.14平方米、简易房1197.72平方米。支付房屋拆迁补偿费11724199.70元。

杆线迁移

2002年12月10日，拆迁户安置区电力杆线迁移工作提前完成。2003年4月4日，县政府召开动员会议，开始大桥施工区与拆迁户安置区的杆线迁移工作。4月10日，杭州湾大桥筹建处海盐工作组分别与海盐县供电局、电信局、广电局、移动公司、西塘桥镇自来水供应站签订杆线、管道迁移协议书，至2003年5月30日完成全部迁移工程。共迁移各类杆线285根，支付迁移补偿费678万元。重新埋设与迁移自来水管道4.8公里，支付补偿费113万元。

土地征用

杭州湾跨海大桥北岸(含服务区)共征用土地302349亩，支付补偿款2373.7678万元(不含国家税费)。跨海大桥工程在杭州湾北岸的海域政策处理范围，南到南航道桥，东到乍浦港区，西止秦山核电专用码头。海域政策处理，除确保大桥工程的正常施工及200余艘施工船舶、建桥材料运输船舶的正常航行，还开通两条核电专用码头航道和大桥工程70米梁板、墩身运架船只的专用航道口。该海城、滩涂为海盐县渔民、农民进行传统渔业作业场所，相应的渔业政策处理由杭州湾大桥工程指挥部承担，以补偿渔民、农民的损失。由于涉及乍浦港三期围堤工程，2003年1月3日，杭州湾大桥工程指挥部、嘉兴港口发展投资有限公司与海盐县人民政府签订《杭州湾大桥工程、乍浦港三期围堤工程外海渔业政策处理协议书》，于2005年8月31日基本完成政策处理工作。共处理渔船228艘，鱼网14378张、关网16241米、硬网170只，以及滩涂养殖、无农田渔民补偿，总计支付渔业政策补偿费20,184,507.02元。

工程保障

海盐县人民政府无偿提供600亩土地作为杭州湾跨海大桥工程4家主体施工企业3000余名职工的工作及生活用地。建立大桥工程墩身预制场和70米梁板预制场，建造350吨桥梁墩身474个高4米、宽15.8米、长70米、重2200吨桥梁板540块。提供从杭州湾跨海大桥北岸郑家埭到落塘头近20公里海岸线，供各相关单位建造两个一千吨建桥材料出运码头和三千吨墩身出运码头，及五千吨梁板出运码头和杭州湾大桥栈桥码头。

投资51万元，由西塘桥镇自来水供应站在西塘桥镇新海村建造一座日生产量3000立方米自来水泵站。专供大桥工程Ⅰ标Ⅱ标的施工用水与职工生活用水，输水距离最远至北航道，长度约为7000米。海盐自来水公司埋设了武原镇1号桥至南台头70米梁板预制场的自来水管线，作为预制场的施工及生活用水。海盐供电局投资305万元，从武原镇城北至郑家埭架设供电专线10.488公里；投资170万元，从富亭至南台头架设供电专线3.5公里，解决大桥工程Ⅰ标、Ⅱ标、VIII标施工与生活用电。

大桥工程主体施工的13个单位中9个单位驻在北岸，施工材料除钢管桩外其他施工材料和部件均依靠北岸码头运到海上。为建立北岸现场指挥部，实施大桥建设现场管理，确保大桥工程安全优质、如期建成，县政府将原海塘乡政府办公大楼及其他生活用房，共19.14亩土地、4157.82平方米房屋提供给大桥工程，作为杭州湾大桥工程指挥部北岸现场办公室，为大桥工程的管理部门提供了良好的工作和生活场所。

杭州湾跨海大桥工程建设在32公里宽的海面上，必须由GPS进行测量定位。相关部门将工程测控中心的GPS定位站建在海塘管理所内，并提供电力、通信保障。确保36公里长的大桥工程线型与承台高差控制在5厘米以内(最后实际高差在3厘米以内)。县政府还鼓励、协助、支持相关企业积极参与大桥建设。为向大桥工程提供优质的石子，作为大桥混凝土用料，老沪杭公路的六家石料厂积极主动地将优质石子样本(每次样本约1吨左右)反复提供给指挥部检测中心。

海盐秦山混凝土有限公司为直接参予杭州湾跨海大桥建设的第一家企业，为大桥施工的浙江省交工集团、广东长大公司，国际路桥公司、中港二航局、中铁大桥局和宁波路宝公司等六家企业提供C50海工混凝土。自2003年12月第一根钻孔灌注桩开始，至2007年12月最后一条桥面伸缩缝混凝土浇筑完成，历时四年，共完成北引桥北航道186米高钻石型索塔及水下灌注桩、承台、墩身、箱梁、海上观光平台预制构件，及桥面伸缩缝等部位的C50海工混凝土40万立方米，占整座大桥混凝土总质量的六分之一。生产的混凝土质量全部达到了杭州湾踏海大桥设计要求指标。

海盐县秦山混凝土有限公司根据大桥混凝土需要量和施工技术要求，建立两条120立方米每小时生产线和一条60立方米每小时生产线。在设备配置上充分考虑大桥工程使用混凝土材料的多样性，增加了胶凝材料储罐和计量系统数量。建立了一次储存一万吨黄砂和一万吨石子的混凝土骨料场。按照大桥工程混凝土施工质量控制要求，建立完整的混凝土试验室，增设部分专用试验设备，在原有44米、37米混凝土泵车的基础上，又购置了适应桥梁施工的42米混凝土泵车1台、固定泵3台、装载机3台，在原有12辆混凝土搅拌车的基础上又增加8辆混凝土搅拌车，基建及设备投入近3000万元。

在技术上，海盐县秦山混凝土公司与上海同济大学材料研究所建立了合作关系，聘请上海同济大学材料研究所所长、博士生导师张雄教授为该公司技术顾问。在研究所专家的参与和指导下，参照国内外类似工程施工情况，对照本工程使用具有高度耐久性的海工混凝土，除传统的强度指标外，还增加了混凝土抗氯离子渗透性指标，以检测混凝土耐久性能否满足大桥结构使用要求。为了能够比较全面地掌握海工混凝土技术性能，为混凝土供给做充分准备，从2003年就展开了海工混凝土配合比的试验工作，取得了可喜的成果，为保证混凝土生成供给奠定了坚实的基础。

在人员配备上，公司抽调了足够的参加过核电工程中具有核岛混凝土工作经验的工程技术人员和生产工人，组成一支强有力的生产管理和质量控制队伍，为保质保量地完成大桥混凝土供应工作提供了可靠保证。2008 年 4 月，大桥工程指挥部向该企业颁发了荣誉证书，称该公司为杭州湾跨海大桥建设优秀合作单位。

杭州湾跨海大桥地处钱塘江喇叭口，当遇到东风或者东南风时，喇叭口就会形成“窄管”风力倍增效应。同时，大桥南北航道桥近 60 米的高度，也会增强桥面上的风力，保证安全行车成为杭州湾大桥的一道难题。杭州湾跨海大桥所跨越的水域气象条件复杂，台风、龙卷风、雷暴及突发性小范围灾害性天气时有发生，其所需的风障技术和产品更为复杂。杭州湾跨海大桥高墩处设置风障条，确保海上强风时的汽车行驶安全，是海盐华帅特塑料电器有限公司对杭州湾跨海大桥的一大贡献，更是当代跨海桥梁史上的一个创举。公司生产的高耐候、高强度聚碳酸脂(PC)风障条就是根据杭州湾跨海大桥特殊的地理环境要求下与同济大学桥梁工程系共同研制开发的，是解决车辆在强风作用下安全问题的有效方法。合理的风障设计证明在保证安全水平的前提下，可大大提高车辆运行效率和大桥的营运效率。

2007 年初，杭州湾大桥工程指挥部就大桥风障产品先后与德国拜耳、美国 GE、以色列帕拉姆等进行了谈判，要求在一年之内拿出成品，但最终这些国际著名跨国公司都没有给出满意的答案。让人意想不到的是，这些著名公司都先后找到了自己的合作伙伴——海盐华帅特塑料电器有限公司，咨询是否能生产 PC 风障。在得到这一信息后，华帅特总经理殷根华先生当即决定不与外国公司合作，走自己的路，按自主创新把产品研发出来。华帅特公司随即与同济大学桥梁工程系取得联系，就风障产品进行研究。风障条根据建设使用需要和技术要求，解决侧风对车辆行车的影响，保障车辆行驶安全，要求风障条具有更好的强度和抗冲击性能；由于在海面环境使用要有较好的抗老化性能，使用年限大于 20 年；同时从建筑美观、开阔视野方面要求风障条材料透明。由于产品的交货时间紧，华帅特公司购设备、搞研发，投入经费 1000 多万元，通过对原料选择、设备选购、模具对比及工艺研究和实验，如约将测试合格的抗风力 16 级的风障产品按要求提前 45 天完成全部供货。

海盐县质量监督检验局下属的国家标准件产品质量检验中心，承接了杭州湾跨海大桥金属材料、预应力材料、高强度紧固件、焊接工艺评定、无损检测、防腐涂层检测等相关的检测任务，被杭州湾大桥工程指挥部指定为大桥预应力材料、金属材料、无损检测试验检测单位，为大桥质量检测提供了强有力的技术支撑。同时，还承接了大桥各试验室仪器及大桥用千斤顶的计量检定任务。先后检测了大桥建设用各类钢材、环氧钢筋、焊接材料，高强度紧固件，预应力钢绞线、锚具等共 1500 余批次，从源头上保证了大桥建设的质量安全。派出专业人员赴大桥各建设单位试验室和施工现场，检定各类衡器、混凝土搅拌设备、实验室仪器设备，为大桥工程建设把好量值正确关，为大桥建设安全、优质和顺利进行起到了保驾护航作用。

经济发展

杭州湾跨海大桥工程在海盐县境内征地拆迁，共解决失地农民养老保险和经济补贴 609 人，补助金额 1644.3 万元。开创了海盐县除武原镇外，其他乡镇解决失地农民养老保险之先例，并享受与武原镇失地农民同等的待遇。在大桥建设期间，向海盐县地税局缴纳税费约 1.7 亿元人民币。杭州湾跨海大桥建成营运，每年向海盐县地税局缴纳税费约 2000 万元。大桥北岸服务区招收当地员工 200 多名，为失地农民增加了就业途径。大桥的建成通车，还使海盐成为浙北地区高速公路新的交通枢纽，海盐距上海、苏州、杭州、宁波的距离都在 100 公里左右，放射性的运输线型，提高了海盐县的物流效率。在大桥北岸建立了杭州湾大桥新区，通过基础设施建设，招商引资，已初见规模，并成为海盐县未来新的经济增长点。

杭州湾跨海大桥建设通车，嘉兴将迎来“大桥经济”和“宾海时代”，连接便捷，节约时间，速短了嘉兴至宁波运输里程，加快了嘉兴物流运输，降低了运输成本，提高了运输效益，也有利于带动嘉兴农产品出口、旅游，促进嘉兴经济的发展。

第二篇 水 路

嘉兴市位于长三角地区浙江省北部，东邻上海，南连杭州，西依湖州，北接苏州，地域总面积3915平方公里，其中水域面积418平方公里，占总面积的10.68%。嘉兴市境内航道纵横密布，共有大小河流511条，13802公里，内河定级航道224条，航道里程1949.9公里，其中四级航道214.69公里、五级航道167.29公里、六级航道374.73公里、七级航道268.48公里、等外线924.71公里。主要有京杭运河、杭申线、东宗线和嘉于硖线4条四级干线航道，乍嘉苏线、角平申线2条五级干线航道，与长湖申线、杭湖锡线、钱塘江等相互贯通，共同构成浙北航道网。大小湖荡145个，其中水面面积大于0.1平方公里的有70个。全市河湖(荡)水面面积总计328.16平方公里，其中河道总面积268.93平方公里，湖泊总面积46.29平方公里。

嘉兴水路运输在长三角城市群中具有明显的相对竞争优势并极具开发潜力，尤其是内河航运由于其诸多的特点，使其在交通运输体系中具有非常重要的地位。内河航运与其他运输方式相比，其优点是多方面的：一是运输能力大；二是运输成本低，内河航运的成本只相当于铁路的二分之一，公路的三分之一；三是能源消耗少；四是环境污染小；五是占用耕地少，主要是利用天然河道。在如今经济增长方式不断集约化和注重经济社会可持续发展的时代，其作用越来越受到各国政府的重视。

嘉兴水运资源相当丰富。从海运看，嘉兴南濒杭州湾，有121公里海岸线，其中有40多公里深水港岸线，是苏南等其它长三角城市无法比拟的。随着港口岸线资源进一步开发，将为嘉兴的外向型经济发展和参与国际国内经济大循环提供更多的运力支持。从内河航运看，嘉兴境内河道纵横密布，航道密度达50公里/百平方公里。通航里程占全省的20%左右，名列全省第一。嘉兴内河港是全国28个内河主要港口之一，拥有内河码头泊位1784个，港口经营企业1053家，泊位长度71476米，港口吞吐能力达到9486万吨。内河航运完成的货运量接近全市货运总量的70%，是全国内河航运最发达的地区之一。近几年，嘉兴加大水运的投资力度和建设力度，水运事业有了一个较快的发展，水运环境也有了一个明显的改善，但总体上看，嘉兴水运建设还不能适应嘉兴市经济社会快速发展的需要，水运资源优势还没有得到充分地发挥，这方面的潜力和可为空间还相当大，建设水运强市的任务还相当艰巨。

第一章 航 道

第一节 航道历史演变

嘉兴市地处长江三角洲河网发达地区，水运条件十分优越，是全国内河航运最发达的地区之一。境内河流密布，航道密度达到50公里/百平方公里。通航里程名列全省第一，主要有京杭运河、杭申线、东宗线和嘉于硖线4条四级干线航道，乍嘉苏线、角平申线2条五级干线航道，与长湖申线、杭湖锡线、钱塘江等相互贯通，共同构成浙北航道网。

1949年以前嘉兴航区航道状况

嘉兴陆上交通虽然非常便利，沪杭铁路贯穿而过，公路不发达，但建国前水运却是客货运输的主要方式。水路往东可达上海，往南可航杭州，往北可通湖州、苏州，而市区各县到区、乡均有水运航道，完全占有“舟楫之利”。据《中国实业志》第十编“交通”第四章“水道”记载：浙江省境内，河港纵横，水运堪称便利，其中海宁、嘉兴、嘉善、海盐、平湖、桐乡尤为便利。

表 2-1-1　民国时期嘉兴航区各县航道情况表

序号	县份	河港名称	本县内长度（公里）	深度（米）	宽度（米）	通行船只
1	海宁	浙江（注）	36.50		260~2300	轮船民船
2	海宁	上塘河	28.50	2.30	6.00	汽船快艇
3	海宁	下塘河	30.00	2.60	9.00	汽船快艇
4	海宁	袁花塘河	6.50	2.00	6.00	汽船快艇
5	嘉兴	运　河	30.85	4.00	50.00	汽船快艇
6	嘉兴	平湖塘	24.90	3.40	30.00	轮船帆船航船
7	嘉兴	海盐塘	16.25	3.50	30.00	轮船帆船航船
8	嘉兴	嘉善塘	13.20	3.30	30.00	帆船航船
9	嘉兴	长水塘	20.00	3.40	40.00	帆船汽船
10	嘉善	华亭塘	11.40	3.00	100.00	小汽轮民船
11	嘉善	魏　塘	1.71	1.00	20.00	民　船
12	嘉善	冬瓜塘	13.11	3.00	10.00	小汽轮民船
13	嘉善	芦墟塘	17.10	3.00	100.00	轮船民船
14	嘉善	白水塘	8.55	3.00	100.30	轮船民船
15	嘉善	范　泾	9.12	3.00	100.00	轮船民船
16	嘉善	伍子塘	13.68	3.00	100.00	轮船民船
17	嘉善	大云塘	6.84	1.50	30.20	轮船民船
18	嘉善	长生塘	5.70	3.00	100.00	轮船民船
19	嘉善	俞汇塘	4.56	3.00	100.00	轮船民船
20	嘉善	化成塘	4.56	3.00	70.00	轮船民船
21	海盐	嘉兴塘	21.09	4.50	30~50	轮船航船
22	海盐	平湖塘	15.39	5.00	20~50	轮船航船
23	海盐	招宝塘	14.00	4.50	25~40	航　船
24	平湖	渔圻塘	12.10	4.29	59.40	轮船民船
25	平湖	盐船河	11.66	1.65	20.00	轮船民船
26	平湖	广陈塘	12.34	4.95	13.20	轮船民船
27	平湖	海盐塘	7.98	5.00	20~50	轮船民船
28	平湖	乍浦塘	14.51		33.00	轮船民船
29	平湖	汉　塘	3.30		39.60	轮船民船
30	平湖	运　河	25.80		16.50	轮船帆船

说明：浙江，在海宁、绍兴、杭州、萧山称钱塘江；在富阳称为富春江；在桐庐称为桐江；在建德称为七里泷

嘉兴航区尽管航道众多，条件优越，但由于国民党政府对交通建设不重视，加之连年内战，财政枯竭，无力治理这众多航道，致使一些航道经常断航。据《浙江省建设月刊》(民国23年)记载大旱之年通航情况，“崇德城西有便民桥港一条，长约里许，原通运河，现已完全干涸矣，……崇德至各处轮船均已停驶，快船勉强可通，惟不能载重”，“崇德经桐乡至嘉兴沿运河各支河内，除康泾港(双桥至桐乡县城河道)已由县政府开浚，及通濮院镇、屠甸镇支河，通周王庙塘河尚可通行外，其余大都干涸，其已经由乡民临时开通水沟各处，均狭小异常，不足敷灌溉之用”。“袁花至海盐一段，河西较狭，现甚干涸，即小船亦不能行驶”，“袁花至海盐及硖石至海盐两段，平时均有小汽轮及快班船行驶，沿途亦无闸坝等阻水建筑，最近因河道十分干涸，除海盐往硖石尚可通小船外，其余现已停驶，……自扬会村以西五荡湖一带，河面辽阔，但水不甚深。至长山桥河西骤狭，仅容一舟可通，河沙淤积颇高，水深不及膝，小船也需拖移，方能通过”。

遇到水灾，即洪水四溢，泛滥成灾，民不聊生。《浙江省建设月刊》第五卷第八期(民国21年2月)载：“查得六县中，以嘉兴、嘉善、桐乡、崇德受灾较重，海盐次之，海宁又次之。察其灾况大都因迭遭淫雨，地势低洼，又无相当坚固之护岸所致”。

面对年久失修的河道、堤坝，衰落的航运状况，当时的有识之士也曾呼吁“浙西之航运之发展，必先开浚固有之水道，以畅通航运，将已有之航道，加以整顿与改进，而全区之航线，又必须互相连络，且与全省航线有切实之联络。其中如运河与钱塘江之通航，尤为交通上目前之急务”。(摘自《浙江省建设月刊》“统计・浙西航运水利概况”)。

除此之外，战争的破坏也造成航道堵塞。据民国37年12月《浙江省水利建设月刊・整治嘉属运河工程纪要》记载：“抗战以来河身未见变迁，惟若干处为敌人部队堵塞。在崇德县境太公渡及小羔羊，即有两处，共长150公尺以上之地区，须挖水下土方12000余立方，其他及沿塘港叉，因战争关系被敌阻塞者，计有十处，离运河塘较远，小港堵塞；尤多塘堤，亦随处塌陷。计缺口之段，低陷者四段，共长30里，桥梁毁损过半，其中完全破坏或毁弃者有20座，已成倾圮，或部分明坍损者20余座，以上种种影响于灌溉交通者，实非浅鲜。”再者，有的航道两旁居民经常向航道内倾倒垃圾，而当地政府听之任之，日积月累造成某段航道狭窄。(材料见《疏浚》一节)。

民国时期，嘉兴航区航道，在物资运输、人员运输及军需兵员运输上都占重要地位，所以国民党政府也曾在局部航道上进行疏浚、护堤，而作为航道的主管部门水利建设局也尽力派员进行勘查，制订计划，造预算、打报告，做了一些治理工作，但由于“治本工程，工巨费浩，限于人力财力一时难以实施，乃就为害最烈之处，先行紧急治标工程。”(材料同上)。

解放初期嘉兴航区的航道情况

中华人民共和国成立后，由于中国共产党和人民政府对航运事业的重视，各级航管部门的努力，嘉兴航区航道经过疏浚整治及开挖，航道的通航能力比建国前大大提高。

解放初期，嘉兴航道处于自然状态，只能通航100吨以下的船舶。不少航道还存在弯多、淤浅、曲率半径小、河岸塌方、航道狭窄、桥位不当等碍航情况，影响船舶周转和航运效益。当时的航道在国家没有投资的情况下，资金来源，采取航管部门、地方政府、水利部门联合集资的办法，综合利用，共同开发。航道改造工程也是小打小闹，每次都是一小段一小段地进行，最多改造两三公里航道。

“七五”期间，嘉兴市水运的运量翻番，船舶成倍增加。新建船舶吨位越来越大，通航船舶越来越多。河道虽每年在疏浚治理，仍跟不上水运事业日益发展的需要。航道是航运的基础，是水运生产力的重要组成部分。针对面临的问题，根据“七五”期间浙江省交通工作会议精神，坚持“以水为主，水陆并举”“先缓解、后适应”的指导方针，结合实际情况，按照“确保重点、兼顾一般”的原则，制订“七五”期间航道治理规划。在国家没有投资的情况下，资金来源，采取航管部门、乡政府、水利部门联合集资的办法，综合利用、共同治理。

“七五”期间，仅嘉兴市航管处适度集中航养资金用于航道工程的计有1187.5万元。为了把有限资金用于急需缓解之处，采取“治其一点、活其全线”的整治方案，着重对主要干线中“卡脖子”、事故多发航段的航道进行疏浚、拓宽、裁弯、取直工程。在抓工程施工中，嘉兴市航管部门围绕三个环节狠下功夫：一是抓标准化施工；二是抓改造工程中的出土“难”问题，采取“三结合”的办法，使出土“变废为宝”，三是狠抓航养工程基础管理工作，在抓好建立健全工程施工管理制度的同时，还抓好资料收集工作。使航养工程管理逐步走上正轨，确保工程进度和质量。

1986年到1990年间，共完成航道改造8.50公里，航道疏浚45公里，改造碍航危桥60座。使原有通航60吨级以下船舶的航道，可通行100吨级船舶。事故多发航段及经常发生航道阻塞现象的地段，由于改善了航道的基础设施，基本上达到畅通无阻，初步扭转了嘉兴市航道基础与水运发展不相适应的局面。保障了船舶安全航行，加快了船舶的周转，社会效益及经济效益均有了明显提高。其间，航道改造着重于乍平申线的斜桥、西塘桥镇、官堂市河三处拓宽，白茔切角，以及杭申甲线的三店塘、三塔湾裁弯等工程。

斜桥工程 平湖斜桥航段拓宽改善工程于1988年10月开始动工。(于1991年6月30日竣工，历时二年八个月)

该工程起平湖县前进乡斜桥村，迄海盐县西塘乡曙光村。拆除老桥1座，老驳岸682米。工程全长800米，按5级航道(300吨级)通航标准施工。新建45米跨径公路桥1座，开挖12米×50米内港池一个，完成航道护岸780米。拓宽疏浚水上土方22496.3立方米，水下土方34338.9立方米。工程总投资139万元。

西塘桥工程 1983年8月至1984年12月做了前期工程。于1987年2月至1988年8月间继续施工。工程全长1.5公里，在乍平申航道海盐县西塘桥乡。该工程按通航100吨级船舶技术标准施工。完成直立式浆砌护岸2286.5米，增设河埠4处，拆除老桥1座、新建一座36米单跨三级公路桥。完成水上土方14492立方米，水下挖深土方310立方米。工程决算84.5万元。

白茔工程 乍平申线的海盐白茔航段切角改善工程，工程全长840米。从海盐元通酱油港桥到元通新建红星桥止。于1988年8月24日开工，1990年10月20日竣工，历时二年二个月。整个工程拆除老红星桥1座，拆除老驳岸320米。按100吨级船舶通航标准施工。新建四级公路桥1座，跨径40米。新建石砌护岸840米。完成水上土方14557立方米、水下土方40740立方米。工程耗资73.51万元。

官堂市河南段改造工程 为乍平申线海盐县官堂市河南段航道拓宽改善工程，于1987年11月开工，至1990年1月20日竣工。工程全长1.488公里，地点在海盐县官堂乡。该工程包括官堂市河北端切角工程。按6级航道(100吨级)通航标准施工。完成航道护岸3公里、水上土方7800立方米、水下土方35409立方米。工程耗资355340元。

三店工程 杭申甲线三店航道切角工程于1988年12月21日开工，至1989年9月30日水上土方竣工。1989年12月15日至1990年2月13日完成水下工程。地点在嘉善县杨庙乡三店村一组250米航段。工程全长0.8公里，按300吨级船舶技术标准施工。新砌石驳岸225米，拆除旧桥，新建45米跨径三店桥一座。完成水上土方3387.2立方米，水下土方19916.7立方米。工程耗资66.91万元。

三塔湾工程 三塔湾裁弯工程，全长350米。于1990年动工，当年完工。合计完成南侧水利护岸350米，水上土方7650立方米，水下土方27200立方米。按300吨级船舶通航标准施工。自中心线南侧拓宽15米，平均挖深2米。河底吴淞高程-0.2米。总投资27万元。

1991年—2010年嘉兴航区的航道情况

20世纪90年代初，嘉兴航道由于长期缺少投入、基础设施落后的窘状日益突出，京杭运河、杭申线等几大主干线连续被堵，最严重的一次(1993年年底)历时近半个月，受阻运输船达数万艘，严重影响了浙江、上海和苏南地区的经济建设和人民生活，成为社会经济高速增长的“瓶颈”。1992年2月11日京杭运河发生大堵航，从江苏的吴江一直堵到浙江的乌镇，连绵几十公里，堵得水泄不通。嘉兴航管处干部职工克服常人难以想象的困难，整整13个昼夜都在疏航现场。2月25日至28日，京杭古运河桐乡段的羔羊、崇福芝村、华丰水泥厂等航段连续发生堵航。10月21日—24日杭申乙线乌镇段连续发生堵航现象，受堵航段长达七八公里。10月27日，凌晨五时许，乍平申线白茔桥下游300米处头档驳沉没在航道中心，造成航道堵塞，受堵航道长达3公里多。海盐航管所经过32个小时的连续作战，于28日5时前全线疏通。

1993年1月4日晚上9时，杭申甲线，杭申乙线堵航时间长达10多天。1993年2月1日至4日、17日至19日分别在桐乡上市水泥厂至崇福丝厂航段，大麻松蒡高桥航段发生堵航。1993年3月份以来，海盐航区武原市河、白茔下游、东塘桥下游，以及官堂、通元航区相继发生因沉船引起的堵航。1993年8月21日，当嘉兴水位超过危急水位时，嘉兴航区全线停航，全市在五天的停航中，共有万余艘船舶和数万名船员被困在水上。1993年8月29日，横跨杭申线的嘉桐2号桥被船舶触损后，致使该航道被迫断航。

1993年，浙江省政府本着“水陆并举、宜水则水、宜陆则陆”原则，决定在加快公路建设的同时，加快内河航道工程建设的步伐。1995年10月，全国首次内河航运建设会议在南京、杭州召开。邹家华副总理亲临杭申线嘉兴市河段考察并作重要指示。根据全国内河航运建设工作会议精神，提出对杭、嘉、湖地区航道网进行改造，并且审时度势提高了航道的建设标准。由此，嘉兴水运基础建设掀起了高潮，航道工程建设规模、速度和质量达到前所未有的水平。

“九五”期间，嘉兴市交通建设按照“建设大交通、促进大发展，建立贯通全市、连接内外、通达周边的交通网络”的发展战略进行了统筹规划，提出了进一步抓好水运强市工程，强化了内河航道建设。投入内河航道改造资金14.34亿元人民币，其中向世界银行借贷2400万美元，包括京杭运河、杭申线、角平申线、乍嘉苏线、嘉兴铁水中转港等“四线一港”工程，改造航道247公里。各项目从1995年3月开始逐步实施，于2002年全部建设项目竣工，初步形成了以300~500吨级航道为主骨架，50~100吨级航道为支线的内河航道网络，嘉兴市航道建设发生了质的飞跃。

图 2-1-1 “九五”期间世界银行官员就杭申线陡门段航段改造进行实地考察

“十五”期间着重做好完善工作，完善了乍嘉苏线航道和杭申线航道，开工建设东宗线航道和嘉于硖线南郊河工程。通过“九五”的航道建设和“十五”的完善工程，已初步形成了以300～500吨航道为主骨架，50～100吨级航道为基础，以上海、嘉兴港为出海口，辐射浙北、苏南，与周边地市对接的高等级航道网络。“十五”期间全市共完成水运基础设施投资7.6亿元，使嘉兴内河航道基础设施基本适应运输发展的需要，内河航运的优势和规模得以体现并步入良性发展阶段。

“十一五”期间，嘉兴市水运基础设施建设由基本适应型向适度超前型转变，逐渐实现由“水运大市”向“港航强市”的转变。水运建设投资占据了浙江省的内河水运投资半壁江山，重点建设“五干三支二港”项目，五干：京杭运河、杭申线“四改三”改造工程、乍嘉苏线“五改四”改造工程、湖嘉申线嘉兴段三级航道、杭平申线四级航道改造工程；三支：嘉于硖线航道改造工程、东宗线延伸段、何家桥线航道；二港：嘉兴内河多用途港区和独山海河直达枢纽工程。在规划时间上五条干线航道项目均列入了长三角高等级航道网“十一五”开工重点建设项目。

图 2-1-2 南郊河航道护岸工程施工现场

进入“十一五”后，除“十五”的续建项目外，启动了京杭运河嘉兴段“四改三”工程、杭平申线改造工程、湖嘉申线嘉兴段二期工程和丁诸线航道的前期工作，相继又开工建设了嘉于硖线航道嘉于段和于硖段工程、东宗线航道改造二期工程、湖嘉申线嘉兴段三级航道一期工程、何家桥线航道工程。2008年开工建设的湖嘉申线嘉兴段三级航道一期工程，是全省第一条三级航道的重要航段，计划投资6.5亿元，改造里程14.76公里，这是嘉兴建设航道等级最高的水运工程建设项目。

到2010年年底，全市境内共有通航河流224条，里程1949.9公里，其中四级航道214.69公里，五级航道167.29公里，六级航道374.73公里，七级航道268.48公里，航道密度达50公里/百平方公里。通航里程名列全省第一，占全省的20%左右，其中五级及以上航道里程占总里程的18%左右。主要有京杭运河、杭申线、东宗线和嘉于硖线4条四级干线航道，乍嘉苏线、角平申线2条五级干线航道，与长湖申线、杭湖锡线、钱塘江等相互贯通，共同构成浙北航道网。

第二节 跨省干线航道

嘉兴航区主要有京杭运河、杭申线、东宗线和嘉于硖线4条四级干线航道，乍嘉苏线、角平申线2条五级干线航道。

京杭运河

江南运河最早开挖于公元前五世纪的春秋时期，“吴王阖闾，开堰渎以通太湖并导流以入长江”。这是江南运河首创的短短一段。"公元前485年，阖闾的儿子吴王夫差为了北伐齐国，以瓜洲引长江水向北，经过射阳湖、淮安，流入淮河，从而又形成为长江、淮河间的一段运河。历史上称这段为邗河"。

《文汇报》1981年4月12日载文："公元前五世纪春秋末年，吴王夫差始凿运河"。据此，江南运河最早始于春秋时期。但把京杭大运河全线开通、拓宽却是隋炀帝。隋大业六年(605年)起，隋炀帝征发百万民工，在6年内3次大规模开凿，最后使京杭大运河全线2700公里得以沟通。后经唐、宋、元、明、清历代拓宽、加固、疏浚，京杭大运河一直是我国古代南北交通运输的干线。

大运河在唐、宋以前称邗沟、漕渠、运漕、运渠，宋代始有运河之称，元、明以来渐成通称。

大运河自605年开通以来，有盛有衰，有兴有废，江南运河的命运亦然。隋、唐统一，政治、经济、文化中心在黄河流域，故对运河的记载详北而略南。但由于江南盛产稻米，而南粮北运，运河成了主要运输通道。自唐贞元年间漕运开始，江南运河在运输上的重要性开始突现出来。元朝建都大都(今北京)，为了漕运需要，又将江南运河进行了一次大规模的开拓和疏浚。清康熙、雍正、乾隆时期，运河又出现了黄金时期，运输繁忙。直至1851年，黄河北徙，运河淤塞，南北断流，才于咸丰二年(1852年)改漕运为海运。同时又由于京汉、津浦等铁路的兴建，统治阶级也就不再致力于运河的航运工程，并任其淤塞。于是有着悠久历史的京杭大运河，在近百年间便趋于衰落，失去了其在运输上沟通南北的作用，但在运输上，农田灌溉上尚能发挥它的巨大作用。自咸丰二年(1852年)改漕运为海运后，运河航运的职能消失，这是事关制度。可是对农田之利却有世不废，货运量也与日俱增，尤其上海这一城市的兴起，成了东方工业原料的集散口岸。据《江南运河历史沿革资料·运河考溯绪言》记载："……浙江之货固不论，其间北、赣东、皖南等亦资籍其统船之便，转道杭州，循运河而东，道出嘉兴，……湖属、嘉属等各县、镇，其必须装载火车者，亦皆取道运河以至车站。在运河本身而言，既能发挥其自身之力量，又能配合铁道之运输力量，所谓相得而益也。"

京杭运河嘉兴段名称由来

根据浙江省交通厅(浙交提〔2005〕108号)文件精神，在20世纪末京杭运河航道改造前，京杭运河嘉兴段是指经江苏平望、嘉兴王江泾、嘉兴市区、桐乡石门、余杭塘栖，终于杭州的河道，这一点无论在交通行业内部，还是在社会，都没有异议。20世纪80年代初，为发挥京杭运河的运输功能，中央决定改造京杭运河，提高通航等级和运输能力。由于经江苏平望、两省交界鸭子坝、桐乡乌镇、湖州练市、含山、德清新市、余杭塘栖到杭州这一条航道自然条件较好、从江苏到杭州距离最近等特点，从航运角度出发，经比选，国家将此航道作为京杭运河浙江段来改造。1982年国家计划委员会的批复中予以明确。此后，在整个交通行业内部，京杭运河嘉兴段指的就是这条航道。对从江苏平望经嘉兴王江泾至嘉兴的航道，交通行业内部把它作为乍(浦)嘉(兴)苏(州)线航道的一段，对从嘉兴经桐乡石门、余杭塘栖到杭州这一条航道，交通行业内部把它作为杭(州)申(上海)线航道的一段。

京杭运河嘉兴段

京杭运河浙江段，从江浙交界的鸭子坝起，途经乌镇、练市、含山、新市、塘栖等城镇，至杭州的三堡船闸，其中京杭运河嘉兴段自江苏吴江平望鸭子坝至桐乡乌镇幸福桥，全长17.353公里。京杭运河嘉兴段又名澜溪塘、烂溪塘。

图 2-1-3 京杭运河嘉兴鸭子坝航段

据《嘉兴市志》记载：澜溪塘，五代吴越时开。此塘古时"两岸俱栽枫树"，红叶烂漫，因而得名。澜溪塘系江浙边界河流，流经苏州、嘉兴两市交界地段。经桐乡和秀洲区，东北流向江苏境内，是嘉兴市域西北部经太浦河入黄浦江的主要排水通道。澜溪塘汇集了新市、练市、石门等地来水，经桐乡市乌镇附近的金牛塘、白马塘、横泾港汇入乌镇市河，从分水墩起向东北流经秀洲区新塍镇，在江、浙两省交界的鸭子坝进入江苏省境内，出省境后流经江苏省吴江市的盛泽镇、平望镇入草荡汇太浦河。河底高程−1.6米，河底宽44米。澜溪塘入江苏境主流北上，经南草荡北穿新运河大桥入太浦河、东北穿竹杆桥和莺湖桥入莺脰湖分别从京杭运河、翁沙路入太浦河；部分水流在鸭子坝至南草荡之间东泄经东济港、白龙桥港、鸡鸭港等入华沙荡而东北经大坝水道等注入现太浦河穿行的杨家荡、太平荡、木瓜荡和汾湖等。浦南众湖泊均是澜溪塘的承泄调节区。

1995年，根据全国内河航运建设工作会议精神，对京杭运河浙江段规划进行调整，将航道改造的标准从五级提高到四级。从 1996 年开始，京杭运河按四级航道标准进行全面改造。京杭运河嘉兴段由航道改造工程(由前期瓶颈专项改造、第一合同段组成)和护岸完善工程(包括绿化工程)组成，实际完成总投资 10562 万元。实际完成工程量：共开挖土方 172.33 万立方米，新建护岸 37.78 公里，新建桥梁 3 座，征地 837 亩，拆迁 0.95 万平方米。其中第一合同段由鸭子坝至乌镇养鸭场，全长 15.411 公里，按四级标准，1995 年 10 月开始施工，1999 年全面完工。该工程属世行贷款建设项目，也是浙江省首次利用世界银行贷款进行建设的内河航道项目之一，共计利用世行贷款 1362 万元。前期瓶颈改造工程由乌镇养鸭场至通河桥，全长 1.942 公里，改造标准五级，于 1994 年先期实施。护岸完善工程由通河桥至鸭子坝，全长 15 公里，结合航道改造工程同步实施；绿化工程实施绿化 18 公里。整条航道改造完成后，护岸整齐顺直，绿树成荫，航行标志设施齐全，能通航 500 吨级船舶，设计年通过能力为 5000 万吨。近年来，随着长三角地区经济的高速发展，运量的快速增长，急需进行京杭运河(浙江段)三级航道整治工程。该项目得到了国务院领导重视，其建设对缓解京杭运河运量增长压力、充分发挥杭甬运河和钱塘江中上游的航运潜力具有十分重要的意义；对沟通中国南北黄金水道，实现全国内河航道与港口布局规划、长江三角洲地区高等级航道网规划建设目标具有重要作用。

2001 年 9 月，京杭运河嘉兴段被交通部命名为“文明样板航道”。京杭运河嘉兴段自江苏吴江平望鸭子坝至浙江桐乡乌镇幸福桥，全长 17.88 公里，全线砌筑护岸并绿化(其中浙江一侧护岸 22.5 公里，绿化 12.6 万平方米)，船舶日均流量约 1500 艘次，年通过货运量达 3000 多万吨。该航段自 1997 年 5 月起按四级航道标准动工改造，1999 年 8 月 30 日全线完工。2000 年 11 月 29 日，交通部对京杭运河浙江段改造工程进行竣工验收，评为优良工程。2001 年 6 月 6 日至 8 日，交通部在浙江省杭州市召开京杭运河浙江段文明样板航道评审及验交会议。一致认为，京杭运河嘉兴段文明创建工作卓有成效，同意评定为文明样板航道。

京杭古运河嘉兴段

京杭古运河是中国的一条南北水运大动脉，是世界上开凿最早、最长的一条人工河道。京杭古运河北起北京，南至杭州，经北京、天津及河北、山东、江苏、浙江，全长 1747 公里。京杭古运河从江苏平望陆家荡口入浙江境后经王江泾镇、嘉兴市区、石门镇、崇福镇，至大麻镇与余杭博陆交界，即为运河嘉兴段，长 81.22 公里。分成三段：杭州塘、嘉兴市区河段和苏州塘。

杭州塘亦称嘉杭运河、杭申线，从桐乡大麻入境经崇福、石门至嘉兴市区西丽桥，境内全长 60.075 公里，地势由西南向东北倾斜，其倾斜度比较平缓，东北流向。河底宽 25.7~31.0 米，河底高程 −0.2~−0.5 米。4 米水位时过水断面积 154~179 平方米，5 米高程时河面宽 46.3~52.7 米。

运河嘉兴市区河段，长 2.165 公里，环老嘉兴城段从西丽桥至北丽桥，再经分水墩，一路向北入苏州塘，一路向东入东环河。因城市防洪需要建闸控制改为市区内河，由新开北郊河替代。

苏州塘亦称苏嘉运河、乍嘉苏线，自嘉兴市区北丽桥起，向北经秀洲区王江泾、大坝，西北折至江浙交界处，全长 18.98 公里，河底宽 52.7 米，河底高程 −1.0 米。4 米水位时过水断面积 336 平方米，5 米高程时平均河面宽 82.6 米。

杭申线

杭申线

杭申线航道是长江三角洲二个中心城市上海与杭州之间的水上主通道。起自杭州三堡船闸，终于红旗塘与上海省界，全长 141 公里。其中，嘉兴段南起杭州余杭的博陆，途径崇福、石门、嘉兴、西塘等城镇，至嘉善红旗塘上海省界，全长 92.142 公里。

20 世纪 90 年代初，杭申线大部分航段仍处于自然状态，桥梁低矮，航道淤浅，航道等级低、通过能力小，特别是多处“瓶颈”航段严重制约水运的发展。为了缓解杭嘉湖内河航运紧张状况，省交通厅、省港航管理局决定先期对杭申线嘉兴段几个突出的“瓶颈”航段实施改造，1994 年，桐乡延寿桥航段、东双桥航段、秀洲区陡门航段按五级标准进行了改造。

图 2-1-4 杭申线嘉善红旗塘航段

1995 年 10 月，首次全国内河航道建设工作会议召开，决定对杭申线浙江段进行规划调整，将航道改造标准从五级提高到四级。从 1996 年开始，杭申线嘉兴段开始按四级航道标准改造，包括航道改造工程和护岸完善工程。建设期从 1996 年至 2000 年年底。为创建文明样板航道，2000 年 4 月，由嘉兴市政府委托沿线各区、市、县政府负责实施杭申线嘉兴段航道护岸完善工程，由塘栖至红旗塘省界，全长 70.74 公里(单边)，至 2002 年 6 月全部工程完工。其中，杭申线嘉兴市河改造与杭嘉湖南排工程——北郊河的结合，体现了交通与水利建设的统筹兼顾，是航道工程与水利工程结合的典范。杭申线嘉兴段改造工程决算金额为 58487 万元，其中利用世行贷款 12595 万元。实际完成工程量：共开挖土方 922.41 万立方米，新建护岸 172.118 公里，修复护岸 6.701 公里，新建桥梁 35 座，征地 3517.9 亩，拆迁 17.7048 万平方米。杭申线浙境段航道改造工程获“九五”和“十五”期全国内河水运建设优秀项目。

2003 年 4 月，嘉兴市开展杭申线嘉兴段创建“文明样板航道”活动。投入资金 250 万元对破损严重的护岸进行了修复，并与沿线企业签订护岸绿化包干养护责任书。同时，将科技手段运用到管理中，2004 年建成水上交通指挥中心，不断提高管理和服务水平，提升突发事件处置能力。2004 年 1 月，杭申线被省交通厅评为“文明航道”，2005 年 8 月 29 日，被交通部授予“文明样板航道”称号。

杭申甲线

杭申甲线在京杭运河东线，又名江南运河。源于天目山，杭州诸山及东苕溪。江南运河的历史可追溯到公元前五百年春秋时期，“吴王阖闾，开堰渎以通太湖导流以入长江”。自隋大业六年(610 年)起，隋炀帝征发百万名员工，在六年内三次大规模开凿，沟通京杭大运河。后经唐、宋、元、明、清历代对运河拓宽、加固、疏浚，这条运河一直成为中国古今南北交通运输的干线。自杭州艮山港经武林头、塘栖、崇福、嘉兴、三店至清凉庵进入上海市境，再经马力港(即潮方经)、泖港口(即大泖港)入黄浦江，经闵行、至苏州河口(101#标)，全长 219.21 公里，至吴淤口 245.41 公里，流经本市长 95.76 公里，其中艮山港至嘉兴 101.82 公里属京杭运河，嘉兴至清凉 31.55 公里，即嘉申航道，清凉至马力港 9.2 公里，马力港至泖港口约 16.9 公里，泖港口至苏州河口 59.74 公里。清凉至柳泖口可通 100 至 1000 吨船只。杭申甲线中嘉兴市河段，由于桥低、弯急、船多，经常造成严重堵航，在清凉附近有连续急弯，也是该线中的一处危险航段。杭申甲线过嘉兴时，有两线可走，主线从西丽桥港口经嘉兴嘉禾桥客运码头至秋泾桥，航段长 4.22 公里，附线从西丽桥港口经北丽桥至秋泾桥，航段长 4.32 公里，附线河窄弯急，还有碍航桥梁。主线由于航道拓宽、加深、旧桥拆毁，重建新桥，所以航道畅通无阻。

杭申乙线

杭申乙线是杭州至上海的深水航道。自杭州艮山港经塘栖、新市、施岱塘、乌镇西至鸭子坝进入江苏省境内，再经平望、黎里至芦墟又进入浙江省境，再经大舜、俞汇至池家浜进入上海市境，经马力港、泖港口入黄浦江至吴淞口。全长 259.27 公里。其中艮山港至塘栖 28.88 公里与杭申甲线重复，属京杭运河，塘栖至施岱塘口 55.04 公里，施岱塘口至鸭子坝 19.5 公里属运河中线，水深一般在 2.5 米，最浅处 1.9 米，可通 100 吨级船，鸭子坝至平望南草荡 15.20 公里，水深一般在 2.5 米，可通 100 吨船，南草荡至平望窑厂 4.5 公里，平望窑厂至大运河岔口 3.3 公里，大运河岔口至芦墟轮埠 15.34 公里，芦墟轮埠至池家浜 17.98 公里，池家浜至马力港 6.69 公里。马力港至吴淞口 102.48 公里与杭申甲线重复。本航线水深较甲线好，但里程较甲线长 14.16 公里，线型多弯，特别是塘栖、练市两地，急弯多，对航运影响较大。杭申乙线乌镇附近有两条线可走，主线从顾家塘口经施岱塘口至太史桥港口，长 8.21 公里，附线由乌镇西栅返南栅再出北栅至平望。

乍嘉苏线

乍嘉苏线浙境段是起自乍浦闸桥，经平湖市郊和嘉兴市郊，终于江、浙两省交界的江苏省硫酸化工厂，全长 65.828 公里。乍嘉苏线是浙江省内河航运发展规划的二十条骨干航道之一，是浙北高等级航道网的重要组成部分，也是浙北地区唯一出海口乍浦港的重要集疏运通道，承担了建材、煤炭等大宗货物的繁重运输任务。

图 2-1-5 乍嘉苏线平湖航段

乍浦港开港前，乍嘉苏线航道部分航段仅能通行 30~50 吨级驳船，不能满足运输要求。在乍浦港建设同时对平湖—乍浦段航道桥梁按五级要求改造，部分航段巡行拓宽到五级，以解决疏港。为改变这一局面，在交通部、省交通厅的大力支持下，“九五”期间，利用世行贷款和国内资金对乍嘉苏线航道按五级航道技术标准实施改造，并对嘉兴、平湖两市区航段实施了改线工程。工程自1996年4月开工，2000年5月完工，实际改造长度49.2公里，工程质量优良。乍嘉苏线(浙境段)航道改造工程实际完成投资15046万元，其中世行贷款项目3255万元。实际完成工程量：共开挖土方358.58万方，新建护岸31.482公里，新建桥梁18座，征地1208.88亩，拆迁4.98万平方米。通过本项目的改造全线300吨级驳船已畅通无阻。

“九五”期间，由于经费少，只对新开拓宽和因浚深造成岸坡失稳段修建了护岸工程，两岸遗留了大量未护的土坡和年久失修的水利部门早期做的简易护岸。乍嘉苏线浙境段航道护岸完善一期工程自2003年9月开工，至2005年11月完成。完成工程量：开挖土方71.98万立方米，修筑护岸35.22公里。实际完成投资5346.24万元。一期工程总改造里程32.90公里，共分为两段其中五里亭至省界段长18.57公里，按四级航道标准改建，其余14.33公里按五级航道标准改造。工程质量为优良。通过完善工程秀洲区段已全部达到四级标准。

杭平申线

杭平申线航道(浙江段)主要由长山河、海宁陆上开挖段、嘉于硖线于硖段、角平申线(盐平界至平沪界)等组成，起自杭平申线长山河段与杭申线交叉口，经桐乡、海宁、秀洲、海盐、平湖至浙江上海交界处泖口，改造里程总计116.43公里(含黄姑塘支线11.92公里和海塘线支线3.62公里)，按三级航道标准改造，建设主要内容为土方开挖，护岸建设，新建4个服务区，桥梁48座(其中沪杭铁路桥1座)，建设配套管理用房、航道标志等附属设施。工程由平湖段、海盐段、五星桥—长生桥段、桐乡段和沪昆铁路桥五段组成。

平湖段

包括盐平界—平沪界段和黄姑塘支线。盐平界—平沪界段起于海盐与平湖交界的斜桥，终于平湖上海交界的泖口，全长32.52公里，按三级航道标准改造，主要建设内容包括：开挖土方264.15万立方米，新建护岸60.94公里，新建横塘桥服务区1处，以及标志标牌、信息化以及绿化工程等。黄姑塘支线起于平湖六里塘与角平申线平湖市河交界处的南五往泾洋，终于嘉兴港独山港区，全长11.92公里，由水利部门实施。

海盐段

包括杭平申线主线海盐境内段31.93公里和支线海塘线3.63公里。主线起点为海宁海盐交界处长生桥，终于平湖与海盐交界处斜桥。海塘支线起于杭平申线主线里程K24.11公里处，终于老01省道，全长3.62公里。主线采用三级航道双线通航标准，海塘支线采用三级航道单线通航标准建设。工程主要包括扩建航道35.56公里，其中改建桥梁7座，护岸69.99公里，土方工程399.19万立方米，新建白苎锚泊服务区1处，元通待泊区1处，标志标牌、信息化以及绿化工程等。

五星桥—长生桥段

起点为桐乡长山河的五星桥，终点为海宁长山河的长生桥，长16.36公里。航道走向基本上沿着海宁与桐乡、秀洲、海盐的交界，在长山河进嘉于硖线于硖段，中间下穿湖盐公路、嘉海公路、沪杭铁路等交通要道。该航段工程量绝大部分在海宁境内，主要为陆上开挖航道，按三级航道标准改造。工程主要包括扩建航道16.48公里，其中改建桥梁12座，护岸34.06公里，土方工程515.79万立方米，新建双山锚泊服务区1处，标志标牌、信息化以及绿化工程等。

桐乡段

起点为与杭申线交界的同福乡，沿长山河进行拓宽，途径桐乡市石门镇、同福乡、凤鸣街道、屠甸镇，中间穿越长山河大桥、沪杭高铁桥、沪杭高速桥，终于五星桥，全长20.51公里。该航段为长山河段，按三级航道标准改造。工程主要包括扩建航道20.51公里，其中改建桥梁25座，护岸41.93公里，土方工程337.37万立方米，新建龙皇庙锚泊服务区1处，标志标牌、信息化以及绿化工程等。

沪昆铁路桥

位于沪昆线马王塘—海宁站区间，沪昆线为Ⅰ级双线铁路，采用有砟轨道，设计速度目标值160公里/小时。改建工程位于铁路既有线西侧，采用以桥代路的设计方式，改建长度为5.26公里，其中桥梁长度3.5公里，工程先后跨越既有莲花港航道及新建杭平申线航道。新建杭平申线航道为三级，双向通航，通航孔净宽≥60米，底宽≥45米，净高7.0米。莲花港处于长水塘及莲花港两条航道的交汇处，航道等级均为六级，通航孔净宽≥22米，底宽≥16米，净高4.5米，航道与铁路斜交角为67°。

杭平申线桐乡段与长山河杭申线至五星桥段重合，杭平申线于城至泖口段与角平申线重合。到2010年年底，杭平申线航道规划选址已获省建设厅批复，土地预审资料上报省国土资源厅。

湖嘉申线

湖嘉申线嘉兴段起于京杭运河与湖州交界的通河桥，沿京杭运河于石汇头入嘉乌线，东行经新桃线、嘉桃线、新板桥港与乍嘉苏航道交汇后，向东新开挖1.5公里航道后入北官荡，北行接上(即拓宽和改造)嘉澄线，在秀洲区油车港镇与红旗塘相连，终于杨树浜杭申线交界处。湖嘉申线嘉兴段分为一期和二期工程。

湖嘉申线航道嘉兴段一期工程

起于乍嘉苏航道口，向东新开挖1.5公里航道后入北官荡，北行接上嘉澄线，在秀洲区油车港镇与红旗塘相连，终于与杭申线交接处的杨树浜，全长14.76公里，概算总投资6.5亿元，于2008年开始实施，计划2013年建成。工程内容主要包括土方248万立方米，新建护岸16.87公里，新建芦花荡和嘉善两个锚泊服务区，桥梁11座，水闸9座，建设配套管理用房、航道标志、视频监控等设施及航道绿化工程。到2010年年底，湖嘉申线航道嘉兴段一期工程全面开工建设，年完成投资5917万元，累计完成投资5.09亿元，占总投资的79%。开挖土方81.09万立方米，为总数的45.48%，开挖护岸基础7107米，为总数的53.7%；砌筑墙身5666米，为总数的42.8%；3座桥梁完成工程总量的20.5%，2座水闸已开工建设。

湖嘉申线航道嘉兴段二期工程

起于与京杭运河交汇的石汇头，沿嘉乌线，东行经新桃线、嘉桃线、新桥港，穿越乍嘉苏高速公路观音桥枢纽、天花荡、S07省道跨湖嘉申线航道桥，终于乍嘉苏航道口，与一期相接，途径新塍镇、王江泾镇，全长14.74公里，按照三级航道标准改造，主要工程内容包括土方工程、护岸工程31.273公里，桥梁改建12座，锚泊区1处及航道标志等助航安全设施等。项目投资估算13.67亿元。到2010年年底，二期工程项目建议书已获省发改委批复；工可报告、水土保持和环境影响评价初稿均已编制完成。

角平申线

角平申线，起自海盐角里山港口，穿过长山河经通元、于城乡进三环洞桥、转向东北经白苎，由斜桥入平湖、经青阳汇至泖口东进入上海市朱泾、米市渡、闵行至苏州河口，全长144.47公里。

角平申线在嘉兴市境内长65.88公里，分为海盐境内段和平湖段。海盐境内段长35.12公里，自角里山港口起，经通元、于城、白苎接盐平塘至西塘桥。1960年前，角里山至通元段进行多次清障除坝，提高桥梁标高，1964年，高福桥至白苎、西塘桥至东塘桥进行了疏浚治理，1978年，疏拓斜桥市河段518米，新筑块石护岸518米，动迁民房357平方米。1979年，为改善角里山矿区航道，投资37万元，开拓环行线3.52公里，使原来的单线进出港改为空重分流。境内河岸最宽处80米，最窄30米，水深1.3米至2.5米(通元最深3.5米)，可通航60至100吨级船舶。平湖段长30.76公里，可分五段，第一段东湖至扶行桥，长4.24公里，第二段由扶行桥至诸仙汇4.84公里。第三段由诸仙汇至坍牌楼2公里。第四段自坍牌楼至青阳汇4.71公里。第五段自青阳汇至泖口，4.25公里。该线是海盐、平湖通向上海的主要航道，通航能力为80至100吨级船舶。据1988年青阳汇航测，平湖、嘉兴、海盐、湖州、上海市各县市货运船队进出该线航道，平均每分钟通过船舶1.8艘，货物输送量达一千万吨左右，在嘉兴市仅次京杭大运河。

长湖申线

原名湖申线，地处长江下游，紧临太湖，被誉为“中国的莱茵河”。从浙江的最北部长兴县雉城镇五里桥开始，流经湖州、南浔后入江苏吴江县震泽、平望镇，与江南运河相交后，东流芦墟又转入浙江嘉善县境内，再从池家浜流入上海辖区至分水龙王庙与苏申外港线会合入黄浦江至吴淞口，全长241.34公里，由长兴至分水龙王庙里程149.76公里。航线水位较稳定，上游苕溪径流量充沛，枯水期又有太湖水量作调节补充，一般水位在2.6至2.9米，系四季通航河流。长兴五里桥至湖州西门闸航段长30.45公里，水深一般在3米左右，湖州三里桥至南浔镇29.26公里，航道顺直，河面一般宽60米，深2.5米，唯南浔镇市河2.14公里，航道底宽不足，经疏治改善，已提高通航能力。南浔至平望22.39公里，平望至芦墟28.14公里系太浦航段，芦墟至池家浜17.98公里又属浙江境内，池家浜至分水龙王庙航段18.1公里属上海境内。

第三节　市干线航道

嘉于硖线

嘉于硖线航道起于嘉兴市西郊杭申线航道乍嘉苏高速公路桥东侧，沿乍嘉苏高速公路南下，穿G320国道、沪杭铁路，在王店四联村进入海盐塘，在于城进入盐硖乙线，接长山河，止于硖石镇长水塘口，总里程41.958公里，投资概算8.43亿元。全线按四级航道标准建设。该航道分南郊河西段、嘉于段和于硖段。

南郊河西段

起于嘉兴西郊杭申线航道乍嘉苏高速公路桥，在王店四联村进入海盐塘，航道全长10.72公里。于2004年11

月25日开工建设，其中嘉杭大桥(纵二路桥)于2007年7月1日通车，完成土方271.2万立方米，新建护岸20.5公里，建设特大桥梁1座。桥梁、土方和护岸等15个单项工程均被评为优良工程。

嘉于段

起于南郊河西段终点，沿海盐塘南下，终于海盐县于城镇，全长19.805公里。于2010年1月1日开工建设，2010年12月10日完工，完成土方55.53万立方米，新建护岸6.08公里，修复护岸2.06公里，大塘桥防撞墩4个。

于硖段

起于海盐县于城镇，终于海盐、海宁交界处，全长11.07公里。于2006年10月23日开工建设，2009年12月31日完工，完成土方194.3万立方米，新建护岸18.08公里，新建桥梁8座。

截至2010年年底，嘉于硖线航道全线建成，累计完成投资8.43亿元。

东宗线

东宗线航道嘉兴段改造工程起自嘉兴与湖州交界的戴家村，沿金牛塘，经宗扬庙，穿过杭申线进入新板桥港，延伸至振兴西路桥，终于杭平申线(长山河)，全长18.98公里，按四级航道标准改造。

东宗线嘉兴段航道一期改造工程

起自嘉兴与湖州交界的戴家村，止于振兴西路桥，全长12.588公里，工程于2002年11月28日开工，于2006年9月30日主体工程基本完工。项目实际完成投资34297.9万元。累计完成土方243.7万立方米，新建护岸24.517公里，新建桥梁11座。

东宗线航道嘉兴段二期工程

东宗线航道嘉兴段二期工程，起自桐乡市区振兴西路桥南，规划终于杭平申线(长山河)，全长6.24公里，概算投资29832万元。工程于2008年4月开工，至2010年底已完成振兴西路桥南至灵安港以北3.9公里的改造，实际投资21590万元，共开挖土方113.19万平方米，新建护岸6.24公里，建桥2座。2010年年末，尚有灵安港以南至长山河2.34公里未完成(其中1.3公里航段完成了土地征迁)。

东宗线嘉兴段航道工程的建成将更好地发挥浙北航道网络效益的作用，对进一步完善浙北主干航道网络，促进沿线及地方经济的发展，加强水土保持和环境保护具有重要意义。

何家桥线

何家桥航道位于嘉兴市海盐县境内，与官堂支线相连，向北约9公里就可以连接上杭平申线，通过杭平申线将把海盐港区和浙北高等级航道网紧密地联接在一起，其东侧为嘉兴港海盐港区，是典型的“前海后河”区域。随着嘉兴港海盐港区的开发和腹地内陆经济的发展，水路运输的瓶颈制约越来越明显，通过何家桥航道的改造，对提高浙北航道网航道的运行效率，促进海盐港区开发，发挥内河航运的低成本优势，具有十分重要的作用和意义。

何家桥线航道起于杭平申线的支线官堂线，向东途经迎驾桥、秦山大道桥、马家门，终于杭州湾北岸内侧的白洋河，全线按六级航道标准建设，全长5.48千米，总投资9486.66万元，2010年12月23日开工，截至2010年年底，完成投资2000万元。根据2007年5月25日浙政函67号文精神，同意将何家桥线内河航道改造工程列入省内河“四自”航道工程。何家桥线航道也是继嘉于硖线南郊河工程之后，嘉兴市第二条“四自”航道工程。

长山河

长山河主干河道全长66.7公里，按五级航道标准改造。分为运河东(运东段)和运河西(运西段)两段。运东段全长56公里，从长山闸上溯向西北行经海盐的澉浦、通元、石泉、百步等乡镇，在海宁硖石东郊穿沪杭铁路113号桥，在桐乡屠甸穿沪杭高速公路，再西行经桐乡史桥、灵安等乡镇穿G320国道，过同福在羔羊乡汇入杭申线。其中，海盐境内长18公里，海宁境内长15公里，桐乡境内长23公里。运东段五星桥至杭申线段列入杭平申线(浙江段)航道改造工程，运西段全长10.7公里，自杭申线向西，经桐乡的青石、晚村等乡镇，接洲泉镇市河并沿市河至南市桥附近，接通大有桥港、轮船港。

第四节 支线航道

到2010年年底，全市境内共有内河定级航道224条，里程1949.9公里，其中支线航道六级374.73公里，七级268.48公里，等外航道八级52条，298.83公里，九级9条，36.79公里。

支线航道等外航道河流

全市除干线航道外，其他定级航道均为支线航道和等外航道。

平金线(黄姑塘)

该航道起自角平申线与六里塘交汇处，经徐埭、黄姑、全塘、金桥接上海市金山卫，全长26.79公里，技术等级为六级。航道宽度35~70米，水深2.5~3.5米，航道底宽≧18米，弯曲半径为105~250米。全线共有桥梁27座，通航净宽为8~25米，净高2.50~3.94米，常年95%时间可通航100吨级船舶。

平剪线(广陈塘)

平湖至剪刀汇线是平湖市境内一条通往上海市及其郊县的骨干航道，习惯上称为广陈塘。起点平湖东湖，接通角平申线，终于平湖与上海市金山区的交界剪刀汇，全长16.34公里。沿途有广陈集镇，过剪刀汇渡口0.65公里即为省界。该航道宽度40~80米，水深2.5米，底宽为20米左右，弯曲半径150~600米。全线共有桥梁3座，通航净宽15~20.5米、净高3.30~3.64米，正常水位下，可通航100吨级船泊。

新岔线(丰收河)

新龙堰至岔路桥航道，俗称丰收河，是沟通广陈塘、新港河、黄姑塘的主要航道，沿线企业众多。新岔线为20世纪70年代人工开挖的渠化河流，全长14.32公里。航道宽度12米，水深1.6米，底宽8~10米，弯曲半径45~250米。全线有桥梁29座，通航净宽8.7~20米、净高1.82~2.69米，正常水位下，可通航100吨级船舶。

广庙线(盐船河)

广陈至新庙线是沟通广陈塘，卫国河及黄姑塘的主要航道，起点广陈，经新仓、衙前至新庙集镇，全长18.97公里，沿线企业众多。该航道宽8~12米，水深1.0~1.7米，弯曲半径60~180米。全线共有桥梁22座，通航净宽7.5~19米、净高2.40~3.76米。航道全线分为二个航段，广陈至新仓段航道可通航100吨级船舶，1999年2月23日，经省人民政府浙政发(1999)34号文批准，确定该段航道为六级航道，并列入(2001—2010)嘉兴市主要支线航道改造规划；新仓至新庙段航道可通航50吨级船舶，为七级航道。

20世纪90年代后，航道的船舶密度趋向饱和，由于经常有超吨位船舶进入，因此常有堵塞航道的现象发生。嘉兴市航道管理局曾于1996年对该航道的部分航段（盐船河至泗里桥新仓水泥厂航段）进行整治，航道条件在一定程度上得到改善。2005年年初，因建设杭浦高速公路需要(大量宕渣须经该航道进入工程施工现场，但受航道条件限制，较大吨位的船舶不能驶入该航道)，又对广庙线航道的部分航段(平廊公路桥往东约2.5公里)进行整治。

诸石线(沈荡漾)

诸仙汇至石人汇航道，习惯上称之为沈荡漾，南起上海塘诸仙汇，北至反修河终点，沿线有多家企业。

诸石线全长3.51公里，沿途经大齐塘集镇至石人汇，

表2-1-2　支线航道和等外航道

级别	名　称
六级	嘉乌线、嘉篁甲线、嘉建乙线、高澄线、嘉南线及附线、上水塘、海盐塘、杭申线嘉兴市河、野池线、东清线、红旗线、芦墟塘、三店塘、南星桥港、平金线(黄姑塘)、平剪线(广陈塘)、渚石线、广庙线、新岔线、平湖市河、盐硖甲线、盐硖乙线、盐平线、大横线、八字桥线、何家桥线、官堂线、秦溪河、永明线、袁包线、洛塘河、辛江塘河、袁硖线、黄湾港、群乐港、年长港、夹山岗、太上河港、泰山港、崇长港、杨汇港、斜郭塘、隆兴港、黄山港、闸口港、新塘港、康泾塘、南沙渚塘、无量桥港、南日港、大有桥港、新板桥港、崇福市河。
七级	嘉徐线、嘉建线、新陡线、嘉田线、嘉曹线及附线、嘉篁乙线、嘉净线、王建线、嘉桃线、徐新线、嘉高线、新运线、新桃线、新洛线、新铜线、陶濮线、陶建线、马王线、凤马线、凤余线、凤万线、凤竹线、新竹线、嘉七线、七三线、南小线、南陆线及附线、新净线、新农线、嘉善线、长胜塘、上官塘、和尚塘、反修河、枫泾塘、人民桥港、杨庙港、淡仓泾、幸福河、火车站北浜、油车港、六斜塘、智果桥港、乌泾塘、许巷港、礼庙港、太河泾港、三里塘、汪家坟港、青龙港、蚌其港、创业港、梅台港、获沼塘、陶墓塘、斜塘线、广庙线、平曹线、前淡线、庄马线、前斜线、青三线、乍卫线、徐林线、独牵线、白光线、六三线、跃进河、红剪线、坍姚线、钟上线、平骨线、山独线、团结港线、齐家线、武通港、元通线、黄泥浦、新篁线、倪王庙、石泉线、中文山、紫云线、澉浦线、潭桥线、丰北线、丰南线、雪水港、同丰线、泰山线、北团线、木长桥港、麻泾港、平阳堰港、绵长港、路仲港、黄泥坝港、新塘河、汇坝桥港、袁硖港线、硖石市河、永兴港、沈店桥港、梧桐北港。
八级	新桐线、建庄线、庄王线、新曹线、硖平线、徐平线、徐云线、徐十线、徐善线、南伍子塘、惠民港、石人桥港、新景港、杨秀泾港、姚庄港、大寨河、于窑市河、红菱塘、马塔塘、白莲泾、戴西港、青龙庵港、虹桥港、西塘市河、全衙线、曹九线、东西线、横港线、宋塘桥线、杨山线、滕泾线、彭墩港、宁袁塘、新仓塘、宁郭塘、坝头港、新塘河、袁闸港、陈坟港、唐家堰港、钱江港、木鱼港、翁埠港、三里港、东出盐港、桐木港、旧仓港、孟湖港、东斜港、褚石港、中沙渚塘、北沙渚塘。
九级	中心河、防修河、日晖桥港、岳人港、天凝市河、新中河、海塘线、北港线、西圣埭港。

该航道宽度16米，水深2.0米，底宽为12米，弯曲半径110~180米。全线共有桥梁4座，通航净宽16至18米、净高3.04~3.65米，正常水位下，可通航100吨级船舶。

平骨线(嘉善塘)

平湖至骨塔线，习惯上称其为嘉善塘，是平湖市通往嘉善县的主要航道，沿线有众多企业。

平骨线全长12.54公里，沿途经钟埭集镇，过骨塔0.75公里，即为平湖与嘉善交界。该航道宽度16~30米，水深1.7米，底宽6米，弯曲半径60~110米。全线共有桥梁15座，通航净宽8.7~28米、净高2.27~3.89米，正常水位下可通航50吨级船舶。

平曹线

平曹线东起乍嘉苏线老线（平湖市公安局水警大队处），在乍嘉苏高速公路桥处与嘉兴净湘相接。该线在平湖市境内，全长12.35公里。航道宽度16米左右，水深1.9米，弯曲半径120~200米。全线在平湖市境内共有桥梁15座，通航净宽4.6~20米、净高1.6~3.8米，正常水位下，可通航50吨级船舶。

山独线(卫国河)

山塘至独山航线是沟通市境内新港河、盐船河及黄姑塘的主要航道，习惯上称卫国河，它北起山塘集镇，南至独山，沿线有砖瓦厂、石料厂等众多企业。山独线为1969年人工开挖的渠化河流，全长14.21公里。航道宽度20米，水深1.7米，弯曲半径45~250米。全线有桥梁24座，通航净宽8~13.2米、净高2.19~2.96米，正常水位下，可通航50吨级船舶。

青三线(大寨河)

青阳汇至三里堰航线，习惯上称之为大寨河，是沟通角平申线和广陈塘的支流航道。该航道北起青阳汇，南至三里堰，途经渔圻塘集镇，为1973年人工开挖的渠化航道，全长9.06公里。航道宽度20米左右，底宽8米，水深1.7米，弯曲半径60~170米。全线共有桥梁20座，通航净宽6.5~22米、净高1.94~3.14米，正常水位下，可通航50吨级船舶。

六三线(新港河)

六里桥至三叉河航线，习惯上称之为新港河，是市境内贯穿东西方向的一条主要航道。西起黄姑塘六里桥，东至盐黄河。六三线全长18.4公里，航道宽度12米左右，底宽9米左右，水深1.7米，弯曲半径100~250米，通航净宽8.5~15米、净高1.57~2.97米，正常水位下，可通航50吨级船舶。

坍姚线(曹港河)

坍牌楼至姚漾口航线，是市境内沟通角平申航线和平湖至剪刀汇航线的支流航道，习惯上称之为曹港河。该航道全长7.63公里。航道宽度18米，水深2.4米，弯曲半径160~280米，底宽6米左右。全线共有桥梁3座，通航净宽12.5~22米、净高3米左右，正常水位下，可通航50吨级船舶。

徐林线(牵浦塘)

徐埭至林埭航线，是平金线的支流航道，习惯上称之为牵浦塘。该航道全长5.49公里，航道宽度19米，水深2.4米，弯曲半径85米左右。全线共有桥梁4座，通航净宽8~19米、净高2.05~3.45米，正常水位下，可通航50吨级船舶。

前淡线(纤浦塘)

前进至淡水桥航线，是角平申线的一条支流航道，全长2.38公里。航道宽度12米，水深2.0米，底宽为8米左右，弯曲半径80米左右。全线共有桥梁5座，通航净宽8.5~16.5米、净高1.84~3.14米，正常水位下可通航50吨级船舶。

前斜线(春泉河)

前进至斜桥航线，是角平申线的一条支流航道，接通马厩塘，全长2.39公里。航道宽度为8米，水深1.1米，弯曲半径45米左右。全线共有桥梁5座，通航净宽5~19米、净高1.94~3.54米，正常水位下，可通航50吨级船舶。近年来，随着角平申航道运量的提高，该航道的运量也有较大幅度的增加。

庄马线(庄马河)

庄基至马厩航线，是市境内平曹线的支流航道，全长4.59公里。航道宽度20~30米，深2.4米，底宽为12米左右，弯曲半径85米左右。全线共有桥梁4座，通航净宽10~18米、净高2.64~3.19米，正常水位下，可通航50吨级船舶。由于航道沿线几家企业生产规模的扩大，该航道的运量也在逐年增加。

钟上线(钟埭河)

钟埭至上海塘(角平申线)航线，习惯上称为钟埭河，是沟通角平申线和平骨线的支流航道。该航道为1978年12月人工开挖的渠化河流，全长6.13公里。航道宽度11米左右，水深1.2米，底宽8米左右。全线有桥梁15座，通航净宽10~24米、净高1.82~3.44米，正常水位下，可通航50吨级船舶。

红剪线(红卫河)

红庙渡至剪刀汇航线，习惯上称为红卫河，是沟通角平申线，青三线及平剪线的支流航道。该航道为1976年2月人工开挖的渠化河流，全长4.32公里。航道宽度9米左右，水深1.2~1.5米，底宽7米，航道比较顺直，接角平申航道处弯曲半径60米左右。全线共有桥梁8座，通航净宽9.5~20米、净高为2.45~2.95米，正常水位下，可通航50

吨级船舶。

跃进河

跃进河是市境内沟通平剪线，山独线，广庙线的支流航道。该航道为1977年12月人工开挖的渠化河流，全长7.38公里。航道宽度11米左右，底宽8米，水深1.2米，弯曲半径100米左右。全线共有桥梁18座，通航净宽8~15米、净高1.7~3.24米，正常水位下，可通航50吨级船舶。

白光线(独山塘)

白泖港至光明线是平金线上的支流航道，习惯上称之为独山塘。该航道全长4.78公里，航道宽度18米，水深2.3米，弯曲半径100~150米。全线共有桥梁4座，通航净宽5~20米、净高2.05~3米，正常水位下，可通航50吨级船舶。

独牵线

独牵线是沟通牵浦塘至独山塘的支流航道。该航道全长1.45公里，航道宽度12米，水深1.5米，底宽5米。全线有桥梁1座，通航净宽6米、净高3.08米，正常水位下，可通航50吨级船舶。

乍卫线(牛桥港)

乍浦至山独线南端航线，是市境内沟通乍嘉苏航道、新岔线和山独线的支流航道，习惯上称之为牛桥港。沿线有轮窑厂、石料厂及较多的乡镇企业。该航道全长11.93公里，航道宽度12米，水深2.0米，底宽6~10米，弯曲半径45~100米。全线共有桥梁16座，通航净宽7~15米、净高2.05~2.84米，正常水位下，可通航50吨级船泊。

全衙线(盐黄河)

全塘至衙前航线，是沟通平金线、六三线、广庙线的支流航道，全长3.9公里。航道宽度8米左右，水深1.1米，底宽4米左右，弯曲半径170米。全线有桥梁7座，通航净宽6~10.5米、净高1.85~2.54米，正常水位下，可通航30吨级船舶。

曹九线(张家桥河)

曹桥至九里亭航线，是接通平曹线和乍嘉苏线的支流航道，由嘉兴方向运往平湖西南片的物资大部分经过该航道。航道全长5.28公里，宽度8~12米，水深1.5米，底宽4~11米，弯曲半径80~300米。全线共有桥梁9座，通航净宽7.5~15米、净高1.24~2.89米，正常水位下，可通航30吨级船舶。

东西线(平湖市河)

东湖至西叉口航线，即为平湖市河，全长2.88公里。该航道宽度8米，水深1.1米，底宽3.5~7米，弯曲半径60米。全线共有桥梁8座，通航净宽8.5~17米、净高1.34~2.14米，正常水位下，可通航50吨级船舶。

乌镇市河

南起桐乡市乌镇白马塘口的斜尖嘴，北至与江苏交界的京杭运河口，全长3.94公里，河面宽50米，河底宽25米，水深2.5米。

白马塘

南起桐乡市石门镇洪泾桥杭申线运河口，北至乌镇白马塘口的斜尖嘴、并分流往西进入湖州洪塘，全长13.69公里，河面宽32米，河底宽10米，水深2米。

泰山桥港

南起与海宁交界的320国道俞家渡桥，西至杭申线运河大麻段，全长4.59公里，河面宽60米，河底宽40米，水深3米。

崇福老市河

北起崇福北三里桥，南至上市皮革厂，全长6.36公里，河面宽40米，河底宽8米，水深2.5米。

崇长线

北起崇福镇，南至与海宁交界的长安塘七里亭，全长3.49公里，河面宽34米，河底宽8米，水深1.8米。

南沙渚塘

西起桐乡市崇福镇320国道南沙渚塘桥外，东至高桥镇楼下角往南进入海宁(由于该河道自西向东至湾里村段变小，统计里程至高桥北阳桥止)，全长11.8公里，河面宽24米，河底宽6米，水深0.8米。

大有桥港

南起大麻镇吉字浜红旗桥，北至晚村坝桥三环洞桥，全长11.26米，河面宽25米，河底宽8米，水深1.2米。

无量桥港

西起桐乡市京杭运河与湖州交界处的顶界桥，东至与白马塘交界的无量桥口，全长12.15公里，河面宽25米，河底宽7米，水深1.5米。

康泾塘

北起杭申线运河双桥口，南至灵安港，往东至新玄村处转而往南到起龙桥，全长12.44公里，河面宽30米，河底宽8米，水深1.5~2.5米。

南日港

北起桐乡市内康泾塘南端古店桥，南至高桥镇的大丰桥，全长8.45公里，河面宽20米，底宽8米，水深1.8米。

永兴港

北起桐乡市与嘉兴新塍港交接处，南至屠甸镇旁的长山河，永兴港以杭申线为界，分为北永兴港和南永兴港，全长25.29公里，河面宽16~30米，底宽8米，水深0.9米。

梧桐北港

西起梧桐街道康泾塘，东与嘉兴建设为界，全长10.81

公里，河面宽 35 米，底宽 10 米，水深 2.8 米。

沈店桥港

西起桐乡市与湖州交界的京杭运河含山塘，东至杭申线石门镇运河，全长 9.41 公里，河面宽 25 米，底宽 12 米，水深 1.2 米。

中沙渚塘

西起桐乡市崇福镇运河司马高桥，穿越 G320 国道大桥，东至高桥镇沙渚塘桥，分支进南日港与长山河相连，全长 13.3 公里，河面宽 20 米，底宽 10 米，水深 1.6 米。

北沙渚塘

西起桐乡市崇福镇运河茅桥埭，东至高桥镇、范桥并进入南日港，全长 12.43 公里，河面宽 25 米，底宽 8 米，水深 1.3 米。

西圣塘

西起桐乡市洲泉镇马头的八公桥，东至石门镇工农桥杭申线运河，全长 5.8 公里，河面宽 18 米，底宽 8 米，水深 0.8 米

北道桥港

南起洲泉镇东边利民桥往北，然后过西至晚村大有桥港相通，全长 5.46 公里，河面宽 18~40 米，水深 1 米。

五灵泾港

位于秀洲区洪合镇，自杭州塘至宣家桥港，长 11.2 公里，河底高程 0.7 米，河底宽 18 米，河面宽 25 米。

新塍塘

也叫新溪，澜溪塘流经原洛东乡，进入新塍镇后名新塍塘，经原新农、高照乡进入嘉北街道流入嘉兴城区，全长 13.05 公里，平均河面宽 45 米，河底高程为−0.16 米。

鳗鲤港

位于秀洲区王江泾镇、油车港镇，自林塘湾至红旗塘干河，5 米高程时平均河面宽 46.3~52.7 米。长 16.48 公里，河底高程为 0.0 米，河底宽 15 米，为红旗塘配套河道。

新农港

位于秀洲区新塍镇，自澜溪塘至新塍塘北支，长 5.6 公里，河底高程为 0.0 米，河底宽 10 米，河面宽 25 米，为红旗塘配套河道。

铁店港

位于秀洲区王江泾镇苏州塘长虹桥南岸，西接苏州塘，东至莲四荡，长 1.9 公里，河底高程−0.64 米，河道底宽 9 米，河面宽 15 米。

虹阳港

位于秀洲区王江泾镇，自沙银港至和尚荡，长 2.3 公里，河底高程 0.2 米，河底宽 16 米，河面宽 25 米。

上睦港

位于秀洲区油车港镇，自苏州塘至北官荡，长 1.56 公里，河底高程 1.7 米，河面宽 12 米，河底宽 8 米。

斜路港

位于秀洲区王江泾镇，西接苏州塘，东至田北荡，长 2.45 公里，河底高程 0.7 米，河底宽 11 米，河面宽 18 米。

大坝港

位于秀洲区王江泾镇大坝村苏州塘大弯道中段，南接苏州塘，北连陆家荡，接塔荡铁皮荡，入章湾荡，经浦螺荡、汾湖入太浦河，是一条较佳的北排水道。原有河道长 0.55 公里，河底高程 0.4 米，河底宽度 18 米，河面宽 27 米。

东白滩港

东白滩港航道北起红旗塘东口，南止东清线口，长 1.4 公里，航道等级为五级。该航道位于浙江省嘉善县与上海市金山区交界处，以航道中心为界，东侧为金山区，西侧是嘉善县。设计最低通航水位 2.20 米（吴淞高程），最高通航水位为 3.60 米，航宽 40.00 米，水深 2.50 米，航道定级为五级航道，航道基本顺直，航道上无过河建筑物等，年平均运量 3000 万吨。该航道是杭申线与东清线的一条主要连接通道，杭申线上海段开通前，过往船舶经该航道进出杭申线。

东清线

东清线航道西起干窑东庄船厂，东止姚庄清凉，全长 16.70 公里，航道等级为六级。设计最低通航水位 2.50 米（吴淞高程），最高通航水位为 3.60 米，航宽 28.00 米，水深 2.50 米，航道最小弯曲半径为 120.00 米，航道上共有桥梁 6 座，管道 1 座，高压线 4 条，年均运量 800 万吨。杭申线航道改造前，该航道为杭申甲线嘉善境内部分航段。浙江省嘉善县魏塘港航管理检查站位于智果桥港口。该航道为原杭申甲线航道的一段，因杭申线改造，自干窑东庄改道经七星港，沿红旗塘向东至上海后，称东清线。航道水深常年能满足 100 吨级以上船舶通航，可起调节杭申线船舶流量和航道畅通作用，且连接人民桥港、南星桥港、长胜塘等航道。

红旗塘

红旗塘航道西起天凝镇水产村，东止杭申线杨树浜，全长 6.03 公里。设计最低通航水位为 2.50 米（吴淞高程），最高通航水位为 3.60 米，航宽 64.00 米，水深 2.50 米，航道上共有桥梁 3 座，高压线 1 条，年平均运量 430 万吨，航道基本顺直，航道定级为六级航道，航道现状为四级。

芦墟塘

芦墟塘航道南起杭申线杨树浜口，北止野池线西口野毛塘，全段通航里程 10.77 公里，设计最低通航水位 2.50 米（吴淞高程），最高通航水位为 3.60 米，航宽 40.00 米，水深 2.50 米，航道上共有桥梁 4 座，码头 3 座，高压线 4 条，年平均运量 500 万吨，航道定级为六级航道，航道现状为五级。该航道为习惯性深水航道，航道基本顺直，通航条

件较好。它北连长湖申线，南接杭申线，是县境内沟通这二条省际主干线的主通道。

南星桥港

南星桥航道位于魏塘镇东侧，穿越嘉善县经济开发区，南起魏塘孙家桥，北至东清线口，全长7.23公里，设计最低通航水位2.50米(吴淞高程)，最高通航水位为3.60米，航道定级为六级航道。该航道以沪杭铁路桥为界，北段航宽18.00米，水深2.20米，航道现状为七级；南段航宽12.00米，水深1.00米，现状为七级以下航道。航道上共有桥梁9座，过河管道1处，高压线2条，码头4座。该航道南段开始按六级航道标准进行改造，2007年11月动工，2008年年底完成。

野池线

野池线航道，西起野毛荡，东止俞汇池家浜，全段通航里程18.60公里，设计最低通航水位2.50米(吴淞高程)，最高通航水位为3.60米，航道定级为六级航道，航宽30.00米，水深2.50米，弯曲半径140.00米，航道上共有桥梁3座，加油站2座，高压线1条，水利枢纽1座，年平均运量2000万吨。该航道原为长湖申线嘉善段，自长湖申线改道经太浦河后，作为长湖申线附线而保留，故又称长湖申线附线。

三店塘

三店塘航道东起魏塘立新桥，西止杭申线三店，长4.03公里，设计最低通航水位为2.50米(吴淞高程)，最高通航水位为3.60米，航宽46.00米，水深2.50米，航道基本顺直，航道定级为六级航道，现状达到五级航道标准，年平均运量700吨。该航道上无桥梁，跨河电缆线2条。该航道是魏塘港区的西部进港要道。

杨庙港

位于嘉兴市区东部和嘉善县西部。河道南起嘉善塘的毛家浜，于七星桥北穿沪杭铁路，与三店塘交汇，该河段也称潭港；再经杨庙、小斗浜，至栅口汇入红旗塘，全长13.1公里，是承转嘉北西南部三店塘来水而北排的要道之一。

梅潭港

位于嘉善县西北部。古名茂才港，又称梅台港或莓苔港。南接西浒荡，北通汾湖，入太浦河。全长0.6公里，河底高程−1.8~−2.0米，河面宽42~50米，是北排水道出口。

长生塘

位于嘉善县中部，南起三店塘魏塘镇石桥村，向北经干窑镇长胜桥，接红旗塘，全长8.31公里，河底高程0.1~−1.5米，河面宽53~87米。

伍子塘

又称杨汇塘。相传在公元前512—前504年间，吴国大夫伍子胥兴水利，通盐运，主持开挖伍子塘。现该塘南起南湖区大桥镇胥山，北入嘉善县境，经里长浜、于魏塘镇穿嘉善塘，连乌泾塘、凤桐港、茜泾塘，穿红旗塘，再经西塘镇接三里塘、坟墩港，北入马斜湖，全长29公里，河底高程0.0~−1.0米，河面宽50~90米，其中坟墩港南起荻沼塘，北入马斜湖接太浦河，河长1公里，河底高程−1.5米，河面宽50米。

乌泾塘

为伍子塘的一条分支，位伍子塘西，南起魏塘镇，向北经干窑镇虎哨浜穿红旗塘，至西塘镇与伍子塘汇合，全长10.1公里。魏塘镇至干窑镇河段又称陆斜塘。

和尚塘

位于嘉善县中偏东部，南起白水塘，向北穿过嘉善塘、石人桥浜至乌金浜与茜泾塘交汇，该段也称小寺桥港，长7.3公里；再穿过红旗塘，过横枫泾，至俞汇塘，向北接丁栅港，至上白荡全长19.8公里，也是嘉北洪涝水北排入淀泖要道之一。其中，丁栅港长5.1公里，河底高程0.2~−0.4米，河面宽15~38米。其余河道河底高程0.1~−1.3米，河面宽50~130米。1991年太浦河浙江段开通，在丁栅港与太浦河接口处建有丁栅水利枢纽(节制闸和船闸)。丁栅水利枢纽是排泄嘉北地区暴雨洪水入太浦河的通道之一，并防御太浦河洪水倒溢。

丁栅港

位于嘉善县境内，南起俞汇塘，北入太浦河，全长5.1公里，河底高程0.2~−0.4米，河面宽15~38米，在太浦河口建丁栅枢纽。

化成塘

位于嘉善县和尚塘的东面，南起嘉善塘，向北于乌桥浜穿铁路桥，过茜泾塘，先后穿红旗塘、横枫泾至俞汇塘，全长15.3公里。由三个河段组成，沪杭铁路以南为南段，称永丰桥港；沪杭铁路北至横枫泾为中段，称花神庵港；横枫泾以北至俞汇塘为北段，称东栅港。化成塘河底高程0.0~0.9米，河底宽15.6~19.2米，是嘉北南部高地洪水北排的重要水道。

九曲港

位于嘉善县东部，部分河段为浙江省与上海市的界河。它南起清凉港曲折北上，穿插于上海境和浙、沪交界地带，穿红旗塘、横泾港、腰泾港、东泉荡至俞汇塘，全长7.1公里，该河为承转嘉北区南部高地洪水北排和东泄入园泄泾。九曲港在红旗塘以南为杭申甲线的航道。

坟墩港

又称坟头港，位于嘉善县北部。河道南北走向，南起荻沼塘，北入马斜湖接太浦河。全长1公里，河底高程−1.5米，河面宽50米，在太浦河口建大舜枢纽。

小寺桥港

南起嘉善塘，北至和尚塘，长7.3公里，河面宽35米。

白水塘

位于嘉善县境铁路南片的中部，因水洁白澄碧而名，1960—1970年曾改名为反修河。河道东西走向，西起伍子塘，东至嘉善平湖交界的曹朱村，河道全长13公里，河底高程-0.5米，河底宽14米，河面宽35米。原来河道弯曲、窄小，1969年为解决泄洪、抗旱、航运等问题进行全面拓浚，是嘉善路南片排洪入上海塘和向上海塘引潮灌溉的要道。

中心河

位于嘉善县境内，与白水塘平行，河道东西走向，西起大桥港，东至双溪河口，全长9.54公里，其中新开河道7.74公里，河底宽10.5米，河底高程0米。

盐平塘

旧名陶泾塘。河道南起海盐县武原镇，向北流经西塘桥、四顾桥入平湖境内的前进、胜利等乡镇，至平湖市当湖镇宝塔桥入东湖，与上海塘相连，通黄浦江，全长26.03公里，其中在海盐县境内长16.61公里，河底高程-0.5米，河底宽13.9米，4米水位时过水断面积107平方米，5米高程时平均河面宽35米；在平湖市境内长9.42公里(其中1.09公里属当湖镇市河段)，河面宽大于55米，河底高程-0.2米，河底宽36米，4米水位时过水断面积125平方米，5米高程时平均河面宽40米。盐平塘是海盐县北泄、北引的重要水道。南排工程建成后，盐平塘为南台头干河的配套河道工程之一，其部分涝水通过南台头闸入海。

青龙港

位于南湖区，自平湖塘众观塘、三官塘至新篁镇海盐界，长16.9公里，河面宽29.1米，是该片的重要引、排水河道。

海盐塘线

盐平塘以螺丝板桥为上游，常绿桥为下游，县境内里程长19.13公里。航道岸宽42~65米，水深3.5~5.5米，航道宽度41~56米，桥梁9座，其中碍航桥梁5座。通航孔径最大40米，最小25米；通航净空高度最高5.6米，最低3.05。航道定级为6级，可通航100吨级船舶。

大横线

大横线以南施宫为上游，齐家水泥厂为下游，长11.8公里。航道岸宽34~48米，水深4.1米，航道宽度32~34米，有桥梁8座，其中碍航桥梁8座。通航孔径最大23米，最小12米；通航净空高度最高3.65米，最低3.31米。航道技术等级定为6级，可通航100吨级船只。

盐硖乙线

盐硖乙线起自县城常绿桥，止于老坟前。该航线以老坟前为上游，常绿桥为下游，县境内里程长18.22公里。航道岸宽55~75米，水深3.5~5.5米，航道宽度18~55米。有桥梁10座，其中碍航桥梁8座。通航孔径最大40米，最小11.6米；通航净空高度最高5.03米，最低2.54米。航道技术定级为6级，可通航100吨船只。

盐硖甲线

盐硖甲线以马腰湖为上游，沈荡窑厂为下游，长9.24公里。航道岸宽30~22米，水深2.2米，航道宽度16~20米。有桥梁9座，其中碍航桥梁9座。通航孔径最大18米，最小12.2米；通航净空高度最高3.35米，最低2.55米。该航线在马腰湖段与盐硖乙线相连。航道技术定为6级，可通航100吨级船只。

年长港

年长港是跨县航道，起点为海盐长山河口康塘桥，终点为海宁夹山村包家漾，与黄湾线相连，全长5.24公里。年长港海盐段起点康塘桥，终点大通桥，长1.12公里。航道宽度9.6~12.2米，水深2.3~2.9米，共有桥梁3座，通航孔径最大21米，最小12.5米；通航净空高度最高3.95米，最低3.37米。航道技术定为6级，可通航100吨级船舶。

何家桥线

何家桥线以何家桥为上游，虞窑廊为下游，长2.47公里。航道岸宽17~20米，水深1.5米，航道宽度7~12米。有桥梁4座，其中碍航桥梁4座。通航孔径最大23.5米，最小5.1米；通航净空高度最高2.93米，最低2.05米。航道技术定级为6级。近年来，由于秦山大道等公路的建成，公路运量增加，水路运量萎缩，再加上航道条件差等原因，何家桥线几乎处于断航状态。

盐平塘

盐平塘以海盐常绿桥为上游，白苎为下游，长8.53公里。航道岸宽40.5~55米，水深2.6米，航道宽度30~35米。有桥梁14座，其中碍航桥梁12座。通航孔径最大34米，最小14.8米，通航净空高最高4.53米，最低2.54米。节制闸1座，净宽6.2米，2孔，通航高度3.6米。航道技术定级为6级，可通航100吨级船只。

永明线

永明线以永明闸为上游，兴隆桥为下游，长4.47公里。航道岸宽度20~30米，水深2.2米，航道宽度14~18米，桥梁7座，其中碍航桥梁6座。通航孔径最大38米，最小6.5米；通航净空高度最高4.6米，最低2.54米。节制闸1座，闸孔净宽6.05米，通航净孔高度2.3米。该线是一条矿区航道，北接官堂线，南连长山河。航道技术定为6级，可通航100吨级船舶。

八字桥线

八字桥线以渔溪桥为上游，油车桥为下游，长2.06公里，航道岸宽25~30米，水深2.5米。航道宽度20~23米，有桥梁3座，其中碍航桥梁3座。通航孔径最大15.3米，最小12.5米；通航净空高度最高3.33米，最低3.04米。航道技术定级为6级，可通航100吨级船舶。

秦溪

秦溪以石鼓桥为上游戏，兴隆桥为下游，长2.96公里。航道岸宽20~30米，水深2.5米。航道宽度15~17米。有桥梁9座，其中碍航桥梁8座。通航孔径最大23.5米，最小12米；通航净空高度最高4.54米，最低2.17米。航道技术定级为6级，可通航100吨级船舶。

官堂线

以兴隆桥为上游起点，于城三环洞为下游终点，长10.99公里。航道岸宽36~41米，水深2.6米，航道宽度20~22米，有桥梁10座，通航孔径最大38.6米，最小21.6米，通航净空高度4.66米，最低4.33米。1999年航道技术定级为6级，可通航100吨级船舶。

里洪塘

旧名招宝塘，位于海盐县境内，北起海盐塘于城镇，向南经道塘庙、通元镇新浦村接长山河，长12.17公里，河面宽36米，河底高程-0.1米。是海盐县海盐塘以南，纵贯南北的主要河道。

南台头干河

主干河道总长64.78公里，分三段：一是新开河道4公里，自南台头闸起穿越海盐县武原镇盐平塘南河，到大曲港口与海盐塘相接；二是从大曲港口向西沿海盐塘，过于城镇至沈荡镇北的彭城港口入彭城港、大横港，穿沪杭铁路105号桥，再沿莲花桥港向西进入桐乡境内，穿过永兴港、丁家桥港至康泾塘止，全长42.28公里；三是海盐塘北段河道，即从彭城港口起，沿海盐塘向北至青龙港接长盐塘至西南湖，全长18.5公里。

盐官下河

起自南排盐官枢纽，向北接宁郭塘、辛江塘，在海宁市周王庙镇西部沪杭铁路新建134号铁路桥，向北行汇崇长港、劳家桥港后至京杭运河桐乡市大麻镇止，全长25.67公里，其中海宁段长19.47公里，桐乡段长6.2公里。

崇长港(长安塘)

传说，始于东周敬王三十八年(前482年)，系越王勾践时所开，古称越水道，又名漕运河，亦称长安塘河。北起运河桐乡崇福，南至海宁长安，河道全长7.5公里，河底宽15米，河底高程-0.5米。它是海宁长安至盐官一带沿钱塘江高地的排水、引水要道。1961年建长安翻水站，从崇长港抽水入上塘河。

泰山桥港

旧称下塘河。河道西起京杭运河桐乡市劳家高桥，经大麻、上市和海宁市长安镇与崇长港相接，全长9.16公里，其中桐乡市境内4.9公里，海宁市境内4.26公里，河底宽9米，河面宽24.2~30米。1997年8月—1998年8月，南排工程盐官下河利用泰山桥港自庄婆堰至大善桥段进行拓浚，长7.9公里，拓浚后成为盐官下河一段，同期自大善桥至大麻出运河实地新开3.62公里，河底宽30米，河底高程-1.0~-2.5米，河面宽71.5~90.5米。

辛江塘

原名新江塘，又名江塘河。明万历三十五年(1607年)开浚。河道东西走向，西接泰山桥港，自海宁长安镇庄婆堰桥至袁花镇小虹桥，北接袁硖港，流经长安、周王庙、郭店、丁桥、新仓、马桥、袁花等乡镇，全长32.4公里。河底宽8~10米，河底高程-0.5米，河面宽18~32米。在开拓盐官下河骨干河道时，利用辛江塘郭店至长安塘庄婆堰部分长9.6公里的河段，于1995年3月至1999年6月进行拓浚，成为盐官下河的一段，河底宽41.5米，河底高程-2.5米，河面宽86米。

宁郭塘

旧称郭店塘河。清康熙十四年(1675年)开浚，雍正七年(1729年)重浚，此后历经疏浚。河道南北走向，南起海宁市盐官镇宓家桥，北至郭店镇接辛江塘，全长5公里。河底宽6~10米，河底高程1~1.5米，河面宽25.5米。1996年1月，在开拓南排盐官下河骨干河道时，利用宁郭塘自东西大道南至宁郭塘西闸长2.86公里的河段，整治后成为盐官下河的一段，拓浚后河底宽41.5米，河底高程-2.5米，河面宽86~100米。

斜郭塘

旧称斜桥塘河。北连洛塘河，南通辛江塘，从海宁斜桥镇至原郭店镇，长4.23公里，是斜桥、盐官等镇引水、排水的主要河道，也是水上交通要道。河底宽4米，河底高程1.0~1.5米，河面宽28米。

宁袁塘

原名袁花塘河，起自海宁盐官镇东，经丁桥、新仓至袁花镇，东西走向，全长22.64公里，河底宽4.0~8.0米，河底高程0.0~1.0米，河面平均宽24米。

长水塘

古称长水。从海宁市硖石镇北关桥起，至西南湖，全长23.25公里。其中海宁市境内长4.1公里，河底宽12米，河底高程-0.5米，4米水位时过水断面积82平方米；5米高程时平均水面宽30米；在南湖、秀洲两区境内长19.15公里，河底宽 58.1 米，河底高程 0 米，4 米水位时过水断面积 274 平方米，5 米高程时河面宽 80.6 米。长水塘是海宁排引水主干道，排涝流向通常北流，干旱期间引水南流。南排工程建成后，在长山闸开启排涝期间，涝水南流入杭州湾。与其沟通的主要河道有洛塘河、硖石市河、麻泾港、袁硖河等。

洛塘河

古名洛溪。西起海宁市长安镇万兴桥东流经桐乡市高桥镇骑塘桥，在斜桥镇西穿越沪杭铁路 129 号桥，东至硖石镇塘桥。河道全长 26.79 公里，河底宽 6.0~20.0 米，河底高程 1.0~0 米，河面宽 23.6~54 米。洛塘河是海宁市境内北部地区引、泄水的重要河道，又是西通运河的一条主要航道。与洛塘河南岸相连，并通向海宁沿钱塘江北岸岸带的南北河道自西而东有斜郭塘、绵长港、平阳堰港和丁阁师桥港等。

武通港

旧名乌丘塘，位于海盐县境南部，河线东北西南曲折走向。北起武原镇，南至通元镇全长 17.81 公里，河底高程−0.35 米，河底宽自北而南递减为 12 米、10 米、6 米，是海盐南部重要的灌溉引水河道。

吕冢港

旧称苞溪，位于海盐县境内，吕冢以东以庄柴湖北侧至于城镇为吕冢港，以西至马腰湖为端马塘，总称吕冢港，与黄道湖、长山河相连，全长 8.56 公里，河面宽 24~39 米，河底高程 0.0 米左右。

百步亭港

位于海盐县境内，西南起黄道湖经百步亭，沿横港边界至沈荡镇为市河入海盐塘。全长 10.87 公里，河面宽 28~80 米，河底高程−0.2~0 米。

酱园港

旧称尚胥港、黄桥港、三环洞桥港，自海盐塘北三环洞桥港起，水流向北，穿越古荡河，在待葑庙会团结港向北复转向东，在白苎流入盐平塘。河道全长 10.15 公里，河面宽 52 米，河底高程−0.1 米，河底宽 36 米。

古荡河

位于海盐县境内，起自海盐塘北孟家堰，水流向东北，到江渭桥栈水漾与酱园港会合，东接团结港。河道全长 10.93 公里，河面宽 24~27 米，河底高程 0.0~0.8 米。

店街塘

原名石人泾，西起桐乡市崇福李家坝运河北三里桥陆家角，东至高桥永安村折北经南日港入长山河，全长 10.64 公里，河面宽 22.5 米，河底高程 1.6 米。

北沙渚港

原名茅家泾，西起桐乡市崇福镇运河茅桥埭，东至高桥永安入南日港，全长 12.38 公里。

中沙渚港

古名语溪，俗名沙渚塘，西起运河司马高桥，迤北俞家谷转东，过 G320 国道桥向东流，至高桥镇，经沙渚塘桥，过太平桥，分支进沿塘大丰桥，北接长山河，全长 13.47 公里。河面宽 25 米，河底高程 0.30 米。

南沙渚港

原名语儿泾，西起桐乡市崇福镇运河 G320 国道南沙渚塘桥外，东至高桥楼下角入海宁境，全长 13.54 公里。

硖石市河

贯穿海宁市硖石镇区腹部，西连洛塘河，北通长水塘，东经横港桥、青沙塘，入长山河，南经太阳桥接麻泾港，全长 2.83 公里。该河扼东西南北各路主干河道的要冲，是海宁市引水、排水的枢纽地段。该河列入长山河配套工程，实施拓浚后河面宽 36 米，河底宽 20 米，河底高程−1.0 米，两岸为直立护岸，4 米水位时过水断面积 148 平方米。

麻泾港

自海宁硖石镇太阳桥至新仓金敫庙东侧连接辛江塘，流经石路、湖塘、新仓等，全长 12.92 公里，河面宽 24~37 米，河底高程−0.5 米。

袁硖港

北起海宁市硖石镇，向南经石路、谈桥至袁花，全长 12.10 公里，河面宽 24~31 米，河底高程 0.0~0.5 米。

袁花支河

西起海宁市袁花镇，东至长山河，全长 12 公里，河面宽 36 米，河底宽 10~12 米，河底高程−1.0 米。

上塘河

上塘河起自杭州市艮山门外施家桥，经半山、临平镇入海宁市境内，经许村、长安、周王庙、盐官等镇，至盐官上河闸，全长 48 公里。上塘河在海宁境内长 22 公里，河底宽 10 米，河底高程 1.0~1.5 米，河面宽 30~35 米。上塘河水位一般比相近的下河河道高 1.50~2.0 米，地面高程一般为 5.5~8.0 米。因上塘河河床高于相近的下河，需要筑堤塘、堰、坝、闸等节制蓄水。下河中的船只进入上塘河，需要翻坝过堤塘方可入河，故称之为上塘河。

运输河

北起自海宁市许村镇，南至翁家埠，全长 6.88 公里，河面宽 19.5 米，河底宽 5 米，河底高程 1.5 米。

东斜港

北起自海宁市许村镇，南至袁家坝，全长 5.91 公里，河底宽 1.5 米，河底高程 2.5 米，河面宽 15.6 米。

坝头港

北起自海宁市长安镇杨家渡，南至盐仓垦区船闸，全长 5.45 公里，河底宽 6 米，河底高程 1.5 米，河面宽 21.7 米，是盐仓垦区供水的主要通道。

三里塘港

北起自海宁市长安镇东，南至马牧港，全长 7.2 公里，河底宽 2.0 米，河底高程 2.5 米，河面宽 19 米。

桃花港

起自海宁市万家渡，止于西出盐港，全长 3.6 公里，河底宽 3.0 米，河底高程 1.5 米，河面宽 16 米。

西出盐港

起自海宁市长安镇，止于新塘河，全长 3.7 公里，河底宽 3.0 米，河底高程 1.5 米，河面宽 18 米。

青连桥港

起自海宁市长安镇卫国村，止于魏公闸，全长 3.7 公里，河底宽 3.0 米，河底高程 1.5 米，河面宽 18 米。

俞家笕港

起自海宁市钱塘江镇民谊村，止于尹墅庙坝，全长 4.5 公里，河底宽 1.5 米，河底高程 1.5 米，河面宽 12 米。

中出盐港

起自海宁市钱塘江镇石井，止于钱塘江荆山谈家埭闸，全长 3.0 公里，河底宽 1.5 米，河底高程 1.5 米，河面宽 12 米。

新坝港

起自海宁市石井，止于新坝，全长 3.6 公里，河底宽 4 米，河底高程 2 米，河面宽 16 米。

杨家坝港

起自海宁市双涧洞，止于杨家坝，全长 3.46 公里，河底宽 6.0 米，河底高程 2.5 米，河面宽 18 米。

东出盐港

起自海宁市钱塘江镇圣帝殿，接新塘河，全长 2.8 公里，河底宽 3.0 米，河底高程 1.5 米，河面宽 18 米。

新塘河

又名南塘河，因位于上塘河之南，故又称上上塘河。清雍正年间(1723—1736 年)始开，当时作为海塘的附属设施，为防海潮而建，故又名土备塘(现沪杭公路)，建成后在运输和排涝中发挥重要作用。因其北部原有上塘河，故称新塘河。新塘河迫近钱塘江北岸海塘，西起海宁翁家埠，经盐官，东至黄湾，全长 43.55 公里。1958 年以前，由于中间隔着盐官古城河与东门外杭(州)金(上海金山)公路，该河划分为东西两段。西段自翁家埠至盐官旧城西门外，长 23.5 公里，属上塘河水路。东段自盐官旧城东门外杭(州)金(上海金山)公路北侧至黄湾闸口并塘头，属海宁运河水系最高区，河床高、无水源，经常断水干涸。1958 年，为解决东段水源，在东门外杭金公路处建造节制闸一座，与盐官城河相衔接后，沟通了东西段，把新塘河东段划入上塘河水路。1995 年，盐官下河南排枢纽工程的建立，切断了上塘河向盐官以东延伸，从而使新塘河又分为东西两段。其中，西段为翁家埠至盐官镇长 23.5 公里，河宽一般 15 米，最宽处 18 米，最窄处 10 米，河底高程 2.8 米；东段盐官镇至黄湾长 23 公里，河宽一般 22 米，最宽处 27 米，最窄处 18 米，河底高程 1.8 米。西段河道南岸(坝头港南端)建有盐仓船闸，南连海宁盐仓垦区。东段成为海宁东南高区的独立系统，南与尖山垦区 97 围区一、二区块河道相通。为补充新塘河东段水源，1999 年在盐官下河枢纽工程东北侧，建造了从盐官下河引水的电力翻水站一座。

群乐港

位于黄湾花山汇船闸至老海塘大山圩闸，是尖山一期围垦区主要引水河道，全长 3.21 公里，河底宽 8 米，河底高程 0.5 米，边坡 1∶1.75。

第五节 湖 泊

嘉兴市域湖泊(湖荡)众多，共 145 个，总水面积 46.29 平方公里，主要分布在南湖区的北部及秀洲区的中、北部和嘉善县的北部，其中大于 1.0 平方公里的湖荡有 13 个，大于 0.5 平方公里的有 33 个，大于 0.1 平方公里的有 70 个。在南湖区主要有南湖、湘家荡，秀洲区中、北部主要有梅家荡、莲泗荡、陆家荡、天花荡、田北荡等，嘉善县主要有汾湖、马斜湖、长白荡、夏墓荡、蒋家漾、祥符荡等。嘉兴市域湖泊的成因一部分是古太湖的遗存。古时，杭嘉湖平原为长江与钱塘江海湾的一部分。距今六千余年前，由于长江和钱塘江所挟带大量泥沙在河口地段不断淤积形成沙嘴并不断发育，海侵退后外缘形成海岸，海湾被封闭为一个大泻湖。在长江三角洲不断东伸扩大的过程中，随着大量泥沙淤积，泻湖逐步沼泽化，有些湖底逐渐抬高，成为平原，湖面被不断分割和缩小，逐渐形成当今的太湖及其周围的湖泊群。也有的原为陆地，后遭受海浸和地面沉降而成湖荡。湖荡水源除靠当地降水补给外，主要来自运河和其他邻近河流的补给，一般水深 2~3 米，最深 5 米左右。在嘉兴市域的湖泊中，南湖、汾湖、南北湖是著名湖泊。

南湖

位于嘉兴市区。古名彪湖、马场湖，又名东湖、东南湖，近代雅称鸳鸯湖，是浙江三大名湖之一。湖南北长、东西狭，水域面积 0.582 平方公里，周长 3 公里。南湖自古以来是市境各主要河流蓄泄的枢纽，海盐塘自东南而来注入其中，平湖塘、嘉善塘在嘉兴市区东栅汇合后，经角里河与南湖相连。南湖西南通西南湖，西南湖南接长水塘，长水塘自海宁市硖石北流经王店等乡镇汇入；北又接杭州塘分支采菱桥港穿沪杭铁路 84 号桥汇入。明嘉靖二十七年(1548 年)，嘉兴知府赵瀛组织疏浚嘉兴城内诸河，运土填南湖中成为湖心小岛，并于次年(1549 年)在岛上重建烟雨楼。烟雨楼始建于五代后晋，原为广陵王钱元潦在湖滨所筑的“登眺之所”。1921 年 8 月初，中国共产党第一次全国代表大会在南湖的一艘画舫上完成了最后的议程，宣告中国共产党成立。1992 年 10 月，市政府决定对南湖进行综合开发，以南湖文化为特色，全面整治水环境，并实施美化、净化、绿化、亮化，使之成为集游、娱、住为一体的风景旅游区。2000 年 12 月市政府组织整治南湖，退塘还湖，恢复湖面积 0.1 平方公里，疏浚土方达 80 万立方米。

图 2-1-6 南湖红船

汾湖

位于嘉善县境的北部，亦名分湖，因是古吴越两国在此分疆和今江浙两省在此分界而名。湖东西长约 6 公里，南北宽约 3 公里，面积 3.488 平方公里，周长 7.87 公里，湖底高程最低处为−1.0 米，是杭申乙线航道的一段。汾湖是太湖流域的一个比较大的湖泊，与上海市境内的淀山湖、泖湖素有“姐妹湖”之称。传说春秋时曾为吴越水军战场。汾湖水产丰富，“汾湖蟹”为最有名。因太浦河穿越汾湖，为防止太浦河排涝时洪水侵入嘉善，在实施太浦河浙江段工程时穿湖筑堤，将汾湖一分为两，堤西起杭嘉湖北排通道梅潭港东岸 200 米处，向东北至西港节制闸，全长 2951 米。在汾湖东侧陶庄镇湖滨村建有陶庄枢纽工程，由一孔净宽 12 米、通航能力为 300 吨级的船闸和两孔各净宽 12 米的节制闸组成。

东湖

古名当湖、东武湖、鹦鹉湖。相传原为平湖古县治旧址，东汉顺帝永建二年(217 年)陷落成湖。据清光绪《嘉兴府志》：“当湖，县东门外周长四十余里，南北十二里，东西六里，东南通故邑，西南近海盐，东界广陈，北接华亭，舟楫便利，地迴村远。武原县陷为当湖。隆安五年(401 年)，改为东武湖或曰鹦鹉湖，又名东湖。水自海盐塘，北入陶泾。又自府城双溪桥东，过平湖塘五十里，并会于兹，分为九派，北派抵华亭，东北派抵广陈，抵新仓镇，东派抵全公亭，抵独山塘，东南抵乍浦，南派抵海盐，西南派抵海盐界，抵嘉兴界，合得九焉。”东湖在平湖市当湖镇东门外，历经自然变迁，今水域面积 0.384 平方公里，周长 4.55 公里，是平湖市境内最大湖泊。湖区地势平坦，水面开阔。平湖境内凡西来及南来之水均汇集于此，有上海塘、盐平塘、平湖塘、乍平塘、广陈塘、黄姑塘、新港河以及南城河、北城河等九条河道汇合，有如九龙聚首，被誉为“九龙港”，并且灌溉、航运辐射四方，为“金平湖”创造了得天独厚的水环境。

南北湖

古名永安湖，亦名澉湖、高士湖、小西湖，湖中长堤横贯东西，辟为南北两湖，故名。南北湖位于海盐县境的南部，澉浦镇西，南濒钱塘江河口，是利用海边泻湖遗迹而筑成的水库。据南宋绍定三年(1230 年)《澉水志》载，：“湖上四周皆山，中间小堤，春时游人竞渡，号为小西湖”。又据元世祖(忽必烈)至元二十五年(1288 年)刊印的《嘉禾志》载，“此本是田，后浚为湖，潴水以资灌溉，雨久弥漫则入于海”。湖创筑于宋代，湖东建有放水灌田的石闸，还建有泄涝入海的“浑水闸”。后代对南北湖间有疏浚。中华人民共和国建立后，海盐县多次组织修闸培堤，疏通引河及沟渠。今南北湖面积 1.123 平方公里，周长 7.1 公里，平均水深 1.5 米。

湘家荡

又名湘家湖、相家荡、相湖。位于南湖区七星镇，面积 1.229 平方公里，平均水深 2 米左右，最大水深 3.8 米。据清光绪《嘉兴府志》记载“湘家湖在县东北九里。昔有相氏居湖滨，故名”。明代和清初湖畔为风景区，曾有“怀家亭馆”“绿萝庄”等园林。湘家荡湖水清澈，物产丰富。1997 年 12 月 26 日，浙江省人民政府批准建立浙江省嘉兴湘家荡旅游度假区，规划面积 715 公顷，其中湖泊 130 公顷，建设以江南水乡、田园景色和自然湖泊风光为背景，以水上游乐、农业观光、休闲度假为主要内容的省级旅游度假区。

梅家荡

位于秀洲区王江泾镇，京杭运河之东。原东西长2300米，南北宽2700米，面积3.72平方公里，是嘉兴市最大的湖泊。据明、清《嘉兴府志》《秀水县志》记载，该湖宋代称闻湖，因当地有一闻姓尚书居住而得名。土话读“闻”为“门”，又讹为“梅”，后代遂写作梅湖，俗称梅家荡。明代大学士朱国祚著有《梅家荡棹歌》，可见当时已有此称。1984年6月，为发展嘉兴市“商品鱼”基地，周边乡镇围湖2.8平方公里，建设鱼塘310只，使梅家荡面积减为0.92平方公里。

涟泗荡

位于秀洲区王江泾镇民主村，近临京杭运河浙江入口处。据清末《闻川志稿》记载，该荡清代称思贤荡。因与东面涟三荡、西面陶家荡四小荡连接一起，故被惯称为涟四荡，又写作涟泗荡。涟泗荡南北长4100米，总面积3.595平方公里，周长17.8公里，一般水深1.5~2.0米，最大水深3.5米。

陆家荡

位于秀洲区王江泾镇和江苏省吴江市之间。总面积1.575平方公里，其中在王江泾镇内面积0.95平方公里，最大水深5.0米。

天花荡

又名尖墩角荡，也写作天荒荡，位于南湖区油车港镇与秀洲区王江泾镇之间，面积1.52平方公里，最大水深4.0米。

田北荡

位于秀洲区王江泾镇，面积1.065平方公里，最大水深4米。

祥符荡

位于嘉善县西塘、丁栅镇，历史上汇嘉善县北诸水，原总面积2.533平方公里。荡中风急浪高，时有船覆。光绪二十二年(1896年)在天字圩与金字圩之间，用碎乱砖堆坝两百余丈，首次形成祥符荡坝。民国12年省政府拨款重修。民国22年碎砖坝改建成块石坝，民国36年(1947年)6月重修。1982年3月再次重修，坝身用水泥块石灌浆浇合，坝长655米。坝成后，在坝北侧将部分水面围成鱼塘，现南荡、北荡的面积分别为0.604平方公里和1.176平方公里。

夏墓荡

位于嘉善县天凝、洪溪、西塘、陶庄等镇境内，面积2.149平方公里，湖周长13.47公里。

马斜湖

位于嘉善县大舜镇，面积1.359平方公里，湖周长6.33公里。

蒋家漾

位于嘉善县天凝镇，面积1.165平方公里，湖周长8.37公里。

东西湖

位于海宁尖山新区大尖山南侧，面积1.1平方公里，湖周长5.3公里。

第二章 航道桥梁

第一节 嘉兴市桥梁历史演变

嘉兴境内河流密布，航道纵横，居民点稠密，人口众多，历代劳动人民为了方便两岸行人来往，在河流上修建了许多桥梁。桥梁遍布密集，形式多样，从独木桥到钢铁大桥，从单一的梁桥到浮桥、索桥、拱桥、园林桥、纤道桥等；建桥材料从以木料为主，到以石料为主，再到以钢铁和钢筋混凝土为主，嘉兴的桥梁建筑都取得了惊人的成就。分布在嘉兴境内的桥梁有数千座，古有石拱桥——长虹桥，今有全省内河水运工程史上最大的结构工程——嘉杭大桥。

古代、近代建造的有石拱桥、八字形石桥、石平桥、竹木便桥、梁式木桥和其他类型桥梁。其中要数石拱桥最为常见。由于平原地区通航的要求，需要有较大的跨径和净空高度，而石拱桥不仅符合要求，而且是坚固耐久而理想的结构形式。石拱桥桥孔一般多为单数，以中孔通航孔跨径最大。边孔桥面逐渐降低，跨径逐渐变小。两端桥头设石级，或在桥面上建成台阶。其平面布置，两端开阔，至中心逐渐缩小，以利减少桥梁自重并增加桥梁稳定性。例如，京杭古运河上的长虹桥，是嘉兴市在软土地基上修建的最大石拱桥，桥梁建造宏伟，工艺精良，全部用条石砌筑。可谓“晚灯渔火，上下掩映”。单孔的石拱桥，又往往造成中间驼峰高耸，成抛物线型，造型美观。嘉兴市河的秋泾桥，就是属此类型。嘉兴民间石拱桥，所用的材料虽然有条石、块石、乱石之分，拱圈除极个别外，都采用等截面半圆拱，这样配料简便，为民间匠师所熟悉，容易掌握。至于弧形、马蹄形拱、多边形拱，航区内虽有却不多见。拱圈砌筑工艺，平原地区以纵联分节并列砌筑为最普遍，但亦有分节并列及框式分节纵联砌筑。其它如石平桥、梁式木桥也较为常见，该类型桥梁结构简单，施工容易。如桐乡市万岁桥、嘉善县七星桥、嘉兴大小马王塘桥等均属石平桥；嘉善幸福桥、西木桥等属梁式木桥。

嘉兴现代建造的桥梁多属钢筋混凝土桥和金属结构桥。桥梁结构形式日趋简单、实用、坚固，结构下部采用灌注桩和沉台基础。上部采用钢筋混凝土梁组合，混凝土衍架拱片。圆洞拱片或斜腿钢架拱片。桥梁施工也越简便合理，并开始采用高强度预应力工艺，钢筋混凝土结构、金属结构等，民间桥梁中，大约在 50 年前开始出现这种“洋式”建筑。但造价高，用料多，施工速度不快，技术不普及，优越性不明显，1963 年开始，嘉兴市桥梁队采用“群专结合”的施工方法，取得了依靠群众做钢筋混凝土装配式桥的成熟经验。这个方法有效地降低造价，加快了施工速度，解决了技术普及问题。钢筋混凝土桥从现场浇筑到预制装配是一个发展和提高的过程。钢筋混凝土装配式桥分两大类型：第一类的结构形式有板式(适用于 5 米以下的小跨径桥)，梁板组合式(适用于 5~8 米小跨径桥)，n 形梁式(适用于 5~10 米小跨径桥)，T 梁式(适用于 10 米以上中路径桥)等四种。这类桥梁下部结构以轻型装配式排架代替重力式墩台。其中以 n 型梁式应用最广，发展最快。例如嘉兴洛东桥、盈字桥，平湖农场桥，海宁农场桥均属此类型。此类装配式桥造价低，用料省，坚固耐用，装拆灵活，集中预制，质量均有保证，且施工安装便利迅速，节约劳力。自从实行群专结合的办法以后，群众能够自己建造。嘉兴县一般每座长 15~20 米的桥梁，现场打桩及安装的时间仅需 4~5 天。小跨径适用的板式、梁板组合桥(钢筋混凝土梁上铺预制面板)，主要考虑农船通过，结构简单，这种形式的桥梁在 1963—1964 年修建较多，后来逐渐减少，改用 n 形梁。第二类是无桥台的装配式桥。为了进一步解决装配式桥的下部结构所占劳力，资金比重大，同时平原地区通航的要求尽可能减少桥墩、排梁，使一般中小河道上都能单跨通过，因而提出大胆革新，去掉水中下部结构，使一般中小河道上都能单跨通过。嘉兴桥梁队在 1965 年 1 月试建全省第一座 15 米跨径三铰框架担拱获得成功。在此以后，嘉兴桥梁的建设朝着多功能、多用途、多形式方向发展。

第二节 嘉兴桥梁建设及发展

民国时期，嘉兴航区航道在民间交通运输及兵员军需运输方面仍占重要地位，政府曾对主要航道作过勘查及整治。据民国37年12月(1948年)《浙江省建设月刊·整治嘉属运河工程纪要》记载："抗战以来河身未见变迁，惟若干处为敌人部队堵塞"。抗战胜利后对河道整治甚微。

建国前，工农业生产水平低下，社会秩序混乱，经济萧条，交通设施特别是桥梁多数年久失修，濒于倒塌，且桥孔低、狭小，又加上航道只用不疏，淤泥堵塞情况严重，航行极为困难。

据建国初期调查统计，嘉兴航区，危、塌桥竟达桥梁总数的74%。当时，由于航运事业落后，民间桥梁的建造很少考虑对水上运输的影响，因而嘉兴航区碍航桥梁比比皆是。1962年4月10日，在海宁发生重大沉船死人事故，就因为在海宁的斜郭塘的万春桥系单跨4米石板桥，狭窄的桥孔，使急流在桥墩受阻，形成了极大回流，使得驳船操舵失灵，导致驳船撞桥柱桥倒塌而压沉客驳，造成了一起死亡25人，伤6人的内河罕见重大恶性船舶海损事故。

建国后，随着航运事业的发展，嘉兴原民间桥梁，越来越不适应水上运输的发展。桥梁建设新工艺的推广引进，也使得航区原老桥梁改造成为可能。嘉兴航区的桥梁在各地桥梁工程队的努力下，历经三十多年，改变了建国前期以石板桥、石拱桥、砖拱桥、木桥为主的落后面貌，建造了各具特色的人行桥、公路桥、铁路桥等。特别是双曲拱桥和研制成功的钻孔桩已普遍推广应用到中国公路桥梁建设上，显著地加快了桥梁建设速度，在双曲拱桥的发展过程中，通过设计、施工和科研方面的密切合作，在结构形式、施工工艺、建桥材料等方面，有了许多的创新。在结构形式上采用倒"T"形和箱形拱肋，少肋少波、无肋、双肋单波、柔性墩、悬臂墩以及桁架双曲拱等，在设计理论和计算方法上，如对施工加载的验算，多孔拱桥的连拱作用，拱上构造的共同作用等的研究，也取得了新的进展。

在桥梁建设上，不仅考虑桥本身结构的改进，而且考虑到对航运的影响。在1963年，中华人民共和国交通部颁发《全国天然、渠化河流及人工运河通航试行标准》，对跨航道桥梁建设通航标准有了具体标准，统一要求。

1966年，桐乡乌镇市河第二期疏拓工程中，拆除旧桥3座；改建桥梁5座，通航能力从50吨级提高到100吨级，1970年，崇福市河"裁弯取直"疏拓工程，拆建旧桥7座。1978年，嘉兴市城区在疏拓长水塘河，拆除城东狭窄的宣公桥，新建中山路桥、解放路桥，清除了运河嘉兴市河段航障。1983年，拆建了杭申甲线桐乡境内阻航桥梁西双桥、单桥，提高100吨级通航能力。1983年年底，由嘉兴桥梁工程队施工，拆建阻航桥梁西丽桥，使杭申甲线嘉兴市境内航段畅通无阻。

至1985年，全市有不同规模的桥梁共15686座。嘉兴市城、郊两区2360座，其中跨航桥梁243座，新建84座；嘉善1365座，其中新建、跨航桥梁167座；平湖3742座，其中新建、跨航桥梁188座；海盐1706座，其中新建、跨航桥梁171座；海宁3141座，其中新建、跨航桥梁461座，古桥梁338座；桐乡3715座，其中新建、跨航桥梁139座。

"七五"期间，随着公路建设迅猛发展，跨航桥梁的新建、改建日益增长。嘉兴城、郊两区有114座桥梁，总长3493.5米，其中新建、重建跨航桥梁61座，总长1998.2米；嘉善74座，总长2543.4米，其中新建、重建跨航桥梁46座，总长1663.2米；平湖125座，总长2975.6米，其中新建、重建跨航桥梁86座，总长2122.9米；海盐56座，总长1500.6米，其中新建、重建跨航桥梁21座，总长595米；海宁157座，总长6119.3米，其中新建、重建跨航桥梁42座，总长1017米；桐乡119座，总长3197.8米，其中新建、重建跨航桥梁63座，总长1855.5米。五年间，在732座桥梁中新建、重建桥梁362座，总长11739.8米。另外，据五县(市)两区各航运管理部门所报材料，新建、重建的通航等级属七级以上的跨航桥梁有91座。五年间，G320国道线上嘉兴境内的87座桥梁。嘉兴城、郊两区有33座；嘉善15座，海宁10座，桐乡29座，总长3520米，其中新建、重建跨航桥梁43座。"七五"期间，共完成航道改造8.50公里，30万立方米土方，航道疏浚45公里，65万立方米土方，改造碍航危桥60座。使原有通航60吨级以下船舶的航道，可通行100吨级船舶。航道改造着重于角平申线的斜桥、西塘桥镇、官堂市河三处拓宽，白苎切角，以及杭申甲线的三店塘、三塔湾裁弯等工程。斜桥工程：拆除老桥1座，新建45米跨径公路桥1座。西塘桥工程：拆除老桥1座、新建1座36米单跨三级公路桥。白苎工程：整个工程拆除老红星桥1座，新建四级公路桥1座，跨径40米。三店工程新建45米跨径三店桥一座。

"八五"以来，嘉兴水运基础建设掀起高潮，先后对杭申线、京杭运河、乍嘉苏线、角平申线、东宗线和嘉于硖线等主干线航道进行改造建设。其中改建桥梁104座，投入资金45650万元，嘉兴航区主干线航道上的桥梁由原来的六级提高至五级、四级，大大提升了航道通航能力。

“九五”期间，投入内河航道改造资金14.34亿元人民币，包括京杭运河、杭申线、角平申线、乍嘉苏线、嘉兴铁水中转港等“四线一港”工程，改造航道247公里。嘉兴市航道建设发生质的飞跃。“十五”期间着重做好完善工作，完善了乍嘉苏线航道和杭申线航道。“十一五”嘉兴市重点建设“五干三支二港”项目。五干：京杭运河、杭申线“四改三”改造工程、乍嘉苏线“五改四”改造工程、湖嘉申线嘉兴段三级航道、杭平申线四级航道改造工程；三支：嘉于硖线航道改造工程、东宗线延伸段、何家桥线航道；二港：嘉兴内河多用途港区和独山海河直达枢纽工程。干线航道桥梁新建和改造是航道建设的一项重要的内容。

图2-2-1 “九五”期间杭申线陡门段航段桥梁改造

第三节 主要干线航道桥梁

湖嘉申线（嘉兴段）

此段共桥梁11座：南张浜桥（秀洲区）、天德人行桥（秀洲区）、升平桥（秀洲区）、长春桥（秀洲区）、严家坝人行桥（秀洲区）、喷香港桥（秀洲区）、横港桥（秀洲区）、红旗塘大桥（秀洲区）、天凝大桥（嘉善）、东顺大桥（嘉善）、洪溪大桥（嘉善）。

京杭运河（嘉兴段）

此段共桥梁4座：思古桥（城郊）、九里亭桥（桐乡）、太史（师）桥（桐乡）、幸福桥（桐乡）。

杭申线航道（嘉兴段）

此段共桥梁55座：北岳桥（嘉善）、长浜桥（嘉善）、横港大桥（嘉善）、七星大桥（嘉善）、三店大桥（嘉善）、申嘉湖高速公路桥（嘉善）、塘东大桥（嘉善）、西塘大桥（嘉善）、杨庙大桥（嘉善）、杨树大桥（嘉善）、雨落桥（嘉善）、金港桥（城郊）、致轩热力网架桥（城郊）、振塘桥（城郊）、秀才桥（城郊）、吉祥大桥（城郊）、平安桥（城郊）、官荡大桥（城郊）、王字圩桥（城郊）、陈家坝热力网架（城郊）、禾平街北郊河热力网架（城郊）、小红庙桥（城郊）、收藏桥（城郊）、北郊河大桥（城郊）、庙头村桥（城郊）、雁泾桥（城郊）、东升西桥（城郊）、扬稻桥（城郊）、殷秀桥（城郊）、洪兴西路大桥（城郊）、黄家桥（城郊）、秀园路大桥（城郊）、乍嘉苏高速公路桥（城郊）、热力悬索桥（城郊）、大通桥（城郊）、北三里桥（桐乡）、打鸟桥（桐乡）、大麻桥（桐乡）、东高桥（桐乡）、东双桥（桐乡）、羔羊桥（桐乡）、黄家桥（桐乡）、李家桥（桐乡）、南高桥（桐乡）、石门大桥（桐乡）、松老高桥（桐乡）、太子桥（桐乡）、桐星大桥（桐乡）、万年高桥（桐乡）、望仙桥（桐乡）、五丰桥（桐乡）、西双桥（桐乡）、新运桥（桐乡）、延寿桥（桐乡）、姚匠桥（桐乡）。

长山河线

此线共桥梁77座：长山桥（桐乡）、长新桥（桐乡）、大羔羊桥（桐乡）、大治桥（桐乡）、大沐庙桥（桐乡）、东大寺桥（桐乡）、东新桥（桐乡）、冯介木桥（桐乡）、高地郎桥（桐乡）、高桥（桐乡）、红旗桥（桐乡）、红星桥（桐乡）、沪杭高速公路桥（桐乡）、沪杭高速铁路桥（桐乡）、江南桥（桐乡）、蒋子庙桥（桐乡）、金凤大桥（桐乡）、金井龙桥（桐乡）、乐驾桥（桐乡）、利民桥（桐乡）、龙皇庙桥（桐乡）、茅塘桥（桐乡）、莫太师桥（桐乡）、起龙桥（桐乡）、启新桥（桐乡）、青石桥（桐乡）、山门街大桥（桐乡）、上阳桥（桐乡）、史家桥（桐乡）、史介桥（桐乡）、寺桥（桐乡）、田地村桥（桐乡）、桐德公路大桥（桐乡）、万宁桥（桐乡）、王板桥（桐乡）、五星桥（桐乡）、西昌桥（桐乡）、西凌桥（桐乡）、向阳桥（桐乡）、小李桥（桐乡）、新日桥（桐乡）、姚家桥（桐乡）、鱼船汇桥（桐乡）、庄福板桥（桐乡）、113#铁路桥（海宁）、碧云大桥（海宁）、长山河桥（海宁）、长生堰桥（海宁）、丁公堰桥（海宁）、东山大桥（海宁）、跨河桥（海宁）、双山桥（海宁）、双喜桥（海宁）、松毛漾桥（海宁）、利民桥（海宁）、文苑路桥（海宁）、华家桥（海宁）、08省道桥（海宁）、嘉绍高速公路桥（海宁）、曙光桥（海宁）、北大堰桥（海盐）、东胜桥（海盐）、长山河桥（海盐）、红星桥（海盐）、潭桥（海盐）、高速公路桥（海盐）、东风大桥（海盐）、新长桥（海盐）、五星桥（海盐）、通六桥（海盐）、保丰桥（海盐）、新华大桥（海盐）、澉北大桥（海盐）、澉浦大桥（海盐）、东门桥（海盐）、南门桥（海盐）、澉南桥（海盐）。

乍嘉苏线（嘉兴段）

此段共桥梁45座：北虹大桥(城郊)、长虹桥(城郊)、锦江管桥(城郊)、王江泾大桥(城郊)、南虹大桥(城郊)、京杭古运河大桥(城郊)、双桥热力网架(城郊)、陈家坝热力网架(城郊)、三店塘桥(城郊)、三店塘二桥(城郊)、沪杭铁路桥(城郊)、胜利农桥(城郊)、乌桥(城郊)、雀幕桥(城郊)、东港桥(城郊)、十八里桥(城郊)、步云特大桥(城郊)、沪杭高速公路桥(城郊)、焦山门大桥(城郊)、水泥厂自备桥(城郊)、新粮桥(城郊)、富达管道网架桥(城郊)、战备桥(城郊)、新丰桥(城郊)、北接线九里亭大桥(平湖)、六店大桥(平湖)、狮益桥(平湖)、07省道界泾塘桥(平湖)、界泾桥(平湖)、07省道狮益桥(平湖)、曹兑港桥(平湖)、渡船桥(平湖)、中心桥(平湖)、关桥(平湖)、花农桥(平湖)、杭浦高速公路桥(平湖)、虹霓大桥(平湖)、六里桥(平湖)、01省道乍浦塘桥(平湖)、三里桥(平湖)、新乍浦塘桥(平湖)、中山路桥(平湖)、长丰桥(平湖)、雅山大桥(平湖)、乍浦闸桥(平湖)。

角平申线（嘉兴段）

此段共桥梁48座：白苎桥(海盐)、百洞桥(海盐)、北杨桥(海盐)、北阳桥(海盐)、茶院大桥(海盐)、大桥北接线2、4、10号桥(海盐)、待葑庙桥(海盐)、道塘庙桥(海盐)、东塘桥(海盐)、富裕桥(海盐)、高桥(海盐)、高速公路桥(海盐)、海盐大桥(海盐)、黄桥(海盐)、理洪桥(海盐)、理洪桥高速公路桥(海盐)、秦皇庙桥(海盐)、升界桥(海盐)、胜进桥(海盐)、太平桥(海盐)、通元大桥(海盐)、西塘桥(海盐)、西周桥(海盐)、新木桥(海盐)、于城东桥(海盐)、于城南桥(海盐)、于城桥(海盐)、中分桥(海盐)、乍嘉苏高速盐平塘桥(平湖)、斜桥(平湖)、泗顾桥(平湖)、杭浦高速盐平塘桥(平湖)、07省道盐平塘桥(平湖)、大兴桥(平湖)、张钱桥(平湖)、高桥(平湖)、横塘桥(平湖)、沈家桥(平湖)、新王桥(平湖)、平廊公路角平申大桥(平湖)、加菜港桥(平湖)、子孙桥(平湖)、裕漾桥(平湖)、东园大桥(平湖)、青阳汇桥(平湖)。

嘉于硖线

此线共桥梁22座：天佑大桥(城郊)、嘉杭大桥(城郊)、自来水管道桥(城郊)、南湖大道桥(城郊)、沪杭客专海盐塘桥(城郊)、余北大桥(城郊)、余新大桥(城郊)、塔塘桥(城郊)、茜泾桥(城郊)、王道宅桥(海盐)、半路桥(海盐)、沈荡大桥(海盐)、于城北桥(海盐)、镇中桥(海盐)、于城西桥(海盐)、枫桥(海盐)、鸳鸯桥(海盐)、吕冢塘大桥(海盐)、端兴桥(海盐)、杨家桥(海盐)、仁寿桥(海盐)、老坟前桥(海盐)。

东宗线

此线共桥梁14座：振兴西路桥(桐乡)、章介板桥(桐乡)、民合桥(桐乡)、新板桥(桐乡)、窑资大桥(桐乡)、秀溪桥(桐乡)、南环桥(桐乡)、龙翔大桥(桐乡)、金牛塘大桥(桐乡)、九里松桥(桐乡)、南庄桥(桐乡)、陈庄桥(桐乡)、北庄桥(桐乡)、虹桥(桐乡)。

2010年主要航道桥梁

到2010年年底，嘉兴市共有航道桥梁2288座。按照航道等级分：四级航道上有航道桥梁107座，五级航道上有航道桥梁170座，六级航道上有航道桥梁406座，七级航道上有航道桥梁260座，等外航道上有航道桥梁1345座。

表2-2-1　2010年嘉兴市主要航道桥梁

序号	航道名称（嘉兴段）	实有数量	所在区域	航道等级
1	湖嘉申线	11座	城郊、嘉善	四
2	京杭运河	4座	桐乡、城郊	四
3	杭申线	55座	嘉善、桐乡、城郊	四
4	长湖申线	1座	嘉善	四
5	嘉于硖线	22座	城郊、海盐	四
6	东宗线	14座	桐乡	四
7	角平申线	48座	平湖、海盐	五
8	长山河线	77座	桐乡、海宁、海盐	五
9	乍嘉苏线	45座	城郊、平湖	五

长虹桥

在嘉兴航区众多的桥梁中，有一座闻名江南的古代石拱桥——长虹桥。长虹桥雄伟壮观，位于嘉兴城北13.5公里的王江泾镇东部，横跨古京杭运河上，是沟通江浙两省及运河东西两岸的交通要道。这是一座在浙北平原软地基上修建的最大石拱桥。全长72.47米，共3孔，中孔净跨16.20米，桥高10.95米，通航孔标高最高11.85米，桥顶宽4.90米，两边孔各跨长为9.30米，是纵联分节并列砌筑的半圆拱石桥。桥面阶梯陡斜，两坡各有石阶57级，用长条石砌成，两边桥栏也用长条石组成，桥栏内侧建成的弧形坐椅，可供人登桥小息。(摘自1979年《桥梁现状普查表》)。

长虹桥造型美观，建筑工艺细致清秀、线条明晰，登桥顶远眺可隐约看到嘉兴市区。北向可见丝绸之镇盛泽。长虹桥犹如绚丽的彩虹自天而降，并以此而得名。

据唐印僧本地人编写的《闻川志》记载：该桥始建于明万历年间，清康熙五年(1677年)重修，嘉庆十七年(1813年)又重修。传说当时有一名陈复古的道士，在静峰庵坐关三年，募银3万余两修成。太平天国时，太平军与清军在王江泾镇激战，桥南北栏石损毁。光绪六年(1880 年)才修缮如初。长虹桥为历代文人所称颂，留有“虹影卧澄波，登高供之瞩。南浮越水白，北接吴山绿”等赞赏诗句。长虹桥的科学价值和艺术造诣也为现代桥梁建筑界和文物界所推崇。

嘉杭大桥

嘉杭大桥工程是我省内河水运工程史上最大的结构工程(主要结构为连续箱梁)，也是嘉兴市最大的城市立交桥，集公路、市政、水运于一体的枢纽工程，是城市主干道纵二路、三环南路以及一级公路 G320 国道三条交通干道的交汇节点工程，具有公路和城市道路立交桥的双重功能。主线G320 国道起于纵二路，止于三环南路，起终点为公路与城市道路的复合段，中间下穿乍嘉苏高速公路、跨越嘉于硖线南郊河西段，主线全长 1.901 公里；纵二路分南北两侧N 和 M 线，下穿乍嘉苏高速公路、跨越嘉于硖线南郊河西段，东至南园大道，路线全长 0.904 公里；三环南路北侧起点与 G320 国道重合，中间分 S 线和 T 线下穿 G320 国道桥以及纵二路，路线全长 1.405 公里。桥梁总长 1496.2 米，道路总长 3.06 公里，总投资 1.2 亿元。G320 国道按公路一级标准设计，纵二路及三环路按城市主干道标准设计。该工程为全优工程。

三店大桥

位于杭枫公路嘉善县境，全桥以路线为中心，由左右两个半桥组成，半侧施工，维持通车，主孔三跨各 18.6 米为预应力钢筋混凝土空心板，边孔(左半桥二孔，右半桥五孔)跨各 13 米为普通钢筋混凝土空心板。桥梁全长 123.2 米。

下部构造为双桩式钢筋混凝土灌注桩，主孔桩径为 120 厘米，单桩设计承载力为 193.63 吨。边墩及桥台桩径为 100 厘米，桩设计承力分别为 155.4 吨和 115.3 吨。

桥梁轴线与河流流向成 45°交角。钭桥钭做两岸设过渡跨拨正，通航标准按浙交 (87) 201 号文件中主孔跨径 18~20 米，梁底标高不低于 4.64 米(黄海)的要求设计。

荷载标准：汽−20，挂−100，桥面净宽 14 米，中间不设分隔带、桥面设竖曲线 R=5000 米，纵坡分别为+0.9%，−0.8%。全桥设 24 个铸铁泄水管。

根据桥位地质钻探资料，本桥位由不等层厚的黏土和淤泥组成，其中−22.5~41.0 米，厚达 18.5 米为淤泥层。直径 100 厘米的钻孔桩支承在淤泥层上较好的黏土层上，直径 120 厘的钻孔桩则穿过淤泥层支承在较好的黏土层上。主墩 (−42)，边墩 (−20)，桥台 (−16.5)。河床底面 (黄海)−1.96 米，设计通航水位(黄海)2.12 米，梁底标高(黄海 4.74 米)。

该桥全长 123.20 米，由省交通设计院设计，省第二公路工程队施工。1989 年建成。工程投资 829.220 元。

后因嘉航总公司一个船轮拖队，在转湾通过时把三店桥拉垮，后又于 2006 年 6 月开工重建。

重建的三店大桥是嘉善县“三纵三横”公路总框架中的下洪杨公路工程中的一座重要桥梁。按公路 II 级标准设计，桥梁全宽 18 米、通行净宽 17 米、全长 427 米，主跨为 80.58 米，结构形式为系杆拱，建成后将是嘉善境内最大的水上桥梁和最大的通航桥梁(通航净宽 80 米、净空 7 米)，概算总造价 3000 多万元。

洪溪大桥

该桥位于嘉善县下甸庙至洪溪公路上，属湖嘉申线航道嘉兴段桥梁，上部结构为钢筋混凝土桁架拱，下部结构为灌注桩墩台，五孔，每孔跨径 30~35 米，全长 228.22 米，行车道宽 7 米，梁底标高 (吴淞) 9 米，设计载重汽−15，挂−80，于 1989 年 6 月建成。于 2009 年 2 月又重建。重建桥梁全长 700 米，其中桥梁长 390 米，接线长 310 米，主桥长 170 米，宽 17.5 米，采用 45+80+45 预应力混凝土斜拉桁架；引桥长 220 米，宽 12.5 米，采用 11 跨 20 米预应力砼空心板梁，钻孔桩基础。于 2009 年 2 月开工建设，到 2010 年底完成工程量的 90%。

喷香港桥

是湖嘉申线航道嘉兴段上的一座桥梁，(13 × 13m+80.2m+12 × 13m、桥梁宽 8m)基础为钻孔灌注桩，主桥上部结构为预应力系杆拱，引桥上部结构为预制预应力空心板以及桥头接线路基填筑、沥青砼路面、安全设施及预埋管线等。于 2009 年 12 月开工建设，到 2010 年底完成工程量的 15%。

长春桥

是湖嘉申线航道嘉兴段上的一座桥梁，(8 × 20m+81.32+8 × 20m、桥梁宽 6m)基础为钻孔灌注桩，主桥上部结构为预应力桁架拱，引桥上部结构为预制预应力空心板。于2010年5月开工建设，到2010年年底完成工程量的35%。

校场路桥

为东宗线航道上的桥梁，桥型布置为 7 × 20+(40+70+40)+2 × 20+2 × 16+2 × 20，桥梁宽 25m，主桥采用 V 型钢构，引桥采用预应力混凝土空心板梁，基础为钻孔灌注桩，中心桩号位于东宗线航道嘉兴段二期K36+840.27 处。工程于 2008 年 4 月 18 日开工，2010 年 2 月 13 日完工。

环城南路桥

为东宗线航道上的桥梁，桥型布置为 7 × 20+66.7+7 × 20，桥梁宽 27m，主桥上部结构为钢管混凝土系杆拱，引桥上部结构为预制预应力空心板，基础为钻孔灌注桩，中心桩号位于东宗线航道嘉兴段二期K38+361.77 处。工程于 2008 年 9 月 1 日开工，2010 年 2 月 13 日完工。

第三篇　港口与码头

嘉兴港口分为沿海港口和内河港口二大部分。沿海港口包括乍浦、独山和海盐三个港区。内河港由城郊、海宁、海盐内河、平湖、嘉善、桐乡六个港区组成，2010年港口吞吐量位列全国内河主要港口第八位。

1986年，根据“一城一港、一县一港、一镇一港”的普查要求，在全市范围内共确定26个港口，其中内河港25个，沿海港口1个。2007年，嘉兴内河港总体规划经交通运输部和浙江省人民政府批复，将嘉兴市二十五个港口合并，设立嘉兴内河港，并以行政区划设置城郊港区、嘉善港区、海宁港区、海盐内河港区、平湖港区和桐乡港区。

2010年，嘉兴市内河港货物吞吐量达9486万吨，共有港口经营企业1053家，泊位总数1784个，生产性泊位1629个，泊位长度78.6千米，年通过能力10987万吨，最大靠泊能力1000吨。嘉兴内河港多用途港区一期于2010年9月投入试营运。

第一章　海　港

嘉兴港原名乍浦港，毗邻上海市，是浙北的唯一出海口岸。岸线东起全塘金丝娘桥(北纬30°41′31″、东经121°16′02″)，西至海盐县长山闸（北纬30°22′21″、东经120°54′16″)止，自然岸线长74.1公里。

宋淳祐六年(1246年)乍浦开埠，后因迭遭战乱，几经兴衰隆替，至清末已衰微不振。由于悠久的历史和优越的自然地理条件，民国7年(1918年)，中国民主革命先行者孙中山首次提出建设东方大港的设想，然而受当时政治、经济等条件的限制，建港计划未能实现。

1974年，上海石化陈山原油码头在乍浦镇东南的唐家湾兴建，拉开了乍浦港建设的序幕。1986年12月，动工兴建一期工程，1991年6月主体完工，1992年7月通过竣工验收。2002年经交通部批准，乍浦港正式更名为嘉兴港。经多年努力，步入国家中型港口行列，初步形成公用与专用泊位相配套、内外贸兼营、集装箱及散杂货和油品装卸功能齐全的综合性国家一类开放口岸。

图3-1-1　嘉兴港一期码头门机

2010年，嘉兴港有乍浦、独山、海盐3个港区，共拥有生产性外海码头泊位32个，其中万吨级以上深水泊位22个，千吨级泊位10个。当年全港完成货物吞吐量4431.72万吨，其中外贸吞吐量447.61万吨。完成集装箱吞吐量350193标箱，其中外贸箱为140430标箱。

第一节　解放以前嘉兴港口建设

古时，长江口南岸沙嘴直达杭州湾中的王盘山，由于海潮冲刷等原因，王盘山内大片土地时快时慢不断坍陷，渐次沦于沧波。宋淳祐六年(1246年)，乍浦开埠，始于西沙湾之菜荠山，后因翻山越岭，搬运颇为费力，渐西移至唐家湾及汤山南麓山湾一带。元至正年间（1341—1368年），港务渐盛。在苦竹山旁置“海口闸”，海船乘潮至经汤山西麓之乍川，到地势卑削的周家堰。旧志载：“今周家堰即浦之古迹，周家堰东西长约十丈许，其北为河埠(今天妃路、总管弄交汇处)，经圣塘关直至广陈，乃洋船出入要口”。

明代，倭患不息，港务不振，嘉靖时更甚。据《甓余杂集》卷三记，嘉靖二十七年(1548年)五月三日至六月二十一日的49天为例，浙江、福建沿海航行船舶调查，共出航船只1172艘，其中属乍浦港出航的仅五月二十三日1艘。《乍浦备志》亦记“乍浦于前明倭警后，地甚荒落，居民仅百余家”。当时乍浦港实际上已成了军港，泊有纲船、水艍船、南船、小哨船、唬船等大小战船。

清顺治十八年(1661年)，为了消灭占据台湾及沿海岛屿的郑成功为首的抗清武装，清朝政府颁布“迁海令”，禁止出海贸捕，“寸板不许入海”，并强令沿海居民内迁，使乍浦港成为死港。康熙二十二年(1683年)，郑成功孙郑克塽降清。翌年，颁“展海令”，乍浦列东南15口岸之一，准民造500石沙船出海贸捕输税，乍浦港逐渐恢复生机。康熙五十四年(1715年)，日本颁布《正德新令》，对赴日船只和出口货物作出一定限额，实行信牌制度，使处于有利条件的上海、乍浦成为清、日贸易的中心港，尤其是乍浦。大批赴日的南京船、广南(越南南部)船、暹罗(泰国)船、东京(越南河内)船、宁波船、厦门船等纷纷从乍浦互市后启航赴日本经商。港址也逐渐西移。乾隆十年(1745年)《平湖县志》载：“自汤山逾闸口至乍浦城南之苦竹山天妃宫，系海舶停泊之所”，后又西扩至西巷一带，建起了块石堆砌的5个缓坡码头，后皆因乍浦港扩建而废。对日贸易的兴起，使乍浦港务进入兴盛时期。雍正八年(1730年)《雍正朱批谕旨》记述浙江总督管巡抚事李卫奏称：“乍浦系东洋日本商贩往来要口”。道光六年(1826年)的《乍浦备志》记：“五方辐辏，千骑云屯，积今七十余年，极炽而丰，俨然东南一雄镇焉。”路守管《乍浦广仁堂记》曰：“绾海而栖者数千家”，“商贾云集，人烟辐辏，遂为海滨重镇”。足证当时港内外贸易之盛。道光二十二年四月初九(1842年5月18日)英军入侵，攻占乍浦十日，大肆烧杀劫掠。咸丰十一年三月初九(1861年4月18日)，太平军攻占乍浦，清军营房被焚4000余间，民宅大院、文物胜迹悉遭焚毁，致乍浦蒙受重大损失。太平天国运动后，上海益盛，沙乌各船皆就泊于此。其后，汽船便捷，以往装帆船运乍浦者，皆改装汽船前往上海，而乍浦则益衰微不振。

民国年间，乍浦港的国外航线几绝，国内航线以浙东、浙南为主，通航的有平阳、温州、台州、石浦、绍兴、宁波、余姚、舟山、上虞，还有福建兴化等地。进港货物主要有海水产、水果、木材杂货等。民国6年(1917年)，中国民主革命先行者孙中山从上海乘巡洋轮到乍浦海面视察，面对宽阔的海域，惊呼“这里无泥沙之害，其正门出自东海，大远洋轮可随时进出，是一个优良港口”。民国7年(1918年)，护法运动失败后，孙中山先生在上海莫里哀路住所着手撰写《建国方略》，在《实业计划》篇内，首次提出建设东方大港的宏伟设想。计划“位于乍浦岬与澉浦岬之间，与两点相距约十五英里，应自此岬与彼岬建一海堤，而于乍浦一端，离山数百尺之外，开一缺口，以为港之正门”。“此港一经作成，永无须为将来浚谍之计。盖此港近旁并无挟泥之水日后能填满此港面及其通路者也。在杭州湾中，此港正门为最深之部分，由此正门出至公海，平均低潮水深三十六尺至四十二尺，故最大之航洋船可以随时进出口。故以此计划港作为中国中部一等海港，远胜上海也。”后在其指导下，成立“东方大港”建设委员会，着手编印《东方大港现状及初步计划》《东方大港调查报告》等专著，同时开展芜湖至乍浦铁路沿线经济调查。交通部、铁道部组建东方大港筹备委员会，对乍浦、上海都作了深入调查，指出黄埔江上游平坦，泥沙易淤积，危害下游的上海港址。上海港航道，挖泥驱沙工程庞大，年耗巨资，故以自然条件考察不如开发杭州湾有利。民国18年(1929年)，中央委员会派技正吴南凯率东方大港测量队到乍浦定点测量，后因政治、经济等原因，建港未能实施。

民国21年(1932年)后，随着沪杭、乍嘉公路的建成通车，黄山风景区的开辟，乍浦商业日趋繁荣，港口货运日益增多，航线以浙东为主，有平阳、温州、台州、石浦、绍兴、宁波、余姚、舟山、上虞，还有福州、兴化等，每天进港货船200余艘，主要货物有海水产、水果、木材、杂货等。民国26年(1937年)，国民政府成立东方大港筹备委员会，再次派技师到港址勘察、测量，并制订资金筹措办法。11月5日，日军在金山卫、金丝娘桥、全公亭一带登陆，11月23日乍浦沦陷，使这一建港计划再次落空。民国27至28年间，由于日军严格控制船只出入上海港，部分船舶改道由乍浦港出入。民国29年，日军实施封港，山湾滩涂围以铁丝网，自天妃宫至后海塘砌筑1人多高砖墙，仅在中码头处开一口，设一检问所，其余沿塘则拦以竹篱，严禁出入。时乍浦民间流传“前世勿修，住啦海塘后头，饿篱笆打啦门口，钻钻要脱头，勿钻要远兜”的顺口溜。民国30年4月，抗日军民突袭日军，摧毁封锁墙。抗战胜利后，乍浦港务渐有起色，进港货物以食盐、渔货为主。

第二节 1949年—2010年嘉兴港口建设

1949年5月12日乍浦解放。初，舟山诸岛尚未完全解放，海空袭扰时有发生，外海船舶大减。乍浦港主要担负为解放沿海诸岛的军运任务和少量民用物资的转口。1950年，舟山本岛、滩浒、洋山等岛屿相继解放后，海运渐趋正常。1953年后，业务量逐渐增多，乍浦港成为嘉兴专区海河中转港口，主要为浙北与浙东物资交流服务，业务增加，运量上升。1959年起一度对港口货物进出口管理过严，使进港渔货等大幅减少。后虽经调整，但港口业务始终徘徊不前，年运量不超过10万吨。1979年后，由于政策逐渐宽松，使到港船只及运量有所增加。但因靠泊码头受潮位影响，只能乘潮而入，待潮而出。且内河港地狭窄、船舶拥堵，港口的发展受到限制。

港区建设

1974年3月，乍浦镇东郊陈山西麓唐家湾的上海石化总厂重要配套工程——陈山原油中转站码头动工兴建，拉开了乍浦港建设的序幕。该项目占地312.78亩，山岙滩地89.57亩，码头总平面采用蝶形布置，由工作平台、靠船墩、系缆墩、人行桥墩和人行桥等水工建筑物组成，拥有2.5万吨油轮泊位2个，泊位长度均为319.2米，工作泊位1个。码头前沿泥面设计为－12米(吴淞高程)。陆域建有3万和5万立方米容量油罐2座，铺设至石化总厂的输油管道24公里，附建有为主体工程服务的生产、生活设施。项目总投资5390.36万元，1975年7月29日正式投产。

1983年撤地建市后，于1984年年底成立乍浦港调查领导小组(后改为乍浦港建港领导小组)。在市委、市政府领导下，领导小组办公室于1985年8月完成乍浦港初设一期会审，四季度上报，于1986年2月在交通部计划会上被列入“七五”建港。

1986年4月，成立建港指挥部，同年12月12日，乍浦港第一期围堤工程开工，东起海塘街原中码头稍南处，西向龙王堂老堤与老沪杭公路交合处。围堤全长1271米，堤底断面宽55.55米，堤顶宽6.65米，堤顶高程9.5米(吴淞高程)。采取堤底铺设土工布上抛石，形成大堤堤身基础，往上至6.5米为斜坡式混凝土灌砌块石护面。斜坡顶端建4米宽混凝土平台，上筑2.3米高浆砌块石胸墙。

1986年12月12日，在纪念孙中山诞辰120周年之际，指挥部在乍浦港一期工程现场举行海堤工程开工典礼，标志着嘉兴港乍浦港区一期工程建设序幕正式拉开。

1988年3月31日下午截流合龙，共投石料5.7万立方米，填筑土方14.5万立方米。10月底闭气断水，1990年底围堤工程竣工，共围涂597亩。在原海塘街老码头处向西245米处新堤向南建钢筋混凝土透空式栈桥1座，长1134米，宽12.6米，桩型为直径1.2米钻孔灌注桩(浅水部分)和60厘米×60厘米混凝土方桩(深水部分)，栈桥南端建1座长232米，宽29米平台，采用钢筋混凝土管桩和栈桥形成“T”字形码头。码头前沿设计水深－11.3米，新围港区陆域内开挖长500米，宽180米的内河港池，北向新开挖引航道穿越沪杭公路与乍平嘉航道贯通。在沪杭公路穿越处筑2孔各为12米跨度的闸桥，以保证汛期内河航运和腹地安全。1991年6月27日，外海万吨级泊位主体完工。1992年7月4日，一期工程通过竣工验收。

在1990年12月15日，一条拖轮和航船组成200米船队，首次穿越新建的沪杭公路闸桥和新开挖的内河航道，驶入10万平方米的新建内河港池，标志内河船舶可直达嘉兴港。1991年7月1日，国家“七五”计划建设120个万吨级泊位之一的嘉兴港乍浦港区一期工程外海码头举行了首航仪式，1991年6月27日，外海万吨级泊位主体完工。

1991年12月，嘉兴市乍浦港务管理局(简称乍浦港务局)建立，经省政府授权在嘉兴市人民政府领导下，对平湖市金丝娘桥至海盐县澉浦镇长山闸的港口陆域和水域实行统一管理。1992年7月4日，嘉兴港乍浦港区一期工程顺利通过竣工验收，并被评为优良工程。至此，杭州湾北岸无万吨级公用码头的历史宣告结束。

1997年3月10日，乍浦港第二期围堤开工，东端与一期围堤相接，西端与龙王堂西侧的落塘头撑塘相接，为Ⅱ级水工建筑物，堤轴全长2674米，围涂1800亩，抛填土石方24.58万立方米，完成预制构件及砼浇筑1.28万立方米。同年12月5日，围堤主体顺利合龙。

1998年8月10日，二期多用途件杂货码头浅水段栈桥动工。12月6日，第二期围堤工程竣工，总投资11337万元。

1999年7月8日，交通部《关于乍浦港陈山原油码头管理归属问题的批复》，明确陈山原油码头由乍浦港务局负责管理。

2001年6月8日，二期两个1.5万吨级多用途件杂货泊位深水段栈桥和码头平台动工兴建。工程分为深水段栈桥、多用途件杂货码头平台、工作船码头及配套设施等项目。深水段栈桥长417.8米、宽16米；外海码头平台长336米、宽35米。工程由中港第三航务第四工程公司施工，2003年2月20日通过验收后投入试生产，6月20日由省计委组织竣工验收正式投入生产。

2001年3月28日，乍浦港一类口岸对外开放顺利通过国家验收，并于4月22日由交通部正式对外公布，标志着乍浦港的开放进程进入一个新的历史阶段。

2001年5月14日，中共嘉兴市委、嘉兴市人民政府下发《关于进一步理顺嘉兴港区开发建设体制的通知》，明确乍浦港务局按规定报批后更名为嘉兴港务局，下辖独山港区、乍浦港区、海盐港区，对外仍可同时称“乍浦港”。

2002年4月5日，经交通部批复同意，6月19日省交通厅发函，原嘉兴市乍浦港务管理局正式更名为“嘉兴港务管理局”，简称“嘉兴港”。

2003年5月，乍浦港区第三期围堤工程开工。位于乍浦镇以西，东接乍浦港二期工程围堤，西邻杭州湾跨海大桥。12月5日围堤全线合龙。围堤轴线总长3950米，围堤造陆4455亩。同年12月，三期1.5万吨级通用泊位和3000吨级滚装泊位外海码头开工建设。2005年10月18日，三期围堤工程和通用滚装泊位工程交工验收，2006年1月12日正式投入营运。二期工程引进的第一个民资码头项目——泰地石化集团有限公司石化码头外海桩基工程于2005年7月6日打下第一桩。外海建设2万吨级液体化工泊位1个，设计年吞吐能力为98万吨，陆域建设20多万立方米的石油化工储区，总投资1.91亿元。

嘉兴港自1992年开港以来，经过近二十年的建设发展已基本形成了公用、专用泊位相配套、中小泊位齐全、内外贸兼营、集装箱、散杂货及油品装卸功能齐全的综合性港口，2001年步入全国中型港口行列，为浙北地区以及苏南、皖南等地的经济发展和对外开放发挥了积极作用。嘉兴港主要接卸油品、煤炭、木材、钢铁、建材、化工原料等货种，已与日本、美国、加拿大、澳大利亚、韩国、俄罗斯、乌克兰、印尼、马拉西亚、新加坡等20多个国家和地区的港口建立运输往来。

2005年5月，独山港区围堤工程动工兴建。独山港区围堤工程全称平湖市白沙湾至水口沿江围涂工程，围区东端与上海市金山区的围涂接壤，西端至独山的水口，与杭嘉湖地区南排工程出水闸毗邻。围堤主轴线距老海塘600米，距前沿深槽约700米，与深槽基本平行展布，围堤主堤轴线坐落在滩地高程−2.5米左右，堤顶高程7.8米，挡浪墙顶高程9.0米。围堤主轴线10.2公里，围涂总面积约717公顷。围堤防潮标准为50年一遇高潮位，50年一遇风浪，堤顶允许部分越浪。2010年7月竣工验收。

2006年12月，海盐港区围堤工程动工兴建。海盐港区围堤工程东起郑家埭，西至武原镇城北东路出口处，堤线总长10.58公里，南北纵深0.5~1公里，新建围堤4462米，围涂面积7000亩。工程分两期实施，一期工程围涂范围从郑家埭至八团，自2006年12月开工至2008年12月完工。二期工程是浙江省重点工程，2009年又列入国家4万亿投资项目，围涂范围从八团至武原镇城北东路出口处，新建围堤5076米，围涂面积5600亩。二期工程自2008年11月20日开工，2009年10月26日主堤龙口正式合龙。

码头建设

乍浦港开埠以来，船舶一直在突堤式码头上搁滩靠泊。1975年，上海石油化工股份有限公司陈山原油码头来年两个2.5万吨级泊位在乍浦建成，翻开了乍浦港建港史上新的一页。1986年12月，乍浦港一期工程开工兴建，建设外海万吨级和千吨级件杂货泊位各1个，内河100吨级泊位12个，1992年7月4日竣工验收交付使用。

1995年嘉兴发电厂煤炭码头(3.5万吨级煤炭泊位和2千吨级综合泊位各1个)建成试投产；1996年上海石油化工股份有限公司陈山原油码头扩建工程(5万吨级原油泊位1个)建成。1997年核电秦山联营公司重件码头(3000吨级泊位1个)建成投产；1999年浙江海盐华电能源有限公司液化气码头(1500吨级泊位1个)建成投产。

2003年到2005年间，乍浦港区二期3个1.5万吨级多用途泊位和1个1.5万吨级件杂货泊位建成；2005年到2006年间，乍浦港区三期2个1.5万吨级通用泊位，1个3000吨级滚装泊位建成；2006年6月，全港第一个民营企业投资建设的码头项目——嘉兴新世纪公用石化码头建成；2007年到2009年，先后建成独山港区嘉港物流有限公司3.5万吨级散杂货码头，平湖市独山港区港务有限公司5万吨级和2000吨级液体化工码头；乍浦港区三期嘉港石化码头有限公司2万吨级液体化工码头；海盐港区浙江林龙港口有限公司3000吨级散杂货泊位等。截至2010年年底，嘉兴港共拥有生产性泊位32个，其中万吨级22个，千吨级10个。

截至2010年年末，嘉兴港已拥有外海泊位32个，其中万吨级以上泊位22个，千吨级泊位10个，年通过能力3094万吨。

表 3-1-1　2010 年嘉兴港沿海生产性码头泊位状况

港区	码头单位名称	泊位性质（货种）	泊位吨级（吨）	泊位数量（个）	年吞吐能力		建成时间
					万吨(万人)	万 TEU	
独山港区	平湖市独山港务有限公司	液体化工	50000	1	195		2009 年
			2000	1			
	浙江嘉兴港物流有限公司	散杂货	35000	1	147		2008 年
	浙江平湖玻璃港务有限公司	散杂货	10000	2	230		2010 年
	浙江嘉华发电有限责任公司	煤　炭	35000	1	800		2004 年
	嘉兴发电有限责任公司	煤　炭	35000	1			1995 年
		散杂货	2000	1	40		2009 年
				8(6+2)	1412		
乍浦港区	平湖市九龙山开发有限公司	客　运	20000	1	(5)		2009 年
	上海石油化工股份有限公司	原　油	25000	2	250		1975 年
		成品油液化	15000	1	136		1998 年
		原油液化气	50000	1	250		1996 年
	浙江世航乍浦港口有限公司	散杂货	10000	1	62		1992 年
			1000	1			
	浙江五洲乍浦港口有限公司	多用途	15000	1	80	2	2003 年
		件杂货	15000	1			
		多用途	15000	2	98	8	2005 年
	嘉兴市富春港务有限公司	多用途	20000	1	105		2008 年
	嘉兴市港口开发建设有限责任公司	通　用	15000	1	64		2006 年
		通　用	15000	1	60		2005 年
		滚　装	3000	1			
		石油化工	20000	1	160		2007 年
	浙江乍浦美福码头仓储	石油化工	30000	1	195		2008 年
	泰地石化集团有限公司	液体化工	20000	1	98		2006 年
				18(16+2)	1558(5)	10	
海盐港区	中铁大桥局集团	散杂货	3000	1			2005 年
	浙江海盐华电能源	液化气	1500	1	6		1999 年
	中港第二航务工程局	散杂货	3000	1			2004 年
	浙江钱塘港口物流	散杂货	5000	1	29		2007 年
	核电秦山联营有限公司	重　件	3000	1	10		1997 年
	浙江林龙港口有限公司	散杂货	3000	1	79		2008 年
				6(0+6)	124		
Σ				32(22+10)	3094(5)	10	

第二章　内河港口

第一节　历史沿革

嘉兴内河港由城郊、海宁、海盐内河、平湖、嘉善、桐乡六个港区组成，2010年港口吞吐量列全国内河主要港口第八位。到2010年年底，嘉兴内河港拥有内河码头泊位1784个，港口经营企业1053家，泊位长度78.6千米，港口吞吐量达9486万吨。

嘉兴内河港是嘉兴城市和经济发展的依托，是发展临港产业和实现河海联运的主要基础，承担着腹地经济发展所需物资、原材料的中转运输。随着嘉兴内河集装箱码头的建成，集装箱港口业务将成为嘉兴内河港的一项新颖业务，嘉兴内河港将逐步发展为现代化、多功能、综合性港口。

1949年以前嘉兴航区港口情况

嘉兴于宋代开港，宋置漕运司治于瓶山南。元时尝调祁州翼万户镇守，清光绪八年(1882年)，专设司码头的航政管理。民国16年(1927年)设船舶管理事务所，民国19年(1930年)成立浙江省航政局嘉兴事务所。中华人民共和国成立前，嘉兴航区大部分地区无固定码头停靠船舶。即使有少量固定码头，大多也是根据自然坡岸，由当地里人公助集资筹建于集镇的市梢，且客运与货运混用。乡村船舶大多依乡间货栈、米行而泊。集镇之间的航快船，则分航向分别停泊。

1949年以后嘉兴航区港口情况

中华人民共和国成立后，逐年在主要集镇上建起码头，在航线上也建起站点、埠头，彻底改变了以前船舶在自然坡岸停靠的简陋状况。旅客上下，货物装卸的条件也大为改善。

1986年，根据交通部(86)交函字149号文《关于开展全国港口普查工作的通知》的精神，嘉兴市航运管理处成立了嘉兴市港口普查工作组。普查工作从1986年6月24日至8月28日，历时二个月零五天。根据“一城一港、一县一港、一镇一港”的普查要求，在全市范围内共确定26个港口，其中河港25个。共调查了近五百个货主单位，测量了581个码头，930个泊位，统计了近千个装卸机械设施，编制了16份20万吨以上港口的文字说明，填写、绘制大量表格、蓝图，明确了港口的基本面貌和现状，为编制港口建设长远规划，有计划、有重点地对港口进行技术改造提供了比较全面的基础资料。

二十五个内河港口

嘉兴港

(一)港口位置及交通

嘉兴港位于浙江北部嘉兴市，地处杭(州)、嘉(兴)、湖(州)平原水网地带，属运河水系。嘉兴市地理坐标：北纬30度18分至31度，东经120度18分至121度18分之间。

陆路交通有沪杭铁路、公路G320国道和乍浦至苏州公路过境。北至苏州、上海，南往杭州，西通湖州、皖南，东至平湖、乍浦。杭申甲线通过本港，上行到杭州，下行达上海，沿嘉(兴)平(湖)乍(浦)航道通乍浦，经京杭运河至桐乡和苏州，经海宁塘、长水塘、嘉善塘至海盐、海宁、嘉善等县(市)。嘉兴港水陆河海中转极为方便，铁路、公路、水路内接外连四通八达，是杭嘉湖平原的重要铁、公、水中转换装港口。

(二)自然条件

(1)气温：多年平均气温15.7℃。极端最高气温39.4℃(1953年8月26日)，极端最低气温−11.9℃(1977年1月31日)；7月气温最高，平均28.2℃，1月气温最低，平均3.1℃。

(2)风：常风向为东南，频率11%。最大风速22米/秒(1967年3月26日)。全年≥8级风日数5.7天。

(3)降水：多年平均降水量1156.1毫米，一天最大降水量28998毫米（1962年9月6日）。平均降水日数140.2天，其中降水量≥10毫米的日数37.1天，最长连续降水日数16天。年均降雪6.8天，最大积雪深度20厘米。

(4)雾：多年平均雾日34.5天。最多54天，最少22天。

(5)水文：多年平均水位2.80米。历年最高水位4.38米(1954年7月15日)；最低水位1.59米。设计最低通航水位2.30米，最低水位一般出现在1月，平均2.55米，最高水位一般出现在9月，平均2.99米。

(三)经济腹地

嘉兴港直接腹地为嘉兴市所辖的城郊二区和五县

(市),1985 年有建制镇 39 个,集镇 108 个。人口 300 万人,面积 3915 平方公里,全市工农业总产值 72.52 亿元,其中工业总产值 58.22 亿元。1990 年年末总人口为 316.19 万人,人口密度每平方公里 808 人。农业人口 257.80 万人,非农业人口 58.39 万人。全民和城镇集体所有制工厂、企业 3518 个,全民和集体单位职工 40.31 万人,城乡个体劳动者 2.49 万人。工农业总产值为 203.61 亿元(当年价),其中工业总产值达 167.05 亿元。港口所在地城郊区,面积 968 平方公里,1985 年人口 68.64 万,工农业总产值 20.36 亿元,其中工业总产值 17.11 亿元。嘉兴港出口以大米、丝绸、纸张、皮革、家电等为大宗,进口以煤炭、钢材、石灰石和百杂货为主。

(四)历史沿革

嘉兴市开港于宋代,宋置漕运司治于瓶山南。元时尝调祁州翼万户镇守,清光绪八年(1882 年)后,嘉兴码头设员专司码头的航政管理。民国 16 年(1927 年)设置船舶管理事务所,民国 19 年(1930 年)成立浙江省航政局嘉兴事务所。1949 年 12 月建立浙江省航务管理局浙西管理所嘉兴分所,1953 年 7 月改名浙江省航运管理局嘉兴管理处,1958 年 1 月嘉兴管理处被撤销,1963 年成立浙江省航运管理局嘉兴管理处,及下属嘉兴航管站、所。1984 年筹建并成立浙江省嘉兴市航运管理处,2002 年更名为浙江省嘉兴市港航管理局,负责港航管理至今。

(五)港口现状

港口大多是自然岸坡略加施工配上吊机而成的简易码头。

城区内河道纵横,周围河网密布。港区东起东栅,西至三塔,南起嘉(兴)桐(乡)公路 4 号桥,北至嘉北百步桥,分布在东西长 6 公里南北宽 5 公里的范围内。港区岸线 11.77 公里;水域面积 30.6 万平方米;陆域面积 26.86 万平方米。本港有 9 个装卸作业区,计有吊机 87 台,最大负荷 15 吨,其他机械 79 台(辆),人力板车 636 辆,主要装卸工艺为:船→吊机→水平运输机械(或人力车)→库场,船→抓斗→皮带机→场。

1985 年,嘉兴市运输装卸公司为开发国际集装箱中转业务,建造码头一个,岸线长度 32.5 米。

嘉兴港包括货主码头在内的主要泊位共有 235 个(货主码头 167 个),其中客运泊位 9 个。码头总延长 5745 米,最大靠泊能力 120 吨(船)。沿港区河道有众多的工厂,大多利用自然岸坡进行装卸,利用自然岸坡装卸作业的地段长 800 多米。1985 年全港货物吞吐量 461.31 万吨,其中进口 254.81 万吨,出口 206.50 万吨,客运吞吐量全年 114.23 万人次。1990 年全港货物吞吐量 385 万吨,其中进口 272 万吨,出口 113 万吨。

王店港

(一)地理位置及交通

王店港位于长水塘嘉兴市王店镇。沿塘北上 16 公里至嘉兴接杭申甲线,公路北行 12 公里连接沪杭公路干线;沪杭铁路从港区通过。水陆交通便利。

(二)经济腹地

王店港以王店区所属的王店、建设、蚂桥、洪合四乡为依托。出口以砖瓦、粮食、水泥为大宗物资,运往嘉兴市区、杭州、上海等地。进口有煤炭、钢铁、化肥、农药及日用工业品等。

(三)历史沿革

1953—1963 年由嘉兴航管部门派员驻港。1963 年建立王店航管工作组,至 1968 年撤回。1980 年 6 月重新组建王店航管站。

(四)港口现状

王店港区范围:东至梅溪街末端,西到海鸥电扇一厂,南到王店乡砖瓦厂,北至嘉兴建材厂,呈丁字形。港区水域面积 1.78 万平方米,陆域面积 0.47 万平方米,自然岸线长度 1.81 公里。全港共有码头 15 座(其中交通部门码头 4 座),泊位 24 个(其中交通部门泊位 5 个),码头总延长 700 米,最大靠泊能力 100 吨。有仓库 2 座,总面积 210 平方米,堆场 6 处,计面积 9280 平方米。交通部门有库场 140 平方米,吊机 5 台,最大负荷 3 吨。物资部门吊机 9 台,最大负荷 10 吨。港口有集体所有制专业装卸单位一个,职工 127 人。1985 年,港口货物吞吐量 33.82 万吨,其中进口 7.14 万吨,出口 26.68 万吨;旅客吞吐量 7.63 万人次。1990 年,全港货物吞吐量 60.8 万吨,其中进口 40 万吨,出口 20.8 万吨。

新丰港

(一)地理位置及交通

新丰港位于乍平嘉航道嘉兴市新丰镇平湖塘,水路至平湖县城 12.6 公里,至乍浦港 26.7 公里,往西北到嘉兴市区 17.5 公里。陆路有乍浦至嘉兴的公路通过本港。

(二)自然条件(气象资料:气温、风、降水、雾同嘉兴港)

水文:历年最高水位 4.00 米(1954 年 7 月 31 日),最低水位 2.13 米(1978 年 7 月 9 日),平均水位 3.15 米。

(三)经济腹地

新丰港以新丰镇及步云、大桥、净相、竹林、新篁、曹庄、七星等乡为腹地。港口所在地新丰镇,工业有水泥厂、电瓷厂等。1985 年工业总产值 1266 万元,农业总产值 1050 万元。该港出口砖瓦、水泥、粮食,运往嘉兴、杭州、上海等地;进口主要有化肥、农药、煤炭、日用工业品等。

(四)历史沿革

新丰镇1953年成立船民协会,1956年组建运输合作社,1958年改为嘉兴县运输公司新丰营业站,1959年为新丰交通管理站,1961年仍为新丰运输站。航管机构:1953—1967年为新丰航管工作组,1982年1月组建新丰航管站。

(五)港口现状

新丰港区东起水产队,西至水泥厂,南至饲料厂,北至电瓷厂。港区总面积22585平方米,其中:陆域面积7235平方米,水域面积15350平方米。码头总延长339米,泊位总数21个,其中物资部门泊位15个。码头长321米,最大靠泊能力100吨。交通部门有吊机2台,最大负荷为3吨。库场面积有150平方米。主要装卸工艺流程:船→吊机或人力→板车→库场,港口有装卸专业单位一个,职工79人。1985年,货物吞吐量31.42万吨,其中进口16.64万吨,出口14.78万吨。1990年,全港货物吞吐量39.59万吨,其中进口21.35万吨,出口18.24万吨。

新塍港

新塍港位于嘉兴至新塍航线嘉兴市新塍镇,属长江水系。港区自然岸线长度0.56公里,水域面积1.93万平方米,陆域0.27万平方米。港区范围西起南亭子桥,东至电热厂,北起新塍饲料厂,南至新塍南黄站,港区呈十字型。主管单位城郊航管所新塍航管站。港口1958年货物吞吐量总计16.03万吨,其中出口5.86万吨。生产用码头泊位总延长564米,泊位30个,其中40吨级1个,30吨级7个,≦20吨级22个,有装卸搬运机械2台。1990年,货物吞吐量50万吨,其中出口30万吨。

硖石港

(一)地理位置及交通

硖石港位于海宁县(1987年2月12日海宁撤县设市)硖石镇。沪杭铁路从港区北缘通过。公路可北接杭沪公路,南连沪金(金丝娘桥)公路。水路北可至嘉兴,南至杭州,东至海盐,西至湖州。水陆交通四通八达,是杭嘉湖平原水、公、铁中转枢纽之一。

(二)自然条件

(1)气温:多年平均气温15.9℃,极端最高气温40.5℃,极端最低气温-12.4℃。7月气温最高,平均28.1℃,1月气温最低,平均3.5℃。

(2)风:常风向为东,频率14%,最大风速19米/秒。全年≧8级的大风日数7.9天。

(3)降水:多年平均降水量1151毫米,日最大降水量192毫米。年平均降水日数143.8天,降水量≧10毫米的日数36.7天,最长连续降水日数14天。年平均降雪7.8天,最大积雪深度17厘米。

(4)雾:多年平均雾日27.4天,最多50天,最少11天。

(5)水文:港区处运河水系,流速平缓。历年最高水位4.87米,最低水位-0.08米,平均水位2.8米。

(三)经济腹地

硖石港经济腹地海宁县。1985年,人口59.41万人,面积681平方公里,工农业总产值15.78亿元,其中工业总产值13.64亿元。港口所在地硖石镇,有工厂120多家,产品5000余种,1985年工业总产值3.4亿元。硖石港是海宁县及邻县的铁水中转港,进口以煤炭、化肥、非金属矿石、矿建材料、木材为主;出口以砖瓦、水泥为大宗,主要运往杭州、嘉兴、上海等地。

(四)历史沿革

硖石港在清末即形成商港。建国后,国民经济促进了港口的发展,1953年成立硖石航管工作组,后改为海宁航运管理所,负责港务管理。1961年年底改组为县交通管理所。近年来,结合水利工程建设,航道条件得以改善。20世纪60年代以来新建和扩建码头26座,共57个泊位。装卸企业陆续配备了装卸运输机械,全港货物吞吐量1985年比1960年增长6.8倍。

(五)港口现状

硖石港东起化肥厂,西至火车站,南到塘桥码头,北至沪杭铁路113号桥。港区岸线长4.65公里,水域面积18万平方米,陆域面积9万平方米。有仓库5处,计1501平方米;堆场10处,计11万平方米。码头60座,泊位92个,其中,靠泊能力为100吨级的泊位有38个,60吨级的有25个,港区航道可通航60~100吨船舶。

全港有各种装卸机械38台,最大起重能力5吨,皮带输送机8台,总长度80米。1985年货物吞吐量175万吨,其中进口97.7万吨,出口77.5万吨。旅客吞吐量124.8万人次。1990年,全港货物吞吐量170万吨,其中进口50万吨,出口120万吨。

长安港

(一)地理位置及交通

长安港位于海宁县长安镇,上塘河(上河)与运河水系(下河)的连接处。北经下河崇(福)长(安)港入杭申甲线,至嘉兴港55.6公里,至杭州艮山港区60公里。陆上有沪杭铁路,公路有胡家兜至长安线南接杭金(金丝娘桥)线,科(同)长(安)公路北接杭枫(泾)线,交通十分方便。

(二)自然条件(气象资料:气温、风、降水、雾同硖石港)

水文:上塘河与运河水系系不同水级,上塘河水位除灌溉及枯水期外,皆较运河水系为高。上塘河最高水位6.1米,最低水位2.68米,平均水位4.30米。属运河水系的崇长港最高水位5.06米,最低水位-0.08米,平均水位2.96

米。上塘河水暴雨后，常需开闸泄往崇长港，枯水期则需由崇长港翻水补充。

(三)经济腹地

港口所在地长安镇。主要农副产品有粮食、油菜籽、络麻、蚕茧。粮食产量占全县29.7%，菜籽占43.7%，络麻占78.2%。工业以丝绸等轻工业为主。长安港是县内西部各乡镇和邻县桐乡、德清以及湖州部分地区铁水中转的重要港口，进口以煤炭、非金属矿石、钢材、化肥为主；出口以粮食、砖瓦、水泥为大宗，运往杭州、上海、嘉兴等地。

(四)历史沿革

长安港历史悠久，早在宋代驰名远近，据"修川小志"记载"镇四面无山，上河之水直达艮山门，下河则江南川楚无所不通"。20世纪60年代以来新建改造了4座码头共12个泊位。1977年又新建了长安船闸。1985年，将老坝改建为升船坝，提高了上下河间过船能力。港口管理机构：1952年成立海宁航管站，后改为海宁航管处长安航管站。

(五)港口现状

长安港分上塘河和崇长港两片，全港岸线长1.09公里。码头总延长954米，泊位34个，靠泊能力为80吨的5个，60吨的有15个。交通部门有堆场4处，900平方米。港区河床稳定，枯水期上塘河可通航30吨船，崇长港可通80吨船。

港口装卸主要由海宁县第二搬运装卸公司承担。各种装卸机械17台，最大起重能力6吨。1985年港口吞吐量46.2万吨，其中进口10.1万吨，出口36.1万吨；旅客发送量41.08万人次。1990年全港货物吞吐量85万吨，其中进口25万吨，出口60万吨。

许村港

许村港位于上塘河海宁县许村乡，属长江水系。港区自然岸线长度0.35公里，水域面积0.9万平方米，陆域0.15万平方米，港口范围东起东街，西至西街，南至桥南弄，北至水泥厂。主管单位：海宁市航管所许村航管站。1985年，港口货物吞吐量总计18.30万吨(交通部门5.5万吨，物资部门12.8万吨)，其中出口6.91万吨(交通部门1.11万吨，物资部门5.8万吨)。生产用码头泊位，总延长187米(交通部门22米，物资部门165米)，泊位10个，均为30吨级。交通部门生产用仓库总面积100平方米，容量78吨；生产用堆场总面积160平方米，容量80吨。生产用装卸起重机3台，最大起重能力4.5吨。1990年，货物吞吐量2.78万吨，其中出口1.26万吨。

斜桥港

斜桥港位于洛塘河海宁县斜桥镇，属长江水系。港区自然岸线长度0.40公里，水域面积1.31万平方米，陆域0.35万平方米，港区范围东起电镀厂，西至红桥，南至斜桥蔬菜队，北至斜桥车站。港口主管单位为海宁市航管所斜桥航管站。港口1985年货物吞吐量总计13.16万吨(交通部门10.30万吨，物资部门2.86万吨)，其中出口3.24万吨(交通部门2.78万吨)；旅客吞吐量2.50万人次。生产用码头泊位总延长400米(交通部门220米)，泊位18个(交通部门14个、含客运1个，物资部门4个)，100吨级3个，80吨级3个，60吨级4个，≤40吨级8个。交通部门生产用堆场，总面积410平方米，容量205吨。有起重机7台。客运房屋建筑面积40平方米(候船室30平方米)。1990年货物吞吐量20万吨，其中出口8万吨。

袁花港

袁花港位于长山河海宁县袁花镇，属长江水系。港口自然岸线长0.25公里，水域面积3450平方米，陆域780平方米。港区范围东起袁花镇中心小学，西至丝厂桥，南起政府桥，北至横塘桥。主管单位为海宁县航管所袁花航管站。港口1985年货物吞吐量4.57万吨，其中出口1.83万吨，码头泊位总延长115米，最大靠泊能力35吨，泊位8个，内客运码头泊位1个，长30米，年旅客吞吐量1.52万人次。1990年货物吞吐量325万吨(含石料)，其中出口310万吨。

魏塘港

(一)地理位置及交通

位于长江下游杭嘉湖平原东北部的嘉善县魏塘镇，居县境中部偏南地区，东经120°55′，北纬30°50′。水路东与枫泾塘、西与三店塘相接，南距六平申线不足20公里，北去杭申甲线不足4公里。陆路有沪杭铁路、杭枫公路(320国道)，在魏塘镇以北，自东徂西，穿越全境，且为县乡公路中心大站。水陆两路均可直达杭州、上海、湖州、乍浦及苏南、浙北地区，水路至嘉兴23公里，至杭州121公里。交通便利，嘉善县水、公、铁中转港，为县内第一大港。

图3-2-1 嘉善东门货运码头

(二)自然条件

风向属亚热带东亚季风区,夏季盛行东南偏东风,冬季盛行西北风,常年最大风速 20 米/秒,年平均风速 3.134 米/秒。

(1)气温:1 月最冷,最低气温曾达零下 10.8℃(1977 年 1 月 31 日),月平均气温 3.3℃;7 月最热,最高气温曾达 40℃(1934 年),月平均气温 27.6℃;年平均气温 15.5℃。

(2)降水量:年平均降雨 129.4 天,年平均降水量 1085.3 毫米。通常有两个相对的干季和雨季:4 月至 6 月由春雨进入梅雨,是第一个雨季;8 月下旬至 9 月受台风和冷空气影响,是第二个雨季;7 月中旬到 8 月中旬晴热少雨,是第一个相对干季;10 月到翌年 3 月天气寒冷,是第二个相对少雨期。

(3)霜:常年 11 月中旬出现初霜,3 月下旬终霜,年平均无霜期 236 天。雪每年 12 月至翌年 3 月之间为降雪期,年平均降雪 10 天左右。大雪不多。1984 年一次大雪,积雪达 17 厘米,为近 30 年来所罕见。

(4) 雾:常年最多有雾期 55 天 (1983 年),最少 30 天 (1984 年),平均有雾 42 天。

(5)水文:港区受黄浦潮汛影响,为感潮河段。最高潮位 3.6 米(1962 年 9 月 6 日),平均高潮位 2.84 米;最低潮位 1.88 米(1970 年 12 月 19 日),平均低潮位 2.72 米;平均潮位 2.78 米。设计最低通航水位 2.20 米。

(三)经济腹地

旧时嘉善经济,有“金平湖,银嘉善”之称。魏塘镇是县人民政府所在地,为全县政治、经济、文化中心,面积 3.8 平方公里,穿城大街延袤 3 公里以上。幅员宽广,商业经营为全县之冠。抗日战争前,城区内外市整齐,商业兴盛。抗战期间,屡遭敌机轰炸,又受日伪长期破坏,从此废墟满目,萧条不振。解放后,随着国家经济建设的恢复和发展,面貌日新,特别中共十一届三中全会以来,新楼迭起,店肆林立,商市繁兴,工厂逐年增多,工农业生产逐年增长,物资交流活跃,促进了交通运输业的发展。1988 年,全镇人口 35896 人,有全民、集体商店 410 余家(个体商店尚未统计),全年营业额 717.5 万元。尤以对工业的开发,门类日增。1985 年已由国务院列入第一批对外开放城镇。1988 年,全镇有 20 个系统办的各种经济体制的工厂 113 家。据工业局、二轻总公司、镇政府三个系统的 35 家工厂企业统计,总产值 30139 万元,另有 6 家个体办工厂的总产值 41 万元。余者尚未统计。产品中如服装,地毯,丝织品和扬声器等,远销欧美及东南亚地区,年创汇达数百万美元。

魏塘港是全县最大的客货运集散口岸,据航管所统计,1985 年全年货物吞吐量为 133.61 万吨;1988 年货物吞吐量为 108.83 万吨 (其中进口 80.74 万吨,出口 28.09 万吨)。进口货物,以煤炭、石油、矿建材料,化工原料和日用工业品为主;出口货物,以粮食、砖瓦、水泥、化肥及多种轻工业制品为大宗。港区水陆两路通往沪杭及苏南、浙北各地均极便利,是全县水、公、铁路的运转中枢,邻县平湖、湖州、吴江(江苏省)等地,也有大量物资,由此中转。

(四)历史沿革

1952 年 1 月成立华东联运公司嘉善营业站,同年 8 月成立嘉善县航运管理站,1958 年 1 月成立嘉善县民船管理所,1958 年 11 月与嘉兴县合并改为嘉兴县民船管理所,1961 年 5 月与嘉兴县分开成立嘉善县交通管理所,1979 年 1 月成立嘉善县航运管理所,2002 年 8 月改为嘉善县航运管理处,负责港航管理。

(五)设备规模

港区由魏塘市河,人民桥港及火车站西洪、北浜所组成。自 1952 年开港以来,实际使用范围,包括罗星、凤桐两乡的部分地段在内,东起孙家桥,西至凤桐砖瓦厂,南迄县建筑公司仓库,北至嘉善啤酒厂,自然岸线总长 1.69 公里,总面积 4.46 万平方米,其中陆地面积 1.34 万平方米,水域面积 3.12 万平方米。在解放以前的漫长时期里,港区内河道浅狭,桥梁低矮,市河一般只能通行 5 吨以下船舶,未有正规码头。解放后魏塘市河几经疏拓,河西平均宽度已达 25 米,旧时桥梁也已拆除或改建新桥。1988 年,港区内有公用码头 7 座,物资部门专用码头 29 座,60%都有浆砌块石驳岸,分布泊位 88 个,总长 1257.9 米,最大靠泊能力为 100 吨,最小靠泊能力 10 吨。有各类仓库 41 座,建筑面积 29.47 万平方米;堆场 6 处,占地面积 2.25 万平方米,其中 3 处属铁路车站堆场,面积 1.68 万平方米。码头上装有各式吊车 57 台,最大起重能力为 5 吨。有火车站、人民桥客运码头 2 座。港区内铁路南北航道,因受铁路桥梁净空的影响,通航能力不同:东门外路南航道,因受 63 号、64 号桥孔限制,枯水期仅可通行 40 吨级船舶;西门外 67 号桥航道,枯水期可通 60 吨级船舶,67 号桥北码头,100 吨级船舶可常年满载停靠。港口物资装卸的基本力量是嘉善汽车运输装卸公司的工人。1988 年,该公司共有装卸工 281 人,分市内及火车站两个作业区,拥有各式吊车 59 台,输送机 45 台,货运汽车 13 辆,叉车 3 辆,劳动车 400 余辆,用人力操作的陆地最大移动能力为 80 吨。

此外,魏塘劳动服务公司装卸站,也有职工 44 人,拥有吊车 2 台,劳动车 40 余辆,从事港区内零星物资的搬运及仓库整理等劳务活动。

下甸庙港

(一)地理位置及交通

下甸庙港位于嘉善县北部下甸庙乡芦墟塘，水路北接长湖申线仅5公里，陆上有善汾(玉)公路经过本港，至嘉善县西塘镇仅3公里余。

(二)自然条件(气象资料：气温、风、降水、雾同魏塘港)

水文：历年最高水位3.75米(1963年9月24日)，最低水位1.88米(1979年1月26日)，平均水位2.72米。

(三)经济腹地

港口以所在地下甸庙乡为依托，进口煤炭、矿建材料、石灰石，出口水泥、石灰、砖瓦及其他物资，流向上海、江苏和省内等地。

(四)历史沿革

1952年1月华东联运公司成立嘉善营业站，同年8月成立嘉善县航运管理站，负责对下甸庙港的管理。1963年4月设下甸庙工作组。1979年1月，成立嘉善县航运管理所。1980年3月设立下甸庙航运管理站。

(五)港口现状

港区范围尚未划定，使用岸线长0.31公里，水域面积0.59万平方米，陆域面积300平方米。共有9座码头，其中有客运码头1座，泊位共15个。最大靠泊能力100吨，港区航道100吨级船舶可常年满载出入港区进行装卸作业。港内有各种装卸输送机械9台，吊机仅1台。装卸作业由下甸庙装卸站完成。该站有职工85人，主要装卸工艺为：船→人力→皮带输送机→堆场。船→吊机或人力→人力车→库场。

1985年，全港货物吞吐量45.21万吨，其中进口24.86万吨，出口20.35万吨；旅客发送量15.20万人次。1990年，全港货物吞吐量24.84万吨，其中进口16.35万吨，出口8.49万吨。

西塘港

西塘港位于嘉善县西塘镇，属长江水系。港口自然岸线长0.31公里，水域面积1030平方米，陆域580平方米。港区范围：南起轮船码头，北至酒厂，东起粮库，西达化工厂。主管单位嘉善县航管所西塘航管站，港口1985年货物吞吐量9.58万吨，其中出口3.17万吨，码头、泊位总延长106米。泊位9个。最大靠泊能力100吨级。内客运泊位1个，长31米，年旅客吞吐量22.55万人次。1990年，货物吞吐量26.97万吨，其中出口7.51万吨。

干窑港

干窑港位于伍子塘嘉善县干窑镇，属长江水系。港区自然岸线长0.22公里，水域面积920平方米，陆域580平方米，港区范围南起建材厂，北至砖瓦厂，西起机电五金厂，东至砖瓦厂公路。主管单位嘉善县航管所干窑航管站。1985年，港口货物吞吐量7.41万吨，其中出口1.96万吨。码头泊位总延长154米，最大靠泊能力40吨，泊位8个，内客运码头1个。1990年，货物吞吐量34.89万吨，其中出口11.24万吨。

平湖港

(一)地理位置及交通

平湖港位于平湖县城关镇，港区东至吕公桥、吉芳桥一带，南连东湖宝塔圩直到新桥，北至酒厂和平湖师范，西靠白马堰，南北1.5公里，东西3公里，总面积28万平方米，内码头陆域2.5万平方米，水域14.6万平方米，自然岸线长12.4公里，港口以东湖为中心，航道向四周辐射，北出上海塘99公里可抵上海港，西南顺海盐塘26公里可到海盐港，东南沿乍浦塘14公里达乍浦港，西循嘉兴塘33公里进嘉兴港，陆路有乍王、平善、平斜公路，水陆交通均颇便利。

图3-2-2 平湖东门货运码头

(二)自然条件

(1)气温：多年平均气温15.7℃，最热7月，平均28.3℃，最高38.1℃(1957年7月24日)；最冷1月，平均3.6℃，最低-10℃(1977年1月31日)。

(2)风：年均风速3.4米/秒，最大风速32.2米/秒(11级，1969年7月15日)。3月底风向逐渐由西北易东南，夏季多为东南风。全部受台风影响约3~4天。

(3)降水：年均降水量1157.5毫米，日最大降水量276.4毫米(1977年8月22日)。年均雨日135天，4至7月降水较多。年均降雪6.2天，最大积雪深度15厘米。

(4)雾：冬春有雾，年均雾日31天，最多55天，最少8天。最长持续20小时44分(1979年1月28日)。

(5)水文：年均水位2.62米，最高4.5米(1962年9月6日)，最低1.76米(1959年1月22日)。平均流速0.3米/秒至0.35米/秒。

(三)经济腹地

平湖港经济腹地为平湖县。1985年人口44.7万人，面积 536.9 平方公里，河道湖泊 34.75 平方公里。耕地面积 54.71 万亩，是全国主要产粮区之一。农副产品以水产、西瓜等为主。工业有标准件总厂、棉纺厂等市、县企业 87 家。1985 年工农业总产值 9.47 亿元，其中工业总产值 7.4 亿元。港口所在地城关镇，人口 3.86 万人，面积 2.8 平方公里，工农业总产值 2291.12 万元。港口进口物资主要为矿建材料、燃料及其他物资，出口主要是矿建材料、粮食、橡胶制品等，运往上海、杭州、嘉兴等地。

1990 年，工农业总产值 152735 万元(1980 年不变价)，比 1949 年 6035 万元增加 24.3 倍。粮食 35.15 万吨，比 1949 年 7.198 万吨增加 3.88 倍。1990 年，有工业企业单位 3677 个(包括省、市、县、镇、乡、村所属全民或集体企业及个体工业企业)，工业总产值 131461 万元，比 1949 年 1649 万元增加 78.72 倍，拥有棉纺织、标准件、化纤、印刷、水泥、橡胶、化肥、丝织地毯等一批骨干企业，拳头产品标准紧固件、棉纱、锦纶丝、橡胶制品、丝毯、针织品、棒冰模等畅销国内市场，有些还销往国外。

(四)历史沿革

平湖港于明代宣德年间形成。中华人民共和国成立后，经济建设促进了港口的发展，于 1951 年成立航运管理站负责航运管理。1979 年改为平湖县航运管理所，2002 年 8 月改为平湖县航运管理处至今。

(五)港口现状

1990 年，全港有客运码头 1 个，货运码头 41 个，设泊位 57 个，最大靠泊能力 120 吨级船舶，其中交通部门码头 6 座，泊位 11 个，客运泊位 3 个，可靠泊 60 吨级船舶，仓库 29 座，面积 13745 平方米，堆场 32 个，计 42223 平方米，吊机 24 台，最大起重能力 5 吨，输送机 23 台，长 235.5 米。平湖港码头岸线分散，总长 12.4 公里，物资部门码头占 83%。陆域 2.5 万平方米，物资部门码头占 32%，水域 14.6 万平方米，物资部门占 78%。

客运码头：解放前，平申线私营轮船公司自建简易木质码头，分设于渡船弄口及白地附近。解放后，1952 年，县人民政府拨款 8500 元，私营轮行集资 4000 元(已折现币)，在白地上东湖边建直立式混凝土公共码头，长 55.1 米，面积 305 平方米，并建砖木结构候船室，面积 127.2 平方米。1969 年 9 月，浙航平湖营业站建新候船室，翌年 4 月竣工，使用面积 399 平方米。码头亦扩建，长 71.8 米，面积 485 平方米。1989 年 7 月起，站屋分批拆旧建新，建筑面积 1224 平方米，其中候船厅 365 平方米，售票处 190 平方米，3 层办公楼 669 平方米，于 1991 年竣工使用。1990 年 12 月，码头动工，向外扩宽 1.3 米。旅客发送量在 1985 年前持续增长，1985 年达 104.72 万人次；此后逐年下降，至 1990 年约降 60%。1997 年，全市所有客运班线全部停航，1999 年，东湖风景区建设开始，平湖客运站被拆除。目前在水面上留下一个缆船墩。北门教化桥畔原有嘉善线客运小码头一座，因 1986 年年底航线撤销关闭，后改建为航管所用房。

货运码头：解放前，港区无专用货运码头。货船到港，靠东湖滩一带米行前石木结构踏渡或白地、南廊下一带自然湖岸装卸。1959 年 4 季度，在三元桥北竹行头一带湖滩建第一座货运码头，长 112 米，可靠泊 60 吨级船舶。1978 年，经县批准，交通部门在西宝塔桥北线湖边，用挖深主航道，以废土填滩方法建货运作业区，包括码头 5 个，共围地 21.6 亩，填土 7.2 万立方米；砌筑挡土墙 260 米，岸线长 360 米，1980 年建成投产。设 120 吨级泊位 4 个，60 吨级泊位 3 个，仓库 4 座，计 682 平方米，简易堆场 5 个，计 12642 平方米，由平湖装卸运输公司设吊机 4 台，输送机 10 台，计 94.5 米，安排 70 余名工人装卸作业，主要货种为煤炭及建筑材料，1981 年吞吐量为 10.85 万吨，1985 年为 22.8 万吨，1990 年为 25.43 万吨。1990 年，全港有码头 41 个，岸线 1779 米，泊位 60 个。35 个货主码头中，有 120 吨级泊位 1 个，100 吨级泊位 11 个，余为 60 吨、40 吨级不等，设有吊机 19 台，由平湖装卸运输公司 8 个班组共 50 余名工人装卸作业。港区物资进大于出，进口主要为矿建材料与燃料，出口主要为大米、食油、水泥、标准件及橡胶制品等，运往上海、杭州、嘉兴等地。1985 年，全港货物吞吐量为 108.49 吨，其中进口 69.31 吨，出口 39.18 吨。1990 年为 142.60 万吨，其中进口 82.15 万吨，出口 60.46 万吨。

1999 年，因东湖风景区建设需要，货运作业区迁至平湖市工业园区内乍嘉苏航道北侧(白马堰)，有堆场 2 个(2 万平方米)，岸线长 452 米，设 500 吨泊位 2 个，300 吨泊位 11 个，吊机 6 台，年吞吐量 100 万吨。各货主码头也随东湖建设而纷纷搬迁至其他主干线航道两侧，同时也增设了许多私营码头。

2005 年年末，平湖港(包括当湖街道、钟埭街道、曹桥街道)有货运码头 35 个，泊位 128 个，码头长度 3398 米，吊机 68 台，最大靠泊能力 300 吨，年吞吐量 318.97 万吨，其中进口 172.4 万吨，出口 146.57 万吨。

新埭港

新埭港位于平湖至上海航线平湖县新埭镇，属长江水系。港区自然岸线长度 4.0 公里，水域面积 2.04 万平方米，陆域 0.21 万平方米，港口陆域范围东起青阳汇磷肥厂，西至陆家埭。主管单位平湖县航管所新埭航管站。港口 1985

年货物吞吐量总计 19.69 万吨，其中出口 9 万吨（物资部门）。生产用码头泊位总延长 482 米，有 16 个泊位，100 吨级 4 个，60 吨级 8 个，40 吨级 4 个。候船室面积 102 平方米。客运泊位为 100 吨级，长 20 米。旅客吞吐量总计 14.63 万人次。1990 年，货物吞吐量 21.66 万吨，其中出口 9.9 万吨。1997 年，由于全市水上客运班线的撤销，客运码头自此停用。2005 年年末，全港有货运码头 12 个，泊位 39 个，码头长度为 1945 米，吊机 35 台，最大靠泊能力 400 吨。年货物吞吐量为 176.24 万吨，其中进口 102.55 万吨，出口 79.63 万吨。

新仓港

新仓港位于广陈塘平湖县新仓镇，属长江水系。港区自然岸线长度 4.6 公里，港区水域面积 1.30 万平方米，陆域 0.51 万平方米，港区范围陆域东起二轻水泥厂，西至三久村。主管单位平湖县航管所新仓航管站，港口 1985 年货物吞吐量总计 12.88 万吨，其中出口 4.94 万吨，生产用码头泊位总延长 330 米（交通部门 10 米，物资部门 320 米），泊位 11 个（交通部门客运泊位 1 个，物资部门 10 个），其中 100 吨级 2 个，60 吨级 2 个，40 吨级 6 个，15 吨级 1 个，客运候船室 38 平方米，旅客吞吐量 6.52 万人次。1990 年，货物吞吐量 14.17 万吨，其中出口 6.47 万吨。

1997 年，由于全市水上客运班线的相继撤销，客运码头随之停航。2005 年年末，全港有货运码头 27 个，泊位 114 个，码头长度为 3954 米，吊机 75 台，最大靠泊能力 300 吨。年货物吞吐量为 178.88 万吨，其中进口 95.05 万吨，出口 83.83 万吨。

广城港

广城港在广城塘和盐船河汇合处。据史籍载，古广城涉海，开港甚早。元时番舶列肆于此，商贩云集，古称广城。后涨沙成陆，港务衰落。近年乡村企业渐趋发展，除客运码头外，广城粮管所有专用码头。

武原港

（一）地理位置及交通

武原港位于杭州湾北岸，海盐县城关武原镇，港区东起东海桥，西至原海盐麦芽厂码头，南至武通港，北到北门石油仓库，岸线长 1925 米，水域面积 4.62 万平方米，陆域面积 2.39 万平方米。港区航道是武原市河，经内河去乍浦港 42 公里，沿角平申线至上海 126 公里，自海盐塘至嘉兴 41 公里。陆路有沪杭公路、盐硖公路。

（二）自然条件

(1)气温：多年平均气温 15.9℃，极端最高气温 38.1℃（1978 年 7 月 8 日），极端最低气温 −10.8℃（1977 年 1 月 31 日）。7 月气温最高，平均 28.4℃，1 月气温最低，平均 3.5℃。

(2)风：平均风速 3.2 米/秒，历年最大风速 22 米/秒。常风向为东，频率 14%。全年≧8 级大风的日数 2.8 天。

(3)降水：多年平均降水量 1124.6 毫米，一日最大降水量 123.6 毫米（1977 年 8 月 22 日）。年均降水日数 148.3 天，其中降水量≧10 毫米的日数 38.9 天，最长连续降水日数 12 天。年均降雪 6.1 天，最大积雪深度 16 厘米。

(4)雾：年均雾日 23.8 天，最多 35 天，最少 17 天。时间多发生在 11 月至次年 4 月，最长持续时间 10 小时。

(5)水文：历年最高水位 4.88 米（1963 年 9 月 12 日），最低水位 1.53 米（1967 年 9 月 1 日），平均水位 2.8 米。

（三）经济腹地

武原港是海盐县境物资主要集疏地，港口以南 17 公里的长川坝，石料蕴藏量丰富，仅地面就有 10 亿 4000 万吨，是海盐县三大建材基地之一。

到 1990 年年底，有建材生产企业 34 家，年产石料 374 万吨，水泥 5.6 万吨，砖瓦 16.7 万吨。建材物资大多直接运往上海等地，部分经武原港中转。进口货物以钢铁、煤炭为主，出口以粮食、油菜籽、建材为主。

（四）历史沿革

1923 年本港第一艘客轮自海盐首航至嘉兴，开始了港口生产的历史。但因建国前港口长期处于自然状态，无正式码头，装卸都利用自然岸坡依靠人力进行，年吞吐量仅 0.2 万吨左右。1968 年结合兴修水利，对市河全面拓宽浚深，并改建了全部跨航桥梁，使航道通航等级由原来的 10~20 吨级提高到 60~100 吨级，港口通过能力得到大幅度提高。

1953 年建立海盐航运管理站，1958 年 11 月，海盐、海宁两县合并后成立了海宁县武原航管站，1961 年 5 月两县分开成立了海盐县航运管理站，1979 年改建为海盐县航运管理所。

（五）港口现状

港口区域尚未正式划定，使用范围为：东起东海桥，西至海盐麦芽厂码头，北至石油仓库，南至武远大桥。岸线长 1925 米，水域面积 4.62 万平方米，陆域面积 2.38 万平方米。全港有货运码头 53 座，泊位 73 个，最大靠泊能力 100 吨。仓库 3 座，计 1012 平方米，堆场 9 处 12299 平方米，装卸机械有 55 台，最大起重能力 5 吨，客运码头 1 座，泊位 4 个，客运站面积 317 平方米。

武原港有专业装卸单位 5 个，其中武原装卸公司隶属县交通局，有职工 328 人，装卸机械 32 台，其余均为民办性质。主要装卸工艺为船→吊机（或人力）→人力车（或机动车）→库场。客运由嘉兴航运分公司海盐营业站经营。1985 年，港口货物吞吐量 151.2 万吨，其中进口 122.3 万吨，出口28.9万吨；旅客发送量41.9万人次。1990年，全港有货运码头53座，泊位73个，最大靠泊能力100吨；仓库3座，共计1012平方米；堆场9处，12299平方米；装卸机械55台，最大起重能力5吨；客运码头1座，泊位4个，客运站面积317平方米。1990年，全港货物吞吐量56.288万吨，其中进口28.58万吨，出口27.7万吨。2000年，全港有货运码头78个，泊位122个，码头长度3560米，最大靠泊通力100吨，年通过能力1126万吨，当年年吞吐量92.69万吨。2007年，武原港全年吞吐量199万吨，其中进口181万吨，出口17.8万吨。

角里山港

(一)地理位置及交通

角里山港位于海盐县西南部角里山，是角平申线航道的起点，水路距海盐武原镇20.8公里，离上海144.47公里，港口以北2公里处与澉跨线(长命河)接通。陆上有简易公路4公里至角里堰角与杭金公路衔接。

(二)自然条件

四季分明，年平均气温15.9℃，最高气温38.1℃，最低气温-10.8℃。年平均降水量1124.6毫米，年均降水约148.3天。平均水位2.8米，最高水位4.88米，最低水位1.53米，最低通航水位2.2米。

(三)经济腹地

角里山港为建筑石料出口港，它以角里山为中心，四周建有轧石厂、石料厂等厂矿企业。角里山原山高87.7米，开采量大，地面资源将近枯竭，从1983年起部分厂矿已转入地下层采掘。角里山港是嘉兴航区出口建筑石料货源基地之一，年均出口石料129万吨左右。角里山南面1公里处的中文山，石料蕴藏约4700万吨，已投产。

(四)历史沿革

角里山开采石料历史悠久，由于石质坚硬，在华东地区一带久负盛名。1954年5月设立角里山船舶签证点，至1976年撤消。矿区原仅有一条航道，通航能力40至60吨级船舶，1979年由海盐县交通局负责实施新开挖角里山矿区环行航线，通航能力已达到100吨级船舶。1981年后，角里山港航政管理工作由海盐县航运管理所通元航运管理站负责。

(五)港口现状

角里山港以角里山为中心，港区沿山环绕。岸线长723米，水域面积1.83万平方米，陆域面积0.29万平方米。4个装卸作业区，码头26座，占用岸线113，4米，泊位26个。有石子仓库6座，容量1.1万吨。码头装卸由各厂矿企业自行承担，工艺流程：一是石料库→皮带输送机→装船；二是堆场(或轧石机)→人力车→装船。

沈荡港

(一)地理位置及交通

沈荡港位于海盐县沈荡镇嘉(兴)(海)盐航道，距县城武原镇14公里、嘉兴市27公里。陆上有海盐至嘉兴的公路。

(二)自然条件(气象资料：气温、风、降水、雾、水位均同武原港)

(三)经济腹地

港口所在地沈荡镇，1990年有人口1.3万人，总面积25.68平方公里。耕地面积2.06万亩，以种植水稻为主。全镇有水泥厂2个，年产6万吨左右，砖瓦厂3个，年产近20万吨，另外还有缫丝、胶木、灯具、电机、毛巾和水泥制品等厂。港口出口大宗物资是建材、粮食、水泥，进口主要是煤炭和石灰石。

(四)历史沿革

沈荡镇是水乡集镇，建国前粮食、百杂货等物资进出多靠水运，港口吞吐量0.2万吨左右。建国后，建材工业较大的发展促进了港口的兴旺。1981年5月，建立沈荡航管站，负责港口管理。

(五)港口现状

港口岸线长532米，水域面积1.28万平方米，陆域面积0.28万平方米。货运码头17座，泊位22个，最大靠泊60吨船。仓库面积152平方米。堆场320平方米。客运码头1座，泊位2个，客运站面积190平方米。港区航道通航60~100吨级船舶。有专业装卸单位1个，职工106人，部分物资由货主单位自行装卸。装卸多靠人力并利用一些简易机械，如滑板、人力车等。1985年，港口货物吞吐量29.25万吨，其中进口16.68万吨，出口12.57万吨，旅客发送量24.39万人次。1990年，全港货物吞吐量13.26万吨，其中进口6.12万吨，出口7.13万吨。

官堂港

(一)地理位置及交通

官堂港位于角(里山)平(湖)申(上海)航线海盐县官堂乡。去县城武原镇7公里。公路有通(元)官(堂)落(堂头)线，并有简易公路与沪杭公路衔接。

(二)自然条件(气象资料：气温、风、降水、雾、水文均同武原港)

(三)经济腹地

港口所在地官堂乡，人口1.15万人，面积17.9平方公里，耕地面积16052亩。其港口附近优质石料蕴藏丰富，是海盐县三大建材基地之一。港口进口以矿建材料及石灰石为主，出口以石料、水泥为大宗。

(四)历史沿革

建国前，该处物资进出仅几百吨。1970年，结合兴修水利，对河道进行拓宽疏深，原来通航20吨的航道提高到60吨级。由于交通条件的改善，使建材工业得到迅速发展，促进港口的兴起。1985年11月设立官堂航管站，负责港口管理。

(五)港口现状

港口岸线长1152米，水域面积2.3万平方米，使用的陆域面积4600平方米，客运停靠站1处，装卸点10处，泊位20个，码头总延长382米。自然岸坡装卸作业长度547米，最大靠泊能力60吨。本港装卸都由货主自行负责，装卸主要靠人力，辅以少量装卸机械。装卸工艺为：船→人力(或吊机)→人力车。

1985年，该港吞吐量26.6万吨，其中进口15万吨，出口11.6万吨。1990年，全港货物吞吐量168.76万吨，其中进口6.22万吨，出口162.54万吨。

通元港

通元港位于六平申线海盐县通元乡，属长江水系。港口自然岸线长0.18公里，水域面积2800平方米，陆域700平方米。港区范围为通元集镇范围内市河。主管单位为海盐县航管所通元航管站。码头泊位总延长64米，最大靠泊能力100吨级，泊位4个。1985年，港口货物吞吐量6.01万吨，其中出口3.40万吨。1990年，货物吞吐量178.76万吨(含石料)，其中出口168.61万吨。

西塘桥港

海盐县西塘桥港位于(海)盐平(湖)塘西塘桥乡，属长江水系。港口自然岸线长0.27公里，水域面积6900平方米，陆域1070平方米。港区范围：西塘桥集镇区内水域。主管单位：海盐县航管所西塘航管站。码头泊位总延长251米，最大靠泊能力60吨级，泊位11个(客运泊位1个，长40米，物资部门泊位有9个)。1985年，港口年货物吞吐量7.93万吨，其中出口3.20万吨，年旅客吞吐量2.98万人次。1990年，货物吞吐量10.68万吨，其中出口5.53万吨。

澉浦港

(一)地理位置及交通

澉浦港位于杭州湾北岸，澉浦镇南部，目前尚未复港。陆路有简易公路3.5公里至澉浦镇，与杭金公里衔接。海运船舶出杭州湾可通上海、舟山、宁波、海门、温州等地。内河航道经长山河与六平线、六硖线、盐嘉线等相接，沟通杭嘉湖及上海个城镇。

(二)自然条件

气象：平均气温16.20C，最热8月份出现平均温度28.6C，最低出现在1月份，平均4.8C。雾况：平均年雾12天，春季每月雾2—5天，以平流雾为主。

潮位：1952—1979年资料，潮型为不规则半日潮，验潮零点以吴淞零点起标，平均高潮位4.91米，平均低潮位0.58米，平均海面2.2米，最大潮差8.87米。

风况：多年平均风速3.8米/秒，最大风速13米/秒，风向为东，常风向以东南为主，频率13%。

(三)经济腹地

澉浦港北宋始建码头。南宋迁都临安(今杭州)后，澉浦为畿辅，外贸交盛。宋常棠《澉水志》记载：“淳祐六年(1246)创市舶官，十年置场。《图经》宋时大食(阿拉伯帝国)、古罗(泰国)、占城(越南)、阇婆(今印度尼西亚)、勃尼麻逸(菲律宾)三佛齐(苏门答腊)诸番并通贸易，以金银、铅锡、瓷器、香药、犀象、珊瑚、镔铁、鳖皮、玛瑙、水晶、番布、苏木等物”。开禧元年(1205)，置澉浦水军，为海军要塞，成为军贸两用港口。

元时，澉浦是商界往来的要冲之地，“远涉诸番，近通福广”。至元十四年(1277)，在杨发之子杨梓任杭州路总管时，澉浦码头与日本、朝鲜等国外贸最多。

码头进出口的兴盛，促进了澉浦政治、经济、文化的发展，居民增加，街衢纵横，商业、手工业繁荣，成为江浙有名的大镇，与沪渎(今上海)、庆元(今宁波)两码头齐名。

(四)历史沿革

明代，因倭寇骚扰，军方实行海禁港口关闭。嘉靖三十六年(1557)倭乱基本平息，朝廷“将浙西的澉浦、海盐、乍浦”三处，设立上中下三关，作为对外通商口岸。后因上海港的兴起，加上港口泥沙淤积，码头船舶中断。三十四年(1695)，澉浦码头属这海关置的十五处分口之一，管理船舶进出口和征收货物关税。

梧桐港

(一)地理位置及交通

梧桐港位于康泾塘桐乡县城梧桐镇，沿康泾塘往北约3公里进入杭申甲线。水路距杭州81公里，距嘉兴23公里。经金牛塘15.7公里可抵乌镇通京杭大运河（杭申乙线)。港区背靠杭申公路，另有支线公路与石门、乌镇、硖石相通。水陆交通便利。

图3-2-3　桐乡货运码头

（二）自然条件

(1)气温：多年平均气温15.8℃，极端最高气温39.5℃，极端最低气温-11℃。7月气温最高，平均28.0℃；1月气温最低，平均3.3℃。

(2)风：常风向为东南偏东，频率14%。最大风速15.3米/秒(1979年3月10日)，全年≥8级的大风日数4.8天。

(3)降水：年平均降水量1175.8毫米，日最大降水量98.1毫米(1971年6月19日)，年均降水日数146.5天，其中降水量≥10毫米的日数37.1天，最长连续降水日数12天。年均降雪7.6天，最大积雪深度18厘米。

(4)雾：多年平均雾日25.2天，最多38天，最少13天。

(5)水文：最高水位4.82米，最低水位1.93米，平均水位3.0米。

（三）经济腹地

梧桐港所在地桐乡县，人口59.4万人，面积723平方公里。工业以缫丝、纺织、食品、机器制造、化工、建材、轻工为主。农业以粮食作物为主。农副产品主要有：水产、蚕茧、杭菊、榨菜、槜李、小湖羊皮、烤烟、桑苗等。1985年，工农业总产值12.73亿元，其中工业总产值7.26亿元，农业总产值5.48亿元。港口所在地梧桐镇，人口2.20万人，面积4.2平方公里。工业总产值1.2208万元。梧桐港出口以水泥、砖瓦、大米、蚕茧为主，运往上海、杭州等地，进口主要是砂石料和煤炭、化肥、石油、煤炭为本港的中转物资。

（四）历史沿革

该港是1969年12月疏浚康泾塘而形成的新港，港区航道可通航60吨船舶。1953年桐乡县建立航管站，隶属于嘉兴市航管处，1961年改建为交通管理站，1979年成立桐乡县航管所，2002年更名为桐乡市港航管理处，负责港口管理至今。

（五）港口现状

梧桐港范围沿康泾塘南至县燃料公司煤库，北至马铁砖机厂，岸线全长为1.41公里。全港有货运泊位14个，客运泊位4个，码头总延长为132米，全部是60吨级浆砌块石重力式驳岸码头。仓库1座，面积80平方米，堆场1处，100平方米。客运候船室250平方米，装卸机械有10台，最大起重能力5吨。进口散货仍以人力车运为主。1985年，货物吞吐量80.3万吨，其中，进口65.6万吨，出口14.7万吨；旅客发出量25.8万人次。1990年，全港货物吞吐量43.6万吨，其中进口23.4万吨，出口20.2万吨。

崇福港

（一）地理位置及交通

崇福港位于杭申甲线桐乡县西部的崇福镇，沿河南行56公里可抵杭州，向北45公里抵嘉兴。有长(安)乌(镇)线，长(安)菱(湖)线，长(安)湖(州)线、平(湖)杭(州)线等航线通过本港。公路有杭枫公路从港区后方通过，水陆交通便利。

（二）自然条件(气象资料：气温、风、降水、雾同梧桐港)

水文：历年最高水位4.82米(1963年9月17日)，最低水位0.45米(1934年8月26日)，平均水位3.1米。设计最低通航水位2.30米。

（三）经济腹地

港口所在地崇福镇，人口1.58万，面积2.47平方公里，轻工、粮食加工业比较发达。1985年工业总产值1.06亿元。该港出口以大米、蚕茧、砖瓦、化肥为主，运往上海、杭州等地；进口主要是砂石料和煤炭。其中煤炭、粮食、木材、盐、钢铁等多为中转物资。

（四）历史沿革

崇福市河属杭申甲线，全长1.8公里，河道狭浅弯多，严重影响通航。1971年12月对崇福市河开展疏拓工程，使航道达到100吨级通航标准。同时配备了装卸运输机械，使港口初具规模。1953年海宁县长安联运站派驻崇德县一个工作组，后为桐乡县航管所崇福航管站。

（五）港口现状

崇福港岸线全长3.99公里，水域面积13.04万平方米，陆域面积1.06万平方米。全港共有18座码头，有20个泊位，码头总延长127米。其中100吨级泊位12个，60吨级4个，40吨级2个，30吨级1个。有客运站1处，泊位1个，候船室面积120平方米。交通部门仓库2座300平方米，堆场1处100平方米。本港1985年货物吞吐量37.06万吨。其中：进口20.71万吨，出口16.35万吨；旅客发送量22.84万人次。1990年，全港货物吞吐量26.5万吨，其中进口13.7万吨，出口12.8万吨。

乌镇港

（一）地理位置及交通

乌镇港位于京杭大运河桐乡县乌镇，地处江浙两省交界处。经金牛塘、白马塘与杭申甲线相通，杭苏、嘉湖、菱(湖)申等航线经过本港。陆上有桐(乡)乌(镇)公路，其后由乌镇延伸至江苏吴江县。水陆交通方便，是杭嘉湖地区水运枢纽之一。

（二）自然条件(气象资料：气温、风、降水、雾同梧桐港)

水文：最高水位4.68米，最低水位2.16米，平均水位3.03米。

（三）经济腹地

港口所在地乌镇，人口3.39万人，面积32.8平方公里。全镇有省、县属企业52家，以水泥、纺织、铸锅、电机、缫丝、酿酒、粮食加工为主。主要农产品有大米、蚕茧、杭菊。1985年工农业总产值0.98亿元。该港出口以水泥、砖瓦、酒类、大米为主，运往杭州、上海等地，进口主要是煤炭、黄砂、石灰石等。

(四)历史沿革

乌镇历史悠久，曾为三府七县交界之地，这里河网密布，是杭嘉湖地区主要水产镇。建国以来，国民经济建设促进了港口的发展，1953 年和 1966 年曾两次疏拓乌镇市河，并改建、新建了部分桥梁，使航道提高到畅通 100 吨级船舶，1953 年设立乌镇航管组，1979 年改设乌镇航道管理站。

(五)港口现状

乌镇港岸线共长 3.15 公里。全港共有 22 座码头，泊位 23 个，其中 80 吨级泊位 3 个、60 吨级 9 个、40 吨级以下 9 个，客运码头 1 座，泊位 2 个，候船室面积 250 平方米。前沿仓库 1 座 16 平方米。装卸输送机械 28 台，最大起重能力 5 吨。1985 年货物吞吐量 51.4 万吨，其中进口 32.6 万吨，出口 18.8 万吨；旅客发出量 46.65 万人次。1990 年全港货物吞吐量 9.21 万吨，其中进口 5.01 万吨，出口 4.21 万吨。

1991 年以后嘉兴航区港口情况

发展概况

到 1990 年年底，嘉兴市境内共有内河港口 25 个，经过测量的码头有 581 个，泊位 930 个，近 1000 台装卸机械设施。

1997 年 9 月 11 日至 12 日，根据国家统计局要求，嘉兴市航运管理处成立了嘉兴市第二次港口普查工作组。普查工作从 1997 年 9 月 13 日开始，历时一个月。

1998 年 1 月 12 日，嘉兴市人民政府颁发了《嘉兴市港区管理暂行办法》，明确规定嘉兴市交通局是嘉兴港区的行政主管机关。

在 1999 年的内河港口码头整治中，嘉兴市区拆除了环城路以内的内河港口码头，市区三环路以内不再设置经营性港口码头，已设置的经营性港口码头，要结合城市建设需要进行拆除或外迁。同时，内河港口码头新作业区选址工作同步进行，结合城市建设需要，确定三环路以外的平湖塘、海盐塘和杭州塘航段为市区外迁码头设置区。

嘉兴市铁水中转港区工程经浙江省计经委批准于 1993 年 11 月 2 日立项，1999 年 6 月 22 日通过省交通厅验收。嘉兴市铁水中转港系嘉兴市首家建设的大型综合性内河港口。

2001 年 12 月 7 日，嘉兴市铁水中转港和中国远洋运输(集团)公司，共同开通了嘉兴至上海国际集装箱内河支线。由于运输比价优势明显、通关手续便捷，深受货主欢迎，呈现出良好的发展态势，截至 2004 年 6 月，累计吞吐量近 1 万标准箱。

2002 年，嘉兴市内河港口的货物吞吐量达 5964 万吨，其中进口 3007 万吨，出口 2957 万吨，主要货种为矿建材料、石油、钢材、煤炭、化肥农药。但是 2002 年嘉兴市内河码头业与其他水运发达地区的内河码头业相比，还是属于比较初级和落后的，与快速发展中的嘉兴经济的要求相比仍存在着许多不适应的地方。内河港口中，码头分布散、规模小、装卸设备简陋、装卸工艺落后，专业化的集装箱泊位严重不足。零乱、落后的港口装卸作业制约了内河船舶朝大吨位方向发展。与此同时，由于 2002 年大部分港口集中在城镇，与推进城市化进程、改善居住环境矛盾突出。

2003 年，嘉兴市内河港口完成货物吞吐量 6488.5 万吨，其中四大主要港口完成货物吞吐量 1715 万吨，国际集装箱内河支线完成吞吐量 4407 标准箱。新增吊机 343 台。

2004 年年底，全市共拥有内河码头（100 吨级以上）1145 个，泊位 2311 个，泊位长度 77304 米，泊位年通过能力 7000 多万吨。全年完成货物吞吐量 6554 万吨，其中四大主要港口完成货物吞吐量 1802 万吨。

2005 年，全港共有生产性泊位 2337 个，泊位长度 82984 米，其中 100 吨级以上生产性泊位共有 1718 个，占泊位总数的 73.5%，年综合通过能力 7697 万吨。分吨级泊位构成情况如下：500 吨级以上泊位 69 个，300~500 吨级泊位 362 个，100~300 吨级泊位 1287 个，100 吨级以下泊位 619 个。靠泊等级以 100~300 吨为主，占泊位总数的 55%。

2006 年，嘉兴内河港口货物吞吐量首次突破 8000 万吨大关，达到 8002.43 万吨，同比增长 15.6%，以煤炭及其制品、矿建材料和粮食为主要进出口货种。四大主要港口(嘉兴港、平湖港、武原港、硖石港)货物吞吐量达 1849.95 万吨，同比增长 3.05%。2006 年，全市内河港口货物吞吐量中进港货物占到三分之二，以矿建材料、煤炭及其制品、水泥、钢铁、非金属矿石和粮食等为主要货种，其中矿建材料和煤炭两样占总数的 74%，成为名副其实的“大户”。截至年底，全市共拥有内河生产用码头泊位 2346 个(其中内河四大港口共拥有泊位 579 个)，泊位长度 8.24 千米，泊位年通过能力突破亿吨。

2007 年 10 月，嘉兴内河港总体规划经交通运输部和浙江省人民政府批复，将嘉兴市二十五个内河港口合并，设立嘉兴内河港，并以行政区划设置城郊港区、嘉善港区、海宁港区、海盐内河港区、平湖港区和桐乡港区。

随着嘉兴市经济的发展和内河航道的建设，沿河产业布局逐渐呈规模化发展。据统计，2006 年嘉兴市沿河企业仅有 642 家，2009 年全市拥有内河港口企业 1238 家。建材、船舶修造、食品饲料加工、造纸及纸制品、能源等五大行业的企业占 2/3 左右，仓储和运输(服务)企业比例相对较少。同时随着岸线资源的开发利用，沿河企业大多拥有了自己的码头，2009年货主码头泊位达1395个，沿河港口企业平均每家拥有1.1个泊位。

到2010年年底，拥有内河码头泊位1784个，港口经营企业1053家，泊位长度78.6千米，港口吞吐量达到9486万吨。嘉兴内河港生产性码头泊位主要分布于杭申线、乍嘉苏线、杭平申线、嘉于硖线、东宗线、京杭运河等主干线航道两岸，其他支线航道上也分布着一些简易码头。

六大港区

随着物流业的快速发展，嘉兴地区内河港口物流企业迅速发展起来，如城郊港区的嘉兴市铁港粮食物流有限公司、浙江嘉兴嘉化物流有限公司，平湖港区的浙江杭州湾物流有限公司，海盐内河港区的祥龙物流有限公司等等，但规模都不是很大，相对稍具规模的涉及内河港口的物流企业(基地)有嘉兴内河港多用途港区和平湖市独山港综合物流园区，这两家企业已被列入市级交通物流重点扶持基地和企业。

城郊港区

流经城郊辖区主要有京杭运河、杭申线、乍嘉苏线、嘉于硖线等4条主干线航道。辖区有沿河码头企业230多家，形成了以杭申线、乍嘉苏线、长水塘、嘉于硖线为主的沿河码头企业产业带，主要装卸建材、煤炭、粮食、油料、散装化学品等。2009年完成港口货物吞吐量1875.7万吨。

建材码头企业主要集中在杭申线、乍嘉苏线、长水塘、嘉于硖线等4条航道两侧。主要骨干企业有嘉兴市龙业建材有限公司、嘉兴市矗娃建材有限公司、浙江三狮集团嘉兴水泥有限公司、浙江宝兴新型建材有限公司、嘉兴锦江建材有限公司、嘉兴市汇丰储运有限公司、嘉兴市芽芽混凝土制品有限公司、嘉兴市芽芽水泥有限公司等。

油料、化学危险品码头企业主要集中在杭申线塘汇辖区与乍嘉苏线新丰辖区，全年吞吐量约55万吨。主要骨干企业有浙江嘉化物流有限公司、嘉兴市中华化工有限责任公司、浙江卫星化工有限公司、嘉兴嘉联氯碱化工有限公司、中国石化浙江嘉兴石油分公司嘉兴油库等。

粮食中转码头企业主要集中在杭申线塘汇辖区与乍嘉苏线新丰辖区，全年吞吐量约65万吨。主要骨干企业有嘉兴市粮食收储有限公司、中央储备粮嘉兴直属库、嘉兴市铁港粮食物流有限公司、浙江欣欣饲料股份有限公司等。钢材全年吞吐量约40万吨。主要骨干企业有嘉兴华洋仓储有限公司、嘉兴市耀华物流有限公司等。煤炭全年吞吐量约270万吨，以境内热电、化工、印染企业等自用为主。

海宁港区

海宁港区有148家港口码头企业，215个泊位。经营业务：4个水上加油站；2家经营危险化学品装卸、仓储业务；142家经营普通货物装卸、仓储业务。大部分企业依厂自建码头，沿河分散分布，特别是临港工业码头和建材装卸码头大部分是简易码头，大多分散无序，缺乏规模较大、集约化程度相对较高的公用码头港口群。

海盐内河港区

海盐内河港区有102家港口码头企业，内河泊位238个，100吨级泊位195个、300吨级泊位53个，岸线长度10008米，泊位设计年通过能力2209万吨。

海河联运码头：已建成5000吨级、3000吨级(兼顾5000吨级)沿海散杂货泊位各一座，2009年接卸货物115万吨，2010年上升到135万吨，主要通过内河流向杭州、绍兴等周边地区。浙江林龙港口有限公司规划再建5000吨级外海散杂货泊位2个，并配套建设500吨级内河码头泊位4个。浙江钱塘港口物流有限公司规划4个5000吨级泊位，因疏港航道及货场土地制约等原因，除已建成1个外，其余3个泊位尚未实施。

辖区内有重点内河港口物流园区：城北作业区——东至盐平塘，西至盐嘉公路，北至杭平申线，南北纵深700米；用于城北综合物流仓储基地，为周边企业及主城区建设提供运输仓储服务；建设规模为三期，第一期已布置6个300吨级、3个100吨级泊位，年吞吐能力100万吨，使用岸线380米。面积41000平方米。二期44000平方米，三期64300平方米，设置500吨级泊位10个，使用岸线650米。二期、三期尚未实施。

辖区内主要物流企业有2家，分别是海盐神舟三鑫装卸储运有限公司和浙江祥龙物流股份有限公司。前者位于杭平申线海盐大桥下游右岸(即城北作业区一期)，占地78亩，堆场2万平方米，办公用房500平方米，使用岸线380米，布置300吨级泊位6个、100吨级泊位3个，设计年吞吐能力100万吨，年进口钢材40万吨，专业提供钢材装卸、仓储，已吸引10余家钢材贸易商入驻。祥龙物流公司位于杭平申线黄桥下游200米，占地80亩，堆场4万平方米，仓库1万平方米，办公用房2000平方米，使用港口岸线300米，布置500吨级泊位1个，300吨级泊位3个，设计年吞吐量60万吨，以储存公司自营煤炭为主，装卸量较小。

平湖港区

平湖境内河流众多，交通自古以水路为主，商周之际即有舟楫之利。多年来，随着地方经济的快速发展，平湖水运经济也蓬勃发展起来，建材行业、煤炭、原油、钢铁等原材料行业、粮食行业、造纸行业及船舶制造行业等企业纷纷落脚境内两条主干线航道沿岸，水运为平湖市的经济快速发展起到了举足轻重的作用。境内有乍嘉苏线、杭平申线2条省级主干线航道，支线航道平金线、平剪线、六三线横贯市域东西，平骨线、山独线、新岔线、青三线等航道南北贯通，形成了平湖市航道网主骨架。

经过"十一五"期间的建设，境内航道条件的改善，提高了航道的通航能力，也吸引了社会力量对码头的投资，浙江华洋建设有限公司、平湖市粮食收储有限公司、杭州湾钢贸城等企业先后在流经平湖市的2条省级主干线航道上建造500吨级泊位的码头，浙江大明玻璃有限公司等企业在平金线航道上建造了300吨级泊位的码头，浙江荣成纸业有限公司在平金线航道上已建造了3个500吨级泊位。另外，乍嘉苏线乍浦闸桥至关桥段近9公里的航道上货主码头林立，沿河产业带已成雏形。

嘉善港区

截至2009年年底，全县共有沿河企业300多家，其中建材、船舶修造、木业企业有250多家，石油制品、煤炭等批发零售企业近60家，拥有内河500吨级泊位20个，100吨级泊位204个，沿河企业依靠自己的码头组织运输，形成了数量众多的水运自营物流。

2009年，内河港完成货物吞吐量1128.11万吨，同比增长14.02%。另外嘉善进出口总值前10位的企业，都建有自己的物流中心并兼营物流业务，如台升实业、晋亿集团等跨国企业集团生产原材料的配送都由自己的物流中心完成，这些企业都以公路运输为主。

桐乡港区

桐乡市属于"资源进、商品出"的两头在外的经济类型，即原料来源和产品销售终端都在桐乡之外，因此，工业企业的生产销售对物流运输的依赖性较大。一般来说，工业企业的大宗原材料(特别是能源、建材等物资)长途运输主要依靠内河水运，而成品运输则大部分通过公路运输完成，据统计，公路货运所占比重在30%~40%之间，水路运输则在60%~70%之间。2010年，桐乡市拥有3家水路普通货物运输企业。

2010年，桐乡港区有248家港口码头作业点、内河泊位394个。桐乡的内河航道网由京杭运河、杭申线、东宗线三条主干线航道及19条支线航道组成，约269.5公里，桐乡港区分布——梧桐作业区、乌镇作业区和崇福作业区。从航道分布来看，2010年，桐乡市有四级航道3条计63.97公里，占航道总里程的23.73%；五级航道3条，占8.86%。

已建成的内河港口物流企业有浙江宇石国际物流公司和成辉化工仓储物流项目。

浙江宇石国际物流有限公司由振石集团、桐昆集团和华友钴业参股，主要满足三家股东的原材料及成品运输需要，货种主要为钢铁、化纤及玻纤制品、有色金属等化工材料，服务方面提供国际国内货运代理、进出口报关报检、订舱、转关、拼箱、仓储等一条龙服务，在上海、外高桥、江西、成都设立了办事处，是桐乡市周转量较大、服务项目较齐全的专业物流企业。公司设在桐乡经济开发区内，依托开发区内企业(主要是三家参股企业)提供充足的货源，而三家股东还计划投入2亿左右的资金，在东宗线灵安港以南划出453亩土地建立一个园区，集生产与物流于一体。

成辉化工仓储物流项目：东宗线上的成辉化工仓储物流项目是桐乡市第一座内河集装箱港区码头，由永辉化工股份有限公司出资建设，以本地众多化纤纺织企业的原材料运输为业务基础，主要满足巨石集团的货物储运，也为桐乡及周边地区的企业提供强大的物流平台。此项目2006年通过审批，当时预计总投资达到7500万元，征用土地175亩，建设集装箱泊位1个，靠泊能力达到500吨级，采用内河先进的机械化作业，主要从事集装箱的仓储与水路运输。码头建成后由于主要货源企业巨石集团参股宇石物流进行仓储和运输，该项目2010年尚未开始经营。

第二节 码 头

嘉兴境内码头，按形式分，有顺岸式、挖入式、突堤式码头等，按结构分，有岸壁式、栈桥式、浮式码头等，按用途分，有客运、货运和专用码头等。

客运码头

中华人民共和国成立后嘉兴航区客运码头情况

建国初期，随着国民经济的逐步好转，城乡物资交流趋于频繁，旅客逐年增多。当时公路交通还很不发达，旅客往来大部分依赖水路。航运部门为了方便旅客，开辟了许多支航线，把航线深入到支流小港，并在各县境客运航线上新设了许多停靠点。但这些停靠点均无码头，客轮只能顶泥滩靠泊。河岸受到损坏，甚至造成塌方，农作物遭受损失，纠纷时有发生。为此，航运部门于1963年在海宁县袁花试建第一个农村停靠小码头。试用后，船员和旅客均反映良好，逐渐得到推广。接着在平湖县的新仓、海宁县的丰镇、许村又建起了 3 座马鞍式小码头。

图 3-2-4 京杭运河上农客班正在停靠码头

1965 年，平湖县航运部门在平湖至新埭航线上沿途建造了赵家庙、诸仙汇、坍牌楼和红庙渡 4 座小码头，造价共计 3000 元。

自 1965 年以后，嘉兴航区各航线根据客流量大小等实际需要，自行安排建造站点。至 1985 年，嘉兴市共建成乡 (镇)、村小码头 308 个，其中相当一部分还建造了候船亭。这些小码头的建造经费，除自筹外，还从省航养费中以及省航运公司补助一部分，共补助了 36 万元。

“六五”计划期间，嘉兴市水上客运空前兴旺。1985 年完成客运量 1411.27 万人次，21056.72 万人公里，达到历史顶峰。其中：嘉兴客运站完成 334.24 万人次，5231.42 万人公里；平湖客运站完成 281.79 万人次，5692.77 万人公里。由于客流量大、客运码头站屋显得狭窄、拥挤，不能适应当时旅客运输增长的需要。因此，浙航嘉兴分公司在嘉兴市、平湖县市政建设的总规划下，新建、改建嘉兴、平湖 2 个客运码头。随着客流量的不断增加，各县客运站均感到原来的码头设施已不能满足要求，纷纷要求扩建和新建客运站码头。

(一)嘉善

1954 年至 1964 年十年间，嘉善县修建了块石水泥结构的停靠码头 8 处，一般长度只在 2~3 米左右，且大都无附属设施。1965 年至 1983 年，在 10 多个乡镇不仅建起了小码头，而且新建房屋共计 815.24 平方米。使站点分布大量增加，服务设施大为改善。如嘉善至平湖的 27 公里航线上，原来只有大云、钟埭两个集镇设有中途停靠站。1965 年后，又陆续增建简易码头 11 处，使全线平均每 1.92 公里就有一个停靠站。1981 年至 1984 年间，又在 13 个农村站点，用钢筋混凝土预制组装办法，新建了每个面积为 13.5 平方米的候船亭。

(二)海宁

海宁县硖石镇的米市码头，由于 1964 年的“调整、巩固、充实、提高”八字方针的贯彻执行，已不能适应客运连年增长的需要。1964 年 3 月，经省交通厅批准，拨款 6.8 万元，在硖石镇塘桥境兴建混凝土实心方块重力式新客运码头 1 座。码头长 60 米，候船室 606 平方米。同时还建了办公楼 1 幢，计 280 平方米。此后又于 1968 年码头向北延伸 20 米，可停靠轮驳船 20 艘左右。

(三)嘉兴城区

1964 年，嘉兴客运站为了适应日益增多的客流量，建成了浆砌块石岸壁式码头。岸线长 100 米，房屋建筑面积为 1304 平方米，其中候船室为 476 平方米，并安装吊机 1 台，起重能力为 0.5 吨。1985 年，由浙江省交通厅投资 250 万元(内码头费用 33 万元)建造新客运站于中山西路桥西堍。于 1986 年 11 月由海宁市丁桥建筑公司动工承建。该码头占地 40.114 亩(合 26743 平方米)，候船厅建筑面积 1284 平方米，可容旅客 2578 人。还建有综合设施大楼、售票房、问询处、行李寄存处、小卖部共 4198 平方米，道路场地 2139 平方米。码头采用块石混凝土重力式结构，总长为 240 米(客运码头 170 米，零担码头 70 米)，靠泊能力 100 吨级。前沿水深 3.7 米，横靠有 8 个泊位及零担泊位 4 个。于 1988 年 12 月 10 日竣工启用，是当时嘉兴航区内最大的客运码头。

(四)平湖

平湖客运码头于 1952 年在东门外白地东湖边建成。码头长 55.1 米，面积 305 平方米，候船室面积 127.2 平方米。1954 年由于旅客、物资流量的增加，码头拓宽近 3 米，总面积为 459 平方米，但仍满足不了需求。为改善旅客候船条件，于 1969 年 9 月候船室拆旧建新，使用面积增加到 399 平方米，并于次年 5 月 1 日投入使用。1988 年由浙江省交通厅投资 90 万元，在原址拆建新站屋和码头。自 1989 年 7 月动工，分批拆旧建新，建筑总面积 1324 平方米，其中候船厅 365 平方米，售票处 190 平方米，三层办公楼 669 平方米。码头向外拓宽 1.3 米，长 54 米，为石砌重力式结构，前沿水深 1.5 米，码头高程 4.05 米，可停泊 11 艘客轮(驳)，靠泊能力 100 吨级，于 1991 年 9 月竣工投入使用。

(五)海盐

海盐客运码头，建国前在天宁寺河埠。1951 年由县建设科在原址建造钢筋混凝土前挑式码头。1954 年 9 月装置木栅栏，实行检票上船。1956 年 2 月将金刚殿辟为旅客候船室。1958 年冬，在码头上搭建瓦房，扩大候船室面积。1968 年批准在海滨西路 307 号(八尺弄口)新建客运码头和站房，1969 年竣工。建成浆砌块石重力式驳岸码头，长

表 3-2-1 嘉兴市主要客运码头一览表

材料截至 1985 年年底

序号	码头名称	建成年份	码头高程（米）	码头长度（米）	泊位个数（个）	靠泊能力（吨）	客运设施	
							房屋建筑面积（平方米）	候船室面积（平方米）
1	浙航嘉兴分公司嘉兴客运码头	1964	3.79	66.5	9		1304	476
2	王店郊区交运公司码头		4.75	20	1	60		20
3	硖石塘桥码头	1964	4.86	108	4	60	1325	606
4	硖石解放桥码头	1981	4.00	16	1	30	75	50
5	长安上河码头	1968	4.8	30	2	30	88	60
6	长安下河码头	1968	5	28	2	30	96	80
7	斜桥码头	1978	5	16	1	40	40	30
8	袁花码头	1963	4.6	15	1	30	简易棚	30
9	武原镇码头	1972	4.05	83	4	40	371	205
10	西塘码头	1985		7.85	1	40		
11	沈荡码头	1977	4.05	33.5	2	40	189.5	160
12	魏塘人民桥码头	1970		10	1		533.25	231.25
13	魏塘火车站码头	1956		54	1			
14	下甸庙码头	1981		7.5	1		159	64.68
15	干窑码头	1983		2.1	1	20	109.97	26
16	西塘镇码头	1964		3.1	1		163.2	95.76
17	平湖客运码头	1954	4.15	54.5	2	60		399
18	平湖北六站码头		4.05	23	1	60		
19	新仓码头		4.1	10	1			38
20	新埭码头		4.45	20	1	100	102	102
21	梧桐镇码头	1970	3.80	45	4		340	250
22	崇福码头	1971	3.7	32	1		188	120
23	乌镇码头	1967	3.53	70	2		320	250
24	新塍东栅	1962	中 4.2 低 3.5	21.7	2	80	210.6	132.6
25	余新	1965	3.7	18	2	70	60	36
26	铜锣	1976	3.7	24	2	80	123.6	71.5
27	凤桥	1960	3.5	27	1	35	35	28.2
28	陶庄	1982	3.43	9	1	60	55	40
29	杨庙	1963	3.5	8.5	1	40	72	40
30	西塘桥	1950	3.85	6	1	35	16	12
31	钦城	1964	3.7	8	1	35	21	18
32	澉浦	1984	3.9	16	1	35	15	12
33	石门	1974	3.6	41	3	200	270	125.1
34	宗杨庙	1967	3.5	128	1	40	80	53.4
35	炉头	1968	3.8	8	1	40	68.34	52.34
36	屠甸	1978	3.8	26.5	2	80	283.2	163.2
37	诸仙汇	1980	3.705	2.5	1	100		34

83米，前沿水深1.75米，码头面高程4.05米，泊位4个，靠泊能力40吨级。有站房面积758平方米，其中候船室205平方米。1985年每天发船19个班次。

(六)桐乡

20世纪60年代初，桐乡水上客运码头设在梧桐镇北门人民医院对面，岸线长约30米，码头沿岸至候船、售票处，需要通过行人过往街道。旅客上下极为不便，又难维持码头秩序。1971年桐乡开展康泾塘水利工程，原北门码头拆迁，选址在梧桐镇南门。新码头为浆砌块石重力式。岸线长为60米，前沿为高低平台，高程为3.8米、4米两级，并建造办公用房340平方米，旅客候船室280平方米。1994年6月停用，2000年被拆改为复兴路绿化带。

乌镇码头。50年代初，开拓乌镇市河时，由当地政府投资，在乌镇南星桥河西岸建造挖入式浆砌条石重力码头一座，岸线长为50米，有候船室等设施，俗称乌镇公共码头。1966年，桐乡开挖第二期乌镇市河工程，该码头需要迁移。由浙航嘉兴分公司筹建，选址在乌镇中市卖鱼桥河东岸，新建码头系浆砌条石重力式，岸线长70米，前沿平台高程为3.711米，码头建房320平方米，候船室使用面积250平方米。是嘉兴航区县属镇中的最大客运码头。1994年6月水路客运终止后停用。

1991年以后嘉兴航区客运码头情况

到1990年年底，嘉兴航区共有大小客运码头309个，其中经过测量的码头有37个，1991年以后，嘉兴市已乡乡通公路，水上客运进入衰退期，客运量随即急剧下滑，客运码头则因航线萎缩而逐年减少，至1999年3月23日，全市所有客运班线全部停航，全部客运码头被废弃或移作它用。

(一)平湖

客运码头位于东湖西北侧，有站房1224平方米，其中候船厅365平方米，售票房190平方米，办公楼669平方米，于1991年改建而成。时逢乡乡通公路，水上客运进入衰退期，客运量随即急剧下滑，平湖至上海等大部分航线先后停航。为维持生计，候船厅被分隔成上、下两层，上层开舞厅，底层出租出售家具，候船和售票只留一个小房间，至1997年，全县所有客运班线全部停航，客运码头被废弃。1999年，东湖风景区建设开始，平湖客运站被拆除，只在水面上留下一个缆船墩。

(二)海宁

海宁客运码头则因航线萎缩而逐年减少，有候船室、售票处等设施的客运码头在1990年仅剩5个，分别设于硖石镇、长安镇和斜桥镇，其余35个码头大多只是面积几个平方米的埠头，分设于沿线各站点。此后，随着海宁客运站于1997年停营，客运码头也不复存在。

(三)桐乡

至1990年有客轮4艘，客驳1艘，客运航线2条。1994年6月，2条客运航线先后停开，全面退出水上客运市场，客运码头被废弃。

(四)嘉善

1995年11月8日，由原嘉善县汽车运输公司和嘉善旅游总公司合并组建成立嘉兴市善通运输(集团)有限公司。嘉善旅游总公司并入嘉兴市善通运输(集团)有限公司后，嘉善旅游总公司只保留水上货运这一块，水上客运宣告结束，客运码头被废弃。

(五)海盐

1991年以后，海盐已乡乡通公路，水上客运进入衰退期，海盐客流锐减直接影响各路航线的正常营运，首先是通上海、杭州的长途客班停航，再是部分中途、短途航线陆续减少，到1993年年末，海盐客运站仅剩客轮1艘、100客座，航行于海盐至嘉兴这条唯一航线，1999年3月23日停运撤航，水上客运宣告结束，客运码头被废弃。

(六)嘉兴城郊区

1991年以后，嘉兴已乡乡通公路，水上客运进入衰退期，嘉兴客流锐减直接影响各路航线的正常营运。到1997年，航行于南汇至嘉兴这条唯一航线停运撤航，水上客运宣告结束，客运码头被废弃。

货运码头

1949年以后嘉兴航区的货运码头情况

嘉兴市属江南水网区，水上运输历来发达。据嘉兴市航管处1985年统计，嘉兴航区全年完成货物发送运量为1481万吨。但是在建国前，货运船舶素无正规码头，或利用空旷坡岸，或依傍私家河埠，而装卸货物均靠人力。1949年新中国建立后，随着工农业生产的恢复和发展，城乡物资交流的频繁，货运量逐年增多。航管部门和运输装卸部门，为加速货物运输，保证安全，开始重视港口码头的建设。嘉兴航区的码头建设逐渐由简趋繁，由小到大，设备也不断更新完善。许多工厂企业，由于生产需要，也自行修建码头。到1985年年底止，嘉兴市交通部门和物资部门共建有码头552个，极大部分码头设有装卸机械。

1959年，嘉兴航区开展装卸技术革命。第一季度在学习江苏省南京、无锡、苏州等地先进经验的基础上，发动群众，修筑了100多个土码头，可以用车子进行装卸，从此改变了靠人工肩背、扛挑装卸的状况，不仅减轻了工人的劳动强度，而且劳动效率也成倍地提高。

同年10月，建成嘉兴火车站杂货码头。码头位于火车站西侧洋桥边，全长60米。码头上装置了4台固定电动吊杆，每台起重能力为0.5吨。这个码头主要用于装卸水泥、机械零件、纸张等物资。日吞吐量一般在1500至2000吨，最高日装卸量为3500吨，是嘉兴港的主要码头。1961年，该码头部分驳岸倒塌，同年第二季度开始重建，全部采用浆砌块石，建成直立式码头。近水面用50厘米厚粗料石面层，并装置了4台塔式转动吊杆，每台吊杆的起重能力为1吨。码头至仓库呈2.5度的坡度，利用这个坡度，又筑了两道溜槽，使货物从码头通过溜槽直接运入仓库，既省时又省力。1965年进行扩建，由省航第三工程队承建钢筋混凝土框架式码头一座，岸线长40米，装置了6台塔式起重机。

1964年春，海宁县航快社在硖石九曲港投资15万元，自建零担货运码头1座。这座码头长175米，零担仓库12间，计386平方米，货场1个，285平方米。使长期分散停泊和装卸的定期定线航快船，有了固定泊位和专用码头，方便了货主托运、交接和内部的调度、管理。

建国初期，长安镇只有300米土码头1个。由于长安镇位于沪杭铁路线上，水上航道往北经崇长港与杭申甲线相通，东西航道与硖石—杭州线贯通。所以成了工农业大宗物资的铁路、内河中转港口，原来的码头不能适应工农业发展的需要。1969年8月，航管部门投资了7万元，扩建长安车站断河头码头。将岸坡筑成壁岸式码头，全长180米。并挖深港池，使靠泊能力从原60吨级4艘提高到10艘。起重机从3台增至9台。

随着国家经济建设的发展，平湖港的水运船舶逐渐增多，货运量也迅速增加。为了适应交通运输发展的需要，经平湖县政府批准，交通部门在平湖县城关镇西宝塔桥北侧湖滩，即南门外虹桥路沿湖，于1979年破土动工，用挖深主航道，以废土填滩的方法建造货运作业区（亦称货运专用新码头）。包括码头5个，共围地18.5亩，填土7.2万立方米，砌筑挡土墙260米，岸线长360米，于1985年底建成。码头设有120吨级泊位4个，60吨级泊位3个，仓库4座，计680平方米，简易堆场5个，计12642平方米，设吊机4台，最大负荷5吨，输送机10台，计94.5米。由城关装卸公司70余名工人进行装卸作业。主要装卸流程为：船→吊机→皮带输送机→堆场。主要货种是煤炭和建筑材料。日吞吐量1500吨，1985年吞吐量为22.8万吨。

1984年1月16日，为加强产、供、运、销各部门的协作，减少货物装卸环节，保证货运质量，同时也为了解决嘉兴客运站客货混装较乱的问题，嘉兴航运部门组建浙航嘉兴分公司零担站。零担站位于杭申公路4号桥。码头上设置吊机3台，实行自动装卸。码头前沿航道条件良好，100吨级驳船畅通无阻。站内拥有480平方米的仓库两座，露天场地1571平方米。码头岸线长166米。该站有60吨级铁驳组成的船队两个，航线延伸至本市各县，零担货物经上海中转至大连、青岛、烟台、天津等港口。

硖石塘桥港口码头，是1982年根据浙江省人民政府关于加强港口建设、港口管理的指示和海宁县城镇总体规划的布局，于1982年11月经海宁县航管所编制工程预算，上报嘉兴地区航管处转报浙江省交通厅。同年12月8日经浙江省交通厅(82)浙交函字第240号文件批复，同意筹建，并指示须补报详细技术设计送厅审定。

1983年5月经省交通厅设计院初步设计后，同年9月22日经省、地、县各级有关部门会审会议审定，同年11月1日复经省交通厅(83)浙交函字第208号文件正式批准，同意《硖石塘桥码头初步设计会审会议纪要》。工程建设规模为货物年吞吐量30万吨，内河100吨级泊位4个，码头岸线全长140米，港池700平方米，仓库及办公室800平方米，堆场4845平方米，道路面积为4800平方米。设起重机3吨3台，5吨1台，总投资控制在50万以内，列入航道计划开支。1984年3月2日经浙江省人民政府土地征用办公室批准，征用土地18.64亩，计12427平方米。码头工程从1984年4月19日建筑工人进场，历时8个月零1天，主体工程到年底完成。当时考虑到尚有部分农副业运输需要装卸，经研究后，东西两端各做踏步式码头两个，共长17.5米，左右连接起来码头岸线总长度为157.5米。

建房部分，根据浙江省交通厅批准及码头平面布置图标示，建筑面积共800平方米，其中仓库500平方米，机修间100平方米，办公楼200平方米。在设计时为了间数的安排，略有调整，实际建筑面积是810.74平方米。此外根据大门设置和实际情况的需要，建造了传达室1间计25.32平方米，浴室1间计17.40平方米，厕所1间计14.50平方米，东大门值班室1间，计13.50平方米。建房总面积为881.46平方米。

建房工人自1984年3月23日进场，至当年7月20日全部完工。根据浙江省交通厅(83)第208号批复文件，堆场为4845平方米，道路为4800平方米。但根据省交通厅设计院港区陆域部分布局标示，堆场为3600平方米，道路为3334平方米。堆场及道路建筑工人从1985年3月进场平整地面，铺垫块石，砌作下水道等，至同年11月底全部竣工。

根据码头设计图布局，安装起重机4台，其中3吨固定式起重吊2台，5吨变幅式起重吊1台，3吨变幅式抓斗吊1台。由嘉善县交通机械厂分别在1985年4月和8月安装完毕，经试用起吊正常。后根据基建经费许可，并请示嘉兴市航管处同意，增添了0.5×15米移动式胶带输送机2台，0.8×15米移动式胶带输送机2台，装卸动力设备基本上配套。塘桥码头是全省县一级码头中规模较大、设施较全的港口码头之一。

海盐县武原港区南门货运码头于1984年3月26日经海盐县人民政府盐政(84)22号文件批准。海盐县交通局投资建造。总投资为42万元，于1984年12月开工，1987年7月竣工。码头总面积为5300平方米，其中管理用房面积为150平方米，堆场为5150平方米。该码头长度为170米，是浆砌块石重力式驳岸码头。码头高程为4.7

表 3-2-2 嘉兴航区货运码头一览表

嘉兴市城区嘉兴港(1985年止)

码头泊位名称		建成年份	装卸货种	前沿水深（米）	码头长度（米）	泊位数（个）	靠泊能力（吨级）
交通部门	物资部门						
采风桥码头			散杂货	1.6	30	2	100
装卸公司西门码头			散杂货	1.0	12	1	60
	烯料公司煤场码头		煤炭	1.1	450	15	120
	煤球厂码头		煤炭	1.18	32	1	120
	嘉绢煤库码头		煤炭	1.7	35	2	120
	嘉绢建材码头		散杂货	1.8	50	1	100
	嘉绢煤渣码头		散杂货	1.5	8	1	30
	嘉绢原料码头		散杂货	1.5	18	1	60
	市政工程公司码头		散杂化	1.05	55	2	60
	嘉毛原料码头		件杂货	0.5	80	4	20
	嘉毛基建码头		散杂货	1.84	15	1	60
	民丰纸厂前河码头		件杂货	1.0	90	6	120
	民丰纸厂后河码头		散杂货	1.8	240	8	100
	民丰纸厂水泥车间码头		件杂货	1.8	160	3	12
	化肥厂碳氨码头		件杂货	1.3	120	3	40
	化肥厂煤炭码头		煤炭	1.3	260	4	40
	化肥厂新码头		散盐	1.3	190	3	120
	物资公司南堰码头		件杂货	1.5	60	1	100
	物资公司牛场码头		件杂货	1.2	40	1	100
	物资公司东门码头		件杂货	2	30	2	100
	化工厂码头		散杂货	1.7	60	2	120
	化工厂新码头		散 盐	1.7	15	1	60
	化建公司南门码头		件杂货	1.8	60	2	120
	化建公司豪股塔码头		散杂货	1.0	200	3	100
	西门米厂码头		件杂货	1.65	44.5	6	40
	面粉厂码头		件杂货	0.5	15	2	60
	粮食中转码头		件杂货	1.6	30	2	40
	油厂码头		散杂货	1.6	35	2	40
	秋泾桥米厂码头		散杂货	1.5	100	2	40
	嘉兴丝厂码头		煤 炭	2	15.2	2	120
	烟糖公司西门盐码头		件杂货	1.8	25	1	100
	烟糖公司荷花堤码头		件杂货	1.7	25	1	100
	烟糖公司塘汇糖码头		件杂货	1.5	24	1	100
	烟糖公司东栅码头		件杂货	1.7	23	1	120
	白酒仓库码头		件杂货	1.1	15	1	30
	黄酒仓库码头		件杂货	1.2	15	1	30
	西门糖仓库码头		件杂货	1.5	10	1	60
	酒厂码头		件杂货	1.6	5	1	50

（续表 3-2-2）

码头泊位名称		建成年份	装卸货种	前沿水深（米）	码头长度（米）	泊位数（个）	靠泊能力（吨级）
交通部门	物资部门						
	石油公司码头		成品油	2	30	3	120
	长秀予制厂码头		黄 砂	2.05	5	1	100
	丝绸公司茧库码头		件杂货	2.0	50	1	40
	丝绸公司茧库码头		件杂货	2	50	1	120
	丝绸公司西门仓库码头		件杂货	1.5	80	2	60
	水产公司南门码头		件杂货	1.72	25	1	50
	水产公司冷库码头		散杂货	1.0	65	2	120
	冷冻厂码头		件杂货	1.8	76	3	50
	冶金厂码头		件杂货	1.47	20	1	6
	二轻公司码头		件杂货	1.6	15	1	20
	冷轧钢带厂码头		件杂货	1.5	50	2	60
	三建公司三塔塘码头		钢材	1	40	4	40
	农机公司码头		散杂货	2	20	1	60
	金属公司南门二号桥码头		件杂货	2.3	100	2	120
	金属公司豪股塔码头		件杂货	1.0	10	1	120
	石灰厂码头		散杂货	1.25	30	1	60
	浙航分公司水泥厂码头		件杂货	1.6	100	4	60
	外贸仓储支公司码头		件杂货	0.7	130	4	100
	房地产公司预制厂码头		散杂货	1.3	20	1	60
	三塔水泥厂码头		散杂货	1.5	117	4	60
	市建安装公司预制厂码头		黄砂	1.3	50	2	60
	市建雀墓桥仓库码头		散杂货	1.3	80	1	60
	用电管理所码头		件杂货	1.6	20	1	40
	南堰仓库码头		散杂货	1.6	60	1	80
	日用品公司陶瓷仓库码头		件杂货	1.4	20	1	60
	日用品公司南湖二仓码头		件杂货	1	15	1	30
	市府事务管理局码头		件杂货	0.7	41	2	120
浙航分公司零担码头		1984	件杂货	0.5	86	4	100
浙航分公司零担码头		1985	件杂货	0.5	80	2	100
浙航客运零担码头		1960	件杂货	1.5	20	1	60
市航零担一号码头		1956	件杂货	1.0	12.3	1	60
市航零担二号码头		1979	件杂货	1.0	31.7	2	60
市航物资中转码头		1966	件杂货	1.0	30	1	60
市航油库码头		1980	成品油	1.0	23.8	1	60
三航西门码头		1957	件杂货	1.5	65.5	3	60
三航北门码头		1956	件杂货	1.5	53	4	20
火车站平台码头		1958	散杂货	1.0	50	4	30
火车站食盐码头		1979	件杂货	1.0	17	2	30
火车站散物码头		1970	散杂货	1.0	50	4	30
火车门粮食码头		1958	件杂货	1.0	15	2	30
火车站中转码头		1975	木材	0.6	37	2	40
火车站木材码头		1967	木材	0.5	120	6	30
火车站黄沙码头		1973	黄砂	0.8	95	4	120
平湖码头		1968	散杂货	1.3	184	8	60
西大营码头		1982	散杂货	1.0	66	4	120
南湖中学码头		1984	散杂货	1.3	70	1	100

表 3-2-3 1986 年—1990 年嘉兴航区新建、扩建货运码头一览表

1990 年止

码头泊位名称		建成年份	装卸货种	前沿水深（米）	码头长度（米）	泊位数（个）	靠泊能力（吨级）
交通部门	物资部门						
嘉兴市航运总公司锚地码头		1986	件杂货	4	273	10	100
嘉航储运营业部吊机码头		1986	件杂货	3	28	2	100
	市环城粮管所躺板式码头	1989	件杂货	2.5	3.2	1	100
	市环城粮管所踏步码头	1989	散杂货	1	30	1	20
	市嘉北搬运站吊机码头	1988	件杂货	2	50	5	80
	市燃料公司吊机码头	1990	件杂货	3	28	6	100
	秋泾桥粮管所码头	1990	件杂货	3	1.2	1	100
	城区工商局码头	1987	件杂货	1	2	1	6
	化肥厂纯碱吊机码头	1987	钢材	3	6	2	100
	城区建材公司杭申线仓库吊机码头	1987	散杂货	3	9	1	100
	市酿造厂河埠式专用码头	1988	件杂货	4	28	2	60
	市包装装潢厂专用码头	1988	件杂货	3	2	2	60
	市啤酒厂专用码头	1988	散杂货	1.4	10.9	1	6
	市人造舆皮厂吊机码头	1988	件杂货	1.5	15	1	40
	市金属材料公司码头	1988	件杂货	3	30	1	100
	嘉兴热电厂吊机码头	1990	散杂货	5	135	4	100
	市畜产品公司专用码头	1990	散杂货	1	10	2	25
	南堪老北仓库码头	1987	黄砂	2.5	6	1	40
	南堪新北合库码头	1987	散杂货	1.5	5	1	25
	南堪二角地仓库码头	1987	件杂货	2.5	2	1	60
	海盐塘鬃毛加工厂码头	1987	散杂货	2.5	4	1	25
	海盐塘鬃毛加工厂码头	1987	件杂货	2.5	2	1	25
	桐乡燃料公司煤库码头	1988	件杂货	2.5	40	2	100
	浙江钱江啤酒厂码头	1987	件杂货	2.5	10	1	40
	第一分厂 1 号码头 2 号码头 3 号码头	1987	件杂货	2.5	6	2	60
	嘉善油脂化工厂码头	1989	散杂货	1.4	4	1	100
	嘉善燃料公司煤码头	1987	件杂货	2.5	200	3	150
	嘉善麦芽厂码头	1986	件杂货	3.0	2	1	80
	上海粮油进出口公司嘉善仓库	1989	件杂货	3.5	120	5	100
	嘉善冷冻厂码头(西塘)	1987	件杂货	1.5	30	2	15
	嘉善发电厂码头(北伍子塘)	1988	钢材	1.5	100	4	100
	中兴新木业有限公司(南伍子塘)1 号码头 2 号码头	1989	散杂货	3.0	30	6	80
	枫南乡水泥厂 1 号码头 2 号码头	1986	件杂货	2.0	240	7	100
	天壬毛纺厂码头	1986	件杂货	1.5	5	1	100
	平湖胜利变电所码头	1990	散杂货	2.5	25	1	80
	平湖磷肥厂码头	1990	件杂货	2.5	25	1	100
	平湖第一化工厂码头	1990	件杂货	2.0	70	2	60
	平湖燃料公司五埝子煤场码头	1989	散杂货	2.0	85	3	60
	平湖化建公司小南门合库码头	1988	散杂货	2.0	80	5	60
	平湖城南粮站码头	1988	黄砂	2.0	45	2	80

表 3-2-4 1990 年嘉兴航区货运码头一览表

1990 年止

码头泊位名称		建成年份	前沿水深（米）	码头长度（米）	泊位数（个）	靠泊能力（吨级）
交通部门	物资部门					
	市环卫处南门通天河码头	1989	4	2.5	1	20
	市环卫处东门管理站码头	1989	4	17	1	20
	市石油公司七星油库码头	1989	1	4	1	12
市运输装卸公司米厂码头		1989	3	170	2	100
市运输装公司杉青闸仓库码头		1990	2	90	2	100
	农机公司吊机码头	1990	3	60	6	120
市航运公司吊机码头		1990	2	50	3	100
	嘉兴酒厂瓶装酒仓库卸货码头	1987	2	36	1	80
	嘉兴食品公司东栅食品组生猪码头	1987	3	5	1	40
	陡门砖瓦厂港池式码头	1989	1	3	1	4
	新丰粮油厂码头	1988	4	53	1	100
	嘉兴水泥厂新丰分厂码头	1989	2	50	1	60
	海宁石油公司长山河油库简易码头	1989	2	12	2	60
	海宁市燃料公司东山煤场码头	1989	2	260	5	100
	海宁市化肥厂码头	1989	4	200	5	100
	海宁市饲料厂码头	1987	3	100	5	100
	海宁市水泥厂码头	1987	3	850	6	100
	桐乡生资公司仓库码头	1990	3	86	2	100
	桐乡标准件厂码头	1988	3	8	1	100

米，前沿水深为 2.25 米。港池面积为 544 平方米，共有停靠泊位 6 个，能靠泊 60 吨级船舶。码头装有 5 吨吊机 2 台，3 吨吊机 4 台。

“七五”期间，嘉兴市经济发展较好，码头建设也较快。新建码头有：1. 上海粮油进出口公司嘉善仓库码头：投资 35 万元，建于 1989 年 2 月，由上海第二航运设计院设计。码头为钢筋混凝土重力式结构，总长 77 米，前沿水深 3.5 米，泊位 4 个，靠泊能力 100 吨级船舶。装卸粮油商品，有流动吊机 2 台，日装卸货物 700 吨，于当年 7 月竣工使用。2. 嘉兴热电厂吊机码头：由嘉兴市建筑安装公司承建，投资金额 73 万元。码头结构形式为钢筋混凝土桩承台式，前沿水深 4 米，码头长 135 米，4 个泊位，靠泊能力 100 吨级船舶。装有固定吊机 4 台，每台负荷 5 吨，日装卸原煤 1000 吨。1989 年 11 月 23 日开工，1991 年 11 月竣工投入使用。

随着基本建设迅猛发展，电、煤、石油，以及工农业生产和生活必需品需求量大增，为适应需要，市城、郊两区及各县不少工厂、公司都相继新建了仓库码头，包括部分工厂建新厂屋迁址后新建的码头，以及原有的码头因塌损或不适应需要而新改建的码头。五年来，新建、改建货运码头共 63 个(其中装吊机 65 台)，嘉兴市城、郊区 35 个，嘉善县 14 个，海宁市 5 个，平湖县 6 个，桐乡县 3 个，同时废弃 3 个码头，提高了装卸作业的能力，缩短了船舶留港时间，加快货物周转，为上海经济区、嘉兴市振兴经济、搞活流通，发挥了良好的作用。

1991 年以后嘉兴航区货运码头情况

嘉兴内河港是长三角地区重要的内河港口，是中国内河 28 个主要港口之一。地处杭嘉湖水网地带，区内通航河流众多，生产性码头泊位主要分布于杭申线、乍嘉苏线、杭平申线、嘉于硖线、东宗线、京杭运河等高等级航道的两岸，其他的支线航道上也分布着一些简易码头。

到 2010 年年底，嘉兴市内河港泊位基本情况：港口经营企业 1053 家，泊位总数 1784 个，生产性泊位 1629 个，泊位长度 78.6 千米，年通过能力 10987 万吨，最大靠泊能力 1000 吨，完成港口吞吐量 9486.48 万吨。各港区货运码头情况如下。

(一)城郊港区

城郊港区码头主要分布于杭申线、乍嘉苏线、嘉于硖线等高等级航道两侧，京杭运河由于距离城区相对较远，码头泊位比较少。此外，其他支线航道上还分布着一些中小码头。城郊港区中规模比较大的码头包括嘉兴铁水中转港、浙江嘉化物流有限公司、嘉兴市汇丰储运有限公司、嘉兴市矗娃建材有限公司、嘉兴市龙业建材有限公司码头等，另外包括嘉兴新嘉爱斯热电有限公司、嘉兴市锦江热电有限公司、嘉兴市协鑫环保热电有限公司、嘉兴市中华化工有限责任公司、浙江嘉兴三塔建材股份有限公司、嘉兴市郊区水泥厂、浙江欣欣饲料股份有限公司等一批企业专用码头，主要经营煤炭、矿建材料、水泥、钢材、粮食、工业原材料及产品等货种运输为主。

截至2009年年底，城郊港区拥有生产性泊位308个，其中300吨级以下泊位137个，300吨级至500吨级以下泊位99个，500吨级及以上泊位72个。泊位岸线总长13070米，占嘉兴内河港生产性泊位岸线总长的20.1%。泊位年综合通过能力2038万吨，占嘉兴内河港泊位通过能力的19.7%。拥有库场总容量251万吨，其中：生产性堆场798940平方米，容量224万吨；生产性仓库容量27万吨，其中仓库73027平方米，容量18万吨，圆筒仓15000立方米，容量25500吨，油库88500立方米，容量70800吨。各类装卸机械282台，其中起重机械239台，输送机械21台，专用机械22台。2010年年底，城郊港区完成港口吞吐量20557800吨。

(二)海宁港区

海宁港区中规模比较大的码头包括海宁市公用码头、浙江海丰煤炭有限公司码头、海宁长荣商品混凝土有限公司码头、海宁市许村镇科同恒丰码头、浙江鸿翔建设集团有限公司海宁商砼分公司码头、钱江生物化学股份有限公司码头等一批企业、工厂建设的企业专用码头，以石料、矿建材料、工业原材料及产品、粮食、煤炭等货种运输为主。

截至2009年年底，海宁港区拥有生产性泊位215个，其中300吨级以下泊位169个，300吨级至500吨级以下泊位46个。泊位岸线总长10444米，占嘉兴内河港生产性泊位岸线总长的16.1%。泊位年综合通过能力1464万吨，占嘉兴内河港泊位通过能力的14.2%。

截至2009年年底，海宁港区拥有库场总容量134万吨，其中：生产性堆场431714平方米，容量121万吨；生产性仓库容量14万吨，其中仓库43124平方米，容量6.5万吨，圆筒仓40513立方米，容量68872吨，油库2750立方米，容量2200吨。各类装卸机械459台，其中起重机械219台，输送机械52台，装卸搬运机械166台，专用机械22台。2010年年底，海宁港区完成港口吞吐量15027329万吨。

图3-2-5 硖石北关货运码头

(三)海盐内河港区

海盐内河港区中吞吐量规模比较大的码头包括海盐县通六石料有限公司、海盐新安矿业有限公司等一批石料厂的自建码头，以石料出口为主；浙江省虎溪水泥有限公司、浙江齐家水泥有限公司、海盐秦丰水泥厂等一批水泥厂自建码头；海盐秦山混凝土有限公司、海盐安泰混凝土有限公司等码头，以水泥、矿建材料等大宗散货运输为主；另外还有海盐神舟三鑫装卸储运公司、浙江恒洋热电公司、浙江一星饲料集团有限公司等一批沿河企业专用码头，这些企业专用码头以工业原材料及产品、水泥、矿建材料、煤炭、粮食等货种运输为主。

截至2009年年底，海盐内河港区拥有生产性泊位238个，其中300吨级以下泊位185个，300吨级至500吨级以下泊位53个。泊位岸线总长10008米，占嘉兴内河港生产性泊位岸线总长的15.4%。泊位年综合通过能力2209万吨，占嘉兴内河港泊位通过能力的21.4%。

截止2009年年底，海盐内河港区拥有库场总容量216万吨。其中：生产性堆场464504平方米，容量130万吨；生产性仓库容量86万吨，其中仓库146832平方米，容量22万吨，圆筒仓376470立方米，容量639999吨；各类装卸机械361台，其中起重机械229台，输送机械63台，装卸搬运机械69台。2010年年底，海盐内河港区完成港口吞吐量15895280吨。

(四)平湖港区

平湖港区中规模比较大的码头包括平湖兴平港务有限公司、三塔建材公司平湖分公司、平湖市热电厂、浙江星阁建材集团有限公司、六店港务有限公司、乍浦国家粮食储备库、平湖芽芽商品混凝土有限公司、浙江物产燃料集团有限公司乍浦煤场、浙江晋晟能源有限公司、浙江宏建建设有限公司当湖混凝土分公司、平湖市兴平港务有限公司、平湖市粮食收储有限公司、杭州湾钢贸城、浙江荣成纸业有限公司、平湖二轻水泥有限公司、景兴纸业有限公司、凯宇化工集团等一批企业专用码头，主要经营建材、水泥、化肥、煤炭、农贸产品、工业原材料及产品等货物的装卸业务。

截至2009年年底，平湖港区拥有生产性泊位233个，其中300吨级以下泊位88个，300吨级至500吨级以下泊位145个。泊位岸线总长9724米，占嘉兴内河港生产性泊位岸线总长的15%。泊位年综合通过能力1160万吨，占嘉兴内河港泊位通过能力的11.2%。

截至2009年年底，平湖港区拥有库场总容量146万吨，其中：生产性堆场454608平方米，容量127万吨；生产性仓库容量19万吨，其中仓库15200平方米，容量22800吨，圆筒仓80760立方米，容量137292吨，油库32150立方米，容量25720吨；各类装卸机械394台，其中起重机械130台，输送机械8台，装卸搬运机械256台。2010年年底，平湖港区完成港口吞吐量17526963吨。

截止2010年年底，平湖港区拥有生产性泊位256个，其中300吨级以下泊位91个，300吨级至500吨级泊位156个。泊位岸线总长11205米。泊位年综合通过能力1307万吨。

(五)嘉善港区

嘉善港区中规模比较大的码头包括嘉善交通运输公司、下甸庙装卸站、东庄水泥制品厂、振大水泥有限公司、嘉善天凝南方水泥有限公司、嘉兴市沪嘉构件有限公司、嘉善南方水泥有限公司、浙江宝泉、登峰麦芽公司、浙江嘉善银粮国家粮食储备库有限公司、嘉善县粮食收储有限公司等一批沿河企业的专用码头，这些企业专用码头以工业原材料及产品、粮食等货物运输为主。

截至2009年年底，嘉善港区拥有生产性泊位224个，其中300吨级以下泊位204个，500吨级及以上泊位20个。泊位岸线总长8642米，占嘉兴内河港生产性泊位岸线总长的13.3%。泊位年综合通过能力1543万吨，占嘉兴内河港泊位通过能力的14.9%。

截至2009年年底，嘉善港区拥有库场总容量163万吨，其中：生产性堆场488411平方米，容量137万吨；生产性仓库容量26万吨，其中仓库60950平方米，容量79235吨，圆筒仓99448立方米，容量169062吨，油库18690立方米，容量15887吨；各类装卸机械551台。2010年年底，

表3-2-5 2005年嘉兴100吨级以上内河港码头泊位现状汇总

港区	泊位数	500吨以上	300~500吨	100~300吨	泊位长度(米)	通过能力(万吨)
合计	1718	69	362	1287	61210	7697
城郊	253	14	29	210	8721	1069
海宁	67		2	65	4440	515
海盐内河	266		111	155	10168	2596
平湖	140		73	67	6002	623
嘉善	437	20	18	399	17774	1113
桐乡	555	35	129	391	14105	1781

表3-2-6 2009年嘉兴100吨级以上内河港码头泊位现状汇总

港区	泊位数	500吨以上	300~500吨	100~300吨	泊位长度(米)	通过能力(万吨)
合计	1488	243	456	789	65047	10336
城郊	308	72	99	137	13070	2038
海宁	215		46	169	10444	1464
海盐内河	238		53	185	10008	2209
平湖	233		145	88	9724	1160
嘉善	224	20		204	8642	1543
桐乡	270	151	113	6	13159	1922

表 3-2-7 2009 年嘉兴市内河港区基本情况统计

2009 年止

港区	合计	城郊	海宁	海盐内河	平湖	嘉善	桐乡
一、泊位情况							
1.泊位个数合计(个)	1488	308	215	238	233	224	270
300 吨以下	789	137	169	185	88	204	6
300 吨至 500 吨以下	456	99	46	53	145	0	113
500 吨及以上	243	72	0	0	0	20	151
#公用泊位	93	0	85	8	0	0	
2.泊位长度合计(米)	65047	13070	10444	10008	9724	8642	13159
3.泊位年综合通过能力(万吨)	10336	2038	1464	2209	1160	1543	1922
二、堆场仓库情况							
总容量	10326135	2511142	1344557	2160708	1458714	1631735	1219279
1.生产性堆场(平方米)	2945178	798940	431714	464504	454608	488411	307001
容量(吨)	8246498	2237032	1208799	1300611	1272902	1367551	859603
2.生产性仓库							
容量(吨)	2079637	274110	135758	860097	185812	264184	359676
(1)仓库(平方米)	449835	73027	43124	146832	15200	60950	110702
容量(吨)	867444	177810	64686	220098	22800	79235	302815
(2)圆筒仓(立方米)	627510	15000	40513	376470	80760	99448	15319
容量(吨)	1066767	25500	68872	639999	137292	169062	26042
(3)油库(立方米)	178780	88500	2750	0	32150	18690	36690
容量(吨)	145426	70800	2200	0	25720	15887	30819
三、机械设备(台)							
合计	2523	282	448	361	394	551	487
1.起重机械类	1645	239	219	229	130	551	277
2.输送机械类	213	21	52	63	8	0	69
3.装卸搬运机械类	632	0	166	69	256	0	141
4.专用机械类	33	22	11	0	0	0	0

表 3-2-8 2008—2010 年泊位基本情况

项目 \ 年份		单位	2008	2009	2010
港口经营企业		家	876	936	1053
泊位总的情况	泊位总数	个	1550	1634	1784
	生产性泊位	个	1464	1488	1629
	泊位长度	千米	66.7	71.8	78.6
	通过能力	万吨/年	9655	10515	10987
	最大靠泊能力	吨	500	500	1000
多用途泊位	多用途泊位	个			10
	前沿水深(设计低水位/设计高水位)	米			3.2/5.4
	通过能力	万 TEU/万吨			18/180
	堆场面积	平方米			27526
	堆存能力	TEU			3996

表 3-2-9 2001—2010 年嘉兴内河港港口吞吐量情况

单位：万吨

年份 \ 项目	合计	进港	出港
2001	5295	2654.3	2640.7
2002	5964	3007.5	2956.5
2003	6488	3423.5	3064.5
2004	6554	3410.4	3143.6
2005	6920	3283.7	3636.3
2006	8002.4	5361.6	2640.8
2007	8164.6	4991.6	3173.0
2008	7871.4	5334.7	2536.7
2009	8404.2	5538.6	2865.6
2010	9486.5	6372.2	3114.3

嘉善港区完成港口吞吐量 13041320 吨。

(六)桐乡港区

桐乡港区中规模比较大的码头包括梧桐装卸运输公司、浙江森源煤炭有限公司、浙江新都热电有限公司、浙江新都水泥有限公司、桐乡市河山南方水泥有限公司、浙江佳供钢铁科技有限公司、桐乡新都混凝土有限公司、桐乡南方水泥有限公司、桐乡市桐加石油产品有限责任公司、桐星混凝土有限公司、振石集团、巨石集团和桐昆集团等一批企业专用码头，以煤炭、水泥、矿建材料、砖瓦、工业原材料及产品等货物运输为主。

截至 2009 年年底，桐乡港区拥有生产性泊位 270 个，其中 300 吨级以下泊位 6 个，300 吨级至 500 吨级以下泊位 113 个，500 吨级及以上泊位 151 个。泊位岸线总长 13159 米，占嘉兴内河港生产性泊位岸线总长的 20.2%。泊位年综合通过能力 1922 万吨，占嘉兴内河港泊位通过能力的 18.6%。

截至 2009 年年底，桐乡港区拥有库场总容量 122 万吨，其中：生产性堆场 307001 平方米，容量 86 万吨；生产性仓库容量 36 万吨，其中仓库 110702 平方米，容量 302815 吨，圆筒仓 15319 立方米，容量 26042 吨，油库 36690 立方米，容量 30819 吨；各类装卸机械 487 台，其中起重机械 277 台，输送机械 69 台，装卸搬运机械 141 台。2010 年，桐乡港区完成港口吞吐量 12816129 吨。

嘉兴市铁水中转港和嘉兴内河港多用途港区

1993年11月2日，嘉兴市铁水中转港区工程经浙江省计经委批准立项，1994年3月29日批准初步建设。自1994年3月22日正式动工建设，1999年6月22日通过省交通厅交工验收。嘉兴市铁水中转港系嘉兴市建设的首个大型综合性内河港口。总投资6426万元，占地26.4公顷，设计货物吞吐能力172万吨/年。1号作业区岸线长80米，有全天候仓库6400平方米，作业面1300平方米，办公用房7间，机修车间2间；500吨级泊位2个，300吨级泊位3个；配备5吨移动吊2台，3.2吨桁架吊2台。2号作业区岸线长160米，作业面3700平方米，仓库2600平方米，办公用房8间，机修车间2间；设有300吨级泊位6个，配备5吨移动汽车吊2台。

2001年12月7日，嘉兴市铁水中转港和中国远洋运输(集团)公司，共同开通了嘉兴至上海国际集装箱内河支线。由于运输比价优势明显、通关手续便捷，深受货主欢迎，呈现出良好的发展态势，截至2004年6月，累计吞吐量近1万标准箱。

2004年4月3日、7月2日，嘉兴市政府进行调研，并在铁水中转港召开会议，决定将铁水中转港集装箱码头功能调整为内河粮食码头，重新规划建设嘉兴内河港国际集装箱港区(嘉兴内河港多用途港区)，11月25日，项目建议书被省发改委受理后，先后有奥斯集团、金冠香港、香港保华集团等多家企业参加招商引资，最终由香港保华集团旗下(香港)嘉兴内河港投资有限公司与嘉兴市港航建设开发有限责任公司合资建设经营。2005年10月，工程可行性研究报告经省发改委批复同意，并先后取得省环保厅《环评审查意见》、省水利厅《水土保持方案批复》、省国土资源厅《土地预审意见》等。2006年3月，工程初步设计通过省发改委审批，8月，项目施工图设计通过省交通厅审批。2007年4月，省发改委同意将原嘉兴内河港国际集装箱港区工程项目调整为嘉兴内河港多用途港区工程项目。2008年下半年，嘉兴内河港多用途港区正式开工建设。2010年8月通过交工验收，9月投入试运营。2011年多用途港区集装箱年吞吐量突破6万标箱，2012年更是一举突破10万标箱。

嘉兴内河港多用途港区位于嘉兴市南湖区七星镇，总占地32.6万平方米，泊位长570米，建设1000吨级多用途泊位8个，是浙北地区最具规模的内河港口物流基地，是浙江省第一个建成并投入使用的内河多用途港区，又是交通运输部第一个列入全国内河水运工程建设项目管理绩效考核的项目。该港区具备口岸功能，本地区企业可在此实现就地通关、报检，实现了码头装卸、物流服务、一关三检和保税仓储“四合一”，形成一个完整的物流网络，极大降低了企业的物流成本。

第三节 渡 口

嘉兴境内渡口有两类，旧时为官渡和民渡，解放后，非交通部门设置的，称之为民间渡口；交通部门设置的，称之为交通渡口。

民间渡口有专人设船，操渡收费为业的；有地方集资或置义田，以田养渡，过渡不取分文的；也有两岸村民为便往来，自置船只，系以绳索连接两岸，行渡者上船自行拉绳过渡的(此渡称农渡，船称拉渡船)。

1949年以前嘉兴航区渡口情况

旧时渡口按其设置性质可分为官渡和民渡两种。官渡由官府置舟并配船工，渡运过境官员和商旅。民渡则由地方士绅联合所在乡村民众筹资设置，确定渡工专管渡船和负责摆渡，年向两岸村庄每户收取谷物5至7斤作报酬，对于非所在村庄的渡客则收现金为渡费。

宋代前，渡船是河流两岸交通的主要工具。唐宋时设有很多官渡，据《桐乡县志》载，秀溪渡、毛家渡在宋时就属官渡。明清以后，桥梁增多，渡口减少。

嘉兴市地处江南水网，有418平方公里的水域面积，村口的渡船是以往许多农民出村进城的唯一选择。摆渡人摇桨在河道上穿行，曾是水乡一道独特的风景。

建国前嘉兴县渡口，除少数有渡工专门管理外，多数是两岸绳索牵引的“拉渡”。

1949年以后嘉兴航区渡口情况

解放后，随着河道的疏浚和桥梁建设事业的发展，全市大部分渡口先后修建桥梁，渡口逐渐减少。

1956年第一季度嘉兴航管处成立港航监督组织后，首先对南湖10余艘游览小渡船进行检丈核准载客定额并发证。为加强渡口、渡船的管理工作，嘉兴航管处对处及各县管辖区内所有渡口、渡船进行一次普查和全面性检核。

位于交通要道的渡船还填发渡船航运证，确定航运期限。又在主要集镇渡口设置渡口、渡船安全标志，制定渡船渡口安全守则。

1961年，嘉兴区航运局进行了一次较大规模渡口渡船大检查。部分县协同公安部门再次制发《渡口守则》，发至各乡、镇公共场所张贴。根据中共中央(70)71号抓好渡口安全管理工作的文件指示精神，1972年又对渡口进行全面复查。

由于部分渡船年久失修，破烂不堪。部分渡船无人管理，以及超载严重，所以渡口事故频繁。嘉善县从1969年至1971年上半年渡船连续发生翻船沉船事故，死亡19人。1972年至1980年间共有渡运翻船事故28起，落水85人，溺亡26人。

随着经济的发展，水上交通条件有了较大的改善。许多渡口建起了桥梁，钢质渡船逐步取代了木质渡船。

据1985年嘉兴市乡镇渡口调查资料，全市共有渡口173处，渡船176艘，渡工251人，年渡运量6313754人次，其中自行车50214辆次。尤其是嘉善县有渡口120个，年渡运量达332.45万人次。

1986年年底，嘉兴市共有渡口168处，渡船171艘，年渡运量达1000万人次。嘉善县更有“十里九渡”之称，该县渡口数量占嘉兴市渡口总数的70%左右。

1987年，浙江省人民政府颁布《浙江省渡口安全管理规定(试行)的通知》，航管部门紧紧依靠政府，积极推进撤渡建桥、渡船更新改造及渡埠的维修工作。逐渐以钢质船替代原来的木质、水泥船。通过财政挤一点，乡村集一点和交通补一点的办法，到1990年年底，共筹集资金近100万元，共建桥撤渡25处，更新改造钢质渡船131艘，基本实现了渡船钢质化。全市共有渡口143处，渡工199名，渡船147艘，全部实现钢质化，共渡运943.87万人次。

各县市区渡口情况

(一)海宁

解放后曾有4个民间渡，即上海河龙王渡、泥坝桥港庄荡渡、崇长港七里亭渡、长阡塘河长阡渡，分别在1968年和1978年，先后在渡口处新建桥梁，此后海宁无民间渡口。

(二)桐乡

建国后尚有渡口12个，主要分布在杭申甲线大运河上11个，杭申乙线1个。1976年10月，修建羔羊大桥后撤掉羔羊渡口。1985年又因建公路桥而撤除真家笕、宗扬庙两个渡口。1988年撤掉单桥渡。至1990年年底，尚有渡口8个，有渡船11艘，其中2艘水泥质渡船、9艘钢质渡船，核定载客139人，年渡运24.7万人次。

(三)平湖

解放前，全县有渡口23处，分布在城北、胜利、前港、南桥、新埭等乡镇，其中上海塘有10处。渡客较多的东湖渡，位于县城中山公园南侧，对岸为长胜乡之湖东，两岸相距约80米，系长胜乡一带农民及家居农村的搬运、纺织工人进城必经之路。

建国后，1965年统计，全县仍有民间渡口23处，木质渡船23艘。渡船由当地农民购置，专人摇渡，乘客付费。每逢春秋两季，摇船人向附近常乘船农民收取一些费用，以维修渡船。

20世纪70年代，平湖县有渡口23处，约半数在上海塘上，1990年尚有15处(包括青阳汇渡)，有16艘钢质渡船(内机动船2艘)，年渡运110.8万人次。

此后，在当地人民政府支持下，交通部门陆续在大落汇、沈荡浜、石洞头等渡口建桥代渡。对尚存渡口加强管理，及时解决修船材料。1987年7月下旬，县人大、县人民政府领导视察10个渡口，发现渡船陈旧，作出全县渡船2年内实现钢质化决定，经费由县财政补助60%，渡口所在乡镇集资40%。决定实施后，渡船更新明显加快，当年购置14客位钢质渡船7艘和60客位钢质机动渡轮1艘，配备在上海塘各渡口。

1990年年末，平湖境内有15个渡口(乡镇农村渡14个，企业交通专用渡1个)，钢质渡船16艘，其中机动2艘，手摇渡船14艘，乘客定额共260人；机动2艘，准载定额共90人。

1996年1月，青阳汇大桥建成，青阳汇渡口经市人民政府批准撤销。青阳汇渡口撤销前有渡工4人，60客钢质机动渡船2艘，年渡运量达80万人次，是嘉兴市第二大乡镇渡口。

曹家港渡口是平湖市的最后一处渡口。2005年2月11日，跨越曹港河的曹家港桥建成，曹家港渡口随即被批准撤销。至此，渡口在平湖市的水运市场上已完成其使命，全部退出历史舞台。

(四)嘉善

县境内河港横纵、交叉，道路阻绝，所以桥梁多，渡口多，也便成了这一地区的特点，故里“十里九渡”之称。建国后，在国家和民间筑路架桥，远及偏僻乡村，过去的渡口虽已以桥代渡，逐渐减少；但是，限于条件，仍需利用渡船过河的，还是随处可见。

根据1956年—1985年历次渡口普查资料，全县渡口最多时(1972年)达226处，每处有船1艘，舱位定员总额为2370人。至1990年年底，仍有19个乡镇保留渡口92处，渡船92艘，其中钢质人力82艘；钢质机动2艘；木质

表 3-2-10 1990 年嘉兴市渡口情况统计

项目 县别	渡口(处)			渡船(艘)							渡工(人)			年渡运量
	正式	非正式	小计	经检验			未经检验			合计	持证	无证	小计	人次(万)
				机动	非机动	小计	机动	非机动	小计					
城郊	26		26	4	24	28				27	46		46	126.68
海宁	1987 年停渡													
平湖	15		15	3	13	16				16	20	1	21	110.8
嘉善	92		92	4	63	67		25	25	92	17	101	118	640
海盐	3		3		3	3				3	3		3	10.77
桐乡	7		7		10	10				10	14		14	24.7
合计	143		143	11	113	124		25	25	148	100	102	202	912.95

表 3-2-11 1990 年末嘉兴市渡口一览

渡口名称	位置	渡船				渡口管理单位	渡运量人/年	渡距(米)
		渡工人数	载客定额	船 质	艘数			
嘉善县:薛家浜渡	勤丰村	2	14	钢质人力	1	杨庙乡交管站	40000	60
三店渡	三店村	2	14	钢质人力	1	杨庙乡交管站	50000	53
四丫泾渡	新联村	1	14	钢质人力	1	杨庙乡交管站	10000	50
南龙渡	杨庙南龙村	1	14	钢质人力	1	杨庙乡交管站	10000	100
杨家栅渡	南熟村	1	14	钢质人力	1	天壬乡交管站	19000	80
东顺渡	东顺村	2	14	钢质人力	1	天壬乡交管站	35000	160
张家浜渡	东方红村	1	15	钢质人力	1	天壬乡交管站	8000	40
龙西渡	龙西村	1	12	钢质人力	1	天壬乡交管站	7200	40
九号窑	东方红村	1	14	钢质人力	1	天壬乡交管站	29000	60
小斗浜	东方红村	2	15	钢质人力	1	天壬乡交管站	5000	30
南塘渡	中联村	2	14	钢质人力	1	俞汇乡政府	11000	50
西港头渡	中联村	2	30	钢质人力	1	俞汇乡政府	12000	300
银水庙渡	丁栅砖瓦厂	1	15	钢质人力	1	丁栅乡政府	7000	40
窑厂渡	星火村	1	5	钢质人力	1	丁栅乡政府	8000	30
东塘渡	星火村	1	15	水泥人力	1	丁栅乡政府	20000	50
界泾渡	界泾港村	1	25	钢质机动	1	丁栅乡政府	180000	110
东丘渡	东丘村	1	15	钢质人力	1	西塘镇政府	18000	70
永红码头渡	雨落村	2	14	钢质人力	1	西塘镇政府	92000	200
太浦河渡	钱家甸村	1	25	钢质机动	1	大舜乡政府	36000	130
南花龙渡	钱家甸村	1	14	钢质人力	1	大舜乡政府	18000	90
荻沼渡	大舜乡荻沼村	1	4	水泥人力	1	大舜乡政府	15000	30
庙浜渡	庙浜村	1	15	钢质人力	1	大舜乡政府	18000	150

（续表 3-2-11）

渡口名称	位置	渡船				渡口管理单位	渡运量人/年	渡距（米）
		渡工人数	载客定额	船质	艘数			
茜墩渡	茜墩村	1	15	钢质人力	1	大舜乡政府	25000	50
西听港渡	茜墩村	1	14	钢质人力	1	大舜乡政府	11000	60
南旱渡	南旱村	1	14	钢质人力	1	大舜乡政府	25000	100
雅鹊渡	雅鹊村	1	14	钢质人力	1	大舜乡政府	9000	100
庄王渡	庄王村	1	14	钢质人力	1	大舜乡政府	18000	50
四吕渡	四吕村	1	14	钢质人力	1	大舜乡政府	13000	40
三成渡	三成村	1	15	钢质人力	1	大舜乡政府	9500	40
西北旱渡	西北旱村	1	14	钢质人力	1	大舜乡政府	13000	50
南港渡	南港村	1	14	钢质人力	1	大舜乡政府	20000	50
水产渡	水产村	1	10	木质人力	1	大舜乡政府	10000	60
四字圩渡	四字圩村	1	15	钢质人力	1	大舜乡政府	10000	40
小圩港渡	高家浜村	1	5	水泥人力	1	大舜乡政府	3600	30
高家浜口渡	高家浜村	1	4	水泥人力	1	大舜乡政府	10000	40
福善码头渡	福善村	2	14	钢质人力	1	洪溪乡交管站	15000	160
西栅渡	福病况村	1	15	钢质人力	1	洪溪乡交管站	18000	45
竹埂渡	马塔塘村	1	25	钢质人力	1	洪溪乡交管站	17000	40
金道浜渡	福善村	1	15	钢质人力	1	洪溪乡交管站	10000	30
黄家庙渡	马塔塘村	2	14	钢质人力	1	洪溪乡交管站	18000	40
七星港渡	杨树村	1	14	钢质人力	1	洪溪乡交管站	15000	40
后江圩渡	杨树村	1	5	钢质人力	1	洪溪乡交管站	15000	40
七南圩渡	杨树村	1	14	钢质人力	1	洪溪乡交管站	18000	70
杨树渡	杨树村	1	25	钢质机动	1	洪溪乡交管站	23000	170
毛家楼底	六合浜村	1	4	钢质人力	1	洪溪乡交管站	13000	35
倪家村渡	斜塘村	1	14	钢质人力	1	洪溪乡交管站	15000	30
薛家桥渡	河泥潮村	1	14	钢质人力	1	洪溪乡交管站	18000	60
卫东渡	荡湾村	1	15	钢质人力	1	洪溪乡交管站	18000	30
南塘渡	斜塘村	1	15	钢质人力	1	洪溪乡交管站	16000	45
洪溪码头渡	洪溪供销社	1	15	钢质人力	1	洪溪乡交管站	20000	60
萮头渡	塘东村	1	14	钢质人力	1	洪溪乡交管站	6000	150
塘东渡	塘东村	1	14	钢质人力	1	洪溪乡交管站	15000	150
张步港渡	高安村	1	15	钢质人力	1	洪溪乡交管站	18000	35
沈家埭渡	合心村	1	4	钢质人力	1	洪溪乡交管站	8000	30
关阳庙渡	合心村	1	15	钢质人力	1	洪溪乡交管站	10000	35
上旬庙渡	礼庙村	1	14	钢质人力	1	下甸庙乡交管站	8500	50
温草泾渡	肖家圩村	1	15	钢质人力	1	下甸庙乡交管站	15000	40
尤家港渡	西浒村	1	14	钢质人力	1	汾玉乡政府	50000	60
芦墟南栅渡	地园村	3	22	钢质人力	1	陶庄乡政府	80000	50

（续表 3-2-11）

渡口名称	位置	渡船				渡口管理单位	渡运量人/年	渡距（米）
		渡工人数	载客定额	船质	艘数			
汾湖东口渡	湖滨村	2	22	钢质机动	1	陶庄乡政府	80000	150
程河港渡	陶庄敬老院	1	30	钢质人力	1	陶庄乡政府	14000	45
和尚荡渡	红阳村	1	15	钢质人力	1	范泾乡政府	2000	60
幸福河渡	范泾村	2	15	钢质人力	1	范泾乡政府	4000	45
宋家渡	宋家村	1	30	钢质人力	1	范泾乡政府	350000	170
范泾码头渡	长浜村	2	30	钢质人力	1	范泾乡政府	30000	80
胡家埭渡	胡家埭村	2	14	钢质人力	1	范泾乡政府	25000	150
长浜渡	长浜村	2	14	钢质人力	1	范泾乡政府	15000	150
红阳渡	红阳村	1	14	钢质人力	1	范泾乡政府	6000	45
茆里渡	茆里村	1	14	钢质人力	1	范泾乡政府	7000	45
洋圩渡	东庄村	1	14	钢质人力	1	干窑镇政府	3000	65
邵家浜渡	新民村	1	15	钢质人力	1	干窑镇政府	2000	40
草场渡	干窑村	1	14	钢质人力	1	干窑镇政府	2000	50
长胜村渡	长胜村	2	14	钢质人力	1	干窑镇政府	12000	35
李库渡	李库村	2	15	钢质人力	1	姚庄乡政府	18000	170
横枫泾塘渡	横港村	1	15	钢质人力	1	姚庄乡政府	18000	35
北岳村渡	北岳村	2	15	钢质人力	1	姚庄乡政府	11000	60
东港渡	展丰村	2	15	钢质人力	1	姚庄乡政府	32000	30
武长渡	武长村	2	15	钢质人力	1	姚庄乡政府	13000	90
南北渡	南北村	1	15	钢质人力	1	姚庄乡政府	24000	60
北岳码头渡	北岳村	2	30	钢质人力	1	姚庄乡政府	54000	160
横港渡	横港村	2	30	钢质人力	1	姚庄乡政府	72000	150
秀南渡	秀南村	1	14	钢质人力	1	凤桐乡政府	50000	120
龙堰里渡	丽宇村	2	4	木质人力	1	惠民乡政府	9000	40
网埭渡	网埭村	1	14	钢质人力	1	枫南乡政府	10000	20
连堰泾渡	朝南村	1	4	水泥人力	1	枫南乡政府	4000	35
西后港渡	朝南村	2	15	钢质人力	1	枫南乡政府	18000	45
七一渡	大云西窑厂	1	14	钢质人力	1	大云乡政府	72000	30
里巷渡	里巷村	1	4	水泥人力	1	里泽乡政府	7000	50
伍子塘渡	小腰子港村	1	15	钢质人力	1	里泽乡政府	18000	65
小横港渡	小横港村	1	14	钢质人力	1	善西乡政府	11000	50
台基渡	台基村	1	14	钢质人力	1	善西乡政府	900	45
翁村渡	胜利东湖村	2	14	钢质人力	1	杨庙乡政府	2000	35
平湖县：东湖渡	胜利东湖村	2	30	钢质人力	1	胜利乡六里桥村	142000	88
扶行桥渡	城北扶行村	1	14	钢质人力	1	城北乡扶行组3、16组	9000	78
白桃浜渡	东塘村	1	14	钢质人力	1	城北乡私人渡	21600	75
赵家庙渡	赵家庙	1	14	钢质人力	1	前港乡私人渡	18000	68

（续表 3-2-11）

渡口名称	位置	渡船				渡口管理单位	渡运量人/年	渡距（米）
		渡工人数	载客定额	船质	艘数			
诸仙汇渡	诸仙汇	2	30	钢质机动	1	秀溪乡渔业村	荷花乡政府	9125
坍牌楼渡	坍牌楼	1	14	钢质人力	1	前港乡曹港村	36000	61-82
红庙渡	利群村	1	14	钢质人力	1	南桥乡私人渡	28800	74
汪东坊渡	田圩村	2	30	钢质人力	1	南桥乡田圩村2组	21600	76
青阳汇渡	青阳汇	3	90	钢质机动	1	南桥乡工业公司	1000000	70
大悲渡	洋圩村	1	14	钢质人力	1	南桥乡洋圩村1组	14400	76
曹家港渡	曹家港	1	14	钢质人力	1	南桥乡红益村	25200	44
钟埭渡	钟埭镇轮窑厂	2	30	钢质人力	1	钟埭镇轮窑厂	72000	50
三里堰渡	新联村	1	14	钢质人力	1	前港乡新联村13组	18000	49
剪刀汇渡	剪刀汇	1	14	钢质人力	1	广陈镇萌芽村9组	21600	56
联丰渡	联丰村	1	14	钢质人力	1	钟埭镇联丰村	25200	60
海盐县：三环洞渡	坟桥村	1	30	钢质人力	1	富宁乡政府	10800	75
黄道湖渡①	尤角村	1	30	钢质人力	1	沈荡镇政府	25200	65
黄道湖渡②	尤角村	1	30	钢质人力	1	沈荡镇政府	16200	60
桐乡县：永兴渡	永乐村	2	19	钢质人力	1	原新生乡政府	29000	60
太公渡	同福合星村	1	20	水泥人力	1	同福乡政府	18000	65
妙智渡	新妙智村	2	30	钢质人力	2	原新生乡政府	44000	60
毛家渡	南王村	2	10	水泥人力	1	原炉头镇政府	29000	70
大王渡	大王渡村	2	20	钢质人力	1	原炉头镇政府	22000	60
福严渡	合星村	2	20	钢质人力	1	原同福乡政府	29000	50
大麻渡	永丰村	2	30	钢质人力	2	原永秀乡政府	47000	96
九里亭渡	浙月村	2	10	钢质人力	2	原民合乡政府	47000	90
城郊：南湖渡	南湖纪念馆	5	82	钢质机动	3	城区秀水乡	393900	200
九里亭渡	乌桥村	1	18	钢质人力	1	新丰镇政府	15000	48
老岳庙渡	大桥村	1	18	钢质人力	1	洪合乡政府	7300	50
轮码头渡	双联村	2	18	钢质人力	1	油车港镇政府	127750	20
塔桥港渡	双塔村	3	18	钢质人力	1	田乐乡政府	109500	15
十八里桥渡	光辉村	3	18	钢质人力	1	大桥乡政府	20000	50
丁介坟渡	东二村	1	18	钢质人力	1	荷花乡政府	14600	50
石牌埝渡	四联村	3	18	钢质人力	1	蚂桥乡政府	10950	80
新塘桥渡	新塘桥	2	18	钢质人力	1	蚂桥乡政府	18250	40
南埝渡	南湖村	2	18	钢质人力	1	南湖乡政府	18250	25
陶家泾渡（东）	陶家泾村	1	18	钢质人力	1	高照乡政府	7300	50
陶家泾渡（西）	陶家泾村	1	18	钢质人力	1	高照乡政府	29200	40
塘滩头渡	双联村	2	18	钢质人力	1	油车港镇政府	7200	100
二里桥渡	新桥村	1	18	钢质人力	1	双桥乡政府	14600	100
莫家笕渡	莫家笕村	2	18	钢质人力	1	南湖乡政府	1800	60
北白荡渡	东一村	1	18	钢质人力	1	荷花乡政府	2000	70
西雁渡	麻溪港村	1	18	钢质人力	1	王江泾政府	1800	60

（续表 3-2-11）

渡口名称	位置	渡船				渡口管理单位	渡运量人/年	渡距（米）
		渡工人数	载客定额	船质	艘数			
石匠浜渡	池湾村	1	18	钢质人力	1	栖真乡政府	29200	40
石汇头渡	钱码头村	1	18	钢质人力	1	桃园乡政府	7300	100
钱码头渡	钱码头村	1	18	钢质人力	1	桃园乡政府	10950	60
张墩渡	张墩村	1	18	钢质人力	1	桃园乡政府	18250	30
洪庙浜渡	丁浜村	1	18	钢质人力	1	双桥乡政府	7000	60
南阳渡	南阳村	1	14	钢质人力	1	塘汇乡政府	9125	60
塘桥浜渡	丰南村	1	14	钢质人力	1	步云乡政府	18000	30
钱家桥渡	钱家村	4	14	钢质人力	1	塘汇乡政府	36500	80
蝴蝶港渡	钱乡桥	2	14	钢质人力	1	塘汇乡政府	4000	20

人力 3 艘；水泥人力 5 艘。舱位定员总额 464 人。其中分布在杭申甲线航道有 12 处；杭申乙线 15 处。渡距最宽处 300 米，最狭处 20 米。全年渡运 640 万人次。这些渡运的形式，虽然都已落后于时代；但是，它们仍然担负着促进物资交流，便利群众往来的任务，为民间生活所必需。

（五）海盐

解放初期，海盐县境的 11 个渡口分布于百步、沈荡、欤城、齐家、富亭、城西、官堂通元等乡镇，是配有渡工的农渡。此外，乡村河道狭处设置绳索牵引“拉渡”有 10 余处。海盐县 70 年代有渡口 21 处。随着交通建设发展，农村道路改善，渡口逐渐减少，仅存农渡 4 处，是设置于盐嘉航线的三环洞渡口、半路渡口、二摆渡（跨盐嘉航线，渡埠位于沈荡镇尤角村至齐家乡半路村）、头摆渡（又名王道宅渡口），各渡有渡船 1 艘，配有专人渡工 2 人。

于 1986 年 12 月，4 个渡口已换成钢质渡船，载渡客定员总额 120 人。至 1990 年年底，共有渡口 3 处（头摆渡已撤销）设置钢质渡船 3 艘，载客定额 90 人，年渡运 10.77 万人次。

（六）城、郊两区

河道密布，渡口甚多，渡口中除少数有渡工专门管理外，多数均是两岸绳索牵引的“拉渡”。建国后，随着国民经济建设发展，农村道路改善，修建桥梁，“以桥代渡”，渡口逐年减少。1965 年 12 月，对渡口进行调查，除南湖渡外，共有渡口 33 处，其中市区 5 处。1985 年嘉兴市航管处对渡口进行调查核实，城、郊区有渡口 24 处，交通管理部门批准的乡镇渡口 20 处，南湖渡口 1 处；未经批准乡镇渡 2 处，其他 1 处。经检验的非机动渡船 22 艘；其他渡船 4 艘；未经检验的渡船 8 艘。经检验的木质渡船，后又更新为钢质渡船。随着农村道路改善，乡镇公路建设的兴起，建桥撤渡，渡口日趋减少。至 1990 年年底，城区有渡口 5 处渡船 7 艘，其中钢质机动 3 艘，钢质人力 4 艘（包括南湖渡口），主要分布在杭申甲线等主航道上，担负着农业生产、城乡物资交流以及旅游事业的运输任务，年渡运量可达 40 万人次以上。至 1990 年年底，郊区共有渡口 20 处，钢质人力渡船 20 艘。

1991 年以后嘉兴航区渡口情况

到 1990 年年底，嘉兴航区共有渡口 143 道，渡工 199 人，渡船 147 艘，全部实现钢质化。

2004 年，嘉兴市委、市政府又提出用 3 年时间完成全市撤渡建桥的目标。在市交通局的正确领导下，各级港航管理部门克服种种困难，积极争取撤渡建桥补助资金约 3500 万元，加快撤渡建桥的步伐。

2005 年 12 月 31 日，秀洲区王江泾镇麻溪港西雁渡撤销。2007 年 11 月 27 日，嘉兴市境内位于杭申线上的最后一处渡口嘉善县杨庙三店渡正式撤渡。至此，嘉兴市全部完成 173 个渡口的撤渡工作，水乡嘉兴彻底告别千年渡运历史。

主要渡口

南湖渡

南湖渡位于嘉兴城东南湖之滨。凡参观南湖和游览名胜烟雨楼，必在南湖渡口乘渡船而至。

南湖：一称鸳鸯湖，简称鸳湖。古以东、西两湖相连，或云湖多鸳鸯，故名。古时面积很大，元代后逐渐淤积缩小，今湖面积约 360 亩。湖心有小岛，岛上烟雨楼始建于五代，为参观、游览胜地。清乾隆年间，乾隆帝六次下江南时，曾到南湖烟雨楼，并御笔题字碑文（石碑现由南湖纪念馆保管、展出)。湖中盛产无角菱,又称南湖菱。

1921年7月,中国共产党第一次全国代表大会后期由上海迁嘉兴南湖游船上继续举行,宣告中国共产党诞生。

嘉兴胜境南湖烟雨楼,独立湖中,四环碧水,景色绝佳。据《嘉兴导游》(中国旅行社)民国36年载:"'南湖烟雨'南湖十里,旷莽颖空,四围均是霭霭垂杨,离离芳杜。而翁郁灭忽,似烟非烟,迷漫缥渺,若雨不雨。故四时风景嘉丽,晨昏云水万态,允称大观。每逢佳节时令,士女如云,游人似鲫。"

南湖渡是全市重要渡口之一。解放后,党和政府多次修缮烟雨楼,修建南湖渡口及设施。并于1959年建嘉兴南湖革命纪念馆。同年,为庆祝中华人民共和国成立十周年,嘉兴县筹备仿制建造南湖"中共一大"纪念船。经过访问和邀请父老辈座谈,拟仿制模型,审决后于1959年7月始建,历时三个月于同年9月底建成。锚泊在嘉兴南湖革命纪念馆湖滨展出。

南湖渡船(名南湖船、又名丝网船):起源于江苏无锡丁港。船家原以捕鱼为生,兼搞运输,故较其它渔船整洁。当时是一种既供旅游又供宴饮的船只,往时的文人雅士常偕此会文结社,泛舟南湖观赏秀丽的江南风光;欢聚宴饮品尝丝网船别具风味的醇酒佳肴。清末民初,丝网船在嘉兴已经开始衰落,至1921年7月仅存无几。此时"女子摆渡船"兴起,俗名南湖摆渡船,为嘉兴特有。舟小如叶,上覆芦蓬,橹摇浆划,往来烟雨楼或三塔间。

建国后,嘉兴航运管理处于1956年年初对南湖游览渡船10余艘进行检丈核准载客定额并发证。撤销狮子汇岸坡渡口,并在南湖畔设置渡口、渡船安全标志,制定渡口、渡船安全守则。

中共十一届三中全会以来,随着旅游事业的发展,参观党的一大会址南湖,瞻仰革命红船,乘渡过河人数日益增多,日平均渡运1000人次以上,每逢节日渡运成倍增长;每年"七一"党的纪念日达1万人次以上(渡运任务,大部分由嘉兴市航运总公司嘉兴分公司客轮完成)。

1990年,嘉兴市人民发起"我为南湖增光辉"活动,捐资在南湖畔,重建嘉兴南湖革命纪念馆。此后,来自全国各地参观者,陆续不绝,渡运日益繁忙。

1985年6月,新置江苏江阴玻璃钢船厂制造,主机系北京直流电机厂生产的2C-3型2.5KV直流电机,乘客20人的玻璃钢电动渡船"南湖1号""南湖2号"2艘。于1986年1月投入行运,为嘉兴南湖电动渡船之始。

1986年6月27日,新建的Z2-41型3KV玻璃钢电动船,乘客定额42人"南湖3号"渡船投入使用。至1990年年底,南湖渡口有玻璃电动渡船3艘,乘额定员82人。南湖渡口是城区最大的渡口,解放后,安全渡运游客千余万人次无事故,取得了良好的社会效益和经济效益。南湖渡口渡距230米,是市城渡距最长的渡口,1986—1990年5年中渡运157万人次,其中1990年39.39万人次。解放后安全渡运游客千余万人次无事故。

2004年年底,南湖渡口改为游船码头。2004年12月22日,嘉兴市秀城区人民政府发文(秀城政发〔2004〕53号),将南湖渡口撤销。原南湖渡船作为游船由南湖名胜发展有限公司负责管理。

图3-2-6 嘉兴南湖渡口

三店渡渡口

三店渡渡口处杭申线三店弯道上游120米,跨杭申线航道,属嘉善县杨庙镇三店村。该渡口有钢质非机动渡船1艘,载客定额14人,渡工2名,渡运距离100米。渡口处原有一座三店桥,三店塘老桥为人行桥,1988年5月,被一拖轮船队撞击后倒塌,随后在原桥址设立该渡口。

2007年12月27日,三店大桥建成通车,同日,三店渡撤除。该渡口是嘉善县最后一处渡口,也是嘉兴航区最后一处渡口,随着该渡的撤销,嘉善县彻底结束了千年渡运的历史。嘉兴市也正式宣告"嘉兴水乡泽国"从此告别千年渡运历史。

图3-2-7 嘉善三店渡口

青阳汇渡口

位于平湖市新埭镇青阳汇，跨六平申线航道。是嘉兴市渡运量最大的乡镇渡口，渡距70米。历来两岸摆渡是小木质渡船，舟小运量大极不安全，随着改革开放，交通运输的发展，往来旅客日益增多。1985年春，在当地政府支持下，置30客位钢质机动渡船1艘，同时，建河南、河北岸2个渡埠及候船亭。1986年又置60客位钢质机动渡船1艘。1988年1季度，青阳汇渡移至客运码头以东，新建候船室、售票房及混凝土渡埠，渡口两岸筑道与县乡公路接通，每天渡运旅客千人次左右。1990年年底，该渡有钢质机动渡船2艘，总吨位13.5吨；乘客定员90人；有专职渡工4人。老渡工毛阿照、毛荣全工作兢兢业业，严格遵守渡运规则，安全渡运几十年如一日。1981年，该渡口被地、县航管部门评为32年无事故安全渡口。至1990年，渡口已安全渡运41年。

图3-2-8 平湖青阳汇渡口

马牧港渡口

马牧港渡位于海宁长安乡牧港村马牧港自然镇，为外地曾设于海宁境内的唯一交通渡。

该渡以海塘为码头，发船横渡钱塘江至萧山横叉路(今围垦四工区)。渡距12公里。清乾隆八年(1743年)，鱼鳞石塘筑成后，马牧港曾是盛极一时的江河转运码头。后因钱塘江铁路大桥建成通车，江河转运渐为陆运所取代，但横江渡运从无间断。其时海宁境内沿江渡口尚有盐官、翁家埠2个。自清代至解放初期，江渡均为民船私渡。1957年合作社成立后始由萧山县赭山运输社营渡，渡船均系木帆船。次年因沙涂涨塌变化之故，仅存马牧港渡口，仍由赭山运输社营渡。1967年改为机帆船渡运，总吨24吨；乘客定额散席80人。1980年起萧山县航运公司钱塘江分站"浙航机3411号"钢质渡轮营渡，总吨105吨，乘客定额散席225人。渡轮每天以涨潮为启航时间，由马牧港至四工段往返一次。年渡运量4万多人次；自行车4000辆左右。后因旅客上下海塘不安全及渡轮年年亏损需靠货运补损，故于1987年10月停渡。

太浦河渡

地处太浦河嘉善钱家甸，跨长湖申线航道，南岸渡埠位于太浦河钱家甸，北岸渡埠设在江苏地界，属嘉善县西塘镇钟葫村(原大舜乡钱家甸村)。该渡口原有钢质机动渡船1艘，载客定额14人，渡工2人，渡运距离45米。1992年，太浦河水利工程竣工，渡口处河面宽度增大至200米，该渡成为嘉善县渡运距离最长的渡口，随即长湖申线航道通航，渡口环境发生了很大变化，河面宽，水流急，过往船舶吨位大、密度高，渡运安全受到挑战。为适应渡运环境，1996年9月，原渡船更换为一艘较大的钢质机动渡船，载客定额为40人。2004年1月17日，渡船在渡运时与"浙长兴货0760"船发生碰撞，渡船当场沉没，渡船上5人全部落水，其中2名乘客溺水死亡。出事后，该渡停运。2004年12月10日，该渡经嘉善县人民政府批准正式撤销。

第四篇 铁 路

第一章 沪杭线

第一节 历史沿革

沪杭铁路即沪杭甬铁路上海至杭州间的一段，为嘉兴境内唯一的铁路线。东北自枫泾(70k + 452m)接轨入境，西南由许村(160k + 716.87m)延伸出境，该铁路横贯市域东西，全线长200.3公里，辖境内正线为双线，长90.3公里。另有企业专用线0.69公里(不包括马王塘至机场专用线)。

1949年以前沪杭铁路

沪杭铁路初名苏杭甬铁路，最初预定由苏州经杭州，以宁波为终点，为清光绪二十四年七月二十一日(1898年9月6日)总理衙门曾应允英商承办五路之一。同年九月初一(10月15日)由督办铁路总公司大臣盛宣杯与英商怡和洋行(代表中英银公司)订定借款，草合同四款，由于英从事南非殖民地战争，迄未议订正约，至光绪二十九年(1903年)春，盛以英方搁置过久，特商银公司代表壁利南，限以六个月内，勘路估价，否则废约。英方犹迟不进行。适浙江绅商李厚祐、沈文孙两人，申请集资，自筑杭州江墅铁路(江干闸口至湖墅拱宸桥)，一时商办之议，风靡全国。至此，银公司开始重视废约之事，催盛议正约。

光绪三十一年(1905年)，美商培次想承造江西和浙江的铁路，一方面向在上海的浙江绅商沈仲礼等游说，另一方面由美国驻杭州领事向杭州洋务局电请。在英、美谋我路权的情况下，浙江士绅力主废约，且于清光绪三十一年(1905年)，发起筹办全省铁路，成立浙江全省铁路有限公司，由商部奏派汤寿潜为铁路公司总理，刘锦藻为副理，积极进行。光绪三十一年(1905年)八月，英国大使萨道义照会外务部，提出坚持草约，要求派员速议苏杭甬铁路正约。汤寿潜得悉后，促请浙江籍京宦御史朱锡恩等以草约已延7年之久，请饬盛交涉废约，银公司不允，光绪三十二年(1906年)四月，银公司代表濮兰德与沪宁铁路大臣唐绍仪磋商，仍持不能作废之说。唐据实呈报商部，复以奉谕收回自办。五月，商部批准浙江铁路章程，并所拟路线。六月，英使照会外务部，以该线与前约违背，以侵害既生权利为理由，要求缔结正约，屡经交涉，终无成效。至光绪三十三年(1907年)八月，清政府以废约势在难行，派梁敦彦与银公司议定，铁路由中国自办，除原有股本尽数使用外，即向银公司筹借，另指的款抵押，银公司不能干预路事，经批准，借款额为1395000镑。然而，苏浙两公司坚不承认，电商部，由部担借担还，路局概不负责。后议定以该款作为部借，由部再转借于两公司为调停办法。光绪三十四年二月(1908年3月6日)，经外部右丞胡惟德、右参议高尔谦、铁道总局局长梁士诒与英国中英银公司代表濮兰德商定，订借款合同24款，路归苏、浙绅商筑，由英商给贷款1500000磅，按九三折扣交纳，常年5厘利息，以30年为期；聘英国人为总工程师。同时，将苏杭甬铁路起点改为上海，以同沪宁铁路相衔接，遂改苏杭甬铁路为沪杭甬铁路，即日批准签押。清政府既借英款后，乃与苏路、浙路两公司另定存款章程：苏路36哩(57.9公里)担负500万两，浙路78哩(125.5公里)担负850万两。

借款筑路，虽使商办名义得以保持，但实际却受英国控制，此消息一经传出，即遭苏、浙两省绅商及学界的坚决反对，他们上书清廷，求援他省，积极设法招足股款，浙江省成立了“国民拒教会”，光绪三十四年九月(1908年10月)在杭州召开国民拒款会议，议决请浙江巡抚代奏，有“款本足，无待借，路已成，宣肯押”等语，分电备省，一致抵争。至宣统三年(1911年2月)，由于苏、浙的坚决抗制，盛宣怀难以坚持原议，遂与英国大使朱尔典联谋将1500000镑借款，转归修筑从开封至徐州的铁路之用。

经费

靖光绪三十一年九月（1905年10月），浙江全省铁路有限公司成立招股时，以100元为整股，10元为零股，先集600万元为优先股，副总理刘锦藻首先入股60万元（以后扩大招股时又入股50万元），其他富商认股自1万至20万元不等，一年间优先股集到485万余元，为稳妥保管这笔巨款，该公司又呈准商部设立浙江省兴业银行，经营银行业务，由银行股东会选举胡藻青为总司理，孙向卿、蒋海筹、沈新三为董事。至光绪三十四年（1908年），浙路公司扩大招股范围，计划凑集新股535万元，以供完成杭甬铁路之用。至宣统元年（1909年8月）沪杭铁路全线接轨时，浙江铁路公司计收老股本489.9万元，新股本504.7万元。截止宣统末年（1911年），浙江全省铁路有限公司集资额已达1065.1万银元，江苏省铁路有限公司达468.3万银元。

建设资金来源，分借款和部款两项，共计3179.3万元。其中借款，光绪三十四年二月（1908年3月）由清政府外务部，邮传部与中英银公司订定合同款1500000磅，按九三折扣除，实收1395000英镑，按当时市场价折合银元1583.8万元。其中部款：历年偿还借款，收回浙路接轨、购地款及支出超过收入时，由部拨款，所拨款额各项共计1595.4万元。

光绪三十四年（1908年），杭（州）嘉（兴）建设费洋507138.11元；宣统元年（1909年），支杭嘉线建设工费洋305121.10元；宣统二年（1910年），支杭嘉线建设费洋291749.28元。

建造

光绪三十二年（1906年），股款既集，江苏省铁路股份有限公司和浙江全省铁路有限公司立即邀请参加关内外、芦汉两路工程的中国工程师南来，负责勘测、设计和施工。沪杭铁路勘测制图者为铁道建筑专家徐骝良（系浙江海宁人）先生。苏、浙两路以枫泾为界，往北至上海站由江苏省公司承筑；往南至杭州闸口，由浙江省公司承筑。苏路于光绪三十三年二月（1907年3月）动工兴筑，光绪三十四年（1908年）五月，上海至松江间竣工开车，同年十月松江至枫泾竣工。苏路完工先于浙路。沪枫段首站上海南站，经高昌庙、龙华、梅家弄、莘庄、新桥、明星漕、松江、石湖荡而至枫泾，共10个站，计长61.2公里，宣统元年（1909年）呈报沪枫全线竣工后，清政府邮传部派道员詹天佑查验工程，同年四月十二日，苏路行开车礼，詹天佑偕同工程人员验收并称：工坚料实，建筑合度。

浙路于光绪三十二年九月（1906年10月）开始分段开工，三十四年（1908年）四月，自闸口至临平工竣，十一日试车，五月一日营业；九月，自临平至长安竣工，此段曾在长安、硖石两地遭地方反对，致与乡民冲突遂政，该两处线路敷设工事不能如意进行，全线以绕避古墓，致弯曲较多。宣统元年闰二月二十五日（1909年4月15日）自临平至嘉兴竣工，通车至嘉兴并举行通车典礼。六月自嘉兴至枫泾竣工，嘉兴至枫泾段所垫枕木，采用奉天白松，因质松易朽，4年后更换成新加坡枕木。宣统元年（1909年）六月，杭嘉线开车。另据民国25年（1936年）《浙江新闻报》（上册）载：杭州至嘉兴段乃光绪三十三年（1907年）正月开工，至宣统元年（1909年）四月告成。杭州至硖石一段先于二月通车。闰二月。王店至嘉兴各段先后通车。杭枫段首站杭州闸口，经南星桥、杭州城站、艮山门、笕桥、临平、许村、长安、周王庙、斜桥、硖石、王店、嘉兴、嘉善、而至枫泾，共15个站，计长124.97公里。

宣统元年六月廿八日（1909年8月13日）沪枫、杭枫段接轨，同年七月廿八日（1909年9月12日）沪杭铁路正式通车。苏、浙两公司彼此互售车票，至此枫泾站无须换车，沪（上海）杭（杭州）直通。

沪杭铁路于光绪三十一年（1905年）浙路奏准商办后，苏路继起，总公司设于上海。宣统元年（1909年），沪杭铁路建成通车。宣统三年（1911年），苏路公司经费不足，呈邮传部募债接济。当时，部议干线均归国有。民国2年（1913年），该公司感筹款困难，而沪杭甬铁路借款英人不许挪用，基此于4月2日召开股东大会，讨论国有问题：多数股东赞成，即公举杨廷栋为代表与交通部磋商，6月12日由交通部长朱启铃与杨廷栋签订按股合同13条，公司将沪枫段让归国有，于民国3年（1914年）1月1日正式接收，其购路款由沪杭甬借款项下划拨。2月14日交通部长朱启铃与中英银公司代表梅尔思特订立购回上海至枫泾铁路条约6条。苏路变为国有。

沪杭甬铁路苏路沪枫段即归国有，浙路杭枫段势难立异。唯商办各路中，工程速，用费少者，实以浙路为最，适浙财政也十分竭蹶。民国3年（1914年）3月1日浙江铁路公司召开股东大会，议决浙路让归国有，选举虞和德等3人为代表与交通部磋商。4月11日双方议定接收合同13条，将杭枫段、江墅段、宁曹段及未筑杭曹段等交归国有，所有股本，借款1600余万元，由交通部分3年还清，先给有期证券。6月2日，交通部派钟文耀兼甬嘉局长，接收浙路。除线路、站房外，尚有机车28辆，客车78辆，货车44辆，杂车4辆，共154辆。9月19日，朱启铃与梅尔思特复订收回沪杭甬之浙路条款，取消沪枫、甬嘉名目，正名为沪杭甬铁路。10月24日，交通部发令，改称交通部直隶沪杭甬铁路管理局，设总局于上海。

沪杭铁路原自上海南站至杭州闸口，全长186.17公里，属Ⅰ级线路。该路路基宽度，艮山门至硖石为6.09米，硖石至枫泾为5.486米，线路所经之处广为平原，极大部分为填土，挖方极少。全线均采用购自汉阳钢铁厂法国式钢轨，重75英镑/码(折37公斤/米)，价格较低，每吨平均价值为当时旧币72.84元；轨距：为标准轨距4.8英尺(折1.435米)；所垫枕木除嘉兴至枫泾段采用奉天白松外，其余均由日本引入橡木；沪杭线地势平坦，铁路最大坡度，杭枫段原建筑为4‰，自民国4年(1915年)至民国7年(1918年)间已改为直线上为3.3‰，弯线上为3‰，沪枫段，民国4年(1915年)重铺路西，以减少斜度，节省石渣，在直线上为3.3‰，弯线上为3‰。铁路无险要之处，除杭州城站附近和枫泾有最小弯曲半径外，硖石、斜桥间弯道较小，其弯道半径为440米。杭枫段原有铁路桥梁共125座，其中钢梁桥118庭，总长1912英尺，石桥(包括混凝土拱桥)7座，总长52英尺，本桥2座。涵洞106座，总长158.9英尺。

为沟通沪(上海)宁(南京)、沪杭甬2线铁路，苏路自龙华新站至上海北站为止兴建接轨线，长16.6公里，设车站4处，工程于民国4年(1915年)3月动工，民国5年(1916年)11月竣工，民国5年(1916年)12月9日通车。至此，上海始发站由南站改为北站，经梵王渡、徐家汇、龙华、梅家弄、莘庄、新桥、明星桥、松江、石湖荡、枫泾、嘉善、嘉兴、王店、硖石、斜桥、周王庙、长安、许村、临平、笕桥、艮山门、杭州、南星桥，而达闸口，全线里程为195.66公里。抗日战争期间，沪杭甬铁路在沦陷前被毁，日军侵占后重建，由华中铁道株式会社管理，线路维持通车。抗日战争胜利后，国民政府对线路进行整治，钢轨以90镑/码替代75镑/码，并更换部分枕木、道岔等设施。

1949年至1990年沪杭铁路

1949年5月7日，中国人民解放军解放嘉兴，5月8日华东军区杭州军事管制委员会财经部铁道处接管沪杭甬铁路杭州至嘉兴段。12日，杭州至硖石间开行客车，31日下午4时，杭州至嘉兴段客车恢复，正式售票。6月12日沪杭全线恢复行车。

新中国成立以来，党和国家对铁路建设十分重视，颁布了各项规章制度、规范、标准，沪杭铁路也多次进行整治改造，使铁路设备逐步完善，技术状况不断进步。以50公斤/米新轨先后二次进行全面更换旧轨，并逐步向60公斤/米重轨过渡；以钢筋混凝土轨枕替代全部木枕；线路通过计划预防性维修养护，始终保持在良好状态，行车速度得以稳步提高，曾一度达到120公里/小时。至1985年，区间允许速度下行：七星桥至许村100公里/小时。上行，嘉兴市辖境内许村至K153为80公里/小时，K153至庆云为100公里/小时，庆云至金利为80公里/小时，金利至七星桥为100公里/小时。

复线

沪杭线地处华东沿海人口稠密、水网密布、交通便捷、经济发达地区。进入20世纪70年代，这条铁路尽管几经补强改造和超负荷运行，但是随着国民经济的迅速发展，运能与运量的矛盾日益尖锐，沪杭线上的嘉兴口成了全路的四大限制口之一，买票难、乘车难，货车接不进、卸不下、装不上、排不出的状况，严重制约本地区乃至华东经济的发展。只有建设复线，才能从根本上改变沪杭线的运能紧张状况。

第七个五年计划期内完成的沪杭全线复线工程，全长200.3公里(其中浙江境内124公里)，其中嘉兴境内的起讫点与单线相同，长90.3公里。主要设计标准为：铁路等级Ⅰ级干线双线。限制坡度4‰；最小曲线半径一般地段1000米，个别困难地段可用800~1000米；牵引种类：货运由蒸汽过渡到内燃，客运内燃；牵引定数近期3000吨，远期3500或4200吨；到发线有效长：近期850米，远期预留1050米；闭塞方式：继电半自动，全部复线建成的同时采用自动闭塞。

1978年沪杭复线列入国家“中取华东”铁路建设重点工程大中型项目，嘉兴境内先后成立各市、县铁路复线指挥部，逐步对境内路段破土筑成复线路基，但未铺设枕木、路轨。1987年12月，嘉兴市人民政府与上海铁路局协定，正式命名为沪杭铁路复线工程。自1978年起，逐年投资，在站间距离较长的地段进行双线插入工程和复线建设，并逐步取得成效。1981年6月25日，沪杭复线于153K线路所至许村间5公里首段开通启用，同年12月29日，七星桥至嘉兴东4.1公里复线开通。1982年6月24日，金利至庆云4.2公里复线开通。1986年10月8日，马王塘至王店6.4公里复线开通。1987年11月25日王店至双山镇5.5公里复线开通，同年12月26日，南湖至马王塘6.6公里复线开通，12月31日长安镇至K153线路所3.1公里复线开通。1989年1月10日庆云经斜桥至周王庙11.7公里复线开通，同年6月13日，嘉善至丁冬5.54公里复线开通。1990年6月10日，周王庙至长安镇6.3公里复线开通，同年12月20日，嘉善至枫泾9.4公里复线开通，12月26日，嘉兴至南湖3.6公里复线开通。1991年10月9日，嘉兴东至嘉兴2.9公里复线开通，12月26日，“再取华东”铁路建设重点工程——沪杭复线全线区间贯通。嘉兴市境有18个区间，正线铺轨90.3公里，中桥3座(60号桥、78号桥、85号桥)、区间小桥89座，立交桥15座以及大量通信、信号和电力配套工程。铁道部第142工程局承担枫泾至嘉兴东站间复线的施工任务，上海铁路局工程总公司承建嘉兴东站至许村间复线的线路工程。沪杭区间复线全部接通以后，全线开行列对的能力由1978年底43.6对提高到84.7对。沪杭复线嘉兴市境新建、迁建和改扩建大小车站12个以上。随着沪杭线铁路路基的逐步稳定，不断提高行车速度，缩短列车运行时间，增大客货运量，原被人们称之为沪杭线嘉兴的“限制口”，其通过能力的紧张状况也由此得以缓解，基本适应运量增长需要。

在沪杭复线建设过程中，相应地提高铁路桥梁通航等级，新建、改建大小不同的铁公(含拖拉机、人行)立交桥，使嘉兴交通立体化程度普遍提高，促进了城乡经济进一步繁荣。

1991年至2005年沪杭铁路

1991年至2005年间，市境内先后完成沪杭复线改造工程、电气化改造、专用线建设，立交新建和改、扩建，各场站新建和改、扩建，运输能力和运行速度大幅提高。

沪杭复线电气化工程

2005年年初开工建设，于2006年9月15日全线开通，改造工程范围包括：沪杭线上海西至杭州站，全长202公里，工程总投资约11.8亿元人民币。全线架设电气化铁路链型悬挂接触网950公里，进行了全线自动闭塞信号改造。嘉兴境内91.8公里，嘉兴车务段和铁路嘉善火车站配合施工队做好挖掘基坑、架塔、立竿、架梁施工，以及电气化建设配套工程——变电站、信号楼、接触网工区、输电线路、道岔等设施建设。嘉善、海宁新建牵引变电站，行车信号由“三显示”(红、绿、黄)改为“四显示”(红、绿、黄、绿黄)，拆除所有人行平交过道。至2005年年底，市区拆除19处人行过道，新建立交12处，实现“全封闭、全立交”的要求。牵引列车由内燃机车改为电力机车，减少了火车对嘉兴城市的空气和噪声污染，增加了牵引动力，提高了运行速度，沪杭线上的列车密度从原有的180对(360趟)增加到240对(440趟)，平均每6分钟就有一趟列车从杭州或者上海发出经过嘉兴。

专用线

1990年，嘉兴站铁路货运专用线5条，分别为民丰造纸厂线、嘉兴外贸冷库线、嘉兴粮库线、嘉兴老货场危险品线、马王塘机场专用线。1996年嘉兴市粮油批发公司专用线建成，1993年浙江嘉善粮食储备线建成，1995年嘉善建材专用线建成，1996年因新客站改建需要嘉兴站老货场危险品铁路专用线停用，1997年嘉兴永安石化有限公司危险品接卸铁路专用线建成，1999年嘉兴中央直属储备粮库铁路专用线建成，2006年民丰造纸厂专用线、嘉兴粮库专用线停用，至2010年共有专用线6条。

嘉兴永安石化有限公司危险品接卸铁路专用线

位于嘉兴东站西侧，1994年批准立项，1995年3月开工建设，1997年10月启用，建到发线一股道1070米，化工线二股道，化1线239米，化2线525米，液化石油气线二股道，液3线261米，液4线344米，为专用线配套的液化石油气铁路中转储配站于1995年建成投产，配有400立方米储气球罐2个，50立方米卧式残液罐1个。产权属地方。

嘉兴中央直属储备粮库铁路专用线

位于嘉兴塘汇乡周安浜村，与铁路嘉兴东站货场和市铁水中转港毗邻，1999年5月18日开工，同年11月30日完成全部建设内容，总投资250万元，建设规模(仓容量)10万吨，从铁路嘉兴东站货场嘉兴铁水中转港线开岔延伸至库区，库区外为单股道，进入库区后采用双股道，全长1037米，设道口房、扳道房各1座，以及站台墙、照明等设施。产权属地方。

嘉兴市铁水中转港铁路专用线

位于嘉兴塘汇乡周安浜村，与铁路嘉兴东站和嘉兴中央直属储备粮库铁路专用线毗邻，从铁路嘉兴东站货5道开岔延伸至库区，库区外为单股道，进入库区后采用4股道(港1线262米、港2线319米、港3线420米、港4线444米)，设有全天候雨棚1座，以及货物站台、照明等设施。港3线设有仓库1座，港4线设有门吊车1台，产权属地方。

浙江嘉善粮食储备线

位于铁路嘉善站，1992年1月开工建设，1993年1月建成，是浙江嘉善国家粮食储备库有限公司配套的专用线，单股道，有效长154米。产权属地方。

嘉善建材专用线建成

位于铁路嘉善站，1993上海铁路局利用老铁路嘉善站既有的线路进行改造，1995年改造完成后启用，为单股道，有效长240米。产权属铁路部门。

嘉兴市粮油批发公司专用线1股

位于铁路嘉兴东站货场，转运港北侧，由铁路部门投资，1993年2月动工，于1996年8完工，为单股道，有效长152米。产权属铁路部门。

嘉兴外贸冷库线

(见1991年市志)。

马王塘机场专用线

抗战前在现洪合镇洪合村建有机场，当时机场飞机使用的煤油大多是用轮船运送，主要航道是嘉兴到机场的九里港，九里港航道狭窄，运油十分不便。解放后，人民解放军接管了嘉兴机场，为方便运送燃油，修筑了一条嘉兴直通机场的公路。1953年，经中央军事委员会同意，又建造了经嘉兴马王塘车站向西通往机场的专用铁路。铁路从沪杭线马王塘车站开岔经马桥村过长水塘进国庆村，再到洪合镇洪合村入机场。铁路在长水塘上建有一座钢梁大桥，刚建好时在大桥的东侧设有岗亭，由机场卫兵日夜站岗放哨，后来岗亭不设了。

第二节 铁路桥梁

立交桥

1991年年末，嘉兴市境内有铁公立交轿9座，城市立交桥2座，拖拉机立交桥5座，人行立交桥5座和天桥1座。自北而南，主要立交桥有：

枫南立交桥

位于沪杭线71K+163m，在嘉善县境内的枫南叉口。为单孔，宽4米，为拖拉机立交桥。

谈公路立交桥

位于沪杭线79K+137m，在嘉善县化肥厂叉口。为三孔铁公立交桥，中孔宽9米，两侧边孔各宽6米，通车孔限高4.5米。1991年9月20日建成。

凤桐立交桥

位于沪杭线82K+200m，在嘉善县境内。为单孔拖拉机立交桥，宽5米。

七星立交桥

在嘉兴市七星乡境内。为单孔，宽4米，全市最早的拖拉机立交桥。

东环路立交桥

位于沪杭线96K+190m，在嘉兴市境内。为三孔铁公立交桥，中孔宽9米，两侧边孔各宽6米，通车孔限随5.6米。1991年3月18日破土动工，11月2日完工。

标牌路立交桥

位于沪杭线96K+965m，在嘉兴市城区境内。为单孔城市立交桥，宽5米。1991年7月10日动工，9月8日完工。

中山东路立交桥

位于沪杭线98K+501m，在嘉兴市内中山东路南湖路口。为下承式三孔箱形结构的城市立变桥。中孔宽11.5米，高4.5米，两侧边孔各宽7米，高2.5米。1985年12月建成，为嘉兴市第1座城市立交桥。

少年南路立交桥

位于沪杭线99K+586m，在嘉兴市城区境内。为三孔铁公立交桥，中孔宽7米，两侧边孔各宽1.5米，立交道路引坡坡度小于3%。

南湖立交桥

位于沪杭线100K+270m，在嘉兴市境内。为单孔拖拉机立交桥，中孔宽5米。

王店立交桥

位于沪杭线115K+448m，在嘉兴市境内。为单孔8米，高4.5米，铁公立交桥。1991年12月建成。

硖石东立交桥

位于沪杭线124K+544m，在海宁市境内，为三孔铁公立交桥，中孔宽9米，高4.5米，两侧边孔各宽6米，高2.5米。1988年11月破土动工，1989年11月20日建成并投入使用。

硖石西立交桥

位于沪杭线126K+253m，在海宁市境内。为单孔铁公立交桥，孔宽8米。1990年12月建成。

斜桥立交桥

位于沪杭线136K+500m，在海宁市境内。为单孔铁公立交桥，孔宽8米。

周王庙立交桥

位于沪杭线144K+220m，在海宁市境内。为单孔铁公立交桥。孔宽8米。

长安东立交桥

位于沪杭线150K+668m，在海宁市境内。为三孔铁公立交桥，中孔宽8米，高4.5米，两侧边孔宽各4米，高2.5米。

长安西立交桥

位于沪杭线151K+320m，在海宁市境内。为单孔拖拉机立交桥，孔宽4米。

嘉善东站天桥

位于嘉善火车站站台中部，为简支钢结构跨线天桥，跨径21.1米，净空6.6米，面宽2.8米。1987年建成。

人行立交桥

人行立交桥俗称地道，共5座，分别设置于嘉兴、王店、马王塘、硖石、长安站内，各1座。

2010年市境内立交桥

2002年12月31日，杭州铁路分局嘉兴车务段沪杭线壕股桥铁路看守人行道口(K110+727)正式拆除，同时全面封道，市建成区内铁路与公路道口告别平交的历史。2005年，由于沪杭铁路电气开工，火车准备第六次提速，12月30日全线拆除铁路平交过道改立交。是年，市境内拆除平交过道62处，新建立交桥47座。随着城市建设的发展，市境内道路建设的增加，至2010年，市境内有公铁立交37座，人行立交桥56座，由北至南主要立交有：

嘉善县境内：枫南立交、善江公路立交、谈公路铁路立交、体育路铁路立交、坛弄路铁路立交、环西大道公铁立交；南湖区境内：七博公路立交、三家浜立交（七大公路）、庄博立交、中环东路立交、勤奋路立交、铁路嘉兴站立交、紫阳桥立交、南湖大桥跨铁路立交、南湖立交、嘉兴大桥跨铁路立交；秀洲区境内：马桥立交、沪杭高速上跨铁路、梅北路立交、海王路立交；海宁市镜内：湖盐立交、海宁立交、海宁西立交、文苑路立交、环西二路立交、光明立交、庆路立交、桐九线立交、周王庙立交、硖许立交、长安辛江路立交、长安修川路立交、沪杭高速上跨、沈士立交、宏达立交、塘许公路立交。

中环东路立交

位于市城中环东路，原为外环路立交，三孔铁公立交，中孔宽9米，限高5米，两侧边孔各6米，1991年11月建成，2005年，嘉兴市城市发展投资集团有限公司对该立交进行扩建，扩建后立交为五孔箱形桥，各孔分别为6米、9米、6米、12.75米、7米，限高5米，2005年6月改建完成。

紫阳桥立交

位于市城紫阳路南侧，原为“少年南路”立交桥，1991年前建成，单孔宽8米，立交建成后未使用，2006年年初，对立交二侧出入口实施改造，2006年10月1日，过铁路通道建成使用。

嘉兴大桥跨铁路立交桥

位于市城中环南路，跨铁路立交的结构采用“一天两地”方案，主车道连续上跨长水塘、沪杭铁路，辅道、人行道上跨长水塘、下穿沪杭铁路，上跨为双向6车道，两侧下穿孔宽均为9.35米，限高4.5米，1999年5月7日竣工通车。

南湖大桥跨铁路立交桥

位于市城南溪路，该立交是一座月牙形大桥，跨铁路立交的结构采用“一天两地”方案，主线(机动车道)跨越西南湖转变向东后，上跨沪杭铁路，辅线(非机动车道与人行道)与主线平行跨越西南湖下穿沪杭铁路，上跨为双向4车道，两侧下穿孔宽均为7.55米，限高4.5米，于1999年9月28日主体工程顺利通车。

桐九线立交

位于海宁市桐九线，原立交1991年建成，为单孔宽8米，2009年4月封道改扩建，将原既有立交改建为非机动车道加人行道，2010年改建完成，改建后为5孔，宽分别为8米、9米、9米、8米、3.5米(3.5m框架为污水管保护涵)。

谈公路立交

位于嘉善谈公路，1991年9月建成，三孔立交，中孔宽9米，两侧边孔宽5米，限高4.5米。

跨河桥梁

沪杭铁路101号桥

位于王店镇久灵桥西30米处，南北跨镇市中心，桥长31米，宽15.5米。桥始建于清光绪三十一年(1905年)，铁路桥同年建成，由官商集资合办。1987年铁路局改单线为复线，原址拓宽，双轨双桥。101号桥跨市河，拓宽改建南北两个路面通道，北道宽10米，南道宽6米，能通2.5吨汽车，中间市河航道宽10米。

长水塘上的机场铁路大桥

1953年，经中央军事委员会同意，建造了经嘉兴马王塘车站向西通往机场的铁路，同时在王店镇的红联村长水塘上建起了钢架铁路大桥通向对岸国庆村，大桥为三孔，中间有两个桥墩，大桥全长106米，宽5.1米，大桥的主桥长60.76米（桥的数据是实地测量数），因为长水塘在这个地方很宽，所以大桥的两边各向河中筑出较长的桥墩，相当于两边各筑出约20米，所以主桥与全桥长相差40多米。大桥建好初期桥东设有岗亭，由机场卫兵日夜站岗放哨，直到文革才取消，岗亭现已拆除。到二十世纪九十年代后期，火车很少通过，但如今大桥还依然横卧在长水塘上，仍然保持着昔日的风采。

南郊河沪杭铁路桥

位于王店镇四联村，嘉于硖线南郊河西段。南郊河西段于2004年11月25日开工挖掘，河上的沪杭铁路桥于2014年开工建造，目前正在建设中，南郊河也未贯通。

中、小桥

铁路桥梁的分类是以桥台挡碴墙间的距离来划分小桥、中桥、天桥和特大桥。20米(含20米)以下为小桥，20米以上至100米(含100米)为中桥，100米以上至500米(含500米)为大桥，500米以上为特大桥。

沪杭全线所经多系平原水网地区，铁路桥梁多达178座，嘉兴市境内有铁路桥梁93座，其中，中桥3座、小桥90

座(其中2座已封闭)。中桥为60号桥、78号桥和85号桥。在沪杭复线建设中,分别对这三座桥梁进行改建和扩建。60号桥现为三孔,主桥孔宽32米,两边各宽16米,航道可通100吨级船舶。78号桥、85号桥也相应扩建为铁路复线桥梁,78号桥为三孔,主孔宽32米,两边各宽16米。85号桥现为五孔,主孔宽32米,其余宽各为16米,主孔可通航100吨级船舶。

小轿90座,其顺序号在枫泾以西开始的54号桥至许村146号桥之内。其中嘉善境内为16座(54号桥至69号桥内)。嘉兴市城郊有36座(70号桥至105号桥内)。海市境内有41座(106号桥至146号轿)。

沪杭段复线建成后海宁段铁路桥梁多达59座,桥梁编号顺序为272至329,其中315桥梁2座,分别编号为315、315甲。59座桥梁自东向西依次分别位于海昌街道、硖石街道、海洲街道、斜桥镇、周王庙镇、长安镇、许村镇。

第三节 电 务

信号

沪杭铁路市辖境内嘉兴、海宁、长安镇、嘉善、王店等站,早在民国时期,就设有信号及通讯设备。嘉兴站信号设备首建于民国6年(1917年),为臂扳信号联锁箱联锁设备,有信号机6架,进站信号股道2个,为单路签闭塞。

解放前,信号一直维持在室外分散操作的臂扳信号状态。1950年,嘉兴站信号设备改建为臂扳电锁器联锁,有4个股道用信号接发列车。20世纪60年代行车室操作的色灯由锁器联锁,区间信号改建为半自动闭塞设备。七十年代初,杭州铁路分局首先从临平、钱塘江等中间站开始兴建小站电气集中。1975年嘉兴站改建电气集中信号设备。

简易接触式机车信号于五十年代末在嘉兴安装。1981年安装了新型感应式移频机车信号的发码和接收装置,与机车上的自动停车装置和无线列调配套使用,成为保证行车安全,提高运输效率的三项重要设备,称为“行车三大件”,可以防止列车冒进信号事故,对行车安全作用很大。到1990年年底,已扩大应用于市境所辖各站。

通信

通讯电线路设备,最早开通于民国2年(1913年),由商办浙江省铁路公司创办杭州通往上海南站的双线电报线1路,单线电话线2路。沪杭铁路各站(除个别外)均设置电报所,其时电话尚不发达,用各站电报办理站间行车及其他公务,由站长操作。为便利市民,还曾代办相当于铁路电报业务量1/3的商务电报。至民国26年(1937年)2月,通信设备有所改善,沪杭线改装成单线式电报电话双用共同线路制式,增加了嘉兴电话所。抗日战争胜利后,电线路作适当改善,并增加调度电话及载波电话。解放后,杭州至上海增设配车电话及中继线各1对。1951年电线路已增加到双线6对,单线2根。杭嘉段既有线路于1960年大修,并先后多次中修。后电线路增至12对,杆面型式为标准III型,即一根电杆上架有3道木横拦。

电报设备,民国2年(1913年)电线路建成时,嘉兴及相邻各站均设有电报所,备装置老式纸条收发报机1台。1935年仿效沪宁线,改装为莫尔斯音响电报机,1958年改为音频式电报机,1981年改用打字电传机。各小站的电报机在安装电气路签机后相应撤销。

嘉兴站于民国25年(1936年)首次安装电话交换总机,为磁石机,连通各有关车站。20世纪60年代,改为共电式。1971年,改为纵横制60门自动交换总机;1980年扩建为JTZ型纵横制200门自动总机。1980年完成杭州铁路分局对沿线直属站、段长途电话直拨,杭(州)嘉(兴)间纳入以杭州铁路分局为中心的自动电话网。

沪杭全线均设置行车调度电话建,设立杭(州)嘉(兴)、沪(上海)嘉(嘉善)两个货运调度系统,对铁路行车及货物运输指挥甚为灵便。

列车无线调度电话(简称无线列调)等移动通信于1969年为首先在部分机车及杭嘉段应用,经大修更新后,至1990年年底,嘉兴路区各站均已配置使用。

嘉兴站在解放前没有载波电话机设备,六十年代才安装3路载波机,BDZ型3路,载波机4台,分别用于上海、杭州方向各2台。

沪杭微波通信新技术正在实验运用。1990年,嘉兴站安装微波设备,作为沪杭微波的中间转接站。于下半年试用,后因杭州新建邮电大楼高层建筑影响接收而停止使用。

第二章 沪杭高铁

沪杭客运专线系境内唯一高速铁路，长158.8公里，正线数目为双线，全线设计最高时速350公里，2009年2月26日动工建设，2010年10月26日正式通车，总投资概算285亿元。东北自枫泾引入境，西南由许村延伸出境。市境内有85公里，设嘉善南、嘉兴南、桐乡、海宁西4个客运站，属嘉兴车务段。

第一节 前期工作

1995年，铁四院受浙江省委托进行沪杭客运专线规划研究。2002年11月，铁四院编制完成预可行性研究(送审稿)，11月，铁道部发展计划司组织对沪杭客运专线预可行性研究(送审稿)进行审查。12月25日嘉兴市根据铁四院要求，在嘉兴沙龙国际宾馆召开情况介绍会，市级有关部门和沿线各县(市、区)人民政府派员参加会议。2003年3月26日，市府办以嘉政办函〔2003〕4号文件《关于铁路沪杭客运专线嘉兴市境内线路走向的意见建议》向铁四院作了反馈。

2004年12月31日，铁道部以“铁计函〔2002〕538号”向国家发改委上报《新建上海至杭州铁路客运专线项目建议书》。

2005年4月，铁四院完成沪杭段定测工作。2006年1月18日，铁道部与浙江省对沪杭铁路客运专线项目出资比例进行商谈，确定部、省出资比例为5:5，根据浙江省人民政府办公厅要求，省、市出资比例为3:7。后经市政府领导和市级有关部门争取，省政府同意进行调整，承担资本金的28%(比原来方案下降七个百分点)，共20.21亿元。

2007年12月27日，铁四院致函嘉兴市人民政府《关于征求沪杭甬客运专线上海至杭州段线路走向及车站设置等方面意见的函》(四院线函〔2007〕689号)。

2008年1月10日，嘉兴市发改委召集沪杭客运专线嘉兴境内沿线地方政府及相关部门和单位征求意见；1月11日，嘉兴市发改委参加在浙江省发改委(省铁办)召开的关于征求沪杭客运专线线路走向及车站设置等方面意见的会议；1月15日，市发改委再次召集沪杭客运专线嘉兴境内沿线地方政府及相关部门和单位征求意见，铁四院作了情况介绍；2月13日，市政府召开“沪杭客运专线线路走向及车站设置事宜”专题会议，会议在市发改委介绍有关项目前期工作等情况的基础上，听取了沪杭客运专线嘉兴段沿线县(市、区)和市级有关部门的意见，并形成共识；11月11日国家发改委批复新建上海至杭州铁路客运专线项目建议书(发改基础〔2009〕3043号)。

2009年1月22日，分别获得国土资源部土地预审和环保部批复(国土资预审字〔2009〕29号、环审〔2009〕61号)，2月23日，国家发改委批复新建上海至杭州铁路客运专线可行性研究报告(发改基础〔2009〕542号文件)；3月完成铁道部、浙江省、上海市对初步设计批复的三方会签工作；3月20日，嘉兴市政府组织召开沪杭铁路客运专线工程建设动员会；3月23日成立嘉兴市沪杭高铁客运专线建设领导小组。4月1日嘉兴完成站前施工，市境内共涉及四个标段，四标中铁十二局(嘉善)、五标中铁十局(南湖、秀洲区)、六标中铁十一局(桐乡、海宁)、七标中铁一局(海宁、余杭)，6月10日完成四电集成招标。7月31日完成主线交地及房屋拆迁工作，主线交3052.6492亩，完成房屋拆迁984户433544.98平方米。根据施工建设需要，借用梁场、拌和场、钢筋加工场、施工便道等临时用地共计约2562亩，10月30日完成站房工程施工招标。

第二节 主体工程

全线采用Ⅰ型板无砟轨道，岔区采用轨枕埋入式无砟轨道，正线焊接用钢轨采用60kg/m、100m定尺长、无螺栓孔U71Mn(K)热轧新钢轨；轨道板为工厂预制成品，标准长4930毫米，厚度190毫米，宽2400毫米，路基区间双线直线地路基面宽度 13.6 米，线间距 5.0 米，路基工程有路基边坡防护、软土及松土地基处理以及路基支档加固等，填料有第四系全新统坡残积层粉质黏土夹碎块石料和硬质岩岩块、弃碴填料两类，正线采用 2X25KV (AT)供电方式，嘉兴南站新设牵引变电所。2009 年 4 月 13 日市境内实体工程施工正式开始。4 月 20 日全线第一桩在五标步云特大桥开钻；5 月 30 日，全线第一墩在六标桐海特大桥 131#墩浇筑完成；6 月 18 日，全线第一片箱梁在五标桐乡梁场浇筑成功；7 月 12 日，全线第一块无砟轨道板在五标嘉兴轨道板场浇筑成功；6 月 17 日，四电施工单位进场施工；9 月 18 日，全线首孔箱梁架设在六标桐乡梁场开架；11 月 15 日，站房单位进场施工。2010 年 4 月 20 日嘉兴段完成架梁，5 月 17 日上午嘉善惠民镇镜内的自锚上承式混凝土转体拱桥成功合拢，创造了三个世界第一；高速铁路自锚上承式钢筋混凝土拱桥跨度 160 米第一；世界上第一座在软土地基上建造的 160 米自锚上承式钢筋混凝土拱桥；单边转体自重达 16800 吨，为世界同类转体桥梁之最。5 月底完成无缝轨道底座施工；6 月 25 日进入无缝钢轨铺设阶段；8 月 7 日在嘉善县惠民街道境内的自锚上承式混凝土转体拱桥段完成了最后 25 米的无缝钢轨铺设。主体工程于 2010 年 8 月底完成。

第五篇 道路运输

20世纪20年代，嘉兴始有公路运输。从民国16年(1927年)至民国25年(1936年)的十年间，陆续修建了杭沪、乍王、杭枫等公路，使全市各县较大城镇均有汽车运输，沟通了杭州、上海、江苏等省市的公路交通。在经营管理、行车设施、开展联运和旅游服务等方面都取得较好的成绩。但当时商品流通不多，水运价廉，公路运输多以客运为主，货运则寥寥无几。民国26年(1937年)至民国34年(1945年)的沦陷时期，公路运输由日伪合办的“华中铁道股份有限公司”统制经营，在嘉兴、平湖、桐乡等县只有少量客车行驶。抗战胜利后，嘉兴的公路运输受日军摧残破坏后，几近瘫痪，国民党当局虽做了一些恢复工作，公路运输状况稍有起色，但不久因发动反共内战，社会动荡、物价暴涨、运输成本激增，公路运输随之迅速趋向衰落。自1949年5月嘉兴解放至1978年中国共产党十一届三中全会召开前，嘉兴的公路运输长期实行“三统”管理，地区分割、部门封锁发展比较缓慢。十一届三中全会后，道路运输市场开始放宽搞活，全党工作重点转移到经济建设方面来，对内搞活，对外开放。尤其是撤地建市后，全市公路运输及运能发展迅速。

1989年加强货运管理，提高综合运输效率。平湖所改建城关车队，帮助组织货源，合理配载，代理调度，代为结算，在市场疲软情况下，该车队实载率在63.3%以上、取得较好的经济效益。海宁的搬运调配站，对稳定搬运市场起了积极的作用。市运输管理处在八九年底开始着手组建公路货运配载服务部。1989年，全市完成各货运输量分别为2390万人次，550万吨，客货周转量分别为78820万人公里，33004万吨公里，比1988年同期分别增长19.4%、11.5%、22.4%和9.8%；搬运装卸量为1975万吨(其中车运315万吨，装卸1660万吨)。

1989年，嘉兴市营运性机动车已有11749辆，其中客车1491辆，20713座位，货车4552辆，14810吨位，其他机动车519辆，营运拖拉机5187辆，搬运装卸单位212个，从业人员7615人，拥有力车3721辆，各种装卸机械587台，运力发展迅猛的趋势得到了控制。增强服务意识，实施有效管理。

1990年，全市全行业载客汽车3427辆，58692人座位(其中营运车辆2121辆，29351座位)。载货汽车5759辆，22873吨位(其中运输车辆4808辆，19925吨位)。1990年，全市公路客运呈持续增长势头，全行业完成客运量2922.01万人次；客运周转量91752.56万人公里。完成货运量783.81万吨；货运周转量34889.19万吨公里，省际和省内客运线路不断增加，大吨位和集装箱运输发展迅速，随着运输市场放开，运输结构已由过去全民“独家经营”改变成“多家经营”的新局面。1990年，参加客货营运单位：汽车916个(其中交通部门14个；企事业单位342个；个体联户560个)；其他机动车661个；拖拉机2080个；非机动车106个；从业人员共6457人。

1997年，全市从事汽车运输的经营单位(含个体联户、下同)11437家，有营运客货汽车18848辆，其中营运货车16218辆、3.74万吨，营运客车2612辆、3.56万客位。从事货物运输的拖拉机9806辆，从事搬运装卸的专业单位155家，从事联托运服务的单位159家。1997年，全市有汽车维修企业296家，从业人员2032人，其中工程技术人员55人，拥有各类机具设备2669台(套)，固定资产原值5330万元，净值4357万元，全年维修各类车辆1829万辆次，创产值5445万元，有一类甲级维修企业4家，一类乙级维修企业8家，二类甲级维修企业14家，二类乙级维修企业19家，专业维修点160个，摩托车维修点89个，年内市区建成A级汽车综合性能检测站1个，年检测能力28800辆次，同年9月投入，检测各类车辆6773辆次。1997年，全市完成公路旅客运输量927.97万人次，周转量3524万人公里。全市完成货物运输量28962万吨，95278万吨公里。

表5-0-1 2002年各县完成道路运输量汇总表

市名	客运量（万人）	旅客周转量（万人公里）	货运量（万吨）	货运周转量（万吨公里）
合计	7690.49	273056.22	2063.37	124410.38
市区	1868.93	66689.73	515.41	40324.61
嘉善	811.89	28062.47	201.03	13505.45
平湖	1157.06	41067.25	356.33	20629.55
海盐	810.42	29295.31	243.98	9732.3
海宁	1193.62	42850.07	204.59	16172.36
桐乡	1257.46	44911.52	436.17	17442.24
秀洲	591.11	20179.87	105.86	6603.87

2006年，全市拥有汽车运输的经营单位2.73万个，从业人员7.07万人，营运车辆3.29万辆。其中，营运客车3522辆、5.18万客位，车辆数比上年减少3%，客位数增长6%；营运货车2.94万辆、10.44万吨位，增长3%和8%。拥有机动车维修企业2359户，增长10%，年完成维修量53.9万辆次，增长8%。拥有驾驶员培训学校51所，年完成驾驶员培训5.8万人次，为上年的78%。2006年，全市完成公路客运量1.63亿人次，旅客周转量51.5亿人公里，比上年增长3%和9%，分别占综合运输量的96%和99%；完成公路货运量2977万吨，货物周转量17.99亿吨公里，增长15%和8%，分别占综合运输量的30%和19%。

经过20年的快速发展，到2009年，全市拥有100辆以上车辆的客运业户11个，50辆车以上的13个，其中班线客运业务7个，汽车货运业户2万个；机动车维修业户2699个，维修业户中一类维修增加12个、二类维修增加29个；驾驶员培训单位37个；从事道路运输业单位2.3万个，道路运输从业人员5.77万人。全年，全市道路运输完成旅客运输量(因养路费改革，按新的统计口径计算不包括非运营车)1.10亿人次，旅客周转量31.41亿人公里，分别增长1.3%和3.4%；完成货物运输量3394万吨，货物周转量23.99亿吨公里，分别增长9%和15%。完成汽车维修121.48万辆次，下降1.5%。完成车辆检测8.49万辆次，增长10.03%。完成机动车驾驶培训量8.56万人次，增长12.5%。

2010年，全年共完成营业性客运量1.13亿万人，34.72亿人公里，分别比2009年同期增长2.21%，10.61%。共完成货运量7919万吨，73.71亿吨公里，分别比2009年同期增长6.1%，12%。完成汽车维修144012万辆次，同比增长18.64%；完成车辆检测9.82台次，辆次同比增长15.67%；完成机动车驾驶员培训量12.4万人次，同比增长65.33%。全市共有营运客车3981辆，比2009年同期增长3.7%，总客位78268座，比2009年同期增长16.62%，由于城乡公交车的改造，车辆有大吨位发展趋势。截止到年底全市共有营运货车32806辆，比2009年同期增长4.7%，营运货车总吨位169174吨，比2009年同期增长27%。营运货车逐步向大吨位、箱式化发展。

2010年，全市从事道路旅客货物运输业21513户，拥有道路旅客运输经营业户66户，道路货物运输经营21447户。共拥有营运客货车36787辆，道路运输从业人员6.76万人，平均每户营运客货车辆1.7辆，从业人数3.1人。

道路旅客运输经营中：班线客运业户19户，平均每户90辆，包车业户10户，平均每户22.6辆；出租车44户，平均每户46辆，全市拥有100辆以上车辆的客运业户11户，50辆以上的11户；

道路货运经营中：汽车货运业户21447户，32806辆，平均每户1.5辆；其中：货物专用226户，2050辆，平均每户9辆，集装箱运输88户，938辆，平均每户10.7辆，危险货运34户，平均每户25.7辆。全市拥有50辆以上车辆的货运业户16户，10辆以上及50辆以下的货运业户为200户。

第一章 运输工具

第一节 古代运输工具

嘉兴的陆上交通运输方式，长期停留在徒步、肩挑，乘舆畜驮的落后状态。清末有了铁路运输，民国时期出现汽车运输，但是人力运输仍占一定的地位。

轿子

轿子是比较原始的代步工具，历史已久，世代相沿。嘉兴及平湖、海盐、海宁，桐乡、嘉善等县城镇，都曾以轿子作短途客运工具。

近代嘉兴的轿子有官轿、民轿两类。官轿做工精细，装饰华美，轿身也比较大。按照官位品级有八人轿、四人轿、二人轿。清道光间，道台以上乘坐金顶绿呢八人抬轿，知县乘坐的是红漆朱顶蓝呢四人抬的轿。民国时，海宁、海盐等地上门女婿入赘时乘坐的“暖轿”亦称“官轿”。还有一种为退职官员或有名绅董之家外出拜客、议事之用的“大桥”，式样与官轿相仿民国时期平湖县南河头黄家就备有大轿，此轿现存平湖莫氏主园内。民轿有花轿、小轿、藤桥。花轿专作婚嫁迎亲之用，又名彩轿、珠桥，上有轿顶、缨络四垂、珠围翠绕，装饰华丽，海盐等地又称凉轿、乌壳轿。竹木结构，造型简洁，为供民间走亲访友、商业应酬、急事赶时等代步工具。名医出诊也有坐轿的，轿租由病家负担。藤桥、又称凉桥，形似藤椅，配上轿扛，轻巧灵便、平湖、乍浦一带尤为多见。嘉兴轿子、始于何时，无从稽考。清代，轿子一度兴盛，民国时期，逐渐衰减。据民国《鼓兴快览》记载：嘉兴陆路交通，除人力车、脚踏车外，尚有轿子马房为辅，其价甚昂，少人顾问，轿子一坐只少小洋八角，较远者须一元至二元。婚用、丧用之轿，其价又当另议。民国19年(1930年)，嘉兴有轿埠(即轿行)3家，其中坛弄义记四达总埠，维新街义记四达分埠和香花轿公泰轿埠各1家。民国5年(1916年)农历八月十八，孙中山偕夫人宋庆龄及蒋介石等共10人乘火车在周王庙站下车，随后各乘坐轿子到盐官观潮。观潮后，“总理以蓝呢大轿不便浏览沿途情状”，而换用藤椅作轿，乘坐至长安上车。解放初，嘉兴及各县尚存数顶桥舆，仅供婚嫁喜庆之用。至20世纪50年代，随着交通工具的改进和社会风尚的变化，轿子逐渐废弃。

马

三代时期，中国人一直用马来驾车，春秋战国之际，马作为骑乘之畜才为中国人所普遍使用。象养马、鉴别马的知识与技能受到社会重视，西汉时，为了得到马，国家专门颁布法令，要求家家养马，不许十岁以下的马出关出界，甚至不惜发动战争，派大将去西域索取汗血马，视为“天马”；东汉著名将军马援，有见于“马者甲兵大本，国之大用”，认真总结前人的相马经验，铸成铜马一尊。他说：相马的知识光靠口耳传授不行，“传闻不如亲见，视影不如察形”。然而，任何一匹具体的马，又不可能兼具各种特点，“今欲形之与生马，则有法难备具，又不可传之于后”，于是铸成一尊铜马，高三尺五寸，胸围四尺四寸，将良马的口齿、身中、唇等各部位的特色集于一身，使人一目了然，而且可以长久流传。马援铸的铜马模型被称作“名马式”，受到朝廷的高度重视。利用模型进行相马经的直观教育，马援是很有点科学头脑的。到了六朝，在用马方面，又有了新的改革，即是马蹬的使用。古人骑马不用蹬，体力消耗极大。六朝人发明了马蹬，骑马就很方便了。这是一个极简单而有很大实用价值的发明。

英国科技史家李约瑟说：马蹬传到欧洲，促进了欧洲人的骑兵建设。然马蹬的发明者与最初的使用情况无考。三国时人骑马用蹬。从长沙西晋墓出土的马俑看，西晋时也只有三角形的单蹬，只供上马用。而十六国时期北燕的冯索弗墓出土文物中，已经使用双蹬，这是迄今发现的最早的双蹬(见1973年《文物》第三期)。看来，马蹬是北方人发明，因其实用，遂推及于南北。

车

独轮车

民国20年(1931年)，海盐县从萧山、余姚来的人增多，同时来了独轮车。由于制作简便，当地人也喜于使用，到民国25年(1936年)，澉浦、长川坝一带有独轮车200余辆，海盐县城郊有100余辆，海塘有300辆左右。1951—1955年，六里山石厂有独轮车120余辆，用于石料出塘和装船。1954年以后，一些独轮车改造了车辆结构，仍占一定优势，但随着20世纪50年代后期双轮人力车的发展，独轮车逐渐为双轮人力车所替代。1970年淘汰。

海宁在解放前，长安有独轮车50辆左右，盐官有10辆及许村2辆；解放后，盐官搬运工会新制独轮车23辆，主要用于海塘盐运。许村搬运工会购入7辆。1958年10月1日，海宁各镇搬运站并入县运输公司时，共有独轮车61辆。20世纪60年代，该县独轮车停用。

人力车

民国初黄包车即进入嘉兴、嘉善等城镇。当时嘉善许振祥开设飞龙车行，自制黄包车15辆，出租给车夫接送旅客。据民国10年(1921年)《申报》载："嘉兴有通益、双利、翼轮、同利等四家公司，每日行驶黄包车90辆"。民国17年(1928年)《申报》又载："嘉兴人力车行先后呈准官厅行驶车辆者，已有17公司共计现行人力车285辆"。民国22年(1933年)浙江省各县人力车调查：平湖173辆，嘉善180辆，嘉兴285辆，海盐55辆，海宁72辆，桐乡无人力车。民国24年(1935年)中国经济志载："嘉兴人力车行有捷成、华成、四达等34家，资本额14740元，营业额23412元，车辆285辆，车夫约500余人，职员19人，机匠16人，每辆人力车每日出租洋4角"。

抗战胜利后，嘉兴人力车较战前减少，仅剩242辆。民国36年(1947年)嘉兴县总工会呈嘉兴县政府文称："本县(营业)人力车240辆，车夫共600余人，连同眷属不下五六千人赖此为生"。据嘉兴市运输装卸公司沿革史记载："解放前夕全市有黄包车281辆，大板车12辆，人力车工人452名"。解放后，对人力车实行了改造，1956年7月底至9月，对尚剩85辆人力车改制其中39辆为三轮车。1964年4月始，各县城黄包车相继消失，直到1974年海宁县盐官镇民国服务站沈南太因年老体弱而辍止黄包车营运时，全市黄包车绝迹。

第二节 现代运输工具

机动车

摩托车

1960年，嘉兴只有公安局有一辆二轮摩托车，以后各地逐步发展，特别是改革开放以后，发展更快。车型进口的有铃木100、铃木50、雅马哈等；国产有嘉陵、幸福、黄河、友谊等。

表5-1-1 1983—1990年全市摩托车保有量统计表

年份	轻骑(辆)	二轮(辆)	侧三轮(辆)	后三轮(辆)
1983		65	35	214
1984		111	40	261
1985	1024	447	50	330
1986	1542	1338	118	392
1987	2169	2712	197	676
1988	4475	4133	227	945
1989	4909	5656	255	1045
1990	5016	7346	324	1059

到2010年，嘉兴市本级有近2000辆残疾机动三轮车，除316辆是有嘉兴市残联登记编号外，大部分是拼装车和克隆车，2013年3月，根据嘉兴市政府的统一部署，由市公安机、市交通局、市工商局等6个部门联合发布《嘉兴市本级残联编号残疾人专用车(三轮机动车)退运工作通告》，经过多个部门合力协作，共同努力，嘉兴市本级残联编号残疾人专用车(三轮机动车)，于同年7月31日之前全部退出营运。

拖拉机

20世纪60年代中期，境内有国产拖拉机投入农田耕作，特别是手扶拖拉机因其适应性强，使用方便，普遍受到欢迎，发展较快。1960年，嘉兴八一拖拉机站有热托拖拉机10台。全市手拖1972年1569台，1976年4531台，特别是中共十一届三中全会以后，1979年一年中就增加手拖2960台，到1984年全市手拖已达22130台，其中农民个人、联户购买的手拖达1642台。

拖拉机分轮式和手扶两种，轮式拖拉机都是牵引，载货需配置拖斗，均为四轮，有丰收35、上海50等型号，其马力大小是拖力大小的根据。手扶拖拉机一般为12马力，有工农12型、东风12型等。小方拖、也称小四轮，是手扶式改型方向盘式，安装4轮，1988年这种小方拖在公路参加营运(全市)达695辆。

据嘉兴市农机监理所统计：上公路行驶的专门从事运输和既从事农田作业又从事运输的拖拉机，1985年手拖1744辆；1986年手拖2653辆；1987年拖4096辆；1988年手拖6103辆，轮式拖拉机153辆；1990年手拖4769辆，方向盘式1201辆。

汽车

民国时期嘉兴行驶的汽车还很少，并均主要依赖进口，有雪佛兰、福特、道奇、万国等。以雪佛兰占多数，客车客位最多29座，最少14座，货车载重最大为3吨，最小为11/4吨，装运行李之设备分三种：一为车身后部特辟行李间，一为车顶装设铁栏杆，以纳行李，三为挂运。此外，尚有一种双层式长途汽车下层专载行李；上层载乘客。新中国成立初期进口东欧、苏联一些车辆，有布拉格、吉斯、嘎期、依法、却贝尔等。从20世纪50年代以来，中国已能制造载货汽车、专用汽车、自卸汽车以及客车和轿车，汽车数量发展迅速，客车有解放、东风、黄河、骏马、海鸥等，客位最多的60座；货车有解放、东风、交通、黄河、大通、红岩等，载重最大可达40吨。全市民间汽车保有量：1983年1836辆；1984年2541辆；1985年4076辆；1986年5557辆；1987年7085辆；1988年8602辆；1989年9682辆；1990年10797辆；2005年130197辆。2010年36787辆。

图5-1-1 20世纪50年代末期解放牌汽车在嘉兴地区运送货物

非机动车

自行车

民国24年(1935年)，嘉兴县脚踏车行有云飞、李德昌、飞行等6家，资本额2000元，脚踏车54辆，每车每租1小时计小洋二角，全年营业额2670元。民国36年(1947年)11月，嘉兴县统计自备自行车350辆。民国37年11月，嘉兴县警察局核发营业脚踏车行16家，车辆共137辆。随着城市和农村建设的发展，人民生活水平的提高，自行车发展迅速，据统计，嘉兴城郊两区自行车保有量：1985年为180308辆；1986年为239635辆；1987年为287195辆；1988年为303180辆；1989年为339032辆；1990年为3547382辆，1991年为389499辆。

2011年9月，嘉兴市公共自行车服务有限公司成立。解决公交出行"最后一公里"问题，缓解城市交通"行路难、停车难"的绿色低碳交通体系。嘉兴市本级公共自行车交通服务体系于2011年12月26日试运营，12月31日正式运营，截至2013年12月底，先后经过一期、二期、三期建设，已拥有服务网点304个，公共自行车7000辆、锁止器11802套、停车棚700余个等设备设施的规模，达到市区三环内人口密集区全覆盖，服务面积141 km²h,日均租用量达到6500余人次，免费使用率超过98.1%。

1988年年底，海宁共有自行车295998辆，其中公用车13838辆，按当时全市人口计算每百人拥有48.7%辆，多余全国平均每百人拥有量。此后，虽然人们生活水平不断提高，机动车及种类较多的代步工具进入许多家庭，但自行车依然深受人们喜爱，2005年已增至68.25万辆。近几年由于更为便捷的助动车及公家、私人轿车大量增加，自行车相应快速减少，截至2009年，海宁约35万辆。

三轮车

自行车出现后，它和载客人力车或架子车结合，成为人力三轮车。20世纪40年代，黄包车就已经在嘉兴出现了，嘉兴市内始于民国36年(1947年)7月14日，经嘉兴县政府批准新昌车行三轮车20辆正式检验给照行驶。次年发展为32辆。但出现真正的人力客运三轮车是在1958年11月，随着二运公司的前身——"嘉兴县三轮车、小货车服务站"成立，由于社会需要，黄包车真正演变成了人力客运三轮车。1958年，嘉兴镇三轮车小货车服务站有三轮车48辆。运输市场放开后，个体三轮车发展迅速，据统计嘉兴城郊两区1988年共有三轮车3881辆(其中三轮客车145辆；三轮货车3736辆)；1991年共有小三轮车1742辆，三轮客车320辆，三轮货车3361辆。以前县城很小，人们的活动范围也小，人力客运三轮车基本上是唯一的交通工具，随叫随走。人力客运三轮车真正迎来鼎盛时期，应该是在20世纪90年代至21世纪初。

20世纪90年代初，不少企业因改制出现了大量下岗失业人员，另外，随着城市不断向外围发展，因土地征迁，失地农民逐年上升，为了给这些下岗失业人员和失地农民解决就业问题。1993年，嘉兴市顺达交通服务公司成立，有193辆人力客运三轮车，1995年，嘉兴市自强三轮车公司成立，有100辆人力客运三轮车。截至2003年，嘉兴市区人力客运三轮车经营企业有8家和3个个体小组，在当时嘉兴的公交车、出租车不算多，弥补了市区运力的不足，也解决了一部分下岗失业及失地农民的就业问题。嘉兴市区对人力客运三轮车的监管，从1996年开始，由交通部门移交给公安交警部门管理。随着时间推移，人力客运三轮车出现了加装动力、随意出租给他人等问题越来越多。加装动力后车辆的安全隐患骤然上升；随意将车出租给别人经营，租车人的交通安全意识、法制意识都十分单薄，同时'克隆'的黑车非法营运猖獗，严重扰乱了客运市场，乱停车、逆向行驶、闯红灯给道路造成拥堵和安全隐患。2001年3月，嘉兴市区曾对人力客运三轮车进行过一场重点整治。整治之前，嘉兴市区人力客运三轮车有 877 辆，整治后是 494 辆。但是，由于后来仍然陆续有人力客运三轮车增加，到 2010 年，嘉兴市本级有八家经营单位，在非机动车管理所登记注册共有人力客运三轮车 740 辆(个人 430 辆、企业 310 辆)。2013 年，根据市政府的统一部署，多部门联合开展对市区“三小车”的全面整治，并实施政府回购、安置、补助等优惠政策，截至到 2013 年年底，减少到 55 辆。

嘉善县：1957 年，嘉善县搬运服务站从上海购进 4 辆三轮车后，开始三轮车客运营运，1989 年县城人力客运三轮车有 20 辆，以后激增，1994 年达 683 辆。1995 年县城区对人力客运三轮车“总量控制”规范化管理，停止上牌，总量保持 650 辆，实行分单日、双日营运制至今。

桐乡市：到 2010 年，桐乡市本级有人力客运三轮车 583 辆在，这些三轮车使用时间长、车况老旧、零部件磨损严重，存在着安全隐患。2013 年，桐乡市推出《桐乡市区客运人力三轮车回收工作实施方案》，规定从 8 月 1 日起正式开始回收。回收标准共有 4 部分，营运权补助标准：12000 元/辆；车体价款补助标准：1500 元/辆；生活补助标准：车辆回收后，按每辆车每个月 500 元的标准，给予为期 6 个月的一次性从业人员生活补助；提前奖励：对在 2013 年 9 月 30 日前主动上交车辆、办理牌照注销手续的，给予每辆车 3000 元奖励。到 2013 年 9 月底，为最后的期限。

海宁市：1990 年年底，海宁市人力客运三轮车在硖石镇有 45 辆，主要在车站、码头接送旅客。1995 年起对人力客运三轮车进行整顿，重新更换营业执照，在车站、码头和医院等主要公共场所专设停靠点，实施定点经营，核定运价，每站 300 米 0.5 元(过坡加收一站)。次年 3 月，市政府协调交通、公安、工商等部门研究对人力三轮车加强管理，决定是月 18 日起，由公安部门管理上牌，实行每年年审一次，同年年底全市有人力客运三轮车 340 辆。2005 年年底，全市共有 446 辆。截至 2009 年，全市有 650 辆，主要集中在海宁市区及各个乡镇。至 2010 年，全市人力客运三轮车辆保持稳定。

平湖市：二十世纪九十年代初开始，城乡一些家庭为生活需要，购进一种小型三轮货车，较适合于年岁大的人骑用。1990 年年末，城区有营业的人力三轮车 7 辆，主要在车站、码头接送旅客。1991 年年底，人力客运三轮车市场开始形成，车辆增至 90 辆，营运者大多为农村富裕劳力，1993 年增至 340 辆。从 1996 年 5 月开始，由公安部门负责上牌，交通部门参与管理。2004 年 6 月，市政府下发《平湖市客运人力三轮车管理试行办法》，管理逐步得到规范。2010 年年末，市区人力客运三轮车有 901 辆。

海盐县：1989 年人力客运三轮车投入营运，均为个体户，起步价 3 元。1995 年，县城内营业性三轮车达 308 辆，年载客 3.54 万人次。1996 年，海盐捷达运输服务部成立，购置 138 辆三轮车采取租赁方式投入营运。2003 年 9 月，该服务部 232 辆三轮车率先换车改造，以公开竞拍租赁形式由个人持证文明上岗。随后，全县三轮车相续换车改装。2010 年，全县共有人力客运三轮车 476 辆。

人力货车

人力货车亦称劳动车、手拉车、钢丝车。由人力挽拉的两轮车，车身用木板或薄钢板制成，车轮为铁质，有车圈、车毂(花毂筒)和幅条组成，车胎为胶质，载重约 300~400 公斤，适用于一般货物短距离搬运，使用范围较广。全市交通运输部门人力货车 1956 年为 370 辆，1979 年为 2129 辆。1988 年为 2689 辆，1990 年为 2375 辆。嘉兴城、郊两区领牌照人力货车 1988 年 6951 辆(其中平扳车 3442 辆，反斗车 3131 辆，什牌车 214 辆，临时车 164 辆)。1991 年 7165 辆。

电动车

电动车有电动自行车、电动三轮车两种，俗称电瓶车。二十世纪九十代中期，全市已有电动自行车，初有人在自行车上安装电瓶，电动机传动作代步工具，也有少量飞利浦等品牌电动自行车。

2001 年 1 月，市公安部门开始对电动自行车核发牌证，当时规定，准予上牌的电动自行车其自重不得超过 40 公斤，最高时速不得超过 20 公里，并须有骑行装置(即可脚踏行驶)。之后，由于电动自动车生产厂家为迎合社会需求不按规定标准生产，不断推出新型电动自动车，车型设计向美观、舒适、快速发展，至使大量超标电动自动车拥进市场。无牌无证车辆不断增多，给道路交通安全带来了不少隐患。2005 年 10 月，市公安部门根据市人民政府文件，限期 40 天，给予超标电动自行车办理牌证，并在全市各乡镇设立办牌点。主要车型有：麦德发、麦科特、菲亚特、新大洲、欧豹、绿亮、神象、都市贝贝等。车型多数为踏板式，酷似轻型摩托，很受市民青睐，已成为人们出门主要代步工具之一。

电动三轮车：1995 年时，全市也有客运人力三轮车安装电瓶动力的，因安全因素，在客运人力三轮车整顿时，限止使用，渐拆除。而电动三轮货车则日渐增多成为零星货物搬运工具。1998 年，市公安部门开始办理电动三轮货车牌证，截至 2003 年 12 月止，嘉兴市本级已注册登记领取牌证的有 6509 辆；2004 年 4 月后，公安部门停止办理电动三轮车的牌证。但不限制在城乡道路上行驶，因而，电动三轮车继续增多，多数为三轮货车，代替人力货车，成为城镇主要搬运运输工具。从 2005 年起，嘉兴市公安局交警部门对电动三轮车采取限时间、限区域通行（二环内禁止通行)，对违章者按规定给予相应的处罚。

第二章 道路旅客运输

第一节 班车客运

1949年以前客运线路情况

杭沪线

自民国19年(1930年)商办杭海、宁长、宁袁三家公司经营线路由省公路局收回、租营后，同年4月闸口至乍浦段实行省筑省营，当时有20座客车7辆，4座小包车5辆进行客运。客车为按规定时间开驶，载客以座满为度，票价以一人为单位；包车为旅客向车站随时租用，载客每辆不得超过四人，票价以辆为单位。杭州至乍浦设清泰、七堡、乔司、翁家埠、袁家坝、胡家兜、海宁、八堡、新仓、闸口、黄湾、角里堰、澉浦、长川坝、海盐等站点，每日开行杭州至乍浦班车2班(往返)，并开行杭州至盐官、盐官至长安、乍浦、袁花等区间班车。客票价每人公里0.022元，售票分别采用站售和车售二种，当年4~12月乘客共为115650人次，营业收入60041.44元。民国20年(1931年)《浙江建设月刊》载“……杭平路，营业不振，究其原因，实由于路面之败坏，以及车辆不敷支配，各站不能按时行车，渐失信用有以致之”。省公路局采取整顿营业措施，首先整理路面，做到“无雨天停车之虞，旅客免车行颠簸之苦”。其次改订行车时刻，调剂车辆办法，在海宁、长安、乍浦、袁花停置预备客车。并规定用油标准，以杜滥用。杭州至乍浦段客运情况：民国21年(1932年)，每月平均旅客为12625人次，月营收6347.02元；民国22年每月平均旅客为13432人次，月营收6508.42元；民国23年每月平均旅客为11367人次，月营收6413.19元；民国24年每月平均旅客10372人次，月营收5545元；民国25年10月份旅客为19529人次，月营收8117.37元。

民国21年(1932年)10月，乍浦至金丝娘桥建成通车，金丝娘桥至闵行由浙江省向江苏省租营。乍浦至闵行段共设11个站，金丝娘桥、柘林、南桥、闵行均建站屋，其他各站站屋因均未建筑暂派售票员在车上临时售票并在南桥设稽查1人，稽查全段车务。有雪佛莱大客车8辆，小包车1辆往来行驶该线，营业收入日平均约在百元左右。民国23年(1934年)8月1日起，杭沪公路设置特种救济车1辆，常驻乍浦。机器脚踏车2辆，分段巡逻。有救护车1辆，备有药品、医疗器材，由医生、护士随车，急救在中途患病的旅客。盐官、乍浦、南桥各设有修理车场，加油站，全线各站设行车电话42台。旅客待车室24间及男女厕所，置备急救药箱，灭火器材等。

杭沪公路在日伪时期，客运中断。

抗战胜利后，商营复兴汽车公司曾经营海盐至上海、海盐至乍浦、平湖客运。

民国35(1946年)8月6日，杭沪公路杭州至盐官、乍浦恢复通车，省交通管理处委托交通部公路总局第一运输处杭州业务所经营客运，班车每日来回各1班。乍浦至金丝娘桥段于同年12月租给华康公司营运，直到次年7月交由公路总局第一运输处营运。

民国36年(1947年)3月，浙江省公路局与公路总局一运处杭州业务所组成“浙江公路联营运输处”后，杭沪线(包括胡家兜至长安支线)均由公路联营处经营。6月，恢复杭州至上海班车，每天各2班，11月增开澉浦至闵行班车，往返1班，联营运输处的客运行车等服务设施，由于站屋、仓库、车场多已毁于战时，一时无力修复，都因陋就简。在经营中，为增加收益，扩大服务，开展上海至平湖、乍浦旅客行李包裹的联运。民国36年(1947年)旧历8月15日至18日中秋时节，按照战前省公安管理局的向例，举办海宁观潮旅游业务，在海宁观潮处搭筑看台，供应清茶野餐；并委托上海、杭州中国旅行社及太平洋旅行社代售观潮专用来回车票，与沪杭铁路局临时办理以长安为联接站的观潮联运，约请第一运输处上海分处配合开行上海至海宁观潮直达车，仅旧历18日一天，就由杭州开出专车22辆。

杭乍线客运量：民国36年10月为15052人次，旅客周转量242741人公里；民国36年11月为15，365人次，旅客周转量207768人公里；民国37年2月为9605人次，旅客周转量132354人公里。至民国38年(1949年)因物价飞涨，营运亏损累累，杭乍线客车每月班次减至62班，平均每天2班。

乍嘉王线

民国21年(1932年)10月，乍浦至平湖段公路先建成通车，每天行驶客车4班。民国23年(1934年)4月，浙江省与上海沪闵南柘汽车公司签订平(湖)、乍(浦)、闵(行)联运合约，上海与平湖每日对开客车4班，平湖至上海104.63公里，单程票价为2元，来回客票为3.7元。由此沪平之间旅客，可赁联运客票，通行全程十分便利。该段联运后，营业发达，民国25年(1936年)10月份乘客人数39883.5人次，旅客周转量454646人公里，营收8546.58元。

平湖至嘉兴段公路于民国23年(1934年)1月先由平湖至新丰通车，设平湖、西门、九里亭、新丰等四个停车站，均设立站牌，实行车上售票，平湖至新丰票价一角八分。同年7月16日由新丰延伸至嘉兴通车，设平湖、新丰、十八里桥、东栅、嘉兴5个车站，嘉兴站有职工4人，客车2辆，每月营收1600元左右。嘉兴至平湖来往客车，每小时开1班。次年4月4日起增开乍浦至嘉兴直达车，发售往返直达车票，票价为八角七分。民国24年(1935年)8月，江浙两省公路局协议，苏州至乍浦实行联运。民国25年(1936年)7月因江苏省公路局将苏嘉公路出租给商营苏嘉湖汽车公司经营，苏乍公路联运业务停止。民国25年10月份统计：平湖公司经营，苏乍公路联运业务停止。民国25年10月份统计：平湖至嘉兴段客运行车20139公里，乘客14348人次，旅客周转量288,858人公里城，营收5355.40元。

抗战爆发后，省公路管理局因大部分车辆征调军用，乍嘉线客车一度停驶，后经省政府督促，于民国26年(1937年)8月25日起恢复开驶客车，每日嘉兴至乍浦对开各四班，嘉兴至平湖对开各1班，不久日军入侵遂告中断。

嘉兴沦陷时期，日本兴亚院与伪南京维新政府合办“华中铁道股份有限公司”(简称“华铁”)，享有统制经营江、浙、皖三省公路运输权，该公司在浙江省设“杭州自动车(汽车)区”，乍嘉线归其经营，嘉兴至平湖段在民国30年(1941年)1月通车营业，有3辆客车行驶。平湖至乍浦段在交年通车营业，民国33年(1944年)停运，平嘉段于民国34年(1945年)8月日本投降时停运。嘉兴至苏州线在民国23年(1939年)7月通车营业，每日往返4-7班次，民国34年(1945年)8月停运。该公司民国32年(1943年)营运情况为：嘉兴行车32353公里，营收6441元(日元)；平湖行车26151公里，营收5226元(日元)。

抗战胜利后，民国34年(1945年)10月，嘉兴县政府批准商营“捷安汽车公司”行驶乍平嘉线。商营中华汽车公司及复兴汽车公司亦竟相行驶该线。民国35年(1946年)8月乍平嘉线由公路总局第一运输处杭州业务所设站营运，商营车辆由于设备简陋、经营管理不善，同年复兴、中华、捷安三家商营公司车辆相继停驶。民国35年(1946年)3月后，该线由浙江省公路联营运输处第三运输段经营。据民国36年(1947年)10月，省交通管理处长、业务主任等视察该路称“客运颇形发达，应酌加车辆，以资应付”。民国37年2月行车班次：乍浦至嘉兴每日对开5次；平湖至嘉兴每日对开5次；平湖至乍浦每日对开1次。乍嘉线运量：民国36年(1947年)10月为36590人次，旅客周转量669514人公里；11月为33234人次，旅客周转量629730人公里。民国37年(1948年)2月为29000人次，旅客周转量570132人公里。

杭枫线

杭州至枫泾公路于民国25年(1936年)11月15日通车营业，设杭州、临平、崇德、桐乡、濮院、嘉兴、嘉善、枫泾等共20个站点。民国26年(1937年)5月，杭州至枫泾间班车每天共14班次(包括区间车)，票价极低，杭州至嘉兴东站91.6公里，单程客票为1.23元，来回客票为2元。民国26年10月6日起票价酌为提高，按每公里2分计算，并因车辆班次未能确定，停售来回票。由于抗战爆发，大部份车辆征调军用，同年8月该线除杭州至嘉兴每日勉通客车一班外，嘉兴至枫泾段客车一度停驶，后经省政府督促，于8月25日才恢复客运。同年10月3日起开办沪杭直达通车，由军事委员会、经委会主持交由浙江省公路管理局办理。每年派遣巡逻警一名，随车维持秩序。中途设崇德、嘉兴、嘉善、松江四站，每日对开一班，租用上海南方汽车公司客车2辆行驶，票价为每公里不超过4分。后因日军入侵，沪杭直达通车停驶。

嘉兴沦陷期间，杭枫线仅嘉兴至桐乡段公路通车，由日伪合办“华铁”经营，民国28年(1939年)12月通车，每日往返4个班次，民国34年(1945年)8月停驶。“华铁”在民国32年(1943年)桐乡行车9615公里，营收1923元(日元)。

抗战胜利后，民国35年(1946年)5月，由商办嘉桐汽车公司投入客车2辆，行驶于嘉兴至桐乡。民国37年(1948年)5月4日起，省公路联营运输处开行嘉兴至濮院区间班车，并在濮院设立丙等站，照料行车事宜。嘉濮间班车每日往返各3次并与沪杭铁路嘉兴站上下行各次列车时刻衔接。

1949年—1990年客运线路情况

解放后，1949年6月杭沪公路修复通车，杭州至乍浦段由省交通公司承营。自沪杭铁路恢复后，业务清淡，旅客稀少，班车由每2天1次，再减为4天一次，8月又减为每逢1、6日由乍浦开杭州；每逢5、10日由杭州开乍浦，只维持交通而已。乍浦至闵行段由沪闵南柘公司承营，每天往返2次。杭州经胡家兜、长安至崇福线是年6月1日起亦由省交通公司营运，由每日杭崇间往返2次。1949年6月6日嘉兴至苏州线修复，嘉兴至平望、苏州间班车每天往返5次。乍平嘉线因桥涵损坏甚多，虽由人民解放军搭设便桥，但坡度太陡，泥泞异常，车辆往来危险，一直到9月桥梁修复，仅有私营小客车6辆在该线经营客运。

1953年9月，嘉兴至乍浦公路改建竣工，同年11月嘉兴中心站经营杭州至乍浦、乍浦至嘉兴客运，1954年年底，嘉兴中心站"车辆由4辆增加到7辆，行车班次由每日往返6次，增加到17次，客运量每月由近20万人公里，增加到44万人公里，车公里由每月9000增加到22000车公里。1954年嘉兴中心站完成客运量184278人次，旅客周转量3898539人公里；公私合营苏嘉湖汽车站完成客运量45965人次，旅客周转量4372981人公里。

1953年，杭州至乍浦段班车为每日单边1班。1955年7月1日起增为每日对开各1班，同年11月15日起增设天开河、老盐仓、大荆场、九里桥、丁桥、尖山、北段村、落塘头、五团、郑家埭10个招呼站，实行车售。1957年3月，班车由乍浦延伸至金丝娘桥，沿途设黄山、长安桥、新兴镇、水口、全公亭、金丝娘桥6个停靠站，实行随车售票。1958年，乍浦至杭州班车增为每日对开各2班，并增开乍浦至六里、海盐各1班。1963年10月，乍浦至西渡行驶客运班车。

乍嘉线自1953年11月恢复客运后，嘉乍间每日对开各4班次，1958年增为每日对开各8个班次。

杭枫线嘉兴至濮院段17公里，嘉兴中心站于1958年6月25日恢复班车，每日往返3次，沿途设7个停靠站，实行随车售票，票价为每人公里0.0232元。1959年5月，桐乡、崇福间公路修通后，班车延伸至崇福。闸口至硖石线亦于1959年3月建成，由嘉兴中心站行驶班车。

嘉兴中心站客运量1955年426115人次，旅客周转量5653937人公里；1956年1016614人次，旅客周转量12615398人公里；1959年1703327人次，旅客周转量34442472人公里，有客车19辆，665客位。营业站点9处。

1970年7月，杭州至枫泾全线建成通车，至此嘉兴与江苏、上海、杭州及市属各县全部沟通，汽车客运由恢复日趋发展，1985年8月30日，嘉兴汽车运输分公司与苏州地区汽车运输公司苏州客运分公司，共同签发了《平望会议记要》，规定嘉苏线班车浙境停靠双桥、王江泾，苏境停靠盛泽、平望、平望大桥、胜墩、八拆、白龙桥，嘉兴以远各线

表5-2-1 1936年省营嘉兴公路通车路线

通车年月	路线	起止地点	里程(公里)	备注
民国15年	杭海	五显庙—胡家兜	18.28	商筑，民国19年4月收归省营
民国16年	宁长	海宁—胡家兜—长安	14.67	商筑，民国19年8月由省租营
民国17年6月	宁袁	海宁—闸口—袁化	28.33	商筑，民国19年4月由省租营
民国19年4月	杭乍	闸口—乍浦	45.88	省筑省营
民国19年4月	乍黄支线	乍浦—黄山	3.45	省筑省营
民国21年10月	乍金	乍浦—金丝娘桥	21.12	省筑省营
民国21年10月	乍平	乍浦—平湖	12.51	省筑省营
民国22年	金闵	金丝娘桥—闵行	46.00	向江苏租营
民国23年7月	平嘉	平湖—嘉兴	27.80	省筑省营
民国25年10月	杭善	临平—枫径	92.60	省筑省营

表5-2-2 1948年后省营嘉兴公路通车路线概况

区别	承运单位	名称	路段	起讫地点	里程(公里)	通车年月
公营路线	浙江公路联营处	国道	杭乍段	杭州—乍浦	117.15	民国35年8月
公营路线	浙江公路联营处	省道	胡崇段	胡家兜—崇德	15	民国35年8月
公营路线	浙江公路联营处	省道	桐嘉段	桐乡—嘉兴	16.8	民国37年5月
公营路线	浙江公路联营处	省道	乍平嘉段	乍浦—嘉兴	41.48	民国36年5月
商营路线	湖嘉公司承租	省道	湖嘉段	吴兴—嘉兴	56	民国35年12月

班车，浙境停靠濮院，乌船村、新丰、平湖、乍浦、王江泾、双桥，苏境停靠盛泽、平望、八拆、吴江。由嘉兴至苏州开辟海盐、常熟、常州、沙州、宜兴、苏州、平望、盛泽、跨省客运线路9条32班次，总营运里程161公里。

自1978年—1987年年底，新塍、西塘、桐乡、崇福、嘉兴、乌镇、盐官、硖石、海盐、六里、乍浦、平湖至上海的客运班车，其中与上海市客运服务公司（原上海市公交公司汽车三场）合办开往的有海盐、平湖、嘉兴、乌镇4条线路，其余线路与上海市长途汽车运输公司合办，上海的按发车点设在上海公兴码头长途汽车客运站。为方便旅客，在人民公园设有售票点和上海人民广场、徐家汇设有停靠站。

特别在中共十一届三中全会后，实行改革开放以来，于1983年撤地建市后，嘉兴中心站改为省属嘉兴市运输分公司，经营五县二区客运业务。1987年省汽运公司下放到市，成立市汽运公司。1988年体制改革，嘉兴市公司又把市、县汽车站下放到市县。县乡公路建设迅速发展，运输市场逐步放开，出现以国营企业为骨干，全民、集体、个体一起上的新局面，逐渐改变全市公路客运由省汽运公司独家经营的格局。

1990年以后全市客运班车线路

1990年，嘉兴市汽车长途客运全民企业市属1个，县(市)属5个；集体企业兼营汽车客运3个(嘉兴市运输装卸公司，嘉善汽车运输装卸公司和海盐汽车运输公司)。1990年年末，交通部门营运车辆252辆，12101客位，全年完成客运量2233.82万人次，旅客周转量60374.93万人公里；工矿企事业单位营运车轮1678辆，15319客位，全年完成客运量584.42万人次，客运周转量27045.55万人公里；个体联户196辆，1931客位，全年完成客运量103.77万人次，旅客周转量4332.08万人公里。1990年末1990年初，全市客运班车线路共233条，36530公里，其中跨省线路36条，9386公里；跨市(地)线路50条，7946公里；跨县(市)线路63条，7910公里；县(市)内线路84条，11288公里。

1991年，嘉兴城郊两区共有公路客运线路16条，经批准的公路客运经营单位有5个(嘉兴市汽运公司、嘉兴市公交公司、新农客运站、南湖饭店和个体)。日安排班次284班，投放大客车30辆。比1990年客运量增加22%。另外，经批准省内外、市内旅游出租车60辆，计953座。1991年后公路建设飞速发展，人民生活不断提高，经批准的公路客运经营单位远远不能满足人民生活需要，一些个体运输户擅自购置了一批客车投入城郊公路客运线路的营运，据不完全统计，共有28辆客车，计452座，发生客运量约2000人次，旅客周转量30000人公里，营收约2000元。还有嘉兴市公交公司有5~6辆小公交车也没有纳入正常公路客运线路管理，擅自开行公路客运线路。

1995年，对定线客运，嘉兴市区依托客运南站、西站分成10个片组实行管理，并公布市本级客货运片组组长名单，加强了客运车辆的源头管理。1995年6月1日，发布了《关于调整市区部分班车始发站点的通知》，一方面对中巴客运班车进行宣传发动，另一方面，有关人员分别到嘉兴汽车南站、西站现场指导，耐心教育，督促经营业主按规定站点发车。又在1995年8月和11月相继开展了嘉善、桐乡等线路营运中巴客运秩序和经营行为的专项整顿。

1997年，结合客运线路审验，全面清理经营资格的工作，同时加强了对始发班车的源头管理，使客运班车全部做到定线路、定站点、定价格，定载客量、定班次，统一按规定时间始发，使用统一的线路标志，使各线班车基本上达到了规范要求。继续加强宏观调控措施。在全市客运运力调整上，坚持“先审批、后购置”的原则，并注重优化运力结构，以提高全市客运车辆挡次。1997年度共审批跨省(市)线路35条，跨地(市)线路15条，同时接纳兄弟地(市)线路16条，计26.5个班次。

2001年，加大对短途线路的改造和运力调整力度。本着“在调整中发展，在发展中提高”的指导原则，下发《关于嘉兴市中短途客运班车车型结构调整的实施意见》。

表5-2-3　1990年嘉兴市汽运公司客运路线里程表

顺序	线别	起点站	终点站	里程(公里)	日发班次
1	跨省	嘉兴	盐城	384	1
2	跨省	嘉兴	常熟	115	2
3	跨省	嘉兴	无锡	132	2
4	跨省	嘉兴	常州	178	1
5	跨省	嘉兴	沙州	160	1
6	跨省	嘉兴	宜兴	166	2
7	跨省	嘉兴	苏州	71	13

（续表 5-2-3）

顺序	线别	起点站	终点站	里程(公里)	日发班次
8	跨省	嘉兴	平望	32	7
9	跨省	嘉兴	盛泽	23	3
10	跨省	新塍东	上海	139	2
11	跨省	嘉兴	上海西	122	1
12	跨省	嘉兴	金山	46	4
13	跨市	嘉兴	绍兴	165	2
14	跨市	嘉兴	杭州	92	8
15	跨市	嘉兴	临平	62	4
16	跨市	嘉兴	练市	47	2
17	跨市	嘉兴	湖洲	91	5
18	跨市	嘉兴	南浔	57	4
19	跨市	嘉兴	地铺	158	1
20	跨市	嘉兴	长兴	117	1
21	跨市	嘉兴	武康	100	2
22	跨市	嘉兴	义乌	249	1
23	跨县	嘉兴	西塘	35	6
24	跨县	嘉兴	枫泾	35	11
25	跨县	嘉兴	嘉善	22	9
26	跨县	嘉兴	海盐	46	7
27	跨县	嘉兴	六里埝	67	1
28	跨县	嘉兴	乍浦	45	4
29	跨县	嘉兴	平湖	30	13
30	跨县	嘉兴	崇福	44	6
31	跨县	嘉兴	乌镇	43	4
32	跨县	嘉兴	桐乡	27	8
33	跨县	嘉兴	硖石	32	10
34	跨县	嘉兴	洲泉	51	1
35	跨县	嘉兴	新生	28	2
36	跨县	嘉兴	屠甸	37	1
37	市郊	嘉兴	新篁	32	3
38	市郊	嘉兴	新塍	19	6
39	市郊	嘉兴	洛东	24	2
40	市郊	嘉兴	王店	28	7
41	市郊	嘉兴	建设	24	3
42	市郊	嘉兴	大桥	17	4
43	市郊	嘉兴	步云	20	4
44	市郊	嘉兴	劳教所	25	2
45	市郊	嘉兴	虹阳	17	4
46	市郊	嘉兴	余新	21	4
47	市郊	嘉兴	凤桥	23	11
48	市郊	嘉兴	曹庄	14	1
49	市郊	嘉兴	马桥	12	2
50	市郊	嘉兴	河山	47	1

注：民国 37 年 2 月，乍嘉段、平嘉段个对开 5 次，乍平段对开 1 次

表 5-2-4 1989 年—2010 年道路客运线路班次

年份	跨省线路			跨市线路		
	线路(条)	班次/日	里程(公里)	线路(条)	班次/日	里程(公里)
1989		46	5386		59.5	4954
1990	36		9386	50		7946
1991	40	82.5	5179	53		3916
1992	47	63	8424	47		4155
1993	55	101.4	10565	62		5820
1994	67	144	16162	82		9116
1995	72	149.4	13631	98		13793
1996	86	187.5	21232	118	185	22333
1997	89	157	23675	158	275	26542
1998	109	189	33009	123	223	23143
1999	103	183		106	245.5	
2000	121	277.7	34832	129	340	25379
2001	138	272	41329	137	330	26462
2002	134	255.25	38166	138	302.3	25217
2003	145	318	45679	136	324	26901
2004	154	319.7	52288	141	377	29378
2005	160	311.74	51700	137	328.5	28925
2006	162	461	50081	136	367	29541
2007	166	465.5	55981	138	393.5	28550
2008	173	442.88	65033	139	439.5	28320
2009	188	439	79319	152	451	28553
2010	191	452.98	82962	155	472	29507

表 5-2-5 2000—2010 年营业性客运运力和运输量情况

年 度	全 市			
	运 力		旅客运输量	
	客车	座位	万人	万人公里
2000	3031	35813	4485	148417
2001	3177	37037	5527	173531
2002	3118	36878	5582	189797
2003	3288	38039	7032	165951
2004	3433	43315	8107	202113
2005	3613	49044	9638	233322
2006	3522	51811	10181	264378
2007	3547	53632	10303	292956
2008	3839	63812	10913	303774
2009	3891	67149	11054	313869
2010	4011	78268	11298	347157

2005年，全市客运线路530条，日发班次10409个，每条线路平均班次为19.6个，其中：跨省每条线路平均班次为3.2个，跨地每条线路平均班次为4.1个，跨县每条线路平均班次为32.5个，县内每条线路班次达到48.92个，特别是跨县平均班次32.5个和县内的平均班次48.9个，极大方便了农民和市民出行。省际、跨地、跨县、县内班次比例是5:6:21:68，其运力（客位）比为19:14:20:47。全市拥有班线客运16户，每户拥有车辆数89辆。运输能力继续提高，高级班线客车312辆，占班线客车21%，高级班线客车在跨省班线中占61%，高级班线客车在快客线路中占69%。2005年春运四十天共投放运力1407辆，32565客位，日均班次9016次，共完成客运量503万人，19143万人公里。

2006年，运输能力继续提高，高级班线客车236辆，占班线客车17%，高级班线客车在跨省班线中占60%，高级班线客车在快客线路中占73%。道路运输规模扩大，2006年全市客运线路条556条，日发班次11500个，每条线路平均班次为20.7个，其中，跨省每条线路平均班次为3.8个，跨地每条线路平均班次为4.3个，跨县每条线路平均班次为35个，县内每条线路班次达到49个，特别是跨县平均班次35个和县内的平均班次49个，从数字上进一步证明了嘉兴城乡公交改造的成果，极大方便了农民和市民出行。

图 5-2-2 客车优质服务

2007年，优化中长途班线区域经营主体，根据《关于优化我省中长途客运班线网络体系的意见》，严格控制班线新增，促成国鸿公司的盛泽、平望方向线路与长运公司杭州方向线路达成协议，拟分三批对9条线路的19辆运力资源进行置换，跨出了我市道路中长途客运班线资源整合工作的第一步。

2010年，全市开行客运班车线路共742条，年平均日发班次8808个。其中高速公路客运线路34条，年平均日发班次228个；跨省线路237条，年平均日发班次796个；跨市(地)线路206条，年平均日发班次929个；跨县(市)线路82条，年平均日发班次2404个；县(市)内线路217条，年平均日发班次4679个。

截止2010年年底，嘉兴全市拥有客运班线车辆4011辆，78268座位，完成营业性客运量112398万人次，客运周转量347157万人公里，同比增长52.1%,10.61%。嘉兴市区拥有客运班线车辆1451辆，29089座位，完成客运量3172万人次，客运周转量133214万人公里。

图 5-2-3 客运营运车辆

各县、市客运线路

嘉善县

1991年年底，嘉善县通往外县、市(省)公共汽车班线共有6条，其中跨省条数有3条，跨地市条数有2条，跨县条数有1条。乡镇公共汽车班线共有3条，日发班次185个。

2007年年底，嘉善县共有客运班线80条，总里程达6309公里，日发班次1165个。其中省际班线16条，里程2657公里，日发班次93个；跨地(市)班线15个，里程2709公里，日发班次28个；跨县班线9条(其中城乡公交4条)，里程326公里，日发班次147个；县境内班线40条，里程617公里，日发班次897个，拥有班线客车213辆，客位5208座；出租车210辆，客位840座。全年旅客运量1389万人次，旅客周转量32863万人公里。

2010年年底，全县拥有营运客车469辆，营运货车7151辆，货运车辆增长迅猛，比2009年增加1670辆。共有客运线路82条，其中跨省线路16条，跨市16条，跨县线路10条、县内乡镇班线40条。完成公路客运量1715万人次，旅客周转量41100万人公里，客运班车总行程7273.08万车公里。

表 5-2-6 1989—2010 年嘉善县乡镇公共汽车班线情况表

日期	班线条数	班次
1989	2	112
1990	3	182
1991	3	185
1992	4	237
1993	4	240
1994	5	305
1995	6	360
1996	6	357
1997	7	462
1998	7	401
1999	7	533
2000	7	497
2001	8	531
2002	8	611
2003	10	520
2004	20	1833
2005	17	662
2006	29	837
2007	32	859
2008	40	1326
2009	40	1321
2010	40	1321

表 5-2-7 1989—2010 年嘉善县通往外县、市(省)公共汽车班线情况表

日期	班线总条数	跨省条数	跨地市条数	跨县条数
1989	6	3	2	1
1990	6	3	2	1
1991	10	4	4	2
1992	11	5	4	2
1993	12	5	5	2
1994	13	6	5	2
1995	19	6	5	2
1996	20	7	8	5
1997	32	7	12	13
1998	36	10	12	14
1999	37	11	11	15
2000	40	11	13	16
2001	33	13	14	6
2002	37	14	16	7
2003	41	16	18	7
2004	41	16	18	7
2005	41	15	18	8
2006	37	16	16	5
2007	40	16	15	9
2008	41	16	15	10
2009	42	16	16	10
2010	44	16	18	10

图 5-2-4 客运优质服务

平湖市

班车客运 1990 年年末，全县有客运班车经营单位 1 家，客车 47 辆、2465 座，客运班线 38 条，线路总里程 6024 公里，各站每天发班 215 班次。年发送旅客 505.4 万人，周转量 11475 万人公里。经过多年的开放搞活，治理整顿，规范发展，全市班线客运已逐步形成了“安全、有序、优质、畅通”吧的运输环境。2005 年年末，全市有班线客车 168 辆、4622 座。其中：高级客车 74 辆、2621 座位。中级客车 42 辆、1045 座位。经营线路 68 条，线路里程 13689 公里，日发 550.5 班次。全年发送旅客 1667.1 万人次，旅客周转量 38402.4 万人公里，分别是 1990 年的 3 倍和 2.5 倍。

跨省班车客运　跨省班线　1990年年末，全县有跨省班线7条，线路里程900公里，日发28班次。以后逐年开通至上海洙泾、奉贤、川沙、青浦，江苏盐城、南京、南通班线。主要车型是东风、之江大客。1997年1月，平湖至安徽东至班线开通。跨省班线增加到14条，线路里程2156公里，日发36班次。车型档次提高，有之江、东风、亚星、华夏大客车和婺州剑飞、依维柯、牡丹等中型客车。1998年后，由于区间客运运力饱和，全市外来人口增多，跨省班线进一步发展延伸，至江苏的昆山、扬州、张家港、常州线路分别在2000年贯通。2004年4月，又增开了平湖至兴化、平湖至河南光山、乍浦至淮安线路。2003年后，每年增开到安徽省新线路，平湖至潜山、枞阳、六安、阜阳、屯溪、乍浦至庐江班线相继开通。2005年年末，全市跨省班线发展到29条。营运里程达7297公里，营运客车32辆，日发41.5班次，年发送旅客73万人次、旅客周转量10214万人公里。跨省班线始终由交通专业公司经营。车型不断更新，主要车型有金龙、亚星、金旅、宇通等较高档次旅行大客车。

跨地(市)班车客运　跨地(市)班线　1990年年末，全县有跨地(市)班线6条，线路里程1477公里，日发12班次。1991年后，市场经济活跃促进中长途客运加速发展；平湖县汽车运输公司(1991年6月后称平湖市汽车运输公司，简称“市汽运公司”)自1991年1月投入一辆金龙20座开辟平湖至柯桥班线后，先后开通了乍浦至杭州(返回石化)，新埭、黄姑、新仓至杭州，黄姑至义乌，乍浦至富阳、余杭，平湖至江山、瑞安、长兴、萧山、宁波、武康等线路。1998年年末，跨地(市)班线发展到18条，线路里程4269公里，日发19.5班次。除义乌班线有两辆非交通企业经营外，另外跨地(市)班线全由交通专业公司经营。1999年4月，浙江平湖天龙(集团)有限公司投放金旅39座大客开通至温州班线，之后跨地(市)班线又增加平湖至诸暨、开化，乍浦至千岛湖等线路。直达班车构筑了全市通往省内16个市、县的快速通道。2000年1月，该公司又投入亚星、宇通、金龙、安凯四辆高档次客车，开设平湖至杭州，乍浦至杭州两条快客班线。日发8班。平湖至杭州这条热线上的班次增加到每天15班。昔日去杭州当日难回的行程，而今只需要3个小时就可往返。2004年6月28日平湖市浙江航海旅行社(前身为南国旅行社)两辆义乌班线车退出营运。2005年年末，全市跨地(市)班线增至23条，线路里程5730公里。营运车28辆、778座，日发34班次。年发送旅客83万人次，旅客周转量8311万人公里。

跨县(市)班车客运　跨县(市)班线　1990年年末，全县跨县(市)班线有10条，线路里程775公里，日发28班次。1993年9月后，有3辆个体牡丹中巴车进入平湖至嘉兴线路与专业公司同线经营，统一进站排班、售票、发车，进行有序竞争。1994年2月，平湖至桐乡跨县班线车开通，至1998年末，平湖至角里堰、澉浦，全塘至石化线停开，全市跨县(市)班线调整为7条，营运里程519公里。车辆35辆、589座，其中个体营运客车4辆。车型为杜鹃、牡丹、剑飞、东风等中巴车，日发108班次。2002年后，个体中巴车逐渐转向公司化管理。2004年6月20日，平湖至嘉兴公交线路开通，跨县(市)班线归由天龙汽运有限公司一家经营。2005年年末，全市跨县(市)班线有7条，线路里程353公里，日发129班次。投放营运客车31辆、706座，年发送旅客188万人次，旅客周转量7234万人公里。

境内班车客运　县(市)境内班线　1990年年末，县境内班线有16条，线路里程318公里，日发144班次。1991年1月20日，平湖至前进斜桥班线通车；1992年11月4日，平湖至南桥班线通车，全市境内当时20个乡镇全部开通班线客车。同月，全塘镇朱佰余率先批准购车在平湖至全塘班线上经营道路客运。之后，个体和社会车辆投入市境内班线经营车辆快速增加。同年，市汽运公司经营机制转换，实行单车经济责任制。市境内班车竞争激烈，普遍采用“招手即停，上车售票”形式经营。市境内乡镇小站相继撤消，车型也逐步改变为13~19座中巴车。1993年8月，市政府批转市交通局《关于加强全市客运汽车管理办法的请示》，印发《平湖市区间客运管理规则》。平湖汽车站开设“平湖客运服务中心”，严加管理。定线班车一律进站轮班发车，客运秩序逐渐好转。但区间班线运力大于运量的状况仍严重影响着客运市场的健康发展。1994年年末，区间班线客车停止审批，以后数年，线路增加，运力逐年减少。1997年，全市区间客运线路调整为11条，线路里程286公里，日发165班次。营运业户62户，客车有102辆。其中交通专业运输业户车辆44辆，个体(社会)运户58户，车辆58辆。经过多年运力结构调整，至2005年，全市境内班线客运变化甚大。年末，个体客车全部退出营运。县(市)境内客运线路调整为9条，线路里程309公里，日发346班次，营运客车69辆、2541座。年运送旅客864万人次，旅客周转量4971万人公里。2004年，市人大十二届二次会议提出全市公交一体化改造。经过两年的努力，实现全市所有乡镇都通上了城乡公交车，2005年年末，全市138个村有132个通了城乡公交车，公交通村率达到了95.65%。2010年年末，全市有班线客车223辆，7888客位，较2005年分别增长32.7%和70.7%，其中：高级客车101辆，3586客位；中级客车18辆，542客位。经营线路105条，线路里程21419公里，日发班次1090.5班，全年发送旅客1588.68万人次，旅客周转量46973.94万人公里，其中跨省客运班线39条，车辆50辆，日发班次129.5班；跨市地客运班线27条，车辆30辆，日发班次92班；跨县客运班线10条，车辆33辆，日发班次285个；县内客运班线29条，车辆110辆，日发班次584个。全市公交化运营城乡客运线路33条，车辆143辆，日发班次663班。快速(高速)客运线路7条，车辆17辆，日发班次60班。

海盐县

海盐公路客运的主要经营企业是汽车客运站。1986年至其后几年间，海盐开往县境外的长途客车尚有下列线路(讫点)：上海、石化(金山)、苏州、杭州、湖州、孝丰(安吉)、绍兴、嘉兴、平湖、硖石(海宁)。县内班车通达澉浦、六里、沈荡。1988年，市公司下放，成立海盐汽车客运公司，有中巴、大客车24辆，海盐站每日发班数已由1985年的62班次上升至140班次。

1990年前后，海盐道路交通条件逐步改善，县汽车客运公司运力随之增强，10余年间不断开辟新增班车线路。1993年，海盐汽车客运线路共31条，其中跨省线路5条，跨市(地)6条，跨县11条，本县9条；日发242班次，客运量为241.74万人。1998年线路总数上升到42条，其中跨省线路增加一倍，车站每日发送351个班次，客运量291万人。其间有的新辟线路采取合作营运模式，如1995年10月，由河南信阳公司投放33座卧铺车3辆，开通了海盐至信阳班车。此后又以同类方式，陆续开通了海盐至江苏淮安、河南永城、河南淮滨，及海盐至安吉、衢州、织里等班车线路。

海盐快客营运始于2000年，是年1月开通海盐至杭州快客班车，海盐、杭州两公司各投放19座中客3辆，每天开行18班，一年后又各增车2辆，日发30班。2002年1月，海盐至嘉兴快客班车开通，海盐公司与嘉兴国鸿公司各投放11座、13座豪华车4辆，每日开行32班。

2004年元旦，海盐首条省际快客班线——海盐至上海快客班车正式开通，海盐云龙公司与上海巴士高速公司各投资32座豪华车2辆，每天12班次。

2005年1月，云龙公司又投放19座豪华车1辆，开通海盐至苏州高速直达班车，日行3班。2005年，海盐汽车客运班线共49条，其中跨省11条，跨市13条，跨县13条，县内线路12条。全县实现“镇镇通公交”。

2007年，海盐客运快客线路3条，快客班车9辆，261个客位，占班车总数9%。

截至2010年，海盐县客运企业共开行客运班线48条。其中，跨省线路10条，投放班车19辆，671客位；跨市线路11条，班车19辆、客位492个；跨县线路12条，33辆班车、925个客位；县内班线15条，35辆班车，1064客位。

海宁市

班车客运实行线路审批，领取“公路客运营运线路核准证”后方可在城乡道路上按照固定线路、时间、地点、班次进行营运。客运线路分为：县境内线、跨县(市)线路、跨省线路。由各级公路运输管理部门按设定权限审批。外地与海宁对开共营的班车客运不作记述。

班车客运 1989年，全市班车客运经营单位仍仅海宁市汽车客运公司1家，拥有客车37辆1720座位，客运班线20条，总里程1151公里；同年发送旅客102.2万人，周转量357.7万人公里。2005年年底，全市有班线客车185辆5775座，其中高级客车37辆1132座位，中级客车141辆4452座位。经营线路78条，总里程19433.5公里。日发车699班次。同年发送旅客654.2万人，周转量26169.7万人公里，分别比1989年增加640%和732%。2007年年底，全市有班线客车191辆6969座，其中高级客车41辆1233座位，中级客车145辆6561座位。经营线路86条，总里程21562公里。日发车873班次。同年发送旅客1127.1万人，周转量25814.5万人公里，分别比1989年增加1101.8%和7215.8%。截至2009年，海宁除公交班线52条、客车289辆外，共有班线客车104辆3608座，其中高级客车32辆1418座、中级客车52辆1740座；经营线路60条，线路总里程16499公里；日发车312.5班次，全年发送旅客191.3万人，周转量13634.4万人公里。

跨省班车客运 1989年年底，海宁有上海、苏州、无锡等地跨省班车客运线路4条，总里程641公里。日发车4班次。主要车型为浙江东风、扬州东风。1997年起，海宁至山东枣庄、江苏南通、安徽芜湖等跨省线先后开通，跨省线路增至7条，总里程1897公里。日发7个班次。主要车型提高为扬州亚星、东风、浙江东风卧铺客车等。1998年后，由于区间客运运力饱和，全市外来人口增多，跨省线路进一步拓展和延伸，又开通至江苏常州、扬州、河北留史、山东临沂、安徽阜阳等跨省线路。2000年后，又新增海宁至上海、洛阳、大丰、屯溪、徐州、砀山、铜陵等地跨省线路。2005年年底，跨省线路发展到24条，总里程达12255公里。营运车辆24辆。日发21个班次，同年发送旅客16.7万人，周转量7528.7万人公里，主要车型为金龙、宇通等高档客车。2007年年底，跨省线路减至23条，总里程11452公里。营运车辆23辆。日发19个班次，同年发送旅客10.8万人，周转量3888万人公里，主要车型不变。2009年年底，跨省线路保持23条，其中上海、无锡班线改造为快客班线，总里程11679公里。营运车辆27辆，主要车型为金龙、宇通、青年等高档客车，日发22.5班次。同年发送旅客12.3万人，周转量4674万人公里。

跨地(市)班车客运 1989年年底，海宁有跨地(市)线路6条班车客运，总里程432公里。日发车14个班次，主要发往杭州等地。1991年后，市场经济活跃，促进中长途客运加速发展，先后开通海宁至绍兴、武康、义乌、临平、安吉、临安、湖州、长兴、温州、宁波、富阳等线路。1998年年底，跨地(市)线路增至18条，总里程3489公里。日发车41班次。2000年后又先后开通海宁至杭州、湖州的直通快客线路和海宁至柯桥、路桥等直达班车，构筑成海宁通往省内21个市、县的快速通道。海宁至杭州、湖州热线通道发车间隔分别在20分钟和30分钟之内，改变以往去杭州、湖州当天难以返回的状况。2005年年底，全市跨地(市)班线发展为26条(其中快客线2条)，总里程6341公里，营运车辆38辆，主要车型为金龙、宇通高档客车，日发97班次。年发送旅客量70.8万人，周转量5312.1万人公里。2007年年底，全市跨地(市)线路减至25条(其中快客线3条)，总里程4646公里，营运车辆38辆，车型不变，日发97班次。同年发送旅客量61.2万人，周转量5820万人公里。2009年，跨地(市)线路增至26条，其中杭州、湖州等4条为快客班线，总里程4475公里。营运车辆47辆，主要车型为金龙、宇通、青年等高档客车，日发139班次。同年发送旅客68.8万人，周转量6536万人公里。

跨县(市)班车客运 跨县(市)班车客运即指跨越海宁市在嘉兴境内营运的客运班线。1989年年底，海宁有通达嘉兴、海盐、桐乡等地的线路4条，总里程122公里。日发车26班次。1995年先后开通海宁至平湖、长安至嘉兴。1998年后，个体中巴经营逐渐转由公司化管理，又先后开通许村至嘉兴、海宁至嘉善。1999年，海宁以桑塔纳轿车开通至嘉兴快客1条(后改中巴快客)，2004年海宁开通至海盐、嘉兴城乡公交线路各1条。2005年年底，跨县(市)线路共9条，总里程404公里。投放车辆28辆810座位，日发车136班次。年发送旅客量95.2万人，周转量2094.7万人公里。2007年年底，跨县(市)班线、总里程数不变。投放车辆28辆815座位，日发车124班次。年发送旅客量99.5万人，周转量2189万人公里。2009年，跨县(市)线路增至11条，总里程345公里。营运车辆30辆，车型以宇通、牡丹等公交型客车为主，日发151班次。同年发送旅客110.2万人，周转量2424万人公里。

境内班车客运 1989年年底，海宁有通达许村、袁家坝、盐官、袁花、黄湾、斜桥等乡镇班线7条，总里程126公里。日发车38班次。1990年后，个体和社会车辆投入市内经营，车辆数量快速增长。同时，海宁汽车客运公司为适应客运市场急骤变化，转换经营机制，实行单车承包经济责任制，市内班车竞争十分激烈，普遍采用“招手即停、上车买票”、“随停随上”的形式经营，故社会上称境内班线车为“招手中巴车”，线路绝大部分由个体经营者经营。1993年初，经整顿客运市场和交通秩序，并将海宁汽车站转换成公用型车站后，所有个体班车实行统一进站、统一排班、统一售票。1994年年底，境内有市区至丁桥、周王庙、石井、长安、斜桥、袁花、黄湾、许村、袁家坝、谈桥、科同、路仲等线路12条，投入车辆90辆1600座位，其中专业公司15辆260个座位。日发车380多班次。营运总里程289公里。2003年，嘉兴市公路运输管理处下发《关于全面推进我市城乡公交一体化工作的通知》、省交通厅下发《关于印发〈浙江省道路旅客运输经营权有期限使用管理暂行办法〉的通知》，海宁市交通局和公路运管所通过调查研究，制定并下发《关于印发〈海宁市境内现有客运班线城乡公交一体化改造及经营权配置实施办法〉的通知》。两年后，全市已完成农村客运公交线路的改造，构成全市城乡客运公交一体化网络。此后，境内班车客运分别为城乡公交客运和城市公交客运所替代（城市公交客运另行记述)。2005年年底，境内有城乡客运公交线路18条，总里程531公里。投入宇通、亚星、牡丹等车型的公交车106辆3817座位，日发车522班次。全年发送旅客量467.5万人次，周转量11084.9万人公里。2007年年底，市境内城乡客运公交线路增至27条，总里程958公里。宇通、亚星、牡丹等车型的公交车增至117辆4909座位，日发车566班次。全年发送旅客量955.6万人次，周转量13917.5万人公里。到2009年年底，海宁除公交班线52条、客车289辆外，共有班线客车104辆3608座，其中高级客车32辆1418座、中级客车52辆1740座；经营线路60条，线路总里程16499公里；日发车312.5班次，全年发送旅客191.3万人，周转量13634.4万人公里。截至2010年，海宁共有班线客车232辆9628座(含城乡公交线)，其中高级客车48辆1926座、中级客车82辆3158座；经营线路98条，线路总里程15398.5公里，日发车1120.5班次。

桐乡市

跨省班车客运 1990年，全县有上海、苏州跨省线路2条。1996年陆续开通桐乡至河南罗山、濮院至武汉、桐乡至常熟、无锡等11条跨省线路，里程3218公

里，日发班次12.5班。2002年，跨省班线19条，里程6802公里，日发班次26.5班。2004年3月市汽运公司开通至上海快客。2007年，由于桐乡至石家庄线班车无人承包，淄川、横扇等线路与濮院物流中心内的托运线路有冲突而停运，跨省班线减少至15条，总里程3908公里，营运车辆17辆、548座位(不含外省籍班线车)。日发班次36班，主要车型为"合肥现代"、"厦门金龙"、"郑州宇通"等高档大客车。2010年年末，全市有跨省班线17条，里程4122公里，有营运车辆19辆，计674座，日发21个班次，主要车型为：桂林大宇、金华青年、厦门金旅等。

跨地(市)班车客运　1990年年末，全县有发往湖州、杭州、临平、绍兴等跨地(市)线路5条。1991年随着客运市场放开，中长途客运加速发展，桐乡至杭州等跨地市班线增加至11条，总里程817公里。2000年6月，桐乡开通至杭州快客班车，购置两辆20座豪华客车，日发16个班次，比普客缩短时间半小时。2007年年末，全市跨地市班线有19条，总里程2310公里，营运车辆38辆，988客位，日发班次184个。2009年8月，市汽运公司为增强竞争力，投资160万元在桐乡至温州班线上首次投放一辆"金华青年"豪华客车，有座位40个，车上带有卫生间，让乘客感受旅途的舒适、方便。2010年2月9日，市汽运公司与浙江空港快客有限公司各投入2辆、33座(高一级)"金华青年"客车，开通乌镇至杭州萧山国际机场班车，日发8个班次。2010年年末，全市有跨地市班线22条，计2539公里，有营运车辆41辆、1154座位，日发106.5个班次。桐乡至杭州每天有快客班次42个（含杭州长运公司配额班次)，平均每15分钟发一班，高峰时10分钟发一班。日均发送旅客量600余人次。

跨县(市)班车客运　1991年，全县有跨县班线13条，桐乡至嘉兴、平湖、海宁、海盐、嘉善等，总里程133公里。2001年1月，针对桐乡至嘉兴班线运力大于运量矛盾以及该线宰客、卖客、甩客严重问题，交通部门大刀阔斧实施对桐乡至嘉兴短途班线改造，改造后营运中巴由30辆车减至21辆。是月，该线还实现了双方车站互为配客。2002年5月，市汽运公司投放5辆全顺空调车，经营桐乡至嘉兴直达业务。2002年11月1日，桐乡至嘉兴开通便捷巴士，原有的21辆中巴车淘汰，改换成16辆牡丹车型低入口空调大客车2004年12月1日，为冲破旧管理体制条条框框约束，树立"大公交、大交通"观念，提高服务质量，该线将便捷巴士改称K191、城乡一级公交，并在车站开通绿色通道，市民可直接上车购票。2010年末，全市跨市(县)班线有9条，里程达333.5公里，有车辆36辆、1389座，日发193个班次。其中有普客班线5条：桐乡至海盐、平湖、嘉善、至嘉兴直达、乌镇至嘉兴，共计里程238公里，有客车10辆，计190座；全市有一级城乡公交线路4条：K191桐乡至嘉兴西站、K192桐乡至嘉兴北站、K198桐乡至海宁、K330崇福至长安，共有客车26辆，计1199座位，日发151个班次。

境内班车客运　1988年，全县实现乡乡通公路。至1990年，全县有通达濮院、石门、洲泉、南日、亭桥、崇福、上市、乌镇、屠甸、新生等14条线路，总里程266公里。1994年，桐乡首次批准一批个体经营者从事县内班线客运业务，有中巴车115辆。至年末，县境内从事客运的有简三轮(手把式三卡)211辆、长安、昌河之类小面包车150辆、挂黄牌照的农用面包车92辆。2000年，市交通局和公安局对天目山等车型农用车和长安等厢式小面包车进行调控，对存在严重安全隐患的简三轮(三卡)、农用车强制进行安全性能检测。至2001年年底，农用面包车和简三轮(三卡)基本淘汰。是年9月，乌镇线小面包车(下称小四轮)压低运价与中巴车争抢客源，客运秩序一度十分混乱。2001年12月31日，市政府下发《道路短途客运经营机制转换及车型结构提高若干意见的通知》，决定对市(县)境内短途客运进行调整改造。至2003年9月，市境内的145辆"小四轮"以撤三辆更新一辆中巴车办法全部退出客运市场。随着《城乡公交一体化实施方案》的逐步推行，2003年12月1日，市交通部门率先在崇福镇开通与周边行政村的城乡三级公交车。2005年全市城乡公交一体化工作全面铺开。2007年，全市实现村村通公交，开通三级公交线路46条，投放公交车86辆，1507座位，总里程515.5公里，日发车777个班次。2008年9月11日，开通桐乡市区至崇福语溪公园、濮院梅泾宾馆的城乡二级公交夜班车线路两条，各投放公交车一辆，从晚18时至21时，各开行2个班次。2009年4月27日，开通桐乡至乌镇市区夜班车，投放公交车两辆，开行4个班次。2010年年末，全市有城乡二级公交线路14条，有营运中巴车104辆，计1870个座位，每辆车日均不少于6个班次。有城乡三级公交线路52条，其中桐乡片区17条，计199.6公里，投入19座公交车26辆，494座；崇福片区30条城乡公交线路，计293.7公里，投入19座中巴车53辆。濮院片区线路5条，计43.5公里，投入公交车20辆，380座。2010年，全市有客运班线113条，营运里程达8474公里，有客运车辆310辆(未含出租轿车)，计7765座，日发1598个班次。

第二节 出租汽车客运

历史沿革

出租轿车又称“的士”，出租小型客车又称“面的”。

图 5-2-5 嘉兴出租车

嘉兴市客运出租汽车行业在1985年前以机动三轮车、方向式机动三轮车、厢式货车为主要运输工具充当出租车从事客运服务。1986年起开始有几辆老旧轿车如菲亚特125型(4座)、菠罗乃茨等从事客运出租行业。1987年起有部分上海淘汰的夏利、桑塔纳汽车车型进入嘉兴市场从事客运出租行业。1988年始，海盐县有6辆天津大发小面包车从事出租载客业务。1989年9月，海宁市双山乡火炬村村民王伟良购进1辆天津“夏利”轿车，经批准从事客运出租，1989年12月，平湖乍浦镇北荡村王华购进一辆旧的波罗乃茨轿车批准从事客运出租。二者分别开创了海宁市和平湖市出租车客运的先河。20世纪90年代初，个体出租车客运逐渐增多，出租车客运当时仅限于包车营运，城市出租车市场尚未形成。同一时期，个体运户青睐于厢式货车从事客运，车型都为昌河、大发、长安。和同类型面包车相比，因缴纳公路规费相差多，所以发展很快。1990年1月，个体户张保宁购置一辆菲亚特轿车，在桐乡县公路运输管理所办理道路运输证，该车为桐乡第一辆从事营运的出租轿车。嘉善县的出租车始于1993年，当时有营运车辆51辆，254客位，但处于无人管理状态。1987年至1995年，嘉兴市本级拥有客运出租汽车150辆，主要是等客上门、驻点经营。1995年10月1日起，在嘉兴市运管部门的大力支持下，以李家骏、陆家栋、傅显龙、张杭兴等为首的30辆出租汽车经营者自发组织，在嘉兴市区实行一价制(7元)，进行流动经营，标志着嘉兴市的市区“打的市场”正式起动。1999年1月29日嘉兴市区首次对新增50辆客运出租汽车的经营权进行公开招投标。2000年1月21日、2001年5月31日、2002年12月20日又分别对新增的50辆客运出租车的经营权进行公开招投标。2000年3月份调整嘉兴市区客运出租汽车运价结构。在2004年引进上海巴士集团的基础上，2004年新增100辆出租汽车，2007年，按集约化经营、规范化运作、员工化管理的思路，以服务质量竞标为主、定价出让为辅的方式在市本级成功新增50辆出租汽车。从1999年开始，嘉兴市区新增出租汽车运力都采取招标投放，经营权使用期限为10年。2009年，嘉兴市区首批招标投放的出租汽车经营权使用到期，按照利益兼顾、服务质量为主、有偿使用为辅等原则，出台了到期出租汽车经营权重新配置政策，较好地解决了到期出租汽车经营权重新配置问题，也建立了到期出租汽车经营权重新配置工作机制。

2009年，嘉兴市共有出租汽车2060辆，其中市本级873辆，嘉善县210辆，平湖市226辆，海宁市317辆，海盐县189辆，桐乡市245辆；有出租汽车企业36家，其中100辆车以上企业4家，平均每家企业有出租汽车57辆；有从业人员4000余人，日运送旅客近40万人次。

在嘉兴市本级的873辆出租汽车中，经营权暂未核定使用期限的行政审批车有523辆，经营权有偿、有期限使用的招标车有350辆。从经营模式看，公车公营的有150辆，租赁承包的有384辆，个体挂靠的有339辆。承包租赁车辆的经营权仍旧在公司，个体挂靠车辆的经营权在个人手中。各县市情况与市本级类似。

到2010年11月，嘉兴市区共有873辆出租车，有出租车公司12家，以普通桑塔纳、桑塔纳3000型为主导车型。自2007年新增投放50辆出租车后，3年来，市区未再增加一个出租车营运指标。到2010年年底，拟增加50辆新车投放方案报送嘉兴市政府。

图 5-2-6 出租车

截至2010年年底，嘉兴市共有出租汽车2060辆，其中市本级873辆，嘉善县210辆，平湖市226辆，海宁市317辆，海盐县189辆，桐乡市245辆，有出租汽车企业36家。其中，100辆车以上企业4家，平均每家企业有出租汽车57辆；有从业人员4000余人，日运送旅客约40万人次。有省级文明出租汽车企业2家，省级文明出租汽车车队9个，省级文明出租汽车135辆，省级文明车占车辆总数的6.3%。

到2010年年底，嘉兴市本级共有出租汽车873辆，出租汽车企业12家，其中规模最大的为嘉兴市禾城出租汽车有限公司，拥有出租汽车172辆，规模最小的为杭州外事旅游汽车公司嘉兴分公司，拥有出租汽车12辆，平均每家企业拥有出租汽车72.75辆。有从业人员2000余人，日运送旅客近20万人次。

各县(市、区)出租车客运

平湖

1989年12月，乍浦镇北荡村王华购进一辆旧的波罗乃茨轿车，经批准从事客运出租，开创了全市出租车客运的先河。20世纪90年代初，个体出租车客运逐渐增多，出租车客运当时仅限于包车营运，城市出租车市场尚未形成。同一时期，个体运户青睐于厢式货车从事客运，车型都为昌河、大发、长安。和同类型面包车相比，因缴纳公路规费相差多，所以发展很快。至1995年年末，全市个体厢货从事客运车辆有76辆。同期全市客运出租车仅有29辆，车型主要有桑塔纳、夏利等。个体"面的"仅存昌河车1辆。此后，厢式货车公路规费调整，出租车市场逐渐规范。厢货客运逐渐退出出租车市场。

1996年6月，平湖市汽运有限公司24辆长安小公交车投入出租车客运，同时投放桑塔纳轿车3辆。此后，平湖出租车打出"城区五元"的品牌服务，引导消费，出租车市场开始活跃。8月，市汽运有限公司汽车出租分公司开业。年末，全市出租车发展到57辆，其中个体出租车30辆。

1998年5月18日，平湖市迅达出租车运输有限责任公司（2001年10月，更名为平湖市迅达汽车运输有限公司，简称"市迅达有限公司"）开业，当年发展出租车20辆，年末全市出租车发展到82辆。

1999年开始，平湖市出租车投放实行总量控制，额度投放，规定经营期限8年。同年4月5日，全市推出40辆桑塔纳出租车限价竞拍，市旅游有限公司竞拍到10辆，成为全市又一家出租车经营公司。部分个体出租车也渐转向公司化管理。年底出租车总数达122辆。其中个体出租车26辆。全市公平竞争、规范有序的出租车市场初步形成。

2001年4月，为整治乍浦港区客运出租车市场，对那些未取得道路运输经营许可，擅自从事道路运输经营的车辆(简称黑车)进行打击，经市政府批准一次性投放20辆桑塔纳，成立平湖市天元汽车出租有限公司(简称"市天元有限公司")。11月又增加该公司额度投放14辆。同年，其他公司出租车增加22辆，年末，平湖、乍浦二地出租车共有178辆。此后，全市出租车投放渐缓。在区间客运结构调整中，部分中巴置换成出租车。2003年年末，全市出租车共198辆。其中，天龙汽运有限公司51辆，市迅达有限公司66辆，市旅游有限公司27辆，市天元有限公司34辆，个体车20辆。

2002年10月，嘉兴市公路运输管理处下发《嘉兴市出租汽车行业"8501"服务品牌创建工程实施意见》。为积极争创省级文明城市、展示平湖新形象，2003年年初开始，全市从抓出租车硬件建设着手，推动"8501"品牌工程的实施。6月底，完成出租车标志色改造，之后，逐步完成座套、顶灯、服务资格证、防护栏、禁烟标志、乘客须知、驾驶员着装等的规范设置，达到"八个统一"，继而发展语言、仪表、车容、行车、经营五个文明的软件建设，创建出租车"8501"品牌。

2003年9月9日，《平湖市客运出租汽车管理办法》(简称《办法》)经批准实施，对出租车经营企业开业经济技术资质条件作出规定，明确原暂不核定经营期限的出租车自《办法》实施之日起确定经营期限为8年。10月16日，"平湖市出租车调度服务中心"成立，同时，全市统一的出租车叫车热线"5333333"投入使用，后发展为"96680"特服号码。出租车随叫随到，市民出行更为方便快捷。是年12月30日，20辆个体出租车组成平湖市金平出租汽车有限责任公司，全市出租车行业实现公司化管理目标，逐步向规模化发展迈进。

2005年年末，全市出租车增加到223辆、1115座，年运送旅客414万人次，旅客周转量2495万人公里。

2009年，平湖市有出租车226辆，从业人员470人，分属5家出租汽车公司，其中天龙公司61辆，迅达公司74辆，天元公司35辆，旅游公司35辆，金平公司22辆；车型全部是中高档以上车型，其中桑塔纳3000型162辆，宝来30辆，捷达34辆；经营权使用年限从2003年开始全部核定，分别为8~11年不等，经营模式基本上采用全额承包经营；管理上建立"96680"出租车调度平台，全部采用车载GPS调度系统。

2010年年末，平湖市出租汽车共226辆，其中天龙公司61辆，迅达公司74辆，天元公司34辆，旅游公司35辆，金平公司22辆；桑塔纳车型168辆，宝来车型25辆，捷达车型33辆。出租车从业人员620人。

桐乡市

1990年1月，个体经营户张保宁购置一辆菲亚特轿车，在县公路运输管理所办理道路运输证，该车为桐乡第一辆从事营运的出租轿车。后出租汽车客运迅速发展，至1995年年初，全市有出租轿车177辆。至后，对个体运输户发展进行调控，同年12月，仅拍卖6辆出租车的经营权。1998年12月市汽运公司组建桐乡市乐达客运出租车有限公司，有桑塔纳轿车12辆。1999年12月，市国信汽车租赁有限公司出租车分公司成立，有出租车25辆，公司靠自有资金，市场价向社会购入车辆组建公司。

2000年10月，市交通部门开展对客运市场清理整顿，打击无证非法经营车辆，为解决清理整顿后出租汽车运力不足和部分下岗职工就业问题，对投入城市公共客运的50辆出租汽车实行经营权有偿使用，经营权使用期限为8年。2001年2月，成立市星光出租车有限公司；2002年8月1日，成立市恒通汽车运输有限公司，时有挂靠出租车65辆；2002年8月15日，市鸿运汽车运输有限责任公司成立，时有挂靠出租车50辆。2002年年末，全市245辆出租车中有16辆为社会个体经营，2005年年末全部归属5家公司管理（其中属挂靠形式161辆，公司化租赁84辆）。2008年3月，桐乡市乐达出租有限公司注销，并入桐乡市汽车运输有限公司。

2010年年末，桐乡市245辆出租车的车型分别为普通桑塔纳和3000型桑塔纳两类，其中桐乡市恒通汽车运输有限公司85辆、桐乡市鸿运汽车运输有限责任公司71辆、桐乡市国信汽车租赁有限公司45辆、桐乡市星光出租车有限公司30辆、桐乡市汽车运输有限公司14辆。

嘉善县

嘉善县的出租车始于1993年，当时有营运车辆51辆，254客位，但处于和人管理状态，1994年嘉善县公路运输管理所对县内出租车实施管理进行摸底登记，对符合要求的车辆(驾驶员资质、车况)依法发放了道路运输许可证，合计共150辆，600客位，涉及经营户152家。1998年，出租汽车管理划归嘉善县公安局管理。1999年1月，嘉善县公安局面向社会公开有偿投放30辆客运出租汽车。1999年4月，出租车的管理权回归嘉善县交通局。至1999年年底出租车运输户有160户，从业人员360人，营运车辆180辆720客位。出租车的发展，方便人民的外出，提升了嘉善县城市品位，但出租车行业的快速发展存在一些问题，如车型不统一、收费标准不统一、驾驶人员不稳定、服务质量差、存在管理无序等情况。

2002年起，嘉善县交通部门采取措施：推行出租车公司化管理。2005年基本完成此项工作，从分散经营的个体，组成了嘉善县平川汽车客运出租车公司、嘉善县立达出租车汽车运输有限公司、嘉善县远方出租车有限公司、嘉兴市善通运输(集团)有限公司汽车出租分公司四家出租车公司。加强人员管理。出租车实行统一颜色、统一标志、从业人员必须持证上岗。统一收费标准，开通了“96520”举报投诉电话。设立寻呼总台及市民24小时寻呼热线。2004年提出规范出租车型号，以“普桑”为主，桑塔纳3000型为嘉善县最佳车型。桑塔纳3000型开始登陆嘉善运输市场，原其他车型逐步退出营运市场。通过上述措施提高嘉善县出租车行业服务质量和整体素质，满中人民的需要，体现了城市品位，改善了投资环境，树立出租车行业良好形象。

2005年嘉善县有出租车户15户，(4家公司，11户个体)，从业人员492人，车辆180辆、720客位。

2006年年初，由于县城市建设规模不断扩大，市民出行对出租车的需求量不断增加，原有的180辆出租车已不能适应城市交通的需要，县交通局根据县府批示，由县公路运输管理所实施县体操作，以服务质量为主有偿使用为辅，面向当时注册的4家出租车公司投放30辆出租汽车，同年5月新投放的30辆出租车投入营运。

2010年，嘉善县共有6家出租车公司，从业人员523人，车辆210辆，840客位。分别属于6家出租车公司，其

表5-2-8 2010年嘉善县出租车公司情况表

公司名称	车辆数	客位	从业人员
嘉善平川汽车客运出租有限公司	30	120	84
嘉善立达出租汽车运输有限责任公司	37	148	101
嘉善远方出租车有限公司	14	56	36
嘉兴市善通运输(集团)有限公司	10	40	29
嘉善天天客运出租有限公司	37	148	109
嘉兴市银善客运出租股份有限公司	82	328	229

表 5-2-9　1993—2010 年嘉善县出租车户基本情况表

日期	户数	从业人员	车辆	客位
1993	51	76	51	204
1994	135	225	150	600
1995	135	225	150	600
1996	135	225	150	600
1997	130	228	150	600
1998	130	230	150	600
1999	160	360	180	720
2000	160	362	180	720
2001	85	441	180	720
2002	73	496	180	720
2003	41	519	180	720
2004	24	518	180	720
2005	15	492	180	720
2006	4	497	180	720
2007	4	523	210	840
2008	6	562	210	840
2009	6	588	210	840
2010	6	588	210	840

中平川公司 30 辆，立达公司 37 辆，银善公司 82 辆，天天公司 37 辆，远方公司 14 辆，善通公司 10 辆。210 辆出租车均统一颜色、统一标志、统一安装计价器，车容车貌整洁卫生，车辆设施、设备、各种标志齐全有效，车上喷有乘客投诉电话号码。所有从业人员都持证上岗，并严格执行运价政策和收费规定标准，服务规范。并在车内提供旅游宣传资料，能提供旅游咨询服务。

海宁市

1989 年 9 月，海宁市双山乡火炬村一村民购进天津夏利轿车 1 辆，经批准从事客运出租，开创全市出租车客运的先例。此后，个体出租车客运逐渐增多，但仅限于包车营运，市区出租客运市场尚未形成。1993 年年底，全市有客运出租车 29 辆，车型主要为奥托、夏利、桑塔纳等。同期，个体运输户青睐厢式货车从事客运，车型主要有昌河、长安。与同类型面包车相比，厢式货车因缴纳规费少而发展较快，至 1995 年年底，全市个体厢式货车从事客运有 10 辆。此后，厢式货车因公路规费调整和出租车市场逐步规范而退出出租客运市场。

1996 年 1 月，海宁大元运输公司以 9 辆奥托、4 辆桑塔纳投入出租客运市场并成立海宁大元出租分公司，成为全市首家客运出租企业。此后，该公司打出“城区五元”品牌服务以引导消费。随着社会经济发展，人民群众生活水平提高及消费观念更新，出租客运市场开始活跃，城镇待业、下岗、农村富余人员纷纷购车进入出租客运市场，至 1996 年底全市出租客运车已有 190 辆，其中个体车 102 辆。

1997 年 3 月，海宁市金岛汽车运输公司开业，是年拥有出租车 40 辆，年底全市已有出租车 250 辆。同年 8 月，市政府下发《关于客运机动车实行总量控制意见的通知》，对全市出租客运车辆实行总量控制，额度投放。

1998 年年初，省交通厅下发《关于开展道路客货运输市场秩序专项整顿的通知》，要求“坚持出租客运汽车公司化管理经营，促进经营管理和服务水平的提高”。大元、金岛汽车运输公司收纳个体挂靠车辆 100 余辆，全市客运出租汽车统一装置标准的计价器、顶灯和安全防护栏。

2001 年 1 月和 8 月，由个体联户组建海宁骏豪出租客运公司和捷达出租客运公司先后开业。同年 11 月，全市推出 30 辆桑塔纳出租车限价每组竞拍，每组 5 辆，共为 6 组，分别由大元、金岛、捷达三家公司竞拍获得，其中大元公司 15 辆，金岛公司 10 辆，捷达公司 5 辆。同年年底，全市共有客运出租汽车 287 辆 1435 座，全部实行公司化经营管理，其中个体挂靠性质 113 辆。此后至 2009 年 6 月全市出租客运车辆不变，经营管理已趋规模化和规范化。

2009年7月，海宁市政府采用质量招投标方式新增出租车30辆，由大元和金岛分别购置20辆和10辆投入营运。至此，海宁市共有出租车317辆，海宁市大元公司出租车分公司拥有其中的217辆。

截至2010年，海宁市出租车企业4家，出租车数量317辆，从业人员638人，其中大元公司225辆，金岛公司73辆，捷达公司12辆，骏傲公司7辆。2010年开始，统一全市出租车调度平台接入嘉兴，并全面推进出租车视频监控及72小时滚动录音系统的技改项目。同时，2010年年初采取服务质量招投标为主的形式投放30辆出租车，营运权使用期限为8年，到期无条件收回。

海盐县

出租车运输1988年始，有6辆天津大发小面包车从事出租载客业务。1990年起，桑塔纳轿车陆续加入出租车营运。1997年时已有客运出租汽车54辆。1998年，海盐第一家出租车公司——海盐平安出租车公司建立，初备轿车20辆，车型主要是1.8升桑塔纳，并率先安装出租专用无线寻呼系统。紧随其后，东海、云龙、三友等出租车公司相继建立，经营出租车客运业务，同时吸纳出租车个体户加入公司。1999年，海盐出租车已达137辆，2001年增至157辆，其中4家出租车公司的车辆拥有数占86%，个体户21辆。2003年由最后一批城市小公交退出市场，置换经营权的32辆出租车投放市场，使当年出租车运力递增百分之二十。2003年至2010年，全县出租车总量保持在189辆、756座，其中东海公司53辆、平安公司56辆、云龙公司34辆、三友公司38辆，个体经营8辆。车型多为桑塔纳、捷达轿车，其中桑塔纳145辆，捷达44辆。

2010年，海盐交通部门对189辆营运出租车全部安装了GPS卫星定位系统，取代了原来的对讲机。并更换了新型的出租车计价器，做到定期召回检查，进一步加强了对出租车的监管。

截至2010年年底，全县有出租车企业4家、个体经营业户8个；全县共189辆出租车，其中海盐县东海汽车出租有限责任公司52辆、海盐县云龙运输有限责任公司34辆、海盐县三友交通有限责任公司38辆、海盐县平安汽车客运有限责任公司57辆，个体经营业户8辆。

第三节 公交客运

历史沿革

民国35年(1946年)12月，有名李修齐者，向嘉兴县政府申请组设“鸳湖公共汽车公司”，拟先以汽车2辆，行驶市区。同月，嘉兴县政府批示“准暂试办”，但开业情况无考。

嘉兴解放初期，市区无公共汽车，1955年由嘉兴汽车中心站开办市区公共汽车，于同年4月16日起市区中百公司开往东栅第一路公共汽车行驶。1984年1月17日嘉兴市公共交通公司成立，10月1日开始正式运营，当时有杭州大客公交车6辆，南堰—百花公交线路1条，线长5.5公里。嘉兴市公共交通公司在起步初创阶段1987年年末共开辟公交营运线路5条，线路总长69公里，发展营运公交车25辆。

1991年6月30日，由平湖市汽运公司在市区投放中型客车(35座/辆)二辆，作为平湖市内公交试营运，开通4条公交线路，营运总长度29.8公里，票价为起站0.1元，每站0.05元，以角累进。

桐乡市区公交客运始于1991年10月1日，因原市区南门汽车站易址至振兴中路2号，市民普遍反映不便，县汽运公司投放2辆客车，经营首条新汽车站至市区几个主要站点、县政府、人民医院循环公交线路，全程票价0.5元，日发班次44个。

嘉善公交客运始于1996年1月，由嘉善县善通运输(集团)有限公司下辖的嘉善县城市公交有限公司首期投入20辆长安六座旅行车，开通了2条城市公交线路。

1992年8月，由海宁市大元运输公司作为市内公交试营运在市区投放40座解放型大客车1辆，开通1条公交线路。

1995年10月，由海盐县云龙运输有限公司投放22辆微型黄色面包车，以“招手即停”方式，往返于县城汽车站至秦山路、朝阳路、海滨路、城北路等主要街道，票价1元。

至2001年年底，全市共有道路客运站点15个，其中等级客运站15个。在等级站中，二级以上的有6个(见表5-2-11)，总占地面积12.43万平方米，停车场地3.9万平方米，候车面积0.63万平方米，站房面积1.8万平方米；设计日均发送旅客4.07万人，2002年实际发送旅客日均3.06万人。

自2003年以来，嘉兴市在全省率先提出推进城乡公交一体化工程。经过几年来的努力，到2007年10月底，全市开通城乡公交线路223条，投入车辆945辆，其中一级公交线路17条，车辆148辆；二级公交线路99条，车辆611辆；三级公交线路107条，车辆186辆，全市940个行政村中已有912个行政村实现通公交，行政村通达率由2006年年底的93.49%提高到的97.02%。至2010年年底，除2个行政村因道路和危桥原因而不能通公交外，全市基本可实现村村通公交，通达率可达到99%以上。

2004年，全市共开通64条城乡公交线路，投入394辆城乡公交车辆，通达41个乡镇，425个行政村。

2006年，城市公交路网总长度为217.4公里，中心城区面积142平方公里，公交线网密度为1.53公里/平方公里。设计线路重复系数为2，按照每条线12辆车，平均长度10公里的规格计算，到2010年嘉兴市路网总长度(路网总长度=线路总长度/重复系数)增加到417公里，

表5-2-10　2001年嘉兴市客运站点统计表

单位：个

等级＼辖区	市区	嘉善	平湖	海盐	海宁	桐乡	秀洲	合计
一级	1							1
二级	1	1	1	1	1	1		6
三级			1		1	2		4
四级		1				1	2	4
小计	2	2	2	1	2	4	2	15
简易								
合计	2	2	2	1	2	4	2	15

表5-2-11　2001年嘉兴市一、二级客运站点情况表

指标＼辖区	市区	嘉善	平湖	海盐	海宁	桐乡	合计
占地面积	8.29	1.7	2.33	1.2	2.19	1.81	17.52
设计发送量	2	0.68	0.55	0.8	0.41	0.63	5.07
实际发送量	1.5	0.56	0.75	0.23	0.38	0.53	3.95
饱和度	0.75	0.83	1.38	0.29	0.94	0.84	0.78

注：单位：占地面积：万平方米，发送量：万人/日

表5-2-12　2010年嘉兴市客运站点统计表

等级＼辖区	南湖	嘉善	平湖	海盐	海宁	桐乡	秀洲	合计
一级站	1			1				2
二级站	1	1	1		1	1	1	6
三级站	2	1	2	3		3		11
四级站	3	9	5	5		3	5	30
五级站					9	10		19
简易站	354	398	175	367	150	1011	200	2655
港湾式停靠站	302	301	157	126	853	368	200	2307
合计	663	710	340	502	1013	1396	406	5030

公交线网密度达到2.94公里/平方公里，符合《规范》中2.5~4公里/平方公里的要求。站点覆盖率。按照《建设部关于优先发展城市公共交通的意见》(建城〔2004〕38号)要求，中心城区按300米半径计算要达到70%，2010年只有46%的覆盖率，主要是因为南湖新区、东栅街道、城南街道运河新区等城区公交覆盖率较低，按照市区公交车辆、线路密度的发展目标经过预测，提出88%以上的目标。平均运营速度。2010年市区公交平均运营速度为16公里/小时，通过改善市区交通环境措施后，逐步提高运营速度至20公里/小时，与《建设部关于优先发展城市公共交通的意见》(建城〔2004〕38号)要求相吻合。同时结合畅通工程的实施，提出到2009年畅通工程达到一等管理水平。

到2007年10月底，嘉兴市共开通城乡公交线路223条，投入车辆945辆，其中一级公交线路17条，车辆148辆；二级公交线路99条，车辆611辆；三级公交线路107条，车辆186辆，全市940个行政村中已有912个行政村实现了通公交，行政村通达率由2006年年底的93.49%提高到2010年的97.02%。至2010年年底，除2个行政村因道路和危桥原因而不能通公交外，全市基本可实现村村通公交，通达率可达到99%以上。另外全市累计建成农村客运站30个、终点站回车场65个、1046个港湾式停靠站，设置沿途招呼站3019个。城乡公交已成为嘉兴市城乡居民出行的主要方式之一，为解决三农问题起到较好的推动作用，大大促进了社会主义新农村建设。

2007年，全市全年新建、在建农村客运五级站13个、港湾式停靠站270个、招呼站626个，累计建成乡镇客运站30个、港湾式停靠站1066个、招呼站3528个、终点站回车场68个。另外，市区建成城市公交枢纽站1个(城东枢纽站)、占地30亩，新建停车保养场2个、占地43亩，累计建成枢纽站2个，建成停车保养场4个、占地93亩，建成港湾式停靠站220个。

截至2009年6月底，全市基本初步实现“镇镇有等级站、村村有候车亭、沿途有停靠站”的目标。全市建成农村客运等级站41个，港湾式停靠站2012个，招呼站3375个，其中市区已建成农村客运等级站8个，港湾式停靠站316个，招呼站560个。截至2009年6月底，市区建成区共有枢纽站1个，占地30亩，停车保养场4个，占地47.6亩，公交站点959个(含首末站7个)，其中建成港湾式及候车亭的站点82个，占总数的8.56%；建有候车亭的站点182个，占总数的19.98%；建有港湾式停靠站的站点240个，占总数的25.03%。

“十一五”期间，全市累计新建了47个乡镇客运站、2471个港湾式停靠站。全市940个行政村公交通达率达到100%，公交客运服务继续走在全国前列。全市客运站场已拥有一级站2个，二级站5个，三级及以下44个，农村港湾式停靠站2471个，全市已基本实现了“镇镇有等级站、村村有候车亭、沿途有停靠站”的目标。

嘉兴市公交客运发展历程可分为三个阶段：

第一个阶段为2003年之前，实现农村客运班车通达化。农村客运以普通班车的形式存在，在一段历史时期内方便了农民进城返乡，但同时也存在经营模式粗放、个体车主间无序竞争等问题。到2003年年底，嘉兴市普通班车线路共有521条，100007公里，日发班次6905个。其中跨省线路有172条，57842公里，日发班次556个；跨市线路有185条，36984公里，日发班次584个；跨县线路有83条，3254公里，日发班次2233个；县内线路有81条，1927公里，日发班次3532个。

第二个阶段为2003年至2009年，实现城乡公交一体化。根据城乡一体化建设目标要求，市政府提出了城乡公交一体化工作要求，按照“六统一”的模式(统一管理体制、统一税费政策、统一运价标准、统一公交资源、统一服务标准、统一发展规划要求)，将农村班车改造为城乡公交，构筑起中心城市—副中心城市—中心镇—行政村的三级公交网络，打破城乡二元分割局面，实现从农村客运向城乡公交一体化的转变。

到2005年年底，全市共开通城乡公交线路139条，投入车辆830辆，中心城(市本级)至副中心城(各县、市、区城区)一级城乡公交网开通率达100%；副中心城至所属乡镇政府所在地的二级城乡公交网开通率达100%；乡镇政府所在地至所属行政村村部所在地三级城乡公交网开通率达87.1%，惠及300多万人口。建设完成了5个公交枢纽站、472个港湾式停靠站、1204对招呼站点。

到2009年年底，嘉兴市普通班车线路共有731条，日发班次8736个。其中跨县线路有74条，日发班次2220个；县内线路有217条，日发班次4900个。

第三个阶段从2009年至2010年，实现城乡公交国有经营集约化。随着全市城乡一体化步伐的不断推进，为解决农村客运市场“散、小、弱、差”等问题，2009年9月，市政府实施了以充分体现公交“公益性”为主要目标、以强化国有主导优化经营格局为重点、以鼓励提前终止经营，到期无条件退出为总体政策的市区城乡公交运营体制改革，对市本级202辆挂靠车辆实行整体收购，实现城乡公交向集约化、规模化、国有化经营的转型。嘉兴市下辖的海宁、海盐也已全部实现集约化经营，嘉善、平湖、桐乡已在开展相关工作，城乡公交规模化、集约化经营已成为行业主流。

全市农村客运全部实现城乡公交一体化，累计开通城乡公交线路284条，投入车辆1107辆，其中一级公交线路28条，车辆168辆；二级公交线路118条，车辆677辆；三级公交线路138条，车辆262辆，全市880个行政村实现了“村村通公交”。市区城乡公交已实现“公车公营”，车辆较改革前增加了20%，座位数增加了1.6倍，总体运输能力提高了2.8倍，线路条数增加了40%，线路长度增加了50%，日发班次增加了60%，刷卡乘车比例突破50%，日均客运量提高了1.1倍。城乡公交已成为百姓出行首选。

到2010年年底，全市共有公交线路422条(城市147条、城乡275条)，车辆2365辆(城市公交1337辆、城乡公交1028辆)，线路总里程6772公里，中途站点8106个(其中，城市2548个、城乡5558个)，日均客运量达53.6万人次。全市实现村村通公交目标，并开通了市区至湖州、海宁至杭州的城际公交线路。公共交通已成为解决市民出行、缓解城市交通压力的主要方式之一，公交出行分担率达到20%。全市城乡公交车高档车比例达到90%，其中市区、海宁、桐乡等县市比例达到100%，积极推广使用天然气公交车。同时，通过新增运力、修整农村道路、完善道路和安全设施、新增港湾式停靠站、普及基于3G技术的智能化公交调度系统等措施，为百姓提供安全、规范、舒适、方便的出行服务。

在全面实施城乡公交一体化发展过程中，着重推进落实四方面工作：

一是推进加大财政扶持力度。2009年税费改革前，对城乡公交车辆的50%~100%养路费和客运附加费予以免征。2010年起，对集约化经营的城乡公交企业实行“三补一奖”的财政政策，即：政策性亏损政府全额补贴，新车购置费用通过三个1/3办法筹措(即对纳入市政府车辆购置计划的新购车辆费用由市财政、嘉通集团、公交企业各承担三分之一)，科技信息化改造政府补贴12%，对企业增收按照年增收额的50%标准进行奖励。2010年对市区220辆城乡公交的财政补贴额达到3900万元，同时明确逐年增加机制。

二是推进资源城乡共享。城乡公交一体化前，城乡公交是弱势群体，城市公交的场站、枢纽等基础设施无法使用，城乡的公交线路衔接也不紧密，换乘更是问题。通过城乡公交一体化改革，打破城乡二元分割体系，城乡公交与城市公交在线路布局上按照“衔接为主、并轨为辅、合理配置、方便换乘”的原则进行相互补充，共享始发枢纽站场、公交专用道、沿途停靠站等公共基础设施资源，实现了“零距离”换乘。

三是推进建立站场建设长效机制。嘉兴市建立城乡客运站场建设机制，并制定了相应的建设计划和考核办法。2008年年底，全市90%的镇已建成客运站。同时初步制定站场建设、管理和养护方案，成立国有场站公司负责城乡公交场站建、管、养工作，资金由政府足额补贴，不增加城乡公交运营企业负担。

四是推进落实便民惠民措施。首先是科学优化城乡公交运行线路，实现全市村村通公交目标，形成了市到县、县到镇、镇到村三级网络半小时出行圈。建立完善市、县、镇三级换乘枢纽，做到一次换乘即可达到目的地。增加营运班次，实现早上6点、晚上6点有班次，高峰时最高3分钟发一班，偏远线路一天不少于4班。推广公交IC卡一卡通应用，市区、海宁两地已全面普及，并与杭州等城市公交IC卡实现互通，全市一级城乡公交今年底前将实现刷卡互通。其次是打造经济城乡公交，2009年前，嘉兴市已经取消城乡公交站务费。在城乡公交运价上，执行普通客车、空调客车每人每公里0.12元、0.16元，和起步基价1元、2元的运价政策，比原有农村客运班线平均每票下降了1.67元。2009年市本级深化城乡公交运营体制改革后，市本级城乡公交实行一票制，由原来3元至5元直接降至2元，IC卡刷卡减半，一小时内换乘再优惠0.5元，特殊人群票价减免，与城市公交票价完全一致，真正实现了城乡公交票价一元化。三是打造安全舒适城乡公交。全市城乡公交车高档车比例达到90%，其中市区、海宁、桐乡等县市比例达到100%，积极推广使用天然气公交车。

市本级公交客运

历史沿革

嘉兴解放初期，市区无公共汽车。1955年由嘉兴汽车中心站开办市区公共汽车，于同年4月16日起市区中百公司开往东栅第一路公共汽车行驶，不久由东栅延伸至十八里桥，并陆续增开中百公司至南堰，火车站至李家圩，中百公司至北圣湾第三条线路。自1960年起因汽油紧缺，先后停驶。1963年7月因地方群众需求强烈，原1路中百公司至东栅口段公共汽车给予恢复，其余3条线路认为邻近郊区，乘客稀少，路障较多，油料供应尚紧，未予恢复。以后这些线路除南堰外均列为嘉兴汽车站经营的市郊线路。

1984年1月17日，嘉兴市公共交通公司成立，借用市房地产管理处城东路61号预制厂部分场地作基地。是年9月29日公司举行开业通车典礼，10月1日开始正式运营，当时有职工66人，杭州大客公交车6辆，南堰—百花公交线路1条，线长5.5公里，固定资产33.77万元。1986年5月，嘉兴市公共交通公司新建的徐王临时公交停车场建成(原城东路 86 号),占地面积 8.43 亩,停车规模 15 辆。

嘉兴市公共交通公司在起步初创阶段 1987 年年末共开辟公交营运线路 5 条,线路总长 69 公里,发展营运公交车 25 辆;年行驶里程 79.4 万公里;年客运量 258.8 万人次;年营收 75.1 万元;职工人数 134 人;固定资产增加到 127.28 万元。嘉兴城市公交初步便利了老城区南至北,东至西部市民与原五大厂职工上下班及市北郊、东郊农民进城乘车出行。

嘉兴市公共交通公司在 1994 年 8 月 22 日引进外资兴办了中外合资嘉兴嘉荷公交有限公司,11 月引进双层大客车 4 辆投运中山路 3 路公交线,1996 年 9 月在 108 路小公交线试行无人售票。1997 年 5 月 22 日终止与嘉荷公交合资经营,公交公司恢复经营。在 1998 年 3 月 1 日起先行在 2 路线推行无人售票并逐步在市区各公交线路推广,在 12 月公司开辟了首条 51 路夜间线路。在 1999 年 5 月市府会议研究确定中山西路公交停车场进行土地出让,新建城北、城东、城西公交基地。

1999 年年末,嘉兴市公共交通公司拥有公交营运车 74 辆,营运线路 14 条,线路总长度 149.6 公里,年营运里程 271.7 万公里,年客运量 635.9 万人次,年营运收入 714.8 万元,职工人数 191 人,固定资产 875.8 万元。

2000 年 3 月 23 日嘉兴市建委调任杨德泉为嘉兴市公共交通公司经理。采取多元化筹资办法,投资 550 万元,新购豪华低地板等公交车 44 辆,至年末公交营运车辆数达到 107 辆,首次超过 100 辆。当年新辟公交营运线路 4 条,调整延伸线路 4 条,线路长度达到 197 公里。下半年起全面更新改造市区公交线路站牌,并新建候车亭 14 只,年底禾兴北路公交停车场开工建设,新一轮公司行政领导班子组建形成;市区公交线路全面实现了无人售票车与票价一票制。2000 年,嘉兴市公共交通公司全年完成营运里程 425 万公里,客运量 893 万人次,营运收入 964 万元,分别比上年度增长 56.3%、40.4%、33%。

2001 年,嘉兴市公共交通公司新购公交营运车 63 辆,配置公交急修车 3 辆。全年新辟公交线路 5 条,调整延伸线路 6 条,开始拓展公交服务,为大商场超市开辟专线 4 条,市区公交站牌和站杆全部完成更新,并开辟火车站广场公交车专用道,更新调度房,新建港湾式公交停靠站 17 只,市区公交车全部安装电子报站器,更换新一代电子路牌,司乘、站务人员全部实行统一着装,亮证上岗服务。为新建的公交北场投资配置视频监控系统与红外线触发周边安防报警系统设备,首次实现公交场站实时安全管理。禾兴北路公交停车场建成使用,城东路公交停车场建设完成征地和扩初设计。2001 年,嘉兴市公共交通公司完成营运里程 588 万公里,客运量 1421 万人次,营收 1564 万元,分别比上年度增长 38.4%、59.1%、62.2%。

2002 年,嘉兴市公共交通公司新购公交车 90 辆,新辟公交营运线路 8 条,其中夜间线 3 条,调整延伸线路 7 条,为商场、医院开辟专线 5 条,为机关、校迁后困难开辟接送班线 3 条。市区公交车营运间隔加密至 5~10 分钟,投资开发了可视距离>200 米公交车载电子头尾牌。城东路公交停车场开工建设。2002 年,嘉兴市公共交通公司全年累计完成营运里程 969 万公里,客运量 2292 万人次,营收 2516 万元,分别比上年度增长 64.8%、61.3%和 60.9%。

嘉兴市公共交通公司 2003 年 5 月前隶属于市城建委,2003 年 5 月后隶属于嘉兴市嘉通投资集团有限责任公司。针对城市公交、农村客运原分属交通与建设两个部门管理的现状,为防止公交一体化后带来多头管理的弊端,按照"一城一交"的原则,在借鉴外地先进经验的基础上,结合嘉兴实际,2004 年 10 月,市政府发文明确由交通部门统一负责全市公交行业管理,从而实现了行业归口,理顺了管理体制。

2003 年,嘉兴市公共交通公司新购公交车 85 辆,其中空调大客车 17 辆。全年新辟公交营运线路 6 条,调整延伸线路 8 条,开辟专线 2 条,为市、南湖区、秀洲区行政中心开辟接送线 6 条。建立了公交部门内部局域网,并作出三年联网计划,建成"公交IC卡"管理系统,发行交通一卡通公交 IC 卡,实现公交智能电子无人售票。城东路公交停车场建成投入使用。2003 年,嘉兴市公共交通公司全年累计完成营运里程 1513 万公里,客运量 3070 万人次,营收 3170 万元,分别比上年度增长 56.1%、33.9%和 26.8%。

2004 年,嘉兴市共开通 64 条城乡公交线路,投入 394 辆城乡公交车辆,通达 41 个乡镇,425 个行政村。中心城市至副中心城市的公交化改造取得重大性突破,国鸿公司投入近 260 万元巨资收购个体挂靠车辆、经济补偿中止承包租凭合同,成功解决了 13 辆个体挂靠车和 22 辆承包租赁车辆的市场退出问题;海宁市运管所制定《市境内到期客运班线配置意见》和《海宁市短途客运便捷化(城乡公交)改造实施意见》,明确 2003 年 6 月 30 日到期的境内客运线路经营权到期全部无条件退出,重新以服务质量评议择优配置,海宁市大元运输公司共投入 815 万元,收购个体挂靠车辆 84 辆,实现了城乡公交集约化经营的目标。

2004 年,嘉兴市建设 133 个港湾式停靠站、679 对沿途简易(招呼)站点,出台了全市《公交行业服务规范》。

2004 年,嘉兴市公共交通公司新购营运公交车 31 辆,其中空调车 11 辆。新辟公交线路 2 条,调整延伸线路 9 条,开辟营运专线 1 条,建成了 GPS 卫星定位系统,开始运用科技手段监控管理公交线路营运车，实现了公交营运车车载报站器自动语言报站提醒服务，2004年嘉兴市公共交通公司完成营运里程1704万公里，客运量3886万人次，营收3956万元，分别比上年度增长12.6%、26.6%和24%。

2005年，嘉兴市公共交通公司新购营运公交车50辆，其中空调高档车30辆，新辟公交营运线路4条，调整延伸线路5条，开辟专线18条。公司投资130万元构建了公交网络核心层，建立了1AN虚拟局域网，完善了网络安全系统，建成了企业市域局域网，使公交各场站、部门信息得以联网，实现了三年联网计划。又配置VPN软件远程登录企业内部局域网，实现公交异地办公，并为公交各场站实时安全管理实施联网技改，实现远程视频监控。同年，公司还投资开发并试运行“嘉兴市民卡”业务，公交IC卡管理系统服务开始向城市市民普及。2005年，嘉兴市公共交通公司累计完成营运里程1838万公里，客运量4326万人次，营收4412万元，分别比上年度增长7.9%、11.3%和11.5%。

2006年，嘉兴市区公交车由国有独资的嘉兴市公共交通公司经营。共有47条公交线路，419辆公交车，营运线路里程达到522公里，年客运量达到5768万人次，出行分担率为13.94%。农村公交共分为四大片区(东南片区、城南片区、西南片区、城北片区)以及跨县公交，分别由嘉兴市南湖旅行社有限公司、嘉兴长运运输有限公司、嘉兴市国鸿汽车运输有限公司三家企业经营，共有公交线路51条，车辆236辆，市区行政村公交通达率95.45%，经营方式除国鸿公司为集约化经营外，其余两家均为承包或挂靠经营方式。嘉兴市公共交通公司：隶属于嘉通集团，属国有独资企业。公司主要经营市内主城片区的城市公交，共有47条线路，419辆公交车，经营方式为：公司集约化经营。嘉兴市国鸿汽车运输有限公司公交分公司：是嘉兴市国鸿汽车运输有限公司的分公司，隶属于嘉通集团，属国有独资企业。公司主要经营市区至各县(市)中心及旅游景点的一级城乡公交线路，共有市区至嘉善、平湖、海宁、海盐、西塘、乍浦的8条公交线路，37辆公交车，经营方式为：公司集约化经营。嘉兴市南湖旅行社有限公司公交客运分公司：是嘉兴市南湖旅行社有限公司的分公司，属于民营股份制企业。公司主要经营城南片区、东南片区的城乡公交，共有市区至南湖区各乡镇、行政村、区内相互之间的二、三级城乡公交线路以及市区至桐乡的一级城乡公交线路共17条，公交车辆67辆，经营方式为：承包和挂靠形式并存。浙江嘉兴长运运输有限公司公交分公司：是浙江嘉兴长运运输有限公司的分公司，属秀洲区民营股份制企业，主要经营城北片区、西南片区的城乡公交，共有市区至秀洲区各乡镇、行政村及区内相互之间二、三级城乡公交线路26条，车辆138辆。经营方式为：挂靠。2006年年底，嘉兴市中心城区人口数为48万，嘉兴市区日均出行量为113.4万人次，年出行量为41391万人次，同期市区公交年客运量为5768万人次，出行分担率为13.94%。

2007年，嘉兴市区城市公交主要集中在市区主城片区，由国有独资的嘉兴市公共交通公司经营。共有50条公交线路，509辆公交车，营运线路里程达到522公里，年客运量达到5830万人次，出行分担率为13.94%。

2007年，市政府出台《嘉兴市优先发展市区公共交通的实施意见》，“公交优先”被列入2007年市政府十大民生工程之一，嘉兴市公共交通公司2007年新购公交营运车辆107辆，其中空调高档车96辆。新辟公交营运线路3条，调整延伸线路7条，开辟公交专线9条，南湖新区公交停车场及6440平方米公交行政办公大楼建成使用，嘉兴大桥公交停车场和亚澳路公交始发场站建成。又扩容智能管理中心机房，为公交公司各分公司场站安保投资配置非触发感应电子巡更系统设备。

2008年，嘉兴市公共交通公司新辟公交营运线路11条，其中夜间线路3条，调整延伸线路9条，开辟公交班线4条，新购公交营运车150辆。其中尾气排放达到国Ⅲ标准的空调车110辆。完成IC卡管理系统升级改造及海宁、桐乡两地公交IC卡系统开发，同时实现公交六条营运线车辆车载硬盘录像系统装配。嘉兴市公共交通公司经过9年的快速发展，至2008年年末与嘉兴市公共交通公司探索发展阶段末期相比，共增加公交营运车535辆，增加7.2倍，其中高档空调车385辆(不包括自备用车25辆)，增辟公交营运线路48条，增加3.4倍，增加线路长度538.7公里，增加3.6倍，增辟公交专线39条，上下班接送线31条，年营运里程增加2556.1万公里，增加9.4倍，年客运量已增加5982.3万人次，增加9.4倍，年营收增加7079.3万元，增加9.9倍，职工人数增加666人，增加3.5倍，固定资产增加14031.6万元，增加16倍。

到2008年，市区公交按线路性质划分为城市公交与城乡公交。城市公交主要集中在市区主城片区，由国有独资的嘉兴市公共交通公司经营。共有56条公交线路，651辆公交车，营运线网长度达到265.9公里，2007年年客运量达到5950万人次，出行分担率超过14%。全市累计开通238条城乡公交线路，投入车辆969辆，日客运量为17.11万人，全市于2008年年初实现“村村通公交”，市区城乡公交分为四大片区(东南片区、城南片区、西南片区、城北片区)以及跨县公交，分别由嘉兴市南湖旅行社有限公司、浙江嘉兴长运运输有限公司、嘉兴市国鸿汽车运输有限公司三家企业经营，共有公交线路52条，车辆241辆，经营方式除国鸿公司为集约化经营外，其余两家均为承包或挂靠经营方式。市区城市公交也已由2007年年初的419辆增加到651辆，增长55.4%，其中高档车由136辆增加到387辆，公交线路由47条增加到56条，公交线路线网长度由217.4公里增加265.9公里，线路平均拥有车辆数从9辆增加到12辆，车辆平均间隔时间缩小了3~5分钟。城乡公交日客运量由2003年的7.27万人提高到2010年的17.11万人，增长了135.4%，城市公交出行分担率从2004年的8.19%提高到了14.22%。

2008年3月，市区开通第一条公交专用车道，车道全长5.4公里，主要贯穿广益路、中环南路，东起新07省道，西至新气象路，专用车道目前共有153路、84路等共计6条线路运行，设置站点15对，方便了乘客候车。根据《嘉兴市公共交通近期改善及公交优先规划》，结合市区公交线网实际，我处对公交线路进行进一步调整，2007年已完成全市16条公交线路进行了调整和新增，将线路延伸到新的商业中心和居民小区，满足了部分居民的出行需要。2008年，开展第二轮市区公交线路调整，调整6条、新增6条公交线路，并对24条原有线路进行加密，重点解决部分百姓反应强烈的问题，增加公交线网的覆盖范围，提高了公交运行组织效率，优化了公交线网布局。

图 5-2-7 公交司机

2009年6月，市区已拥有64条公交线路，投入609辆公交车，营运线网长度达到687.6公里，2008年年客运量达到6618.2万人次，市区出行分担率达到15.9%。其他县市的城市公交车由传统的道路客运企业经营。除平湖、桐乡外，城市公交行业管理由交通部门负责实施。

截至2009年6月底，市区建成区共有枢纽站1个，占地30亩，停车保养场4个，占地47.6亩，公交站点959个（含首末站7个），其中已建成港湾式及候车亭的站点82个，占总数的8.56%；已建有候车亭的站点182个，占总数的19.98%；已建有港湾式停靠站的站点240个，占总数的25.03%。

2009年10月12日，嘉兴市本级启动公交运营体制改革工作。经过40天的奋战，15个片区、37条线路、202辆车的整车收购全部完成，实现市区公交公营。收归国有后，票价大幅下降，运营更加规范，服务质量有所提升。新购公交车225辆，开通99路环线公交车，市区公交刷卡乘车比例57.5%，市区公交出行分担率18.25%。加快市区公交站场设施建设。建成港湾式停靠站68个、候车亭133个。城乡公交站场配套设施逐步完善。新建乡镇客运站3个，新建港湾式候车亭283个；全市累计建成农村乡镇客运站43个，港湾式停靠站2166个，终点回车场69个。

截至2010年年底，市区共有城市公交线路71条，车辆716辆，万人公交车拥有量12.4标台，公交线路总长度835公里，营运线网长度299公里，线网密度2.6公里/平方公里，线路平均发车密度9~11分钟，日均客运量达20万人次，出行分担率达20.08%。

截至2010年年底，市区城乡公交共有车辆222辆，车辆核载总人数达11632人，其中高档车比例达100%；线路共计50条；运营线路总里程达772公里，线网总里程达482公里；公交站点1300余个，其中港湾式停靠站132个；线路平均站距0.7公里；日发班次1496班；日均客运量达5.3万人次。

公交车辆及设施

公交营运车从成立通车时期6辆，经过4年的起步初创至1987年年末增加到25辆，又经过12年的探索发展至1999年末增加到74辆，再经过9年的快速发展至2008年年末增加至609辆，其中大客车338辆。另外新增非营运自备用车25辆，其中抢修车3辆，运钞车2辆，商务用金龙大客、华夏大客、现代大客各1辆。嘉兴市公共交通公司在1995年6月至1998年3月间，公交第一代杭州大客车全部退运报废。在1994年10月至1999年1月间购进的公交第二代大客营运车，在2001年5月开始逐步退运报废。

嘉兴市公共交通公司坚持发展原则，不断更新营运新车型，满足不同层次乘客需求，在1989年5月首次引进了小公共汽车（中巴车）投运公交线路，在1994年11月购进双层大客车投运线路，在1999年10月起引进后置式柴油营运车投运线路，至2007年7月汽油公交营运车全部退运，在2003年4月起开始发展空调高档车投运公交线路，至2008年年末已发展空调高档营运车385辆。在2008年7月25日首次引进尾气排放达到国III标准的公交客车投运。

公交历年主要营运车型更新　嘉兴市公共交通公司成立初期，主要车型为杭州公交客车厂生产的杭州HI641大客车和杭州HZ661绞接大客车。在1984年7月至1987年5月期间，此类车型共购置20辆，其中绞接车6辆。1989年5月，嘉兴市公共交通公司首次引进4辆北京旅行车厂生产的北京牌BJ632A16座旅行车(俗称中巴，现称中客)投入公交线路运行。1991年9月至1994年9月期间先后又购置宁波第二车辆厂生产的浙江 NE6551、NE6600、NE6601旅行中巴车26辆。在1994年11月，购置2辆鲸牌HFF6120KS双层大客车，1995年1月又添置2辆南京金陵客车厂生产的金陵J1X6121S双层大客车投运市区中山路3路线。在1994年10月至1998年6月期间，先后购置常州长江客车厂生产的长江牌CJ6921大客车11辆。在1998年1月至1999年1月期间，先后购置宁波第二车辆厂生产的浙江NE6700、NE6710大客车，扬子汽车总厂六安客车厂生产的扬子 A16780K 大客车，共12辆。在1999年9—10月间，引进江苏海门客车厂生产的华新HM6800HY后置式柴油大客车，华新HM6604中客车，共10辆投运公交线路。自2000年起加大投运力度，加速发展营运车辆。在2000年1月至12月期间，先后购置六安安徽客车总厂生产的华夏牌 AC6750Q 大客车19辆，在2000年10月至2002年4月期间，先后购置江苏海门客车厂生产的华新HM6800HY、HM6830EHGDS大客车40辆。在2000年2月至2001年6月间，先后购置江苏海门客车厂生产的华新HM6604中客车29辆。在2001年3月，购置江西萍乡客车厂生产的安源PK6820CD大客车10辆。2002年9月又添置安源PK6100GCQ大客车3辆。2001年10月，购置扬子集团客车总厂生产的扬子YZK6600ACC中客车7辆。2001年12月，购置江苏张家港客车厂生产的友谊ZGJ6600D1中客车10辆。2002年1月，购置六安安徽客车总厂生产的华夏 AC6600D 中客车10辆。2002年4月至2003年4月，先后购置江苏海门客车厂生产的华新HM6605ED、HM6601ED9中客车54辆。2002年6月至2003年7月，先后购置长江 CJ6830G5C2H 大客车12辆。长江6101GZC11HK 空调大客车6辆。2002年7月至2004年2月，先后购置上海客车厂生产的上海SK6800H、SK6861E、SK6832H大客车44辆，其中空调车20辆。2003年1月至2005年6月，先后购置江苏张家港客车厂生产的友谊ZGT6602D3K、ZGT6605DK中客车60辆，其中空调车20辆。2003年7月至2006年8月，先后购置江苏张家港客车厂生产的友谊 ZGT6830DH、ZGT6850DH5、ZGT6832DH大客车58辆，其中空调车10辆。2006年1月至2007年8月，先后购置苏州金龙客车厂生产的金龙K1Q6891G、K1Q6108G、K1Q6820G大客车52辆，其中空调车48辆。2006年4月至2007年7月，先后购置苏州金龙客车厂生产的金龙K1Q6608D1空调中客车58辆，2007年12月批量购置苏州金龙客车厂生产的金龙 K1Q6891GA 空调大客车45辆，批量购置宁波吉江客车厂生产的吉江 NE6606D2 空调中客车25辆。2008年7月批量购置宁波吉江 NE6606D2 空调中客车40辆，同年8月批量购置张家港友谊 ZGT6605DKG 国Ⅲ空调中客车25辆，苏州金龙 K1Q6891GAE 国Ⅲ空调大客车50辆，厦门金龙 XMQ6891G1 国Ⅲ空调大客车35辆。从2005年起，市政府加快公交发展的步伐，出台《嘉兴市优先发展市区公共交通的实施意见》，提出了坚持“以人为本”的原则和2010年公共交通的目标，“公交优先”被列入2007年市政府十大民生工程。逐年加大对城市公交的投入，不断提升公交车的档次，公交营运车辆的发展，方便了市民的出行，改善了市民的乘车环境，提高嘉兴城市的形象。截止2010年年底，城市公交车辆数为609辆。

公交“IC卡管理系统”建立　嘉兴市公共交通公司依据建设部提出的《建设事业IC卡应用技术》国家行业标准，和嘉兴交通银行合作，由天津磁卡股份有限公司提供软、硬件支持。投资200余万元，在2003年7月1日建成“公交IC卡管理系统”，7月5日开通，以操作简单、快速、卫生的刷卡方式解决了广大乘客乘车找零投币不便。使公交从“有人售票”到“无人售票”再到“智能电子无人售票”的售票方式逐步发展；为企业减少了售票人员，减轻了票款管理人员的负担，清晰了当天的营运收入效果。公交IC卡不仅用于乘客上车刷卡消费，驾驶员上下班刷卡考勤，而且乘车消费方面逐步在向市城乡公交、城市出租及城市交通方面发展。

公交“嘉兴·市民卡”业务的开发　嘉兴市公共交通公司 IC 卡管理中心自2005年12月22日起与嘉兴市信息中心、嘉兴商业银行合作，投资开发并试运行了“嘉兴·市民卡”业务。市民卡业务的开发，标示着公交IC卡管理系统服务向城市市民的全面普及，提高IC卡的使用范围及使用效率。公交“嘉兴市民卡”定额透支小额消费已用于数家大型商场消费领域，并将发展到其他领域。

公交GPS车辆监控管理系统的建立　嘉兴市公共交通公司投资200余万元，在2004年5月1日建立了GPS管理系统，公交开始将全球卫星定位技术，应用于公交线路营运车辆监控调度管理。公交GPS管理系统，项目研究已开发的主要内容包括：电子地图、车辆营运线路图、车辆定位、实时信息发送、报警信息发送、信息通讯、实时环行线路信息图解、实时指挥调度，准班准点与时限受理、超速信息记录、历史回放以及所有相关报表。公交GPS管理系统，可以让监控中心或车队GPS管理员能够清楚地看到线路车辆的运行状况，是否正常、间隔是否合理、是否按时到站、是否准时发车、是否有超速现象等信息，如车辆发生机械问题或其他特殊非法侵入情况，车载GPS终端同时会向管理中心及车辆所属分公司GPS监控人员发送报警信息，并可给驾驶员与监控人员通过短信方式和电话方式来进行信息传送。还可供管理人员回放查看车辆以前行运状况，准确地掌握公交车辆的行运状况，实施了公交车辆行运的科学调度，提高了公交科学管理水平，升华了公交的服务质量。公交GPS管理系统这一先进的测量手段和新的生产力，已融入到了公交线路车辆营运管理中。

公交企业局域网的建立　嘉兴市公共交通公司为了适应经济和社会发展以及公交网络化管理的需要，累计投入150多万元资金，建立并逐步完善扩容了公交企业局域网。嘉兴市公共交通公司从2003年4月起投资40余万元先行建成企业部门局域网，并提出三年联网计划，在2005年5月公司为确保整个公交网络稳定运行，投资引进美国网件Netgear的Gsm7312千兆三层交换机两台，作双核心的冗余设计，Gsm7212千兆二层网管交换机一台联接服务器集群，构建了公交网络核心层。在2005年6月公司为将原来分散、独立的几个部门局域网合并为统一的企业网，投资铺设了100m高速光纤专线，同时为公司财务系统和IC市民卡构架成独立的V1AN，确保其数据安全和可靠，投资建立了crossbeam4c防火墙，完善了公交网络安全系统，一个稳定、受授、安全、可靠的公交企业局域网建成，达到了对公司各场站部门信息的联网，初步实现了公交内部管理资料的数据共享，完成了公交三年联网计划，同时为将来实现公交的OA办公系统，视频会议系统，呼叫服务中心，长江三角省市地区城际一卡通及嘉兴地区公交一卡通等构架了一个物理平台。嘉兴市公共交通公司在2005年9月为保证远程用户安全访问公交企业网，又投资引进了VPN技术，建立了远程访问系统。在2007年6月为保证机房一级负荷供电，确保企业财务等重要部门设备不间断安全、连续运行，又投资安装了防静电地板，机房防雷接地系统及UPS不间断电源和UPS配电系统设备，扩容了中心机房，完善了公交企业局域网。

公交嘉兴地区"交通一卡通"系统工程的开发　2008年，嘉兴市公共交通公司智能中心部门根据市政府、交通局及嘉通集团等上级领导的要求，投资220多万元采购相关配套软、硬件，对嘉兴公交IC卡管理系统进行升级改造。使用范围从原嘉兴市区公交扩展到嘉兴地区各县市公交行业，并与杭州公交实现公交互通。在同年3月份确定系统开发框架，10月中旬与海宁、桐乡两地公交公司确定IC卡系统开发进程，10月29日与杭州公交IC卡互通业务进行研讨。11月9日正式确定系统软、硬件升级框架，并分别购买IBM3650服务器，IBM－P55A小型机，配套光纤交换机及磁重陈列等硬件设备，完成了原有公司IC卡系统软、硬件升级改造。在11月25日完成了海宁、桐乡两地软、硬件系统开发项目，在12月1日启动了海宁公交IC卡系统。在2009年一季度实现与海宁、桐乡、杭州公交IC卡互通。随着公司公交IC卡系统的不断升级完善，嘉兴地区"公交一卡通"系统工程逐步在向五县两区发展。

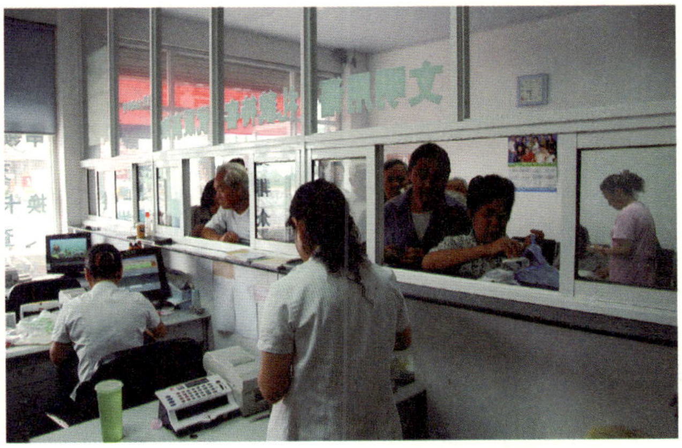

图5-2-8　公交IC卡售票点

交装备"单片机"的开发与应用　开发科技产品，提升公交服务质量，方便乘车市民出行。2002年4月起，投资开发了单色1ED，24V/3A可视距离大于200米车载电子线路号牌设备，配置于公交营运客车上，于2003年8月全部完成安装，便利了公交营运单车调度及日、夜路别切换，高亮1ED提高了大雾天能见度，同时方便了乘客提前识别线路乘车。2001年，投资开发车载报站器设备，配置于公交营运客车内，结合GPS定位系统达到自动语音报站及提醒服务，方便了乘客了解车辆运行情况，提醒途经、到站等语音信息。2003年起，投资开发了1ED调度点乘车线路指引屏，配置于公交车始发调度点，2004年全部完成安装，方便了乘客自助了解该调度点公交线路走向及途经站点等信息。2005年6月，起投资开发了单色1ED，24V3A峰值功率42W车载报站1ED显示屏设备，配置于公交营运客车内，解码语音信号，自动显示16×16点阵汉字信息。于同年9月在公交3路、4路线营运车内完成安装试用。方便了乘客及耳障乘客了解车辆运行、提醒到站等可视信息。2005年6月起，还投资开发了乘车指南自助查询系统触摸屏，配置于公交IC卡办卡中心，于2005年8月完成安装启用，方便了乘客自助了解公交服务及办理购买乘车IC卡工作程序等，2008年8月起，公司在1、2、3、4、9、23路线路公交车上试配了车载硬盘录像系统，进一步规范了车厢服务，确保了车厢治安。开发应用科技产品，融入到企业管理中，提升公交管理水平。2001年2月起，投资引进了30km收发无线台、无线对讲机系统，配置于公交维修、调度等管理部门，方便了营运调度及维修。2004年6月起，投资开发了4W双路语音信号报站器语言测试仪，配置于各分公司维修部门，方便了维修人员测试与检修报站器。2005年9月，投资引进了车载视频监控设备，配置于公交营运客车内上、下客门监控及倒车监控，方便了驾驶员管理上、下乘客及倒车。2007年5月，投资引进了φ51ED16×16点阵1ED公告屏设备，配置于公交一、二、三分公司，方便了分公司发布可视调度及管理信息。2007年8月，投资配置企业公共广播系统，安装于公交大楼内，实现了企业各类管理信息语音播放。2007年8月，投资配置灯光、影视、扩声等设备的多功能会议系统，安装于公司大楼内，进行职工安全教育、会议、活动等应用。开发应用科技产品，融入企业安防管理，确保公交场站安全。2001年3月起，先后对公交新建的北场、东场、南场、大桥停车场配置了视频监控系统设备，并于2005年9月起开始实施联网技改为远程视频监控，实现了对工作现场的实时管理。2001年3月起，还先后对公交新建的四个停车场配置了红外触发周边安防报警系统设备，确保了公交各停车场内安全。2007年8月，先后对新建的四个停车场配置了非触发感应电子巡更系统设备，促进了安保人员切实履行岗位职责，确保了各场内安全。

公交站点与线路

公交站点　嘉兴市区公交按线路性质划分为城市公交与城乡公交。城市公交主要集中在市区主城片区，市区城乡公交分以及跨县公交主要分布在各县市区。从嘉兴市公共交通公司成立通车以来，公交线路站点候车亭设施建设通过社会支持，利用公交站点资源招商。在1986年“五四”前夕，由嘉兴团市委支助5万元，首次在市区中山路粮油商场、江南大厦站点建“共青团号”混结构候车亭2对。在1991年“七一”前夕，由市保险公司支持，在中山路商业大厦、嘉兴宾馆、轮船码头、汽车西站及南湖路南湖渡口站点建钢管架玻璃顶候车亭4对半，在1998年“十一”前夕，由市城建委布置城建监察大队通过站点候车亭媒体广告招商形式，在中山路、建国路各公交站点改造新建不锈钢架玻璃顶候车亭15对半，此时公交第一代站点候车亭得以全面改造更新。从2000年起公司开始自行通过广告招商形式新建禾兴路，东升路公交站点候车亭起至今。公交站点候车亭设施建设得到较快发展，目前公交线路站点候车亭建造结构有不锈钢支架卡普隆顶、方钢管支架卡普隆顶几种，外型新颖美观。2008年12月，公交站点总数475对，其中经改造港湾式站点138.5对，城市主要道路有建亭条件的公交站点建有候车亭114.5对，给乘客提供了良好的候车环境，同时也提高了嘉兴城市品位。2010年，公司较好地完成了市区200多个公交港湾式停靠站、候车亭建设工作，进一步完善了公交硬件设施。截至2010年年底，市区城乡公交站点1300余个，其中港湾式停靠站132个，日发班次1496班，日均客运量达5.3万人次。

图5-2-9　南湖公交车

公交线路　嘉兴市公共交通公司在起步初创阶段近四年中共开辟公交营运线路5条，调整线路2条，线路总长度69公里。12年中共增辟线路9条，调整延线路24条，线路总长度增加80.6公里。在快速发展阶段9年中，紧随嘉兴城市、乡村道路与市民居住小区的不断发展形成，努力开辟、调整公交营运线路；为城市大型商业超市、医院服务，努力开辟公交专线；为工厂、学校、政府部门服务，努力开辟上下班接送班线，并努力为市、区历届次人代会、党代会做好代表接送服务。在此阶段中，公司共增辟公交营运线路46条，其中夜间线9条，调整延伸线路64条，开辟公交营运专线39条，开辟接送上下班班线31条，线路长度增加538.7公里(不包括专线、班线路长)，加速发展了嘉兴城市公共交通事业。截至2010年年底，市区共有城市公交线路71条，公交线路总长度835公里，营运线网长度299公里，线网密度2.6公里/平方公里。

公交历年营运线路开辟与调整

嘉兴市公共交通公司自1984年10月1日通车起开始定点、定班次营运，首条营运线路是1路百花—南堰，线长5.5公里；11月开辟10路市城火车站—郊区新塍镇，线长19公里。在85年2月开辟12路市城火车站—郊区王江泾镇，线长17公里；6月开辟2路原中医院—东栅，线长5公里，12月调整此线从东栅东延至郊区新丰镇并改线为13路线，线长21公里(2路停开)。在87年2月复开2路钢铁厂—东栅，线长6公里，同时11月26日调整1路从百花改道到吉水路—南堰。

嘉兴市公共交通公司在1989年4月1日开辟11路少年宫—塘汇，线长6公里；5月开辟小公交内环线，线长6.5公里，同年9月调整1路线从吉水路改道到高专—南堰。在1990年7月29日开辟了3路火车站—汽车西站，线长3公里，同年8月调整13路线从老中医院西延至汽车西站—新丰；同时改道内环城小公交线火车站—汽车西站；调整11路从少年宫改道到汽车西站—七星镇东进村。在1991年5月调整2路从钢铁厂改道到汽车西站—东栅。在1993年12月18日开辟4路汽车西站—棉纺织厂，线长6公里。在1994年10月1日开辟107路南堰——农贸市，线长8.5公里。同年7月10日调整10路从火车站改道到原社会停车场—新塍，同时调整12路从火车站改道到原社会停车场，调整13路从汽车西站改道到汽车南站—新丰，调整3路从汽车西站西延至原社会停车场—火车站。10月内环城小公交线火车站—汽车西站线更名为106路。在1995年10月14日开辟107路农贸市场—南堰，线长8.5公里，同时开辟105路三水湾—棉纺织厂，线长6.1公里(4路别停用)，同年5月22日调整10路从社会停车场改回到汽车西站—新塍，调整12路从社会停车场改回到汽车西站—王江泾镇，调整3路从社会停车场改回到汽车西站—火车站，同年7月24日调整2路从汽车西站向西北延至茧丝绸市场—东栅；8月25日调整1路从高专西延至农贸市场—南堰；10月9日调整11路从汽车西站改道到火车站—七星镇；10月调整13路从汽车南站改道到火车站—新丰镇；10月14日调整107路从南堰改道到三水湾—农贸市场。在1996年2月15日开辟108路嘉丝联—南湖乡政府，线长6.2公里，并于9月1日延伸此线至三青闸—六号桥。在1997年6月分别更名105、106、107、108路为5、6、7、8路。在1998年7月10日重新复开4路穆湖小区—商城线，12月1日开辟首条夜间线51路火车站—城建培训中心线，线长4.9公里，同年7月调整12路从汽车西站改道到精严寺—王江泾镇；调整2路从茧丝绸市场改道到科技馆—东栅；9月调整6路途经建国路……大新路至火车站—汽车西站；同时调整4路从汽车西站改道到火车站—从棉纺织厂北延至昌盛北路；12月调整1路从南堰延至南湖一大会址—农贸市场。在1999年11月复开内环城16路火车站—火车站环线，线长7.6公里。

嘉兴市公共交通公司从2000年起努力开辟营运新线路，满足市民出行乘车需要，加速发展城市公交。在2000年2月17日开辟9路三水湾—洪仁路线，线长8.9公里；3月16日开辟15路汽车北站—建陶市场线，线长6.5公里；6月增开9路夜间线；7月21日开辟第二条夜间线53路阳光购物中心—西马桥小区线，线长5.6公里；同年3月16日更名并延伸8路线为18路同德路—南湖乡政府线，线长10.5公里(8路别停用)，6月调整13路从新丰镇东延至新丰民丰村—火车站；7月调整15路从汽车北站北延至阳光小区—建陶市场；11月24日调整9路从洪仁路西延至秀洲公园—三水湾。

在2001年3月17日开辟23路阳光小区—大润发线，线长8.3公里；7月1日复开8路汽车北站—市行政中心线，线长5.4公里；7月15日开辟20路汽车北站—汽车西站线，线长5.6公里，同时开辟22路汽车北站—火车站线，线长4公里；9月1日开辟25路塘汇—农贸市场线，线长8.8公里，同年7月1日调整5路从棉纺织厂北延至昌盛北路—三水湾；7月15日调整1路从农贸市场改道到嘉兴学院——南湖一大，调整10路从汽车西站改道到汽车北站——新塍，调整12路从精严寺改道到汽车北站——王江泾；8月1日调整53路从阳光购物中心西延至大润发—从西马桥北延至阳光小区；12月调整3路线从汽车西站西延至秀洲区行政中心—火车站。同年3月起首次为大商场大润发超市开辟城东线、文昌线、城北线、东栅专线4条。

在2002年1月1日开辟第四条夜间线55路汽车北站—三水湾线，线长7.2公里；1月10日开辟28路市行政中心—秀洲区行政中心线，线长10.4公里；2月5日开辟26路塘汇—古窦泾线，线长7.3公里；5月1日开辟第五条夜间线56路南湖乡—烟雨社区线，线长7.8公里；7月11日开辟第六条夜间线57路塘汇—南湖大桥线，线长6.4公里；8月10日开辟19路火车站—七号桥线，线长9.6公里；8月10日开辟27路云海路—市行政中心线，线长9公里；9月1日开辟21路汽车北站—秀加路线，线长14.3公里。同年3月调整25路从塘汇北延至古窦泾—农贸市场；6月调整25路退回至塘汇—农贸市场；6月调整26路从古窦泾北延至钱家桥—塘汇；7月，26路再经调整从钱家桥北延至洪浜—塘汇；8月调整15路从阳光小区北延至秀州中学—建陶市场；同时调整23路从阳光小区北延至秀州中学—秀洲区行政中心。12月17日调整2路从东栅东延至雀幕桥村—科技馆。2002年为大润发超市开辟城南线、莱花泾线专线2条；4月为武警医院开辟汽车北站线、汽车西站线专线2条，年底又增开雀幕桥专线1条。

在2003年1月1日2路增开夜间线；5月3日开辟30路好一家—十八里桥线，线长26.8公里；7月1日开辟

24路火车站—南洋技校线，线长9.2公里；8月1日开辟14路汽车西站—秀加路口线，线长9.9公里；10月22日开辟31路火车站—长兴村线，线长7公里；12月1日开辟32路阳光小区—十八里桥线，线长17.3公里。同年1月调整3路从秀洲行政中心改道到秀新路—火车站；3月5日调整19路从七号桥南延至飞机场—火车站；6月调整4路从昌盛北路东延至东方路—火车站；7月调整22路从火车站东延至民丰医院—汽车北站；9月调整8路从汽车北站北延至秀州中学—市行政中心；11月再次调整8路从行政中心东延至嘉兴一中—秀州中学；12月调整5路从三水湾南延至万家花园—昌盛北路；调整7路从三水湾南延至万家花园—农贸市场。2003年为大润发超市开辟三水湾线，凌塘路线专线2条。

在2004年4月25日开辟38路府南一区—东方路线，线长9.7公里；9月9日开辟33路亚厦风和苑—汽车商城线，线长15.7公里。同年3月调整1路从南湖一大会址南延至嘉兴一中—嘉兴学院；3月调整2路从科技馆西延至开发区行政中心—雀幕桥村；4月调整7路从万家花园东延至云洲苑小区—农贸市场；调整27路从市行政中心南延至建设局—云海路；5月8日调整28路从市行政中心东延至南湖区政府—秀洲区行政中心；8月6日再次调整7路从农贸市场南延至嘉康公司—云洲苑小区；8月18日调整5路从昌盛北路西延至云海路—万家花园，同时调整32路从阳光小区北延至秀州中学—十八里桥；9月调整8路从嘉兴一中东延至高中园区—秀州中学。2004年为大润发超市开辟百花线专线1条。

在2005年1月15日开辟35路七星精严寺—子城广场线，线长15.5公里；1月21日开辟36路子城广场—盛家浜线，线长11.5公里；8月1日开辟39路高桥花园—新洑村线，线长10.3公里；9月29日开辟70路大润发—建陶市场综合物流园线，线长5公里。同年3月30日调整22路从民丰医院退回到火车站—汽车北站；7月1日调整3路从秀新路口西延至高桥花园—火车站；7月，10路、12路退出营运停辟；9月调整15路从建陶市场向西南延至综合物流园—秀州中学；9月调整25路从农产品市场向西南延至综合物流园—塘汇；10月18日调整14路从汽车西站南延至嘉兴学院—秀新路口。2005年为大润发超市开辟城南线、城西线、东环线、昌盛线、南湖线、府南线、邮电线、长新线专线8条，10月起为易初莲花超市开辟阳光线、嘉兴学院线、泾水线、烟雨线专线4条，12月又增开专线6条。

在2006年8月1日开辟71路经济开发区政府—汽车西站线，线长11.3公里；8月18日开辟80路东栅工业园区—汽车西站线，线长9.9公里；10月16日开辟81路亚澳路—子城广场线，线长13.4公里；11月18日开辟72路汽车北站—秀洲区政府线，线长7.3公里；12月28日开辟82路子城广场—中南公里线，线长9.6公里。同年1月调整23路从秀洲行政中心向西南延至好一家家具城—秀州中学；1月26日调整30路从大润发西延至好一家—十八里桥；3月1日调整27路从建设局南延至府南三期—云海路，同时调整57路从南湖大桥南延至府南一区—塘汇；5月调整18路从南湖乡政府南延至四号桥(人才公寓)—同德路；5月28日调整9路从三水湾东延至市妇保院—大润发；7月调整4路从东方路延致和风波路—火车站；7月1日调57路从府南一期南延至府南三期—塘汇；8月调整14路从秀新路口西延至新义村—嘉兴学院。2006年9月起为沃尔玛超市开辟禾东公寓线、泾水公寓线、高桥小区线、嘉兴学院线、阳海景怡线专线5条，5月为市妇保院开辟汽车北站线，汽车西站线专线2条，为大润发超市开辟长岛线专线1条。

在2007年9月26日开辟58路大桥汽车站—环南路夜间线，线长16.5公里；同时开辟100路高丰村口—七星汽车站线，线长8.8公里，12月31日开辟83路茶香坊—江南摩尔线，线长11.2公里，同年1月1日调整9路从大润发北延至江南摩尔—市妇幼保健院；同时调整21路从汽车北站北延至阳光小区—加创路，调整25路从塘汇北延至茶香坊—综合物流园，调整36路从泾水公寓西延至景湖花园—子城广场，调整70路从大润发北延至秀洲区行政中心—综合物流园，12月31日调整38路从府南一区南延至府南三区—东方路，调整56路从南湖乡南延至金穗月亮湾—烟雨小区至嘉兴一中。2007年2月为沃尔玛商城开辟张家弄线、同创门诊线、百妙公寓线、府南三期线、新禾公寓线、福临新家园线、怡和园线专线7条，为大润发超市开辟三环线、半环线专线2条，同年易初莲花超市停开专线4条。

在2008年1月1日开辟了54路火车站—南洋职业技校夜间线，线长11.1公里；同年1月8日开辟85路府南三区—秀洲区政府线，线长9公里；87路城东枢纽站—禾兴北路公交场线，线长12.8公里；2月1日开辟82路南湖大桥—中南公寓夜间线，线长9.7公里；84路市妇保院—大桥镇汽车站线，线长9.8公里；86路大树银河湾—洪运路线，线长11.2公里；9月16日开辟52路蔬菜批发—火车站夜间线，线长7.2公里；73路华云路—殷秀小区线，线长6.3公里；74路二环西路(东升路口)—浙江科技工程学校线，线长7.1公里；88路府南三区—泾水三区线，线长7.2公里；89路嘉兴大桥—城东枢纽站线，线长12.4公里。同年1月8日调整36路从景湖花园南延至城东枢纽站—子城广场；2 月 1 日调整 57 路从塘汇北延至茶香坊—府南三区，同时调整 30 路从十八里桥改道至城东枢纽站—好一家；5 月 1 日调整 5 路从万家花园南延至市妇保院—云海路；70 路大润发北延至秀洲区政府—八字桥村；9 月 16 日调整 1 路从嘉兴一中延中环南路向西南环至嘉兴学院—嘉兴学院环线；26 路从塘汇街道东延至南洋职业技术学院—洪浜线；51 路(夜)从嘉兴学院南延至嘉兴医学院—火车站线；11 月 1 日调整 21 路从加创路北延至高照街道—秀州中学线；同年妇保院 2 条专线停开。2008 年 2 月为嘉兴科创园开辟至城南公寓班线，人才公寓班线各 1 条，为华点软件学院开辟至万好家居班线 1 条，为科技城开辟至嘉兴宾馆专线 1 条，同年停开妇保院、科创园专线共 4 条。

截至 2010 年年底，市区城乡公交线路共计 50 条；运营线路总里程达 772 公里，线网总里程达 482 公里；公交站点 1300 余个，其中港湾式停靠站 132 个；线路平均站距 0.7 公里；日发班次 1496 班；日均客运量达 5.3 万人次。

图 5-2-10　嘉兴城郊公交车辆

各县市公交客运

桐乡市

桐乡市区公交客运始于 1991 年 10 月 1 日，因原桐乡市区南门汽车站易址至振兴中路 2 号，市民普遍反映不便，桐乡县汽运公司投放 1 辆大客车，经营首条新汽车站至市区几个主要站点、县政府、人民医院循环公交线路，全程票价 0.2 元，日发班次 22 个。由于受梧桐镇区街面狭窄、道路不畅、乘员不多等因素影响，1992 年 3 月停营。

1995 年 9 月，桐乡市城安公交公司成立，在桐乡市区投放 10 辆重庆长安(6 座)面包车，开行新汽车站至环北新村、庆丰南路至卫校两条公交线路，桐乡市区沿途设 10 个停靠站点。至 1996 年年末面包车数量增加到 30 辆，开行桐乡市区公交线路增至 3 条，营运里程为 11.5 公里。1997 年 9 月起，延伸原有的 3 条公交线路，新辟新世纪大酒店至果园桥水厂、新市府大楼至环城西路 2 条专线，新增长安小面包车 12 辆，营运里程 10 公里。票价均为上车 1 元，一票到底。至 2001 年，市区 5 条公交线路上设置 18 个站点，建港湾式站点 10 个，投入 120 万元，建设公交候车亭 42 只，设站牌 88 块。

2000 年 5 月，现有的 42 辆小公交与城安公司脱钩，由桐乡市建设局城市公交车管理办公室管理，并由桐乡市公安、建设、工商、运管等部门联合执法，对小公交超载行驶、随意停靠、出城经营等违规行为进行综合治理。2002 年 8 月，对桐乡市城市公共交通客运进行整顿，由桐乡市交通局负责 42 辆城市公交车经营管理，是年 10 月，桐乡市汽运公司组建城市公交分公司整体淘汰 42 辆黄色小面包车，新购公交车(中巴车)23 辆，其中 8 米以上规格 1 辆。

2003 年 6 月，濮院成立“濮院物信公交有限公司”，属民营企业，投入资金 100 万元，购置友谊型号中巴车 12 辆计 192 座，开通濮院镇区到运河大桥、庙白、砖瓦二厂、新生金塘桥 4 条公交线路，里程达 31.3 公里。是年，日客运量为 1000 人，半年运量为 18 万人次。2010 年，该公司开行公交线路 6 条(增加红晓大道、建设 2 条)，共有中巴车 20 辆计 320 座，里程达 43.5 公里，日均运量约为 4000 人次，年运量为 146 万人次。

2003 年，为冲破旧管理体制，条条框框约束，嘉兴市交通部门推出城乡公交一体化工作，2004 年桐乡至嘉兴班线改造为一级城乡公交(指地市至县班线)；2004 年 11 月，桐乡市政府出台“城乡公交一体化实施方案”。2005 年桐乡全面铺开城乡公交一体化工作，完成二级公交改造(指县至乡镇班线)、三级公交(指乡镇至行政村班线)。2006 年 2 月，增开第 7 路城市公交线路，实行公车公营，由桐乡市汽运公司新成立的友谊城市公交有限公司专门管理。2007 年全市实现村村通公交目标。

至 2008 年年末，市区已投放城市公交车 82 辆，开行公交线路 13 条，营运里程 140.2 公里。

2010 年 2 月，为方便市民出行，桐乡市友谊城市公交有限公司新增 D001、D002 路城市公交线路。D001：桐乡市客运中心至凤鸣高级中学；D002：桐乡市客运中心至康慈医院。两条公交线路投入 18 辆(长 9.2 米)双开门天然气豪华大客车，票价为上车 2 元，使用公交 IC 卡刷卡票价减半，60~69 岁老人可享受半价，70 岁以上(含)老人，伤残疾人、盲人、下肢残疾等特殊人群可免票乘座。2010 年 7 月，桐乡市市区开通城市公交夜班车，设 1 路、3 路、4 路、5 路 4 条线路，每晚 6 时至 9 时营运。

至 2010 年年末，桐乡市市区有公交车线路 15 条、公交车 136 辆，日发 1508 个班次，年完成客运量约 856 万人次。

桐乡市城乡公交客运：截至 2010 年年底，桐乡市共有城乡公交线路 75 条，投入客运车辆 239 辆，5140 座，日发

1463个班次。其中跨市(县)城乡一级公交线路9条，计333.5公里，投入客车36辆，1389座，日发290个班次；境内城乡二、三级公交线路66条，计856公里，投入客车203辆，计3751座，日发1173个班次。

海盐县

海盐县公交车客运始于1995年10月，武原镇试行小公交车营运，由海盐县云龙运输有限公司投放22辆微型黄色面包车，以“招手即停”方式，往返于县城汽车站至秦山路、朝阳路、海滨路、城北路等主要街道，票价1元。1997年，达39辆。因车况及服务不尽规范，2000年起逐步分批改造为出租车。2002年9月，小公交停止营运。是年12月，武原镇正式开通公交班车，首期投放18辆牡丹牌13座新型中巴车，营运2路、3路公交线，实行“定线、定时、定班、定点”和“一元一票投币制”经营方式。2003年1月至10月，又先后开通1路、4路公交车。至此，县城内公交线路共投放车辆32辆。2005年，为方便居民出行，线路延伸，4路公交车共设双向停靠站点163个。城市公交便捷低价，为居民首选代步工具。客运量三年间递增幅度30%左右，2005年达236.82万人。但由于城区人口少等原因，营运年年亏损，2005年亏损41.5万元。

2010年，海盐县拥有城市公交线路5条，线路里程40公里；城乡公交线路23条，线路里程达627.5公里。投放城市公交车53辆，城乡公交车67辆。

平湖市

1991年5月30日，平湖新汽车站启用，6月15日，平湖撤县设市。根据平湖撤县设市和新汽车站西迁的实际情况，6月30日，由市汽运公司在市区投放中型客车(35座/辆)二辆，作为市内公交试营运，开通4条公交线路，营运总长度29.8公里，票价为起站0.1元，每站0.05元，以角累进。因受当时道路条件、管理措施、消费水平、经营理念等影响，半年后停止营运。

1995年3月13日，市汽运有限公司发文组建平湖市汽车运输有限公司城市公共交通分公司(简称“市公交分公司”)，负责平湖市区城市公交的营运管理。5月10日，市汽运有限公司在平湖市区首批投放20辆长安6座车型城市小公交车，开通3条公交线路，当时市民习惯称之为“黄龙车”。采用租赁经营模式，经营方式为招手即停，票价为每人1元。10月中旬市汽运有限公司再次在平湖市区投放30辆小公交车，新开通5条公交线路。10月20日，市政府办公室下发《平湖市城市公共客运交通管理暂行办法》，把城市公交营运真正纳入政府管理。12月18日，市市政公用事业管理处成立平湖市城市客运管理办公室，对城市公交进行行业管理。

1997年9月18日，市汽运有限公司又在乍浦镇投放18辆长安面包车，开通城市小公交，营运路线为1条。1997年11月18日，平湖市区公交线路由原来8条调整为4条，线路行驶里程20.1公里，车日总行驶里程7831公里，平均日发送旅客运量8361人次，周转量12900人公里。

1999年6月，市汽运有限公司又在平湖市区投放18辆长安面包车，市区小公交车辆数达到68辆。

2000年12月1日，市汽运有限公司投放4辆长安面包车开通乍浦镇乍浦汽车站至木材市场专线车。

随着城市规模的不断扩大，加之市民的乘车需求越来越高，由于小公交是以单车租赁承包形式经营，大部分经营者在经济利益驱动下，出现了串线运营、超区域运营、招手不停和随意乱停车等不规范现象，小公交经营一段时间后带来各种矛盾，经营陷入危机。2000年5月末开始，小公交陆续收回公司进行报废，2002年6月30日，平湖市区最后一辆小公交办理停运报废手续，2003年年末，乍浦镇小公交全部退出公交营运。

2000年10月25日，市公交分公司在平湖市区开始了定线路、定时间、定车辆的集约化经营模式，开通公交专线车，投放8辆小公交进行试运营，线路走向：汽车北站—环城西路—当湖路—南市路—建国路—城北路—环北二路—汽车北站，全程12公里，双向循环，运营时间为6:00时—17:10时，其规范的管理和优质的服务，取得良好的社会效益。公交专线车于2001年7月20日停止营运。

2001年6月21日，平湖市政府召集市有关部门及乡镇负责人，就加强城市公交车运营管理等事项召开协调会，会议同意由浙江平湖天龙(集团)有限公司为主出资组建平湖市城市公共交通有限公司(简称“市公交公司”)，负责平湖市区原有小公交改造后的城市公交车的营运。7月12日，市公交公司注册成立，注册资金人民币50万元。

2001年7月20日，平湖市区公交1路线正式开通，投放10辆牡丹中巴公交车，城市公交以定线路、定站点、定时间规范化的服务改变了原来“黄龙车”不规范营运的不良影响，社会各界反响良好。此后，市公交公司又先后开通平湖市区公交2路、3路、5路、6路、7路。2004年3月1日，6路线首次投放8辆金旅25座空调大客公交车，替换原来的中巴型公交。2005年3月，市汽车客运南站启用，平湖市区公交9路开通，投放4辆牡丹24/45座空调大客公交车。12月，平湖市区公交10路开通，投放4辆神马大客公交车。

2003年8月19日，嘉兴港区社会发展局、乍浦镇人民政府召开城市公交营运协调会，会议同意由天龙汽运有限公司出资组建嘉兴市港区天龙城市公共交通有限公司(简称“港区公交公司”)，9 月 18 日，市汽运有限公司投放 13 辆牡丹 15 座中巴公交车开通乍浦镇公交 1 路、2 路。2004 年 1 月、8 月又先后开通乍浦镇公交 3 路、5 路。

至 2005 年年末，平湖市区共开通 8 条公交线路，线路里程 92 公里，日营运里程 15255 公里，日发运 902 班次，全年运送旅客 1157.1 万人次。共投放公交车 71 辆，车型除公交 6 路、9 路、10 路为空调大客公交车，其余均为普通中巴或大客公交车。乍浦镇共开通 4 条公交线路，投放公交车 32 辆，线路里程 46.15 公里，日营运里程 6485.4 公里，日发运 279 班次，全年运送旅客 311.4 万人次。2005 年 8 月 28 日，港区公交公司又调整公交营运线路，乍浦镇 11 个村，村村通了公交车。

2007 年年末，城乡公交网络基本成型，全市共有一、二、三级城乡公交线路 34 条，其中一级网络 3 条，车辆 15 辆；二级网络 14 条，车辆 97 辆；三级网络 17 条，车辆 51 辆。全市 137 个行政村全部开通了城乡公交，行政村公交通达率在嘉兴全市五县二区中率先达到 100%。

2010 年，城市公交调整公交线路 3 条，开通接送专线 1 条。完成公交 GPS 智能调度系统和自动语音报站系统；投入资金 150 多万元，完成公交 IC 卡一卡通民生工程；投入资金 300 多万元，完成公交站牌、候车亭改造；投入资金 700 多万元，完成多条公交线路车辆更新。在线路布局上，配合东湖中学新校区、行政服务中心启用，调整公交 2 路、3 路、9 路走向。城乡公交方面，调整线路走向 1 条，新开城乡公交线路 1 条。完成沿途 22 个临时停靠站建设，11 月 12 日开通全塘至黄姑城乡公交班车。

截至 2010 年年底，市区共有城市公交线路 20 条，车辆 109 辆，公交线路总长度 145 公里，营运线网长度 64 公里，线网密度 0.8 公里/平方公里，线路平均发车密度 12 分钟，日均客运量达 3.7 万人次。

截至 2010 年年底，市区城乡公交共有车辆 129 辆，线路共计 29 条；运营线路总里程达 714 公里，线网总里程达 495 公里；公交站点 941 余个，其中港湾式停靠站 175 个；日发班次 580 班；日均客运量达 3.15 万人次。

海宁市

1992 年 8 月底，海宁市大元运输公司作为市内公交试营运在市区投放 40 座解放型大客车 1 辆，开通营运总长度 6 公里的公交线路 1 条。票价起站 0.2 元，5 站起 0.4 元。因受道路条件、管理措施、消费水平、经营理念等诸多因素制约，同年 10 月即停止营运。

随着海宁经济发展，城市规模扩大，居民住宅小区增多和人民群众需求，城市公交的重新开通日显必要。海宁市大元运输公司于 1995 年 8 月 25 日成立海宁市大元公交公司，并于 10 月 8 日投放 30 辆长安车型的 6 座面包车作为小公交开通 3 条线路，经营方式为招手即停，票价为每人次 1 元。同年，市政府以市长办公会议第 18 次会议纪要明确：海宁大元公交公司负责全市城市公交营运，其管理隶属于海宁市城市建设局。1996 年 12 月新增线路 3 条，投放小公交 24 辆，使公交线路增至 6 条，总里程 26 公里，小公交共有 54 辆，日总行驶里程 6530 公里，平均日发放旅客量 6200 人次，周转量 18600 人公里。此后随着城市规模的不断扩大，市民乘车需求越来越高，而小公交以单车租赁承包形式经营，大部分经营者在经济利益驱动下，出现串线经营、超区域营运、招手不停、随意乱停及超负营运等不规范作业现象，致使人民群众反映强烈，经营陷入危机。2000 年 12 月起，小公交车辆陆续收归公司报废。2001 年 1 月 30 日，全市最后一辆小公交办理停运报废手续，城市小公交客运历史至此告终。

2001 年元旦起，市大元公交公司开始以大公交实施定线、定时、定车辆的集约化经营模式，继汽车北站至南站的 5 路线开通后，相继先后开通 2 路线(狮岭至伊桥)和 1 路线(东山大桥至汽车北站)。2005 年年底，市内公交共开通线路 12 条，总行程 101 公里，日营运里程 16400 公里，日发班次 1971 班次，日发送旅客 2.5 万人次。投放车辆 84 辆，主要车型为宇通、亚星、牡丹。2007 年年底，市内公交共开通线路增至 16 条，总行程 143.8 公里，日营运里程 20934.5 公里，日发班次 2340 班次，日发送旅客 3.05 万人次。投放车辆 132 辆，总客位达到 2916 座。主要车型不变。

截至 2009 年，市内公交线路增至 18 条，公交车增至 147 辆 2459 座。同年客运量 1247 万人次，周转量 4364.5 万人公里。

至 2010 年 12 月底，全市共有公交线路 71 条，公交车辆 348 辆、13295 客位(其中市内公交 20 条，车辆 130 辆、3657 客位；城乡公交线路 51 条，投入车辆 170 辆、7808 客位，机动车 48 辆，1830 客位)，公交线路营运距离累计达 1521.05 公里(市内公交线路 178.55 公里、1255.5 班次，城乡公交线路 1342.5 公里、1013.5 班次)，线路辐射全市的 8 个镇 4 个街道、161 个行政村。还建立公交网站，通过在网上公布城乡公交线路乘车指南，为乘坐公交提供便利。

嘉善县

嘉兴市善通运输(集团)有限公司下辖的嘉善县城市公交有限公司于 1996 年 1 月成立，首期投入 20 辆长安六座旅行车，开通了 2 条城市公交线路，打破了嘉善无公交车的历史。同年，又逐步从 20 辆公交车增加到 40 辆，线路也有 2 条增加到 4 条，城市公交成为一道亮丽的城市风景线，为广大市民的出行带来了极大的便利。

2002 年 1 月，对原有城市小公交实施整体改造，并对魏塘镇 18 条城市公交线路制定整体改造方案，改承包租赁为公交公营模式，投入 330 万元，购置 32 辆客车，开通 8 条城市公交线路，同时，又在公交运营车上发布车身广告，从而进一步提升了城市品位。

2004 年起，随着城乡公交一体化进程的不断推进，公交公司逐步开通了多条城乡二、三级公交线路，开通以城市为中心，连接近郊、沟通乡村的公交一体化网络。同时，不断加大硬件设施的科技投入，所有公交车辆均安装了电子线路牌、配备了电子报站器和 IC 卡电子收费系统。为降低运行成本，开始实行无人售票。截至 2007 年年底，已全部完成无人售票的改造。

2007 年，公交公司共有营运公交车辆 104 辆，其中大客 60 辆(含大通线 6 辆及三级网络线路)，中巴 44 辆，营运线路 33 条：其中城市公交线路 8 条，城乡二级网络公交线路 3 条，乡村三级网络公交线路 22 条。至 2007 年年底实现了村村通公交的目标。2007 年完成客运量 1138.81 万人次，客运周转量 5125 万人公里。

由于公交线路的发展和车辆的增多，原站场设施已远不敷应用，于 2007 年 3 月 24 日，公交公司迁址嘉善汽车站对面(原小商品市场)。

2008 年，嘉善县开始试点镇区域公交运行模式，在大云镇试点镇区域公交，探索公共交通服务城乡一体化、均等化路径。

至 2010 年年底，嘉善县已开通公交线路 58 条(其中城市公交 14 条，城乡公交 44 条)，共投入车辆 252 辆(其中城乡公交投入 176 辆，城市公交投入 76 辆)，已建成县一级客运站 1 个，乡镇三级客运站 1 个、五级客运站 9 个，三级公交线终点回车场 20 个，港湾式停靠站 399 个，实现乡镇客运站、港湾式停靠站全覆盖。

表 5-2-13 2010 年嘉善县城乡公交线路通车情况表

序号	线路类型	线路编号	线路名称	车辆数	班次间隔（分钟/班）
1	一级	K151	嘉善—嘉兴(北)	6	15~20
2		K152	西塘—嘉兴	2	30~40
3		K153	嘉善—嘉兴(西)	5	15~20
4		K155	天凝—嘉兴	4	20~30
5	二级	202	嘉善商城—魏中村	1	30
6		K203	魏塘镇城西环线	2	70
7		205	汽车站至优家	6	25~50
8		206	里巷港(智果村)至商城至毛家村	1	70
9		208	火车站—姚浜	2	60
10		209	嘉善商城—魏塘费家浜	1	120
11		K211	嘉善—大云	7	15~20
12		K212	嘉善—大通	8	13
13		K213	嘉善—姚庄—丁栅	16	5~10
14		K215	嘉善—西塘—丁栅	16	5~10
15		K216	嘉善—汾湖	28	5~10
16		K217	西塘—洪溪	1	45
17		K218	嘉善—天凝	16	5~10
18		K219	嘉善—杨庙	5	5~10
19		221	嘉善—范泾	4	30
20		223	庄港—秀北	1	60
21		225	火车站—惠民镇曙光村	3	60
22		226	嘉善北片商城环线	1	60
23		K228	火车站—毛家村	6	10~15
24			嘉善—俞汇	0	35~50
25			嘉善—西塘(直达)	4	10

（续表 5-2-13）

序号	线路类型	线路编号	线路名称	车辆数	班次间隔（分钟/班）
26	三级	301	西徐浜—展丰村	1	60
27		302	大全—西浒	1	50~60
28		303	吕公桥—碧云花园	4	10~20
29		304	大云汽车站—高一村	3	10~20
30		K305	西塘镇中心小学—费家村	1	60
31		306	光明村—翁村村	1	60
32		307	丁栅镇—俞汇村	1	60
33		308	洪溪镇—董家村(联宜村)	1	60
34		309	姚庄镇—北鹤村	1	60
35		K310	湖滨村—水闸桥	1	90
36		312	范泾村—堰溇(胡家埭村)	1	50
37		K313	东汇—雨落	2	40
38		315	大舜村—四吕村	与 317 共 1 辆	90
39		316	天凝环线	2	40
40		317	大舜村—三成村—钟葫	与 315 共 1 辆	120
41		318	王家村—大通村—斜泾村	1	60
42		319	洪溪镇—塘东村	1	60
43		320	卫红—下甸庙—肖家圩(星建村)	1	60
44		323	杨庙—芦荡	1	60
			机动	5	
合计			一级 4 条，二级 21 条，三级 19 条，共计 44 条	176	

公交运营体制改革

市本级

2009 年 10 月 12 日，根据嘉兴市政府嘉政发〔2009〕82 号文件精神，嘉兴市本级启动公交运营体制改革工作。经过 40 天的奋战，15 个片区、37 条线路、202 辆车的整车收购全部完成，实现市区公交公营。收归国有后，票价大幅下降，运营更加规范，服务质量有所提升。新购公交车 225 辆，开通 99 路环线公交车，市区公交刷卡乘车比例 57.5%，市区公交出行分担率 18.25%。加快市区公交站场设施建设。建成港湾式停靠站 68 个、候车亭 133 个。城乡公交站场配套设施逐步完善。新建乡镇客运站 3 个，新建港湾式候车亭 283 个；全市累计建成农村乡镇客运站 43 个，港湾式停靠站 2166 个，终点回车场 69 个。

截至 2010 年年底，市区共有城市公交线路 71 条，车辆 716 辆，万人公交车拥有量 12.4 标台，公交线路总长度 835 公里，营运线网长度 299 公里，线网密度 2.6 公里/平方公里，线路平均发车密度 9~11 分钟，日均客运量达 20 万人次，出行分担率达 20.08%。

图 5-2-11 村村通公交

截至 2010 年年底，市区城乡公交共有车辆 222 辆，车辆核载总人数达 11632 人，其中高档车比例达 100%；线路共计 50 条；运营线路总里程达 772 公里，线网总里程达 482 公里；

公交站点1300余个，其中港湾式停靠站132个；线路平均站距0.7公里；日发班次1496班；日均客运量达5.3万人次。

嘉善县

2011年11月15日，嘉善县城乡公交运营体制改革工作正式启动，经与民营（个体）车辆经营者沟通、谈判，鼓励车辆经营者自愿提前终止经营，退出城乡公交市场，实现对嘉善康达客运服务有限公司、嘉善中青旅游有限公司、嘉善职工旅游有限公司3家企业经营的线路和车辆进行收购。2011年11月30日，收购任务完成。全县形成“国有主导、集约经营、优质安全、畅通有序”的城乡公交运营体系。

平湖市

至2010年年末，平湖市还未实施公交运营体制改革工作。

海盐县

2009年，海盐县公交体制改革从政府层面上提到了议事日程，人大、政协作为重点工作加以推进。2010年年初，“推进城乡公交一体化”被列入政府工作大纲和实事工程。为了切实抓好这项工作，县交投集团专门注册成立了从事公共运营管理的海盐鸿远公共交通有限公司。

2010年11月17日，海盐县正式下发《海盐县人民政府关于印发海盐县公交运营体制改革工作方案的通知》《海盐县人民政府关于印发海盐县公交运营体制改革实施意见的通知》两个文件。2010年11月30日，交投集团下属子公司海盐鸿远公共交通有限公司与云龙公司签订公交收购协议。至此，海盐的公交国有化收购工作完成。

2010年，海盐县拥有城市公交线路5条，线路里程40公里；城乡公交线路23条，线路里程达627.5公里。投放城市公交车53辆，城乡公交车67辆。

海宁市

海宁公交运营一直归大元公交公司，无须进行公交运营体制改革工作。1995年8月25日成立海宁市大元公交公司，海宁市政府以市长办公会议第18次会议纪要明确：海宁大元公交公司负责全市城市公交营运，其管理隶属于海宁市城市建设局。2010年8月22日实施城市公交线网优化调整，11月30日正式启用智能调度系统，至年底共开通线路20条，投放车辆176辆，同年客运量1664万人次。

图5-2-12　港湾式停靠站百姓乘车

桐乡市

至2010年年末，桐乡市还未开展公交运营体制改革工作。2011年5月26日，桐乡市出台《桐乡市城乡公交运营体制改革工作方案》，对承包、挂靠经营的城乡二级公交实施公交运营体制改革，明确公交线路经营权到2013年6月30日自然终止，无条件退出城乡公交市场，并鼓励经营权未到期的车辆自愿提前终止经营，退出城乡公交市场，接受整车收购，由桐乡市汽车运输公司实施运营。在市委、市政府的正确领导下，在有关部门和单位的密切配合下，改革工作进展顺利，历时7个月，在2011年12月30日，全面完成了我市城乡二级公交运营体制改革工作，全市6条二级公交线98辆个体挂靠经营的城乡公交车已全部退出经营，由市汽运公司正式接手运营，实现了国有主导、集约经营、公益服务的公交运营模式。

第四节　旅游客运

全市旅游客运

1990年，嘉兴市区经营旅游客运业务的企业共有6家：嘉兴市汽车运输公司、嘉兴市运输装卸公司旅游服务部、嘉兴市公交公司出租车营业处、嘉航总公司嘉兴分公司旅游部、嘉兴旅行社、中国东方航空公司嘉兴代理处。

此外，嘉兴郊区新农乡乡办集体运输企业，1989年下半年起有太湖牌客车（每车37客位）2辆经营洛东至嘉兴、桃园至嘉兴客运。海盐县有两家旅游单位，一家是武原理发商店于1984年8月经县商业局批准的海盐旅游服务社，集体企业，1990年有大客车1辆，44座位，13—16座旅行车4辆，5—6座小客车2辆；另一家是县人民政府招待所于1985年1月兴办的海盐旅游服务公司，集体企业，1990年有大客车1辆，44座位，13座旅行车1辆，小客车2辆，各5个座位，均经营旅游包车业务。

1984年，中共中央1号文件贯彻执行后，出现个体联户以大中型客车参加社会旅游客运。1985年7月，海宁黄湾乡王剑秋购置50座客车1辆，每日行驶硖石至上海，往返1次，至年底客运量为11599人次，营收5万多元，次年1月停业。平湖县个体运输户陆永明1987年开设沪杭旅游运输服务社，购置50客位大客车1辆，自11月1日起行驶平湖至嘉兴线。1988年年初，改行平湖至杭州线，11月停业，将客车和线路权转让给南国汽车旅行社（由夏国解、夏国放合办），该社开业于1988年5月，经营平湖至杭州、平湖至上海、平湖至义乌客运，均每天来回1班，并开展北京、青岛、南京、千岛湖等地旅游业务，1990年客运量7.3万人次，旅客周转量65.6万人公里，营收38.75万元，有从业人员34人(其中聘用8人)，有大客车4辆，旅行车2辆，共206座位，资产总额39万多元，是嘉兴市较大的一户私营运输企业。

为开发旅游客运资源，促进嘉兴市旅游经济的增长，嘉兴市运管处于2003年3月28举行30辆旅游车辆客运经营权招投标，成功投放30辆旅游运力，招标中有8家具备资质的企业参加了投标，最后由平湖市天龙公司获得10辆旅游车辆经营权，海宁大元公司、海盐县云龙公司、嘉兴市长运公司和善通公司各获得5辆旅游车辆经营权。

随着改革开放的进程，整个旅游事业的兴起，旅游客运也相应得到发展，2005年全市旅游车辆达145辆，5004客位，旅游运量133万人次，18651万人公里。到2009年，仅嘉兴市区经营旅游客运业务的企业就有4家。

2007年，合理整合旅游市场资源，大胆尝试旅游调度平台建设，对嘉兴市2007年省内外50辆省内外旅游客运车辆经营权进行公开招标，2007年6月25日完成招标。

2009年，全市参加统计调查和年检旅行社84家(其中国际社2家)。全年旅行社营业总收入为60167.76万元，比上年增长3.65%，收入总额超过3000万元的旅行社有4家，占旅行社总数的4.82%，超过1000万元的22家，占26.51%。接待游客2548万人次。

2001年—2010年期间，嘉兴市区经过变革调整，先后有嘉兴国鸿汽运公司(旅游客运)、嘉兴市南湖旅行社有限公司、嘉兴长运运输有限公司(旅游客运部)嘉兴世邦商务旅游客运有限公司、嘉兴市外事旅游客运有限公司等企业组建或解体，到2010年年底，嘉兴市区有旅游客运企业3家：嘉兴市国鸿商旅客运公司、嘉兴市外事旅游客运有限公司、嘉兴长运运输有限公司(旅游客运部)。到2010年年底，嘉兴市有旅游客运企业64家。接待游客3136.55万人次，实现总收入为296.01亿元，

各县市旅游客运

嘉善县

嘉善县的旅游包车客运由嘉兴市善通公司一家经营，在2005年交通部10号令《道路旅客运输及客运站管理规定》实施之前，包车与旅游是一辆车两本证。2005年8月1日规定实施后，善通公司旅游客运分归到班线客运及包车客运中。到2007年，嘉善县善通公司共有包车16辆，座位656座，主要从事旅游包车、学生接送及企业职工上下班接送业务。2007年包车人次约74万多人次。

截至2010年年底，嘉善县有嘉善旅行社、嘉善职工旅游有限公司、嘉善中青旅游有限公司、嘉善银河旅行总社有限责任公司、嘉善江南旅游有限公司、嘉善西塘国际旅行社有限公司、嘉善县嘉虹旅行社有限公司、嘉善金桥旅行社有限公司、嘉善金色假日旅行社有限公司、嘉善行游天下旅行社有限公司和嘉善畅游旅行社有限公司等11家旅游企业。

平湖市

1987年后，非交通企业和个体户购置客车从事旅游包车客运逐渐增多，1990年，平湖县计发旅游客车503辆次，运送旅客3.3万人次，旅客周转量445万人公里。至1992年年末，全市旅游客车有大客7辆、320座，中客39辆、511座，多数为个体运户单车经营，主要经营单位有：南国旅行社、四达旅行社、大自然旅行社等。

除自行组团包车旅游外，还开通上海、杭州、常熟、义乌等地旅游专线，就地组客，每日发班。由于当时全市服装、箱包行业发展快，去上述目的地送货、进货流动人员多，加快了旅游专线车的发展。1993年8月，市汽运公司推出单车租赁承包经营后，班线剩余运力租赁承包给个人，设车队承接旅游包车业务。全市旅游客运运力大于运量，市场竞争甚为激烈。

1995年6月，《浙江省道路旅客运输开业审批规定》实施以后，从事旅游客运的开业经济技术条件提升，单车经营审批告停。在市内班线运力调整时，多数旅游中巴车转为经营市境内班线客运。除平湖市浙江航海旅行社、乍浦港企业总公司旅游服务部等几个单位仍继续经营旅游班线外，个体旅游车全部退出旅游客运。

1997年2月，平湖市旅游局成立平湖市旅游有限公司，开拓旅游业，购置两辆太湖牌45座大客，自行组团导游。之后全市旅游行业逐步发展，但都不配置旅游客车，市汽运有限公司车队为他们提供旅游车运送游客。1998年11月，天龙汽运有限公司也成立天龙旅行社开发旅游业务。之后，市旅游企业的旅客接送常向外市、县借用车辆。1998年年末，全市从事旅游客运单位共4家，旅游客

车有22辆、806座。车型主要有东风、扬州亚星、婺洲、牡丹、依维柯。2000年年初，乍浦港企业总公司旅游服务部停业。车辆转天龙汽运有限公司。以后随旅游业的发展，3家旅游企业客车车型更新，车辆增多。2005年年末，全市共有旅游客车43辆、1592座。其中：高级客车21辆，中级客车1辆，年旅客运输量44万人次，周转量5177万人公里。

至2010年年末，平湖市共有各类旅游企业13家，其中规模以上旅游企业3家，分别为平湖市蓝天旅游有限公司、平湖市九龙山旅行社和平湖市大自然旅游有限公司；中型旅游企业3家，分别为平湖市青年旅行社有限公司、平湖陶园旅行社和平湖春秋旅行社；小型旅游企业7家，分别为嘉兴平湖市神州旅行社、平湖市阳光假日旅行社、平湖市天龙假期旅行社、平湖市新宇达旅行社、嘉兴美景假期旅行社、平湖乍浦云都假日旅行社和平湖金色假期旅行社。

海盐县

海盐县最早的专业旅游客运单位——海盐旅游服务社，由武原理发商店创办，经县商业局批准，于1984年8月成立，有44座客车1辆。1985年1月，当时的县人民政府招待所又兴办了海盐旅游服务公司，装备44座客车1辆，小车2辆，各8个座位。两家旅游单位客车营运方向均以上海为主。20个世纪90年代以来，旅游业逐渐兴旺，海盐云龙旅行社、南北湖旅行社、青联旅行社等旅游单位相继成立，旅游客运运力逐年增大。2005年，全县有大客旅游车15辆，442座，旅游营运线路遍及省内外各观光景点。至2007年年底，有旅游包车18辆、609客位。

2008年至2009年年底，旅游包车数保持19辆、611个客位。2010年年底，有旅游包车18辆、609客位。

海宁市

1988年年底，海宁市总工会职工疗休养旅游服务公司购置飞翼44座大客车1辆，成为全市第一辆专门从事旅游客运的车辆。1992年6月，该服务公司又购置飞翼49座大客车1辆。同年9月，海宁市旅游公司成立并购置飞翼45座大客车1辆从事旅游客运。上述经营单位除自行组团包车旅游，还从事上海、杭州、义乌等地旅游专线及长线旅游的机场接送服务。1996年12月，海宁市大元运输公司推出单车租赁承包经营，将班线剩余运力的依维柯、亚星各1辆租赁个人承包，设旅游车队承接旅游包车业务，2003年12月2日改名为海宁大元旅游公司。

随着海宁经济的发展、人民生活水平的提高以及中国海宁皮革城、“钱江潮”的影响，海宁旅游业得到较快发展。2005年年底，全市共有海宁天地旅行社、海宁经编园紫薇旅游公司、海宁大元旅游公司、海宁职工疗休养旅游公司、海宁市旅游公司、海宁黄金假日旅游公司、海宁中青旅游公司、海宁阳光丽景旅行社、海宁天意旅游公司、海宁大江南旅游公司等10家旅游企业，全年组团约10余万人次。

截至2009年，海宁共有旅游包车29辆，旅游包车市场比较活跃，同年载运旅客19.6万人，周转量3894.2万人公里。

2010年，新增包车运力15辆，至年底共有旅游包车35辆。

桐乡市

桐乡的旅游客运发展较晚，2001年均为企业、单位自行组团包车外出，承运市民旅游的车辆主要靠市汽车运输公司大客车外，还有桐乡雪茄烟厂、濮院丝厂、崇德丝厂、西山煤矿等企业车况较好的自备大客车。

2001年6月，为创建国家旅游城市，成立桐乡市汽车运输公司旅游汽车分公司，投入首辆“太湖”46座旅游大客车。是月，该公司增开桐乡至乌镇、石门福严寺、缘缘堂、濮院羊毛衫市场等“一日游”3条观光线路，由于客流少、成本大，经试开一周后停运。

2002年，该公司投入旅游大客车3辆，由市乐达出租车有限公司兼管。由于全市旅游车辆严重短缺，是年，桐乡汽车站留职停薪人员徐峰组建“嘉程旅游服务公司”以及个体经营者孟雪明还通过租赁或引进平湖、嘉善、余杭、江苏吴江等外地牌号旅游车，到桐乡从事往上海、杭州、福建、南京等地旅游专线及长线机场接送服务。是年3月，乌镇旅游开发有限公司曾投入二辆“金龙”大客车，但由于缺乏管理人才，故仅作为接送职工上下班之用，2008年3月在全市客运市场整治中，由于不具备5辆旅游车条件，而被市交通部门取消经营资格。

2010年，全市共有桐乡旅游社、桐乡星光旅游社、桐乡假日旅行社、桐乡景秀年代旅行社、桐乡大众旅行社等18家旅游企业(2009年度共组团11.84万人次)。是年，乌镇旅游景点被国家旅游局评为“五A”景区，影响扩大，各地游客纷至沓来，日均游客量达8千余人次。2010年年末，全市旅游客运运力为：市汽运公司5辆大客车246座位和9辆省内包车；徐峰掌握调度37辆大客车1665座；孟雪明掌握调度10辆大客车1450座，全年旅游客运量约在45万人次。

第三章 道路货物运输

第一节 历史沿革

嘉兴系水网地区，河道纵横，沪杭铁路横贯中部，有水、铁运输的便利条件。民国时期货物运输以水运、铁路运输为主。公路交通的发展则以客运为主，汽车货运量很少。民国19年(1930年)，杭乍线客货车行驶里程共612588公里，其中货车行驶里程仅2789公里，占0.46%。民国22年(1933年)1月，浙江省公路管理局对杭沪公路进行车流量统计，往来营业客车315辆，而营业货车仅7辆。浙江省公路局民国36年(1947年)12月统计4条线路客货运情况如表。

表 5-3-14 条线路客货运情况统计表

线 路	行车车次			行车延吨公里		
	合计	客运/万人	货运/万吨	合计	客运/万人次	货运/万吨公里
杭州--乍浦	70	66	4	16401	14526.6	1874.4
乍浦-平湖-嘉兴	310	310	0	25717	25717	0
胡家兜-长安	124	124	0	3720	3720	0
湖州--嘉兴	775	744	30	90272	83328	6944

《浙江建设月刊》民国37年(1948年)7月号记载："杭州至乍浦由省营汽车公司每月行驶货车4班，平湖乍浦鱼汛期有少量货车载鱼货运往杭州。"

解放后，货物运输仍以水、铁运为主。1953年国营浙江省运输公司根据"公私兼顾"原则及经营习惯，规定杭乍线货运安排私营车辆经营，乍嘉、嘉桐线，偶有货物运输，则由公路局管理站掌握调派，根据情况临时决定。1957年9月，浙江省交通厅规定：杭州市运输公司负责市区短途货运的业务范围杭沪线以乔司为界，乔司以外一律作为长途运输，由公路运输局负责。1956年嘉兴县搬运公司始购3吨货车1辆，经营短途货运。20世纪60年代后，平湖、嘉善、海盐、海宁、桐乡等县交通运输部门均相继购置货车，汽车货运逐渐发展。由于嘉兴水路四通八达，水运相当发达，这时的货物运输主要靠水运来完成，道路货运只是作为一个补充，再加上受计划经济体制的制约，货运车辆发展极其缓慢，仅仅少数企业拥有少量的自备货车，国有专业运输企业的规模也相当小，其经营方式因运量大于运力的作用，一般都是等货找上门来。

中共十一届三中全会以后，运输市场逐步放开，实行多家经营，参加汽车货运的除有交通专业运输部门外，还有社会企、事业单位的车辆运输和个体(联户)车辆运输，形成多种经济成份，多层次、多渠道的汽车货运格局。

1990年年末，全市全行业公路载货汽车共5759辆，22873吨位，其中营运载货汽车4808辆，19925吨位，分别占83.48%和87.11%。营运货车中交通运输部门280辆，2627.5吨位，占营运货车5.98%和13.35%；工矿、企事业单位共4105辆，16077吨位，占营运货车85.53%和80.68%；个体联户423辆，1220吨位，占营运货车的8.7%和6.11%。

1990年，完成货运量783.81万吨，货运周转量34889.19万吨公里。大吨位和集装箱运输发展迅速，参加客货营运单位：汽车916个(其中交通部门14个；企事业单位342个；个体联户560个)；其他机动车661个；拖拉机2080个；非机动车106个；从业人员共6457人。

1990年起，浙江省进一步实行开放政策，打破单一所有制和省营汽车运独家经营全省公路客运旧格局，各地区、各部门、各行业一起干，运力、运量快速增长，服务体系、站场设施进一步完善，逐步形成以公有制为主体、多种所有制经济共同发展的格局。

1992年，全市拥有货车8618辆28059吨，分别比1991

年增长 13.5%和 11.76%。其中：交通专业货车 422 辆，3582 吨，比 1991 年分别增长 8.21%和 19.20%；个体联户的货车 782 辆、1956 吨，比 1991 年分别增长 36.71%和 25.06%。公路汽车货运量为 520.85 万吨，周转量为 52753.65 万吨公里，比 1991 年分别增长 54.28%和 43.50%。全市搬运装卸量达 2000.12 万吨，比 1991 年增长 9.89%，有搬运装卸单位 245 户。

但在 1992 年以前，由于受到管理体制的约束，对营业性货车的审批实行“先审批，后购置”的额度管理，全市货运车辆的发展还比较缓慢，此时的货运市场发展比较平稳、有序，同时也存在着运力短缺的现象，不能满足当时经济发展的需要。

1993 年年底，嘉兴市拥有货车 10666 辆、33807 吨，比 1992 年分别增长了 23.75%和 20.49%。全市公路汽车货运量为 702.5 万吨，周转量为 59771.34 万吨公里。客货运输车辆的不断增长，促进了客货运输生产的发展，基本满足“人便于行，货畅其流”的社会需求。

“九五”期间，嘉兴市的道路运输业发生着翻天覆地的变化，随着公路建设步伐的加快和城市化建设规模的扩大，道路运输业表现出前所未有的活力和发展劲头。不论是在城间运输快客化，城乡运输便捷化，城市旅游优质化工作方面取得了较大的成绩，而且在引导客货运企业向规模化、集约化、信息化发展方便也开拓出新的局面。到 1999 年，全市共有 19684 户 29161 人从事道路汽车运输业，195 户 3536 人从事搬运装卸业，219 户 1328 人，从事运输服务业，拥有普通载货汽车 20226 辆，38576 吨位，专用载货车辆 393 辆，2698 吨位，全年完成货物运输量 2176.74 万吨，周转量 101497.14 万吨公里，另外，嘉兴建成了 3 个有形货运专业市场。

图 5-3-1　濮院羊毛衫市场

1995 年，全市完成公路客运量 3991.87 万人次，客运周转量 129163.08 万人公里，比 1994 年分别增长 16.65%和 11.4%；货运量完成 2125.66 万吨，货运周转量 78278.82 万吨公里，比 1994 年分别增长 6.78%和 7.7%。1995 年全市拥有民用车辆 23006 辆，其中客车 8151 辆，76065 个客位，货车 14855 辆，41193 吨。市区拥有客车 1514 辆，16220 客位，货车 2825 辆，9761 吨。上述全市车辆拥有量中，交通专业部门的车辆数仅占汽车总量的 5.54%，而市区则占 14.29%。1995 年，全市交通运输企业 153 家，从事道路货物运输的有 35 家，其中市区 4 家，从业人员 3199 人，完成货运量 144.09 万吨，6354.5 万吨公里。

1996 年，全市完成公路客运量 4365.2 万人次，客运周转量 15.78 亿人公里；完成货运量 1985.44 万吨，货运周转量 8.08 亿吨公里。

1997 年，全市从事汽车运输的经营单位(含个体联户、下同)11437 家，有营运客货汽车 18848 辆，其中营运货车 16218 辆、3.74 万吨，营运客车 2612 辆、3.56 万客位。从事货物运输的拖拉机 9806 辆，从事搬运装卸的专业单位 155 家，从事联托运服务的单位 159 家。1997 年，全市有汽车维修企业 296 家，从业人员 2032 名，其中工程技术人员 55 名，拥有各类机具设备 2669 台(套)，固定资产原值 5330 万元，净值 4357 万元，全年维修各类车辆 1829 万辆次，创产值 5445 万元，有一类甲级维修企业 4 家，一类乙级维修企业 8 家，二类甲级维修企业 14 家，二类乙级维修企业 19 家，专业维修点 160 个，摩托车维修点 89 个，年内市区建成 A 级汽车综合性能检测站 1 个，年检测能力 28800 辆次，同年 9 月投入，检测各类车辆 6773 辆次。1997 年，全市完成公路旅客运输量 927.97 万人次，周转量 3524 万人公里。全市完成货物运输量 28962 万吨，95278 万吨公里。

1998 年，全市从事汽车运输的经营单位(含个体联户，下同)2.16 万个，有营运客货汽车 2.04 万辆，其中营运货车 1.76 万辆、3.71 万吨，营运客车 2763 辆、3.55 万客位，从事货物运输的拖拉机 9894 辆，从事搬运装卸的专业单位 191 个，从事联托运服务的单位 195 个。1998 年，全市有汽车维修企业 333 个，比上年增加 37 个，从业人员 2084 名，其中工程技术人员 42 名。拥有各类机具设备 2933 台(套)。有一类维修企业 176 个，摩托车维修点 110 个。全年维修各类车辆 19.78 万辆次，市汽车综合性能检测站检测各类车辆 1.84 万辆。1998 年，全市完成公路旅客运输量 4908 万人次，客运周量 17.65 亿人公里，全年完成公路货物运输量 2230 万吨，货运周转量 9.38 亿吨公里。

到 2000 年年底，已形成以公有制为主体、多种所有制经济共同发展的格局。嘉兴的货运业经过十多年的培育与发展之后，已改变了过去车型、车种单一的落后状态，逐步发展成现在普通货车、厢式货车、集装箱专用车、罐车及冷藏车等多种车型，在一定程度上满足了货主的不同需求。但在大吨位汽车上发展不足，大、中小型、专用货车比例不尽合理。2000 年，全市共营运货车 19493 辆 40136 吨位，国有专业运输公司营运货车 1018 辆，5796 吨位，分别占总数的 5.22%和 14.44%，专用货车 370 辆，2639 吨位，分别占总数的 1.9%和 6.57%。挂靠车辆异军突起。社会货运车辆经营方式一大部分采用挂靠的形式，公司一般收取一定的管理费，对挂靠车辆实行统一年检、年审、缴费、安全教育等代办手续。如在此期间壮大的捷顺运输公司，以一辆 5 吨的普通货车计算，每年每月需交纳管理费 80 元。诸如此类的公司，光在嘉兴市本级就有 72 家，其中以市二运公司、捷顺运输公司和强顺运输公司三家最大，它们的挂靠规模分别为 397 辆、381 辆和 168 辆。

2000 年以前嘉兴的危险品运输市场主要是为加油站、液化汽提供服务，还基本停留在自货自运的落后状态，专业化程度不高。到 2000 年，嘉兴集装箱货物运输共有 3 家企业经营集装箱业务。到 2000 年全市有搬运装卸业户 195 户，从业人员 3536 人，输送机 94 台，起重汽车 12 辆，吊车 226 台，铲车 15 台，叉车 29 台，年装卸操作量 5121015 万吨。

图 5-3-2 *蔬菜批发物流市场*

到 2000 年年底，嘉兴市共有货物运输经营业户 2605 户，载货汽车 21540 辆，普通载货汽车 19917 辆，其中大型货车 3328 辆，中型货车 919 辆，专用载货车 417 辆(其中集装箱运输车 11 辆，危货运输专用车 198 辆)；货物配载专营线路 171 条中公路直达托运占 155 条，承接发往全国 30 多个省市的货物。

2002 年，嘉兴市投入营运的载货汽车共有 24393 辆，其中普通载货汽车 23726 辆(大型 3525 辆，中型 1001 辆，小型 19200 辆)，专用载货车 667 辆(其中集装箱运输车 14 辆)；从事货物运输的营业户数为 18149 户，货物配载专营线路 525 条，承接发往全国 30 多个省市的货物。当年完成货运量 2063.37 万吨，完成货物周转量 124410.38 万吨公里。

2003 年，嘉兴市从事汽车运输的经营单位 2.07 万个，有营运客货汽车 2.86 万辆，其中营运货车 2.53 万辆、5.16 万吨，营运客车 3288 辆、3.8 万客位，从事货物运输拖拉机 1.14 万辆，从事搬运装卸的专业单位 285 个。全市有汽车维修企业和维修摊点 1871 个，比上年减少 295 个从业人员 6856 名。有一类维修企业 28 个、二类 120 个、三类 648 个，摩托车维修点 1075 个。全年维修各类车辆 54.9 万辆次。全市汽车综合性能检测站检测各类车辆 13.41 万辆次，其中市本级检测 3.01 万辆次。全年完成公路旅客运输量 1.07 亿人次，周转量 31.15 亿人公里分别为 2002 年的 139.3%和 114.1%。

随着城乡一体化不断推进和居民消费日益增长，嘉兴市的道路货运服务基本涵盖了物流服务、货运代办、仓储、流通加工、搬运装卸、包装、信息管理等供应物流链内容，建立起了由第三方物流企业、快运企业、专业运输企业、货运站场(物流基地)及货运配载代理中介组成的服务体系，产业结构不断细分深化。2005 年年底，嘉兴市共有公路集装箱运输经营户 14 户，危险品运输经营户 20 户，成为道路货物运输企业的一支重要力量。另外，嘉兴市还有道路运输服务经营户 392 户，其中物流服务经营业户 1 户，货运代理经营户 123 户，信息配载经营户 54 户。

截至 2005 年年底，嘉兴市共有 29634 辆载货汽车，平均吨位 2.58 吨，$X \leq 2$ 吨的载货汽车 21937 辆，占总量的 74.03%；2 吨$<X\leq$4 吨的 2278 辆，占 7.69%；4 吨$<X<$8 吨的 3791 辆，占 12.79%；8 吨$\leq X<$20 吨的 1211 辆，占 4.09%；20 吨以上 417 辆，占 1.40%。其中营运载货汽车共 27515 辆，2 吨以下营运货车 20141 辆，比例为 73.2%，8 吨以上车辆比例为 5.7%。2005 年，嘉兴市营运载货汽车中以敞式车辆为主，厢式车辆发展不足，85.9%为敞式车辆，厢式货车为 3876 辆，比例占 14.1%，比 2004 年增长 50.35%。2005 年，嘉兴市营运载货汽车中以普通车辆为主，专用车辆发展不足。普通营运货车 26676 辆，占 96.95%，占主体地位，厢式货车和危货运输车 4189 辆，仅占 15.7%，比较薄弱。在专用载货汽车中，集装箱车数量增长较快，2005 年达 203 辆，是 2004 年数量的 4.83 倍，平均吨位也从 2004 年的 18.67 吨上升到 22.48 吨。

截至 2005 年年底，嘉兴市拥有货运企业 20470 户。五级及以上货运经营资质的企业 49 家(三级 2 家、四级 6 家、五级 41 家)。平均车辆规模 1.34 辆/户，平均从业人员 0.98 人/户，企业平均车辆规模远低于日本的 23.2 辆/户，台北的 9.4 辆/户。嘉兴市没有 1 家一、二级货运资质企业。嘉兴市共有一至四级货运站 11 个，占地面积共计 10.38 万平方米。其中三级站 7 个，占 63.64%；四级站 4 个，占 36.36%。

嘉兴市货运业产业规模在全省道路运输货运业中规模较小。2005 年，全市完成货运量及货运周转量分别比上一年增长 2%、10%，分别占综合运输的 30%、19%。嘉兴市的货运业还是以水运为主，水运货运量约占综合运输的 68%。但受特殊区域交通优势及区域经济特殊商品服务面向影响，众多专业市场尚须通过公路运输完成货运周转。

图 5-3-3　公路通农家

随着嘉兴市货运市场需求的快速增长和现代物流理论的广泛宣传，嘉兴市的道路货运服务基本涵盖快速整车运输、快件速递、专业运输、仓储、流通加工、配送、搬运装卸、包装、信息管理等基本内容，建立起了由物流企业、快运企业、各种专业运输企业、货运站场及货运配送代理中介组成的服务体系，产业结构不断细分深化。截至 2005 年年底，全市有公路集装箱运输经营户 14 家，危险品运输经营户 20 家，大件经营户 1 家，成为道路货物运输企业的一支重要力量。另外，全市还有道路运输服务经营户 392 家，其中物流服务经营业户 1 家，货运代理经营户 123 家，信息配载经营户 54 家。

全市共有危险品运输企业 20 家，运输车辆 614 辆，3854 吨位，分别比去年同期增长 4%、8%。危险品运输车辆发展比较平稳，其中罐车 295 辆、2714 吨位，分别比去年下降 12%、5%，以专用车增长为主，占 48%。对危险品运输把关教严，经培训考核合格者 1280 人，其中驾驶员 620 人。全市危险品运输车辆全部安装了全球定位系统。全市公路超载率由治超前的 56%下降到 21%，“大吨小标”车辆恢复 4600 辆，占全部需恢复车辆的 98%。

截至 2007 年年底，全市拥有营运货车 30297 辆，与 2005 年年底相比增长了 10.12%，货运车辆向重型化、特种专用化、普通厢式化发展明显，特别是嘉兴市货运厢式化率已经达到 23.4%，名列全省第二。2007 年，全市共完成道路货物运输量 3304 万吨，货运周转量 191939 万吨公里，比 2005 年年底增长 27.28%、15.19%。随着嘉兴交通基础设施不断完善，区位优势逐步显现，濮院羊毛衫市场、海宁皮革城、嘉善木业城等专业市场的发展，推动了嘉兴货运站场及物流基地的发展。2007 年年底，嘉兴注册的物流企业达 1000 多家，其中市外企业在嘉兴设立分公司和办事处的有近 100 家，2007 年全年交通运输、仓储和邮政业完成增加值 68.8 亿元。王江泾货运联运中心、嘉善远方物流

表 5-3-2　1991—2010 年嘉兴市公路货运量及货运周转量统计表

年份	货运量(万吨)	货运周转量(万吨公里)	年份	货运量(万吨)	货运周转量(万吨公里)
1991	337.61	36762.47	2001	1406	102938
1992	520.85	52753.65	2002	1425	115043
1993	702.5	59771.34	2003	1574	127093
1994	894.29	62319.48	2004	2318	151395
1995	843.95	67801.67	2005	2066	166498
1996	1063.33	71515.09	2006	2081	175962
1997	806.34	76364.16	2007	2368	197638
1998	1073.15	87964.51	2008	3102	209492
1999	1515.13	92667.73	2009	7464	658116
2000	1354.59	105174.52	2010	7919	737090

货运市场等货运站场已在不断成长。嘉兴物流园区建设已经起步，目前嘉兴综合物流园、嘉兴现代物流园、嘉兴国际物流中心已在规划实施中，嘉兴城南物流基地的沃尔玛中国华东区物流配送中心已开工建设；总投资1亿美元的普洛斯(嘉兴)物流设施项目落户嘉兴秀洲新区；嘉兴港粮食中转库及码头物流项目一期年底建成；总投资7280万元的嘉兴海陆物流项目已建成投入运行。浙北水陆现代物流园区、嘉善姚庄物流园区、海宁长山河物流园区正在规划。安博、嘉兴锦民仓储有限公司、日通仓储(嘉兴)有限公司、上海TESCO物流公司都将相继入驻市境内，物流园区建设及第三物流公司入驻呈现较好的态势。

2008年，完成货物运输量3535万吨、货物周转量214200万吨公里，分别增长7%和6.3%；完成汽车维修123.45万辆次，下降12.2%；完成车辆检测7.71万辆次，下降10.7%；完成机动车驾驶培训量6.81万人次，增长8.85%。

2009年，完成货物运输量3394万吨，货物周转量239900万吨公里，分别增长9%和15%。完成汽车维修121.48万辆次，下降1.5%。完成车辆检测8.49万辆次，增长10.03%。完成机动车驾驶培训量75万人次，增长10.29%。

2010年，共完成货运量7919万吨，737090万吨公里，分别比去年同期增长6.1%，12%。截止到年底全市共有营运货车32806辆，比去年同期增长4.7%，营运货车总吨位169174吨，比2009年同期增长27%。营运货车逐步向大吨位、箱式化发展。

截至2010年，全市从事道路旅客货物运输业21513户，拥有道路旅客运输经营业户66户，道路货物运输经营21447户。共拥有营运客货车36787辆，道路运输从业人员6.76万人，平均每户营运客货车辆1.7辆，从业人数3.1人。

道路货运经营中：汽车货运业户21447户，32806辆，平均每户1.5辆；其中：货物专用226户，2050辆，平均每户9辆，集装箱运输88户，938辆，平均每户10.7辆，危险货运34户，平均每户25.7辆。

第二节 县(市)汽车货运

嘉善县

1991年，嘉善县共有货运车辆689辆，35万吨位，货运量477万吨，货运周转量28734万吨公里。

2000年，嘉善县第一家专业集装箱运输公司嘉善县新创业集装箱运输有限公司注册成立，成立时车辆共有6辆。

2001年，嘉善县第一家危险品运输公司——中成危险品运输公司成立，共有17辆运输车。2002年成立嘉兴朝阳油品运输公司嘉善分公司，专门从事成品油运输，共有5辆车。

2001年，成立嘉兴市远方物流有限公司。该公司位于嘉善县经济开发区二期内，总占地面积8.33万倾(125亩)，分二期开发。一期占地3.67公倾，投资1300万元，于2002年5月竣工，6月试营业，公司成立之初，由于首期规划没有仓储功能，公司的运作主要依赖私营的汽车货运企业进驻。2002年进驻运输企业39家，2003年开拓零担货物配载专线业务，市场内配载运输经营户已达58家，大部分配载专线在江浙沪一带。

2003年10月，嘉善县远方物流有限公司成立专线零担货物运输公司受理零担货物，该公司有18条专线，配有42辆，210吨厢式货车，业务范围包括嘉兴5县2区及上海、江苏周边地区。该公司由成立之初每月150吨受理量，发展到2007年每月发运量达到37500吨。

2007年，嘉善县新创业集装箱运输有限公司共有集装箱车7辆，其它运输车16辆，是县内最大的专业集装箱公司。到2007年年底，全县从事集装箱运输的专业货运公司共有7家，集装箱运输车辆39辆。

2007年，嘉善县共有货运车辆5531辆，35074吨位，货运量477万吨，货运周转量28734万吨公里。

平湖市

1990年年末，全县有货运汽车804辆、2275吨，货物运输量完成26.8万吨，货物周转量2949.0万吨公里。其中交通专业有货车20辆、126吨，完成货运量1.8万吨，周转量211.1万吨公里；个体货运汽车84辆、276.3吨，完成货运量3.8万吨，周转量662.8万吨公里。

1991年后，汽车货物运输市场化进程加快。随着全市农村经济的快速发展，乡镇企业运输需求日益增大，自货自运车队不断增加。农村富余劳力购车从事运输也成为普遍认同的致富之路，社会运输生产力迅速发展。连续五年中，全市货运汽车年增长率都超过20%。

在激烈的市场竞争中，个体运输户几经磨难，开始向规模经营发展。1994年10月，全市第一家民营货运企业

表 5-3-3　1991—2010 年嘉善县公路货运量及货运周转量统计表

年份	货运车辆	载重吨位	货运量(万吨)	货物周转量(万吨公里)
1991	689	1905	35	2970
1992	878	2293	70	4719
1993	1223	3358	139	7104
1994	1239	3263	147	7904
1995	1427	3761	150	8400
1996	1479	3645	160	8948
1997	1715	4007	114	8088
1998	1791	3920	139	9593
1999	1965	4256	168	9210
2000	1985	4197	160.6	11496
2001	2146	4867	180	12213
2002	2252	5918	201	13505
2003	2766	6786	315	19745
2004	3432	10147	390	24975
2005	3957	11723	461	24897
2006	4515	22949	494	25665
2007	5238	24647	477	28734
2008	4224	20523	406	24977
2009	4968	27273	394	27482
2010	5341	32976	1544	143675

表 5-3-4　1991—2010 年平湖市公路货运量及货运周转量统计表

单位:万吨、万吨公里

运输量 年份	总计		营业性				汽车运输量	
					其中:个体经济			
	货运量	周转量	货运量	周转量	货运量	周转量	货运量	周转量
1991	114.11	4921.23	83.71	2687.79	77.83	1746.90	40.45	3900.26
1992	251.97	6920.14	213.54	2940.91	207.18	2147.96	47.95	5315.21
1993	298.61	7408.04	255.47	3175.66	219.04	2281.84	54.66	5654.63
1994	354.65	9618.99	353.88	9611.56	275.65	3061.03	95.00	7143.12
1995	410.20	10660.34	410.20	10660.34	314.80	3791.18	101.55	7839.08
1996	359.49	10886.11	355.35	10673.82	245.10	3538.41	130.40	8318.51
1997	443.50	13254.54	443.46	13245.72	350.64	4764.94	110.76	10560.78
1998	411.60	14975.58	411.00	14959.73	280.30	4057.23	162.12	13509.53
1999	357.10	15199.77	354.67	15159.70	180.08	4479.03	223.33	13438.11
2000	356.87	17510.17	356.30	17484.24	221.80	6416.70	202.68	15798.37
2001	324.07	18056.33	323.01	18024.14	108.33	5459.66	230.97	16864.97
2002	356.32	20629.54	352.25	20623.11	220.80	10007.15	237.02	18818.64
2003	337.62	18922.53	333.96	18917.04	165.03	4502.06	214.82	17058.55
2004	387.89	22755.60	384.05	22749.83	180.12	6331.12	262.62	20854.28
2005	468.63	26942.75	460.86	26931.07	246.12	7965.66	318.31	25030.21
2006	597.84	40824.63	575.43	40567.56	328.46	18406.85	479.44	39114.28
2007	680.61	47710.26	655.74	47422.17	357.59	20525.73	556.19	45896.32
2008	793.00	55311.00	777.00	55134.00	102.00	7261.00	793.00	55311.00
2009	836.80	61439.24	836.80	61439.24	332.12	24384.35	836.80	61439.24
2010	1883.59	175321.68	1883.59	175321.68	—	—	—	—

平湖市宏达汽车运输有限公司成立。继后，平湖市安达汽车运输有限公司等6家企业先后组成。1995年后，全市道路货物运输逐步走上有序发展的轨道。1998年年初，平湖市第一货运公司抓住机遇与宝隆洋行北京办事处签约，一次性投资750多万元，购置40辆专用厢式大货车承运壳牌公司乍浦港润滑油运输业务，依托乍浦港抓住大宗货物，发展长途汽车货运，推动了全市货运企业不断做大做强。

2002年7月，全市危险品专用车辆进行组合，成立平湖市赛福储运有限公司，改变了全市危险品运输经营户多、规模小、车辆技术状况差的状况，走上规模化经营发展的路子。

2005年，经市场整合，全市已形成民营货运公司17户，其中集装箱运输企业四户，集装箱车77辆、1893吨，危险品运输企业3户，槽罐挂车20辆。

2010年年末，全市拥有各类货运汽车5797辆、40239吨。其中大型货车1800辆、35320吨；中型货车310辆、1042吨；小型货车3687辆、3896吨。全年全市汽车货物运输量达到1883.59万吨，货物周转量175321.68万吨公里，分别为1990年的70.28倍和59.45倍。

海盐县

海盐县道路货物运输约占水陆货运总量四分之一。1986至1990"七五"期的前两年，全县道路货运量年均尚不足20万吨，后三年已达到88万吨。"八五"期间，年均货运量一跃突破百万吨，上升到186万吨，是"七五"期的三倍；"九五""十五"货运量水平为270万吨。

海盐道路货运的主要工具是载重汽车和货运拖拉机，其期数量比为3:7，运力(吨位数)构成比约为3:2，实际承运量约为1:2。汽车运输中，交通专业运输的运力不足10%，运量约占11.2%；非交通社会运输拥有运力达85%以上，运量约占84%，个体联户车辆(包括除拖拉机外的其他机动车)运力约5%，运量接近5%。1987年，海盐共拥有营运货车23辆，载重168吨，是年货运量不足20万吨。1990年为618辆，2098吨，1995年营业性载货汽车达1415辆，载重4419吨，货运量达307吨。近十年间汽车货运运力总增量达26倍，货运量增长近17倍。2005年，全县营运货车拥有量为1801辆，4860吨位；2007年末尚有1820辆，6148.7吨。虽然运力增量趋缓，反映了近年因燃油价格上涨，直接影响车主营运成本而导致部分竞争力较弱的普通货运车辆退出市场，但运力结构有所改善，挂车、牵引车、厢式货车数量增幅较大。2007年海盐共拥有挂车52辆，1375.8吨位，厢式货车505辆、1153.5吨位，分别占营运货车总吨位的22.4%和18.8%；其中厢式货车数量和吨位比2006年增长30%和31%。

海盐地区道路物资运输的分类流量比重依次为：重工业物资47.8%、轻工业物资24.0%、其他16.7%、农业物资11.5%。重工业物资中汽车运输以钢铁为主(钢材原料

表5-3-5 1991—2010年海盐县公路货运量及货运周转量统计表

单位货运量：万吨 货物周转量：万公里吨

年份	货运量	货物周转量	年份	货运量	货物周转量
1986	3.41	515.28	1999	237.80	8922.69
1987	18.21	2125.08	2000	236.18	8906.80
1988	75.72	4307.52	2001	211.19	8210.52
1989	98.06	4946.80	2002	243.98	7438.59
1990	90.40	3511.80	2003	304.83	13460.20
1991	92.50	3761.33	2004	306.17	15479.70
1992	124.97	8213.98	2005	288.39	14385.0
1993	130.51	8527.22	2006	127	15122
1994	276.62	8246.15	2007	129	15776
1995	306.76	8996.84	2008	330	16367
1996	263.84	9190.47	2009	531	44656
1997	309.70	9978.66	2010	571	53149
1998	335.40	10154.07			

及产品），建材物资则以拖拉机运输为主。货物流向中，市境内物资运输(含各县市)占大头，约为81%，跨省市(地)物资约占18%，本县车辆调外地运输为0.9%。1990年前后，海盐跨省市（地）物资运输总量中，跨市（地）流量占35.5%，其中一半流向是杭州；64.5%的跨省物资中，上海方向占五分之四以上，进运与出运比例约3:2。近十年来，道路运输市场进一步放开搞活，海盐县社会运输运力运量成倍扩容增量，各类物资的外运流向不断延伸拓展，为“接轨大上海、融入长三角”，提升区域经济发展能力发挥着重要作用。

海宁市

1989年，全市共有货运汽车807辆2340吨位。全年完成货运量129万吨，货物周转量3232万吨公里，其中交通专业有货运汽车37辆202吨位，完成货运量2万吨，周转量503万吨公里；个体货运汽车33辆168吨位，完成货运量110万吨，货物周转量954万吨公里。此后，全市农村经济的快速发展，使乡镇企业运输需求日益增大，企业和社会组建货运车队和自货自运车队不断增加。盐官汽车队、沈士汽车队、许巷翁埠汽车队相继建立，海宁市第二装卸搬运公司为适应运输市场变化需要组建长安汽车运

表5-3-6 1991—2010年海宁市公路货运量及货运周转量统计表

单位：万吨、万吨公里

运输量 年份	总计		营业性				非营业性	
					其中：个体经济			
	运量	货物周转量	运量	货物周转量	运量	货物周转量	运量	货物周转量
1989	129.00	3232.00			110.00	954.00		
1990	197.00	2580.00						
1991	135.15	6701.14	102.70	2437.42	88.71	1046.27	32.45	4263.72
1992	312.54	8137.15	292.42	6576.66	253.37	3047.33	20.12	1560.49
1993	360.07	8362.62	345.17	6700.43	287.69	3277.91	14.90	1662.19
1994	377.26	10083.55	377.26	10083.55	282.29	3288.02	0	0
1995	411.44	11135.11	422.44	11035.11	322.38	1072.31	0	0
1996	356.66	11331.32	352.37	11119.42	251.00	3800.80	4.29	211.90
1997	455.40	14585.34	453.22	14443.02	336.90	4580.52	1.68	142.32
1998	439.00	15233.46	436.20	15153.29	289.73	3560.80	2.80	1080.17
1999	393.30	15809.44	387.52	15716.75	194.73	4224.77	5.28	92.69
2000	376.08	17940.53	375.02	17875.75	204.28	5188.06	1.06	64.74
2001	307.96	16025.96	306.83	15994.80			1.13	31.16
2002	204.59	16172.36	202.32	16168.77			2.27	3.59
2003	223.42	16651.67	222.59	16650.43	58.62	3588.47	0.83	1.24
2004	215.52	16518.01	214.66	16513.63	46.78	3051.24	0.86	4.38
2005	261.96	18623.75	259.16	18619.45	79.61	3842.02	2.80	4.30
2006	310.00	20876.00	306.80	20852.40	80.62	4021.05	3.20	23.60
2007	328.00	22928.60	319.80	22901.80	85.61	4251.08	8.20	26.80
2008	373.00	26119.00	350.00	25876.00	74.00	5435.00	23.00	243.00
2009	372.00	32208.00	372.00	32208.00	—	—	—	—
2010	756	70359	756	70359				

输队，农村富余劳力购车从事运输成为普遍认同的致富之路，社会运输生产力迅速发展。

图 5-3-4 公路直通水果产销点

随着货运市场竞争日趋激烈，经营机制、经营方式、经营理念也日趋成熟，货运市场结构发生较大变化。1993 年年底，海宁兴达汽车运输队建立，开通海宁至温州、海宁至广州等长途直运通道。同期，海宁市第一搬运装卸公司、斜桥搬运站分别对落后的搬运装载工具进行技术改造，购置运输汽车和装载设备组建车队参与市场竞争。海宁汽车运输公司和盐官车队则于 21 世纪前夕的企业改制中分别被海宁大元运输公司和海宁金岛运输公司兼并，海宁兴达汽车运输队于 2001 年改建为海宁兴达汽车货运有限公司，拥有车辆 27 辆 242 吨位，成为全市规模最大专业货运企业。2001 年 4 月，交通部颁发《道路货物运输企业经营资质管理办法（试行）》，公布道路货物运输企业一级至五级资质等级的开业经营条件。当时，全市汽车货物运输营业户 2576 家，其中个体运户 1269 户，尚无一家具有四级以上的资质条件。同年 8 月，省交通厅颁发《关于道路危险货物运输专项整治工作的实施意见》，全市取消原有 11 家危险品运输业户经营资格，对危险品专用车辆进行组合，于 2002 年 4 月建立海宁市中泊石油危险品运输有限公司，成为全市唯一的危险品货物运输专业运输公司，改变全市危险品运输经营户多、规模小、车辆技术状况差的局面，走上规模化经营发展道路。

2005 年年底，全市共有载货汽车 3546 辆 7983 吨位，其中营运货车 3501 辆 7924 吨位。全年完成货运量 261.9 万吨，周转量 18623 万吨公里。2008 年，省交通厅印发《大物流建设实施意见》，大力推进物流建设。同年《海宁市交通物流实施意见》出台，确定海宁市大元运输有限责任公司、海宁市兴达汽车货运有限公司、海宁市中联运输有限责任公司为海宁物流龙头企业。截至 2009 年，海宁拥有营运货车 3776 辆 13984.81 吨位，全年货运量 372 万吨，周转量 32208 万吨公里。

桐乡市

道路运输始于 20 世纪 80 年代市场逐渐放开，早期，县内仅交通系统有货运企业（含搬运装卸公司）。1985 年 3 月，虎啸乡店家塘村徐洪生通过银行无息贷款购买 5 吨“解放”货车 1 辆，成为桐乡第一位从事普通货运的个体户。1991 年后，随着乡乡通公路，全县汽车货物运输发展加快，公路运输已成为县境内货物运输主力军，1991 年公路运输完成货运总量为 47.37 万吨，货物周转量 4147.92 万吨公里。

图 5-3-5 桐乡崇福皮毛市场

1989 年 8 月，原地方国营桐乡县汽车运输公司与县汽车运输客运公司合并，时有 5 吨大货车 4 辆、20 吨位（核定载重吨位，下同），10 吨半挂车 3 辆、30 吨位。1992 年乡镇企业纷纷组建货运车队或自货自运车辆，1994 年全市货运车辆达 1943 辆，比 1991 年增加 80%。此时，市境内的“小飞虎”“五菱”等 1 吨以下小货车增幅较快，货运市场处于供大于求状况，运输效率低下，造成资源浪费。针对“车多货少”矛盾，1995 年市交通部门开始对个体运输业户发展进行调控，对新购货车实行按 2000 元/每吨一次性收取有偿使用费，1998 年 1 月该项收费取消，货运车辆仍放开。1996 年开始，市境内梧桐镇、濮院镇等均出现载货电动三轮货车，由于电动三轮货车成本轻，装卸货物方便，致使 1 吨以下小货车受到冲击，而逐渐减少，至 2010 年，濮院羊毛衫市场有电动三轮货车 750 辆，梧桐街道约有 350 辆。2001 年 11 月，市宏欣物流有限公司成立，该公司为民营股份制企业，长年为桐昆集团装运聚脂漆片，至 2010 年有大、小拦板货车、平板大货车共 64 辆、1631.36 吨位，年运量为 36.5 万吨，成为市境内普通货运大户。2003 年 12 月，市八方运输有限公司成立，时有个体挂靠经营货车 53 辆、1060 吨位。由于公路规费取消，公司无优惠措施吸引车主，故多数车辆转出重新成为个体经营；2010 年仅剩 20 辆货车、424 吨位。

2004 年 11 月，浙江宇石国际集装箱有限公司在桐乡成立，主要经营出进口货运的集装箱运输、陆路运输、大件

表 5-3-7　1991—2010 年桐乡市货运量及货运周转量统计表

年度	动力		运输量(万吨)	周转量(万吨公里)
	辆数	吨位		
1991	1077	3148	47.37	4147.92
1992	1153	3406	112.2	5702.3
1993	1696	4969	124.14	5406.16
1994	1943	5097	264.05	8167.54
1995	2799	7333	293.27	8981.27
1996	2373	4933	260.74	9251.2
1997	2739	5149	331.32	12387.84
1998	2984	5061	334.16	13025.08
1999	3327	5454	361.23	13411.85
2000	3451	5031	317.99	15732.35
2001	3606	5142	331.98	14132.72
2002	3870	5839	436.17	17442.24
2003	3613	6616	430.82	19109.64
2004	3585	6495	293.75	16230.73
2005	3657	9619	294.07	18048.22
2006	4306	11699	379	20887
2007	4321	13640	449.09	25594.38
2008	3828	13108	475	26002
2009	4395	16102	859	76001
2010	3876	19029	891	82907

货物运输、仓储等。2005 年完成货运量 44.2 万吨，折合 2.6 万个标箱。2006 年公司投资 1700 万元在桐乡经济开发区广运南路征地 40 亩，建造仓库、场地、办公用房。2006 年公司有 30 吨级以上集装箱车 52 辆，年完成货运量 54 万吨，折合 3.15 万标箱。2009 年，浙江宇石国际集装箱有限公司拥有桐乡牌照集装箱 141 辆，总行程为 1040.88 万车公里，年运量 4.23 万标箱，年产值 3 亿元。

2010 年年末，全市共有五辆车以上各类公路货运企业 108 家，拥有营运车辆 3876 辆、19029 吨位，年货运量 890.9 万吨，货物周转量 82907 万吨公里。

第三节　汽车零担货运

汽车零担货物运输是指通过道路用汽车运送零担货物的运输方式，具有定线、定班的特点。

汽车零担货运是公路运输的一个重要组成部分，托运人一次托运的货物不足 3 吨；或单件体积一般不小于 0.01 立方米(单件重量 10 公斤以上的除外)，不大于 1.5 立方米；或单件重不超过 200 公斤；或货物的长度、宽度、高度分别不超过 3.5 米、1.5 米和 1.3 米的，都按零担货物受理。

浙江省与上海市的杭州至上海零担货物运输，原由上海市汽车运输公司单方开行，后为谋求共同发展，省汽车运输公司于 1979 年 12 月 15 日与上海市汽车公司签订了省(市)际零担货物运输协议，杭沪公路汽车零担货物班车改由双方每天对开 1 班。1980 年 7 月 16 日开行上海至嘉兴零担货运班车。

1980 年 12 月，上海市长途汽车运输公司成立，统一经营跨省(市)的长途客货运输业务，浙江与上海市汽车运输公司协议开行的各线零担货运班车，亦因而改由上海市长途汽车运输公司接替经营。

嘉兴市成立后，1984 年 9 月 1 日起开行硖石(包括澉浦)至上海另班货运班车。1985 年 5 月 1 日起开行桐乡至上海零担货运班车。1986 年 5 月 1 日起开行嘉兴至杭州零担货运班车，1987 年 6 月 5 日起开行嘉兴至湖州零担货运班车。同年 5 月 8 日起开行桐乡至杭州零担货运班车。

1990 年由嘉兴市汽车运输公司零担货运站经营的班线共 7 条，981 公里。

1. 嘉兴至杭州，班期逢双日，可经杭州中转浙南，浙西及广州、福建、湖南、湖北各县市。

2. 嘉兴至上海，隔 3 天 1 班。

3. 嘉兴至无锡，班期逢 5 日，可经无锡中转江苏、安徽、山东、天津、北京各县市。

4. 嘉兴至苏州，隔 3 天 1 班，可经苏州中转昆山、常熟、太仓、沙洲、南通及南通以远县市。

5. 嘉兴至绍兴，隔 3 天 1 班，可经绍兴中转新昌、嵊县、临海、诸暨、余姚、浒山、曹娥等地。

6. 嘉兴至湖州，隔 5 天 1 班，可经湖州中转德清、长兴及安徽各县市。

7. 嘉兴至宁波，隔 5 天 1 班，可经宁波中转奉化、象山、石浦、宁海。

以上零担货运均实行一次托运，全程负责。

1992 年 12 月 25 日，省物价局、交通厅下发《浙江省汽车运价实施细则》，零担货运：省际省内的普通货物由每吨公里 0.38 元，调整为 0.46 元；特种货物由每吨公里 0.50 元，调整为 0.60 元。县乡的普通货物由每吨公里调整为 0.58 元；特种货物由每吨公里 0.78 元，快件省内的普通货物由每吨公里调整为 0.55 元；特种货物由每吨公里调整为 0.72 元。同时还相应规定了在某些运输条件下货物运价可以在基本运价的基础上加减 10%。山区、支线的货物运价可高于基本运价的 15%~25%。

1992 年后平湖、海宁、桐乡县(市)客运站亦均经营零担货运班车业务。

嘉兴国鸿快件积极参与省运管局牵头打造的浙江省快速货运网络建设，发挥浙江省十一个地市运输公司各自的零担、专线优势，开辟嘉兴至杭州的专线，开拓整车、零担业务，依托浙江省快速货运网络辐射全省乃至全国。嘉兴国鸿快速货物运输分公司，充分利用嘉兴西、北两大长途车站开展快件运输；携手杭州萧山机场、上海浦东机场、上海虹桥机场开展航空货物运输；依托浙江快件运输网络，推出专线、整车、零担货运。1. 国鸿公路快件运输：公路快件运输利用嘉兴西、北两大车站，丰富的客运网络资源，线路遍布全国八省、市，尤以省内及长三角重点城市的网络班线频次数多，做到“早发午至、午发夕至”形成国鸿快运“四小时”物流圈。国鸿快运还开设了“门到门”精品服务。2. 国鸿航空货物运输：国鸿航空货运直接与杭州萧山机场、上海虹桥机场、上海浦东机场的机场空运部开展业务合作，减少代理环节，为广大客户提供最低的价格、最快的服务，在有效期时间内受理，当天可到达国内 38 个中心城市，24 小时~36 个小时到达 77 个城市，通过多联式运输网点派送延伸服务共 1200 多个点，同时推出国际航空货运业务。3. 国鸿专线、整车、零担货物运输：国鸿快件积极参与省运管局牵头打造的浙江省快速货运网络建设，发挥浙江省十一个地市运输公司各自的零担、专线优势，开辟嘉兴至杭州的专线，开拓整车、零担业务，依托浙江省快速货运网络辐射全省乃至全国。

2009 年，嘉兴市国鸿汽车运输公司零担业务年经营运量达 3460 吨，经营周转量达 355219 吨公里；2010 年，公司零担业务年经营运量达 3643 吨，经营周转量达 359727 吨公里。

第四节　危险货物运输

道路危险货物运输是面向社会的服务性行业，也是高风险的行业，道路危险货物运输安全生产是道路运输行业管理永恒的主题。嘉兴市道路危险货物运输以市场为导向，以结构调整为主线，以提高企业竞争力为核心，以分类指导、分类管理为切入点，以运输安全为重点，抓住发展机遇，做好道路危险货物运输监督管理做好工作。

20 世纪 90 年代以前，嘉兴的危险品运输市场主要是为加油站、液化汽提供服务，还基本停留在自货自运的落后状态。随着现代科学技术、化学工业的迅速发展和不断扩大，以及人民生活水平的提高，汽车运输危险货物的品种和数量日益增多，嘉兴市的汽车危险品运输也发生了很大的变化。

到 1999 年年底，全市共有 71 户危险品运输单位，162 位从业人员，危险品运输车 398 辆，2787 吨位，其中罐装车 211 辆，1549 个吨位。但专业化程度不高，作为全市唯一危险品专业运输的大安危险品运输公司竟没有一辆罐装车，只在改装后的普通货车上吊放一槽罐，况且只承运嘉化公司(同一集团的两子公司)的业务，很少对外营运。

2000 年，针对危险货物运输主体散、乱、小的状况，全市注销了从事危险品运输业户口户，车辆 45 辆，着手开始引导各分散主体组建危险品专业运输公司，现新组建的 1 家危险品专业运输公司基本实现了规模经营。

2004 年，对嘉兴危险品运输市场黑车横行、人员无证上岗、车辆技术条件失控等现象开展一系列整顿活动。一是组织了一次化学危险品专项稽查活动，为期 3 天，出动人员 40 人次，车辆 12 车次，检查车辆 452 辆，查处违章车辆 13 辆，其中黑车 6 辆。二是开展危险品罐车专项查，会同公安、安监、技术监督部门，利用 4 天时间对全市 14 家危险品企业的罐车进行了检查，通过检查车辆登记薄，罐车使用合格证，驾驶员、押运员配备以及行车记录设备安

表 5-3-8　2010 年道路危险货物运输统计表

指标名称	计量单位	合计	经营性
一、道路危险货物运输业户数	户	32	32
其中:1 类-运输爆炸品	户	1	1
2 类-运输气体	户	23	23
3 类-运输易燃液体	户	29	29
4 类-运输易燃固体、易于自燃的物质和遇水放出易燃气体的物质	户	9	9
5 类-运输氧化性物质和有机过氧化物	户	8	8
6 类-运输毒性物质和感染性物质	户	7	7
7 类-运输放射性物质	户	0	0
8 类-运输腐蚀性物质	户	16	16
9 类-运输杂类危险物质和物品	户	0	0
其中:运输剧毒化学品		1	1
二、道路危险货物运输车辆合计	辆	823	823
1. 道路危险货物运输车辆合计	吨位	10230	10230
其中:安装 GPS 车辆	辆	823	823
安装 GPS 车辆	吨位	10230	10230
安装行驶记录仪车辆	辆	0	0
安装行驶记录仪车辆	吨位	0	0
2. 按车型结构分			
其中:罐车	辆	465	465
罐车	吨位	6405	6405
槽车	辆	0	0
槽车	吨位	0	0
厢式车	辆	82	82
厢式车	吨位	1795	1795
普通栏板车	辆	276	276
普通栏板车	吨位	2030	2030
三、运输量	万吨	662	662
运输量	万吨公里	76113	76113
其中:液体	万吨	479	479
液体	万吨公里	64695	64695
固体(粉状物)	万吨	70	70
固体(粉状物)	万吨公里	4567	4567
气体	万吨	113	113
气体	万吨公里	6851	6851

装情况，对全市 275 辆罐车进行了检查，发放整改通知书 5 份，并对 3 辆已超期的危险品罐车进行了强制报废。三是继续规范危险品从业人员培训活动。2004 年共举办化学危险品从业人员培训班 3 期，培训押运员 321 人次，搬运装卸管理人员 28 人次，驾驶员 172 人次。四是督促企业落实危险货运承运人责任险投保工作。确定了每车最低保险金额为 10 万的承运人责任险，全市 14 家危险品企业 459 辆危险品车辆均已参加投保。

根据 2005 年 8 月 1 日起施行的《道路危险货物运输管理规定》，凡从事道路危险货物运输经营的，应当具备下列条件：(一)有符合下列要求的专用车辆及设备：1. 自有专用车辆 5 辆以上；2. 专用车辆技术性能符合国家标准《营运车辆综合性能要求和检验方法》(GB18565)的要求，3. 配备有效的通讯工具；4. 有符合安全规定并与经营范围、规模相适应的停车场地。5. 配备有与运输的危险货物性质相适应的安全防护、环境保护和消防设施设备；6. 运输剧毒、爆炸、易燃、放射性危险货物的，应当具备罐式车辆或厢式车辆、专用容器，车辆应当安装行驶记录仪或定位系统；7. 罐式专用车辆的罐体应当经质量检验部门检验合格。运输爆炸、强腐蚀性危险货物的罐式专用车辆的罐体容积不得超过 20 立方米，运输剧毒危险货物的罐式专用车辆的罐体容积不得超过 10 立方米，但罐式集装箱除外；8. 运输剧毒、爆炸、强腐蚀性危险货物的非罐式专用车辆，核定载质量不得超过 10 吨。(二)有符合下列要求的从业人员：1. 专用车辆的驾驶人员取得相应机动车驾驶证，年龄不超过 60 周岁；2. 从事道路危险货物运输的驾驶人员、装卸管理人员、押运人员经所在地设区的市级人民政府交通主管部门考试合格，取得相应从业资格证。(三) 有健全的安全生产管理制度，包括安全生产操作规程、安全生产责任制、安全生产监督检查制度以及从业人员、车辆、设备安全管理制度。

2005 年，在对全市危险货运企业进行安全生产大检查，进一步落实安全责任的同时，加大了危品从业人员的技能培训力度，6 月份组织了企业安全管理人员就安全管理法律、法规及事故处置等内容进行了培训；9 月份，又以安全为主题，对全市道路危险货物运输 1207 名从业人员进行了安全教育和培训，对提高危险品运输从业人员的业务技能起到了积极作用，进一步强化了运输企业的管理质量。

2007 年，强化危险品货物运输管理，督促、指导全市各危险品运输企业使用全省统一的危险货物运输行业管理和企业管理基本台账，同时，定期组织开展危险运输管理业务检查，确保新增企业每季度不少于 1 次，其他企业不少于 2 次。

2008 年，成立嘉兴市道路运输协会危品运输专业委员会，通过协会，构建行业管理部门与企业沟通桥梁，积极发挥行业协会为会员服务、维护会员合法权益的功能，充分发挥协会在规范危险货物运输市场中的独特作用，充分发挥行业协会在行业自律、维护和规范市场秩序方面的作用，促进危险货物运输行业发展。到 2009 年年底，嘉兴市共有危险货物运输企业 32 家，其中南湖区 14 家，嘉善县 1 家，平湖市 9 家，海宁市 2 家、桐乡市 3 家、秀洲区 2 家，海盐县 1 家。危险货物专用车辆 768 辆，总吨位 7367.46 吨，分别比 2008 年同期增长 11%、13%；其中槽罐车辆 410 辆，总吨位：5649.49 吨。从业人员 1722 人，其中驾驶员 796 人，押运员 862 人，装卸管理人员 64 人。从业人员持证率达 100%，GPS 安装率达 100%。2009 年，嘉兴市运管稽征处专门针对货运市场展开专项整治，全市共出动上路稽查人员 2,5324 人次，检查车辆 19,9707 辆，查获违章车辆 5557 辆，其中危险品违法违章车辆 237 辆，总计罚款达 1302,16 万元，其中危险品罚款 454 万元。通过整治，有效的打击了非法从事危货运输的经营行为，危货运输市场经营秩序得到明显改善。

第五节 集装箱运输

嘉兴最早办理集装箱运输的是第三运输装卸公司，于 1981 年 10 月开始办理铁路集箱箱运输业务，集装箱载重分 1、3、5、10 吨，用大中型拖拉机、通用货车或采用改装的箱货两用半挂车运输。其分年完成运量为：

1983 年，集装箱 9868 只，2.05 万吨，8.63 万吨公里。

1984 年，集装箱 8359 只，2.57 万吨，11.88 万吨公里。

1985 年，集装箱 12710 只，3.17 万吨，13.07 万吨公里。

1986 年，集装箱 13554 只，3.70 万吨，19.76 万吨公里。

1987 年，集装箱 8688 只，2.15 万吨，26.22 万吨公里。

1988 年，集装箱 8588 只，2.12 万吨，20.88 万吨公里。

1989 年，集装箱 9507 只，3.35 万吨，29.37 万吨公里。

1990 年，集装箱 16491 只，7.48 万吨，100.58 万吨公里。

1983 年 2 月，嘉兴地区外贸公司，在省外运分公司的指导下，第一次作集装箱运输的试行工作。同年 12 月 2 日，该公司正式接受省公司下达的由省公司组织货源的集装箱运输任务，当月该公司 2 辆日产三菱 20 吨车完成 20

英尺集装箱21只的运输任务；1984年，完成20英尺集装箱266只。装货点从一开始仅有杭州、安吉等几个点，逐步发展到包括全市在内数十个装货点，在嘉兴有服装公司的服装，汽钢厂的钢圈，海盐无线电厂的器材，长安丝厂的丝绸，桐乡的菊花和彩蛋等，都是把集装箱送到厂里，门对门进行装货出运的，该公司1988年共有不同车吨位的货车19辆，215吨位，1990年年底，共有不同车吨位的货车20辆，217吨位。

该公司从1983年以来经营的汽车集装箱运输，大部分是以通用货车，少量采用改装的箱货两用的半挂车运输，集装箱汽车装载部位的尺寸按标准订装箱尺寸来确定，并在相应于集装箱底部四角的位置上，设有固定集装箱的扭锁装置。该公司汽车集装箱的型号为20英尺和40英尺两种。20英尺标准箱与国际标准集装箱型号1CC相同，外部尺寸(毫米)为高2591，宽2438，长6058，总重20320公斤；40英尺标准箱与国际标准集装箱型号1AA相同，外部尺寸(毫米)为高2591，宽2438，长12192，总重30480公斤。

嘉兴国际集装箱中转站是于1989年根据本地区外向型经济和对外贸易发展的需要，经省、市主管部门批准，纳入由国家计委批准、交通部实施的“七五”重点项目——以上海为枢纽港的国际集装箱运输系统工业性试验项目公路运输站点之一。1989年5月，嘉兴市运输装卸公司根据交通部贯彻国家计委〔1988〕计科技954号批复精神，筹建国际集装箱中转站，同年6月省交通厅批复同意建站，纳入上海港的沪、苏、浙国际集装箱疏运线。年底前办妥了征地17.9亩手续，购入40英尺(即30吨)集装箱专用车2辆，改造平板车为平板集装箱两用车6辆，1990年又新增40英尺集装箱车2辆，40英尺牵引车2辆，于1989年12月13日开始投入试运转。到1990年年末，共完成国际出口集装箱(标准箱)490只；进口集装箱(标准箱)206只；国内集装箱(标准箱)138只，共计标准箱834只(自然箱734只)，箱内货重9724吨，行车168476公里。出口物资有湖州、安吉等地竹器；嘉兴棉布、服装、菊花、机器螺丝、丝瓜筋等。进口物资以设备为主，全年营收896327.66元，利润35600元。该站于1991年建成投产并通过项目验收，对改善本市和周边地区投资环境，促进外向型经济发展起到良好作用。当时因属试验阶段，设计规模小，年集疏运能力仅为3000TEU。建站后，国际集装箱运量逐年增长，

嘉兴进出口集装箱运输，根据长江三角洲上海经济区一体化发展的要求，江苏、浙江、上海的集装箱车辆，采用统一资质标准，相互认可，自由出入，其他省市的过境集装箱车辆，可纳入驻沪运输管理，逐步取消“过境证”，实现上海市和外省籍车辆统一费税标准，结合浙江省对于集装箱车辆吨位在15吨以下按实际吨位征收，15吨以上的一律按15吨征收，提出嘉兴集装箱运输发展应该依托上海港发展国际集装箱运输，依托嘉兴港资源发展港口集装箱物流，依托信息技术发展公铁水联运的集装箱发展思路，目前全市集装箱运输发展势头良好。

1993年，嘉兴“三资”企业已有1000多家，进出口货物31万吨，其中适箱货物1万标箱，1994年进出口货物45万吨，其中适箱货物1.5万标箱。“九五”期间，嘉兴市国民经济增长率15%，外贸增长率20%，从外贸角度均应推行集装箱运输。嘉兴及周边地区进出口货物适箱量以30%的速度递增。

1994年，嘉兴市运输装卸公司和第三运输装卸公司合并组建成嘉兴市交通运输集团有限责任公司。

1994年，嘉兴国际集装箱中转站运量已达到5806TEU，超过设计能力的近一倍。1994年，嘉兴国际集装箱中转站占地面积11933平方米，修筑重、空箱堆场及回车道、停车场8387平方米，房屋建筑面积1400平方米，其中拆装箱库及货物仓库500平方米，修理车间600平方米，业务用房等300平方米。还有配电间、食堂等配套设施。装卸机械设备有30吨轨道龙门吊机1台，32吨汽车起重机1台，5吨码头吊机1台等。主要运输设备有：40英尺集装箱车20辆，20英尺集装箱车12辆，设计能力3000TEU。1996年经省、市计经委批准，嘉兴国际集装箱中转站在原有基础上增加征地32亩；堆场6000平方米。国际集装箱堆场堆放重箱174个箱位，堆三层；堆放空箱57个箱位，堆三层；停车场6000平方米；道路：场内车辆及机械回转道路平均宽15米，总长240米，合计3600平方米；拆装箱库及货物仓库2700平方米；修理车间700平方米；业务用房、配电间、食堂等配套设施1584平方米；40英尺集装箱车10辆，20英尺集装箱车14辆；装卸机械设备有32吨轨道龙门吊机1台，15吨叉车1辆，40英尺、20英尺集装箱吊具各一套；配置电子计算机及EDI系统设备等配套设施。

到2000年，嘉兴共有3家企业经营集装箱业务，即嘉兴市交通运输集团公司、中国国际集装箱浙江嘉兴发运站和中远嘉兴分公司，它们拥有46辆车，其中集装箱专用车11辆，大部分为92年解放、东风车，比较陈旧，去年承运重箱14872TEU。在嘉兴市场，随着经济水平的提高，集装箱的货源应该说日益增多，运量大于运力，根据上海外轮理货机构和各船公司的资料显示，嘉兴每个月都有进口箱6500~7500个TEU，出口箱3000TEU，而出口箱业务量最大的为中远公司，大约每个月承运出口箱600TEU，远远不能满足社会的需求，因此嘉兴市基本上所有的国际集装箱运输业务被上海和杭州企业所承接。这些货源主要集中

在嘉善晋亿公司、平湖莱织华服装和平湖南桥箱包。各集装箱运输企业都经营国际集装箱业务，很少受理国内业务。虽然，集装箱市场的技术含量较高，但竞争依旧激烈，主要体现在价格方面，从1992年10.8元/箱·公里(40FT)，到2000年的10元/箱·公里，表面上看下降不多，但现在的单价已包含各种过境费，按上海至嘉兴营运距离150公里，运费1400元其中过境费200元计算，其实单价只有8元/箱·公里，下降了19.26%。所以，作为嘉兴唯一的集装箱中转站——嘉兴集装箱中转站，加之车辆破旧，资金短缺等种种原因，1999年只完成了8000个TEU的运量，只相当于嘉兴一个月的货运量。

2004年，借政策有利时机发展集装箱运输，随着外向型经济的发展，嘉兴进出口集装箱源将会十分充足，根据长江三角洲上海经济区一体化发展的要求，江苏、浙江、上海的集装箱车辆，采用统一资质标准，相互认可，自由出入，其他省市的过境集装箱车辆，可纳入驻沪运输管理，逐步取消“过境证”，实现上海市和外省籍车辆统一费税标准，结合浙江省对于集装箱车辆吨位在15吨以下按实际吨位征收，15吨以上的一律按15吨征收，提出嘉兴集装箱运输发展应该依托上海港发展国际集装箱运输，依托嘉兴港资源发展港口集装箱物流，依托信息技术发展公铁水联运的集装箱发展思路。

表5-3-9 2005年嘉兴市全社会公路集装箱运输量

指标	序号	箱运量（个）	货运量（吨）
公路标准集装箱合计(TEU)		58254	871798
45英尺	1	350	5250
40英尺	2	17416	402920
35英尺	3	0	0
20英尺	4	23422	463628
10英尺	5	0	0
国内标准集装箱合计(10吨箱)		11635	105471

5-3-10 2006年嘉兴市全社会公路集装箱运输量

指标	序号	箱运量（个）	货运量（吨）
公路标准集装箱合计(TEU)		82082	1483338
45英尺	1	960	18250
40英尺	2	24336	666718
35英尺	3	1544	46332
20英尺	4	41360	752038
10英尺	5	0	0

表5-3-11 2007年嘉兴市全社会公路集装箱运输量

指标	序号	箱运量（个）	货运量（吨）
公路标准集装箱合计(TEU)		34619.6	5164950
45英尺	1	116	27214.5
40英尺	2	19410	4929350.6
35英尺	3	2144	49332
20英尺	4	25637	593904.9
10英尺	5	9945	91213

表5-3-12 2008年嘉兴市全社会公路集装箱运输量

指标	序号	箱运量（个）	货运量（吨）
公路标准集装箱合计(TEU)		127539	3012304.25
45英尺	1		
40英尺	2	52796	2521998
35英尺	3		
20英尺	4	21947	490306.25
10英尺	5		

表5-3-13 2009年嘉兴市全社会公路集装箱运输量

指标	序号	箱运量（个）	货运量（吨）
公路标准集装箱合计(TEU)		100842	2540601
45英尺	1		
40英尺	2	60512	1493734
35英尺	3	3665	46332
20英尺	4	36665	1000535
10英尺	5		

表5-3-14 2010年嘉兴市全社会公路集装箱运输量

指标	序号	箱运量（个）	货运量（吨）
公路标准集装箱合计(TEU)		184257	4642148
45英尺	1		
40英尺	2	51458	1504227
35英尺	3		
20英尺	4	81341	1848406
10英尺	5		

第六节 物 流

历史沿革

嘉兴物流业起步于20世纪90年代。到2000年，嘉兴有濮院羊毛衫市场、货运市场洪合羊毛衫市场货物联托运中心、许村被面装饰市场货运交易市场三个有形市场，它们都依托小商品市场发展而建立，生意红火，其根本原因是有着当地商品市场的稳定的货源，如濮院羊毛衫货运市场经过近几年的发展，特别是1998年投资325万元的卸货散发中心的建立，使该货运市场的硬件设施更为齐全，先后出台了《濮院货运中心经营户经营守则》《濮院货运中心对经营户的管理办法》《经营行为百分考核制度》《濮院羊毛衫市场货运三轮车管理办法》《濮院羊毛衫市场卸货管理办法》以及《桐乡市道路运输货运代理暂行规定》《桐乡市濮院羊毛衫市场货运管理办法》等一系列管理制度，使货运市场在软件方面也有了很大的升级，为规范管理，运转正常提供了有力的法律依据。2000年，它拥有75家联托运业户，直达全国各省(市)(台湾、海南省除外)的货物配载专营线路109条，从业人员500多人，平均日运量350吨，高峰日期超过500吨，年发送量18.25万吨，与此同时它还拥有卸货散发点7家，承接着全国30多城市发至濮院的货物，年卸货量90万包左右，约8万吨，并且，2000年对750辆市场内短途运输主力的货运三轮车重新核定上牌，颁发了“道路运输证”，使濮院羊毛衫市场初步形成以联托运中心为核心、卸货散发中心、三轮车货物运输为配套的运输格局，在浙北乃至华东具有较强影响力和辐射力的联托运市场。同样，洪合羊毛衫市场的联托运中心和许村被面装饰市场的货运交易市场也初具规模，年货运量分别达到1.5万吨和1.4万吨，为当地市场的商品流通提供了很好的载体。

20世纪90年代末，嘉兴市已有171条专营线路(货物配载线路专营是指经营者固定受理、配载同一起运地和到达地的货物的货运服务经营活动。货物配载专营线路同客运线路一样，同属国家无形资产)。其中，公路直达托运155条，公铁联运13条，航空运输线3条(货物直接送到上海，再空运到全国各地)，承接着发往30多个省市的货物。这些线路分布在三个货物交易市场内，其中濮院羊毛衫市场货运市场109条，洪合羊毛衫市场货物联托运中心42条，许村被面装饰市场货运交易市场20条。全市的货运配载专营线路全部采用有偿使用的形式出租给经营业户，这些经营业户都是私营或个体经营者，大部分来自柯桥、义乌，本地人由于缺乏经营开拓精神，数量极少。专营线路有偿使用费(标的)由市场管委会根据该线上一年的货运量而定，在三个货运市场中标的悬殊极大，洪合市场最高的北京线达18万元/年，而新线路只有1万元/年，濮院市场最高的哈尔滨线有74.9万元/年，相反张家港线只1.5万元/年，再如许村市场的北京线也高达36.31万元/年，山东临沂为2万元/年。各市场均通过招标方式确定经营者，但招标方式各有千秋，如洪合羊毛衫货运市场首先由市场管委会确定线路的标的，并发出通告，对该线路有投资意向的报名，再由市场管委会、物价、公安、交通等管理部门组成的招标小组，对报名的业户的业绩，经营行为实行考核评分，取考核成绩好的前五名，参加由公证处证明的摇奖，其中奖者就是中标人；而许村货运市场先根据市场情况确定好标底，再由交通局发招标文件，对经营者实行经营资质的审查，经审核同意后，方可参加竞标大会，在标底的基础上，与全体投标者的标的平均数量接近者就为中标人。

嘉兴现代物流业正式起步于2007年。自浙江省人民政府将大物流建设列为现代交通“三大建设”项目起，嘉兴市政府也高度重视物流业的发展。也紧紧抓住这个机遇，交通运输业由单一运输方式发展向综合运输体系发展转变，嘉兴交通运输业正在实现由传统产业向现代交通运输业转型。

2007年，嘉兴精心培育现代物流业，确定21家货运重点联系企业，推荐8家2007—2009年度全省道路货级重点联系企业，并积极组织相关企业参加全省现代物流管理研讨班、2007年现代交通与物流科技博览会和2007中国现代物流(秀洲)论坛等活动。

2007年，嘉兴市地区生产总值1585.18亿元，生产性服务业达到191.8亿元，交通运输仓储及邮政业68.78亿元，占GDP的4.33%。嘉兴市三大物流市场的货物吞吐量达到15.65万吨，分别为桐乡市濮院物流市场11.8万吨、嘉兴市洪合毛衫城物流市场1.75万吨、嘉兴市远方物流市场年吞吐量2.1万吨。

2007年年底，嘉兴市已有物流注册企业1000多家，其中外地来嘉兴市设立分公司和办事处的有近100家。嘉兴市拥有汽车货运业户2.06万户，其中货物专用运输76户，集装箱运输38户，危险货物运输27户，专用运输占总经营户数0.7%。嘉兴市规模达到500吨以上货运企业有15户，2万吨位，吨位数占总货运力20%左右。其中达到省级龙头企业标准2000吨以上规模企业已有2户，全市共有货运代理、货运配载、仓储理货等货运站场经营企业277户。截至2007年年底，嘉兴市拥有营运货车3万辆，11.1万吨，平均吨位3.7吨，其中专用货车741辆，集装箱车445辆，厢式货车7091辆。

近年来嘉兴市物流量呈现快速增长的势头，2008年全市地区生产总值1815.30亿元，增长10.7%，生产性服务业达到191.8亿元，增长17%，交通运输仓储及邮政业78.6亿元，占GDP的4.33%，增长17.47%。

2009年上半年，完成道路、水路货运量5317.77万吨，货物周转量62.75亿吨公里，分别为2008年同期的96.5%和97.5%。其中，道路货运量1998.65万吨，货物周转量16.15亿吨公里；水路货运量3319.12万吨，货物周转量46.60亿吨公里。

2009年上半年，全市已有物流注册企业1000多家，其中外地来嘉兴市设立分公司和办事处的有近100家。全市拥有汽车货运业户2万户，拥有营运货车2.87万辆，11.76万吨，平均吨位4.1吨，其中，达到省级龙头企业标准2000吨以上规模企业已有2户；全市拥有水运服务企业有21家，内河货物运输企业25家，全市拥有货运船舶6173艘，93.42万载重吨，平均吨位151.34吨较2008年年底增加了4.42吨。

2010年，物流基地建设项目主要有：嘉兴现代综合物流园北区的农产品交易中心市场专用码头、货运市场、浙江食盐配送中心等项目，年度计划投资6600万元；嘉兴现代综合物流园南区的安博物流（二期)、宝银重钢、新族电器、第三方物流等项目，年度计划投资27360万元；嘉兴内河多用途港区的500吨级泊位建设项目，年度计划投资5530万元；独山港综合物流园区年度计划投资40000万元。桐乡振东物流中心项目，年度计划投资4000万元。

2010年，嘉兴市完成道路货物运输量7919万吨，周转量737090万吨公里，而开展大物流建设之前的2007年道路货物运输量为3304.47万吨，周转量为191938.6万吨公里，近三年内分别增长了140%和284%，反映全市开展大物流建设后，货运物流业发展迅猛。

费改税以后，随着节能减排技术的推广，货运车辆逐步向重型化、特种专用化、普通厢式化发展。2010年年底，嘉兴市营运货车39755辆，总吨位207143吨，分别比2009年同期增长28%和34%。其中，8吨以上重型货车7819辆，占全部营运货车19.7%，比2009年同期增长46.3%；专用货车1907辆，占营运货车4.8%，比2009年同期增长5.6%；厢式货车11608辆，占营运货车29.2%，比2009年同期增长26.6%；集装箱车1209辆，占营运货车3%。

2010年年底，嘉兴市有道路货运经营业户26039家，其中拥有10台营运车的业户231家，专业运输业户243家，有省交通重点扶持物流龙头企业1家，市交通重点扶持物流龙头企业8家，4A级物流企业1家，3A级物流企业4家，2A级物流企业3家。物流企业向专业化、大型化、集约化方向发展显著。

2010年年底，嘉兴市列入交通重点扶持的物流基地有3个。其中省部共建物流基地嘉兴现代综合物流园南区已完成投资近6亿元，已建成的沃尔玛华东配送中心为沃尔玛和好又多115家门店配送，月配送货运价值达5亿元；2.4万平方米的安博物流仓储设施全部出租，吸引了顺丰速递、德邦物流、百世物流和海格物流等知名物流企业入驻；正在建设宝银重钢物流、新族电器配送、浙江(嘉兴)物流科技创业园一期工程等项目；正在筹备建设嘉兴市现代物流园公共物流信息平台和货物配载中心(公路港)项目。嘉兴现代综合物流园北区计划投资6亿元，建设嘉兴农产品交易中心市场专用码头、浙江省盐业配送中心、嘉兴绿源农产品冷链物流项目等；市扶持重点物流基地嘉兴内河港多用途港区已完成投资3.24亿元，一阶段工程建设完成，开港运营；另一市重点物流基地独山港综合物流园规划已完成，园区正在建设专用码头工程和配套设施，以及园区道路基础设施。

嘉兴市物流信息化建设主要体现在两个方面：一是企业物流信息平台。浙江中坤东方物流有限公司2006年开始筹建平湖市公共物流信息平台；嘉兴市远方物流有限公司于2009年1月建设开通的嘉兴物流网；二是开展物流软件推广工作。截至2010年年底，全市已完成29家CS版、120家BS版、3家集装箱和1家物流基地通用软件的安装工作，已组织实施6次物流软件操作人员培训，并利用普运软件建立危险货物运输电子路单报备制度。

2010年，物流龙头企业建设项目主要有：嘉兴二运物流货运中心项目，项目总投资6000万元；嘉化物流有限公司二期扩建项目，项目总投资3000万元。

推广“甩挂运输、外包服务、信息化推广、农村物流”等创新创建示范典型。外包服务重点推广振石集团浙江宇石国际物流有限公司，信息化推广重点推广浙江中坤东方物流有限公司，甩挂运输重点推广振石集团浙江宇石国际物流有限公司、嘉兴市兴达汽车货运有限公司、嘉兴市大安汽车运输有限责任公司，农村物流全市在海宁开展交邮合作试点的基础上，各县(市、区)结合实际开展城乡配送网络试点(包括整合交通邮政网络资源)，积极发展农村物流的连锁配送业务，树立农村货运建设典型。因地制宜进行浙江小件快运推广工作，加强农村物流基础设施建设，特别是加快农村客货(邮)运一体站建设。

图 5-3-6　桐乡宇石物流公司

物流企业

物流基地

嘉兴现代物流园　嘉兴现代物流园区位于嘉兴主城区西南侧，一期控制性规划面积约 4 平方公里，2008 年被列为省交通重点扶持物流基地，2009 年被列为“省部共建”物流基地，同时也是省国际服务外包示范园区和现代服务业集聚示范区。园区已完成沃尔玛(嘉兴)配送中心项目、安博(嘉兴)物流设施项目、速银通仓储物流项目、宝银重钢物流项目、顺丰速运嘉兴总部和第三方物流临时集聚区项目；正在建设浙江(嘉兴)物流科技创业园、申通快递华东区总部项目；计划建设嘉兴现代物流园公路港项目、嘉兴现代物流公共信息服务平台项目、三一重机华东配销中心项目、普洛斯物流设施项目和浙江圆通总部项目。

嘉兴综合物流园　嘉兴综合物流园地处嘉兴市区中心城区西南，规划范围为 G320 国道以西、乍嘉苏高速公路以东和京杭大运河以南的三角地块，总占地面积约 3980 亩。园区一期工程即水果、蔬菜、水产肉食品、粮油土特产、建材陶瓷、物资调剂等六大市场的异地迁建及配套设施，总用地面积 1362 亩，建筑面积约 55 万平方米，总投资近 7.5 亿元。嘉兴综合物流园区二期在建项目有嘉兴农产品交易中心市场专用码头、怀昌路、农产品生产与流通数字平台及原专业市场第二次扩容与新市场的引进如嘉兴市绿源农产品冷链物流、嘉兴水果市场三期及冷链物流工程等共十个项目，项目总投资 299698.99 万元，2011 年计划投资 100966.19 万元。

嘉兴内河港多用途港区　嘉兴内河港多用途港区系浙江省重点工程、交通部绩效考核试点项目、浙江省交通厅精品示范工程。港区项目总投资 4.4 亿元人民币，占地 32.6 万平方米，泊位总长度 570 米，建设 1000 吨级泊位 10 个，设计年吞吐力 250 万吨(含集装箱 18 万 TEU)，远期全部经营集装箱后，可达 70 万 TEU 的实际作业能力。港区工程于 2008 年 12 月份开工，2010 年 8 月份一阶段工程完成交工验收，同年 11 月 8 日，嘉兴水陆口岸入驻港区，港区进入试运营阶段。港区业主为嘉兴内河国际集装箱码头有限公司，下属嘉兴内河仓储有限公司、嘉兴集箱物流有限公司、嘉兴内河航运有限公司三家子公司，其中嘉兴集箱物流有限公司和嘉兴内河航运有限公司两家子公司已投入运营。

平湖独山港综合物流园　平湖市独山港综合物流园区位于平湖市东南沿海，东与上海接壤，南涉杭州湾，北至杭浦高速公路，西靠嘉兴港区和杭州湾跨海大桥，总规划面积 13.1 平方公里，其中核心区 2.2 平方公里，核心区总投资 33.5 亿元。2010 年 8 月成立“平湖市独山港综合物流园区开发建设管理委员会”，平湖市独山港区物流投资有限公司为投资主体。2009 年 7 月 27 日，平湖市人民政府与浙江省道路运输管理局签订省市共建合作协议，被列为省市共建物流园区。平湖市独山港综合物流园区目前入区签约项目 10 个，总投资 45.7 亿元，其中完成投资 8.8 亿元，建成码头泊位 2 个。

嘉善县嘉兴远方物流中心　嘉善县嘉兴远方物流中心(一期工程)于 2002 年 5 月竣工，占地面积 36867 平方米，投资总额达 1500 万元，现有经营线路 60 余条，年交易货运量达 32 万吨。

桐乡卜院物流基地　桐乡卜院物流基地占地 20.7 万平方米，仓储 2.67 万平方米，于 2004 年开工建设，2010 年完成全部建设任务。

龙头企业

振石集团浙江宇石国际物流有限公司　振石集团浙江宇石国际物流有限公司作为浙北地区具有一定规模的多功能物流企业，被国家税务总局确定为全国物流企业税务改革试点企业，并被交通部确定为全国物流甩挂运输试点企业，同时被国家物流与采购联合委员会认定为嘉兴市首家国家 AAAA 级物流企业。公司成立于 2001 年，注册资本 2045.5 万元，总资产达 4.86 亿元，2010 年度，公司实现主营业务收入 4.27 亿元，上缴地方税收达 2056.47 万元，全年完成进出口集装箱运输 56122TEU，完成散货运输 165 万吨，周转量 2.41 亿吨公里，总行驶里程达 1437.2 万公里。公司拥有集卡牵引车 156 辆，挂车 185 辆，其他营运车辆 10 辆，总吨位 5677.63 吨，总箱位 370 个。公司有员工 400 余人，其中中高层管理人员 70%以上拥有大专以上学历，业务人员中 50%以上拥有中等以上学历或专业资格。

浙江汇联物流有限公司　浙江汇联物流有限公司成立于 2007 年 11 月，注册资金 5000 万元，董事长徐良川。是嘉兴地区最大的自行筹资建造、自行经营管理，融合运输业、仓储业、货代业和信息业等的复合型现代化第三方物流企业。公司位于浙江省嘉兴市经济开发区华玉路1598号，紧邻S07省道和G320国道，交通便利，占地7万多平米，总投资人民币1.2个亿，建有5000平方米的停车场、2.4万平方米的多功能标准仓库、11500平方米的办公楼及综合配套楼；各类运输车辆和外协车辆共50多辆；有员工91人，其中大中专以上毕业生65人，占全部员工总数的71.4%。公司主要为各大、中型企业专业提供物流项目总包、全国干线运输、零担配载、货运代理、区域配送、市内配送、仓储中转、包装加工分拣、物流方案策划、物流信息咨询等全方位的物流服务。现已开辟专线26条，设立平湖、桐乡、衢州、上海、杭州、广州等分公司(办事处)12个，计划分期组建70个分公司(办事处)，网络辐射全国180多个大中城市及周边地区。2010年实现营运收入达到2082万元，2011年预计营运收入可超过3000万元，公司将进入发展的快车道。

嘉兴市大安汽车运输　嘉兴市大安汽车运输有限责任公司，成立于1996年，至今从事危险品运输工作已15年，经2011年4月增资扩股之后公司注册资本已达1000万元人民币。拥有各类危险化学品专用车辆120辆，其中重型半挂牵引车48辆；重型罐式半挂车22辆，吨位达503.95吨；重型集装箱半挂车23辆，吨位达674.24吨；重型普通半挂车19辆，吨位达363吨；总装载量近1600吨，是嘉兴地区规模最大，起步最早、车型、设备最全的危险化学品物流企业。公司主要从事除爆炸品和放射性物质以外的所有危险化学品，重点服务于以嘉兴地区为主的化工生产企业，形成了以长三角地区为主的运营网络。公司有员工127人，各级管理人员20人。全体管理人员、驾驶员、押运员、装卸工全部经由上级主管部门的专业培训，取得相应从业资格证，持证上岗率达100%。2010年，公司货运营业收入2280万元，运输各类化工品总量达55.4万吨。上缴各种税费186万元，其中上缴营业税等地方税收124.5万元，另缴纳四自工程费37.8万元，因新购置营运车辆而上缴车辆购置附加税23.7万元。

浙江卫星化学品运输有限公司　浙江卫星化学品运输有限公司是浙江卫星控股集团下属一家全资子公司，其前身是成立于2004年5月的嘉兴市卫星化学危险品运输有限公司。2008年11月，因业务发展需要更名为浙江卫星化学品运输有限公司。公司注册资本500万元，主要经营范围包括：普通货物运输、国内集装箱运输、危险化学品运输等。公司总资产1500万元，从业人员100人，是嘉兴市一家专业化程度较高液体化工运输企业。公司已有43台各类车型车辆，包括槽罐车23台(含集装箱罐式车6台)，板车20台，公司车辆资产(原值)达到1400万元，车辆资产自有率达到100%，一次性装卸量800余吨。2008年，公司运输量20万吨，营收1780万元。2009年，运输量达到25万吨，营业收入达到2200余万元。2010年，运输量突破30万吨，营业收入超3000万元。公司逐年环比增长幅度均在20%以上。

平湖市亚太物流有限公司　平湖市亚太物流有限公司于2002年8月19日注册成立，创业之初的注册资本是50万元人民币，公司凭着租赁的货场和三十几辆货车，在董事长金从考带领下，抓住市场良机，至2005年9月，注册资本一次增资到800万元人民币。平湖市亚太物流有限公司拥有位于平湖市曹桥街道石龙村的41595.40平方米的现代化大型物流货站。场内建有办公场所、员工宿舍与生活娱乐设施，配备轻、重堆箱区和专业的装卸机械设备。截止2011年4月底，公司专业化的货运车辆已达240辆，驾乘、修理与管理人员总数236人，2010年，全年营运收入6300万元，年均利税284万元，公司资产总额5689万元。

浙江中坤东方物流有限公司　本公司于1997年注册成立，注册资金600万元，是经营国内公路普通货物运输，国内、国际集装箱运输，危险品货物运输，仓储，配送，货运代理的综合性物流公司。公司自建停车场地6200平方米，在建停车场、仓储面积2万平方米，员工人数150人，自有各类货车92辆，总装载量2370吨，危险品运输车辆11辆，总装载量321吨。同时在全国建立了60多家理货网点，是注册登记载运海关监管货物企业，也是本市获得上海陆管处进入上海港运输许可的企业。

嘉兴市乍浦恒泰联运运输有限公司　嘉兴市乍浦恒泰联运运输有限公司的前身是平湖市交通局下属的平湖市远东联运公司汽车分公司，成立于1995年，是嘉兴市平湖地区第一家从事货物运输的私营有限公司，也是中国货代行业打破垄断后第一批走上专业化经营并形成规模的企业，公司注册资金500万元人民币。公司自有各种货运车辆82辆，载重吨位为2401吨，公司的业务范围除传统的货物运输外，已拓展到仓储、配送为特色的物流服务，占用土地面积13000平方米，投资人民币1200万元建立标准的物流仓库、汽车修配车间及其配套设施，以适应高速发展的运输事业。2009年，公司顶着国际金融危机、运转成本大幅上涨等严重困境下，营业收入仍增加至8535万元，创利税417万元。2010年营业收入为6585万元，创利税100万元。

平湖安达汽车运输有限公司　公司成立于1998年10月，是平湖地区货物运输完善企业。公司专业运输国际、国内集装箱，普通货物运输及货物专用运输。公司成立至今车辆95余台，运输总吨位2600余吨，员工116人，公司业务网点有平湖开发区、嘉兴独山港区及乍浦港区、安徽芜湖开发区、嘉兴经济开发区。公司依托嘉兴乍浦港口和独山港区的资源优势，以优质的服务和完善的信息运输网络作支撑。公司构建了立足港口，辐射全国一级二级城市及周边地区，是整个嘉兴地区相当有雄厚实力的综合性运输企业。公司在业务生产过程中感受到，组织成立甩挂物流能加快物流流通，减少物流成本支出。公司目前在甩挂试点实施进行中，力争在年内有所产出。并把甩挂试点申报给上级管理部门，争取该项目扶持。

桐乡市濮院物流园区发展有限公司　桐乡市濮院物流园区发展有限公司是由原桐乡市濮院联托运有限公司转型而成，是桐乡一家集货运、仓储、卸货和多种经营为一体的物流场站服务企业和物流基地园区之一。公司有全国109条货运线路经营权，站场内有经营的站点71家，营业点遍布全国，日托运量达550吨左右，全年总托运量20万吨，全年货运成交额达到1.6亿元。濮院物流园区分二期开发，一期功能主要是以场站交易、仓储、运输、配送为主，占地8.1万多平方米，其中仓储面积1.7万多平方米，各种营业用房8000多平方米，二期为高端立体仓储。4万多平方米的停车场一次性可容纳200辆车同时装载5000吨左右的货物。公司外围还配备了1个1万多平方米的停车场方便车辆停靠。公司全年营业收入2000余万元，上缴税收600万元。

嘉兴市伟盛国际货运代理有限公司　嘉兴市伟盛国际货运代理有限公司于1997年成立，原名称为嘉兴市伟盛货运有限公司，后更名为现名称。公司经过10多年的基础业务拓展，从一个几个人运作的小型车队，逐步发展为初具规模、拥有专业团队，成为年产值近5000万元的综合型物流企业，并已经在团队的制度建设、市场拓展、业务模式创新等方面走上良性发展的道路。截至2010年年底，公司注册资金500万元，总部注册地迁移到嘉兴现代物流园内，受物流园管委会委托管理2万多平方米的综合物流场站，其中大型停车区占地1万多平方米，综合办公区占地2000多平方米，综合住宿区占地2000多平方米，简易普货仓库占地2000多平方米，综合食堂占地500多平方米，大型修理厂占地1000平方米，拥有海关监管车辆近30辆(外协可调配车辆超过150辆)，可支配总运力规模达数千吨。公司正在筹备新购进重型集装箱卡车10辆，增加自有运力300吨，年货运营业收入2010年已达3000多万元。

嘉兴顺丰运输有限公司　嘉兴顺丰运输有限公司成立于2007年6月27日，注册资金736万元，资产总额达5363万元。2009年，主营收入达到9898.86万元，上缴税收886.39万元。2010年，主营收入达到14992万元，上缴税收1924万元。公司自2004年第一个营业点建成，截至2011年6月，公司已拥有46个营业网点、1个中转场、81台自有专业运输车辆、1126把手持终端、1508名服务员。公司是以快递业务为核心业务，可提供快递门到门、门到站、站到门、站到站的快递物流服务。在快递业务的基础上公司还推出了即日到、陆运达、普货、代收货款、签回单、夜晚收件、等通知派送、保价等多种附加服务。2010年公司件量达到6995500票。

浙江路航物流有限公司　浙江路航物流有限公司成立于2010年3月，公司项目总投资2亿元，项目规划用地面积150亩。经过一年多的稳健发展，公司拥有一百多部大、中型运输车辆，十部配套专用车辆，建成暂存库、大型停车场、加油站、维修场、办公楼、地磅房等建筑物。公司经营范围包括：货物仓储、公路运输(第三方物流)，嘉兴港区码头集装箱运输等业务。业务范围辐射江浙沪等长三角地区。主要客户有浙江吉安纸容器有限公司、莆田市阳光纸业有限公司、浙江特产石化有限公司、嘉兴新湖国际贸易有限公司、嘉兴安荣国际贸易有限公司、浙江万邦浆纸集团有限公司等。

第四章 搬运装卸

第一节 搬运装卸组织

解放初，交通部第一届全国航务、公路工作会议上制定了“依靠工人、低利多运、自力更生、改善公私关系、发展群众运输”的方针，各地政府加强对搬运工作的领导，并逐步实行了统一货源、统一调度、统一运价的“三统一”管理。1950年至1957年全市成立的搬运公司(搬运服务站)共9个，工人2000余人。20世纪80年代以来，开放运输市场，提出国营、集体、个体一起上，鼓励多家经营，开展竞争，从而调动了各方面办运输的积极性。1990年，全市搬运装卸单位共184个，从业人数达7663人(单位人数均不含铁路部门)。

铁路搬运装卸

解放前的搬运装卸作业长期由包工头与车站签订合同、雇员负担铁路的搬运装卸工作，客运除装卸行李包裹外，还代旅客接送行李进出站台，头上戴有识别鲜明的红色号帽及牌号，习惯称他们为“红帽子”；货运整车、零担搬运装卸的叫“扛搬夫”。收费由包工头按铁路规定费率与车站结算，并从中提取管理等费用后，与工人实行拆账分配。1947年6月1日，正式成立装卸事务所，指定各站站长兼任各站装卸管理员。1948年年底，沪杭线嘉兴至闸口13个站签订合同的装卸人员881人，这些人员的有关生活福利均“自给自足”。解放后，开始成立装卸区社。1952年8月改为杭州装卸供应社，明确规定为铁路外围企业机构、财务和支出系统独立，在分局运输科直接领导下工作，装卸职工不属铁路职工，佩戴证件与工作证均区别于铁路，分配上实行以作业所为单位的计件工资，财务上自负盈亏。1955年1月改为装卸作业所，受上海铁路局商务处和分局双重领导，以商务处为主。1957年1月，装卸作业所划归分局直接领导。1958年，实行“站装合一”，为车站的运输附属企业，从分局装卸作业所到基层均实行独立核算、自负盈亏、利润上缴国库。1959年12月，上海铁路局批准第一批装卸合同工转为长期工。从此，装卸工人改为铁路正式职工。此后在体制变革中，先后多次调整，“文化大革命”期间，撤销装卸作业所，在货管科设员管理业务。1970年，分局成立装卸科，人、劳、财、计分别由分局有关科归口管理。1978年，分局成立装卸管理分所，受上海铁路局装卸管理所和分局双重领导，全面负责装卸作业、技术、设备、计划、财务、材料、人事、劳动工资以及委外作业人员的组织管理工作，并领导各站、段的装卸作业所。1982年5月，分局装卸管理分所由分局长全面领导，各车务段，直属站的装卸作业所，由段、站长全面领导。1983年10月分局装卸管理分所改为装卸管理科至今，有关经营管理等工作分别划交有关科室归口管理、基层单位也同样处理。1985年年末，嘉兴车务段装卸作业所由杭州分局装卸管理科领导。

铁路搬运装卸的劳力管理，根据分级管理原则，分局在年度计划中以货运量的大小确定劳力计划，下达装卸总作业量、自行作业量、劳动生产率等指标。对难以机械作业的车辆、货物以及无机械设备的车站，则大多以农村承包工来承担搬运装卸任务。搬运装卸调派班员或货运员根据“先路内、后路外”“先机械、后人力”的原则，按先后顺序，统一挂牌派班作业。针对铁路运量不可能绝对平衡的特点，分局调度所可组织装卸人员助勤，或动用后备(即第二线委外人员)力量、个别特殊货物，则调动机械、组织专门人员进行装卸作业。装卸作业以工班为作业单位，实行班组长负责制，建立一长三员(班组长、安全员、工具员、记录员)，明确各自的职责范围。对搬运装卸制定作业办法，实行定额管理，规定三等以上车站及零担中转作业和集中办理危险品货物的车站，由铁路搬运装卸专业队伍担当；对作业量较小的车站，可委托路外单位办理搬运装卸业务，并保持相对的稳定。各车站加强对搬运装卸工作的组织领导，实行分工负责和“五统一”，即统一管理．统一派班、统一收费、统一核算、统一费率。

1990年，铁路嘉兴车务段装卸作业所下设门一、门二、门三、卸机、电吊、叉车、行包、维修、海宁、长安、临平等工班，固定职工139人。另外设管委会、管理委外作业的农民工，分嘉兴队、海宁队、长安队、临平队、斜桥组及其他，共农民工387人(其中嘉兴队103人)，主要机械设备有20吨、30吨、门吊各1台；卸煤、卸沙、卸石机各1台；电并铲车3台，5吨至8吨电轨吊6台，行李牵引车3台等。

1990年，共完成装卸作业量250.4813万吨，其中自行作业量87.3726万吨；委外作业量163.1087万吨。劳动生产率(路工)每人月为523.8吨，机械化比重占33.1%，装卸总收入155万元，上缴利润60万元。

码头搬运装卸

嘉兴解放前，市内有码头搬运、人力车运输、建筑搬运、砻糠搬运等几个行业。码头搬运业沿袭封建割据方式，依地段分派，各派由把头把持，分中基路、端平桥、望吴桥、东月、南门、南堰，绢纺厂、东栅口等8派，共131人。1949年6月至1950年间，党和政府派出工作队进行政治工作、发动工人组织起来。1949年9月至1950年3月，码头、人力车、建筑搬运、砻糠搬运等先后成立工会，在此基础上于1950年7月成立嘉兴县搬运工会筹备会，同年10月8日起由公司(筹)统一调配劳力，管理生产。1951年，根据政务院《关于废除搬运事业中封建把持制度暂行处理办法》，开展反霸斗争，封建把头6人受到政府惩办。1954年10月5日正式批准为“嘉兴市搬运公司”。1958年为安置闲散劳动力，嘉兴镇5个街道均成立搬运站，“文化大革命”期间合并。1981年改名为嘉兴市第三运输装卸公司。1983年10月撤地建市后，2个搬运装卸企业隶属于市交通局。1990年，市内专业搬运装卸单位有3个：一是嘉兴市运输装卸公司；二是嘉兴市第二运输装卸公司；三是嘉兴市第三运输装卸公司。

1991年后搬运装卸业

1991年，嘉兴货物运输市场进一步放开，由于计划途径物资运量大幅减少，公用码头货物转运装卸业务日渐清淡，搬运装卸企业不断向专用码头、企业自备码头发展装卸作业点。零星搬运队也不断增加，一些从事建材、土方装卸运输的搬运队以劳务形式承揽业务、结算运费，渐脱离行业管理。

1992年上半年开始，嘉兴市在整治货物搬运装卸秩序中，先后建立起县、市级各级运输服务站，统一搬运装卸业务管理，统一开票结算运费，形成松散型合作机制，曾起到了维护搬运装卸行业公平竞争，稳定运输市场经济秩序的作用。

1993年，平湖市由各乡镇交通管理站组建的运输服务站有9个，乡镇搬运装卸企业和个体搬运装卸队归交通管理站管理。同年年末，全市的搬运装卸单位减少至15个，从业人员974人。平湖城区300余名原社会装卸工转行从事人力三轮车客运，搬运装卸行业竞争开始缓解。1993年，平湖市搬运装卸量290.2万吨，交通专业运输完成231.5万吨，占79.8%。

1993年后，海宁市内主要物资进出中转大多集中于长安、硖石火车站，汽车“门到门”运输基本替代内河短途运输。为此，海宁市第一搬运装卸公司、第二搬运装卸公司、斜桥搬运站纷纷更新运输工具，以拖拉机、汽车替代人力运输。同时，工矿企业自备装卸机械化程度加强和运载机械增多，使人力装卸市场逐渐消失，海宁交通局所属许村、袁花、盐官搬运站和一些城镇搬运企业因面临困境而先后转制或解体。

1994年，为增强嘉兴市属集体装卸运输企业的竞争能力和对外部环境的适应能力，改善经营管理和经营结构，提高生产效率和经济效益，嘉兴市运输装卸公司和嘉兴市第三运输装卸公司两单位合并组建为“嘉兴市交通运输集团有限责任公司”

随着全市公路建设的发展和经济的繁荣，传统港埠装卸日渐衰落。1994年后，搬运装卸量渐减，汽车门对门运输代替了大部分的内河短途运输。工矿企业自备装卸机械化程度加强和运载机械的增多，人力装卸市场逐渐消失。

1995年，海盐县装卸运输公司易名为海盐县交通工业实业公司，沈荡、西塘桥、通元3个装卸搬运站由海盐县交通工业实业公司管理，海盐县民营装卸搬运企业有15家，从事装卸搬运从业人员200多人。

1995年5月，平湖市装卸运输公司、平湖市货运码头服务站、平湖市新埭运输站合并成立平湖市第一货运公司(2000年12月改组为“平湖市第一货运有限责任公司”)，7月，乍浦装卸运输公司更名平湖市远东联运公司。随着乍浦港的扩建，乍浦老港渐渐淤塞，2003年，平湖市远东联运公司停业。全市搬运装卸企业仅剩平湖市第一货运有限责任公司一家，且在2003年后，平湖市停止了搬运装卸业务。

2000年嘉兴全市有搬运装卸业户195户，从业人员3536人，输送机94台，起重汽车12辆，吊车226台，铲车15台，叉车29台，年装卸操作量5121015万吨。从事搬运装卸业的大部分单位没有固定的作业场所和业务来源，流动性很大，没有固定劳力(以外来人员为主)，靠人力和电瓶三轮车作业的业户占了极大多数，工人劳动强度很大。嘉兴市的搬运装卸业还处在人力搬运为主，半机械化作业为辅的落后状态。

2003年4月29日，嘉兴市交通运输集团有限责任公司因企业机制难于适应市场经济的需要，已严重亏损，宣告破产。

2003年起，搬运装卸量已不列入嘉兴市道路运输行业统计范围。

随着现代物流业的兴起，搬运装卸业由现代物流业所替代。

第二节 运输装卸企业

1990年市内专业搬运装卸单位有3个：一是嘉兴市运输装卸公司；二是嘉兴市第二运输装卸公司；三是嘉兴市第三运输装卸公司。

嘉兴市交通运输集团有限责任公司

1994年12月，嘉兴市交通运输集团有限责任公司成立。嘉兴市计划委员会于1994年12月发文，同意嘉兴市运输装卸公司和嘉兴市第三运输装卸公司两单位撤销原建制，合并组建为“嘉兴市交通运输集团有限责任公司”。

嘉兴市交通运输集团有限责任公司是1994年12月由嘉兴市交通公路运输集体资产经营中心(经营原市运输装卸公司和市第三运输装卸公司的集体资产)和嘉兴市交通运输集团有限责任公司职工合股会共同投资组建而成。1994年，嘉兴市交通运输集团有限责任公司完成货物运输量97.3万吨，周转量5450.20万吨公里，集装箱中转量5806TEU，装卸量482.89万吨，营收7510.65万元，利税703万元，利润490万元。1995年年末，嘉兴市交通运输集团有限责任公司在册职工1800余人，拥有固定资产7400万元，下设35个基层单位，经营搬运装卸、汽车货运、国际和国内集装箱运输、大件物件运输、港口货物装卸、旅游客运，兼营港机及锅炉辅机制造、锅炉安装、汽车大修、电梯安装、旅馆浴室、商品经销等业务。到2000年，嘉兴市交通运输集团有限责任公司还有11个基层单位，即第二作业区、三塔港分公司与苏嘉港分公司、疏运分公司、长途大件分公司、国集中转站可锅炉队与港机厂、第三锅炉队、电梯队、综合经营分公司、汽配材料站，清河沐浴中心；6个法人分支机构，即振达贸易公司、公路货物代理公司、飞龙机电供销公司、仪表电缆厂、羊毛衫厂、耀华化工经营部；5个对外投资企业，其中控股企业2家，即联运公司、检测站，参股企业3家，即中远货代公司、公铁中心、交运轿车维修公司。

截至2000年11月底，公司共有职工1281人，其中固定职工882人，合同制职工399人，退休职工910人(其中离休人员2人，退职人员8人)，其他人员328人，因历史遗留问题9人。公司账面总资产9641.89万元，负债5028.73万元，所有者权益4613.16万元，运集公司从组建到现在已近六年，但是由于货运市场的全面放开，无序竞争日益加剧，公路货运专业运输企业普遍不景气，由于旧城改造力度加快，公司原有港口码头低成本运营的情况发生变化，而港口基础建设投资大、资金回收期长，造成巨额负债；由于在市场经济条件下，公司没有及时转制，企业富余人员多，负担重的矛盾日益突出，资金缺口较多，企业经营步履艰难，转制迫在眉睫。

2001年4月2日，嘉兴市人民政府召开专题会议，协调嘉兴市交通运输集团有限责任公司分立重组实施方案中的有关问题，原则同意运集公司分立重组实施方案，但在以下方面需要进一步制订有关实施细则予以明确。1.企业资产分立重组要按规定进行评估、审计，由于嘉兴市交通运输集团有限责任公司是集体性质企业，由企业自行委托合法的、具备资质的社会审计、评估机构进行资产审计、评估后才能处置。2.分流安置原则中有关提法及概念要进一步明确。3.职工合股会要根据有关规定办理好社团法人的审计、注销手续。4.分流职工要明确有多种选择的去向。5.对改制过程中涉及的企业非经营性资产如职工住宅的水，电以及职工住房公积金等的处理意见要明确。6.其它需要进一步明确的问题。2001年7月6日上午，嘉兴市政府召开专题会议，研究市交通运输集团公司户口在农村的征地工分流和市内航公司有关改制遗留问题。

2002年8月22日，嘉兴市人民政府办公室发布市交通运输集团有限责任公司改制有关问题会议纪要。2002年8月9日，嘉兴市政府副秘书长石启铃、许洪明主持召开专题会议，协调市交通运输集团有限责任公司改制有关问题。会议纪要如下：一、会议确定，鉴于市运集公司集体资产占公司注册资金99.42%的实际情况，允许公司参照国有集体企业改制办法和嘉政〔1997〕4号、嘉政发〔2000〕5号文规定，实施改制破产和人员分流安置，公司已分流职工中符合“双缴双保”和提前退休规定的职工，待公司改制工作完成后另行研究处理，市交通局要会同市体改办帮助公司抓紧与法院衔接联系，尽早确定企业破产日期，进入破产程序。同时市运集公司要做好破产前现有资产(包括房产)的处置工作，并可按截止破产之日，将公司现有职工中符合“双缴双保”和提前退休规定的那部分职工先行移交市社保部门代管，移交所需资金由市交通局协助公司先筹措缴付总金额的50%，余额可由市交通局与市社保部门签订补缴协议，请市社保部门接收移交，今后法院裁决破产后由市社保部门正式接管。二、会议同意市运集公司出让所属行政划拨土地，筹集资金安置职工。其中：凌塘路111号9.5亩地块，由公司进一步做好以不改变土地使用性质受让，可由市交通局相关重组企业工作，向市国土资源局提出适当扶持条件报市政府确定。秀州路84号4.2亩地块，由市交通局和市运集公司一起与市城投公司联系尽快落实出让。新马路和干戈弄27号两处共约0.5亩地块按现状转让，受让单位可维持现状使用，以后规划需要土地仍按工业用地性质处理。环城北路23—25号1.2亩地块和城北路501号3.5亩地块，可改变用地性质(由工业用地改商业用地)后连同房产一并由市国土资源局公开拍卖。以上各地块出让后所得资金除上缴必要的规费外，全额返还公司用于安置职工，不得移作他用。

2003年4月29日，由浙江省嘉兴市秀城区人民法院裁定：嘉兴市交通运输集团有限责任公司因企业机制难于适应市场经济的需要，已严重亏损，资不抵债，无力偿还到期债务，宣告嘉兴市交通运输集团有限责任公司破产还债。

嘉兴市运输装卸公司

该公司前身是成立于1950年的嘉兴市搬运公司，1954年正式批准成为公司，其后单位名称、隶属、体制经多次调整。1958年10月并入地方国营嘉兴交通运输公司。1962年12月又改称嘉兴县搬运公司，为集体所有制企业，1963年1月与航运、造船合并为嘉兴县运输公司(1968年12月改称“嘉兴县红旗运输公司”)。1979年4月，撤销公司分别成立嘉兴县搬运装卸公司、县航运公司、县造船厂、县汽修厂四个单位。1981年6月批准更名为嘉兴市运输装卸公司。1983年嘉兴地区撤地建市后为嘉兴市交通局所属集体所有制专业运输企业，公司地址为市区秀州路84号。

公司成立时，接纳码头工人147人，塌车工人36人，共183人，从1950年12月起，陆续吸收建筑搬运工会、人力车工会、砻糠工会的会员，并吸收社会失业工人和闲散劳动力、晒粮临时工等，职工人数逐渐增加。1950年末为219人，1953年年末达1900人，经过整顿后实有人员853人。1955年运量减少，劳力过剩，于7月份动员参加农业生产118人，上山开荒26人。1963年为419人。

公司成立时，实行“三统一管理”，即统一管理运输业务、统一调配劳力、统一运价。经营范围包括市内码头、车站及企事业单位货物的搬运装卸和车运业务。由于嘉兴尚无专用港口，具有点多面广、流动分散的生产特点，分为码头和重点物资单位定点搬运装卸，由公司统一调配。1958年起设东门业务站(主管东门码头和木排业务)，北门业务站(主管塌车与汽车)。1959年后，按地区和工作性质划分业务范围，设5个搬运装卸作业区。1960年，随着技术革新和机械化进程，公司组建修配厂，属搬运装卸部份。1990年，5个搬运装卸作业区为：第一作业区设嘉禾路及凌塘路徐王停车场；第二作业区设甪里街二弄及纺工路停车场；第三作业区设西大营及健康弄6号；第四作业区设环城西北路；第五作业区设嘉禾路及南门三号桥停车场。

该公司的工资制度，1950年至1954年实行拆账工资制，1954年4月1日起实行“固定工资加超额奖励”工资制，在实行固定工资后，由于搬运量减少，每月亏本，公司出现赤字，1955年12月改为按等拆账制。1968年起实施基本工资加计件工资.：1979年后实行半计时半计件制，计时工资按本人标准工资，对计件分配制定工分计算标准、劳动定额、服务质量标准。大件起重装卸斑组实行按收益分配，对港口起重机工采取以吨计分，以分计奖，并联系设备保养、安全质量考核计发。充分体现按劳分配和奖优罚劣原则。

1990年年末，在册职工1034人(其中女职工233人，合同制工166人)，运输工人630人，修理工人132人，管理人员150人，商业从业人员33人，其他人员22人，年末主要运输设备有大客车5辆246座位，小客车2辆10座位，大货车32辆337吨位，专用货车27辆164.5吨位，轮式拖拉机26辆(其中集装箱车2辆)，装卸机械145台(其中港口吊机84台，输送机35台，铲车26台)，人力货车368辆。年末资产总1635.78万元，其中固定资产净值1043.47万元，流动资产592.32万元。公司经营项目为搬运装卸、汽车货运、集装箱运输、旅游客运，兼营港机及锅炉辅机制造、锅炉安装、电梯安装、旅馆浴室、商品经销。公司职能部门设办公室、行政营理、财务计划、劳动人事、运输、设备技术、安全质量、保卫等科。有五个作业区，汽车队、锅护安装队、电梯安装维修服务中心，旅游服务部、飞龙商场及筹建中嘉兴国际集装箱中转站等11个基层单位。

该公司在中共十一届三中全会以来，积极探索改革，改善经营管理，1979年至1987年，产值从160万元，上升到1334．7万元，利润从36.5万元增加到160万元。1988年起实行承包经营后，营收利润不断增长，1990年营收额达到1601.62万元，利润190.6万元。完成货运量32.29万吨，货物周转量2300.53万吨公里，国际集装箱运输734自然箱(折合834标准箱)。搬运装卸295.23万吨，完成客运量13.35万人次，旅客周转量1811.53万人公里。

嘉兴市第三运输装卸公司

1958年，嘉兴镇为解决社会待业和闲散劳力的安置就业，各街道均成立另搬站，计有新嘉搬运站、建设修建搬运站、解放修建搬运站、新兴搬运站、南湖搬运站和水上运输站，承担另星的搬运装卸和房屋的建造修缮工作。文化大革命期间各街道搬运站，经嘉兴镇委批准于1968年8月合并成立“嘉兴镇东方红运输装卸站”，1981年10月改名为嘉兴市第三运输装卸公司。该公司主要经营搬运装卸和汽车货运，1990年有职工957人(其中搬运装卸726人)，4个搬运装卸作业区为：第一作业区设北京路；第二作业区设环东路72号；第三作业区设东门迎紫里；第四作业区设南门日晖桥。有装载机2台，卷扬机17台，吊机6台，铲车13台，起重汽车4辆，人力车165辆，1990年完成人力车运输量12.08万吨，80.04万吨公里；装卸操作量152.14万吨，搬运装卸收入650.30万元，利润121.52万元。

嘉兴国际集装箱中转站

嘉兴国际集装箱中转站所属嘉兴市交通运输集团有限责任公司。

嘉兴国际集装箱中转站是于1989年根据本地区外向型经济和对外贸易发展的需要，经省、市主管部门批准，纳入由国家计委批准、交通部实施的“七五”重点项目——以上海为枢纽港的国际集装箱运输系统工业性试验项目公路运输站点之一。该站于1991年建成投产并通过项目验收，对改善本市和周边地区投资环境，促进外向型经济发展起到良好作用。当时因属试验阶段，设计规模小，年集疏运能力仅为3000TEU。建站后，国际集装箱运量逐年增长，1994年嘉兴国际集装箱中转站运量已达到5806TEU，超过设计能力的近一倍。1994年，嘉兴国际集装箱中转站占地面积11933平方米，修筑重、空箱堆场及回车道、停车场8387平方米，房屋建筑面积1400平方米，其中拆装箱库及货物仓库500平方米，修理车间600平方米，业务用房等300平方米。还有配电间、食堂等配套设施。装卸机械设备有30吨轨道龙门吊机1台，32吨汽车起重机1台，5吨码头吊机1台等。主要运输设备有：40英尺集装箱车20辆，20英尺集装箱车12辆，设计能力3000TEU。1996年经省、市计经委批准（嘉经技改〔1996〕191号）嘉兴国际集装箱中转站在原有基础上增加：征地32亩；堆场6000平方米。国际集装箱堆场：堆放重箱174个箱位，堆三层；堆放空箱57个箱位，堆三层；停车场6000平方米；道路：场内车辆及机械回转道路平均宽15米，总长240米，合计3600平方米；拆装箱库及货物仓库2700平方米；修理车间700平方米；业务用房、配电间、食堂等配套设施1584平方米；40英尺集装箱车10辆，20英尺集装箱车14辆；装卸机械设备有32吨轨道龙门吊机1台，15吨叉车1辆，40英尺、20英尺集装箱吊具各一套；配置电子计算机及EDI系统设备等配套设施。

嘉兴市第二运输装卸有限责任公司

嘉兴市第二运输装卸有限责任公司成立于1958年11月，由嘉兴县城内的人力三轮车、小货车联合成立“嘉兴县三轮车、小货车服务站”。系县属集体企业，年营收不足10万元。1979年更名为“嘉兴县客货车运输公司”，同年12月购置第一辆东风牌货运汽车，开始汽车货运业务，年营收70万元左右。以后逐年购置、增加货运汽车，开拓道路运输市场，以普通货物运输作为主营业务。1980年12月按嘉兴县革命委员会文件批复，更名为“嘉兴县客货车运输公司”，经济性质不变。1981年公司更名为“嘉兴市第二运输装卸公司”。1983年嘉兴地区撤地建市后为嘉兴交通局所属集体所有制专业运输企业。

1997年经嘉兴市交通局批准，公司采取股份合作制形式(由企业90%以上职工参股)，进行了企业初步转制，在嘉兴市体改委工作组的指导下，按股份合作制形式进行改制，企业资产经审计、评估，集体资产总额为30万元，提留退休人员医疗34万元。集体资产全额退出，企业资产由职工出资、入股，报请市体改委审核批准(嘉体改〔1997〕74号)，组建股份合作制企业。1997年企业的改制，企业资产性质发生根本性变化，但企业名称、企业性质、职工身份未作变更和置换，从此企业进入了较快发展阶段。

2001年营收达3099万元。其中货运营收为3094万元，实现利润69.2万元，上缴税金254.4万元。2002年获“三级道路货运企业”经营资质。

2003年，嘉兴市第二运输装卸公司以汽车货运为主业，出租车、人力三轮车为辅，兼营汽车修理和商业。经省级交通运输管理部门批准，二运公司道路运输经营资质为三级。企业注册资本200万元，固定资产原值5278.9万元，净资产3320万元，资产负债率21.7%。拥有货运汽车398辆，2300余车吨位，其中八吨以上重型车89辆，运输专用车占32%；出租车辆33辆；人力三轮车78辆；货运站二个；配送专用站一个；公司拥有仓储用房3100余平方米，堆场2000余平方米；二类汽修厂一个，商业服务部一个，已成为地方上综合性的骨干运输企业。从业人员650余人，其中正式职工(长期职工)149人，管理人员43人，大专以上学历15人，中专学历20人，有职称人员24人，其中高中级职称5人。从业人员中70%为汽车驾驶员。2002年完成货物运输量37.6万吨，周转量7242.9万吨公里，年总营收3320万元，其中货运营收3094万元，企业利润69.2万元。企业在发展运输业务的同时，大力扩大仓储业务和配送业务，对部分车辆实施卫星定位通讯，并计划参与筹建货运信息平台。公司积极采取多种措施为适应物流业的发展而努力。

截至2004年12月底，企业总资产为2210.6万元、负债1602.88万元、所有者权益607.7万元。企业使用行政划拨土地11159.5平方米（塘汇茶园村）、生产用房和办公用房建筑面积为2400平方米。企业主要经营范围：公路货运、出租车客运、人力三轮车、汽修、商业服务等业务。2004年，企业主营收入为6410.6万元、上缴各类税金46054元、利润28.47万元。在职职工142人、退休职工76人、离休人员1人（其中：1997年年底，在职职工167人，离退休26人）。以2004年12月底为企业改制基准日，制定改制方案，经企业股东大会、职工代表大会通过，报请市有关部门审批后实施。

2005年，经嘉兴市人民政府批准企业进行深化改革，由集体企业改制为有限责任公司（民营企业），更名为“嘉兴市第二运输装卸有限责任公司”。2005年8月1日，市政府副秘书长陶金根召开会议，专题研究市第二运输装卸公司深化改革工作。会议确定的主要事项纪要如下：一、市二运公司是1997年改制的股份合作制企业，由于改制时间早，当时政策尚未完善，职工劳动关系、退休职工移交等遗留问题都未得到彻底解决。企业改制后，市交通局、市国资委等单位为进一步优化企业股本结构、彻底解决历史遗留问题，在加快企业经营机制转换等方面做了大量前期工作。目前，市二运公司深化改革条件已经成熟。二、会议原则同意市国资委提出的《关于对嘉兴市第二运输装卸公司深化改革方案的工作建议》。同时明确：（一）改革方案由市交通局负责具体组织实施，市国资委做好政策指导，市财政局、市劳动保障局、市国土资源局、市信访局、市工商局、市总工会等部门（单位）配合做好市二运公司深化改革工作，确保企业深化改革工作顺利进行。（二）市二运公司要严格执行国家、省、市有关政策，根据《公司法》和企业章程，抓紧按程序确定补偿标准、理顺员职工劳动关系、优化企业股本结构、移交退休人员。（三）职工经济补偿金的计算，以1997年改制基准日为界线，按企业实际在册人员实施分段计算。改制前的安置费用，由市交通局系统内协调解决；改制后的安置费用由新企业按股权比例分摊。具体由市劳动保障局核准。（四）市二运公司深化改革涉及的土地问题，由市国土资源局牵头，会同市交通局、嘉兴经济开发区管委会做好规划衔接和企业土地资产评估及权属界定工作。三、深化企业改革，政策性强，涉及面广，市交通局要加强组织领导，在公开、公平、公正的前提下，向职工做好政策宣传和解释工作。要认真分析、研究处理改革中出现的新情况、新问题，确保企业深化改革平稳、有序进行。

2005年，嘉兴市第二运输装卸有限责任公司注册资本为伍佰万元。企业使用土地面积由主部分组成：1.公司行政办公用地，地处城东路56号，土地面积1112.2平方米（系出让土地），办公用房建筑面积1064平方米。2.仓库专用土地，地处城东路195号，土地面积2081.3平方米（系出让土地），仓库建筑面积1552.25平方米。3.停车场及汽修厂场地，地处塘汇茶园村，土地面积11159.51平方米（系批租土地，计划转为出让土地）。汽车修理车间建筑面积约1200平方米，仓库建筑面积约2100平方米，余下为停车场地。企业从业人员有二类：一、企业长期合同工（2005年年底）137人；二、普通从业员工550余人（包括货运车辆驾驶员、出租车驾驶员、汽车修理工、人力三轮车工人等）。嘉兴市第二运输装卸有限责任公司经营范围：公路运输主要包括客运（客运出租）、货运（普通货运、危险货物运输）、起重吊装、汽车修理、商业服务、人力三轮车客运等。2005年企业总营收9079.5万元（其中出租客运237.6万元，公路货运8546.5万元，汽车修理96.3万元，人力客运69.1万元，商业销售130万元）。货运年运量7.5万吨，周转量16597万吨公里。公司截至2006年3月31日，货运汽车总辆数为386辆总吨位数为3285吨。1.厢式货车80辆，200车吨位。2.专用车辆33辆，456车吨位（内含货险货运车辆12辆，72车吨位；集装箱车辆10辆，260车吨位；自卸车8辆，64车吨位；起重吊车3辆，58吨位）。3.八吨以上货运车辆137辆，2055车吨位。4.其它货车136辆，574车吨位。

2010年，嘉兴市第二运输装卸公司具有国家三级道路货运资质。现有货运汽车221辆，总吨位3249吨。全年完成货运量79万吨，完成运输周转量22777万吨公里，运输收入1.07亿元。至2010年年底，公司有长期职工84人，退休职工119人。企业以紧密和松散相结合的方式，集聚了500余社会闲散人员参与了公司的运输营运工作。公司注册地址：嘉兴市城东路56号。行政办公地址：嘉兴市城东路1677号。注册资本：伍百万元。企业经营范围：（一）公路运输：1.客运（出租车客运：出租车33辆、人力三轮车客运：人力三轮车70辆）；2.货运（普通货运、危险货物运输、集装箱运输）；（二）其他：1.起重吊装；2.汽车修理；3.商业服务；4.汽车销售。

1990年各县(市)交通部门搬运装卸企业

据统计，到1990年各县(市)交通部门搬运装卸企业共24家，其中嘉善2家、平湖3家、海宁7家、海盐4家、桐乡8家。

表5-4-1 1990年各县(市)交通部门搬运装卸企业一览表

县(市)别	企业名称	1990年年末职工人数	主要营运运输工具				
			汽车货车(辆/吨位)	货车挂车(辆/吨位)	其他机动车(辆)	运输用拖拉机(辆)	货运人力车(辆)
嘉善	汽车运输装卸公司	564	8/43	—	4	—	299
	西塘搬运站	139	1/5	—	—	—	114
平湖	乍浦装卸运输公司	120	7/33	—	—	—	60
	平湖装卸运输公司	149	10/86.5	—	—	—	140
	新埭运输站	13	—	—	—	—	28
海宁	第一装卸搬运公司	300	—	—	1	7	150
	第二装卸搬运公司	107	—	—	—	—	135
	盐官搬运站	19	—	—	—	—	23
	斜桥搬运站	33	—	—	—	2	55
	袁花搬运站	24	—	—	—	—	30
	许村搬运站	17	—	—	—	—	28
	红旗搬运站	34	1/5	—	—	—	25
海盐	装卸运输公司	245	—	—	—	10	225
	沈荡搬运站	89	—	—	—	—	45
	通元搬运站	16	—	—	—	—	10
	西塘搬运站	16	—	—	—	—	10
桐乡	梧桐装卸运输公司	66	—	—	—	—	107
	乌镇装卸运输公司	130	—	—	—	—	98
	崇福装卸运输公司	123	—	—	—	—	107
	濮院搬运站	7	—	—	—	—	19
	石门装卸运输站	29	—	—	—	—	13
	炉头搬运站	14	—	—	—	—	13
	屠甸搬运站	7	—	—	—	—	7
	洲泉搬运站	8	—	—	—	—	7

第三节 搬运装卸工具

长期以来，嘉兴的货物运输以水运为主，一般货物上下水和进出仓，采用肩挑、背驮、杠抬，使用扁担、绳索.杠棒、箩筐、跳板等简单工具，工人负重100~150公斤，要步行数十、百公尺拾级上楼百数抬级，甚为艰苦。对重件货物的装卸搬运，则使用绞车、滑车、钢管、钢丝绳、千斤顶、垫木托板等。1958年，为加速车船周转、压缩搬运装卸时间，各地交通部门以自力更生、土洋结合，开展技术革新，实现“搬运车子化”。当年，嘉兴县搬运公司使用的人力货车有榻车76辆、平板车20辆、钢丝车24辆、畚斗车58辆、独轮车12辆、油桶车1辆、纸板车1辆。次年又自制输送机12台，电动吊杆2台，进一步提高搬运装卸机械化程度。20世纪80年代后，随着汽车货运大量发展，特别是集装箱和大件货物运输要求机械化装卸设备不断发展。1990年，全市港口搬运装卸机械有皮带输送机135台、吊机423台、铲车55台，大型货物的装卸已实现机械化和半机械化。

人力工具

人力工具包括扁担、杠棒、绳索，钩子、箩筐、跳板、淌梯等手工工具和以人力推拉货车。

杠棒

一般为竹制，少数木制。将毛竹整段锯下即可制成直径约10厘米，长约1~5米至2米，常用于2人扛抬重物。

跳板

木制，一般阔25~40厘米，长3~6米，一端置于岸边，一端搭在船上，为工人上下船从事装卸必备工具，今尚如此。

淌梯

竹木结构，乍油搬运站19日8年制成，长数米，阔约0~7米，表面光滑，一端置原上，一端搁舱内，水泥等袋装货物可从梯面滑入船舱，简便省力。

榻车

用两只汽车轮胎，装置轴承，在两轮之间固定架设一块长方形大木板，作为装货平台，车辆前装有2只铁制撑脚，形如卧榻，故名榻车。是一种大型人力货车，最大载重量可在2吨左右。多用于搬运笨重物件。

平板车

是一种载重量较大的手拉(推)货车，以长方形框架内铺铁皮或木板为车架，下装2个钢丝胶胎车轮，车柄前亦装有撑脚，车身停放时形如平板，故名平板车，载重量在1吨左右。

畚斗车

又称翻斗车，是一种小型手拉(推)货车，车身形如畚斗，故名畚斗车。高举车柄可将货物翻出车斗，适用于码头落水和黄沙、水泥、灰浆、石子等短距离运输，载重量在200~250公斤左右。

油桶车

专门用于油桶运输，车架用2根长约1.8米铁件，两端焊接半园形铁管，车架前端装二只短齿，后端装一只可推动的槽形钢钳，装桶时用短齿，钢钳分别扣住油桶，1人即可推运。

滑车

俗称“葫芦”，用绳索或链条依次绕过若干滑轮，所组成的简单起重牵引装置。用人力驱动的称“手动葫芦”，俗称“神仙葫芦”，可省力起重物件，葫芦规格一般0.5~20吨不等，提升高度在3米左右。

千斤顶

俗称“压勿刹”是一种起重工具。起重量大，常用5~50吨，而举升高度不大，一般不超过20厘米，有螺旋、齿条和液压等几种形式，多为人力驱动。

动力装卸机械

动力装卸机械，一般由电力或内燃机驱动，主要的有起重机、输送机、叉车、装载机。

起重机

俗称吊车，起升并搬移重物的机械设备，大都由电力或内燃机驱动，轻便的可用人力驱动。市内分固定吊和流动吊二类。

固定吊　多数设货运码头以电力驱动，有少先式、固定式和变幅式之分。少先式为简易吊机，升降靠电动，旋转靠人力推扳，起重能力0.25~0.5吨。变幅式可改变吊臂外伸距离。嘉兴市运输装卸公司使用塔式固定吊机起吊能力为1~15吨，卧式变幅吊机起吊能力为3~5吨。吊机可配上抓斗，装卸煤炭、砂石等物，抓斗分有功(有电动机)和无功抓斗二种，容积0.75~1立方米。

流动吊　可流动操作，以内燃机驱动，有履带式和轮胎式二种，起重能力市内最大的50吨。嘉兴市第三运输装卸公司有汽车吊：8吨2辆，16吨的1辆，25吨的1辆，一般作为临时性流动装卸之用。为装卸大件货物，铁路嘉兴车站设20吨、30吨门吊各1台。嘉兴市运输装卸公司为配合国际集装箱运输，专门设置高9米，跨11米，起吊能力30.5吨的门座式起重机1台。

皮带输送机

亦叫输送机，以电力驱动。由皮带紧套在两个轮子上组成。两轮分别装在主动轴和传动轴上，利用皮带与两轮间摩擦，以传递运动和动力，将皮带上货物送至卸落地点，适合于煤炭、砂石等大宗散装物资。嘉兴市运输装卸公司所使用输送机功率5.5~7.5千瓦，长度6~20米。

叉车

亦称铲车，以内燃机或蓄电池为动力。由内外门架、货叉、货叉架、挡货架、升降油缸、起重链等组成，货叉间的距离可根据货物尺寸加以调整，前轮驱动，后轮转向，转向半径小，操作灵便，适用于笨重货物，大型捆件的起重和搬运、堆垛作业，起重能力为3~5吨。

装载机

又名铲斗车，以内燃机为动力，利用铲斗装载物料的机械。铲斗装在机械前部，机械向前运行并铲装物料后，由汽缸或钢索将铲斗提起，驶向卸料地点进行卸料，适用于堆场上煤炭、砂石等物资铲装搬运，嘉兴市运输装卸公司使用装载机装载量为1~2.5吨。

第四节 搬运装卸费率

解放前，搬运装卸计费无统一计算标准，收费名称繁多，计费方法不一，费率很高，一般由搬运行业负责人与同业公会商定或由承、托运双方临时商定运价。解放初期，搬运没有整顿，一般沿用老习惯，1951年9月省交通厅制定了《浙江省各城镇搬运装卸费标准暂行办法》统一计费方法，简化了运费手续，降低费率为20~67%。1954年5月，省又修订了“浙江省搬运装卸费标准”，确定粮食由3等品降为5等品，费率运距平均降低35%左右；肥田粉、豆饼、菜饼由3等品降为4等品，平均降低25%；建筑材料、木料降低60%；砖瓦降低40%左右，其他物资也不同程度的降低。1956年2月，为支援农业生产，省规定新式农具、抽水机、农药器材、树苗、果树、小猪。种子等7类一律降低运价20%；其他肥田粉、草籽等15种肥料，一律降低运价10%。1958年9月1日，浙江省人民委员会下达《关于浙江省搬运装卸费率计算标准暂行办法(草案)》，对1954年标准作了重点修改，全省统一费率，把装、卸船(车)分别规定费率，调整了距离间的差比，调整了货物分等级之差等。1959年，嘉兴市物价委员会、嘉兴市交通局，联合制订了《嘉兴市搬运装卸费率计算标准和管理规则(试行草案)》，将货物分5个等级，车船装卸以25米为一段，按段计算，并以250米为限。装卸船(车)分别规定费率。1966年3月10日，嘉兴县物价委员会、交通局又联合颁发“嘉兴县城镇搬运装卸运价计算管理试行规则”，对运价又作适当调低11.64%。1980年1月1日起，经嘉兴县计划委员会批准，同意恢复1959年计费标准，对笨重物资的收费加成标准进行补充增加，对装舱收费从装卸费中划出单独计算，每包、件、箱每吨为8分，谁装谁收，对黄砂散装费规定每吨1角计算。同年6月5日起，嘉兴县物价委员会、交通局联合修订部份搬运装卸费率标准和规则，主要修订内容为：钢丝车运货由3个等级改为5个等级计费；市内汽车、榻车、钢丝车运价统一为一个计算标准；直接用于农业生产的各种肥料、农药、农机具、种子等就低计费，一律按5级品计费等共12条。1983年5月，嘉兴市物委、交通局又对计费标准进行修改补充，主要内容为修改整理点工、理货工作，一般点工及修订笨重货物加成标准。撤地建市后，嘉兴市物价局、交通局于1986年2月12日联合颁发《嘉兴市城、郊区搬运装卸费率计算标准和管理规则》，原《嘉兴市搬运装卸费率计算标准和管理规则(试行草案)》同时废止。新的标准自1986年2月20日起执行，新标准将货物划分为4个等级：装卸船(车)同一费率计算；港口装卸以25米为一段，按段计算，并以250米为限；市内车运以站计算，货物重量以吨为计算单位；点工不满一日作一日计算，超过二小时作半日计算。并规定各项费率标准，运费较1959年标准上调20%左右。1989年6月26日，嘉兴市物价局、交通局联合发出《关于整顿城、郊区搬运装卸费率的通知》，制订《嘉兴市城，郊区搬运装卸计费规则》，从7月1日起施行，原《嘉兴市城，郊区搬运装卸费率计算标准和管理规则》同时废止。各县(市)搬运装卸费率可结合当地实际、参照执行。铁路装卸费率按铁路部门规定。此次费率调整幅度较1986年标准上调约40%左右，简化了一些收费加成标准，轻泡类、粉尘类由3类并为2类，易碎品、危险品由二类、三类并为一类。为了有效管理运输市场，并规定必须使用交通、财税部门制订的统一运输发票，其他票证一律无效。

搬运装卸费率

1989年7月1日起施行的《嘉兴市城、郊区搬运装卸计费规则》，将货物分为4个等级、装卸船(车)分别规定费率。货物重量一律按毛重以吨为计算单位。车船装卸以25米为基本计费段，超过部份以25米为一段加收费用，船舶装卸以250米为限，超过250米者，按25米船舶装卸费加人力车装卸费加车运费计算。对笨重、有毒危险品、超长、超高、超宽、轻泡、易碎，散装、粉尘货物费率加成加收，零星货物装卸费按零星货物装卸费计算。

单件笨重货物重量在250公斤以上者按费率加成加收标准:250~500公斤加收50%，501~750公斤加收100%，751~1000公斤加收200%，1001~1500公斤加收350%，1501~2000公斤加收450%，2001~3000公斤加收550%，3001~5000公斤加收650%，5001~7000公斤加收750%，7001~10000公斤加收850%。

单件重在10吨以上，承托双方可以面议价格，并签订合同。超长(6米以上)超高(2.7以上)超宽(2.5米以上)按费率加收30%。易碎品按费率加收30%：散装品按不同货物每吨加收0.25~1.20元。粉尘类按不同货物每吨加收0.2~0.6元。有毒、危险腐蚀物品按费率加收30%。轻泡类货物按费率加收30~50%。

车运费率

市区车运经500米为一站，郊区250米为一站，起运为二站。如果超过站点，市区100米，郊区50米各作一站计算，每站车运费每吨0.3元，对笨重，有毒危险品、超长、超高、超宽、轻泡、易碎、散装、粉尘货物费率加成加收，其加成加收标准与搬运装卸同。

铁路装卸费率

由火车运输货物的装卸费率，由铁路部门统一规定收费标准。

表5-4-2 货物装卸率表

单位:元/吨

项目 / 费率 / 货物等级	船舶装卸		货车装卸	
	25米之内	以后每段(25米)增加数	25米之内	以后每段(25米)增加数
一等品	1.25	0.25	1.20	0.25
二等品	1.15	0.24	1.10	0.25
三等品	1.00	0.23	0.95	0.25
四等品	0.80	0.22	0.75	0.25

表5-4-3 零星货物装卸费率表

单位:元

每件重量(公斤)	每件收费	
	25米以内	以后每段(25米)增加数
30公斤以内	0.10	0.02
31公斤~100公斤	0.30	0.05
101公斤~250公斤	0.60	0.10

注:以上费率包括起、装舱费

表5-4-4 铁路整车货物装卸费率表

单位:元/吨

分类 / 数量	费率号	装卸费	附注
袋装粮量，油料作物、薯及种子类	1	1.00	
普通货物(不属于表内其它各项)	2	1.10	1.件数超过2000件加成20%； 2.电视机、电冰箱、洗衣机、收录机、玻璃加成40%； 3.坛装酒、坛酱菜、瓷器、啤酒、缸、箱装自行车、乌煤粉、陶土粉、白泥、纯碱加成30%； 4.未装容器的活禽、畜、装一层按货车标重1/2,装二层以按货车标重计费。
只按重量承运，不计算件数的货物	3	0.90	
木材类、毛竹、建筑用水泥制品、水泥轨枕、电柱矿井支架	4	1.20	元木单根长度超过8米，重量超过501kg按7号费率计算，其他木材类不适用7-10号费率。
危险货物(部颁《危规》货物品名)	5	1.30	沥青加50%。
体轻货物	6	1.40	1.每立方米不足300kg和明定品名附件三； 2.毛料、烟叶、空桶加成20%。

（续表 5-4-4）

分类	数量	费率号	装卸费	附注
笨重货物	每件实重 501kg 至 3000kg	7	3.00	1.自轮运转的各种车辆、机械的装卸，用人力推上推下的按杂作业人工费计算，不能用人力推上推下的按货物实重分别按该项费率计算。 2.超过车站最大起重能力的货物按所在地、市、县装卸费率。 3.超过 30 吨以上的货物面议。 4.成捆的角钢、扁钢、圆钢、钢管机器每根台重量超过 250kg 至 500kg，按 7 号费率的 70%计算。
	每件实重 3001kg 至 8000kg	8	5.00	
	每件实重 8001kg 至 15000kg	9	7.00	
	每件实重 15001kg 至 30000kg	10	10.00	

表 5-4-5　浙江省境内铁路零担货物装卸计费重量表

单位：公斤

序号	品名	计费单位	计费重量
1	组成的双轮摩托车	每辆	501
2	组成的双轮摩托车（含正侧带斗的但不包括三轮汽车）	每辆	1000
3	两用轻骑车 组成的机动车辆和拖斗车车身长度不足 3 米的	每辆	200 3000
4	车身长度 3 米以上，不足 4 米的 车身长度 4 米以上，不足 5 米的 车身长度 5 米以上的	每辆	5000 10000 13000
5	牛、马、骡、驴、骆驼	每头	501
6	未装笼器的猪、羊、狗	每头	100
7	组成的自行车	每辆	100
8	灵柩、尸体	每具个	1000

表 5-4-6　浙江省境内铁路整车轻泡货物品类表

木片（条、柴、皮、块）、树、树根（枝、皮、条）、软木板（块砖）；

竹根（枝、丝、刨花），竹的成品、半成品、芦竹、竹稍、杂竹、小竹、毛料；

藤、棕（片、丝、绳、线）、棕刷；

草袋（片、垫）、草席（鞋、帽、绳）、草秸、芦苇、芦花、芒杆、蒲包、笋壳、桔皮；

烟草、烟丝、卷烟、烟草制品；

羽绒、绒毛、人造毛、毛条、及制品；

各种棉、麻及制品；

塑料瓶（板、片、块、垫、壳、管、桶、罐、盒、盆）及制品；

包装用的空箱、桶、罐、盒、盆、瓶、电缆空盘、蜂具、蜂箱、日用铝制品、搪瓷品；

饼干、蛋卷、茶、粉条（丝、皮）、干辣椒、中草药材、葵花籽、花卉、盆景、工艺品、标本、各种菌；

家具、演艺道具用品、玩具；

换气扇。鸿运扇、橡胶轮胎、火柴、糠、壳、灰、渣、白炭破碎杂皮布（服、鞋）、废纸、纸筋；

以上货物机械捆扎的除外。

嘉兴市所辖其他县（市）货物装卸费率由各县（市）根据原货物分类标准自定。

第五章 站、场(客货中心)

第一节 汽车客运站

“九五”期间，根据城市总体规划和“九五”交通发展规划，动工新建了嘉兴汽车客运北站，于 2001 年 7 月 15 日正式投入使用，第一期工程占地 25000 平方米，停车场地 1 万平方米，候车室面积 1052 平方米，站房面积 10666 平方米，设计日发班次 1500 个，日发送客运量 10666 人。同时，各县(市、区〉也相继建设、完善汽车客运站点，先后建成了平湖城关汽车客运北站、乍浦汽车客运新站、海宁汽车客运南站、桐乡崇福汽车客运站，并不断完善公路沿线客运停靠站点设施。

“十五”期间，嘉兴客货运站场建成项目主要有：

(1)嘉兴汽车北站：嘉兴汽车北站于 2001 年 7 月建成启用，为一级客运站，占地 50898 平方米，设计日均发班次 1060 次，日均旅客发送能力 1 万人次。

(2)平湖汽车客运南站：平湖汽车客运南站于 2004 年 4 月建成，为二级客运站，占地面积 20650 平方米，总投资 1800 万元，设计日均旅客发送能力 5000 人次。

(3)嘉兴港区客运中心：嘉兴港区客运中心于 2003 年 8 月建成，为三级客运站，占地面积 8870 平方米，总投资 800 万元，设计日均旅客发送能力 3000 人次。

(4)桐乡汽车站：桐乡汽车站 2005 年建成，占地面积 8.5 万平方米，其中，客运占地面积 6.7 万平方米，设计日发送旅客 15000 人，货运占地面积 1.8 万平方米，设计年换算货物吞吐量 33 万吨/年。

另外，“十五”期间，完成准四级农村客运站 18 个，“十五”期末，嘉兴市拥又城乡客运站 37 个，其中：一级客运站 1 个(嘉兴汽车北站)，二级客运站 8 个，三级客运站 4 个，四级客运站 20 个，简易站 4 个。汽车货运零担站 3 个，集装箱中转站 3 个，其他货运站 5 个，其中三级站 7 个，四级站 4 个。

“十一五”期间，嘉兴市公路客货站场建设取得较大成绩，重点建设嘉兴综合交通枢纽(一期)、嘉兴市汽车客运中心、海宁市客运中心一级汽车站、嘉兴王江泾三级汽车站、嘉善西塘三级汽车站、桐乡濮院三级汽车站、海盐澉浦五级汽车站、嘉兴现代综合物流园南区沃尔玛华东区配送中心项目、嘉兴现代综合物流园南区 AMB 物流设施项目、公交港湾式停靠站。

2001 年年底，嘉兴市共有道路客运站点 15 个，其中等级客运站 15 个。

2007 年，全市全年新建、在建农村客运五级站 13 个、港湾式停靠站 270 个、招呼站 626 个，累计建成乡镇客运站 30 个、港湾式停靠站 1066 个、招呼站 3528 个、终点站回车场 68 个。另外，市区建成城市公交枢纽站 1 个(城东枢纽站)、占地 30 亩，新建停车保养场 2 个、占地 43 亩，累计建成枢纽站 2 个，建成停车保养场 4 个、占地 93 亩，建成港湾式停靠站 220 个。

截至 2009 年 6 月底，全市已建成农村客运等级站 41 个，港湾式停靠站 2012 个，招呼站 3375 个，其中市区建成

表 5-5-1 2001 年嘉兴市客运站点统计表

单位：个

等级＼辖区	市区	嘉善	平湖	海盐	海宁	桐乡	秀洲	合计
一级	1							1
二级	1	1	1	1	1	1		6
三级			1		1	2		4
四级		1				1	2	4
小计	2	2	2	1	2	4	2	15
简易								
合计	2	2	2	1	2	4	2	15

表 5-5-2 2010 年嘉兴市客运站点统计表

单位:个

指标名称	合计	南湖	秀洲	嘉善	平湖	海盐	海宁	桐乡
合计	2720	361	206	409	183	160	1025	376
一级站	2	1	0	0	0	0	0	1
二级站	5	1	0	1	1	1	1	0
三级站	7	0	1	1	2	0	0	3
四级站	2	2	0	0	0	0	0	0
五级站	39	3	5	9	5	9	3	4
简易站	10	0	0	0	0	0	10	0
港湾式停靠站	2655	354	200	398	175	150	1011	368

农村客运等级站 8 个,港湾式停靠站 316 个,招呼站 560 个。全市基本建成布局协调、衔接顺畅、安全便民的城乡公交站场体系,初步实现“镇镇有等级站、村村有候车亭、沿途有停靠站”的目标。市区建成区共有枢纽站 1 个,占地 30 亩,停车保养场 4 个,占地 47.6 亩,公交站点 959 个(含首末站 7 个),其中建成港湾式及候车亭的站点 82 个,占总数的 8.56%;建有候车亭的站点 182 个,占总数的 19.98%;建有港湾式停靠站的站点 240 个,占总数的 25.03%。

截至 2010 年年底,全市一级客运站 2 个,二级客运站 5 个(其中按一级站标准建设 2 个),三级客运站 7 个,四级站 3 个,五级站 36 个,港湾式停靠站 2655 个。其中乡镇客运站 47 个,占总乡镇数的 87.03%。

嘉兴市区汽车站

嘉兴第一个嘉兴汽车站最早建于民国 22 年(1933 年)4 月,位置在北门荷花堤,从严格意义上来讲,当时还不能称之为车站,它不过是苏州的客运公司在嘉兴设的一个配客站。“北门车站”算是嘉兴汽车客运站历史的起点,原址在环城北路与少年路的交叉口,主要是平湖开往苏州、盛泽、湖州等方向,每天上下客 10 多个人,只有一个人在这里管理。

那个时候开的客车大多是抗日战争期间使用过或者是缴获的军车改装的,烧的是煤或者木炭,车子后面是锅炉,靠气体推动活塞来让车辆开动,烧 100 来斤木炭,可以从嘉兴到平湖跑两个来回。当时江苏来的车多烧煤,而浙江的车多烧木炭。

20 世纪 60 年代初,在环城东路现在的南湖大饭店附近,嘉兴真正意义上的第一个客运站成立,俗称“东门车站”,占地七八亩,具备候车室、修车间、宿舍、食堂等设施。站屋面积 794 平方米,只有几辆汽车,当时因为嘉兴地方比较小,道路状况要求也不需要多少车辆。

20 世纪 70 年代,嘉兴道路运输慢慢发展起来,建造了汽车客运南站,规模和各项设施上比原来东门的汽车站有了很大发展。1970 年 6 月 20 日,在环城南路与府南街口,浙江省汽车运输公司湖州运输段嘉兴中心站正式启用,俗称“南门车站”,客运南站地处环城南路与府南街的交叉口。客运南站只有四个检票口,五个售票窗口。线路主要是临平、杭州、苏州、乍浦及五县两区,总共才 28 辆汽车。每天班次 100 多个,日客运量 1500 人左右,售票检票都是人工操作的。当时道路状况不好,到杭州要将近 4 个多小时。当时的汽车都是些遗留下来的外国杂牌车,就算是国产的也是那种解放牌经过改装的半挂汽车(后面拖着一个大车厢的),到七十年代后期,随着嘉兴撤地建市和客运规模的不断扩大,逐步开通了到江苏和上海的一些班车,但还不是很多。随着改革开放以及嘉兴与周边城市交流沟通的需要,到了 80 年代,客运南站的规模显得与嘉兴整个城市的发展越来越不相适应,汽车南站的所在地也由于嘉兴的发展变化,变成了市中心地段。场地显得狭小,以至于每天晚上都要有专人负责停车,不然就停不下。到了节假日,车站里更是人满为患,候车室里旅客上车往往会人挤人,简直是水泄不通。在当时政府的关心及交通主管部门的协助下,在八十年代后期,又开始考虑选址建造汽车新客站。

1990 年,嘉兴汽车客运西站建成,地址为嘉兴中山西路 268 号(现中山东路 1362 号),由嘉兴市汽车运输公司经营。该站由浙江省交通厅批准建造,投资 350 万元,浙江省建筑设计院设计,浙江省第三建筑公司施工,于 1988 年 8 月动工兴建,1990 年 8 月 1 日正式投入使用,占地面积 47.8 亩,建筑总面积为 4760 平方米,其中售票大厅、候车大厅等站屋面积 3794 平方米,候车大厅高 8.9 米,宽 21 米,建筑面积为 1192 平方米,厅内设有单人座椅 13 排,每排可座 20 人的正座及单人座椅 6 排,每排可座 4 人的边座,同时可容纳 1500 旅客在大厅候车,有 13 个检票口;停车雨棚长 52 米，宽 12.8 米，建筑面积为 665.6 平方米；停车场和回车道达 1 万平方米；售票厅建筑面积为 224 平方米，设 8 个售票窗口，行李房建筑面积 179 平方米，小件寄存、问讯服务、商店、餐厅、招待所等配套设施齐全。

从南站的 17 亩地到西站的 48 亩地，面积已经扩大了几倍。汽车西站在功能上也慢慢地配备了比较先进的设备。西站的容量和配套设施比客运南站更加完备和先进。当时定位也是比较超前的。到汽车西站已经有 400 多个班次了。那时候考虑到旅客的乘车方便，一度停止使用的客运南站 1993 年 12 月 26 日，重新启用；又恢复使用了几年，主要是让去五县两区的班车在那里上客。这样，在嘉兴的历史上也就第一次出现了两个汽车站同时使用的情形。

汽车西站隶属于嘉兴市国鸿汽车运输有限公司站务分公司，是嘉兴市一家面向国有、集体、个体开放的国有性质的公用性车站，有职工 99 人。车站于 1990 年 8 月 1 日建成并投入使用，2002 年 5 月进行了进一步的改造和装修，使整体面貌焕然一新，布局更趋合理，服务设施和内容更加完善。汽车西站设有 6 个微机售票窗口，可以与客运北站联网售票；车站划有 10 个发车位，实行电脑检票。2009 年，车站日运送旅客 6500 余人次，日发班 600 余班次，营运车辆档次齐全，可以适应各层次旅客的不同需求。车站有各类班线 29 条(其中省际班线 4 条、跨地市班线 6 条)，包括到上海、杭州、苏州、南京、宁波、无锡的高速快客班线，以及到南北湖、乌镇等旅游景点的旅游班车。连续十多年被交通部、省交通厅评为“文明车站”荣誉称号。

在 20 世纪 90 年代末期，由于嘉兴城市道路二环还在规划建设中，但还没有完全贯通。当时的二环就是以前的 G320 国道。于是，考虑再建一个汽车北站。当时汽车西站主要是开往浙南、杭州等中长途线路为主，汽车北站主要是开往北方的长途班线为主。

客运北站于 2001 年 7 月 15 日正式开张营业，车站现有职工 110 人，嘉兴市客运北站隶属于嘉兴市国鸿汽车运输有限公司站务分公司。位于嘉兴市北大门，是面向国有、集体、个体开放的国有公用型汽车客运站。占地面积 4 万平方米，建筑面积 3000 平方米，停车场、回车道面积 2.4 万平方米。车站装有中央空调、电脑售票系统、电视监控、电脑检票、班线动态显示屏、大型班车运行时刻、票价显示屏、多媒体触摸屏、自动广播系统、X 射线行包危险物品检测仪、行包微机开票核算等系统等高科技现代设施。2009 年日发班车 1000 多班次。平均日送旅客 8500 人次，最高峰达 2.2 万人次。班车通达江苏、安徽、山东、河南、上海、湖南、湖北及本省各地、市、县。车站已初步建成了一个布局合理、功能齐全、技术先进、服务优质的集服务商贸、旅游于一体的站务管理系统。

随着城市不断向外围发展，车流量年年快速提增，西站已处于城市中心地段，客车进出站造成道路拥堵已显现。为缓解这一日趋突出的矛盾，市政府决定建造新汽车客运中心。2009 年 5 月，嘉兴汽车客运中心开工建设，占地面积 124 亩，约 8.3 平方米，设计日平均旅客发送量 2.2 万人次，总建筑面积 3.89 万平方米，其中地下车库 7700 平方米，业务楼、候车厅共两层，设计概算 2.73 亿元。2010 年，新客运中心建设正按工程设计要求稳步的推进中。

2011 年 11 月 29 日，汽车西站停用，新汽车客运中心正式启用，新汽车客运中心在规模上、设施设备上、服务功能上都大大超过汽车客运北站。它建造在沪杭高速到嘉兴王店的出入口，也是乍嘉苏高速到嘉兴马家浜的出入口(世贸花园大酒店)。由于坐落在 G320 国道与万国路交叉口，紧连接高速公路和国道，给长途旅客的出行带来方便。

市区公交停车场

嘉兴市公共交通公司成立初期借用原城东路 61 号市房地产管理处预制厂部分场地作停车场地，后公交兼营的出租汽车公司成立，车辆停放十分困难，公司立项公交停车场建设。随着嘉兴城市建设的日益发展，公交停车场建设也不断新增和扩大。

徐王公交停车场

1984 年 12 月 10 日嘉建计〔84〕298 号批复，规模为停车 15 辆。1985 年 12 月 27 日经市政府审批同意征用后实施设计施工，在 1986 年 5 月公交第一处新建基地徐王公交停车场建成，于 1986 年 6 月搬入使用，场地实际占地面积 5228 平方米，建有停车坪面积 2622 平方米，建筑总面积 889.61 平方米，其中建有储油 20 立方米加油库一座，建设总投资 41.7 万元。

中山西路公交停车场

1986 年 2 月 19 日，嘉市计〔86〕34 号文转发了浙计经建(1986)90 号文通知，同意新建嘉兴市公交停车场，规模为停车 40 辆，并在市城建基建投资总额中计划补助 60 万元，经初次选址——后易地建设，重新选址在原加北乡三塔村，现中山西路 315 号，共征用划拨土地 38.1718 亩(其中建社会停车场 11.1718 亩，划给市交警支队 4 亩)1987 年 12 月 31 日省人民政府审批同意征用，嘉市计〔1987〕183 号文批复同意公交停车场扩初设计，于 1989 年 5 月 12 日开工建设，1990 年 8 月 8 日竣工，公交第二处新建基地中山西路公交停车场建成。1990 年 9 月 30 日，公司搬迁使用。场地实际占地面积 15001.2 平方米，建有停车坪面积 5160.15 平方米，建筑面积 2265.26 平方米，其中建有修理车间

1538.84 平方米，储油量 40 立方米加油库一座，建设总投资 235.055 万元，1992 年 4 月为了拓宽公司经营范围，发展第三产业，在停车坪南侧中山西路延街立面报批建造了一层 200 平方米商业用房，1993 年 4 月筹资与原城区物资公司合建西停建设项目二期九层办公综合楼工程开工，于 1994 年 10 月建成，建筑总面积 4838 平方米，其中权属公交建筑面积 2219 平方米，公司投资建设资金 308 万元。

禾兴北路公交停车场

1999 年，公交设施规模已满足不了城市快速发展的需要，为了加快城市建设和改善城市出入形象，1999 年 5 月，市政府会议研究决定，确定中山西路停车场基地土地出让，返回的出让金 1518.7 万元，用于新建城北、城东、城西三处公交基地。1999 年 11 月 16 日嘉市计〔1999〕344 号文批复，同意公交公司新建禾兴北路公交停车场，停车规模 55 辆，公交北场选址在原城区加北乡陶家桥村——禾兴北路、同心路东路北侧，征用出让土地 19.06 亩，于 2000 年 6 月 12 日嘉市计〔2000〕176 号文批复同意项目扩初设计。2000 年 12 月 8 日开工建设，2001 年 3 月 30 日竣工，公司第三处新建基地禾兴北路公交停车场建成。2001 年 5 月 28 日搬入使用，停车场实际占地面积 12696 平方米，建有停车地坪 8702.23 平方米，建筑面积 1482.33 平方米，其中建有办公楼 629 平方米，修理车间 716.1 平方米，储油量 110 立方米加油库一座，建设投入资金 582.97 万元，其中征地费 255.5 万元，土建安装费 271.26 万元。

城东路公交停车场

公交北场建成使用后，1999 年 8 月 27 日嘉市计〔1999〕265 号批文同意市公交公司新建城东路公交停车场，停车规模为 80 辆，公交东场基地选址在城区徐王村——城东路与东升路交叉口南侧，征用划拨土地 31.14 亩，2002 年 3 月 27 日嘉计〔2002〕127 号文批复同意项目扩初设计。2002 年 9 月 23 日完成全部设计开工建设，2003 年 1 月 23 日竣工，公交第四处新建基地城东路停车场建成，2003 年 1 月 28 日搬入使用。暂时缓解了公交生产、生活、停车需要，基地实际占地面积 20070.3 平方米，建有停车坪 12849 平方米，建筑面积 1006 平方米，其中建有修理车间 854.94 平方米、储油量 95 立方米加油库一座。建设总投入资金 678.43 万元，其中征地费用 274.7 万元，土建安装费用 280.07 万元。

南湖新区停车场

根据城区规划：北控南移、东进西拓、中间完善、强化东南建设思路，考虑到公交在城南区无停车场配套设施境况，2002 年 6 月 10 日公司提交了关于在城南区新建西南路公交停车场的立项报告。于 2002 年 8 月 16 日嘉计〔2002〕382 号文批复同意公司建造西南路公交停车场，市政府决定该项目所涉土地别作他用，在 2003 年 8 月 11 日重新作出公交停车场易地建设立项报告，于 2003 年 9 月 3 日嘉计〔2003〕347 号文批复同意公司在南湖新区易地重建公交停车场，规模为停车 80 辆及相应附属设施，公交南场基地重新选址城区南湖街道南湖村——姜水路与庄乾路交叉口东南侧，征用划拨土地 32.35 亩，其中带征土地 12.06 亩。2005 年 10 月 14 日市人民政府嘉土字〔2005〕25 号文批准同意划拨征用。2006 年 6 月 29 日，嘉发改〔2006〕261 号文批复同意项目扩初设计，2006 年 9 月 21 日完成全部设计开工建设，2007 年 7 月 17 日竣工，公交第五处新建基地南湖新区公交停车场建成，2007 年 7 月 27 日搬入使用，基地实际占地面积 13511.6 平方米，建有停车坪 8229 平方米，建筑总面积 7142.88 平方米。其中建有办公大楼 6440.4 平方米，修理车间 587.77 平方米，储油量 203 立方米加油库一座，建设总投资 987.81 万元，其中征地费用 145.96 万元，土建安装费 841.85 万元。

嘉兴大桥公交停车场

公司营运车辆快速增加，停车场地明显不足，在 2004 年 9 月 8 日公司提请关于利用“嘉兴大桥下建停车场”的报告，同年 9 月 30 日钱副市长批示“可行”意见，后经市建设局安排，公司于 2007 年 1 月完成桥下停车场设计，同年 3 月 25 日开工建设，于 2007 年 7 月 26 日竣工投入使用，场地实际占地面积 8632 平方米，其中停车坪 5804 平方米，建设总投资 178.97 万元，其中土建安装费 158.21 万元。

亚澳路公交始发场站

为了加快城乡一体化建设，解决公交车始发场站困难，在 2006 年 12 月 31 日向嘉兴工业园区基础设施有限公司借用土地 1.8 亩，位址在亚太园区亚澳路竹丝浜桥边建公交始发场站，于 2007 年 1 月 26 日开工建设，2007 年 3 月 5 日建成投入使用，场地实际占地面积 1198.8 平方米，其中停车地坪 784 平方米，建有彩钢站务房 143 平方米，建设总投资 16.73 万元。

经济开发区公交停车场

为了改善市区公交停车困难现状，实施公交优先发展的需要，经六届市政府 7 次常务会议审议，2007 年 11 月 23 日嘉发改〔2007〕502 号文批复同意公司建造经济开发区公交停车场项目立项。停车规模为 86 辆，公交经济开发区停车场基地选址在禾兴北路底与 G320 国道交叉口东南侧，征用划拨土地 12134.2 平方米，2008 年 9 月 2 日浙江省人民政府浙土字 B〔2008〕200015 号文批准同意划拨征用，2008 年 9 月 26 日嘉发政〔2008〕356 号文批复同意项目扩初设计，2008 年 12 月日完成全部设计开工建设，2009年8月竣工使用。基地实际占地面积12134.2平方米，设计建有停车坪7000平方米，建筑总面积1293.82平方米，其中建有管理办公楼279.24平方米，保养车间735.76平方米，储油量30立方米加油库一座，计划建设总投资1076万元，其中征地费用550万元，土建安装费300万元。

第二节 各县(市)汽车站

海盐汽车站

民国19年(1930年)4月，杭州至乍浦公路建成通车时，在敕海庙塘工局辟一室作为汽车站。解放后，车站多次迁移。1971年建站于武原镇海滨东路，站屋面积423平方米，其中候车室约150平方米，回车道、停车场只能停7辆客车。行政关系隶属于浙江省汽车运输公司嘉兴分公司乍浦片站。由于客流量日增，站场狭小，殊不适应。1987年5月，浙江省交通厅批准迁建海盐汽车站，新的海盐汽车站设计规模年发送旅客230万人次，车站停车50辆。1989年7月车站动工，1990年11月竣工，工程历时1年零4个月。1990年12月20日，海盐汽车新客站正式投入使用。海盐汽车新客站共投资338.45万元，其中省交通厅拨款160万元，专项贷款27万元。建筑面积3311.9平方米，其中候车厅661平方米，售票厅150平方米，外加停车站6500平方米。海盐汽车新客站站址位于武原镇秦山路51号。2007年度，海盐汽车站客运量为356.7万人次。全站职工人数为318人。

1995年10月27日，海盐汽车站进行了改制，原国营海盐县汽车客运总公司改制为有限责任公司，更名为“海盐县云龙运输有限责任公司”。企业注册资本金为296万人民币，公私双方出资额和出资比例为：汽车客运总公司以国有资产出资150.95万元，占51%；陈云龙等39人以现金购买国有资产折人民币145.05万元，占49%。企业改制届定日期从1995年4月1日起算。1998年9月9日，海盐县云龙运输有限责任公司向县交通局、国有资产管理局报告，要求再次购置国家股11%股权。同年11月24日，海盐县国资局、交通局发文批复，同意云龙运输有限责任公司请求，决定再转让国家股11%的股权，这样，国家股在该公司剩下40%。11%国家股转让时间为1998年4月1日，股权价值为28.23万元，由县国资局收缴入库。1999年12月21日，海盐县云龙运输有限责任公司向县交通局、国资局再次报告，要求购置国家股40%。2000年3月24日，海盐县国有资产管理局、交通局发文，批复云龙运输有限责任公司申请同意转让，国家股转让40%，股权价值为106.271530万元。至此，国家股全部退出海盐县云龙有限责任公司。

表5-5-3 1990年海盐汽车客运线路表

跨省线路(12条)	石化、上海、苏州、无锡、常熟、南京、淮安、六安、淮滨、商城、信阳、永城
跨市线路(11条)	湖州、织里、长兴、安吉、绍兴、宁波、温州、义乌、衢州、诸暨、杭州
跨县线路(7条)	嘉兴、平湖、乍浦、嘉善、桐乡、王店、海宁
县内线路(11条)	沈荡(2)、西塘桥、大桥新区、石泉、横港、三湾、紫金山村、官堂、南北湖(2)

海盐县乡镇汽车站

1986年，海盐县乡镇汽车站有3家，分别是：澉浦汽车站、六里汽车站、长川坝汽车站。为适应公路沿线人民生产生活需要，交通部门还在北段村、落塘头、五团、黄家堰、八团、场前、郑家埭设立了7个代办站。另有紫云里1个停靠站。当时澉浦、六里、长川坝3个汽车站每日始发和过路班车分别为48班、44班、42班；3个汽车站的日均旅客出口量分别为559人次、340人次、250人次。自2004年11月30日，海盐县实施短途客运城乡公交一体化后，海盐全县的乡镇汽车站变为澉浦、六里、沈荡3个，班车不再进站，车站停止售票。3车站的从业人员也大为锐减。澉浦车站从20世纪80年代中期的10人减为1人；六里车站从2人变为有站无人；沈荡站1人。截至2005年年底，澉浦汽车站每天过路班车14班，始发1班(澉浦—苏州)；六里车站每天过路班车17班，始发74班(六里—县城)；沈荡每天过路18班，始发5班，另有40班为齐家—沈荡—县城公交车。原长川坝汽车站已于2004年取消，北段村等7个代办站也于1995年底撤销。

海宁汽车站

1958年年底，硖石至闸口公路通车后设站房2间，站址在硖石镇北关桥路与建设路交叉口，1973年进行扩建站屋面积为530平方米。1989年8月新建海宁汽车新客站，站址在硖石镇白漾新开发区，新客站占地面积31.29亩，总建筑面积3509.37平方米，其中候车厅、售票房等站屋面积1930平方米，站内设有8个检票口、6个售票窗及旅客问讯处、小件行李寄存处、广播室、商店等配套服务设施。站场布局按满足正常运行 70 辆汽车要求，水泥混凝土停车场 5490.2 平方米，站前广场 2500 平方米。新客站由海宁市城建局设计室设计，海宁市建筑公司施工。于 1990 年 12 月底竣工验收，1991 年 1 月 16 日正式投入使用，省投资 200 万元。

1990 年前，海宁境内硖石站、盐官站、袁花站和长安站较具规模，站屋建筑面积超过 200 平方米，其他沿线而建的马桥、新仓、丁桥、大荆场、胡家兜、翁家埠、黄湾、伊桥、庆云、祝场、丰士、长安、湖塘、谈桥、双圩、郭店、斜桥、徐家桥等车站，建筑面积均不足 120 平方米。

1990 年后，乡镇小站逐渐弃用，取而代之的是由与城乡公交一体化相适应的城市标准型的公交候车站。海宁汽车站原址硖石北关桥路与建设路交叉口。站屋建筑面积 530 平方米，占地面积 3340 平方米。始建于 1958 年 12 月，1959 年春节投入使用。新客站由海宁市城建局设计室设计，海宁市建筑公司施工。于 1990 年 12 月底竣工验收，1991 年 1 月 16 日正式投入使用，省投资 200 万元。1990 年 1 月在工人路与勤俭路交叉口建成新站，同年 10 月改硖石汽车站之名为海宁汽车站。后因海宁汽车南站建成，海宁汽车站又改称海宁汽车北站。新汽车南站占地面积 21866 平方米，停车场面积 8585 平方米，站屋面积 3529 平方米，其中候车室面积 1310 平方米，售票厅面积 300 平方米。另有行李房、食堂、加油站、修理间等配套设施。建站总投资 324 万元，其中省交通厅补助 228 万元。

海宁市汽车客运中心

地址为海宁市城南大道 2219 号。2005 年 12 月 23 日按交通部一级汽车客运站标准动工建设，2007 年 2 月 6 日建成投入使用。客运中心占地面积 120.06 亩，站屋建筑面积 13760.7 平方米。楼高 19.65 米，地上五层，地下一层，地上建筑面积为 10536 平方米，其中候车大厅 1200 平方米。停车场 3 万平方米，能容纳大型客车 250 辆。中心建成后集长途旅客安检、购票、候车、检票和短途旅客长廊零距离换乘、车辆加油、安检、维修、自动清洗于一体，功能堪称齐全。总投资约 7513 万元。

海宁汽车南站

地址为海宁市农丰路 168 号。该站系当时为缓解海宁汽车站客流和发车压力，将硖石城郊结合部硖新路北端一家皮革企业厂房场地按交通部三级汽车客运站改建而成。占地面积 5230 平方米，停车场地 2800 平方米，站屋面积 1558 平方米，其中候车厅 280 平方米。投资 270 万元，设有旅客售票、停车检票等服务设施，属公用型车站，该站于 1996 年 1 月启用后，原海宁汽车站始发的黄湾、袁花、长安、谈桥、周王庙、许村、袁家坝等市境内班线均分流由该站始发。随着农村客运市境内班线公交化网络形成，2005 年 6 月撤销车站建制，改为城乡公交专用回车场。

盐官汽车站

1927 年沪杭公路始建时即设置，为全市始建最早的汽车站。1953 年修建，后又于 1978 年扩建。占地面积 1650 平方米，站房建设面积 300 平方米，设有售票、候车、检票和停车场设施。该站一直是海宁观潮旅客集散的重要站场。2004 年 5 月，因老沪杭公路(现翁金线)盐官段拓宽而被拆除。此后，由于城乡公交网络形成，旅客零距离换乘条件已经具备而不再建站。

其他乡镇车站

20 世纪 50—60 年代沿沪杭公路、硖新公路在马桥、新仓、胡家兜、翁家埠、闸口、黄湾等地建造的汽车站，以及随着海宁乡镇公路建设发展而始建于 20 世纪 70—80 年代的长安、祝场、丰士、湖塘、斜桥、双圩、许巷、郭店、庆云、张店等汽车站，由于二十世纪九十年代初公路客运班线采取承包经营，“招手即停”的中巴客运车替代了原有“车进站、人归点”的班线客运，各沿线汽车站陆续撤销。直至 2005 年，始有丁桥镇新建四星级车站 1 座。

平湖市汽车站

平湖汽车站，始建于民国 21 年(1932 年)10 月，站址位于县城南门吊桥西南，有站屋 2 间，沦陷时被拆毁。民国 35 年(1946 年)重建 3 间。1971 年春在原址西南新建站屋 800 平方米，其中候车室 327.54 平方米，售票房、行李房 80.34 平方米。1990 年 6 月新建平湖汽车新客站，站址在乍王公路与环城西路会合处，新客站占地面积 24.08 亩，建筑总面积 3527 平方米，其中候车厅 792 平方米，宽敞明亮，设 10 个检票口，始发班车时间用电子显示，售票房 200 平方米，设有 6 个售票窗。行李房、旅客问讯处、小件行李寄存处、商店等配套服务设施齐全。站内冲布局按运行 60 辆汽车(其中 20 辆通道车)要求，设水泥混凝土停车场 8400 平方米。

新客站工程由平湖县城建局设计室设计，平湖县一建公司、平湖桥梁队承建，将于 1991 年 5 月份竣工，投资约 250 万元。

20 世纪 90 年代以前，全市只有平湖站及乍浦站颇具规模，其他在沪杭公路、乍王公路两侧的新兴镇、全公亭、金丝娘桥、土山、虹霓、高桥、九里亭设小站，站房面积均不超过 100 平方米。随着县乡公路的建设，陆续又在黄姑、曹桥、林埭、衙前、钟埭、新仓、新埭、通界、斜桥等乡镇新建了站房，另外在沿路各村设停靠点，资金基本上由各乡镇自筹。

20世纪90年代后，改革开放进一步深入，地方经济实力不断增强，公路建设进入高速期，交通事业得到前所未有的发展。不仅实现乡乡通客车，还在城市里开通了城市公交，旅客出行更方便。特别是进入21世纪以后，全市城乡一体化建设为城乡公交一体化创造了条件。至2005年年末，全市10个镇(街道)全部实现了城乡公交一体化。全市道路运输的发展推动了站场建设的发展，随着全市客运车辆的增多，线路增加，汽车站的建设、布局也发生了变化。1999年后，全市累计投入资金3243万元，新建二级客运站1个，三级客运站2个，准四级客运站2个。2004年后，随着全市城乡公交一体化的推行与完善，平兴公路、新S07省道共新建32个港湾式公交停靠站点，新庙、南桥、野马、陈匠新建4个二级公交停车场，各线路设立招呼站200多个。

平湖汽车西站

原称平湖汽车站，在市区南门外，建国路与城南路交叉口西北角，站房面积为800平方米，其中候车室327.54平方米，售票房、行李房80.34平方米，1971年春节启用。由于县乡公路建设加快，旅客流量的急剧增加，1991年5月30日，该站搬迁至环城西路与城南路交叉西南角，2000年3月，由于平湖汽车北站的建成，改称平湖汽车西站，为二级客运站。该站占地1.61公顷，站房面积3527平方米，其中侯车厅792平方米，售票房200平方米，办公楼高六层，面积为1473平方米，场地8400平方米。另外有行李房、食堂、加油站、修理间等配套设施。该站总投资为350万元，其中省交通厅补助190万元。

平湖汽车西站是天龙汽运有限公司所在地，主要经营上海、江苏、安徽、杭州、宁波、温州、金华、绍兴、嘉兴、湖州方向的跨省、跨地、跨县长途客货运输和旅游、出租业务。平湖汽车北站，是平湖市城市公共交通有限公司(以下简称“市公交有限公司”)所在地，主要经营平湖市区的城市公交和平湖至新埭、广陈的城乡公交业务，同时还经营平湖至嘉善的班线。平湖市客运南站主要经营平湖至乍浦、黄姑、金桥、衙前、新庙、陈匠的城乡公交业务，另外还经营平湖至海盐和上海奉贤、川沙、石化等班线业务。

平湖汽车北站

随着乡乡通水泥路和沪杭高速公路、平湖大道的建成，客运流量进一步增加，客运车辆也快速发展，平湖汽车站已经难以适应。故浙江平湖天龙汽车运输有限公司(简称“天龙汽运有限公司”，前身为市汽运公司，1994年8月改组为平湖市汽车运输有限公司，1998年10月改组为浙江平湖天龙(集体)有限公司，2001年11月改名为浙江平湖天龙汽车运输有限公司)，自筹资金500.5万元在环北二路南侧、平湖大道东侧新建平湖汽车北站，为平湖汽车西站的分流站，于2000年3月竣工。该站占地1.05公顷，站房面积2992平方米，其中侯车厅500平方米，售票房30平方米，办公室300平方米。另外有行李房，修理车间，加油站等配套服务设施。

平湖汽车客运南站

为了加快平湖市公路运输业的发展，满足旅客需求，改善交通秩序和投资环境，2001年6月，经市计经委批准，在当湖镇南市路(乍王公路)东侧，市石油燃气有限公司北侧，建平湖汽车客运南站，为二级客运站。该站占地2.09公顷，站房面积5677平方米，楼高五层，其中侯车厅800平方米。停车场8000平方米。于2005年3月6日启用，投资2077万元。

乍浦汽车站

原乍浦汽车站位于乍浦镇沪杭路70号，坐南朝北，占地0.47公顷。站房建筑面积2916平方米，车站楼704平方米，楼下为候车室及售票处、行李房，楼上为办公室。停车棚144平方米，停车场地为350平方米。2002年4月，因嘉兴市港区建设需要而拆迁，原址为汤山公园一部分。

乍浦新汽车站

又称嘉兴港区乍浦汽车客运中心，为客运三级站，于2003年8月8日启用。乍浦新汽车站位于乍浦镇南湾路与沪杭路交叉口东北角，为乍浦客运分公司和嘉兴市港区天龙城市公共交通有限公司所在地。该站占地0.89公顷，站房楼高17.2米，面积为6320平方米，其中侯车室363.4平方米，售票房35.75平方米，行李房61.2平方米，办公用房294平方米。停车场2375平方米，还有修理车间296.7平方米。总投资为600万元，由天龙汽运有限公司投资。该站主要经营上海、江苏、安徽、石化、杭州、宁波、温州、绍兴、湖州、金华、嘉兴、海盐等长途客运班线和乍浦港区内的城市公交。另外，还经营乍浦至新埭的城乡公交及部分旅游、出租业务。

新埭汽车站

新埭汽车站，位于新埭镇振新路(原平兴公路)东侧，新中路东端。始建于1992年，平兴公路全线通车以后，由天龙汽运有限公司和新埭镇政府共同模为准四级站。该站占地0.19公顷，站房建筑面积为320平方米，停车场地1550平方米。为了适应城乡公交一体化的需要，天龙汽运有限公司于2004年12月再次投资30万元，对该站候车室进行扩建，使站室面积达到408平方米，并进行了装修。

该站主要接纳平湖、乍浦两站发至新埭的城乡公交车辆。另外还经营新埭至朱泾的长途班线，以及新埭片城乡公交三级网通村公交班线。

新仓汽车站

新仓汽车站，位于新仓镇建新路(原平廊公路)西侧，仓前路南侧。该站启用于1990年10月，建筑面积为196平方米，其中侯车室为60平方米，由新仓镇人民政府投资建设。后来由于客运经营机制转换，实行车售和招手即停后被撤消。

为了适应城乡公交一体化的需要，2005年年初，新仓镇政府投资35.5万元，在原址重新建设新仓汽车站，规模为准四级站。该站占地0.14公顷，站房面积为241平方米，其中候车室为150平方米，其他为办公、售票及司乘人员休息的地方，于2005年12月26日启用。该站主要接纳平湖发至新仓的城乡公交车辆。另外，还经营新仓片城乡公交三级网通村公交班线。

嘉善汽车站

1970年，嘉善汽车站主体部分建成后，于1970年6月20日投入使用。汽车站原址在杭枫公路嘉善县魏塘镇支线的解放路桥以东，与车站路相接的十字路口，占地面积3319.56平方米，房屋建筑面积1083.7平方米，其中候车室196平方米，售票房、行李房84平方米。站内停车雨棚一个136平方米，停车场736平方米，回车道736平方米，投资83485元，

1990年8月，嘉善汽车新客站开工建设(按二级客车站标准)，总投资200万元(省交通厅180万元，地方20万元)，新站位于嘉善县魏塘镇环北西路128号，坐落在亭桥路北端，距火车站以南约百米处的河港东岸，征用土地25.22亩，占地面积16821.74平方米，建筑总面积3053平方米，房屋主体建筑298平方米，其中候车室870平方米，主楼建筑面积1789平方米，售票厅150平方米，候车大厅设检票口8个，售票窗口6个，站场布局按正常运行65辆客车要求(其中通道车20辆)，停车场8100平方米，站前广场2450平方米，由省建筑设计院设计，嘉善县建筑一公司，交通工程队，公路段施工，于1991年11月落成。建筑工程费总结算240.80万余元，由省交通厅补助210万元外，余数均由嘉善县汽车运输公司自已负担。1992年3月，嘉善县汽车运输公司迁入新客站，老站不再使用。

2007年日发班车900多班，总出口量346.75万人次，日均客流量9500余人次，高峰时达2.4万余人次，通达江苏、安徽、上海等省(市)18个市(地)县。

随着县乡公路的增多，市场经济的发展，汽车站已明显偏小，为适应于日益激增的客流量，2006计划在嘉善县城南新建嘉善县客运中心(嘉善南站)，该工程项目正在积极筹建之中。

嘉善客运中心

2008年8月28日，嘉善客运中心建设项目奠基开工，2010年5月1日正式启用。新客运中心坐落于县新城区世纪大道与善江公路交叉口，距沪杭高速入口约1.5公里，距沪杭高速铁路客运专线约2.5公里。总投资1.1亿元，占地面积130亩，站房建筑总面积17934平方米(其中主站房为地上四层地下一层)。整个客运中心由长途客运区、城乡公交客运区、城市公交客运区、出租车客运区、车辆维护区、燃料补充区、旅客商业服务区等7个功能区组成；设长途客运发车位15个，城乡公交发车位44个，城市公交发车位8个，总停车位235个，最大停车能力为530辆标准车，可承担日客流量1.5万人次，日发班次1200班。

新客运中心主站房外立面采用新型节能环保的铝板和玻璃幕墙，候车、售票大厅采用铝合金金属吊顶，配合电子显示技术和现代旅客设施，构成新颖轻巧的外观与动感十足的室内空间，旅客候车环境和舒适度可与航空候机楼相媲美。售票、检票、网络、通讯和电子显示系统极具智能特点，候车大厅内设置了12个检票口，站内实现全天侯、全方位电子监控(新站现有监控探头近120只，图象保存时间为40天)。

新客运中心对外营业时间从5：50起至18：50结束，早班车发车时间为6：05分(常州车)，末班车发车时间为18：50分(杭州快客)。一般情况下，客运中心开放2只售票窗口，6个检票窗口；遇节假日客流高峰时4只售票窗口全部开放。另外还分别在候车厅补票窗口与服务台增设临时售票窗口，为旅客购票开设绿色通道。

桐乡汽车站

1959年，嘉兴至崇福公路通车时，在梧桐镇南门建站屋97.2平方米。1973年站房扩建，占地面积5869平方米，其中候车室298.8平方米，零担房210平方米，停车场355.5平方米。

1989年12月，开始新建桐乡汽车新客站，省交通厅投资180万元，地方投资100.8万元(旧站转让)，新汽车站位于梧桐镇振兴路东端、杭枫公路西侧，占地面积32.558亩，总建筑面积2567平方米，其中候车厅、售票房建筑面积1162平方米。站内设有8个售票窗，14个检票口，还有旅客问讯处，小件行李寄存处，商店等配套服务设施。回车道、停车场达1万平方米。

新客站工程由国家机械电子工业部第二设计研究院设计，由桐乡县新生建筑公司施工，将于1991年10月份建成投入使用。

桐乡客运中心

桐乡客运中心是桐乡市的标志性建筑。2003年12月28日动工建设，于2005年3月29日正式启用。它位于梧

桐街道世纪大道和 G320 国道交汇处东北侧，正对沪杭高速公路入城主干道，总投资 8200 万元，占地面积 80012 平方米，总建筑面积为 14806 平方米，其中站务用房建筑面积 9526.6 平方米，停车场面积 29500.00 平方米，可同时容纳 280 辆大型客车停放，规划为一级汽车客运站。主体建筑设计以流动的波浪为母题，配以三层叠复、动感十足的波形层面，彰显出轻盈、灵动的建筑设计理念，营造出快捷、高效的服务氛围。

客运中心全部实行电脑售票、条形码检票，配有空调、监控系统等现代化设施，设计日运送旅客 1 万人次。中心设有行包托运处、超市、旅客餐厅、客房、站前广场、汽车修理厂、零担货物托运站、加油站等配套服务设施，具有规划合理、设计新颖、造型独特、布局科学、设施先进和功能齐全的特点，达成了公路客运站场的一流水平。

桐乡客运中心的投入使用，极大地完善了桐乡城市功能，提升了桐乡城市品位，将为广大市民的出行提供更为舒适、便利的候车环境，为旅客提供更为优质、文明的服务，促进桐乡的经济建设、交通旅游事业的进一步发展。

濮院新汽车站

位于有全国最大的羊毛衫市场的濮院镇桐星大道与凯旋路交叉口，占地面积 26667 平方米，有职工 28 人，于 2009 年 9 月 1 日起正式投入使用。现有开往济南、武汉、苏州、常熟、妙桥、上海、安吉、德清、瑞安、乐清、宁波、萧山、杭州、湖州等班车每天 50 多个班次。站内设有 3 条绿色通道，通往嘉兴、桐乡方向的 K191、K192 及濮院镇公交车。

乌镇汽车站

正式通车始成立于 1984 年 5 月，原址位于乌镇子夜路中段。2008 年 6 月 29 日，为适应日益发展的道路运输事业的要求，搬迁至乌镇镇青镇路 521 号新汽车站，隶属于桐乡市汽车运输有限公司，新车站建筑具有典型的江南水乡古典和现代建筑相融合的特色，占地面积 4500 平方米，属三级客运站，有正式职工 6 人。内设售票房，行包房，候车大厅，停车场，站前广场和乌镇旅游咨询处六个功能区域，每年出口量达到十几万，大多为来乌镇旅游的游客。每天有近 40 个班次发往杭州，上海，南京，嘉兴等地。

崇福汽车站

位于中国皮草名镇崇福镇崇德东路 2 号，紧邻 G320 国道，占地面积 6562 平方米，有职工 11 名，隶属于桐乡市汽车运输有限公司。车站每天有二十几个快客班次发往上海、苏州、温州、无锡等地，并有桐乡、大麻绿色通道和来自嘉兴、杭州、义乌等地的过境班车，站前广场有十几班发往本镇各乡村的城乡公交班车，交通非常便捷。

第三节　1990 年年底各县(市)其他主要汽车站(自设站)

嘉兴郊区

王江泾站　站屋面积 172 平方米，1978 年 5 月建。

新塍东站　站屋面积 431.9 平方米，1985 年 1 月建。

新塍西站(永桥站)　站屋面积 139.55 平方米，1985 年 11 月建。

新丰站　站屋面积 309.6 平方米，1983 年 2 月建。

嘉善县

西塘站　站屋面积 210.84 平方米，1971 年 10 月建。

枫泾站　站屋面积 154 平方米，1971 年 3 月建。

范泾站　站屋面积 49.29 平方米，1985 年 3 月建。

平湖市

乍浦站　站屋面积 704 平方米，1981 年扩建。

虹霓堰站　站屋面积 101.52 平方米，1959 年建。

钟埭站　站屋面积 57 平方米，1986 年建。

海盐县

长川坝站　站屋面积 75 平方米，1971 年建。

澉浦站　站屋面积 401 平方米，1981 年 9 月建。

六里捻站　站屋面积 126.4 平方米，1971 年建。

沈荡站　站屋面积 295.7 平方米，1987 年 12 月建。

海宁市

马桥站　站屋面积 215 平方米，1977 年 9 月建。

长安站　站屋面积 336 平方米，1985 年 7 月建。

盐官站　站屋面积 245.7 平方米，1981 年 4 月扩建。

袁化站　站屋面积 121.5 平方米，1971 年建。

黄湾站　站屋面积 214 平方米，1978 年 5 月建。

闸口站　站屋面积 123 平方米，1975 年 3 月建。

桐乡县

濮院站　站屋面积 374 平方米，1977 年 11 月建。

乌镇站　站屋面积 1093.3 平方米，1986 年 4 月建。

屠甸站　站屋面积 263.98 平方米，1985 年 10 月建。

石门站　站屋面积 322 平方米，1986 年 12 月建。

洲泉站　站屋面积 110 平方米，1980 年 12 月建。

崇福站　站屋面积 308 平方米，1970 年建。

第四节 汽车货运站(货运中心)

1995年嘉兴货运站场分布情况：1.嘉兴零担货运站：嘉兴零担货运站场在客运西站南侧，站场面积4.2亩，建筑面积约869平方米，该站已开通南京、上海、杭州、宁波、温州等省内外直达班线12条，另有湖北、广东、山东以远的中转班线12条，1995年日货物发送量14吨。2.整车货运站在嘉兴整车货物运输中有嘉兴交通运输集团公司和二运公司，嘉兴交通运输集团公司由原市运公司和三运公司联合组建而成，其运输能力中由货运车队、大件运输队和起重队组成。这些车队都有自己单独的场地，总占地面积71080平方米，有建筑13100平方米，二运公司在秀州北路中段，占地面积12.8亩，建筑面积1400平方米。这些站场是在运输发展过程中逐步形成，事先并无完整的规划，是以停车、检修为主的场地，仓库及站房、堆场、装卸机械等均不配套，根据嘉兴城市交通条件、经济发展规划、工业布局需要，这些站场需改建或另选点新建。3.集装箱货运站嘉兴国际集装箱中转站位于嘉兴环北路与G320国道交叉口的东北角，于1991年建成，场地面积18500平方米，仓储面积8000平方米，装卸机械有30吨汽车吊、30.5吨龙门吊，设计年吞吐量为3000标箱，1995年达到6000标箱，超过设计能力1倍，需扩建。

改革开放以来，由于道路货运市场的全面开放，原有货运站场由于不适应货运市场发展的需要，加之货源比较分散，承运车辆性质较复杂，集中到站点发送的货物数量不多，故现有的货物站点相对较少。货运行业发展逐步从分散个体经营向集约化、专业化方向转型发展，加快构建以物流园区为核心、物流中心为骨干，以配送中心为基础，以农村物流配送点为延伸的一体化现代物流体系。通过多式联运、海河联运的方式，进一步完善城市、城乡配送体系。

到2001年年底，全市共有货运站场2个，其中等级货运站2个(三级2个)，集装箱中转站2个，另外到2001年，全市共有道路货运交易市场1家，场地面积3.31万多平方米，仓库面积1万平方米，日均进场汽车80辆、500吨位，完成交易量10万吨。

表5-5-4 2010年道路货运站(物流中心)统计表

辖区	合计	一级站	二级站	三级站	四级站
合计	4	0	0	3	1
南湖	0	0	0	0	0
秀州	2	0	0	2	0
嘉善	1	0	0	0	1
平湖	0	0	0	0	0
海盐	0	0	0	0	0
海宁	0	0	0	0	0
桐乡	1	0	0	1	0

第五节 停车场加油设施

加油站

嘉兴汽车加油站，始建于1974年，位于市区府南街4号，随着公路运输发展、汽车加油站有很大发展，到1990年石油公司所属汽车加油站共16个，分布情况如下：

表 5-5-5　1990 年嘉兴石油公司所属汽车加油站分布表

市县别	名 称	地 址	建站年月	站区面积(平方米)	主要设施
嘉兴市	府南加油站	市区府南街 4#	1974	2625	加油站 2 台
嘉兴市	海光加油站	杭枫公路七星乡	1989.5	3323	加油站 6 台
嘉兴市	秀水加油站	杭枫公路苏嘉公路口	1989.10	3323	加油站 4 台
嘉兴市	三联加油站	杭枫公路洪合乡	1987.4	2534	加油站 4 台
嘉兴市	王江泾加油站	苏喜公路王江泾镇	1989.1	2997	加油站 4 台
嘉兴市	步云加油站	乍王公路焦山门	1989.10	4530	加油站 4 台
嘉善县	魏塘加油站	解放路 45 号	177	380	加油站 2 台
嘉善县	魏塘联营加油站	杭枫公路善西公路口	1986	3800	加油站 6 台
平湖县	平湖加油站	乍王公路紫东桥	1987	2373	加油站 4 台
平湖县	乍浦加油站	乍浦镇东	1981	3600	加油站 2 台
海盐县	海盐加油站	武原镇新桥南路 60 号	1984.8	1402	加油站 4 台
海宁市	东山加油站	硖石东山	1979.3	1067	加油站 2 台
海宁市	盐官加油站	盐官镇	1986.9	1216	加油站 3 台
海宁市	许村加油站	杭枫公路许村	1900.7	1981	加油站 4 台
桐乡县	梧桐加油站	杭枫公路桐石公路口	1986.2	1700	加油站 4 台
桐乡县	崇福加油站	杭枫公路崇福镇	1986.5	3600	加油站 4 台

注:乡办、部队加油站不包括上表内

停车场

嘉兴城、郊两区停车场,经过公安、工商、交通部门批准作为营业性的停车场,到 1990 年共计 20 家,其中较具规模的是嘉兴市社会停车场,归市城建委管辖,全民企业,1990 年末有职工 51 人(其中基本工 30 人)该场共征地 12 亩,设计可停标准车 100 辆,主营停车、住宿、饭店和修理(2 保),有床位 120 人,大楼建筑面积 2670 平方米。1988 年 12 月施工,1990 年 5 月 30 日正式营业,总投资为 250 万元。

第六章　交通企业

20 世纪 90 年代，随着中国计划经济体制向社会主义市场经济体制转换过程的加快，交通企业的组织结构、经营机制随之发生了极大的变化。

嘉兴市交通系统进入 20 世纪 90 年代后，对系统内的国有、集体企业按照改革要求和现代企业制度实施了改革。撤地建市后，市交通局接收市属交通系统(嘉兴市区)原有国有、集体企业 15 家，职工 9447 人。这些企业大部分成立于六十至七十年代，进入九十年代后部分企业在激烈竞争的市场经济浪潮中，由于企业管理模式、管理方法的陈旧以及老企业人员多、设备老化、包袱重等原因，出现了经济效率低下、经营困难等状况，尤其是航运企业一度面临严重的亏损。为了使这些企业尽快走出困境，在 20 世纪 90 年代初，市交通局就尝试对 3 家内河航运企业和公路运输企业进行联合、兼并及破产改革探索。本着发挥优势互补、强强联合、规模经营的原则组成企业联合体和企业集团，使企业面貌有所改观。1995 年以后，又根据现代企业制度“产权清晰、权责明确、政企分开、管理科学”的要求，对企业进行了进一步的深化改革。但由于大部分企业规模大(分支机构多)，职工人数多，尤其是老职工多，改革的难度确实很大。为了使企业转制顺利推进，交通局党委采取措施，充分发挥思想政治工作在企业转制中的作用，从而推动企业改革不断向纵深发展。

随着改革开放的深入，货物运输市场的进一步放开及个体、民营经济的发展，二十世纪五十年代以来先后成立的原乡镇集体所有制性质的各乡镇桥梁队、乡镇搬运装卸单位至九十年代先后停业或转为个体、民营企业。九十年代后，另有一批个体、民营交通运输、运输服务企业迅速崛起，为全市经济建设的发展起到重要作用。

到 2010 年年底，主要运输企业有：嘉兴市国鸿汽车运输有限公司、嘉兴市善通运输(集团)有限公司、浙江平湖天龙汽车运输有限公司、海盐县汽车客运公司、海宁市大元运输有限责任公司、海宁市汽车客运公司、桐乡县汽车运输公司、桐乡市汽车运输有限公司、嘉兴市公共交通公司等。

第一节　运输企业

解放前运输企业

民国时期，嘉兴商营汽车公司有：

杭海公司

民国 13 年(1924 年)秋，由顾乃斌等人发起，筹筑杭州至海宁(盐官)公路，初次招集股本洋 6 万元，名叫“承筑杭县良临县道汽车股份有限公司”。民国 15 年(1926 年)春，公司资本增至洋 25 万元，展长线路，自杭州清泰门直达海宁(盐官)，更名为“杭海二县县道汽车股份有限公司”，简称“杭海公司”，负责人许行彬. 民国 16 年(1927 年)7 月，五显庙至胡家兜 18.23 公里筑成，与“宁长公司”承筑海宁(盐官)至胡家兜段 8.18 公里衔接通车. 公司初办时有福特车 12 辆，小道奇车 1 辆，并向杭州汽车公司租用大号雪佛莱车 6 辆，中号福特车 4 辆，每月交租费洋 30 元。该公司只经营客运，设 22 个站点，每日行驶班车往返 20 次，票价长途为每人公里 0.022 元，短途为每人公里 0.026 元，每月营业收入约洋 8000 余元，支出约洋 7000 余元，所余无多，每年之股息尚难发出，营业困难。民国 19 年(1930 年)4 月，由省公路局给公债券洋 2.2 万元，将五显庙至胡家兜段收回省办。

宁长公司

民国 15 年(1926 年)5 月创办，名日“承筑海宁县宁长路汽车股份有限公司”，简称“宁长公司”，由盐官镇经胡家兜至长安镇，长 14. 67 公里，海宁县政府用公产暨教育款交“宁长公司”承筑，次年(1927 年)7 月筑成通车，公司自备客车 4 辆营运，海宁县款产委员会并将该路租与杭海、宁袁两公司营运。民国 19 年(1930 年)8 月，浙江省公路局向海宁县政府财务局，公款公产保管委员会承租营运，每年租金洋 4800 元，租期 10 年。抗战胜利后该公司无意复业归省所有。

宁袁公司

民国 17 年(1928 年)4 月创办，名曰“承筑海宁袁花县道汽车股份有限公司”，简称“宁袁公司”，资本总额洋 7 万元，经理张阶赓，承筑自盐官学前街起，经过大东汀上土备塘，至九里桥、新仓、旧仓、闸口、袁花，全长 27.59 公里，当年6月建成通车。该公司有汽车6辆，在海宁盐官城外设站屋、车库共10间。在袁花、闸口、新仓、八堡均建有站屋，但因路面简易铺筑，一遇天雨均须停车，晴天轮迹崎岖，行车颠波，旅客苦之，故营业不振，民国19年(1930年)4月，由省公路局承租营运，租期10年，每年租金洋3620元，同年8月，该公司将汽车6辆，站屋、器具等作价洋4100元，由省公路局收回。盐官至长安段行车事务亦移交省公路局办理。

苏嘉湖公司

苏嘉公路在民国22年(1933年)6月苏盛段先通车营业，至12月10日通车至嘉兴，由江苏省建设厅直接经营，系属官办，该线设有苏州、阊门、金门、胥门、盘门、葑门、宝带桥、吴江、吴南、八拆.平望、盛泽、王江泾、双桥.嘉北、嘉兴16个站，全长76公里。其中王江径至嘉兴一段16公里属于浙境，江苏省以闵行(西渡}至金丝娘桥一段公路47公里与浙江省订约互换行驶权，正式合同于民国22年(1933年)8月1日签订，期限暂定四年。苏嘉公路设办事处在吴县，有大客车20辆，小客车3辆。分驻嘉兴、盛泽、苏州三地。经营近三年，浙江省湖嘉长途汽车公司(民国25年5月通车营业，行驶湖州至平望一段)股东陈勤士等集资组成“苏嘉长途汽车公司”，并由沈联芳、陈其业代表该公司于民国25年5月与江苏省建设厅订立专营合同，一次缴纳保证金五千元，并每月以营收5%缴付路租(即专营费)，申请后获准承办苏嘉线运输业务，专营期订为20年。民国25年(1936年)7月1日起，苏嘉、湖嘉两公司合并成立“湖嘉、苏嘉两路长途汽车股份有限公司”，推选金汤侯为经理、赵龙山为副经理、姜定宇为驻苏州副经理，设总管理处于湖州南门驿西桥堍。嘉兴设业务站和车场(停车，不管修理)、和王江泾、双桥站(属三、四等站)。自从两路贯通后，旅客不必再在平望中转换车，行旅称便，故业务日旺，是公司添置设备，扩建站屋，并陆续购买汽油车10辆，柴油车10辆，小轿车3辆投人运输。民国26年(1937年)抗日战争爆发，江浙两省当局征用公司大客车30辆。11月15日公司决定停业，所有员工发给二个月工资全部遣散，估计公司财产损失达32万8000余元。抗战胜利后，原董、监人员星散，一时恢复困难，直至民国35年(1946年)4月，始由沈联芳等人发起召开董事会议，决定改选董事会，筹划增资，股东胡时渊投放货车5辆，改装简易客车后投人运输，公司遂于当年5月18日先就苏州至平望段复业通车，8月1日平望至南浔段亦恢复通车，8月16日召开增资股东大会，决定将战前原股本40万元升值为三千万元，另增资一亿七千万元，合计股本为二亿元，及时购进万国客车10辆，小道奇车20辆，旧福特车3辆，小汽车1辆，同年12月18日起班车由平望延伸至嘉兴。至民国36年(1947年)3月公司共拥有大小客车41辆，民国37年(1948年)经江浙两省建设厅同意，由苏嘉湖公司直接与浙江省公路局承租嘉王段客运，承租期自民国37年(1948年)3月1日起至1965年2月15日止，路租以该段营业收入5%按月解缴浙江省，公路养护改善事宜由该公司负责并受浙江省指导监督。1949年该公司找回了被国民党强征大客车15辆，并抢修苏嘉线上被国民党军队溃逃时破坏12座桥梁，从4月25日停业至5月18日全线恢复通车。解放后进入三年恢复时期，由于客流量显著减少，营收下降，运力、人员过剩(当时该公司有客车34辆，货车2辆)，工资发放与路租交纳均陷困境，1950年5月，浙江省交通管理局通知该公司兼营桐(乡)嘉(兴)、平(湖)乍(浦)线业务。6月1日通车，当月下旬桐乡至濮院一段有2座桥梁因水利开挖，造成停车。濮院至嘉兴段旅客不多，故桐嘉线在1950年年底即行停驶。1951年7月，平乍段因桥梁被洪水冲毁停驶，平嘉段因全面整修桥梁，无法继续行驶，1952年11月奉浙江省通知全部停驶，全部车辆，人员撤回，并将路线交还浙江省交通局。随着全国经济形势的好转。1952年9月后，公司经济很快复苏。该公司嘉兴站1953年客运量30264人次，1954年46965人次，4069550人公里。1954年1月改为公私合营苏嘉湖汽车公司，1956年1日由江苏省汽车公司接管接办，通过对私改造纳入国营、1956年该公司嘉兴站客运量88809人次，4372981人公里。自民国19年(1930年)杭海、宁长、宁袁三家商办公司经营路线由省公路局给价收回或租营后，杭沪线、乍王线.杭枫线等均实行省筑省营，当年9月1日起设杭平路车务办事处(原称车务筹备处)通车营业。随着线路增多，自民国23年(1934年)2月起，全省划分为杭州等六个区，实行分区管理。嘉兴线路由第一区管理处(设杭州)管辖。下设有等级不同的车站及代办站为基层业务单位。民国26年(1937年)2月，省公路管理局将省营公路实行分段管理，杭沪线、乍平嘉线、闸袁及胡长支线由杭沪车务办事处营运；杭善线及临塘线由杭善车务处营运。抗战胜利后，杭(州)海(盐官)、乍(浦)嘉(兴)、海(盐官)长(安)三条路线于民国35年(1946年)8—9月间委托交通部公路总局第一运输处杭州业务所乍嘉运输段营运。民国36年(1947年)3月，浙江省建设厅委托公路总局第一运输处会同省公路局组成“浙江省公路联营运输处”(简称联营运输处)，负责办理省公路局尚未交商营公司承办的现有修复及新建公路的旅客运输。1949年5月，该处所属嘉兴第三运输段有段长、副段长、视察、稽查、站员共5人，其营运路线站别分为一线：海宁、长安.崇福、桐乡、濮院5个站，共16人。二线：嘉兴、新丰、平湖、虹霓、乍浦5个站，共16人。在嘉兴另设救济站16人(内驾驶7人)，共有汽车11辆，停放嘉兴5辆，濮院5辆，平湖1辆。

解放后运输企业

解放后，1949年8月撤销“浙江公路联营运输处”，建立全民制的“浙江省交通公司”，主管省营公路运输。在嘉兴设第3运输段，同年12月因该段经营的业务范围较小，并有部分人员，车辆调至浙东协助支前军运而改称嘉兴中心站。1953年1月，浙江省交通公司改称“国营浙江省运输公司”，1954年6月成立杭州分公司，并将嘉兴中心站划归杭州分公司领导，1954年9月，国营浙江省运输公司杭州分公司，改称省公路运输局杭州分局，管理站与业务站实行合并。1955年10月省公路运输局又改称公路运输管理局，下属机构名称亦相应更正。1958年12月，为加强地方对交通运输工作的领导，成立“嘉兴区公路运输公司”(以后改称公路运输局)，下设嘉兴、湖州、孝丰3个中心站。1960年4月嘉兴中心站改为直属站，1961年10月改称嘉兴运输段，1962年6月撤销嘉兴运输段改称嘉兴站，并入湖州运输段统一经营。1962年7月，撤销嘉兴区公路运输局，其经营业务均划归杭州区局领导。1971年省营运输企业管理体制下放，同年4月湖州运输段改名“嘉兴地区汽车运输公司”，嘉兴复称中心站。1979年1月改称“省汽车运输公司湖州分公司嘉兴中心站”。嘉兴地区撤地建市后，1983年10月成立“浙江省汽车运输公司嘉兴分公司”，1987年12月体制下放为市属全民企业，改名为“嘉兴市汽车运输公司”。1988年10月，改革进一步深化，汽车客运下放到县(市)在当地政府统一规划、统一建设、统一管理下，分别成立嘉兴、嘉善、平湖、海盐、海宁、桐乡市(县)汽车运输(客运)公司，实行独立核算、自负盈亏的经济实体。

到2010年，嘉兴市道路旅客运输经营业户数共有66户。其中班车客运19户，包车(旅游)客运10户，出租客运44户，其他(公交)1户。

主要道路旅客运输经营业户有:

浙江省汽车运输总公司嘉兴分公司

浙江省汽车运输公司嘉兴分公司成立于1983年10月撤地建市时，1987年12月省公司体制下放后，成为市属全民企业，改名为“嘉兴市汽车运输公司”，人事归经委，业务隶属于交通局。1988年10月汽车客运下放到县(市)后，嘉兴市汽车运输公司有职工602人(其中驾驶员98人，保修工144人)，客车67辆，2921座位，货车5辆，36吨位。固定资产原值1157.5万元，净值925万元，流动资金297.2万元，经营跨省客运线路13条，跨市(地)客运线路11条，跨县(市)16条、县(市)内16条。开行班车线路共13623公里。还开行夜间便民班车7条。营运里程客车3924公里，零担货车1028公里、日始发班车240余班，吞吐量日均二万余人次。当年完成旅客运输量504.10万人次，旅客周转量15825.89万人公里，完成货物运输量1.53万吨，货物周转量121.95万吨公里，营收906.95万元，利润45.18万元，营运(销售)利润率9.5%，资金利税率11.57%，人均创利750元。客车单位成本34.97元/千人公里，汽油平均消耗26.83公升/百车公里；货车单位成本262.75元/千吨公里，汽油平均消耗6.94公升/百吨公里(柴油消耗为5.45公升/百吨公里)。

公司设劳动人事、计财、公安、稽查、机安、运管、党办、经理办、政治处、基建办、生活服务部及工会、共青团、人武等科办。基层单位有客运站(下有自设站4个、代办站13个)，大修厂、汽车技校(乍浦)、零担货运站、车队、劳动服务公司(有印刷厂、招待所)等6个。该公司除经营客运班车外，同时经营零担货运、旅游包车、汽车修理、汽车物资、商店、招待所等业务。

嘉兴市国鸿汽车运输有限公司成立于1998年，前身就是由浙江省汽车运输总公司嘉兴分公司演变而来的嘉兴市汽车运输总公司。

国鸿集团于1998年4月经嘉兴市工商管理局注册登记，正式成立，注册资本3867万元，为固有资本，到1999年5月总资产14167万元，负债9968万元，所有者权益4199万元。其中:经营性资产2327万元。1997年嘉兴市被列为国务院优化资本结构试点城市后，嘉航总公司按市企业改制小组列为第一批改制试点企业。为使嘉航总公司这个人员多、负担重、债务大，经营连年严重亏损的国有老企业能享受优化资本结构试点城市的优惠政策，国鸿集团本着从大局利益出发，根据市及上级意图，配合、协助市有关部门“办理”了嘉航总公司欠工商、建设、交通三家银行的1534万元贷款的有关事宜，同时，又以国鸿集团贷款方式贷入资金后，再注入嘉航共870万元〈未含所承担的利息〉，合计为2404万元，使嘉航公司享受到了国家优惠政策，为嘉航总公司职工队伍的稳定(尤其是几百万元的职工高息集资款的归还)，经营局面的维持和改制的实施，创造了条件，获得了时间。为解决嘉航的改制工作和国鸿面临的困难，1997年12月15日，由市委书记王国平、市长夏益昌、副市长陈德荣、王洪涛及市级有关部门参加的专题会议上做了研究，并对国鸿的困难明确:特殊的情况，要给予特殊政策扶持是必要的，不再增加困难，出租车向国鸿倾向，每年多给一些指标，税收保存量分增量，留国鸿多些，时间长些，盘活存量土地的出让安全额返回，交道口的预算外资金15%集中市财政的一块给予适当补偿，面上企业享受的优惠政策同等享受等意见。

嘉兴市国鸿汽车运输有限公司是嘉兴市交通投资集团有限公司直属的承资企业，交通部二级道路旅客运输企业，也是嘉兴市道路客运规模最大的国有骨干企业。

到2006年，国鸿集团下设八个分公司，分别为汽车运输有限公司、工业贸易公司、嘉兴市汽车技术学校、嘉兴市国鸿汽车驾驶员培训有限公司、海盐汽车驾驶员培训有限公司、嘉兴市国鸿加油站、港澳旅行社、旅游集散中心。有干部职工1158人，其中正式职工471人，合同职工343人，退休职工300人（含传动轴厂移交的工人），内退职工22人，停薪留职职工5人，外借职工17人。

国鸿汽车运输有限公司 国鸿汽车运输有限公司是国鸿集团最大的子公司，资产、人员占整个国鸿集团的70%左右。汽运公司下设客运分公司、站务分公司、维修分公司、公交分公司和客运出租公司。(一)客运分公司：客运分公司位于汽车西站内，是汽车运输有限公司乃至于国鸿集团的创利大户，目前有正式职工106人(其中管理人员29人，驾驶员77人)，179辆营运客车(其中旅游车21辆，班线客车158辆)，快客线路12条，普通长途线路92条。(二)站务分公司：站务分公司由汽车西站、汽车北站、站务公司、行包房四部分组成。(1)汽车西站：占地42亩，土地性质为划拨，拥有职工72人(其中正式职工67人，合同工5人)，设中层管理人员5名，即站长1名、副站长2名、值班站长2名，每天约有180辆客车在汽车西站配客，主要是发往杭州、上海、宁波等地的快客及杭州市境内的中、短途客运班车。(2)汽车北站：占地87亩，土地性质为出让，拥有职工80人(其中正式职工73人，合同工7人)，设中层管理人员5名，即站长1名、副站长1名、值班站长2名、办公室主任1名，每天约有210辆客车在汽车北站配客，主要是发往湖州、苏州等地的快客和江苏、安徽、山东、河南等地的跨省、市长途客运班车。(3)站务公司：有职工25人，均为正式职工，设经理1人，副经理2人，下设3个科室，分别是行政办、业务科、安机科。(4)行包房：有职工27人，均为正式职工。站务分公司另有离岗职工44人，分别为内退职工22人，外借职工17人，停薪留职职工5人。(三)维修分公司：维修分公司位于汽车北站内，有职工59人(其中正式职工33人，合同工26人)。(四)公交分公司：2004年下半年，为了贯彻落实嘉兴市委市政府关于深入推进嘉兴市城乡公交一体化工作的精神，国鸿汽运有限公司出资收购了市本级通往各县(市、区)的客运班线和车辆，单独成立了公交分公司进行公交化改造，为嘉兴市公交一体化特别是实行公司化经营做出了大量贡献。公交分公司有职工120人(其中管理人员8人，劳务用工112人)，设书记1名、经理1名、经理助理1名、副经理2名、科长3名。公交分公司总投入约为1093.3万元，具体为：收购个体经营业户车辆投入294.8万元，其中平湖线6辆，每辆15.5万元；嘉善线7辆，每辆13.5万元；海盐线3辆，每辆13.6万元；海宁线3辆，每辆14.5万元；乍浦线1辆，11万元；杨庙线1辆，12万元。回收承包车辆投入169万元。包括：回收承包车辆32辆平均每辆3.47万元，计105万元；回收车辆折旧平均每辆2万元，计64万元。购置新车28辆，其中大车15辆，每辆25.5万元，小车13辆，每辆19万元，计629.5万元。(五)客运出租公司：客运出租公司是由国鸿集团全额出资、完全按照公司法组建的、具有独立法人资格的子公司之一。该公司位于汽车北站内，有正式职工8人，客运出租汽车134辆(其中行政审批79辆，招标车55辆)。招标车中价格为20.78万元的有50辆，价格为15万元的有5辆，合计1114万元。

嘉兴市汽车技术学校 嘉兴市汽车技术学校是由国鸿集团全额出资、完全按照公司法组建的、具有独立法人资格的国鸿集团子公司之一。该公司现有职工135人(其中正式职工65人，合同工70人)，教练车53辆。

嘉兴市国鸿汽车驾驶员培训有限公司 嘉兴市国鸿汽车驾驶员培训有限公司为股份有限公司，其中国鸿集团出资90万元，吴宏华出资5万元，阮茶新出资2.5万元，许斌出资2.5万元。该公司有职工61人(其中正式职工12人，合同工49人)，教练车53辆。

海盐汽车驾驶员培训有限公司 海盐汽车驾驶员培训有限公司为股份有限公司，其中嘉兴市国鸿汽车驾驶员培训有限公司出资41万元，嘉兴市汽车技术学校出资39万元，刘庆祥出资20万元。该公司有职工37人(其中正式职工2人，合同工35人)，教练车32辆。

嘉兴市国鸿加油站 国鸿加油站在市区有3个经营网点，分别设在汽车西站、汽车北站和老的汽车南站(子城旁边)，有正式职工3人，合同工36人。

汽车工业贸易公司 汽车工业贸易公司在原嘉兴传动轴厂内，有正式职工35人，合同工1人。

旅游集散中心 旅游集散中心位于汽车西站越秀宾馆内，有正式职工7人，合同工2人。

港澳旅行社 嘉兴市境内共有7家专业客运企业，除国鸿集团、嘉兴善通运输有限公司、桐乡汽车运输公司属国有外，嘉兴长运有限公司、平湖市天龙运输有限公司、海盐县云龙运输有限公司、海宁市大元运输有限公司从1994年开始改制工作，到2000年国有股份全部退出，各公司以公司中层管理人员持股来完成改制工作。到2010年，国鸿集团下设客运分公司、站务分公司(汽车北站、汽车西站、快速货运分公司)、公交分公司、维修分公司、商务旅游分公司、货运分公司、嘉兴客运出租公司、嘉兴市国鸿驾驶员培训有限公司、海盐国鸿驾驶员培训有限公司、国鸿油品站等二级生产经营单位,以及受嘉通集团委托管理的嘉兴市交通学校。国鸿公司职能部门设办公室、党群工作处、财务审计处、人力资源处、运输业务处、安全稽查处、机务技术处、企业管理处、资产管理处。国鸿集团主要从事道路旅客运输、客运服务、道路货运、汽车出租、旅游、车辆维修、汽车驾驶培训、交通职业教育和汽柴油销售等业务。到2010年,国鸿集团拥有总资3亿余元,员工近1400人;经营跨省际班线70条,跨地市班线36条,跨县班线10条,城乡公交班线60条;拥有各类营运车辆850辆,其中客运班线车187辆,公交车282辆,商务旅游车56辆,出租车162辆,驾驶培训教练车163辆。

嘉兴市善通运输(集团)有限责任公司

嘉兴市(嘉善县)善通运输(集团)有限责任公司是一家集道路客运、城市(城乡)公交及旅工贸于一体的国有企业,是嘉善县的专业客运企业,善通公司是以原嘉善县汽车运输公司和原嘉善县旅游总公司为基础,吸纳县交通系统部分小企业,于1995年11月8日组建而成,隶属于嘉善县交通局。

嘉善善通公司下辖:嘉善县汽车运输公司、嘉善县客运中心、嘉善县城市公交有限公司、嘉善旅行社、轮运分公司、广告分公司、通用分公司、汽车租赁分公司、汽车出租分公司等9个经济实体。2007年日发班车900多班,总出口量346.75万人次,日均客流量9500余人次,高峰时达24000余人次,通达江苏、安徽、上海等省(市)18个市(地)县。随着县乡公路的增多,市场经济的发展,汽车站已明显偏小,为适应与日俱增的客流量,2006年计划在嘉善县城南新建嘉善县客运中心(嘉善南站)。截至2009年年底,公司实现年营收7546万元,总资产11122万元,拥有运营车辆276辆,客运班线39条(通达江苏、安徽、上海等省市30多个县、市),城乡公交线路31条(构筑起镇与镇、镇与村、村与村的三级公交网),城市公交线路11条。拥有省际客运线路16条,行驶里程2676公里,日发班次79个;市际线路15条,行驶里程3209公里,日发班次32个;县际线路6条,行驶里程275公里,日发班次51个;县境内线路2条,行驶里程42公里,日发班次117个。拥有班线车辆68辆,客座位1532只。2009年度,客运量达281.44万人次,客运周转量9287.53万人公里。2009年年底,公司共有城市(城乡)公交线路42条,总行驶里程达560.8公里,日发班次1356个。拥有运营客车185辆,全年客运量1357.35万人次。另有出租车10辆。截至2009年年底,拥有运营线路11条,运营车辆63辆,日均班次1250班(单程),年客运量590.35万人次。截至2009年年底,公司共开通城乡公交一、二、三级网络线路31条(其中一级城乡公交4条、二级城乡公交7条、三级网络20条),投运车辆122辆,日发班次731个。2010年善通公司主要经济指标完成情况。1.综合营收:8673万元,完成年度计划的139%,同比增长15%。2.补贴收入:482万元,其中:财政贴息87万元,车辆以旧换新补贴8万元,燃料补贴387万元。3.利润总额:113万元,同比增长8%。4.上缴税金:340.5万元,同比增长14%。5.成本费用:8681万元,同比增长18%。6.客运量:1644万人次,同比减少0.01%,客运周转量53012万人公里,同比减少0.01%。7.货运量:1.72万吨,同比减少41%,货运周转量162万吨公里,同比减少41%。嘉兴市(嘉善县)善通运输(集团)有限责任公司的前身——善通公司,是以原嘉善县汽车运输公司和原嘉善县旅游总公司为基础,吸纳县交通系统部分小企业,于1995年11月8日组建而成。

嘉善县汽车运输公司 嘉善县汽车运输公司是由嘉善汽车站发展起来的。1970年6月20日,杭枫公路修复通车,嘉善汽车站同时建成,并投入使用,地址在魏塘镇解放路桥东侧的三叉路口。占地面积3319.56平方米,房屋总面积1083.73平方米,其中候车室196平方米,停车雨棚186平方米,回车道736平方米。因其归属嘉兴站管辖,由嘉兴站派出负责人及客车3辆,经营客运业务,全站职工7人,日平均发送旅客800人次左右。1971年3月,由嘉善与金山两县共建共用的枫泾站落成,属嘉善方面的职工2人,归嘉善站领导。同年10月1日,善西公路修复通车。次年1月,西塘新站落成,位于西塘西街苏家弄底,有职工2人,站务归嘉善站领导。1984年10月1日,范泾公路建成通车。次年3月,范泾车站建成,由乡政府选派站务员1人,属嘉善站领导的代办站性质。继范泾公路后至1989年止,善云、西汾及善通路惠民段均由嘉善站安排客车营运,因限于人力物力,均未建正式车站。1982—1992年,先后新建俞汇、汾玉、陶庄、洪溪、干窑、大舜、杨庙、姚庄、范泾、丁栅10个乡镇汽车站,建筑总面积2972平方米。嘉善汽车站是全县公路客运的旅客集聚中心,原隶属于浙江省汽车运输公司湖州分公司嘉兴中心站管辖。1983年10月,嘉兴地区撤地建市改为湖州、嘉兴两市后,转隶于浙江省汽车运输公司嘉兴分公司嘉兴中心站领导。1988年9月,嘉善县人民政府与嘉兴市交通局根据嘉兴市政府要求,达成嘉善汽车站建制下放,由县统一管理的协议。9月29日,由嘉兴市汽运公司与嘉善汽车站签订《管理体制改革

交接协议书》，正式建立“嘉善县汽车运输公司”，其体制为在县交通局领导下，实行自主经营、独立核算的县属全民所有制企业。全公司共有职工102人(其中嘉善站47人)，设经理1人，副经理2人。下辖嘉善、西塘、枫泾三个直属站和范泾一个代办站。营运线路12条，其中长途4条(至上海、杭州、苏州、湖州)，短途8条(至嘉兴、金山、枫泾、西塘、汾玉、干窑、范泾、大云)。拥有营运客车20辆，其中40—50座客车15辆，60座通道车5辆，共1040个客位，非营运2吨急修车1辆。固定资产120.7283万元，全年发送旅客106.8万人次，周转量2793.64万人公里，营收总金额35.7135万元。1990年，在环城北路亭桥河东岸重建新站，占地面积13.3万平方米，车站主楼面积1789平方米(其中候车室870平方米)，停车场8100平方米，站前广场2450平方米，于1991年11月正式启用。1994年，共创营收227.63万元，税利23.56万元，完成客运量71.95万人次。1995年，拥有固定资产772.10万元，大小客车50辆，在编职工155人。公司下属的嘉善客运站连续三年被评为“省级文明车站”。

嘉善旅游总公司　嘉善在解放以前，轮船客运行业都是私人分散经营的。1951年，6家轮船业主的6艘客轮和1艘客驳开始组织联营，成立“游丰汽轮联营社”。1953年10月，改联营为投资入股形式，更名为“嘉善合营轮运行”。1955年11月，对该行进行社会主义改造，经县人民委员会批准，于1956年2月1日起成立“公私合营嘉善轮船公司”。当时共有职工53人，其中资方从业人员8人。同年11月，因航理体系实现“政企合一”，公司并入县航运管理站，转为全民所有制企业。有汽轮7艘，客驳1艘，138匹马力，542个客位，全年完成客运量44.25万人次，周转量361.50万人公里。1958年1月，县航管站撤销，轮船客运部分首次“上收”为地区航运局领导，定名“嘉兴航运局嘉善营业站”。11月，嘉善县并入嘉兴县，营业站改隶于嘉兴县交通运输公司魏塘营业处。1961年4月，两县分治，又改隶于嘉善县交通运输公司。1963年3月，客运业再次为省航运局嘉兴分局“上收”，营业站定名为“浙江省航运局嘉善客运站”。1965年1月，省轮船运输公司嘉兴分公司成立后，又更名为“浙江省轮船运输公司嘉兴分公司嘉善客运站”。1971年10月，善西公路通车后，原来最为兴盛的善西航线，客运量显著下降。次年1月，客运站再度下放到县，更名为“浙江省嘉善航运公司”。为了弥补亏损，将3艘客驳改为货驳，又添购水泥货驳3艘，抽出客轮1艘作为拖头，组成总载重量为185吨的船队1个，于12月份开出第一个船次。下一年，又新建木制拖轮1艘，购进水泥货驳5艘，使船队拖运能力增大到430余吨。1979年，更名为“浙江省航运公司嘉兴分公司嘉善营业站”。有客轮16艘，600匹马力，1704个客位；客驳7艘，596个客位，全年客运量188.03万人次。这一时期“文化大革命”已经结束，给航运业带来新的繁荣，1980年客运量已超过200万人次以上，到1985年，达到270.99万人次，周转量3026.69万人公里，创造有史以来水上客运的最高记录。随即因陆路交通的发展，水上客运出现逐年下降趋势，1988年，客运航线6条，全年客运量104.23万人次。1992年，客运航线有2条，客运量25.7万人次。与此同时，随着旅游业的兴起，嘉善营业站自1982年春季开始，减少货运力量，新辟旅游航班，最初只开杭州一班，到1985年，已增至杭州、苏州、无锡、淀山湖四条旅游风景线同时开航，并且注意做好往来迎送，代办食宿等服务工作。这种正常客运日渐萎缩，而旅游客运却在上升的情况，为企业展现了“柳暗花明又一村”的新天地。浙江省航运公司嘉兴分公司嘉善营业站，是全县轮船客运业的唯一经营中心，属全民所有制企业，站址在魏塘镇车站路102号，有总站码头1个，长54米，房屋建筑面积426平方米，其中旅客候船室153.25平方米。1994年，体制下放到县，更名为“嘉善旅游总公司”。嘉善旅游总公司在体制下放后，狠抓企业结构调整，逐步形成以公路运输为主，水上运输(货运)并存的经营格局。到1995年止，公司下属嘉善旅行社拥有统一型号的中巴客车29辆投入营运，并建有汽车二级维护内修厂。下属经营实体有：轮船运输分公司、汽车运输分公司、嘉善旅行社、车船修理厂、通用实业公司(下属善通大酒店于1992年开张)。公路货配部、水运配载站分别由汽运分公司、轮运分公司归口管理。行政设置：办公室、财务部、行政部。1995年，创营收255.5万元，税利18万元，拥有固定资产508万元，17—19座中巴客车29辆，在编职工178人。公司及职工历年来曾获县、市和省级以上评定的荣誉称号多起，省级以上的有：1983年起，为采用新的质量管理办法，组织QC小组活动，当年曾获全省航运系统成果发表奖；1984年，获省航运系统及交通部分别授予的优秀QC小组称号。1984年，获交通部授予的“文明客运站”称号。

浙江平湖天龙汽车运输有限公司

公司前身为平湖县汽车运输公司，原系局属全民所有制企业。1990年年末，公司有职工238人，另有计划内临工32人，费用工33人，大客车44辆、2438座，旅行车3辆、27座，大货车2辆、10吨。固定资产原值410.8万元，固定资产净值312.8万元，经营客运线路跨省6条，跨市(地)6条，跨县(市)10条，县内16条，1990年全年发客车90885班次，总行程29l.57万公里，单车日行程207.94公里。完成客运量505.4万人次，旅客周转量11457万人公里，货运量0.582万吨，货物周转量32.41万吨公里，营收484.9万元(其中运输收入395.7万元)，运输总成本368.8万元，利润总额38.3万元。营运利润率12.4%，资金利税率23.4%，人均创利1708元。客车每百车公里消耗汽油26.57公升。公司原办公地址在乍浦镇沪杭路70号，1991年6月搬迁至市区建国南路152号，1992年12月又搬至市区环城西路与城南路交叉西南角(汽车西站内)。

1992年5月，针对全省汽运经济普遍不景气实际，公司着重研究企业经营机制转换，先后在长途班线、区间班线推行单车经济责任制招标，开始探索企业经营机制转换新模式。1993年8月，公司推出客运车辆“租赁经营”，实行“国有民营”的经营模式，企业运输生产出现新转机。

1994年8月，经市经济体制改革办公室《关于同意市汽车运输公司改制为有限责任公司的批复》同意，公司由地方国营企业改组为国家和自然人共同持股的股份制企业——平湖市汽车运输有限公司。股本总额为358.5万元，其中国家股占66.53%，职工个人股占33.47%。1994年11月10日，平湖市汽车运输有限公司正式挂牌，成为全省汽车运输行业整体改制第一家。

1994年12月，根据平湖市交通局《关于嘉兴航道机械厂与平湖汽车运输有限责任公司合并决定事项的通知》精神，平湖汽车运输有限责任公司合并嘉兴市航机厂。(1994年6月30日嘉兴市航运管理处把嘉兴航道机械厂移交给平湖市交通局管理)。

1997年1月，根据市政府批复，市交通局《关于平湖市汽车运输有限公司兼并大利实业总公司的批复》同意，公司兼并平湖市大利实业总公司。1998年10月，市政府下发《关于同意建立浙江平湖天龙集团的批复》，同意建立浙江平湖天龙(集团)有限公司。由平湖市国有资产经营有限公司、平湖市天龙职工持股会、平湖市天龙职工保障基金协会共同投资，平湖市汽车运输有限公司整体改组而成。注册资本人民币1001万元。

2000年，公司进一步深化国有企业产权制度改革，转换职工身份。8月，经市企业产权制度改革领导小组办公室《关于平湖天龙集团有限公司进一步深化改革、转换职工身份实施方案的批复》同意，公司改组为由原总经理周伯钧等25名自然人持股的有限责任公司，国家股全部退出公司，295名固定职工全部转换身份，留用职工重新签订劳动合同。

2001年11月，经市工商局《企业名称变更核准通知书》批准，公司改名为“浙江平湖天龙汽车运输有限公司”。设经理室、办公室、资财处、劳动人事保卫处、运安处、综合经营管理处。子公司有平湖市城市公共交通有限公司、平湖市天元汽车出租有限公司、嘉兴市港区天龙城市公共交通有限公司、平湖市天龙物资有限公司、平湖市天龙宾馆有限公司。分公司有运务分公司、站务分公司、旅游出租分公司、乍浦客运分公司、货运分公司、汽车保修厂。

公司主要经营范围：客运(客运班车、旅游、包车、租赁、客运出租、客运站)、货运(普通货运、零担货物运输)、旅客平安保险、意外伤害保险代理以及汽车、摩托车维修和配件供应。

历年来，公司在努力拓展运输业务的同时，不断提高企业管理水平，加强精神文明建设。2002年4月，公司举办ISO9000质量管理知识培训，13人通过考试获取“内审员”资格证书。11月，公司通过“北京世标质量认证中心”ISO9000质量认证。2005年6月，进入第二轮ISO9000质量认证注册。

2005年年末，公司有从业人员493人，其中大专以上学历39人，技术职称人员48人，其中中级17人。营运客车303辆、6190座，其中高级客车77辆、1989座。营运线路67条、13663公里，日发班次555班。固定资产原值7674.4万元，净值4910.3万元，所有者权益4088.9万元。全年总营收1996.4万元，利税226.4万元，旅客运量1086.9万人次，周转量29284万人公里。

2006年7月10日，公司总部迁址星洲阳光公寓新办公楼(4F)办公。7月2日，汽车西站整体迁址至汽车南站，原长途班线迁至南站发班，同日，城乡公交客运站启用，所有城乡公交线均在该站发班，这是公司发展史上一件大事。同年12月26日，公司的南站、北站、乍浦客运站联网售票系统投入使用。

2009年2月5日，经中国道路运输协会审核评定，公司成为全国道路运输二级企业。2月25日，公司参股投资的浙江独山港海陆国际物流有限公司正式注册成立，标志着公司向新领域开发进军。

2009年11月，公司改制15周年，隆重举行题为《龙腾十五年》的改制15周年司庆晚会。2009年，公司被评为浙江省信用/信誉AAA级道路客运企业。2010年3月，公司被评为嘉兴市平安客运企业。

2010年11月，平湖天龙、海盐云龙及海宁大元三家客运公司共同出资组建的嘉兴杭州湾客运有限公司揭牌开业，实行节点运输，标志着传统客运企业主动出击应对市场变化，进行转型升级抱团经营。

至2010年年底，公司总资产达到11500万元，所有者权益为45%。全年完成综合营收5100万元，实现利税665.65万元，完成运量3181.5万人，完成周转量71199万人公里，公司共有大小营运车辆490辆，车辆成新率保持在70%以上。

海盐县汽车客运公司

海盐县汽车客运公司成立于1988年12月，是在浙江省汽车运输公司嘉兴分公司(嘉兴市汽车运输公司)乍浦片站下属海盐汽车站的基础上因体制下放而组建。公司(海盐汽车站)地址位于武原镇海滨东路33号。汽车站的站房建于1968年，候车室150平方米，建筑面积共423平方米，占地4亩。县属全民企业，职工123人，客车23辆(其中17辆大客、6辆通道车)，座位1270只，固定资产140.36万元，净值104.61万元，流动资金26.86万元，债务40.1万元。经营跨省客运线路4条，跨市(地)客运线路6条，跨县(市)10条，县内6条。日始发班车68班次，日发送旅客约2000人次。1989年完成旅客运输量208.7万人次，旅客周转量5976.6万人公里，完成货物运输量0.3万吨，货物周转量12.17万吨公里，营收182.07万元，利润3.7万元，税金5.4万元，营运(销售)利润率2.03%，资金利税率5%，人均创利300.81元。汽油平均消耗27.03公升/百车公里。

海盐汽车站新站于1989年7月动工，1990年12月20日投入使用。海盐汽车新站位于武原镇秦山路51号，占地20.25亩，总投资338.45万元，其中省交通厅拨款160万元，专项贷款27万元。建筑面积3311.9平方米，其中候车室661平方米，售票厅150平方米，保养车间414平方米，办公、油库、集体宿舍、食堂等2000余平方米，停车场6500平方米。

公司成立初期的机构设置：行政办公室、计划财务室、基建办公室、调度室4个职能科室，下属海盐汽车站、车队、保养车间3个基层单位。公司除经营客运班车外，同时经营另担货运(只代理接送货物，没有货车)、客运包车、商店等业务。公司党、工、团组织机构齐全。

1993年5月，海盐县汽车客运公司更名为海盐县汽车客运总公司。

1995年10月，海盐县汽车客运总公司进行了改制，更名为“海盐县云龙运输有限责任公司”。企业注册资本金为296万人民币，公私双方出资额和出资比例为：汽车客运总公司以国有资产出资150.95万元，占51%；陈云龙等39人以现金购买国有资产折人民币145.05万元，占49%。1998年4月，经海盐县国资局、交通局发文批复，同意海盐县云龙运输有限责任公司自然人股东再转让国家股11%的股权，国家股剩下40%。11%国家股转让时间为1998年4月1日，股权价值为28.23万元。2000年3月24日，海盐县国资局、交通局同意向海盐县云龙运输有限责任公司自然人股东转让剩下40%国家股，股权价值为106.271530万元。至此，国家股全部退出海盐县云龙有限责任公司。

1995年12月，公司组建了微型公交车队，累计投放“长安”牌面包车34辆，票价1元，实行招手即停，随到随开的运行方式。2002年7月，在微型公交车队的基础上组建了出租分公司，购入了24辆“桑塔纳”牌出租车，遂步替换了微型公交车，已有出租车34辆。

2001年6月10日，海盐县云龙运输有限责任公司增加注册资本金600万元，从而使企业注册资本金增至896万元人民币。

2002年10月，公司出资50万元组建了海盐县云龙公交有限责任公司，首批投资200万元购置18辆中型客车，建设候车亭32只，候车点16个，经营公交线路3条，使县城武原镇有了真正意义上的城市公交车。2003年10月开通了4路公交线。到2010年12月已开通公交线路6条，公交车53辆，候车亭47只，候车点114个。

2004年10月，为了贯彻落实嘉兴市委、市政府关于深入推进城乡公交一体化工作的精神，公司出资45万元收购了县内由社会个体户经营的海盐至六里、沈荡客运班线和9辆客车(其中六里线8辆、沈荡线1辆)，完成了城乡公交化改造。

2007年度，海盐汽车站客运量为356.7万人次。全站职工人数为318人。

2010年10月，为应对高铁、城际客运专列快速发展造成对道路旅客运输的冲击，公司与平湖天龙公司和海宁大元公司共同投资450万元，成立了“杭州湾客运有限责任公司”，公司总部设置在平湖市，由平湖天龙公司在当地申请注册登记，运输方式：将三家公司现有的剩量线路统一整合，利用三家公司三点一线的地域优势，采用节点运输的方式，提高实载率，盘活单一公司经营偏远线路困难的局面，是一个共赢的经营方式。

2010年12月，公司响应海盐县政府关于公交运营体制改革实施意见的要求，将所属城乡、城市公交公司、海盐汽车站等部门和人员成建制转移至国有海盐鸿远公共交通有限公司。

2010年12月28日，海盐县客运中心举行奠基仪式，正式破土动工。新客运中心位于联翔路东侧、环城南路北侧、出海路南侧、和尚港西侧，总用地面积45831平方米，总建筑面积11001平方米，其中客运站房8230平方米，地上四层、地下一层。客运中心总投资将达7929万元，按一级汽车客运站标准建设，将集高速客运、长途客运、城乡公交、城市公交、出租车客运等功能于一体，日均发送旅客可达1.5万人次，拥有11个长途车发车位，26个公交车发车位，可以同时停放294辆车。

2011年1月15日，海盐县云龙运输有限责任公司总部及旅游客车停车场迁移至武原镇朝阳西路227号(海盐县云龙交通设施有限责任公司内)。公司下设客运分公司、客运包车分公司、出租分公司三个基层单位，一家参股单位(杭州湾客运有限责任公司)；职能科室设办公室、计划财务处、运输管理处、机务安全处、信息中心。以长途班车、旅游包车和出租车为主要经营业务。经营线路22条，其中跨省线路10条、跨市(地)线路12条。拥有大、中、小型客车94辆，其中长途客车38辆，座位1121个；旅游客车22辆，座位818只；出租车34辆，座位136个。正式职工70人(不含出租、租赁车经营人员)，固定资产原值835.84万元，净值696.01万元。

海宁市汽车客运公司

1988年10月成立，全民企业，职工196人(其中汽车司机59人，保修工40人)，下设车队和修理车间，有客车38辆，1790座，货车1辆，10吨，固定资产原值280.4万元，净值198.8万元，经营客运线路跨省4条，跨市(地)7条，跨县(市)8条，县内15条。硖石站日始发班车140余班，日客运量达万余人次。1990年，完成客运量233.1万人次，旅客周转量7265.9万人公里，货运量0.89万吨，货物周转量35.52万吨公里，营收308.2万元，运输总成本289.5万元，利润总额5.2万元。该公司除经营客运班车外，并经营零担货运和旅游包车业务。

1990年前，海宁境内硖石站、盐官站、袁花站和长安站较具规模，站屋建筑面积超过200平方米，其他沿线而建的马桥、新仓、丁桥、大荆场、胡家兜、翁家埠、黄湾、伊桥、庆云、祝场、丰士、长安、湖塘、谈桥、双圩、郭店、斜桥、徐家桥等车站，建筑面积均不足120平方米。

1990年后，海宁先后建成规模较大、设施较全的海宁汽车站和海宁汽车南站。此后，乡镇小站逐渐弃用，取而代之的是由与城乡公交一体化相适应的城市标准型的公交候车站。

海宁汽车站原址硖石北关桥路与建设路交叉口。站屋建筑面积530平方米，占地面积3340平方米。始建于1958年12月，1959年春节期间投入使用。1990年1月在工人路与勤俭路交叉口建成新站，同年10月改硖石汽车站之名为海宁汽车站。后因海宁汽车南站建成，海宁汽车站又改称海宁汽车北站。该站占地面积21866平方米，停车场面积8585平方米，站屋面积3529平方米，其中候车室面积1310平方米，售票厅面积300平方米。另有行李房、食堂、加油站、修理间等配套设施。建站总投资324万元，其中省交通厅补助228万元。

海宁汽车南站地址海宁市农丰路168号。该站系当时为缓解海宁汽车站客流和发车压力，将硖石城郊结合部硖新路北端一家皮革企业厂房场地按交通部三级汽车客运站改建而成。占地面积5230平方米，停车场地2800平方米，站屋面积1558平方米，其中候车厅280平方米。投资270万元，设有旅客售票、停车检票等服务设施，属公用型车站，该站于1996年1月启用后，原海宁汽车站始发的黄湾、袁花、长安、谈桥、周王庙、许村、袁家坝等市境内班线均分流由该站始发。随着农村客运市境内班线公交化网络形成，2005年6月撤销车站建制，改为城乡公交专用回车场。

海宁市汽车客运中心地址海宁市城南大道2219号。2005年12月23日按交通部一级汽车客运站标准动工建设，总投资约7513万元。2007年2月6日建成投用。占地面积120.06亩，站屋建筑面积13760.7平方米。楼高19.65米，地上五层，地下一层，地上建筑面积为10536平方米，其中候车大厅1200平方米。停车场3万平方米，能容纳大型客车250辆。中心建成后集长途旅客安检、购票、候车、检票和短途旅客长廊零距离换乘、车辆加油、安检、维修、自动清洗为一体，功能堪称齐全。

2007年2月6日海宁客运中心建成投入使用后，原汽车南站、汽车北站、北关桥建设路1号汽车站同时取消；在火车站广场分设公交始发点(城乡公交6条线路，市内公交7条线路)；新建客运中心始发所有快客班线、长途班线及部分公交线路共15条(城乡公交11条，市内公交4条)。

2008年5月，分设大元公交子公司后，大元运输有限责任公司下设汽车站、长途分公司、快客分公司、出租分公司及四个职能部门(办公室、财务部、运输业务部、安全机务部)。

大元运输有限责任公司是交通部二级道路旅客运输企业，以省内外长途客运、旅游包车客运、公交客运、出租车客运、垃圾转运、客运站经营为主的股份制企业。隶属于浙江大元控股集团。

到2010年，拥有固定资产近7171万元，员工270余人；经营跨省际班线19条，跨地市班线25条，跨县班线15条，城乡公交班线48条，市内公交18条；拥有各类营运车辆595辆，其中客运班线车70辆，公交车287辆，旅游车19辆，出租车226辆，垃圾转运车15辆。

桐乡市汽车运输有限公司

全民企业，1988年10月系原省汽车运输公司嘉兴分公司桐乡汽车站与地方国营桐乡县汽车运输公司合并而成。1988年11月建制下放桐乡县，归属桐乡县交通局管理，更名为桐乡县汽车运输客运公司。1989年8月，原地方国营桐乡县汽车运输公司并入该公司，更名为桐乡县汽车运输公司，2006年3月改制为桐乡市汽车运输有限公司，隶属桐乡市交通建设投资集团有限公司下属全资子公司。桐乡汽车站原地址在梧桐镇南门，1991年10迁地新建桐乡汽车站，站址在振兴东路与G320国道交叉口，占地32.558亩，总建筑面积2567平方米。2005年3月又迁址新建桐乡客运中心，地址在世纪大道与环城东路交叉口东北角。1990年年末，有职工231人(其中汽车司机63人，保修工39人)，有客车41辆，2001座，货车6辆，45吨位，固定资产原值385.35万元，净值271.13万元。经营客运线跨省7条、跨市(地)18条，跨县(市)13条，县内21条，开行夜间便民班车线路2条，桐乡站日始发班车140余班，日吞吐量万余人次，1990年完成客运量301.61万人次，旅客周转量10414.65万人公里，货运量0.69万吨，货物周转量69.27万吨公里，营收418.9万元(其中运输收入380.3万元)，运输总成本338.7万元，利润总额46.3万元。营运利润率11.5%，资金利税率20.83%，人均创利2001元。客车每百车公里汽油消耗27.35公升。该公司除经营客运班车业务外，还经营旅游包车，零担及货物运输等业务。

桐乡市汽车运输有限公司是桐乡市唯一的国有客运运输公司，公司的前身是浙江省汽车运输公司嘉兴分公司桐乡站，始建于1988年，公司经过十多年的励精图治，在市场竞争中不断锤炼成长，已发展成为桐乡市规模最大的专业运输企业，2009年3月被评定为二级道路旅客运输企业。公司坚持以道路旅客运输为主营业务，以市场为导向，大力发展浙江快客、浙江快旅等中高档客运产品项目，积极拓展城市公交、城乡公交客运市场，推进城乡公交一体化建设，形成了客运班车为主业，城市公交、城乡公交、旅游包车、轿车出租、汽车修理等多种经营格局。公司下辖运务分公司、站务分公司、公交分公司、汽车修理厂、濮院汽运羊毛衫商城等直属经营单位，拥有两个全资子公司濮院运通运输服务有限公司和友谊城市公交有限公司。

桐乡客运中心是桐乡市的标志性建筑，它位于梧桐街道世纪大道和G320国道交汇处东北侧，正对沪杭高速公路入城主干道，总投资7600万元，占地面积80012平方米，总建筑面积为14806平方米，其中站务用房建筑面积9526.6平方米，停车场面积29500平方米，可同时容纳280辆大型客车停放，规划为一级汽车客运站。主体建筑设计以流动的波浪为母题，配以三层叠复、动感十足的波形层面，彰显出轻盈、灵动的建筑设计理念，营造出快捷、高效的服务氛围。

客运中心全部实行电脑售票、条形码检票，配有空调、监控系统等现代化设施，设计日运送旅客1万人次。中心设有行包托运处、超市、旅客餐厅、客房、站前广场、汽车修理厂、零担货物托运站、加油站等配套服务设施，具有规划合理、设计新颖、造型独特、布局科学、设施先进和功能齐全的特点，达成了公路客运站场的一流水平。

2010年5月，根据《桐乡市城市公交专项整治方案》精神，桐乡市城市公交分公司从桐乡市汽车运输有限公司分离，完成桐乡市友谊城市公交有限公司分设，是年5月6日，经市国资办批准，桐乡市友谊城市公交有限公司投资主体由桐乡市汽车运输有限公司变更为桐乡市交通建设投资集团有限公司。6月7日，经市国资办批准，桐乡市汽车运输有限公司所从事城市公交营运的相关固定资产，无偿拨给桐乡市友谊城市公交有限公司(共有车辆56辆，原值687万元，净值101万元)。主体变更后，桐乡市友谊城市公交有限公司隶属桐乡市交通建设投资集团有限公司下属子公司，公司实行独立经营。

截至2010年年末，桐乡市汽运输有限公司内设机构设置有办公室、财务部、安全机务部、运输部、信息中心。下设站务分公司(下辖桐乡客运中心站、崇福汽站、乌镇汽车站、行包托运部)、运务分公司(下辖快客车队、普客车队)、三级城乡公交分公司(下辖城乡公交桐乡车队、城乡公交崇福车队)，汽车修配厂、濮院汽运羊毛衫商城，下属子公司桐乡市濮院运通运输服务有限公司。

公司有从业人员278人，其中大学本科9人、大学专科29人、中专2人，有技术职称人员18人，其中中级职称3人、初级职称15人，有技术工人52人，其中技师5人、中级工8人、高级工39人。营运车辆299辆、6968座，其中高级客车90辆、3150座，中级客车199辆、3628座，普通客车10辆、190座。营运线路112条、计7826.9公里，日发班次1655班。全年总营收4718万元，利润180万元，旅客运量1052.74万人次，周转量28430.38万人公里，固定资产原值15133万元，净值10520万元，所有者权益10438万元。

嘉兴杭州湾客运有限公司

2010年11月，由平湖天龙、海宁大元、海盐云龙三家公司共同出资组建嘉兴杭州湾客运有限公司。这是传统客运企业面对高铁时代的抱团出击，使客运企业打破地域限制，不仅大大降低了营运成本，节点运输带来的较高上座率大大提高投入与产出的比率，从而实现共赢。

嘉兴市公共交通公司

嘉兴市公共交通公司，位于嘉兴市庄前路69号，隶属于嘉兴市嘉通投资集团有限责任公司(2003年5月前隶属市城建委)，是独立核算的国资企业，主要经营城市公共汽车客运，兼营汽车出租客运，汽车零部件零售，承办公交车身、候车亭、路牌媒介广告业务。

至2009年11月30日止有职工900余人，拥有固定资产16329万元，资产净值8527万元；建有停车场5个，占地面积62000平方米，建筑总面积11394平方米，其中建有修理车间4个，建筑面积2897平方米；加油站4座，设有储油罐16只，储油量495立方米；拥有营运公交客车709辆，其中大客车388辆，中巴321辆；开辟营运线路65条，其中：夜间公交线11条，另有商业专线67条；营运线路总长737.1公里；年行驶里程3120.28万公里；年客运量6625.3万人次；年营运收入7790万元。2009年，公司全年新辟公交营运线路1条：99路；优化线路12条：85路、88路、2路、5路、56路、73路、21路、23路、35路、71路、99路、100路，增加线网长度22.9公里；延长首末班时间11条：3路、8路、11路、13路、23路、30路、33路、80路、81路、85路、88路，延长的最长时间为20分钟。2009年，公司全年累计完成营运里程3120.28万公里，比上年同期2827.8万公里，增长10.3%。客运量6625.3万人次，比上年同期6618.2万人次基本持平。营收7790万元，与上年同期基本持平。增加了公交线网覆盖率，线网覆盖率由08年6.79公里/平方公里增加到目前的7.38公里/平方公里。2009年6月4日，杭、嘉、湖、绍市长联络会议上剪彩后正式实现城市公交IC卡互连互通功能后，IC卡售卡量达301077张，充值资金2821余万元，IC卡刷卡量突破了2626.35万人次。配合南湖区、秀洲区、嘉兴经济开发区兴建、改建候车亭90只，港湾式停靠站79只，南湖区凌公塘路、庆丰路、望湖路、南溪路、双溪路、景宜路、格林路上的候车亭已建设完工，并通过验收。

截至2010年12月31日，公司有职工950余人，拥有固定资产22353万元，资产净值11963万元；有停车场6处，占地面积68982平方米，建筑总面积11394平方米，其中建有修理车间4个，建筑面积2897平方米；加油站4座，设有储油罐16只，储油量495立方米；拥有营运公交客车716辆，其中大客车436辆，中巴280辆；开辟营运线路71条，其中：夜间公交线14条，另有商业专线58条；营运线路总长835公里，比上一年增加13.3%。

2010年，公司全年新辟公交营运线路8条：92路、93路、93路夜、95路、95路夜、96路、97路、15路夜；优化线路12条：1路、7路、8路、9路、15路、28路、32路、81路、86路、93路、9路夜、93路夜；加密线路9条：7路、9路、22路、24路、33路、93路、9路夜、52路夜、58路夜；延长首末班时间4条：7路、81路、9路夜、58路夜，延长的最长时间为120分钟(末班延时)。2010年，公司全年累计完成营运里程3289.2万公里，比上年同期增加5.3%。客运量7091.8万人次，比上年同期增长8.2%。总营收8663.1万元，其中客运收入8188.7万元，比上年同期增长3.7%，线网密度达2.75公里/平方公里。

2010年，配合沪杭高铁通车运营，公司开通93路、95路、96路、97路四条公交线路，实现了城市公交与高铁嘉兴南站的无缝衔接，方便市民出行。2010年年底，嘉兴公交IC卡实现了与周边海宁、桐乡、平湖、海盐四个市(县)和杭州城市公交的互联互通。公交IC卡全年共计售卡25万余张，充值金额达到4000余万元，刷卡量近4000万人次，同比上一年增长近50%，累计发卡量达到70余万张。2010年，公司较好地完成了市区200多个公交港湾式停靠站、候车亭建设工作，进一步完善了公交硬件设施。

第二节　嘉兴市运输装卸企业

（详见第四章第二节　运输装卸企业）

第三节　汽车制造维修企业

古代，嘉兴人民能够利用手工劳动，制造简陋的交通运输工具，但根本谈不上车辆制造工业。近代，从19世纪中叶，即从清咸丰、同治年间，嘉兴开始出现小车(亦称羊角车、江北车)，本地人才开始用木材制作结构简单的这种手推独轮车，用于货物运输。民国初期，只能制造人力板车，修配黄包车和自行车。民国23年(1934年)，平(湖)嘉(兴)公路全线通车，随着汽车运输业的兴起，才开始有汽车修理业务。至于汽车、摩托车、自行车等的车辆制造，解放前始终是个空白。

解放后，逐步建立起汽车小修、大修、汽车装配及配件生产。嘉兴汽车工业始于1958年,20世纪80年代建立了海宁救护车厂、平湖客车厂、嘉兴秀水客车厂等车辆制造(装配)厂,车辆制造工业得到了一定的发展。

嘉兴的汽车制造工业,是从1983年起逐步发展起来,至1988年,全市从事汽车制造的骨干企业有8家,共有职工400余人。主要产品有大客车、面包车、救护车、客货两用车等4大系列,10多种型号规格的产品。1990年,由于销售不畅,制造成本又大等原因,仅剩海宁客车厂1家。

1990年前车辆生产企业

海宁客车厂(海宁救护车厂)

海宁客车厂(海宁救护车厂),系省机械行业重点企业之一,隶属于海宁市乡镇企业局所属的集体企业,厂址:海宁市盐官镇人民路2号。

1979年始建时名海宁红江公社汽车修配厂。1981年7月,业务归口海宁县交通局领导,同时厂名去“公社”二字,为海宁红江汽车修配厂。次年,业务自然划归海宁县社企局领导。1983年,改名为浙江省海宁客车厂,并开始生产(装配)客车、救护车为主,兼营汽车修理。1990年年末,拥有职工244人,固定资产2053万元,厂区面积19300平方米,其中建筑面积5010平方米。主要机械设备有315吨油压机、16吨、38吨、63吨可倾式压力机、剪板机、100吨板料折弯机等电动设备67台。

该厂主要产品有奇观牌HK520型轻便货车、HK521型厢式货车、HJ510型救护车及HK620型旅游车、HJ522型救护车。产品已行销全国27个省、市及港澳地区。1990年,年产量1000辆,工业总产值4703万元,利润248万元。1990年,在全国改装汽车评比中获二等奖,企业形成一支生产、经营、科研、开发相结合的专业队伍,具整车、配件、维修、服务“一条龙”优势,产品型号达22种,均列入省机电产品计划。

1991年后,嘉兴市公共交通公司主要公交停车场建设经济不断开放,汽车制造行业竞争日趋激烈,海宁客车厂由于生产的车辆单一,技术含量相对较低,销售量逐年减少,企业连年亏损,厂面临较大困境,处于半停产状态,因企业资金严重不足,资不抵债,于1999年10月宣告破产。

嘉兴市自行车厂

嘉兴自行车厂是中国自行车协会成员厂,下设嘉兴自行车厂萧山分厂、南湖喷漆厂、新篁分厂等6个分厂。前身为嘉兴农机修理制造厂,1981年1月转产自行车,取名嘉兴市自行车厂。属全民所有制企业。先后与美国小马自选车公司鼎轮产品公司签订了合资经营享达自行车有限公司的合同和与上海自行车厂签订了合作生产24寸以下永久牌自行车的协议。1990年年末,全厂有职工1355人,其中经济管理人员191人,工程技术人员101人,3级以上技术工人255人。全厂占地面积71000平方米,建筑面积47000平方米。固定资产原值1762.5万元,净值1507.3万元。现有生产动力设备434台(套)。生产流水线10余条,其中切削设备102台,完成率达95%,部颁73标准规定的50项测试项目测试设备和仪器、专用量检测、专用夹具等近70台(套)。

1989年前,专业生产26、24英寸大雁牌、永久牌轻便自行车,主要产品有:大雁牌QE041型、QF04型、24英寸610mm大雁QH32-1双管型、QH35-1单管型(女式)、20英寸510mmQN60型(女式)和YM80型、YN83型、永久QH428型等,产品形成660毫米、610毫米、510毫米等3个系列,60个品种规格。生产能力已达年产自行车60万辆、全链罩100万套以上。1988年,生产自行车55.6万辆,比1987年增长17.1%。全厂年产值7191.18万元,年利税总额1702.86万元。从1981年试产起,8年共上缴利税4729万元,其中利润1263万元,税利3466万元。

嘉兴自行车厂是轻工部定点生产自行车的专业工厂,列为全国自行车行业一类企业,技术力量雄厚,工艺装备先进。1990年与香港大志企业有限公司共同投资成立中外合资企业“浙江菲利普自行车有限公司”,总投资为450万美元,并引进国外先进的焊接、喷漆设备,采用英国兰令技术和先进的经营管理系统,年生产菲利普自行车100万辆,产品主要外销。

1991年以后,随着改革的不断深入,原来的市场计划经济框架被打破,民营制造业大量涌现,这给传统的国企制造企业带来较大冲击,面临的挑战前所未有。由于国企规模大,人员多,管理难,批量自行车的资金无法收回,大额的应收款拖累了企业的资金流动,严重影响了企业的生产与发展,导致企业资金运作困境,造成公司连续几年亏损的局面,2000年起基本处在停产状态,于2001年11月公司关闭停业。

1990年前汽车配件企业

嘉兴汽车配件生产体系,主要是从生产汽车配件为主的工业行业所形成的专业汽配生产系统。这个体系,以1954年10月建厂的嘉兴汽车钢圈厂、嘉兴市传动轴厂、嘉兴市汽车标准件总厂等汽车配件制造骨干企业所组成,生产初具规模,专业化程度较高,在全国同行业中也有一定地位。该行业自20世纪60年代初形成批量生产以后,已累计生产汽车车轮300多万套，汽车配件4000多万件，产品销售全国各省、市、自治区，有的成为国家军工、重点工程和主要汽车厂固定配套(件)，有的随机出口外销，为国家作出了贡献。汽车配件行业主要产品有汽车车轮、制动器、标准件、空压机、减震器、制动室、车门、连接传动轴等八大系列一百多种型号规格的产品，适用于BJ212、SH130、NJ130、BJ130、CA10、EQ140、JN150等主要车型以及进口汽车、工程车辆、特种车辆的配套。主要产品的年生产能力、汽车车轮25万套，汽车标准年210万件，汽车空压机5000台，汽车配件10万件。

嘉兴汽车配件销售始创于1984年，由于商品经济的发展，全市“公路热”掀起，各县(市、区)新筑公路里程猛增，路况日益好转，车流量大幅度增加，导致汽车配件社会网点自发引成，至1988年据不完全统计，全市汽车配件经销单位和个体户共有86家，主要集中在市区、县城，部分散布在干线公路沿线的乡镇各地。

嘉兴市汽车传动轴厂

嘉兴市汽车传动轴厂(隶属于市交通局)是生产机动车辆传动轴总成的专业企业，始办于1958年，前身为嘉兴市车辆修配厂或嘉兴铸钢件厂，1979年7月合并改名为嘉兴市交通机械配件厂，1987年，才立现名，至今不变。属上升型企业，发展较快，但目前生产条件一般。1990年，拥有职工170人，其中经济管理人员30人，技术人员5人，工人135名。全厂占地面积6452平方米，其中建筑面积4916平方米，拥有固定资产原值141.4万元，净值80.8万元，流动资金189.9万元。主要生产设备有金属切削机床46台，其中大型1台，锻压设备6台，其中大型1台，拉床和动平衡机(测试仪)各1台。

嘉兴市汽车传动轴厂能生产各种类型中小型机动车辆传动轴总成，并根据用户的特殊需要进生生产。产品在满足省内需要的同时，还畅销全国21个省、市、自治区，并为陕西金属结构厂等单位的出口车辆配套传动轴总成。1990年，销售外省市的各类传动轴总成达16284套，约占全厂总销售量的70%，销售收入242.3万元，利润29.9万元，上缴税金3.5万元。其产品质量可靠，在全国同行业中具有较强的竞争能力。1990年，产品合格率100%，主要零件主项抽查合格率95%。

嘉兴市汽车钢圈厂

嘉兴市汽车钢圈厂是国内最早生产汽车钢圈的专业化生产厂家之一，于1954年10月建厂，专业生产汽车钢圈和汽车制动器。1990年年末，该厂设有中型车轮、金工、机修、制动器5个车间和15个科室，有职工791人，其中管理人员145人，各类工程技术人员47人(包括工程师17名、助理工程师11名)。全厂占地面积44783平方米，其中建筑面积48426平方米。固定资产975.1万元，流动资金819.6万元。现有主要设备123台，其中锻压设备43台、金属切削机床47台、电焊、对焊机22台。从澳大利亚引进车轮生产关键设备，如滚形机、刮渣机等3台，中、轻、重车轮生产配套设备齐全，检测手段完善，主要生产工序均由机械手自动进料装置和自动输送滚道组成机械化流水线。1989年，新增进口轻型车轮旋压设备3台。

嘉兴汽车钢圈厂初建时，名为“嘉兴白铁生产合作社”，1958年，改名为“嘉兴五金机械厂”，几经变化，1965年6月才正名为地方国营“嘉兴汽车钢圈厂”，20世纪70年代前生产发展较缓，从1980年开始，生产水平迅速提高，先采用7.33U轮辋为五十铃(日本)车型配套维修用车轮改制成功，为各型进口车辆维修配套改制代用，开拓了新路；后采用222型钢代替平板热轧圈体的传统工艺，8.00V型轮辋车轮投入批量生产，使供货市场有新的开阔。1987年，开发生产出16×5/16轨道车轮和7.33V−20G等各种新规格钢圈。能生产适用于NJ130、CA10、BJ212、EQ140、JN150等国产车型的汽车钢圈和三菱T653、FK102、五十铃TD50A、太脱拉TM、R、玛斯MA3200、罗曼车7.0−20等进口车型的钢圈，适用于NJ130、CA10、EQ140三种车型的汽车制动器，以及W9×28、W10×28两种规格的拖拉机钢圈和用于军工的产品。钢圈规格近50种。

为了适应汽车工业大发展的需要，该厂所生产的产品基本符合标准化、系列化、通用化的要求，用比较先进的加工工艺。例如5.00S、6.00T−20钢圈选用国产优质型钢和板材，经过剪切、圈圆、闪光对焊、多道专机整形等四十余道工序，产品质量接近国际先进水平。其中F5.00S−20和6.00T−20在1981年均被评为省优质产品，1982年均被一机部命名为信得过产品。T7.0−20型号钢圈在1984年获省优质产品称号。1990年，钢圈产品22.34万套，销售收入2306.3万元，利润1.86万元。

嘉兴汽车标准件总厂

嘉兴汽车标准件总厂系中国汽车工业公司定点生产汽车标准件专业厂。1957年建厂，1969年开始生产汽车标准件。为全民所有制企业，位于市城东路。

1990年，全厂占地面积154718平方米，其中建筑面积10794平方米。固定资产原值457.6万元，净值350万元。拥有职工250人，其中技术人员33人。设有金切加工、热处理冲锻、表面处理和机修模具等车间。拥有2条每小时产量达200kg的网带式气氛保护热处理生产线，使淬火清洗回火连续自动完成，部分金属零件的切削，表面处理均采用微机控制。另外，厂内设有高强度螺栓测试中心，测试手段基本齐全。

嘉兴汽车标准件总厂主要生产汽车发动机上的各种强力螺栓和各种中强度汽车底盘螺栓。为杭州发动机厂、济南汽车制造总厂、陕西汽车制造厂、芜湖汽车发动机厂、杭州汽车制造厂等15个主机厂配套，并为各地汽配公司提供维修配件。主要产品有：X6130、6120、6105Q、SX250斯太系列、EA140、CA10B、CA15、NJ130、BJ212等多种车型的配件；同时还生产高精度微型电机转轴。南湖牌6120发动机强力螺栓为浙江省优质产品。1990年，生产标准件141万件，微电机轴40万支，普通标准件10万件，销售收入676万元，全年利润80万元。

嘉兴市汽车配件公司

嘉兴市汽车配件公司创建于1984年5月，为全民所有制性质，隶属于嘉兴市交通局，并受省汽车工业公司业务指导，现址洪波路杭枫公路西侧，占地4.88亩，建筑面积1723平方米，公司设有办公室、业务科、财务科、储运科、经营科4科1室，公司经理富金明。1990年年末，拥有固定职工26人，其中工程师2人，技术人员5人。固定资产75.39万元，流动资金230.27万元。

嘉兴市汽车配件公司主要经营汽车配件。初创头几年，资金不足，步履艰难，1987年2月起，实行产销联营，解决了流动资金紧缺的矛盾，同时，健全和完善了企业管理制度，使汽车配件销售打开了局面，摆脱了困境，至1987年年底，销售额达200万元，创利7.7万元。1988年，开拓了进口市场，企业内部实行工效挂钩，三年制约，取得明显的成效，全年经营销售额达350万元，创利15.4万元。1990年，销售收入451.69万元，利润5.67万元，上缴税金6.67万元。

1990年前汽车大修厂

桐乡上市汽车大修厂

桐乡上市汽车大修厂，位于桐乡县崇福镇南门。它由现任厂长钟祖坤等7人以1万元资金创业开始，1983年6月为上市乡农机厂修理车间（工场），1985年6月，分设成立汽车修理厂，借用农机厂三间房屋（共144平方米），资金增至9万元。至1988年年底，占地面积900平方米，其中建筑面积350平方米，拥有职工39人。1989年6月迁址崇福镇南门，为上市乡工业公司乡办集体企业。厂内分设办公室、生产调度室、技术检验科、财务科等二室二科和9个车间：发动机车间、底盘车间、电器车间、油漆车间、钣金车间、总装车间、金工车间、木工车间、缝工车间。桐乡上市汽车大修厂隶属于上市乡工业公司，为乡办集体经济性质。全厂有职工61人，其中管理人员8人，正式工人53名，含8级工10人，五级工1人，三级工7人，无级工35人。全厂占地面积3996平方米，其中建筑面积1507.6平方米，作业厂房1035平方米，调停场地2489平方米。固定资产原值35.14万元，净值31.26万元，定额流动资产37.0万元，其中库存材料折合14.5万元，在途材料折合2.7万元，产成品折合14.6万元。流动资金30.7万元。有主要修理测试设备金属切削机床7台、汽修专用设备1台、测试设备2台。其中：普通车床、B665牛头刨床、万能铣床、曲轴磨床、摇臂钻床、镗磨机、镗鼓机、电动气门粘磨机、镗气门主坐机、电焊机、空压机、占攻两用机、高压清洗机、磁力探伤仪、液压举升机、电器万能试验台、连杆校正器、连杆绞削台和前束尺各1台，绞瓦工具1套，空压机、凸机轮承拆装机各2台、乙炔发生器3台，SO-2充电机4只等。

1989年，嘉兴市交通局定为汽车维修行业一类维修企业（大修厂），在此基础上，该厂进入正规化管理，以“抓好思想教育务虚与务实相结合，抓管理取经与创新相结合，抓基础与该厂实际相结合，抓核心与主攻目标相结合”而闻名于桐乡。该厂主要专业担任各类汽车的大修、三保、二保和小修保养。

1988年，全厂年产值41万元，销售收入40.5万元。1989年，产值65万元，销售收入65.6万元。1990年，产值107.1万元，销售收入97万元，其中配件销售收入42.8万元，工时费营业收入54.2万元。1990年，全年大修车辆32辆，三保车辆64辆，二保142辆，小修1456辆，总共修理汽车1695辆。经桐乡县公安局机动车检测中心对三保以上的车辆检测数据表明，一次合格率达80%以上。

桐乡县留良汽车大修厂

桐乡县留良汽车大修厂位于桐乡县留良乡所在地，即桐乡县崇福老汽车站北，系乡办集体所有制企业，隶属于留良乡工业公司。该厂从1975年起家，其前身是留良汽车运输社，1983年，弃水运、卖掉运输船队资产后，更名为车辆运输服务公司，除从事运输业务外，兼修汽车，从此，工厂逐步发展，面貌日新，现已初具规模。

全厂设办公室、调度室、供销科、财务科、设备科、安全科、质检科，有发动机车间、底盘车间、电工车间、油漆车间、钣金车间、木工车间、钳工车间、缝工车间、金工车间、总装车间。工厂建立了党支部，有党员13名，团员6名。有职工58人，其中管理人员3人，三级以上技术人员27人，无级工人19名。全厂占地面积3296平方米，其中建筑面积1900.7平方米。作业厂房1211平方米，调停场地1789平方米，固定资产62万元，流动资金23.8万元。主要生产技术设备，有金属切削设备8台；普通车床3台、摇臂钻机、铣床、刨床、万能磨床和台钻各1台，汽修专用设备16件(台)，测试设备有汽车电气万能试验台。

1989年7月，经嘉兴市交通局批准，为一类汽车维修企业(大修厂)。主要承担各类汽车大修、三保、二保、和小修保养等。1989年被评为嘉兴市汽修行业第二批汽车大修竣工质量优良企业。1990年全年产值107万元，大修车辆13辆，三保车辆46辆，二保车辆34辆，小修车辆1309辆，总共修理汽车1402辆。

桐乡县崇福进口汽车修理厂

桐乡县崇福进口汽车修理厂位于桐乡县崇福镇南门，为集体所有制企业。1980年7月建厂，原址在崇福镇宫前路81号，组建时，由崇福镇政府与崇福镇蔬菜队抽调11名人员作为生产骨干队伍，从上海、杭州聘用汽修老师傅来充当技术力量，创业条件艰苦，无专业用房，以油毛毡工房代替，1987年始建厂房、办公室200平方米，资金由镇政府投资1.8万元，并添置了空压泵、充电机、千斤顶、电焊设备等。从1981年至1986年营业收入可观，每年屡有造房，至1986年年底，工厂建筑面积达977平方米。1988年，调停场地400平方米。1990年年末，拥有职工54人，其中三级以上技术人员30人。全厂占地面积2220平方米，其中建筑面积1360平方米，作业厂房840平方米，调停场地1052平方米。固定资产原值39.36万元，净值30.52万元。流动资金12.67万元。现有主要汽车修理技术设备有起顶器4台、举引机2台、车床、千斤顶、镗制动鼓机、镗磨缸机、气门修磨机、连杆校正仪、轮船拆装机、骑马攀拆装机、充电机、前束尺各1台等。

1989年，经嘉兴市交通局批准，为一类汽车维修企业(大修厂)。1988年，全年大修车辆30辆，三保车辆62辆。1990年，全年产值达58.9万元。该厂技术力量雄厚，几年来，为其他汽修企业培养输送了一批技术骨干，总共有10名，其中厂长级5名。

海盐汽车大修厂

海盐汽车大修厂位于海盐县武原镇城北路127号，厂长金惠明。该厂为一类汽车维修企业(大修厂)，隶属于海盐第二运输装卸公司，为集体所有制单位。

该厂已有18年的建厂历史。1974年10月初建时，海盐县仅有11辆汽车，由城郊乡东门大队以几千元微薄资金，二台车床，三四人组建开始，艰苦创业，后来，由于与上海汽修十五厂、十七厂和上海浦江汽修厂协作，修理汽车数量逐年增多，业务不断扩大，逐步影响到来自平湖、嘉兴、嘉善各地的车辆，还有来自湖州、山西等地的车辆。在80年代初期，由于着重以材料加工配料为主进行维修，每年利润约3~4万元，1981年至1984年工厂发展迅速，已添置了钻头磨床、镗床机、磨缸机、拆轮机等设备。1990年年末，拥有职工51人，其中三级以上技术人员28人，占51.4%。工厂设办公室、供销科、技术科和财务科，有10个车间：底盘车间、发动机车间、机修车间、金工车间、喷漆车间、电工车间、钣金车间、总装车间、缝工车间、木工车间。主要汽修生产设备有普通车床、汽车外部清洗机、镗缸机、磨缸机、磨气门机、连杆校正机、充电机、镗制动鼓机、光制动蹄片机、骑马螺栓拆装机、台钻、摇臂钻、曲轴磨床、平面磨床、铣床、万能磨床、空压机、磁力探伤仪、前束尺、电焊设备、锻压设备、拆边压力设备、木工、缝工和吊装起重设备等。全厂占地面积2391.2平方米，其中建筑面积1859.54平方米，作业厂房1073.54平方米，调停场地1287.98平方米。固定资产原值32.7万元，净值24万元。流动资金25.3万元。

1990年5月，经嘉兴市交通局批准，为一类汽车维修企业(大修厂)。主要承担各类汽车(包括进口汽车)的大修、三保、二保和小修保养业务，1988年全年产值85万元，利润13万元，全年大修车辆35辆、三保52辆、二保55辆；1989年全年产值120万元；利润18.5万元，大修车辆49辆，三保车辆71辆、二保车辆63辆；1990年全年产值91万元，利润12.3万元，大修车辆42辆，三保车辆48辆，二保车辆82辆。

海盐武原汽车保修厂

海盐武原汽车保修厂隶属于海盐县第二运输装卸公司，为集体所有制经济性质，厂址在海盐县武原镇海滨东路15号。该厂成立于1984年10月，由县第二运输装卸公司投资1.6万元，抽调6名人员组建，原先厂址在武原镇城南路98号，农贸市场内。第一年产值8000元，以对内修理为主，1985年以后逐年发展，1987年扩建迁入新址，延续至今。工厂设有办公室、生产调度室、质检室、供销室、财务室和8个车间，分发动机车间、总装车间、底盘车间、钣金车间、油漆车间、电工车间、金工车间、轮胎车间。全厂拥有职工59人，其中助理工程师1名，三级以上技术人员32名，管理人员70名。工厂占地面积3190平方米，其中建筑面积1096平方米，作业厂房830平方米，调停场地2000平方米。固定资产原值47万元，净值33万元。流动资金40万元。

1990年3月2日，经嘉兴市交通局批准，为二类汽车维修企业(三保厂)。1990年，被评为全市汽修行业年度审验二类企业优良企业。1990年全年产值176万元，利润28万元，利润率16%，三保车辆205辆，二保车辆200辆，总共修理车辆405辆。

海盐第一汽车大修厂

海盐第一汽车大修厂为一类汽车维修企业(大修厂),厂址:海盐县武原镇朝阳东路18号,厂长施汉城。该厂隶属于海盐县校办企业公司,为集体所有制性质,1984年8月筹建,同年12月28日挂牌营业,其资金、设备、技术力量均来自核工业部23建设公司第三工程公司,原先人员仅29名,从1986年开始,逐步增加人员,增添厂房,更新设备,改善生产条件。该厂建有党支部,党支部书记由厂长施汉城兼职。全厂设办公室、生产调度室、技术科、检验科、供应科、财务科和总装车间、汽修车间、发动机车间、底盘车间、油漆车间、钣金车间、电工车间、木工车间、缝工车间、金工车间等10个车间。有职工50人,其中工程师1名,有六级检验员2名,六级工6名,其他三级以上技术人员17名,无级人员20名。文化素质:大学专科毕业生1名,大专毕业生1名,中专毕业生3名。全厂占地面积2310平方米,其中建筑面积1160平方米,作业厂房857平方米,调停场地1050平方米。固定资产原值39万元,净值37.7万元。流动资金41万。主要生产技术设备有:20吨液压机1台、车床2台、刨床1台、立式钻床1台、镗缸机、磨缸机、气门机、镗制动鼓机、电气万能试验台各1台、充电机、零件清洗机、汽车外部清洗机、冷模热试机、轮胎螺丝拆装机、骑马螺栓拆装机、缝纫机、木工机械等各1台,电焊机、空压机各2台,还有探伤仪、无缝合测功仪、台钻、砂轮机等等。主要机具:主轴承绞削工具、连杆轴承绞削合、连杆校正器、风动铆枪、喷漆枪、红外线烘烤板等。该厂本身拥有三菱面包车1辆。

1989年12月,经嘉兴市交通局批准,为一类汽车维修企业(大修厂)。1990年修竣车辆5241辆,其中大修25辆,三保179辆,二保264辆,小修4773辆。全年产值121万元,利润22.35万元。1989年,在全市大修车质量评比中,获优良企业。1990年,被评为全市汽修行业年度审验一类维修企业优良企业。

海盐县汽车运输公司修理厂

海盐县汽车运输公司修理厂位于海盐县油厂弄14号,隶属于海盐县汽车运输公司,为大集体经济性质。厂长王明生。1974年建厂,开始为海盐海车运输公司下属机修车间,从第一辆三卡开始,三四人组成修理班子,1986年,独立经济核算,以自修公司车为主,平均每年修理14~15辆汽车,并对外承接业务。工厂设厂长办公室、技术调度室、供应科和底盘车间、发动机车间、总装车间、钣金车间、金工车间、喷漆车间、电工车间、轮胎木工车间等8个车间。现有职工41人,其中外聘工程师1名,管理人员6名,技术员3名。全厂占地面积3000平方米,其中建筑面积858平方米,作业厂房789平方米,调停场地2442平方米。固定资产10.43万元,流动资金15万元。主要生产设备,有金属切削设备4台(件),汽车修理专用设备15台,汽车测试设备1套。

1989年10月,经嘉兴市交通局批准,定为汽车二类维修企业(三保厂),承担各类汽车三保、二保、小修保养工作。1990年,完成汽车三保40辆,二保100辆,全年产值20万元。

嘉善县交通汽车大修厂

嘉善县交通汽车大修厂位于嘉善县魏塘镇解放路79号,隶属于嘉善县运输装卸公司,为集体所有制性质,实行经济独立核算,厂长俞关元。工厂设技术质量检验室、调度业务室、行政科、供销科、财务科等2室3科和钣金、油漆、电工、金工、底盘、发动机等8个组,另设汽配销售门市部。有职工91人,其中管理人员33人。全厂占地面积1.2万平方米,其中建筑面积5000平方米,调停场地7000平方米。固定资产120万元,流动资金22万元。主要生产技术设备有:普通车床、台钻、立钻、空气压缩机、砂轮机、曲轴磨床、平面磨床、铣床、刨床、万能磨床、拆边压力机、汽车外部清洗机、镗缸机、磨气门机、连杆校正机、充电机、镗制动鼓机、光制动蹄片机、骑马螺栓拆装机、轮胎螺帽拆装机、零件清洗设备、磨缸设备、发动机冷磨热试设备、半轴套管拆装设备、喷漆设备、铆接设备、电焊设备、吊装起重设备、缝工设备、探伤设备、电器试验台、弹簧试验仪、前束尺、锻压设备、拆边压力设备、发动机测功设备、木工机械设备等。

1989年6月5日,经嘉兴市交通局批准,定为一类汽车维修企业(大修厂)。1990年,全年产值109万元,销售收入20余万元。该厂主要承担各类汽车的大修、三保、二保和小修保养业务,自1978年7月建厂以来,已初具规模,重质量,讲信誉,1989年度被评为全市汽车修理行业大修质量优良企业。

嘉善汽车大修厂

嘉善汽车大修厂始创于1978年,其前身为嘉善县凤桐汽车修理厂,隶属于凤桐乡工业公司。厂址在杭枫公路嘉善加油站西侧。

1978年5月,凤桐公社农机厂与公社联合投资,开始筹建凤桐汽车修理厂,于1979年3月建成,聘用上海汽修工人9名,作为工厂主要技术骨干使用,当时有固定职工22人,经济独立核算,经营业务除汽车修理外,还改装633型面包车,同年上半年改装成的第一批面包车,经由上海生产资料公司销往外地,分别销售大连、南京、杭州、内蒙古等地。1983年停止改装车辆。1984

年，上海汽修工全部返沪后，依靠自己技术力量经营汽修业务。同年6月，自筹资金3万元，贷款90万元，于嘉善加油站西侧新建厂房。1985年，改名为嘉善汽车改装厂，以后由于资金短缺无法进行汽车改装，单纯从事汽车修理业务，至同年年末，已有职工28人，其中行政人员10人，修理人员18人。年大修汽车8辆，中修汽车125辆，小修汽车3600辆，营业收入达26.1万元，实现利润5.8万元。1987年，更名为嘉善汽车修理厂。1988年，正名为嘉善汽车大修厂。1990年末，拥有职工34人，其中六级技术人员7人，五级技工1人。全厂占地面积5336平方米，其中建筑面积1223平方米。固定资产原值18.8万元，净值12.3万元。主要生产设备有乙炔发生器3台、充电器、轮胎螺丝插装机各2台，空气压缩泵、变压器、充电器、电焊机、光轮鼓机、清洗机、台钻各1台等。

1989年6月，经嘉兴市交通局批准，定为汽车一类维修企业(大修厂)。1988年，91.2万元，上缴税利11.84万元，净利润11.84万元。1990年，全年产值106.05万元，利润14.03万元。1990年共修竣车辆1575辆，其中三保车辆98辆，小修车辆1477辆。

海宁市进口汽车修配厂

海宁市进口汽车修配厂位于杭金公路32K处，系盐仓工业公司所属集体企业，始建于1986年9月，1989年，经嘉兴市交通局批准，为汽车一类维修企业(大修厂)，经营汽车大修及各类维修业务。1990年有职工63人，其中技术人员8人，厂区面积2016平方米，其中建筑面积775平方米，调停场地1300平方米；其中固定资产319万元；主要设备有各类电动机械16台，完成汽车大修33辆，三保修理58辆，二保修理116辆，小修814辆；营业收入107.2万元，利润总额20.42万元。

海宁市交通汽车修配厂

海宁市交通汽车修配厂位于硖石镇环城南路，系省航嘉兴分公司主管的全民企业，始建于1986年4月。1988年7月1日后，挂牌对外经营汽车修理业务。1989年，经嘉兴市交通局批准，为汽车二类维修企业(三保厂)。1990年有职工41人，其中技术人员3人，厂区面积1312平方米，其中调停场地850平方米，主要设备有各类电动机械18台；资金总额23万元，其中固定资产10万元，完成汽车三保修理19辆，二保修理11辆，小修543辆，营业收入16.82万元，利润总额0.59万元。

海宁市黄湾汽车保养厂

海宁市黄湾汽车保养厂位于海宁市黄湾镇北(杭沪线72K+285m)，系乡办集体企业。始建于1984年5月。1989年，经嘉兴市交通局批准，为汽车二类维修企业(三保厂)。1990年，拥有职工34人，其中技术人员6人。厂区面积1684.3平方米，其中建筑面积666.9平方米，调停场地1017.4平方米。主要生产设备有各类电动机械13台。资金总额37万元，其中固定资产17万元，流动资金20万元。1988年，完成汽车大修4辆，三保修理31辆，二保修理19辆，小修867辆，营业收入80.79万元，利润总额3.3万元。1990年，完成汽车三保65辆，二保17辆，小修842辆(次)，全年工业总产值64万元，利润7.6万元，上缴税金4万元。

平湖曹桥汽车大修厂

平湖曹桥汽车大修厂，隶属于平湖县曹桥乡工业公司，厂址在乍王公路九里亭。该厂筹建于1976年春，1977年正式成立，曹桥公社拖拉机修配厂，当时有职工18人。1979年5月，改名为曹桥公社拖拉机汽车修配厂，同年汽车修理业务超过拖拉机的修理业务。1983年1月，改名平湖县汽车修配厂时，人员增至66人。1984年5月，立名为平湖客车厂，与汽车修配厂两块牌子，一套班子。同年12月17日，首辆南湖牌13座面包车经市级审定合格出厂。1985年1月，客车厂与修配厂分开。当年6月3日，客车厂第1辆45座大客车与载重1.75吨的客货二用车通过市级审定。1986年年初，平湖汽车修配厂并入客车厂，同年12月27日，上述三种型号的南湖牌汽车均通过省级鉴定，合格。1988年年末，累计生产销售南湖牌旅行车60辆、大客车9辆、1.75吨轻型载重车36辆。由于该厂生产汽车成本高，效益低，资金不足，1989年停产，客车厂亦改名为曹桥汽车大修厂。1990年年末，曹桥汽车大修厂厂区面积1.2万平方米，其中车间、仓库、办公室等建筑面积4793平方米，拥有职工102人，主要机械设备有气泵3台、车床2台、刨床、镗床、钻床、曲轴磨床、立铣、点焊机、磨缸机、冲板机、切割机、折弯压力机、拉轴套管机、液压弯管机、连杆校正器、轮胎拆装机、充电机、剪板机各1台等。拥有固定资产71.77万元，流动资金44.84万元。全年大修汽车68辆，三保汽车43辆，二保36辆，小修5160辆。全年完成产值131.27万元，利润378万元。

平湖县高桥汽车大修厂

平湖县高桥汽车大修厂，位于乍嘉公路平湖县高桥，系胜利乡塘桥村村办集体企业。1984年4月创建开始至1988年末，汽车修理业务不断发展。至1989年，累计修理汽车32860辆次，其中大修232辆，三保643辆，二保216辆，产值424.33万元，利润34.11万元。1989年，改称高桥汽车大修厂。1990年，全厂占地面积2700平方米，其中建筑面积750平方米，拥有职工78人，其中管理人员10人。主要生产技术设备有车床、轮固机、镗缸机、发电机组、连杆校正器、磨气门机、空压机、万向钻床、铣床各10台等。固定资产55.98万元，流动资金30.98万元。

嘉兴市汽车大修厂

嘉兴市汽车大修厂位于嘉兴市城北路外环路，隶属于嘉兴市交通局，为集体所有制企业。至1990年年末，全厂有职工79人，其中管理人员12人，三级以上技术人员31人，无级工人20人。全厂占地面积5261平方米，其中建筑面积991平方米，作业厂房800平方米，调停场地1500平方米。固定资产29.4万元。主要生产设备有金属切削设备15台(件)、汽车修理专用设备3台、汽车测试设备1套。

1989年，经嘉兴市交通局批准，为汽车一类维修企业(大修厂)，经营各类汽车大修、三保、二保和小修保养业务。1990年，全年修竣车辆995辆，其中大修车辆22辆，三保车辆34辆，二保车辆36辆，小修车辆903辆。全年产值90.76万元，工时收入39.38万元，配件销售收入51.38万元。

嘉兴市汽车运输公司大修厂

嘉兴市汽车运输公司大修厂位于嘉兴市南门府南街老汽车站内，隶属于市汽车运输公司，属全民所有制性质。自修今年车辆并对外承接各类汽车大修、三保、二保和小修保养业务，供应汽车配件、材料，技术设备精良，技术力量雄厚。

全厂有职工129人，其中管理人员15人，三级以上技术人员40人，无级工人43人。全厂占地面积10067平方米，其中建筑面积3500平方米，作业厂房2700平方米，调停场地2400平方米。固定资产原值64.15万元。主要生产设备有：金属切削设备14名(件)，汽车修理专用设备32台，汽车测试设备6套。

1989年，经嘉兴市交通局批准，为汽车一类维修企业(大修厂)。1990年，全年修竣车辆845辆，其中大修车辆(含事故车)13辆，三保车辆130辆，二保车辆228辆，小修车辆474辆。全年产值41.12万元，工时收入24.17万元，配件销售收入16.95万元。

嘉兴市运输装卸公司大修厂

嘉兴市运输装卸公司大修厂位于嘉兴市城东路七号桥，隶属于市运输装卸公司，为集体所有制性质，主要以自修公司车辆为主。

全厂有职工84人，其中管理人员8人，三级以上技术人员41人，无级工人35人。全厂占地面积4480平方米，其中建筑面积2410平方米，作业厂房1700平方米，调停场地2070平方米。固定资产18.0万元。主要生产设备有：金属切削设备6台(件)，汽车修理专用设备20台，汽车测试设备1套。

1989年，经嘉兴市交通局批准，为汽车一类维修企业(大修厂)，承担各类汽车大修、三保、二保和小修保养工作。1990年，全年修竣车辆车辆2034辆，其中大修车辆35辆，三保车辆15辆，二保车辆30辆，小修车辆1954辆。全年产值7.36万元，工时收入3.58万元，配件销售收入3.78万元。

上海大众汽车嘉兴特约维修站

上海大众汽车嘉兴特约维修站位于嘉兴南门2号桥，为全民所有制企业，隶属于南空嘉兴干休所，主要经营桑塔纳轿车特约维修业务。

全厂有职工32人，其中管理人员2人，修理工13人，全部经大众公司专业培训，分别获高级、助理工程师或高级技师以上职称。全厂占地面积2950平方米，其中建筑面积1400平方米，作业厂房650平方米，调停场地1200平方米。固定资产57万元；流动资金150万元。主要生产设备：汽车修理专用设备1全套，汽车测试设备1全套。

1990年，经嘉兴市交通局批准，为汽车一类维修企业(大修厂)。1990年，全年共修竣车辆9800辆，其中大修车辆30辆，三保车辆1000辆，二保车辆1010辆，小修车辆7760辆。全年产值649.22万元，工时收入104.74万元，配件销售收入544.48万元。平均每年修理6000至7000辆汽车。各项指标领属嘉兴市汽车修理行业之冠。

嘉兴市秀水汽车大修厂

嘉兴市秀水汽车大修厂，位于嘉兴市城北路。属嘉兴秀水乡，为乡镇企业。1982年始建，秀水汽车修配厂，人员大多来自秀水乡，部分外聘入厂。1983年在修配汽车的基础上，从技术骨干中抽调人员，进行装配JK620型旅行13座面包车。1986年起，嘉兴客车厂由于资金来源不足，生产的面包车成本高、利润低，同年5月，结束汽车装配工作，着重以经营汽车修配业务为主。1990年年末，厂区面积4710平方米，其中建筑面积2342平方米，拥有职工81人，其中技术人员38人，固定资产50.31万元，流动资金57.68万元。

1985年7月5日，经嘉兴市交通监理处、上海汽车、拖拉机研究所、嘉兴市机械工业公司等部门审评合格，同意小批量生产JK620型旅行面包车。先后制造(安装)出9辆面包车。1990年年末，该厂已具备汽车大修能力，全年大修汽车25辆。总产值62.67万元，上缴税金4.45万元。

嘉兴市光明汽车大修厂

嘉兴市光明汽车大修厂，位于嘉兴市东栅镇魏塘桥。隶属于东栅乡七里店村。1978年4月建厂，当时设3个车间，村办借款5000元，搭简易工房，聘请上海退休技术师傅，始修汽车。1980年产值7.5万元，80年代发展较快，每年以10万至20万元贷款，低速稳步扩大生产条件。1990

年，拥有职工 64 人，其中助理工程师 1 人，3 级以上工人 13 人。厂区占地面积 2500 平方米，其中建筑面积 885 平方米，停车场地 1030 平方米。固定资产 23.9 万元。

1989 年 1 月，经嘉兴市交通局批准，评为一类维修(大修)企业。同年，经嘉兴市公路运输管理处批准，评为嘉兴市汽车修理行业 1989 年度第二批汽车大修竣工质量优良企业。次年，被评为嘉兴市汽修行业大修企业年审先进单位。1990 年大修汽车 65 辆。总产值 117.4 万元。

嘉兴市城区建新汽车大修厂

嘉兴市城区建新汽车大修厂，位于嘉兴市城区东栅镇东首。隶属于东栅乡建新村。1987 年 1 月建厂，以 1 万资金创业，在占地面积 400 平方米内，建简易厂房，当年产值 65 万元。1988 年已有厂房 89 平方米，调停场地 1080 平方米。1990 年，全厂占地面积 4100 平方米，其中建筑面积 2250 平方米。全厂职工 285 人，其中 3 级以上工人 30 人，拥有固定资产 62 万元，流动资金 45 万元。

该厂属二类汽车维修企业。具有各类汽车三保、二保、小维修修能力。1989 年，修理车辆 403 辆。1990 年，完成修理二保以上汽车 618 辆，其中大修 33 辆。总产值 149.5 万元。

到 2010 年，由于企业资金不足，维修设备老化，技术含量低，缺乏竞争力，修理人员跳槽，维修业务下降，企业处于基本能够维持状态。

嘉兴市塘汇汽车大修厂

嘉兴市塘汇汽车大修厂，位于城东路 112 号，隶属于城区塘汇乡。1977 年创办，属集体所有制性质。1985 年集体承包，当年完成利润 7 万元，产值 80 万元，逐年递增。1990 年，全厂占地面积 3095 平方米，其中建筑面积 1450 平方米。拥有职工 70 人，其中 3 级以上技术工人 44 人，固定资产 36.4 万元。

1989 年 8 月 30 日，经嘉兴市交通局批准为一类维修(大修)企业。同年，被评为 1989 年度汽车大修质量优良企业。1990 年 12 月，从广东佛山购进燃油式自动控温汽车烘漆房(BQF718 型)，技术先进，可提高汽车喷漆质量和速度。1990 年，大修汽车 120 辆，二保事故车 57 辆，总产值 132.7 万元。

因维修行业竞争日趋激烈，企业流动资金不足，管理不善，技术人员外流，修理业务越来越少，企业已无法生存，于 2000 年底破产。

1991 年后汽车维修企业

浙江康桥康嘉汽车有限公司

浙江康桥康嘉汽车有限公司(东风日产康桥专营店)是浙江康桥集团投资组建的一家专业从事 NISSAN 系列汽车销售服务的公司，公司成立于 2003 年，注册资金 500 万元，拥有职工 45 人。公司地处嘉兴市的南大门二环西路边，距离乍嘉苏高速仅仅一公里左右，交通十分便利。公司集汽车销售、维修服务、配件供应、信息反馈、二手车置换于一体，是嘉兴地区——五县两区(平湖、嘉善、海盐、海宁、桐乡、秀城区、秀州区)唯一的一家经东风汽车有限公司乘用车公司授权的东风日产系列汽车 4S 销售服务中心，日产授权的 3S 中心。公司占地面积 15 亩，建筑面积 4600 多平方米，拥有近 1000 平方米的汽车展厅，维修设备均采用国内外知名品牌，能提供购车、保险、上牌、按揭、装潢美容、服务保养等一条龙服务。自 2003 年 7 月初开始营业，经营 NISSAN 品牌旗下："轩逸""天籁""颐达""骐达""阳光"车型。公司有员工 80 余人，在拥有一流的设施、一流的管理、一流的技术的同时，努力为客户提供一流的服务。公司秉承"以人为本、精铸品牌、开拓创新、追求卓越"的经营理念和"诚信服务客户、打造百年老店"的服务理念，2005 年度经过公司员工的共同努力，不仅在销售和服务方面取得了骄人的业绩，还被东风日产乘用车公司评为"东风日产 2005 年度客户最满意专营店"。

到 2010 年底，公司拥有员工 112 人，其中管理人员 8 名，高级工 2 名，中级工 7 名，初级 16 名，年维修保养车辆 17740 台次，年产值 1406.2 万元，年销售 1667 台次，固定资产 1664.7 万元。

嘉兴市金悦达公司

广州本田汽车嘉兴特约销售服务店系由嘉兴市金悦达汽车销售服务有限公司

投资创建，由广州本田汽车有限公司和本田技研(中国)有限公司授权的，在嘉兴地区唯一一家集整车销售、售后服务、零部件供应、信息反馈"四位一体"的专卖店。嘉兴市金悦达公司公司于 2001 年 9 月成立并开业。公司坐落在塘汇工业园区，占地面积约 7500 平方米，建筑面积 4000 多平方米。这是嘉兴地区第 1 家、浙江省第 7 家、国内第 81 家严格按照统一标准、采用统一标识，建成并开业运营的广州本田汽车特约销售服务店。公司拥有大批经过广州本田专业培训并考核合格，极富实践经验的汽车修理技师、管理人员和本田的先进管理模式。同时，在 2003 年已经通过 ISO9001:2000 国际质量管理体系认证。

公司经过 11 年来的发展，一直以畅通的车源供应为后盾，并有充足的纯正零部件库存，满足每一位顾客购买、保养、维修车辆的需求。到 2010 年年底，公司有维修技术工 45 人，配备了国际先进的检测维修设备，年销售新车 851 台，年维修车辆 13500 台次，年维修产值 1600 万元，公司年营业额1亿5千万元。2009年被广州本田评为“全国优秀特约销售服务店”，2010年度获得嘉兴市诚信经销商。

嘉兴市国信汽车销售服务有限公司

嘉兴市国信汽车销售服务有限公司创建于2003年12月，公司地址位于二环北路平一路口。是一家专业从事汽车销售和售后服务的企业。公司是经嘉兴市公路运输管理处认证许可的一类汽车维修企业，并主要负责菲亚特品牌和奇瑞品牌的汽车销售和售后服务工作，同时也面向社会，接待所有社会车辆的维修服务工作。公司的组建是集整车销售(Sa1es)、配件供应(SparePart)、维修服务(Service)、信息反馈(Survey)为一体的4S汽车销售服务商，并实行了通用的售后服务管理软件。2003年11月在全体员工的共同努力下，通过了ISO9001－2000质量体系的认证。公司汇聚了优秀的企业管理和售后服务的人才，其中20%的管理人员和技术骨干拥有高、中级职称，并接受南京菲亚特和奇瑞公司提供的专业技术培训。公司位于嘉兴市二环北路平一路口，注册资金500万元，占地面积8000平方米。主要包括汽车展示厅1200平方米，汽车装饰精品超市200平方米，客户娱乐休闲中心300平方米，以及维修车间1500多平方米，停车场1000平方米等其它配套设施。公司拥有着现代化的维修设备20多台(套)和各类先进的检测仪器，并配备了24小时抢修服务的清障车。

到2010年年底，公司有从业人员79人，其中管理人员10人、高级技工2人、中级工10人、初级工15人，年维修产值494万元、销售额6124万元，固定资产800元。2010年被评为嘉兴经济开发区星级汽车销售服务示范店，还被评为嘉兴市诚信汽车经销商。

浙江江铃嘉兴分公司

浙江江铃嘉兴分公司是嘉兴市注册最早的汽车4S店之一，位于城南路7号桥，是江铃汽车在嘉兴地区的特约维修中心，是嘉兴市公路运输管理处批准的一类汽车维修大修企业。公司主要维修：福特系列、江铃系列、陆风系列、尼桑系列、大众系列(桑塔纳、进口国产帕萨特、进口国产奥迪)广本、别克系列、丰田、马自达及其它国产进口中高档轿车，特约维修品牌包括江铃JMC轻卡、皮卡、厢货系列，全顺高级商务车系列、陆风越野车系列。自成立以来，就注重员工的培训工作，公司有员工108人，其中维修服务50人。江铃注册技师5人，陆风注册技师4人，维修高级工5人，油漆钣金高级工2人，维修中级工12人。厂区占地6200平方米，其中业务接待大厅200平方米，维修车间1308.5平方米，车间内拥有22个修理工位，1个烘漆房，配套江铃系列车型的专用检测仪。同时从意大利、德国进口的电脑平板式制动、测滑检测仪、发动机综合性能分析仪等先进设备组成的检测线。配备最新款式高档轿车的汽保设备：如喷射系统故障、自动排档中文解码器、免拆清洗油道系统、车身校正仪、特殊钢圈(江铃2吨专用)动平衡机。维修同时为客户提供了无微不至的服务，包括装修典雅的客户休息室，免费上网冲浪，免费茶水饮料等等，并加强维修后跟踪服务电话，时刻将用户放在心上。

浙江江铃汽车销售服务有限公司嘉兴分公司系福特商用车和江铃汽车在嘉兴的一级代理商与特约维修中心，是浙江省首批实行整车销售、配件供应、特约维修、信息反馈四位一体经营模式的商用车经营单位。公司成立于1996年，注册资本6000万元。秉承以客户为中心的经营理念，为广大客户提供购车、保险、信贷消费、维修、索赔等一条龙服务。到2010年，在嘉兴、桐乡、海宁、平湖、嘉善、海盐区域拥有5家4S店，3家江铃品牌专营店。公司拥有一流的室内汽车展示大厅、现代化的汽车维修车间、大型的汽车配件中转库以及一批高素质的管理、销售人才。公司主要经营产品有福特全顺(Transit)商务车系列、江铃JMC皮卡、江铃驭胜SUV车系列。经过公司员工的共同努力，已具备万辆商用车的年销售2000台以上及30000万辆次的年维修能力。公司已连续三年荣获全国十佳商用车经销商，连续8年荣获江铃汽车年度综合优秀代理商称号，连续8年获得嘉兴市诚信汽车经销商称号。

浙江万国汽车有限公司嘉兴分公司

浙江万国汽车有限公司嘉兴分公司位于浙江省嘉兴市城南路7号桥(南湖经济园)，隶属于浙江康桥汽车工贸集团浙江万国汽车有限公司，系长安福特汽车有限公司在浙江省嘉兴市的唯一一家4S店，公司坐落于南湖之滨—G320国道旁，是实行“整车销售、配件供应、特约维修、信息反馈”四位一体经营模式的汽车经营维修单位。公司成立于2005年4月，注册资本500多万元，拥有一流的室内汽车展示大厅、现代化的汽车维修车间、大型的汽车配件中转库以及一批训练有素的高素质人才。为广大客户提供购车、保险、上牌、信贷消费、维修、配件供应、紧急救援、三包索赔等一条龙优质服务。维修中心拥有从意大利、德国进口最新电脑汽车检测线、维护设备。同时，维修中心还拥有一大批通过福特中国和长安福特培训的专业维修技师，无论是专业技能还是维修经验，在同行业中均处于绝对领先地位。维修管理完全与国际接轨，公司实施电脑一体化科学管理；推行了“5S”工程，积极推导福特汽车公司在全球的服务标准“服务2000”的“客户满意为中心”的服务理念，并率先通过了福特全球最高服务体系qua1itycare的认证，确保用先进的流程为广大顾客提供更体贴、更满意、更专业以及更具个性化的优质服务，使广大用户享受国际化的优质服务。

公司主要经营福克斯、嘉年华、蒙迪欧—致胜、麦克斯车型及4S店维修保养。到2010年，公司拥有从业人员100余人，管理人员6人，高级工1人，中级工5人，初级工14人，年维修车辆5000余台次，年维修额1299万元，年销售车辆1593辆，年销售额20452万元，公司固定资产167万元。

嘉兴市思源汽车有限公司

嘉兴市思源汽车有限公司成立于2006年9月，是东风标致在嘉兴地区唯一的4S店，公司占地面积约15亩，拥有800平方米的新车销售展厅及近6000平方米的维修车间。主要经营东风标致307、206及进口标致品牌全系列车型的销售与维修，公司拥有一支专业化、年轻化销售队伍，在保持自身的青春活力同时，以朝气蓬勃的崭新面貌迎接东风标致的每一位客户，发扬微笑服务的全新理念，为每一位来店客户营造一种贴心服务的新环境。另外公司还具备一支设备齐全，维修技术过硬的售后服务团队，秉承客户至上，服务第一的原则；同时要求每一个岗位职责到人，认真仔细的检查每一部进厂车辆，保障每一位客户的利益与安全，即讲究效率又追求维修质量。

到2010年，公司拥有员工61人，其中管理人员7人，高级工2人，中级工4人，初级工6人，年入厂维修保养辆9400台次，年产值697万元，年销售车辆1084辆，固定资产206.6万元。

嘉兴市搏腾汽车服务有限公司

嘉兴市搏腾汽车服务有限公司成立于2001年，注册资金800万元，是嘉兴地区最具发展潜力的综合性汽车及相关产业的集团型公司。公司有员工75人，其中中专以上学历的员工占65%，维修人员持证上岗率85%。公司坐落于嘉兴市二环西路2848号，地理位置优越，交通便利。公司注册资金800万元，占地面积13000多平方米，建筑面积5400多平方米。拥有资产1000多万元，是嘉兴市一类汽车维修企业。也是南京依维柯4S店、江铃汽车、福特全顺、上汽通用五菱、长城汽车、中兴汽车等生产厂家在嘉兴地区特许授权特约维修站，所属集团公司的其他特约服务品牌有：一汽大众奥迪、广州本田、北京现代等系列。

到2010年，公司由于维修业务量萎缩，流动资金不足，技术人员跳槽，加至维修市场竞争激烈等原因被迫停业。

浙江康达嘉兴分公司企业

浙江康达汽车工贸有限公司成立于1992年，注册资金4000万元。浙江康达汽车工贸有限公司嘉兴分公司于1999年11月成立，是浙江康达汽车工贸有限公司在嘉兴地区的全资分公司，是东南汽车在嘉兴地区的总代理，本着疏密有致、健康发展的原则，以销售网络为中心，发展的维修网、信贷网、配件网已经覆盖嘉兴全市。2003年8月28日，东南汽车浙江康达嘉兴4S旗舰店开张。嘉兴4S旗舰店总占地面积10亩，建筑面积2000多平方米，展厅面积800平方米，维修面积1000多平方米，配件仓库面积300平方米，是市内最大的汽车品牌专营店之一。公司地址：嘉兴市二环西路七号桥北东侧

嘉兴市千里马汽车销售有限公司

嘉兴市千里马汽车销售有限公司成立于2003年2月，注册资金200万元。是东风悦达起亚汽车有限公司生产的东风悦达起亚汽车在嘉兴地区/湖州地区的独家特约经销商。

到2010年，公司有员工45人，中层及普通管理人员15人，高级工1人，中级工2人，初级工15人，一般维修人员12人，年维修及保养车辆6500辆，年产值500万，现固定资产160万。

平湖市高桥汽车修理有限公司

平湖市高桥汽车修理有限公司（前称：平湖市高桥汽车大修厂）创建于1983年4月，是嘉兴市一类甲级汽车大修企业，是平湖地区最具规模的中、高档轿车专业维修单位，是平湖市行政事业单位车辆定点维修单位之一，更是集汽车修理、汽车销售、汽车租赁于一体的综合性企业。企业拥有先进的维修技术设备。公司位于当湖街道南门外高桥，占地面积10亩多，建筑面积3200平方米，停车、试车场地4000平方米。设有大跨度的大修车间、二保车间、快修车间、油漆车间、轿车维修车间和汽车配件供应仓库等作业场所。拥有发动机电脑检测仪、意大利轮胎平稳机、无级变速油压测功表、中大电脑烤漆房、324F电脑排气分析仪、汽车提升机、轴瓦镗床、大梁校正仪、四轮定位仪、铣床等一系列检测、维修设备，为保证各类车辆维修保养质量奠定了物质基础。企业拥有高素质的技术人才。公司员工38人，其中持有技术等级证书人员31人；职工持证上岗率100%。持证人员中：有工程师1名，技师2人，高级工8名，中级职称技术人员19人，中高级职称技术人员数占持证总人数的90%以上。高素质的技术员工队伍，为完成各类国产、进口高档汽车的维修保养任务，提供了强有力的保障。

1992年3月，该厂更名为平湖市第一汽车大修厂，内设进口汽车修理车间，专修各类进口轿车、小型货车。1996年，新建办公楼及厂房2279平方米，其中作业厂房1571

平方米，停车场2160平方米，设备资产56.7万元。2001年2月，企业改制为股份制企业，名称又变更为平湖市高桥汽车修理有限公司。2005年末，公司有维修从业人员36，其中工程师一名，技师2名，高级工15名，中级工11名。维修设备齐全，合计设备投入资金76.5万元。年维修车辆4482台次，年产值271.6万元。经过几年来的不断发展，企业保持稳定增长，到2010年，产值到达287.08万元。

嘉兴市禾众汽车服务有限公司

禾众汽车服务有限公司成立2002年9月，公司位于南溪路亚太路口。一直致力于汽车4S店的经营，将国内外品牌汽车产品和深厚文化引入嘉兴地区。经过几年来的发展，经营规模不断扩大，企业效益稳步增涨。于2010年7月，注册资本7000万元，成立浙江禾众汽车企业管理集团有限公司(以下简称禾众集团)，是中国汽车经销商百强企业、浙江服务名牌企业。截止2010年年底，禾中集团已分别获得上海大众VW品牌、上海大众斯柯达、上海通用别克、斯巴鲁汽车品牌的授权代理，旗下已拥有9家4S店、2家品牌直营店及4家汽车相关专业公司，主要分布在嘉兴市区及五县市。集团有在职员工780余人，大专及以上学历占比70%，售后中、高级技术人员200人，人员结构合理，专业技术全面。到2010年年底，共实现整车销售14643辆，维修车辆62865台次，营业额超10亿，上缴国家税收1000万元。

嘉兴市海洋汽车维修有限公司

嘉兴市海洋汽修成立于1993年，注册资金200万元，于2005年由二类升级为一类维修企业，主要从事中小型汽车维修。主要从事各类中、高档汽车的维修保养及装饰服务。总公司地址位于嘉兴市东升西路1088号；天德分公司位于天德汽配城内；汽车装饰服务公司位于吉杨路110号；装饰服务分部位于嘉兴市体育场戴梦得超市旁；海之阳汽车服务公司位于余新镇支一路南。我们旨在建立以"海之阳"为品牌涉及汽车维修、装饰于一体辐射全嘉兴的连锁化汽车服务网络。公司经历了十多年的发展壮大，有一批固定的业务骨干和技术精英，公司现有一线技工40多人，其中中级以上职称22人，嘉兴市汽车维修行业技术能手1人，高级技师2人，技师5人，汽车维修工程师3名。2010年公司产值800多万元，固定资产1200多万元。公司于2009年顺利通过《浙江省维修质量服务规范达标》评审，并获得2009—2010年度《全国诚信维修企业》称号，得到了嘉兴市维修行业的认可，被评为"2011嘉兴品牌力量榜"《嘉兴品牌汽修企业》。

嘉兴市宝龙汽车维修服务有限公司

嘉兴市宝龙汽车维修服务有限公司成立于2005年10月，位于中国最大经编生产基地浙江海宁马桥经编园区，公司总占地面积12648平方米。作为一类的汽车维修企业，公司下属企业：宝龙汽修马桥公司、宝龙汽修硖石公司、宝龙汽修海洲公司、宝龙驾校、宝龙生态农业、宝龙汽车会所。宝龙拥有固定资产850万元，职员55人；其中高级工程师5人，高级检验员3人，各类技术人员25人；同时，宝龙拥有先进的通用设备、专用设备及检测设备50余台；在汽车故障电脑检测仪、尾气分析仪、四轮定位仪、车身校正仪、灯光检测仪、发动机免拆洗机、真空抽油机、烤漆房、全车检测线等硬件的支持下，宝龙成为海宁地区首家具有"5S"标准的汽车维修服务公司。

到2010年底，宝龙公司拥有固定资产3500万元，职员100人；其中工程师3人，助理工程师3人，高级检验员3人，各类技术人员25人；同时，宝龙具备先进的通用设备、专用设备及检测设备50余台；公司以高起点、上规模、重科技、创一流为经营方针，以精心维修、尽心服务为经营宗旨，成为一家集管理、技术、质量于一体的现代化服务企业。

嘉兴市恒创汽车运输公司汽修厂

嘉兴市恒创汽车运输公司汽修厂(前身系嘉兴电力汽车大修厂，1992年8月正式挂牌营业)，2001年10月成立，隶属嘉兴市恒创汽车运输公司，地址位于云海路电力园区内。2004年通过ISO9001-2000质量管理体系认证，同年首批获得"诚信维修、规范服务、安全生产"荣誉企业称号；2005年9月通过"大中型客车、大型货车、小型车"三个一类维修资质的验收。汽修厂占地40亩。机修车间3632平方米，钣金车间270平方米，停车场地达1350平方米，前台营业场所500平方米，客户休息室56平方米，提供预约、提醒及24小时抢修服务。园区环境优美，提供车主舒适良好的服务环境。汽修厂设备先进、配置齐全、技术力量雄厚、服务优良、誠信可靠的汽车整车维修企业。有员工49人，大中专以上人员11人，汽车修理技师5人、高级修理工16人。设有车辆综合性能检测线一条，经浙江省质量技术监督检测研究院质量技术鉴定和嘉兴市公路运输管理处验收，获得普通货物运输车辆和小型客车(5座以下，含5座)自修自检，车辆二级维护竣工检测资质。

2009年"汽车综合性能检测线"出租车上线检测首次突破1千台，达到1382台/次。到年底公司长期职工中拥有高级技师4人，技师38人。公司被评为"2009年浙江省运输行业文明创建工作先进维修企业"

海宁市泽宇汽车销售服务有限公司

海宁市泽宇汽车销售服务有限公司由是上海通用授

权的集整车销售、售后服务、纯正零部件供应和信息反馈四位一体国际标准的上海通用别克4S店。海宁泽宇别克4S店坐落在洛隆路与海宁大道交叉口，占地面积2万平方米，其中建筑面积1.1万平方米，展厅面积600平方米。365天展示销售服务上海通用别克全系列汽车，一流的营销团队，一流的维修设施，一流的维修技术，所有维修技术人员通过厂家专业培训，具有上海通用别克技术国际标准认证，具备国家汽修行业一类资格。24小时全天候的为广大通用汽车用户提供专业、高效的优质服务和纯正通用零部件，将充分实现客户满意度第一的目标。地址：海宁市南北大道与洛隆路交叉口。公司成立于2004年10月，注册资金800万元，拥有在职员工近100人，作为海宁第一家汽车4S店。海宁泽宇别克将具有一流水准的销售服务，售后维修服务及全新经营理念奉献给广大客户。2009年，中大型车销售A61占据57.3的份额，取得了较好的社会效益和经济效益。

第四节 公交企业

嘉兴市本级公交企业

嘉兴市公共交通公司

嘉兴市公共交通公司成立于1984年9月，是市唯一的服务型公益性城市公交企业，隶属于嘉兴市交通投资集团有限责任公司，是其属下的一个独立法人子公司，企业性质为国有独资企业。公司经批准的营运线路71条，其中：夜间营运线路14条，营运线路总长度835公里，年营运里程为3289万公里，年客运量7092万人次。拥有公交车716辆，其中：中巴118辆，大客598辆，空调车比例达83%。公司承接车身广告、站点冠名及市内包车业务及大型活动的包车业务，以安全、便捷、舒适、价廉的方式竭诚为广大乘客提供优质服务。公司地址：庄前路69号(公交南场)。

嘉兴市国鸿汽车运输有限公司

嘉兴市国鸿汽车运输有限公司，是嘉兴市国鸿(集团)有限公司的全资子公司，是嘉兴市道路客运骨干企业，也是目前嘉兴市唯一一家道路客运二级资质企业。主要从事道路班车客运、旅游包车客运、公交客运、出租客运、客运站经营、普通货运、货运站(场)经营、货物快运、航空货运代理、车辆维修、商贸等业务。国鸿公交分公司隶属于嘉兴市国鸿汽运有限公司，成立于2004年9月，经过两年多的发展和完善，在各级政府部门及行业管理部门的关心和社会各界人士的支持下，各项工作进展顺利，并于2006年3月通过了ISO9001－2000质量体系认证。在职员工126人，营运县级一级公交线路7条(K－151嘉善、K152－西塘、K－153嘉善南线、K－161平湖、K－162乍浦、K－171海盐、K－172西塘桥、K－181海宁)，车辆数40余辆。总公司地址：嘉兴市中山东路1037号。公司地址：嘉兴市经济开发区禾兴北路汽车北站内。

2009年，嘉兴市国鸿汽车运输有限公司公交分公司作为嘉兴市城乡公交一体化改革的主体，实现了国鸿公司由竞争性企业到公益性、竞争性并举的成功转型。公司下设办公室、财务科、业务稽查科、安全机务科，下辖四个车队。2010年公司有职工468人。公司坚持以“完善公交体制，强化内部管理，优化营运线路，提升服务质量，着力打造国鸿公交服务品牌”为工作目标。紧紧围绕嘉兴市委市政府提出的“城乡公交为民、惠民、利民”公益服务宗旨，不断抓紧抓好完善公交管理体制和运营机制等方面的工作，夯实公交发展基础，积极探索并走出一条充分体现公交公益性和兼顾企业经济性的市区城乡公交运营管理模式，积极推进构建嘉兴市“城乡一体化先行之地”和实现经济社会又好又快发展，以一流的服务质量不断满足顾客需求。

图5-6-1 国鸿公司公交车辆

浙江嘉兴长运运输有限公司

浙江嘉兴长运运输有限公司是由嘉兴市秀洲区汽车客货运输服务公司(成立于1994年),于2002年11月11日改制后依法设立。公司主要从事公路县内班车客运、县际班车客运、市际班车客运、省际班车客运、县、市、省际包车客运、客运公交、客运出租、货运场站经营。享有道路客运一类线路及货运场站经营资质。下设客运分公司、公交分公司、旅租分公司、驾培分公司。公司总部位于嘉兴市秀洲工业园区秀园路，占地面积 20 亩。

嘉兴市南湖旅行社有限公司

嘉兴市南湖旅行社有限公司(前身为嘉兴市航运总公司客运分公司)，主要经营旅游观光、公路客运、水上客运。下设二个分公司：旅游客运分公司，公交客运分公司。拥有大小客车 88 辆，客船 6 艘。其中拥有跨地、跨县客运班车 11 辆。拥有各类豪华大中型客车 10 辆。"南湖公交"开通一级公交 1 条K191，共 16 辆车；二级公交 6 条 101—106，共 39 辆车；三级公交 11 条 201—211，共 12 辆车。公司地址：越秀南路 968 号。

图 5-6-2　南湖旅行社公交车辆

嘉兴市各县(市)公交企业

(详见嘉兴公交概况一节)

第五节　客运出租企业

嘉兴市城郊两区客运出租企业

嘉兴市客运出租公司

嘉兴客运出租公司是国鸿集团下属企业，成立于 1996 年 4 月，共有出租汽车 162 辆。公司管理人员 7 人，下设 3 个车队，有出租车司机 300 余人。企业 2000 年年初被省交通厅授予"经营管理先进企业"；2001 年被交通部授予全国道路运输系统"文明单位"称号，被行业管理部门授予"管理先进企业"和"二星级企业"称号；2004 年被授予"安全A级道路运输企业"称号，2006 年初被省运管局授予"2005 年度十佳出租企业"。公司有市级"文明车"8 辆，省级"文明车"1 辆，取得二星级以上服务资格的司机 96 人，三星级 24 人，4 位驾驶员获嘉兴市"的士之星"称号，6 位驾驶员获嘉兴市"见义勇为司机"称号。"的姐班"获嘉兴市"巾帼文明示范岗"光荣称号。另有由 15 辆出租汽车组成的"爱心的士"车队和 12 辆出租汽车组成的"青年文明号(创建)"青年班。

公司地址：嘉兴市经济开发区禾兴北路汽车北站内。

嘉兴禾城出租汽车有限公司

嘉兴禾城出租汽车有限公司成立于 1997 年 4 月，主要经营范围：出租汽车客运服务。注册资本人民币 50 万元。为嘉兴最早成立的客运出租车私营企业之一，有行政办公面积 200 多平方米，员工 400 余人，其中具有经验丰富的出租车驾驶员 150 余人，拥有出租车 162 辆，也是市本级客运出租车最大企业之一。为提高出租车的运输能力，在市本级行业中较早地全部按装并使用了 GPS 卫星定位车载电话。

公司地址：嘉兴市禾兴北路时代广场。

嘉兴市保安服务公司

嘉兴市保安服务公司成立于 1989 年 5 月，注册地址为越秀南路 925 号(现办公地址在体育中心内)，注册资金为 1076.5 万元，职工人数为 590 人，出租车共 47 辆，业务范畴为客运出租车。

嘉兴市南海巴士出租汽车有限公司

嘉兴市南海巴士出租汽车有限公司位于嘉兴市经济开发区内，公司成立于 2004 年 9 月 8 日，拥有营运性出租汽车 120 辆，固定资产 1500 万元，员工人数 210 人，经营出租汽车客运服务业。公司经营管理体制设董事会、总经理室、业务部、车队、财务中心和车管部。2005 年 6 月 28 日成立了党支部，有党员 12 人，营运服务班组 10 个。

公司地址：嘉兴经济开发区二环西路 2518 号。

杭州外事旅游汽车公司嘉兴分公司

杭州外事旅游汽车公司嘉兴分公司原名是杭州旅游汽车公司嘉禾分公司，是一家股份制企业，成立于 1994 年 5 月。在 2001 年 12 月改名为杭州外事旅游汽车公司嘉兴分公司，属于国有企业分支机构。注册资本 150 万元，有管理人员 3 人，营运出租车辆 12 辆。

公司地址：嘉兴市城北路 58 号半岛公寓 9 幢 102 室。

嘉兴振禾出租汽车有限公司

公司成立于1997年5月，主要从事汽车客运、普通货运服务。注册资本30万元。拥有桑塔纳、捷达、现代等各类出租车共77辆，驾驶从业人员180名。在1999和2000年度分别被嘉兴市公路运输管理处和秀洲区公路运输管理所评为“经营管理先进企业”和“经营管理优胜单位”。在2001年度被嘉兴市公路运输管理处评为“二星”级管理先进单位。

公司地址：越秀南路453号。

嘉兴市鸿运汽车出租有限责任公司

嘉兴市鸿运汽车出租有限责任公司于2001年7月成立，注册资金20万元，主营业务为客运出租，管理人员6人，其中3人获得大专以上学历。公司有出租车15辆，其中3辆为“爱心车队”车辆；出租车司机40余人，其中“三星级”司机1人，“二星级”司机17人，“的士之星”2人，公司连续三年有3位司机被评为“年度的士之星”。公司安全生产状况评估等级为B级，企业星级为“一星级”。

公司地址坐落在城东路311号。

嘉兴市第二运输装卸公司

嘉兴市第二运输装卸公司成立于1958年，原名三轮车服务站。注册资本500万人民币，有职工168人，出租车辆33辆。

公司注册地址：嘉兴市城东路56号。

嘉兴市鑫达陆运汽车运输有限公司

嘉兴市鑫达陆运汽车运输有限公司是一个股份制私营有限责任公司，成立于1995年8月31日，公司拥有出租车28辆，经营出租汽车客运业务。

公司地址：越秀北路百花停车场。

嘉兴市旅游出租汽车有限公司

嘉兴市旅游出租汽车有限公司成立于1997年1月10日，注册资本100万元，有职工7人，公司有出租车55辆。

地址：嘉兴百墅花园二期2幢46—47营业用房。

浙江嘉兴长运运输有限公司旅租分公司

浙江嘉兴长运运输有限公司是由嘉兴市秀洲区汽车客货运输服务公司(成立于1994年)于2002年11月11日改制后依法设立。公司主要从事公路县内班车客运、县际班车客运、市际班车客运、省际班车客运、县、市、省际包车客运、客运公交、客运出租、货运场站经营。享有道路客运一类线路及货运场站经营资质。下设客运分公司、公交分公司、旅租分公司、驾培分公司。公司总部于2008年搬迁至中山西路老爷车大厦内（因原公司被征迁)，浙江嘉兴长运运输有限公司旅租分公司职工人数：22人，车辆数：198辆(其中出租车120辆，大客车、旅游车73辆)。

嘉兴市秀洲区汽车出租有限公司

嘉兴市秀洲区汽车出租有限公司成立于1996年5月，注册资本100万元，管理人员4人，驾驶从业人员155人，拥有出租车69辆。

公司地址：城东路299号3楼

各县市客运出租企业

（详见各县市客运出租业概况）

第六节 旅游客运企业

随着改革开放的进程，整个旅游事业的兴起，旅游客运也相应得到发展，到1990年嘉兴市区经营旅游客运业务的企业共有4家。

嘉兴市汽车运输公司

全民企业，早在1979年3月原湖州汽车分公司嘉兴中心站已开辟旅游业务，每年逢旅游季节，配置专车，举办几日游客运，旅游景点逐年有所增加和调整。有黄山、瑶琳、千岛湖、普陀、宜兴善卷洞和张公洞、上海锦江乐园、西郊公园和淀山湖、苏州、无锡、南京、杭州、莫干山、绍兴等处。

嘉兴市运输装卸公司旅游服务部

公司旅游服务部属集体企业，地址在市区环城西北路，1983年底起经营旅游业务，有定线班车和对社会团体出租车二种。1984年12月12日起开驶嘉兴至上海班车1辆，当日来回一次。1985年4月1日起嘉兴至上海班车增为2辆，亦当天来回。1987年元旦起又新开驶嘉兴至杭州班车1辆，当天来回。1990年年末有客车7辆，256座位，完成客运量13.35万人次，周转量1811.53万人公里。

嘉兴市公交公司出租营业处

公交公司出租营运处属全民企业，地址在市区公园路。1984年起经营旅游客运业务，亦有定线班车和对社会团体出租旅游包车二种。1985年起开驶嘉兴至上海、嘉兴至杭州班车各1辆，均当天往返1次。1990年增开嘉兴至苏州班车，当天来回1次。1990年年底共有大小客车10辆，年行驶里程33.4万公里，客运6.4万人次。

嘉航总公司嘉兴分公司旅游部

嘉兴分公司旅游部属全民企业，地址在市区环城东路。1987年7月起经营旅游包车和定线班车业务。同年9月开驶嘉兴至上海班车1辆，当天来回1次，1990年10月开驶嘉兴至杭州班车1辆，亦当天来回1次。1990年末有大客车3辆，150座位。1987年7—12月完成客运量7243人次，旅客周转量869160人公里，营收30385元，利润2371元(免税)；1988年完成客运量22610人次，旅客周转量5183965人公里，营收132362元，利润10257元(免税)；1989年完成客运量25082人次，旅客周转量313533人公里，营收166884元，利润22370元；1990年完成客运量21733人次，旅客周转量6561876人公里，营收209748元，利润34053元。

此外，嘉兴郊区新农乡乡办集体运输企业，1989年下半年起有太湖牌客车(每车37客位)2辆经营洛东至嘉兴、桃园至嘉兴客运。海盐县有两家旅游单位，一是武原理发商店于1948年8月经县商业局批准的海盐旅游服务社，集体企业，1990年有大客车1辆，44座位，13~16座旅行车4辆，5~6座小客车2辆；一是县人民政府招待所于1985年1月兴办的海盐旅游服务公司，集体企业，1990年有大客车1辆，44座位，13座旅行车1辆，小客车2辆，各5个座位，均经营旅游包车业务。

第七章 汽车维修与检测

第一节 汽车维护和修理

汽车维修业是由汽车维护和修理厂点组成的为汽车运输服务的相对独立的行业。

古代，嘉兴人民能够利用手工劳动，制造简陋的交通运输工具，但根本谈不上车辆制造工业。近代，从十九世纪中叶，即从清咸丰、同治年间，嘉兴开始出现小车(亦称羊角车、江北车)，本地人才开始用木材制作结构简单的这种手推独轮车，用于货物运输。民国初期，只能制造人力板车，修配黄包车和自行车。

民国23年(1934)平(湖)嘉(兴)公路全线通车，随着汽车运输业的兴起，才开始有汽车修理业务。民国期间处于修修补补的状况。至于汽车、摩托车、自行车等的车辆制造，解放前始终是个空白。

解放初，浙江省公路各公司所有汽车修理设备，大都只能担任车辆大修及保养，汽车零件均未能自制。1949年11月，浙江省交通公司嘉兴修理班，仅有工人16人，其中工匠3人，副匠3人，小工4人，司机6人，修车能力仅达到小修10辆、保养50辆的水平。1950年4月后，为加强杭甬线运输，省交通公司将嘉兴修理班移往宁波。20世纪50年代末，汽车修理发生新的转机，以后续有发展；撤地建市之后，出现了三个一起上(国营、集体、个体)和三个一起办(各地区、各部门、各行业)的局面，汽车修理行业呈现了网点布局。

自1956年，中国第一辆国产汽车在长春中国第一汽车制造厂下线后，嘉兴市逐步建成了一批具有一定规模，车、钳、铣、刨、镗、磨、铸、锻、镀等工种和设备齐全的修理工厂；嘉兴汽车工业始于1958年，80年代建立了海宁救护车厂、平湖客车厂、嘉兴秀水客车厂等车辆制造(装配)厂，车辆制造工业得到了一定的发展。

到1978年，嘉兴市车辆以中型卡车为主。车辆维修的技术含量低，整体维修能力有限，而且维修厂大多隶属并主要服务于汽车运输企业，汽车维修没有完全形成一个独立的社会行业。

1983年，全市汽修厂有10多家，1984年以来，交通部提出了“有路大家行车，有水大家行船”的方针，道路运输业迅速发展，社会汽车保有量急剧增加，车型增多，对车辆维修的需要和要求提出更高要求。在这种压力下，市局及运管处为适应社会需求，在加强行管理基础上，争取市科协的支持，在市汽车技术协会的广大科技人员的支持下，于1987年开始对市汽车维修行业各类专业人员、厂长等管理人员，举办培训班，为嘉兴市汽车维修企业奠定了基础。1990年年末，全市经营公路维修行业共304单位，其中大修20个、3保41个、2保37个.小修206个。从业人员3780人，其中大修1247人，3保1494人，2保756人，小修283入。保修车辆133088辆次，其中大修870辆次，3保3048辆次，2保3621辆次，小修125549辆次，营收2728万元。

1997年，经审验又有360家三类业户纳入管理范围。嘉兴市有一、二类维修企业145家(包括内修)、三类业户1294家(包括摩托车维修业户)。由于采取堵疏相结合的办法，无证修理明显减少，全年上路稽查汽车维修违章行为81次、计321人次；对无证修理，查处229起，罚款42572元，通过稽查，补办汽车维修技术合格证的三类业和摩托车修理业户共92家。

自1999年以来，嘉兴市汽车维修业发展迅速，整个行业从维修技术、企业管理、服务水平等方面上升到一个新的台阶。特别自2002年以来，一大批大中专毕业生加入到市汽车维修行业，他们有一定的文化基础，懂英语、通原理、会电脑、精电子技术、专仪器设备使用。他们的加入为汽修业注入了一股新鲜血液，使汽修行业的文化技术及管理水平上了一个新台阶。全市汽车维修行业内有汽车运用专业的大中专毕业生458人，其中本科以上学历76人。工程师以上职称28人，高工4人，教授级高工1人，助理工程师45人；技师162人，高、中级工921人，从一定程度上缓解了“技工慌”，基本满足了汽车维修行业对人才的需求。

同时，伴随着汽车工业的快速发展，维修行业在硬件方面发生了质的飞跃。一大批先进设备进入行业，行业内配备完善了维修、检测设备，如大梁校正仪、四轮定位仪、喷漆房、轮胎平衡机、专用检测仪等，从硬件上保障了维修质量。

在行业管理部门强化引导，各企业积极参与，引进先进的企业管理模式，提高行业的竞争力。经过4年的发展，一批积极先进的经营管理模式进入市汽车维修行业，涌现了大批3S、4S店，如：一汽大众、上海大众、广州本田、北京现代、上海通用、东风日产、东风本田、广州丰田、东风标志等等。这些企业集销售、零配件供应、维修保养、信息反馈于一体，形成专业化一条龙服务。这些大的汽车维修企业设备先进，在技术上、管理上得到汽车制造厂家的大力支持。

在维修技术和硬件设施提高的前提下，各个企业在服务水平上狠下工夫，全面提升行业形象。大多数企业不惜花费大量资金，建立宽敞、明亮、舒适的顾客接待厅、休息室，为车主提供宾馆式的休息环境和服务水平。

1999年，嘉兴市本级和秀洲区汽车维修行业协会先后成立，桐乡市24家维修厂家也自发成立自救中心，海宁市组建了维修企业自治管理小组，切实履行起汽修行业自律、维护行业权益等职责。协会等自治组织的成立及运作，使管理部门和广大经营户及经营户之间有了交流联系的纽带，市本级汽修有形市场——嘉兴车城快修中心经过近半年的积极筹建，进场作业的汽修业户在规范有序的市场环境中，提供了较高质量的维修服务。

2000年以前，嘉兴市汽车维修市场规模较小，共有一类企业12家，二类企业58家，三类业户329家。自2000年开始，随着经济发展步入快车道，推动了汽车销售市场的发展，也带动了汽车维修市场的发展。2000年，嘉兴市第一家拥有整车销售、维修、零部件销售和信息反馈于一体的品牌专业维修服务企业——嘉兴金悦达汽车销售服务有限公司的开业拉开了“4S”维修企业建设的序幕。

自2000年，嘉兴金悦达销售服务有限公司开业以来，经过9年的发展，是嘉兴目前拥有整车销售、维修、零部件销售和信息反馈于一体的品牌专业维修服务企业。基本形成了“品牌专业维修为主导，综合性维修企业为骨干，三类业户为补充”的维修市场格局，解决了当时市区“修车难”的局面。

截至2005年年底，嘉兴市共有汽车维修企业户数2150家。其中，一类维修企业37家，二类维修企业131家，专项维修业户数851家。2005年共完成维修作业量498822辆次。2005年，嘉兴市汽车维修市场产值约为1.5亿元，占整个机动车服务业市场的30%以上。汽车维修业向维修专业化、经营多样化、服务网络化和品牌化发展。由于汽车车型每年推陈出新，使得维修设备与维修技术更新较快；同时，随着轿车进入普通百姓家庭，汽车保有量不断增加，专业维修市场也开始出现，不少4S店也逐步推出快修服务以适应市场的需求变化。

表5-7-1　嘉兴市2002—2005年来汽车维修业结构情况表

年份	汽车维修业完成工作量(辆次)				
	整车大修	总成大修	二级维护	专项修理	合计
2002	3874	1999	80133	530169	616175
2003	3830	5243	61398	478565	549036
2004	1972	5170	85287	403162	495591
2005	1062	4796	68641	424323	498822

2006年，嘉兴市有一类维修企业42家、二类企业131家、三类大约951家，汽车维修行业存在整体结构不合理的现象，制约了行业的快速发展。为进一步净化市场，树立行业的良好社会形象，经调查研究，结合行业现状、车辆属性结构及车辆技术发展趋势，市运管处提出了“外连内引、发展快修(连锁)、整合三类、优化结构”的管理思路，充分发挥汽车维修行业管理部门的管理职能，引导并促进形成汽车快修连锁经营发展的良好宏观环境。

1984年至2009年的26年时间内，嘉兴市汽车每年按20%的速度递增，总数达到26.4万辆。与之相伴生，汽车维修迎来快速发展时期。汽车及配件的供应得到改善，旧件修理和以无限度延长汽车使用寿命为目的的维修做法已成为历史。汽车维修从观念上发生了变化。汽车与发达的交通紧密相连，一直以来，嘉兴具有独特的区位和交通优势，多条高速公路、G320国道、S07省道穿境而过，嘉兴市GDP产值一直位居全国同等城市的前列，这为嘉兴市汽车维修市场的形成创造了得天独厚的条件，推动了汽车维修市场的快速成长。到2009年，全市汽车维修行业共有一、二类维修企业186家，其中一类企业32家，二类维修企业154家，三类汽车维修业户912家，摩托车维修业户1232家，从业人员6320人，维修产值2.94亿元，形成了“一类企业为龙头、二类企业为基础、三类企业为补充、多种经营模式并存、经济成份多元化”的市场格局，基本满足了市场机动车维修行业的需求。

2010 年，维修管理主要做了几项工作：深入总结，编制可行性《嘉兴汽车维修行业发展规划》；多方参与，广泛调研，组织编撰《嘉兴市维修行业管理办法》；出台《嘉兴市汽车维修工时定额和收费标准》，解决行业收费积弊；以调研和行业工作经验为基础，推行新版维修竣工出厂合格证。

表 5-7-2 2010 年嘉兴市机动车维修统计表

辖区	合计（户）	一类机动车维修（户）	二类机动车维修（户）	三类机动车维修（户）	摩托车维修（户）	完成主要工作量合计（台）
合计	2784	61	202	1546	975	1441178
南湖	643	29	85	443	86	386744
秀州	206	2	10	102	92	160610
嘉善	368	2	22	153	191	121026
平湖	416	5	11	224	176	138855
海宁	317	5	14	160	138	225334
桐乡	349	11	24	224	90	331770
海盐	485	7	36	240	202	76839

第二节 汽车检测

汽车综合性能检测是指运用汽车不解体技术和检测设备，对车辆的动力性、经济性、安全性、可靠性及噪声和排放污染状况等多种性能进行检测和评价。

20 世纪 90 年代初，嘉兴汽车综合性能检测刚起动。1994 年 8 月，平湖市汽车综合性能检测站（简称“市检测站”）建成并对外试营业，开始对全市境内营运车辆技术状况及维修质量进行检测，同年 11 月正式对外营业。主要检测项目以车辆安全性能和环保性能为重点，包括废气排放、车速、轴重、制动、前照灯、侧滑、外观和底盘、喇叭声级等 12 个项目，采用半自动操作检测设备进行检测。

1996 年年底，嘉兴市已建立了海宁，平湖、嘉善、海盐四个汽车综合性能检测 B 级站。1997 年嘉兴的 A 级站，在土建的基础上进行设备安装、调试，并通过省、市两级技术监督部门的标定，之后又与物价、财政等部门协调，取得检测收费许可证，并获得省交通厅颁发的检测许可证。8 月份试运转，9 月初正式开始对营运车辆检测，达到预期目的。桐乡所筹建的汽车综合性能检测 B 级站克服各种困难年内已完成基本建设，为检测上马打下了基础。海宁、海盐、平湖等县（市）所继续抓好对汽车综合性能检测站的业务指导和行业监督，充分发挥现代化手段对维修车辆的监控作用，提高了行业管理水平。

1996 年 11 月，经桐计经计〔1996〕291 号《关于同意建造桐乡市汽车综合性能检测站的批复》，根据省交通厅〔1995〕732 号批复，同意建造桐乡市汽车综合性能检测站（B 级）。建设规模：土建设施 900 平方米（包括检测试房、调试修理房及办公用房），洗车台 100 平方米，试车道及停车场 3000 平方米，道路及绿化 900 平方米，计划投资 250 万元（含检测设备等），1998 年 6 月，根据桐交〔98〕75 号《关于桐乡市汽车综合性能检测站申请全民所有制企业的报告》，运管稽征所于 1996 年 11 月开始筹建，1997 年 12 月竣工验收，经市质检站验收被评为双优工程，综合性检测设备于 1998 年 3 月经省标准计量管理局一次性标定合格通过。1998 年 7 月，根据桐交〔98〕95 号《关于桐乡市汽车综合性能检测站（B 级）要求开业验收的请示》，完成主检测用房 640 平方米、辅助用房 292 平方米、办公用房 480 平方米，浇筑混凝土试车道 732 平方米、车道及停车工道 1775.1 平方米。检测设备已达到（B 级）站的各项技术和配套要求，日检测能力 100 台车次，同年开业投入营运。总投资 350 万元。

1998 年 7 月，平湖市检测站迁入新址后，添置了微电脑发动机综合性能检测仪、前照灯电脑检测仪等自动化检测设备，新建了全自动局域网检测系统，实现了车辆基本信息输入计算机后，主要检测项目采用全自动检测。新站运行后，按照浙江省公路运输管理局《关于进一步做好汽车技术等级评定工作的通知》要求，在已经开展运输车辆二级维护质量检测的基础上，开展了反映车辆综合性能的运输车辆二级维护质量检测11个项目和运输车辆技术等级评定检测16项目的检测。

1999年，市本级和秀洲区汽车维修行业协会先后成立，桐乡市24家维修厂家也自发成立自救中心，海宁市组建了维修企业自治管理小组，切实履行起汽修行业自律、维护行业权益等职责。协会等自治组织的成立及运作，使管理部门和广大经营户及经营户之间有了交流联系的纽带，市本级汽修有形市场——嘉兴车城快修中心经过近半年的积极筹建，进场作业的汽修业户在规范有序的市场环境中，提供了较高质量的维修服务。

2000年，严格执行"定期检测、强制维护、视情修理"的管理制度，全年检测二级维护车辆56445辆次，完成车辆技术等级评定14111辆，接受其他部门委托检测5672辆。上半年，全市对尾气检测设备不达标的15家企业落实了限期整改要求，企业在接到通知后，全部整改达标。海宁所规定合格率3次低于65%的汽修厂停止二保一个月，恢复前试营业半个月；平湖所、桐乡所实行一检合格率排名法，对排名最后的不达标单位给予处罚，海盐所对合格率低于65%的企业也严格按交通部[98]3号令实施处罚，该县1999年的一检合格率达到76.75%。至年底，全市的上线车辆一次检测合格率平均达到68.83%，比往年有了明显提高。全年查处未按期维护车辆3303辆次。秀洲区探索管理新路子，对三类维修业户实行划片组管理，成立汽修片组7个、摩修片组18个，先后在王店、新丰等5个中心城镇开展片组活动，学习文件，通报事故，加强了维修业户的自我监督和管理，取得了良好的效果。桐乡所1999年专门成立稽查四中队，负责汽修市场秩序的维护和查处，使市场管理的力度明显加强。1999年，嘉兴市汽车综合性能检测工作有了新的起色，在全市建成汽修检测网络的基础上，3月、6月两次召开检测站工作会议，对检测中的有关标准和统计口径进行了统一，并通过会议纪要的形式予以确定。同时，对各综检站的检测设备实行标定，并及时下发贯彻了省颁汽修检测分项收费标准。还组织有关人员检测设备不达标的15家企业落实了限期整改要求，企业在接到通知后，全部整改达标。同时，加强了证单管理，对竣工出厂合格证，结合企业生产规模实行定额发放，较好地从源头控制了倒卖行为。2000年全市维修管理的另一个新的起色是筹建了汽修有形市场，行业组织建设也有了长足发展。

2001年，依托汽车综合性能检测站，加强汽车维修质量管理。一年来，全市6个检测站狠抓内部管理，健全完善检测设备，各地继续实施检测一次合格率奖惩办法，全年全市共计检测车辆64482辆次，车辆检测工作质量更进一步。全市平均汽修检测一次合格率达到71.9%，其中海宁达到了83.9%；海盐所为了加强检测工作的监督管理，设立了驻检测站质量监督站，强化了检测工作监督，基本杜绝了假维护、假修理现象；市汽车综合性能检测站统一了汽车维修检测和上线检测合格率的标准，每月公布各维修企业上线检测一次合格率，本着严格把关的原则节停发出厂合格证5家，减发13家。以检测为依托，海宁与28家维修企业签定维修质量责任书，把检测工作的监督管理纳入目标考核，成效明显。

2001年，开展汽车综合性能检测站整顿，嘉兴市承担了全省64家汽车综合性能检测站从业人员岗位培训工作。

2002年10月，平湖市检测站开始实施国家标准GB18565－2001《营运车辆综合性能要求和检验方法》，开展了运输车辆二级维护质量检测12个项目和运输车辆技术等级评定检测17个项目的检测。

2003年8月，平湖市检测站进行B级站升A级站改造后，新增了汽车底盘测功机、转向角一前轮定位复合检测台、四轮定位检测仪、悬挂系统检测仪等专业检测设备，拥有了3条计算机网络化全自动检测线，采用了全国统一的营运车辆检测报告，开展了运输车辆二级维护质量检测12个项目和运输车辆技术等级评定检测22个项目的检测。由于检测设施和管理水平的不断更新和提高，使汽车检测质量得到了保证，为全市汽车维修业提高维修质量打下了基础，确保了汽车安全性能，减少了汽车行车事故。

2005年，继续规范大中型客车维修行为，严格维修质量检验、机动车维修合格证领用、维修车辆技术信息反馈、维修车辆档案等管理制度，进一步提高了客车维修质量和维护到位率，确保客车维修质量过关，为道路运输安全把好车辆技术关。积极创新管理手段，从严把车辆二级维护签证关入手，开发行业管理软件，又以宣贯新颁布的开业条件为契机，严格大中型客车维修企业的资格管理，大中型客车维修管理工作取得明显成效。同时浙江省在嘉兴市召开的大中型客车维修管理现场会形成了全省对大、中型客车维修管理的具体思路，对改善大、中型客车的车况、保障客运安全起到了积极的作用。2005年，开展汽车综合性能检测站整顿，嘉兴市汽车综合性能检测站中嘉兴、平湖、海盐、海宁均实行企业化经营，桐乡检测站改制为国有企业。全部通过省交通厅验收。

2006年，嘉兴市有一类维修企业42家、二类企业131家、三类大约951家，汽车维修行业存在整体结构不合理的现象，制约了行业的快速发展。为进一步净化市场，树立行业的良好社会形象，经调查研究，结合行业现状、车辆属性结构及车辆技术发展趋势，市运管处提出了“外连内引、发展快修(连锁)、整合三类、优化结构”的管理思路，充分发挥汽车维修行业管理部门的管理职能，引导并促进形成汽车快修连锁经营发展的良好宏观环境。

2007年，为加快全市维修行业技术进步，着重抓了两方面工作。一是组织职业技能培训，先后开展了各类培训、竞赛活动，邀请了国内知名专家就钣金、电器、机修等八大岗位进行了授课，参训人数达826人，合格率达93.56%。二是开展“维修服务规范月”活动，出台了《维修告知书》制度，解决承修方和托修方的信息不对称的问题。在快修方面，嘉善所率先引进并推广AC德科快修先进经验，努力发展连锁快修等自主品牌，逐步形成了有特色、有品牌的快修一条街，为行业发展探索出了新模式。

2008年，完成嘉兴汽车维修救援网络建设并于2009年10月28日正式启动。在全行业开展文化建设年活动，举办首届检测行业运动会。2008年全市汽车检测行业严把车辆检测关，全年完成登记评定检测2.9万辆次，维修竣工检测4.5万辆次，有力保障了运输安全。

表5-7-3 2010年汽车综合性能检测站统计表

辖区	检测站合计（个）	完成检测量合计（辆次）	其中维修竣工检测（辆次）	等级评定检测（辆次）	维修质量监督检测（辆次）	其它检测（辆次）
合计	6	98152	51959	42583	1326	2284
南湖	1	30778	14690	14667	587	834
秀州	0	0	0	0	0	0
嘉善	1	16961	9556	7008	146	251
平湖	1	15195	8173	6533	135	354
海盐	1	14340	8193	5655	125	370
海宁	1	14143	7776	5895	145	327
桐乡	1	6732	3571	2825	188	148

第六篇　外海航运

外海航运主要承担大运量、长距离的运输，是在干线运输中起主力作用的运输形式。在沿海，水运也常作为小型运输工具使用，担任补充及衔接大批量干线运输的任务。海运的主要优点是成本低，能进行低成本、大批量、远距离的运输。但是海运也有显而易见的缺点，主要是运输速度慢，受港口、水位、季节、气候影响较大，因而一年中中断运输的时间较长。外海航运有以下三种形式：

(1)沿海运输。是使用船舶通过大陆附近沿海航道运送客货的一种方式，一般使用中、小型船舶。

(2)近海运输。是使用船舶通过大陆邻近国家海上航道运送客货的一种运输形式，视航程可使用中型船舶，也可使用小型船舶。

(3)远洋运输。是使用船舶跨大洋的长途运输形式，主要依靠运量大的大型船舶。

第一章　海上运输

第一节　1949 年以前嘉兴海上运输

宋元时，海运出口主要为金银、铅锡、杂色帛；进口主要为香药、犀角、象齿、珊瑚、琥珀、铁力、玳瑁、玛瑙、水晶等物。据清光绪二年(1876 年)《海盐县志》载，宋元时期，澉浦、乍浦与朝鲜、大食(今阿拉伯)、古暹(泰国)、阇婆(今印尼爪哇岛)、占城(今越南中南部)、勃泥(今文莱)、麻逸(今菲律宾)、三佛齐(今印尼苏门答腊岛)诸国，“并通贸易”。其时，日本航线也已通航。清代，日本长崎港线居首位，每次航程约 15 天左右。其他有罗(泰国)、安南(越南)、吕宋(菲律宾)、爪哇、文郎、马神(今印尼)等线，太平天国期间，外商船舶不再作业，国外航线基本停驶。宋元时期国内沿海航线有福州、泉州、温州、宁波等航线。

清代，海运崛起。运输的货物由日本进口的主要是铜、海带、海参、鲍鱼、洋菜，据日本《唐船输出入品数量一览》所载，计 70 种。从乍浦运日货物，据《一览》所载有：糖、生丝、绸缎、棉布、药材、染料、油漆、纸张、书画、铅锌等 279 种。古代，我国产铜较少，而日本产铜多且优。明代已向日本采办，但无定额及固定地点。清康熙三十五年 (1696 年)，用国库银 20 万两，给商民采办红铜，铜局分官、民二种：官商是由政府先付给帑银(国库银两)，后去日本买铜，回来卖给政府铸钱局，收取“脚费”。民商则自备资本赴日本购铜卖给政府。二者分官局、民局，筹办具体事宜，民局下有民商“十二家”。每局各派船 3 艘，每年夏至后小暑前，6 艘船装载闽广糖货及丝和绸缎等丝织物。但清政府对丝和绸缎等丝织物的出口有严格的规定，“浙江东洋办铜船……每船岁带绸、缎三十三卷，每卷一百二十斤，其愿带丝斤者许配带二、三蚕糙丝，每丝一百二十斤，抵绸缎一卷，仍不得过一千二百斤”，《清会典》卷二十三《户部》。此外还带去山归来、大黄、黄岑、没药、乳香、锌、铅、乌金纸和漆等货物。“赤铜药物互通市”(《乍浦集咏抄》卷之三，杨懋功诗)。货船由乍浦出口至日本；九月中，从日本装载铜及各种海货回乍浦；小雪后大雪前再赴日本，明年四五月回乍浦。每船运铜，少者四五万斤，多者十万斤。清康熙五十四年(1715 年)，中日双方议定于日本长崎港进行铜贸易，乍浦港则为我国铜船赴日主要港口。据日本《唐船输出入品数量一览》载，乾隆六年至四十六年(1741—1781 年)，乍浦进口日本铜折合 667.75 万公斤(不含各种铜器)。

清代，粮食各省年景不一，常须以丰补歉。乍浦港成为转运粮食主要港口。“清康熙四十九年(1710 年)，闽省歉收，题准江浙漕粮十万石，浮海接济，由乍浦出口”。雍正四年(1726 年)、乾隆二年(1737 年)、七年、八年，都有大批粮食从乍浦出口，接济他省。“乾隆二十年，浙省岁饥，米价涌贵，准令闽广商贩运米石，陆续泛海抵乍，以便接济。时贩运最运者有逻米。”以后，每当乍地米价腾贵，商船就运米到乍浦销售，“一时米价赖以略平”，保证了民食供应。

秦汉时期，乍浦一带就产盐，故所埭县名海盐，东吴时设南场，唐置乍浦下场榷盐官，宋称芦沥场，额定年产盐14万石，元仍旧额，明代改为5.3万余石。清代，芦沥场年产盐约230余万斤，按官府规定，均销往外地。乍浦本地销海沙场盐。清乾隆元年(1736年)建仓库25间于盐廒街，贮藏由宁波等地运来的食盐，后由盐务主管机构苏松盐运分司调配，经内河转运各地。由此可见，当年乍浦港货物运输之繁忙。清代，书籍也是中日贸易内容之一，款项不大，意义深远。中国商船带去各种中国书籍文献，带回若干日本书籍，进行中日文化交流。据日本《唐船输出入品数量一览》载自乾隆五年至道光十年(1740—1830年)进口中国书籍742箱15129册，另有许多文房四宝。乾隆五十八年(日本宪政五年)十月二十日(1793年11月23日)，南京王开泰寅二号船由乍浦港开出，十一月初六(12月9日)抵长崎，带去图书67种，其中有《红楼梦》9部18套。嘉庆八年(日本享和三年，公元1803年)，亥七号船由乍浦抵日本，带去《红楼梦》2部4套。这是中国古典名著《红楼梦》传入日本的最早资料。日本著名史书《吾妻镜》又名《东鉴》共52卷，记述日本自1180年至1266年共86年的历史，颇为详尽，由中国商船带回。

清代海上航线，至广东有汕头、潮州线，至福建有福州、泉州、兴化线，至本省沿海有温州、黄岩(海门)、宁波、镇海、舟山等线。

民国时期，大都是沿海货物运输。渔船进口销售鱼货后，常运粮食及其他杂货返航。抗战胜利后，乍浦盐运重新兴旺，慈溪、余姚一带庵东盐大量进口，经常每天2000担，民国36年(1947年)最高时每天达2万担。勒鱼、马嗥鱼、黄鱼、带鱼、海蜇等水产品进口大增。每年立夏前后，海水鱼旺汛时，渔船进口日必一二百艘。民国时期海上航线有福州、兴化、平阳、温州、台州、石浦、绍兴、宁波、余姚、上虞等线。

第二节 1949年—1990年嘉兴海上运输

中华人民共和国成立后，乍浦的进口货物，主要有食盐、水产品、麻袋、油桶、草纸等。1953年9月，中盐公司和盐务局组织大批庵东盐运来乍浦，每天有一万担至二万担上岸、进仓、落河，运到嘉兴转铁路分运九省，成为有名的九月突击任务。1954年，21035吨食盐经乍浦转口，运往上海、江苏等地。至今食盐仍是乍浦转运的大宗货物。出口货物有粮食、食油、棉花、麻、毛竹、水泥、白石等。解放初期，老港区年吞吐量2万至3万吨，20世纪80年代，年均超过10万吨，其中多数为出口货物，粮食仍为乍浦出口大宗货源之一，特别是运往舟山地区，1989年出口粮食11895吨。解放以后海上航线，沿海主要为慈溪、上虞、舟山、温州线，但均不定期。

第三节 1991年—2010年嘉兴海上运输

1991年9月29日，经浙江省航运局批准，乍浦至沈家门(普陀山客运航线)，舟山第一海运公司“浙江805轮”满载旅客驶离乍浦港外海码头，乍浦至沈家门(普陀山)首次试航成功，随后，10月18日，乍浦港迎来了第一艘货轮，承担首航货物运输任务的浙海113号轮，于18日下午稳妥靠上外海码头，至此，乍浦港外海客货运输全部开通，已进入全面试营阶段。1992年乍浦港万吨级码头开港，开港前两年，货物数量少，从内河进出的货物比例占到了60%以上。

1993年年底，嘉兴市航运总公司与浙江省航运公司海门分公司联合购置了一艘载重吨为6147吨散货钢质船“浙海318”号轮，组建了嘉兴第一家海运公司——嘉兴海运有限公司，造就了第一支海员队伍。结束了嘉兴市有港无航的历史。“浙海318”号轮北到葫芦岛，南到蛇口港，主要装运煤炭。

1993年，经交通部批准，浙江省驻沪办事处航运营业部，组建了“浙江金帆船务有限公司”，购置了一艘载重吨为13800吨，船名为“振东轮”散货海轮，公司注册港：浙江嘉兴乍浦港。

“十一五”期间，随着国家改革开放的进一步深入，嘉兴经济稳步发展，嘉兴港的区位优势明显，嘉兴市的海上运输业也随之进入了快速发展期。截至2010年7月底，嘉兴市的海运企业已从2003年的1家，发展到了2010年的4家，共有沿海营运货船19艘、8.2277万载重吨，平均载重吨位达4330.37吨，其中载重吨在万吨级以上的海轮有4艘。全市的海运运力已占到整个嘉兴水运运力的8.68%，主要运输货种为煤炭等普通散杂货。2007年3月，嘉兴市第二家海运企业浙江神华海运有限公司成立，从此嘉兴市有了第一艘万吨轮“新嘉兴”号；2009年3月，嘉兴市第三家海运企业浙江汇鑫海运有限公司成立，该公司的汇鑫2号海轮，其载重吨达17417吨，是嘉兴市海运船舶中载货量最大的一艘船舶。嘉兴市的海运企业从无到有、从小到大不断发展壮大，海运业的发展已成为嘉兴市水运业发展的一个新亮点。

2010年年底，全市拥有沿海运输企业4家。完成沿海货运量174.94万吨，货物周转量26.1602亿吨公里。嘉兴港集装箱吞吐量达到35万标箱，货物吞吐量达到4432万吨。嘉兴海运业起步晚，近期虽然取得了一些进展，但从其巨大的区位优势和经济社会发展对海运业运输、服务能力的需求，尤其是与宁波、舟山、台州、温州等沿海城市海运业相比，总体上差距还较大，海运企业未能有机整合，经营主体规模偏小，效益、效率都有待提高。海运企业现有的船舶数量与运力远远不能满足嘉兴港口物流的快速发展需求，也不能适应嘉兴经济社会不断增长的需求。

图 6-1-1　陈山原油码头

第二章 海运企业

第一节 乍浦港

1991年之前的乍浦港

乍浦港是杭嘉湖地区的海河中转港。其历史可追溯到南宋时期。当时建都临安的南宋王朝急需发展对外贸易，于宋理宗淳祐六年(1246年)下令乍浦开港。创建初发展较之澉浦缓慢，元代前渐渐有所发展。至元代后期，乍浦港有了较大发展，置乍浦务和市舶司。史载：“元至正间(1341—1368年)番舶皆萃于此”。明永乐至嘉靖年间，倭寇屡犯乍浦，港务一落千丈。此后，乍浦主要为军港，商务很少。清康熙二十三年(1684年)海禁开放，乍浦港迅速复兴，至乾隆嘉庆之世而鼎盛，商贾云集，人烟辐揍，大大超过宋元时期，成为中国对日贸易主要港口。后由于鸦片战争英军一度侵占乍浦、同治年间太平军和清军的战斗及受上海崛起等影响，乍浦港又复衰落。民国6—8年(1917—1919年)，伟大的民主革命先驱者孙中山先生在手撰《建国方略》一书中提出了在乍浦建“东方大港”的宏伟设想，后因受政治、经济因素等限制，建港宏图未能实现。解放后，有关部门对乍浦港进行过多次实地考察，为扩建工程打下基础。

自然条件(气象资料：1954—1980年)

1.气温：多年平均气温15.7℃，极端最高38.1℃(1957年7月24日)，极端最低−10.6℃(1977年1月31日)。7月气温最高，平均27.9℃；1月气温最低，平均3.5℃。

2. 风：多年平均风速3.4米/秒，最大风速32.2米/秒(1969年7月15日)。冬季盛行西北风，频率15%左右；3月底风向逐渐由西北易东南，夏季多为东南风，频率20%左右。夏、秋易受台风侵袭，全年≥8级的大风日数13.9天。

3.降水：多年平均降水量1157.5毫米，一日最大降水量276.4毫米(1979年8月22日)。年均降水日数135.5天，其中降水量≥100毫米的日数37天，最长连续降水日数14天。年均降雪6.2天，最大积雪深度15厘米。

4.雾：多年平均雾日31天，最多55天，最少8天。最长持续20小时44分(1979年1月28日)。

5.水文：内河平均水位2.64米，历年最高水位4.70米(1969年9月6日)，最低水位1.90米(1974年8月20日)；设计最低通航水位2.30米。外海(1)潮汐：历年最高潮位6.75米(1974年8月2日)，最低潮位−2.28米，平均高潮位4.20米，平均低潮位−0.28米，平均潮位2.13米。平均潮差4.38米，最小潮差0.95米(1952年)，最大潮差7.47米(1956年)。平均涨潮历时5小时31分，平均落潮历时6小时54分。(2)潮流：该港外海水域潮流较强，大潮涨潮流速一般为3节左右，呈往复流。(3)波浪：常波向及强波向均为东南与南南东向，日测最大波高6.00米(1960年8月2日)，当时风速16米/秒，风向东南。

港区腹地为杭嘉湖地区及苏南、皖南部分地区。

港口所在地乍浦镇，面积2.4平方公里，人口7105人。有省、县企业10余家，主要产业有注塑、轧钢、服装、拆船业等。该港主要承担杭嘉湖地区与本省沿海地区的物资交流。出口以钢铁、粮、麻、油、毛竹为主，进口有盐、水产等。

新中国建立后，地方人民政府改造了海塘外海码头，新建了内河码头。1975年上海石化总厂在陈山建造沿海原油码头1座。

1951年成立乍浦港航管站，为港口管理机构，1957年划归平湖航管所。

乍浦港现分内河、外海两个作业区。交通部门共有泊位16个，仓库12座计2570平方米。还有堆场1处，2273平方米。吊机15台，最大起重能力5吨。外海均为短突堤码头，停靠50～150吨机帆船。船舶需候潮靠离，搁滩作业，陆域是利用清代所建的海塘。内河港口位乍(浦)平(湖)嘉(兴)航道的端头，可靠泊40吨以下船舶，现有泊位9个。河、海两港区相距约200米，河海中转物资用人力车转运。主要装卸工艺为：(外海)船←→吊机←→人力车←→吊机←→(内河)船。装卸搬运主要由乍浦装卸公司承担，有职工131人。

1985年，全港吞吐量221.03万吨，其中进口206.70万吨(包括陈山码头原油201.8万吨)，出口14.33万吨。上述吞吐量中，交通部门的吞吐量为16.62万吨，实际上此系海河中转量。

港口开发根据其地理位置和建港条件，乍浦港具有广阔的发展前景。

1984年，嘉兴市人民政府组织人员对乍浦港建设作了可行性研究，1985年年底和1986年年初，嘉兴市人民政府将"关于扩建乍浦港计划任务书"以嘉政(1985)143号和浙江省交通厅浙交(1986)003号文件，上报浙江省计划经济委员会。

1986年1月13日，浙江省计划经济委员会下达浙计经建(1986)39号文《关于扩建乍浦港计划任务书的复文》：同意扩建万吨级、千吨级的深水杂货泊位码头各一个，设计年吞吐能力45.4万吨；内河建百吨级泊位12个，设计年吞吐能力51.5万吨；同时建造一批配套、辅助设施。这就是被列为嘉兴市交通建设重点工程的乍浦港第一期工程。第一期工程由交通部、省、市三级投资，总额7350万元。其中交通部2500万元、嘉兴市1470万元，其余由省承担。

乍浦港一期工程主要建设项目如下：

(一)外海码头平台：采用T型布局，距海堤1134米，平台平面尺寸为232米×29米，和栈桥轴线交角为75度。两侧加两个系缆墩，墩的底面尺寸为7×7米，墩与平台间由30米长钢引桥相接。码头平台采用高桩梁板式结构。

(二)栈桥：全长1134米，宽12.6米，和围堤相接。波浪破碎段和浅水区采用1.2米直径的钻孔灌注桩，深水段用0.6米×0.6米×42米钢筋混凝土方桩。栈桥上部结构为钢筋混凝土空心大板。桥跨15米，中间设12个制动墩。

(三)内河码头：主要布置在港池东侧及南侧，东侧全长180米，南侧全长178米。共建内河100吨级泊位12个，单个泊位长29米，泊位装卸设备按需要配备。

(四)海堤：拦海大堤长1271米，围地面积597亩，堤底标准断面55.55米，顶宽6米，设计潮位为6.64米，堤顶高程吴淞8.5米，上设直立式胸墙，墙高1米，顶部高吴淞9.5米，堤外侧为150级混凝土护面，内侧为土坡。

(五)内河港池及新开引航道：港池水域面积约10.62万平方米，水深为吴淞-0.3米，其北侧开挖引航道。引航道长180米，按通航300吨级船设计，底宽45米，船队由此进出港，港池及引航道共挖土36.42万立方米。

(六)闸桥：位于新开引航道和杭沪公路交接处，桥面通汽车，车行道宽9米，两侧各加1.5米人行道，桥下二孔，各宽12米，梁底标高为吴淞9.35米，闸桥设计最低通航水位2.1米，最高通航水位3.85米，闸门底板底高高程-0.3米。在桥台、墩两侧各设一座叠梁式闸门，在强台风期关闭。闸桥采用墩台下桩基的分离式结构。

(七)陆域填土及堆场：陆域共需填土45.38万立方米，其中土方31.51万立方米，塘渣13.87万立方米，堆场位于港区南侧，共两处，各长102米、宽30米，场面为沥青表面处理。

(八)道路：分四种，港区进口至港池主干线，宽20米；港区南北向主干线，宽12米；围堤后侧主线宽10米；其他支线，宽9米。道路总长2194米。先采用柔性路面，等沉降基本稳定后，改建为刚性路面。

(九)改善航道：新挖航道北端至长丰桥，按国家6级航道标准改建，底宽15米，水底标高吴淞-0.3米，可通航100吨级船舶。改善航道1.7公里。

(十)仓库：位于港区东南侧，二幢，建筑面积共5040平方米，地面采用50×50×12的混凝土预制块平铺。

(十一)装卸设备及车辆：配置16吨电动轮胎吊2台；8吨固定电动吊3台；8吨自卸汽车7辆；叉车4辆；70马力牵引车4辆；90马力牵引车1辆；3吨平板车36辆。

此外，还有供水排水工程、供电工程、通信设施、污水处理、职工宿舍及其他生活用房等配套项目。

1986年4月29日，嘉兴市人民政府发文，决定建立乍浦港工程指挥部，直属市政府领导。任命陈先林为指挥，房爱民、马云生为副指挥，俞云芳为顾问，指挥部设于乍浦镇南嘉兴军分区教导队院内。1987年3月，指挥部领导人员调整，任命宋补根为指挥，孙皎兴为副指挥，1988年1月，王广生、施振泉任副指挥，陆罗英任副总工程师。1988年5月，指挥部迁至乍浦城内庆元路新村，1990年8月，又迁至本港。

1989年6月25日，根据浙政发(1989)2号文件精神，嘉兴市人民政府决定建立乍浦港务局筹建领导小组。乍浦港工程指挥部成员同时为港务局筹建领导小组成员，指挥、副指挥兼任领导小组组长、副组长。乍浦港工程指挥部和港务局(筹)，实行两块牌子一套工作班子，业务归口市交通局。增补李宗尧为乍浦港务局(筹)领导小组和乍浦港工程指挥部成员。1990年7月3日，市委(90)53号文任命卞锁宝为乍浦港工程指挥部党委书记，倪慈云为副书记、曹元峰为党委委员，免去宋补根党委书记职务。1990年7月16日，市长周洪昌和部、委、局、办领导到乍浦港，宣布市委、市政府任命倪慈云任指挥，曹元峰任副指挥，徐士元兼任副指挥(党委委员)。

1990年年末，乍浦港务局(筹)、乍浦港工程指挥部共有职工63人。设筹建办公室、行政保卫组、商务调度组、工程规划组、机科技术组、计划财务组。统一领导一期工程的实施和开港前的准备工作。

乍浦港一期工程建设项目，由浙江省交通设计院担任工程总设计。乍浦港第一期工程建设于1986年12月12日在沪杭、乍嘉公路交汇处的龙王堂举行开工典礼。围堤工程、栈桥浅水段及已节点、破碎带段栈桥、深水段栈桥及外海码头平台、内河码头及引航道工程、沪杭公路闸桥分别由省钱塘江海堤工程处、省海港工程处、交通部第三航务工程局第二工程公司、浙江省泰顺县地建公司等施工单位承担建设任务。

工程开工以来，受到了各级领导和有关方面人士的关心和大力支持，在广大建设者的共同努力下，工程进度逐年加快。一期工程已累计完成投资额 5385.04 万元，占总投资的 73.27%，累计财务数 6351.65 万元，占总投资的 86.42%。至 1990 年年底，内河港池 1990 年 10 月 25 日竣工。沪杭公路闸桥已正式通车。围堤工程、栈桥深水段工程也已完成，栈桥浅水段和波浪破碎带段已交工验收。万吨级外海码头建设加快（于 1991 年 6 月 27 日竣工）。港口建设的其他配套工程如乍浦地表水厂、老码头改造、职工宿舍等均已完成投入使用。后续的仓库、堆场、道路、航道改造等项目按总体网络计划在逐步实施。

注：(一) 1991 年 8 月 30 日浙江省重点建设领导小组发文，决定对乍浦港一期工程增加投资 770 万元，总投资为 8120 万元。其中国家交通投资公司已同意追补 300 万元，其余 470 万元由省市各负担一半。

(二) 1991 年 9 月 29 日，乍浦—沈家门—普陀客运航线由舟山第一海运公司“805”客轮进行了试运行。至此，实现了乍浦港从工程建设走向开港试营运。

(三)1991 年 10 月 20 日，乍浦港首批河海中转物资由浙海 113 轮启运。这次首批中转物资是由嘉兴各县（市）区调往温州的粮食，总量 1920 吨。这批物资的启运标志着乍浦港货运试营运的开始，初步显示了“货畅其流”的港口功能。

客货运输的全面开通，标志着乍浦港进入全面试营运阶段。解放后浙北无出海口岸的历史从此宣告结束。

内贸进出港货物

1992 年乍浦港开港，开港前两年，货物数量少，从内河进出的货物比例占到了 60%以上。货物种类比较简单，主要以建筑材料、木材、粮食为主。进口货物中建筑材料和粮食主要流向浙江的嘉兴、湖州、杭州等地。建筑材料经内河码头接卸后，大部分流入当地的建筑市场，少量通过外海运往浙江的温州等地。木材主要来自汕头、厦门港，经内河港池运往杭州、嘉兴、湖州、苏州等地。

1994 年乍浦港国内进出港货物的流向发生变化，从沿海航线进出的货物增加，占到了 68.51%以上，内河航线则下降到 31.49%。进出港货物以石油、粮食和木材为主。矿建材料由首位退居为第五位。

1995 年，货主单位嘉兴发电厂专用煤炭码头建成投产，中国石化上海石油化工股份有限公司陈山码头的吞吐量计入乍浦港，乍浦港货物进出口量激增，石油和煤炭跃居为第一和第二大货种，这两大类货物占乍浦港货物吞吐量的 94.87%，其中石油占 87.13%，煤炭占 7.74%。石油主要来自北方的大连港、秦皇岛、青岛港和宁波、舟山、上海等港口。煤炭除少量来自南方外，其余均来自北方的天津、秦皇岛、京唐、锦州等港口。除煤炭和石油外，数量较大的货物还有农产品、粮食、木材和建筑材料。出口货物则主要以石油、农产品为主，在流向上，南方沿海航线和杭嘉湖内河航线占货物出口的 95%以上。

1996—2000 年，石油和煤炭继续位居乍浦港国内进出港货物的第一和第二大货种，从国内港口运入乍浦港的货物，85%以上为货主单位上海石油化工股份有限公司的原油和嘉兴发电厂的电煤。输出的货物主要有石油、煤炭、木材。

图 6-2-1 乍浦港一期码头

2001—2005 年，是嘉兴港货种变化最大的一个时期，2001—2003 年，石油、煤炭继续位居国内进出口货种第一、二位。2004 年 6 月杭州湾海底原油管道开通，12 月份嘉兴电厂二期码头建成投产，同时上海世博会申办成功后，黄浦江沿岸散货码头整治，煤炭向上海周边港口分流，嘉兴港石油锐减，煤炭猛增。2005 年，煤炭跃居为第一大货种，石油退居为第二位。在货物流向上，进港煤炭仍然以北方的天津、秦皇岛、黄骅京唐等港口为主，南方港口和从国外进港数量有所增加，从国外进港的煤炭主要来自朝鲜和越南。出港煤炭 108.16 万吨，主要通过内河航线流向嘉兴，少量流向杭州、绍兴。

2006—2010 年，煤炭持续位居国内进出港货物的第一位。而石油从 2008 年起止跌回升。在输入嘉兴港的货物中，供应上海石化的石油和嘉兴发电厂的统配电煤的比例开始逐年下降。社会用煤的数量不断增加，到 2007 年，国内进出港货物中，货主用货物的比例由 2007 年前的 50%以上，下降到 44.1%。

外贸进出港货物

嘉兴港接卸外贸货物始于1993年，当年接卸从香港进口的轻工产品387吨。

1993—1995年，外贸进港货物主要有钢材、木材、化工产品和废旧塑料，主要来自日本、印度尼西亚等国家和中国香港、台湾地区。2005年突破万吨，达到4.36万吨。出港货物主要有化工和农牧产品，主要出口到日本和中国香港。

1996年，经国务院批准，乍浦港正式对外国籍船舶开放，外贸进港货物数量迅速增加，达到了10.5万吨。外贸进口货物仍以钢材、木材、化工、农产品为主。有日本、马来西亚、韩国、印度尼西亚、菲律宾、新加坡、中国台湾、俄罗斯、泰国、乌克兰、捷克斯洛伐克、加拿大等14个国家和地区的港口与乍浦港有贸易业务往来。

1998年和1999年，壳牌沥青等外资企业开始相继在乍浦港区内落户，腹地市场对钢材、木材的需求增加，乍浦港外贸进口量迅速增加到30万吨以上，外贸进港货物中增长最明显的是石油、钢铁、木材、化工和农牧产品。

2000年，中国石化上海石油化工股份有限公司陈山码头正式归嘉兴港管理，外贸货物进口数量猛增，首次突破100万吨，达到了126.9万吨，进口货物中以石油84.7万吨、化工原料14.86万吨、木材12.33万吨、农牧产品9.42万吨、钢铁5.22万吨为大宗。

2001—2005年，腹地经济发展加快，对原油、煤炭需求增长，嘉兴港进港的外贸货物增长迅速。2005年，外贸进港量达到了232.59万吨。外贸进港数量最大的仍然是石油，达到了103.91万吨，为全部进港量的44.7%。增长最快的是煤炭，2005年进港18.41万吨，比2002年增长186倍。另外，还新增了金属矿石、盐、适箱货种。

2002年，嘉兴港集装箱业务起步，外贸货物出港得到发展。2003年外贸出港货物1.1万吨，是2000年的6.11倍，货种主要是矿建材料0.22万吨，适箱货物0.89万吨。2005年外贸出港货物达到4.12万吨，其中适箱货物为3.84万吨。

2006年起，嘉兴港外贸进港货物，增长最快的是煤炭、化工产品和适箱货物，出口货物主要为适箱货物。

集装箱业务的发展

2002年7月22日，载有110TEU、始发港为广州黄埔的“绪扬4号”内贸集装箱船舶成功靠泊嘉兴港，开启了嘉兴港乍浦—广州的内贸集装箱业务；同年8月17日，嘉兴港与宁波港合作，开辟了乍浦—宁波集装箱内支线，当天载有11TEU、从宁波始发的“裕昌1号”轮成为嘉兴港首条外贸集装箱船舶；2003年9月19日载有19TEU重箱的“凯发”轮从嘉兴港的乍浦码头出发驶往上海，至此嘉兴港的第二条集装箱内支线乍浦—上海线成功开辟。

嘉兴港的集装箱业务发展历程经历了徘徊不前的起步期，前5年集装箱年吞吐量一直在几万箱徘徊，直到2008年嘉兴港、宁波港两港成功合作后才突破发展瓶颈，实现了突飞猛进的发展。

表6-2-1　2002—2010年嘉兴港集装箱吞吐量情况表

单位：TEU

项目＼年度	2002	2003	2004	2005	2006	2007	2008	2009	2010
吞吐量	801	8525	16604	14375	45495	37174	100678	202382	350193
其中外贸箱	340	1736	9688	7773	27604	21104	34678	84881	140430

货物吞吐量

1992年，乍浦港开港，当年完成吞吐量22.71万吨。随着港口建设速度的加快，码头、泊位的增加，使嘉兴港的综合通过能力大幅度增加。2010年，嘉兴港的货物吞吐量为4431.72万吨，其中外贸447.61万吨。完成集装箱吞吐量350193标箱。

表 6-2-2 1992—2010 年嘉兴港货物吞吐量情况表

单位：万吨

年份	嘉兴港货物吞吐量	进港			出港		
		合计	外贸	内贸	合计	外贸	内贸
1992	22.71	16.38		16.38	6.33		6.33
1993	25.83	18.94	0.04	18.9	6.89		6.89
1994	40.78	24.73	0.84	23.89	16.05	0.09	15.96
1995	553.82	541.34	4.36	536.98	12.48	0.07	12.41
1996	682.58	662.09	10.5	651.59	20.49		20.49
1997	720.89	679.73	10.65	669.08	41.16	0.08	41.08
1998	740.25	712.78	32.89	679.89	27.47	0.18	27.29
1999	723.34	692.55	38.83	653.72	30.79	0.14	30.65
2000	905.69	883.38	126.91	756.47	22.31	0.18	22.13
2001	1019.05	971.72	107.24	864.48	47.33		47.33
2002	1130.35	1064.57	167.32	897.25	65.78	0.42	65.36
2003	1327.97	1244.96	198.94	1046.02	83.01	1.1	81.91
2004	1349.11	1236.48	198.87	1037.61	112.63	5.29	107.34
2005	1704.03	1490.45	232.59	1257.86	213.58	4.12	209.46
2006	2248.12	1889.91	256.37	1633.54	358.21	9.74	348.47
2007	2417.58	2005.76	274.74	1731.02	411.82	10.54	401.28
2008	2834.14	2337.3	241.34	2095.96	496.84	17.27	479.57
2009	3484.74	2795.12	317.32	2477.8	689.62	34.13	655.49
2010	4431.72	3573	367.95	3205.05	858.72	79.66	779.06

客运

1991 年 9 月 11 日成立乍浦港客运站，9 月 29 日首条客运航线“乍浦—沈家门”试运行，“浙江 805 轮”担当了此次首航任务。此后通过不断开拓发展，先后开通了“乍浦—宁波小港”、“乍浦—普陀山”、“乍浦—慈溪”等四条客运航线，在客运业务高峰的 1996 年全年客运吞吐量达到 259693 人次。由于公路发展对客运的分流竞争及码头货运业务发展产生拥挤等原因，嘉兴港客运经历了 1997 年的辉煌之后逐渐减少并退出历史舞台，1999 年 8 月嘉兴港客运业务正式歇业。

客运业务虽然歇业了，但嘉兴港客运在嘉兴港发展史上作用是不可磨灭的，它使嘉兴港一期码头渡过了开港前几年业务不饱满的经营困难期，不但增加了企业营收，还稳定了企业员工的人心。

表 6-2-3 1996—1999 年客运吞吐量表

年份	客运量(万人次)
1996	25.97
1997	13.9
1998	2.16
1999	0.85

口岸

1993 年 3 月，嘉兴市编制委员会关于建立嘉兴市人民政府口岸办公室的报告批复，同意建立嘉兴市人民政府口岸办公室。挂靠市计委，纳入计委编制。后来市计委改名为嘉兴市发展和改革委员会。2011 年上半年，嘉兴市人民政府口岸办公室划入嘉兴市人民政府办公室。2011 年 11 月，嘉兴市人民政府口岸办公室与嘉兴市委滨海新区开发建设领导小组办公室、嘉兴市港务管理局合署办公。

嘉兴市人民政府口岸办公室的主要职责是贯彻执行国家、省有关口岸工作的方针政策和规定，研究制订并组织实施全市口岸管理的实施办法和政策措施；负责编制全市开放口岸发展规划；协调督促口岸客、货运输管理工作，配合推进口岸信息化建设；负责口岸工作、关闭的申报工作；负责口岸查验单位设置、建设的规划、报批工作；负责口岸综合管理，指导口岸建设；组织协调口岸工作中的有关重大事项、推进进出口大通关建设；组织开展口岸共建工作，推进文明和谐口岸建设。

1996 年，国务院关于同意浙江乍浦港对外国籍船舶开放的报告批复，在乍浦港口岸设立边检、卫检、动植检、港监等检查检验机构。

随着机构改革的深入，上述口岸查验单位机构发生变化。2010 年，嘉兴市口岸查验单位为四家：嘉兴海关、嘉兴出入境检查检疫局、嘉兴边防检查站、嘉兴海事局，为正处级单位。其中嘉兴海关、嘉兴出入境检查检疫局分别在乍浦设有乍浦办事处，海事局在乍浦设有乍浦海事处(筹)。

1993 年 3 月，浙江省人民政府发文同意乍浦港作为二类口岸对外开放，办理国轮外贸运输业务。1996 年 1 月，国务院关于同意乍浦港一类开放口岸批复。2001 年 3 月 28 日，乍浦港一类口岸对外开放顺利通过国家验收，并于 4 月 22 日由交通部正式对外公布，标志着乍浦港的开放进程进入了一个新的历史阶段。2002 年 6 月，乍浦港改称嘉兴港。

2010 年嘉兴港对外开放的海域、陆域、锚地范围：

开放范围：北纬 30º35′、东经 121º01′，北纬 30º38′、东经 121º08′，北纬 30º34′18″、东经 121º01′，北纬 30º34′18″、东经 121º08′四点连线的水域部分。

联检、引航锚地：北纬 30º34′18″、东经 121º05′，北纬 30º34′18″、东经 121º05′32″，北纬 30º33′36″、东经 121º05′32″，北纬 30º33′36″、东经 121º05′四点连线的水域部分。

截至 2010 年，嘉兴港开放码头(泊位)有 6 个。

表 6-2-4　嘉兴港开放码头(泊位)情况表

码头名称	泊位数	吨级(万吨)	码头性质	码头功能	开放时间
上海石油化工股份有限公司 7、8 号泊位	2	2.5	专用码头	原油	1989
上海石油化工股份有限公司 10 号泊位	1	5	专用码头	原油/液化气	1999
浙江世航乍浦港口有限公司 1、2 号泊位	2	1/0.1	公用码头	散杂货	1993
浙江五洲乍浦港口有限公司 1、2 号泊位	2	1.5	公用码头	多用途/散杂货	2003
浙江五洲乍浦港口有限公司 4、5 号泊位	2	1.5	公用码头	多用途	2009
泰地石化集团有限公司嘉兴分公司	1	2	公用码头	化工品	2007

注：临时开放码头未列入

2002 年起，乍浦港开启了集装箱业务。2010 年，嘉兴港的货物吞吐量为 4431.72 万吨，其中外贸 447.61 万吨。完成集装箱吞吐量 350193 标箱。

表 6-2-5　1993—2010 年嘉兴港外贸货物吞吐量

单位：万吨

年份	1993	1994	1995	1996	1997	1998
吞吐量	0.04	0.93	4.43	10.5	10.73	33.07
年份	1999	2000	2001	2002	2003	2004
吞吐量	38.97	127.09	107.24	167.74	200.04	204.16
年份	2005	2006	2007	2008	2009	2010
吞吐量	236.71	266.11	285.28	258.61	351.45	447.61

第二节 嘉兴海运有限公司

1993年年初，嘉兴航运总公司按照嘉兴市委，市政府及嘉兴市交通局的要求，开始了海运开发工作。1993年，嘉兴航运总公司申报立项，筹措资金，寻找合作伙伴，与浙江省海门海运公司商定共同组建“嘉兴海运有限公司”，并在1993年年底以760万元人民币购买了一艘载重量为6147吨的英国二手货轮，船名定为“浙海318”轮。

1994年，嘉兴航运总公司按海运公司董事会第一次会议要求组建了公司管理机构。1994年3月22日在办齐各项开业手续以后，嘉兴海运有限公司正式起步运行。浙海318轮的投入营运，实现了嘉兴海运“零”的突破。

1994年3月下旬开航至年底，完成19个航次运输，运量9.78万吨，周转量1.6亿吨公里。分别为年度计划的97.8%和107%。1995年完成22个航次，运量11.56万吨，周转量1.9亿吨公里。分别为年度计划的96.33%和99.79%。1995年，公司管理重心由海门顺利回迁嘉兴。1996年1至7月完成13个航次，运量7.3万吨，周转量1.1亿吨公里。企业运量逐年上升，管理费用持续下降，各项工作运转正常，并保证了生产安全，未发生重大海损和人员伤亡事故。两年多时间内，浙海318轮北起丹东，大连，秦皇岛，南到深圳，靠泊过大小20多个港口，航线遍及中国东部沿海及长江下游部分地区。嘉兴航运总公司还培养了嘉兴自己的海员队伍，拥有二副、二管轮以下各类船员24名。嘉兴航运总公司海运开发的第一步工作目标“打出牌子，起步运行”已圆满实现。

但是，在浙海318轮投入营运的同时，全国海运市场迅速滑坡，使嘉兴海运有限公司从一诞生起就面临恶劣的外部环境。由于一方面运价持续大幅度下跌，船舶千单位营收由1994年的31.39元下降到1995年的27.20元，1996年更跌到24.98元，另一方面船舶燃料费，修理费，船员工资及各种港口费用的增长则使船舶千单位成本由1994年的29.09元上升为1995年的32.75元及1996年的33.36元，企业因此产生了严重亏损。1994年公司计划营收800万元，利润120万元，尽管生产任务完成了，但实绩营收仅为502万元，发生亏损16.11万元；1995年计划营收650万元，亏损50万元，而实绩营收515万元，亏损166.67万元；1996年1至7月账面亏损118.48万元。两年多中累计亏损301.21万元。

公司董事会从一开始就把工作的基点明白无误地放在力争进入嘉兴发电厂的煤炭运输上，因为只有承运电煤才有稳固收益，才能站稳脚跟，寻求进一步发展。但是两年多中尽管公司在市交通局支持下做了不少工作以寻求省主管部门和市政府的支持和干预，但是这方面始终没有取得进展。

电煤运输上不去，发展无望，其他货物运输又受市场不景气的影响亏损严重，在请示各自的上级主管单位以后，1996年9月12日，嘉兴海运有限公司董事会第三次会议决定：公司解散。

第三节 浙江金帆船务有限公司

1993年，经交通部批准，浙江省驻沪办事处航运营业部，组建了“浙江金帆船务有限公司”，购置了一艘载重吨为13800吨，船名为“振东轮”散货海轮，公司注册港：浙江嘉兴乍浦港，经营范围：国内沿海及长江中下游普通货船运输，运输货种：建材，粮食，钢材等散货，运输航线：国内沿海。1996年“振东轮”散货海轮转港注销，1996年，“浙江金帆船务有限公司”，又购置了一艘载重吨为3200吨，船名为“金越轮”散货海轮，经营范围和运输航线相同。1998年5月“金越轮”因故注销。由此“浙江金帆船务有限公司”也撤销。

第四节 嘉兴市嘉禾船务有限公司

该公司成立于2003年3月，经营范围为国内沿海及长江中下游普通货船运输，拥有海运船舶14艘、9994载重吨。该公司在本地装运的主要出口货物有用于集装箱内部的专用木质衬板、建筑装饰用的石膏板、化纤涤纶丝等普通货物，货物到达地为福建、广州等地。该企业装运的主要进口货物有密度板、大理石等普通货物，密度板的装运地主要在广东、广西等地，到达地一般为浙江萧山、上海等地；大理石的装运地主要在福建，到达地一般在本市的乍浦。

第五节　浙江神华海运有限公司

该公司成立于 2007 年 3 月，经营范围为国内沿海及长江中下游普通货船运输，拥有海运船舶 2 艘，29216 载重吨，主要在国内的秦皇岛等北方沿海港口装运煤炭等普通货物至浙江省的宁波、乍浦、长江沿线的江苏等地。

第六节　浙江汇鑫海运有限公司

该公司成立于 2009 年 3 月，经营范围为国内沿海及长江中下游普通货船运输，拥有海运船舶 2 艘，25728 载重吨，主要从事秦皇岛至上海、江苏张家港等地的煤炭等普通货物运输。

第七节　浙江华德利海运有限公司

该公司成立于 2010 年 7 月，经营范围为国内沿海及长江中下游普通货船运输，拥有海运船舶 1 艘，17339 载重吨，主要从事秦皇岛至浙江、上海、江苏镇江等地的煤炭等普通货物运输。

第三章 沿海造船业

第一节 浙江林龙港口有限公司

成立于2004年4月，位于海盐县澉浦镇澉南村，注册资本5000万元。主要从事沿海船舶制造、港口装卸、仓储等业务、占地18万平方米。已建成3000吨级散装码头1个，1000吨级以上建造能力的船台6个，有职工近94人，是嘉兴市唯一在沿海专业生产沿海船舶的民营企业。林龙港口将在三期共投入10亿元发展船舶制造，全部投产后年产值可达50亿元。

分别于2009年5月与7月开始建造2艘80米的吸沙船和3艘60米开体驳，于2010年3月与1月建成并投入使用。

第二节 平湖东昌游艇制造有限公司

Ocean Alexander的平湖东昌游艇制造有限公司位于浙江省平湖市新埭镇新中东路3号。公司落成于2002年10月，是成立于1978年台湾东哥游艇在中国大陆的另一个专业游艇制造公司。一期总投资2500万美元，注册资本1001万美元。2004年10月，由于开发大型游艇的需要，经独资企业董事会讨论决定，增加投资1107万美元，总投资达到8612万美元，注册资本达到2709万美元。

公司一创厂即与知名的西雅图游艇设计师Ed Monk Jr.合作，以Ocean Alexander自创品牌生产及营销，每艘东昌游艇，都是精心设计的工业艺术品，以创新科技与精粹工艺提供客户舒适人性化的空间，故在东昌游艇上，都能看到东昌人引以为傲的品牌标记。

公司包含中国台湾、大陆和美国等厂区共占地十万坪，由成立至今，累积销售的大小型号游艇总量超过1800艘，是全中国最大游艇厂，在全世界有十多个代理，市场涵盖美洲、欧洲、亚洲及澳洲。

长久以来，公司的原则有三：质量第一，教育培训，团结心：坚守这三个原则使公司的游艇出口总值成长率是全世界近五年最高的，优惠的员工福利措施也使员工的流动率长期维持在2%~4%，现职的员工，年资超过二十年的不在少数，也出现了员工们的第二代，代代相传，技术相承。专业的产业技术与人才，是公司雄厚的资产，本厂由建立至今，对于游艇制造具有关键因素的各行专业技工组组长，例如木工、铁工、电工等，各组组长始终秉持敬业精神，紧守工作岗位，因此对于游艇质量，能长期保持一定水平，而制造游艇所用的各类材料，从船身用的塑料到厨房卫浴所用的一切设备，均分别由欧美和日本进口高质量物料，同时具备完善的全球代理网，对游艇的销售，有相辅相成的加分效果。每一位加入东昌公司的员工，各司其职，与公司一同成长；公司拥有完善的教育培训，能够激发潜能，发挥个人专长，实现自我理想，只要是脚踏实地，认真负责的人，都能在东昌公司找到属于自己的一片天，从中获得肯定和成就感。为了全面性国际化，更具备国际竞争力，与世界接轨，公司长期派遣驻外人员，以利随时掌握世界各地最新信息，让专业的员工有国际性的发展机会。全公司的团结心凝聚了强大的力量，至今创造了许多不可抹灭的纪录。

2010年Ocean Alexander凭借自己精湛的工艺、一流的品质以及32年来丰富的造船经验，成为2010年上海世博会游艇唯一服务商。为了开展大中国区的业务，在2010年8月成立上海升昌游艇有限公司。主要经营范围为游艇的销售、售后服务、游艇零配件、玻璃制品、家具以及五金交电的销售。上海升昌游艇有限公司由平湖东昌游艇制造有限公司100%控股，主要功能为对外扩展游艇产业业务为主。

第七篇 内河航运

嘉兴为水乡平原，河道纵横，在古代交通运输主要依靠水运。据《江南运河历史沿革资料·运河考溯绪言》记载："浙江之货固不论，其闽北、赣东、皖南等，亦智籍其筏船之便，转道杭州，循运河而东，道出嘉兴、湖属、嘉属等各县、镇，必须装载火车者，亦皆取道以至车站"。

清末和民国前期，嘉兴境内虽先后筑有沪杭铁路和杭善、杭金(丝娘桥)、乍(浦)王(江泾)、宁长、宁袁等几条公路，客货运输却依然多走水路。

从20世纪80年代起，公路建设迅速发展，促进了公路客运的兴盛，加上乡镇自行车的普及和摩托车涌现，使水上客运渐趋衰落，但水路货运仍以其"运量大、运价低、货损少"等特点逐年发展，全市基本建设所需的建筑材料的90%、生产和生活用煤的85%、石油的80%由内河航运完成，重大工程项目建设所需的超长、超重物件也主要依靠内河航运完成，绝大部分危险品运输也是通过水路完成的，水路运量占全市水陆总运量的70%以上。

第一章 客 运

第一节 历史沿革

嘉兴市所辖城、郊两区及海盐、海宁、平湖、嘉善、桐乡各县(市)早期客运，全赖水路。唐、宋时期，官塘已成为海盐至嘉兴的驿运航线，民间以本乡小航船、绍兴快班船为固定交通航班和不定期舷船，贯通城乡之间，另有丝网船，脚划船等随雇随开，辅助固定航班，各类船舶遍布各县。清陈有诗云："茶湖买醉竹湖眠，红叶芦花两岸边，何事惯来惊客梦，小锣声在夜航船。"乡村航船在开船前，以吹海螺为信号，快班船则鸣小锣作区分，其时有"铜锣招主客，水关作招牌"之称。

清光绪八年(1882年)，海宁已有轮船载客运输，由上海招商局在硖石设点，经营硖石至上海一线客运业务，为嘉兴市轮船之始。光绪二十一年(1895年)邑绅王铭贵于平湖县城外吕公桥河埠开设王升记轮船局，置备飞艇、盛源两小轮行驶平申线，为平湖县内轮船客运之始，翌年冬，增海盐，硖石航线，后又增飞航，纶华轮行驶嘉兴，乌镇航线。光绪三十一年(1905年)十二月，英商怡和洋行辟福州至乍浦航线。宣统元年(1909年)邑商朱兴郕创办"通济轮船公司"，海盐第1艘客轮营运于海盐至嘉兴航线。次年，朱兴郕、何德恒向上海名厂订赁"坚快"小轮1艘，驳船1艘，合办"同济辅车轮船公司"，经营海盐至硖石航线。

清末和民国时期，海盐、海宁、平湖、嘉善、桐乡、嘉兴等县的旅客运输，虽然有铁路沪杭线和少数几条公路。但行驶的区域路线范围小，而嘉兴、海盐、海宁、平湖、嘉善、桐乡等县则水网密布，河道四通八达，天然条件优越。因此，当时的地方交通唯以水运为主。县际航快班船装货搭客，沟通城乡交流；县境、跨县的小客轮，则是地方客运的主要交通工具。

据民国22年(1933年)第二区船舶事务所辖区组别航线表统计，嘉兴市及所属各县客轮航线有：乌镇至长安、嘉兴至杭州、嘉兴至吴兴、嘉兴至平湖、嘉兴至硖石、嘉兴至上海、平湖至许村、嘉善至乍浦、嘉兴至苏州、嘉善至苏州、平湖至硖石等12条。共有内河汽轮93艘，994.28吨，航快船493艘，32720担(零星物资，当时称担，每担50公斤)。大多数轮船公司(局)，一般以客为主兼装附货。

现将民国时期嘉兴、海宁、海盐、嘉善、平湖、桐乡、崇德等县水上运输情况摘录如下。

民国时期嘉兴县水上运输情况

民国25年至26年(1936年至1937年)日军侵华前夕，嘉兴县的内河小客轮发展较快，先后又增设了戴生昌、老公茂、新兴、谊兴等多家轮船公司，新增练市至嘉兴、枫泾至西塘至嘉兴、西塘至嘉善、新塍至南浔等航线。小客轮最多时达 88 艘，是抗战前轮船客运最高峰。民国 26 年(1937 年)“七七”事变，日军侵华，不久嘉兴沦陷。直至民国 34 年(1945 年)9 月抗日战争胜利，这八年中，嘉兴县轮船运输业基本上属于瘫痪状态，客轮大部分停驶。旅客运输由航快船担当起来。

抗日战争胜利后，嘉兴客运轮船业又迅速发展。投资开设轮船行(局)的有工商界人士，有原航快船老板把航快船改装或投资建造机动船经营客运航线，也有国民党政府人员和在乡军官参加竞争，先后有浙西公司(由顺利、天风、一飞等轮船行合并经营，但仅隔数月就散伙，后各轮船行行驶各自航线和开辟新航线)、利新、新兴、振兴、振利、立基、梅利、长风、顺新、明达、万顺、光明、福昌、永和、新联、根利等轮船行(局)。由于当时竞争激烈，其中有停业散伙的，有新开设的，也有改组另换牌号的，最多时达到 18 家轮船行(局)。一般一行(局)一轮，也有一行(局)二轮。经营客运航线有嘉兴至苏州、湖州、双林、南浔、桐乡、乌镇、濮院、平湖、海盐、芦墟、西塘、盛泽，及县境内的新塍、南汇、新篁、凤桥等 16 条客运航线。当时各客班，为照顾旅客往返方便，习惯分点设轮埠。东行的轮班停泊在东门东园茶店后面，有往海盐、平湖、新篁等客班。西去的停泊在北门荷花堤，分两处：一是在原摆渡口，有湖州、双林客班；二是原血防站后面，有南海、乌镇、桐乡、濮院、新塍各个客班。往北的停靠在塘湾街(现北京路)复兴茶店后埠，有芦墟、西塘、南汇客班。两艘苏州班(其中一艘属苏州宝兴轮局)在塘湾街自设轮埠。1948 年国民党在乡军官 (即退伍军官)李国钧、廖家居、王凯等 10 人集资在嘉兴嘉禾桥西境(现勤俭路东侧)建造露天轮船公共码头，他们依靠政治背景，胁迫各客班集中停靠，提出按营业额的 5%收取码头费(后经轮船业主向国民党政府请愿，减为 2.5%收取)，并在码头两旁又造了一批平房开饭店、茶馆做生意和军官家属居住，从此嘉兴县各航线的客班就集中在公共码头停靠。

1949 年 5 月，嘉兴县及毗邻各县解放后，在中国共产党和人民政府领导下，民族工商业得以重新复苏，为了促进客运航线的畅通，嘉兴、海盐、海宁、平湖、嘉善、桐乡各县，对私营轮船行业进行了调查、整顿和登记，督促、扶植破产停业的轮船局(行、公司)筹资重建，仅很短的几个月时间里，迅速得到恢复。1949 年年底至 1950 年年初，嘉兴县已有 10 家轮船局(行、公司)、19 艘客轮。

航线：县境航线可分为八大干线。新塍塘：长 35 里，阔 40 尺 (在本县境内计算下同)，自烂溪南流入境合入运河，有汽油船往返，每日 5~6 次。杭州运河：长 21 里，阔 55 尺，自万寿桥至北丽桥，轮船畅行，为杭沪交通要道。长水塘：长 34 里，阔 50 尺，自海宁硖石流入境，为嘉兴硖石水运要道。海盐塘：长 26 里，阔 42 尺，自海盐北流入境达彪湖，轮船均通。平湖塘：长 42.5 里，阔 40 尺，自南湖东流经新丰镇达平湖境，有轮船可通平湖，每日可往返两次。嘉善塘：长 22.5 里，阔 43 尺，自会龙桥与汉塘分流入嘉善境，水较浅，只能行帆船。长纤塘：长 26 里，阔 40 尺，自秋泾桥分水东北航达嘉善，可通轮、帆船。王江泾运河：长 41.2 里，阔 55 尺，自北丽桥东北流经平望镇达江苏吴江，轮船可以畅通，为沪杭交通要道。

船舶：“水上交通有轮船 25 艘，行驶各地外，尚有航船、民船、渔船、南湖船多种。虽自轮船行驶以来，营业不及往昔之盛，然浮家泛宅者，仍赖此以为生也。全县计有航船 116 只，民船 3000 只，渔船约百只，南湖船 56 只，总计船户约 3300 余户，11000 余人。其生活较宽裕者，不过百分之一、二，其余皆生活困苦”。“航船定期开行各埠；民船自由装运客人及货物；渔船往来河港之间捕捞鱼虾，采集菱藕。惟南湖船(俗称摆渡船)一种，本为游南湖乘座之用……。”

轮船：“本县素有水乡之称，河流贯通全境，且水量多在五尺以上，即使支流小港，亦间有可行汽船者。货物运输，旅客往来，均赖水道。故各轮船公司，因营利与需求之关系，逐均有增设。据调查所得，嘉兴现有轮船公司八家，境内行驶轮船 25 艘，可载重 161 吨，共计职员、司机、工人 206 人。资本除宁绍、招商由总公司发给不算外，共计拾贰万壹千元。每家营业平均额计之，合叁拾肆万壹千余元”。

(以上材料摘抄于《中国经济志》民国 24 年 8 月版)

民国时期海宁县水上运输情况

海宁县出现轮船，最早为清光绪八年(1882 年)，上海招商局在硖石设点，以“骅利”轮经营申硖线客运业务。据《大中华浙江省地理志》(民国 7 年 3 月版)载：观潮者“在硖石站西南湖乘老公茂小轮，水程 50 里，二小时即至海宁”(注：这里指海宁县盐官)。同年朱尚编的《海宁乡土志》对盐官、硖石、袁花等地有汽轮运营作了记载。如盐官“水陆四方，交通便利，有小汽轮达袁、硖等区；硖石有汽轮北驶嘉沪”“有小汽轮自袁花来绕本镇而达县城”(注：盐官)，袁花“有小汽轮直达城、硖”。据此，可以看出民国 7 年(1918 年)海宁县已经有本县的轮船了。

民国 10 年前后，盐官王清记轮船局有“王清记”轮船一艘。后硖石徐某向上海招商局承包小火轮一艘，驶于硖石、盐官之间。民国 12 年海宁县又有大众、宁袁、招商轮 3 艘。民国 15 年王清记轮船局又购置 20 马力清华轮一艘，驶于盐官、硖石之间。后两年海宁县又新增快利、大利轮船2艘。"快利"马力12匹，船主王小毛，行驶盐宫、硖石、海盐之间。"大利"马力20匹，船主周金德，行驶盐官至杭州线。民国18年袁花利源轮船局开业，自备客轮，经营袁花至硖石、袁花至盐官两线。次年又有宁长汽轮公司开业，备轮开辟长安至盐官线。民国22年，据《海宁观潮》记载："海宁已有客轮15艘"。但同年海宁船舶事务所上报的轮船数仅9艘，可见其他6艘经营权不属海宁县。当时通航的基本情况是："盐官分上下河，上河埠在北门外观音桥，有汽轮及快班船可通长安镇，下河埠在北门外口葫芦潭及稍北之居佳弄底两处。有汽轮及快班船可通斜桥、硖石均与火车衔接。"

民国22年(1933年)，营运客轮已有15艘之多，这一时期境内水运交通来往迅速，行旅称便。日军侵华，交通运输首遭其害，公司歇业，客轮停航，旅客运输又依仗手摇、拉纤的航船，客运业务顿时衰落，抗战胜利后，轮船业得到恢复和发展。

民国时期的海宁县航船由当地人经营，以本乡、本村为起点开往集镇装货搭客，代购物品。海宁县硖石、长安等主要城镇周围的乡、村均有航船开航，其中硖石为最多，民国时期曾达到80余艘，吨位大都为3至5吨，可乘座15至20人，或当日来回，或隔日开班。此外，海宁尚有一种装货、搭客两便的大航船，行驶在县际主要城镇。晚上开航，翌日晨到目的地。这类夜航船在盐官集中停泊在大东门，有往新塍、乌镇、双林、海盐几条航线。抗战前县境内仅自盐官开硖石的就有8艘，抗战后只剩4艘。

海宁县的航快船(快班船)清代由绍兴流入，在海宁运营晚于航船。小客轮未普及乡、镇时，航快船以客运为主，装货为次，吨位小则3至5吨，大可达十余吨，大都是定期航行，往返于主要城镇。如盐官至长安、长安至崇德、盐官至硖石、硖石至桐乡、硖石至嘉兴、硖石至海盐等线，每日均有对开往返班次。其时在硖石、长安、盐官、斜桥、袁花、许村六镇，计有航快船80余艘，计420多吨位。

民国时期，海宁县县际和乡镇之间的水上客运以航船和航快船为主，沟通城乡之间的交道。当时分布于硖石、盐官、长安、斜桥、袁花、许村主要集镇的航船和航快船约有200艘之多，每月旅客吞吐量达10万人次。其时旅客需要到杭州、上海、江苏等地的，必须经长安、崇德(现崇福镇)、嘉兴等地中转换乘。

硖石"西南至城，有汽轮及快班。轮埠在西南湖方便弄口，船埠在米市一带。南接袁花塘河通袁花，东北经长水塘河通王店、嘉兴，东通海盐，西通盐官，西北通斜桥、周王庙，均有快班船按时行驶，尚称便手"。此外袁东区(丁桥、诸桥、祝桥、会龙桥、丰士庙、芦湾六小镇)"沿袁花塘河西达盐官，东通袁花，沿辛江塘河西通郭店、周王庙、长安，东达袁花，支港可达斜桥等处，均有快班船可乘，并有小划船可随时雇唤"。

郭店"市南临辛江塘河东通丰士庙，西通周王庙，有快班船定时过此，南达盐官，北至斜桥，硖石汽轮及快班船穿梭不绝，行旅称便。市西更有小划子可随时雇用。"

斜桥"东至硖石，南至郭店、盐官，汽轮快班(船)往来班数甚多，且有划子及客船可雇"。

周王庙"东至郭店，西达长安，有快班船定时经此"。

长安"东至海宁，北至崇德(现崇福镇)，均有小汽轮快班船。船埠在令公庙及下闸桥。西至许村、东达周王庙、斜桥定期开行之快班船亦多"。

其时海宁县定期班客轮航线也有15条之多。其中硖石开班最多，有盐官、袁花、海盐、平湖、通元、澉浦、桐乡、新塍等8条，盐官开班的有硖石、长安2条，长安开班的有盐官、菱湖、乌镇3条，斜桥开班的有盐官、硖石2条。日伪时期(民国26至34年)之初，轮船业陷于停业，嗣后有所恢复。最高峰时，客运有长宁、长崇、宁硖、仓硖、六硖、硖桐、硖盐等近10条航线。

抗日战争胜利后，轮船业有了一定发展。国民党军政人员也参加了轮船业的竞争。民国36年(1947年)，海宁县建设科颁发给轮船同业公会的准航登记表记载，客轮有云利、传记、云龙、利源、大东一号、大东二号、新盐、宁绍、新利、振华一号、振华二号、利昌、顺裕、崇长、长胜、鑫记一号、鑫记二号、大通、新兴一号、新兴二号、振兴、永兴、建业、建新等24艘。此外，尚有仓新、利昌、顺昌、光明等4艘，因未经检验，准航证缓发。同年7月，申请登记的达40家。当时海宁县政府发出建字1167号指令："停止登记"。经核准新增开航的客轮有利达一号、利达二号、丁芦、大同、四达、越商、德记等7艘。民国36年(1947年)档案资料统计：海宁县的硖石、长安两镇，则有轮船局26家，业主24人，拥有大小轮船31艘，经营航线22条，每日往返共106个班次，行驶总里程达601.3华里。为民国历史上客轮及航线最多的一年。

民国37年(1948年)，国民党政府推行"币制改革"。于当年8月19日发行金圆券(300万元法币兑换1元金圆券)，但物价继续暴涨，货币贬值。致使轮船业遭到沉重打击。如丰镇开硖石、新仓开硖石、盐官开硖石等航线，均因"油价暴涨，亏本过巨"而停航。有的轮局则减少班次，提高票价，维持生计。民国38年3月海宁县建设科的轮船丈验表记载：硖石和长安两地，仅剩利达、顺利、志成、德记、丁芦、利源、建成、云飞、云利、仓合、协记、四利、顺裕、永兴、建新15艘客轮，11条航线。分别锐减了51.62%和50%。

民国时期海盐县水上运输情况

海盐，早期客运，全赖水路。通往嘉兴、硖石、平湖和县境乡镇，是民间定期和不定期航快船(航船)。海盐县航快船最早出现在光绪三十四年(1908年)，由曹五六、曹六金兄弟开辟了海盐至平湖航线。

宣统元年(1909年)，邑商朱兴郯开创通济轮船公司，海盐县出现第一艘客轮，开辟了海盐至嘉兴航线，次年朱兴郯与何德恒从上海购来“坚快”小客轮一艘，拖驳一只，开办同济铺车轮船公司，经营海盐至硖石航线。民国2年至5年，海盐有客轮3艘，分属同济、永济、协泰成3家轮船公司，经营盐嘉、盐硖、盐平3条航线。以后绍兴航快船源源流入，达到24艘。

民国5年(1916年)，有海盐开往嘉兴、硖石、平湖、乍浦、上海、盐官、袁花、新篁、王店、沈荡、六里等零担货运航班，短途的装货兼搭客。

民国16年(1927年)，宁绍内河轮船公司开业，增加了一条“越通轮”。民国17年3月，澉浦朱斐章购置“永安轮”开辟六里堰至硖石线。民国23年，有盐嘉、盐硖、盐平、盐袁、六硖5条航线。

民国21年(1932年)，海盐县内河通航里程仅144公里，民国36年(1947年)通航里程为154.72公里。海盐县民间水上运输船只有栈船，亦名便船，小航快，是农民兼营的交通工具，载重量3至5吨，装货搭客，早出晚归，是沟通城乡的短途运输船舶。运费由客户随送，不拘多寡。代客买卖者，由行商付给一定的回力费。抗战前夕，武原、沈荡两地有近百艘，嗣后随着航快船的增加和客轮停靠点的增设，栈船逐步减少，最后直至消失。

民国26年，有盐平、新盐平、宁富、永安4艘客轮参加运营。海盐县沦陷期间客轮全部停驶，旅客运输由航快船维持。

20世纪30年代初，海盐还没有木帆船。水上运输除少数几条客轮兼附货运外，主要运输船舶是航快船和栈船。民国26年(1937年)前后，有江苏籍木帆船陆续流入海盐，共10艘，120吨。民国34年增至18艘，民国38年5月(解放前夕)达到31艘，400余吨，主要是整批货运。

民国35年(1946年)，海盐航快船达到38艘，从业人员145人，次年10月增至46艘。航快船一般承运5吨以下的零担货物，为农副产品上市、工业品下乡服务。民国23年发展到22条航线，有通向邻县县城的，有通向邻县集镇的，也有通向本县乡、镇的。

抗战胜利后，客轮畸形发展。民国34年(1945年)10月至民国38年(1949年)3月，经国民党海盐县府核准或备核在海盐县或进入海盐县境运营的县内外轮船行(局)有24家和25艘客轮，海盐解放时有荣记、运华、宁绍8家轮船行，有客轮4艘，经营3条航线。荣记轮营运海盐至硖石航线，运华轮营运海盐至平湖航线，盐嘉轮营运海盐至嘉兴航线。客运量最高年份是民国36年(1947年)，为8.5万人次。

民国时期嘉善县水上运输情况

嘉善县内水上客运，向以客货兼运的航快船为主要运输工具。清光绪末年，奉化人王清夫经营的吴江芦墟开出途经下甸庙、西塘到达嘉善的第1艘木质轮船，开创了县内机动客轮的新纪元。

嘉善县的水道四通八达。城北有乌泾塘，可直通干窑，入北伍子塘，可通西塘，城南有南伍子塘，向南直流可达徐婆寺，转向西南与平湖相连，可至平湖。南伍子塘行五里，折向东北，有白水塘，可至张家泾汇。由此东北，通枫泾塘，可通枫泾，转向东行，入白牛塘，可通江苏的泖泾(现已归上海市金山县)。城西三店塘，可至杨庙、天凝庄、洪家滩等镇。此外还有横贯东西的魏塘，东达松江，西至嘉兴，全长约22里，是嘉善的主要干流。嘉善的水上交通，一直以来都靠航船，汽轮行驶很是发达，虽极小乡镇，亦有机器班可通。

《嘉善日报》民国26年元旦增刊·嘉善概况·嘉善之交通一·水上交通记载：“嘉善共有轮船14艘。”现将这14艘轮所属轮局(公司)起迄点，票价，途经站点，摘录如下：

公记公司利航汽船，每日上午十一时四十分开，由嘉善至西塘价一角六分，至下甸庙二角四分，至芦墟三角、至莘塔四角，至周庄四角四分，至陈墓六角，至六直七角。船停车站。义新汽轮：每日上午九时三十分到，四十分开。下午一时五十分到，二时开。船由六里开出。嘉善至西塘价一角六分，至金泽三角八分，至角里七角二分。船停车站。和兴轮局公庆轮：由练塘至嘉善，准接一时十九分杭来四等车。出嘉善至干窑，价一角六分，至西塘一角六分，至丁栅二角二分，至俞汇三角，至练塘四角，至车站时，在马路口乐宜茶店停五分钟。夜泊练塘。王清记轮局：船停车站，上午九时〇五分开西塘、芦墟。上午九时五十四分开西塘、下甸庙、芦墟、尤家港、黎里。上午十二时十四分开西塘、芦墟、莘塔、陶庄。下午一时十九分开西塘、下甸庙、陶庄、芦墟、范泾、尤家港、黎里。下午四时四十分开西塘、下甸庙、芦墟。其价格如下：嘉善至范泾一角，至西塘一角六分，至下甸庙二角三分，至陶庄三角二分，至芦墟三角二分，至尤家港四角，至黎里五角，至莘塔四角，至周庄五角。永济新轮局：志远轮上午十时到，下午二时开，夜停平湖。价至大云寺小洋二角，钱五十，钟埭三角，平湖五角。停马路口玉壶茶店。平安轮局：平安轮下午五时到，翌晨七时开。夜泊嘉善，价日与志远轮同，两轮一来一往，适作交接。新生活汽轮公司：每天来返四次。至新埭价四角，大通桥一角八分，梧桐庙一角五分，潮泥滩一角，张泾汇七分。新埭开上午六时四十分、下午十二时三十分，停虹桥下第一楼。嘉善开上午十时二十分，下午三时十分，转罗星湾停马路口乐宜茶店后。公兴汽轮甲：上午九时二十分到善，下午三时二十分到善，三时二十分至西塘过夜。船停北门。至干窑价大洋一角、立新汽轮：上午八时三十分开，又十二时三十分开，下午四时开。至于窑大洋一角，西塘小洋二角。新明汽轮：上午八时三十分开，又十时三十分开，下午二时三十分开。在善泊夜，船埠在北门口，至干窑价大洋一角，西塘小洋二角。宁绍新兴双联公司甲：上午八时十五分、下午四时十五分各开一班。船泊西门外口一家春茶店后首，来时转东门外玉壶春茶店。在嘉善可接嘉湖班。至濮院、桐乡、乌镇、双林、达湖州，价至三店七分，钱家桥一角四分，塘汇一角六分，嘉兴二角，新塍三角六分。宁绍新兴双联公司乙：上午八时三十分开，下午三时开，船泊西门外一家春茶店，在西塘住夜。价至三店七分，杨庙一角一分，天凝庄一角七分，洪家滩二角二分，下甸庙二角四分，西塘二角八分，陶庄三角一分。和兴汽轮公司：和兴汽轮泊东门马路口乐宜茶店后面，价至徐婆寺二角，新丰三角，新篁四角。

建国前夕，嘉善除沪杭铁路设有嘉善火车站外，没有通车公路。从县城到各个集镇的旅客运输主要依靠机器小客班。行驶于嘉善至陶庄、芦墟、练塘、青浦、黎里，天凝、平湖、干窑、西塘以及西塘至嘉兴等航线。1949 年 6 月，嘉善解放，航运业逐渐趋向稳定和发展。

民国时期平湖县水上运输情况

据记载，清光绪二十二年(1896 年)绅士王铭贵创办王升记轮船局，备有客轮，行驶于平湖至上海航线，此为平湖县近代轮船业之始。

民国 3 年(1914 年)，闵行人乔念椿、南桥人夏子仁等合资开设闵南洽记轮船局，先后拥有闵南、闵馨、平申、闵行、新闵南、新闵馨等六艘客轮，经营上海至平湖线和上海至闵行线。六轮中，一艘为上海开平湖当天转回班；两艘为上午九时从上海和平湖对开；两艘行驶于上海、闵行间；一艘备用。当时平申票价为：一等舱银元一元四角，二等舱一元二角，三等舱八角。

1915 年，有人和轮船行宁通轮行驶嘉兴至平湖线，1917 年，有客轮行驶海盐至平湖线、平湖至吴江线、平湖至芦墟线。

1922 年，有凌季记南兴号汽油船由上海开平湖。1923 年有庆记轮船局庆安二号轮行驶平申线，1924 年 9 月有乍嘉轮局乍浦号木质汽油船行驶嘉兴至平湖至乍浦线。

1925 年，平湖人张丰缓、韩怡民、胡谨修发起筹组平沪轮局，集资 10 万元，向德商谦信洋行订购德产 155 匹马力柴油内燃机 2 台，托上海合兴船厂建造钢质船身，并自建平湖、上海及沿线停靠码头。是年 11 月 1 日，平湖县第一艘钢质柴油机客轮平沪号首航平申线。该轮有上下三层，可乘客 360 人，每天上午七时从平湖启航，双机齐发，船行甚速，中午十二时即从上海返回，成为闵南轮局的有力竞争对手。

1927 年 9 月，乍浦商业轮局开辟乍浦至上海线，由江漉轮行驶。双日由乍浦经平湖开上海，单日由原路回乍浦。不久又向上海租来津沪号客轮行驶平申线，上午 12 时平湖开，次日转回。后因机件损坏，竞争失利，不久停业。

平沪与闵南的竞争，因平沪轮船速快，设备好，处于有利地位。相持几年，闵南轮局损失巨大，乃托人斡旋，经谈判后，双方约于 1929 年协议联营。为纪念联营成功，双方共同购置联益号参加平申线客运。

1930 年，平沪轮局董事会决定成立大利轮船股份有限公司，张丰续任经理。翌年，为避免马力过大，浪损农田起见，大利公司购置两艘新客轮，将原装在平沪号轮的两台柴油机分装两轮，命名为上海号、平湖号。从平湖和上海两地对驶，当天来回。原平沪号轮作备用。

由于轮船业发展，乃成立平湖县轮船业同业公会，位于儒学弄。委员有徐眉轩、韩怡民、张丰绥、方菊人、叶良夫、沈家驹、徐趾仁等人。

除客轮外，当时还有不少既搭客又装货的绍式快船来往于县际及县城与各乡镇之间。据 1932 年《平湖通览》载共 31 班。城关发班的有嘉兴班、海盐班、嘉善班、枫泾班、山阳班、西塘班、诛泾班、松江班、新仓班、乍浦班、新绿班、全公亭班、林绿班、街前班，乍浦发班的有平湖班(每天三班)、新埭班、新仓班、衙前班、全公亭班，由新埭发班的有平湖班、新仓班、广陈班，由新仓发班的有平湖班、乍浦班、新桐班、衙前班、金山卫班、嘉善班、漕泾班。

民国 25 年(1936 年)，平湖县有 15 个轮局 18 艘轮船，但由于物价飞涨，大多轮局因缺乏资金购买燃料，面临停航困境。平湖县政府不得不在民国 25 年 4 月 13 日召集各轮汽船公司讨论储备燃料问题。当时第二区船舶事务所曾钧参加，平湖县政府金短参加。并由金短执笔写了这次会议的讨论结果："各轮汽船公司营业清淡负债累累，维持为艰，实无力购储。现既本省今自当于可能范围内设法购储。"

1937 年 7 月 7 日芦沟桥事变爆发，日本帝国主义大举侵略中国，抗日战争开始。不久，几乎所有客轮被征军用，正常客运断绝。大利公司三轮，一留上海、一赴汉同、一去重庆，营业停顿。11 月 5 日平湖沦陷。沦陷期间，先由德日合办的日清公司与大亚公司派黄埔第一丸、第二丸、第三丸三轮开平申线。接着惠通公司客轮与鼎大公司拖轮新苏号拖带客驳亦在该线通航搭客,但因受水上封锁线的阻碍及敌伪军警宪特等的敲诈勒索,经营十分困难,仅半年多即被迫停航。后闵南轮经修理后仍开平申线,每日单程一班。此后,日商上海内河航运公司插手平湖线,派顺庆号、顺裕号、顺南号轮流行驶,与闵南轮对开,勉力维持平申客运,不致中断。

据1940年统计,其他航线有9家汽轮公司营业:金平轮局经营全公亭至平湖线;久安汽轮公司经营平湖至新仓线;正利公司经营嘉兴、平湖、乍浦线;张平轮局经营张堪至平湖线;越清轮局经营乍浦、平湖、新埭线;平源松平汽轮公司经营松江至平湖线;联合公司经营新仓、平湖、嘉兴线;便利轮局经营新埭、平湖、乍浦线;新生公司经营平湖、新埭、嘉善线。此外,尚有绍式快班通航硖石、濮院、新塍、新篁、山阳、张堰、吕巷、全公亭、周家圩等地。

1945年8月,抗战胜利,客运有所复苏。此后数年,既常有新行设立,又因竞争激烈,经营不易,常有轮行歇业,呈此起彼伏,不断变化之态。

在平申线上,国民党交通招商局管理内河客运。初时有利民孟记航运公司顺庆轮、四明轮船公司新宁余轮、沪江轮船公司茂霖轮、庆云轮船公司庆云轮等行驶,均为单程一班,隔日来回,后因亏蚀,相继合并。后由平沪、闵南、庆记、发记四公司联合租用顺庆轮行驶。1946年4月增加闵南轮,两轮每日对开。5月,招商局又委托江浙运输公司经营申平线。调河平、河山轮(后又换河武轮)于每日下午四时从两地对开。是年,平湖人陈恤园、陈志丰开办的企新轮局伟达号轮、江海渔运公司登陆艇东海10号以及另一公司的海汇号客轮相继在该线营运,但均为时短暂。1947年,宁波人乐孝顺开设源锢轮船公司,有煤轮源锯号开平申夜班,附拖客驳、货驳,下半年又增开油轮新源鋁号,附拖义昌号客驳,后又增开新增利轮。是年,福利德记公司福利轮投入客运。该轮系双引擎,速度快。晨五时由平驶申,当日来回,后因亏本,不到一年就停航了。又有人租用宁康、宁泰两轮由平申两地对驶,也因经营不善,行驶不足一年。

在此期间,大利公司经理张丰绶设法在汉口,上海找回年久失修的平湖号、上海号。修理后于1947年先后恢复行驶平申线。上海号上午七时从平湖开,平湖号中午十二时从上海开,两轮对驶。由于两轮设备好,速度快,管理有方,服务周到,被群众称为“大利班”,名噪一时。是年秋,平湖人张绍耕、倪瑞生、李祥云合资开设大康福轮运行,有煤轮大康福号拖兴发号客驳开平申夜班,绍兴人顾双寿开设国泰新轮船公司,有新祥丰号煤轮也开平申夜班,与大康福轮对驶。其时,尚有人租用和兴轮上午八时由平驶申,次日返回,但只行驶半年多。1949年2月开设的新华轮局拥有二轮,德仁轮单日上午八时由上海开平湖次日返回,长鹤轮双日下午四时由申驶平,搭客装货,次日回申,但不久即停航。

在县际及县境线方面,轮船业变化也频繁。据资料记载,在本县登记的轮行,1946年1月有25家,1947年1月有24家。其后因经济萧条,物价飞涨,轮船业渐临困境。1947年7月为21家,10月减为15家,至1949年1月仅存12家。

1949年年初的12家是,鲁贵友常胜轮局便利轮、冯六一正利轮局正利轮及单国兴复兴轮局的汽船均行驶新仓至平湖线,赖景安全平轮局全平轮及沈琴怡全平轮局机船均行驶全公亭至平湖线,潘拿生合兴生记轮局及沈耕熊平善轮局经营平湖至嘉善线,合利轮局及联顺轮局经营平湖至嘉兴线,胜利轮局胜利轮行驶新埭至平湖线,谭永源等人的越靖轮局越靖轮及便利前班、全公亭班、虎啸桥班、山阳班、硖石班、吕巷班、张亚堰班、周圩班、廊下班、钟埭班、林埭班、三叉河班等。

1949年5月11日,平湖县欢庆解放,水上客运蓬勃发展。据1950年平湖县轮船商业同业公会筹备会《平湖县航运业一般情况调查》所载:时有轮船局(行)36家,轮船39艘。有大利、大康福、利源、泰新等轮船公司,有6艘客货轮经营上海航线,有日班,夜班。其中大利轮船公司的“上海号”、“平湖号”2艘较大双层钢质客货轮,设施较完善,速度快,俗称“大利班”。县际内有常胜、正利、复兴、金平、平全、合兴、生记、平善、合利、联顾、胜利、越清、便利等轮船行。

民国时期桐乡县水上运输情况

1948年石门镇有一名叫焦南山者开设长生轮船公司,有一艘40客位的小客轮,由石门开往长安,沿途停靠崇福。每日往返四次,1950年停业。另有5个私人老板,拥有同昌、大达、振兴、工商、万顺5艘小客轮,其中4艘客轮在海宁县长安镇经营,万顺号在嘉兴经营,因而在桐乡没有设立客运企业。航线有:长安—菱湖(两轮对开,各往返一个航次)、南浔—长安、石门—长安、桐乡—嘉兴,除桐嘉班在桐乡是始发站并停泊过夜外,其余均为过路停靠客班。

民国时期崇德县水上运输情况

“崇邑交通,颇称不便。唯一赖以载送行旅者,仅一距崇德城区十二华里之沪杭甬铁路而已。崇人旅行较远者,每须乘船至长安乘车。水运每日上午有乌镇及濮院轮船二艘,经崇德至长安,下午则由长安开回。此外,尚有至嘉兴、斜桥、海宁、新市、塘南、南浔、双林等处之民船,兼营装货及载客,生涯亦颇不恶。现在杭嘉路正在赶筑,想将来通车后,崇德交通,尚有新发展也。”(摘自民国25年8月1

日《浙志六一十一》)

直至中华人民共和国建立前夕，崇德县还没有开设过客货运输轮船企业，主要依靠经过航班装货搭客。当时计有乌镇至长安(二轮对开)，长安至菱湖(二轮对开)，嘉兴至新市，硖石至塘栖，杭州至上海，新市至上海，菱湖至上海等航线，在崇德设代理站，代理客、货运输业务。(注：崇德县 1958 年撤销，并入桐乡县。)

1949 年 5 月 3 日、5 月 7 日杭州和嘉兴先后解放。国民党反动派为阻止中国人民解放军挥戈东进，解放上海，蓄意破坏交通，炸断沪杭线石湖荡铁路大桥，造成沪杭线路中断，旅客和物资运输受阻。嘉兴、海盐、海宁、平湖、嘉善、桐乡各县承担支援前线任务，运送粮食、武器弹药、军需物资，嘉兴县的轮船行，积极抽调或向外县求援，组织了“盐嘉”“南湖”“顺新”“江南一号”等多艘较大型的客轮或客货轮，投入嘉兴至上海旅客和零星物资的运输，流通了上海至嘉兴的交通运输。

建国前夕，由于经济萧条，物价暴涨，致使嘉兴、海宁、嘉善等一部分轮船局遭到破产、倒闭或缩减航线和船舶。而且当时，嘉兴市及各县的客轮，大部分是机动船(绍式乌蓬船改装)，也有几艘轮船，但大多船身破旧，机器多是“皮尔卡”“一四子”“捷姆西”“道奇”“派克”“小福特”等号称“万国牌”的报废汽车引擎。马力小，客位少，烧木柴，设备差。有的小客轮由于长期失修，客舱遮棚破损，下雨还须撑伞，安全缺乏保障。

表 7-1-1　民国时期嘉兴各轮局航线运力情况

轮船局名称	船名	船身长（尺）	长宽广（尺）	阔宽深（寸）	吨数	马力（匹）	速率（华里）	起讫地点	经过何处	备注
宁绍	宁孚	38	10.5	20	5	45	20	嘉兴—海盐	南堰、余贤埭	
宁绍	盐平	46	9	25	9	30	20	海盐—平湖	新篁、新丰	该轮直经过本县境内
宁绍	宁平	36	7	40	4	36	20	嘉兴—苏州	平望、王江泾、八坼、吴江	
宁绍	宁安	36	7	40	4	36	20	嘉兴—苏州	平望、王江泾、八坼、吴江	
王清记	清扬	46	9.5	22	10	25	22	嘉兴—南汇	油车港、栖真寺、杨庙、塘汇	
王清记	新长安	27	8	25	4	16	20	杭州—苏州		该轮直经过本县县境
王清记	清和	40	11	26	5	24	20	杭州—苏州		该轮直经过本县县境
王清记	清翔	42	8.8	30	5	45	28	嘉善—黎里		该轮经过本县东北境
王清记	清平	/	9	4	7	36	11	杭州—苏州		该轮直经过本县县境
永济	清远	46	9.7	30	9	28	19	嘉兴—南汇	油车港、栖真寺、杨庙、塘汇	
永济	清裕	46	9	25	7	24	20	南汇—嘉兴	天凝庄、油车港、杨庙	
永济	清泰	57	12	35	5	36	20	嘉兴—新塍	日新桥	
永济	清兴	44	8	30	13	48	30	海盐—嘉兴	南埝、余贤埭	
通源	致正	42	12	45	9	50	20	嘉兴—新市	南浔	
通源		/	11	38	4	/	15	嘉兴—湖州	南浔、双林、新市	
通源	致平	42	12	/	5	/	18	嘉兴—盛泽	王江泾、平望	
通源	顺发	/	12	45	5	18	30	菱湖—嘉兴	双林、乌镇、炉头、桐乡、濮院	
通源	飞翔	48	11	45	5	/	18	嘉兴—湖州	南浔、双林、新市	
通源	同顺	/	11	5	/	/	18	嘉兴—湖州	新市、双林、南浔	
和济	鸿兴	32	10	20	6	14	18	新篁—嘉兴	凤喈桥、曹庄	
通济	久峰	38	8	2.5	10	/	/	嘉兴—新塍	日新桥	
乍嘉		38	/	3.5	10	35	28	嘉兴—乍浦	东栅口、新丰、平湖	
泰昌		35	/	2.5	5	35	20	嘉兴—平湖	东栅口、新丰	
泰昌		45	/	3.5	8	45	28	嘉兴—平湖	东栅口、新丰	
招商		/	9	4	7	36	11	嘉兴—湖州		

1949年—1989年嘉兴航区客运情况

1949年，嘉兴完成客运量93.32万人次，周转量1927.45万人公里(其中客运站完成客运量82.85万人次，周转量1770.86万人公里)；平湖完成客运量20万人次，周转量670万人公里；海宁完成客运量30.8万人次，周转量897万人公里；嘉善39.34万人次，周转量430.56万公里；海盐，1950年完成客运量5.23万人次，143万人公里。

1951年，抗美援朝进入高潮时期，在朝鲜战场的中国人民志愿军伤病员，急需运往后方治疗。当时由铁路运送到嘉兴的伤病员，需经水路转运至吴兴县南浔镇、湖州以及江苏省吴江县震泽镇等地医院进行治疗。1951年9月，嘉兴军分区专门成立"抗美援朝输送委员会"，担负伤病员转运工作。在嘉兴专员公署统一布置下，嘉善县抽调6艘客轮、海宁县抽调20吨以上适合载送伤病的客驳一批，由硖石的"振华""云利""云飞""合众""德记""顺利""江洽""生记"和长安的"民企""大达""振兴""同昌"等12艘马力较大的客轮拖带。海宁、嘉善两县船舶集中嘉兴，并被编列为嘉兴专区抗美援朝输送委员会四大队一中队。嘉兴县的谊兴轮为中队联络船。平湖县调派轮船、木帆船10艘承担转运嘉兴至南浔的伤病员任务。海盐县有"盐嘉"客轮参加运送伤病员。

1952年，国营华东内河轮船公司嘉兴营业处，接收了由地方人民政府依法没收移交的"根利""解放""金平""根发"等小客轮，经营嘉兴至苏州、嘉兴至海盐、嘉善至芦墟、平湖至金丝娘桥等航线。这是中华人民共和国成立后，嘉兴航运客运线上国营经济之始，1955年年初，国家对私营工商业实行社会主义改造，嘉兴市(地辖市)及嘉善、海盐、海宁、平湖等县各私营客运运输企业，通过"利用、限制、改造"政策，先后组成公私合营企业。嘉兴合营轮船行(由经营嘉兴西部航线的振利、振兴、新塍、福昌、顺新、光明、新联和同鑫等轮船行组成的私营合营)以及"顺新一号"、永和、庆大、梅利、万顺、俭业等轮船行实行联合管理，由嘉兴市人民政府指派公方代表，并组成"交通改造"工作组进驻。经过近四个月调整，整顿和清产核资等筹备工作，于1955年6月1日成立公私合营嘉兴轮船公司。1956年，私营工商业社会主义改造发展到全行业实行公私合营时，又批准工联、长风、利兴、协记成、胜利、新兴、永利7家轮船行和项沈氏、项阿庆、项兴法3艘客驳以及公私合营茂记转运行。经过经济改组并入公私合营嘉兴轮船公司，当时计有客轮36艘，货轮2艘，客驳4艘。私方固定资产净值8.91万元，职工866人，客运航线有嘉兴至湖州、菱湖、南浔、桐乡、乌镇、新塍、濮院、平湖、海盐、芦墟、盛泽、新篁、凤桥、南汇、新市等17条以及上海零担货运班船2艘。

1954年10月1日，海宁县有硖石12家轮船行组织私私合营，成立硖石镇轮船业联合经营处，次年6月1日，成立公私合营海宁轮船公司，拥有客轮14艘，808马力，950客位，有职工102人。经营硖石至盐宫、袁化、丁桥、新仓、六里堰、海盐、平湖、乌镇、大麻等航线。

1955年，海盐县"盐嘉""荣记"两家轮船行建立联合管理委员会。1955年7月26日，批准成立公私合营海盐轮船公司。同年12月，从上海购进"新和丰"客轮1艘，更名为"海盐603"轮后，共有客轮3艘，经营海盐至嘉兴、海盐至硖石2条航线。有职工41人。

1955年2月20日，平湖县对私营轮船业(不包括经营上海航线私营轮船公司)新生、新兴、发记、正利、新利、胜利、利群7家轮船行，8艘客轮，7条航线建立联合管理委员会，联合经营。

1955年8月1日，公私合营平湖轮船公司成立。1956年1月福达、便利、华通、胜利等4家轮船行转入公私合营平湖轮船公司。至此，公司拥有客轮18艘，810个客位，810匹马力，经营平湖至新埭、乍浦、新仓、硖石、海盐、全公亭、嘉兴等航线。私方固定资产净值2.48万元，有职工85人。1956年，上海市对经营上海至平湖客运航线的大利、源昌、大康福、宁发、国泰信等5家私营轮船公司进行整顿、改造，首先成立"申平线联营处"统一经营管理。1955年8月与申(上海)菱(湖)、申(上海)蚌(蚌埠)等航线几家私营轮船公司合并成立"公私合营上海内河轮船公司"，在平湖设立营业站。

1956年2月1日，嘉善县批准成立公私合营嘉善轮船公司，由原私营轮船行"俭兴""友谊""正兴""永泰""裕隆""洽泰""游丰"等7艘客轮，1艘客驳组成，营运以嘉善县境为主的6条航线。

地处铁路沪杭线上的海宁县长安镇，水上交通发达，中转旅客甚多，私营轮船业较多，有企民、顺裕、振兴、建兴、工商、永兴、四利洽、协兴8家轮船行，有客轮10艘，客驳1艘，船舶马力304匹，693个客位。1953年11月联合经营，组成"长安合营轮船行"。经营长安至杭州、盐官、石门、濮院、乌镇、南浔、菱湖等7条航线，26个班次。1956年4月1日批准成立公私合营长安轮船公司。1957年5月1日，浙江省交通厅指示，公私合营长安轮船公司全部企业无偿划给崇德县(后并入桐乡县)经营。长安至杭州线已停开，长安至盐官线划归公私合营海宁轮船公司经营。划给崇德县时，有客轮10艘，客驳1艘，经营航线7条，客运班次26班，204匹马力，595客位。更名崇德"401"起号。

企业公私合营后，在国营经济的指导下，加强了经济管理，健全了财务制度，提高了运输效率。

1956年，嘉兴完成客运量116.42万人次，周转量2075.71万人公里；平湖56.09万人次，周转量1253.59万人公里；海宁141.15万人次，周转量1933.72万人公里；海盐12.39万人次，周转量321.74万人公里；嘉善44.25万人次，周转量388.64万人公里。

1956年，国营浙江省轮船公司嘉兴营业处完成客运量31.84万人次，周转量468.74万人公里。在上级政府的统一部署下，1956年8月浙江省轮船公司嘉兴营业处并入嘉兴航运管理处，合署办公。1956年11月至1957年4月，公私合营平湖、海宁、海盐、嘉善、长安、嘉兴等6家轮船公司先后宣布并入国营，财务由国营浙江省轮船公司嘉兴营业处统一核算。并分别隶属于嘉兴管理处及各县航管站领导和经营。1957年5月1日省航运管理局为统一布局，合理安排，将海宁县公私合营长安轮船公司迁往崇德，并划归崇德县经营。崇德县开始有了客运轮船企业，在当时未有公路建设时，担负着全县的客运任务。

1958年1月，根据省交通厅指示，航运企、事业重新划分。撤销嘉兴航管处和嘉兴营业处，成立嘉兴区航运局。把航管工作划归为地方管理，企业经营由嘉兴区航运局负责。并经省交通厅批准，嘉兴区航运局下设嘉兴客运营业所和嘉善、平湖、海宁、崇德四个营业站(海盐当时划归平湖站管理)。其基础就是原来各县的公私合营轮船公司。嘉兴客运所具体负责对各营业站的业务指导，但同属嘉兴航运局的内部核算单位。同年11月，县、市建制调整，崇德县并入桐乡县。崇德营业站迁至桐乡，改名为桐乡营业站，改变了桐乡县以往没有水上客运企业的状况。为帮助桐乡县发展客运业务，嘉兴区航运局还调拨嘉兴122#、海宁312#两艘客轮，包括全体船员及设备支援桐乡站，以开辟航线，扩大经营范围。

1958年，进入"大跃进"年代。当时，根据上级以条为主，条块结合，加强地、县航运管理权、航运企业经营权的指示，1958年11月航运机构进行调整。撤销嘉兴、湖州两个区的航运局，成立"嘉兴专区航运公司"(设在湖州)统一管理和经营全专区国营航运业务。嘉兴专区东片六县(嘉兴、嘉善、海宁、海盐、平湖、桐乡)设嘉兴、平湖两个营业站。与此同时，嘉兴航区各水陆运输组织，根据"大跃进"的精神，推行"托拉斯"经营管理方式。体制方面实行企、事业合一，全民、集体合一。将木帆船运输合作社、航快船运输合作社、造船生产合作社、搬运装卸站等单位合并成立地方国营××县交通运输公司，管理本县水陆运输业务。原嘉兴区航运局所辖各县的营业(客运)站，除平湖站保留平湖—上海、海盐—上海两条航线外，全部下放地方，并入各县的地方国营交通运输公司，成为其下属组织——××县客运站。客运企业下放地方后，各县都有不同程度的发展。运能、运量均有所增长。其中尤以海宁县最为突出。1959年至1961年三年的平均客运量比1958年增长50.76%，周转量增长40.25%。

1962年7月，上级决定成立浙江省杭嘉湖航运局，下设杭州、嘉兴、湖州三个分局。原嘉兴专区航运公司，仍分为嘉兴、湖州两个建制单位。嘉兴分局于8月1日宣布成立。原已下放到嘉兴、嘉善、海宁、海盐、平湖、桐乡六县的客运站(当时隶属各县交运公司)全部收归嘉兴分局统一经营管理。是年年底嘉兴分局接收了六县客运站的全部人员、航线、船舶、站房、码头、仓库、保养场等。其中客轮65艘，1714马力，5667客位，客驳23艘，2370客位，代客驳32艘，总人数721人，经营50条航线。

由于杭、嘉、湖三个分局水系不同，经营范围各异，加上面广、业大，领导困难。因此于1963年1月撤销杭嘉湖航运局，分别恢复杭州、湖州、嘉兴区航运局。客运体制归属不变。嘉兴区航运局，在政治思想工作方面接受地委领导，经济上独立核算，行政业务由省交通厅直接领导。

为贯彻中央提出的"调整、巩固、充实、提高"的八字方针，嘉兴区航运局所属各客运站从1963年开始深入农村，进行客源流量流向的调查工作。根据存在的经营支流少，间隔站距长，班次重复等问题和农民的需要，实事求是地调整客运运行布局。至该年十一月底，通过挖掘工具潜力，全航区共调整航线20条，其中恢复和延伸13条，新辟7条，占总航线48条的14.58%，增加班次30个，占总班次196个的15%；增加航线里程265公里，比原来增加29%；增设停靠站点67个。就新辟的旧仓、王店、横港、新埭、丁栅、马既等7条航线，年增加客运量为25万人次。嘉兴客运站开辟余新—嘉兴、王店—嘉兴两条短途区间航线。其中，王店虽在铁路线上，但火车运行时间不适应农民早出晚归，上城赶集的习惯，因此王店班开航后，客运量有增无减，深受欢迎。1964年又新增加二个区间班，11个停靠点。航线调整的同时，也调整了船舶过夜点。将原来在县城过夜的船舶，大部分改在农村(集镇)过夜。每日参加运行的59艘客轮，有48艘在农村(集镇)过夜。这样做既便利了旅客，又增加了客源流量，提高了船舶效率。

1963年，原主要客运码头，候船室大部分面积小，设备简陋，与日益增长的旅客吞吐量要求不相适应。又有不少沿途站点利用河埠、帮岸停靠，既不安全，又使候船旅客常受日晒雨淋之苦。为此，1964年开始，对各客运站泊位岸线、候船室进行了新建、改建和扩建。1964年年底，建成了嘉兴、海盐、平湖三个客运码头和候船室，1965年，嘉善、桐乡、海宁客运码头和候船室相继建成。与此同时，各县还在主要站点改建和扩建了一批码头和候船室。如嘉善的人民桥、西塘镇，桐乡县的梧桐、乌镇、石门、炉头、宗扬庙、屠甸、长安(地属海宁县)镇，嘉兴的新塍、油车港等等。不少招呼站也相应建起了一批小码头和候船亭，从而改善了客运设施，方便了旅客。

1966下半年“文化大革命”开始，嘉兴市及各县的客运单位和全国各行各业一样，原有的规章制度被废除，企业管理无章可循。生产调度失灵，客班随意停航，船舶技术状况下降，客运生产停滞不前。

1967年8月嘉兴两派发生武斗。15日凌晨全市性大武斗中双方群众死、伤多人。仅浙航嘉兴分公司，死亡一人，重伤一人。客、货运航线先后停航达半个月之久。旅客走不了，物资运不出，经济损失也较严重。

1968年2月16日，海宁硖石各客运航线，因受社会上两派武斗影响，是日中午起全部停航。所有轮、驳船全部离开码头，驶往横港桥处停泊，持续两天后才恢复正常航行。嘉兴市的水上客运，“文化大革命”期间一直处于时起时落，徘徊不前的境况之中，航线维持原状，船舶增加不多，客运量和周转量1976年与1966年相比增长31.3%和30.48%，年平均增长仅1.74%和1.66%。客轮1966年83艘，1976年94艘，平均每年增加1.1艘；客驳1966年53艘，1976年55艘，10年仅增加两艘。

1972年，根据嘉兴地区革命委员会决定，嘉兴、嘉善、海盐、海宁、桐乡、平湖(除平湖至上海和海盐至上海线，仍由嘉兴地区嘉兴航运公司经营)等6县客运站管理体制下放各县领导、管理。嘉兴地区航运公司划出客轮86艘，客驳54艘，干部职工996人。

1976年10月，粉碎了江青反革命集团，宣告文化大革命结束。嘉兴、嘉善、海宁、海盐、平湖、桐乡六县的水上客运情况逐步趋于好转，到1978年客运量达到1053.12万人次，特别是1978年中国实行改革开放后，随着商品经济时代的开始来临，嘉兴有了近10年水上客运辉煌期。

1979年1月，根据浙江省革命委员会(78)170号文件精神，将1971年1月第二次下放的嘉兴、嘉善、海宁、海盐、平湖、桐乡六县的客运站，重新归属浙江省航运公司嘉兴分公司统一经营、管理。为开展客运业务，各县客运站对流量、流向进行了一次摸测。根据需要，恢复了部分过去停航的老航线，开辟了平湖—杭州新航线，增开了10个客运班次，还积极开展客运附货业务和挖掘潜力，抽调大马力客轮与集体企业“轮驳结合”拖带货运船队。从而增加企业收入，提高经济效益。1979年比1978年客运量增加124.23万人次，周转量增加1690万人公里，分别比上一年增长12.1%和12.5%。这一年六个客运站无一个亏损。1976年至1980年生产持续上升，客运量每年平均递增7.56%，船舶工具也得到改善。

1978年，改革开放以后，水上客运有了较大发展和变化：

一是个体户、联户(简称“两户”)运输蓬勃兴起，农村实行联产到户的家庭承包经济责任制，提高了农民生产积极性。农民除从事农业生产外，剩余劳动力从事发展乡、镇工业和运输业。“两户”船舶随之兴起，从事营业性搭客兼附货的“农客班”发展也较快。他们立足为本乡、本村服务，具有轻巧、灵活、方便(随叫随靠)的优点，招揽旅客，生意兴隆。据1985年资料统计，分布于嘉兴航区村办、“两户”的农客班，计有机动船28艘，1224客位，5649马力，客驳2艘，95客位，经营市郊、县境范围内航线27条68个班次，营运总里程354.3公里，客运量为2000~2500人次/天。此外，还有水运集体企业客轮2艘，经营3条区间航线，全年完成客运量12.35万人，93.13万人公里。

二是公路建设发展较快，给水上客运带来一定影响。嘉兴市与各县之间已形成了四通八达的公路网络，乡乡有汽车，站点也较多。因此农村旅客纷纷弃水走陆。同时，农村有拖拉机1248辆，公路的建成，也使农民搭乘拖拉机上城，还有骑自行车进城走亲、赶集。尽管如此，由于客流量的猛增，嘉兴航区的水上旅客运输，1985年全年客运量仍达到1436.78万人的历史最高水平。

三是开辟旅游航线。水上客运属于为社会服务性质的行业，经济效益不高。乡镇公路的迅速发展，水上客运有下降的趋势，加上原材料提价，客运运价30年不变，维持正常营运也有一定的难度。为了探索水上客运的新路子，增加企业收入，根据人民生活水平的提高，旅游事业的发展，各县客运站挖掘工具潜力，利用水上客运具有安全、舒适，晚间开航、早晨到达，服务周到等优点，深入乡镇、工厂、学校、机关广泛宣传，开展旅游业务。从1983年开始，各客运站先后开辟了杭州、苏州、无锡、淀山湖(大观园)、南北湖等定点旅游航线和为借佛游春的香客专放客班。如杭州、莲水荡、龙华、百雀等地。后来群众性旅游活动已不分季节，尤以春秋两季最盛，参加旅游人数也逐年增加。1984年水运10万人次，1985年达到15.84万人次，并有逐年上升的趋势。为加强旅游服务，还开展“一条龙”服务活动，出售往返航船票，供应旅客餐食，联系公共汽车，安排住宿，代售旅游点地图等等，深得旅客好评。

1985—1990年，嘉兴市公路建设突飞猛进。四通八达的公路网覆盖全市乡镇，汽车站点星罗棋布遍及乡村，基本上已实现乡乡通汽车，有些村还是水泥路面。公交汽车、自行车、摩托车等交通工具发展速度快，往来便利，城乡旅客纷纷弃船乘车，从整体上透视交通结构的转换变化，显示着经济繁荣和社会进步。但水上客运业日渐衰落，客运量连年下降，1985年全年完成客运量1411.27万人次，1990年全年只完成345.58万人次，五年下降75.52%，减少四分之三，而且还继续在下降。在“人家尽枕河”，出门就是船的水乡“舟楫之利”的优势已不复存在，昔日水上客运熙熙攘攘，完成运量为全省之冠的兴旺景象已经消失。客运航线由1985年的64条减少到1990年的32条，班次减少更多。昔日生意兴隆、出行称便的“农客班”也因客流量的剧减，而使不少班轮先后停航。1985年，嘉兴航区村办、“两户”农客班共有机动船28艘、1224客位、649匹马力(477千瓦)，客驳2艘、95客位。经营市郊县境范围内航线27条、68个班次、营运总里程354.3公里，客运量每天在2000至2500人次之间。1990年，嘉兴航区村办、“两户”农客班计有机动船12艘、549客位，客驳1艘，82客位，263.6千瓦(分别下降57.14%、64.70%和59.38%)。经营市郊县境范围内航线12条、24个班次，营运总里程171.3公里，日平均客运量698人次。分别比1985年下降了55.55%、64.70%、51.65%和72.08%。而且各类系数继续在下降。

由于客运量下降，促使单位成本大幅度上升。客运票价于1987年、1989年进行过两次调整：1987年9月20日市境航线客票，从原来底分5分，80公里以内，每人公里2分，超过80公里以上每人公里为1分。调整为底分8分，每人公里2分8厘。跨省市每张客票底分仍为5分，每人公里为1分。1989年9月5日，每张客票调整为底分两角，每人公里4分。调整两次票价后，收人虽有所增加，但油料、钢、木材等物资价格均大幅度上升，职工工资、福利等政策性开支，以及离退休人员增多，营业外支出也增长较快，票价调整增加的收入仍低于成本增加的支出。1986年千单位收入21.94元，成本24.80元，而1990年千单位收入45.89元，成本为49.94元。造成水上客运业连年亏损的不景气局面。

水上客运的出路问题。当时，有些乡、村经调整班次后仍在维持航线的运营。随着城乡经济日益发展，人们的生活观念，生活习惯也在起变化。各地普遍出现“旅游热”。在水上客运量继续下降的同时，春、秋季节的旅游客运量都有逐步上升趋势，给濒临没落的水上客运带来一线生机。虽然是季节性的，但有关收入也较可观，据嘉兴市航运总公司统计资料表明：1986年完成28.6万人次，2420.72万人公里，1987年完成32.2万人次，2270.77万人公里，1988年完成32.51万人次，2660.84万人公里，1989年完成40.4万人次，3661.29万人公里，全公司1989年春游完成的人公里数，相当于平湖站一年的客运周转量，也相当于公司1989年完成人公里数的四分之一，所以不断开辟和巩固旅游航线，提高服务质量是维护水上客运业生存的一个很重要方面。一些有条件的地方，经营起了水、陆路衔接的旅游客运或发展第三产业，充分利用水路客运运量大、运费廉、膳宿便的优势，开辟旅游一条龙运输。由于水上客运业的总体萎缩，在对客船的更新改造方面远不如“六五”期间那样迅速和卓有成效。嘉兴市航运总公司在1986年—1990年五年间，只在1986年新增客轮7艘，917客位，341千瓦，客驳1艘，155客位，其余4年不仅没有新增船舶，相反，五年来一共报废、出售客轮67艘，客驳44艘，减少15415客位，3211.92千瓦，但在船舶结构、材质上还是有很大的提高，到1990年底嘉兴市航运总公司拥有的53艘客轮均为钢质船，淘汰了原来的木质船，25艘客驳中，钢质驳23艘占92%，木质驳2艘仅占8%。

由于客运连年亏损，1988年六个客运站亏损就达165万元，为找出路，嘉航总公司制定了“以水为主，调整生产结构，横向发展，多种经营”的客运经营方针，努力实现二年跨二大步，二年之内六个客运站亏损为零的“六二·零”奋斗目标。并从1988年6月起各客运站都成立了劳动服务公司，主要经营水上饭店、车船修理等项目，六个客运站一共有29个横向项目。嘉兴站：车船修理综合厂、新客站招待所、水果批发部、客运饭店、老客站招待所、旅游服务部、综合商店等。嘉善站：船舶五金配件商店、振新水果零售批发部、善客商店、车船修理车间、注塑车间等。海宁站：海达化工厂、交通汽车修配厂、沪嘉轮胎修理部、星星副食品商店等。海盐站：秦山汽车修配厂、海盐螺栓厂、海盐交通机械综合经营部等。平湖站：平湖汽车修配厂、综合商店、嘉航电讯器材厂等。桐乡站：塑料模具厂、乌镇码头综合商店、崇福码头五金化工商店、桐乡船用物资综合商店、梧桐码头综合商店。通过多种经营，不但解决了将近500名员工的工作问题，而且每年将近有50万元利润上交。

1989年12月21日，原浙江省航运公司嘉兴分公司，经营管理体制下放给嘉兴市，为全民所有制市属企业。1990年4月，更名为嘉兴市航运总公司，其下属嘉兴、海宁、海盐、平湖、桐乡、嘉善营业站改名为分公司。

1990年以后嘉兴航区客运情况

1990年，完成客运量345.58万人次，周转量9361.03万人公里。其中嘉兴市航运总公司完成客运量320.11万人次，周转量8907.74万人公里。“七五”期间，各县(市、区)乡镇公路兴建，陆运发展迅速，旅客弃水走陆，且自行车激增，水路客运日趋萎缩，运量逐年下降。1990年，客运量和周转量分别比1985年下降337%和135.32%。水上客运生产继续以31.30%的降幅下跌，亏损日重。1990年年底，嘉兴市水上客运航线共有44条航线，其中国营企业水上客运航线有32条航线，农客班客运航线有12条航线。国营企业水上客运32条航线中，嘉兴8条航线：嘉兴—湖州、嘉兴—石门、嘉兴—南汇、嘉兴—南浔—横街、嘉兴—王店、嘉兴—海盐、嘉兴—凤桥、嘉兴—西塘。嘉善5条航线：嘉善—大通、嘉兴—天王、芦墟—嘉兴、嘉善—杨庙、嘉善—俞汇。平湖9条航线：平湖—上海、平湖—杭州、平湖—新埭、海盐—上海、平湖—新仓、平湖—三叉湖、平湖—全塘、平湖—马厩、平湖—山塘。海盐2条航线：海盐—杭州、海盐—嘉兴。海宁5条航线：长安—盐官、硖石—周镇、硖石—通元、硖石—丁桥、硖石—苏州。桐乡2条航线：长安—乌镇、长安—梧桐—苏州。农客班客运航线有12条航线是：西圣堂—石门，扶家桥—崇福，骑塘—崇福，亭桥—桐乡，星石—崇福，亭桥—崇福，嘉兴—田乐，嘉兴—栖真，嘉兴—马厍，嘉兴—相溪，嘉兴—南汇，嘉善—丁栅。

90年代初，随着社会主义市场经济的建立和发展，嘉兴公路客运发展迅猛，内河客运体面退出历史舞台，成建制转为其他产业，已是历史的必然。因此，当时客运管理体制对市场经济发展的不适应性显得越来越突出，嘉兴内河客运管理体制改革势所必然。通过改革，各客运分公司一是可以尽早确立法人资格，以利于依法独立经营。二是可以尽早享受当地的扶持优惠政策，发挥地方优势，以利于企业的生存与发展。三是有利于地方政府对交通运输企业的统一领导，调动各方面的积极性，更好地实施分级管理和分级负责。

1991年后，由于各县、市乡镇公路发展迅速，陆路客运的蓬勃发展，旅客弃水走陆，水路客运日趋萎缩，全市水路旅客运量进一步下降。1994年4月，根据嘉兴市人民政府嘉政发〔1994〕17号和嘉交人〔1994〕115号文件的精神，嘉兴市航运总公司所属的平湖、嘉善、海宁、海盐、桐乡分公司，成建制下放给所在县(市)管理，为自主经营、独立核算的经济实体，具有法人资格。各分公司的人、财、物均属所在县(市)统一管理，成为县(市)属企业。嘉兴市航运总公司是我市经营水路客货运输为主的最大的专业运输企业。所属六个客运分公司分别位于嘉兴、平湖、嘉善、海宁、海盐、桐乡等地，1994年共拥有固定资产原值1913.64万元，净值896.21万元；职工976人，退休职工(含离休)596人。这些客运分公司都是创建于50年代初期的老企业，40多年来，共运送旅客30.786亿人次，为嘉兴市经济建设、城乡交流和人民生活服务作出了历史性的贡献。

客运体制下放后，水路客运业进一步萎缩，航线和客运班次逐年减少。1997年，平湖市大利船务有限公司所经营的平湖至三叉河、平湖至新仓二条航线的停航，标志着嘉兴国营企业经营的水上客运航班全部取消。随着1997年定线定时客运航线的全面停航，1998年后的水路客运量，全部为水路旅游运量。

定线定时正班客运航线逐渐淡出市场，水路客运运力从90年代初的定线定时正班客船，逐渐转化到90年代末的以南湖风景区的旅游客船和不定期运送香客的客运船舶为主。到2000年年初，原属嘉兴市航运总公司旗下的客船只乘下13艘，10年间客船艘数下降了75.47%；而到了2008年，原属该公司旗下的客船仅剩下了3艘，主要用于不定期运送香客。1997年，全市完成客运量33.02万人次，1474.63万人公里。2001年，全市有客运船舶14艘，1308客位。渡口47个、渡船51艘。全年完成客运量10.88万人次，571.03万人公里。

2002年6月6日，嘉兴市南湖名胜发展有限公司成立，经营范围：嘉兴市境内水路旅客运输，企业性质：有限责任公司(国有独资)，客船15艘、108客位。主要在南湖风景区水域从事水路旅游客运。2002年，全市水路客运企业4家，拥有客船27艘，1216客位。2003年，全市水路客运企业3家，拥有客船25艘，1016客位。2004年，全市水路客运企业4家，拥有客船30艘，1053客位，功率277.75千瓦。2005年，全市水路客运企业3家，拥有客船16艘，1460客位，功率841.55千瓦。

2006年，随着南湖风景区环境和各项功能的改善以及杭州湾跨海大桥的落成等因素，来嘉兴南湖“红船”特色游的游客增幅较大，绕环城河夜游逐步升温，南湖风景区的旅游客船从90年代初单一的以摆渡为主的3艘游船，发展到2008年度既有165客位的较大游览船，又有20客位左右的小型电瓶游览船和小型手摇船等不同类型的客船，嘉兴市客运量有上升趋势。2006年，嘉兴市全年共完成客运量32.57万人，客运周转量265.41万人公里。2007年，全年共完成客运量32万人，旅客周转量272万人公里。2009年，完成水路客运量43.9691万人，旅客周转量273.8082万人公里。2010年，完成水路客运量46万人，旅客周转量230万人公里。2010年7月9日，嘉兴市南湖旅行社有限公司因水路客运业务日趋减少办理了水路旅客运输业务的注销手续。至此，嘉兴市真正意义上从事水路旅客运输的企业已经终结。以后在市本级的水路客运企业，实际上是在南湖风景区水域和市区环城河水域从事观光旅游运输，平均运距较短，一般只有5公里左右。

第二节　客运量和客运航线

客运量

表 7-1-2　1949—1990 年嘉兴市全行业水路客运量情况表

年度	单位	合计	各县区情况					
			市区	嘉善	平湖	海宁	海盐	桐乡
1949	万人	189.47	93.33	39.34	20	30.8	—	6.00
	万人公里	3464.01	1927.45	430.56	670	397	—	39
1950	万人	200.07	77.41	35.48	33.25	41.50	5.33	7.10
	万人公里	3762.65	1577.20	349.25	1112	531	143.50	49.70
1951	万人	201.7	68.24	29.03	35	56.21	5.88	7.35
	万人公里	3783.26	1425.46	235.10	1170	726.30	167.40	59.00
1952	万人	222.16	77.40	30.62	39	62.40	5.44	7.30
	万人公里	4203.11	1587.86	247.81	1300	857	153.50	56.94
1953	万人	301.31	125	43.81	52.95	66	6.05	7.50
	万人公里	5953.45	2450.15	363.70	1989	925	169.40	56.20
1954	万人	262.53	95.83	34.59	52.97	67.60	5.54	6.00
	万人公里	4700.26	1781.77	300.99	1475	938	156.50	48.00
1955	万人	307.17	106.35	34.47	49.34	109.80	7.21	—
	万人公里	5343.77	1916.53	302.18	1355	1568.28	21.78	—
1956	万人	370.3	113.42	44.25	56.09	141.15	12.39	—
	万人公里	5973.82	2075.72	388.64	1254	193.72	321.74	—
1957	万人	411.87	114.29	63.69	62.13	107.13	14.44	50.19
	万人公里	6590.83	2024.67	572.84	1662	1399.24	279.10	652.98
1958	万人	426.2	116.86	64.73	61.54	109.86	17.57	55.64
	万人公里	6938.12	2268	690.15	1363	1464.84	369	783.13
1959	万人	515.78	120.72	76.53	83.06	141.05	29.46	64.96
	万人公里	8088.66	2134	754.02	1937	1845.14	519	899.50
1960	万人	565.95	136.48	80.43	91.33	163.36	33.16	61.09
	万人公里	8933.04	2489	779.59	2133	2083.17	535	913.28
1961	万人	692.98	144.45	94.47	144.08	192.50	46.83	70.65
	万人公里	11551.31	3046	848	3774	2235.03	735	913.28
1962	万人	732.07	157.99	99.04	117.43	207.34	59.12	91.15
	万人公里	10347.62	2953	841.24	2342	2293.37	864	1054.01
1963	万人	686.45	151.45	99.19	112.28	180.31	60	83.22
	万人公里	9269.76	2398	820.24	2286	1892.12	850	1000.40
1964	万人	806.59	215.20	107.38	138.86	180.18	61	104.15
	万人公里	9779.8	2627	971.44	2384	1801.62	855	1140.74
1965	万人	768.88	190.37	110.28	140.07	169.18	62	96.98
	万人公里	9758.04	2748	1010.73	2370	1721.72	858	1049.59
1966	万人	874.71	234.31	115.73	148.88	182.24	63	130.55
	万人公里	11030.73	3064	1055.93	2959	1813.75	830	1308.05
1967	万人	902.58	227.74	140.02	162.75	181.10	64	126.97
	万人公里	11739.05	3083	1448.53	3375	1175.23	825	1323.29

（续表 7-1-2）

年度	单位	合计	各县区情况					
			市区	嘉善	平湖	海宁	海盐	桐乡
1968	万人	928.29	255.82	140.67	152.02	179.22	65	135.56
	万人公里	10721.4	2457	1401.23	2818	1800.17	820	1425
1969	万人	911.03	247.81	145.52	136.52	154.80	74	152.38
	万人公里	11043.23	3187	169.68	2465	1511.84	820	1589.71
1970	万人	893.4	247.23	132.15	128.89	164.60	69.63	150.90
	万人公里	10489.46	3070	1333.76	2103	1601.78	856.32	1524.60
1971	万人	886.5	245.08	132.39	137.03	162.85	63	146.15
	万人公里	10691.64	3184	1257.10	2288	1584.73	791	1586.81
1972	万人	899.44	265.67	129.49	91.57	181.73	69	161.98
	万人公里	10718.67	3470	1208.86	1559	1770.43	843	1867.38
1973	万人	1019.13	287.86	139.35	156.48	188.14	76	117.30
	万人公里	12371.22	3721	1326.02	2567	1828.78	974	1954.42
1974	万人	1075.64	287.26	150.98	160.87	196.89	83	196.64
	万人里程	13011.52	3702	1441.67	2693	1981.78	1074	2119.07
1975	万人	1072.09	244.38	167.19	171.61	210.19	97.33	181.39
	万人里程	12826.26	3224	1573.27	2897	2019.91	1135.83	1976.25
1976	万人	1083.22	257.48	175.98	164.34	204.21	89	192.21
	万人里程	13144.56	3453	1725.96	2738	1982.32	1103	2142.28
1977	万人	1062.35	265.38	170.92	153.67	206.94	88	177.44
	万人里程	12706.41	3494	1599.04	2585	2063.14	1042	1923.23
1978	万人	1053.12	267.83	168.72	154.35	202.87	85.81	173.54
	万人里程	12637.17	3520	163.11	2558	2023.61	1027.67	1904.78
1979	万人	1155.83	267.31	188.55	173.60	224.62	100.85	200.90
	万人里程	14008.94	3688	1779.16	2963	2229.29	1176.79	2172.70
1980	万人	1342.22	309.19	224.06	205.72	245.34	119.91	238
	万人里程	16532.19	4115	2070.79	3893	2446.47	1400.55	2606.38
1981	万人	1409.43	319	246.45	218.81	255.56	131.56	238.05
	万人里程	17470.66	4379	2340.27	4054	2543.08	1577.83	2576.48
1982	万人	1374.48	309.18	240.16	226.12	231.27	157.76	239.99
	万人里程	17614.18	4382	2441.26	4189	2401.68	1555.81	2644.43
1983	万人	1305.67	298.29	238.49	220.68	202.32	127.33	218.56
	万人里程	17081.80	4082	2554.04	4152	2273.54	1592.22	2428
1984	万人	1437	330.68	264.71	265.85	200.29	125.48	250.72
	万人里程	19976.86	4839.30	2936.65	5174.74	2400.29	1828.14	2797.74
1985	万人	1411.27	346.59	271.02	281.79	175.52	118.27	218.08
	万人里程	21056.72	5326.56	3026.78	5692.77	2326.70	1977.82	2706.09
1986	万人	1055.86	253.53	209.83	259.85	120.16	80.40	132.09
	万人公里	17735.86	4108.54	2582.99	5338.78	2013.92	1720.90	1970.72
1987	万人	823.30	245.69	129.90	256.34	81.43	50.47	59.47
	万人公里	15431.45	4206.96	1745.96	5611.74	1453.93	1280.26	1132.59
1988	万人	678.36	224.32	104.23	214.87	70.11	30.66	34.17
	万人公里	13888.50	3833.01	1560.20	5266.51	1361.33	1007.17	860.28
1989	万人	503.44	162.66	78.51	159.22	56.78	22.62	23.65
	万人公里	12073.26	3283.54	1466.91	4397.93	1231.39	992.01	721.48
1990	万人	345.58	111.75	53.78	100.64	45.04	16.80	17.57
	万人公里	9361.03	2432.24	1169.86	3301.39	1064.01	858.42	535.11

表 7-1-3　1953—1964 年浙江省航运公司嘉兴分公司客运量情况表

年份	万人	万人公里	年份	万人	万人公里	备注
1953	20.87	332.18	1965	700.05	8842.62	(1)1953 年至 1956 年客运量，系浙轮嘉兴营业处经营的嘉兴至、西塘、苏州及嘉善至芦墟、平湖至金丝娘桥五条航线不包括私营和公私合营轮船公司的客运量。 (2) 1985 年 11 月至 1962 年 6 月 30 日客运体制下放，嘉航除经营平湖至上海客运航线外，其他航线都移交给县交运公司经营。因此，客运量只统计本单位部分。
1954	15.73	264.59	1966	790.84	9872.20	
1955	18.81	308.68	1967	811.19	10672.28	
1956	31.64	468.74	1968	846.79	10742	
1957	374.40	5198.95	1969	881.32	10792.74	
1958	383.19	6044.95	1970	857.34	10176.11	
1959	33.90	1339.90	1971	860.9	103361.56	
1960	34.39	1417.28	1972	316.4	11222.65	
1961	60.47	2605.52	1980	1314.72	16309.07	
1962	56.09	2196.66	1981	1389.79	17244.51	
1973	990.6	12078.72	1982	1358.4	17377.13	
1974	1041.18	12706.9	1983	1291.73	16977.64	
1975	1041.54	12556.1	1984	1421.97	19862.53	
1976	1038.44	12882.1	1985	1398.89	20961.69	
1977	1038.26	12511.48	1986	1052.72	17710.66	
1978	1029.03	12439.05	1987	774.94	14686.95	
1979	1155.29	14005.67	1988	627.19	13142.25	
1963	673.53	9107.25	1989	465.98	11457.07	
1964	714.25	9088.65	1990	320.11	8907.74	

表 7-1-4　1991—2010 年嘉兴市全行业水路客运量统计表

年份	运量（万人）	周转量（万人公里）	年份	运量（万人）	周转量（万人公里）
1991	259	7842	2001	11	571
1992	191	6332	2002	7	447
1993	97	4551	2003	3	165
1994	45	2188	2004	6	237
1995	50	1854	2005	5	164
1996	33	1381	2006	33	265
1997	33	1480	2007	32	272
1998	21	1005	2008	46	293
1999	17	926	2009	44	274
2000	14	835	2010	46	230

客运航线

表 7-1-5 1964 年嘉兴航区客运航线、班次、运行时刻表

起讫港名	开航时间	沿途停靠站点	起讫港名	开航时间
嘉兴—湖州	5:30 11:00	革命浜、莫家笕、陶家笕、陡门、农场、妙智、毛家渡、宗扬庙、炉头、晒浜、陈庄、乌镇、顾家塘桥、练市、水口、安丰桥、洪城、双林、长生桥、南篙桥、思溪、旦头、袁家汇路村	湖州—嘉兴	6:45 19:00
嘉兴—南浔	6:30	大德桥、九里汇、阳家桥、妙智港、新塍、胜荡浜、石汇头、思古桥、铜罗、后练、震泽	南浔—嘉兴	12:00
嘉兴—海盐	8:40 13:00	新兴、石牌堰、余兴、王道宅、半路、沈荡、孟家堰、欤城、三环洞	海盐—嘉兴	5:00 12:40
嘉兴—善琏	10:00	革命浜、莫家笕、陶家笕、陡门、农场、妙智、毛家渡、宗扬庙、炉头、晒浜、陈庄、乌镇、顾家塘桥、练市、福东桥、盐镜桥。	善琏—嘉兴	6:00
嘉兴—石门	13:00	革命浜、莫家笕、陶家笕、陡门、农场、妙智、毛家渡、宗扬庙、单桥、大王渡	石门—嘉兴	5:30
嘉兴—西塘	7:00	塘汇、钱家湾、杨庙、九号窑、天凝、福善泾、洪溪、上旬庙、下旬庙	西塘—嘉兴	12:00
嘉兴—陶庄	14:30	塘汇、油车港、汪家舵、栽西港、南汇、汾玉	陶庄—嘉兴	5:30
嘉兴—大云	15:00	东栅口、大船浜、高丰庙、红庙、大桥、三塘桥、光明桥、六里塘桥、步云	大云—嘉兴	5:30
嘉兴—乌镇	15:15	大德桥、九里汇、阴家桥、妙智港、新塍、肿荡浜、石汇头、思古桥、杨家浜、九里亭	乌镇—嘉兴	5:30
嘉兴—濮院	16:00	革命浜、莫家笕、陶家笕、陡门	濮院—嘉兴	6:00
嘉兴—新篁	8:00 14:00	东栅口、麒麟坝、八字桥、北塘桥、沙桥、南塘桥、石佛寺、凤桥、梅花桥、庄史、吴家塘桥、日月桥	新篁—嘉兴	5:40 12:00
嘉兴—南汇	9:30	塘汇、钱家桥、杨庙、九号窑、油车港、汪家坟、戴西港	南汇—嘉兴	12:30
嘉兴—王店	10:00 16:30	长水桥、机埠、马桥、新塘桥、三古庙	王店—嘉兴	5:15 12:00
嘉兴—池湾	10:00 16:30	太平桥、联丰、百花、万北、麻丝港、立新	池湾—嘉兴	5:40 11:30
嘉兴—新塍	9:30 17:30	大德桥、九里汇、阴家桥、庙智港	新塍—嘉兴	5:00 11:30
嘉兴—余新	17:30	新兴、石牌堰	余新—嘉兴	6:00
嘉兴—马腰	12:15	九里汇、阴家桥、妙智港、新塍、胜荡浜、石汇头、思古桥、铜罗、后练、震泽、南浔、东迁、四摆渡	马腰—嘉兴	5:30
嘉兴—盛泽	16:00	洪庙浜、上丈港、王江泾、建新、八一、七里卡、前跃桥	盛泽—嘉兴	5:30
嘉善—练塘	14:30	石人桥、幸福桥、西塘、大舜、茜墩、丁栅、俞汇、池家浜、白虎头、蒸淀	练塘—嘉善	5:30
嘉善—芦墟	8:10 10:10 15:30	石人桥、茆里、范泾、西塘、下旬庙、新村、陶庄	芦墟—嘉善	5:30 11:00 13:20
嘉善—平湖	10:10 12:00	白水塘、洋桥、乡政府、大桥、林家小桥、大云、骨塔、钟埭、七星桥、丰收桥、叽桥、种田桥	平湖—嘉善	6:30 13:30
嘉善—嘉兴	5:30	幸福桥、西塘、下旬庙、上旬庙、洪溪、福善泾、天凝、九号桥、杨庙、钱家塘、塘汇	嘉兴—嘉善	13:00
嘉善—新埭	16:00	人民桥、新兴、张汇、石浜、潮泥滩、大漠、大通	新埭—嘉善	5:30
嘉善—步云	16:50	陈家浜、六里塘桥、伍子塘桥、施王港、朝阳、人民桥	步云—嘉善	6:00

（续表 7-1-5）

起讫港名	开航时间	沿途停靠站点	起讫港名	开航时间
嘉善—天凝	10:10	石人桥、干窑、江泾、洪溪、福善泾	天凝—嘉善	12:20
嘉善—汾玉	18:00	茆里、范泾、西塘、下甸庙、芦墟、新村、陶庄	汾玉—嘉善	5:30
嘉善—丁栅	7:30	石人桥、幸福桥、西塘、大舜、茜墩	丁栅—嘉善	10:30
嘉善—西塘	9:30	石人桥、幸福桥	西塘—嘉善	10:40
嘉善—杨庙	14:30	幸福桥、西塘、下甸庙、上甸庙、洪溪、福善泾、天凝、九号桥	杨庙—嘉善	16:00
硖石—平湖	5:30	长生桥、老坟前、百步亭、六部桥、沈荡、齐家	平湖—硖石	12:00
	12:00	缪家桥、白洋桥、嵩大泾、新篁、杨家桥、西塘桥、东斜桥、四顾桥、转塘桥、淡水桥、大兴桥		5:00
硖石—海盐	5:30 10:20 14:40	甲线：长生桥、老坟头、百步亭、六部桥、沈荡、孟家堰、欤城、三环洞 乙线：长生桥、老坟前、杨家桥、吕家、鸳鸯桥、欤城、三环洞	海盐—硖石	5:30 10:20 14:40
硖石—角里堰	14:00	长生桥、长阡上、跨河桥、万春桥、北大堰桥、石泉、谭桥、通元、八字桥	角里堰—硖石	5:00
硖石—沈荡	15:30	长生桥、老坟前、百步亭、六部大桥	沈荡—硖石	5:40
硖石—桐乡	5:30 10:00 14:00	北斜桥、晏公庙、王家、屠甸、起龙桥、百桃、北日、古店桥、白云桥	桐乡—硖石	5:30 10:00 13:00
硖石—袁花	5:40 9:30 12:00 16:00	白云桥、康家桥、旺岸桥、南庙。北塘桥、谈桥、倪木界桥	袁花—硖石	5:30 9:30 12:00 15:20
硖石—新仓	8:50 15:50	平陵庙、麻泾桥、新丰桥、金溪桥、金阳庙、木行头	新仓—硖石	6:00 12:30
硖石—丁桥	9:20 15:20	大桥、姚家桥、柏士庙、东桥、观登、金石、平阳堰	丁桥—硖石	6:00 12:00
硖石—旧仓	9:00 15:10	泥公桥、陆家湾、洙泗浜、丁国师桥、潘婆桥、金阳、木行头、骑塘桥、许文桥	旧仓—硖石	6:00 12:00
硖石—丰镇	9:00 15:00	伊桥、张店、接济院、打鸦桥、五湖泾、书房桥、扁梁桥、洪福桥	丰镇—硖石	6:00 12:00
硖石—盐官	6:40 11:00 15:40	伊桥、张店、庆云、前步桥、斜桥、郭店、伍家板桥	盐官—硖石	6:00 11:00 14:30
长安—临平	18:00	杨家渡、报国、许村、施家堰、吴家堰	临平—长安	15:30
长安—盐官	9:40 13:30 16:00	万家渡、周家渡、王店港、石井、圣帝殿、富春桥	盐官—长安	5:50 11:00 14:40
海盐—任家祠堂	4:00	三环洞、欤城、孟家堰、沈荡、三牌楼、横港桥、练浦、茹安胥	任家祠堂—海盐	5:00
海盐—石泉	9:00 15:00	泾塘桥、赵家桥、塘桥、官堂、徐油车、牌楼漾、通元、谭桥	石泉—海盐	5:45 11:30
海盐—平湖	13:00	北门、白苎、西塘桥、斜桥、淡水桥、大兴桥	平湖海盐	5:00
海盐—西塘桥	9:00	北门、白苎	西塘桥—海盐	11:00
海盐—上海	5:00	北门、白苎、西塘桥、斜桥、淡水桥、大兴桥、平湖、新埭、泖港、米市渡、闵行	上海—海盐	6:00

（续表 7-1-5）

起讫港名	开航时间	沿途停靠站点	起讫港名	开航时间
平湖—上海	5:00	新埭、金山、泖港、米市渡、闵行	上海—平湖	13:00
	18:30			18:00
平湖—嘉兴	5:00	新丰、焦山门、十八里桥、东栅口	嘉兴—平湖	14:30
平湖—新埭	8:30	扶行桥、赵家庙、诸仙汇、坍牌楼、红庙渡、青阳记	新埭—平湖	6:00
	15:30			12:00
平湖—新仓	8:30	双桥、半路桥、三里堰、广陈、泗里桥	新仓—平湖	5:30
	15:00			12:30
平湖—衙前	14:30	双桥、半路桥、三里堰、广陈、泗里桥、新仓、落水银桥	衙前—平湖	5:00
平湖—三叉河	14:30	六里桥、徐相公桥、金兰桥、太平大队、周圩、北庙、赵家桥、西桥	三叉河—平湖	5:30
平湖—口水	16:00	徐埭、林埭、青溪桥、渡船桥、纪家桥	口水—平湖	5:30
平湖—乍浦	9:30	虹霓堰	乍浦—平湖	12:00
平湖—钟埭	16:00	种田桥、吼桥、丰收桥、七星桥	钟埭—平湖	5:30
平湖—全公亭	9:00	徐埭、虎啸桥、秀平桥	全公亭—平湖	12:00
平湖—马厩	16:30	曹气港、庄几村、通家桥	马厩—平湖	5:00
平湖—林埭	10:00	六里桥、徐埭、柳庄桥	林埭—平湖	12:00
长安—菱湖	5:40	七里亭、崇福、观庄桥、芝村、清河、南庄、洲泉、屠家坝、新市、南寺桥、千金、南卸桥、大白滩洋	菱湖—长安	5:30
	12:30			12:00
乌镇—长安	5:00	宗扬庙、单桥、大王渡、石门、福严渡、羔羊、崇福、七里亭	长安—乌镇	5:20
	7:30			8:00
	12:00			12:40
石门—长安	5:00	福严渡、羔羊、崇福、七里亭	长安—石门	16:20
桐乡—乌镇	5:30	宗扬庙、炉头、晒浜、陈庄	乌镇—桐乡	15:00
崇福—长安	15:00	七里亭	长安—崇福	13:30

表 7-1-6　1985 年嘉兴市客运航线汇总表

站名	营业航线			区间线			营运客轮（只）	船舶航线里程		航线时间		沿途停靠站点（个）
	条	班次	里程（公里）	条	班次	里程（公里）		航程公里	船均	日航小时	船均	
合计	64	156	4937.9	27	57	1063.3	77	5962.4	76.96	575.15	7.36	555
嘉兴	12	28	1099.6	5	12	253	19	1352.6	71.2	133.5	7	133
嘉善	12	32	719.8	6	12	197.2	12	917	76.4	91.1	7.4	87
海宁	11	32	802	2	4	74.8	11	376.8	79.4	90.5	8.15	99
海盐	9	16	498.4	1	2	31.6	8	530	66.3	53.5	6.45	72
平湖	12	29	1217.8	3	6	113.6	14	1331.4	95.1	114.1	8.1	96
桐乡	8	19	600.3	10	21	393.1	13	954.6	73.4	92.45	7.1	68

表 7-1-7　1985 年嘉兴市客运航线表

（嘉兴站）

航线起站	航线到站	全程公里（公里）	每天班次	经过站点	备注
嘉兴	湖州	98.6	2	革命浜、莫家笕、陶家笕、陡门、运河农场、妙智、毛家渡、宗扬庙、炉头、晒浜、陈庄、乌镇、顾家塘桥、练市、口水、安来塘桥、洁城、双林、长生桥、南嵩桥、思溪、旦头、袁家汇、三路村	两轮对开
嘉兴	海盐	38.4	2	新兴、石牌堰、余新、王道宅、半路、沈荡、孟家堰、欤城、三环洞	当天来回
嘉兴	西塘	35.2	2	塘汇、钱家桥、杨庙、九号桥、天凝、福善泾、洪溪、上甸庙、下甸庙	当天来回
嘉兴	新篁	31.1	4	东栅口、麒麟坝、八字桥、北塘桥、沙桥、南塘桥、石佛寺、凤喈桥、梅花桥、庄史。吴家塘桥、日月桥	两轮对开
马腰	嘉兴	57.2	2	四摆渡、东迁、南浔、震泽、后练、铜罗、思古桥、石汇头、胜荡桥、新塍、妙智港、阴家桥、九里汇、大德桥	当天来回
乌镇	嘉兴	36.6	2	九里亭、杨家浜、思古桥、石头汇、胜荡桥、新塍、妙智港、阴家桥、九里汇、大德桥	当天来回
步云	嘉兴	21.2	2	陈家浜、六里塘、光明桥、三塘桥、大桥、红庙、大船浜、高丰庙、东栅口	当天来回
南汇	嘉兴	26.9	4	戴西浜、汪家坟、油车港、九号窑、杨庙、钱家桥、塘汇	两轮对开
善琏	嘉兴	61.7	2	盐境桥、福禄桥、练市—革命浜与湖州同线	当天来回
石门	嘉兴	35.6	2	大王渡、单桥、宗扬庙—革命浜与湖州同线	当天来回
盛泽	嘉兴	21.4	2	前跃桥、七里卡、八一、建新、王江泾、上胜港、洪庙浜	当天来回
嘉兴	硖石	27.9	2	长生桥、机埠、马桥、新塘桥、三姑庙、王店	当天来回
嘉兴	余兴	12.6	2	区间航线与海盐线同	
嘉兴	南浔	46.2	2	区间航线与马腰线同	
嘉兴	新塍	15.3	2	区间航线与乌镇线同	
嘉兴	运河农场	17.4	2	区间航线与湖州线同	
嘉兴	王店	17.5	2	区间航线与硖石线同	

表 7-1-8　1985 年嘉兴市客运航线表

（嘉善站）

航线起站	航线到站	全程公里（公里）	每天班次	经过站点	备注
嘉善	大通	17	2	人民桥、白水塘、长胜桥、朝红桥、一号桥、五星桥、双溪	
嘉善	汾玉	41.5	4	茚里、范泾、西塘、塘东、上甸庙、下甸庙、陈甸、芦墟、新村、陶庄	
嘉善	西塘	24.6	2	智果、南桥、里泽、姚庄、新中桥、枉港、姚水产、北窑、永红	
嘉善	金洋	30.1	2	幸福桥、西塘、界泾、丁栅、泥水庙	
嘉善	平湖	27	2	人民桥、白水塘、洋桥、乡政府、大桥、林家小桥、大云、胥塔、钟埭、七星桥、丰收桥、吼桥、种田桥	
嘉善	蒸淀	34.3	2	石人汇、幸福桥、西塘、大舜、西墩、界泾、丁栅、泥水庙、金洋、俞汇、池家浜、白虎头	
嘉善	新丰	17.9	2	人民桥、朝阳、施王港、胥山、伍子塘、六里塘、陈家浜、步云、新农桥	
嘉善	杨庙	9.7	4	西门、三店	
嘉善	潮泥滩	9.2	4	人民桥、新兴、张汇、石浜	
嘉善	清凉	15.8	2	智果、南桥、里洋、姚庄	
嘉善	天凝	19.7	4	石人汇、干窑、江泾、洪溪、福善泾	
西塘	嘉兴	42.3	2	大舜、红菱、下甸庙、上甸庙、洪溪、福善泾、天凝、九号窑、杨庙、钱家桥、塘汇	
人民桥	平湖	25.5	2	区间班、与嘉善至平湖线同	
嘉善	大云	11.5	2	区间班、与嘉善至平湖线同	
平湖	钟埭	10.1	2	区间班、与嘉善至平湖线同	
人民桥	嘉善	7.7	1	区间班、与嘉善至新丰线同	
胥山	嘉善	9.2	1	区间班、与嘉善至新丰线同	
嘉善	芦墟	13.7	2	区间班、与嘉善至汾玉线同	
嘉善	五星桥	30.1	2	区间班、与嘉善至大通线同	

表 7-1-9 1985 年嘉兴市客运航线表

(海宁站)

航线		全程公里（公里）	每天班次	经过站点	备注
起站	到站				
硖石	芦湾	18.5	2	大桥、姚家桥、柏士、东桥、观登、金石、生伽桥、平阳堰、丁桥、星广桥、	
硖石	澉浦	32.1	2	长生桥、长千桥、跨河桥、万春桥、北大堰桥、石泉、谭桥、通元、五星桥、通六桥、新华桥	
硖石	盐官	22	4	伊桥、张店、庆云、前步桥、斜桥、郭店、伍家板桥	
硖石	周王庙	21.2	2	伊桥、张店、庆云、前步桥、郭店	
硖石	丰镇	16.6	4	伊桥、张店、接济院、打鸦桥、五湖泾、书房桥、变梁桥、洪福桥	
硖石	袁花	17.5	4	白石桥、唐家桥、旺岸桥、园庙、北塘桥、谈桥、倪家木桥、	
硖石	海盐（甲）	31.6	2	长生桥、老坟前、百步、六部大桥、沈荡、孟家堰、欤城、三环洞	
硖石	海盐（乙）	25.7	1	长生桥、老坟前、杨家桥、吕家。鸳鸯桥、欤城、三环洞	与平湖站对开
硖石	平湖	55.3	2	长生桥、老坟前、百步、六部桥、沈荡、朱家桥、缪家、白洋桥、富大泾、新篁、宁观桥、青莲寺、西塘桥、东斜桥、泗顾桥、转塘桥、淡水桥、大兴桥	往返航次
长安（下）	袁花	37.3	2	白洋间、周王庙、郭店、义仰桥、丰镇、洪福桥、平阳堰、丁桥。星广桥、芦湾、金阳、国太桥、十字堰	
长安（上）	盐官	10.3	6	万家渡、汪店港、石井、圣帝殿、春富庵	
硖石	苏州	99.3	1	王店、嘉兴、平望、吴江	与苏州公司对开
硖石	丁桥	14.6	2	区间班与硖石至芦湾线同	
硖石	通元	22.8	2	区间班与硖石至澉浦线同	

表 7-1-10 1985 年嘉兴市客运航线表

(海盐站)

航线		全程公里（公里）	每天班次	经过站点	备注
起站	到站				
海盐	横港	25.8	2	三环洞、欤城、孟家堰、沈荡、三牌楼、横港桥、练浦、和安桥	
海盐	平湖	26.1	2	北门、白苎、北阳桥、杨家蔚、西塘斜桥、泗顾桥、淡水桥、大兴桥	
海盐	石泉	22.9	2	泾堂桥、赵家桥、塘桥、官堂、许油车、牌楼漾、通元、谭桥	
海盐	新篁	19	2	北门、白苎、凤凰堰、元通、王王桥、大丰桥、邱家桥、储龙桥	
海盐	齐家	15.4	2	三环洞、黄桥、升家桥、大桥、江渭桥、反帝桥、红光桥	
海盐	杭州	114.3	1	欤城、沈荡、百步、硖石、斜桥、郭店、塘栖、卖鱼桥	
海盐	硖石（甲）	31.6	2	三环洞、欤城、孟家堰、沈荡、六部大桥、百步、老坟前、长生桥	
海盐	硖石（乙）	25.7	1	三环洞、欤城、鸳鸯桥、利众、杨家桥、老坟前、长生桥	
海盐	嘉兴	38.4	2	三环洞、欤城、孟家堰、沈荡、半路、王道宅、余新、石牌堰、新兴	
海盐	通元	15.8	2	区间班与海盐至石泉线同	

表 7-1-11　1985 年嘉兴市客运航线表

（平湖站）

航线 起站	航线 到站	全程公里（公里）	每天班次	经过站点	备注
平湖	上海	95.5	4	青阳汇、泖口、金山、泖港、米市渡、闵行	
海盐	上海	121.6	2	北门、白苎、北阳桥、杨家蔚、西塘桥、斜桥、泗顾桥、塘桥、淡水桥、大兴桥、平湖、以下与平—申线同	
平湖	马厩	10.5	4	曹兑港、庄几村、通家桥	
平湖	大通	15.6	2	扶行桥、赵家庙、诸仙汇、石人汇	
平湖	林埭	11.4	4	六里桥、徐埭、柳庄桥	
平湖	新庙	28	2	双桥、半路桥、大落汇、前港、牛桥、红旗塘、剪刀汇、山塘、杨盛、秋浜	
平湖	三叉河	20.6	2	六里桥、施相公庙、金兰桥、东宫殿、周圩、北庙桥、赵家桥、西马桥	
平湖	新埭	18.4	2	扶行桥、赵家庙、诸仙汇、坍牌楼、红庙渡、青阳汇	
平湖	硖石	55.3	2	与海宁站、硖石至平湖线同	与海宁站对开
平湖	金桥	26.8	2	六里桥、徐埭、白泖港、沈窖、庙桥、虎啸桥、秀平桥、杨家舍、全塘、冰厂桥	
平湖	衙前	23.7	2	双桥、半路桥、三里堰、广陈、泗里桥、新仓、水银桥	
平湖	杭州	128.2	1	嘉兴、石门、崇福、塘栖	与杭州分公司对开
平湖	青阳汇	16.9	2	区间班与平湖至新埭线同	
平湖	全塘	21.7	2	区间班与平湖至金桥线	
平湖	新仓	18.2	2	区间班与平湖至牙前线同	

表 7-1-12　1985 年嘉兴市客运航线表

（桐乡站）

航线 起站	航线 到站	全程公里（公里）	每天班次	经过站点	备注
长安	菱湖	51.3	2	七里亭、崇福、姚庄桥、芝村、清河、南庄、泉洲、屠家坝、新市、南市桥、千金、南农窖村、大家滩漾	
长安	乌镇（乙）	35.5	2	七里亭、崇福、羔羊、福严渡、石门、吕庄、雉丰桥、白马双桥、陈家桥、八字桥、西庄桥	乙线
桐乡	高桥	16.1	4	古店桥、史家桥、周家桥、南日	
铜罗	桐乡	28.8	1	杨家浜、九里亭、乌镇、陈庄、晒浜、炉头、宗阳庙	
桐乡	新市	32	1	宗扬庙、单桥、大王渡、石门、八泉、河山	
桐乡	南浔	40.9	2	宗扬庙、炉头、晒浜、陈庄、乌镇、茅家桥、杜街、四摆渡、三摆渡、菜子湾	
新生	长安	39.3	2	妙智、毛家渡、宗扬庙、桐乡、单桥、大王渡、石门、福严渡、羔羊、崇福、七里亭	
桐乡	硖石	26.4	4	古店桥、史家桥、周家桥、南日、高桥、起龙桥、屠甸、五星高地乌塘洋、双山	
桐乡	河山	24	1	区间班与新市至桐乡线同	
八泉	新市	11.7	1	区间班与新市至桐乡线同	
河山	八泉	8.7	1	区间班与新市至桐乡线同	
南浔	横街	11.3	2	区间班与桐乡至南浔线同	
南浔	乌镇	24.9	2	区间班与桐乡至南浔线同	
桐乡	乌镇	16	6	区间班与桐乡至南浔线同	
桐乡	新生	16.2	1	区间线与新生至长安线同	
石门	长安	20.1	1	区间线与长安至乌镇乙线同	
乌镇	石门（甲）	19	1	区间线与乌镇至长安甲线同	
乌镇	长安	39.1	1	陈庄、晒浜、炉头、宗扬庙、单桥、大王渡、石门、福严渡、羔羊、崇福、七里亭	
千金	长安	43.2	2	区间线与长安至菱湖线同	

表 7-1-13 1985 年嘉兴市农客班航线表

所属县	航线	全程公里	班次	经过地点	客轮		客驳	备注
					客位	马力		
桐乡	亭桥—桐乡	16.4	2	南日、史桥、古店桥	36	12		两户
桐乡	星石桥—崇福	10.5	2	肇昌、留良	15	12		两户
桐乡	骑塘桥—崇福	13.5	2	肇昌、御驾桥、留良	12	12		两户
桐乡	高桥—崇福	13.2	2	绸厂、环桥、扶驾桥、彭西弄、九里桥、石庄桥	29	12		两户
桐乡	同善堂—石门	6.7	2	李庄、红金桥	14	12		两户
桐乡	西圣埭—石门	5.4	2	（无停靠点）	12			两户
桐乡	王泾—石门	6.7	4	肖王庙	22	12		两户
桐乡	民合—乌镇	7.1	2	林家土桥、新桥、中洪桥	54	12		两户
桐乡	骑塘桥—桐乡	19.9	2	高桥、南日	12	12		两户
桐乡	星石桥—桐乡	19.9	2	高桥、南日、史桥、古店桥	36	12		两户
桐乡	亭桥—崇福	8.6	2	余新桥、秀才桥、八字桥、芦母、景卫	22	12		两户
桐乡	扶家桥—崇福	7.2	2	彭西桥、九里桥	14	12		两户
桐乡	河山—石门	10.4	4	八泉、肖王庙	30	12		两户
桐乡	马义—崇福	10.7	2	永秀	44	12		两户
嘉兴郊区	古头泾—嘉兴	10.6	4	鱼池汇、仓鱼桥、塘汇、秋泾桥	42	12		村办
嘉兴郊区	田乐—嘉兴	31.9	2	大三万、双塔、大镇、长片田、市泾、建新、王江泾、长睦桥、红庙浜	80	80	60	村办
嘉兴郊区	栖真—嘉兴	14.7	2	麦家、劳丰、万北、百花、联丰、大平桥	82	35	35	村办
嘉兴郊区	马厍—嘉兴	9.4	2	朱家港、北月浜	32	24		村办
嘉兴郊区	澄溪—嘉兴	25	2	民主、将介浜、劲风、升平桥、三水湾	56	40		两户
嘉兴郊区	虹阳—嘉兴	17.8	2	尖墩角、北溪浜、南溪桥、双桥、虹庙浜、高家浜、跃进桥	77	40		村办
嘉兴郊区	吕塘—嘉兴	15.2	2	曹庄、合作桥、关家桥	47	24		村办
嘉兴郊区	高照—嘉兴	15.2	2	四号桥、五号桥、六号桥、九里湾	57	40		村办
嘉兴郊区	竹林—嘉兴	21.4	2	东风、永丰、焦山门、十八里桥、东栅	46	24		村办
嘉兴郊区	南汇—盛泽	10.6	2	胜荡浜、前进	54	24		村办
嘉兴郊区	桃园—新塍	7.5	2	叶家桥、全家浜、贾家桥、上入、闾阳桥	80	24		村办
嘉兴郊区	净相—新丰	9	4	界亚桥	50	40		村办
嘉善	丁栅—西塘	9.5	4	江进汇、千墩	62	24		联户
嘉善	西塘—丁栅	9.5	4	江进汇、千墩	99	50		联户
全市		357	68	28 艘	1224	647	2 艘 95	
郊区交运公司集体	新塍—濮院	12	2	大板桥、龙口桥、新河桥、下仙、新桥、陡门	70	16	85	
郊区交运公司集体	王店—建设	9.7	2	莲花桥、张华桥、姜家桥、十店汇桥、斜江桥	51	16		一艘客轮开二条航线
郊区交运公司集体	王店—硖石	11.1	2	大洋桥、南施宫、王家浜、许家门、徐家汇、仲家汇				
郊区交运公司集体		32.8	6		2 艘 211	82	1 艘 85	

第三节 客运组织

历史沿革

1949年5月，杭州、嘉兴、湖州相继解放，溃逃的国民党残部，为了阻止人民解放军挥戈东进，解放上海，竟切断陆上交通，制造混乱，炸断了石湖荡铁路大桥，造成了沪杭铁路运行中断，旅客、物资受阻。在人民政府的领导和支援下，嘉兴市及所属各县除了组织民船承担支前任务，运送粮食、武器弹药等军需物资外，嘉兴市的一些轮船行积极设法抽调或向外地求援，组织了"盐嘉""南湖""顺新""江南一号"等七八艘较大型的客轮或客货轮，投入嘉兴至上海旅客和零星物资的运输，确保了沪嘉交通的畅通。1949年10月中华人民共和国成立后，在中国共产党和人民政府的扶植下，民族工商业得以重新复苏。嘉兴市和各县的军管会、人民政府为了维持客运航线的畅通，对各私营轮船行，进行了调查、整顿和登记，督促、帮助原有的轮船行停航的复航，破产停业的筹资重建。在短短的几个月时间里，嘉兴市及各县的客运航线，迅速得到恢复。1949年年底至1950年年初，嘉兴县已有16家轮船行和19艘客轮，海宁县硖石、长安两大镇有20家轮船行21艘客轮，嘉善县有13条航线以及平湖、海盐的原有客运航线先后开航。

建国后的3年恢复时期，由于党和人民政府的正确政策，使得民族工商业得以逐渐恢复，而水上运输企业也在恢复过程中得到发展。这对促进工农业生产，保障城乡物资交流，畅通民间旅行，安定社会正常秩序，配合军需运输，起到了积极作用。

1955年年初，随着党对资本主义工商业实行社会主义改造运动的开展，嘉兴市(地属市)及嘉善、海盐、海宁、平湖等县的私营客运运输企业，通过"利用、限制、改造"政策，先后组成公私合营企业。

1955年1月，嘉兴合营轮船行(于1951年6月由嘉兴西部航线的振利、振兴、新腾、福昌、顺新、光明、新联和同鑫轮船组成)和顺新(一号)、永和、庆大、梅利、万顺、俭业七轮船行实行联合管理。由嘉兴市政府指派冯乃章负责组成"交通改造"工作组进驻。经近四个月的调整，整顿和清产核资等筹建工作，于1955年5月1日正式成立公私合营嘉兴轮船公司。市府任命凌泽丰(公方代表)、张振明为副经理。1955年12月补任陈世贵兼经理。1956年社会主义改造发展到全行业实行公私合营时，又批准工联、长风、利兴、新兴、胜利五家轮行，并入公私合营嘉兴轮船公司。后又有"合星""永利"客轮、"三星""华屋"客驳和"协记成"轮行加入该公司。当时计有客轮25艘，货轮2艘，客驳4艘。私方固定资产净值为89058元，职工255人。客运航线有嘉兴至湖州、菱湖、南海、桐乡、乌镇、新塍、濮院、平湖、海盐、芦墟、盛泽、新塍、凤桥、南汇、新市等15条以及上海零担货班2艘。

平湖县：公私合营前有11家私营轮船行(不包括平湖至上海线)。1955年2月，首先对新生、新兴、发记、正利、新利、胜利、利群7家轮船行、8艘客轮、7条航线实行"联营"。于1955年8月1日批准成立公私合营平湖轮船公司。经理由平湖航管站站长陈世贵兼任。在此基础上，1956年1月又批准福达、便利、胜利、华通四家轮行转入公私合营。至此，全公司拥有客轮12艘，计197吨，810客位，310匹马力。经营平湖至新蝶、乍浦、新仓、硖石、海盐、全公亭、嘉兴等9条航线。私方固定资产净值24770元，在职人员85人。

在此同时，上海市水上区人民政府派出工作组，对经营平湖至上海客运航线的大利、源昌、大康福、宁发、国泰信等5家轮船公司进行整顿、改造。首先成立"申平线联营处"，统一经营管理。于1955年3月与申菱(湖)，申蚌(埠)等航线的几家私营轮船公司合并成立"公私合营上海内河轮船公司"，并在平湖设立营业站。1957年1月1日公私合营平湖轮船公司宣布转入国营。1958年1月，体制改为嘉兴区航运局平湖营业站。同年7月，根据浙江省交通厅与上海市交通运输局协议，将公私合营上海内河轮船公司平湖营业站及其所属人员、船舶无偿转给嘉兴区航运局经营。计有沪发(原上海号)、沪内、沪运、205、206、207、208、219、231九艘客轮和客货轮、四艘客驳和在职人员150人。

海宁县的硖石、长安两大镇都在沪杭铁路线上。水上交通发达，中转旅客较多，因此成为当时私营轮船业的两个中心。硖石有振华、顺利德记、江洽、仓侠、生记、合众、民生、利源、云利、云飞、顺利、德记等13家轮运行，客轮15艘。经营硖石至盐官及袁花、丁桥、新仓、六里摆、海盐、平湖、乌镇、大麻等9条航线，35个班次，职工86人。长安镇有企民、顺裕、振兴、建新、工商、永兴、四达、四利洽、协鑫9家轮船行，客轮10艘，客驳1艘。1953年11月长安几家轮行联合经营，组成了"长安合营轮船行"。经营长安至杭州、盐宫、石门、濮院、乌镇、南浔、菱湖等7条航线，26个班次。1954年10月硖石私营轮船业实行联管，建立"硖石轮船业联合经营管理处"。县政府派出"交改"组统一领导，并进行清产、清账、整顿、建制等工作，于1955年5月1日批准成立“公私合营海宁轮船公司”，经理纪书堂(公方代表)，副经理翁顺源(私方代表)。1956年4月1日，“公私合营长安轮船公司”经过筹建，宣布成立。经理梁玉明(公方代表)，副经理夏凤亭(私方代表)。固定资产净值为18882元，职工93人。

嘉善县于1951年9月由友谊轮资方张贵林发起组织私营联营，定名为“游丰联营社”。社址设在西塘。参加联营的有7条客轮，1艘客驳。经营嘉善至陶庄、芦墟、练塘、黎里、西塘和西塘至平湖7条航线，职工42人。1953年水上民主改革结束后，社址迁往嘉善。同时，“游丰联营社”改组为“嘉善合营轮船行”，经济性质不变。当时有俭兴、友谊、正兴、永宏、裕隆、洽泰、游丰等8艘客轮，经营6条航线，以县境内为主。1956年2月1日经批准成立“公私合营嘉善轮船公司”。经理易光风，副经理张贵林。

海盐县于1955年由“盐嘉”“荣记”两家轮船行建立联管会。同年7月26日成立“公私合营海盐轮船公司”。12月从上海购进“新和丰”客轮一艘，更名为603#。年末计有601#、602#、603#三艘客轮行驶海盐—嘉兴，海盐—硖石等2条航线。公方经理姚惠民，私方副经理张幼仪，职工41人。

嘉兴市及各县的私营轮船业，经过整顿、组建、成立公私合营企业后，原客轮的船名取消，统一编制船号。起号是：嘉兴“101”、平湖“201”、海宁“301”、长安“401”、嘉善“501”、海盐“601”。

公私合营后，在国营经济的指导下，加强了企业经济管理，健全了财务制度，提高了运输效率，企业面貌大为改观。如海宁县1954年客运量和周转量为67.6万人、938万人公里，1956年为141.15万人和1933.72万人公里。分别增长一倍以上。嘉兴1956年的客运量比1954年增长28.43%。在上级政府的统一步骤下，1956年11月至1957年4月，公私合营嘉善、平湖、嘉兴、海宁、长安、海盐6家轮船公司先后宣布并入国营。公私合营嘉兴轮船公司由航管处直接经营，其他各县公司由当地航管部门经营，财务由浙轮嘉兴营业处统一核算。

1972年，根据嘉兴地区革命委员会决定，嘉兴、嘉善、海盐、海宁、桐乡、平湖(除平湖至上海和海盐至上海线，仍由嘉兴地区嘉兴航运公司经营)等六县客运站管理体制下放各县领导、管理。

1979年1月，根据浙江省革命委员会(78)170号文件精神，将1971年1月第二次下放的嘉兴、嘉善、海宁、海盐、平湖、桐乡六县的客运站，重新归属浙江省航运公司嘉兴分公司统一经营、管理。

1990年年底，嘉兴市水上客运企业共有13家，其中国营企业水上客运企业有1家，农客班个体客运企业有12家。国营企业水上客运企业是：嘉兴市航运总公司所属的客运分公司。个体客运企业分别是：桐乡河山肖床村沈明，桐乡虎哨李家浜付生虎，桐乡骑塘乡陈正昌，桐乡亭桥乡亭桥村阮金江，桐乡骑塘星石桥沈冠初，桐乡亭桥乡亭桥村朱伯明，嘉兴郊区田乐客运站，郊区栖真乡，郊区栖真乡马库村，澄溪乡相溪村(个体)，南汇乡双联村，丁栅乡张银林。

1994年4月，根据嘉兴市人民政府嘉政发〔1994〕17号和嘉交人〔1994〕115号文件的精神，嘉兴市航运总公司所属的平湖、嘉善、海宁、海盐、桐乡分公司，成建制下放给所在县(市)管理，为自主经营、独立核算的经济实体，具有法人资格。各分公司的人、财、物均属所在县(市)统一管理，成为县(市)属企业。嘉兴分公司仍隶属市航运总公司管理。

到2010年年底，嘉兴客运企业还有3家，他们分别是：嘉兴市南湖名胜发展有限公司、浙江西塘旅游文化发展有限公司、平湖市东湖景区旅游发展有限公司。

客运企业

嘉兴客运站

1955年1月，嘉兴合营、梅利、庆大、俭业、万顺、永和、顺新七家私营轮船行合并组成七行联管。在联管期间，七家私营轮船行的工具、人事、经济、运输生产集中起来实行联合管理。经过4个月自串联管筹备，于5月成立公私合营嘉兴轮船公司。共有轮船17艘，477匹马力，1117客位，305.79吨，客驳2艘。1956年，嘉兴轮船业全行业公私合营中，又有长风、工联、协记成、利兴、新兴、胜利、永利七家轮船行和项沈氏、项兴法、项阿庆三艘客驳以及四家转运行(其中三家已破产)经过经济改组，并入公私合营嘉兴轮船公司，共计轮驳127艘，从业人员78人，固定资产净值15325.75元。

1957年4月，公私合营嘉兴轮船公司宣布并入国营，由嘉兴航管处经营，财务上由嘉兴营业处统一核算。

1958年1月，撤销嘉兴航管处和嘉兴营业处成立嘉兴航运局，并下设嘉兴客运营业所和平湖、嘉善、海宁、崇德四个营业站(海盐当时划归平湖站管理)。

1958年11月，嘉兴、平湖、嘉善、海宁、海盐、桐乡除平湖站保留平湖—上海、海盐—上海两条航线外，全部下放到地方。

1962年7月，浙江省杭嘉湖航运局成立，下设嘉兴、湖洲、杭州三个分局。嘉兴分局于1962年8月1日在嘉兴市勤俭路55号正式成立。原下放到嘉兴地区东片六县(即嘉兴、平湖、嘉善、海宁、海盐、桐乡)的客运站全部收归嘉兴分局统一领导、统一经营、统一管理。

1963年，浙江省杭嘉湖航运局嘉兴分局撤销，又恢复嘉兴区航运局，1965年1月嘉兴区航运局改名为浙江省轮船运输公司嘉兴分公司。

1979年1月，将1971年1月第二次下放的嘉兴、平湖、嘉善、海宁、海盐、桐乡六县客运站又重新归属浙江省航运公司嘉兴分公司。

1981年，浙航嘉兴分公司嘉兴客运站：客运量2996131人次，41757200人公里。货运量16176吨，1806636吨公里。客运收入767660.34元，货运收入132019.89元，其他收入8879.94元，利润66634.60元。客运通航里程348.5公里，经营航线14条(嘉兴—湖洲、嘉兴—南浔、嘉兴—西塘、嘉兴—新篁、嘉兴—海盐、嘉兴—南汇、嘉兴—新塍、嘉兴—王店、嘉兴—善琏、嘉兴—马腰、嘉兴—石门、嘉兴—乌镇、嘉兴—盛泽、嘉兴—步云)，营业里程531.5公里，每日营运客轮18艘，航行班次40个，客运船舶航运1302.6公里，137.5时。有客轮24艘，客位2480个，其中钢质9艘(405轮、411轮、412轮、430轮、431轮、496轮、503轮、507轮、511轮)，木质15艘(442轮、446轮、444轮、434轮、475轮、473轮、477轮、480轮、432轮、470轮、456轮、493轮、494轮、450轮、461轮)，总马力1362匹。客驳14艘(2号驳、11号驳、13号驳、14号驳、27号驳、30号驳、33号驳、34号驳、45号驳、46号驳、28号驳、42号驳、56号驳、59号驳)，1472客位。货驳6艘(306号驳、101号驳、226号驳、224号驳、204号驳、205号驳)，共162吨。截至1982年6月，浙航嘉兴分公司嘉兴客运站共有人员327人，其中全民办集体人员25人。

1994年4月，根据嘉兴市人民政府嘉政发〔1994〕17号和嘉交人〔1994〕115号文件的精神，嘉兴市航运总公司所属的平湖、嘉善、海宁、海盐、桐乡分公司，成建制下放给所在县(市)管理，但嘉兴分公司仍属嘉兴市航运总公司管理。

2000年，根据嘉兴市属企业改革工作领导小组“嘉改(2000)2号文”批复，嘉航将实行分立重组，组成若干个有限责任公司或股份合作制企业，按照双向选择，进入重组企业后余下的富余人员实施分流安置。即“分立重组、人员分流”。并根据“资产必须一次分割剥离，人员分流可分步实施”的步骤进行操作。实施“分立重组、人员分流”后，嘉航母体将适时宣告破产。嘉兴分公司也将适时宣告破产。

人员分流主要通过三条途径。第一条，进入重组企业。重组企业依据经营规模和生存发展需要，采用“双向选择”的办法吸纳职工进入重组企业。第二条，纳入社会保障机制。凡离法定正常退休年龄不足五年(截止到2000年12月底)的城镇职工，经本人申请，企业批准，可实行离岗退养。待法院裁定企业宣告破产之月，办理提前退休手续，凡年满50周岁的男职工，凡年满40周岁的女职工，本人要求，可实行“双缴双保”，在嘉航宣告破产时，凡年满50周岁的男职工，凡年满40周岁的女职工，本人要求实行“双缴双保”的，由企业一次性按规定为职工足额缴纳养老保险金至法定正常退休年龄，缴纳医疗保险费至75周岁，同时与企业解除合同。第三条，进入再就业市场。对既不能进入重组企业，又不能纳入社会保障机制的职工，按国家有关规定，取得相应经济补偿后，与企业解除劳动关系，直接进入再就业市场。

已退休(退职)人员的基本养老金由社会保险经办机构发放。

2001年7月26日，浙江省嘉兴市中级人民法院依照《中华人民共和国企业破产法(试行)》第八条第一款之规定，裁定嘉兴市航运总公司破产。嘉兴市航运总公司嘉兴分公司同时也宣告破产。

嘉兴市航运总公司嘉兴分公司破产后，南湖旅行社有限公司将其原有的部分客船和部分职工收购收编后，于2001年5月31日，正式成立了嘉兴市南湖旅行社有限公司，经营范围为省际客运。2009年年底时，拥有3艘客船，共356客位，因水路客运业务日趋减少而于2010年7月9日办理了水路旅客运输业务的注销手续。

嘉善客运站

嘉善解放以前，轮船客运行业都是私人分散经营的。1951年年底，6家轮船业主的6艘客轮和1艘客驳开始组织联营，成立“游丰汽轮联营社”，社址设在西塘南棚下40号。翌年元旦，正式开业。联营社成立不及两年，内部纠纷迭起，矛盾丛生。县人民委员会乃于1953年10月，派出工作组帮助整顿，最后将资产总值7960万元，分为796股，改联营为投资入股形式。更名“嘉善合营轮运行”。次年，迁往魏塘镇车站街136号新址办公。

1955年11月，县航管站、总工会等组成工作组，对该行进行社会主义改造。经过清产核资，共有木质客轮7艘，148匹马力，457个客位；客驳1艘，85个客位，资产总值为9862.82元(按：1955年3月1日起，币制改革后，旧人民币1万元，折合新币1元)，经县人民委员会批准，于1956年2月1日起，成立“公私合营嘉善轮船公司”。当时共有职工53人，其中资方从业人员8人。同年11月，因航管体系实行“政企合一”，公司并入县航运管理站，体制上由公私合营转为全民所有制的国营企业，成为航管站的一个部分，原有公司组织不再存在。这一年，全年完成客运量41.29万人次，周转量361.50万人公里，实现利润3083.04元。

1958年1月，县航管站撤销，轮船客运部分首次“上收”为地区航运局领导，定名“嘉兴航运局嘉善营业站”。11月，嘉善县并入嘉兴县，营业站改隶于嘉兴县交通运输公司魏塘营业处。1961年4月，两县分治，又改隶于嘉善县交通运输公司。

1963年3月，客运业再次为省航运局嘉兴分局“上收”，营业站定名为“浙江省航运局嘉善客运站”。1965年1月，省轮船运输公司嘉兴分公司成立后，又更名为“浙江省轮船运输公司嘉兴分公司嘉善客运站”。全站职工已增至98人，共有客轮10艘，224匹马力，928个客位；客驳6艘，489个客位。全年完成客运量106.44万人次，周转量988.14万人公里。

1971年10月，善西公路通车后，原来最为兴盛的善西航线客运量显著下降，从而使客运站经济上出现了赤字，经营上产生了困难。1972年1月，客运站再度“下放”到县，更名为“浙江省嘉善航运公司”。为了弥补亏损，将3艘客驳改成货驳，又添购水泥货驳3艘，抽出客轮1艘作为拖头，组成总载重量为185吨的船队1个，于12月份开出了第一个航次。1973年，又新建木质拖轮1艘(安装4140柴油机)，购进水泥货驳5艘，使船队拖运能力增大到430余吨。经过这两年的惨淡经营，到1974年，收支余额终于扭亏为盈。

1979年，客运体制第三次“上收”，公司重新成为“浙江省航运公司嘉兴分公司嘉善营业站”。全站职工已增至152人，共有客轮16艘，600匹马力，1704个客位；客驳7艘，596个客位，拖轮1艘，货驳13艘，载重量为441吨。固定资产59.93万元。全年完成客运量188.03万人次，1775.24万人公里；完成货运量5.29万吨，682.34万吨公里。

这一时期“文化大革命”已经结束，国家以经济建设为中心，城乡经济渐趋活跃，给航运业带来新的繁荣。1980年客运量已超过200万人次。

1981年，浙航嘉兴分公司嘉善客运站：客运量2461479人次，23372940人公里。货运量36605吨，4879764吨公里。客运收入443186.06元，货运收入158766.99元，其他收入10927.33元，利润43890.31元。客运通航里程214.5公里，经营航线12条(嘉善—汾玉、嘉兴—西塘、嘉善—燕淀、嘉善—天壬、嘉善—姚庄—西塘、嘉善—清凉、嘉善—金泽、嘉善—潮泥滩、嘉善—大通、嘉善—杨庙、嘉善—平湖、嘉善—新丰)，营业里程278.2公里，每日营运客轮12艘，航行班次44个，客运船舶航运807.5公里，83.25时。有客轮15艘，客位1671个，其中钢质4艘(403轮、413轮、504轮、506轮)，木质15艘(437轮、457轮、458轮、459轮、460轮、462轮、466轮、467轮、468轮、469轮、428轮)，总马力730匹。客驳9艘(17号驳、20号驳、29号驳、43号驳、44号驳、50号驳、53号驳、54号驳、62号驳)，1023客位。货运拖轮1艘(338轮)，马力120匹，货驳9艘(533号驳、525号驳、527号驳、508号驳、425号驳、421号驳、408号驳、315号驳)，共417吨。截至1982年6月，浙航嘉兴分公司嘉善客运站共有人员254人，其中全民办集体人员52人。

至1985年，达到270.99万人次，周转量3026.69万人公里，创造了有史以来水上客运的最高纪录。

国家经济建设也促进了陆路交通的发展。县内自1984年以后的五年间，又连续建成县乡公路8条，全县22个乡镇中已有18个乡镇可通汽车；兼之农村中机耕路大量建成。民间用自行车往来的人数日见增多，以致使水上客运业自1985年达到高峰以后，随即出现逐年下降的趋势。到了1988年，全县客运航线已由1985年的15条减至6条，在航客轮由16艘减至9艘。客驳由11艘减至3艘，全年客运量减至104.23万人次，仅及1985年的38.5%左右。而且公路建设还在发展，个体客运业方兴未艾，使水路客运面临着新的挑战。

正当水上客运出现由盛而衰的转折时期，农村中的广大农民，由于改革开放以来，生活改善，每年春秋两季，外出旅游的人数也正在增多。嘉善营业站早已自1982年春季开始，减少货运力量，新辟旅游航班。最初只开杭州一线。至1985年，已增至杭州、苏州、无锡、淀山湖4条旅游风景线同时开航。并且注意做好往来迎送、代办食宿等服务性工作，使旅客感到满意。1985年，共计接送游客2.88万人次，至1988年，又增至5.66万人次，营运收入达到12.27万元，占全年客运总收入的25.58%。这种正常客运日渐萎缩，而旅游客运却在上升的情况，为企业展现了“山穷水尽疑无路，柳暗花明又一村”的新天地。

浙江省航运公司嘉兴分公司嘉善营业站，是全县轮船客运业的独家企业，属全民所有制性质。站址在魏塘镇车站路102号，有总站码头1个，长54米，房屋建筑面积426平方米，其中旅客候船室153.25平方米。1988年，全站职工218人，其中站长1人，副站长1人。拥有在航客轮9艘，447匹马力，1204个客位；客驳3艘，395个客位；货轮7艘，386匹马力；货驳2艘，65吨。这些船只，除1艘木质客驳外，其余均系钢质船体，全年客运总收入51.64万元，货运总收入42.17万元。此外尚有保养车间1处，除保养本站船舶外，同时接受外来修理业务；附属塑料制品厂1个、商店2处。这3个附属单位的全年营收总额32.58万元。

该站职工及单位集体，历年来曾获县、市和省级以上评定的荣誉称号多次，在省市级以上的有：1983年起，为采用新的质量管理方法，组织QC小组活动，1984年获省航系统及交通部分别授予“优秀QC小组”称号；1984年又获交通部授予“文明客运站”称号。1985年曾获省交通厅成果发表奖；1985年又获省航系统及嘉兴市政府授予“文明客运站”“省级营业站先进码头”称号。

1994年4月，嘉兴市航运总公司所属的嘉善分公司，成建制下放给嘉善县管理。1995年11月，嘉善客运分公司并入善通公司，嘉善客运分公司只保留水上货运这一块，水上货运2009年也正式宣告结束。

平湖客运站

嘉航平湖分公司系嘉兴市属全民所有制企业，主营水路客运，俗称平湖客运站，位于城关镇南廊下，濒东湖。1951年1月1日国营华东河河轮船公司浙江省公司浙西分公司在平湖设立营业处。1951年9月改组为浙江省联运公司平湖联运站，十二家轮船公司会计室进行经济上管理，行政领导以平湖航管站为主。1955年3月成立平湖县轮船公司七行联管处，负责人关天忠。到1955年8月成立公私合营平湖轮船公司，经理陈世贵，其主体是原先的七行联管处，1956年又有开上海线的5家轮运行参加公私合营，这5家是大利、源昌、大康福、泰信、予发，共有轮船7艘，其中钢质轮船2艘，属大利轮船股份有限公司(私营)，其余木质轮。开县境内有12家，亦称十二行轮船公司，这12家是胜利、新生、发记、便利、正利、欲达、胜利、华通、欲民、金山、正兴、大利公司新北平轮。经营12条航线，十二行轮船公司轮船皆木质。和其他几县比较，平湖县客运运输一直在交通运输中占较大比重。1949年客运量为20万人，客运周转量670万人公里。以后逐年有所增加，1956年客运量为56.09万人，客运周转量为1253.59万人公里。为1949年2.8倍和1.87倍。

1958年1月，嘉兴区航运局平湖营业站成立，职工80余人，客轮12艘，经营原公私合营平湖轮船公司所有航线。同年7月1日，接受公私合营上海市内河航运公司平湖营业站并入。11月，改名嘉兴专区航运公司平湖营业站，只经营平申、盐申线，其他线划归平湖县运输公司。1959年5月，接纳平湖县轮驳船高级社入站，人员增至289人，有轮船9艘，驳船42艘，客货兼营，并始建保养场。1961年11月，改称嘉兴区航运局平湖客运站，翌年8月，改名杭嘉湖航运局嘉兴分局平湖客运站，12月，恢复经营全县各线。1963年1月，改为嘉兴区航运局平湖客运站和平湖营业站，有客轮15艘、客驳10艘、货驳2艘、职工229人。1965年4月，改名浙江省轮船运输公司平湖营业站。1971年1月，改名嘉兴地区嘉兴航运公司平湖营业站。1972年年初，据嘉兴地区革命委员会文件，该站只经营平申、盐申线，其他各线客轮、有关客运设施及保养场划出，单独组建地方国营平湖县航运公司。

1979年1月，客运体制改变，嘉航平湖营业站及平湖县航运公司均上收，合并为浙江省航运公司嘉兴分公司平湖营业站，时有职工303人，客轮17艘，客驳7艘，货拖轮3艘，货驳3艘。1989年12月，浙航嘉兴分公司下放给市，改名嘉兴市航运总公司。1990年年初，平湖营业站相应改名嘉兴航运总公司平湖分公司。

1981年，浙航嘉兴分公司平湖客运站：客运量2188059人次，40541032人公里。货运量10174吨，942931吨公里。客运收入698686.42元，货运收入146440.64元，其他收入1712.25元，利润16301.63元。客运通航里程405.9公里，经营航线12条(平湖—杭州、平湖—上海、平湖—马几、海盐—上海、平湖—曹桥、平湖—林埭、平湖—金桥、平湖—三叉河、平湖—牙前、平湖—新庙、平湖—新埭、平湖—硖石)，营业里程549.4公里，每日营运客轮14艘，航行班次35个，客运船舶航运1306.4公里，114.33时。有客轮17艘，客位2076个，其中钢质8艘(401轮、402轮、407轮、408轮、498轮、499轮、509轮、510轮)，木质9艘(435轮、436轮、439轮、440轮、441轮、442轮、453轮、472轮、490轮)，总马力1557匹。客驳8艘(4号驳、7号驳、8号驳、10号驳、15号驳、47号驳、55号驳、60号驳)，814客位。货驳6艘(301号驳、302号驳、328号驳、346号驳、425号驳、6142号驳)，共229吨。木质货运拖轮2艘(357轮、358轮)，总马力256匹，截止1982年6月，浙航嘉兴分公司平湖客运站共有人员300人，其中全民办集体人员41人。

1985年前，平湖客运站运量不断增长，1985年达281.79万人次，5692.77万人公里。后因县乡公路陆续建成、公路客运迅速发展，旅客纷纷弃水走陆，该站客运量逐年大幅度下降，1990年不及1961年水平，仅100.64万人次、3301.39万人公里，运附货14197吨，总营收198.51万元。1990年年末，有职工274人，其中管理人员38人，生产人员218人，后勤服务人员18人，设行政管理股、生产经营股、机务材料股、计划财务股及经营服务部，下辖新埭、金山、新仓3个自设站和电子配件厂、交通器材厂及保养场。有钢质客轮15艘1836客位，客驳11艘1140客位，共2976客位；机动货驳4艘，64匹马力，240吨位，固定资产原值356.69万元，净值216.84万元。1989年6月底前，候船室、办公楼、宿舍等面积1100平方米，1989年下半年原址翻建，新站建筑面积1224平方米，其中候船厅555平方米，三层办公楼669平方米，1990年年底基本竣工。

保养场位于吕公桥外，平湖油厂北侧，占地9.95亩，有平湖最大钢质吊艄架1座，船棚2座，面积690平方米，钢质储油罐1座，容量160吨，机修车间168平方米，另有电工间、电焊间、装配间、锻工间、办公室、宿舍、食堂等设施和车、刨、钻、锯、锻、焊、割等各种机具。职工 40 人，可完成本单位修船任务，也承接外来修船业务。1990 年，对外修理 146 艘次，劳务收入 149970 元。

1994 年 4 月，嘉兴市航运总公司所属的平湖分公司，成建制下放给平湖市管理。嘉兴市航运总公司平湖分公司更名为平湖市大利实业总公司。

1997 年 1 月，平湖市大利实业总公司经平湖市人民政府批准兼并给市汽运有限公司，水上客运由市汽运有限公司和钟金寿个人共同出资组建平湖市大利船务有限公司，11 月公司成立并开始营运。公司有客轮 4 艘、400 客位，客驳 5 艘、500 客位，经营平湖旅游客运航线，1999 年客运量为 7.0 万人次，后逐年下降。

海盐客运站

海盐县是杭、嘉、湖的滨海古城。海盐到平湖的航运贯穿市中心，水陆交通发达，浦乡东南有一著名的旅游场所“南北湖”，总面积为 503 平万公里，其中水域面积为 35.72 平万公里，有各种桥梁 232 座。主要河道有盐加塘河、盐平塘河、白洋河、长山河等，河道总长 224.25 公里。

解放初有三家私人轮船公司，分别为宁绍、荣记、运华。经营 4 艘客轮，有 3 条航线。1953 年年底，海盐站有客轮 2 艘，盐加和荣记，90 马力，100 客位，另有机帆船 5 艘，87.93 总吨，载客人数 214 人，马力 145 匹，船员数 59 人。嘉兴—海盐线由庆大轮开航，属盐加轮船行。该船 1953 年客运量 46682 人，1170847 人公里，当年亏 112.72 元。荣记轮行当年亏 2034.58 元，1955 年 1 月盐加和荣记两行参加私营轮联合管理委员会，同年 8 月，两家成立公私合营海盐轮船公司，12 月公司购得倒闭的上海和平轮船行“新和丰”客轮 1 艘，更名为盐加 603，海盐轮船公司 1955 年年末有 601、602、603 三艘客轮。公私合营海盐轮船公司公方经理姚惠民，私方经理张幼仪。1956 年 12 月，政企合一，轮船公司划归嘉兴管理处海盐管理站，站长迟书亭，副站长余霖、姚惠民、张幼仪。海盐客运业务逐渐发展，运量由 1950 年的 5.33 万人，客运周转量 143.5 万人公里，增加 1956 年的 12.39 万人，321.74 万人公里。

1958 年 10 月，嘉兴区航运局海盐营业站和海盐县民船管理所合并入海宁县运输公司，原机构撤销。在海盐设立海宁地方国营轮船公司武原办事处。海盐营业站并入时，固定资产 10878.76 元，职工人数 36 人。

海盐客运量增加。客运主要对象除一般旅客外，主要是小商贩。海盐西瓜和平湖西瓜齐名，深受上海市民欢迎，海盐的咸菜也是地方一土特产品。小商贩们贩运西瓜、咸菜到沪。为适应这一情况，海盐站特在上海苏州河设站点，安排二位固定工人，组织货源，联系客货运，盐嘉(海盐—嘉兴)、盐长(海盐—长安)等线运量也较大。

1961 年、1962 年又有较大幅度的增加。1961 年海盐和海宁再度分开。1961 年 10 月成立地方国营海盐县运输公司，书记兼经理方宝传。1961 年客运量为 46.83 万人，周转量为 734.85 万人公里。较 1960 年 33.16 万人和 525.19 万人公里，分别增加了 41.2%和 37.30%。1962 年国民经济恢复，客运量又比 1961 年增加 26.24%和 17.6%。在海盐客运史上这几年是幅度增加较多的一段时期。客运收入和利润分别为：1961 年客运收入 30774.82 元，利润 7876.58 元。1962 年客运收入 170955.34 元，利润 55296.74 元。

1962 年 10 月海盐与海宁分开时，海盐有客轮 6 艘。其中机帆船 4 艘，轮船 2 艘，共有 461 客位、130.2 马力，机器牌号各船不一。

1962 年 12 月 31 日，体制改革，海盐站划归嘉兴区航运局。1963 年 1 月 24 日成立浙江省杭嘉湖航运局嘉兴分局海盐客运站。上收时海盐站还有海盐粮食局运输小队，计有拖轮 1 艘，木驳 6 艘。海盐站移交嘉兴航运局的轮船 6 艘，客驳 3 艘。固定资产原值：海盐站 10.75 万元，粮食局运输小队 3.92 万元，合计 14.67 万元。移交航线 4 条，除原有的盐加、盐硖、石盐外另增一条西塘至海盐航线，每日班次共 13 次。其中西盐线是 4 班。1964 年海盐站辙销，划归嘉兴站管理，海盐设停靠码头。原有船舶资产、人员分别划入海宁、平湖、嘉兴。直至 1968 年 6 月 19 日重新组站。成立浙江省航运公司嘉兴分公司海盐客运站革委会。主任李广义，副主任赵允淡。

1979 年 1 月，将 1971 年 1 月第二次下放的嘉兴、平湖、嘉善、海宁、海盐、桐乡六县客运站又重新归属浙江省航运公司嘉兴分公司。

1981 年，浙航嘉兴分公司海盐客运站：客运量 131556 人次，15578321 人公里。货运量 8560 吨，900060 吨公里。客运收入 289014.34 元，货运收入 44138.06 元，其他收入 1131.50 元，利润 26997.53 元。客运通航里程 214.3 公里，经营航线 9 条(海盐—嘉兴、海盐—石泉、海盐—横港、海盐—平湖、海盐—硖石(甲)、海盐—硖石(乙)、海盐—新篁、海盐—齐家、海盐—干浦)，营业里程 228 公里，每日营运客轮 7 艘，航行班次 19 个，客运船舶航运 461.1 公里，49.5 时。有客轮 10 艘，客位 941 个，其中钢质 2 艘(404 轮、405 轮)，木质 6 艘(433 轮、438 轮、445 轮、448 轮、449 轮、483 轮)，水泥客轮 2 艘(427 轮、426 轮)，总马力 554 匹。客驳 7 艘(19 号驳、21 号驳、22 号驳、35 号驳、36 号驳、48 号驳、58 号驳)，509 客位。货驳 1 艘(227 号驳)，共 28 吨。截至 1982 年 6 月，浙航嘉兴分公司海盐客运站共有人员 114 人。

1994年4月，嘉兴市航运总公司所属的海盐分公司，成建制下放给海盐县管理，公司更名为海盐县三友交通运输总公司。1999年改制后称海盐县三友交通有限责任公司，从事陆运、汽修等多种经营。

海盐客运站从事水上客运四十余年，1999年12月31日，经营的最后一条海盐至嘉兴客运航线，宣布停航撤销，从而为延续大半个世纪的海盐水上客运史画上了句号。

海宁客运站

海宁县是铁路、公路、航运三通地区，交通运输发达。由于地理上的变迁，江流改造，清代雍正、乾隆以来海宁盐官镇成了观潮第一胜地。海宁县水域面积在五县中所占全县总面积最多，为11.54%。全县大小河流372条，主干河总长284.8公里，皆可客货通航。其中上塘河全长22公里，是海宁至杭州的主要航道。上塘河水系全长75公里，在海宁一段长28.5公里，河宽6米许。

解放前海宁县有十数家轮运行。1949年海宁解放后，濒临破产的轮运行得到了转机，在硖石和长安两地形成轮船行业的两个中心，硖石共有民生、利源、云利、云飞、德记、顺利、江洽、仓硖、生记、合众11家轮运行，共有客轮12艘，固定资产(船舶)12950元。经营航线8条，每日班次共35班，船舶马力共计229匹，客位748座，职工数86人，每日营业额360元至660元不等，共计每月营业收入12160元。长安镇轮运行有企民、顺裕等8家，共有轮船10艘，经营航线7条，每日共发26班次，船舶马力共204匹，客位共计595座。1952年调整资产及增资时，高桥至硖石的客轮停业，利源轮运业的新利民轮船也停航，增设公记轮运业，从丁桥开硖石。1953年11月1日，长安9家轮运行组织私私合营，合营期间新建轮船1艘，协兴轮改为客驳，以后成立“长安合营轮运行”，负责人沈石田，固定资产(船舶)1.888万元，共有职工93人。1954年10月，硖石13家轮运行实行联管，建立“硖石轮船业联合经营管理处”，经理翁顺源，由县交通改革工作组统一领导，建账建制，1956年5月1日成立“公私合营海宁轮船公司”，同年4月1日，“公私合营长安轮船公司”也宣布成立，公方代表(经理)梁玉明，私方代表(副经理)夏凤亭。设行政、业务、财务、船务四个组。1957年5月1日，省交通厅指示，长安轮船公司全部企业无偿划给崇德县(桐乡县前身)经营。长安—杭州线已停开。长安—盐官线划归海宁轮船公司经营。公私合营海宁轮船公司有船舶14艘，其中轮船6艘、机帆船8艘，经营9条航线，共有马力293匹，客位950座，职工总数108人。公私合营长安轮船公司客轮10艘，客驳1艘，经营航线7条，客运班次26班，共有马力204匹，客位595座。

1958年10月，公私合营海宁轮船公司并入海宁运输公司，同时并入的还有海盐县民船管理所和嘉兴区航运局海盐营业站。1962年，海宁运输公司共有212人，其中干部25人、司机39人、驾驶37人。计有客轮17艘，编号为浙航01－17，共计客位1522个，马力432匹，航线是硖石开盐官、袁花、丁桥、新仓、六里堰、海盐、平湖、乌镇、丰镇等9条和长安开盐官、翁家埠2条。1962年，海宁站客运量207.34万人，客运周转量为2293.37万人公里。到1966年“文化大革命”开始那一年，有客轮17艘、1609客位，客驳14艘，1000客位、客运量182.24万人，周转量为1813.75万人公里。

1964年10月1日，海宁第一艘新型钢质客轮“百灵”号投入营运。该船系省交通厅生产的，是一艘新型的客轮，主机2135型柴油机，40匹马力，设有软座。该船开航后，使内河小客轮在船型上有了改观，开始了更新换代，结束了绍式木驳乌蓬船的一统天下。

1979年1月，将1971年1月第二次下放的嘉兴、平湖、嘉善、海宁、海盐、桐乡六县客运站又重新归属浙江省航运公司嘉兴分公司。

1981年，浙航嘉兴分公司海宁客运站：客运量2555565人次，25430830人公里。货运量25838吨，3495389吨公里。客运收入471868.321元，货运收入92894.08元，其他收入22970.02元，利润301.36元。客运通航里程173.7公里，经营航线11条(硖石—盐官、硖石—丰镇、硖石—卢湾、硖石—元化、长安—元化、硖石—干浦、硖石—海盐(1)、硖石—海盐(2)、硖石—平湖、长安—盐官、长安—许村)，营业里程275公里，每日营运客轮10艘，航行班次35个，客运船舶航运772.1公里，86.5时。有客轮15艘，客位1348个，其中钢质5艘(406轮、410轮、429轮、502轮、508轮)，木质10艘(451轮、452轮、454轮、455轮、464轮、476轮、478轮、479轮、488轮、491轮)，总马力762匹。客驳11艘(3号驳、5号驳、6号驳、12号驳、24号驳、25号驳、32号驳、38号驳、49号驳、52号驳、57号驳)，1001客位。货驳5艘(371号驳、375号驳、329号驳、424号驳、358号驳)，共171吨。截至1982年6月，浙航嘉兴分公司嘉海宁客运站共有人员276人，其中全民办集体人员50人。

1990年，海宁仅剩硖石至苏州、通元、长安、丁桥和长安至盐官5条航线，客运量450390人次，周转量10640155人公里。此后，海宁水路客运逐年衰退，1996年客运量仅12858人次，周转量818387人公里。

1994年4月，嘉兴市航运总公司所属的海宁分公司，成建制下放给海宁市管理。

1996年，每日客运量已到不及公司员工人数的窘境。

次年，公司为“以工补运”，与海宁交通汽车保养厂等共同出资组建海宁市金腾汽车修理有限责任公司。此后，客运仅经营旅游航线，主要客源为季节性烧香旅客和春游学生，航线基本为海宁至嘉兴、南北湖、苏州、无锡。客运量和周转量于2000年起不再统计。

2001年1月底，公司有在职职工62人，离退休人员108人，遗属2人。总资产367.91万元，负债93.63万元，净资产274.28万元。年底，企业改制，职工身份置换并分流安置。次年1月，企业资产由浙江中威交通建设有限公司中标购得后更名为海宁市中威汽车修理有限公司并成为民营企业。

桐乡客运站

国营浙江省航运公司嘉兴分公司桐乡营业站，位于梧桐镇商业桥堍。

该站自1957年5月由海宁县长安镇轮船公司迁入崇德县以来，其单位名称和隶属关系几经变动。迁入崇德县时，为嘉兴地区航运局崇德营业站，有客轮5艘，绍式机动乌篷船5艘，绍式客驳1艘，在册职工88人，经营航线7条，客运班次26班，客位595座，下设业务、机务、财务、总务等组，水上以客运为主，兼带装运零担货物。

1958年11月，崇德、桐乡两县合并，客运站并入地方国营桐乡交通运输公司，企业体制第一次下放到县，隶属于县工交局。

1963年1月，地方国营桐乡交通运输公司撤销，体制转化，客轮及客运业务从公司划出，上调省属航运企业，全称：浙江省航运公司嘉兴分公司桐乡营业站。下设人秘、业务、财务、机务四个股室。各地有下设售票站四个，代理站六个。收入全部上缴，费用按实报销，船舶修理统一由嘉兴站设维修组负责。

桐乡客运站自收归嘉兴分局后，在船舶设备上，虽无较大改变，但在改变旅客候船、船舶停靠的条件上，下了很大资本，在宗杨庙建造了码头，盖了换乘室，以后相继建造了乌镇、梧桐、崇福、石门、长安、炉头、屠甸等码头及候船室。各招呼站建了候船亭和简易码头。至1966年年底，该站已拥有客轮13艘，客驳5艘，全站职工105人，经营航线6条，每天营运里程351.6公里，客运量超过130万人次，年利润2.15万元。

1972年1月，省交通体制下放，客运继续下放，改为县属，建立桐乡航运站，属县交通邮政局。

1979年1月再次上收，易名浙江省航运公司嘉兴分公司桐乡营业站。

1981年，浙航嘉兴分公司桐乡客运站：客运量2380505人次，25764766人公里。货运量4075吨，79045吨公里。客运收入530911.64元，利润3060.99元。客运通航里程174公里，经营航线9条(桐乡—长安、桐乡—硖石、桐乡—南浔、桐乡—新生、桐乡—高桥、新生—长安、桐乡—乌镇、乌镇—石门、长安—菱湖)，营业里程254公里，每日营运客轮12艘，航行班次36个，客运船舶航运925.7公里，92时。有客轮16艘，客位1530个，其中钢质4艘(409轮、497轮、500轮、501轮)，木质10艘(447轮、463轮、465轮、471轮、474轮、481轮、482轮、484轮、485轮、486轮)，水泥客轮2艘(420轮、425轮)，总马力832匹。客驳10艘(1号驳、16号驳、18号驳、23号驳、31号驳、39号驳、40号驳、41号驳、51号驳、61号驳)，832客位。货驳5艘(314号驳、228号驳、225号驳、230号驳、310号驳)，共148吨。截至1982年6月，浙航嘉兴分公司桐乡客运站共有人员222人，其中全民办集体人员51人。

1984年客运量创历史最高记录，比1957年增加3.995倍，达250.72万人次。

1985年，该站有客轮17艘，2179座位，客驳11艘，934客位。职工215人，年营业收入73.4万元，固定资产原值157.75万元，净值120.45万元，完成客运量218.03万人次。亏损99741元。该站有站屋及候船室5153.25平方米。投入营运客轮13艘，营运航线9条，停靠站点59个(其中自设站9个，代理站7个，招呼点43个)，日发班次41班，全站客轮月平均营运里程3118.6公里。从1985年起，由于陆上交通的发展，县乡公路通车，故水上客运业务开始衰落。

1990年，嘉兴市航运总公司桐乡分公司有客轮4艘，客驳1艘，客运航线2条。截至1994年年初，2条客运航线先后停开，全面退出水上客运市场。

1994年4月，嘉兴市航运总公司所属的桐乡分公司，成建制下放给桐乡市管理。

至1994年，嘉兴市航运总公司桐乡分公司只剩轮船1艘，拖驳1只，职工买断工龄或自找出路。客运量直线下降，1994年上半年运量为3.7万人，企业连年亏损。1994年6月，经历半个多世纪的桐乡水路客运终止。

桐乡分公司成建制下放桐乡市管理后，为桐乡市属国营企业，同年5月12日，嘉兴市交通局与桐乡市政府签订了《交接协议书》，分公司时有在册职工62人，退休职工76人，原代办站养老2人，遗属16人。公司为摆脱困境，实行转产，发展生产，组建股份制企业进行生产自救。

截至2010年年底，桐乡分公司(厂)有资产：土地7.16亩，房屋建筑面积2176.83平方米，及部分滞销红木家具，公司在册职工6人，退休职工9人，遗属12人。

第二章 货 运

第一节 历史沿革

嘉兴市地处长三角河网发达的地区，境内航道密度达50公里/百平方公里，定级航道里程1949.9公里，约占全省内河航道总里程的20%，与上海市航道里程相当，水运条件十分优越，是全国内河航运最发达地区之一。充分发挥水运优势，对嘉兴市走新型工业化道路，建设先进制造业基地，接轨大上海，全面建设小康社会具有重要战略意义。

1949年以前嘉兴航区货物运输情况

水路货运在古近代很重要，集中的为漕运。漕运是封建时代官办的水路运输，主要运送田赋(以谷物为主)，兼运盐、布匹、丝绸等物资。据《浙江通志·漕粮》载："唐贞元中，增浙江东西岁进米七十五万石，此两浙漕运之始。宋太平兴国初，两浙岁进米四百万石。至道元年，江浙所运由淮泗进京"，元世祖至元十九年改为海运，设仓于淮(安)、徐(州)等处，令浙江民运粮至淮安仓，遣官军挽运入京，名曰支运，明正德年间，嘉善即有300多粮船，把十二万石左右皇粮，装运出境。

明代，漕运船至各地便民仓(粮仓)装载，满重船即开航至指定地停候，待12艘到齐成帮，便由运河北驶通州(今北京市通县)，从每船载粮石数及押运人员数看，其时浅船应为60吨级。清康熙二十五年(1686年)，海宁卫、所与嘉兴合并为嘉海卫、所，以浅船46艘共运漕粮。咸丰二年(1862年)，改河运为海运，据《浙江海运全案初稿》(清咸丰三年编)载，海宁州其时有漕粮船21艘，受运漕粮3万余石，载运经内河出上海吴淞口，沿海运至天津。运期快则30多天，慢需50多天。当时平湖漕运"交绍兴卫、嘉兴卫、严州所三帮潜船解运"，路线是由汉塘至嘉兴，沿运河北上。其时，"每船原装正米四百石，外多载一石，给银五分，名曰负重，耗米例不支给，每船许带工宜(土产)一百二十六石。"同治十一年(1872年)起，南方漕粮均集中于上海以轮船装运，且多改官运为商运。辛亥革命后，漕粮改征包银，历时一千多年的漕运制度结束。此后，嘉兴及各县的粮食运输已以商贸粮为大宗。其时，海宁县硖石镇已成浙西米市，皖、苏两省属县由运河经长水塘河输入的大米每年约有70至80万石，经硖石米商以船至盐官过塘换装海运船，转销浙东宁、绍地区。清末时，硖石米市的运粮船舶达300多艘，一般每艘均能载粮二三百石。

清光绪元年至光绪十年有记载如下：光绪元年共运江苏、浙江、江西、安徽、湖北、湖南六省漕米四十五万石，均于七月初旬运竣。光绪二年江苏派八万石，浙江派十万石，江西派八万石，湖北派三万石，共二十九万石，自本年二月起至闰五月始竣。光绪三年直督李鸿章奏定，嗣后苏浙海运漕米，须分四、五成拨给招商局，不得短少。光绪五年江浙拨运四十八万余石，江西、湖北饬局中采运九万余石，均于五月内一律运竣。光绪六年江浙拨运四十七万五千四百十五石，由二月初开运，五月底竣事。光绪七年运江浙两省漕米，浙江多拨三万余石。湖北三万石共运米五十五万七千余石，正月起运，六月运竣。光绪八年江苏拨运三十万余石，浙江二十八万余石，湖北饬委照章采运三万石，共五十八万余石，正月初起运至六月运竣。光绪九年，苏省漕米虽照章拨运，而浙省因年岁歉收，鄂省又值拨赈故，较上届少运十九万余石。光绪十年，江浙两省拨运四十七万余石，正月起运，五月蒇事。因海氛不靖，故较上届少运十九万余石。

清朝有关嘉兴府所属各县漕粮数目，据光绪二十五年十月重刊之《浙江通志·卷八十一·漕运中》记载：海宁县漕粮正耗米肆万玖千五百贰石陆斗玖升捌合，遇闰减征米贰拾石捌升五合贰勺。嘉兴县漕粮正耗米捌万肆千肆百叁石捌斗肆升肆合，遇闰减征米叁拾伍石伍斗玖升三合陆勺。秀水县漕粮正耗米柒万叁千陆百肆拾肆石柒斗陆升，遇闰减征米叁拾石玖斗贰升叁合贰勺。嘉善县漕粮正耗米捌万贰千肆百捌拾贰石伍斗伍升肆合，遇闰减米叁拾肆石柒斗柒升陆合。海盐县漕粮正耗米肆万陆千陆百贰拾肆石捌斗叁升，遇闰减征米壹拾玖石陆斗贰升捌合。石门县漕粮正耗米肆万肆千伍百伍拾玖石陆斗陆合捌勺，遇闰减征米壹拾捌石柒斗壹升叁合捌勺。平湖县漕粮正耗米肆万捌千伍百伍拾壹石陆斗叁升陆合，遇闰减征米贰拾石肆斗柒升伍合。桐乡县漕粮正耗米叁万柒千柒百贰石贰斗壹升，遇闰减征米壹拾伍石捌斗柒升肆勺。通计嘉兴府属漕粮正耗米肆拾壹万柒千玖百陆十玖石肆斗肆升，遇闰减征米壹百柒拾伍石玖斗捌升。这些漕米征集后，储入就近仓库待运。

浙江嘉兴府属各县仓库地点：海宁县便民仓初建于长安运河之东关，后徙于运河之西岸。嘉兴县便民仓旧在澄海门外鸳鸯湖旁，后迁入城内凤池场。嘉善县便民仓在县西南一里许。海盐县便民仓初设在郊外，后移于西门内。石门便民仓初建南门外，后迁于城内学河之南。平湖县便民仓旧在县西一里临水次，后改建于北城之内。桐乡县便民仓初在皂林镇运河之南后移建于古接待院之址。征集的这些漕粮，一部分留当地使用，一部分汇集后，按起运时间，通过江南运河运往北方。

民国元年(1912 年)国民党政府成立交通部(系清代邮传部改组)内设航政司，主管全国航政事宜。但当时只重视上海港及长江线运输，对杭嘉湖内河运输很少顾及。据民国 18 年(1929 年)浙江省船舶事务所公布全省船舶数，属第二区(即现在的嘉兴、湖州两市及所属各县)的嘉兴市及所属平湖、嘉善、海盐、桐乡(当时海宁县尚未划入嘉兴市)，仅有轮船 28 艘，内河航船 554 艘，内河营业船 10617 艘，沿海营业船 3 艘，汽轮船 20 艘，极大部分是 10 吨左右的小船。

民国时期，嘉兴县出口大宗主要由木帆船承运，以手摇、拉纤、扬帆往来跨省、县际及县境各地。当时，虽有轮船运输企业大多以客运为主兼附货，无专营货运船队组织。且木帆船向随物产盛衰和水道变迁而云集星散，数量不可稽考，运量无从得知。抗战胜利后，嘉兴县先后开业过 3 家货运轮船运输企业。协记成、和兴轮船行，经营嘉兴至上海航线；捷达公司经营嘉兴至杭州航线。船舶均系 30 吨左右自载货轮(由绍兴式"乌篷船"改装的机动船)。其时，还有通利、宝兴轮船局，经营嘉兴至苏州航线，以货运为主兼附搭客(船体中间腰弄和上棚装货，中舱乘客)。

海宁县的航船由当地人经营，以本乡、本村为起点开往集镇装货搭客，代购物品。海宁县硖石、长安镇等主要城镇周围的乡、村均有航船开航，其中硖石为最多。此外，还有一种装货搭客两便的大航船，行驶在县际主要城镇，晚上开航，翌日晨到达目的地。航船一般承运零星货物，而城镇之间和跨县的成批货物则由专业货运木帆船承运，其时，也有货轮沟通上海、杭州等地，民国 34 年(1945 年)，盐官镇有"利民"轮船客货兼载，航行盐官至杭州。民国 35 年(1946 年)，硖石镇鼎大公记、三友鑫记轮局、水陆运输公司，备有快轮承运货物，航行硖石至上海。

海盐县货运出口以粮、棉、盐为大宗，进口日用百杂货。民国 20 年(1931 年)《浙江省建设月刊》载，海盐、丰山、角里山生产石料仅 2 万余吨(不包括块石)。当时无专业货运船队运输，而是由木帆船或航快船承运。据《战前运销量统计》载，民国 24 年(1935 年)，海盐、沈荡两地农产品运销量：黄豆 5 万担，菜籽 5 万担，丝 0.8 万担，茧 0.7 万担，小布 60 万匹，不成大宗货源。抗战期间，农村破产，商业萧条。抗战结束后，农副产品货源仍少，除少量石料外，其他几乎空白。

嘉善县水土丰腴，农副业生产向来比较发达，在很长的历史时期中，尤以砖瓦、粮食、纱布、蚕茧四种产品，自给有余，大量外运，在砖瓦方面，由于土质粘性好，烧制砖瓦抗压力强，不易风化，又兼制作精良，是闻名远近的特产之一。民国 19 年(1930 年)全盛时期，嘉善县有窑墩 786 座，年产砖瓦 11.78 亿块以上，由民船运往上海、杭州、苏州等地。抗战时期，窑业受挫；胜利后再度崛起。下甸庙是窑货集散最大港口，大小木帆船不下万余吨，常年运行不衰。据民国 20 年(1931 年)调查资料，粮食每年有 60 万担白米作为商品上市，其中 20 万石，远销于杭州、硖石等地。

平湖县在民国期间，平申线发记轮局曾专事货运，其他轮运企业均客货兼运，许多手摇货船亦往来县际及县境各地，当日转回或数日一班，视路程远近而定。据民国 24 年出版的《中国经济志・浙江省平湖县》载，平湖县货物进出口贸易数额，据多方调查结果，确年有出超之趋势。其出口货以米、茧、棉、菜籽、西瓜及豆类为大宗，其他如工艺品、袜子、小布数亦至巨，总计六百余万元。进口货以南北货、糖、绸布、棉纱、木材、煤炭等为大宗，总额四百余万元。抗战时期，民间货运大幅度减少，货班船每隔 4 天才开航重次，零星货物由客轮兼运，抗战胜利后，经济复苏，货运增加。宋周卿发记轮局和陆保康保安运输行均经营平申线货运。民国 35 年，任亦候海雁轮局亦经营平申线货运。民船陈双喜，盛桂友班由平湖开杭州。民国 36 年，又开设 5 家轮行，均经营平申线货运，后除大康行招股扩充为大康轮运行外，余均因经营困难，为时不久。是年 8 月，平湖西瓜旺季时，有大通运输公司双引擎登陆艇 5 艘，货驳 50 艘专为客商运西瓜去上海。此种临时性货班(俗称野鸡班)，每年西瓜汛时均有不少，讯过即停。

解放前，桐乡县本地货运船只较少，大都是小木帆船在县境乡镇之间货物运输。据民国 36 年 11 月 22 日，桐乡县《民报》刊登社论："本县交通状况，实在不便捷……"。因此，货物运输主要依靠过境航班船舶或至嘉兴、斜桥、海宁、新市、塘栖、南浔、双林等地之民船装运。

直至中华人民共和国建立前夕，崇德县还没有开设过客货运输轮船企业，主要依靠经过航班装货搭客。当时计有乌镇至长安(二轮对开)，长安至菱湖(二轮对开)，嘉兴至新市，硖石至塘栖，杭州至上海、新市至上海、菱湖至上海等航线，在崇德设代理站，代理客、货运输业务。(注：崇德县 1958 年撤销，并入桐乡县。)

中华人民共和国成立前后的 1949 年，嘉兴水运货物为 15.1 万吨，周转量 557.27 万吨公里；嘉善 66.39 万吨，周转量 3090.98 万吨；海宁 10.11 万吨，周转量 275.4 万吨，平湖 2.93 万吨，周转量 20.1 万吨公里；桐乡 7.08 万吨，周转量 107.4 万吨公里；海盐县 1950 年水运货物 1.57 万吨，周转量 71.37 万吨公里。

1949 年—1990 年货物运输情况

1950 年 10 月 10 日，浙江省航运公司嘉兴营业处成立开业。由于当时自身还未有拖轮、货驳等运输工具，初期办理航运业务，主要承接物资单位委托以及为船户组织货源交由木帆船运输，货物运输量极微。海宁、平湖、嘉善、海盐、桐乡等县，随着工农生产恢复发展，运输需要增长，木帆船自外地纷纷流入，航快船亦主要运货兼搭客。

1950 年 11 月，嘉兴成立“嘉兴民船业同业公会筹备会”，会址设在嘉兴新马路。因为有些民船不雇用船员很难界定和划分劳方、资方，故凡从事民船业运输者均可参加同业公会。在成立大会上一致选举王炳仁为民船业同业公会筹备会主席。

1951 年，嘉兴民船业实行联营，成立木帆船联营总社，丁阿大任经理，共有 40 多只船，每船吨位在 20 ～ 30 吨左右。社址设在新马路，下设联营一社、二社及民船短驳运输组。木帆船联营一社，社址设在东门公共码头，劳双喜任经理。有 10 多只船，绍兴籍居多，每船吨位 30 多吨。木帆船联营二社，社址设在荷花堤，由吉金林任经理，有 20 多只船，每船吨位 20~30 吨。“民船短驳运输组”设在中基路。收费标准：3 公里内每吨 0.80 元，3 公里以上每吨 0.60 元。

1952 年，民船同业公会在北京路成立航快船社，余树林任社长，航快船兼营客运和货运有固定航线的停靠点，一般都是原来经营的航线。王阿灿先生原在木帆船业工作，对运输业务熟悉，后调入“联营社”做业务调配，任劳方代表。1955 年，嘉兴民船业实行公私合营，私方人员按照量才录用，适当照顾的原则，均得到了妥善安排。嘉兴民船业同业公会退出历史舞台。

1952 年年底，国营华东内河轮船公司嘉兴营业处，将由浙西分公司调入租用分散自摇之货驳 40 艘，计吨位 2297 吨，和“鸿林”“源康”等拖轮，组成不固定编制的货运船队，经营嘉兴至上海货运航线。自此，国营华东内河轮船公司嘉兴营业处货物运输日趋稳定并发展。经过三年的经济恢复，国家经济建设已走上有计划按比例发展轨道，1953 年 6 月，国营华东内河轮船公司嘉兴营业处改名为国营浙江省轮船公司嘉兴营业处，并与浙西公司分线经营，单独核算。1958 年货运量达 36.69 万吨，周转量 5247.72 万吨公里。

1956 年，嘉兴完成货运量 29.89 万吨，周转量 754.47 万吨公里(不包括嘉航公司)；嘉善完成货运量 42.7 万吨，周转量 2853.16 万吨公里；海宁完成货运量 35.48 万吨，周转量 1570.21 万吨公里；平湖完成货运量 17.22 万吨，周转量 401.49 万吨公里；海盐完成货运量 16.15 万吨，周转量 851.13 万吨公里。

1966 年，嘉兴完成货运量 43.82 万吨，周转量 4860.15 万吨公里；嘉善完成货运量 52.81 万吨，周转量 3231.99 万吨公里；海宁完成货运量 48.02 万吨，周转量 1784.67 万吨公里；平湖完成货运量 33.74 万吨，周转量 2120.49 万吨公里；桐乡完成货运量 25.72 万吨，周转量 861.02 万吨公里。浙江省航运公司嘉兴分公司 1966 年完成货运量 103.69 万吨，周转量 13529.14 万吨公里。

1978 年，嘉兴完成货运量 145.54 万吨，周转量 7858.71 万吨公里；嘉善完成货运量 75.83 万吨，周转量 6984.32 万吨公里；海宁完成货运量 100.19 万吨，周转量 5631.98 万吨公里；海盐完成货运量 61.32 万吨，周转量 3046.59 万吨公里；平湖完成货运量 72.62 万吨，周转量 6734.19 万吨公里；桐乡完成货运量 63.66 万吨，周转量 4876.25 万吨公里。

中共十一届三中全会后，交通运输在国民经济中的重要战略地位得到确立。嘉兴交通局认真执行“改革、开放、放宽、搞活”方针，改革交通管理体制，活跃了运输市场，扩大了运输能力，运输生产稳步发展。水运市场呈现开放活跃景象，交通专业运输部门独家经营格局发生变化，国营、集体水运企业开拓经营，个体户和联户异军突起，形成了多层次、多形式、多家经营的水路运输新格局。

1986 年，嘉兴市城、郊两区完成货运量 193.72 万吨，周转量 16968.36 万吨公里；嘉善完成货运量 108.23 万吨，周转量 13472.23 万吨公里；海宁完成货运量 216.06 万吨，周转量 18605.66 万吨公里；海盐完成货运量 108.90 万吨，周转量 10701.31 万吨公里；平湖完成货运量 138.83 万吨，周转量 15377.47 万吨公里；桐乡完成货运量 199.68 万吨，周转量 27951.46 万吨公里。浙江省航运公司嘉兴分公司 1986 年完成货运量 227.21 万吨，周转量 32168.42 万吨公里。

1988 年，嘉兴市城、郊两区完成货运量 163.82 万吨，周转量 18289.80 万吨公里；嘉善完成货运量 112.05 万吨，周转量 16182.65 万吨公里；海宁完成货运量 384.71 万吨，周转量 26422.15 万吨公里；海盐完成货运量 253.21 万吨，周转量 21085.99 万吨公里；平湖完成货运量 142.42 万吨，周转量 15845 万吨公里；桐乡完成货运量 112.43 万吨，周转量 17825.90 万吨公里。浙江省航运公司嘉兴分公司 1988 年完成货运量 244.92 万吨，周转量 34923.06 万吨公里。

1990 年，全市水上交通运输企业货运完成情况：嘉兴市郊区完成货运量 28.19 万吨，周转量 2045.91 万吨公里；嘉善完成货运量 72.49 万吨，周转量 11449.33 万吨公里；海宁完成货运量 130.22 万吨，周转量 16533.49 万吨公里；海盐完成货运量 58.47 万吨，周转量 8477.83 万吨公里；平湖完成货运量 61.97 万吨，周转量 8950.08 万吨公里(平湖非交通部门 1990 年完成货运量 35.65 万吨，周转量 2442.43 万吨公里)；桐乡完成货运量 64.56 万吨，周转量 11908.54 万吨公里。嘉兴市航运总公司 1990 年完成货运量 188.05 万吨，周转量 26230.50 万吨公里。

1990 年，全市 21 个专业航运企业完成货运量 696 万吨，比 1985 年 1313 万吨减少 46.92%。其中石料完成 532.3 万吨，砖瓦完成 103.288 万吨。在农产品运输方面仍以粮食运输为重点。1990 年，嘉兴市粮食产量达 229 万吨，其中通过水运外调的为 70.01 万吨，占总数的 30.57%。棉、麻运量 1990 年达 3.11 万吨。作为季节性重点物资蚕茧的运输这几年一直都保持较高的运量，有关运输管理部门均较重视，从运力调配、防雨设备、装卸衔接以及各单位间的协调配合等方面都作了妥善的安排。1990 年，干蚕入库运输完成 656537 包，比上年增加 33106 包，合 2.83 万吨。其他农副产品的运输基本上维持在“六五”期间的水平，并略有新的发展。

表 7-2-1 1949 年—1990 年嘉兴市内河货物运输量情况表

年度	单位	合计	各县区情况					
			市区	嘉善	平湖	海宁	海盐	桐乡
1949	万吨	101.95	15.11	66.00	2.93	10.11	—	7.8
	万吨公里	4232.07	5557.27	3091	201	275.4	—	107.40
1950	万吨	114.33	21.05	67.00	4.88	11.97	1.57	7.86
	万吨公里	4773.03	725.10	3167	335	355.22	71.37	119.34
1951	万吨	130.79	23.88	74.00	5.43	14.99	3.75	8.74
	万吨公里	5672.15	787.32	3638	372	548.04	194.19	132.6
1952	万吨	129.09	23.25	61.00	7.74	21.63	5.20	10.27
	万吨公里	6051.39	748.83	3533	531.53	843.84	238.24	155.95
1953	万吨	197.85	41.77	95.00	14.9	23.56	7.95	14.68
	万吨公里	10192.37	2343.44	5275	1026.00	946.94	378.19	222.8
1954	万吨	185.79	50.09	69.00	15.39	28.71	10.37	12.23
	万吨公里	11954.33	3423.49	5158	1158.13	1500.15	528.91	185.65
1955	万吨	163.09	44.95	44.00	16.71	31.52	15.37	10.54
	万吨公里	11216.80	3742.55	3405	1295.17	1555.65	891.70	326.73
1956	万吨	192.51	69.31	42.88	17.22	35.48	16.15	11.47
	万吨公里	12809.35	6367.58	2536	1082.94	1570.21	851.13	401.49
1957	万吨	218.48	83.47	44.77	21.18	36.28	18.9	14.24
	万吨公里	16639.57	8601.64	2925	1318.80	1858.52	874.5	498.11
1958	万吨	323.01	136.61	62.17	28.27	54.03	23.03	17.92
	万吨公里	21390.20	13289.14	3183	1394.92	2118.3	812.64	592.2
1959	万吨	469.94	189.36	73.73	49.25	102.59	31.09	23.92
	万吨公里	25763.64	16016.50	2974	1535.42	3669.78	837.36	720.58
1960	万吨	570.30	243.30	58.50	63.78	134.17	39.39	31.16
	万吨公里	27294.85	17203.97	1589	1823.72	4870.93	925.25	881.98
1961	万吨	302.16	129.17	43.55	37.45	48.77	20.90	22.32
	万吨公里	17395.17	10795.70	2233	1541.09	1662.23	664.43	498.72

（续表 7-2-1）

年度	单位	合计	各县区情况					
			市区	嘉善	平湖	海宁	海盐	桐乡
1962	万吨	269.90	127.05	35.11	25.41	41.58	20.57	20.18
	万吨公里	16514.08	11510.78	1407	1079.21	1305.83	769.36	441.90
1963	万吨	216.60	127.93	39.58	22.17	36.69	19.10	16.13
	万吨公里	19068.16	13372.44	1996	1135.24	1157.08	827.05	580.35
1964	万吨	350.55	165.06	66.66	29.93	43.5	25.18	23.22
	万吨公里	26460.70	17084.70	43.46	1658.13	1434.18	1067.19	870.50
1965	万吨	405.07	193.35	72.13	30.88	45.98	28.58	24.00
	万吨公里	28507.03	18518.47	4433	2193.99	1539.62	971.95	850.00
1966	万吨	413.42	197.52	79.60	33.74	48.02	28.82	25.72
	万吨公里	29600.51	18389.30	5351	2120.49	1748.67	1094.03	861.02
1967	万吨	382.02	163.46	83.36	37.20	44.84	30.42	22.74
	万吨公里	26388.24	14512.31	5679	2549.37	1774.42	1041.30	831.84
1968	万吨	364.54	166.23	70.96	32.22	42.79	29.00	23.25
	万吨公里	27521.36	15532.98	5565	3209.80	1893.68	1090.89	1129.01
1969	万吨	419.63	190.71	83.09	37.25	51.60	31.15	25.83
	万吨公里	31146.29	17712.31	6058	2760.56	2246.30	1073.99	1295.13
1970	万吨	443.664	207.29	81.35	43.41	53.90	30.69	27.00
	万吨公里	33842.06	19614.49	6042	3094.95	2544.07	1135.78	1410.77
1971	万吨	481.17	219.60	93.47	45.73	60.47	33.42	28.48
	万吨公里	34934.24	19776.46	6587	3037.17	2866.83	1318.47	1348.31
1972	万吨	528.60	228.58	101.44	51.76	71.44	38.28	37.10
	万吨公里	37408.31	20224.77	7298	3342.90	3376.02	1472.51	1694.11
1973	万吨	551.85	242.12	100.27	53.26	74.48	41.70	40.02
	万吨公里	39725.94	21591.19	7709	3499.38	3513.76	1586.81	1825.80
1974	万吨	550.09	233.83	100.88	55.63	73.19	41.44	45.12
	万吨公里	39800.35	21059.68	7395	3957.79	3617.83	1758.69	2011.36
1975	万吨	532.08	217.40	105.47	53.83	73.92	40.16	41.30
	万吨公里	39623.25	20167.95	8131	3942.04	3728.22	1820.01	1834.03
1976	万吨	520.21	190.83	119.00	53.04	79.06	40.84	37.89
	万吨公里	38435.46	17597.91	9459	4037.74	3719.68	1939.97	1681.16
1977	万吨	595.13	239.74	118.00	58.94	90.49	45.76	41.75
	万吨公里	46026.99	22078.17	10060	4734.85	4463.66	2301.53	2388.78
1978	万吨	720.12	284.33	138.00	72.62	100.19	61.32	63.66
	万吨公里	59158.16	27523.15	11346	6734.19	5631.98	3046.59	4876.25
1979	万吨	867.72	333.00	151.00	90.37	115.95	81.00	96.40
	万吨公里	65193.86	30370	11270	8831.74	6453	4638	10010.62
1980	万吨	962.27	346.00	178.00	105.35	130.16	88.13	114.63
	万吨公里	79199.18	30679	13575	10673.10	7188.34	5558.47	11525.27
1981	万吨	1022.71	358.23	183.00	109.99	141.22	82.04	148.23
	万吨公里	93696.71	37223	14339	11650	6405.36	6370.75	17708.60

（续表 7-2-1）

年度	单位	合计	各县区情况					
			市区	嘉善	平湖	海宁	海盐	桐乡
1982	万吨	1111.47	379.10	207.00	112.41	171.19	82.57	159.20
	万吨公里	110215.98	41598	16763	12202.71	11247.66	7238.76	21165.85
1983	万吨	1087.66	396.54	180.00	114.21	183.27	80.55	133.09
	万吨公里	109372.99	42336	16190	12733.56	13286.56	7347.55	17479.83
1984	万吨	1235.45	430.37	187.28	1330.30	203.83	93.99	186.68
	万吨公里	134078.17	48882.56	19239.63	15098.89	16493.34	9010.62	25353.13
1985	万吨	1313.58	420.97	229.14	138.83	216.06	108.90	199.68
	万吨公里	143936.06	49145.78	22154.38	15377.47	18605.66	10701.31	27951.46
1986	万吨	1415.15	441.77	239.14	147.54	229.46	145.94	211.30
	万吨公里	160330.05	52247.12	24515.77	15984.46	20549.54	15073.02	31959.54
1987	万吨	1947.64	666.22	300.47	142.43	360.56	203.47	214.49
	万吨公里	186839.1	60929.02	30211.88	15538.30	27249.68	21147.93	31761.70
1988	万吨	2228.81	770.35	275.34	141.81	385.37	396.45	259.49
	万吨公里	210427.76	72512.22	43002.22	15808.47	26424.77	23212.74	38467.34
1989	万吨	1880.35	704.80	186.03	120.23	346.91	327.93	194.46
	万吨公里	173076.26	68076.14	20693.22	14177.73	23904.58	18448.34	27776.85
1990	万吨	1671.50	542.62	140.84	248.15	295.08	314.16	130.65
	万吨公里	141640.13	5144.23	17224.34	20038.45	20412.78	12741.00	19779.33

1991 年—2010 年嘉兴航区货物运输情况

随着我国水路运输市场的放开，嘉兴市的水路货运量不断上升，1992 年全市完成水路货物运输 809 万吨，货物周转量 114258 万吨公里。

1997 年，全市有水路运输(服务)企业 39 家，其中专业运输企业 16 家，运输服务企业 23 家。拥有内河货运船舶 11932 艘、328926 吨，比上年减少 2545 艘、74785 吨，其中 16 家专业企业船舶 1233 艘、87534 吨，比上年减少 138 艘、2204 吨；厂矿自备船舶 303 艘、10761 吨，比上年减少 71 艘、2204 吨；个体(联户)船舶 10396 艘、230631 吨，比上年减少 2336 艘、62413 吨。随着公路客运的发展，内河客运萎缩，全市有客运船舶 29 艘、2635 客位；有渡口 85 个，渡船 92 艘。1997 年，全市航运企业完成货运量 2273.68 万吨，货物周转量 241529.07 万吨公里，其中专业航运企业完成货运量 482.5 万吨，货物周转量 81282.83 万吨公里，完成铁路中转物资 83.39 万吨。

1999 年，嘉兴市完成水路货物发送量 885.9 万吨，全市水运全行业完成货运量 3232.67 万吨，货物周转量 314616.28 万吨公里。全市 15 家专业航运企业共完成货运量 317.07 万吨，货物周转量 52164.41 万吨公里，分别为市交通局下达年度计划的 96.08%和 97.5%，其中嘉航、嘉内航二家市属航运企业完成货运量 107.59 万吨，货物周转量 18320.6 万吨公里，分别为市交通局下达年度计划的 102.27%和 99.57%。改革开放以来，嘉兴市各种经济成份的水运运力迅速发展，其中个体水运运力已占全市在册水运总运力的 92%。

2000 年，嘉兴市有水运企业 43 家(其中交通系统所属水运企业 15 家)，水运服务企业 28 家。在册营运船舶 15277 艘，616546 载重吨，1890 客位，313111.02 千瓦，其中货船平均载重吨为 40.6 吨，比上年年底增加 16.67%。全市水运全行业完成货运量 3885 万吨，货物周转量 320774 万吨公里。长期以来，嘉兴市水路货运管理实行的是计划经济体制下形成的计划平衡衔接制度。这一制度在计划经济时代对于完成水路货运任务起了较为明显的作用。但是，随着社会主义市场经济体制的逐步建立，这一制度越来越显得不适应形势发展的要求，一方面管理部门管了不该管的又管不好的事情，另一方面阻碍了航运企业想要实现企业经营自主、公平参与市场竞争。2000 年 7 月 1 日，嘉兴市对水路货物运输管理制度进行了改革，对在本市范围内由水路起运的货物取消了水路货运计划审批和平衡衔接的规定，改为由承托双方按国家法律法规规定自愿签订运输合同。

2001 年，嘉兴市有水路运输企业(单位)38 家，运输服务企业27家。全市拥有内河货运船舶1.43万艘、66.4万吨，2001年，全行业完成货运量3980万吨，货运周转量362795万吨，分别为上年的102.5%和113.1%。2001年12月7日，嘉兴至上海国际集装箱内河运输首航仪式在嘉兴市铁水中转港举行。集装箱班轮每星期定期3班。自开通以来，一直保持良好的运营态势，为嘉兴外向型经济的发展起到积极的作用，实现了与世界接轨。

2002年，全市有水路运输企业38个，水路运输服务企业27家，营运船舶1.26万艘，总运力74万吨。其中水路危险品运输企业5家，有危险品运输船27艘，2116吨；海运企业1家，2275吨。2002年，全行业完成货运量4492万吨、周转量48.15亿吨公里，占全市全社会货运量的60%、周转量的70%，国际集装箱内河支线完成吞吐量5.17万吨，4163标准箱。嘉兴航区全年货物通过量达1.5亿吨。

2003年，全市水路运输企业26家，水路运输服务企业25家，营运船舶9977艘，运力78万吨，平均吨位78.18吨。全市水路危险品运输企业4家，拥有危险品船2艘，195载重吨；全市海运企业1家，拥有船舶9艘，1229载重吨。全市完成水路货物发送量2774.43万吨，水运全行业完成货运量4954万吨，货物周转量555045万吨公里，全市港口完成货物吞吐量6488.5万吨，国际集装箱内河支线完成吞吐量4407标准箱。

2004年，全市水路运输企业28家，水路运输服务企业25家，营运船舶8798艘，运力81.8万吨，平均吨位93吨。全市水路危险品运输企业4家，拥有危险品船14艘，1147载重吨，功率757.71千瓦；全市海运企业1家，拥有船舶8艘，1160载重吨，功率1436千瓦。全市完成水路货物发送量3108.87万吨，为去年同期的114.36%；水运全行业完成货运量5477万吨，货物周转量645394万吨公里，分别为2003年同期的110.56%和116.28%；全市有内河港口码头1145个，泊位2311，泊位年通过能力7000万吨，全年完成货物吞吐量6554万吨，其中四大主要港口完成货物吞吐量1802万吨，分别为2003年同期的101.01%和105.07%。

自2004年起，嘉兴市港航管理局正式启动了淘汰营运钢质挂桨机船工作，通过船舶拆解、落舱机改造和拆解后更新等三种方式，采取政策宣传、现场监督检查、发放补贴资金等多种措施，完成了淘汰营运钢质挂桨机船工作。3年共计淘汰营运钢质挂桨机船6501艘，其中拆解1436艘、改造548艘、更新93艘，累计发放专项补贴2821.41万元。截至2007年年末，嘉兴市拥有货船(含货驳)6559艘、92万载重吨，船舶平均载重吨140.27吨。

2005年，受上海世博会和房地产市场不断升温等因素的影响，嘉兴市水路运输业掀起又一次高潮，再加上运力的稳步提高使我市货运量呈现上升趋势。2005年，全市水路运输企业25家，水路运输服务企业19家，营运船舶8233艘，运力86.50万吨，平均吨位105.07吨。其中水路危险品运输企业5家，拥有危险品船17艘，2192载重吨，功率1267.31千瓦：其中海运企业1家，拥有船舶8艘，1160载重吨，功率1436千瓦。完成水路货物发送量3261.94万吨，为2004年同期的104.92%：水运全行业完成货运量6806万吨，货物周转量81.25亿吨公里，分别为2004年同期的124.27%和125.89%：全市有内河港口码头1271个，泊位2337个，泊位年通过能力7697万吨，全年完成货物吞吐量6920万吨。

2006年，全市完成水路货物发送量3294.19万吨，为2005年同期的100.99%，全行业完成水路货运量7059.86万吨，货物周转量888844.19万吨公里，分别比2005年同期提高3.76%与9.48%，其中：个体运输船舶完成水路货运量6659万吨，货物周转量111024万吨公里，分别占到全市水路货运量与货物周转量的94.32%与92.37%。从全社会综合运输体系来讲(因为铁路的周转量从地区来说无法计算，因此全社会综合运输主要指公路与水路运输，2006年全社会货运量10037万吨，货物周转量1068707万吨公里)，水路货运量与货物周转量分别占全社会总量的70.34%与83.17%。2006年度，水路运输市场受国家宏观调控的影响总体情况不容乐观，政府采取了一系列货币和土地政策来协调建筑行业市场的有序发展，上海等地所需建材需求量减少，加上燃油、钢材价格的持续上涨，大大影响了全市的水运生产，造成水路运输生产不景气，航次经济效益下滑。因此，嘉兴市以淘汰钢质挂桨机船为抓手，充分利用银行贷款机制，努力推进内河船型标准化工作，使运力结构得到进一步调整和优化，一年净增运力4.98万载重吨(含海运运力)，全市总运力达到91.79万载重吨，同比增长13.2%，为全市水路货运量与货物周转量的稳步增长打下基础。另据水路运输抽样调查资料显示，2006年度全市共调查样本船舶1313艘、20万载重吨，营运船舶的月平均航次为4.6个，平均船吨月产967吨公里。在市场经济条件下，由于经营手段、管理体制等多种原因，水路运输企业的经营效益低下，规模不断萎缩，相比之下个体运输凭借其灵活的经营手段，依然是水上运输的主力军。然而个体经营者之间的相互压价、无序竞争也导致了水运市场秩序的不稳定。嘉兴市港航管理局按照省交通厅和省港航管理局的工作要求，通过个体船舶公司化管理试点工作，积极推进个体船舶公司化管理组织程度，规模经营、集约经营的优势得到初步体现，市场竞争力得到增强。全市8.49万载重吨船舶实行了公司化管理，运输组织结构的调整，运输增长方式的转变，提高了航运生产效益。

2007年，全行业完成水路货运量7117.16万吨，货物周转量95.30亿吨公里，分别为上年的100.81%和107.22%；全市内河港完成货物吞吐量8164.6万吨，为上年的102.03%。全年净增运力0.85万载重吨。年末，全市拥有各类运输船舶6621艘，92万载重吨，1750客位。其中，内河营运船舶6611艘，90万载重吨；海运船舶10艘，1.99万载重吨。全市拥有各类水路运输企业30家，水路运输服务企业20家。2007年4月23日，嘉兴市首家拥有万吨轮的海运企业——浙江神华海运有限公司在乍浦开业。浙江神华海运有限公司2007年经交通部批准筹建，企业类型为有限责任公司，注册资本2000万元，自有普通货船1艘（"新嘉兴"号轮），13050载重吨，从事国内沿海及长江中下游普通货船运输。

2008年，全市完成水路货物发送量2816.61万吨，全行业完成水路货运量7106.16万吨，货物周转量99.04亿吨公里，嘉兴内河港完成货物吞吐量7871.39万吨。运力结构进一步优化：全市拥有营运货船6263艘，92.02万载重吨，平均吨位146.92吨。其中：内河营运货船6253艘，88.5万载重吨，平均吨位141.53吨；沿海营运货船10艘，3.52万载重吨，平均吨位3516.6吨。全市运输船舶的平均吨位比2007年年末的140.27吨提高了6.65吨。

2009年，全市完成水路货运量6641万吨，货物周转量99.70亿吨公里，（其中：内河完成货运量6499万吨，货物周转量81.01亿吨公里，海运完成货运量142万吨，货物周转量18.69亿吨公里）。全市完成水路货物发送量2965.53万吨，（其中：乍浦中转内河760.73万吨，海盐中转内河22.6万吨）。全市拥有营运货船5744艘，92.12万载重吨，平均吨位160.37吨。其中：内河营运货船5726艘，85.62万载重吨，平均吨位149.53吨；沿海营运货船18艘，6.49万载重吨，平均吨位3607.67吨。

2010年，完成水路货运量8059.10万吨，货物周转量124.9亿吨公里。净增运力5810吨，期末全市拥有营运货船4983艘，92.7万载重吨，平均吨位186吨，其中：内河营运货船4964艘，84.47万载重吨；沿海营运货船19艘，8.23万载重吨。完成内河港口货物吞吐量9486万吨，在全国内河港口中排名第8名。嘉兴内河港多用途港区完成集装箱吞吐量1759标准箱，完成陆路转关集装箱3886标准箱。

表7-2-2 1991—2010年嘉兴市水路货运量及货运周转量统计表

年份	货运量（万吨）	货运周转量（万吨公里）	年份	货运量（万吨）	货运周转量（万吨公里）
1991	1740	158456	2001	3980	362795
1992	1854	172129	2002	4493	481548
1993	1863	171301	2003	4954	555045
1994	1660	153813	2004	5477	645394
1995	2351	220743	2005	6806	812455
1996	2370	230025	2006	7060	888844
1997	2289	238965	2007	7117	953049
1998	2177	228446	2008	7106	990354
1999	3233	314616	2009	6641	996999
2000	3885	320774	2010	8059	1249043

第二节 特种运输

支援解放军作战运输

1949年5月7日嘉兴解放后，中国人民解放军挥戈东进，展开了解放上海的战役，为了支援中国人民解放军解放上海，嘉兴先后组织民船承担支前任务，仅几日即由硖石水利轮为中国人民解放军第23师装运后勤物资。还有振华轮运送弹药至平湖四顾桥，支援解放军解放上海。6月11日，嘉善解放后，在嘉善魏塘镇由当地政府委托船业公会、米业公会组织了货轮1艘、民船48艘支援前线，在嘉善禾丰米行装运粮食，分三路出发。大型船舶出泖港经闵行，龙华至上海；中型船舶出金泽，经黄渡，北新泾到上海；小型船舶出枫泾、经松江、泗泾、七宝到虹桥飞机场。船舶待粮食卸空后多返回洒泾镇，再装运粮食、草料、武器、弹药到虹桥飞机场。7月，海盐当地政府组建两个运粮大队，一队有41艘木帆船；二队有80艘木帆船，把各乡征集军粮装运到嘉兴、杭州等地，供中国人民解放军第三野战军68师之用。

1950年6月，嘉善县人民政府根据上级指示，动员船户参加支援解放舟山群岛。先后动员到民船近百艘，从嘉善来到乍浦，并从中选出15吨以上民船20余艘。在乍浦用盘车将船从内河中拖上岸，然后翻过海塘入海，配合人民解放军渡海。海盐县的运粮船队也为解放浙江沿海岛屿运送军粮。从海盐运至硖石、嘉兴火车站转运。

运送抗美援朝伤病员

1951年，抗美援朝进入高潮时期。朝鲜战场上志愿军伤员增多，急需运往后方治疗。当时由铁路运送到嘉兴的伤员，需经水路转运至南海、震泽、湖州等地医院进行治疗。1951年9月嘉兴军区专门成立"抗美援朝输送委员会"，负责伤员转运工作。嘉兴航区各县动员轮船、民船组成运输队伍，在嘉兴专署统一布置下，嘉善县抽调6艘客轮组成一个中队，由张贵林负责带队，海宁县抽调20吨以上适合载送伤员的驳船一批，由马力较大的12艘客轮拖带。这12艘客轮是硖石的振华、云利、云飞、合众、德记、顺利、江洽、生记和长安的民企、大达、振兴、同昌轮。两县船舶集中嘉兴，并被编列为嘉兴专区抗美援朝输送委员会四大队一中队。嘉兴县的谊兴轮为中队联络船。"谊兴轮"驾驶员陶一童为联络员。平湖县调派轮木船16艘承担转运嘉兴至南海的伤员任务，海盐县有"盐嘉"等两艘客轮参加运送伤员工作，仅海盐一县运送伤员110人。

支援国防建设

1949年5月，国民党军队溃逃时，将嘉平、平申公路桥梁破坏，造成公路交通中断。1952年上半年，为继续解放沿海各岛屿和加强国防，国防部投资八十余万元，修建嘉—平—乍公路，由航运部门组织船只支援公路建筑物资的运输。国营华东联运公司嘉兴办事处，配合浙江省公路工程局建筑总队，为修筑路基和桥梁组织了各县大量船只承担物资的运输。1952年年初开工，至1952年冬工程结束，计修建桥梁13座，1953年11月嘉—平—乍公路全线恢复通车。

嘉善县在1952年10月组织船队，运输大量建筑材料支援空军后勤建设嘉兴飞机场及扩建杭州笕桥飞机场。为了兴建嘉兴飞机场，1953年5月成立"中国人民解放军后勤部基建委员会嘉兴分会"(下简称嘉兴"修建分会")。兴建嘉兴机场工程建设所需大量建材的运输任务，由航管部门组织船舶承担。嘉兴地区东片各县均抽调船舶集中编队，统一船舶调度，及时地完成运输任务。其中海盐县两个分队三个组共60多艘船舶，约950吨，从角里山、半山、钟文山等石厂装运石料到嘉兴，计运石料5万余吨。当时水上民主改革(下简称"民改")正在紧张进行中，为保质保量完成这项任务，水上民改工作人员随船组织学习，边开展工作，边进行民改，边组织生产。浙江省联运公司嘉兴分公司还专门进行运价的核算研究，于1953年6月13日行文下发各县联运站统一规定："凡嘉兴修建分会，托运军需物品的服务费一律八折优待。"嘉兴合营轮船行还派出一般小客轮，往返于嘉兴—机场之间，保障部队生活必需品的供应。

承担"118工程"货运

1971年11月为接待美国尼克松访华，适应总统巨型专机着陆的需要，突击扩建杭州笕桥机场。当时工程简称"118工程"。在杭州成立浙江省"118工程"指挥部。嘉兴地区承担了工程用砖瓦、黄砂、石料等建筑材料运输任务。由嘉兴、嘉善、海宁、海盐等航运企业将建材物资负责运至嘉善、嘉兴、硖石、长安镇等火车站装火车转运工地。海盐角里山的石料，主要由嘉兴地区嘉兴航运公司(原浙航嘉兴分公司)组织承运。从角里山运至嘉兴火车站装车转运工地，达20余万吨。各县均以联运指挥部为主组织铁路、航管、航运、搬运等负责人成立"118工程"运输领导小组，负责统一调度船只、运输、组织搬运工人装卸。发动公社农民帮助，验收建材规格质量，从而保证在二个月内"118工程"所需建筑材料的运输任务如期完成。

支援上海建设和浙江省的重点建设

1950年上海解放初期，粮食价格急剧上涨。为了控制上海市场粮价，稳定上海局势，上海市军事管制委员会主任陈毅布置，由嘉兴专区突击运送粮食一万吨支援上海。当时，嘉兴专区组织了两艘拖轮，10艘驳船48名船员，成立了两个船队。把集中在崇德、海宁、嘉善、嘉兴等地的粮食一万吨运往上海。

嘉善县的砖瓦生产历史悠久，据县志记载，明万历年间干窑镇就开始生产各种砖瓦，解放初期上海、杭州、苏州、无锡等地建设，都采用嘉善砖瓦。1951年12月，上海市政府为改善城市人民的居住条件，第一次兴建大批住宅。如兴建朝阳新村的建筑材料砖瓦、水泥、石料的运输均由嘉兴航区组织民船运送。

1954年上半年，根据上级指示，为配合省重点工业浙江麻纺厂的生产(主要生产出口麻纺织制品)，由棉麻主要产地的政府主管部门牵头，供销社、航运部门协调成立棉麻收购及运输组织，建立棉麻收购贮运网点、库点。嘉兴专区重点棉麻产地海宁县专门成立了“浙江省海宁县棉麻收购工作委员会”。其他各县亦相应建立网点、库点，负责棉麻的收购贮运工作。仅海宁县各镇共建立棉麻库点37个。

抢运救灾物资

嘉兴地区由于地势较低，因此易受涝灾。1954年4—8月间，杭嘉湖地区发生特大洪水，仅嘉善县内降雨量达1273毫米(全年1917毫米)，发生特大洪水7次，受淹面积39.23万亩，成灾面积15.46万亩，损失严重。洪水期间，在各地抗洪指挥部统一指挥，航运管理部门及航运企业抽调轮船、驳船抢运低仓物资和抗洪物资。据全区统计抽调轮船50艘，木船1014艘，共计10844吨，还抽出可以代用进行抽水的客轮18艘，动员能开抽水机的轮船船员177人，木船舶工、船民6870人，航管干部34人，支援嘉兴市及湖州市吴兴县的菱湖、获港、东林、庙西、下行等农村抗洪排涝、护苗、补苗。

抗洪期间，嘉兴专区抗洪救灾委员会还根据浙江省防汛指挥部指示精神，嘉兴地区及各县抽调了客货轮11艘，由浙轮湖州营业处冯涌兴带队支援安徽省芜湖市，江苏省淮阴地区抗洪救灾抢险工作。

1961年10月间，嘉兴地区吴兴县遭受严重水灾，嘉兴交通运输公司还调集了22艘抽水船，2艘拖轮，急赴吴兴县重灾区道场公社荡口投入抢救工作。

支援农业

1960年前后，中国农业遭受连续三年自然灾害。党中央号召各行各业全力支援农业。嘉兴航区各运输单位动员了大量人力、物力、财力支援农业。嘉兴交通运输公司魏塘营业处在1960年一年中，共组织下乡支援双抢人员6968人次，送10万斤化肥，猪肥60900斤，支农储蓄4775.5元，客轮输送下乡支农人员4392人，并调出一艘轮船下乡巡回为农民修理农具。嘉兴县委和县人委(当时嘉善县并入嘉兴县)给魏塘营业处颁发了荣誉奖状。

1960年，嘉兴专区春耕时严重缺肥。经勘察，发现平湖县东南金山卫近海的甥开荒山岛上，鸟粪覆盖全岛，为此，由嘉兴专区组织，平湖县交通局承办开发和运输。共组织了外海机帆船3艘及黄姑、全塘、山湾渔业船队一批，内河船10艘接运，积极投入运肥一个月。分运嘉兴专区各县，共运鸟粪15000吨，1961年嘉善交通运输公司畜牧场又支援标准猪肥3500担。

1965年8月，浙江省航运管理局组织了476人的农村服务工作队，深入到桐乡县农村进行调查访问，听取批评，征求意见，通过调查，认识到地方交通运输部门应当立足当地，为农业生产和农民生活服务，从而调整了交通运输布局，深入小港支流。8月下旬，海宁县也组织了交通系统职工35人，开展对全县五大镇、12个重点公社，41个大队和生产队的为期七天的农村服务调查工作。通过这些调查，嘉兴航区各县航运企业在组织管理、运输服务上做好转轨支农思想准备，并在这个基础上成立航运联合办公室。同年12月1日，桐乡县为了方便群众，方便货主，在梧桐、乌镇建立了航管、航运、搬运的航运联合办公室。海盐县为了加强统一计划、统一调度、统一运价(简称“三统”)管理，以及统一安排运输工具，于1966年1月1日建立运输业务联合办公室。

内河集装箱运输

2001年12月7日，在嘉兴市外经委、口岸办、海关、商检等各有关部门大力支持和通力合作下，嘉兴首条国际集装箱内河支线在嘉兴铁水中转港顺利开通。该航线由16标准箱集装箱船进行承运，每周一、三、五定时发班，通常每月吞吐量为400~500标准箱，并且呈明显逐月上升趋势。出口集装箱货物主要发往欧洲、东南亚、地中海等23个国家和地区，进口集装箱主要来自澳大利亚、新加坡、意大利和美国。截至2003年12月底，港区累计完成集装箱吞吐量8783标准箱(其中进口4460标准箱，出口4323标准箱)。2004年年初，由于种种原因，港区集装箱吞吐量逐渐减少，3月，陆捷物流有限公司退出嘉兴铁水中转港。

鉴于内河集装箱支线运输的良好前景，以及政府的政策支持，2004年7月，洋浦新良有限公司在嘉兴铁水中转港又新辟了一条嘉兴至上海内河内贸集装箱运输航线，深受货主企业欢迎。截至2004年年底，集装箱累计吞吐量近1万标准箱。但由于铁水中转港集装箱作业区基础设施条件落后，水路集疏运及货物通关监管条件受限制，制约了嘉兴内河集装箱运输的进一步发展。

2003年，嘉兴市政府提出了组织实施“水运强市”工程。决定另行选址新建内河国际集装箱港区，并将此作为嘉兴市域内唯一的内河国际集装箱中转港区，同时配套建设“一关三检”直通关服务区。新建的内河国际集装箱港区位于嘉兴市南湖区七星镇，工程占地面积约490亩。将新建500吨级(水工结构1000吨级)专业化集装箱泊位12个，以靠泊24标准箱和36标准箱集装箱船为主，设计年吞吐能力35万标准箱。

2010年5月12日，嘉兴内河港多用途港区迎来了一位重要成员——嘉集001号集装箱船舶。嘉兴市第一艘内河集装箱船舶嘉集001号的投入使用，意味着以内河港多用途港区为平台，嘉兴市将实现集装箱运输的水水、水陆中转，使嘉兴集装箱通过海河联运直达上海外高桥。

水陆联合运输

1970年11月，中共中央(70)34号文件发布了“关于开展铁路、公路、水路联合运输”的指示，这是为了进一步挖掘运输潜力，完成日益繁重的运输任务，保证工农业生产的持续发展，为此，铁路、公路、水路、搬运装卸以及工业、财贸等部门组成一个整体，广泛深入地开展联合运输大协作。为贯彻执行党和国家的交通运输工作方针、政策，统一车辆、船舶的指挥调度，加强对短途运输的领导，巩固发展人民公社专业运输队，统一运输的组织管理和计划管理，1970年开始成立浙江省嘉兴地区统一(联合)运输指挥部，负责人张所风。

1971年4月14日，成立海宁县联合运输指挥部，负责人殷维民。

1971年6月，成立嘉兴县联合运输指挥部，负责人李其林。

1971年8月1日，成立嘉善县联合运输指挥部，负责人张兴义。

1971年9月20日，成立桐乡县统一运输指挥部，负责人洪秉康。

1972年7月，成立海盐县联合运输指挥部，负责人杨钦然。

1972年7月23日，成立平湖县联合运输指挥部，负责人王延珍。

联合运输指挥部在货运方面的宗旨是：方便货主，简化手续，实行一票到底，送货上门，对各运输单位之间，加强协调配合，为铁路、公路、水路和搬运装卸的协调衔接平衡作出安排。并对地方各运输单位及个体的车、船、装卸实行统一计划、统一调度、统一运价、统一票证、统一结算的“五统”管理，在客运方面则于1971年11月6日建立铁路、公路、水路客票及水转铁、公转水、铁转公、水转公转铁，一条龙联运客票(一次售票分乘车船)。

第三节　货种及流量、流向

嘉兴航区水运的主要货种出口，历来以粮食及农副产品、砖瓦、石料等为主；进口则以煤炭、化肥、钢铁、石油、食盐、日用百杂货等为主。粮食及农副产品：嘉兴市是浙江省主要商品粮基地，农业生产以粮食作物为主，一年三熟，水稻居首，其次是大麦，小麦、蚕豆、油菜籽、黄麻、甘蔗等农副产品。蚕茧是农民主要经济收入之一，曾有一期蚕茧半年粮的说法。产量以桐乡、海宁、嘉善县(市)最多。

砖瓦

嘉善县窑业历来十分发达，也是当地农村一项主要副业。据嘉善县志记载，明万历年间干窑镇就开始生产砖瓦。民国19年(1930年)全盛时期，全县有窑墩786座，年产砖瓦11.78亿块。砖瓦运输一般凭借天然河道，依靠舟楫之便，运往上海、杭州、苏南等地。建国初期，嘉善县砖瓦生产以下甸庙为最多，其次是干窑、洪溪、天凝、汾玉等地。共有土窑700余座，1951年年产8.5砖5.26亿块，平瓦3453万张，小瓦8570万张，以及堤砖、方砖、黄道砖、简瓦、脊瓦等2亿多块(张)。除自给外，全年外运砖瓦量达100多万吨。嘉善县所产的砖瓦具有黏性重，抗压力强，不易风化等优点，是闻名远近的特产之一。下甸庙是当时寄货集散的最大港口，进出口大小帆船不下数百艘、万余吨。华东、上海、浙江等建材公司都在嘉善县设有采购、调运的分支机构。1951年据华东建材公司统计，嘉善的商品砖占华东地区的70%，其运量极为可观。20世纪50年代后期，政府为保持土壤，稳定农业生产，采取逐步限制生产的政策，并从60年代开始，砖瓦生产逐步转向嘉兴、桐乡、海宁、海盐、平湖等县。在生产方式上，提高了机械化程度，土窑改为轮窑，产量也有大幅度提高。1985年，嘉善县的砖瓦生产与五十年代相比有所下降，共生产标准砖3.79亿块，平瓦7900万张，小瓦1.7亿张。海宁县1962年开始建起长联轮窑厂，1984年乡办砖瓦厂发展到44家，年产砖11.8亿块，平瓦1.5亿张以及其他品种，砖瓦数量近300万吨。海盐县1965年开始发展窑业，当年生产砖367万块、瓦23万张，1985年年产砖6.75亿块，平瓦5000万张。桐乡县1979年起兴办窑业，1985年全县有轮窑54座，年产标准砖15.95亿块，平瓦948万张，达400万吨。平湖县1985年有14个乡开办砖瓦厂15家，年产8.5砖4.42亿块，折合77.38万吨。嘉兴市郊区，自60年代在王店开办浙江制砖二厂开始，砖、瓦生产发展也较快，1985年生产砖8亿块，平瓦1.02亿张。

1985年，嘉兴市生产标准砖53亿块，平瓦4.6亿张(市统计局资料)以及其他品种砖瓦共1400万吨左右(每万块9.5砖26吨，8.5砖17.5吨，每万张平瓦35吨折算)。

农产品

嘉兴市地处长江三角洲，杭嘉湖平原，土地肥沃、物产丰富，素有“丝绸之府、渔米之乡”的美称。农业生产以粮食作物为主，一年三熟，水稻居首。嘉兴市是浙江省主要商品粮基地。其次是大麦、小麦、蚕豆、油菜籽、黄麻、甘蔗等，均居全省前列。1985年，嘉兴市粮食产量为40.7亿斤，其中属于调运的商品粮12.73亿斤，占总数的31.67%。蚕茧是嘉兴市农民主要经济收入之一，曾有一期蚕茧半年粮的说法，产量以桐乡、海宁、嘉善三县为最多。建国后，随着丝绸工业的发展和外贸出口的需要，蚕桑生产发展也较快。1954年，通过海宁航管站调运的春茧达39276包，其中调运省外的有21412包。(摘自《海宁交通志》)。桐乡县平均年产量为20万担，1985年达到30.19万担。(摘自桐乡统计局资料)。海宁县平均年产量为16万担，1985年为21.72万担。(摘自嘉兴市统计局资料)。蚕茧运输虽占整个运量比例不大，但经济价值高，并在运输上具有时间紧、要求高，运力集中的特点。每年茧汛期间，航管部门把茧运作为重点工作来抓。1984年全市蚕茧产量为56.9万担，1985年产量为69.4万担，占全省41.2%(摘自1985年市统计局资料)，其中通过航管部门调运的21.15万包。其他如大小麦、蚕豆、黄麻、油菜籽、甘蔗等农副产品等，也是水运的一项大宗物资。

石料

随着国家基本建设，住宅建设的发展，海宁县、海盐县的石料生产发展也很迅猛。海盐县、海宁县生产的石料，质量好和运距短、运价低，深受上海等地使用大户欢迎。海盐县1950年年产石料仅1万吨，1956年10万吨，1978年130万吨，1985年生产块石，多种规格石子、瓜子片等达到778万吨。海宁县1956年办起夹山石料厂，当年出运量为2.44万吨，80年代初期又在袁花、黄湾等地办起一批石料厂，1985年总共有乡办石料厂26家，年产各种规格石料254万吨。海盐县、海宁市年产石料已逾千万吨。石料、砖瓦是嘉兴航区的主要货源，全年占水运出口量的74.5%。此外，小水泥生产发展也较快，1985年全市有独立核算的大、小水泥厂59家，年产水泥达162.7万吨。(以上数字摘自1985年嘉兴市统计局资料)。

70年代开始石厂大量开采和各县烧窑业的发展，石料、砖瓦运输，已成为出口的主要物资，所占比例大，同时嘉兴市距上海、杭州、苏州大城市较近，并均有水路相通。由于水路运费低廉，所以货物水上运输量也大幅度增加。如桐乡县1985年发运量为185.24万吨，其中砖瓦141.77万吨，占76.53%，海盐县1985年流向上海运量达598万吨，其中石料就占87%，海宁市发运量中石料、砖瓦的比例也很高。

1985年，嘉兴市航区货物发出量为1481.02万吨，其中外港籍船舶完成596万吨。嘉兴航区专、副业船舶完成经营运量1313.58万吨。

嘉兴航区专、副业运输船舶在货物承运总量中，按县、区分列为：嘉兴市城、郊两区完成193.7万吨，嘉善县完成229.11万吨，海宁县完成216.06万吨，平湖县完成138.78万吨，海盐县完成108.9万吨，桐乡县完成199.63万吨，浙航嘉兴分公司完成227.21万吨。

货物流向分类：1985年货物发出量1481.02万吨中，流向上海的1004.97万吨，占67.86%；流向杭州的36.82万吨，占2.49%；流向江苏的16.56万吨，占1.12%；流向湖州的24.31万吨，占1.64%；嘉兴市境内的395.82万吨，占26.72%；其他地区2.49万吨，占0.17%。

1985年，嘉兴市航区货物发出量1481.02万吨中，主要货种数量：农业物资112.65万吨(其中粮食80.68万吨)，占发运量的7.6%；轻工业物资37.61万吨(其中日用工业品26.5万吨)，占发运量的2.54%；重工业物资1298.21万吨(其中石料725.61万吨，砖瓦377.77万吨，水泥39.26万吨)，占发运量的87.66%；其他物资32.55万吨，占发运量的2.2%。1985年流入嘉兴市航区货运量，据申嘉线从上海进口统计，实际完成126.84万吨，主要是工业用煤、农用化肥等。

三大货源基地

砖瓦、石料、水泥三项地方矿建材料是我市水运企业主要货源。“七五”头三年在经济高速增长期间取得了空前兴旺的发展。1986年嘉兴市砖瓦总产量：9.5标准砖51.6亿块，计1341.6万吨；石料产量1305万吨，水泥总产量190.7万吨。1987年生产砖瓦56.27亿块，石料1379.38万吨，水泥230.5万吨。1988年生产砖瓦62.18亿块，石料1320.19万吨，水泥242.12万吨。后两年虽受到治理整顿、压缩基建投资的影响，嘉兴市三项矿建材料生产仍维持较高水平。1989年共生产9.5标准砖62.28亿块，石料1128.02万吨，水泥227.35万吨。1990年嘉兴市生产砖瓦52.97亿块，石料950.43万吨，水泥238.30万吨。从历年来嘉兴市内河货物发运量中所占的比重看，三项矿建材料的运量每年均超过65%。由此可见，砖瓦、石料、水泥等地方建材的产销仍是影响本航区水运发送量的主要因素。自1989年以来，由于基建规模压缩、市场疲软，嘉兴市多数石厂不能很好地适应剧烈竞争的形势，被动地以销定产，造成石料产量下降，加上管理不善，生产成本高，与杭州、湖州等石料产地相比，质差价高，嘉兴市建材运往上海运距短的优势被抵销。曾以品质优良、价格适当而闻名的嘉兴市砖瓦，也因上海城市建筑锐减、墙体结构变化、农村建设平缓、及“两户”船舶自运自销等影响，产、销、运渠道发生急剧变化，造成嘉兴市内河水运发送量大幅度下降。

1990年，全航区货物发送量为963.14万吨。按流向分：流向上海658.37万吨，占总数的68.36%；流向杭州的15.59万吨，占1.62%；流向江苏的23.67万吨，占2.46%；流向湖州的9.24万吨，占0.96%；嘉兴市境内的255.19万吨，占26.49%；其他地区1.08万吨，占0.11%。1990年，嘉兴市航区货物发送量963.14万吨中，按货种分：农业物资103.40万吨(其中粮食70.01万吨)，占总发送量的10.74%；轻工业物资25.83万吨（其中日用工业品15.80万吨），占2.68%；重工业物资821.83万吨，占85.33%；其他物资12.08万吨，占1.25%。

虽然经历了“十五”期间的产业结构调整，但对于宜水运本地资源极度缺乏的嘉兴来说，通过水运出口的货源主体结构不曾改变，传统货源“砖瓦”“石料”“水泥”三分天下的格局依旧没有打破，从下表中可以看出，三大货源中除水泥呈上升趋势以外，昔日嘉兴两大最主要的水运货源砖瓦和石料都呈现出“江河日下”的态势，由于产业结构的调整，其中砖瓦的发送运量从“九五”末到“十一五”初期，已严重萎缩到不足原来的一半，石料在经历了几年的上升阶段以后，也已开始走下坡路。此消彼涨，三大货源的总量和“十五”初期基本持平，但“十一五”随着主要货源石料产量和砖瓦产量的大幅下降，传统货源总量的下降不可避免。

表7-2-3　嘉兴水运发送运量三大货源对比表

单位：万吨

年份	砖瓦	石料	水泥
1999年	882	810	339
2005年	481	1450	625
2006年	422	1136	642

石料货源基地

嘉兴目前本地最主要的货源就是石料，集中在“两海“(即海盐、海宁)地区，整个发送运量将近占到全市航区出口量的一半，但随着政府愈来愈重视土地资源的保护和经济建设的可持续发展，石料的产量近年来下降很快。最为明显的事例：2000年这两个地区还有石料生产企业70家，2010年已减少到21家(但海盐原关停的近30家石料厂还有部分库存货物，因此在本次货源调查表中共有36家石料厂)。2005年发送运量1449万吨，2006年减少到1137万吨，同比下降27.4%。

海盐

海盐航区石料企业主要集中在通元镇、澉浦镇的角里山、秦山一带，2005年出口量大于50万吨的只有海盐保丰等三家石料公司，总共出口的742万吨石料中，流向上海的占66%，其余都为县、市境内流转。但由于所生产石料规格和质量的原因，海盐境内两条高速公路工程（杭浦与跨海大桥北接线）所需的塘渣、寸子、黄砂、瓜子片等用料80%都要通过水路从外市运入，使得从湖州方向流入塘渣的运量聚增，据调查2006上半年流入海盐的矿物性建筑材料约71万吨。

80至90年代，海盐县乡镇工业一直是以石料、砖瓦、水泥建筑材料为主导，但随着国家对生态环境和不可再生资源的日益重视，海盐县政府及时调整产业规划，逐步从过去的石料、砖瓦、水泥建筑材料行业向其它产业(如机械标准件、造纸及纸制品)转换，缩小了石料、砖瓦、水泥等传统产业规模。经过几年调整，石料生产企业由1992、1993年高峰时56家，减少到6家。

综合上述情况，海盐县通过水路发送石料总量由2005年的742.19万吨下降到2006年的450.6万吨，并且上海方的需求量会随着城市建设的日益完善和世博会的临近而逐步走向疲态。

海宁

海宁航区的石料生产企业主要分布在袁花角平申线航道起点的附近，黄湾地区的石料企业已基本关停。2006年海宁共拥有石料生产企业15家，都为股份制企业，近年来机组改造后，整个生产流程基本实现机械化操作，生产效率有较大提高。大多数石料厂的年产量在50万~70万吨左右，主要规格以寸子、寸半子、四分子为主，且发送运量的石料绝大多数通过水路运出，2005年石料出口量707万吨，2006年石料出口量686万吨。

海宁石料的发送运量基本依托上海的城市建设需求，约70%通过水路流向上海，随着当地固定资产投资及基础设施建设强劲，特别是交通道路及城市建设（如海宁皮革城二期工程、杭浦高速工程等)，对建筑石料的需求大幅度提高。从2005年调查实绩及2006年上半年的情况来看，海宁石料主要供应地为上海和县市境内，比例大概在6:4上下。

嘉兴市的水路运输，个体单船运输占绝对主导地位，其经营方式以运销为主，船舶周转快，生产效率高。但一些有长期固定供销关系的石料企业往往觉得叫起单船来不方便，因此，如果能依托现有水运货源组织船公司，或组织个体船舶公司化管理，水路运力至少能稳定下来。海盐是近几年来嘉兴大吨位船舶发展最快的地区之一，但随着本地货源的逐步减少，出现了船舶外流增多现象。

根据"十五"初期制定的《嘉兴市矿产资源和地质环境规划》(五年一修编，新的规划还没完成)，嘉兴市矿产资源非常有限，又受到水土污染、耕地渍害、水土流失等诸多因素影响，因此总的指导思想是"在保护中开发，在开发中保护"，把全市矿产资源规划为9个禁采区(建筑石料5个，砖瓦粘土4个)，8个限采区(建筑石料2个，砖瓦黏土6个)，3个规划开采区(建筑石料3个)。整个矿产结构调整方向为强化矿山的规模化生产，基本改变采矿点"多、小、低、散"的状况，控制矿山总量，加强矿产品深加工，增加经济效益。

水泥货源基地

水泥作为嘉兴水运的传统优势货源，一直以来是嘉兴水运市场不可或缺的运输主角。特别是随着另外两大传统货源"石料"和"砖瓦"的日益消沉，水泥毅然成为嘉兴水运主要发送运量货种的"绩优股"。到2005年年底，嘉兴市仅散装水泥专用船就有76艘，1万多吨运力，再加上袋装水泥量，2006年全市通过水路发出的水泥总量达642万吨，同比增长近三个百分点。

嘉兴的水泥生产企业遍布全市的各个地区，从水运的角度来看，除海宁市因为没有散装水泥船而基本不通过水路发出外，其他各县(市、区)均有水泥发出量，桐乡、嘉善、海盐地区水泥发送量最为可观。

桐乡

桐乡地理位置优越，京杭大运河、杭申线、东宗线等高等级航道贯穿全市。辖区内的14家水泥企业重点分布在杭申线、东宗线两侧，2005年生产水泥471.7万吨，其中通过水路占46.5%，达到219.3万吨。2006年通过水路发送的总量有212.6万吨，其中流向上海124.8万吨，占58.7%，其余的分散本地县市境内、杭州、湖州及江苏等地。随着整个水泥行业的产业结构逐步调整，桐乡水泥行业将逐步淘汰小型机立窑，只保留几家如桐星、新都、申河等大型旋窑水泥企业。

嘉兴市本级

辖区内有几家较大规模的水泥生产企业，如芽芽、三狮、锦江建材等等，2005年光粉磨水泥的生产能力就达到250万吨，然而随着乡镇康庄工程的逐步完善，以及水泥运输的槽罐化(2005年新增槽罐汽车22辆，而减少槽罐船2艘)，水泥运输大有走公路的趋势，2005年辖区通过水路发出的水泥总量只有95万吨，其中流向上海40万吨，占42%。

嘉善

嘉善县从一个传统的农业大县逐步向加工型、制造型工业模式转变，其中水泥预制行业发展较快，其前身是20世纪80年代末的预制楼板业。嘉善全县共有水泥预制生产企业100多家，主要分布在红旗塘、杨庙港、野池线等航道两边。水泥预制行业发展所需要进口的原材料(主要是指砂石料，大约每立方配比黄沙:石子:砂石料为5:6:11)，以水路运输为主，黄砂主要从上海进口，而石料则都是从两海地区和湖州运来。由于进货渠道都是由提供石料、砂的原材料方叫承运人(船户)且各自分包，因此企业与承运人(船户)并不直接发生关系，而预制件的产成品(主要指圆桩、方桩、沟管、楼板等)已全部通过公路运出。据浙江太浦河构建有限公司介绍：80%的产量(主要为方桩、圆桩)是提供给上海的基本建设，一年的原材料(黄沙、石子、砂石料)进口4万多吨是通过水路运进来。2005年，全县通过水路发送水泥160万吨，主要发送目的地为上海市、江苏省等地。

平湖

水泥是辖区内的主要货源之一。全市有水泥生产企业4家，2005年水泥产量98.2万吨，其中通过水路运输量为35.4万吨，占总量的36%，由于嘉兴港的存在，其流向与其他地区差别较大，多走海运至浙江沿海宁波、舟山一带，绝大部分销往浙江省南部地区，运往上海方向的水泥几乎可以忽略不计。2010年，经水路发出量为14.95万吨，绝大部分销往浙江南部地区，部分为平湖周边县市。

海盐

2005年，海盐正常维持生产的企业有5家，通过水路发出水泥115万吨，发往上海的量占到90%，其销售价格从2004年曾到达过的400元/吨"天价"后，从此价格急转直下，一直稳定在195~210元/吨左右。

嘉兴市水泥行业作为主要传统行业，对本地的社会经济发展一直有着重要贡献。从1983的撤地建市到"十五"末期，二十多年的发展使得全市水泥产业从当时的100万吨上升到2005年的1555万吨，全市有水泥生产企业49家，年产量在60万吨以上的企业13家，其中3家超过100万吨，位列全省地级市水泥产量的头把交椅。"十五"期间由于新型干法水泥生产工艺技术的崛起，嘉兴水泥工业在产业结构调整、技术更新、环境保护各方面取得长足进展。《嘉兴市水泥行业结构调整若干意见》中明确，到2010年全市水泥产能将从"十五"期末的1375万吨提高到2050万吨，其中粉磨水泥产能从965万吨提高到1640万吨，占到总产能的八成。在"十一五"期间，嘉兴水路货源的希望很大一部分应放在粉磨水泥上，嘉兴的水泥产量并非明日黄花，应该立足现在，大力发展散装水泥船等特种船舶。

表 7-2-4　嘉兴市粉磨水泥生产能力布局规划一览表

单位：万吨

地区	2005 年年底生产能力		已批粉磨生产能力	干法熟料生产能力	特种水泥生产能力	合计产能
	粉磨能力	干法能力				
南湖区 秀洲区	250		300			550
嘉善	260	50	185			495
平湖	50		70			120
海盐	35	120				155
海宁	90					90
桐乡	280	150	120	80	10	640
合计	965	320	675	80	10	2050

砖瓦货源基地

砖瓦在嘉兴水运货源中可以称得上是“没落的贵族”，1999 年在嘉兴水运货源中独占鳌头、甚至超过当时的石料运量，但随着产业结构的调整和土地资源的保护，企业砖瓦产量大量减产，2005 年通过水路的发出量只有当年的一半，流向以上海和市、县境内流转为主。然而，在水运货源相对贫乏的嘉兴，砖瓦还是稳稳占据着前三甲的位置。嘉兴的砖瓦行业同水泥行业一样，基本遍布全市各个地区，而且各地之间总生产量相差不远，其中以嘉兴市本级和海盐量相对更大一些。

海盐

自 2001 年起对传统轮窑进行分批拆除，至今只剩 13 家砖瓦企业，最终将减少到 8 家。2006 年通过水路发出量 102 万吨左右，基本上全部销往上海，价格波动也会较为频繁。

桐乡

桐乡的红砖在相当长一段时期内一直是水运最为主要的货源，2005 年拥有 48 家砖瓦企业，红砖的年生成量 390.1 万吨，其中通过水路出运的有 71.86 万吨，占总量的 18.5%。由于近几年来红砖的运输方式在悄悄改变，部分砖瓦厂运用陆路运输实现了一步到位，主要运往杭州、萧山、绍兴等地，节省了不少费用。并且由于农村康庄工程的实施，部分砖瓦企业运送砖瓦的原材料——黏土也从水运改用拖拉机进行陆路运输。

嘉兴市本级

2005 年，拥有砖瓦企业 31 家，2005 年红砖通过水路发出量为 118.8 万吨，排在货源发出量的首位。从 2005 年的实际来看，王店砖瓦二厂、凤桥砖瓦厂和八字砖瓦二厂等三家企业通过水运的年发送量在 10 万吨以上。南湖砖瓦二厂和陶泾砖瓦厂等一些厂家虽已经在生产新型水泥墙体砖，但这种由水泥、石粉做的砖由于其价格高、渗水性强等缺点尚未形成气候，很难在短时间内成为新兴的水运新货源。黏土是生产砖瓦必不可少的原材料，然而大量开挖，带来了许多负面效应，如降低抗洪能力、占用耕地影响农业生产、严重污染大气环境等一系列重要社会问题，政府察觉后于“十五”初期及时合理规划，降低了砖瓦产量，并出台政策加快推进黏土砖瓦窑的淘汰步伐。

表 7-2-5　嘉兴市淘汰粘土砖瓦窑年度计划分解表

部门	2004 年年底砖瓦轮窑数（座）	2005—2006 年淘汰计划数（座）
全市	186	125(30)
南湖区	16	10(1)
秀洲区	31	25(1)
嘉兴经开	2	1
嘉兴港区	2	1
嘉善县	16	8(1)
平湖市	16	8
海盐县	16	8
海宁市	36	26(23)
桐乡市	51	38(4)

注：括号内数字为 2005 年已关停数

其他货种

嘉兴水运发送运量除了上述的石料、水泥、砖瓦三大宗外，其余都是些零星少量的货物，其中有作为二次中转的煤炭、石油及制品、金属矿石，有主要用于自给自足的粮食，还有专门为供砖瓦生产的黏土、煤渣和化工工业发展所需要的液货危险品和化工原料等。

煤炭

嘉兴市没有煤炭资源。2005 年，全市煤炭的中转发送运量达到 54.5 万吨，其中以嘉兴市本级和桐乡居多，90%以上都用于县市境内流转。

金属矿石

杭钢所需 200 万吨左右铁矿石，主要外贸进口，由宁波港经杭甬铁路运输至厂，由于铁路能力不足，近几年开始利用海运，由宁波港至海盐核电厂的重件码头中转，经内河水运至杭钢，2005 年达 40.2 万吨。

粮食

浙江省已成为中国主要缺粮省之一，2005 年从省外调进和外贸进口达 870 万吨左右，高于同期自产粮食的 560 万吨。而嘉兴作为浙江省主要粮食生产基地，2005 年产量为 119.4 万吨，但人均占有粮食仍低于全国平均水平。

2005 年，粮食吞吐量 108.7 万吨，出口 62.7 万吨，主要是嘉兴市粮食批发市场和中央粮库由铁路调进，经水运出口在嘉兴各县市境内流转；而嘉善的稻米主要出口上海、江苏等地。

煤渣、液货危险品、化工原料等。2005 年吞吐量 696.1 万吨，其中进口 612.1 万吨。进口量中供生产砖瓦的原料占 50%左右，出口主要为化工原料等。

嘉兴主要进口水运货物

嘉兴在整个浙江省来说属于资源短缺地区，而打造先进制造业基地和工业立市的战略实施，势必伴随着原材料、能源及产品的大量流动，客观上要求有一个强大的运输体系作为支撑。水运是基本建设所需建材、能源等最重要的运输方式，通过水运进口嘉兴的大宗货物主要可分为煤炭、原油及制品、石料、非金属矿石(主要包括石灰石和熟料)、粘土、煤渣等，客观上的条件促使嘉兴水运在进口方面的作用更大于出口方面。从 2005 年嘉兴内河港口分货类吞吐量中可以看出，嘉兴通过水路货运的进口量要超过出口量的一倍以上，与出口货物相比，进口的货物呈现出品种更加繁多、更加全面的特征。

煤炭

作为嘉兴市主要的能源消费形式，区域内无煤炭资源可供开采，全部依赖外部调入。浙江省本身的煤炭资源十分匮乏，除湖州长兴煤矿产煤 60~70 万吨外，全部从省外调进和少量外贸进口。据嘉兴市经贸委能源处提供的统计资料显示，嘉兴市 2005 年煤炭消费量在 1350 万吨，除嘉兴电厂用煤 617 万吨由海运直接调入，嘉兴港热电厂用煤 22 万吨由嘉兴港进口陆运外，其余 711 万吨全部由内河调入，其中从上海调入 40 万吨左右，嘉兴港中转内河 111 万吨，其余 560 多万吨全部由京杭运河沿线的充州煤田和徐州港口调入。内河煤运量中电厂用煤 350 多万吨，其余主要供应纺织、水泥和其他工业用煤。进口煤炭中基本水运直达用户，二次中转量较少。2006 年全市煤炭进口量在 800 万吨左右，比 2005 年增加 12.5%，其中 70%的煤炭通过乍嘉苏线从山东、江苏等地进口，20%的煤炭通过嘉兴港中转内河进口，其余的从上海等地进口。

由于上海港黄浦江码头的外迁，大量原从上海港中转内河的煤炭现由嘉兴港中转，据调查，2006 年 1 至 8 月嘉兴港煤炭吞吐量为 959 万吨，同比增长 84.87%，其中通过内河港池等公用码头的吞吐量达 454 万吨，同比增长 276.57%，其中内河港池发送量 217 万吨，流向主要是嘉兴、杭州、萧山等地。据调查，2005 年内河港口煤炭吞吐量为 824 万吨，其中进口 768 万吨。2006 年内河港口煤炭吞吐量为 860 万吨，其中进口 800 万吨。

石油及制品

2005 年，全市成品油销量为 97.5 万吨，其中嘉兴港进口 32.2 万吨，其余主要由上海等地经内河调入和少量由周边地区陆运调进。2005 年吞吐量为 103 万吨，其中进口 90 万吨，分别为嘉兴港转内河运输 18 万吨，上海、南京等地内河运输调进 59 万吨和二次中转 13 万吨，其中仅桐乡地区 2005 年的成品油吞吐量就达到 31.9 万吨。由于上海到嘉兴、湖州的管道运输即将开通，可能对嘉兴的油运市场产生冲击。

钢铁

嘉兴市所需钢铁基本从省外调进和外贸进口，同时嘉善又有废品收购站收购的废钢运往省外。2005 年，吞吐量 140 万吨，其中进口 90.3 万吨，主要从上海、江苏和杭州经内河水运调进，出口 49.7 万吨，其中 47 万吨为废钢经嘉善港出口上海。

石料

2005 年在嘉兴水运发送运量货源中，石料为 1449 万吨，超过嘉兴总发送运量一半以上，稳居发送运量中货源的头把交椅。嘉兴的石料产量由于受环保和可持续发展等因素的限制，产量逐年减少，但嘉兴地区的基础设施建设快速发展，仅 2004 年年底开工建设的“三高速一改造”

(申嘉湖高速、杭浦高速、杭州湾大桥北接线高速和07省道的改建工程)所需填筑路基的岩渣等就需要将近6000万吨，基本上靠水运来完成，再加上对石料质量要求的不断提高，从湖州等外地调入的石料特别是岩渣量明显增加。进口石料若以辖区来分，嘉兴市本级以其在几条高速公路中的重要位置而进口量最大。在嘉兴市本级进口的建材中，2005年用于高等级公路建设的总共876.46万吨，分别是申嘉湖高速公路652.37万吨，杭州湾跨海大桥北接线44.26万吨，07省道拓宽工程179.83万吨，2006年上半年分别为247.62万吨、98.24万吨、140万吨。

据海盐的调查资料反映，2005年三大建材通过水路进入海盐为490.65万吨，出口为965.12万吨；而到2006年9月为止，有627.68万吨建材流入海盐，出口仅为681.55万吨，部分月份首次出现了建材进港大于出港的现象。究其原因所在，主要是受杭浦高速公路和跨海大桥连接线工程的影响，工程所需的塘渣、寸子、黄砂、瓜子片等用料的80%都要通过水路从外省(市)运入，加上工程施工进度紧、前期天气晴好等原因，各工程施工单位千方百计抢进度，使从德清、湖州方向流入的塘渣运量巨增。

木材

嘉兴市的木材进口量主要集中在嘉善。嘉善木业作为整个嘉兴“零资源经济现象”的典型，在全市的各种产业发展模式中具有很高的参考价值。嘉善县本身不生产木材，但在2005年木业总产值已经达到60亿元，占到全县总产值的28%，拥有木制品企业319家，胶合板的产量占全国总产量的二分之一，成为当时国内最大的胶合板生产基地。嘉善木业发展到如此规模，很大一部分原因得益于嘉兴水运网络的发达和内河航道条件的不断提升，一年近十几万立方米的进口原木能够通过水运直接到达生产企业或者临近的原木堆场，运输成本与从公路上走相比节省了近70%。2005年通过水运进口的木材达到10万多吨。

非金属矿石

非金属矿石在嘉兴地区的进口货种主要包括石灰石、熟料、石膏及磷矿，除少量的磷矿外，其余三种都是水泥生产的主要原料。嘉兴市没有上述资源，除少量熟料由杭州和安徽调进外，基本由湖州调进。2005年非金属矿石总的进口量为1145万吨，其中石灰石497万吨，熟料(包括少量石膏)648万吨。2006年随着水泥行业的稳步发展，非金属矿石进口总量达1183万吨，其中以桐乡、海盐、嘉善及嘉兴市本级为主。

液货危险品

石油化工业是嘉兴市重点培育的十三个产业基地之一，也是四大产业群之一。液货危险品已在嘉兴市作为水运的主要货源之一，2005年其吞吐量约100万吨左右。液货危险品主要集中在嘉兴市本级和平湖等地，2005年市本级液货危险品码头9个，危险品(含油品)进口59.02万吨，出口20.13万吨，进出口比例为2.93 ： 1。随着辖区内嘉化物流新丰工业园的投建使用，辖区内的危险品运输逐步规范化、产业化，危险品的出口量将增大，2006年达到100万吨以上。

平湖力扬危险品中转码头于2006年1月份开始营业，其危险品如硫酸和液碱均由嘉化集团提供，并由槽罐车直接打入船舶，运往嘉兴本地及绍兴等地区。金波化肥其原材料种类繁多而散，量不大，就其危险品来说如硫酸、硫氨及其他化学品来自上海、杭州及嘉兴本地。产品化肥约25%通过水路运往上海、湖州及温州等地。恒达改性沥青作为沥青中转码头其沥青都是从上海石化汽车运进，大约有50%通过水路销往江苏和安徽。

其他

除以上货种外，嘉兴通过水路进口的主要货种还有粘土、煤渣和化工原料等等。其中粘土2005年进口量达到400多万吨，占其他货种的一半以上，煤渣2005年也在150万吨左右。

2008年，完成水路货运量7106.16万吨，货物周转量99.04亿吨公里，全市内河港口完成货物吞吐量7871.39万吨，在全国内河港口中排名第六，其中进口5334.73万吨，出口2536.66万吨，进出口量的比例大约在2:1左右。

2008年，全市规模以上工业生产企业消耗原煤1461万吨，生产水泥1622.56万吨，而2008年通过水路运输的煤炭和水泥分别为1225.88万吨和1210.39万吨，分别占耗煤和生产水泥总量的83.92%和74.6%，而其他大宗物资如全市消耗的石料、黄沙、砖瓦等矿物性建筑材料通过水运的占比也都在一半以上，由此看来，嘉兴市水运在关系到国计民生的大宗物资(如矿建材料、水泥)、能源(如煤炭)运输方面具有举足轻重的作用。

全市水运货种以矿建材料(包括石料、黄砂、砖瓦等)、水泥、煤炭、钢铁等大宗物资为主，虽经历了“九五”以来的产业结构调整，但传统优势货源石料、砖瓦、水泥三分天下的格局依旧，其中石料从“十五”末开始下降，2008年跌至谷底；砖瓦年产量从“十五”初期900万吨缩到2008年不足150万吨；水泥通过水运倒是稳中有升。上海黄浦江沿岸码头外迁，煤炭逐渐成为重要货种，全市发送量占比五年间上涨将近10倍。在2008年全市水路运输的7106万吨货物中，矿物性建筑材料、煤炭和水泥排名前三位，占整个货运总量的85.04%。

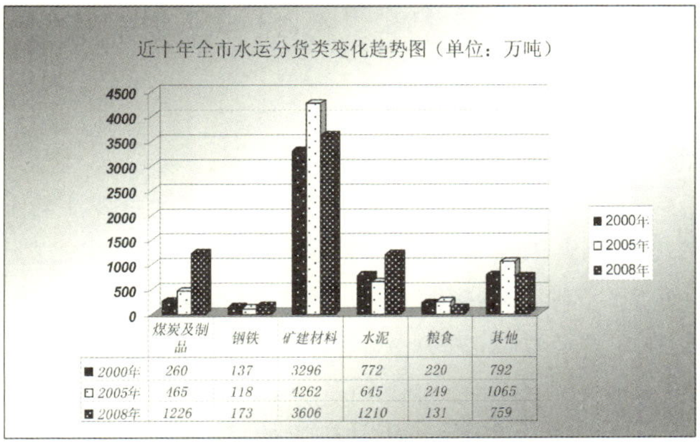

图 7-2-1 2000 年—2008 年嘉兴市水运货类图

经过近十年的产业结构调整，全市水运的主要货物种类基本没有变化，还是以矿建材料、水泥、煤炭、钢铁、粮食等为主。

货种占比有所变化：矿建材料在“九五”“十五”占全部货运量的 60%及上，到 2008 年缩小至 51%，主要原因是石料和砖瓦产量逐年减少，且砖瓦越来越多通过公路运输；水泥从“九五”到“十五”有所下降，2008 年占 17%，主要原因是全市水泥产业经历一段淘汰落后产能的过程；煤炭及制品从 2000 年的 5%增加到 2008 年的 17%，尤其是“十一五”以来海运中转到内河的量急剧上升，三年间占比上涨了约 10 个百分点。其他如钢铁、粮食、化工原料及制品等占比变化不大，但由于货运总量上升，因此绝对值还是有所上涨的。

第四节 港口物流

港口物流是指：以港口为现代物流过程中的一个无可替代的重要节点和服务平台，以促进区域性经济发展为中心，以建立货物中心、配送中心、物流信息加工和商品交易中心为目的，利用港口集疏运、仓储、装卸搬运、代理、包装、加工、配送、信息处理、多式联运等为一体的特长，发挥由点(港口)到线(陆路、水路运输)、面(港口腹地及周边区域)的区域物流活动的辐射优势，形成完整的供应链，为用户提供多功能、一体化的综合物流活动。

嘉兴市现代物流业起步于“十一五”初期，2007 年嘉兴精心培育现代物流业，确定 21 家货运重点联系企业，推荐 8 家 2007—2009 年度全省道路货运重点联系企业，并积极组织相关企业参加全省现代物流管理研讨班，2007 年举办了现代交通与物流科技博览会和 2007 中国现代物流（秀洲)论坛等活动。

2007 年，嘉兴地区生产总值 1585.18 亿元，比上年增长 14.4%，生产性服务业达到 191.8 亿元，增长 17%，交通运输仓储及邮政业 68.78 亿元，占 GDP 的 4.33%，增长 17.47%。

港口货物吞吐量发展概况

2009 年，嘉兴内河港共完成货物吞吐量 8404.2 万吨，较 2008 年增长 6.8%。货物以进港为主，全年进港货物 5546 万吨，占 2/3，出港货物 2858.2 万吨，占 1/3。

货物吞吐量的种类构成

港口货物运输主要以矿建材料、煤炭、水泥等散杂货为主，2009 年完成矿建材料 4516 万吨(其中砂石 1209 万吨)、煤炭及制品 1622.7 万吨、水泥 1284.2 万吨，三者合计占嘉兴内河港货物吞吐量的 88.3%。各货类的构成见图 7-2-2。

货物吞吐量的港区分布

嘉兴内河港口各港区货物吞吐量规模相当，2009 年城郊港区完成 1875.7 万吨，占全港的 22.3%，其次是海盐港区 1573.5 万吨，占 18.7%；海宁港区、平湖港区、桐乡港区各占 15%左右，嘉善港区占 13.4%。各港区的货物吞吐量及比重见图 7-2-3。

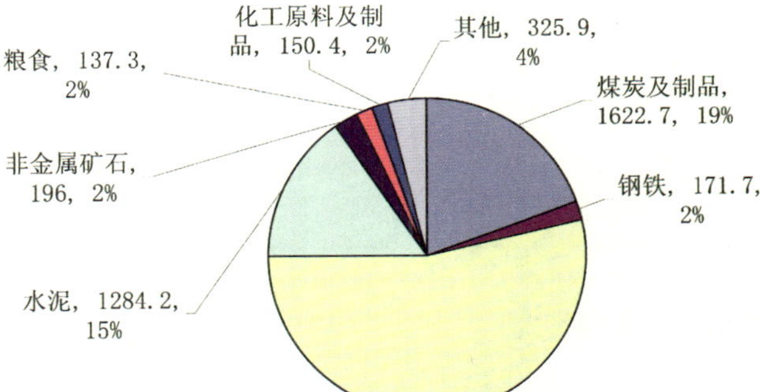

图 7-2-2 2009 年嘉兴内河港口货物吞吐量货类构成(单位：万吨)

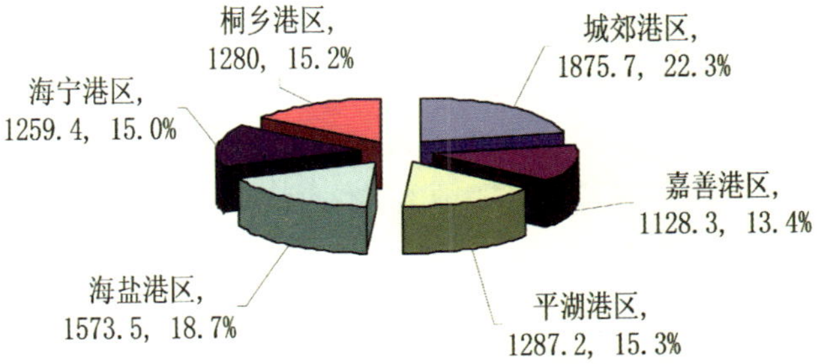

图 7-2-3 2009 年嘉兴内河港口货物吞吐量港区构成(单位：万吨)

近些年发展概况

嘉兴内河港货物吞吐量从2000年的4698万吨，发展到2009年的8404.2万吨，年均增长6.7%。随着区域经济结构的调整和沿海港口的发展，内河港口的货物种类也发生着巨大变化，水泥从2000年的254万吨，发展到2009年的1284.2万吨，年均增幅达19.7%；其次是煤炭从2000年的362万吨，发展到2009年的1622.7万吨，年均增幅18.1%；矿建材料从2000年的1500万吨，发展到2009年的4516万吨，年均增幅13%，矿建材料占全港货物吞吐量的比重也由2000年的32%，上升到2009年的54%；2000至2009年石油天然气及制品实现了1%的正增长，非金属矿石和化工原料及制品实现了从无到有。2000至2009年，其他货类出现大幅萎缩，木材年均跌幅28.7%，金属矿石年均跌幅19.4%，化肥年均跌幅14.1%，钢铁年均跌幅9%，粮食年均跌幅6%。

港口货物流量流向

统计数据表明，嘉兴内河港口发出货物主要流向上海、杭州，以及嘉兴市其他县区。2009年货物发送量2965.5万吨，其中流向上海1099万吨，占37.1%，流向杭州329.6万吨，占11.1%，嘉兴市境内895.4万吨，占30.1%，其他流向地区湖州、江苏、宁绍等地货物比重在3%~8%之间。其中，矿建材料超过50%流向上海，31%流向嘉兴市境内其他地区；煤炭及制品41.3%流向嘉兴境内，26.5%流向杭州地区；水泥超过一半流向上海地区。

表7-2-6 2009年年底嘉兴内河港货物出港流向统计表

单位：万吨

	发出量总计	货物流向地区							
		县境内	地级市境内	湖州	杭州	上海	江苏	宁绍	其他
合计	2965.5	90.4	804.9	97.1	329.6	1099	222	173.9	148.6
比重		3.0%	27.1%	3.3%	11.1%	37.1%	7.5%	5.9%	5.0%
1.矿建材料	1321.1	59.2	350.3	3.8	50.5	737.5	118.3	/	1.5
比重		4.5%	26.5%	0.3%	3.8%	55.8%	9.0%	/	0.1%
2.煤炭及制品	849.6	8.3	342.7	85.4	225.5	4.2	21.7	145	16.7
比重		1.0%	40.3%	10.1%	26.5%	0.5%	2.6%	17.1%	2.0%
3.水泥	594.3	9.6	37	0.1	28.5	324.9	45.8	26.4	121.9
比重		1.6%	6.2%	0.0%	4.8%	54.7%	7.7%	4.4%	20.5%
4.其他	200.5	13.3	74.9	7.8	24.1	32.4	36.2	2.5	8.5
比重		6.6%	37.4%	3.9%	12.5%	16.2%	18.1%	1.2%	4.2%

海河中转货物情况

嘉兴前海后河的地理优势使得海河联运成为可能。海河联运的主要形式为海河中转，近年来，随着嘉兴港货物吞吐量的逐年上升，海河中转的货物量也呈快速上升趋势，海河中转的主要线路为外海船舶停泊到嘉兴港乍浦港区或海盐港区的外海码头卸货后，通过汽车短驳等形式从外海码头中转至内河港池、乍浦塘和海盐何家桥线等地的内河码头，再通过内河货船运往嘉兴市境内和杭州、绍兴、湖州等地。

2009年，从嘉兴港乍浦港区和海盐港区中转至内河的货物总量为783.33万吨，比上年同期增加30%。其中，从乍浦港区中转内河的货物共760.73万吨，为上年同期的133.51%，除少量钢铁、木材、粮食等货种外，主要货种是煤炭，其流向地以流向嘉兴市境内为最，占到发出总量的36.78%，还有杭州(27.77%)、湖州(11.25%)、绍兴(20.30%)等地。通过海盐港区中转内河的货物共22.60万吨，为上年同期的66.08%，主要货种是铁矿砂8.40万吨，占全部货物的37.17%，全部流入杭州市境内供应杭钢。此外，从独山港区外海码头，通过公路短驳至乍嘉苏内河的粮食每年还有十万多吨。

港口物流企业概况

随着嘉兴市经济的发展和内河航道的建设，沿河产业布局逐渐呈规模化发展。据统计2006年嘉兴市沿河企业仅有642家，2009年全市拥有内河港口企业1238家。建材、船舶修造、食品饲料加工、造纸及纸制品、能源等五大行业的企业占2/3左右，仓储和运输(服务)企业比例相对较少。同时随着岸线资源的开发利用，沿河企业大多拥有了自己的码头，2009年货主码头泊位达1395个，沿河港口企业平均每家拥有1.1个泊位。嘉兴内河港生产性码头泊位主要分布于杭申线、乍嘉苏线、杭平申线、嘉于硖线、东宗线、京杭运河等主干线航道两岸，其他支线航道上也分布着一些简易码头。

随着物流业的快速发展，嘉兴地区内河港口物流企业迅速发展起来，如城郊港区的嘉兴市铁港粮食物流有限公司、浙江嘉兴嘉化物流有限公司，平湖港区的浙江杭州湾物流有限公司，海盐港区的祥龙物流有限公司等等，但规模都不是很大，相对稍具规模的涉及内河港口的物流企业(基地)有嘉兴内河港多用途港区和平湖市独山港综合物流园区，这两家企业已被列入市级交通物流重点扶持基地和企业。

各港区水运企业

城郊港区有水运企业9家。分别为：从事嘉兴市南湖及环城河水域水路旅客运输的嘉兴市南湖名胜发展有限公司，从事内河普通货物运输的嘉兴捷达船舶运输有限公司、嘉兴市港龙水上运输有限公司、嘉兴市富温航运有限公司、嘉兴市同济运输有限责任公司、嘉兴市嘉康船务有限责任公司，从事内河散装化学危险品运输的嘉兴市众安危险品航运有限公司、嘉兴市灵舟运输有限公司，以及从事内河集装箱运输的嘉兴内河航运有限公司。其中：嘉兴市灵舟运输有限公司、嘉兴市同济运输有限责任公司等2家水运企业因企业经营业务及结构调整等暂处于停运状态。上述9家企业除嘉兴内河航运有限公司（该公司于2010上半年组建成立）外，2009年完成旅客运输量43.53万人次、217.64万人公理，完成货运量309.08万吨、货运周转量31615.53万吨公里，占辖区水路货物发送量的25%。主要货种为建材、煤炭、粮食、散装化学危险品等。

海宁港区辖区内注册海运企业1家，普通货轮1艘，17339载重吨；内河个体营运船舶549艘，97150载货参考吨，内河单船平均吨位177载货参考吨。

海盐内河港区有水运企业2家，分别是一家海运企业，运力为2艘普通货船共25728载重吨；一家内河运输企业，运力为2艘货船共504载重吨。三家船舶代理企业，其中二家兼营货物代理业务。辖区内近700家个体船舶经营户从事内河普通货物货船运输。

平湖港区有4家水运企业，包括2家危险品运输企业，1家客运企业及1家普通货物运输企业。港口码头企业202家，其中包括17家水上加油站、10家砖瓦厂、4家水泥厂。

嘉善港区有4家水运企业，包括3家普通货物运输企业和1家水路客运企业。截至2009年年底，全县在册船舶1462艘、173327载重吨。其中内河货物运输企业船舶158艘，29954载重吨，平均吨位189.58吨。全行业完成水路货运量1408.63万吨，货物周转量17.92亿吨公里，分别为去年同期的102.23%和102.37%。其中运输企业完成水路货运量85.96万吨，货物周转量20996.65万吨公里，分别占全行业的6.1%和11.7%。

桐乡港区拥有3家水路普通货物运输企业。

第五节 运输组织

国营运输企业

嘉兴市航运总公司

嘉兴市航运总公司(原浙江省航运公司嘉兴分公司)地处嘉兴市城区东北部，占地面积3.3万平方米，是浙江省北部地区的水运中枢之一。嘉兴市航运总公司下辖嘉兴、嘉善、海宁、海盐、平湖、桐乡分公司，储运营业部，以及船舶修造厂、水泥厂、劳动服务公司。是嘉兴市唯一全民所有制的水运骨干企业。

(一)企业的形成过程

嘉兴市航运总公司创建于1950年10月10日，40年来，体制、机构、名称多次变更。20世纪50年代初为浙江省航运公司嘉兴营业处，先后改为国营华东内河轮船公司嘉兴营业处、国营浙江省轮船公司嘉兴营业处。体制曾实现政企合一。名称亦先后改为浙江省嘉兴区航运局、浙江省嘉兴专区航运公司、浙江省杭嘉湖航运局嘉兴分公司、浙航嘉兴分公司、浙江省嘉兴地区嘉兴航运公司，最后又改为浙航嘉兴分公司。于1990年1月，体制下放到嘉兴市，为市属水运企业，改名为嘉兴市航运总公司。

图7-2-4 嘉航总公司

1952年年初，国营华东内河轮船公司嘉兴营业处接收了由地方人民政府依法没收的敌产“根利”“解放”“金平”“根发”4艘轮船，分别经营嘉兴至苏州、嘉善至芦墟、平湖至金丝娘桥、嘉兴至海盐等客运航线，还有嘉兴至上海货运航线。1952年4月，又接收了中国人民解放军嘉兴军分区后勤处领导的劳营运输公司部分船舶和资产。劳营运输公司系解放初期，中国人民解放军运送军用及其他军需物资而组建的。其成员有解放军干部、战士，也有部分雇用人员。后根据上级指示，决定将劳营运输公司并入当地国营航运企业。凡在船上工作的解放军干部、战士均办理复员手续，随即转入地方。当时移交的有“劳锐”“劳鸿”“劳涌”“劳锋”“劳龙”等轮船。

通过接收地方人民政府和劳营运输公司移交的船舶后，国营华东内河轮船公司嘉兴营业处开始有自己的运输工具，由此打下了发展基础，同时在接管中转来了大批人员使生产得到了发展，业务不断扩大。

1953年6月，国营浙江省轮船公司嘉兴营业处成立，并与浙西分公司实行分线经营，单独核算。根据现有生产规模和运输工具性能，实行生产定额制度。主要有：计划航次运量定额、木驳装载定额、马力拖量定额、装卸时间定额等。通过实行生产定额制度后，改变了过去工作紊乱，劳动纪律松懈和工具使用上的浪费。相应地取得了轮、驳船周转效率的显著提高。货驳从以前月产4万多吨提高到月产6万多吨。拖轮单位产量也超过了定额指标。

1954年2月起，国营浙江省轮船公司嘉兴营业处根据上级下达指标，在自行试编物资先后顺序运输计划取得初步效果的基础上，全面推行作业计划，如月度实施计划、工具供应计划、船舶运行计划、货运五日要船计划等，在具体推行中，配合建立责任制，把每个职能部门及每个人员的工作和责任范围，重新予以明确划分，制成图表，每旬进行检查。从而加强了各部门的生产计划性，克服了调度上的盲目混乱现象，货源组织按计划进行，减少了有船无货和货多待船的现象，使装卸作业按航次计划执行，消除了待装待卸状况。

在货运船队运行拖带方式上，推广了一列式拖带法(俗称“吊拖”。将驳船编成一定的纵列式形，如单排、双排、多排等，用拖轮拖带行驶的航行方法。具有拖得多，运量大等优点。一般适用于慢速客货运输)。并在局部航段中，采用加放缆拖带方式，拖轮在经过1953年长缆拖带的典型试验后，于1954年所有拖轮都先后运用了长缆拖带。采用一列式并加放长缆拖带方法，航行速度一般可提高约10%左右。由于长缆拖带受航道条件以及船舶密度的影响，嘉申线部分航段不宜应用。长缆拖带在浙航嘉兴分公司运用时间较长，直至“文化大革命”初期起，逐不采用。

由于运输生产的发展，国营经济力量的增强，对把民族工商业者吸引到国营经济中来，进行社会主义改造，准备了必要的条件。1955年1月，嘉兴合营、梅利、庆大、俭业、万顺、永和、顺新7家私营轮船行合并组成7行联管，经过4个月的联管筹备，于1955年5月1日，经政府批准成立公私合营嘉兴轮船公司。

1956年，私营工商业社会主义改造在全国范围内展开后，在合作化道路、赎买政策的感召和爱国主义精神的教育下，船民(雇工3人及以上者)、船工看到了国营经济的优越性，渴望参加社会主义改造的呼声强烈，要求船舶并入国营。通过摸底、清产核资和人员安排等工作后，原租赁给国营浙江省轮船公司嘉兴营业处40吨以上的包月货驳27艘并入。另有部分私营船舶经过社会主义改造后，并入国营。至1957年，前后并入国营浙江省轮船公司嘉兴营业处的货驳164艘，客驳3艘，拖轮6艘，固定资产净值总额400239.83元，业主204户，自有劳动力374人，雇佣工人374人。在人员安排方面，工人一律按原来职务转变为国营企业工人，船民(有雇佣3人及以上者)及其家属原在船上工作有劳动能力而又要求工作者予以适当安排工作。与此同时，海宁、海盐、平湖、嘉善等县私营轮船业也先后经批准成立了公私合营海宁、海盐、平湖、嘉善、长安轮船公司。自1956年11月至1957年4月，公私合营平湖、海宁、海盐、嘉善、长安、嘉兴轮船公司先后宣布并入国营。公私合营嘉兴轮船公司由浙江省航运管理局嘉兴管理处直接领导；其余各轮船公司由当地航运管理部门管理，财务由国营浙江省轮船公司嘉兴营业处统一核算。经过社会主义改造，该国有企业已有一定的实力，至1957年年底，拥有客轮69艘计客位5119座；客驳14艘计客位903座；货轮7艘计吨位66吨；拖轮13艘计753匹马力；货驳171艘计吨位7702吨。职工人数达1744人。1957年，全年完成客运量374.4万人次，旅客周转量5198.94万人公里；货运量57.92万吨，货物周转量7683.17万吨公里。

(二)企业名称的变更与发展

1958年1月1日，根据浙江省交通厅指示，将航运企事业重新予以划分。原浙江省航运管理局嘉兴管理处和国营浙江省轮船公司嘉兴营业处撤销，同时成立浙江省嘉兴区航运局。事业方面工作划分地方管理，企业方面工作由浙江省嘉兴区航运局负责经营。1958年6月，在调整内河运输体制时，根据《上海市交通运输局、浙江省交通厅关于内河运输体制分工的协议》，上海市交通运输局将于1956年7月2日成立的“上海市民船第四合作社”划归浙江省交通厅。集体所有制经济性质的上海市民船第四合作社，转化为全民所有制经济性质。1958年9月，上海市民船第四合作社部分船舶、人员转入浙江省嘉兴区航运局。转入有木质货驳45艘，计吨位1513吨。与此同时，又将公私合营上海内河轮船公司营业所经过改组划归浙江省交通厅领导。有14艘轮、驳船转入浙江省嘉兴区航运局经营。还有公私合营上海内河轮船公司平湖营业站所有9艘客轮和货轮、4艘客驳以及在职人员150人转入。1958年，共拥有客轮69艘，计客位5320座；客驳15艘，计客位1034座；货轮4艘，计吨位67吨；拖轮30艘，计1466匹马力；货驳241艘，计吨位10110吨。

1958年11月，根据以块为主、条块结合，驾驶地、市航运管理权、航运企业经营权的方针，航运机构进行调整，撤销原嘉兴、湖州区航运局，成立"嘉兴专区航运公司"。公司设在湖州，嘉兴改为营业站。原嘉兴区航运局所辖各县客运机构体制下放地方，并入各县交通运输公司。

1961年11月，航运机构隶属变更，嘉兴专区航运公司改名为浙江省嘉兴区航运局，直属浙江省交通厅领导。

1962年7月，为进一步贯彻"调整、巩固、充实、提高"的方针，使交通运输更好适应国民经济的发展需要，上级决定成立浙江省杭嘉湖航运局。下设嘉兴、湖州、杭州三个分局。同年8月1日，浙江省杭嘉湖航运局嘉兴分局成立。是年年底，接收原下放到嘉兴、嘉善、海宁、海盐、桐乡、平湖各县的客运站。

1963年1月，浙江省杭嘉湖航运局撤销，分别恢复成立浙江省杭州、湖州、嘉兴区航运局。

1965年1月，交通运输管理体制调整，实行政企分开。浙江省轮船运输公司成立。原浙江省杭州、钱江、嘉兴、湖州、宁波、温州、舟山、海门区航运局改为浙江省轮船公司各分公司，实行内部经济核算。浙江省嘉兴区航运局改名为浙江省轮船运输公司嘉兴分公司。

1966年1月，浙江省轮船运输公司嘉兴分公司更名为浙航嘉兴分公司。1971年1月至1978年12月浙航嘉兴分公司更名为浙江省嘉兴地区嘉兴航运公司。

1979年1月，浙江省嘉兴地区嘉兴航运公司又更名为浙航嘉兴分公司。根据浙江省革命委员会(78)170号文件精神，将1971年1月第二次下放给嘉兴、嘉善、海宁、海盐、平湖、桐乡等县客运站，重新归属浙航嘉兴分公司。

1983年，浙航嘉兴分公司货运量首次突破200万吨，为33年来货运量完成最多的年份。

1985年，拥有客轮113艘，计客位14525座；客驳68艘，计客位7239座；货轮3艘，计吨位210吨；拖轮33艘，计6330匹马力；货驳259艘，计吨位21915吨。全年完成客运量1398.89万人次，周转量20961.49万人公里；货运量227.21万吨，周转量32168.42万吨公里。

(三)企业开始滑坡与多种经营

1988年拥有船舶408艘，其中钢质客轮61艘，计客位7127座，主机功率3648千瓦；木质客轮1艘，计客位121座，主机功率47千瓦；钢质客驳23艘，计客位2477座；木质客驳4艘，计客位424座，钢质拖轮31艘，主机功率3876千瓦；木质拖轮3艘，主机功率206千瓦；钢质油货轮17艘，计吨位943吨，主机功率448千瓦；木质货轮3艘，计吨位47吨，主机功率113千瓦；钢质货驳262艘，计吨位23059吨；木质货驳3艘，计吨位72吨。由于客运连年亏损，1988年六个客运站亏损就达165万元，为找出路，嘉航总公司制定了"以水为主，调整生产结构，横向发展，多种经营"的客运经营方针，努力实现二年跨二大步，二年之内六个客运站亏损为零的"六二·零"的奋斗目标。并从1988年6月各客运站都成立了劳动服务公司，主要经营水上饭店、车船修理等项目，六个客运站一共有29个横向项目。嘉兴站：车船修理综合厂、新客站招待所、水果批发部、客运饭店、老客站招待所、旅游服务部、综合商店等。嘉善站：船舶五金配件商店、振新水果零售批发部、善客商店、车船修理车间、注塑车间等。海宁站：海达化工厂、交通汽车修配厂、沪嘉轮胎修理部、星星副食品商店等。海盐站：秦山汽车修配厂、海盐螺栓厂、海盐交通机械综合经营部等。平湖站：平湖汽车修配厂、综合商店、嘉航电讯器材厂等。桐乡站：塑料模具厂、乌镇码头综合商店、崇福码头五金化工商店、桐乡船用物资综合商店、梧桐码头综合商店。不但解决了将近500名员工的工作问题，而且每年将近有50万元利润上交。

1989年3月，执行省政府浙政发2号文件《浙江省航运公司管理体制改革方案》，于3月10日浙航嘉兴分公司改名为嘉兴市航运总公司。

1990年，拥有389艘船舶，其中：钢质客轮53艘，计客位5898座，主机功率3025千瓦，钢质客驳23艘，计客位2251座；钢质拖轮31艘，3876千瓦；油货轮24艘，计吨位1409吨；钢质货驳258艘，计吨位23138吨。至1990年客轮、拖轮和客货驳船全部实现钢质化。1990年年末，拥有固定资产原值为4697.74万元，净值为3117.38万元。有职工4096人，全员劳动生产率为74986.50吨公里/人，利润总额−27.80万元，资产利税率1.40%。全年完成客运量320.11万人次，周转量8907.74万人公里(分别为去年的68.70%和77.75%)；货运量188.05万吨，周转量26230.50万吨公里(分别为去年的84.30%和81.64%)。客运量和周转量的逐年下降，主要由于城乡公路建设发展迅猛，公路通车里程和客车班次增多以及农村自行车拥有量剧增，逐步改变着过去水网地区交通唯依水路之状况。水路客运日趋衰落。

1993年，嘉兴市航运总公司拥有职工3343人，拥有各类船舶325艘、23760载重吨、5022千瓦、2729客位，固定资产原值4436.11万元，净值2887.26万元。下属有六个客运分公司、三个货运公司、一个油运分公司和储运分公司、造船厂、运达实业公司、鸿运商城等。嘉兴市航运总公司所属六个客运分公司分别位于嘉兴、平湖、嘉善、海宁、海盐、桐乡等地，拥有固定资产原值1915.64万元，净值896.21万元；职工976入，退休职工(含离休)596人。这些客运分公司都是创建于50年代初期的老企业，40多年来，共运送旅客30.79亿人次，为嘉兴市经济建设、城乡交流和人民生活服务作出了历史性的贡献。随着社会主义市场经济的建立和发展，嘉兴市公路客运发展迅猛，内河客运体面退出历史舞台，成建制转为其他产业，已是历史的必然。因此，当时管理体制的不适应性显得越来越突出。在此情况下，嘉兴市内河客运管理体制改革势所必然。通过改革，各客运分公司一是可以尽早确立法人资格，以利于依法独立经营。二是可以尽早享受当地的扶持优惠政策，发挥地方优势，以利于企业的生存与发展。三是有利于地方政府对交通运输企业的统一领导，调动各方面的积极性，更好地实施分级管理和分级负责。

1994年4月，根据嘉兴市人民政府嘉政发〔1994〕17号和嘉交人〔1994〕115号文件的精神，嘉兴市航运总公司所属的平湖、嘉善、海宁、海盐、桐乡分公司，成建制下放给所在县(市)管理，为自主经营、独立核算的经济实体，具有法人资格。各分公司的人、财、物均属所在县(市)统一管理，成为县(市)属企业。嘉兴分公司仍隶属市航运总公司管理。

1993年年初，嘉兴市航运总公司按市委，市政府及市交通局要求，开始了海运开发工作。1993年，嘉兴市航运总公司申报立项，筹措资金，寻找合作伙伴，与浙江省海门海运公司商定共同组建“嘉兴海运有限公司”，并在1993年年底以760万元人民币购买了一艘载重量为6147吨的英国二手货轮，船名定为“浙海318”轮。1994年，嘉兴市航运总公司按海运公司董事会第一次会议要求组建了公司管理机构，制定了规章制度，共同委派了船员班子，完成了船舶厂修。1994年3月22日在办齐各项开业手续以后，嘉兴海运有限公司正式起步运行。“浙海318轮”投入了营运，实现了嘉兴海运“零”的突破。1995年，公司管理重心由海门顺利回迁嘉兴。两年多来，“浙海318轮”北起丹东，大连，秦皇岛，南到深圳，靠泊过大小20多个港口，航线遍及中国东部沿海及长江下游部分地区。1994年3月下旬开航至年底，完成19个航次运输，运量9.78万吨，周转量1.6亿吨公里。分别为年度计划的97.8%和107%。1995年完成22个航次，运量11.56万吨，周转量1.9亿吨公里。分别为年度计划的96.33%和99.79%。1996年1至7月完成13个航次，运量7.3万吨，周转量1.1亿吨公里。企业运量逐年上升，管理费用持续下降，各项工作运转正常，并保证了生产安全，未发生重大海损和人员伤亡事故。两年多时间里，培养了嘉兴自己的海员队伍，拥有二副、二管轮以下各类船员24名。可以说，嘉兴市航运总公司海运开发的第一步工作目标“打出牌子，起步运行”已圆满实现。但是，在“浙海318轮”投入营运的同时，全国海运市场迅速滑坡，使嘉兴海运有限公司从一诞生起就面临恶劣的外部环境。由于一方面运价持续大幅度下跌，船舶千单位营收由1994年的31.39元下降到1995年的27.20元，1996年更跌到24.98元，另一方面船舶燃润料费，修理费，船员工资及各种港口费用的增长则使船舶千单位成本由1994年的29.09元上升为1995年的32.75元及1996年的33.36元，企业因此产生了严重亏损。1994年公司计划营收800万元，利润120万元，尽管生产任务完成了，但实绩营收仅为502万元，发生亏损16.11万元；1995年计划营收650万元，亏损50万元，而实绩营收515万元，亏损166.67万元；1996年1至7月账面亏损118.48万元。两年多累计亏损301.21万元。其次，公司董事会从一开始就把工作的基点明白无误地放在力争进入嘉兴发电厂的煤炭运输上，因为只有承运电煤才有稳固收益，才能站稳脚跟，寻求进一步发展。但是两年多尽管在嘉兴市交通局支持下做了不少工作以寻求浙江省主管部门和嘉兴市府的支持和干预，但是这方面始终没有取得进展。电煤运输上不去，发展无望，其他货物运输又受市场不景气的影响亏损严重，在请示各自的上级主管单位以后，1996年9月12日，嘉兴海运有限公司董事会第三次会议决定：嘉兴海运有限公司解散。海运开发工作的失败使嘉兴市航运总公司蒙受了巨大的损失，使嘉兴市航运总公司两年多所耗费的心血付之东流，也使嘉兴市航运总公司通过海运开发为企业寻找生机的强烈愿望破灭了。但是，有几点还是可以值得思考的：一、开发海运是嘉兴市发展外向型经济的需要，是嘉兴市委，市府和市局下达给嘉兴市航运总公司的工作任务，方向对头；二、开发海运是嘉兴市航运总公司干部职工上上下下一致的愿望，是嘉兴市航运总公司领导班子集体作出的决策，群众拥护；三、嘉兴市航运总公司的目的是一心一意为嘉航寻求生机和出路，嘉兴市航运总公司的工作也是扎扎实实，经得起检查的。如果分析失败的原因，那就是：嘉兴海运有限公司这棵幼苗生不逢时。嘉兴市航运总公司的过错在于未能预见到海运市场会在1994年以后急剧萎缩，持续降温；在于为企业求生存的心情过于迫切，没有冷静地估计企业自身的实力，而把成败命运不切实际地建立在对上级领导机关的过高期待上。

(四)企业难解困境最后破产

进入90年代以来，随着公路的迅速发展和运输市场的逐步放开，特别是个体船舶的迅猛发展，嘉航的生产经营开始下滑，企业老、机制旧、人员多、包袱重、负债高的问题逐步显现。直至1994年以后连续出现巨额亏损，企业生存受到威胁。被列为市属特困企业。

1997年，嘉兴市被列为国务院优化资本结构试点城市后，嘉航总公司按市企业改制小组列为第一批改制试点企业。为使嘉航总公司这个人员多、负担重、债务大，经营连年严重亏损的国有老企业能享受优化资本结构试点城市的优惠政策，国鸿集团从大局利益出发，根据市及上级意图，配合、协助市有关部门"办理"了嘉航总公司欠工商、建设、交通三家银行的1534万元贷款的有关事宜，同时，又以国鸿集团贷款方式贷入资金后，再注入嘉航共870万元(未含所承担的利息)，合计为2404万元，使嘉航公司享受到了国家优惠政策，为嘉航总公司职工队伍的稳定(尤其是几百万元的职工高息集资款的归还)，经营局面的维持和改制的实施，创造了条件，获得了时间。

到1998年年底，嘉航总公司下属有货运分公司、商务中心、油运分公司(含船厂)、储运分公司、工贸分公司、南湖旅行社、商贸公司、通达公司、生活服务公司共9个二级单位，以及与大庆、嘉兴协作公司共同投资组建的禾庆油运有限公司，与日商共同投资组建的新鸿运娱乐发展有限公司。到1998年年底，嘉航有在职职工1700人，离退休人员1081人，其中离休人员27人，享受抚恤救济人员237人，其中历史遗留问题"家属连"60人，精简人员15人。到1998年底，嘉航账面反映企业总资产7252.28万元，总负债8907.23万元，所有者权益-1634.95万元。公司拥有货运船舶182艘，15580载重吨，客船8艘，860客位。

根据实际情况，为了既能达到嘉航解困转制的目的，彻底解决嘉航的问题，又不影响国鸿集团的正常经营和发展，将由嘉航独立转制。

随着公路的迅猛发展和运输市场的进一步放开，嘉兴市航运总公司的生产经营每况愈下，到2000年4月底，嘉航账面反映企业总资产5206万元，总负债6381万元，所有者权益-3175万元，处于严重的资不抵债境况，从而难于保障职工的基本生活，引起市委、市政府的高度关注。因此，从根本上说，嘉航不转制，嘉航公司没有出路，嘉航职工没有出路。只有通过转制，才能求得出路，求得新生。根据嘉兴市属企业改革工作领导小组"嘉改(2000)2号文"批复，嘉航将实行分立重组，组成若干个有限责任公司或股份合作制企业，按照双向选择，进入重组企业后余下的富余人员实施分流安置。即"分立重组、人员分流"。并根据"资产必须一次分割剥离，人员分流可分步实施"的步骤进行操作。实施"分立重组、人员分流"后，嘉航母体将适时宣告破产。

重组企业从嘉航划入核定的企业有效资产，同时分担与资产等额的嘉航负债。重组企业中，固有净资产为零。安置到重组企业的职工，按各自应得经济补偿金，从嘉航带资产到重组企业。重组企业向被安置的职工募股，募集的资金作为生产经营流动资金和企业注册资金。重组企业将建立起适应社会主义市场经济体制的竞争机制和现代企业制度，成为自主经营、自负盈亏，独立承担权利和义务的法人实体。

2001年7月26日，浙江省嘉兴市中级人民法院依照《中华人民共和国企业破产法(试行)》第八条第一款之规定，裁定宣告嘉兴市航运总公司破产。

联运公司嘉兴办事处

1950年10月1日，在嘉兴市建国路36号，成立国营华东联运公司浙江省公司嘉兴办事处。经营水陆联运和代理运输业务，兼办保险。经理王连甫(兼)。

1951年12月1日，根据上级指示，公营浙赣运输公司嘉兴分公司(1950年6月成立，运输货种为粮食、黄麻、蚕茧)并入华东联运公司浙江省公司嘉兴办事处。主任王连甫(兼)。原浙赣运输公司嘉兴分公司副经理邵开先任副主任。

1952年1月1日，华东联运公司浙江省公司嘉兴办事处，在嘉善下甸庙设置嘉善联运站。站长刘思和，副站长于吉初。上半年刘思和调离，任命马永和为站长。到年底，人员编制已从成立时的18人增至34人。以后又在嘉善县洪溪、干窑、魏塘等地设工作组。主要任务是组织船只运输砖瓦。

1952年8月，在海宁县长安镇设立联运站，负责人迟书亭，编制5人，主要运输业务以麻、茧为主。1952年年底业务逐渐扩大，人员增至30人。1951年12月，公营浙赣运输公司嘉兴分公司硖石办事处撤销。同时建立硖石联运站，副站长胡海豪。1951年2月平湖县设立平湖联运站，站长余立清。1952年6月1日，余立清免职去杭州学习，所缺站长一职由嘉兴办事处副主任黄金元兼任。同年10月任命夏茂林、杨志飞为副站长，1953年1月7日免去黄金元兼职，任命夏茂林为第一副站长，负责全面工作。

1952年统计资料，浙江省联运公司嘉兴办事处及所辖各联运站，掌握的运输工具计有：大小木帆船3451艘

55849吨，竹筏434只、619吨，汽车20辆，计66吨各种人力货车137辆，67吨。嘉兴、湖州各单位全年的联运业务运量共计105.50万吨。运输物资主要是粮食、砖瓦、络麻、蚕茧等。据1952年完成运量统计资料，其中砖瓦48.70万吨，络麻6.66万吨。当时浙江省联运公司嘉兴办事处及所辖各联运站的工作方针是：面向国防，面向建设，面向农村。配合国家基本建设需要，及时运输建筑材料。如嘉善的砖瓦、梅溪的黄砂、海盐的石料等。还积极组织运输分散在区乡山村的货物。并深入农村，为滞销的土特产打开销路，为活跃城乡经济及物资交流服务。

1953年，接浙江省联运公司(53)联办字第0014号通知，于1月15日，将原浙江省联运公司嘉兴办事处撤销，改组成立“浙江省联运公司嘉兴分公司”。嘉兴分公司经营原嘉兴办事处和湖州办事处及两处所属各联运站的业务，设置业务、财务、计划、人事、秘书五股。直接领导长安、硖石、平湖、嘉善联运站，桐乡、海盐工作组及湖州办事处，间接领导湖州办事处下设的长兴、菱湖、梅溪、泗安联运站，南海孝丰工作组。分公司经理祝更生，副经理马本强、黄金元，长安站负责人迟书亭，硖石站副站长胡海豪，平湖站站长夏茂林，副站长杨志飞，嘉善站站长马永和，副站长于吉初，湖州办事处主任陈铭山，副主任李少实。

1953年4月16日，嘉兴分公司购置嘉兴市芝桥街20、21号(后改芝桥街6号)房屋，改建成办公用房，并迁入该处办公。

1953年6月1日，浙江省联运公司并入浙江省内河航运管理局。联运公司全部产业、资金、人员、业务，由浙江省内河航运管理局接管。嘉兴分公司也相应并入嘉兴航运管理处。嘉善、长安、硖石、平湖等联运站则分别并入嘉善、海宁、平湖等县航管站。

1988年9月1日，嘉兴市联运公司成立，详见第六篇铁路运输《嘉兴市联运公司》一节。

集体所有制航运企业

嘉兴航区各县(市)的集体所有制水运企业，是在一船一户，以船为家，分散经营的基础上建立起来的。但也有它的发生，发展过程。

1952年年初，省航管局嘉兴分所为了加强管理，会同各县政府的交建、公安、税务等部门，对已进行船舶登记的专业运输船3214艘，38417吨(其中10吨以下2150艘占67%)以及往返于城乡、邻县之间，装货兼搭客的航快船(小型，一般5~6吨)组织起来，成立木帆船联合运输社和航快船联合运输社。1953年上半年通过水上民主改革，进行了组织整顿，建立了船民协会和民船工会。同年七月遵照中央交通部规定，将木帆船联合运输社改称为民船联合运输社。在运输管理上实施统一计划、统一调度、统一运价，加强运能控制，建立正常运输秩序。这是由个体经营导向集体合作经营发展的第一步。

1955年11月，中央公布了运输合作社示范章程(草案)。嘉兴、平湖等县市的交通主管部门，先后举办了骨干培训班。有航管站、船民协会干部及工人代表参加。学习组织运输合作社的方针、政策、步骤、方法。学习结束后，分头发动船工、船民参加运输合作社，并负责组织领导工作。

1956年，嘉兴、嘉善、海宁、海盐、平湖、桐乡等县(市)将30吨以上的木帆船计164艘，纳入浙江省轮船公司嘉兴营业处进行社会主义改造，并转入国营单位参加运输。对30吨以下的船舶，先后组织起运输合作社。嘉兴市在当年1月25日成立航快船运输合作社，主任余如林。2月15日成立木帆船运输第一社，社长姚金玉，5月1日成立木帆船运输二社，社长卞长富。然后又成立了新丰镇木帆社。这三个木帆船运输合作社，共有船舶276艘，3459吨，男女社员833人，随船家属569人。航快社有船舶66艘，522吨，社员384人。

嘉善县于1956年2月23日成立魏塘镇航快船运输合作社，社长朱文涛。3月27日成立魏塘木帆船运输合作社。嘉善县的西塘、干窑、下甸庙、洪溪各乡镇也先后成立起木帆社和航快社。至7月1日止，全县各个体运输户已全部组织起来，共有船舶445艘，5442吨。

桐乡县于1956年1月29日成立木帆船运输合作社。4月15日成立航快船运输合作社。“两社”计有船舶69艘，633.5吨。其中航快船21艘、74吨。崇福镇(当时属崇德县)于6月与8月相继建立起木帆社和航快社。

平湖县于1956年5月1日成立航快社，社长肖水生。5月13日成立木帆船运输合作社，社长封焕清。9月4日成立轮驳船运输合作社，社长俞顺宝。平湖县下辖的乍浦，新埭等镇也在同一期间成立运输合作社。

海宁县于1956年2月1日成立航快船运输合作社，社长傅百荣。5月1日成立硖石木帆船运输合作社，社长王子祥。5月10日成立长安木帆船运输合作社(与许村合并建立)，社长任阿二。盐官、斜桥两镇的木帆船运输合作社也在同年2月7日、2月28日先后成立。这5个运输合作社共有船舶286艘，3935吨，社员977人(其中工人349人)。

海盐县于1956年2月1日成立航快船运输合作社，社长陈长友。计有航快船15艘，100.6吨，社员51人。4月2日成立木帆船运输合作社，社长汤有富，计有船舶124艘，1633.6吨，社员378人，随船家属242人。

运输合作社成立后，根据组织起来、发展生产的精神和民主办社，勤俭办社的方针，调动了人的积极因素。并使分散的个体运输有了一个集体的组织，对组织货源、船舶调度、合理运输、安全管理、提高效率都起了积极作用。这一年中央交通部部长章伯钧到嘉兴视察交通运输工作。

1958年下半年，水上运输推行了“托拉斯”式的管理方式。在体制方面，实行两个“合一”，即全民与集体合一；企、事业合一。随意改变所有制性质，把全民的客运企业与集体的木帆二航快、搬运装卸等企业，合并成立地方国营××县交通运输公司，并撤销航管机构，由企业自办航管业务。1962年，国民经济进行调整，同年7月，各县的地方国营交通运输公司的体制又改变，仍恢复原来的建制。把各县的客运站移交给嘉兴区航运局，木帆、航快、搬运装卸等企业转为集体所有制改称为“社”“站”。1979年，随着生产发展的需要，各县的木帆社、航快站和货运站，按船舶类型、经营航线、物资流向等不同情况，分别建立第一、第二或第三航运公司，县属大镇则成立运输站。几年来，特别是1978年中共十一届三中全会以来，水上货物运输有较快的发展。

1985年年末，嘉兴航区经营水上运输的市、县属专业集体所有制企业有19个单位，职工总人数为8566人，固定资产3291.48万元。运输工具有：客轮2艘，121个座位，货轮106艘，1480吨，货拖轮154艘，13368匹马力，客驳1艘，35个座位，货驳1374艘，65837吨位。全年完成货运量655.85万吨，76840.53万吨公里，客运量12.5万人，95.14万人公里。其中嘉兴市城郊两区完成货运量167.08万吨，15817.17万吨公里；嘉善县完成103.99万吨，13297.74万吨公里；海宁县完成129.8吨，14371.52万吨公里；海盐县完成72.14万吨，8440.95万吨公里；平湖县完成82.85万吨，11464.85万吨公里；桐乡县完成99.99万吨，13448.3万吨公里。

嘉兴航区市属、县属各集体航运公司为降低水运成本，加速周转，基本上都附设了船舶修造厂或船舶保养场，为本单位船舶修造服务。通过改革开放政策的贯彻实施，各集体航运企业，一是落实了以承包为主要内容的经济责任制，实行了工资与经济效益挂钩。体现了社会主义按劳取酬，多劳多得的原则。二是根据水运企业成本高，经济效益低(主要为社会服务)这一实际情况，挖掘潜力开展横向联系，一业为主，“多种经营”，开办了一批商店和小型工厂，增加企业收入。以上两方面使企业取得了较好的经济效益。1985年没有一个航运企业出现亏损现象，实现利润430.3万元。三是为适应水上运输发展的需要，各集体航运企业，从1980年开始，逐年进行了船舶更新改造，对增加运能，改善船舶技术状况，加速运输周转，发挥了积极作用。

据全市19个市、县集体水上运输企业统计：1980年有船舶1478艘，34916.52吨，10235.6马力。其中：机动船211艘，10235.6马力；货驳1267艘，34016.94吨。在机动船中，钢质轮15艘，占7.1%，马力1638匹，占15.98%；木质轮129艘，占61.13%，马力4755匹，占46.45%；水泥轮67艘，占31.75%，马力2665.6匹，占26.04%。货驳中，钢质驳23艘，占1.81%，1386吨，占4.07%；木驳676艘，占53.35%，13105.9吨，占38.52%；水泥驳568艘，占44.83%，19525吨，占57.39%。

1985年统计有1592艘船舶，66605.8吨，14957匹马力。其中机动船252艘14957马力，货驳1340艘，64996.8吨。在252艘机动船中，钢质船82艘，占32.53%，6815马力，占45.56%；木质船76艘，占30.15%，3205马力，占21.42%；水泥船94艘，占37.3%，4937马力，占33%。1340艘货驳中，钢质驳729艘，占54.56%，46980.5吨，占72.28%；木质驳114艘，占10.77%，2727.5吨，占4.19%；水泥驳467艘，占33.9%，15288.8吨，占23.52%。

1980—1985的六年中，船舶总数增加114艘，增长7.71%。货轮总吨增加31689.28吨，增长90.72%，机动船马力增加4721.4匹，增长46.12%。钢质船舶从原来占船舶总数的2.57%，上升到50.09%，木质船舶从原来占船舶总数的54.46%，下降到13.69%。特别是钢质拖轮的马力和钢质轮驳的总吨，发展速度较快，1985年比1980年分别提高了3.14倍和33.89倍。

嘉兴市内河航运公司

嘉兴市内河航运公司成立于1991年12月27日。为增强嘉兴市属集体航运企业的竞争能力和对外部环境的适应能力，改善经营管理和经营结构，提高生产效率和经济效益，嘉兴市计划委员会于1991年12月3日发文，将嘉兴市航运公司、嘉兴市第二航运公司、嘉兴市第三航运公司三单位合并组建为“嘉兴市内河航运公司”。

嘉兴市内河航运公司地址为嘉兴市环城西路119号，法定代表：单雄峰。注册资金：899万元。主要经营范围：内河货物运输、货物装卸搬运、船舶修理制造、沙石料运销等业务。中共嘉兴市交通局委员会1991年12月16日又发文《关于成立中共嘉兴市内河航运公司委员会及党委成员任职的通知》，通知指出，嘉兴市内河航运公司委员会由五名同志组成：副书记：董金娣(负责全面工作)；副书记：吴福荣；委员：张锡昌、殷小毛、谢永华。

嘉兴市内河航运公司合并初期的状况是：企业在册人员总数为2213人，其中：退休职工670人，患精神病及病残人员43人，困难补助人员50人。企业总资产1587.2万元。企业总负债1182.35万元。主要生产设备有：1.航运方面，船舶运力1.34万吨，装载吨位为60吨、40吨和30

吨的小吨位船。2.工业方面，有蓄电池厂、修船厂、劳服公司等几家作坊型小厂，由于设备简陋，只能勉强维持简单再生产。进入市场经济后，竞争日趋激烈，负担重和生产设备差、船舶吨位小、运输成本高，效益不断下降，亏损逐年增加，企业陷入困境。为了缓解企业人员多、负担重的矛盾，企业在政府和主管局的指导帮助下，从人员分流着手，改革经营机制，实施承包、租赁，职工转岗分流到三轮车客运服务、市容卫生监督岗、G320国道和S07省道征费等工作，为富余人员，解决了生活出路，还抓住了环城西路拆迁机遇，解决了企业766名退休职工的社会化管理，消除了退休人员的后顾之忧。上述各项改革措施，使企业暂时缓解了困难，但未能从根本上解决企业贫困，根据中共十五大、十五届四中全会的精神，结合企业实际，二届七次职代会制定通过人员分流改制破产办法，1999年3月企业根据改制实施方案全面启动，在加大人员分流力度的基础上，将企业资产盘活、变现，用于分流安置职工使用。到1999年3月，企业累计已减少各类人员2080人，企业经过改制后，劳动关系明确，企业资产权属分明。到1999年9月底嘉兴市内河航运公司共有在职职工532人，其中固定工360人，合同工57人，费用工115人，退休职工35人，精简职工12人，困补职工2人。

2000年以后，嘉兴市内河航运公司因经营不善、亏损严重、致使企业无力清偿到期债务，生产经营难以为继。到2001年4月，企业总资产1152.74万元，总负债2559.1万元，资产负债率222%，所有者权益-1406.37万元。资产情况：1.应收账款总额827.13万元。2.嘉兴环城西路119号、123号、129号三处房产，建筑面积1449平方米，土地面积1869.2平方米。3.上海抵债所得房屋一套，111平方米。到2001年4月，企业总人数125人，其中退休职工98人，内部退养(离退休不足五年)25人，伤残人员2人。

2001月4月29日(后因故推迟到2001月5月9日)，嘉兴市秀城区人民法院作出民事裁定，宣告嘉兴市内河航运公司破产。

2001年7月6日上午，嘉兴市政府召开专题会议，研究嘉兴市内航公司有关改制遗留问题。市交通局、市总工会、市信访局、市体改委、市劳动局、市公安局、市运集公司、市内航公司单雄峰等参加了会议。主要事项纪要如下：(嘉兴市人民政府会议记要〔2001〕65号，2001年7月10日)，关于市内航公司有关改制遗留问题：1.对于内航公司进入破产程序后涉及的特殊工种提前认定，视作工龄确认事宜，由市劳动部门按有关规定予以支持办理，同时由市交通局抽调政策业务较熟悉人员协助、配合，要求于7月16日前开展认定办理工作，7月底前基本完成；在具体办理过程中要注意规范操作。2.主管部门负责组织制订职工分流安置方案，并报市劳动部门审核。3.企业退休和符合提前退休条件人员可按规定移交市社保处，有关社会统筹费用由市交通局负责制订筹措方案，按政策和协议规定缴纳给社保部门。

为妥善解决破产企业遗留的职工问题，嘉兴市社会保险管理处与市交通局签订了“企业补偿社会保险费缴款协议书”，嘉兴市交通局于2001年9月30日已一次性支付嘉兴市社会保险管理处456.53万元，破产企业尚欠456.53万元(其中嘉兴市自强公司、嘉兴市同兴公司13名职工移交社保处需资金40.09万元)，制定还款计划如下：一、嘉兴市交通局于2002年12月31日支付嘉兴市社会保险管理处200万元。二、嘉兴市交通局于2003年6月30日支付嘉兴市社会保险管理处256.53万元。

嘉兴市航运公司

嘉兴市航运公司是一家专营内河货运的集体企业。原名嘉兴县运输公司货运站。该公司原系隶属于1958年10月成立的地方国营嘉兴县交通运输公司下设的货运站。于1963年1月1日恢复原集体所有制经济性质，经营航运业务。当时，仅有木质机帆船和拖轮9艘，计主机功率为295.2千瓦，木驳103艘，计吨位2490吨。在册职工386人。

1979年4月，经全面调整，成立嘉兴县航运公司。1981年5月，嘉兴恢复市级(地属市)，经过调整、改革、整顿，建立为嘉兴市航运公司。

1983年撤地建市后，隶属关系转为市属企业。

1988年，已发展成为拥有船舶120艘，计吨位6200.5吨，拖轮主机功率978.2千瓦，职工606人的水运企业。全年完成货运量50.07万吨，周转量7198.75万吨公里。

1990年，拥有钢质拖轮12艘、挂浆机船4艘，主机总功率1205千瓦，40~80吨级钢质货驳97艘，计吨位5751吨。全年完成货运量31.74万吨，周转量4756.61万吨公里。有职工464人，其中，船员304人。

1990年年末，拥有固定资产原值606.65万元，净值355.15万元。全年总营业收入为319.8万元，运输收入316.9万元，运输总成本317万元，利润总额-40.4万元，税金10.5万元。

1989年和1990年两年间由于基建压缩，建材运量减少，航运业处于疲软状态，货运量和周转量比1988年有所下降。为在困境中求发展，改进运输组织，调整航线结构，开拓运输经营，除长期经营的嘉杭、嘉湖、嘉申航线外，开辟水上长途运输航线，南至杭州过钱塘江沿江至富阳线；北渡长江至南通港航线。承接建材、化肥、煤炭、百杂货等运输业务，提高船舶周转率，增加企业经济效益。

截至1991年6月，在职职工461人，计划外合同工37人，退休职工206人，总计754人。公司固定资产原值602.14万元，净值339.92万元。拥有船舶103艘，1206千瓦，5747吨。在城区使用土地11967平方米，外埠使用土地1643平方米，在城区拥用产权房屋7274平方米，外埠产权房屋618平方米，材料库存额21.92万元，应收款76.00万元，应付款92.89万元，欠贷164万元。该公司以内河运输为主，兼营劳动服务公司船用配件和码头装卸。

嘉兴市第二航运公司

是一家专营内河货运的集体企业。原名嘉兴县木帆船运输合作社(一社、二社)。解放初期是在一船一户，以船为家，分散经营的基础上建立起来的木帆船运输合作社发展而成。

运输合作社成立于1956年2月，当时分木帆船运输一社、木帆船运输二社。是以单船运输而合作形成，船舶吨位小，全是木质。均靠撑篙、拉纤、扬帆等人力体力劳动作为船舶动力。主要是短途运输和市区驳运。1958年10月，并入地方国营嘉兴交通运输公司，变集体所有制为全民所有制。1962年11月，转出交运公司，恢复原所有制和社名。

1965年，木帆运输一社、木帆运输二社合并为嘉兴县木帆船运输站。此后，注重了运输设备的更新改造。1966年开始有拖轮拖带驳生产方式，发展长途运输业务，拖轮马力由小逐步增大，货驳也逐步新增水泥质船只，船舶吨位逐渐增大，生产组织也由单船运输组成船队运输方式。

1979年8月，“嘉兴县木帆运输站”改名为“嘉兴县第二航运公司”。(嘉兴县改为嘉兴市后又改名为“嘉兴市第二航运公司”)。

1983年开始，运输工具逐步更新60吨级钢质货驳，淘汰部分木质和水泥质货驳，船舶吨位增大。1984年企业承包经营责任制逐步深入落实，市驳(短途运输)承包开始。

经过多年的艰苦创业，1988年拥有船舶111艘，计总吨位5095.5吨，其中，钢质船4409吨，拖轮主机功率539千瓦。职工617人。全年完成货运量44.78万吨，周转量5416.98万吨公里。已发展成为初具规模之航运企业。

1990年，拥有船舶89艘，计总吨位4429吨。其中：拖轮13艘，主机功率479.79千瓦；钢质货驳71艘，计吨位4354吨；木质货驳5艘，计吨位75吨。全年完成货运量31.56万吨，周转量3763.95万吨公里。有职工563人。

1990年已拥有固定资产原值416.55万元，净值267.8万元。全年营业总收入434.19万元，其中工业及服务业收入为202万元，上缴税金19.74万元，利润总额-18.86万元。

根据水运企业成本高，经济效益低(主要为社会服务)这一实际情况，挖掘潜力开展横向联系，以运为主“多种经营”，开办了华光铝合金制品厂、玻璃钢制品厂、船舶修理厂和劳动服务站，增加企业收入。

截至1991年6月，在职职工558人，退休职工316人，总计874人。拥有船舶89艘，其中钢质81艘，水泥质8艘，主机功率690.66千瓦，4619吨。公司固定资产原值416.55万元，净值254.28万元。土地面积8193.67平方，房屋建筑5352.54平方，公司以内河运输为主，兼营工副业，商业。有华光铝合金制品厂、玻璃钢制品厂、浦江百货商店。

嘉兴市第三航运公司

是一家专营内河货运的集体企业。原名嘉兴县航快船运输合作社，成立于1956年1月25日，有社员384人，航快船66艘，计吨位552.3吨，船只折价入股共计22833.61元。其时兼营客运。社址嘉兴小西门，北京路设营业处，下设苏州、德清、新市、崇福、桐乡、海宁、海盐、乍浦、平湖、嘉善、乌镇、王店等11个营业站点或业务接洽处。

1958年10月1日，在“两个合一”(即全民与集体合一；企、事业合一)的体制贯彻下，嘉兴航快船运输合作社并入当时成立的地方国营嘉兴县交通运输公司，为公司下属的货运站的组成部分。此后，1961年11月15日又从地方国营经济性质恢复集体所有制经济性质，成立嘉兴县航快船运输站。拥有货轮4艘，计吨位70.5吨，101匹马力；货驳74艘，计吨位723.64吨。有职工339人。至1966年，已拥有货轮15艘，计吨位221.5吨，230匹马力；货驳58艘，计吨位556.4吨。有职工326人。

1978年，嘉兴县航快船运输站更名为嘉兴县第三航运公司(后又从县改为市)，拥有货轮22艘，计吨位278.4吨，540匹马力；木质货驳49艘，计吨位549.5吨；水泥质货驳16艘，计吨位297吨。有职工428人。全年完成客运量5.97万人次；周转量60.14万人公里。货运量19.27万吨，周转量597.57万吨公里。

1985年，拥有货轮23艘，计吨位297.25吨，拖轮7艘，计442匹马力，货驳71艘，计吨位2414吨。全年完成货运量30.76万吨，周转量2049.57万吨公里。(客运已从1982年7月起，不再经营)。1985年年末，固定资产为135.4万元，职工612人。

1990年，拥有船舶86艘，计吨位3168吨。其中，货拖轮27艘，948匹马力，(其中拖轮9艘，521.37马力)，货驳59艘，计吨位2905吨。全年完成货运量28.76万吨，周转量2920.76万吨公里。

1990年年末，拥有固定资产原值406.29万元，净值254.68万元。运输营业收入451.74万元，其中，工副收入

191.02 万元，上缴税金 15.60 万元，利润总额 2.59 万元。

截至 1991 年 5 月，在职职工 680 人。拥有船舶 84 艘，其中拖轮 8 艘，机动货轮 17 艘，驳船 59 艘。动力 856 千瓦，3168 吨。公司固定资产原值 401.04 万元，净值 244.28 万元。应收款 55.8 万元，应付款 57.46 万元。实现利润 3.91 万元。公司以内河运输为主，兼营工副业，商业。有蓄电池厂、运河商店、车运装卸。

1991 年 12 月，嘉兴市内河航运公司由嘉兴市航运公司、嘉兴市第二航运公司、嘉兴市第三航运公司三单位合并组建成立后，办公地址在嘉兴市城区环城西路 119 号。注册资金 899.1 万元。截至 1991 年 10 月，在职职工 1643 人，其中：固定职工 1224 人，合同制工人 178 人，计划外用工 241 人，退休职工 665 人。内河航运公司以内河运输为主，兼营工副业，商业。公司附属的铝合金制品厂、玻璃钢制品厂、蓄电池厂、聚氨酯制品厂、运河商店、劳动服务公司为企业内部二级核算单位。有党员 96 名，设长航、短途、船厂、工副业、科室、退休党员六个支部。设党委办公室(含纪检委、组织宣教科)、工会、团支部、公司办公室、人事劳资科、计划财务科、机务材料科、保卫科、安全科、多种经营办公室、行政科、运输科。外线运输有 13 个船队，有拖轮 16 艘，1582 千瓦，货驳 156 艘，共 10600 船吨(C 级吨位)。内线运输有拖轮 15 艘，546 千瓦，其中货轮装载吨 34 吨，货驳 67 艘，共 2120 船吨(C 级吨位)。单机 22 艘，627 船吨，256 千瓦。

嘉兴内河港多用途港区、嘉兴内河国际集装箱码头有限公司

嘉兴内河港多用途港区位于南湖区七星镇杭申线旁，紧邻 G320 国道，是浙北地区最具规模的以集装箱业务为特色，具有口岸功能且集装卸、仓储、保税、加工、配送、仓单质押等功能于一身的大型综合性物流基地。嘉兴内河国际集装箱码头有限公司是由香港保华集团(0498.HK)旗下 Yangtze Feeder Port 1imited(长三角内河港有限公司)的全资子公司(香港)嘉兴内河港投资有限公司(出资 90%)与嘉兴市港航建设开发有限责任公司(出资 10%)合资设立，注册资本为 1.288 亿元人民币。公司主要投资、建设、经营嘉兴内河港多用途港区项目。

长三角内河港有限公司是保华集团旗下专注于内河港口基建投资及相关物流项目的专业投资公司。通过发展以内河集装箱运输为主的内河港口群及物流网络，从而成为具有影响力的内河码头投资商及第三方物流解决方案提供商。嘉兴市港航建设开发有限责任公司是由嘉兴市港航管理局投资组建的国有企业，主要承担嘉兴市内河港码头、航道项目的建设开发和经营管理。

嘉兴内河港多用途港区是交通部规划的全国 28 个主要内河港口之一，系交通部绩效考核试点项目、浙江省重点工程、浙江省交通厅精品示范工程，建成后将成为浙北地区最具规模的内河公用码头和物流基地。

嘉兴内河港多用途港区总投资 4.4 亿元人民币，总占地 32.6 万平方米，泊位岸线总长 570 米，设计年吞吐能力 250 万吨，年集装箱实际作业能力为 70 万 TEU。于 2008 年 12 月正式开工建设，2010 年 6 月 11 日完工。8 月 10 日通过交工验收。港区新建 1000 吨级多用途泊位 10 个，工程总征地面积 32.6 万平方米，占有航道岸线长度约 736 米，港区陆域面积 31.2 万平方米，布置集装箱和件杂货前方装卸区，后方堆存区、生产及生活辅助区、办公区等。港区设计吞吐量 250 万吨/年，其中集装箱 144 万吨/年(18 万 TEU/年)，件杂货(钢材为主)106 万吨/年。嘉兴内河港多用途港区 2010 年 11 月 18 日正式开港运营。

该项目的市场定位是以港口为依托，集装箱业务为特色，具有口岸功能的集码头装卸、仓储、保税、加工、包装、拆装箱、仓单质押等功能于一身的物流基地。在营运的起始阶段，集装箱业务没有饱和时，兼营一部分件杂货业务，后随箱量的不断提高逐步向全集装箱业务方面发展。

各县(市、区)航运企业

嘉善县第一航运公司、第二航运公司、第三航运公司和西塘运输站是四家专营内河航运的县属集体企业

原名魏塘镇航快船运输合作社、魏塘镇木帆船运输合作社、干窑镇木帆船运输合作社、下甸庙木帆船运输一社、二社和西塘镇航快运输合作社，先后于 1956 年 3 月、4 月、7 月成立。1958 年 10 月，并入地方国营交通运输公司，变集体所有制为全民所有制。1962 年 1 月，转出运输公司，恢复原所有制和社名。1979 年 4 月，魏塘、西塘、干窑三镇的运输企业，再度联合组成“嘉善县交通运输公司”，实行经济上统一核算，运力上统一调度。1985 年 1 月，嘉善县交通运输公司撤销，改建为由嘉善县交通局直接领导的三个航运公司和一个西塘运输站。

1985 年，这四个航运企业共有大小拖轮 31 艘，2485 匹马力；货轮 16 艘，312 匹马力，计吨位 257.5 吨；挂浆机船 1 艘，12 匹马力，计吨位 6.5 吨；货驳 222 艘，计吨位 11349 吨；木帆船 25 艘，计吨位 360 吨。全年总货运量 108.23 万吨，周转量 13472.23 万吨公里。

1990 年，嘉善县第一、二、三航运公司和西塘运输站，共拥有轮驳船 202 艘，计吨位 11713 吨，主机功率 1694 千瓦。全年完成货运量 72.49 万吨，周转量 11449.34 万吨公里，其中轮驳船 69.12 万吨；有职工 1164 人，其中船员 714

人,修理工148人。

1990年,这四个航运企业拥有固定资产原值1433.3万元,净值816.9万元。营业总收入1449.6万元,税金52万元,利润总额17.2万元。

平湖航运公司

是一家专营货运的县属集体企业。公司前身为地方国营平湖县运输公司。1958年12月1日,各集体联运合作社,搬运站及除上海线外的客运部分合并成立地方国营平湖县运输公司,有职工114人,1963年5月,该公司撤销。同月,成立集体所有制平湖县运输公司,下属货运站、轮木站、航快站及新埭运输站,各站独立核算,自负盈亏,公司收管理费。1972年3月,县运输公司撤销,各站归县交通局直接领导。

1980年1月1日,经县委批准,货运站、轮木站、航快站、新埭运输站航运部分及新仓运输站合并成立平湖县航运公司,1980年至1988年,货运量、周转量不断上升,船舶迅速改造更新;1989年至1990年,受市场疲软影响而下降。

1990年年末,公司有职工746人,钢质拖轮14艘、1229千瓦,钢质小货轮8艘、288吨位,钢质货驳101艘、8432载重吨。公司原办公地址在市区南廊下56号,后因东湖区开发,2000年1月搬迁到市区当湖东路287号。

公司原专营水路货运,90年代,航运单位水上用工招收困难。1992年7月开始,公司与安徽六安、渭河等地航运公司签订协议,采取联营、劳务承包等形式,引入船员,解决了水运企业一线员工紧张的矛盾,开创了一条水运企业劳务输入新路子。

1992年前,公司在船员中实行基本工资加航奖制度。为调动船员工作积极性,1993年1月,公司开始改革工资分配制度,在船员中实行航奖分制度。即按船员的劳动生产率、生产成本、安全质量等好差计算航奖分,再按照航奖分的多少计发工资,激发了广大船员工作积极性。

1998年4月,经市经济体制改革委员会、市交通局《关于同意平湖市航运公司改制为股份合作制企业的批复》同意,公司由集体企业改制为股份合作制企业,注册资本人民币65万元,全部由企业职工出资入股。

为进一步调整经营结构,提高企业经营效益,1998年5月,经市交通局《关于同意成立平湖市迅达出租车运输有限责任公司的批复》同意,公司与平湖市东航贸易有限公司共同出资,成立平湖市迅达出租车运输有限责任公司,独立经营道路客运出租车业务。

2000年12月,经市企业产权制度改革领导小组办公室《关于平湖航运公司进一步深化企业改革、转换职工身份实施方案的批复》同意,公司改组为由原经理俞仁誉等13名自然人持股的有限责任公司,名称变更为平湖市航运有限责任公司。242名固定职工全部转换身份,留用职工全部重新签订劳动合同。

公司主要经营范围:水上运输、船舶维修;销售机械配件、船舶;货运(普通货运),运输服务(仓储服务,普通货物装卸)。

历年来,公司在拓展企业经营领域的同时,加强企业内部管理,抓好精神文明建设,增强职工凝聚力。

2005年年末,公司下设机构有人事综合科、计划财务科、安全技术科,下辖航运分公司、油运公司、船舶修造厂、储运码头。共有从业人员110人(含聘用55人),其中大专以上学历3人,初中级技术职称人员10人。共有拖轮5艘、507.97千瓦,驳船59艘、5544载重吨,另有油船2艘,139.3千瓦、195载重吨。固定资产原值592.2万元,净值351.4万元,所有者权益433.6万元。全年完成货运量23.9万吨,货运周转量4884.7万吨公里。

公司船厂原位于东湖,因东湖区开发,2002年1月搬迁到当湖镇塘桥村,占地0.43公顷,建有生产和办公设施1192平方米,船棚1710平方米,有车床、刨床、吊艄架等各种生产设备27台(套)及喷砂机、砂轮机等设备若干台(套)。

船厂在生产经营上,以修理本公司船舶为主,同时也开展对外修理业务。经济分配上,2000年企业改制前职工收入由工资和浮动奖金组成,改制后职工实行计件(量)工资,厂部由公司考核,打破了原来吃“大锅饭”的做法,效果良好。

海宁市第一航运公司

是一家专营内河货运的县属集体企业。原名海宁县航快船运输合作社,成立于1956年2月1日。有船员174人;航快船62艘,316.7吨。其时兼营客运。社址在硖石镇。1953年1月,转为“高级社”。同年10月1日,并入地方国营海宁县运输公司,变集体为全民所有制。1962年1月20日,转出运输公司,恢复原所有制和社名,隶属于海宁县交通管理所(是年6月县运输联社成立,由联社主管)。有职工210人;货轮3艘,71.7匹马力,61.24吨;航快船52艘,计吨位335吨。从70年代起,不再兼营客运业务。1964年社址由米市街日晖桥迁至九曲港(今水月亭路75号)。1972年1月归属海宁县交通局。1988年9月,为深化企业改革,增强企业活力,促进运输生产的持续发展,公司领导班子集体承包当年至1990年的三年生产经营。1988年年底,公司已下设长安、盐官、袁花3个营业站及杭州、湖州、上海3个业务接洽处。共有职工456人。建筑面积9417.11平方米,其中办公用房485.84平方米,职工宿舍6028.1平方米。运输工具有钢质拖轮7艘,货轮2艘,货驳86艘，计558.3马力，4337吨；水泥质拖轮3艘，货轮11艘，计296.7马力，120.5吨。木质货轮2艘，驳船2艘，计14.7马力，25.5吨。固定资产原值523.39万元，净值382.47万元。是年完成货运量52.17万吨，周转量5823.4万吨公里。营业收入371.58万元，利润总额47.35万元。公司综合门市部有职工4人，固定资产原值0.35万元，净值0.28万元。营收130.5万元，利润2万元。1989年7月，承包经营初见成效，公司筹资建造第三幢职工宿舍，建筑面积2340平方米，解决职工住房32户。

1990年年初，公司有职工472人，各类船舶112艘，其中拖轮10艘，889.35千瓦；小货轮16艘，158.76千瓦，载重186吨；驳船86艘，载重4406吨。因石料运输量增大，下半年购置160马力拖轮1艘，更新70吨级钢驳3艘，新置75吨级钢驳6艘。同年底，虽然下设几个营业站经营均告亏损，公司首期三年承包仍实现利润132万元。1991年6月，首先撤销盐官营业站。随之，原由海宁市运销服务总站管理的公司运销服务站回归公司自行管理(第二航运公司、钱江航运公司及第二装卸搬运公司的运销服务站同此)，属公司分支机构，实行独立核算，以运带销经营砖瓦、砂石料业务。

1992年6月，公司已拥有拖轮船队7个，载重吨位5000余吨，并持有甚高频无线电通话机15台，以便随时与航运途中的船队联系，掌控营运状况。次月1日，撤销长安营业站。同时公司、造船厂、油漆厂三家商议决定集资筹建“海宁市汽车减震器厂”，由嘉兴减震器厂提供技术、销售渠道，后因故未果。同年下半年，公司投资165万元与贵州3414厂吴江分厂联营筹办海宁制氧厂，次年上半年顺利供气。9月，为深化企业改革，挖掘内部潜力，解决非生产人员过多而形成人浮于事的现象，公司管委会和党支部首次决定对年龄偏大，但不到退休年龄的13名职工实行内部退养。

1993年3月，于袁花营业站开办主营烟酒百杂、车辆维修的公司福利经营部，安置内部部分残疾人员。次年2月，公司运销服务站投资10万元，经营范围扩大为建筑材料、装璜材料、钢材、五金、水暖配件和船舶修理。1995年9月，开办海宁市三希汽车电器厂；次年3月，该厂申请新增助动车组装与销售业务，并在硖石镇设销售店、维修店3家，组装、销售常州“兰翔”牌助动车。

1997年7月，公司在水月亭路82号内筹建商住楼1幢，建筑面积1700平方米。同年10月，交通局安排海宁市第二航运公司在职职工97人、退休人员25人分流进入公司，随之划入拖轮3艘，铁驳30艘，小油轮1艘。同时，为扶持公司发展，市交通局提供道路标线热熔釜1台，标线车1台，公司自筹资金购置打桩机1台，组建一航公司万利道路工程队，并从东西大道施工起步，向全市交通、交警、城建承接标线、护栏安装、养护业务。

1998年6月，海宁制氧厂因联营期满终止合同，变更为一航公司独资企业。

1999年3月，市交通局派工作组进驻公司并派人临时负责公司行政事务。7月，公司召开六届一次职代会，罢免公司原经理、副经理职务，另选公司经理。同年，市交通局根据市委市政府文件精神成立改制领导小组，对交通系统企业改制制定一系列方案，明确第一航运公司为解体企业。公司为此成立改制小组，对全体职工宣传解体政策，对有意解除劳动合同关系的职工办理终止劳动合同手续，给予政策性补偿。至年底有40多名职工解除合同。次年1至9月，先后又有数十人终止劳动合同。10月下旬由市交通局改制工作小组、劳动局就业管理处、公司改制领导小组对退养人员外的全部职工办理终止劳动合同，解除劳动关系，移交职工档案，发放经济补偿。12月1日，25名内退人员签订退养及待遇协议；对53名抚恤人员、5名土地保养人员签订终止抚养关系给予一次性经济补偿协议。同时，拍卖船队、转让房产、催讨应收款、处置剩余物资，回收资金全部用于分流人员经济补偿。

2001年3月，根据市政府政策向已离开公司、符合“双缴双保”条件的职工发放“双缴双保”征求意见书，其中44人愿意参加并补办手续。2005年7月，公司资产清算小组完成使命，资金、房产权证等移交完毕。海宁市第一航运公司从此终止长达半个世纪从事全市生产、生活资料的水上运输业务，也结束20多年为上海住房建设输送建材的任务，退出内河运输舞台。

海宁市第二航运公司

是一家专营内河货运的县属集体企业。原名长安镇木帆运输合作社。有船员504人，木帆船134艘，计吨位2230.65吨，社址长安镇。

1958年1月，转为“高级社”。同年10月1日，并入地方国营海宁县运输公司，变集体所有制为全民所有制。1962年6月1日，转出运输公司，恢复原所有制和社名。有职工334人，木质拖轮2艘，89.5匹马力；木帆船102艘，1411吨。

1972年1月归属海宁县交通局。1979年5月，更名为海宁县长安镇航运站。随着改革开放政策的贯彻，于1981年12月3日更名为海宁县第二航运公司。1989年2月，更名海宁市第二联运公司。

1988年年底，公司有职工376人。建筑面积7666.6平方米，其中办公用房596.2平方米，职工宿舍7070.4平方米。有拖轮9艘，777马力；货驳81艘，4973.5吨，并备有后勤供应船2艘，58马力，12吨。固定资产原值644.67万元，净值486.23万元。是年完成货运量40.39万吨，周转量6379.75万吨公里。营收317.98万元，利润29.34万元。交通综合经营门市部营收9.85万元，利润0.41万元。

1990年起，因公路运输兴盛，内河货运渐趋衰落，公司几次更换经理，依然未见起色。1990年，有轮驳船70艘，计吨位4389吨，主机功率561千瓦。全年完成货运量30.67万吨；周转量4889.53万吨公里。有职工391人，其中船员277人，修理工人62人。有固定资产原值596.4万元，净值372.4万元。营业总收入258.4万元，税金8.9万元，利润总额-32.6万元。

至1997年已近破产边缘。经市交通局多方协调，决定将公司大部分职工分流到市第一航运公司，退休人员划归交通系统下属各个企业。

1997年10月职工分流安置后，公司尚留职工24人，退休人员26人，精简抚养人员6人。有办公用房483.78平方米，占地面积461.7平方米；附属交通造船厂办公、车间用房若干，占地面积6106.9平方米；拖轮2艘，钢驳20艘等用于生产自救。次年3月，交通造船厂、交通综合经营门市部及开设于1996年的五金商店均告关闭。

2000年6月，海宁市人民法院依法准予公司破产。同时由法院、交通局、公司人员组成资产清算小组，清算、变卖资产所得钱款优先用于职工分流安置。

海宁市航运总公司

是一家专营内河货运的县属集体企业。原名硖石镇木帆船运输合作社，成立于1956年5月1日。有船员178人；木帆船48艘，748.7吨。社址硖石镇。

1958年1月，转为“高级社”。同年10月1日，并入地方国营海宁县运输公司，变集体所有制为全民所有制。1962年6月1日，转出运输公司，恢复原所有制和社名，隶属海宁县运输联社。

1971年1月归属海宁交通局。1979年5月，更名为硖石镇航运站。1987年4月15日，航运站更名为海宁市钱江航运公司。

1988年年底，公司已下设袁花营业站。共有职工323人。建筑面积4911.18平方米，其中办公用房498.42平方米，职工宿舍2937.36平方米。有钢质拖轮6艘，驳船66艘，计560马力，3671吨；水泥质拖轮6艘，驳船19艘，计180马力，435吨；木质拖轮1艘，54马力。固定资产原值386.56万元，净值299.03万元。是年完成货运量40.68万吨，周转量4860.73万吨公里。营收246.66万元，利润42.88万元。附属照相制版厂、荣华袜厂共有职工71人，厂房面积811.4平方米。固定资产原值20.92万元，净值17.91万元，产值18.26万元，利润3.44万元。

1988年起，与海宁其他航运企业一样，由公司领导班子实行三年一轮的集体承包经营。此后两年，公司先后于双漾里二弄建成两幢建筑面积共4200平方米的职工宿舍楼，分配入住职工72户。

1990年，拥有轮驳船82艘，计吨位4058吨，主机功率546千瓦。全年完成货运量42.23万吨，周转量4423.95万吨公里。有职工295人，其中船员217人，修理工30人。有固定资产原值407.8万元，净值305.6万元。营业总收入249.9万元，税金8.2万元，利润总额3万元。

1993年10月，与斜桥航运公司合并更名海宁市航运总公司并成为股份合作制企业。总股金641.89万元，分成64189股，其中集体股金548万元为54800股，占总股金的85.37%，余为职工股金。次月，公司召开首届股东大会，首届董事会由9人组成，总公司地址仍设硖石镇大荡1号。占地面积11734平方米，建筑面积8654平方米。有职工497人。运输工具主要有拖轮14艘，挂机驳39艘，驳船93艘。

1997年，公司建于凌家场的建筑面积共3157.08平方米的两幢职工宿舍楼竣工，分配入住职工44户。

1999年6月，作为市政工程的水月亭路向东延伸需建造大桥，位于大桥附近的总公司驻地获征迁赔款300多万元。其时适逢企业改制，经职工代表大会讨论通过，决定企业解体，资产拍卖，职工全部分流安置。

2002年2月底，航运总公司资产清算小组完成使命并注销工商、税务登记。

斜桥航运公司

是一家专营内河货运的县属集体企业。原名斜桥镇木帆船运输合作社，成立于1956年2月28日。有船员69人，木帆船24艘，453.6吨。社址斜桥镇。

1958年10月1日，并入地方国营海宁县运输公司，变集体所有制为全民所有制。1962年6月1日，转出运输公司，恢复原所有制和社名，隶属于海宁县运输联社。有职工42人，拖轮1艘，40匹马力；木帆船17艘，288吨。

1987年2月，因海宁撤县设市，改称为海宁市斜桥航运站。同年5月，改站为公司。

1990年，有职工166人。拥有轮驳船40艘，计吨位1976吨，主机功率390千瓦。全年完成货运量15.1万吨，周转量2028.05万吨公里。固定资产原值193.5万元，净值136.3万元。营业总收入122.5万元，税金4.9万元，利润总额1.1万元。

海盐县运输公司

是一家专营内河货运的县属集体企业。原名海盐县木帆船运输合作社，成立于1956年4月6日。社址武原镇。1958年5月转为“高级社”。同年10月海盐撤县，11月并入地方国营海宁县运输公司。1962年10月12日转出运输公司，恢复原集体所有制经济，定名“海盐县运输合作社”。1975年5月，易名为海盐县运输公司。

1985年年末，有职工507人(含农工277人)。有货拖轮10艘，1400马力；货驳96艘，5849吨。

1990年，拥有轮驳船94艘，计吨位6849吨，主机功率1694千瓦。全年完成货运量42.45万吨，周转量6236.01万吨公里。年末，固定资产原值980.9万元，净值772.9万元。营业总收入380.7万元，税金25.4万元，利润总额-59.4万元。

海盐县航运公司(海盐县货运站)

是一家专营内河货运的县属集体企业。原名海盐县航快船运输合作社，社址武原镇。成立于1956年2月，有职工281人。

1958年11月，并入地方国营海宁县运输公司。1962年7月1日，转出运输公司，恢复原所有制和社名，有航快船21艘，166.7吨。

1980年12月4日，改名“海盐县货运站”。至1985年，有职工248人(含临时工)，有货轮11艘，276马力，168吨；拖轮4艘，400马力；货驳40艘，1546吨。

1990年，拥有轮驳船47艘，2362吨，609千瓦。全年完成货运量16.03万吨，周转量2151.82万吨公里。有职工242人。固定资产原值220.9万元，净值107.5万元。营业总收入132.8万元，税金4.2万元，利润总额-6.9万元。

桐乡市航运总公司(原桐乡县航运一公司)

是一家专营内河货运的县属集体企业。原名桐乡县运输联社货运站，成立于1963年1月。建站时有机动船3艘，168匹马力；木质货驳29艘，390吨。

1981年2月，在当地银行贷款支持下，首批从江苏购入钢质货驳10艘，572吨位，组建二个船队，投入营运。同年5月，货运站更名为桐乡县航运一公司，隶属于县交通局。专营水上货运业务，原址位于梧桐镇北门第一人民医院后面。

1985年年末，公司有职工450人，固定资产原值311.8万元，净值180.76万元。有机动船13艘，1175匹马力，货驳船103艘，6010吨，(其中钢质货驳船占总吨位76%)，完成运量43.17万吨，周转量6317.8万吨公里。营业收入238.45万元，利润52万元。

下属有运河针织厂(1988年1月更名为桐乡县天美羊毛衫厂)，以加工晴纶衫为主，有职工72人，固定资产原值5.6万元，工业产值43.85万元。利润3.79万元。

1988年8月1日，桐交(1988)91号《关于要求建立梧桐综合经营部的报告的批复》，同意建立梧桐综合经营部，为集体所有制，非独立核算，隶属公司，主营船用物资、五金化工油漆、电器、劳保用品，自筹资金10万元，其中固定资金5000元，流动资金95000元，地址梧桐镇北门吊桥环城北路51号，房屋面积95平方米。

1990年拥有货拖轮11艘、900.5千瓦；其中钢质拖轮9艘、水泥拖轮2艘；钢质货驳86艘，核载吨位为5859吨，共有职工2171人。是年，完成货运量28.28万吨，货物周转量5425.28万吨公里。固定资产净值321.09万元，下属企业有天美羊毛衫厂、梧桐综合经营部等。

1993年4月13日，桐乡县撤县建市，经桐交(93)32号《关于同意县航运一公司更名的批复》，桐乡县航运一公司更名为桐乡市航运总公司。

1995年11月，桐乡市航运总公司为加强内部管理，充分调动各方面的积极因素，实行内部经济责任承包制，将公司航运经营的六个运输船队划分为三个部，其中：一部为第一、第二船队，共有轮船2艘，驳船24艘，B级航区吨位1770吨，负责人邵边根；二部为第三、第六船队，有轮船2艘，驳船24艘，B级航区吨位1644吨，负责人张瑞林；三部为第七、第八船队，有轮船2艘，驳船24艘，B级航区吨位1500吨，负责人沈元江。公司制订了《桐乡市航运总公司分块管理办法》，在公司统一领导下，各部负责各自的经营活动，公司实行一级管理，二级核算，公司与各部签订了《经营责任制承包合同》，历时2年，自1995年11月至1997年10月。

1997年10月，为深化企业改革，加快改制步伐，确保航运主业的生存和发展，经桐交(97)117号《关于同意桐乡市航运总公司派生分立出桐乡市航运一公司的批复》，征得市体改委同意，决定桐乡市航运总公司派生分立出桐乡市航运一公司。分立后桐乡航运总公司与桐乡市第一航运公司，分别独立核算，均隶属于交通局管理。

1997年10月，桐交(97)114号批复，为解决桐乡市航运总公司天美羊毛衫厂下岗职工的工作，同意开办桐乡市人力三轮车服务站。公司投入30辆人力三轮车经营客运业务。独立核算，隶属于航运总公司，地址在梧桐镇环城北路51号。

1998年1月15日，桐乡市第一航公司分立后，经桐经体改〔1998〕4号《关于同意桐乡市第一航运公司改组为股份合作制企业的批复》，改组成股份合作制企业。注册资金为307.7万元，股本结构：公司集体股263.6万元，占股份总额的85.67%，职工个人股44.7万元，占股份总额的14.33%，经营范围：水上运输、建筑材料。同年1月24日，根据桐乡市第一航运公司首届股东大会选举，经桐交(98)12号《关于公布张瑞林同志任职的通知》，该股份合作制公司董事会由张瑞林、吴建忠、沈元江、王明康、徐金根、徐建尧、邵海泉七人组成。张瑞林任董事长，吴建忠、沈元江任副董事长，董事会聘任张瑞林任经理，沈元江、徐汉玮为副经理(因有关手续规定，未办理工商登记变更手续)。

1998年，因公司经济效益逐年大幅度下降，亏损严重，

1998年9月，成立市航运一公司改制工作指导小组，公司着手进行改制工作，公司制定了《桐乡市航运一公司改制方案》，9月4日，局成立市航运一公司改制工作指导小分组，9月6日，召开桐乡市航运一公司职代会讨论审议通过桐乡市一航公司改制方案，实行资产量化，带资经营、企业终止，职工解除劳动合同。带资经营，解除劳动关系，企业改制后，由张瑞林等7名组建设立桐乡市运河航运有限责任公司，原航运总公司下属企业宏兴经营部变更为合伙制企业。

1999年3月，桐交(99)30号批复，鉴于梧桐镇尚无一个规范的水上服务企业，为规范水路运输服务行为，维护水路运输市场秩序，保障承托双方合法权益，同意成立桐乡市梧桐镇宏运水路运输服务站，自筹注册资金50万元，地址在梧桐镇环城北路51号，集体所有制，经营水路运输服务。隶属于桐乡市航运总公司，1999年3月，桐交(99)33号，周洪海兼任桐乡市梧桐镇宏运水路运输服务站站长。

1999年12月，桐交(99)186号批复，同意桐乡市航运总公司改制，企业转制后，新设立桐乡市运河航运有限责任公司，宏兴经营部变更为合伙制企业。

2000年8月，桐交(2000)107号批复，为实现企业经营机制的转换，由张瑞林等7名职工出资购置二个船队组建桐乡市内河航运有限责任公司，同意航总公司组建桐乡市运河航运有限责任公司。

2003年11月，桐交(2003)103号批复，公司根据1998年9月职代会通过的桐乡市航运一公司改制方案，原公司职工已分三批与公司解除劳动关系，第一批为一航公司职工人，第二批为天美羊衫厂职工人，第三批为借用人员工人，退休职工已移交劳动部门实行社会化管理，公司房地产等固定资产已置换解决职工解除劳动关系经济补偿和退休职工移交相关费用，原公司船舶已转让给职工个人，并成立运河航运有限责任公司。监于上述情况，同意桐乡市航运总公司终止。

2007年6月，桐交(2007)71号沈元江任桐乡市梧桐宏运水路运输服务站站长，免去周洪海站长职务。

2009年6月，桐乡市梧桐宏运水路运输服务站年审时，因主管桐乡市航运总公司已终止，未通过年审，自然终止。

崇福内河航运总公司(原桐乡县航运二公司)

是一家专营内河货运的县属集体企业。原名崇福木帆船运输社，成立于1964年9月，该社是由精简下放的船民上调组建而成的，初建社时有木帆船49艘，633吨。

1981年4月，改名为崇福航运站。1983年2月，更名为桐乡县航运二公司，隶属于县交通局。公司地址在崇福镇南门工农路28号。

1985年9月，公司投资20万元，筹办建材厂，厂址在崇福镇南门外。独立核算，自负盈亏，隶属于公司，产品以水泥沟管为主。1986年5月投产，占地总面积4950平方米，其中房屋面积560平方米，有职工67人，其中在册工7人，临时工60人。

1988年3月，经桐交〔1988〕43号关于要求成立崇德建材厂门市部的报告批复，同意原厂非独立核算门市部改变为独立核算桐乡县崇德建材厂综合经营部，地址在崇福镇工农路6号。截止1990年，有职工54人(其中在册10人，临时工44人)，有固定资产原值23.82万元，净值18.63万元，产值67.25万元，营业收入53.29万元，上缴税金3138元，主要设备有挤管机2台，厂长严升山。

1988年3月30日，经桐交〔1988〕44号《关于要求成立"桐乡航运二公司运销服务站报告"的批复》，为深化企业改革，广开业务门路，同意公司建立桐乡航运二公司运销服务站，非独立核算，地址在崇福镇工农路28号，注册资金10万元，经营：建材物资，经营方式：运销，经销，代销。(只增加企业经营项目)。

1988年10月，桐交〔1988〕127号《关于要求开设崇福综合经销部的报告的批复》，同意建立崇福综合经销部，经营：百杂货，五金，糖业烟酒，建筑材料，船舶用品，地址崇福镇南门，自筹资金5万元，集体所有制，独立核算，自负盈亏，隶属于公司(经营大约4年，李汉清负责)。1992年自行撤销。

1989年3月，为增强企业活力，经桐交〔1989〕23号批复，建立益民综合经销服务部，主营：蓄电池维修、装配、废品收购；兼营百什货、水果、机械配件，服务、修理加工，批零兼营。为集体所有制，独立核算，自负盈亏，隶属于航运二公司，地址在崇福镇工农路152号，营业面积50平方米。(张金仙负责)大约2年后自行撤销。

1989年3月，经桐交〔1989〕28号批复，建立桐乡县交通材料采购供应站，经营：石油、煤炭、钢材、机械配件、化工原料，为集体所有制，独立核算，自负盈亏，隶属于县交

通局，地址在县航运二公司内(严锦华负责)。

1989年5月11日，桐交〔1989〕60号请示计经委《关于要求组建新型材料技术联营厂的报告》，经县计经委〔1989〕192号批准组建。

1989年，公司与浙江大学材料制造厂组建新材料技术联营厂，浙大材料制造厂技术投资，航运二公司出资金，投资90万元(其中自筹40万元，银行贷款50万元)，主要生产高锡磷青铜带和铜多元钎料带。1990年1月开始投产，隶属于县航运二公司，地址在崇福镇南门外，厂房、场地建筑面积3263平方米。1990年年末，有职工25人(其中在册10人，临时工15人)，固定资产原值59.06万元，净值54.6万元，主要设备有频熔炉1台，粗轧机1台，精轧机2台，退火炉8只。1989年7月，桐交〔1989〕103号文，周洪海任厂长，钱庆惠、赵宏光任副厂长。

1990年，公司有职工120人，固定资产原值416.55万元，净值225.70万元，拥有货拖轮8艘，846匹马力，各类钢质货驳62艘，4182吨，年完成货运量21.30万吨，周转量4073.5万吨公里，下属有新型材料厂、建筑材料厂、交通材料供给站。

1990年，公司营收203.85万元，亏损19.43万元，企业为了转变经营机制，新办了新型材料厂，建筑材料厂，交通材料供应站，企业多方筹划集资，新建钢质拖轮3艘，450匹马力，钢质货驳32艘，2085吨。

1992年10月，为发挥公司及附属企业的积极性，经桐交字(92)125号批复，县航运二公司下属的崇德建材厂、桐乡新型材料联营厂和桐乡县交通材料采购供应站三家隶属企业，与公司脱离隶属关系，实行分立。1.在职职工，按现有岗位不变。2.企业财产、物资按现有企业使用范围不变，企业实有资金按职工工龄匡算，平衡后，确定各企业应分得资金。3.各企业的债权债务不变。4.各企业的法人代表不变，企业间交叉任职的同时免去。5.原退休职工分摊到各企业。

1992年10月，经桐交(92)126号批复，航运二公司兼并航运三公司船队，航运二公司为无偿兼并航运三公司船队，原航运三公司54名船员，81名退休工人的人事关系转入航运二公司。

1992年12月，经桐交(92)162号批复，县航运二公司更名为桐乡内河航运公司。

1999年3月4日，召开桐乡市内河航运公司职代会，通过桐乡市内河航运公司改制方案，经桐交(99)56号批复，同意内河航运公司改制方案和“量化资产、带资自主经营”的转制方案。对公司原固定职工实行离岗挂靠，带资自主经营，其他职工及遗属、精简人员实行一次性补助，与企业脱离关系。对公司所有船队实行招标转让给个人经营的办法。公司四个船队共4轮44驳，通过投标和竞标方式以131.6万元受让给刘忠模等41名职工。并挂靠公司实行自主经营，自负盈亏。1999年3月19日，桐乡市内河航运公司与刘忠模签订《船队转让合同》。

2000年6月，桐交(2000)84号批复，同意内航公司成立崇福恒业水路运输服务站，法人章心恬，桐交(2000)85号，章心恬为桐乡市崇福恒业水路服务站站长。2004年3月15日，因年审未通过，服务站注销。

2002年4月，经桐体改办(2002)10号《关于同意改组成立桐乡市崇德内河航运有限责任公司的批复》，桐乡市内河航运公司(以2001年8月31日为基准日)，经评估总资产5761823.34元，总负债4577731.68元，所有者权益为1084091.66元，根据有关政策提留退休职工医疗及养老费用1193291.88元后，企业实际资产为-9200.22元，刘忠模等41名职工受让桐乡市内河航运公司，实行零资产转让，并将其改制成桐乡市崇德内河航运有限责任公司。桐乡市崇德内河航运有限责任公司注册资本为50万元，其中：刘忠模出资25.5934万元，占51.19%，钱庆惠、诸明燕分别出资25042元，各占5%，王守祥、周建国等38名职工共出资19.3982万元，占38.81%。

交通实业总公司(原桐乡县航运三公司)

该公司是局属集体所有制航运企业，地址在梧桐镇北门吊桥(一院前)。其前身县航运三公司是一家专营内河货运的县属集体企业，原名梧桐运输社，是1962年1月从原地方国营桐乡县交通运输公司转出的木帆社和航快社，恢复原集体所有制，而成立运输一社、二社。1966年3月，两社合并，建立梧桐运输社，隶属于桐乡县交通局。有小马力机动船5艘，53.25匹马力；木帆船及货驳58艘，667吨。有职工167人。

1984年1月，梧桐运输社更名为桐乡县航运三公司。

1985年，有货拖轮14艘，748匹马力(其中拖轮6艘，620匹马力；货轮8艘，128匹马力，34.5吨)；货驳72艘，3418.5吨。完成货运量30.46万吨，周转量3271.4万吨公里。有职工289人。

1990年，拥有货拖轮11艘、526千瓦，驳船55艘、载重吨2915吨，共有职工126人，退休工人87名。是年，完成货运量14.96万吨，货运周转量2404.47万吨公里。由于修船厂业务不佳，人浮于事，是年，企业固定资产原值298.30，营收141.35万元，亏损21.07万元，陷于困境。其间公司先后引入“三产”，开办电子工艺厂、运河五金灯具厂、环城经营部，均不见效。

1992年3月，经桐交(92)30号《关于同意桐乡航运三公司开办五金灯具厂的批复》，同意县航运三公司利用交通招待所场地和部分设备，开办运河五金灯具厂，外聘戴阿金负责承包经营，因产品质量问题，经营亏损，1992年年底关闭。

1992年7月，经桐交(92)74号《关于同意航运三公司开办环成经营部的批复》，同意三航公司开办环城经营部，经营：建机、装璜及电化材料，兼营电器、船用物资、农机配件，负责人傅金忠，隶属于航运三公司，独立核算集体企业，地址在环城南路地毯厂西侧，后转让给个人经营。

1992年10月，经桐交(92)126号《关于同意县航运二公司兼并县航三公司船队的批复》，鉴于航运三公司几年来连续亏损，丧失自我更新，自我发展能力，难于靠自身摆脱困境，要求航运二公司及其他企业来兼并，为有利于促进企业发展，同意航运二公司兼并航运三公司船队，按双方协议执行，航运二公司无偿兼并航运三公司，54名船员，81名退休工人并入航运二公司。

1992年11月，桐交(92)143号《关于同意桐乡县航运三公司更名为桐乡县交通实业公司的批复》，鉴于航运三公司船队已由航运二公司兼并，水路运输业不复存在，企业名称与经营实际不符，经局研究同意桐乡县航运三公司更名为桐乡县交通实业公司。

1993年3月，桐乡县交通实业公司，经桐交(93)24号《关于同意桐乡县交通实业公司开设桐乡县南洋鞋塑厂的批复》，同意开设桐乡南洋鞋塑厂，独立核算，集体所有制企业，隶属县交通实业公司，负责人朱乃丹，经营鞋、鞋底、塑料制品。地址在梧桐北门吊桥50号桐乡大运河灯具厂内，厂房8间约160平方米。1993年年底因产品销路不畅，经营亏损关闭。

1993年11月，桐乡市交通实业公司为发展生产，经桐交(93)143号批复同意开设长风装璜工程部，经营室内外装璜、制作铜字、有机玻璃广告，负责人张志良。

1996年5月28日，根据桐交〔1996〕56号《关于公司解体人员分流的批复》，公司解体，未到退休年龄的职工买断工龄、自找出路。

2000年，因桐乡市城镇规划拆迁，公司地块在规划拆迁范围内。桐乡市有关部门对居住在公司地块内的10户公司职工进行了经济补偿，对公司补偿了四间位于梧桐镇茅盾西路店面。

截至2009年，有职工9人，其中5人借到桐乡市公路运管所、4人借到桐乡市公路收费所，退休职工28人，固定资产仅有四间店面。

郊区第一交通运输公司

原名嘉兴县王店木帆船运输合作社。成立于1956年5月，社址在嘉兴县王店镇，是30吨位以下的一船一户、分散经营的基础上建立起来的。1958年10月，并入地方国营嘉兴交通运输公司，改名为地方国营嘉兴交通运输公司王店营业站（营业站当时有航运、搬运合并起来的地方运输企业），变集体所有制为全民所有制。1962年11月，转出交运公司，恢复原来经济性质，于同年年底成立王店镇运输站。此后，注重于船舶改造更新，并购置小马力机动船舶，船舶载重吨位也逐渐增大，运输组织也由单船运输变成船队运输。

1984年改名为嘉兴市郊区第一交通运输公司，由搬运、航运组合而成。

1990年年末，拥有轮驳船舶34艘，计吨位1459吨，主机功率228千瓦。有职工217人，其中船员105人，修理工11人。1990年，完成货运量13万吨，周转量1562.90万吨公里。

1990年拥有固定资产原值166.70万元，净值93.40万元。全年总营收149.30万元，上缴税金4.4万元，利润总额3万元。

郊区第二交通运输公司

原名嘉兴县新塍木帆船运输合作社。成立于1956年5月，社址在嘉兴县新塍镇，都是5～7吨的小吨位木帆船，从分散经营的基础上建立起来的。1958年10月，并入地方国营嘉兴交通运输公司，改名为地方国营嘉兴县交通运输公司新塍营业站(航运、搬运合并)，变集体所有制为全民所有制。1960年11月，转出交运公司，恢复原所有制经济性质，同年底成立新塍运输站。此后，逐年对船舶进行改造更新，并购置小马力机动船舶，生产组织也有单船运输组成船队运输。

1984年改名为嘉兴市郊区第二交通运输公司，由搬运、航运组合而成。

1990年年末，拥有轮驳船舶23艘，计吨位390吨，主机功率107千瓦；木帆船5艘，计吨位84吨。有职工118人，其中：船员57人，修理工11人。1990年完成货运量6.81万吨，周转量177.62万吨公里。

1990年，拥有固定资产原值31.4万元，净值13.7万元。全年总营收50.4万元，上缴税2万元，利润总额1万元。

郊区新丰运输站

原名嘉兴县新丰木帆船运输合作社。成立于1956年5月，社址在嘉兴县新丰镇。1958年10月，并入地方国营嘉兴县交通运输公司，改名为地方国营嘉兴县交通运输公司新丰营业站(搬运、航运合并)，变集体所有制为全民所有制。1962年11月，转出交通公司，恢复原所有制经济性质，同年底成立新丰运输站。此后，该站逐年对船舶进行改造更新，购置小马力机动船。

1984年，由搬运、航运两部分组成，成立嘉兴郊区新丰运输站。

1990年年末，拥有轮驳船舶30艘，计吨位624吨，主机功率88千瓦。有职工118人，其中：船员75人，修理工25人。1990年，完成货运量8.37万吨，周转量305.38万吨公里。

1990年拥有固定资产原值53.5万元，净值30.6万元，全年总营收59.7万元，上缴税金2.1万元，利润总额6万元。

乡镇运输业和"两户船舶"

嘉兴航区的乡镇运输站(队)，主要是从农村副业船发展起来的。它一直是内河运输的一支补充力量。建国前，除联系城乡装货搭客的小航船外，还有在城乡码头集、疏物资和为季节性农副产品短途运输服务的农副业船。船员大都是农民，农忙种田，农闲搞运输。建国初期无多大变化。后于土地改革和开展船舶登记时，副业船大都回归农村，用于农业。1958年"大跃进"大办钢铁时期，内河运输量骤增，专业运输船舶未能与之适应。当时国家号召大办交通运输，随之部分人民公社办起副业运输队。1962年下半年为执行中央提出的"调整、巩固、充实、提高"的八字方针，部分交通运输公司又下放给公社一批运输船。重新活跃在内河运输市场上的农副业船，尽管数量不多，但对缓和专业运输运力不足的矛盾，发挥了一定的辅助作用。20世纪70年代，乡镇运输站(队)业务上由县联运指挥部指导、调度、安排货源。80年代初，中央对农村政策放宽搞活以后，乡镇运输企业出现三种情况：一是多数单位经营较好，企业有所扩大发展。二是一部分单位经营一般，将部分船舶承包给联户或个体户。三是少数单位经营不善，客观条件也较差，将船舶出售给联户或个体户后解散。

嘉善县1985年11个乡、2个镇有15个运输站(其中里泽乡运输站1985年撤销，轮驳船转由个体户经营)，从业人员800余人，固定资产324.12万元，拖轮19艘51606马力，挂桨机船35艘，537吨，货驳163艘，6720吨，木帆船18艘，159吨。全年完成货运量120.89万吨，8180.79万吨公里。

海宁县1979年农村副业运输机动船15艘，348马力，货驳94艘，1344吨。中共十一届三中全会以后，发展较快。1985年全县有乡、镇运输队20个，从业人员657人，机动船28艘，1248马力，货驳199艘，24677吨，1985年完成货运量81.04万吨，3965.44万吨公里。

海盐县1985年有乡镇运输队19个，拖轮13艘，762马力，货驳99艘，2561吨，全年完成货运量36.76万吨，2178.80万吨公里。

平湖县1985年有乡镇农副运输队5个，由于当时"两户"船舶竞争激烈，而不再独立经营，把货驳48艘，19554吨，与平湖县航运公司轮驳结合，经济上各50%拆账，运量纳入平航统计。(1986年4个农副运输队散伙，船舶转给联户或个体户经营)。

桐乡县1985年有乡镇运输队8个，有机动船14艘，1389马力，532吨，货驳及自航船129艘，3392.2吨，全年完成货运量98.41万吨，14473.33万吨公里。

嘉兴城、郊两区1985年有乡镇运输队12个，拖轮12艘，618马力，挂浆机船35艘，592.5马力，货驳99艘，2560.5吨，全年完成货运量24.68万吨，11529.4万吨公里。

1985年，全市共有乡镇运输站(队)79个，全年完成货运量361.78万吨，占全市货运总量的27.54%。

运输联户或个体户(简称"两户")的船舶，80年代初，随着商品经济的发展，"两户"船舶随之而兴起。国务院、交通部充分肯定了农村"两户"船舶对搞活水上运输和商品流通的积极作用，颁发了《关于农民个人或联户购置机动车、船和拖拉机经营运输的若干规定》和《关于积极扶植农村水运专业户的通知》。嘉兴市航管部门为扶植"两户"船舶的营运，加强航管工作，在"两户"船舶申请登记、检验发证和培训方面给予方便和帮助。1985年嘉兴市航管处及其所属各县航管所共开办了70期船员培训班。其中培训了"两户"船舶船员3701人，经考试合格的3447人，领取船员证书2699人，检验合格船舶3353艘，50566吨。

"两户"船舶数量多，吨位小，分布在全市各乡各村，不仅在货运方面缓解了运能不足的矛盾，也为偏远乡、村的经济开发创造了条件。他们一般与城乡工商企业，物资采、供、销部门，农副产品自产自销的个体或联户，自行挂钩、招揽业务。也有一部分零、批物资由航管部门调配承运。因此，多数是计划外运输，运量也难于正确统计。

"两户"船舶中，极大多数是载重量为10多吨的小型挂浆机船，一部分是专业水运企业船舶更新时替换下来的水泥船和木质船，也有少数资金多、经营好的个体户或联户，陆续更新为40至60吨级的钢质双挂机船。

第三章 运输工具

第一节 解放前嘉兴航区运输船舶

古代,船舶为嘉兴及各县主要运输工具,数量颇多,全赖人力、风力航行。唐、宋时期客货运船只已称“航船”。桐乡县罗家角遗址中出土“拖泥板”状的木器,是当时祖先在泥泞的海涂上使用的运输工具。这说明嘉兴早有内河船和驿船。19 世纪末,始有燃煤蒸气机轮船,20 世纪 10 年代始有柴油内燃机轮船,此后机动船逐渐增多。

据民国 24 年(1835 年)8 月出版的《中国经济志·浙江省嘉兴县》记载:“嘉兴现有轮船公司八家,境内外行驶轮船二十五艘,可载重一百六十一吨,共计职员司机工人二百零六人”,“水上交通有轮船二十五艘行驶各地外,尚有航船、民船、渔船、南湖船多种,且自轮船行驶以来,营业不及往昔之盛,然船舶经营者,乃赖此为生也。全县计有航船 116 只,民船约 34 只,渔船约百只,南湖船 56 只,总计船户约 3300 余户,11000 余人。”

第二节 解放后客运船舶

中华人民共和国成立以后,嘉兴航区的客运船舶以浙航嘉兴分公司六个客运站客运船舶为主,其他还有一些农客班。

1957 年,嘉兴及海宁、海盐、平湖、嘉善各县的私营轮船业,经过整顿、组建,多成立了公私合营企业后,原客轮名取消,统一编制船号。起号是:嘉兴“101”、平湖“201”、海宁“301”、长安(后为崇德)“401”、嘉善“501”、海盐“601”。

1962 年,原已下放到嘉兴、嘉善、海宁、海盐、平湖、桐乡六县的客运站全部收归嘉兴分局统一经营管理。六县客运站的全部船舶有客轮 65 艘,1714 马力,5667 客位;客驳 23 艘,2370 客位,代客驳 32 艘。

1963 年,各县的小客轮,绝大部分是私营企业转化过来的。船型多品种,机型“万国牌”,加上“大跃进”期间拼设备,不注重维修保养,造成技术状况下降。鉴于这种情况,从 1963 年开始,大抓船舶技术改造和设备更新工作,首先根据小客轮数量多,机种复杂,检修困难,配备件不易购置的实际情况,确定技术改造重点,逐步淘汰杂牌车,逐步实现机型定型化。在 1963—1965 年的三年中,对 79 艘客轮,采取大修理期间旧机更新或内部调整机型,使机型由 46 种减少到 10 种。一般由国产 2135、4110、4135、6135 柴油机和解放牌汽车引擎来代替,也装置了一部分苏式吉斯五型汽车引擎(18 台)。同时还把一部分绍式机器快班,改建和扩建为客轮。在船舶更新上,1964—1965 两年中,由杭州大运河造船厂建造的新型钢质客轮“白鹤”“喜鹊”“金鹊”“银鹊”“云吉俨”“百灵”号分别投入嘉兴、平湖、海宁客运航线上。其中,“白鹤”号客位多、马力大,行驶于平湖至上海线,“百灵”号较小,40 马力 2135 引擎,行驶小港支流,中型“鹊”字号,4135 引擎,100 客位,行驶内河主线。这些客轮设置软座,具有安全、舒适、快速等优点,经济效益也较好。由木质机动船发展到钢质小客轮,标志着内河客运事业发展中的一个重要进程。

中共十一届三中全会以后,随着水运事业的发展,嘉兴市各水上客运单位,把船舶更新工作放在重要位置上。1978 年一艘定名为“浙航 402”新型的双层、双引擎,246 马力,229 客位钢壳客轮投入平湖—上海航线上。1980 年,新建和改造客轮 13 艘,1452 客位,客驳 9 艘,1060 客位,并淘汰一部分木质、水泥客轮。在国家“六五”计划(1981—1985 年)初期,对原有客轮、客驳进行逐艘登记,质量排队,建立船舶档案,有计划地进行更新改造。1981 年,共新建和改造客轮 25 艘,2760 客位。其中新建 160 客位客轮 2 艘,130 客位客轮 2 艘,100 客位客轮 5 艘,120 客位客驳 8 艘。更新 100 客位客轮船壳 4 艘。还把 4 艘水泥客轮改建为钢壳客轮。1981—1985 年的五年中,仅浙航嘉兴分公司船厂就为各客运航线上新建了 160 客位钢质客轮 6 艘,100 客位钢质客轮 44 艘,100 客位钢质客驳 24 艘。1985 年与 1981 年相比,1981 年共有客轮 99 艘,其中钢质 18 艘占 18.18%,

木质船 64 艘占 64.65%，水泥船 17 艘占 17.17%。1985 年共有客轮 113 艘，其中钢质船 77 艘占 68.14%，木质船 36 艘占 31.86%，水泥船全部报废。在 68 艘客驳中，钢质船由原来占 3.6%提高到 45.59%，木质船由 92.8%下降到 54.41%，水泥驳淘汰，客位也增加了 1819 个。在机型更新方面，调换了解放牌，吉斯五型汽车引擎。全部安装上国产 4135、6135 柴油机，通过船舶、设备的更新改造，从而加快了航速，增强了安全系数，降低了油耗，提高了经济效益。

表 7-3-1　浙航嘉兴分公司“六五”期间客运轮驳船舶表

项目	种类及数量		1981 年	1982 年	1983 年	1984 年	1985 年
船舶	艘数	钢质	20	44	61	83	108
		木质	115	110	105	85	73
		水泥	19	7			
总数	总计	艘数	154	161	166	168	181
		客位	17169	19118	20198	21215	21764
		马力	5683	6109	6960	7090	7996
客轮	艘数	钢质	18	36	51	61	77
		木质	64	60	56	43	36
		水泥	17	5			
	合计	艘数	99	101	107	104	113
		客位	11749	12643	13757	14092	14525
		马力	5683	6109	6960	7096	7996
客驳	艘数	钢质	2	8	10	22	31
		木质	51	50	49	42	37
		水泥	2	2			
	总计	艘数	55	60	59	64	68
		客位	5420	6475	6441	7123	7239

1985 年，嘉兴航区村办、“两户”农客班共有机动船 28 艘、1224 客位、649 匹马力(477 千瓦)，客驳 2 艘、95 客位。经营市郊县境范围内航线 27 条、68 个班次、营运总里程 354.3 公里，客运量每天在 2000 至 2500 人次之间。

1990 年年底，嘉兴市拥有客轮 65 艘，客驳 25 艘。其中：嘉兴市航运总公司拥有客轮 53 艘(客轮均为钢质船，木质客轮已全部淘汰)，客驳 24 艘；嘉兴航区村办、“两户”拥有农客班 12 艘、549 客位，客驳 1 艘、82 客位、63.6 千瓦。全市拥有的 25 艘客驳中，钢质驳 23 艘占 92%，木质驳 2 艘仅占 8%。

客运体制下放后，水上客运业进一步萎缩。定线定时正班客运航线逐渐淡出市场，水路客运运力从 20 世纪 90 年代初的定线定时正班客船，逐渐转化到 90 年代末的以南湖风景区的旅游客船和不定期运送香客的客运船舶为主。

到 2000 年年初，原属嘉兴市航运总公司旗下的客船只剩下 13 艘，10 年间客船艘数下降了 75.47%。1997 年，全市完成客运量 33.02 万人次，1474.63 万人公里。2001 年，全市有客运船舶 14 艘，1308 客位。渡口 47 个、渡船 51 艘。全年完成客运量 10.88 万人次，571.03 万人公里。2002 年，全市水路客运企业 4 家，拥有客船 27 艘，1216 客位。2003 年，全市水路客运企业 3 家，拥有客船 25 艘，1016 客位。2004 年，全市水路客运企业 4 家，拥有客船 30 艘，1053 客位，功率 277.75 千瓦。2005 年水路客运企业 3 家，拥有客船 16 艘，1460 客位，功率 841.55 千瓦。到 2009 年年底，原属嘉兴市航运总公司旗下的客船仅剩下了 3 艘(其中：客轮 2 艘，客驳 1 艘)，共 356 客位，主要用于不定期运送香客。

随着嘉兴市公路旅客运输迅速发展，特别是随着近几年来农村康庄工程建设步伐的加快，基本实现了村村通公路，改变了本来以客船作为交通工具出门参加宗教(朝香)游的习惯，水路中短途香客的客流量日趋减少，因此，专门从事水路中短途香客运输的嘉兴市南湖旅行社有限公司于 2010 年 7 月 9 日办理了水路旅客运输业务的注销手续。至此，嘉兴市真正意义上从事水路旅客运输已经终结。到 2010 年年底，剩下的 3 家水路客运企业只是从事嘉兴南湖、嘉善西塘和平湖东湖等景区封闭水域内的旅游运输。

第三节 解放后货运船舶

中华人民共和国成立以后，嘉兴航区水上货物运输仍以木帆船为主，生产效率低，尽管如此，水上运输仍然是当时运输的主要方式。据统计资料记载：1949 年年末嘉兴市及所属各县共有木帆船 1787 艘，23152 吨。1985 年年末发展到有证船舶 8113 艘，139669.82 吨，货轮 111 艘，1502.82 吨，专业企业货驳 1591 艘，86713.8 吨，拖轮 188 艘，18862 匹马力，当年完成货运量比 1949 年完成量增长 7.58 倍。

在“七五”期间的前二年，民间运输船舶的数量一度宏观失控，增长过猛过快。调查资料表明，民间运输船舶空前发展，1985 年年末，嘉兴市及所属各县，已有乡镇船队及“两户”船舶 23326 艘，249804 吨。1987 年顶峰时期，全市各类乡镇船舶共有 101036 艘，382922 总吨。后三年船舶拥有量虽有所下降，但仍保持较高势头。总体上显示出，“七五”期间嘉兴市运力超过运量，船舶素质有明显提高，为“八五”期间和以后国民经济发展对水运的需要奠定了良好的物质基础。

1990 年年底，随着嘉兴市水上运输业的迅猛发展和急剧变化，船舶数量上有显著增长(专业运输企业数量减少)、质量结构上有明显好转，大大增强了水运能力。全市运输企业共有船舶 1766 艘、98899 吨、20866 千瓦。其中嘉兴市航运总公司运输船舶共有 392 艘、24547 吨位。

1990 年，20 个集体航运企业拥有的 1368 艘船舶中，钢质船 1226 艘，比 1985 年增加 415 艘，木质船 27 艘，比 1985 年减少 193 艘，水泥船 115 艘，比 1985 年减少 446 艘，船舶钢质化率达 89.62%。总体上显示出，集体航运企业的运力结构向单艘吨位大型化，船体材料钢质化方向发展，水运能力日益增强。

1990 年年底，全市有证船舶 22739 艘、274417 总吨，分别为 1985 年的 2.80 倍和 1.97 倍。

随着中国水路运输市场的放开，嘉兴市的水路货运量不断上升，1997 年，嘉兴市有水路运输企业 39 家，其中专业运输企业 16 家，运输服务企业 23 家。拥有内河货运船舶 11932 艘、328926 吨，比上年减少 2545 艘、74785 吨，其中 16 家专业企业船舶 1233 艘、87534 吨，比上年减少 138 艘、2204 吨，厂矿自备船舶 303 艘、10761 吨，比上年减少 71 艘、2204 吨；个体(联户)船舶 10396 艘、230631 吨，比上年减少 2336 艘、62413 吨。1997 年，嘉兴市航运企业完成货运量 2273.68 万吨，货物周转量 241529.07 万吨公里，其中专业航运企业完成货运量 482.5 万吨，货物周转量 81282.83 万吨公里，完成铁路中转物资 83.39 万吨。

2001 年，嘉兴市水路运输管理工作，坚持以发展为主题，以创新为动力，抓落实、求实效、重提高，通过加强行业管理，有力地维护了水路运输市场的正常秩序，较好地完成了全年各项工作任务。截至 2001 年年底，全市有水路运输企业(单位)38 个，运输服务企业 27 个；拥有内河各类货运船舶 1.43 万艘、66.4 万吨。2001 年，全行业完成货运量 3990 万吨，周转量 440639 万吨公里，占全社会货运量的 67%，货运周转量的 76%。

2001 年，为调整航运业结构，浙江省交通厅航运管理局印发了 74 号文件，省厅又出台了《关于加快内河挂桨机淘汰工作的通知》以及一系列补贴管理办法的通知。按照有关精神，自 2004 年起，嘉兴市港航管理局正式启动了淘汰营运钢质挂桨机船工作，通过船舶拆解、落舱机改造和拆解后更新等三种方式，采取政策宣传、现场监督检查、发放补贴资金等多种措施，完成了淘汰营运钢质挂桨机船工作。3 年共计淘汰营运钢质挂桨机船 6501 艘，其中拆解 1436 艘、改造 548 艘、更新 93 艘，累计发放专项补贴 2821.41 万元。截止 2007 年末，嘉兴市拥有货船(含货驳) 6559 艘、92 万载重吨，船舶平均载重吨 140.27 吨。

到 2010 年年底，嘉兴市货运净增运力 5810 吨，全市拥有营运货船 4983 艘，92.70 万载重吨，平均吨位 186 吨，其中：内河营运货船 4964 艘，84.47 万载重吨；沿海营运货船 19 艘，8.23 万载重吨。

表 7-3-2　1991—2010 年嘉兴市水路工具拥有量情况表

年度	船舶(艘)	净载重量(吨)
1991	25770	305055
1992	25891	413936
1993	25934	476183
1994	27260	525596
1995	28767	565667
1996	25789	515780
1997	20334	465056
1998	19410	619770
1999	20283	698000
2000	15277	616546
2001	14284	663959
2002	12644	740886
2003	9977	772199
2004	8802	818498
2005	8281	865018
2006	7858	917925
2007	6559	920016
2008	6263	920163
2009	5744	921161
2010	4983	926971

第四节 各种类型运输船舶

客运船舶

划子船

又称小划船，木质结构。船型狭长，首尾较小，底平舱浅，形如竹叶，故有“一叶扁舟”之称，渔民常用以兼作客运工具。船体用青桐油涂漆，拱形芦扉作舱栅，中间为统舱，舱板加铺席，供乘客坐卧。可乘二三人。后稍无棚，船家以单浆或双浆操作，时速约 4 公里。在水运工具日益发展的趋势下，兼作客运的划子船，在 20 世纪 50 年代后期自然淘汰。

脚划船

又称乌蓬船，木质结构。源于绍兴，清代流入嘉兴地区，全由绍兴籍人经营。船体首尾较小，体似梭形，底平膀圆舱浅，上以黑色瓦形蔑篷作舱棚，故名乌蓬船。中间为统舱，舱板加铺草席，供乘客坐卧，可载客三四人。后稍插有靠背木板一块，船家操作时手执小木浆操纵航向，稍左置一戗水板辅航，以双脚蹬大木浆推进，时速约 4 公里。后因快班船增多和小汽轮行驶，脚划船逐渐减少，至 1956 年后渐渐淘汰。

丝网船

又名南湖船，起源于江苏无锡，木质结构。因渔民长年用以兼作客运，故布置极为整洁。上棚为木制折装棚板，中间镶嵌玻璃推窗，上面覆盖筏箍，船体皆用青桐油和紫广漆。船三分三舱，中间客舱，有低跟梁相隔。前半舱供旅客乘坐；后半舱铺有高舱板，上铺草席，设有凳、搁几、茶具、被褥等物，随客坐卧。可乘七八人，大者可乘十多人。客舱与稍舱用推窗隔开，后舱为船家举炊住宿之处，上搭芦扉棚为摇船时挡风遮阳。丝网船平时为乘客雇用，春秋为烧香或旅游者所包，可承包膳食或夜宿，具有旅游船性质，故收费高于其他客船。

小航船

俗称本乡船，木质结构。航船源于唐代，其名宋代已有，南宋赵彦卫《云麓漫抄》载：“今浙西临流州县，凡载行旅之舟，为之航船。”据其型状大小，分别俗称大航船和小航船，前者装货为主，后者载客为主。小航船型似小“西漳船”，膀高舱宽，稳性较好。两边船舷上端装木棚，开有一二个玻璃推窗。船体用桐油涂漆，顶盖本色或黑色夹油纸筏篷，后稍搭盖芦扉棚。除头舱外，中间为统舱，左右两侧均铺设坐板，后大梁处设坐柜，上可坐人，下可贮物，统舱可乘坐旅客 20 人左右。后舱为船员操作和生活之处。小航船由 2 名船员摇橹，以本乡本村为起点，进出支流小港，通向集市城镇，搭客装货极为方便。至 1956 年除少数航船纳入航快船运输社外，其余逐步淘汰。

快班船

源于绍兴而俗称绍兴快班船，木质结构。清代后期流入嘉兴各县，大都由绍兴籍人经营，船体狭长，首窄尾翘，走水性能好，且多橹摇驶，航速较快，因称快船。首尾各开圆孔，停泊时竹篙从中插入河底，无须扣岸缆。统舱上覆盖黑色瓦形壳筏篷。船体水线以上为黑油涂漆，水线以下为红色或褐色。舱下可贮物。航快船以客运为主，兼营零担货运和传递邮件。小的载重量三四吨，可乘客二三十人；大的五六吨，可乘客三四十人。船稍有正橹 1 支、大橹 1 支、边橹 2 支(船体较大的还有笃梢橹 1 支)，小木舵 1 扇，船橹均为直板橹，船头备板浆一二支。倘有 4 橹 2 浆全部开档，时速可达 6 公里。快班船定期定点线开行，班次视航线距离远近而定，20 公里以内早出晚归，当日往返；稍长的隔日来回；长航线则逢三六九或二四八开班，故又称班头船。20 世纪 50 年代中期，快班船始与航船通称为“航快船”，并转以货运为主，其载客运输历史直至 1976 年后，方告结束。

小客轮

木质结构。原型为尖头弧圆尾，首柱半露于船中间外部，形似象鼻，俗称鼻梁筋。筋下连底龙筋至尾柱，首尾为菱形骨架，呈尖底形。机舱地轴弄前至驾驶室后为元宝形骨架，呈圆平底。船体外部呈流线型。客舱、机舱上装木板舱棚，铺油漆帆布。舱棚以上置天篷，俗称百脚棚。船首上甲板设驾驶室，两侧设有小扶梯通入客舱中间上甲板为走廊，驾驶员在前驾驶方向盘，牵带左右舷的铁链，使尾部舵机转动舵片，并且铅丝拉动机房钟铃，传递信号，指挥司机作快慢或倒顺车。20 世纪 60 年代起，船体通过修理，逐步扩大，船头放长加宽，改尖头甲板为平甲板，俗称“蚱蜢头”，可乘载 80 至 100 人。主机从原来杂牌旧汽车引擎，逐渐更换为国产柴油机；马力从 20 匹以下，增大到 40、60、80 马力；燃料种类从汽油、火油、柴油、煤炭，统一为柴油。驾驶操作通过技术革新，逐渐改为“机驾合一”。

机器快班船

木质结构。始于民国 20 年间，船体由“绍兴船”改装，削平翘艄，改成半圆形船尾，使之吃水较浅，适应低桥浅水航线。船员在船尾操舵，俗称水关，用钟铃与机舱传递信号。客轮两侧设坐板，大跨梁处设坐柜，船小载客 30 人左右，大可 50 来人。从客舱到后舱机房，舷棚为拱状黑色筏篷，俗称软棚，作通风透光之用，后艄搭有简易艄棚。此后船体逐渐扩大，改后操舵为前驾驶。20 世纪 60 年代初起改软棚为木质硬棚。但因上重底轻，影响稳性，60 年代中期起为水泥客轮替代。至 1976 年前后，水泥客轮逐渐淘汰，以钢质客轮所替代。

水泥质客轮

始于 1966 年前后，由杭州大河船厂制造，省航运公司先后拨给嘉兴及各县客运站经营。船体以三角钢为骨架，圆钢为经，水泥制作，首尾为气舱，设圆形铁盖启闭。客舱与后舱舱棚相连，中间作腰弄。客轮设车厢式条木椅，定额客位 75 座，大的 100 座。后舱略高，用作机房。主机为 2110 型柴油机。舷口上棚板木质构造。上舱棚有白铁皮覆盖的双夹层纤维板，后因夏天舱内旅客炎热难熬，船棚以上置帆布天篷，上舱棚也因之增加至容 25 人的散席客位。船体水线以上天兰色，上棚乳黄色。船式新颖，呈流线型。至 20 世纪 70 年代中期逐渐淘汰。

钢质客轮

始于 1964 年，为省交通厅杭州船厂制造的“喜鹊”“云鹊”“金鹊”“百灵”“白鹤”等钢质客轮。船体以骨钢为肋，用钢板焊接而成。半落舱驾驶室，室后顶棚向后挑出两翼。客舱与机舱舱棚相连，客舱设车厢式硬坐软靠，配有小搁几。定额 80 至 100 客位，大的有 150 至 170 座。舱内附有卫生间。机舱稍高，主机为 60 匹马力柴油机。后檐挑出如乌尾，设炉灶等生活设施。船体水线以上天兰色，上棚乳黄色。船式新颖、安全，呈流线型。该轮系铁质舱棚，夏天炎烈，曾上设通风器，后又加帆布“百脚棚”降温。20 世纪 70 年代后期起，钢质客轮不断增加，均由浙航嘉兴分公司船厂制造。1978 年建造的浙航 402 号客轮，长 30 米，宽 6 米，配置 6135 型柴油机 2 台，248 匹马力，设 229 座客位。船体前中部有上下两层客舱。中部可装附货，并有售票室、男女舆洗室，下为机舱间，后部上为船员生活区，下为船员卧室。

货运船舶

西漳船

木质结构。原于江苏无锡西漳一带，故名。普遍适航于长江以南流域，是有代表性的一种优良船型，航速好，宜于远航。船长 12~13 米，宽 3~3.5 米，方形船头，流线型船体，一般载重约二三十吨，船首甲板上开有方孔，用板覆盖，内可贮物或住宿。中间有两道大梁，分头舱、中舱。后舱，既可分类装运物资，又可免使一舱渗水全船皆湿。舷口两侧下有戗水板，上端有拆装膀板，下覆盖防雨筏篷，凡装运粮食及重要物资可作封舱。一般物资敲舱装运。据船吨大小，设 1 或 2 支桅杆，既可扬帆，也可拉纤。后艄舱上铺平甲板，前设月台棚，下为船员住宿之处。船艄外挑，可避后船碰撞舵片及大橹。

码头船

本质结构。产于上海一带，首方船直，底平舱宽，板料厚实，结构坚固。吃水浅，浮力大，稳性好，适宜于装运笨重物件。首尾没有锚桩，船头中设绞盘；分三舱，后舱上设艄棚，下为船民住宿。设有桅杆，舷口铺有统舱上甲板，供大件物资装载，易以起卸，取去上甲板可落舱装运。两舷外侧置有护木，中间两舷外侧各设戗水板，偏风时可辅正航向。一般船长 13~16 米，宽 3~4 米，大的载重三四十吨，小的十几吨。

杭驳船

木质结构。源于杭州，因用以驳运，故名。船型平直，呈长方形，船首宽大；船底平，统舱宽；后稍较大，上有艄棚，下为合家所居之处。杭驳船船膀低，稳性好，起舱落舱方便，堆庄点数明嘹，适宜于驳运各类物资，装运粮食尤为妥善。短途驳运以摇橹撑篙行驶，中长途运输则效率不高，但可借助风力扬帆、拉纤。在木帆船拖带化运输后，船型逐渐改造以后为铁驳所代替。

绍兴船

又名乌艄船，木质结构，产于绍兴地区，船主和船工大都为绍兴籍。船体瘦长，半圆形底，首尾无柱，只装斗斤板，斗斤板外加装假船头和假船尾。全船前中部和后中都各置大梁一道，中舱肚档较膨，俗称大挡。大梁上装有 25~40 厘米宽的压梁甲板，俗称大档甲板。前压、梁甲板中部，开有一孔，供张时竖杆用。全船分三大舱，前、中舱为货轮，后为船员住宿处。艄舱上甲板为驾船操作场所，上置箬篷作艄棚，舱搁为拱形箬篷。船体水线以上及箬篷全用墨灰拌桐油涂抹，呈黑色，在水面行驶似乌艄蛇游动。故又名乌艄船。

水泥货驳船

形似码头船。结构以元钢为骨架，铺设钢丝网三四层，用 500#以上水泥浇制而成。首尾呈小圆形，淌水部位有钢筋水泥“象鼻头”3 至 5 道。中间为统舱，舷口内向甲板。艄舱与木驳不同，高出舷口 1 米左右，为船员生活住宿之处，上为操舵系统。无自航能力，以机动船拖带行驶。

货拖轮

解放前和建国初期，全市拖轮较少，大部分本质为主。20 世纪 60 年代中期至 70 年代末，曾有用水泥质船代替木质船，后因安全性能差停用。后经船舶更新，逐渐以钢质代替木质，马力加大，速度加快，运输效益提高。至 80 年代，全市专营内河货运拖转更新钢质，性能、设施明显改善。

钢质拖轮一般长 7.6~19.9 米，宽约 4.6 米，主机为 6136、6110 等型号柴油内燃机，主机功率为 37.56~147.28 千瓦。可拖带 600~1000 吨以上船队。船首尖形，前为驾驶室，中间为船员卧室和生活区(大菜间)，后部下为机舱，上亦为卧室，顶为木质硬棚，两侧为舷墙，用以抗浪、行人。有红绿闪光灯、桅灯、尾灯及探照灯等夜航设备，近年还配置无线电对讲机，船岸联络大为加强。

油货轮

运输燃油或食油的货轮，散装油专用船。嘉兴市及各县(市、区)出现于 20 世纪 70 年代。船头较尖，前为驾驶室，中部舱内装有卧放之半圆形大油筒，视油货轮大小一般可盛油 20~100 吨左右，机舱在后部。

挂浆机船

一般为水泥质结构船体，始于 20 世纪 60 年代中期，后逐年增多，80 年代发展更快，农村办证营运机动船中，绝大多数为挂浆机船。挂浆机船有 5 吨、7 吨、10 吨、12 吨及 15 吨等规格，后艄装一台 12 匹马力柴油机(俗称挂浆机)，到 1990 年，发展成装有两台 195 型柴油机的钢质挂浆船，机手掌舵前驶，时速约 9 公里，吃水浅，支流小港均可行驶。

乌山船

乌山船是浙江奉化市独创，适宜小港支流运输。始于何年难以考证，清代时就在奉化江上航行。民国期间该船遍布宁波、绍兴、杭州、湖州、嘉兴等地。奉化乌山船船型分两种，一种是艏艇皆尖，又称“两头尖”，流动于奉化江。另一种是蜡尖艇稍方，活动在刘江与东江，它的特点是船体轻、吃水浅、航速快、易过滩。其船结构为圆底、舶艄翘、肚大的木质船。适应装载笨长、轻泡的货物，如毛竹、笋壳、麦草、木材等。后艄用蔑篷为棚，随时可卷卸。后舱是船工操舵、摇橹之地，航行时可立桅张帆前进，亦可上岸拉纤，无风时常以木橹为动力。舟有大有小，大号船容量 10 吨，主要装运陶器，故俗称“大缸船”。小号舟可载 4~5 吨。1978 年后逐年锐减。

出门船

出门船原产于上海浦东闸港一带，又名浦东船。全身狭长，方头，平底，尾部较小，一般 5 舱，大者 7 舱，两舷中段装有活络撬头(又名戗水板)，旁风时放入水中，以辅助纠正航向。船头与头舱间有橹二支，但有 2 至 3 道桅樯，靠风行为主，故又称“行风船”。排水量深，一般载重在 20~30 吨之间。解放初期，下甸庙有一艘载重量达 98 吨大船(船主戴祥生)，宜于装运砖瓦、粮食等大宗物资，远航外港。

圈棚船

圈棚船是天凝及澄溪(属嘉善县)一带以装运砖瓦为主的船只。形制近似芦墟船，首尾小，肚子大，舱口装有傍板(俗称披塘)，上盖竹篷，故称“圈棚船”。长约 11.4 米，宽 1~2 米。稍上有棚，置一橹；前舱可以张帆，一般载重 5 至 10 吨，能进小港支流。解放初，天凝南熟村有 70 多艘，20 世纪 50 年代初，天凝运输站调度最多时，达 400 艘左右。

牛拖船

牛拖船，木质结构。源于萧山地区，清末以萧山头篷等地流入海宁许村上河浅水流域。船户集居于翁家埠。牛拖船船板较厚，平头平艄，底平舱浅，呈长方形。首尾梁板均开有圆孔，既使于挂档系缆，又可供停泊插篙之用。每艘 3.5 吨左右，以五六艘为一档。航行时以水牛为牵引力，深水处水牛浮鼻泅水拖行，浅水时水牛涉步河底(如耕犁)行走拖带，故航速较慢。解放前共有 8 档。解放初先后划出 4 档给临平。1953 年时海宁剩有 4 档，拖船 23 艘，计 73 吨位。20 世纪 60 年代中期改牛拖为小马力浅水拖轮牵引，拖船继续参与货运，“牛拖船”含义已无。

泰州船

泰州船，前后三舱，后舱最宽，多为船民生活所用。原来后稍无橹，靠船头二支划桨行驶；后在本地久居，改前桨为后橹。顺风也或张帆，但行速不快。县内所见者，载重在 10 吨左右。

关驳船

关驳船平头、平底。全船有 6~7 个舱位，舱口舱底大小相同。船头有 2 支橹或 3~4 支木桨，但都以撑篙行驶为主。撑篙时行走于舱口两侧傍板外干塘上。长约 4~5 米，宽 2 米以上，一般载重在 10 吨左右，也有 20~30 吨者。宜用于短驳。县内少见。

快口船

快口船，方头、平底。一般有 5 个舱区。两舷绑有园木，俗称“帮跳”，可在上面撑篙行走。普通后艄有一支大橹，大船还在前身加小橹一二支，使走水轻快。载重量在 10~30 吨之间，宜于装运粮食、杂货等大宗物品。

自航驳

自航驳也名机动驳，以货驳内安装动力机，能自航，出现于 80 年代，船型与各等规格的货驳同。驾驶在前或在后。中间为货舱，后部下为机舱，装一二台小型柴油机带动螺旋桨，适于装运批量不大而时间性较紧的货物。

货轮

货轮，抗战胜利后，嘉兴县协记成等三家货运轮船公司，用绍兴船改装机动船，自载 30 吨左右。20 世纪 80 年代钢质取代木质。载重 20~50 吨，小的 10 吨，多数拖一二艘驳船。

货驳

内河都由拖轮拖带。常由 12 艘联成船队，有木质、水泥质、钢质三种。木质货驳长10~22米，宽3~5米，载重10~60吨不等。头方舱深底平，头、中舱装货、中舱大、后舱甲板上船员操长柄舵。20世纪70年代木驳渐为水泥驳和钢驳取代。水泥驳主要规格为40吨、60吨，长20米左右，宽4.5米，深1.5米以上，以圆钢为骨架，铺钢丝网三四层，用425以上标号水泥整体浇制而成。钢质货驳大量使用于80年代，船体用角钢、钢板焊接而成，结构坚固。有40吨、60吨、72吨、80吨、100吨和120吨等规格。60吨的长21米，宽4.72米，深1.67米。80吨的长23.24米，宽5.05米，深1.75米。

农用船舶

荡滩船

荡滩船木质结构。源于硖石大荡。清朝中叶已有船厂制造，系一种小型驳船。舱口宽敞，故名。因大多用于农业，又称“粪滩船”。船舱微膨，呈半圆形。船尾有出艄，俗称鹞鹰翼。荡滩船小的载重1吨左右，为统舱，多数3~5吨，7~8吨较少，舱分为三。无舱棚设备，仅配有琵琶橹1支，跳板1块及头艄缆绳。由船厂出租经营。此外在庆云、斜桥、郭店、周王庙等有类似出租船，除船舱略高、船尾较小外，其余形同。20世纪50年代初，海宁共有荡滩船700余艘，3000多吨位。

漕泥船

漕泥船，木质结构。产于临平一带。是一种形似杭驳船的浅水驳船，海宁系长安上河流域所独有，漕泥船底平舱浅，方头平艄。船头左右钉有似“象鼻”的弯木，后艄鹞鹰翼较短。漕泥船小约1吨，大都用于农业，大约七八吨，为短途驳运之用。20世纪50年代初，海宁共有漕泥船100余艘，400多吨位。

抽水机船

抽水机船，为农用排灌船，木质或水泥质，长8~12米，宽1.5~2米，舱内装水泵。有铁管伸向船尾，利用强力水流的反作用驱船前进。出现于20世纪60年代。平湖县盛时超过百艘，除航行、抽水外，临时也用于农用少量物资短途运输。80年代末基本淘汰。

水泥农船

水泥农船，1964年，平湖县修建服务处试制3吨水泥农船。翌年，平湖水泥船厂批量生产。水泥船节约钢材、木材，造价低，稳性好，较耐腐蚀，故能迅速推广。年产量达2800吨左右。一般规格为3吨、5吨、7吨，长4.4米，宽1.3~1.5米。头尾稍狭，呈方形，平底三舱，上无遮盖，后艄有橹，宜于载运肥料、农药等物。许多农户自备此船。

挂桨机船

挂桨机船，一般为水泥质结构。后艄装一台10~12匹马力单缸柴油机(多为190型)，带动螺旋桨推进，开动时接连发出砰砰响声，俗称“砰砰船”。有5吨、7吨、10吨、15吨等规格，时速约9公里，吃水浅，支流小港均可航行。船长超过15米，载重20吨以上的，规定需安装两台挂桨机。船头、中舱无篷，仅后艄甲板上机手操作处有简易篷。个体(联户)船舶绝大多数是挂桨机船，多用于运输沙、石、建材等。1985年全市3353艘、50566吨，1990年18773艘、231881吨、165644千瓦(城区、郊区4085艘、49879吨、41760千瓦)。

罱泥船

所谓罱泥，是把河底的淤泥打捞上来。罱就是捞的意思，罱泥船就是用来罱泥的船只。农村的罱泥船一般就是摇船。农民把船摇到河心或滩边，放下橹拿起罱具就可罱泥。罱具由罱杆和罱部(有的地方是罱袋)组成。罱部是竹蔑编成，罱袋是用麻绳织成，罱部的两边口子上各用竹片紧紧夹住，象一只能开能合的蚌，罱杆就固定在竹片夹口上。每根罱杆钉住罱部的一面夹口，装钉得十分牢固。罱杆是两支4~5米长的竹杆，两支竹杆是一样长的。竹杆的最下端装罱部或罱袋。罱泥的时候，把两根罱杆分开，罱部也随之张开，插入水中待沉到河底后，用力按下去夹河泥，感觉罱部里已有河泥捞着，就把两根罱杆并拢，那罱部也随之合拢，然后把合并着的罱杆拉上来，罱部里的河泥就带上来了，提进船舱里，分开罱杆张开罱部口，把泥倒出就算是完成了一个动作。罱泥的时候，罱泥人是站在船舷上的，如站在左舷上，船就向左侧；站在右舷上，船就往右倾。尤其是把罱部拉出水的那一刻，拖泥带水的一大袋，那船侧得船舷都进水了，所以罱泥的人很容易掉下河，好在水乡男子都会游泳。河泥一罱部一罱部的罱上来，慢慢的倒满了舱。罱泥船成了名符其实的“泥”船，人也溅得浑身是泥水。以前农民罱泥都是赤脚的，总之，罱泥是一种又累又脏的苦活。罱泥船除了使用摇船外，还有根据罱泥特点专门做来罱泥的专用船。“摆塌子船”“搬塘船”，就是专为罱泥使用的船只。摆塌子船的船头船艄小，船舱颇大，船底平形，船只在水面上比较平稳。罱泥时一舷倾斜，平底船不易翻侧。这种船的整个形状象农民穿的草编蒲鞋。搬塘船的船头船尾也较小，而它的船舱很深，可蓄河泥40担，比一般农船装载的河泥多得多，节省来回时间。搬塘船是尖底船，能性较活。这两种专用的罱泥船主要特点是船舱或大或深，河泥装载量多。20世纪70年代后木质船逐渐被水泥船替代，农村都使用水泥摇船罱泥，这种特种式样的罱泥船也慢慢的不见了。

黄鸭船

黄鸭船是农村放鸭专用小木船。船头略小微翘，船尾方形，像被人锯断了的半截木船。船小性活，稳性极差，左右晃动，一般人不敢上船。全船只能容纳一二人，无橹、无舵，只靠艄尾两把长木桨双手推动向前。有的船连木桨都不备，仅有竹篙划水前进。该船都为个人所有，把上百成千的幼鸭驱赶进溪流、小河，觅食小虾小鱼。船头有个饲料舱，放着少量的米糠、麸皮等物，供黄鸭食用。黄鸭船不远行，都是日出夜归。

菱桶

采菱的劳动(交通)工具是菱桶，不是船。为啥不用船去采菱呢？因为菱荡种植较密，船不易进入，故以桶代舟。菱桶有大有小，大的菱桶可坐两人，面对面坐在搁板上采摘，一般的菱桶只能坐一人。菱桶的形状有圆型、腰子型两种，均用优质杉木制成。圆菱桶有一只小圆台面大小，桶深尺余。腰子型菱桶大于圆型麦桶。凡是菱桶都备有小木桨作为动力工具，靠手工划动向前。目前，江南不少农家仍保存菱桶，炎夏之日，菱桶都需要抹上几次清油，秋天用时防腐耐用。

渔业船舶

撒网船

撒网船，又名打鱼船。船似弯弯眉月，头小、中间大，艏尾均上翘，形成两个小梯形。古今文人称它为一叶扁舟飘泊天涯海角。渔家有句俗话：“十网九网空，一网就成功。”在这摇晃的扁舟上撒网捕鱼实在不易，可见功底深厚。通常由男人操作，当男人上岸卖鱼沽酒时，亭亭玉立的少妇，裸露细腻的白腿，撇开八字型双腿，站立在不足一尺的船头上；远远望去似刚刚出水的芙蓉。瞬间，那苗条身材来了个一百八十度的大旋转，说时迟，那时快，渔网从玉手中飞撒入水，像一只大金钟，罩在二米开外河面上，不久，她慢慢地将手中绳头收将起来，只见网中的鲫鱼、白鱼、鳊鱼在挣扎。她回眸微笑，露出两个浅浅的小酒涡。撒网，俗称“天打网”。其船历史悠久，古代文人骚客对它颇目为兴趣，常泼墨为画，纸笼题诗。元朝延佑时(1314—1320 年)翰林侍讲学士揭傒斯作的《渔父》诗为后人称绝：夫前撒网如飞轮，妇后摇橹青衣裙，全家托命烟波里，扁舟为屋鸥为邻。诗中的飞轮、扁舟、梅声、青衫、海鸥、烟波组成了一幅生动鲜明的作业场景图。

捕小鱼的丝网船

丝网船形如柳叶，船身狭长仅五米，中间最宽处仅供两人挨肩相座。艄尾不足尺宽，略微翘。前舱口铺横板，舱下储水养鱼，中舱为渔家宿处，后舱为炊膳之地。舱棚用芦緋裹成，以避风雨。艄有水桨二把，长短各一，短桨为手划桨，长桨为脚蹬桨，以桨推进。丝网船都为渔家作业夫妻船。渔夫在船头盘腿而坐，渔妇在艄后荡桨。作业时男人麻利地将几十米长的丝网放人水中，在网头拴有“浮子”。昔日的丝网用精麻捻线制成。后来都换上尼龙网。片刻，水中游鱼的腮触网，像陷入深井似地无法脱身。顿时，渔夫左手操网尾，右手利索地收网，将网上扎住的鲜活的小鱼放进前舱水中。常年在烟波作业的渔夫很有经验，根据阳光、气候、流速的不同状态下网，几乎网网都有小鱼。

耙螺蛳船

江南有句谚语：“清明螺，抵只鹅。”螺蛳是营养价值高、价格低廉、味道鲜美的“荤菜”。一些酒友喜欢用它过酒，嘴上一吮，沽酒一口，快乐如神仙。耙螺蛳船的活动范围多见于小港支流。它是一种艏尾方形的木船，分为前、中、后舱，舱浅性活，用芦緋裹成圆棚。舶尾角挂着固定的小木桨，代替舵叶掌握航向，前舱横铺平板，横板下储存螺蛳。船头上放着半桌大小的木盘，深不足半尺。这种船都为夫妻船，整天漂泊水上。男人立在船头上将袋竿沉入河底，左手熟练地扒着；不一会儿、沉甸甸的袋竿提上来，用力地摇动几下，让袋里泥质溶入水中，便将袋中螺蛳及杂物倒在木盘中，女人坐在木盘旁耐心拣剔后，入市出售，成为他们的生活来源。

坐家船

捕鱼的方法多种多样，而且，除了用渔船捕鱼外，还有用鱼簖捕鱼的。据民间故事传说，越国大夫范蠡和西施在德清隐居时，为了让西施能经常吃到最爱吃的鳜花鱼，发明了水篱笆养鱼的方法：在河流的一个范围之中，养着鱼，在这个范围的河两头，从此岸至彼岸全用竹篱笆拦住，水能流动，鱼儿却出不去，随时可从河水中捕取鲜灵活跳的嫩鱼来，这“水篱笆”就叫“鱼簖”。鱼簖是越国大夫范蠡发明的。在每一副鱼簖旁，还停着一艘船，这种船叫坐家船。是管理鱼簖的专职船，故也有人叫为看簖船。名曰坐家船，即渔民以此船为家。此船停在鱼簖前，无橹亦无桨，就如造在水中的房屋一般，永远停泊在鱼簖旁边，从不启动。船就是家、家就是船，一切日用家具也是应有尽有、设备齐全，收录机、电视机一概都有，这安置在船里的家，与岸上人家没有多大的区别。称为坐家船，名副其实。坐家船的大小，以前是 5 吨大小的木质船，后来大多是 5 吨水泥船。要安家，日用起居所需的物品多，太小的船就放置不下，所以船不能小于 5 吨的。

鸬鹚捕鱼船

俗话说：“渔家有三宝，渔船、渔网、鸬鹚鸟”。我国用鸬鹚捕鱼有一千多年的历史。鸬鹚是一种健壮的水鸟，形体如鹰，铁青色的羽毛，嘴巴挺长，略呈弯钩状，善于水中潜游，有捕鱼之绝技。故江南一带利用鸬鹚捕鱼较为普遍。鸬鹚捕鱼的工具有小木船和竹筏两种。先说说鸬鹚船，它像一艘方型独木舟。船小性活，吃水极浅，小港支港可觅“踪迹”。鸬鹚捕鱼有白天寻捕、晚上灯捕两种。白天寻捕是渔夫操纵小舟漂摇河面，凭几十年积累的经验，根据水位流速、日光反射来寻找水下鱼群。鸬鹚停在船上甲板上，只要渔夫手中竹竿在空中一扬，十几只鸬鹚像运动员似地“扑扑”跳下水，渔夫蹲在艄艏，嘴里叼着纸烟，双目注视水中的动静。只见水面上浪花四溅，几分钟后，鸬鹚先后浮上水面，嘴里叼着一条条活鱼向上高高举起，渔夫将它们嘴上轻轻地一捋，鲜鱼滑落在鱼篓中。

专业船舶

坯船

坯船是窑区装运砖瓦、土坯的专用船。形似栖装船，方头，宽底，头舱和中舱均用木板铺高，减低了舱内深度，所以从船头一步就能跨上舱面，便于装卸货物。后艄置一橹，顺风可以张帆，长 11.12 米，宽 2 米多，一般载重量在 10 吨左右，最大有可装 25 吨者，吃水较浅，船身平稳，往往只供近路运送窑货，不作远航，解放初有千艘以上。

石灰船

石灰船，是装运石灰的专用船。船身两头小，肚子大，略呈弧形。舱内用蔑领封底，上铺木板，以防渗水。船口内收，傍板较高，以防浪灌。傍板内开干槽，可泻积水。上盖竹篷，遮避雨雪。两侧有护舷木垂于水下，以御撞击。后梢有一大橹，较大者加一小橹，船头有两支“牵头橹”。可张帆。但以摇橹为主。载重量在 10~20 吨之间。早在乾隆十五年(1750 年)，陶庄湖滨村已开始发展此类船只。解放初期，单是湖滨一地，尚有 30 余艘。

廊船

廊船，船底宽平，船首大，船尾略翘，大三舱，上部结构装置宫殿式船棚，装璜考究，四角龙头翘角；门面和两边装饰雕花大板，涂以金、红漆，配有对联和横披，供娶亲雇用，花轿放置船头，新娘端坐中舱，由喜娘和陪亲送亲者相伴，头舱供乐队(打唱班)吹打，后舱装载嫁妆，解放后废除。

砻糠船

明朝末年，长江中下游地区产生了资本主义的萌芽，在无锡、苏州、常州、杭州、嘉兴、湖州、绍兴等城市均有较多的作坊产生，有机织、造纸、铸铁、制革、酿酒等，这些作坊都有炉子，需要材料发热，因江南缺煤缺油，他们利用遍布各地小镇碾米厂剩弃的砻糠为燃料。运输的船叫“砻糠船”，常往返于小镇与城市之间。也有的船为镇上茶店、浴室及小作坊送砻糠。此船在晚清至民国初期为鼎盛时期，抗战时期大量减少。解放后砻糠改用麻袋包装，仍此船运送，20 世纪 50 年代末才被淘汰。砻糠船是木质船，船头为方形，浅舱平底，吃水仅在 0.5 米以下，统舱。尾有短鹞鹰(即出艄)。装运时，将木杆竖直在舱口的插口上(木杆有高低之分，高杆为 1 米，低杆是 0.5 米)。木杆内用蔑垫将舱口围住，再将袭糠倒入舱内。一般可载三五吨。前艄有人撑篙，后艄有人摇橹，带缆定篙靠埠后，先用畚箕将砻糠装进两只 1 米高的圆型大箩筐，再用扁担挑人作坊(店铺)，深受欢迎。

打捞船

打捞船：航务工程的打捞船，可不比民间的打捞船，它的最大起吊能力为 25 吨。是清除河道垃圾、水下沉船、大件物品的专用船，它的船头装备大型起吊机，笨重的东西均可抓、拿、提、吊，能及时清除掉水中的障碍。

挖泥船

挖泥船：这是常见的航务工具船，分为：链斗式、液压抓斗式、全液压抓斗式。它的功能是挖泥，比如航道被滑坡塌方、山浅礁所挡，河床有土坝、硬泥结构引起滞流，挖泥船就能把这些影响航行、堵塞河道的障碍物挖掉。挖泥船的铁斗用于水下挖泥，船头高竖的一根铁杆象伸出的巨掌抓住铁斗，由工人操作着上、下、前、后升降转动，一次次地把挖起的泥提出水面，倒入船舱。

泥驳

泥驳，是航道养护工程船，1985 年，海盐县航运管理所航道养护工程组有泥驳船 13 艘。

渡船

拉渡船

拉渡船，顾名思义，就是拉过来扯过去的船只。拉船的工具是绳，是一种特别结实的草绳。这草绳，约有 5 公分粗细，握在手中正好一把，用两股或者三股稻草搓紧辫成的。绳子的长短，跟河的宽度差不多。一头系船上，另一头系在钉在岸边的木桩上。拉渡船的另一头同样有一条绳子。这样，无论那一边，都能用绳子将船拉来拉去，将过渡人渡过河去。拉渡船的形状，为“拱斗四方形”，头大，舱宽，无艄，两头和舱的宽阔大小一样，这为其一。其二，船底平，船稳，不会左舷高右舷低，很少翻船。其三，无艄，艄即头，头即艄。这样两头各有一铁环，绳穿缚在铁环中。其四，船的大小，一般为 2 公尺见方，最多能坐 10 人左右。其五，船底中间铺一块搁板。雨天船中积水时，人站在搁板上，脚就不会没在水中。以上就是拉渡船的构造和特色。

独怜幽草涧边生，上有黄鹂深树鸣。

春潮带雨晚来急，野渡无人舟自横。

这是唐代著名诗人韦应物的一首诗，诗题《滁州西涧》。诗中那横在野渡中的舟就是拉渡船。“野渡无人舟自横”，是对拉渡的生动写照。因为无入过河的时候，那拉渡船就悠然地在河面上随波泛浪。

摆渡船

摆渡船是渡口专用船。船身短小，头尾皆呈方形，浅舱平底，后有小橹，前置短篙。（也有不用橹篙，于两岸系绳牵拽者。）一般可载5~10人。1972年嘉善全县渡口普查时，有226艘，随着撤渡建桥计划的逐步实施，至1985年年底，嘉善尚存120艘。

机动渡船

青阳汇渡位于平湖新埭青阳汇。是平湖境内上海塘的主要渡口之一，渡距70米。历来两岸摆渡是小木质渡船。1985年春，在当地政府支持下，置30客位钢质机动渡船1艘，同时，建河南、河北岸2个渡埠及候船亭。1986年又置60客位钢质机动渡船1艘。1988年1季度，青阳汇渡移至客运码头以东，新建候船室、售票房及混凝土渡埠。青阳汇渡，每天渡运旅客千人次左右。1990年年底，该渡有钢质机动渡船2艘，总吨位13.5吨；乘客定员90人；有专职渡工4人。

渡轮

马牧港渡位于海宁长安乡牧港村马牧港自然镇。为外地曾设于海宁境内的唯一交通渡。该渡以海塘为码头，发船横渡钱塘江至萧山横叉路（今围垦四工区）。渡距12公里。清乾隆八年(1743年)，鱼鳞石塘筑成后，马牧港曾是盛极一时的江河转运码头。后因钱塘江铁路大桥建成通车，江河转运渐为陆运所取代，但横江渡运从无间断。其时海宁境内沿江渡口尚有盐官、翁家埠2个。自清代至解放初期江渡均为民船私渡。1957年合作社成立后始由萧山县茄山运输社营渡，渡船均系木帆船。次年因沙涂涨塌变化之故，仅存马牧港渡口，仍由赭山运输社营渡。1967年改为机帆船渡运，总吨24吨；乘客定额散席80人。1980年起萧山县航运公司钱塘江分站“浙航机3411号”钢质渡轮营渡，总吨105吨，乘客定额散席225人。渡轮每天以涨潮为启航时间，由马牧港至四工段往返一次。年渡运量4万多人次；自行车4000辆左右。后因旅客上下海塘不安全及渡轮年年亏损需靠货运补损，故于1987年10月停渡。

特种船舶

汽艇

汽艇也称交通艇，为小型快速机运船，多为钢质，60匹马力，一般长10.5米，宽约2米。尖头方尾，内燃机及驾驶室均在前部，设10个左右座位，最高时速可达22公里，多为航运港监或单位自备船。

龙舟

龙舟，也叫龙船。后来龙舟的船型为民间所仿制，成为民间娱乐龙船，当然这种娱乐龙船仅仅是彷制了一个龙头而已。娱乐龙舟主要竞赛项目是“赛龙舟”，每年端午，全国各地都有赛龙舟表演。龙舟的船头制作成了一个高高的大龙头。

南湖游船

精舫、唱曲船、丝网船、网船、挡板船、赤壁船、洋船、渡船、电动机船

旧时南湖游船种类甚多。明末有一种装饰书画、备有茶酒菜果的游船，称“精舫”。明末张岱《陶庵梦忆》》载：“湖多精舫，美人航之，载书画茶酒与客期于烟雨楼。”清乾隆年间，盛行一种装饰华丽的“唱曲船”，本地一些富户人家在节日乘这种船“载酒南湖”，吹歌弹唱，夜以继日。清同治后，有丝网船由无锡来嘉兴营业，至民国初年只数最多，抗战爆发后绝迹。丝网船也称“无锡快”，“灯船”，雅称“画航”。有大、中、小的区分，式样为单夹弄、双夹弄两种（单夹弄自前舱至后舱一侧通道，双夹弄则两侧可通，故名）。船分前、中、后舱，船檐和柱上均刻有精美花纹。中共“一大”代表开会时乘用的游船，据查考即为单夹弄丝网船。旧时，南湖还有载客摆渡用的网船，以及档板船、赤壁船、洋船、渡船等，后来南湖摆渡都使用电动机船。

1986年1月，由江苏江阴玻璃钢船厂制造，主机系北京直流电机厂生产的2C−3型2.5千伏直流电机，乘客20人的玻璃钢电动渡船“南湖1号”、“南湖2号”投入行运，为嘉兴南湖电动渡船之始。1986年6月27日，新建的Z2−41型3千伏玻璃钢电动船，乘客定额42人“南湖3号”渡船投入使用。至1990年年底，南湖渡口有玻璃钢电动渡船3艘，乘客定员82人。南湖渡口是城区最大的渡口，安全渡运游客千余万人次无事故，取得了良好的社会效益和经济效益。

第四章 船舶修造

第一节 造船业历史沿革

1949 年以前嘉兴市的造船业

人民以舟筏作为运输、狩猎和捕鱼的工具，几乎与人类文明史一样悠久，它至少起源于石器时代。桐乡县岁家谷遗址中出土的两件“拖泥板”状的木器，据鉴定是五千年前新石器时代的遗物，是当时人类祖先在泥泞海涂上使用的运输工具，这就说明，嘉兴舟筏使用的历史，可以追溯到史前年代。原始社会末期，杭(州)嘉(兴)湖(州)地区的水上交通已开始发达，杭州水田贩遗址，仅仅在一条水沟中就发现木桨四个，可见在那时，水上交通工具已被这里的人们所掌握。

春秋时期，吴越争雄，利用舟师，泛造战船，籍载春秋槜李池(在王江泾北)，为吴(国)造舰处。

汉习楼船，海盐县设楼船守尉。三国时期(222—280年)吴国的“船宫”(造船工场)造的船在诸州中很有名气，当时海盐的澉浦及王江泾一带都有很大规模的“船宫”。隋唐时期，官营造船场，大多在沿海。南宋开始，澉浦为杭州的外港，外来杭州贸易的船舶常到澉浦停泊修理，修建海船的力量得到提高。宋代开始，嘉兴置漕运司治，漕运历经元、明两代，直至清朝，经久不衰，它无不与造船业有着密切的联系。据《曝书亭集》记：“国家岁转漕，每船六百石，官舱计所储，为解千二百。其初由海运，险越虎蛟脊，波涛恒簸荡，日月互跳掷。所以造舟时，不复算寻尺，人明改从河，水次尽置驿”。从江南水乡至京都的漕粮运输全赖上百艘船舶的情况表明，明代前后，嘉兴造船业的生产能力已达到较高的水平。

清初，由于王朝实行闭关自守的政策，长期海禁，造船业也每况愈下，直至康熙二十三年(1684 年)开海禁，乍浦至三山、勤江、莆阳，居民或造巨舰，出洋贸易。民国初期，民间造船业鼎盛，凡客船、驳船、田庄船等均能制造，20 世纪 30 年代以后，由于政局不稳，民生日困，经济凋败，造船行业步履艰难。建国前，嘉兴市境内有寥寥无几的私营船厂开设。民国 25 年 5 月，卢学溥续修的《乌青镇志》记载，当时乌青镇(即现在的乌镇)造船业较为发达，凡客船、驳船、田庄船等均能制造。工匠有黎里人、本地人两帮。厂房均设在栅外。南栅养鱼巢一处，有孙永茂、孙隆顺、沈永顺、沈源雄等十数家。西栅高桥外有沈森顺、沈洪顺、杨廉记、施茂记等数十家。四乡各村航船均向船厂租赁，遇有损坏，即时到厂修理。船上用橹另有专工制造，全镇抵南北栅二家，此业生计尚属稳健。(据了解，解放前夕，北栅尚有沈品荣等二家)。

中华人民共和国成立前，嘉兴市境内各县均早有船厂开设，所有的货运船舶都为木质船身。船厂除造船外，还兼修理船舶。船厂业主大部分本身就是手工业劳动者，往往是祖传手艺技巧，修理打造船只，有的还拥有几条船。他们既承包船只修造工作，又经营船舶运输业务，还接揽租赁船只。当时较大的船厂，雇用的伙计不过十来人，拥有的船只至多十余艘，而且均为三五吨的小船，小的船厂往往一主一船，个体经营，忙时修船，闲时务农经商。船厂业主祖辈相传，子孙繁衍聚居。这样就形成了船厂业的集居地。如嘉兴县的船厂头，海宁县硖石镇的大荡，海盐县的石匠渭，桐乡县乌镇“四栅”等。与此同时，也形成了造船业中的大姓。如海宁县硖石镇造船业中的姜、顾、蒋、韩四姓就有大小船厂二十八家，嘉兴县王店镇的姚姓各家船厂，海盐县的大小马家船厂等。工匠往往以地区分帮，大体可分为：苏北帮、绍兴帮和本地帮。所造的船舶也视帮不同而异。苏北帮工匠以修造无锡式舾装木驳、码头船、内河小客轮及小木驳为主，绍兴帮工匠以修造绍兴快班船、乌山船、绍式农船、机器快班(乌蓬船)、小渔船为主，本地工匠则主要修造本地田庄农船、搭子船(即小驳船)、开梢船、躺板船、小网船及落荡船之类的木船。

解放前夕嘉兴县城郊区船厂(场)情况如下：

本地帮：主要出租农船，修造搭子船、开梢船、躺板船、小网船、落荡船、放鸭船等木船。南门有王新民的王文记、周淑英的王文静记、王文元的信茂六记、钮妹妹的姚云记、姚凤翔的姚二记、钱玉书的钱玉记、张志萍的魏顺记、黄泉生的黄记、陆福宝的陆文记。西南河滩有唐金生等三户合办的唐公顺，南堰有胡松年、胡志根等三户合办的胡云记；菜花泾有李文吉的李永记。

苏北帮、绍兴帮：香椽浜有肖福连的肖福记，以修轮船(木质)为主。南河滩有高湘文的船厂，以修造舾装、码头驳船为主。环城路秀州中学后面有周金宝的周全记，以修绍式机帆船、乌山船为主，栅堰桥有孙九三的孙乐记、朱照荣的朱荣记、鲁阿水的鲁永记。这几家船厂均以修绍式机帆船、乌山船为主。除此之外，在环城东北路还有许其台的一家船厂，业务也以修绍式机帆船、乌山船为主。

中华人民共和国成立前，嘉兴市及所属各县的船舶业和造船业的普遍情况是经营分散、技术落后、设备简陋。工匠常处于“晴天三家叫，下雨无人要”的景况。工作、生活均无保障。即使是业主也常处在生意清淡、角逐激烈的威胁之中。尤其在抗日战争期间，船主为免兵灾，纷纷将船只自行凿沉河底，所以船厂业更日趋萧条。

1949年以后嘉兴市的造船业

1949年中华人民共和国成立。为了发展水运事业，政府部门对嘉兴地区各县的造船业给予充分的重视。对建国前处于社会下层的船工和技术落后、经济困难的修、造船业进行了具体的领导和帮助。

嘉兴县在1951年成立了船匠业工会，隶属于中国海员工会嘉兴地方委员会。嘉兴县城的修造船工人由工会组织起来，并进行调配、安排工作。船工除了继续进行修造运输、农用小船和驳船外，还由工会出面和华东内河轮船公司嘉兴营业处商妥，承接修理中型运输驳船。嘉兴县各集镇上的小船厂则安排参加当地手工业组织。船厂业主也组织成立了同业工会。工作上实行统一调度，业务上进行互济有无。

由于木帆船、航快船等运输工具长期失修，船体破旧、残损严重，海事频繁发生。为了改变这一状况，自1952年起，由当地政府领导航管部门、中国人民银行、海员工会、民船运输社、物资供应部门联合成立了“嘉兴地区民船护修委员会”。委员会负责全面调查，摸清木帆船、航快船等各种船只的损坏情况，提出逐年护修计划，并审批无息贷款，分批分期组织护修工作。1952年2月份开始布置，9月份开展贷、修。浙西杭、嘉、湖地区共贷款318579.44万元(指当时的人民币)。1953年4月份开修，7月结束。共修竣船只1782艘，计28476吨。以后几年继续分批修理。

1954年，嘉兴市对船厂业主进行了初步组织。把资金少、不雇工、独立劳动的业主组成劳动者协会。1956年1月1日又进一步成立嘉兴市第一造船生产合作社。社长凌其生，社员共36人。地址在嘉兴西门，就是后来嘉兴市造船厂的地方。建立起了工场，修理业务也有所发展。主要承修嘉兴专署交通运输局所属航运企业的驳船和客运船舶。还为支援农业打造了一批抽水机船和木质运粪船。到了旺季，工场还去苏北雇佣临时季节工，多时达200人左右。

1956年7月1日，又将资本较大，雇佣工人且兼营船只租赁业务的船厂业主组织起来，成立了嘉兴市第二造船生产合作社。社长胡志根，社员54人。合并时共拥有出租小木船324只，入社估核财产五万余元。工作以修造农船为主，兼营船只租赁业务。

第一、第二两造船合作社建立后均有所发展。但是生产能力远远不能适应内河水上运输日益发展的需要。因此，各航运单位纷纷自行筹建保养场。嘉兴航运管理处于1953年7月1日成立。1956年8月进行体制调整，实行政企合一。浙江省联运公司嘉兴分公司、浙江省内河轮船公司嘉兴分公司以及各县的公私合营轮船公司先后并入航管处。航管处为了改变船舶维修的被动局面，于1956年筹建成立了保养场，自行护修运输船舶。地点设在嘉兴轮船码头北侧。这就是浙江省航运公司嘉兴分公司船厂的前身。该厂以此为起点，几经迁徙和扩大，发展成为嘉兴航区规模最大、实力最雄厚的专业造船工厂。

这一时期海宁县造船业的发展情况与嘉兴县大同小异。1951年政府部门开始对船舶和船厂业进行登记，加强管理，并帮助组织改造。据当时工商业登记资料统计：硖石有船厂60家，397条船，计2291.5吨位。橹行2家，年产橹100余支。庆云有船厂36家，134条船，计272.5吨位。斜桥有船厂6家，船30只，99吨位。长安有船厂9家，34条船，计136吨位。全县合计有船厂橹行113家，595条船，2799吨位。其他各乡村尚有小型船厂，未计算在内。船厂的经营形式也是承包维修船只，自造小型木船经营运输，接揽租赁船只。业主既是产业拥有人，又是手工业劳动者。规模不大、设备简陋、技术落后、经营不佳。所以往往忙时修船，闲时务农经商。1956年工商业社会主义改造时，海宁县硖石镇分别组织雇工修造者成立公私合营硖石造船厂，独立劳动者成立硖石造船合作社。海宁县其他各镇如袁花、斜桥、长安、许村、盐官等地则均合并入当地的木器厂或木器合作社，成立木器造船厂或木器造船合作社。

桐乡县船舶业和船厂也很繁荣，特别是桐乡县的乌镇更甚。乌镇地处二省、三市、三县交界处，是通往上海、杭州、湖州、苏州、嘉兴等地的水路要道。河网密布，航道纵横，是沟通江、浙两省经济、文化的枢纽。历来是商旅云集，舟船林立的古镇。由于地理位置上的优越，再加上人口稠密，物产富饶，船舶业和造船业应运而生，船厂遍布乌镇东、南、西、北四栅。1952年2月2日成立了私营乌镇造船工场，由68人入股组合而成，拥有船只数百条。业务还是承包修造船舶和造船出租。1956年进行了工商业社会主义改造。6月成立公私合营乌镇造船厂。公方经理杨志英，职工180人，核定资金十万余元，拥有船只千余条。公私合营后，在乌镇西栅马家坟滩新建分厂，在北栅陈家厅建立机修车间，机械工人30多名，在当时算是技术力量十分雄厚的了。1958年曾自行制造了桐乡县第一台车床和钻床。船厂除仍建造小型船只外，还能建造50吨左右的船舶供杭州、嘉兴、湖州等地航运单位使用。1958年11月，由于木材、桐油等供应紧张。撤销造船厂，改为地方国营桐乡县水泥厂。桐乡县的崇福镇，原是崇德县政府所在地。在1958年县市建制改革时崇德县并入桐乡县。杭申公路和京杭大运河均经此镇，水陆交通方便，运输繁忙，工农业兴旺发达。船舶业和造船业都很早建立。1954年成立崇德造船厂，主要生产小船，也具备生产20吨木船的能力。年产达2000吨位左右。

海盐县的船舶业和船厂业。1954年合作化高潮期间，有的加入当地木器社分立的造船小组；有的和木器社合并成立木器造船合作社。到1956年下半年，在海盐县武原镇西南街李孟桥堍李孟店，办起了海盐造船厂。基本工人来源：一部分是沈荡木器社修船小组人员，以木、捻工为主，另一部分是武原木器社从江苏、泰州、泰兴等地招来的修船工匠。1957年年底，为了落实运输单位的船舶维修建造工作。由海盐县航管部门牵头，筹建海盐交通运输修船厂。经过半年时间的筹措准备。由当时的海盐县木帆船运输社和航快船运输社集资，并把沈荡、武原两个木器社合组的海盐造船厂并进，于1958年5月建立海盐交通运输修船厂，属集体所有制。建厂初期，船厂的主要业务还只能修造2.5吨~3吨的小型木质农船。至1958年9月，经县有关部门批准，改变所有制性质，定名为地方国营海盐船厂。负责人姜明，隶属于海盐县工业交通局领导。

嘉善县在中华人民共和国成立初期，客货运输船舶基本上是木质船身。农村和城镇的船只修造工匠也就是专业的木工。有一些类似嘉兴、海盐等县的船厂，修造船舶一般都在露天工场进行。技术落后，经营分散，工匠时聚时散，工场随建随拆。船厂业主、修造工匠均属手工业劳动者之列。1954年，在手工业管理部门的领导组织下，船舶修造工匠开始成立互助组。1955年各乡镇建立造船社。1956年全县造船社合并，成立嘉善县城关造船社。同年，西塘工场建造了嘉善县第一艘木质小客货轮。以后又建造了二艘。1956年木帆船运输社和航快船运输社，为解决本单位运输船舶的维修保养，各自着手建立船舶保养场。1957年下旬，庙运输社把原来的手工业造船社归并入社，首先建成保养场。以后除西塘运输装卸站外，每个运输社都陆续建立保养场。1958年，嘉善县成立了六个人民公社。每个公社都成立了运输营(军事化编制)。其中惠民、魏塘、干窑、西塘、天凝五个公社都在原来的保养场基础上，扩大生产能力，更新技术设备，着手新建木质客货拖轮。

平湖县船舶业和船厂业的情况和嘉兴县类同，中华人民共和国成立初期经历了合作化、社会主义改造的过程。1956年平湖县木帆船社成立，归并了一些造船合作小组和独立劳动修船工匠，组成船舶修造车间，打造中、小型木帆船，并承修中、小型运输船舶、渔船和舶版。1958年成立了地方国营平湖县运输公司。木帆船社并入时，船舶保养场已能制造60吨、80吨的木驳以及小型木质货轮。生产总吨位达2800吨。

1949年至1957年，这是中华人民共和国成立后，嘉兴市造船业所经历的第一个时期，中华人民共和国刚成立，百废待举，当时船厂业处于船厂倒闭，工人失业的境况。政府把各船厂业主及造船工人组织起来，进行生产自救。

1958年7月1日，嘉兴市第一、第二两造船生产合作社并为嘉兴市造船合作工厂。1958年10月1日成立地方国营嘉兴县交通运输公司。嘉兴造船合作工厂，以及木帆船社、航快船社、搬运装卸站等企业全部并入公司，职工总数达4897人。

嘉兴县的造船合作工厂以及其他木帆船社、航快船社和客运站等航运单位的船舶保养场，合并入地方国营嘉兴县交通运输公司以后，改为交通运输公司下属的船舶修造厂(简称交运公司船厂)。与此同时，嘉兴专区航运公司以原在嘉兴县轮船码头北侧建立的保养场为基础，于1958年又在嘉兴镇光明街底的荒冢上建立起修船厂基地，并且迅速投入使用。(注：1958年嘉兴撤销市级建制，恢复嘉兴县，原嘉兴市政府所在地改为嘉兴镇)。一面继续建设，一面开展修船业务。1961年5月，嘉兴、嘉善两县重行分置，将1958年两县合并时的嘉善部分，分开另行成立地方国营嘉善县交通运输公司，而隶属于嘉兴交运公司的嘉兴船舶修造厂，根据1960年年底中共中央制定的国民经济“调整、巩固、充实、提高”的八字方针，以及中共中央(62)204号文件精神，恢复为集体所有制的嘉兴造船合作工厂。1963年，贯彻“八字方针”，并提出把农业放在国民经济首位。造船业务也随之逐渐缩减。木器造船合作社开始面向为农业生产服务，转为木器和农具制造，造船部分名存实亡。

1959年5月1日，硖石造船厂、造船合作社并入地方国营海宁县运输公司。

平湖县于1959年12月成立地方国营平湖县运输公司。公司由平湖航快船社、木帆船社、轮驳船社、县境客轮驳船(嘉兴航运局平湖营业站的平湖县境客运航线)、乍浦木帆船社、新域航快船社、城关乍浦搬运站、平湖航快船社和木帆船社所属的船厂组成，嘉兴航运局平湖营业站的船舶保养场也归并入运输公司。

1958年，县市体制改革。海盐县并入海宁县，海盐船厂同时并入地方国营海宁县运输公司，更名为地方国营海宁县武原木器造船厂。木器造船厂建立以后，陆续增添了设备，进行了技术革新。同年秋季，首建第一艘木质小轮船，船长11米，装机功率为60马力，命名为“跃进”号。开创了海盐县自造轮船的历史。1959年公私合营海盐北门木器厂并入该厂，增强了该厂的技术力量。下半年，在海塘乡五团就近为武原公社建造了一艘60吨级的捕捞用海船。1960年，又建成海盐第一艘铁木结构的拖轮。1961年10月，海盐、海宁两县又重行分置，该厂又更名为海盐造船厂。1963年，造船厂精简下放职工25人。职工虽然减少，但修造小型船只的生产水平仍逐年有所提高。1962年至1966年共计建造各类小型农船、轮船计268艘，约900余吨位。1966年下半年，为解决造船厂淡季业务清，收入低的情况，9月份将武原煤球厂并入海盐造船厂，作为附属车间。

1958年嘉善县并入嘉兴县。刚合并成立的地方国营嘉善县交通运输公司，也纳入嘉兴县交运公司。嘉善县的船厂和木帆船社、航快船社的保养场也相应划入交运公司。1958年嘉善县各公社都成立了造船社。1959年，改名为造船厂。据1962年调查统计，全县魏塘、干窑、西塘、天凝、陶庄、洪溪修造船厂共六家，固定职工129人。1963年，各造船厂业务清淡，当时动员下放职工59人。以后，全县船厂逐步紧缩，最后仅存魏塘、西塘两个船厂。后来，魏塘船厂由于木材及其他原材料紧缺，业务量不断下降，于1965年转产水泥船只，并更名为魏塘水泥造船厂。1966年嘉善县航运管理站为了清除航道中坝基、浅滩等航道障碍，确保航行安全，提高通航能力，由胡信义主持，在洪溪新建一艘木质抓斗式挖泥船。竣工下水后，雇佣一批疏竣工人投入航道养护工程，效果良好。这为嘉兴航区航道养护工作进一步机械化提供了成功的尝试。

桐乡县的乌镇造船厂在1958年已初具规模，至1962年按照中央文件规定。船厂取消租赁剥削经营方式。船厂逐步把所有出租的船只卖给农业生产队或承租人。船厂则承接对外加工和修理船舶。专门为桐乡客运站、货运站修理建造轮船、木驳，为农村修造抽水机船。但是由于木材和桐油供应日趋紧张，原材料不足，产值逐年缩减。于1968年11月撤销造船厂，改为地方国营桐乡县水泥厂。

1958年至1966年是中华人民共和国成立后，嘉兴市船厂业史上第一个发展高潮。但由于处在“大跃进”的浪潮中，各地没有根据实际需要和自身的承受能力，更没有考虑到今后长远运输事业的船型、船质的需要，而凭一时的热情搞运输“托拉斯”盲目一哄而上。致使国民经济调整时期，许多船厂处于困境。这是这一时期的一个特点。

这一时期的另一个特点是由于传统的木质船因造船原料木材、桐油的不足，维修费用高，因此水泥船就应运而生。各县造船厂纷纷改产水泥船。

1967年至1976年是“文化大革命”的十年。嘉兴市的造船业和其他各行各业一样。开始一段时间出现了生产停滞，工作秩序失常的现象。以后的七八年中，随着形势的变化，时起时落。总的来说，运输船舶的生产发展缓慢。如全民企业的浙江省航运公司嘉兴分公司，1966年有拖轮22艘，货驳为10327吨。1976年拖轮为24艘，货驳为10835吨。生产经营清淡萧条，1976年还出现严重亏损。又如嘉兴航区各县的集体航运企业，1966年有货驳1072艘，15968吨，1976年货驳为1024艘，18623吨。货驳船数下降4.7%，吨位仅增加16.63%。但也有部分船舶修造厂，根据当时实际，设计生产多品种船舶，和对外承接修理或船舶加工业务，生产仍能继续维持，并有一定程度的发展。

嘉兴县交通运输公司船厂，为了克服木材和其他原材料紧缺的情况，1965年年末试制成第一艘水泥货驳投入使用。到1968年，更名为红旗运输公司船厂，又试制了多艘水泥船体拖轮。1971年3月船厂为逐步改变产品结构，为嘉兴电力局设计试制了10米钢质机动交通艇，1974年又为卫生部设计制造了卫生救护艇，为船厂开拓了造船的新途径。1979年与运输公司脱钩，成立嘉兴市造船厂，1983年撤地建市后，为市属企业。

海宁县硖石合作船厂，1965年转为海宁造船厂，为集体所有制企业，专营水泥船制造。初期以制造1.5吨至2吨水泥农副船为主，以后逐渐培养人员开始制造40吨水泥运输船舶和100客位水泥船体客轮。经过逐年发展，成为海宁县设备比较齐全，具有批量生产能力，年产量达7000多吨的初具规模的专业造船厂。据资料统计，从1965年起到1984年止，共制造农船1万多艘，5万多吨；40吨统舱货驳1百多艘，4000多吨；100客位客轮8艘及25吨挖泥船，氨水专用船、机动船和钢质油轮等20多艘。海宁县的其他一些船舶修造厂，则在20世纪70年代初陆续转产改行，结束了造船业务。

海盐县造船厂于1975年试制成钢质交通艇。1976年年底，还建造一艘船长13米，主机为4135型柴油机的钢质拖轮。造船的生产组织和技术水平大为提高。这为船厂以后的发展打下坚实的基础。

嘉善县的造船业在“文化大革命”期间的普遍情况是：各交通运输企业保养场为了适应企业本身需求，纷纷铺开造船摊子，试制中型内河轮驳。另外各造船厂均先后转向生产水泥船。嘉善县魏塘运输站船厂，在1974年7月底试建25吨4135型柴油机货拖轮和30吨货驳各1艘。从而揭开了该厂自行建造轮船的序幕。1975年又建造了30吨6135型柴油机钢筋网水泥货拖轮1艘，并生产40吨水泥船体货驳10艘。1976年建造20吨水泥船3艘，40吨水泥船21艘，25吨4135型柴油机水泥船体货拖轮1艘。干窑运输装卸站船厂自1976年起也开始建造水泥船舶，并于是年建成40吨货驳5艘，60吨货驳10艘。天凝运输站船厂60年代就开始制造40马力木质拖轮。1971年又新建造嘉善县第一艘80马力钢质拖轮。其他如杨庙、洪溪、姚庄、大三、凤桐运输站也先后自己造船，主要是供本单位使用。

桐乡县各船厂陆续在20世纪60年代末转产改行。1975年9月正式成立了桐乡县交通船厂。初期有职工32人，厂址在桐乡县梧桐镇北门，是原货运站的一个维修车间。船厂成立后就组织批量生产30吨水泥驳船。

1967年至1976年是嘉兴市造船业发展的第三个时期。这一时期嘉兴市的造船业也和其他各行各业一样，经历了一个动荡不安的时期。初期各船厂造船数量锐减，生产停滞不前。中期开始复苏，尤其是水泥船的生产规模有所扩大。各船厂能自行设计制造60马力、80马力、120马力的水泥拖船及40吨、60吨的水泥驳船。后期一些主要船厂，如嘉兴红旗船厂、海盐县造船厂等开始向建造钢质船转化。

1976年10月，国家开始进入“拨乱反正，稳步发展”的新的历史时期。特别是中共十一届三中全会以后，党决定把工作着重点转向经济建设。为实现四个现代化而奋斗，并贯彻执行“调整、改革、整顿、提高”的新八字方针。国民经济开始迅速好转，工厂企业得以稳步健康发展。

浙江省航运公司嘉兴分公司船厂，自1971年11月试建成功068、069测量舰等军用船舰多艘，支援了国防建设。嘉兴运输公司船厂在1973年间试制成功10.8米救护艇并通过鉴定后，就开始投入批量生产。以后又在该艇的基础上，按不同工作需要适当更改船舶脑舱装置。试制了同系列的交通艇、港监艇、公安艇、工作艇等。大大开拓了船厂的业务领域，生产能力也不断提高。到1980年已达年产量32艘。

1978年，该厂已停止水泥船的建造，完全转为生产钢质船舶。1979年4月，该厂正式批准命名为嘉兴市造船厂。产品种类逐年有所增加，经济效益年年提高。

1979年，嘉兴恢复市级建制(仍属地区管辖)。航管部门对市所有航运企业进行调查、整顿。在1981年5月分别成立嘉兴市航运公司、嘉兴市第二、第三航运公司。这些航运公司成立后，对原有船舶维修、保养以及造船力量重新组织，成立了市航运公司保养场、二航公司船厂、三航公司船厂。并且在逐步提高技术水平、增添设备机械的基础上，发展成为既能修理又能制造的船舶修造单位。除了为航运公司本身需要服务外，还承接外单位委托的船舶修造业务。另外如浙江省航运公司嘉兴分公司客运站的保养场，也能承担船舶的维修和制造任务。1981年国家执行开放政策，各乡镇船舶企业纷纷建立，并且不断扩大增长，成为嘉兴市船舶业中不可忽视的一支重要力量。如嘉兴市造船二厂原名为余新水泥造船厂，是1974年10月由余新公社和嘉航公司以“厂社挂钩”办起来的知青点企业。经过几年艰苦创业，尤其是国家实行开放政策以后，发展更快。1985年获省、市级企业整顿合格证书。

嘉善县的交运公司船厂、货运一站船厂都发展成为修、造兼具的专业厂。原魏塘运输站船厂，1977年更名为嘉善县交运公司船厂。1977年曾生产水泥货驳21艘，860吨位。1978年，生产水泥货驳17艘，450吨位，30吨6135型柴油机的水泥拖轮1艘，并且开始建造18米、150马力的钢质货轮。1980年除继续生产水泥货驳32艘、745吨位外，还试建第一艘钢质小汽艇，第一艘15吨钢质油轮。1981年除进行水泥、钢质轮驳的生产外，又试制成3吨浮吊工程船舶1艘。以后生产量逐年提高，品种不断增加，成为嘉善县船舶制造业的骨干。从1974年至1984年11年间，嘉善县交运公司船厂，以及1979年调整成立的第一、第二、第三航运公司船厂，前后共生产10~60吨水泥货驳195艘，5715吨位；40~60吨钢质货驳16艘，805吨位；30马力以上钢筋网水泥拖轮12艘，钢质拖轮7艘，机动驳10艘，小汽艇16艘，渡船34艘，15吨钢质油轮1艘。为嘉善县运输业的发展提供了有力保证。随着航运业的发展，农村经济政策的贯彻执行，一些村队也办起了造船工厂。嘉善县姚庄乡新景港船厂是村队和个体联办企业。船厂职工35人，能承担钢质、水泥轮、驳船的修造业务。

海盐县造船厂在1976年开始建造长为18米，主机为4135的钢质拖轮。建成投产后，使用情况良好，技术质量可靠，引起省、地交通部门的重视。1977年，浙江省交通厅在海盐召开了造船会议，直接推动了海盐县造船厂的进一步发展。该厂从建厂以来，经过20多年的勤奋创业，从无到有，从小到大，不断提高技术水平，同时增建了厂房，添置了机电设备，生产能力不断提高，企业规模日益扩大。至1984年，船舶品种已有100吨、80吨、60吨、30吨钢质内河运输货驳，60吨、20吨泊驳，20吨自航泊驳，30吨机动驳，120客位客驳，18米拖轮，40立方米泥驳以及钢质小汽艇等船型品种十多个。1985年，修造各型船舶共计22艘

1230吨位。成为嘉兴航区颇具规模的县级造船企业。

1977年至1985年是建国以来嘉兴市造船业发展的第四个时期。在中共十一届三中全会精神的指引下，嘉兴市及其所属各县的造船业稳步发展，规模也逐步增大，技术、设备也不断充实，生产品种不断增多，定型，船质逐渐趋向钢质。

1981年农村实行经济改革政策以后，嘉兴市及所属各县乡镇船舶企业也纷纷建立，规模不断扩大，成为嘉兴市船舶业中不可忽视的一支重要力量。

嘉兴市的造船业从中华人民共和国成立后的发展情况看，有两个高峰期：第一个高峰期是1958年。这一年共建了7个船厂。第二个高峰期是1985年。这一年共建了6个船厂。这两个高峰期出现的情况又有明显的差别。前者，根基不甚牢固，1959年以后，有些船厂就不能维持生产。后者，一般都是技术力量较强，造船、修船及检测设备都较完善，因此根基较扎实，具有较强的生命力。

到1985年年底止，嘉兴市各船厂三级以上的技工总数已达2113人，工程师7人，助理工程师16人(其中1人为聘用)。技术员71人。焊工人数：定位34人，1类44人，2类92人，3类116人，无证256人。全市船厂仅1985年一年就造船5759艘，47559.8吨位，9219马力，修船为2637艘，60970.42吨位，94935.4马力。

表7-4-1　1985年嘉兴市造船厂一览表

序号	厂名	建厂日期	职工人数	其中三级以上技工
1	浙航加兴营业站车船修造综合厂	1975年上半年	34	29
2	嘉兴市第二航运公司船厂	1962年	74	46
3	嘉兴市第三航运公司船厂	1956年	57	
4	嘉兴市水泥造船厂	1964年4月	148	101
5	嘉兴市航运公司船舶修理厂	1981年下半年	91	37
6	嘉兴市造船厂	1956年	204	150
7	嘉兴航运公司船厂	1958年	367	366
8	嘉兴市造船二厂	1974年10月	115	7
9	嘉兴市光明船厂	1961年	41	25
10	嘉兴市郊区马桥造船厂	1958年9月	32	18
11	嘉兴市新丰运输站船厂	1974年	7	6
12	嘉兴市郊区第二交通运输公司综合厂	1984年8月	15	15
13	嘉兴市郊区第一交通运输公理整舶修造厂	1975年4月	22	6
14	嘉善县船舶修造厂	1975年	75	70
15	嘉善县水泥造船厂	1954年	200	196
16	嘉善县第一航运公司船厂	1958年6月	57	57
17	嘉善县第二航运公司船厂	1962年	28	
18	嘉善县第三航运公司船厂	1964年3月	60	40
19	嘉善县姚庄新景船厂	1984年3月	114	39
20	嘉善县姚庄乡横港船舶修造厂	1985年6月	62	46
21	嘉善县洪溪船舶修造厂	1967年	120	40
22	嘉善县天凝庄造船厂	1958年	42	9
23	嘉善县杨庙运输站船厂	1968年	57	
24	嘉善县姚庄造船厂	1975年	60	15
25	嘉善县地方运输公司凤桐运输站船厂	1958年	10	4
26	嘉善县陶庄镇湖滨造船厂	1976年	59	35
27	海宁第一航运公司船厂	1956年	44	35
28	平湖县交通船厂	1977年	125	90
29	平湖县胜利塘桥水泥造船厂	1984年	41	35
30	平湖县秀溪水泥制品厂	1980年	40	2

（续表 7-4-1）

序号	厂名	建厂日期	职工人数	其中三级以上技工
31	平湖县东栅船厂	1980 年 3 月	80	50
32	平湖县长胜船舶修造厂	1978 年 4 月	57	50
33	平湖县徐埭船厂	1976 年 7 月	140	43
34	浙航平湖县营业站保养场	1959 年	40	40
35	桐乡水泥制品厂	1954 年	217	
36	桐乡县航运二公司保养场	1963 年 7 月	17	
37	桐乡县炉头船舶修造厂	1976 年	13	
38	桐乡县羔羊船舶修造厂	1983 年	12	
39	浙航桐乡营业站保养场	1963 年 7 月	15	10
40	桐乡县芝村运输社船厂	1984 年	4	2
41	桐乡县民合造船厂	1985 年 5 月	50	3
42	桐乡县运河修船厂	1985 年	18	7
43	桐乡县航运公司船舶修造厂	1963 年	39	
44	海宁斜桥船舶修造厂	1985 年 5 月	15	
45	海宁斜桥航运公司船厂	1984 年 4 月	20	10
46	海宁市钱江航运公司船厂	1963 年 5 月	36	22
47	海宁造船厂	1985 年	65	58
48	浙航海宁营业站内燃机修配厂海宁市保养场	1958 年	40	30
49	海宁市交通造船厂	1985 年	72	45
50	海盐造船厂	1985 年 9 月	82	68
51	海盐县水泥制品厂		55	46
52	海盐县通元造船厂	1976 年 10 月	25	
53	海盐县运输公司	1956 年	54	
54	海盐航运公司船舶修理厂	1957 年	25	
55	浙航海盐营业站保养场	1954 年	19	14
56	平湖县航运公司船厂	1965 年 1 月	129	96

1991 年—2010 年嘉兴市的造船业

1991—2007 年期间，随着国民经济每年 10%以上的高速发展和波动，水路货物运输量也出现前所未有的增长，嘉兴市造船企业得到了大发展，企业的规模和档次有了前所未有的提高。随着经济体制改革变化，原有的国有企业、集体所有制企业或乡镇集体所有制企业都已破产或转制，大多成立为私有企业或私有股份制企业。

1998 年，在大吨位船舶补助政策的推动下，嘉兴造船业也进入前所未有的高速发展期，1998—2007 年，嘉兴市造船产量和船厂规模也达到前所未有的高度，这一时期的造船业以大吨位船舶建造为特色。

表 7-4-2　2002—2006 年嘉兴市新建船舶情况表

	2002 年	2003 年	2004 年	2005 年	2006 年
新建船舶艘数	682	968	798	642	556
总吨	81174	105273	69375	48554	50676
产值(万元)	38000	50000	32000	24000	30000

1991 年，嘉兴市航运总公司造船厂承造“浙嵊渔01450”等 4 艘沿海钢质渔轮，为嘉兴造船业第一次打入沿海民用船舶市场。2008 年 4 月，“浙嘉工驳 1”号工程驳由嘉善县锦盛船舶有限公司建造完工，船舶总长：75.80 米，总吨位 1406。

2002 年 12 月，嘉兴第一个海运公司，嘉禾船务有限公司成立，拥有登记船舶 12 艘，总吨 5069。

2007 年 2 月 28 日，随着浙江神华海运公司的“新嘉兴”落户嘉兴，该船总长 140.55 米，型宽 20 米，型深 10.30 米，排水量 16826.30 吨，载重量 13050 吨，嘉兴船检业务开始检验万吨级船舶。2008 年 5 月 21 日，该公司“物神”号登记入港，船舶总长 147.02 米，船宽 21 米，型深 11.25 米，满载排水量 20503.40 吨，参考载货量 16166 吨，总吨 9895，净吨 5541，主机功率 2970 千瓦。

2008 年，受金融危机影响，一方面钢材价格大幅下落，另一方面一系列扩大内需保增长的政策措施，加上浙北、苏南内河航道的改造升级和燃油税费的改革，嘉兴造船业在经历前几年的低潮后迅速回暖，船民纷纷建造大吨位船，替换原来的小吨位船，进一步降低水上的运输成本。2008 年至 2009 年，许多船厂订单都排得满满的。2008 年，在嘉兴海盐港区投资的“浙江林龙港口有限公司”“杭州东方造船有限公司(原杭汽轮)”，两厂都是建造大型沿海船舶。其中后者总投资 18 亿，新建 3.5 万吨级船坞一个，以批量制造巴拿马型货船、油船为主，兼顾集装箱船和工程船等产品，计划年产 30 万载重吨船舶，最大可建造 5 万吨级灵便型船舶，后因经济危机取消了投资。

2009 年，嘉兴市有船舶修造企业 61 家。61 家船舶修造企业中，嘉善县共有各类船厂 30 家，占据嘉兴造船业的一半江山，也占据了全市造船量的一半，是嘉兴市造船企业较集中的地区。其他主要分布在平湖、海盐、桐乡和市本级地区。全市能够建造 500 吨级以上船舶的船厂有 25 家。具有 500 吨级以上建造能力的船台 100 个。全市从事船舶修造业的从业人员近 2000 人。其中专业技术工人 1751 人，专业技术人员 190 人。嘉兴市造船企业总规模居浙江省内河造船业之首。四通八达的航道条件大大促进了嘉兴水运经济的发展，同时也成就了嘉兴造船业的快速发展。全市涌现出了一批上规模的船舶修造企业。平湖的台资企业东昌游艇有限公司(主要是出口)、嘉兴市浙北船舶有限公司(原平湖市东港船厂)、平湖第一船厂、平湖华海船厂、嘉兴锦佳船厂、嘉善翠南船舶修造有限公司、嘉兴伟佳船舶有限公司、嘉兴第二船厂等造船企业都是其中的佼佼者。嘉兴造船走多元化道路，突出特色船型。嘉兴的造船种类是浙江内河造船之首。嘉兴市建造的各类船舶几乎囊括了内河所有种类，以建造内河大吨位散装货船为主，走多元化发展道路，建造技术含量高、附加值高的船舶，既有高速接待艇、各类公务艇、内河游艇、工程船等，又有大吨位散装货船、保洁船、航道扫测艇、客渡船。尤其是内河公务用艇和交通艇在国内有着较大的知名度。几家实力雄厚的厂家可以建造沿海 500 吨级的散货船和工程船，到 2009 年以前，嘉兴建造最大的船舶是嘉兴锦盛船舶有限公司制造的 1406 总吨甲板驳。嘉兴建造的各类内河公务用艇和交通艇在全国享有很大的知名度，已成为建造内河公务用艇和交通艇的重要基地。2009 年有六家专业生产这类船舶的船厂，生产的各类公务用艇和交通艇广泛用于公安、海事、水政监察、渔政、环卫等部门。产品多次获得国家级新产品奖、省级科技进步奖等。产品从贵州到新疆，从南到北几乎遍布了全国各地水域，上海、江苏、安徽以及山东等水运大省的公务用艇成为嘉兴船舶企业的最大客户群。建造内河公务用艇和交通艇成为嘉兴造船业的一大特色和一个知名品牌。

2009 年，嘉兴共有 4 家船用产品配套企业：嘉兴市锦泰电气有限公司，嘉兴市科讯电子有限公司，嘉兴市经开富城通讯设备厂，海宁市海潮电气有限公司(热水器)。嘉兴锦泰电气有限公司在确保产品质量的同时，依靠科技，创新思路，加强自身的研发，坚定不移走高端产品路线，经过六年的发展其生产的船用配电板、驾控台等系列产品大都通过 CCS 的检验，并获得了 BV 船级社的型式认可，得到了沿海一带广大用户的一致好评。2009 年，该厂正和上海海事大学共同研发船舶自动控制系统。公司是 ABB 公司授权的船用配电板特许制造商，享有 ABB 公司提供的全球产品服务。科讯电子和富城通讯设备厂都是船用通讯设备的专业生产厂家，主要产品有：声力电话，报警装置，雾笛，通讯设备，传令钟，闪光灯铃组等等，产品在全国都有很高的知名度，两家产品的年工业产值都在 5000 万元以上。这三家企业已连续两届参加国际海事展览。

2010 年嘉兴航区有 60 家船厂。

嘉善：30 家

嘉善明甫船舶有限公司

嘉善县杨庙顺裕船厂

嘉善福兴船舶有限公司

嘉善金凌船舶有限公司

嘉善县凝庄造船有限公司

嘉善兴业修造厂

嘉善县振华船厂

嘉善县红兵船舶修造有限公司

嘉善红旗塘船舶有限公司
嘉善县魏塘镇林春船舶修理保养厂
嘉善横港船舶有限公司
嘉善县杨庙镇保障船厂
嘉善梓珠船舶维修保养厂
嘉善锦盛船舶修造有限公司
嘉善李库船舶有限公司
嘉善佳顺船舶有限公司
嘉善雪生船舶有限公司
嘉善长顺船舶有限公司
嘉善江海船务有限公司
嘉善顺舟船业有限公司
嘉兴市锦佳船舶制造有限公司
嘉兴新桥船舶有限公司
嘉善顺达船舶有限公司
嘉善万里船舶有限公司
嘉善宝航船舶修造有限公司
嘉善博舟船舶有限公司
嘉善县翠南船舶修造有限公司
嘉善县罗星运输站船舶保养厂
嘉善远航船舶修造有限公司

城郊:8 家

嘉兴市造船二厂
嘉兴市南湖区余新长秦船舶修造厂
嘉兴市荣鑫船舶制造有限公司
嘉兴市伟佳船舶制造有限公司
嘉兴市北郊河船舶修理厂
嘉兴市国兴船业有限公司
嘉兴市禾东船业有限责任公司
嘉兴市秀洲区新塍舟济船舶修造厂

平湖:8 家

平湖市华海造船有限公司
平湖市顺风造船有限公司
浙江省平湖市长胜船厂
浙北造船有限公司
平湖市华隆船厂
平湖市航运有限责任公司船厂
平湖当湖船厂
平湖市当湖求新船舶修理厂

桐乡:5 家

桐乡市迎宾船舶制造有限公司
桐乡市虎啸运河船舶修造厂
桐乡市兴祥船舶制造有限公司
桐乡市求精机械化工厂船舶修造分厂
桐乡市炉头造船厂

海盐:7 家

浙江林龙港口有限公司
嘉兴嘉海船舶制造有限公司
嘉兴东升船舶工程有限公司
嘉兴滨海船舶工程有限公司
秦山镇官堂得胜船舶修理场
海盐通达船舶修造厂
海盐县沈荡船舶修理厂

海宁:2 家

海宁市顺昌船舶制造有限公司
海宁市袁花镇夹山船舶修理厂

第二节 县(市、区)船舶修造厂

解放前，嘉兴辖区内的各县(市)仅有杭州湾沿海几家船舶修造企业，但在运河两岸等水乡村镇，则有一定数量的分散合作的造船工人。他们多系受雇，从事修造木质船舶工作，工作生活十分艰辛。解放后，随着水上运输事业的发展，从 1954 年开始，相继组建了一批船舶修造企业，最早建立的船厂是崇德造船厂。桐乡县的崇福镇，原是崇德县政府所在地，在 1958 年县市建制改革时崇德县并人桐乡县。1954 年成立的崇德造船厂，主要生产小船，也具备生产 20 吨木船的能力，年产量达 2000 吨位左右。从 1981 年农村实行经济改革政策后，县(市、区)属造船业稳步发展，规模也逐步增大，设备不断充实，技术不断提高，生产品种不断增多，船质从木质到水泥又逐渐趋向钢质。至 1990 年，县(市、区)属造船企业(含航运部门附属船舶修造厂)共有 25 家，从业人员 1377 人。多数企业以修为主，修造并举，造船品种逐步增多，经济效益不断提高，已初具规模，成为造船行业中一支不可忽视的重要力量。

市区造船厂

2010 年，嘉兴市城郊辖区共有船舶修造企业 7 家，其中船舶制造主要以建造公务用艇为主。

嘉兴市造船厂

嘉兴市造船厂是1958年7月1日由嘉兴第一、第二两个造船生产合作社合并成的嘉兴造船合作工厂。厂址在嘉兴市西门栅堰路34号，当时全厂工人130余人。刚建厂时，经济效益很差，厂房是一个400平方米大的草棚，作修船车间之用，办公室和仓库为70平方米的平房，较大型木驳的修建都在露天操作。1958年10月1日，地方国营嘉兴县交通运输公司成立，嘉兴造船合作工厂、木帆船社、航快船社、搬运装卸站和由嘉兴区航运局划出的嘉兴客运站等单位，全部并入县交通运输公司。嘉兴造船合作工厂转变为交运公司下属的船舶修造厂，从集体转为全民，船厂工人增至200人以上。1962年已隶属于嘉兴县交通公司的船厂又重新独立为造船合作工厂，恢复原来的集体所有制性质，下半年职工从200多人精简至80人。不久，又划归嘉兴县交通运输公司，改名为嘉兴县交通运输公司船厂。1968年，嘉兴县交通运输公司更名为嘉兴县红旗运输公司，并成立革命委员会。船厂相应更名为嘉兴县红旗运输公司船厂。1979年4月，该船厂正式与嘉兴市运输公司脱钩，开始独立经济核算，由上级批准，命名为嘉兴市造船厂。是年，在职职工232人，企业资产49.66万元，其中固定资产15.94万元，负债16.47万元。同年年底，总产值达110.5万元，比上一年增长57%，利润达17.5万元。1983年撤地建市，嘉兴市造船厂隶属于嘉兴市交通局领导，成为全省年产内河钢质小艇、钢质拖轮、钢质货驳、钢质工程船舶等近百艘的具有一定规模的专业造船企业。1990年底，全厂职工人数251人，工程技术人员15人(其中高级工程师1人，工程师4人，助理工程师7人，技术员3人)。厂长封再兴，党支部书记曹魁荣。拥有固定资产原值179.47万元，净值102.76万元。厂区面积22404平方米，厂房面积10134平方米。主要生产设施、设备有：造船船棚7座、计4088平方米，各类金属切削机床15台，锻压设备12台，起重设备10台，焊接机51台，木工机械7台，载重汽车2辆。

1958年7月1日刚成立时，主要承担嘉兴县的木帆船，航快船和嘉兴航运局货驳的修船任务外，兼修上海肥料船，港驳运输公司木驳。当时工厂仍停留在承接包工，靠劳务收人维持工人生活阶段。

1958年10月，嘉兴市造船合作工厂划归嘉兴县交通运输公司时，由于公司自身驳船数量多，船厂修造任务稳定，为适应生产发展的需要，设立了船体、轮机、翻砂等车间，新建了金工车间房屋和砖瓦结构的400平方米的修造船棚。在技术上，进行了一些革新项目，从而较大程度地提高了劳动生产率。1959年，该厂开始建造第一艘16米木质拖轮、第一艘100客位木质客轮，修造船业务日益增加。同年，为了庆祝建国十周年嘉兴县筹备建造“中共一大”南湖纪念船，以纪念1921年7月中国共产党第一次全国代表人会在嘉兴南湖一艘游船上召开。交运公司船厂承担了建造纪念船的光荣任务。当年“一大”开会时，租用的游船，原来自苏南一带，20世纪2、30年代，每年春来秋去，以船菜可口有名，称丝网船，也叫灯船。这种船在第一次全国党代会时，所存无几，日军侵华后已经绝迹，“一大”开会的原船已无从查找。为了纪念党的“一大”，嘉兴县领导机关经过广泛的调查研究，组织老船工座谈，绘制出草图，由船厂负责船体设计。仿制的丝网船模型送中共中央办公厅及董必武等中央领导同志审定，于1959年7月开始建造，由经验丰富的造船工匠5名制造船体，年过花甲的木雕行家10人雕刻舱内外艺术图案，历时三个月，在国庆十周年前夕制成一条中型“单夹弄丝网船”，作为纪念船。停泊在南湖烟雨楼“中共一大”纪念馆湖滨展出。1961年下半年开始，船厂搞“半工半运”，即在春冬修船，淡季参加搬运装卸工作。1965年4月，开始筹建生产水泥驳船。6月组织张纯江、肖海根等6名职工，去江苏无锡船舶修造厂学习，7月回厂后，立即布置安排生产。9月第一艘40吨水泥驳船竣工投入使用。以后，陆续制造了一些非生产性水泥船，如为南湖革命纪念馆设计制造了水上船坞和为供电局制造了20艘小渡船。1968年，建造水泥船的计划获省主管部门批准，并以任务下达，该厂制造能力日益提高，还为工矿企业设计建造了60马力、80马力、120马力的水泥拖轮。接着，逐步试制较大吨位的水泥货驳。船厂规模也有所扩大，人员、设备均有所增加。1969年3月，船厂为逐步改变产品结构，为嘉兴电力局设计试制了10米钢制机动交通艇，7月又为上海铁路局设计试制了10米钢质工作拖轮。至70年代初，水泥船舶生产技术水平在杭、嘉、湖水乡一带颇有影响，很多单位先后派员到厂学习培训。

1972年，船厂开始承建货驳和钢质拖轮，其中有为上海电缆厂承制150吨钢质货轮及为民丰造纸厂、嘉善电力公司承制的钢质拖轮，如期按质竣工投用。1973年年底，在省厅有关部门的指导下，承担了卫生部下达给浙江省卫生厅试制钢质机动救护艇的任务。经过充分酝酿和筹备，仅化了3个月时间就试制成第一艘10.8米机动救护艇，性能基本符合设计要求。1976年，由卫生部、浙江省卫生厅、嘉兴县交通、卫生等有关部门以及航管处船舶检验专管机构对救护艇各项技术指标进行了检验、测试，并召开鉴定会进行综合审核、审定。后经卫生部同意，投入批量生产。卫生救护艇的试制成功，为该厂进一步发展开拓了一条新途径。与此同时，船厂还先后为运输、工矿企业设计建造了80马力至150马力的内河钢质拖轮。至1978年下半年，根据产品结构变化和船舶销售市场的形势，停止了水泥船的制造，转化为生产钢质船舶。

1986—1990年五年间，嘉兴市造船厂充分利用其较强的技术力量和富余劳动力，在坚持小艇生产为主的同时，兼造其他钢质船舶，共建造30~60吨钢质货驳58艘，3270总吨；19米、150马力(110千瓦)拖轮8艘；20吨机动驳2艘；15吨起重船1艘；消防艇4艘；10吨活水船1艘。

嘉兴市造船厂为了在激烈竞争中谋求生存发展，加强社会调查，调整产品结构，由制造运输船舶转为以生产适销对路小艇为主，成为生产钢质小艇的专业工厂，6米至20米多种尺度的内河快艇产品已形成系列化。该厂十分重视科技兴厂，狠抓科技队伍建设、技术改造工作。几年来，他们通过引进和代培方式，唯才是举，先后有9名上海“交大”毕业的船体、轮机工程技术人员来厂工作，加强了技术力量，壮大了科技队伍。全厂有5名工程师(其中一名是高级工程师)，7名助理工程师，4名技术员。新建、翻建造船车间4座，2840平方米。增加油压机、剪板机、滚板机、行车等重要生产设备。既提高了生产效能，又改善了工作环境。在生产过程中十分重视技改工作，不断通过技术改造积极改进小艇的结构、性能，提高小艇的航速。

该厂生产的11.5米公安艇和9米的交通艇是小艇系列中的佼佼者。11.5米公安艇因具有航速快、噪音低、结构合理、操纵灵活等特点，在1988年被国家计划经济委员会列入1989年度国家级重大新产品试产计划，并获得浙江省科技进步三等奖。9米交通艇最大时速是20公里，噪音79分贝，被浙江省计划经济委员会评为1990年度省级新优产品，获得“骏马奖”，同时又获得嘉兴市颁发的新优产品“金鹊奖”。

自1986年起到1990年年底，该厂生产6米艇6艘；8米艇76艘；9米艇27艘；10.8米艇80艘；11米艇12艘；11.5米艇95艘；12米艇37艘；13、15、20米艇各1艘，总计生产336艘，占全厂五年生产的船舶总量410艘的81.95%。

嘉兴市造船厂为了扩大其小艇产品的知名度及其销售网络，在保证质量可靠，价格合理的前提下，还采取了两项行之有效的经营措施：(1)加强售前广告宣传工作，在消防、港监、渔政等多种杂志上进行广告宣传，把小艇产品广泛介绍到全国各地，以增大小艇订户量。(2)加强产品售后配套服务。多次派人南下北上访问用户单位，认真听取意见和建议，并帮助用户正确使用、维修、保养小艇，做到有求必应。如确属质量问题，厂里专门委派技术人员上门服务，负责维修，直至用户满意为止，取得广泛信誉。产品销往浙江、江苏、上海、安徽、江西、湖南、湖北、河南、河北、山东、辽宁、广西等21个省、市、自治区。由于交货及时，质量可靠，赢得用户好评。1990年，该厂被市工商行政管理局评为“重合同守信用单位”。

1990年年底，该厂有职工250人，固定资产179万元。五年内年平均工业总产值(按1980年不变价计)为365万元(其中1990年为361万元)，年平均实现利润52万元(其中1990年为55.3万元)。全厂土地面积22404平方米，其中厂房面积10134平方米，职工宿舍面积2502平方米。

在嘉兴市造船厂破产前夕，于2000年2月嘉兴市造船厂职工黄春洪和章文豪等人分别组建了嘉兴市伟佳船舶有限公司和嘉兴市禾东船舶制造有限公司。

2000年10月24日，嘉兴市秀城区人民法院根据嘉兴市造船厂申请，作出裁定，宣告嘉兴市造船厂破产(2000秀经破字第3-4号文)。

嘉兴市光明船厂

嘉兴市光明船厂1961年成立，乡办企业，位于嘉兴东栅乡下塘，共有工人41人。年修船能力25艘，200吨位，1250马力。1985年年总产值20万元。2000年2月被嘉兴市禾东船舶制造有限公司合并。

嘉兴市禾东船舶制造有限公司

嘉兴市禾东船舶制造有限公司的前身，是嘉兴市造船厂。

2000年10月24日，嘉兴市秀城区人民法院根据嘉兴市造船厂申请，作出裁定，宣告嘉兴市造船厂破产。

在嘉兴市造船厂破产前夕，2000年2月嘉兴市造船厂职工章文豪等人合并了原嘉兴市光明船厂组建了嘉兴市禾东船舶制造有限公司。

嘉兴市造船厂破产后，嘉兴市禾东船舶制造有限公司正式对外营业。

2002年5月该厂又一次进行改制，增加了注册资本，添加了设备，扩大了造船场地，引进了更多的技术人才。该厂专业生产各类船艇，产品遍及全国二十多个省、市、自治区。经浙江省船舶检验局认定，具有生产钢质船舶的Ⅰ类船厂建造资质和经农业部认定具有渔业船舶制造资质。该厂的主要产品是9M-35M的各类船艇，是公安、海事、渔政、消防、水利、水政等执行水上公务及旅游观光理想的交通工具。

表7-4-3 2000年—2007禾东船厂造船量

类别 年份	造船数量(艘)	产值(万元)
2000	8	181
2001	21	370
2002	16	360
2003	18	390
2004	18	420
2005	16	491
2006	18	470
2007	14	381

嘉兴市航运总公司船舶修造厂

建置之初，起于1955年，浙江省轮船公司嘉兴营业处在嘉兴西门建立了一个船体保养场，雇工修理木驳，仅派2名职工现场管理。另外在环城东北路原轮船码头北侧建立一个轮机保养场，约有工人六七名和二台老式皮带车床。当时两场总产值只有4.4万元。

1957年年末，两个保养场合并，建立船舶修造厂，厂址选择在光明街底洋关。1958年1月嘉兴营业处体制变更改为嘉兴区航运局，同年6月12日，嘉兴区航运局船舶修造厂正式成立，有职工15名，两部皮带车床、一部落地钻床，设备简陋、技术力量薄弱，当时以修为主，主要为本企业轮、驳船维修保养服务。下半年，区局从货运轮、驳船工人队伍中，抽调一批熟悉修船技术的老工人或机修人员充实船厂，招收一批新工人，并陆续添置了机械设备，培训了一批技术骨干。年末职工人数达到337人，年产值为12.8万元。同年12月，嘉兴区航运局被撤消，成立嘉兴专区航运公司(设在湖州)，船厂随之更名为嘉兴专区航运公司第二修造厂。20世纪60年代，航运机构隶属关系几经变更，船厂随之变化，1979年1月，更名为浙航嘉兴分公司船厂，1990年10月，航运体制下放，改名为嘉兴市航运总公司造船厂。

1957年开始，船厂自行设计制造了木质货驳12艘，599吨。1960年，建成第一艘61客位“工农一号”客轮和货拖轮5艘，挖泥船1艘；修理机动船35艘，960马力，木驳222艘，9934吨。当年年产值猛增至157.5万元，比上年同期提高27.94%。各项经济指标均是50年代和60年代的最高水平。

60年代初期，中国经历了连续3年自然灾害，从1961年起，中央决定实行国民经济调整的政策。船厂开始精减职工，缩小生产规模，减少造船。1962年，船厂职工从407人减少到227人，产值从1962年的157.5元，降至1963年的44.68万元。1964年以后，生产稍有回升。1966年6月，由于开始了“文化大革命”，导致十年社会动乱，交通运输业受到损失。1967年，船厂产值仅31.68万元，劳动生产率仅1099元/人。1966年至1968年，造船生产出现空白点，1968年至1976年，船厂仅完成造船(民用船舶)：客轮6艘，800客位；拖轮1艘，64马力；钢质货驳11艘，980吨；水泥货驳18艘，1080吨。船厂从60年代末开始，承接国家第六机械工业部下达的军工任务——建造600马力068型登陆艇，于1971年11月第一艘艇试航成功，符合设计标准。1972年至1974年共建造登陆艇13艘，另造海军运输船1艘。

1977年，党和政府决定把工作着重点转移到现代化建设上来，国民经济形势好转。船厂根据水运事业的发展情况，除完成修船任务外，还集中一定力量建造船舶，这一年，完成造船达22艘，创历史最高记录，其中068型登陆艇7艘，072型工作艇2艘，100吨级钢质驳12艘和40马力小汽艇1艘，年产值达到296.97万元，比1976年增长1.32倍。次年，船厂首次设计建成了结构合理、座位舒适的229客位，双层、双引擎(6135型每台124马力)钢质客轮1艘，定名为“浙航406”(,后改为“浙航402”)，行驶平湖至上海航线，时速可达每小时14公里。1978年，船厂产值达377.95万元，比上年增长27.27%。1979年、1980年两年除完成运输船舶建造任务外，还为六机部建造069型登陆艇和浅水测量艇，共完成军工产品069型登陆艇10艘、浅水测量艇1艘、072型工作艇10艘。1981年始，停止军工产品制造，重新转向为嘉航分公司船舶更新服务，重点建造钢质客轮、拖轮、客驳、货驳，以替代日趋淘汰的木质、水泥轮、驳船。1981年至1985年，共建造客轮56艘，5000客位，拖轮17艘，3075马力，货驳48艘，4800吨，客驳24艘，2400客位。

1986年1月，浙航嘉兴分公司船舶修造厂受分公司委托，为其建造47千瓦，100客位客轮6艘，135千瓦拖轮2艘，160总吨；100吨级钢驳7艘，700总吨。

从1987年开始，该厂开始由生产单纯型转变为生产经营型，实行对外开放。从原来的单纯为分公司修造船舶服务到逐渐揽接造、修省内外其它船舶。该年生产拖轮6艘，460总吨；钢驳28艘，2800总吨。这一年的产值(以1980年不变价计)由1986年的247.93万元，增加到481.77万元，上升94%。利润也从1986年的亏损24.49万元，到赢利8.26万元，使企业有了明显起色。1987年10月15日，申请续建的修船生产流水线技术改造工程也得到浙江省交通厅的批复同意。1988年年初，该厂与分公司签订为期三年的承包经营合同。1989年，在修造船生产经营管理上继续遵照分公司确定的“一业为主，多种经营，改革管理，对外竞争”的方针，完成了多接船、多修船、造好船的任务。全年共生产拖轮2艘，140总吨；钢驳10艘，1000总吨。1989年4月，成立船用配件商店，经营本厂分厂生产的塑料天花板、船用蓬布、农用拖斗、建筑铰链等业务。6月，与深圳力达实业公司签订30台PS－80型制塑机件的外加工业务。10月，商店改称为“浙航嘉兴分公司造船厂劳动服务公司”。

1990年10月，浙航嘉兴分公司因体制改革脱离浙江省航运总公司，成立嘉兴市航运总公司，所属船厂也随之改为“嘉兴市航运总公司造船厂”。是年，外接修造船业务量很少。年底，工业总产值只有357.14万元(按1980年不变价计)，比1989年的514.14万元降低157万元，亏损达36.82万元，工厂面临困境。

1990年年末，该厂拥有固定资产原值323.79万元，净值为153.59万元。有职工448人，其中工程师10人(含高级工程师2人)，助理工程师4人，技术人员1人。312名工人中三级以上技工有305人，占了97.8%，具有较强的技术力量。新建128米×12米横移区，修造船的设备、设施齐全，具备较强的对外竞争能力。该厂自1991年起建造184千瓦，182吨排水量的近海捕捞渔轮。1991年承接建成4艘渔轮。

2000年，根据嘉兴市属企业改革工作领导小组“嘉改(2000)2号文”批复，嘉航将实行分立重组，组成若干个有限责任公司或股份合作制企业，按照双向选择，进入重组企业后余下的富余人员实施分流安置。即“分立重组、人员分流”。并根据“资产必须一次分割剥离，人员分流可分步实施”的步骤进行操作。实施“分立重组、人员分流”后，嘉航母体将适时宣告破产。嘉兴市航运总公司船舶修造厂也将适时宣告破产。

人员分流主要通过三条途径。第一条，进入重组企业。重组企业依据经营规模和生存发展需要，采用“双向选择”的办法吸纳职工进入重组企业。第二条，纳入社会保障机制。凡离法定正常退休年龄不足五年(截止到2000年12月底)的城镇职工，经本人申请，企业批准，可实行离岗退养。待法院裁定企业宣告破产之月，办理提前退休手续，凡年满50周岁的男职工，凡年满40周岁的女职工，本人要求，可实行“双缴双保”。在嘉航宣告破产时，凡年满50周岁的男职工，凡年满40周岁的女职工，本人要求实行“双缴双保”的，由企业一次性按规定为职工足额缴纳养老保险金至法定正常退休年龄，缴纳医疗保险费至75周岁，同时与企业解除合同。)第三条。进入再就业市场，对既不能进入重组企业，又不能纳入社会保障机制的职工，按国家有关规定，取得相应经济补偿后，与企业解除劳动关系，直接进入再就业市场。已退休(退职)人员的基本养老金由社会保险经办机构发放。

2001年7月26日，浙江省嘉兴市中级人民法院依照《中华人民共和国企业破产法(试行)》第八条第一款之规定，裁定嘉兴市航运总公司破产。嘉兴市航运总公司船舶修造厂同时也宣告破产。

嘉兴市水泥造船厂

嘉兴市水泥造船厂是浙江省定点生产水泥船的重点骨干企业之一。始建于1984年4月，由嘉兴市南门造船社合并建厂，专业生产钢丝网水泥船。

1990年年末，拥有职工148人，其中3级以上技术工人有101人，文化程度在大专以上、中专和高中的比例分别为1.57%、13.09%、53.88%，初中以下为32.46%。全厂占地面积17871平方米，建筑面积8900平方米，人均建筑面积45平方米。固定资产原值70.8万元。有船台36架，平均役龄为15年。生产设备有钢筋调直机、冷拉机、电焊机、洗筋砂机、砂浆拌和机、断筋机、桥式起重机、悬臂起重机、轨道车、船模肪架等。

建厂20多年来，以生产各种规格的小水泥船为主，逐步发展成为从钢材拉丝到织网配套的流水生产线，1985年起生产13吨水泥运输船，并开始特种钢丝船生产。1990年，生产水泥船1884艘、9450吨，水泥船最大吨位18吨，总长15.28米，最大宽度3.36米。

浙航嘉兴营业站车船修造综合厂

浙航嘉兴营业站车船修造综合厂1974年由浙航嘉兴营业站财务股长吴鹏令和业务股长李照明两人在嘉兴东栅下塘路河边征用5000多平方米稻田开始筹建浙航嘉兴营业站车船修造综合厂，1975年上半年建成，浙航嘉兴营业站车船修造综合厂主要任务是担任浙航嘉兴营业站全站20多艘客轮和20多艘客驳的维修，保养以及一些车船修造任务，第一任厂长是李照明。

主要设备有：修造船船棚一个300平方米、露天修船场地500平方米，还有吊稍起重设备、钣焊车间、电工车间、木工车间、金工车间和锯板车间。有职工34人，其中三级以上技工29人。

1983年，浙航嘉兴营业站车船修造综合厂更名为嘉兴航运总公司客运站船舶综合修理厂。几年后，嘉兴客运站机务股和船舶综合修理厂合并。期间开发了为嘉兴新塍冰箱厂加工冰箱喷漆业务。在东栅溜冰场开发了嘉兴航运总公司鸿运汽车保养厂。1985年，浙航嘉兴营业站车船修造综合厂修理船舶21艘，525吨位，1240马力。1987年又开发了嘉兴市天马人力车辆厂。1989年浙航嘉兴营业站车船修造综合厂更名为嘉兴航运总公司工贸分公司，为嘉兴航运总公司下属企业。下属船舶综合修理厂、鸿运汽车保养厂、天马人力车辆厂、疏竣工程队、佳运运输社和厨东油灶厂。2001年7月26日，浙江省嘉兴市中级人民法院依照《中华人民共和国企业破产法(试行)》第八条第一款之规定，裁定嘉兴市航运总公司破产。嘉兴市航运总公司嘉兴分公司同时也宣告破产。嘉兴市航运总公司嘉兴分公司破产后，嘉兴航运总公司工贸分公司也宣告破产。

嘉兴市造船二厂

嘉兴市造船二厂是全市第二家以生产内河钢质小艇为主，辅以修造别类船舶的企业。嘉兴市造船二厂原名为余新水泥造船厂，1974年10月，浙航嘉兴分公司以“厂社挂钩”形式联办起来的企业。建厂初期有职工166人，其中城镇下乡知识青年103人，专门为嘉兴分公司制造60吨水泥驳、维修货运驳船。1981年，余新水泥造船厂更名为余新造船厂。1984 年 3 月 8 日更名为嘉兴市造船二厂。

1975 年，生产 60 吨水泥驳 9 艘，540 吨位；修理货驳 11 艘，825 吨位，总产值 29.87 万元，利润 3.47 万元。1977 年 9 月开始，制造 100 吨和 45 吨钢质驳船。至 1981 年，完全由各种型号、各种规格的钢质驳替代各类水泥驳船。不久，该厂又制造了 120 座位客轮和客驳，并且自行设计 20 床位的电力工程宿舍船和 8 吨钢质机动船。1988 年创产值 58.08 万元，利润 13.06 万元。分别比 1980 年增长 41.8%和 157%。在国家经济体制改革不断深化，开放搞活政策进一步深入，行业竞争日趋激烈的形势下，该船厂及时掌握产品信息，狠抓技术攻关，在 1984 年开发了 10 米、12 米内河快艇新品种，不仅为公安、消防、航政、港监、环保、旅游部门提供了较为先进的水上交通工其，而且使企业增强了活力。1985 年获省、市级企业整顿合格证书。

1986 年年初，该厂与中国船舶及海洋工程设计研究院上海 708 研究所挂钩，将科研用于生产。克服了该厂原 10.5 米(艏机型)钢质快艇因结构不合理而引起客舱噪音大、震动大、航速低等缺陷，并联合研制成 11.5 米钢质快艇，将原先结构改成艉机型结构，装配国内较为先进的主副机。1987 年 10 月，11.5 米艇经在上海黄浦江试航测定，航速达 24.85 公里/小时，在当时全省同类快艇产品中处于领先地位。1988 年 8 月 25 日，该艇被国家专利局批准为国家专利产品。该类艇经过不断革新改进，素质又有了新的提高。船长增加了 20 厘米，时速可达 27 至 31.7 公里。具有国内同类产品一流水平，开创了科研为造船业服务的典范。

几年来，该厂快艇产品在新优产品启动下，逐渐形成 10 米、11.5 米、11.7 米、12 米、15 米多规格快艇系列，五年共生产 86 艘。被广泛应用于公安、港监、交通、水利、防汛、渔政、电力监督等事业。产品销往陕西、安徽、湖南、山东、江苏、浙江、广西、上海、辽宁、河南等 10 多个省、市。

该厂 1986 年和 1988 年还生产钢驳 7 艘，270 总吨；1988 年又生产机动船 4 艘，32 吨；15 客位渡船 16 艘。该厂地处嘉兴市的海盐塘畔，地理位置优越，修造业务量很大，五年来修理船舶 384 艘，32314 总吨，

20 世纪 90 年代，嘉兴市水运效益持续下降，造船生意清淡。该厂造船生产受到严重影响，工业产值从 1988 年的 200.69 万元，下降到 1990 年的 73.81 万元，下降 63.2%。1988 年利润有 13.36 万元，1990 年出现亏损，亏损额 8.69 万元。

为使企业尽快摆脱困运输市场疲软而带来的困难，该厂积极筹划组成了一个一业为主，多种经营，互为依托的经济集团，广泛捕捉信息，深入了解市场需求，找到了生产适应自身财力、物力、人力和技术优势的对路产品，办起了为城乡建筑业服务的钢窗车间，取名为“嘉兴市钢窗一厂”，生产各类钢质门窗和防盗门，并在 1988 年，取得全国工业生产许可证。同时创办了电器车间，取名“嘉兴市电器材料厂”，生产各类型号高强度聚醋漆包线，扭转了亏损。从而实现一副班子，三块牌子，相互补充，共同发展的愿望。

1990 年年末，全厂共有职工 350 人(其中造船车间 106 名)，具有职称的技术人员 64 人。固定资产 51 万元，工业总产值 526 万元。创利 1.65 万元，利税 42.83 万元。设备还增加了 X 光摄片机 1 台。

1986—1990 年五年来，该厂前三年经营生产形势较好，后二年虽有效益滑坡现象，但仍然取得了一定成绩。以“信”取胜，该厂在客户中享有良好的信誉。为此，从 1986 年起连续六年被嘉兴市郊区工商行政管理局命名为“重合同守信用单位”，又被评上市郊乡镇重点骨干企业。

后改制为私有股份制企业，有规模总资产 470 万元，净资产 230 万元，注册资金 230 万元；员工总数 35 人，其中工程技术人员 6 人，有 50 × 20 米的生产船台 4 座，生产厂房 5000 平方米，有大型车床、刨床、铣床，折弯机、剪板机、油压机、起重机、电焊机等完整的造船设施和设备；工厂的管理获得国家质检总局颁发 ISO9001-2000 质量管理认证体系证书。

表 7-4-4　1991—2008 年嘉兴造船二厂产量产值统计表

年份	产量(艘)	产值(万元)
1991	16	391.21
1992	18	358.45
1993	23	318.21
1994	19	395.41
1995	16	384.25
1996	14	329.27
1997	12	338.90
1998	19	401.28
1999	15	365.18
2000	20	392.90
2001	12	224.93
2002	21	377.07
2003	27	601.34
2004	20	535.37
2005	20	335.53
2006	16	379.69
2007	18	417.10
2008	48	927.00

嘉兴市伟佳船舶有限公司

嘉兴市伟佳船舶有限公司的前身，是嘉兴市造船厂修理车间。

在嘉兴市造船厂破产前夕，2000年2月嘉兴市造船厂职工黄春洪等人组建了嘉兴市伟佳船舶有限公司。

2000年10月24日，嘉兴市秀城区人民法院根据嘉兴市造船厂申请，作出裁定，宣告嘉兴市造船厂破产。

嘉兴市造船厂破产后，嘉兴市伟佳船舶有限公司2002年7月正式挂牌对外营业。

嘉兴市伟佳船舶有限公司是嘉兴市最先通过中国船级社(CCS)(GB/T190001－2000－ISO9001:2000)质量管理体系认证的船舶制造单位，企业具备二级III类造船资质。公司系浙江省嘉兴市船舶行业协会副会长单位，连续多年荣获浙江省工商企业信用AAA级"守合同重信用"称号。

公司坐落在革命红船圣地嘉兴，其前身为嘉兴市造船厂，九十年代在高速公务艇建造方面曾经创造了一段辉煌，产品遍布全国主要内河省份。曾经为南京公安局建造了32米的公安艇，为苏州公安局建造了26米公安巡逻艇，以年产100多艘11米、12米高速公务艇的数量在内河创造了一定的知名度。与此同时企业引进了一批技术人才，培养了一大批技术骨干。为嘉兴打造全国公务艇建造基地奠定了一定的基础。

企业有过辉煌，也经历了改革之阵痛，2001年嘉兴市造船厂也进行了改制，成立了伟佳船舶有限公司，人员进行了调整，厂址进行了搬迁，但是嘉兴造船厂积累下来的优秀建造工艺和建造技术得到了良好的传承。经过多年经营，已形成了良好的运营体系，具有较强的生产、研发、制造能力和经营实力，产品遍布全国主要内河、沿海省份，在全国公务艇建造方面创造了辉煌，树立了信誉，打响了品牌。企业重视人才培养，拥有一支长期从事钢质、铝合金和其他各类船舶设计、建造及管理的队伍。工厂有人员153名(不含临时合同工)，具有丰富的理论和实践能力，其中高级工程师9名，中级工程师10名，助理工程师16名。拥有船、机、电工艺人员、机械加工工艺人员等技术人员36名，工艺设计广泛采用计算机辅助设计CAD技术。有技工57人，其中有CCS焊工证书的熟练工人32名。公司继续致力于新产品的开发研究，先后成功开发了12米、13米、14.6米、18米、19米、25米等多种系列、多种规格型号的高速公务艇，为全国各地公安、海事、航道管理、渔政、水利、环卫等部门建造各类公务用艇达三百余艘，赢得了各省、市水上管理部门的高度赞誉。在为长江航道局建造并经中国船级社CCS检验的13.25M测量艇、15.3M工作艇及18M航道维护快艇均保质按期交付船东，并受到好评。2012年在为湖南株岳航运建设开发有限公司建造12.87M、15.30M艇的过程中获得湖南省"交通杯"劳动竞赛二等奖，并授予"先进单位"称号。

公司积极寻求新的发展，投资4000多万的新厂房于2013年6月底完工，新工厂地处上海、杭州、苏州三地的中心，紧邻京杭大运河，占地约2万平方米，上下岸线长400M，纵深200M，船台为混凝土平台基础。钢结构室内厂房约6090平方米，办公楼约2438平方米，放样间长50M、宽10M。设有水上专用码头一座，船舶下水采用气囊滚动式。能满足50米以下船舶建造及修理。厂区具有室内船台共7跨，其中大船台70M × 25M、70M × 20M、65M × 25M三跨；小船台25M × 12M、20M × 10M、18M × 4M三跨；无尘封闭油漆车间60M × 15M一间；每个室内船台起重能力为20~40吨，最大可达到40吨。拥有各类制造、检测设备60余台套，车间设有交流电焊机、CO2保护焊机、铝焊机等等各类焊接切割设备。

嘉兴市荣鑫船舶制造有限公司

嘉兴市荣鑫船舶制造有限公司原名"嘉兴市油车港荣鑫船厂"，创建于1993年10月，坐落在嘉兴市秀洲区油车港镇，在2006年9月更名为"嘉兴市荣鑫船舶制造有限公司"，该厂以修理钢质船舶和建造30米以下的钢质货船为主，法定代表人为杨荣根。

嘉兴市国兴船业有限公司

嘉兴市国兴船业有限公司原名"嘉兴市蚂桥造船厂"，成立于1957年，已有50多年的历史，从修造木质船起步，以后建造水泥船，从90年代开始建造和修理钢质船一直至今；2008年进行改制，从集体所有制改为股份制，并改名为"嘉兴市国兴船业有限公司"。公司地址：嘉兴市秀洲区王店镇蚂桥集镇，法人代表沈国兴。

嘉兴市仁宝船舶修造有限公司

嘉兴市仁宝船舶修造有限公司于1993年5月建厂，原厂名为"嘉兴市余新长秦修船厂"，主要以修理船舶为主，2004年更名为"嘉兴市秀城区余新长秦船舶修造厂"，并在2004年至2008年间经认可进行30米以下钢质船舶的建造，2008年以后主要以修理钢质货船为主，在2013年更名为"嘉兴市仁宝船舶修造有限公司"，公司地址：嘉兴市南湖区余新镇长秦村，负责人：姚仁宝。

嘉兴市秀洲区北郊河船舶修理厂

嘉兴市秀洲区北郊河船舶修理厂成立于2002年，座落于嘉兴市杭申线北郊河芦荡湾，以修理钢质货船为主，负责人：徐春华。

嘉善县船舶修造业

嘉善县的船舶产业主要集中在红旗塘沿线的洪溪、西塘、姚庄等地，红旗塘工程改造结束后，原先分散在红旗塘的各船厂集中至嘉善姚庄镇展丰村沿红旗塘北岸至朝里泾港一带，已初步形成一定规模的产业集聚。2007 年，嘉善县共拥有各类船厂 30 家，占地面积约 187 亩，船舶建造企业占整个嘉兴市的 50%，造船量占全市造船量的 50%。据统计，2007 年全县共新造船舶 266 艘，总吨 26114 吨，实现工业产值近 2 亿元。2010 年全县船舶建造业主要以建造内河大吨位散装货船为主，建造数量占到总数的 80%以上，部分造船企业具备沿海船舶的建造能力。同时在向多元化发展，建造一些技术含量高、附加值高的船舶，如内河游艇、高速客船、各类公务用艇、工程船、散装专用船和油船等。

嘉兴市锦佳船舶制造有限公司

前身为嘉善县塘东船厂。创建于 20 世纪 90 年代初，经过十多年的艰苦创业，于 2005 年改制成立公司。公司占地面积 1.2 万平方米，厂房办公面积 300 平方米，固定资产 520 万元，1000 吨级船台 1 座，500 吨级船台 4 座，2000 平方米的钢材仓库 1 座，并有木工车间、金工车间、油漆、五金等原材料仓库。公司有员工 200 人，其中拥有中、高级职称的技术人员 8 人，中级技师以上工人有 50 多人。

公司集设计开发和制造于一身，从 2002 年开始公司调整发展方向，重点开发制造游览船、公安艇、客船、港监艇、工程船等。主要产品有 12 米~18 米公务艇，21 米救护艇，25 米高速艇，30 客位沿海交通船，400 吨沿海供应船，26 米接待船，20 米航道扫测船等。2007 年 3 月已通过 ISO9001:2000 质量管理体系认证。

图 7-4-1　嘉善锦佳船厂产品

嘉善县翠南船舶修造有限公司

始建于 1985 年，其中生产用房面积 3500 平方米，占用岸线长 150 米，拥有船台 6 座，一千吨级船坞一座。2010 年，企业有固定资产 2200 万元，有生产工人 70 人，其中具有高级职称 2 人，中级职称 8 人，助理职称 2 人，技术管理 5 人，设计人员 2 人。企业经浙江省船舶检验局生产技术条件认可为建造各类钢质船舶的二级三类船厂资格。近几年已生产千吨以上钢质机动船五十余艘。企业建造的各类钢质机动船主要有油轮、沿海工程船、挖泥船、散装水泥船、运驳船、杂货船、开底泥船、交通艇、游览艇等，属嘉兴地区船舶修造企业中规模较大、设备齐全、建造技术资质较高的骨干规模企业。年产量已连续几年突破 1.6 万吨。

图 7-4-2　嘉善翠南船厂

嘉善雪生船舶有限公司

嘉善雪生船舶有限公司位于主干线杭申线干窑镇长丰村，靠近上海和江苏省，水陆交通方便，自然环境条件良好，是浙江省修造各类钢质船舶的甲类厂，企业资质为II级III类。

企业前身是“嘉善县东庄船舶修造厂”建于 1985 年，于 1992 年更名为“嘉善县东庄船舶修造总厂”，1997 年企业转制更名为“嘉善县干窑镇东庄雪生船厂”，2009 年 7 月 5 日通过 ISO9001:2008 质量管理体系认证。经过二十多年的不断发展，企业已形成具有一定规模和实力的修造厂家，企业 2010 年有职工 51 人，其中具有大专文化程度 2 人，高级工程师 1 人，工程师 3 人(其中轮机 1 人，船体 2 人，电器 1 人)，助工 3 人(船体 2 人，电气 1 人)，有证焊工 18 人，专职质检人员 2 人，兼职 4 人，企业占地面积 18900 多平方米，其中建筑面积 1460 平方米，拥有船台 7 座，3 吨码头吊机 1 座，5 吨室内行车 2 台，金加工设备齐全(附厂)，并配有剪板机、卷板机、拆边机、弯管机等机械设备、检测设备、下水设备。

图 7-4-3　嘉善雪生船厂

嘉善明强船舶有限公司

嘉善明强船舶有限公司位于杭申线明甫港段，毗邻上海市，水陆交通便利，是一家以建造钢质货船为主，同时建造各种钢质机动船的三级III类船厂。企业前身是“嘉善县姚庄渔业村船舶修造厂”，创建于1993年，经过十几年的不断发展壮大，企业已初具规模，2010年有职工30余名，其中工程师1人，助工2人，大专文化程度1人，专职质检人员2人，电工1人，CCS电焊工6人，电焊工10人，企业占地面积约4800平方米，占用岸线长度100米，拥有船台5座，有卸装码头25米，并配有剪板机、卷扬机、折边机等机械设备，下水、检测设备齐全，企业年产量约(载重吨)6000吨左右。

嘉善万里船舶有限公司

嘉善万里船舶有限公司位于杭申线红旗塘段，东邻上海市，水陆交通方便，是一家修建各种船舶的甲类船厂，嘉兴市第一批示范船厂。企业前身是“嘉善县下阳好船舶修造厂”，创建于1991年，经过十几年的发展，企业已初具规模，2010年有职工38人，其中高级工程师1人，工程师5人，大专文化程度2人，助理工程师5人，持证捍工21人，专职质检人员3人，企业占地面积10200多平方米，岸线长度120米，拥有标准厂房2座、露天船台2座，船坞1座，并配有剪板机、折边机、滚边机、80千瓦变压器、160千瓦发电机组、喷沙机、卷扬机等下水设备和齐全的检测设施，企业年生产能力约8000吨(载重吨)左右。2009年4月1日公司被“上海兴旺港口货运有限责任公司”成功收购，该公司注册资金为人民币1000万元，技术力量雄厚。本公司主要根据自己的需要修理和建造各种特种船舶，同时对外还承接各种船舶的修造。

嘉善新桥船舶有限公司

嘉善新桥船舶有限公司位于主干线航道杭申线西塘大桥南堍，水陆交通非常便利，是建造各类钢质船舶的专业厂。其前身嘉善新桥船厂，始建于2002年1月，同年5月正式投产，2007年4月由合伙企业改制成股份有限公司，隶属于嘉善县干窑镇工办。公司2010年有职工40多人，其中具有大专以上文化程度3人，工程师3人，有证焊工13人，专职质检人员2人。企业占地面积5595平方米，岸线长85米。拥有千吨级船台4个，舾装码头1个，泊位2个，1个金加工车间，并配有剪板机、卷板机、折弯机、弯管机等机械设备，各种检测设备、下水设备比较齐全。2009年公司为了更上一个台阶，投入50多万元建造了2个高标准厂房，配置了5吨行车，大大改善了企业的生产条件和安全环境。公司主要承建千吨级以下内河货船、各类挖泥船、交通船、工程辅助船、液碱船和散装水泥船等船舶。公司生产的43米、45米和48米标准化货船在江、浙、皖地区具有很高的知名度，年生产近万载重吨。其生产的0.3立方米至1.0立方米挖泥船及配套运泥船在本市和上海地区也非常热销。

嘉善李库船舶有限公司

嘉善李库船舶有限公司位于杭申线红旗塘横泾港段，毗邻上海市，水陆交通便利，是一家以建造各种纲质机动货船、散货船的甲类船厂，企业前身是“嘉善县横港造船厂”，创建于1985年，经过二十几年的不断发展壮大，企业已初具规模，2010年有职工40余人，其中高级工程师1人，助工2人，大专文化程度2人，技师2人，高级电焊工8人，专职质检人员2人，企业占地面积约5000多平方米，占用岸线长度70米，拥有船台2座，并配有卷扬机、折边机等机械设备，下水检测设备齐全，企业年产量约4000吨(载重吨)左右。

嘉善顺达船舶有限公司

嘉善顺达船舶有限公司位于杭申线红旗塘横泾港段，毗邻上海市，是一家以建造钢质货船为主，嘉兴市第一批示范船厂(甲类船厂)。企业前身是“嘉善县姚庄造船厂”建于1979年，经过29年的不断发展壮大，企业已初具规模，有职工40余人，其中高级工程师1人，助工2人，专职质检人员1人，高级电焊工5人，中级电焊工5人，具有特种作业操作证4人，企业占地面积为3600多平方来，占用岸线长度60米，有船台4座，并配有剪板机、卷扬机、折边机等设备，下水检测设备齐全，企业年产量约5800吨(载重吨)左右。

嘉善港通船舶有限公司

嘉善港通船舶有限公司位于杭申线红旗塘横泾港段，毗邻上海市，交通便利，是一家建造各种钢质散装水泥槽罐船为主，同时建造各种钢质机动船的甲类船厂。企业前身是“嘉善红旗塘船舶有限公司”，创建于2001年。2010年更名为“嘉善港通船舶有限公司”，有职工62人，其中工程师4人，大专文化程度2人，助工2人，技师1人，高级电焊工13人，中级电焊工13人，专职质检人员2人，企业占地面积约5640平方米，占用岸线长度60米，拥有船台4座，并配有电动剪板机、卷扬机、自动焊机、喷砂机组、发电机组、可调式焊接滚轮架、喷漆机、自制滚板机、折边机、气囊等起重机械设备，检测设备齐全。2008年上半年扩建新厂房，配备造船行车2台，配备造槽罐行车1台，机械、检测设备齐全。企业年产量约8000吨左右(载重吨)。

嘉善锦盛船舶修造有限公司

嘉善锦盛船舶修造有限公司位于杭申线三店塘段，水陆交通便利，是一家建造各种钢质机动船的乙类船厂。企业前身是“嘉善县杨庙船舶修造厂”，创建于1991年，经过十几年的不断发展企业已具规模。占地面积20409平方米，占用岸线165米，拥有船台9座、船台最大承载能力为2000吨。2010年有职工46人，高中级职称工程技术人员1人、助工工程技术人员5人、技师1人、持证类焊工24人。配备起重汽吊、叉车，拥有剪板机、液压折弯机、卷板机等机械设备，下水、检测设备齐全。2002年经浙江省船舶检验局评定为“甲类钢质船舶修造厂”，由于推广和采用规范化流水线造船同年又被嘉兴市船检处列为“嘉兴市示范船厂”。2009年经专家评审为二级三类资质。

图7-4-4 嘉善锦盛船厂

嘉善县新景造船厂

嘉善县新景造船厂是姚庄乡村办企业，位于新景港4号桥堍，占地16700平方米，建筑面积1.1万平方米。创建于1984年3月，当时只有15名职工，固定资产仅3万元。8月，派8名职工去上海金山县造船厂学习培训，回来后开始设计制造钢质驳船和水泥农船，年产值11.9万元，创利3.2万元。1986年年底，该厂初具规模，已有职工71人。次年，建造18米拖轮及7米、12米等交通艇。产品主要销往江浙沪一带，完成工业总产值70.3万元，实现利润11.2万元。

1988年，姚庄乡造船厂并入该厂后，工厂范围迅速扩大。该年建造水泥船73艘，400总吨，钢质船舶49艘，2700总吨。年工业总产值达到265.9万元，利润31万元，上缴税金7.4万元，利税大大超过往年。

1989年12月，该厂为福建省福州市中日合资企业——华田公司建造2艘船体总长42米，载重量300吨，功率368千瓦的自航自卸运砂驳，是嘉兴市造船业有史以来(指1989年以前)建造的规模最大的内河货驳，该产品质量受到日方代表的好评。

随着农村水利建设和农民造房热的兴起，该厂还兼营生产6~32寸各类规格的水泥沟管(俗称瓦筒)，及水泥预制板和桁条等产品，到1990年末产值近150万元。

1990年年底，该厂已拥有固定资产155万元，工业总产值达到305.1万元，职工276人，其中技术人员7人，三级以上技工45人。设生产、技术、供销、检验、财务五个管理科室。

2006年1月份嘉善新景船厂被嘉善横港船舶有限公司购买，占地面积9.89亩，其中建房面积980.39平方米，生产厂房1398平方米，属杭申线红旗塘段k(140十368)航道处，使用及停靠岸线长100米，地理位置十分优越。以船舶制造、修理为主，主要建造散装水泥槽罐船，深受广大船户好评。

嘉善县水泥造船厂

嘉善解放以前，修船造船，一般有两种情况：一是由私家工场经营，场主即为工匠，雇工人数不多，规模往往极小，或用船代修代建，或造船出售，二是主人自备材料邀请工匠来家修建。

1954年，合作化运动开展后，各地工匠先后组建造船合作社，以修船为主要业务。“嘉善县水泥造船厂”的前身“魏塘造船社”就是魏塘地区22名木工联合组织起来的。1956年各地合作社又联合成立“嘉善县城关造船社”，由县手工业生产合作社联合社领导，仍以修船为主，并生产6吨以下木船，下设魏塘、干窑、西塘、下甸庙四个工场，这一年，西塘工场建成第一艘木质小客轮(40匹马力)。

1959年，城关造船社分为魏塘、干窑、西塘、天凝、陶庄、洪溪6家船厂，共有职工129人，1960年3月，魏塘船厂为魏糖公社建成40马力“跃进号”木质拖轮是嘉善县内最早自建的拖轮之一。至1963年，由于受国家困难时期的影响，造船业务清淡，除魏塘、西塘两个船厂仍在营业，已有4家歇业。而这一时期，修建船舶所需的桐油、木材等原料长期紧缺，农村和运输专业部门已开始向外引进水泥船代替木船，外地水泥船大都又按计划供应，不易采购，为了解决这一矛盾，特别是解决农业生产上缺乏运载工具的困难，1965年，魏塘船厂开始生产3吨至6吨小型农用水泥船。当时全厂职工42人，年产农船96艘，开创了县内首先制造水泥船的历史，船厂也更名为“嘉善水泥造船厂”，即以生产水泥农船为专业，是县第二轻工业局领导的大集体企业。由于当时水泥钢材均属国家分配物资，所以生产农船也由县人民政府计划委员会统一分10艘，产品供应范围扩大到了运输专业部门，直至1974年交通局所属船舶修造厂和天凝杨庙等地运输站船厂可以生产水泥船舶为止，持续10年，一直成为县内唯一生产水泥的专业工厂，而自1965年以来，由于市场需求紧俏，产量年年上升，特别至1980年后，国家开放运输市场，农村两户船迅速增多，产品供不应求，1983 年生产大小货驳及农用挂机船 1416 艘，创造了历史最高纪录。

1984 年年底，厂内自行设计的当时比较畅销的 15 吨级水泥机动驳图纸，经市航运管理处审核批准，使产品进入了标准化范畴，1985 年，单是这一型号的船舶，就生产了 274 艘。

1985 年以后，虽然由于公路运输的发展，钢质运输船的走俏市场以及交通部又有限制生产钢丝水泥客轮和拖轮的规定，都使水泥船的产销受到了冲击，但是水泥船售价便宜，保养简单，特别是中小型农船仍不失为农民运粮运肥，短途运输的相宜载体，所以船厂又转向生产中小型农船为主，1987 年，总产农船 1187 艘，准载量 8393 吨，在全省范围内仅次于嘉兴、绍兴两市，名列第三位。

该厂自 1959 年建厂以来，已经由最早的手工业作场，发展成具有比较齐全的先进生产器械和检测设备的工厂，有 5 吨行车 1 台，下水设备全套，以及钻床、镜床、车床、筛砂机、拉丝机、卷扬机、织网机等机具一批，尤以整套拉丝织网一条龙生产线，在全省 37 家水泥造船厂中，唯嘉兴、绍兴、嘉善三家船厂有此设备。所有生产设备及其产品，获得交通部水泥船生产许可证的认证，企业标准化计量定性及全面质量管理，均经验收合格，具有生产各种吨级的水泥船及按用户需要设计制造各种规格水泥运输船的能力。1988 年生产水泥农船 1046 艘，6942 吨，年产值 119.30 万元。迄 1988 年止，已累计生产各种型号的水泥船 16778 艘，以生产 10 吨以下各种水泥船为主，年产能力最高达到 1 万吨，产品行销于江、浙、沪两省一市的水网地区。

嘉善水泥造船厂是县第二轻工业总公司领导的大集体企业，占地 1.74 万平方米有船台 15 个。1988 年，全厂职工 222 人，其中厂长 1 人，技术员 6 人，七级技工 5 人，六级 15 人，5 级 28 人，职工文化程度大专 4 人，中专 2 人，中专以下初中以上 120 人，除拥有全套生产和检测设备外，还有汽车 2 辆、运输船 1 艘。固定资产总值为 113.26 万元。

嘉善县船舶修造厂

1961 年 4 月，地方国营嘉善交通运输公司(以下简称交运公司) 恢复建制。为了使所属单位的 300 余艘木船，经常保持良好的运输能力。集中了魏塘、西塘、干窑三处运输单位的修船工匠，成立船舶保养工场，为维修和保养船舶服务。

1962 年 4 月，交运公司开始将所属单位分批下放，保养场划为魏塘镇木帆船运输一站附属单位，经济上也转为大集体性质，仍以修船为主要业务。次年 5 月，交运公司撤销。

1960 年以来，修船所需的桐油、木材和毛竹等原材料长期紧缺，船舶维修发生困难。农村和运输专业开始采用水泥船代替木船，而县内少数船厂，又只能生产小型水泥农船，较大运输船仍难于更新。为了解决这一问题，保养场于 1974 年 4 月，分出职工 20 人，筹建水泥造船车间。7 月派出 7 名工人，去金山县新光造船厂学习生产技术。工人返厂时，带回 30 吨水泥货驳船肋骨 1 副(造船图纸由上海市内河航运处设计绘制)，浇制成型，供给站内自用。并于当年，又自行设计建成 80 马力水泥拖轮 1 艘。

1975 年，工人们在消化引进技术的基础上，生产了 30~40 吨水泥货驳船 10 艘，以及当时嘉善县内最大的 1 艘 30 吨 150 匹马力的水泥拖轮。这些船舶的制成，证明车间工人已具有一定的生产能力，被省交通厅列为钢丝网水泥船定点生产单位，开始对材料供应和产品分配列入省厅计划。

1976 年，生产 60 吨水泥货驳船 2 艘，生产水平又有了进一步提高。当时自制水泥船虽已解决原材料缺乏的困难，但是，水泥船在航速和耐撞耐磨等方面，还远不及钢质船优越。所以有些航运单位自 60 年代中期开始，已引进了钢质船。早在 1971 年天凝运输站船厂和 1975 年洪溪运输站船厂，都曾生产了 80 匹马力的钢质拖轮各 1 艘。魏塘运输站的水泥造船车间为了赶上这一形势，1976 年，也制成了 1 艘 18 米长、150 马力的钢质拖轮，在全县造船业的新辟领域中，获得了更大的胜利，为此，交通厅领导率领地区交通局组织的 10 个县交通船厂有关人员，来嘉善召开了现场会议。

1977 年，生产水泥货驳船 21 艘，860 吨。1978 年生产水泥货驳船 17 艘，450 吨，120 匹马力的水泥拖轮和 18 米长、150 匹马力钢质拖轮各 1 艘。

1979 年 4 月，交运公司再度恢复，魏塘运输站又归公司领导，同年 12 月，改称交运公司货运站。原来运输站所属船舶保养场及其水泥造船车间，由于生产能力已经大大提高，所以自此从站内划出单独建制，成为交运公司所属的船舶修造厂，职工已增加到 40 人，产品除满足本系统各单位需要外，又开展了对外营业。这一年，共计生产水泥拖轮 1 艘，120 匹马力，货驳船 13 艘，460 吨，钢质小汽艇、摩托艇各 1 艘，每艘 48 匹马力。

1980 年，船厂又转为交通局直接领导，正式定名为“嘉善县船舶修造厂”，职工增至 70 余人，有 3 个船台。这一年，全年生产 20~40 吨水泥货驳船 32 艘，大小钢质船 3 艘，其中 15 吨钢质油轮 1 艘。随着国家对运输市场的开放，农村和专业运输部门对船舶的需要量也逐年增多。1985 年，厂内职工增至 85 人，船台 4 个，全年生产钢质船计有拖轮 1 艘(180 匹马力)、货驳和机动驳船 13 艘(250 吨)、小汽艇 7 艘，生产水泥货驳和机动驳船 19 艘(354 吨)，创造了建厂以来最高产量。特别是所产钢质拖轮，可拖带1000吨以上船队，是当时县内自制的最大拖轮。

但是，自此以后，由于县乡公路建设的发展，客货运输正在转向水陆分流使船舶市场的需求量连年下降。至1988年，船舶修造厂全年仅生产中小型钢质船19艘(560吨)，比1985年总数减少1/2。全年总产值119.30万元。

该厂自1974年成立水泥造船车间以来，迄1988年止，前后14年间，累计生产各种型号的水泥船251艘、钢质船127艘。1985年后，为了适应市场需要，钢质船的产量超过了水泥船。所有产品行销于苏南、浙北一带水网地区，颇获用户信赖。

嘉善县船舶修造厂是县交通局领导的大集体企业，也是省交通厅定点生产20吨级钢丝网水泥船的工厂，所产20吨级(15立方米)散装水泥钢质船是市散装水泥办公室的定点产品。厂址在魏塘镇车站路93号，占地面积9394平方米，其中主要房屋建筑面积4274平方米，有船台4个。1988年，全厂共有职工71人，其中厂长1人，副厂长1人，技术员2人，五级技工28人，六级技工15人，七级技工5人，三类焊工1人，二类焊工6人。拥有各种车床、钻床、剪板机、折板机、锯板机、空压机、电焊机、捣浆机及1吨卡车1辆，固定资产40.40万元。

嘉善荣华船舶修造有限公司

嘉善荣华船舶修造有限公司，地处嘉善杨庙镇，紧邻杨庙社区，水陆交通便利，工厂面积为5100多平方米，公司前身是“嘉善县杨庙保障造船厂”，创建于2002年，是一家乙类钢质船舶修造企业。

公司成立以来，通过全体员工共同努力，发展成具有一定规模和实力的修造60米以下的各类钢质船舶的企业，公司2010年有职工38人，其中工程师2人，助理工程师2人，专职质检人员2人，各类有证焊工10多人，拥有船台3座，并配有剪板机、卷板机、折边机、弯管机等机械设备，检测设备、下水设备齐全。

嘉善华建船舶修造有限公司

嘉善华建船舶修造有限公司，位于杭申线七星塘畔，毗邻上海市和江苏省，水陆交通便利，是一家修造国内各类钢质船舶的丙类船厂。

企业前身是“嘉善县干窑镇东庄船舶维修厂”，创建于1985年，于1997年企业转制更名为“嘉善县干窑镇东庄船舶维修厂”，2008年9月更名为“嘉善县红兵船舶有限公司”，企业经过二十多年的不断发展壮大，已成为具有一定规模和实力的修造船厂。2010年有职工39人，其中工程师2人，助理工程师2人，专职质检人员2人，有证焊工16人，专职质检人员2人。企业占地面积约5200多平方米，厂房建筑面积368平方米，拥有船台3座，并配有剪板机、卷板机、折边机等机械设备，下水检测设备齐全。

嘉善顺舟船业有限公司

嘉善顺舟船业有限公司，位于芦墟塘下甸庙村，毗邻上海市和江苏省，水陆交通便利，自然环境条件良好，是修造国内各类钢质船舶的好地方，是内河钢质船舶的修造厂。

企业前身是“顺帆造船厂”，创建于2002年6月，于2006年11月更名为“嘉善顺舟船业有限公司”，经过六年的不断发展壮大，已具有一定规模和实力的修造船厂。2010年有职工35人，其中工程师3人(轮机1人，船体2人)，专职质检人员2人，兼职1人，有证焊工17人，企业占地面积约4800多平方米，其中建筑面积为590平方米，拥有船台4座，金加工设备齐全，并配有剪板机、卷板机、折边机等机械设备，下水检测设备齐全。

嘉善宝航船舶修造有限公司

宝航船舶修造有限公司位于西塘镇星建村芦墟塘河道太河泾塘北东首，靠近上海和江苏省，水陆交通便利，自然环境条件良好，是修造各类钢质船舶的专业厂，嘉兴市重点骨干企业之一，浙江省钢质船舶修造乙类厂。

企业前身是“嘉善县东方造船厂”，2008年12月更名为嘉善宝航船舶修造有限公司，经过二十多年的不断发展，企业已形成具有一定规模和实力的修造厂家，企业有职工53人，其中具有大专文化程度2人，工程师4人(其中轮机2人，船体2人)，助工2名(船体1人，电气1人)，有证焊工18人，专职质检人员3人，兼职3人，企业占地面积为7800多平方米，其中建筑面积750平方米，金加工设备齐全(附厂)，并配有剪板机、卷板机、折边机、弯管机等机械设备，检测设备、下水设备齐全。

嘉善佳顺船舶有限公司

嘉善佳顺船舶有限公司位于杭申线红旗塘横泾港段，毗邻上海市，水陆交通便利，是一家建造各种钢质机动船的甲类船厂，嘉兴市第一批示范船厂。

图7-4-5 嘉善佳顺船厂

企业前身是“嘉善县姚庄镇钢质造船厂”，创建于1991年，经过十几年的不断发展壮大，企业已初具规模，2010年有职工46人，其中高级工程师1人，工程师1人，助工2人，大专文化程度2人，技师1人，持证电焊工15人，专职质检人员2人，企业占地面积约5000多平方米，占用岸线长度80米，拥有船台6座，并配有剪板机、卷板机、折边机等机械设备，下水检测设备齐全，企业年产量约6000吨(载重吨)左右。

嘉善长顺船舶有限公司

嘉善长顺船舶有限公司(原嘉善玉康船舶修造厂，2002被嘉兴市船检处列为“嘉兴市示范船厂”)成立于2008年12月，水陆交通便利。经过十几年的不断发展，企业已具规模。占地面积10296平方米，占用岸线120米，有船台4座、船台最大承载能力为5000吨。2010年，全厂有职工48人，其中工程技术人员3人、助理工程师5人、技师1人、持证类焊工18人。配备行车最大起重量10吨，拥有剪板机、折弯机、卷板机等机械设备，下水、检测设备齐全，承建过嘉兴造船史上最大的76米甲板货船。

嘉善伟峰船舶有限公司

嘉善伟峰船舶有限公司(原嘉善新桥船厂)位于主干线航道杭申线西塘大桥南堍，是建造各类钢质船舶的专业厂，始建于2002年，2007年4月由合伙企业改制成股份有限公司。

2010年，公司有职工40多人，其中大专以上文化程度3人、工程师3人、有证焊工13人、专职质检人员2人。企业占地面积5595平方米，岸线长85米。拥有千吨级船台4个、舾装码头1个、泊位2个、金加工车间1个。2009年公司投入50多万元建造了2个高标准厂房，配置了5吨行车。公司主要承建千吨级以下内河货船、各类挖泥船、交通船、工程辅助船、液碱船和散装水泥船等船舶。企业资质为Ⅲ级Ⅲ类。

海盐县船舶修造业

海盐船舶修造业历史悠久，改革开放后，海盐重新出现了私营造船企业，至20世纪90年代共有9家船舶修造厂，形成了全民、集体、个体一起上的局面，随着造船行业竞争日趋激烈和行业管理的进一步加强，一些管理落后、开拓意识淡薄的企业呈现出疲态，生产滑坡，生意清淡，甚至有些企业因亏损或经营不善退出造船业。而那些机制灵活，敢于开拓的企业却蒸蒸日上，办成了各具特色的7家船舶修造船厂。他们建造的船舶不但满足本地船户的需求，而且还畅销江苏、安徽、上海等周边地区，纵观历史，海盐造船业从弱到强逐渐走向成熟，从造木质船到造水泥船，从造钢质挂机船到造落舱机船，从造普通货船到造集装箱、散货两用船。海盐私营造船业在水运市场形成了良好的口碑，引来了各地船户纷至沓来。

随着经济回暖、运量增加和航道等级的提高，广大内河船户为提高营运效率，打造低碳、节能型船舶的意愿越来越强，海盐的船舶平均总吨位从2006年的126总吨，提高到了2010年的198总吨，有力地推进了海盐水运业的转型升级。

内河造船企业行情由高到低再回暖，以及海运造船业的从无到有。内河造船：2006年85艘，12574总吨；2007年18艘，2288总吨；2008年1艘，155总吨；2009年58艘，11128总吨；2010年72艘，13607总吨。海运造船：2009年5艘，2010年6艘。

海盐造船厂

海盐造船厂是隶属于海盐县交通局的全民所有制交通工业企业，位于海盐县武原镇朝阳西路227号。它是建国后新建企业，原是武原木器社的造船小组，部分成员是解放前马家船厂的业主及职工。1958年大办工业时，由海盐县民船管理所偿付武原木器社5500元，于4月8日将修船小组划出，与沈荡木器农具社修船小组合并成立海盐造船厂，当时属集体经济性质。同年8月30日经县人委(68)盐办字第1894号文批准，转为地方国营。10月6日工交秘字(58)第1187号文定名为“地方国营海盐造船厂”，归属县工业手工业交通局。1959年1月改名为“地方国营海宁县武原水器造船厂”，隶属于海宁县工业交通手工业局。6月，公私合营海盐木器厂并入该厂。1961年分县后，于12月改称“地方国营海盐造船厂”，隶属于海盐县工业交通局。1966年5月增设煤球生产车间。1968年6月21日，建立“海盐造船厂革命委员会”，1976年5月15日复称“地方国营海盐造船厂”。1982年8月，从工业系统划出，归属海盐县交通局。

图7-4-6 海盐造船厂

海盐造船厂是小型地方企业，1986年前，工厂扩展规模与发展速度缓慢，固定资产投资总额仅35万元。其中"六五"期间投资额所占比重稍大一点，绝对值也不过7.8万元。随着生产、经营的迅速发展，企业再生产能力迅速增强。海盐造船厂从建造木质船发展到建造以货驳为主的钢质船，已达到年产量4800吨/60艘的生产能力。

海盐造船厂于1958年9月正式投产，建厂之初，生产工具简陋，造船工艺落后，技术原始，无机械设备，铅板钻孔、打制油灰、麻板全凭手工操作，生产经营项目是修造2—3吨的木农船及抽水机船，因当时业务需要，曾在西塘桥、沈荡两地设修船分厂。同年年底，造出本县第一艘小轮船，县委对此褒奖为"土木匠造出洋轮船"。1959年开展技术革新，船厂始有第一台抽灰机，圆盘锯板机。此后，上级有关部门陆续给予投资，生产条件逐步改善，技术设备不断更新。60年代初，建造成功铁木结构轮船。1959年至1961年，该船厂共建造轮船、木驳货船、农机船等100余艘，900余吨位，曾造海船用小舢板和捕鱼用60吨海船各1艘。

"文化大革命"期间，船只制造寥寥无几，修船业务一度几乎停顿，为维持企业，1966年，上级部门决定把煤球厂归并到船厂，附设煤球车间，专门生产民用燃球、煤饼、煤砖等煤制品(后来于1980年划出)。

1976年，试制成功铁壳小汽艇。1976年始，建造钢质船，并抽调放样、焊接技术人员和专业对口的大中专毕业生入厂，使技术力量得到充实，生产能力逐年扩大。1976年，为通元乡工业办公室建造一艘18米钢质拖轮。次年，开始建造钢质货驳。此后，作为该厂主要产品的钢质货驳，产量逐年上升。1981年至1982年，该厂船舶生产出现滑坡。尤其是1982年，根源于整个造船行业形势严峻的状况，生产任务不足，材料供应脱节，工厂本身经营管理不善，使年产值比前三年的平均产值下降51%，利润亏损额达12.6万元，亏损局面一直延续到次年8月，工厂濒临倒闭。

1983年3月后，船厂进行整顿和改革，加强了以生产指挥为中心的经营管理，并实行了经济责任制，使生产较快地恢复了正常，当年9月，工厂终于转亏为盈，年末实现利润2.4万元。此后几年，船厂经营管理水平不断提高，造船生产取得了可喜的进展。1986年，该厂生产钢质船舶36艘、1980吨位，工业总产值122.3万元，利润额达26.28万元，创历史最高水平。1981年至1989年逐年上升，1989年生产钢质船舶62艘、4495吨位，工业总产值237万元，为"七五"期间最高水平。1990年，造船市场变化，产量、产值、利税等经济指标，均明显下降。1990年，造船31艘、2850吨位，工业总产值152.27万元，利润总额5.73万元。

1990年，海盐造船厂已拥有职工82人，其中三级以上技术工人68人，固定资产原值93.78万元，净值70.09万元。定额流动资金142.60万元。厂区占地面积7400平方米，房屋建筑面积4000平方米，主要设备有主船棚2座，电焊机25台，剪板机、油压机、带锯机各1台，车刨、钻床5台，液压板料折弯机1台，5吨载重汽车1辆。

表7-4-5 海盐造船厂主要年份经济指标汇总表

指标名称 / 单位 / 年份	工业总产值（不变价万元）	销售收入（万元）	主要产品产量（艘/吨）	全员劳动生产率（元/人）	利润总额（万元）	固定资产原值（万元）
1958年	9.38	5.43		1766	0.86	0.38
1980年	10.28	8.0	（木质）33/354	1710	0.91	1.78
1985年	11.27	9.42	（木质）81/300	2683	1.37	2.63
1970年	17.71	22.22	（煤球生产）3922T	3540	1.89	10.47
1980年	79.92	87.13	（钢质船）15/985	6773	4.72	21.11
1981年	64.81	44.85	13/725	5838	0.51	22.66
1982年	34.71	49.94	12/594	3072	-12.51	3.53
1983年	72.72	76.59	22/1230	3171	2.39	28.35
1984年	132.74	142.67	39/2240	18436	5.94	24.83
1985年	130.23	176.03	32/725	17599	20.58	24.69
1986年	122.31	170.58	36/1980	14222		40.38
1987年	178.03	251.50	37/3080	17518		51.90
1988年	220.02	297.80	55/3585	21571	33.90	53.40
1989年	237.01		62/4495	23236	17.10	
1990年	152.27		31/3250	17502	5.73	93.78

嘉兴嘉海船舶制造有限公司

嘉兴嘉海船舶制造有限公司，是海盐县较早从事船舶修造业的船厂之一，该厂位于角平申线官堂支线长木桥河畔。专业造船设备设施齐全，技术人员力量雄厚，客户遍布江苏、安徽、上海以及本县及周边地区。

船厂强抓内部管理，科学施工，并完善各项规章制度，以诚信树形象，以质量创品牌。全厂人员齐心协力，不断开拓创新，企业管理规范，船舶产品线型好、航速快、结构强，倍受船户好评。

在激烈的市场竞争中，质量是生存之本，嘉海人采取了一系列措施不断提高船舶技术含量，高薪引进技术人员，加强对电焊工的培训和日常管理，定期召开安全质量会议。认真听取船户意见，对造船工艺精益求精，工厂生产呈良性势态，质量稳定。多年来赢得了船户的好评和信赖。该厂也是2005年海盐县首届船舶电焊工的比赛场地。

船厂的经营理念是：愿为你倾心打造财富，打造双赢的和谐氛围，打造永远的微笑。推进和谐交通建设，服务地方经济建设，水上运输业发家致富的第一步从这里开始。占用岸线长度120米，年产量3000载重吨。

嘉兴市东升船舶工程有限公司

嘉兴市东升船舶工程有限公司前身为海盐县武原船舶修造厂，2006年年初进行了股份制改造，并异地建设新厂区。新建厂区位于杭平申线航道黄桥段，地理位置优越，占地18.226亩，拥有6座船台，并拥有目前嘉兴地区范围内规模最大的带有行车的钢梁结构的全框架船舶修造车间，可同时建造6艘各类船舶。嘉兴市东升船舶工程有限公司经搬迁新建后，扩大了生产规模，企业面貌焕然一新，造船规模、造船能力均上了一个台阶。不但能承建各类普通钢质货船，而且能够承建不同要求的船舶。企业主要设备齐全，技术力量雄厚。船厂坚持“质量第一，信誉第一”的宗旨，不断提高企业员工素质和产品质量，提升产品档次，继续加大技改投入，以其优越的质量，优良的服务，优惠的价格，为广大船户服务，积极推进和谐交通建设，服务地方经济发展。占用岸线长度：120米，年产量：2000载重吨。

2010年11月3日，由嘉兴市东升船舶工程有限公司打造的海盐首条千吨级货船顺利下水，该船载货量达1100吨，总长50米、型宽10米、型深3.6米。该船船东是一位桐乡船户，建成后投入长江航线营运。

嘉兴滨海船舶工程有限公司

嘉兴滨海船舶工程有限公司，由原海盐县朝阳运输有限公司船厂按现代企业制度要求重组建成，是目前海盐规模较大的船舶修造企业之一。

公司位于杭州湾畔海盐经济开发区角平申线海盐大桥上游2公里处，占地33亩，拥有10个船台，公司具有较强的专业生产水平，技术力量雄厚，生产设备先进，检测手段完善，所建造的船舶、挂浆机落舱改造以及船舶修理中形成了鲜明的特色，受到了各地船东的普遍好评。公司在发展主业的同时积极向多元化方向发展，拥有多台螺丝加工设备，其长杆螺丝在市场上具有一定的知名度，产品供不应求。

公司在现有造船设备前提下，引进先进的管理理念和人才理念，高薪引进技术人员，加强船舶电焊工的培训与管理，与船舶设计单位挂钩，定期召开安全会议，注重文明生产，以安全第一，追求质量，用户至上为企业的立业之本，企业生产呈良性势态，多年来赢得了用户的好评与信赖。占用岸线长度：200米，年产量：4500载重吨。

海盐县秦山官堂得胜船厂

秦山官堂得胜船厂位于角平申线官堂支线航道海盐官堂集镇北段，船厂创立于1990年，有5个船台，是海盐县历史较悠久的船舶修造船厂之一，也是海盐最早开展挂浆机船舶落舱改造的船厂之一，其挂机船落舱改造数量、改造质量均列海盐第一，受到了广大船户的好评，同时赢得了市场的认可，船户的认可。许多从没有来过海盐的江苏挂桨机船户，也慕名而来。

秦山官堂得胜船厂千方百计为客户着想，有完整的质量保证体系和严格的成本控制体系，尽可能让客户得到价廉物美的实惠。一流的质量，一流的服务赢得了市场，江、浙、沪、皖等地客户都纷纷沓至而来。

2010年，秦山官堂得胜船厂投资上百万元人民币利用废旧钢材生产钢砂、钢丸的生产线已投产，钢砂、钢丸广泛用于船舶除锈，钢结构除锈、铸造抛丸等，市场前景广阔，并开创了海盐船舶修造业开拓新领域的一条新路。占用岸线长度：100米。

海盐通达船厂

海盐通达船厂位于通元镇西首，海盐南片石料企业水路出口必经之地，地理位置优越，船厂创立于20世纪90年代初，有4个船台，是海盐县历史较悠久的船舶修造厂之一，企业的发展与水运事业发展密切相关，随着水运事业的快速发展，船舶修造水平日益提高，是本县范围内最早开展挂桨船舶改造的船厂之一，其挂桨机船舶落舱改造质量，船舶保养质量，修理质量，受到了广大船户的好评，同时赢得了市场的认可，形成了良好的口碑和市场知名度，其周边的船户无一例外地选择通达船厂作为自己船舶维修保养，改造的船厂。随着船厂维修保养水平的不断提高，以及良好的服务质量，也赢得了港航管理部门的认可，成了本县港监艇和其它交通艇的定点维修保养基地，该厂也是嘉兴市首批挂桨机船拆解、改造定点船厂之一，是海盐多家保险公司特约修理单位之一。占用岸线长度：50 米。

海盐县沈荡船舶修船厂

沈荡船舶修船厂位于海盐塘沈荡段，船厂创立于 1994 年，2010 年有 4 个船台，吊梢架 1 座，维修、保养设备齐全，是海盐县历史较悠久的船舶修船厂之一，在沈荡、横港一带船户中享有一定的知名度，也是该地区船户船舶修理、保养的首选船厂，受到了广大船户的好评，同时赢得了市场的认可，船户的认可。企业发展与水运事业发展密切相关，随着水运事业的快速发展，船舶维修水平不断提高，也为今后扩大再生产打下了坚实的基础。占用岸线长度：80 米。

浙江林龙港口有限公司

浙江林龙港口有限公司于 2009 年 5 月份通过钢质一般船舶生产企业二级 II 类的资质认可，成为海盐有史以来第一家海运船舶制造企业。可建造长 150 米以下、空船重量 5000 吨或主机功率 6000 千瓦的钢质一般船舶，设计年造船能力 30 万吨。

2009 年，该公司打造了 5 艘工程船，均在 2010 年 1 月顺利下水。2010 年，林龙公司又投资 9000 万元建造了 6 艘海船，其中 1300 立方米的开体工程船 4 艘，5 月份开始建造，于 2010 年 11 月 23 日下水；由浙江林龙港口有限公司建造的 3750 吨林龙采 1 号和林龙采 2 号，3 月份开始建造，12 月份顺利下水。

平湖市船舶修造业

自 20 世纪 90 年代初开始，平湖市的船舶修造业进入一个快速发展时期，造船厂、修船厂（点）如雨后春笋般出现，最多时达二十余家。平湖市的船舶产业主要集中在杭平申线的当湖街道、钟埭街道及林埭镇等地，目前已初步形成一定规模的产业集聚。2010 年，平湖市共拥有各类船厂 7 家（二级 III 类船厂 3 家，二级Ⅳ类船厂 1 家，三级 III 类船厂 2 家，丙类船厂 1 家），占地面积约 127 亩。据统计，2010 年全市共新造船舶 85 艘，22628 总吨，实现工业产值 1 亿余元。目前平湖市船舶建造业主要以建造内河公务船以及大吨位散装货船为主，建造数量占到总数的 80%以上，部分造船企业具备沿海船舶的建造能力。同时在向多元化发展，建造一些技术含量高、附加值高的船舶，如内河游览船艇、高速客船、各类公务用艇、工程船、散装专用船和油船等。

平湖市船舶修造业产品的种类也已扩展到 30~1000 吨级的货船、工程船、危险品船、港口工作船、沿海客船、快速艇等高档特种船舶。其特点是：

一、钢质散货船建造已成拳头产品。平湖市各船厂都能建造钢质散货船，3 个一类船厂能建造 1000 吨级船舶，其中东港船厂 2004 年就承建了一艘 1300 吨货船。由于建造质量好，价格适中，颇受用户青睐，除苏北主要订户外，上海、安徽、山东和省内湖州等地订户也纷至沓来，在华东地区知名度较高。

二、特种船舶制造已成气候。华海造船有限公司多年来承建的各类公务艇和游览观光船被广泛应用在公安、海事、水政、渔政、环卫等执法部门和旅游部门。第一船厂生产的环卫环保工作船深受上海等地环卫环保部门的欢迎，与船舶设计单位合作研发的“水面漂浮物打捞处理平台”荣获上海市科技优秀发明选拔赛二等奖。东港船厂除了建造大吨位钢质散货船以外，还开发建造了技术含量高、附加值高的各类工程船、危险品船、港口工作船和散装水泥船等特种船舶。

三、豪华游艇建造已经起步。豪华游艇是财富和身份的象征，用材讲究，内装及设施要求高，是集资金、劳动、技术和艺术于一体的工程。东昌游艇厂(其母公司为台湾东哥游艇制造公司)落户新埭镇后，二期工程已经建成投产，还准备发展三期。据了解，其游艇产量占国内游艇制造业产量的 14%左右，号称国内最大游艇制造厂。

四、几家船厂已初具规模，造船能力称雄浙北。平湖市东港船厂、第一船厂、华海造船有限公司 3 家船厂已初具规模。其中东港船厂是浙北最大的内河造船企业之一，也是嘉兴市首批“示范船厂”之一，年造船量列嘉兴市首位。华海造船有限公司是上海市船舶工业和上海市环境卫生协会会员，擅长制造各类公务艇，深受用户青睐。第一船厂多年来承建上海环卫环保工作船，深受上海用户欢迎。

平湖市浙北造船有限公司

原名东湖船厂，原系村办企业。1998 年 3 月，企业改制，成为民营企业，1999 年更名为平湖市东港船厂。2004 年 3 月更名为平湖市浙北造船有限公司。2000 年 10 月，被省船舶检验局评为甲类船厂。

20 世纪 90 年代初，以建造或修理 60 吨左右的钢质运输船为主。

2000 年，厂里添置设备，扩大建造船规模，逐渐步入以造船为主要业务的发展轨道。同年 10 月，通过资质认定，被省船舶检验局评为甲类船厂。

2001 年 9 月，因开发东湖风景区需要，船厂厂址由市区虹桥路宝塔桥西堍搬迁至市区南门外，占地面积 1.2 公顷。厂址搬迁后，厂里进一步扩大投资，添置先进的造船设备、引进技术人才，提高了造船能力。2003 年 4 月，造出了千吨货船(船名：皖宣城货 1886 号，主尺度：船长 53 米、船宽9.60米、船深3.20米)，系当时嘉兴市最大的船只。其造船的种类也由1991年只造普通货船扩大至建造工程船、箱体船、油船、三类海区船。

2009年年末，船厂拥有60米×18米船台8个，占地面积20000平方米，从业人员100人，可建造的最大船舶由1991年的60吨上升到1500吨。其造船种类包括普通货船、工程船、化学品液货船、油船、海船。

图7-4-7 平湖浙北船厂

平湖市华海造船有限公司

1997年11月，平湖市华海船厂成立，系镇办集体企业。1999年，船厂建造的自流提升式清扫船获得“上海市科技进步奖”。2001年1月，通过资质认可，被省船舶检验局评为甲类船厂。船厂原地址在市区虹桥路宝塔桥东堍，2001年8月，因东湖风景区开发需要，搬迁至市区城北路6号。迁址后，占地面积扩大到1.21公顷。

2001年12月，企业改制为民营企业，增挂平湖市华海造船有限公司牌子。自2002年下半年始，公司注重向设计和建造艇船的方向发展，其建造的公务艇、环保工作船、游览船等系列产品销往江、浙、沪，是上海市船舶工业协会和上海市环境卫生协会会员。2005年末，公司拥有船台10个，从业人员98人，可建造1500吨以下的船舶。2009年末，船厂拥有80米×29米船台4个，从业人员80人，最大造船能力2000吨。产值1500万元。其造船种类包括普通货船、公务艇、环保工作船等。

图7-4-8 平湖华海船厂

平湖顺风船舶制造有限公司

位于平湖市徐埭工业区，船厂原为镇办企业，1999年2月，企业改制，成为民营企业，更名为平湖第一船厂，后又更名为平湖顺风船舶制造有限公司，厂区面积1.3公顷。

2000年1月，通过资质认可，被省船舶检验局评为甲类船厂。其生产的旅游船、钢质货船、监察执法艇及多功能垃圾打捞处置船等销往江、浙、沪，2002年研制的水面漂浮物打捞处理平台获上海市科技优秀发明选拔赛二等奖。是上海船舶工业协会和上海市环境卫生专业设备协会会员。

2009年年末，船厂拥有58米×20米船台7个，从业人员60人，最大造船能力1000吨。厂区面积13652平方米，产值1700万元。其造船种类包括普通货船、公务艇、环保工作船等。

平湖市长胜船厂

地址为平湖市当湖镇东升村十一组。职工34人，2004年经资质认可，被省船舶检验局评为乙类船厂。20纪90年代，厂里主要承接普通货船的修理、保养业务，1995年始，承接钢质挂桨机船改装成落舱机船业务，2004年始，建造小吨位小功率落舱机货船，销往嘉善、海宁等周边县市。

2009年年末，船厂拥有60米×18米船台6个，最大造船能力800吨。厂区面积13652平方米，产值120万元。

平湖市当湖船厂

私营企业，厂址为平湖市当湖镇三北村子孙桥东堍南侧。职工18人。主要承接300吨以下的普通货船的修理和保养业务。2000年1月，经资质认可，被省船舶检验局评为丙类船厂。2003年始，承接平湖市及周边县市的钢质挂桨机船改装成落舱机船业务。

2009年末，船厂拥有50米×18米船台6个，最大造船能力500吨。厂区面积6000平方米，产值60万元。

平湖市航运有限公司船舶修造厂

隶属于平湖市航运有限公司，厂址平湖市当湖镇六里桥。厂区面积5397平方米，职工33人，船台6个。2000年1月，被省船舶检验局评为乙类船厂。该厂主要任务是满足本公司的船舶修理(造)需求，及承接外来修造船业务。20世纪90年代中期，厂里组织技术力量，自制起吊架、单轨吊车、落地行车、双轨行车等修造船设备，其制造的舵机、绞关、锚机系列及推进器等船用产品质量较好，辉煌一时。随着该公司船舶拥有量逐渐减少，负责公司船舶修造的任务明显减少，随之对外来船舶的检修保养和钢质挂桨机船改装及拆解作为一项重要的生产业务。

嘉航平湖站保养场

隶属于嘉航平湖分公司，位于平湖吕公路9号，主要负责本分公司船舶修理和保养，另外接客(货)船、艇的维修保养业务。自1986年起，水上客运逐渐被陆上客运所取代，公司客船逐年减少，至1992年，公司所剩的客船修理工作量已远远不能满足保养场的需要，此后，上海市郊县(如奉贤县、南汇县等)有少量货船和平湖航运管理所的一些港监艇到保养场维修保养。1996年12月，公司被平湖市天龙集团公司兼并，保养场随之被撤销。

平湖东昌游艇制造有限公司

2002年10月，平湖东昌游艇制造有限公司开业，系台资企业，厂址位于平湖市新埭镇青阳汇。注册资本1001万美元，由英属维尔京群岛联厂企业股份有限公司（台资企业）投资组建。一期总投资2500万美元，2004年10月增资1107万美元，总投资达3607万美元，注册资本达2108万美元。

公司占地总面积6公顷，建筑面积3万余平方米，专业生产私人豪华游艇。项目引进时，填补了浙江省私人游艇生产的空白，也是全市第一家台资独资造船企业。

公司鉴于中国的消费水平，生产的游艇定位于美国、欧洲等市场，并视中国消费市场发展，逐步开发生产适合中国市场的私人游艇。企业生产私人豪华游艇，委托美国的游艇设计公司设计，外型线条流畅，造型独特，充分考虑了动力学的原理，采用两台涡轮发动机（每台300~700马力)为动力，最高时速可以达到30海里。艇内装饰用品以进口材料为主，配有等离子升降电视机、卫星导航仪、冰箱、饮水机等设施，设主、辅卧室各一个，充分体现豪华、休闲、娱乐的时代特征。

2004年，公司共生产私人豪华游艇22艘，创产值7300万元。2005年年末，公司有员工250人，其中工程技术人员12名，生产私人豪华游艇35艘，创产值11650万元。

平湖交通船厂

平湖交通船厂为平湖县直属集体所有制企业，位于城关镇城南东路104号，占地3700平方米，建筑面积2335.3平方米，其中车间1305.1平方米，船棚681.8平方米，仓库154平方米，办公用房194.4平方米。

1966年1月1日，平湖县桥梁工程队建立，隶属于平湖县工业交通局，有10人。后来人数逐渐增加。至1974年，共建桥200余座。1977年7月15日，该队改名平湖县交通船厂，职工46人，当年生产钢丝网水泥船23艘、680吨。1978年，生产电焊条165吨，翌年因原材料紧缺停产。1980年试制60吨级钢质货驳成功。同时试制印刷线路板、无梭织布机配件及小型注塑机，因销路不佳，未坚持生产。1983年，生产1至5磅漆包线线筒。1984年生产注塑件尼龙料棒冰模夹头。是年，经平湖县交通局批准，将电讯元件车间对外改称交通电讯元件厂。1985年7月，试制1千瓦全塑电吹风，次年11月通过市级鉴定，商标为佳美357型，后批量生产。1985年后，坚持生产钢质和水泥质货驳。电吹风生产不断扩大。

1986年年初，平湖县交通船厂试制成第一批30客位的手摇钢质渡船，随后又制成14客位手摇钢质渡船，供应全县各交通渡口使用。同时应杭州内河航运公司之求，生产40吨装配型钢丝网水泥货驳30艘，及一部分20~30吨水泥货驳共计51艘，1310总吨。这年起，开始生产15吨、20吨、36吨、50吨级四种规格的钢质货驳。当年生产6艘，计100总吨。

1987年，该厂应浙江省交通厅生产内河钢质渡船之求，设计制造了系列化渡船产品：14客位、30客位手摇钢质渡船，40客位、100客位、150客位机动钢质渡轮。几乎承担了嘉兴地区所有的渡船生产。由于质好价廉，声誉卓著，业务迅速扩展到金华、衢州、绍兴等外市，有效地配合了省厅要求对全省民间交通渡口逐步实现钢质化的目标。同年又建造钢质货驳20艘，317总吨。水泥船属淘汰型产品，生产有所下降，仅生产45艘，1020总吨。自1988年起，该厂实行车间业务承包责任制，造船车间生产钢驳34艘，937总吨。水泥船22艘，490总吨。钢驳生产从艘数、吨位上首次超过水泥船生产量。是年工业总产值达到248万元，比1987年的204.97万元增长21%。实现利润26.64万元，上缴国家税金10.78万元。

该厂为适应市场变化情况，发展商品经济，除以造船为主外，兼营生产电吹风等副业。生产的“华姿”(原名“佳美”)牌电吹风，有350~550瓦、450~650瓦、1000瓦、1100瓦等多种规格系列产品。采取香港进口电机，本厂自产外壳的办法，质量可靠，产品很有市场，效益稳步上升。1990年10月，该厂召开了第二次“华姿”系列电吹风业务洽谈会，邀请了全国60多家主要定点销售单位代表。会上通过洽谈，成交额达208万元。为了安排富余劳动力，充分利用造船生产的下脚料，设立了两个小车间，分别生产理发椅和翻新旧自行车，取得了一定的经济效益。1990年末，该厂有职工99人，其中管理人员20人，生产人员73人，后勤人员6人，设生产技术科、供销科、财务科、行政科、造船车间和电讯元件车间，有车床2台、刨床1台、锐床1台、钻床11台、电焊机10台、注塑机4台、拌和机1台、调直机2、剪刀车1台、砂轮机3台及刨板机、冲板机、筛沙机、粉碎机、烘箱各1台，固定资产86.5万元。全年生产钢质渡船9艘、钢质货驳8艘和水泥船1

艘，共 18 艘，1673 吨，1000 瓦电吹风 61222 只，650 瓦电吹风 2709 只，理发椅 100 台，注塑产品 31.7 吨，总产值 374.49 万元，利润 26.92 万元，上缴税金 11.45 万元，人均创利税 3162.8 元。

1992 年，船厂因经营不善等原因出现亏损。同年 12 月，船厂新一届领导班子成立后，实行内部承包经营，大力发展多种经营，开办了平湖市交通实业公司、平湖市绿宝石歌舞厅等第三产业，到 1993 年开始扭亏为盈。

由于船厂城南东路厂址河道狭隘，四周无发展余地，1995 年 3 月，船厂与原城关镇蔬菜村经济合作社签订联营协议，蔬菜村经济合作社以原城关镇城北路外环北路东首 0.6 公顷土地使用权作价投入，与船厂组建集体联营企业。10 月，得到市计经委《关于交通船厂合资建立平湖市交通船厂第一分厂的批复》同意。1996 年 8 月，新联营厂基建结束，船厂搬入新联营厂内开展生产经营。新联营厂有办公楼 1 幢 878 平方米，生产车间楼 1 幢 1200 平方米，30 × 18 米钢结构船棚 2 个约 1100 平方米，极大地改善了企业造船、注塑和电吹风生产条件。考虑到有利于对外经营，联营厂对外继续以平湖市交通船厂(平湖市交通电讯元件厂)名义经营。

1998 年 11 月，经市经济体制改革委员会、市交通局《关于同意平湖市交通船厂改制为股份制企业的批复》同意，船厂由集体企业改制为股份合作制企业，注册资本人民币 33.6 万元，全部由企业职工出资入股。

船厂搬入新联营厂后，水上运输市场出现周期性衰退，造船行业市场竞争激烈，另外电吹风生产技术含量低，个体经济发展迅猛，造成该厂主要经营业务大幅度萎缩。加上企业内部管理上的问题，造成企业经营状况与经济效益每况愈下，2002 年起基本停产。至 2002 年 8 月，企业实际亏损达 289.5 万元，且扭亏无望。

2002 年 8 月，经船厂股东大会同意，平湖市交通船厂(平湖市交通电讯元件厂)上报《关于要求批准平湖市交通船厂企业破产的请示》，向局提交企业破产申请。同月，局下达《关于同意平湖市交通船厂破产的批复》，同意船厂实施破产。船厂随即对在编 86 名职工开始进行分流工作，至年末，职工分流工作基本完成。

2003 年 1 月，船厂向平湖市人民法院提出破产申请，3 月，市人民法院下达(2003)平民破字第 101 号民事裁定书，宣告平湖市交通船厂破产还债。4 月，市人民法院指定成立平湖市交通船厂破产清算组，破产清算组正式接管平湖市交通船厂，企业进入破产还债程序。

2008 年 11 月，经平湖市人民法院民事裁定，宣告终结平湖市交通船厂的破产还债程序。企业正式宣告破产。

平湖市当湖求新船舶修理厂

当湖求新船舶修理厂始建于 2002 年，占地面积 3000 平方米，占用岸线长 30 米，设有船台 2 个，并配有剪板机、卷扬机、折边机等机械设备。2010 年有工人 5 人，其中有 3 名技术工。以船舶修理及船舶抢修业务为主。

桐乡市船舶修造业

桐乡市船舶修造企业主要分布在杭申线、长山河、京杭运河沿岸，2010 年，全市共有船舶修造企业 5 家。其余有桐乡市乌镇分水墩修船厂，创建于 1986 年，位于江浙两省交界处，京杭运河乌镇段，地理位置优越，水陆交通方便。主要修理钢质干货船，技术力量雄厚，修理质量好，自办厂以来，起吊能力由办厂初期的 50 吨(单吊)提高到最大起吊能力 1000 吨(双吊、龙门吊宽度 11 米)。船厂占地面积 2000 平方米，岸线长度 100 米，建筑面积 300 平方米，固定资产 100 万元。

又有桐乡水泥制品厂，隶属于桐乡县二轻总公司，为集体所有制企业，厂址位于桐乡县崇福镇青阳路 1 号。始建于 1965 年 10 月 14 日，刚开始，造船品种仅有 1.5 吨、2 吨、3 吨水泥船，后来主要产品为 6 吨、7 吨水泥农船，当时经省二轻农具五金处来桐乡水泥制品厂巡回质量检查，造船产品主要质量指标符合要求，被定为省水泥船生产定点企业。1968 年增加 14 吨与 16 吨水泥驳船的生产。1969 年增加 7~9 吨两用船。1971 年始，建造 15 吨驳船。1972 年，增加 20 吨驳船。1974 年，增加 7 吨水泥机动船、8 吨吸泥船和 40 吨驳船的生产。至 1986 年，该厂产品质量合格率达 100%。该厂建造水泥船的能力正逐步提高，但由于生产的水泥船仅限于农用，因此，水泥船的生产数量囿于一定水平。1988 年，增加 5 吨水泥农船的生产。1990 年年末，厂区占地面积 28595.6 平方米，其中建筑面积 14364 平方米，生产水泥船车间的建筑面积为 3205.8 平方米。全厂拥有职工 217 人，其中工程技术人员 6 人。20 世纪 90 年代中期，桐乡公路建设加快，车辆不断增多，由于水泥船质安全性差，导致滞销，该厂水泥船逐渐停产，转产其他行业。

桐乡市兴祥船舶制造有限公司

桐乡市兴祥船舶制造有限公司前身为桐乡市百桃长山船舶修造厂，位于长山河起龙桥，创建于 1987 年，建厂之初以维修小型挂桨机船为主，房兴祥厂长始终坚持“质量第一、诚信为本、客户至上”的办厂宗旨，经过二十多年的艰苦创业，于 2006 年改制成立公司，公司占地面积 8600 平方米，岸线长度 85 米，厂房面积 700 多平方米，固定资产 150 万元，1000 吨级船台 2 座，500 吨级船台 4 座，并有木工车间、金工车间、油漆、五金等原材料仓库。2010年，公司有员工48人，其中专业技术人员5人，技术工人有16人。2010年，公司共建造一般干货船18艘，总载货吨位达9000余吨。

桐乡市迎宾船舶制造有限公司

桐乡市迎宾船舶制造有限公司前身为桐乡市史桥船舶修造厂，位于长山河史桥集镇西，创建于1992年，建厂之初以建造100吨左右的挂桨机船为主，在厂长丁连华开拓、务实、求发展的创业精神的带领下，船厂的生产技术条件得到不断提升，于2006年改制成立公司。公司占地面积3900平方米，岸线长度120米，固定资产100万元，800吨级船台1座，500吨级船台2座，木工车间、金工车间、油漆、五金等原材料仓库。2010年，公司有员工20人，其中专业技术人员3人，技术工人有12人。2010年，公司共建造一般干货船11艘，总载货吨位达6300余吨。

桐乡市虎啸运河船舶修造厂

桐乡市虎啸运河船舶修造厂，位于杭申线崇福镇北三里桥，创建于1981年，企业从原来修造水泥船木质船为主，发展到如今已具备维修1000吨级钢质船和工程船资质，企业在1994年投资80万元建造龙门双吊及辅助设备，2006年5月在原有的基础上进行技改，投入资金100万元，新建1000吨级龙门双吊及船棚，船厂占地面积8000平方米，岸线长度100米，建筑面积3000平方米，固定资产230万元，设备齐全，已形成一定的船舶修造规模。

桐乡炉头造船厂

桐乡市炉头造船厂建于20世纪80年代初，属乡办集体企业，厂长邱洪泉，地点在杭申线西双桥西侧，占用岸线100米。初期主要业务以维修、建造小型水泥船、木质船为主。90年代初，企业性质改为个人独资，以修造钢质挂桨机船为主，此时，厂区面积2621平方米，固定资产18万元，流动资金4万元，职工21人，其中质检技术人员5人。1993年至2008年间，该厂共修造各类船舶113艘，计13963吨位，在资质上达到能建造散装水泥船(槽罐船)及其他800吨级各类钢质船舶技术。2009年起无船舶修造订单业务，该厂改产暂停。

桐乡求精机械化工船舶制造分厂

桐乡市求精化工船舶制造分厂建于1967年，隶属于浙江嘉兴新竹机械制造有限公司，位于濮院镇永兴港南北圣华生路248号，属股份制企业，占有岸线200米。该厂以生产工程船舶为主，20世纪90年代末生产的浮吊式挖泥船、全自动水葫芦清理装置被联合国粮农组织指定为定点产品。包装水泥装船机多次出口国外。2008年至2010年，该厂无船舶订单，公司侧重点放在生产起重、环保、水泥、化工、输送、工程机械共六大类品种方面。

2010年，公司达到一定规模，占地面积3800平方米，固定资产2000万元，有职工85人，设备齐全，有专用机床、大型车、铣、刨、磨、滚齿等机械。

表7-4-6　1965—1990年部分年份桐乡水泥制品厂总产值和造船数量情况表

年份	工业总产值（万元）	产品销售数（万元）	利润总数（万元）	上交税金(元)		农船数量（艘/吨）
				工商税	所得税	
1965	21.18					41/104
1970	27.16					459/2180.5
1975	34.29	30.88	1.69			178/954
1980	102.38	113.09	18.02	33336	67254	1719/8724
1981	87.89	97.17	12.43	29559	57640	1554/7592
1982	115.3	115.34	11.18	38887	40730	1635/7524
1983	168.04	155.29	16.13	58052	62538	1804/8224
1984	219.04	196.33	16.53	82985	26062	1814/8274
1985	314.42	333.72	22.04	157689	73833	1297/7307
1986	335		24.08			1450/7535
1987	384		25.49			1727/9818
1988	442		26.48			1573/8552
1989	325.14	388.9	8.5			1023/5550
1990	795	745	36.5			509/2822

海宁市船舶修造业

2010年，海宁市共拥有各类船厂2家(III类船厂1家、船舶修理厂1家)，占地面积约30亩。据统计，2010年全县共新造船舶19艘，总吨4499吨，实现工业产值近0.23亿元。至2010年，海宁市无船舶建造企业。

海宁造船厂

海宁造船厂，位于海宁市硖石海青桥南环城东路，为大集体经济性质，隶属于海宁市交通局领导。1986年，海宁县二轻系统所属的海宁造船厂停产转业后，海宁县第一航运公司承接该厂厂名、印信，于次年8月28日将自有的修造船厂改名为海宁造船厂。当时有职工166人，10月，征地扩建厂房，新建船棚2个，船台3座。当年拥有固定资产原值10.16万元，净值7.4万元。1987年7月，经海宁市交通局批准，与航运公司实行两权分离，成为独立核算、自负盈亏的经济实体。

1990年，拥有职工78人，其中助工1人，3级以上技术工人69人，管理人员8人。全厂设造船、木工、金工车间和4个船队。全厂占地面积2000平方米，其中建筑面积1000平方米。生产设备有剪板机、调直机、液压机、震动机、拌和机、车床、摆臂钻床、空气锤、直流焊机、空压机等，造船机械设备较为齐全。有固定资产35万元，流动资金20万元。

1986年生产3~30吨级水泥质农船、货驳82艘，1321吨位，产值57.62万元，利润总额4.95万元。1987年生产3~30吨级水泥质农船、货驳149艘，1458吨位。1990年建造钢质船16艘、1000吨位，产值120万元，利润3万元。

海宁市交通造船厂

海宁市交通造船厂，位于海宁市长安镇辛江大桥东面，系海宁市第二航运公司所办工厂。原为长安镇木帆船运输合作社修船工场，1958年运输合作社成立后创办。其时仅有职工10人，几间简易修理工棚及一些传统手工工具。固定资产和流动资金不足万元。以修理自有木帆船为主。

1960年，木帆船趋向机械化，修船工场增设动力车间，改称为长安运输社船舶修造厂。1970年，为更新改造船舶，派员去外县船厂学习钢丝网水泥船的设计、制造技术，后开始自造水泥船。1974年开始自造30吨级钢丝网水泥船。1976年，所造的自定型40吨级水泥船，质量与工艺标准，经检验符合国家船检局颁布的钢丝网水泥船，建造规范被省、地交通厅、局列入生产计划。1980年造船14艘、560吨位，产品在嘉兴地区评比中获“质量优胜奖”。1983年改称海宁县交通船厂，开始生产小吨位浅水钢质船。1985年，经济独立核算，成为自负盈亏的经济实体。主要生产25吨至40吨级定型水泥质货驳船。年生产能力1000吨。1983年至1990年，共造钢质船9艘，水泥质货驳64艘。1987年2月，海宁撤县建市，改名为海宁市交通造船厂。1990年年末，拥有职工60人，其中三级以上技术工人27人，占职工总数的41%，技术员1人。拥有固定资产42万元。全厂面积6864平方米，其中建筑面积2740平方米，有船棚6个(其中造船棚3个，修船棚2个)，露天修船场地100平方米。设置金工、船体、木工、机修等4个车间。主要设备有6吨龙门吊，搅拌机、卷扬机、金属切削机床、锻压、木工、焊接、冷加工等设备40余台。

海宁市顺昌船舶制造有限公司

创建于20世纪90年代初，公司占地面积6000平方米，厂房办公面积300平方米，固定资产500万元，500吨级船台15座，600平方米的钢材仓库1座，并有木工车间、金工车间、油漆、五金等原材料仓库。2010年，公司有员工49人，其中拥有中级专业技术人员8人，专业技术工人15人。

海宁市袁花镇夹山村船舶修造厂

公司从业人员5人，只能承接较小的维修业务。

嘉兴市航道机械厂

嘉兴市航道机械厂，简称航机厂，隶属嘉兴市航运管理处，为全民事业单位。位于平湖城关镇体育场南侧，靠乍嘉公路，占地6000平方米，河道面积1350平方米。车间建筑面积1260.40平方米，办公用房335.33平方米。仓库面积583.51平方米，其它用房880平方米。

航机厂始建于1974年，原名平湖县交通机械修配厂。由地区航管处投资10.5万元，购置车床、刨床、钻床及油压机等设备。1975年，首次建造港监艇成功。1977年10月1日，改名嘉兴地区航道机械厂，隶属于地区航管处。设船舶修造车间、汽车修理车间及金工车间，职工22人。1979年9月1日，改隶属省航运管理局，由嘉兴地区交通局代营。是年开始批量生产30方液压式挖泥船。1980年，购进汽水生产设备，设饮料车间生产饮料。汽车修理车间承接社会车辆维修业务。1984年7月，改名嘉兴市航道机械厂，隶属市航运管理处，职工58人，年底撤饮料车间，设备于次年转让给县供销社。1985年6月因无船舶生产业务，撤船舶修造车间，人员、设备转入汽车修理车间，金工车间也对外承接加工业务。1987年5月与嘉兴市汽车配件公司联营，在厂门外设嘉兴市汽车配件公司平湖供应站。

1990年，该厂有职工53人，其中管理人员8人，生产人员41人，后勤服务人员4人，另有临时工2人。设厂长办公室、生产技术股、供销财务股，汽车保养车间、金工车间。该厂主要设备有各式车床 10 台、刨床 1 台、插床 1 台、铣床 2 台、磨床 2 台、镗床 2 台、锯床 1 台、钻床 3 台、滚齿机 1 台、空气锤 1 台、刨板机 1 台、搪缸设备 1 套、5 吨载重汽车 1 辆、1.5 吨客货两用车 1 辆、厢式小货车 1 辆。固定资产 83.18 万元，全年产值 90 万元，利润 1.56 万元。

嘉兴市金航船舶设计有限公司

嘉兴市金航船舶设计有限公司前身是嘉兴市世纪交通设计所，成立于 1995 年 12 月。嘉兴市金航船舶设计有限公司是一家具有浙江省船舶检验局颁发的甲级船舶设计资质证书、专业从事各类船舶的研究开发设计、同时提供船舶工程代理、船舶技术咨询服务的科技公司，同时可以配合业主或船厂进行船舶招投标事项。公司经过这几年的发展壮大，多年的技术积累，已具有丰富的船舶设计经验，公司拥有一支稳定的高素质的设计队伍。拥有高、中级职称技术人员数十名，船、机、电各专业配置合理，采用船舶 CAD 辅助设计，具有较强的各类船舶设计研发能力。430 平方米的办公设计场所，备有电脑、打印机、晒图机、复印机、绘图仪等设备，以及 CCS 认可的船舶计算、型线光顺、船舶阻力及螺旋桨设计等设计及计算软件。公司已开发设计的船舶所涉及的品种有：高速客轮、各类执法用监督艇、各类工程船舶、环卫清扫船、内河各种运输船舶、超浅吃水船舶、旅游船、游览画舫等。公司在水运交通的科学研究及船舶设计领域积累了丰富的经验，同时承担着交通部、省交通厅等行业主管部门下达的有关科研项目的研究工作。

图 7-4-9　嘉兴市金航船舶设计有限公司

第八篇　铁路运输

铁路运输是使用铁路列车运送客货的一种运输方式。它的优点是速度快，运输不受自然条件限制，载运量大，运输成本较低。主要缺点是灵活性差，只能在固定线路上实现运输，需要以其他运输手段配合和衔接。铁路运输经济里程一般在200公里以上。

第一章　客　运

第一节　沪杭铁路客运

1949年以前沪杭铁路客运运输

旅客列车

清末，沪杭铁路通车后，即办客运业务。宣统元年六月二十三日(1909年8月8日)杭嘉枫段开行为2对旅客列车，同年七月二十八日(9月12日)，增开为3对直通旅客列车。

民国初年，铁路运输以旅客运输为营业大宗，约占总收入的80%以上。因经费微薄，客运设备简陋，车站候车室、站台缺乏配套设施，雨篷多为临时性建筑。民国5年(1916年)，沪杭甬及沪宁两路接轨工程业经告竣，择定公历12月12日开始营业，除区间车仍由上海南站始发外，所有上海至杭州快慢车以及特快车，其前段所从上海北站始发的与上海南站出发之后段的各客车相衔接，据《上海申报》当时公布，沪杭线所有上下行列时刻如下表。

表8-1-1　沪杭甬与沪宁两路接轨通车时刻表

民国5年(1916年)12月12日执行

上海至杭州	上海北站开	梵王渡开	徐家汇开	上海南站开	嘉兴站到开	杭州到	杭州至上海	杭州站开	嘉兴站开	上海南站到	徐家汇开	梵王渡开	上海北站开
快车	上午7:30	8:00	8:11	8:00	10:25到 10:35开	12:46	快车	上午 7:35	9:30到 9:40开	12:06	11:58	12:07	12:30
慢车	上午8:50	9:20	9:31	9:20	12:26到 12:36开	下午 3:16	慢车	上午 8:40	11:20到 11:30开	下午2:23	2:16	2:27	2:50
特快车	下午2:00	2:36	2:36	2:30	4:36到 4:46开	6:42	特快车	下午 2:40	4:28到 4:38开	6:50	6:41	5:56	7:16

民国 12 年(1923)11 月，沪杭铁路经嘉兴辖境内各站　　行车时刻如下表：

表 8-1-2　沪杭线列车时刻表民国 12 年(1923 年)

夜间车*	快闸客车禾	快车	慢车*	特别快车	快禾客沪车*	站名	特别快车*	慢车	快车*	快沪客禾车*	夜间车*	快禾客闸车
22.50 到		19:10	16:20	12:00	10:10	上海(北)	8:00	9:00	13:20	15:35	19:15	
20:46		16:52	13:26	10:02	7:39	嘉善	10:01	11:17	16:43	18:08	21:16	
20:24	18:10	16:24	12:50	9:39	7:15	嘉兴	10:31	12:40	16:16	18:30 到	21:46	7:05
19:45	17:32	15:37	11:13	9:00		硖石	11:02	13:32	16:56		22:17	7:45
19:14	16:50	15:00	10:45	8:29		长安	11:36	14:23	17:40		22:51	8:31
18:25	15:35	13:50	9:15	7:40		杭州	12:30	16:00	18:50		23:45	9:43
18:00	15:05	13:20	8:40	7:15		闸口	12:45 到	16:30 到	19:10 到 19:10~4		24:00 到	10.05 到

说明：1. 表内有*符号者，与沪宁车衔接
2. 民国时，海宁政府设在盐官，故特别快车在长安停靠

民国 26 年(1937 年)1 月 1 日起，又调整旅客列车行车时刻客列车始分为头等、二等、三等、四等票之分，票价各等均异。嘉兴站开有：嘉(兴)闸(口)二、三等混合区间车 7:25 开至 10:25 到。嘉(兴)沪(上海)二、三等混合区间车 7:00 开，至 10:00 到。

抗日战争爆发时，沪杭铁路运输全线中断，民国 26 年(1937 年)11 月，淞沪战线后撤开始，沪宁、苏嘉、沪杭甬三线机车车辆和路料车都经由已在当年 9 月 26 日通车的钱塘江大桥撤至浙赣和粤汉两路应用。

抗日战争结束后，自民国 35 年(1946 年)10 月 10 日起京沪区铁路增驶金陵、钱塘号京杭直达特别快车，并调整其它各车次时刻，在沪杭线运营的客车中，以"西湖"号票价最昂贵，"金陵""钱塘"号略低，其次是特快车，普通车最低。详见"民国 35 年(1946 年)10 月杭州至上海上行列车时间表。

表 8-1-3　杭州至上海(北)上行行车时刻表

民国 35 年(1947 年)10 月

车次 站名	92 嘉沪 头二，三等 特快车	42 杭沪 二三等 客车	2 金陵号 头二等杭京 直达特快车	68 杭沪 四等混合车	26 杭沪 头二，三等 特快车	22 西湖号 游览车	62 杭沪 二，三等 客车	94 杭嘉 头二，三等 特快车
杭州开		6:10	8:00	8:30	14:00	16:00	16:25	18:25
长安镇 到		7:22	8:54	10:27	15:02		17:37	19:25
长安镇 开		7:27	8:58	10:40	15:05		17:42	19:34
嘉兴站 到		8:55	10:04	12:45	16:11	17:47	19:12	20:50
嘉兴站 开	6:35	9:04	10:13	13:10	16:20	17:54	19:25	
松江站 到	7:47	10:38	11:21	15:22	17:39		20:54	
松江站 开	7:51	10:44	11:26	15:29	17:48		21:00	
上海北站到	9:15	12:15	13:25		18:55	20:05	22:30	

客运设备

民国22年(1933年),沪杭线嘉兴至许村间共7个车站总建筑面积为1388平方米;有站台13个,总长1819米。

客运运价

沪杭线民国12年(1923年)起重行更订,其计算标准50公里以下头等每公里运价2.835分,二等1.890分,三等1.050分,四等0.683分;51公里至100公里递减率2.5%;101公里至150公里递减率5%;15至200公里递减率7.5%。其最小运费:头等0.15元,二等0.10元,三等0.05元。特别快车加价费每100公里头等0.60元,二等0.30元,三等0.15元。

表8-1-4 长距离旅客运价递减表

民国12年(1923年)

距离	递减	每公里运价			
(公里)	率%	头等(分)	二等(分)	三等(分)	四等(分)
50以下	——	2.835	1.890	1.050	0.683
51-100	2.5	2.764	1.843	1.024	0.665
101-150	5	2.693	1.795	0.998	0.648
151-200	7.5	2.622	1.748	0.971	0.637

表8-1-5 沪杭段票价表

民国12年(1923年)

站名	闸口至各站票价			站名	上海(北)至各站票价		
	头等	二等	三等		头等	二等	三等
闸口	(元)	(元)	(元)	上海北	(元)	(元)	(元)
南星桥	0.15	0.10	0.05	龙华新站	0.70	0.45	0.25
杭州	0.30	0.20	0.10	松江	1.80	1.20	0.65
艮山门	0.45	0.30	0.15	枫泾	2.70	1.80	1.00
笕桥	0.70	0.45	0.25	嘉善	3.00	2.00	1.00
临平	1.25	0.85	0.45	嘉兴	3.65	2.45	1.35
长安	1.80	1.20	0.65	王店	4.35	2.90	1.60
斜桥	2.20	1.45	0.80	硖石	4.60	3.10	1.70
硖石	2.70	1.80	1.00	斜桥	5.15	3.45	1.90
王店	3.00	2.00	1.10	长安	5.55	3.70	2.05
嘉兴	3.65	2.45	1.35	临平	6.10	4.05	2.25
嘉善	4.35	2.90	1.60	笕桥	6.65	4.45	2.45
枫泾	4.60	3.10	1.70	艮山门	6.90	4.60	2.55
松江	5.55	3.70	2.05	杭州	7.05	4.70	2.60
龙华新站	6.65	4.45	2.45	南星桥	7.05	4.70	2.60
上海北	7.15	4.80	2.65	闸口	7.15	4.80	2.66

抗战胜利后，铁路客运运价在物价飞涨、货币贬值的情况下，调整十分频繁，就京沪铁路局而言，多则一年内调整次数达10次以上，调整幅度在50%以上，以民国35年(1946年)沪杭段为例，“西湖”号为2.5万元；“金陵”“钱塘”号头等为1.9万元；特别快车头等票为1.8万元；普通车头等票为1.4万元。1947年，一年内沪杭线调整10次。民国37年(1948年)4月5日，运票价已调整至前年的20~30倍以上，其分项票价如下。“西湖”号：头等(无二等)由上海至嘉兴60万元，上海至杭州76万元；“钱塘”号：二等(头等与西湖号同)由上海至嘉兴40万元，上海至杭州51万元；特别快车：由上海至嘉兴(嘉善同)头等45万元，二等36万元，三等18万元，上海至杭州(硖石、长安均同)头等69万元，二等46万元，三等23万元；普通客车：由上海至嘉兴(嘉善同)头等30万元，三等15万元，四等10万元：上海至杭州(硖石长安同)二等38万元，三等19万元，四等13万元。另月台票每张4万元。

1949年—1990年沪杭铁路客运运输

客运列车

中华人民共和国成立后，沪杭铁路客流量逐年增加，全市客运量呈上升发展趋势，以主要代表年份为例，旅客发送量列举如下：1952年124万人，1957年169万人，1962年356万人，1965年207万人，1970年215万人，1975年244万人，1980年317万人，1985年423万人，1986年387万人，1987年364万人，1988年432万人。

1989年至1990年，由于铁路客运运价调高，铁、公、运输合理分流，全市铁路客流量呈下降趋势，略低于1988年最高水平。1978年改革开放以后，铁路客运发生显著变化，旅客运输量急剧上升，铁路部门采取“挤货让客”、旅客列车开办自理包裹、加挂直达包裹车业务等措施，以及在生产运输管理领域和客运服务系统应用微机等手段，使有限的运力发挥最好水平，完成铁路运输任务。1990年，通过嘉兴的旅客列车有22对嘉兴至全省铁路沿线各站均可乘通过的各种旅客列车抵达，可至长沙、重庆、南宁、昆明、厦门、贵阳、南昌、福州、广州、无锡、南京、北京、沈阳等地。1990年，沪杭线杭(州)嘉(兴)段固定开行列车对数为旅客列车22对、货物列车27对，分别比1978年8月1日的客车12对、货车25对增加83.3%和8%。1990年，通过嘉兴旅客列车对数、车次如下：

特别快车9对：沪杭95/96次、京福45/46次、沪穗49/50次、沪昆78/80次、杭锡11/12次、沪渝71/72次、沪甬97/98次、沪厦75/76次、沪昌77/78次。其中京福45/46次、沪昆79/80次、杭锡11/12次嘉兴站不办客。

直达快车5对：京杭119/120次、沪贵151/152次、沪昌179/180次、沪长207/208次、宁西穗211/212次。

旅客快车6对：沪杭361/362次、363/364次沪杭、沪衢355/356次、杭沈133/134次、沪甬361/362次、363/364沪甬。

普通旅客列车2对：沪甬451/452次，453/454沪甬。

客运设备

中华人民共和国成立后，客运设备逐步改善，嘉兴站增设母子候车室和军人候车室，设小件行李寄存处，以后又在嘉兴、硖石新建售票处：嘉兴站351平方米，硖石站207平方米。嘉善、嘉兴、硖石等车站站台逐步实现硬面化。1990年10月，嘉兴车务段辖内嘉兴、硖石、长安镇主要客运站共有旅客候车室3个，计1501平方米；行包房3个，计762平方米；售票处2个，计558平方米；广播室3个，计9平方米；雨棚6个，计6106平方米；旅客站台6个，计2117延米。其中市境内最大客运站——嘉兴站有候车室557平方米，售票厅361平方米，共5个窗口，行包房5平方米，广播室4平方米，雨棚2个，计5169平方米，旅客站台2个，计714米，跨线地道1座，旅客厕所3个，计37平方米。

客运运价

中华人民共和国成立后，全国统一铁路客运运价，客票种类的票价由铁道部统一规定。1987年3月，国家为理顺价格体系，进一步振兴铁路交通事业，第一次在全国范围内200公里以下，作出铁路客运价格的调整，其辐度在原基价上浮50%。

1989年9月5日票价调整为：平均每人公里由0.02元提高到0.04元多一点，平均提高112%，其中100公里以内提高60%，101公里以上提高120%。客票为软座、硬座、市郊、棚车；附加票分加快票(特快、普快)、卧铺票(高级软卧、软卧、包房硬卧)，空调票；另有小孩半价票，伤残军人半价票，学生减价票。棚车票，按硬座客票半价计算。棚车小孩票，按硬座小孩票价50%计算。包房式硬卧票价，分别按普通硬卧中、下铺票价另加30%计算，有空调设备的车辆，除广九线外，均按空调费表计算。车票的起码票价里程：客票按20公里；加快票按100公里，卧铺票按400公里计算。车票票价计算，根据发到站间运价里程，按旅客票价表计算。

表 8-1-6 旅客票价表(全表)

(1989 年 9 月 5 日) 单位:元

里程	硬座	软座	里程	硬座	软座
1~30	1.00	2.00	341~360	13.00	23.00
31~40	1.50	2.00	361~380	14.00	24.00
41~50	2.00	3.00	381~400	15.00	25.00
51~60	2.00	4.00	401~430	16.00	27.00
61~70	3.00	4.00	0431~460	17.00	29.00
71~80	3.00	5.00	461~490	18.00	31.00
81~90	3.00	6.00	491~520	19.00	32.00
91~100	1.00	7.00	521~550	19.00	34.00
101~120	5.00	8.00	551~580	20.00	35.00
121~140	5.00	8.00	581~610	21.00	37.00
141~150	6.00	10.00	611~640	22.00	38.00
151~170	7.00	11.00	641~670	23.00	40.00
171~180	7.00	12.00	671~700	24.00	41.00
181~190	7.00	13.00	701~740	25.00	43.00
191~200	8.00	13.00	741~780	26.00	45.00
201~220	8.00	14.00	781~820	27.00	47.00
221~240	9.00	16.00	821~860	28.00	48.00
241~260	10.00	17.00	861~900	29.00	50.00
261~280	10.00	18.00	901~940	30.00	52.00
281~300	11.00	19.00	941~980	31.00	54.00
301~320	12.00	21.00	981~1020	32.00	56.00
321~340	13.00	22.00			

注:半价票为全价票的一半,尾数 5 分进整为角

表 8-1-7 旅客票价表(全表)

(1989 年 9 月 5 日) 单位:元

硬卧				软卧		
里程	上铺	中铺	下铺	里程	上铺	下铺
1~430	11.00	12.00	13.00	1~400	29.00	32.00
431~460	12.00	13.00	14.00	401~430	30.00	33.00
461~490	12.00	14.00	15.00	431~460	32.00	36.00
491~520	13.00	15.00	16.00	461~490	35.00	38.00
521~550	14.00	15.00	17.00	491~520	37.00	40.00
551~580	14.00	16.00	18.00	521~550	38.00	42.00
581~610	15.00	17.00	18.00	551~580	40.00	44.00
611~640	15.00	17.00	19.00	581~610	41.00	46.00
641~670	16.00	18.00	20.00	611~640	43.00	47.00
671~700	17.00	19.00	20.00	641~670	45.00	49.00
701~740	17.00	19.00	21.00	671~700	46.00	51.00
741~780	18.00	20.00	22.00	710~740	48.00	53.00
781~820	19.00	21.00	23.00	741~780	50.00	55.00
821~860	20.00	22.00	24.00	781~820	53.00	58.00
861~900	20.00	23.00	25.00	821~860	55.00	60.00

注:半价票为全价票的一半,尾数 5 分进整为角

表 8-1-8　旅客票价表(全价)

(1989 年 9 月 5 日)　　单位:元

空调费表			加快票		
里程	硬座	软座	里程	特快	普快
1~150	1.00	1.00	1~190	2.00	1.00
151~260	1.00	2.00	191~340	4.00	2.00
261~360	2.00	3.00	341~490	6.00	3.00
361~460	2.00	4.00	491~670	8.00	4.00
481~610	3.00	5.00	671~860	10.00	5.00
611~740	4.00	6.00	861~1020	12.00	6.00
741~900	4.00	7.00	1021~1250	14.00	7.00
901~940	4.00	8.00	1251~1450	16.00	8.00
941~1020	5.00	8.00	1451~1720	18.00	9.00
1021~1200	5.00	9.00	1721~1960	20.00	10.00
里程	硬卧	软卧	1961~2200	22.00	11.00
1~490	2.00	5.00	2201~2410	24.00	12.00
491~580	2.00	6.00			
581~700	3.00	7.00			
701~820	3.00	8.00			
821~900	3.00	9.00			
901~940	4.00	9.00			
941~1060	4.00	10.00			
1061~1200	4.00	11.00			
1201~1350	5.00	12.00			
1351~1500	5.00	13.00			
1501~1660	5.00	14.00			
1661~1780	6.00	15.00			

注:半价票为全价票的一半,尾数 5 分进整为角

1991 年—2010 年沪杭铁路客运运输

1991 年沪杭复线开通,铁路嘉兴站日通过客车由 1990 年的 22 对增加到 42 对,1992 年市境内客运量达 345 万人次。随着铁路嘉兴新客站建成和火车的多次提速,铁路嘉兴站客运量上升,1997 年铁路嘉兴新客站建成的第一年客运量达 145.35 万人次;2004 年 4 月 18 日,全国铁路第五次大提速,车速度从 140 公里/小时提高到 160 公里/小时,是年,客运量达 251 万人次;2007 年第六次列车提速,时速 200 公里及动车组开行,是年,客运量达 311 万人次;2009 年客运量为 383 万人次;为方便旅客购票,2009 年 7 月增加城南路车票代售点,2010 年 5 月开通了 POS 机购票业务,2010 年 8 月 30 日分别增加了中山路、禾兴北路代售点,2010 年开通了电话订票;2010 年年初,日均列车有每天 118 趟,至 2010 年 10 月 26 日嘉兴南站启用,铁路嘉兴站客发量为 273.75 万人次。2010 年嘉兴市境内客发量达 611 万人次。

表 8-1-9　1992—2010 年若干年份境内铁路运量

年份	客运量(万人)
1992	345
1993	314
1995	338
1997	344
1999	380
2001	378
2002	398
2004	472
2005	466
2006	501
2007	499
2008	524
2009	575
2010	611

第二节 高速铁路客运

运行

2010年9月1日，沪杭客运专线进入联调联试和试运行阶段，9月28日国产“和谐号”CRH380A新一代高速动车组最高时速达到416.6公里（按：刷新了当时全国运行试验最高速度）。2010年10月26日正式运行，当日首发列车G7384次，10:09时从杭州城站火车站出发，经桐乡（二等座28元、一等座44元）、到嘉兴南（二等座41元、一等座66元）（按：10:36分到嘉兴南站）、嘉善南（二等座49元、一等座79元），于11:10到达上海虹桥站。沪杭客运专线开通，共有80对列车运行，高速列车50对，动车组列车30对；76趟列车停靠嘉兴南站，杭州和上海方向分别有48趟和28趟列车，“G”字36趟和“D”字40趟（按：“G”字打头的为高速动车组列车，开行时速达350公里，“D”字打头为动车组列车，运行最高时速从原来的160公里提高到250公里），停靠时间为当天6时55至22时21分；嘉善南站日均有25列客车停靠，高速列车15列，动车组列车10列；桐乡站日均有43列客车停靠，高速列车20列，动车组列车23列；海宁西站日均有15列客车停靠，高速列车2列，动车组列车13列。2010年，嘉兴南站客发量24.32万人次，日均发送旅客3741人；嘉善南站客发量6.57万人次，日均发送旅客931人；桐乡站客发量9.4万人次，日均发送旅客1446人；海宁西站客发量2.46万人次，日均发送旅客346人。

客运

沪杭高铁开通初期，铁路嘉兴站取消了“D”字头动车组列车，其中发往福州、温州、厦门、宁波、衢州等方向的10多趟动车组列车均转移至沪杭高铁运行。2012年，嘉兴站每天停靠列车93趟，嘉兴南站每天停靠“G”字头动车组52趟（与运营初期相比增加16趟），停靠“D”字头长途动车组41趟（与运营初期基本持平）。高铁运营两年多来，嘉兴地区铁路客运能力有了较大提升，旅客出行有了更多选择。客流方面，嘉兴站每天客发量约7200人次（根据票房售票量，因为异地票的缘故，实际客发量要多一些），嘉兴南站每天客发量约为5400人次，两大站每天客发约为12600人次，与沪杭高铁开通前嘉兴站每天11000人次左右的客流发量相比，有所提升。市区两大火车站年日均上海客流3817人次，杭州客流2244人次。

表8-1-10 沪杭高铁嘉兴南站列车运行情况表

列车类型＼列车方向	上行（上海方向）	下行（杭州方向）	合计
G字头高铁	23趟	29趟	52趟
D字头动车组	17趟	24趟	41趟
合　计	40趟	53趟	93趟

表8-1-11 既有沪杭铁路嘉兴站列车运行情况表

列车类型＼列车方向	上行（上海方向）	下行（杭州方向）	合计
普通列车合计	45趟	46趟	91趟

2010年，嘉善站日均发送客流650人，其中上海日均客流267人次，杭州日均客流112人次；嘉善南站日均发送旅客2045人次，其中上海日均客流960人次，杭州日均客流709人次。嘉善两个火车站的车次如下表：

表8-1-12 沪杭高铁嘉善南站列车运行情况表

列车类型＼列车方向	上行（上海方向）	下行（杭州方向）	合计
G字头高铁	15趟	11趟	26趟
D字头动车组	5趟	5趟	10趟
合　计	20趟	16趟	36趟

表8-1-13 既有沪杭铁路嘉善站列车运行情况表

列车类型＼列车方向	上行（上海方向）	下行（杭州方向）	合计
普通列车合计	4趟	5趟	9趟

位于海宁硖石的海宁站日均客流为3197人次，其中去往上海的日均客流为906人次，去往杭州的日均客流为703人次；位于海宁许村的海宁西站日均客流约为830人

次，其中去往上海的日均客流为253人次，去往杭州的日均客流为352人次。海宁两大车站的车次如下表：

表8-1-14　沪杭高铁海宁西站列车运行情况表

列车方向 / 列车类型	上行（上海方向）	下行（杭州方向）	合计
G字头高铁	6趟	4趟	10趟
D字头动车组	9趟	9趟	18趟
合　计	15趟	13趟	28趟

表8-1-15　既有沪杭铁路海宁站列车运行情况表

列车方向 / 列车类型	上行（上海方向）	下行（杭州方向）	合计
普通列车合计	44趟	40趟	84趟

沪杭线和沪杭高铁沿线各站沪杭方向的客流如下表格所示：

表8-1-16　既有沪杭铁路海宁、嘉兴与嘉善站上海与杭州客流情况表

列车方向 / 客流	上海	杭州	日均客发量
海　宁	906人次	703人次	3197人次
嘉　兴	1851人次	402人次	7200人次
嘉　善	276人次	112人次	650人次
合　计	3024人次	1217人次	11047人次

表8-1-17　沪杭高铁海宁西、嘉兴南站与嘉善南站上海与杭州客流情况表

列车方向 / 客流	上海	杭州	日均客发量
海宁西	253人次	352人次	825人次
嘉兴南	1966人次	1842人次	5400人次
嘉善南	960人次	709人次	2045人次
合　计	3179人次	2903人次	8270人次

第二章 货 运

第一节 1949 年以前沪杭铁路嘉兴境内货运

货运组织

沪杭铁路杭嘉段于宣统元年(1909 年)建成，沿线市辖境内周王庙站、斜桥站、硖石站自当年二月二十五日试车，王店站自闰二月初一起试车，嘉兴站自闰二月二十五日起试车，嘉善站、枫径站自七月二十八日起试车。七月廿日(9 月 12 日)日全线正式通车后，即办理货物运输。至同年十二月底，客货运输营业额、行李包裹和货物经营数量分别如下：

许村 2056.320 元，10 担；长安 13873.347 元，9 担，499 吨；周王庙 2173.240 元，15.5 担，110 吨；斜桥 3652.718 元，1155 吨；硖石 34138.270 元，11.5 担，486 吨；王店 7304.0711 担，212 吨；嘉兴 40971.306 元，5.5 担，20135 吨；嘉善 5768.338 元，16 担，62 吨。

嘉兴地处交通要冲，自沪杭铁路通车经营后，较之硖石、长安、嘉善为最，民国期间，营业收入来源大致有三：客运、货运及杂项，其中以客运进款最多，货运次之，杂项最少。据《中国经济志》载，民国 23 年(1934 年)嘉兴站每日上下行客货车约二十余次，运货费收入 24189 元，进站货物 26996 吨，出站货物 20871 吨，并“三年填报，虽略有多少，然无特殊变化，不会大增大减”。

货物运价

铁路货物运价，因各个时期的货币、计量单位、货物等级分类以及运输距离的不同而发生差异。

沪杭铁路货物运价于民国 12 年(1923 年)6 月 1 日起重行改订，凡在 60 公斤以内者，其标准价目(银圆)：一等货(二十分之十四)分即五厘六毫；二等货(三十分之七)分即二厘三毫三丝；三等货(七分之一)分即一厘四毫三丝；四等货(二十一分之二)分即九毫五丝；五等货(十五分之一)分即六毫六丝；六等货(一百二十五分之七)分即五毫六丝。

自 101 公里至 200 公里递减百分之一。

公吨运价按照 50 公斤运价以各等货之递减率计算，其每公吨价目：头等货(十一又五分之一)分；二等货(四又三分之二)分；三等货(二又六分之七)分；四等货(一又二十一分之十九)分；五等货(一又三分之一)分；六等货(一又二十五分之二)分。

25 吨整车运价按照公吨运价，以各等货之递减率计算，其减率：头等货 65%；二等货 40%；三等货 42%；四等货 48%；五等货 33%；六等货 48%。30 吨整车递减率：头等货 45%；二等货 40%；三等货 35%；四等货 30%；五等货 25%；六等货 20%。

表 8-2-1 嘉兴等站铁路整车货运运价表

1936 年 2 月

站名	里程公里	由本站起运至杭州闸口					
		每公吨运价(元)					
		一等	二等	三等	四等	五等	六等
嘉兴	98	5.98	6.24	1.60	0.95	0.88	0.72
王店	81	5.19	2.19	1.39	0.83	0.76	0.63
硖石	71	4.73	2.09	1.26	0.75	0.70	0.57
长安	46	3.51	1.55	0.94	0.56	0.52	0.43

抗战胜利至解放前，物价暴涨，货物运价变动频繁，调整幅度大。

货运设备

新中国成立前，货运设备比较简单，沪杭甬铁路在民国22年(1933年)6月共有11个货栈，总面积为8837.84平方米，总容量为4965公吨(杭州分局内)，其中最大的是闸口货栈，最小的是长安货栈，其面积为72.46平方米：容量为50公吨。

表 8-2-2　货栈情况表

民国21年7月至22年6月

名称	面积（平方米）	容量（公吨）	价值（元）	落成日期
嘉兴货栈	510.97	200	10175	民国4年12月
王店货栈	133.78	120	700	浙路所建
硖石货栈	613.16	600	11044	民国8年4月
长安货栈	72.46	50	1523	民国18年7月

注：长安货栈由雨蓬改造

第二节　1949年—1989年沪杭铁路嘉兴境内货运

货运组织

1949年8月，在上海铁路管理局的组织下，嘉兴、硖石、长安镇等三个站参加上海、南昌间的直达货物运输。1950年以后，贯彻执行铁道部关于《铁路月度货物运输计划编制方法》，与地、县主要物资部门联系，运用签订合同等方式组织编制月度运输计划。1951年7月1日起，铁路全面开办货物负责运输。1953年起，开始对铁(路)、公(路)、水(路)等运输部门进行经济调查，摸清产、供、销、运的情况，组织平衡运输工具，使社会运输力统筹合理使用。长安、硖石、嘉兴、嘉善等各中心站、主要站都成立了组织货源小组，落实人员，定期召开货主会议，平衡计划，逐步形成制度。1955年试办水陆联运，随后于1956年扩大到铁、公、水三方面的联运。嘉兴站为杭州铁路分局所辖七个指定换装点之一，把地区范围内所要联运的货物紧密衔接，避免计划落空，对促进联运，保证物资畅流起到了一个加速作用。1978年10月，嘉兴火车站体制变化，撤销中心站，成立了嘉兴车务段，同时，成立业务室，配备货运组织员，负责管区内各货运站编制年度计划和月度运输计划，并逐月上报月度运输计划和路料运输计划，及时办理补充计划，历年执行，渐成制度。

1990年年末，嘉兴辖境有5个货运站，占全部火车站15个的1/3。由于沪杭铁路复线的修筑和局部竣工、投入使用，使原来区间因单线而影响站场作业能力，及正线通过能力紧张的状况得到了缓和，扭转了挤货让客的被动局面。沪杭线1990年货物列车固定为27对，比1978年8月的26对，仅增加2对，而客车由1978年8月份的12对，至1990年12月增加到固定的22对，增加幅度较大。

集装箱运输，是1978年以后发展起来的，主要对易碎、怕湿、贵重货物组织集装箱运输，对散、堆装货物组织集装运输。首先由嘉兴站开始，陆续有1吨、5吨集装箱到发。1981年，嘉兴站集装箱发送1787箱，共运货物5550吨，集装箱发送吨位重量仅占普通零星货物(23181吨)的25%，集装箱门到门的比重占集装箱总数的25.1%。至1990年，嘉兴站集装箱发送量上升，运送货物28175吨，集装箱发送吨重量占普通零星货物的比例上升到50%，门到门的比重占集装箱总数的95%，集装箱运输起了迅速、方便、安全、保密的作用。

货物运价

中华人民共和国成立以后，全国统一铁路运价，各铁路起运站可将货物发至全国各办理营业的任何站。1950年开始，为满足发展生产，繁荣经济，加强城乡商品交流的要求，曾降低过货运运价。1955年6月，为适应社会主义有计划的建设需要，对运价进行改革，对主要货物：煤、焦炭、铁矿石、木材、钢材等单独规定了运价号，为限制不合理的过远和对流运输，规定了若干提高和降低的特定运价。1961年3月1日起，实行了更具体的整运价分为28个运价号，零担运价分为11个运价号。以后运价号经过多次修改，公布实施。经国务院国发(1985)68号文批准，由铁道部于1985年5月3日(1985)铁运字462号文公布《关于实行铁路短途货物运输附加费的通知》，自1985年5月15日起，实行铁路短途货物运输附加费：200公里以内，整车货物每吨加4元，零担货物每10公斤加4分，5吨集装箱，每箱加12元，1吨集装箱，每加4元，长途货物运价仍保持不变。1990年3月15日为进一步协调各种运输方式，理顺运输价格和商品比价，实行货运新运价，平均每吨公里提高5厘，外加200公里以内短途与长途运价衔接“顺坡”，总提价为5.8厘。经调整、完善，现行货物运价率就整车货物、零担货物和集装箱货物分别规定，其中整车货物运价率以发到站间运价里程为基础，就每一种运价号分别规定每吨货物或货车每辆的运费标准；零担货物运价率以发到站间运价里程为基础，就每一种运价号分别规定每10公斤货物的运费标准；集装箱货物运价率以发到站间运价里程为基础，就一吨箱和五吨箱分别规定每箱的运费标准。铁路货物的运费按下式计算：

运价里程　　　　　　　　包括运价率
运价率　加减成合短途　*货物计费重量＝运费
运价号　　　　　　　　　运输附加费

(1)整车货物运价是以整车运送货物所规定的运价。运价为表1号至12号。计费金额以元为单位，计费重量以吨为单位。

表 8-2-3　整车货物运价率表

(1990年3月15日)　　单位：元/吨

运价率(元) 里程(公里) 运价号	100	100~130	131~160	161~190	191~220	221~250
1	5.70	5.80	6.00	6.20	6.40	6.50
2	5.70	5.80	6.10	6.30	6.50	6.70
3	6.10	6.20	6.50	6.70	6.90	7.20
4	6.10	5.20	6.50	6.80	7.10	7.30
5	6.30	6.60	6.90	7.30	7.70	8.00
6	6.40	6.60	7.10	7.50	7.90	8.30
7	6.90	7.20	7.70	8.20	8.80	9.20
8	7.10	7.40	8.00	8.50	9.10	9.60
9	7.40	7.70	8.30	8.90	9.50	10.00
10	7.60	7.90	8.60	9.30	9.90	10.50
11	7.70	8.00	8.70	9.40	10.10	10.70
12(每辆)	7.70	8.10	10.30	12.40	14.50	16.60

注：1. 计算货物运费的起码里程为100公里
2. 发货人的自备货车或租用铁路货车空车挂运时按12号运率计费

(2)零担货物运价是以零担运送货物所规定的运价。从21号至25号，计算重量以10公斤为单位。零担货物的起码运每批0.60元。

表 8-2-4　零担货物运价率

(1990年3月15日)　　单位：10公斤

运价率(元) 里程(公里) 运价号	100	100~130	131~160	161~190	191~220	221~250
21	0.08	0.08	0.10	0.11	0.12	0.13
22	0.09	0.10	0.11	0.12	0.13	0.14
23	0.10	0.11	0.12	0.13	0.15	0.16
24	0.13	0.14	0.16	0.19	0.21	0.23
25	0.18	0.20	0.23	0.27	0.30	0.34

(3)集装箱货物运价是以集装箱运送货物所规定的运价价率表为1吨和5吨、6吨、10吨和20英尺、40英尺六种箱型，物分书、其他货物两类，计费金额以元为单位，元以下一位小数。计算以箱为单位，按箱计费。

表8-2-5　集装箱货物运价率表

(1990年3月15日)　　单位：元/箱

箱型	运价率(元)　里程(公里) 货物名称	100	101~130	131~160	161~190	191~220	221~250
1吨	书	7.10	7.70	8.70	9.80	10.80	11.20
	其他货物	7.80	8.30	9.30	10.30	11.40	12.40
6吨	书	27.60	30.30	35.60	41.00	45.90	49.20
	其他货物	36.60	40.60	48.80	57.00	64.80	70.90
6吨	书	34.70	37.60	43.40	49.20	54.80	59.50
	其他货物	45.50	51.50	63.50	75.40	87.30	98.60
10吨	书	55.20	60.50	71.20	81.90	92.10	99.80
	其他货物	73.10	82.50	101.20	119.20	138.20	153.90
20	英尺	192.60	205.20	230.50	255.80	279.80	297.00
40	英尺	365.00	410.30	460.90	511.60	559.50	594.00

注：书与其他货物在一箱内混货时，按其他货物运价率计算

货运设备

嘉兴市地处江南水乡，农副产品资源丰富，铁路货运种类出口以稻、麦、丝、棉、麻、猪、禽等农副产品和砂石料、矿建、日用工业品、零担为多，进口以原煤、钢材、木材、化肥、石膏、化工(硫酸)、化肥、零担等工农业产品为主。

嘉兴铁路货运自清末至今，随着历史的发展和国民经济生产需要，货运量日趋增大。1950年以后，铁路货运设施为适应国民经济发展需要，因地制宜，分期分批建设，对原有的货运设备进行整治和改造。1960年以后，中央提出各行各业都来支援农业，铁路为改变货运设施较差的状况，对没有仓库的小站，新建了支农仓库或货棚。另外，开辟了沿线专用线三条(马王塘机场专用线除外)，一条是嘉兴民丰造纸厂线，于嘉兴站出岔，长205米，1958年12月启用。另一条是嘉兴市食品冷库线，长度为双线247米，1976年8月启用。还有一条是嘉兴市粮库线，也为嘉兴站出岔，长110米，1986年6月启用。三条专用线产权均属地方。

1978年，中共十一届三中全会实行改革开放政策，铁路运输进入新的发展时期，客货运量急剧上升，迫使铁路不得不增加货运能力，对各货运站都相继不同地增建了货物栈，增加了仓库，扩大了货场和设施，增加了装卸起重设备。1986年，沿海长江三角洲列为对外开放地区，嘉兴市也同时对外开放，城乡经济进一步繁荣，集市贸易明显活跃，从事长、短途贩运的旅客日益增多，加上铁路客运票价相对公路较低，使铁路客货流量相对集中，在开放搞活的新形势下，铁路运输能力日显不足。为适应新形势的需要，铁路加快了枢纽改建速度，积极采用新科技，主要干线区段已建成双线并努力挖掘潜力，加强货物运输组织工作，进行货物组织分流，从而缓解了运力与运量的矛盾。

20世纪70年代至1990年年末，嘉兴车务段主要有嘉兴、硖石、长安8个货运站，货场总面积为84674平方米，折合318个货位。货物仓库41座，使用面积为4535平方米，货物雨棚，793平方米，货物站台7座，4291平方米，露天货场16处，21678平方米，装卸11股，可容车181辆，配有各种装卸货物的机械几十台。

第三节 1990年—2010年嘉兴境内铁路货运

20世纪90年代初嘉兴境内铁路嘉善、嘉兴、嘉兴东、马王塘、王店、海宁、长安、斜桥、周王庙、许村火车站均办理货运业务，嘉兴东站是唯一仅办理货运的车站，主要办理建材、煤炭、粮食、化肥、纸张等货物的到发，由于嘉兴城市建设的加快，建材的货运量最大，煤炭在嘉兴化工厂停产后不再办理，极大的减少了对嘉兴城市的污染。

随着经济体制改革的深入，1996年撤销1970年成立的嘉兴地、县统一运输指挥部，为和国际接轨，逐步2取消1、5、6、10吨集装箱，到2000年全部改为20英尺集装箱，2003年增加了40英尺集装箱，2004年货运量96万吨，达历年来货运量最大，主要以粮食中转为主。2004年后，王店、周王庙、许村陆续停止使用，不再办理客货运，马王塘、长安由客货运站改为货运站，2007年4月15日铁路嘉兴站停止办理货运。由于公路运输、水路运输的发展和嘉兴玉米中转量减少，铁路货运量逐年减少，2010年嘉兴市货运量为26万吨。

表8-2-6 1992—2010年若干年份境内铁路货运量表

年份	货运量(万吨)
1992	71
1993	61
1995	74
1997	60
1999	64
2001	67
2002	69
2004	96
2005	75
2006	64
2007	42
2008	29
2009	26
2010	26

第三章　火车站

沪杭铁路初建时，嘉兴市辖境仅有嘉善、嘉兴、王店、硖石、斜桥、周王庙、长安镇、许村等 8 个火车站。后屡有修造。20 世纪 70 年代以来，新建站（所）频繁。到 1990 年，境内有二等站 2 个(嘉兴、海宁)；三等站 2 个(嘉善、长安)；四等站 6 个(七星桥、马王塘、王店、斜桥、周王庙、许村)；五等站 4 个(里泽、丁冬、南湖、庆云)；线路所 2 个双山镇和金利。

里泽站、丁冬站于 1991 年复线开通后停止使用。1992 年 12 月铁路嘉兴东站建成启用。庆云站、双山镇和金利线路所于 1997 年 7 月停止使用。南湖站、七星桥于 1997 年 12 月停止使用。王店站、许村站、周王庙站于 2006 年 1 月 16 日停止使用。2010 年嘉兴市境内的沪昆铁路嘉兴段场站有 7 个，分别是嘉兴站、海宁站、嘉兴东站、嘉善站、长安镇站、马王塘站、斜桥站。

第一节　沪杭铁路站场

嘉兴站

嘉兴站位于市城区东南端，沪杭铁路线北侧，东北距七星桥站 7 公里，西南距南湖站约 3 公里，是沪杭线上的一个分界站，中心线在沪杭线 K97+995m，属嘉兴车务段领导的二等客货运站。光绪 33 年(1907 年)建站，站名沿用至今。初建时，站屋为二层楼，占地 4800 英方尺，共房屋 18 间，造价旧币 14110 元，民国 4 年(1915 年)屋顶改造。上行月台长 650 英尺，宽 30 英尺，岛形月台长 840 英尺，宽 27 英尺。穿越路轨地道 1 座。民国 23 年（1934 年）嘉兴车站共职员 38 人，全年经费 1.6 万元，其营业收入、进出口货物及旅客人数，据当时有关资料，上下三年，取其平均，列表如下：

表 8-3-1　嘉兴客货票进出收入统计表

项别	收入银元(元)	旅客人数(名)		货物	吨数(吨)
客票	242405	进站	300785	进站	26996
运货票	24189	出站	260058	出站	20871
合计	266594	合计	560843	合计	47867

新中国成立后，国家曾多次对嘉兴站进行扩建、改造。1969 年，嘉兴股道有正线 1 股，840 米，到发线 2 股，1715 米，货物线 3 股，926 米。货物仓库 3 个，使用面积 494 平方米。站台长度 888 米，候车室使用面积 202 平方米，随着客货流量的日益变化，站线设施相应有了增加。20 世纪 70 年代末，嘉兴站车站占地面积 28378 平方米，拥有新建售票厅 361 平方米，候车室 657 平方米，行包房 562 平方米，雨棚 2 个，5159 平方米。有旅客站台 2 座，其中一号站台、二号站台各 500 米，广播室 1 个，4 平方米，旅客厕所 3 个，37 平方米。有职工 192 人，全年旅客发送量 124.4 万人次，货物发送量 26.66 万吨，其中零担 9.1 万吨，货物到达 74.133 万吨，其中零担 12.89 万吨。截至 1990 年年底，嘉兴站站线已达 15 股，长度达 6987 米，其中正线 1 股，861 米长，到发线 3 股，2526 米长，货物线 7 股，2378 米长，专用线 3 股，694 米，其它线 2 股，558 米。

1990 年的嘉兴站大多站屋仍是 30 年代建筑，狭窄拥挤，设施陈旧，并留有日本侵华时修筑的炮楼，与嘉兴这个党的一大会址所在地和对外开放的新兴工业城市的地位极不相称，也难以适应铁路运输和地方经济迅速发展的需要。1975 年，铁道部在(75)铁基字 1448 号文件“关于沪杭复线初步设计的批复”中，明确嘉兴站改造意见：一是采用客货分流；二是对客站进行改造。在铁路部门和嘉兴市有关方面的共同努力下，货场迁移至菱塘桥，并建立嘉兴货运东站。规划嘉兴新客站按集聚 2000 人，站房面积 7000 平方米的规模易地改建。

表 8-3-2 1965 年—1990 年嘉兴站客货运输情况表

年份	旅客发送量（万人）	行包发送量（万件）	货物发送量（万吨）	货物到达量（万吨）	装车数（车）	卸车数（车）	客运收入（万元）	货运收入（万元）
1965	66.32		14.72	35.40	4459	8961	100.9	297.2
1972	71.61		17.42	49.09	5161	12431	147.6	320.0
1976	135.61	0.38	27.64	79.71	6809	14853	495.2	993.9
1980	106.43		17.81	86.37	4697	18290	228.1	430.5
1985	146.43	0.34	23.01	74.99	5702	13088	453.4	845.5
1986	135.51	0.38	27.64	79.71	6809	14853	495.2	993.9
1987	135.07	0.41	29.90	76.98	7576	14035	520.6	1045.2
1988	160.13	26.08	29.51	66.47	7248	12448	649.4	1063.5
1989	146.63	24.01	28.65	58.92	6602	11602	856.7	1093.2
1990	124.44		26.66	70.43	6262	13990	1181.4	1338.24

嘉兴新客站于 1996 年 2 月 12 日开工，1997 年 1 月 16 日建成，位于原铁路嘉兴站东侧，属嘉兴车务段，二等客货运站(2007 年 4 月 15 日货运业务转移至铁路嘉兴东站，铁路嘉兴站不再办理货运，2009 年停止行包业务)。站屋主轴线为铁路里程自上海站起 K109+981。按照沪杭复线总体设计，最高聚集人数为 1000 名，后经市政府与上海铁路局商定，按最高聚集人数 1500 名规模设计，铁路按原铁道部批 1000 名规模出资，市政府出资增建 500 名规模，决算费用为 1158.8 万元，嘉兴市承担 506.6 万元，其余由铁路承担，总建筑面积 5045.14 平方米。车站站线 5 股道(2 正 3 到)，牵出线 2 股(东牵出和西牵出)，I 道有效长：880 米、II 道有效长 924 米、3 道有效长 850 米、4 道有效长 852 米、5 道有效长 898 米(5 道为货运线，2007 年高站台改造后改为客运线)，并连接民丰纸厂专用线 2 股、冷库专用线 2 股和粮食专用线一股（民丰专线和粮专线 2006 年停用)，建有旅客地下通道一道；站屋 3861 平方米、行包房 778.54 平方米、变电室 72.48 平方米、进出站雨棚 114.5 平方米及出站用房 184.85 平方米；主站屋为二层，中间为中央大厅和软席候车室，楼上为旅客休闲厅，楼下两侧为东、西候车厅，分别为下行线(杭州方向)、上行线(上海方向)旅客候车，面积均为 635 平方米，各设 500 只彩色玻璃钢座椅(2010 年更换为合金座椅、新装铁栅栏)，软席候车室 100 平方米(2010 软席候车室改造，改造后的软席候车室为 180 平方米)，10 个售票窗口；主要配套工程有站前广场 8800 平方米，地下盖河暗渠、地下人防工程、地下自行库。2006 年，嘉兴市向上海铁路局争取开通运行嘉兴至上海铁路旅客始发列车，经深入研究可行性的基础上，在京沪铁路电气化初步投入使用同时，增开嘉兴至上海南站始发旅客列车两对：N892 次，嘉兴 7：45 开，8：57 到上海南站；N894 次，嘉兴 19：18 开，20：50 到上海南站。2007 年 4 月 18 日，全国铁路第六次大提速，沪杭线部分客运列车实行动车组运行，铁路嘉兴站由于站台等设施影响，不具备动车组停靠条件，为此，市委、市政府与上海铁路局经过反复磋商，7 月 20 日，市政府与上海铁路局共同签订《铁路嘉兴站改扩建工程高站台改造项目投资分工协议》，双方分别承担 50%的建设费用，按照“一次规划，分期实施”的原则，先期实施高站台改造项目。首期改造项目在市发改委及市有关部门和铁路嘉兴车务段的共同努力下，8 月 15 日项目通过设计审查，9 月 20 日开工建设，改造项目涉及改造 1 号基本站台为高站台、新建 5 号高站台及雨棚、延长原有人行地道至 5 号高站台，新建动车组专用候车室及扩建售票房(新增 3 个售票窗口)，新建和改扩建通信及信号、电力及牵引供电、其他运营设备等。项目于 12 月 28 日通过上海铁路局组织的竣工验收并交付使用。2008 年 1 月 1 日，3 对动车组列车正式停靠嘉兴站。2008 年 4 月配备安检仪和专职安检人员。2010 年年初，日均列车有每天 118 趟停靠，至 2010 年 10 月 26 日嘉兴南站启用，部分动车组列车不再停靠嘉兴站，班次减为 88 趟，其中直达旅客列车 2 列，特快旅客列车 15 列，快速旅客列车 67 列，普通旅客列车 4 列，日均发送旅客约 7500 人，实际上车人数约 10500 人/天，日均旅客流量约 21500 人/天。

海宁站

海宁站原称硖石站，1990 年易用现名。因驻地海宁市面得名，属嘉兴车务段领导的二等客货运站。清宣统元年(1909 年)建站时，站名为硖石。初建站屋占地 4680 英尺，造价 8000 元，下行月台长 600 英尺，砖造脚墙，台面半铺以混凝土，半铺以碎石。上行月台，民国 10 年(1921 年)延长至 600 英尺，旧有木造下行雨棚，民国 8 年(1919 年)，建跨线桥 1 座，跨度 56 英尺，造价 5053.95 元。民国 14 年跨线桥木架更换钢架，又新建站长宿舍并装电灯。

抗战爆发，硖石站曾遭日本飞机投弹轰炸，致使货栈、铁轨、路基多处被毁。1983 年曾扩建，至 1988 年年底，硖石站有站线 5 股，3124 米，其中正线 1 股，883 米，到发线 2 股，1656 米，货物线 2 股，586 米。有职工 97 名，共建筑面积 7300 平方米，其中包括新建候车室 595 平方米，售票房 207 平方术，行包房 140 平方术，旅客站台 2 座，日停靠下行客车 14 列(次)。

表 8-3-3　1965—1990 年海宁(硖石)站客货运输情况表

年份	旅客发送量（万人）	行包发送量（千件）	货物发送量（万吨）	货物到达量（万吨）	装车数（车）	卸车数（车）	客运收入（万）	货运收入（万元）
1965	36.32		6.40	5.77	1881	1545	33.4	78.4
1972	38.57		2.78	7.60	1020	1921	43.2	49.4
1976	79.00	1.70	8.95	35.32	2333	6910	166.9	354.9
1980	64.39		5.46	18.08	1360	3833	75.38	117.01
1985	89.82	1.62	9.23	32.42	2262	3373	161.7	361.5
1986	79.98	1.69	8.95	35.32	2333	6910	166.9	354.9
1987	85.21	2.74	8.76	34.19	2293	6725	172.5	370.7
1988	99.06	163.10	9.0	37.27	2302	6655	203.1	389.8
1989	99.90	151.07	7.2	37.48	1915	6421	257.3	363.6
1990	82.96		7.31	33.80	1705	6240	352.72	354.57

1989 年 4 月易地改建，1990 年 10 月 11 日竣工启用，全称杭州铁路分局海宁站。1991 年 3 月完成新旧客站过度，新海宁站正式启用。车站中心里程位于沪昆线自上海站起 137 公里 505 米处，为二等客货运站，属嘉兴车务段。车站建筑面积 2819 平方米，货场 5000 余平方米，中心广场占地 22990 平方米，总投资 240 余万元。站内设正线 2 股，到发线 3 股，货物线 6 股，牵出线一股，存车二股，有三座旅客站台，基本站台长度 753.4 米、站台雨棚 300 米，2、3 号站台长度均为 698.7 米、站台雨棚 300 米，旅客地道和行包平过道各有 1 道。站房设候车室二间，面积均为 427 平方米，最高可聚集 800 人，二号候车室内设售货部，位于候车室南侧，票厅面积 200 平方米，售票窗口 6 个。行包房位于候车室东侧，面积 400 平方米，日最高到发量 800 件。旅客候乘车处设有旅客引导系统显示屏 11 块。车站联锁设备为计算机联锁 DS6－11 设备，与马王塘、斜桥站间应用 ZPW－2000A 型双线四显示自动闭塞设备，并有反方向发车设备，接发列车使用 TDCS 系统，可自动生成《行车日志》、下载调度命令和对信号、列车运行等实时监控。90 年代初，海宁站办理客运作业的旅客列车仅为 24 列次，日均发送旅客为 1500 人次，至 2000 年后增加到 3500 人次。2005 年增加到了 43 列次，办理摘挂作业的货物列车为 3 对。2010 年，发送旅客 153.3 万人次，日均接发列车 160 列，日均有 71 列旅客列车停靠，其中直达旅客列车 2 趟，特快旅客列车 12 趟，快速旅客列车 55 趟，普通旅客列车 2 趟，日均发送旅客约 4000 人次。

王店站

王店站，全称杭州铁路分局王店站，因驻地在王店镇，距海宁站 10.3 公里，距马王塘站 7.1 公里，隶属嘉兴车务段，为四等客运站。王店站在复线改造前是个 3 股道的车站，1 股道零担线。车站办理客运业务的同时，还办理行包和零担货物。车站站屋在王店镇对面，站屋面积 560 平方米。复线改造后，设有上下行 2 股，2 股到发线，站屋面积 850 平方米，办理旅客和行包业务。

王店车站与沪杭铁路同时建造，位于沪杭铁路线南往杭州 74 公里，北去上海 127 公里的王店镇。竣工于清宣统元年(1909 年)，同年 7 月正式通车，火车穿镇而过，跨越市河。所建铁路桥，与古桥卖鱼桥相邻。站设于铁路桥之北约半里。清末民初，曾设站长、电报员、引货员各 1 人，并有路警、分路夫、工役等共计 13 人。1937 年底，日军从上海南下侵占杭州，沪杭线沦陷，日军为进一步侵略和掠夺的目的，在王店火车站旁建有两座碉堡和一座附属房，呈“一”字形排开，皆为砖混结构。两个碉堡直径均为 3.8 米，东侧高 4 米，西侧高 5.2 米。中间的附属房为两层，平面边长 7.1 米成正方形，高 6.2 米。这此碉堡是日军侵略中国留下的实物例证。

1985 年 12 月 26 日，在复线建设中，改建成新火车站。新站在旧站之北，占地 789 平方米，比旧站面积扩大 1.9 倍。新站设有两个新型站台，分立于铁路两边，下筑地道相通。建有候车室、行包房，四则林木成荫。80 年代中期王店火车站复线开通，1988 年 4 月 21 日，王店站办理客运，因各类快车增加，日到站客车由原来 3 对改为 2 对。站里有职工 28 人。新站建成后，旧站已废。1987 年，全年客运量 19 万人次，发送行包 28237 件，收入 237346 元；1990 年因车票价调整 全年收入 422475 元。

1979 年 12 月，被上海铁路局授予红旗车站|称号；1984 年 11 月，被杭州铁路分局授予文明车站称号；1989 年，被上海铁路局评为 1989 年度铁路先进班子。至 1990 年年底止，创造了连续近 6000 天无事故、无事故苗子安全行车新纪录。2006 年 1 月 16 日，王店站停止使用。

长安镇站

长安镇站，全称杭州铁路分局长安镇站，因驻地长安镇而得名，东北距周王庙站 6 公里，西南距许村站 9 公里，隶属嘉兴车务段，为三等客货运站。宣统元年(1909 年)建站。初建时占地 1242 英尺，有房屋 7 间，民国 7 年(1918 年)建网状钢管混凝土灯柱站屋，上下行月台均于民国 6 年(1917 年)延长，上行月台长 600 英尺，宽 15 英尺，下行月台延长 600 英尺，宽 30 英尺，并敷设岔道 1 条，装货月台 1 座。民国 13 年 (1924 年) 续建月台，上行月台延长 230 尺，宽 7.5 英尺，下行月台长 230 英尺，宽 8.5 英尺。

新中国成立后，不敷使用，多次进行扩建站屋和车站设备。1988 年年末，长安站拥有站线 5 股，3488 米，其中正线 1 股，855 米，到发线 2 股，1819 米，货物线 2 般，794 米。全站有干部、职工 85 名，车站建筑面积为 1000 平方米，旅客站台 2 座，每日停靠上下行客车 12 列(次)。

现长安站于 1990 年奠基，1991 年 12 月 26 日启用，站中心里程为沪昆线自上海站起 K162+474 处，位于海宁市长安镇迎宾路 8 号，三等客货运站，属嘉兴车务段，总投资 1320 万元，全部由铁路方出资，车站有职工 36 名，设站长、书记、副站长各一名；站内有上下行正线各一股，下行正线长 853 米，上行正线长 1056 米，到发线上行二股，下行一股，长度分别 850 米、911 米、919 米；车站设有基本站台二个，高站台二个，一号站台雨棚面积 3000 平方米，二号站台雨棚面积 2400 平方米，有货物线 3 条，仓库四个，仓储面积共计 3500 平方米，货场面积 1.5 万平方米，设计规模年到发量为 50 万吨，有 5 吨门吊一台，装载机一台，铲车三台。候车室建筑面积 506 平方米，一次可容纳 300 人，售票厅 60 平方米，售票窗口 2 个，行李房一间 120 平方米，站前广场 5000 平方米。1991 年发送人数 421859 人/年，到达人数 421125 人/年，货物到达 3909 车/年，发送 1483 车/年，随着公路交通的快速发展和铁路的多次提速，至 2009 年旅客发送人数下降至 21620 人/年，到达人数 18533 人/年，2010 年货物到达量 3768 车/年，发送 215 车/年，由于客流量下降等多种因素，于 2010 年 2 月 1 日停止办理客运业务。

表 8-3-4　1965—1990 年长安镇站客货运输情况表

年份	旅客发送量（万人）	行包发送量（件）	货物发送量（万吨）	货物到达量（万吨）	装车数（车）	卸车数（车）	客运收入（万元）	货运收入（万吨）
1965	26.90		6.11	6.94	1750	2022	23.1	88.5
1972	27.24		9.13	10.95	2305	2724	23.8	82.1
1976	46.01	168	7.74	23.97	1824	4405	50.4	241.0
1980	37.26		5.70	17.57	1404	3780	34.45	78.69
1985	44.50	197	7.74	21.09	1834	4013	56.5	238.1
1986	46.01	168	7.74	23.97	1824	4405	60.4	241.0
1987	45.33	115	10.91	25.32	2358	4488	61.0	310.9
1988	48.08	36924	11.5	16.24	2453	2844	67.6	312.8
1989	45.80	35716	10.33	11.67	2346	2359	91.3	321.4
1990	43.10		9.25	23.11	2070	4093	123.53	294.65

现长安站于1990年奠基，1991年12月26日启用，站中心里程为沪昆线自上海站起K162+474处，位于海宁市长安镇迎宾路8号，三等客货运站，属嘉兴车务段，总投资1320万元，全部由铁路方出资，车站有职工36名，设站长、书记、副站长各一名；站内有上下行正线各一股，下行正线长853米，上行正线长1056米，到发线上行二股，下行一股，长度分别850米、911米、919米；车站设有基本站台二个，高站台二个，一号站台雨棚面积3000平方米，二号站台雨棚面积2400平方米，有货物线3条，仓库四个，仓储面积共计3500平方米，货场面积1.5万平方米，设计规模年到发量为50万吨，有5吨门吊一台，装载机一台，铲车三台。候车室建筑面积506平方米，一次可容纳300人，售票厅60平方米，售票窗口2个，行李房一间120平方米，站前广场5000平方米。1991年发送人数421859人/年，到达人数421125人/年，货物到达3909车/年，发送1483车/年，随着公路交通的快速发展和铁路的多次提速，至2009年旅客发送人数下降至21620人/年，到达人数18533人/年，2010年货物到达量3768车/年，发送215车/年，由于客流量下降等多种因素，于2010年2月1日停止办理客运业务。

嘉善站

嘉善站位予嘉善县魏塘镇东北1.5公里处，原址为张华村，现为车站路，车站站界从沪杭线里泽方向78K+982米至丁冬方向81K+324米，中心线为79K+888米，在铁路线南侧，隶属上海铁路分局松江车务段管辖，为三等客货运站，车站技术性质为中间站。

宣统元年(1909年)建站，民国9年(1920年)站屋改造，扩充后有房屋18间，厨房2间，占地2342平方英尺。初建下行月台为砖造脚墙，碎石铺面，上行月台为凝土块所造，民国5年(1916年)延长至600英尺，上行月台600英尺，宽18英尺。上下行雨棚于民国6年(1917年)易以标准式，以凝土为柱，铁皮为顶，占是共3900平方英尺。

民国7年(1918年)建步行桥1座，跨度55英尺，以钢轨为柱，俄勒冈松为梁与桥板，后被战争所毁。

新中国成立后，随着沪杭铁路客货运量的日益增加，车站设施相应扩充。1987年，站台中部新建简支钢结构跨线天桥1座，跨径21.1米净空6.6米，面宽2.8米。至1990年年底，嘉善站共有4股轨道，其中正线1股，长850米，可存放车辆71辆，到发线2股，总长1820米，可存放车辆153辆；货物线1股，长467米，可存放车辆40辆。有客运站台2个，其中一号站台为500米，站台上架有雨棚2个，1号雨棚长36.5米，水平投影面积为230平方米，2号雨棚长34米，水平投影面积为220平方米，货物线共有货位28个，其中高货位10个，低货位18个，可同时上下货29个车厢。货物仓库共有3个，面积为776平方米，货物站台1个，面积367平方米。露天堆场4个，总面积为1369平方米，其中笨重区、粗杂区、散堆区各1个。货场总面积为47930平方米，其中车站作业面积为25921平方米，其余面积使用由地方部门租用，货场硬化面积为3507平方米，平均一次堆货量能力可达近2000吨，年运输能力可达近20万吨。嘉善站解体货物列车共6辆，1990年货运发达量为9.25万吨，到达量22.28万吨。

1990年嘉善站有职工110名，客运候车室170平方米，行李房110平方米，售票厅100平方米，行车室35平方米，货运办公室124平方米。1990年旅客发送量达43.10万人。沪杭线客运列车在嘉善站每日停靠15列，其中直快4列，快客7列，普客4列。

1992年，经铁路部门勘定，于65号桥东动工建造嘉善新站。1月5日正式开工建设，火车站中心为沪昆线92公里207米处，位于魏塘镇亭桥北路268号，铁路方按三等车站客运站屋设计预算约73万元，由铁路方出资。1993年1月8日，嘉善火车站新站正式启用，为三等客货运站，属经松江车务段管辖。站内轨道11股，其中正线：1道有效长为847米、2道有效长为969米；到发线：3道有效长为846米、4道有效长为853米、6道有效长为856米；设1号、2号客运站台，长均为500米，有地道南北贯通，货1、货2(按：货2线2001年投资建造)、货3、货5为货物线，粮4道为浙江嘉善国家粮食储备线，1993年上海铁路分局投资建造建材专用线。货运受理大厅设在车站北侧、货场西端，货场内设有货物线六股，其中：货1道长471米，货2道长310米，货3道长422米，货5道长220米，粮食专用线长，建材专用线，2台门吊，起重能力分别为20吨、26吨，6辆起重能力分别为3吨的叉车。站候车室682.3平方米，可同时容纳旅客600人左右，3个售票窗口，行李房库房面积200平方米。是年，货客运量35.6万人次，货运量19.06万吨。2004年，由上海铁路分局和嘉善县政府共同出资，对站前广场进行改造装修，对所属车站广场地块，重新布局设计，构建了街心花园式广场。并增设公交车停靠站点，有公交K221、K228、K203、k208路到达。1995年沪杭线旅客列车慢车取消后，为了解决沿线铁路职工上下班和广大市民乘车出行的不便，上海铁路分局作出开行嘉善至上海(梅陇)专线列车的实施方案，经松江车务段与上海客运服务公司的具体筹划和共同努力，首列嘉善至上海(梅陇)专线列车于1995年9月11日正式开行，此专线列车，是嘉善开埠以来首次始发的列车，每天在嘉善与上海之间往返六趟，既方便了嘉善市民的出行，又便于二地之间的经济和社会交往，为嘉善接轨上海第一站提供了十分有利条件。但随着铁路电气化的建设和全国铁路大提速，列车运行密度日益繁忙，线路运行压力巨大，2006 年 6 月 24 日，嘉善至上海（梅陇）专线列车终止开行，是年，客运量达 85.89 万人次，货运量达 96.51 万吨，为嘉善建站来客货运最大量。专线列车开行 11 年来，共运送旅客 1809806 人次，年均运送旅客 15 万人次左右，相当于 2000 年嘉善常住人口的 35%。

铁路嘉兴东站（俗称嘉兴东站）

位于南湖区塘汇乡境内，中心里程位于沪昆线自上海站起 K106 公里 958 米处，为三等货运站，隶属嘉兴车务段。1989 年 5 月 5 日在嘉兴召开铁路嘉兴东站站场规划方案研究，1989 年 6 月 21 日，站场平面图技术讨论会再次在嘉兴召开，站场由铁路投资，按一次性规划，分期实施的办法进行，一期于 1991 年年底开工，1992 年 12 月建成；二期于 1993 年 2 月动工，于 1996 年 8 完工，年货运吞吐量为 109 万吨，年到发量约 150 万吨、装卸车约 1.7 万辆，车站建筑面积 801 平方米，占地面积 3200 平方米，货场总面积 8183 平方米，原归铁路嘉兴站管辖，2007 年 8 月从铁路嘉兴站划出（按：2007 年 4 月 9 日铁路嘉兴站货场整体搬迁至嘉兴东站）。站内干部职工 71 人，设行车班组、调车班组、货运班组三个组。货场由二股正线引进，一股牵出线，股道 11 股，其中货 1、货 2、货 3、货 4、货 5、货 6、货 7 为货场线，接铁水转运港（2 股）和粮油批发公司专用线 1 股，并连接中央储备粮嘉兴直属库专用线（1 股）、嘉兴永安石化有限公司危险品装卸专用线（1 股）；基本仓库 2 栋，面积 7375 平方米；货 7 道小仓库，面积 110 平方米；货 7 道仓库，面积 837 平方米；货 7 道雨棚，面积 659 平方米；分别建有货 2 号、货 5 号、货 7 号东站台；主要设备有：卸煤机设置货 6 道，生产能力 550（吨/小时），门吊两台设置货 5 道，生产能力 36 吨，电动吊两台，设置在港池南岸，生产能力 8 吨。主要是为嘉兴市周边地区的国防、工业、农业生产及市民生活，所用的生产日用品、原材料、粮食、化肥等物资担当了重要的运输保障。

铁路马王塘站（俗称马王塘火车站）

位于秀洲区王店镇境内，中心里程位于沪昆线自上海站起 120 公里 146 米处，建于 1950 年，隶属于嘉兴车务段，为四等站，站内有四股道，二股正线，二股到发线，接机场专用线，客运：办理旅客乘降，行李、包裹托运（按：2006 年 1 月 16 日停止办理客运），货运：仅办理专用线、专用铁道整车货物到发，有站长 1 名；副站长 1 名；职工 9 名，共计 11 人，行车设备有控制台、道岔、信号机、通信、CTCS 设备，主要办理接发列车安全、专用线取送车安全、试风等。

铁路斜桥站（俗称斜桥火车站）

位于海宁市斜桥镇人民路 104 号，1909 年建站，为四等客货运站，属嘉兴车务段。站内有轨道四股，二股正线，二股到发线，二座旅客站台，1998 年停止办理货运，2003 年 5 月停止办理客运，车站有职工 12 人，其中管理人员 2 人（按：站长、副站长各 1 人），车值员 7 人，助值员 3 人，车站以接发列车作业为主，作业安全关键点为接发列车防错办，误办及现场作业劳动安全问题，地方公交比较便捷，海宁火车站广场 T131，海宁市客运中心 T188 均能到达斜桥。

第二节 沪杭高铁场站

嘉兴南站

嘉兴南站位于嘉兴市长水街道建成村，距市区沪杭铁路嘉兴站 9 公里，车站中心里程距铁路虹桥站 84 公里，铁路杭州站 85 公里，2010 年 2 月 22 日开工建设，2010 年 10 月 26 日正式投入使用。车场规模为 4 站台 8 线，岛式站台 2 座，侧式中间站台 1 座，基本站台 1 座，建有站台雨棚，正线 2 条有效长各 580.5 米、到发线 6 条有效长各 610 米，道岔 26 副，均为 18#道岔；站房平面呈矩形，平面轴线面宽 120 米，进深 36 米，其中出站层面宽 48 米，进深 36 米，候车大厅柱网为 12 米× 36 米的大跨度。售票大厅面积 570 平方米，人工窗口 17 个，其中应急售票窗口 2 个，自动售票机 9 台，2 块电子显示屏，一块显示余票信息及公告，另一块显示最近时间段内开行车次。候车大厅面积 3295 平方米，分为上下两层，座位 400 只，工商银行 VIP 候车区 1 个，贵宾室一个，3 块旅客电子显示屏，8 台壁挂式 PDP 显示屏，在一、二层候车室分别设置有自动查询机，进站口设 2 台三品检查仪，共有 21 台自动检票机，一层候车室 5 台，二层候车室 10 台，出站口 6 台，车站最高聚集人数为 2000 人，站内共有自动扶梯 13 部，无障碍电梯 4 部。站前广场总用地 15.4634 万平方米，总建筑面积 37801.47 平方米，分二期实施;一期和车站同步建成,总投资概算51468.31万元,占地面积7.7万平方米(116亩),建筑面积约36400平方米,停车库36400平方米,道路24000平方米,绿化景观9500平方米,硬质铺地13000平方米,停车场地30500平方米,铁路站房地方配套工程(高架平台2045平方米及匝道2741平方米)以及出站厅及出站口下沉等。广场左侧为市区公交,共有K93、K95、K96、K97、K98路,广场中部为城乡公交,有108路(嘉兴南—新丰)、201路(嘉兴南—王店);广场右侧为出租车停车场,设有停车位500个。

嘉善南站

嘉善南站位于大云镇江家村,占地142亩,按一般中间站设计,站共有干部职工数21人,2010年10月26日正式投入使用,总建筑面积为4998平方米。站场模式为2站台4线,基本站台(450×12×1.25米)和侧式站台(450×8×1.25米)各1座,站内有地下旅客进出站地道1座。站房主体为1层,两侧局部为2层,总长129米,总宽31米,建筑主体高度为22.5米,立面造型用现代建筑风格。外墙用铝合金中空玻璃幕墙和石材相结合,屋盖采用钢架结构上覆铝镁锰金属板,主体部分色调以灰色和白色为主,屋盖外形为正四角锥形状,形式为“线侧下式”站房,设计客流能力为每小时发送旅客为800人。站房功能包含进出站厅、候车厅、售票厅、售票室及售票用房、车站设备用房、旅客服务用房、站场办公用房,车站内设4部自动扶梯,2部无障碍升降电梯,2台自动售票机,1台自动取款机,候车大厅有便利店、自动售货机。站前广场工程综合配套一期工程于2010年5月全面开工建设,含公交车、出租车、社会车辆临时停车场建设及广场铺装等,面积为1.6万平方米,2010年10月26日正式启用。嘉善南站到上海虹桥站的时间约为16分钟,到杭州需要20分钟左右。

桐乡站

桐乡站位于桐乡市梧桐镇和南日镇的交界处,距桐乡市区7公里,2010年10月26日正式投入使用。车站站坪长1060米,为平坡直线,车站规模为2站台4线,设基本站台和铡式站台各一座,正线2条,到发线2条,正线有效长为650米,站内有旅客进出站地道1座。站房作为桐乡站的核心部分,共分三层:其中进站厅、候车大厅、售票厅、出站厅等,功能用房设于地上一层,职工间、食堂、通信、信号等设备用房设于地上二层,局部地下层主要为少量设备用房,设计客流能力为每小时800人,有自动扶梯4部,无障碍电梯2部。车站总用地面积74684平方米,建造配套服务用房建筑面积2100平方米,广场面积8122平方米,停车场9435平方米,其中社会停车场8595平方米,泊位573个以上,大巴停车场840平方米,泊位20个以上,绿化面积30602平方米,分别有通往桐乡客运中心、海宁客运中心、乌镇汽车站、崇福汽车站、屠甸汽车站、濮院汽车站、史桥集镇、高桥集镇的公交班车。

海宁西站

海宁西站位于海宁许村镇报国村,距离海宁市中心25公里,2010年10月26日正式投入使用,总面积16021平方米(含站台)。车站设计规模为2台4线,正线两条,到发线两条,基本站台(450×10.5×1.25米)和侧式站台(450×9×1.25米)各1座,站台雨棚建筑面积10464平方米,站内有旅客进出站地道1座。站房用房面积4933平方米,功能布置分为中间候车厅(1520平方米)和两端的办公区,旅客候车厅主要为普通候车区,可根据需要划分出优先进站区、母婴候车区等。商业服务、管理用房、设备用房、公共卫生间等分设在候车厅两侧,站房西部设置售票厅,站房东端设置了出站厅,站内设自动扶梯4部,无障碍电梯2部,站房高峰每小时发送量800人。站前广场于2010年6月14日开工建设,2010年10月26日投入使用,占地面积5.99公顷,长368米,宽139.2米(未含站房占地面积),包括步行广场、地面道路、大型车停车场、社会停车场、出租车停车场、公交车停车场、绿化场地等,分别有通往海宁皮革城、海宁家纺城、海宁长安镇班车。

第四章 其他铁路

其他铁路包括建成通车后又拆除的线路和规划设想的线路(包括轻便铁路筹备处拟定的铁路网)等。

第一节 苏嘉铁路

苏嘉铁路为建成通车后先拆后废的铁路。民国21年(1932年)“1•28”抗日战争在上海爆发,南京与杭州铁路交通中断,决定修筑该路作为沪宁、沪杭两路的联络线。苏嘉铁路起自京沪线之苏州站,大抵循大运河西岸,向南经相门、吴江、八坼、平望、王江径等站而达沪杭线之嘉兴站,与沪杭铁路接轨,形成以上海为顶点,该路为底线的近似等腰三角形。该路全长74.48公里,路基全部为填土,最大坡度为6.32‰,最小弯道径为320公尺,全线桥梁共77座,均为木便桥,最长者为67.4公尺。枕木来自加拿大。钢轨在车站范围内,系用33公斤/米钢轨,其出车站以外线路,则用胶济铁路平底式美国旧轨,重30公斤/米。全线皆用洋松枕木,惟桥上使用硬枕木。计划建筑费280万元,因当时料价上涨,又向浙江兴业银行借款50万元,实际支用建筑费307万元。苏嘉铁路共设车站6处,即相门、吴江、八坼、平望、盛泽、王江泾,每站计建四等车站,有房屋1所,月台2座,蜷线1条,约730公尺之标准蜷线,靠车站房屋一面月台长150公尺,对面月台长30公尺,用木壳制成。该线于民国24年(1935年)2月动工开筑,于民国25年(1936年)4月28日全线接轨,乃举试车,结果成绩殊佳。民国25年(1936年)7月15日正式通车,通车后苏州嘉兴间铁路运输距离较经上海缩短110公里,行旅称便。苏嘉铁路圈用民地每亩给价40元,两路局举铁道部于民国25年(1936年)11月16、17两日抵嘉兴给价。苏嘉铁路通车后,因与京沪、沪杭甬线连接,客票价目,按京沪、沪杭甬路客票基本运价计算,计三等每公里收一分三厘五,二等照三等加80%,头等照三等加170%。苏嘉铁路每日开4对客车,苏州至嘉兴,一等特快车票价3.45元,二等2.20元,三等1.20元。普通客车一等2.8元,二等1.90元,三等1.05元。货物运价亦按沪杭甬线运价计算。两路局为纪念通车,优待旅客,自通车日起5天内,苏州至嘉兴单程票加盖纪念戳记,可作来回票使用。通车后,苏嘉铁路惟以路基不固,车行速率迟缓,而班次又较公路汽车为少,旅客犹感不便,民国25年(1936年)10月1日起,将该路二等车座取消,所有该路各站间之二等旅客及经该线之二等联运旅客,准通融乘坐头等车座,又该路于10月1日起,将行车时刻缩短,增加班次,以与京杭及沪杭甬路上下行班次吻接,籍便旅客。

抗战初期,该线成为淞沪前线与后方的主要交通线,故时遭敌机轰炸.惟随炸随修,始终维持通车,迫日军侵占华东,淞沪撤守,该路随沦敌手,至民国32年(1943年)、33年(1944年)之交被日伪军全部拆除,其钢轨、铆梁、枕木等分别经苏州、嘉兴转运至津浦等线使用,抗战胜利后,此线没有修复。

中华人民共和国成立以后,国家未议修复苏嘉铁路。此线撤废之后,沿路大部分路基被垦作拼地,不少地方在路基段建造民房、水灌站、汽车站、农场及架设电力线等,并有拔取铁路桥梁木基桩,挖掘路基土方等情况,日复一日,路基尚存部分无几。1961年12月21日,铁道部上海铁路总局以上铁总(61)军密字第98号致函嘉兴专署,提出保护原苏嘉铁路路基。函文称:原苏嘉铁路是我国华东地区重要的国防铁路之一,在国防上有着重要的意义。根据南京军区司令部的意见,目前我局正在进行该线复旧设计测量工作,以便必要时能立即投入施工,保证国防需要。函文又称:据调查,现该线尚有60%左右的路基仍属完整,还能利用进行旧施工,为了该线不再遭到损坏,拟请指示有关地方政府和部门保护原苏嘉铁路的路基,并要求立即停止有损路基的各种行为。

王江泾火车站

王江泾火车站是苏嘉铁路线上六站(不含铁路两头的苏州站、嘉兴站)下之一,也是嘉兴境内唯一的火车站(不含嘉兴站)。1936年7月15日,苏嘉铁路正式通车,当时在王江泾设有火车站,为三等站,建有站房一座、到发线一条、月台两座。据1936年6月28日《申报》载,王江经火车站的职员,除向京沪、沪杭两路各站调充,以补充熟练者外，另外还对新进职员进行招考。铁路局委任尹寿华为王江泾站站长，盛泽鲍配合。行车时刻：上行车，终点吴县，82 次王江泾开 7:31 时；84 次王江泾开 11:31 时；86 次王江泾开下午 2:31 时；88 次王江泾开下午 6:30 时。下行车，终点嘉兴：81 次王江泾开 9:46 时；83 次王江泾开 12:56 时；85 次王江泾开下午 4:46 时；87 次王江泾开下午 7: 56 时。

1937 年 11 月，嘉兴县沦陷后，迫使数千民工加紧修复铁路，欲使铁路成为其侵略工具，实现其所谓 的“以战养战”的方针。1939 年 4 月 26 日全线修复完毕。同年 4 月 30 日，日伪“华中铁道株式会社”成立，苏嘉铁路为“华铁”霸占。苏嘉铁路王江泾站站长、司机、职员，甚至检票员几乎都是日本人，中国员工只能担任杂役。1939 年，苏嘉铁路全线恢复通车后，每日开行混合车 3 对，但主要开行军用列车。1940 年后，汪伪政府以铁道部名义管辖铁路，但仍为“华铁”和日本军方直接控制。王江泾火车站处于日本的管辖之下。1944 年 3 月，日军拆除苏嘉铁路，苏嘉铁路废弃，王江泾火车站结束使命。“王江泾火车站”站碑被搁置于沟边草丛中，后被发现，长 216 厘米、高 56 厘米。此碑见证了日军的侵华暴行。

第二节 乍芜线

乍芜线为民国政府曾规划设想建设的铁路。民国 21 年(1932 年)7 月，民国政府建设委员会委员长张静江，发起修筑芜乍铁路，自芜湖经广德至浙江的吴兴、嘉兴，以达乍浦海口(乍浦，即孙中山先生《实业计划》所建设的东方大港选址)，组成商办“芜乍轻便铁路公司”，因已有京粤铁路(南京—芜湖—南昌—广州)计划，于 10 月改为“江南铁路公司”，为商办先定资本 100 万元，于民国 22 年(1933 年)4 月在沪成立创立会，同月即在芜湖奠基典礼。由张静江等任常务董事。全线拟分四段建筑，抗日战争前，仅完成南京至芜湖间的铁路线。民国 26 年(1937 年)失守后：全线沦陷，部分物资撤往其他铁路线，不能外运的机车、桥梁等自行破坏。抗战胜利后，因路轨被拆，改营汽车运输。广德至嘉兴经费预算(1935 年)总计 888.9 万元。

附：拟定铁路网

民国 37 年(1948 年)10 月 1 日，民国政府浙江省成立轻便铁道筹备处，拟定铁路网，以三千公里为目标，分干线(轻磅标准轨距)与支线(轻磅窄轨)，认为本省海岸弯曲，优良港口众多，以作为国际贸易海港，俾可修筑铁路直通腹地，并制定了干线的原则，计划修筑支线 1840 公里，干线 1515 公里，属于浙西除杭(州)于(潜)线、杭严线(杭州至白沙)外，还有吴盐线，自吴兴、经南浔、嘉兴、平湖、乍浦而至海盐，长约 130 公里。

中华人民共和国成立以后，情况发生了根本的变化，交通事业有了新的转机，此项计划已留作空谈。

第五章 联 运

第一节 铁路联运

联合运输，最早始于铁路。民国期间，各路局铁路线间的计费与规则不尽相同，两局间的运输就称联运。民国22年(1933年)7月1日起，浙赣路与京沪、沪杭甬铁路签订协议办理货物联运，并规定：联运货物范围，以铁路负责者为限，铁路不负责之货物暂不办理，指定浙赣线9站，京沪线8站，沪杭甬线9站：上海北站、麦根站、上海南站、日晖港、松江、嘉兴、硖石、长安、拱宸桥，同年8月又增加王店站。

民国末年(1948年)11月12日实行京杭(南京至杭州)联运对号特快快车。其时刻表如下：

表 8-5-1 京杭联运对号特快列车时刻表

1948年11月12日实行

102次		上行 ╱ 站名 ╲ 下行			101次	
京沪线沪杭线	17:07	到	南京		8:30 开	京沪线沪杭线
	14:09 14:03	开 到	常州	到 开	11:19 11:26	
	13:16 12:57	开 到	无锡	到 开	12:10 12:15	
	12:17 12:11	开 到	苏州	到 开	13:04 13:10	
	10:50 9:50	开 到	上海北站	到 开	14:40 15:25	
	9:34 9:32	开 到	上海西站	到 开	15:42 15:45	
	7:30 7:21	开 到	嘉兴站	到 开	17:43 18:00	
	5:25		杭州	到	20:05	

从上表中，可以看出，当时铁路已办理客运联运。1949年8月，上海铁路局组织杭州铁路分局所辖嘉兴、硖石、长安镇、杭州等11个站与麦根站、日晖缎、上饶、贵溪、弋阳、鹰潭、温家圳、南昌间相互办理整车直达货运业务。从此，全国所有铁路各营业站之间都可相互发往货物，铁路站间运输就不称为联运。

第二节 铁、公、水联运

铁路、公路之间的联运，是铁路、公路二程运输衔接的一种联运组织形式，稍迟于铁路联运，但在不同时期，有不同的要求与内容。民国23年(1934年)5月，上海交通股份有限公司与浙江省公路局、江苏省公路管理处签订闵行轮渡联运合同，实行沪(上海)、平(平湖)、乍(乍浦)旅客一票到底的联合运输，为最早的公、水联运。民国36年(1947年)

9月1日，湖嘉、苏嘉长途汽车公司与京沪区铁路管理局为谋旅客往来便利起见，洽办联运，所有平望、盛泽与上海、杭州间往来旅客均以嘉兴为联接站，规定由湖苏嘉长途汽车公司发车按班接送，当时以联运旅客和行李为限。公布之日起，即遭人力车夫及三轮车大反对，民国嘉兴县府邀集各机关团体会商处理，公路方面原定每日开行14班，为兼管照顾车夫生计，暂定试办2班，并以购买联票之旅客方准乘坐。9月4日正式实行铁公联运。

民国时期的铁公联运，一般由运输行代办办理。

中华人民共和国成立后，铁、公、水联运事业得到振兴和发展。1950年5月，在华东军政委员会交通部的领导下，在上海成立"新华联运公司"，为国营企业，其分机构遍布华东各省、市，开通18条联运线，形成联运服务网。华东联运公司浙江省公司嘉兴办事处于1950年10月1日建立，在嘉兴市建国路360号，经营水陆联运兼办押汇保险业务。1951年12月1日，根据上级指示，公营浙赣运输公司嘉兴分公司(1950年6月成立)并入华东联运公司浙江省公司嘉兴办事处。同年12月公营浙赣运输公司驻硖石办事处(1950年10月成立)归并华东联运公司，由嘉兴办事处在硖石设联运站。1952年1月1日，嘉兴办事处在嘉善下甸庙设置京善联运站，洪溪、干窑、魏塘等地设置工作组。同年8月，为开展黄麻运输，在长安镇设长安联运站。继后，在平湖县设立平湖联运站。此外，还先后建立起吴兴县菱湖镇联运站、长兴联运站及递铺、孝丰2个工作组。据1952年统计资料表明，当时华东联运公司浙江省公司嘉兴办事处及所辖各联运站的运输工具计有大小木帆船3451艘、55849吨，竹筏434只、619吨，汽车20辆、66吨，各种人力货车139辆、67吨。此时的联运工作，主要是铁、水中转联运，运输物资主要是粮食、砖瓦、络麻、蚕茧等。1952年，嘉兴、湖州各单位全年联运业务运量共1055万吨。

1953年1月，为加强各省联运公司对所属组织机构的领导与管理，不再冠以华东联运公司之名。省联运公司嘉兴办事处和湖州办事处合一为嘉兴分公司，直接领导长安、硖石、平湖、嘉善联运站、桐乡、海盐工作组和湖州办事处。同年6月，嘉兴联运分公司并入嘉兴航管处。

1958年，交通运输运力紧张，各县、市普遍成立运输指挥部，下设运输协作办公室，由铁、公、水等运输部门和主要物资部门负责人协同组成，联合办公，并运用行政管理手段，实行"扎口运输"，统一调度车船运力，统一送货到家，统一银行划拨结算，集中力量疏运港站、厂矿企业专用铁道上积压的货物。

1961年10月，铁道部、交通部联合颁布《铁路和水路货物联运规则》，各级联运部门为体现"两个服务"(为旅客、为货主)的宗旨，采取集中计划运输，合理分流，优惠运价，换装包干、分理负责的原则，统一安排，货运运输铁、公、水联运服务工作，负责协调搬运、装卸。并对车、船、装卸实行统一计划，统一调度，统一运价，统一票证，统一结算的"五统"管理。

1963年，随着国民经济的调整，恢复成立嘉兴地区联运处。各县相继恢复成立联运站。1970年11月至1971年9月贯彻中央关于开展铁路、公路、水路联合运输的指示精神，陆续成立嘉兴地、县统一运输指挥部。在当时，起到积极作用，但终因"外联内不联"，未能发挥长久作用，各联运指挥部先后自行消失。

1971年11月6日，建立旅客联运服务，嘉兴建国路189号设嘉兴客运联合售票处。预售铁路、公路、水路客票及水—铁、铁—公、公—水—铁相互联结的一条龙运客票(一次售票，分乘车船)，方便旅客。

第三节　嘉兴市联运公司

1988年9月1日，嘉兴市联运公司成立，为撤地建市以后，铁路与水路联运的统一协调机构。

嘉兴市联运公司系全民所有制性质的联托运企业，位于城东路49号，隶属于嘉兴市交通局。有职工27人，注册资金28.8万元。公司经理任振样。下设办公室、业务科、计财科等3科(室)。设有分机构3个：嘉兴铁路整车联运办事处、嘉兴市公路货运配载服务部和嘉兴市公路货配部中山西路站。主要业务是：为两种以上运输工具或同一种运输工具中转换装的水、陆到货物资组织联合运输和为物资单位代办整车(批)、零担、集装箱联运货物的托运、中转换装：包装整理、仓储保管以及公路运输货物配载、客票联售业务等。

嘉兴市联运公司建立以来，实行"一次托运，代收代付，送货上门，取货到家"的联运方法，解决嘉兴市进、出口物资集、疏、运问题，手续简便，运输迅速，深受货主单位的欢迎。1989年至1991年主要经济指标见下表。

表 8-5-2 1989—1991 年嘉兴市联运公司主要经济指标统计表

项目		单位	1989 年	1990 年	1991 年	备注
一、货运亮	合计	万吨	10.99	18.89	22.25	公路货配 1990 年 5 月开办
	其中:铁路到发车	车	1997	34.24	3614	
	铁路到发量	万吨	10.13	19.97	19.29	
	水路联运	”	0.87	0.92	2.23	
	公路配载	”	—		0.73	
		”				
	客票联售	张	—	1011	1710	
二、联运量比重		%	69.33	95	90.12	
三、营业收入	合计	万元	12.03	26.64	34.48	
	其中:铁路中转	”	10.76	18.04	18.64	
	水路联运	”	1.17	2.29	2.76	
	公路配载	”	/	5.95	12.48	
	客票联售	”	0.1	0.36	0.6	
四、生产成本		”	6.3	14.27	16.46	
五、营业税金		”	1.4	1.4	1.65	
六、实现利润		”	8.26	11.63	16.54	

嘉兴市联运公司 1989 年 9 月参加中国联运联合会，于同年参加浙江省联运企业经理联络会。嘉兴市联运公司与公路货运配载服务部实行 1 套班子，2 块牌子，合署办公，受嘉兴市公路运输管理处委托，代签公路行车路单，代为货主受理运输保险，代公路运输单位配载货物，并提供货运信息。下设公路货配部中山西路站，为与城建系统的“社会停车站”联营，主要业务与上述内容相同。营业地点在嘉兴火车站内的铁路整车联运办事处，经营范围主要是代办铁路整车中转联运，组织形式为市联运公司与嘉兴车务段联合经营，人员、资金共同投人，利益共享，风险同担。

1992 年 5 月 19 日，嘉兴市联运公司由经济联合体，新建为独立经营的经济实体，隶属于交通局领导的国有企业，公司正职领导由交通局提名，市经委考察批准任命。1992 年 10 月 19 日，嘉兴市交通局党委任命章润根任中共嘉兴市联运公司党支部书记。1992 年 11 月 21 日，嘉兴市经济委员会任命章润根任嘉兴市联运公司经理。

1995 年 12 月 14 日，市联运公司和交通材料供应站合并。同年 12 月 28 日，为加速企业经营机制转换，提高企业的规模经济效益，嘉兴市交通局发文同意市联运公司、市联运职工合股会、市交通运输集团有限责任公司共同出资参股成立嘉兴市联运有限责任公司。公司地址:嘉兴市中山路 68 号综合大楼 6 楼。注册资金 5074106.49 元。出资方式:市联运公司(含交通材料供应站)1264898.90 元，市交通运输集团有限责任公司 3709207.59 元，市联运职工合股会 10 万元。经营范围:主营:办理铁路、公路、水路的整车与零担集装箱托运，承担国内集装箱运输、公路货运、仓储与中转，异地托运，承担铁路、港口货物集疏运等。兼营:客票、包裹联运，客运，建材代购代销，钢材化工原料(不含危险品)，柴油机和船用辅机及配件、机电设备(不含汽车)，橡胶制品，船用五金。经营方式:运输、服务、代购、代销、批发、零售。

为深化企业改革，2004 年 12 月 13 日，嘉兴市属企业改革工作领导小组发出了《关于嘉兴市联运有限责任公司深化改革方案中有关政策问题的批复》的文件，指出:嘉兴市联运有限责任公司深化改革基准日为 2004 年 6 月 30 日。公司在 2001 年股权转让中的集体资产评估缺口由原股东按比例承担。2005 年 4 月 6 日，嘉兴市国有资产监督管理委员会发出了《关于嘉兴市联运有限公司国有资产处置的批复》的文件，嘉兴市联运有限责任公司资产已由嘉兴联新资产评估有限公司评估，评估基准日为2004年6月30日。评估后的资产总额为12272021.73元，负债为7090025.61元，净资产为5181996.12元。其中国有股占股本金的24.93%，净值为816168.31元，职工合股会占75.07%，净值为2457671.70元。关于这次股本结构的调整，国有资产要承担费用为1562589.85元，而嘉兴市联运有限公司国有资产净值为816168.31元，经支付应承担的费用后，尚有762421.54元的缺口。鉴于此次深化改革国有资产应承担的费用已经超过固有资产净值，因此，国有资产以零资产退出，由改制企业职工募集股本，原债权债务由新股东承担。

2010年，嘉兴市联运有限责任公司已发展为市属专业集装箱、货物运输企业。公司地址：嘉兴市城东路1681号。公司已具有四级公路货运企业与国内货物代理资质。注册资本500余万元，从业人员近100人。2000年被中共嘉兴市委、市政府授予嘉兴市级文明单位称号。主要经营国内、国际集装箱运输与普通货物运输、仓储、装卸、理货、包装整理物流配送和铁、公、水联运服务。公司和铁路方面10多年联营集装箱运输，同时开办铁路整车到、发业务。公司所属汽车队、集装箱运输站两部门是集装箱、货物运输的中转、配送、仓储中心，占地面积2万平方米，自有30吨、20吨、10吨各种集装箱运输车辆和大型装卸机械设备30余台，标准封闭式仓库和全天候作业仓库3000余平方米，具有大型货车和集装箱运输资格专业驾驶员20余名。公司获得浙江省华银信息咨询开发公司企业信用等级AA级和嘉兴市工商行政管理局首批免检企业之一。年完成货物运输量1300万吨公里，国内集装箱运量1.5万标箱，国际集装箱运量5000箱，仓储业务4万余吨。先进的设备、设施公司拥用多台叉车、起吊等装卸运输设备，库房之间布局合理、流向科学，通道畅通、装卸车十分便利便捷，货场及库区的电力供应能力380千瓦，可根据客户需要保证24小时不间断作业，通信设施齐备、ADS1网络的高速数据传输服务功能为客户提快速、便捷的信息沟通渠道。

第九篇 交通管理

交通管理包括道路运输管理、港航管理、路政管理、稽征管理、铁路管理、工程建设管理、安全生产管理等方面。

第一章 道路运输管理

《浙江省道路运输管理条例》第三条规定：县级以上交通行政管理部门负责组织领导本行政区域内的道路运输经营管理工作，县级以上道路运输管理机构负责具体实施道路运输经营管理工作。

1993年7月24日至2001年7月1日，浙江省政府先后公布《浙江省道路运输管理办法》《浙江省道路运输管理条例》，嘉兴市公路运输管理处作为行业管理职能部门，受市交通局委托行使全市道路运输管理职责。

2004年4月30日，《中华人民共和国道路运输条例》、2005年9月30日修订后的《浙江省道路运输管理条例》先后公布，嘉兴市公路运输管理处根据国家行政法规和地方法规授权，在市交通局领导下，负责实施全市道路运输行业管理。

改革开放以来，嘉兴市的道路运输市场发生了巨大变化，形成了多种经济成份共同发展的格局，有力地促进了全市道路运输市场的培育和发展，基本满足全市国民经济和社会发展的需求。一个统一、开放、竞争、有序的道路运输市场格局已基本建立。

为加强道路运输管理，维护道路运输市场秩序，保障道路运输当事人的合法权益和道路运输安全，坚持道路运输市场多种所有制经济共同发展的原则，保护合法经营者，鼓励规模经营，建立统一开放、规范有序、公平竞争的市场环境，嘉兴市公路运输管理处根据国家有关法律法规对全市道路运输业实施管理。

本章主要记述道路运输市场管理、汽车维修管理、运输安全管理、城乡公交管理、出租汽车管理、驾驶员培训管理、公路规费征收管理、公路稽查等八个方面的道路运输经营管理内容。

第一节 运输市场管理

道路运输市场管理就是以规范道路运输市场为目的，对道路运输市场进行考察、督导和检查，以纠正一切管理目标和违法政策、法规的行为，确保道路运输市场的规范有序而采取的一种行政行为。

1949年以前运输市场管理

民国16年(1927年)5月，浙江省政府建立后，采取多种措施，逐步加快筑路步伐，其中有鼓励商人投资承筑或承租公路，经营汽车运输，沪杭公路上曾有杭海、宁长、宁袁三家商营汽车公司分别营运。当时省建设厅为促使各商营汽车公司遵守法规，发展和维护公路运输畅通，保障商旅利益，先后颁行了《民营公用事业监督条例》《长途汽车公司条例》《长途汽车营业规则》《浙江省城市公共汽车公司及长途汽车公司管理规则》等规章，作为制约管理商营汽车公司的依据。这些条例、规章对商营汽车公司的组织形式、设备要求、经营活动、运价限制、财务收支等方面都作了较详尽的规定。商营长途汽车公司除受省路政主管机关的监督外，并受经营地域的县主管机关的监督。在具体执行上，凡商营汽车公司必须具备合法手续报准立案注册，依照公司法成立股份有限公司，选出董监事组成管理机构。一切客货运输的营业活动均须遵守省订有关规章制度，运价要统一由省核准，财务收支一概按照公路会计制度办理，并需按期造送营业状况及收支报告。对其日常经营管理工作，省公路主管当局随时派有专人检查，检查范围包括车辆及各项设备，驾驶人员体质技能，站务工作、行车情况，内部账目等。同时为鼓励商人承筑公路办理汽车运输，还尽可能维护其客货运输的专营权益，特别是旅客运输的专营权，这是因为商营公司负有维持承营路线交通的责任，无论乘客多少都必须按时开行班车，所以禁止外来车辆随意搭客，各承运公司有权按省规定征收外来车辆通行费(专营补贴费)。对于商营公司的客运运价的核实，一般标准均高于省营路线20%左右。

民国19年(1930年)后，杭海、宁长、宁袁三家商营公司经营线路由省公路局收回或承租。沪杭线、乍平嘉线、杭善线均归由省筑省营，为了保护省营公司权益，浙江省政府于民国23年(1934年)8月颁发了《浙江省限制营业汽车常川行驶省营公路暂行章程》，规定营业汽车欲在省营公路行驶时，须先向公路管理局报请登记，并随缴保证金100元，登记费、印花费各一元，由局发给登记证后方得驶入该路段内，否则扣留其牌照一个月。并规定营业汽车至到达站后，除乘客或货主雇用双程外，其回程时不得载运客货，也不得中途分程载运客货，否则得撤销其登记一年。

民国22年(1933年)8月，苏嘉公路自嘉兴至王江泾段由江苏省承租营运，在双方签订的合约上明文规定，苏嘉公司承运的客运票价，征收外来车辆养路费额均必须遵照浙江省政府核定的数额算收，不得任意增加，其会计制度应采用公路统一科目记载，按月编报营业收支送省建设厅查核，浙江省并随时派员进行检查。

抗战胜利后，省交通管理处因缺乏运力，采取委托代办和循照战前成规，将省营公路客货运输招商经营的办法恢复公路交通。杭州至海宁、海宁至长安的公路运输业务于民国35年(1946年)8、9月间委托交通部第一运输处杭州业务所代办。乍浦至嘉兴原为租车营运，民国35年(1946年)8月后亦委托一运处杭州业务所代办，乍浦至金丝娘桥段则于民国35年(1946年)12月由华康公司租营。民国36年(1947年)2月，省公路局与公路总局第一运输处合办“浙江公路联营运输处”，这是一个官办汽车运输企业，在嘉兴境营运有杭州至乍浦、乍浦至嘉兴、海宁(盐官)至崇德，嘉兴至桐乡四条公路211公里。当时省对客货汽车运输的管理，曾在民国34年(1945年)年底订有《浙江省管理运输商行办法》，办法规定：凡在浙江省公路沿线经营客货运输业务之商行应向交通管理处申请登记核发营业执照，在申请登记时，所备车辆应遵章报验具领牌照方准营运，运货汽车行须具备汽车三辆以上，开业后要遵守核定的各项收费标准，接受业务上的检查监督，省公路主管当局对运输行业的日常管理，经常利用其同业公会从中传达。民国37年(1948年)4月沪杭线划为国道由交通部公路总局第一区公路工程局管理，曾举办国道运输业登记注册。民国37年(1948年)6月，浙江省政府结合国、省道划分的原则，颁发《浙江省汽车运输业管理办法》，作为管理浙江汽车运输业的新的规定，对省内客货汽车运输业分为公用、自用、特约三个类别分别进行管理。

1949年—1990年运输市场管理

解放后，嘉兴的公路经过各地人民政府和人民解放军的积极抢修，很快得到恢复通车。1949年6月，杭州至乍浦、胡家兜至长安由省交通公司行驶班车，乍清至闵行由沪闵南柘公司营运，嘉兴至王江泾仍由苏嘉湖汽车公司营运，同年9月乍浦至嘉兴亦由省交通公司恢复客运，此外，商营杭州小客车联营所也有车辆行驶于杭州至海宁(盐官)线路上，乍平嘉线上有个体小客车7辆营运。由于商车客货运输采取自由承揽或受转运行委托运输。运价一般按车辆、客货供求情况自由议定，经营方式很不正常、营业清淡时，往往不计成本减价承运、营业旺盛时就要抬高运价，对公营汽车的经营和管理秩序都带来不利。据浙江省公路运输史记述：在宁、沪、杭相继解放后，沪杭铁路尚未修复，大部分旅客均经沪杭、宁杭公路返乡，该两路运输情形拥挤，秩序混乱，省公路局一方面疏运，一方面取缔野鸡汽车载客，同时规定货车押运人数，维持运输秩序，初步奠定了恢复交通的基础。

为消除解放初期运输混乱状态，省公路局在运输市场管理上采取发展公营汽车运输公司，建立公路运输业务上公营领导的物质基础，并执行公私兼顾政策，帮助私营汽车公司克服困难、改善经营方式发展运输，并组织分散的运输力量，发挥运输潜力，低利多运，为物资交流服务的方针，并从1949年年底试行“三统管理政策”，即统一货源、统一调配、统一运价，在此基础上执行“统筹兼顾、全面安排”的原则。一切公私物资运输，均由省、地(市)、县物资调运机构，根据先公营后私营、先主要后次要、先计划内后计划外的原则，统一托运和调派。

1950年浙江省交通管理局为解决苏嘉湖汽车公司困难，从当年6月份起让出嘉兴至乍浦.嘉兴至桐乡二线(全长70公里)业务交由该公司营运、以便其扩大业务、增加收入、渡过困难时期。

1950年9月，杭州至乍浦线试行公商车辆统一组织，分别调派，统一运价的管理办法，对发挥行车效能，稳定运价，完成物资运输，促进行车安全都取得较好效果。1953年12月8日，省运输公司又根据公私兼顾和经营习惯，在三统管理基础上，规定调配公私比重，每辆商车每月确保行驶2000至3000公里，以维持其最低开支。同年杭州至乍浦线货运全部安排商车营运。其他物资很少的路线，亦由管理站掌握调配根据情况临时决定。

1952年年底，省运输计划委员会成立，嘉兴区相应成立运输计划小组，水陆运输货物都要提送计划、由计划小组平衡分配，根据“先公后私”“先主要、后次要”“先计划内后计划外”的原则安排运输。1954年全省公路货运实行“分级提送”和“分区平衡”的办法，根据行政区划，结合交通运输的点、线进行划分为六个区，嘉兴划归杭州区“分区平衡”。

以保运力、运量之平衡。客运由省营汽车运输企业以收回客运专营权，接盘、租赁、公私合营等形式，逐步将私营长途汽车公司转入本企业；对货运汽车行先是进行适当归并为车队、行记，继而组成公私合营或私私合营(私车联营)企业，在1956年社会主义改造高潮期间，陆续并入省营汽车运输企业。至1957年年底，省营汽车运输企业实现了全省客运和长途货运的统一经营与管理。浙江公路运输经营与运输管理合一的体制，自1949年8月局、公司成立起一直延续至1981年局、公司分设。客运独家经营和货运三统管理模式延续至1983年。

1961年国务院颁发《关于厂矿企业办运输的几项规定》，规定“厂矿企业内部生产过程的物资运输，由厂矿企业自有的运输工具负责完成。交通运输部门负责社会流通过程的物资运输”。

1964年11月，浙江省人民委员会根据社会主义专业分工原则和交通部《关于汽车运输管理体制改革和“托拉斯”试点工作的意见》，发出整顿运输秩序的指示，规定全省汽车运输归由省属专业运输企业“统一经营”，将厂矿企事业单位参加流通过程运输的自备货车，分批调给省营汽车运输公司统一管理使用。规定市县运输应以经营城镇短途驳运为主，限制其购买汽车。

“文化大革命”期间，“统一经营”被冲破，社会各企事业单位再次自备货车，自货自运，并将多余运力投入运输市场，市县运输经营业务和范围亦有扩展。1976年后，整顿客运秩序，恢复各项规章制度。1979年根据国务院154号文件规定，本省从12月1日起实行审批“跨省运输许可证”，凭证通行。

1979年，国务院179号文件批转交通部《关于统一组织管理机关企事业单位汽车的情况报告》，要求把机关企事业单位汽车有计划地分期分批地组织起来，同年12月，嘉兴地区公路运输管理处亦下达相应通知，1980年3月至1981年年底平湖县由县公路运输管理所负责，组成工业、二轻、城关三个车队，人权、车权、财权不变，仍归有车单位所有，由公路运输管理所实行统一受理货源，统一安排运力，统一计费标准，统一供应油料的“四统”管理。同年6月海宁县根据文件精神将社会车辆组建成立了硖石、盐官、袁花三个地区的汽车运输队，县夺煤指挥部车队归口县交通部门管理，正式参加社会运输。海盐县也于1981年10月组建了有16辆社会载重汽车参加的联合车队。嘉兴县交通局也于1980年6月提出《关于统一组织管理机关企事业汽车和加强公路运输管理工作的报告》，要求把全县分散在114个单位424辆，1428吨载货汽车分批分期地组织起来。把社会运输力量有秩序地纳入计划运输的轨道，票证由交通管理部门统一制订，财税、银行等部门给予监督。

1982年6月，国家经委、交通部颁发《关于改善和加强公路运输管理的暂行规定》的通知。规定将公路运输车辆划分为营业运输和非营业运输两种，营业运输车辆按划定的区域范围或路线承担运输任务。交通部门的营业运输车辆，为各行各业服务，特别要保重点、大宗、港口、车站等集散物资的运输。非交通部门的营业运输车辆，主要是为本部门的运输需要服务，运力有余时可承担社会物资运输任务。机关、团体、学校、部队和企事业单位经过核准的自备车辆，担任本单位内部生产和生活物资的运输，根据需要，在交通部门统一组织下，也可参加营业运输。农用机动车辆和拖拉机主要是为农业生产服务，运送当地农副产品和农村生产、生活物资的运输。对从事公路运输和搬运装卸业务，必须经县以上交通主管部门会同有关部门审查同意，并经工商行政管理部门核准，发给营业执照后始可营业. 使用统一的行车路单和运费结算凭证，执行统一的计费标准，否则财务不准报销，按规定交纳管理费。私人不准购买汽车、拖拉机从事营业运输。

1983年，中共中央发布《当前农村经济政策的若干问题》1号文件后，同年7月21日国家经委、交通部颁发了《关于改进公路运输管理的通知》，提出公路运输坚持计划经营为主，市场调节为辅的方针，实行多家经营，发展多种经济形式，允许城乡个人或联户购置机动车辆、拖拉机从事运输。自此，浙江道路运输管理开始由过去主要管理专业运输企业转向全行业管理，从单一所有制和独家经营、以“三统”为核心的传统计划管理模式转向多层次、多形式的宏观调控管理。这一文件的发布宣告了长期以来公路运输“统”字当头，独家经营历史的结束。允许农村社队，联户和个人经营的机动车辆、拖拉机也可以进行长途运输，除紧急、重点货物运输外，实行谁受托、谁承运的原则，托运人可择优托运，任何单位和个人都不得以任何借口搞地区或部门封锁，垄断货源，欺行霸市，抢装抢运。凡从事营业运输的车辆，都要执行国家和省市有关运价的规定，使用统一的路单和有税务专用章的运费结算凭证，都应依法纳税，缴纳养路费和运输管理费。对申请从事营业运输的城乡个体和联户，必须在中国人民保险公司投保第三者责任险，旅客意外伤害险和货物险，才能办理工商登记，为了保证旅客安全，拖拉机不准经营客运。

1983年5月1日起，省交通厅通知各地停止办理载货汽车跨省运输准运(许可)证，各地公路运输管理部门亦不要再检查跨省运输准运证。

1984年2月27日，国务院颁发《关于农民个人或联户购置机动车船和拖拉机经营运输业的若干规定》，对农民个人或联户的机动车辆和常年从事营业性的拖拉机，须经县、市以上交通监理检验合格，并办理报户(过户)、登记、发牌证手续；其驾驶人员必须按有关规定进行考试、考核、取得合法证照。对从事货运的主要承担当地农副产品和农村生产，建设及生活物资的运输，不符合上述规定的，交通部门有权进行适当限制。出县、出省进行长途贩运的，按照国家有关规定执行。从事客运的大中型客车的客运线路，须经县、市以上交通部门会同工商行政管理部门批准。严禁使用拖拉机从事客运。必须按照交通部门核定的里程和运价收取运费。承运大宗或贵重货物，应当签订货物运输合同，明确双方责任，发生违约或争议时，应当按照《中华人民共和国经济合同法》及有关法规的规定处理。1986年12月29日，国家经委、交通部颁发《公路运输管理暂行条例》。1987年4月15日，国家经委又颁发了《关予农村个体运输户管理问题的若干规定》。1987年10月21日浙江省计经委、省交通厅结合浙江省具体情况，提出了补充意见；交通部门的运输企业以重点、大宗和车站、港口集散物资的运输列为基本任务，确保完成，需经营客运的应履行报批手续。非交通部门的运输企业和兼营运输的单位，主要经营本部门，本系统的货运业务及经过核准的适量的省内短途客运业务。个体联户，主要经营当地农副产品，生产建设和生活物资的货运业务，也允许经营跨区货运业务，以及300公里以内的中、短途客运业务。厂矿企事业单位的非营业性运输车辆，主要为本单位生产、生活服务，如参加临时客运业务，按有关规定办理手续，城市公共客运主要为城市内公共交通乘客服务，超越城区范围的，按规定履行报批手续。对县以上人民政府确定的抢险、救灾、战备等紧急运输任务，各运输单位和个体联户要服从调度，确保完成任务。

1985年，省下放部分客运线路、班次审批权，营业性客车开始按先专业、后个体、长短结合、干支搭配的原则，实行三级审批、二级平衡的客运线路审批和路单制度，货运开始使用统一货票和路单。1987年起，贯彻交通部、国家经委颁发的《公路运输管理暂行条例》，营业性客货运输实行经营许可证制度和统一使用跨省运输客货路单。1988年起，统一使用跨省客运班线、旅游出租线路标志牌。由于运力增长在一定程度上超前于运量的增长需求，初步形成适度买方市场，竞争激烈。无证经营、无序竞争、欺行霸市、竞相杀价、坑害、欺诈旅客、货主等违规行为较为普遍。1988年5月，嘉兴市区从事营业性客运出租小型机动车和非机动车运力过剩，嘉兴市公路运输管理处作出关于“暂停办理嘉兴市城区内经营客运出租小型机动车、非机动车从业申请的通告”，从5月1日起暂停办理从业申请手续。对已在本市从事出租、旅游的机动车，从11月1日起都必须实行明码标价，否则均作违章论处。

1988年，中共十三届三中全会提出治理整顿方针后，省人民政府也发出对全省道路运输市场进行全面深入的治理整顿的通知，其范围是省境内道路上从事营业性客货运输、搬运装卸、车辆维修、运输服务的单位和个人，其重点是严格审查经营资格；整顿客运秩序，搞好客运服务；加强货运管理，提高综合运输效率；加强营业性运力投放的宏观控制，加强规费和票证管理。

1989年起，开始整顿公路客货运市场，查处违法经营活动，全面审核客运线路(包括旅游、出租车)，清理不法经营，整顿营运证照。1989年2月，交通部下发《关于治理整顿道路、水路运输市场的决定》，接着省、市(地)、县(市)政府和交通部门分别对道路运输市场的治理整顿工作作了具体的部署，依次建立道路、水路运输市场治理整顿领导小组。

嘉兴市根据省政府、省交通厅文件精神，成立嘉兴市整顿公路交通行业风气办公室，对公路客货运输、车辆维修进行整顿。1989年3月，由市交通、工商、财税、物价局等部门组成联合路检2天，参加路检245人次，共检查车辆5098辆次，有违章车辆349辆次，其中客车约占违章车辆的50%左右，表现为私自搭客、拉货、收钱不给票、多收钱少给票、存售废票、无效票等现象；1990年全面治理整顿道路运输市场。清理私挂公、公挂私车辆，清理车站内商业性柜台、运输票证和维修网点，建立营运车辆购置审批、路单回收、区乡客运市场、车辆报到签证制度，创建文明车、文明站、文明线，兴办公用型客、货运中心，实行运力额度管理。嘉兴市汽车运输公司1989年共组织上路检查77次，检查客车1353辆次，查获违法违纪车辆218辆次，没收被侵吞票款和罚款3万余元，并根据情节轻重、分别给予记大过、辞退、开除等行政处分。由于加强职工教育，建立奖惩、举报等制度，强化稽查工作，该公司1988年11月违法违纪者达70~80%，到1989年5月降至3.5%，1990年1月以后降至1%以内，违纪率明显下降，企业生产稳步上升；1988年开行176个班次，利润不到2万元；1989年开行超过200个班次，实现利润34万元；1990年开行254个班次，全年创利45.2万元。1990年3月被省交通厅评为省级文明车站。全市汽车维修行业在1988年至1989年对已登记117家维修企业进行整顿，通过调查摸底、制订法规、资质审查、帮助整改；抓好培训、提高技术；综合平衡、核定等级，经定级验收发大修企业许可证18家，三保企业许可证42家，二保企业许可证38家。待定级3家，降为专项修理店(户)8家，停业歇业8家。比整顿前增加场地11950平方米，新建厂房10995平方米，新添设备264台(件)，新增技工1300人，聘请工程技术人员及技师46人，增加投资745万元，全市共举办各种培训班28期31班级参加培训1468人次，约占全市技工总数28%左右，考试合格率达90%以上，全市换发技术等级证书174人。

公路客、货运输

嘉兴市公路运输管理处规定，凡申请从事营业性公路运输业务的单位和个人，具备开业的基本条件：运输工具、驾驶人员(准驾车类相符)，聘用者须公证，车购附加费缴讫凭证、保险凭证。凡属承包车辆，须有承包协议，并经当地县(含县)以上运管部门审核批准。其开业审批程序：申请者持当地乡(街道)以上人民政府或主管部门的证明，报请县(含县、下同)以上公路运输管理部门审核，公路运输管理部门根据社会需求和与其经营种类项目和范围相适应的设备、设施、流动资金，在30天内提出审批意见、符合条件的发给经营许可证，申请者持公路运输管理部门的经营许可证向工商行政管理部门申请登记，由工商行政管理部门按照有关规定进行审查，核发营业执照，申请者按国家规定分别向税务部门申请办理税务登记、向保险公司办理保险事宜，申请者向公路运输管理部门申领营运证，按注册营运车辆，一车一证，随车携带全国通行。

凡从事营业性公路运输的单位和个人停业，应在30天前向公路运输管理部门和工商行政管理部门提出报告，经审查同意，缴销经营许可证、营运证和营业执照后方可停业。1990年，全市已发公路客、货运输业经营许可证3656户，其中个体1380户，已发营运证12330张，其中客车2121张，货车4821张，其他机动车481张，拖拉机4907张，临时性867张。

凡从事营业性公路运输的单位和个人(联户)，如需新增购置、更新车辆，应先征得当地公路运输管理部门的同意后，方准购置。否则不得经营营业性运输。公路运输管理部门，将不予办理各种公路运输单证。

凡申请客运营运线路的单位和个人，营运前必须向所在地公路运输管理部门提出申请，填报公路客运营运线路申批表，根据三级审批权限，办理审批手续：县(市、区)境内区间营运线路和班次，由县(市、区)公路运输管理所审批发给核准证；跨县(市)不出市营运线路和班次及省内旅游(出租)客运业务，由县(市)公路运输管理所签署意见，报市公路运输管理处审批发给核准证；跨市(地)营运线路和班次及省际旅游(出租)客运业务，由县(市)、市公路运输管理所、处签署意见，报省公路运输管理局审批发给核准证；跨省(市)营运线路和班次，由县(市)、市公路运输管理所、处签署意见，报省公路运输管理局审核同意，向到达省(市)公路运输管理部门办理审批手续后，由省公路运输管理局发给公路客运营运线路标志牌。

开行客运班车，最少不得少于三个月，中途不得擅自停开或改变批准的运行线路。1990年，全市开行客运班车线路233条，其中跨省36条，跨市(地)50条，跨县(市)63条，县(市)内84条。开行客运班车线路里程共36530公里，其中跨省9386公里，跨市(地)7946公里，跨县(市)7910公里，县(市)内11288公里。

1984年5月15日，浙江省交通厅公路管理局制订了关于使用浙江省货运统一行车路单的通知。规定从1984年6月15日起在全省范围内使用。公路货运行车路单分营业性运输专用和非营业性运输专用两种，一车一单，随车携带。

1987年9月，交通部公路局发出《关于认真做好公路运输统一单证的发放、管理工作的通知》，从1987年10月1日起使用全国统一的车辆营运证和行车路单。凡从事公路运输的机动车辆，均应按规定使用行车路单，一运次一单或一车日一单(定点短途运输)。在有效期内全国通行。路单发放要以旧换新随车同行。对违反《公路运输管理暂行条例》有关规定的单位或个人，根据情节轻重，分别给予警告、罚款、吊扣营运证件的处分，对触犯刑律者，移交司法部门追究刑事责任。

运输服务业

对经营公路运输服务业，需履行开业审批手续，必须具备同所经营的范围和项目相适应的生产资金、机具设备、站场库房和技术业务条件，经公路运输管理部门审核符合条件的发给经营许可证，并向工商行政管理部门申请登记、审核后，发给营业执照。

嘉兴市区公路货物配载服务部成立于1990年5月1日，其经营范围为：代办配载，代开运费结算，代办保险，代征税收，签发路单等，是市联运公司组成部，企业性质，注册资金20.8万元，有职工23人(包括临时工)，并在市区设置服务站3处(中山西路、角里街、老轮船码头)，1990年共配载货运量1858吨，货物周转量532000吨公里。结算运费16.41万元，代征税金5.07万元，根据“三先”(先专业、先本地、先协作网络)的原则，1990 年将货运量 675 吨、货物周转量 175775 吨公里的任务，优先配给专业运输企业。并组织回程配载货物 246 吨，货物周转量 93588 吨公里，可减少汽车空驶 17013 公里，节约汽油 5104 公升。

该部已获准加入全国公路配载网络，并与省内各市(地)城市货配单位挂钩，做到计程合理，按章收费，运货迅速，日夜办理，热情服务。除嘉兴外，平湖、海宁、桐乡、崇福均成立公路货配服务业，桐乡、洲泉还各成立公路托运服务业。

1991 年—2010 年运输市场管理

改革开放以来，道路运输市场发生了巨大变化，形成了多种经济成份共同发展的格局，有力地促进了全市道路运输市场的培育和发展，基本满足全市国民经济和社会发展的需求。一个统一、开放、竞争、有序的道路运输市场格局已基本建立。

为加强道路运输管理，维护道路运输市场秩序，保障道路运输当事人的合法权益和道路运输安全，坚持道路运输市场多种所有制经济共同发展的原则，保护合法经营者，鼓励规模经营，建立开放、统一、规范有序、公平竞争的市场环境，嘉兴市运管处根据国家有关法律法规对全市道路运输业实施管理。

经营资格管理

1986 年 12 月 29 日，交通部、国家经委发布《公路运输管理暂行条例》，以规章形式贯彻党的方针政策，保护合法经营，促进道路运输事业的发展，确定从事公路客货运输、搬运装卸、汽车维修、运输服务，属公路运输行业管理范围。该条例制定了公路运输行业开业和停业等行业管理规定，实行一车一证的营运证管理和统一发放运输单证的制度，运输市场得到开放搞活。同月，交通部、国家经委、国家工商行政管理局发布《汽车维修行业管理暂行办法》，该办法规定了汽车维修行业开业程序和开业技术条件，按经营项目分类制定汽车大修、总成修理、汽车维护，汽车专项修理开业条件和维修质量技术标准等规定。

1989 年 2 月 25 日，交通部下发《关于治理整顿道路、水路运输市场的决定》，接着省、市(地)、县(市)各地政府和交通部门分别对道路运输市场的治理整顿工作作了具体的部署。

1992 年 7 月，《汽车旅客运输规则浙江省实施细则》发布实施。对营运客车的资质条件、行为规范和运行规则都作了明确的规定，加快了客运市场化进程。

1992 年 11 月，根据交通部《关于深化改革，扩大开放，加快交通发展的若干意见》，省交通厅召开全省道路、水路运输管理工作会议，贯彻中共十四大和邓小平同志视察南方重要谈话精神，印发《关于加快改革开放步伐，加速发展社会主义运输市场经济的若干意见》，提出八条政策措施，主要内容有：放开运输市场开业审批，符合开业标准的均可进入运输市场经营；机关企事业单位车辆对外营运，应自主经营；取消运力额度计划和营运车辆“先审批，后购置”的审批制度；积极建设有形市场，促进交通运输企业经营机制转换，把企业推向市场；除国家规定的重点物资外，其余货物实行市场调节；客运短途班线可以实行定线不定班营运等。随即，全市客货运输市场相应放开，取消营运车辆“先审批、后购置”的规定，运输运力快速增加并呈现过剩，供需关系发生较大变化。

1993 年 5 月，省交通厅下发《浙江省道路旅客运输开业审批管理规定(试行)》等十一个配套性文件，7 月，省政府发布《浙江省道路运输管理办法》，一系列的政策、法规、规章贯彻实施，为建立统一、开放、有序的道路运输市场体系，奠定了良好的基础。

同年 10 月，客运市场也相应放开，取消了营运客车“先审批，后购置”的规定，放宽区间班线审批，社会和个体营运中巴进入市境班线营运，车站对外开放。全市一个公开、公平竞争的道路客运市场初步形成。

1995 年 5 月 2 日，交通部根据《中共中央关于建立社会主义市场经济体制若干问题的决定》，下发《关于加快培育和发展道路运输市场的若干意见》，提出到本世纪末，初步建立起一个符合社会主义市场经济体制要求的全国统一、开放、竞争、有序的道路运输市场体系的目标。进一步明确“要坚持以公有制运输企业为主导，各种经济成份协调发展的原则”，“鼓励和引导个体经营业户在自愿的基础上，走联合经营的道路”。保持运输能力和需求相对平衡，重申“先审批、后购置”的原则，把好市场的进入关。6 月，省交通厅下发《浙江省道路旅客运输线路审批管理规定》，客运经营业户开业条件提高。按资质条件，班车经营业户分 A 类、B 类、C 类、D 类，经营线路按经营类别审批，限制了客运单车经营户(即 D 类经营业户)的发展。1996 年 5 月，市汽运有限公司经省运管局审核定为 A 类客运班车经营业户，浙江航海旅行社被定为 C 类班车经营业户。8 月，平湖市政府下发《平湖市客运出租车开业审批管理规定》，对客运出租车市场进入的经济、技术条件作了规定：新开业户必须具有二级车况等级以上小型客车 10 辆以上，并有相应的营业房、场地、资金等。个体运户的出租车除按要求进行车型更新外，不再审批增加。

这一时期，交通部门对旅客运输、货物运输、汽车维修、搬运装卸和运输服务的开业审批都作了相应的规定，并制定了高速省际客运和集装箱、危险品、零担货运等特种运输行业的管理办法。道路运输业逐步进入法制化、规范化管理的轨道。此时，全市道路运输业经过近十年的发展，经营范围已涉及客货运输各门类。

1995年5月2日，交通部下发《关于加快培育和发展道路运输市场的若干意见》，提出“到本世纪末，初步建立起一个符合社会主义市场经济体制要求的全国统一、开放、竞争、有序的道路运输市场体系，保持运输能力和需求相对平衡，坚持‘先审批、后购置’的原则，把好市场进入关”。按照这一精神，海宁交通运输管理部门对旅客运输货物运输、汽车维修、搬运装卸和运输服务业的开业审批作出相应规定。海宁市道路运输业经过将近十年的发展，经营范围已涉及客货运输各门类，同年，省交通厅颁发《浙江道路旅客运输开业审批管理规定》和《浙江省道路旅客运输线路审批管理规定》的通知，规定和建立客运市场的准入条件和机制。

1996年9月，省交通厅印发《关于整顿道路客运市场秩序实施意见的通知》，并提出“各地要加快健全和完善宏观调控体系，充分运用经济、法律的手段，并辅之以必要的行政手段，实现总量平衡和结构优化”，以实现整顿工作目标。次年，市政府下发《关于对客运机动车实行总量控制的意见》。此后，客运市场准入门槛加高，开业资质条件限止个体运输户进入旅客运输和特种货物运输等运输范围，除普通货物运输和专项维修外，个体开业基本停止，客运运力实行总量控制，营运到期更新，不再审批新增。

1996年，全省道路运输微机管理信息系统建成。1997年完成客运市场秩序整顿，开始货运市场的治理。1998年，道路快速运输系统建设初具规模。

1997年11月，省交通厅转发交通部《中华人民共和国机动车驾驶员培训管理规定》，汽车驾驶员培训列入道路运输行业管理。1997年，全市从事汽车运输的经营单位（含个体联户、下同）11437家，有营运客货汽车18848辆，其中营运货车16218辆、3.74万吨，营运客车2612辆、3.56万客位。从事货物运输的拖拉机9806辆，从事搬运装卸的专业单位155家，从事联托运服务的单位159家。1997年，全市有汽车维修企业296家，从业人员2032人，其中工程技术人员55人，拥有各类机具设备2669台(套)，固定资产原值5330万元，净值4357万元，全年维修各类车辆1829万辆次，创产值5445万元，有一类甲级维修企业4家，一类乙级维修企业8家，二类甲级维修企业14家，二类乙级维修企业19家，专业维修点160个，摩托车维修点89个，年内市区建成A级汽车综合性能检测站1个，年检测能力28800辆次，同年9月投入，检测各类车辆6773辆次。

1998年2月，嘉兴市运管处下发《关于加强班车客运管理的通知》，对客运班车的运力投放开始实行总量控制。县境内班线原则不再新增运力，并鼓励分散班车挂靠C类以上客运企业经营，全市个体客运业户逐年减少。7月，省公路运输管理局下发《关于开展全省道路客运线路经营年限核定工作的通知》，决定从7月起开展客运线路经营年限核定工作，确定：“高速客运经营班线的豪华客车、轿车经营年限不超过8年；普通班线大客不超过6年，中、小型班线客车不超过5年。”

1998年6月3日，嘉兴市交通局转发省交通厅《关于印发浙江省汽车及摩托车维修企业(户)开业条件的通知》，自7月1日起，根据国家标准(CB/T16739)，修订浙江省汽车及摩托车开业技术条件，取消维修企业分级，分一、二、三类汽车及摩托车维修企业(户)，规定开业条件。市运管处根据新标准对维修企业(户)重新审核，全市核准为一类企业3户；二类企业10户；三类专业维修70户，摩托车维修125户。

1998年，全市从事汽车运输的经营单位(含个体联户，下同)2.16万个，有营运客货汽车2.04万辆，其中营运货车1.76万辆、3.71万吨，营运客车2763辆、3.55万客位，从事货物运输的拖拉机9894辆，从事搬运装卸的专业单位191个，从事联托运服务的单位195个。1998年，全市有汽车维修企业333个，比上年增加37个，从业人员2084人，其中工程技术人员42人。拥有各类机具设备2933台(套)。有一类维修企业176个，摩托车维修点110个。全年维修各类车辆19.78万辆次，市汽车综合性能检测站检测各类车辆1.84万辆。

到1999年，全市共有19684户29161人从事道路汽车运输业；195户3536人从事搬运装卸业；219户1328人从事运输服务业；拥有普通载货汽车20226辆，38576吨位，专用载货汽车393辆,2698吨位，全年完成货物运输量2176.74万吨，周转量101497.14万吨公里。另外，嘉兴建成了3个有形货运专业市场。5月18日，嘉兴市公路运输管理处下发《关于在全市范围内统一换发99式客运服务资格证的通知》，同年9月，平湖市对全市客运车辆司售人员进行岗位培训，核发服务资格证，实行亮证服务。

2000年，开展道路运输行业管理年活动。开展对驾驶员培训纳轨管理，积极发展结点运输，专项整治出租车，快速货运网络初步形成。按公开、公平、公正、择优、无偿、有限期使用的原则，在国内率先开展经营线路的质量招投标。固定班线货运按批准线路、区域经营。通过多年治理整顿，开放市场，控制总量，调整结构，培育机制和政策引导，市场秩序明显好转，服务态度明显改善，管理水平明显提高，全市统一、开放、竞争、有序的道路运输市场体系初步建立。

2001年1月，省交通厅、工商管理局下发《关于开展全省驾驶员培训业户重新登记、换证工作的通知》，2月，全省开始对汽车驾驶员培训业户进行登记审核，发放“浙江省汽车驾驶员培训许可证”。

2001年3月，浙江省开展道路旅客运输企业经营资质评定和质量信誉考核(五类资质企业直接登记)。4月27日，交通部下发《道路旅客运输企业经营资格管理规定(试行)》，客运企业的经营资质等级划分五级（个体运输户不评）。客运线路分四种类别，按企业资质等级确定其经营相应的客运线路类别。2001年4月，交通部下发《道路货物运输企业经营资质管理办法(试行)》，公布了道路货物运输企业一级至五级资质等级的开业资质条件。

2001年4月19日，经浙江省第九届人民代表大会常务委员会第二十六次会议通过的《浙江省道路运输管理条例》明确道路运输包括道路旅客运输、道路货物运输，以及与之配套的搬运装卸、车辆维修与检测、运输服务，农业机械的监理、维修、检测、技术培训和城市公共汽车(电车)客运则不在管理范围内。

2001年5月份，嘉兴市开始对客运企业经营资质的评定工作，本着做大做强的原则，完成对全市9家客运企业资产规模、车辆设施、质量信誉等7个方面的调查摸底和登记工作，有关企业的申报工作已经完成。

7月，省交通厅根据《浙江省道路运输管理条例》和《中华人民共和国机动车驾驶员培训管理规定》，下发了《浙江省汽车驾驶员培训管理暂行规定》，培训行业管理坚持“规划、协调、监督、服务”的指导方针，保护平等竞争，维护正常秩序，促进健康发展。

8月，嘉兴市交通局转发《浙江省汽车驾驶员培训管理暂行规定》，并在全市贯彻实施。通过开业条件、经营资格的审核。

各地加强了对运输市场的整顿工作，桐乡市结合创建优秀旅游城市工作，重点整治桐乡——乌镇中巴车营运秩序。通过对部分出租车实行新的收费标准，低档次提前报废更新的进度加快，已有近百辆夏利、旧桑塔纳进行了更新。另外，通过引导协调，在濮院联托运市场组建了汽车客运站，有效地将人流和物流分离，市场运作更加规范有序；平湖市结合当地运输实际，制定了《平湖市道路运输客运十五发展规划》，他们还从乍浦镇的客运实际出发，投放13辆出租车，组建了出租车公司，并吸纳无证车辆，实现了公司化管理，以往的“黑车”变成了如今的合法经营者，市场秩序明显好转，整合运输市场主体工作迈出了新的一步；嘉善根据本地实际，积极培育发展现代物流产业，新成立的远方物流有限公司，在企业规模上上了一个台阶，成为当前该县物流业的龙头企业。海盐收购剩余的8辆个体中巴车，全县客运中巴车全部实现公司化管理；海宁所有个体出租车主组建了股份制公司，公司化管理优势明显，并得到进一步的强化。

为进一步规范道路货运市场经营秩序，提高运输服务质量，倡导诚信经营、诚信服务，促进道路货运业的合理分工，提高道路货运行业竞争力和运输服务质量，根据交通部《道路货物运输企业经营资质管理办法(试行)》和省交通厅《关于开展道路货运企业经营资质等级评定和质量信誉考核工作的通知》以及《嘉兴市道路货运企业质量信誉考核办法》，货运企业资质评定委员会通过综合评审。

2002年年初，省交通厅下发《关于开展道路货运企业经营资质等级评定和质量信誉考核工作的通知》，全市货运企业进行新一轮结构调整，

2002年2月，《浙江省旅客运输经营权招投标管理实施细则(试行)》实施，规定投标人应按经营资质等级参与相应投标项目。

2002年2月，嘉兴市交通局转发省交通厅《关于印发浙江省汽车及摩托车维修企业(户)开业条件(修订稿)的通知》，汽车维修业开业条件按国家标准（GB/16739.1－3－1997)，提升了开业技术条件，规定企业主要经营管理人员应经过交通行业法规、经营管理、维修专业知识等培训，取得结业证书，并提升了设备、技术人员、环境保护等方面的开业条件。摩托车维修开业条件，按国家标准GB/T－18189－2000，核发“技术合格证”。

2002年，全市从事汽车运输的经营单位1.82万个，有营运客货汽车2.56万辆。其中营运货车2.25万辆、4.49万吨，营运客车3118辆、3.69万客位，从事货物运输拖拉机9800辆，从事搬运装卸的专业单位292个。全年全市有汽车维修企业和维修摊点2166个，比上年减少187个，从业人员7378人。有一类维修企业24个、二类120个、三类685个，摩托车维修点1337个。全年维修各类车辆61.62万辆次。全市汽车综合性能检测站检测各类车辆14.12万辆次，其中市本级检测5.96万辆次。

2003年11月15日，省交通厅下发《浙江省汽车快修(连锁)业户经营条件》，汽车快修(连锁)暂列为三类维修企业(户)。根据开业技术条件，2003年全市对6户汽车快修店审核发放了经营许可证。由于专项维修市场日趋活跃，各修理厂家技术工人流动量增加，从事汽车发动机、车身、轮胎、电气修理及车内装璜、汽车门窗玻璃安装等的修理店发展加快，2004年全市开业的各类专项维修店

已达 121 户。

2003 年，嘉兴市从事汽车运输的经营单位 2.07 万个，有营运客货汽车 2.86 万辆，其中营运货车 2.53 万辆、5.16 万吨，营运客车 3288 辆、3.8 万客位，从事货物运输拖拉机 1.14 万辆，从事搬运装卸的专业单位 285 个。全市有汽车维修企业和维修摊点 1871 个。

2004 年，全市从事汽车运输的经营单位 1.74 万个，有营运客货汽车 2.98 万辆，其中货车 2.64 万辆、6.14 万吨，客车 3433 辆、4.33 万客位，有货物运输拖拉机 8481 辆，搬运装卸专业单位 294 个。全市有汽车维修企业和维修摊点 2045 个，比上年增加 174 个，从业人员 7122 人。有一类维修企业 33 个，二类 125 个，三类 765 个，摩托车维修点 1122 个。

2004 年 7 月 1 日，《中华人民共和国行政许可法》《中华人民共和国道路运输条例》实施，市道路运输管理部门结合行业特点对许可项目进行清理，依法清理道路运输行业许可项目，全面接轨行政许可法，并将开业条件、提交的相关材料、办事程序等公开。

2004 年 12 月 15 日，嘉兴市交通局转发省交通厅《关于做好〈汽车维修业开业条件〉宣传贯彻工作的通知》，国家标准《汽车维修业开业条件》(GB/T16739.1－2－2004)(简称新国标)定于 2005 年 1 月 1 日实施。新国标《开业条件》分二个部分，第一部分：汽车整车维修企业；第二部分：汽车专项维修业户。汽车快修、摩托车维修继续适用原开业条件，同 1997 年实施的 GB/T16739.1－2 相比，作了比较大的修订。进一步提高人员素质、质量管理条件和安全、环保条件，增加了针对汽车新装置的故障诊断、检测和维修设备要求。取消了那些和社会改革深化、汽车技术进步不相适应的条件和规定。

2005 年，出台经多次修订的《道路旅客运输及客运站管理规定》《道路货物运输及站场管理规定》《道路危险货物运输管理规定》等规章，使道路运输管理在具体操作上进一步明确和细化。

2005 年，运输服务业也逐步走上了有序竞争、规范服务的轨道，车辆租赁、物流信息服务也在市场上占了一席之地。一个公平、公开、公正的市场竞争环境在全市初步形成。

2006 年 4 月 1 日，交通部《机动车驾驶员培训管理办法》实施。2006 年 12 月发布《机动车驾驶员培训机构资格条件》地方标准，全面规范机动车驾驶员培训经营活动，维护机动车驾驶员培训市场秩序，保护各方当事人的合法权益。2006 年 5 月 1 日，实施浙江省地方标准 DB33/T608－2006《机动车维修业开业条件》分四部分：第一部分，适用于汽车整车维修企业(一类、二类)，第二部分适用于汽车专项维修业户，第三部分适用于汽车快修业户，第四部分适用于摩托车维修业户。规定了维修企业、维修业户必须具备的人员、组织管理、设施、设备等条件，是道路运输管理机构对汽车整车维修企业开业审核和管理的依据。为加强道路运输从业人员管理，提高从业人员综合素质，2006 年 11 月，交通部公布《道路运输从业人员管理规定》。

2007 年 1 月，发布《汽车维修服务质量规范》地方标准，规定了汽车维修企业在业务接待、车辆维修、价格结算、异议处理、质量管理、安全生产、环境保护、检查和改进等方面的要求。2007 年 7 月，修订后的《浙江省道路运输企业信誉考核办法》通知下发，嘉兴市公路运输管理处一年组织两次(上半年、下半年各一次)对道路运输企业在经营行为、安全生产、服务质量、规费缴纳、管理水平等情况进行信誉考核。

2010 年，交通部发布《放射性物品道路运输管理规定》，进一步规范了放射性物品道路运输活动，保障人民生命财产安全，保护环境，对运输资质许可提出更高的要求。

表 9-1-1 2010 年嘉兴市道路运输相关业务经营业户统计表

辖区	合计	客运站	货运站	机动车维修	机动车驾驶员培训	客运代理	货流服务	货运代办	信息配载	车辆租赁
合计	3355	29	4	2784	37	472	0	1	195	276
南湖	793	1	0	646	10	204	0	0	58	73
秀州	388	11	1	368	7	1	0	1	0	0
嘉善	436	1	0	416	4	0	0	0	0	0
平湖	521	8	1	482	6	0	0	0	24	0
海盐	391	1	0	317	4	69	0	0	55	5
海宁	552	1	0	349	4	198	0	0	0	198
桐乡	274	6	2	206	2	0	0	0	58	0

表 9-1-2 2010 年嘉兴市道路运输经营业户统计表

指标	合计	100 辆及以上的企业	50~99 辆的企业	10~49 辆的企业	10 辆以下的企业	个体运输户
道路旅客运输经营业户数	66	11	11	24	12	8
道路旅货物输经营业户数	21447	4	12	200	7666	13565
道路客货输兼营业户数	6	4	2	0	0	0

表 9-1-3 2010 年嘉兴市道路运输从业人员有证人员统计表

指标名称	人数(人)	持证上岗(人)
道路运输从业人员合计	67628	67628
道路旅客运输经营从业人员	10507	10507
道路货运运输经营从业人员	46256	46256
站(场)经营从业人员	1641	1641
机动车维修经营从业人员	7416	7416
机动车驾驶员培训从业人员	1646	1646
汽车综合性能检测站从业人员	121	121
汽车租赁从业人员	41	41

客货运输管理

1991 年起，全国公路建设快速发展，人民生活水平不断提高，经批准的公路客运经营单位远远不能满足人民生活需要，一些个体运输户擅自购置了一批客车投入城郊公路客运线路的营运，据不完全统计，共有 28 辆客车，计 452 座，发生客运量约 2000 人次，旅客周转量 3 万人公里，营收约 2000 元。还有嘉兴市公交公司有 5~6 辆小公交车也没有纳入正常公路客运线路管理，擅自开行公路客运线路。1991 年嘉兴城郊两区共有公路客运线路 16 条，经批准的公路客运经营单位有 5 个(嘉兴市汽运公司、嘉兴市公交公司、新农客运站、南湖饭店和个体)。日安排班次 284 班，投放大客车 30 辆。比 1990 年客运量增加 22%。另外，经批准省内外、市内旅游出租车 60 辆，计 953 座。1992 年起，货运实行市场调整规定出台，运输市场审批放开，取消运力额度计划和营运车辆“先审批、后购置”的审批政策制度后，实行“有路大家行、有车大家跑”，此举一定程度已缓解“车难乘、货难运”的矛盾，但因处于新旧体制转换时期，市场机制不够健全，经营行为不够规范，使得市场秩序仍较混乱，道路客运业中的“三客”(宰客、卖客、甩客)行为较为严重且屡禁不止，社会反映强烈，与建立统一、开放、竞争、有序道路客运市场目标尚有较大差距。

到 1992 年，货运车辆达到 8618 辆，28029 吨位，货物运输量达 1237.10 万吨，周转量 62200.84 万吨公里。

1994 年，继续狠抓道路客运承包、挂靠经营车辆及维修行业的专项整治。

1995 年起，交通部先后下发《关于加快培育和发展道路运输市场若干意见》《关于整顿道路客运市场秩序的通知》，提出保持运输能力和需求相对平衡，恢复并坚持“先审批、后购置”的原则，以及把好市场准入关的政策；提出要通过整顿，基本消除道路客运市场存在的“二无二超三乱三客”现象。据此，省交通厅下发多个文件，提出全面审理经营资格，大力整顿客运源头(站点)秩序，进一步加强宏观调控，合理调整运力发展速度等政策性意见，要求积极引导经营者，提高组织化程度，实现规模经营，坚持出租客运公司化经营，要求进一步规范线路审批管理，充分运用经济、法律的手段，并辅之以必要的行政手段，实现总量平衡和结构优化。

1996 年 9 月，省交通厅下发《浙江省整顿道路客运市场秩序的实施意见》。

1998 年 2 月，省交通厅下发《关于进一步开展道路客货运输市场秩序专项整顿的通知》，要求积极引导经营者提高组织化程度，实行规模经营、公司化管理，并规定客运班线重新核定经营期限。同年 7 月，省公路运输管理局决定开展客运线路经营年限核定工作，确定“高速客运班线豪华客车、轿车经营年限不超过 8 年，普通班线大客不超过 6 年，中小型班线客车不超过 5 年”。

随着道路旅客运输趋向“安全、舒适、快速、便捷”发展，改造营运线路，发展快速客运势在必行。1999 年，全市道路运输市场以公有制为主体，多种经济成份共同发展的格局已形成，但在发展中也暴露出一些较为突出的问题。针对客运市场运力过剩、经营秩序混乱、无证车经营等问题，7月，根据市政府工作部署，全市道路客运市场开展了一次专项整顿，历时半年，客运经营秩序明显好转。

图 9-1-1 公交班车增加了，百姓乘车十分方便

连续二年多的道路客货运输市场秩序专项整顿，全市道路运输业走上了有序发展的轨道：客运站设施改善，功能有效发挥，车进站、人归点的管理目标实现；区间线路合理改造，班车按次发班，有序营运；跨境中长班线定线、定班、定员、定站、定价营运；出租车经营行为规范，道路货运也逐步走上规模经营的发展道路，运力发展得到有效控制。

2000年4月，根据省交通厅《关于开展浙江省道路运输市场管理年活动的通知》要求，嘉兴市交通局决定开展嘉兴市道路运输管理年活动。各地运管部门适时加大了对货运市场交易行为和市场竞争的源头管理力度，特别是对濮院、洪合、许村等几个有形货运市场，通过一段时间的整治，重点打击了一批垄断货源、欺行霸市的严重非法经营业户，使交易秩序明显好转。许村货运市场从5月1日起实行了“五统一”的管理模式，即统一布局托运点、统一分线挂牌受托、统一收费标准、统一核定税费、从业人员统一着装，亮证上岗，市场秩序进一步规范。海宁所1999年还对许村、硖石两个联托运市场进行了第三轮有偿使用签约和线路新增。桐乡所联合当地公安、工商等部门，对驻梧桐镇的货运出租车辆开展了一次大清理，集中到城西货运中心停放，彻底改变了以往城区货运车辆乱停乱放的无序状况。

2001年6月，结合交通部《关于开展第二个道路运输市场管理年活动的通知》要求，嘉兴市交通局下发《关于开展全市整顿和规范道路运输市场秩序的实施意见》，实施全市整顿和规范道路运输市场秩序工作。海宁在加强现有两个联托运市场管理的同时，根据市场发展，在许村，海宁中国轻纺村又新建了一个联托运市场。

2002年，认真贯彻《危险化学品安全管理条例》，对道路化学危险货物运输企业把好资格审查关，成立中油石油危险品运输有限公司和嘉兴市朝阳油品运输有限公司海宁分公司。对不符合《道路危险货物运输管理规定》要求并经整改后仍达不到经营资质条件的企业坚决取消经营资格，同时下发《关于取消道路化学危险品货物运输经营资格的通知》，对其车辆的“道路运输证”办理注销或变更手续。

2002年5月，嘉兴市交通局根据省交通厅《关于印发进一步整顿道路运输市场秩序的实施意见的通知》文件精神，下发《关于继续开展全市清理整顿道路运输市场秩序的通知》。全市道路运输市场秩序整顿继续深入，监管力度加强，采取专项整治和固定设岗、巡逻检查相结合等措施，加大市场秩序整治力度。

2003年，根据交通部七部委车辆超载超限治理工作要求，制定《海宁市治超运力保障应急预案》，落实应急运力5吨以上货车27辆，并通过多种形式宣传超载超限治理工作。6月1日，国家发改委公布第一批在用“大吨小标”车辆恢复标准吨位的车型和相关数据后，及时做好“大吨小标”车辆的清理准备工作，对公安交通管理部门更正核定载质量的车辆，市运管处对道路运输证载质量及规费征收标准作相应调整。

2003—2007年，嘉兴市公路运输管理处认真落实《嘉兴市道路货运运输业结构调整指导意见》、技改补助办法。通过运力结构调整，促使行业发展由依靠运力“总量”的增加向依靠“质量”的提高方向转变。通过培育，11家集装箱运输企业平均车辆规模达到10辆。弗玛(平湖)物流已经发展为43辆沃尔沃厢式专用车，其中24辆厢式货车得到省厅货运车辆技改资金补助。积极鼓励货运车辆向厢式化、专业化发展。全市拥有营运货车3.4万辆，其中厢式车辆6389辆、集装箱车辆392辆，分别占营运货车的18.8%、1.2%。营运货车、厢式车辆、集装箱车辆分别比2002年增长0.5倍、15倍、27倍，厢式车辆和集装箱车辆增长明显，运力结构调整成效显著。

2003—2007年，嘉兴市公路运输管理处精心培育现代物流业。印发了《关于建立重点货运联系企业制度的通知》，确定了21家货运重点联系企业，向省运管局推荐了8家2007—2009年度全省道路货运重点联系企业。为探索建立农村物流网络，拓展深化当前物流体系，促进农村经济发展，出台了《嘉兴市农村物流发展思路》，为全市农村物流业发展走出了关键的一步。优化完善快运网络，自2003年多次组织召开了嘉兴市浙江快运小件网络发展会议。对快运小件网络成员业务运作规程、服务公约、网络

logo(标志标识)以及浙江快运小件网络章程进行了规范。嘉兴市已有嘉兴国鸿、平湖天龙、海宁大元3个公司加入了全省快运小件网络，并逐步实现全市统一标准的“站到门”服务。通过宣传嘉兴区位优势，引导外资企业进驻。嘉兴城南物流基地的沃尔玛中国华东区物流配送中心已开工建设(10月27日)；总投资1亿美元的普洛斯(嘉兴)物流设施项目落户嘉兴秀洲新区；嘉兴港粮食中转库及码头物流项目一期年底建成；总投资7280万元的嘉兴海陆物流项目已建成投入运行。安博、嘉兴锦民仓储有限公司、日通仓储(嘉兴)有限公司、上海TESCO物流公司都将相继进入，对传统运输企业产生“鲶鱼效应”。

道路危险货运管理进入精细化阶段。全市2007年共有危险货物运输企业26家，危险货物专用车辆680辆，总吨位5476吨，分别比2002年增长24%、2倍和3倍，集约化经营明显。共有从业人员1433人，其中驾驶员698人，押运员747人，装卸管理人员88人。从业人员持证率达100%，GPS安装率达100%。在源头管理上基本实现严把“五关”，即严把从业人员资质关、严把车辆资质关、严把科技装备关、严把承运人责任险投保关、严把车辆档案关，管理成效明显。对道路危险货运企业安全管理推行8种规范台帐，推行安全风险抵押金制，监督企业对安全生产管理制度落实，使危运企业管理每年有所进步。并定期开展对危运企业的检查，加强危险货运企业信用考核，提升企业信用水平。

为多渠道解决驾驶员经济负担，市交通行业管理部门于2006年出台出租车运管费、公建金减免政策；积极协调，制定财政补贴方案和油运价格联动机制；出租企业分别对车辆发放的燃油补助，并减免车辆座套清洗费、GPS等费用，在车辆免费清洗的基础上，推出提供免费换用车用脚垫等举措。同时，探索根本性解决措施，试用捷达柴油动力出租车，取得节油效果。同年，对道路货运市场秩序进行专项整治活动，使非法驻点及车辆外挂现象得到有效遏止；引入社会监督机制，通过新闻媒体在社会中广泛开展“我身边的出租车”民意测评活动，社会各界反映良好。

2006年，全面实施企业信用考核，促进道路运输市场健康发展。根据省、市局要求，全市运管部门认真组织开展了企业信用考核工作，并把信用考核作为建设“信用运输”“信用浙江”的基础性工作，建立并健全以稽查综合部门为主的信用考核机制，对全市客运企业、三级以上货运企业、二级以上客运站、一类维修和驾培企业进行信用考核，按照信用考核的记分标准和要求将违规经营行为登记在册、整理成册、存入档案、以备查验，积极引导企业诚实、守信、规范服务。根据上级部门有关运力结构调整的优惠政策，通过规费包缴、集卡车定额计征通行费等方式，积极推动货运运力结构的优化和改善，截至12月底，全市货运车辆29307辆，103249吨位，分别比去年同期增长2%和7%。其中重型货车为2996辆、厢式货车为5508辆、专用货车为1053辆，分别占车辆总数的10.2%、18.8%和3.6%，3类车辆增长量分别达到43%、42%和25%。同时，在工商部门的支持和配合下，货运有形市场的纳轨工作也步入轨道，全市营运货车占总货运车辆数的比重已经达到90%，居全省前列。

2006年，全市进行道路货运市场秩序专项整治，通过摸底调查、上门走访、蹲点整治、道路巡查等方式，对全市货运市场进行了有重点的清理整顿。全市开展调查摸底1060人次，上门上户267人次，召开运输业户座谈会8次，登记驻点车辆734辆，4179吨位，全市出动稽查人员563人次，检查车辆2948辆，查获违法违章车辆390辆，办理驻点登记车辆321辆，共补缴规费52.24万元，罚没款124.9万元。

2007年，货运行业车辆结构的引导和调整力度加大，截至年底，全市拥有营运货车30297辆，其中厢式车辆7091辆、集装箱车445辆，货运厢式化率为24.9%，较2006年年末增长了6.1个百分点，运力结构得到进一步优化。

2008年，根据交通部布置开展了道路运输量的专项调查工作，在对道路运输管理数据库进行整理和建立调查样本抽样框的基础上拟定调查方案，通过量化分解，采取电话联系、上门等方式分期分批开展预调查及正式调查，使得这项工作于年底顺利完成。同年，行业管理部门以海宁创建省级示范文明城市为契机，开展“做文明使者、创优质服务”活动及“文明班线”的评选工作。为提高从业人员综合素质，印制分发“十字文明用语”“出租车文明用语”等宣传资料，对从业人员进行培训教育。结合道路运输从业资格证换发契机，对全市客运从业人员进行职业道德、文明礼仪的再培训再教育，使所有客运企业驾驶员在通过从业考试后申领从业资格证件。

2009年，海宁运管所为满足农产品和农副产品进城，农业生产资料和农民生活用品下乡及小件快运延伸服务等城乡物流配送需求，开展以公交、邮政的线网合作、站务整合、“好立方”物流配送站点辅设为切入点的农村物流配送体系交邮合作试点工作，在盐仓建立客货邮一体站，悬挂省统一的客运站场标志、小件快运标志，并设计悬挂交邮合作标志。同年，加快物流公共信息系统建设和通用软件推广工作，推广完成2家货运企业通用运输软件CS版安装，完成10家货运企业BS版安装。为确保驾驶员和乘客的合法权益，定期对出租车收费情况进行调查，与周边县市收费情况进行对比，建立行业收费管理台账，监控不规范收费行为，督促相关企业对出租车驾驶员减免一些服务性收费；进一步完善油价运价联动机制，建立油价动态监控表，加强与物价部门的沟通，提前做好燃油附加费的调整工作，稳妥推进燃油附加费的调整实施工作。

2010 年，市运管处切实加强市场监管力度，全面落实运输企业信誉考核。一是组织实施“打黑”专项整治活动。为严厉打击非法营运行为，形成“打黑”高压态势，年初以来，市运管处坚持组织每月 5 天的联合集中整治行动，交通运管、公安交警与治安、城管执法部门抽调了素质高、业务精、作风硬的执法人员组成专项治理联合执法队，采取定点检查与流动检查、定时检查与不定时检查等方法，重点围绕火车站广场及汽车北站、汽车西站出口处及世茂花园高速公路出口处等区域，有力地打击了无证营运车辆的嚣张气焰。仅上半年就查获无证经营车辆 462 辆；二是开展企业信用考核工作。为提高信用考核执行力度，市运管处将道路运输企业的信用考核工作纳入到各县所及科室的年度工作考核，进一步明确了职能科室的相关责任，各被考核企业也按照要求成立了相应的考核组织机构和信用考核员。为进一步加强监管，嘉兴市已将 17 家客运企业、8 个客运站、226 家机动车维修企业、37 家驾驶员培训企业、31 家危险货物运输企业、20 家货运企业、35 家出租车客运企业列入了信用考核范围，并建立了企业信用档案。市运管处按规定对建档企业进行了检查考核，并正确填写相应的监督检查记录表，存档备查。维修行业通过召开“全市机动车维修行业信誉考核工作推进会”，明确了维修企业信誉考核和《汽车维修服务规范》达标评定的规范要求，并要求维修企业对维修价格报备制度、维修质量保证期制度等八项制度予以诚信公开，受到了广大汽修消费者的欢迎。驾培行业通过组织实施驾校排行榜和教练员年度诚信等级评定工作，提高了驾培行业的诚信水平，也激发了驾校和教练员的诚信服务意识。

全市共出动稽查人员 15676 人次，检查车辆 65213 辆次，查获违法违章车辆 2325 辆次，其中无证经营车辆 588 辆、擅自改装车辆 191 辆、客运车辆违章 403 辆、无危险品经营许可 77 辆、二级维护超期车辆 433 辆、无证经营维修点 4 起，罚没款 540.91 万元。市运管处行政许可办证中心共受理行政许可申请 1161 份，发放道路运输证 2148 份、从业资格证 1429 份，较 2009 年同期分别增加 38.5%、7.6%、下降 18.9%。

第二节 汽车维修管理

汽车维修是指为确保汽车在使用过程中保持良好的技术状况和延长使用寿命所采取的各种措施的总称，包括汽车维修和汽车修理。嘉兴市公路运输管理处按照浙江省《汽车维修业开业条件》的规定，许可各类维修企业(户)准入维修市场和做好经营资质、经营行为及维修质量的日常监管工作。

1990 年 3 月 7 日，交通部发布《汽车运输业车辆技术管理规定》，根据上级统一要求，全市建立了营运车辆技术档案，一车一档，对运输车辆实行全过程综合性管理。车辆技术等级划分：一级，完好车；二级，基本完好车；三级，需修车；四级，停驶车。由汽车检测站进行检测诊断，每年评定一次，营运车辆还须遵照交通运输管理部门规定的行驶里程或间隔时间，按期强制维护。浙江省《汽车二级维护基本作业项目及周期》规定：“营运汽车在行驶 15000 ± 1000 公里(或三个月时间)就应进行二级维护。”

1991 年 4 月 10 日，交通部发布《汽车维修质量管理办法》，市运管处为加强汽车维修行业管理，保证汽车维修质量，规定汽车维修企业：一、必须建立健全与其类别相适应的质量管理机构；二、必须有质量负责人和质量检验员，质量检验员必须经培训考核并取得汽车检验员证，方可上岗；三、必须按照国家、交通部、地方有关汽车维修技术标准进行维修；四、必须实行出厂合格证制度；五、必须执行出厂质量保证期制度。全市实行企业三级(车辆进厂、维修、出厂)质量检验制，严把出厂合格证签发关。全市主要维修厂家不断完善内部管理机制，提升资质条件，企业上等级、上规模，生产效益增长，信誉提高。年度考评中，全市二户大修厂被评为嘉兴市级第一、第二名。而一些依赖超级别修理、乱收费、不守规则、不上规模的保养、专项修理的三、四类企业则纷纷遭淘汰。

1991 年 4 月，交通部发布《汽车运输业车辆综合性能检测站管理办法》，11 月，省交通厅下发《浙江省汽车运输业车辆综合性能检测站(车)管理实施细则》，规定：经认定的检测站是公路运输管理部门对运输车辆技术状况、维修质量监督检测和技术服务的机构，其日常管理、监督工作由所在市(地)、县(市)公路运输管理部门负责。

1992 年 2 月 14 日，交通部、国家工商行政管理局下发《汽车维修合同实施细则》，规定：汽车大修、主要总成大修、二级维护和维修预算一千元以上的，必须签订书面汽车承修合同。并下发汽车维修合同示范本。省交通厅、工商行政管理局转发时作了补充规定：汽车维修的质量保证期须按《汽车维护竣工出厂技术条件》规定执行，承修方必须向托修方提供维修工时，材料明细表。平湖市汽车维修合同的执行情况比较规范，尤其是几户大修厂家，合同管理制度更为健全。按年签合同，已成为维护汽车维修经营秩序，保障承、修双方合法权益的市场规范行为。一系列维修行规出台，规范了维修市场经营行为，促进了行业的发展，优胜劣汰，全市维修业发生了明显变化。至1992年年末，早期开业的三户保养厂歇业，内保厂、专项修理纷纷退出市场。经年度审核验收，合格和基本合格的有9户，一类企业保持2户，二类企业3户，三类企业4户。

1993年7月，嘉兴市公路运输管理处下发《关于营运汽车二级维护周期的通知》，规定：国产的营运汽车强制执行二级维护，周期为2~3个月或10000公里~12000公里。未按规定进行二级维护的营运车辆，除限期进行维护外，必须对经营者处以警告或罚款。对运输车辆实行"定期检测、强制维护，视情修理"的原则，加强车辆技术档案管理，营运车辆必须按期签证。1993年平湖市运管所对未按期维护签证的350辆次营运车分别给予警告、罚款的行政处罚，罚款共计5.3万元。

1994年8月，平湖市汽车综合性能检测站正式运行，实行了维修车辆送检制度，对运行车辆技术状况及维修质量进行检测、管理和监督，汽车维修质量管理走上科学化、规范化轨道。

1998年3月4日，交通部发布《道路运输车辆维护管理规定》，规定"二级维护是由维修企业负责执行的车辆维护作业"。道路运输经营业户，可以自主选择经道路运输管理机构资质认定的二类以上的汽车维修企业进行维护作业。并规定维修企业实行维修合同制度、竣工上线检测制度、出厂合格证制度和质量保证期制度，并对维护、检测、签证作了程序规定。同时设立行政处罚条款11条，更加明确了"定期检测、强制维护、视情修理"的原则。4月14日，省交通厅下发《浙江省汽车维修企业标志牌、证管理办法》，维修企业实行挂牌经营，质量检测员、维修工持证上岗，进一步规范汽车维修市场经营行为。

1999年，市本级和秀洲区汽车维修行业协会先后成立，桐乡市24家维修厂家也自发成立自救中心，海宁市组建了维修企业自治管理小组，切实履行起汽修行业自律、维护行业权益等职责。协会等自治组织的成立及运作，使管理部门和广大经营户及经营户之间有了交流联系的纽带，市本级汽修有形市场——嘉兴车城快修中心经过近半年的积极筹建，进场作业的汽修业户在规范有序的市场环境中，提供了较高质量的维修服务。

2000年，严格执行"定期检测、强制维护、视情修理"的管理制度，全年检测二级维护车辆56445辆次，完成车辆技术等级评定14111辆，接受其他部门委托检测5672辆。上半年，全市对尾气检测设备不达标的15家企业落实了限期整政要求，企业在接到通知后，全部整改达标。海宁所规定合格率3次低于65%的汽修厂停止二保一个月，恢复前试营业半个月；平湖所、桐乡所实行一检合格率排名法，对排名最后的不达标单位给予处罚，海盐所对合格率低于65%的企业也严格按交通部[98]3号令实施处罚，该县1999年的一检合格率达到76.75%。至年底，全市的上线车辆一次检测合格率平均达到68.83%，比往年有了明显提高。全年查处未按期维护车辆3303辆次。秀洲区探索管理新路子，对三类维修业户实行划片组管理，成立汽修片组7个、摩修片组18个，先后在王店、新丰等5个中心城镇开展片组活动，学习文件，通报事故，加强了维修业户的自我监督和管理，取得了良好的效果。桐乡所1999年专门成立稽查四中队，负责汽修市场秩序的维护和查处，使市场管理的力度明显加强。1999年，嘉兴市汽车综合性能检测工作有了新的起色，在全市建成汽修检测网络的基础上，3月、6月两次召开检测站工作会议，对检测中的有关标准和统计口径进行了统一，并通过会议纪要的形式予以确定。同时，对各综检站的检测设备实行标定，并及时下发贯彻了省颁汽修检测分项收费标准。一年来，继续加强对车辆技术状况的督促检查，全年查处未按期维护车辆3303辆次。同时，加强了证单管理，对竣工出厂合格证，结合企业生产规模实行定额发放，较好地从源头控制了倒卖行为。2000年嘉兴市维修管理的另一个新的起色是筹建了汽修有形市场，行业组织建设也有了长足发展。

2001年，依托汽车综合性能检测站，加强汽车维修质量管理。一年来，全市6个检测站狠抓内部管理，健全完善检测设备，各地继续实施检测一次合格率奖惩办法，全年全市共计检测车辆64482辆次，车辆检测工作质量更进一步。全市平均汽修检测一次合格率达到71.9%，其中海宁达到了83.9%，海盐所为了加强检测工作的监督管理，设立了驻检测站质量监督站，强化了检测工作监督，基本杜绝了假维护、假修理现象；市汽车综合性能检测站统一了汽车维修检测和上线检测合格率的标准，每月公布各维修企业上线检测一次合格率，本着严格把关的原则节停发出厂合格证5家，减发13家。以检测为依托，海宁与28家维修企业签定维修质量责任书，把检测工作的监督管理纳入目标考核，成效明显。

2002年9月17日，嘉兴市交通局根据省交通厅《关于转发交通部汽车维修市场整顿工作方案的通知》精神，制定了《嘉兴市汽车维修市场整顿工作实施方案》。自9月到次年6月，针对汽车维修市场存在的突出问题，加大整治力度，规范行业管理，建立诚信机制。并对汽车维修企业经营资格进行一次严格的审核，企业场地、安全设施、设备和人员条件不符合开业条件，人员持证上岗率达不到95%的坚决予以整改，整改达不到要求的，视情况降级或取消经营资格。平湖从10月份开始清理无证摊点，年底前完成了全市101户专项修理和187户摩托车修理店的整治，核发了“道路运输经营许可证”，发放了“汽车(摩托车)维修行业材料服务费标准公开牌”。

2003年1月，平湖市运管所设立培训中心，10个月共举办了26期汽车维修技术工人从业资格培训，8期维修工上岗培训，并选送13名厂长、经理到嘉兴参加资格培训，致力提高全市维修行业人员素质和技术水平。3月，市运管所开始对全市一、二类维修企业资质进行重新评定工作。初审时，发限期整改通知书14份，通过整改，投资87.67万元，新增维修设备85台。经嘉兴市公路运输管理处最后审定公布，全市被评为年度审验优秀企业的一类维修企业有：平湖市高桥汽车修理有限公司、平湖市轿车修理有限公司。评为年度审验良好企业的一类维修企业有：平湖市乍浦第一汽车修理厂、平湖市兴平汽车维修有限公司；二类维修企业有：平湖市南门汽车保养厂。年度报告审验合格的二类企业7户，2户保养厂歇业注销，新开业二类企业1户。

2005年，继续拓展培育汽车维修市场，规范大中型客车维修行为，严格维修质量检验、机动车维修合格证领用、维修车辆技术信息反馈、维修车辆档案等管理制度，进一步提高了客车维修质量和维护到位率，确保客车维修质量过关，为道路运输安全把好车辆技术关。嘉兴市运管处积极创新管理手段，从严把车辆二级维护签证关入手，开发行业管理软件，又以宣贯新颁布的开业条件为契机，严格大中型客车维修企业的资格管理，大中型客车维修管理工作取得明显成效。同时，在嘉兴市召开的大中型客车维修管理现场会形成了全省对大、中型客车维修管理的具体思路，对改善大、中型客车的车况、保障客运安全起到了积极的作用。

2006年，嘉兴市有一类维修企业42家、二类企业131家、三类大约951家，汽车维修行业存在整体结构不合理的现象，制约了行业的快速发展。为进一步净化市场，树立行业的良好社会形象，经调查研究，结合行业现状、车辆属性结构及车辆技术发展趋势，嘉兴市运管处提出了“外连内引、发展快修(连锁)、整合三类、优化结构”的管理思路，充分发挥汽车维修行业管理部门的管理职能，引导并促进形成汽车快修连锁经营发展的良好宏观环境。

2007年，加快维修行业技术进步。一是组织职业技能培训，先后开展了各类培训、竞赛活动，邀请了国内知名专家就钣金、电器、机修等八大岗位进行了授课，参训人数达826人，合格率达93.56%。二是开展“维修服务规范月”活动，出台了《维修告知书》制度，解决承修方和托修方的信息不对称的问题。在快修方面，嘉善所率先引进并推广AC德科快修先进经验，努力发展连锁快修等自主品牌，逐步形成了有特色、有品牌的快修一条街，为行业发展探索出了新模式。

2010年，维修管理主要做了几项工作：认真总结，编制可行性《嘉兴市汽车维修行业发展规划》；多方参与，广泛调研，组织编撰《嘉兴市维修行业管理办法》；出台《嘉兴市汽车维修工时定额和收费标准》，解决行业收费积弊；以调研和行业工作经验为基础，推行新版维修竣工出厂合格证。

2010年，因地制宜，加快行业立法进程，落实行业规范化管理，编制可行性《嘉兴市汽车维修行业发展规划》。从地域和行业结构着手，将发展规划与城市规划相一致，从大局出发，合理布局。在二环以内的区域控制发展，三环和二环之间的区域鼓励发展，三环以外和乡镇区域引导发展。鼓励和引导优先发展连锁经营，建设维修行业的强势连锁品牌，大力发展“惠农快修”，为农村汽车维修提供优质服务。

依托现代信息技术对全市的三类维修业(户)实施信息技术监管，提高管理效能。利用当前成熟的3G技术建立覆盖全市三类维修业(户)和大中型货车、客车维修企业的远程视频信息监管系统，通过全天候监控，彻底遏制三类维修企业的超范围经营和部分一、二类企业的假维护，不按工艺规范作业的行为。规范维修市场正常秩序，解决三类业(户)增长过快的局面，确保行业有序健康的发展。

组织编撰《嘉兴市维修行业管理办法》。根据实际，着力规范事故车维修秩序。“办法”规定：事故车辆维修经营业务按车辆定损额划分，事故车辆定损在车辆保单价的10%及以上为重大事故车辆，不到10%的为一般事故车辆。重大事故车辆维修必须由一、二类维修企业承担，三类业户只能承接一般事故车辆的维修。解决事故车维修市场的过度开放，缓和事故车维修的车主、维修业户、保险公司三者的矛盾，加快事故车维修、理赔事务的透明化公开化。将“环评”前置于开业条件。出台《嘉兴市汽车维修工时定额和收费标准》，解决行业收费积弊。为加强本市机动车维修质量管理，建立机动车维修竣工出厂质量保证期制度，结合近年来对维修市场的调研和行业摸排，以及老版合格证运作数年来反映的问题，启用新版机动车维修竣工出厂合格证。

为加强机动车维修业从业人员从业资格管理，提高机动车维修业人员素质，结合嘉兴实际，出台《嘉兴市机动车维修业从业人员从业资格管理实施办法》。加强对检测站监管，保证营运车辆定期维护检测制度的有效执行。

深入全市各个维修企业进行了现场的审核和评分，保证了日常考核工作、档案的建立、考核结果公示、发布以及指导，监督县(市)、区道路运输管理机构对辖区维修企业质量信誉考核工作的有序开展。

考核过程中，从从业人员素质、生产条件、安全生产和企业管理、维修质量、服务质量、遵章守纪和环境保护六方面对全市所有一、二类维修企业和部分三类企业进行了集中评分，并按照分数高低进行了总排名。通过考核，促进了全市维修企业自我管理、自我提升、自我完善，使维修行业不断向规范化、制度化的方向发展。

第三节 运输安全管理

交通部门安全生产监督管理，是指交通行政管理部门根据相关法律、法规和规范性文件，在管辖范围内，对道路运输安全的各类安全技术指标、安全操作规程和对从业人员技术素质进行审核、指导、协调、服务、监督、检查和培训，确保在符合安全要求的前提下进行，防止人身伤亡和车辆损毁，消除事故隐患，保障人民生命、财产安全。

1949年以前运输安全管理

民国21年(1932年)，随着沪杭公路的建成，及苏、浙、皖、京、沪五省市互通汽车章程的实施，外来营运及自用汽车进入省内增多，公路行车日益频繁，省公路管理局为进一步加强行车安全管理，于民国22年(1933年)成立巡逻警察四小队，配备武器，按日驾驶机器脚踏车在沪杭线公路进行巡查，在重要车站派驻路警，指定沪杭等线主要车站为查车站，同时在公路沿线设立各种标志，在闸口乍浦间设置护拦，制定有关行车安全章则及查车办法，通过上述各种管理措施的实行，行车秩序有所改善、违章肇事有所减少。民国22年(1933年)7月，浙江省政府公布《浙江省管理汽车暂行章程》规定车辆均须靠路之左边行驶。驾驶公共汽车(凡乘人汽车设置座位在7人以上者属之)及运货汽车等在郊外每小时时速不得超过40公里，在城市内不得超过25公里，普通汽车(凡普通乘人汽车设置座位不逾7人者属之)，在郊外不得超过70公里，在城市内不得超过35公里。车辆行驶在距离公路与铁路或与其他公路相交处150米前后或经过医院学校附近时，其最高行驶速度每小时不得超过8.5公里，各项车辆不得装载突出车身外的长大物件及超过桥梁限载的重量。营业乘人汽车必须遵照登记机关规定之载客定额，不得逾限乘载，不得乘载传染病患者、疯癫及酗酒者，携带危险及污臭之物品者及携带违禁物品者。

民国24年(1935年)，苏、浙、皖、京、沪五省市交通委员会为促进公路交通安全起见，制定公路交通安全奖章，凡汽车驾驶人继续服务5年以上而未曾肇事者得发给银质奖章；继续服务10年以上而未曾肇事者得发给金质奖章。交通警察对于维持公路交通安全有特殊之功绩或对于安全问题有特殊之贡献者，得分别发给银质或金质奖章。

民国35年(1946年)9月，交通部订正公布了《汽车肇事损害赔偿费表》。

民国36年(1947年)，交通部陆续公布了全国公路交通安全促进委员会文件：(1)全国汽车管理联系执行办法。(共10条)(2)汽车出入过境联合登记办法。(共15条)(3)汽车交通巡察执行办法。(共12条)(4)行车肇事责任鉴定委员会组织规程。(共9条)(5)公路交通安全措施办法：内容分路政方面，交通指挥方面、车辆方面、驾驶人方面、行人及乘客方面、其他。(6)公路交通安全须知：行人类12条，乘客类14条，驾驶人员类30条，修理人员类8条，交通管理人员类10条。(7)公路行车稽查取缔处罚细则(21条)。(8)全国公路交通安全执行纲要(分宣传部份、执行部份、考核部份)。

民国35年(1946年)元旦零时起实行全国车辆靠右行驶。

1949年—1990年运输安全管理

解放后，公安部、交通部颁发《城市和公路交通管理规则》，规定道路宽直，视线良好，又无限速标志的地段，在保证交通安全的条件下，最高时速：小型汽车、摩托车60公里；大型汽车50公里；汽车带挂车、后三轮机动车40公里；方向盘拖拉机20公里，手拖15公里；

通过繁华街道、叉道叉口、隧道，窄挢、陡坡、弯道、狭路及下雪结冰，雨雾视线不清或拖拉损坏的车辆时，最高时速不得超过20公里。

各种车辆须靠道路右侧行驶。转弯时应减速鸣号靠右行，机动车会车，做到礼让“三先”(先让，先慢、先停)。夜间会车，须距对面来车150米以外互闭大光灯、改用小光灯、不准使用防雾灯。

1972年7月，建立机动车驾驶员“周五安全活动”制度，原则上每星期五晚上为机动车驾驶员统一的安全活动时间，学习交流安全行车经验，把驾驶员每次参加“周五安全活动”的情况记入“安全学习登记卡”作为年审考核材料。

1973年3月16日，省交邮局颁发“浙江省机动车驾驶员安全公里管理办法(试行)”，车辆单位(车队、站队)建立驾驶员安全公里(年资)记录卡，并按月、季、年予以公布，驾驶员的安全公里(年资)，作为驾驶员年度审验和安全生产评比主要内容之一，并在年审表内核实登记。每年年底车辆单位将驾驶员安全公里(年资)汇总造册并报当地车监部门审核存档。凡安全公里在50万或安全年资在15年以上的驾驶员由单位报地区交通主管部门；凡安全公里在70万或安全年资在20年以上的驾驶员由地区报省交通主管部门，分别给以表扬和奖励。驾驶员在行车中发生责任事故，根据事故类别、责任，分别截断其肇事前部分或全部安全公里(年资)。

1979年7月，省教育局，省交通局发出关于“公路沿线学校加强对学生儿童进行交通安全宣传”的通知，要求监理部门主动与公路沿线学校配合，运用多种形式经常向学生进行交通安全常识的宣传，要教育驾驶员做到谨慎驾驶，安全行车，特别是通过村镇和学校附近，以及遇学校放学时，更要减速缓行。

1980年，经国务院批准，建立安全月制度，将每年5月份定为安全月，开展安全活动。

1983年1月，浙江省经委等6个单位联合发出关于火车与其他车辆碰撞和铁路路外人员伤亡事故处理暂行规定的实施办法，规定一切车辆抢越铁路道口或强行通过非机动车道口造成伤亡事故者，由本人或所属单位负责，由此给铁路造成损失者，应追究肇事者责任，并严肃处理。各种机动车辆，通过铁路道口时，必须做到“一慢、二看、三通过“；车速不得超过20公里，不得冒险抢越。

1984年，嘉兴市公路交通事故指标全面上升，达到全年平均每天发生大小事故3起，轻重伤1.36人，8天死亡1人的历史最高峰。肇事主要原因分析，属驾驶员责任的占71.5%，属行人责任的占15.5%，属骑自行车责任的占9.2%，属车辆机械原因的占1.7%，属道路及其他原因的占1.7%。

1984年5月1日起，嘉兴市人民政府批准“关于杭枫公路临嘉段实行同类车不准超越的报告”，规定凡同类型车(包括各种机动车)不管道路条件如何均不得超越。同类型车是指：大型车(客、货车)，小型车(客、货车)，摩托车(二轮、三轮)、拖拉机(轮式、手扶式)、挂车。非同类型车辆，要严格按照交通规则规定的时速行驶，严禁时速低的车辆超越时速高的车辆，执行紧急任务的车辆(如救护、抢险、公安，监理等)在确保安全的前提下，方可超越。凡违反此规定，视情节轻重，分别给予罚款、记分警告、扣证、扣车，直至追究法律责任。

1985年，嘉兴市交通监理处抽调监理员46人次，配备4辆侧三轮摩托车，1辆吉普车，组织四期机动路检队，巡回在全市主要公路上，共上路检查各类机动车31422辆，纠正违章车6061辆。各县所(站)检查各类机动车36770辆，纠正违章车2996辆。

1986年，全省开展交通安全大检查，嘉兴市从6月16日至7月15日止共出动监理人员325人次，每天65人，分三班轮流上路值勤检查，全市还抽调驾驶人员389人次，协助参加路检路查，共检查车辆14427辆(不包括王江泾、嘉善、乍浦三个检查站)查出违章车辆1930辆，违章记分812分，办学习班二期70多人次。全年共查车669160辆，纠正违章车246502辆，记分12166分。

1986年，省公安厅、省交通厅颁发了《浙江省道路交通事故处理暂行规定》的通知，自9月10日起施行。并制订了《道路交通事故处理费管理办法》，具体规定了收费范围和标准。

1988年，嘉兴市公安局规定：机动车必须在机动车道上靠右行驶，必须保持车况良好、整洁，安全设备齐全有效，挂车连接装置必须牢固，并安装有效的制动器，防护网、保险链、灯光及明显标志。机动车前后车距：市区道路保持20米以上，繁华地区保持5米以上，冰雪道路上保持50米以上的安全距离。机动车转弯时应做到减速、鸣号、靠右行。市区机动车行驶速度限定大型汽车最高时速30公里；小型汽车、二轮、侧三轮摩托车，最高时速40公里；铰接或客车，带挂汽车、载人货车、后三轮机动车及轻便摩托车最高时速为25公里；大型平板车，货运汽车，方向盘式拖拉机最高时速为20公里；手扶拖拉机和简易机动车最高时速为15公里，车辆必须按指定地点或停车场内依次停放，距交叉路口、铁道路口，桥梁、狭路、弯道、陡坡、消防龙头及危险地段15米以内，不准停车，公共汽车站、加油站、消防机关门口30米以内不准停放其他车辆。机动车辆载物不准超过车辆核定的质量。装载物品须捆扎牢固，大型机动车，挂车装载高度离地面不准超过3.5米，宽度左右不得超出车厢20厘米，凡体积超过规定的，须经公安交通管理机关批准，领取许可证后，按指定路线、时间和要求行驶，并须悬挂安全标志。装载危险物品时，应经公安消防机关批准，须有专人押运，并有安全设备措施。货运汽车白天不准在市区主要街道上装卸货物，客车载人不准超过车辆乘人的核定人数；货运汽车，拖拉机不准人、货混装。货运汽车代客车时，车辆设备必须符合安全要求，经车辆管理机关检验，发给代客证后方准行驶，货运挂车、拖拉机挂车、自动倾卸车、起重车、灌车、平板拖车和汽轮专用车，除驾驶室外不准乘人；手把式后三轮机动车空车载人不得超过5人，两轮、侧三轮摩托车驾驶员身后只准乘坐1人，12周岁以下儿童不准乘坐，轻便摩托车不准带人。

1988年12月，浙江省交通厅关于颁发《浙江省交通运输企业交通事故处理暂行规定》的通知，规定从1989年1月1日起执行，交通事故按后果大小分为四类：小事故、一般事故、大事故、重大事故(查看事故分类标准表)。

表 9-1-4　事故分类标准表

事故类别	分类标准	备注
重大事故	1.死亡三人及以上；2.重伤11人及以上；3.死亡1人，同时重伤8人及以上；4.死亡2人，同时重伤5人及以上；5、直接经济损失10000元及以上。	相当于公安部门规定的特大事故
大事故	1.死亡1~2人；2.重伤3-10人；3.直接经济损失5000元及以上至10000元以下；4.政治影响很坏的。	相当于公安部门规定的重大事故
一般事故	1.重伤1~2人；2.轻伤3人及以上；3.直接经济损失机动车200元及以上至5000元以下，非机动车50元及以上的。	
小事故	1.轻伤1~2人；2.直接经济损失，机动车200元以下，非机动车50元以下。	相当于公安部门规定轻微事故

表 9-1-5　1975—1990年嘉兴市公路交通事故情况统计表

年份	事故次数(上报数)	死亡(人)	受伤(人)	直接经济损失(元)	备考
1975	166	24	124		
1980	135	31	64	54406	内翻车26次
1981	143	30	92	60553	
1983	230	36	155	125435	
1984	514	46	233	220971	
1985	883	60	302	792858	
1986	1178	93	488	1619475	
1987	1822	145	791	2168854	
1988	1740	188	678	1740844	
1989	1331	185	595	1711189	
1990	1016	233	527	2350700	

发生事故后，事故当事人或有关人员应立即报告事故处理机关和本单位。一次死亡三人以上和大型客车的重大事故，肇事单位按隶属关系报告交通主管部门，县属运输企业的事故由县交通局同时报告当地政府和省、市交通主管部门；市(地)属运输企业的事故由市(地)交通局同时报告当地政府和交通厅。一次死亡5人以上的重大事故，交通厅应报告省政府和交通部.上述报告均应在接到事故报告后一小时内报出。

1990年5月1日开始，杭枫公路沿线的交警队实行“联勤”管理方法，改变过去公路沿线各县(市)交警队以块为主，各自为政的管理方法，由市公安局交警支队统一组织、统一部署，实行“一条干线、联合勤务、巡逻为主、定点为辅、时间交叉”的管理新方法，在86公里的杭枫公路市辖段内，共组织6个管理站，3个执勤分队，不分昼夜，不分节假日，每天40多名干警战斗在第一线，沿线各交警队队长轮流带队上路，交警支队每周组织查勤，大大增强了一线管理力量，取得显著效果。该线重特大事故得到遏制，死亡人数有所下降，超速、超车等违章现象亦大有下降。

1991 年—2010 年运输安全管理

1987 年年底，按照国务院指示，全市道路交通安全管理、交通事故处理的权限由交通部门划归公安部门，日常工作由市交警大队负责。市交通局作为道路运输行业主管部门，在全市道路运输安全生产监督方面主要任务是严把运输经营者市场准入关、营运车辆技术状况关、营运驾驶员从业资格关并对汽车客运站进行安全监督。日常工作由市道路运输管理部门负责。

1994 年，根据省政府《关于切实加强交通安全管理工作的通知》，对全市道路运输市场秩序和车辆营运安全开展专项整顿，重点整治客运车辆兜圈乱停接客、汽车维修市场消防安全生产和春运期间客运车辆技术状况。

1999 年，交通部下发《关于进一步加强危险品货物运输安全管理的通知》，海宁市政府印发《海宁市道路交通安全三级管理实施办法》，要求建立健全市、乡(镇)、村三级管理网络。

2001 年 2 月，省政府发布《浙江省道路客运安全管理办法》。同年 11 月，省交通厅印发《浙江省汽车客运站安全门检管理规定(试行)》，正式将汽车客运站安全门检工作列入全省交通行业安全管理范围。

2001 年，全市运管部门统一思想，加强组织领导，整个节假日运输期间，没有出现滞留旅客的现象，安全、优质地完成了节假日旅客疏运任务。春运期间，共完成旅客运输 100 多万人次，周转量 4056 多万人公里。在繁重的运输任务面前，各地运管部门高度重视，按照“三个代表”重要思想，从讲政治、促发展、保稳定的高度，落实人员，明确责任，认真履行安全管理职责。市运管处成立了专门的安全工作领导小组，并在全市建立了安全网络，进一步落实道路运输行业安全责任制，同时制定了《嘉兴市道路运输行业安全管理办法》，为了确保责任落实，市运管处及时与各所签订了《安全目标考核责任书》，建立了安全例会和责任事故报告统计制度。各运管所都与各地的运输企业签订了安全管理责任书。各地都加强了对安全工作的组织领导，切实做到了领导、机构、人员、责任、经费“五个到位”，进行全面深入的安全生产大检查，今年全市道路运输安全形势稳定、各项安全指标未超标。

2002 年 11 月 11 日，《中华人民共和国安全生产法》正式实施。

2003 年，以贯彻《中华人民共和国安全生产法》《危险化学品管理条例》为契机抓好“三关一监督”，并按照省交通厅《关于继续做好车辆行车记录设备安装工作的通知》要求，积极引导道路运输企业通过技术革新，强化营运车辆动态管理和源头管理水平，提高科技含量、安全系数和安全管理信息化水平。

2004 年 1 月，根据国务院办公厅《关于深化安全生产专项整治工作的通知》及省安全生产监督局、省交通厅文件要求，海宁市交通局会同市安监局对海宁市 16 家道路运输企业安全生产状况进行评估，认定 A 级 4 家、B 级 3 家、C 级 9 家。同时，海宁市道路运输管理部门对全市 330 辆营运客车和 23 辆危险品运输车辆组织安装了行车记录仪和 GPS 卫星定位系统。同年，海宁市交通局对“5? 3”等 4 起道路交通事故进行通报，分析事故发生原因，要求各行业管理部门进一步加强安全生产监管力度，强化企业主体责任，正确树立安全生产观和经济发展观，抓好安全生产责任制的落实，并为此印发《关于进一步完善市交通系统安全生产管理制度》文件。

2005 年，根据浙江省交通厅关于打击无证营运专项整治行动的指示精神，海宁对无证营运车辆进行集中整治，全力打造和保障“平安交通”。5 月，根据市政府《海宁市开展道路危险化学品安全专项整治工作实施意见》，对全市道路危险品运输企业进行为期 4 个月的专项整治检查，组织企业法人、主要负责人、安全管理人员、从业人员分期分批参加危险品安全业务培训；统一规范所有危险品运输车辆的外观标识，并通过嘉兴市车辆管理所检测。为促进道路运输智能化建设，发挥先进科技作用和保障客运安全，在出租车行业推广应用 GPS 卫星定位系统，对全市所有出租汽车安装 GPS 设备，运作后不仅取得明显的管理效率和社会效益，也因营运车辆实时监控和行驶速度的管理得到加强，车辆违章超速等不安全隐患得到抑制，降低行车事故发生率，提高车辆运行安全性，市民出行也更便捷和安全。同年，继全市营运客车安装行车记录仪之后，对所有快客、旅游包车、跨省以及 400 公里以上的班线客车安装 GPS，并督促客运站(场)加大对安全检查基础性科技设备设施投入，启用了危险品检查仪。同时，结合年审工作，组织对行车记录仪、GPS 安装使用、承运人责任险及危险品车辆安全状况进行检查，对不合格项进行整改。

2006 年，全市道路运输行业道路运输总行程 1988.99 百万车公里，发生重大事故 20 起、死亡 21 人(其中旅客死亡 3 人)，受伤 107 人，造成直接经济损失 221.6 万元。同比 2005 年，事故起数、死亡人数、直接经济损失三项指标分别下降 25.8%、25%、29.5%，各项事故指标均控制在较低水平，安全形势比较平稳。一是安全管理机构进一步健全，全市 3500 辆营运车以上的县级运管机构均建立了专职安全管理部门，配备了专职安全管理人员，使安全工作分工更细化，职责更明确，管理效率进一步提高。二是安全责任进一步落实，按照“谁主管、谁负责”和“属地管理”原则，以安全生产责任制为抓手，市运管处分别与各县(市)运管所、20余家直管客货运企业签订年度安全生产责任书，将安全责任落实到位。三是管理台账进一步完善，坚持“检查与指导相结合，整改与服务相结合”，各级运管部门通过日常监督，督促指导企业按照《浙江省道路运输安全生产管理规范》，健全安全生产管理制度，完善了人员、车辆档案。四是科技投入进一步加大，全市二级以上客运站均配备了旅客行包安全检查仪，强化了对“三品”的查堵力度；GPS、汽车行驶记录仪的安装率进一步提高，在册高速快客车辆、跨省长途班线车辆、旅游包车、危险品车辆和普通客车均安装了GPS或汽车行驶记录仪。

2006年，以道路运输证换证为契机对危险运输车辆实行分类、分项核定并换发道路运输证。按国家标准《道路运输危险货物车辆标志》要求，督促、检查危险运输企业完成危险车辆标志灯、标志牌更换安装工作和车辆静电及罐体检测。加强对危险品运输企业监管，督促企业完善危险货物运输事故应急预案，危险货物运输车辆携带与运输物品相适应的安全卡。

2007年，全市道路运输行业共发生行车事故211起，其中重大事故23起，营运客车省内重大有责事故死亡9人(指标为18人)，受伤78人，造成直接经济损失138.92万元。同比2006年，事故起数、客车省内重大有责死亡人数、直接经济损失三项指标分别下降31.9%、25%和37.3%，各项事故指标均控制在较低水平。其中，海宁运管所、秀洲区运管所省内重大有责死亡人数均控制在零水平，安全形势平稳。

2008年，海宁交通部门遵照《国务院办公厅关于进一步开展安全生产隐患排查治理工作的通知》，开展“隐患排查治理年”活动，共排查治理隐患单位1367家，治理一般隐患1009项，整改率达100%，落实治理资金447.27万元，其中道路运管部门共排查各类一般隐患579项，整改率达100%。同年，市交警、安监、交通等部门发布《关于农村公路通行客运车辆安全条件的专题会议纪要》，对新增、调整公交线路先由《纪要》参与部门和涉及乡镇联合对道路安保设施进行现场勘察，对道路弯道、路面宽度及标志标线、示警桩、缓冲带、邻水邻崖防撞设施等存在的问题提出整改意见，由相关责任单位实施整改后再开通公交线路。

为确保“北京奥运”期间全市交通运输安全稳定，市交通局成立奥运安保领导小组，制定《海宁市交通系统奥运安保及反恐工作应急预案》，购买安检仪128套，针对交通行业特点，对重点场所、重点车船、重点交通工程、重点人和事、重点区域、重点物品等六个方面，对运往北京、上海等奥运承办城市的物品进行安全检测，共查获煤气瓶、打火机、压缩气体、煤油等违禁物品263件。市道路运输管理部门针对客运站小件货物快运检查中存在的隐患，对发送货物进行检测仪检查；对新疆、西藏等地区的包车人员一律要求实名登记并备案；对危险品运输企业做好运输动态监控登记工作，对开往上海等城市的运输车辆及时向管理部门报备。同时，联合市公安局治安大队对联托运业户开展动员进行检查，由公安部门与之签订责任书，交通部门发放奥运安保工作告知书，共组织检查4806人次，检查单位960家次，发现并排除安全隐患245起。同年，在“安全质量年”活动中创新管理办法，组织行业开展安全生产情况摸底工作和“安全生产百日督查”专项治理工作，实行“一核准、一上报”，开展“一培训、一竞赛、三演练”，即实行应急预案核准制度，对预案中涉及的车、人、物实施限期核准制度，落实核准责任人，确保预案应急内容的及时有效；开展危险品泄露演练、三防应急演练和消防安保演练等活动，并用暗访的形式对消防安保演练进行全程录像，以播放录像作为安全教育培训内容。

根据嘉兴市道路运输管理处《关于印发嘉兴市道路运输行业安全六项工程实施方案的通知》文件精神，制定以安全车、安全带、安全员(驾驶员)、安全卡(GPS和行车记录仪卡)、安全站(检查站)、安全仪(驾驶员指纹识别仪)为主要内容的安全六项工程实施方案，落实责任科室，推进六项工程，使全市在驾驶员上岗培训、日常安全培训教育、推广GPS和行车记录仪、落实危险品检测仪查堵危险品进站上车等方面取得较大进展。

2009年，海宁开展道路运输行业应急管理机制评估分析工作，进一步完善行业应急保障预案体系，修订《海宁市自然灾害道路运输应急处置预案》《海宁市突发公共卫生事件道路运输应急处置预案》《海宁市危险化学品道路运输事故应急救援预案》《海宁市突发道路运输事故应急救援预案》《海宁市群体性突发公共事件道路运输应急处置预案》《海宁市节假日运输高峰应急处置预案》《海宁市出租汽车行业维稳工作应急预案》等预案，并对涉及的应急车辆、人员、设备实施季度定期核准上报备案制度，确保应急信息有效。在2008年海宁交通部门开展创建平安系列活动中被命名为“海宁平安创建单位”的市客运中心参加嘉兴市“平安客运汽车站”平安创建活动，市中宁运输有限责任公司和市大元公交运输有限责任公司参加嘉兴市“平安道路运输企业”的平安创建活动。吸取“6·5”成都公交车事故教训，海宁对全市所有客运车辆连夜进行车辆安全设备、车辆安全技术状况、宣传标识标志等方面的安全检查及专项整治，共检查车辆354辆，发现各类安全隐患79起，为此召开检查工作总结分析会议，制定解决方案。

同年，海宁市交通部门开展"安全生产年"深化隐患排查治理工作活动，并结合"三项行动"、"三项建设"进行隐患治理、行政执法、宣传教育。活动期间，市道路运输管理部门采取发动群众、全面摸底、加强联动、强化措施、疏堵结合等举措共查获无证车辆48辆，同时建立健全长效监管查处机制。

2009年，全市道路运输行业共发生行车事故142起(其中重大事故15起)，死亡22人，造成直接经济损失133.9万元。事故起数、死亡人数、直接经济损失等三项指标与2008年相比分别下降18.60%、1.04%、4.20%。

以"安全六项工程"为载体，稳步推进安全生产建设。2009将该项工作纳入对县所和直管企业的安全目标考核，分阶段、定职责、有重点，形成了上下各级齐抓共管、相关部门责任明确、兄弟单位交流学习的良好形势。安全车方面，2009年以前嘉兴市班线中原有全承载式客车27辆，2009年新增(更新)高速(快客)班线车11辆，使用全承载式客车11辆，新增(更新)高速(快客)班线100%使用全承载式客车，另外，正在报批的萧山机场线路拟投入3辆全承载式客车；安全带方面，2009年新增(更新)一、二、三类客运班线、高速(快客)班线、旅游(包车)客运车97辆，全部配置安全带，现全市共计637辆客车使用安全带，占客车总数的38.72%；安全员方面，协同交警部门，建立重点驾驶人监管名单，并向社会和道路运输企业公布。据统计，我市全年对营运驾驶员安全教育培训共累计69454人次，开展活动672次，首批列入重点监管名单的31人，企业解聘违反安全制度的38人；安全卡方面，在营运客车、危险品运输车辆上安装GPS或行车记录仪达到100%，所有客运企业、危险品运输企业均建立监控管理制度，监控记录管理人员共计138人；安全站方面，嘉兴市共有运管站10个，稽查站6个，其中高速公路稽查站2个，工作人员执法次数2805次，建立监控网络的二级以上客运站和稽查站有7个；安全仪方面，嘉兴市5个二级以上客运站，已向省局上报安装指纹识别仪计划，其中市本级汽车北站，已经与安装公司谈妥技术标准，进入实质性阶段。

截至2010年年末，全市道路运输行业共发生行车事故107起(其中重大事故20起)，死亡21人，造成直接经济损失113.04万元。全市营运客车发生省内重大行车事故9起。三项指标与2009年相比分别下降1.3%、1.04%、1.18%。

第四节 城乡公交管理

城乡公交管理它主要对城乡客运运力、运量、流向进行调查、分析、预测，制定城乡客运发展规划和客运站(场)布局规划，审批核定客运线路、站点、班次，核发经营线路标志牌，监督规范经营行为和营运秩序，负责突发事件客运运力调配的组织工作。

历史沿革

解放初期至1983年嘉兴公交管理都是企业自身管理。嘉兴市公共交通公司2003年5月前隶属于市城建委，2003年5月，嘉兴市公共交通公司划给嘉兴市嘉通投资集团有限责任公司。条线上由嘉兴市交通局管理。2004年10月，嘉兴市市政府发文明确由交通部门统一负责全市公交行业管理，从而实现了行业归口，理顺了管理体制。

2002年，嘉兴市政府把实施城乡道路客运公交化改造和提高农村班线通达率作为全年工作的重点，努力使城乡道路客运服务模式向公交化方向转变，进一步方便群众出行。下发了《嘉兴市城乡客运便捷化改造实施意见》，正式启动了农村班线公交化改造工作，各地结合当地实际，积极探索，努力实践，稳妥做好公交化改造的宣传、协调和改造工作，通过便捷化改造带动农村班线通达率的提高。经过全年努力，嘉兴至桐乡、海宁至盐官公交化改造取得了初步成效，嘉兴至余新、嘉兴至高照线公交化改造也即将推出。秀洲区运管所把班线改造和农村班线通达率紧密结合起来，行动快，成效明显。桐乡、嘉善、海盐、海宁结合乌镇、西塘、南北湖、盐官旅游景点的开发，积极探索公交化改造，在客运车辆和班线改造工作上加大力度，行业管理工作紧跟城市发展需要。

2003年，嘉兴市委、市政府把城乡公交一体化工作列为市政府的十件实事工程之一。为实现这项艰巨光荣的实事工程，嘉兴市公路运输管理处在制定年度工作计划时推出"大公交"理念，为城乡公交一体化工作顺利开展做好铺垫。在推进城乡公交一体化实事工程中，进一步解放思想、实事求是、与时俱进、构筑三级公交网络、冲破行业壁垒、做到体制创新、观念创新、经营模式创新，城乡公交一体化实事工程得以积极稳妥、有条不紊地推进。2003年城乡公交化改造为将原有普通农村客运班线和车辆顺利改造成城乡公交线路和运力，采取了兼并、线路置换、股份制、收购改造等形式，彻底改变原有承包或挂靠的经营方式，走集约化经营模式，提高组织化程度。

将嘉兴市本级原五家经营农村客运的经营单位通过

线路置换，将企业的经营范围按线路经营改为划区经营，确定了两家经营主体，即南湖旅行社和长运公司，将线路和运力资源存量较少的协通公司、南方旅行社、新塍服务部等三家公司成功置换到南湖旅行社和长运公司。

为顺利进行线路运力的改造，嘉兴市公路运输管理处会同秀洲区运管所、南湖旅行社、长运公司对西南片和城南片、东南片的各镇、村道路进行了全面普查。首先对已通农村班车的道路进行路程测量和站点摸底，并按公交化概念，对沿途人口相对集中的村庄、厂区、校区等都一一作了标注；其次是对上述三个片区进行了实地勘察，统筹分析片区的旅客流量、流向及结构与布局等实际情况，并根据道路状况，分别制定了《西南片区客运班线公交化改造方案》和《东南片、城南片公交化改造方案》，在进行充分讨论与论证的基础上，给予了同意批复。西南片和城南片、东南片分别已于9月1日、10月9日改造完毕并将城乡公交投入试运行。城北片区的改造正在实施阶段，年底前完成改造任务。

2003年，市本级已开通了13条城乡公交线路，投入了61辆公交车，其中32辆是新型公交车，全市共开通了22条城乡公交线路，投入车辆111辆，通达了21乡镇，170行政村，取得了一定的成效，城乡客运从形式和内容上都发生了根本性的改变，得到了群众的热烈欢迎。这项工作得到了市委、市政府的大力支持和肯定。海宁成功改造7条农村公交线路，辐射9个乡镇、90余个行政村，惠及25万余农民出行，交通部副部长冯正霖为此专门到海宁进行视察、给予了充分肯定。秀洲开通5条城乡公交线路、投入车辆22辆、惠及4个乡镇，36个行政村。其他各县(市、区)所也都紧锣密鼓的进行着改造工作。

2004年，嘉兴五县二区分别把城乡公交一体化工作列为当年政府的实事工程，出台相关政策，加大推进力度，二级、三级城乡公交网络改造全面铺开。全市一级公交网络全部开通，二三级公交网络深入推进，成效显著。海盐县成功开展了城乡公交经营权服务质量的招投标工作，按公平、合理、科学的评标原则，确定了经营单位，体现了“公开、公平、公正”的原则，确保了客运服务质量得到切实提高。经过多方的共同努力，嘉兴市公交管理体制得以理顺，城市公交已纳入交通部门管理，实现“交通一家管”，解决了多年来存在的体制问题，有利于进一步构筑三级公交网络，实现“大公交”，为城乡公交一体化的顺利开展提供了体制上的保障。

2004年以来，嘉兴国鸿汽运、海宁大元运输公司完成对原有运力收购，同时购买新高档次公交车辆投放，分别投入800多万元，组织形式上彻底改变了原有承包或挂靠的经营方式，走上了集约化经营模式，组织化程度明显提升。继市本级、海宁二级公交开通以后，海盐、平湖、嘉善也已基本完成，秀城区还实现了村村通公交。通过近2年努力，全市共开通城乡公交线路84条，其中一级城乡公交线路7条，二级53条，三级24条，投入城乡公交车辆468辆，城乡公交通达46个乡镇、508个行政村，受益农民超过160万。全市已建成179个港湾式停靠站，760招呼站点，让农民兄弟享受城市公共资源的成果，实现了城乡资源共享。

2005年，围绕全市村村通公交和全面构筑一体化三级城乡公交网络的目标，在对一级(跨县)、二级(城区至乡镇、街道)公交线路进行改造的同时，通过新开、延伸和调整线路等多种方法，努力沟通乡镇以下行政村的公交线路，有效完善了乡镇至行政村、行政村之间的三级公交网络，全市851个行政村实现了通公交，占全市行政村总数的89.39%。截至12月底，全市共开通城乡公交线路139条，一级公交线路14条，二级公交线路89条，三级公交线路36条，建成6个公交枢纽站、650个港湾式停靠站、2898个招呼站点。同时，着力解决了天凝镇至嘉兴的公交改造问题，开通了汽车北站至天凝公交线路。全市县与县之间公交网络也进一步健全，相继开通了海宁至海盐、南北湖至海宁和沈荡至海宁3条公交线路。

2005年，全市城乡公交一体化实现整体推进，海宁所继续在经营模式、车辆档次、站场建设等方面取得明显成效，公共服务综合能力较强；平湖所重点解决车辆挂靠问题，清退个体挂靠车辆，在体制上取得突破；桐乡所加大站场建设力度，新建港湾式停靠站106个、招呼站518个、回车场12个，为全面完成城乡公交改造奠定了坚实的基础。

2006年，全市开通城乡公交线路47条、新通达行政村51个，有力地健全和完善了城乡公交三级网络。截至2006年12月，全市累计开通城乡公交线路197条，投入车辆893辆，通达了全市的全部乡镇，有890个行政村通了公交，通达率由2005年的89%提高到了93.49%。特别是海宁所，公交通达率在年底达到了98.1%，创了历史新高，仍是全市城乡公交一体化的典范。2006年在坚持“站运一体、协调发展”的原则下，下达2006—2008年全市城乡公交站场建设目标任务，下发了《关于加快城乡公交站场建设的实施意见》，正式建立了城乡公交站场建设资金筹措和管养长效机制，明确了由省、市、县三级交通部门对城乡公交站场建设的补助标准，大大提高了地方建设公交站场的积极性和主动性。截至2006年年底，全市累计建成五级站19个、港湾式停靠站793个、终点站回车场63个、设置了 2808 对招呼站点。

2006 年，嘉兴市公交公司筹资 2000 万元新购高档空调公交车 80 辆，并开展了“让座爱心卡”活动，发放“让座爱心卡”1 万余张；海盐公交公司为方便金汇名仕居民出行，新增了招呼站；国鸿公交投入 6 万元对 40 辆城乡公交车上安装了语音报站器，积极营造了文明司乘的浓厚氛围，取得了良好的社会效果。

2007 年，全市全年新建、在建农村客运五级站 13 个、港湾式停靠站 270 个、招呼站 626 个，累计建成乡镇客运站 30 个、港湾式停靠站 1066 个、招呼站 3528 个、终点站回车场 68 个。另外，市区建成城市公交枢纽站 1 个(城东枢纽站)、占地 30 亩，新建停车保养场 2 个、占地 43 亩，累计建成枢纽站 2 个，建成停车保养场 4 个、占地 93 亩，建成港湾式停靠站 220 个。全市全年新开农村公交线路 36 条，投入 66 辆车，累计开通农村公交线路 233 条，投入车辆 959 辆，通达全市 940 个行政村中的 938 个，通达率达到 99.79%。其中，下辖五个县所行政村通达率均达到了 100%，平湖所率先实现了 100%的通达目标。为加快市区公共交通发展，改善市民出行条件，印发了《关于优先发展市区公共交通的实施意见》，明确提出了市区 2010 年公交的发展目标和基本框架，并从规划制定与实施、交通结构治理、站场及配套设施建设、公交市场规范、扶持政策的制定与实施、体制改革等六个方面入手，提出了优先发展市区公共交通的重要举措，具有较强的指导性和操作性。制订了《嘉兴市公共汽车客运管理办法(试行)》。明确将城市公交和农村公交纳入准公益性行业，统一规划、统一建设、统一政策、统一管理。编制了《嘉兴市市区近期公交线网优化方案》。为提高市区公交线网运行效率，结合《嘉兴市公共客运交通近期改善及公交优先规划》及枢纽站建设的进度，编制了《嘉兴市市区近期公交线网优化方案》，调整、新增线路 15 条，新增车辆 100 辆，以此改善老城区部分线网过密、重复系数过高的现状，增加部分新建城区线网覆盖范围，提高了火车站、汽车站、商业中心和行政中心等区域的公交运行效率。

2008 年，市本级建成区公交线网新增线路 7 条、调整线路 6 条、加密线路 24 条，市区公交车辆平均运行间隔时间缩短 2—8 分钟。新增公交运力 150 辆，公交 IC 卡票价实现 2 元降 1 元，仅此市财政每年要补助近千万元，社会效益显著。年末，市区公交分担率升至 15.05%。成功举办公交周及无车日活动，期间，全市私家、公务车辆使用率明显下降，充分体现了公交优先与绿色出行的优势。市本级城市公交行业开展了服务质量第三方测评，在全省尚属首次。

图 9-1-2 旅客乘坐公交车方便了

2008 年，全市新开通城乡公交线路 17 条，新增车辆 54 辆，累计开通城乡公交线路 250 条，投入车辆 1013 辆，全市 940 个行政村实现了“村村通公交”。同时，新建乡镇客运站 9 个、港湾式停靠站 326 个，全市累计建成 41 个乡镇客运站、1392 个港湾式停靠站、69 个回车场和 3643 个沿途简易(招呼)站。海宁所围绕“三个一”的目标(即：每个行政村不少于 1 个站点，公交站点候车距离不大于 1 公里，班次间隔不大于 1 小时)，优化设计公交线路 20 条，年内完成调整 7 条线路。嘉善、南湖区五级以上客运站实现覆盖全部乡镇。

2008 年，实施全市公交 IC 卡一卡通，多次协调并督促相关单位达成《嘉兴公交 IC 卡标准服务协议》，市本级、海宁、桐乡 3 地基本实现了公交一卡通。实现出租汽车硬件设备“三机合一”，实现出租汽车机打发票、IC 工作卡管理、市民一卡通、营运数据适时上传、72 小时循环录音等功能，投入正常使用。

2009 年 10 月 12 日，市区城乡公交运营体制改革工作正式启动，经过 40 天的共同努力和艰苦奋战，15 个片区、37 条线路、202 辆车的整车收购全部完成，收购国有线路已着手规范化运营，实行与城市公交相同的票价优惠政策。

2009 年，嘉兴市区公交线网进一步优化。调整 7 条线路、末班延时 21 条线路，充分体现了民生工程为民办实事的宗旨。另有市公交公司首批 200 辆车也购置完成。以“健康环保的步行和自行车交通”为主题举办了市区第二个“无车日”，并在当日新开通了 99 路中环环线公交线路，推出了 60 分钟内刷卡换乘 0.5 元的优惠政策。市区公交分担率上升至 18.25%，较 2008 年增加 3.2 个百分点，实现年初市政府民生工程提出 18%的目标。嘉兴市本级建成区新建公交港湾式停靠站 68 个、候车亭 133 个；新建乡镇客运站 3 个，港湾式候车亭 283 个，全市累计建成农村乡镇客运站 43 个，占全市总乡镇数 79.6%，港湾式停靠站 2166 个，终点回车场 69 个，站场配套设施建设逐步完善。

从全市来看，平湖、海盐推进力度比较大。

2009 年，公交一卡通实现嘉兴与杭州互通。在海宁、桐乡先后实现与市区互通、全市实现与杭州互通的基础上，目前起讫点均在市本级境内的城市、城乡公交均推广应用了 IC 卡系统，并实施了空调车刷卡 1 元、换乘 0.5 元的优惠政策。海宁在城市公交正常应用 IC 卡的基础上，于 12 月 1 日在市境内的所有城乡公交普及 IC 卡，首批有 156 台车载终端完成安装，这也是嘉兴市公交 IC 卡系统首次试水多票制。桐乡实现了城市公交 IC 卡的普及应用。至 2009 年年底，市区公交线路刷卡乘车比例达到 57.5%，超过民生工程提出的 40%目标。

2010 年，全市农村客运全部实现城乡公交一体化，累计开通城乡公交线路 284 条，投入车辆 1107 辆，其中一级公交线路 28 条，车辆 168 辆；二级公交线路 118 条，车辆 677 辆；三级公交线路 138 条，车辆 262 辆，全市 880 个行政村实现了“村村通公交”。

城乡公交一体化发展

加大财政扶持力度

2009 年税费改革前，嘉兴市区对城乡公交车辆的 50%~100%养路费和客运附加费予以免征。2010 年起，对集约化经营的城乡公交企业实行“三补一奖”的财政政策，即：政策性亏损政府全额补贴，新车购置费用通过三个 1/3 办法筹措(即对纳入市政府车辆购置计划的新购车辆费用由市财政、嘉通集团、公交企业各承担三分之一)，科技信息化改造政府补贴 12%，对企业增收按照年增收额的 50%标准进行奖励。2010 年对市区 220 辆城乡公交的财政补贴额达到 3900 万元，同时明确逐年增加机制。

推进资源城乡共享

合理布局公交线网，实现城乡资源共享。城乡公交一体化前，城乡公交是弱势群体，城市公交的场站、枢纽等基础设施无法使用，城乡的公交线路衔接也不紧密，换乘更是问题。通过城乡公交一体化改革，打破城乡二元分割体系，城乡公交与城市公交在线路布局上按照“衔接为主、并轨为辅、合理配置、方便换乘”的原则进行相互补充，共享始发枢纽站场、公交专用道、沿途停靠站等公共基础设施资源，实现了“零距离”换乘。

建立站场建设长效机制

嘉兴市建立了城乡客运站场建设机制，并制定了相应的建设计划和考核办法。2008 年底，全市 90%的镇已建成客运站。同时初步制定站场建设、管理和养护方案，成立国有场站公司负责城乡公交场站建、管、养工作，资金由政府足额补贴，不增加城乡公交运营企业负担。

图 9-1-3 公交车通到农村

积极落实便民惠民措施

一是科学优化城乡公交运行线路，实现全市村村通公交目标，形成了市到县、县到镇、镇到村三级网络半小时出行圈。建立完善市、县、镇三级换乘枢纽，做到一次换乘即可达到目的地。增加营运班次，实现早上 6 点、晚上 6 点有班次，高峰时最高 3 分钟发一班，偏远线路一天不少于 4 班。推广公交 IC 卡一卡通应用，市区、海宁两地已全面普及，并与杭州等城市公交 IC 卡实现互通，全市一级城乡公交实现刷卡互通。二是打造经济城乡公交。2009 年前嘉兴市已经取消城乡公交站务费。在城乡公交运价上，执行普通客车、空调客车每人每公里 0.12 元、0.16 元，和起步基价 1 元、2 元的运价政策，比原有农村客运班线票价平均每票下降了 1.67 元。2009 年市本级深化城乡公交运营体制改革后，市本级城乡公交实行一票制，由原来 3 元至 5 元直接降至 2 元，IC 卡刷卡减半，一小时内换乘再优惠 0.5 元，特殊人群票价减免，与城市公交票价完全一致，真正实现了城乡公交票价一元化。三是打造安全舒适城乡公交。嘉兴市城乡公交车高档车比例达到 90%，其中市区、海宁、桐乡等县市比例达到 100%，积极推广使用天然气公交车。同时，通过新增运力、修整农村道路、完善道路和安全设施、新增港湾式停靠站、普及基于 3G 技术的智能化公交调度系统等措施，为百姓提供安全、规范、舒适、方便的出行服务。

市本级公交管理

推进城乡公交一体化

嘉兴市区公交按照服务范围的不同，分为城市公交和城乡公交，城市公交在建成区范围内营运，主要服务城市内居民公交出行，城乡公交在建成区范围外的农村运营，主要服务农村百姓公交出行。

市区公交运营企业共有两家，分别为嘉兴市公交公司及嘉兴市国鸿汽车运输有限公司，均隶属于嘉通集团，属国资企业。其中市公交公司主营业务为城市公交；市国鸿汽车运输有限公司除城乡公交经营范围外，另外还承担客运站、长途班线客运、旅游、出租等业务经营，成为嘉兴市实力较强的传统客运企业。

图 9-1-4 交通部副部长冯正霖正在检查嘉兴公交工作

自2003年以来，根据中共十六届三中全会提出的“五个统筹”决定和嘉兴市委、市政府城乡一体化发展战略，我市在全省率先改革城乡客运管理模式，打破城市公交与农村客运二元分割局面，推进城乡公交一体化工程。2005年开始，嘉兴市进一步大力推进公交优先发展战略，顺利完成了一系列重大体制改革，建立了一整套扶持公交发展的政策和机制。一个真正意义上完全融合的城乡公交体系成为了现实。城乡共享、相互衔接、布局合理、方便快捷的客运公交网络已经成为城乡居民出行的主要方式之一，同时也成为提高交通资源利用效率，缓解交通拥堵的重要手段。

围绕“公交优先”发展的总体部署和要求，在市政府的统一领导下，主要建立了以下几个机制：

建立公交优先的推进机制 (1)建章立制。先后出台了《关于加快嘉兴市区公共交通发展的指导意见》和《嘉兴市优先发展市区公共交通的实施意见》，成为指导嘉兴市行业发展的重要文件。(2)科学规划。2007年嘉兴市专门编制了《嘉兴市公共客运交通近期改善及公交优先规划》，为实际工作提供了科学指导。(3)政府重视。自2007年以来，市政府高度重视公交发展，连续五年将“公交优先”列为市区“十大民生工程”项目。(4)建立机构。专门设立嘉兴市公共交通管理处，与嘉兴市公路运输管理处合署办公，实行二块牌子一套班子，负责全市公共交通的规划、建设、管理等职能。

建立公交优先的运营机制 (1)完成公交体制改革。2009年，为进一步消除市区城市公交、城乡公交之间二元分割的不均等服务，市政府合力攻坚，完成了市区城乡公交运营体制改革，市财政总投资7200万左右，市区15个片区37条线路共202辆个体挂靠的公交车全部退出经营，由国有公交公司正式接手运营，实现了国有主导、集约经营、公益服务的公交运营模式。(2)基本理顺站场建设管养机制。公交站场主要分为停车保养场、公交枢纽站、港湾式停靠站及乡镇客运站。停车保养场由公交企业自主承建；公交枢纽站由国有独资的站场经营管理公司负责建设，并承担日常经营管理和维护；市区建成区港湾式停靠站和候车亭由道路建设或管养主体负责配建或补建，由站场经营管理公司负责管养，农村公交港湾式停靠站和候车亭的建设和管养由当地交通部门负责；乡镇客运站由两区交通局负责牵头，乡镇政府具体落实建设。(3)建立公交服务质量考核体系。2008年出台了《嘉兴市公交客运服务质量考核办法》，在全省首次创新性的引入第三方测评模式对城市公交实施服务质量考核，并将考核结果与财政补贴额度挂钩，有效促进了企业运营效率和服务质量的提升。

建立公交优先的便民服务机制 (1)城乡衔接、资源共享。在资源配置上打破城乡二元分割，对始发站场、城市部分道路及沿站点等公共基础设施资源共享，大大方便了老百姓进城返乡。(2)改革站务，降低成本。一是在原有客运站始发的基础上，增加城乡公交车辆站外始发，与城市公交实现零距离换乘；二是开通城乡公交绿色通道，取消了原有农村客运每票1元的站务费，最大程度满足了市民“快捷、方便、价廉”的乘车需求。(3)票价统一，凸显公益。实行一票制，由原来3元至5元直接降至2元，IC卡刷卡再减半，一小时内换乘再优惠0.5元，老年人、残疾人、军人、学生等特殊人群票价减免，城市居民与城乡居民享受到了均等化的公共交通服务。(4)科技投入，公交先行。2008年9月，市区实行了刷卡降价优惠政策，2009年实行刷卡换乘半价政策，通过以上等政策，公交IC卡发卡量达到急剧攀升，到2010年年底，市本级发卡量已超过70万张，市区城市公交线路刷卡乘车比例超过65%。

建立公交优先的政策保障机制 (1)政府财政补贴力度加大。2004年至2009年，市财政给予城市公交的补贴分别为284.1万、344.8万、1123万、1568万、3001万、3774万元，呈现年年快速提增势头。2010年，为适应公交行业发展的新形势，财政和交通部门经研究并报请市政府同意后，确定了新的公交补贴政策，补贴采取“三补一奖”的方式，即指对政策性亏损、新购车辆和公交科技建设实行财政补贴，对公交企业实行“核定基数，增收奖励”，新政还明确了对公交行业的补贴资金分担机制，对补贴资金实行市与区分担机制。据估算，按照新的补贴政策，2010年、2011

年财政给予城市公交、城乡公交的补贴额将分别达到1.11亿元和1.15亿元。(2)出台城乡公交车辆乘员核定标准。嘉兴市内公交车辆按0.125平方米/人核定，城乡公交车辆按0.15平方米/人核定，基本做到了城乡客运一体，较好解决了客流高峰运力不足的问题，提高了企业改造的积极性。截至2010年年底，市区共有城市公交线路69条，车辆715辆，万人公交车拥有量12.4标台，公交线路总长度778公里，营运线网长度299公里，线网密度2.6公里/平方公里，线路平均发车密度9~11分钟，日均客运量达20万人次，出行分担率达20.08%。截至2010年年底，市区城乡公交共有车辆222辆，车辆核载总人数11632人，其中高档车比例达100%；线路共计50条；运营线路总里程达772公里，线网总里程达482公里；公交站点1300余个，其中港湾式停靠站132个；线路平均站距0.7公里；日发班次1496班；日均客运量5.3万人次。

城乡公交经营改革

嘉兴市自2009年10月12日启动市区城乡公交运营体制改革工作，市区15个片区37条线路共202辆个体挂靠的公交车全部退出经营，由国有公交公司正式接手运营，实现了国有主导、集约经营、公益服务的公交运营模式，彻底改变以前个体挂靠以追求经济利益最大化为重、不规范经营的局面。2010年，全市累计建成乡镇客运站47个，港湾式停靠站2655个，累计开通城乡公交线路256条，投入车辆1219辆，全市行政村公交通达率100%。

图9-1-5　南湖旅行社的公交车辆

改革实施

1.认真调研，酝酿方案。自2008年以来，嘉兴市交通部门就组成专门班子开展对市区城乡公交行业的调研，赴余杭等地学习取经，多次深入改革涉及的南湖旅行社和嘉兴长运两家企业调研，多次召开城乡公交经营业主代表座谈会，听取呼声和意见；组织力量开展对37条线路、202辆车辆和640余名经营车主的各类基础信息的排摸和调查工作；在充分调研的基础上，研究制定改革工作方案，并邀请人大代表、政协委员召开市区城乡公交行业恳谈会，在报纸、电视台进行大力宣传报道，开展社会大讨论，听取社会对城乡公交行业改革的意见建议，多次对工作方案进行修改完善。

2.精心组织，周密部署。为顺利推进公交改革，确保工作顺利推进，成立了由市政府分管领导任组长，南湖区、秀洲区政府，经济开发区、市交通、公安、宣传、政法、信访、司法、国资、财政、劳动、审计等部门和单位组成的城乡公交运营体制改革工作领导小组，并成立资源整合组、宣传发动组、信访接待组和社会稳定组等工作机构，实行人员集中办公制度。领导小组办公室设在市交通局，局长担任领导小组副组长兼领导小组办公室主任。

3.严格政策，过细工作。由于改革工作涉及到2家民营企业、202辆公交车辆、640多名挂靠经营车主，涉及利益调整的群体较大，社会维稳任务艰巨，改革难度较大。改革工作领导小组高度重视，一方面坚决执行市委、市政府确定的改革政策，严格掌握好公交车辆收购的政策原则，不额外增加市财政和国有企业的收购成本负担；另一方面通过广泛的政策宣传、深入的思想引导工作，主动与经营车主进行深入的沟通。工作组依靠当地区政府、乡镇、街道、社区，动员政法、公安、信访等多方面的力量，以片区为单位，对37条线路、202辆车辆采取逐条线路、逐个车辆开展工作，取得车主的理解和支持。

4.以人为本，妥善安置。提早谋划，出台政策，由交通与劳动、社保等部门制定对原司乘人员的经济补偿政策，由交通、劳动联合组织2场司乘人员专场招聘会，推荐就业岗位，安排就业，同时由国有公交企业推出驾驶员、收银员等岗位，优先对原司乘人员进行招聘录用，妥善解决原公交岗位司乘人员的就业问题。

5.改善服务，提高质量。(1)降低票价，实现城乡一体。(2)优化线网，合理布局。(3)完善公交站场设施。(4)增加公交运力，加密公交班次。

6.完善机制，加强管理。嘉兴市交通部门为加强对企业、车辆、人员的行业管理，强化对司乘人员的经营行为规范，将引入市民满意度测评机制，完善对公交的考核机制，着重对车辆的运行安全、班次准点、按站停靠和清洁卫生，对司乘人员的服务态度、文明用语、操作规范等进行培训教育，提高公交的服务质量。强化企业经营管理，加强企业内部绩效考核，抓好企业成本控制，按现代企业管理制度规范企业的经营行为。

改革目标

城乡公交实行改革后，由国有企业—嘉兴市国鸿汽车运输有限公司经营市区城乡公交，与城市公交经营企业—嘉兴公共交通公司，同属于国有集团公司—嘉兴市交通投资集团有限公司的子公司，城市公交与城乡公交的线网布局实现统一，线路资源得到最优化的整合利用。

图 9-1-6 嘉兴城郊公交车辆

城乡公交改革后，票价实行与城市公交的统一，享受城市公交同等票价待遇，实行一票制，由原来3元至5元直接降至2元，IC卡刷卡再减半，一小时内换乘再优惠0.5元，老年人、残疾人、军人、学生等特殊人群票价减免，大大减轻百姓出行负担。

城乡公交改革后，嘉兴市交通部门将公交站点由原先的506个增加到641个，平均站距由原来的1.22千米缩短至0.97千米，通过加密站点、增加班次密度、缩短班次间隔、提高班次准点率、改善车辆车况车貌，提升服务质量和改变服务态度等举措，使公交出行受到越来越多百姓的欢迎，也使越来越多的百姓放弃摩托车、电动车其他交通工具选择公交出行，客流量上升了10%以上，使农村居民早上进城、晚上回乡更加方便。

各县市公交管理

桐乡市公交管理

完成公交与高铁的对接，开通5条公交专线，投入20辆公交车，方便市民乘坐高铁。公交运营体制改革有了新突破。45辆租赁城市公交已被全部收回，并实施了公车公营。与吴江对接的毗邻班线在收归国有的基础上进行公交化改造。濮院镇公交完成集约化改造，由汽车运输公司经营，纳入城乡公交统一规划管理。对二级公交经营年限到期后处置问题，经市长办公会议研究，作出了明确决定，将其经营年限统一延长至2013年6月30日，对使用满6年的车辆进行更新，已完成更新50辆。由于高桥线要求政府收购经营权，着手开展线路营收状况等基础数据的摸底调研，准备逐步对挂靠经营的线路实施收购，推进公交体制改革。城市公交服务能力得到较快提升。城市公交规划通过论证，向市民公示，已获市政府批准。城市公交方面单独成立公交公司，新购70辆大巴，并对31辆旧车进行了更新，新增39辆，大大提升了公交车形象。在7月1日新推出了4条线路的城市公交夜班车。并快速推进公交智能化建设，对更新、新增的城市公交车辆全部安装GPS、3G视频监控、语音报站系统，城乡三级公交也已全部完成GPS、3G视频监控系统安装和调试工作。

海宁公交管理

1989年后，海宁境内的农村道路客运多年处于粗放型、低层次状态。直至2002年，境内12条班线虽然进入运输公司，但95辆中巴车中产权、经营权属于运输公司的仅有21辆，将近80%的班线车以挂靠、承包、租赁、“一车一主”经营方式出现在农村客运市场。由于经营主体多、散、小、乱导致运力失衡，车辆使用效率不高，结构单一，车型档次低，私下“炒卖”经营权，营运中宰客、卖客、甩客的“三客”违章现象也屡禁不止，致使客运市场难于规范健康发展。

为适应道路客运业网络化、便捷化、城乡公交一体化发展要求，海宁交通运输管理部门组织人员深入13个乡镇200多个行政村进行实地调研，察看和了解村镇道路建设和经济发展状况，并以问卷座谈形式进行调查摸底，形成《海宁市农村客运公交改造实施意见》，提出农村客运公交改造的具体方法、步骤和要求，制定出《海宁市便捷巴士形象标准》和《海宁市便捷巴士服务标准》。

2003年年初，先对海宁—盐官班线进行便捷化试点改造，然后以点促面，先后开通7条城乡公交线路，线路辐射到9个镇、90个行政村。同年，市交通局以贯彻《浙江省道路旅客运输经营权有期限使用管理暂行办法》为契机，下发《海宁市2003年境内到期客运线路经营权配置意见》和《海宁市境内现有客运班线城乡公交一体改造及经营权配置实施办法》，明确2003年6月30日前到期的境内客运线路经营权届时全部无条件退出，重新以服务质量评议面向全市四级资质以上客运企业择优配置，鼓励企业收购、兼并、参股。同时，按照质量服务招投标方法，对申请企业经营能力、运营计划、财务计划、服务承诺等由市监察局全程监督，在公平、公正、公开基础上，聘请专家进行评议打分，确定配置改造企业，按计划于2005年年底完成分期改造，改造后核定线路经营年限，明确企业经营期满后退出客运市场，进入新一轮线路招标程序。考虑到原经营权到期车辆实际产权构成比较复杂及其车辆剩余价值，具体实施时采取三项处理政策，即车辆产权属企业的由企业自行解决车辆出路；车辆产权属个人的可通过协商收购、参股方式解决车辆出路；允许以原经营方式挂靠配置企业继续营运直至车辆报废或车辆经营期限到期。

2004年，海宁以构建农村客运网络、实现城乡一体化为目标，推进城乡公交一体化工作。10月底，全市已开通城乡公交线路15条，形成以硖石、盐官为中心，辐射7个镇、4个街道、110个行政村的农村客运公交网络。同年10月2日，海宁第一条跨县城乡公交线路海宁至嘉兴班线开通，双方单位按照集约化经营、公交化运营、员工化管理模式操作经营。

2006年，为实现行政村公交通达率100%的目标，对路网不发达的行政村道路及通车情况进行调研。同时，建立公交考核机制，通过资料核查、现场抽查、问卷调查等形式，对全市公交客运经营的组织管理、服务质量、安全生产、经营行为及有关情况进行量化综合考评，根据考核情况对公交企业上缴的营业税、企业所得税中地方财政留成部分按比例对公交企业进行补助奖励，并对新购用于公交客运的车辆给予补助。次年，在海宁客运中心启用前，多次组织交警、城管、规划、公交公司等部门召开线路调整论证会，着重有利于城乡结合部市内公交与便捷客运线路资源互补，新开或调整、延伸部分线路，线路覆盖面进一步拓展、网站点更加合理，为公众出行提供更多、更快、更好的服务。调整计划达成一致意见后报市政府同意实施。

为促进全市公交行业的健康发展，确实改善人民群众出行条件，2008年年初对全市所有公交线路进行调研和作出梳理，通过反复论证，编制《海宁市城乡公交近期规划》，明确此后几年海宁城市公交发展目标和任务。同年，根据《嘉兴市公共汽车客运管理办法（试行）实施意见》，于7月份完成公交行业统一整合，境内城乡公交及市内公交全部纳入道路运输管理，对所有公交车辆按要求配发道路运输证，车辆实行定期维护；通过组织培训，公交车驾驶员均持从业资格证上岗。同年，“公交便捷工程”被列为政府实事工程。

2009年年初，开通盐仓至临平、长安至临平2条城际公交线路，并与杭州公交公司及杭州城际公交公司加强联系，争取开通海宁西部至杭州方向城际公交线路。同年，对公交车延长开行时间进行调研，城市公交则重点排解居民区与商业中心之间的群众夜间乘车难题；城乡公交以城乡居民上下班时间作为营运时间设置的参考依据，分批将13条城市公交和城乡公交实行夏季作业计划，并按实际情况适当调整部分线路末班时间。为优化市内公交线网布局，根据海宁城市建设发展规划及公交客流动态现状，聘请长安大学专业机构对市内公交线路进行优化设计。通过数据采集，提出线路方案，广泛征询意见，逐年进行优化完善。

同年，市交通局、市财政局成立考核小组，对公交企业进行公交服务质量考核。通过调阅资料、实地查看及现场问卷调查等方式对企业组织管理、服务质量、安全生产、经营行为等情况进行评审。

2010年上半年，通过和长安大学合作，在对海宁市城市公交线网作了优化研究的基础上，提出的城市公交的优化方案于4月底通过媒体向社会征求意见，在反复完善后于8月下旬实施了15年来桐乡市城市公交线网的首次大规模调整：新增1条公交线，调整6条公交线，形成较明确的城市公交网络层次结构，在满足城市客流需求的基础上，提高公交的运输效率，整个调整过程比较平衡。

同时，根据城乡客运市场及农村道路的现状，优化完善了公交线网。年初，城乡公交提前实现了“三个一”的目标（每个行政村不少于1个站点，行政村到公交站点候车距离不大于1公里，班次间隔不大于1小时），较大限度地满足了老百姓的出行需求。东方学院开学前后，制定了《东方学院及长安片区道路客运组织专项实施方案》，通过与杭州公交集团对接，新开通K868专线（东方学院至下沙财经学院）、K81（东方学院至汽车西站），调整原K868（长安至九堡客运中心）线路经过东方学院。海宁汽车西站启用后，实施了西片市域公交线网布局的优化调整工作，使整个连杭经济开发区内的公交网络更加完善。

高铁海宁西站开通后，交通管理部门和公交公司多次前往实地调研，观察客流情况，制定出《高铁海宁西站配套公交方案》，以求改进完善进出海宁西站的公交配套设施。优化公交站台设置，配备“公交导乘牌”，引导旅客进站。开通T311（长安至高铁海宁西站）、T315（家纺城至高铁海宁西站）、T222（皮革城至高铁海宁西站）公交车，为适应铁路客流不匀、单班运能大、运行时间长的的特点，备足运力及时加班，公交运行时间晚至23点。

海盐县公交管理

2003年，为促进城乡一体化进程，嘉兴交通以城乡公交一体化为抓手，积极推动城乡交通改革。同年10月1日，海盐县首条城乡公交一体化线路正式开通。该班线自海盐县城至六里集镇及南北湖风景区，全长22公里，沿秦山大道和老沪杭公路两线行驶，按双向设置停靠站点55个，由海盐县云龙运输有限公司等3家交通系统股份制企业共同投放公交车18辆加入营运。首尾班车时间为早晚6点，每隔10分钟一班，票价定2元、3元、4元三档。

2004年，“城乡公交一体化”列为县政府八大实事工程之一，《海盐县城乡客运公交（2004—2020）规划》出台，确定实施定线、定点、定班、定时、定价和经营集约化、线路网络化、出行便捷化、乘坐舒适化，以及统一车型、统一标识、统一服务标准这“五定、四化、三统一”的城乡公交一体化战略。同年，24 个港湾式停靠站和 140 个公交站牌相继建成，公交经营单位通过市场化运作、实施服务质量招投标方式确定，全县城乡公交改造共投入资金 650 万元。同年 8 月 1 日，全长 47 公里的海盐至嘉兴一级城乡公交线改造完成，正式营运；海盐汽车站并开设城乡公交专用通道，乘客直接上车购票，全程票价 8 元，比公交改造前下降 1.5 元。10 月 21 日，海盐—于城—沈荡、海盐—齐家—沈荡、海盐至西塘桥公交线路开通；11 月 30 日上午，海盐至通元镇和横港、石泉集镇 3 条城乡公交线路同时正式开通，标志着海盐县“镇镇通公交”目标顺利实现。

2005 年，海盐城乡公交新开通海盐至海宁、西塘至海宁、南北湖至海宁 3 条一级线路；完成了 2 条城市公交、1 条二级城乡公交的调整和延伸。年内还建成 1 个准四级站(南北湖站)、20 个港湾式停靠站、88 个招呼点，进一步完善了城乡公交基础设施。同年，海盐交通部门、教育部门及公交公司还经过协商，决定依托城乡公交的便捷性，通过公司让利一点、政府补贴一点、教师承担一点的方式，实行教师队伍公交月票制，从 6 月 1 日开始，全县乡镇教师可凭“乘车卡”乘坐任何一辆城乡公交车。

至 2007 年年底，全县开通城乡公交线 23 条，投放公交车 63 辆。其中一级城乡公交(跨县)10 路，28 辆公交车；二级城乡公交(通镇)12 路，34 辆公交车；三级城乡公交(村到村)1 路，1 辆公交车。全县通公交的行政村总数为 104 个，通达率为 100%，实现了城乡公交“村村通公交”的目标，直接受益农村居民达 28.5 万余人。经过四年多的城乡公交化改造实践和推动，一个与小康社会建设目标相适应的海盐农村客运网络已初步建立，凸现了城乡公交一体化方便、快捷、安全、实惠的优点，在海盐客运体系“新构”中显示了突出的作用，其当年完成的客运量占全县班车客运量的 75%左右。

为推进城乡公交一体化，深化公交体制改革，完成《关于海盐交通站场建设和公交经营管理机制改革若干问题的调查》，拟定《海盐县人民政府关于公交运营体制改革的实施意见》和《海盐县公交运营体制改革工作方案》，及时开展收购测算，并完成公交规划初稿，为海盐县公交发展规划蓝图。还及时制定突发事件运力保障预案，以确保改革期间行业经营秩序的平稳有序。11 月 30 日，海盐县公交运营体制改革迈出坚实的第一步——海盐公交运营体制改革签约仪式顺利举行，海盐交通投资集团有限公司下属海盐鸿远交通站场经营有限公司全面收购在嘉兴市范围内经营的 53 辆城市公交和 67 辆城乡公交班车，为全面实施公司化、集约化经营打下基础。

截至 2010 年年底，海盐县拥有城市公交线路 5 条，线路里程 40 公里；城乡公交线路 23 条，线路里程 627.5 公里。投放城市公交车 53 辆、城乡公交车 67 辆。

平湖市公交管理

1991 年 5 月 30 日，平湖新汽车站启用，6 月 15 日，平湖撤县设市。6 月 30 日，由市汽运公司在市区投放中型客车(35 座/辆)2 辆，首次开通 4 条公交线路，营运总长度 29.8 公里，票价为起站 0.1 元，每站 0.05，以角累进。因当时道路条件、管理措施、经营理念等影响，半年后停止营运。

1995 年 3 月 13 日，市汽运有限公司组建平湖市汽车运输有限公司城市公共交通分公司（简称“市公交分公司”），负责平湖市区城市公交的营运管理。5 月至 10 月，市汽运有限公司两次共投放 50 辆小公交车，开通 8 条公交线路，采取租赁模式，经营方式为招手即停，票价为每人 1 元。10 月 20 日，市政府办公室下发《平湖市城市公共客运交通管理暂行办法》，把城市公交营运真正纳入政府管理。1997 年 9 月，市汽运有限公司又在乍浦镇投放 18 辆长安面包车，开通城市小公交，营运线路 1 条。1999 年 6 月，市汽运有限公司又在平湖市区投放 18 辆长安面包车，市区小公交车辆数达到 68 辆。

随着城市规模的不断扩大，加之市民的乘车需求越来越高，大部分经营者在经济利益驱动下，串线营运、超区域营运、招手不停和随意乱停车等违规现象突出，经营陷入危机。2000 年 5 月开始，小公交车陆续收回公司进行报废，2002 年 6 月 30 日平湖市区最后一辆小公交办理停运报废手续，2003 年年末，乍浦镇小公交车全部停止营运，至此小公交车全部退出公交营运。

2001 年 7 月 12 日，平湖市公交公司注册成立，注册资金 50 万元。7 月 20 日，市区开始了定线路、定站点、定时间规范化经营模式，公交 1 路线正式开通，投放 10 辆中巴公交车试营运。此后，市公交公司又先后开通了市区 2 路、3 路、4 路、5 路、6 路、7 路。2005 年 3 月，市汽车客运南站启用，相继又开通 9 路、10 路公交线路，投放 8 辆 24/45 座空调大客公交车。

2003 年 8 月 19 日，嘉兴港区社会发展局、乍浦镇人民政府召开城市公交营运协调会，会议同意由天龙汽运有限公司出资组建嘉兴市港区天龙城市公共交通有限公司(简称：港区公交公司)。9 月 18 日，市汽运有限公司投放 13 辆中巴公交车，开通乍浦镇公交 1 路、2 路。2004 年 1 月至 8 月，又先后开通乍浦镇公交 3 路、5 路。2005 年 8 月，港区公交公司又调整公交营运线路，乍浦镇 11 个村，村村通了公交车。

2010年，积极推进城乡公交一体化，促成政府出台《平湖市人民政府关于进一步深化城乡公交一体化工作的实施意见》，明确城市公交、城乡公交补贴政策。

城市公交调整公交线路3条，开通接送专线1条。今年市委市政府将提升城市公交服务水平列入了2010年百姓民生工程。城市公交在运营管理上，投入资金50多万元，完成公交GPS智能调度系统和自动语音报站系统；投入资金150多万元，完成公交IC卡一卡通民生工程；投入资金300多万元，完成公交站牌、候车亭改造；投入资金700多万元，完成多条公交线路车辆更新。在线路布局上，配合东湖中学新校区、行政服务中心启用，调整了公交2路、3路、9路走向；配合开发区职工上下班接送，开通了职工公寓至芝浦公司接送专线。

城乡公交调整线路走向1条，新开城乡公交线路1条。根据新埭镇政府和沿线群众的要求，开展新埭至大通城乡公交班车的线路走向优化调研，完成沿途22个临时停靠站建设，于5月份实施调整；根据独山港镇群众要求，11月12日开通全塘至黄姑城乡公交班车。

加强财政投入，推进站场建设，新的平湖市客运中心已于9月28日开始动工建设，新汽车客运中心选址位于当湖街道新华南路延伸段与南环路交叉口西北侧地块，路网通畅，项目用地120亩，规划总建筑面积25276平方米，按一级客运站标准建设，设计日发送旅客1万~2.5万人次。城乡公交总站实施整体搬迁，广陈站(五级)主体建设基本竣工，完成新建(改建)乍浦镇天妃路、雅山路9对18个港湾式停靠站。

此外，由平湖、海盐、海宁三家客运公司新组建的嘉兴杭州湾客运有限公司于11月13日正式揭牌开业，新组建的公司第一条新安江班线于11月20日正式开通。此次新组建的嘉兴杭州湾客运公司将平湖、海盐与海宁三地区的客运资源进行优化整合，集中力量投放一条班线，实行节点运输，逐步提高班线上座率，有效减少资源浪费。

2010年，根据平湖市交通局有关油价补贴资金分配方案，城市公交每标台补贴16690.48元，补贴总额为161.23万元；一、二、三级城乡公交根据油耗分大车和小车(大小车油耗比按4:3计算)，大车每辆补贴16787.90元，小车每辆补贴12590.92元，补贴总额为201.21万元。

嘉善县公交管理

嘉善县于2004年10日起全面开展城乡公交一体化工作，嘉善县交通局成立城乡公交一体化改造领导小组，领导全县城乡公交一体化改造工作，下设办公室，办公室设在嘉善县公路运输管理所内。按照嘉善县人民政府提出的城乡公交一体化目标要求在调查摸底、先行试点和广泛征求意见的基础上制订《嘉善县城乡公交一体化实施细则》。在实施城乡公交一体化的进程中，积极探索，研究制定了一些改革政策措施和方案。

组织实施 为推进城乡公交改革，专门成立改革领导小组，对全县城乡公交经营现状进行分析，研究制定改革方案，对现有客运班车制订了四种改造模式，即：公司收购模式、股份制改造模式、继续经营模式、公司自行改造模式。对改造后的公交车辆实行规费减免政策。根据嘉善县客运线路走向、运力结构复杂、经营主体多等待点，提出了公交线路改造采取；先易后难、稳步推进、平稳过渡的改造原则，确保改造工作顺利进行。在城乡公交改造工作中，先行对嘉善—嘉兴(一级)、嘉善—大云(二级)、嘉善—大通(二级)、陶庄镇西浒村—大金村(三级)公交线路进行试点改造、为今后的城乡公交发展打下了坚实的基础。至2007年底改造开通城乡公交线路42条，其中：一级公交线路4条，投放空调公交车17辆，客位569座；二级公交线路19条，投放车辆120辆，客位3253座；三级公交线路19条，投放车辆21辆，客位357座。建成“港湾式”停靠站187个。全县162个行政村开通公交车，通村率达100%。

图9-1-7 公交车开到家门口

改革目标 优化城乡公交线路及站场建设情况。一是进一步优化完善城乡公交线网布局。今年年初通过对全县乡镇的走访，对现有城乡公交线路的调查与排摸，形成了今年城乡公交线路优化方案，随着新客运中心的启用和高铁的开通，全县城乡、城市公交线路有了较大调整。今年新开辟的公交线路有3条，延伸7条，优化11条。更新、新增36辆客车(其中：23辆大型空调型公交车、12辆大中型普通客车)。至12月底全县累计开通城乡公交线路44条、投入车辆176辆(一级公交4条车辆17辆；二级公交21条，车辆134辆；三级公交19条，车辆25辆)，城市公交线路14条，投入车辆75辆。二是加快推进城乡公交站场

建设情况。(1)嘉善客运中心迁建工程。自2008年8月28日正式开工建设以来到2010年4月底，已基本建成，并于5月1日投入试运营。(2)港湾式停靠站建设。在全县已建187只湾式停靠站的基础上，2009年又新建131只港湾式停靠站：第一批60只(平黎公路嘉善段32只、申嘉湖洪溪连接线10只、申嘉湖姚庄连接线18只)；第二批又投资165万元新建33只港湾式停靠站(兴善公路13只、魏俞公路14只、沪杭高速连接线6只；第三批38只(善新公路16只、陶芦公路4只、丁枫公路2只、西丁公路16只)港湾式停靠站已通过相关部门的联合踏勘。在原来的基础上又新建了81只，到目前为止嘉善县共建港湾式停靠站399只。根据站场建设实行分级管理，县局负责一、二级公路上的港湾式停靠站建设和管理(就是以上三批的建设)。前段时间交通局召开各乡镇(街道)港湾式停靠站建设会议，明确通村公交港湾式停靠站由各乡镇政府负责建设和管理，对2009年及以后新建的补贴每只2万元，由于这补贴资金的推动，各乡镇(街道)积极性很高，建设项目都已上报。三是全面提升客运公交网络的若干措施。(1)努力改善和提升公交服务质量。要求企业建立规范科学的内部管理制度，建立准点守时、规范营运、安全生产、文明服务、车容车貌等自律机制，定期开展各项工作检查，及时改进不足，为市民乘车提供优质服务；要求制订有关改进改善服务的具体措施，落实专门人员，具体实施对公交企业的监督，督促企业搞好公交管理，落实各项服务措施；(2)调整公交线网，提高公交覆盖率。按照《城乡公交一体化改造方案》要求，通过对现有线路长度、走向、停靠站点、发班密度的调整，减少线路重复，增加公交覆盖半径，缩短乘客中转换乘时间，提高线网运行效率，最大程度地满足城市发展和市民出行增加的需求。按照中央油价分配精神，及时完成油价补贴相关工作。并拟定了2010年油价补贴的分配方案(城市公交补贴资金142.9万元、农村客运补贴资金169.56万元)。其中农村客运按照一级公交、二级公交、三级公交，县内班车＝1:1:1:1的分配比例及按公交车辆的油耗大、小车平均比4:3计算，大车每辆补1.2759万元，小车每辆补0.9572万元。

第五节 出租汽车管理

出租汽车服务于城市或区域性的道路上，直观地反映一个城市或地区文明服务的形象和质量，因此，为维护旅客和经营者的合法权益，塑造城市文明窗口，必须加强对出租汽车行业的监督管理。

嘉兴市出租汽车管理起始于20世纪80年代末90年代初。1993年6月，为加强出租汽车客运管理，不断提高客运服务质量，使出租汽车客运服务工作逐步向标准化、规范化发展，嘉兴市公路运输管理处印发了《中华人民共和国交通部出租汽车客运服务规范(试行)》。

1995年10月1日起，在嘉兴市运管部门的大力支持下，以李家骏、陆家栋、傅显龙、张杭兴等为首的30辆出租汽车经营者自发组织，在嘉兴市区实行一价制(7元)，进行流动经营，这标志着嘉兴市的市区“打的市场”正式起动。

1995年，嘉兴市各县市公路运输管理所认真开展客运车辆司乘人员的上岗培训工作，全市参加培训的司乘人员1901人。嘉兴市运管处对嘉兴市区出租车实行按经营区域划分三个片组进行管理；对定线客运，依托客运南站、西站分成10个片组实行管理。

1996年5月2日，嘉兴市政府转发了“市交通局、公安局关于对客运机动车实行总量控制的意见”，依据道路运输开业审批管理有关规定，及时吸纳符合资质条件的经营业户，加入出租车公司，上半年组建了出租汽车公司，对有条件的个体出租汽车实行统一管理，规范经营，共审批汽运总公司、二运公司、保安公司、郊区客运公司和南湖旅游开发公司等5家出租车公司，建立了二级管理模式，除了原有5家经营单位外，嘉兴城郊区还发展了三家客运出租经营单位，并按计划吸纳180辆自由分散车辆，对他们实施有效管理。到1996年年底，嘉兴市区有8家客运出租车经营单位，出租车总数达223辆，与255辆个体出租汽车相比，国有集体和个体经济成份约各占一半。1996年对出租车从业人员举办各种形式的培训班，全市1996年行业培训举办17期，参训人数达1200余人次，进行上岗培训，对合格者发放上岗证，不断完善客运出租汽车标志和车辆内部设施，以规范有证经营行为，来净化市区出租车市场经营环境。

1996年8月1日起至1996年11月10日，在全市出租汽车客运行业开展“爱浙江、爱交通、做文明服务使者、树南湖儿女形象”的百日竞赛活动，通过报刊、电台、电视台等新闻媒介及张挂横幅等形式，向社会进行广泛宣传，使之家喻户晓，人人皆知。对全市478辆出租车进行车容车貌检查，做到3个统一(即统一出租车顶灯、统一安装计价器、统一在车门喷刷单位经营者名称)。各县(市、区)还统一了票价，为合法经营者提供了良好的竞赛环境。

针对当时嘉兴、桐乡线中巴客车出现的“卖客”违章行为，根据省交通厅《关于整顿道路客运市场秩序实施意见的通知》精神，结合嘉兴、桐乡线经营秩序的一些问题，嘉兴市运管处会同桐乡运管所、嘉兴客运站和桐乡客运站采取了调整嘉兴、桐乡线路，撤销中途终点线，双方进站上下客的办法，克服纠正途中转载而出现“卖客”的不良现象。

为进一步规范嘉兴市出租车市场，确保客运出租车行业正常营运秩序，创建一个公开、公平、有序竞争的出租车市场，经常性对无证经营、违章经营加大了查处力度，除日常的现场稽查外，还采取组织全处人员突击查处，灵活运用明查与暗查相结合，白天查与夜间查相穿插，分点查与联合查相交叉的稽查方式，经常性地对无证经营、违章经营等不良现象保持查处力度，市本级与出租车司机签订了责任书，统一处罚尺度，发至各车主经营单位，加强了执法力度。1996年，嘉兴市本级收到举报信件17封，电话举报46次，已核实查处的41次，监督员反馈情况211件，其中需查处96件，已处理了78件。已查处无证经营车辆251辆次，纠正违章100余起，夜间突击联合大行动稽查20余次，从而使出租汽车这个窗口形象有了一个基本好转和改观。

1996年9月25日，为进一步加强出租车客运市场管理，规范出租车经营者的经营行为，对1994年颁发的《嘉兴市出租车客运运价规则》作重新修订。出租车客运基价：(1)出租轿车：超豪华型——每车公里租价为2.20元；豪华型——每车公里租价为1.80元；标准型——每车公里租价为1.40元；普及型——每车公里租价为1.20元。(2)出租旅行车：空调车——每车公里租价为1.60元；普及型——每车公里租价为1.00元。计时租车：计时租车运价按车辆到达约定地点至租用完毕的实际租用时间。每小时按20公里计费，起码计费为2小时；超过2小时以半小前递进，不足半小时进为半小时。包日租车：包日租车每日工作时间按8小时140公里计费，如实际行驶超过140公里，按实际行驶里程计费，如行驶时间未满140公里，而实际工作时间超过8小时，超过时间按计时租车计算时。

1997年，嘉兴市公路运输管理处相继制定了《嘉兴市出租汽车违章处理规定》《嘉兴市区“九五”期间出租汽车发展规划》《对举报、协查无证营运客车的人员实行奖励的暂行办法》《嘉兴市客运出租车行风监督员须知》等一系列管理规定，为规范出租车管理，奠定了基础。为实现客运出租车的公司化管理，嘉兴市区又新成立了三个出租公司(城区二个，郊区一个)。至12月底，嘉兴市共有客运出租公司11个，纳入出租车公司管理的出租车总数已达94%。为加强管理，嘉兴市公路运输管理处坚持每月召开一次出租公司负责人与个体驾驶员的例会制度，为加强出租车经营单位对从业人员的管理，1997年又与各出租经营单位签订了《客运出租车经营单位目标责任书》，以发挥出租汽车单位的管理作用。

嘉兴和大多数县(市、区)的运管部门对出租车经营业主进行了一次全面性的经营业务规范培训，做到有计划有安排，人员、时间、内容三落实，1997年共组织上岗培训30期，参训人员1056人次，违章培训15期，计366人次。市区结合1997年度的“道路运输证”审验，经培训合格的，统一换发新的放置式服务资格证，从6月1日起全部实行。发放率达到100%。从1997年4月1日起，嘉兴市公路运输管理处设立了客运出租车投诉中心，抽调专门人员负责日常工作。据统计，自出租车投诉中心成立至12月底，共接待群众来电、来信举报投诉90起，其中违章62起，全年共收到社会监督员情况返回1108起，其中违章100起，已全部进行了处理，帮助查找乘客失物90起，出现好人好事有记录的286起。为加强出租车行风建设，接受社会各界的监督，又增聘了10多名社会监督员，从统计资料来看，好人好事增多，违章现象明显减少，违章率逐月下降，已从年初的33%下降至年底的3%。

1997年9月，嘉兴市运输管理处印发了《嘉兴市客运出租汽车经营单位管理考核标准》，管理考核标准总分500分，根据各企业的得分把企业管理等级分为为四类：优秀、良好、合格、不合格。划分标准如下：总分在450分以上为优秀管理企业、总分在400分以上为良好管理企业、总分在350分以上为合格管理企业、总分在350分以下为不合格管理企业。

1998年3月9日，中华人民共和国交通部令第3号发布《道路运输行政处罚规定》，第二章，第九条，(九)出租汽车不安装或不使用计程、计价器的，处以1000元的罚款。(十)出租客运经营者异地经营的(送客到异地返程的除外)，按第八条第(二)项规定处罚。(八)客运经营者不在规定的售票场所售票或强揽旅客的，处以300元以上500元以下的罚款。客运经营者或司乘人员收取票款后不给旅客车票或给予的车票与票款不符的，每人次处以100元的罚款。(十一)出租客运经营者拒载或中途无故中断运输的，每次处以500元以上1000元以下的罚款。出租客运经营者在营运中未经乘客同意擅自招揽他人同乘或故意绕道的，每次处以500元以上1000元以下的罚款。

1999年年初，嘉兴市运管处举行第二轮出租车经营权招投标，成功拍卖了50辆新增出租车的经营权。

2000年，根据嘉兴市政府的部署，对嘉兴市出租车行业进行了有针对性的整治，同时推广实施了“星级服务”这一行业管理举措，4月，出台的《嘉兴市客运出租汽车管理办法》，海宁运管所、桐乡运管所1999年对所辖的245辆出租车成功地喷制了标志色，美观统一的车容，桐乡运管所2000年查实109辆私下转让的出租车，均责令车主限期办理了过户手续。嘉善运管所以“七统一”为内容，改善了车辆服务设施。平湖运管所以重拳出击的态势，在乍浦等乡镇查处黑车，仅2000年4月份就查获16辆，遏止了“无证”风的蔓延。海宁运管所1999年清理私下转让出租车10辆，全部纳入公司管理，2000年年底出租车公司化程度达到92.5%；秀洲运管所针对审核中发现的问题，加强了出租车驾驶员转聘环节的管理，确保“管理到人”；嘉兴市运管处稽查大队对嘉兴火车站广场的出租车营运秩序实行有效的监控，设立了岗亭定人定点管理，节假日安排人员值班。2000年各地对出租车市场的稽查执法都做到了制度化、常规化。为全面提升客运出租行业创优活动的水平。

2000年4月13日，嘉兴市人民政府制定了《嘉兴市客运出租汽车管理办法》。为加强客运出租汽车行业管理，维护正常的运输秩序，保护合法经营，保障乘客合法权益，促进客运出租汽车事业健康发展，根据交通部《出租汽车旅游汽车客运管理规定》《道路运输行政处罚规定》和《浙江省道路运输管理办法》有关规定，结合嘉兴市的实际，制定了《嘉兴市客运出租汽车管理办法》。

为加强对道路客运的安全管理，预防、减少交通事故，维护道路客运治安秩序。2001年4月，印发了《浙江省道路客运安全管理办法》。

2000年3月6日，嘉兴市物价局和嘉兴市交通局共同发文对市区客运出租汽车运价结构进行调整：(1)调整基价公里。将原基价公里4公里统一调整为3公里。(2)调整起租金额。将原出租车临时起租金额标准型；(代表车型夏利)6元、豪华型(代表车型塔纳、富康)7元，调整为不分车型统一价5元。

2000年8月23日，为加强嘉兴市客运出租车行业的长效管理和业务指导，进一步提高出租车的规范化管理水平，嘉兴市编制委员会发出了《关于同意嘉兴市公路运输管理处增设内设机构的批复》。同意嘉兴市公路运输管理处增设出租车管理科。

2001年，市本级于5月31日通过经营权招投标，向市场投放了50辆客运出租车，进一步满足市民出行需求。

2002年10月10日，为提升嘉兴市出租汽车行业形象，提高服务质量，提出了“8501”服务品牌创建目标。嘉兴市公路运输管理处印发了《嘉兴市出租汽车行业“8501”服务品牌创建工程实施意见》的通知，要求嘉兴五县(市)两区运管所结合当地实际，深入领会“8501”服务品牌创建工程的内涵，全面贯彻“8501”服务品牌创建工程的服务标准，把“8501”服务品牌创建工程作为出租汽车行业管理一项长期的工作来抓，持之以恒，常抓不懈，抓出成效，为两个文明建设作出应有的贡献。“8501”中“8”是指出租车要做到“八个统一”，即：车身标志色、顶灯、安全防护网、座套、乘客须知、服务资格证、禁烟标志、驾驶员着装等八个方面的规范和统一，明确了硬件建设措施；“5”是指达到“五个文明”，即：语言文明、仪表文明、车容文明、行车文明、经营文明，体现了软件建设的主要内容；“0”是指零投诉，即：无外地乘客投诉和无违章经营；“1”是指创建一流服务行业，最终实现窗口服务行业优秀品牌行业的目标。抓好星级企业、星级驾驶员和“的士之星”三个评定工作，严把准入关、年审关、监管关和人员关。

2002年，市委市政府提出争创“全国文明城市工作先进城市”和“全国优秀旅游城市”的号召，市文明办把市本级出租车行业创建品牌服务作为推动城市整体创建工作的“五大品牌工程”之一。全行业积极响应，与时俱进，适时提出出租车“8501”品牌创建工程，即出租车行业要实施“八个统一”，达到“五个文明实现”零投诉创建一流行业的目标。相继对出租车车身标志进行重新喷色，利用嘉兴召开两会期间，将四种不同款式的出租车开到两会现场，充分听取政协、人大代表和群众意见，并最终选定波浪型紫罗兰色作为市本级出租车标志色，并于10月份完成了市本级所有出租车的喷色工作。另外，对出租车座套进行了统一更换，并专门成立了一家清洁公司，通过市场化运作，负责对全市座套的清洗工作，有效解决了长期以来出租车车座套脏、破、差的难点，社会各界都结予了肯定。为了推进品牌化建设，安装了热线电话。针对广大市民乘出租车困难的矛盾，市本级安装了三个热线电话，即全市联动的“96520”投诉电话和“12580”“95838”叫车热线电话，从而提升了城市出租车的服务水平。嘉兴市运管处投资20多万元完善火车站出租车接客通道以及管理岗亭等基础设施，并延长值班时间，有效促进了火车站出租车营运秩序的改善。

2003年，狠抓出租车行业管理，提升城市整体形象。2003年6月，在《南湖晚报》设立出租车违法违章行为曝光台，每月定期对出租车违法违章经营行为进行曝光，共有119辆次违章出租车被曝光。同时嘉兴市运管处坚持向科技要效益，在火车站广场投资45万元，安装电子监控系统，落实火车站出租车监管24小时值班制度，火车站广场全天营运秩序进一步改观。为进一步规范嘉兴市客运出租汽车营运秩序，加强客运出租汽车行业管理，维护正常的运输秩序，保护经营者、乘客的合法权益，促进客运出租汽车行业健康发展，2003年11月3日，嘉兴市公路运输管理处颁发了《关于加强对客运出租汽车送客至异地返程载客管理的有关意见》，客运出租汽车送客至异地，返程正常带客是合法的，但不许在异地停留、兜客、拉客，并且必须按计价器收费，不得乘运两批以上(含两批)的乘客，不得按班线客车载客经营。

同时嘉兴市公路运输管理处还与嘉兴市文明办等组织建立嘉兴的士“爱心车队”60辆出租车在“两节”期间向全社会展示爱心，有效树立了行业文明形象。平湖所按照“8501”服务品牌创建工程要求，积极开展出租车行业管理工作，设立出租车违章曝光台，建立统一叫车电话，出台《平湖市客运出租车管理办法》，进一步规范出租车行业管理。

2004年，紧抓出租车运力投放这一契机，打响嘉兴市出租车“8501”行业品牌。在2004年新增100辆出租车运力投放过程中，嘉兴市公路运输管理处采用50辆一组的捆绑式招投标方法，明确公司化经营，员工化管理，同时还要求车辆档次必须是桑塔那3000型，来提高行业准入门槛。新增100辆出租车运力被上海巴士控股嘉兴南海巴士一举中标，积极协助中标公司做政策协调、车身颜色审定、一卡通技术标准选择、人员上岗前培训等工作，并监督公司履行好投标时所做的承诺，按“8501”的要求规范新投放出租车的设施、管理工作。从此，上海出租车先进的管理模式、经营理念、服务水平被引入嘉兴，并逐渐被社会认可，提升了嘉兴市出租车行业的整体竞争力。

2004年3月16日，嘉兴市公路运输管理处印发《嘉兴市出租汽车客运服务标准(试行)》通知。

2004年3月29日，嘉兴市道协出租租赁专委会，下发了《嘉兴市本级客运出租车驾驶员规范着装行业内部规定》的通知。

2004年8月27日，嘉兴市公路运输管理处印发了《关于规范嘉兴市本级站区出租车营运秩序管理的通知》。

2005年6月16日，嘉兴市物价局颁发了《关于调整市本级客运出租汽车运价的批复》。经浙江省物价局备案同意，对嘉兴市本级出租车运价作调整：将原基价公里3公里调整为2公里。

2005年12月15日，嘉兴市公路运输管理处印发了《嘉兴市客运出租汽车驾驶员星级管理评定办法(试行)》的通知》。

2005年，从出租汽车年审入手，加大行业管理力度，对一年中有两次违章的车辆暂缓年审，对一年中有三次违章的驾驶员吊销上岗证，进一步健全了出租车驾驶员队伍的管理机制，促使车辆责任人强化对聘用驾驶员的管理，促进了驾驶员队伍的优化。

2006年，国内成品油价格大幅度上涨，嘉兴市采取了一是制定《嘉兴市本级客运出租汽车行业突发事件应急处置实施方案》，维护行业稳定。二是为配合成品油价格形成机制改革，疏导成品油价格波动对道路运输行业的影响，对出租车公路建设基金进行了减免，嘉兴市全年为出租汽车减免公建金466.8万元，并先后分2批对出租车发放财政补贴款，对稳定行业队伍和人心起到了积极的作用。三是嘉兴市本级从7月25日起实施油运联动，即每车次增加0.5元燃油附加费。四是协调解决驾驶员关心的保险、风险抵押金等问题，同时对出租汽车公司的其他收费项目进行清理等措施，在做好相关工作的同时，还向上级政府提交了稳定出租汽车行业的相关建议。如征收定额税、降低出租汽车驾驶员个人所得税征收标准、协调公路通行费、争取地方财政补贴等等。拟订了《嘉兴市本级出租汽车行业稳定工作应急预案》《嘉兴市出租汽车行业局际联席会议制度》，进一步指导出租汽车行业维稳工作的开展。制订并上报了《2007年度市本级新增客运出租汽车运力投放方案》《嘉兴市本级2007年新增客运出租汽车营运权招标文件》《2007年嘉兴市本级新增出租汽车运力工作方案》，在确保行业和社会稳定的前提下，按集约化经营、规范化运作、员工化管理的思路，以服务质量竞标为主、定价出让为辅的方式在市本级又成功新增50辆出租汽车。

2006年2月，为加强出租车驾驶人员客运资格考试与管理，切实提高出租车驾驶人员从业素质，根据《浙江省道路运输管理条例》有关规定，印发《浙江省出租车驾驶人员客运资格考试大纲》。

2006年7月14日，嘉兴市物价局颁发《关于对客运出租汽车加收燃油附加费的批复》，经研究同意市本级从2006年7月25日起客运出租汽车可加收每载客车次0.5元燃油附加费。

2006年，开展了全市范围内的出租汽车行业服务质量竞赛活动。活动以贯彻“八荣八耻”为指导，以服务质量竞赛活动为形式，通过几年的努力，形成规范的服务标准体系，提升嘉兴市出租汽车行业的服务质量，降低行业的投诉率和违章率，全面提高嘉兴市出租汽车行业管理水平，提高人民群众对出租汽车行业满意度。

2008年以前，嘉兴市区有一半左右出租汽车安装了GPRS(全球定位调度系统)，其他车辆安装了车载对讲机调度系统。GPRS系统在技术上相对先进，而车载对讲机机系统属人工调度，运营过程中存在着许多问题，原来的计价器功能单一，加上使用时间长，线路老化，还经常出现数字显示不全、电路故障，给安全留下了很大隐患，进而影响了行业形象和城市品位。为此，嘉兴市政府安排了专项资金，对计价器设备进行了更新，对原先的调度系统进行了整合、统一，包括：出租汽车营运数据适时上传；强化出租汽车驾驶员管理，规范经营行为。通过技术改造，实行IC卡管理制度，将出租汽车、驾驶员、计价器进行绑定；安装72小时循环滚动录音设备，保护司乘双方合法权益；安装车内摄像头，保护司机生命财产安全。

2008年4月13日，嘉兴市公路运输管理处与嘉兴市慈善总会、嘉兴广播电视总台交通之声、嘉兴市道路运输协会联合成立了嘉兴市本级出租汽车“一元钱爱心互助基金”，通过出租汽车驾驶员每人每月自愿捐一元钱、基金发起单位和社会各界人士自愿捐款，建立起了出租汽车行业的专项互助资金。主要为少数遭遇意外伤害、家境特别困难的出租车司机提供应急救助。截止到目前，“一元钱爱心互助基金”已救助8人，累计发放救助金4万元。

2009年5月，嘉兴市文明办、市交通局、市总工会、市广电总台联合举办、嘉兴市运管处、市广电总台交通经济频率承办的嘉兴市首届“的士节”活动正式启动。通过“的士节”系列活动的开展，提升了司机队伍的整体素质，增强了司机的团队感和荣誉感，同时也促使出租汽车行业文明创建活动向纵深发展。

2009年，为在稳定前提下做好50辆到期出租汽车经营权重新配置工作，嘉兴市运管处在嘉兴市政府、嘉兴市交通局的领导下，多次调研，认真听取企业、司机意见和建议，按照利益兼顾，服务质量为主、有偿使用为辅等原则，起草《关于2009年50辆营运权到期出租汽车营运权重新配置的工作方案》。按既定步骤顺利完成50辆到期出租汽车营运权重新配置工作。

2009年，出租车民生服务能力稳步提高。为解决出租车驾驶员“吃饭难、停车难、如厕难”的实际困难，嘉兴市运管处提出了“一主一副若干点”嘉兴市本级出租汽车服务中心建设方案。2010年5月城北副中心服务区已正式建成并投入使用，城南主中心服务区也正申请建设立项中。同时，在各县、市出租车行业服务质量首次第三方测评中，海宁、平湖和桐乡列前三位，为提高行业整体服务水平起到了促动作用。

从节能减排的角度出发，开展出租汽车“油改气”工作。出租汽车使用时间长、频率高、强度大，行驶里程多，不仅需要消耗大量的燃油，而且排放了大量的废气，因此从节能减排的角度出发，启动了出租汽车“油改气”工作，目前已完成项目实施调研工作。

到2010年11月，嘉兴市区共有873辆出租车，有出租车公司12家，以普通桑塔纳、桑塔纳3000为主导车型。在市本级的873辆出租汽车中，经营权暂未核定使用期限的行政审批车有523辆，经营权有偿、有期限使用的招标车有350辆。从经营模式看，公车公营的有150辆，租赁承包的有384辆，个体挂靠的有339辆。承包租赁车辆的经营权仍旧在公司，个体挂靠车辆的经营权在个人手中。自2007年新增投放50辆出租车后，3年来，嘉兴市区未再增加一个出租车营运指标。

2010年，市区新增50辆出租汽车，新增50辆出租汽车投入的车型为上海大众桑塔纳志俊CNG双燃料车型。在动力基本不受影响的情况下，可节约燃料成本20~25%，同时还能减少排放大量有害气体。为规范中标公司的驾驶员招聘工作，本次中标公司必须向社会公开、公平、公正、择优招聘出租汽车驾驶员。凡符合招聘条件的驾驶员，采取2个人组合在一起的形式到中标公司报名，然后经报名公示、考试、考试成绩公示等程序后，企业就可以根据中标车辆数，选择考试成绩靠前的相应驾驶员组合签约，未签约的驾驶员组合作为替补签约对象，解约时也采取同进同出、由替补签约对象自然接手经营的方式进行操作，避免了新增车辆驾驶员招聘中的“走后门”、“暗箱操作”等行为，同时也杜绝了经营资格私下炒卖、变相增加实际开车驾驶员经营负担的行为。

第六节 驾驶员培训管理

机动车驾驶员培训是指通过对需要掌握机动车驾驶操作技能的人员进行一定时间交通法规、理论知识学习和实际驾驶操作训练，使之具备单独、安全驾驶机动车能力的培训。制定管理规章、教学计划、教学大纲和教材，明确培训目标和内容，着重对教学质量、经营行为、安全教育的监管。

1949年以前驾驶员培训管理

民国16年(1927年)以前，由于客货营业汽车不多，各商营汽车公司且均实行定线专营，驾驶人员的检验、考试工作区，由各公司自负其责。自民国17年(1928年)以来，在车辆及司机人数不断增多的情况下，省政府开始制订有关规章制度，同年11月省政府公布了《浙江省公路局征收运货汽车照费规则》，规定行驶公路上汽车司机应经省公路局考试合格，领取司机许可证，同时对专营长途汽车公司司机实施统一考试。民国19年(1930年)8月，省建设厅批准公布《浙江省公路局管理公路交通暂行规则》，管理内容进一步全面，并在条款中改称司机人为驾驶人。民国21年(1932年)3月，为加强驾驶人考核，省组成甄用驾驶人委员会，先后对省局及各长途汽车公司驾驶人进行甄考，按甲、乙、丙三等发给执照，并规定，任何单位新雇驾驶人，必须经管理机关考验合格领取执照，方准执业。民国22年(1933年)2月颁发《浙江省管理汽车驾驶人(司机)暂行章程》，民国23年(1934)4月1日起施行《苏浙皖京沪五省市汽车驾驶人执照统一办法》。同年7月1日起施行《苏浙皖京沪五省市汽车驾驶人考验规则》，民国25年(1936年)年12月2日修正公布了《浙江省管理汽车驾驶人暂行章程》等文件，规定：凡在本省境内驾驶汽车者均须领有全国公路交通委员会各省市统一汽车驾驶人执照。领取执照时须先经指定医院检查体格，并考验交通规则、机械常识，驾驶技术(分桩考、路考两种)、地理常识。经过体检、考验合格后给予临时执照，以一个月为限，期满驾驶人如无过失及违章事情，再予换给正式执照。驾驶执照分普通汽车驾驶人执照(车主、汽车修理机匠等属之)，执业汽车驾驶人执照(以驾驶汽车为职业之驾驶人属之)，学习汽车驾驶人执照(在学习驾驶期间之驾驶人属之)。驾驶人执照一年期满后均须向原登记机关审验一次(学习驾驶人除外)，应考驾驶人不论男女均须年龄在17岁以上，粗识文字、四肢健全，耳目聪明而无神经病者。

1949年—1990年驾驶员培训管理

1950年7月15日，交通部颁发《汽车管理暂行办法实施细则》，规定汽车驾驶人考验分初验、复验、审验三种。申请考验须年龄在20岁以上，56岁以下粗通文字者；驾驶小型车者身长150厘米以上，体重50公斤以上；驾驶大型车者身长160厘米以上，体重56公斤以上，身心键全、五宫聪敏者；须有学习6个月以上驾驶经验。考试科目分：体格检查(神经、心脏、视力、握力、体重身长等)，技术测验(桩考、路考)，常识测验(机械常识、交通规则)及体检不合格不得应技术测验，技术测验不合格不得应常识测验。学习驾驶人不得免技术测验。考试成绩总分数为100分，其各科高分数为：桩考30分，路考30分，机械常识20分，交通规则20分，桩考、路考成绩至少各21分为合格，其总成绩不满70分者为不合格。驾驶执照分学习、普通、职业汽车驾驶人执照三种。

1950年9月27日，浙江省交通管理局通知从10月1日起办理汽车驾驶员统一换考新执照工作。

1953年7月，交通部颁布修订的《汽车管理暂行办法》和《汽车管理暂行办法实施细则》，规定汽车驾驶员分学习、普通、职业汽车驾驶员三种，职业汽车驾驶员根据技术分为一、二、三等。汽车驾驶员考验分初验、复验、审验三种。凡领有三等职业驾驶员执照、并有三年以上驾驶经验，安全行驶5万公里以上具有交通部颁布《汽车运输企业暂行技术标准与定额》规定之一。二级保养技能或在驾驶工作上有发明创造或有显著成绩者，得申请二等驾驶员考验；凡领有二等职业驾驶员执照，并有六年以上驾驶经验、安全行驶10万公里以上，能作到保护车辆，节省燃润料及轮胎和完成生产任务，并具有交通部颁布之《汽车运输企业暂行技术标准与定额》规定的小修技能或在驾驶工作上有发明创造成绩显著者，得申请一等驾驶员考试。申请考验驾驶大型客车的驾驶员，必须领有大型货车或特种车（牵引车）或小型车驾驶执照，并有三年以上安全驾驶经验或安全行驶5万公里以上者。

1955年11月，浙江省公路运输管理局制订《安全驾驶操作规程》正式颁布，规定自1955年12月份超实行。

1956年11月，省交通厅转发交通部关于汽车驾驶员重考执照的通知，对于受吊销执照处分已满一年半而始终未曾脱离组织的人，如果通过其所属行政或工会组织审查，认为经历长时期教育，已能深刻认识过去错误，思想作风表现真诚悔改，工作积极，经组织负责证明并代为申请者，各地交通主管机关可以酌情批准，重新参加驾驶员视验。

1960年1月，交通部颁布《机动车管理办法》，规定初考合格的驾驶员一律发给实习执照，实习期原则上确定至少6个月，驾驶员共分四类，即职业驾驶员、非职业驾驶员、实习职业驾驶员、学习驾驶员。同时规定拖拉机和汽车以及其他机动车辆的驾驶人员，必须进行技术鉴定核发牌照。

1972年，省交邮局根据公安部、交通部公布的《城市和公路交通管理规则(试行)》的规定，从7月1日起至10月31日止对全省驾驶员（包括实习）进行年度审验和换发新证工作，有机动车学习驾驶证的学习驾驶员也须参加年审学习，对不符合使用军用车辆驾驶证的驾驶员也参加年审，并一律换发地方驾驶证。新机动车驾驶证自1972年7月1日起开始使用。新驾驶证编号开头第一字为“浙”字，第二字代表地区，嘉兴地区为“浙嘉”，字第后面为五位数。审验工作采取民主评定，单位审查、地(市)车辆监理机关办理签证，对成绩显著者以签证表扬，对不宜再担任驾驶工作或问题未查清，年老体弱身体较差和已退休者，分别以缴回驾驶证，缴销驾驶证，暂缓审验，不予审验等处理。

1973年1月，省交邮局颁发“机动车驾驶操作禁令”的通知：严禁无驾驶证人员开车和学习驾驶员单独驾驶车辆；严禁酒后开车和开车时吸烟、饮食、闲谈；严禁驾驶无牌无证、刹车、方向不灵或怠速、加速不正常的车辆；严禁直流供油行车或边倒油边发动车辆；严禁下坡时熄火、脱挡或踏离合器溜坡；严禁时速超过20公里通过急弯、车站、窄桥、便道、视线不良等危险地段；严禁遇行人车马交会避让时高速冒险行驶；严禁强行超车、让车不减速或故意不让车；严禁驾驶室超额坐人和车辆装货后搭乘非押运、装卸人员；严禁驾驶加大速度的手扶拖拉机。对违反禁令者根据情节分别给予违章纪录，警告、扣证、扣车、注销驾驶证，对违反禁令因而肇事者，从严处理。

1983年2月，地区交通局规定，将轻骑及驾驶员纳入交通监理范围，轻骑驾驶员培训.考核由县交通监理所经办。

1984年，经交通部公路局颁发安全行车百万公里以上证书、奖章，省汽车运输公司系统驾驶员43人中，有嘉兴汽车站驾驶员沈兆康，安全行车里程1068873公里(1984年8月底止)。

1984年，全市应审驾驶员2722人(不包括中拖、手拖、轻骑)审验合格2681人，占应审数的98.49%，其中嘉善、平湖二县审验合格率达100%，已审验驾驶员中准予免审1756人，评出安全驾驶员工1076人，评出安全先进驾驶员546人，安全先进标兵17人，先进集体21个。因违章肇事参加审验考试276人，其中复考交通规则264人，复考交通规则与道路驾驶12人，第一次考试合格率为94.92%，不合格者经第二次补考均已合格。全市共举办审验学习班74期(其中专门办违章肇事驾驶员学习班2期)，共参加学习2876人。

1985年4月1日起，嘉兴市交通局关于试行《对机动车驾驶员违章、肇事经济处罚试行办法》，对于本省实行机动车驾驶员违章记分的进行罚款时，原则上按每记一分罚款一元；机动车肇事除监理处分外，轻微事故罚款5~10元；一般事故罚款6~20元；重大事故10~30元；特大事故20~60元，发生事故的车辆单位并向监理机关缴纳事故处理费，轻微事故10元；一般事故20~60元；重大事故150元；特大事故300元。

1985年，全市应审驾驶员3330人，已审3283人(其中免审2134人，合格率达98.6%：全市举办72期审验学习班(其中6期是违章、肇事驾驶员学习班)。对严重违章、肇事的285名驾驶员分别进行一、二个科目的考试。全市共评出安全先进驾驶员668人，先进标兵23人，安全先进集体29个。

1986年3月10日，杭枫公路全线拓宽改建，为工程顺利进行，确保施工期的行车安全，驾驶员开车通过杭枫公路，凡超出规定的行驶速度，本省车辆记2分，每超出6公里，递增记1分，外省车辆每分罚2元，类比处理。凡违反同类型车不准超越规定者，本省车记4分，外省车辆罚款8元。

1986年5月，嘉兴市交通监理处根据交通管理规则，检发“关于办理机动车驾驶证的有关规定和手续”的通知，对学习驾驶证、军证换发地方证，复驶、增加、异动、换、补发驾驶证作了统一规定。

1986年，全市共检审驾驶员4987人。

1986年6月19日，浙江省公安厅，交通厅颁发机动车驾驶员行车禁令十条，内容与1973年省交邮局颁发“机动车驾驶操作禁令”基本上相类似。

1988年年初，嘉兴市公安局出台《嘉兴市机动车驾驶员集体培训管理暂行办法》，统一教学大纲和教材，严格监督，确保质量。同年市公安局制定，嘉兴市道路交通管理实施细则(草案)，规定机动车驾驶员必须符合下列条件：(1)政治历史清楚、思想进步、工作责任性强、作风正派。(2)身高155厘米以上，两眼视力各在0.7以上(可戴眼镜)，没有赤绿色盲和全色盲；两耳距音仪50厘米，解辩清声音方向，血压正常以及无其他妨碍驾驶车辆的疾病和身体缺陷，年龄在18至35周岁，体重在45公斤以上，具有初中以上文化程度者。(3)懂得车辆的一般构造和工作原理，能做一般的保养，排除一般的故障，熟悉和遵守交通规则与安全操作规程、驾驶操作熟练，有独立驾驶能力。

学习驾驶员经公安交通管理机关考试交通规则、机械常识、场内驾驶、道路驾驶合格后为实习驾驶员。实习期满后，单位作政治、技术鉴定，由公安交通管理机关核发驾驶证。学习驾驶员只准学习驾驶一种车型，除批准的公共汽车部门外，不准直接学习大客车。实习驾驶员在实习期只准驾驶准驾车辆，不得拖带挂车，不准驾驶执行任务的消防车，救护车、工程抢险车、超重吊车、拖挂车以及装载危险晶的车辆。增考大客车必须具有二年或三万公里以上驾驶其他汽车的安全驾驶经历。持大型客车记录的，准驾各类方向盘式汽车和拖拉机；持大型货车记录的，除大客车外准驾与大客车同；持有小型汽车和方向盘式三轮机动车记录的，可以互驾、并准驾方向盘式简易机动车。持有手把式三轮机动车记录的三轮摩托和手把式或后三轮可以互驾，并准驾二轮摩托车，手把式简易机动车。持有方向盘式拖拉机记录的，准驾手扶拖拉机。

机动车驾驶员必须遵守下列规定：(1)必须严格遵守交通规则，服从交通民警和交通管理人员的指挥和检查，维护交通秩序；(2)驾驶车辆时，必须携带驾驶证，驾驶证不准转借、涂改、伪造;(3)不准驾驶无牌无证和与证件不符合的车辆;(4)不准将车交给无证驾驶人员驾驶;(5)驾驶车辆时,不准吸烟、饮食、闲谈或赤脚、穿拖鞋、高跟鞋;(6)严禁酒后驾驶车辆;(7)不准驾驶安全设备不全或机件失灵的车辆;(8)遇他人迫使或纵容违章驾驶时应予拒绝;(9)患病或过度疲劳时,不准驾驶车辆;(10)必须接受公安交通管理机关的定期审验。

1989年2月1日,公安部1号令发布《机动车驾驶员培训学校(班)管理办法》,同年5月5日浙江省公安厅制定关于《机动车驾驶员培训学校(班)管理办法》的实施细则。凡拥有20辆(含)以上教练车纳称学校;拥有7辆(含)以上不足20辆教练车的称班。学员学习驾驶的期限不得少于大客车150小时;其他汽车120小时;二、三轮摩托车60小时;大型拖拉机80小对;小型及手扶拖拉机60小时;轮式自行专用机械40小时。嘉兴市机动车驾驶员培训单位原有:市汽运公司职校、市农校、市公安局、市劳动局、市消防队、军分区、武警、长途线务站、运河农场、东门街道汽车运输队、嘉善交警队、海宁农机水利局、桐乡交通局、海盐、海宁汽车客运公司。公安部和省公安厅管理办法实施后,进行整顿,尚存机动车驾驶员培训单位有市公安局、市汽运公司职校、市农校、市劳动局和海宁市客运公司。驾驶员理科培训从1989年5月开始统一由市公安局所办"驾驶员汽车培训中心"进行培训,驾驶员考试亦按照公安部颁发《城市机动车驾驶员考试暂行办法》执行。

1989年11月至1990年10月,换发新的汽车驾驶证18611人,编号33为浙江省,60~65分别为城郊区、嘉善、平湖、海宁、海盐、桐乡。1990年10月至1991年3月换发新的拖拉机驾驶证。

表9-1-6　1983—1990年嘉兴市机动车驾驶员统计表

单位:人

年份	合计	大型	小型	摩托车		简易车	轻骑
				二轮	侧后三轮		
1983	2416	2064	38	65	249		
1984	3189	2688	38	74	389		
1985	5242	3458	57	199	458		1070
1986	7786	4528	203	683	642	173	1557
1987	10811	5577	281	1818	894	244	1997
1988	15908	7004	441	2366	1533	263	4301
1989	21223	8327	774	4139	2053	364	5566
1990	18611	9383	913	4406	1730	229	1950

注:由市公安局交警支队提供

机动车驾驶员分类:(1)职业驾驶员:以驾驶机动车为职业的;(2)非职业驾驶员:不以驾驶机动车为职业的;(3)实习职业驾驶员:实习驾驶机动车的职业驾驶员;(4)学习驾驶员:学习驾驶机动车的。

年满18周岁,具备机动车驾驶员的身体条件,懂得交通规则,愿意学习驾驶机动车的,经驾驶员培训单位(驾驶学校、训练班等)或有驾驶执照并有一定经验的教练人证明,可填写"机动车驾驶员考试异动登记表"向车辆管理机关请领学习驾驶证。

持有学习驾驶证,经培训单位或教练人同意;或者年满20周岁,具备机动车驾驶员的身体条件,懂得交通规则,并且足以证明具有驾驶机动车技能的,都可以向车辆管理机关请领驾驶执照。经初次考试合格后,由车辆管理机关发给实习职业驾驶员执照或非职业驾驶员执照,并在执照上签注准驾车类。

实习职业驾驶员安全驾驶车辆半年以上并有一定经验的,由车辆所属单位提出意见,经车辆管理机关核准后,可以换发职业驾驶员执照。

驾驶员的身体条件:(1)身长:驾驶大型汽车的,须155厘米以上;(2)视力:两眼各为0.7以上或经矫正(如戴眼镜)后达到这个标准的;(3)辨色力:没有赤绿色盲或全色盲;(4)听力:左、右耳距音仪50厘米都能辨清声音的方向;(5)无精神病及足以妨碍驾驶机动车的其他疾病或身体缺陷。

实习职业驾驶员、非职业驾驶员初次考试项目:(1)学科:口试或笔试交通规则以及报考车类的机械常识;(2)术科:报考车类的驾驶操作。

已向车辆管理机关登记的驾驶员培训单位的学员,结业考试及格,经车辆管理机关审核同意的,或者经车辆管理机关会同考试及格的，可发给实习职业驾驶员执照或非职业驾驶员执照。

驾驶在执照上签注的准驾车类以外的车辆，必须遵守下列规定：(1)汽车、二轮及三轮机器脚踏车、拖拉机 3 种类型车辆的驾驶员不得互换驾驶车类。需要增加驾驶车类时，应经考试驾驶操作与机械常识合格；(2)有准驾大型汽车记录的，可驾驶小型汽车；有准驾小型汽车记录的，需要增加驾驶大型汽车时，应经考试驾驶操作合格；(3)有准驾二、三轮机器脚踏车记录的，可分别驾驶二、三轮轻便机动车(包括由人力三轮车或二轮脚踏车改装的)；有准驾轻便机动车记录的，需要增加驾驶机器脚踏车时，应经考试驾驶操作与机械常识合格；(4)有方向盘的三轮汽车和小型汽车的驾驶员，可以互换驾驶车类；手把式转向的三轮汽车和三轮机器脚踏车的驾驶员，可以互换驾驶车类。

机动车驾驶学校或训练班应当具备下列条件：(1)有专用的教练车及教学用具；(2)有保养修理作业的实习场所、作业设备和学习驾驶的场地。对机动车保养、修理工作的监督：机动车的保养、修理单位(包括厂、场、队及一切有保养、修理任务的组织)有关保证车辆装载行驶安全的保养、修理工作，由车辆管理机关进行监督和检查。保养、修理单位应将所制订的车辆保养制度报送车辆管理机关备查。

1991 年—2010 年驾驶员培训管理

1987 年 11 月，市公安局交警支队成立之后，开始对驾驶员培训进行管理。

1994 年，全市审批汽车类培训 167 期，培训学员 17327 人次，其中理科 5823 人次，术科 11504 人次，培训城郊区摩托车学员 3012 人，组织教练考试 21 次，考核教练员 291 人。

1995 年 5 月，根据全市机动车驾驶员培训工作会议精神，对汽车驾驶员考试程序作出调整，术科道路考试分、甲乙两个阶段进行，阶段甲以技术操作为主，阶段乙以处理情况为主，每阶段的考试距离不少于 2.50 千米，每阶段各由两位监考员负责监考。同年 10 月，交通法规考试卷实行计算机题库随机出卷办法。

1996 年，试卷采用判断、选择、填空 3 种题型，取消问答题和附加题。满分为 100 分，交通法规 90(含)分以上为及格。机械常识：报考大客车的 80(含)分以上为及格，报考其他车的 70(含)以上为及格。同年 3 月，根据公安部《机动车驾驶员培训学校(班)管理办法》规定，实行实习期跟踪考核教育。凡实习驾驶员，在实习期满前一个月内必须参加跟踪考核教育，合格后方予换发正式驾驶证。9 月 1 日，开始执行公安部《中华人民共和国机动车驾驶证管理办法》和《中华人民共和国机动车驾驶员考试办法》，将原来理科、术科一起考改为分步考，理科考试合格后核发术科培训学习证，学习期满一个月后再由本人申请术科考试。

1997 年，社会办驾驶员培训班划归嘉兴市交通局管理。同年 11 月，省交通厅转发交通部 1996 年第 11 号令《中华人民共和国机动车驾驶员培训管理规定》，汽车驾驶培训列入道路运输行业管理，但因驾驶员培训行业管理职责交叉，道路运输管理机构未能实施行业管理。

2000 年 11 月 3 日，为切实履行机动车驾驶员培训行业管理职责，嘉兴市编制委员会发出《关于同意嘉兴市公路运输管理处增设机动车驾驶员培训管理科的批复》。

2001 年 1 月，全省开始对汽车驾驶员培训业户进行登记审核，发放“浙江省汽车驾驶培训许可证”。从 2001 年起，驾驶员培训行业管理工作纳入正常轨道。按照“先纳轨，后提高”要求，完成了对全市 10 家驾培学校(中心)的纳轨工作，截至 2001 年 7 月 5 日，全部颁发了交通部门印制的经营许可证，全市共核准教练车 138 辆，32 个理科教练员参加了培训，迈出了实施行业管理的关键性一步，从纳轨开始，就严格执行开业技术条件以及教学计划、教育大纲等规定，加强了驾培师资队伍的培训工作，选拔理论教员参加全省的教学培训，在驾培行业起步阶段就严格管理，规范运作，确保规范有序。同年 8 月，理论考试实行无纸化，场地考试实行红外线桩考仪，路考实行二考一(城市道路、乡村道路行驶及调头)。全市实施《浙江省汽车驾驶培训管理暂行规定》，规范驾驶员培训行业行为。10 月 11 日，交通部发布《营业性道路运输驾驶员职业培训管理规定》，规定营业性道路运输驾驶员必须取得营运驾驶员从业资格证方能从事营业性运输。

2004 年 4 月 14 日实施的《中华人民共和国道路运输条例》明确，7 月 1 日起对机动车驾驶员培训实施行政许可。同年 7 月 1 日《中华人民共和国行政许可法》实施，交通部门开始整治驾驶培训机构，统一换发“道路运输经营许可证”，基本实现培训和考试管理相分离制度。

2005 年，积极推行了 IC 卡指纹识别管理系统，完成对全市 34 家驾校 1296 名教练员的指纹 IC 卡制作工作，并于 2005 年 12 月 1 日全面启用。同时，嘉兴市运管处对驾校培训质量排行榜制度进行了全面完善，并于 7 月公布了全市驾校培训质量排行榜，加大了社会对行业的监督力度，增加了行业透明度，更有效地维护了广大学员的合法权益。

截至 2005 年 10 月 30 日，全市共有汽车驾驶培训业户 36 家，其中一类驾校 5 家，二类驾校 31 家。从业资格培训业户 9 家，另有独立的摩托车培训业户 8 家(不包括汽车驾校办摩托车培训的业户)。驾培行业从业人员 1537 人，其中行政管理人员 299 人，理论教员(已换教练员证)114 人，驾驶教练员 1750，其中在驾校上岗的 1312 人，考核员(包括结业鉴定员)288人(这里有部分人员是一身兼二职或三职,如驾驶教练员同时又是结业鉴定员或理论教员等)。全市教练汽车1227辆。

2005年,嘉兴市共有74164名学驾人员经过培训后获得了驾驶证。随着居民收入不断增加与城市化水平的提高,越来越多的家庭步入"有车一族",甚至出现"一家多车"及车辆更新换代快的新局面,轿车进入家庭已经呈现出新的迹象。反映到机动车驾驶员培训上,就是机动车驾驶员培训人数的激增,2005年汽车驾驶员培训人数比2004年增长59.4%,突破了7万人次,实现培训产值约2.5亿元。

表9-1-7 2002—2005年嘉兴市驾驶员培训数量统计表

年份	年培训学员数量(人)			
	大型客车	大型货车	小型车	合计
2002	320	2689	7320	10329
2003	212	3461	15375	19048
2004	400	4175	41942	46517
2005	488	2399	71277	74164

2006年,嘉兴市公路运输管理处和市交警支队联合成立了执法检查领导小组,实行联合执法,编制了联合执法大检查评定表,明确检查项目、检查标准、检查方法,并组织驾校自查、管理部门初审,在全市驾培市场秩序联合执法检查中,检查37家驾校,整改13家,整改停考2家。在9月1日至3日的省联合执法检查组检查中,被抽查的5家驾校全部获得通过。提出概念、市场预期、政策保障等方面,就驾培业的发展提出了建设性意见,对行业规模化引导和管理具有一定的指导意义。

2007年,省交通厅结合全省实际情况,发文推行《浙江省机动车驾驶培训教练员诚信考核办法(试行)》,以规范教练员执教行为,提高机动车驾驶培训教练员综合素质。县级道路运输管理机构负责实施所属辖区教练员诚信的监督检查和整改工作。

2007年,嘉兴市驾培行业首次建立了信用考核机制,全市各驾校100%建立了信用档案,驾培管理"软手段"进一步完善和增强,行业整体运行平稳,全年无教学安全事故和重大投诉事件发生。规范驾培经营行为,提高培训信誉度。一是根据交通部2006年9号令,开展全行业《道路运输从业人员管理规定》宣贯工作,同时从业人员换证、无纸化考试、救护常识应急技能培训等工作进行了前期的准备;二是全市开展了教练员执教情况专项检查,重点对所有驾校教练场地和训练路线和教练员的执教行为进行检查,检查面达70%以上,有效地规范了执教行为。海盐所、桐乡所在摩托车驾培管理中,强化行业自律,防止恶性竞争,在管理措施上进行了有益的探索。完成驾培业课题研究,与省机动车驾培协会合作,完成《机动车驾培业集约化连锁经营发展模式探讨》课题研究。

2009年,嘉兴市汽车驾驶员培训单位排名榜:(1)嘉兴汽校(2)嘉兴国鸿(3)海宁九方(4)海宁路通(5)海盐国鸿(6)海宁八达(7)海宁大唐(8)嘉善驾校(9)嘉兴通达(10)桐乡大麻(11)嘉兴加武(12)桐乡羊阳(13)海盐阳光(14)嘉兴现代(15)嘉兴职校(16)嘉兴浙安(17)嘉善神州(18)海盐轻松(19)嘉善光彪(20)桐乡濮院(21)海盐安达(22)嘉兴大众(23)嘉兴捷顺(24)桐乡驾校(25)嘉善捷顺(26)平湖金健峰(27)桐乡澳龙(28)嘉兴久盛(29)桐乡福原(30)嘉善路通(31)嘉兴长运(32)平湖众安。

2010年,完成了各季度驾校信用考核检查工作及上半年度驾校排行榜,已于7月份进行公示和公布。按月完成全市驾校培训能力评估工作,根据驾校教练车辆数和教练员人数的变动情况评定每月学员的报考人数。结合杭州"3.18"教学安全事故,在全市驾培行业中开展了为期一个月的"查隐患、保安全"专项整治活动,共发出限期整改通知书25份,消除教学安全隐患63处,为确保驾培教学安全打下了基础。根据省交通厅《浙江省机动车驾驶培训教练员诚信考核办法》,结合2009年度日常检查和投诉处理情况,对全市1500多名教练员的年度诚信等级进行了评定和公示,在无异议的情况下已上报省局。2010年度的教练员诚信等级评定工作正在进行中。组建成立了嘉兴市的道路运输从业资格考试中心,并按省运管局要求完成了从业资格无纸化考试系统的安装和使用。筹建成立了正大机动车驾驶员培训服务中心,对本级的机动车驾驶员培训理课及驾模器进行规范统一的教学。组织报送了854名新训教练员参加教练从业资格的培训和考试。组织报送了560名老教练员参加省局的继续再教育。

表 9-1-8 2010 年机动车驾驶员培训管理人员人数统计表

辖区	管理人员人数合计（人）	理论教学负责人（人）	驾驶操作训练负责人（人）	教学车辆管理人员（人）	结业考核人员（人）	计算机管理人员（人）
合计	330	36	36	42	198	37
南湖	129	9	10	12	118	11
秀洲	10	2	2	2	2	2
嘉善	43	6	6	6	19	6
平湖	42	4	4	4	26	4
海盐	36	4	4	8	16	4
海宁	22	5	4	4	5	4
桐乡	48	6	6	6	12	6

表 9-1-9 2010 年机动车驾驶员培训业户统计表

辖区	机动车驾驶员培训业户合计（户）	普通机动车驾驶员培训（户）	机动车驾驶员培训业户一级（户）	机动车驾驶员培训业户二级（户）	机动车驾驶员培训业户三级（户）	道路运输驾驶员从业资格培训（户）	道路客货运输驾驶员从业资格培训（户）	危险货物运输驾驶员从业资格培训（户）
合计	32	32	4	10	18	6	6	1
南湖	9	10	2	1	7	2	2	0
秀洲	2	2	0	1	1	0	0	0
嘉善	7	6	0	1	5	1	1	0
平湖	4	4	1	0	3	1	1	1
海盐	4	4	0	3	1	1	1	0
海宁	4	4	1	3	0	1	1	0
桐乡	2	2	0	1	1	0	0	0

表 9-1-10 2010 年机动车驾驶员培训人次统计表

辖区	培训人次合计（人次）	培训合格人次（人次）	内：从业资格培训人次（人次）	教学车辆（辆）	教学场地（含租赁场地）面积（平方米）
合计	124452	106540	4728	1795	659866
南湖	36586	20711	1372	499	181757
秀洲	7186	7186	0	121	32800
嘉善	10924	10924	669	212	79019
平湖	19263	18418	845	213	75000
海盐	14791	14303	488	173	87298
海宁	21220	20516	704	270	109185
桐乡	14482	14482	619	307	94807

表 9-1-11　2010 年机动车驾驶员培训教练员人数统计表

辖区	教练员人数合计（人）	理论教练员（人）	驾驶操作教练员（人）	道路客货运输驾驶员从业资格培训教练员（人）	危险货物运输驾驶员从业资格培训教练员（人）
合计	1783	98	1769	16	3
南湖	459	15	526	2	1
秀洲	137	5	132	0	0
嘉善	217	17	198	2	0
平湖	190	12	189	3	2
海盐	176	16	158	2	0
海宁	289	17	267	5	0
桐乡	315	16	299	2	0

表 9-1-12　1988—2010 年嘉兴市机动车驾驶员人数统计表

年份	总计	汽车			摩托车	其他	拖拉机	简易机动车
		汽车大型		小型汽车				
		客车	货车					
1988	21013	672	6332	441	8700		4605	263
1989	26290	728	7599	774	11758		5067	364
1990	24980	922	8461	913	8086		6369	229
1991	32085	1025	10274	1599	12570		6382	235
1992	39383	1107	11744	2162	17107		7006	257
1993	52105	1192	14411	3835	25125		7936	406
1994	65072	1336	19042	6733	29316		8192	633
1995	85268	1388	24633	11186	38486		8975	600
1996	128107	1461	27115	15774	71923		11237	597
1997	190084	1499	32053	19993	125923		10184	432
1998	216978	1749	31322	23438	149207		10626	636
1999	241912	1909	32698	26213	170308		10150	634
2000	282436	2108	34538	30527	203585		11037	641
2001	361000	2455	40117	38427	268147		10824	1030
2002	470511	2911	42999	48140	364295		10967	1199
2003	582984	2423	43670	74516	448300		12028	1047
2004	682348	3742	49759	105126	512306		11415	—
2005	797638	238379			551748	7511		
2006	873375	279356			586814	7205		
2007	946498	329008			610772	6718		
2008	1033137	393215			633466	6456		
2009	1114154	463555			644431	6168		
2010	1198835	554241			644594			

注：从 2005 年开始，统计方式变更，“大型汽车”和“小型汽车”合并为“汽车”，增加“其他”一项，“拖拉机”和“简易机动车”驾驶员数据不再统计。表格数据由市公安局交警支队提供

第七节 公路规费征收

公路规费是国家批准征收，用于交通基础设施建设、维护、改造和实施交通行业管理的各项资金，是交通部门为交通工具的拥有者、使用者提供交通基础设施服务和履行管理职能时，按规定收取的费用。公路养路费是公路基础设施养护、修建、技术改造、改善和管理的主要资金来源，是公路事业发展的必不可少的物质条件。

嘉兴市公路运输管理、稽征处负责公路养路费、养路附加费、公路运输管理费、公路建设基金、车辆购置附加费、杭枫公路通行费、地方道路建设等规费的征收工作。

1949 年以前公路规费征收

抗战前，养路经费是从营业收入中拨出。民国 22 年(1933) 沪杭路金丝娘桥至闵行段由浙江省承租并办理养路，规定按营收的 7%作养路费。民国 22 年 1 月起，按照五省市交通委员会的规定，统一征收养路捐，有年捐、季捐、月捐及临时通行捐，此是征收汽车养路费的前身，从此有养路费专项收人，但当时外来车辆少，主要还是本省车辆，因此养路费仍在营收中按预算支付。

民国 28 年(1939)10 月，行政院首次颁发“公路征收汽车养路费规则”。次年 4 月，浙江省政府制订“浙江省公路征收养路费施行细则”，同年 5 月，省公路开始征收养路费。其征收费率为：营业乘人小汽车(7 座以下)每车公里 0.05 元，自用及营业大汽车(7 座以上)每车公里 0.15 元，货运汽车每吨公里 0.12，此外，按运价 10%加收工程改善费。

抗战胜利后，重订养路费征收标准。民国 35 年(1946) 1 月起，营业小汽车(1—7 座)每车公里 1 元，大客车(8 座以上)每车公里 2 元，货车每吨公里 10 元。民国 36 年 3 月调整为大客车每车公里 100 元，货车每吨公里 150 元。以后由于物价不断上涨，养路费率也不断调整。民国 37 年(1948) 2 月，全省公路客货车运费附加复路费一成。民国 38 年(1949)3 月，养路费征收率按运价 10%由各地自行调整，至此养路费口实为运价的 20%征收，直至解放前夕不变。

1949 年—1990 年规费征收

公路养路费

公路养路费(以下简称养路费)是国家按照“以路养路”的原则，规定由交通部门向有车单位或个人征收，用于养护和改善公路的事业费。

解放后，1949 年 8 月，浙江省开始正式统一征收养路费，乍杭线开始于 8 月，乍平嘉线开始于 11 月征收养路费。征费标准按运价一成，按次征收，由于养路费随米价而调整，调整次数较多，其中以 1950 年 3 月 5 日调整的费率为最高，客车人公里为 32 元，货车吨公里为 400 元(均按旧人民币)，以后随着实施全国财经统一，逐渐降低。1950 年 7 月交通部颁发了《公路养路费征收暂行办法(草案)》，规定凡行驶公路的公私汽车(除军用车、特种任务车、机关小汽车及人力车外) 都要缴纳养路费，最高收费额不得超过运价的 6%。

1952 年 11 月 13 日，浙江省公路局根据华东交通部统一制定的《华东区公路养路费征收暂行办法实施细则》，对收费标准作了补充规定：客车每 10 座为 1 吨，小客车每 5 座折合半吨，超出 5 座按 1 吨收费。客车按次纳费每吨公里 270 元，按月缴费每吨 54 万元；货车按次每吨公里 200 元，按月每吨 40 万元(均按旧人民币)。

1954 年，浙江省交通厅对养路费收费标准又作了调整：客车折合每吨公里为 230 元，货车每吨公里为 195 元(均按旧人民币)。

1957 年 2 月 26 日，省交通厅公路运输管理局颁发“浙江省公路养路费过渡费征收实施细则”，养路费率为：国营、公私合营汽车运输业客货汽车按营运收入总额 8%征收；其他单位客车每座公里 0.00184 元，货车每吨位公里 0.0156 元征收。

1960 年 2 月，交通部、财政部联合颁发《公路养路费征收和使用暂行规定》，同年 7 月，省交通厅制订“养路费征收和使用实施办法”，养路费率为：运输企业的车辆仍按客货运总收入 8%征收；企业、事业、合作社和人民公社专业运输队固定大中型客车每月每座 2.10 元，每座公里 0.00198 元征收；货车每吨位 18 元，每吨公里 0.0168 元，当月预缴，次月结销。该办法于 1961 年 5 月正式实施。

1962 年 2 月 2 日，浙江省计委通知，自 1 月 1 日起省专业汽车养路费调整为按营业收入 18%征收。其他车辆仍按 1961 年规定标准征收。同年 8 月 3 日省计委又通知自 7 月 1 日起，省专业汽车养路费暂按营业收入 10%征收，其他车辆仍按 1961 年规定标准征收。

1963 年 6 月，交通部、财政部联合颁发关于公路养路费征收和使用的补充规定，同年 7 月 18 日省交通厅。财政厅联合制订了“浙江省公路养路费征收和使用实施办法”(修正办法)，通知规定：专业运输汽车养路费按营业收入的 10%调整为 14%征收，并于 1 月 1 日起执行。企业、事业、合作社等非营业运输单位的自用车辆，从 7 月 1 日起，货车每吨每月60元(挂车免征),大型客车每座每月8元,牵引车以拖挂车载重吨位计算,每吨每月20元,行驶公路参加运输的拖拉机,每月每5匹马力15元征收。

1972年起,省交邮局决定将养路费征收总数的5%拨给地区,安排用于公路养护、改善和建设。

同年7月1日起,对企、事业单位、合作社等非专业运输单位的自用车辆,货车每月每吨由60元调整为80元,载重挂车每月每吨30元调整为40元,牵引车每月每吨由20元调整为30元,大型客车每月每座8元。人民公社、党政机关、学校、建设兵团,人民团体、基建单位的自用货车、挂车、大型客车、牵引车则减半计征。机动板车、胶轮拖拉机(不包括手扶拖拉机)均按每月每吨20元计征。专业运输汽车养赂费仍按营收14%征收。

1980年1月10日,省计委、省交通厅、财政厅、人民银行省分行联合颁发“关于公路养路费征收和使用实施办法”,本办法自1980年1月1日起全面施行,过去颁发的有关办法同时废止。办法规定:凡领有行车牌证的各类客货汽车、各类胶轮拖拉机(包括手扶拖拉机)、各类革新机动车、以及胶轮机械车、拖挂车除按规定免征的以外,均应按规定的费率标准缴纳养路费。征收的费率标准:专业公路运输企业、其他部门的专业出租汽车、三轮客车,按月以营运收入总额的14%计征;企业、事业、旅游业及交通部门专业汽车运输企业的非营运车辆,非交通部门的汽车队或运输车队和区、镇、街道学校办的企业、农工商联合企业的车辆,均按月按行驶证核定载重吨位每月每吨80元计征(客车比照同类型货车核定吨位计征);随车拖带的客、货拖挂车(不包括半挂车),按核定吨位每月每吨40元计征;企、事业单位以及不属国家行政、教育经费开支的机关、学校自用的小卧车、小吉普车,按每辆每月40元计征;拖拉机按发动机每20马力折合1吨计征(10马力以下按半吨计征),其拖带的挂车不另征费;手扶拖拉机每台每月以2O元计征,随带的挂车不另征费。

下列单位自用车辆按月按费率标准减半征收养路费:①党政机关、学校、人民团体属国家行政、教育经费开支的自用客货汽车及拖拉机;②国营农(牧)场自用的拖拉机;③农村人民公社所属企业、集体农场自用的车辆;④农村生产队、生产大队搞运输运费的拖拉机. 以上①②③种单位自用车辆如参加营运时,仍征收全费。

各种重型汽车、核定载重10吨及不足10吨的按每月每吨80元计征,超过10吨以上部分每吨按40元计征。

大型平板车(包括苏挂式),核定载重20吨及以下的按每月每吨40元计征;超过20吨以上部分每吨按20元计征。凡不能载货的特种车,一律按自重(包括车上固定装置)每月每吨按40元计征。

1981年2月,省交通厅通知,凡领有行车牌证的农村生产队、大队行驶公路参加有营运的拖拉机,均应按费率标准缴纳养路费。行驶公路以营运为主的手扶拖拉机的养路费,按规定每月20元计征(随带的挂车不另征费),经核实的农村生产队、生产大队既参加农业耕种又行驶公路参加营运的手扶施拉机,每年缴纳养路费不得少于6个月,统缴包干,按每月每台10元计征。

1984年1月1日起,全省统一使用改革后的新票证,新印章。新票证有:统缴证、缴讫证、免费证、手扶拖拉机缴讫证。各证必须按规定分别盖有公路养路费专用章、月份章、收讫章等方能有效。

1984年6月,省交通厅、财政厅对农民个人或联户的拖拉机参加营业性运输征收养路费作了统一规定:专门从事营业性运输的手扶拖拉机每台每月征收公路养路费20元(比汽车费额减征75%);轮式拖拉机每20匹马力折合1吨,每吨每月计征公路养路费32元(比汽车费额减征60%);既从事营业性运输,又参加完成农忙季节机耕和非营业性运输的,采取包干收费,累进减免公路养路费的办法;即按季统缴的减免半个月(手拖每台计征60元),半年统缴的免征1个半月(手拖每台计征90元)、全年统缴的免征4个月(手拖每台计征160元);“天目山”、“飞燕”牌轻便手把式后三轮机动车,比照手拖计征公路养路费。

各县征收的手扶拖拉机养路费,省全部返还给各县用于县乡公路建设,由县交通局掌握使用。

1985年5月,省人民政府批准省计经委、财政厅、交通厅、物价局“关于调整公路养路费征收标准的意见”,于同年6月1日起调整征费标准:①企业、事业、合作社等单位和个体户、专业户、联户、个人的车辆以及交通运输企业的非营运车辆,由按核定载重吨位每月每吨80元调整为105元征收,汽车拖带的挂车每月每吨减半计征;②交通部门公路专业运输企业的营运车辆和其他部门的专业出租汽车(包括旅游业营运车辆),由按营运收入总额14%调整为15%计征养路费,若按吨位计算低于社会车辆征收标准的,一律改按每月每吨105元征收;③对农民个人和联户的机动车辆养路费,专业从事营业性运输的手扶拖拉机,由按每月每台20元调整为30元征收,轮式拖拉机每20匹马力折合1吨,由按每吨每月32元调整为按42元征收。既从事营业性运输、又参加完成农忙季节机耕和非营业性运输的,采取包干收费,累进减免公路养路费的办法:即按季统缴的免征半个月,半年统缴的免征1个月半月,全年统缴的免征4个月。“天目山”、“飞燕”牌等手把式后三轮机动车,比照手扶拖拉机费额计征。

1988年6月，省公路稽征局通知，自7月1日起更换新票证有：公路养路费缴讫证、公路养路费统缴证、公路养路费其他机动车缴讫证（用于方向盘拖拉机、后三轮和简易机动车等）。

1988年7月23日，省计经委、交通厅、财政厅联合颁发《浙江省公路养路费附加费征收实施办法》，规定从1988年7月1日起养路附加费的征收工作由省交通厅统一负责管理。凡按费额计征（即按吨、辆计征）公路养路费的车辆，均应按规定费额标准缴纳养路费附加费。凡批准减免征收养路费的车辆，同时减免养路费附加费；凡因故停驶的车辆，按规定停征养路费时，养路费附加费亦同时停征。养路附加费与养路费同时缴清。1988年全市有183个单位545辆车辆免征养路费，有专业运输单位19家按营收总额15%缴纳养路费，有5000余家社会车辆单位按吨位缴纳养路费。

1990年10月，浙江省人民政府通知，从1990年11月1日起开征摩托车养路费：侧三轮每辆每年150元，二轮每辆每年100元，轻骑每辆每年50元。调整按载重吨位计征养路费的车辆（包括后三轮机动车）每吨每月为120元；5座及5座以下的非营运车一律改按1个载重吨计征养路费；营业性客车均按营运收入15%计征养路费；拖拉机（包括方向盘和手扶式）按拖挂车的核定载重量，每月每吨50元计征养路费。公路养路费，养路附加费征收标准如附表。

表9-1-13　公路养路费、养路费附加费征收标准

单位：元

项目		计费单位	养路费	养路费附加费	合计	备注
载货汽车		每吨每月	120	25	145	中旬97元，下旬48元
挂车		”	60	12.5	73	
重型汽车	10吨以下	”	120	25	145	
	10吨以上	”	60	12.5	73	
大型平板车	20吨及以下	”	60	12.5	73	
	20吨以上	”	30	6	36	
大型拖拉机		”	50	10	60	
手扶拖拉机		”	50	6	56	一季140元，半年252元，全年448元
后三轮摩托车（包括简易后三轮）		”	120	25	145	
企事业出租（旅游车）		”	160		160	中旬107元，下旬53元
营运客车	班线大客车	每吨每月	180		180	中旬120元，下旬60元
	6座以上	”	200		200	中旬134元，下旬67元
	6座以下（运价1元以下）	”	220		220	中旬147元，下旬73元
	5座以下（运价1元以上）	”	260		250	中旬167元，下旬80元
倒三轮摩托车		每辆每年	150		150	下半年度新增减半
二轮摩托车		”	100		100	下半年度新增减半
轻便摩托车		”	60		50	下半年度新增减半

注：上表未列入的养路费附加费，按养路费计征额的20.83%计算。

嘉兴市公路养路费征收情况：1984 年 466.1 万元，1985 年 1010.1 万元，1986 年 1484.1 万元，1987 年 1750.9 万元，1988 年 1954 万元，1989 年 3159.4 万元，1990 年 2837.7 万元。

养路附加费自 1988 年 7 月 1 日起开征：1988 年 171.1 万元，1989 年 575.8 万元，1990 年 523.1 万元。

公路建设专用基金

1986 年 6 月 14 日省计经委、物价局、财政厅、交通厅联合颁发“浙江省客运汽车站和公路建设专用基金征收实施办法”的通知，决定从 1986 年 7 月 1 日开始征收“客运汽车站和公路设施建设专用基金”（简称公路建设基金），凡乘坐在本省经营公路客运的一切单位、企业、事业、联户和个体户的客车、旅游车、出租汽车（不包括在市区内行驶的出租车和其他机动车）的旅客都必须计征公路建设基金。征收标准按旅客乘车里程，在现行票价外每人公里征收人民币三厘。经营跨省客运的车辆（包括外省进入浙江省的客车），按旅客在浙江省境内实际乘车里程计征。1988 年 8 月，省计经委、财政厅、物价局、交通厅颁发“浙江省公路建设专用基金征收实施办法”，决定从 1988 年 7 月 1 日起，征收公路客、货运输附加费，作为公路建设专用基金，征收范围：凡在浙江省境内和行经浙江省经营客、货运的所有机动车辆的单位和个人均应向旅客和货主负责代征公路建设专用基金。征收标准：客运在原来已按客票里程每人公里征收人民币三厘的基础上增收七厘（即每人公里征收一分），起征点五分，尾数五分制，由经营者在发售客票时向旅客代收；货运按货票里程每吨公里征收人民币一分，起征点五分，由经营者在承运、签发货票的同时向托运单位、货主代收。凡跨省市客、货运输（包括外省进入浙江省的经营者），按在浙江省境内行驶的实际里程和征收标准向旅客和货主代征公路客货运输附加费，征收工作由省交通厅负责，由稽征部门征收，收缴的客运建设基金的 70% 和货运建设基金由省政府统一掌握，用于高等级公路的建设。客运建设基金的 30% 由省交通厅用于公路客运站、场及公路设施的改造和建设。全市公建金征收额：1988 年为 159.68 万元，1989 年为 658.31 万元，1990 年为 820.60 万元。

表 9-1-14　嘉兴市公建金征费标准

<table>
<tr><td colspan="2">统缴（按实征收）</td><td colspan="2">定额征收</td><td colspan="5">社会车辆（定额）</td></tr>
<tr><td colspan="2">专业车辆单位</td><td colspan="2">专业车队个体联户</td><td colspan="2">领有客货运发票</td><td colspan="3">无公路运输发票</td></tr>
<tr><td>客车</td><td>货车</td><td>客车</td><td>货运</td><td>客车</td><td>货车</td><td colspan="2">客车（每月）</td><td>货车（每月）</td></tr>
<tr><td rowspan="6">每人公里一分征收</td><td rowspan="6">每吨公里一分征收</td><td rowspan="6">每座每月拾陆元征收</td><td rowspan="6">每吨每月贰拾元征收</td><td rowspan="6">每座每月拾贰元征收</td><td rowspan="6">每吨每月拾陆元征收</td><td>辆座</td><td>金额（元）</td><td rowspan="6">每吨每月捌元征收</td></tr>
<tr><td>5 座以下</td><td>16</td></tr>
<tr><td>6~13 座</td><td>36</td></tr>
<tr><td>14~20 座</td><td>60</td></tr>
<tr><td>21~40 座</td><td>80</td></tr>
<tr><td>41 座以上</td><td>120</td></tr>
</table>

公路运输管理费

1965 年 10 月，交通部颁发《关于向民间运输业提取管理费问题的几项规定》，费率一般为营运总收入 2% 左右，最高不得超过 3%，以够民间运输管理机构开支为原则。提取对象为集体所有制运输企业、个体运输业者，以及城乡人民公社和厂矿运输队参加流通过程运输的车船提取。1974 年，省财政金融局、交通局补充规定：费率最高不得超过营运总收入的 3%，县以上的大集体可略低于社队办副业队和县以下的小集体，最高不得超过 2%。1980 年 1 月，嘉兴地区交通局“关于征收汽车运输管理费的通知”规定：向运输单位以及厂矿运输队参加流通过程运输的汽车暂提取 1.5% 运输管理费（省汽车公司所属单位由省征收），并规定在提取 1.5% 运管费，其中 0.5% 上交地区，1% 由县交通局掌握使用。1983 年 7 月，按照国家经委、交通都《关于改进公路运输管理的通知》，嘉兴市对从事营业运输的单位和个人，征收 1% 运输营业额的运输管理费。1986 年 10 月 1 日起，按交通部、财政部《关于发布公路运输管理费征收和使用规定的通知》，对从事营业性公路客货运输、搬运装卸、运输服务的单位和个人，以及部队车辆参加地方营业性运输的，均须缴纳运管费，运管费按经营者的营业收入计征，最高不超过 1%。

1990 年 11 月 16 日，浙江省财政厅、交通厅、物价局联合制订了《浙江省公路运输管理费征收和使用规定实施细则》，对运管费的征收范围：①从事营业性公路客、货运输(包括旅游、出租汽车运输，以及部队车队参加地方营业性运输)的单位和个人。②从事营业性搬运装卸(包括人、畜力车)和运输服务的单位和个人。③从事营业性汽车维修的单位和个人。征费标准：客货运输车辆按应收运费 1%；搬运装卸、运输服务按营业收入 1%；汽车维修按不超过营业总额的 0.5%征收。全市运管费征收数 1988 年 191.6 万元，1989 年 274.6 万元，1990 年 317.9 万元。

表 9-1-15　嘉兴市运管费征收标准

专业运输单位及个体(联户)	非专业运输单位				说明
	客车		货车		
	客位	月缴费标准(元/辆)	吨位	月缴费标准(元/吨)	
按其营业额的1%征收运管费	5 座以下(含 6 座)	8	3 吨以下(不含 3 吨)	7	①0.5 吨以下的按半吨计算；0.6 吨以上不到 1 吨按 1 吨计征。②车辆征收范围参照养路费缴免范围执行。⑨拖拉机按养路费累进减免办法执行 1 半年征收 1 个月，全年征收 8 个月。
	6~13 座	12	3~5 吨(含 3 吨 5 吨)	8	
	14~25 座	14	5~10 吨(含 10 吨)	6	
	26~45 座	18	10 吨以上(不含 10 吨)	4	
	46 座以上	22	手拖每月每台	5-7 元	
			中拖每月每台	15 元	

车辆购置附加费

根据国务院国发(1985)50 号《车辆购置附加费征收办法》和交通部、交通厅具体征收规定，嘉兴市从 1986 年 6 月 1 目开始征收车辆购置附加费，凡新车上牌、证前须凭购车发票、车辆合格证、说明书(调拨车须凭调拨单)到公路稽征部门办理车辆购置附加费。征费率为：国产车辆按购车总价的 10%：进口车辆按购车总价的 15%(苏联和东欧进口汽车征费率为 10%)。凡属更新车型单位、车辆购置附加费优惠 50%。对消防车、环境保护车、洒水车、混凝土搅拌车、沥青洒布车，铲车、叉车、吊车以及有固定装置的军用车辆和其他经交通部、财政部批准的车辆免征购置附加费。开征车辆购置附加费后，所有机动车辆均须携带车辆购置附加费征收凭证，1986 年 6 月 1 日前购置的车辆应持有“车辆购置附加费免办凭证”；属规定免缴车辆应持有“车辆购置附加费免缴凭证”；凡应缴车辆购置附加费的车辆应持有“车辆购置附加费缴讫凭证”。省公路稽征局从 1990 年 1 月 1 日起对所有机动车、挂车核换新的车辆购置附加费(缴费免征，免办)凭证。

1990 年，交通部、财政音 5 联合颁发(关于违反《车辆购置附加费征收办法》的处罚细则)，共 18 条，从 1990 年 10 月 1 日施行。

嘉兴市自 1985 年 5 月 1 日起开征车辆购置附加费，每年任收情况为：1985 年 279.3 万元；1988 年 304.8 万元；1986 年 285.6 万元；1989 年 679 万元；1987 年 222.3 万元；1990 年 809.3 万元。

杭枫公路通行费

经浙江省人民政府同意自 1989 年 10 月 1 日起对通过杭枫公路嘉兴过境段的机动车辆征收通行费。征费对象除军车、消防车、医院救护车、警车外，其他任何机动车按核定载重吨位计收通行费：二、三轮摩托车及简易三轮机动车每辆 1 元；2 吨及以下的各种汽车和手扶拖拉机每辆 2 元；2 吨以上至 6 吨的各种汽车和方向盘式拖拉机每辆 4 元；6 吨以上至 10 吨的各种汽车每辆 6 元；10 吨以上至 20 吨的各种汽车每辆 10 元；大型平板车按轴计算、每轴 4 元；超过 20 吨的每超 1 吨加收 1 元。带挂车酌汽车按其主、挂车核载总吨位征收，客车按同类型底盘的货车确定吨位，如无同类型可比，每 10 座折合 1 吨。过境车辆通过一次收费一次。1989 年 11 月—12 月共征收 40.20 万元。1990 年共征收通行费 727.07 万元。1991 年共征收 1000 万元。

地方道路建设费

经嘉兴市人民政府批准，从 1989 年 1 月 1 日起征收嘉兴市城、郊区车辆地方道路建设费。凡嘉兴市城.郊区的客货汽车、摩托车、手扶拖拉机(营运)、自行车、其他非机动车按规定标准征收地方道路建设费。1989 年共征收 149.02 万元；1990 年共征收 189.67 万元；1991 年征收 160 万元，以上均不含自行车征收数额。

嘉善、平湖、海宁、桐乡县(市)1990 年征收地方建设费分别为嘉善县 48.7 万元；平湖市 126.81 万元；海宁市 73 万元；桐乡县 46 万元。

表 9-1-16　嘉兴市城、郊区地方道路建设费收费标准

车辆	型号	收费标准	车辆	型号	收费标准
大型车	大客车	600	摩托车	二轮	200
大型车	大货车	800	摩托车	侧三轮	200
大型车	特种车	500	摩托车	后三轮	300
大型车	专用车、油罐车	700	摩托车	轻骑	100
大型车	起重车	300	手扶	手扶拖拉机	120
大型车	其它	500	非机动车	自行车	5
中小型车	客车(包括轿车)	400	非机动车	人力三轮货车	30
中小型车	货车	500	非机动车	人力三轮客车	50
中小型车	吉普车	400	非机动车	手拉板车	60
中小型车	特种车	300	非机动车	二轮小反斗	10

1991 年—2010 年公路规费征收情况

1990 年后，嘉兴市道路运输管理稽征处依法征收的公路规费主要有公路养路费、养路费附加费、客货运输附加费(即公路建设基金)、公路运输管理费和车辆购置附加费。

1990 年 10 月，浙江省人民政府通知，从 1990 年 11 月 1 日起开征摩托车养路费：侧三轮每辆每年 150 元，二轮每辆每年 100 元，轻骑每辆每年 50 元。调整按载重吨位计征养路费的车辆(包括后三轮机动车)每吨每月为 120 元；5 座及 5 座以下的非营运车一律改按 1 个载重吨计征养路费；营业性客车均按营运收入 15%计征养路费；拖拉机(包括方向盘和手扶式)按拖挂车的核定载重量，每月每吨 50 元计征养路费。1990 年起，全市养路费征收采用 DOS 单机版管理。

1991 年，公路征收规费为 7581.3 万元。

1992 年，公路征收规费为 9168.8 万元，比 1991 年增长 20.94%。其中公路养路费 4302.6 万元，养路费附加费 719.7 万元，公建金 1392.5 万元，车辆购置附加费 1506 万元，通行费 1247.92 万元。再加上各县、市运管所征收的手拖、摩托养路费，代征地方道路维修建设费，代征税收代办保险和运输管理费等，实际征收费税额已突破亿元大关。公路规费大幅度地增长，为交通事业的快速发展，奠定了雄厚的物质基础。

1993 年，公路规费征收达到 1.52 亿元，比 1992 年增长了 65.79%。

1994 年起，实现局域网系统。改变了原来单机开票速度慢、数据不稳定局面，局域网系统的开通，大大提高了缴费的速度，确保各项数据的安全性和稳定性。

1995 年，全市公路养路费征收首次达到 1 亿元，全市征收养路费(含养路费附加费) 10006.6 万元，为年计划的 144.77%，比 1994 年同期增长 19.47%；征收公路建设专用基金 3617.84 万元，比 1994 年同期增长 6.79%；征收车辆购置附加费 5982.75 万元。以上三项规费征收总计达到 1.96 亿元，为 1994 年同期的 109.12%。

2003 年，全市共征收公路养路费 2.38 亿元，比 2002 年同期增长 24.62%；征收公路客货运输附加费 6006 万元，比 2002 年同期增长 4.11%。为改进原有"门征式"征费方式，缓解"缴费难"排队等候的问题，采用银行代收养路费的方式来缓解这一矛盾，市本级于 9 月 1 日正式实行银行代收养路费，开通银行代收网点 5 个，桐乡所也继市运管处之后于 11 月 26 日开始实行委托银行代征养路费，开通 2 个银行代理网点。规费代征工作得到了群众的称赞和社会的肯定，此项工作走在了全省前列。由于受"非典"影响，严格按照省厅有关文件要求，积极落实公路规费扶持政策，确保中央政策能够及时落实到位，全市共减免公路规费 1300 多万元。此后，全市公路养路费收额，以"一年一个亿"的速度递增，

2004 年起，实现全省联网，征收公路养路费 37358 万元，征收公路客货运附加费 7015.8 万元，征收车辆购置附加税 3.8 亿元。截止 2004 年 12 月底，车辆购置附加税代征工作正式结束。20 年来，全市车购部门共计征收车购费税 17 亿元。

2005 年，全市共计征收养路费 44049.83 万元，客货运输附加费征收总额为 6617.98 万元。

2006 年，征收养路费 51335.73 万元，征收客货运附加费 5671.45 万元，因受政策影响，同比下降 14.28%；征收运管费 3321.65 万元。在政策调整减免客货运附加费的情况下，平湖运管所征收客货运附加费 965.51 万元，是唯一完成征收目标的县所；征收运管费 487.08 万元。嘉兴市公安局、嘉兴市交通局联合设立养路费咨询专窗和车辆信息共享制度，驻公安车管部门养路费征收咨询专窗的正式设立，标志着稽征部门应征车辆信息库数据交换走上正常渠道。

2007 年，实现工商银行个人网上缴费，全市共征收公

路养路费61049.6万元，全市已有应征养路费车辆189557辆274915吨，其中营运客车3299辆47389座(含出租车1964辆9753座)，营运货车28873辆98756.5吨，吨位实征率93.89%，待征率4.56%，报停率1.46%，共征收客货运输附加费5991.42万元。

2008年，推出工商银行委托代扣。全市征收汽车养路费70795.42万元，同比增长15.96%，超过全省平均增长水平，实现了"一年上一个亿"的目标；征收客货运附加费6232.04万元，同比增长4.03%；征收运管费4002.44万元，同比增长15.74%，为公路稽征工作画上了圆满的句号。桐乡所和嘉善所汽车养路费征收超亿元；平湖所客货运附加费征收突破千万元。2008年12月31日，嘉兴全市市、县两级公路稽征部门完成历史使命，实现费改税。

2009年实现费改税后，嘉兴全市共清理欠费车辆2522辆3597吨，追缴养路费207.48万元、公路客货运附加费9.81万元。

公路养路费

1990年10月12日，省政府下发《关于开征摩托车养路费和调整部分车辆养路费的标准的通知》，决定自11月1日起开征摩托车养路费，并调整部分车辆养路费标准。规定摩托车养路费按年一次征收，侧三轮摩托车每辆每年150元；三轮摩托车每辆每年100元，轻便摩托车每辆每年50元，摩托车养路费由市交通局负责征收。核定载重吨计征的车辆从每吨每月105元调整为120元；5座及5座以下的非营运客车一律按一个载重吨计征；拖拉机(包括方向盘和手扶式)按拖挂车的核定载重量计征养路费，费额调整为每吨每月50元。

1991年，养路费征收实现手按键盘微机征费，结束使用复写纸的手工开票历史。次年12月1日，省政府下发《关于加快交通基础设施建设的通知》。调整养路费征收标准：汽车养路费征收标准从每吨每月120元调整为135元；手扶拖拉机养路费征收标准从每吨每月50元调整为60元。

1993年5月1日，省物价局、交通厅下发《关于专业运输企业的营运车辆改按其他社会车辆交纳养路费的通知》，规定全省专业运输企业的营运车辆一律改按社会营运车辆缴纳养路费，营运客车不得低于每吨每月230元；营运货车每月每吨135元，嘉兴市公路稽征处下发《关于贯彻省政府有关调整公路养路征收标准的通知》，核定各类车辆的养路费征收标准。

1994年4月，省政府发布《浙江省公路养路费征收管理办法》，适度调整征收标准，社会车辆每月每吨由160元(含养路费附加费25元)调整为165元；拖拉机从每月每吨50元调整为每年每吨540元。

2003年12月17日，经省政府同意，省交通厅、财政厅、物价局联合下发《关于调整公路养路费标准的通知》，从2004年1月起，货车和非营运性客车的公路养路费征收标准由每月每吨165元调整为每月每吨200元。增收的资金主要用于农村通村公路的建设和改造。

2004年10月13日，经省政府同意，省交通厅、财政厅联合下发《关于对农村客运班车养路费等公路规费实行优惠的通知》，暂定在三年内，对农村短途班车养路费、客运附加费实行全免，市区内县乡班车亏损或保本经营的实行减半征收，以支持乡村客运事业发展。同年，实现全省联网征费系统。

2007年推出非营运车辆工行网上缴费。次年，开始利用具有摄像、抓拍、自动识别车辆缴费信息功能的养路费移动稽查车稽查车辆缴费情况，并与市交警大队建立车辆信息共享机制，以便更快掌握新车注册、转籍、报废、过户等信息，为养路费征收基础工作提供依据。

2008年12月，国家实施成品油价格和税费改革，正式取消养路费的征收。

公路养路附加费

1988年7月23日，省交通厅、财政厅按照省政府《关于征收公路建设专用基金的批复》下发《浙江省公路养路费附加费征收实施办法》，决定从7月起在省内开征公路养路费附加费，以改变全省公路建设与经济和社会发展不相适应的状况。征收标准为：载重汽车每吨每月25元(减征车辆同养路费减征比例减征)；中型拖拉机每吨每月10元；手扶拖拉机每吨每月6元；后三轮摩托每吨每月25元。如无法使用费额计征，可使用公式计算养路费附加费：养路费额× 23.81%=养路费附加费。养路费附加费和养路费合并征收。嘉兴市稽征处统一规定，按养路费征收额的23.81%分解养路费附加费金额，按月收缴。

1994年4月1日，《浙江省公路养路费征收标准》实施后的征费标准不再分解公路养路费附加费征收额。嘉兴自此日起停止计征公路养路费附加费。

客货运输附加费

客货运输附加费自1986年7月1日由省政府批复同意征收。1990年12月19日，嘉兴市公路运输管理处下发《关于调整部分公路建设专用基金征收标准的通知》，从1991年1月1日起征收标准又作部分调整：出租厢式货车每月每辆65元；个体出租客车每月每座16元。

客货运输附加费开始征收时，原则上均按客货运输周转量计征各类车辆的计征费额，变数较大，很难合理确定。经过三年多征收实践，省交通厅于1991年12月17日下发《关于公建金征收有关问题的通知》，决定从次年2月起，把定额征收的范围扩大到不能准确按规定报送营收表的专业运输单位。定额征收标准公布也包括班车、旅游出租车。

1992年12月，省政府下发《关于加快交通基础建设的通知》，决定客货运输附加费征收标准进行调整，即：每人(吨)公里由0.01元调整到0.02元。次年1月30日，省交通厅下发《关于贯彻省人民政府浙政〔1992〕28号文件调整公路客货运输附加费的补充通知》，对征收标准提出调整幅度和计算公式，并规定：交通部门专业运输单位的客货运输车辆，其公建金一律改为定额包干办法计征。同年2月23日，嘉兴市公路运输管理处、公路稽征处下发《关于贯彻省政府有关调整公路客货运输附加费的通知》，从当年1月1日起，调整全市客货运输附加费征收标准；营运客车征收标准增加1倍，出租车从140元/月·辆，调整为250元/月·吨；厢式货车从70元/月·辆，调整为120元/月·辆；15吨以下货车从30元/月·吨，调整为40元/月·吨，15吨以上货车从15元/月·吨，调整为20元/月·吨；拖拉机从10元/月·吨调整为20元/月·吨。平均调整幅度约为80%。

1997年1月24日，嘉兴市物价局、交通局下发《关于贯彻省物价局、交通厅、财政厅〈关于调整公路客货运输附加费征收标准的通知〉的实施意见》，决定从2月1日起调整公路客货运输附加费征收标准，在原定额标准基础上增加25%，即每人(吨)公里由0.02元调整到0.025元/调整后客运班车75元/月·座；旅游客车20座以下75元/月·座，20座以上50元/月·座；轿车300元/月·辆；货车15吨以下50元/月·吨，15吨以上25元/月·吨。2008年12月，取消征收客货运输附加费。

公路运输管理费

1990年11月16日，省财政厅、交通厅、物价局联合下发《关于印发<浙江省公路运输管理费征收和使用规定实施细则>的通知》，规定征收范围为从事营业性公路客、货运输，搬运装卸和运输服务，汽车维修的单位和个人；征收标准为客货运输车辆按应收运费的1%计征；搬运装卸、运输服务按营收的1%计征；汽车维修按不超过营业总额的0.5%计征；对应收运费和营收难以计算，也可核定按月定额征收。并规定对不按规定期限缴纳运管费的除补缴外，每超过一天，按滞纳额的5%计收滞纳金。运管费实行自收自支、按比例上缴的制度。

1993年9月30日，嘉兴市物价局、交通局下发《关于调整营运车辆运输管理费定额征收标准》，规定从10月1日起调整营运车辆运输管理费定额征收标准。除专业运输企业仍按原办法征收外，其余营运车辆一律按月定额征收。征收标准比原来有较大幅度递增。同年，10月15日，省公路稽征局、运输管理局下发《关于取消公建金、运管费统缴证的通知》，决定自次年1月1日起，取消公路建设基金、运管费统缴证，道路客货运输不分企业性质一律使用缴讫证，按定额标准计征运管费。

1996年12月4日，嘉兴市物价局、交通局下发《关于重新核定部分营运汽车运输管理费定额征收标准的批复》，重新核准营运客车和1吨以下货车运管费定额征收标准为：30座以上(含30座，下同)客车为5元/月·座；20座至29座客车为6元/月·座；10座至19座客车为7元/月·座；5座至9座客车为12元/月·座；轿车为20元/月·座；1吨以下货车每月每辆40元，于1997年1月1日起执行。嘉兴市公路运输管理处规定：15座(含)以上的营运客车其征费座位按核定座位减2个座位计算，15座以下的客车(包括轿车)，按核定座位减1计算。

1998年5月，财政部、国家发展计划委员会联合下发《关于不宜将汽车维修业纳入公路运输管理费征收的复函》，文件下达后，市运管处按市物价局《关于不宜将汽车维修业纳入公路运输管理费征收范围的通知》，6月起停止向从事汽车维修业的单位和个人征收运管费。

2004年4月7日，嘉兴市公路运输管理处转发省交通厅《关于取消和调整部门涉及农民负担的行政事业性收费项目及标准的通知》，对照规定取消部分涉农收费项目，即取消对从事营业性运输的农用三轮车、农用拖拉机的运管费的征收。

2005年3月28日，省财政厅、物价局联合下发《关于调整公路运输管理费征收范围的通知》，从5月1日起，此项规费征收范围包括机动车修理经营、机动车驾驶员培训，征收率为营业收入的0.8%。

2008年12月，取消征收公路运输管理费。

车辆购置附加费

车辆购置附加费(简称车购费)是按照国家规定征收的公路建设专项基金，由交通部归口，统收统支，按国家规定的预算外资金管理办法管理。车购费开征于1985年，由嘉兴市运管稽征处对嘉兴全市征收。

1990年11月13日，省交通厅、财政厅转发交通部、财政部《关于违反〈车辆购置附加费征收办法〉的处罚细则》，规定对伪造、使用伪造车购费凭证等违法行为，没收违法所得，并处以非法收入3—5倍的罚款；逃缴车购费的除补缴外，自购车之日起按日加收千分之一的滞纳金；对不携带车购费证行驶车辆，处以30元罚款等处罚。

1991年5月8日，交通部、财政部联合下发《关于小轿车实行专营后征收车辆购置附加费有关问题的通知》，重申“各地凡未按交通部规定征收，或擅自减、免征车购费的都应立即纠正。”并决定对部分小轿车实行定额征收。此后，交通部、财政部对各类车辆车购费的征收费额，一般都规定最低征费额，直接发至县(市)征收单位。

1994年2月2日，省交通厅转发交通部、财政部《关于贯彻国务院办公厅国办通(1993)35号文件精神有关问题的通知》，就改变车购费征收环节，统一征收标准作了规定：从4月1日起，同意将车购费由原车辆生产厂和海关代征，改为由车藉地交通部门直接征收(车购费代征结束)；车购费的费率由原国产10%、进口15%统一改为10%；车购费应自购车之日起的60日内缴纳。对车购费处罚规定作出修改，取消车购费证随车携带的规定，规定缴费人不按《征收办法》缴纳费款时，征管单位可以运用行政和法律的手段强制追缴，并对缴费人从应缴费之日起按日加收应缴费款千分之三的滞纳金，情节严重的，处以应缴费款五倍以下的罚款，罚款收入全部上交地方财政。

1995年1月14日，省交通厅转发交通部《关于发布〈车辆购置附加费征收业务规定〉的通知》，1996年4月，省交通厅据此通知精神制订《浙江省车辆购置附加费征收管理业务规定实施细则》，同时，开发使用浙江省车购费计算机征管系统，设置管理权限和征管程序。根据“管证不开票，开票不收款，收款不管证”的原则，建立岗位责任制。

1997年1月23日，交通部转发财政部《关于印发〈车辆购置附加费管理办法〉的通知》，自7月1日起，车购费纳入政府性基金预算管理，汇交的车购费在北京集中缴入中央国库。同年12月3日，交通部、财政部联合下发《关于违反〈车辆购置附加费征收办法〉的处罚规定》，重新设置违法车购费征收办法的行政处罚条款，要求严格按照《交通行政处罚程序规定》对车购费违章行为进行处罚，最高罚款额设定可至3万元。

2001年起，车购费改为车购税，由交通部门代征。2004年11月按国家税务局、交通部、人事部、财政部、中央编委办文件精神，车辆购置附加税代征工作正式结束。

表9-1-17 1991—2010年嘉兴市公路规费征收一览表

单位：万元

年份	养路费征收额	客货运输附加费	公路运输管理费
1991	4398.7	892.2	305.99
1992	5022.3	1392.53	421.19
1993	6797.2	2789.01	670.23
1994	8375.74	3389.72	1076.42
1995	10000	3560	1244.95
1996	10944	3008.8	1298.02
1997	12005.72	4600.85	1424.09
1998	12300.49	4741	1364.07
1999	12751.89	4769	1295.78
2000	13658.39	4960	1378.81
2001	15829.34	5323	1498.21
2002	19135.73	5981.47	1674.67
2003	23847.11	6004.04	1882.01
2004	37419.18	7025.16	2136.58
2005	44049.83	6617.98	2471.23
2006	51335.73	5761.45	3263.47
2007	61045.62	5991.42	3545.4
2008	70795.43	6232.04	3877.9

注：2009年国家实施成品油价格和税费改革，正式取消征收公路养路费，客货运输附加费，公路运输管理费

第八节　公路稽查

公路稽查是公路运管稽征部门履行道路运输管理、公路规费征收职能，贯彻执行国家相关方针、政策、法规，切实保障企业和旅客(货主)的正当权益，是维护运输市场秩序，实现各项公路规费应征不漏的必不可少的行政执法行为。

嘉兴市公路运输管理、稽征处实行“四块牌子、一套班子”合署办公(分别是嘉兴市公路运输管理处、嘉兴市公路稽征处、嘉兴市公共交通管理处和嘉兴市道路运政稽查支队)。

1984年11月，浙江省交通厅以浙交公管(1984)1314号文，批复“关于同意设立嘉兴市公路运输管理处”。

1987年，道路管理体制改革后，市公路运输管理稽征处在巩固充实公路行政执法队伍的同时，不断加大路检力度，逐步形成道路运输行业管理和公路规费稽征的监控机制。

1987年7月，嘉兴市公路稽征处建立。额定编制人员12名。办公地址在中山西路交通大楼内。浙江省编制委员会、浙江省交通厅对市(地)公路运输管理机构及人员编制规定为：市(地)设公路运输管理处，与同级公路稽征处合署办公，隶属市(地)交通局，实行省交通厅与地方双重领导，以地方为主。

1988年2月3日，省交通厅下发《关于配备公路运输管理定编人员有关事项的通知》，平湖县乍浦检查站批准设立，该站为省际道口检查站之一。

1988年5月，建立嘉兴市王江泾公路运输(稽征)检查站，实行两块牌子，一套班子，隶属市公路运输管理处、公路稽征处领导。

1990年10月12日，省交通厅下发《关于印发浙江省道路运输管理、公路规费征收稽查工作管理规定(试行)》，规定路检路查日常工作，由省公路运输管理局、省公路稽征局稽查科统一负责，运管、征收等有关部门密切配合，充分发挥运管、稽征合署办公的优势，做到上路检查统一领导、统一部署、统一检查。将查处运输经济违法活动与检查其他运输违章、规费缴纳情况结合起来，防止各自为政，多头检查。公路稽查活动纳入了规范化管理。

1990年12月，海宁市公路运输管理稽征所建立稽查队(后于1994年6月改建为稽查中队，下设2个小队；1999年3月升格为稽查大队，下设4个稽查中队，并配指导员)。

1991年7月26日，省人民政府下发《关于清理整顿公路检查站的通知》，全省国道、省道各部门检查站撤并减为124个。乍浦检查站调整为由公安、交通等7个部门参加的联合检查站。实行“联合检查、归口管理、部门负责、各司其职”的办法，联合组织检查。此后一段时间，交通部门按省政府文件精神，注重稽征检查，保证国家规费足额征收。

1992年6月，嘉编〔1992〕11号文件，同意市公路运输管理处行政科与劳动人事科合并为办公室(与党总支办公室两块牌子一套工作班子)，设置稽查科。

为加强稽查，依法行政，运用法律手段，确保规费征收。1992年嘉兴运管处积极发挥嘉善里泽检查站、嘉兴王江泾等检查站的站检功能。嘉善检查站在1992年中检查车辆62576辆，处理违章8164辆(违章率达13%)，补缴规费和罚款68万元，把住了浙江的“北大门”。嘉兴运管处和各所针对偷逃规费严重和运输违章率回升的情况，在1992年中，积极抽调人员上门上路开展稽查，桐乡运管所出动720人次；海宁运管所出动579人次，检查车辆7885辆；海盐运管所出动187人次，检查车辆1867辆；郊区运管所全年共检车辆2496辆。还开展了对人力三轮车的查处工作，嘉兴运管处在城区查扣无证无牌人力三轮车104辆，没收14辆，使市场秩序有所好转。平湖运管所首先主动与法院联系，成立了稽征执行室，仅三个月的时间，通过法院受理，申请强制执行46起，追补收缴规费2.5万元，运用法律手段，促进规费征收。嘉兴运管处、桐乡运管所都先后成立了运管稽征执行室。在1992年，嘉兴市运管处还开展了对维修厂的稽查工作，配合物价部门对汽修厂进行物价检查，查处违章行为，仅市本级没收违法所得款5万余元，查获违章填写发票额6万余元。桐乡运管所查处汽修厂擅自抬高修理价格和超级别修理十多起，查处无证经营二起，共处罚2万余元。海宁运管所查处违章承修、越级修理，违反发票管理、转让经营许可证等共七起，罚没款6136元。

为强化客运市场源头管理，1993年8月，海宁建立“海宁汽车站区域运管站”，负责汽车站区域客运经营秩序的日常管理工作。

1993年，嘉兴市共检查车辆206859辆，处理违章22260辆，罚没款229.9万元。嘉善县里泽检查站严守浙江‘北大门”，全年共检车辆91086辆，教育车辆14568辆，处罚违章8356辆，补款罚款80.8万元，拒收有价证券2100万元，现金200元，退回香烟、茶叶、羊毛衫等物，由于该站坚持做到秉公执法，文明执勤，被省交通厅评为文明检查站。崇福检查站自9月15日开展检查，全站五名工作人员，克服了人员少的困难，至年底实检93天，出勤558人次，查处违章车2417辆，罚款31.52万元，站检工作有了良好的开端；海盐等运管所发扬吃苦耐劳精神，克服困难，积极组织人员，采取早晚两头上路稽查等办法，强化稽查工作。市处本级受理群众举报26件，已查处结案的21件。全市各所在开展稽查工作中，坚持依法行政，秉公执法，做到违章有记录，处理有结论，打击了非法经营，保护了合法经营，维护了旅客和货主的正当权益。

1995年后，随着道路运输市场进一步开放和治理整顿运输市场工作不断深化，公路稽查和行政执法的工作重点是维护全市客货运输市场正常运输秩序，打击无证经营行为和查处欠、逃、缴公路规费，确保规费“应征不漏”。

1995年，为了实现良好的客运秩序，达到“车进站、人归点”的目标，在8月和11月相继开展了嘉善、桐乡、(含濮院) 等线路营运中巴客运秩序和经营行为的专项整顿，强化现场检查。尤其是11月份，在市区“一站二段”(即汽车西站内外、越秀南路段和中山西路段) 开展的中巴营运秩序、经营行为专项整顿工作中，针对少数经营业主和驾驶员不按规定站点始发、站内站外违章停车、拉客等欺行霸市现象，，协调公安交警、物价部门，集中人员，集中稽查力量，分工负责，严厉查处违章行为，运管、交警采取联手专项治理的手段，统一处罚违章车辆，加大稽查力度，共查出违章车辆215辆次，其中有18辆中巴车受到违章警告处罚，有12辆中巴车被扣车停业整顿。在整顿营运秩序中，我们不但抓查处，而且也注重抓源头管理，即实行客车进站签到和出站签发路单的办法，把查处与加强源头管理相结合，保证了客运市场有序运行。

1996年9月25日，交通部颁发《交通行政处罚程序规定》，规范交通行政处罚程序，规定行政执法文书14种。次年6月9日，下发《关于补充启用交通行政执法文书的通知》，补充、规范文书24种。

图 9-1-8 运管队伍准备出发

1996年，针对嘉兴、桐乡线中巴客车出现的“卖客”违章行为，嘉兴市运管处在进行正常查处运输违章车辆的同时，采取调整嘉兴、桐乡线路，撤销中途终点线，双方进站上下客的办法，克服纠正途中转载而出现“卖客”的不良现象，使线路管理日趋规范。为进一步规范嘉兴市出租车市场，确保客运出租车行业正常营运秩序，创建一个公开、公平、竞争有序的出租车市场，嘉兴市运管处经常性对无证经营、违章经营加大了查处力度，除日常的现场稽查外，还采取组织全处人员突击查处， 灵活运用明查与暗查相结合，白天查与夜间查相穿插，分点查与联合查相交叉的稽查方式，经常性地对无证经营、违章经营等不良现象保持查处力度，从而使出租汽车行业风气有了新的起色，信誉有所提高；为逐步规范经营行为，使“爱浙江、爱交通、做文明使者”活动得到深入和扩展，市本级与出租车司机签订了责任书，统一处罚尺度，发至各车主经营单位，加强了执法力度。据统计，1996年市本级收到举报信件17封，电话举报46次，已核实查处的41次，监督员反馈情况211件，其中需查处96件，已处理了78件。已查处无证经营车辆251辆次，纠正违章100余起，夜间突击联合大行动稽查20余次，从而使出租汽车这个窗口形象有了一个基本好转和改观。

1997年，嘉兴市运管稽征处重点加强对逃缴公路规费、无证经营车辆的查处力度，全年共上路检查5859人次，检查车辆28028辆，查获违章车辆3830辆。其中无养路费车辆2450辆，无证经营车辆202辆，补缴公路规费22.61万元，罚没款51.67万元。

1998年起，全市道路行政处罚启用规范执法文书。同年3月9日，交通部发布《道路运输行政处罚规定》，市公路运输管理稽征处受市交通局委托行使道路运输行政处罚权，严格遵循法定公开、公正、保护当事人合法权益、处罚与教育相结合的原则，依法行政、秉公执法，取得了良好的社会效益。

1999年，市运管稽征处为确保公路规费足额征收，加强稽查力度，全年共出动稽查人员4140人次，检查车辆26525辆，查获违章车辆4683辆，其中无养路费车辆2432辆，无证经营车辆159辆，其他违章2092辆。补缴公路规费86.01万元，罚没款33.74万元。

2000年，各县(市)稽查力量得到加强，车辆、设备等硬件设施有了较大改善。一年来，全市运管部门排除干扰，严格执法，查处无证经营客运车辆499辆次，无证经营货运车辆564辆次，无证汽修摊点201家，对无证经营现象的查处，取得了近年少有的成效，极大地净化了市场经营的风气。桐乡运管所1999年将打击黑车列为各科室、站

(队)的经常性工作，做到了时间上不间断、方式上不固定、处罚上不破格、不开口子，全年共查处黑车89辆，并对黑车予以公开曝光。嘉兴市公路运输管理处针对外地无证机动三轮在嘉兴市区经营的猖獗现象，开展了8次夜间突击查处，共查获无证机动三轮66辆，使客运秩序恢复了正常。同时，各地加强源头管理，严厉查处超载、甩客等各类违章行为，严格规范市场经营的秩序，在对G320国道龙凤桥堍的治理行动中，嘉兴市公路运输管理处稽查人员利用早中休息时间进行突检，并及时与市交警部门联系，用铁栅栏隔离非机动车道，堵住了源头，成功地遏止了站外组客这一顽症。平湖运管所分析违章车辆“时间差”，利用早晚或休息日上路，使稽查局面得到改观。桐乡运管所设立四个稽查中队，并作了明确分工，各有侧重，各司其职，保证了稽查的力度和效果。一年来，嘉兴全市共查处客货运违章4811起，为实现规范、有序的市场格局提供了保障。

2001年，嘉兴市公路运输管理处加大了对车辆转籍不转车及外省籍车辆驻地经营的查处力度，刹住了“转籍不转车”逃缴公路规费的歪风；另一方面，对外省籍车辆的逃缴公路规费行为进行有力的打击，维护了正常的公路规费征缴秩序。在对外省车辆的管理上，建立了相应的征费台帐，海宁、海盐运管所还建立了报到、调驻通知制度。2001年，市本级共计29次在夜间或清晨突击检查，共查获非法载客正三轮和二轮摩托车141辆次，清除了环岛至龙凤桥区域的站外组客等严重影响市场秩序和城市形象的违规经营行为。各地结合“心连心，满意在嘉兴”优质服务竞赛活动，在活动前后，重点对客运秩序，维修摊点占道经营，打击“黑车”等方面进行规范整顿。海宁运管所抓住社会关注的热点，对电瓶三轮车进行清理整顿，对631辆电瓶车纳入了行业管理；平湖运管所建立了法制室，在规范内部管理体制的同时，以乍浦为重点，集中打击客运市场“黑车”，取得了明显的效果。

2000年6月，嘉兴市公路运输管理处成立违章处理中心。2001年9月，海宁市公路运输管理稽征所设立“法制科”和“举报投诉中心”“违章处理中心”，实行检查、处理、罚款“三分离”，加强执法监督和规范执法行为，基本做到现场执法规范、执法程序规范、执法依据规范、执法文书规范。行政执法案件开始建档归宗，促使了道路运输行政执法工作法制化、规范化、制度化。

2002年3月，嘉兴市公路运输管理稽征处发文，原运输管理科和出租汽车管理科合署办公，原稽查一大队和稽查二大队合并为稽查大队，归属直属管理所管辖；原运输管理科管辖的运输管理总站(驻车站)归属直属所管辖。

2002年7月，根据浙江省道路运输管理局文件规定，嘉兴市公路运输管理处设立了“96520”投诉受理中心，隶属于市运管稽征处直属管理所管辖。受理范围：(一)运政执法人员违法违纪行为；(二)损害合法经营者或投诉人合法权益的旅客运输、货物运输、车辆维修、驾驶员培训、汽车租赁、运输服务业、车辆检测、出租车、搬运装卸等违法违章经营行为；(三)接受旅客、货主及车辆抛锚的求援电话，帮助联系解决方式。2006年4月，嘉兴市公路运输管理稽征处发文《关于调整处稽查机构设置的通知》，法规稽查科保留原机动督查大队、违章处理中心；成立稽查大队，人员原则上由处直属所稽查大队和出租车管理大队合并组成，归属法规稽查科统一管理；王江泾公路征费稽查站、“96520”投诉受理中心划归法规稽查科统一管理。

2002年8月，嘉编〔2002〕40号文件，同意嘉兴市公路运输管理处运输管理科和稽查科分别更名为运输安全管理科和法规稽查科。2002年后，加强动态稽查力度，突出重点打击非法经营行为和欠、逃缴规费违章行为。

2003年，市运管稽征处出动稽查人员上路稽查4268人次，查获违法违章车辆6099辆；其中无养路费车辆5672辆，无证经营车辆83辆，其他违章车辆344辆。共补缴公路规费198.88万元，罚没款403万元，办理行政处罚案件1675件。

2004年，嘉兴市运管稽征处加强现场监管力度，规范营运秩序。一是进一步规范出租车经营行为，专门在《南湖晚报》设置“出租车违章行为曝光台”，对出租车违章行为每月定期曝光，同时落实了火车站出租车管理站24小时值班制度；二是对城乡公交一体化过程中营运秩序进行重点整治，采取了巡逻稽查与突击稽查相结合方式，对公交车乱停靠乱拉客违章行为进行重点查处；三是针对当前危险品运输市场存在的突出问题开展联合查处；四是重点落实完成省厅运管局关于“浙江省道路运输处罚管理系统软件”升级工作。通过现场监管和整治，查处违章出租车412辆，违章客运车92辆，违法违章危险品车13辆，运输市场得到了净化和改观。全市共出动上路稽查30448人次，检查车辆450861辆，查获违章车辆48198辆，补缴公路规费241.79万元，罚没款618.31万元。

针对“黑车”屡禁不止，严重扰乱道路运输市场正常秩序问题，省运管局和省公安厅于2005年6月联合启动为期三个月“天网一号”打黑行动。从6月10日起，市运管稽征处按照“天网一号”的总体工作部署，并结合嘉兴实际，把无牌无证正三轮摩托车作为“打黑”行动的重点。在市政府的统一部署下，联合公安、工商等部门，在全市范围内开展打击黑车行动，共查获无证营运车辆747辆，已处罚592辆，罚没款146.6万元，特别是平湖所，采取群众举报、巡回稽查、设卡盘查、运管与交警协查等方式，加大路面打击无证经营行为力度，“打黑”成绩列全省第八名。

2006年，认真开展营运客车专项整治工作。嘉兴市公路运输管理处联手嘉兴市公安、安监部门，成立整治领导小组，制定详细工作方案，对全市范围内道路客运企业、线路、车辆和人员开展了专项整治工作。通过对营运线路、车辆、驾驶员的全面排查，重点掌握客运线路的经营方式、车辆技术等级、驾驶员持证上岗和聘用情况、班车进站情况，开展安全生产大检查，全面查找客运企业的安全管理漏洞和隐患。整治期间，全市共排查线路368条，车辆1421辆，出动稽查人员3010人次，累计检查营运客车66842辆次，查获违法违章车辆592辆，其中无证营运车辆43辆、超员客车549辆，参加驳运车262辆次，分流人员2282人。强化的执法力度和良好的整治氛围，大大减少了营运客车的违法违章行为。

2007年，全市办理行政处罚案件6594起，其中简易程序3185起，一般程序3409起；办理行政处理案件64653件；办理行政许可申请案件6031件，其中受理维修业务申请241件，客运业务申请74件，货运业务申请2523件；不予许可案件24件，撤回行政许可案件90件。

2008年年底，国家税费改革，取消养路费的征收，稽查重点由养路费转入对违反道路客货运输经营及相关经营活动的93项违法行为。次年11月，海宁市道路运输管理稽征所内设立公安警务室，使联合执法日常化。

同时，在两年前为每个稽查人员配备录音笔、路面稽查、违章处理实行全程录音的基础上，为稽查车安装车载摄像头和GPRS3G全球定位图像实时传送系统，通过科技手段实现对权力的分解和全程监控，制约自由裁量权，使稽查执法公正、文明和规范。

2008年，全市共出动稽查人员34496人次，检查车辆670867辆次，查获违法违章车辆77371辆次，其中无养路费车辆68563辆、伪造养路费车辆69辆、擅自改装车辆844辆、无证经营车辆766辆、客运车辆违章678辆、无证经营维修点29起、无危险品经营许可49辆、二级维护超期车辆759辆，补征公路规费4492.49万元、罚没款1625.12万元。市本级共出动稽查人员9065人次，检查车辆248872辆次，查获违法违章车辆17689辆次，其中无养路费车辆13866辆、伪造养路费车辆68辆、擅自改装车辆450辆、无证经营车辆202辆、客运车辆违章254辆、二级维护超期车辆275辆，补征公路规费1131.10万元、罚没款667.62万元。

2009年，市场监管力度不断加大。按照嘉政办发〔2008〕124号文件要求，嘉兴运管处牵头组织开展每月打击非法营运联合整治行动，累计查获无证经营客运车辆851辆，平湖、桐乡地方联合打黑机制执行到位，黑车查处数量居各所前两位；海宁则在机制上进行了探索，成立了警务室，使联合打黑工作常态化、长效化。在周边地市“钓鱼”事件频频被媒体曝光的情况下，全市运管系统打击黑车工作形势始终保持平稳，全年未发生行政败诉案件和行政复议被撤销案件，反映出近年来行政执法工作是扎实、有效的。海宁、平湖、海盐等单位在省、市交通系统行政执法案卷评选中获得优秀案卷称号。

2010年，嘉兴市运管处先后组织开展11次(100天)联合集中整治行动，特别是从10月26日至12月15日，由嘉兴市运管处牵头，公安交警、治安和城管执法等单位抽调人员组成5个联合执法小组，开展了为期50天的打击非法营运专项行动，累计查获违法违章车辆118辆，其中“黑车”52辆，其他违法违章车辆66辆，在各部门的努力下，打黑工作取得了明显成效。2010年，嘉兴市运管处共出动稽查人数6192人次，检查车辆22959辆次，查获无证营运车辆412辆，其中汽车328辆、二轮(三轮)摩托车84辆。有效地打击了无证营运黑车的嚣张气焰，为维护道路运输市场健康、稳定、和谐发展提供了保障。

第二章 路政管理

第一节 公路路政管理

公路路政管理，根据《中华人民共和国公路法》及其他有关法律、法规和规章的规定，维护公路管理、经营、使用者的合法权益，保护公路、公路用地及公路附属设施。

古代路政管理

远在“少昊”时期，已设官专门负责道路管理方面的事务。

殷商时的路政

殷商时，称道路为“行”，这个字在甲骨文中写作“井”。非常像道路的交叉路口，这是迄今为止关于道路这个名词的最早写法。

为了适应车辆行驶的需要，与驮运路比较，车马大道的技术要求较高，建成后需要养护管理才能维持经常通车。据《竹书纪年》记载：商王朝第十位王太戊，曾任命费侯中衔为“车正”，管理道路事宜。

商代还制定了有关路政的严酷法规，据《韩非子・内储说上篇》记载：“殷(商)之法，弃灰于公道者，断其子”。这是路政管理法之始。

西周与春秋战国时的路政

西周早期出现了“道”字，到中期又出现了“路”字，始见于出土的西周青铜器“史懋壶”铭文，后来，《周礼》才记载了各类道路的名称。

此时，人们对道路维护已很重视，认识到路的优劣可以反映国家的兴衰。如《诗经・小雅・小井》中的“叔叔周道，鞠为茂草”，被认为预示西周衰亡；《国语・周语》记载了单襄子曾因陈国的司空不重视道路的修建养护和管理，向周王预言陈国将亡。

西周的道路，分为城邑与野外两大类。城邑道路由“匠人”负责，分为径、纬、环、野4种，并规定了各级道路的宽度。野外道路由“遂人”负责，分为路、道、涂、珍、径5种。西周还规定了“男子右行、女子左行、车在中央行”等法规。西周官制中设有司空，负责道路修建管理及土木工程，并建立了司空视涂的制度，如《礼记》所载：“季春三月……命司空……循行国邑，周视原野……开通道路，毋有障塞。”西周还明确规定了“立鄙食以守路”，说明那时的野外道路已有专人维护与管理。

战国时，各诸侯国沿袭西周制度，由主管土木工程的司空管理路政，地方则由郡、县、乡、里负责，岁终要进行考核，对修治道路和维护交通重要性的认识，有了进一步提高。荀子明确提出了实现五制的重要条件之一是修治道路。

秦汉时的路政

公元前221年，秦始皇统一中国，修筑了以咸阳为中心的驰道，“东穷燕、齐，南极吴、楚”。秦朝重要道路的修治由皇帝下诏，地方路政沿袭战国时制度，由郡守、县令负责。按秦律规定：除按时修治道桥外，平时要求“道易其利”，私自移动道路标志的要处以“耐”刑(中国古代剃光犯人鬓须强制其服劳役的刑罚)；弃灰于路的要处以“黥”刑(中国古代五刑之一，指在犯人脸上刺字，染以黑色)。

两汉时，除路政由大司空负责外，管理体制沿袭秦制。修治维护道路已成为地方官吏的重要政务之一。

魏晋南北朝时的路政

这时的路政管理，除沿袭前代的养护方式外，也有所建树。北魏对通往中山的“直道”非常重视，建立了每次“南北征巡”均需维修道路的制度。

隋唐宋辽金时的路政

隋代统一全国后，恢复了汉魏旧制。据《隋书・百官志》记载：路政管理由尚书省工部主管，地方由州刺史及县令负责。唐代基本沿袭隋制。据《新唐书・百官志》记载，路政管理仍由工部主管，地方由州县负责，对道路交通的管理日益严密。太宗曾下诏要求“率土之内，道路无塞”。随着社会经济的发展，唐广德元年(763年)及大历元年(766年)，代宗两次下诏，明确规定要地方巡视道路，管好道路。并重申，不得在官路上耕种及砍伐树木，路树缺损要及时补植。北宋时期，路政仍由工部主管，地方则在州、县下设户曹、司户具体负责。辽、金时期的路政管理与北宋基本相同，但辽由枢密院负责，金由工部主管。

元明清时的路政

元代对道路交通十分重视，路政管理制度也较严密。全国路政由中书省所属工部都水监负责，地方则由路、府、州、县设专人具体管理，主要道路整修后，要由按察司及时检查。元朝还建立了路边植树制度。元延祐元年(1314 年)正月十五日,中书省在给浙江省的咨文中写道:“……道店侧畔,各随地宜,官民栽植榆柳槐树。”并指出:“不得非理砍伐,违者,各路达鲁花赤(官名)管民官依条治罪。”

明代路政由工部都水清吏司负责,强调对道路桥梁要及时修治,遇有皇帝出巡、大丧或大礼,道桥修治后,要进行检查。

清代路政沿袭明代,也由工部都水清吏司负责。到了后期,因洋务运动,设立了邮传部,这时的官名称尚书和左右侍郎,后改为大臣。光绪三十三年(1907 年),邮传部内设立了路政司,《大清会典》载:道桥“岁修报于部”。由此可见,古代道路的路政管理包括了道路的建设、养护和管理。

1949 年以前公路路政管理

1901 年以后,中国汽车日渐增多,随着政治经济的发展和军事的需要,在清代官马大道的基础上相继出现了适应汽车行驶需要而修建的公路。随着公路里程的增多和公路运输的繁忙,带来了一个不可忽视的问题,即公路遭到蚕食,路面难以承受大车的碾压。为了维护路基免遭人为蚕食和破坏以及路面防止铁轮大车的碾压,各省相继成立护路机构,以加强对公路的管理。路政管理作为修治公路的一个重要组成部分,从此应运而生。

北洋政府时期的路政

北洋政府时期,公路在各系军阀的控制下,为适应其争权夺地的需要,时修时停、时兴时废,建成公路不多。同时,公路管理机构变动频繁。1917 年,在北京成立了京兆国道局,路政主要由京兆国道局负责,这是广义的路政机构。

北洋政府时期,还颁布了一些公路建设和管养方面的法规。如 1919 年 11 月颁布的《修治道路条例》,由于当时军阀割据,亦缺乏公路知识和经验,有些规定不切实际,在管理中未能贯彻执行。

民国政府时期的路政

民国期间路政管理工作,由省公路局及其下属机构会同地方当局共同负责。南京政府时期(1928—1937 年),各级养路机构日趋健全,路政管理工作一般由技术员或监工员兼任,其任务是执行交通法规,维护行车与行人安全,特别是通过村镇路段的交通管理;看守公路重要构造物,如桥梁、渡口,维护公路产权和一切设施,如通讯线路、行车标志、公路用地、界标和行道树,配合地方政府处理在公路上发生的纠纷。为了加强护路修路工作,有关省相继成立了护路警察队。

抗日战争和解放战争时期的路政

1938 年,为了适应战时需要,撤销全国经济委员会,公路处移归交通部领导,并改建为公路总管理处。民国 28 年(1939 年)11 月 21 日,交通部颁发了《公路两旁限制修造建筑物办法》,共 6 条,规定:公路在直线部份两旁建筑物距离路之中心线不得小于 10 米;公路在曲线部份,凡曲线半径在 50 米(山地)、130 米(平地)以内者,两旁建筑物及树木等应维持 60 米(山地)、100 米(平地)之视距;公路桥梁全长满 50 米者,在距离桥头中心左右前三方 20 米以内,不得修造房屋等建筑物。

民国 31 年(1942 年)9 月 22 日,运输统制局《关于公路两旁建筑物取缔规则》(草案),计 7 条,对公路两旁地区分为禁止建筑区域及限制建筑区域两种。禁止建筑区域之范围规定:(1)公路直线部份左右两侧及曲线部份外侧自路中心线起 10 米以内地区,曲线内侧照下列规定办理:平原区,曲线半径 130 米为 19 米;曲线半径 150 米为 16 米;曲线半径 200 米为 12 米;曲线半径 245 米为 10 米(以上均为建筑界线与公路中心线之间距)。(2)车站用地范围,其面积由公路主管机关视实际需要圈定,订立标桩为志。(3)全长在 50 米以上之重要桥梁,在距离桥头中心左右前三方各 20 米以内地区。(4)其他公路建筑物圈定地区。在禁止建筑区域内绝对不准修造房屋及其他建筑物,如有私建情事得由公路主管机关会同地方政府取缔之,必要时并得强制拆除。

限制建筑区域之范围规定为:(1)路线部分,禁止建筑区域边线以外 30 米以内之地区。(2)车站部分,自车站用地界线起顺公路路线方向左右各 200 米,前后除公路用地部份各 100 米以内之地区。在限制建筑区域内,不得修造有碍观瞻易滋危险或豢养牲畜、堆积污秽有碍卫生之建筑物。必要时得由公路主管机关会同地方政府取缔之。

1943 年,又改为交通部公路总局,负责护路筑路工作。1945 年 8 月,日本侵略者宣布投降,抗日战争取得最后胜利,全国公路交通机构恢复平时建制,同时恢复了交通部公路总局。1945 年,国民政府行政院发布关于军用大车行驶公路的通知,规定“凡有大车道者,军用大车一律不得行驶公路,无大车道者暂允行驶公路,并需遵守有关规章,故意违抗者按照通行公路人力、兽力车辆管理规则所列罚款数额的 10 倍处罚”。

解放战争期间,国民党政府为了军事进攻的需要,抢修了一些公路,但路政管理无从谈起。与此相反,在解放区,人民政府不但组织力量整修公路,恢复通车,同时还制定了一些规定和办法,以加强路政管理。苏皖边区第五行署公安局为了便于保护公路,转发了《皖南行署养护公路暂行办法》,规定铁轮车辆,不分公私,一律禁止在公路上通行。特殊情况下,必须借用公路时,可暂准通行,但公路两端须设立标志指明，一出公路所设的标志范围之外，立即分走大车路；在公路界线内的建筑、桥梁、涵洞、路面、水沟、标志等，严禁搬移、涂抹、挖掘、砍伐，不得有私自取土、横开水沟等损坏公路的行为；公路界内一切有碍交通之物、建筑等等，一律禁止。为保证上述禁令的贯彻执行，对违反者处以数量不等的罚金，罚金的 1/3 奖励查获人，2/3 交查获地所属区公所，作为护养公路开支及修路民工的奖金。这些规章法令的公布，促进了解放区公路的发展，对解放区的经济建设起到了推动作用。

1949 年—1989 年路政管理

中华人民共和国成立后，由交通部主管全国公路事业，公路事业有了较大的发展，路政管理也日益显示其重要性。中共十一届三中全会以来，公路交通迅速发展，路政管理有了新的突破。新中国成立后的路政管理工作，大致分为以下几个阶段。

国民经济恢复和发展时期的路政　新中国成立初期，公路里程不多，技术等级不高，设施不全，交通量不大。路政管理由公路部门为主，公安、交通、监理等共同配合管理。在国民经济恢复和发展时期，全国处于百废待兴、百业待举阶段，党和各级政府对公路建设和管养工作十分重视，要求各级交通部门与当地军事、公安部门及沿线乡村密切协作，发动广大群众和机关、学校开展爱路护路教育，共同搞好路政管理。同时，国家还颁布了一系列规定和办法。

1950 年 11 月 1 日，浙江省人民政府发出《为配合土改本省公路用地规定保留范围》的训令，规定：(1)路基上口宽度不分路线等级或破坏与否及省建或商筑，一律以 7.5 米为度，如有不足应按原建筑时中心线平分补足差数，倘有超过者……仍维持现状(计划路段不予保留)。(2)边坡除特殊陡急之坡度为免坍塌、随时培修需要，应照该路原建筑时高度保持一比一之坡度，计算其坡脚地位外，其余一律以现有坡脚为度。(3)边沟上口宽度一律规定为 1 米为度。(4)保留界限以两侧边沟之外照中央规定各按 1 米予以保留。(5)路线经过城市暂不变动。嘉兴市保留公路路线共七条：杭金、杭善、乍王、胡崇、西塘支线、闸袁、黄山支线。

1956 年，交通部、邮电部、电力部颁布了《关于处理电线与行道树互相妨碍规定的联合通知》，规定了行道树与电线干扰的处理问题。1957 年，铁道部、交通部、农业部、水利部印发了《关于各部门基本建设工程占用公路暂行规定的联合通知》，规定了损坏赔偿事宜。1958 年，交通部、水利部联合印发《关于公路沿线兴修农田水利工程需注意事项》。1962 年，在国民经济暂时困难时期，沿线农民开垦路肩，边坡种植作物比较严重。1962 年 6 月 15 日，中共中央、国务院发出《关于加强公路养护和管理工作的指示》，第 6 条规定：公路及其附属设备，包括公路两旁已划的用地，都是国家财产，任何人不得任意侵占和破坏。

十一届三中全会以前的路政

“文化大革命”(1966—1976 年)时期，极左思潮泛滥，管理机构遭到冲击，交通秩序混乱，公路建设和管养工作几乎瘫痪。

1966 年以后的“文化大革命”期间，公路秩序比较混乱，路政管理存在问题更为突出，任意开挖路基种植农作物，占用路基修筑渠道、搭棚、造屋、堆积什物、公路变成堆场、市场、晒场；砍伐、偷盗行道树的事件不断发生，严重影响交通安全，公路财产受到损失。1973 年 12 月 6 日，浙江省革命委员会发出《关于加强公路养护和管理工作的通告》十条，禁止在公路用地范围内建筑房屋、厕所、渠道等设施。禁止在公路路肩、边坡、护坡道上堆积什物，设摊营业，开垦种植农作物。禁止把公路当作晒场、堆场、市场。凡是已侵占公路的建筑物、堆积物必须拆迁清除，已损坏的路基要及时修复。1974 年后，乍王、杭枫及杭沪线乍金段在进行路面改建和行道树更新时，并对路基加以恢复拓宽。

1975 年，交通部颁发了《公路养护管理暂行规定》，提出了“全面养护，加强管理，统一规划，积极改善”的方针，明确了公路养护职工应和交通管理人员密切配合，积极做好路政管理工作。

十一届三中全会以后的路政

1978 年，中共十一届三中全会以后，随着改革开放的深入和国民经济的发展，公路路政管理工作进一步引起各方面的重视。各地开始组建路政管理部门，配备路政管理人员。

1983 年 7 月 9 日，国务院下达《关于加强路政管理，保障公路安全畅通的通知》，内容计 10 条。重申公路及其附属设施，包括两旁已划定的用地，都是国家财产，任何人不得任意侵占和破坏。严禁对公路、公路设施和公路用地的侵占和破坏。明确各级公路部门是各级政府负责公路管理工作的职能单位，必须认真行使职权。

1984 年，浙江省人民政府发出《关于划定公路用地和留地范围的通知》，对公路留地范围的直线宽度暂定为：国家干线公路 30 米(即从路面中心线至两侧边缘各 15 米)。省级干线公路 20 米(即从路面中心线至两侧边缘各 10 米)。县级及县级以下公路 15 米 (即从路面中心线至两侧边缘 7.5 米)。同年 6 月，省交通厅发出《关于落实路政管理工作》的通知，规定路政管理工作在各级政府的领导下，由车辆监理部门组织实施。

1985 年 11 月 1 日，嘉兴市交通、公安、工商行政管理、城乡建设局联合发布《关于整顿交通秩序、加强公路沿线管理的通告》，除重申省公路留地的规定外，并对杭枫线五号桥至塘汇段留地范围按40米控制，凡今后开设在公路沿线的饭店、旅馆、停车场、修理店(摊)等，都应设置在公路留地范围之外，并须经交通、城建部门签具意见后，由工商行政管理部门审批。对已在公路旁开设的饭店、旅馆、修理店(摊)等，应积极创造条件，设置停车场，并在三年内让出公路留地。1986年1月26日，嘉兴市人民政府批转《加强公路管理暂行办法实施细则》的通知，重申省人民政府关于公路用地和公路留地范围的规定及市交通、公安、工商行政管理、城乡建设等四局的《关于整顿交通秩序、加强公路沿线管理的通告》，并对破坏公路和公路设施的行为作出具体处罚规定。1987年12月，嘉兴市人民政府颁发《整顿道路交通秩序》的布告：严禁任何单位和个人违章占道设点摆摊、停放车辆、堆物作业和碾晒农作物；严禁在街道和公路用地范围内违章搭建。凡限令拆除的违章建筑物，各有关单位和个人，应在规定期限内拆除，超期未予拆除的，一律强制拆除。未经公安、交通和城建部门批准，任何单位和个人不得在街道、公路上挖掘路面。凡在街道和公路沿线新建、改建宾馆、饭店、商场、影剧院等大型建筑，应按规定报公安交通管理机关审批，并建造相应的停车场地。已经建造而未附建停车场地的，必须按公安机关指定的地点停放各种车辆。

1986年1月，嘉兴市公路段成立公安科，配置公安干警四名，担负全市专业养护线路的路政管理和内部安全保卫工作。

1987年10月13日，国务院发布《中华人民共和国公路管理条例》(简称《条例》)：第五条重申公路、公路用地和公路设施受国家法律保护，任何单位和个人均不得侵占和破坏；第二十三条规定公路主管部门负责管理和保护公路、公路用地及公路设施，有权依法检查、制止、处理各种侵占、破坏公路、公路用地及公路设施的行为。第三十一条规定在公路两侧修建永久性工程设施，其建筑物边缘与公路边沟外缘的间距为：国道不少于20米，省道不少于15米，县道不少于10米，乡道不少于5米，该条例共41条，自1988年1月1日起施行。

1988年，共查处损坏、偷窃公路行道树38起，计119棵；查处损坏公路桥梁栏杆6起，计49根；查处损坏公路路基、路面共9起，计108平方米；查处损坏公路标志牌5起，清除公路种植农作物、堆放什物肥料10处，全年收取赔款4万余元。

1989年1月，嘉兴市公路管理处成立公安科。

1989年5月，浙江省交通厅颁发《浙江省公路及其附属设施损坏赔偿试行办法》，共18条，作为公路损坏赔偿依据。对于1988年前在公路两侧已经开设的店摊，设置的建筑物，凡符合浙政(84)43号文件规定而不符合《条例》规定的，在目前公路部门缺乏财力的情况下，暂作保留。对于没有办理批准手续的补办手续，签订协议。对于轻度违章的建筑物和店摊，目前尚不影响公路建设和交通安全的，暂作保留，签订协议，如今后公路扩建时，无条件服从需要，公路部门不再负责拆迁费。对于严重违章户，由公安、交通、土管、工商等部门，采取限期或停止营业等措施，促使其拆迁，以保证《条例》的贯彻执行。对于要求在公路两侧新设置建筑物，开设店摊的，要经过公路、土管、工商部门批准，严格控制了公路两侧建筑红线。

1989年，嘉兴市公路管理部门共审批公路沿线建筑物，摊店开设148起，4445平方米。共查处偷窃行道树5起、损坏行道树162株；损坏公路桥栏48根；损坏公路标志5块；损坏公路路面19起，533平方米；查处挖掘路基125平方米；被窃路料13吨，共收取赔罚款84630.5元。拆除违章建筑15处，计345.4平方米；拆除围墙2处，130平方米；清除边坡农作物124处，13.2万平方米；清除堆放物(肥)料164起，计4.37万平方米；清除各类电线杆92根。

1990年—2010年路政管理

1990年，交通部颁发《公路路政管理规定》(试行)，包括总则、路政管理、路政案件管辖、路政处理程序、路政处罚、路政复议、期间与送达、强制执行、附件共9章46条。此规定从1990年10月1日起施行。

1990年5月，嘉兴市交通局根据省交通厅关于完善我省公路路政管理机构的通知精神，在市公路管理处公安科增挂路政科牌子。同年7月，下属6个县(市)公路段成立了相应的路政管理队，从而逐步形成路政管理网络。其主要任务是负责本辖区内的专业养护公路的路政管理，并协助有关方面做好县、乡道路和专用道路的路政管理。根据各县(市)专业公路养护里程，桐乡、海宁，嘉兴段各配备专职路政员3名；海盐、平湖、嘉善段各配备专职路政员2名，各公路管理站设兼职路政员1名，原则上聘各站长兼职路政员。

各县(市)路政管理队，在各级政府和有关部门支持配合下，以《中华人民共和国公路管理条例》为依据，依法治路，坚持预防为主、治本与治表相结合、重在治本的方针，认真做好路政管理工作，维护公路路产，查处侵犯路产的行为，有效控制公路两侧建筑红线，防止违章建筑的产生，保障公路畅通，维护公路路产路权。

1990年，共审批建房112起，店摊开设51起，审批率达80%以上。当年，共查处挖掘路基边坡及挖沟引水2212平方米；损坏驳岸130平方米；损坏路面1253平方米；损坏公路标志14块；损坏桥栏372根，查处被窃、损坏行道树922株；被窃路料4吨。共收取赔罚款256853元。拆除砖瓦房531平方米；临时性摊棚2432平方米；围墙322平方米。清除堆放物料等13753平方米；堆放公路上招呼牌、广告牌519块；轮胎364只，线杆184根。清除路肩种植作物43.54万平方米。

1990年11月14日，浙江省交通厅根据交通部《超限运输车辆行驶公路管理规定》，制定了“浙江省超限运输车辆行驶公路管理规定实施办法”，由各级公路管理机构负责实施。各级公路管理机构和路政管理部门、公路警察有权对超限运输车辆进行检查、鉴定，对无通行证的车辆，有权责令车辆停驶，发给《责令停驶通知书》。

1991年12月，嘉兴市公路管理处公安路政科增挂公路路政管理大队牌子。同年，被交通部评为路政管理先进单位。1993年10月，省公路管理局确定以320国道、01省道为检查重点，加强超限运输车辆行驶公路的管理。仅1995年320国道拓宽工程一项，嘉兴公路路政管理部门为国家节省拆迁费约1500万元。1990至1995年连续被浙江省公路局评为先进单位。

“公路法”颁布施行以来路政管理

1997年7月3日，《中华人民共和国公路法》由第八届全国人民代表大会常务委员会议通过，于1998年1月1日起施行。

1998年11月，经嘉兴市机构编制委员会发文同意，建立嘉兴市公路路政管理支队沪杭高速公路大队。2001年7月，更名为嘉兴市公路路政管理支队高速公路大队。

1999年，共发违章通知书326份，处理违法建筑案件10起723.4平方米，制止搭设摊棚64起围墙144米，清除堆放物969起计23561平方米，非公路标志牌2720块，查处接线接坡13起158.6平方米，各种损坏公路设施案件297件，收取赔偿费730695元。为加强沿线和接线接坡的管理，市公路管理处按《中华人民共和国公路法》及有关法规和规章，制定门前责任书。对严重影响公路路产完好和路容路貌整洁的，以及不符合工程技术规范，造成排水不畅，损坏公路路产的责令其进行整改。

2000年，为配合G320国道文明建设样板路创建，市创建办下发了《关于在G320国道沿线开展创建文明建设样板路加油站整治达标创先活动的通知》。G320国道沿线57座加油站，除1座停业整顿外，其余全部符合标准，面貌焕然一新。同时，市创建办在全市性创建工作会议上，明确把创建文明乡(镇)村活动作为当年创建工作的一项重要工作任务，并下发《关于G320国道沿线开展创建文明建设样板路文明示范乡(镇)、村活动的通知》，把任务分解落实到各有关部门，创建文明示范乡(镇)村活动初现成效，各县(市)涌现出一批文明示范乡(镇)村。如嘉兴洪合镇、桐乡市梧桐镇幸福村、海宁市沈士乡科同村等。对国道公路采取三级审批，省道公路采取二级审批制度，重大事项实行路政机构集体讨论方法，坚持做到规范管理，文明执法，并建立和健全政务公开制度，执法监督检查制度，自觉接受社会各界的监督。审批永久性建房58起85090.1平方米，临时建房23起2035.37平方米，占用、挖掘、跨越公路26起，拆除违法建筑338.46平方米，有效防止了违法建筑和其他违章现象的产生，确保了公路的完好。完成G320国道(嘉兴辖段)标线漆划，增设标牌46块，对重要路段、危险路口设置减速设施1000米，接线接坡9450米，穿镇路段8个。开展路政专项整治529次，计2550人；发违章通知书116份，共计拆除违法建筑338.46平方米，整治沿线市场14个。拆除非公路标牌874块、清除堆积物7971立方米，改善路容路貌，圆满完成G320国道创建文明建设样板路任务。

2000年1月14日，交通部出台《超限运输车辆行驶公路管理规定》，并于2000年4月1日起实施。这是继《中华人民共和国公路法》后交通部出台的第一个路政管理方面的配套规章，详细界定了超限运输的行为和具体的管理措施，具有较强的可操作性，为全面加强超限运输管理提供了法律依据。2000年7月，嘉兴市公路管理处路政支队成立超限运输现场管理办公室，在嘉兴辖区内G320国道、S07省道、高速公路连接线采取不定点不定时现场查处。管理中采取教育为主，教育与处罚相结合的方法，并按规定做好卸载工作。至12月底，共检测车辆5957辆，其中超限车辆4443辆，收取公路赔(补)偿453350元，罚款855110元，有效遏制了超限车辆行驶公路的状况。

2009年，配合沪苏浙一市两省相关部门做好上海世博会“环沪护城河”安保工作。嘉兴市公路管理部门围绕“平安世博”的总体目标，落实领导责任和世博公路安全防范责任，对公路安保工作机制进行全面梳理，加强对境内主要干线公路监督和护管理，开展全面细致的公路安全防范检查，重点对进出上海主干线公路重点路段及相关长大桥梁、涵洞、匝道等进行排查，消除各类安全隐患，确保嘉兴市进出上海的主干公路、桥梁安全畅通。强化“环沪护城河工程”卡点建设，落实路段、桥梁管养责任人，对进出上海的桥梁等设施进行重点检查，确保公路及设施处于良好的技术状态。加大对主要干线、入沪公路路政巡查和对上海方向公路入沪车辆流动治超检测力度及危化品车辆管理，依法查处非法超限运输。按世博安保方案增设入沪分流、绕行、限行等相关公路交通标志，实现普通公路指路标志与国高网指路体系的有效衔接。完善公路水路交通安保应急处置预案，开展应急演练，落实各项防范措施。积极配合地方政府、公安等部门，在公路航道沿线广泛开展世博安保知识的宣传教育，及时将有关上海世博期间采取的临时交通管控措施和道口安检通行情况信息，通过高速公路电子可变情报板、路政巡查车辆显示屏等发布提示信息，协助做好世博安全检查、绕行、限时通行等管控工作，为实现举办“成功、精彩、难忘”的世博会，提供安全、文明、畅通的公路环境。

全市共上路巡查 33217 人次，查处路政案件 12301 件，结案 12301 件，路政案件的查处率、结案率均达到 100%；拆除违法建筑 4594.4 平方米，清理马路市场 84 个，清理公路堆积物 19614 立方米，拆除非公路标志 2106 块；受理行政处理案件 697 件，收缴赔补偿款 4207960.32 元。无行政复议变更、撤销案件和行政诉讼败诉案件。办结涉路各类行政许可 543 件，其中涉及国省道公路的各类行政许可 75 件。

第二节 公路养护组织管理

1949 年以前公路养护组织管理

民国 16 年(1927 年)，杭州—盐官公路筑成后，杭海公司组设杭海养护所负责养路。新中国成立前公路养护分为三种：国道杭沪公路由交通部公路总局第一区公路工程管理局组设道班养护；省道乍平嘉、嘉桐、胡崇、闸袁等公路由省公路局联络各县府督导民众养路；嘉(兴)王(江泾)公路由苏嘉湖汽车公司租营，则由公司组设道班养护。民国 18 年(1929 年)公路延伸至闸口，自翁家埠至胡家兜段继由杭海养路所养护，胡家兜至闸口段由省公路局负责养护。民国 19 年(1930 年)闸口至乍浦段公路由省筑成后，省公路局杭乍线实行省营省养，依照杭(州)海(宁)盐(海盐)平(湖)四县辖境范围，省公路局设杭海、盐平两养路所，每所设道班二组，每组工人 10 名，分段工作；民国 20 年(1931 年)2 月，省财政厅行紧缩，节约支出，将杭海、盐平养路所和乍平段工程事务所等八个单位合并为第一区工程处统辖管理。民国 20 年(1931 年)6 月，又将原第一区工程处撤销，由省公路局工务科直接管理。养路工程司改称养路事务员，每 50~60 公里设一分驻所，其时杭乍段有二个分驻所，每所派工程员 1 人负责，另有监工员数人。道工 8 人为一组，两组为一班，每组另设大工(即工头)1 人。民国 21 年至 22 年(1932—1933 年)，杭州至金丝娘桥、乍浦至平湖等路，均仍由省局工程科直接管辖养路工作。而苏嘉路嘉兴至王江泾段，则由江苏省苏嘉汽车公司承租并养路。民国 25 年(1936 年)5 月，国民党政府中央军事委员会发布《民众养路暂行办法》，浙江省于同年 7 月又订《民众养路实施办法》，规定每年 4 月、12 月服役半个月，每日发津贴费 0.2 元，是项民众养路是作为辅助专业养路的方法。当年海宁、嘉兴、平湖、桐乡等县先后均成立民众养路总队，计 35 个班，民工 1019 人，但由于抗日战争形势突变，未见实效。民国 26 年(1937 年)2 月，省公路管理局下分设十个工务办事处，其中：杭沪工务办事处，管辖杭沪(至闵行止)，乍平嘉、闸袁、胡长四线，养护里程 176.5 公里；杭善工务办事处，管辖杭善、临(平)塘(栖)二线，养护里程 117.64 公里。每个工务办事处各设工务管理员 1 人，工务助理员 1—2 人，办事员 1 人，监工员数人。民国 26 年(1937)11 月，杭沪、乍嘉王，杭善等公路，未及破坏，即被日本侵略军侵占。在 8 年沦陷期间，整个日占区公路，没有建立养路机构，公路的修建与维护，均由汪伪专、县的行政机构负责。抗战胜利后，民国 34 年(1945 年)12 月、省交通管理处仍恢复为专责的公路机构。民国 35 年(1946 年)2 月，恢复道班养路，全省共设 7 个工务段，当时乍浦至嘉兴、嘉兴至桐乡、胡家兜至崇德线，均由杭州工务段管辖养护。杭沪公路列入国道网 122—上海南昌线一段，由交通部公路总局第一区公路管理局第四工程处负责管理及养护，设沪海、海杭 2 个工务段，9 月，海杭工务段改名海宁工务段，隶属于上海总段。同年 11 月，撤销海宁工务段等，杭州至金丝娘桥段公路由新设立的杭州工程处养护。民国 37 年(1948 年)2 月，国道机构又进行一次调整，设第二工务总段于上海，负责沪杭线的养护工作，浙境有乍浦、海宁两工务段，每段各有职员 8 人，7 个道班，140 人，9 月起每班减少道工 4 名。解放前夕，乍浦工务段撤销，浙境并入海宁工务段。民国 37 年(1948 年)11 月，由于国民党政府政治、经济危机加深，养路经费困难，省府当局实施所谓“戡乱时期浙江省道保养办法”，规定由各县设立省道保养队，担任经常养护、防护工作和紧急抢修，全省共设杭州、嘉兴等 6 个工程督导处 (嘉兴工程督导处于民国 38 年 1 月并入杭州工程督导处)担任民工养路技术指导，乍平嘉、嘉桐、胡长崇、黄山支线及商办苏嘉公司养路的嘉王线，均为其督导范围。民工养路的命令下达以后，各县迟迟未动，省、县养护的路线原已先天不足，再经此半年只用不养，更是破败不堪。

1949年—1990年公路养护组织

新中国成立后，撤销原有国、省道两套养路机构，实行道班养路制。省交通管理局在杭州—金丝娘桥公路设置海宁工务段(1952年7月改称养路段)，驻盐官镇，管养里程134.03公里。乍浦—嘉兴、嘉兴至桐乡段公路，均委托苏嘉湖汽车公司负责代养，嘉兴至王江泾公路仍由苏嘉湖汽车公司承租并养路。胡家兜—崇福线中长安至崇德段10.31公里，因基本上无车行驶，省局下文放弃养护，1954年9月海宁养路段迁驻嘉兴，改称嘉兴养路段，设海宁、海盐、平湖三个工区、9个道班和1个施工大组。

1958年1月，实行"运养合一"，撤销嘉兴养路段，于嘉兴汽车站设养路队，管理养护杭州—金丝娘桥、乍浦—嘉兴—王江泾、嘉兴—崇德、硖石—闸口等线公路。

1961年4月，"运养分开"，省恢复工程局，嘉兴各条公路划归杭州养路大队(后改称杭州养路总队)管辖，在嘉兴辖境设海宁、嘉兴两工区：海宁工区管养杭—金线翁家埠至包家埭(平湖县界)，硖石至闸口公路114.20公里；嘉兴工区管养杭—金线包家埭至金丝娘桥、乍浦至王江泾、嘉兴至崇福公路117.5公里。1965年，在湖州成立嘉兴养路总段后，海宁、嘉兴养路工区改归嘉兴养路总段管辖。

1972年1月，撤销嘉兴养路总段，在嘉兴地区交邮局设负责养路科室，公路养护的人、财、物权全部下放到县交通局管理，分别成立嘉兴、平湖、桐乡、海宁、海盐、嘉善六个公路段(工区)，实行块块管理。

1979年1月，重新恢复建立嘉兴地区公路总段，公路养护实行条块结合体制；干部归地、县管理；计划、财务、技术、劳动工资、机料归省工程管理局管理，原称"XX县交通局公路段"则改称"浙江省XX县公路段"。

1982年后，公路养护划分为专业养护和县乡养护两种。专业养护线路为国道、省道及部分重要县道，由公管处组织公路段、站进行养护；县乡养护的线路为一般县乡公路，由县(市)区交通局管理，组织公路沿线的农工养护。1982年10月，省交通厅将公路养护实行分级管理，采取专业养护及社队养护两种形式；国省道干线和重要县道由公路专业部门管理养护；一般县、社公路由当地交通部门组织社队养护。

1983年，嘉兴地区行政建制变更，同年10月21日，撤销嘉兴地区公路总段，分别建立湖州市公路总段和嘉兴市公路段。

1989年1月，省人民政府批转省交通厅《浙江省公路体制改革方案》，公路管理实行条块结合，以市(地)为主的体制，嘉兴市公路段更名为浙江省嘉兴市公路管理处，隶属于嘉兴市交通局领导。

1990年年末，全市专业养护公路362.01公里，县乡养护公路500.34公里。全市公路养护组织形式为：嘉兴市公路管理处下辖嘉善、平湖、海宁、海盐、桐乡县(市)公路管理段、嘉兴公路管理段及王店机料站，负责全市公路专业养护管理。市处机关内设政工、公安、财务、工程、行政、机料等科室。养护管理G320国道杭枫段85.75公里；省道杭沪、乍王、新海三线共179.89公里；县道盐湖线市辖段、善西(包括车站支线)、闸皇三线共长89.06公里；乡道向湖、干窑支线2条共7.3公里。有公路管理站23个，苗圃1个，养护职工546人(固定工365人)，其中管理干部100人，道工201人，驾驶35人，机修34人。有载重汽车47辆，小型客车5辆，汽车挂车2辆，大中型拖拉机9台。手扶拖拉机、小四轮、翻斗车共24台，大小压路机19台，装载机2台，沥青搅拌机3台，沥青洒布机16台，洒水车1台，发电机2台等。

县乡公路养护管理由县(市)交通局负责。1982年，海宁、桐乡县开始设置县乡公路养护班，由县交通局具体领导，进行常年养护。随着新建县乡公路里程增多，其他各县交通局也陆续组织县乡公路养护。至1990年年末，海宁、桐乡、平湖、嘉善、海盐县(市)及郊区都建立有县乡公路养护管理所(总站、站、段)，具体负责县乡公路养护工作。养护里程500.34公里，其中县道412.37公里；乡(镇)道87.97公里。有养护民工334人，管理干部16人，工程技术人员3人，汽车驾驶员8人，其他8人，共计369人。有载重汽车8辆，手扶拖拉机44台，8吨以上压路机6台，抽水机2台等养护机具。养护管理形式为：县交通局直接管养，交乡(镇)管养及通过合同形式实行包干养护。县乡公路养护贯彻"民办公助"原则，补助经费标准：县道年公里1000元，乡道年公里790元，由市交通局下拨县交通局管理使用。手拖养路费由县征收用于县乡公路养护。水毁、中修补助经费由市局统一掌握使用，急需的大修和改善项目，由省给予逐年安排。县乡公路路面中，水泥路面39.3公里，沥青路面37.49公里，砂石路面423.55公里，绿化里程410公里。

1991年—2010年公路养护组织

1991年后，嘉兴市公路养护管理机构为嘉兴市公路管理处。市公路管理处在交通主管部门的领导下，按照国家交通主管部门规定技术规范和操作规程对公路进行养护，并对县(市、区)公路管理机构进行行业管理。

1991年3月，经嘉兴市机构编制委员会发文(加编〔1991〕22号)，嘉兴市公路管理处内设机构确定为：行政科、劳动人事科、计划科、公安路政科、质量监理科、工程管理科、机料科。

1999 年 4 月，按照省、市交通主管部门工作部署和要求，开始实施公路养护体制改革工作。

2003 年，按照省交通厅“关于公路管理体制与运行机制改革”的统一部署，对嘉兴公路管理段实施体制调整。市本级公路管理体制改革涉及市直属嘉兴公路段拆分下放到秀城、秀洲两个区，与两区公路段合并后，完成“两分开”工作。经市政府的统一协调，5 月 30 日由市政府办公室发出《转发市交通局关于市本级公路养护及路政管理体制调整方案的通知》，撤销嘉兴公路管理段，其管理职能和人员分别并入秀城、秀洲两区公路管理段。

2003 年，交通部党组提出“修好农村路，服务城镇化，让农民兄弟走上沥青路和水泥路”的新时期交通发展战略目标，嘉兴市启动了规模最大的农村公路建设。随着农村公路建设的快速发展，农村公路管理、养护滞后的问题突出，存在管理养护主体不明确、责任不落实、养护资金缺少稳定渠道、投入严重不足等问题，影响了农村公路的安全使用。公路管理部门积极探索农村养护管理体制和运行机制新思路，不断提高农村公路养护管理水平。

2004 年起，嘉兴市大胆实践，积极探索，已初步形成了“统一领导、分级管理，以县为主、乡镇尽职、村村配合”正常化、制度化、规范化的农村公路管理养护体制。

深化农村公路管理养护体制改革

到 2008 年，全市农村公路总里程 6804 公里。为养护好农村公路，嘉兴市按照《浙江省农村公路管理养护体制改革试点工作方案》及《浙江省农村公路管理养护办法》的要求，深入贯彻国办 49 号文件精神，逐步建立健全农村公路管理养护体制，明确养护责任主体，落实养护资金，创新管理养护手段，并大力推进农村公路路政管理、安保工程和文明创建，进一步拓展农村公路管理养护内涵，初步形成了具有嘉兴特色的农村公路管理养护模式。

建立健全以县为主的农村公路管理养护体制

按照《国务院办公厅关于印发农村公路管理养护体制改革方案的通知》及《浙江省农村公路管理养护办法》《浙江省农村公路管理养护体制改革试点工作方案》的要求，嘉兴市出台了《嘉兴市农村公路管理养护体制改革实施方案》，明确了地方政府农村公路管理养护责任。嘉兴市人民政府负责领导全市农村公路管理养护体制改革工作，制定全市农村公路建设规划、审批养护计划、监督各县(市)安排和使用好养护资金、做好指导督查等工作，承担和落实两区农村公路养护资金。各县(市、区)人民政府为农村公路管理养护的“责任主体”，负责制定本辖区农村公路管理养护实施办法，筹措和管理农村公路管理养护资金，明确和落实乡镇政府、本级政府有关部门在农村公路管理养护工作中的具体职责，督促乡村两级做好农村公路的管理养护工作，组织、协调、解决本地区农村公路管理养护工作的重大问题，履行政府在重大自然灾害和突发公共事件中保障农村公路畅通的职能。乡镇(街道)人民政府按照上级政府的具体规定，认真履行乡道、村道公路管理养护职责，成立乡镇农村公路管理站，落实管理养护作业人员，组织好乡道、村道的养护工作。市、县(市、区)交通部门负责农村公路的行业管理工作。市、县(市、区)两级交通管理部门具体履行辖区内农村公路的管理职能，制定农村公路养护质量标准和考核办法，并组织考核验收。形成“统一领导、分级管理，以县为主、乡镇尽职、村村配合”的正常化、制度化、规范化的农村公路管理养护体制。

按照精简效能的原则，建立农村公路管理养护机构。市、县两级在公路管理机构内部新增设农村公路管理养护职能科室并相应增加管理人员(1~2 名兼职)，专门负责本辖区内农村公路管理养护工作。明确乡镇一级农村公路管理养护机构和人员，全市各乡镇(街道)设置农村公路管理养护机构和管理人员(2~4 名)的配备。其中，南湖、海宁、桐乡等县(市、区)按 5~10 公里配一个养护工的标准，成立农村公路专业养护队，对农村公路进行统一养护，并配备了相应的养护设备。

建立农村公路管理养护资金保障机制

各县(市、区)政府出台“农村公路管理养护办法”，明确规定县、乡(镇)两级政府筹措农村公路管理养护资金的职责。按照“以县为主，乡镇为辅”的原则，建立县(市、区)、乡(镇)财政投入、拖拉机(摩托车)养路费、省补资金和其他资金共同组成的多渠道的农村公路管理养护资金筹措机制。农村公路日常养护经费：县道由省补资金和县级财政资金组成，由县级交通部门编制年度计划，列入县级财政年度预算，一般年公里在 12000 元~30000 元之间。乡道村道除省补资金外，主要由县、乡二级政府财政承担。县(市、区)政府财政补助标准范围为：乡道年公里在 2500~5000 元之间，村道年公里在 1000~2500 元之间。农村公路大中修经费：县道大中修根据公路管理部门上报的年度计划，经审查通过后，由县级政府列入财政年度预算进行安排。乡道、村道大中修，由县级交通部门审批，具体由乡镇负责实施，并列入乡镇财政年度预算，县级财政给予一定补助。同时为了确保农村公路管理养护资金的规范、安全、有效使用，在农村公路管理养护办法中，均明确规定农村公路管理养护资金的使用情况必须公开，并接受县交通、财政、审计等部门的监督和检查。

图 9-2-1　公路通农家

建立符合地方实际的农村公路管理养护模式

经过探索实践，嘉兴农村公路管理模式呈现多样化。农村公路大中修工程全部采取公开招标的方式，择优选择施工单位。农村公路日常养护作业，县道公路全部由县级公路管理机构下属专业养护公司进行管理养护。乡镇管理的乡道村道公路日常养护作业模式多样化。主要有：海宁市在乡镇(街道)成立专门的农村公路养护队伍，负责乡村公路日常的小修保养工作。平湖市在乡镇(街道)统一对乡村公路小修保养工作进行公开招标，以承包方式落实给专业保洁公司或养护公司进行管养。嘉善县规定乡村公路日常的小修保养工作由沿线行政村负责管养，乡镇给予一定的资金补助。

建立健全农村公路长效管理养护机制

《浙江省公路路政管理条例》《浙江省农村公路管理养护体制改革方案》《浙江省农村公路管理养护与管理办法》《农村公路养护技术手册》构建了比较健全的法规制度体系和标准规范。市、县两级交通管理部门依据省级法规制度体系和标准规范，结合嘉兴实际，制定出台《嘉兴市农村公路管理养护体制改革实施方案》《嘉兴市农村公路管理养护考核标准》及《嘉兴市农村公路管理养护考核办法》等一系列办法制度，建立起较完善农村公路管理养护长效机制。

在加强农村公路规范化管理上，各地各有其特色。海宁市明确提出了“四化”、“八统一”的管理制度。“四化”即：队伍专业化、管理制度化、养护规范化、设施标准化，“八统一”即：统一管理模式、统一管理养护机构、统一人员配备、统一养护内容、统一养护标准、统一资金管理、统一信息管理、统一台帐资料。桐乡市实施“六个一”管理：明确一个目标，即实现农村公路管理养护的正常化和规范化；建立一支队伍，即每个乡镇交通管理站配好管理路政员和养护人员；建立一个基地，即交通管理站落实养护基地和办公用房；制订一套制度，即制定出农村公路养护标准和管理制度并公开上墙；出台一个办法，即制定农村公路管理养护考核办法，保证农村公路管理养护工作正常有序，养护经费列支规范；提出一个计划，即建立公路档案，按公路受损程度不同科学安排日常养护、小修和大中修养护计划。

根据《浙江省公路路政管理条例》，对符合公路技术标准的村道，实施路政许可、行政处罚及相关的监督检查工作。各县(市、区)完成对所辖区域内符合公路技术标准的村道及沿线的设施、建筑控制区、路产路权保护等路政管理基本情况的调查摸底，建立起村道路政基础档案资料。对村道的立项、初步设计、交竣工验收等实施介入管理。

各县(市、区)公路管理机构紧紧依托乡镇政府、村级组织和乡镇公路养护站，探索专业路政管理和乡、村协管相结合的三级农村公路路政管理新模式。海宁市出台了《海宁市乡村公路路政管理办法》，为乡村公路实施路政管理提供政策保障。并依据该管理办法，建立乡镇协管员和村级信息员制度和一整套乡村公路路政管理台帐，使乡村公路路政管理工作纳入规范化、制度化。平湖市制订了《平湖市公路路政管理办法》。嘉善县、南湖区试行“站队合一、分片管理、明确职责、分工协助”的路政管理形式，将路政中队派驻到乡镇公路养护站，整合公路养护站管理力量，实行分片管理。南湖、秀洲两区各乡镇公路养护站都配备了路政养护巡查车辆，开展养护路政联合巡查，有效实施对农村公路的路政管理。农村道路新建、改建工程，落实交通安全基础设施“三同步”原则(即交通安全基础设施建设与道路工程同步设计、同步施工、同步投入使用)，改善路况，完善交通安全设施。对农村公路中的急弯、陡坡、视距不良、路侧险要等危险路段进行整治和改造，通过增设防撞护栏、增设标志牌、设置公路线形诱导标志等安全防护设施，提高公路行车的安全性。公安、交通、农机等职能部门加强农村道路的执法管理，加大农村道路的无牌无证、农用车、拖拉机载人、人货混装、违法占道路等违法行为的执法力度，从严查处各类严重的交通违法行为，大力整治农村道路的行车秩序。严格控制农村道路随意开口的行为，规范路口审批程序。加强农村道路违法占道、破坏道路等违法行为的查处力度，努力杜绝农村道路堆放、设摊、打粮晒谷等占道行为和破坏道路设施的违法行为。同时深入农村，加强对广大农村居民和学生、企业职工、车辆驾驶员的交通安全宣传教育，增强群众交通安全意识。

图 9-2-2 嘉兴乡村公路实现“双百”目标

在农村公路管理养护体制、机制已日趋完善的基础上，提升农村公路养护管理规范化，打造农村公路养护新品牌、新形象，更好地为新农村建设服务。2008 年年初，出台《关于开展农村公路文明公路站创评活动的通知》，通过开展“文明公路站创评活动”全面提高农村公路的养护质量、安全状况和管理水平。桐乡、海宁、平湖等县(市)安排了专项资金，用以奖代补的形式，对创建工作开展得好的乡镇给予奖励补助。平湖制定了“创建农村公路示范路实施方案”，在每个乡镇至少创建一条文明示范路，用以点带面的方式，推动创建活动的深入开展。

2009 年年底，全市公路总里程 7501.08 公里，有专业公路管养单位 7 个，下设公路养护站(道班)16 个，农村公路养护站 31 个。到 2010 年年底，有农村公路养护站 46 个，被命名表彰的农村文明公路站 23 个，其中文明(示范)公路站 3 个。

第三节 公路养护管理

公路养护以全面规划，协调发展，加强养护，积极改善，科学管理，提高质量，依法治路，保证畅通为指导方针，对公路路面、桥梁、隧道、交通工程等设施实施日常养护、小修、专项工程、大修、改造提高。

1950—1990 年公路养护管理

1950 年 11 月，全省第一次养路工作会议后，试行养路负责制，主要内容是实行“四定”(定级、定员、定料、定时)。定级以路线交通量大小分为三等，每等又按交通量和路况分为二级，共分为三等六级。养路人工及路料按此分别规定定额数。1952 年实施计划养路，修正养路负责制，改三等六级为三等九级，调整定员、定料。海宁养路段负责管养杭州九堡至金丝娘桥 122.03 公里，核定其由九堡至盐官 30.31 公里为丙一级，道工定员 15 人；由盐官至金丝娘桥 91.72 公里为丙二级，道工定员 37 人。省局并增订“小修工程”，“道班作业工效”试行定额，大中修和改建工程比照基建工料定额办理。1961 年，加强计划管理，实行经济核算制度，对段、工区、道班均实行内部经济核算。在计划安排上，贯彻以养好路面为纲，全面提高道路质量的方针。

1979 年，交通部颁发《公路养护定员标准》，分生产工人(包括养路工人，机驾及保修工人、苗圃工人、养路工程施工工人等)；生产人员(包括专职工程技术人员，定员每百公里为 4~6 人，生产安全人员)；非直接生产人员(管理人员和服务人员按职工总数 11%~16%配备)。同年 6 月，省公路局印发公路养工作八项技术经济指标，作为公路养护战线开展增产节约、质量月活动以及年度工作总结评比的考核依据，同时也作为月、季度小结评奖的考核依据。其主要考核指标为：好路率(包括消灭差等路)；成本(包括节约)；自采路料；出勤(包括出勤率和直接生产率)；机械车辆完好率和利用率；工程合格率；绿化、安全生产。

为了增强基层活力，调动广大养路职工的积极性，引入竞争机制，1989 年开始，嘉兴市公路管理处对县段、县段对站实行经济责任承包制，由小修保养、单项工程逐步扩大到全面承包，为实行企业化管理创造条件。

公路养护质量考核，一般采用定期检查路况变化的方法来考核公路养护的工作质量。从 20 世纪 60 年代起，对每公里公路的路面路基、桥涵、标号志和绿化等 5 项，每月进行检查评定，综合按百分制计算。各项的最高分数规定为路面 60 分，路基 20 分，其他 3 项各 10 分，对不符合质量要求的部位和数量进行详细记录，按统一规定扣分。并按每公里所得分数将路况分为优、良、次、差四等，将每个养路单位所管养路段中优等和良等路占总里程的百分比(好路率)作为考核养护工作质量的主要指标。嘉兴市专业养护公路好路率分别为：1983 年 46.95%；1984 年 49.%；1985 年 58.19%；1986 年 64.64%；1987 年 71.48%；1988 年 61.39%；1989 年 63.21%；1990 年 75.41%。县乡公路好路率 1990 年达到 57.83%，综合值 64.9 分。

1991 年—2010 年公路养护管理

GBM 工程和文明样板路

GBM 工程是实施具有中国特色的公路标准化、美化建设工程的简称。是交通部为改善和提高现有公路技术状况，推进公路标准化、美化建设进程的一项重要措施，被称为我国公路继增加里程、提高质量之后的“第三次飞跃”。GBM 工程在 1987 年 3 月第一次正式提出，并在 G107 国道率先试行，到 1998 年年底，中国已有 7.5 万公里公路实现了 GBM 工程。

嘉兴市于 1990 年在 G320 国道率先试行 GBM 工程。1992 年 G320 国道 GBM 工程计划按排 25 公里，实际完成硬路肩部分 27.764 公里，总投资 143 万元。绿化工程共种植乔木 16180 株、灌木 6800 株、美人蕉 2000 株，并对 G320 国道结合 GBM 工程进行缺株补植。

1993 年，G320 国道 GBM 工程计划安排 5 公里，计划投资 22.5 万元，实际完成硬路肩工程 16.5 公里，投资 77.8 万元，完成率达 300%以上。绿化工程重点抓好绿化管护和 G320 国道结合 GBM 工程进行缺株补植，共补植水杉、广玉兰、木槿、龙柏、小腊球等行道树 25760 株，培养种子苗 4400 多株，投资 18 万元。

1997 年，S07 省道、G320 国道创建文明建设样板路活动取得显著成效。S07 省道乍王段经平湖市、秀城区、郊区三县(市、区)，全长 52.685 公里，为嘉兴市连结苏南的重要通道，日平均交通量达 1.2 万辆。1991 年，S07 省道由省公路局和地方政府逐级实施改造，为公路平丘二级加宽技术标准，其中嘉王段 11.096 公里改造为一级公路。嘉平段因平湖市辖区 20.192 公里沥青路面，在改造时作为过渡路面设计施工，标准较低，路面平整度较差、路拱不适、网裂较多以及公路标志、标线不全，沿线违章建筑、马路市场、乱设摊点、非公路标志、标牌设置现象较为严重。G320 国道嘉兴段开展创建文明建设样板路以来，路况得到改善，通行能力大大提高。由于日平均交通量猛增，超过设计标准，路面板块破碎、沉陷加剧，尤以利用路肩加宽部分两侧路缘石损坏严重。海宁、余杭交界处马路市场抬头，任意开设路口及毁绿、占道设摊屡禁不止，路面保洁难度较大。针对创建路段长、工作量大、管理难度高等困难，市委、市政府把创建工作列入市政府和沿线县(市、区)政府精神文明建设的一项重要内容。中共嘉兴市委《1997 年市区创卫工作要点》提出，要做好 G320 国道嘉兴市区段巩固发展工作，搞好国道两边人行道外 20 米之内绿化、洁化、美化工作。市委宣传部把沿线城镇创建样板路活动，列入文明城镇创建工作规划。市政府除保留创建 G320 国道文明样板路领导小组外，还成立了创建 S07 省道文明样板路领导小组，增加嘉兴经济开发区南湖开发区为领导小组成员单位。沿线县(市、区)政府都成立相应的领导小组，落实工作班子。4 月 10 日和 15 日，市政府分别召开“G320 国道(嘉兴段)交通安全设施工程暨创建文明样板路表彰动员大会”和“G320 国道嘉兴市区过境段绿化工程动员大会”，督查调研 G320 国道嘉兴市区过境段绿化工程建设、养护、管理问题和 S07 省道焦山门大桥、沪杭高速公路十八里桥互通跨线桥建设进度问题，协调解决在创建活动中遇到的困难。市创建办按照省交通厅的要求，结合实际，制定下发了公路工程、路政、征费、稽查、宣传 5 个实施方案。市政府与平湖市、秀城区、郊区政府、乍浦开发区签订了创建目标责任书，层层落实创建责任制，按期保质保量完成创建任务。市委书记王国平、市长夏益昌与市四套班子领导及相关部门干部职工一起参加 G320 国道嘉兴环岛处路政、卫生综合整治，王洪涛副市长多次督查创建活动。根据市政府的要求，领导小组成员单位明确工作职责，统一步调，协同作战。市公安交警对 G320 国道、S07 省道乍王段两条干线公路以“压事故、保畅通”为目标，开展了道路交通秩序整顿，重点整治“三超一停”(违章超车、违章超载、超速行驶和违章停车)，并对城郊结合部车辆乱停乱放进行了专项治理。制定 S07 省道乍浦至嘉兴交界处交通安全设施设置方案，把创建活动列入文明城镇考核。公安交警、工商、城建等部门积极参与公路路政专项整治活动，有力地推进了创建活动顺利开展。

在创建和巩固文明样板路活动中，重点突出改善公路基础设施和路政整治，组织力量对 S07 省道作全面深入的调查研究，制定出台“S07 省道创建文明样板路公路工程专项实施方案”。会同有关部门对 S07 省道联合开展大规模的路政专项整顿和全线清障，拆除永久性违法建筑 255.3 平方米；拆除临时性建筑 1267.82 平方米，清除非公路标牌 610 块、堆积物 5451 平方米，整治接线接坡 1995 米，清理流动摊位 387 个，迁移、规范沿路市场 3 个，设置隔离带栅 700 米。补植绿化 600 株，铺筑路缘石 17.7 公里，路面中修 19 公里，处理桥头跳车 10220 平方米，清理边沟 20 余公里，签订门前承包责任书 59 份，保证了干线公路畅通，路容路貌整洁。对 G320 国道进行巩固性整顿，拆除永久性违法建筑 172.6 平方米，拆除临时性建 1149 平方米，清除非公路标志 1013 块、堆积物 7641 平方米，清理流动摊位 1715 个，发违章通知书 68 份，对严重影响公路畅通的水果交易市场进行大规模的专项整治，完成板块修复 1.8 万立方米，板底灌浆 6 万平方米，路面中修 2 公里以及新建绿化带 7.3 公里，修筑花坛 200 多只。

在抓好路面整治的同时，把治理公路“三乱”作为行风建设重点工作来抓，做到目标不变，力度不减，机构不散，常抓不懈。组织召开全市交通系统创建文明行业暨行风评议动员大会，聘请20名社会各界人士担任行风建设监督员，对公路征费所、稽查站从加强内部管理着手，健全各项规章制度，严格按省政府批准的收费项目、标准实行收费，对征费、稽查人员加强教育培训，做到着装整齐，持证上岗，文明执法。

按照世界银行对G320国道(嘉兴段)交通安全设施工程道路交叉口设置要求，市交通局制定了《G320国道(嘉兴段)接口设置及管理办法》，对沿线加油站、专业市场、村道、城市道路、县乡公路及沿线单位企业接口，实行严格控制统一设置，规范设置行为，对经营场所均实行有偿使用的原则，其余采用钢质护栏封闭，接口设置与绿化工程同步完成。嘉兴市政府与各县(市、区)政府签订《G320国道(嘉兴段)、S07省道绿化与接口管理目标责任书》，交通主管部门层层分解落实责任措施，做好与相关部门、沿线乡镇的协调工作，聘请乡镇路政协管员，精心组织实施。

2000年，G320国道全线被交通部列为创建文明建设样板路路段。为认真贯彻落实全省创建工作会议精神，3月21日，市创建领导小组召开全市创建动员大会。市创建办主任洪国良作了“统一思想，奋力拼，高标准争创G320国道文明建设样板路”的动员讲话，要求全市各创建单位高度重视，统一思想，形成合力，克服困难，奋力拼博，认认真真抓创建，扎扎实实抓落实。并提出了嘉兴市创建活动要实现路况上水平，路政创特色，征费稽查规范化，高质量完成省政府下达的创建任务和创建总目标。副市长王洪涛代表市政府与沿线县(市、区)政府签订了创建目标责任书。同时，市创建办制定了公路工程、路政整治、宣传工作、征费管理和稽查五个专项实施方案。

根据省、市创建领导小组的统一部署，嘉兴市创建活动工程建设的主要任务是：实施320国道上海枫泾至塘汇段22.33公里路面大修改造工程；完成嘉兴市区过境段(外环线)主体工程及附属设施；新建嘉兴、桐乡两个公路站；完成七号桥和塘汇两个收费站点的迁建工程；完成8万平方米的混凝土板块和桥面修复；实施上海枫泾交界处高标准景点绿化；开展创建交通青年绿化工程示范段活动。市公安交通警察支队根据公安部、省公安厅创建“平安大道”的工作要求，在全市开展创建“平安大道”工作。

为迎接交通部创建文明建设样板路检查，市公路部门组织实施了G320国道枫泾至嘉兴段路面大修改造工程。工程东起嘉善县与上海枫泾交界处(桩号K86+000)，西至嘉兴市秀城区塘汇乡(桩号K108+330)，全长22.33公里，概算总投资8640.1万元。工程于2000年5月1日正式开工，于10月底全部完工，并交付使用，实现了既定目标，并被评为优良工程。

省、市领导对嘉兴市创建活动极为关心和重视。省交通厅副厅长张治中、省公路管理局局长阎震等先后来嘉兴市视察创建工作，市委书记陈加元在检查G320国道市区过境段工程和大修改造工程等样板路重点工程建设时也作出重要指示。创建活动还得到社会各界广泛支持，在各单位精心组织，密切配合下，文明样板路创建活动取得了显著成绩。主要为：路面平整，路况良好，绿化成形，交通顺畅，路容路貌焕然一新，通行能力大大加强。加油站及公路设施文明规范，文明示范乡(镇)村活动初见成效；木检站、稽查站、收费站等软硬件建设进一步提升，执法文明规范，无公路“三乱”现象。通过开展文明建设样板路创建活动，全市国、省道干线公路成为一条畅、洁、绿、美、安的文明公路，成为嘉兴社会经济发展的黄金大道。

2005至2008年，嘉兴市开展了沪杭、乍嘉苏高速公路、G320国道、S07省道、S01省道、湖盐公路等6条高速公路、国省道干线公路的文明公路创建工作，创建总里程达到485.722公里。四年中，嘉兴市交通公路部门以“公路设施发达完善、行车环境优美舒适、公路管理规范高效、服务水平优质可靠、用户出行安全方便”为目标，以提高创建质量为核心，围绕公路综合养护、公路站制度化建设、公路文明执法、三星级收费站巩固发展、服务区规范化管理等5个环节，牢固树立和认真落实科学发展观，加强领导，统筹协调，迎难而上，狠抓落实，深入开展创建文明公路活动，较好地完成了各项创建指标，取得了明显成效，打造了“畅、洁、绿、美、安、优”的公路交通精品工程。

图9-2-3 省领导在检查320国道文明公路创建工作

2009年，在巩固已有创建成果的基础上，继续抓好高速、国省道文明公路创建，并向农村公路延伸推进。全市创建总里程为410.929公里，其中高速公路：杭州湾跨海大桥北岸连接线24.785公里、杭浦高速公路(嘉兴段)102.794公里、申嘉湖高速公路59.1公里；国道：320国道嘉兴段90.25

公里(补创路段);农村公路:嘉善、平湖、海宁、海盐、桐乡、南湖、秀洲等7个县(市、区)共计实施11条、134公里农村文明公路创建项目。通过文明公路创建活动,实现公路养护综合质量考核达90分以上;沿线收费站、公路养护站、服务区和公路执法基层站点的规范化管理考核均在90分以上。

表9-2-1 2009年嘉兴市文明公路创建计划新增项目表(农村公路)

序号	项目名称	路线行政等级	涉及市、县(市、区)	里程(公里)
1	嘉兴至铜罗	县道	嘉兴秀洲	13.549
2	丁枫公路	县道	嘉兴嘉善	12.444
3	陶芦公路	乡道	嘉兴嘉善	6.5
4	平湖至兴塔	县道	嘉兴平湖	18.526
5	嘉兴至海盐	县道	嘉兴海盐	22.406
6	嘉湖公路	县道	嘉兴桐乡	8.963

2010年年初,杭浦高速公路、杭州湾跨海大桥北接线高速公路、申嘉湖高速公路被省交通厅授予省级文明公路称号。

路面养护

1990年年末,全市公路养护里程887公里,其中国道86公里;省道187公里;县道501公里;乡道95公里,另有专用公路18公里。高级次高级路面386公里,占总里程43.5%,其中沥青渣油路面273公里,水泥路面113公里。

1993年,S07省道乍王线平湖段改建工程完成投资2853.7万元,完成桥梁改造20座、路面20.192公里。为提高G320国道路况,完成嘉善—嘉兴段沥青混凝土路面二期加铺工程施工,完成全线灌缝、处理桥头跳车、路肩下沉及GBM工程路肩带油漆。组织对G320国道路面破损状况进行调查分析,为设计施工提供科学依据。下半年,嘉兴市域连降暴雨,洪涝成灾,百年未遇。杭金线高路基路段多次路基塌方,S07省道嘉王段、善西线等路基较低路段多次被水淹没,路基坍毁、坑洞、松散、沉陷等病害严重。经公路干部、职工连续几天日夜奋战,未发生交通中断或阻车现象,确保了公路畅通。

1997年年底,全市有公路里程1129公里。专业养护404.8公里(其中国道85.75公里,省道230.44公里,县道79.51公里,乡道9.1公里);县乡养护724.2公里,(其中县道558.3公里,乡道165.9公里)。全市新建接养公路70.77公里,其中省道50.67公里,县乡公路20.1公里。专业养护平均好路率65.3%,比上一年度提高2.3个百分点。完成砂石路改造沥青路面5.2公里、水泥路面15.6公里。

1998年年底,全市有公路里程1217.72公里,全市专业公路建设、养护计划投资1668万元,专业养护平均好路率67.5%,比上年提高2.2个百分点。全市完成砂石路改造沥青路面28.1公里、水泥路面10.4公里。

2001年,全市专业养护公路好路率75.8%,比上年提高2.4个百分点,其中国省道干线公路好路率达到79.65%。

2002年,全市公路通车总里程1996.07公里,全市管养公路好路率70.7%,其中国、省道干线公路好路率为83.27%。

2003年,全市公路通车总里程2006.05公里,全市专业管养公路好路率72.49%,其中国、省道干线公路好路率88.58%。

2004年,全市公路通车总里程2062.99公里,公路养护里程2062.99公里。已绿化公路里程1948.97公里,占可绿化里程绿化率94.52%。全市专业管养公路好路率为73.74%,比上年提高1.22个百分点,其中一般国、省道干线公路好路率为85.74%。

2005—2006年,省交通厅下达嘉兴市县道砂石路面改造工程计划322.35公里,危桥加固改造144座,省补资金10438.1万元。市交通局和各县(市、区)交通局相继成立了县道砂石路面改造工程领导小组及办公室,出台《嘉兴市县道砂石路面改造工程实施细则》,全面完成改造任务。

2006年,按省厅下达的计划,嘉兴市实施干线公路路面专项整治工程。市公路部门与相关收费公路经营业主沟通协调,针对不同路面状况做好设计审查,兼顾质量、速度与效率,严格把好招投标、工程质量管理,开展定期和不定期督查,及时解决施工中的问题,全面完成干线公路路面专项整治工程。全年公路养护里程2734.20公里,完成公路绿化(绿色通道工程)336公里。其中国省道公路100.6公里、县乡公路235.4公里,完成公路标志标线设置958.40公里。普通公路平均好路率74.55%。

2007年,嘉兴市在S101省道海宁段沥青路面大修工程中采用“就地泡沫沥青冷再生技术”试验路段取得阶段性成果的基础上,分别在G320国道桐乡段,S101省道平湖段、海盐段,湖盐线乌镇支线采用泡沫沥青冷再生技术,实施路面整治55公里,并将原“就地”改为“厂拌”冷再生,不仅解决了以往采用常规大修方法导致路面不断增高所带来的各种问题,而且使原本废弃的沥青混合料和基层材料得到了循环再利用,节约了大量的沥青、建材资源,避免了以往沥青废料处理对环境造成的污染,保护了环境,提高了工程质量和进度,改变了传统的路面修复方法。同时,在S101省道、平黎公路上应用非开挖SD地聚合物注浆加固新工艺和沥青路面防水剂(ASP)新材料;在G320国道、湖盐线乌镇支线路面整治工程沥青面层中采用特立尼达天然湖(TLA)沥青作为改性沥青,显著提高了沥青混合材料的动稳定度和抗车辙能力。在桥梁修复和危桥改建中应用的“钢缆索斜拉法加固拱桥新技术”，荣获嘉兴市科学技术进步三等奖。在洛塘桥桥梁加固中实施迁移型有机阻锈剂的应用，使修复处钢筋背面和附件区域的锈蚀钢筋再钝化，显著提高保护效果。全面实现干线公路和主要县道公路交通量观测自动化，提高了交通量观测的精确度，为公路管理科学决策提供了可靠的基础数据。

2007 年，全市公路总里程 7091.51 公里，公路养护里程 3419.42 公里。完成公路绿化(绿色通道工程)77.3 公里，其中国省道公路 38.6 公里、县乡公路 38.7 公里。治理危险路段 91.38 公里，设置钢质护栏 105.44 公里。全市普通公路平均好路率(乡道以上)78.7%。

2008 年，全市公路总里程 7411.633 公里，全市国、省道普通干线公路好路率达 83.98%。1 月下旬，嘉兴市遭受大范围罕见冰雪灾害天气影响，给春运公路安全保障工作带来极大困难和压力。面对冰雪灾害天气，全市公路管理部门在省市交通主管理部门和省公路局的统一领导和部署下，按照市委、市政府紧急会议要求，树立“安全第一、畅通第一”思想，全力以赴，抗雪防冻，实现了“安全、有序、畅通、优质”的总目标。在抗击冰雪灾害及春运工作中，全市公路部门密切配合，上路参加抢险救灾人员 11080 人次、各类车辆 3455 辆次、各种设备 842 台套；铺洒工业盐 313 吨、各类防滑材料 8651 吨，查处路政案件 24 起，设置各类应急标志牌 246 块，在应对大范围的冰雪灾害性天气，做到了组织有序、抢险及时、安全保障、道路畅通，全市国省道干线公路和县道公路无发生中断的情况，确保了春运的公路安全、有序和畅通。

同年 10 月，海宁市公路部门在积极推广应用厂拌泡沫沥青冷再生技术的基础上，投资 2000 余万元，购置了浙江省第一台被称为“时代列车”的“就地热再生技术”新设备，并在 S101 省道海宁段沥青路面的大面积维修中应用。该设备可处理车辙、松散、纵横向及反射裂缝、摩擦系数下降、泛油等路面病害。同时，可使原材料 100%再生利用，降低成本 60%，既不污染环境，也无须封闭交通，缩短一半施工周期，为嘉兴市高等级公路开展预防性养护走出了一条新路。

2009 年，嘉兴公路部门结合“科学养护年”活动，实施预防性养护和精细化养护管理，推进品质型公路建设，实施普通干线公路路面大中修工程项目 6 个，里程 70.06 公里；水泥混凝土路面修复 8000 平方米；农村公路大中修工程项目 40 个，里程 120.9 公里；完成投资 9471.68 万元。建设农村联网公路 228 公里。对 S07 省道高桥、S01 省道乍浦塘桥实施危桥改造加固、北郊河桥纠偏及更换支座，农村公路危桥改造 139 座。实施国省道绿化 19 公里、边坡荒地绿化 1.5 万平方米，公路路况得到进一步改善。全市公路养护里程 7501.083 公里，桥梁 6837 座，普通国、省道公路好路率 83.98%。

2010 年，全市公路养护里程 7668.834 公里。完成普通公路养护工程投资 24283.35 万元，其中小修保养投资 5348.75 万元；中修工程投资 9771.5 万元(107.124 公里)；大修工程投资 9127.1 万元 (86.215 公里)；公路绿化投资 2998.9 万元；完成路网结构改造工程投资 9737.308 万元，其中危桥改造工程 7634.01 万元(加固、改建、重建危桥 113 座)；安保工程 432.496 万元(21.955 公里/28 处)；灾害防治工程 1670.8 万元(15.895 公里/60 处)。完成高速公路养护大中修、小修工程投资 16595.9 万元(349.299 公里)。普通国省道公路平均优良率 91.95%。

公路绿化

1990 年年末，全市公路绿化里程 768 公里，占通车里程的 86.6%，其中国、省道公路 262 公里，绿化率达 100%。G320 国道共栽植行道树 85297 株，浙 01 线(杭沪线)栽植行道树 41014 株。

1996 年，公路绿化里程 862.4 公里，占通车里程的 80.99%。其中国、省道绿化里程 250.5 公里，绿化率 100%；为县乡道公路绿化里程 611.9 公里，绿化率 75.3%。种植蜀桧、黄杨球等十三种 170012 株树，种植草皮 21.95 平方米；省道公路补植水杉 8500 余株。

图 9-2-4 市领导在检查绿化工作

1997 年，根据嘉兴市政府的统一部署，保证 G320 国道(嘉兴段)、S07 省道(嘉平段)绿化工程按计划、保质保量顺利完成，成立了绿化工程领导小组，市交通局制订了绿化方案。在原绿化基础上，全线公路设计绿化形式为绿篱型和密集型。即在 G320 国道隔离带内种植 0.5~0.6 米高，1.5 米宽绿篱，花灌木集中分段点缀其中，剩余空地草皮覆盖。边坡保持原有配置，再增加一排美洲黑扬，同时加铺 0.5 米宽的马蹄筋草皮。市区过境段、上海、杭州交界处均采用绿篱型。在原有绿化的基础上增加树种密度，使植枝之间更加密集连成一片。边坡在原有基础上加枝，同时加铺 0.5 米宽马蹄筋草皮。S07 省道嘉兴段中间隔离带采取绿篱型，边坡外侧为品字型植种两排水杉，内侧用广玉兰与夹竹桃乔灌间植，边坡草皮复盖；嘉平段两侧边坡外侧为品字型两排水杉，内侧为海桐与湿地松间植。

嘉兴市交通局成立 G320 国道(嘉兴段)、S07 省道绿化工程质量监理组，监理组设在市公路管理处内，负责全线绿化工程及质量监理(树种、规格、树苗质量等指标监理)。沿线有关县(市)政府按照分级实施原则，组织本辖区内的绿化工程实施任务并在年内完成。绿化经费除积极向上级争取补助外，其余由地方投入和部门自筹解决。地方投入部分动用国、省道土地增值费；S07 省道嘉王段由通行费项目列支，嘉平段由工程建设费项目列支。绿化工程由嘉兴市绿化工作领导小组统一组织验收。为保障绿化工程实施，市交通局制定《G320 国道(嘉兴段)、S07 省道绿化管理办法》。该绿化管理办法明确了适用范围、主管部门、责任部门，违法违章行为界限以及奖励、处罚等条款，附则中明确了损坏绿化的赔(补)偿参考标准。

2001 年，市公路管理部门千方百计筹集资金，重点抓好 G320 国道枫泾交界处路段高标准绿化景点和绿色通道建设，按生态公路环境模式原则设计，以生态绿地、植物景观为主，用园林小品作点缀，在公路两侧营造各 15 米宽的生态林，体现公路文化与园林艺术相结合的氛围。同时结合市区过境段改建、桐乡市外环线建设工程，完成中间隔离带绿化种植，共种植各种乔木 44618 株，铺设草皮 58700 平方米；补植 G320 国道(嘉兴至海宁段)50 公里两侧行道树 14085 株，巩固公路绿化成果，使 G320 国道(嘉兴段)的绿化日趋完美。市交通系统团员、青年以文明样板路创建活动为契机，以青年绿化示范工程为载体，积极开展建功立业活动，在 G320 国道嘉善、嘉兴、桐乡等路段，高起点、高标准、高质量地建设全长约 50 公里的交通青年绿化工程示范路段，提高了国道的整体绿化水平。

2006 年，根据嘉兴市委、市政府和省交通厅的工作任务，围绕建设“生态嘉兴”“全国绿化模范城市”目标，市交通公路部门把公路绿色通道建设作为建设环境友好型交通和创建“和谐社会”的一项重要工作来抓，全面推进公路绿色通道工程建设。在绿化资金上，按照“谁绿化、谁所有、谁投资、谁负责”的原则，鼓励采取承包经营、合作开发等形式，多渠道筹集资金。在绿化管理养护上，走以管代养的路子，按照谁施工、谁养护、谁受益的原则，实施养护管理和苗木养护费补偿。为抓好绿色通道工程建设，各县(市、区)把公路绿色通道工程建设列入生态县(市、区)建设计划和创建“全国绿化模范城市”的实施方案，整合全市绿化资源，全面推进公路绿色通道工程建设。全年共完成公路绿色通道工程 336 公里，其中国省道公路 100.6 公里，县乡公路 235.4 公里，完成计划的 110%，超额完成省下达的全年公路绿色通道建设任务。

2010 年，全市公路里程 7668.834 公里，可绿化里程 7204.197 公里，已绿化 7152.677 公里，绿化率 99.28%，绿化养护资金投入 2998.9 万元。重点完善提高 10 条绿色通道，全面提升公路绿化覆盖率。按照每条公路两侧绿化各 20 米宽的标准和适地绿化、乔木为主、生态与观赏相结合的原则进行统一设计。10 条绿色通道绿化总量为 592 公顷，当年实施 354 公顷，同时完成公路绿化更新 14 公里，国省道边坡荒地复绿 6 万平方米。投资 2 亿元，实施 10 条高速公路互通枢纽绿化提升工程，总面积约 233 公顷。

公路养护资金管理

1979—1980 年，省公路管理局为恢复和建立以岗位责任制为中心，先后制订了 11 项管理制度，其中对公路专业养护道班试行《小修保养年公里成本计划定额管理》，主要以交通量密度为依据，确定人工、材料、间接费的定额，各种路面均分 6 个等级。

1985 年 1 月，省公路管理局印发《改革国、省道公路养护小修保养管理工作的暂行规定》，小修保养由人工费、材料费、机械使用费，构造物小修费、工具费、其他费(工资附加费、福利基金、工会费、劳保费、公什费)6 项组成年公里成本。

表 9-2-2　1984—1999 年嘉兴市专业养护公路年公里成本一览表

年公里成本(元)　线别 年份	杭沪线	乍王线	杭枫线	盐湖线
1984	2129	1703	2300	
1985	4405	2732	3269	
1986	5111	3383	4175	
1987	5948	4586	4444	
1988	7682	4579	6604	
1989	7449	6744	7436	5506
1990	7421	6127	1983	4705

公路养路费的支出项目分：养护工程费(包括小修保养、中修、大修、改建工程、水毁修复、道班房、绿化等)约占 80%；养护事业费(包括机械设备购置、小型厂场建设、科研培训、处段房屋及行政管理费等)约占 15%；养护其它费用(包括离退休人员工资等)约占 5%。

表 9-2-3 1984—1990 年嘉兴市专业养护经费支出一览表

年份	养路支出总数(元)	其中:				
		小修保养(元)	大中修工程(元)	改建工程(元)	事业费(元)	其它费(元)
1984	2350069	663172	1012909	391409	199544	83035
1985	3316216	1135516	1020734	696711	317825	145430
1986	5255234	1326965	1664233	1499937	630626	133473
1987	6985366	1522021	2253040	2348800	712435	149069
1988	13461758	2245928	3926269	6212933	888205	188413
1989	10883524	2380850	1713699	5089972	1109151	253600
1990	12099673	2197847	2166114	5658038	892157	296700

1989 年 1 月，省人民政府批转省交通厅关于《浙江省公路体制改革方案》中提出改进计划管理，对公路专业养护经常费，按市 1985—1987 年实际使用数和省、市养路费收入数双挂钩，定比率，切块给市，包干使用，比率一定三年(1989—1991 年)不变。国省道及重要县道改造经费，由省统一规划安排，实行"择优立项、专项下达，市县实施、概算包干"，其中一般省道和重要县道同时实行"年度预分，市县推荐、协调平衡，由省审定"。县乡公路养护，改造补助经费，按市前三年(1985—1987 年)实际补助数和省、市养路费收入数双挂钩，定比率，切块给市包干使用，比率一定三年(1989—1991 年)不变。

1997 年，全市县乡公路建设、养护补助投资 10944.82 万元、其中养护经常费 693.72 年万元，小修保养费 150.62 万元，县乡公路改建、新建补助费 5607.51 万元。

1998 年底，全市专业公路建设、养护计划投资 1668 万元，实际用于小修保养投资 569.2 万元，大中修工程投资 751 万元，公路水毁抢修工程专业 51 万元。

2001 年，全市专业公路建设、养护计划投资 2915 万元，实际用于公路改建 1000 万元；小修保养实际支出 755 万元，大中修工程投资 712 万元；公路水毁抢修工程投资 73 万元。

2001 年—2005 年，省交通厅对县乡公路养护补助。每年均按养护里程进行补助，但补助经费很少。2001 年—2005 年来省公路局对嘉兴市县乡公路养护补助经费详见下表。

表 9-2-4 嘉兴市县乡公路里程及省厅小修保养补助费统计表

年份	2001 年	2002 年	2003 年	2004 年	2005 年
县道(公里)	970	990	1028	1079	1144
乡道(公里)	555	557	559	565	592
村道(公里)			2132	2231	3126
养护补助费(万元)	327	255	273	292	317

2001 年—2005 年，县(市、区)交通局对县乡公路养护的补助。主要从地方手拖和摩托车规费中安排少量的养护经费，用于县道和重要乡道的补助，据调查平均每公里补助经费在 1600~2000 元左右。2001 年—2005 年，县(市、区)政府财政对乡镇(街道)管养的乡道、村道的养护补助情况：

2003 年 10 月，桐乡市出台《桐乡市乡村公路养护管理暂行办法》，规定乡村公路的日常养护经费，以镇乡(街道)、村自筹为主，对养护质量优良的镇乡(街道)，按里程给予适当奖励。

2004 年 4 月，海宁市出台《海宁市乡村康庄工程实施意见》，规定通村公路的管理养护经费，以镇(街道)、村自筹为主，市财政对列入规划的通村公路管理与养护给予按每年每公里 1000 元的补助。

2004 年 11 月，秀城区出台《秀城区加强城乡一体化道路管理工作的实施意见和考核办法》，规定通村公路养护管理路政协管包干经费，通过考核，采用以奖代补的形式，分三个档，即：3000 元/年公里、2500 元/年公里、2000 元/年公里。

2005 年 6 月，秀洲区出台《嘉兴市秀洲区镇村道路管理实施办法》，规定通村公路养护管理路政协管包干经费，通过考核，采用以奖代补的形式，分三个档，即：3000 元/年公里、2500 元/年公里、2000 元/年公里。

2005 年 10 月，海盐出台《海盐县农村道路及民间桥梁养护管理暂行办法》，明确农村道路及民间桥梁养护管理经费，通过考核，采用以奖代补的形式，分三个档，道路：3500 元/年公里、3000 元/年公里、2500 元/年公里；桥梁；250 元/年座，200 元/年座，150 元/年座，其中奖励经费的 10%用于乡镇(街道)交通管理站工作经费。

2001 年—2005 年，乡镇(街道)对管养的乡道、村道的养护投入中，绝大部分乡镇(街道、村)都没有稳定的投资渠道，主要靠上级补助，只有个别经济条件好的乡镇(街道、村)从乡镇财政及村集体资金中安排少量经费用于养护。

2003年,对某镇所属各村的村道建设、养护资金投入情况调查统计看,村与村之间农村公路建设、养护资金投入很不平衡。

农村公路日常小修保养工作主要是通过行政手段落实,县一级由公路管理段所属养护公司实施,乡镇一级由负责农村公路管理的相关机构组织实施,未进行市场化运作。由于农村公路养护工作受人力、物力、财力的限制及农村公路上车流量相对较少,路面大部分是水泥路,养护工作的好与差,对社会的影响面比较小,未能引起交通主管部门及公路管理机构的足够重视。农村公路上脏、乱、差现象普遍存在,坑洞、松散等病害处理不及时,严重影响农村公路的使用功能和使用寿命。

农村公路大中修及改善工程投资超过50万元的工程,主要采取向社会公开招投标的方式落实,择优选定施工单位,整个招投标过程参照公路建设招投标有关规定执行。小于50万元的工程,招投标方式比较简单,主要由业主通过谈判的方式签定工程承包合同。因受资金的制约,其设计标准比较低,同时承担农村公路大中修及改善工程的施工队伍资质比较低,中标价偏低,不可能投入一流的施工管理人员、先进施工设备、优质的施工材料。一般农村公路大中修工程使用周期都比较短。

表 9-2-5 2003年农村公路建设养护资金使用调查表

项目 \ 村名	村集体可支配收入(万元)	全年公路建设投入资金(万元)	全年公路养护投入资金(万元)	养护资金占总支出的比例	2003年年底村管养道路里程(KM)	每公里建管养经费(元)
凤珍村	32	5.7	0	0	7.9	0
假山村	29	22.1	2.08	7.17%	9.2	2260
庄安村	30	9.06	0.52	1.73%	9.9	525
宝华村	18		2.76	15.3%	8.7	3172
镇中村	33	5.59	0.1	0.3%	10.8	93
南梅村	28	12.31	0	0	7.6	0
建林村	39	4.88	3.89	10%	11.5	3383
庆丰村	25		1.44	5.76%	5.1	2823
建农村	26		2.12	8.2%	6.9	3072
镇西村	22		10.5	48%	7.9	13291
太平桥村	37		1.85	5%	11.2	1652
红联村	35		5.71	16.31%	14.6	3911
马桥村	50	1.73	4.29	8.6%	12.3	3488
四联村	48	7.97	1.25	2.6%	7.1	1760
国庆村	55	8.16	2.19	4%	15.2	1441
八联村	45		1.3	2.89%	10.2	1275
三建村	34		0.19	0.6%	13.8	138
花鸟港村	46		7.05	15.33%	9.6	7344
建南村	25		3.81	15%	11.8	3229
南星桥村	28		4.23	15%	12.2	3467
先锋村	25		1.71	6.84%	5.7	3000
清泰桥村	20		6.98	34.9%	5.9	11830
建设村	30		1.8	6%	6.9	2609

为巩固康庄工程"双百"成果，促使农村公路长期保持良好的路容路貌，2004年11月，秀城区政府出台《加强城乡一体化道路管理工作的实施意见和考核办法》，明确各镇(街道)为镇村公路养护责任单位，要求每个镇(街道)配备12名专职路政协管员和养护管理人员。区交通局负责全区镇村公路养护和路政管理工作的监督、检查和考核，采取"以考核确定名次、以奖励代替补助"的方式向各镇(街道)下拨镇村公路养护和路政管理经费。具体为：年底综合得分前两名的镇（街道），按每公里3000元标准给予奖励；综合得分为第三、四名的镇(街道)，按每公里2500元标准给予奖励；综合得分后两名的镇(街道)，按每公里2000元的奖励。由区交通局、公路段有关人员和各镇(街道)交管站站长组成的考核小组，在每个季度的季末由区公路段牵头，组织考核小组成员连一进行检查考核。这一考核机制有效地推动了农村公路的养护工作，各乡镇(街道)相互比赛"看谁的公路养护得好"。如七星镇在第二季度考核中名次靠后，第三季度起，在对G320国道通往东进村的几条公路两旁进行清除杂草和路面修整的同时，投入4万元用于道路绿化，在道路两旁种上了4700株香樟和海桐球，并在原有的水泥道路两侧回填路肩土2100立方米，总共投资10万元，对该道路进行全面整治和养护。在第三季度考核中，七星镇的名次一举跃居至前三名。

由公路管理机构负责养护管理的县、乡公路中，列入专业养护公路的县道由省公路管理局从养路规费中安排养护费用；其他县道、乡道的养护经费由省公路管理机构从养路规费中安排切块补助、各县(市、区)政府从手拖、摩托车规费及地方财政补助经费中安排养护经费；由乡镇、街道负责养护管理的次要乡道和村道，养护经费主要由乡镇、街道负责，部分县(市、区)政府财政给予少量补助。由行政村负责养护管理的村道，养护经费主要由行政村负责，部分乡镇、街道给予少量补助。

2002年，全市公路通车总里程1996.07公里，全市专业公路建设、养护投资2.21亿元，其中小修保养投资1725.80万元、中修工程投资2497.17万元，大修工程4370万元，改建工程1.35亿元。

2003年，全市专业公路建设、养护投资1.18亿元，其中小修保养投资1778.73万元，中修工程投资786.48万元，大修工程投资175659万元，改建工程投资7449万元。危桥改造16座，投资1939.9万元。公路水毁恢复工程投资50.75万元。

2004年，全市专业公路建设、养护投资2.10亿元，其中小修保养投资2962.19万元；中修工程投资3943.6万元；大修工程投资8466.34万元；改建工程投资5588.5万元。公路绿化投资1712.62万元，危桥改造3座（旧桥加固1座)，投资494万元。

2006年，全市公路养护里程2734.20公里。公路养护工程投资171亿元，其中小修保养投资2817.55万元，中修工程投资2659.25万元(213.43公里)大修工程投资1.91亿元(85.64公里)，改建工程投资1.25亿元(161.63公里)。

2007年，全市公路总里程7091.51公里，公路养护里程3419.42公里。公路养护工程投资2.08亿元。其中，小修保养投资 3703.99万元，中修工程投资 3163.1万元(223.05公里)，大修工程投资1.22亿元(9937公里)，改建工程投资1774.75万元(75.8公里)。

2009年，全市共养护里程6879.73公里。普通公路养护工程投资1.91亿元。其中，小修保养投资4524.15万元，中修工程投资 5944万元（154.47公里）；大修工程投资7782.28万元(85.25公里)。改建工程投资830万元(2.5公里)；高速公路养护中修工程投资8000万元(14.95公里)。

2010年，全市养护里程7668.834公里。普通公路养护工程投资24283.35万元，其中小修保养投资5348.75万元；中修工程投资9771.5万元(107.124公里)；大修工程投资9127.1万元(86.215公里)；公路绿化投资2998.9万元；路网结构改造工程投资9737.308万元，其中危桥改造工程7634.01万元（加固、改建、重建危桥113座）；安保工程432.496万元(21.955公里/28处)；灾害防治工程1670.8万元(15.895公里/60处)。高速公路养护大中修、小修工程投资16595.9万元(349.299公里)。

第四节 超限运输车辆管理

新中国成立后，中国的公路交通和汽车运输业有了很大发展。公路网建设速度加快，公路里程和技术状况有了很大改善，公路和桥梁的承载能力得到进一步提高。20世纪70年代以后，国民经济和社会发展的速度加快，为满足化工、石油、电力、冶金、矿山等部门一些大型设备需要运送需要，大型车辆行驶公路进行运输，公路超限运输应运而生。同时，由于经济利益驱动，载重卡车业主为了逃避车辆运输及其他有关费用，超限超载运输非常突出，这种超限运输行为对公路造成的危害非常严重。随着重型车辆行驶公路和超限超载运输的增多，加强对超限运输的管理已刻不容缓。

1987年，交通部召集有关省(市)和中国汽车运输总公司进行了座谈讨论，正式起草《超限运输车辆行驶公路管理规定》。在广泛征求国务院有关部门和各省(市)意见的基础上，交通部于1989年12月11日以(89)交公字699号文，印发了《超限运输车辆行驶公路管理规定》，于1990年1月1日起在全国施行。同年11月14日，浙江省交通厅根据交通部《超限运输车辆行驶公路管理规定》，制定了“浙江省超限运输车辆行驶公路管理规定实施办法”，由各级公路管理机构负责实施。各级公路管理机构和路政管理部门、公路警察有权对超限运输车辆进行检查、鉴定，对无通行证的车辆，有权责令车辆停驶，发给《责令停驶通知书》。1991年4月3日，交通部以交公函231号文停止了超限运输规定的执行。

超限运输管理规定的停止执行，使原来有所遏制的超限运输和超载运输出现强烈反弹，超限运输愈演愈烈，给各地公路网造成的损失相当严重，因超限超载导致的交通事故频发，公路运输市场混乱，社会各界要求对超限超载运输加强管理的呼声十分强烈。

1997年7月3日，《中华人民共和国公路法》正式颁布施行，标志着中国公路事业步入了法制轨道，也为超限运输管理提供了强有力的法律保障。“公路法”第49条、第50条明确规定了在公路上行驶的车辆的轴载质量应当符合公路工程技术标准要求。超过公路、公路桥梁、公路隧道或者汽车渡船的限载、限高、限长标准的车辆不得在有限定标准的公路、公路桥梁上或者公路隧道内行驶。确需行驶的，必须经县级以上交通主管部门同意，并按要求采取有效的保护措施，按指定时间、路线行驶，对公路造成的损坏给予赔偿。

1998年，交通部在广泛征求国务院各部门和各省(市)的意见后，重新起草《超限运输车辆行驶公路管理规定》。

2000年3月8日，交通部以2号部令发布《超限运输车辆行驶公路管理规定》，为加强超限运输管理提供了量化的、可操作性强的法律依据。同年7月，嘉兴市公路管理处路政支队成立超限运输现场管理办公室，并在嘉兴辖区内G320国道、S07省道、高速公路连接线采取不定点不定时现场查处，按规定做好卸载工作。至12月底，共检测车辆5957辆，其中超限车辆为4443辆，收取公路赔(补)偿453350元，罚款855110元，有效遏制了超限车辆行驶公路的状况。

随着嘉兴市经济的持续发展，公路沿线大规模企业的投资越来越多。企业规模的增大，带来大型超限运输车辆进出频繁，散装水泥车、油车、沥青车等槽罐车超限超载运输现象严重，主干线公路上超限运输呈上升趋势。

2001年5月，嘉兴市公路路政管理大队成立超限运输管理中队(路政三中队)，负责辖区内超限运输的管理、协调、督查和审批工作。

图9-2-5 大件公路运输

为保护公路完好，遏制违法超限运输车辆行驶，嘉兴市路政管理大队对超限运输管理从强化源头管理着手，加大宣传力度，主动走访车辆运输企业，宣传超限运输的危害性，督促对运输车辆进行整改。事后回访了解整改情况，防止出现只做表面文章的情况。同时加强上路巡查力度，调集力量，采取突击管理与经常管理、白天管理与晚上管理、间断管理与持续管理、静态管理与动态管理相结合的方法，灵活机动，不给违法当事人有可乘之机。坚持节假日上路，有效防止超限运输车辆趁节假日期间及执法人员下班后时间进行非法运输，并做好超限运输审批管理工作。对境内大件运输车辆行驶公路，按规定严格审批，并做好运送服务工作。

2001年，嘉兴市公路管理部门认真宣传贯彻交通部2号令《超限运输车辆行驶公路管理规定》，依据《中华人民共和国公路法》，在全市国、省道干线公路开展超限运输检查。为有效遏制超限运输车辆行驶公路，坚持依法行政、文明执法，向车主、驾驶员宣传违法超限运输危害性和加强管理的必要性，对运输大户、重点户上门做好宣传工作，从源头上遏制超限运输车辆上路行驶。对违法超限车辆采取以卸载为主，收取公路赔(补)偿款，并给予行政处罚。当年，检查各类运输车辆11842辆，查处超限运输车辆6174辆；实施卸载2037辆，收取公路赔(补)偿款167.43万元，罚款165万元，行政处理4579起，有效地遏制了违法超限车辆行驶公路的势头，提高了公路通行能力和行车安全。

2001年12月，浙江省人民政府发文批复省交通厅在全省设置21个超限运输检测站。其中嘉兴市设置G320国道嘉善超限运输检测站；S07省道王江泾超限运输检测站；沪杭甬高速公路嘉善大云超限运输检测站及乍嘉苏高速公路嘉兴超限运输检测站等4个检测站。2004年6月，又批复增设S01省道平湖联合检查点。

2002年，针对在超限运输现场管理中出现的问题，市交通局、市公路管理处成立工作小组，积极落实整改措施，严格按照省公路局关于做好超限运输现场管理的要求进行整顿。对各县(市)路政大队组织的超限运输现场管理提出要求，强调依法办事，文明执法，进一步规范全市超限运输管理工作。共检测车辆6359辆，其中超限3535辆，超限率55%，适用处罚一般程序案件129起，简易程序案件355起，处理案件3408起，车辆卸载1709辆，卸载率48%，收取公路赔(补)偿费196万元，罚款46.59万元。

2003年10月，根据全省公路超限运输专项整治工作会议精神和省公路局超限运输专项整治工作方案，召开全市路政工作会议。结合高速公路及主要国省道公路实际，制定公路超限运输专项整治工作方案，确定以沪杭、乍嘉苏高速公路、G320国道和S07省道为重点整治线路。全年共检测车辆1571辆，其中违法超限车辆671辆，占被检车辆的43%；卸载445辆，卸载率66.3%。共收取公路赔(补)偿费110275元，适用简易程序处罚373起，罚款169478元；适用一般程序处罚41起，罚款115535元。在案件查处中严格依法行政，行政处罚(理)正确率100%，无行政复议变更、撤销案件和行政败诉案件。平湖市路政大队在现场查处一上海车辆(沪A97389)过程中，当事人对处罚后还要卸载不服，向省纠风办反映，省纠风办委托平湖市纠风办调查此事。平湖市纠风办经现场调查，肯定了平湖市路政大队执法行为，并支持对当事人所作的处罚。海盐县路政大队结合辖区县乡公路危桥多、超限车辆闯禁通行多的现状，按照县政府要求和老百姓的呼声，加强了对县乡公路的闯禁车辆管理，积极做好劝返工作，取得了较好成效。

2004年5月11日，交通部、公安部等七部委联合召开全国治理车辆超限超载工作电视电话会议。5月28日和6月4日，省政府、嘉兴市政府分别召开了全省治理车辆超限超载工作电视电话会议和全市治理车辆超限超载工作会议，贯彻执行开展治理公路运输车辆超限超载工作。按照全国“治超”工作的部署和要求，6月20日上午9时，全国统一开展“治超”路面执法工作。

根据全国治理车辆超限超载工作“统一口径、统一标准、统一行动”的总体要求及省、市治超领导小组的部署，嘉兴市各相关部门密切配合，做到思想认识到位、组织机构到位、措施落实到位、部门责任到位和工作力度到位。坚持固定治超与流动治超相结合，静态管理与动态管理相结合，打好治超攻坚战。结合嘉兴市地处浙江北大门，公路成网、省际治超点多，执法人员紧缺的实际，在全市范围内共设立5个联合“治超”固定检测站和7个流动检测站，从全市公路部门抽调路政执法人员和协管员180余人。各“治超”站点克服人员紧缺、工作量大、装备设施及工作环境较差等困难，坚持24小时不间断检查，严把卸载关，对超限(载)车辆做到卸载后放行，及时消除道路交通安全隐患，最大限度地减少交通事故的发生，保障公路的安全畅通。市公路管理部门加强对超限超载车辆的源头管理和治超现场管理，加大治超工作的宣传力度，严格依法行政。共出动执法人员24692人次，检测车辆47400辆，查处超限超载车辆9158辆，卸载货物59459.11吨，恢复“大吨小标”车辆6053辆，恢复吨位12543吨，投入治超经费648.01万元。通过加大路面执法力度和“大吨小标”车辆恢复工作，使超限超载特别是严重的超限超载现象得到了有效遏制，超限超载率从治超前的80%，下降到15%以下(其中：平湖治超站已下降到5%左右、嘉善站下降到4%左右)，达到了“治超”预期的执法目标。

2005年，在现场查处工作中，交通与公安部门做到分工明确，相互配合，共同查处，优势互补。公安负责查处三超(超载、超员、超速)；交通负责查处车辆超限和货物卸载。根据省厅的执法文书样式，在听取市法制办、法院、交通局法规处等多方意见的基础上，对治超法律文书进行修改完善。充分运用现代科技，市公路部门开发了治超处罚案件法律文书制作软件，既规范法律文书制作，提高执法工作效率，又减少了违法当事人的等候处理时间。全年共检测车辆61600辆，其中违法超限车辆为14396辆，卸载11772辆，共卸载300067.32吨，卸载率为82%。行政处罚简易程序2188辆，一般程序11584辆(其中举行听证会1次)，行政处罚(处理)正确率100%。

2006年，根据省治超办工作部署，为积极稳妥推进全市治超工作，建立治超长效机制，进一步加强治超现场管理，着重完善治超站点各项制度，重新制定治超站工作流程，优化人员配备，规范卸载行为，制定超限运输货物卸载管理办法。在继续执行“三自”方针的基础上，把提供外地车主自由选择的运输单位，由原来三家运输单位(继续由运管部门负责挑选)同时进入，改为“一上二备”(通过有关部门严格挑选，确定一家单位先上，另二家作为预备)。既有效地避免运输单位之间矛盾，又可增强卸载单位责任性，有效地整合卸载设备和人员。高速路政大队还专门与取得进场资格的装卸运输企业签订卸载、运输责任书，明确责任和双方权利义务。为严厉打击“黄牛”等不法行为，高速路政大队与当地公安机关取得联系，在治超站设立联勤点，打击各种阻扰、暴力抗法等妨碍路政执法人员执行职务的行为，维护治超现场治安，净化治超环境。各路政大队结合实际，加强超限运输车辆单位和企业的走访宣传，签订《超限超载车辆行驶公路安全责任书》。嘉善路政大队针对本地水泥制品车辆超限多的特点，先后与21家运输企业和生产企业签订责任书。通过签订责任书来约束企业的运输行为，同时积极取得政府支持，对水泥制品超限运输车辆集体冲卡、不服从管理等行为开展了为期一个月的集中整治，从源头上遏制违法超限运输的发生，取得了较好的效果。高速公路集中治超，充分发挥流动点的优势，注重管理实效，采取不定时、不定点的灵活的交叉管理办法，在现场管理中坚持白天检查与夜间、凌晨检查相结合，日常管理和专项整治相结合，教育和与处罚相结合。同时统一购置称重设备15台，办案设备9套，配发各大队，在装备上给予保障，确保治超工作的有序开展，并做好治超情况统计上报。为规范治超站点管理，严格按照省局"五查五纠"活动内容开展自查自纠。平湖市路政大队制定了"服务承诺制""工作人员首问责任制""路政人员管辖路段首责制"；海宁市路政大队对案件文书坚持把好"三关"，即部门负责人把好案件质量关，法制部门把好审核关，分管领导把好审批关，对案件文书还采取每季度讲评的办法；海盐县路政大队完善行政执法各项监督管理制度，定期分析交流行政执法办案质量，规范执法程序。通过建章立制、案件讲评分析、交流，及时改进案件处理上存在的问题。

2007年，嘉兴市公路路政管理部门为积极稳妥推进全市治超工作，探索研究细化治超处罚裁量权，规范内部管理制度，明确相关权限，及时修改法律文书制作软件，进一步完善治超工作制度。开展机关干部下治超站跟班调研查找问题，同时加强对卸载运输单位的监督，签订货物卸运输责任书，不断规范卸载行为。嘉善路政大队在G320国道固定治超站基础上，采取幅射管理办法，加大对绕道避检超限车辆查处力度，重点在高速公路大云出口处、平黎公路、G320国道路段开展动态管理。在积极取得政府支持下，对超限车辆突出的俞汇公路，规范设置超限运输临时检测点，并召开地方运输户、企业座谈会加大治超宣传教育，及时化解矛盾，该县北片区域公路超限运输现象得到有效遏止。全市共检测车辆76176辆，其中违法超限车辆为14336辆，共卸载货物54544.79吨，除不可卸载外，做到先卸载后处罚。行政处罚14319辆(一般程序)，赔(补)偿处理267辆。

2008年10月，杭州湾跨海大桥载货车辆通行解禁，市公路路政管理支队高速公路大队完成杭州湾跨海大桥治超站的硬件设施建设，制定《治超站点现场安全管理措施完善方案》，对大桥治超工作做到思想认识到位、人员装备到位、治超设施到位和后勤保障到位的"四个到位"，保证治超工作的正常开展，为大桥货车解禁后安全运营打下坚实的基础，确保世界第一的大桥安全、畅通。

2009年，嘉兴市完成沪杭大云固定治超建设并投入使用，启动乍嘉苏、跨海大桥北接线治超站房建设项目，落实S01省道平湖超限检测站土地征用工作，治超站点布局持续优化，站点建设推进有力，治超长效机制基本建立，国省干线公路超限运输现象得到有效控制。同时，始终把源头治理放在关键位置，扩大源头管理范围，加强对重点货源单位的监管。平湖市路政大队走访辖区内的大型物流和运输企业，分发路政宣传资料和服务联系卡，并与19家物流和运输企业签订超限运输责任书，从源头上杜绝超载超限的违规现象。秀洲区路政大队通过召开建材行业座谈会、指导运输企业合理装载等创新管理手段，有效加强治超源头管理，取得良好的成效。高速公路和国省道干线公路通过开展"百日治超"行动，"治超集中整治"等活动，加大治超执法力度。海盐县、海宁市农村公路治超工作因地制宜，紧抓重点线路和危桥，针对不同时段超限情况灵活调整查处时间。并通过对农村公路及桥梁设置限高、限载标志，严格杜绝超限运输违章行为发生。成立行政执法督查领导小组，高度重视廉政和安全治超，采取多项举措，强化廉政治超和安全执法。秀洲区王江泾治超站制定"廉政风险金"制度，嘉善治超站实行案件回访制度，高速大队制定廉政恳谈会议制度。沪杭高速大云治超站安装整套监控设备，真正做到了监控无盲区、无死角，促进廉正执法，确保执法区域安全和执法人员的自身安全。全年共检查超限运输车辆43962辆，查处超限车辆12289辆，罚款18465140元；卸载7640辆，卸载货物37711.9吨，卸载率100%(除不可解体及鲜活农产品货物外)，全市超限率控制在4.5%以下。

2010年2月28日，海宁市境内的政府还贷二级收费公路S101省道海宁收费站取消收费。4月16日全省开始实施高速公路计重收费，大量车流因此从收费公路转向非收费公路，海宁市境内的公路尤其是S101省道管养压力剧增，超限货车损坏路桥，交通事故增加。6月，经省政府批准原S101省道海宁收费站变更为S101省道海宁超限运输检测站。12月28日，S101省道海宁超限运输检测站揭牌并投入使用。该站为全省19个撤销政府还贷二级公路收费站转用超限运输检测站中首个完成改建并投入使用的治超站。省交通运输厅副厅长徐纪平，副厅长、省公路局局长李良福分别作出批示。徐纪平批示："此事可请导报(交通旅游导报)重点报道。基调上要突出'地方为主、省级补助'的新模式，政府重视、交通主抓、部门支持的好做法，国省道治超兼顾农村道路治超的新机制。此稿对另18个站的转用要起导向的促进作用。”当年，全市检查车辆49997辆，其中违法车辆10856辆，卸载6636辆，卸载货物30569.54吨，卸载率84%，收取行政处罚款1951.4184万元，公路赔(补)偿208辆，98824元。

第五节 公路交通标志标线

交通运输的发展，交通标志作为最基本、最重要的交通管理设施而纳入交通法规之中。1949年，联合国交通运输委员会首先提出交通标志的国际化。1952年提出“道路标志及信号相关议定书”。1968年联合国召开道路交通会议，通过了“道路标志与信号条约”，是道路交通标志逐步走向国际化的基础，并逐渐成为国际化统一的交通标志体系。

公路交通标志标线的历史沿革

中国是世界上最早发明车船的文明古国，在世界道路交通发展史中，我们的祖先曾作出过很大的贡献。据《中国交通史》记载：“神农度地瓢四海，东西九十万里，南北八十万里，始有里数。到黄帝时道路就有记里堆。”说明早在公元前2680年，中国在黄帝时代就知道设置记里堆来标记里程。“魏文帝用铜表记里，于每一里间设一铜表，长2尺，以志里数。”后人即为石刻。

20世纪50年代，中国公路交通标志共3类34种，即：指示标志9种，警告标志7种，禁令标志18种，城市交通标志共3类28种。随着交通运输和交通管理技术的发展，80年代初交通部制定了《公路标志及路面标线》部颁标准，各大城市分别制定了道路交通管理暂行规则，其中包括交通标志、标线图例，直到1986年编制完成第一部全国统一的《道路交通标志和标线》(GB5768－86)标准。该标准在综合分析国外标准和有关研究成果的基础上，结合中国道路交通特点，通过针对性的对比、验证试验和调查评比，完成了既具有中国特色，又与国际标准相衔接的标志标线标准。《道路交通标志和标线》(GB5768－86)共设定148个交通标志，其中警告标志32个(采用国际标准23个)，禁令标志35个(采用国际标准27个)，指示标志25个(采用国际标准24个)，指路标志56个，基本上按国际标准制订。

《道路交通标志和标线》(GB5768－86)标准实施时，正值中国公路建设进入一个快速发展时期，不仅公路总量有了很大增加，而且公路的等级得到进一步提高，路网结构逐步趋向合理，特别是以高速公路为重点的高等级公路发展迅速，新材料、新工艺、新结构不断运用，对公路交通标志标线提出了更高的要求。从公路使用者获取完整信息的角度考虑，要求标志标线更加醒目，视认性更好；从标志标线的管理和服务功能要求，对公路交通的运营有严格、明确和有更便利、更周到的引导设置规定。对此，交通部广泛收集和了解各发达国家最近十几年来在道路交通标志标线方面研究的新动向，标志标线材料、结构、工艺方面的最新技术，及各国有关道路交通标志标线标准的最新版本，分析研究各国新标准的修订内容，总结中国高速公路交通工程设计、施工、制造、检验等方面的经验教训等，组织对原标准进行修订。

1994年4月5日，《道路交通标志和标线》(GB5768－1994)由国家质量技术监督局发布，于1996年6月1日起实施。

1995年，交通部颁布了《公路交通标志板技术条件》(JT/T279)行业标准，首次规定了标志用反光材料的技术条件和测试方法。

公路交通标志标线管理

中国公路交通标志标线的管理工作一直由交通部门负责管理，1986年，国务院出台了《关于改革道路交通管理体制的通知识(国发〔1986〕94号)，把公路交通标志标线的设置和管理工作划归公安部门管理。随后，全国绝大部分省、市按照国务院文件精神，把此项工作移交给公安部门。1993年，国务院印发了《关于研究道路交通管理分工和地方交通公安机构干警评授警衔问题的会议纪要》(国阅〔1993〕204号)，明确要求公安部门将公路标志、标线的设置和管理连同原划拨的专项经费一并移交给交通部门。国务院文件出台后，全国各省相继把公路标志标线的设置和管理工作重新划归交通部门管理。

1998年，嘉兴市公安部门将公路标志标线的设置管理工作移交给市公路管理部门。

1999年，嘉兴市公路管理部门更换G320国道指路标志10块，指示标志36块，警告标志327块。同时，对G320国道嘉兴段全线标线重新进行漆划，共计4.2万平方米，公路标志标线有了明显的改观。

高速公路网命名及标号调整

2010年，嘉兴市根据省交通运输厅《关于实施嘉兴境内相关高速公路标志更换工程的通知》的统一部署，启动国高网标志更换的各项工作，并率先在全省全面完成国高网编号调整标志更换工作。

嘉兴市国家高速公路网编号调整标志更换工程涉及G60沪昆高速(沪杭高速)、G15W常台高速、S11(乍嘉苏高速)、S12申嘉湖高速、G15沈海高速、G92杭州湾环线高速(杭浦高速)和S7杭州湾跨海大桥高速等五条高速公路，实施里程共334.7公里。其中国家高速公路网200.42公里，省高速公路网134.28公里，共调整和更换标志1726套、总投资2295万元。工程分别由沪杭高速公路嘉兴管理处、乍嘉苏高速公路有限责任公司和嘉兴嘉通高速公路管理有限公司等三家高速公路业主负责，并通过招标方式确定施工单位和委托有相应资质等级的工程监理单位实施。工程于2010年3月11日开始施工，至4月30日完成标志更换。

按照省交通厅的统一部署，嘉兴市在上海世博会开幕前完成标志更换任务。为加强高速公路网路线命名和编号调整工作的组织领导，确保标志更换工程的顺利进行，市交通局专门成立了高速公路网标志更换工程领导小组。根据省交通厅《关于实施嘉兴境内相关高速公路标志更换工程的通知》要求，研究制定《关于实施嘉兴市境内高速公路网路线命名和编号调整标志更换工程实施方案》。召集各高速公路业主、市高速交警、高速路政、质监站及相关县(市、区)交通局等单位和部门，对全市高速公路网标志更换工程实施进行动员部署。按照“抓住重点、以点带面、全面推进”的工作思路，倒排时间、加快进度，积极做好协调配合，形成合力，联动推进，确保施工路段交通通畅和安全，在上海世博会开幕前，率先在全省完成国高网编号调整标志更换工作。

2010年7月，全省高速公路网路线命名和编号调整标志更换工作现场会暨新闻发布会在嘉兴市召开。

第六节 “四自”公路和车辆通行费

嘉兴市“四自”公路概况

改革开放以来，随着商品经济和市场经济逐步建立和完善，原公路状况不适应国民经济发展的矛盾日益突出，在国家投资有限的情况下，嘉兴市相继实行了利用贷款、集资和其他经济组织投资等多渠道筹集公路建设资金，建设公路、桥梁。“贷款修路，收费还贷”的政策，经历了探索、发展、成熟、完善几个阶段，并初具规模，这对加快嘉兴市公路建设事业发展，特别是“九五”以来，建设形成的“四纵五横三连”的干线公路网，发挥了积极的作用。

普通公路

1989年10月，G320国道嘉兴过境段率先实施自行贷款、自行建设、自行收费、自行还贷的“四自”工程建设政策。“四自”政策调动了各方面修建公路的积极性，相继建成了S07省道嘉王线、盐湖公路桐乡段、乍浦至全塘线等共计12条线路。涉及国道、省道、市内区间道路，其中一级公路6条，二级公路2条，三级公路3条，一、二级混合型公路1条。12条线路中有干线公路7条。至2002年年底，全市新建收费公路里程374.78公里，占全市一至三级公路总里程1176.44公里的31%。

高速公路

至2010年年底，全市有高速公路6条：沪杭甬高速公路嘉兴段、乍嘉苏高速公路、杭浦高速公路嘉兴段、申嘉湖(杭)高速公路嘉兴段、杭州湾大桥北岸连接线及大桥、杭州湾绕城高速公路嘉兴段。沪杭甬高速公路嘉兴段由浙江沪杭甬高速公路股份有限公司管理和收费；乍嘉苏高速公路由嘉兴市乍嘉苏高速公路有限责任公司管理和收费；杭浦高速公路嘉兴段、申嘉湖(杭)高速公路嘉兴段、杭州湾大桥北岸连接线及大桥、杭州湾绕城高速公路嘉兴段，由嘉兴市交通投资集团有限责任公司管理和收费。

1.沪杭甬高速公路。沪杭高速公路浙江段东起上海市枫泾镇，经嘉善、嘉兴、桐乡、海宁、余杭等市、县至杭州郊彭埠，全长103公里。1998年12月29日，沪杭高速公路上海段、浙江段同步建成通车，道路编号“G60”。浙江沪杭甬高速公路股份有限公司是浙江省交通投资集团公司旗下资产规模最大的一家子公司，成立于1997年3月1日，公司下设杭州、绍兴、宁波、嘉兴、新天等5个管理处和监控收费中心、养护中心。其通行费收入是公司营收和盈利的主要来源。为改善道路形象，提升服务品质，适应日益增长的交通需求，2000年起，浙江沪杭甬高速公路股份有限公司对沪杭高速公路按双向8车道标准拓宽改造。

2.乍嘉苏高速公路。起于S101省道(东西大道)杨树桥村西，经平湖、嘉兴两市由北跨大港进入江苏省境内，全长53.832公里，设计时速120公里，2002年10月竣工通车。乍嘉苏高速公路由嘉兴市高速公路建设指挥部组织建设，浙江省交通规划设计研究院设计，东盟营造工程有限公司、中铁二十局集团第一工程有限公司承建。由嘉兴市乍嘉苏高速公路有限责任公司管理和收费。

3.嘉兴市交通投资集团有限责任公司成立于2003年4月，公司注册资本8.35亿元，是受嘉兴市国有资产管理委员会监管的市属国有独资公司，主要承担嘉兴市委、市政府下达的各项交通基础设施的投资、建设与营运管理任务，并确保国有资产的安全运行、优化配置和保值增值。嘉兴市交通投资集团有限责任公司下属15家子公司，分别为嘉兴市高等级公路投资有限公司、浙江杭浦高速公路有限公司、嘉兴市杭州湾大桥投资开发有限责任公司、嘉兴市申嘉湖高速公路投资开发有限公司、嘉兴市嘉绍高速公路投资开发责任公司、嘉兴市嘉萧高速公路投资开发有限公司、嘉兴市嘉通高速公路管理有限公司、嘉兴市国鸿汽车运输有限公司、嘉兴市公共交通公司、嘉兴市路源基础设施投资建设开发有限公司、嘉兴交通建设开发有限公司、嘉兴市综合交通枢纽投资有限公司、嘉兴市南湖迎宾馆投资开发有限责任公司、嘉兴市嘉通新市镇投资开发有限公司、嘉兴市嘉通置业有限公司等。

车辆通行费

为促进市场经济发展，解决日益突出的公路交通状况不适应国民经济发展需要矛盾，在政府投资有限的情况下，采取“四自工程”的办法推进公路建设，对加快公路建设起到了积极、重要作用。“贷款修路、收费还贷”是“四自工程”的主要内容。

1984年，国务院作出贷款修路、收费还贷的决定，允许通过集资或银行贷款修建收费公路(桥梁、隧道)。利用贷款(集资款)新建、改建的高级公路(高速公路、里程在10公里以上的一级公路、里程在20公里以上的二级公路)，或长度在300米以上的大型桥梁和长度在500米以上的隧道，个别干线末梢路段上的桥梁长度可放宽到200米、隧道长度可放宽到300米。建成后，由省级交通主管部门归口，收费站点、标准、时间报经省人民政府批准，对过往车辆收取通行费，用于偿还建设贷款和集资款。对通过收费公路的车辆收取过路(过桥、过洞)费，用于偿还贷款，有效地加快了公路建设进度。

浙江省第一个征收车辆通行费的公路交通项目是温州欧江大桥，始于1984年10月5日，征费对象为通过该桥的客货机动车(军车、执行任务的消防、救护、警备车、摩托车等免缴过桥费)，征收标准按车辆载重量大小分6类，每辆次6~10元不等。收费全部用于公路建设。此后，浙江省人民政府又陆续批准新建龙泉严山岭隧道、永嘉楠溪江大桥、温岭藤岭隧道、玉环西青岭隧道、仙居永安溪大桥收取通行费。1988年4月1日起，允许过往上述收费桥梁、隧道的营运客车，向每位旅客征收每过桥、隧一次一角的通行费。1993年12月14日起，对通过“四自”工程104国道绍兴段南北复线车辆收取通行费。至2000年年底，浙江共建有经省人民政府批准、符合国家规定收费条件的普通收费公路(桥、隧)项目123个，改建高等级公路2550公里。累计新建高速公路645公里。2000年，全省普通收费公路(桥、隧)收取车辆通行费26.68亿元。

至2002年年底，经省政府批准，嘉兴市共计有12个收费站(含补票点)，批准设置车道84个，实际开通车道65个，共计有收费公路374.78公里，收费桥梁348910延米，平均日交通流量为75940辆次。

表9-2-6 普通收费公路收费项目业主情况

路　段	业主单位
S07省道嘉兴至王江泾过境段	嘉兴市交通局
平黎一级公路嘉善段	嘉善海越有限公司
嘉善丁栅公路	嘉善县交通局
S01省道嘉兴东西大道海宁过境段	海宁市通程建设开发有限责任公司
S01省道嘉兴东西大道平湖段	平湖市公路开发建设有限公司
平黎公路—平湖段	平湖市公路开发建设有限公司
平兴公路—平湖段	平湖市公路开发建设有限公司
平廊公路—平湖段	平湖市公路开发建设有限公司
湖盐公路桐乡段	桐乡市路通实业总公司
S01省道嘉兴东西大道海盐过境段	海盐县交通局
G320国道嘉兴段(不含过境段)	嘉兴公路建设投资有限公司
G320国道嘉兴市区过境段	嘉兴市交通建设开发有限公司

2006年5月8日，增设桐德公路羔羊安全村收费站点，有收费员26人。

2007年6月，境内梧桐立交桥“四自”工程撤销，见喜桥收费点同时撤销。至年底，嘉兴市有普通公路收费所7个：S07省道嘉兴征费管理所、平湖市公路征费管理所、杭沪公路海宁过境段征费所、S01省道嘉兴东西大道海盐收费所、桐乡市通行费征收管理所（原湖盐公路桐乡通行费征收管理所）、G320国道嘉兴征费管理所、嘉善公路收费所。其中：事业性质4家，企业性质3家。

普通收费公路站点（含补票点）17个：市本级：G320国道洪合收费站、七星收费站、S07省道嘉兴收费站；嘉善：善江公路西塘收费站、连接线魏塘补票点、高速公路代征点；平湖：S01省道嘉兴东西大道平湖收费站、钟埭补票点、黄姑补票点、新埭补票点、新庙补票点。海宁：S01省道嘉兴东西大道海宁收费站、海宁南北大道补票点；海盐：S01省道嘉兴东西大道海盐高地站、北荡站；桐乡：湖盐公路姚堡里收费站、桐德公路收费站。有收费员756人（其中：嘉兴85人、海盐110λ、桐乡80人、平湖140人、海宁103人、嘉善110人、320收费所124人）。

2010年初，省政府决定取消全省政府还贷二级公路收费站，是年2月，桐乡姚堡里收费点撤销。至年末，桐乡尚有桐德公路羔羊安全村站点一个，有收费员47人，全年征费2439.4万元（含统缴、高速代征）。

1993年9月，经省交通厅批准，原S01省道设立黄姑等收费站，并开始对过往车辆收取通行费。1994年7月20日，国务院下发文件，禁止在公路上乱设站卡乱罚款乱收费，交通部门设置公路收费站须经各省、自治区、直辖市人民政府审批。1996年7月，省政府发文同意设立平湖黄姑、新埭等收费站，自7月28日起开始收取车辆通行费。车辆通行费标准为：本省车辆：二、三轮摩托车（含轻骑）2元/车次；载重在2吨以下（含2吨）和载客20人以下（含20座）的客、货汽车及简易机动车为5元/车次；载重在5吨以下（含5吨）和载客50人以下（含50座）的客、货汽车为10元/车次；载重在10吨以下（含10吨）和载客50人以上的客、货汽车为15元/车次；10吨以上的车辆（含大型平板车、特种车）按行驶证规定的载重吨位（特种车自重吨位）计征；超过40吨以上的部分按50%计征，收费标准为2元/车次吨。外省车辆按本省车辆标准乘2执行。

2000年8月17日，省交通厅、物价局联合下发《关于S01省道嘉兴东西大道平湖收费站等3座收费站公路车辆通行费统缴方案的批复》，同意S01省道嘉兴东西大道平湖收费站、S01省道黄姑收费站、平湖新埭等收费站对嘉兴籍过境车辆实行统交。嘉兴籍车辆过境统交费标准为：二、三轮摩托车（含轻骑）20元/车月、50元/车季；手扶拖拉机40元/车月、100元/车季；20座以下（含20座）中巴车、2吨以下（含2吨）货车、简易机动车100元/车月、240元/车季；50座以下（含50座）客车、5吨以下（含5吨）货车160元/车月、400元/车季；50座以上客车、10吨以下（含10吨）货车200元/车月、500元/车季；10吨以上货车300元/车月、700元/车季。未实行统交的车辆，均按省政府批准的标准过站（点）收费。

2000年12月，S01省道嘉兴东西大道平湖段二期工程竣工。2001年4月17日，省政府下发《关于“四自”工程S01省道嘉兴东西大道平湖段二期工程收取车辆通行费的复函》，同意自5月10日起，调整平湖段公路的收费标准。同时将原S01省道黄姑、平湖新埭两边界收费站调整为S01省道嘉兴东西大道平湖收费站的补票点。调整后的收费标准为：二、三轮摩托车（含轻骑）为4元/车次；20座以下（含20座）和2吨以下（含2吨）的客、货汽车及简易机动车为10元/车次；50座以下（含50座）和5吨以下（含5吨）的客、货汽车为20元/车次；50座以上和10吨以下（含10吨）的客、货汽车为30元/车次；10吨以上车辆（含大型平板车、特种车）按行驶证规定的载重吨位（特种车自重吨位）计征。超过40吨以上的部分按50%计征。收费标准为4元/车次吨。外省车辆与本省车辆实行一个收费标准。

根据交通部、国家发改委《印发关于降低车辆通行费收费标准的意见》精神，为减轻企业负担，2004年12月24日，省政府下发《关于调整收费公路收费标准的复函》，同意自2005年1月1日起调整全省收费公路收费标准。普通收费公路10吨以上货车收费标准一律按三类货车即5吨以上10吨（含10吨）以下货车标准计征（30元/车次），取消摩托车通行费。

2001年6月22日，浙江省人民政府办公厅关于“四自”工程G320国道嘉兴段收取车辆通行费的复函（浙政办函〔2001〕52号）如下：

省交通厅、物价局，嘉兴市政府：

嘉兴市政府《关于要求G320国道嘉兴段收取通行费的请示》（嘉政发〔2001〕38号）和省交通厅、物价局《关于“四自”项目G320国道嘉兴段收取车辆通行费的意见》（浙交〔2001〕236号）悉。经省政府同意，现函复如下：

鉴于“四自”工程G320国道枫泾至嘉兴段已改造完成，同意在七星收费站双向收取车辆通行费，收费标准为新标准乘3，收取的通行费由嘉兴公路建设投资有限公司用于还贷，同时对出嘉兴的车辆单向叠加收取G320国道嘉兴市区过境段车辆通行费，标准为新标准。嘉兴至桐乡段收费目前仍按新标准乘2执行，待二期改建完成并交工验收合格之日起，在洪合收费站双向收取车辆通行费，收费标准为新标准乘3，收取的通行费由嘉兴公路建设投资有限公司用于还贷，同时停止省统收统支收费。另外，对出嘉兴的车辆单向叠加收取G320国道嘉兴市区过境段车辆通行费，标准为新标准。嘉兴市城市“四自”工程收费仍按省政府办公厅浙政办发(1998)87号文件执行。

图 9-2-6 S07省道王江泾收费站

嘉兴市12条“四自”公路，共分7家投资主体，其性质又大致分为三类：第一类为国内外经济组织投资公路取得收费权限，称经营性公路。G320国道嘉兴段，由嘉兴公路投资有限公司经营管理。第二类为国家政府组织公路建设取得收费权限，称非经营性公路。S07省道嘉兴征费管理所、海宁市交通建设开发有限责任公司、嘉兴东西大道海盐收费所、平湖市公路征费管理所、湖盐公路桐乡收费管理所五家单位经营或代为经营管理，这五家单位中除海宁外均为事业编制单位。第三类为以上两者根据出资额的不同成立股份有限公司取得收费权限，平黎公路嘉善段，由嘉善海越交通建设有限公司经营管理。

2002年年底，嘉兴市12个收费站(含补票点)总投资额为255803万元（未含G320国道），其中贷款金额为177180万元(未含G320国道)，其余部份为自筹或由省投资，还贷余额为155640万元(未含G320国道)，从业人员近800人。收费公路总体经营状况良好，还贷速度较快。据2001年至2002年相关数据比对显示，主要经济指标呈以下几个特点(以下数据均未含G320国道)：

1. 全市收费公路费收情况。2001年总收入为15553.3万元，其中统缴2693.5万元；2002年总收入为22479.9万元，其中统缴3326万元。

2. 收费递增幅度较大，全市收费公路费收增幅44.5%，但高速公路通车后影响较大。G320国道、S07省道受沪杭、乍嘉苏高速公路通车影响，收入急剧下降，稳定之后，收入呈平稳回升态势。以S07省道为例：2001年1—5月通行费收入2635万元；2002年1—5月通行费收入3356万元，升幅为7.3%；2003年1—5月通行费收入1661万元，降幅50.5%，2003年1—5月月均332.2万元，月差除受“非典”影响外，较为均衡。

3. 边界收费站统缴收入占总收入比例较低。以平湖所、0S7所、桐乡所三个单位为例：2002年次票收入15037.9万元，统缴收入1727万元，统缴占次票收入11.5%。

4. 车流量递增幅度较大。2001年全市13750674辆，2002年全市21246774辆，年增长率54.5%。

5. 新登记车辆增长较快。2002年3月全市在册登记车辆52386辆，2003年3月为67377辆，一年净增14991辆，增长率为28.6%。

6. 收费站管理经费支出情况、养护支出情况。2001年为2332.9万元，占总收入15%；2002年为3013.4万元，占总收入13.4%，养护经费年增幅35.7%，按有关规定年投入养护经费应为989.4万元，实际支出比规定支出多472.1万元。

7. 其他费用支出情况。2001年3077.9万元，占总收入19.8%，2002年3688.5万元，占总收入16.4%。

8. 补票点收益较低。全市4个补票点，收入967万元，占总收入4.3%，用于防止车辆绕道，避免规费流失。

9. 个别收费站(点)年收费额去除养护金费支出、收费站管理经费支出和其他费用支出，基本持平，已无还贷可能。

2010年1月1日起，嘉兴东西大道平湖收费站移至与上海交界处，收费方式由双向改为进浙江单向收费。1月10日上午8时，黄姑补票点迁移到上海金山卫地界，实行单向收费。2月28日23时58分，浙江省取消境内政府还贷二级公路收费。涉及嘉兴市域范围的有S01省道嘉兴东西大道海宁收费站、南北大道补票点，S01省道嘉兴东西大道海盐高地收费站、北荡收费点、湖盐公路(姚堡里)收费点等5个站点撤销。

至2010年年底，嘉兴市有公路收费站点38个。其中：沪杭高速公路(G60沪昆高速)7个：大云浙沪主线站、嘉善站、嘉兴东站、王店站、屠甸站、桐乡站、长安站；乍嘉苏高速公路(G15W常台高速、S7乍嘉苏高速)8个：王江泾主线站、王江泾副站、秀洲主站、秀洲副站、马家浜站、南湖站、余新站、凤桥站；杭浦高速公路(G15沈海高速、G92杭州湾环线高速)9个：浙沪主线站、新仓站、黄姑站、乍浦站、海盐站、南北湖站、海宁南站、盐官站、胡家兜站；杭州湾跨海大桥北接线高速公路(S7)2个：平湖站、港区站；申嘉湖高速公路(S12)9个：姚庄主线站、姚庄站、西塘站、洪溪站、油车港站、王江泾站、新塍站、濮院站、乌镇站；320国道(G320)2个：洪合站、七星站；07省道(S202)王江泾站1个。

第三章 港航管理

港航管理是各级港航管理机构，遵照国家法律、法规，以确保航道畅通，提高航运人员的素质，维护航运秩序，保障水上安全，征收规费为主要工作内容的行政行为。嘉兴市承担港航管理工作的机构是嘉兴市港航管理局（地方海事局、航道管理局、船舶检验局）。

第一节 航道管理

航政管理

航道行政管理是指航道行政管理机关依法对航道进行管理和保护的活动。航道行政管理的内容主要是指航道和航道设施的管理和保护，以及其他与航道通航条件有关活动的管理。航道行政管理的措施主要有航道行政许可、航道行政处罚、航道行政监督、航道行政规费征收、航道行政强制等等。

中华人民共和国成立前嘉兴航区航道行政管理状况

解放前，嘉兴航区尽管航道众多，条件优越，但由于国民党政府对交通建设不重视，加之连年内战，财政枯竭，无力治理这众多航道，致使一些航道经常断航。

中华人民共和国成立后嘉兴航区的航道行政管理情况

解放初期，嘉兴航道还处于自然状态，只能通航100吨以下的船舶。不少航道存在弯多、淤浅、曲率半径小、河岸塌方、航道狭窄、桥位不当等碍航情况，影响船舶周转和航运效益。当时的航道在国家没有投资的情况下，资金来源，采取航管部门、地方政府、水利部门联合集资的办法，综合利用，共同开发。在改革开放以前，航道改造工程也是小打小闹，每次都是一小段一小段地进行，最多改造两三公里航道。把有限资金用于急需缓解之处，采取“治其一点、活其全线”的整治方案，着重对主要干线中“卡脖子”、事故多发航段的航道进行疏浚、拓宽、裁弯、取直工程。改革开放以后，嘉兴航区加大了航道建设力度，航政管理也逐渐走上正轨轨道。

1991年以后嘉兴航区的航道行政管理情况

1992年和1993年嘉兴航区连续发生大堵航，引起有关领导高度重视，由此，嘉兴航区航政管理部门应运而生。

1992年2月11日京杭运河发生大堵航，从江苏的吴江一直堵到浙江的乌镇，连绵几十公里，堵得个水泄不通。2月25日至28日，位于京杭古运河桐乡段的羔羊、崇福芝村、华丰水泥厂等航段，连续发生堵航。10月21至24日杭申乙线乌镇段连续发生堵航现象，受阻航段长达7~8公里。10月27日，六平申线白苎航道堵塞，受堵航道长达3公里多。1992年年底到1993年年初嘉兴航区杭申甲线，杭申乙线发生全线大堵航，到1993年1月4日晚上9时堵航时间长达10多天的杭申甲线，杭申乙线才恢复通航。

1993年6月29日，全省缓解内河干线航运座谈会在我市召开，省政府领导，省政府有关部门领导，有关市(地)县(市)政府分管领导及交通部门领导共90多位代表出席了会议。副省长张启楣在会上作了讲话。

1993年8月，嘉兴市人民政府发出了《关于保障内河干线航运安全畅通的实施意见》。主要精神有：(1)切实加强对内河航运工作的领导。(2)健全水上交通管理机构。为适应对外工作和依法行政的需要，决定在浙江省嘉兴市航运管理处增挂浙江省嘉兴市航道管理处、浙江省嘉兴市港航监督处、浙江省嘉兴市船舶检验处牌子。(3)成立专职巡航队，并在塘汇、王江泾、思古桥、平湖大桥四个水上交通控制点实行24小时值班，及时纠正、处理航道上各类违章现象，发现堵航及时予以疏通。(4)狠抓源头管理，严禁船舶超载。所有船舶必须按规定勘划载重线。(5)完善航道管理手段。任何单位和个人使用航道岸线(岸线范围暂定干线航道为规划线两侧各5米，一般航道为现有航道岸线两侧各5米)，必须向航道管理部门办理审批手续。对干线航道上未经航道管理部门批准设置的渔簖、渔栅、张网捕渔及养殖水生物，必须在9月底前清除；对以前虽经审批但有碍航行的建筑也要在年底前拆除或采取补救措施，限期整改。对未及时清除、整改的碍航设施，由市、县(市、区)政府组织有关部门强制清障。船舶沉没，船主要立即向就近港航监督部门报告，隐匿不报的要给以处罚，造成航道堵塞的要追究责任。航道管理部门接到沉船报告后，要在两小时内部署打捞。干线航道沉船实行强制打捞。打捞费用和由此造成的船舶、货物损失由沉船责任方承担。各主要干线航道的打捞队伍要服从航管部门的统一调度和管理。(6)建立船流量、水位通报制度。维持2.8米(吴淞标高，下同)以上的通航水位。当航道水位下降接近至2.8米，长山闸、南台头闸要控制放水，并及时向航道部门通报放水情况。

为认真贯彻省港航监督局浙监航字(1993)第1号航行通告，根据上级布置，嘉兴市航运管理处在塘汇、王江泾、思古桥、平湖大桥设置的四个水上交通控制点，于1993年8月1日零时起正式开展工作，实行24小时日夜监控。8月1日，四个点共出动人员120人，检查船舶2900余艘，拦截超吨位、超尺度船舶41艘，拦截无证无照等严重危及水上交通安全的船舶130艘。1993年8月，塘汇等四个控制点共出动港监人员2159人次，出动港监艇306艘次，共检查船舶19290艘次，拦截超吨位、超尺度船舶526艘，拦截无证无照船舶512艘，对4712艘一般违章船舶进行劝阻、教育，并按章给予了经济处罚。9月4日，嘉兴市编委嘉编(93)52号文批复市航管处下属航管所、站增挂“航道管理”“港航监督”“船舶检验”所、站牌子。

1996年1月5日，嘉兴市人民政府办公室发布了《转发市交通局关于加强嘉兴市航道管理意见的通知》。主要精神有：对京杭运河、杭申线、乍嘉苏线和六平申线这四条航道规划两侧各10米实施控制。修建沿航道的码头、驳岸、护岸、船坞、滑道、排(取)水口、涵洞、房屋等；修建跨航道的桥梁、架空管道、水闸、电力、水文测验及其水上过河缆线、水下电缆、过河管道、隧道、渡槽、临时拦河坝等；修建渡口、锚地、水上运动场、贮木(竹)场、养禽场等；在航道上设置渔网、渔簖、网箱和种植水生植物等。建设单位必须先将建设方案报送航道管理机构审查同意，按规定办妥有关审批手续后，方可实施。临河新建建筑物及其附属设施，必须离开航道规划边线10米以外。未经航道管理机构批准建立的，一律视为违章建筑物，航道改造时应予无条件拆除。在现定航道管理范围内未经航道管理机构同意，任何单位和个人不准擅自扩建和新建建筑物，如有违反，按违章建筑物处理，一经发现即予无条件拆除。新建码头、泊区必须在通航水域以外设置，采用挖入式港池，并具备与其吞吐量相适应的船舶停靠、装卸和编解队作业等所需的码头水域，根据使用岸线的长短、吞吐量的大小在通航水域以外向岸线内缩进，满足航道规划边线与码头外缘线的最小距离：四级航道为14米，五、六级航道为12米，七级航道为10米。

1996年，完成嘉兴市内河主要航道技术等级的评定工作。海盐所取得了地方政府的支持，签订了县、乡航道岸线管理二级责任书，有力推动了航道管理工作的开展。

1998年9月17日，嘉兴市人民政府办公室发出《转发市交通局关于进一步加强嘉兴市航道管理意见的通知》。主要精神有：(1)凡需要在航道上修建桥梁、船闸、水闸、涵洞、码头、驳岸、渡口、船坞、抽水站、水文站、竹木停靠场，设置渔网、渔簖，埋设或架设管道线路，建造其他拦河、跨河、临河建筑物，建设单位必须先将方案报航道管理部门同意，办妥有关审批手续后，方可实施。主干线航道水域不得设置渔簖、网具和其他碍航物。(2)修建临跨河设施必须满足航道等级和航道通航技术要求，修建码头安装吊机等，应采用挖人式港池，房屋等临河建筑必须与航道坡顶保持10米以上的距离。(3)航道管理机构受交通主管部门委托，依法查处侵占、损害和毁坏航道及设施的违法行为。凡侵占、损害和破坏航道及其设施的，责令其停止违法行为，限期纠正或恢复原状，赔偿损失，并可视情节根据有关法规给予处罚。

1999年，为加强航道现场检查力度，嘉兴各航管所定期对航道进行现场检查，做到主干线航道每月2次，一般干线航道每月1次，及时做好书面检查记录。由于坚持了定期检查制度，使一些违章建筑物能在实施初期就得以纠正，全年主干线航道未出现新的违章建筑。规范各类临、跨航建筑物的审批，严格按省厅《关于加强航道行政管理工作意见》执行，建立了一物一档的临、跨航建筑物档案，全年共审批临、跨航建筑物126件。

2000年5月，嘉兴市编委印发《关于同意市航运管理处建立嘉兴市航政管理支队的批复》，并明确嘉兴市航政管理支队与市航运管理处合署办公。具体负责辖区内干线、航道的巡查和管理工作，人员由市航运管理处内部调剂解决。2000年5月份成立了航政管理队，8月份嘉兴市航政管理支队、各县(市)航政管理大队挂牌，组建了嘉兴市乃至浙江省第一个专职航政管理队伍。结合当时的实际情况，建立了以航运管理处(航政管理支队)、航运管理所(航政管理大队)、航运管理站(航道专管员)、乡(镇)、村(航道协管员)的航道管理、养护四级管理网络和处所两级审批制度。这一办法的实施，切实加强了航道的基础工作和源头管理，改善了航道的通航条件。四级管理网络由四个部分和层次组成：嘉兴市航政支队负责全线航政管理业务指导，以保证整个队伍规范操作；支队所属6个航政管理大队分别负责各县(市)辖区航政管理工作；各航运管理站的航道专管员负责各自辖区航政业务，以确保各项工作准确到位；各乡镇村的航道协管员负责把各自行政乡村的航道沿线情况及时反馈给航管站或航管所，构成良好信息管理系统。

航政管理队伍成立以后，航道航政管理力度明显加大，航区内航道改造建设成果得到了充分保障，临、跨航建筑物审批量比上一年同期增加了50%，达到146件，相当于过去5年审批数量之和，航区内违章建筑大幅度减少，京杭运河等干线航道流量明显增加，日均流量达2500余艘，辖区内安全状况明显好转，2000年1—10月共发生事故23起，死亡5人，直接经济损失832765元，分别比1999年同期下降60%、29%和24%。

2002年8月7日，经嘉兴市机构编制委员会批准，嘉兴市航道管理处更名为嘉兴市航道管理局。2002年9月26日，全国内河航道养护管理工作会议在嘉兴市召开。会议总结了近10年间内河航道养护管理工作经验，部署了今后一个时期的工作。交通部副部长翁孟勇、省交通厅厅长郭学焕、嘉兴市常委、常务副市长王洪涛参加了会议。会上，海宁港航管理处被交通部授予"全国航道系统先进集体"称号，嘉兴市港航管理局夏惠人被评为全国内河航道养护工作先进个人。

2002年10月9日，第二次全国内河航道普查试点工作在嘉兴市启动。这次航道普查的内容包括全市内河航道概况，航道现状里程，助航标志等与通航有关的设施情况。通过航道普查，可以进一步摸清全市内河航道的现状，为今后的航道规划和建设提供科学依据。2003年审批临时跨河建筑物400件。

2004年，制定了《嘉兴航区主干线航道新建护岸、绿化养护管理办法》，准备向社会招投标，确定养护单位，采用社会化养护和各港航处管理相结合的新的养护办法。落实沿河企业护岸养护包干责任区，在对护岸修复过程中，与沿河厂矿(企业)码头签订护岸养护责任书，明确码头区域和船舶停靠处为该厂矿的养护包干区。

根据省交通厅的文件精神，下发了《关于规范嘉兴市内河航道网主干航道桥梁通航净空尺度和技术要求的通知》，确保嘉兴市内河航道网主干航道规划的顺利实施。

11月份嘉兴市开展了一次航道航政大检查，检查时间为25天，检查内容：(1)临、跨河建筑物的设置情况，以及未经批准的违章建筑；(2)航道内浮吊式码头的装卸作业情况；(3)违章建筑物的清理和查处情况；(4)主干线航道的厂矿企业(码头)对厂区范围护岸、绿化的保护及修复情况和护岸管理责任书的签订情况；(5)航道内的沉船、渔网、渔簖及碍航物的清理情况；(6)是否有违反航道管理法律、法规的其他行为。

2005年，制定了《嘉兴航区主干线航道新建护岸、绿化养护管理办法》，配合省局起草《浙江省航道管理条例》，负责对航道规划、航道资金、航道建设、航道养护章节内容的起草和修改，并写出《关于航道岸线资源有偿使用和航道设施损坏、破坏行为的赔补偿》的专题调研报告。11月5日至11月30日，在全市航区开展航道航政检查工作。本次检查的重点是临跨河建筑物的设置及验收情况、违章建筑物的清除和查处情况、航道内浮吊式码头装卸作业查处情况、主干线航道的企业(码头)航段护岸、绿化责任书签订及按责任书规定履行情况、航道内的沉船、渔网、渔簖及碍航物的清理情况以及其他违反航道法律、法规的行为。这次航政大检查共检查航道里程1434公里，检查沿河企业450家，签订责任书企业241家，处理未履行责任书企业12家，查处违章建筑32项，处理浮吊码头14个，实施航道行政处罚60件；处罚金额3.1万元。

"十一五"期间共办理临跨拦许可1446项。包括跨航建筑358项(其中桥梁107座)、临航建筑812项(其中码头526个，新增1000吨泊位码头10个，500吨泊位码头98个，300吨泊位码头99个，100吨及以下泊位345个)。办理内河岸线使用许可1269项。其中新增岸线许可983项，新增岸线75390米。共巡查航道里程102963公里，发现并处罚违章案件1475起，处罚金额共计178.56万元，未发生复议和诉讼案件。

"十一五"期间，配合省港航管理局完成了《浙江省航道管理条例》的起草和调研工作。先后出台了养护项目的一系列管理办法，《浙江省港航养护工程管理办法》《浙江省骨干航道经常性养护管理规定》《浙江省港航事业单位项目预算管理暂行办法》《内河航道经常性养护经费定额化管理暂行规定》《内河骨干航道经常性养护考评标准(试行)》。对规范管理，加强工程建设领域的廉政建设，适应新时期财政转移支付起到了较好的示范作用。进一步加强内河航道许可后监管工作。2009年4月，由省港航局组织召开了《沪杭客运专线嘉兴段跨主干线航道桥梁通航净空尺度和技术要求论证报告》审查会。申嘉湖杭高速公路跨嘉兴航区桥梁众多，航政执法人员对涉航桥梁的施工标高、桥函标志牌等检查时发现个别桥梁施工标高有误且标志牌不全。为此，市港航管理局两次致函浙北高速公路股份有限公司要求整改，经第三方实测，分析清楚原因，落实了整改措施，有效确保航道的畅通和安全。落实沿河企业护岸养护包干责任制。对主干线航道沿线厂矿企业签订"厂区护岸养护责任书"128份，实现"谁使用，谁管理、谁维护"的管理举措。

航道普查

1979 年交通部布置进行全国内河航道普查(解放后，全国内河航道第一次普查)

浙江省自当年 8 月 2 日至 4 日在杭州召开了全省航道普查工作会议，决定分地区展开全面普查工作，嘉兴航管处及所属各县航管所作了充分的准备工作后立即投入了航道普查工作。嘉兴地区航管处负责本地区境内主要干线和一般干线航道的直接普查工作，并指导嘉兴、嘉善、平湖、海盐、海宁、桐乡县航管所对县境内除干线航道外的县社支线的普查工作。至当年年底基本完成外业普查和内业整理，最后由嘉兴航管处对全市的航道普查资料进行汇总综合。确定七个“统一”口径：统一编号、统一名称、统一起讫地点、统一走向、统一分段、统一水位、统一吨位，并于 11 月中旬上报省局。通过这次航道普查，理清了航道、桥梁、航闸及其他跨河建筑物的技术现状和数据。为运输生产、管理和航运规划及战备提供了可靠的资料。

2002 年交通部布置进行全国内河航道普查(解放后，全国内河航道第二次普查)

2002 年 10 月 9 日，省交通厅在嘉兴市召开航道普查试点工作动员大会，嘉兴市交通局、港航局及各县(市、区)交通局、港航管理处负责人及有关人员 80 多人参加了会议。会议要求全体普查人员，在普查试点工作中明确目标、狠抓落实、一丝不苟、深入调查、抓质量、抓进度，发扬航标灯精神，争创一流水平，为全国内河航道普查工作积累经验，带个好头。这次普查试点共 3 个月时间，具体分为三个阶段：第一阶段为宣传发动前期准备阶段。时间为：2002 年 10 月 8 日至 15 日。主要内容有：动员并部署航道普查工作，及时召开航道普查工作布置会，成立嘉兴市及各县(市、区)航道普查工作班子和领导小组，明确各级航道普查机构职责，落实航道普查经费，组织学习交通部航道普查工作技术文件和有关规定，进行技术培训。第二阶段为航道查测和数据采集工作阶段。时间为：2002 年 10 月 16 日至 11 月 30 日。主要内容有：各县(市、区)根据普查技术文件开展外业工作，采集普查基础数据，填报各类卡片和表格，按规定比例抽测外业工作质量，完成各县(市、区)的基础数据的汇总和上报。第三阶段为整理汇编和总结阶段。时间为 2002 年 12 月 1 日至 12 月 31 日。主要工作有：根据交通部提供的内河航道普查计算机应用软件，完成内河航道数据信息的汇总和上报。编制嘉兴市内河航道图集和内河航道普查资料汇编。通过这次航道普查工作的数据汇总，使我们对嘉兴航区现有航道的通航情况有了更直观的了解。嘉兴航区的定级航道为 224 条，其中四级 3 条，113.88 公里，五级航道 7 条，193.60 公里，六级航道 54 条，588.48 公里，七级航道 104 条，704.56 公里，八级航道 52 条，298.83 公里，九级航道 9 条，36.79 公里，合计为 1936.14 公里。这次普查的航道现状通航里程为：四级 151.13 公里，五级 176.64 公里，六级 410.97 公里，七级 268.48 公里，七级以下 894.63 公里，合计为 1901.85 公里。现状航道里程与定级航道里程的变化说明，定级航道的六、七级与现状的变化很大，比例占的很小，形成了主干线级航道(4、5 级)定级与现状普查结果基本相等，6、7 级航道锐减，等外航道增加的情况。表明航道也随着经济的发展而发生着变化，大吨位船舶门到门运输的趋势会越来越明显，高等级航道的船舶日流量越来越多，航道的里程也会加快增加，而七级以下等外航道的船舶流量会迅速减少，有些航道将逐渐的不通航。这次普查的成果为今后的航道规划和航道改造提供了依据。

表 9-3-1　嘉兴市Ⅳ-Ⅴ内河航道技术等级表

编号	航道名称	起讫地点	技术等级	里程(公里)
1	京杭运河	桐乡鸭子坝—嘉兴通河桥	Ⅳ	17.88
2	杭申线	桐乡博陆—嘉善红旗塘	Ⅳ	92.18
3	长湖申线	嘉善大舜钱家甸—丁栅银水庙	Ⅳ	2.50
4	嘉于硖线	嘉兴乍嘉苏高速公路口—海宁长山河口	Ⅳ	41.59
5	乍嘉苏线	平湖乍浦港—嘉兴王江泾	Ⅴ	58.80
6	六平申线	海宁黄湾—平湖泖口	Ⅴ	83.51
7	长山线	海宁双山联桥—海盐长山闸	Ⅴ	33.21

表 9-3-2　嘉兴市Ⅵ-Ⅶ内河航道技术等级表

编号	航道名称	起讫地点	技术等级	里程(公里)
361401	嘉乌线	嘉兴—石汇头	Ⅵ	37.09
361402	嘉篁甲线	嘉兴麒麟坎—新篁	Ⅵ	30.70
361403	嘉建乙线	嘉兴三姑庙—窑厂岔口	Ⅵ	22.86
361404	高澄线	嘉兴太平桥—油车港	Ⅵ	16.53
361405	嘉南线及附线	嘉兴王江泾—南汇乡 丰产桥—荷花乡	Ⅵ	22.07
361406	上水塘	嘉兴市区—海宁硖石	Ⅵ	0.40
361407	海盐塘	嘉兴西南湖岔口—海盐武原	Ⅵ	26.80
361408	杭申线、嘉兴市河	嘉兴河老线	Ⅵ	31.85
361409	野池线	嘉善野毛荡—池家浜	Ⅵ	13.80
361410	东清线	嘉善东庄船厂—姚庄清凉	Ⅵ	19.10
361411	红旗线	嘉善天凝水产村—杨树浜	Ⅵ	16.70
361412	芦墟塘	嘉善杨树浜口—大舜毛塘	Ⅵ	5.90
361413	三店塘	嘉善魏塘立新桥—三店	Ⅵ	10.10
361414	南星桥港	嘉善孙家桥—西泾塘口	Ⅵ	4.25
361415	平金线(黄姑塘)	平湖城关—金桥	Ⅵ	7.23
361416	平剪线(广陈塘)	平湖城关—剪刀汇	Ⅵ	26.79
361417	渚石线	平湖渚仙汇—石人汇	Ⅵ	16.34
361418	广庙线	平湖广陈—新仓	Ⅵ	3.62
361419	新岔线	平湖新龙堰—岔路桥	Ⅵ	5.90
361420	平湖市河	乍嘉苏线平湖市河老线	Ⅵ	14.04
361421	盐硖甲线	海盐场绿桥—老坟前	Ⅵ	6.60
361422	盐硖乙线	海盐常绿桥—老坟前	Ⅵ	24.16
361423	盐平线	海盐常绿桥—白苎	Ⅵ	18.22
361424	大横线	海盐沈荡水泥厂—南施宫	Ⅵ	8.53
361425	八字桥线	海盐油车桥—渔溪桥	Ⅵ	11.80
361426	何家桥线	海盐虞窑廊—何家桥	Ⅵ	2.06
361427	官堂线	海盐兴隆桥—三环洞	Ⅵ	2.47
361428	秦溪河	海盐兴隆桥—石鼓桥	Ⅵ	10.99
361429	永明线	海盐兴隆桥—水明闸	Ⅵ	2.96
361430	袁包线	海宁袁花镇—小包家桥	Ⅵ	4.47
361431	洛塘河	海宁辛江万兴—硖石西钱荡	Ⅵ	3.00
361432	辛江塘河	海宁辛江婆堰—袁花小虹桥	Ⅵ	26.65
361433	袁硖线	海宁袁花—淡桥囡庙漾	Ⅵ	33.19
361434	黄湾港	海宁黄湾—袁花夹山村	Ⅵ	3.88
361435	群乐港	海宁黄湾群乐石矿—花山汇船闸	Ⅵ	6.11
361436	年长港	海宁夹山包家家漾—海盐康塘桥	Ⅵ	2.95
361437	夹山岗	海宁夹山石料四厂—小包家桥	Ⅵ	5.40
361438	太上河港	海宁镇东石料一厂—小包家桥	Ⅵ	1.18
361439	泰山港	桐乡西安丘—海宁辛江庄婆堰	Ⅵ	3.00
361440	崇长港	海宁长安船闸—桐乡崇福	Ⅵ	10.00

（续表 9-3-2）

编号	航道名称	起讫地点	技术等级	里程（公里）
361441	杨汇港	海宁淡桥囤庙漾—石路长阡口	Ⅵ	4.57
361442	斜郭塘	海宁郭店新桥—斜桥	Ⅵ	4.38
361443	隆兴港	海宁铁水港—113#铁路桥	Ⅵ	1.62
361444	黄山港	海宁花山汇船闸—袁花马蹄桥	Ⅵ	4.50
361445	闸口港	海宁石厂—新塘河口	Ⅵ	1.36
361446	新塘港	海宁黄湾夹山—花山汇船闸	Ⅵ	4.20
361447	康泾塘	桐乡东双桥口—长山桥	Ⅵ	13.34
361448	南沙渚塘	桐乡崇福—北阳桥	Ⅵ	13.54
361402	长山河	桐乡洲泉—海宁联合桥	Ⅵ	33.17
361449	无量桥港	桐乡无量桥口—顶界桥	Ⅵ	11.38
361450	南日港	桐乡古店桥—大丰桥	Ⅵ	8.69
361451	大有桥港	桐乡红旗桥—三环洞桥港	Ⅵ	10.96
361452	新板桥港	桐乡宗扬庙口—灵安港	Ⅵ	7.60
361453	崇福市河	桐乡崇福杭申线老市河	Ⅵ	9.39
372401	嘉徐线	嘉兴龙口桥—徐步桥	Ⅶ	20.93
372402	嘉建线	陡门—建设	Ⅶ	27.91
372403	新陡线	新塍南栅—陡门	Ⅶ	9.50
372404	嘉田线	斜路港口—田乐	Ⅶ	22.85
372405	嘉曹线及附线	南堰—沙桥港 曹庄—王匠桥口	Ⅶ	14.62
372406	嘉篁乙线	东青龙—新篁	Ⅶ	30.13
372407	嘉净线	万安桥—净湘	Ⅶ	25.49
372408	王建线	莲花桥—建设	Ⅶ	9.84
372409	嘉桃线	金桥口—桃园	Ⅶ	19.42
372410	徐新线	徐步桥—新丰	Ⅶ	6.05
372411	嘉高线	九里汇—高照	Ⅶ	13.62
372412	新运线	徐王庙桥—运河塘	Ⅶ	10.91
372413	新桃线	1#桥—桃园	Ⅶ	8.28
372414	新洛线	车头浜—洛东丝厂	Ⅶ	7.71
372415	新铜线	嘉兴北栅口—铜罗港	Ⅶ	9.46
372416	陶濮线	嘉兴陶家筧—向阳桥	Ⅶ	10.44
372417	陶建线	洪合港口—宜家桥口	Ⅶ	16.28
372418	马王线	嘉兴王店—马泾桥口	Ⅶ	9.61
372419	凤马线	施家桥口—马泾桥口	Ⅶ	6.34
372420	凤余线	赵坟桥—余新	Ⅶ	7.56
372421	凤万线	南星桥—众欢塘口	Ⅶ	8.76
372422	凤竹线	嘉兴怀家桥—竹林	Ⅶ	6.12
372423	新竹线	新竹—集加禾桥	Ⅶ	7.5
372424	嘉七线	公路桥—七星桥	Ⅶ	9.53
372425	七三线	湘家荡口—三店桥	Ⅶ	1.89
372426	南小线	南汇—小曲村港口	Ⅶ	4.54

（续表 9-3-2）

编号	航道名称	起讫地点	技术等级	里程(公里)
372427	南陆线及附线	南汇—陆家荡口	Ⅶ	12.19
372428	新净线	新丰—净湘	Ⅶ	7.03
372429	新农线	新塍西栅—运河农场	Ⅶ	12.00
372430	嘉善线	嘉善立新公路桥—惠民大桥	Ⅶ	8.50
372431	长胜塘	嘉兴薛家立新桥—塘东红旗塘口	Ⅶ	8.90
372432	上官塘	魏塘市河西口—嘉善红庙	Ⅶ	8.40
372433	和尚塘	范泾红阳村—太浦河船闸	Ⅶ	12.50
372434	反修河	南伍子塘口—大通	Ⅶ	14.00
372435	枫泾塘	惠民市河北口—枫南省界	Ⅶ	6.90
372436	人民桥港	人民桥—石人桥	Ⅶ	4.40
372437	杨庙港	杨庙窑厂—洪溪福善泾	Ⅶ	10.20
372438	淡仓泾	杨庙集镇—三店口	Ⅶ	2.34
372439	幸福河	范泾伍子塘口—乌泾塘口	Ⅶ	2.80
372440	火车站北浜	人民桥港口—铁水中转港港池	Ⅶ	1.64
372441	油车港	魏塘市河口—大云骨塔	Ⅶ	13.00
372442	六斜塘	范泾茆里—西塘马鸣漾	Ⅶ	4.00
372443	智果桥港	伍子塘口—南星桥港口	Ⅶ	2.80
372444	乌泾塘	嘉兴干窑北环桥—西塘马鸣漾	Ⅶ	4.60
372445	许巷港	九号窑口—澄溪	Ⅶ	4.00
372446	礼庙港	芦墟塘口—夏墓荡寇	Ⅶ	4.75
372447	太河泾港	芦墟塘口—汾王码头	Ⅶ	7.50
372448	三里塘	西塘北栅—长湖申线(附线)口	Ⅶ	3.00
372449	汪家坟港	杨坟庙—蒋家南口	Ⅶ	2.50
372450	青龙港	蒋家南口—夏墓荡南口	Ⅶ	2.10
372451	蚌其港	青龙港北口—大寨河口	Ⅶ	5.00
372452	创业港	大寨河口—北许漾南口	Ⅶ	1.35
372453	梅台港	创业河北口—汾湖口	Ⅶ	4.00
372454	荻沼塘	长湖申(附)线口—马斜湖荡南口	Ⅶ	4.20
372455	陶墓塘	汪家坟港口—天凝南熟	Ⅶ	2.00
372456	斜塘线	嘉善芦墟塘—董家村	Ⅶ	3.95
372418	广庙线	平湖市新仓—新庙	Ⅶ	12.28
372457	平曹线	平湖—曹桥	Ⅶ	10.03
372458	前淡线	前进—淡水桥	Ⅶ	2.34
372459	庄马线	庄基—马厩	Ⅶ	4.59
372460	前斜线	前进—斜桥	Ⅶ	2.39
372461	青三线	平湖青阳江—三里堰	Ⅶ	9.06
372462	乍卫线	乍浦—卫国河口	Ⅶ	10.22
372463	徐林线	徐埭—林埭	Ⅶ	5.49
372464	独牵线	独山塘—牵浦塘	Ⅶ	1.45
372465	白光线	白泖港—光明线	Ⅶ	4.60

（续表 9-3-2）

编号	航道名称	起讫地点	技术等级	里程(公里)
372466	六三线	六里桥—三岔河	Ⅶ	18.40
372467	跃进河	平湖六里塘—三岔河	Ⅶ	7.38
372468	红剪线	红庙渡—剪刀汇	Ⅶ	3.57
372469	坍姚线	嘉兴坍牌楼—姚漾口	Ⅶ	5.34
372470	钟上线	钟埭—上海塘	Ⅶ	6.13
372471	平骨线	平湖—骨塔	Ⅶ	12.54
372472	山独线	平湖市山塘—独山	Ⅶ	14.21
372473	团结港线	海盐县常绿桥—待葑庙	Ⅶ	6.55
372474	齐家线	徐埝桥—红光桥	Ⅶ	5.71
372475	武通港	海盐—泾塘桥	Ⅶ	3.60
372476	元通线	海塘窑厂—新篁	Ⅶ	7.76
372477	黄泥浦	黄泥浦—齐家窑厂	Ⅶ	2.59
372478	新篁线	海盐沈荡—蜥篁	Ⅷ	11.93
372479	倪王庙	石泉—吕琮	Ⅶ	7.30
372480	石泉线	大康桥—石泉	Ⅶ	1.45
372481	中文山	招宝桥—六里石料一厂	Ⅶ	1.19
372482	紫云线	海盐渔溪桥—紫云	Ⅶ	4.47
372483	澉浦线	渔溪桥—南门闸	Ⅶ	8.57
372484	潭桥线	官堂—潭桥	Ⅶ	10.69
372485	丰北线	虞窑廊—牌楼漾	Ⅶ	3.84
372486	丰南线	马永隆—长川坝石料一厂	Ⅶ	0.85
372487	雪水港	兴隆桥—水机局石厂	Ⅶ	0.80
372488	同丰线	海盐石鼓桥—鸽山	Ⅶ	2.17
372489	泰山线	石鼓桥—秦山石料二厂	Ⅶ	1.54
372490	北团线	宋家浜—北团石厂	Ⅶ	1.38
372491	木长桥港	海宁市湖塘牛坟港—淡桥囡庙漾	Ⅶ	7.36
372492	麻泾港	新仓金阳—硖石太阳桥内	Ⅶ	12.31
372493	平阳堰港	丁桥平阳堰—伊桥大斜雀	Ⅶ	11.40
372494	绵长港	丰士洪福桥—庆云镇	Ⅶ	7.04
372495	路仲港	海宁庆云镇—庆云路仲镇	Ⅶ	3.23
372496	黄泥坝港	沈士杨渡镇—沈士联盟村	Ⅶ	6.60
371446	新塘河	新仓朝阳村—黄湾尖山	Ⅶ	4.20
372497	汇坝桥港	海宁许村凌空堰—桐乡大麻	Ⅶ	8.40
361433	袁硖港线	淡桥网庙漾—石路荷叶村	Ⅶ	13.53
372498	硖石市河	海宁硖石南关厢—硖北桥东	Ⅶ	1.90
372499	永兴港	桐乡市摸奶桥—屠甸万年桥	Ⅶ	26.65
372500	沈店桥港	石门工农桥—含山塘	Ⅶ	11.19
372501	梧桐北港	梧桐建设桥—南水港	Ⅶ	5.43

表 9-3-3 嘉兴市Ⅷ-Ⅸ内河航道技术等级表

编号	航道名称	起讫地点	技术等级	里程(公里)
383501	新桐线	新睦东栅—吴家汇桥—桐乡市界	Ⅷ	8.33
383502	建庄线	建设—庄家桥	Ⅷ	6.79
383503	庄王线	庄史口—王道宅	Ⅷ	6.40
383504	新曹线	新丰一金章桥口—平湖界	Ⅷ	8.70
383505	硖平线	新篁—甲娄桥	Ⅷ	3.14
383506	徐平线	徐步桥—万寿星桥—平湖界	Ⅷ	7.36
383507	徐云线	徐步桥—石龙桥口	Ⅷ	5.40
383508	徐十线	徐步桥—十八里桥	Ⅷ	5.26
383509	徐善线	伍子塘桥—胥山码头	Ⅷ	11.42
383510	南伍子塘	魏塘环城河口—嘉兴胥山窑厂	Ⅷ	7.30
333511	惠民港	惠民市河北口—茜泾塘口	Ⅷ	3.50
383512	石人桥港	石人桥南口—茜泾塘口	Ⅷ	3.30
383513	新景港	姚庄武长村—吴新村	Ⅷ	5.50
383514	杨秀泾港	芦墟塘口—西塘市河三岔口	Ⅷ	4.50
383515	姚庄港	茜泾塘口—新景港口	Ⅷ	2.50
383516	大寨河	汾玉小曲荡—太河泾港西口	Ⅷ	5.00
383517	于窑市河	风桐港口—北环桥	Ⅷ	2.50
383518	红菱塘	西塘来风桥—野池线口	Ⅷ	5.40
383519	马塔塘	红旗塘—天凝三角荡	Ⅷ	3.50
383520	白莲泾	芦墟塘口—红菱塘口	Ⅷ	2.50
383521	戴西港	蒋家漾南口—嘉兴南汇	Ⅷ	4.00
383522	青龙庵港	南星桥港—虹桥港	Ⅷ	4.55
383523	虹桥港	枫泾塘—杭申(附)线口	Ⅷ	4.50
383524	西塘市河	西塘镇南栅—北栅	Ⅷ	0.81
383525	全衙线	全塘—衙前	Ⅷ	3.90
383526	曹九线	曹桥—九里亭	Ⅷ	5.28
383527	东西线	东湖—西岔口	Ⅷ	2.62
383528	横港线	海盐虎口滩—横港	Ⅷ	2.79
383529	宋塘桥线	宋家湾—石鼓桥	Ⅷ	5.48
383530	杨山线	牌楼漾—杨山	Ⅷ	4.60
383531	滕泾线	通元砖瓦二厂—陆家浜	Ⅷ	2.14
383532	彭墩港	谈桥凌家堰—谈桥彭墩镇	Ⅷ	4.05
383533	宁袁塘	盐官镇—袁花镇	Ⅷ	22.40
383534	新仓塘	新仓大干桥—新仓金阳	Ⅷ	3.82
383535	宁郭塘	盐官镇—郭店镇	Ⅷ	5.07
383536	坝头港	长安袁牧镇—沈士扬镀镇	Ⅷ	4.08
361446	新塘河	许巷南渡堰—新仓潮阳村	Ⅷ	43.10
383537	袁闸港	黄湾闸口—袁花镇西郊	Ⅷ	6.12
383538	陈坟港	丁桥丁桥村—丁桥勤利村	Ⅷ	2.20
383539	唐家堰港	丁桥唐家堰—丁桥黄家角	Ⅷ	1.30

（续表 9-3-3）

编号	航道名称	起讫地点	技术等级	里程（公里）
383540	钱江港	黄湾钱江石料二厂—黄湾全丰殷浜	Ⅷ	4.40
383541	木鱼港	祝场镇西郊—庆云蒋家籥	Ⅷ	2.58
383542	翁埠港	许巷潘家坝—许村镇	Ⅷ	7.67
383543	三里港	长安备塘—长安镇	Ⅷ	6.92
383544	东出盐港	钱塘江大荆场—双洞桥	Ⅷ	2.80
383545	桐木港	新仓金阳—硖石镇	Ⅷ	12.10
383546	旧仓港	袁花旧仓—新仓赵三湾	Ⅷ	4.09
383547	孟湖港	许村镇—沈士镇	Ⅷ	5.76
383548	东斜港	许巷许家坝—许村镇	Ⅷ	5.60
383549	褚石港	长安褚石—长安西郊	Ⅷ	4.21
383550	中沙渚塘	崇福—沙渚塘桥	Ⅷ	13.47
383551	北沙渚塘	崇福—南日港	Ⅷ	11.56
394601	中心河	嘉善火云江家村—大通娄文村	Ⅸ	10.05
394602	防修河	大通五星—大通新泾	Ⅸ	3.55
394603	日晖桥港	口晖桥南口—智果桥港口	Ⅸ	3.70
394604	岳人港	北夏墓荡口—钟塘北口	Ⅸ	2.50
394605	天凝市河	杨庙塘口—油车港口	Ⅸ	2.80
394606	新中河	东清线—红旗塘	Ⅸ	4.69
394607	海塘线	姚家头—海塘	Ⅸ	3.62
394608	北港线	南埝头—北港	Ⅸ	0.52
394609	西圣埭港	石门马介桥—西圣埭	Ⅸ	5.36

第二节 航道养护

航道养护是指对航道及其设施进行的保养与维护，维持航道通航技术条件以及使航道设施始终处于正常工作或可正常工作状态。航道包括港口养护工程按其工程性质，可分为经常性养护工程和养护单项工程。经常性养护工程是指以维持现有航道通航尺度和航行安全畅通，保障港航基础设施正常运行为目的的各类养护工程，包括碍航疏浚、清障打捞、航标维护及有关港航建筑物维护等，分内河骨干航道经常性养护和全航区经常性养护等。养护单项工程是指以提高航道通航能力和改善港航基础设施运行条件为目的的养护工程，包括航道、码头、锚泊区、过船建筑物、航标等的改造和新建等。

历史沿革

解放前，由于国民党政府对交通建设不重视，加之连年内战，财政枯竭，致使一些航道经常断航。解放初期，嘉兴航道还处于自然状态，只能通航 100 吨以下的船舶。改革开放以后，嘉兴航区加大了航道建设力度，航道养护也逐渐走上正轨轨道。

为加强航道养护工作，1953 年 7 月 27 日设立了浙江省航运管理局第二工程队，办公地址：嘉兴市中山路 3 号。

1960 年 1 月，海宁县成立交通航道工程队。1960 年 3 月 28 日，成立了嘉兴专区航运公司航道养护队，共有 193 人。1960 年 7 月 1 日，平湖县交通局工程队成立，全队 39 人。1960 年 8 月，桐乡县成立交通航道养护队。1960 年 9 月 1 日，嘉兴县交通局工程队成立，全队 60 人。1961 年 5 月，嘉善县成立交通航道养护队，1963 年 7 月，改为嘉善县交通工程队。1962 年 3 月，海盐县成立交通航道养护队。

1987 年，嘉兴航管部门贯彻“三保三压”原则，按照省、市交通工作提出的先干线、后支线，“先缓解、后适应”的近期应急方针，重点解决“卡脖子”问题，一年中，完成六平申线疏浚拓宽约10公里，杭申甲线陡门航段疏浚整治，海盐西塘桥航道拓宽。完成航标改制普查杭申甲线84公里，六平申线62公里，改制航标49座，指路牌35块。投入12万资金，完成杭申乙线乌镇市河红星桥移位改建，达到300吨级通航条件。

1988年，对碍航桥梁进行了普查，杭申甲线33座桥梁中有5座碍航桥梁，六平申线29座桥梁中有4座碍航桥梁，对今后航道规划提供了依据。对"卡脖子"航段进行了整治，对嘉兴市郊区杨家浜航段十八里桥桥基进行了清障，对杭申乙线乌镇太史桥北桥台基础下沉进行了抢修。全面完成了航标改制工作。

1992年和1993年，嘉兴航区连续发生大堵航，引起有关领导高度重视，由此，嘉兴航区航管部门加大了力度，边建设，边养护。1996年是有史以来养护投入最多的一年，补助项目除桐乡金牛塘切角工程按原计划到下年度完成外，其余单项工作都已完成，计划完成是历来最好的一年。在经常养护上全年共疏浚土方47667立方米，打捞沉船241艘，5466吨。对航标的养护，建立了一支稳定合格的管理队伍，1996年共养护航标81座990次，为保障了航行船舶的安全，航标养护人员为此做了大量工作。

1999年，航道养护制定了京杭运河嘉兴段文明样板航道创建计划，全线护岸工程和绿化工程全线竣工，统一的航道标志牌工作也于9月份通过竣工验收，其中助航标志14块、安全标志16块、信息标志34块，使京杭运河嘉兴段全线达到美化、标准化。实施航道清障，共打捞沉船282艘，有力地保障了航行安全和航道畅通。对全航区的航标及标志、标牌按规范要求进行维护，保证了航标正常发光和航道标志牌的引航作用。

由于杭嘉湖干线航道内水泥船禁入，水泥船逐步被钢质船取代是大势所趋，但历年来航道内经常发生水泥船沉没后弃船逃跑，形成了新的水下障碍物，影响在航船舶的航行安全。因此要求各所加强日常巡查，发现沉船及时打捞，2000年打捞各类沉船137艘。经过清障后的主干线航道及几条重要的干线航道的通航条件得以改善和保障。

2001年，完成疏浚土方20.8万立方米，单项工程年度完成12.85万元，打捞沉船122艘。

2007年，投入航道养护建设资金3102万元，完成了乍嘉苏线标志标牌二期养护工程，开工建设长水塘航道养护工程，养护干线航道281公里，维修护岸937米，新建标志标牌179块(座)，维护标志标牌1116块(座)，疏浚水下土方3.22万立方米，新设置京杭运河和杭申线应急系缆桩250个，绿化南郊河航道10.628公里，新建桐乡、平湖港航管理处和沈荡、长安、太浦河、梧桐港航管理检查站管理用房6处，修缮城郊港航管理处和斜桥、下甸庙、新丰港航管理检查站管理用房4处。落实社会化航道养护机制。本着"谁使用，谁维护"的原则，与沿河厂矿(企业)码头签订护岸养护协议书，落实养护责任，全年沿河企业共出资110万元，维修码头护岸730米。海宁杭平申线航道夹山航段疏浚工程，与沿航道的企业拼盘筹资养护，共投入资金60万元。

2008年，完成了长水塘航道养护一期工程，并开工了二期；养护干线航道281公里，维修护岸1440米；新设、补设各类标志牌92块，疏浚水下土方10.48万立方米，新设置杭申线应急系缆桩177个；绿化养护里程105.35公里，对杭申线沿岸、南郊河嘉杭大桥城市出入口等节点补种苗木2.1万株，设置和替换了6块大型宣传牌；续建太浦河检查站管理用房、修缮城郊港航处办公楼和下甸庙等四个检查站管理用房；新建三塔站船棚，新建14.5米港航管理用艇4艘。

2008年，为了切实做好主干线航道新建护岸的养护管理工作，保持新建护岸、绿化的完好，确保航道畅通。采用社会化养护和各港航处管理相结合的养护办法，通过公开招投标，确定养护单位，并明确各港航管理处的管理职责，效果较为明显。1—5月重点维修京杭运河、杭申线护岸1440米。投资达360万元。对主干线航道沿线厂矿企业签订"厂区护岸养护责任书"，实现"谁使用，谁管理、谁维护"的管理新举措，使护岸养护走向社会化。全航区共签订"厂区护岸养护责任书"229份。明确码头区域和船舶停靠处为该厂矿的养护包干区，如出现护岸破损和坍塌由厂矿负责修复。

建立船舶流量观测制度。为了准确观测水上交通量情况，在四个观测点京杭运河(思古桥站)、杭申线(塘汇站)、乍嘉苏线(平湖大桥站、城郊王江泾站)、六平申线(平湖大桥站)开发了航道流量观测信息处理系统，利用新技术实现原来需要复杂专用软件才能实现的数据采集功能，系统自动生成流量报表，为决策提供必要的数据支持。

2009年，完成养护资金3150万元，修复了京杭运河、杭申线嘉兴段、东环河等干线航道破损护岸1660米；实施了嘉善和尚塘、南星桥港、海宁矿区航道养护项目以及崇福船棚、长水塘二期等单项养护工程；设置航道桥梁和河口标、水源保护区标志等916块，维护全市2094块航道标志标牌，保持完好率在99%以上；种植航道绿化面积4万平方米，养护航道绿化1.9万平方米。完善内河干线航道经常性养护机制，落实责任，及时督促128家沿航道厂矿企业履行码头护岸养护责任，由业主出资200多万元对28个护岸破损的码头进行了维修。

2010年，主干线航道经常性养护投入745万元，其中护岸维修650万元，修复了京杭运河、杭申线嘉兴段等破损护岸2945米。全年共完成港航单项工程投资2712.26

万元，占年度单项养护计划2957.26万元（含上年度结转770.26万元）的91.7%，完成了嘉澄线（杭申线—湖嘉申线段）等航道养护项目6个，以及石门监管点、杭申线红旗塘入区报港点、杭平申线平湖入区报港点及浙北航区航道测量等工程；完成新建及改造港航管理用艇各6艘，开工建造及改造港航管理用艇各2艘。

疏浚

建国以前嘉兴航区航道疏浚状况

据嘉兴地方志史料，唐至五代，境内及其周边有柘湖、淀山湖、当湖和金山浦、小官浦、芦沥浦（今平湖白沙湾附近）、月河浦、澉浦、横浦、石亭浦等湖河，通江达海。这一时期，嘉兴市域还开挖了不少新河道，主要干河有四条，即汉塘（后世称平湖塘），自嘉兴城东通平湖的当湖，北流三泖入海；魏塘（后世称嘉善塘），自嘉兴城东经魏塘至枫泾，直达华亭入泖；东郭湖塘（今称三店塘），原为嘉兴城东北郊东瓜湖，唐代开凿为干河，自城东流嘉善境内，再北经芦墟塘入淀山湖通江入海；澜溪塘自桐乡乌镇至平望，旧称八十里澜溪塘。此外，唐长庆年间（821—824年）海盐曾开“古泾三百一”。

在这些干河开通后，各河又引开众多支流河塘，并因地势、水情设置堰坝、水闸、斗门等，蓄水灌溉，或调节水势，控制水流，今嘉兴市区的杉青闸、南堰、栅堰及海宁的长安闸和杭州塘上的石门、陡门等，均是古代水利设施的遗迹和遗址。

唐后期虽然出现由东江较为集中排水，分化为诸港浦分流的变化，但由于不断开拓整治，嘉兴水流基本形成河、湖、海相连，沟、渠、田相承的体系。其时，北境太湖来水和嘉兴（县）、嘉善北流之水，除经吴淞江入海外，多经淀山湖三泖至柘湖，在金山卫附近小官浦直接入海；中部嘉兴（县）、海盐之水，通市境的当湖等水域，由芦沥浦、官浦（平湖南境）、石亭浦（海盐县治东北十里）、月河浦（平湖南境）、横浦（海盐县治东二里）等港浦入海。南部海宁流水则自长安堰至盐官，经清水浦入海。整个市域涝水宣泄通畅，极少洪涝祸患。

五代时期，吴越天宝八年（915年），置都水田使，募卒为撩浅军，亦谓撩清军，于太湖旁置撩清卒四部七八千人，治湖筑堤，一路入吴淞江，一路自急水港下淀山湖入海，居民遇旱则运水种田，涝则引水出田。

北宋乾兴元年（1022年）诏苏、湖、秀州，积水害稼，发邻郡兵疏导壅淤，仍令发运使董之。遣尚书职方员外郎杨及，往苏、湖、秀州催督。嘉祐五年（1060年）转运使王纯臣建议，请令苏、湖、常、秀修筑田塍，位位相接，以御风涛。令县官教诱，植利之户，自作塍岸，定其劝课为殿，当时推行之。中书检正沈括言：浙西泾浜浅涸当浚，浙东堤岸川渎湮没当修。请下司农贷缗募役从之，仍命括相度两浙水利。元符三年（1100年）二月诏，苏、湖、秀州，凡开治运河港浦，沟渎堤岸，开置斗门，水堰等，许役开江兵卒。崇宁元年（1102年）十二月，置提举淮浙澳闸司官一员，对杭、秀、常、润、扬等新旧堰闸通治之。

从南宋后期起，嘉兴水情逐渐恶化，洪涝灾害日益严重。其原因除水政体制改变，水利失去统一领导外，主要有三大因素：一是自然条件的变迁。太湖平原地面缓慢下沉，唐宋时尤为显著，邻近嘉善的吴江、昆山一带，以淀山湖为中心形成下沉的锅底，以致积水难排。另外，由于长江泥沙增多，东部海岸线迅速向外伸展，从隋到明代，大约伸涨60余里，从而使太湖地区排洪河线伸长，河床比降趋平，流速减缓，河道淤积，渲泄能力减弱，造成“千里一白”的状况。二是太湖古三江中的娄江、东江宋初均已湮废，仅余松江（吴淞江）为下游排涝的唯一通道，而当时松江已缩窄很多，宋时又筑吴江长堤和长桥，松江进水口益加束狭，下泄水量减少，下游水流常积滞于淀山湖、三泖一带，嘉兴深受其害。三是塘浦圩田系统遭到破坏。随着围田垦殖的发展和人类经济活动的加强，水利与航运、围田与治水、挡潮与排涝等矛盾日益显著，且北宋朝廷一反唐、五代以来的治水方针，实行水利以漕运为纲，“转运使”代替了“都水营田使”，治水治田分割，管理制度废弛，因而各种破坏活动相继而来。北宋郏亶在《水利书》中详叙了破坏大圩制的各种各样的情况：如因贪图行船的便利，开凿圩岸；侵耕堤脚堤坡，造成堤身破坏；国家开浚河浦，标准不足，河身越开越小；地主只管收租，不修圩堤；开挖古堤，张捕鱼虾，使堤身损毁等。结果使原有的塘浦系统遭到破坏，削弱了防御洪涝的能力，加重了洪涝灾害，苏、湖、常、秀诸州洪涝弥漫，长达一个多世纪之久。

南宋偏安杭州，虽多次疏浚吴淞江和治理下淤河浦，暂时改善了苏、秀、常等州的农田水利，但因海塘不断重筑加固，通海港浦大部被堰坝捺断，排水入海能力减弱。更严重的是一批豪强巨族大肆围湖垦殖，侵占水道水体，围湖造田。从借口屯围、侵夺濒湖浅滩、创置所谓“坝田”，发展到凭借权势，公然涸湖为田，从包占草滩水荡，发展到围垦江湖水道。由此，江湖水面日益缩小，调蓄能力骤减，水域环境发生巨大变化。嘉兴市境东部的柘湖原有面积三十五万余亩，为滨海巨浸，自宋代起相继垦拓成田；11世纪时，濮院至新塍的幽湖，范围尚很宽广，至明代已不见此湖；嘉兴的鸳鸯湖，旧称一万两千亩，被围垦仅余数百亩；甚至浙西最大的淀山湖，在淳熙年间也遭到盲目围垦。随着江湖水面的日益缩小，河网益发紊乱，嘉兴内水下泄受阻，以致造成“水不得停蓄，旱不得流注”的严重局面。

入元以后，吴淞江淤狭更甚，围垦继续蔓延，洪道受阻愈加严重，水患无已，苏、松、嘉、湖各地百姓流离，甚至“鬻妻女而食”，至元末年，田禾尽淹，灾情更重。自此才引起统治者的重视。大德二年(1298年)重设浙西都水营田使司，二三十年间屡兴大役，动用数十万民工，着重浚治吴淞江和淀泖湖群及其通向吴淞江的诸大浦，以疏导苏州、松江和嘉兴地区积水。泰定二年(1325年)一度撤销松江府建制，将华亭、上海两县归属嘉兴路管辖，统一治水领导。经数度治理，水患虽暂有所缓和，但不久泄水通路又继续受阻，效果不大。

明初，吴淞江下游河段淤塞严重，自夏驾浦以下一百三十余里“潮沙淤塞，已成平陆”，水情恶化，洪涝灾害愈烈。洪武年间(1368—1398年)曾组织包括嘉兴在内的民工1.5万余人进行疏浚，但旋浚旋淤。永乐初期，朝廷派户部尚书夏原吉来苏、松、嘉治水，经实地考察后，认为吴淞江已无法救治，遂先后提出两条治理方案：一是拓浚刘家港，导吴淞江水经刘家港出海，即后人所称的“掣淞入浏”；二是“浚范家浜引浦入海”。他在给朝廷的奏文中说：“松江大黄浦，乃通吴淞要道，今下游遏塞难浚，旁有范家浜至南跄浦，可经达海，宜浚令深阔，上接大黄浦，以达泖湖之水。”在组织这项工程施工时，征集苏、松、嘉三十万民工，夏原吉亲自深入第一线督导，还一度坐镇嘉善西塘镇，并在福源宫寺前，树石测水，审视涝情，后人称之为“忧欢石”。

“掣淞入浏”和开凿范家浜，改善了太湖下游水系入海通道，特别是范家浜一开，下游通畅，黄浦总汇杭、嘉、淀、泖诸水，以建瓴之势，“从上灌之，是以流皆清驶，足以敌潮，虽有浑浊，不能淤也”。

随着吴淞江的淤狭和浏河的日渐萎缩，黄浦江不仅进水量不断增加，而且来水范围亦日益扩大。明代后期，还只是“东南自嘉、秀沿海而北”的水循黄浦入海，到明末已是“湖、泖、苕、霅诸水，悉注申浦，以达于海”。发展至清代后期，不仅“淀泖即由此道归海……且赵屯、大盈之泻于吴淞者，亦反南流分达泖浦”，使嘉、秀诸水难以畅泄。清人王凤生在《浙西水利备考》中指出：嘉兴方向之水“于(嘉)善、平(湖)出泖，而苏、松积潦并太湖洪流泛滥而横趋淀泖，唯黄浦是争，故浙西水口，先为江境所占，黄浦虽深通，岂胜两省下游同时并纳，彼此抵触，不克畅流，为害一耳。”

明、清两代在太湖水系整治和河道治理上兴建了不少工程，据史载主要有：

明代：宣德五年(1430年)，尚书周忱巡抚江南，檄筑塘岸，通漕运，自南津(崇德城西南三里)至塘栖，达杭州，桥道未接者开路设桥，以济不通；正统八年(1443年)疏海盐永安湖、茶市院、新泾、陶泾塘诸河；明天顺元年(1457年)崇德令郁纶浚运河时，运河自石门至大漠多淹没，给率众纵横蝇度，浚深四十里许。(《崇德县靳志》)；弘治七年(1494年)七月，命侍郎徐贯与都御史何鉴经理浙西水利，次年四月告成。又令浙江参政周季麟修嘉兴旧堤三十余里，易之以石；明嘉靖二十六年(1547年)，郡宋赵瀛开竣市坷，凡古渠之淹废者浚也，民居之侵隘者卸之，桥塊之垢滞者辟之。复令里出一舟，运土至南湖中，以培楼址，殚力任劳，大兴水泉，舟楫之利，(《浙江通志》卷五十四·水利三)；万历八年(1580年)，嘉善知县金和奉文修筑围岸，令田主出本，佃户出力，择有行谊者董之。岸身高八尺，广六尺；万历三十九年(1611年)，崇德知县靳一派开各区浜河。

清代：清康熙四十六年(1707年)十一月，闽浙总督梁乃鼎奉旨发帑疏浚支河港荡。巡抚王然题明动帑委嘉兴府知府藏宪祖开浚淤泥处西丽桥八十五丈北丽桥九十五丈端平桥八十五丈浚深俱五尺广皆五丈有奇又浚各乡诸港于是蓄水溉田舟楫往来农商皆庆(《嘉兴府吴志》)；康熙六十年(1721年)春，嘉兴知府吴永芳兴修运河南塘，加石培土，经北塘自城外至王江泾三十里于旧塘外间段增筑石岸；嘉庆三年(1789年)十二月，海盐知县任泽和议浚永安湖，修筑堤闸。次年正月雨水满湖未浚，凡修筑湖闸四座；道光四年(1824年)嘉善知县恽敷疏浚张泾大湾等处河道计五百六十丈。又借帑开浚华亭塘河道，凡一百八十丈；道光八年(1828年)，嘉兴知县王维堉浚东门外横塘、长水塘；道光十六年(1836年)，巡抚乌尔泰额奏准，借帑挑浚白洋河，即将所挑之土，培筑土塘，借用帑银五千九百七十二两。自道光十七年(1837年)始，每两岸徵河费钱二十文，作六年随同正银输纳，归款挑浚河道三千八百二十五丈，深三尺，署海盐知县王燕堂董其事；同治五年(1866年)，嘉善知县范基栋请款开浚枫泾镇市河，益以劝募与江苏娄邑分段计工，同时告竣；但是，泄水通路始终未能彻底解决，而终清一代又在治水方针上实行分区治水，治水与治田完全分离，上下左右互不相谋，民间各处自保修圩。清末至民国时期，水利处于自流状态，大部工程失修，河港越淤越浅，塘浦紊乱无纲，圩系零散，河道失统，灾害连年。

民国时期，嘉兴河道的疏浚。据民国21年7月《浙江省建设月刊》第六卷第一期载：“疏浚新篁市河”新篁市河长约三百余丈，河阔平均四米。只以数十年来迄未开浚，岸滩两旁，垃圾堆积既多，河身日渐淤塞，河流狭浅，水利交通均受阻碍。民国19年9月地方人士之发起，筹募款项，请准省款补助，由建设局委派工作人员监督指导，共挖去土17720立方米，筑坝八处，工程费银六千七百余元，除省款三千元外，余均地方负担。此项浚河工程已于民国20年1月全部完成。

中华人民共和国成立后嘉兴航区的航道疏浚情况

中华人民共和国建立后，各级党委、政府十分重视河道的治理，由市、县(市、区)、乡镇统一组织实施，按“谁受益谁出资、出力”的原则，土地、劳力各半，合理分配开挖或疏浚土方任务，资金主要由地方自筹或利用劳动积累工，集中力量拓浚主干河道，普遍疏浚和整治支流及小河浜溇等各级河道。在发展农业，兴修水利，增强蓄水泄洪的同时，结合有利航道的建设。平湖、海宁、桐乡、海盐、嘉兴、嘉善各地都进行河道以及大运河的疏浚。

50年代对河道疏浚，大多依靠农业兴修水利而结合整治航道，直到1960年3月嘉兴专区航运公司组建专业航道养护队，承担嘉兴航区的疏浚、打捞等整治任务。

1960年7月至1962年3月，平湖、桐乡、嘉兴、海宁、嘉善和海盐等县先后成立专业航道养护队或工程队，承担各县境内航道养护，逐步改善航区航道通航条件。1983年9月，撤地建市后，于1984年8月，嘉兴市航管处航道疏浚队成立，组建了专业疏浚队伍，担负嘉兴航区疏浚养护任务。

(一)各县(市)航道疏浚情况

(1)平湖

1950年3月，在水利部门组织，交通部门配合，发动乡镇民众，疏浚黄姑塘，沈窑至金桥航段，长16.34公里，通航能力由10吨提高至30吨船舶。

1959年1月，再次疏浚黄姑塘，河底高程0.7米，河底宽从原来的4米拓至8米，局部截弯取直，挖土石方88万立方米，通航能力40吨级。

1960年，疏浚南廊下新建货运码头河埠挖深；九里亭至相公庙航段浅滩，挖土石8.2万立方米。

1961年，疏浚新埭粮库挖淤土1.2万立方米。

1962年，疏浚广陈镇三里堰坝基淤土3万立方米。

1864年，疏浚城关轮船码头浅滩，挖土石0.1万立方米。

1967年，疏浚放港河，衙前至廊下航段7.19公里，城关南城河，虹桥至西孟家桥航段1.05公里，挖土21.8万立方米。

1969年12月，疏拓卫国河，南自北侧独山塘起，向北穿黄姑塘、新港河、盐船河与上海金山县交界处山塘河衔接，长14.2公里，是沟通南北交通的主要人工河之一，河宽一般25米，河底高程0.8米，投工100万工，挖土石87.2万立方米。

1973年，平湖兴修水利结合航道建设，疏拓丰收河，自黄山采石场起，向北穿过牛桥港、黄姑塘、新港河，在三里堰与广陈塘相接，长14.04公里，分南、中、北三段分期施工，从黄姑塘至独山塘接通全河，河宽25米，河底高程平均为负0.05米，挖土石84.2万立方米，总投资44.4万元，1973年11月，疏拓大寨河，北自上海塘青阳汇起向南至三里堰，西与广陈塘相接，长7.6公里，河面宽一般为24米，河底高程0.1米，挖土石47.15万立方米。

1977年，疏浚六平申线航道，斜桥市河航段，长518米，清除淤土2.4万立方米，河底宽20米，通航能力100吨级船舶。

1978年，疏浚新港河，从三官塘桥至盐黄河的淤浅航段，长12.22公里，河底宽6米，挖土62.2万立方米。

1983年，疏浚黄姑塘，全公亭至金丝娘桥航段浅滩645米，挖土0.8237万立方米；全塘市河浅滩920米，挖土0.8185万立方米，施家桥航段浅滩380米，挖土0.2312万立方米；前港至牛桥航段，挖土2.0201万立方米。

1984年，疏浚上海塘，诸仙汇码头城关，西孟家桥航段淤浅处，挖土1.5384万立方米。

(2)桐乡

1955年，疏浚崇福至长安航道长安塘、南沙渚塘航段，长24.8公里，挖土53.5万立方米。

1966年，乌镇市河第二期疏拓，投入民工10万人，投资64.5万元，挖土55万立方米，河面宽50米，河底宽18米，河底高程−0.5米，通航能力100吨级船舶。

1967年，疏拓康泾塘，桐乡至双桥连接运河，长14.34公里，改善了大运河和长山河之间南北方向的衔接航道。

1970年，对崇福市进行了“三湾取直”疏拓。崇福市河是杭申甲线航道上的结症，自北门至南门三里桥，长1.8公里。该段航道狭窄、弯曲，来往船只经常阻塞搁浅，且海损事故频繁，素有“航船老大好当，崇德三湾难过”的谚语。工程总投资60万元，取直疏拓，挖土50万立方米，拆建旧桥7座，疏拓后河面宽50米，底宽22米，河底标高−0.5米，可通航100吨级船舶。

1970年和1971年，对大运河江南段东线这段运河，穿越桐乡县及嘉兴市城郊区，桐乡县境41.77公里的崇福、石门进行疏浚拓宽整治。

1984年11月，疏浚长山河，起龙桥至蒋主庙航段，长7.21公里。河宽49.5米，底宽22米，河底高程−1米，挖土170.95万立方米；长生庵港运河塘至西干河航段，长2.148公里。河宽22米，底宽3.25米；河底高程0.5米。

(3)海宁

1951年12月，于长安镇组建上塘河疏浚指挥部(许村、长安、盐官三区相应成立区指挥部)，疏浚盐官北门至许村施家堰段，长22公里。是月27日开始筑坝排水，次年1月6日动工挖土，27日竣工。由许村、长安、盐官三区群众义务投工40万工日，挖土39.44万立方米。

1952年，由海宁县建设科和盐官、长安、许村三区政府发起群众疏浚新塘河翁家埠至盐官镇段，长23.5公里，挖土32.89万立方米。

1955年7—8月，由海宁航管站发动船工、船民义务疏浚崇长港浅滩6处。投入劳动力1556工日，清除瓦砾、积泥563立方米。

1958年，再次疏浚上塘河、宁郭河，长27公里，挖淤土54万立方米。

1959年，由海宁县水利局发起三星(今盐官)、丁桥、黄湾三个管理区疏浚盐官大东门外至闸口段，计长21.6公里。投入劳动力10万多工日，挖土14.05万立方米。

1963年，由海宁县水利局发起疏浚长安翻水站至七里亭段，长2.68公里，挖土9.46万立方米；1966年，疏浚七里亭至崇福段，长4.82公里，挖土16.34万立方米。两次疏浚费26.75万元。

1966年1月，由海宁县人民政府组织水利等有关部门成立洛塘河引泄工程指挥部，疏浚硖石横港桥段，长0.31公里，拆除沿河两岸房屋，拓宽河面，挖土石3万立方米，疏浚费16.2万元。1967年8月，发动12个公社疏浚海青桥至景转桥北华家桥段，长5.3公里，挖土6.2万立方米。1972年，由水机局发起疏浚斜桥、庆云、张店三处阻水段，斜桥、庆云两处拆下岸民房、店屋，拓宽河面，共挖土9.4万立方米，疏浚费44.92万元。1976年5月，由省航道大队"红武号"绞吸式挖泥船，疏浚斜桥镇区黄墩港至东桥段，长0.36公里，次年11月竣工，挖土1.34万立方米，疏浚费12.93万元。

1968年2月，由海宁县革委会组织双山、狮岭、石路、湖塘、红旗(今马桥)、东方红(今祝场)、庆云、伊桥、向阳(今淡桥)、斜桥、郭店11个公社，合力疏浚长水塘河，隔里塘至师古堰和王店镇庆丰桥处的淤浅处，长6公里，挖土56万立方米。

1978年10—12月，由嘉善、嘉兴、平湖、海盐、海宁、桐乡、德清7个县30万民工，分段疏拓长山河南排出海工程。海宁境内疏拓联合桥至北大堰桥航段，长16.4公里，挖土182.14万立方米，河底宽20~45米；河底高程1米，投资461.49万元。

(4)海盐

1952年，疏浚六平申线航道斜桥坝基，长0.3公里，挖土2.4万立方米。河底宽12米；河底高程0.3米。

1964—1985年，海盐县对六平申线航道进行13次疏浚，长14.73公里，挖土35.5万立方米。河底宽8~20米；河底高程0.32~1米。

1978年，疏浚澉(浦)跨(河桥)线的长山闸至跨河桥航段，长19.93公里，挖土150.9万立方米。河底宽55~65米；河底高程-1米。

1967—1983年，对盐(海盐)嘉(兴)线进行6次疏浚，长4.37公里，挖土8.94万立方米。河底宽10米；河底高程0.3米。

1968年，疏浚盐(海盐)硖(石)线，花荡市河至百步亭，长7.5公里，挖土21万立方米。河底宽10米，河底高程0.5米。1985年疏浚盐硖线仁寿桥狭段，长0.08公里，挖土0.29万立方米，河底宽10米，河底高程0.5米。

1971年，疏浚盐(海盐)西(西塘桥)线，小栅桥至白苎口，长7.13公里，挖土108.6万立方米。河底宽13~15米；河底高程-0.5米。

1968—1980年，对盐(海盐)石(泉)线，进行5次疏竣，长13.22公里，挖土33.43万立方米。河底宽5~10米；河底高程0~0.5米。

1976年，疏浚通(元)澉(浦)线，长山洞口至六里镇，长6.25公里，挖土71.5万立方米。河底宽6~8米；河底高程0米。

1973—1984年，对官堂至长川坝航段进行3次疏浚，长6.01公里，挖土23.4万立方米。河底宽5~6米；河底高程0~0.5米。

(5)嘉兴市城、郊区

建国初期，水利和航运系统协同对河道疏浚，未见资料记载。

1955—1956年，嘉兴市(地辖市)重点疏浚了杭申甲线三塔塘至枫泾白庙湾多段航道，长9公里，挖土石7.0259万立方米，坝基10处，用工17969工日，又发动义务劳动39643.5工日。

1969年，疏拓长水塘北口至中山路桥航段，长1.757公里。同时对该航道(宣公桥至中山路桥)进行改道。缩短航程125米，提高通航能力为100吨级。同时又疏浚整治杭申甲线南门东栅下至秋径桥航段。同年又疏浚嘉兴至新塍，嘉兴至新篁航线，挖土方5万立方米，以后又陆续疏浚南门三号桥至东门狮子汇等航段。

(6)嘉善

从1957—1979年期间，疏浚整治20条河道，长86.47公里，挖土石1125.3万立方米，国家投资429.75万元。其中较大的疏浚伍子塘(幸福河、解放河)长6公里，挖土方70万立方米。河宽35米至45米；河底宽15米至20米；河底高程0~0.5米。1959年冬至1960年冬开凿红旗塘，沉石荡至界河段，长21公里，挖土770万立方米。河宽100~110米；河底宽48米；河底高程0.5~1米。1970年至1971年冬疏浚魏塘市河，上官塘至东官塘，长3.5公里，挖土18万立方米，河宽25米；河底宽20米；河底高程0米。1969年冬疏浚白水塘，南伍子塘至大通港，长13公里，挖土80万立方米，河宽35米；河底宽14米，河底高程-0.5米。1977年冬疏浚中心河，南伍子塘至石人汇，长8.9公里，挖土43.5

万立方米。河宽 20 米;河底宽 2.3 米;河底高程 0 米。1977 年冬疏浚大寨河，小曲荡至斜塘，长 4.97 公里，挖土 17 万立方米，河宽 25 米;河底宽 11.8 米;河底高程 0 米。

1988 年，对“卡脖子”航段进行了整治，对嘉兴市郊区杨家浜航段十八里桥桥基进行了清障。1989 年，全市各县(市、区)，机械化疏浚航道 12.805 万平方米。

1990 年，全市各县(市、区)，机械化疏浚航道 306165 平方米。

1996 年，共疏浚土方 47667 方，打捞沉船 241 艘，5466 吨。

(二)新开挖航道

从 1959 年开始，在嘉兴地委和有关县(市)委的领导和支持下，有计划地进行了开挖红旗塘、白水塘和长山河南排出海工程。这三项水利工程的建成，增大引、排、蓄、灌能力。这对防洪抗旱，农业增产，发挥了极大的作用，同时，沟通断头河道，拓宽河面，挖深河床，增强通航能力。共开辟了三条新航道。

(1)开挖红旗塘

为改变嘉兴县北部地区易涝状况，经嘉兴县委(当时嘉善并入嘉兴县)决定，报上级批准，于 1959 年冬至 1960 年冬，开挖红旗塘。红旗塘起自秀洲区油车港镇沉石荡，经嘉善的天凝、洪溪、干窑、西塘、范泾、姚庄等乡镇，东至上海市青浦县交界，全长 26.19 公里，其中浙江段 21.09 公里，上海段 5.1 公里。东段河面宽 120 米，中段 100 米，西段河面宽 80 米，底宽平均 48 米，河底标高(吴淞零点)−0.5 米，能通航 300 吨级船舶。整个工程共挖土方 770 万立方米，拆桥 6 座，建桥 1 座，拆、建民房 2000 平方米，国家投资共达 280 万元。

开挖红旗塘后，初步改变了嘉兴县北部地区的澄溪、荷花、南汇、栖真等乡 11 万余亩农田的易涝状况，农田受益面积 27 万余亩。该航段已成为农副船舶航行的主要通道。

(2)开挖白水塘

嘉善县铁路以南地区，地形较高，没有大的河道。为了解决这一地区的干旱问题，开发那里的交通，1969 年冬嘉善县委组织全县农民开挖白水塘。白水塘西起嘉善县南面 2.5 公里的商伍子塘，向东直到嘉善县东南角与平湖交界处的大通乡大通港。全长 13 公里，河宽 35 米，河底标高−0.5 米，共开挖土石方 80 万立方米。拆去旧桥 13 座，民房 210 平方米，新建钢筋水泥拱桥 9 座，投资 4.7 万元。

(3)南排出海工程——长山河

为了迅速发展杭嘉湖地区商品粮基地，解决太湖流域的洪水出路，确保旱涝丰收，同时使海盐、海宁各航线能沟通京杭大运河，促进水运事业的发展，1978 年由中央投资，水利部部署在嘉兴地区实施南排出海工程，开挖长山河。长山河工程规划从海盐澉浦长山出发，经翁家场、七家门、方家木桥入海宁县。再经莫家洪、园角上、殃石镇郊穿越沪杭铁路 113 号铁路桥进入桐乡县，经屠甸镇、蒋家浜，在桐乡羔羊处和江南大运河沟通，全长 56.4 公里。

长山河第一期工程：为配合该工程，做好运输、交通安全管理工作，嘉兴地区交通局于 1978 年 7 月在海宁召开七县交通局长会议，对工作作了具体部署。第一期工程原计划开挖 22 公里，同年 6 月，桐乡县委提出增挖 8.4 公里，9 月沪杭铁路 113 号桥为配合南排工程而提前兴建，又增加铁路西侧开挖段 6 公里，嘉兴利用老河道 2.6 公里，因此第一期工程共开挖 39 公里，自桐乡县的起龙桥经海宁到海盐的澉浦乡长山闸入海。9 月下旬，南排出海工程——长山河第一期工程全面展开。工程由嘉兴地区的平湖、海盐、嘉兴、德清、嘉善、海宁、桐乡七县民工和民兵共 276000 人承担。经过 40 天的施工，于同年 12 月 28 日全线开坝放水，第一期工程胜利竣工。这期工程共挖土方 1200 多万立方米。部分河段河面宽达 100 米，底宽 65 米，一般河面宽 49.5 米，底宽 20 米，河底高程−1 米，能通航 100 吨级船舶。

长山河第二期工程：1983 年 11 月，桐乡县又进行了长山河第二期工程的开挖(起龙桥至蒋主庙桥西 300 米止)，该工程共挖河道 7.21 公里，土方 170.95 万立方米。疏拓后河面宽 49.5 米，底宽 20 米，能通航 100 吨级船舶。南排出海长山河工程，在 1985 年冬天继续向西延伸 7 公里，在小羔羊处与京杭大运河衔接，使长山河起到了出海排涝、航运等综合效果。

1991 年以后嘉兴航区的航道疏浚情况

在 1991 年前，嘉兴航道大多处于自然状态，只能通航 100 吨以下的船舶。不少航道还存在弯多、淤浅、曲率半径小、河岸塌方、航道狭窄、桥位不当等碍航情况，影响船舶周转和航运效益。当时的航道在国家没有投资的情况下，资金来源，采取航管部门、地方政府、水利部门联合集资的办法，综合利用，共同开发。航道改造工程也是小打小闹，每次都是一小段一小段地进行，最多改造两三公里航道。20 世纪 90 年代初，嘉兴航道长期缺少投入、基础设施落后的窘状日益突出，京杭运河、杭申线等几大主干线连续被堵，最严重的一次(1993 年年底)历时近半个月，受阻运输船达数万艘，严重影响了浙江、上海和苏南地区的经济建设和人民生活，成为社会经济高速增长的“瓶颈”。

1993 年，省政府本着“水陆并举、宜水则水、宜陆则陆”原则，决定在加快公路建设的同时，加快内河航道工程建设的步伐。由此，嘉兴水运基础建设掀起了高潮，航道工程建设规模、速度和质量达到前所未有的水平。

“九五”期间，嘉兴利用世行贷款重点建设了“四线一港”：京杭运河嘉兴段、杭申线嘉兴段、乍嘉苏线浙境段、六平申线浙境段四条航道改造工程和嘉兴铁水中转港区工程。

2001年，完成疏浚土方20.8万立方米，单项工程年度完成12.85万元。

“十五”期间着重做好完善工作，完善了乍嘉苏线航道和杭申线航道，开工建设东宗线航道和嘉于硖线南郊河工程。

“十一五”期间，重点建设“五干三支二港”项目，五干：京杭运河、杭申线“四改三”改造工程、乍嘉苏线“五改四”改造工程、湖嘉申线嘉兴段三级航道、杭平申线四级航道改造工程；三支：嘉于硖线航道改造工程、东宗线延伸段、何家桥线航道；二港：嘉兴内河多用途港区和独山海河直达枢纽工程。

2007年，投入航道养护建设资金3102万元，疏浚水下土方3.22万立方米。

2008年，嘉兴市又开工建设全省第一条三级航道湖嘉申线。疏浚水下土方10.48万立方米，新设置杭申线应急系缆桩177个。

2009年，完成养护资金3150万元，实施了嘉善和尚塘、南星桥港、海宁矿区航道养护项目以及崇福船棚、长水塘二期等单项养护工程。

2010年，主干线航道经常性养护投入745万元，完成了嘉澄线(杭申线－湖嘉申线段)等航道养护项目6个。及时清理水上水下碍航物，做好支线航道疏浚工作，确保安全畅通。

打捞

中华人民共和国成立后嘉兴航区的航道打捞情况

建国前和建国初期，嘉兴、海宁、海盐、桐乡、嘉善、平湖各县，都无从事水下打捞专业队伍，对航道中的暗桩、沉石、沉船等航碍物由当地航运管理部门，组织力量打捞清除。直至1960年3月，嘉兴专区航运公司成立航道养护队后，同年7月、8月、9月平湖、桐乡、嘉兴和1961年1月、5月海宁、嘉善各县，1962年3月海盐县先后相继成立航道养护队或工程队，打捞才有了专业队伍。1983年9月撤地建市，1984年1月嘉兴市航运管理处成立，于同年5月组建打捞队，原属地区航管处的自建航式水上浮吊(最大起吊力15吨，原动力420马力)的“嘉捞1号”归属嘉兴市航管处。该船于1984年5月出厂，服役后主要服务于嘉兴市城郊区航道。

打捞工作分水上漂泊物打捞和水下沉物打捞。方法有人工打捞、机械打捞和浮具打捞。嘉兴市辖各县(市、区)采用人工和机械打捞两种方法。

嘉兴建国初(1949年10月—1960年3月)，以人工打捞。据有资料记载：1955—1956年在疏浚杭申甲线，三塔塘至枫泾白庙湾航段，打捞沉石770立方米；清除暗桩3314根。

海宁，1954年4月，海宁县航管部门组织船民，在洛塘西段、上塘河、泥坝桥港等航道中，义务打捞沉石64吨；沉树10支；树根9个；暗桩7根。1955年7—8月，再次发动船工、船员200多人，临时组成“义务疏浚队”、“青年清障队”，在粮、麻运输的重要航道疏淤、清障24处；打捞沉石418吨，树根74个，暗桩155根及“幸福”、“万寿”两座塌桥基石。计义务劳动3064.5工日。9月又义务清障6次，打捞沉石16吨。1956年8月，12号强台风后，沿河树木大批吹倒，不少倾于航道，严重影响水上交通。航管部门及时动员组织清理，为时1个月清理航道11条，打捞倒树185支，暗桩31根；树根5根，沉船(农船)2艘。海宁打捞工程队从50年代的人工打捞，60年代用木制把杆船配以卷杨机的半机械化打捞到80年代自航桅式起吊船打捞，经历了3个发展过程。以统计资料齐全的1976年至1988年计，共打捞沉船3511艘，计41155吨，打捞沉船所载货物20588.5吨，打捞沉石6919吨，拆除水底暗桩3315根，拆除危桥52座。

平湖，1955年至1959年，航管部门组织劳力对平湖至乍浦、平湖至嘉兴、平湖至新仓航道上，六里桥、城关虹桥、新仓市河等地段清除航障25处，拔除暗桩6252根，打捞沉石407吨。

海盐，1954年至1955年，在航管站的支持下，船民协会组织船员义务劳动，投放501个工日，北门市河、白苎、百花桥、牌楼漾、天仙湖等段打捞沉石92吨；拔除暗桩200根，捞起树柴30余担。1956年，船员结合农民积肥之机，组织劳力，又在六里山至通元、北门至白苎和沈荡市河等段，打捞沉石230吨，石狮子4只，拔除暗桩334根。1957年，县航管站组织劳力，又在六里山北港、斜桥、于城等处，打捞沉石39.3吨，拔除暗桩474根，同年，由浙西养护队施工，在六里山至通元段、武原市河两处，打捞沉石194吨，拔除暗桩174根。

桐乡，从1966年对乌镇市第二期疏拓工程起，在崇福镇南、中、北沙渚塘，崇福市河弯兜改直、石门市河和白马塘、康泾塘、金牛塘等航道段，疏浚的同时打捞沉石1000余吨，基本上清除了航道上的障碍。

嘉善，1954年县航管站对航道障碍调查后，以一个半月时间，在杭申甲线嘉善县境航道拔除暗桩307根，打捞沉石142块。1956年，在魏塘、西塘、干窑、惠民4个乡镇，先后组织发动群众义务劳动，对9处航道障碍河段，打捞沉石89吨。1972年，“星火号”改用水泥船体开始，至1985年的14年中，拔除水下暗桩近3000根；打捞沉石1700吨以上。1989年，全市各县(市、区)，拔除水下暗桩69根，打捞沉船89艘、3811吨。

1990年以后嘉兴航区的航道打捞情况

1990年，全市各县(市、区)，拔除暗桩31根；打捞沉石270吨，打捞沉船136艘，共计1623吨。

1996年，打捞沉船241艘，5466吨。

1999年，对嘉兴航区的沉船进行摸底的基础上开始全面清除主干线和干线航道的无主沉船，共打捞沉船282艘，有力地保障了航行安全和航道畅通。

由于杭嘉湖干线航道内水泥船禁入，水泥船逐步将被钢质船取代是大势所趋，但历年来航道内经常发生水泥船沉没后弃船逃跑，形成了新的水下障碍物，影响在航船舶的航行安全为数不少。因此我们要求各所加强日常巡查，发现沉船及时打捞，2000年打捞各类沉船137艘。经过清障后的主干线航道及几条重要的干线航道的通航条件得以改善和保障。

2001年，打捞沉船122艘。2004年，打捞沉船155艘，9767吨。2005年，打捞沉船85艘，3555吨。2006年，打捞沉船63艘，3907吨。2007年，打捞沉船26艘，1853吨。2008年，打捞沉船10艘，275吨。2009年，打捞沉船14艘，810吨。2010年，打捞沉船15艘，380吨。

护岸

护岸是一项保护水道岸坡，使之免遭水流冲刷的工程。

中华人民共和国成立前嘉兴航区航道护岸状况

嘉兴市河流纵横，护岸堤塘建设历史悠久。早在唐代已有筑土塘、石塘的记载。元和五年(810年)苏州刺史王仲舒筑嘉兴运河塘，其石塘自杉青闸向北至闻川(今王江泾)长27里，土塘自西水驿向西至语儿(今桐乡市崇福镇一带)长90里。同时于太湖东沿“堤松江为路”，沟通苏州、松陵(今江苏省吴江市)、平望间之陆路驿道，以便漕运牵挽，通称“吴江塘路”。

明永乐三年(1405年)，左通政赵居任督民修筑运河塘岸，自崇德北抵吴江，种植榆树、柳树护堤，总十二乡二十九区，计围七百五十十围。明永乐五年(1407年)，修长洲(今苏州)、吴江、昆山、华亭、钱江、仁和、嘉兴堤岸。九年修长洲至嘉兴石土塘桥路七十余里，泄水洞三十一处。(《明史·河渠志》)宣德五年(1430年)，尚书周忱巡抚江南，檄筑塘岸通漕运。成化二年(1466年)，何参政宜分守浙西，大兴水利。时何发策询诸生备开事宜，行府县委官疏浚河泾，修筑圩岸。成化十六年(1480年)，桐乡西官塘自县西北距皂林镇九里，筑以砖石。弘治七年(1494年)，浙江参政周季麟易土为石，修嘉兴旧塘三十里。

明万历四十年(1612年)，嘉兴知府吴国仕以府境运河塘土石各半，岁久倾圮，具文申请尽筑石塘获允，七月开工，十月告竣，筑秀水北塘1488.5丈、西塘951.6丈，桐乡215.4丈、泄水洞5座，崇德塘361.2丈，三县共筑石塘3207.7丈。

清康熙九年(1670年)，总督刘兆麟，巡抚范承谟，以运河塘路，利济悠关，遂酌议兴工，计水关共一千三百六十丈，每丈工料八两，坍塌石塘共一千二百二十五丈，每丈工料五两，约需银四万两，是时督、抚、布、按捐俸，绅民乐输，委耆民施国贤董其事，一载筑成石塘四千三百八十二丈，桥六百三十二洞，虽已工费不继，未及竣工，然往来利涉，漕艘通行，商民称便。(《雍正通志》)

清康熙六十年(1721年)春，嘉兴知府吴永芳加石培土修运河南塘，又北塘自城外至王江泾30里，于旧塘外间段增筑石塘。雍正、乾隆直至光绪年间，均曾数度修筑运河塘堤岸。

清乾隆十四年(1749年)，石门知县张愉重筑玉溪河岸。(《石门县志》)

民国35—36年(1946—1947年)，运河水利工程处修嘉属运河，计培修运河塘30.11公里，填土1.65万立方米，重砌三塔塘条石护坡1公里，但多数河堤经久失修，塌损严重。

中华人民共和国成立后嘉兴航区的航道护岸情况

中华人民共和国成立后，人民政府重视对护岸的修筑。至今采用斜坡、直立两种形式的石砌护岸。

(1)海盐：自1952至1960年，修筑零星小段护岸8.5公里。1961年起，修筑护岸12公里(于1965年竣工)，1966年起，筑护岸39.86公里(其中以长山河澉浦至跨河桥段规模最大，筑左右两岸，全部护岸，于1981年竣工)。1983年，在海盐至嘉兴航线，海盐境内筑护岸(右岸)21.34公里；(左岸)2.79公里。国家投资169.5万元。

(2)海宁：解放后海宁的航(河)道砌石护岸工程始于1963年。自1963至1988年，共筑砌石护岸的航(河)道18条(段)计长114.3公里。国家投资634.55万元，其中较大者护岸工程，1963年至1968年，硖石市河段芦扉汇至九曲港、海青桥至大寨桥外左、右两岸筑0.54公里；1971年至1972年，硖石塘桥至歪斜桥平安桥左岸筑10.815公里(岸顶浇混凝土压顶，宽0.5米。作纤道)；1976年，斜桥镇段筑0.66公里；1983年至1988年，斜桥镇东至硖石塘桥右岸筑10.165公里，共长22.18公里。

1975至1978年，在上塘河，许村莫家堰至盐官平安桥左岸筑20.85公里；1987年，沈士乡扬湾东西市稍左岸筑0.17公里；许村施家堰、龙渡桥左岸筑0.135公里；1988年，许村吴家堰、许村大桥、长安万福桥至水泥厂3处右岸筑0.362公里。共长21.517公里。

1972至1982年，在崇长港，解放桥至七里亭右岸筑4.97

公里；1984 年，同段左岸筑 2.513 公里。共长 7.483 公里。

1979 年，在斜郭塘河，郭店创新桥至斜桥右岸 3.915 公里；1986 年左岸筑 0.474 公里。

1979 至 1982 年，长山河海宁境内双山联合桥至淡桥北大堰段右岸筑 13.2 公里，左岸筑 12.1 公里。共长 25.3 公里。

(3) 嘉善：县水利局从 1978 年开始，采取民办公助方式，进行块石护岸工程。国家每公里约需投资 3 万元左右，至 1985 年年底，已筑块石护岸总长 218.4 公里。由于当时筑砌石护岸质量问题，时间不长即便损坏，因而又重筑护岸 62.46 公里。

(4)平湖：1965 至 1980 年，以水利部门为主，交通部门配合，在上海塘两侧筑石砌护岸 22.94 公里。1981 至 1983 年，又建质量较好的直立式浆砌石块护岸 9.8 公里，共 32.74 公里。1984 至 1989 年，分别在盐船河、海盐塘、嘉兴塘、广陈塘砌块石护岸 4.95 公里、13.53 公里、1.83 公里和 1.42 公里。黄姑塘、丰收河、新埭市河等处亦筑零星护岸，共 0.27 公里。

(5)桐乡：从 1952 至 1985 年，以水利部门为主，交通部门配合，在崇福镇南、北、中沙渚塘，金牛塘、长山河、白马塘、康泾塘和崇福市河、石门市河裁湾取直，以及乌镇市拓宽，共砌块石护岸 169 公里，土石方 100 万立方米。

(6)嘉兴市城区：从 1985 至 1988 年，在市区航道上，对平湖塘、新塍塘、海盐塘、长水塘、三店塘和苏嘉运河砌块石护岸，新建 10.12 公里，重建 1.16 公里，维修 0.008 公里。投资 145.06 万元。

表 9-3-4　1986—1990 年各县(市、区)航道护岸完成汇总表(不包括市区)

区域	年份	竣工长度(公里)				投资(万元)		土石方(万立方米)
		新建	重建	整修	维修	市处	其他	
嘉兴市城郊区	1986	10.6933		1.2		51.156	33.2	6.202
	1987	11.367		0.583		51.98	36.161	6.592
	1988	13.9427	0.035			59.67	48.003	21.774
	1989	5.0129				53.662		7.109
	1990	11.4605			2.223	50.597	91.632	6.647
嘉善	1986	13.007			1.125	38.184	27.151	3.567
	1987	8.811				41.24	18.683	2.303
	1988	6.707				47.71	7.779	1.311
	1989	5.3913				51.55	12.409	1.445
	1990	6.2686		0.359		38.39	30.528	1.693
平湖	1986	5.375				34.02	11.63	1.613
	1987	4.3537				35.51	11.5453	1.306
	1988	2.2988				33.08		0.69
	1989	2.9505				41.522		0.885
	1990	2.3652				40.008	4.9103	0.86
海盐	1986	7.458				44.22	5.5082	9.12
	1987	4.11			35.2	29.53		4.49
	1988	4.778				50.63		1.54
	1989	2.75			39.9	30.63		0.89
	1990	7.517	0.046		30	61.79	12.3189	2.42
海宁	1986	4.5334			2.33	17.53	17.7849	1.4382
	1987	4.8754			4.512	30.92	14.971	1.7636
	1988	3.7773			13.17	31.13	28.21	1.4906
	1989	6.154			10.14	33.81	45.717	2.4183
	1990	5.138			1.303	30.73	36.115	1.9274
桐乡	1986	5.8878	2.307		71.24	36.18	41.462	5.912
	1987	3.845	2.897		28.79	37.71	38.03	3.015
	1988	8.244	1.798		4.978	44.79	66.21	5.71
	1989	5.471	2.87			44.12	68.03	3.44
	1990	2.789	2.77		29.29	34.66	44.019	2.3
合计全市	1986	46.9454	2.307	1.2	74.7	221.29	136.739	27.3522
	1987	37.3621	2.897	0.583	78.5	226.94	119.392	19.4706
	1988	39.7481	1.833		18.14	267.01	150.204	33.0156
	1989	27.7297	2.87		50.04	255.294	12.157	16.1873
	1990	36.0383	3.211		62.82	256.175	219.526	15.8474

1990年以后嘉兴航区的航道护岸情况

1990年，三塔湾裁湾南侧砌石护岸300米。

1989至1990年，再次在杭州塘、新塍塘、苏州塘的市区航道砌石护岸5.8836公里；其中新建护岸4.69公里，重建护岸1.1936公里，国家投资140.73万元，单位自筹8.13万元。

“九五”期间，由于经费少，只对新开拓宽和因浚深造成岸坡失稳段修建了护岸工程，两岸遗留了大量未护的土坡和年久失修的水利部门早期做的简易护岸。乍嘉苏线浙境段航道护岸完善一期工程自2003年9月开工，至2005年11月完成。完成工程量：开挖土方71.98万立方米，修筑护岸35.22公里。实际完成投资5346.24万元。一期工程总改造里程32.90公里，共分为两段其中五里亭至省界段长18.57公里，按四级航道标准改建，其余14.33公里按五级航道标准改造。

“十五”期间，着重做好完善工作，完善了乍嘉苏线航道和杭申线航道，开工建设东宗线航道和嘉于硖线南郊河工程。

“十一五”期间，内河航道养护认真贯彻“建养并重，协调发展，强化管理，提高质量，保障畅通”的指导思想，推进养护机制改革，航道养护上基本实行市场化管理，加强重点航道养护，对全市66条航道进行了维护，累计维护通航里程763.8公里，占总里程的39.3%，累计完成投资7755.09万元。其中，干线航道经常性养护投入经费2252.59万元，全航区经常性养护投入经费649.64万元，单项工程养护投入经费2646.87万元，航道标志标牌及维护投入经费1229.09万元，绿化、系缆桩及测量经费支出976.9万元。

图9-3-1 航道检查

修复了京杭运河、杭申线嘉兴段、东环河等干线航道破损护岸；实施了嘉善和尚塘、南星桥港、海宁矿区航道养护项目以及崇福船棚、长水塘二期等单项养护工程。完成了乍嘉苏线标志标牌二期养护工程，开工建设长水塘航道养护工程；实施了东宗线二期、南星桥港一期改造工程和乍嘉苏线新丰段、杭平申线海盐段应急抢险工程。

船闸

历史沿革

嘉兴市域古时著名船闸有运河上的杉青闸和上下河间的长安闸。

唐代起，海宁上河地区地高水浅域短，故为蓄泄上河水源，使筑设众多闸笕、堰坝。堰坝堵水，多属水利工程设施，唯有三坝两闸，具有通船功能。三坝为长安老坝、长安新坝、春富坝，分别设置木制绞车(旧称堰车)，为上、下河之间往来船舶拔过堰坝，人称拔船坝。两闸一为长安闸，系多级船闸，旧日称“长安三闸”，一为运盐闸，系单级船闸。

唐贞观年间(627—649年)，上塘河沿岸就开始建造笕，即古代用竹管连接而成的简易涵洞，并在长安镇建长安闸。明正德《桐乡县志》载：“古有堰，置于塘北泾口，因塘北地卑而泾深，塘南地高而泾浅；故堰以保障运河，使上塘支流不致涸竭。于时长安无坝，杉青有闸，江淮漕运舳舻相衔达于钱塘，故闸以积水盈，堰以护闸使不泄”。北宋元祐(1086—1094年)以后，河道控水设施逐步发展成为以堰制水，以闸泄水，以复闸(古代船闸)通航的格局。据史料记载，宋淳熙年间(1174—1189年)，海盐县内有41堰、3坝、5闸。运河塘上有庄婆堰、包角堰、羔羊堰、石门堰、皂林堰、永新堰、斗门堰等，保持运河水位，利于航运。

中华人民共和国建立后，各级政府在疏浚河道的同时，对闸坝进行了全面整修改造，并在实施杭嘉湖南排工程、城市防洪工程和圩区建设中新建了一批闸坝工程，其中，从1996年—2005年全市新建各类水闸791座，维修2398座。

主要船闸情况

(1)长安闸：位于海宁长安镇，始建于唐贞观年间(627—649年)，原称义亭埭，据咸淳《临安志》称，该闸“相传始于唐”，在“县西北二十五里”，“即旧义亭埭”。北宋名长安堰，南宋及后世称长安堰、长安坝、长安闸等。其时，长安为运河沟通上塘河通达杭州的要段，长安坝闸为沟通两河的重要设施。两宋期间，长安坝闸地理位置日渐重要。它与秀之杉青闸、常之望亭闸齐名。北宋绍圣年间(1094—1098年)，重修长安三闸。崇宁二年(1103年)长安闸“有旨易闸旁民田以浚两澳”、“上澳九十八亩，下澳一百三十二亩，水多则蓄于两澳，旱则决以注闸”，以保证复闸过船用水需要，这也是运河最早设立的澳闸制。南宋绍兴八年(1138年)，又将“垒木”易以“石埭”，经以上两次较大工程整修，分成上、中、下三道闸门，简称长安三闸，南宋时对运

表 9-3-5　2009 年船闸情况表

长山闸	海盐港航管理处
长水塘闸门	城郊港航管理处嘉建乙线口—西南湖
长纤塘闸	城郊港航管理处三家村—荷花池
崇长港闸	海宁港航管理处
船闸	城郊港航管理处杭申线北郊河—嘉高线口
大舜枢纽	嘉善港航管理处
大舜枢纽	嘉善港航管理处
丁栅枢纽	嘉善港航管理处
海盐塘水闸	城郊港航管理处王海线口—西南湖
海盐盐平闸	海盐港航管理处
杭州塘水闸	城郊港航管理处三家村—荷花池
拦河障	桐乡港航管理处
平湖塘水闸	城郊港航管理处
七三水闸	城郊港航管理处嘉七线口—三店塘
人民桥-梅家荡书院墩闸	城郊港航管理处
沈士船闸	海宁港航管理处
水闸	城郊港航管理处
水闸	嘉善港航管理处
水闸	嘉善港航管理处
水闸	桐乡港航管理处
陶庄枢纽	嘉善港航管理处太河泾港口—野毛塘
武通闸	海盐港航管理处
斜路港口-梅家荡书院墩闸	城郊港航管理处
永明节制闸	海盐港航管理处
澉浦南门节制闸	海盐港航管理处

河和长安闸的管理更为注重，置澳兵 20 人，严禁澳水外泄，成为进出杭州必经之水路。北宋熙宁五年(1072 年)已是有 3 道闸门的多级船闸。至南宋，长安闸过船繁多的情景，可从诗人范成大“篙尾乱若雨，樯杆束如堆”(《过长安闸》)的诗句得见一斑。元至正七年(1347 年)，又在旧坝之西增建新坝。元代初期，三闸告废，至正二年(1342 年)，由知洲张光祖修为“旱则闭、水则开”的泄水闸，通船功能已无。但长安堰依然存在，往来船舶过坝有盘车上下。民国时称长安坝，上闸首改为滚水坝，上闸桥以下成为下河水系，并成为上塘河地区泄洪通道。水流在沪杭铁路穿越中闸与下闸之间而过时，铁路下建有一个排水涵洞。1961 年，又在铁路涵洞北侧建造引下河水补充上塘河水源的长安翻水站。此后，上闸首滚水坝废弃，排水通道变为翻水通道。现今原复式船闸亦已改建为桥梁，上闸桥 1964 年 5 月重建，中闸桥 1983 年 6 月改建，下闸桥今称解放桥，1979 年 3 月重建。长安拔船坝遗址尚存。中华人民共和国建立初，上、下河之间已无船闸贯通，船只往来在长安老坝、许村凌家堰、盐官春富庵等三个挡水坝，以人力拉动绳索牵引绞盘木车从坝面翻越而过，这些坝宽度不足 4 米，只能通过 10 吨以下的农船。上塘河左岸有小渡桥、杨家渡、施家堰等小土坝，小船上下，呼唤附近村民付费拔船。为解决上塘河与下塘河之间的水上交通，1975 年 12 月，海宁利用长安镇李家井翻水站出口河道建长安船闸，长安船闸与拔船坝并存，大船或货船经船闸出入，小船或空船则过坝上下塘河。由海宁县水机局、长安乡水机站合资 26.6 万元建造，1979 年 4 月竣工通船，闸室有效长度 73 米，净宽 10 米，人字闸门上宽 5 米，下宽 4.9 米，门槛水深 1.7 米。船闸上游为上塘河，下游为崇长港。设计标准：航道 8 级，枯水位时 1.6 米。通船 40 吨级。1960 年后，海宁又先后在许村、黄湾、新仓、丁桥、沈士等乡镇建造船闸 7 座，至 2005 年仅剩许村船闸和长安船闸仍在使用。1984 年 11 月，海宁第二装卸搬运公司投资 10.5 万元，改建为电控轨道升船坝，1985 年 10 月竣工通船。坝高 5 米，宽 4 米。混凝土坝面，上装两道轻轨，轨上置整块滑轮铁板，板上铺满小型橡皮轮胎。往来船只可驶置轮胎之上，由电力牵动滑轮铁板升船过坝。2000 年长安坝被封堵后设置涵管，2002 年又改

为滚水坝。

(2)杉青闸：位于嘉兴老城以北运河上，为运河入浙第一道堰闸。《浙江省水利志》载，相传创建于秦、汉间，该闸北宋初名杉木堰，于宋淳化元年(990年)初废，何时复建不详。据《宋史·河渠志》，宋熙宁元年(1068年)十月，诏“杭之长安、秀之杉青、常之望亭三堰监护使臣并以‘管干河塘’系衔，同所属令佐巡视修固，以时闭启”。说明杉青闸已存在，并列为江南运河三大堰之一，设专职官员巡视、修固、启闭，可见此堰在当时之重要。熙宁五年(1072年)秋，日本僧人成寻来中国，循运河北上时经过此堰。成寻在《参天台五台山记》中称：“秀州北六里有杉青堰，有闸，闸门两道。”可见当时业已建成简易船闸。清光绪《嘉兴府志》载：“杉青闸，宋尝置吏，有廨宇及落帆亭。”旧落帆亭有宋秀王赵与檡诸公送乡人陈确持节江东留题。宋熙宁年初尉吕温卿重建，后废。明天启六年(1626年)，侍御曹谷建亭，祀关帝立落帆亭碑。至元《嘉禾志》称，杉青闸“皆不存，士人犹以堰名其地名”。因此，杉青闸大致废于南宋末，至今尚存地名。

(3)春富坝：旧名通浦堰。位于盐官城北自然镇。原为古代水利工程。宋咸淳(1265—1274年)时，由当地脚夫设置绞车，为上、下河之间往来船舶绞拔过坝。后沿至解放后，1984年废坝为路。

(4)运盐闸：清乾隆四十一年(1776年)疏浚盐官城河时，拆除南门运盐坝，于东门(春熙门)外建单门通船闸，袭名运盐闸。闸高6尺，口宽1丈2尺。上设三版，视水之深浅以启闭。因近海涂盐场，所通多为运盐船。清末，船闸废弃。

解放后，属有几个拔船坝的过船能量已不适应水运发展需要，有碍于物资流通。海宁水利部门和上河地区有关乡、镇政府共同投资，自1966年至1986年，西起许村，东至黄湾，共建混凝土石砌结构的船闸8座，原长安老坝也改建为电动升船坝。

(5)许村船闸：也为海宁解放后新建的第一座船闸。闸址许村镇西侧凌家堰，原是上河通下河的一道堵水堤坝。上、下两之间往来船运货物于此翻货过坝换船。1966年4月，由许村公社水机站改建的船闸，1969年竣工通船。闸室长24米，宽12米，人字闸门净宽3.7米，通船标准C级15吨，1882年1月扩建，1984年1月竣工通船。改建、扩建两次投资27万元。现闸室有效长度80米，净宽12米，升降闸门净宽6米，门槛水深2.1米。船闸上游为上塘河，下游为泥坝桥港。设计标准：航道8级，枯水位时1.8米，通船40吨级。

(6)沈士船闸：闸址沈士乡新华村徒门头，座落于黄泥坝港。1981年10月，由沈士乡水机站投资17.5万元建造，1983年10月竣工通航。闸室有效长度60米，净宽12米，人字闸门宽5米，门槛水深1.5米，设计标准：航道9级，枯水位时1.5米。通船33吨级。

(7)朝阳船闸：闸址朝阳乡仓西村东孙家堰。1976年3月由县水机局、朝阳水机站合资50万元建造。1978年9月竣工通船。闸室有效长度120米；净宽12米，升降闸门宽6米，门槛水深1.7米，船闸上游为新塘河，下游为新仓港。设计标准：航道8级，枯水位时1.5米，通船40吨级。

(8)陈坟港船闸：闸址丁桥镇丁桥村8组。1978年4月建造，12月竣工通船。闸室有效长度30米，净宽12米，手摇闸门宽3.3米，门槛水深1.3米。设计标准：通航12级，枯水位时1.2米。通船10吨级。

(9)闸口船闸：闸址黄湾乡闸口自然镇。旧有节制水闸。1970年6月黄湾乡水机站投资3万元改为船闸，1972年5月竣工通船。闸室有效长度23米，净宽10米，人字闸门宽4米，门槛水深1.3米。船闸上游为六十里塘河，下游为袁闸港。设计标准：航道12级，枯水位时1.2米。通船10吨级。

(10)钱塘船闸：闸址黄湾乡钱江村谈江堰北。1964年疏通东仓港后，1969年由钱江村投资7万元建造，船闸为混凝土石砌结构，闸室长45米，宽10米，升降闸门宽4米，门槛水深1.3米。设计标准：航道11级，枯水位时1.1米。通船15吨级。

(11)花山汇船闸：闸址黄湾乡勤建村花山汇。1984年疏拓黄山港后，1986年由县水机局和黄湾乡合资120万元建造。船闸为混凝土石砌结构。闸室长107.5米，净宽14米，升降闸门宽6米，门槛水深1.7米。船闸上游为新塘河，下游为黄山港。设计标准：航道8级，枯水位时1.6米。通船40吨级。

(12)黄湾船闸：1967年4月，海宁县黄湾公社为开发山丘，建立石料基地，投资7万元，在谈家埝建造15吨级船闸一座，即黄湾船闸，出闸是黄湾港，通过年长港会长山河接六里埝与平申线。

(13)南北湖闸：在海盐县有南北湖闸，又名永安湖闸、北湖大闸，简称湖闸，始建于宋以前，湖闸古代以木板拦蓄，灌田时陆续起板，放入中河，每年按时蓄泄。1958年将南北湖建为水库时，把大小闸改建为上下闸，上闸为控制闸，下闸为泄洪闸。1981年改建为船闸，上游为南北湖水库，下游连接澉六河，水位差4.5米，建机械过船设施一套，船道长80米，5~8吨的农船可由此通过，用电动卷扬机牵引。同时，配建翻水站一座，总装机30千瓦及混流泵2台，船道中间为泄洪道，泄洪流量每秒2.5立方米，地下输水渠长

70米，1982年年底竣工。

(14)丁栅枢纽船闸：丁栅枢纽工程(初设中称为丁栅船闸、节制闸工程)位于浙江省嘉善县丁栅镇，银水庙村以北，太浦河南岸，具有防洪、排涝、通航等功能，是浙江省境内主要配套建筑物之一。在实施太浦河(浙江段)工程时，1994年9月建造了有两孔的丁栅枢纽，其中一孔为100吨级船闸；1998年4月建造了有三孔的陶庄枢纽，其中一孔为300吨级船闸；1999年5月建造了有两孔的大舜枢纽，其中6米孔为过船套闸，一孔的蔡田套闸，闸室净宽5米。

(15)长山闸：长山闸坐落在海盐县澉浦镇东南2.5公里处的长山西南麓，闸基利用长山山麓岩基，为花岗岩斑岩灰熔岩。闸分7孔，每孔净宽8米，孔高4.5米，总净宽56米，闸底板高程−1.0米，设计最大过闸流量每秒871立方米。在闸右侧设宽2米、高4米的竖缝式鱼道，底坡为1:78。长山闸建有两道闸门，当一道闸门损坏时，另一道闸门可继续关闭和开启。为防止海水侵蚀，大闸采用后涨自锚预应力钢筋混凝土闸门，每扇门重48吨，闸门启闭采用油压启闭机，每孔闸门各自配有油泵、油箱和液压操作系统。启门力计算为70吨，最大为98吨；闭门力计算为45吨，最大为63吨，配用电动机55千瓦。当一台油泵工作时，同时操作6扇闸门，启门时间不超过20分钟，闭门时间不超过15分钟；单独操作一扇闸，启门时间不超过3.5分钟，闭门时间不超过2.5分钟。1980年8月9日，长山闸首次启闸排涝。当年，汛期排涝61天，泄洪量5.8亿立方米。长山闸位于杭洲湾畔，长年遭受海水、盐雾侵袭腐蚀，致使部分建筑物出现不同程度损坏和自然老化。同时，由于历年汛期运行频繁，闸上、下游水下部分冲刷严重，加之机械电气设备老化，因此，1999年、2000年分别对长山闸进行了更新改造：对闸上、下游河道水下部分进行抛石；对闸底板、护坦进行维修；对闸门进行修补、防腐；对“T形梁”细缝进行处理；对机械电气设备进行更新改造；对管理危房进行拆除重建。闸门运行操作方式由单孔机房旁控制改为集中控制，并将计算机监控与常规集控结合起来，形成两个平行系统，互为备用，各控制方式通过硬件、软件相互闭锁。因鱼道没有作用，故改成启闭机室。1998年10月至2002年10月间又投入641万元，对长山闸原有油压管道系统及管理房实施改造，增加闸门启闭自动化控制系统。

(16)嘉善陶庄枢纽船闸：陶庄枢纽工程(初步设计中称为芦墟塘船闸、节制闸工程)位于浙江省嘉善县陶庄镇，具有防洪、排涝、通航等功能，工程建成后嘉北内河船只可由本枢纽船闸进出汾湖及太浦河，是太浦河工程浙江省境内的配套建筑物之一。芦墟塘航道位于汾湖东南，江、浙省境界，是长湖申航道和杭申乙线必经之航道之一。

航标

航标是为引导和辅助船舶航行而设置在岸上或水上的标志。

中华人民共和国成立前嘉兴航区航道航标状况

(1)沿海航标：

明代以前，乍浦港有无航标，未见史志记载。清康熙年间，引导海船夜里航行，于观山顶普照庵前立桅杆，夜晚悬灯。后俗称山为灯光山，庵为灯光庵。

清乾隆十四年(1749年)，海防同知叶齐于外蒲山顶建屋三楹，屋前植木悬灯。咸丰时，两处俱毁。光绪十二年(1886年)，僧灵根及林吟山、郑葆章等人，于外蒲山西南棺材礁建灯塔。翌年，又在大孟山“拓地三弓，建屋一落”，中楼四面玻璃，置灯其间。

民国时期，于观山、外蒲山旧址改建灯塔2座，沦陷期间被毁。民国36年(1947年)上半年，乍浦镇士绅徐清扬、戚志洪等在观山顶重建石台灯塔，每晚有专人点灯，山腰建凉亭。

(2)内河航标：

中华人民共和国成立前嘉兴航区没有内河航标，1954年6月嘉兴航运管理处才着手制作首批内河航标。

图9-3-2　京杭运河桐乡段航标

中华人民共和国成立后嘉兴航区的航道航标情况

(1)沿海航标：

1954年，浙江省航运管理局工程队于外蒲山设电器闪光灯标1座，后又在玉盘山、菜荠由各建1座。70年代中期，在观山东南山脚牛角尖设航标，专为进出陈山原油码头油轮导航，以上 4 座航标，均由上海市航道局航标处管理。

钱塘江航标：解放前，海宁未设航标，仅有“天灯”。如黄湾乡海塘口松山，曾有一老妪居于山顶庙中，生活所需由众船家供给，每晚由其在庙前一根杆子上点灯，以引导钱塘江上往来船只。海宁外海为钱塘江下游，涌潮之下，暗沙起伏，水道复杂，解放前及解放初期因未置导航设施，难免有船舶迷航，搁沙失事。为有利船舶安全行驶，浙江省航运管理局工程队，于 1954 年 4 月在钱塘江下游海宁境内，沿江放置导航标 3 处，分别标名为宁盐 1 号、宁盐 2 号、宁盐 3 号。宁盐 1 号，系木杆油灯定光标，设于袁花区旧仓乡四村；宁盐 3 号，木杆油灯定光标，设于长安区袁牧乡老盐仓，1 号、3 号灯标，海宁航管站有偿委托当地农村管理。1955 年 9 月浙江省航运管理局工程队，对宁盐 1 号、3 号两座灯标进行养护。宁盐 2 号，系转电器闪光标灯，设于盐官镇大东门外占鳌塔。

1955 年起，3 座灯标由所在地的航运管理站成立工作组进行管理。1955 年 2 月 17 日，灯标转电器失效，2 月 19 日，浙江省航运管理局工程队派员至现场修复。1959 年以后，宁盐 1 号、2 号、3 号灯标均由钱塘江航运管理处管理，并改装为闪光灯标，后因江道变迁及占鳌塔损塌之故，宁盐 1 号灯标现已废弃，宁盐 2 号灯标移至盐官镇南门外，宁盐 3 号灯标由老盐仓迁至牧港客渡码头附近，后于 1982 年，在海宁丁桥镇八堡江堤，设灯标 1 座。钱塘江海盐境内沿江灯标，1954 年在长山设网形铁杆塔身灯标 1 座，1966 年在白蜡礁、白塔山设灯杆各 1 座，1973 年在大巫山设灯标 1 座。

(2)内河航标：

内河航标是船舶在内河安全航行的重要助航设施，主要功能是标示内河航道的方向、界限与碍航物，提示有关航道信息，为船舶航行指出安全、经济的航道。按其功能来分，可分为航行标志、信号标志、专用标志三类。航行标志是指示航道方向、界限和碍航物的标志，包括过河标、沿岸标、导标、过渡导标、首尾导标、侧面标、左右通航标、示位标、泛滥标及桥涵标 10 种。桥涵标是设在桥梁通航孔迎船一面的桥梁中央，标示船舶通航桥孔的位置。航段指示标志：标明了该段航道的名称及通航能力；在新建桥梁的上下游分别设置了桥梁净高标志，标示在最高通航水位时桥梁的净空高度。1954 年，交通部颁发“内河航标规范”，1954 年 6 月嘉兴航运管理处着手制作首批航标，其中第一只本质白色三角浮标，设在嘉兴杉青闸河墩石基上说明苏嘉线在这段航运左岸，有水下障碍。同时制作的本质棒状浮标二组红、白色各五根，设在就申甲线枫泾港口湾角两侧浅滩处，以示两侧滩基与深水槽界境。至 1956 年嘉兴航区已有航灯 15 处，航标 300 余处(包括一般的安全标志)。1964 年嘉兴航运管理处航道养护队在嘉善县西塘镇设立航标站。1965 年 3 月，在六平申线航道新设航标 60 处，于同年 9 月底完成。同时，嘉兴专区航道养护队在平湖县宝塔桥设立嘉兴第一个航标站，管理嘉兴、海盐、海宁、桐乡、平湖等县航标。

根据浙航局计(84)字第 198 号文件精神，嘉兴市航运管理处和湖州市航运管理处，于 1986 年 2 月 25 日在湖州召开关于属嘉兴处航线 40 座标志 (其中六平申线 30 座，内灯桩 4 座；杭申甲线 9 座，内灯桩 6 座，嘉平线灯桩 1 座)的移交会议。3 月 6 日湖市航管处航标艇会同嘉兴市航管处航标艇开往现场具体办理了移交手续。这是自嘉兴市航管处成立以来接管的首批航标。

1986 年以来，随着内河助航标志交接的完成和制式改革的实施，嘉兴市航管处对嘉兴航区的内河助航标志的养护和管理从无到有，渐趋完善和加强，后由嘉兴市航运管理处航道疏浚队专门负责该项工作。当时，嘉兴航区共有指路牌 39 块，航标 78 座(其中发光标 59 座，日标 19 座)，鸣笛标 24 座。

长湖申线嘉善县境内芦墟至池家浜段航标的归口管理，1988 年 1 月 20 日，湖州市航管处完成了该段航标制式改革。根据省局(87)62 号文及两处意见，是月 23 日省局和湖州、嘉兴两处有关人员实地进行检查验收，22 只标志全部被肯定，原则定于 10 月 31 日前移交给嘉兴市航管处，同时移交有关备品资料。杭申乙线(嘉兴幸福桥至鸭子坝)、杭申甲线(桐乡大麻至嘉兴三塔)航段配布的原由杭州市航管处养护、管理的航标也已按省政府交通体制改革通知中“航运(航道)管理按地区划块管理”的精神指导完成交接，自 1990 年 3 月 24 日起由嘉兴市航管处负责管理、养护。

为改革和统一中国内河助航标志，设置功能明确、易认好记、经济可靠的内河航标，更好地保障船舶航行安全，在原交通部颁布的《内河航行规范》(1959)和《湖泊、水库、运河、船闸航行规范(草案)(1960)》的基础上，经修改补充，国家标准局于 1986 年 2 月 17 日颁布了新编的两项国家标准：《GB5863－86 内河助航标志》，《GB5864－86 内河助航标志的主要外形尺寸》。新国标自 1986 年 11 月 1 日起实施，原《规范》废止。这是中国内河航标史上的一件大事，交通部有关局为宣传、贯彻实施国标《内河助航标志》，以交通部(86)交河字 431 号文发布了“交通部关于认真贯彻实施《内河助航标志》等两项国家标准的通知”，浙江省交通厅航运管理局于 1987 年 1 月 17 日至 20 日在台州临海召开了“全省内河助航标志制式改革”工作会议，初步确定了改革规划、步骤，落实了制改宣传工作由港监部门承办。同年 10 月 16 日至 18 日又在宁波市召开了全省布置内河航标制改任务会议。会上确定了各航线制改方案，统一了全省灯质标准、杆形标志安装标准、各航线设标规格等一系列制改的具体实施标准。根据省航运管理局的统一步骤，1987年3月，嘉兴市航管处由徐忠汉、杜小年、朱冰焚三人组成航标制改领导小组，下设工作班子具体开展制改工作。嘉兴市航管处同时把国标《内河助航标志》列入了机动船员培训教育大纲、考试大纲，并对在职船舶驾驶员分期分批举办国标《内河助航标志》与《内河管理条例》学习班，计有2802人次参加，共发放航标宣传手册计1780份，从而有力地宣传了新的“内河助航标志”，落实了航标制改工作。

1987年4月，嘉兴市航管处航道工程科、港监科、航道疏浚队三方派员按“先干流后支流、先上游后下游”的原则，对辖区航段进行了实地勘察，对航标标位的设置进行了实地落实。同年9月，开始了航标、指路牌的安装。10月底初步完成安装工作。共改建、新建航标49座，新增指路牌32块，鸣笛标30座，清除报废指路牌2块，油漆指路牌2块。其他因沪杭铁路改双轨，137#铁路桥拓宽，增设临时通行标2处、航行告示牌2块。

至1988年9月，改革后的航标全部换上新灯器，并在同年里，给每一个发光标都配以铁梯，以便工作人员按时检查、安全操作。制改完成后，又于1989年，将15座日标改成发光标，并新增3座发光标。随着制改工作的进行，嘉兴市航管处为加强内河助航标志的养护、管理工作，于1987年年底开始着手完善航标资料，并绘制了辖区航标配布图。1988年3月，嘉兴市航管处以嘉市航管程字(88)25号文发布通告，又及时转发了杭州、湖州的航标改革通告。周知各航运单位及广大船员，避免在新旧灯器交替期间，辖区内由于误认航标和航标失常引起的水上交通事故。1988年全面完成了航标改制工作。

1990年以后嘉兴航区的航道航标情况

表9-3-6 1990年浙江省嘉兴航区内河航标一览表

航线名	指路牌	发光标合计	发光左浮标	发光右浮标	发光左灯桩	发光右灯桩	日标合计	左侧标	右侧标	左右通航标	鸣笛标
杭申甲线	13	13			4	9					6
杭申乙线	7	6			5	1	1			1	
嘉苏线	4	2				2	2		2		1
长湖申线	22	22		2	10	10					
六平申线	31	14	2	1	5	6	17	11	6		11
嘉硖线	1	1			1						
嘉兴市河											6
合计	78	58	2	3	25	28	20	11	8	1	24

1996年，共养护航标81座990次，为保障了航行船舶的安全，航标养护人员为此做了大量工作。

1999年，对京杭运河嘉兴段统一的航道标志牌工作于9月份通过竣工验收，其中助航标志14块、安全标志16块、信息标志34块，使京杭运河嘉兴段全线达到美化、标准化。对全航区的航标及标志、标牌按规范要求进行维护，保证了航标正常发光和航道标志牌的引航作用。1999年，首先对京杭运河进行了航道标志标牌的重新配布，并首次成功地运用了航道信息标志。

2006年，全市还剩7座航标，并在六平申线增设助航和安全标志46块。2006年航标管理的重点在航道标志标牌，在管理上安排了2名专职人员和一艘航标艇，对航标和航道标志标牌进行检查和维护，发现问题及时处理。对一些宣传牌过时的内容进行更正和修改，做到航标正常发光，标志标牌完好无损，为船舶安全航行服务。2006年，交通部组织对《内河交通安全标志》进行了修订。“九五”期间，嘉兴对本航区航道进行了全面改造，原有航道标志标牌已不符合船舶安全航行要求。

2007年，新建标志标牌179块(座)，维护标志标牌1116块(座)。

2008年，对原有的航标进行调整，根据航道的发展拆除了大部分航标，全市仅剩7座航标，但在主干线航道上增设了1088块标志标牌。

2009年，对杭申线北郊河航段等6块有损坏的大型宣传牌，结合形势及时进行了重新设计和更新。完成6级以上航道桥梁和河口标等设置866块，完成投资400万元。2009年设置航道桥梁和河口标、水源保护区标志等916块，维护全市2094块航道标志标牌，保持完好率在99%以上。

2010年，完善跨航桥梁标志、标牌，确保安全畅通。

表 9-3-7　2010 年嘉兴段航区航道标志统计表

标志类别			京杭运河	杭申线	东宗线	嘉于硖线	六平申线	乍嘉苏线	08养护	09养护	河口标志09	合计
助航标志	侧面标		2				2					4
	示位标		1	1				1				3
	管线标志	架空管线	10	46								56
		禁止抛锚	2	4	5	12		4				27
	桥涵标		6	86	24	4	16	32		185		353
	左右通航标		1									1
	指向标志	三叉	2	35		2	14	4				57
		四叉	6	14	4	2	18	6				50
小计			30	186	33	20	50	47	0	185	0	551
安全标志	交叉河口标志		2	36			2	6				46
	禁止明火标志		3	19				1				23
	停航受检标志		2	8			3	3				16
	禁止停泊标志			2	2							4
	禁止停泊区标志				1			2				3
	禁止会船标志							2				2
	解除禁止会船标志							2				2
	限制靠泊范围标志		1	38	10			8				57
	应急电话标志(大型)										2	2
	应急电话标志			9	2	1		5				17
	靠泊区标志			12				4				16
	渡口标志		6	6								12
	海事辖区分界标志		2	3.5			2	1				8.5
	航道一侧受限标志							2				2
	急弯航道标志			2								2
	鸣笛标志			2								2
	注意危险标志						4					4
	急弯及事故多发航段警示标志						14					14
	禁止通行			4		6						10
	桥梁警示标志									644		644
	支线航道限行标志								44	15		59
	水源地保护标志									18		18
小计			16	142	15	7	25	36	44	677	2	963.5
信息标志	距离标志		2	6	2	4		3				17
	地名标志		2	7	3			4				16
	桥梁净高标志		6	86	19		16	36			13	176
	支线航道河口标志										44	44
	文字宣传牌			22	2	1		3				28
	图形宣传牌		3	6	3	3		5				20
	电子显示屏							2				2
	渡口守则标志			6								6
	水位尺			12								12
	导向标志1(反光块)					1组						0
	导向标志2(反光膜)					1组						0
	桥梁警示标志					4						4
	里程碑		34	184	26	16		58				318
	应急电话提示牌								2			2
	航段标志	航段起讫点	1	1	1			1				4
		市河		4		2	2	1				9
小计			48	334	56	30	18	113	2	0	57	658
合计			94	662	104	57	93	196	46	862	59	2173

第三节 船舶检验管理

嘉兴市地方船检机构的历史演变（1991年以前）

船舶检验部门建设

1954年6月底，船舶检验工作由当时浙江省航运管理局嘉兴管理处负责。1971年年底，嘉兴地区航运管理处和嘉兴地区车辆监理所合并成立嘉兴地区车船管理所，嘉兴地区各县于1972年3月成立县交通管理站，负责船舶检验发证工作。1979年2月重建浙江省嘉兴地区航运管理处，办公地点在湖州市。1983年12月成立浙江省嘉兴市航运管理处，下辖嘉兴、平湖、嘉善、桐乡、海宁和海盐6个航运管理所。船舶检验所设在处港航监督科，负责船舶检验工作。6个航运管理所分设船舶检验站与港航监督科合并办公。随着船检事业发展，1987年9月18日，船舶检验部门与港航监督科分离，单独设为船舶检验科，对外挂牌浙江省船舶检验处嘉兴检验所。

水运事业与造船业的发展推动船检工作制度逐步健全，技术力量不断加强。“七五”期间，船检工作与船检队伍自身建设同步开展。自嘉兴船检所成立以来，逐步充实船检人员，培训船检人员，帮助指导船检站工作。1985年，船检所选送3名人员去武汉培训。同年5月，按省船检处计划，嘉兴船检所为浙江省交通学校船检班编写有关舵、锚泊设备等海船船检教材内容，并于当年完成。1988年，嘉兴市航运管理处举办柴油机、轴系、焊缝探伤、船舶稳性等培训6次，并派2人参加省船检处举办的“二级无损探伤”培训和考核，均取得资格证书。日常工作采用传、帮、带的方法，以老带新、边带边教，使年轻船检队伍的素质得以提高。至1990年年底，共有船检人员26人，其中：工程师4人，助工4人，技术员10人。

客、渡船检验

1985年，交通部下达《关于严禁违章航行，立即制止客(渡)船超额运输，确保旅客安全的决定》。嘉兴市航管部门开展对客(渡)船的检查、整顿工作。深入基层、船舶现场，重点检查船舶安全质量。经实地调查、研究，制订《嘉兴航区核定内河船舶乘客定额和客船拖带的补充规定》。据此，于1986年春运期间对浙航502轮等88艘客船的载客客位、乘客定额、客轮拖带、稳性、救生、消防等的设施配备进行重新核定。1988年，船检部门对全市性的专业客(渡)船进行安全检查和整改工作。经过一年的实地调查、测试，基本摸清嘉兴航区104艘专业客船的情况，并根据存在的实际问题提出整改措施，督促航运企业对检查出来的问题限时整改。9月27日，嘉兴船检所向浙航嘉兴分公司提出专业客船的整改意见，报停、报废客船14艘，消除了不安全因素，保障了旅客生命财产的安全。

图9-3-3 渡口检查

“两户”船舶检验

自1985年起，市航管部门加强了航行安全大检查，要求登记检验的“两户”船舶数量猛增。船检人员认真作了检查、检验，对不符合检验要求的“两户”船舶不予检验登记。1987年，交通部、浙江省人民政府相继发文要求加强乡镇船舶安全管理。浙政(1987)55号文第九条规定：“从事营业性运输的乡镇船舶和专门用于农业生产的机动船的所有人或经营人，应向船舶检验机关申请检验并取得船舶检验证书”。一部分乡镇船舶经过检验参与营运。同年，嘉兴船检所组织人员参加《杭嘉湖10米以下非机动船检验规定》的制订工作。

老龄船舶存在重大事故隐患，危及航行安全，是船舶检验的重点。本着“安全第一、预防为主”的原则，根据交通部(89)交船检字第11号《关于加强对老龄船舶监督检验的通知》和船检局《关于老龄船舶检验的暂行规定》，要求船检部门重视这项工作。嘉兴船检所组织人员对航区老旧船舶的技术状况进行摸底调查。随后，开始对老龄客船的检验，发现问题责令船主单位修、换，该报废的报废，消除了一些老龄船舶的事故隐患。

造船检验

社会主义经济建设的发展，带动了嘉兴市造船业的发展，促进了水运业的繁荣。“七五”期间，建造钢质船1279艘，水泥船数量更大。但有些船厂的经营、管理、技术、设备都较差，大多数乡镇船厂盲目上马，造船质量无法保证。船检部门加强了对船厂的督促管理。(87)交水监字156号文要求对制造乡镇船舶的厂(点)进行清理和整顿:“凡设置乡镇船舶制造厂(点):必须先经乡镇企业主管部门或其它有关主管部门审查批准,经有关主管部门技术认可,据此,向行政管理部门申请登记,领取营业执照后,方可经营。现有的厂(点),凡未履行上述审核手续的,要限期补办。今后,各厂(点)制造的船舶必须经船舶检验部门技术审核,批准后方可开工生产。船舶造好后要申请检验,检验不合格的,不准出厂。”为此,嘉兴船检所多次召集船厂厂长、技术人员、管理人员举办学习班,进行现场指导。同时,对船厂进行质量审查。嘉善县水利农机局农机修理厂,擅自制造“善水一号”拖船,经检验质量严重不合格,不准出厂。水泥船是嘉兴航区船厂的主要生产产品,产量占全省水泥船生产量二分之一。1986 年 8 月,由省船检处主持,在嘉兴举办建造水泥船学习班。

1987 年,根据上级关于“严字当头、科学管理”的指导精神,嘉兴市船检部门严格图纸的审批,加强上船检验,与船厂进行技术磋商,交换意见,要求船厂按规范、规程设计建造船舶,杜绝无图纸造船的现象。

1990 年,新景造船厂制造当时嘉兴市造船史上吨位最大的两艘 300 吨级自卸机动砂驳,嘉兴船检所负责检验,针对船厂底子薄、技术落后、设备简陋,而建造的船舶大、技术要求高的特点,派出专门检验班子。外聘技术人员驻厂帮助指导制造工作,对钢材、主机等一系列船用产品严格按图采购选用,帮助工厂建立新的检验制度,按制度严格进行检验,结果质量合格交付使用。乡镇船厂生产技术条件的认可是当时水上交通整顿治理工作的一个重要环节,是一项政策性强,涉及面广,难度较大的工作。1990 年按市交通局部署,嘉兴船检所负责组织实施和技术审查,组织较强的工作班子着手各项准备工作,并积极会同市乡镇企业局于二月组织召开了全市乡镇船厂生产技术条件认可工作会议,提出了比较详细的工作计划部署。还进行了以下二方面的准备工作:1.对船厂逐家进行估分,既进一步统一了衡量尺度标准,又看到了船厂相应不足之处,督促工厂整顿。2.讨论拟定了基本考核题目。对人员的考核着重于应知应会方面,题目出得简单、明了、实用。在基本考核题目的基础上,按各船厂类别的不同情况和存在的问题灵活出题。按省船检处和市交通局制定的工作计划,经过工作人员的努力和各方面的支持配合,如期完成了现场考评工作,受到各方面的好评。

为适应嘉兴市船舶手工电焊焊工考试工作的需要,嘉兴船检所向省焊工考试领导小组申请,在撤销浙航嘉兴分公司船厂焊工考试委员会的同时,成立嘉兴航区船舶手工电焊焊工考试委员会,得到批准。

1987 年,转发浙船检(87)字第 01 号《关于焊工考试的若干要求和规定》。五年间共举办焊工培训考试 4 期 365 人。对船舶结构知识、焊接设备、焊接操作工艺与电焊条、焊接钢材、焊接变形与应力、船舶结构焊接特点、焊缝质量及焊接安全等内容进行讲授,并进行实际操作。1987 年全航区焊工免试换证工作在全省最早完成,并帮助省局带培了二十名实习生。1990 年根据“焊工考试规则”,3 月 14 日对满有效期限的焊工分三期进行换证考试,提高了焊工业务素质。

船检部门要求船厂加强自身管理,对船厂新产品的开发、试制给予具体指导,鼓励向外省市开发市场,先后有 11 米、11.5 米、15.6 米、20 米等各类交通艇竞相开发试制(航速可达 20~30 公里/小时)。这些交通艇比国内同类型艇要先进,所以拥有一定的销售市场。1987 年,嘉兴船检所编制了《玻璃钢小艇试行检验办法(讨论稿)》。9 月,对嘉兴市第二航运公司船厂生产的全国首批产品——4.5 米玻璃钢汽油挂机滑行艇进行试行性检验,根据“一检、二帮、三把关”的原则,提出了“4.5 米玻璃钢艇的检验意见”。

1989 年,省船检处下达关于“开展本省船用产品监督检验的通知”,嘉兴船检所参加省船检处组织的对浙航嘉兴分公司船厂、平湖航运公司船厂的螺旋桨;海宁斜桥化工厂的船用油漆;郭店镇的电热淋浴器、警报器、消防栓箱;浙航嘉兴分公司平湖营业站保养场的电子闪光器等船用产品进行认可检验工作。

1990 年,嘉兴船检所参加了挠性顶推船组的试制检验工作,为交通部和省级重点科研项目作出贡献。

嘉兴市内河船舶数量多、分布广,船舶检验工作量相对较大,“七五”期间尤以嘉善县船检站检验乡镇船舶最多,达 6644 艘。船检工作为确保船舶质量、保障航行安全,发挥了良好作用。嘉兴船检所技术力量也在实际工作锻炼中得到不断提高。

1991 年以后船舶检验工作

1991 年,嘉兴共有船检人员 26 人,其中:工程师 4 人,助工 4 人,技术员 10 人。在此基础上,船检部门为加强内部管理,以嘉检(1990)第 56 号文转发省局“关于加强内部管理,提高验船质量的通知”,贯彻“谁检验谁负责”的原则,明确验船人员的工作岗位和职责,落实岗位责任制,纠正管理制度不严,岗位责任不清,检验不过硬,不能把好关等问题。要求认真做好船舶证书、检验报告等检验技术文件的填写和签发工作。完善船舶档案管理,做好一船一档,保证档案的完整性。实行科学管理,为提高船舶技术检验素质服务,从而使船检工作更趋正常。

1991年，完成制造检验船舶179艘，营运中船舶检验16961艘，其中特别检验93艘，初次检验4109艘，临时检验258艘，其间检验12501艘。全市拥有在册船舶25770艘，305055总吨，342265马力，430356载重吨，11668客位。其中有证“两户”船舶总数21641艘，288661载重吨。与1990年同期比增加13.5%。

1991年12月1日，中华人民共和国船舶检验局颁布了《内河钢船建造规范》，范围包括中国内河航区(包括江、河、湖泊和水库)的各类钢质民用船舶。1992年，浙江省船舶检验局出台《浙江省船舶检验工作程序和职责》，明确了船舶检验人员的工作程序和职责，确定了船舶建造检验、营运检验、改装检验应遵循的准则和要求。同年出台的《浙江省船用产品检验暂行规定》《浙江省船用产品检验工作程序》，为有效地开展地方船用产品的监督检验，确保船用产品质量，保障船舶安全航行和安全作业的技术条件提供了更具可操作性的检验依据。

1993年，随着船舶和船用产品检验成本上升，为保障船舶检验事业的发展，根据国家物价局〔1993〕价费字19号文件精神，自1993年5月1日起调整船舶和船用产品检验收费标准。检验费一般为当地现行货币，但对到达国家港口的外籍船舶以及所有以外汇结算的船舶均应收取外汇。

在1995年10月12日，嘉兴发电有限责任公司的“嘉电壹号”海上拖轮，由外地转入嘉兴港，总吨：306，马力：1176千瓦×2，是嘉兴港第一艘入港营运检验海上拖轮，嘉兴市海船检验业务实现了零的突破。

1995年，随着水监体制的改革，根据上级有关精神，浙江省船舶检验局对原有《浙江省船舶检验三级分工职责》进行了修改，颁布了新的《浙江省船舶检验三级分工职责》，对船舶检验局的职责、船舶检验处的职责、船舶检验所的职责进行了明确分工和规定。

1997年，全市完成船舶检验10093艘(其中制造检验的65艘)、208865总吨，换发船舶检验证书1万余本，对85家船厂生产技术等级重新进行审定，为避免因磁盘性能和质量原因导致数据丢失，船舶检验部门在全省首家采用光盘刻录数据。

1996年至1999年，先后对《内河船舶吨位丈量规范》《内河船舶载重线规范》《内河船舶无线电通信设备规范》《内河柴油挂桨(机)船检验规则》等提出修改意见并上报船规所，启用新版《内河船舶检验证书及检验报告》《浙江省船舶检验局验船师日志》和《船舶管理信息系统》(V2.O)版，规范了船舶的检验发证和计算机管理。

浙江省船舶检验局于2000年5月9日正式启用1999版船检证书，并与6月5日施行浙江省船舶检验计费管理暂行办法，计费方法与98计费公式一样，其中系数K值取0.76。

2001年4月23日，国家海事局发布《中华人民共和国验船人员适任考试、发证规则》。2003年，浙江省开始船检质量体系的研究工作，2004年12月15日起在省局与各市处试运行，嘉兴市船检局作为试运行的单位之一，2006年开始在各签证点全面运行。浙江省船检质量体系的范围以船检业务为限，基本上只在省局船检处、各市港航管理局的船检处(科)、县港航管理处(所)的船检签证机构内运行，主要为检验业务及其相关活动的程序与工作要求规定，并制订了相应的记录格式。省局每年都安排计划，组织质量体系文件的修编与补充。2006年，根据省局的工作计划，要重点完成质量子册改版工作，完成船舶质量诚信管理相关文件、江浙沪区域合作性文件以及有关审图、现场检验的技术指导性文件的研究编制；各检验处可以编制适合本地区船检业务特点的作业文件，重点为检验业务指南和内部程序规定，以不断完善法定检验质量体系在本地的运行。每年第四季度，嘉兴市船检局组织内审小组将对各签证机构进行一次质量管理体系的内审，内审小组由各签证机构的负责人组成。通过内审，各检验处互相检查、互相交流，检查中既可以发现了存在的问题，也可以互相交流了各自工作中取得的一些好的经验和做法。内审结束后，对内审的情况形成内部审核报告，发放各签证机构。各签证机构对内审发现的问题要在规定的时间内进行整改，并将整改结果形成书面报告送达嘉兴市船检局。

2003年，随着嘉兴市首家海运公司成立和平湖第一船厂海上“白塔山壹号”客轮的出厂，嘉兴市海船检验业务有了新的突破。对嘉兴海运公司9艘海运货船全部进行了入港检验和营运检验工作。2003年2月8日，浙江平湖第一船厂出厂海上“白塔山壹号”客轮，62客位，总吨：109，是嘉兴港第一艘制造检验海上船舶。在检验的同时也加强了对海船检验规范的学习和研讨。针对嘉兴市水上旅游业日趋兴旺的特点，起草了《加强风景区旅游船管理和检验的指导性意见》。以指导各港航处对辖区内旅游船舶的具体管理和检验工作。

2004年4月1日，嘉兴市船舶检验机构通过了国家海事局的机构认可，获得了国家海事局颁发的B类船舶检验机构认可证书，可以从事除国际航行船舶以外的船舶及其相关产品的图纸审查、法定检验及签发相应证书。嘉兴市有持证验船师26人，在岗验船师26人(其中持证验船师26人)。

浙江省船舶检验局嘉兴检验处下辖六个船检签证机构，分别是嘉兴城郊船检签证机构、嘉善船检签证机构、平湖船检签证机构、海盐船检签证机构、海宁船检签证机构和桐乡船检签证机构。分别承担本辖区船舶的营运检验和内河普货船舶的建造检验。针对全市航道分布情况，浙江省船舶检验局嘉兴检验处采取定时定点集中检验的方式对内河普货船舶的年度检验。在全市设立了太浦河港航管理检查站、思古桥港航管理检查站、王江泾港航管理检查站、梧桐港航管理检查站、平湖大桥港航管理检查站、红旗塘港航管理检查站、白苎港航管理检查站、袁花港航管理检查站等8个集中检验点。

2007年起，嘉兴市船舶检验发证权限进行了调整，辖区6个船检签证机构，作为浙江省嘉兴市船舶检验局的派出机构，以浙江省嘉兴市船舶检验局的名义负责营运检验签证工作，统一使用由浙江省船舶检验局下发的浙江省船舶检验局嘉兴检验处编号业务印章(签证章)。市局负责沿海船舶的建造检验、营运检验及相应证书的签发，全市船用产品的检验发证工作，全市船检质量的监督检查，签证机构的监督管理等工作；签证机构负责内河船舶的建造检验、营运检验及相应的证书签发。全市船检人员由市局采取聘用的形式负责新建船舶的建造检验工作。船检聘用人员及证书审核、签发人员名单根据其工作经验、船检资历以及适任船检岗位情况由市局每年予以发文公布，并报浙江省船舶检验局备案。对特种船舶的检验在全市聘用船检人员中按照船、机、电的专业结构组成检验小组实施检验工作。

2008年，全年共完成建造检验166艘，17214总吨，其中海船6艘；营运检验4729艘，503138总吨；完成船舶图纸审查42套，完成船用产品检验50批次。服务沿海航运企业4家，船用产品检验厂家4家，建造检验最大船舶为1406总吨甲板驳。营运检验最大船舶9895总吨，16166载重吨。2008年年底，全市持证验船师27人(参加全国注册验船师资格认定考试)，其中直接从事船检业务工作的持证验船师23人，拥有高级工程师职称2人。验船人员分布：市处5人，其他签证机构各3人。

2009年，嘉兴共登记船舶5601艘，共计603274总吨。2009年，严格落实节点控制和流程控制，不断提升行业发展质量。人少船多，是嘉兴的特点，因此提倡一专多能，全面发展。嘉兴市船检局对验船师的管理与培训一直坚持“走出去、请进来”的方法。“走出去”就是将新入职的验船师到基层去锻炼实习，以了解本地区船舶的的状况，同时每年安排优秀的验船师到兄弟单位学习他们的管理方法与检验经验，使得业务能力和水平不断提升。针对辖区内船舶大型化，复杂化，嘉兴市船检局就将省局的资深验船师和兄弟单位有经验的验船师“请进来”，通过帮、扶、带，不但缩短了检验时间，而且也提升了验船师队伍的整体水平。同时，对某个检验项目，通过安排检验小组中一人为“检验负责人”的方式，以增加其工作压力，锻炼独立工作的能力，培养了验船师的事业心和进取心。船检队伍的廉政建设已纳入港航局统一的惩防腐败体系当中。根据质量管理体系的要求，嘉兴市船检局就现场验船师的行风建设和廉政建设，每年由局纪委办公室向各船厂，船东，检测公司，船用产品厂，设计公司，交通局，海事局，兄弟港航单位，上级业务领导等发放《船检工作意见征求表》《检验对象满意度调查表》，并针对顾客的反馈意见进行总结分析。近年来，顾客满意度都在95%以上。在船检质量管理体系统一构架下，嘉兴市船检局近年来进一步完善全市船检档案管理工作。

2010年，全市共检验船舶5346艘，832181总吨。其中完成建造检验565艘，124638总吨，其中海船建造检验10艘，11341总吨；营运检验4781艘，707543总吨，其中海船营运检验36艘，64212总吨。船舶设计图纸审查147套。船舶检验费1036.32万元。在建船舶136艘。完成73批、6226件船用产品的检验工作。

表9-3-8 1991—2010年嘉兴市船舶检验情况表

年度	检验艘数	总吨位
1991	17140	321375
1992	16136	302550
1993	15012	281475
1994	15852	297225
1995	14958	280462
1996	14856	278665
1997	10093	208865
1998	15573	367766
1999	14155	339979
2000	15141	401658
2001	9784	359125
2002	8943	430730
2003	8290	506851
2004	8096	580026
2005	7656	658327
2006	5971	540900
2007	4996	525041
2008	4813	519164
2009	4561	592800
2010	5346	832181

嘉兴市海船检验业务

嘉兴的海船检验业务早在20世纪90年代中期就开始了，在1995年10月12日，嘉兴发电有限责任公司的“嘉电壹号”海上拖轮，由外地转入嘉兴港，总吨：306，马力：1176千瓦×2，是嘉兴港第一艘入港营运检验海上拖轮，嘉兴市海船检验业务实现了零的突破。

2003年，随着嘉兴市首家海运公司成立和平湖第一船厂海上“白塔山壹号”客轮的出厂，嘉兴市海船检验业务有了新的突破。对嘉兴海运公司9艘海运货船全部进行了入港检验和营运检验工作。2003年2月8日，浙江平湖第一船厂出厂海上“白塔山壹号”客轮，62客位，总吨：109，是嘉兴港第一艘制造检验海上船舶。

2004年，随着杭州湾跨海大桥重点工程的投入建设，嘉兴市海船的检验工作量在不断增加。嘉兴市船舶检验局专门成立了海船检验小组，并派两名大学生到舟山的4806工厂以及舟山船检处进行了实习。把海船检验作为船检的一项重点工作抓到实处。

2005年，浙江省沿海连续发生的船舶建造质量事故，把好船舶检验关是工作的重中之重。嘉兴市船舶检验局对全市在建船舶进行了质量调查，并对营运船舶进行了质量跟踪。针对船舶建造和检验中存在的一些问题，嘉兴市船舶检验局及时出台了《加强新建船舶质量的通知》，将日常检验工作中发现的问题集中进行了进一步规定和明确。2005年共检验沿海船舶26艘，17337总吨。

2006年，海船检验业务上进一步拓展，开展了海船拖航检验业务，海船建造检验和海船附加检验业务，在积极做好船检海船业务的同时，进一步了解分析嘉兴沿海港口和海运发展的状况，提出了要大力发展嘉兴海运事业，并撰写了《嘉兴海运公司发展前景及对策》的调研文章，希望能引起大家共同对嘉兴海运发展的关注。

2007年，第一艘万吨级海船入户嘉兴，嘉兴市船舶检验局全体船检人员全力以赴，保质保量完成了万吨级海船的入港检验和年度检验，嘉禾海运公司这几年也在不断的调整发展海运运力，原先的一些低质量小吨位船舶已逐步淘汰，现在主要以千吨级海船为主，今年又新增了一艘千吨级海船。为保证跨海大桥施工的顺利进行，确保所有检验的船舶不发生一起船舶安全事故，2007年共完成了沿海船舶营运检验28艘次，海上拖航检验10艘次。为杭州湾跨海大桥的顺利竣工提供了安全保障。2007年共检验沿海船舶32艘，32650总吨。

2008年，嘉兴市海运发展迎来了良好的机遇，又一艘万吨级海船入户嘉兴，嘉兴市船舶检验局船检人员全力以赴，保质保量完成了13000吨级海船的中间检验，完成了1.6万吨级海船的入港检验和入港资料的审核和整理工作。对新成立的海运公司在建的两艘万吨级海船进行了跟踪服务。使船检人员的业务素质得到了很好的锻炼。2008年，共检验沿海船舶21艘，17890总吨。

2009年，共检验海船建造检验7艘(3163总吨)，海船营运检验35艘。大力扶持沿海造船业的发展，针对2009版《钢质内河船舶建造规范》长大舱口船舶船体结构尺寸大幅提高，造船企业与船东反响强烈的情况，及时组织船检人员认真学习新规范，分析新旧规范的不同点；同时指导有关设计部门，认真对照2002版《钢质内河船舶入级与建造规范》，通过反复计算对比，将新规范涉及到不合理的要求(京杭运河内)书面反馈给中国船级社武汉船舶规范所，得到了武汉船舶规范所重视，并给予了书面答复，此书面答复也得到了省船检局的肯定，并在全省转发执行。解决了企业的实际困难，为船东节省了约10%的钢材。

2010年，共检验海船建造检验10艘，11341总吨，海船营运检验36艘，64212总吨。1月3日，由浙江林龙港口有限公司建造的林龙采1和林龙采2沿海工程采砂船，经下水前检验后在海盐澉浦镇顺利下水，实现了嘉兴市沿海专业造船企业造船“零”的突破。

第四节　水路运输管理

水路运输管理是指各级交通行政管理机关依据国家有关水路运输管理法律、法规，培育和规范水运市场，对水运市场秩序实施监督管理的行政行为。

古代水上运输管理

中国水上交通设管理机构始于宋代，盛于清朝。宋元两代在海外贸易中，重要货物为政府专卖。京师设置“商榷院”，相当于现在的对外贸易机构。并在各重要港口分设市舶司。分司掌握货物船舶征榷贸易之事，并备有收买外货作市舶的本钱。所购外货一律解“商榷院”，再转售于内地人民，政府从中获取一定的收入。这种收入，对南宋政府显得更为重要。所谓“市舶之利，颇为国用”，故竭力招来。外商除货物抽解及收买转卖之外，听其自由贸易。每年在这方面收入约二万缗。北宋税率约为十分之一、二，南宋提高至十分之四。

最早来中国的外轮，是在清道光十三年(1835年)的英国商船“查甸号”。中国开办近代航业，开始于1872年创办的招商局。但因受不平等条约的束缚，内河航行与沿海贸易都准予外商享受。中国的航运事业实际上处于国际侵略之下，发展迟缓。外轮在中国享受沿海贸易和内河航行特权，差不多有一百多年的历史。先从事实上侵占，进而强迫中国政府签订了不平等条约，使之合法化。直至第二次世界大战爆发。英、美等国才被迫放弃这种特权。到了新中国建立后，中国才实际收回了航运权。

自签订“南京条约”“天津条约”“烟台条约”“马关条约”以后，中国的沿海、大江各大港口，相继辟为商埠，设立海关。主事海关事务的是客卿总税务司。各关设置税务司，也由外国人充任。开始时主要管理商船出入，货物稽查，税款征收等，所以事务较简。后来国际贸易日繁，船舶进出口日增。为了航行安全，海道港口各项工程设施，不得不力求完善。因此清同治十年(1871年)在总税务司署内，增设总营造司一员，会同各海关税务司办理其事。海关税务司，由于职掌扩大，迭有更变。至民国3年(1914年)将其组织分为征税股、海务股、工务股三部分。以后成为定制。

清代成立邮传部。光绪三十三年(1907年)六月二十三日，清政府核定邮传部官制二十一条。其中第二条规定，设船政司，第五条规定，船政司职掌全国船政。举凡内港外海各江航业，所有测量沙线、推广埠头、建设各项公司、营群广务以及审议运货保险，检查灯台、浮标各事。凡有关船政者，均归其掌管。

古代历朝虽设有市舶司、船政司等管理船舶航政的机构，但对船舶的航行和运价规定却从未认真管理。

清朝漕运运费的核算情况，现摘录于下：据光绪戊寅《石门县志》记载：赠贴银米。各县漕粮，旧系军民交兑。运军需索多为民累，后改为官收官兑。因酌定赠贴，随征发给。各省名目不一，多寡不一。浙江谓之漕载，每石征银三钱四分七厘。

运丁漕费。乾隆十六年奏准浙省杭嘉湖三府征米漕粮。原定：漕费，每石收钱自八文至二十一文不等。不敷办公之用，应仿江(指江苏)省之例，酌量增加。嗣后嘉兴、秀水、嘉善、海盐、平湖、石门、桐乡等七县加收钱三十文，均于原定脚费之外，分别加增。

漕白现运舡。计每舡原装正米四百石外，外载一石，给银五分。负重耗米，例不支给。

又每只支本色行粮米一十五石，折色行粮银一十八两，本色月粮米四十八石，遇闰加给米四石，折色月粮银三十三两六钱，遇闰加给银二两八钱三。修银为修念舡只之用。又每漕载装正米并交仓二五耗米一石，给漕银三钱四分七厘。其沿途一五耗米不行，支给白粮舡。每舡照漕例支给外，又支给食米三十一石三斗，该折给银四十一两一钱六分，岁运漕舡每只给银二百八两七钱七分三厘，十年满号，详请再造。

咸丰二年改海运，每石连商船水脚及南北用款，统计约需银八钱有零，奏准以给帮。漕载抵文水脚，其不敷之项，按各州县帮费重轻，酌提解省津贴。

同治四年八月二十四日，户部奏准浙江漕粮自行海运以来，除将漕载银两抵作运费外，不敷数另由州县酌提津贴。上年督臣在宗棠奏杭嘉湖之属，收漕积弊摺内，请革除津贴，另筹运费，实为正本清源之论。经臣部议，令量入为出，从长计议。去后兹据抚臣马新贻奏称：“据藩司粮道详称”，浙西漕米减存正耗米七十余万石，除支海运，商舡耗米外，所有起运需费之米每石八钱核计，约需运费银五十二万余两。以额征漕载正耗银两合之，减存行月，南月各米，分别变价银两及杭嘉湖等府行月食米折征之款，宁绍等府折月粮等款，共银四十九万七千余两。全漕起运如有不敷再于漕各项下拨补等语。查津贴既永远革除，运费必宽。为筹备，该抚等请将昔年给丁之项为今日运米之资，以漕办酒，并不动用别项办法尚为妥。治其漕载一款，已据该抚另片奏明，无庸核减，应即准其照旧征收，抵充运费。此外议提各项均请准如所奏办理，惟动用漕载，现在议增之款几至一倍有余，原恐各州县籍口津贴重累闺阁故。为此破格之举，自此次明定章程后，办运无虞掣肘，绅拎更无扶持。该督抚大吏务宜严伤所属，照例征收，永禁津贴名目。倘有仍前积习浮勤丝毫者，即行严参究办，以清积弊，而重永远炒。从此永禁津贴名目，另筹运费。除漕载仍旧抵支外，以行月粮，白粮经费各本色米每石变价银一两五钱，南月米每石变价银二两。又行月粮及白粮经费、食米折征各银两……。海运经费每海运米一石，南北用费约需银八钱，如有盈余，存候拨用。同治十三年，江浙漕粮抵津，改由粮道自运通仓。浙抚杨昌竣奏准通仓经纪漕白，耗米均以一升随正交仓，以八合、五合留作南省运通折耗之用。饬由各州县照漕价折色，解交道库带津，抵买商船余米。

光绪元年开始，漕米先由招商局承运。至光绪十一年美商、英商也参与漕运。光绪十一年因海事不靖，故较往常提早运漕。水脚本悉照沙宁船定章，每石实银五钱六分零，米几又有扣减。

光绪十一年，美商旗吕兴、英商怡和，太古轮船承运漕粮，减为三钱五分，实则支用不敷，皆各亏本。

光绪十三年，沙宁船运漕每石支银四钱三分一厘零。李鸿章于维持商局摺内奏定，将商局舱船照沙宁船现银之数交给。以后一体照办，不再区分、扣减，亦不扣海运公费，以免亏赔，又奏定嗣后商局轮船运漕回空，免北洋三江出口税二百石。查照派运米数通址免足二成。仍较沙宁船少。免入成收示区别，于是历届运漕均有盈余。

光绪十三年至二十三年，招商局承运漕米均有盈余。但从二十四年始至三十四年，历年亏损。后宣统继位，从宣统元年至三年继续亏损。十三年中共亏损九十八万四千八百余两。之后漕运免除。

民国时期的水运管理

中华民国成立，在清政府邮传部的基础上，改组为交通部。民国元年 8 月公布交通部官制。其中十一条规定航政司所掌管事务为：(1)关于管理航政及航标识事项；(2)关于监督造船、船舶、船员及水上运输事项；(3)其他航政事项。但上项官制及职掌，因航政实权操诸海关，虽司内设总务、管理、航业、工程四科，以缺少实际执行之机关，经常工作仅是核发船舶执照与商船职员证书。

直至民国 16 年(1927 年)11 月，国民党浙江省政府为整顿水上运输，统计船舶，收取规费起见，才设立 8 个区管理船舶事务所，隶属于省建设厅。其职责在于秉建设厅命执行本区内船舶查检、取缔、收费、给照、注册事宜。每区所下设分所，以办理各区事务。

民国 18 年(1929 年)，浙江省建设厅制定的《浙江省取缔内河行驶轮汽船规则》规定：在同航线内每日行驶之轮船、汽船如艘数过多，有碍航行时，该管船舶事务所得加以限制。

民国 19 年(1930 年)2 月开始，成立浙江省航政局。将各区事务所分别合并，改为四区分局。原有分所一律改为办事处。民国 20 年(1931 年)2 月又将航政局改为航政处。同年 7 月，再度改为航政股，附属于建设厅内。其下属四区分局改为四区所。四区所下分设 25 处分所。现嘉兴市及所属各县，由第二区管理。区所驻在湖州。第二区第 4 分所驻桐乡县乌镇，第 5 分所驻嘉兴县，第 6 分所驻平湖县，第 7 分所驻桐乡县石门镇，第 8 分所驻海宁县硖石镇。各分所设立主任 1 人，事务员 2 人，巡丁勤务工 2 人，具体管理驻在地及附近未设机构的城镇船舶。

民国 20 年 5 月，《修正浙江省管理船舶规则》中规定：凡已经注册领有牌照之船舶，如航线或起点有更改，或船舶转售及转租他人时，其承买与承租人均应按照前项手续报请查验；凡船舶运货客，遇有超过呈报注册数量时，该管区管理船舶事务所得勒令该船舶逾量之货卸载；凡船舶开行时刻及班次，经主管机关规定者，须按班次时刻开行，不得任意变更，并不得冒充他船之名，以图揽载；凡船舶承装货物，如因保管不善，致有缺少或损坏者，应负责赔偿，但遇到不可抗拒之天灾事变时，得酌量减免。

交通部根据船政局组织法，于民国 20 年(1931 年)7 月 1 日，同时成立上海、汉口、天津三航政局，对海关理船厅兼管之船舶各项行政，即行停办。上海船政局辖区为江苏、浙江、安徽三省。所属各重要口岸分别设立办事处。至此争执多年之航政管理机关问题始告解决。浙江省设宁波、温州两办事处。嘉兴属宁波办事处管辖。当时的船政局重点以管理沿海船舶航运为主，对内河船舶管理上很少顾及。

民国 20 年(1931 年)浙江省全年统计轮、汽船，包括内河江海共 276 艘。其中第二区船舶事务所内河轮汽船 92 艘(即现在嘉兴、湖州两市及所属各县)。在民国 19 年间成立的管理船舶事务机构几经变迁，终于归属国民政府交通部上海航政局。上海航政局在宁波设立办事处，除管理宁波外，并管台州、绍兴航区。其对杭嘉湖一带，因为没有设置专管航政的机构，也属宁波办事处兼管。而实际上名为兼管实则不管。

民国 28 年 3 月，《浙江省取缔船舶业竞争办法》规定：凡航船未经呈请该管理船舶事务所核准以前，不得营业；凡航船于所牌照有效期内不得擅自改营他业；凡违背本办法之航船得由该管船舶事务所处五元以上三十元以下罚金或呈请建设厅取消其航运权。

所以解放前，嘉兴作为一个内河交通相当发达的地区，尽管国民经济紧密维系于舟楫航运，但既无航政管理机构，也无航政制度。

1949 年以后的水运管理

1949 年 12 月，浙江省航务局正式成立。1950 年，省航务局在嘉兴设置浙江省航务局浙西管理所嘉兴分所。分所管辖嘉兴、桐乡、海宁、海盐、平湖、嘉善、崇德等 7 县的航政事务。嘉兴航区始有了较为健全的航政管理机构，并陆续颁布了各地水运规章制度，初步改变了水路运输秩序混乱的局面。接着对嘉兴航区的水上运输进行了全面整顿，对运输船舶进行检验、丈量、发证，并规定取得核准的航行证件方可营运。

1955 年 10 月，浙江省航运管理局颁发的 16 条禁令中规定：非营运船舶未经港监部门许可私自营运货物时；非载客船舶擅自载客；未设有拖带或顶推设备的船舶拖带或顶推船舶时；超过规定航线航行时，均属禁止之列。

1963 年 1 月，交通部颁发的《小型机动船安全管理守则》中规定：没有经过船舶检验部门准许搭载客货的船舱、甲板、顶蓬等处所，不得搭载客货；装载客货的小型机动船如果临时需要附拖货驳或者客驳，事先应报请港航行政管理部门审查批准，不准擅自拖带。

1965年11月，嘉兴航运管理处以2133号文，对开辟定期定线机动船、航快船规定了审批权限：(1)县内定期定线航快船的新辟、停驶、延伸、增减班次等由当地航管站审批，抄报航管处备案。(2)县内、航区内的机动船及航区内的航快船定期定线的货班的新辟、停开、延伸、增减班次等集体运输企业(指集体所有制经济性质)向当地管航站提出申请，航管站联系对方航管机关提出意见后，转报本处审批，报省局备案。(3)跨航区、跨省的机动船、非机动船定期、定线货班的开辟、停开、延伸、增减班次等由本处转报省局审批。

交通部(73)交水字2246号通知试行的《水路货物运输规则》和浙江省交通局浙交运(74)字第8号通知附发的《浙江省水路货物运输规则补充规定》于1974年7月1日实行。这是确定承运人和托运人（发货人和收货人）之间权利、义务关系和责任界限的基本原则。

为认真贯彻党和国家的各项政策、法令，执行各项客运规章制度的“安全第一、正点运行，以客为主，方便旅客”的客运方针，做到安全、准点、及时、便利地运送旅客和行李包裹，不断提高客运服务质量，为社会主义四个现代化建设服务，自1980年11月1日起贯彻执行交通部以(80)交水运字1569号文颁发的《水路旅客运输管理规程》。这是水路旅客运输管理工作的基本规定。

随着工农业生产的迅速发展，港、航生产管理要求高度集中。为了充分发挥调度的指挥作用，嘉兴航区各县都结合实际编写《调度手册》。《调度手册》的使用大大地挖掘了运输企业内部潜力。使船舶营运，港埠作业组织，计划工作协调、紧凑，达到调度管理的科学性。最大限度地压缩船舶的非生产时间，提高装卸效率和船舶周转率。为了加强产、供、运、销各部门的协作，减少货物装卸环节，保证货运质量，开展百杂货一条龙运输，以及解决嘉兴客运站与零担货运站两码头相距较近，相互干犹，秩序混乱，影响安全，和更好地开展、扩大零担业务，提高运输质量等问题。浙航嘉兴分公司零担站于1984年1月16日迁至杭申公路4号桥。

1985年4月，浙江省航运管理局颁发《关于水上旅客运输审批程序的通知》，规定县(市)境内和市(地)范围内跨县(市)的客运航线，由县市(地)航管处审批，同时向省局报备；跨市(地)、跨省(市)的客运航线由有关航管部门签署意见后，报省局审批。

1986年一季度，运管部门对全市二十个县以上集体航运企业的企业经营和财务损益等状况进行历时半个多月的全面调查。掌握了1984年与1985年的总收入、总成本、实现利润和年终结欠等第一手材料。1987年，开始建立系统的水路运输统计工作，便于了解航运企业的经营处境，协助处理有关问题。1987年，嘉兴市航运公司承运湖州的“马赛克”受潮事故案，货主原要求该公司赔偿全部损失3885元，经对受损物资的核实、分析，以法规为准绳，处理结果减少赔偿费3036.52元，按规定由保险公司赔偿。海盐县运输公司被粮食中转站以承运进口玉米缺仓为由扣压运费数千元达10个月之久，经协助交涉按《货规》一年中余、缺相抵的原则作了合理解决。

1987年5月12日，国务院发布《中华人民共和国水路运输管理条例》(简称《条例》)，交通部发布《水路运输管理条例实施细则》(简称《细则》)，于10月1日起和国务院《条例》同步施行，并规定在10月1日已开业的单位和个人一律按隶属关系，作一次性补办审批手续，即重新签发“水路运输许可证、船舶营业运输证和水路运输服务许可证”(简称“三证”)，以免和今后的新开业审批相混淆。此项补办“三证”工作，由各县(市、区)航运管理所、工商行政管理所、税务所等单位联合，从1988年2月3日至1989年，全航区有12266艘船舶补办“三证”。此后，发放“三证”纳入航运管理部门的运输管理工作范围。

“七五”前三年，在交通部“全民、集体、个体一起上”的政策指引下，水运事业发展趋势不减。1989年，国家有计划地压缩基本建设投资，同年“治理整顿”全面铺开，内河货运的社会需求总趋势明显下降。运力的失控增长和运量的明显下降矛盾突出。加上外省市船舶涌入，运输市场普遍出现“乱”的现象：无视运输秩序、盲目进港、堵塞航道、抢占码头、强要硬装，以不正当的竞争手段，争夺计划内货源等情况经常发生。为加强水路运输管理，维护运输秩序，提高运输效益，1987年5月12日国发(1987)46号文发布《中华人民共和国水路运输管理条例》。同年9月22日(87)交河字680号文发布《水路运输管理条例实施细则》。“这是沿海、江河、湖泊及其它通航水域中进行水路运输行业管理的两项重要法规和基本依据”，就开业，增减运力和营运管理，停业管理；航运管理机构的设置及其运输行政管理职责；检查与罚则等方面作了具体规定。浙江省交通厅根据《条例》和《细则》，结合本省具体情况以浙交(1988)80号文颁发了《浙江省水路运输管理实施办法》。

根据国务院发布的《中华人民共和国水路运输管理条例》和省有关通知精神，为依法加强水路运输管理，1988年市航管部门进行全市一次性补办审批水运“三证”工作。自2月3日至4月15日，审批发放水路运输许可证7506份、水路运输服务许可证10份、船舶营业运输证10296本。单船营运证办证率：专业企业为100%，“两户”船舶为

73.94%。截至1988年年底共补办运输许可证9881份、服务许可证14份、船舶营运证12266本。此后，对从事营业性运输的单位和个人的审批、发证即转入正常的行业管理轨道。核发运输许可证和营运证，对水运经营者的经营资格、经营范围、经营行为、经营航线等进行年检，是治理整顿水运市场的首要环节。针对航区内个体船户量多、面广，普遍存在“有证不如无证”的思想倾向，各级运管部门会同港监、船检、稽征部门同赴现场，在工商、税务、乡交管站的配合下，实行一条龙现场检验、审查、办证工作。

为解决航运企业燃料紧张的实际困难，1988年、1989年，各级运管部门共组织290吨半议价柴油支援运输生产。

根据嘉兴市人民政府(89)2号文件“关于进行水上交通秩序综合治理的通知”，嘉兴市航运管理处运管人员会同港监部门抓紧现场监督检查，出动汽艇向广大船户宣传《条例》《细则》，使船户们明确合法运输的重要性。嘉兴郊区南汇乡，地少人多，湖荡密布，不少农户用农船从事废钢铁运销，据1989年调查，这些船舶约有1300艘左右。这些船绝大多数是小吨位船，船员缺乏法制观念，无证从事营业性运输、逃缴税金、规费现象十分严重。对此，在综合治理水运市场过程中列为重点对象。由于这些运废钢船对地方钢铁生产有一定的辅助作用，对这一特殊情况，航管部门在加强航查的同时，由嘉兴市经委牵头与钢铁厂、南汇乡进行多次协调。一方面对船户进行法规宣传和培训，对船舶进行检验；另一方面采取现场办证的办法，审批其运输许可证、营运证，方便船户，还积极支持由厂方牵头，厂、乡双方签订废钢铁供销合同，各项规费税金由厂方代征的一揽子解决办法，效果明显。

1989年，在国家压缩基本建设投资、紧缩财政、控制货币投放以后，建材和水运市场出现治理整顿过程中的暂时困难。航运企业承运的几项大宗物资，石料、砖瓦、黄砂等运量大幅度下降，运力大于运量的矛盾更加突出，价格、质量方面的竞争十分激烈，嘉兴航区货源下降趋势明显。航管部门全面实施对外省外地“两户”船舶的货源管理，凭装货通知单装货，以维护运输的正常秩序。同时要求经营单位提高应变和竞争能力，通过多种渠道，多种方法促进各石料厂、砖瓦厂提高产品质量、降低生产成本，合理降价，以增强在上海市场的竞争能力。同时充实商务人员，加强商务工作，搞好货源组织，扭转单纯依靠航管部门分配货源的传统习惯。

开展“一业为主、多种经营”。浙航嘉兴分公司开辟旅游航线。海宁航管所与企业领导一起共商经营之道，帮助企业联系落实客户，掌握石料、红砖的产销动态，协助解决产、运、销之间出现的各种问题，为专业航运企业船队的正常营运创造一些良好的外部条件。

1990年，嘉兴市水上客运由于陆路旅客运输的发展而逐年下降。内河完成客运量345.58万人、旅客周转量9321.06万人公里，分别是1985年的24.49%、44.27%。为适应某些乡村交通需要，嘉兴航管部门重申和调整了客运航线的审批权限。对客运企业和农客班航线的开辟、撤销、调整进行了必要的事前调查研究，使审批工作比较切合实际。

1991年以后的水路运输管理

20世纪90年代，嘉兴交通局认真执行“改革、开放、放宽、搞活”方针，改革交通管理体制，交通专业运输部门独家经营格局发生根本变化，水路运输出现了国营、集体、个体、联户一起上的新局面，形成了多层次、多形式、多家经营的水路运输新格局。

水路运输经营资质管理

(1)水路运输经营资质管理方面的依据

1990年5月22日，交通部发布了《省际水路运输企业审批管理办法》，对水路运输企业的筹建、开业以及船舶营业运输证的办理都作了明确规定，并对水运企业筹建申请、开业申请、新增运力申请的批准权限和程序作出了规定。

1996年6月18日，交通部发布《中华人民共和国水路运输服务业管理规定》，对水路运输服务企业的开业条件和经营行为都作了相应规定。并在1998年7月30日、2009年4月30日分别作了修正。

1997年12月3日，国务院对1987年5月17日发布的《中华人民共和国水路运输管理条例》作了第一次修正，2008年12月27日，国务院再次作了修正。

2001年，交通部以2001年部1号令发布了《国内船舶运输经营资质管理规定》，对申请从事营业性运输的企业和个人在市场准入时的经营资质管理作了具体规定。

2002年12月1日，省交通厅印发了《浙江省水路液化危险品运输经营资质评估管理规定》《浙江省水路旅客运输经营资质评估管理规定》。

2002年12月20日，省第九届人大常委会第四次会议审议通过《浙江省水路运输管理条例》，并于次年1月1日起施行。2008年11月28日，省人大常委会对该条例作了第一次修正。

2008年5月26日，交通运输部在原《国内船舶运输经营资质管理规定》基础上，以2008年2号令重新颁布了《国内水路运输经营资质管理规定》，对申请从事营业性运输的企业和个人在市场准入时的经营资质管理作了更具体详细规定，使水路运输市场的准入管理更具可操作性。

(2)开展水路运输经营资质管理工作

自1987年《中华人民共和国水路运输管理条例》颁布实施以来，在对本市水运市场准入的监督管理工作中，嘉兴市航运管理部门在嘉兴市交通主管部门的领导下，多年来一直坚持严格执行《中华人民共和国水路运输管理条例》《国内船舶运输经营资质管理规定》《浙江省水路运输管理条例》等法律、法规和规章，通过严把市场准入审批关，准入后的现场检查、定期抽查、专项检查、预警检查等多种监督检查管理手段，有力地规范了嘉兴市的水运市场，维护了水路运输经营者、旅客、货主等各方当事人的合法权益，保护了公平竞争、打击了非法经营，通过多年来嘉兴市各级航管部门的不懈努力，逐步形成了规范有序、可持续发展的水路运输市场。

1990年，根据交通部1990年5月22日发布《省际水路运输企业审批管理办法》，嘉兴市航运管理部门开展了对水路运输企业的筹建、开业以及核发船舶营业运输证等相关工作。到1990年年底，嘉兴市共核发两户船舶营运证16085本、专业水运企业船舶营运证1743本、厂矿自备船营运证1100本、水路运输服务许可证14本。对21个专业航运企业实行证照审验，为水运个体户核发水路运输许可证16008张、为厂矿自备及农副船舶核发水路运输许可证750张。

1991年，嘉兴市共审验专业航运企业船舶1778艘，占应审验船舶100%，非交通部门船舶450艘，占应审验船舶100%。

1998年8月，根据嘉兴市交通局《关于印发嘉兴市进一步深化水运市场整治工作实施意见的通知》精神，嘉兴市航运管理部门对全市水运服务业进行检查，进一步规范水运服务企业的经营行为，使水运服务企业做到四统一，即统一票据、统一收费标准、统一代理单证、统一持证上岗。

2008年，嘉兴市港航管理局严把水运市场准入关，严格按照《浙江省水路运输经营资质管理规程》和《浙江省水路运输经营资质管理工作考核办法》等规定，认真做好水路经营者经营资质受理、审核、审批和转报工作。全年共受理、许可水路运输服务企业6家；新办、注销、年审、核(换)发船舶营业运输证6247本。为贯彻落实2008年交通部重新制定的《国内水路运输经营资质管理规定》和上级有关经营资质管理方面的规定，年内开展了水路运输（服务)企业经营资质年度核查和半年度的经营资质预警检查工作，有效地预防了企业资质水平和管理能力的下滑。全市共核查水路运输企业30家，企业各类运输船舶555艘，核查率为100%；核查水路运输服务企业20家，核查率为100%。对违反《水路运输服务业管理规定》的2家水运服务公司(浙江嘉兴港口服务公司、嘉兴日新运输代理公司)依法注销了代理资质。组织开展了上、下半年度水运企业经营资质预警检查，上半年预警检查企业30家，预警企业3家，受绿色预警的3家水运企业经整改并复查合格后分别解除了预警。下半年预警检查水路运输企业27家，绿色预警的1家。开展普通货船运输个体经营者经营资格证书到期换证工作，提高个体经营者遵章守法意识，营造和谐的水运市场环境。截至到2008年年底，全市已取得“浙江省普通货船运输个体经营者经营资格证书”共7369人，年内共办理该证书到期换证1950人。同时完成全市省际水路运输企业“水路运输许可证”和省际液化危险品运输船舶“船舶营业运输证”的到期换证工作。对全市23家省际水运企业全部进行了水路运输许可证的换发，其中危险品运输企业4家，到期换证率达到100%。

2010年，办理运政许可4637件，其中水路运输经营许可2162件、船舶营业运输证核发2468件、水路运输服务许可7件。认真开展水路运输（服务）业经营资质年度核查，共核查运输企业25家、各类运输船舶483艘，核查服务企业25家、个体水运经营户4879家，核查率均为100%。年内对全市水运企业进行了二次以上的经营资质预警检查，全年共检查水运企业102家次。当年，还开展了普通货船运输个体经营者经营资格证书的换发证工作，共换证255人、新发证589人。

水运市场监督管理

水运市场监管体系包括监管主体、监管客体、监管体制、监管制度、监管手段等。按照国家“四位一体”市场监管体系的总体要求，水运市场监管体系可划分为三个子体系，即行政监管体系、行业自律体系与社会监督体系。其中行政监管体系的主体是行政管理部门，主要为航运管理机构，同时还包括海事、船检、工商、税务、公安等其他相关管理部门。水运市场监管是指在交通主管部门领导下，航运管理机构依据法律法规和行政规章，对水路运输经营者、水路运输服务经营者以及船舶在市场准入、经营资质、交易行为、竞争行为以及市场退出等进行全方位、全过程的监督管理。“八五”以来，浙江省在水运市场监管方面出台了不少制度和办法，如2003年省交通厅发布了《浙江省水路运输企业经营资质预警制度(试行)》、2007年发布了《浙江省水路运输诚信企业管理办法(试行)》等，嘉兴市港航部门在省相关规定、制度出台后，加强宣贯和落实，狠抓队伍建设，严格行政审批和现场执法，进一步规范了水路运输管理，促进了企业合法经营，维护了良好的水路运输市场秩序。

图 9-3-4　煤船队管理

(1)企业信用制度

现代信用制度是建立在诚信基础之上的契约关系。有诺必践，违约必究，经济活动才能正常运转。信用度越高，经济运行就越顺畅；信用度越低，经济运行成本就越高。随着中国加入 WTO，中国企业将融入国际大家庭之中，它必须遵守 WTO 中的各项贸易规则和市场运行准则，因此企业信用制度的引入，把企业的诚信表现与他们的切身利益直接联系起来，通过建立激励约束机制，鼓励守信企业保持荣誉、鞭策失信企业痛改前非，是解决企业信用缺失的有效手段。2007 年 10 月 16 日，为加强浙江省水路运输市场信用建设，引导水路运输企业诚实守信、合法经营，维护水路运输市场秩序，浙江省交通厅颁布并开始实施《浙江省水路运输诚信企业管理办法(试行)》。

根据该办法规定，获水路运输诚信企业称号的企业必须在证照齐全，在经营资质、经营行为、服务质量、安全生产、票据使用、规费缴纳、货损货差及准点运行、完成国家指令性任务等 10 个方面符合规定要求。水路运输诚信企业的评定实行企业自愿申报制，由县、市级航运管理部门逐级检查、审核，经公示后由省交通厅批准公布。水路运输诚信企业称号的有效期为 3 年，有效期满的企业应重新申请，获得水路运输诚信企业称号的企业享受省交通厅有关技改资金补助等政策。“办法”的实施，为引导水运企业诚实守信、合法经营，维护水路运输市场秩序起到积极的促进作用。

2008 年 10 月，按照《浙江省水路运输诚信企业管理办法(试行)》的要求，通过水运企业自愿申报，县、市二级港航管理部门初审，省港航管理局审核并对申报企业进行现场核查等评审程序后，经省交通厅批准，嘉兴市所属的嘉兴市南湖名胜发展有限公司、嘉兴市众安危险品航运有限公司、海宁市顺胜运输有限公司和浙江神华海运有限公司等 4 家水运企业，获得全省首批“浙江省水路运输诚信企业”称号。

(2)预警检查制度

预警制度是水路运输经营者、水路运输服务经营者在市场经营活动中仍符合最低经营资质条件的情况下，交通行政主管部门和港航管理机构对其经营资质水平下降或发生过违反经营资质管理规定行为的预先警告的一种市场监管制度。

为加强水路运输企业经营资质的监督管理，提高水路运输企业整体素质，促进全省水路运输事业健康发展，2003 年 12 月 31 日，省交通厅港航管理局根据《中华人民共和国安全生产法》、国务院《关于特大安全事故行政责任追究的规定》和有关法律、法规，制定并颁布实施了《浙江省水路运输企业经营资质预警制度（试行)》。该制度对预警检查程序、预警扣分标准、预警机制启动等方面作了明确规定，并将预警分为绿色、黄色、橙色、红色四个警告等级。

根据交通运输部《国内水路运输经营资质管理规定》(交通运输部令 2008 年第 2 号)、《关于贯彻实施〈国内水路运输经营资质管理规定〉有关工作的通知》(交水发〔2008〕141 号)精神，结合《浙江省水路运输企业经营资质预警管理规定(2007 年修订)》，省港航管理局于 2009 年 10 月 19 日颁布了《关于浙江省水路运输企业经营资质预警管理的实施意见》。该实施意见对预警检查项目分为一类检查项目和二类检查项目。一类项目为《浙江省水路运输企业经营资质预警管理规定(2007 年修订)》规定的检查项目；二类项目为交通运输部《国内水路运输经营资质预警管理办法》规定的检查项目。两类项目分别根据不同的扣分标准进行检查扣分，并分别确定预警等级。其中，一类检查项目的水路运输企业经营资质预警分为绿色、黄色、橙色、红色 4 个等级；二类检查项目的水路运输企业经营资质预警分为橙色、红色 2 个等级。

2004 年至 2010 年，根据预警制度的要求，市港航管理局和各港航管理处每年对全市水运企业开展经营资质的预警检查。通过预警检查，掌握全市水运企业的经营资质状况，对部分经营资质下降的水运企业发出相应的书面预警和整改通知限期整改，促进了水运企业经营资质的提高。

(3)定期验审(核查)制度

2003 年起，根据《浙江省水路运输管理条例》第十八条规定：水路运输和水路运输服务经营者的经营资格应当定期验审，经验审合格后，经营者方可继续从事经营活动。市港航管理局对全市水路运输和水路运输服务经营者的经营资格开展定期验审工作，使全市从事水路运输业的经营者的竞争力得到提高。

2008 年，颁布实施的《国内水路运输经营资质管理规定》(交通部令2008年第2号),就经营资质动态监管进行了制度设计,建立了动态报备、监督检查和预警制度等。经营者所在地交通主管部门是经营资质动态监管的第一责任主体,通过年度核查和不定期抽查两种形式进行动态监管。

为了加强对全市水运市场的监管力度,严格执行经营资质管理规定,规范水运业户的经营行为,进一步巩固近年来嘉兴市整顿和规范水运市场的成果,根据上级交通主管部门文件以及省港航局的通知要求, 市港航管理局从2008年起,每年开展年度水路运输业及水路运输服务业核查工作,对全市的水路运输业经营人及其所属运输船舶进行核查。核查内容包括审核水路运输经营人上一年度中遵守各类水路运输法律、法规及规章的情况,重点审核有无超越经营范围、违章经营及违反规定使用票据的行为;审核水路运输经营人经营资质保持情况,重点核查公司安全管理责任制度的落实和管理人员的配备情况,主要管理人员到位情况,并核查相关证书、合同;审核有关运输规费交纳情况,了解经营人的生产经营情况。同时审核运输船舶的经营资格和有无违规、违章行为以及事故情况,运输船舶有关证书是否相符、有效,有无篡改船龄和报废船舶继续从事营运的情况。对于托管船舶,审核其经营人是否真正履行经营管理职责,有无"托而不管"的情况。通过年度核查工作,进一步巩固了航运市场整顿成果,规范了水路运输市场秩序。

(4)船舶交易管理

2004年,交通运输部颁布《船舶交易管理规定》,根据交通运输部、省港航管理局有关文件要求,嘉兴市港航管理局认真做好本市船舶交易服务机构的报备工作,通过指导帮助企业建立完善各项管理制度及台帐等工作,嘉兴市首家船舶交易服务机构即嘉兴市安通船舶交易有限公司于2010年7月12日取得省港航管理局颁发的《浙江省船舶交易服务机构备案证书》。自2010年8月18日起,嘉兴市的船舶所有人若需进行转让所有权的交易行为时,必须通过船舶交易服务机构进行。2010年8—12月份,累计完成船舶交易83艘,成交金额1519.11万元。

水路运力结构调整

1991年, 按浙江省下达给嘉兴市新增运力的额度指标,嘉兴市专业航运企业新增运力3943吨。

改革开放以来,到1999年,嘉兴市各种经济成份的水运运力迅速发展,其中个体水运运力已占全市在册水运总运力的88.43%。这使嘉兴市水运运力紧张状况得到了根本改变。但如何加强对个体船舶的管理,促使其健康发展是当时各级航管部门面临和需要解决的问题。

2001年9月,交通部第八次部务会议通过《内河运输船舶标准化管理规定》,并于12月1日实行。其第四、五条规定:任何组织和个人不得新建、改建水泥质船舶、总长5米以上的木质船舶从事内河运输,任何组织和个人不得新建、改建总长20米以上的挂桨机船舶从事内河运输,不得新建、改建挂桨机船舶在长江干线、珠江干线、黑龙江干线、京杭运河及太湖水域从事内河运输;新建、改建内河运输船舶,其总长、总宽和吃水应当符合交通部制定的内河货运船舶船型主尺度系列标准。同月,嘉兴市航运管理部门制定《嘉兴市新建钢质货船专项资金补贴方案》并实施。

2002年,嘉兴市港航局为贯彻落实浙江省政府提出在2004年年底前淘汰全部水泥船的工作目标,做好水泥船淘汰的各项工作, 开展水路运力结构调整。嘉兴市政府于2002年4月1日印发了《嘉兴市淘汰内河水泥船工作实施意见》,4月3日在嘉善县西塘镇邗上村召开全市淘汰水泥船拆解现场会, 动员部署全市淘汰水泥船工作。11月22日, 嘉兴市政府又召开全市淘汰水泥船交流会。至年底,全市共淘汰水泥船6596艘, 同时发展大吨位钢质落舱机船,全市拥有钢质营运船舶7000艘,总运力60万吨,平均吨位85吨,运载能力有较大提高。

图9-3-5 拆解水泥船

2003年,是实现浙江省、嘉兴市政府提出到2004年年底淘汰水泥船工作目标的关键一年。嘉兴市共拆解水泥船24630艘,为年度工作目标的131.99%,累计拆解31186艘,为三年总目标数的86.41%。当年,还启动了钢质挂桨机船淘汰和推进标准化船型工作。

2004年,是嘉兴三年淘汰水泥船工作的最后一年,采取行政和经济手段相结合的措施,全年共淘汰水泥船5465艘, 三年累计淘汰水泥船36652艘, 基本完成了淘汰水泥船任务。

2003年12月5日，经国务院同意，交通部、山东省、江苏省、浙江省、河南省、安徽省、上海市联合下发《京杭运河船型标准化示范工程行动方案》，自2004年1月1日起施行。2004年7月20日，省财政厅、交通厅下发《浙江省内河挂桨机船拆解改造政府补贴资金管理办法》，9月3日，嘉兴市交通局、财政局下发《嘉兴市淘汰内河钢质挂桨机船工作实施意见》。

根据《京杭运河船型标准化示范工程行动方案》要求和省交通厅及省港航管理局淘汰钢质挂桨机船的有关要求，自2004年起，嘉兴市港航管理局正式启动了淘汰营运钢质挂桨机船工作。根据统计，嘉兴市共有6500多艘营运钢质挂桨机船面临淘汰，占浙江全省总数的45%，也是全国挂桨机船舶最多的地区之一。为加快钢质挂桨机船的淘汰进度，对钢质挂桨机船采取拆解、落舱机改造和拆解后更新并给予一定经济补助的方式进行，同时针对船户更新资金不足的困难，积极与银行、保险公司商洽船舶贷款和保险事宜，为船舶更新改造建立了投融资机制，2004年共淘汰钢质挂桨机船861艘。嘉兴航区的水运运力平均吨位由2003年的78.18吨提高到93吨。

2005年，嘉兴市港航管理局加快调整水运运力结构：一是利用经济、法律、行政等手段做好钢质挂桨机船淘汰工作，累计淘汰钢质挂桨机船2458艘，为年度计划的129%，发放补贴资金1378.97万元。尤其是采用了信贷、保险等融资手段，解决钢质挂桨机船更新过程中资金不足及规避船舶贷款风险问题，全市已申请贷款船舶有34艘，发放贷款资金830万元，通过贷款新增水路运力6467吨。二是积极研发内河运输船舶标准船型，组织完成了浙江省内河集装箱船舶标准船型的开发项目，从现有优秀货船船型中筛选的150吨、250吨、350吨三种标准船型已被交通部正式立项，作为今后交通部推荐的内河标准船型。三是开展了个体船舶公司化管理试点。以嘉兴富温航运有限公司为试点，开展了个体船舶公司化管理。通过个体船舶公司化管理，船舶的安全得到了有效保障；树立了嘉兴水运的品牌效应，提高了经济效益；水运规模经营、集约经营的优势明显体现，提高了船舶经营的抗风险能力。

2006年，是淘汰钢质挂桨机船及内河船型标准化推进工作开展的第三年，通过行业监管和市场调控，全市淘汰钢质挂桨机船舶2524艘。

通过淘汰钢质挂桨机船，内河营运船舶规模从2004年初的9968艘、77.10万载重吨调整到了2006年年末的7849艘、91.2万载重吨。尽管通过淘汰钢质挂桨机船和运力结构调整后，使嘉兴市的内河营运船舶下降了二千多艘，但通过船型标准化和大吨位化，反而净增运力14.1万载重吨，船舶平均吨位由2004年年初的77.34吨提高到2006年年末的116.93吨。海运运力从2004年年末的8艘、1160吨提高到2006年年末的9艘、6420吨，净增运力5260载重吨，船舶平均载重吨由2004年年末的145吨提高到2006年年末的713.33吨。内河营运船舶拥有量2006年与2004年相比虽下降了21.26个百分点，但船舶平均吨位却上升了51.19个百分点，内河水路运力结构得到了进一步优化和发展。2006年，全市已举办普通货船运输个体经营者经营资格的培训班15期，发证368张，累计共举办117期，发证6610张，进一步规范了个体经营者的经营资格。

嘉兴市港航管理部门经过四年的努力，通过船舶拆解、落舱机改造和拆解后更新等三种方式，并采取政策宣传、现场监督检查、发放补贴资金等多种措施，完成了淘汰营运钢质挂桨机船工作。截止到2007年底，4年共计淘汰6501艘营运钢质挂桨机船，其中拆解1436艘、改造548艘、更新93艘，累计发放专项补贴2870.11万元。至此，营运钢质挂桨机船彻底退出嘉兴市水运市场，嘉兴市内河的水路运力结构得到了进一步优化，船舶污染内河水域和噪声干扰沿河两岸居民现象得到了根本性的改善。

从2003年到2007年，通过淘汰水泥船、淘汰营运钢质挂桨机船和发展大吨位船三项运力结构调整工程，全市水路运力结构得到优化，呈现出船舶数量逐步减少、平均吨位稳步增长的发展特点，五年间船舶拥有量减少33.64%、船舶载重吨增长19.14%、船舶平均吨位增长79.32%。

2009年，嘉兴市港航管理局引导内河水运企业转型升级，依托嘉兴内河多用途港区工程的建设，指导、帮助嘉康船务有限责任公司开辟集装箱内支线、选定集装箱船型等筹建企业过程中的前期准备工作。8月嘉兴内河港多用途港区完成交工验收。海关、国检、地方海事等机构均已入驻港区，使港区具备了口岸功能，同时良好的地理优势和区位优势，通过开辟内支线，使港区成为发展内河集装箱运输的一个理想平台。

“十五”以来，嘉兴市港航管理局积极拓展海运市场。2003年3月12日，以小吨位沿海船舶为主的嘉兴市嘉禾船务有限公司成立；2007年3月8日，浙江神华海运有限公司成立；2009年3月16日，浙江汇鑫海运有限公司成立；2010年7月8日，浙江华德利海运有限公司成立。2010年不仅浙江华德利海运有限公司正式营业，更有从事油品运输的浙江际翔海运有限公司、从事化学品与液化气运输的浙江丰益海运有限公司和从事普货运输的浙江林龙物流有限公司、嘉兴汇鑫海运发展有限公司等四家海运企业的筹建相继获得交通运输部批准，嘉兴市沿海运力多样化的发展趋势开始显现。

2007年3月，嘉兴市第一艘万吨级“新嘉兴”轮投入营运；2008年5月，嘉兴市第二艘万吨级“物神”轮投入营运；2009年8月，嘉兴市第三艘万吨级“汇鑫2号”轮投入营运。2010年7月，嘉兴市第四艘万吨级“华德利7”轮投入营运。

截至2010年年底，嘉兴市已拥有沿海运输企业4家，运输船舶19艘，运力规模51435总吨、82277载重吨、16506千瓦。其中万吨轮4艘。

为切实解决水运经营者发展融资难题，自2004年起，嘉兴市港航管理局积极搭建融资平台，先后与浦发银行嘉兴分行、嘉兴市农业银行、嘉兴市商业银行等合作，做好新建船舶贷款服务工作，为推进船舶更新改造和新建钢质货船大吨位化起到了积极作用。

水路运政执法检查

(1)水路运政执法检查主要依据

1991年以来，嘉兴市各级港航管理部门主要依据《中华人民共和国水路运输管理条例》(1987年5月12日国务院发布、1987年10月1日起施行，1997年12月3日国务院第一次修订，2008年12月27日国务院第二次修订)、《中华人民共和国水路运输服务业管理规定》(1996年6月18日交通部发布、1996年10月1日起施行，1998年7月30日交通部第一次修订，2009年4月20日交通部第二次修订)、《国内船舶运输经营资质管理规定》〔2001年2月14日交通部发布，2001年4月1日起施行，2008年重新制定为《国内水路运输经营资质管理规定》(2008年5月26日交通运输部发布，2008年8月1日起施行)〕、《浙江省水路运输管理条例》(2002年12月20日浙江省第九届人民代表大会常务委员会公告第七十九号公布、2003年1月1日起施行，2008年11月28日浙江省第十一届人民代表大会常务委员会第8号公告修订)等法规和规章，对在嘉兴市境内从事从营业性运输的水路运输企业或个人、水路运输服务企业的经营活动实施监督检查，查处各类违反水路运输管理的违法行为。

(2)开展水路运政执法集中大检查

1990年9月28日，中华人民共和国交通部第22号令发布《水路运输违章处罚规定(试行)》，为加强水路运输管理，维护水运秩序，保护水路运输经营人的合法权益和依法处罚违章者，提供了法律依据。根据交通部对1990年运输市场整治工作安排意见和省政府(90)21号文件，嘉兴市人民政府办公室(90)9号《关于印发嘉兴市运输市场综合治理实施意见的通知》，要求在总结1989年治理整顿工作基础上，全面深入开展水运市场整治工作。根据嘉市航管运(1990)89号《关于进行水运市场现场检查的通知》及嘉、沪两市关于《开展水运市场现场检查联席会议纪要》，嘉兴市航运管理处于1990年8月11日至17日进行为期7天的嘉、沪两市统一航查，查处违章船舶4173艘，为水运市场治理整顿奠定良好基础。

1993年，根据浙江省航运管理局(93)150号文件精神，嘉兴市于10月20日至11月10日在嘉兴航区开展水路运政大检查。在为期20天的检查工作中，全市航区共检查船舶7928艘，其中违章船舶3615艘，无营运证314艘，证件过期127艘，未年审87艘，超越经营范围2艘，持涂改或他人证件21艘，吨位不符421艘，逾期不缴规费1655艘，逾期不缴运管费1133艘，船舶超载1293艘，其他156艘。对于上述违章船舶，根据《水路运输违章处罚规定》及其他法规分别给予了相应处罚，扣留证书64本，补办证照1本，补征规费710013.28元，补缴运管费59569.93元，罚没款73253元，其中没收非法所得7856元。通过检查，有效制止违章经营行为，提高了经营者的法制观念，促使经营者依法经营，维护了水路运输秩序。

1999年，嘉兴市航运管理部门把开展经常性的各种现场监督检查作为水运管理的一项重要工作来抓，经常组织人员巡航检查。全市共实施运政处罚案件290起，未发生因处罚不当而引起行政诉讼败诉案件。每起运政处罚结案后，能认真做好建档工作，做到处罚案件一案一档。1999年11月份，认真组织实施了全省统一的运政检查月活动，全市共出动检查艇1160艘次，参加检查人员5804人次；检查水运企业26家，检查服务企业22家，检查船舶21538艘，查处违章船舶3819艘。补征规费153.53万元(其中运管费17.35万元)，按一般程序运政处罚38起。检查活动月的开展，提高了水运经营者的法制意识，促进了嘉兴市水运市场秩序的进一步好转。

2001年，嘉兴市航运管理部门在全市航区，集中开展了整顿和规范水运市场秩序的工作。在开展整顿和规范水运市场秩序方面主要做了三个方面工作：一是开展水运市场秩序集中检查，先后组织三次大规模集中检查，出动人员8873人次，出动港监艇1615艘次，检查各类船舶19074艘，查处违法船舶6652艘；二是开展水路客运、危险品运输市场秩序整顿，全市有2家客运企业、24家危险品运输户，40艘客运和危险品船舶被清理出运输市场；三是开展全市船舶普查工作，完善了船舶信息管理资料。

2002年9月6日至9月10日，市港航管理局在全市航区组织开展了水路运政大检查活动。在为期5天的检查中，共出动检查艇601艘次，参加检查人员1963人次，检查航运企业27家、水运服务企业29家，检查各类营运船舶6174艘次，查处和纠正各类违章违法船舶957艘次，补征航政规费（含运管费）49.56万元，实施运政处罚案件40起，罚款及没收违法所得5.83万元。

2003年10月16日至10月22日，市港航管理局结合嘉兴市航区实际，在全市航区组织开展了水路运政检查和水泥船集中检查活动。在为期7天的检查中，共出动检查艇317艘次，参加检查人员1882人次，检查航运企业22家、水运服务企业16家，检查各类营运船舶2652艘次，查处和纠正各类违章违法船舶592艘次，补征航政规费（含运管费）2.06万元，实施运政处罚案件399起，罚款及没收违法所得16.24万元。

2004年10月25日至10月30日，市港航管理局在全市航区组织开展了水路运政大检查活动。在为期6天的检查中，共出动检查艇296艘次，参加检查人员1314人次，检查航运企业22家、水运服务企业16家，检查各类营运船舶1754艘次，查处和纠正各类违章违法船舶284艘次，罚款及没收违法所得9.06万元。

2005年10月17日至10月21日，根据省港航局《关于开展2005年度全省水路运政检查活动的通知》精神，市港航管理局在全市航区内组织开展了全市水路运政大检查活动。在为期5天检查中，共出动检查艇647艘次，参加检查人员1511人次，检查航运企业25家、水运服务企业19家，检查各类营运船舶3921艘次，查处和纠正各类违章违法船舶460艘次，补征航政规费（含运管费）5.9万元，实施运政处罚案件352起，罚款及没收违法所得7.2万元。

2006年6月12日至6月19日，市港航管理局在嘉兴航区组织开展了全市水路运政检查活动。在为期8天检查中，共出动检查艇336艘次，参加检查人员1850人次，检查航运企业25家、水运服务企业21家，检查各类营运船舶2085艘次，查处和纠正各类违章违法船舶386艘次，补征航政规费（含运管费）5.85万元，实施运政处罚案件162起，罚款及没收违法所得11.75万元。本次检查共发现不符合资质要求的水路运输企业13家，均已发出整改通知书，责令其限期整改。

2007年9月24日至30日，根据省港航局的统一部署，市港航管理局开展了为期7天的全市统一水路运政检查活动。由于本次大检查正值“十一”黄金周前夕和港航规费征收的高峰时期，各级港航管理部门克服了工作任务叠加、人手少等种种困难，突出重点，灵活运用各种方法做好本次检查工作。同时，针对嘉兴海运市场的情况，首次启动了海上运政执法工作，加大对海运船舶的监督管理，切实维护海运市场秩序。在为期7天的检查活动中，共出动检查艇296艘次，参加检查人员1586人次，检查水路运输企业29家，检查各类营运船舶2357艘次（其中海运船舶25艘次），查处和纠正各类违章违法船舶435艘次（其中海运船舶4艘次），补征航政规费（含运管费）44.27万元，实施运政处罚案件90起（其中海运船舶4起），罚款8.12万元（其中海运船舶2750元）。

2008年10月13日至17日，市港航管理局组织开展了为期5天的全市水路运政执法检查。共出动检查艇326艘次，出动检查人员1750人次，检查水路运输企业28家，检查船舶2211艘，查处违章船舶373艘，运政执法案件103件，补征规费19.27万元，补征运管费0.52万元，罚款13.57万元。

2009年，认真做好贯彻施行《浙江省交通行政处罚自由裁量权实施办法（试行）》和《浙江省交通行政处罚自由裁量执行标准（试行）》工作，市港航管理局组织运管人员对水路运输违法行为实施运政处罚的依据、条款和标准进行了学习和研讨。10月19日至23日组织开展了为期5天的全市水路运政集中检查活动。全市共出动检查艇270艘次，参加检查人员1474人次。检查水运企业20家，检查各类营运船舶1655艘次，查处和纠正各类违法船舶218艘次（其中：超载107艘次，补缴规费50艘次，无证或证书过期17艘次），实施运政处罚111件，补缴规费9.95万元，罚款17.68万元。

2010年10月18日至22日，组织开展了为期5天的全市水路运政执法检查。共出动检查艇297艘次，参加检查人员1368人次。共检查水运企业42家，检查各类船舶1437艘次，查处和纠正各类违法船舶105艘次（其中：超载76艘次，补缴规费16艘次，其他违法行为13起），实施运政处罚99起，补缴规费2.93万元，罚款13.84万元。2010年，还加大了对海运船舶的监督管理力度，年内开展沿海运政执法检查12次，检查海船28艘次。自2008年起至2010年止，完成了为期三年的水运管理规范年活动。开展了水路运输企业诚信建设，全市3家企业保持“浙江省水路运输诚信企业”称号，年内2家水运企业积极申报诚信企业。

嘉兴市港航管理部门自2000年起，基本上每年一次，在全市范围内统一组织开展一次以定点集中检查为主水路运政执法大检查。仅2002年至2010年，全市统一组织开展的9次水路运政集中大检查中，共出动监督艇3386艘次、出动运政检查人员14698人次，检查船舶24246艘次，查处违法船舶3810艘次，检查水路运输企业224家次，罚款及没收非法所得103.29万元（见下表）。

表 9-3-9 2002—2010 年嘉兴市水路运政执法集中大检查统计表

年份	出动监督艇（艘次）	出动运政检查人员（人次）	检查船舶（艘次）	查处违法船舶（艘次）	检查水运企业（家次）	罚款及没收非法所得（万元）
2002 年	601	1963	6174	957	27	5.83
2003 年	317	1882	2652	592	22	16.24
2004 年	296	1314	1754	284	22	9.06
2005 年	647	1511	3921	460	26	7.20
2006 年	336	1850	2085	386	25	11.75
2007 年	296	1586	2357	435	29	8.12
2008 年	326	1750	2211	373	28	13.57
2009 年	270	1474	1655	218	20	17.68
2010 年	297	1368	1437	105	25	13.84
合计	3386	14698	24246	3810	224	103.29

(3)日常水路运政执法检查

嘉兴市各级港航管理部门依据《中华人民共和国水路运输管理条例》、《国内船舶运输经营资质管理规定》《浙江省水路运输管理条例》等法规和规章，采取日常现场检查的方法，加强对嘉兴市水路运输市场的监督管理。仅 2002 年至 2010 年，嘉兴市各级港航管理部门除统一开展集中水路运政执法检查外，还加强了日常运政检查工作。在近 10 年的日常运政检查中，对在嘉兴航区内营运的各类违法营运船舶实施水路运政处罚案件达 12960 件，罚款 1033.94 万元、没收非法所得 12.82 万元，罚没款合计 1046.77 万元(见下表)。

表 9-3-10 2002—2010 年嘉兴市日常水路运政处罚案件统计表

统计年份	处罚数（件）	罚款（元）	没收非法所得（元）	罚款及没收非法所得合计（元）
2002 年	217	28212	25080	53292
2003 年	1522	328025	5525	333550
2004 年	2977	2675230	2000	2677230
2005 年	2870	2967455	3705	2971160
2006 年	1321	362590	14650	377240
2007 年	1017	653660	2000	655660
2008 年	1037	843616	6500	850116
2009 年	1039	1139776	68697	1208473
2010 年	960	1340930	/	1340930
合计	12960	10339494	128157	10467651

多年来，嘉兴市港航管理部门通过开展日常水路运政执法检查和集中运政执法大检查等多种形式，有力地规范了水路运输经营者的经营行为，水路运输经营者依法经营的意识普遍有了提高，航区内违法经营的船舶日趋减少，水路运输市场正在健康、和谐、有序地发展。

计划管理

建国以来的水上运输计划管理

解放初，沿袭旧例，自由竞争，无所谓计划管理。为了维护水上交通秩序，确保国民经济建设计划的实施和保障船民合法利益，国家对水上运输，逐步采取统一运价、统一计划、统一调度(简称“三统”管理)。1950 年 9 月华东区第一届内河航务会议通过决议，制定《华东区木帆船舶管理暂行办法》草案。草案指出：“为了发展水上交通，开拓航运贸易，建立航行秩序，统一管理手续，保障航行安全及船舶产权，凡营运的木帆船一律由航务机关登记、检查、管理，营运船舶须受航务机关之领导。并在航务机关协助下，组织水上联运社、运输公司、运输合作社等。取消封建剥削制度，逐步达到组织统一调配。”当时嘉兴航区县一级航务机关尚未建立。浙江省航务局浙西管理所嘉兴分所所辖各县的航政机构，除分所所在地嘉兴外，只有乍浦港建立航管站(乍浦建站较早，当时隶属省航务局)。进行木帆船登记、丈量，实行船舶定港和由航务机关直接调配船只等工作。并根据华东会议精神，开始对木帆船实行统一运价和统一调度，又根据华东区第一届航务会议制定的《关于民船运输公司组织章程》草案的精神，在1951年下半年至1952年上半年，嘉兴、嘉善、平湖等县将木帆船先后组织起来，成立木帆船联合运输社(1952年7月改为民船运输联合社)。在航务机关的领导监督下，对参加营运的船舶，实行统一管理、统一承揽交运、统一船只调度和统一结算及支付运费。

嘉兴专区1952年建立货物运输托运计划管理制度。1953年，中央交通部在全国交通会议上提出"统一计划、统一调度、统一运价"的"三统"管理办法。同年1—6月，浙江省运输计划委员会和嘉兴专署运输计划小组相继成立，正式开始对运输实行计划管理。每月下旬，省、地、县分级召开一次运输平衡安排会议，以确保物资运输按计划进行，加快流通速度。1955年5月以后，按照嘉兴专署运输计划小组关于托运计划采取分级提送、分区平衡的规定，运输计划会议改由各级航管部门召开；原来的各级运输计划小组，只作最后审定，不再召开会议。

1958年10月以后，运输行业又政企离合，体制多变。但是，无论对全民或集体所有制经济性质的运输业的"三统管理"，包括运输计划的平衡安排，则未改变。

1985年7月，杭州、嘉兴、湖州三市航运管理处联合提出《浙江省杭嘉湖内河货物运输计划管理改革意见》，经浙江省航运管理局批准试行。规定凡市辖境内货物运输原则上免提运输计划，由承托双方直接办理；跨市、跨省货物运输、一次托运量在100吨以下者免提运输计划，100吨以上者实行计划运输。于同年9月1日起实施。自以突破"三统"管理格式。1987年9月，市航管处转发省交通厅有文件，对上述《改革意见》改为：凡满30吨的整批货物及全月累计托运量满100吨的零星物资均应提送月度托运计划，进行综合平衡。

在计划管理中，始终实行保证重点，兼顾一般的方针。保证国家重点工程物资、军需物资、抢险救灾物资、季节性支农物资和外贸出口物资，30吨以上水陆联运、中转换装等物资，不论其流向，均实行计划运输。《浙江省杭嘉湖内河货运运输计划管理改革意见》沿用至今。

"七五"期间，运输市场变化多，起落大，客观制约因素复杂。"七五"后期，国家银根抽紧，基建规模压缩。运输管理是实施计划经济与市场调节相结合的运行机制。1986年，嘉兴市航运管理处按照省航运管理局(85)366号《浙江省杭嘉湖内河货物运输计划管理改革意见(试行)》的办法，实施计划管理，做好综合平衡，对跨省、市的货物运输原一次托运在100吨以下免提运输计划，实行市场调节。市航运管理处每月召开一次有航管部门、航运企业及有关单位参加的水运计划平衡会议，并参加省航运管理局召开的水运计划平衡会议。1986年，由于没有一定的约束力来保证托运计划的执行，一般每月有20%左右的计划落空。为使航运企业有稳定的货源保证，维护正常的运输生产，计划安排一般大于运力20%左右，为企业的生产调度创造一定的回旋余地。为减轻每年一季度货源不足的困难，嘉兴市航运管理处于年前组织储砖等运输物资，有效地调节淡季货源，保证节期运输生产正常进行。通过综合平衡，有计划地适应了社会的需要，为提高双边运输系数和运输效率，创造了良好条件。

1987年，嘉兴市航运管理处系统地改进计划管理方式，制发《航运企业营运情况表》，发挥平衡会议多功能作用。根据省厅浙交(87)332号通知精神，调整计划管理范围，从100吨改为30吨。跨省、跨市的货物运输一次托运满30吨要报送月度运输计划，市辖境内的货物运输一次托运满30吨也要报送月度运输计划。吸收本市专业航运企业参加航区运输计划平衡会议，有利于扩大信息交流和经验交流，改进经营管理。如市第二航运公司从会议中获悉长川坝轧石一厂需要资金新建生产设施的信息，即帮助物色对象，使该厂与上海一家经销单位达成了无息贷款十万元和按月供货数千吨的长期补助协议，签订三方运输合同，加强横向联系，发展了货源基地。海盐县运输公司从会议交流的信息中得到启发，抓紧时机完成了企业承包合同的签订，增强了经营机制，同时组织储存砖1.57亿块计40.8万吨作为淡季运输货源，促进生产正常运转。

货源调查是使运输计划切实可靠的基础工作，各县(市、区)航管所坚持货源调查，作为工作议事日程，平湖县航管所组织9人分2组，于1987年3月，调查工厂、砖窑、石场、商店(公司)等38个单位，了解建材、煤炭、化肥等大宗工矿产品和粮食、棉花、油菜籽等主要农副产品销、运情况，预测全年货物发送量45.61万吨，实际完成46.13万吨，1988年5月调查28单位，预测全年货物发送量54.74万吨，实际发送量54.32万吨，均与预测数基本相符。

在安排计划和执行计划过程中，坚持确保重点、兼顾一般的运输原则，将上海港疏港任务(包括杭申线、申嘉线计划)，外调粮食任务、长广煤炭划入计划任务，铁路中转物资运输任务以及化肥、农药等运输物资列为重点计划执行项目。凡省下达的计划列为首位，对季节性的重点任务，采取多种措施给予保证。在蚕茧运输中，从运力的安排，防雨设备的配备，装卸的衔接，职工的思想教育，以及有关单位的协调配合上，事先都作妥善安排，确保蚕茧运输任务按时完成。蚕茧是桐乡县重要农副产品，其中春茧数量最大，桐乡县航管所五年完成春蚕入库运输分别为：217260布包、863麻包，253880布包、824麻包，302160布包、717麻包，274872布包、1475麻包，328350布包、2125麻包，并参与制止私收蚕茧搞贩运的船舶，多次受到政府部门的表彰。

1991年以后的水上运输计划管理

1990年，为了合理安排和组织全航区货物运输，搞好综合平衡，为航运企业的生产经营决策提供信息，嘉兴市航运管理处每年根据省航运管理局的统一布置，发出《关于开展××年度货运经济调查通知》，每年3—5月份，组织近百人对全航区内与水运关系较大的工矿企业和有关单位的货物运量、流向进行调查，同时，专门赴上海了解上海市年度的经济规划和基本建设发展趋势。通过对经济调查工作资料的汇总，根据国家经济计划发展需要，预测年度本市航区货物发送量。以往，航管部门在货运、客运、运输生产、运输质量、计划管理、经营管理、行业管理，以及资料建立、航运统计等方面存在一手“硬”，一手“软”的现象，为了改变这一现象，航管部门树立寓管理于服务之中、管理就是服务的指导思想。

1991年以后，嘉兴交通局认真执行“改革、开放、放宽、搞活”方针，改革交通管理体制，国营、集体、个体、联户一起上，由计划经济逐步走向市场经济，由运输市场进行自由调节。嘉兴市航运管理处组织全市航管人员对全航区内与水运关系较大的459个工矿企业和有关单位的货物运量、流向进行为期两个多月调查，对经济调查工作资料的汇总，为航运企业提供信息。同时与杭州、湖州地区、省驻沪办事处联系，帮助解决落实货源，1991年，完成杭州地区划入运量68.71万吨，完成湖州地区划入运量98.89万吨。

1991年，嘉兴市航运管理处印发了《嘉兴市水路运输经营行为整顿实施方案》，张贴《关于进行水路运输市场经营行为治理整顿的通告》达1250次，编写《治理整顿简报》四期。全市范围内都开展填开装货通知单，填开运输量票据工作。控制外港船舶的超计划运输取得了较好的效果。

1992年11月24日，浙江省交通厅印发了《关于加快改革开放步伐加速发展社会主义运输市场经济的若干意见》的通知，主要精神有：放开运输市场，引入竞争机制；充分发挥市场调节作用，促进运力合理发展；加快建设有形运输市场；国有运输企业是运输市场的骨干力量，各级交通主管部门应简政放权，促进企业转换经营机制，把企业推向市场，提高企业在运输市场中的竞争能力，在竞争中求发展；积极推动机关、企事业单位车、船按规定经审批进入运输市场，实行有偿服务，自主经营，独立核算；缩小计划运输范围，扩大市场调节；对道路客运热线可先在小范围内进行有偿使用的试点；积极利用外资，大胆引进境外资金、技术和管理经验，发展中外合资道路、水路运输企业。

中共十四大以后，浙江省加快改革开放步伐加速发展社会主义运输市场经济，放开运输市场，引入竞争机制。

1996年至1997年，内河水运市场个体运力盲目增长，运力大于运量的失衡现象日趋明显，水运秩序在一定程度上出现混乱现象，航运管理部门从1997年2月下旬开始，对全市范围的水运市场现状及存在问题开展调研工作，调研的主要内容是：(1)各种经济成份水运运力发展情况(包括艘数、吨位)、全行业水运货物运输生产情况、乡镇船舶的特征状况、水运服务业现状。(2)专业航运企业基本情况、管理水平、经营状况、船舶结构、安全状况以及存在的主要问题。(3)辖区货源的基本状况(重点是海宁、海盐的石料，桐乡等地的砖瓦、水泥以及港口、铁路中转物资)与运力的供求关系，运力结构和市场货源的适应性等。(4)航运管理部门在水路运政管理方面所做的主要工作及存在的问题。通过对水运市场现状的调查与分析，航管部门提出了建立统一开放、竞争有序的水运市场秩序的12条建议和对策，对规范水运经营行为，培育良好的水运市场，促进企业转制等产生了积极影响。

1998年8月，根据嘉兴市交通局《关于印发嘉兴市进一步深化水运市场整治工作实施意见的通知》精神，市航运管理处对全市水运服务业进行检查，进一步规范水运服务企业的经营行为，使水运服务企业做到四统一，即统一票据、统一收费标准、统一代理单证、统一持证上岗。

长期以来，嘉兴市水路货运管理实行的是计划经济体制下形成的计划平衡衔接制度。这一制度在计划经济时代对于完成水路货运任务起了较为明显的作用。但是，随着社会主义市场经济体制的逐步建立，这一制度越来越显得不适应形势发展的要求，一方面管理部门管了不该管的又管不好的事情，另一方面阻碍了航运企业想要实现企业经营自主、公平参与市场竞争。自2000年7月1日起，对嘉兴市的水路货物运输管理制度进行了改革，在嘉兴市范围内由水路起运的货物取消了水路货运计划审批和平衡衔接的规定，改为由承托双方按国家法律法规规定自愿签订运输合同。

嘉兴市进行了以取消水路货运计划审批和平衡衔接，实行水路货物运输由承托双方按国家法律法规规定自愿签订运输合同为主要内容的货运管理制度改革，在浙江省杭嘉湖内河运输管理中尚属首家。为航运企业进一步面向市场，积极参与市场竞争，在竞争中求生存、求发展创造了条件。这一做法受到了各级水运管理部门、企业、广大船户的普遍欢迎。

为加强水运行业管理，维护水运市场秩序，促进水运市场健康发展，以及为进一步运用法律手段来管理水运市场，根据《水路运输管理条例》及其《实施细则》的有关规定，自2000年7月1日起，嘉兴市在杭嘉湖内河运输管理中率先推出全面开始试行“水路货物运单”制度。即：凡在本市航区从事营业性货物运输的船舶都必须按规定使用交通主管部门规定的“水路货物运单”；开具运单的船舶必须具备有效的船舶、船员证书和营运证照及有效的规费缴讫凭证；运单必须按规定随货同行。

2009年，开展水运市场调研分析，指导行业可持续发展。结合学习实践科学发展观活动，召开了水运企业、石矿企业、水路运输服务企业等一系列座谈会，完成了《调整水路货运结构，服务经济社会发展》和《改善海运发展软环境，促进海运业健康发展》两项调研课题。

运价管理

客运运价：民国时期嘉兴及邻近县轮船客运票，由轮船商业同业公会议订里程、票价，报该地船舶事务所核准实施；抗战胜利后由轮船商业同业公会议订，报县政府核准，但各地客运运价参差不一。解放前夕，物价飞涨，民国38年(1949年)3月9日，桐乡至嘉兴轮船票每张800元，到4月15日涨到2.5万元，上涨300多倍。

建国后，浙江省航务局于1950年1月核定客运票价每人公里0.024元(折合成人民币，后同)。5月起，客票价核减25%。1953年，浙江省航运公司第一次规定了客运票价。票价分四部分组成，其公式为(保险费0.01元+底分0.01元)+(每人公里基价0.018元×运载公里)＝全程票价。

1971年1月，浙江省交通邮政局颁发了《关于公布本省杭嘉湖内河客运里程、票价的通知》，自7月1日起实行。按照统一里程、统一基价的精神，对票价作了新的调整，其主要内容：(1)客票基价，每张客票的底分0.02分，每人公里单价80公里以内为0.0175元，超过80公里递增0.008元(包括保险费)；(2)实行分票制，废除1961年11月起实行的五分进舍制，改为以分为单位(分以下四舍五入)分票制，每张客票的最低计价，不分全票半票一律为0.05元(包括保险费)；(3)一律按新的客运里程表计算票价(客运里程以100公尺为单位，不满100公尺的四舍五入)；(4)儿童票价按普通票价50%计算。军人票价，凭军人通行证半价优待(革命残废军人凭证半价优待)。

1978年，由于客运站点增多，为简化票价的计算，自同年6月1日起，在每张客票最低价0.05元的基础上，对尾数采用“二舍三入”办法，即满0.03元的按0.05元计算，不满0.03元不计。

1980年9月，交通部将1974年9月1日起试行的《中华人民共和国交通部水上旅客运输规则》修订后颁发各地，自10月1日起实行。对旅客船票和行李包裹的计费，意外情况的处理，都有明确规定。翌年10月，又对个别条款的计费标准作了补充，内容更为具体。《水路旅客运输规则》规定每张客票的起码票价为0.10元，内河船票的尾数可以0.05元为单位；每一成年旅客随身携带物品，不能超过20公斤，半价儿童携带物品不超过10公斤，超过部分应办理托运，也可以客运站同意自带上船，按自带包裹收取运费。

1985年，浙江省物价局、交通厅鉴于修造船舶的原材料和燃料调价，多数客运单位连年亏损，为使企业有扩大再生产的能力，联合发出了《关于调整机动船客运票价的通知》，自1985年1月21日起实行。其中与杭嘉湖地区有关的内容，主要有：(1)客票基价：运距80公里内，每人公里调整为0.02元，超过80公里部分调整为0.01元(以上已包括3%保险费在内)；(2)客票底分统一规定为0.05元；(3)旅游航线的客票，根据船舶设备条件和淡旺季节，按同船线票价，在20%幅度内上下浮动。

1987年9月，经嘉兴市物价局、交通局批准，适当调整客运票价，底分为0.05元调整为0.08元；每人公里基价0.02元调整为0.028元，自9月20日起实行。

1989年1月，嘉兴市物价局、交通局鉴于修造船舶所需原材料和燃料(柴油)价格上涨幅度加大，计划内供应量逐年削减，议价柴油比例日益增大，重柴油供应大幅度减少，在此双重影响下，客运成本增大，为缓解运输成本增大和客运票价相对偏低的矛盾，经批准对水上客运票价作一些调整，底分从0.08元调整为0.10元，每人公里基价0.028元调整为0.03元，自1989年1月17日起实行。同年8月，鉴于水路客运票价仍偏低，运输成本日益增大，客运单位亏损日增。为扶持水运企业维护正常水上旅客运输，经嘉兴市物价局、交通局批准，同意在嘉兴市航区客运票价再次作适当调整，底分从0.10元调整为0.20元，每人公里基价0.03元，调整为0.04元。出市境航线，其出境每人公里基价不变。其计算方式：(本航区客票底分0.20元+每人公里基价0.04元×运载公里)+外省、市每人公里基价(原票价基数)＝全程票价。

1993年6月16日，省物价局、交通厅联合下发《关于调整省管水上旅客运输票价的通知》，杭、嘉、湖内河、钱江水系的客票基价每人公里从0.035元调整为0.06元，有关计收油贴的规定同时停止执行。

20世纪90年代后期，为适应社会主义市场经济体制要求，发挥价格杠杆对水运市场资源的配置作用，水上旅客运输和水路货物运输价格逐步放开，实行市场调节价。2001年3月6日，国家计委、交通部《关于全面放开水运价格有关问题的通知》第一条规定：2001年5月1日开始，放开水运客货运输价格，实行市场调节价。具体价格由水运企业根据经营成本和市场供求情况自行确定。全市水运价格根据上述精神全部实行市场调节价。2001年起，客运运价时代终结。另外，在嘉兴南湖风景区，游客乘座客运船舶到湖心岛等地游览，不单独售船票，而是以南湖景区门票(包含船票的方式)对外发售。

货运运价：民国时期，嘉兴未见规定统一运价，悉由承托双方按市价议价，船多货少时运价则低，货多船少时运价则高。大多是米业、窑业、运输业等同业公会同行公议，作为标准，沿习已久。嘉兴及邻近县解放前夕，因物价暴涨，早晚不一，运费乃按米价折算。此计算方法解放初期曾沿用。

1952年5月，华东军政委员会交通部颁发《华东内河运价管理暂行规则》，规定运价必须由航管机关管理，其他任何单位不得自订运价，开始确定了内河运价的管理部门和权限。同年11月，浙江省内河航运管理局又制订了《浙西地区木帆船统一运价(草案)》和《货物分等表》，经浙江省运价审议委员会批准，以经物(52)字6684号通知下达各地，自12月11日起试行。于是，运价计算，更为明确，它规定一切货运价格的计算，由装卸成本、航运成本、航行里程和装载吨数四个部分组成，每吨货物的装卸成本为0.8901元，每吨公里的航运成本为0.0205元，(均已折合新人民币)其计算公式如下〔装卸成本+(航运成本×航运里程)〕×装载吨数＝全程运价。但是，由于它规定了除本港短驳外，最短航程不满30公里，按30公里计算，以致产生了船户乐于短驳，不愿远运；货主则认为起点偏高，因而执行时产生困难。所以，后来又修改为最短航程起码6公里，6公里以上一律按实际里程计算。这是中华人民共和国成立以来，杭嘉湖地区最早的统一运价。

1954年3月，嘉兴航区的运价开始第一次调整。嘉兴航运管理处调低短驳的装卸基数为0.666元(已折合新人民币)。由于这次调价，因各地短驳条件不同，执行上难求一致，又修正为嘉兴市区以外各地，可按实际情况决定。

1955年6月，嘉兴专署交通运输管理局通知，石料，木帆船运价下降10%，作为特定运价。

1956年6月，浙江省交通厅颁发了省内第一部《海港省轮船运输货的运价汇编》。由于浙西地区多数县份轮船货物运输之船舶极少，因此报经省交通厅修正后，以省人委(56)浙工办字3158号文批准《浙江省轮船运输货物运价规定》于1957年1月起开始执行，其主要内容有：(1)将各类货运物资，分成为75项，270多类，费率划成25个等级计算运费，最高为1级，最低为25级；(2)轮拖驳船的货运，满5吨以上为整批，5吨以下为零担。整批货运距离至少10公里；(3)一律按所附里程表计费。表内未定的按当地航管部门规定办理；(4)根据不同货物、航线、分列特定运价。如：嘉兴航区出运上海大米每吨按运价率加0.50元；海盐角里山出运上海石料每吨按运价率加0.20元；嘉善出运外省砖瓦每吨按运价率加0.50元；(5)零担货物，按每件立方体积折合重量(公斤)计费，起点至少10公斤。执行这一新的规定，计算虽较前复杂、烦琐，但不同货种的费率更趋合理，运价也比原来下降20%左右。

1965年2月，浙江省航运管理局发出(65)航运字第5070号《关于木帆船应按1958年调整运价执行的通知》，指出“查浙西水系的木帆船运价，浙江省交通厅曾在1958年7月，以(58)交搬字第40516号通知，自当年8月开始调整执行，嘉兴航区仍按运价计算。根据浙西水系几年来的运量发展和船民收入情况，不宜再维持原来运价”。因此，嘉兴航运管理处按浙江省航运管理局指示，嘉兴航区自1965年3月1日零时起，按照1958年通知的调整运价执行，即木帆船运价装卸基数由原0.8901元调低为0.80元；运距3公里以内的装卸基数由原0.666元调低为0.60元；航运基价由原每吨公里0.0205元调低为0.018元。这次调价总的幅度约降低10%。

1972年，浙江省航运管理局派员并会同杭州和嘉兴地区两个航运管理处有关人员参加测绘了《杭嘉湖航道实际里程图》。新里程图测定以后，各地航运管理部门虽因实测里程与习惯里程有所不同，而未能立时采用；但是，它终究为准确计算杭嘉湖地区内河货物运价里程，首次提出了依据，使各地参差不一的习惯估算，而后得以废弃。

1980年1月，浙江省交通局又颁发了《浙江省内河货物运价规则》和《杭嘉湖内河货物运价》，经省人民政府1月15日以浙政发(1980)2号文批准，自2月1日起试行，并宣布以前一切有关水上货物运价的规定，同时废止。

新的杭嘉湖地区运价，与过去的运价主要区别有：(1)取消零担整批区别。零担货物运价，按整批运价率加收30%计算；(2)简化级差，将原运价的25个等级简化为8个等级；级差系数从原来的735%(即25级为100，1级为735)缩小成300%(即1级为100，8级为300)；等级之间也作了适当的调整；货物分项从75个减为20个；(3)调整运价基价，将原有停泊基价每吨1.17元，调整为1.25元；航运基价每吨公里0.0118元改为0.0147元，150公里以上的降为0.01元；(4)过去的10公里起点，改为1～2、3～5、6～9公里，10公里以上的，以5公里为一计算单位；统一计费办法，把原来的轮船、木帆船、航快船三种计费办法改为一个计费办法，在费率上作出区别；(5)C级航区船舶航行，穿越长江和黄浦江的，以江阴黄田港上下、黄浦江分水龙王庙以下为界，加收运费10%～20%；全国性水陆联运，按运价率减10%优待计算。通过调整，新的运价比原价提高幅度约8.9%。

表9-3-11　杭嘉湖内河机动船非机动船货物运价计算标准

等级	级差系数	吨位基价	里程基价(元/吨公里)	
			150公里以内	151公里起
1	100	1.25	0.14	0.01
2	105			
3	115			
4	130			
5	150			
6	190			
7	230			
8	300			

杭嘉湖内河货物运价里程，过去一直由各县以习惯里程沿用而定，同一起讫地点，由于起运地是二个县，而里程计算不同。

1982年年初，由浙江省航运管理局再次组织人员深入调查研究，对杭嘉湖地区航道运价里程进行汇编和复审，经浙江省交通厅1982年11月17日(82)浙交函218号文核准，同意自1983年1月1日起颁布执行。对出省运输的货物运价里程也作了调整，客轮附货的货物运价里程仍暂按现行客运航线里程不变。从此，杭嘉湖地区有了统一的内河货物运价里程。

1984年，浙江省物价局、交通厅鉴于航运企业因受原材料和燃料调价的影响，部分单位营业发生亏损，为促进(国营、集体、个体)水上运输企业的正常发展，于6月间联合发出了《关于水上货物实行浮动运价的通知》，自7月1日起实行。它规定杭嘉湖内河的货物运价，可在原省定运价的基础上向上浮动10%，县境范围内的短途货运和航快船零星货物的运价，由地(市)物价局、交通局审定，报省备案。于是，嘉兴市物价局、交通局在同年12月联合发出了《关于小吨位船舶和航快船零担货运实行浮动运价的通知》，自1985年1月1日起实行，其浮动幅度如下：(1)凡30吨以下货驳组成的300吨以下小船队，挂机船和自摇船，按现行杭嘉湖内河整批货物运价，分别上向浮动：(a)运距在15公里以上(含15公里，下同)至30公里以下，向上浮动10%；30公里以上至40公里以下，向上浮动20%；40公里以上，向上浮动30%，定期、定线、定船运输及装运回程货物者，不得收取调空费。(b)按不同运距收取调空费：50公里至99公里按整批货物运价加15%；100公里以上加25%。(2)航快船零担货物的运价，按现行运价率向上浮动10%。

1985年12月，嘉兴市物价局、交通局根据改革开放以来的市场形势，再度联合发出了《关于进一步完善、调整小吨位船舶货运浮动运价的通知》，自1986年1月1日起试行。它的主要内容是在省定杭嘉湖内河运价的基础上，扩大了浮动的幅度：(1)20吨以下船舶及其组成的100吨以下的船队，可按现行整批运价向上50%范围内浮动；30吨以下船舶及其组成的300吨以下船队，可在向上30%范围内浮动；(2)航快船零担货物的运输，按零担运价向上30%范围内浮动；(3)调空费的计算，运距在31至50公里，按整批同级运价加15%；51公里以上，加25%收费。

由于近年来航运生产所需的各种原材料价格普遍上涨，特别是占成本三分之一的燃料(柴油)价格上涨幅度更大，计划内供应量逐年削减，议价柴油比例日益增大，在双重影响下使运输成本直线上升。同时，其他开支也相应增加，大数多水运企业陷入困境，难以为继。为在一定程度上缓解运输成本和运价相对偏低的矛盾、扶持水运企业、维护正常生产，浙江省、嘉兴市分别在1983年和1990年先后两次对内河货物运价作了适当调整。

1986年，经浙江省物价局(1986)166号文和浙江省交通厅浙交(1986)567号文规定，自1986年12月1日零时起调整杭嘉湖地区内河货运基价；货运吨位基价由原来的每吨1.375元，调整为1.70元，提高23.6%；140公里内航行基价每吨公里从原来的0.0154元，调整为0.0185元，提高20.1%；150公里以上部分的航行基价每吨公里从原来的0.011元，调整为0.0135元，提高22.7%。同时对部分货物运价计算等级也作了调整，出县(市)境外的砂石运输除按原定等级计费外，可在10%幅度内，由地、市交通、物价局具体审定上浮幅度，此外，还修改了部分“货物运价规则”：(1)内河船舶(队)航行穿越长江、黄浦江的运费计算：江阴黄田港以上的按全程运费加收15%；江阴黄田港以下的按全程运费加收25%；黄浦江分水龙王庙以下和淀山湖按全程运费加收15%；进上海苏州河卸货时按运价加收10%；(2)本省船舶因托运部门要求放空或回程空驶以及根据突击运输需要，并经交通(航管)部门签订，确属单边运输的，其放空或回空运输可按规定计收放(回)空费：杭嘉湖区内货物运输运距在31公里以上50公里以内的，按船运费的1.5%计收放(回)空费；运距在51公里以上80公里以内按船运费的2.5%计收放(回)空费：运距在81以上的按船运费的30%计收放(回)费;出省(市)的货物运输,按当地同级货物运价计收30%放(回)费,由托运部门组织,在调船过程中捎运货物,应相应减收放(回)费的吨位,属正常航线的正常运输不得收取放(回)费。(3)杭嘉湖内河小港小批量货物运输使用80吨以下的本质、水泥船或40吨以下的钢质船及其组织的400吨以下的小船队,其运价率可按"价规"规定的费率在25%的幅度内上浮,具体幅度由当地县(市)物价,交通局规定。(4)对无法提供正确计量或严重影响船舶装载率的货物,可以分清等级的按规定等级计算,分不清等级的一律按船舶核定吨位以四级运价包船包舱计算。(5)轮拖竹、木排费率:木才按立方米,竹类按600千克换算一立方米计算。起码计费拖运量400立方米,超过者按10立方米计整,运费每立方米为0.018元,核定功率45马力(33.1千瓦)以下的机动船拖运少量竹木排时,起码计算量为30立方米,每立方米收基价0.30元和里程费每公里0.018元。(6)船舶租用率按原来的规定提高25%。(7)船舶延期费,由现行每期船吨0.25元,调整为第一期0.40元,从第二期起每期每船吨收费0.60元。(8)包船运输调船(回程)空驶费改按三级货物运价率为25%计收。

1986年,调整前的货运价格偏低,特别是原来统一运价没有考虑大小船之间运输成本之间的显著差别而实行运价一刀切,影响运输单位经营小吨位船舶运输业务的积极性。小船运力日渐减少,既造成小港支流和小批量运输困难,又引发运输市场上任意哄抬运价。为加强宏观管理,逐步理顺货运价格,嘉兴市航管处参加了杭、嘉、湖货物运价测算工作,并对本航区小吨位船舶运价的问题进行调查和测算,拟定《关于调整小吨位船舶货运价格的试行方案》,经嘉兴市物价局、交通局审定,于1986年元旦起实施。由于调整方案大体符合承托双方的要求取得物资单位的谅解而得到顺利贯彻。1986年国发(86)第100号文件《关于扶持集体航运企业的通知》下达后,调整后的运价于1986年12月1日开始执行,初期遇到不小的阻力,尤其对运往上海石料的特定运价和回空费问题存在很大争议。当时正值季节性淡季,有些企业在种种压力下已经或准备进行削价竞争,出现激烈相争的局面。鉴于杭、嘉、湖内河货物运价已三十年不变,航运企业的经济困难已到难以承受的程度,嘉兴市航管处从既不影响专业航运企业的基本货源,又坚持运价原则出发,与邻市、邻省的运输费用进行多方比价,提出石料特定运价一律照收、回空费根据本市集体航运企业存在部分双边运输的实际情况,平均按运价的20%计收,从而使运往上海石料的实际运费与沪、杭、湖三市保持一致或大体相等,有助于航运企业做好主要物资单位的工作,促使新运价的执行情况渐趋正常稳定,维护了企业的合法权益。

1987年,根据"两户"船舶当时每吨每月运费收入30元测算,为求规费的统一和平衡负担,确定收费标准为每吨每月3元3角(其中航养费1.80元、货物港务费1元、护岸费0.5元)。

为进一步扶持航运企业,摆脱连年亏损局面。确定合理运价,理顺价格体系。嘉兴市根据浙江省物价局浙价费(1990)17号文和浙江省交通厅浙交(1990)85号文,于1990年4月5日零时起,决定在1986年动价调整的基础上再次对内河货物运价作适当调整。

货运基价杭嘉湖内河停泊基价调整为每吨3.00元;航行基价,运距在150公里以内(含150公里)由每吨公里调整为0.03元;150公里以上部分每吨公里调整为0.024元。

货运等级,货物运价等级继续执行八级制,对部分货物地作了调整;煤炭调整为四级;煤球、煤饼调整为二级;焦炭调整为五级;散装原油调整为七级;水泥、木材调整为五级;工业盐调整为四级;茶叶等级不变,加成率调整为50%;散装水泥等级不变,加成率调整为20%。

货物级差率:货物运价级差率,以一级货物为100%,二级货物为一级的110%;三级货物为一级的120%;四级货物为一级的130%;五级货物为一级的150%;六级货物为一级的170%;七级货物为一级的230%;八级货物为一级的300%。

1992年8月15日,省物价局、交通厅联合下发《关于调整浙江省水路货物运价的通知》,内河货物运价:停泊基价由每吨3.00元调整为每吨4.00元。航行基价运距在150公里以内(含150公里)由每吨公里0.03元调整为0.04元。文件还规定粮食(大米、稻谷、小麦、面粉)、化肥的水路货物运价,继续实行优惠,按新运价的85%计收。

20世纪90年代后期,为适应社会主义市场经济体制要求,发挥价格杠杆对水运市场资源的配置作用,水路货物运输价格逐步放开,实行市场调节价。2001年3月6日,国家计委、交通部《关于全面放开水运价格有关问题的通知》第一条规定:2001年5月1日开始,放开水运客货运输价格,实行市场调节价。具体价格由水运企业根据经营成本和市场供求情况自行确定。全市水运价格根据上述精神全部实行市场调节价。

2008年,据抽样调查系统显示,全年内河货船平均航次只有3.8个航次,低于2007年的4.4个,年内河平均运价只有12元,可以说内河航运企业的经济效益已经微乎其微。沿海货运与勉强维持的内河货运相比,经历了一次先扬后抑的严重考验,上半年发展势头良好,但从8月份开始运价一路狂跌，波罗的海干散货指数从8月份的11000多点一直跌到年底的不足700点，由秦皇岛等北方沿海港口到嘉兴港等地的煤炭运价也从去年最好时候的每吨160元惨跌到年底的每吨不足30元，因此全年沿海货运的增长率也由此放缓。

2009年上半年，嘉兴市营运船舶月平均航次只有4.1个，船舶平均运价在11.1元/吨左右；沿海市场只有20~30元/吨左右，整个海运市场已进入非常低迷的状态。2010年内河平均运价11.7元。沿海货运虽然运力势头发展迅猛，但起伏不定的运价、远洋海运运力的更新以及远洋运输航线调整到国内沿海等多种因素使得本就处于发展初期的嘉兴海运发展速度时快时慢。2010年，由于总体上嘉兴市内河货运量在全社会货运量中占绝对多数，因此整个水运生产依然呈现出稳步增长的局面。

第五节　航政规费

历史沿革

1951年，国务院制定统一收费规章，由航管机构向货主征收运费值1%的航政费，作为航管机构和人员的行政管理费开支。1954年4月，浙江省航运管理局经省财政经济委员会批准，停止征收，改航政费为管理费，木帆船按运费征收3%管理费，7月，又向航快船按运价征收2%管理费。

1963年，按浙江省航运管理局(63)航港字第21079号通知，向船舶单位征收营收总额3%的航管费；向货主单位征收运费总额4%的调配费。

1987年，嘉兴市航运管理处以嘉市航管运(87)8号文提出《正确处理重收护岸费的报告》。1988年，市航管处制订《稽征管理办法》。同年，对航运企业航政规费解缴情况进行调查。清查拖欠、未缴、少缴的企业并及时督促缴纳，对多缴的企业按有关规定进行清退，避免规费乱收多缴现象。1990年，省航运管理局批复嘉兴市航运管理处《关于查到无证船舶经营营业性运输按章征收航政规费的请示》。

1988年以后，岗位目标管理责任制在航管系统推行，促进稽征工作有效开展，并落实到站点，建立了稽征网络。海盐，嘉善航管所加强对本港“两户”船舶的规费征收工作：(1)按辖区分片管理，采用半月定期签证的办法加强船户自觉及时缴费。对不及时缴纳规费的船户采用发催缴单和上门收费以及托收等办法。海盐所在通元、官堂航管站单独建账，加强财务基础工作。(2)加强费收检查，严格执行费收政策。(3)稽征管理和安全管理相结合。采取巡航检查和深入现场“一条龙”办证方法，堵住拖、逃、漏缴规费现象。1989年，嘉兴市航运管理处港航事业费收入达1786万元。

经省交通厅、物价局、财政厅核定，1991年10月1日起在全市征收的航政规费主要有：内河航道养护费、货物港务费、船舶港务费、内河通航河道护岸费、船舶检验费及其他规费（水上交通事故调解费、船舶登记费及各类工本费）。1991年12月1日起开始征收水路运输管理费。1993年1月1日起征收浙江省水路货运附加费。根据嘉兴市政府的意见，为保障杭嘉湖地区干线航运安全畅通，内河航道建设费从1993年9月1日起开征，由嘉兴市交通局委托市财政局代征，专项用于内河干线航道建设。1999年9月1日经省政府同意，决定在全省范围内将浙江省水路货运附加费、沿海港口基础设施费、内河航道建设费合并，统一开征浙江省水路交通建设费。2000年1月1日起停止征收沿海航政费，7月1日起停止征收内河通航河道护岸费，2002年6月1日起停止征收浙江省水路交通建设费。2005年11月1日起开始征收浙北干线航道通行费。

现行航政规费包括内河航道养护费、货物港务费、船舶港务费、水路运输管理费、船舶检验费、浙北干线航道通行费及其他规费，由市港航管理部门征收。

1995年11月，经嘉兴市编委批复《关于同意嘉兴市航运管理处增设稽征管理科的批复》，“同意嘉兴市航运管理处增设稽征管理科。”

1998年7月，嘉兴市航运管理处稽征管理科更名为稽征督察科。

在规费征收管理上，2000年以前，嘉兴航区一直采用原始手工操作的方法。由于工作量大，所以效率很低，差错率也高，征收的港航事业规费基本上是现金，尽管给征费窗口配备了验钞机等设备，但在月末月初征费高峰时，假币还是防不胜防。同时船户以船为家，注册地与营运地不尽相同的特点，船主携大额现金往返也给船主在缴纳港航规费领取缴费凭证带来了极大的不便以及人身财产安全隐患。为了规范稽征管理工作，嘉兴市航运管理处于1999年10月份与嘉兴嘉软公司共同开发了“稽征业务管理系统”单机版，自2000年7月份开始在全市各航管处(所)全面启用，电脑开票系统将船舶的征收数据自动放入相对应栏内，可通过多种方式对船舶规费缴纳情况进行查询、统计以及对征收情况生成报表和数据的传输工作，减轻基层站点工作人员工作量，降低开票出错率，能准确及时地为领导提供各种数据。

为进一步发挥管理系统的作用以及解决现金征收带来的规费资金的安全问题，嘉兴市航管处于2002年年初决定实施港航规费稽征业务管理系统网络化管理应用，并动员广大船主使用信用卡缴费，将港航规费稽征管理水平提高到一个新的层次。

2004年5月，启动开发港航规费银行委托结算系统（简称电子缴费系统）。系统实施后，各水运经营者可在嘉兴市港航系统38个港航规费缴纳点中的任何一个港航管理窗口凭“嘉兴市水路规费电子缴纳缴费凭证领取卡”领取港航规费缴讫凭证。

2008年年初，市港航局决定对嘉兴内河港装卸作业的船舶实行报港管理，出台“嘉兴内河港装卸作业船舶报港管理办法”，开发“船舶报港管理系统”，试行报港、装卸、签证、缴费全过程便民措施，运用科技手段创新征管方式，做到了“创新、服务、发展”。

2009年1月1日开始，国家实行成品油价税费改革政策，成品油价税费改革的总体思路是：规范政府收费行为，在不提高现行成品油价格的前提下，提高成品油消费税单位税额，依法筹集交通基础设施养护、建设资金；完善成品油价格形成机制，理顺成品油价格。进行燃油税费改革，取消公路养路费、航道养护费、公路运输管理费、公路客货运附加费、水路运输管理费、水运客货运附加费等六项收费。

内河航道养护费

内河航道养护费（简称航养费），用于航道养护和建设。1965年印发《关于颁布“浙江省内河航道养护费征收和试行办法”的通知》（省财政厅、交通厅[65]财企字1684号、[65]交航监字第5280号），在本省内河通航航道上航行的船舶按营收的4%征收。1971年《关于调整航道养护费及航政费收费率的通知》（财金企字第428号、浙交邮航（71）字第498号），明确按营运收入的6%征收。为加强航道管理和养护，改善通航条件，保证航道畅通和航行安全，充分发挥水运在国民经济中的作用，根据《中华人民共和国航道管理条例》和《中华人民共和国水路运输管理条例》的有关规定，业经国务院办公厅国办函（1992）40号文批准，授权交通部、财政部、国家物价局于1992年8月4日制定并发布《内河航道养护费征收和使用办法》，浙江省交通厅、财政厅、物价局印发《关于内河航道养护费征收问题的通知》，1992年10月1日起按8%征收；为合理确定内河航道养护费等水路规费的征收定额，颁发《关于杭、嘉、湖、绍水运规费征收定额问题的通知》，1996年4月1日起39吨以下定额4元/吨·月，40~99吨每增加1吨，定额增加0.10元/吨·月，100吨以上定额10.10元/吨·月；1997年国家计委、财政部对部分行业收费清理，降低22项收费标准，1998年1月1日起按6%征收，39吨以下定额3.00元/吨·月，40~99吨每增加1.00吨，定额增加0.08元/吨·月，100吨以上定额7.88元/吨·月，临时2.00元/吨·次。2001年《关于统一杭嘉湖航区外省籍船舶内河航道养护费航次定额标准的通知》，规定9月1日起外省籍船舶内河航道养护费航次定额标准统一为2元/吨。2004年12月23日浙江省财政厅、物价局下发了《关于调整部分办河交通规费标准的通知》，标准船型在现行定额标准的基础上降低30%；挂桨机船自2005年1月起，在现行定额标准的基础上加收10%；自2006年1月起，在现行定额标准的基础上加收20%；自2007年1月起，在现行定额标准的基础上加收30%。2009年1月1日起，国家实行燃油税费改革，内河航道养护费停止征收。

货物港务费

1980年1月1日开征，进出本省沿海内河各港的货物，甲类货物进出口各计征0.10元/吨、乙类货物进出口各计征0.20元/吨。1990年印发《关于我省水运货运价格的通知》（浙价费〔1990〕17号、浙交〔1990〕85号），甲类货物进出口各计征0.20元/吨、乙类货物进出口各计征0.40元/吨。1994年《浙江省港口费收规则》（浙价费〔1994〕69号、浙交〔1994〕163号）“关于适当调整港务费费率”的决定，按每进口或出口一次，向货主征收货物港务费0.35元/重量吨、0.25元/体积吨、二吨集装箱0.72元/箱；经营产运销结合难于按其进出口货物运量计收货物港务费，1995年4月1日起每月每载重吨统一按2.50元计征（浙价费〔1995〕106号、〔1995〕浙交复638号）；根据《中华人民共和国港口收费规则（内贸部分）》，2004年12月23日浙江省财政厅、物价局下发了《关于调整部分内河交通规费标准的通知》（浙价费〔2004〕334号），标准船型在现行定额标准的基础上降低30%；挂桨机船自2005年1月起，在现行定额标准的基础上加收10%；自2006年1月起，在现行定额标准的基础上加收20%；自2007年1月起，在现行定额标准的基础上加收30%。2005年8月1日起浙江省进出口货物港务费征收标准调整（浙价费〔2005〕199号），沿海0.50元/吨·次、内河1.00元/吨·次，经营产运销结合难于按其进出口货物运量计收的，货物港务费按定额4.00元/吨·月。

船舶港务费

1988年10月1日开征，根据国务院国发〔1986〕109

号通知发布的《中华人民共和国内河交通安全管理条例》和国务院国发〔1987〕98号《关于加强内河乡镇船舶安全管理的通知》的规定，以及省人民政府浙政办发(1988)165号关于同意开征船舶港务费的批文，并参照交通部报经国家物价局审查同意的《港口费收规则》，于1988年8月31日颁发了《浙江省船舶港务费征收办法》,，按每进口或出口一次，征收船舶港务费沿海0.20元/吨、内河0.10元/吨，定额1.00元/吨·月。

1994年，《浙江省港口费收规则》(浙价费[1994]69号、浙交[1994]163号)“关于适当调整港务费费率”的决定，按每进口或出口一次，征收船舶港务费沿海0.25元/净吨、内河0.55元/净吨、拖轮每千瓦0.75元，实行按月定额计征的内河船舶港务费3.00元/净吨·月、拖轮4元/千瓦·月。2004年12月23日浙江省财政厅、物价局下发了《关于调整部分内河交通规费标准的通知》，标准船型在现行定额标准的基础上降低30%；挂桨机船自2005年1月起，在现行定额标准的基础上加收10%；自2006年1月起，在现行定额标准的基础上加收20%；自2007年1月起，在现行定额标准的基础上加收30%。

水路运输管理费

1991年12月1日开征，按营运收入的1.5%征收。为促进水运事业的协调发展，维护水运市场秩序，保证水路运输行政管理工作的正常进行，根据《中华人民共和国水路运输管理条例》的规定，交通部、财政部发布了《水路运输管理费征收和使用办法》，浙江省交通厅、财政局、物价局颁发了《浙江省水路运输管理费征收和使用办法》。为合理确定内河航道养护费等水路规费的征收定额，颁发《关于杭、嘉、湖、绍水运规费征收定额问题的通知》，1996年4月1日起39吨以下定额0.80元/吨·月，40~99吨每增加1吨，定额增加0.02元/吨·月，100吨以上定额2.02元/吨·月。2000年《关于统一沿海水路运输管理费征收定额标准的通知》，普通货船(包括集装箱船舶)1000吨以下2.50元/吨·月，1001~6000吨3.00元/吨·月，6001吨以上2.00元/吨·月；油船及其它危险品船舶3.40元/吨·月。2004年12月23日，浙江省财政厅、物价局下发了《关于调整部分内河交通规费标准的通知》，标准船型在现行定额标准的基础上降低30%；挂桨机船自2005年1月起，在现行定额标准的基础上加收10%；自2006年1月起，在现行定额标准的基础上加收20%；自2007年1月起，在现行定额标准的基础上加收30%。2009年1月1日起，国家实行燃油税费改革，水路运输管理费停止征收。

船舶检验费

1993年8月31日，省航运管理局下发《关于执行“船舶和船用产品检验计费规定”的通知》，从9月1日起执行。1998年9月24日，省物价局、交通厅下发《关于转发船舶及船用产品检验计费标准的通知》，9月24日起执行新的《船舶检验计费标准》和《船用产品检验计费规定》。具体船舶检验计费公式：F=N*C*K，式中：F－应收的检验费或认证费；N－基数(元)；C－系数：由不同船舶的类型、结构装置和船龄确定；K－因素：全省内河船为0.76，沿海船0.9。船用产品检验计费包括审图费、认可费、检验费等。这标准延用至今。

浙江省水路交通建设费

1999年9月1日开征。为加快浙江省水路交通设施的建设和改造步伐，提高航道和港口通过能力，适应国民经济发展的需要，经政府同意，决定在全省范围内将“浙江省水路货运附加费”“沿海港口基础设施费”“内河航道建设费”合并，统一开征水路交通建设费，专项用于浙江省航道、港口的重点工程建设和还贷。制定《浙江省水路交通建设费征收暂行管理办法》。定额3元/吨·月，临时在县境内0.2元/吨·次、市境内及跨市运距100公里以内的为0.20元/吨·次、省内跨市运距100公里以上为0.50元/吨·次、跨省运输为0.80元/吨·次；沿海运输货物，按货类和运距不同，跨省或省内跨航区200公里以上，石油、液化气3.50元/吨，木材、钢材、金属矿石、非金属矿石3.00元/吨，水泥2.50元/吨，其他2.00元/吨，市内或跨省跨航区200公里内1.50元/吨，集装箱20英尺30元/箱，40英尺50元/箱，国内每吨集装箱10元/箱。2002年6月1日停止征收。

内河港口基础设施费

1992年10月13日开征。为筹集港口基础设施建设资金，加快嘉兴市内河港口的建设，形成综合生产能力，根据“以港养港”的原则，开征嘉兴市内河港口基础设施费(嘉政发〔1992〕187号)。凡进出交通公用码头的货按货物进口或出口一次0.50元/吨标准征收，凡属码头产权单位生产所需的原材料按进口或出口一次0.25元/吨标准征收，对难于确定专用码头进出货物量的可按占用码头岸线尺度征收10元/米·月。1999年9月1日停止征收。

沿海航政费

按省财政局财金企(71)字第428号、省交邮局浙交邮航(71)字第498号，对航行本省沿海的船舶按营运收入的4%征收。按浙财综〔1999〕135号、浙价费〔1999〕486号，2000年1月1日停止征收。

其他规费

征收的其他规费：(1)船舶登记费。按1992年4月25日国家物价局下发的《关于发布交通部水上安全监督收费项目及标准的通知》执行，项目包括船舶所有权登记、船舶临时登记、船舶租赁登记、船舶抵押登记、船舶更名或船籍港变更、船舶登记项目变更、船舶国籍证书、废钢船舶登记。(2)船员考试费。按2001年12月20日国家计委、财政部《关于调整船员考试费等收费标准的通知》(计价格〔2001〕2717号)执行，项目包括内河船舶适任证书考试、船员专业培训和特殊培训考试、实际操作考试、补考。(3)船员证收费。执行计价格〔2001〕2717号，项目包括内河船舶适任证书、船员专业培训合格证书、船员特殊培训合格证书、船员服务簿。2009年1月1日停止征收。(4)船舶最低安全配员证书。执行计价格〔2001〕2717号。(5)海事调解费。执行计价格〔2001〕2717号。(6)船舶及船用产品检验证书工本费。执行浙价费[1998]405号，2008年8月起5年内免征。(7)船舶申请安全检查复查费。执行计价格〔2001〕2717号。(8)船舶牌工本费，按1996年2月13日省物价局《关于核定浙江省船名牌工本费收费标准的批复》执行。

代征费种

河道护岸费

河道护岸费属市级预算外资金，由航管部门代征。1982年2月11日，嘉兴地区行政公署以行署(1982)18号文印发《关于征收河道护岸费的通知》：“根据省人民政府办公厅浙政办(1982)4号文件，为了保护耕地，防止堤岸坍塌河道淤浅，以利于航运的安全、畅通，省政府批准：我区从一九八二年三月一日起，向各货物托运单位和个人按运费的百分之三征收护岸费(机关、厂矿、企业等自备船只，按每马力或每船吨每季征收三角护岸费)，护岸费由我区各级船管部门代征，具体征收办法，责成地区交通局、船管处研究部署，所征所费，统一存入银行专户，全部用于河岸治理和养护，专款专用，不得移作它用”。

1982年3月1日，颁发浙江省嘉兴地区河道护岸费征收办法(行署〔1982〕56号)，1986年5月1日转发《浙江省内河通航河道护岸费征收和使用暂行办法》(浙政办〔1986〕19号)，1986年7月1日执行，向货物托运单位计征，县内、市内、跨市征收标准分别为每计费吨0.05元、0.10元、0.15元，向承运船舶或运输船户计征的，每吨每月0.50元，自备船舶每吨每月0.30元；1992年在综合考虑护岸建设需要和有关方面承受能力基础上适当调整河道护岸费征收标准(浙政办发〔1992〕318号)，1993年2月1日执行，县内、市内、跨市征收标准分别为每计费吨0.10元、0.20元、0.30元，向承运船舶或运输船户计征的，每吨每月1.00元，自备船舶每吨每月0.60元。2000年7月1日停止征收。

水路货运附加费

水路货运附加费由省交通厅统收统支，各港航管理处、所为代征单位，收取的水路货运附加费实行全额上缴，1993年1月1日开征。为加快我省水运基础设施建设，尽快改变水运交通不适应状况，根据浙江省人民政府《关于加快交通基础设施建设的通知》开征水路货运附加费。按运费的5%计收，市内运输按3%计收；按月计收的40吨以下2元/吨、40~60吨3元/吨、60~80吨4元/吨、80吨以上6元/吨。1999年9月1日停止征收。

内河航道建设费

内河航道建设费由市交通局委托市财政局代征，1994年1月1日在杭嘉湖地区开征。随着经济发展，水上运输能力迅猛扩大，低等级、狭窄、弯小的航道，远远适应不了大运量水上运输的需要，改造现有航道迫在眉睫，根据浙江省人民政府《关于保障杭嘉湖地区干线航道安全畅通的通知》，在杭嘉湖地区开征内河航道建设费([93]浙交函909号、[93]浙价费52号、[1993]财工203号、浙农函[1993]60号)，义务缴费人为开采和生产石料、黄砂、石灰石、砖瓦、水泥预制品的单位或个人，按月计征，石料、石灰石、砖瓦、水泥每吨不超过1.00元；黄砂每吨不超过0.50元；水泥预制品每吨不超过2.00元。1999年9月1日停止征收。

浙北干线航道通行费

浙北干线航道通行费征收由各级港航管理部门代收，全部存入省财政专户，全额用于浙北干线航道的建设和还贷，2005年11月1日开征。为进一步拓宽筹资渠道，保证浙北干线航道建设和资金来源，根据《浙江省人民政府关于浙北干线航道改造项目列为省“四自”航道工程的批复》和《浙江省人民政府办公厅关于印发〈浙江省内河“四自”航道管理暂行办法〉的通知》精神，结合浙江省实际制定了通行费征收方案(浙政办函[2005]15号)。月度定额统缴标准3元/吨(千瓦、客位)·月，航次缴纳标准1元/吨·次。

表 9-3-12 1991—2010 年嘉兴市港航规费征收一览表

单位:万元

年份	航道养护费	货物港务费	船舶港务费	运输港务费
1991	793.41	497.84	316.22	
1992	1098.93	631.76	315.37	111.98
1993	2187.60	810.71	413.57	388.32
1994	2828.55	959.88	553.94	484.20
1995	2945.12	980.54	581.72	537.25
1996	2621.76	1091.27	639.66	522.08
1997	2500.72	1307.58	716.46	525.26
1998	2393.66	1302.86	730.00	512.45
1999	2739.88	1507.76	856.59	704.50
2000	2564.99	1335.90	962.80	609.77
2001	3086.11	1431.99	899.67	712.29
2002	4898.55	2036.88	1216.57	1152.62
2003	6997.60	2678.45	1478.10	1697.68
2004	8592.88	3214.49	1723.42	2120.76
2005	7341.48	2894.40	1443.27	1807.44
2006	7484.04	3338.34	1372.46	1835.64
2007	7338.85	4312.96	1308.53	1449.70
2008	6217.84	4850.94	1134.70	989.72
2009		5589.30	1315.28	
2010		6634.72	1846.34	

第六节 安全管理

船舶管理

中华人民共和国成立前船舶管理

中国早在公元十世纪，即五代至北宋就有交通法规，宋太宗赵匡义(976—997 年)曾允朝臣孔承恭之奏，御笔亲批“贼避贵，少避长，轻避重，去避来”12 字，刻石勒碑，树于诸州要道。宋淳祐六年(1246 年)乍浦开港后，设置乍浦市舶司管理。所谓“市舶之利，颇为国用”。

明代嘉兴设河泊所。据民国时期《嘉兴新志·上编》载：“明河泊所东门外二里，明初止用船只，洪武十四年(1381 年)建有廨、厅，设使管天星、马场、鸳鸯、杨家四湖鱼课。后废。”

《海盐县图径》载：“正统六年(1441 年)命江南巡抚周忱兼嘉湖二府，奏立民与军兑运之法。”境内渔船、埠头船，营户船，均由河泊所管理并征收船捐、货税。

清光绪三十二年(1906 年)九月二十日，清政府厘定官制，设置了邮传部。部内设立船政司，司设筹度、核信两科，分管航政工作。筹度科掌航务调查，航路开通，航业推广，章程审核，船会管理，航舶失险检查，灯旗信号，码头、军运、漕运、船员及轮船公司之立案事项。核信科掌各分公司轮船表册，账簿、注册、给照、购买估变、减费救难、航务裁判等事项。

民国元年(1912 年)，中央政府各官署进行制度改革，将清政府的邮传部改为交通部。民国 2 年 7 月，设邮传司，航政属邮传司之航政科，对于营业性运输的船舶，实行检验、丈量、发证制度。民国 3 年至 16 年(1914—1927 年)间，内河船舶的稽查、编发牌照，收费用等由水警局兼理。

民国16年(1927年)11月，浙江省建设厅为整治航运，稽查船舶，始有八区管理船舶事务所设立。次年1月省政府训令内河、外河水警局，“将关于船舶事项移归各区管理船舶事务办理”。此后，嘉兴船舶给照、查验、取缔，收费等等事项由八区所各分区管理。省政府同时公布《管理船舶章程》。《浙江省编发轮船照及收费办法》中规定：凡航行之轮船经交通部注册，发给执照及海关查验给照后，并须向该区管理船舶事务所请领本省船舶牌照，而行。

民国19年2月13日，成立浙江省航政局，将八区管理船舶事务所改为四分局。旋因原航政局开支浩大，遂于民国20年2月裁撤航政局，在建设厅内设航政处，原有各航政分局改为各区管理船舶事务所，其所属办事处则改为分所。此后撤销航政处改为航政股，隶属建设厅第二科。全省分四个区。各设管理船舶事务所。当时。嘉兴属第二区管理船舶事务所第五分所，设主任、事务所、巡丁、勤务员各一人。

民国26年(1937年)3月，省建设厅令撤销各区管理船舶事务所，嗣后各项事宜由各县政府负责办理。

抗战胜利后，嘉兴船舶事务由上海航政局宁波办事处兼管。因地隔较远极难顾及，故具体工作由县建设科经管。机动船的注册、给照须呈上海航政局核办，非机动船则处于“放任自流”状态。

1949年5月7日，嘉兴解放。邻近各县先后继解放之后，随即成立军事管制委员会及专员公署、人民政府。为便于对水上运输实行统一管理，浙江省人民政府征得上海航政局同意后，将各地航政机构暂由当地军事管制委员会接收管理，办理轮船通行证等事项。

中华人民共和国成立后船舶管理

1949年12月浙江省航务局成立，负责全省航运、航线、船舶组织管理以及港口等航务工作。1950年6月，浙江省航务局在乍浦设立“浙江省航务局乍浦管理站”，隶属于浙江省航务局杭州办事处。7月，浙江省航务局浙西管理所嘉兴分所成立。承办嘉兴、嘉善、海宁、海盐、平湖、桐乡、崇德七县的航运管理工作，并开始着手建立本航区的船舶管理制度和设置基层航政管理机构。

1950年7月24日，浙江省人民政府嘉兴专员公署通告(署建字第117号)：查本专区航务事宜，业由浙江省航务局浙西管理所负责办理在案，嘉兴县境所有公私轮汽民船营运者，自应依法向该所办理申请通航登记手续，兹限于八月一日前全数办理完毕，逾期即依法给以停止营业处分，所有各机关部队及私企业厂商运输机构等。如需以船舶装运货物亦向该所照章申请调配手续，俾便统一管理调配而利航运。

1950年9月，华东区第一届内河航务会议通过决议，制定《华东区木帆船舶管理暂行办法》草案，指出：“为了发展水上交通，开拓航运贸易，建立航行秩序，统一管理手续，保障航行安全、船舶产权，凡营运的木帆船一律由航务机关登记、检查管理；营运船舶须受航务机关之领导。并在航务机关协助下，组织水上联运社、运输公司、运输合作社等。取消封建剥削制度，逐步达到组织统一调配”。当时，浙江省航务局浙西管理所嘉兴公所已进行木帆船登记、丈量、实行船舶定港和由航务机关直接调配船只等工作，并根据华东会议精神，开始实行对木帆船实行统一运价和统一调度。

1955年10月，《浙江省港航监督组织工作实施细则》公布，其中规定凡发现船舶证书不完备、船员配备不足、船只破损、设备不全以及超载等等，港航监督部门有权禁止其行。1959年2月、9月，交通、公安、农业、内务、农垦诸部，先后联合发布了关于作好农副业船、渡口船、渔船安全管理的指示和规章，强调此类船舶，必须经过检验、丈量、核定航行(作业)区域和装载定额，发给航行证，才准航行。

1960年9月，交通部颁布《船舶登记章程》，自11月1日起施行。它提出“为了加强船舶监督管理，决定船舶籍港，确认船舶航行权，保障有关船舶权利，凡是国家，集体和公民所有船舶，除军事、公安舰船外，都应在港口管理机关办理登记，以取得登记证书或执照后才有权航行。船舶登记机关应设置船舶登记簿，载明下列事项：登记日期、船籍港、船舶编号和名称，船体材料，船舶种类和用途，造船年月，地点、厂名、下水日期、船舶尺度、吨位；主机种类、数目、马力匹数；推进器种类和数目；船舶所有人及其地址；登记事项；注销登记的原因和日期。并且规定登记项目和所的权变更时，必须办理变更或注销登记。”

1978年11月，嘉兴地区交通局转发了浙江省交通局《关于认真做好戡划载重水线、核定船舶装吨位工作的通知》，并有以下两个附件：

(1)核定船舶最小干舷高度参考标准(毫米)

表9-3-13　船长一般船舶自航木帆船

	A级航区	B级航区	C级航区
（米）	（长江）	（黄浦江）	（内河）
≤15	250	230	140
20	270	250	160
25	300	270	180
30	330	300	200

(2)船舶载重水线标志式样

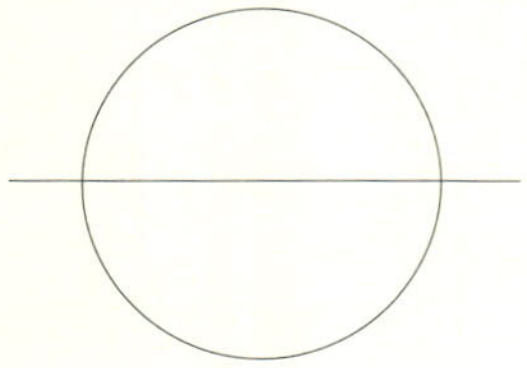

航行两航区一个标志式样

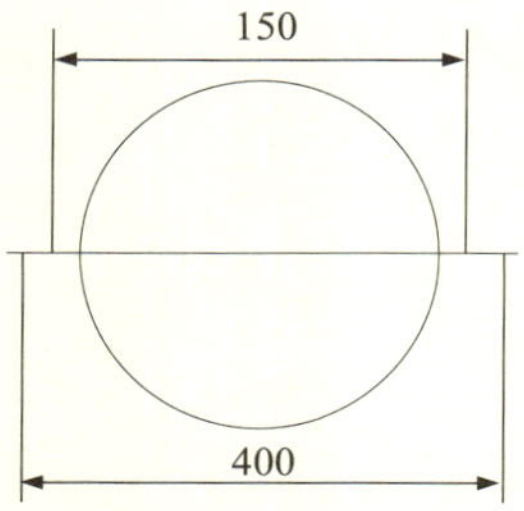

航行两级航区 B、C 一个标志式样

附注：

(1)上述载重志戳划在船舶两舷船长中点处。

(2)如船长中点处无位置时，可用 40 公分长线一条代替，直径 2.5 公分。

(3)标志线粗 2.5 公分。

嘉兴地区的货运船舶勘划载重水线，嘉兴地区交通局规定原则上只划 B、C 两级航区。是年 12 月，国家船舶检验局又对 1959 年公布的《船舶吨位丈量规范》修正后重新公布试行。它规定：船舶丈量采用米制，吨位计算结果取 2 位小数，每 1/0.358m 称为 1“吨位”；如必要时上船查核，一般可在图纸上量计，量计吨位的范围包括：船的长度、深度、甲板长度、甲板上建筑物围蔽和开处所，各种船型的系数值及量计容积的方法。

1983 年 1 月 1 日起，按中华人民共和国船舶检验局(82)船检字第 42 号文件执行，营运中船舶检验的收费标准如下：

表 9-3-14　营运船舶检验收费标准

船体		轮机	
船吨	费额(元)	马力	费额(元)
10 吨未满 20 吨	20	未满 20 匹	8
20 吨未满 50 吨	30	20 匹未满 40 匹	10
50 吨未满 100 吨	39	40 匹未满 60 匹	14

1985 年，嘉兴航运管理处通知，40 匹马力以上的机动船和 40 吨级以上驳船，由航管处港监科负责检验，在此标准下的由各县(市、区)航运管理所检验。

1989 年 1—12 月，市航管处及各县(市、区)，对各类船舶检验 11688 艘，计 164704 总吨，169871 马力。截止年底，全市拥有发证船舶 18620 艘，其中：交通运输部门 2547 艘，82711 吨位，38955 马力，11161 客位；个体联户 13789 艘，149881 吨位，171521 马力，386 客位。

1990 年 1—12 月，营运中检验各类船舶 16433 艘；对全航区 21 个专业航运企业换发单船营运证 1792 张，非交通部门运输船换发营运证 44 张；水运个体户核发运输许可证 6625 张，单船营运证 6625 张。

1990 年年底，全市拥有发证船舶 22739 艘，274417 总吨，30221 马力，13010 客位，383359.5 载重吨。与 1989 年相比增加 4099 艘(主要“两户”船舶)。全市拥有“两户”船舶总数 18701 艘。

1991 年以后船舶管理

1991 年，嘉兴航区登记在册的运输船舶 22931 艘，366439 载重吨。(详见 1991 年以后船舶检验工作一文)

船员管理

船员管理重点是做好对船员的安全教育和技术业务培训。

中华人民共和国成立前船员管理

民国 17 年(1928 年)，浙江省建设厅颁布《浙江省内河小轮舵工机手登记规则要点》，规定驾机船员登记管理。如不遵照本规则登记领有本省登记执照者，不得在本省内河小轮服务。舵工机手呈请登记者，须开列姓名、年龄、籍贯、住地、并附缴最近四寸半身相片两张，登记费若干元，呈请建设厅核准，执照有效期暂定五年。于其他船员的管理，建设厅颁发了《浙江省取缔船舶水手、茶役规则》，对水手、茶役不准索取小费，任意侮辱乘客等作了规定。

中华人民共和国成立后船员管理

建国后，交通部规定，凡轮船机驾人员须经航政机关培训考核，成绩合格者发给证书，方可上岗。

1956 年，交通部发布交河监(56)第 110 号命令，其中第十一点为“提高船员技术”，规定：“船员应熟悉本船性能和特点，熟悉航道，航标、港口情况以及通过主要滩险的操作方法和拖带技术，船长(轮机长)应培养驾驶员(轮机长)有独立操作的能力，船员每星期应有四小时技术业务学习时间，每船都应订学习制度。”是年，浙江省航运管理局港监科组成工作组到嘉兴航运管理处协同处、站航管人员组织航区各县第一期机驾船员证书考试，持有证书的船员方可任职。

1966 年 9 月，嘉兴全区港监会议决定，驾、机船员的任职，采用群众推荐、船舶单位领导同意和航管部门核准的“三结合”办法。

1971年，省交通邮政局贯彻落实中共中央(70)71号文件精神，重新制定了《浙江省轮船船员考试发证规则》及《持证船员审验换证的规定》。嘉兴及各县大事故或“文化大革命”前期参与打、砸、抢的船员，一律不予换发新证。并规定每隔3~5年进行一次审验。1973年2月，恢复船员考试发证工作，后又对以“三结合”办法领证的船员进行补考。

1979年6月，浙江省航运管理局以浙监(79)第299号文颁发《浙江省内河船舶船员职务规则(试行)》，自8月1日起试行。该规则对正驾驶、副驾驶、水手、炊事员、客运员、服务员、正司机、副司机、机助、实习人员、学徒、小马力驾机员、驳船驾工、驳船水手等各类人员的职责分别作具体规定。

同年，交通部公布《中华人民共和国轮船船员考试发证办法》，对考试手续、考试内容等作了规定，自10月1日起执行。

1979年10月4日，浙江省航运管理局以浙航劳(79)第522号文颁发《浙江省内河船舶船员技术等级标准》，将驾驶和司机各划分八个技术等级，驳船船员为五个技术等级，分别规定了各职务等级应具备“应知”和“应会”技术要求。

1980年4月23日，浙江省交通厅下达《关于颁发〈浙江省轮船船员考试发证补充规定〉的通知》，进行考试发证。40匹马力以上机动船的驾、机船员，由嘉兴航管处考试发证。船员管理由各县航运管理部门依照《浙江省内河船员职务规则》《浙江省轮船员考试发证办法》《浙江省内河机动船船员配额规定》和《40马力以下机船船员配额规定》进行管理。

1985年至1987年，嘉兴市航运管理处共举办船员培训班213期，培训人员17964人，经考试合格15052人，发放正式证书共13821张，在册总人数19159人。其中举办200总吨以下正、副驾驶培训班14期，培训人数785人次，考试合格人数461人；功率221千瓦以下正、副司机10期，培训人数351人，考试及合格人数189人；功率29千瓦以下驾驶(含驾驶员)、司机23期，培训人数2436人次，考试合格人数1095人；船长<15米，主机功率<8.8千瓦驾驶机员(含驾驶)司机166期，培训人数15392人次，考试合格人数13307人。

1989年至1990年，举办各类船员技术培训班107期，培训船员11570人，其中：200总吨以下驾驶3495人；司机2271人，30千瓦驾机员5303人。经考试合格船员10339人。培训挂桨船船员35022人。

1990年年末，全市水上各类机动船持证船员24937人，其中：200总吨以下驾驶1738人，司机1133人，30千瓦驾机员2539人，挂机船船员19527人。

1991年以后船员管理

1991年后，随着水运市场的发展，全市在册挂桨船迅速增多，特别是一些外省市的船舶也在嘉兴市登记入港，需要培训考试发证的船员增多。

1991年，共举办船员培训班48期，培训船员2826人，有2596名船员领取了船员技术证书。至1991年年底嘉兴市已有28948名持证船员。1991年共举办200总吨以下驾驶员培训班22期，801名驾驶人员参加培训。举办油船船员培训班2期，88名油船驾驶人员参加培训。

1991年至2007年，嘉兴市港航管理局及各县市港航管理处在内河船舶船员培训考试发证(包括换证)方面做了大量的工作，共举办三、四、五等船员培训、考试660期，培训总人数37786人，发证人数35605人(其中：启用内河船员理论无纸化考试系统以来，共举办16期培训班、参加培训的船员476人)。

到2007年底，嘉兴航区持有效船员适任证书的三等船员217人，四等船员4402人，五等船员1016人，共计5635人。

2008年，举办船员考试2期，参加考试103人，其中一期为海事艇驾驶人员；换发新版船员适任证书296本，累计换发5491本。举办了2期客船船员特殊培训班，参加培训60人。举办船员基本安全培训班1期，参加培训40人。

2009年，对船员证书进行清理。一是结合新版船员服务簿的核发工作加强船员注册培训，全年共举办船员基本安全知识培训2期，参加考试78人；二是做好船员适任证书换发工作，督促换证船员参加知识更新培训，进一步提升船员素质。全年共举办船员知识更新培训56期，参加考试3158人；三是开展新注册船员的培训考试工作。采用全省统一的考试系统对新考船员进行培训、考试，是年共办理三、四、五等船员培训8期，全市新增三、四、五等船员537人。四是按照部海事局的要求，对船员适任证书展开清理工作，杜绝一人多证的现象，规范船员管理。

2010年，结合新版船员服务簿的核发工作加强船员注册培训，共有572人参加了船员知识更新考试。617人通过船员基本安全培训考试，取得船员资格，共有514人参加适任考试，取得了船员适任证书。48人参加考试获得内河客船船员特殊培训合格证。

表 9-3-15　1991—2010 年嘉兴市内河船舶船员各等级培训考试发证统计表

年度	三等驾驶(人)	三等轮机(人)	四等驾驶(人)	四等轮机(人)	五等驾机(人)	年度小计(人)
1991 年	23	17	72	28	2456	2596
1992 年	12	8	36	43	2450	2549
1993 年	13	0	104	56	2308	2481
1994 年	12	10	96	30	1690	1838
1995 年	13	0	98	76	2031	2218
1996 年	4	19	58	38	1420	1539
1997 年	7	4	83	63	1900	2057
1998 年	0	0	130	120	5703	5953
1999 年	0	0	135	102	1989	2226
2000 年	0	0	283	261	1893	2437
2001 年	7	6	796	713	2053	3575
2002 年	23	15	683	591	762	2074
2003 年	0	0	485	389	540	1414
2004 年	30	10	545	380	417	1382
2005 年	27	29	134	110	412	712
2006 年	33	11	95	62	12	213
2007 年	10	7	180	74	70	341
2008 年	0	0	104	11	0	115
2009 年	62	39	46	43	179	369
2010 年	143	65	187	199	155	749
合计	419	240	4350	3389	28440	36838

表 9-3-16　1991—2010 年嘉兴市内河船舶船员培训考试发证统计表

年度	培训、考试、录取情况				发放证书(份)
	培训期数(期)	培训总人数(人)	考试合格人数(人)	录取率(%)	
1991 年	48	2826	2596	92	2596
1992 年	48	2798	2549	91	2549
1993 年	42	2530	2481	98	2481
1994 年	36	2010	1838	91	1838
1995 年	41	2312	2218	96	2218
1996 年	30	1583	1539	97	1539
1997 年	42	2132	2057	96	2057
1998 年	96	6553	5953	91	5953
1999 年	42	2305	2226	97	2226
2000 年	43	2512	2437	98	2437
2001 年	71	3815	3575	94	3575
2002 年	37	2154	2074	96	2074
2003 年	29	1506	1414	94	1414
2004 年	26	1420	1382	97	1382
2005 年	16	741	712	96	712
2006 年	5	228	213	93	213
2007 年	8	361	341	94	341
2008 年	3	123	115	93	115
2009 年	8	405	369	91	369
2010 年	16	843	749	94	749
合计	687	39157	36838	94	36838

通航和安全管理

解放以前嘉兴航区通航和安全管理

民国19年(1930年)12月17日，浙江省建设厅颁布之《修正浙江省取缔河停泊竹木排规则》中规定：凡竹木排在河道停泊者，须在无市集地方河流之一侧，或市稍及栅外河道下流之一侧，其的宽度不得过河面三分之一，凡离市头一里之河流，但在两市头与市稍相距不及一里者，以离市头半里为限；两侧非市集与市集相交之河流在交点上游一里以内或下游五丈以内者；河面宽度在三丈以内者断头河等河流，概不得停泊竹木排。

民国20年(1931年)5月，浙江省建设厅颁布之《修正浙江省管理船舶规则》中规定：凡拖带船只时，须有水手在船后了望，如遇拖船有危险之虞时，应速告船主或舵工，为适当之处置；凡船舶如有损坏不堪航行时，非经相当之修缮，不准航行。

民国21年(1932年)2月，浙江省建设厅在行政计划中通饬各区管理船舶事务所，严密撤查蒙领航船执照之船员户。如果查有无船有照转租与营业，或有取巧情事者，除予究办外，并撤消其营业权。以杜流弊，而资整顿。此后，又于民国23年11月责令各管理船舶事务所，切实执行对于船舶之检查、丈量登记各事；对于船舶之违令贪载客货尤应敢加取缔。

解放前，在嘉兴航区未见有船舶进出港口的签证制度。

解放以后嘉兴航区通航和安全管理

建国后，1950年嘉兴航区对船舶办理检验、丈量、登记、发证。船舶进出港口均须持航行签证簿、船舶检验证书及有关证件办理签证(当时未设有航运管理机构的地方，都由当地乡镇一级政府办理)。

1952年，嘉兴及各县相继建立航运管理机构后，直接受理这一工作。同年9月，据华东军政委员会交通部令，嘉兴市各县始建船舶进出口签证制度。1958年，签证制度取消，1961年恢复。1966年9月21日，在“文化大革命”冲击下，嘉兴地区航管处通知，又取消签证制度，导致管理废驰，水上运输秩序混乱，于1969年12月恢复，运行船舶每月签证一次。1979年，交通部颁发《船舶进出口签证管理办法》，规定“船舶进出口，一般以签证一次并掌握出口签证为原则”，据此，嘉兴市及各县(市、区)航管所执行每航次签证制度，沿用至今。

1955年，颁发《浙江省港航监督组织工作实施细则》。1956年年初，嘉兴航运管理处设立了港航监督组织，首先对南湖渡船进行检验、丈量、核定载客人数并发证。然后，分别由处及各县航运管理所对辖区内所有渡口、渡船作了一次普查，加强了对渡口、渡船的管理。

图9-3-6 渡口

1980年7月10日，嘉兴县交通局、嘉兴县公安局联合制订了《嘉兴港市河航行、停泊暂行规定》：

1.为了维护嘉兴市河水上交通秩序，保障船舶行安全，促进运输生产的发展，特制订本规定。

2.凡船舶进出嘉兴市河，除必须严格遵守《内河避让规则》外，还应当遵守本规定。

3.船舶进入下列地段即进入嘉兴市河：平湖塘东栅大桥，海盐塘南堰畜产仓库，长水塘南门客运码头，杭申甲线西三塔水泥厂，东太平桥塘桥，新塍塘石臼洋，苏州塘浙航嘉兴分公司船厂。

4.下列航段分为市河狭窄航段。

(1)西门大洋桥经北丽桥至端平桥。

(2)风箱汇经秀城桥至解放路桥。

(3)解放路桥至嘉禾桥、中山路至狮子汇嘉—平公路桥。

5.航行规定：

(1)船舶(除军事、公安、消防及农用人力船外)必须持有合格的船舶证书，船员证书，设备齐全处于适航状态。

(2)机动船(船队)进入市河后，应谨慎驾驶，驾驶值班了望，控制车速，不准傍拖，不准带偏揽。吊拖船队拖带驳船只数不得超过15艘，长度不超过300米。船必须有舵装置，禁止以橹代舵。

(3)机动船(船队)在通过市河狭窄航段时，要提高警惕，减速航行，禁止追越和齐头并进。

(4)人力船进入市河，不准双帮，不准并靠行驶，遇机动船要及早靠边，主动避让，不得抢越机动船船头。航经狭窄航段时，必须依次前进，不准抢档。

(5)大型竹木排，禁止在白天通过市河。通过市河时间取于当日18时至次日06时，宽度限于单排，长度不超过300米。

6.停泊规定：

(1)市河桥梁通航孔，险要地段，禁止船舶停泊。

(2)市河狭窄段禁止路过船队停止，禁止过驳。

(3)市河各港区具体停泊段最长度作规定。

(4)表列停泊规定，如遇水位变化影响主航道航行时，应服从航管工作人员和公安执勤人员的指挥管理。

7.上述规定应遵照执行，违者按情节轻重，给予批评教育或罚款处理。

8.本规定自1980年8月1日起实行。

嘉兴市航运管理处从1984年10月起，杭申甲线嘉兴城区塘汇设立了水上安全检查站。配备2艘港监艇、1艘趸船。1艘港监艇在趸船旁值勤，另1艘港监艇巡逻，开展安全宣传，船舶检查工作，还借用场地和装卸工，对航查中发现违章超载的船舶，动员船方对超载部分起卸，对拒不听从者，则强制起卸，以确保航行安全，在做好设站检查的同时，还不定期地开展船舶安全大检查。

1985年9月13日凌晨4时至9月20日，嘉兴市航运管理处组织了由处机关和所辖各航运管理所航管工作人员共74人，启用8艘港监艇和部分向外单位借用的船舶，在海盐县境内航道，进行了自嘉兴市航运管理处建立以来规模最大的联合航查活动。共检查在航船舶(不含重复检查之船舶)5178艘，查处违章船舶1538艘，补收应缴航政规费5.79万元。

1985年12月，公安部、交通部联合颁发《维护水上客运治安秩序，严禁客(渡)船超载航行的通知》，1986年交通部发布《加强内河航运企业安全工作若干规定》，1986年12月国务院颁发《中华人民共和国内河交通安全管理条例》，1988年1月30日嘉兴市港航监督发布《关于严禁非客运船舶违章搭客的通知》，水上交通秩序有所好转。

1989年，贯彻执行嘉兴市人民政府(89)2号文件《关于综合治理水上交通秩序的具体意见》。是年4月，嘉兴市航区全面开展治理整顿水上交通秩序，强化现场管理，在当地县(市、区)政府领导下，公安、工商、财税等部门配合，深入厂矿、区码头、航道开展宣传和检查。嘉兴市航运管理处编印了“嘉兴市水上综合治理宣传资料”5万余份，利用航查散发给广大船员。在航检中依法治航，市港航监督直接查处违章船舶63艘，对11艘严重违章船舶船员发出了处罚决定书，对期满既不起诉又不履行处罚决定的10艘船舶经营人，申请人民法院强制执行，为实施依法治航积累了经验、探索新路子。

1990年，把综合治理水上交通秩序列入航管工作，重点放在农副船(两户)船舶治理整顿。全航区已建立134个专为水运个体户开具货运票据，较好地维护了货源基地的水上交通秩序，使水上交通事故，堵塞航道现象明显减少。是年，嘉兴市航运管理处先后制定《嘉兴港区船舶航行、停泊规定》《机动船船员考试发证工作程序》《船舶装载危险货物管理工作规范》《港区岸线管理工作规范》《港监巡航检查工作规范》《港监艇船员工作规范》和《内河交通事故统计工作规范》等一系列制度，使航管工作逐步程序化、规范化。

1990年，现场巡航检查共19709人次，派出港监艇3306艘天。共检查各类在航船舶59337艘次，纠正违章船舶32496艘。检查渡口829处次，检查渡船871艘次，客船368艘次。1990年嘉兴航区渡口未发生一起事故。

1986年至1990年，这5年间嘉兴航区发生上报事故辖区2220件，本市1087件。死亡，辖区157人，本市84人；沉船，辖区107艘，本市68艘；直接经济损失，辖区520.06万元，本市280.36万元。

表9-3-17 1986—1990年嘉兴市内河海损事故统计表

年度	项目	次数	伤亡人数		沉船数		直接经济损失(元)
			伤	亡	艘	吨位	
1986	辖区	279	5	11	16		345459
	本市	152	1	6	13		221967
1987	辖区	508	10	42	41	941	910633
	本市	272	7	27	30	791.5	690268
1988	辖区	596	16	49	35	672.5	1121341
	本市	256	8	26	17	525.5	626659
1989	辖区	461	16	39	8	173.6	1288154
	本市	226	7	19	3	102.2	680780
1990	辖区	376		16	7	80	1541122
	本市	181		8	5	183.7	583928
合计	辖区	2220	47	157	107	1867.1	5206709
	本市	1087	23	84	68	1513.1	2803602

注：1990年无证船舶事故33件，死亡19人，直接经济损失118719元

表 9-3-18　1985—1990 年嘉兴市船舶海损事故分析

年度	项目	合计	事故分类								合计			沉船分类								
														其中:机动船			非机动船					
																	钢质		木质		水泥	
			碰撞	搁浅	触礁	触损	浪损	风灾	火灾	其它	艘	吨	马力	艘	吨	马力	艘	吨	艘	吨	艘	吨
1985	辖区	359	255	16	6	53	1	1	1	21	124	2.155	2.462	79	973	2.462			2	134	43	1.045
	本市	238	140	8	4	60	3	1	1	23	139	3.675	1.094	68	1.077	1.094	3	230	2	56	66	2.312
1986	辖区	279	206	4	2	53	3			9	16	254	132	11	103	132					5	151
	本市	152	94	4		42	1	1	1	9	13	240	108	9	97	108	1	46			3	97
1987	辖区	508	368	8		94	7		2	29	41	941	778	33	702	778					8	239
	本市	272	159	7		63	7	1	1	34	30	791	533	17	302	533	1	30			12	459
1988	辖区	596	446	4		115	8	1		22	35	672.5	372.4	29	495	370	4				6	176.7
	本市	250	169	1		64	4	1		17	17	525.5	253.6	12	175.9	253.6	3	260			2	89.6
1989	辖区	461	309	4		115	14	1		18	8	173.6	174.2	7	135	174.2	1	38.6				
	本市	226	135	2		67	8	1		13	2	102.2					2	77.2			1	25
1990	辖区	328	206	2		105	4	1	1	9	5	342	216.1	5	262	216	1	80				
	本市	159	71			73	1	2		12	2	183	24	1	53	21	2	120				

1991 年以后嘉兴航区安全管理情况

1991 年，嘉兴航区本市船舶发生事故 181 起，死亡 6 人，受伤 5 人，直接经济损失 583928 元。以客(渡)运为重点，狠抓客(渡)船安全监督管理，把 1991 年现有 132 处渡口，135 艘渡船，75 艘客船的安全监督管理作为嘉兴市安全监督管理重中之重。积极开展乡镇船舶安全整顿，县到乡镇都成立乡镇船舶安全整顿领导小组，县与乡镇，乡镇与村都签订了安全管理责任书。

图 9-3-7　嘉兴桐乡航管处在疏航检查工作

1992 年，嘉兴航区多次发生堵航，严重影响了工农业生产。2 月 11 日，京杭运河发生大堵航，从江苏的吴江一直堵到浙江的乌镇，连绵几十公里，堵得个水泄不通。疏航期间，嘉兴航管处干部职工克服了常人难以想象的困难，没日没夜地疏通航道，累得眼睛红肿、喉咙嘶哑，生活物资无法送上海巡艇。接班的人员根本就无法上艇，困了在小的海巡艇上打个盹，没有水喝、没有饭吃是常有的事，整整 13 个昼夜都在疏航现场。2 月 25 日至 28 日，位于京杭古运河桐乡段，在羔羊、崇福芝村、华丰水泥厂等航段，连续发生堵航，原因是一艘 100 吨重载驳卸货时停靠不妥而引起。桐乡航管所、水上派出所、石门站等共出动港监艇 9 艘，公安艇 1 艘，共 70 余人次赴现场开展疏通工作，嘉兴处港监、工程科派 4 人赴现场协助。5 月 3 日，嘉兴市交通局以嘉交运(1992)183 号文颁发《嘉兴市农用船舶管理暂行规定》。10 月 21 日—24 日，杭申乙线乌镇段连续发生堵航现象，受阻航段长达七八公里。市港监、城郊港监及桐乡港监出动港监艇和港监人员日夜疏航，及时疏通航道，保证船舶顺利通航。10 月 27 日，凌晨五时许，海盐县副运 10 号船队满载块石下行，途经六平申线白芒桥下游 300 米处头档驳沉没在航道中心，造成航道堵塞，受堵航道长达 3 公里多。海盐航管所一方前请求处调拨打捞船前来增援打捞，一方面调动各站及航查队全力疏航，经过 32 个小时的连续作战，于 28 日 5 时前全线疏通。1992 年 12 月 24 日下午起，由于受长湖申线江苏段堵航的影响，船只纷纷改走杭申乙线，12 月 24 日 22 时，在京杭运河民合砖瓦厂航段(城郊和桐乡交界处)，正好发生大雾，有一个 100 多吨级水泥煤船队打横搁浅，引起乌镇太史桥到嘉兴郊区思古桥航段堵塞，12 月 27 日上午，又引发了杭申甲线陡门至陶家笕全面受阻，12 月 28 日，嘉兴市河段发生堵塞，由此而引发杭嘉湖地区历史上堵航时间最长、受堵船舶最多、堵塞里程最长的大堵航，受堵船只 2 万多艘，堵航里程 20 多公里。12 月 29 日下午，省交通厅、航运局领导召集杭、嘉、湖三地区航管处开紧急会议，要求保甲线，通乙线，再通长湖申线。并在红旗塘、王江泾、乌镇等5个地点实行水上交通管制，嘉兴、嘉善、平湖、桐乡、海宁、海盐港监出动全部港监艇和港监人员日夜奋战在疏航第一线。

1993年1月4日晚上11时45分，堵航时间长达12天的京杭运河嘉兴航段、杭申甲线、杭申乙线和长湖申线才恢复通航。6月29日，全省缓解内河干线航运座谈会在嘉兴市召开，省政府领导，省政府有关部门领导，有关市(地)县(市)政府分管领导及交通部门领导共90多位代表出席了会议。副省长张启楣在会上作了讲话。8月30日，嘉兴市政府印发《关于保障内河干线航运安全畅通的实施意见》。12月16日，嘉兴市政府召开保障干线航道安全畅通工作座谈会，副秘书长寿剑刚主持会议，副市长姚金林出席会议并讲了话，参加会议的有各县(市、区)政府的分管领导、交通局、航管处(所)的领导和有关部门的领导共70余人。1993年2月1—4日，17—19日分别在桐乡上市水泥厂至崇福丝厂航段，大麻松劳高桥航段发生堵航现象，大麻航管站全体人员不畏饥寒，日夜奋战直至全线疏通。1993年3月份以来，海盐航区武原市河、白苎下游、东塘桥下游，以及官堂、通元航区相继发生因沉船引起的堵航。海盐全所港监人员全力以赴，哪里发生堵航立即出发，协调配合，全力保障航道畅通，减少损失，20日的疏航工作还得到了平湖所的大力协助。1993年3月份，城郊所为了确保辖区内航道畅通每天出艇航查，共出艇47次，296人次，市河打捞沉船7艘，排除阻航隐患12次。同时，召开了由疏浚队、有关厂矿等于13个单位参加的疏浚船舶工作会议。对在施工中违反有关航道管理条例的行为进行整顿。会上学习了航道管理条例、安全管理条例中有关水上水下施工作业的规定，统一了认识，制定了水上水下施工作业船舶安全管理制度。1993年4月16至25日，嘉兴航区统一开展了四省一市一局水上交通安全大检查。据初步统计，全市共检查船舶5854艘，纠正违章2475艘次，共出动港监艇1180艘天次。处领导及各科室的人员亦到各所参加了航查。5月10日上午9时25分左右，京杭大运河桐乡市境内乌镇幸福桥北航段，发生一起省内航运史上罕见、严重的油运驳船船沉溢油起火事故。杭州航运总公司某油轮船队与江苏江都一货运挂机发生碰撞，导致油运船队第二挡满载120吨原油油驳破损沉没。沉船后部分原油外溢，约11时遇不明之火，离沉船外100公尺处，水面溢油起火，燃烧带长近50公尺，烟雾漫延高达40余公尺，笼罩整个河西及田野，燃烧达20余分钟，幸亏沿岸附近无建筑物，经采取果断措施，将船队迅速拖离现场，才未造成更大的损失。1993年8月21日，当嘉兴水位超过危急水位时，嘉兴航区全线停航，全体在岗人员整装待发，迅速进入防洪抢险临战状态。嘉兴市数百名港监人员奋战在航道上，坚持日常巡逻检查。全市在五天的停航中，共有万余艘船舶和数万名船员被困在水上。1993年8月29日，横跨杭申线的嘉桐2号桥被船舶触损后，致使该航道被迫断航，部分船舶只得改走老市河端平桥、秀城桥等航段。由于2号桥的建设单位对拆建该桥工程迟迟未能动工，致使老市河事故骤增。对此，处机关和嘉兴城郊航管所将大量人员、港监艇投入到维护老市河的水上交通秩序上来，过往船员强烈要求尽快恢复杭申线嘉桐2号桥的正常通航。为贯彻省港航监督局浙水监(1993)第68号"关于立即开展全省水上交通安全大检查的通知"的精神，嘉兴市航区于1993年11月20日至30日，集中力量，有计划、有步骤地开展了水上交通安全大检查活动。据统计，参加这次安全大检查共3812人天次，出动港监艇708艘次，共检查船舶38639艘，查获各类违章船舶5586艘次，其中无证无照船舶254艘，超吨位、超尺度船舶182艘，查处违章搭客船舶2艘，计22人次。这段大检查有四个基本特点：一是全处统一了思想认识，工作重点突出。二是强化了客渡船监督管理。三是加强了对危险品专用码头、专用船的安全检查。四是严格查处"三无"船舶，狠抓"三违"现象。

1997年，为维护水运秩序，市港航监督部门积极开展4项专项整治：一是乡镇船舶专项整治，通过整治，全航区有4661艘"三无"(无船舶证、运输证、船员证)乡镇船舶被纳入统一管理轨道。二是船舶、船员证照清理整顿，收缴有缺陷的船舶证书102本、船舶检验证书104本、船员证书30本，收缴伪造证书30本。三是水路危险货物运输安全管理专项整治，全市有危险品专用运输船76艘，危险品专用码头207个，通过整治，进一步明确危险货物运输船舶、装卸作业码头的装卸和运输责任，督促并协助企业和船舶的所有人、经营人建立各级安全生产责任制，使水路危险货物运输朝着安全有序的方向发展。四是内河客运安全专项整治，对全市29艘客船完成客船复验、船员复审、企业资质审验，进一步健全客运安全责任制，同时，港航监督部门于4月15日在全省港航系统率先全面开展运用新文书的行政执法工作，制定《嘉兴市水上安全监督行政处罚工作程序》，全年共作出水上安全监督行政案件13517起。4个监控站和35个航管站加强船舶流量调节，堵航现象减少到最低限度。水上交通事故8项指标与上年相比7降1升，全市发生水上事故128起、死亡9人、沉船11艘、直接经济损失204.68万元，分别为上年的67%、69.2%、64.7%和113.6%，其中本港事故93起、死亡6人、沉船6艘、直接经济损失76.15万元，分别为上年的67.9%、75%、40%和59%，事故调处850起。

1998年，于6月30日至7月8日，嘉兴航区进行了安全大检查。这此安全大检查工作重点是严厉打击“三无”船舶，加强纳规管理力度，确保全航区政令统一。这此检查主要内容有：一是认真检查船舶证件、证书、船名、船牌，对“三无”船舶和证件、证书不齐或已超过有效期的船舶，应按规定予以严肃处罚，并督促其立即返港办理有关登记、办证、展期手续。二是对违章船舶处罚，处罚一律按一般程序执行(不得以简易程序对待)，取证工作应仔细，询问笔录应全面，务必对时间、地点、船舶所有人或当事人姓名、船名、船号以及船舶本航次动态、船舶现持证书状况，证书有效情况等询问仔细全面，对开具《违法通知书》《处罚决定书》应按程序送达并使用送达文书，对当事人要求当天接收处罚的，应要求当事人在文书上明确签署：无陈述、申辩、要求当场接受处罚，否则应按程序的时间要求办理。三是对查获的“三无”船舶、除按规定予以处罚外，同时应督促其船员立即返路办理登记、检验、考证手续。对本路辖区的“三无”船舶(包括农副船舶)各所要及时做好纳规工作，组织好船舶登记、检验、办证一条龙服务。对四等船舶持五等驾机员证书带办理船员升级、考证的，按市航管处1998年6月10日“关于举办四等船员考证培训班的通知”的有关规定要求，当场给予办理考证报名手续。四是对“三无”船舶纳规涉及到的有关具体问题，根据嘉市航管(1998)56号“嘉兴市航运管理工作规则(试行)”第一节第四条至第十条规定办理。五是对查处“三无”及违章船舶涉及到有关规费稽征具体问题，应根据嘉市航管(1998)56号“嘉兴市航运管理工作规则(试行)”第二节第十四条至第二十二条规定，并按照1998年6月14日“嘉兴航区稽征管理工作会议纪要”业经统一的意见办理。

2004年4月1日至6月15日，在嘉兴航区内开展了七省一市联动的打击水上运输船舶超载统一执法行动。分别在京杭运河、杭申线和乍嘉苏线航道上设立了三个超载船舶卸载点，常抓不懈，船舶超载现象得到了有效的遏制，统一行动期间共检查船舶15133艘，发现超载船舶1267艘，主动卸载船舶480艘；强制卸载船舶388艘，基本消除了“潜水艇”现象。

2005年，开展危险货物运输船舶专项整治工作。通过整治，基本摸清了嘉兴市内河船舶运输、装卸危险货物的基本情况和存在的主要问题。紧紧抓住“三客一危”船舶重点，以客船、危品船和渡船为重点，排查安全隐患，对发现的隐患落实整改，如影响到航行安全的带病船舶要采取果断措施，强制停航。加强对运泥船舶安全监管，督促在航船舶舱面船员穿着救生衣。加强对非客船违法载客行为的制止和查处，一旦发现严厉处罚。根据省局《浙江省地方海事局辖区2005年长江干线整治船员持假证上船任职统一执法行动方案》要求，结合嘉兴市实际，嘉兴市自4月12日起至6月25日、7月1日起至7月14日，在全市航区内开展了为期2个月和2周的整治船员持假证统一执法行动。本次行动中，全市航区共检查船舶5643艘、检查船员职务适任证书11504本，其中检查三等船舶906艘、检查三等船员适任证书2263本；检查四等及以下船舶共4737艘、检查四等船员适任证书9241本。协查三等适任证书12本，没收三等船员假适任证书3本，四等船员假适任证书5本。取缔水路非法殡葬船，积极贯彻市政府《关于全市全面取缔农村农用水路殡葬船的通知意见》，通过落实取缔水路非法殡葬用船实施方案，至2005年3月31日，嘉善殡仪馆水上码头正式关闭，至今，嘉兴航区内未发现农村非法殡葬船，全市取缔农村水路殡葬船工作取得了实质性成效。

2006年，全市各县、乡(镇)政府之间都签订了《水上交通安全管理责任书》，把水上交通和水运建设施工安全监管责任落到实处。出台了《嘉兴市内河突发公共事件应急预案》《嘉兴市突发公共事件道路水路运输应急保障行动方案》，形成了交通、发改委、公安、水利、民防、安监、财政等各部门各司其职应急处置社会化新机制。制定和完善了“三防”应急预案、水上交通事故应急预案、主干线航道堵航事件应急预案等10项分预案，形成了统一指挥、反应灵敏、功能齐全、协调有序、运行高效的应急管理机制。与嘉兴港务局、嘉兴海事局联合，对乍嘉苏线航道平湖关桥至内河港池航段实行交通管制，对进出内河港池装卸货物的船舶实行报港，根除了杂货船挤占专用油船候泊区、危险品船在港池外候泊重大事故隐患。

2007年，起草了嘉兴市水上加油站整治方案，依靠政府，出台了《嘉兴市水上加油站(点)综合整治方案》，着手开展水上加油站整治工作；研发了地方海事业务数据处理系统；开展对基层检查站应急反应能力的抽查；开展对水运工程安全检查，特别对水上水下施工现场加大了督查力度；编制了海事业务资料归档说明书面样本和电子样本。2007年12月27日，嘉善三店大桥建成通车，位于杭申线航道嘉善段上三店的嘉兴市最后一处渡口撤渡，水乡嘉兴彻底告别几千年的渡运历史。

2008年，强化了对农用船上航道、挂桨机船上干线航道、船舶超限超载、非客船载客等违法行为的查处力度，组织开展全航区综合执法大检查。全年共出动海事艇9966艘次，检查人员52748人次，巡航航程52.69万公里。检查船舶46242艘次，教育船员18362人次，发放宣传资料15200册。查处各类违法行为9080起，处罚金额647.25

万元。其中违反海事管理类有 7662 起，违反运政管理类有 1090 起，违反航政管理类 224 起，违反港政管理类 104 起；查获闯禁船舶 48 艘，超限船舶 153 艘，超载船舶 328 艘，“三无”船舶 34 艘。加大了船舶安检工作。对 3599 船舶(其中本省船舶 3315 艘，危险品船舶 39 艘，散装水泥船 125 艘)实施安全检查，发现船舶救生、消防、航行安全设施等各类缺陷 4667 个，并及时督促船员整改到位。做好水上加油站的整治工作。根据水上加油站整治工作“回头看”行动要求，结合各县(市、区)上报的整治意见，确定了全市 133 家水上加油站(油库)整改措施，予以保留和整改的有 102 家，占总数的 76.69%，关停取缔 31 家，占总数的 23.31%。截止到 11 月 30 日，已整治合格、证照齐全的水上加油站有 52 家；基本符合要求、正在补办相关手续的有 15 家，要进一步整改的有 50 家，有关部门已关停了不符合整治要求的 31 家水上加油站。

嘉兴市作为北京奥运上海分会场的护城河，担负着上海分会场外围的安保任务，作为水上交通安全护航者，市港航管理局积极做好通向上海方向的水上交通管制工作。8 月 6 日晚上，联合市公安局水上分局，在嘉兴市境内的 5 县(市)2 区，开展了旨在打击水上违法犯罪，确保奥运期间水上交通、治安秩序稳定的奥运安保“水上联合攻坚 2 号”行动。本次行动市港航管理局共出动了 10 艘海事艇、65 名海事执法人员会同公安水警在全市范围内开展。采取突击检查、设卡检查和沿线巡查等多种手段，检查船员、船舶、货物、危化码头及水上加油站情况，重点在通往上海方向的主干线航道上设立了 7 个点进行检查。检查驶往上海方向的各类船舶 181 艘次，并对 8 座危险品码头、20 家水上加油站夜间安保值班人员到岗、安全制度落实和门岗值班情况进行了检查。确保嘉兴市水域在奥运会、残奥会期间安全形势平稳。

2009 年，共出动巡航海事艇 9774 艘次，检查人员 48584 人次，巡航时间 48512 小时，巡航里程 47.9 万公里，检查船舶 43704 艘，纠正各类违章 10086 次，查处超载船舶 765 艘、超限船舶 269 艘、“三无”船舶 28 艘和挂桨机船上干线航道 27 艘，办理船舶进出港签证 181164 艘次。全年共办理水上水下作业施工许可 87 件，危险货物港口资质认定 61 件，发布航行通告 48 件；实施海事行政处罚案件 7933 件，处罚金额 992 万元，依法作出水上交通事故责任认定 18 起。未发生行政复议或诉讼案件。全年共完成船舶所有权登记 555 艘、国籍登记 539 艘、抵押权登记 51 艘、注销登记 360 艘，发放船舶 IC 卡 538 张。2009 年，嘉兴市港航部门共投入 400 多万元资金，共设置桥梁警示标志、干支线航道河口标志 962 块。排查治理隐患单位 722 家(项)，其中重大隐患 4 项，4 项已整改，整改率为 100%；一般隐患 153 项，已整改 133 项，整改率为 86.9%，对还未整改的隐患已全部落实了整改措施并规定了整改期限。

图 9-3-8　桐乡航管处在疏航管理

2010 年，嘉兴辖区发生各类水上交通事故 66 起，死亡 2 人、受伤 2 人，沉船 8 艘，经济损失 136.17 万元，直接经济损失下降 33.28%；未发生一次死亡 3 人以上的水上交通事故，未发生水运在建工程安全责任事故。2010 年共出动海事艇 8480 艘次，检查人员 41546 人次，巡航时间 44102 小时，巡航里程 41.5 万公里，检查船舶 44137 艘，纠正各类违章 5112 次；办理船舶签证 694347 艘次，其中危险品船舶进出港签证 7074 艘次。世博期间，累计实施入沪船舶专项签证 88386 艘次，实施入沪船舶专项安检 12570 艘次。2 个省际卡点人工比对船舶信息 64890 艘次，检查发现缺陷 4389 次，滞留船舶 141 艘，查处假证、假签证 66 起，协助公安查获逃犯 2 名。以船舶“远端控制”为主要工作职责，全面落实各项水上交通安全防范措施，为上海世博会的成功、精彩、顺利举办，提供了安全有效、畅通有序的水上交通运输环境。其间共举办船舶专项签证和专项安检培训班 4 期，累计培训人员 248 人次，共计投入安保人员 17536 人；主动联系 AIS、GPS 装备安装公司，按要求做好船舶 AIS、GPS 等设备的申请安装等工作。积极开展嘉兴本港籍运输船舶以及长期在浙北航区航行的外省籍运输船舶免费发放安装 RFID 卡工作，确保船舶世博期间设备、设施到位。世博期间，累计投入安保资金 2000 余万元，对配备 AIS 的船舶检查数达到 4628 艘次、406 艘船舶安装了 GPS 系统，发放 RFID 卡 5819 张；落实世博安全责任制，分别与内部责任部门、水运企业、船厂、码头业主层层签订责任书；积极营造良好的世博安保氛围，发放了 2 万册世博会宣传手册，悬挂世博水上安保横幅标语 31 条。加强对通往上海的 5 条非设卡河道的视频监控。加强与上海毗邻区域合作，主动与上海水上监管部门对接联系，就两地相邻水域的防控管理、进沪船只检查措施等进行协商，建立信息联络反馈机制，互通信息资源，全力确保一方水域平安。做好世博期间港口设施保安工作，与全市238家重点内贸港口企业，以及危险品码头签订港口保安责任书，并对其进行现场检查1200余次。

第七节 港政管理

港政管理即港口的行政管理。根据《中华人民共和国港口法》对港口行政管理部门职责的界定，港政管理的职责为：制定港口发展战略；编制港口规划并组织实施；研究港口产业政策；港口公用基础设施的建设、维护和管理；港口经营管理；港口安全和监督管理及港口行政管理的其他工作。

历史沿革

中华人民共和国成立前嘉兴航区的港政管理情况

中华人民共和国成立前，嘉兴航区大部分地区无固定码头停靠船舶。即使有少量固定码头，大多也是根据自然坡岸，由当地里人公助集资筹建于集镇的市梢，且客运与货运混用。乡村船舶大多依乡间货栈、米行而泊。集镇之间的航快船，则分航向分别停泊。故无港政管理可言。

中华人民共和国成立后嘉兴航区的港政管理情况

中华人民共和国成立后，逐年在主要集镇上建起了码头，在航线上也建起了站点、埠头，彻底改变了以前船舶在自然坡岸停靠的简陋状况。旅客上下，货物装卸的条件也大为改善。

1986年，根据交通部(86)交函字149号文《关于开展全国港口普查工作的通知》的精神，嘉兴市航运管理处成立了嘉兴市港口普查工作组。普查工作从1986年6月24日开始至8月28日止，历时二个月零五天。根据“一城一港、一县一港、一镇一港”的普查要求，在全市范围内共确定26个港口，其中河港25个。共调查了近五百个货主单位，测量了581个码头，930个泊位，统计了近千个装卸机械设施，编制了16份20万吨以上港口的文字说明，填写、绘制大量表格、蓝图，明确了港口的基本面貌和现状。嘉兴市港口普查小组保质保量地按时完成了上级交给的任务，为编制港口建设长远规划，有计划、有重点地对港口进行技术改造提供了大量的比较全面的基础资料。

1991年以后嘉兴航区的港政管理情况

1992年12月，嘉兴市编委批复《关于建立嘉兴市内河港务管理处》，明确“嘉兴市内河港务管理处与嘉兴市航运管理处实行两块牌子，一套工作班子”，并同意嘉兴市航运管理处增设内河港务管理科，与市内河港务管理处合署办公。1993年1月27日，“嘉兴市内河港务管理处”新印章启用，标志着嘉兴市内河港务工作开始启动。

1993年2月1日，据嘉市航管人(93)9号，任命沈立担任嘉兴市航运管理处内河港务监督科副科长。1993年8月2日，经市航管处研究决定：孙巍任嘉兴市航运管理处内河港务管理科副科长。

1997年9月11日至12日，根据国家统计局要求，嘉兴市航运管理处成立了嘉兴市第二次港口普查工作组。普查工作从1997年9月13日开始，历时一个月。

1998年1月12日，嘉兴市人民政府颁发了《嘉兴市港区管理暂行办法》(简称《办法》)，明确规定嘉兴市交通局是嘉兴港区的行政主管机关。嘉兴市内河港务管理处具体负责实施本办法。《办法》规定了设立港埠企业或专用码头必须具备的条件，以及开业的审批程序和开业后的义务。并赋予嘉兴市交通局解释权，各县(市)可根据各地实际参照执行。

1999年，嘉兴市航运管理处为加强港务管理基础工作，在嘉善航管所开展了港口管理和整治工作试点，在海盐航管所摸索报港和指泊作业试点工作。各县(市)港务管理部门建立、健全了辖区港务管理“一表、一照、一卡、一证”制度，为进一步开展港务管理奠定了基础。1999年的内河港口码头整治中，市区拆除了环城路以内的内河港口码头。1999年11月11日，嘉兴市人民政府根据《中华人民共和国航道管理条例》《中华人民共和国内河交通安全管理条例》和交通部《港口装卸机械管理规定》等法规、规章以及《嘉兴市港区管理暂行办法》《嘉兴市城市总体规划》《嘉兴港总体布局规划》的有关规定，针对当时嘉兴市区码头设置零乱、环境差、乱停泊、乱装卸、无证经营、逃漏国家税费等严重情况，对当时设置的经营性港口码头，按照城市改造的需要逐步进行清理和拆除。颁发了《嘉兴港区码头综合整治方案》，并印发了《嘉兴港区码头综合整治登记审批发证程序》。该程序要求嘉兴港区范围无证经营装卸或临时装卸生产期限已满的港区码头，在1999年年底前全部无条件自行拆除。自2000年3月1日起，禁止从事经营性砖瓦、砂石等建材装卸作业。厂矿自备码头未办理经营证照的，不得对外承揽经营性装卸业务；未经港务管理部门批准，不得对外承包、租赁经营或改变装卸种类。通过综合整治工作使嘉兴港区码头装卸市场秩序达到“四个”统一，即统一规划(按照港区总体布局实行统一规划审批)、统一发证（港区码头使用证和起重机械准用证、特种作业人员操作证)、统一票据(港口装卸专用发票)、统一管理(港区生产秩序日常监督与维护)。

截至1999年年底，嘉兴港(注：指嘉兴市区范围内)拥有大小码头泊位269个、吊机198台，码头岸线总长6121米，年吞吐量620万吨左右。1999年8月至2000年5月，对港区从事港口码头运输装卸作业的单位和个人进行登记注册、清理整顿和审批发证工作。共清理拆除或搬迁的码头吊机70台，搬迁的码头吊机由航管部门统一规划到六个作业区，保留的码头吊机也都经有关部门联合审批，统一发放"嘉兴市港区码头使用证""起重机械准用证""特种作业人员上岗证"。

嘉兴市铁水中转港系嘉兴市首家建设的大型综合性内河港口，1999年6月22日，嘉兴市铁水中转港区工程经省交通厅验收。2001年12月7日，嘉兴铁水中转港和中国远洋运输(集团)公司，共同开通了嘉兴至上海国际集装箱内河支线。

2002年8月7日，浙江省嘉兴市航运管理处和嘉兴市内河港务管理处合并，更名为浙江省嘉兴市港航管理局。

2003年8月，嘉兴市委、市政府制定了《嘉兴市港区管理办法》等规范性文件，加强对嘉兴内河港的管理。同时，为统一嘉兴内河港统计口径，经嘉兴市人民政府《关于统一嘉兴市内河港口吞吐量统计口径的批复》批准，嘉兴市范围内的内河港口吞吐量统计口径以嘉兴内河港名义，统一由市港航管理局统计并上报。但长期以来，由于种种原因，嘉兴的内河港口码头缺乏行之有效的总体规划，导致了港口码头布局散乱、管理较难，与之相配套的有限的内河航道岸线资源也没有得到充分利用。

2004年，根据嘉兴市人民政府4月3日市长专题会议精神，嘉兴铁水中转港内的集装箱码头将易地新建。7月8日，嘉兴市城市规划委员会审议通过了嘉兴内河国际集装箱码头选址方案。新的内河国际集装箱码头位于嘉兴市秀城区七星镇内，紧邻杭申线航道和G320国道，集疏运条件较好。根据选址方案，码头占地约500亩，可建设500吨级集装箱泊位8~10个，建成后，码头设计年吞吐量可达35万标准箱。

2004年11月25日，项目建议书被省发改委受理后，先后有奥斯集团、金冠香港、香港保华集团等多家企业参加招商引资，最终由香港保华集团旗下(香港)嘉兴内河港投资有限公司与嘉兴市港航建设开发有限责任公司合资建设经营。

2005年，港口管理工作全面启动，嘉兴内河港是交通部明确公布的全国28个内河主要港口之一。2005年，嘉兴内河港货物吞吐量为6920万吨，接近7000万吨大关。其中嘉兴港、平湖港、武原港和硖石港四大港口货物吞吐量达1797万吨，占整个嘉兴内河港的四分之一。货物吞吐量的不断增长也带动了全港码头基础设施的建设，截至2005年年底，全市共拥有内河码头1271个，泊位2337个，泊位长度82984米，泊位年通过能力7697多万吨。《中华人民共和国港口法》实施后，在抓好港口生产的同时加强港口管理一直是港航部门的工作重点。2005年，港航管理部门在全市范围内开展"港口经营许可证"核发工作，对符合条件的160家港口经营单位发放了"港口经营许可证"，同时进一步改善城市环境，组织开展了市区码头综合整治工作。

2005年，完成了《嘉兴内河港总体规划》的初稿，嘉兴内河国际集装箱港区初步设计通过省发改委和省交通厅组织的审查，项目进入实质性启动。2005年10月，嘉兴内河集装箱码头工程可行性研究报告经省发改委批复同意，并先后取得省环保厅《环评审查意见》、省水利厅《水土保持方案批复》、省国土资源厅《土地预审意见》等。

《中华人民共和国港口法》的出台在为加强我市众多的内河码头管理带来法律依据的同时，也将一些历史遗留问题摆在了行业管理部门面前，通过各级港航管理部门的共同努力，截至年底累计共发放"港口经营许可证"481张，基本上对能够发放"港口经营许可证"的内河港口码头都已发放到位。然而实际嘉兴市内河港口码头的数量远不止这些，按照年底的港口码头一览表，发生货物吞吐量的内河码头有1000多家，生产码头泊位2346个，其中仅专业化煤炭泊位就有97个、粮食泊位90个。2006年的内河港口货物吞吐量首次突破8000万吨，其中一个很重要的原因是港航管理部门加强了对港口吞吐量统计工作的监督力度：一方面通过"港口经营许可证"的发放为抓手，对全市范围内较大规模的内河港口纳入管理，等于抓住了大部分的港口货物吞吐量，另外通过近一个月的全市水路货源调查，走访了六百多家大型企业、厂矿自备码头，也基本摸清了全市内河港口码头的年吞吐量。

2006年，嘉兴市区内河港口第二次码头综合整治全面启动，三环路以内的经营性港口码头分两批拆除，以进一步美化城市环境。在1999年的内河港口码头整治中，市区拆除了环城路以内的内河港口码头，2006年二环路以内还分布着12家内河港口码头企业、19台码头吊机；中环南路附近还有7家港口码头企业、13台码头吊机，2005年的吞吐总量达到335万吨。按照《嘉兴市城市总体规划》《嘉兴市内河港总体规划》的要求，市区三环路以内不再设置经营性港口码头，现已设置的经营性港口码头，要结合城市建设需要进行拆除或外迁。二环路以内的港口码头除民丰集团公司、嘉钢集团公司和嘉爱斯公司的自备码头保留外，其余的在2006年国庆节前拆除；中环南路附近的内河港口码头整治在 2006 年年底前完成。

《嘉兴内河港总体规划》于 2006 年 9 月通过了交通部和浙江省人民政府组织的联合审查，2007 年 10 月 11 日，《嘉兴市内河港总体规划》(简称《规划》)经交通部和浙江省人民政府以交规划发〔2007〕536 号文件联合批复。将嘉兴市二十五个港口合并，设立嘉兴内河港，并以行政区划设置城郊港区、嘉善港区、海宁港区、海盐港区、平湖港区和桐乡港区。嘉兴内河港是全国 28 个内河主要港口之一，根据嘉兴市内河航道的岸线资源特点和相关规划，规划嘉兴内河港重要公用码头岸线 8940 米，其中杭申线航道 1710 米，乍嘉苏线航道 2410 米，杭平申线航道 1970 米，其他航道岸线 2850 米；规划重要公用码头岸线中已利用岸线 1390 米，规划期内新利用岸线 7550 米。

该《规划》明确将通过整合现有内河港口资源，重点建设大吞吐量社会公用码头作业区，形成以城郊、海宁、海盐、平湖、嘉善和桐乡六大港区为主的"一港六区"内河港口体系及空间布局合理、功能协调和岸线利用集约高效的内河港口集群。在此基础上，编制完成并出台《嘉兴市内河岸线利用与发展规划》和《嘉兴市内河水运发展规划》，把嘉兴市内河航运发展与内河航道、运力结构优化、海河联运、港口功能定位等有机结合起来，形成较为完整的水运规划体系。

2006 年 3 月，嘉兴内河国际集装箱码头工程初步设计通过省发改委审批，8 月，项目施工图设计通过省交通厅审批。

2007 年，依据《中华人民共和国港口法》及《港口经营管理规定》的相关规定，加大对港口违法行为实施行政处罚力度。截至 2007 年 11 月底，共查处港口行政违法案件 68 起，累计处罚金额 123000 元。通过实施港口行政处罚，对港口企业起到了教育和威慑作用，从而推动了港口行政执法工作的开展。港口经营许可证核发工作在 2006 年基本纳轨的基础上，按照成熟一家、审批一家的原则，严格依据《中华人民共和国港口法》和交通部《港口经营管理规定》等有关法律法规，对不符合发证条件的一律不予发证。嘉兴市港航管理局组织相关管理人员对《内河港口综合管理信息系统》进行操作培训，通过讲解系统的基本框架、港口经营业务许可的操作及证书审批流程、港口生产管理台账的具体操作和相关信息的查询等，使其熟悉系统的有关操作，为下一步全面应用该系统奠定基础。

2007 年 4 月，省发改委同意将原嘉兴内河港国际集装箱港区工程项目调整为嘉兴内河港多用途港区工程项目。2008 年，嘉兴内河港多用途港区项目建设用地已获国土资源部正式批复。下半年，嘉兴内河港多用途港区正式开工建设。

2008 年 1—11 月，全市共发放"港口经营许可证"81 张，其中市本级发放 29 张、嘉善县 33 张、平湖市 4 张、海盐县 5 张、海宁市 8 张、桐乡市 2 张。2008 年 1—9 月底，查处港口行政违法案件 72 起，处罚金额 142900 元。

2008 年 7 月，嘉兴市港航管理局组织开展嘉兴内河港第三次全国港口普查工作。9 月，完成港口普查外业数据采集、录入工作，10 月，数据审核、汇总，11 月，上报省港口普查办。

2009 年，严格依据《中华人民共和国港口法》《港口经营管理规定》等有关法律法规，对不符合发证条件的一律不予发证，1—11 月，全市发放"港口经营许可证"116 张，累计发放 745 张。截至 10 月底，全市共查处港口行政违法案件 36 件，累计处罚金额 182500 元。

2010 年，做好港口物流基地、龙头企业培育工作。嘉兴内河港多用途港区被列为市级交通物流基地。杭州湾钢贸城和华洋码头，以及嘉兴铁水中转港和海宁公用码头等一批钢材、粮食交易平台已初具规模。尤其是嘉兴内河港多用途港区建成，实现了码头装卸、物流服务、一关三检和保税仓储"四合一"功能，形成一个完整的物流网络。2010 年 12 月，嘉兴市港航管理局制定了《嘉兴内河港港口章程》等制度，通过加强基础制度建设，进一步提升我市内河港口管理水平。同月，《嘉兴内河港口物流发展规划》(2010—2030)通过省市有关部门评审，该规划对嘉兴内河港口物流发展现状和条件、以及港口物流发展环境和趋势的深入分析，制订了"一园区七基地三层网点"港口物流体系建设方案，是指导嘉兴内河港口物流发展的重要依据。

港口的岸线管理

"十五"以前，由于种种原因，嘉兴的内河港口码头缺乏行之有效的总体规划，导致了港口码头布局散乱、管理较难，与之相配套的有限的内河航道岸线资源也没有得到充分利用，内河岸线的利用处于无序状态。2006 年以后，嘉兴市人民政府狠抓内河港口码头建设，《嘉兴内河港总体规划》于 2006 年 9 月通过了交通部和浙江省人民政府组织的联合审查，2007 年 10 月 11 日，《嘉兴市内河港总体规划》经交通部和浙江省人民政府以交规划发〔2007〕536 号文件联合批复。该规划明确将通过整合现有内河港口资源，重点建设大吞吐量社会公用码头作业区，港口的岸线管理工作才有条不紊得以开展。

沿河产业发展情况

2003 年，嘉兴市共有沿河企业(沿河企业是指以五级及五级以上航道河堤岸为界，两侧陆域纵深在 100 米关联区以内的企业)661 家，产值达到 200 亿元，占全部工业总产值的 11.8%。工业总产值达 90 亿元，约占全市规模以上工业总产值的十分之一。

到2006年年底，嘉兴市共有沿河企业688家，其中工业企业396家，实现销售收入约为174.3亿元。其中规模以上工业企业220家，当年实现销售收入约为169亿元，占全市规模以上工业销售收入的6.8%。嘉兴市沿河产业以建材、船舶修造、食品饲料、造纸、能源等五大行业为主，共225家企业。第三产业中的批发零售业、运输仓储业发展较快。沿河共有建材、石油制品、煤炭等批发零售业企业186家，仓储和运输(运输服务)企业101家，其他服务业企业5家。2010年，沿河产业发展状况如下：

建材行业：嘉兴市共有沿河建材企业135家，其中规模以上企业74家。其中：①水泥行业。嘉兴市沿河现有水泥企业16家，2006年的水泥产量达525.36万吨。②砖瓦行业。嘉兴市沿河现有砖瓦企业47家。其中规模以上企业41家。③水泥制品业。嘉兴市沿河水泥制品主要是管桩、构配件和商品混凝土，该行业现有企业72家。其中规模以上企业17家。

船舶修造行业：嘉兴市沿河的船舶修造企业共有47家，2006年造船590艘，修理船舶612艘，拥有能建造500吨级以上船舶的船厂25家。其中规模以上企业25家，共造船466艘。主要分布在嘉善(27家)，占了嘉兴造船业的“半壁江山”，造船量占全市造船量的42.4%。沿河船舶修造企业主要建造内河大吨位散装标准货船，同时建造技术含量高、附加值较高的船舶，如内河游艇、高速客船、各类公务艇、工程船、散装化学危险品船和油船等。嘉兴市是国内建造内河公务用艇和交通艇的重要基地。平湖东昌游艇公司、东港船厂、华海造船公司、平湖第一船厂、海盐金源船厂、嘉兴市造船二厂是嘉兴规模较大的造船企业。平湖东昌游艇公司2006年生产游艇45艘，产品全部销往欧美。2009年游艇生产能力达150艘/年。

食品饲料加工业：嘉兴市有沿河而设的粮油饲料加工生产企业29家。包括一星饲料、欣欣饲料等9家规模以上饲料加工企业。规模以上谷物加工企业有8家。海盐一星油脂、南湖欣欣油脂、平湖中盛食用油等3家规模以上植物油加工企业。

造纸及纸制品业：嘉兴市沿河现有包括景兴集团公司、海盐吉安纸容器、南洋纸业、大洋纸业、华联纸业、华美包装公司在内的造纸和纸制品企业7家。其中景兴造纸、大华包装、海盐南洋纸业、大洋纸业、景兴包装材料等5家企业年销售收入超亿元。

能源行业：2006年嘉兴市沿河的有嘉爱斯热电、新嘉爱斯热电、锦江热电、平湖热电、平湖荣成热电、嘉兴恒华热电、海盐恒洋热电等7家企业，装机容量30.85万千瓦，当年发电量达19.81亿千瓦时。桐乡濮院协鑫热电项目正在建设之中，装机容量为2.1万千瓦。

批发零售业：建材、石油制品、煤炭等批发零售业企业175家。其中建材批发零售业企业74家，成品油批发零售业企业72家，煤炭批发零售业企业20家，其他类批发零售业企业9家。建材批发零售业企业以经销黄沙、石子为主，少数经销建筑用钢材。成品油批发零售业企业(即水上加油站)主要分布在杭申线桐乡段、城郊段、嘉善段，乍嘉苏线平湖段、杭平申线平湖段，桐乡段、平湖段的加油站实现销售额普遍较大，多数在1000万元以上，但嘉善段由于布点过多，经营状况一般，销售额多数在500万元以下。

运输仓储业：仓储和水路运输(服务)企业101家，其它服务业企业5家。沿河仓储业企业以粮食收储为主，其余的是蚕茧的收烘和仓储、成品油和煤炭的仓储等。从事水路运输(服务)的企业44家，其中25家为水运(有船)企业、19家为水运服务(货代)企业。2006年，全市企业船舶569艘，运力67935载重吨，实现营业收入3940万元，同期货代企业代理收入331.5万元。

港口岸线利用情况

到2006年年底，全市共有五级及以上内河岸线636.75公里，已利用岸线长度为122.42公里，利用率为19.2%。详见下表：

表9-3-19　2006年嘉兴市五级及以上航道岸线利用情况表

航道名称	岸线总长度(公里)	已利用岸线长度(公里)	已利用岸线类别	未利用岸线长(公里)
京杭运河	19.68	1.63	工业、港口码头、生态绿化	18.05
杭申线	184.28	62.47	工业、港口码头、仓储和生态绿化	121.87
乍嘉苏线	141.5	27.57	工业、港口码头、仓储和生态绿化	113.93
东宗线	41.13	2.51	工业、港口码头、仓储	38.62
嘉于硖线	95.56	7.75	工业、港口码头、仓储	87.81
杭平申线	237.4	20.55	工业、港口码头、仓储	216.85
总计	636.75	122.42		514.33

注：总计数中已剔除航道重复里程

为合理利用岸线资源，《浙江省港口管理条例》于2007年10月1日起正式实施，得到了政府和社会的高度重视，同时，嘉兴市交通局会同市发改委共同编制了《嘉兴市内河岸线利用和发展规划》，《嘉兴市内河港口规划》也通过了交通部和省人民政府的联合审查，也为合理利用岸线资源提供了依据。“十一五”期间嘉兴市共办理临跨拦许可1446项。临航建筑812项(其中码头526个，新增1000吨泊位码头10个，500吨泊位码头98个，300吨泊位码头99个，100吨及以下泊位345个)。办理内河岸线使用许可1269项。其中新增岸线许可983项，新增岸线75390米。在“十一五”期间，其中2010年办理码头48个，新增500吨泊位码头12个，300吨泊位码头13个，100吨及以下泊位41个。临时码头延续112项。办理内河岸线使用许可210项。其中新增岸线使用118项，新增使用岸线10366米。

港口的危险货物管理

20世纪90年代以前，由于嘉兴航区内河运输的货物运输还未发达，嘉兴市辖区内河危险货物运输管理也比较薄弱，只限于水路客运危险货物管理，当时成品油运输只有嘉兴市航运总公司油轮队，而嘉兴市航运总公司油轮队危险货物管理专门由嘉兴市航运总公司安全科管理，管理制度十分规范，故基本上没有大的事故发生。

20世纪90年代初，水路运输已从计划经济过渡到市场经济，个体、集体一起上，水路运输十分活跃，1991年，嘉兴市航管部门对水上客轮实行现场“签证”，严禁危险品夹带上船，对110名货运油船船员进行专业知识培训，并核发了证书。1996年，对从事水上旅客运输的28艘客船和47艘油船的33项内容进行二个层次的复验。对危险货物运输强化现场“签证”，共监装监卸112批次，27562吨。

1999年，嘉兴市航管处针对辖区内危险品数量和品种逐年增加这一情况，从严做好辖区内危险品运输的安全监督工作，积极开展危险货物运输申报工作。1999年嘉兴航区危险品码头有59处，经认可发放许可证的危险品码头有24处。全年共进出危险品货物1335批次，共计201136吨。船检部门严格把好危险品船检验关，新建8艘危险品船。从1999年起，危品运输申报制度已在嘉兴航区内全面开展实施，申报管理网络正逐步完善，并建立健全了危险品监管台账和日常检查制度，基础管理工作正逐步加强。

2003年至2006年，嘉兴航区内危险货物运输船舶(主要为油船)共发生的上报事故为19起(其中：单方事故1起，浪损事故1起，碰撞事故为17起)、直接经济损失178.3832万元，典型事故如下：2003年3月5日6时05分，江苏滁州市金达石油公司所属船舶金达油6号，重载汽油停泊在嘉兴顺加油库，浙余杭货00529在途经该油库附近时因舵机失灵与其发生碰撞，造成金达油6号船体受损，汽油外泄。经海事人员和船员紧急救助避免了事态的扩大，事故造成损失近7万元。2003年5月16日12时30分，安徽宁申船务有限公司所属船舶宁申机19，重载汽油300吨，从嘉兴驶往杭州，在浙江嘉兴桐乡羔羊水泥厂航段，因未保持安全航速，浪损造成停泊船间缆绳、系缆桩绷断，导致停泊船上一人受重伤，经济损失达50万元。2004年6月23日7时30分，安徽宁申船务有限公司所属船舶宁申21，重载汽油498吨，从上海驶往嘉兴，在途经浙江嘉兴嘉善姚庄北岳窑厂附近航段，因未保持安全航速，追越皖蚌埠货0734货船(装载成品玻璃218吨)，在追越过程中，两船因船吸发生碰撞，造成皖蚌埠货0734货船翻沉，经济损失达60.91万元。

表9-3-20　2003年至2006年以来辖区内危险货物运输船舶事故情况

年度	事故起数	事故分类			他船损失					备注
		碰撞	浪损	触损	死亡	受伤	沉船	经损(万元)		
2003	10	9	1	/	/	/	/	9.25	83.6192	油船
					/	/	4	74.3692		他船
2004	8	7	/	1	/	/	/	4.2244	93.104	油船
					1		2	88.8796		他船
2005	1	1	/	/	/	/	/	0.06	1.66	油船
					/	/	/	1.6		他船
2006	/	/	/	/	/	/	/	/	/	/
合计	19	17	1	1	1	1	6	178.3832		/

2004年，嘉兴市港航管理局积极抓好危货船舶报港制，做好乍浦港油船停泊工作。针对平湖市乍浦港油船在港池外航道边随意违章停泊，存在安全隐患且难以解决的问题，专门对危货船违章停泊的原因进行了专题调研，为消除危货船舶违章停泊影响周围居民安全的隐患，通过与当地政府协调，采取了危货船报港制、由港区安排在指定泊位或锚地停泊，同时管辖地海事处加强巡航检查，及时查处违章停泊等措施，彻底解决了危货船在乍浦港港池外违章停泊的问题。为加强危货船舶管理，嘉兴市港航管理局拟定了《嘉兴市内河水路危险货物运输事故应急预案》草案和《水路运输危险货物安全监督检查制度》草案。

2005年，根据浙江省港航管理局《关于印发2005年浙江省内河船舶载运危险货物安全专项整治方案的通知》文件精神，嘉兴市港航管理局印发《关于开展危险货物运输专项整治的通知》，专门召开会议部署开展整治工作。通过整治，基本摸清了嘉兴市内河船舶运输、装卸危险货物的基本情况和存在的主要问题。2005年，嘉兴市拥有危险货物运输船舶17艘、1162总吨、年运量11.16万吨；配备船员29名(其中无特殊操作证5名)；全市共有危险货物装卸码头(泊位)99处，主要分布在市、县城和主要航道。在调查摸底的基础上，主要做好以下工作：一是加强危险货物运输船舶的检查，对危险货物运输船舶、船员的各种证书进行检查，主要对危险货物运输船舶上的消防、防爆、救护、防污应急方案制定情况，特别对15年以上船龄的船舶进行了重点检查，发现船舶配备的消防器材过期、失效，油舱密封橡皮老化，换气管防爆网损坏，部分船生活舱内照明灯不是防爆的等问题，检查人员当场发出整改通知书，责令船舶所属公司，在整改事项没有完成、缺陷没有得到整改前，禁止船舶出港。并将检查结果做好书面记录，由被检方和检查方双方签名后一份给被检方、一份存档备查。从而提高从事危险货物运输船船员的安全防范意识。二是加强危险货物申报管理工作，根据嘉兴港与相邻港口航程近、航行时间短，一般8~10小时左右就可从起运港抵达目的港，很难按要求办理危险货物申报的特点，采取载运危险货物船舶在驶离出发港前采用直接或通过代理人向海事部门电话申报抵港时间。各港航处确定一个电话号码，公告给危险货物装卸、运输作业单位、船舶。以便海事部门值班人员接到电话后，及时了解进港船舶的动态和时间，并将航道近况及注意事项告知对方，以保船舶进港安全。船舶在抵达目的港后再及时携带《船舶载运危险货物申报单》《危险货物安全适运申报单》、载运危险货物的相应单证及海事部门规定需要提供的其他有关文书到目的港海事部门办理船舶运输化学危险货物进港申报、签证手续。要求从事经营水路危险货物装卸单位派员参加省局举办的“危险货物申报员”培训班，并经考试合格取得“危险货物申报员”证书。各港航处从事水路危险货物管理人员也参加培训，经考试取得合格证书，规范了危险货物申报工作。三是加强危险品装卸作业码头的监督管理，保障危险货物运输船舶的靠泊和装卸安全，对危险品码头、泊位以及水上加油站进行安全检查，主要检查油码头、泊位的靠泊、防污、消防、作业设施是否符合GB16994－1997(油码头安全技术基本要求)的安全要求，对不符合现行安全要求或技术标准的危险货物装卸码头、泊位，要求限时整改，对整改达不到要求的禁止船舶靠泊该码头、泊位进行装卸作业，直至整改符合要求。对改建、新建危险品装卸作业码头审核时，严格控制主航道上设置危险品装卸作业码头，要求因地制宜，选择在不影响其他船舶安全航行及周围环境安全的水域，尽量设置在主航道边上的小浜内，这样可以不影响主航道通航宽度，保证航道安全、畅通。四是加强港口危险货物作业管理，发出《关于核发〈危险货物港口作业认可证〉的通知》，布置落实“危险货物港口作业认可证”的核发工作。

2006年，嘉兴市港航管理局强化水上危险货物监控。一是开展了危险品运输专题调研，在干线航道上进行为期7天水上危险品运输的流量观测，基本摸清了全市水上危险品运输流量、流向和货种等情况。嘉兴市危险货物运输企业有4家，其中城郊2家，平湖市2家。拥有船舶19艘，1603总吨、载重吨2475吨，其中油船11艘、散装化学品船7艘、沥青船1艘。二是开展了水上危险品运输“百日会战”安全专项整治行动。对危险品运输船舶、危险品码头的安全进行大检查，基本摸清了全市水上危险货物装卸码头(泊位)的数量与分布及应急物资储备等情况。2006年全市共有危险货物装卸码头(泊位)140处，其中：油库加油站118家(加油站码头102家，油库码头16家)、化学危险品码头22家。分布在市(县)主要干线航道上的有95处，占危险货物装卸码头总数的67.86%。全市危险货物码头防污染应急设备中，嘉兴中石化七星油库等7家单位拥有围油栏1820米，嘉兴中石化七星油库等9家单位拥有消油剂732公斤；嘉兴市友邦精细化工制造公司拥有吸油毡20公斤，为应对危化突发事件提供必要的物资准备打下基础；严格水上危险货物进出的申报制度；举办危险品货物运输岸上作业人员安全操作证培训班4期，共培训189人次，174人经考核取得合格证书；开展了对危险化学品运输企业资质预警检查；联合嘉兴海事局、嘉兴市港务管理局对乍嘉苏线航道平湖关桥至内河港池航段实施交通管制，彻底根除了杂货船挤占内河港池专用油船候泊区，危险品船舶候泊内河港池外乍嘉苏线航道乍浦航段这一重大事故隐患。三是开展了船舶及相关作业防污染专项检查活动，首次对全市造船厂的防污工作进行了检查，督促船厂做好防污染工作，防止在船舶修造、拆解等作业过程中污染水域。

表 9-3-21 2005 年嘉兴航区内河危险货物种类与吞吐量表

油品种类		2005 年吞吐量（万吨）						
		城郊	嘉善	平湖	海盐	海宁	桐乡	合计
成品油	汽油	11.0819	8	15			28.6652	62.7471
	柴油	16.4952	11	10	7.2	2.6		47.2952
	抽余油	0.8973						0.8973
	重油	0.4				1		1.4
	溶剂油	0.3058				0.5		0.8058
	其他	0.2373					2.39	2.6273
	合计	29.4175	19	25	7.2	4.1	31.0552	115.7727
散装液态化学品	氯化苯	1.6791						1.6791
	甲醇	0.6686	2.7					3.3686
	甲苯	0.2636						0.2636
	甲醛		1					1
	液碱	7.356		3.75		3		14.106
	硫酸	5.3942		3.75	0.75	3	1.5	14.3942
	氨水	0.069				2	2	4.069
	盐酸	1.0821				1		2.0821
	硝酸	0.405						0.405
	乙二醇	0.5				0.7	0.6	1.8
	其他	0.5417						0.5417
	合计	17.9593	3.7	7.5	0.75	9.7	4.1	43.7093
总计		47.3768	22.7	32.5	7.95	13.8	35.1552	159.482

表 9-3-22 2006 年嘉兴航区危险货物码头数量表

县（市）	油库（个）	加油站（个）	化学危险品（个）
城郊	6	14	7
嘉善	3	42	7
平湖	0	16	1
海盐	1	9	2
海宁	3	4	3
桐乡	3	17	2
合计	16	102	22
	140		

表 9-3-23　2006 年嘉兴航区危险货物码头分布表

码头种类	码头(个)	泊位(个)	码头年装卸量(吨)		干线航道上码头数量(个)				
			装船	卸船	杭申线	京杭运河	乍嘉苏线	六平申线	合计
油库码头	16	17	904961	77500	8	0	1	0	9
加油站	102	126	86036	89230	48	4	0	23	75
化学品码头	22	25	325093	112000	3	1	5	2	11
合 计	140	168	1316090	278730	59	5	6	25	95

表 9-3-24　2006 年 1—8 月嘉兴航区内河危险货物种类与吞吐量表

油品种类		2006 年 1—8 月吞吐量(万吨)						
		城郊	嘉善	平湖	海盐	海宁	桐乡	合计
成品油	汽油	5.9751	2.5454	0.658			8.7269	17.9054
	柴油	12.11	5.4314	2.6	5.733	1.1127	16.4656	43.4527
	抽余油	0.6019						0.6019
	重油	0.0416				0.6968		0.7384
	溶剂油	0.013				0.4567		0.4697
	其他	0.039						0.039
	合计	18.7806	7.9768	3.258	5.733	2.2662	25.1925	63.2071
散装液态化学品	氯化苯	1.2996						1.2996
	甲醇	0.8239	1.7914					2.6153
	甲苯	0.21						0.21
	甲醛	0.0273	1.1531					1.1804
	液碱	2.3336		0.364		1.7131		4.4107
	硫酸	1.6948		0.754	0.52	1.4893		4.4581
	二甲苯	0.0579						0.0579
	氨水	0.2847				0.2804	0.5485	1.1136
	盐酸	0.925				0.8956		1.8206
	硝酸	0.4518						0.4518
	乙/二醇	0.104					1.2103	1.3143
	其他	0.234		1.274		0.78		2.288
	合计	8.4466	2.9445	2.392	0.52	5.1584	1.7588	21.2203
散固	硫磺	0.1638						0.1638
	合计	0.1638						0.1638
总计		27.391	10.9213	5.65	6.253	7.4246	26.9513	84.5912

2007 年，嘉兴市港航管理局重拳出击，着力开展水上加油站整治工作，紧紧依靠政府，出台《嘉兴市水上加油站(点)综合整治方案》，着手开展水上加油站整治，印发了《关于水上加油站在办理许可工作中相关问题的意见》。明确安全设施要求，开展了整改工作。115 家水上加油站中 69 家申请办理相关手续，并按照要求在码头前沿安装防船舶碰撞的软靠垫，设置了安全警示标志牌 100 多块，11 家加油站新设置了红色环照灯。已发放"港口经营许可证""危险货物港口作业认可证"10 家，已拆除水上加油站 1 家，停业 1 家。2007 年举办了 5 期危险货物岸上管理人员和操作人员培训班，236 人参加培训，累计已有 425 人参加培训。依法从严查处一起非法载运危险品行为，分别对船舶、托运人、货物的业主、装卸作业码头进行处罚，处罚金额合计 5 万元。1—11 月，办理危险品运输申报 6276 次，危险品运输量为 140 万吨，其中油品类 897 万吨。

2008 年，嘉兴航区办理危险品运输申报 2344 次，危险品运输量为 107.11 万吨，其中油品类 61.71 万吨。组织相关职能部门对全市航区内投入营运的危险品运输企业进行了经营资质的检查，对危险品码头和危险品船实施了安全检查。对有缺陷的船舶当场发出整改通知书，禁止不适航船舶投入春运。检查危险品运输船舶39艘次，危险品码头251次。对有缺陷的船舶当场发出整改通知书，同时做好跟踪检查。另外做好水上加油站的整治工作。根据水上加油站整治工作"回头看"行动要求，确定了全市133家水上加油站(油库)整改措施。予以保留和整改的有102家，占总数的76.69%，关停取缔31家，占总数的23.31%。截止到11月30日，已整治合格、证照齐全的水上加油站有52家；基本符合要求、正在补办相关手续的有15家，要进一步整改的有50家。通经专项整治，水上加油站的软、硬件设施有了明显提高。同时企业从业人员的安全意识得到提升，有123人企业从业人员经培训与考试取得了上岗资格证书。

2009年，抓好危化码头及重点船舶的动态监管。全市102家水上加油站(油库)全面完成整改和危险货物港口资质认定，30家散化码头(油库)视频监控系统接入水上交通指挥中心。充分利用船舶IC卡等信息化手段，加强对重点船舶的动态监管和危险品运输的申报管理，辖区登记的重点船舶GPRS安装使用率达100%，重点危险品运输船舶安检率达100%，吸取余杭二氧化碳船爆炸事故的教训，夯实基础管理工作。进一步落实辖区内各危险货物作业码头的安全生产责任制，加强辖区内危险品运输装卸的安全监管，加强航区内的危险品运输申报制度，建立了危险品码头台账和定期检查制度。全年共办理危险货物船舶进出港签证5750艘次，危险品运输量为97万吨，其中油品类29万吨。同时，做好对危险品运输船舶的安全检查工作，对排查出来的安全缺陷及时督促落实整改，对整改不力或存在重大事故隐患的，依法责令停业整顿，消除事故隐患，努力实现全员、全过程、全方位安全管理，切实加强对危险品运输安全生产监管，遏制重特大事故的发生。

2010年，嘉兴市内河危险货物种类主要有成品油及散装液态化学品。其中：成品油主要有汽油、柴油、重油、溶剂油等。散装液态化学品主要有氯化苯、甲醇、甲苯、甲醛、液碱、硫酸、氨水、盐酸、硝酸等。2010年，嘉兴市内河危险货物运输量为122万吨。

嘉兴市危险货物运输企业有4家，拥有船舶14艘，其余为长期在嘉兴市辖区内从事危险货物运输的外省籍船舶，主要为安徽省、江苏省、上海籍船舶。

嘉兴内河港有危险化学品码头34家（含油库码头2家)，装卸泊位46个，其中城郊港区15家，装卸泊位22个；嘉善港区7家，装卸泊位7个；平湖港区1家，装卸泊位1个；海盐内河港区4家，装卸泊位4个；海宁港区2家，装卸泊位2个；桐乡港区5家，装卸泊位10个。

内河危险化学品防污染设备投入情况：船舶、港口码头、企业的安全设备主要有消防栓、灭火器等，防污染设备主要有围油栏、消油剂、吸油毡等。根据国家法律法规及标准的规定，辖区内油库已全部配置了围油栏、吸油毡和消油剂等防污染设施。全市港航管理系统结合各辖区实际和应急救助的需求，共配备吸油毡2吨，围油栏2295米。同时，为满足辖区内危险品船舶的专业救助需求，在市港航局的支持下，浙江嘉化集团股份有限公司建造了一艘专业的危化救助船舶"嘉化001"，在日常水上危化演习和实际救助中都发挥了重要作用。

2010年，与全市238家重点内贸港口企业，以及危险品码头签订港口保安责任书，并对其进行现场检查1200余次。强化源头管理，规范港口建设程序，制定出台了《嘉兴内河港口巡查管理办法》、《嘉兴内河港口建设项目申报条件和管理程序规定》。联合市消防支队，对全市134家内河危险品码头进行安全联检，其中通过检查109家，未通过检查、责令停业的共计25家。督促危险品码头安装视频摄像头，全面实施对危险品码头动态监控。全市已有30家危化码头完成视频监控系统接入港航内网。危险货物港口资质认定44件。

第四章 工程建设管理

第一节 工程质量安全监督与造价管理

20世纪90年代初，中国的交通工程质量管理基本采用指挥部组建内部监理组的形式，实行“指挥部监督、监理组监控、施工单位自检”的质量保证体系，这一模式在施工实践过程中，取得了一定的成效。随着高速公路和高等级公路的逐渐普及和交通工程技术的不断发展，中国的交通基础设施建设进入了新一轮的高速发展时期，如何确保交通工程的建设质量，控制工程造价，进一步促进交通建设市场的健康发展，被提上了各级交通主管部门的工作日程。1992年6月，交通部下发《关于发布〈公路工程质量监督暂行规定〉的通知》，要求全行业全面加强公路工程质量管理和质量监督工作。随后，交通部又连续发布了《关于进一步加强工程质量管理工作的通知》《关于继续加强工程质量管理工作的通知》等文件。省交通厅也印发了《关于颁发〈浙江省交通建设工程质量监督实施细则〉的通知》和《关于印发加强公路工程质量监督和施工监理工作意见的通知》等文件。1993年2月，根据交通部和省交通厅有关文件精神，为加强政府对市公路、水运工程基本建设及其配套、附属工程的质量监督管理，市交通局上报市编制委员会《关于要求建立嘉兴市交通工程质量监督站的请示》。同年3月，根据市编制委员会《关于嘉兴市交通工程建设管理处增设质量监督站、定额站的批复》，嘉兴市交通工程质量监督站、嘉兴市交通工程定额站在市交通工程建设管理处增设成立。

1994年9月，市编制委员会下发《关于确定部分事业单位机构级别的通知》，核定嘉兴市交通工程质量监督站为正科级单位，嘉兴市交通工程定额站为副科级单位。

1996年11月，市编制委员会下发《关于核定嘉兴市交通工程质量监督站编制的批复》，核定编制5名，经费自收自支。

1997年1月，嘉兴市交通工程质量监督站新印章正式启用，8月，市交通局发文印发了《嘉兴市交通建设工程质量监督实施细则》，对嘉兴市交通建设工程质量监督的机构与人员、职责与权限、监督程序、管理经费等问题作详尽规范。

1998年5月，浙江省交通厅对市质监站进行了考核验收，批准嘉兴市交通工程质量监督站为考核验收合格单位，并颁发合格证书。

1998年8月，嘉兴市交通工程定额站印章也正式启用。

质量监督

嘉兴东西大道是市质监站成立后第一个受监工程项目，项目途径海宁、海盐、平湖三县(市)，总投资4亿元，1997年，嘉兴东西大道海宁段完工，市质监站在省厅质监站的指导下，首次按照交通部公路工程质量检评标准对项目进行了工程质量的鉴定。1998年完成对东西大道海盐段的质量鉴定。

1999年，市质监站根据省交通厅《关于开展公路建设质量年活动的实施意见》提出的七项公路建设质量主要措施，认真贯彻“行为监督与现场监督并重，指导检查与帮助服务同步”的工作思路，制定下发了《嘉兴市交通建设质量年活动实施方案》，并成立质量年活动办公室，办公室设在质监科，站长严凤祥任办公室主任。同时结合全国公路建设质量年活动内容，在全市的交通基础设施建设中全面开展工程质量监督工作。

5月，深入贯彻国务院办公厅《关于加强基础设施工程质量管理的通知》精神，规范交通建设各从业单位、从业人员的建设行为，加大对交通建设市场违规行为的查处力度，促进在建交通工程质量，并印发《施工、监理违规行为处理实施意见》(嘉交监〔1999〕17号)，明确规定对施工及监理过程中的违规行为将从严进行查处。

同年，市质监站在省厅质监站的指导下，完成了东西大道平湖段工程质量鉴定。

2000年5月，市交通局下发《关于表彰1999年度嘉兴市交通建设质量年活动先进单位和优秀项目的通报》，通报表彰市质监站等4家单位为质量年活动先进单位。

7月，上报《关于报送2000年上半年全市交通建设质量检查情况总结的函》(嘉交监(2000)28号文)，对在5月份进行的全市13个在建交通建设项目质量检查、评分情况作详细总结。

8月，为加强全市公路、水运工程质量管理，完善并强化政府监督职能，根据省厅有关要求并结合本市实际，市交通局印发《嘉兴市交通建设工程兼职质量监督工程师(监督员)管理实施细则》。采取在各县(市、区)交通部门聘用1至2名兼职质量监督员办法，充实质监力量，并将部分投资较小的地方自办交通项目或县乡公路项目落实给兼职质量监督人员进行日常的监督管理，较好地解决了监督人员不足的难题。同时制定印发了《嘉兴市交通工程兼职质量监督人员考核办法(试行)》，

2001年，根据浙江省交通厅“再提高、上水平”质量年活动的总体要求，在对全市交通工程施工状况进行调查、研究的基础上制定了《嘉兴市交通工程标准化工地建设管理办法(试行)》及《嘉兴市交通工程标准化工地建设考核办法》，在全省交通建设中率先推行了标准化工地建设活动，并组织人员对G320国道嘉兴至海宁段一级公路改造工程等项目的7个标准化创建工地进行了检查考核。通过标准化工地的建设活动，进一步促进了嘉兴市交通建设工程施工现场规范化管理的进程，从而将嘉兴市的交通建设质量年活动推向了一个新的高潮。至年底，全市受监的交通工程共34个，《嘉兴市交通建设工程质量监督实施细则》中要求的300万以上公路工程项目及100万以上水运工程项目监督覆盖率达到了100%。

在监督工作的具体操作上，采用大检查、专项检查和随机抽查相结合的监督检查方式，针对双休日、法定节假日等管理薄弱环节，加大了突击检查的频率，及时发现、制止和纠正各种影响工程质量的行为。全年共进行现场检查200余次，发出《监督抽查意见书》81份。在加大现场质量抽查力度的同时，对全市在建航道护岸完善工程进行了一次专项检查，采用了剖断面及底板砼钻芯取样的方法，重点检查护岸基础砼质量及墙身砌筑质量，对确保航道护岸工程的建设质量，起到了一定的促进作用。

在质量鉴定时坚持实事求是以数据说话，严格把握质量标准。2001年共组织完成了湖盐公路海宁段一期工程、G320国道危桥改建等19项工程的交工质量鉴定，根据省市监督任务划分，市质监站配合省厅质监站完成湖盐公路桐乡段改建工程、嘉兴至海盐公路嘉兴段工程等7项工程的交工质量鉴定，累计完成交工质量鉴定工作26项。其中列入省、市建设计划的项目有12项，优良8项，优良率66.7%；县乡公路改造(砂改油)项目共14项，优良8项，优良率57.1%。配合省厅质监站完成东西大道海宁段二期工程和海宁南北大道和乍浦港二期围堤工程等3项工程的竣工质量检验，其中优良3项，优良率100%。

为提高交通工程建设从业人员的业务技术水平，进一步拓展视野，2001年邀请了省内外有关专家举办了沥青路面专题技术及预应力工程施工专题技术等二期讲座，全市从事建设管理、设计、施工、监理等有关工程技术人员近200人次参加了听课，取得了较好的效果。为让交通工程建设和施工单位人员及时了解交通部和省市交通工程质量和造价管理的有关规定，编印了《交通工程质量监督造价管理文件汇编(一)》及《嘉兴市交通工程标准化工地建设文件汇编》本，进一步做好服务与监督工作。

2001年，参与监督的“京杭运河浙江段航道改造工程”获交通部“水运工程质量奖”。

2002年，针对部分施工单位认为质量年活动结束，在思想上有所松懈的情况，加大了质量管理的宣传力度。在上半年专门印制了500多条质量宣传标语，张贴于全市主要交通工程施工点及参建单位办公地等醒目处，营造质量氛围。利用监督交底等场合，进一步加强政策、法规、规章的宣传、贯彻，以市质监站编发的《质监造价信息》为载体，加强质量工作的宣传，及时反映本市交通工程质量动态，全年共编发《质监造价信息》9期。

在加强宣传的同时，适时组织工程质量大检查，全年共组织二次质量大检查、一次执法检查，在检查实体工程质量的同时，对参建单位的合同履约情况、标化工地创建落实情况等分别进行了检查，进一步增强了参建各方质量意识，促进了工程质量的提高，巩固和提高了质量年活动的成果。

2002年，全年接受监督的工程共62个，300万以上公路工程及100万以上水运工程监督覆盖率达100%。全年共进行现场检查174次，发出《监督抽查意见书》66份。另一方面强调以数据说话，加大了现场试验的抽查力度，对在建项目路基、路面压实度、路基顶面弯沉、原材料主要技术指标、预制空心板顶板厚度等，市站检测中心进行经常性的抽测，发现问题及时指令整改，收到了较好的效果。

2002年，组织了桐乡至河山公路等9项工程的交工质量鉴定，配合省厅质监站完成了乍嘉苏高速公路浙境段、杭州绕城高速公路等8项工程的交工质量鉴定，累计完成交工质量鉴定工作17项，合格率100%，优良率82.4%。组织了嘉兴至海宁公路的竣工质量检验，配合省厅质监站完成了G320国道嘉兴市区过境段等6项工程的竣工质量检验，其中优良3项，优良率50%。

全年受理工程质量举报4起，根据举报人提供的线索，认真、及时地组织力量进行调查、取证，并对所举报的工程质量问题作出相应的处理，处理意见书面反馈给举报人。

2002年，主管监督的“G320国道枫泾至嘉兴段路面大修改建工程”获交通部“全国公路建设质量年活动优秀项目奖”。

2003年，为了提高监督效能，通过加强对执法人员的业务培训，提高执法人员的执法水平，并将原来的工程质量大检查改名为工程质量与造价执法大检查，从严查处工程建设中的违法、违规行为，从而进一步加大了行政执法力度。全年共对违规施工及因监理工作不力、造成工程质量低劣的24起违法、违规行为分别作出罚款等行政处罚，对两名持假证的现场监理给予了通报清退处理，从而使全市交通工程质量监督行政执法工作有了实质性的进展，监督人员和造价管理人员也逐步成为交通建设市场管理中一支重要的、有影响力的执法队伍。

国家工程建设标准强制性条文《公路工程部分》，于2002年10月1日正式开始施行。为加强对强制性标准的贯标工作，在当年的质量监督工作中，重点做好宣传贯彻工作。除了在市质监站的《质监造价信息》上分期刊登强制性条文《公路工程部分》的内容以外，同时严把设计文件、招标文件审查等环节，把强制性条文的贯彻执行情况作为审查的重点。并在现场质量检查时，随机选取一些现场施工技术人员、监理人员，抽查其对强制性条文的了解、掌握程度，把强制性标准执行情况作为重点检查的内容，确保强制性条文的贯彻实施。

按照省交通厅《关于切实提高沥青砼路面质量的措施和要求的通知》精神，严格按照"路基稳定、排水良好、材料合格、工艺先进、管理严格"的二十字方针，根治沥青混凝土路面早期病害。监督工作中加强了原材料质量、路基填筑、拌和厂的规范化建设等环节的监督，在5至6月，根据路面施工特点，组织开展了半刚性基层钻孔取芯专项抽查，对正在进行半刚性基层施工的施工路段，全面进行取芯检验，及时消除质量隐患，确保沥青路面的施工质量。7月份，举办了一期沥青路面施工质量控制及早期病害预防为主要内容的专题技术讲座，邀请了同济大学孙立军教授、省路桥集团陆耀忠高工等知名专家进行讲课，全市各在建项目及有关部门的100余名工程技术人员参加了培训。

在整治路面质量通病的同时，继续提高结构物外观质量。通过贯彻落实省交通厅工程质量监督站《关于切实提高交通建设工程砼外观质量的通知》，嘉兴市桥梁等结构物的混凝土外观质量有了较大的提高，但混凝土表面的平整度、光洁度、色泽等方面离文件的要求还有一定差距，特别是小型构造物的差距更大。针对这一情况，在监督交底时，仍将提高结构物外观质量作为重点内容，在模板、施工工艺等方面均提出具体要求。在日常检查中，加大了对混凝土施工材料称量的整治，检查中凡发现不严格过磅计量的，一律返工处理，力争使结构物外观质量再上一个台阶。同时，2003年还针对施工质保资料的可靠性开展了检查和整治，通过现场实测与施工质保资料进行核对的方式，严格查处弄虚作假现象，并对相关的施工、监理单位分别进行了行政处罚。

2003年，由于材料价格上涨等因素的影响，对嘉兴市的交通工程建设质量产生了一定的影响，针对检查中发现部分项目存在施工材料质量较差、施工不规范等情况，及时对不合格的工程内容指令返工，并在返工结束后组织人员进行复查。同时，根据检查发现的部分桥梁工地使用外型尺寸不符合产品质量标准的预应力锚具、锚垫板等情况，及时印发了《关于加强预应力锚具进场质量检验的通知》，并组织人员对全市所有桥梁工地进行了一次全面清查，清退了一批质量不合格的锚具及锚垫板，及时消除了工程质量隐患。在监督形式上，2003年采取了现场拍摄照片并制作成幻灯片，以边放幻灯边讲解的形式进行质量抽查情况的反馈，加深了建设、施工、监理各方对相关质量问题的认识，起到了较好的教育促进作用，确保了工程在建项目的总体质量。全年共发出《监督抽查意见书》90余份，完成交工质量鉴定项目7项，优良率71.4%。竣工检验项目10项，竣工优良率80%。

2004年，根据交通部《关于发布农村公路建设质量管理办法(试行)的通知》和省厅《浙江省通村公路质量监督若干规定》，制定了《嘉兴市乡村康庄工程质量管理办法》，对康庄工程建设全过程的质量管理工作及质量监督工作，明确了职责分工，并提出具体要求，同时成立了市康庄工程质量监督组，负责对各县(市、区)康庄工程质量监督工作进行指导，各县(市、区)也成立了康庄工程质量监督小组，具体负责辖区内康庄工程的质量监督工作。为切实加强康庄工程的质量监督工作，11月份，市质监站组织召开了由各县(市、区)质量监督小组组长、康庄办负责人参加的全市康庄工程质量监督工作会议，对康庄工程的质量监督工作进行了布置、落实，以确保康庄工程的顺利实施。同时为了做好政策上的指导及服务工作，市质监站还组织人员编写了《农村公路建设管理知识读本》，并与市康庄办一起，联合举办了一期"全市乡村康庄工程的建设管理工作培训班"，为县(市、区)交通部门及乡镇培训农村公路建设的技术管理人员。同时还组织了全市乡村康庄工程质量大检查，并及时将检查情况通报给有关部门，促进了康庄工程建设程序的规范及工程质量的提高。在康庄工程的实施过程中，根据康庄工程点多、面广、分布散的特点，在各乡镇选拔有一定文化基础、工作责任心强的人员共100多人，组织对其进行公路基础知识，公路建设程序及康庄工程有关政策和质量管理规定，公路、桥梁施工质量控制及检查方法等基础知识和工程质量监督管理的技术培训，并对考核合格者发放康庄工程质量监督证，充实到各县(市区)工程质量监督组，增强了各监督组的力量，并将康庄工程质量监督网络延伸到了乡村一级。

全年共组织监督检查340余次，共发出《监督抽查意见书》102份；组织执法检查、专项检查6次，发出检查通报4份。完成交工质量鉴定工程22项，其中优良17项，优良率77.2%。完成交工质量检测项目2项。

图 9-4-1 工程质量监督组正在检查工程施工质量

同年，市质监站完成了OA办公系统的安装调试，并投入运行。开通了“嘉兴质监造价信息网”网站，在每月一期《质监造价信息》的基础上，将“嘉兴质监造价信息网”和《质监造价信息》同时作为反映本市交通工程质量监督和造价管理工作动态的一个有效载体，及时向广大交通建设者提供交通建设政策上的服务，深受广大交通建设者的欢迎。由于工作出色，本年度市质监站通过了区级文明单位的考核验收，并被交通部授予全国“先进工程质量监督站”的荣誉。参与监督的乍(浦)－嘉(兴)－苏(州)高速公路获2004年度“中国建筑工程鲁班奖”(国家优质工程)。

2005年，为确保交通部于2004年年底颁布的《公路工程竣(交)工验收办法》《公路工程质量检验评定标准》《公路工程质量鉴定办法》等一系列新办法、新标准在嘉兴市的顺利实施，市质监站在年初举办了一期《公路工程竣(交)工验收办法》《公路工程质量检验评定标准》宣贯培训班，全市200多名交通部门及在建项目技术人员参加了培训学习。同时，为贯彻交通部《公路工程质量监督检查办法》，在继续采取大检查、专项检查、随机抽查相结合监督检查方式的基础上，进一步加强了质量管理行为、施工工艺及工程实体质量的监督检查。在质量管理行为方面，重点加强了施工单位质量自检体系及监理单位质量控制体系落实情况及运行情况的监督检查，促进质量管理体系的有效运行。在施工工艺方面，以创建标准化工地为载体，以整治工艺通病及施工操作通病为重点，组织有关施工及监理人员，到杭州湾跨海大桥施工现场进行参观学习，进一步改进施工工艺，规范施工操作，确保工程质量。在工程实体质量方面，以关键部位、薄弱环节为重点，突出以现场检测数据说话，加大了原材料、标准试验及路基路面压实度、混凝土构件实体的抽检力度，以检测数据来评价施工过程中的质量控制状况，提高了监督工作的科学性，促进施工工艺水平及工程质量的提高。

根据省厅质监站的布置，由市站承担并完成了《浙江省准四级公路质量检验评定标准》编制的调研及编写工作，为康庄工程的质量检验评定、质量鉴定和工程验收提供了统一的标准尺度，确保了全省康庄工程建设的顺利推进。

砂石路面改造工程是全国继康庄工程之后推出的又一项民心工程、实事工程，项目虽小却事关重大，市质监站组织召开了专门的会议，在总结、交流前两年康庄工程质量监督工作经验的基础上，研究、落实砂石路面改造工程的质量监督工作。针对监督任务重、而人员相对薄弱的情况，调整了县(市、区)监督组的设置，将各县(市、区)质量监督组人员由原来的每组3人增加到了5人，形成以市质监站为主、各监督组配合的监督模式，为砂石路面改造工程监督工作的顺利开展提供了保障。同时，进一步加强对监督组业务上的培训、指导工作。4月下旬举办了“全市砂石路面改造工程质量监督业务培训班”，对各监督组兼职监督人员进行砂石路面改造项目的监督业务培训。根据工程的具体特点，从老路面检测、施工前准备、施工质量控制要点等方面，结合日常监督工作实例进行讲解、讨论，使大家对施工过程的质量控制要点和预控管理手段有了更加直观的认识。同时认真把好监督交底关，采取以县市为单元组织监督交底，对各参建单位在质量管理制度、质量控制要求等方面组织宣贯。在施工过程中，加大监督抽查力度，在加强平时监督抽查的基础上，8月专门组织各监督组人员对全市的砂石路面改造工程及康庄工程进行了一次质量对口检查，通过对口检查，及时发现、纠正了一些施工质量问题，同时也为各监督组提供了相互学习、相互交流工作经验的机会，对提高质量管理水平，确保工程质量，起到了积极的推动作用。到年底，全市列入省计划的砂石路面改造工程已全部完成，质监部门完成质量鉴定工程10项，其中优良8项，优良率80%。

在日常的监督工作上，针对高速公路项目和投资额超亿元的大型项目多的现状，根据本地区软基分布广，软基处理形式多样、工程量大，施工队伍多、管理水平参差不齐等特点，组织开展软基处理专项检查，通过对三条当年新开工高速公路项目软基处理使用的砂砾进行全面抽样检测，对塑料排水板入土深度进行全面抽查，对软基处理施工工艺进行全面检查，严格控制高速公路的软基处理施工质量，确保整个路基工程的顺利推进。

本年度先后对排水砂砾垫层、施工质保资料、混凝土抗压强度等三项带有普遍性、倾向性的质量问题，进行重点整治，取得了一定的效果。为了进一步增强监督工作权威性，对检查中发现的一些典型的违法、违规行为加大了处罚力度。如针对施工资料可靠性问题，组织开展施工资料的打假活动，严厉查处伪造施工记录、检验记录及试验检测报告等违法、违规行为。本年度通报批评了4家有伪造施工记录或检验记录行为的责任单位及11名责任人，查处3起混凝土抗压强度试验数据弄虚作假的违规行为，查处3起施工中有偷工减料行为的施工单位。实施行政处罚共30起，处罚金额36万元，其中采用一般程序16起，简易程序14起，未发生行政复议。

全年共组织监督抽查300余次，发出监督抽查意见书130份。组织质量与造价执法大检查2次，开展专项检查5次。受理质量举报6起，调查处理6起，做到件件有落实，查处率达100%。按照交通部2004年第3号令《公路工程竣(交)工验收办法》及《公路工程质量鉴定办法》的要求，完成了16个公路项目的交工质量检测、3个公路项目的竣工质量鉴定和2个水运工程项目的交工质量鉴定。

2006年，重点抓制度建设，通过出台一系列工程质量监督管理的“实施细则”，进一步规范了工程的施工行为，强化了工程建设的质量管理工作。交通部先后修订出台了《公路工程竣交工验收办法》《港口工程竣工验收办法》《公路工程质量监督规定》《公路建设市场管理办法》《公路工程监督检查办法》《农村公路建设管理办法》等一系列交通建设方面的规章制度，为了抓好贯彻落实工作，市质监站修订了《嘉兴市交通工程质量监督实施细则》，并研究制定了《嘉兴市交通工程监督检查实施细则》《嘉兴市公路工程质量鉴定实施细则》《嘉兴市公路工程参建单位综合评价实施细则》《嘉兴市交通工程试验检测管理实施细则》《嘉兴市交通工程工地试验室技术考核实施细则》等五个规范性文件，进一步规范质量监督程序、规范质量监督检查和质量鉴定程序，统一工地试验室技术考核程序，统一公路工程参建单位综合评价方法，增强了全市交通工程质量监督管理的可操作性，为进一步规范工程质量监督工作奠定了基础。

2006年全市的交通工程项目较多，新开工建设总投资500万以上公路工程及100万以上的水运工程共40个，砂改油工程91个，危桥改造100座，监督覆盖率达100%。为了抓好落实，在3月份，市质监站专门组织召开了全市交通工程质量监督工作会议，分析当前质量监督任务、形势及监督工作重点，统一思想，明确市质监站以高速公路、干线公路及水运工程质量监督为重点，各县(市、区)监督组以砂改油工程质量监督为重点，强化监督，并与各科室、各监督组签订了2006年目标责任书。

在具体的工程质量监督工作中，坚持抓好四个重点，强化监督、不断提高监督工作的实效。

以抓质量意识教育为重点，努力营造良好的质量氛围。三月份，市质监站与市局高速网络办、市交投集团联手，在全市三条在建高速公路中，组织开展了“质量竞赛月”活动，通过质量月专项检查、评先创优、质量通报会、典型质量问题剖析及监督交底等方式，进一步强化质量意识的宣传和教育，使工程的建设、施工和监理人员更清楚地认识到质量工作的重要性和紧迫性，从而树立起“百年大计，质量第一”的思想，增强了创“精品工程”的意识，努力营造人人讲质量、时时抓质量、事事重质量的良好施工氛围。

以完善质量保证体系、落实质量责任为重点，强化质保体系建设情况的监管。根据嘉兴市交通工程普遍存在施工自检体系未能有效发挥作用，自检资料可靠性不高，监理质量控制手段薄弱，力度不大，存在监而不理、站而不查、视而不见等等问题，市质监站一方面加大了施工自检体系的检查力度，对施工自检人员配备情况、自检制度落实情况进一步加大监督检查力度，对自检人员质量责任落实情况进一步加大了追究的力度，从而促进了施工质保体系的完善。同时，采取明查、暗访和突击抽查等形式，加大对监理现场质量控制情况和审查审批、巡视旁站、验收签认等关键环节监理工作责任落实情况的监督力度，进一步提高了监理巡视、旁站工作的实效，规范了监理工序质量检查验收及质量签认，力求将质量缺陷、质量隐患消灭在萌芽状态，使监理真正发挥现场质量控制的作用。

以抓典型质量通病为重点，不断规范施工作业行为。根据平时监督检查发现的质量问题，在认真分析研究质量管理行为、施工工艺、工程实体质量方面存在的薄弱环节和施工习惯性通病的基础上，市质监站研究制定了《关于切实加强交通工程现场质量管理的若干意见》，积极推行“首件工程认可制”，强化细节管理。在平时的监督抽查中，对材料进场检验不严格、堆放不规范，路基施工临时排水不畅、分层压实厚度过厚、碾压不到位及钢筋焊接质量差、钢筋间距控制不严、混凝土强度试件制作、养护、试验不规范、预应力张拉未严格按强度、龄期进行双控、预应力孔道压浆水泥浆性能指标控制不严等习惯性质量通病、习惯性违章施工行为进行重点整治，并加大有关质量问题整改落实情况的复查力度，对预应力张拉、预应力孔道压浆等关键工序存在的质量问题，组织专项复查，并发出复查情况通报，对存在的质量问题抓住不放，直到问题彻底解决为止，从而进一步规范了施工行为，确保工程质量。

以抓中间交工质量为重点，强化过程质量控制。根据《公路工程质量监督检查办法》《嘉兴市公路工程质量鉴定实施细则》的要求，本年度市质监站重点加大了中间交工质量检测的力度，先后对杭州湾跨海大桥、大桥北接线、杭浦高速公路、申嘉湖高速公路、S07省道改建工程、南郊河纵二路桥等九个主要在建公路水运建设项目，全面开展中间质量检测。在每个合同段中间质量检测之后，以抽查意见书形式及时向有关单位通报检测结果，并发布三期《中间质量检测情况统计分析报告》，分析存在的质量问题，提出提高质量水平的意见建议。通过中间质量检测分析，及时发现影响工程质量创优目标实现的主要制约因素，及时发现重大质量缺陷(在中间质量检测中也发现个别合同存在预制空心板强度不足等严重质量问题)，从而引起有关参建单位的高度重视和关注，促使参建单位进一步增强质量意识，切实加强过程质量控制，采取有针对性措施，加大质量薄弱环节的整改力度，使工程的质量水平有显著提高(如桥梁上部主要结构尺寸，钢筋保护层厚度等指标，通过几次中间质量检测合格率有明显提高)，把有关质量问题在过程中得到处理、解决，有力地促进了工程质量水平的提高，为创建精品工程夯实了基础。

全年共组织综合检查2次、专项检查7次(其中砂改油工程专项检查1次)，组织监督抽查300余次，发出检查通报7份，发出抽查意见书、整改通知书180余份。受理质量举报6起，调查处理6起，查处率100%。查处违法分包、偷工减料案件一起，通报批评施工单位二家、监理单位一家。实施行政处罚8起(均为一般程序)，处罚金额为81万元。完成交工质量检测11个，完成竣工质量鉴定19个，竣工质量合格率100%，优良率78.9%。各监督组完成砂改油工程质量鉴定54个，其中优良40个，优良率76%。完成危桥改造工程质量鉴定46个，其中优良35个，优良率76%。

2007年，全市总投资500万以上公路工程及100万以上的水运工程共36项，总投资达300多亿元。尤其是嘉兴市高速公路建设进入了收获之年，有近200公里的高速公路全面进入路面工程施工。大规模的沥青路面施工，是今年我市交通建设的一大特点，因此确保高速公路沥青路面工程施工质量是今年监督工作的重中之重。市质监站按照省交通厅“确保五年、力争八年不大修”的沥青路面质量目标，从源头控制、过程督查、行为管理入手，采取三大强化措施，进一步增强了监督检查力度。

首先是强化路基中间交验。根据嘉兴市高速公路建设中普遍存在路基宕渣填料含泥量大、水稳定性相对较差的实际，重点加大了上路床质量的监督。在充分调查的基础上，提出了上路床宕渣的含泥量控制指标，对于宕渣含泥量超标的路段，督促施工单位进行换填或采取掺灰稳定处理，确保路基工程质量。同时进一步完善路基工程中间交验程序，制定了路基中间交验申请表，指定专人对路基交验进行跟踪监督，对上路填料质量、软基处理沉降情况、桥头回填等关键部位或关键指标进行重点监控，不符合要求的不予交验。

其次是强化路面材料质量的控制。按照省交通厅《关于进一步加强高速公路沥青路面施工管理的通知》和《浙江省高速公路沥青路面规范化施工与质量管理指导意见》的要求，强化路面材料的质量控制，加强路面材料市场准入制度、进场报验制度、专人抽查制度等规定落实情况和沥青混凝土拌和场标化建设、材料分档及堆放等方面的监督检查。加大路面材料质量的监督抽查力度，及时公布抽检结果，对抽检不合格的材料，督促施工单位、监理单位制定整改措施，认真落实整改，从源头上保证路面工程质量。

第三是强化关键工艺和关键工序的质量控制。加强路面基层、沥青面层试验路段的监督，在试验路施工中强化现场检查、检测，推行试验路段质量认可制，制定了沥青路面试验段检测结果汇总表，将施工、监理及监督抽查试验结果进行对比分析，及时校核、分析各层次检测结果的差异性，提高试验路的可靠性，有效保证沥青路面施工质量。在施工中，对施工单位、监理单位是否严格遵照试验路确定的工艺要求、质量控制参数组织施工等情况进行重点抽查，强化各结构层完工后的中间质量检测，明确未经中间质量检测确认的，不得进行上一层的施工，及时发现问题、解决问题，确保各结构层质量。

履行监督职责，全面推行中间质量检测，进一步强化施工过程的质量控制力度。中间质量检测是强化过程质量控制的一项有效手段，市质监站在认真总结试行中间质量检测工作所取得成效的基础上，进一步完善制度、充实装备、落实责任，全面推行中间质量检测制度。在项目监督通知书中明确各阶段中间质量检测的内容、要求，并在项目开工2个月左右，组织首次综合检查及首次中间质量检测。在施工各阶段，根据施工进程及时组织中间质量检测。在平时的监督检查中，按照《嘉兴市交通工程监督检查实施细则》的规定，强化原材料、实体工程质量的监督检测，及时公布检测结果，半年度发布一期“中间质量检测分析报告”，及时分析影响工程质量的主要因素、主要指标和质量管理薄弱环节，采取有针对性的措施，督促有关单位引起重视并加以改进、提高。今年，通过中间质量检测共发现80多个混凝土构件(主要是空心板梁、立柱，其中也有小箱梁和现浇箱梁的主墩)因强度问题被责令报废，有效防止了重大质量问题的发生，全面促进质量水平的提高。同时加大质量责任的追究力度。对关键工序质量自检制度落实不到位、弄虚作假、粗制滥造等违规施工行为和监理旁站不到位、独立抽检制度不落实、现场质量控制不力、把关不严，或弄虚作假等违规监理行为，除按有关法规对责任单位进行行政处罚外，还按照《嘉兴市交通建设市场不良行为记录和公示办法》的规定，将相关责任人记入不良业绩档案，情节严重的，坚决予以清退处理。本年度共责令清退3名现场监理人员和6名施工自检人员，有12名施工或监理责任人被记入从业人员不良业绩档案，有3个驻地办在检查通报中被点名批评。

本年度共组织监督检查245次、综合检查2次、专项检查4次，配合省质监局完成杭州湾大桥等5个项目执法大检查(专项检查)，发出抽查意见书166份、专项检查通报4份。组织完成S07省道改建工程嘉王段等4个项目的交工质量检测。配合省厅质监局参与申嘉湖高速公路等三个高速公路项目的交工质量检测和南郊河纵二路桥等7个水运项目的交工质量鉴定。组织完成平兴公路韩兴段改建工程等20个项目的竣工质量鉴定，受监工程竣工质量合格率100%，优良率95.0%。实施行政处罚4起(3起为一般程序、1起简易程序)、处罚金额4.63万元。受理质量举报、投诉4起，结案4起，查处率100%。

2008年，交通部和省交通厅分别下发了《农村公路建设质量年活动要求方案》《关于印发浙江省农村公路建设质量年活动实施方案的通知》等文件，要求全省自2008年3月起至2011年3月止，按动员、实施、总结评比三阶段在全国进行农村公路质量年活动。为了全面贯彻实施农村公路建设质量年活动，市交通局下发了《关于印发嘉兴市农村公路建设质量年活动实施方案的通知》，明确提出了“第一年打基础、见成效；第二年找差距、抓完善、促提高；第三年抓巩固、再提高、上水平、实现‘五个明显’”的总体目标。市质监站根据市交通局文件精神，按照“省站指导、市站管理、监督组实施”的原则，明确职责，分工负责，并制定下发了《关于进一步加强农村公路质量监督抽检的通知》等文件，组织各县(市、区)监督组，对全市的农村公路建设工作进行对口检查和质量抽检，确保农村公路的建设质量。

在日常的监督工作中，进一步强化现场质量监督工作，先后制定了《关于进一步加强中间质量检测工作的通知》和《关于印发公路工程质量预警的通知》二个文件。同时，在嘉兴市全面推行首件工程认可制，以首件工程质量为抓手，树立起质量典范，对规范施工质量管理起到事半功倍的效果。

以点带面，加大对影响工程耐久性指标的监督力度。在日常的监督工作中，逐步拓展了工程耐久性指标的监督，重点加大结构工程钢筋保护层厚度、盆式支座铸铁件漆膜厚度、四氟板支座安装、波形护栏板厚度、立柱涂锌层厚度、桥面沥青结构层排水等对工程耐久性有显著影响的工程内容及质量指标的监督抽检力度，进一步提高工程耐久性。

拓展水运工程监督面。按照“港航强市”的总体要求，进一步充实水运专业监督力度，强化质量监督工作。针对水运工程由于投资主体多样化，建设管理认识上存在差距等问题，认真调查研究，理顺外海港口工程的质量监督机制，做到从源头进行质量控制。

按照《嘉兴市交通工程质量监督检查实施细则》的要求，继续采用综合检查、专项检查、巡查相结合的监督抽查方式，加强质量管理行为。全年共组织全市在建公路水运工程质量安全执法大检查1次，农村公路专项检查5次，日常监督检查228次，发出质量检查通报3份，发出质量抽查意见书83份。配合省厅质监局开展公路、水运、农村公路全省大检查各1次，同时做好省管项目的监督抽查，市质监站自行组织的监督检查频率为每月1.4次。全市交通工程的施工质量总体处于受控状态，未发生重大质量安全事故。

2009年，继续抓好农村公路建设质量年活动，重点加强对各县(市、区)质量监督组的培育与指导。年初，与各监督组签订了2009年监督工作目标责任书，明确了市县两级监督机构的工作责任。加强对质量监督组人员的培训，全年共组织全市交通工程质量监督工作会议及监督人员业务学习会4次。向各县(市、区)工程质量监督组免费发放了数显回弹仪、测温仪、三米直尺等现场质量检测仪器设备，并组织相关技术人员，对监督组进行了仪器设备的现场操作培训，着力提高人员的素质和现场检测的装备能力。并组织全市农村公路、危桥改建项目质量对口大检查，有效保障了农村公路建设质量。

深化质量监督工作，全面推行中间质量检测，并及时分析质量形势，公布质量动态。2009年，针对质量抽检中发现的个别项目路基基底压实度达不到规范要求的情况，制定下发了《关于加强路基基底压实度质量控制的通知》，杜绝类似情况的发生。同时，对全市范围内的45个项目全部进行了质量监督的中间抽检，发中间检测结果通知书199份。监督抽检数据24875个(组)，其中合格23342点(组)，总体合格率为93.8%。定期在《质监造价信息》上发布“中间质量检测动态信息”，及时公布质量管理，施工工艺检查情况和原材料、实体工程质量检测结果，汇总某一时段内全市交通工程的总体质量状态，分析各在建项目存在的主要质量问题及质量管理薄弱环节，提出具体的改进措施和整改要求。全年共发布质量形势分析报告2份。

贯彻落实质量责任制。严格执行交通部《关于严格落实公路工程质量责任制若干意见的通知》有关要求，加强对建设、监理、施工单位质量体系的监督管理，引导各参建单位进一步健全自身质量保证体系，严格履行自身职责，严格质量控制程序管理，落实公路工程质量责任制和质量事故追究制度，确保质量责任制落到实处。

根据省交通厅《关于开展全省公路水运工程混凝土质量通病治理活动的通知》精神，以市交通局名义下发了《嘉兴市公路水运工程混凝土质量通病治理活动实施方案的通知》，及时开展混凝土通病治理活动，并严格按实施方案要求，进一步加强对全市公路水运工程混凝土质量的控制力度，引导从业单位人员加强通病防范意识，探讨质量通病治理经验教训，全面提高嘉兴市公路水运工程混凝土结构物质量和品质，确保结构安全性、耐久性和美观性。

2009年，在质量监督过程中进一步强化了行政执法力度，共对质量不合格的8段路基、1段沥青路面、10个桥梁构件等实体工程责令报废并作返工处理。对杭浦高速公路部分交安设施单位偷工减料等严重违法行为实施行政处罚，处罚金额共计287.8万元。同时，强化工程质量的监督检测工作，全年共完成5个项目的交工质量检测，14个项目的竣工质量检测，对受监的45个项目全部开展了中间质量检测，共提供了24875个检测数据，合格率为93.8%。工程常用产品每季度组织抽检一次，全年共计4次，累计检测原材料和常用产品超过200个批次。

2009年，全市总投资500万元以上公路工程及100万元以上水运工程共计45项，总造价约131亿，新开工项目15项，监督覆盖率达100%。全年监督检查共计328次，其中组织大检查4次，印发抽查意见书282份，大检查通报3份。受监项目竣工鉴定17项，合格率100%，优良率87.5%。

2010年，全市500万元以上公路工程及100万元以上水运工程共计58项，总投资约159亿元，全市主要交通工程项目均已纳入监督范围。在日常的监督工作中，市质监站主要通过三方面措施来加强对工程质量监督管理工作：

首先是进一步转变工作思路，不断加强工程质量监督的行政执法力度。今年在省厅质监局提出转型升级的要求下，市质监站于5月组织人员参加了省厅质监局举办的交通工程质量安全监督行政执法证及“安全监督讲座”学习培训班。8月，参加了市法制办举办的行政执法人员综合法律知识培训。通过培训学习，进一步提高了质量安全监督人员行政执法工作的水平。今年还在建立和完善《行政处罚自由裁量案件集体决定制度》、《行政处罚自由裁量案件监督检查制度》和《行政处罚自由裁量案件过错责任追究制度》等三项基本制度的基础上，逐步规范行使行政处罚自由裁量权的内部程序，制订出了一整套较规范的交通工程行政处罚表式，进一步规范了我市交通工程质量、安全监督工作的行政执法行为。

其次是加强对质量管理行为、施工工艺及工程实体质量的监督检查。全年共组织监督检查295次，发出质量检查通报4份，发出质量监督抽查意见书及中间交工质量检测结果通知单共290份。并对检测结果不合格的14个混凝土构件、8个钢筋骨架和10个路段进行了报废或返工处理。

第三是进一步加强工程质量检测，从数据上保障工程质量。进一步深化了中间质量检测工作，对所有受监项目全部落实中间质量检测，全年发中间检测结果通知书195份，监督抽检数据达89489点(组)，合格85220点(组)，总体合格率为95.2%。在《质监造价信息》发布12期“中间质量检测动态信息”，及时公布质量检测、质量行为和实体质量检测结果，分析了存在的主要问题，提出了改进措施和整改要求，并对严重违规单位和人员予以通报。同时加强在建工程常用产品的抽检力度。对常用产品主要的抽检重点放在钢筋、集料两块，共组织公路工程原材料抽检891批次，合格834批次，合格率93.6%。认真组织交工质量检测，共组织5个工程的交工质量检测，16个项目的质量鉴定，受监工程质量合格率100%，公路工程优良率100%。其中公路交竣工鉴定项目8个，优良8个，优良率100%；水运工程质量鉴定31个单位工程，合格率100%。

造价与合同管理

交通建设工程定额造价管理是交通建设行业管理的一项重要内容。在20世纪90年代初期，全省的交通建设工程定额造价管理工作主要由省厅定额站负责。为加强全省交通建设工程定额造价管理，理顺管理关系，促进交通建设市场的健康发展，省交通厅于1998年1月8日，下发了《关于加强交通工程造价管理工作的通知》，要求各市(地)交通局结合各自实际，积极创造条件，成立市(地)交通工程定额站。已成立市(地)定额站的要加快内部建设，充实人员尽早开展工作。1998年8月，市交通局下发《关于市交通工程定额站内设机构的批复》，根据交通工程定额站的工作职责，同意市交通工程定额站内设定额造价科(股级)。同月，市交通工程定额站下发《关于启用“嘉兴市交通工程定额站”印章的通知》，正式启用“嘉兴市交通工程定额站”(以下简称市定额站)印章。

1999年4月至5月，市定额站造价科组织人员对嘉兴市在建工程进行合同管理专项检查，对全市在建交通施工及监理招标文件、合同文本、监理规程和工程检测资料等进行全面检查。

5月，为深入贯彻国务院办公厅《关于加强基础设施工程质量管理的通知》精神，规范交通建设各从业单位、从业人员的建设行为，加大对交通建设市场违规行为的查处力度，促进在建交通工程质量，印发了《施工、监理违规行为处理实施意见》，使嘉兴市交通工程质量、造价监督工作中，对施工、监理违规行为实施处理，有法可依，有据可查。

9月，为理顺全市交通工程造价的管理体制，根据市编制委员会《关于同意调整嘉兴市交通工程定额站管理体制的批复》，市定额站的管理体制由原行政隶属于嘉兴市交通工程建设管理处调整为由市交通局直接领导，市定额站与市质监站两块牌子一套班子，合署办公。

2000年4月，印发《嘉兴市交通工程定额站造价科工作职责》，同时印发《定额站造价科负责人工作职责》《编审标底人员工作纪律》等一系列文件。明确了市定额站的主要工作职责为负责全市公路、水运工程的造价、咨询工作的行业管理及造价、咨询单位和人员的资质管理，负责全市公路、水运工程实施阶段合同的行业监督，组织开展材料价格调查并定期发布材料价格信息。

6月，根据省厅质监站(以下简称“省质监站”)《关于组织对在建交通工程进行合同管理专项检查的通知》要求，市定额站造价科对嘉兴市范围内的9个市站主管监督(含省站委托)的在建交通建设项目进行了合同管理专项检查，并将检查评分情况及总结按时上报省厅质监站。

2001年，为加强交通工程造价管理，根据省交通厅继续开展公路工程造价整治的要求，一方面完善造价管理制度，以局文印发了《嘉兴市交通工程造价管理实施办法(试行)》，明确造价管理部门的工作职责，使造价管理工作有章可循，为下一阶段加强造价管理工作提供制度上的保障。同时，充实造价管理人员，改善工作条件，为拓展造价管理工作打好基础，另一方面，积极探索工程造价管理方式。相对于质监工作而言，嘉兴市的工程造价管理工作起步较晚，前几年仅停留在标底的审查及材料价格的调查方面，在2001年工作中，认真总结以前造价工作的得失，理清工作思路，提出以主动提供服务的方式，努力拓展嘉兴市的工程造价管理工作局面。2001年，对湖盐线桐乡段改建工程的调整概算进行了初审，并将初审意见提供给项目主管部门。同时还组织了嘉兴至海宁公路改建工程第二合同段(海宁段)、嘉兴至海盐公路海盐大桥等2个项目变更设计后单价调整情况的审核，向建设单位提供了审核意见，为今后进一步拓展工程造价管理方式和管理深度奠定基础。

2001年上半年组织了一次造价专项检查，共检查了7个项目，对检查中发现的问题，以《交通工程造价监督抽查意见书》的形式下发问题单位，督促他们认真进行整改，同时还以通报形式印发给各项目建设、监理单位。并在上半年度全市质量年活动大检查中，对工程实施过程中的计量、支付、价格变更、费用索赔等一系列涉及到造价管理方面的内容进行了有针对性的检查。5月份，召集全市各主要在建交通项目的合同监理工程师召开座谈会，对当前工程实施过程中造价管理工作存在的问题、对策进行交流与探讨，积累经验，逐步开展工程实施过程中的工程造价监督检查。进一步加大合同管理的力度。为了做好施工单位、监理单位中标后合同履行情况的动态管理工作，以局文印发了《交通工程现场机构报备制度》，规定了统一填报格式及内容，及时掌握有关单位的合同履约情况。

同时，继续抓好施工招标标底审查工作。标底作为衡量投标单位报价合理性的尺度，标底是否合理，将直接影响到工程质量目标的实现，因此在工程造价管理中处于很重要的地位。全年共完成19个项目标底审查工作，累计建安费40117.32万元。在抓好标底审查的同时，及时收集和整理造价资料，为逐步建立嘉兴市造价资料数据库积累基础资料。

针对2000年度材料价格调查中存在的资料上报不及时、种类不全及部分价格可靠度低等问题，在2月份，召集各县(市、区)材料价格调查员召开了座谈会，就如何搞好本年度材料价格调查工作等进行了研讨，对调查点的分布、调查种类及调查人员也作了适当的调整，并要求各调查点在综合调查的基础上，重点加强地方特色材料的价格调查，按计划完成了3期材料价格的调查，有关资料汇总上报省厅质监站，并在市质监站的《质监造价信息》上公布，供有关单位参考。

2002年，加大了合同监督的力度，研究制订了《嘉兴市公路水运工程施工、监理单位合同履约评价办法(试行)》，并以局文印发，从而将施工单位、监理单位中标后的合同履行情况进行动态管理，实行优胜劣汰机制，促使参建各方进一步增强合同意识，认真履行合同义务。针对普遍存在施工、监理单位主要管理人员到位情况不佳、变换频繁的实际情况，组织开展了一次合同专项检查，重点对施工单位、监理单位的主要管理人员及机械设备的到位情况进行检查，并依照合同履约评价办法作出初步评价。严格人员及施工设备、监理设施等到位情况的监督检查，并制定了主要人员变换的审批制度，统一审批程序和要求，督促有关单位严格按合同办事。

积极探索工程造价管理途径，努力拓展工程造价管理深度。在拓展工程造价管理深度上，一方面关口前移，在施工招投标阶段，除了做好标底的审查工作外，还积极、主动地参与施工招标文件的审查，重点加强对工程量清单规范性、合同专用条款及技术规范项目专用条款的审查。全年共完成 19 个项目的标底审查工作，项目累计建安费 7.5167 亿元。另一方面积极开展工程实施过程中的工程造价监督检查，对在建项目的计量支付情况、工程变更、价格调整等一系列涉及到计价方面的内容进行监督抽查，并以抽查意见书的形式督促有关单位认真落实整改。

针对 2001 年度材料价格调查中存在的资料上报不及时及部分价格与市场实际价格偏差大等问题，采取各调查点调查和自行组织调查相结合的方式，组织人员深入施工现场和供货方调查有关材料的实际进场价格，使价格资料准确性有了较大的提高，全年按计划完成了 4 期的价格调查。在做好材料价格调查的同时，及时收集、整理、分析项目投标报价资料，不断积累材料价格及工程造价资料，掌握价格动态，相关资料定期在《质监造价信息》上公布，为嘉兴市交通工程的造价控制和招投标文件编制提供依据。

2003 年，积极探索对工程招投标工作的监督。针对建设市场中突出存在施工、监理单位的主要人员到位情况不佳的现状，通过分析，寻找其原因主要是部分单位在招标文件中对主要人员的资格条件设置较高、甚至过高，评标办法也往往“引导”投标单位不切实际地报一些高资质人员，以获得较高分值。因此，在招标文件审查时，首先对招标文件中投入人员资格条件与工程规模及实际要求是否一致、是否合理提出审查意见，避免不切实际地提出过高要求。其次从经济上设置一些限制条件，如在招标文件中增加“监理人员变换后，若替换人的资质有降低者，其人月费单价在实际监理费支付时也相应降低”等专用条款，促使中标人从经济利益角度出发，尽可能不换人或少换人。还有在评标办法中有关人员的分值设置上进行调整，避免投标单位盲目通过提高人员资质来获取高分。在具体设定评标分值时，对人员资质符合要求的得基本分，高出的不加分或少加分，同时适当提高投入人员项目业绩所占的分值等，防止投标高资质、进场低资质现象的曼延，进一步规范招投标行为，促进建设市场规范有序、健康地发展。

探索合同的后续管理，加大合同监督管理力度。根据《浙江省公路、水运工程合同监督管理办法》，将新开工交通建设项目全部纳入了合同行业监督管理的范围。针对当时突出存在主要施工人员、监理人员到位情况不佳、变换频繁的实际情况，重点加强了项目开工初期人员及设备到位的监督检查，完善现场人员考勤制度和主要人员离开工地现场的请假制度，严格主要人员变换审批制度的落实，并建立不良业绩通报制，对人员到位情况不佳、变换频繁的单位，在《质监造价信息》上予以曝光。同时做好施工单位、监理单位信用信息的收集工作，认真抓好施工单位、监理单位合同履约评价的基础工作，建立、完善从业单位信用评价体系，全面启动施工单位、监理单位合同履约评价制度，在印发交工质量鉴定报告的同时，对参建单位分别作出履约评价，促进各参建单位进一步增强合同意识，认真履行合同义务。

根据省交通厅《浙江省公路水运工程施工分包管理规定》及《关于组织在建工程施工分包稽查的通知》的要求，由市局成立了施工分包稽查小组，对全市主要交通工程项目开展施工分包的专项稽查，共检查 8 个项目 22 个施工合同。检查情况以局文上报省交通厅。

转变管理模式，合理控制造价，积极拓展工程实施阶段造价监督管理工作的深度和广度。2003 年，造价管理工作的重心逐步转移到了工程实施阶段。针对工程实施过程中变更多，为深化造价管理工作，通过组织对工程实施过程中工程变更、计量、价格调整等涉及价格行为的监督管理问题进行调研，在向建设、设计、监理、施工等有关单位的代表广泛征求意见后，于 2003 年年底，研究制定了《公路水运工程实施过程中工程变更及计量管理办法》。

进一步完善材料价格调查网络，重点加强地方特色材料的价格调查，提高价格资料的时效性及可靠度，及时收集、整理、分析主要分项工程的造价数据(中标价、投标平均价、标底价等)，在《质监造价信息》上定期发布材料价格信息和工程造价信息，并单独印发了两期公路工程综合单价信息，供有关部门参考。

2004 年，根据市编制委员会《关于嘉兴市交通局事业单位改革总体方案的批复》，嘉兴市交通工程定额站更名为嘉兴市交通工程造价管理站(以下简称“市造价站”)。

根据省交通厅《浙江省公路水运工程合同监督管理办法》规定，将全市新开工交通建设项目全部纳入合同行业监督管理的范围。全年共发《合同监督通知书》11 份。重点加强项目开工初期人员及设备到位的监督检查，加强现场人员到位、主要人员变换的审批情况监督抽查，加强施工单位、监理单位信用信息的收集工作，实行动态管理，对人员的到位情况不佳、变换频繁的单位，作为不良业绩记录在案，并在《质监造价信息》上予以曝光，引导建设各方诚信守法，提高合同履约能力。根据省厅《浙江省公路水运工程分包管理规定》，组织开展工程分包情况的稽查，依法查处了一起违法分包案件，进一步规范分包行为。

根据省厅质监站提出的造价管理从原来的侧重于价

格监控转变为价格监控和合同后续管理并重，从侧重于标底审查造价控制转变为从设计到施工全过程的造价监控的要求，加强工程实施过程中的造价监管，研究制定了嘉兴市的《工程计量及变更管理办法》，进一步规范工程计量及变更管理程序，加强计量支付及工程变更的监督管理，组织开展工程实施过程中计量及变更工作的监督抽查。

2005年，加大合同管理力度，完善交通建设市场信用体系，进一步规范市场秩序。根据交通部《公路建设市场管理办法》《水运建设市场管理办法》等有关规章的规定，市造价站研究制定了《嘉兴市交通建设市场不良行为记录和公示办法》，建立了从业单位和从业人员不良行为记录档案，全年共有11名施工人员和5名监理人员分别被记录到不良业绩档案。继续认真贯彻落实《浙江省公路、水运工程合同监督管理办法》及《关于实施交通工程参建单位现场机构报备制度的通知》要求，加强对各新开工项目合同管理基础资料的收集和积累，全年共发出合同监督通知书4份，合同监督覆盖率达到100%。同时加强工程实施过程中的合同监督检查。重点加强对主要施工管理人员和主要监理人员到位及变换情况的检查，对现场人员实行动态管理。对检查中发现的主要人员不到位、人员更换频繁等不良现象进行批评通报，并要求限期进行整改。同时认真贯彻省交通厅关于《浙江省公路、水运工程施工分包管理规定》及《关于开展在建项目施工分包稽查的通知》精神，加强工程分包的监督管理，组织开展施工分包稽查，在各建设单位全面自查的基础上，有针对性的进行重点抽查，进一步规范了工程分包的管理。

根据省交通厅《关于进一步加强公路水运工程造价文件审查工作的通知》要求，积极创造条件，拓展对设计概算及分标段概算的审查，加强工程实施过程中的造价监管。全年共审查设计概算10项，累计送审价8508.2万元，核减造价298.1万元，核减率为3.5%。进一步做好价格调查工作，及时收集、整理、分析主要分项工程的造价数据(中标价、投标平均价等)，定期发布材料价格信息工程综合单价信息、监理综合价信息和及价格动态，为建设项目造价管理提供服务和指导，全年共发布价格信息12期。

加强工程实施过程中的造价管理。根据市交通局《工程计量及变更管理办法》，进一步规范工程计量及变更管理程序，加强对工程计量支付及工程变更的监督管理，组织开展工程计量及变更的专项监督抽查。对检查中发现的问题召集参建各方进行讨论交流，统一意见，并督促有关单位严格按合同及有关规定及时纠整。全年共组织造价检查6次，发出抽查意见书3份。

2006年，全年共审查工程概算1项，送审造价4536.0195万元，核减造价328.8226万元，核减率为7.2%。审查施工限价12项，计50239.3万元，核增264.4万元，核减1052万元。审查监理限价11项，计1136万元，核减23.2万元。认真开展工程实施阶段造价监督检查，根据上级有关要求，组织人员对全市主要市管在建工程进行造价监督检查，全年共组织造价监督检查11次，重点检查工程变更、计量支付的合法性、合理性。对检查发现的问题，与参建各方进行充分交流，统一认识，进一步规范工程变更及工程计价。

在总结前两年材料价格调查经验的基础上，继续完善价格调查方式，充实材料价格调查人员，认真做好材料价格调查工作，按计划每月组织调查，并派员重点进行抽查、核查，以确保价格的准确性。并经复核、统计，汇总有关调查资料及时上报省厅质监局。另一方面，及时收集、整理、分析各新开工项目主要分项工程和施工监理费的投标报价、中标价等造价数据，并独立编印了全年12期《嘉兴交通造价管理》。

按照省厅《浙江省公路、水运工程合同监督管理办法》及《关于实施交通工程参建单位现场机构报备制度的通知》要求，及时办理合同监督手续，认真做好合同基础资料的收集和积累，全年共发出合同监督通知书15份，主要在建项目合同监督覆盖率达到100%。同时针对质量保证体系存在的主要问题，加大了施工主要管理人员和监理人员到位情况的检查力度，对有关人员实行动态管理，对检查中发现的主要人员不到位、更换频繁等现象的进行通报并责令整改。全年共组织合同检查12次，抽查工程项目14个，发出合同抽查意见书56份。

2007年，进一步深化造价监管工作深度，重点做好概算、投标控制价的审查工作及新开工项目设计概算的审查，积极研究、探索投标控制价下限的设置，完善措施防止低价抢标。全年共组织完成设计概算审查3项，累计送审造价21522.7080万元，核增造价401.6734万元。完成施工招标限价审查共46项，累计送审造价60907.72万元，共计核减3414.84万元，核减率为5.6%。完成监理招标限价审查共10项，累计送审造价650.2万元，共计核增4.86万元，核增率为0.75%。

进一步改进价格调查方式，努力提高信息发布的时效性、准确性和权威性，为建设各方服务。年初对《嘉兴交通造价管理》进行了改版，并对全市兼职材料价格调查人员进行了调整、充实，实行聘任制，初步完善了材料供应商及生产厂家信息网络。按月向省厅造价站报送价格信息资料。针对当前高速公路路面材料实行准入制后，其价格与一般公路采用的材料价格有很大的差异性，市造价站与建设单位有关人员一起深入施工现场、矿点进行调研，及时提出价格调查及发布的改进意见建议。

2008年，不断完善服务机制，做好材料价格的上报和造价管理信息编发工作。年初，对全市兼职材料价格调查人员2007年度工作情况进行了考核，共有7人获得一等奖，3人获得二等奖，并签订2008年度材料价格调查工作责任书，进一步提高全市材料价格调查人员的积极性。坚持材料价格信息的定期发布，确保每月1次，2008年共刊发了12期。同时做到按月向省厅造价站报送材料价格信息，每季度按时向省厅造价站报送造价工作情况报表。

2008年，全年共审查项目概算共3项（原S07省道东西大道至高桥段改建工程、海宁市公共码头工程、盐湖公路姚堡里收费站改造工程），累计送审造价11853.0876万元，审定造价11347.8971万元，核减造价505.1905万元，核减率为4.3%。同时，继续进行施工招标限价审查。全年共审查施工招标控制价39项，送审造价86412.0021万元，共计核减7191.5897万元，核减率为8.3%。编制施工招标控制价5项，编制金额19783.7733万元，核减2512.5122万元，核减率为12.7%；编制施工招标工程量清单预算价5项，编制金额19783.7733万元。审定最高限价17271.2611万元，核减2512.5122万元，核减率为12.70%。累计工程量清单预算价106195.7754万元，审定最高限价96491.6735万元，核减造价9704.1019万元，核减率为9.1%。同时还及时收集、整理、分析在建项目主要分项工程造价数据。分别于四月份、七月份发布嘉兴市一、二季度公路工程综合造价信息。

组织合同与造价专项检查。全年共检查15个项目的23个施工合同段及15个监理合同段，印发合同抽查意见书15份。

2009年，全年共完成概算审查6项，送审67310万元，审定概算66276万元。完成施工招标清单预算审查39项，送审造价136986万元，审定造价137365万元，中标价121272万元，中标价占预算价88.3%。对市管监督项目开展工程实施阶段专项造价管理检查，全年共抽查14项次，印发抽查意见通知书14份；合同检查16项次，印发抽查意见通知书16份。

2010年，主要通过认真组织造价审查、发布材料价格信息以及开展专项检查来合理控制工程造价。全年共计审查项目11项，发审查意见11份，累计送审造价87511万元，审定造价86502万元，核减造价1363万元，核增造价354万元，超估算项目1项，占审查项目的9%。同时开展市管项目清单预算价的审查。1—12月份共计受理审查项目34项，发审查意见34份，累计送审造价226759.4886万元，审定造价227310.004万元，核减造价1176.3123万元，核增1874.5471万元，超概算项目4项，占审查项目的8.9%。同时加强专项检查，确保实施阶段合同造价。全年对实施阶段的工程项目组织了合同造价专项检查共37项次，印发抽查意见通知书37份。

检测行业管理

1997年，省交通厅为加强我省公路、水运工程试验检测工作的管理，下发了《浙江省公路、水运工程试验检测机构管理办法（试行）》，明确了浙江省的公路、水运工程试验检测工作的管理实行统一领导分级负责。省交通厅是全省公路、水运工程试验检测机构的主管部门，负责全省公路、水运工程试验检测机构的管理工作，其办事机构为交通厅工程质量监督站。各市（地）交通局（委）是本市（地）试验检测机构的主管部门，负责辖区内公路、水运工程试验检测机构的管理工作，其办事机构是市（地）交通工程质量监督站。

2000年4月，市交通局根据《浙江省公路、水运工程试验检测机构管理办法（试行）》的精神，下发《嘉兴市公路、水运工程工地临时试验室管理实施细则（试行）》，明确了嘉兴市交通局是本市公路、水运工程试验检测机构的主管部门，负责辖区内公路、水运工程试验检测机构的管理工作，其办事机构为嘉兴市交通工程质量监督站（以下简称“市质监站”）。

2001年，市质监站组织了两次工地临时试验室的专项检查，进一步加强了试验检测市场的管理。对在建工程项目，要求各施工单位、监理单位按规定建立相应的工地试验室。全年共考核验收工地临时试验室19家，核销已完工程工地临时试验室资质35家，初审上报丙级试验室资质6家。为进一步规范嘉兴市试验检测市场，提高试验操作水平及试验工作质量，组织召开了一次试验工作交流会，举办了一次试验检测软件应用培训班，积极推广使用公路工程试验检测数据处理系统，推进试验数据处理电算化的进程。在平时的监督工作中加强了对试验操作规范性及试验工作质量等方面的监督、检查、指导，发现问题，及时纠正。并对检查中发现有违规行为的四名试验检测人员及一个项目经理部进行了通报批评。

2002年，进一步加强试验检测市场的管理。根据当时大部分项目工地试验室建设滞后、部分小项目甚至不建工地试验室等实际情况，市质监站制定印发了《关于加强公路、水运工程试验检测工作有关事项的通知》，强调了工地试验检测的重要性，并明确规定每个项目的施工单位、监理单位在工地现场必须分别建立与工程规模相适应的工地临时试验室，同时对监理旁站的试验项目作出了进一步的明确。全年共考核验收工地临时试验室19家。针对检查中发现工地试验室普遍存在试验原始记录保存不全、填写不规范等实际情况，为确保试验原始资料的规范填写与及时归档，提高试验资料的可靠性，同时也为了配合试验检测软件的运用，市质监站制定印发了主要检测试验项目的试验原始记录本及原材料的检验台账，统一了原始记录的格式及填写要求。为进一步规范嘉兴市的试验检测市场，提高试验操作水平及试验工作质量，组织本市等级试验室进行了一次沥青针入度的比对试验，同时还召开了全市等级试验室负责人及各工地试验室负责人参加的试验工作会议，组织与会人员学习有关试验检测工作的规定、要求，并就提高检测工作质量及工作水平等展开了讨论、交流。在平时的监督工作中，也加强了试验操作规范性、试验工作质量等方面的监督、检查，发现问题，及时进行纠正。

2003 年，为进一步加强嘉兴市公路、水运工程试验检测机构的管理力度，经市交通局《关于同意市交通工程质量监督站内设机构的批复》批准，同意在市质监站内部增设“检测管理科”(以下简称“检测科”)。根据市质监站的内部分工，检测科主要负责全市公路、水运工程试验检测机构和试验检测人员的资质管理，监督检查试验检测设备、试验方法、试验检测频率是否符合规定，试验数据是否准确、真实、可靠。

检测科成立后不久，依据交通部 4 号令及交通部《关于贯彻实施〈水运工程试验检测机构资质管理办法〉意见的通知》等规章的精神，立即在等级试验检测机构的资质管理上，积极指导、帮助、督促有条件的试验检测机构开展计量认证工作。2003 年，共有 3 家单位的试验室完成了计量认证工作。在做好等级试验室资质管理工作的同时，加大了对工地试验室建设的监督力度，重点加强对工地试验室建设的及时性、试验仪器及试验人员配备的适应性和试验人员持证情况的监督检查，及时开展工地试验室临时资质的考核发证工作，全年共核发工地试验室临时资质 84 家，并规定工地试验室资质未经核准，监理工程师不得发布开工令。针对当时普遍存在原材料检验频率偏低、检验项目不全、部分试验操作不规范及试验报告不完整、不规范等问题，在 3 月份，市质监站制定印发了《关于加强工程原材料质量检验若干事项的通知》，进一步明确原材料进场检验的批次、频率及检验项目和要求，统一了主要原材料的质量检验台账格式，并组织召开了一次全市试验检测工作会议，专门进行贯彻落实。7 月份，又组织了一次工地试验室工作质量的专项检查，从而进一步规范了嘉兴市交通工程的试验检测行为，提高了试验检测的工作质量，确保了工地试验检测在控制和提高工程质量中的作用。

2004 年，继续加大试验检测市场的管理力度。试验检测是控制和检验工程质量的主要手段，是质量保证体系的关键组成。为了确保试验检测工作发挥应有的作用，一方面继续做好等级试验室资质及工作质量的监督管理，组织召开试验检测工作会议，布置落实市管检测机构的资质就位考评工作，研讨试验检测工作存在的主要问题及管理对策，促进检测市场的有序发展。同时加大了工地试验室建设情况及工作质量的监督检查力度，以确保试验资料可靠性为重点，加强了对工地试验室的监督管理，组织进行工地试验室业务范围的调研，并开展对结构安全性有重要影响的试验项目要求委托第三方试验的试点工作。同时积极开展对检测市场的整顿工作，召开了一次试验检测工作座谈会，组织了一次水泥比对试验(等级试验室及工地试验室)，按时完成等级试验室资质就位评审工作，及时组织工地临时试验室资质的考核发证工作，全年共核准工地试验室 44 家(7 月 1 日后实行备案制)。

2005 年，狠抓等级试验室的行业管理，进一步深化试验检测市场的监督管理工作。嘉兴市共有等级试验室 11 家，其中乙级资质 2 家，丙级资质 9 家，有 6 家已通过了计量认证。为了加强对等级试验室试验检测工作质量的监督，在 9 月份，市质监站对全市 11 家等级试验室试验检测工作的开展情况及工作质量进行了监督检查，举办了一期试验检测软件升级培训班，组织召开了一次试验检测工作会议，交流、讨论当前试验检测市场存在的主要问题，并研究对策，提出管理措施和改进的建议。

继续强化对工地试验室的管理。一方面根据形势的变化，及时改变工地试验室资质考核的程序，过渡阶段实行参数备案制的工地试验室考核认证程序，及时组织工地试验室的考核认证工作，防止工作上的脱节，全年共考核认证工地试验室 67 家。同时重点加强了工地试验室工作质量的监督抽查，组织了一次工地试验室专项检查，检查覆盖率达 95%以上，进一步规范了工地试验检测行为，确保工地试验检测在控制和提高工程质量中发挥应有的作用。

组织开展比对试验，不断提升嘉兴市的试验检测水平。为了促进试验检测工作水平的提高，确保试验检测数据的准确性、可靠性，市质监站从 2005 年开始，对全市的等级试验室及工地试验室组织开展了比对试验，并将此作为一项常规工作。比对试验达不到精度要求的试验室，将暂停其相应的试验项目或参数。2005 年，共组织水泥比对试验 2 次，共有 115 家单位参加，对其中复检不合格的试验检测单位作出了停止水泥试验项目的处理，从而在全市的交通工程试验检测单位中引起了震动，对进一步规范全市的交通工程试验检测工作起到了一定的警示和激励作用。

开展对桩基检测市场的整顿工作。随着高速公路和高等级公路建设在嘉兴市的全面铺开，进入嘉兴市的桩基检测单位逐年增多，整个桩基检测市场较为混乱。因此，为确保基础工程质量，市质监站在2005年组织了一次桩基检测的专项检查，对三条新开工高速公路项目85根桩基的小应变、超声波检测结果进行抽查，抽查结果发现，个别桩基检测单位对桩的质量存在误判现象，个别检测单位出具检测报告不及时，还有个别施工单位声测管有堵管现象。这些问题严重影响了桩基检测工作的质量，因此市质监站根据抽查发现的问题，对相关的桩基检测单位分别进行了处理。

开展常用产品质量的专项抽查，重点加强了对桥梁的钢筋、支座、锚夹具的抽查。全年共抽查常用产品104批次，合格99批次，一次抽样合格率95.2%，并对其中3批不合格的桥梁支座作出了清退处理。

2006年，为强化对试验检测工作的监管力度，进一步规范试验检测行为，市质监站先后组织召开了两次试验检测工作会议。在4月份会议上，重点学习讨论了交通部《公路水运工程试验检测管理办法》(2005第12号令)，并结合本市试验检测机构的实际，对下一步试验检测机构等级就位问题进行了专题分析、研究。在9月份，为进一步规范试验检测行为，针对试验检测市场存在的主要问题，又组织召开了一次试验检测工作会议，在充分吸取各方意见的基础上，研究制定了《嘉兴市交通工程试验检测管理实施细则》、《嘉兴市交通工程工地试验室技术考核实施细则》和《关于进一步规范现场专项试验检测行为的通知》，进一步明确了样品保存制度、不合格结果报告制度等工地试验检测管理规定，规范了对工地试验室的技术考核，防止不合格材料、产品投入工程中使用，从而加大了对工地试验检测行为的监管力度，强化了对检测市场的监督管理工作。

不断完善工地试验室和等级试验室的考核制度。2006年，组建了嘉兴市交通工程试验检测专家库，并下发了《关于公布嘉兴市交通工程试验检测专家库成员名单的通知》。全年考核工地试验室49家，组织等级试验检测机构专项检查一次，共检查了13家试验检测机构。组织开展现场专项试验检测单位工作的的专项检查，检查专项检测单位14家，并对个别存在伪造试验数据等违规行为的检测机构进行了处理。组织开展工地试验室专项检查一次，共检查工地试验室82家，发出抽查意见书33份。组织水泥比对试验二次，参加单位共110家，其中比对结果不合格、经整改后复检仍然不合格的2家工地试验室，作出了取消其水泥相关试验参数的处理。

2007年，根据省厅质监局对全省检测机构等级就位评定工作的整体部署，积极做好检测机构等级就位评审基础工作。对全市12家检测机构的人员、仪器设备、环境条件等进行全面的调查摸底，并根据调查摸底情况，组织召开本市检测机构负责人座谈会，对照《公路水运工程试验检测机构等级标准》要求，对各检测机构存在的差距、问题进行了分析、点评，提出整改要求及意见建议，为全市检测机构等级就位工作的全面展开打好基础。全年共有9家检测机构完成了等级就位评审，另有两家新申报的检测机构通过了丙级评审。

继续抓好新开工项目工地试验室的技术考核认证工作，进一步强化工地试验室管理。督促有关单位在工程实质性开工前完成工地试验室技术考核，全年共完成68家工地试验室的技术考核。为了进一步规范工地试验室的管理，市质监站还组织有关人员研究制定了工地试验室各项台账格式。在平时的监督过程中，加强了对原材料进场检验、标准试验及强度、压实度、钢筋力学等重要现场抽样试验或外委试验的监督抽查，并将抽检结果与施工自检及监理抽检进行对照分析，强化对工地试验检测数据可靠性的监督。

根据交通部《公路水运工程试验检测管理办法》，市质监站以局文下发了《嘉兴市交通工程试验检测管理实施细则》，进一步强化对检测机构实际检测能力的监管。同时，进一步加强对本市交通工程试验检测市场的行业管理，继续采取比对试验等方式，加大对检测机构及工地试验室实际检测能力的监管力度。全年分别组织了一次沥青比对试验和一次水泥比对试验，有5家工地试验室因比对试验不合格被责令限期整改，整改期间暂停有关试验检测业务，并要求在规定时间进行复检，结果有3家工地试验室因复检不合格或未按规定参加复检被取消相关参数的试验检测资格，其相关试验委托第三方检测机构承担。

为进一步强化对试验检测活动的监督管理，规范试验检测行为和市场秩序，提高试验检测工作质量，确保试验检测数据的真实性和可靠性，市质监站针对当前试验检测市场存在的突出问题，制定下发了《关于统一工地试验室有关记录表式的通知》，对工地试验检测工作的记录表式进行了统一和规范。同时，积极组织开展以数据打假为重点的试验检测专项整治活动。在5月初研究制定了“试验检测专项整治实施方案”，并组织召开试验检测专项整治动员会，拉开了嘉兴市以数据打假为重点的试验检测专项整治工作序幕。7月份，根据省交通厅《关于印发浙江省公路水运工程试验检测专项治理活动实施方案的通知》要求，制定了《嘉兴市公路水运工程试验检测专项治理活动实施方案》，成立了治理工作领导小组，明确了治理工作原则、治理的范围和重点，组织开展为期三年的公路水运工程试验检测专项治理工作。按照治理实施方案的要求，组织全市检测机构、工地试验室全面开展自查自纠，并于9月份开始，组织有关人员对全市检测机构及工地试验室进行全面检查。共检查检测机构14家，高速公路工地试验室18家、一般项目工地试验室49家，检查覆盖率100%。对检查中发现个别检测机构存在出借等级证书、个别工地试验室存在弄虚作假、伪造试验检测数据等违规行为，分别按规定作出了相应的处理。

2008年，严把工地试验室考核关，强化对试验检测市场的监管。严格工地试验室申报程序，重点管好二道关，一是母体试验室，除了按省厅质监局要求提供的授权书外，还必须提供母体试验室的资质证书以及试验检测参数表，所授权的试验检测项目必须为母体试验室经主管部门考核通过的参数。二是严格控制申报时间，要求工地试验室应在工程实质性开工前通过市质监站的技术考核，对考核通过以前出具的试验报告均不予认可，不得作为自检资料。

工地试验室的现场考核采用专家考核制度，市质监站组织抽调专家库成员（人员数量按照项目大小定，一般为三人）赴现场进行考核，根据所申报的参数，从质量保证体系、试验设备，试验环境、人员资质、动手能力等方面着手进行考核，同时还增加了工地试验室的用电安全检查，对存在的问题要以书面方式确认，并形成一个考核意见。全年共考核通过43家工地试验室。发出抽查意见书17份，收到反馈17份。

2008年，市质监站还对桥梁动静载试验的测试方案进行严格监管，组织专家和设计单位对车辆的荷载、加载顺序、应力验算、观测方法和测量仪器等逐一进行审查，并对检测报告应涉及的要素如裂缝位置、长度前后变化、测试前的桥梁状况检查、效率系数、报告结论等都提出了相关要求，全年共组织审查了2座桥梁的动静载测试方案。

加强项目的中间检测。市质监站经过多次会议研究讨论，将省厅质监局制定的48个检测交工检测参数增加到65个，其中结构物增加了桩基检测，路基增加了软基处理，路面增加了基层，对合格率的计算也作了统一规定。这些检测项目基本上包括了施工过程中的各个重要环节，同时对每个检测项目制定了详细的作业指导书，尽量减少由于人为因素而引起的试验误差。

积极组织等级试验室和工地试验室的专项检测。市质监站在今年7月份组织了辖区内工地试验室专项检查，历时10天，重点对工地试验室考核时整改意见的落实情况、开展的试验项目有无超越工地试验室核准参数范围、试验人员的持证情况和试验报告的真实性、代表性等进行了严格的监督检查，共检查了工程项目14个，工地试验室20家。通过检查，发现了多起试验报告造假事件，事后，给相关单位发出了抽查意见书14份，及时遏制了试验报告造假的趋势。

10月中旬，市质监站组织人员（抽调部分嘉兴市公路水运工程试验检测专家库成员）对全市12家等级试验室开展了专项检查。重点对检测机构的基本情况（包括单位性质、人员、设备、检测用房面积等）、检测行为有无违规情况（包括试验任务转包、违规分包、超资质范围承接试验业务等）、质量体系的完整性和执行情况以及试验报告的真实性、代表性进行了监督检查，通过一系列的监督检查，进一步规范了等级试验室的试验检测行为。

2009年，开展试验检测专项治理。在总结了前两年专项治理活动取得的成果和经验基础上，新实施了工地试验室试验人员备案制、工地试验室授权负责人负责制、工地试验室负责人岗位培训制等一系列制度，进一步加强了质监机构对工地试验室的监管力度，为有效发挥工地试验室对工程质量的控制和指导作用，推动试验检测工作责任制的落实，促进公路水运工程质量水平的不断提高，营造了独立、规范运行的外部环境。

全年共组织等级试验检测机构和高速公路建设单位召开2次试验检测管理工作会议，其中4月份重点宣贯试验检测专项治理活动的最新要求和文件精神，12月份重点宣贯和布置公路水运工程试验检测机构和人员的信用评价工作。全年共开展工地试验专项检查2次，检查工地试验室47家，发抽查意见书40份，专项检查通报2份。对全市等级试验检测机构开展专项检查1次，对存在问题的等级试验检测机构相关人员进行了笔录，并发检查通报1份。开展水泥比对试验1次（包括有水泥检测参数的工地试验室），发通报1份。全年共考核工地试验室34家，并将考核结果及时上报给了省厅质监局。

2010年，为加强对全市公路水运工程专项测试单位工作质量的监督管理，组织人员对专项测试单位的报备核准、项目部建设、检测人员资质水平、检测设备、记录和报告质量等方面进行了专项检查，发整改意见通知书5份，并对检查情况进行了通报。同时积极推行检验机构信用评价工作，通过集中宣贯、工程开工监督交底等方式对等级试验室共计进行了18次信用评价办法的宣贯活动。在日常巡查和专项检查中，对检测机构的业绩和存在的不良行为记录在案，作为年终或项目结束时进行信用评价或扣分的原始依据。

加强对试验检测行业的管理。对在等级试验室中间核查中发现的出具虚假检验报告和样品管理不善等存在严重违规行为的单位进行通报。同时，对有关试验体系标准进行了统一和释疑。针对当时公路水运项目施工标准内水泥砂浆、预应力孔道压浆净浆抗压强度标准不统一的情况，市质监站在请示省厅质监局批复同意后，对嘉兴市交通工程施工过程中的水泥砂浆、净浆立方体抗压强度标准作出了统一规定，从而使试验规程与检评标准相吻合，提高了试验检测的科学性和可操作性。继续组织开展比对试验。5 月底配合省厅质监局组织等级试验室开展了 1 次比对试验(水泥、集料)，7 月份，又组织工地试验室开展了 1 次水泥比对试验。

加强对试验检测机构的监督检查。一方面严格核查新开工项目工地试验室的备案核查工作，督促有关单位在工程实质性开工前完成工地试验室备案申报，全年共备案核查工地试验室 32 家。另一方面加强对工地试验室、等级试验室的专项检查。全年共对全市在建 15 个市管项目的工地实验室进行了督查，并结合日常的监督工作，以巡查方式对在建工程的试验行为进行不定期督查，共开展监督检查 34 次，监督检查覆盖率 100%。检查结束后还对检查中存在的问题进行了通报。4 月份，还组织人员对全市 12 家等级试验室进行了专项检查，针对检查中发现的问题，下发了检查意见通知书，并对整改情况进行了复查。8 月份，组织人员对全市 10 家具有丙级资质的检验机构进行了期间核查，从人员、设备、检测环境、管理、试验资料等五个方面进行了系统性的检查，发抽查意见书 10 份，对其中一家存在样品管理不善、试验报告造假的检验机构进行了通报并责令限期整改。

9 月，举办了一次全市性的试验检测专业知识竞赛，全市 11 家具有公路综合丙级以上资质的检验机构参加了比赛，市质监站检测中心获得第一名，并被选拔参加了省局组织的试验检测专业知识竞赛，获得二等奖，为嘉兴市交通试验检测行业取得了荣誉。

监理行业管理

20 世纪 80 年代中后期，中国先后利用世界银行贷款修建的陕西省西安至三原一级公路、京津塘高速公路和天津港东突堤工程等交通基础设施建设项目中，按照国际通行的 FIDIC 合同条款要求，实行了国际招标及工程监理制，自此工程监理制度引入国内，经过几十年的发展，工程监理制在交通建设中，经过试点、稳步发展、全面推行三个阶段，逐步成熟完善，逐步形成了适合中国国情的交通建设工程监理模式。

2000 年 8 月至 9 月，嘉兴市站组织人员对全市交通建设项目 18 个驻地监理机构的监理工作质量进行专项检查，并将检查情况通报各有关单位。

2001 年，嘉兴市站认真贯彻施工监理招标投标制度，做好监理市场的监督管理。根据省交通厅关于《进一步加强公路、水运工程施工监理管理有关事项的补充通知》精神，重点加强施工监理招标文件的审查及招标过程的监督，本年度规定范围的工程项目全部实行了公开招标。为进一步提高监理人员的业务素质和工作责任性，在监理现场工作质量专项检查的同时，对各驻地监理办的部分监理人员进行了应知应会的考核。督促监理人员注重技术规范、质量标准的学习，提高监理工作水平。

2002 年，认真抓好监理市场的整顿。根据交通部、省交通厅关于治理整顿公路水运工程监理市场秩序的意见，结合省厅《关于提高我省公路、水运工程监理工作水平的若干意见》，扎实开展监理市场秩序专项治理整顿工作。在八月下旬，组织本地监理公司和项目驻地监理机构参加，召开了全市监理市场秩序专项治理整顿动员大会，印发了《关于治理整顿公路水运工程监理市场秩序的实施方案》，对监理市场秩序的治理整顿工作作了具体的部署。为了加强宣传发动工作，利用《质监造价信息》编发了一期监理市场治理整顿的专刊，在治理整顿过程中，对一名持假证的监理人员进行了行政处罚，并对其行为在行业内进行了通报批评，监理市场的整顿取得初步成效。为了进一步提高监理队伍的整体素质，平时加强了监理现场工作质量、监理人员责任心、职业道德的监督检查，在每个项目驻地监理机构进场组建时，对监理人员进行应知应会摸底考核，促进了监理人员业务水平和职业道德水准的提高。

2003 年，继续开展监理市场的治理整顿。根据当时监理市场存在监理人员到位情况不佳、人员变换频繁、无序流动严重及部分监理人员责任心不强、职业道德不佳等情况，市定额站将监理人员执业行为作为监理市场整顿的重点，一方面按照省交通厅《浙江省公路、水运工程监理单位监理人员执业管理办法》的要求，进一步加强对执行情况的监督，制定印发了《关于加强现场监理人员资格证书管理的通知》，督促各驻地监理机构严格按《执业管理办法》规定，实行双证制度，要求所有省内监理单位的监理人员必须申领《执业管理手册》后方可从事现场监理工作，并对本市符合条件的 87 名监理人员及时办理了《执业管理手册》。为进一步抓好落实，在 6 月份，组织开展了现场监理人员执业状况专项检查，加大《执业管理手册》持有情况的监督检查力度，在检查中清退了 2 名经查实为假证的监理人员。对《执业管理手册》持有率较低的驻地办，多次召集驻地办负责人进行宣传及督促，并向有关监理公司发出限期整改通知书，督促其及时补办《执业管理手册》。另一方面加强了监理人员职业道德及廉洁意识方面的监督，组织开展了一次监理人员职业道德及廉洁意识的问卷调查，请业主及施工单位有关人员，对现场监理人员的职业道德、廉洁意识进行无记名投票评价，对检查中发现在职业道德或廉洁意识等方面有不良反映或有不良动机的监理人员，要求监理单位予以撤换，净化监理队伍。同时为促进监理整体业务水平的提高，继续推行现场监理人员进场前的应知应会考核制度，清除浑水摸鱼、滥竽充数的人员，使监理市场秩序有所好转，监理市场整顿取得了一定成效。

2004年年初，制定印发了《深入开展监理市场的治理整顿实施方案》，把规范监理人员执业行为、遏止监理人员无序流动作为监理市场整顿的重点。为进一步强化监理人员执业动态管理，加大了监理《执业管理手册》持有情况的监督检查力度，狠抓“双证”制度的落实。组织了一次监理工作专项整治大检查，积极开展监理旁站制度落实情况的夜间突击抽查，扎实开展监理市场的治理整顿工作，有效控制监理人员无序流动现象的蔓延，确保驻地监理人员相对稳定。在整顿过程中，清退了2名持假证的监理人员和7名未能提供《管理手册》的省内监理人员。通报清退了4名有严重失职行为的现场监理，通报批评了一家监理单位和三名驻地监理工程师。组织200余人进行监理人员应知应会考核，对考核成绩极差的8名监理人员指令清退。从而使监理人员持证率低、调换率高、业务素质差的现象得到了有效遏止。

2005年，加强施工监理招标工作的监督，认真做好监理招标文件的审查工作。在招标文件审查时，根据项目实际情况，重点审查合同条款的严密性、合法性，监理人员配备数量及资格条件的合理性，评标办法的科学性、适用性，对全市规定范围内建设项目的施工、监理单位全部实行公开招标。

2006年，进一步加强对监理市场的监管。一方面加强对监理招投标的管理，认真做好监理招标文件的审核把关，严格监理招投标过程的监督，确保监理招标工作公开、公平、公正。全年共审核监理招标文件19个，办理监理招标报备12项，办理中标报备16项，未发生投诉事件。另一方面加强监理合同履行及监理工作质量的监督检查，对各监理驻地办在监理人员的到位情况、持证情况及工作质量方面进行检查，对检查中存在的问题，发出通报，督促各项目驻地办及时整改，使监理的现场工作质量逐步得到提升。按照省局统一部署，组织开展监理打假活动，全年共通报清退了5名存在严重失职行为的现场监理人员。

2007年，为加强嘉兴市公路水运工程施工监理招投标的监督管理，规范市场行为，根据《浙江省招标投标条例》、交通部《公路工程施工监理招标投标管理办法》《水运工程施工监理招标投标管理办法》，省厅《浙江省公路水运工程施工监理招标投标管理实施细则》等有关规定，结合嘉兴市实际，市造价站研究制定了《嘉兴市公路水运工程施工监理招标投标管理实施细则》，并按照《实施细则》的要求，加强监理招标工作的行政监督，严格监理招标文件的审核，确保招标文件质量。全年共审核监理招标文件13项，办理监理招标备案13项，办理监理中标备案15项。

2007年3月份，省厅质监局在嘉兴组织召开了浙北片在建高速公路施工监理企业信用评价工作会议，正式启动了高速公路监理企业的信用评价工作。根据省厅质监局的部署，市造价站对本市3个在建高速公路项目的9个驻地办、6家监理企业的信用评价基础资料进行认真的审核、并按时上报省厅质监局。在做好高速公路监理企业信用评价的同时，对嘉兴市其他在建公路水运工程的驻地办，按照信用评价的有关要求进行监督检查，为明年全面开展监理信用评价工作打好基础。

组织开展《公路工程施工监理规范》的宣贯培训。为了推动嘉兴市贯彻执行《公路工程施工监理规范》(JTG G10−2006)，规范监理市场行为，指导监理人员正确理解新规范的实质内容，并正确运用于监理工作实际，认真履行好监理工作职责，在7月中旬，委托市公路学会举办了一期《公路工程施工监理规范》的宣贯培训班，全市监理企业主要人员、在建项目驻地办主要人员及有关管理部门、项目建设单位的相关人员共计130余人参加了宣贯培训。

为了进一步规范监理工作行为、提高监理工作质量，及时帮助监理化解工作中的主要难点问题，11月17日，组织召开了一次驻地监理工程师座谈会，全市各在建项目的28位驻地监理工程师及本市两家监理企业的领导到会。与会代表结合各项目监理工作实际，就当前监理工作存在的主要问题、困难等充分发表了意见，并对建设管理及行业监管等方面提出了很多的意见、建议，为及时化解矛盾，进一步完善市场信用体系，规范监理工作行为、提高监理工作质量打下良好的基础。

2007年8—9月份，组织了一次监理现场工作质量专项检查，对全市22个主要在建项目的24个监理驻地办的工作进行了检查，并把检查情况通报给全市有关部门，督促监理单位认真履行监理职责。在10月份的质量安全隐患排查中，对本市主要在建项目的10个驻地办的工程质量控制、安全监理工作落实情况进行了重点抽查，共发出监理工作监督抽查意见书31份。

2008年，重点加强监理招投标工作的审核把关，保证招标文件质量，做好施工监理招投标全过程的监督。全年共审核施工监理招标文件16项，出具招标文件审查意见书12份；办理监理招标报备19项(其中省管2项)，办理中标报备 17 项(其中省管 1 项)。同时组织开展监理现场工作专项检查。5 月份,组织开展了嘉兴市在建公路、水运项目监理工作专项检查,共检查了 6 个项目监理驻地办,印发抽查意见书 6 份。7 月份与市质监站上半年度执法大检查一起进行监理组工作质量检查,并对上一阶段检查情况进行复查,共检查 12 个项目,印发抽查意见书 11 份。组织召开全市公路水运工程监理企业信用评价工作会议,对全市在建项目监理企业信用评价送审情况进行审查,共审查了 32 个项目个驻地办。

抓好相关培训及监理企业资质管理工作。根据省厅质监局要求,年初将相关培训计划通知各有关单位,及时统计汇总后报送省厅质监局。全年共安排监理业务培训 1 次,监理安全、环保培训 2 次。4 月份,按省厅质监局要求组织本市 2 家水运资质监理企业参加定期检验工作,并及时通过初审报送省厅质监局。8 月份,组织各项目业主、监理单位及中介机构人员参加省厅质监局组织的《监理范本》宣贯培训。

2009 年,进一步规范建设市场,不断深化监理行业监管。通过严把监理招投标工作审核关,确保招标文件质量,同时做好施工监理招投标全过程的监督。全年共审核施工监理招标文件 24 项,办理监理招标报备 24 项 (省管 1 项),办理中标报备 20 项(省管 1 项)。认真做好全市公路水运在建工程监理信用评价工作,全年共完成监理企业信用评价项目 30 项。对监理企业报送的诚信信息和监理人员执业信息及时作好核查,全年组织监理工作检查 12 项。

根据交通运输部、省交通运输厅关于开展“监理企业树品牌 监理人员讲责任”行业新风建设活动的有关要求,市造价站为深入开展活动,结合嘉兴市实际,提出了具体实施意见,并组织行业管理部门及项目业主、辖区内施工企业及在建项目施工合同段、辖区内监理企业及在建项目监理办的有关人员召开了座谈会,广泛宣传开展本次活动的目的意义,进一步促进监理行业新风建设活动。

2010 年,为保证监理招标文件质量,积极做好施工监理招投标全过程的监督。全年共审核施工监理招标文件 21 项,办理监理招标事宜报备 20 项,办理中标结果报备 22 项。另一方面,认真做好辖区内公路水运在建工程监理信用评价工作。全年共完成监理企业信用评价项目共 22 项,及时向上级部门上报了今年监理企业信用评价项目表。并对照信用评价项目表,进行评价项目的检查工作。全年共完成监理工作专项检查 30 项,全部涵盖了嘉兴市 2010 年度参加信用评价的在建项目。同时做好总监负责制试点工作。2010 年根据省局总监负责制相关要求,市造价管理站从全市的在建工程中抽取了个 2 项目作为总监负责制试点工作。通过试点工作,项目的监理工程师对《监理细则》的内容按要求重新进行了划分,编排和实施,从而进一步加强了监理的现场管理力度。

安全监督

进入 21 世纪以来,国家颁布实施了《中华人民共和国安全生产法》等法律法规,采取了一系列重大举措加强安全生产工作,并进一步明确了安全生产责任,嘉兴市也初步建立起“政府统一领导、部门依法监管、企业全面负责、群众参与监督、全社会广泛支持”的安全生产格局。为了进一步增强在建交通工程安全生产的监管力度,2008 年年初,市交通局上报并经市编委批复,“嘉兴市交通工程质量监督站”更名为“嘉兴市交通工程质量安全监督站”(以下简称“市质安站”),在原有质量监督管理职能的基础上,增加了交通工程安全监督管理职能。市质安站为了适应交通工程安全监督工作需要,增设了职能科室安全监督科,明确了安全监督科的主要职责为:根据《中华人民共和国安全生产法》和《公路水运工程安全生产监督管理办法》等法律、法规、规章的规定,依法履行交通工程安全监督管理职责,包括与之相关的行政许可和行政处罚。并落实了二名专职安全监督人员,着手拟定安全监督管理制度与工作制度,组织安全监督人员参加相关业务培训,积极筹备开展工程安全监督工作,同时,将交通工程的标准化工地创建活动也纳入了安全科的工作范围。

为强化安全生产管理工作的领导,市质安站成立了以“一把手”为组长的安全生产领导小组,在建立完善各项安全生产管理制度的同时,与各科室签订安全生产责任书,并积极研究、探索工程安全监督的工作方式和监管措施。为了使安全监督工作有章可循,根据交通工程特点,制定了《关于加强交通工程施工安全管理的若干意见》,该意见对市县两级交通主管部门安全监督的职责分工进行了明确,对有关参建单位的安全生产责任、安全生产条件、安全管理要求进行了细化和明确,并根据工程现场实际及安全管理工作的需要,研究制定了施工单位、监理单位主要安全台帐及相关表格格式,对施工、监理单位的安全检查内容及评分办法等工作制度也作了相应的规定,为全面开展安全监督工作奠定了基础。

国家安全生产监督管理总局于 2007 年 12 月颁发了《安全生产事故隐患排查治理暂行规定》(2007 年第 16 号令)。为贯彻执行文件精神,市质安站于 2008 年 3 月,组织开展了全市交通工程质量安全大检查,对排查发现的重大安全隐患,建立安全隐患数据库,并对数据库里的安全隐患内容,明确整治责任、整治措施和整治期限,逐项督促有关主管部门落实整改，确保整治到位，及时消除安全隐患。并每月按时出一期全市交通基础设施建设安全生产隐患排查治理工作进展情况的工作简报，向相关单位及时通报安全生产隐患的排查治理情况。

2008年，正值北京奥运会开幕，为做好奥运安保及反恐工作，市质安站成立了奥运安保及反恐工作领导小组，制定了《嘉兴市交通工程质量安全监督站奥运安保及反恐工作应急预案》，同时在嘉兴市的各在建交通工程项目中强调奥运安保及反恐工作的特殊性和重要性，督促各有关单位认真做好各项奥运安保及反恐工作，制定和落实各项安全保障制度和应急预案，并在6月中旬派员参加了市交通局组织的对各县(市、区)交通行业奥运安保及反恐工作的督查。督查过程中，根据上级部门的要求及交通工程特点，重点对施工现场安全生产监督管理情况进行检查，要求各交通项目的参建单位认清形势，认真落实好各项安全生产规章制度，切实加强安全教育和安全管理工作。对外来车辆、人员进行登记，做到有记录可查。对易燃易爆品和试验室有毒化学物品要严格管理和控制，进出和使用要有详细记录，防止意外事件的发生。

根据省交通厅工程质量监督局《关于印发全省在建公路水运工程"安全质量年"活动方案的通知》精神，为进一步加强嘉兴市交通工程安全管理和质量管理，建立健全安全质量管理长效机制，提高工程质量，消除安全隐患，市交通局于2008年6月下发了《关于印发全市交通行业"安全质量年"活动实施方案的通知》，市质安站也迅速制定了《嘉兴市交通工程质量安全监督站"安全质量年"活动实施方案》，进一步明确了嘉兴市"安全质量年"活动的工作目标、活动内容、工作重点、工作措施，积极组织开展"安全质量年"活动，为推进嘉兴市交通工程安全生产状况持续稳定和工程质量明显提高，为交通建设又好又快发展奠定基础。同时，加大"安全质量年"活动的宣传力度，通过黑板报、网络等宣传工具和向施工单位发放安全资料和卡片、悬挂横幅、张贴标语等活动，全面开展安全教育工作，突出"治理隐患，防范事故"这一主题，进一步营造了"关爱生命、关注安全"的施工氛围。通过一级抓一级，层层抓落实，促进了"安全质量年"各项工作的落实，强化了工作督查力度，使全市的"安全质量年"活动取得明显实效。

为进一步加强嘉兴市交通工程施工安全生产管理，市交通局于2008年7月，制定了《关于加强交通工程施工安全管理的若干意见》的文件，明确了按照"属地管理、分级负责、行业监管"的交通工程安全生产监督管理原则，要求市质安站做好全市在建交通工程安全生产的指导、协调和行业监管工作。同时要求各县(市、区)交通局应健全工程安全监督组织，落实安全监督管理的责任，明确分管领导，并落实一名专职人员具体负责本行政区内在建交通工程的安全监督管理工作。

在具体实施交通工程的安全监督工作中，市质安站编制了嘉兴市公路水运工程安全监督交底材料，对新建工程在开工初期进行安全监督交底，明确参建各方的安全责任，重点对施工安全要点进行讲解，并组织有关安全生产方面的培训学习，提高监督管理人员的安全业务知识和管理水平。

在日常的安全监督工作中，重点加强对施工工地、施工驻地及设备、物资等的检查，严防事故灾害发生。督促项目参建单位及时修订、更新各项安全应急预案，落实应急处置的抢险设备、机械、运输工具、物资和队伍，积极组织开展应急演练，切实提高应急处置能力，确保事故发生时或灾害性天气来临时能迅速启动预案，并能有条不紊地开展紧急情况的处置，尽可能减少人员伤亡和经济损失。

2009年，坚持"安全第一、预防为主、综合治理"的方针，紧紧围绕"隐患治理年"和"安全质量年"活动，着眼长效机制，完善规章制度，落实责任，强化监管，积极探索新的工作思路，切实改进工作方法，确保了全市交通建设安全生产形势总体稳定。

根据省交通厅、市交通局关于"安全质量年"活动的总体部署，出台《嘉兴市在建公路水运工程2009年"安全质量年"活动方案》，明确细化了活动的工作目标和工作任务。同时做好宣传教育工作，全年发放给各县(市、区)交通局各类宣传资料达一千余份，并发放安全生产宣传教育光碟，组织全市各在建项目施工和监理单位开展安全知识竞赛等活动，宣传普及安全生产基本知识，增强、提高安全管理人员的安全意识和安全业务知识水平，使他们充分认识安全生产的重要性。

为进一步健全、完善安全监督规章制度，加强嘉兴市公路水运建设工程安全生产监督管理工作，根据有关法律、法规及《浙江省公路水运建设工程安全生产监督管理实施办法(试行)》的有关规定，结合嘉兴市实际，制定了《嘉兴市公路水运建设工程安全生产监督管理实施细则(试行)》，并组织近200人召开了《实施细则》的宣贯会。

按照"属地管理、分级负责、行业监管"的交通工程安全生产监督管理原则，落实健全市、县二级工程安全监督机构、组织，做好全市在建交通工程安全生产的指导、协调和行业监管工作。年初以市交通局名义下发文件，要求各县(市、区)交通局进一步完善公路水运建设工程安全生产监督管理职能、细化工作职责及监督程序，明确分管公路水运建设工程安全生产监督管理工作的领导，并至少落实了一名安全专职人员具体负责本行业行政区内在建公路水运建设工程安全生产管理工作，从而形成统一领导、各方协作、整体推进的安全工作格局。

为加强安全监督管理工作力度，进一步提高行业监督及建设、监理和施工单位的安全管理水平，市质安站收集编印了《交通建设工程安全监督管理文件汇编》，共计收录国家、省市等有关部门约40余个安全方面的法律、法规和规范性文件，进一步规范了我市交通工程的安全监督管理工作。同时通过组织全市交通工程的参建人员学习、交流和座谈，及时了解国家和省市各级政府发布的安全生产法律、法规和规范性文件精神，熟悉交通工程现场安全管理的相关知识，对于解决现场工作中存在的安全问题，进一步消除安全隐患，起到了积极的作用。

做好嘉兴市在建公路水运工程项目的安全监督交底工作。2009年，市质安站对嘉兴市公路水运工程安全监督交底材料作了进一步完善和补充，在当年新开工的新塍至江苏盛泽公路工程(桃园至盛泽段)、嘉兴至海宁公路改建工程(蚂桥至沪杭高速段)、嘉兴至南北湖(南湖区段和海盐段)、平黎公路嘉善西塘至省界段拓宽工程等项目分别使用修订后的新资料进行安全交底，明确建设各方安全责任，并重点对参建各方安全责任和施工安全要点进行讲解，还对标化工地建设、统一服装、交叉口围护、安全费用投入，重大危险源排查、登记、告示等方面作出了明确要求，提高相关人员对安全生产重要性的认识，提前打工程安全“预防针”。

强化工程项目前期安全生产条件的检查管理，对各个新开工的项目要求各参建单位严格自查，经检查不符合安全生产条件的不得开工，使工程在建设初期就有了安全工作的基础保障。同时加强对特种设备的管理，对嘉绍高速北岸接线等工程中检查发现的龙门架等特种设备未按规定进行检测和报备等问题及时给出整改要求，避免和减少设备生产安全事故的发生。

进行安全生产费用投入使用情况的专项检查。为健全安全生产管理长效机制，组织各县(市、区)交通局对全市在建公路水运工程开展安全生产费用投入使用情况专项检查，发现安全生产经费使用不规范的，要求施工单位及时整改，切实规范安全生产费用的使用和管理。

做好应急预案工作。以交通局名义印发了《嘉兴市交通工程重大质量及安全事故应急预案》，并结合嘉兴市工程建设特点，组织嘉善湖嘉申线一期工程进行溺水救护和南湖区焦山门桥拓宽工程高空坠落救护等安全事故应急演练，通过应急培训和演练，不断提高施工单位对突发事件的处置能力和对安全事故的防御能力。

深化平安工地建设。结合《嘉兴市交通工程标准化工地建设管理办法》，进一步提高施工现场的安全生产管理，巩固创建成果。总结2008年创建的经验，对创建标准进一步进行了细化完善，注重创新实践，不断深化，通过加强领导，明确责任，提高认识，加大宣传，努力为交通建设的稳定发展营造良好的社会环境。

加强重要节日前的安全生产检查。全面排查安全隐患，及时消除存在的安全问题，确保节假期间及重点时段在建工程安全。重点检查应急机制的建立健全，尤其是边施工边通车路段的安全标识、标牌的设置，高空安全维护及大型作业机具的加固管理等等。对排查发现的安全隐患均下发抽查意见书，责令其按时整改落实到位。

推动标准化工地建设。11月，对嘉兴至绍兴跨江公路通道工程(北岸接线)9个施工合同和申嘉湖高速练杭段(桐乡段)L11合同的标化工地创建工作进行了考核初评，并组织召开标化工地反馈会，就考核初评情况进行了反馈，针对存在的问题提出了整改要求。12月，对嘉兴至绍兴跨江公路通道工程(北岸接线)标准化工地建设进行了复评，重点检查初评时发现的问题及整体创建情况较差的标段。

2009年，市质安站共组织综合执法大检查、安全专项检查和安全巡查等各类安全检查60次，下发书面抽查意见书65份，累计整治隐患56处。对施工现场易发安全事故的部位特别是高空作业、基坑维护、临时用电及边通车边作业路段的施工，重点进行监管，同时严查项目施工三类人员和特种作业人员的操作证和上岗证，强化对特种设备的管理，对检查中发现存在重大安全隐患和施工作业不符合安全生产条件的均责令进行停工整改。

2010年，围绕工作重点，狠抓安全生产监管。紧紧围绕“世博安保”“隐患治理年”和“安全质量年”等重点工作，以平安工地和标化工地建设为抓手，完善规章制度，健全安全监管体系，进一步强化公路水运工程建设安全生产监管。

年初，在健全完善安全监督体系上下功夫。按照“统一监管、分级负责”的工作原则，建立起市、县两级各司其责、齐抓共管的工程安全管理机制，同时加强工程安全检查力度。3月，开展了防汛检查；5月，开展执法大检查，共计检查平黎公路等17个公路水运在建项目。配合省厅质监局开展对嘉绍大桥、嘉萧隧道、湖嘉申线航道等在建工程进行质量、安全与造价执法大检查。针对安全检查中发现的问题，全年共计下发24份抽查意见书，提出整改意见140条，对6个项目作出暂停施工的处理意见。同时，努力提高事故应急处置能力，积极组织和指导公路水运建设工程开展生产安全事故应急预案演练工作，提高了公路水运建设工程生产安全事故应急快速反应和处置能力。4月，在嘉绍北岸连接线三个合同项目部、监理办与海宁尖山新区(黄湾镇)联合举行了消防安全暨民防应急救援演习。6月,在嘉绍跨江公路通道工程(北岸接线)海宁枢纽4号桥施工现场,进行了支架垮塌施工事故应急救援演练。同时切实加强安全技术管理,根据《嘉兴市公路水运工程危险性较大工程专项方案论证审查管理办法(试行)》的要求,建立了专家库,完善嘉兴市公路水运工程危险性较大工程专项方案编制、论证及审查管理体系,为确保嘉兴市公路水运在建工程的现场施工安全,提供了技术保障。并在嘉绍跨海大桥北接线工程四合同和湖嘉申线航道工程,安装了"全球眼"视频监控系统,通过远程数据传输及时掌握现场安全作业情况,进一步强化交通工程施工现场的安全监督管理力度,提供高科技的管理手段,使嘉兴市交通工程的安全监管工作逐步走上现代化管理的轨道。

针对嘉兴市目前工程建设中对特种设备、大型设备管理不到位,相关安全要求不清楚等问题,出台了《关于进一步加强特种设备、大型设备管理的通知》,同时在现场施工安全检查中,加强了对特种设备、大型设备使用管理的安全检查,以避免和减少设备生产安全事故的发生。

5月,在嘉绍北岸接线四标组织了全市交通工程标化工地现场会。7月,组织人员对我市在建工程11个项目20个合同段进行了标准化工地考核,对考核发现的问题,当即要求有关单位进行整改。同时进一步深化"平安工地"建设,今年全市共有8个项目部进行了申报,纳入"平安工地"管理。通过深化"平安工地"建设工作,对推进嘉兴市在建交通工程项目安全生产的标准化、规范化建设,起了较大的作用。

积极开展"安全质量年"和"安全生产月"活动。通过加大对全市交通工程参建单位的政策法规宣传力度,加强施工安全教育,推进隐患排查治理深度,着力提高广大公路水运工程建设从业人员的安全意识及安全防范能力。全年共印制1500份安全宣传标语和120多张宣传画,分发至全市各在建工程施工现场进行张贴,并组织人员编印了《交通建设工程安全监督管理文件汇编》(二),分发给各施工、监理单位。组织召开了有120人参加的《嘉兴市公路水运工程危险性较大工程专项方案论证审查管理办法(试行)》和《嘉兴市公路水运工程安全生产事故隐患排查治理实施办法(试行)》两个文件的宣贯会。召开了全市上半年度公路水运建设工程安全生产例会和全市安全生产联络员会议,会议通过安全形势分析及对策、施工临时用电安全管理、安全管理台账使用等内容的讲解培训,进一步提升了与会人员的工程安全技术管理水平。并组织人员积极参与"全国安全生产应急知识竞赛"和"浙江省安全生产知识竞赛活动"。

全力以赴,做好上海世博安保工作。制定出台了《嘉兴市公路水运工程上海世博会"环沪护城河"安保工作方案》,成立了世博安保工作领导小组,督促各公路水运工程建设单位明确职责,落实世博安保安全主体责任,建立管理机构,制订工作方案和工作制度,层层签订世博安保责任书。同时,强化对在建工程项目实体和人员的安全监管,严格执行治安保卫制度,对所有参建人员做好排摸及人员信息的核实工作。加强对新开工项目、特种设备、施工现场危险物品及施工现场危险路段等特殊危险部位的安全监管,完善世博安保应急预案,提高应急处置能力,并督促指导多个在建工程开展世博安保有针对性的应急演练,确保一旦发生突发事件能及时有效处置。由于工作踏实,措施到位,监管有力,成效显著,全市公路水运工程建设安全得到有效控制,行业安全管理水平得到整体提升,安全生产形势总体平稳有序,全年未发生安全责任事故。年底,市质安站还获得了市交通系统"世博安保"先进集体的荣誉称号。

第二节 招标投标管理

交通项目建设招标投标管理

1997年以前。嘉兴交通项目招投标工作一直处于无序状态,一般企业交通项目建设,请哪家施工单位,由该企业的负责人说了算。1997年,嘉兴市交通局在嘉兴市航管职校举办了全市公路、水路工程招标投标管理工作培训班,自这以后嘉兴交通项目招投标市场开始启动并不断发展,招投标领域不断扩大,监管体系不断完善,招投标行为不断规范,招投标已经成为优化市场资源配置、推进交通建设市场体系建设的重要手段。已广泛地应用到交通项目的货物、工程和服务采购等众多领域。嘉兴交通项目招投标工作1997年至2007年由嘉兴市交通局工程科主管。直到2008年划给嘉兴市交通局建设处负责管理。

实行分级负责的领导管理体制。落实并明确市、县(市、区)两级交通项目招标投标管理权限,切实加强对县(市、区)交通项目招标投管理的指导,积极配合省厅做好省管项目招标投的监管,形成了统分结合、各施其职、各负其责的招标投监督管理体制。市交通局成立嘉兴市交通工程招标投标领导小组,负责全市交通项目招标投标工作的领导，制定完善相关的制度、规定，实施项目招标投标工作的审核、监督。根据分工管理，市、县(市、区)交通局分别负责市管、县管交通项目施工的招投标监督管理工作；市公路局、市港航局、市质监站分别负责公路养护等、航道养护等、监理等招标投标的监督管理工作。

着力构建以制度体系保障的监管模式。根据《招标投标法》有关规定，根据嘉兴市交通系统自身的行业特点，为规范招投标管理工作，相继制定了一系列招投标管理制度，主要有《关于进一步加强和完善我市公路水运工程招标投标管理工作的通知》《嘉兴市交通工程招标投标工作操作规程》《嘉兴市交通工程招标文件编制审查备案操作细则》《嘉兴市交通工程招标投标行政监督单位工作职责》《嘉兴市交通工程开标评标现场行政监督单位人员工作职责》《嘉兴市交通工程评标委员会及其成员工作职责》等。这些制度为规范招投标活动起到了积极的引导和保障作用，使得各参建单位在实施招投标工作上有法可依，有据可查。

积极推进监管机制的改革。根据适应市场要素而逐步推进监管机制改革。如推行合理低价中标，解决抢标问题；减少评标过程中的人为因素；实行资格后审，避免招标人排斥潜在投标人现象；建立完善投诉处理机制，依法依规查处招投标过程中的违法违纪行为等。同时，加强行业组织自律监督和社会监督，提高监管的效能，维护了招投标市场主体各方的合法权益。

严格执行招投标实施条件、完善招标程序。对公路、水运工程建设项目实行施工招标，必须对招标人资格要求、项目批复情况、项目建设资金到位等情况进行审核。具备施工招标条件后，招标人应当按照项目立项审批部门核准的招标范围、招标方式和招标组织形式组织招标。首先是招标人或者招标人委托的代理机构将招标事项到监管部门备案，并审查编制完成的招标文件；到招投标平台即公共资源交易中心网站发布招标公告，在规定时间内出售招标文件；按招标文件明确的开标时间，到交易中心开标；并从招标投标专家库中抽取5名以上的专家组成评标小组，进行评标、形成评标报告；在网站发布中标候选人名单公示；到监管部门决标备案；发中标通知书。

实行评标专家动态管理规定。为加强评标专家管理，积极发挥评标专家在项目招投标监督管理中的重要作用，嘉兴市交通局2005年出台了《嘉兴市交通工程评标专家库管理办法》，为了完善评标专家管理制度，进一步优化嘉兴市公路建设工程评标专家库结构，规范评标行为，提高评标质量，满足公路交通标志标线工程评标需要，保证公路交通标志标线建设工程招标投标工作的顺利实施，2007年7月，根据《浙江省公路交通标志标线管理办法》的规定，嘉兴市公路管理局(原市公路管理处)受嘉兴市交通运输局委托，开始组建嘉兴市公路交通标志标线专家库。对全市公路系统从事公路交通标志标线建设与管理工作的人员在嘉兴市南湖饭店进行业务培训，并从中选取符合职称、学历、工作、年限、专业技术等条件，并具有良好的职业道德，能够认真、公正、诚实、廉洁地履行评标专家职责的人员组建了嘉兴市公路交通标志标线评标专家库。2008年8月正式公布第一期专家库人员，共16名。每三年由市公路管理局根据需要进行复核调整。嘉兴市农村公路交通标志标线评标专家库组建于2008年8月，是全省唯一的公路交通标志标线评标专家库机构。

《嘉兴市交通工程评标专家库管理办法》明确了评标专家的资格条件、工作职责、权利义务。同时建立了嘉兴市交通工程评标专家库，共入库专家88人。并明确嘉兴市(包括各县市区)的所有公路、水运项目施工、监理招标所需的评标专家，必须从嘉兴市交通工程评标专家库中随机抽取或确定，且不得少于评标委员会总人数的三分之二。

在此基础上，2010年，提出了项目评标专家库实行动态管理、对评标专家实行评价考核制度。市交通局对2005年出台的《嘉兴市交通工程评标专家库管理办法》进行了修订，并以嘉交〔2010〕217号文下发修订文件，提出了项目评标专家库实行动态管理，对评标专家实行评价考核的管理制度。为规范全市交通项目招标评标专家的评标行为，加强评标专家队伍的管理和建设，更好地树立评标专家客观公正、廉洁自律的良好职业风范。

施工监理招投标

1999年，根据浙江省交通厅印发的《浙江省公路、水运工程施工监理招标投标管理实施细则》(试行)，嘉兴市交通工程施工监理招标投标监管工作开始正式起步，依据“细则”有关规定，嘉兴市公路、水运工程施工监理招标投标工作由嘉兴市交通局负责管理，嘉兴市交通工程质量监督站是具体办事机构，对施工监理招标投标工作进行监督和管理。2000年，浙江省交通厅根据2000年1月1日施行的《中华人民共和国招标投标法》等规定，印发了《关于进一步加强公路、水运工程施工监理招标投标管理有关事项的补充通知》，嘉兴市交通局认真贯彻施工监理招标投标制度，做好监理市场的监督管理，根据上级文件精神，将中标单位审批制度改为核准制度，并重点加强施工监理招标文件的审查及招标过程的监督。2001年，规定范围内的工程项目全部实行了公开招标。2002年，嘉兴市全面遵照浙江省交通厅印发的《浙江省公路水运工程施工监理招标投标管理实施细则》要求开展施工监理招投标监管工作。浙江省交通厅于2005年5月及2006年2月分别印发了《浙江省公路工程施工监理招标文件样本》及《浙江省水运工程施工监理招标文件样本》，对施工监理招标文件审查重点进一步明确和规范，后又分别于2008年及2010年对公路工程施工监理招标文件样本重新编制出台，嘉兴市根据样本认真做好施工监理招标文件的审查工作。2007年，为加强嘉兴市公路水运工程施工监理招投标的监督管理，规范市场行为，根据上级有关规定，结合嘉兴市实际，研究制定了《嘉兴市公路水运工程施工监理招标投标管理实施细则》，并按照“实施细则”的要求，加强监理招标工作的行政监督，严格监理招标文件的审核，确保招标文件质量。

招投标有关文件

2002年2月7日，出台《关于公路水路工程施工招标文件和资格预审试行核准制的通知》(嘉交程〔2002〕36号)。

2002年5月22日，出台《关于公路水路工程施工监理招标文件和资格预审试行核准制的通知》(嘉交程〔2002〕135号)。

2003年3月14日，出台《嘉兴市交通工程评标专家库管理办法(试行)》(嘉交建规〔2003〕48号)。

2005年3月11日，出台《嘉兴市交通工程评标专家库管理办法》(嘉交建规〔2005〕55号)。

2005年4月11日，出台《关于进一步规范嘉兴市交通工程施工、监理招标工作的通知》(嘉交建规〔2005〕79号)。

2007年6月11日，出台《嘉兴市公路水运工程施工监理招标投标管理实施细则》(嘉交建规〔2007〕155号)。

2010年12月21日，出台《嘉兴市交通工程评标专家库管理办法》(嘉交〔2010〕217号)。

2011年1月7日，出台《嘉兴市交通工程招标投标行政监督单位工作职责》《嘉兴市交通工程开标评标现场行政监督单位人员工作职责》和《嘉兴市交通工程评标委员会及其成员工作职责》(嘉交〔2010〕225号)。

2011年3月10日，出台《嘉兴市交通工程招标投标工作操作规程》《嘉兴市交通工程招标文件编制审查备案操作细则》(嘉交〔2011〕36号)。

2011年5月11日，出台《关于进一步加强和完善我市公路水运工程招标投标管理工作的通知》(嘉交〔2011〕76号)。

第五章 铁路管理

第一节 路桥管理

历史沿革

1949年5月7日，嘉兴解放，同年5月8日，华东军区杭州军事管制委员会财经部铁道处接管沪杭甬铁路杭州至嘉兴段，同月，杭州至硖石，杭州至嘉兴间分别恢复行驶旅客列车。根据解放初期对敌斗争的需要，为确保军事运输和重点桥梁的安全，铁道处报请杭州市军事管制委员会派部队驻防保护，枫径至许村站间重要桥梁、铁路重要目标均有部队驻防，以后，根据形势安定情况，护路、护桥部队陆续撤除。

从20世纪50年代起，铁路实行全国统一的铁路技术管理规程，推广郭春林养路法、新养桥法，执行桥涵养护规则，线桥大修规则和计划预防性一年一遍的维修制度，即各条线路的线、桥设备维修贯彻预防为主，预防与整治相结合的原则，推行一年维修一遍的周期性维修方法，以及对超期使用的和薄弱的设备进行有计划的大修、更新，使线路、桥梁设备质量始终保持稳定状态，各项经济技术指标均能完成和超额完成，行车速度相应得到提高。

表 9-5-1 1958年嘉兴辖境机车允许速度和机车型别及牵引定数表

<table>
<tr><th colspan="2">标准 站名
内容</th><th>七星桥</th><th>嘉兴</th><th>金利</th><th>庆云</th><th>K153</th><th>许村</th></tr>
<tr><td rowspan="3">允许速度</td><td>上行</td><td colspan="2">100</td><td colspan="2">80</td><td colspan="2">80</td></tr>
<tr><td>单线</td><td colspan="3">100</td><td colspan="3">100</td></tr>
<tr><td>下行</td><td colspan="2">100</td><td colspan="2">100</td><td colspan="2">100</td></tr>
<tr><td rowspan="4">机型及定数</td><td>旅客</td><td colspan="6">ND2</td></tr>
<tr><td>定数</td><td colspan="6">750吨</td></tr>
<tr><td>货物</td><td colspan="6">QJ（前进型）</td></tr>
<tr><td>定数</td><td colspan="6">3000吨</td></tr>
</table>

解放40年来，党和国家对铁路建设十分重视，先后颁布了各项规章制度、规范、标准，沪杭铁路也多次进行整治、改造和复线建设，使铁路设备逐步完善，路桥状况得到提高。1985年，区间允许速度，下行七星桥至许村100公里/小时，上行嘉兴市辖境内许村至 K153为80公里/小时，K153至庆云为100公里/小时至金利为80公里/小时，金利至七星桥为100公里/小时。1991年12月，实现复线全线区间拉通目标后，行车速度均可达100公里/小时。

路桥管理属工务段职责。工务段每年制定线桥维修全年、分季、分月计划，内容包括：计划维修进度、重点病害整治、各项质量指标、根据定额预养劳动力安排、材料、燃料、电力、其他等四项消耗指标，双增双节、经济效益及其运用全面质量管理实现方针、目标的具体措施等。

按照《铁路工务规划》规定，对路基、道床、轨枕、钢轨及连结另件，防爬设备、道岔、曲线道口及标志；桥梁的桥面、油漆、钢结构、圬工梁拱及墩台、隧道、涵渠的防护设施、调节河流建筑物等设备按一年维修一遍的原则，根据设备病害程度整治。

制度与安全

线、桥检查制度有10种：

①线、桥秋季设备检查。根据检查资料，作为提报次年大修计划和维修工作安排的依据。

②线、桥春季设备检查。对照上述检查，对所提及的大修、维修计划进行必要调整。

③防洪、防台、防涨、防断的季节性工作检查。提前做好季节性防台、防洪、防涨工作的准备，防台期间，掌握台风动向，并加强线路、桥梁的检查，及时处理发生问题。根

据暑、冬天气情况，检查、调整轨缝，避免拉断钢轨、鱼尾饭、螺栓等。

④钢轨探伤检查制度。采用手工和仪器探伤相结合的办法。仪器探伤每年不少于 8 遍，发现重病轨，立即更换，确保行车安全。

⑤工长检查制度。养路工长对管内正线、道岔、道日、主要站线、专用线每半月检查一遍，次要站线，专用线每月检查一次，对水害、坍方、线路下沉地段等薄弱处所经常检查。桥梁工长、道日工长分别以每月一遍的制度对投有巡守及其它桥、涵、隧和有人看守的道日进行检查。

⑥领工员检查制度。

⑦工务段领导检查制度。

⑧巡道、巡守人员和道口看守工检查工作制度。

⑨大修施工检查制度。

⑩质量检查验收制度。

包括自检制度、联合验收制度、大修、基建工程验收制度等。

行车安全制度内含各项施工防护制度、施工作业制度、专用车辆使用制度(轻型车辆、重型车辆、轨道车、轨排列列车等)、桥隧建筑物限界制度、道口栏木开闭和定位制度以及人身安全制度。

沪杭铁路是嘉兴辖境内唯一的干线铁路，解放前在战争中遭受破坏严重，1949 年行车速度仍然较低，部分线路、桥梁达要求，采用分期限制速度的方法，以确保安全。1958 年沪杭铁路七星桥至硖石间的最高速度为 120 公里/小时，平均速度低于 100 公里/小时；硖石至艮山门的最高速度为 100 公里/小时，平均度低于 80 公里/小时；艮山门至杭州间的最高速度为 80 公里/小时平均速度低于 60 公里/小时。

第二节　运输管理

运输方案

沪杭铁路嘉兴市境内，自 1950 年就开始实行计划运输。物资部门需要铁路运输货物，应在一个月前，向装车站提出次月的月要车计划，经有关部门批准后，在装车前一天向车站提出托运计划。当时正处国民经济恢复时期，私营企业尚占大的比重，铁路月度货物运输计划兑现率仅 50%左右。1951 年，货源不足，根据上海铁路局的统一部署，各货运站开展了近两年群众性招徕货源活动，并为以后的铁路货运敞开了货源。1958 年，嘉兴中心站月度货物运输计划兑现率达到 90%以上，以后随着国民经济迅速发展，沪杭铁路运输与运量的矛盾日趋突出。嘉兴辖区铁路在 1958 年以后的较长时间统属上海铁路局管理辖，沿线运输货物，以黄砂、石料、竹、木、农副产品、猪、羊牲畜等为主，货物零星、分散，大部分由车站办理装卸作业，1957 年全面推行运输方案，1958 年 1 月杭州铁路分局撤销，由上海铁路管理局统一编制运输方案，1965 年和 1978 年铁道部又两次在济南召开铁路运输方案会议，交流济南铁路局运输方案的经验。1973 年，铁道部将推行运输方案列入《铁路技术管理规程》第 129 条。1978 年，铁道部又重新修订公布了《运输方案编制与执行细则》，同年 10 月，杭州铁路分局嘉兴车务段建立，对管内 11 个客、货运站认真执行铁路运输方案，延续至今。40 年来，嘉兴车务段坚持推行运输方案，并按照铁道部的要求，做到 3 级编制，4 种方案，即货运工作方案、列车工作方案、机车工作方案、施工路料方案，建立了运输方案领导班子，配备了专业人员负责方案的编制，配备专职人员，分析考核和掌握日常工作，并不断总结和改进运输方案的实施，提高运输组织工作水平和运输效率。

车流组织

嘉兴处于沪杭铁路线的中点，由于铁路运输自从解放至今一直采取垂直领导的体制，一般以嘉兴站为界，分别由杭州铁路局和上海铁路局管辖运输调度工作。1953 年 1 月，杭州铁路分局所按运输分局管界，负责嘉兴至金华间运输调度工作，1962 年 1964 年，杭州分局负责嘉兴至新塘边之间的调度工作。1958 年至 1961 年在成立杭州铁路局期间，杭州调度曾一度改称调度科，1962 年以后仍改为杭州调度所，按分局管界，负责嘉兴站以南铁路线的调度，嘉善站至上海之间的调度管辖属上海铁路局，至今不变。

在编制和执行运输方案过程中，根据管内货源、车流的规律和特点，嘉兴车务段主要工作为集零成组，集组成列，组织段内几个站拼开的阶梯直达列车。对装车所需车辆，采用定线定量送空，装好后定线挂重，挂足吨位，到编组站力争不解轴快速中转。1980 年起，沪杭线组织以各站整装零担、百杂货、鲜活货物为主，几个站拼开，在艮山门站集结开行到达福建来舟以远，到达北方济南以远快运直达列车，加速了货物运送时间，增加了铁路快运货物的运费收人。

由杭州铁路分局全面组织自管内货源，开行嘉兴至新塘边以及至萧甬线、金岭支线的直达、整列短途货车或者组织管内多次作业。杭州分局自管丙货源占25%~40%，根据每月货流大小，照先直达、后整列短、先远后近以及尽要能组织一日之内、一辆货车进行多次装卸的原则，全面按排好辖区内运输方案。1980年以来，通过嘉兴市境内的沪杭铁路通过能力全面紧张，北方至浙东地区的煤炭，由海运分流至镇海县，再从镇海装车经萧甬线运往宁波、绍兴、余姚等站，在缓解运力与运量的矛盾方面起到了作用。

随着改革的进一步深化和开放的进一步扩大，嘉兴市国民经济的发展和人民生活水平的提高日益显著起来，与公路、航运事业一样，铁路客货运量近年来持续大幅度增加，运量与运能的矛盾明显突出，在车流组织上，调度人员本着稳超吨位，多拉快跑，安全正点的原则，挖掘运输潜力，采取组织货物列车超轴等措施，不断提高铁路运输效率，每年超额完成货物发送任务，取得了较好的经济效益和社会效益。

1978年以来，沪杭铁路车流增长幅度较大。杭州铁路分局1985年与1965年相比，运用货车保有量增加189%，卸车增加2.13倍，工作量增加95%，使用车增长1.4倍。其中嘉兴分界口接人重车增加90%，交出重车增加52%. 1965年，嘉兴无空车交接，1985年由于卸车大量增加，卸车大于装车，嘉兴口排空日均达166辆，接入空车4辆，主要是油槽、保温车等特种货车。

表9-5-2　嘉兴交、接货物列车情况表

项目＼年份	1965	1978	1979	1985	1986	1987
嘉兴接入货物列车(日列)	15	20.5	21.3	23.3	23.5	23.7
嘉兴口接人总车数(日车)	543	958	1012	1086	1097	1130
嘉兴口其中:重车	543	927	984	1062	1091	1125
空车	0	31	28	4	6	5
嘉兴交出货物列车数	15	20.9	21.8	23.1	23.3	24.0
嘉兴口交出总车数(日车)	577	1016	1067	1045	1104	1130
其中:重车	577	852	885	879	883	911
空车	0	164	182	166	221	219

第三节　安全管理

安全规章制度

铁路安全主要包括五个方面：行车安全；人身安全(包括铁路职工、旅客、路外行人在铁路线上的人身安全；货物运输安全；行李、包裹运输安全和技术设备安全。

中华人民共和国成立以后，铁道部规定各业务部门应负责本部门的安全工作，做到抓生产业务，必须同时抓安全生产。铁路部颁发的《铁路技术管理规程》是全国铁路技术管理的基本法规，是铁路企业各部门共同遵守的准则。解放以来，《铁路技术管理规程》已进行十次修改。铁道部还规定了机车、车辆、线路、桥隧、信号、通信等技术设备使用、检修、维护保养的规程、规则细则和办法等。

铁道部公布的《铁路行车事故处理规则》，具体规定了行车事故的范围、种类、通报和处理办法，铁路行车事故按损坏后果的程度分为重大、大、险性、一般事故四大类和列车冲突、脱轨等48种；有些事故虽未造成损害后果，但性质恶劣、严重的，也要按行车事故处理。1979年2月铁道部发布《关于确保行车安全的命令》，规定发生重大、大事故，铁路局要立即报告铁道部，铁路局长或副局长要亲自调查处理，坚持“三不放过”；险性事故由分局长或副分局长亲自调查处理；一般事故由站长、段长亲自调查处理，隐瞒事故的，必须追究责任，给予纪律处分。铁路上的规章制度实行统一指挥，分级管理。各铁路线技术设备、作业环境、条件不同、铁路局可根据《铁路技术管理规程》的精神，制订相应的规定。上海铁路局公布的《行车组织规定》为行车工作上的补充规定。杭州铁路分局1982年8月公布《安全工作三十条》，1983年重新公布《接发列车基本制度作业过程用语》《中间站调车细则》《道口看守员工作手册》，1986 公布了《事故救援管理细则》等文件。各车站结合各自设备条件、作业组织等实际情况编制《车站行车工作细则》，还在总结经验教训的基础上，建立了以岗位责任制度为中心、作业标准化为内容的各项工作制度和作业要求。

安全管理

(1)贯彻预防为主的方针，把事故消灭在发生之前。车务段、各车站开展群众性的预防活动：上班前、作业前、出乘前、施工前，按照天气、路段、人员、货物、车辆不同的具体情况，预想到可能发生的不安全因素，事先采取预防措施。日常工作中，从大处着眼，小处着手，抓早抓小，防患于未然。根据铁路运输生产规律，有预见性地做好季节的安全工作，对于防暑、防寒、防洪、防热带风暴等工作做到早计划、早准备，务使思想、组织、设备(备品)三落实，做好平时和防拱、防热带风暴中的铁路线路、设备列车运行的安全。

(2)运用科学方法，对运输全过程进行管理和控制，加强安全生产的领导。嘉兴车务段从 1978 年 10 月成立以来，由段、站长全面抓，分管段长、站长分工抓，工程师归口抓，各业务科室具体抓，认真进行全面质量管理教育，增强质量意识，把思想转变到质量第一、安全第一的轨道上来，加强质量管理的容项基础工作，深人开展岗位责任制和标准化活动。健全安全台账、原始记录，坚持用数据分析，运用计划、执行、检查、总结四个阶段循环的科学方法，解决安全生产中的问题。

(3)落实安全责任制，加强人身安全管理。按照杭州铁路分局目标管理所进行每年编制的安全展开图，从 1985 年起下达的安全目标、计划和措施落实到基层，采取抓重点、抓关键的办法，搞好看报管理，落实安全责任制，从车务段到车站都有一名领导干部抓安全工作，把职工人身安全摆到议事日程，并进行具体部署和检查。各单位按规定配备专人负责劳动保护工作，人员较少单位也有兼职安全员。嘉兴车务段建立起安全奖罚制度，对安全好的单位给予奖励，发生事故要罚款扣奖，使安全与效益挂起钩来。

加强安全教育是推行安全系统工程的一个重要方面，进行思想教育，首先要牢固树立安全第一思想，抓安全，首先要抓好思想，正确处理好安全与生产、安全与效率、安全与节约的关系。通过强化宣传教育，增强职工自我保护意识，提高安全自控能力，把安全生产变为群众的自觉行动。嘉兴车务段在 1980 年—1990 年 10 年中没有发生行车和人身事故，安全工作取得了好成绩。

图 9-5-1　铁路嘉兴站

1991 年—2010 年安全生产

市境内铁路安全生产方面重点突出旅客乘降安全、专用线安全控制，货运突出装载加固、危险货物运输安全重点，运输生产方面突出客票销售、客货源组织、堵漏保收等重点工作。20 年内嘉兴境内无重大事故发生。

20 世纪 90 年代初，安全生产主要以安全教育、开展百日安全生产目标、激励先进为主，抓安全管理机制，完善制度，责任到人，实行现场管理，1993 年嘉兴车务段实现了行车安全 3 个百日，创建了建段史上 1399 天的安全记录，劳动安全实现了第四个安全年，连续安全 1565 天，王店、斜桥、庆云、双山镇，安全行车 5000 天以上，马王塘、长安，嘉兴、周王庙、许村安全行车 2000 天以上，装卸作业所实现劳动安全连续 2108 天。

1998 年，嘉兴车务段坚持“安全第一，预防为主”的方针，坚持“客车为重，基础取胜”的原则，“抓小防大，从严管理”的方法，克服气候、施工、故障、调图(运行图)、提速、运行秩序变化等遇到的困难，通过系统的技术业务培训，修订《车站管理细则》和一体化作业标准，推行自控型班组试点和对班组长、车间主任、站长进行培训，以及调图提速安全措施的强化落实，深化基础建设，加强季节性安全防范、七大安全关键的控制和现场作业的跟踪把关，使安全生产持续稳定。到年底，嘉兴车务段实现安全行车 1583 天，消灭一般及其以上行车事故，创历史新记录；劳动安全 1130 天，消灭职工轻伤及以上事故，被铁道部评为“全路先进优质站段”。

2001 年，嘉兴车务段贯彻全路安全工作会议精神，深入开展安全大检查和安全生产专项整治活动，先后自查整改问题 37 个，消除安全隐患。以铁道部《行车组织规则》实施为契机，及时完成《车站行车工作细则》的修改，开展规范岗位作业标准活动，抓好道口、调车、非正常接发列车等关键作业安全，圆满完成42组提速道岔、7处曲线改造，做好王店6502型大站电气集中设备改造等施工安全，确保上海铁路局《2001年列车运行图》大调图成功。

2004年4月18日，全国铁路第五次大提速，市境内列车速度从140公里/小时提高到160公里/小时，嘉兴车务段围绕全国铁路第五次大提速，深入开展安全大检查，落实安全生产逐级负责制，深化沪杭提速安全标准线建设，制定下发《车务段班组建设实施细则》；贯彻ISO9000企业质量管理标准，以客车安全为重点，加强施工、接发、调车、货装等安全关键控制，落实安全防范措施，被评为"铁道部安全优质站段"。

2005年，嘉兴车务段针对路局直管站段体制改革和生产力布局调整积极稳妥地做好两段合并后人员、资产的衔接工作，重新修订《嘉兴车务段奖励分配考核办法》《嘉兴车务段站长(副)月度定量工作考核标准及考核办法》《嘉兴车务段班组建设实施细则》等31项管理制度。修订公布《行车事故救援工作实施细则》《安全生产管理考核办法》《安全管理逐级负责制》等34个管理方面的规章制度，深入开展安全专项整治和安全大检查活动，被名命为"路局安全优质车务段"。

2006年，嘉兴车务段坚持"安全第一"的方针，全力推进沪杭铁路电气化改造工程嘉兴段建设，有计划施工项目447项，干部下站把关259人次，确保9月15日沪杭电气化的全线开通。积极准备全国铁路第六次大提速，做好开行时速200公里及以上动车组试验列车工作。继续保持路局"文明单位"荣誉称号。

2007年4月18日铁路第六次大提速，嘉兴站货运整体移至嘉兴东站，海宁、嘉兴站高站台改造，动车组按时停靠办客。车务段公布实施《车务段班组"双达标"考核办法》和《车务段班组建设工作会议制度》等管理制度，使各项管理工作衔接到位。进一步强化应急管理工作，编制修订《嘉兴车务段应急管理组织结构图》《嘉兴车务段突发公共事件总体应急预案》等各类预案19项。年内，嘉兴车务段继续保持浙江省和上海铁路局"文明单位"荣誉称号。

2010年围绕沪杭客运专线开通，车务段下发了《嘉兴车务段沪杭城际高铁车站客运基础管理制度汇编(暂行)》，建立高铁车站《旅客运输安全专业管理制度》等制度23项，制定应急预案16个，制定各类客运管理办法及制度17个。

第十篇 交通行政管理机构

第一章 交通行政管理机构

嘉兴市交通管理机构分行政管理机构和事业管理机构。行政管理机构属市人民政府的职能部门，代表政府行使行政管理职能。事业管理机构或受国家法律授权、或受政府职能部门委托行使政府行政管理职能，在管理体制上，实行双重领导，行政、人事及贯彻党和政府政策法令上以地方政府领导为主；业务及业务政策法规上以系统行业指导为主，并由当地政府予以配合协调。

第一节 机构沿革

嘉兴自唐代始，就产生交通管理机构的雏形。唐在全国各水陆交通要道上广设馆驿，每30里设驿站，驿站传隶属驾部郎，诸道观察使各设馆驿使，而各驿则有驿吏。其时，嘉兴和各县设置的驿馆，因管理范围囿于招待过往官吏、传递公文、宿会公车，故属原始交通管理的雏形。南宋淳祐六年(1246年)澉浦置市舶官，十年(1250年)置市舶场。元朝政府又在澉浦置市舶提举司(简称市舶司)，市舶司的职责主要管理海舶和对舶货进行抽解、分运，办理签发进出口许可证，查验出海贸易货物和维持贸易兴败秩序等，为古代最早的水上交通管理机构。宋代在嘉兴瓶山以南处，置漕运司，后御千户所。明创东门外有河泊所。清道光、咸丰间由总税务司并理进出口的航务，并未另设专门机关，光绪三十二年(1906年)，厘定官制，始设邮传部，管理轮船、铁道、电政，下设船政司，为专门管理水上交通的机关。民国初年，嘉兴仍然未设交通管理机构。民国8年(1919年)前后，各县始设实业所，民国14年(1925年)改为实业局，兼理交通。民国24年(1935年)，各县府相继裁局改科，撤销实业局，设立建设科。抗战时，机构瘫痪。抗战胜利后，民国县政府设置的建设科，仍兼管交通建设，维持至解放前夕。

中华人民共和国成立以后，从1949年10月至1950年6月，嘉兴地区的交通行政管理，归属地区行署实业科。1950年5月至1952年12月归属行署建设科。1953年1月至1954年7月归属行署财政经济办公室，但无专门职能部门，在此期间，嘉兴、嘉善、平湖、海宁、海盐、桐乡、崇德各县分别成立交通科。1954年8月，建立嘉兴地区行署交通运输管理局，为嘉兴地区有史以来的第一个交通行政管理的专门机构。1958年，为了协调铁、公、水运输，成立嘉兴市交通运输指挥部。1983年，撤地建市，实行市管县的体制后，成立嘉兴市交通局，延续至今。

第二节 行政管理机构

嘉兴市交通运输局

沿革情况

嘉兴市交通局是市人民政府主管交通行业的职能部门。

1954年8月，原嘉兴地区行署创设交通运输管理局，办公地址在嘉兴市原芝桥街，局长郑玉勤，副局长李坤、丁子寿。1958年1月开始设科，分计划运输、秘书、基建监督、民间运输管理4个科室。1958年5月，原省属的航运、公路企事业单位改为地属单位后，同年12月，交通运输管理局随行署从嘉兴搬迁至湖州办公，局址在闻波斗，当时科、室作了相应调整，改设运输、工程、秘书、计划财务4个科，局长李坤，副局长丁子寿、常克义、鲁克成、孙宝铭。从1959年开始，由行署副专员任潘芳兼任局长，副局长孙宝铭负责主持日常工作。1960年，由高师方兼局长。1961年5月，嘉兴地区交通运输管理局撤销，交通管理工作划归行署工交办公室，具体分工由副主任孙宝铭负责。当时行署一级改为行政督察性质，航运、公路企事业单位改为省属。1966年"文化大革命"开始，机关日常工作遭到冲击、破坏。1967年2月，嘉兴地区行署机关实行军管，成立军分区生产办公室工交科，由军分区作训科科长刘德中负责。1968年9月，嘉兴地区革委会生产指挥组成立，由副组长(军代表)张锁凤负责工交工作。1970年4月，嘉兴地区革委会生产指挥组建工业局，局长郑立恒，由革命领导小组成员、军代表倪来观具体负责交通工作。次年，根据中央和浙江省革委会关于交通体制下放和开展联合运输等指示，对原来隶属于省交通厅的湖州和嘉兴航运公司、湖州汽车运输公司、嘉兴地区公路总段、航运管理处、车监所等企事业单位都移交给嘉兴地区领导。1971年7月，嘉兴地区交通邮政局正式成立，隶属于嘉兴地区革委会生产指挥组，办公地点，先利用湖州朝阳路原公路总段的办公楼。交邮局革命领导小组，组长;赵干，副组长：荣振芝、王示之(分管邮政)，成员：陈洪生、倪来观、彭绍文(军代表)。1973年下半年，嘉兴地区革委会确定交通、邮政分设，同年10月1日，将地区革委会生产指挥组交邮局撤销，分别建立嘉兴地区革委会交通局和邮政局。地区革委会交通局革命领导小组，组长：孙宝铭，副组长：荣振芝、顾明豪，成员：陈洪生。1978年，嘉兴地区革委会撤销，恢复嘉兴地区行署后，更名为嘉兴地区交通局，领导嘉兴地区的交通建设、运输生产、运输市场和监督执行交通安全法规等，直至1983年9月撤地建市为止。嘉兴地区交通局局长：洪克刚，副局长：荣振芝、叶光明。

1983年，浙江省省委、省政府决定：撤销"嘉兴地区行政公署"，组建成两个省辖市(简称"撤地建市")，即嘉兴市和湖州市。经嘉兴市筹建领导小组决定，从嘉兴地区行政公署机关抽调金耀阶同志负责筹建嘉兴市交通局。行政人员从嘉兴地区交通局机关抽调房爱民、黄振亚、吴克义等七位同志于1983年10月下旬到1983年11月底，随同"嘉兴市筹建领导小组"到嘉兴县城开展工作。

1983年11月25日，任命来益人为嘉兴市交通副局长，正式组建嘉兴市交通局。

1983年，嘉兴改省辖市后，嘉兴市交通局于同年9月20日成立，局地址临时选在火车站公园路口的市郊区交通局办公楼内办公，1984年6月迁往秀州路项家漾1号，1988年10月又迁址新落成的中山西路225号交通大楼内至今，后因嘉兴市城市扩建，交通大楼地址中山西路225号改为嘉兴市中山东路1005号。

图 10-1-1　交通大楼

1983年，嘉兴市实行市管县的体制时，加强了对所辖嘉善、平湖、海宁、海盐、桐乡等5县和城区、郊区交通部门的行政领导。

1984年，交通部提出，各级交通部门要实行两个转变(把工作重点从主要抓企业、抓生产业务，转变到抓全行业、抓行政管理方面来)、政企分开和加强行业管理的改革任务，与这种改革相适应的市交通局机构，设置为6科1室，即秘书科、运输管理科、工程科、计划财务科、工业科、劳动人事科和党委办公室。1988年8月，为适应进一步深化改革、扩大开放的需要，局机构作了相应的调整，设2处5科1室，即交通工程管理处、交通运输管理处、秘书科、综合管理科、计划财务科、安全教育科、劳动人事科和党委办公室。列编行政人员22名，事业人员20名。1990年7月，为加强安全管理，充分发挥交通职能部门的作用，经嘉兴市编委批准，撤销秘书科、综合管理科、交通工程管理处和交通运输管理处，建立办公室、政治处、人事劳动工资科、计划财务科、企业管理科、运输管理科、交通工程建设管理处。行政编制调整为27名(其中交通战备办公室2名)。在册人数44名。

职责(此职责适用于20世纪80年代及90年代)

嘉兴市交通局是嘉兴市人民政府管理交通的职能部门，其主要工作职责是：

(1)贯彻执行党和国家的路线、方针、政策和各级政府关于交通工作的社会法规，深入实际、调查研究，总结推广先进经验，并制定具体地方性交通法规。

(2)负责全市交通建设、运输生产、路航养护和交通安全工作。

(3)抓好交通企业和附属工业的生产经营管理，挖掘内部潜力，提高经济效益。对直属企业进行生产、技术、计划、财务、安全、物资、设备和人事劳动工资管理。

(4)抓好全行业管理，对公路、水路技术人员组织技术业务和科技培训，提高技术素质和业务水平。

(5)制订公路和航运交通发展规划和战略设想，发挥交通在国民经济发展中的先行官作用。

(6)加强思想政治工作，不断提高干部、职工的思想政治觉悟，坚持四项基本原则，坚持改革、开放；围绕经济建设这个中心，做好其他有关交通工作。

领导更迭

党委成员

1984年7月，中国共产党嘉兴市交通局委员会成立后，有中共嘉兴市委、市委组织部分别委任党委领导和党委委员。至1990年年底，党委领导人更迭6人。

表10-1-1　1984年7月至1990年12月31日嘉兴市交通局党委成员一览表

机构名称	职　务	姓　名	任　期	备　注
中共嘉兴市交通局委员会	副书记	来益人	1984.09.27—1990.12.31	
	副书记	茆水山	1990.03.14—1990.12.31	
	委　员	房爱民	1984.09.27—1990.12.31	
	委　员	陆高发	1984.09.27—1990.12.31	
	委　员	孙皎兴	1987.05.16—1990.12.31	
	委　员	倪慈云	1989.09.19—1990.07.03	

行政领导人员

1983年9月，嘉兴市交通局建立以后，行政领导人员更迭7人。

表10-1-2　1983年11月至1990年12月31日嘉兴市交通局行政领导成员一览表

机构名称	职　务	姓　名	任　期	备　注
嘉兴市交通局	副局长	来益人	1983.11.23—1988.12.16	主持交通局全面工作
	副局长	房爱民	1984.04.19—1990.03.26	
	副局长	黄振亚	1985.08.26—1990.12.31	1984.12.05—1985.08.25为交通工程科科长
	局　长	来益人	1988.12.17—1990.12.31	
	正局级巡视员	房爱民	1990.03.26—1990.12.31	
	正局级巡视员	倪慈云	1989.09.06—1990.07.13	

表 10-1-3　1990 年嘉兴市交通局各科、室负责人一览表

（1990 年 12 月）

科、室名称	职　务	姓　名	任　期	备　注
监察室	主　任	茆水山	1990.08.02—1990.12.31	兼　职
办公室	主　任	陆高发	1990.10.09—1990.12.31	1986.10.09—1990.10.08 为秘书科科长
	副主任	钱永祥	1990.10.09—1990.12.31	
运输管理科	科　长	李全荣	1990.10.09—1990.12.31	1988.07.16—1990.10.08 任综合管理科科长
交通工程建设管理处	主　任	孙皎兴	1990.10.09—1990.12.31	1988.12.28—1990.10.08 为交通工程管理处主任
	副主任	冯祖均	1990.10.09—1990.12.31	1988.07.16—1990.10.08 为交通工程管理处副主任
人事劳动工资科	副科长	黄光洪	1990.10.09—1990.12	1985.12.19—1990.10.08 为党委办公室副主任
计划财务科	科　长	虞启嘉	1990.10.09—1990.12.31	1985.12.13—1990.10.80 为计划财务科副科长
	正科级调研员	吴大网	1990.07.23—1990.12.31	1988.07.16—1990.07.22 为综合管理科科长

嘉兴撤地建市（1983 年）后嘉兴市交通局重要人事变动情况

1983 年 9 月，嘉兴市人大决定：来益人任嘉兴市交通局副局长。

1984 年 9 月 27 日，中共嘉兴市委决定：来益人任嘉兴市交通局党委副书记、委员职务。

1988 年 12 月，嘉兴市人大决定：来益人任嘉兴市交通局局长。

1991 年 7 月，中共嘉兴市委决定：来益人任嘉兴市交通局党委书记、委员职务。

1992 年 9 月，嘉兴市人大决定：免去来益人的嘉兴市交通局局长职务。

1992 年 10 月，嘉兴市人大决定：孙皎兴任嘉兴市交通局局长。

1995 年 7 月，中共嘉兴市委决定：免去来益人的嘉兴市交通局党委书记、委员职务。

1995 年 7 月，中共嘉兴市委决定：孙皎兴任嘉兴市交通局党委书记、委员职务。

1997 年 12 月，中共嘉兴市委决定：免去孙皎兴的嘉兴市交通局党委书记、委员职务。

1997 年 12 月，嘉兴市人大决定：免去孙皎兴嘉兴市交通局局长职务。

1998 年 6 月，中共嘉兴市委决定：费金海任嘉兴市交通局党委书记、委员职务。

1998 年 6 月，嘉兴市人大决定：费金海任嘉兴市交通局局长。

2003 年 1 月 10 日，中共嘉兴市委决定：浦加渔任嘉兴市交通局党委委员、书记；免去费金海的嘉兴市交通局党委书记、委员职务。

2003 年 1 月，嘉兴市人大决定：免去费金海嘉兴市交通局局长职务。

2003 年 6 月，嘉兴市人大决定：浦加渔任嘉兴市交通局局长。

2006 年 9 月，嘉兴市人大决定：免去浦加渔任嘉兴市交通局局长职务。

2006 年 9 月 15 日，中共嘉兴市委决定：免去浦加渔的嘉兴市交通局党委书记、委员，市高速公路建设指挥部党委书记、委员职务。

2006 年 11 月 21 日，中共嘉兴市委决定：孙建华任嘉兴市交通局党委委员、书记。

2006年12月，嘉兴市人大决定：孙建华任嘉兴市交通局局长。

2010年4月28日，中共嘉兴市委决定：张文华任嘉兴市交通局党委委员、书记；免去孙建华嘉兴市交通局党委书记、委员职务。

2010年5月，嘉兴市人大决定：张文华任嘉兴市交通局局长。2010年5月，嘉兴市人大决定：免去孙建华任嘉兴市交通局局长职务。

2010年，经嘉兴市编委批准，嘉兴市交通局局机关建立办公室、政治处、人事教育处、计划财务处、运输安全处、政策法规处、建设规划处、派驻纪检监察室、市交通工会联合会、市交通战备办公室。行政编制调整为27名。在册人数27名。

2010年，嘉兴市交通运输局直属单位有6个：嘉兴市公路管理处、嘉兴市港航管理局、嘉兴市公路运输管理稽征处、嘉兴市交通工程质量安全监督站、嘉兴市交通工程建设管理处、S07省道嘉兴征费管理所。

表10-1-4　2010年嘉兴市交通运输局党委领导一览表

姓　名	职　务	任职时间
孙建华	党委书记	2010.01—2010.04.28
张文华	党委书记	2010.04.28—2010.12
洪国良	党委副书记	2010.01—2010.12
洪国良	纪检组组长	2010.01—2010.12
孙建华	党委委员	2010.01—2010.04.28
张文华	党委委员	2010.04.28—2010.12
洪国良	党委委员	2010.01—2010.12
王　强	党委委员	2010.01—2010.12
张伟林	党委委员	2010.01—2010.12
顾国强	党委委员	2010.01—2010.12
朱建华	党委委员	2010.01—2010.12
陈连根	党委委员	2010.01—2010.12
洪国平	党委委员	2010.01—2010.12
季永青	党委委员	2010.05—2010.12
陈永林	党委委员	2010.12

表10-1-5　2010年嘉兴市交通运输局行政领导班子一览表

姓　名	职　务	任职时间
孙建华	局　长	2010.01—2010.04.28
张文华	局　长	2010.04.28—2010.12
王　强	副局长	2010.01—2010.12
张伟林	副局长	2010.01—2010.12
顾国强	副局长	2010.01—2010.12
季永青	副局长	2010.05—2010.12
严凤祥	总工程师	2010.01—2010.12

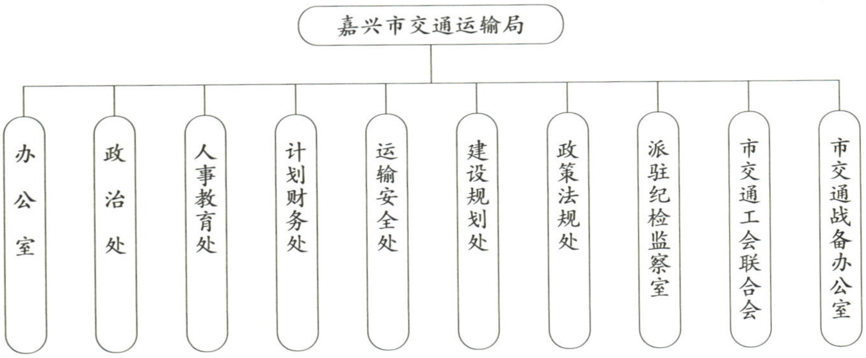

图 10-1-2 嘉兴市交通运输局内设机构图

单位成立之日至2010年期间历次(届)党、政领导班子组成情况

表 10-1-6 1983—2010年嘉兴市交通局历任领导一览表(党委)

姓名	职务	任职时间
来益人	党委副书记	1984.09—1991.07
房爱民	党委委员	1984.09—1990.12
陆高发	党委委员	1984.09—1991.07
孙皎兴	党委委员	1987.03—1991.10
茆水山	党委副书记兼纪检组长	1990.03—1998.09
来益人	党委书记	1991.07—1995.07
刘建甫	党委委员	1994.01—2003.08
孙皎兴	党委书记	1995.07—1997.12
曾杭初	党委委员	1996.01—1996.12
费金海	党委书记	1998.06—2003.01
洪国良	党委副书记	1998.09—2010.12
杨志超	党委副书记	1999.09—2001.12
洪国良	纪委书记	2000.06—2008.02
陈月华	党委委员	2000.10—2004.07
方文理	党委委员	2003.10—2005.08
施国良	党委委员	2003.10—2007.11
浦加渔	党委书记	2003.01—2006.09
陈连根	党委委员	2005.08—2010.12
浦加渔	免党委书记	2006.09.15
孙建华	党委书记	2006.11—2010.05
洪国良	纪检组组长	2008.02.29—2010.12
张文华	党委书记	2010.05—2010.12
孙建华	免党委书记	2010.05
季永青	党委委员	2010.05—2010.12
陈永林	党委委员	2010.12

表 10-1-7 1983—2010 年嘉兴市交通局历任领导一览表(行政)

姓　名	职　务	任职时间
来益人	副局长	1983.09—1988.11
房爱民	副局长	1984.04—1990.03
黄振亚	副局长	1985.08—1995.07
来益人	局　长	1988.12—1992.09
倪慈云	副局长	1989.09—1990.08
房爱民	正局级巡视员	1990.03—1992.01
茆水山	驻市交通局监察室主任	1990.08—1998.09
孙皎兴	副局长	1991.11—1992.10
宋建中	局长助理	1992.08—1994.06
孙皎兴	局　长	1992.10—1997.12
周培堃	副局长	1992.11—2003.07
刘建甫	副局长	1994.01—2003.08
徐忠汉	副局长	1994.07—2001.08
来益人	正局级巡视员	1995.07—1997.01
黄振亚	副局级巡视员	1995.07—1997.12
曾杭初	局长助理	1996.01—1996.12
费金海	局　长	1998.06—2003.01
杨志超	副局长	1999.09—2001.12
茆水山	助理调研员	2000.04—2001.11
陈月华	副局长	2000.11—2004.07
王　强	副局长	2001.07—2010.12
茆水山	正处级干部	2001.11—2001.12
浦加渔	局　长	2003.06—2006.09
方文理	副局长	2004.04—2005.08
施国良	副局长	2004.04—2004.12
张伟林	副局长	2005.11—2010.12
王　强	正处级	2006.09—2010.12
浦加渔	免去局长	2006.09
孙建华	局　长	2006.12—2010.05
刘建甫	免副局长	2008.04.01
顾国强	副局长	2008.04—2010.12
严凤祥	总工程师	2008.04.30—2010.12
刘保生	副调研员	2009.05—2010.12
张文华	局　长	2010.05—2010.12
孙建华	免去局长	2010.05
季永青	副局长	2010.05—2010.12

表 10-1-8 1983—2013 年嘉兴市交通局中层领导职务任免一览表

姓　名	职　务	任职时间	批准单位
陆高发	秘书科副科长	1984.06—1986.12	市经委
郑锦华	运管科科长	1984.12—1990.10	市经委嘉经党(1984)29 号
吴大网	运管科副科长	1985.12—1990.07	市经委嘉经干(1985)338 号
冯祖均	工程科副科长	1985.12—1988.07	市经委嘉经干(1985)338 号
虞启嘉	财务科副科长	1985.12—1990.10	市经委嘉经干(1985)338 号
黄光洪	党办副主任	1985.12—1990.10	市经委嘉经干(1985)51 号
李全荣	人劳科科长	1986.12—1988.07	市经委嘉经干(1986)416 号
陆高发	秘书科科长	1986.12—1990.10	市经委嘉经干(1986)416 号
李全荣	综合科科长兼交通管理处主任	1988.07—1990.10	市经委嘉经干(1986)229 号
冯祖均	交通工程管理处副主任	1988.07—1990.10	市经委嘉经干(1986)229 号
孙皎兴	交通工程管理处主任	1988.07—1990.12	市经委嘉经干(1986)229 号
吴大网	正科级调研员	1990.07—1993.06	嘉交人(1990)242 号
虞启嘉	财务科科长	1990.10—1993.07	嘉交人(1990)360 号
钱永祥	办公室副主任	1990.10—2002.02	嘉交人(1990)360 号
陆高发	办公室主任	1990.10—1991.01	嘉交人(1990)360 号
李全荣	运管科科长	1990.10—1992.03	嘉交人(1990)360 号
黄光洪	人劳科副科长	1990.10—1991.11	嘉交人(1990)360 号
孙皎兴	交通工程建设管理处主任	1990.10—1991.11	嘉交人(1990)360 号
冯祖均	交通工程建设管理处副主任	1990.10—1991.11	嘉交人(1990)360 号
陆高发	党办主任	1991.01—1995.05	嘉交人(1991)48 号
周正亮	办公室主任	1991.07—1998.03	嘉交人(1991)282 号
金佳鹤	企管科副科长	1991.07—1992.03	嘉交人(1991)282 号
黄光洪	人劳科科长	1991.11—1993.06	嘉交人(1991)406 号
刘保生	人劳科副科长	1991.11—1995.05	嘉交人(1991)406 号
周梅轩	综合科副科长	1991.11—1998.03	嘉交人(1991)406 号
金佳鹤	企管科科长	1992.03—1994.10	嘉交人(1992)102 号
史建国	运管科副科长	1992.03—1999.07	嘉交人(1992)102 号
姚敬文	交战办副主任	1992.03—1994.07	嘉交人(1992)102 号
薛永良	专职纪检委员(副科级)	1992.06—1996.06	嘉交党(1992)30 号
金佳鹤	运管科科长(兼)	1994.11—2002.02	嘉交人(1992)411 号
顾益民	计财科副科长	1993.01—1995.05	嘉交人(1993)15 号
黄光洪	联合工会副主席(正科级)	1993.06—1998.11	嘉交人(1993)180 号
陆金根	计财科科长	1993.07—1995.03	嘉交人(1993)192 号
秦大同	党办副主任	1994.07—1995.05	嘉交党(1994)26 号
秦大同	政治处副主任	1994.08—1995.05	嘉交人(1994)205 号
夏则行	企管科科长	1994.11—1998.03	嘉交人(1994)270 号
顾益民	交通工程科副科长	1995.05—1998.03	嘉交人(1995)109 号
秦大同	党办主任	1995.05—2002.02	嘉交党(1995)19 号
秦大同	政治处主任	1995.05—2002.02	嘉交人(1995)112 号
刘保生	人劳科科长	1995.05—2002.02	嘉交人(1995)112 号

（续表 10-1-8）

姓　名	职　务	任职时间	批准单位
吴　红	计财科副科长	1995.05—1998.03	嘉交人(1995)112 号
周梅轩	体法处处长	1998.03—2006.07	嘉交人(1998)63 号
吴　红	计财处处长	1998.03—2003.06	嘉交人(1998)63 号
张志胜	办公室副主任	1998.03—1999.09	嘉交人(1998)63 号
寿楚林	联合工会副主席	1998.11—2002.02	嘉总工干字(1998)57 号
龚廉溟	交通工程处副处长	1999.05—2001.04	嘉交人(1999)155 号
史建国	体法处副处长	1999.07—2002.02	嘉交人(1999)186 号
陈月华	交通工程处处长	1999.07—2002.01	嘉交人(1999)193 号
张志胜	办公室主任	1999.09—2006.07	嘉交人(1999)283 号
宣骆金	运安处副处长	2000.01—2000.07	嘉交人(2000)5 号
万　丽	团委书记	2000.07—2006.07	团嘉复(2000)18 号
张冬泉	运安处副处长	2000.09—2002.02	嘉交人(2000)315 号
刘保生	人事劳资处长	2002.02—2009.11	嘉交人(2002)31 号
龚廉溟	建规处处长	2002.02—2004.07	嘉交人(2002)31 号
史建国	运安处处长	2002.02—2005.07	嘉交人(2002)1 号
张冬泉	政治处主任党办主任	2002.02—2009.11	嘉交人(2002)31 号
何晓东	科教处处长	2002.02—2002.07	嘉交人(2002)31 号
钱宪明	建规处副处长	2002.02—2004.07	嘉交人(2002)31 号
寿楚林	办公室副主任	2002.02—2002.07	嘉交人(2002)31 号
林浙军	监察室副主任	2002.03—2004.06	嘉监人字(2002)4 号
王国华	联合工会副主席	2002.03—2004.07	嘉总工干(2002)8 号
寿楚林	科教处副处长	2002.08—2004.07	嘉交人(2002)211 号
王剑平	交战办副主任(正科级)	2002.12—2009.11	嘉交人(2002)306 号
秦云镇	计财处副处长	2003.06—2007.07	嘉交人(2003)144 号
张冬泉	纪检组副组长	2003.06—2013.11	市纪检委、嘉纪干(2003)3 号
姜一飞	政法处副处长	2004.03—2009.11	嘉交人(2004)36 号
林浙军	监察室主任	2004.06—2009.12	嘉监人字(2004)6 号
钱宪明	建设规划处处长	2004.07—2009.11	嘉交人(2004)154 号
寿楚林	科教处处长	2004.07—2006.07	嘉交人(2004)154 号
王国华	联合工会副主席	2004.07—2007.09	嘉交人(2004)154 号
叶永平	运安处副处长	2004.09—2006.07	嘉交人(2004)208 号
陈建明	办公室副主任	2004.09—2006.07	嘉交人(2004)215 号
陈　虹	联合工会副主席	2005.12—2009.04	嘉总工干(2005)42 号
寿楚林	办公室主任	2006.07—2009.11	嘉交人(2006)161 号
陈建明	科教处副处长	2006.07—2007.07	嘉交人(2006)161 号
张丽春	办公室副主任	2006.07—2009.11	嘉交人(2006)161 号
朱永领	团委书记	2006.09— 2007.11	团嘉复(2006)54 号
许志达	建规处副处长	2006.11—2009.11	嘉交人(2006)255 号
帅朝晖	运安处副处长	2006.11—2009.11	嘉交人(2006)255 号
花　屹	计划财务处副处长	2007.07—2009.11	嘉交党〔2007〕22 号
宋积慧	团委书记	2007.11—2012.10	嘉交党〔2007〕36 号

（续表 10-1-8）

姓　名	职　务	任职时间	批准单位
郭林园	联合工会副主席	2009.04—2012.05	嘉总工干(2009)20 号
赵海忠	政策法规处处长	2009.09—2011.08	嘉交党〔2009〕21 号
寿楚林	办公室主任	2009.11—2011.08	嘉交党〔2009〕33 号
张冬泉	政治处主任党办主任	2009.11—2011.08	嘉交党〔2009〕33 号
钱宪明	建设规划处处长	2009.11—2011.08	嘉交党〔2009〕33 号
许志达	建规处副处长	2009.11—2011.08	嘉交党〔2009〕33 号
陈建明	交战办副主任	2009.11—2011.08	嘉交党〔2009〕33 号
帅朝晖	运安处处长	2009.11—2011.08	嘉交党〔2009〕35 号
花　屹	计划财务处处长	2009.11—2011.08	嘉交党〔2009〕35 号
张丽春	人劳处处长	2009.11—2011.08	嘉交党〔2009〕35 号
刘荣林	办公室副主任	2009.11—2011.08	嘉交党〔2009〕35 号
张志东	监察室主任	2009.12—2013.06	嘉监人(2009)13 号

嘉兴市交通运输局直属单位

嘉兴市交通工程建设管理处

嘉兴市交通工程建设管理处 1983 年为市交通局工程科，1988 年改为交通工程管理处，1990 年 7 月改为自收自支事业单位，2004 年经市编委核准，确定为监督管理类事业单位。其主要职责是参与交通建设规划、计划的编制和管理工作，组织交通工程项目的可行性研究、工程设计、初审及招投标等前期工作，编制实施项目的年度投资计划、建设和运行管理，组织交、竣工验收。2005 年 3 月，由市建设处负责管理的嘉兴交通建设开发有限公司成建制划入市嘉通公司，相关建设管理的职责同步划转。同时，为满足嘉兴市交通基础设施建设管理人才的需要，根据市交通局与市交投公司对接协商的方案，并报市委、市政府同意，市建设处 14 名在编职工借用到市嘉通公司工作，主要从事交通建设项目的技术、拆迁、行政管理等工作。

2005 年 3 月至 2010 年年底，市交通工程建设处主要职责是负责处产权商业用房的租赁管理、劳动工资管理、人才队伍管理、退休人员管理及党组织、工会组织各项工作的开展；负责对外投资的协调、管理；完成市交通局交办的其他工作。截至 2010 年年底，市建设处核准编制 22 人，在编 19 人、退休 14 人，其中在编职工借用市嘉通公司工作 10 人、在局机关工作 5 人、处本级工作 3 人、停薪留职 1 人。处本级内设机构为办公室、财务科，党组织、工会组织健全。

处党支部于 2006 年改选后，由 3 人组成，设书记 1 名、副书记 1 名、委员 1 名，共有党员 16 名(包括外借嘉通公司工作的 8 名党员)。2010 年 1 月，为便于加强对党员的管理教育，根据党章等规定，外借嘉通公司工作的 8 名党员组织关系划出处党支部，划入嘉通公司党组织。

处工会于 2009 年 3 月改选后，由 4 人组成，设主席 1 名、委员 2 名，经审员 1 名。

S07 省道嘉兴征费管理所

S07 省道嘉兴征费管理所经省人民政府批准，于 1995 年 10 月 1 日成立，确定为正科级纯公益型事业单位，定编为 85 人。2008 年 9 月，经嘉兴市编委批准成立“嘉兴市普通公路通行费征管办公室”，实行二块牌子一套班子。2010 年，有干部职工 85 人，其中事业在编人员 10 人，合同制职工 75 人，内设机构分别为办公室、财务科、站务管理科、稽查安全科、设备管理科。

工作职责　根据《中华人民共和国公路法》《国务院收费公路管理条例》和《浙江省公路车辆通行费征收管理办法》等规定行使通行费征收管理的相关职责。审批办理嘉兴市区车辆嘉兴市域内普通收费公路通行费统缴手续；征收 S07 省道过境车辆通行费；免征军队车辆和公安机关在辖区内收费公路处理交通事故、执行正常巡逻的和处置突发事件的统一制式警车，以及经国务院交通主管部门或省、自治区、直辖市人民政府批准执行抢险救灾任务的车辆的过境通行费。承担全市区域内普通收费公路车辆通行费征收的协调和办理等工作。

收费标准　1995 年 10 月 1 日，开始向过往车辆收取车辆通行费，收费标准按车辆吨位分别收取 3 元、6 元、9

元。1996年3月8日,收费标准按车辆吨位分别调整为5元、10元、15元。1997年12月14日,收费标准按车辆吨位分别调整为10元、20元、30元,同月统缴月票开始实施。1998年7月5日,城市"四自"公路建设费开始征收,收费标准按车辆吨位分别调整为15元、30元、40元。2005年1月1日,二轮、三轮摩托车取消收费,同日10吨以上车辆收费标准调整为按10吨标准收费。2006年7月,集装箱车辆收费标准按普通货车收费标准收取车辆通行费。2007年1月,全市18个收费站(除G320国道七星、洪合收费站),实行全市统缴一卡通。

收费站迁建 1995年7月,乍王公路嘉兴过境段嘉兴收费站在嘉北建成(后改为S07省道嘉兴收费站),1995年10月1日起开始启用。2002年7月12日,S07省道嘉兴收费站搬迁至王江泾腾云村并开始启用。

2006年11月1日,为配合S07省道拓宽改造,S07省道嘉兴收费站搬迁至从原址向南移挪300米的新站,并开始启用。

历任领导 1995年7月,王经伦任所长兼党支部书记,高根昌、李巍任副所长。1999年7月,周大勇任所长兼党支部书记,潘杰任副所长,免去王经伦所长兼党支部书记,高根昌副所长职务。2004年7月,董金娣任所长兼党支部书记,免去周大勇所长兼党支部书记职务。2008年9月,董金娣兼任嘉兴市普通公路通行费征管办公室主任、李巍、潘杰兼任嘉兴市普通公路通行费征管办公室副主任。2009年3月,陈虹任所长兼党支部书记,兼任嘉兴市普通公路通行费征管办公室主任,免去董金娣所长兼党支部书记及嘉兴市普通公路通行费征管办公室主任职务。

南湖区交通局

嘉兴市城区交通局前身是嘉兴市(县级市)交通局。1951嘉兴县、市分家,析嘉兴城区为嘉兴市,市属交通由嘉兴市人民政府建设科兼管。科长张占举,办公地址在原嘉兴镇政府院内。1953年,叶井义任建设科科长,副科长吴世惠。1956年市人民政府把交通职能由建设科划归工业科管理,科长王惠生。后工业撤科改局,工业局局长冯传伦、副局长王惠生负责交通,后增加韩振生任副局长。直至1958年11月,嘉兴县、市合并,嘉兴县成立工交局,分管交通,下设交通股。以后30余年,嘉兴城区称嘉兴镇,其交通工作未设专门行政机构管理。1983年9月,嘉兴市升为省辖市,城区人民政府于同年12月设工业交通局,负有兼管交通职责,副局长由张国雄担任。1987年8月撤销工交局,成立市城区计经委,下设交通科,由夏传浩任副科长。1989年8月,嘉兴市城区交通局正式建立,夏传浩任局长,下设办公室、业务、财务组,办公地址现在嘉兴市城区紫阳街沈家弄,占地面积200平方米,房屋面积150平方米。

嘉兴市城区交通局为城区人民政府主管城区交通工作的职能部门,行政、业务分别受嘉兴市城区人民政府和嘉兴市交通局双重领导,负责城区辖区范围内县乡公路建设、养护,水上渡口安全,汽车修理行业管理,手扶拖拉机、摩托车养路费征收和乡镇船舶管理等项工作。城区交通局下属有城区公路运输管理所和交通管理所等事业单位。

2000年6月秀城区按实运作,成立秀城区建设与交通局,张卫平任局长,办公地点在吉杨路298号。2001年8月建立秀城区建设与交通局党组,陈连根为党组书记。2001年11月,根据《中共嘉兴市委、嘉兴市人民政府秀城区机构改革方案的通知》,分设成立秀城区交通局和秀城区建设局,陈连根任秀城区交通局局长。2003年1月建立秀城区交通局党组,陈连根任党组书记。2005年5月,秀城区更名为南湖区,秀城区交通局更名为南湖区交通局。2005年11月,叶春林任南湖区交通局党组书记、局长。2007年10月办公地址搬迁至中环南路海逸大厦,2010年5月办公地址搬迁至南湖区双溪路1019号。

南湖区交通局是主管全区公路和水路交通行业的区政府部门。主要职责是:贯彻执行国家和省、市关于交通工作的方针、政策、法律法规并监督执行,制定区公路和范围水路交通行业发展规划,并组织实施;编制全区公路、水路交通建设的发展规划;负责全区交通基础设施及其配套项目的建设、养护、管理和路政管理;依照交通行政法律法规,行使交通行政执法等。

南湖区交通局内设2个职能科室:办公室(交通管理科)和交通工程科;人员编制为6名。2008年7月经区编委核定增加一名编制。2009年6月,经区编委批准区交通局办公室增挂行政许可科牌子,其主要职责是负责行政许可、非行政许可(服务事项)的经办、协调、综合管理和行政审批服务窗口的日常工作。

2010年,中共嘉兴市南湖区交通运输局委员会书记:叶春林,委员:叶春林,沈翠明,盛富荣,倪国土,白宁涛,高义龙。2010年嘉兴市南湖区交通运输局局长:叶春林,副局长:沈翠明,盛富荣。

内设机构和人员编制

2002年3月22日,根据《关于印发〈嘉兴市秀城区交通局职能配置、内设机构和人员编制规定〉的通知》,区交通局内设2个职能科室:办公室(交通管理科)和交通工程科。人员编制为6人。其中局长1名,副局长1名。

2007年6月4日,根据《关于增加区级机关部分单位编制的通知》,南湖区交通局增加编制1名,共计7名。

2009年6月15日,根据《关于同意嘉兴市南湖区交通局办公室增挂行政许可科牌子的批复》,同意在办公室增设行政许可科牌子。

2012年7月9日,根据《嘉兴市南湖区人民政府办公室关于印发嘉兴市南湖区交通局主要职责内设机构和人员编制规定的通知》,根据工作职责,区交通局设3个职能科室:办公室(行政许可科),交通工程科和交管法规科。

区交通局机关行政编制7名。其中:局长1名,副局长2名,股级职数3名。

南湖区交通局历任领导、任职年限

局长:张卫平,2000年6月—2001年12月(区建设与交通局);陈连根,2002年1月—2005年11月;叶春林,2005年12月2010年12月。

副局长:陈连根,2001年8月—2002年1月;沈福良,2001年8月—2007年5月;沈翠明,2003年5月—2010年12月;盛富荣,2007年5月至2010年12月;汪克明,2000年12月—2001年12月(区建设与交通局)。

纪检组长:陈云华,2003年1月—2007年4月;白宁涛,2007年4月至2010年12月。

局长助理(挂职):金晓萍,2008年7月—2009年7月。

局党组织

2001年8月,建立区建设与交通局党组,陈连根任党组书记,汪克明、沈福良为党组成员。同年12月,撤消区建设与交通局党组,建立区建设局党组,未建立区交通局党组。2003年1月,建立区交通局党组,陈连根任党组书记,沈福良、陈云华为党组成员。陈云华任纪检组长。2003年5月,沈翠明任区交通局党组成员。2004年3月,倪国土任区交通局党组成员(2005年3月调任新丰镇)。2005年12月,叶春林任区交通局党组书记。2007年5月,盛富荣、白宁涛任区交通局党组成员,白宁涛任纪检组长。2007年9月,高义龙任区交通局党组成员。

局党组成员任职年限

局党组书记:陈连根,2001年8月—2002年11月(区建设与交通局党组);2003年1月—2005年11月;

叶春林,2005年12月至2010年12月。

局党组成员

汪克明,2001年8月—2001年12月(区建设与交通局党组);

沈福良,2001年8月—2002年12月(区建设与交通局党组);2003年1月—2007年4月;

陈云华,2003年1月—2007年4月(纪检组长);

沈翠明,2003年5月—2010年12月;

倪国土,2004年3月—2005年3月;

盛富荣,2007年5月至2010年12月;

白宁涛,2007年5月至2010年12月(纪检组长);

高义龙,2007年9月—2010年12月。

历届党支部

2002年4月,设立区交通局党支部,沈福良任支部书记。2003年7月,中共秀城区交通局党支部改选,支部委员会由陈云华、倪国土、白宁涛、曹建弟、叶穗五位组成,陈云华任书记。2007年11月,中共南湖区交通局党支部改选,支部委员会由白宁涛、陆雪峰、叶穗三位组成,白宁涛任书记,陆雪峰任宣传委员,叶穗任组织委员。

办公地址变迁

2000年6月,区交通局(秀城区建设与交通局)办公地址为吉杨路298号,2007年10月,南湖区交通局办公地址搬迁至中环南路海逸大厦西三楼,2010年5月,南湖区交通局办公地址搬迁至双溪路1019号。

秀洲区交通局

嘉兴市郊区交通局前身是嘉兴县交通局。1983年撤地建市后,成立嘉兴市郊区交通局。1999年6月24日,根据浙政发〔1999〕147号文件,嘉兴市郊区更名为嘉兴市秀洲区,“嘉兴市郊区交通局”更名为“嘉兴市秀洲区交通局”,其他相应机构同时更名。

1949年5月7日,嘉兴解放。同年,嘉兴县人民政府设实业科后改建设科兼管交通。1951年嘉兴县、市分家,县属交通由嘉兴县人民政府建设科管理(包括农业、水利、水产、蚕桑),副科长邹小舟,办公地址在新塍镇。1953年10月正式成立交通建设科,副科长张初荣。1954年上半年,交建科由新塍搬往东栅,1955年下半年又搬到南堰办公,科长张初荣。1956年4月,副科长于伯明。1958年11月嘉兴县、市合并,成立嘉兴县工交局,由副局长徐跃庭分管交通,下设交通股。1958年11月,成立嘉兴县交通局,与地方国营交通运输公司合并办公,局长徐跃庭,办公地址在项家漾。1961年杨满宝任交通局副局长,1962年,高锡奕任局长,1964年李其林任副局长,直至1967年“文化大革命”,正常工作被迫停止,由人武部生产指挥组处理交通工作。1972年6月,中共县委决定成立嘉兴县交通局领导小组,组长李其林,副组长张海铸、俞伍行、蒋知廉,办公地址在冷仙亭航管站内。1978年4月17日,成立嘉兴县交通局,李其林任局长(同年10

月病逝)、副局长李锡恩、张学思、吴大网,张海涛,蒋知廉。1979年6月李锡恩任局长。1983年9月,嘉兴市升为省辖市,郊区人民政府设郊区交通局,为郊区人民政府主管郊区交通工作的职能部门,行政、业务分别受郊区人民政府和嘉兴市交通局双重领导,负责嘉兴市郊区辖区内除铁路运输之外的水陆交通设施建设、公路养护、交通运输,汽车修理行业管理和水上交通安全、交通全行业管理等项工作。1985年11月,成立中共嘉兴市郊区交通局党组。市郊区交通局下设人秘股、企业管理股、工程股和安全办公室等3股1室,局址在嘉兴火车站公园路口。下属有13个企事业单位其中事业单位2个),分别是郊区公路运输管理所、县乡公路养护所、桥梁工程队、汽车联营公司,郊区第一交运公司、第二交运公司、新丰运输站、不锈钢总厂、一分厂、二分厂、三分厂等,共拥有职工780人,其中全民干部21人,企业干部47人。

表10-1-9　嘉兴市郊区交通局历任领导一览表

机构名称	职　务	姓　名	任　期	备　注
嘉兴市郊区交通局	局　长	郑耀光	1987.08—1993.05	
		郑福根	1993.05—1998.05	
		周大水	1998.05—1999.06	1994.05—1998.05 副局长
	正局级巡视员	李锡恩	1984.11—1987.12	
		张学思	1985.01—1987.11	
	副局长	张学思	1984.01—1985.01	
		钮怡怡	1984.11—1998.07	
		夏学富	1987.12—1991.12	
		刘庆祥	1992.10—1997.01	
		赵海荣	1998.07—1999.06	
		李正国	1998.12—1999.06	
中共嘉兴市郊区交通局党组	书　记	屠锦明	1985.11—1987.09	
		郑耀光	1987.09—1993.02	
		郑福根	1993.02—1998.11	
	副书记	周大水	1998.05—1998.11	

1997年6月6日,郊区交通局内设:办公室(交通战备办公室)、运输管理科、交通工程科、财务统计科;2002年2月,秀洲区交通局内设:办公室、建设规划科、运输安全科。

1998年11月30日,郊区交通局成立党委,同时局纪检组改为纪检委。局办公地址1993年3迁至中山西路156号;2001年10月迁至洪兴西路1501号;2005年12月迁至新秀路351号。下属6家事业单位,分别是秀洲区公路运输管理所、公路管理段、交通勘测设计室、交通管理总站、公路货运配载服务部、桥梁工程队。在编人员总计147人。原局属13家企业1998年均已改制,其中1家企业划归南湖区。

1999年6月24日,根据浙政发〔1999〕147号文件,嘉兴市郊区更名为嘉兴市秀洲区,“嘉兴市郊区交通局”更名为“嘉兴市秀洲区交通局”,其他相应机构同时更名。

表 10-1-10 嘉兴市秀洲区交通局历任领导一览表

机构名称	职务	姓名	任期	备注
秀洲区交通局	局长	周大水	1999.06—2007.03	
		沈全富	2007.03—2010.12	
	副局长	赵海荣	1999.06—2006.12	
		李正国	1999.06—2007.12	
		王建良	2003.12—2004.08	
		易庆平	2004.09—2009.12	
		金德贵	2007.12—2009.12	
		吴仙容	2009.12—2010.12	
		张永德	2009.12—2010.12	
中共嘉兴市秀洲区交通局委员会	书记	郑福根	1998.11—1999.05	
		周大水	1999.05—2007.03	1998.11—1999.05 副书记
		沈全富	2007.03—2010.12	
	副书记	郭荣根	2009.07—2010.12	
		金　忠	2009.12—2010.12	

嘉善县交通局

民国早期，南京国民政府成立以前，地方未有专管交通的行政机关，举凡修桥铺路等有关交通事宜，视为公益善举，均由民间筹资自理。民国16年(1927年)8月，浙江省政府命令各县设立建设科和建设委员会。嘉善县政府建设科成立后，又于次年3月，组成建设委员会。建设科是县政府中管理农桑渔牧生产和道路桥梁之修筑、营运航线之审批等事项的职能部门。民国17年(1928年)起，对嘉善城区及部分乡镇的桥梁有所整修，对整治城镇街道有所行动。抗战胜利后，至解放前夕，县政府仍设建设科，但时间较短，社会多故，对于交通建设，未有建树。

1949年5月，嘉善解放初，县人民政府仍无专管交通机构，由实业科兼理交通事务。1950年4月，实业科更名建设科，有干部10人左右，工作重点在于农业、水利、蚕桑、畜牧，对交通方面除组建同业公会、海员工会外，其他兼顾不多。1953年，国家开始执行第一个五年计划。4月，县级机关调整，建设科分为农林科和交通建设科。交通建设科的工作任务是对城乡道路、桥梁、渡口的整修和保养，重点运输计划的平衡安排，定编干部3人。县内解放后第一次桥梁普查，及以后对部分危桥进行修整并按财力可能，建造少数新桥，都是这一时期进行的。

1956年7月，县人民委员会根据上级指示调整科局机构的指示，将交通建设科更名为交通科，在编人数不变。这一年最主要的工作是对水上运输行业进行社会主义改造，在县党委工交部的领导下，完成了对私营轮运行的改造，成立公私合营轮船公司，组织船民船工学习当时形势和《运输合作社示范章程》(草案)，在魏塘、西塘、干窑、下甸庙四个行政区组建了6个半社会主义性质的运输合作社，基本上实现了水上专业运输的合作化。

1958年4月，工业手工业科和交通科合并成立工业局。8月，又单独成立交通局。当时“大办钢铁”运动正在进入高潮，交通局的主要工作即为“大办钢铁”的紧张运输服务。11月，嘉善、嘉兴两县合并，成立嘉兴县交通局。1961年4月，两县分治，设立工业交通手工业局。9月，手工业局单独建制后，又改为工业交通局，下设3股：人事秘书股、生产计划股、财务供销股，干部最多时有12人。

1966年“文化大革命”开始。1968年4月，县人民委员会改称县革命委员会。7月，工业交通局相应改称工交局革命领导小组，局长改称组长。1969年11月，工交局的工业部分成立工业局，交通部分与县航管站合并后成立人民交通管理站。1970年6月，人民交通管理站与邮电局合并，成立交通邮政局革命委员会，12月，又恢复工业交通局革命领导小组。1972年6月，再度调整编制，分别成立工业局和交通局革命领导小组。“文化大革命”结束后，1978年5月起，县革命委员会所属各委、办、局的“革命领导小组”名称取消，组长改称为局长。

新中国成立近30年来，交通体制多变，裁并不定。直至“文化大革命”结束后，国家以经济建设为中心，交通、能源、基础工业的建设被列为首要任务，交通局单独建制始告稳定。于是县乡公路的兴建，民间桥梁和渡口设施的改善，运输市场的开拓和引导，都已创造了远胜过去的成绩。

嘉善县交通局是嘉善县人民政府主管全县交通的行政职能部门，下辖嘉善县港航管理处（原称嘉善县航运管理所）、嘉善县公路运输管理所（嘉善县稽征所）、嘉善县公路管理段（嘉善县公路养护管理所）三个全民事业单位。负责嘉善县境内航道、公路养护、水陆客货运输管理、交通行业管理、安全管理及规费征收工作。嘉善县交通局1997年搬迁至魏塘镇环北西路51号，2008年7月迁址嘉善世纪大道169号。

1985年2月起，交通局下设一室三股，办公室、人事保卫股、交通建设股、运输工业股，在编干部15人。1998年底设有办公室、人事保卫科、运输工业科、交通建设二科，行政编制16人。1999年设办公室（含党委办）、劳动人事科、安全法制科、交通建设科，行政编制19名，工勤编制1名。2004年，嘉善县交通局机构改革，根据嘉善县人民政府善政办〔2004〕144号文件批复，核定人员编制16人（其中国家公务员15人，机关工勤1人），内设三科一室，即劳动人事科、交通建设科、法制科、行政（含党务）办公室，其他临时性机构抽一部分事业、企业单位人员协助工作。

交通局在1960年以前，中国共产党的组织属县府机关党支部。1961年5月，嘉善、嘉兴两县分治，工业交通手工业局开始建立党的支部，有书记、副书记各1人，委员3人。此后，随着行政体制的变更，支部、领导人员也屡有改选。1973年12月起，又扩建为交通局党总支，设书记、副书记各1人，委员5人。1979年8月后，委员减为3人。此后由于党员队伍扩大，党的基层组织增多，1984年4月，又扩建为中共交通局委员会，设书记、副书记各1人，委员4人。2008年6月嘉善县交通局党委班子成员有党委书记1人，副书记3人。至2010年年底为止，组织体制未变。

表10-1-11　1949年5月—2010年年底嘉善县交通部门历任领导一览表

机构名称	姓　名	职　务	任职时间	备　注
实业科	戴　俊	负责人	1949.05—1950.04	
建设科	戴　俊	负责人	1950.04—1951.04	
	刘国库	科　长	1951.04—1953.04	
	浦思义	副科长	1951.10—1953.04	
交通建设科	陈纪贤	副科长	1953.04—1956.07	
交通科	陈纪贤	副科长	1956.07—1958.02	
	杨满保	科　长	1957.03—1958.04	1958.04.12起与工业手工业科合并成立工业局
交通局	梁根宝	负责人	1958.08—1958.11	
	徐耀庭	局　长	1958.11—1960.02	1958.11蔚善县并入茹兴县
	杨满保	副局长	1958.11—1961.06	
	高锡盔	局　长	1960.02—1961	
	顾庭芳	副局长	1960.02—1961.06	1961.04嘉兴、嘉善两县分治
工业交通手工业局	蒋知廉	副局长	1961.06—1961.08	
	顾庭芳	副局长	1961.06—1961.08	
工业交通局	蒋知廉	副局长	1961.08—1968.07	
	顾庭芳	副局长	1961.08—1968.04	
	崔子忠	副局长	1962.01—1963.08	
	曹慰祖	副局长	1962.06—1963.05	
	洪定邦	副局长	1965.03—1965.09	

（续表 10-1-11）

机构名称	姓　名	职　务	任职时间	备　注
工业交通局革命领导小组	蒋知廉	组　长	1968.07—1969.10	
	胡维明	副组长	1968.07—1969.10	
交通邮政局革命委员会	崔殿英	主　任	1970.06—1970.12	
	徐宝寿	副主任	1970.06—1970.12	
工业交通局革命领导小组	成祥亭	组　长	1970.12—1972.06	
	胡维明	副组长	1970.12—1972.06	
	蒋知廉	副组长	1971.06—1972.06	
交通局革命领导小组	张雅全	组　长	1972.06—1973.03	
	杨满保	副组长	1972.06—1978.05	
	张　远	副组长	1973.03—1978.05	
交通局	许青峰	局　长	1978.05—1985.01	
	杨满保	副局长	1978.05—1981.05	
	张　远	副局长	1978.11—1979.02	
	唐恂如	副局长	1978.11—1983.01	
	王东山	副局长	1984.02—1989.08	
	王鸿发	副局长	1984.11—1993	
	蒋仁欢	局　长	1985.01—1987.04	
	于燮棠	局　长	1987.04—1989.08	
	王东山	局　长	1989.08—1995.03	
	屠建华	副局长	1989.10—1991	
	谢立昕	局　长	1995.03—1998.04	
	郦新建	局　长	1998.04—2000.03	
		副局长	1994.01—1998.04	
	袁忠诚	副局长	1995.04—2001.08	
	吴祥荣	副局长	1995.04—2001.11	
	丁新华	副局长	1998.12—2007.07	
	丁立根	副书记	1994.01—2009.08	
	吴杏明	局　长	2000.03—2003.05	
	黄晓明	局　长	2003.05—2006.08	
	蒋奇雄	书　记	2006.06—2008.06	
	樊关根	局　长	2006.08—2010.12	
	沈建法	副局长	2000.08—2003.05	
	胡喜春	副局长	2004.03—2009.03	
	朱忠民	副局长	2005.08—2010.08	
	李志杰	副局长	2007.09—2010.12	
	钟小兵	副局长	2009.03—2010.12	
	杨培谦	副局长	2009.03—2010.12	
	寿佳宝	副局长	2010.08—2010.12	

2010 年中共嘉善县交通局委员会人员名单

党委书记：樊关根

副 书 记：陆木兴　朱忠民

党委委员：李志杰　钟小兵　杨培谦　寿佳宝

李长旒　凌金明

2010 年嘉善县交通局行政班子人员名单

局　长：樊关根

副局长：朱忠民　李志杰　钟小兵　杨培谦　寿佳宝

局长助理：林如初

平湖市交通局

局机关原有行政编制12人，为补充行政编制不足，1986年10月，经县人民政府《关于同意建立县交通管理所的批复》同意，设立平湖县交通管理所，隶属县交通局，为全民事业单位，编制人员5名，经费由局自理，人员在局机关混岗。

1990年年末，市交通局在册人员16人(含交通管理所5人)，其中干部15人。局机关内设人事秘书股、建设股、生产股、党委办公室、安全教育办公室。1991年9月，经平湖市编制委员会批准，局机关内设机构调整为行政办公室、企业管理科、交通工程科和交通管理科，保留党委办公室，人员编制不增加。1997年6月，为适应建立社会主义市场经济体制的需要，平湖市进行党政机构改革，经市党政机构改革领导小组审核，市政府批准，市交通局内设办公室(党委办)、人事教育科、交通工程科、计划财务科、交通管理科(企业管理科)等5个科室，机关行政编制定为14名。设局长1名、副局长2名、科(股)级职数7名。为进一步规范全市交通建设市场行为，提高交通工程质量，8月3日，市机构编制委员会下发《关于同意建立市交通工程建设处的批复》，同意建立平湖市交通工程建设处，为全民事业单位，隶属于市交通局，编制人员7人，经费自收自支，人员在局机关混岗。1999年5月，为强化交通工程质量测试，确保交通工程质量，市编委下发《关于市交通工程建设处更名的批复》，市交通工程建设处更名为平湖市交通工程建设管理处，编制人员增至9人。2002年8月，平湖市再次进行机构改革，经市机构改革领导小组审核、市政府批准，市交通局内设办公室、人事教育科、工程管理科、交通管理科(法制科)4个职能科室。机关行政编制12名，其中局长1名，副局长3名，股级职数4名。2009年11月，根据平编委〔2009〕55号文批复，同意在交通管理科(法制科)增挂行政许可科牌子，科室职能也作相应调整。

市交通局原办公地址在市区南廊下56号，1996年1月，迁址到市区建国南路22号新建办公大楼内，新办公楼建筑面积2278平方米。

2010年，市交通局有在册人员25人(含交通管理所4人，交通工程建设管理处7人)，其中大专以上学历19人，初级以上技术职称8人。

表 10-1-12　1990—2010 年平湖市交通局历任行政领导一览表

机关名称	职　务	姓　名	任职年月	离职年月	备　注
平湖县交通局	局　长	陈　聪	1990.06	1996.10	
平湖县交通局	副局长	陈冠军	1988.09	1993.03	
平湖县交通局	副局长	费勤英	1990.06	1995.08	
平湖市交通局	副局长	汤桂初	1993.03	1997.12	
平湖市交通局	副局长	盛宝法	1995.03	1997.08	1996年10月主持全面工作
平湖市交通局	局　长	盛宝法	1997.08	2001.12	
平湖市交通局	副局长	顾中伟	1997.06	2005.11	
平湖市交通局	副局长	全玉山	1998.11	1999.11	
平湖市交通局	副局长	俞亚明	1999.11	2005.01	
平湖市交通局	副局长	郑忠勤	2001.02	2006.05	
平湖市交通局	局　长	盛宝庆	2001.12		
平湖市交通局	副局长	周大展	2001.12		
平湖市交通局	副局长	方卫东	2005.05		
平湖市交通局	副局长	金小弟	2006.03		
平湖市交通局	副局长	曹永其	2007.03	2009.12	
平湖市交通局	副局长	姚金根	2009.12		

海盐县交通运输局

历史沿革

海盐县交通运输局是主管公路和水路交通行业的县政府工作部门。

1984年2月，海盐县人民政府决定撤销县经济委员会体制，恢复海盐县交通局机构。1985年1月，交通局内部机构从原来的四个组改为“三股一处”，生产技术股、人秘股、财务股和交通工程处；工作人员16名，其中副局长3名，巡视员3名，协理员1名。1987年2月，改“交通局工程处”为“工程股”。1988年9月，以局工程股人员为主成立“海盐县交通局县乡公路改造指挥部”。1992年10月，局人秘股改为劳动人事科，财务、生产、工程三“股”改为三“科”，增设局办公室。1995年3月，局增设安全科。1997年5月，局增设企业管理科。县委县政府根据嘉兴市委市政府《关于海盐县党政机构改革方案的通知》印发实施意见，制定海盐县交通局职能配置、内设机构和人员编制方案。内设机构：办公室、计划财务科、交通管理科、建设管理科、企业管理科五个职能科室。行政编制18名。局长1名，副局长3名，科室领导5名。1997年8月，交通局机关列入国家公务员制度范围。1999年8月和2000年2月，局先后增设法制科与劳动人事管理科。2002年4月，根据《中共嘉兴市委、嘉兴市人民政府关于海盐县机构改革方案的通知》，设置海盐县交通局为主管公路和水路交通行业的县政府工作部门，并规定了职能配置、内设机构和人员编制。内设6个职能科室，即办公室(党委办)、劳动人事科(科技教育科)、计划财务科、建设管理科、企业安全管理科和交通管理科（法制科）。另设县交通战备办公室。机关行政编制16名。2005年5月，撤销海盐县交通局纪检组，建立县交通局纪检委。2008年10月，局单独设立“法制科”，撤销内设机构“企业管理科”其职能并入相关科室。2009年10月，局增设行政许可科与法制科合署办公。

表10-1-13　海盐县交通局历任行政领导一览表

（1984年2月恢复县交通局建制后）

职　务	姓　名	任　期	备　注
局　长	储关良	1986.08—1992.07	
局　长	夏留荣	1993.03—1995.05	1992.07—1993.03 副局长
局　长	步伯康	1995.05—2001.08	1992.07—1995.05 副局长
局　长	沈连法	2001.08—2007.02	
局　长	沈金山	2007.03—2010.12	
副局长	沈锦仁	1984.02—1993.07	1984.07—1986.08 全面负责
副局长	曹雪初	1984.02—1990.05	
副局长	刘金祥	1985.07—1986.09	
副局长	姚许松	1990.07—1998.04	
副局长	陆锦祥	1993.04—2001.11	
副局长	林惠良	1994.07—1998.04	
副局长	陈忠耀	1996.04—2002.04	
副局长	朱国新	1998.04—2003.06	
副局长	陆建根	1999.01—2001.03	
副局长	王　鸣	2001.07—2002.05	
副局长	姚运运	2001.12—2009.11	
副局长	张祖荣	2001.12—2010.12	
副局长	陈锦祥	2002.06—2007.07	
副局长	张国民	2002.08—2003.06	
副局长	陈云松	2003.08—2009.05	
副局长	肖雪林	2009.05—2010.12	
副局长	黄　健	2009.10—2010.12	
局长助理	朱　平	2004.09—2005.09	
局长助理	许建华	2008.09—2010.12	

（续表 10-1-13）

职　务	姓　名	任　期	备　注
正局级巡视员	沈锦仁	1993.07—1993.11	
正局级巡视员	夏留荣	1995.06—1996.11	
正局级巡视员	步伯康	2001.11—2009.01	
正局级干部	姚运运	2009.11—2010.12	
正局级干部	葛保东	2010.01—2010.12	
副局级巡视员	张凤武	1984.07—1989.10	
副局级巡视员	史玉玺	1984.07—1987.07	
副局级巡视员	倪庆祥	1985.04—1987.07	
副局级巡视员	姚许松	1998.04—2010.12	
副局级巡视员	陆锦祥	2001.11—2008.05	
副局级巡视员	林惠良	2001.11—2008.03	
副局级干部	朱云亮	2009.05—2010.12	2009.05—2009.07 为副局级巡视员

表 10-1-14　海盐县交通局历任党委领导一览表

职　务	姓　名	任　期	备　注
党委书记	步伯康	1995.05—1999.01	
党委书记	陆建根	1999.01—2001.02	
党委书记	沈连法	2001.07—2007.02	
党委书记	葛保东	2007.02—2010.01	
党委书记	沈金山	2010.01—2010.12	
党委副书记	步伯康	1999.01—2001.07	
党委副书记	林惠良	1998.04—2001.11	
党委副书记	王　鸣	2001.12—2002.05	2001.07 任委员
党委副书记	陈锦祥	2002.06—2007.07	
党委副书记	沈仁根	2004.03—2010.12	
党委副书记	沈金山	2007.02—2010.01	
党委委员	陆锦祥	1999.01—2001.11	
党委委员	陈忠耀	1999.01—2002.04	
党委委员	朱国新	1999.01—2003.05	
党委委员	朱云亮	1999.01—2009.05	
党委委员	姚运运	1999.01—2009.11	
党委委员	张祖荣	2001.12—2011.01	
党委委员	张国民	2002.08—2003.05	
党委委员	杨李明	2003.06—2003.08	
党委委员	陈云松	2003.07—2009.05	
党委委员	朱　平	2004.09—2005.09	
党委委员	褚水祥	2007.03—2010.12	
党委委员	肖雪林	2009.05—2010.12	
纪检组组长	朱云亮	1999.01—2005.05	
纪检委书记	朱云亮	2005.05—2009.05	
纪委委员、书记	钱娟红	2010.05—2010.12	

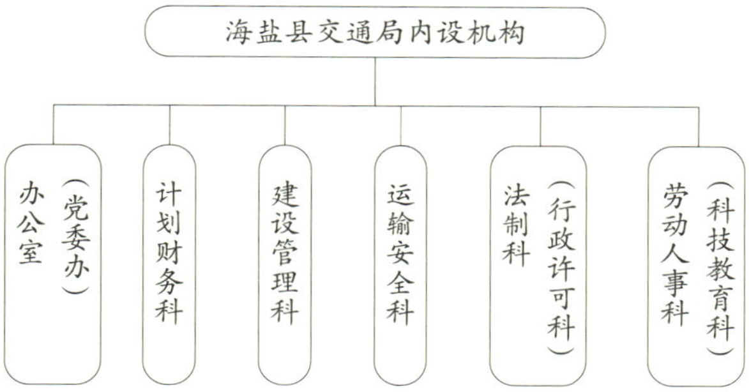

图 10-1-3 海盐县交通局内设机构图

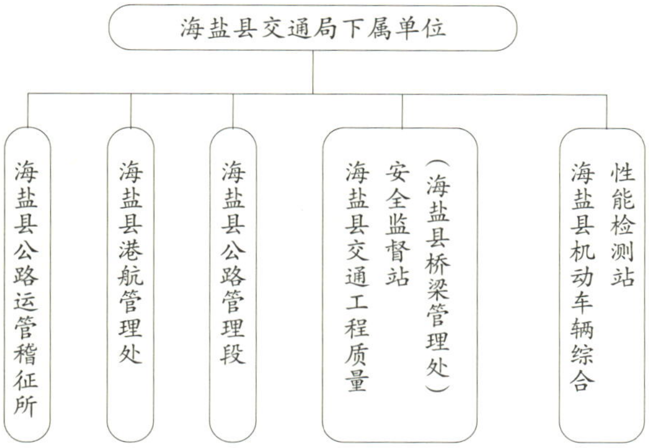

图 10-1-4 海盐县交通局下属单位图

海宁市交通运输局

交通独立成局始于 1972 年 1 月 9 日。1988 年，共有编制人员 12 名，其中正副局长 3 名。内设人秘、业务、交通 3 个股室。交通局地址硖石镇建设路 36 号。

1990 年 7 月 6 日，内设海宁市交通管理所。同年 8 月，交通局撤销党组，建立党委。10 月 3 日，设立组宣科。

1991 年 7 月 15 日，人秘、业务、交通 3 个职能部门改股称科，其中交通股随之更名交通建设科。

1993 年 1 月 10 日，内设海宁市公路路政管理所。同年 3 月 2 日，内设于 1988 年 1 月的海宁市县乡公路养护站改站为所，并与海宁市交通管理所、海宁市公路路政管理所"三所合一"，实行对外三块牌子，内部一套班子。同年 9 月，成立纪检组。

1995 年 11 月，交通局迁址于西立交路 41 号。

1997 年 11 月 6 日，根据海政办《关于印发海宁市交通局职能配置、内设机构和人员编制方案的通知》，撤销人秘科，设立办公室；撤销业务科，设立综合管理科；设立计划财务科。至此，连同交通建设科、组宣科，交通局共设 5 个职能科室。

1998 年 7 月 21 日，海宁市高速公路办公室从原挂靠的海宁市计划经济委员会转为挂靠海宁市交通局。

1999 年 2 月 3 日，内设海宁市交通工程建设管理处。

2001 年，交通机构改革，经市编委会文件批复，于同年 2 月 1 日撤销海宁市县乡公路管理所和海宁市公路路政管理所，在编人员成建制并入海宁市公路管理段。同年 7 月 23 日，市高速公路办公室从交通局转回市计划经济委员会并更名为市重点工程办公室。

2002 年 1 月，增设法制(运安)科，与综合管理科一套班子合署办公；组宣科更名为组宣人事科。

2004 年 1 月，撤销纪检组，建立纪律检查委员会。同年 9 月，交通局迁址于海洲西路 85 号。

2006 年 4 月，组宣人事科内增挂监察室牌子。次年，交通建设科改称工程建设科。

截至 2009 年，交通局在编 18 人，其中正副局长 4 人。设办公室、组宣人事科、法制科、工程建设科、计划财务科 5 个职能科室；海宁市交通管理所、海宁市交通建设管理处 2 个事业单位仍为内设工作机构，在编 19 人。

表 10-1-15 1989—2009 年海宁市交通局历任行政领导一览表

职 务	姓 名	任 期	备 注
局 长	章文华	1984.03—1993.06	
局 长	周朱寿	1993.06—1998.05	
局 长	许金忠	1998.05—2003.04	
局 长	吴关佳	2003.04—2007.03	
局 长	杨水康	2007.03—	
副局长	周朱寿	1984.02—1993.06	
副局长	张锦祥	1984.04—1997.07	
副局长	周雁宾	1994.06—2001.12	
副局长	贾继康	1996.03—2005.05	
副局长	顾云江	1998.08—2001.09	
副局长	杨水康	2001.12—2007.03	
副局长	何必成	2004.01—2008.05	
副局长	钱权云	2007.01—	
副局长	马亚舟	2007.11—	2006.07—2007.11 为局长助理
副局长	周利德	2008.05—	

交通局党委

海宁市交通局于 1981 年 10 月始建党组。1990 年 8 月 4 日经海宁市委发文撤销党组，建立中共海宁市交通局委员会。

交通局党委成立至 2009 年，党委书记、副书记及党委委员均由市委组织部发文任命。为此，1989 年起先后于 1993 年、1998 年、2002 年和 2006 年召开的中共海宁市交通局委员会代表大会主要内容是选举产生出席海宁市第九、第十、第十一、第十二次党代会的代表。

至 2009 年，交通局党委所属党组织有 1 个党总支、9 个党支部，即海宁市大元运输有限责任公司党总支、海宁市交通局党支部、海宁市道路运输管理稽征所党支部、海宁市公路管理段党支部、海宁市港航管理处党支部、海宁市交通投资集团有限公司党支部、浙江中威交通建设有限公司党支部、海宁市金岛运输有限责任公司党支部、海宁市联运有限责任公司党支部、海宁市华通运输有限公司党支部。

表 10-1-16 1989—2009 年海宁市交通局历任党委领导一览表

职 务	姓 名	任 期	备 注
书 记	章文华	1984.03—1994.03	1990 年 8 月 4 日前称党组书记
书 记	周朱寿	1994.03—1998.05	
书 记	许金忠	1998.05—1998.10	
书 记	王祖芬	1998.10—2005.04	
书 记	崔建中	2005.04—2009.08	
书 记	杨水康	2009.08—	
副书记	张锦祥	1984.03—1997.07	
副书记	周朱寿	1994.01—1994.03	
副书记	许金忠	1998.10—2003.04	
副书记	吴关佳	2003.04—2007.03	
副书记	杨水康	2007.03—2009.08	
副书记	宋鲁浙	2009.05—	

桐乡县交通局

民国 16 年(1927 年),浙江省政府为整理航运,统计全省船舶,设立八区管理船舶事务所,其职责是执行本区内船舶查验,取缔及收费给照注册。

民国 19 年(1930 年),改为省航政局四区所,其时桐乡县为二区四分所,崇德县属二区七分所。

民国 34 年(1935 年)11 月,桐乡县政府委派建设科科员周罗平兼任船舶管理所主任。濮院、青镇(今乌镇)、屠甸、石门各镇由警察所长兼任。管理船舶申请开业登记。

民国 35 年(1946 年),桐乡县政府设立建设科,主管水利河道疏浚,船舶登记开业。

1949 年 5 月 4 日,桐乡县城解放,1950 年 5 月,县政府先设实业科后改建设科兼管交通。

1953 年 8 月,改设交通建设科,分管桥梁道路维修、城镇街道建设、航运、搬运。

1954 年 11 月,根据县府办 1122 号文批准,由交通建设科改为交通科,此时桐乡县始有交通专管机构。

1958 年 6 月,县人委(58)1357 号文批准,将交通科、工业科、手管科、手联社、航管站五个单位合并成立桐乡县工业交通局,地址在桐乡县人委内。

1959 年 7 月,根据县人委 247 号文批准,将手联社划出工业交通局,局机构未变,下设人秘、组导(后改生产)、计划财务、交通建设、供销五个股室。

1966 年"文化大革命"开始后,工业交通局主要领导受到冲击,无法开展正常工作,但机构未变,职务未免。

1968 年 6 月,经县人武部党委批准,工业交通局更名为桐乡县革命委员会生产指挥组工业交通建筑局。

1971 年 1 月,经县革委(71)1 号文件划出建筑部分,建立桐乡县工业交通局革命委员会。同年 44 号改称县革委会生产指挥组工业交通局。

1972 年 3 月,县委 7 号文件,划出工业部分,交通与邮政合并,建立桐乡县革委会生产指挥组交通邮政局。

1973 年 3 月,县委 14 号文件撤销交通邮政局,单独建立交通局,并成立革委会领导小组。

县交通局主要职责是:统管全县水陆交通设施、交通运输、交通安全。对县航运管理所、县车辆监理站、县公路段进行行政领导,对省属汽运公司、航运公司站点的业务工作负责检查督促,对县属专业交通运输企业、交通工业、搬运等进行行政和业务领导。

1978 年 11 月,撤销"革委会领导小组"之称。

原崇德县交通机构:

1949 年 5 月 5 日,崇德县城解放,1951 年 4 月,由实业科改名为建设科。

1956 年 4 月,改为交通建设科,交通工作有了专管机构。

1958 年 5 月,经县人委决定将交建科与工业科合并,成立工业交通科。同年 11 月崇德县并入桐乡县。原县工业交通科同时并入桐乡县工业交通局。

1985 年年末,交通局下设人秘、业务、计划财务、交通建设四个股,有干部 19 人,其中:局长 1 人,副局长 2 人,正副股长 5 人,办事员 11 人。局址在梧桐镇宏源路 10 号。1998 年 4 月 25 日,桐乡市交通局办公大楼从梧桐镇宏源路 10 号迁址到西街 5 号(原市府二招)办公。

1988 年 7 月,经桐编委桐编字(88)41 号《关于同意建立桐乡县交通建设工程管理所的批复》,撤销局交通建设股,建立桐乡县交通建设工程管理所。属全民事业单位,经费自收自支,定编 7 名,其中配备领导 1 名,财务 2 名,工程技术人员 4 名,人员由本系统内调剂解决。

1993 年 4 月,根据县人大常委会(93)5 号"关于撤销桐乡县设立桐乡市后有关问题的决定"通知精神,局机关内设股室更名为"科"称谓,原桐乡县交通局人事秘书股更名为桐乡市交通局人事秘书科,原桐乡县交通局业务股更名为桐乡市交通局业务科,原桐乡县交通局计划财务股更名为桐乡市交通局计划财务科。

1993 年 9 月,经市编委《关于同意调整市交通局内设机构的批复》,同意局内设机构作如下调整,撤销计划财务科,设立财务科,撤销业务科,设立企业管理科。

1994 年 11 月,经桐编委《关于同意调整市交通局内设机构的批复》,撤销人事秘书科,设立办公室,调整后为一室二科,即:办公室、企业管理科、财务科。

1997 年 7 月,根据桐乡市委、桐乡市人民政府《关于桐乡市党政机构改革实施意见的通知》和《桐乡市市级机关"三定"工作实施意见的通知》精神,经市机构编制委员会审核,市政府批准,桐政办(1997)138 号批准《关于印发桐乡市交通局职能配置、内设机构和人员编制方案》,根据交通职能部门的职责,市交通局设置五个职能科室,即办公室、财务科、企业管理科、交通建设科、法规监察科。人员编制和领导职数,机关行政编制为 16 人(含后勤服务人员),领导职数:设局长 1 名,副局长 3 名,科(股)长 5 名。

1998 年 12 月,经市编委《关于同意市交通战备办公室的批复》,同意市交通战备办公室挂靠在市交通局,核定编制 1 名。

2001 年 12 月,根据《中共嘉兴市委、嘉兴市人民政府关于桐乡市机构改革方案的通知》《关于印发桐乡市交通局内设机构和人员编制规定》,经市政府同意,桐乡市交通局职能配置、内设机构改革和人员编制规定重新调整,根据市交通局职责，设5个职能科室，即办公室、财务科、交通管理科(交通战备办公室)、交通建设科、法规监察科，人员编制，市交通局机关编制17名(其中交通战备办公室1名)，其中：局长1名，副局长3名，科(股)长5名。

2003年7月11日，根据桐乡市编委会《关于调整部分机关编制的通知》，桐乡市交通局原机关编制数17名，增加2名，定编为19名。

2007年10月，经桐编办《关于同意市交通局调整内设机构的批复》，同意市交通局内设机构设置由原5个职能科室调整为6个职能科室，即：办公室，财务科，运输、安全科(交通战备办)，规划科，建设科，法制科。

2010年末，桐乡市交通局机关内设机构有，办公室、财务科、运输、安全科(交通战备办)、规划科、建设科、法制科，机关行政编制在册人员21名。

各时期的交通行政领导

表10-1-17　桐乡县人民政府建设科负责人任职一览表

职　务	姓　名	任职年月	离职年月	备　注
副科长	王吉仁	1950.05	1952.01	
科　长	王吉仁	1952.01	1953.12	

表10-1-18　桐乡县人民政府交通建设科负责人任职一览表

职　务	姓　名	任职年月	离职年月	备　注
副科长	史如田	1953.08	1954.12	

表10-1-19　桐乡县人民政府交通科负责人任职一览表

职　务	姓　名	任职年月	离职年月	备　注
科　长	史如田	1954.12	1958.04	
副科长	聂其安	1956.09	1958.06	
副科长	姚章满	1956.08	1957.02	

表10-1-20　桐乡县人民政府交通科负责人任职一览表

职　务	姓　名	任职年月	离职年月	备　注
副局长	陈炳甫	1958.05	1961.08	
副局长	叶光灿	1958.06	1958.11	
局　长	苑炳田(兼)	1958.07	1961.08	1958年9月—1961年8月离职学习

表10-1-21　崇、桐两县合并后工业交通局负责人任职一览表

职　务	姓　名	任职年月	离职年月	备　注
副局长	叶光灿	1958.12	1959.06	
副局长	沈松林	1958.12	1968.06	
副局长	郑振贵	1958.12	1960	
副局长	陈自觉	1959.07	1959.11	
局　长	陈自觉	1959.11	1960.07	
副局长	陆荣钿	1959.11	1960.07	
局　长	陆荣钿	1960.07	1968.06	

表 10-1-22 桐乡县革委会生产指挥组工业交通建筑局负责人任职一览表

职　务	姓　名	任职年月	离职年月	备　注
组　长	沈松林	1968.06	1969.12	
副组长	沈鸿滨	1968.06	1969.12	

表 10-1-23 县革委会生产指挥组工业交通局负责人任职一览表

职　务	姓　名	任职年月	离职年月	备　注
主任、组长	王守连	1971.01	1972.03	
副主任、副组长	叶智民	1971.01	1971.04	
副主任	沈淦清	1971.01	1971.04	
副主任	沈松林	1971.04	1972.02	

表 10-1-24 桐乡县革委会生产指挥组交通邮政局负责人任职一览表

职　务	姓　名	任职年月	离职年月	备注
组　长	曹继元	1972	1973.04	
副组长	高师鲁	1972.03	1973.04	

表 10-1-25 1973—2010 年桐乡市交通局行政负责人任职一览表

职　务	姓　名	任职年月	离职年月	备　注
组　长	曹继元	1973.04	1975.12	
	刘传生	1975.12	1978.12	
副组长	刘传生	1973.04	1975.12	
	顾志宏	1976.06	1978.10	
局　长	顾志宏	1978.11	1981.10	
	叶光灿	1984.02	1987.08	
	汪品浩	1989.04	1992.03	
	朱树青	1992.03	1993.06	
	朱敏荣	1993.06	1994.01	
	李建平	1994.04	1997.07	
	张海林	1997.07	2001.03	
	尹夏青	2001.03	2006.12	
	姚毅军	2007.04		
副局长	陆熙鸿	1979.03	1988.04	
	来益人	1981.03	1983.11	
	李　敏	1982.03	1984.02	
	傅镇申	1985.04	1995.08	
	王建荣	1986.05	1988.09	
	贺雅钻	1988.03	1993.06	
	袁继华	1988.04	1991.03	
	宣圣华	1992.03	1993.06	
	查政荣	1992.06	1993.06	

（续表 10-1-25）

职　务	姓　名	任职年月	离职年月	备　注
副局长	张可均	1993.06	1999.09	
	陈富潮	1993.10	1995.08	
	杨荣江	1993.06	1995.03	任局长助理
		1995.03		
	王金魁	1996.10	1999.09	
	高富泉	1998.12	2004.03	
	王宏欣	1999.09	2010.09	
	高金康	2002.07	2005.08	2005年8月至2006年6月任总工程师
	马建良	2005.08		
	张雪根	2007.10	2010.07	
	彭卫开	2007.12		
	翁建坤	2008.05		
	姚济荣	2010.11		
	沈瑞明	2010.11		
局长助理	沈建浩	1996.06	1996.09	
巡视员	陆熙鸿	1988.04	1993.08	
	贺雅钻	1993.06	1996.02	
	朱鹏楠	1996.01	2001.10	
	祝洪泉	1996.06	1999.12	
	王金魁	1999.09	2007.06	
副局级调研员	张可均	2001.11	2007.03	
	傅镇申	2001.11	2007.08	
正局级调研员	张海林	2001.11	2008.06	

原崇德县交通机构领导

表 10-1-26　交通建设科负责人任职一览表

职　务	姓　名	任职年月	离职年月	备　注
副科长	郑振贵	1956.09	1958.05	

表 10-1-27　工业交通科负责人任职一览表

职　务	姓　名	任职年月	离职年月	备　注
第一副科长	沈松林	1958.05	1958.12	
第二副科长	郑振贵	1958.05	1958.12	

党组织

解放初期，桐乡、崇福两县，未建立中共党的组织。

1958 年 6 月，成立桐乡县工业交通局，同年 11 月，两县合并后，建立党支部。

1971 年 3 月，县委(71)4 号文件批准，建立县工业交通局党总支，设三个支部。机关支部、交管站支部、经理部支部。

1972 年 3 月，县委 7 号文件，交通与邮政合并，成立交通邮政局，建立党总支。

1973 年 3 月，县委 10 号文件，关于调整部份机构的通知，划出邮政，成立交通局，建立党总支。

1979 年 3 月，根据县委(79)6 号文件批准，建立桐乡县交通局党组。

1991 年前，交通系统各企事业单位党组织归属地方政府部门党组织管理，企业单位党组织由当地政府党委管理，局机关、事业单位党组织由县级机关党工委管理。

1991年5月，经县委(91)24号批复，建立中共桐乡县交通局党委，与党组并存。下辖局机关、航管所、公管所、公路段、汽运公司、航运一公司、航运三司、梧桐装卸公司等八个党支部。

1992年2月，经桐编委(92)1号文件批复，设立局党委办公室。杨荣江任交通局党委办主任。

1996年10月，撤销中共桐乡市交通局党组。市委(1996)46号。

2009年12月21日，经市委批准，桐委批[2009]23号《关于同意建立中共桐乡市交通机关委员会的批复》同意建立桐乡市交通局机关委员会，隶属桐乡市交通局党委领导。

2010年6月8日，召开中共桐乡市交通局机关委员会第一次代表大会，通过差额选举产生第一届中共桐乡市交通局机关委员会委员，同年8月10日，经桐交党委[2010]19号批复，第一届中共桐乡市交通局机关委员会委员由叶闻联、许新农、李爱林、吴松青、沈培兴、沈瑞明、翁建坤等7人组成，由沈培兴任第一届中共桐乡市交通局机关委员会书记。

各时期交通党组织领导更迭

表10-1-28 桐乡县工业交通局党支部成员任职一览表

机关名称	职务	姓名	任职年月	离职年月	备注
县工业交通局党支部	书记	沈松林	1959.01	1959.07	
		陈自觉	1959.07	1960.07	
		陆荣钿	1960.07	1966.05	

表10-1-29 桐乡县工业交通局党总支领导任职一览表

机关名称	职务	姓名	任职年月	离职年月	备注
县工业交通局党总支	书记	王守连	1971.03	1972.03	
	副书记	叶智民	1971.03	1972.03	

表10-1-30 桐乡交通邮政局党总支领导任职一览表

机关名称	职务	姓名	任职年月	离职年月	备注
交通邮政局党总支	书记	曹继元	1972.03	1973.03	
	副书记	刘传生	1972.03	1973.03	

表10-1-31 1973—2010年桐乡市交通局党组织成员任职一览表

机关名称	职务	姓名	任职年月	离职年月	备注
中共桐乡县交通局党总支	书记	曹继元	1973.03	1975.12	
		刘传生	1975.12	1976.10	
	副书记	刘传生	1973.03	1975.12	
中共桐乡县交通局党组	党组书记	顾志宏	1979.03	1981.10	
		叶光灿	1984.03	1987.10	
		汪品浩	1989.04	1992.03	
		朱树青	1992.03	1993.06	
		朱敏荣	1993.06	1994.01	
		李建平	1994.03	1996.10	
	副书记	王建荣	1986.06	1988.09	
		傅镇中	1987.08	1993.06	
		张可均	1993.06	1996.10	

（续表 10-1-31）

机关名称	职　务	姓　名	任职年月	离职年月	备　注
中共桐乡县交通局党组	成　员	陆熙鸿	1979.03	1988.06	
		来益人	1979.03	1984.03	
		凌自昌	1979.03	1984.03	
		朱永权	1981.03	1994.12	
		李　敏	1982.03	1984.03	
		叶光灿	1984.03	1987.10	
		傅镇申	1985.04	1995.08	
		王建荣	1986.06	1988.09	
		贺雅钻	1988.03	1993.06	
		袁继华	1988.06	1991.03	
		汪品浩	1989.04	1992.03	
		朱树青	1992.03	1993.06	
		查政荣	1992.06	1993.06	
		朱敏荣	1993.06	1994.01	
		张可均	1993.06	1996.10	
		杨荣江	1993.06	1996.10	
		陈富潮	1993.09	1995.08	
		李建平	1994.03	1996.10	
		王金魁	1994.03	1996.10	
中共桐乡市交通局委员会	党委书记	汪品浩	1991.05	1992.03	
		朱树青	1992.03	1993.06	
		朱敏荣	1993.06	1994.01	
		李建平	1994.03	1997.07	
		张海林	1997.07	2001.11	
		尹夏青	2001.11	2006.12	
		姚毅军	2007.04		
	副书记	张可均	1993.06	2001.11	
		王金魁	1994.03	1996.10	
		高富泉	1996.10	1998.11	
		尹夏青	2001.03	2001.11	
		沈培兴	2001.11		
		杨荣江	2004.02		
	党委委员	汪品浩	1991.05	1992.03	
		傅镇申	1991.05	1995.08	
		贺雅钻	1991.05	1993.06	
		朱永权	1991.05	1994.12	
		朱树青	1992.03	1993.06	
		查政荣	1992.06	1993.06	
		朱敏荣	1993.06	1994.01	
		张可均	1993.06	2001.11	
		杨荣江	1993.06		
		陈富潮	1993.09	1995.08	
		李建平	1994.03	1997.07	
		王金魁	1994.03	1999.08	

（续表 10-1-31）

机关名称	职　务	姓　名	任职年月	离职年月	备　注
中共桐乡市交通局委员会	党委委员	张海林	1997.07	2001.11	
		马建良	1998.04		
		高富泉	1996.10	2004.03	
		沈瑞明	1998.11		
		王宏欣	1999.08	2010.09	
		尹夏青	2001.03	2006.12	
		沈培兴	2001.11		
		姚毅军	2007.04		
		张雪根	2007.10	2010.07	
		彭卫开	2007.12		
		翁建坤	2008.05		
		倪　青	2008.09	2010.09	
		俞忠伟	2008.09	2010.09	
		姚济荣	2010.11		

表 10-1-32　桐乡市交通局机关委员会成员任职一览表

机关名称	职　务	姓　名	任职年月	离职年月	备　注
中共桐乡市交通机关委员会	书　记	沈培兴	2010.08		
	成　员	叶闻联	2010.08		
		许新农	2010.08		
		李爱林	2010.08		
		吴松青	2010.08		
		沈瑞明	2010.08		
		翁建坤	2010.08		

第二章 交通行业管理机构

第一节 公路管理机构

嘉兴市公路管理处

1949年5月，嘉兴解放后，公路养护除杭州至金丝娘桥，由浙江省交通管理局海宁工务段养护外，其余均由苏嘉湖汽车公司代管养护，代收养路费。1952年7月改称养路段。1954年9月，海宁养路段迁驻嘉兴，改称嘉兴养路段，管理养护杭州至金丝娘桥、乍浦至嘉兴公路。1955年，又接养嘉兴至王江泾公路，下设海宁、海盐、平湖3个工区。1958年1月，实行"运养合一"，撤销嘉兴养路段，设嘉兴汽车站养路队。1961年4月，省恢复工程局，嘉兴公路划归杭州养路大队(后改称杭州养路总段)管辖，在嘉兴设海宁、嘉兴工区。1965年在湖州成立嘉兴养路总段。1972年1月，撤销嘉兴养路总段，在嘉兴地区交邮局内设负责养路科室，公路养护的人、财、物权全部下放到县交通局管理。1979年1月恢复建立嘉兴地区公路总段，公路养护实行条块结合的体制。1982年10月，公路养护实行5级管理，采取专业养护和社队养护两种形式。1983年，嘉兴行政建制变更，同年10月21日，撤销嘉兴地区公路总段，分别建立嘉兴市和湖州市公路段。1990年7月，公路管理实行条块结合，以市(地)为主的体制，嘉兴市公路段更名为嘉兴市公路管理处，设政工、工程、公安、财务、机料、行政等科、室，隶属于嘉兴市交通局领导，为全市公路养护管理机构。辖嘉善、平湖、海盐、桐乡4县和海宁市及嘉兴工区6个下属公路段，办公地址在嘉兴市三官塘百花新村。1990年，全市公路养护人员546名，其中干部10名，道工201名，汽车驾驶员35名，机修工34名。1990年年末，养护管理公路总长为362.01公里，其中G320国道杭枫段(杭州至枫泾)85.75公里，省道杭沪线(杭州至金丝娘桥)、乍王线(乍浦至王江泾)、新海线(新仓至海宁市)3线179.89公里；县道湖盐线(湖州至海盐)、善西线(嘉善至西塘)、闸皇线(闸口至皇岗)3线89.06公里；乡道向湖(谈桥至陈家)、干窑2支线7.3公里及公路桥梁298座8891.85延米。

中共十一届三中全会后，公路管理贯彻"全面规划、加强养护、积极改善、重点发展、科学管理、保证畅通"的方针，加强公路养护管理，提高好路率，确保公路的安全畅通。1984年起，嘉兴掀起"公路热"，新增公路里程倍增，各级公路养护部门采取加强养护、积极改善的措施，路面坑洼状况得以改变，行车条件明显改善。1990年年末，5(县、市)2区有90.57%乡镇实现了乡乡镇镇通公路。县乡公路的建设、养护，属县(市)交通局负责管理，直至2002年9月。

表10-2-1 嘉兴市公路管理处党政负责人任职一览表

机构名称	职别	姓名	任期	备注
嘉兴市公路段	段长	孙延德	1983.10—1988.12	
	副段长	蔡世盐	1983.10—1987.09	离休
	副段长	吴齐正	1987.07—1990.10	
	副段长	俞利群	1988.10—1990.12	
中共嘉兴市公路段总支	书记	俞利群	1983.10—1990.12	
嘉兴市公路管理处	处长	孙皎兴	1990.12—1990.12	
	副处长	俞利群	1990.10—1990.12	
	副处长	吴齐正	1990.10—1990.12	
	副处长	沈耀昌	1990.10—1990.12	

1990年7月，嘉兴市公路管理段更名为嘉兴市公路管理处，同年10月，设副处长3人。

1991年1月，嘉兴市公路管理处设处长1名，同年3月，嘉兴市公路管理处内设：行政科、劳动人事科、计划财务科、公安路政科、质量监理科、工程管理科、机料科。12月，嘉兴市公路管理处公安路政科增挂嘉兴市公路管理处公路路政管理大队牌子。

1992年3月，嘉兴市公路管理处设路政管理大队长1

人，副大队长2人。同年5月，设行政科、公安路政科、机料科、工程管理科科长各1人。6月，设质量监理科副科长2人，计划财务科副科长1人。8月，原行政科更名为办公室，设办公室主任1人。

1993年2月，设副总工程师1人。11月，嘉兴市公路管理处增设养护科。

1994年9月，增设路政科副科长1人，养护科副科长1人。同年10月，设质量监理科、养护科科长各1人。

1995年4月，设计划财务科科长1人。10月，增设办公室副主任1人。

1996年5月，增设公安路政科副科长1人。

1997年5月，设办公室副主任1人。

1998年11月，嘉兴市公路路政管理大队更名为嘉兴市公路路政管理支队，设支队长1人，支队政委1人，副支队长2人。成立嘉兴市公路路政管理支队高速公路大队，编制36人。同年12月设嘉兴市公路路政管理支队沪杭高速公路大队大队长1人。

2000年9月，增设嘉兴市高速公路路政大队副大队长1人，大队长助理1人。

2002年9月，嘉兴市县乡公路管理处并入嘉兴市公路管理处，至此嘉兴市公路管理处成为嘉兴市唯一的公路养护管理机构。同年12月处党办更名为政工科，设科长1人，副科长1人。新成立县乡道路科，设副科长1人，撤销机料科，新增资产科，设副科长1人。至此，内设机构确定为：政工科、办公室、养护科、工程科、路政科、县乡道路科、计划财务科、资产科。

2004年4月，经市编委批复，明确了嘉兴市公路管理处为监督管理类，相似副处级事业单位，内设办公室、组织人事科、养护管理科、工程管理科、公安路政管理科、计划财务科（资产管理科）、县乡公路管理科、交通设施管理科（科技信息科）等8个副科级科室，核定人员编制96名；嘉兴市公路路政管理支队高速公路大队为监督管理类，相似科级事业单位，核定人员编制36名。

2005年4月，县乡道路科设科长1人，政工科增设副科长1人。

2009年10月，公安路政管理科增挂行政审批科牌子。

2010年，嘉兴市公路管理处下辖7个县（市、区）公路管理段，16个专业公路养护站（道班）、46个农村公路养护站、8个公路路政大队，有在册职工665人（管理人员、工程技术人员278人），管养公路里程达7319.5公里。在连续9年保持省级文明单位荣誉称号的基础上，2005年嘉兴市公路管理处被中央精神文明建设指导委员会命名为“全国精神文明建设工作先进单位”。

表10-2-2 1990—2010年嘉兴市公路管理处党政领导人任职一览表

机构名称	职务名称	姓名	任职时间
嘉兴市公路管理处	副处长、书记	俞利群	1990.12—2002.08
	处长	孙皎兴	1990.12—1992.11
	副处长	吴齐正	1990.10—1994.11
	副处长	沈耀昌	1990.10—1995.07
	副处长	李祖铭	1992.03—1993.02
	处长	沈迪明	1992.11—2002.08
	副处长	方慈良	1994.10—1995.07
	副处长	陈鸿	1995.03—2003.05
	副处长	张荣楠	1996.01—1998.03
	副处长	张春荣	1996.01—2003.04
	副处长	王志有	1998.03—2003.04
	副处长	张荣楠	1998.11—2009.11
	处长、书记	朱建华	2002.08—2010.12
	副处长、副书记	何晓东	2002.08—2010.12
	处长助理	方建义	2004.03—2005.11
	副处长	方建义	2005.11—2010.12
	副处长	叶永平	2006.07—2009.11
	总工程师	范永根	2006.07—2010.12
	处长助理（挂职）	陈建明	2007.07—2009.11
	副处长（挂职）	吕铮	2007.07—2008.08
	高速路政大队大队长	叶军	2008.10—2010.12
	副处长	陈鸿	2009.06—2010.12
	副处长	唐平	2009.11—2010.12

表 10-2-3　1992—2010 年嘉兴市公路路政管理支队领导任职一览表

职　务	姓　名	任职时间
路政大队长	孙皎兴	1992.03—1992.11
路政副大队长	俞利群	1992.03—1998.10
路政副大队长	黄文山	1992.03—1998.10
路政支队长	沈迪明	1998.11—2003.04
路政支队政委	俞利群	1998.11—2003.04
路政副支队长	张荣楠	1998.11—2010.12
路政副支队长	黄文山	1998.11—2003.04
路政支队长	朱建华	2003.04—2010.12

嘉兴市公路管理处主要工作职责

贯彻执行国家和省有关公路建设、养护、管理工作的法律、法规、规章及方针、政策，负责全市公路养护、路政管理行业监督管理工作，保障公路安全畅通。

负责全市公路养护、路政管理年度计划草案及规划编制；公路建设养护工程的设计审(核)查，组织实施行业监督检查、指导、验收工作。督促国省道公路建设项目组织实施、工程决算管理。监督检查公路设施安全状况，维护公路养护作业、施工路段交通安全。

承担全市公路养护和公路绿化的行业管理，组织公路交通量调查和路况巡查，负责公路交通量调查、公路基本资料统计、公路桥梁数据库及行业信息管理等工作。组织全市公路科研项目及重点工程的技术攻关、科研成果的验收上报和公路新技术、新材料、新工艺的试验研究及推广应用。

组织、指导公路建设、养护、路政管理技术装备的使用，提高现代化水平；负责全市公路筑养路机具设备配置规划、更新改造计划的编制和审核，交通战备物资设备管理。

宣传贯彻执行公路管理法律、法规和规章；负责全市国省道(高速公路)路政管理工作，审批(核)公路行政许可事宜。负责全市超限运输车辆行驶公路管理、交通标志标线、安全设施管理，维护公路及设施安全，依法保护公路路产路权。

负责公路行业精神文明建设和思想宣传、职工教育，对公路行业文明建设进行检查、监督。负责编制科技教育、人才培养计划并组织实施“人才工程”。指导全市公路行业的职工教育，组织公路养护、路政管理人员专业培训，指导全市公路系统职工队伍建设。

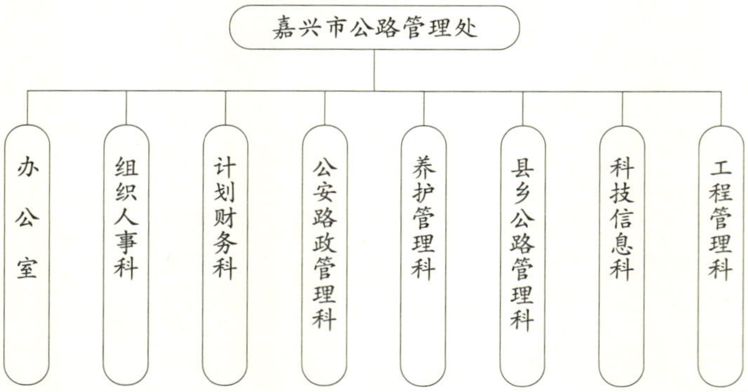

图 10-2-1　嘉兴市公路管理处内设机构图

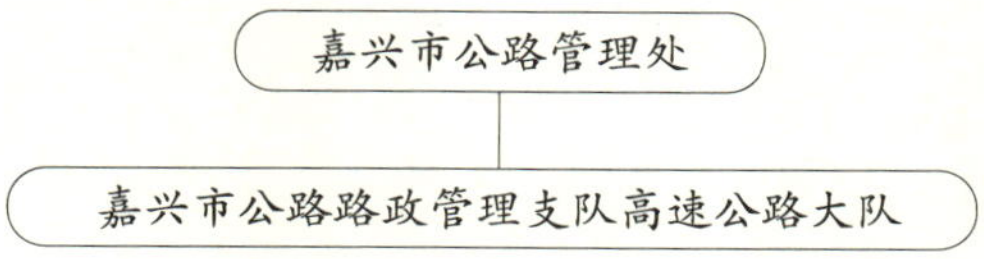

图 10-2-2　嘉兴市公路管理处直属机构图

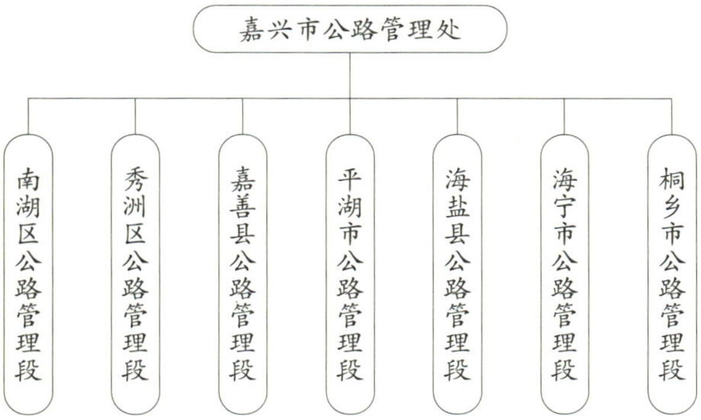

图 10-2-3　嘉兴市公路管理处下属机构图

嘉善县公路管理段

嘉善县公路管理段始建于 1969 年，是法律、法规授权和嘉善县交通局行政委托，负责嘉善县境内公路路政许可、路产、路权、公路安全畅通维护及超限运输、行业管理的监督类事业单位。行政隶属于县交通局管理的副科级事业单位，业务受嘉兴市公路管理处指导。主要职责：负责全县境内国省道、县乡道路的养护管理和路政管理，公路养护质量监督检查与路况评定，确保公路安全畅通与路政管理保障等职能。

1970 年 10 月，根据嘉兴地区公路总段革命委员会“关于建立嘉善直属道班”的文件精神，由德清、吴兴两地抽调职工 6 人，成立嘉善直属道班。11 月，由县劳动局新招职工 6 人，与原有职工共计 12 人，除会计 1 人外，分嘉善、枫泾两个路段养护作业。嘉善直属道班的主要职责是负责杭枫公路(今 G320 国道嘉善段)的养护，养护里程 17.167 公里。

1971 年 10 月，善西公路修复通车。

1972 年 2 月，直属道班建制改为嘉善县公路段，并调入技术干部 1 人，财务管理人员 1 人，养护工 3 人，全段干部职工增至 17 人，负责全县 29.197 公里公路的管理与养护。

1990 年，根据省交通主管部门《关于完善我省公路路政管理机构的通知》精神，各县公路段内增挂路政管理队，执行国道、省道、县道公路路政管理，并协助做好乡村道路和专用公路路政管理。

1991 年 10 月，根据嘉兴市交通局(嘉交人〔1991〕357 号)文件精神，嘉善县公路段更名为嘉善县公路管理段。

1992 年 11 月，按照关于理顺管理体制的相关规定，县公路管理段体制下放地方，直接受地方交通主管部门领导，业务上受市公路管理处指导。

2001 年 12 月，经嘉善县编制委员会《关于同意组建嘉善县公路管理段和嘉善县路政管理大队的批复》文批复，撤销原嘉善县公路养护管理所和嘉善县公路路政管理大队，组建嘉善县公路管理段和嘉善县公路路政管理大队。

2002 年 3 月，根据浙江省交通厅《浙江省公路管理体制与运行机制改革的指导意见》文件精神，嘉善县县乡公路养护管理所并入嘉善县公路管理段。嘉善县公路管理段与嘉善县公路路政管理大队，实行二块牌子，一套班子合署办公。合并后全段在编职工 36 人，内设行政财务股、工程养护股、路政办、路政一中队、路政二中队、路政三中队。同年，成立嘉善县通顺路桥工程有限责任公司，主要承担全县公路的养护、公路施工等职责。单位地址位于魏塘镇晋阳东路 50 号。

2004 年，根据国务院八部委《关于在全国开展车辆超限超载治理工作的实施方案》的通知，嘉善县公路管理段组建 320 国道嘉善超限运输检测站，开展公路超限运输管理工作。

2007 年 1 月，理顺内部工作关系优化配置，对段内部股室设置进行适当调整，撤消原路政三中队，新设立路政机动中队；撤销原养护工程股，分设养护管理股、工程管理股。

2008 年 5 月，公路段内部设置：行政财务办公室；养护工程股；养护管理股；路政办公室；路政一、二、三中队；治超站(处理中心、治超一中队、治超二中队)；试验室。同年 11 月，原嘉善公路管理站更名为善西公路管理站，路政三中队更名为路政善西中队；设西塘公路管理站，路政一中队更名为路政西塘中队；设丁栅公路管理站，路政二中队更名为路政丁栅中队。12 月，公路管理站与路政中队实行“站队合一”，合署办公，实施公路日常养护和路政管理。养护管理股与养护工程股合并为养护工程管理股。

2009 年 8 月，由嘉善县发展和改革局(善发改投〔2009〕225 号)文批复，建设嘉善县公路段养护中心。养护中心地址位于罗星街道白水塘东路 699 号，占地面积约 5600 平方米，建设投资约 1200 万元。

2010 年，县道养护里程 160.868 公里，乡道养护里程 242.15 公里。公路段在编人员 46 人，其中技术人员 6 人

(高级工程师 2 人)。内设机构：行政办公室、路政办公室、财务股、养护工程股、工程检测试验室、西塘中队(公路站)、善西中队(公路站)、丁栅中队(公路站)、G320 国道嘉善超限运输检测站。

表 10-2-4　1970—2010 年嘉善县公路管理段行政领导任职一览表

机构名称	姓　名	职　务	任职时间
嘉善县公路段	朱阿荣	段　长	1970—1981
	顾镜华	段　长	1981—1986
	顾富良	副段长	1981—1986
	顾永明	段　长	1986.11—1992.11
嘉善县公路管理段、嘉善县公路路政管理大队	王鸿发	段　长	1992.11—1996.08
	顾永明	副段长	1992.11—1996.08
	王东山	段　长	1997.03—1999.01
	赵志超	段长、路政大队长	1999.01—2004.02
	薛中熊	副段长、路政副大队长	1999.01—2001.11
	卞桂荣	副段长、路政副大队长	2001.11—2009.01
	邱建忠	副段长、路政副大队长	2001.11—2004.12
	江　帆	副段长、路政副大队长	2001.11—2004.12
	李小音	段长、路政大队长	2004.09—2010.12
	王　正	副段长、路政副大队长	2004.11—2010.12
	薛中熊	副段长、路政副大队长	2006.02—2010.10
	周锦和	副段长、路政副大队长	2006.02—2007.09
	李竞峰	副段长、路政副大队长	2009.01—2010.12
	吴小明	副段长、路政副大队长	2010.09—2010.12

表 10-2-5　1970—2010 年嘉善县公路管理段党支部书记、副书记任职一览表

机构名称	姓　名	职　务	任职时间
嘉善县公路段	朱阿荣	书　记	1970—1981
	顾镜华	书　记	1981—1986
	朱永勇	书　记	1986.11—1990.11
	张景富	书　记	1990.11—1992.11
	王鸿发	书　记	1992.11—1996.08
嘉善县公路管理段党支部	王东山	书　记	1997.03—2001.01
	赵志超	副书记	1999.04—2001.01
	赵志超	书　记	2001.02—2004.02
	薛中熊	副书记	2001.11—2006.02
	李小音	书　记	2004.09—2010.12
	周锦和	副书记	2006.02—2007.09

平湖市公路管理段

1961 年 4 月，经平湖县人民政府批准，成立平湖公路养护队，有养护工 20 人。年底，人员精简下放，该队撤销。

1971 年 1 月，成立平湖交通工程队，地址城关汽车站西首，有职工 34 人。1974 年，该队迁至乍浦，1977 年 7 月 15 日，更名为平湖县公路段。1989 年，由省公路局下放管理权限到嘉兴市。1991 年，更名为平湖市公路管理段。

平湖市公路管理段为全民所有制副科级事业单位的公路管理机构。依据《中华人民共和国公路法》等有关法律、法规，承担平湖市境内省道、县道与“四自”公路的养护管理和路政管理，负责指导乡、村道路的管理和养护工作。原办公地址在乍浦镇东首约 1.5 公里，原 S01 省道北侧。

1990 年 9 月，成立平湖县公路路政管理队，设专职路政员 2 名。公路段长兼任路政队长，养护道班班长兼任路政管理员，管理 S01 省道、S07 省道 45.724 公里路政管理工作，办公室设在公路段内。

1994 年 10 月 18 日，为加强县乡公路路政管理，加快县乡公路建设步伐，平湖市机构编制委员会下发《关于同意建立平湖市县乡公路路政管理所的批复》，成立平湖市县乡公路路政管理所。县乡公路路政管理所为全民事业单位，隶属于市交通局领导，与市县乡公路养护所合署办公。聘任20名乡镇兼职路政管理员，主管县乡公路116公里路政管理工作，经费实行自收自支。

1998年7月，沿原S01省道西迁约100米(翁金公路K91+065处)。办公地址占地0.59公顷，建筑面积3349平方米，建有五层办公楼及车库等设施。

1999年9月，嘉兴市公路养护路政管理体制调整，市公路段实行条块结合、以县(市)为主的管理体制，行政管理、干部任免、党团组织、劳动工资由平湖市交通局负责，嘉兴市公路管理处实施业务指导和行业管理。

2001年5月24日，根据浙江省公路管理体制改革的要求，平湖市县乡公路养护、路政管理所并入平湖市公路管理段，并增设平湖市公路路政管理大队。段部下设行政办公室、养护工程股、路政管理办公室、路政一中队、路政二中队、路政三中队。

2002年，按照进一步深化公路养护管理体制改革，实行管养分开、事企分开，成立公路段养护中心，下设平湖养护站、乍浦养护站、养护机具站。

2003年10月，公路段组建“平湖市明辉道路工程有限责任公司”，通过招投标，承包公路养护工作。

2005年年末，市公路段有在职人员70人(含聘用合同制人员28人)，其中大专以上学历18人，技术职称人员8人，其中高级职称2人。拥有养护设备30台(套)，其中养护机械17台(套)，筑、养路两用机械13台(套)，路政巡查、养护工程等种类车辆19辆，固定资产601万元。

2007年11月，成立农村公路养护股，主要负责农村公路的管养工作。

2010年，养护里程为省道61.263公里，县道249.147公里，桥梁241座。其他乡道、村道及乡村桥梁则由乡(镇)人民政府组织管养，公路段给予技术指导及协助。事业单位编制数44人，实有在职人数41人(行政管理人员13人，专业技术人员8人，工勤20人)，退休职工21人。内设机构11个：行政办公室、工程股、农村公路养护股、路政办公室、路政一中队、路政二中队、路政三中队(治超站)、乍浦公路养护站、平湖公路养护站、机具站、沥青搅拌站。固定资产共计9910656.29元。其中，房屋建筑物3034936.25元；土地183984.87；一般设备（办公及生活用具）892346元；一般设备（交通工具）3032200.13元；专用设备2767189.04。拥有养护设备30台(套)，其中养护机械17台，筑、养路两用机械13台，路政巡查、养护工程等种类车辆18辆，固定资产579.93万元。

平湖市公路养护中心建设概况：根据《浙江省公路管理基层业务用房建设与管理暂行办法》及《关于平湖市公路养护中心项目建议书的批复》《关于平湖市公路养护中心可行性研究报告的批复》《关于平湖市公路养护中心工程初步设计的批复》，平湖市公路养护中心建设工程于2010年开工建设。项目建筑面积10855平方米，项目选址于平湖市当湖街道池海路99号，用地8273平方米，项目总投资4586万元。

表10-2-6　1986—2010年平湖市公路管理段行政领导任职一览表

机构名称	姓　名	职　务	任职时间
平湖公路养护队	陶水生	段　长	？—1986
平湖县公路段	包海良	段　长	1986.06—1993.11
平湖市公路管理段	包海良	副段长	1993.12—2000.08
	张照兴	副段长	1994.06—1995.07
	张照兴	段　长	1995.08—2002.10
	陶秀其	副段长	1997.09—2010.12
	陈付林	段　长	2003.01—2008.12
	杨自忠	副段长	2003.06—2010.12
	邵永根	段　长	2008.12—2010.12

表10-2-7　1999—2010年平湖市公路管理段党支部书记、副书记任职一览表

机构名称	姓　名	职　务	任职时间
平湖市公路管理段党支部	杨其良	书　记	？—1999.04
	杨自忠	副书记	1999.04—2010.12
	陈付林	书　记	2003.01—2008.12
	邵永根	书　记	2008.12—2010.12

海盐县公路管理段

海盐公路管理段建立于1972年1月。初时称海盐县公路段革命领导小组，属海盐县工交局管辖。段址设在武原镇海滨东路32号。

海盐县公路管理段主要负责海盐县境内省道(30.728公里)、县乡、农村(877.732公里)等级公路及243座桥梁等设施的养护管理、路政管理等工作，保障公路安全畅通。依法查处各种违章利用、侵占、污染、毁坏路产的行为，控制公路两侧建筑红线，审理跨越公路的其他设施建筑事宜，加强超限运输车辆、标志标线的管理，对特殊利用、占用公路和超限运输车辆行驶公路进行许可，维护公路渡口和公路养护工作的正常秩序。

1979年1月，海盐县公路段改属嘉兴地区公路总段管辖。同年11月，取消革命领导小组名称，改称浙江省海盐县公路段。

1983年，嘉兴实行市管县后，隶属于嘉兴市公路段，地方受海盐县交通局主管(即双重领导)。

1990年8月，嘉交人劳(90)287号文，同意海盐县公路段定为副科(局)级事业单位。同年9月，海盐县县乡公路管理总站成立，主要职能为负责县乡公路养护管理。

1991年10月，海盐公路段改称海盐县公路管理段。为海盐县实施公路养护和路政管理职能的专门公路管理机构。

1994年1月1日，海盐公路管理段迁至新落成的段部办公大楼办公。段址设在武原镇勤俭南路28号。

1996年县乡公路管理总站更名为海盐县县乡公路养护管理所。

1998年7月，杭沪公路(S01省道复线、东西大道)改道工程竣工后，为加强对高等级公路的养护管理，建立海盐县高等级公路养护管理所，与县交通建设管理处合署办公。

1999年，根据《嘉兴市公路养护、路政管理体制调整方案》，嘉兴市交通局与海盐县人民政府签署交接协议，明确海盐县公路管理段实行条块结合，以县为主的管理体制，体制改革交接后，涉及路政、养护管理权限，按省、市、县职责分工办理。

2002年6月，根据省、市公路养护体制改革的精神及海盐县公路养护体制改革实施方案，有关机构及人员编制作出调整：撤销海盐县县乡公路养护管理所、海盐县高等级公路养护管理所建制，其职能划入县公路管理段，组建新的海盐县公路管理段、县公路路政管理大队，县公路路政管理大队与县公路管理段实行两块牌子，一套班子，核定人员编制70名(其中县公路路政管理大队20名)，公路段内设办公室、工程养护管理股、机料股、财务股四股室，县路政大队内设三个中队。同年7月9日，海盐县公路管理段迁至武原镇众安桥南700米处新建的办公楼办公，建筑面积2000余平方米。

2007年10月建造于城公路养护站，坐落于于城镇南圣村，投资为330万元，建筑面积为1811平方米。

1997年4月，海盐县公路管理段被中共海盐县委、海盐县人民政府命名为县级文明单位。2008年4月，县文明单位被撤销。2010年，重获县级文明单位称号。

表10-2-8　1988—2010年海盐县公路管理段党支部书记、副书记任职一览表

姓　名	任命机构	职　务	任职时间
柏继良	海盐县交通局党委	书　记	1988.03—1993.09
朱云亮	海盐县交通局党委	书　记	1993.09—1998.09
姚运运	海盐县交通局党委	书　记	1998.10—2010.06
陈州彤	海盐县交通局党委	副书记	2008.04—2010.06
陈州彤	海盐县交通局党委	书　记	2010.06—2010.12

表10-2-9　1972—2010年海盐县公路管理段行政领导任职一览表

姓　名	任命机构	职　务	任职时间
郭永章	海盐县工交局	组　长	1972.01—1972.03
张桂标	海盐县工交局	副组长	1972.01—1977.05
康义斋	海盐县工交局	全面负责	1972.03 —1979.08
郭永章	海盐县工交局	负责人	1972.03—1976.01
沈万成	海盐县工交局	负责人之一	1976.04—1979.12
郭永章	海盐县工交局	负责人之一	1979.08—1979.11
郭永章	海盐县工交局	负责人	1979.11—1981.10

（续表 10-2-9）

姓　名	任命机构	职　务	任职时间
张水根	海盐县工交局	负责人	1981.11—1982.10
柏继良	海盐县工交局	负责人	1982.10—1982.12
柏继良	海盐县交通局	副段长	1982.12—1985.01
柏继良	海盐县人民政府	段　长	1985.01—1993.05
顾玉明	海盐县交通局	副段长	1985.01—1986.02
盛明章	海盐县交通局	副段长	1986.02—1993.07
朱云亮	海盐县人民政府	段　长	1993.05—1998.09
姚运运	海盐县人民政府	段　长	1998.10—2010.05
吴建军	海盐县交通局	副段长	2002.06—2005.10
陈云松	海盐县交通局	副段长	2002.06—2003.06
顾玉明	海盐县交通局	副段长	2003.06—2010.12
陈州彤	海盐县交通局	副段长	2007.02—2010.05
曹建明	海盐县交通局	段长助理	2008.12—2010.12
陈州彤	海盐县人民政府	段　长	2010.06—2010.12

表 10-2-10　1992—2010 年海盐县公路路政大队(路政队)负责人任职一览表

姓　名	任命机构	职　务	任职时间
盛明章	海盐县交通局	路政队长	1992.11—1993.08
朱云亮	海盐县交通局	路政队长	1993.08—1998.09
姚运运	海盐县交通局	路政大队长	2002.06—2010.05
陈州彤	海盐县交通局	路政大队长	2010.06—2010.12

海宁市公路管理段

浙江省海宁市公路管理段始建于 1949 年 6 月，其时名为海宁工务段，1954 年改称海宁工区，1968 年 5 月更名为海宁县公路段，1986 年 2 月海宁撤县建市，改称海宁市公路段。

1989 年 10 月，段部办公地址由黄湾镇闸口村集镇搬迁至硖石镇三里亭路 19 号。1991 年 10 月，海宁市公路段改称浙江省海宁市公路管理段，业务主管隶属于嘉兴市公路管理处，各专业养护道班同时改称公路管理站。

1992 年 12 月，根据海宁市编委(海编〔1992〕29 号)文件精神，公路管理段行政级别调整为副局级事业单位。

1998 年 4 月，G320 国道安全设施工程完工，公路管理段在 G320 国道海宁段设立养护作业点，恢复日常养护工作，养护里程 7.491 公里。5 月，因接养 S101 省道(东西大道)，全市专业公路站设置作出重大调整，即翁金线由西至东设袁牧、盐官、新仓 3 个公路管理站；S08 省道设马桥公路管理站；湖盐线设硖石公路管理站；成立 S101 省道(东西大道)公路管理站；闸皇线袁花公路管理站撤销，日常养护工作由马桥公路管理站承担。

1999 年 12 月起，实行公路管理体制改革，公路管理段行政、人事、劳资下放地方，业务主管仍隶属嘉兴市公路管理处。

2001 年 2 月，按照海宁市编委海编〔2001〕3 号文件精神，撤销海宁市县乡公路养护管理所和海宁市公路路政管理所，其在编人员成建制并入海宁市公路管理段，工作职能由海宁市公路管理段承担；海宁市公路管理段增挂海宁市公路路政管理大队牌子，由公路管理段在现有在编人员中按条件选配专职路政管理人员；撤并后核定公路段编制数 125 人，机构级别、性质、隶属关系不变。

2004 年 3 月，因公路养护里程增加，公路站开始改按区域设置，全市按区域划分为西片、东片和北片，分别由盐官、马桥和硖石 3 个公路管理站养护，盐官站养护 80.287 公里，马桥站养护 81.327 公里，硖石站养护 60.527 公里，合计专业养护里程 222.141 公里。8 月，根据市交通局(海交〔2004〕171 号)文件精神，内设职能部门由股(室、中队)改称为科(室、中队)，增设乡村公路管理科，路政综合办公室改为法制科。10 月，段部办公地址由三里亭路 19 号搬迁至文苑南路 136 号，新办公大楼建筑面积 5601.8 平方米，投资 1243 万元。

2005 年 6 月，为深化公路养护体制改革，海宁市公路管理段注册组建国有独资公司——海宁市通达公路养护工程有限责任公司，投资额 200 万元，其中固定资产投资

182.936万元，货币资金投资17.064万元，公司注册地为海洲街道金龙村。同年8月，在全段范围内征集并确定公路管理段精神，为"务实拼搏，一路争先"。

2009年12月，根据海宁市编委《关于同意市公路管理相关职能、机构和人员编制实行管养分离的批复》，浙江省海宁市公路管理段(海宁市公路路政管理大队)从准公益类事业单位调整为监督管理类事业单位，重新核定人员编制40名；设立海宁市公路养护管理中心，属准公益类事业单位，核定人员编制60名。其主要工作职能：贯彻执行国家关于公路事业的方针、政策和法规，负责辖区内国、省、县道公路的日常巡查、养护管理和应急抢险。

2010年2月，经省政府批准撤销政府还贷二级收费公路S101省道收费站，改转用为超限运输检测站。超限运输检测站位于S101省道海宁市盐官镇广福村(K38+100M)，占地面积9亩，办公大楼建筑面积1420平方米。设置固定检测区、卸载场、卸载仓储、停车场、办公室区等功能区域。办公大楼内设处理大厅、驾驶员待处理室、驾驶员休息室、监控中心、档案室、装备室、办公室、会议室、餐厅等十余个管理区域，同时设立S101省道海宁超限运输检测站公安值勤室。配备了国内较为先进的高(低)速、便携式动态称重检测系统5套，路政执法车2辆，电脑12台以及数码相机、复印机、传真机等办公设备，利用并改造增设了原收费站监控设施，实行治超区域监控。同年12月28日，S101省道海宁超限运输检测站一期工程完工并投入使用，成为全省率先完成转用的超限运输检测站。治超站配备路政员8名，协管员7名。

至2010年底，管养村道以上公路1290.382公里，计426条。乡道及乡道以上公路桥梁803座。辖区内沪昆高速公路、杭州湾环线高速公路、杭州支线、杭州北支线和320国道的日常养护由各投资公司承担；S101省道(东西大道)、08省道(海新公路)以及24条县道的日常养护由海宁市公路养护管理中心承担；44条乡道和339条村道的日常养护则由各镇、街道各自承担，全市共12个镇、街道，均成立公路管理站。海宁市公路养护管理中心为养护专业队伍，下设盐官中心及硖石、马桥3个公路管理站，承担全市292.346公里公路的日常养护工作。盐官中心公路管理站位于S101省道(东西大道)K40+100M处，管养公路127.467公里，有职工60人，拥有各类养护机械设备68辆(台、套)；硖石公路管理站位于硖斜线K3+100M处，管养公路62.941公里，有职工31人，拥有各类养护机械设备49辆(台、套)；马桥公路管理站位于S101省道(东西大道)K57+300M处，管养公路101.938公里，有职工41人，拥有各类养护机械设备43辆(台、套)。负责专业公路养护的硖石公路管理站和盐官公路管理站获得文明公路站荣誉称号；负责农村公路养护的周王庙镇公路管理站、袁花镇公路管理站、丁桥镇公路管理站、斜桥镇公路管理站和黄湾镇公路管理站获得农村文明示范公路站和农村文明公路站荣誉称号。公路段内设办公室、财务科、工程科、养护科(农村公路养护科乡村公路管理科)、法制科、治超站、盐官路政中队、路政一中队。全段各类固定资产5358万元，其中房屋及建筑物1910万元，专用设备3099万元，一般设备349万元。

表10-2-11　1970—2010年海宁市公路管理段党支部领导任职一览表

单位名称	职　务	姓　名	任职时间
海宁工务段	书　记	林道通(兼)	不详
海宁县公路段	书　记	吴庆考	1970.01—1975.12
	副书记	俞利群	1974.06—1982.11
	负责人	胡建荣	1974.11—1975.11
	书　记	胡建荣	1975.12—1982.11
		俞利群	1982.11—1983.10
		沈陈康	1984.12—1986.01
海宁市公路段	书　记	沈陈康	1986.02—1988.01
		汤焕光	1986.03—1991.09
海宁市公路管理段	书　记	汤焕光	1991.10—1996.08
		朱金良	1996.08—1998.05
		居步中	1999.01—2006.08
	副书记	朱金法	1999.11—2010.12
	书　记	孔　嵘	2006.08—2010.08
		濮民强	2010.08—2010.12

表 10-2-12 1949—2010 年海宁市公路管理段行政领导任职一览表

单位名称	职 务	姓 名	任职时间
海宁工务段	段 长	祝××	1949.06—不详
		林通道	不详
	工程师兼业务段长	沈诗孝	不详
海宁工区	领工员	张水老	1953.12—不详
	工 长	郭永章	1963.02—不详
	负责人	楼美德	1963.08—不详
		郭永章	1963.08—不详
	副工长	吴庆考	不清
		郭永章	1963.08—不详
	工 长	吴庆考	1965—不详
海宁县公路段	革命委员会主任	吴庆考	1969—1976
		胡建荣	1976—1982.11
	革命委员会副主任	俞利群	1974.06—1982.11
	段 长	许震炎	1982.10—1986.01
	副段长	朱吕祥	1982.10—1986.01
海宁市公路段	段 长	许震炎	1986.02—1991.09
	副段长	朱吕祥	1986.02—1991.09
海宁市公路管理段	段 长	许震炎	1991.10—1992.06
	副段长	朱吕祥	1991.10—1993.05
		余建华	1992.06—1993.07
		许震炎	1992.06—2005.03
	段 长	余建华	1993.07—1996.08
		贾继康	1996.08—1997.07
	副段长	章建明	1996.04—1999.03
		余建华	1996.08—1998.05
		朱金良	1997.02—1998.05
	段 长	朱金法	1997.07—2010.12
海宁市公路管理段	副段长	俞国荣	1999.03—2008.03
		浦桂荣	2001.03—2010.12
		刘建强	2005.03—2010.09
		方茂庆	2008.03—2009.09
		邬孝祥	2008.07—2010.12
		赵 阳	2009.04—2010.12

桐乡市公路管理段

桐乡市公路管理段系全民所有制事业单位(副科级),为公路管理机构,主管全市国道、省道、县道及“四自”公路的养护管理和路政管理,并负责指导全市乡、村道路的管理及养护工作。

1973 年始建桐乡县公路段,隶属于桐乡县交通局管理。1979 年 7 月,县公路段划归嘉兴专区公路总段管理。

1983 年 9 月撤地建市后,属嘉兴市公路段,受市、县双重领导。下设有梧桐、崇福二个养路道班和机修车间,全段有干部职工 32 人,管理养护境内杭枫公路(G320 国道)32.46 公里。地址在梧桐镇振兴路邵家桥(菊花广场对面)。

1984 年,设屠甸道班,地址在屠甸文头村桥西。主要负责湖盐公路屠甸至双美桥段养护管理。

1985 年市拨养护经费 52.29 万元。

1986 年,设民兴道班,地址在民兴白马塘桥北桥墩。主要负责湖盐公路姚堡里至民兴段养护管理。

1987 年 4 月,设炉头道班,地址在炉头西双桥。主要负责湖盐公路桐乡至姚堡里段养护管理。同年,根据《中华人民共和国公路管理条例》,建立桐乡公路路政管理队,负责对辖区内的 G320 国道及湖盐线实施路政管理。

1991 年 3 月,根据桐乡市编委桐编(91)4 号文件精神,明确县公路段为副科(局)级事业单位。同年 7 月,经县编委《关于同意县公路段内设股、站的批复》,县公路段内设四股一室,即生产技术股、财务股、机料股、路政股和办公室。10月，原桐乡县公路段更名为浙江省桐乡县公路管理段。

1992年11月，成立桐乡县路桥工程队。为集体所有制，隶属公路管理段，法人吴炳汉。1993年6月更名为桐乡市路桥工程公司，由吴炳汉承包经营。2001年11月，公司转制，由吴炳汉、吴金仙以承担全部债务方式整体受让该公司，改组成桐乡市中大路桥有限公司(民营企业)。

1993年5月，桐乡县撤县建市，原桐乡县公路管理段更名为桐乡市公路管理段。

1994年，根据上级撤销养护道班建立公路站的有关精神，撤销原公路养护道班，更名梧桐、屠甸、崇福、白马塘桥4个公路站。

1995年，撤销崇福公路站，人员并入梧桐公路站，梧桐公路站主要负责G320国道养护管理，屠甸、白马塘桥主要负责湖盐公路养护管理。

1998年撤销屠甸公路站，人员并入梧桐公路站。同年12月11日，迁建到桐乡市商贸区环城东路东侧让桥河以北，并筹建市公路段新办公大楼。

1999年12月13日，嘉兴市公路养护、路政管理体制调整。市公路管理段实行条块结合，以县(市)为主的管理体制。行政管理、干部任免、党团组织、劳动人事和工资关系由桐乡市交通局负责，嘉兴市公路管理处实行业务指导和行业管理。

2000年2月，根据公路养护、路政管理体制调整方案，经桐乡市编委批准，桐乡市公路养护管理所、桐乡市公路路政管理所并入桐乡市公路管理段，同时增设桐乡市公路路政管理大队，核定事业编制58名，实行两块牌子一套班子。办公地点搬迁至世纪大道1369号新建公路管理段办公大楼。

2001年2月，公路养护进行专业养护与县乡公路养护合并，建立钱林公路养护站和芝村公路养护管理站。同年6月，按照公路养护管理体制和运行机制改革建、管、养分离，成立桐乡市公路养护中心，隶属公路段管理。

2002年11月，经市交通局批准，同意市公路管理段公路养护体制改革方案。桐乡市公路管理段内设机构为办公室、养护工程科和财务科、路政管理大队和公路养护中心。

2004年1月，根据公路管理体制和运行机制改革，事企分开，建、管、养分离，成立桐乡市公路养护有限责任公司。为国有独资企业，法人沈林标，注册资产200万元，地址在桐乡市梧桐街道世纪大道茅盾中学北侧。

2006年3月，公路段路政管理大队内设机构为巡查中队、机动中队、交通设施管理中队和路政办公室。设中队长3名，主任1名。

2009年7月，在湖盐公路姚堡里公路通行费收费点地段设置临时治超点一个。

2010年年末，桐乡市村道以上公路共1124条，总里程1937.60公里(含练杭连接线“高速匝道”11.44公里)。按行政等级分，国道2条、54.31公里(其中国家高速公路18.88公里)；省道2条、24.77公里；县道29条、292.62公里；乡道51条、349.47公里；村道1040条、1204.99公里。按技术等级分，高速公路43.66里，一级公路146.09公里，二级公路80.39公里，三级公路216.29公里，四级公路1451.17公里。公路总里程是1991年的10倍多，全市公路密度为266.5公里/百平方公里，领先于其他县(市)。公路管理段内设机构有办公室、养护工程科、财务科，桐乡市公路养护中心(下设梧桐、钱林、芝村三个公路站)，桐乡市公路养护有限公司，路政管理大队(下设巡查中队、机动中队、交通设施管理中队和路政办公室)，在编人员50人，其中：管理人员20人，专技人员14人，工勤人员16人。

表10-2-13　1980—2010年桐乡市公路管理段党政领导任职一览表

公路段党支部主要负责人			
职　务	姓　名	任职时间	备　注
党支部	赵述绥	1988.01—1990.07	
书　记	陈年生	1990.07—1995.08	
书　记	陈富潮	1995.08—1998.11	
书　记	许新农	1998.11—2003.06	
副书记	袁继华	1999.12—2007.12	
书　记	李爱林	2003.06—2010.09	2010.09正局级调研员
书　记	俞忠伟	2010.09—2010.12	任段副局级领导干部
副书记	倪　青	2003.03—2010.09	

（续表 10-2-13）

公路段行政主要负责人			
段　长	李光荣	1984.08—1991.03	
段　长	祝洪泉	1991.03—1996.07	
副段长	李光荣	1991.03—1998.04	
段　长	马建良	1996.07—1998.05	
副段长	倪　青	1996.07—1999.12	
段　长	陈富潮	1998.05—1999.09	
调研员	李光荣	1998.04—2002.11	退休
段长助理	俞忠伟	1999.11—2000.12	
段　长	倪　青	1999.12—2010.09	
副段长	王润初	2000.03—2007.12	
副段长	俞忠伟	2000.12—2010.08	
段长助理	施学锋	2007.12—2008.12	
副段长	吴　漪	2008.12—2010.12	2007.12—2008.12 试用期
副段长	楼海荣	2008.12—2010.01	2007.12—2008.12 试用期 2010.03 行政开除
副段长	施学锋	2008.12—2010.12	
副段长	朱建德	2010.01—2010.12	试用期一年
段　长	彭卫开	2010.09—2010.12	
副段长	沈荣发	2010.09—2010.12	
路政大队主要负责人			
路政大队长	倪　青	2000.03—2010.10	
副大队长	张永康	2000.03—2007.12	
路政大队长	彭卫开	2010.10—2010.12	
副大队长	沈荣发	2010.09—2010.12	

嘉兴市南湖区公路管理段

2001 年 6 月，建立秀城区公路管理段，负责辖区内公路养护管理工作。同时设秀城区公路路政管理大队，管理上实行一套班子两块牌子。

2003 年 5 月 30 日，嘉兴市政府批复同意市本级公路养护及路政管理体制调整方案。撤销浙江省嘉兴公路管理段(嘉兴公路路政大队)，其公路管养职责及编制人员分别划转秀城区公路管理段(秀城区公路路政管理大队)和秀洲区公路管理段（秀洲区公路路政管理大队)。2005 年 5 月 20 日，嘉兴市秀城区更名为嘉兴市南湖区。秀城区公路管理段遂更名为南湖区公路管理段。

南湖区公路管理段行政主管单位为隶属南湖区交通局。主要职责是承担南湖区境内国、省、县、乡道路的行业管理和路政管理，负责路面养护、桥梁维护、公路绿化管养等及行业监督。同时，还担负全区农村公路养护和路政监督管理。

2003 年 5 月，南湖区公路管理段设办公室、路政股、工程养护股，另设秀城公路管理站和东栅公路管理站。2005 年 4 月，经南湖区交通局批准，成立东栅路政中队和大桥路政中队。2008 年成立维修组，主要承担辖区干线公路维护及应急抢修，同时为农村公路维护提供指导和服务。余新公路管理站土地和房屋为新 S07 省道带征，原为余新镇严家桥小学，经改建后于 2009 年正式启用。承担新 S07 省道、嘉盐公路等干线公路的日常小修保养。东栅公路站承担老 S07 省道、嘉善大道、七沈公路等干线公路的日常小修保养。

南湖区公路管理段成立后曾一直租用办公场所。根据《浙江省公路管理基层单位业务用房建设与管理暂行办法》，在上级交通和公路部门的支持下，建造南湖区公路养护管理业务用房，建筑面积 4782.49 平方米。2008 年 8 月 8 日正式动工，2010 年 4 月 28 日大楼正式启用后迁入。

2010 年年底，嘉兴市南湖区公路管理段管养公路总里程 665.728 公里。其中国道 34.576 公里；省道 48.82 公里；县道 139.303 公里；专用公路 5.352 公里；乡道 178.554 公里；村道 259.123 公里。职工人员数 36 人（含合同工 10 人)。内设办公室、养护股、路政内勤办公室、东栅公路管理站、余新公路管理站、东栅路政中队、余新路政中队。

表 10-2-14　2001—2010 年南湖区公路管理段主要负责人任职一览表

公路段主要负责人			
机构名称	姓　名	职　务	任职时间
秀城区公路管理段	曹建弟	负责人	2001.07—2002.08
	曹建弟	副段长	2002.08—2003.08
	倪国土	副段长	2003.08—2005.03
	高义龙	副段长	2004.07—2007.09
南湖区公路管理段	沈福良	负责人	2005.03—2007.09
	沈　勇	段长助理	2005.10—2010.12
	高义龙	段　长	2007.09—2010.12
	章连明	副段长	2010.12—2010.12
	沈　勇	副段长	2010.12—2010.12
公路路政大队主要负责人			
机构名称	姓　名	职　务	任职时间
秀城区公路路政管理大队	曹建弟	负责人	2001.07—2003.08
	高义龙	副大队长	2002.08—2005.08
	倪国土	大队长	2003.08—2005.03
南湖区公路路政管理大队	高义龙	大队长	2005.08—2010.12
	章连明	副大队长	2005.08—2010.12
	朱颜芳	副大队长	2010.12—2010.12

嘉兴市秀洲区公路管理段

秀洲区公路管理段位于嘉兴市新平路 117 号，为副科级承担行政职能的事业单位。其主要职责是：贯彻执行国家公路建设、养护、管理工作的方针、政策和法规，从事公路养护管理、指导检查监督、路政巡查执法、超限运输管理、公路行业信息服务，为本区公路畅通提供公路养护行业监管与路政管理执法保障。指导王江泾、新塍、洪合、王店、油车港 5 个乡镇及新城、高照 2 个街道的农村公路养护站开展日常管养工作。

1986 年 9 月 22 日，建立嘉兴市郊区县乡公路养护站。

1990 年 3 月 30 日，嘉兴市郊区县乡公路养护站更名为嘉兴市郊区县乡公路养护管理所。

1997 年 7 月 13 日，建立郊区县乡公路路政管理所，与区县乡公路养护管理所合署办公。

1999 年 7 月 7 日，嘉兴市郊区更名为嘉兴市秀洲区，嘉兴市郊区公路养护管理所即更名为嘉兴市秀洲区公路养护管理所，嘉兴市郊区公路路政管理所更名为嘉兴市秀洲区公路路政管理所。同年 12 月 17 日，秀洲区县乡公路养护管理所、县乡公路路政管理所更名为秀洲区公路管理段、秀洲区公路路政管理大队。

2003 年 5 月 31 日，嘉兴市公路段因体制改革，42 名职工、14 名退休工人以及 6 名遗属、精减人员一同并入秀洲区公路管理段。内设办公室、财务科、工程养护科、机动中队、S07 省道王江泾超限运输检测站、路政巡查中队(一中队、二中队)。

2009 年 8 月 28 日，秀洲区公路管理段(路政大队)原内设机构撤销，机构设置为办公室、财务科、工程养护科、农村公路管理科、路政综合办、S07 省道王江泾超限运输检测站、路政巡查中队(一中队、二中队)。

2010 年 2 月 4 日，增设办公室主任(兼任路政综合办主任)、办公室副主任、财务科副科长、工程养护科(兼任农村公路管理科)副科长、巡查一中队副中队长、巡查二中队副中队长、S07 省道嘉兴王江泾超限运输检测站副站长各 1 人。单位职工人数 61 人(含岗位合同工、临时工)。至年末，公路管养里程 823.149 公里，其中国道 18.779 公里；省道 16.506 公里；县道 193.192 公里；乡道 95.533 公里；专用公路 16.672 公里；村道 482.463 公里。

表 10-2-15 1986—2010 年秀洲区公路管理段历任主要负责人任职一览表

单位名称	职 务	姓 名	任职时间
郊区县乡公路养护站	法人代表	王培坤	1986.09—1997.03
郊区公路养护管理所	副所长	张鲁文	1997.03—1998.03
	所 长	张鲁文	1998.03—1999.07
郊区县乡公路路政管理所	副所长	施太成	1998.03—1999.07
秀洲区公路养护管理所	所 长	张鲁文	1999.07—1999.12
秀洲区公路路政管理所	副所长	施太成	1999.07—1999.12
秀洲区公路管理段	段 长	张鲁文	1999.12—2008.05
秀洲区公路路政管理大队	大队长	赵海荣(兼)	1999.12—2000.06
	副大队长	施太成	1999.12—2008.05
秀洲区公路路政管理大队	大队长	张鲁文	2000.06—2008.05
秀洲区公路管理段、秀洲区公路路政大队	段长、大队长	张永德	2008.05—2010.12
	副段长、副大队长	张志却	2008.05—2010.12
		黄建良	2008.05—2010.12
		黄志忠	2008.05—2010.12

第二节 水上交通管理机构

浙江省嘉兴市港航管理局

浙江省嘉兴市港航管理局是负责行使全市内河水路运政管理、水上交通安全监督管理、船舶检验、内河港口管理和航道规划、建设、养护管理，以及港航事业费征收和稽查等职能的承担行政职能事业单位，挂市港航管理局、市地方海事局、市船舶检验局、市航道管理局和市航政管理支队牌子。全市设有城郊、嘉善、平湖、海盐、海宁、桐乡 6 个县(市、区)港航管理处和 31 个港航管理检查站。

1949 年 5 月，嘉兴和嘉善、平湖、海盐、海宁、桐乡、崇德等各县先后解放，各县军事管制委员会建立，为了对水上运输实行统一管理，浙江省人民政府征得上海航政局同意后，将各地航政机构暂由当地军管会接收管理，办理航船通行证等事项。至 1950 年 7 月，浙江省航务局嘉兴分所成立(隶属浙西航务管理所)，负责领导和管理嘉兴、嘉善、平湖、海盐、海宁、桐乡、崇德等 7 县的航政事务。1951 年 12 月开始，嘉兴分所改名为浙江省内河航运管理局浙西嘉兴分所，承办嘉兴、嘉善、平湖、海盐、海宁等地的航政管理工作。1953 年 7 月，改建浙江省航运管理局嘉兴航运管理处。以后，随着交通体制的变化，航运体制几经更易。

1957 年 12 月，浙江省交通厅发了交人字 (57) 9874、8926 两个文件。从 1958 年 1 月 1 日起，撤销省航运管理局所属各航管处、站和省轮船公司有关分公司、营业处，成立杭州、嘉兴、湖州、钱江、舟山区航运局和交通厅驻沪经营处，各区航运局设立港航监督科，负责办理本局范围内的船舶检验、签证、船员培训、考核、发证等工作。原航管处民船管理职能移交当地。地、县(市)成立民船管理处和所，嘉兴专署交通运输管理局，按文件精神，1958 年 1 月 1 日成立嘉兴专署民船管理处，各县也先后撤销航运管理站，建立民船管理所，负责辖区内的木帆、航快船运输社和民间运输船舶的管理。1 月 1 日嘉兴航运管理处撤销后，嘉兴市与嘉兴县分别成立民船管理所。市所设在城区，县所设在南堰。1 月 14 日撤销嘉善、平湖航运管理站。1 月 17 日成立嘉善县民船管理所，下设天凝、西塘、下甸庙、干窑、洪溪民船工作组，1 月 18 日成立平湖县民船管理所。1 月 29 日撤销海盐航运管理站，成立海盐县民船管理所。1 月 30 日，撤销海宁航运管理站，成立海宁县民船管理所，下设长安、袁花、盐官、斜桥、许村民船工作组。2 月 11 日，撤销桐乡航运管理站，成立桐乡县民船管理所，下设乌镇民船管理站。

1958 年年初，撤销地、县各级航管机构后，到 1962 年年底共五年时间，这一时期，专区一级没有设置过专职航管机构。县一级交通行政体制曾作过几次调整和撤并，一度也设过航运管理所。

嘉善县，1958 年 8 月成立县交通局，10 月 1 日成立地方国营嘉善县交通运输公司。三个单位合并办公，政企合一，又把部分航管干部调入公司，民船管理所形同虚设。11 月嘉善县并入嘉兴县，县级交通机构撤销，县交通运输公司改为地方国营嘉兴县交通运输公司一个基层单位。1961年5月，嘉兴、嘉善两县重新划分，同年8月成立嘉善县航管所，1962年4月撤销航管所，成立交通管理所，管理水陆交通，由陈纪贤负责。

海宁县，1958年5月1日，县民船管理所并入县工业交通手工业局，1961年10月18日复设海宁县航运管理所，派出迟书亭、张荣贵二名工作人员，隶属于工交手工业局领导，原民管所下设各工作组改为签证点。同年12月7日县航管所改组为兼管陆运的县交通管理所，所长邱春明。下设长安管理站。次年3月2日，增设硖石、盐官、斜桥、袁花、许村交通管理站，隶属关系不变。

海盐县，1958年10月，海盐县并入海宁县，原县民船管理所自行消失。人员并入海宁县地方国营交通运输公司，1961年10月恢复海盐县建制。同年12月成立海盐县交通管理所，由褚秀实负责，归属县工业交通局领导，交管所下设六里山、西塘桥、沈荡签证点。

平湖县，1958年4月平湖县工业局、交通科、手工业管理科、手工业联社、民船管理所等单位合并成立平湖县工业交通手工业局，同年12月1日撤销，重新分治，成立平湖县交通运输局和地方国营平湖县运输公司，二块牌子，一套班子。1961年，贯彻“调整、巩固、充实、提高”八字方针，恢复了一度废除的船舶进出口签证制度。9月18日平湖县交通运输局发出(61)平交监字90号文件，自10月1日起成立平湖县航运管理所，隶属于交通局。下设城关、乍浦、新埭三个签证站，当时航管所对外有组织名称和印鉴，但无实体机构。有关港航管理、人事安排，仍由交通局和运输公司职能部门办理，形同虚设。

桐乡县，1958年6月成立县工业交通局，由县交通建设科、工业科、手工业管理科、手工业联社、航运管理站合并组成，下设交通股，具体负责交通管理方面工作。1958年11月崇德县并入桐乡县，崇德县航管组随县交建科并入桐乡县工业交通局。1961年7月建立桐乡县航运管理所，下设崇福、乌镇航管工作组。12月县航管所撤销，改建为桐乡县交通管理所，负责水、陆交通管理。

嘉兴县，1958年下半年，嘉兴市并入嘉兴县。原嘉兴市建制(县级)改为嘉兴镇。随之市民管所同时并入县民管所，1958年10月，嘉兴县各集体水上运输，搬运装卸企业以及全民的客运站合并成立地方国营嘉兴县交通运输公司。当时，县交通局、民管所、交运公司三位一体合署办公。交通局设港监股，办理港航管理方面的事宜。水上运输业务(除浙航嘉兴分公司)由交运公司受理。民管所工作人员一部分转入交通局港监股，一部分调至交运公司。因此民管所已名存实亡。这一体制形式一直延续到1963年1月航管体制的恢复。

1963年1月，全省航管体制得到恢复，成立了浙江省航运管理局嘉兴地区管理处。机构设在湖州。由李坤任主任，王杰、胡锋虎任副主任，各县成立航运管理站和联运营业站(属浙江省交通厅运输局)两块牌子，一套班子。以条为主，条块结合，业务、经济归省领导，行政归当地领导。至此，原各县设置的交通管理所相继撤并。1月，海宁县航管站成立。由周长明任站长，下设长安、许村、盐官三个工作组。3月，海盐县航管站成立。由褚秀实负责，同年四月设六里山工作组。4月，嘉善县航管站成立。由许乃祝、陈纪贤负责。下设天凝、干窑、下甸庙工作组。7月，桐乡、平湖、嘉兴三县的航管站也陆续建立。桐乡站由周诚负责，平湖站由玉惠任站长，嘉兴站由李修元任站长。

“文化大革命”期间，各县革命委员会，根据生产发展的规模，分别设立工业交通局或交通邮政局或交通局。后经常撤、建、分、合，机构变动频繁。

1967年年底，航管系统曾筹措临时领导小组，主持日常工作，1969年4月嘉兴地区航管处革命委员会宣告成立。1969年4月邹鸿烈、黄德业任副主任。1970年上级派荣振芝任主任，各县航管站也纷纷成立革命委员会或革命领导小组。

1968年8月，嘉兴县航运管理站革命领导小组成立，组长刘德才。

1968年9月，海宁县工交局、航管站、建筑联合社、运输联合社等单位合并成立县工建交抓革命、促生产临时领导小组。1969年8月，海宁航管站成立革命领导小组，组长邱春明。1970年1月，工建交分治，成立海宁县革命委员会生产指挥组交通局。航管站组织形式不变。

1968年11月，平湖县航运管理站成立革命领导小组。组长王惠。

1969年9月，桐乡县航运管理站成立革命领导小组，由陆熙鸿任组长。1972年12月航管站与县运输联合社合并，改名为桐乡县交通管理站。下设乌镇、崇福工作组。

1969年10月，嘉善县撤销工业交通局和航管站，成立工业局和交通邮政局。交邮局下设人民交通管理站站长蒋志廉(1971年4月改为交通管理站)负责水陆交通管理工作。

1970年1月，海盐县航运管理站革命领导小组成立，由唐敏任组长。

1971年12月，嘉兴地区革命委员会，以嘉地(71)38文批转嘉兴地区革命委员会生产指挥组“关于地属交通企事业单位下放的报告”。主要内容是：(1)嘉兴地区航管处，公路总段车辆监理所的基层单位下放到各县，组织形式上也相应加以改变，撤销地区航管处和公路总段，建立地区交通工程队，担负全区主要航道养护和干线公路、大型桥梁的施工任务。地区车辆监理所改称为地区交通管理所，负责全区机动车辆、船舶的检验和机驾人员的考评，证照发放以及水陆交通安全管理工作。以上机构的撤、建工作于12月底以前完成，1972年1月1日起实行新方案。(2)各县设交通局(注：部分是原交通、邮电合并为交通邮政局)，把下放航管站中的运输管理业务划到局内运输组。并以此为基础，把当地运输企业的运输业务人员联合起来，组成联合运输指挥部的办事机构，把公路道班、航道养护和本县原有的桥工队合建为交通工程队。在交通枢纽和港口设交通管理站。

1971年12月底，各级航管机构撤销，原航管处工作，规费收入、运输管理、航道工程计划，划归嘉兴地区交通邮政局，运输管理对外由统一运输指挥部出面。工作人员属局编制，港监、船检划归嘉兴地区交通管理所，航道养护划归嘉兴地区交通工程队等4个单位。除浙江省航运管理局嘉兴管理所以外，各县的水陆交通管理机构，均按照这一精神，进行了撤、并、建。

1973年10月，嘉兴地区交邮局交通、邮电两部分，合而又拆，分别建制，恢复建立嘉兴地区交通局。1975年7月嘉兴地区交通局发文，撤销交通工程队。分别建立嘉兴地区航道工程队和公路工程队。

自1972年1月各级航管机构撤销后，由于航管职能的分散，造成运、管、养等工作缺乏统一的部署和规划，如机、驾人员的培训考核、船舶检验、港航管理，海损事故处理等航政工作，不同程度受到削弱。直至1979年1月恢复建立嘉兴地区航管处，前后达七年时间。

1979年2月1日，根据浙江省革命委员会浙革(1978)170号文件中有关调整交通管理体制的指示精神，浙江省嘉兴地区航运管理处再度建立(驻湖州)。内设办公室、运输科、港监科、机务科、政工科，任命江曲为主任兼党总支书记，冯朝全、黄德亚、王洛为副主任。在行政业务上，航管处接受浙江省航运管理局和嘉兴地区交通行政主管部门双重领导。在此同时，各县的航运管理机构相继恢复。县航管所的财务、物资、劳动工资、基建计划和运管、港监、航道养护等业务归入地区航管处，行政、干部管理则分别接受地区航管处和县交通局双重领导。

1979年1月1日，海宁县航运管理所成立，所长章文华，下设长安、袁花、斜桥、许村航管站。

1979年3月1日，嘉善县航运管理所成立，所长许乃祝，下设西塘、下甸庙、干窑、杨庙航运管理站及嘉善火车站工作组。

嘉兴航管站1973年除隶属关系由县直接领导外，机构没有撤销，这次恢复各级航管机构中除隶属关系变动和站改为所，其他没有变动，仍由刘德才任支部书记，全面负责党政工作。

1979年5月，桐乡县航运管理所成立，7月宋荣甫任所长，下设乌镇、石门、崇福航运管理站。

1979年8月，平湖县航运管理所成立。所长褚秀实，下设乍浦管理站。

1980年1月，海盐县航运管理所成立，所长唐敏，下设六里山、通元、沈荡、西塘桥航运管理站。与此同时，一度被“文化大革命”废除的船舶进出口签证制度也得以恢复，航政管理工作进一步得到加强。是年，嘉兴地区行政公署签发了(1979)航管字第109号文件，调整航道工程体制，撤销嘉兴地区航道工程队及其所属疏浚队、桥工队、保养场，分别归属嘉兴地区航管处直接领导。并于1979年8月20日正式成立浙江省嘉兴地区航运管理处航道工程队、桥梁工程队、工程船舶修理厂。随着航运管理机构的恢复、调整和健全，从1980年起，水路货物运输的管理工作，逐步从联合运输指挥部移交给航管部门归口管理。

1983年7月，嘉兴撤地建市，同年10月21日，浙江省交通厅以浙交(1983)第301号文“关于建立湖州市、嘉兴市交通机构的通知”，正式确定撤销原嘉兴地区航运管理处，分别建立嘉兴市和湖州市航运管理处。同年12月28日，中共嘉兴市委以“干字(1983)23号”文，任命房爱民为嘉兴市航运管理处主任。

1984年1月18日开始筹建，由房爱民、刘德才、徐忠汉三人组成筹建组。2月，市委组织部任命陈瑞林、赵福生、韦品璜为运管、港监、工程三位科长，董志刚为办公室主任，负责各业务管理工作。4月19日，房爱民被任命为交通局副局长，7月20日与黄建中办理交接手续后，去交通局上任。刘德才离休，此后由黄建中、副主任徐忠汉负责筹建航管处及组织航管工作。同年8月，建立和健全了政工科、港监科、运管科、工程科、机料科、计财科和办公室的职能机构，分别履行贯彻、执行上级有关水运管理和法令、指示和规章制度，结合本航区实际情况，担负港监安全监督、船舶检验、水上运输管理、航道工程、规费稽征、政治工作等职责。1984年10月召开首届工会代表会议，选举成立了中国海员工会嘉兴市航管处委员会，建立了机关中国共产主义青年团支部。嘉兴市航管处成立后，分别会同所辖各县(市)组织、人事和交通主管部门共同研究，并考察、选拔人才，先后调整了嘉善、桐乡、平湖、海盐各县和海宁市航运管理所的领导班子。

1987年9月，经省交通厅航运局浙航局检(1987)第383号文批准，同意设置船舶检验科。1990年年末，有7

科1室(政工科、港监科、运管科、工程科、机料科、计财科、船检科和办公室),下属嘉善、平湖、海宁、海盐、桐乡和城郊航管所、航道机械厂、航道疏浚队和职工学校。1985年2月,中共嘉兴市经济委员会党组任命黄建中为党总支副书记。同年6月3日,正式建立由黄建中、陈瑞林、董志刚三位同志组成的市直属中国共产党嘉兴市航运管理处总支委员会。

1989年,嘉兴市航运管理体制由省下放到市,实行条块结合、以市为主的管理体制。市设航运管理处,县(市)设航运管理所,行使水路运输管理、港航安全监督、船舶检验、港口及航道建设养护等管理职能。市航运管理处隶属于市交通局,县(市)航运管理所实行市航运管理处和县(市)交通局双重领导。市航运管理处下属6个航管所(35个航管站),一个航道疏浚队,一个航道机械厂,一所职工学校;1990年年末,嘉兴航运管理处(含下属单位)在册人数510名(女性63人),其中干部176人,工人334人,全民固定工390人,集体改为合同制工120人。办公地址:中山西路交通大楼内。

1989年12月,为加强乍浦港和嘉兴市行政区域内杭州湾水上交通安全监督管理,经嘉兴市编委嘉编(1989)64号文批准,同意在嘉兴市航运管理处增挂“浙江省乍浦港务监督”牌子。1990年6月14日,中共嘉兴市委(1990)35号文,决定建立中国共产党嘉兴市航管处委员会,隶属于市交通局党委。同年12月30日处召开委员大会,选举产生了第一届中共嘉兴市航运管理处委员会,由翟世杰、徐忠汉、陈瑞林、王绍南、王振华五人组成。翟世杰于1991年1月15日被市交通局党委任命为党委副书记。1992年12月,经市编委嘉编(1992)56号文批准,建立嘉兴市内河港务管理处,与嘉兴市航运管理处实行两块牌子,一套工作班子。1993年9月根据省政府134号文精神,为适应对外工作和依法行政的需要,经市编委嘉编(1993)52号文批准,嘉兴市航运管理处增挂嘉兴市航道管理处、嘉兴市港航监督处、嘉兴市船舶检验处牌子;同时,各县(市、城郊)航运管理所增挂县(市、城郊)航道管理所、港航监督所、船舶检验所牌子。全市航管系统有正式职工550人,其中嘉善、平湖、海盐、海宁、桐乡五个航运管理所共有航管人员307人。航运管理体制自1989年改革以来,随着社会主义市场经济的建立,乡镇船舶剧增,1993年年底,嘉兴市拥有在册船舶33499艘,38万总吨,1993年航运企业完成货运量763万吨,全行业货运量1863万吨,111786万吨公里,水路货物发送运量达1143万吨。地方航运管理的任务日益繁重,为了更利于充分发挥县(市)交通主管部门的积极性,1994年4月,根据嘉兴市人民政府嘉政发〔1994〕17号和嘉交人〔1994〕115号文件的精神,嘉善、平湖、海盐、海宁、桐乡五个航运管理所实行条块结合,以县(市)为主的领导体制。将原县(市)航运管理所(港航监督所、航道管理所、船舶检验所)隶属关系,从以市航运管理处领导为主,调整为以所在地县(市)交通局领导为主。城郊航管所(城郊港航监督所、船舶检验所、航道管理所)、市航管处航道疏浚队、航管处职校、航管处航道机械厂仍由市航运管理处直接领导。为便于宏观调控需要,原市航运管理处根据省政府134号文件设立的水上交通控制站,隶属于市航运管理处直接管理。体制调整下放后,各县(市)航运管理所主要领导干部的调动、任免应征求市航运管理处意见后,由县(市)负责办理。各县(市)航运管理所的劳动工资计划下放给所在县(市)管理。

2000年5月,经市编委嘉编〔2000〕10号文批准,建立嘉兴市航政管理支队,所属县(市、城郊)航运管理所相应组建航政管理大队。

2000年9月,省人民政府浙政发〔2000〕215号文件,公布嘉兴市31个港航管理检查站名单。即:嘉兴市王店港航管理检查站、新丰港航管理检查站、王江泾港航管理检查站、塘汇港航管理检查站、三塔港航管理检查站、思古桥港航管理检查站,嘉善县红旗塘港航管理检查站、下甸庙港航管理检查站、太浦河港航管理检查站、杨庙港航管理检查站、魏塘港航管理检查站,平湖市平湖大桥港航管理检查站、乍浦港航管理检查站、城西港航管理检查站、新埭港航管理检查站、广陈港航管理检查站,海盐县沈荡港航管理检查站、武原港航管理检查站、白苎港航管理检查站、通元港航管理检查站、官堂港航管理检查站,海宁市硖石港航管理检查站、袁花港航管理检查站(含夹山港航管理检查点)、长安港航管理检查站、斜桥港航管理检查站,桐乡市崇福港航管理检查站、乌镇港航管理检查站、石门港航管理检查站、梧桐港航管理检查站、屠甸港航管理检查站、大麻港航管理检查站。

2002年8月,经市编委嘉编〔2002〕31号文批准,浙江省嘉兴市航运处和嘉兴市内河港务管理处合并,更名为浙江省嘉兴市港航管理局;浙江省嘉兴市港航监督处更名为浙江省嘉兴市地方海事局;浙江省嘉兴市航道管理处更名为浙江省嘉兴市航道管理局;浙江省嘉兴市船舶检验处更名为浙江省嘉兴市船舶检验局。机构更名后,仍实行一个机构、四块牌子、一套工作班子;机构规范、人员编制等均不变。

2004年12月,市港航工程建设处和职工学校两个机构注销,职能划归市港航管理局。

2006年6月,市编委嘉编办〔2006〕4号文批准,市港航管理局港航监督科更名为海事科。

表 10-2-16 嘉兴市港航管理局党委领导任职一览表

姓　名	职　务	任职时间
顾国强	书　记	2005.08—2012.01
步海宾	副书记	2009.11—2012.01
苏瑞明	副书记	2005.11—2013.12
沈　立	委　员	2005.11—2012.02
徐明华	委　员	2005.11—
叶永平	委　员	2009.11—
何建春	委　员	2008.12—

表 10-2-17 嘉兴市港航管理局历任行政领导班子任职一览表

姓　名	职　务	任职时间
顾国强	局　长	2005.08—2012.01
步海宾	副局长	2002.07—2012.01
沈　立	副局长	2005.11—2012.02
徐明华	副局长	2007.08—
叶永平	副局长	2009.11—
何建春	局长助理	2008.11—2012.03

表 10-2-18 嘉兴市港航管理局各科室负责人任职一览表

科室名称	职　务	姓　名	任职时间
办公室	主　任	何建春	2006.01—2011.11
党委办公室	主　任	何建春(兼)	2008.11—2012.03
人事教育科	科　长	王雄心	2008.11—2015.06
海事科	科　长	张　伟	2008.11—2011.05
运输管理科	科　长	施建耀	2008.11—
船舶检验科	科　长	邹金海	2008.11—
稽征督察科	科　长	方建刚	2002.09—2011.11
航道管理科	科　长	吕健伟	2007.08—2013.10
设备管理科	科　长	宋金龙	2002.09—2011.11
内河港口管理科	科　长	陈亦斌	2006.01—2013.10
计划财务科	科　长	张　伟	2007.08—2011.11

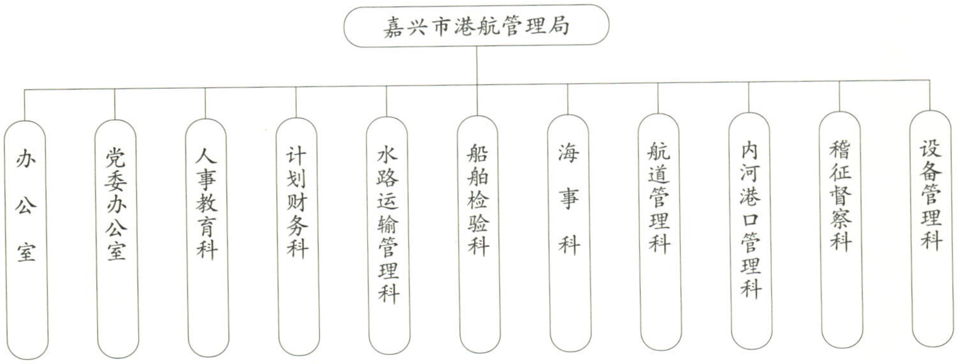

图 10-2-4 浙江省嘉兴市港航管理局内设机构图

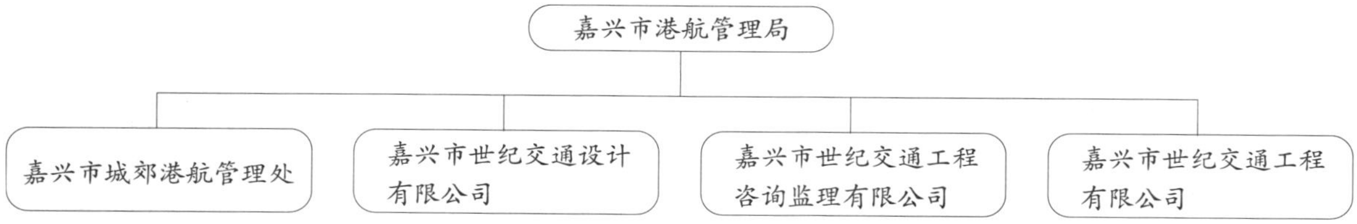

图 10-2-5　浙江省嘉兴市港航管理局直属单位图

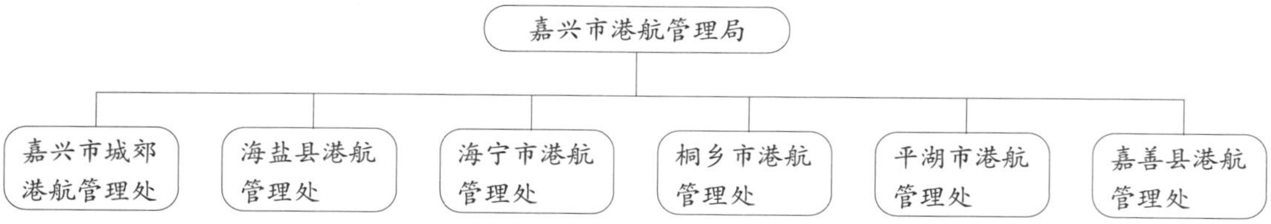

图 10-2-6　浙江省嘉兴市港航管理局下属港航管理机构图

表 10-2-19　1983—2010 年嘉兴水上交通管理部门党组织成员任职一览表

姓　名	职　务	任职时间
黄建中	副书记	1985.02—1991.01
茆水山	副书记	1986.08—1990.03
翟世杰	副书记	1991.01—2002.06
施国良	书　记	2003.01—2004.12
朱建华	书　记	2001.06—2002.08
孙谷良	委　员	2002.06—2007.08
步海宾	委　员	2002.07—2009.11
唐　平	委　员	2002.07—2009.11
顾国强	书　记	2005.08—2012.01
步海宾	副书记	2009.11—2011.12
苏瑞明	副书记、纪委书记	2005.11—2013.12
沈　立	委　员	2005.11—2012.02
徐明华	委　员	2005.11—
叶永平	委　员	2009.11—
何建春	委　员	2008.12—

表 10-2-20　1983—2010 年嘉兴水上交通管理部门行政领导任职一览表

姓　名	职　务	任职时间
房爱民	主　任	1983.12.28—1990.03.26
徐忠汉	主　任	1990.12.11—1994.07.05
宋建中	主　任	1994.07.05—1997.08.08
陈瑞林	副主任	1985.03.21—1994.07.30
夏惠人	副主任	1991.06.25—2002.06.27
李　健	副主任	1994.10.31—2002.06.27
翟世杰	副主任	1994.10.31—2002.06.27
施国良	局　长	2000.04.04—2004.12.09
周正亮	副处长	1998.03.17—2001.06.11
顾国强	局　长	2005.08—2012.01
唐　平	副局长	2000.07—2009.11
孙谷良	副局长	2002.06—2007.08
步海宾	副局长	2002.07—2012.01
沈　立	副局长	2005.11—2012.02
徐明华	副局长	2007.08—
叶永平	副局长	2009.11—
何建春	局长助理	2008.11—2012.03

表 10-2-21 1983—2006 年嘉兴水上交通管理部门中层干部任职一览表

科室名称	职 务	姓 名	任职时间
港监科	科 长	赵福生	1984.02—1992.03
港监科	副科长	李晋明	1990.05—1993.05
运管科	科 长	陈瑞林	1984.02—1985.02
运管科	副科长	李 健	1985.09—1986.10
航道工程科	科 长	韦品璜	1984.02—调离
航道工程科	科 长	陆罗英	1985.09—1990.06 负责
计财科	副科长	陆金根	1985.09—1990.06 科长
运管科	正科级调研员	曹如林	1990.06—1990.08 退休
运管科	副科长	夏惠人	1988.03—1991.06
航道工程科	科 长	杜小年	1986.10—1990.06 任副科长
办公室	主 任	董志刚	1984.02—1991.06
政工科	副科长	王振华	1986.09—1991.06
政工科	副科长	陈益群	1990.05—2006.01
机料科	副科长	吴 瑛	1986.07—1987.09 城郊所负责人
船检科	科 长	宋锦天	1986.09—1990.06 船检副科长

嘉兴市世纪交通工程有限公司

嘉兴市世纪交通工程有限公司的前身是嘉兴市航运管理处航道疏浚队，2000 年 4 月更名为嘉兴市世纪交通工程有限公司，注册资本为 1000 万元。

公司于 1996 年 3 月经浙江省交通厅批准具有航道、航务专业叁级的施工资质单位。2002 年 6 月主项公路工程施工总承包叁级施工资质。

2002 年，公司有职工 233 人，各类工程技术人员 199 人，有职称人员 162 人，其中具有高级技术职称的 12 人，中级职称的 33 人。公司有固定资产 2000 多万元，组织机构和人员结构配备合理。

世纪交通工程有限公司始终以业务学习为抓手，以行业管理相关法规为依据，以航道与港口建设为龙头，实施“一二三四”工程，即一个中心：以经营与管理为中心；突出二高：高素质队伍、高效能管理；三个规范：服务规范、操作规范、行为规范；四个承诺：工程合格率 100%、合同履行率 100%、工程优良率 90%、业主满意度 100%。其中杭申线大通新桥拓宽工程护岸、桥梁工程、京杭运河乌镇段改造护岸工程、浙江省内河航道改造第十合同工程、六平申线海盐段护岸工程、杭申线航道护岸完善工程，以及南排北郊河护岸、土方工程、乍嘉苏线航道秀洲区段护岸完善工程三合同土方工程、思古桥卸载码头疏浚工程等工程被浙江省交通厅质监站和嘉兴市水利水电工程质监站评定为“优良工程”，在社会上取得了良好的信誉。同时公司通过了 GB/TI9001－2008/ISO 9001：2008 质量管理体系认证，并运用该体系完善规范的质量管理程序，制定相应的应急措施，实施有力的监控，确保了工程质量，保证了工期，获得了业主的好评。在获得 2008 年度“安康杯优胜企业”的基础上，不断加大安全生产工作的力度，继续连创“安康杯”。

嘉兴市世纪交通工程咨询监理有限公司

嘉兴市世纪交通工程咨询监理有限公司成立于 1998 年，是嘉兴地区唯一一家从事水运工程监理、公路工程监理、试验检测的专业化服务公司，在嘉兴地区的公路、水运工程建设中发挥着重要作用。公司具有经中国交通运输部批准的水运工程甲级、公路工程甲级资质，具备在全国范围内承担大、中、小型水运工程项目和一、二、三类公路、桥梁、隧道工程项目的施工咨询监理服务资格。公司是中国交通建设监理协会成员单位，中国交通建设监理协会水运工程专业委员单位，浙江省交通建设监理检测协会理事单位，嘉兴市公路学会会员单位。

公司设有经营部、监理部、总师室、办公室、财务部、中心试验室等 6 个职能科室，员工总计 140 人，各类专业技术人员 131 人，占员工总数的 93.6%，其中 54.5%拥有高、中级职称，56%以上具有部、省(专业)监理工程师资格，从业监理人员培训率达到 100%，持证率达到 100%。人员结构、专业组成配套合理。同时公司还建有外聘人才库。

公司于 2004 年通过 ISO 9001：2000 质量管理体系认证，所承监的工程项目优良率达 90%以上。公司多次被政府部门、行业主管部门、建设单位评为“先进集体”“优秀集体”“优胜监理单位”“中小企业服务体系建设先进单位”等荣誉称号。并且是浙江省“AA”信用等级监理企业、交通运输部“AA”信用等级监理企业。

嘉兴市世纪交通设计有限公司

嘉兴市世纪交通设计有限公司成立于1992年，是嘉兴市港航管理局下属单位，具有水运行业设计乙级、港口河海工程咨询乙级、公路工程咨询丙级及内河船舶船员资质。主要业务范围为水运工程规划、可行性研究、工程设计、立项申请报告代理、水运行业招标咨询、水运工程测量、内河船舶船员培训等。

公司2010年有职工47人，其中各类专业技术人员44人，教授级高级技术职称1人，高级技术职称17人，中级技术职称20人。拥有注册咨询师5名，注册造价师2名，注册土木工程(港航工程)师6名。2007年公司引进了一艘具有国际领先水平的多功能、高精度航道扫测船，可从事水下地形高精度的扫测业务。

公司成立以来完成了多项水运重点工程项目的设计、咨询、测量工作。航道设计项目主要有：嘉于硖线航道改造工程、湖嘉申线一期工程、东宗线航道(二期)改造工程。港口设计项目主要有：设计吞吐能力超过100万吨/年的海宁公用码头、吞吐能力超过60万吨/年的嘉兴杭州湾钢贸城物流仓储码头以及吞吐能力超过200万吨/年的嘉兴市内河多用途港区工程等新建项目。咨询项目主要有：完成了嘉兴市内河航道(2003—2020年)的建设规划和嘉兴市内河港口(2006—2020年)的总体规划、嘉于硖线、杭申线、乍嘉苏线、杭平申线、湖嘉申线改建和扩建工程项目建议书及工程可行性研究；沪杭客运专线嘉兴段跨主干线航道桥梁通航净空尺度和技术要求论证的报告。测量项目方面主要完成了对杭申线航道、京杭运河航道、杭平申线航道、乍嘉苏线航道、杭湖锡线航道、浦阳江航道、钱塘江等主干线航道的扫测。公司于2004年通过ISO 9001国际质量标准体系认证，2011年获得浙江省“勘察设计诚信单位”称号。近年所获各项荣誉：《嘉兴内河港总体规划》获交通运输部优秀水运工程咨询成果三等奖；《嘉于硖线航道改造工程南郊河段》获嘉兴市建设工程南湖杯优秀勘察设计一等奖；《航道扫测技术研究与应用》获2009年嘉兴市科学技术进步奖三等奖等。

嘉兴市城郊港航管理处

单位成立之日至2010年期间的沿革情况

1985年6月29日，据省厅航运管理局批准(浙航局劳〔85〕322号)，设立嘉兴市城郊航运管理所。编制定员为25人，其中干部20人，工人5人。担负嘉兴市本级水上安全监督、运输经济管理、船舶检验、航道工程养护和规划建设，以及航政规费稽征等职责。

1985年9月20日，建立中共嘉兴市城郊航运管理所支部。

1986年1月1日起，下设王店、新丰航管站并启用新印章。

1986年2月24日，据嘉市航管政字〔86〕第27号文件精神，城郊航管所确定为正科级单位。

1986年11月10日，新建王江泾管理站，并于11月18日起对外办理船舶签证工作，办公地点王江泾镇闻店桥北。

1989年8月14日，城郊航运管理所外港运输船舶管理站成立。

1990年3月22日，在塘汇乡上字圩村建立塘汇航管站。

1990年8月18日，据嘉编(1990)52号文，城郊航运管理所定为副科(局)级事业单位。

1991年11月，因中山东路拓宽和新建客运站，移地建造业务用房800平方米及仓库200平方米，投资60万元。

1991年2月23日，在郊区油车港镇水上交通管理站设立乡镇船舶进出港口签证点，自1991年3月5日起对外开展签证工作。

1991年7月23日，在塘汇航管站设立船舶进出港口签证点，自1991年8月1日起对外开展签证工作。

1992年3月17日，在新篁水上交通管理站设立乡镇船舶签证点，自1992年3月25日起开展签证业务。

1992年11月16日，在南汇水上交通管理站设立乡镇船舶签证点，自1992年11月20日起开展签证业务。

1993年2月25日，建立嘉兴市城郊航运管理所思古桥管理站。

1993年3月10日，在思古桥站、凤桥水上交通管理站设立船舶签证点，自1993年3月20日起开展签证业务。

1993年3月25日，郊区人民法院与城郊航管所联合发文设立“嘉兴市郊区人民法院航管执行室”。主要任务：受理辖区内港航监督、运输管理、航道管理等部门申请执行已发生法律效力的行政处罚决定或经行政诉讼已终结的案件。

1994年3月25日，城郊航管所及下属航管站增挂机构牌子，其中城郊航运管理所增挂“嘉兴市城郊航道管理所”“嘉兴市城郊港航监督所”“嘉兴市城郊船舶检验所”；下属航管站增挂“嘉兴市城郊港航监督所新丰监督站”“嘉兴市城郊港航监督所新塍监督站”“嘉兴市城郊港航监督所王江泾监督站”“嘉兴市城郊港航监督所塘汇监督站”“嘉兴市城郊港航监督所三塔监督站”“嘉兴市城郊港航监督所王店监督站”“嘉兴市城郊港航监督所思古桥监督站”。以上机构实行一套工作班子。人员编制、经费渠道、隶属关系不变。

1994年5月1日起启用了“嘉兴市城郊航道管理所”“嘉兴市城郊港航监督所”“嘉兴市城郊船舶检验所”“嘉兴市城郊港航监督所新丰监督站”“嘉兴市城郊港航监督所新塍监督站”“嘉兴市城郊港航监督所王江泾监督站”“嘉兴市城郊港航监督所塘汇监督站”“嘉兴市城郊港航监督所三塔监督站”“嘉兴市城郊港航监督所王店监督站”“嘉兴市城郊港航监督所思古桥监督站”印章。

1994年11月21日，为加强辖区船舶签证管理，决定在嘉兴铁水中转站货运检查组、百步桥检查组、王江泾监控站设立签证点，自1994年12月1日起开展签证工作。

1995年5月城郊航管所搬迁至栅堰路42号办公。

1997年8月20日，为适应对船、艇和各类技术设备的管理，城郊航运管理所增设技术设备股。

1999年7月15日，行政股更名为党政办公室；财务股更名为财务稽征股；工程股更名为航道工程股；运输管理股增挂内河港务管理股牌子。

1999年7月16日，增设“铁水中转港航运管理站”。

1999年8月25日，铁水中转港航运管理站增挂“嘉兴市城郊港航监督所铁水中转港监督站”牌子。

2000年9月26日，浙江省人民政府《关于治理水路乱设站乱收费乱罚款的通知》设立嘉兴市王店港航管理检查站、嘉兴市新丰港航管理检查站、嘉兴市王江泾港航管理检查站、嘉兴市塘汇港航管理检查站、嘉兴市三塔港航管理检查站、嘉兴市思古桥港航管理检查站六个检查站。

2002年8月30日，原“嘉兴市城郊航运管理所”更名为“浙江省嘉兴市城郊港航管理处”；原“浙江省嘉兴市城郊港航监督所”更名为“浙江省嘉兴市城郊地方海事处”；原“浙江省嘉兴市城郊航道管理所”更名为“浙江省嘉兴市城郊航道管理处”；原“浙江省嘉兴市城郊船舶检验所”更名为“浙江省嘉兴市城郊船舶检验处”。下辖思古桥、塘汇、三塔、王店、新丰、王江泾六个港航管理检查站同时增挂“浙江省嘉兴市城郊地方海事处××海事所”牌子。机构更名后，仍实行一个机构、四块牌子、一套工作班子；机构规范、人员编制等均不变。

2002年10月17日，原航道工程股更名为航道工程科；原港监船检股更名为港监船检科；原运管港务股更名为运管港务科；原财务稽征股更名为财务稽征科。

2003年2月13日，因处办证大厅迁址市政府办证中心合并办公，决定增设证照管理科。配备科长1人，工作人员5人。具体负责港监、船检、运管、港务、航道等部门的行政审批及办证事宜。

2003年7月22日，成立电脑室，由党政办兼挂。

2004年5月10日，嘉交人〔2004〕101号文件转发市编委(嘉编〔2004〕12号)文件，嘉兴市城郊港航管理处(嘉兴市城郊船舶检验处、嘉兴市城郊地方海事处、嘉兴市城郊航道管理处、嘉兴市城郊航政管理大队)，监督管理类，相似科级，由市港航管理局领导。其主要职责是行使嘉兴市本级航区内水上交通安全监督管理、水路运政管理、内河港口管理、航政管理、船舶检验、港航事业费征收、内河水上救助等职能。按照其工作职责，核定人员编制120名，其中科级领导职数4名。

2005年4月8日，根据市港航局要求，处“水上交通指挥中心”决定于2005年4月10日起正式投入使用。

2005年10月28日，根据市编办机构级别调整通知，嘉港航〔2005〕76号明确城郊港航管理处的机构级别为正科级。

2010年3月11日，处运管港务科更名为运输管理科；处航道工程科更名为航道(港口)管理科。内河港口管理工作职能从原处运管港务科调整至航道(港口)管理科；港航单项养护工程管理工作职能从原处航道工程科调整至处设备管理科。

办公场所地址变更：(1)1985年6月在嘉兴市火车站公园路1号办公；(2)1995年6月在栅堰路42号办公；(3)2009年1月至今在中环西路709号办公。

城郊航运管理所成立后重要人事变动情况

1985年9月16日，孙祖意任城郊航运管理所所长；杜小年任城郊航运管理所副所长。

1985年9月20日，孙祖意任城郊航运管理所支部书记。

1986年10月29日，李健任城郊管理所副所长；免去杜小年城郊航运管理所副所长职务。

1987年8月27日，王绍南任中共嘉兴市城郊航运管理所支部副书记。

1988年1月6日，增补罗木林为中共嘉兴市城郊航运管理所支部委员会委员。

1988年7月15日，陈吉瑚任市城郊航管所副所长。

1988年8月30日，增补李健、陈吉瑚为中共嘉兴市城郊航运管理所支部委员会委员。

1989年2月11日，王绍南任嘉兴市城郊航管所副所长。

1990年2月9日，免去李健嘉兴市城郊航运管理所副所长职务。

1990年7月4日，王绍南任城郊航运管理所所长。

1990年5月23日，楼德兴为嘉兴市城郊航运管理所副所长兼塘汇管理站站长。

1990年7月18日，增补楼德兴为中共嘉兴市城郊航运管理所支部委员会委员。

1991年2月23日，王绍南任支部书记，楼德兴任支部副书记。

1992年4月24日，免去陈吉瑚市城郊航运管理所副所长职务。

1993年6月16日，王绍南、楼德兴、罗木林、顾国强五人组成中共嘉兴市城郊航运管理所支部委员会，王绍南任支部书记，楼德兴任支部副书记。

1993年10月12日，罗木林任嘉兴市城郊航运管理所副所长，聘任周大勇为嘉兴市城郊航运管理所副所长。

1996年9月19日，叶军聘任城郊所副所长，徐祥聘任嘉兴市城郊航运管理所所长助理。

1996年9月11日，免去周大勇嘉兴市城郊航运管理所副所长职务。

1998年1月16日，沈立为嘉兴市城郊航运管理所所长；免去王绍南城郊航运管理所所长职务。

1998年2月17日，增补沈立为中共嘉兴市城郊航运管理所支部委员会委员。

1998年8月17日，城郊航运管理所支部换届改选。新任城郊航运管理所支部委员会由王绍南、沈立、罗木林、叶军、徐祥、许建忠、邹金海七位组成。王绍南任支部书记、沈立任支部副书记。

2000年8月15日，免去罗木林、楼德兴嘉兴市城郊航管所副所长职务。

2000年8月16日，顾凤翔为中共嘉兴市城郊航运管理所支部委员会委员、书记；免去王绍南的中共嘉兴市城郊航运管理所支部委员会委员、书记和中共嘉兴市航运管理处委员会委员职务。

2000年8月22日，叶军为城郊航运管理所副所长；邹金海为城郊航运管理所副所长；徐祥为城郊航运管理所副所长。

2002年11月11日，沈立任嘉兴市城郊航运管理处处长。

2002年11月11日，顾凤翔任中共嘉兴市城郊港航管理处支部委员会书记。原任党内职务同时免去。

2002年11月13日，叶军聘任为城郊港航处副处长；邹金海聘任为城郊港航处副处长；徐祥聘任为城郊港航处副处长。

2005年11月29日，朱永祥任嘉兴市城郊港航管理处支部委员会委员、书记。

2005年12月7日，顾凤翔任城郊港航处正职调研员；朱永祥任城郊港航处处长，免去其局内港科科长职务。

2006年1月18日，孙巍为嘉兴市城郊港航管理处副处长、党支部副书记。免去叶军嘉兴市城郊港航管理处副处长职务。

2006年9月28日，黄飞、卜建林任处长助理。

2006年10月28日，黄飞、卜建林任中共嘉兴市城郊港航管理处支部委员会委员，免去许建忠中共嘉兴市城郊港航管理处支部委员会委员的职务。

2008年12月4日，黄飞为市港航管理局办公室副主任。孙巍为城郊港航管理处副处长、副书记。徐祥为城郊港航管理处副处长。卜建林为城郊港航管理处副处长。姜东明为城郊港航管理处副处长。以上人员其原任职务同时免去。

表10-2-22　2010年嘉兴市城郊港航管理处支部领导任职一览表

姓　名	职　务	任职时间
朱永祥	书　记	2010.01—2010.12
孙　巍	副书记	2010.01—2010.12
徐　祥	委　员	2010.01—2010.12
卜建林	委　员	2010.01—2010.12

表10-2-23　2010年嘉兴市城郊港航管理处行政领导班子任职一览表

姓　名	职　务	任职时间
朱永祥	处　长	2010.01—2010.12
孙　巍	副处长	2010.01—2010.12
徐　祥	副处长	2010.01—2010.12
卜建林	副处长	2010.01—2010.12

表 10-2-24　2010 年嘉兴市城郊港航管理处各科、室负责人任职一览表

科室名称	职　务	姓　名	任期
党政办公室	主　任	裴晨彪	2010.01—2010.12
党政办公室	副主任	孟立家	2010.01—2010.12
计划财务科	科　长	孙　雁	2010.01—2010.12
设备管理科	副科长	吴爱泉	2010.01—2010.12
稽征督察科	副科长	何晓红	2010.01—2010.12
运输管理科	科　长	陆建忠	2010.01—2010.12
海事科	科　长	薛黎明	2010.01—2010.12
海事科	副科长	金福明	2010.01—2010.03
海事科	副科长	沈　剑	2010.03—2010.12
航道(港口)管理科	副科长	沈　剑	2010.01—2010.03
航道(港口)管理科	科　长	金福明	2010.03—2010.12
船舶检验科	科　长	康一强	2010.01—2010.12
船舶检验科	副科长	郑宏伟	2010.01—2010.12
证照管理科	科　长	张必胜	2010.01—2010.12
三塔港航管理检查站	站　长	沈国正	2010.01—2010.12
三塔港航管理检查站	副站长	杨　海	2010.01—2010.12
塘汇港航管理检查站	站　长	汤金荣	2010.01—2010.12
塘汇港航管理检查站	副站长	吴建林	2010.01—2010.12
塘汇港航管理检查站	副站长	张为民	2010.01—2010.12
王江泾港航管理检查站	站　长	张继德	2010.01—2010.12
王江泾港航管理检查站	副站长	陆　臻	2010.01—2010.12
思古桥港航管理检查站	站　长	张万喜	2010.01—2010.12
思古桥港航管理检查站	副站长	吴永军	2010.01—2010.12
思古桥港航管理检查站	副站长	李险峰	2010.01—2010.12
新丰港航管理检查站	站　长	吴家良	2010.01—2010.12
新丰港航管理检查站	副站长	黄星江	2010.01—2010.12
王店港航管理检查站	站　长	陈旭光	2010.01—2010.12

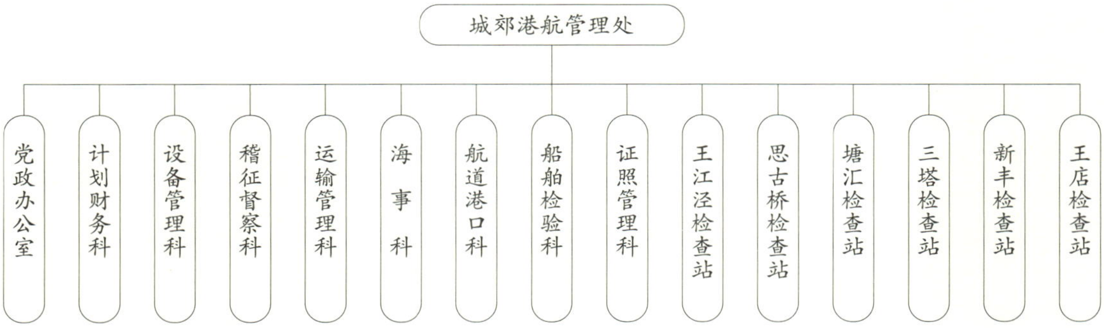

图 10-2-7　嘉兴市城郊港航管理处内设及下属机构图

嘉善县港航管理处

嘉善水上交通管理部门是负责嘉善全县水路运政管理、水上交通安全、船舶检验、港政管理和航道规划、建设、养护、管理，以及规费征收和稽查职能的事业单位。

1952 年 8 月，“浙江省交通厅内河航运管理局嘉善县航运管理站”在下甸庙成立，为县内最早建立的正式航管机构。1953 年 6 月，华东联运公司浙江省公司嘉善联运站并入航管站，下设嘉善、洪溪、干窑、天凝、西塘五个航管工作组，开始对营运船舶，进行登记、丈量、检验和发放航行证，实行定港、定点、定线的“三定”政策。

1954 年水灾后，因部分窑墩已经转产，窑货运量渐减，部分船舶转往外港，下甸庙不再成为对外水运中心。1956

年春，航管站迁至县府所在地魏塘镇，下甸庙改设工作组。11月，公私合营轮船公司并入航管站，站的体制转入“政企合一”。

1958年1月，“嘉善航管站”撤销，成立“嘉善县民船管理所”，定编24人。接着“大跃进”、“大办钢铁”、“干部下放劳动”相继成为中心任务，民船管理所的多数干部下放农村、运输社、工厂劳动。11月，嘉善县并入嘉兴县，民船管理所撤销，航政管理工作由县交通局负责，另有嘉兴县地方国营交通运输公司，执行运输“三统”管理任务，魏塘设立营业处。

1961年4月，嘉兴、嘉善两县分治。8月，“嘉善县航管所”恢复建制，有干部9人。翌年4月，又撤销航管所，成立“嘉善县交通管理所”，管理全县水陆交通运输及地方交通建设事务，下设魏塘、西塘、干窑、下甸庙、天凝5个工作组。

1963年1月，全省恢复航管体制。3月，成立“浙江省交通厅航运管理局嘉善航运管理站”，同时成立“省交通厅运输局嘉善联运站”，两块牌子，一套班子，定编15人，业务、经济归省领导，行政归县领导。

1968年10月，“文化大革命”进入第二年，航管站除留2名干部料理事务外，其余人员均与县级机关绝大多数干部一样，集中到“五七干校”学习、劳动、清理阶级队伍，航管工作陷入瘫痪状态。

1969年11月，县工业交通局改组，一部分成立工业局，一部分与航管站合并成立“嘉善县人民交通管理站”，航管站撤销。1970年6月，人民交通管理站与邮电局合并成立交通邮政局。12月，又恢复过去的工业交通局建制，同时成立“交通管理站”。

1979年1月，根据省革命委员会有关调整交通管理体制的指示精神，再度建立“嘉善县航运管理所”，有职工约20人，物资、财务、劳动工资、基建计划、港航监督、航道养护等方面归地区航运管理处领导，行政、教育和安全管理方面，分别接受地区航管处和县交通局的双重领导。为了加强重点乡镇的航政管理，7月，县航管所分设西塘航管站，8月设立火车站航管工作组。1980年3月、9月、10月分别设立下甸庙、天凝、干窑三处航管站。

1981年4月，设立汾玉签证点。1982年2月，设立杨庙航管站，并改天凝航管站为签证站，隶属于杨庙航管站管辖。西塘航管站和火车站工作组仍办理中转联运和代理业务，其他各站只从事港航管理。

1995年，嘉善县航运管理所先后增挂了“嘉善县航道管理所、嘉善县船舶检验所、嘉善县港航监督所、嘉善县港务管理所、嘉善县航政管理大队”五块牌子。

2002年8月，根据交通部《关于地方水上安全监督机构名称的通知》和《关于全国海事系统统一以海事局(处)名义履行海事行政执法的通知》规定，与省、市港航管理局名称保持一致，经嘉善县编制委员会批准，嘉善县航运管理所更名为浙江省嘉善县港航管理处，所属各港航管理检查站同时增挂海事所牌子。

嘉兴撤地建市后重要人事变动情况

1984年6月，张志荣任嘉善县航运管理所所长；中共嘉善县航运管理所支部副书记。陈纪贤、薛中熊任副所长；吴永明、钱中喜为支部委员。

1985年6月21日，王鸿发兼任中共嘉善县航运管理所支部书记。

1987年4月13日，李勤芳任中共嘉善县航运管理所支部书记；王鸿发不再兼任中共嘉善县航运管理所支部书记。

1987年6月4日，嘉善县航运管理所支部委员会由李勤芳、张志荣、钱中喜三人组成。李勤芳任支部书记，张志荣为支部副书记。

1989年9月23日，嘉善县航运管理所支部委员会由李勤芳、张志荣、薛中熊三人组成。李勤芳任支部书记，张志荣任支部副书记，薛中熊任支部委员。

1992年3月16日，嘉善县航运管理所党支部换届选举，新一届支部委员会由李勤芳、张志荣、薛中熊三人组成。李勤芳任支部书记，张志荣任支部副书记。

1992年11月28日，根据善编(92)46号文件精神，嘉善县航运管理所明确为副科级事业单位。李勤芳任县航运管理所党支部书记。

1992年12月3日，张志荣任嘉善县航运管理所所长。

1993年12月1日，聘任陈同才为嘉善县航运管理所副所长。

1994年8月9日，中共嘉善县航运管理所第五届支部委员会由李勤芳、张志荣、陈同才等三人组成，李勤芳为书记。

1996年4月10日，陆炳根任嘉善县航运管理所党支部副书记。

1996年12月5日，薛中熊任嘉善县公路管理段副段长，免去其嘉善县航运管理所副所长职务。

1997年3月19日，张志荣任县航管所党支部书记；免去李勤芳的县航管所党支部书记职务。

1997年10月9日，施德平任嘉善县航运管理所副所长，免去其嘉善县公路运输管理稽征所副所长职务；陈同才同任嘉善县公路运输管理所副所长，免去其嘉善县航运管理所副所长职务；冯其根任嘉善县航运管理所副所长。

1998年11月6日，沈雪华任县航运管理所所长；张志荣任县航运管理所副局级巡视员，免去其县航运管理所所长职务。沈雪华任县航运管理所党支部书记；免去张志荣的县航运管理所党支部书记职务。

1999年5月5日，中共嘉善县航运管理所支部委员会由沈雪华、陆炳根、何建春三人组成；沈雪华任书记；陆炳根任副书记。

2001年12月29日，吴甫根任嘉善县航运管理所党支部书记；免去沈雪华的嘉善县航运管理所党支部书记职务。

2001年12月29日，吴甫根同志任嘉善县航运管理所所长。

2002年8月16日，中共嘉善县航运管理所支部委员会由王正、吴富根、陆炳根、何建春、施德平五人组成。吴富根任书记；陆炳根任副书记。

2007年9月26日，周锦和任嘉善县港航管理处主任(试用期一年)、党支部书记；吴富根任嘉善县港航管理处副科级巡视员，免去其嘉善县港航管理处主任、党支部书记职务。

2008年12月，中共嘉善县委组织部"关于周锦和正式任职的通知"，一年试用期已满，予以正式任职。

2008年5月6日，诸鉴镛任嘉善县港航管理处主任助理。

2009年1月20日，诸鉴镛任嘉善县港航管理处副主任，免去其嘉善县港航管理处主任助理职务。

2010年9月10日，陈建枫任嘉善县港航管理处副主任，免去其嘉善县港航管理处主任助理职务。

表10-2-25 2010年嘉善县港航管理处历任党支部领导任职一览表

姓 名	职 务	任职时间
周锦和	书 记	2007.09
诸鉴镛	委 员	2009.01
陈建枫	委 员	2010.01

表10-2-26 2010年嘉善县港航管理处历任行政领导班子任职一览表

姓 名	职 务	任职时间
周锦和	主 任	2007.9—2010.12
诸鉴镛	副主任	2009.1—2010.12
陈建枫	副主任	2010.1—2010.12

表10-2-27 2010年嘉善县港航管理处各科站负责人任职一览表

科室名称	职 务	姓 名	任职时间
行政科	科 长	陈建枫	2010.01—2010.12
海事科	科 长	袁若峰	2010.01—2010.12
运管科	科 长	吴晓峰	2010.01—2010.12
船检科	空 缺	空 缺	2010.01—2010.12
航道工程科	科 长	金海源	2010.01—2010.12
证照科	科 长	张利强	2010.01—2010.12
稽征财务科	科 长	杨耀明	2010.01—2010.12
机料通讯科	科 长	徐 泓	2010.01—2010.12
魏塘站	站 长	肖欣华	2010.01—2010.12
红旗塘站	站 长	吴旭东	2010.01—2010.12
下甸庙站	站 长	周明光	2010.01—2010.12
太浦河站	站 长	姜列峰	2010.01—2010.12

表 10-2-28　1983—2010 年嘉善县水上交通管理部门历任党支部委员成员任职一览表

姓　名	职　务	任职时间
张志荣	副书记	1984.06—1997.02
李勤芳	书　记	1987.06—1997.03
张志荣	书　记	1997.03—1998.11
陆炳根	副书记	1996.04—2011.02
沈雪华	书　记	1998.11—2001.06
吴富根	书　记	2001.12—2007.09
周锦和	书　记	2007.09—2010.12
诸鉴镛	支　委	2009.01—2010.12
陈建枫	支　委	2010.09—2010.12

表 10-2-29　1983—2010 年嘉善县水上交通管理部门历任行政领导任职一览表

姓　名	职　务	任职时间
张志荣	所　长	1984.06—1998.11
沈雪华	所　长	1998.11—2001.06
吴富根	主　任	2001.12—2007.09
周锦和	主　任	2007.09—2010.12
袁　云	副主任	2004.02—2010.12
诸鉴镛	副主任	2009.01—2010.12
陈建枫	副主任	2010.09—2010.12

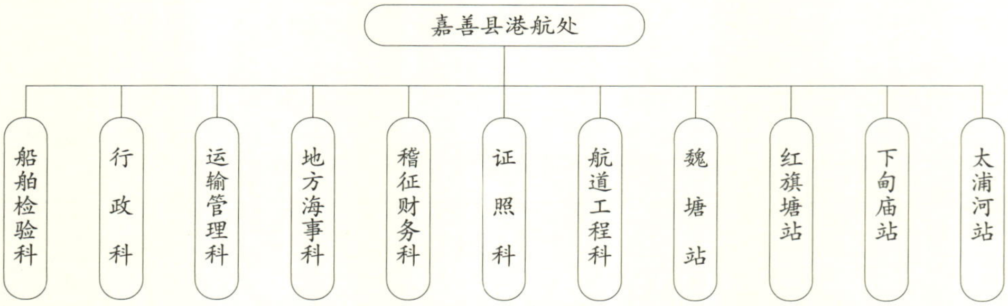

图 10-2-8　嘉善县港航管理处内设及下属机构图

平湖市港航管理处

平湖水上交通管理部门是负责平湖市水路运政管理、水上交通安全、船舶检验、港政管理和航道规划、建设、养护、管理，以及规费征收和稽查职能的事业单位。

解放初，平湖县单设船舶管理机构。1950 年 6 月，乍浦航管站成立。1950 年下半年，平湖航管站成立，与乍浦航管站两块牌子一套班子。1951 年 12 月，平湖管理站改称为浙江省内河航运管理局嘉兴分所平湖航运管理站。1953 年 6 月，浙江省联运公司平湖联运站并入平湖航管站。1956 年 12 月，公私合营平湖轮船公司并入航管站。1958 年 1 月 14 日，航管站奉令撤销，管理工作划归平湖县民船管理所。同年 6 月，民船管理所并入平湖县工业交通局。1959 年 8 月，航管工作由县交通运输局直接掌管。1961 年 9 月，平湖县航运管理所成立。1963 年 7 月正式开展工作，仍名平湖县航管站。

1972 年 5 月，航管站撤销，航管工作由交通局直接管理。1979 年 8 月，平湖航运管理所恢复成立，属嘉兴地区航运管理处管辖。1986 年 2 月，确定平湖县航运管理所为正科级单位。

1993 年 9 月，平湖市航运管理所增挂平湖市航道管理所、平湖市港航监督所及平湖市船舶检验所牌子，实行四块牌子，一套班子。1994 年 4 月，平湖市航运管理所体制改革后，隶属平湖市交通局领导，机构职级按照嘉兴市编制委员会嘉编(1990)52 号文规定，明确为副科(局)级事业单位，平湖航管所下属有乍浦、新埭、广陈、新仓、城关航管站五个部门，其主要职能是：主管港航监督、船舶检验、水运管理、事故处理、航道管理、规费征收等工作。1995 年 10 月，平湖航管所设立平湖市乡镇船舶管理总站、新埭等 5 个航管站同时增挂分站牌子，总站为股站合一，两块牌子一套班子。1998 年 3 月，平湖市航管所增挂平湖市港务管理所牌子，该所与市航管所合署办公，两块牌子一套班子，不单列编制。

2000 年 6 月，平湖航管所建立嘉兴市航政管理支队。2002 年 8 月，平湖市航运管理所和平湖市内河港务管理所合并，更名为平湖市港航管理处、平湖市港航监督所更名为平湖市地方海事处、平湖市航道管理所更名为平湖市航道管理处、平湖市船舶检验所更名为平湖市船舶检验处，原平湖市航运管理所下设的各港航管理检查站同时增挂“平湖市地方海事处 XX 海事所”牌子，更名后市港航处、市地方海事处、市航道管理处、市船舶检验处仍实行一个机构四块牌子，机构规格、人员编制均不变。2007 年 1 月，行政科更名为办公室，港监科更名为海事科。

嘉兴撤地建市(1983 年)后重要人事变动情况

1979 年站长：褚秀实；副站长：林勇开、吴功跃

1979 年书记：褚秀实；副书记：林勇开

1986 年—1988 年：吴功跃副所长全面负责，高含云任党支部书记，陈冠军任平湖航运管理所副所长。

1988 年—1991 年：沈珩璋任平湖县航运管理所党支部书记，吴功跃副所长全面负责。

1991 年—1993 年：沈珩璋任平湖县航运管理所所长、书记(副局级)。

1993 年 3 月—1995 年：陈冠军任平湖市航运管理所所长(副局级)，沈珩璋任平湖县航运管理所书记。

1996 年 12 月，陈冠军任平湖市航运管理所党支部副书记。

1997 年 6 月，陈冠军任平湖市航管所党支部书记。

1998 年 11 月，谢才荣任平湖市航运管理所党支部书记，陈冠军任平湖市航运管理所党支部副书记，免去其平湖市航运管理所党支部书记职务。

2000 年 8 月，谢才荣兼任市航运管理所副所长职务。

2001 年 12 月，免去陈冠军平湖航管所所长职务，谢才荣任平湖航管所所长。

2002 年 9 月，谢才荣任中共平湖市港航管理处党支部书记，免去其中共平湖市港航管理处党支部副书记职务，任平湖市港航管理处主任，免去平湖市港航管理所所长职务。

2003 年 4 月，曹思明任平湖市港航管理处党支部书记，免去谢才荣同志平湖市港航管理处书记职务。

2004 年 9 月，免去谢才荣平湖市港航管理处主任职务。

2004 年 10 月，曹思明任平湖市港航管理处主任。

2007 年 11 月，徐跃忠任市港航管理处党支部书记，免去曹思明市港航管理处党支部书记职务。

2011 年 12 月，免去曹思明市港航管理处主任职务。

2012 年 9 月，徐跃忠任市港航管理处主任，免去徐跃忠的市港航管理处党支部书记职务。

2012 年 11 月，缪跃忠任市港航管理处党支部书记。

表 10-2-30 2010 年平湖市港航管理处历任党支部领导任职一览表

姓 名	职 务	任职时间
徐跃忠	书 记	2010.01—2010.12
曹思明	副书记	2010.01—2010.12
冯爱观	委 员	2010.01—2010.12
顾道根	委 员	2010.01—2010.12

表 10-2-31 2010 年平湖市港航管理处历任行政领导班子任职一览表

姓 名	职 务	任职时间
曹思明	主 任	2010.01—2010.12
徐跃忠	副主任	2010.01—2010.12
冯爱观	副主任	2010.01—2010.12
顾道根	副主任	2010.01—2010.12

表 10-2-32　2010 年平湖市港航管理处各科室负责人任职一览表

科室名称	职　务	姓　名	任职时间
办公室	主　任	俞　斌	2010.01—2010.12
计划财务科	科　长	陶其根	2010.01—2010.12
海事科	科　长	范海平	2010.01—2010.12
运输管理科	科　长	龚雪明	2010.01—2010.12
船舶检验科	科　长	陆建中	2010.01—2010.12
稽征科	科　长	吴建新	2010.01—2010.12
航道工程科	科　长	杨　斌	2010.01—2010.12
设备管理科	副科长	黄若冰	2010.01—2010.12
办证中心副主任	副主任	水奇为	2010.01—2010.12

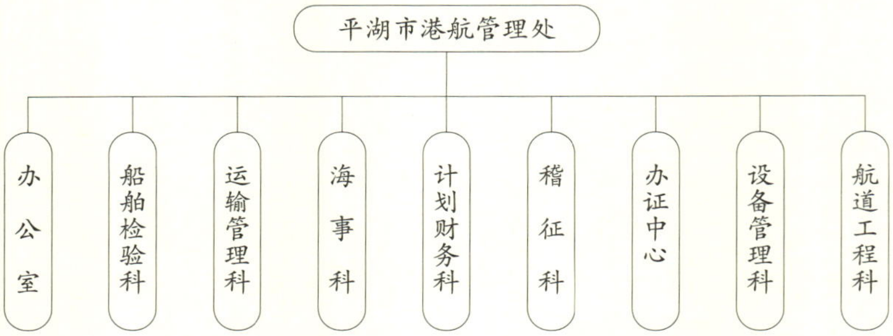

图 10-2-9　平湖市港航管理处内设机构图

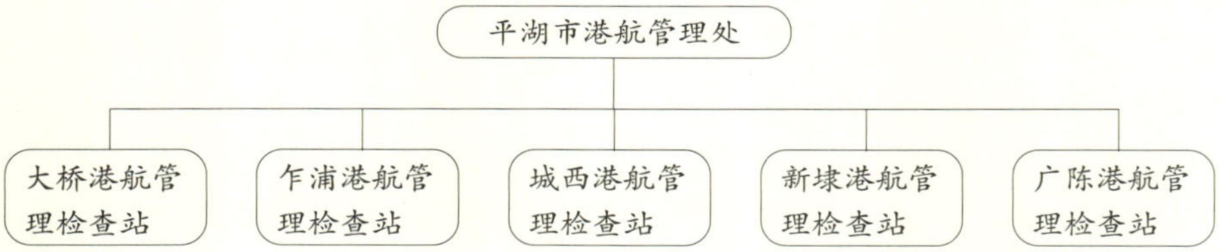

图 10-2-10　平湖市港航管理处下属机构图

表 10-2-33　1979—2010 年平湖水上交通管理部门历任支部成员任职一览表

姓　名	职　务	任职时间
褚秀实	书　记	1979—1985
林勇开	副书记	1979—1985
高含云	书　记	1986—1988
沈珩璋	书　记	1988.08—1996.10
陈冠军	书　记	1997.06—1998.10
谢才荣	书　记	1998.11—2003.03
曹思明	书　记	2003.04—2007.11
徐跃忠	书　记	2007.11—2012.09
曹思明	副书记	2007.12—2011.12

表 10-2-34 1979—2010 年平湖水上交通管理部门历任行政领导一览表

姓　名	职　务	任职时间
褚秀实	站　长	1979—1985
林勇开	副所长	1979—1985
吴功跃	副所长	1986—1991
沈珩璋	所　长	1991.01—1993.03
陈冠军	所　长	1993.03—2001.12
谢才荣	所　长	2001.12—2004.09
曹思明	主　任	2004.10—2011.12

海宁市港航管理处

海宁县航运管理站始建于 1952 年 8 月。1958 年 1 月，撤销海宁航运管理站，成立县民船管理所，成为县属事业性单位，5 月，县民船管理所并入县工业交通手工业局。1961 年 10 月复设海宁县航运管理所，隶属于工交手工业局领导，原民管所下设各工作组改为签证点，同年 12 月 7 日县航管所改组为兼管陆运的县交通管理所，所长邱春明，下设长安管理站。1962 年 3 月，增设硖石、盐官、斜桥、袁花、许村交通管理站。1968 年 9 月海宁县工交局、航管站、建筑联合社、运输联合社等单位合并成立县工建交抓革命、促生产临时领导小组。1969 年 8 月海宁航管站成立革命领导小组，组长邱春明。1970 年 1 月，工建交分治，成立海宁县革命委员会生产指挥组交通局，航管站组织形式不变。

1979 年 1 月，建立海宁县航运管理所。1987 年 2 月，更名为海宁市航运管理所。1993 年 9 月，根据《关于嘉兴市航运管理处及下属航管所、站增挂机构牌子的批复》(嘉编〔1993〕52 号)，增挂海宁市航道管理所、海宁市港航监督所、海宁市船舶检验所牌子。

2002 年 9 月，根据《关于市航管部门机构名称更名的批复》(海编〔2002〕28 号)，更名为浙江省海宁市港航管理处、浙江省海宁市地方海事处、浙江省海宁市航道管理处、浙江省海宁市船舶检验处，仍实行一个机构，四块牌子。2003 年 8 月，海宁市机构编制委员会《关于同意市港航管理处增加编制的批复》确定，增编后，市港航管理处的编制为 86 人。

海宁市水上交通管理部门重要人事变动情况(1990—2010 年)

1990 年 6 月 12 日，周朱寿兼任海宁市航运管理所所长。陆志炎任海宁市航道管理所正所级调研员，免去其该所副所长。尤锡忠任海宁市航运管理所副所长，免去黄泉松海宁市航运管理所所长。

1991 年 7 月 2 日，黄泉松、徐志祥、尤锡忠、单金龙、祝来宝五人组成所党支部委员会，黄泉松任支部书记，徐志祥任支部副书记。

1992 年 7 月 15 日，丁天松任海宁市航运管理所党支部书记；免去黄泉松海宁市航运管理所党支部书记。

1993 年 7 月 9 日，丁天松任海宁市航运管理所所长。

1995 年 12 月 5 日，杨学明任航运管理所副所长。

1996 年 8 月 27 日，濮民强任航运管理所副所长，徐自觉任航运管理所副所长。

1996 年 11 月 20 日，濮民强任县乡公路管理所、路政管理所所长；免去濮民强航运管理所副所长。

1997 年 1 月 7 日，据市委组干(1997)1 号，尤锡忠任海宁市航运管理所所长，免去丁天松的海宁市航运管理所所长。

1998 年 5 月 12 日，朱金良任海宁市航运管理所所长，免去其海宁市公路段党支部书记。

1999 年 1 月 15 日，胡根良任中共海宁市航运管理所支部书记；丁天松任海宁市航运管理所正所级调研员，免去其中共海宁市交通局委员会委员、中共海宁市航运管理所支部书记。

1999 年 3 月 2 日，朱建民任海宁市航运管理所副所长，免去徐自觉、徐志祥海宁市航运管理所副所长。

2001 年 3 月 5 日，朱金良同志(兼)任港务所所长；免去祝来宝(兼)任港务所所长。

2002 年 6 月 26 日，方茂庆、朱金良、郭孝祥、郭建龙、杨学明、查陆祥、胡根良七人组成党支部委员会。胡根良任支部书记，朱金良任支部副书记。

2002 年 10 月 28 日，胡根良为海宁市港航管理处党支部书记，朱金良为海宁市港航管理处处长。

2005 年 5 月 13 日，郭建龙任海宁市港航管理处副处长。

2007 年 4 月 27 日，杨学明同任海宁市港航管理处党支部书记。

2008年3月27日，邬建龙、赖明亚、顾建锋为海宁市港航管理处副处长。

2010年7月30日，杨学明任海宁市港航管理处处长，免去其中共海宁市港航管理处支部委员会书记；朱金良任中共海宁市港航管理处支部委员会书记，免去其海宁市港航管理处处长。

2010年9月1日，邬建龙、顾建锋、张建国为海宁市港航管理处副处长。

表10-2-35　2010年海宁市港航管理处党委领导任职一览表

姓　名	职　务	任职时间
杨学明	书　记	2010.01—2010.07
杨学明	副书记	2010.08—2010.12
朱金良	副书记	2010.01—2010.07
朱金良	书　记	2010.08—2010.12
邬建龙	委　员	2010.01—2010.12
赖明亚	委　员	2010.01—2010.08
顾建锋	委　员	2010.01—2010.12
查陆祥	委　员	2010.01—2010.12

表10-2-36　2010年海宁市港航管理处行政领导班子任职一览表

姓　名	职　务	任职时间
朱金良	处　长	2010.01—2010.07
杨学明	处　长	2010.08—2010.12
邬建龙	副处长	2010.01—2010.12
赖明亚	副处长	2010.01—2010.08
顾建锋	副处长	2010.01—2010.12
张建国	副处长	2010.09—2010.12

表10-2-37　2010年海宁市港航管理处各科、所负责人任职一览表

科室名称	职　务	姓　名	任职时间
办公室	主　任	章烨伟	2010.01—2010.12
财务科	科　长	谢琼华	2010.01—2010.12
海事科	科　长	朱理新	2010.01—2010.12
信息设备科	科　长	查陆祥	2010.01—2010.12
航道航政科	科　长	熊　伟	2010.01—2010.12
法制科	科　长	沈纪敏	2010.01—2010.12
运输港务科	科　长	查晓峰	2010.01—2010.12
稽征科	科　长	宋培巨	2010.01—2010.12
行政审批科	科　长	胡　鹏	2010.01—2010.12
硖石所	科　长	刘师奇	2010.01—2010.12
袁花所	科　长	陈勤奇	2010.01—2010.12
斜桥所	科　长	范建祥	2010.01—2010.12
长安所	科　长	沈月康	2010.01—2010.12

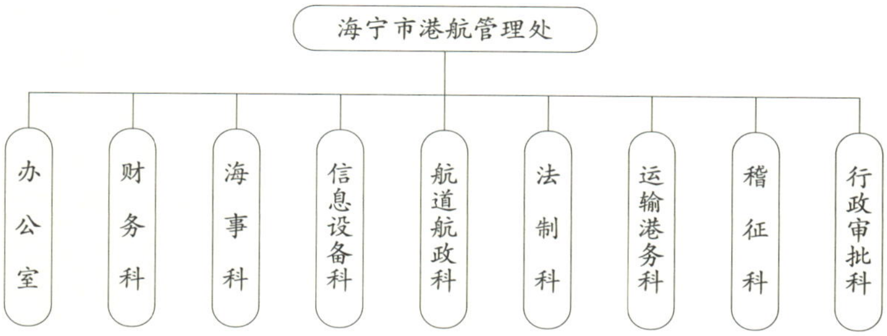

图 10-2-11　海宁市港航管理处内设机构图

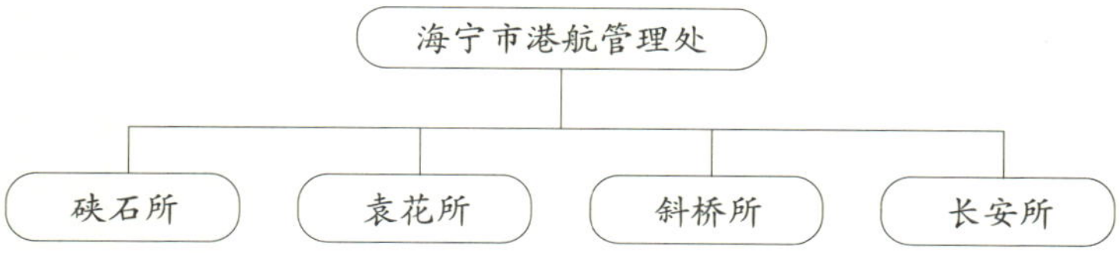

图 10-2-12　海宁市港航管理处下属机构图

表 10-2-38　1990—2010 年海宁水上交通管理部门书记副书记任职一览表

姓　名	职　务	任职时间
黄泉松	书　记	1991.07—1991.07
徐志祥	副书记	1991.07—1998.04
丁天松	书　记	1991.07—1998.12
胡根良	书　记	1999.01—2007.04
杨学明	书　记	2007.04—2010.07
杨学明	书　记	2010.08—2011.06
朱金良	副书记	1998.05—2010.07
朱金良	书　记	2010.08—2010.12

表 10-2-39　1990—2010 年海宁水上交通管理部门行政领导任职一览表

姓　名	职　务	任职时间
周朱寿	所　长	1990.06—1993.06
丁天松	所　长	1993.07—1996.12
尤锡忠	所　长	1997.01—1998.04
朱金良	所(处)长	1998.05—2010.06
杨学明	处　长	2010.07—2010.12

海盐县港航管理处

海盐水上交通管理部门是负责全县水路运政管理、水上交通安全、船舶检验、港政管理和航道规划、建设、养护、管理，以及规费征收和稽查职能的事业单位。

1953 年 3 月，建立国营浙江省联运公司平湖联运站海盐临时工作组。同年 9 月，根据浙江省航运管理局嘉兴分所嘉联秘字 3047 号和嘉航管字 4142 号通知，成立浙江省航运管理局嘉兴分所海盐临时工作组。10 月 20 日起派员常驻六里山办理航政管理签证及征收航政管理费。同年 12 月，奉浙江省航运管理局航秘新字第 9450 号通知，于 12 月 8 日撤销原浙江省航运管理局嘉兴分所海盐临时工作组及国营浙江省联运公司平湖联运站海盐临时工作组，并自同日起正式成立浙江省航运管理局嘉兴管理处海盐管理站。1955 年 8 月 16 日，根据浙江省交通厅航运管理局(55)航办字第6159号通知，改称浙江省交通厅航运管理局海盐管理站。1956年2月1日，成立海盐县航快船运输合作社筹备委员会。4月6日，县人委(56)盐交字第1119号文批准成立海盐县木帆船运输合作社。1956年11月27日，海盐县人民委员会(56)盐交字第3631号文批准公私合营海盐轮船公司纳入国营，并入航管站。1957年4月1日，浙江省交通厅航运管理局嘉兴管理处(57)嘉航港字第904号同意设立丰山船舶签证点。1958年，交通体制改变，根据海盐县人民委员会(58)海交字第179号通知，自1958年2月1日起撤销浙江省交通厅航运管理局海盐管理站，成立海盐县民船管理所，1958年3月1日，根据浙江省嘉兴区航运局(58)嘉航总创字第41号通知，成立六里山工作组，直属区局领导。1958年6月30日，海盐县人民委员会(58)盐办工字第1509号文批准，木帆船、航快船二运输合作社自7月1日起转为高级合作社，改名为海盐县高级木帆船运输合作社和海盐县高级航快社运输合作社。同年10月并县，企事业合一，11月民船管理所撤销，人员并入地方国营海宁县运输公司。同年11月1日，将客运移交浙江省嘉兴区航运局平湖营业站。1961年12月，根据海盐县人民委员会(61)盐工字第6号文件，成立海盐县交通管理所，归属海盐县工交局，地点在天宁寺(金刚殿西侧)。并在六里山、西塘桥、沈荡设立签证站。1962年3月16日，县交通管理所(62)盐交管字第19号文通知组织航道养护队。1963年2月12日，根据浙江省交通厅航运管理局嘉兴管理处(63)嘉秘字第0017号通知，海盐县交通管理所改名为浙江省交通厅航运管理局海盐管理站。同年5月8日，根据浙江省交通厅运输局嘉兴联运经营处(63)嘉联字第0001号通知，成立浙江省交通厅运输局海盐联运营业站，与航运管理站合署办公，两块牌子，一套班子。1964年2月26日，根据浙江省交通厅航运管理嘉兴管理处(64)嘉管秘字第1215号通知，成立浙江省交通厅航运管理局海盐管理站六里山工作组。1965年5月30日，(65)盐航港字第022号文，撤消沈荡、西塘桥二签证点。1965年航管站办公室迁址，迁至武原镇海滨西路。

1970年1月，经县革命委员会政治工作组、生产指挥组盐革政字(70)第003号、盐革生字(70)第005号文批复，成立浙江省航运管理局海盐管理站革命领导小组。1971年6月7日，县革命委员会盐革(71)26号文通知，成立海盐县联合运输指挥部筹备领导小组。1971年7月11日，县革委会盐革(71)30号文通知，成立海盐县革命委员会生产指挥组联合运输指挥部，下设联运服务组、政宣组。1972年1月，体制再次下放地方。1972年4月8日，县革命委员会盐革批(72)5号文批复，成立浙江省海盐县交通管理站。负责水、陆交通管理。撤销原航管站，职能划归交通管理站。1979年1月，隶属关系再次上收。

1980年12月1日，经县革命委员会盐革批(1980)170号文批复，撤销海盐县交通管理站，分别成立海盐县航运管理所、海盐县车辆监理站。航管所生产、物资材料、劳动工资、财务和基建计划，归口地区航管处，业务上受县交通局和地区业务主管部门双重领导。1981年3月20日，盐航管字(81)第6号文通知，成立浙江省海盐县航运管理所通元管理站。1981年5月1日，盐航管字(81)第15号文通知，成立浙江省海盐县航运管理所沈荡航管站。1982年5月29日，盐航管字(82)第13号文通知，成立浙江省海盐县航运管理所西塘桥管理站。1984年1月船检工作与航管工作分开，建立海盐县船舶检验站，为航管所二级机构。1984年7月4日盐政人批(1984)49号文批复，撤销海盐县联合运输指挥部，乡村运输工具的运输业务管理工作由县航运管理所承担。1985年4月25日，按省交通厅航运管理局浙航局运(84)字第486号文精神，航管与联运政企职责分开，成立海盐县航运管理所联运营业站。1985年11月20日，盐航管(85)字第42号文通知，成立浙江省海盐县航运管理所官堂管理站，并从1985年11月25日起对外办理船舶进出口签证等工作。1986年8月12日成立浙江省海盐县航运管理所航查队。1986年2月21日经嘉兴市人事局批准，委托市航管处嘉市航管政字(86)第27号文通知海盐县航管所确定为正科级单位。1987年11月24日盐航管(87)字第41号文通知，成立浙江省海盐县外港运输船舶管理站，于1987年12月1日对外开始办公。管理站主要负责省内外非本港运输企业、船舶的调度、配载等运输管理。1987年10月1日，根据省航运局浙航局监(1987)380号文通知，在不改变体制和隶属关系的前提下，统一全省港监机构对外工作名称和印章，本所对外用"浙江省海盐县港航监督"名称和印章，实行两牌一门的办法。1989年4月25日嘉兴市航管处嘉市航管办(89)第52号文批复，成立浙江省海盐县航运管理所武原管理站，并于6月1日起对外办公。1990年9月14日县编委盐编(90)48号文通知，将浙江省海盐县航运管理所本所定为副局级事业单位。

1990年9月25日，嘉兴市航管处嘉市航管政(1990)107号文批复，成立浙江省海盐县航运管理所白苎管理站，以现场检查为主要职能。1993年10月20日县编委盐编(93)37号文，同意县航运管理所增挂海盐县航道管理所、海盐县港航监督所、海盐县船舶检验所牌子；县航运管理所下属各航运管理站增挂"浙江省海盐县港航监督所XX监督站"牌子，实行一套工作班子，人员编制、经费渠道、隶属关系不变。1993年12月17日浙江省交通厅浙交(93)

356号文，同意县航管所启用“浙江省船舶检验局海盐检验所”印章。1994年3月31日县交通局盐交(94)28号文，同意航运管理所将原港监船检股分设港航监督股和船舶检验股。1994年4月20日嘉兴市体改办嘉改发(94)17号文，航运管理体制改革，同意嘉兴市航运管理处所属海盐县航运管理所实行条块结合，以县(市)为主管理体制，隶属海盐县交通局领导，明确为副科(局)级事业单位。1995年3月10日县机构编制委员会盐编(95)13号文，同意县航管所建立“海盐县港务管理所”，与县航运管理所实行两块牌子，一套工作班子，合署办公，内部建立“港务管理股”。

2000年11月4日县编委盐编(2000)37号文，同意建立海盐县航政管理大队，与县航运管理所合署办公，所需人员在航运管理所内部调剂解决。2002年6月18日县航管所迁址，迁至武原镇百尺北路102号。2002年9月13日县编委盐编(2002)34号文，同意县航运管理所和县港务管理所合并更名为浙江省海盐县港航管理处；县港航监督所更名为浙江省海盐县地方海事处；县航道管理所更名为浙江省海盐县航道管理处；县船舶检验所更名为浙江省海盐县船舶检验处；原县航运管理所下设的各港航管理检查站同时增挂“浙江省海盐县地方海事处XX海事所”牌子。县港航管理处、县地方海事处、县航道管理处、县船舶检验处仍实行一个机构、四块牌子，机构规格、人员编制等不变。2005年4月10日海盐县港航管理处盐港航管〔2005〕12号文决定成立海盐县水上交通指挥中心，指挥中心业务上受处港航监督科和市局指挥中心的领导和指导。2005年4月28日海盐县交通局盐交〔2005〕61号文件批复同意海盐县港航管理处内设机构的设置和撤销。设立14个部门：办公室、电脑室(与办公室合署办公)、法制办(与办公室合署办公)、计财稽征科、航道工程科、运管港务科、港航监督科、船舶检验科、办证中心(与船舶检验科合署办公)、官堂港航管理所、通元港航管理所、沈荡港航管理所、武原港航管理所、白苎港航管理所。撤销原设立的巡航队及城北港区管理所二个部门。2006年7月20日，海盐县交通局批复同意海盐县港航管理处港航监督科更名为海事科。2009年6月5日关于下发《海盐县港航管理处第五轮聘用制工作实施方案》的通知（盐港航管〔2009〕17号)，增设设备管理科(增挂信息中心)。2011年5月31日海盐县人民政府《关于县经济社会发展服务中心港航分中心等单位更名的通知》将“海盐县经济社会发展服务中心港航分中心”更名为“海盐县行政审批服务中心港航分中心”。

海盐水上交通管理部门(1981年后)主要人事变动情况

1981年1月，任命唐敏为海盐县航运管理所所长。

1985年5月，宋建中同任海盐县航运管理所所长。免去唐敏海盐县航运管理所所长。

1986年8月，杨传恩任海盐县航运管理所副所长。

1992年4月，朱玉忠任海盐县航运管理所副所长。

1992年7月，杨传恩任海盐县航运管理所所长。

1993年2月，凌顺初任海盐县航运管理所副所长。

1997年6月，王睿章任海盐县航运管理所副所长。

1998年9月，苏再良同任海盐县航运管理所副所长，徐月忠任海盐县航运管理所副所长。

2001年12月，任命朱玉忠为海盐县航运管理所所长。免去杨传恩海盐县航运管理所所长，任海盐县航运管理所副局级巡视员。

2002年1月，任命朱玉忠为海盐县航运管理所支部书记，苏再良为支部副书记。

2002年9月，海盐县航运管理所等事业单位更名为海盐港航管理处。海盐县航运管理所更名后重新公布朱玉忠为主任，苏再良、徐月忠分别任副主任。

2005年10月，王睿章为海盐县港航管理处支部副书记。同年12月，免去王睿章海盐县港航管理处支部副书记，享受副主任级协理员。

2006年9月，沈梁武同任海盐县港航管理处副主任。

2009年6月，朱雁峰任海盐县港航管理处主任助理。

表10-2-40　2010年海盐港航管理处党支部领导任职一览表

姓　名	职　务	任职时间
朱玉忠	书　记	2010.01—2010.12
苏再良	副书记	2010.01—2010.12
徐月忠	委　员	2010.01—2010.12
沈梁武	委　员	2010.01—2010.12
朱雁峰	委　员	2010.01—2010.12

表 10-2-41　2010 年海盐港航管理处行政领导班子任职一览表

姓　名	职　务	任职时间
朱玉忠	主　任	2010.01—2010.12
苏再良	副主任	2010.01—2010.12
徐月忠	副主任	2010.01—2010.12
沈梁武	副主任	2010.01—2010.12
朱雁峰	主任助理	2010.01—2010.12

表 10-2-42　2010 年海盐港航管理处各科、室负责人任职一览表

科室名称	职　务	姓　名	任职时间
办公室	主　任	王延洲	2010.01—2010.12
设备管理科	科　长	周其华	2010.01—2010.12
计财稽征科	科　长	朱仁良	2010.01—2010.12
航道管理科	副科长	陈　立	2010.01—2010.12
运输管理科	科　长	沈利军	2010.01—2010.12
船舶检验科(办证中心)	科长(主任)	杨新利	2010.01—2010.12
海事科	科　长	朱海东	2010.01—2010.12
白苎所	所　长	严新蔚	2010.01—2010.12
沈荡所	所　长	张建清	2010.01—2010.12
武原所	所　长	徐一军	2010.01—2010.12
官堂所	所　长	曹继昀	2010.01—2010.12
通元所	所　长	归良华	2010.01—2010.12

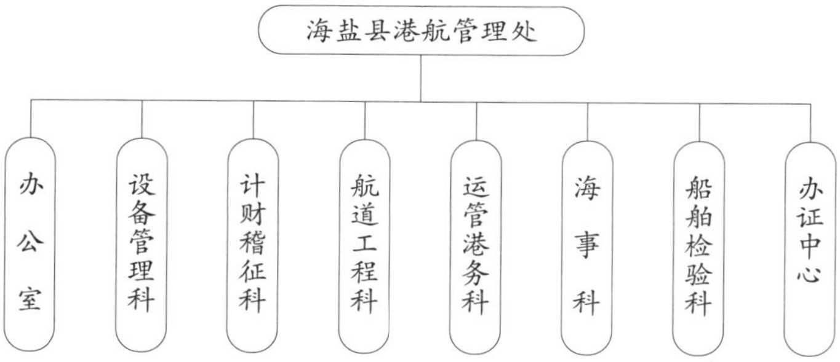

图 10-2-13　海盐县港航管理处内设机构图

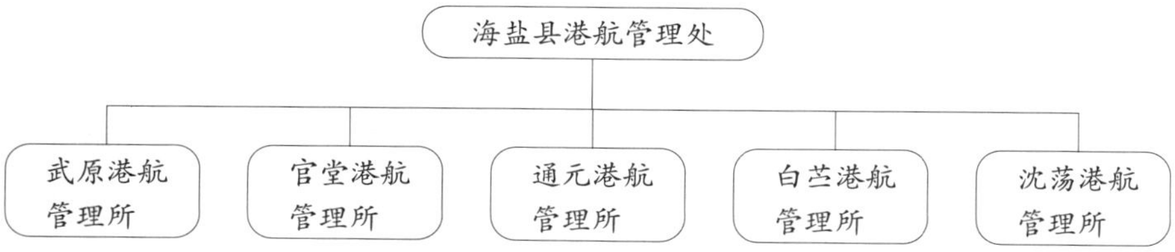

图 10-2-14　海盐县港航管理处下属单位图

表 10-2-43 1983—2010 年海盐县水上交通管理部门党委成员任职一览表

姓　名	职　务	任职时间
宋建中	书　记	1985.06—1991.03
杨传恩	委　员	1985.06—1991.03
王顺荣	委　员	1985.06—1991.03
宋建中	书　记	1991.03—1992.08
魏从智	书　记	1992.08—1995.09
杨传恩	副书记	1991.03—1995.09
王顺荣	委　员	1991.03—1995.09
朱玉忠	委　员	1991.03—1995.09
魏从智	书　记	1995.09—1998.12
杨传恩	副书记	1995.09—1998.12
王顺荣	委　员	1995.09—1998.12
朱玉忠	委　员	1995.09—1998.12
凌顺初	委　员	1995.09—1998.12
魏从智	书　记	1998.12—2001.12
杨传恩	副书记	1998.12—2001.12
朱玉忠	委　员	1998.12—2001.12
苏再良	委　员	1998.12—2001.12
步振康	委　员	1998.12—2001.12
徐月忠	委　员	2000.04—2001.12
朱玉忠	副书记	2001.12—2002.01
朱玉忠	书　记	2002.01—2005.12
苏再良	副书记	2002.01—2005.12
徐月忠	委　员	2001.12—2005.12
朱雁峰	委　员	2001.12—2005.12
徐美兰	委　员	2001.12—2005.12
王睿章	副书记	2005.10—2005.12
朱玉忠	书　记	2005.12—2007.12
苏再良	副书记	2005.12—2007.12
徐月忠	委　员	2005.12—2007.12
朱雁峰	委　员	2005.12—2007.12
沈梁武	委　员	2005.12—2007.12
朱玉忠	书　记	2007.12—2009.12
苏再良	副书记	2007.12—2009.12
徐月忠	委　员	2007.12—2009.12
朱雁峰	委　员	2007.12—2009.12
沈梁武	委　员	2007.12—2009.12
朱玉忠	书　记	2009.12—2012.12
苏再良	副书记	2009.12—2012.12
徐月忠	委　员	2009.12—2012.12
朱雁峰	委　员	2009.12—2012.12
沈梁武	委　员	2009.12—2012.12

表 10-2-44　1981—2010 年海盐县水上交通管理部门历任行政领导任职一览表

姓　名	职　务	任职时间
唐　敏	所　长	1981.01—1985.02
宋建中	所　长	1985.02—1991.10
杨传恩	所　长	1992.07—2001.12
朱玉忠	所　长	2001.12—2002.12
杨传恩	副所长	1986.08—1992.07
朱玉忠	副所长	1992.04—2001.12
凌顺初	副所长	1993.02—1998.09
王睿章	副所长	1997.06—1998.09
苏再良	副所长	1998.09—2002.12
徐月忠	副所长	1998.09—2002.12
朱玉忠	主　任	2002.12—2010.12
苏再良	副主任	2002.12—2010.12
徐月忠	副主任	2002.12—2010.12
沈梁武	副主任	2006.09—2010.12
朱雁峰	主任助理	2009.06—2010.12

桐乡市港航管理处

桐乡市水上交通管理部门是负责全市水路运政管理、水上交通安全、船舶检验、港政管理和航道规划、建设、养护、管理以及规费征收和稽查职能的事业单位。

1953 年 2 月，海宁长安联运站派驻原崇德县一个工作组，负责水上联运业务，兼航政管理。7 月海宁硖石联运站派驻桐乡一个工作组开展水上联运业务。同年嘉兴航管处派驻乌镇一个工作组，管理航政工作。12 月浙江省航运管理局桐乡管理站建立，隶属于嘉兴航管处领导。此时乌镇工作划归桐乡航管站领导，崇德县设航管工作组由嘉兴航管处领导，此为航运管理机构建立之始。1958 年年初，航运管理站一度改成桐乡县民船管理所，职责不变，不久仍改称为航运管理站。同年 6 月根据县人委 (58) 1351 号文批准，航管站与交通科、工业科、手管科、手联社合并建立工业交通局。1958 年 11 月桐乡崇德两县合并。1961 年 7 月根据嘉兴专区交通局指示，建立桐乡县航运管理所，下设崇德、乌镇管理组，同年 12 月改为桐乡县交通运输管理站(兼管陆路) 隶属县工交局。1963 年下半年，恢复全省航管机构，交管站改为桐乡县航运管理站，以条为主，条块结合，业务管理归地区，行政归属地方。下设崇福、乌镇工作组。

1970 年和县运输联社合并，又改称桐乡县交通运输管理站，同年撤销交管站，并入桐乡县交通邮政局，下设乌镇、崇福交通管理站。1979 年 4 月恢复全省航管体制，建立桐乡县航运管理所，下设崇福、乌镇、石门三个航管站。业务上由嘉兴地区航运管理处领导，行政由县交通局领导。桐乡县航运管理所系全民所有制事业单位。

1984 年 7 月嘉兴市航管处成立后，会同桐乡组织、人事和交通主管共同研究，并考察、选拔人才，调整了桐乡航运管理所的领导班子，陈怀玉任书记，孙金浩任所长，汤宝元、顾金坤任副所长。1985 年 9 月经嘉兴市航管程字〔1985〕131 号批复和嘉兴市航管程字〔1985〕150 号《关于大麻航管站建设规模的批复》同意在大麻乡新建航管站。1986 年 6 月，经嘉兴市航运管理处批准，嘉市航管字〔1986〕102 号《关于同意设立屠甸航管站的批复》设立桐乡市航运管理所屠甸航管站。

1991 年 3 月 19 日，经县交通局《关于同意桐乡县航管所设股、站的批复》同意内设机构设置方案，设港监船检股、运输管理股、计划财务股、行政股，下设乌镇航管站、崇福航管站、石门航管站、屠甸航管站、大麻航管站。

1991 年 3 月，经桐编委《关于明确县公路段、县航运管理所为副科(局)级事业单位的通知》，根据嘉兴市编委(90)52 号文件精神，明确县航运管理所为副科(局)级事业单位。1991 年 5 月，经嘉兴市航运管理处《关于同意桐乡县航运管理所建立梧桐管理站的批复》同意建立桐乡县航运管理所梧桐航管站。地址在梧桐镇栈房弄 6 号(县航管所内，于 1992 年 3 月 25 日起对外办公)，1997 年航运管理所搬迁新址后，原所办公大楼由梧桐航管站使用，2007 年 1 月搬迁新址梧桐镇中山西路 1376 号。1991 年 7 月，经县编制委员会《关于同意县航管所、县公路管理段内设股、站的批复》县航运管理所内设五股六站，即港监船检股、运输管理股、计划财务股、航道工程股、行政股；乌镇航管站、崇福航管站、石门航管站、屠甸航管站、大麻航管站、梧桐航管站。1993 年 5 月，桐乡县撤县建市后，内设各股室更名为桐乡市航运管理所行政科、港监船检科、运管科、财务科、航道工程科。1993 年 11 月，经市编制委员会《关于同意桐乡市航运管理所及下属航管站增挂机构牌子的通知》，同意桐乡市航运管理所增挂“桐乡市航道管理所”“桐乡市港航监督所”“桐乡市船舶检验所”牌子。桐乡市航运管理所下属乌镇、崇福、梧桐、石门、大麻、屠甸航管所增挂桐乡市港航监督“监督站”牌子。1993 年 12 月，港监船检科分设为船检科、港检科。1994 年 5 月，嘉兴市进行航运管理体制改革，桐乡市航运管理所原受嘉兴市航运管理处和桐乡市交通局双重领导，变更为条块结合，以县(市)为主的管理体制，行政管理、干部任免、党团组织、劳动工资由桐乡市交通局负责；航管业务、物资材料、财务和基本建设由嘉兴市航运管理处负责管理。时有注册人员 57 人，离退休 5 人，借用人员 29 人。1998 年 4 月，经市机构编委会办公室《关于同意桐乡市航运管理所内设机构调整的批复》，同意桐乡市航运管理所内设行政科调整为办公室。1999 年 8 月，经市编委会《关于同意增挂桐乡市港务管理所牌子的批复》，同意市航运管理所增挂“桐乡市港务管理所”牌子，实行两块牌子，一套班子；内部建立“港务管理股”。

2000 年 7 月，经市编委会《关于同意市航运管理所建立市航政管理大队的批复》，同意市航运管理所建立市航政管理大队，与市航运管理所合署办公，具体负责辖区干线航道的巡查和管理等工作。2002 年 10 月，经市编委会《关于同意桐乡市航运管理所等事业单位更名的批复》，同意桐乡市航运管理所和桐乡市内河港务管理所合并，同时更名为浙江省桐乡市港航管理处，桐乡市港航监督所更名为浙江省桐乡市地方海事处，桐乡市航道管理所更名为浙江省桐乡市航道管理处，桐乡市船舶检验所更名为浙江省桐乡市船舶检验处，原桐乡市航运管理所下设的各港航管理检验站同时增挂“浙江省桐乡市地方海事所”牌子。上述机构更名后，市港航管理处、市地方海事处、市航道管理处、市船舶检验处仍实行一套班子、四块牌子，机构规格、人员编制等均不变。2002 年 12 月，桐交党委(2002)31 号批复，中共桐乡市航运管理所党支部更名为中共桐乡市港航管理处党支部。2004 年 3 月，桐委组批(2004)3 号批复，同意桐乡市港航管理处建立党总支委员会。下属中共桐乡市港航管理处机关支部委员会、中共桐乡市港航管理处乌镇海事所支部委员会、中共桐乡市港航管理处梧桐海事所支部委员会、中共桐乡市港航管理处崇福海事所支部委员会、中共桐乡市港航处离退休人员支部委员会等 5 个支部。桐委干(2004)5 号鉴于市港航管理处党组织设置调整，吕林标任党总支书记。

2010 年年末，桐乡市港航管理处内设机构有办公室、船舶检验科、运输(港务)科、财务稽征科、航道工程科、地方海事科，下设乌镇海事所、崇福海事所、石门海事所、屠甸海事所、大麻海事所和梧桐海事所，在编人数 66 人，其中管理人员 39 人，专技人员 25 人，工勤人员 2 人。

嘉兴撤地建市(1983 年)后桐乡市水上交通管理部门重要人事变动情况

1979 年 7 月—1984 年 2 月，陈孙乾任桐乡航运管理所党支部书记。

1979 年 7 月—1984 年 7 月，李德全任桐乡航运管理所党支部副书记。

1979 年 7 月—1984 年 7 月，宋荣甫任桐乡航运管理所所长。

1984 年 7 月—1989 年 10 月，陈怀玉任桐乡航运管理所党支部书记。

1984 年 7 月—1994 年 11 月，孙金浩任桐乡航运管理所所长。

1984 年 7 月—1995 年 11 月，汤宝元任桐乡航运管理所副所长。

1984 年 7 月—1997 年 2 月，顾金坤任桐乡航运管理所副所长。

1989 年 10 月—1991 年 3 月，汤宝元任桐乡航运管理所党支部书记。

1989 年 10 月—1995 年 11 月，孙金浩任桐乡航运管理所党支部副书记。

1991 年 3 月—1995 年 8 月，袁继华任桐乡航运管理所党支部书记。

1995 年 8 月—1998 年 4 月，傅镇申任桐乡航运管理所党支部书记。

1995 年 8 月—1998 年 5 月，袁继华任桐乡航运管理所所长。

1995 年 11 月—1998 年 4 月，袁继华任桐乡航运管理所党支部副书记。

1995 年 11 月—1996 年 11 月，任洪明任桐乡航运管理所所长助理。

1996 年 11 月—2002 年 12 月，任洪明任桐乡航运管理所副所长。

2002 年 12 月—2007 年 12 月，任洪明任桐乡港航管理处副处长。

1997 年 6 月—1998 年 10 月，俞杰任桐乡航运管理所所长助理。

1998 年 4 月—1998 年 10 月，徐庭龙任桐乡航运管理所党支部书记。

1998 年 4 月—2002 年 12 月，吕林标任桐乡航运管理所党支部书记。

2002 年 12 月—2009 年 3 月，吕林标任桐乡港航管理处党总支(支部)书记。

1998 年 4 月—2002 年 2 月，傅镇申任桐乡航运管理所党支部副书记。

1998年5月—2001年11月，傅镇申任桐乡航运管理所所长。

1998年10月—1999年10月，俞杰任桐乡航运管理所副所长。

1999年11月—2000年12月，徐陈彬任桐乡航运管理所所长助理。

2000年12月—2002年12月，徐陈彬任桐乡航运管理所副所长。

2002年12月—2007年12月，徐陈彬任桐乡港航管理处副处长。

2001年11月—2002年12月，吕林标任桐乡航运管理所所长。

2002年12月—2008年5月，吕林标任桐乡港航管理处处长。

2002年2月—2007年12月，王锡元任桐乡港航管理处党总支(支部)副书记。

2003年7月至今，朱东旭任桐乡港航管理处副处长。

2007年12月至今，杨锦奎任桐乡港航管理处副处长。

2007年12月—2008年12月，周志鹏任桐乡港航管理处处长助理。

2007年12月—2008年12月，李国东任桐乡港航管理处处长助理。

2007年12月至今，徐陈彬任桐乡港航管理处党总支副书记。

2008年5月至今，翁建坤任桐乡港航管理处处长。

2008年12月至今，周志鹏任桐乡港航管理处副处长。

2008年12月至今，李国东任桐乡港航管理处副处长。

2009年3月—2010年9月，翁建坤任桐乡港航管理处党总支书记。

2010年9月至今，倪青任桐乡港航管理处党总支书记。

表10-2-45　2010年桐乡市港航管理处党总支领导任职一览表

姓　名	职　务	任职时间
翁建坤	书　记	2010.01—2010.09
倪　青	书　记	2010.09—2010.12
徐陈彬	副书记	2010.01—2010.12
杨锦奎	委　员	2010.01—2010.12
朱东旭	委　员	2010.01—2010.12
周志鹏	委　员	2010.01—2010.12
李国东	委　员	2010.01—2010.12

表10-2-46　2010年桐乡市港航管理处行政领导班子任职一览表

姓　名	职　务	任职时间
翁建坤	处　长	2010.01—2010.12
杨锦奎	副处长	2010.01—2010.12
朱东旭	副处长	2010.01—2010.12
周志鹏	副处长	2010.01—2010.12
李国东	副处长	2010.01—2010.12

表10-2-47　2010年桐乡市港航管理处各科、室负责人任职一览表

科室名称	职　务	姓　名	任职时间
办公室	主　任	张树福	2010.01—2010.12
海事科	科　长	丁建强	2010.01—2010.12
运输(港务)科	科　长	张一强	2010.01—2010.12
船舶检验科	科　长	姜松明	2010.01—2010.12
航道工程科	科　长	孙祖辉	2010.01—2010.12
财务稽征科	科　长	陈国良	2010.01—2010.12

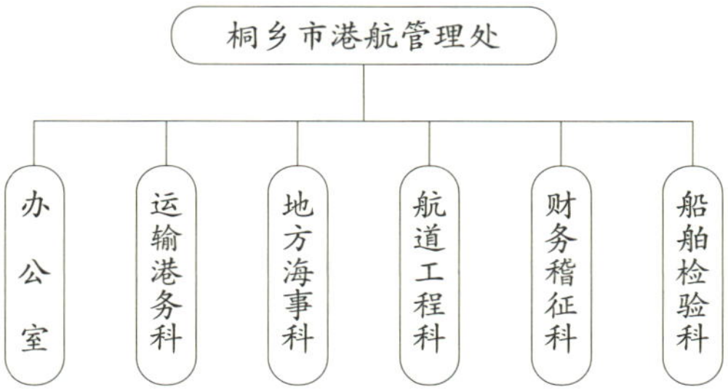

图 10-2-15 桐乡市港航管理处内设机构图

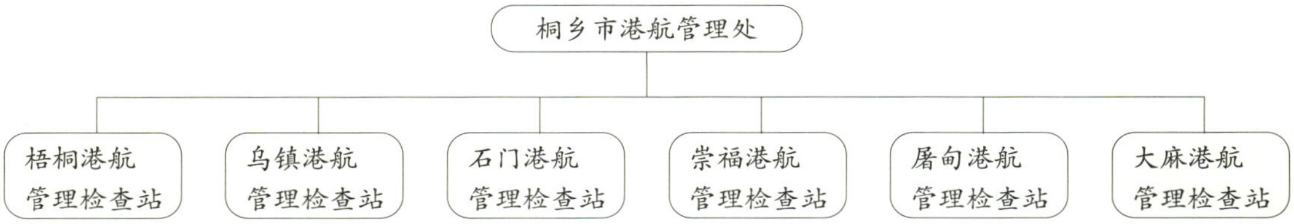

图 10-2-16 桐乡市港航管理处下属机构

表 10-2-48 1979—2010 年桐乡市水上交通管理部门党总支(支部)成员任职一览表

姓 名	职 务	任职时间
陈孙乾	书 记	1979.07—1984.02
李德全	副书记	1979.07—1984.07
陈怀玉	书 记	1984.07—1989.10
汤宝元	书 记	1989.10—1991.03
孙金浩	副书记	1989.10—1995.11
张伟云	委 员	1989.10—2008.01
袁继华	书 记	1991.03—1995.08
傅镇申	书 记	1995.08—1998.04
袁继华	副书记	1995.11—1998.04
任洪明	委 员	1995.11—2007.12
徐庭龙	书 记	1998.04—1998.10
傅镇申	副书记	1998.04—2002.02
吕林标	书 记	1998.11—2009.03
王锡元	副书记	2002.02—2007.12
朱东旭	委 员	2003.07—2010.12
徐陈彬	副书记	2007.12—2010.12
杨锦奎	委 员	2007.12—2010.12
周志鹏	委 员	2007.12—2010.12
李国东	委 员	2007.12—2010.12
翁建坤	书 记	2009.03—2010.09
翁建坤	委 员	2010.10—2010.12
倪 青	书 记	2010.10—2010.12

表 10-2-49　1979—2010 年桐乡市水上交通管理部门行政领导任职一览表

姓　名	职　务	任职时间
宋荣甫	所　长	1979.07—1984.07
孙金浩	所　长	1984.07—1994.11
汤宝元	副所长	1984.07—1995.11
顾金坤	副所长	1984.07—1997.02
袁继华	所　长	1995.08—1998.05
任洪明	所长助理	1995.11—1996.11
任洪明	副所长	1996.11—2002.12
俞　杰	所长助理	1997.06—1998.10
傅镇申	所　长	1998.05—2001.11
俞　杰	副所长	1998.10—1999.10
徐陈彬	副所长	1999.11—2002.12
吕林标	所　长	2001.11—2002.12
吕林标	处　长	2002.12—2008.05
任洪明	副处长	2002.12—2007.12
徐陈彬	副处长	2002.12—2007.12
朱东旭	副处长	2003.07—2010.12
翁建坤	处　长	2008.05—2010.12
杨锦奎	副处长	2007.12—2010.12
周志鹏	处长助理	2007.12—2008.12
李国东	处长助理	2007.12—2008.12
周志鹏	副处长	2008.12—2010.12
李国东	副处长	2008.12—2010.12

第三节　公路运输管理机构

嘉兴市公路运输管理稽征处

沿革情况

嘉兴市公路运输管理稽征处系副处级全民事业单位，实行“四块牌子、一套班子”合署办公(分别是嘉兴市公路运输管理处、嘉兴市公路稽征处、嘉兴市公共交通管理处和嘉兴市道路运政稽查支队)，并辅以条块结合、以块为主的管理体制：地方上，隶属于嘉兴市交通局，是受嘉兴市交通局领导的事业单位之一；业务线上，受浙江省道路运输管理局和浙江省公路管理局指导，具体负责全市道路旅客运输、货物运输、城市公共交通、汽车维修、驾驶员培训、出租车行业管理、公路规费征收和公路稽查等工作。

1983 年撤地建市，于 10 月成立嘉兴市车辆监理所，同时为搞好本市公路行业管理，经嘉兴市交通局研究上报省交通厅，要求建立公路运输管理机构，1984 年 11 月 5 日，浙江省交通厅以浙交公管(1984)1314 号文，批复“关于同意成立嘉兴市公路运输管理处”。文称：“同意成立嘉兴市公路运输管理处，人员编制暂定 4 人，其经费在运输管理费中列支。”由董焕时任市运管处负责人，实际工作人员达 9 人，与嘉兴市车辆监理所合署办公，即两块牌子，一套班子。

1985 年 2 月 26 日，嘉兴市交通局根据省交通厅关于公路管理体制改革的部署和要求，以嘉交秘(1985)136 号通知，决定成立市交通监理处筹建小组，筹建小组由房爱民、李水法、郑锦华、李全荣、步敬文、董焕时、虞启嘉七同志组成，房爱民任组长。1985 年上半年，嘉兴市车辆监理所和嘉兴市公路运输管理处合并，成立嘉兴市交通监理处，李水法任处长，步敬文、费国林、董焕时任副处长。

1987 年 10 月 30 日，市人民政府根据省人民政府关于改革道路交通管理体制的通知及补充通知等文件，在市交通局《关于嘉兴市交通监理人、财、物移交的初步意见》和市公安局《关于嘉兴市道路交通管理体制改革接收方案》的基础上，经与市交通局、公安局等有关部门磋商，以嘉政(1987)51 号“关于嘉兴市道路交通管理体制改革方案”的批复，确定原属市交通局领导的交通监理部门属于由交通监理规费和养路费开支经费的干部、职工成建制移交给市公安局，其中市交通监理处(包括原市城、郊交通监所)移交29人，留交通部门2人。交通部门从县以上监理部门用运输管理费经费开支的干部、职工之中抽调8人给公安部门，其中市交通监理处4人。财物移交问题，包括财产、房屋、考试场地、车辆、通讯设备、办公用品和职工宿舍，都作明确移交规定。在嘉兴市交通局抓紧编造好移交清册，送回市公安局核对后，于1987年11月18日，由市交通局副局长房爱民、市公安局副局长彭廷之签具协议，正式移交人员33名，资金、财产截止于1987年7月份，其中固定资产68.43万元、银行存款8.12万元、暂收款53.73万元、暂付款46.48万元。

1987年7月，嘉兴市公路稽征处建立，额定编制人员12名，负责人步敬文。1987年11月20日，嘉兴市公路运输管理处建立，和嘉兴市公路稽征处实行两块牌子一套班子，步敬文全面负责工作。办公地址在中山西路交通大楼内，根据浙江省人民政府浙政(1987)75号文件和交通部(1987)交公路字215号文件发布的公路运输管理部门工作条例精神，为加强公路运输行业管理，促进公路运输事业发展，更好地为社会主义四化建设和人民生活服务，浙江省编制委员会、浙江省交通厅对市(地)公路运输管理机构及人员编制规定为：市(地)设公路运输管理处，与同级公路稽征处合署办公，隶属于市(地)交通局，实行省交通厅与地方双重领导，以地方为主。

嘉兴市公路运输管理处、嘉兴市公路稽征处行使对公路运输行业的行政管理职权，负责客货运输、搬运装卸运输服务、汽车维修等行业管理，负责征收公路养路费、公路建设基金、车辆购置附加费、道路通行费等公路规费征收以及代征税收、代办保险等2项。开展对公路运输行业全行业的指导、统筹、协调、服务、监督工作。嘉兴市公路运输管理处、嘉兴市公路稽征处，设运输管理科、稽征科、维修行业管理科、计划财务科、行政科、劳动人事科等6个科室，在册事业人员共45名，其中干部25名，职工20名。

1988年5月，建立嘉兴市王江泾公路运输(稽征)检查站，实行2块牌子，1套班子，隶属于市公路运输管理处、公路稽征处领导，1993年1月建立党支部。

1990年9月，中共嘉兴市公路运输管理稽征处成立党总支部委员会。

1992年3月，李全荣任嘉兴市公路运输管理稽征处副处长，全面负责工作。

1993年8月，设置嘉兴汽车站区域公路运输管理站。

1996年4月，嘉编(1996)14号文件，同意设置嘉兴市车辆购置附加费征收办公室，与嘉兴市公路稽征处(市公路运输管理处)合署办公，为一个机构，两块牌子，定编7人。

1997年1月，嘉兴市机构编委同意建立嘉兴市综合性能检测站。同年9月，浙江省交通厅下发浙交复(97)120号《关于同意核发嘉兴市汽车综合性能监测站(A级)〈检测许可证〉的批复》文件。

2000年，公路运输管理处的机构有较大增加。6月，根据嘉交人(2000)214号文件，增设运输管理总站，隶属于运管科管理；增设违章处理中心，隶属于稽查科管理。9月，根据嘉交人(2000)309号文件，增设出租车管理科。11月，根据嘉交人(2000)369号，增设机动车驾驶员培训管理科。

2001年5月，嘉编〔2001〕13号文件，同意建立嘉兴市公路运输管理处直属公路运输管理所，隶属于嘉兴市公路运输管理处，核定人员编制10名，所需编制、工作人员从市公路运输管理处划转。同月，设立嘉兴市公路运管稽征“计算机信息管理中心”机构。

2002年3月，运输管理科和出租汽车管理科合署办公；原处稽查科管辖的稽查一大队和二大队合并为稽查大队归直属所管理，原运管科管辖的运输管理总站(驻车站)归直属所管理。4月，建立直属公路运输管理所党支部。8月，根据嘉编〔2002〕22号文件，运输管理科分别更名为运输管理科、法规稽查科。9月，根据嘉编〔2002〕40号文件，增挂嘉兴市道路运政稽查支队牌子。12月，建立中共嘉兴市汽车综合性能监测站支部委员会。

2003年1月，组建出租车管理大队和机动稽查大队。

2004年4月，根据嘉编〔2004〕12号文件《关于嘉兴市交通局事业单位改革总体方案的批复》，嘉兴市公路运输管理处的主要职责是：履行对道路旅客运输(包括城乡公交、出租汽车)、货物运输、搬运装卸、汽车修理检测、汽车租赁、驾驶员培训、运输服务业等开停业的审批、审核、备案工作；监督检查运输经营行为；维护道路运输市场秩序；履行道路运输行政执法工作；负责机动车养路费、公积金、运管费的征收管理工作；负责公路运输管理专业培训教育工作。

2005年3月，嘉公运(2005)18号嘉公稽6号文件，宣布成立科技信息科。

2007年9月，嘉编(2007)37号文件批复增挂公共交通管理处牌子。10月，嘉交(2007)301号文件决定成立嘉兴市道路运政稽查支队高速公路运政稽查大队。

2008年1月，嘉编(2008)5号文件决定增设公交管理科，不单独下设稽查大队。10月，通过嘉编办(2008)12号文件，运输安全管理科更名为货运与安全科。

2009年2月，嘉公运(2009)6号文件，信息管理中心划归科技信息科。

2010年年末，嘉兴市公路运输管理稽征处内设机构有办公室、计划财务科、公交管理科(运管总站)、货运与安全管理科、法规稽查科(稽查大队、违章处理中心、“96520”投诉受理中心)、稽征科、维修行业管理科、科技信息科(信息管理中心)、出租车管理科(出租车管理大队)、驾驶员培训管理科。

表 10-2-50　2010 年嘉兴市公路运输管理稽征处总支成员任职一览表

姓　名	职　务	任职时间
陈连根	书　记	2010.01—2010.12
万　丽	副书记	2010.01—2010.12
宣骆金	委　员	2010.01—2010.12
傅学练	委　员	2010.01—2010.12
秦云镇	委　员	2010.01—2010.12

表 10-2-51　2010 年嘉兴市公路运输管理稽征处行政领导任职一览表

姓　名	职　务	任职时间
陈连根	处　长	2010.01—2010.12
宣骆金	副处长	2010.01—2010.12
傅学练	副处长	2010.01—2010.12
秦云镇	副处长	2010.01—2010.12

表 10-2-52　2010 年嘉兴市公路运输管理稽征处各科室负责人任职一览表

科室名称	职　务	姓　名	任职时间
办公室	主　任	周天乐	2010.02—2010.12
计划财务科	主　任	王心言	2010.01—2010.12
公交管理科	科　长	孙继峰	2010.01—2010.12
货运与安全管理科	科　长	胡海平	2010.02—2010.12
法规稽查科	科　长	费超勇	2010.01—2010.12
稽征科	科　长	马在林	2010.01—2010.12
维修行业管理科	科　长	刘自冉	2010.01—2010.12
科技信息科	科　长	马在林	2010.01—2010.12
出租车管理科	科　长	胡海平	2010.01—2010.02
出租车管理科	科　长	王利君	2010.02—2010.12
驾培管理科	科　长	尤　虹	2010.01—2010.12

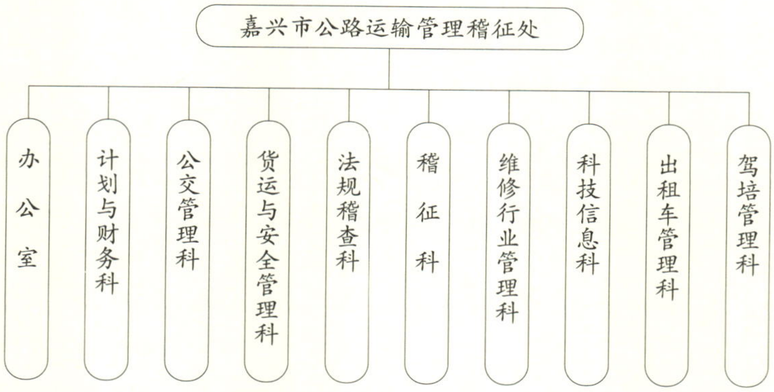

图 10-2-17　嘉兴市公路运输管理稽征处内设机构图

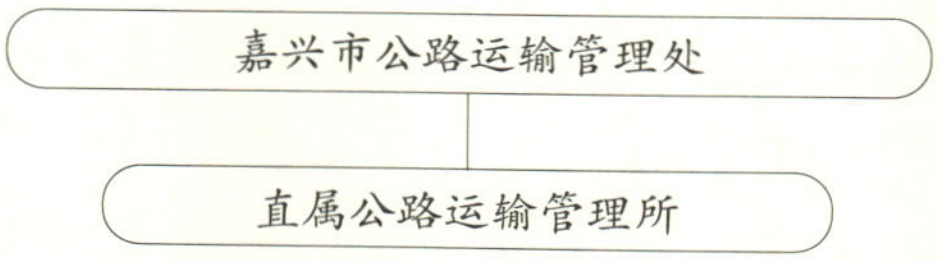

图 10-2-18　嘉兴市公路运输管理处直属单位图

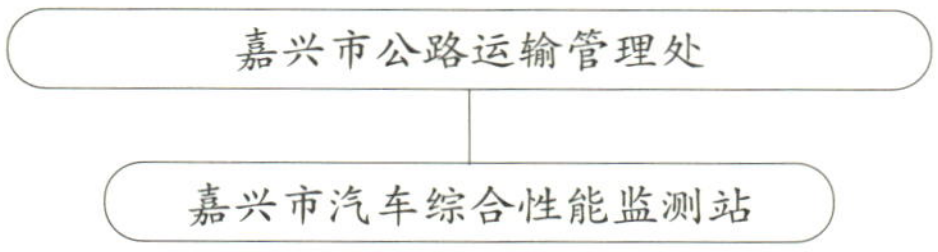

图 10-2-19 嘉兴市公路运输管理处下属机构图

表 10-2-53 1990—2010 年嘉兴市公路运输管理稽征处党总支领导任职一览表

姓　名	职　务	任职时间
蔡兴儒	副书记	1990.09—1995.03
王志有	副书记	1995.03—1998.03
夏则行	副书记	1998.03—2002.06
方文理	副书记	2000.04—2003.01
陈伟祥	副书记	2002.07—2009.11
方文理	书　记	2003.01—2005.07
陈连根	书　记	2005.11—2010.12
万　丽	副书记	2009.11—2010.12

表 10-2-54 1988—2010 年嘉兴市公路运输管理稽征处行政领导班子任职一览表

姓　名	职　务	任职时间
郑锦华	副处长	1988.08—1996.09
步敬文	副处长	1988.08—1995.03
李全荣	副处长	1992.03—1998.11
蔡兴儒	副处长	1994.10—2002.06
刘建甫	处长(兼)	1995.05—2000.03
方文理	副处长	1996.09—2000.03
张荣楠	副处长	1998.03—1998.11
宣骆金	副处长	2000.07—2010.12
方文理	处　长	2000.03—2005.07
李　健	副处长	2002.06—2009.01
张志东	副处长	2004.02—2009.12
陈连根	处　长	2005.11—2010.12
陈伟祥	副处长	2005.11—2009.11
傅学练	副处长	2005.11—2010.12
秦云镇	副处长	2009.11—2010.12

嘉兴市秀洲区公路运输管理所

沿革情况

嘉兴市秀洲区公路运输管理所系行政监督管理类事业单位(副科级),为秀洲区公路管理机构,负责全区道路运输工作的具体实施和公路相关规费的征稽。

1983 年 12 月,根据嘉兴市郊区人民政府嘉郊政〔1983〕010 号文件,成立"嘉兴市郊区公路运输管理站",为郊区交通局所属的事业单位。1987 年 10 月,根据嘉兴市郊区人民政府嘉郊政〔1987〕125 号文件,"嘉兴市郊区公路运输管理站"更名为"嘉兴市郊区公路运输管理所",隶属关系不变。1993 年 7 月,郊区公路运输管理所建立党支部;1999 年 6 月,根据浙政发[1999]147 号文件《关于郊区更名为秀洲区的通知》,嘉兴市郊区更名为嘉兴市秀洲区,"嘉兴市郊区公路运输管理所"更名为"嘉兴市秀洲区公路运输管理所"。2006 年 12 月,经秀洲区编委批复同意,嘉兴市秀洲区公路运输管理所增挂秀洲区公路稽征所牌子。

嘉兴市秀洲区公路运输管理所(秀洲区公路稽征所)隶属于秀洲区交通局领导,实行条块结合,以县(区)为主的管理体制,党政、人事、财务由秀洲区交通局负责,嘉兴市公路运管稽征处实施业务指导和行业管理。

1993年7月，省政府发布《浙江省道路运输管理办法》，区运管所作为行业管理职能部门受区交通局委托，以区交通局名义行使行政执法权；2004年4月，《中华人民共和国道路运输条例》公布，嘉兴市秀洲区公路运输管理所(秀洲区公路稽征所)以国家行政法规授权的法定地位，在区交通局领导下，实施全区道路运输行业管理。该所原办公地址在市区公园路1号，1992年8月迁入市区三水湾杜鹃坊3幢商品住宅作为临时办公地，1994年8月迁入越秀南路453号新办公大楼。

2010年年末，嘉兴市秀洲区公路运输管理所(秀洲区公路稽征所)下设办公室、运输安全股、维修驾培股、行政许可股、违章处理中心及运征稽查大队。在职人员37人(含聘用协管员13人)。

表10-2-55 嘉兴市秀洲区公路运输管理所历任党政领导任职一览表

党支部书记：	
1983.12—1996.10	周振球任嘉兴市郊区公路运输管理站党支部书记
1996.10—1997.12	蔡平江任嘉兴市郊区公路运输管理所党支部书记
1997.12—2003.06	杜纪林任嘉兴市郊区公路运输管理所党支部书记
2003.06—2010.12	程继华任秀洲区公路运输管理所党支部书记
党支部副书记：	
2003.06—2008.05	杜纪林任秀洲区公路运输管理所党支部副书记
2010.09—2010.12	屠夏英任秀洲区公路运输管理所党支部副书记
所长：	
1984.05—1988.05	周振球任郊区公路运输管理站站长
1990.08—1997.11	周振球任嘉兴市郊区公路运输管理所所长
1997.11—2008.05	杜纪林任嘉兴市郊区公路运输管理所所长
2008.05—2010.12	程继华任秀洲区公路运输管理所所长
副所长：	
1988.05—1990.08	周振球担任嘉兴市郊区公路运输管理所副所长
1990.08—2003.06	张金成任郊区公路运输管理所副所长
1997.01—2008.05	程继华任郊区公路运输管理所副所长
2003.06—2010.12	裴云豪任秀洲区公路运输管理所副所长
2003.06—2010.12	钱　罡任秀洲区公路运输管理所副所长

2010年嘉兴市秀洲区公路运输管理稽征所基本情况

表10-2-56 2010年嘉兴市秀洲区公路运输管理稽征所支部成员任职一览表

姓　名	职　务	任职时间
程继华	书　记	2010.01—2010.12
屠夏英	副书记	2010.09—2010.12
裴云豪	委　员	2010.01—2010.12
钱　罡	委　员	2010.01—2010.12

表10-2-57 2010年嘉兴市秀洲区公路运输管理稽征所行政领导任职一览表

姓　名	职　务	任职时间
程继华	所　长	2010.01—2010.12
裴云豪	副所长	2010.01—2010.12
钱　罡	副所长	2010.01—2010.12

表 10-2-58 2010 年嘉兴市秀洲区公路运输管理稽征所各科室负责人任职一览表

科室名称	姓　名	职　务	任职时间
办公室	屠夏英	主　任	2010.01—2010.12
运输安全股	郑卫杰	股　长	2010.01—2010.12
维修驾培股	董禾云	股　长	2010.01—2010.12
行政许可股	唐金昌	股　长	2010.01—2010.12
违章处理中心	马　联	主　任	2010.01—2010.12
稽查一中队	周福明	队　长	2010.01—2010.12
稽查三中队	钱海波	队　长	2010.01—2010.12

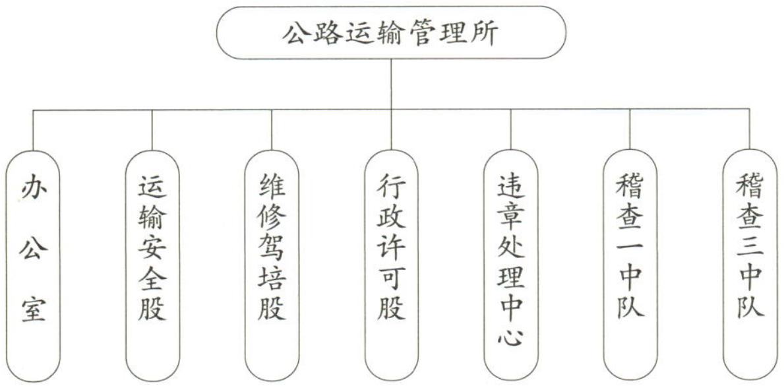

图 10-2-20 嘉兴市秀洲区公路运输管理稽征所内设机构图

表 10-2-59 1983 年—2010 年嘉兴市秀洲区公路运输管理所支部成员任职一览表

姓　名	职　务	任职时间
周振球	书　记	1983.12—1996.10
蔡平江	书　记	1996.10—1997.12
杜纪林	书　记	1997.12—2003.06
程继华	书　记	2003.06—2010.12
杜纪林	副书记	2003.06—2008.05
屠夏英	副书记	2010.09—2010.12
张金成	委　员	1990.08—2003.06
程继华	委　员	1997.01—2003.06
裴云豪	委　员	2003.06—2010.12
钱　罡	委　员	2003.06—2010.12
屠夏英	委　员	2003.06—2010.09

表 10-2-60 1983 年—2010 年嘉兴市秀洲区公路运输管理所行政领导任职一览表

姓　名	职　务	任职时间
周振球	站　长	1984.05—1988.05
周振球	所　长	1990.08—1997.11
杜纪林	所　长	1997.11—2008.05
程继华	所　长	2008.05—2010.12
周振球	副所长	1988.05—1990.08
张金成	副所长	1990.08—2003.06
程继华	副所长	1997.01—2008.05
钱　罡	副所长	2003.06—2010.12
裴云豪	副所长	2003.06—2010.12
杜纪林	协理员	2008.05—2010.12

嘉善县公路运输管理稽征所

沿革情况

嘉善县公路运输管理部门主要负责国家、省和市有关公路运输行业管理的法律法规、方针、政策的贯彻实施；负责全县旅客运输、货物运输、客货站场、机动车驾驶员培训、机动车维修、机动车维修质量检验、出租汽车行业的管理；负责公路运输市场监管；负责公路规费征收工作；负责公路运输安全生产的综合协调和监督指导的监督管理类事业单位。

嘉善县内的公路交通，最早始于民国25年（1936年）十一月杭善公路（杭枫公路）建成以后；但是，通车不到一年，抗战爆发，公路陷于敌手，交通遂废。通车时，嘉善因是沿线11个站点之一，又值创建初期，无正规车站，也无公路运输的专门管理机构。1949年建国以后，嘉善段公路仍难兴修者又垂20余年。直至1970年“文化大革命”期间，处于“战备”需要，嘉兴辖区杭枫公路全线修复通车。翌年9月善西路相继修通。在这两条公路恢复通车之初，县内尚无公路交通的专业管理机构，水路交通均由县交通管理站统一管理。

1978年11月，交通部发布《交通监理工作任务和职责》（试行），提出“交通监理机关是代表国家负责贯彻执行交通法规的监督管理机关”，根据当时情况和实际需要，要在省（区）、地（市、盟、州），县（市、旗）设置三级监理机构；省革委会也有相应决定。而县内自1976年“文化大革命”结束以来，水运船舶、陆运车辆渐多，管理上也有水路区分的必要，遂于1979年1月间，在恢复县航运管理所同时，又成立了“县车辆监理站”，有工作人员3名。原交通管理站撤销。自此开始，水路交通的管理，有了明确的分工。按照部颁规定，当时的县监理站属于基层管理单位，由地区监理所和县交通局实行双重领导。

此后，随着国家经济体制改革工作的开展，除运输专业外，社会单位的公路运输车辆也增长较快，运输秩序和安全监理工作必须加强。1980年2月，又成立“嘉善县公路运输管理站”，有职工6名，与原车辆监理站分别负责“监”“管”任务，以适应形势发展的需要。

1985年6月，根据省交通厅实行“监管合一”的决定，县车辆监理站又与公路运输管理站合并，成立“嘉善县交通监理所”，有职工15名，由县交通局副局长兼任所长，继续实行地区和县的双重领导体制。

1986年12月，交通部、国家经委发布《公路运输管理暂行条例》，规定各级交通主管部门所属的运政管理机关，负责对公路运输的管理，凡从事公路客货运输、搬运装卸、汽车维修、运输服务，均属公路运输管理范围。这个文件的精神实质，就是恢复1985年之前曾经实行的“监”“管”分开的管理体制。1987年11月，县内遵照上级部署，依据浙江省交通厅《关于组建公路稽征机构有关事项的通知》和浙江省编委会《关于全省各级公路稽征机构、编制的批复》组建了“县公路稽征所”，负责规费稽征。依据浙江省编委和浙江省交通厅联合下发的《关于全省公路运输管理机构及人员编制的通知》和县交通局《关于成立嘉善县公路稽征所、嘉善县公路管理所的通知》，确定建立浙江省嘉善县公路稽征所、嘉善县公路运输管理所，并规定县公路运输管理所，与同级公路稽征所合署办公，为副科级事业单位，隶属于县（市）交通局，实行市（地）交通局与县（市）双重领导，以县（市）为主。

1987年，成立嘉善运管稽征所党支部。1988年5月，又改为内部独立建制，两所分开后，各自行使职权和处理问题。嘉兴市编委和嘉兴市交通局联合下发《关于下达公路运输管理人员编制的通知》，将嘉善公路运输管理人员编制定位25名，其中所本部10人，检查站15人。运输管理所在编干部10人，设所长1人（由交通局副局长兼任）、副所长2人，下设运输管理、征费、计划财务3个办公室；另有省公路运输管理局委托代管的浙江省嘉兴市嘉善公路运输检查站一处，在编干部14人。根据浙编〔1987〕61号《关于全省各级公路稽征机构、编制的批复》，将嘉善定编为5个。另有浙编〔1996〕11号《关于车辆购置附加费征收管理机构编制问题的通知》定编3个。共有编制数33个。

1989年2月，成立嘉善县运管稽征所工会。1989年，成立嘉善县运管稽征所共青团支部。

1996年，根据浙编〔1996〕11号《关于车辆购置附加费征收管理机构编制问题的通知》，嘉善建立车辆购置附加费征收管理办公室，分别与嘉善公路稽征所合署办公，一个机构，两块牌子，并有人员编制3人。后来，根据国办发〔2002〕4号、中央编办发〔2003〕12号和国税发〔2004〕144号文件精神，2004年12月31日嘉善停止代征车购税工作。

2004年，善编〔2004〕4号《嘉善县机构编制委员会关于印发〈嘉善县事业单位分类管理方案〉及其有关事项的通知》，嘉善县公路运输管理所（嘉善县公路稽征所）定为监督管理类事业单位。

90年代初，县公路运输管理稽征所办公地址位于嘉善县魏塘镇谈公北路118路，占地2.694亩，由于运管稽征工作的发展需要，已不能适应履行职能服务全社会、经济发展的需求。2003年，征费大厅借用位于开发区金嘉大道100号的远方物流公司用房。根据嘉善县发展和改革局善发改投受理〔2006〕054号文，嘉善县运管稽征新建办公大楼开始办理相关手续并编制可行性研究报告，新址位于嘉善县世纪大道169号，并与2008年10月竣工投入使用。由于没有对外服务窗口大厅，经发改局〔2008〕262号立项批文，在办公大楼旁建造了运管行政审批服务中心，于2010年8月投入使用。

2009年，运管稽征部门有党员26人，中高级职称6人；本专科学历33人。

2010年年末，嘉善县公路运输管理稽征所内设机构有办公室财务股、法规稽查股、运输安全管理股、维修驾培管理股、里泽稽查站和行政许可办证服务中心。在编人数29人，其中管理人员28人，专技人员1人。

职责（适用于20世纪八九十年代）

1999年年初，设有办公室财务股、运输管理股、维修管理股、征费股、违章处理中心、里泽稽查站。负责实施全县道路规费征收，道路客货运输业的开、停（歇）业审批及监管，汽车维修质量监督管理，维修企业许可证的发放、登记和审核，查处公路运输违章经营，规范运输市场等工作。

嘉善县公路运输管理稽征所成立至今重要人事变动情况

1987年11月，王东山兼任县公路运输管理稽征所所长。

1987年11月，吴加澍任县公路运输管理稽征所支部书记。

1987年11月，叶高松任公路运输管理稽征所副所长。

1987年11月，钱中喜任公路运输管理稽征所副所长。

1990年2月，吴加澍任公路运输管理所稽征所支部副书记。

1992年7月，袁忠诚任公路运输管理所稽征所支部书记。

1990年6月，袁忠诚任公路运输管理稽征所所长。

1992年11月，陈来兴任公路运输管理稽征所支部书记。

1992年7月，周锦和任公路运输管理稽征所支部副书记。

1992年12月，莫正雄任公路运输管理稽征所所长。

1998年12月，祖四林任公路运输管理稽征所支部书记。

2000年12月，李小音任公路运输管理稽征所支部副书记。

2001年11月，周锦和任公路运输管理稽征所副所长。

2001年11月，冯其根任公路运输管理稽征所副所长。

2001年11月，徐卫星任公路运输管理稽征所副所长。

2004年12月，莫正雄任公路运输管理稽征所支部书记。

2005年1月，王荣海任公路运输管理稽征所党支部副书记。

2005年1月，王荣海任公路运输管理稽征所所长。

2006年2月，潘强任公路运输管理稽征所副所长。

2007年1月，王荣海任公路运管稽征所党支部书记。

2007年6月，潘强任公路运管稽征所党支部副书记。

2007年6月，顾海疆任运管稽征所支部副书记。

2008年5月，冯其根任运管稽征所支部副书记。

2008年5月，顾海疆任公路运输管理稽征所副所长。

2009年1月，吴国光任公路运输管理稽征所副所长。

2010年8月，全凤根任公路运输管理稽征所所长、书记。

表10-2-61　2010年嘉善县公路运输管理稽征所党支部成员任职一览表

姓　名	职　务	任职时间
王荣海	书　记	2010.01—2010.08
全凤根	书　记	2010.08—2010.12
潘　强	副书记	2010.01—2010.12
冯其根	副书记	2010.01—2010.12
徐卫星	委　员	2010.01—2010.12
顾海疆	委　员	2010.01—2010.12
吴国光	委　员	2010.01—2010.12

表10-2-62　2010年嘉善县公路运输管理稽征所行政领导班子任职一览表

姓　名	职　务	任职时间
王荣海	所　长	2010.01—2010.8
全凤根	所　长	2010.08—2010.12
潘　强	副所长	2010.01—2010.12
徐卫星	副所长	2010.01—2010.12
顾海疆	副所长	2010.01—2010.12
吴国光	副所长	2010.01—2010.12

表 10-2-63　2010 年嘉善县公路运管稽征所各科室负责人任职一览表

科室名称	职　务	姓　名	任职时间
办公室	主　任	王春山	2010.01—2010.12
运输安全管理股	股　长	吴国光(兼)	2010.01—2010.12
维管驾培股	股　长	张荣富	2010.01—2010.12
法规稽查股	股　长	孙月祥	2010.01—2010.12
稽征股	股　长	张国红	2010.01—2010.12
行政审批服务中心	主　任	吴加澍	2010.09—2010.12
违章处理中心	主　任	陶利明	2010.01—2010.12

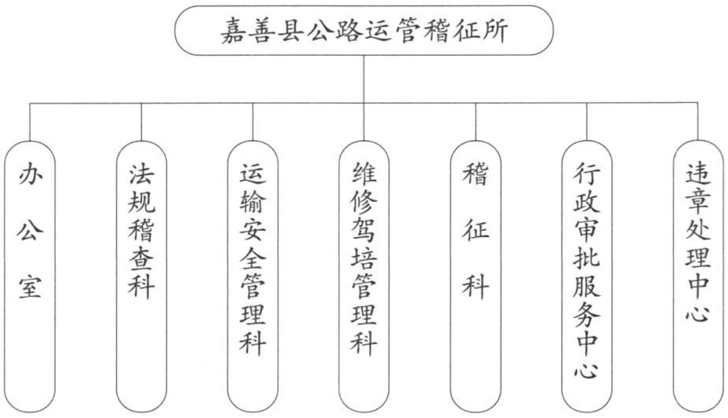

图 10-2-21　嘉善县公路运输管理稽征所内设机构图

表 10-2-64　1987—2010 年嘉善县公路运输管理稽征所党支部书记、副书记任职一览表

姓　名	职　务	任职时间
吴加澍	书　记	1987.11—1989.11
袁忠诚	书　记	1992.07—1992.11
吴加澍	副书记	1990.02—1992.02
周锦和	副书记	1992.07—2001.10
陈来兴	书　记	1992.11—1998.11
祖四林	书　记	1998.04—2003.11
李小音	副书记	2000.12—2004.6
莫正雄	书　记	2004.12—2006.12
王荣海	副书记	2005.01—2006.12
王荣海	书　记	2007.01—2010.08
顾海疆	副书记	2007.06—2008.05
冯其根	副书记	2008.05—2010.12
潘　强	副书记	2007.06—2010.12
全凤根	书　记	2010.08—2010.12

表 10-2-65　1987—2010 年嘉善县公路运输管理稽征所行政领导任职一览表

姓　名	职　务	任职时间
王东山	所　长	1987.11—1990.06
叶高松	副所长	1987.11—1992.11
钱中喜	副所长	1987.11—1992.11
袁忠诚	所　长	1990.06—1992.11
莫正雄	所　长	1992.12—2004.12
周锦和	副所长	2001.11—2005.06
冯其根	副所长	2001.11—2008.05
徐卫星	副所长	2001.11—2010.12
王荣海	所　长	2005.1—2010.08
潘　强	副所长	2006.02—2012.09
顾海疆	副所长	2008.05—2012.09
吴国光	副所长	2009.01—2010.12
全凤根	所　长	2010.08—2010.12

平湖市公路运输管理稽征所

沿革情况

平湖公路运输管理机构是负责全市公路运政管理，指导、协调客货运、驾培及汽车维修行业的事业单位。

1972 年 3 月，交通监理体制下放。4 月，乍浦成立交通管理站，统管水陆交通。

1979 年 2 月，乍浦交通管理站撤销，成立平湖县乍浦车辆监理站，站址乍浦搬运路西，临沪杭公路。11 月底，县公路运输管理所成立，设于交通局内。

1981 年 2 月，嘉兴地区公路运输管理处乍浦检查站成立，设于乍浦车辆监理站旁。7 月，县公路运输管理所始征公路运输管理费。

1983 年，嘉兴地区公路运输管理处乍浦检查站并入乍浦车辆监理站。

1985 年 10 月，公路养路费始由县交通监理所征收解缴。10 月 20 日，县公路运输管理所和车辆监理站合并为平湖县交通监理所，设于城关镇虹桥路原货运新码头。

1987 年 11 月，平湖县交通监理所撤销。12 月，平湖县公路运输管理所、平湖县公路稽征所成立，两所合署办公，两块牌子、一套班子，简称公路运管稽征所，隶属于平湖县交通局，负责全县道路运输管理工作的具体实施和公路各项规费的征稽。

1988 年 1 月，运管稽征所迁址城南朝阳路 1 号新建办公楼。7 月，运管稽征所在全县开征公路建设专用基金(即公建金)和养路费附加费。

1989 年 6 月，市交通局批准运管稽征所下设运管股、稽征股、维管股、行政财务股。同时在乍浦东沪杭公路设立乍浦检查站。

1990 年 3 月，运管稽征所开征县摩托车，简易车和拖拉机的车购费。

1992 年 2 月，汽车维修行业的管理工作从运输管理股划出，设立汽车维修管理股。4 月，平湖市公管稽征所党支部正式成立。

1993 年 9 月，依据《浙江省道路运输管理办法》规定，平湖市运管稽征所受市交通局委托，以交通局的名义行使行政执法权。

1994 年 8 月，市运管稽征所稽查中队成立。11 月，平湖市运管稽征所团支部成立。

1995 年 2 月，平湖市运管稽征所工会成立。11 月，平湖市运管稽征所迁址南市路 169 号新建办公大楼。

1996 年 3 月，增设平湖市车辆购置附加费征收管理办公室，与市公路稽征所合署办公，一个机构、两块牌子，下设办公室、运管股、稽征股、维管股和稽查中队，乍浦设运管稽征检查站。

2000 年 2 月，稽查队分设成二个中队。

2001 年 7 月，成立执法领导小组，设法制室。8 月，市运管稽征所对驾驶员培训进行开业条件，经营资质进行审核，发放“培训许可证”，驾培列入行业管理。12 月，车辆购置附加费停征。

2004 年 3 月，撤销法制室，成立运政稽查大队，下设 4 个稽查中队、违章处理室、投诉中心。4 月，依据《中华人民共和国道路运输条例》规定，平湖市公路运管稽征所在市交通局的领导下，行使平湖市道路运输行业管理职能。下设办公室、运管股、维管股、稽征股、乍浦稽查站，平湖和乍浦车站设置运管站，运管稽征人员增至60人(借聘32人)。新设市行政服务中心交通运管分中心。

2006年9月29日，将原运输管理股更名为运输安全管理股。

2009年3月，根据行业管理需要，原运输安全管理股调整为客运管理科、货运和安全管理科；原平湖稽查队调整为法规稽查科，承担全所行政执法职能。

2009年4月，所股室名称由股改为科，公路稽征所、运输管理所合署办公(平交复[2009]3号)。科室调整为：办公室(财务室)、客运管理科(运管总站)、货运和安全管理科、维修驾培管理科、法规稽查科(稽查一中队、96520违章投诉处理中心)、平湖公路征费稽查站(稽查二中队)。

平湖市运管稽征所为副科级事业单位，隶属平湖市交通局和嘉兴市公路运管稽征处双重领导，党政、人事、财务均属市交通局领导，业务工作受嘉兴市公路运管稽征处管理，主要职责是贯彻执行国家法律、法规、规章，具体实施我市道路运输管理工作，维护道路运输市场秩序，保障道路运输安全，保护道路运输有关各方当事人的合法权益，促进道路运输业的健康发展，依法征收各项交通规费，保证国家规费应征不漏。

平湖市公路运管稽征所成立至今重要人事变动情况

1987年12月，交通局局长任纪贤同志兼任公路运管稽征所所长，马连明、逄继丰任公路运管稽征所副所长。

1992年4月，马连明任公路运管稽征所党支部副书记。

1994年5月，潘梅生任公路运管稽征所党支部书记，马连明任党支部副书记。

1997年6月，马连明任公路运管稽征所所长，逄继丰任副所长。

2000年8月，金志芳任公路运管稽征所副所长(兼任平湖汽车综合性能检测站站长)。

2001年12月，顾中伟任公路运管稽征所党支部书记，潘梅生、马连明同志任副局级巡视员。

2002年2月，黄建峰同志任公路运管稽征所所长，逄继丰、金志芳任副所长。

2003年12月，黄建峰任公路运管稽征所党支部副书记，逄继丰、金志芳为党支部委员。

2004年10月，黄建峰任公路运管稽征所党支部书记。

2006年5月，史云忠任公路运管稽征所副所长、党支部委员。

2007年11月，曹学彪任公路运管稽征所党支部书记，黄建峰任副书记，免去黄建峰党支部书记职务。

2010年1月，免去黄建峰公路运管稽征所所长职务，黄建峰任市交通局党委委员、副书记，曹学彪任市公路运管稽征所所长

2010年8月，免去曹学彪公路运管稽征所党支部书记职务。

2010年11月，沈荣任公路运管稽征所党支部书记，副所长，曹学彪任党支部副书记。

表10-2-66 2010年平湖市运管稽征所党支部成员任职一览表

姓名	文化程度	职务	任职时间
曹学彪	本科	书记	2010.01—2010.08
沈荣	本科	书记	2010.11—2010.12
逄继丰	大专	委员	2010.01—2010.12
史云忠	本科	委员	2010.01—2010.12

表10-2-67 2010年平湖市运管稽征所行政领导班子任职一览表

姓名	职务	任职时间
黄建峰	所长	2010.01
曹学彪	所长	2010.08—2010.12
逄继丰	副所长	2010.01—2010.12
史云忠	副所长	2010.01—2010.12
沈荣	副所长	2010.11—2010.12

表 10-2-68　2010 年平湖市运管稽征所各科室负责人任职一览表

科室名称	职　务	姓　名	任职时间
办公室	主　任	任　岐	2010.01—2010.12
办公室	副主任	张晓芳	2010.09—2010.12
客运管理科	科　长	夏永田	2010.01—2010.12
客运管理科	副科长	周鸣吉	2010.09—2010.12
维修和驾培管理科	科　长	陈　斌	2010.01—2010.12
货运和安全管理科	科　长	沈　罴	2010.01—2010.12
货运和安全管理科	副科长	胡华波	2010.09—2010.12
法规稽查科/平湖公路征费稽查站	科长/站长	王东平	2010.01—2010.8
法规稽查科	科　长	汪次平	2010.09—2010.12
法规稽查科	副科长	周金山	2010.01—2010.12
平湖公路征费稽查站	副站长	高存军	2010.01—2010.8
平湖公路征费稽查站	副站长	陶海育	2010.01—2010.8
稽查大队	副大队长	高存军	2010.09—2010.12
乍浦检查站	站　长	陶海育	2010.09—2010.12

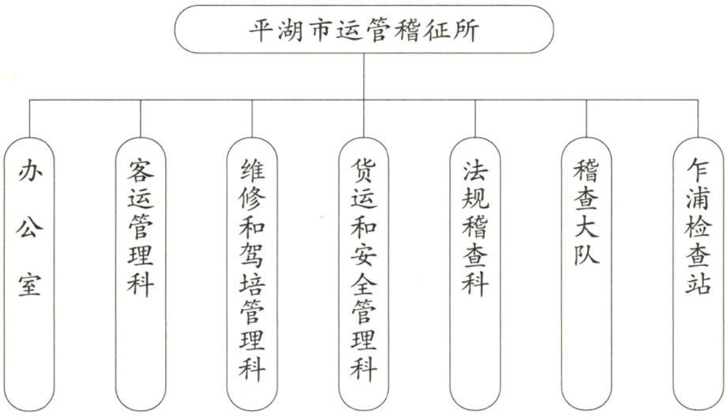

图 10-2-22　平湖市运管稽征所内设机构图

表 10-2-69　1994—2010 年平湖市公路运管稽征所支部成员任职一览表

姓　名	职　务	任职时间
潘梅生	书　记	1994.05—2001.12
顾中伟	书　记	2001.12—2004.10
黄建峰	书　记	2004.10—2007.11
曹学彪	书　记	2007.11—2010.08
沈　荣	书　记	2010.11—2010.12
马连明	副书记	1992.04—2001.12
逄继丰	委　员	2003.12—2010.12
金志芳	委　员	2003.12—2009.03
史云忠	委　员	2006.05—2010.12

表 10-2-70　1994—2010 年平湖市公路运管稽征所历任行政领导任职一览表

姓　名	职　务	任职时间
任纪贤	所长(兼)	1987.12—1997.06
马连明	所　长	1997.06—2002.02
黄建峰	所　长	2002.02—2010.01
曹学彪	所　长	2010.08—2010.12
逢继丰	副所长	1997.06—2010.12
金志芳	副所长	2000.08—2009.03
史云忠	副所长	2006.05—2010.12
沈　荣	副所长	2010.11—2010.12

海盐县公路运输管理稽征所

沿革情况

1980 年 12 月 20 日县革委盐革批 (80) 184 号文件批复，同意建立海盐县交通运输管理所，单位性质为集体事业，隶属于县交通局，编制 4 人，办公地址为朝阳东路县交通局内。主要职能：客货运输管理、搬运装卸管理。

1985 年 9 月，根据县人民政府盐政人批 (85) 39 号文件，将海盐县交通运输管理所与海盐县车辆监理站机构合并，建立“浙江省海盐县交通监理所”。海盐县交通运输管理所随之撤销。单位性质为全民事业，隶属于县交通局管理。主要职能：车辆监理、安全管理、客货汽车运输管理、搬运装卸、规费征收管理。

1987 年 12 月，由于车辆监理部分成建制移交县公安局，根据县人民政府盐政批(87)38 号文件和省交通厅(87)404 号文件精神，成立海盐县公路运输管理所和海盐县公路稽征所。属全民事业单位，分别隶属于县交通局，实行县交通局和上级交通部门双重领导，以县交通局为主。县公路运输管理所和县公路稽征所机构合署办公，实行对外两块牌子，对内一套班子，机构级别为副科级。根据浙编(87)61 号文件，增加稽征编制 4 人，主要任务：对全县道路旅客运输、道路货物运输，以及与之配套的搬运装卸、车辆维修与检测、运输服务进行管理；全县机动车辆国家公路规费的征收与管理；负责对道路运输及相关业务的审查许可；负责对道路运输违法行为进行处罚(处理)。

1989 年 8 月 15 日，海盐县交通局党委盐交总(89)1 号文件批复，同意设立中共海盐县公路运管稽征所党支部，并受海盐县交通局党委的直接领导。

1990 年 7 月，县公路运输管理所、县公路稽征所下设办公室、征费稽查股、运输管理股、计划财务股、汽修行业管理股。

1992 年 1 月迁址到新桥南路 40 号办公。

1994 年 4 月县公路运输管理所、县公路稽征所将原征费稽查股分设为稽征股和稽查股，调整后分设：办公室、计划财务股、运输管理股、汽修行业管理股、稽征股、稽查股。

1996 年 6 月，盐编(96)20 号文件同意成立海盐县车辆购置附加费征收管理办公室，与海盐县公路稽征所合署办公，负责车辆购置附加费的征收管理。同年，车辆购置附加费征收管理办公室下设车辆购置附加费征收管理股。

2000 年 9 月迁址到新桥南路 18 号办公。

2001 年 4 月，根据海盐县交通局《关于同意海盐县公路运管稽征所〈内部机构设置和中层干部职数配备〉的批复》的文件精神，海盐县公路运管稽征所内设办公室、计划财务股、运输管理股(含车站运管站)、维修行业管理股(含检测站汽修质量监督站)、征收管理股(含车购股)、稽查股(含法制股)。

2002 年 1 月，党中央、国务院为了进一步深化财税体制改革，理顺税费关系，车辆购置附加费改为车辆购置附加税，并转由国税部门继续征收。国务院、国家税务总局、交通部、财政部等也都先后发文进行人员经费的分流安置。由于此项政策的出台，海盐县车辆购置附加费征收管理办公室及其车辆购置附加费征收管理股也随之撤销。

2002 年 9 月，法制股与稽查股分离，成为单位内设股室之一。

2005 年 4 月，根据海盐县交通局《关于同意县公路运管稽征所开展第三轮全员聘任聘用制工作方案的批复》的文件精神，海盐县公路运管稽征所内设办公室、计划财务股、运输安全管理股、维修行业管理股 (含驾培行业管理股)、征收管理股、稽查股、法制股(含办证中心运管分中心)。

2005 年 10 月，根据海盐县交通局《关于同意海盐县公路运管稽征所设立稽查大队的批复》文件精神，海盐县公路运管稽征所设立稽查大队，与稽查股合署办公。

2006 年 1 月，由于人事变动，计划财务股与办公室合署办公。

2006 年 11 月，因县政府旧城改造需要拆迁，暂借用海盐县国防教育训练中心底层和二楼部分作为新办公地址。

2008年12月10日，与海盐海建建设股份有限公司签订协议购买坐落于环城南路老年公寓西侧的在建商住楼一幢作为本单位新的办公地址。大楼总建筑面积5789.9平方米，土地面积2797平方米。

2008年12月22日，根据财政部、国家发展改革委、交通运输部、监察部、审计署《关于公布取消公路养路费等涉及交通和车辆收费项目的通知》，全面取消公路养路费、公路客货运附加费、公路运输管理费等交通规费。公路稽征所不再征收公路养路费等规费，继续做好机动车养路费的清理工作。

2010年1月20日，第五轮干部职工双聘工作结束，海盐县公路运管稽征所内设行政办公室、客运管理股（"96520"投诉中心）、货运与安全管理股、维修与驾培管理股、行政许可股（运管分中心）、法制股（违章处理中心）、稽查股。

2010年5月28日，迁址到盐湖西路158号新址办公。

2010年5月28日，县委组织部盐组批〔2010〕20号文件批复建立中共海盐县公路运输管理所委员会。党委下设海盐县道路运输行业党总支部、海盐县公路运管稽征所党支部。

海盐运管稽征所成立至今重要人事变动情况

1980年12月，王立新任县交通运输管理所所长。

1984年7月，倪永先任县交通运输管理所副所长。

1985年6月，刘熊任县交通监理所所长。

1987年11月，储关良任县交通监理所所长。

1989年7月，步伯康任县公路运输管理所、县稽征所长

1989年8月，步伯康任县公路运输管理所、县稽征党支部书记；

1992年10月，张祖荣任县公路运输管理所、县稽征所副所长。

1993年9月，朱森良任县公路运输管理所、县稽征所党支部副书记。

1994年11月，苏再良任县公路运输管理所、县稽征所副所长。

1995年9月，张祖荣任县公路运输管理所、县稽征所所长。

1995年9月，张祖荣任县公路运输管理所、县稽征所党支部书记。

1997年6月，肖雪林同任县公路运输管理所、县稽征所副所长。

1999年1月，张祖荣任县公路运输管理所、县稽征所党支部书记，

1999年1月，朱森良任县公路运输管理所、县稽征所党支部副书记。

1999年11月，宋建强任县公路运输管理所、县稽征所副所长。

1999年11月，宋建强任县公路运输管理所、县稽征所党支部副书记。

2001年11月，朱森良任县公路运输管理所、县稽征所副所长。

2002年1月，肖雪林同任县公路运输管理所、县稽征所所长。

2002年3月，肖雪林任县公路运输管理所、县稽征所党支部书记。

2002年3月，王在根任县公路运输管理所、县稽征所副所长。

2005年10月，步克淼任县公路运输管理所、县稽征所副所长。

2010年6月，肖雪林任县公路运输管理所、县稽征所党委书记。

表10-2-71 2010年海盐县公路运管稽征所党委(党支部)成员任职一览表

姓　名	职　务	任职时间
肖雪林	党支部书记	2010.01—2010.06
肖雪林	党委书记	2010.06—2010.12
朱森良	党委副书记	2010.06—2010.12
步克淼	党支部委员	2010.01—2010.06
步克淼	党委委员	2010.06—2010.12
吴晓晖	党支部委员	2010.01—2010.06
吴晓晖	党委委员	2010.06—2010.12
张　涌	党支部委员	2010.01—2010.06
张　涌	党委委员	2010.06—2010.12

表 10-2-72　2010 年海盐县公路运管稽征所行政领导任职一览表

姓　名	职　务	任职时间
肖雪林	所　长	2010.01—2010.12
朱森良	副所长	2010.01—2010.12
步克森	副所长	2010.01—2010.12

表 10-2-73　2010 年海盐县公路运管稽征所各股室负责人任职一览表

科室名称	职　务	姓　名	任职时间
行政办公室	主　任	吴晓晖	2010.01—2010.12
客运管理股	股　长	方春利	2010.01—2010.12
货运安全股	股　长	储建康	2010.01—2010.12
维管驾培股	股　长	黄小华	2010.01—2010.12
行政许可股	股　长	查　春	2010.01—2010.12
法制股	股　长	朱世鹏	2010.01—2010.12
稽查股	股　长	李　伟	2010.01—2010.12

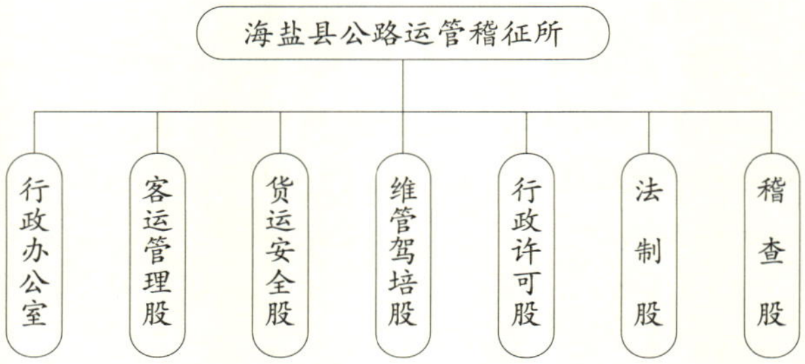

图 10-2-23　海盐县公路运管稽征所内设机构图

表 10-2-74　1989—2010 年海盐县公路运管稽征所历任党委(党支部)书记、副书记任职一览表

姓　名	性别	文化	籍贯	职　务	任职时间
步伯康	男	高中	海盐	党支部书记	1989.08—1995.09
朱森良	男	大专	海盐	党支部副书记	1993.09—2001.12
张祖荣	男	大专	海盐	党支部书记	1995.09—2002.03
宋建强	男	高中	海盐	党支部副书记	1999.11—2003.06
肖雪林	男	本科	海盐	党支部书记	2002.03—2010.06
肖雪林	男	本科	海盐	党委书记	2010.06—2010.12
朱森良	男	大专	海盐	党委副书记	2010.06—2010.12

表 10-2-75 1980—2010 年海盐公路运管稽征所历任行政领导任职一览表

姓　名	性别	文化	籍贯	职　务	任职时间
王立新	男	高中	江苏建湖	所长(县交通运输管理所)	1980.12—1984.07
倪永先	男	初中	绍兴	副所长(县交通运输管理所)	1984.07—1985.06
刘　熊	男	高中	绍兴	所长(县交通监理所)	1985.06—1987.12
储关良	男	本科	海盐	所　长	1987.11—1989.07
步伯康	男	高中	海盐	所　长	1989.07—1995.09
张祖荣	男	大专	海盐	副所长	1992.10—1995.09
苏再良	男	大专	海盐	副所长	1994.11—1998.09
张祖荣	男	大专	海盐	所　长	1995.09—2001.12
肖雪林	男	本科	海盐	副所长	1997.06—2002.01
宋建强	男	高中	海盐	副所长	1999.11—2007.11
朱森良	男	大专	海盐	副所长	2001.11—2010.12
肖雪林	男	本科	海盐	所　长	2002.01—2010.12
王在根	男	本科	海盐	副所长	2002.03—2005.09
步克森	男	本科	海盐	副所长	2005.10—2010.12

海宁市公路运输管理稽征所

沿革情况

海宁市道路运输管理所、海宁市公路稽征所、海宁市汽车维修行业管理所，按照海宁人民政府办公室海政办(1987)164 号、海政办(1988)141 号文精神，实行机构合署办公，对外三块牌子，对内一套班子，机构级别为副局级。承担全市道路运输、运输服务业、危险品运输、汽车维修驾培管理及公路规费征稽管理和相关职能稽查。

1979 年 9 月，海宁市公路运输管理站成立。

1980 年 10 月，经中共海宁县级机关党委批准建立中共海宁县公路运输管理站和车辆监理站联合党支部。

1985 年 3 月，全省统一“交监合一”与县车辆监理所组建成立海宁县交通监理所，1987 年 11 月 20 日因道路交通管理体制改革，海宁市人民政府海政办(1987)164 号文，恢复成立公路运输专管机构，名称为海宁市公路运输管理所。

1987 年，经海宁市人民政府海政办(1987)164 号文批准建立海宁市公路稽征所，与海宁市公路运输管理所合署办公。1987 年 12 月，设立长安运管站。

1988 年，经海宁市人民政府办公室海政办(1988)141 号文批准，建立海宁市汽车维修行业管理所。

1989 年 6 月，设立盐官运管站。

1990 年 6 月，设立运输管理股、稽征股、汽修管理股、行政财务股。1990 年 12 月，建立稽查队。

1992 年 6 月，经海宁市编制委员会海编(1992)29 号批准海宁公路运管稽征所为副局级事业单位。

1993 年，撤销盐官运管站。1993 年 8 月，建立海宁汽车站区域运管站。

1994 年 1 月，行政财务股分设为行政办公室和财务股。1994 年 12 月，内设机构调整为:办公室、运输管理股、汽车维修管理股、稽征股、稽查中队、长安站。

1999 年 3 月，撤销运输管理股，设立为客运管理股和货运管理股。

2001 年 4 月，内设机构设置为:办公室、客运股(客运管理站)、货运股、维管股、综合服务大厅(稽征股)、稽查大队、长安运管站。

2004 年 3 月，调整内设科室及名称为办公室、运输管理科、稽征科、维修管理科、法制科、驾培科、综合服务厅、稽查大队、长安运管稽征站。2004 年 8 月，经海宁市编制委员会批准同意海宁市公路运输管理所更名为海宁市道路运输管理所。2004 年 12 月，行政许可受理中心、行政处罚中心、举报投诉中心即“三中心”及一站式对外服务机制形成正常运转。

2007 年 1 月，调整内设科室及名称为办公室、运输安全管理科、稽征科、维修驾培科、法制科、稽查大队、长安运管稽征站。2007 年 5 月，海宁市机构编制委员会《关于同意市道路运输管理所增加人员编制的批复》确定，增编后，运管所的编制为 37 人。

2008 年，费改税后海宁公路运管稽征所编制人员已于 2010 年和 2011 年分流至海宁市国税局和地税局。2009 年 4 月，成立督导室。

2009 年 7 月，内设科室调整后运管所各部门名称为:办公室、督导室、客货运输管理科、出租车行业管理科、安全生产管理科、维修驾培科、信息科、法制科、稽查大队、长安运管站、客运中心运管站。

机构成立至今重要人事变动情况

1979 年 9 月，陈士林兼公路运输管理站站长。

1980年10月，陈士林同兼公路运输管理站支部书记。

1981年4月，陈德林任公路运输管理站支部副书记。

1984年5月，孙玉书任公路运输管理站站长。

1985年4月，孙玉书任县交通监理所所长。

1984年8月，孙玉书任县交通监理所支部书记。

1987年11月，张锦祥兼公路运管稽征所所长。

1987年11月，张则虎任公路运管稽征所支部书记。

1990年7月，胡芹荪任公路运管稽征所所长。

1994年9月，张智德任公路运管稽征所所长。

1995年1月，杨春林任公路运管稽征所支部书记。

1996年11月，张智德任公路运管稽征所支部副书记。

1999年1月，张智德任公路运管稽征所支部书记。

1999年2月，濮民强任公路运管稽征所所长、支部副书记。

2004年6月，谈家欢任公路运管稽征所支部书记。

2010年8月，孔嵘任道路运输管理稽征所所长。

2010年10月，孔嵘任道路运输管理稽征所支部副书记。

表 10-2-76　2010 年海宁市道路运输管理所支部成员任职一览表

姓　名	职　务	任职时间
谈家欢	书　记	2010.01—2010.12
濮民强	副书记	2010.01—2010.08
孔　嵘	副书记	2010.10—2010.12
朱建明	委　员	2010.01—2010.12
顾建军	委　员	2010.01—2010.12
王周林	委　员	2010.01—2010.12
俞国荣	委　员	2010.01—2010.08
赖明亚	委　员	2010.09—2010.12
胡笑薇	委　员	2010.09—2010.12

表 10-2-77　2010 年海宁市道路运输管理所行政领导任职一览表

姓　名	职　务	任职时间
濮民强	所　长	2010.01—2010.08
孔　嵘	所　长	2010.08—2010.12
朱建明	副所长	2010.01—2010.12
俞国荣	副所长	2010.01—2010.08
顾建军	副所长	2010.01—2010.08
赖明亚	副所长	2010.09—2010.12
胡笑薇	副所长	2010.09—2010.12

表 10-2-78　2010 年海宁市道路运输管理所各科室负责人任职一览表

科室名称	职　务	姓　名	任职时间
办公室	主　任	徐霞洁	2010.01—2010.12
办公室	副主任	沈一枫	2010.01—2010.12
督导室	主　任	沈一枫	2010.01—2010.12
客货运输管理科	科　长	张卫中	2010.01—2010.08
客货运输管理科	副科长	宁　毅	2010.01—2010.12
出租车行业管理科、安全生产管理科	科　长	张卫中	2010.01—2010.08
出租车行业管理科、安全生产管理科	临时负责	王小峰	2010.08—2010.12
法制科	科　长	郁发义	2010.01—2010.12
维修驾培科、信息科	副科长	李军伟	2010.01—2010.12
稽查一中队	中队长	俞永红	2010.01—2010.12
稽查二中队	中队长	钱祥元	2010.01—2010.12
稽查三中队	中队长	舒　畅	2010.01—2010.12
长安站	站　长	许惠荣	2010.01—2010.12

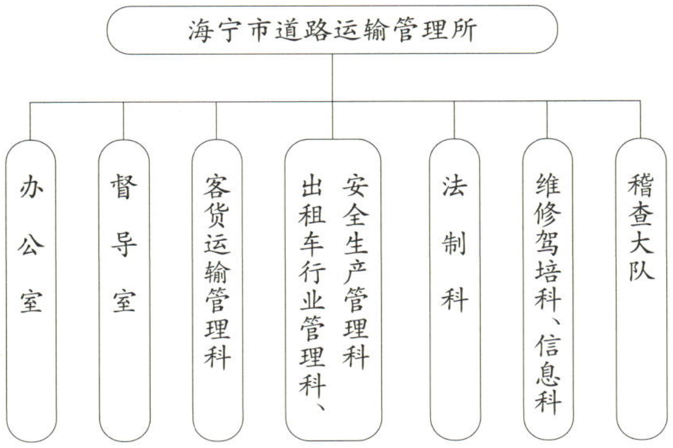

图 10-2-24　海宁市道路运输管理所内设机构图

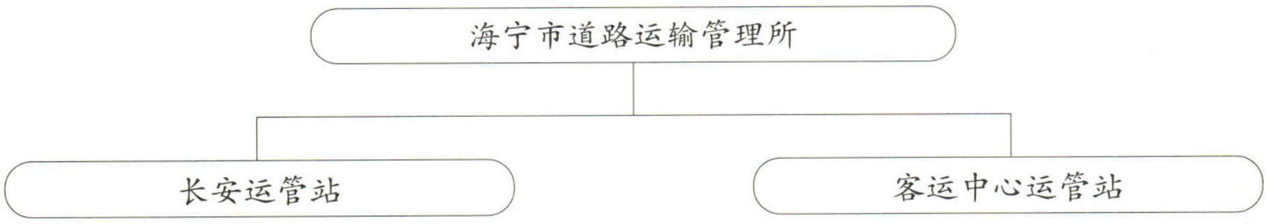

图 10-2-25　海宁市道路运输管理所下属机构

表 10-2-79　1980—2010 年海宁市道路运输管理所支部成员任职一览表

姓　名	职　务	任职时间
陈士林	书记（兼）	1980.10—1981.03
陈德林	副书记	1981.04—1984.08
孙玉书	书　记	1984.08—1987.11
张则虎	书　记	1987.11—1995.01
杨春林	书　记	1995.01—1998.09
张智德	副书记	1996.11—1999.01
张智德	书　记	1999.01—2003.05
濮民强	副书记	1999.03—2010.08
谈家欢	书　记	2004.06—2010.12
孔　嵘	副书记	2010.10—2010.12

表 10-2-80　1979—2010 年海宁市道路运输管理所行政领导任职一览表

姓　名	职　务	任职时间
陈士林	站长（兼）	1979.09—1981.03
陈德林	副站长	1979.09—1985.03
孙玉书	站　长	1984.05—1985.03
孙玉书	所　长	1985.04—1987.11
张锦祥	所长（兼）	1987.11—1990.06
胡芹荪	所　长	1990.07—1994.08
张智德	所　长	1994.09—1999.01
濮民强	所　长	1999.02—2010.08
孔　嵘	所　长	2010.08—2010.12

桐乡市公路运输管理稽征所

沿革情况

1970年以前，桐乡县境内公路客、货运输无专门管理机构，一般性业务由交通局兼管，主要工作是国营汽车站和交通局汽车队的经营，按国家规定，执行价格政策，审批跨省运输和客运定点、定线运输班车；货运接受“三统一”管理。

1970年10月，经桐乡县革命委员会(1970)292号文件批准，成立桐乡县交通运输管理站，它是水陆合一的交通运输管理机构，开始由交通局赵亚明负责，后期由朱阿龙负责。1971年1月，更名为桐乡县交通管理站，后因人手少，工作打不开局面被撤销。

1981年9月，经桐乡县政府(1981)134号文件批准，组建桐乡县公路运输管理站(简称公管站)，着手管理运输市场的价格和秩序，人员也只有三名退伍军人(沈学会、谢亚光、陈坤泉)，由陈坤泉负责(副站长)。

1983年，随着运输市场的逐步开放，桐乡批准第一辆个体客运车，允许单位和个人从事公路客货运输(但拖拉机不准经营客运)，省公路局为加强运输市场的管理，自1984年6月15日起，要求全省使用《浙江省公路管理货运统一行车路单》，由县交管站签发。运输市场进一步放宽政策后，个体、联户车辆增多，出现了无证经营、乱收票价、逃缴规费等混乱状况。根据交通运输业的发展，经批准于1988年1月桐乡县公路运输管理站更名为桐乡市公路运输管理所。

1987年12月，桐乡交通监理站的一部分管理职能划归桐乡县公安局交警队后，其规费征收工作仍留属交通部门，所以，经批准于1988年1月成立了桐乡县公路稽征所，两所办公地点设在老交通局底楼(梧桐镇宏源路)，1989年3月搬入现住地：梧桐街道屠甸路21号(原桐乡县水陆机驾培训中心基地)。

1990年1月，运管所与稽征所合署办公至今。1993年5月升格为副局级事业单位；

1989年7月，公路运输管理所、公路稽征所和县乡公路所建立联合党支部，1999年年底，县乡公路所划并市公路段后，单独建立党支部至今。

1993年8月，根据省政府浙政发[1991]15号文件精神，建立桐乡市崇福检查站，由桐乡市运管、稽征所管理，挂“桐乡市崇福公路运输管理站”“桐乡市崇福公路稽征检查站”两块牌了，同年9月15日起，对运行车辆依法检查，沈汉仁兼任浙江省桐乡市崇福检查站站长。

1995年2月，经桐编委批准，同意市公路运管稽征所内设办公室、公路运输管理股、维修行业管理股、公路稽征股、财务股、稽查中队6个股室。同年10月，桐乡县撤县设市，内设机构改股称科，内设为办公室、公路运输管理科、维修行业管理科、公路稽征科、财务科及稽查中队。

1996年5月，经桐编委批准，同意建立桐乡市车辆购置附加费征收管理办公室，为全民事业单位，核定编制4名，负责征收车辆购置附加费，与市公路稽征所合署办公，一套班子，二块牌子。

1997年1月，经局批准，桐乡市运管稽征所组建稽查二中队，负责承担桐乡汽车站站前管理及G320国道1500米路段的运输秩序维护。

1998年4月，经局批准，桐乡市运管稽征所组建稽查三中队，主要为维护运输市场秩序，加强濮院羊毛衫市场客货运输的统一管理。

1999年11月，经局批准，桐乡市运管稽征所组建稽查四中队，主要加强我市汽车行业管理，维护维修市场的秩序。

2000年4月，经局批准，桐乡市运管稽征所在桐乡汽车客运站建立运输管理站，负责对汽车站内及站前广场客运车辆的各类违章行为进行调查，对一般违章进行教育，需作出行政处罚的，取证后按规范手续移交所中队处罚。

2001年8月，经局批准，同意运管所调整撤销稽查四中队，原四中队工作职责由稽查二中队承担。同年9月，经桐编委办批准，同意市公路运管稽征所增设稽查大队。主要规范执法，监督制约，实行处罚分离，稽查大队负责处罚，中队负责稽查。(下设3个中队)

2005年1月，车辆购置附加费管理办公室建制移交桐乡市国税局，有2名工作人员通过考试划入市国税局。

2006年9月，为加强道路运输市场安全管理，经局批准，同意将内设科室运输管理科更名为运输安全管理科。

2008年12月15日，经桐编委批准，撤销桐乡市交通管理所，原市交通管理所其职能、编制、在编人员划入桐乡市公路运管稽征所，所核定编制38名，同时增加以下职责：根据有关交通法规和方针政策及上级部门的要求，编制(街道)交管站年度工作计划，指导、检查镇(街道)交管站工作，考核镇(街道)交管站各指标和完成情况；全市拖拉机、摩托车征收养路费。

2009年1月1日起，国家实施税费改革，公路稽征所不再征收公路养护费等规费，有6名工作人员分两批考试划入市国税、地税局(其中国税2人，地税4人)。同年5月，经桐编办批准，同意市公路运输管理所运安科分设为客运管理科、货运与安全科。客运管理科的工作职责：制定道路客运业发展规划；道路客运经营许可与资质管理；道路客运从业人员资质管理；道路客运经监督及道路客运行业调查与统计。货运与安全科的工作职责：制定道路货运业发展规划；道路货物运输、货运站场经营许可与资质管理；道路货运从业人员资质管理；道路货运经营监督及道路货运行业调查与统计；道路运输安全管理。

2010年年末，桐乡市公路运输管理稽征所内设机构有办公室、财务科、客运管理科、货运与安全科、维修行业管理科、公路稽征科、稽查大队(下设3个中队)、崇福稽查站，运输管理站(在汽车站)，在编人员38人(其中管理人员26人，专技人员12人)。

桐乡运管稽征所成立至今重要人事变动情况

1988年6月30日，王建荣兼任县公路运输管理所所长、县稽征所所长，免去县公路运输管理站站长职务。王德璋任县公路运输管理所副所长；徐庭龙任县稽征所副所长。1988年9月，贺雅钻兼任县公路运输管理所所长、公路稽征所所长，免去王建荣县公路运输管理所所长、公路稽征所所长。

1989年3月15日，沈汉仁任公管所副所长。

1989年7月15日，建立中共桐乡县公路运输管理所、公路稽征所、县公路段联合支部，沈汉仁任党支部书记，王德璋任副书记。

1990年8月1日，沈汉仁任桐乡县公路运输管理所、公路稽征所所长，徐庭龙任公路稽征所副所长，王德璋任公路运输管理所副所长。

1993年9月18日，沈汉仁任市公路运输管理所、公路稽征所党支部书记。 1993年9月20日，徐庭龙任运管、稽征所党支部副书记。1993年10月6日，徐庭龙任市公路运输管理所、市公路稽征所所长。

1995年8月4日，陈年生任市公路运输管理所、公路稽征所党支部书记，免去市公路段党支部书记职务；免去沈汉仁市公路运输管理所、公路稽征所党支部书记职务。1995年11月24日，姚海洪任运管稽征所所长助理；免去同志运管稽征所副所长职务，任副所级调研员。

1996年11月15日，姚海洪任市公路运输管理所、稽征所副所长，免去所长助理职务。

1997年11月27日，杨锦奎任桐乡市公路运输管理所稽征所副所长。

1998年5月8日，袁继华任市公路运输管理所、公路稽征所所长，免去市航运管理所所长职务；免去徐庭龙的市公路运输管理所、公路稽征所所长职务。

1999年11月26日，李爱林任市公路运输管理所、公路稽征所党支部书记，免去其羔羊乡党委副书记、委员职务。1999年12月2日，徐林熊任市公路运输管理所、公路稽征所所长；免去袁继华的市公路运输管理所、公路稽征所所长职务。

2003年6月23日，许新农任公路运输管理所、公路稽征所党支部书记，免去其市公路管理段党支部书记职务；免去李爱林市公路运输管理所、公路稽征所党支部书记职务。2003年7月1日，吴建松任市运管稽征所所长助理。

2004年8月4日，吴建松任桐乡市运管稽征所副所长。

2007年12月1日，任洪明任市运管稽征所副所长，免去其市港航管理处副处长职务。免去姚海洪、杨锦奎市运管稽征所副所长；2007年12月6日，崔海波任市公路运管稽征所副所长，胡海燕任市公路运管稽征所所长助理。

2008年5月26日，张雪根任市公路运输管理所、公路稽征所所长；免去徐林熊市公路运输管理所、公路稽征所所长。2008年12月10日，崔海波任市公路运管稽征所副所长。2008年12月10日，胡海燕任市公路运管稽征所副所长。

2010年11月8日，姚济荣任市交通局副局长、市公路运输管理所所长。

表10-2-81 2010年桐乡市运管稽征所党支部领导任职一览表

姓　名	职　务	任职时间
许新农	书　记	2010.01—2010.12
吴建松	委　员	2010.01—2010.12
崔海波	委　员	2010.01—2010.12

表10-2-82 2010年桐乡市运管稽征所行政领导任职一览表

姓　名	职　务	任职时间
张雪根	所　长	2010.01—2010.08
姚济荣	所　长	2010.10—2010.12
吴建松	副所长	2010.01—2010.12
任洪明	副所长	2010.01—2010.12
崔海波	副所长	2010.01—2010.12
胡海燕	副所长	2010.01—2010.12

表 10-2-83　2010 年桐乡市运管稽征所各科(室)、大队负责人任职一览表

科室名称	职　务	姓　名	任职时间
办公室	主　任	朱凤萍	2010.01—2010.12
客运科	科　长	沈旭平	2010.01—2010.12
货运安全科	科　长	哀泳云	2010.01—2010.12
维管驾培科	科　长	方　平	2010.01—2010.12
稽查大队	大队长	崔海波	2010.01—2010.12
崇福稽查站	站　长	印春伟	2010.01—2010.04
	副站长	王　琴	2010.04—2010.12

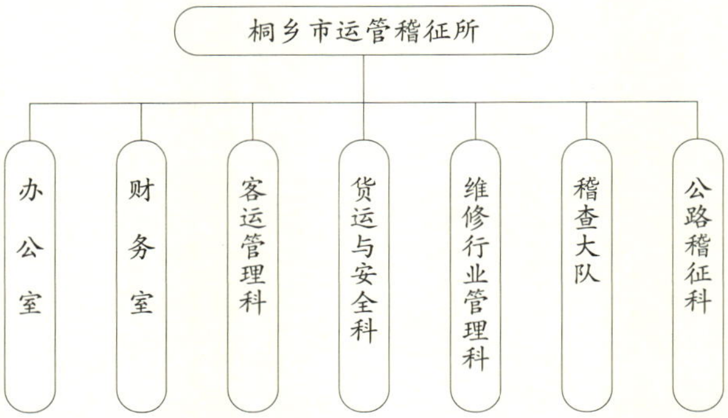

图 10-2-26　桐乡市运管稽征所内设机构图

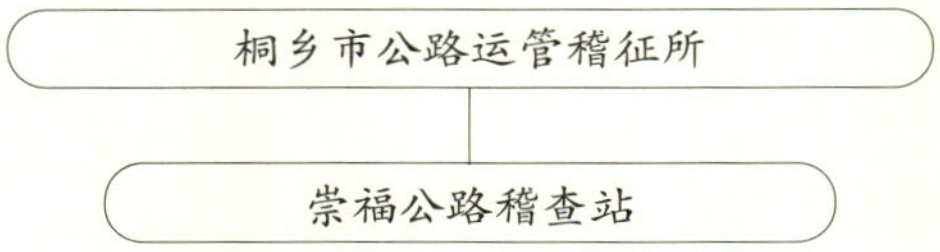

图 10-2-27　桐乡市运管稽征所下属机构

表 10-2-84　1989—2010 年桐乡市公路运管稽征所书记、副书记任职一览表

姓　名	职　务	任职时间
沈汉仁	书　记	1989.07—1995.08
王德璋	副书记	1989.07—1993.09
徐庭龙	副书记	1993.09—1998.05
袁继华	副书记	1998.04—1999.12
陈年生	书　记	1995.08—1999.06
李爱林	书　记	1999.11—2003.06
许新农	书　记	2003.06—2010.12　2010.09　任运管稽征所副局级领导干部
徐林熊	副书记	2008.01—2008.05

表 10-2-85 1987—2010 年桐乡市公路运管稽征所行政领导任职一览表

姓　名	职　务	任职时间
王建荣	站　长	1987.11—1988.06
陈坤泉	副站长	1986.08—1988.06
王建荣	所　长	1988.06—1990.08
贺雅钻	所长(兼)	1988.09—1990.08
沈汉仁	所　长	1990.08—1993.10
徐庭龙	所　长	1993.10—1998.05
袁继华	所　长	1998.05—1999.12
徐林熊	所　长	1999.12—2008.05
张雪根	所　长	2008.05—2010.07
姚济荣	所　长	2010.11—2010.12

第四节　交通工程质量监督机构

嘉兴市交通工程质量安全监督站

嘉兴市交通工程质量安全监督站前身为嘉兴市交通工程质量监督站和嘉兴市交通工程定额站。

嘉兴市交通工程质量安全监督站主要职责：负责本市公路、水运工程质量及施工监理招投标的行政监督；负责本行业监理单位、试验检测机构及监理人员、试验检测人员的资质管理；负责本行业从业单位从业行为的监督管理，，组织工程质量监督检查、试验检测和完工项目质量检测、质量鉴定，受理公路水运工程质量举报、投诉；负责本市公路、水运工程造价、咨询工作的行业管理；负责工程实施阶段工程计价及合同行业的监督管理，负责工程造价文件的审查、审核或初审，组织补充定额、计价依据的测定与编制，组织交通工程材料价格调查及价格信息的发布。

1993 年 2 月，根据交通部和省交通厅有关文件精神，为加强政府对嘉兴市公路、水运工程基本建设及其配套、附属工程的质量监督管理，市交通局上报市编制委员会《关于要求建立嘉兴市交通工程质量监督站的请示》，同年 3 月，根据市编制委员会《关于嘉兴市交通工程建设管理处增设质量监督站、定额站的批复》，嘉兴市交通工程质量监督站、嘉兴市交通工程定额站在市交通工程建设管理处增设成立。经费自收自支，独立核算。

1994 年 9 月，市编制委员会下发《关于确定部分事业单位机构级别的通知》，核定嘉兴市交通工程质量监督站为正科级单位，嘉兴市交通工程定额站为副科级单位。

1996 年 11 月，市编制委员会下发《关于核定嘉兴市交通工程质量监督站编制的批复》，核定编制 5 名；同年 12 月，根据市交通局《关于顾益民同志任职的通知》，顾益民任嘉兴市交通工程质量监督站副站长(兼)。

1997 年 1 月，嘉兴市交通工程质量监督站新印章正式启用；10 月，市交通局(嘉交人〔1997〕245 号)任命严凤祥为嘉兴市交通工程质量监督站副站长。

1998 年 3 月，根据嘉兴市交通局《关于嘉兴市交通工程质量监督站内设机构方案的批复》，嘉兴市交通工程质量监督站内设办公室、质量监督科、中心试验室三个职能科室(均为股级)。

1998 年 5 月 5 日—6 日，浙江省交通厅对嘉兴市交通工程质量监督站进行考核验收，5 月 8 日，省交通厅印发《嘉兴市交通工程质量监督站及监督人员资质考核结果》，批准嘉兴市交通工程质量监督站为考核验收合格单位，颁发合格证书，批准严凤祥具有监督工程师资格，赵勇华等 5 人具有监督员资格。

1998 年 8 月，根据嘉兴市交通局《关于市交通工程定额站内设机构的批复》，市交通工程定额站内设定额造价科。1998 年 8 月，嘉兴市交通工程定额站印章正式启用，同年 11 月，市交通局(嘉交人〔1998〕321 号)任命严凤祥为嘉兴市交通工程质量监督站站长。

1999 年 7 月，市编制委员会下发《关于同意调整嘉兴市交通工程质量监督站、交通工程定额站编制的批复》，同意市交通工程质量监督站编制从 5 名调整为 10 名，市交通工程定额站编制确定为 5 名。

1999 年 9 月，为理顺全市交通工程造价的管理体制，根据市编制委员会《关于同意调整嘉兴市交通工程定额站管理体制的批复》，嘉兴市交通工程定额站的管理体制由原行政隶属于嘉兴市交通工程建设管理处调整为由市交通局直接领导，市交通工程定额站与市交通工程质量监督站两块牌子一套班子，合署办公。

2000 年 3 月，根据嘉兴市人事局《关于事业单位设岗定员的批复》，市交通工程质量监督站按 10 名编制，行政管理岗位设：单位领导 2 个(含兼任专业技术职务 2 个)；专业技术职务岗位设：高级职务岗位 2 个，中级职务岗位 4 个，初级职务岗位 2 个。

根据嘉兴市人事局《关于事业单位设岗定员的批复》，市交通工程定额站按 5 名编制，行政管理岗位设：单位领导 1 个 (含兼任专业技术职务 1 个)；专业技术职务岗位设：高级职务岗位 1 个，中级职务岗位 3 个，初级职务岗位 1 个。

2001 年 4 月，市交通局(嘉交人〔2001〕114 号)任命郐谷丰为嘉兴市交通工程质量监督站副站长。

2001 年，配合省局监督的“京杭运河浙江段航道改造工程”获得交通部“水运工程质量奖”。

2002 年，主管监督的“G320 枫泾至嘉兴段路面大修改建工程”获交通部“全国公路建设质量年活动优秀项目奖。

2003 年 4 月，根据嘉兴市交通局《关于同意交通工程质量监督站增设内设机构的批复》，增设检测管理科。

2004 年 4 月，根据嘉兴市机构编制委员会《关于嘉兴市交通局事业单位改革总体方案的批复》，嘉兴市交通工程质量定额站更名为嘉兴市交通工程造价管理站，并与嘉兴市交通工程质量安全监督站合署办公，监督管理类事业单位，相似正科级，核定人员编制 15 名，其中科级领导 3 名。

2008 年 1 月，根据嘉兴市机构编制委员会《关于同意嘉兴市交通工程质量监督站更名及增加人员编制的批复》，嘉兴市交通工程质量监督站更名为嘉兴市交通工程质量安全监督站与市交通工程造价管理站合署办公，人员编制由原来 15 名增加为 18 名。

2008 年 4 月，根据嘉兴市交通局《关于同意市交通工程质量安全监督站增设安全监督机构及履行相关工程安全监督管理职责的批复》，增设了安全监督科。

2008 年 10 月，市交通局(嘉交党〔2008〕35 号)任命郐谷丰为嘉兴市交通工程质量安全监督站站长；同年 11 月，市交通局(嘉交党〔2008〕39 号)任命樊军芳为中共嘉兴市交通工程质量安全监督站支部委员会副书记，杨惠德为嘉兴市交通工程质量安全监督站、嘉兴市交通工程造价管理站副站长。

2010 年 6 月，市编制委员会下发《关于同意嘉兴市交通工程质量安全监督站增加事业编制的批复》，同意市交通工程质量安全监督站事业编制由 18 名调整为 21 名。

截至 2011 年年底，嘉兴市交通工程质量安全监督站为监督管理类事业单位，编制人员 21 名，其中科级干部 3 名。内设综合办公室、质量监督科、安全监督科、检测管理科、造价管理科等 5 个部门，下设嘉兴市交通工程质量监督检测中心。主要工作职责是受嘉兴市交通运输局委托，依法行使嘉兴市内公路水运工程质量、安全监督和造价、监理及试验检测行业的管理职责，包括与之相关的行政处罚。

图 10-2-1　嘉兴市交通工程质量安全监督站

嘉兴市交通工程中心试验室

1998 年 1 月，嘉兴市交通局下发《关于成立“嘉兴市交通工程中心试验室”的通知》，明确了在市公路管理处“嘉兴市公路工程检测试验室”增挂“嘉兴市交通工程中心试验室”牌子，业务上受嘉兴市交通工程质量监督站领导，行政隶属关系不变。

3 月，市交通局印发《关于嘉兴市交通工程质量监督管理站内设机构的批复》，同意市交通工程质量监督管理站内设办公室、质量监督科、中心试验室(以下检测“市检测中心”)三个职能科室(均为股级)。由此开始，市检测中心正式承担起全市公路水运工程原材料、产品、设备及实体工程质量的监督检测任务。

1999 年—2003 年，市检测中心在市质监站日常监督检查工作中，配合并建立每月的巡查检测制，重点加大对在建工程质量的试验抽检力度，对经常出现质量通病的环节有针对性地加大监督检测频率，对原材料的选用、路基、路面压实度、钢筋焊接头等开展经常性的抽检，同时，配合市质监站工程质量监督工作，对全市主要在建项目的原材料、标准试验等进行专项抽查，提高监督工作的科学性，提升市检测中心在质量监督中的地位和作用。

2004 年，市检测中心被嘉兴市巾帼建功和双学双比活动领导小组授予市级“巾帼文明岗”荣誉称号。

2005 年，市检测中心购置一辆自动弯沉测试车和一套预应力锚具及钢绞线的试验设备，招聘 6 名有丰富实践经验的试验检测人员，增强试验检测能力，基本满足监督抽查及交工质量检测的需要。

2008 年，引进路面雷达测厚仪等先进检测设备。同时，针对管理中容易忽视的安全设施检测，购置一批交通安全设施检测设备，通过在嘉桐公路以及杭州湾跨海大桥上的实践应用，取得较好效果。同时，市检测中心通过计量认证的检测参数达 254 个，基本覆盖公路水运项目各个分项工程的检测内容。通过运用自动弯沉仪、路面雷达测厚仪等一大批先进检测设备，增加检测样本的数量，使检测结果更加准确，确保交通工程的建设质量。

2009 年，在浙江省交通运输厅组织的全省“公路水运工程试验检测专项治理工程”中，被评为“浙江省公路水运工程试验检测专项治理工程先进单位”；同年，市检测中心被嘉兴市总工会授予“先进职工之家”称号。

2010 年，市检测中心迁建工程取得实质性的进展。新检测中心总投资 1430 万元，其中土建工程 667 万元，到 2010 年年底土建完成 330 万元投资，占合同总价的 48.6%，该项目预计在 2011 年 6 月完工。

2010 年 2 月，市检测中心被嘉兴市精神文明建设委员会授予市级“文明示范窗口”的荣誉称号，同年，被嘉兴市青年文明号活动指导委员会授予市级“青年文明号”称号。至 2010 年年底，市检测中心具有交通工程试验检测综合乙级资质，其中绝大部分试验参数已具备甲级资质。

嘉善县交通工程质量安全监督站

嘉善县交通工程质量安全监督站于 2009 年 7 月 21 日经嘉善县机构编制委员会（善编〔2009〕16 号文）正式批准成立，2010 年 6 月 22 日，成为首个通过浙江省交通运输厅考核验收的县级质监站。嘉善县交通工程质量安全监督站核准编制 8 人，实际到岗人员 6 人，在编人员 3 人，设站长、副站长各 1 人，机构设置综合办公室和监督科两个职能科室，其中专业技术人员高级职称 2 人，中级职称 2 人，技术员 1 人，取得执法证人员 5 人，执法车辆与装备基本齐全，人员工资、办公经费由嘉善县财政预算保障。2010 年受监 32 个项目，共计 8931 万元。

浙江省水运工程质量监理站乍浦港分站

浙江省水运工程质量监理站乍浦港分站成立于 1994 年 9 月。主要职责：负责乍浦港水运工程质量及施工监理招投标的行政监督等。嘉兴市交通工程质量监督站成立后，因县（市、区）交通局（委）不设重复监督机构，1997 年 11 月 12 日，嘉兴市质量监督站发出通知，根据省交通厅《浙江省交通建设工程质量监督实施细则》和省厅交通工程质量监督站 8 月 12 日下达的《关于规范交通工程质量监督机构的通知》（浙交监[1997]093 号）的规定，省厅和各市（地）交通局（委）的工程质量监督站是政府对交通建设工程质量进行监督的专职机构，县（市、区）交通局（委）不设监督机构，撤销浙江省水运工程质量监理站乍浦港分站。并根据乍浦港二期围堤的开工需要，原浙江省水运工程质量监理站乍浦港分站转变职能，于 1997 年成立了嘉兴市东方交通工程监理中心。2010 年成立嘉兴市东方交通工程监理有限公司，承接港区内小型水运项目。

第五节 海上港务管理机构

嘉兴市港务管理局

机构变迁

1986 年 4 月，乍浦港工程指挥部成立（嘉政〔1986〕48 号），编制 15 名，事业单位。（嘉政办发〔1986〕108 号）

1987 年 5 月，物资财务科分设为计划财务科和物资机料科。（嘉编〔1987〕2 号）

1989 年 6 月，乍浦港务局（筹）建立，与乍浦港工程指挥部实行二块牌子一套工作班子（嘉政办发〔1989〕65 号）。

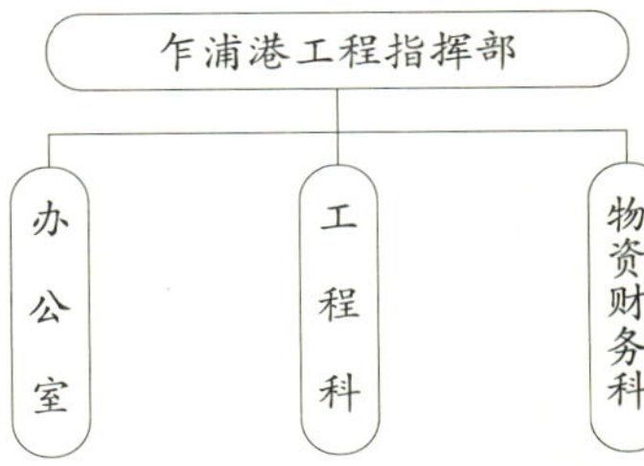

图 10-2-28 1986 年乍浦港工程指挥部机构图

1990年，乍浦港工程指挥部经同意设立内部保健机构医务室(平卫〔90〕112号)。

1991年12月，嘉兴市乍浦港务管理局正式成立，并由浙江省机构编制委员会定为正县级事业单位(嘉编〔1991〕61号)，同月建立保卫科(嘉编〔1991〕67号)。

1992年6月，嘉兴市乍浦港务管理局经同意设立内部科室10个(嘉编〔1992〕23号)。

另设货物配载联运处、港口规划处、货主码头管理处分别与商务科、基建工程科、港政管理科合署办公；驻嘉办事处归办公室管理。

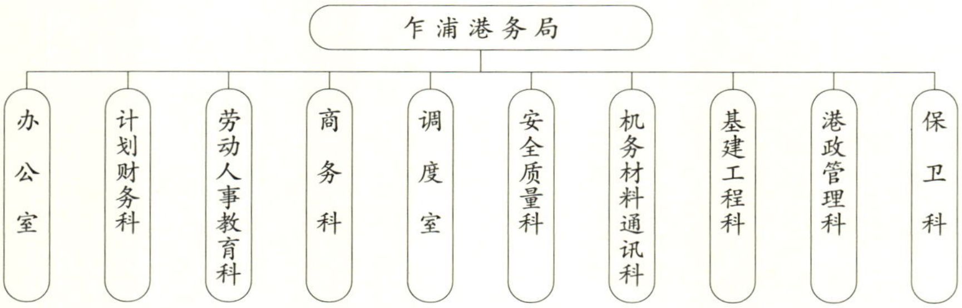

图10-2-29　1992年乍浦港务局机构图

1994年，港务局经同意调整科室设置(嘉编办〔1994〕01号)。其中，港口规划处与总工室、货主码头管理处与商务调度部合署办公。

1995年，港务局经同意增设党委办公室、企业发展部、通讯站。(嘉编〔1995〕42号)。

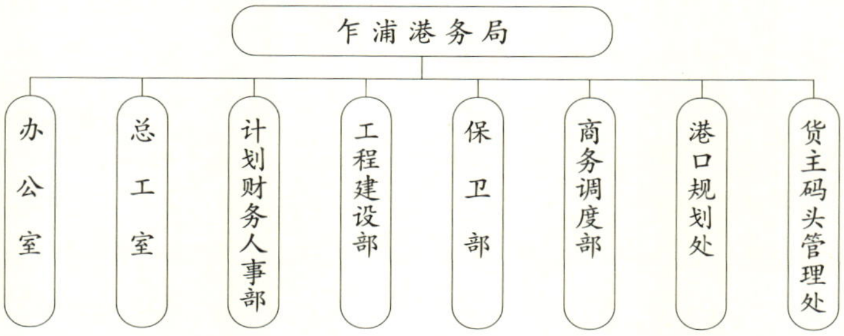

图10-2-30　1994年乍浦港务局机构图

1998年，港务局调整科室设置，改部、站为处(嘉乍港〔1997〕4号)，增设劳动工资人事处(与办公室合署办公)、港政管理处(与货主码头管理处合署办公)。8月，安全处调整为机务安全处(嘉乍港〔1998〕47号)。

2001年12月，保卫处与机务安全处合署办公，简称安全保卫处(嘉乍港〔2001〕61号)。

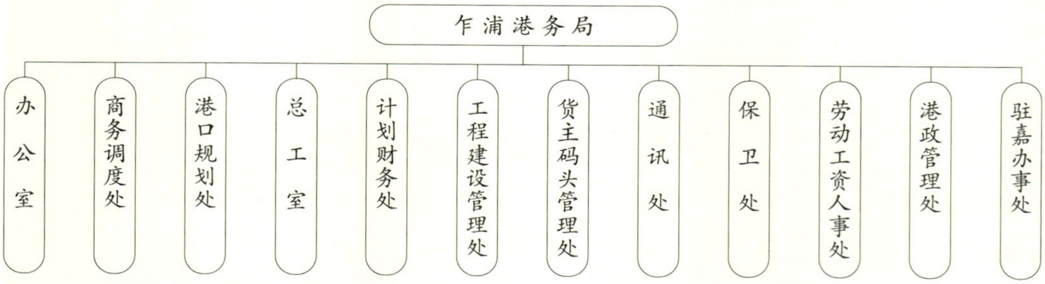

图10-2-31　1998年乍浦港务局机构图

2002年3月，港务局实行机构改革和竞聘上岗，制定了内设机构三定方案(嘉港区〔2002〕32号)。其中，港政综合管理处另挂稽征管理处、码头管理处两块牌子。9月，经交通部同意，嘉兴市乍浦港务管理局正式改名为嘉兴港务管理局(交水发〔2002〕142号、浙交函〔2002〕122号、嘉政办发〔2002〕117号)。

2003年5月，嘉兴港务管理局被调整规范为监督管理类事业单位(嘉编〔2003〕18号)。

2004年3月，嘉兴港人民政府专题会议同意嘉兴港务管理局更名为嘉兴市港务管理局(〔2004〕27号)。

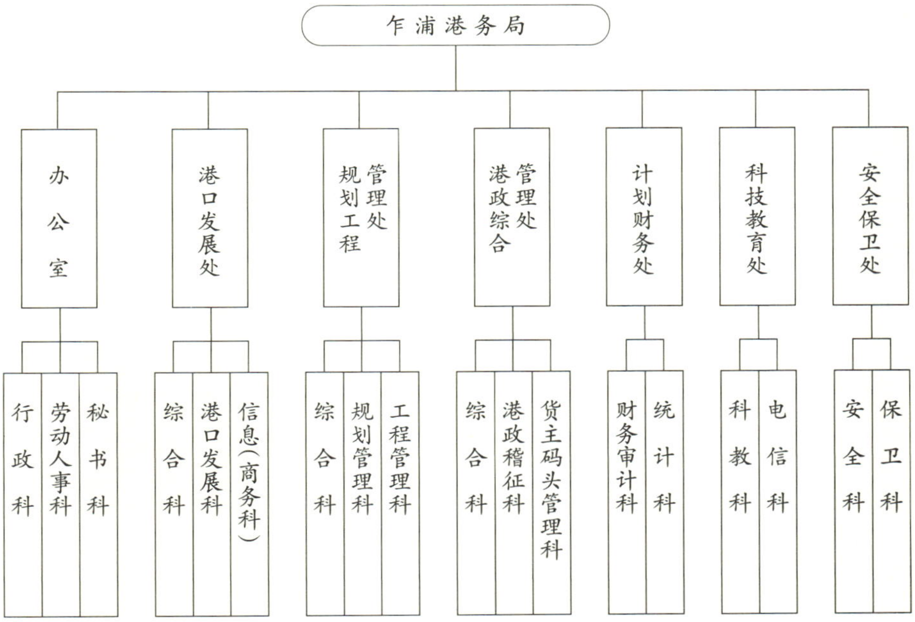

图 10-2-32 2002 年乍浦港务局机构图

2005 年 2 月，嘉兴市港务管理局调整内部机构，重新设定了三定方案(嘉港区〔2005〕22 号)。

其中，港政综合管理处另挂稽征管理处、码头管理处两块牌子。

2006 年 9 月，嘉兴市港务管理局经同意设立独山和海盐两个港务分局(嘉编〔2006〕40 号)。

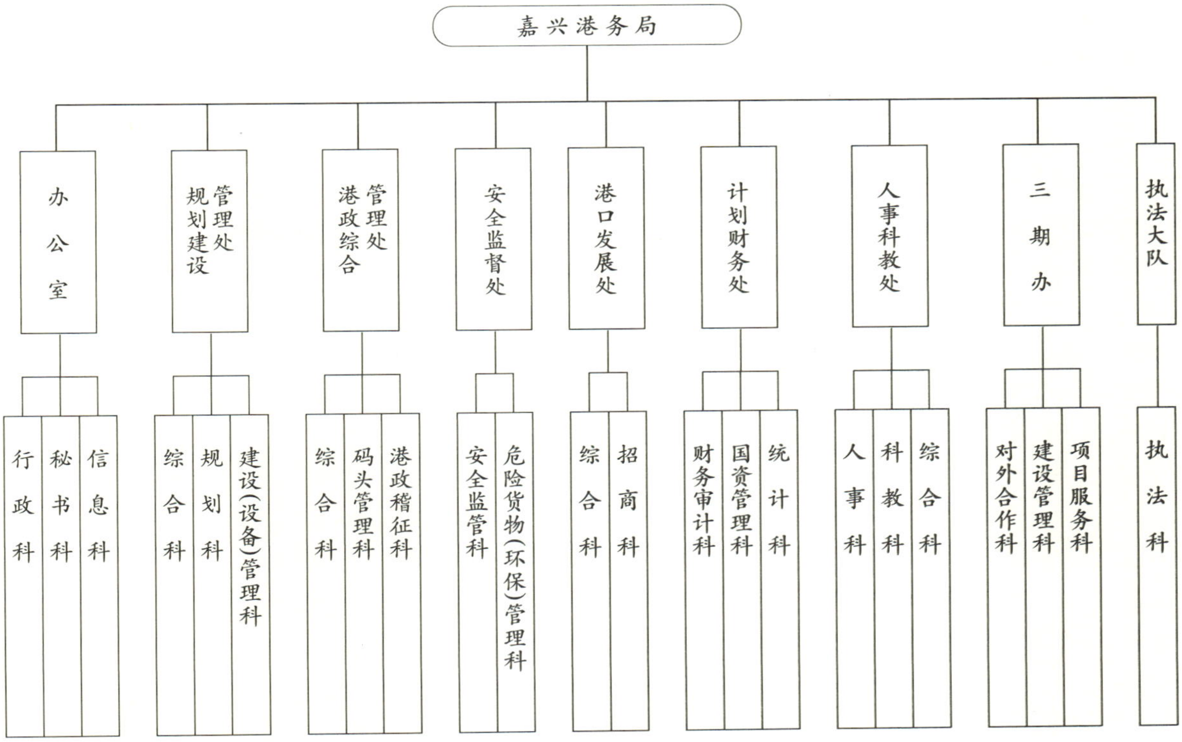

图 10-2-33 2005 年嘉兴港务局机构图

2008 年 6 月，重新设定了三定方案，调整内设科室(嘉港〔2008〕56 号)。

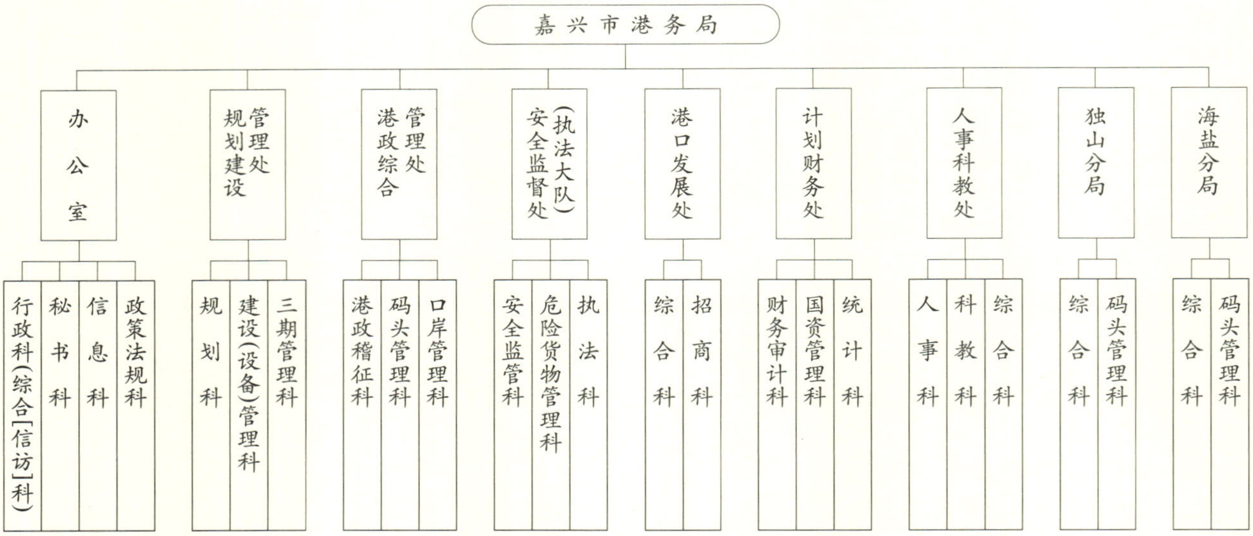

图 10-2-34　2008 年嘉兴市港务局机构图

编制

1986 年 4 月，乍浦港工程指挥部成立(嘉政〔1986〕48 号)。1986 年 9 月，乍浦港工程指挥部定编 15 名，为事业单位(嘉政办发〔1986〕108 号)。

1993 年 6 月，乍浦港务局定编 100 名(嘉编〔1991〕61 号)。11 月，建立乍浦港消防站，从港务局划转编制 5 名，乍浦港务局调整编制为 95 名(嘉编〔1992〕23 号)。

2002 年 9 月，嘉兴港区成立拆迁办和土管所及土地储备中心，从港务局划转编制 6 名，港务局编制由 95 名调整为 89 名(嘉编〔2002〕44 号)。

2002 年 9 月，嘉兴港区成立劳动监察、环境监察、土地监察和城建监察四个大队，乍浦港工程指挥部编制由 15 名减少到 0(撤编)，从港务局划转编制 1 名，港务局编制由 89 名调整为 88 名(嘉编〔2002〕50 号)。

2003 年 5 月，嘉兴港区成立财政核算支付中心，从港务局划转编制 5 名，港务局编制由 88 名调整为 83 名(嘉编〔2003〕10 号)。10 月，嘉兴出口加工区管理委员会成立，从港务局划转编制 9 名，港务局编制由 83 名调整为 74 名(嘉编〔2003〕29 号)。

2006 年 2 月，滨海新区开发建设领导小组办公室成立，从港务局划转编制 10 名，港务局人员编制由 74 名减少到 64 名(嘉编〔2006〕3 号)。

局下属事业单位

引航站

1995 年 12 月，成立嘉兴市乍浦港引航管理站，为全民所有制，正科级，定编 15 名，准公益类事业单位(嘉编〔1995〕49 号)。2006 年 12 月，嘉兴市乍浦港引航管理站更名为嘉兴港引航管理站(嘉编〔2006〕60 号)。引航站主要职责是：代表国家派出引航员，对进入乍浦港区的外国籍船舶(必要时，对港、澳、台船舶)，引领其在安全区域内进出、锚泊；接受申请，对国内船舶进出乍浦港区进行引航。

消防站

1993 年 11 月，嘉兴市乍浦港消防站建立，为全民所有制，为纯公益类事业单位，人员编制 50 名，其中事业编制 5 名，聘用制 45 名(嘉编〔1993〕55 号)。消防站主要职责：负责监督乍浦港区各单位制订消防安全办法和技术标准，并负责审查、监督实行；负责乍浦港专职消防队的组织、领导，对港区各单位的义务消防队和专职、兼职防火员的业务进行指导；组织联合演习，提高防火灭火水平；负责乍浦港区日常的防火安全检查，并对查出的重大火险隐患及时向有关单位及其上级主管部门发出《火险隐患整改通知书》，必要时，可传唤有关人员，督促整改火险隐患；对不执行《火险隐患整改通知书》的单位，消防站有权责令其停工、停产、停业，限期整改，造成后果的，要依法追究当事人和有关领导人员的责任；负责乍浦港区建筑施工过程中的消防监督，参加竣工验收；负责乍浦港区明火作业的审批或监督；对危险货物装卸、运输、储存进行消防监督、检查，对装(卸)载危险物品的船舶进行消防监督、护航；对在乍浦港区水域航行、停泊、作业的一切中外民用船舶实施消防监督；对乍浦港区单位的消防设施、设备、器材的配备、管理、维修保养情况进行监督、检查；负责乍浦港区内火灾事故的统计报告；负责对进入乍浦港区的消防器材、设备等的规格、性能进行检查；负责考查、评定、奖励在防火、灭火工作中成绩显著的港区单位和个人，处罚违反消防法规的单位和责任者；组织、指挥、协调乍浦港区陆域火灾的扑救并参与抢险救灾工作；服从上级公安部门的指挥，积极扑救外单位火灾；积极筹措消防经费，改善消防装备，严格财务纪律；完成上级交办的其他任务。

乍浦自古就有"海口重镇"之称。唐会昌四年(844 年)设乍浦镇遏使，办理海运商务。南宋淳佑六年(1246 年)设乍浦船提司，元为乍浦市泊司，明为税课司。清康熙二十三年(1684 年)海禁解除后，乍浦列为东南沿海十五个口岸之一，设有"海关"，人口达四、五万，被誉为"东南雄镇"。鸦片战争时，嘉兴港(乍浦港)遭到毁灭性破坏，几乎成了一片废墟。随着上海港的兴起，乍浦港逐渐萧条，但仍有 50~300 吨级船舶在原遗留的突堤式码头上搁滩靠泊。1917 年，孙中山撰写的《建国方略》中曾提出在乍浦一带开辟"东方大港"，由于社会、经济、历史等原因，孙中山先生的宏愿一直未能实现。1975 年上海石油化工股份有限公司陈山原油码头两个 2.5 万吨级泊位在乍浦建成，翻开了乍浦港建港史上新的一页。

中共十一届三中全会以来，港口建设进入了一个新的发展时期。嘉兴港一期工程于 1987 年 12 月 10 日开工，建设外海万吨级和千吨级件杂货泊位各 1 个、内河 100 吨级泊位 12 个，1992 年 7 月 4 日通过竣工验收交付使用。1994 年上海石油化工股份有限公司陈山原油码头扩建工程(5 万吨级原油泊位 1 个)建成。1995 年嘉兴发电厂煤炭码头(3.5 万吨级煤炭泊位和千吨级综合泊位各 1 个)建成试投产；1997 年核电秦山联营公司重件码头(3000 吨级泊位 1 个)建成投产；1999 年浙江海盐华电能源有限公司液化气码头(1500 吨级泊位 1 个)建成投产。"九五"期间，嘉兴港二期工程动工建设，嘉兴港的建设进入了一个快速发展时期。

1993 年 3 月，嘉兴港被批准开办国轮外贸运输业务，同年 12 月外贸国轮到港；1994 年 5 月被批准临时接靠外国籍船舶，同年 8 月外轮到港；1996 年 1 月经国务院同意对外国籍船舶开放。嘉兴港凭借独特的海河联运优势、优越的地理位置、发达的腹地经济、便捷的交通条件、丰富的港口资源，经过十多年的建设发展，年吞吐能力达到 2000 万吨，年货物吞吐量超过 2500 万吨，是浙北地区唯一出海口和国家一类开放口岸。随着上海洋山深水港的建设和运营，宁波—舟山港一体化加速推进，杭州湾跨海大桥贯通，浙北高等级公路水路运输网络的进一步完善，特别是省委省政府提出建设"港航强省"和嘉兴市委市政府实施"滨海开发"战略，为嘉兴港的发展提供了千载难逢的历史机遇。

中华人民共和国嘉兴海事局

中华人民共和国嘉兴海事局是经国务院批准设立的浙江海事局的六个分支局之一，于 2000 年 9 月 28 日在原浙江省乍浦港务监督的基础上挂牌成立。

历史沿革

中华人民共和国嘉兴海事局其前身是乍浦港务监督。乍浦港务监督原属嘉兴市航运管理处平湖县航运管理所乍浦航管站，于 1989 年 12 月与乍浦航管站分开后建立乍浦港务监督，是嘉兴市航运管理处下属单位(业务省管，人员市代管)，1994 年嘉兴市航运管理处及各县市区体制下放(各县市区航运管理所体制下放各县市区)，但乍浦港务监督没有下放，仍隶属省港务监督。乍浦港务监督负责嘉兴市沿海陈山码头至澉浦一带沿海的港航监督事务。

1989 年 12 月，浙江省交通厅下发《关于同意设置浙江省乍浦港务监督的批复》，批准设置"浙江省乍浦港务监督(简称乍浦港监)"，是月，浙江省编制委员会批复同意在嘉兴航运管理处增挂浙江省乍浦港务监督的牌子。

1990 年 4 月 1 日，乍浦港务监督正式对外开始工作，负责对嘉兴市沿海水域交通安全实施统一的监督管理。

1999 年 5 月，根据交通部文件《关于转发中央机构编制委员会办公室关于交通部沿海直属海事机构的分支机构设置的批复的通知》，中华人民共和国嘉兴海事局(简称嘉兴海事局)筹备组成立。

2000 年 6 月 16 日，根据《国务院办公厅关于转发交通部水上安全监督管理体制改革实施方案的通知》，交通部与浙江省人民政府就浙江省实施水上安全监督管理体制改革事宜达成协议。9 月 5 日，交通部海事局、嘉兴市人民政府、浙江省交通厅联合签署《关于浙江省乍浦港务监督划转管理协议》，确定浙江省乍浦港务监督将成建制划转中华人民共和国海事局。9 月 20 日，浙江海事局与上海海事局签订了上海石化总厂陈山原油码头交接协议书。9 月 28 日，根据交通部海事局《关于成立"中华人民共和国嘉兴港务监督"的通知》，正式挂牌成立"中华人民共和国嘉兴海事局"(中华人民共和国嘉兴港务监督)。10 月 1 日，嘉兴海事局正式对乍浦港和嘉兴市行政区沿海海域，包括原由中华人民共和国上海港务监督管理的陈山原油码头和原由浙江省平湖港监管理的公路 01(杭沪)省道闸桥北侧边线以南的乍浦港内河港池履行水上安全监督、防止船舶污染、航道航标级海船的船舶管理和船员管理职能。

2001 年 4 月 10 日，经浙江海事局批准，嘉兴海事局设置通航管理科(值班室)、船舶监督科、综合办公室、政工科 4 个内设机构；是年 7 月 27 日，设立陈山办事处(不作为独立机构管理)；是年 7 月 31 日，受浙江海事局委托，管理浙江上虞海事处；是年 9 月 13 日，增设财务会计科。

2002 年 4 月 2 日，成立嘉兴海盐海事处。

建局初期，嘉兴海事局管辖范围为嘉兴港和嘉兴市行政区域内沿海、沿钱塘江水域、嘉兴港内河港池及委托代管的绍兴市行政区域内沿海、沿钱塘江水域。

2003年11月18日，嘉兴海事局实施海事监管模式改革，对内设机构进行重大调整。调整后的内设机构为：局综合办公室(原综合办、财会科、法制室合署)、组织人事处、海事管理处(原船舶监督科、通航管理科、危管防污科静态管理业务和涉外管理业务、值班室)、执法支队(主要负责辖区现场海事监管业务，归口管理陈山办事处)。

2005年1月1日，嘉兴海事局政务受理中心运作(与海事管理处合署办公)。是年5月24日，政务受理中心“搜救值班工作”职能划归局海事管理处，政务受理中心正式独立运行。是年12月27日，局完成内设机构改革，新机构设置为局内设机构综合办公室、计划财务处(与综合办公室合署办公)、组织人事(纪检监察)处、执法督察处、海事管理处(内设船舶安全检查站)、总值班室(水上交通指挥中心)，局直属机构政务中心、执法支队和局派出机构海盐海事处(与执法支队合署办公)。

2006年7月，浙江海事局决定，浙江上虞海事处不再由嘉兴海事局管理。嘉兴海事局管辖范围调整为嘉兴港和嘉兴市行政区域内沿海、沿钱塘江水域、嘉兴港内河港池。

2007年12月1日，根据上级海事监管执法模式改革工作要求，嘉兴海事局完成有关机构调整，新机构新模式正式运行。内设职能处室办公室(督察处)、党群工作部、监管处(指挥中心)，直属机构政务中心、执法支队以及派出机构海盐海事处。

2009年6月起，嘉兴海事局印发《乍浦海事处(筹)与海盐海事处机构运作方案》，明确乍浦海事处(筹)与海盐海事处分别在各自辖区范围内依法行使海事监管职能。乍浦海事处(筹)管辖区域为乍浦港区和独山港区，范围为下列6点联线以内：(1) 30°41'32"N，121°16'00"E；(2) 30°33'30"N，121°16'00"E；(3)30°33'05"N，121°21'06"E；(4) 30°32'00"N，121°26'45"E；(5)30°26'30"N，121°08'30"E；(6) 30°34'40"N，121°02'15"E。海盐海事处(筹)管辖区域为海盐港区，范围为下列5点联线以内：(1) 30°34'40"N，121°02'15"E；(2)30°26'30"N，121°08'30"E；(3)30°24'00"N，121°00'00"E；(4)30°20'48"N，121°00'00"E；(5)30°20'48"N，120°50'13"E。

2010年3月9日，浙江海事局批复同意成立局直属机构船舶交通管理中心，与指挥中心实行一门两牌。

表10-2-86　嘉兴海事局历任行政领导任职一览表

职　务	姓　名	任职时间	备注
局　长	徐忠汉	2001.06—2006.07	
局　长	张立新	2006.07—2010.12	
副局长	叶根荣	2001.06—2009.01	
副局长	杨卫强	2002.04—2004.04	
副局长	张立新	2004.04—2006.07	
副局长	董飞锡	2007.09—2010.12	
局长助理	黄茜亮	2007.08—2008.12	
助理调研员	边生木	2001.06—2002.01	

表10-2-87　嘉兴海事局历任党委领导任职一览表

职　务	姓　名	任职时间	备注
党委书记	徐忠汉	2001.06—2004.04	
党委书记	张立新	2004.04—2010.07	
党委书记	姜　旗	2010.07—2010.12	
纪委书记	叶根荣	2003.07—2009.01	
纪委书记	董飞锡	2009.03—2010.12	
党委委员	边生木	2001.06—2002.01	
党委委员	杨卫强	2002.04—2004.04	

第六节 嘉兴市交通投资集团有限责任公司

嘉兴市交通投资集团有限责任公司（以下简称“嘉通集团”）是嘉兴市属国有独资公司，成立于2003年。集团公司主要职能是：承担市委、市政府下达的各项交通基础设施的投资建设和营运管理任务；承担授权范围内国有资产的管理任务，保证国有资产的安全运行和保值增值；承担城市公交、城乡公交、长途客运、站场建设管理等社会公益事业；积极探索多元融资途径，努力募集交通基础设施建设资金、城市公益事业投资资金；以高速公路等基础设施建设作为发展重点，积极拓展衍生行业，发展高速公路产业带经济，形成多元化业务格局；深化所属国有企业改革，转换企业经营机制，增强企业核心竞争力；承办市委、市政府及市国资委交办的其他任务。1997年10月，嘉兴市乍嘉苏高速公路建设指挥部成立，为正处级全民事业单位。2001年10月，嘉兴市乍嘉苏高速公路建设指挥部更名为嘉兴市高速公路建设指挥部。2003年4月，嘉兴市交通投资集团有限责任公司注册成立，作为嘉兴市人民政府国有资产监督管理委员会监管的市属国有独资公司，嘉通集团与嘉兴市高速公路建设指挥部合署办公。至2010年年底，集团公司内设10个职能部(室)，下属承资企业18家(其中全资13家、控股5家)，员工总数为3081人(含劳务派遣1072人，其中集团公司本部99人)。办公地址：嘉兴市南湖大道902号。

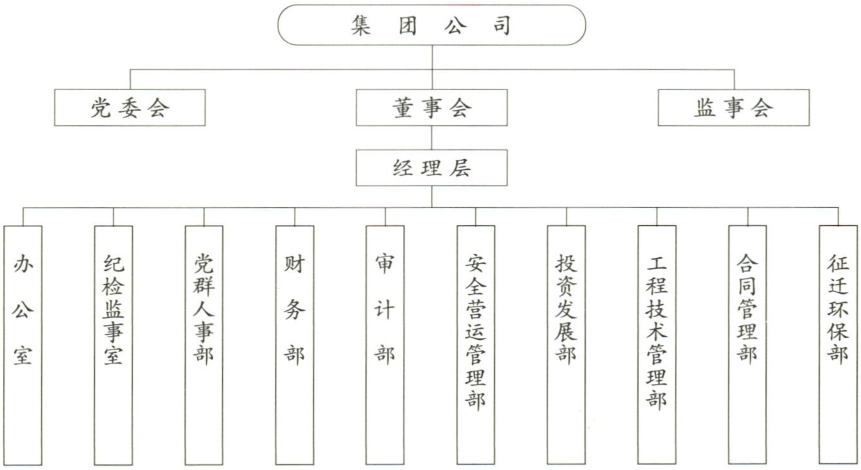

图10-2-35　2010年嘉通集团组织结构图

表10-2-88　2010年嘉通集团历任党政领导任职一览表

姓　名	职　务	任职时间
浦加渔	党委书记、董事长	2003.04—2006.09
施国良	党委书记、董事长	2006.10—2007.09
倪忠伟	党委书记、董事长	2007.10—2010.12
沈兰冠	党委副书记、总经理	2009.11—2010.12
李海明	党委副书记、纪委书记	2009.11—2010.12
吕为昱	副总经理	2007.03—2010.12
许海云	副总经理	2007.03—2010.12
杜增樑	副总经理	2007.03—2010.12
王卓琦	总工程师	2007.03—2010.12
戴　铭	副总经理	2007.10—2010.12
何宇健	副总经理	2008.12—2010.12
周大勇	副总经理	2009.12—2010.12
朱宪平	总经理助理	2008.11—2010.12

第七节 铁路管理机构

嘉兴车务段

嘉兴车务段成立于1978年10月1日，位于市城东路65号，原为杭州铁路分局(简称杭州分局)下属一个管理单位，1998年嘉兴车务管辖沪杭铁路西段，嘉兴东站至许村站间9个车站，全长65.13公里，跨越嘉兴市区和海宁市。

2005年3月18日，按照铁道部和上海铁路局体制改革的决定，撤销杭州分局，嘉兴车务段隶属由杭州分局归并到上海铁路局。5月，又撤销长兴车务段，并入嘉兴车务段。年末，嘉兴车务段管辖的沪杭线、宣(城)杭(州)线全长240.435公里线路，沿线21个车站，1个线路所，其中：沪杭线嘉兴东至许村站间9个中间站，线长64.935公里，所管辖的车站中有嘉兴、海宁2个二等站；嘉兴东、长安镇2个三等站；马王塘、王店、斜桥、周王庙、许村5个四等站(因铁路电气化改造和火车提速，铁路王店、周王庙、许村站2006年1月16日停用)。管辖设备有嘉兴东站至许村站间ZPW－2000A型双线双向四显示自动闭塞和站内为6502型大站电气集中联锁设备；宣杭线管辖175.5公里线路和沿线16个中间站(所)，其中宣杭正线135.5公里，长(兴)牛(头山)支线40公里；是年，嘉兴车务段有候车室12个，软席候车室4个，行包房6个，售票房6个；货运仓库12个；设有段长办公室、营销科、安全科、技术科、劳动人事科、财务科、综合服务部等行政部门及工会、团委等党群组织，职工总数1154人。

2010年，管辖沪杭客运专线、沪昆线、宣杭线共长369.35公里和沿线24个车站。其中，沪杭客运专线运营里程全长158.77公里，沿线设嘉兴南等7个客运站和春申、觅桥2个线路所。嘉兴南为集控站，代管沿线松江、金山北、嘉善南、桐乡、海宁西、余杭6个客运站。沪昆线嘉兴东至长安镇站6个中间站，线长64.94公里，所管辖的车站有嘉兴、海宁2个二等站；嘉兴东、长安镇2个三等站；马王塘、斜桥2个四等站。宣杭线管辖145.64公里线路和11个中间站，所管辖的车站有长兴站1个三等区段站，煤山站1个三等中间站，大云、泗安、湖州、湖州南、妙西、梅峰、德清、上柏镇、石濑9个四等站。段有职工1073人，行政机构共6个，行政办公室、业务科、安全技术科、调度统计科、劳动人事科、财务科；党群机构1个。

第十一篇　交通科技

嘉兴交通科技是以技术应用为主要特性的，在交通基础设施建设、运输服务领域和交通事业发展中起着重要的技术支持、引领作用。长期以来，嘉兴市交通科技工作坚持以交通事业的需求为导向，以提高交通经济增长的质量和效益为目标，以科技创新为抓手，依靠科技进步，转变增长方式，提高交通发展的质量和效益，不断提升交通运输的供给能力、运行效率、安全保障和服务水平，开发、应用先进适用的基础设施建设、管理、养护技术和信息化技术，增强交通系统的科技实力和向现实生产力转化的能力，提高公路、水路交通增长的质量和效益，推进交通事业又好又快发展。

第一章　交通科技创新与发展

第一节　历史沿革

民国以前，嘉兴市交通行业中能工巧匠的革新、创造等科研、科技项目，未见史载。且民国时期，政府不重视科学知识的宣传、普及，封建迷信遍及生活、生产领域。解放后，党和政府在发展教育事业，提高文化水平的同时，经常运用展览、电影、幻灯和讲座形式，开展科普宣传教育，进行科技交流活动，在交通基础设施建设、交通运输和交通工业中，稳定科技队伍，加强科技力量，使交通新技术得到广泛运用，交通科研成果有所收获。

解放前及解放初，交通系统职工技术培训主要采取“师傅带徒弟”形式，无组织专门进行技术培训。航管部门和公路监理部门建立后，首先建立起对车船驾驶人员进行考核、检验、发证制度，尔后才有培训制度。

1956年，嘉兴航管处组织船员培训，考试工作。60年代，称之为技术教学，是根据自力更生的原则，适应形势发展需要，加强技术力量的一种好方法。1958年，交通职工响应党和政府号召，积极开展技术革新活动。1959年，嘉兴航运公司制成机驾合一装置，平湖造船厂竹壳拖轮。

1960年，嘉兴交通运输公司参加内外培训108名，其中，汽车驾驶、车、电工等技术培训96名，政治培训6名，业务培训8名。1964年和1965年两年，嘉兴地区航管处在嘉兴、湖州两地各举办1期船员培训考试，各为期40天。70年代，嘉兴航道机械厂制成机电二用抓斗式挖泥船和30立方液压式挖泥船。1979年，嘉兴县航管所开始对农机船培训，至1983年年底，共19期培训，发放农用船员证书2467册。1982年1月，全国职育管理委员会、教育部等5部、委规定，凡未经专业培训的三级以以下职工均应参加技术补课，各单位因地制宜，采取多种形式进行专业培训或技术补课。

1983年，嘉兴市交通局建立，在交通科技方面，调整产品结构，积极开发新产品，1985年，嘉兴市交通机械配件厂研制2.8吨木动臂吊、QS－1型全方位移动升降被授省级科技进步四等奖。1988年，嘉兴市造船厂，开发11.公安艇，被授予省级科技进步三等奖。

1985年，嘉兴市航管处在嘉兴市无线电管理委员会指导下建立了甚高频无线电话通讯网络，共安装了22套无线电话机。1986年3月9日，嘉兴市航运管理处又向嘉兴市无线电管理委员会申请增加使用157.025MC、156.450MC两个频点。至1988年12月28日，通讯网络全线开通，主要承担港航安全监督、运输管理、航道管理和规费稽征管理中的通讯任务。

1987年5月25日，嘉兴市航管处向市无线电管理委员会申请，在原有单工通讯网络基础上增加部分新设备，具体增设：SV－2025型25部；SV－9002型手持对讲机30台；987型手持对讲机90台；GX－3000型座机8台；SR1－1645型座机4台。1989年嘉兴市航管处向市无线电管理委员会又申请增设使用双工异频率一组，作为嘉兴对嘉善、城郊、海宁、海盐、平湖、桐乡县(市)航管所及市处航道疏浚队进行港航安全监督管理专用的频率。在市无线电管理委员会及有关单位的帮助下,对嘉兴市航管处通讯网络的布局、设计、系统的容量、可扩性进行网络论证。此项申请1990年10月得到市无线电管委会同意,随即新增双工KG-106型座机5台;8500型有无线转接器5台;IC-28H车载3部;128TK有无线转接器1部;KG-110双工基地台1套;C150异频手持机70台。至1990年,嘉兴市航管处双工无线电通讯网络安装完毕投入使用。同年,嘉兴市航管处单边电台与乍浦港务沟通,进入省航运管理局单边带网络。并且计算机软件也开始运用起来,使嘉兴市航管处总台及各属台都实现了全自动、自动中转和自动有无线转接。

1990年8月,嘉兴市交通局成立教育办公室,同年9月,建立嘉兴市交通局职工学校,专门负责职工技术业务培训,先后举办全市性钢筋混凝土、汽车修理钣金工、油漆工、企业起重工、汽车修理工、高级工、经济合同法和市属企业档案管理培训各1期,参训人员459名1986年至1990年年底,嘉兴市交通局共举办各类业务、技术培训50余期,参训人员2800余人次。

至1990年年底,嘉兴市交通系统共开发新产品8项,有4项列入省级新产品开发计划,鉴定新产品2项(其中省级1项:HF15R农用运输车传动轴;市级1项:NJ1061汽车传动轴)投产8项(16米交通船、5.2米玻璃钢小艇、FDS防火门电磁释放器、HF15E农用运输车传动轴、节能型无极调速系列电吹风。)完成产值461.2万元,占全市本级交通系统工进总值的80.08%,实现利税72.47万元。开发四新产品49项,投产项,为产品的更新换代和调整产品结构起到积极作用。1990年由嘉兴市航运总公司船厂作为参加单位的挠性顶推船队可变性挂连技术及船型研究项日,列人1990年交通部、浙江省交通厅重大科研项目,船组由嘉航船厂试制完成,并顺利通过空重载试验,经过专家评议,认为挠推船组与刚性顶推相比,在改善回转性能,提高过弯能力方面的效果明显,该船组挠性联安装置的功能和机械强度经试验考核,基本符合设计要求,该船组即将投入试运行。由嘉兴市运输装卸公司与有关单位承担的国际集装箱多式联运试验性项目,也于1990年列入部、省科研项目,经过一年试验,建立了管理系统、设备系统和信息系统,有力地推进了嘉兴国际集装箱运输的发展,并取得了较好的经济效益。

"十五"期间,随着嘉兴港航事业突飞猛进的发展,嘉兴市航管处把大力推进港航信息化建设作为加快港航现代化建设和实现行业创新的战略举措来抓,积极推进港航数字化建设进程。2002年,嘉兴市航管处将原有的150MHz通信网改造为干扰小、通讯效果好的450MHz 专业通讯网,使手持对讲机的信号覆盖范围半径达15公里,车载台达60公里;2003年,完成了局—处—站三级港航专网的建设,网络涵盖了全市五县(市)二区6个港航管理处及31个管理站点;2004年,国内首个内河水上交通指挥中心投入使用;2005年,与中科院上海微系统所合作,完成了数字航道无线传感应用研究。

"十一五"期间,嘉兴交通科技事业发展迅猛。2007年嘉兴市交通系统共向省厅申报科技计划项目8个,有2个项目被省厅批准立项,市交通工程质量监督站的"公路泡沫沥青冷再生设计与施工技术指南"和市港航管理局的"预应力板桩技术在内河航道和码头工程的应用研究"两项目的研究大纲评审和签约工作,及时发现、精心扶持带有创新性的科技项目,嘉兴市港航管理局的"基于主动式RFID的港航管理信息平台研究与应用"项目,通过协调努力,该项目被市科技局今年立项,争取到了科技补助资金。2007年还积极做好交通科技推广的组织实施工作,2007年港航局《罚没款票据管理系统》被列为2007年交通科技推广项目,同时对2006年5个未能按时结题项目,进行了全面调查,要求各责任单位列出2007年结题的时间,确保2007年全部结题。

2007年,举办各类中高级工培训班9期,技师培训班4期,参加培训人数428人(其中技师184人),并根据省厅要求,对2007年交通行业特有职业(工种)职业技能鉴定及技师的报名考评工作进行了摸底,切实做好交通行政人员执法培训和法制教育培训,全市交通系统共有121人报名参加省厅新录用人员的执法证培训,291名行政执法人员进行了综合法律知识更新培训并做好"浙江省行政执法证"的换证工作。

2008年,嘉兴市交通系统向省厅申报科技计划项目6个,其中有2个项目被省厅批准立项,加上第二批被省厅列入的2008年度科技计划项目,共有4项,分别为市港航管理局的"船舶RFID技术在长三角水路交通信息互通中的应用研究""航道扫测技术"、市公路管理处的"非开挖注浆加固技术在公路基层中的研究与应用"和嘉兴市嘉通集团的"水泥稳定碎石振动成型法设计与施工技术研究"。对省厅已立项的4个科技计划项目开展指导、督促。同年,市嘉通集团的"水泥稳定碎石振动成型法设计与施工技术研究"通过项目成果鉴定,市港航管理局的"航道扫测技术"、"船舶RFID技术在长三角水路交通信息互通中的应用研究"和海盐县交通建设管理处的"复合材料在桥梁结构防腐防护工程中的应用研究"3个项目进行成果鉴定和验收。做好市科技局立项的,市港航管理局的"基于主动式 RFID 的港航管理信息平台研究与应用”项目的扶持工作。对以前未验收项目加紧督促检查，完成市嘉通集团“Superpave 等新技术在高速公路路面结构中的适用性研究”项目课题的成果鉴定，做好“预应力板桩技术在内河航道和码头工程的应用研究”和“复合材料在桥梁结构防腐防护工程中的应用研究”两项目的有关内容的变更协议，并按新内容要求责任单位认真进行研发，做好总结、完成验收报告，按时进行项目验收。

向省厅上报交通科技成果推广应用项目计划项目 5 项，其中有 4 项被省厅列为 2008 年全省交通科技成果推广应用项目，分别为《水泥稳定碎石振动成型法设计与施工技术应用推广》《沥青路面养护剂施工技术应用推广》《桥面同步碎石防水层的应用》《SMA 和 Superpave 技术在沥青面层中的应用》。2008 年，市交通质监站的“公路泡沫沥青冷再生设计与施工技术规程”申报了省科学技术三等奖和市级科学技术二等奖。

完成 2008 年度水运货船改造补助资金的发放工作，做好 2008 年全市驾培学校驾驶培训模拟器购置补助资金审核、共申请补助模拟器 35 台，补助金额 21.603 万元。

2008 年，举办各类培训班 9 期，培训学员 428 人(其中技师 183 人、高级工 166 人、中级工 58 人)。做好全市的道路运输危险货物运输从业人员的培训与考试工作，2008 年举办培训班 8 期，共培训危险品运输驾驶员 173 人，发证 164 本，培训危险品押运员和装卸员 595 人，发证 539 本。

图 11-1-1　科技兴航

2009 年，嘉兴市交通系统向省厅申报科技计划项目 4 个，其中 3 个被省厅立项，加上第二批被省厅列入的 2009 年度科技计划项目，共有 4 项，分别为市港航局的“内河船舶射频识别系统(SRIS)标准研究”、市交通工程质量安全监督站的“乳化沥青冷再生技术的应用研究”、嘉兴市交通学校的“交通院校企业办学模式及发展研究”和市港航管理局的“面向港航管理艇的船载网络接入智能设备研制”。《航道扫测平台》项目被立项，获得了市发改委信息产业局的专项资金补助。向省厅上报交通科技成果推广应用项目计划项目 3 项，其中“船舶 RFID 技术在长三角水路交通信息互通中的应用研究”和“航道扫测技术研究”两项被省厅列为 2009 年全省交通科技成果推广应用项目。市港航局“航道扫测技术”、质监站的“公路泡沫沥青冷再生设计与施工技术规程”、嘉通集团的“Superpave 技术在沥青面层中的应用”申报市级科学技术进步奖，其中“航道扫测技术”获市科技进步三等奖。

2005 年至 2009 年，全市交通系统共向省、市申报科技计划项目 30 个乡被批准立项的科技项目 16 个，至 2009 年底，通过科技成果鉴定或验收的科技项目有 12 个。其中，“钢缆索斜拉法加回拱桥的分析及研究”、“航道扫测技术”两个项目先后获得市科学技术进步三等奖；“SUPU－pave 技术在浙北地区高速公路中的应用”、“水泥稳定碎石振动成型法设计与施工技术研究”两个项目先后获得“中国公路学会科学技术奖”科学技术二等奖；“RFID 在港航管理中的运用”获得中国航海技术奖二等奖；作为省内第一家由地市级单位编写的交通行业地方性标准——《公路泡沫沥青冷再生路面设计与施工技术规程》经浙江省质量技术监督局批准，自 2008 年 12 月 17 日起实施。

2010 年，嘉兴市交通系统向省交通厅申报科技计划项目 7 个，其中两个被省厅立项，加上第二批被省厅列入的 2010 年度科技计划项目，共有 3 项，分别为市港航局的“数字化航道建设与港航智能化管理融合研究”“内河海事艇综合应急能力技术研究”和市嘉通集团的“钢混组合梁技术在嘉绍高速公路中的应用与研究”。2010 年向省科技厅申报公益技术研究社会发展项目 2 个，分别为市质监站的“工程废弃土方资源化利用技术综合应用研究”和市港航局的“航道无线(水位)传感器网络关键技术研究”。完成“混凝土板桩技术在内河航道和码头工程的应用研究”项目省厅专家组成果鉴定，协助市信息产业局对“航道扫测与工程应用信息化平台”项目的验收。做好省厅已立项项目的指导、督促，完成 2010 年度 3 个项目“内河船舶射频识别系统(SRIS)标准研究”“乳化沥青冷再生技术的应用研究”和“交通院校企业办学模式及发展研究”的大纲评审和省厅的合同签约工作，并根据实际对质监站“乳化沥青冷再生技术的应用研究”项目进行了内容变更。

2010 年，向省厅上报交通科技成果推广应用项目计划项目 2 项，其中“混凝土板桩技术在内河航道和码头工程的应用研究”被省厅列为 2010 年全省交通科技成果推广应用项目。“水泥稳定碎石基层振动成型法”项目被评为中国公路学会科技进步三等奖。

第二节 1980年到1991年嘉兴交通系统新技术运用和开发

新技术运用

早在20世纪80年代，嘉兴市交通系统围绕着抓企业上等级和加强企业技术管理基础两个环节，分别开展了标准化整顿验收、计量定级、全面质量管理、现代化管理等项工作。80年代初到1990年，全市交通系统已通过标准化整顿验收有6家(平湖交船厂、海宁钱江航运公司、海宁油漆厂、平湖航运公司和嘉兴不锈钢制品总厂)建立和健全了标准化管理网络，强化了技术管理标准。如嘉兴市造船厂采用新技术、新工艺，提高生产效率和产品质量。原来制造小艇，主要用4毫米以下薄钢板，在切割、焊接过程中往往产生较大的变形，平整度差，影响船体外观。1991年采用了先进的工艺和设备，产品质量明显提高。在薄钢板的切割加工中，采用等离子切割工艺，使加工的产品变形小、切割速度快、无氧化。在焊接加工中增添了二氧化碳气体保护焊设备，采用二氧化碳保护焊工艺，使电焊焊接速度快，成形好，无咬边，飞溅小。嘉兴市运输装卸公司和嘉兴市航运总公司投入应用微机和传真机，在运用电子计算传递信息方面，开辟了新途径。全市航运企业普遍采用无线电通信技术调度运输作业和沟通信息。使现代化设施得以在交通运输中发挥作用。

1985年至1990年获省优秀成果

圆洞拱片桥。由嘉兴市桥梁工程队设计施工，于1970年，在桁架拱桥的基础上改进的一种有利于预制、运输、安装、施工更方便的建桥型式，设计荷载汽6级(老标准)、最大汽15(新标准)。具有桁架拱桥优点，增大刚度，减少墩、台的交形，提高桥梁承载能力，适合机械化作业，最大跨径35米。20年来，广为运用。圆洞拱片桥上部构造均实行标准生产(预制)，标准化施工(安装)，既经济又迅速。

水路客运QC小组活动。1983年，浙航嘉兴分公司嘉善客运站，为实现质量第、信至上的要求，开始果用新的管理方法，先在403轮和504轮两轮组织QC小组活动点，403轮首先总结以往教训，选题“避碰航员分岗、定位，加强了望，选道行船，主动避碰，礼让三分”，实施B、D、C、A循环活动，以后推动其他客轮开展此项工作，实行一年多时间，安全航行100余航次，运送70余万人(次)旅客做到优质服务、安全文明生产。1983年获得省交通系统发表奖。1984年被交通部授予403轮为优秀QC小组，授予嘉善客运站为“文明客运站”。1986年获省交通厅成果发表奖。403轮小组被评为1985年度交通部优秀QC小组，这是全省交通系统在全国唯一获成果。

嘉兴市交通机械配件厂(市汽车传动轴厂)李定锦等研制的2.8吨木动臂吊(滑轨爬移式按面起重机)、QS－1型全方动式升降合分别被浙江省交通厅授予1985年科学技术进步奖四等奖。

浙航嘉兴分公司王德法等研制的货驳舵柄柱缓冲分合装置，被浙江省交通厅授予1987年科学技术进步奖三等奖。

乳化沥青。阳离子乳化沥青是一种新型的路面粘结材料，它以热熔状沥青，经过高速离心，在剪切搅拌等机械破碎作用下，出现微小液滴，并均匀、稳定分散在含乳化剂的水溶液中，成为水包油型的乳化状态，即乳化沥青。它在常温下，具较好的流动性，施工时不需加热，可直接喷洒或拌和冷法施工，又节约施工能源的50%，节约沥青20%，并能改善施工条件，消除环境污染，可做到文明生产，延长施工季节，在技术上、经济上都有较好的效果。1986年，嘉兴市公路段开始进行乳化沥青生产，主要用于雨季修补油路坑槽，为解决低温问题而引进此项新技术，生产乳化沥青107吨。1990年，嘉兴市公路管理处生产阳离子乳化沥青40吨，主要用于铺筑1公里乳化沥青稀浆封层试验路和冬季油路修补坑槽。

新产品开发

11.5米公安艇。嘉兴市造船厂于1988年开发的新产品11.5米公安艇，同年通过浙江省省级新产品鉴定，并被授予1988年省级科技进步三等奖，进而由国家计委列人1989年国家级重大新产品试产计划。该产品派生出11.5米公安艇低驾驶型、高驾驶型消防艇等类型。主要技术性能指标：最大长度12.10米，型宽2.42米，型深1.00米，吃水0.60米，排水量5.70米，主机功率59千瓦(80马力)，航速大于26公里/小时，噪音小于80分贝(驾驶位)，船员2名，乘员8名。当作为消防艇时，主机功率74千瓦(100马力)，消防水泵扬程110米，流量1800升/分。

9米交通艇。嘉兴市造船厂1989年开发的新产品9米交通艇，最大时速20公里，噪音7.9分贝，获嘉兴市1989优秀产品金鹊奖，被浙江省计划经济委员会评为1990年度省级新优秀产品，获得浙江省1990年优秀产品“骏马奖”。

11.5米艉机型快艇。嘉兴市造船二厂开发的11.5米艉机艇，于1986年年初，与中国船舶海洋设计研究院上海708研究所挂钩，将科研用于生产，改造原10.5米艏机型钢质快艇(因结构不合理而引起客舱噪音大、震动大、航速慢等缺陷），将原首艏机型结构改成艉机型结构，舵机按德国肖德尔公司技术图样设计制造，装配国内较为先进的主副机。1987年10月，11.5米快艇在海黄浦江试航测定，航速达24.85公里/小时，在当时全市同类艇产品中处于领先地位。1988年8月26日，该艇被国家专利局批准为国家专利产品，专利期为8年。后此类艇经过不断革新改进，技术性能又有提高。艇长增加了20厘米，时速达27公里，功率为61.8千瓦，具国内同类产品一流水平。

铜质手摇渡船。1986年8月，平湖交通船厂始制钢制手摇渡船，所设计图纸经嘉兴市船舶检验所审批合格后，于12月施工，1986年年初制成30客位手摇渡船，继又制成14客位手摇渡船，1988年，累计生产两种渡船63艘。此两种手摇钢质渡船具有防翻、防沉、防撞的特点。船头、船尾、中部及两侧座凳下共有5个密封舱，空舱面积大于开口面积，在客舱满载并全部进水状况下不下沉。30客位渡船总长7米，水线长6.35米，型宽2.3米，型深0.6米，吃水0.35米，排水量4.32吨。14客位渡船总长5.7米，水线长5米，型宽1.74米，型深0.55米，吃水0.3米，排水量2..23吨。

除上述新产品开发外，其他新产品开发见下表。

表11-1-1 1986—1991年交通新产品开发情况表

年份	嘉兴市级新产品					浙江省级新产品				
	项目名称	承担单位	鉴定日期	当年产量	当年产值	项目名称	承担单位	鉴定日期	当年产量	当年产值
1986年	15米交通艇	嘉兴市造船厂	—	1	7.66万元	—	—	—	—	—
	15吨起重船	*	—	1	29万元	—	—	—	—	—
	4.5米玻璃钢艇	嘉兴市二航船厂	—	11	33万元	—	—	—	—	—
1987年	跃进131汽车传动轴	市汽车转动轴厂	—	—	—	—	—	—	—	—
	HYD1电池式救生衣灯	海盐造船厂	1988年6月28日	—	—	—	—	—	—	—
	植绒地毯机	海宁汽车制动器厂	—	—	—	—	—	—	—	—
	11米交通艇	市造船厂	—	2	17.4万元	—	—	—	—	—
	16米沿海交通艇	*	—	1	9万元	—	—	—	—	—
	20米环保监涎艇	—	—	1	19万元	—	—	—	—	—
1988年	R-2型系列铝瓶	市不锈镏制品总厂	1988年12月18日	100万元	76万元	11.5米公安艇	嘉兴市造船厂	1988年6月12日	15万元	87.32万元
	—	—	—	—	—	科教小电影机	平湖交通电讯元件厂	—	—	—
	—	—	—	—	—	HYD2海水电池救生衣灯	海盐造船厂	1988年8月28日	800万元	2.72万元

（续表 11-1-1）

年份	嘉兴市级新产品					浙江省级新产品				
	项目名称	承担单位	鉴定日期	当年产量	当年产值	项目名称	承担单位	鉴定日期	当年产量	当年产值
1989 年	—	—	—	—	—	9 米交通艇	嘉兴市造船厂	1989 年 12 月 8 日	—	—
1990 年	FU1061（13D）汽车传动轴	嘉兴市传动轴厂	1990 年 12 月 25 日	—	—	HF15E 农用运输车传动轴	嘉兴市传动轴厂	1990 年 12 月 1 日	—	—
1991 年	—	—	—	—	—	挠性顶推船队可变形挂连装置及船型研究项目	嘉兴市航运总公司	列入 1990 年交通部省交通厅科研项目	—	—

第三节　1992 年到 2010 年嘉兴交通系统新技术运用和开发

20 世纪 90 年代以后，嘉兴市交通系统在新技术运用和开发进入了一个崭新的阶段，尤其是“十一五”以后嘉兴市交通系统在应用生态交通技术，提高交通科技水平方面有了突飞猛进的发展，主要体现在四个方面：

1.加强新技术研究。首次应用工业废料制成的预制混凝土劈离砌块护面技术在嘉于硖线南郊河段，22.59 公里的护岸工程节省了近 4 万多立方米优质块石，并负责起草制定了相关技术质量标准，由省交通运输厅和省质量技术监督局公布实施；混凝土板桩技术在内河航道及码头工程中的应用研究取得重大成果，将应用于航道的升级改造，通过浚深航道底宽而大量节约土地资源。

2.引进推广新技术。率先引进、推广沥青再生工艺，实现了沥青废弃料的循环利用。从 2007 年至 2009 年年底，采用沥青混凝土就地热再生技术实施路线长度近 100 公里，实施面积近 60 余万平方米。与传统养护工艺相比，节约成本 1088 万元，减少道路施工废料近 3 万吨、节省沥青 1200 吨、节省柴油 300 余吨、节电 9.5 万千瓦时。

3. 加强新技术应用。一是升级出租汽车 GPS 调度系统，实现智能化调度，提高了出租汽车营运效率。二是完成“油改气”技改试点工作，改装出租车 186 辆、教练车 22 辆、社会车辆 14 辆。逐步推广应用新能源汽车，城市公交新购置 18 辆以天然气为燃料的豪华大型客车，每年可减少排放污染物 240 吨，有效降低车辆尾气排放污染。三是推进港航数字化建设。在全国内河率先建成数字化水上交通指挥中心，实现了水上交通应急处置快速、高效，每年减少因船舶堵航而造成的直接经济损失达千万元；在省内建成第一艘航道数字测量艇，该船每年就节约航道测量柴油消耗约 30 吨；在世博安保工作中，把 RFID 技术与船舶动态监管系统相结合，实现了船舶动态自动比对、识别。据测算，仅这一项可节约柴油近 3000 余吨，节约人力 66%。

4.推广节能新产品。一是推进汽车烤漆房技改工作。全市已完成烤漆房技术改造 169 台，投入资金 207 万，减少柴油消耗 845 吨/年，降低 CO_2 排放 2687.1 吨。二是推进汽车洗车用水循环利用设备。目前全市已新安装汽车洗车用水循环设备 89 台，估算每天节约用水 102 吨，全年节约用水约 37230 吨。三是全面推进驾培模拟器应用。截至 2010 年年底，嘉兴市各驾校共配置互动式驾驶培训模拟器 231 台，全年新训驾驶员约 10 万人次。按每个学员减少 3 个学时实车训练时间，每个学时耗油 3.5 升计算，全年可减少汽油消耗 105 万升汽油，减少碳排放 480 多吨，节约驾校教学成本达 633.9 万元。

新技术运用

嘉兴市水上交通指挥中心

2004 年 6 月，嘉兴市港航局在全国内河航运领域率先建成智能水上交通指挥中心，又于 2007 年 12 月完成了升级改造。该中心在硬件上新建成了由 18 块等离子拼接墙大屏以及 34 台 19 英寸监视器组成的大屏幕显示集成系统，利用计算机技术、网络技术、视频监控与处理技术、无线移动视频技术、移动短信服务平台、地理信息系统(GIS)、全球定位系统(GPS)、移动无线业务(GPRS)，构成了集数据采集、信息发布、辅助决策和指挥协调于一体的水上交通指挥管理体系。"12395"水上交通搜救电话、应急电话指挥调度系统、甚高频无线电话、3G远程办公系统和视频会议系统的使用，让指挥中心功能进一步扩展。

在嘉兴水上交通指挥中心，全市6000多个桥梁、码头等港航地理信息，在GIS电子地图上一览无遗；通过GPS、RFID等动态管理设备上传的船舶动态信息也在GIS上实时显示。两侧的32个监控屏滚动展示着航道、码头装卸以及船舶通行状况。另外，通过无线传感网，使航道扫测船扫描采集的航道水上地貌、水下河床情况在指挥中心一目了然。

图 10-1-2　嘉兴市水上交通指挥中心

系统自2004年建成投入使用以来，应用水上交通指挥系统处理水上交通事件612起，发布水上通航信息2567条，航道堵塞时间由以前的1000小时/年下降到2010年的34小时/年。

"水路交通指挥系统开发与应用"项目于2006年获得嘉兴市"科学技术进步奖"优秀奖。同年，嘉兴市水上交通指挥中心系统被省职工经济技术创新活动领导小组授予创新优秀成果荣誉称号。

"水声呐"测量设备和航道扫测艇

2007年，嘉兴市港航管理局从芬兰引进了"水声呐"测量设备，使浙江省内河航道全面实现数字化建设迈出了实质性的一步，有力地推动了全省数字化航道的发展进程。提高港航水下工程施工挖掘的准确性，有效保证内河港航设施竣工验收的效率和准确性，推动中国航运事业的发展。

利用先进的"水声纳"航道数字化扫测技术，嘉兴市港航局于2008年成功研制浙江省首艘运用于内河航道信息探测的扫测艇，可以为航道建设、养护和水路交通安全管理等领域提供可靠、优质的勘测服务，实现运动过程中对河道水下地形采集和水下障碍物扫测，同时二次开发一套全景图采集处理系统，并结合GIS二维地图支持WEB上的360度全景展示，具有强大功能。一是可实现航(河)道全景图采集处理和进行河道沿岸拍照和录像，并能对桥梁进行无人值守式测量，能自动测量高度和大致跨度。二是通过建立三维河床基础图形库，可以直接快速找出通航能力不足的水域，避免了因船体搁浅造成的航(河)道堵塞，提高内河航道通行能力，减少货物的运送时间，增加货物运载量。三是极大地提高测量的速度，准确地计算出港航工程建设规划所需的挖掘方法和填埋方量，直接降低航道测量、设计及施工成本10%以上，大大提升浙江省内河航道基础设施建设步伐。按照《浙江省内河航道扫测船管理暂行办法》的要求，浙江省港航管理局每两年安排扫测船对全省骨干航道进行一次扫测。

该项目于2009年获得嘉兴市"科学技术进步奖"三等奖，在2010年获得"中国航海科技奖"三等奖。

RFID技术的研发和推广应用

结合港航管理工作的实际，市港航局联合上海海事大学，在浙江省港航管理局的支持下，于2007年开始研发RFID技术，2010年3月，首张浙北内河航道RFID通行卡(船舶标签卡)在嘉善魏塘港航管理检查站发放，安装在浙嘉善货1322船舱内，标志着RFID内河船舶监控系统正式应用于浙北航区船舶动态监管。

通过RFID卡可读取通行船舶及所载货物的信息、航行路线、证照信息、违章信息等，再通过《浙江港航船舶综合监管系统》，对船舶的签证、缴费、违法、证书有效性等多种情况进行自动甄别，从而实现了船舶的免停靠检查，使合法船舶通行无阻，既提高了执法人员工作效率，也有效避免河道拥堵现象。特别是在2010年上海世博安保工作中得到推广，向所有在册的嘉兴籍运输船舶、在嘉兴水域航行的外省籍运输船舶、重点船舶(危险品船、工程船、客船)以及海事巡逻艇等发放千余张RFID通行卡，确保了世博安保水上大门安全通畅，同时也为社会节能减排工作作出了突出贡献。截至2010年年底，向浙北航区船舶发放RFID通行卡6300余张，在全市主要航道安装读卡设备29个。

RFID技术改变了传统的内河航道管理手段，优化了管理模式，提高了管理水平和管理效率，同时也加强了港航管理部门与社会和管理对象的互动，强化了对信息资源的整合和综合利用，为执法部门加大管理力度和提高决策水平提供了重要的科学保障。一方面实现了实时监控船舶，减少现场监管船舶的出巡次数和时间，减少了合法货船签证的停靠次数，大大节约其燃油费和维修费用，达到了节能减排的目的。据测算，嘉兴航区运输船舶每年节省柴油约16000吨，相当于节省标准煤约2.4万吨，可减少CO_2的排放量近5万吨，同时，港航管理部门的燃料消耗与往年相比约下降 50%。另一方面，RFID 技术与浙江港航船舶综合监管系统相结合，为航道建设、站点布局优化、职能优化等提供数据保障和支持，进一步实现部分港航业务的自动处理，节约人力，提高了办事效率和管理水平。同时，通过该项目在航道管理中的应用和普及，减少了货船签证次数，降低了航道拥堵率，大大提高航运的安全性。

该技术在 2008 年分别获得“中国港口科技进步奖三等奖”和“中国航海科技奖三等奖”。以 RFID 技术为基础支撑的《内河安全监管关键技术研究》项目于 2010 年获得“中国航海科技奖三等奖”。

钢缆索斜拉桥加固拱桥的分析及试验研究

本研究在综述总结了国内外桥梁加固技术与理论的研究现状的基础上，提出了一种钢缆索斜拉法即拱索体系加固现有钢筋混凝土刚架拱桥的方法，并以一座典型桥梁为例，对其加固设计方案、设计分析理论、施工工艺流程等进行了分析研究，同时进行了荷载试验研究。通过分析研究可以得到如下结论：(1)首次研究提出了一种钢缆索斜拉法加固现有钢筋混凝土刚架拱桥的方法，其加固后的桥梁跨中弯矩和挠度大为减少，承载能力得到了明显提高，并且能有效恢复跨中的桥面标高，表明钢缆索斜拉法加固刚架拱桥是一种提高和改善刚架拱桥受力的较为新颖、有效的方法，具有一定的理论意义和工程推广价值。(2)针对钢缆索斜拉法加固刚架拱桥的特点，提出了弹性支承连续梁理论计算其荷载横向分布的方法，从而将复杂的空间计算问题转化为简单的平面计算问题，进而可以用平面杆系有限元理论分析求解拱片各杆件截面的内力和挠度，将所得的结果与用空间有限元理论建立的空间模型进行对比分析，证明了所提简化方法的精度和适用性，并为荷载试验结果所证实，是一种简单、实用、偏于安全的设计计算法。(3)提出了该类桥梁加固方法的一整套施工工艺和流程，并成功进行了实施，尤其是在通航河道上提出采用 1500kN 驳船搭设支架顶升拱片，缓慢恢复标高，既节省工程造价，又不需封闭较多的航道时间，具有一定的经济效益和社会效益。

X108 湖盐公路（湖州—海盐）百步桥建于 20 世纪 80 年代初，为跨径 30 米的钢筋混凝土刚架轻型拱桥。二十几年来，随着交通量的增加，该桥逐步显露出整体刚度弱、微弯板局部强度低、超载潜力小、动力效应影响大等弱点，并出现了较多病害，严重地影响了车辆的正常通过和安全而被列为危桥。2003 年，浙江省公路管理局决定对湖盐线百步桥等四座危桥进行改造加固。经嘉兴市公路管理处与浙江大学交通工程研究所等单位对该工程项目进行大量深入的研究和经济技术比较，确定采用钢缆索斜拉法加固拱桥新技术的方案。2004 年，浙江省交通厅下达了对该桥实施改造的科研项目计划。嘉兴市公路管理处工程师范永根(项目负责人)与浙江大学交通工程研究所等单位组织实施了该科研项目的研究与施工。2005 年 8 月，湖盐线百步桥危桥改造工程竣工，并完成了桥梁核载试验研究及鉴定验收等工作。

作为干线公路湖盐线百步桥危桥改造工程科研课题项目，在总结了国内外桥梁加固技术与理论研究现状的基础上，首次提出了应用钢缆索斜拉法加固现有钢筋混凝土刚架拱桥的新方法，提出了弹性支承连续梁理论计算荷载横向分布的理论，是一种简单、实用、安全的设计计算方法，并提供了该类桥梁加固的一整套施工工艺和流程，成功进行了实施。经专家组鉴定认为：本课题采用钢缆索斜拉法加固拱桥这一研究成果，是一种提高和改善刚架拱桥受力的较为新颖、有效的方法，总体上达到国内领先水平，其中拱顶断开顶升技术达到国际先进水平，具有很高的经济价值和工程应用推广价值。

运用加固新技术后的危桥改造工程可节约成本近三分之一，降低工程造价 522 元/平方米，下降率为 27%。即改造一座三级公路上的跨径为 30 米的桥梁，按此方法可以节约经费 13.3 万元。据统计，杭嘉湖地区类似的危桥有上千座，在目前公路养护经费还不十分充裕的条件下，如果依照本课题的设计加固方法，不但可以处理原桥病害，恢复拱顶标高，显著提高桥梁的承载能力，还可以节约大量的公路养护经费。

水泥稳定碎石振动成型法设计与施工技术研究

采用振动成型法对水稳碎石的最大干密度、级配组成、抗压强度、干温缩性能、疲劳强度等方面进行了试验，并与重型击实法进行了相关比对试验，编制了水泥稳定碎石振动成型法设计与施工技术指导意见，进行了实体工程的实施和验证。

2006 年发布实施的《公路沥青路面设计规范》在附录中对振动成型法进行了介绍，建议水泥稳定碎石采用振动成型法进行设计和施工。国内已开始尝试采用振动成型法修筑水泥稳定碎石基层，并已被规范制定者和公路建设施工认识和接受，此方法已在国内推广应用。

嘉兴港海盐港区围涂工程专题研究

成果内容简介：通过对河床演变分析、数学模型计算、整体物理模型及局部床浑水模型试验研究，在一系列实测资料分析的基础上，运用物理模型(整体、局部)结合大范围数学模型来论证围涂工程的可行性及对邻近工程、尤其是对北岸深槽的影响等问题，从而得到的综合研究成果。成果表明：本围涂工程附近提前滩地较宽，提前滩地和边坡较为稳定。工程实施后，总体上近堤是淤积，淤积主要发生在边滩和深槽边坡上，对已有的港口等工程及后续深水岸线开发影响不大，故在滩涂地上围涂是可行的。

成果前景介绍：项目必将对嘉兴港的持续稳定发展、对嘉兴滨海开发区临港工业的建设发展、对招商引资平台的打造、投资环境的改善、土地资源的合理利用、工程投资的节约及防洪，发挥综合效益。

沥青冷再生技术

沥青路面再生利用是将需要翻修或废弃的旧沥青路面，经过铣刨回收、破碎、筛分，再添加适当新集料、新沥青，重新拌和，形成符合路用性能要求的再生沥青混合料，再用于铺筑路面或基层的整套工艺技术，是一项节能、环保、高效的新技术。

图 11-1-3 沥青冷再生技术

沥青冷再生技术有以下主要优点：

(1)通过再生，使现有路面上部结构层的材料得到最大限度的利用。另外，通过加入沥青类粘结剂，产生一个柔性基层。与刚性高得多的水泥稳定基层相比，可以减少因温度变化产生的的收缩裂缝和车辆超载产生的疲劳裂缝，即抗裂性和抗疲劳性能好于半刚性基层，所以具有更长的使用寿命。

(2)具有环保节能性。由于新材料的用量很少，减少了矿山的开采量，运输量也大为降低。因运输车辆对整个路网的损坏减少，总的能源消耗也将大为降低，是一种环保型的工艺。同时，由于原有的路面材料被全部利用，减少了因废料的堆弃造成的环境污染。

(3)由于再生施工多为单车道施工，车辆不需要绕行，不必中断交通，对交通的影响降到最低程度。

(4)现代化的新型冷再生机具有很高的生产效率，因此与传统工艺相比，可以大大缩短工期。工期的缩短，无形中将产生极大的社会效益。

(5)减少了传统加铺方法因路面高程的提高而产生的排水、路缘石和防撞护栏等方面的问题，减少了道路平交口的改造工程量，以及因平交口坡度的加大而产生的交通安全的隐患。

(6)以上几点可以看出，沥青冷再生技术的采用能够大大降低工程投资，与传统加铺方法相比，具有很好的经济性。英国公路局的统计资料表明，用沥青冷再生技术维修道路，可降低工程造价 20%~30%左右。

2007 年，嘉兴市在 S101 省道海宁段沥青路面大修工程中采用“就地泡沫沥青冷再生技术”试验路段取得阶段性成果的基础上，分别在 S101 省道平湖段、海盐段以及 G320 国道桐乡段、湖盐线乌镇支线采用泡沫沥青冷再生技术，实施路面整治 55 公里。同时，受浙江省公路管理局委托，在嘉兴市交通局、嘉兴市公路管理处的牵头下，海宁市公路部门通过对河南高速实业就地热再生技术综合考察，投资 2000 余万元，购置了浙江省第一台被称为“时代列车”的“就地热再生技术”设备，并在S101 省道海宁段沥青路面的大面积维修中应用。

11 月—12 月，对 S101 省道海宁段北半幅(东西大道) 3.7 公里 (桩号 K48+800－K52+500) 试验段实施就地热再生，再生路面宽度为行车道 7.5 米，沥青路面处理厚度 0.4 米 ,实施面积 27750 平方米。并在成功实施的基础上，根据实施路段的综合效益和省公路管理局、嘉兴市交通局意见，再次扩大范围，对海宁东西大道 8.8 公里 (桩号 K48+800－ K40+000)再次组织实施就地热再生，实施面积 66000 平方米。沥青路面就地热再生技术节能、环保、高效，可使原材料 100%再生利用，降低成本 60%，既不污染环境，无须封闭交通，缩短施工周期一半，为嘉兴市高等级公路开展预防性养护走出了一条新路。

在 S101 省道、平黎公路上应用非开挖 SD 地聚合物注浆加固新工艺和沥青路面防水剂(ASP) 新材料；在 320 国道、湖盐线乌镇支线路面整治工程沥青面层中采用特立尼达天然湖(T1A)沥青作为改性沥青，显著提高了沥青混合材料的动稳定度和抗车辙能力。

水泥稳定碎石振动成型法设计与施工技术研究

主要完成单位：申嘉湖(杭)高速公路(嘉兴段)项目指挥部。

主要技术创新点：

1. 采用振动成型法对水稳碎石的最大干密度、级配组成、抗压强度、干温缩性能、疲劳强度等方面进行了试验，并与重型击实法进行了相关比对试验，编制了水泥稳定碎石振动成型法设计与施工技术指导意见，进行了实体工程的实施和验证。

2.提出了用振动成型法提高水泥稳定碎石抗压强度、抗裂性能及疲劳强度的混合料 配合比设计方法。

3.提出了水泥稳定碎石振动成型法的成套施工技术。

大直径(钉型)双向水泥土深层搅拌桩加固软土地基试验研究

主要完成单位:浙江申嘉湖杭高速公路有限公司。

主要技术创新点:

1.采用理论分析、室内外试验、数值模拟相结合,实体工程检验的技术路线,将大直径(钉形)双向水泥土深层搅拌桩技术用体育高速公路身后软土地基加固处理,并对其加固 机理、有效桩长、垫层效应、质量控制等问题进行了系统研究,提出了大直径(钉形)双向水 泥土搅拌桩复合低级设计方法、施工指南和质量控制方法。

2. 首次将深度达 25 米的大直径(钉形)双向水泥土深层搅拌桩成功应用于深厚软土 地基的加固,建立了相应的施工工艺和施工质量控制与检测方法。

3.提出了基于变形控制的大直径(钉形)双向水泥搅拌桩复合地基的设计方法。

4.提出了采用电阻率测试技术对大直径(钉形)双向水泥土搅拌桩的桩身强度及搅拌均匀性进行综合评价。

该项目为"十一五"2009 年浙江交通科技成果,达到国际先进水平。

高速公路薄层磨耗层设计与应用研究

主要完成单位:浙江申嘉湖杭高速公路有限公司

主要技术创新点:

1. 项目对 2cm 厚度的 AR－SMA－5 和 SBS－SUP－5 作为路面薄层磨耗层进行了研究,并与常规路面上面层的 SBS－AC－13 进行了技术经济对比和分析,提出了薄层磨耗层 热拌沥青混合料的施工工艺及质量控制标准。

2. 提出了维他橡胶粉沥青 SMA－5、SBS 改性沥青 SUP－5 沥青混合料体积指标。

3.应用落锤弯沉仪(FWD)对薄层磨耗层路面进行弯沉测定,反算模量来考察路面材料的特性。

该项目为"十一五"2010 年浙江交通科技成果,达到国际先进水平。

新产品开发

网络与计算服务平台工程

配合数据集中化管理和统一信息平台建设,对网络基础设施扩容与改造;升级现有数据中心,构建异地数据备份和容灾系统;统一布局研究构建虚拟计算服务基础平台。

网络安全审计与防护系统工程

全市港航网络与信息系统的安全审计和风险评估;建立安全防护和反击、应用级安全、安全审计等多层次互联互动、互动互防的信息安全保障体系。

水上交通指挥系统

在现有水上交通指挥系统基础上扩建、升级,综合利用 GPS、RFID、GIS、AIS 等技术,建立支持跨部门、跨区域、可视化、智能化的船舶综合监管系统;加强公众服务信息发布,建设内河干线航道智能导航系统;扩建沿海港口视频监控和船舶动态监控系统,基于应急联动机制和预案建立水上交通综合管理与应急指挥系统。

物联网与智能港航信息基础设施建设工程

利用 RFID 射频识别技术、GPS 技术以及传感器技术,建立港口码头、航道等各类基础信息智能采集、传输与识别系统,包括码头、航道的货物,船舶流量、密度、水位、航标、断面、水文气象、船舶流向等,为船舶动态监管和公众服务提供有效信息。"十二五"将致力于建立 RFID 射频识别技术在内河水运行业中应用的标准研究。要在全省推广内河船舶免停靠报港信息服务系统,实现船舶免停靠报港业务,降低船舶运输成本,提高港航管理效率。

港航管理地理信息系统

基于统一的 GIS 基础平台,以"三大数据库"为基础数据,建设港航管理地理信息系统公共平台(港航 GIS 平台),形成"数字港航"的空间参考体系,可供各类用户添加与空间地理信息有关的专题信息,形成专题应用数据库,并为基于 GIS 的应用开发提供公共基础信息及共享功能。

图 11-1-4　京杭运河灌桩技术

护岸结构形式

正在研究的护岸结构形式有预制混凝土沉箱护岸、圆筒型护岸、荣勋块体护面护岸及预应力混凝土板桩护岸等。其中预制混凝土沉箱护岸、圆筒型护岸研究已经在嘉于硖线于硖段经过了试验段的建设,用工厂化生产的预制混凝土沉箱、圆筒或空心组合块体替代常规的浆砌块石墙体结构，少用或不用块石等不可再生资源，而且该技术护岸工程的主要结构完全工厂化生产，现场机械化施工，还配套生态和环保等措施，使航道工程建设进一步朝高效率、高质量、低消耗、长寿命、节能和环保方向发展。荣勋块体护面护岸及预应力混凝土板桩护岸将在湖嘉申线嘉兴段一期工程中进行试验。特别是预应力混凝土板桩护岸对原有四级航道护岸进行基础加固并配以预制混凝土劈离砌块复合护面和生态绿化箱等，在不增加或少增加航道面宽的情况下通过浚深航道和护岸预应力砼板桩加固等技术来实现航道等级提升。该护岸若试验成功，将对减少土地征用、减少航道护岸后期维护费用、减少航道护岸施工对周边环境影响多有着非常积极的意义。

第四节 杭州湾跨海大桥技术创新

总体成果

杭州湾跨海大桥工程共开展148项专题研究，取得丰硕成果。先后获得技术革新成果250多项，发明专利10项，实用专利15项，国家级工法1项，省部级工法8项，发表论文139篇，出版专著5部，多项研究成果已纳入国家和行业标准或规范。2007年7月，大桥工程在第24届国际桥梁大会上进行了学术交流，受到了国外同行和专家的高度评价。

核心技术

1.大吨位70米预应力混凝土箱梁整体预制和强潮海域海上运输架设技术。

2.大吨位50M预应力混凝土箱梁整体预制和梁上运输架设技术。

3.海洋环境下长寿命混凝土结构耐久性研究。

4.大直径超长钢管桩设计、制造、防腐和施工成套技术研究。

5.灾害天气对行车安全的影响及对策研究。

6.河工模型与桥墩局部冲刷研究。

7.跨海长桥全天候运行测量控制关键技术。

8.南岸滩涂区浅层气勘探及工程对策研究。

9.钢匝道桥铺装技术。

专利

已获得批准的发明专利10项，实用新型专利15项。

表11-1-2 发明专利一览表

序号	授权项目名称	知识产权类别	国别	授权号
1	50m/1430t双幅整体箱梁架设工艺	发明专利	中国	ZL200810044258.6
2	移动式整体施工平台及施工方法和专用吊具	发明专利	中国	ZL200710050028.6
3	预应力混凝土梁采用低强初张措施控制梁体裂缝施工工艺	发明专利	中国	ZL200510019993.8
4	轮胎式门吊搬运大型箱梁的施工方法	发明专利	中国	ZL200810147680.4
5	一种混凝土抗裂性能试验方法及其外方内圆试验装置	发明专利	中国	ZL200610051879.8
6	一种混凝土浆体流变性能通用试验方法及其试验装置	发明专利	中国	ZL200610051880.0
7	螺旋焊管焊制方法	发明专利	中国	ZL200310114798.4
8	多功能步入式人工环境复合模拟耐久性试验装置	发明专利	中国	ZL200710069226.7
9	可用于公路或桥梁的护栏的防落物拉索及锚固系统	发明专利	中国	ZL200810034191.8
10	熔结环氧粉末外防腐涂层钢管及涂敷工艺	发明专利	中国	ZL200610049566.9

表 11-1-3 实用新型专利一览表

序号	授权项目名称	知识产权类别	国别	授权号
1	一种大吨位箱梁架设临时支座	实用新型专利	中国	ZL200720080440.8
2	一种移动式整体施工平台	实用新型专利	中国	ZL200720081029.2
3	一种轮胎式大吨位搬运机	实用新型专利	中国	ZL200820061622.5
4	轮轨式提梁机	实用新型专利	中国	ZL200820061849.x
5	一种张拉架	实用新型专利	中国	ZL200820062467.9
6	预制梁养护装置	实用新型专利	中国	ZL200820062554.4
7	步履式架桥机	实用新型专利	中国	ZL200820064533.6
8	一种轨道轮箱	实用新型专利	中国	ZL200420010365.4
9	混凝土试块劈开夹具	实用新型专利	中国	ZL200620104446.X
10	混凝土氯离子扩散系数快速测定仪	实用新型专利	中国	ZL200620104490.0
11	一种多功能步入式人工环境复合模拟耐久性试验装置	实用新型专利	中国	ZL200720111807.8
12	变壁厚螺旋焊管	实用新型专利	中国	ZL200320123168.9
13	挡风风障	实用新型专利	中国	ZL200620172407.3
14	带风障的防撞护栏	实用新型专利	中国	ZL200620172408.8
15	一种带加强筋的障条	实用新型专利	中国	ZL200720083272.8

工法

目前已获得批准的国家级工法 1 项，省部级工法 8 项。

表 11-1-4 已批准的国家和省部级工法项目情况表

序号	名称	工法类型	工法编号
1	50m/1430t 箱梁预制、运输和架设系列工法	国家级建设工法	YJGF071-2006
2	70m 公路后张法预应力混凝土预制箱梁梁场内纵横移工法	铁道工程建设工法	TGJGF-05-06-12
3	中心起吊专用运架吊船架设 70 米预应力混凝土箱梁工法	铁道工程建设工法	TGJGF-05-06-10
4	箱梁 C50 海工耐久混凝土制备施工工法	省级工法	川建建发〔2007〕233 号
5	50m/1430t 预应力混凝土箱梁整孔预制施工工法	省级工法	川建建发〔2007〕233 号
6	50m/1430t 预应力混凝土箱梁场内运输、提升上桥施工工法	省级工法	川建建发〔2007〕233 号
7	50m/1430t 预应力混凝土箱梁梁上运梁、架设施工工法	省级工法	川建建发〔2007〕233 号
8	50m/1430t 预应力混凝土箱梁先简支后连续体系转换施工工法	省级工法	川建建发〔2007〕233 号
9	钻孔灌注桩桩底压浆施工工法	省级工法	川建建发〔2007〕233 号

规范

已有9部国家和行业的标准和规范采纳了本桥的研究成果。

表11-1-5 研究成果纳入国家和行业标准、规范一览表

序号	名称	类型	编号
1	《混凝土结构耐久性设计与施工指南》	中国土木工程学会标准	CCES01-2004
2	《公路工程混凝土结构防腐蚀技术规范》	交通部行业标准	JTG/TB07-01-2006
3	混凝土结构耐久性设计规范	中华人民共和国国家标准	GB/T50476-2008
4	《架桥机安全规范》	中华人民共和国国家标准	
5	《架桥机通用技术条件》	中华人民共和国国家标准	
6	《客运专线无砟轨道铁路工程施工技术指南》	铁道部行业标准	
7	《高速铁路混凝土及砌体工程施工质量验收标准》	铁道部行业标准	
8	《高速铁路混凝土及砌体工程施工技术指南》	铁道部行业标准	
9	《客运专线铁路桥涵工程施工技术指南》	铁道部行业标准	TZ213-2005

第二章 交通信息化

交通信息化就是运用信息技术对交通基础社会、载运装备和管理手段等进行改造，全面提升交通运输系统供给能力、运行效率、安全性能和服务水平，推动公路、水路交通实现产业升级和结构优化的进程。信息化发展水平已成为衡量交通现代化的重要标志之一。是实现"两个率先"的必备条件，是推进体制改革、管理创新的重要手段，是提高效率、加强监管的有效途径，是服务社会、改造传统运输业的技术支撑，大力推进信息化建设是实现交通新的跨越式发展的战略举措。

第一节 历史沿革

嘉兴市交通系统的信息化业务应用系统建设，一是以交通建设和运输市场为重点，着重开发面向行业的行政审批及行业监督、管理的业务应用系统，提高行业的监管能力和决策水平。二是建立和完善政务应用系统，形成交通基础政务信息资源库，提高交通行业政府主管部门的行政办公效率。三是以服务公众为宗旨的网站系统建设。通过业务应用系统建设，实现交通产业升级，使社会公众享有更多的信息资源，提高管理的效率和能力，加快推进嘉兴市交通现代化。

嘉兴市交通系统信息化工作在嘉兴市港航管理处首先开展。嘉兴市港航管理处的信息化工作早在"十五"初期就已全面铺开。2001 年实施应用稽征管理系统：该处于 1999 年 10 月份与嘉软公司共同开发了"稽征业务票据管理"系统。并于 2000 年 2 月至 6 月份在嘉善所、城郊所进行系统的试运行，于 2000 年 7 月份开始在全处 6 个航管所同时试运行，从 2001 年 1 月 1 日起，在全处 6 个航管所，31 个港航管理检查站全面启用"稽征业务票据管理"系统。并于 2001 年 10 月 15 日在全处各站点全面实行电脑开票。此系统的开发，当时在全市，全省，乃至全国属首位。2002 年又建成全市港航宽带网络，实现全市联网收费；2003 年建立港航信息网站，实现"刷卡缴费"；2004 年建成水上交通指挥中心，省厅 OA 自动化办公系统在嘉兴市交通系统得到很好的推广应用，大大提高了工作效率。2005 年推行船户"电子缴费"，实现船员无纸化考试，研发行政许可信息处理系统、罚没款信息管理系统。到 2006 年，全市港航实现了交通网、政府网、英特网、移动专网、联通专网、工行业务网、农行等多个业务网的接入，相继自主开发了十余项信息化项目，其中稽征管理系统、"水运通"短信平台、航道流量观测系统等多项已在全省推广应用。

2006 年后，嘉兴市交通系统网络硬件设施基本形成省、市、县交通主管部门的三级联网，实现全市交通系统公文、数据的网络传输。全市交通系统组建由"一把手"挂帅的部门信息化领导小组，并明确具体行政责任部门和分管信息化工作具体责任人，建立自上而下的完整的信息化管理体系，层层落实责任。制定了《嘉兴市交通系统信息化"十一五"规划》，提出了"统筹规划、分头建设，资源共享，务求实效"这一基本原则，推进嘉兴交通信息化建设朝着"办公自动化、服务智能化、监管立体化、决策科学化"目标发展。制定了《嘉兴交通信息网建设管理办法（修订稿)》《嘉兴交通信息网站安全管理制度》《网络中心信息存档和备份的工作制度》管理制度和工作制度。

嘉兴市交通局购置内外网站服务器和内网中心交换机，网络处理能力和系统处理能力大幅提升。市港航局结合嘉兴港航信息网的实际，改造升级全市港航系统网络设备，完成 31 个站点、6 个港航处及市港航局中心设备的升级改造工作，实施网络监控，网络安全性和可靠性得到很大提高。建设完成地市级标准中心机房，网络容量与网络监管得到全面提高，网络安全性增强，成为全省数据中心建设的一个示范。市运管处投入 25 万元用于信息化的配备基础建设，使办公效率和管理水平有效提高。是年 5 月份，市交通局实施对"嘉兴交通信息网"外网改版和内网新建。外网根据不同社会群体分设公众服务、从业指南、交通政务三个频道。市港航局完成了"航道流量观测信息处理系统"和"数据整合平台技术"的开发与研究，并通过省交通厅的科技成果验收。推进了水路交通行政许可信息处理系统、行政处罚系统、GPS 动态监控与智能导航系统和船舶报港电子通航系统四项业务系统的建设与应用实施。市公管处研究开发了建设完成"公路赔(补)偿及巡查管理系统""公路行政许可网上处理系统""公路路政管理系统""数据存储(备份)子系统"和"公路治超视频监控系统”五大业务系统。市运管处与嘉兴市职业技术学院合作共同开发完成车辆维修检测管理系统。开发了摩托车、拖拉机养路费征收系统。

2007年，交通外网主要增加了养路费网上缴纳和机动车维修论坛等功能，突出政府部门门户网站在政务公开和便民服务方面的支撑作用。内网网站增加的“短信平台”能及时完成公文催办督办，极大提高了公文的流转速度，提高办事效率；开发了档案管理接口，使档案管理的信息化程度得到提高；“决策参考”“大事记”“交通年鉴”等栏目，为领导科学决策提供了重要依据。

嘉兴市运管处“96520”热线电话设置了一整套更为完善的规范服务制度和更有效率的办事程序。2008年，市交通局以大楼改造为契机，完成了大楼的弱电改造项目和视频会议系统改造项目，改造后使网络节点数目有所增加，节点分布更加科学合理，为省厅电子政务网络接入项目的实施提供了有效保障。视频会议系统的功能也更加完善，智能化程度也得到一定提高。市公路管理处投资176.3万元完成了“嘉兴公路计算机网络系统改建项目”，为7个公路段统一配备机柜和服务器等设备，规范公路段局域网建设。新建了处机关二楼机房，重建供电设施，配备防雷设备，购置三台服务器、存储设备、机房监控设备，完善网络系统建设，为建设地市级公路数据中心做好了硬件准备。市港航局投资200多万建成了应急指挥系统，该系统的建成为内河航道突发安全事故的预防和应急处理取到积极作用。市运管处投资100多万建设现代化的标准机房，配备了电气系统、机房空气调节系统、机房综合布线系统、机房环境监测系统、机房七氟丙烷无管网消防灭火系统、ups系统、防雷击电磁脉冲等系统。市港航局完成了浙江省首艘内河扫测艇的系统建设工作，船舶电子标签技术应用研究取得成果。该系统在杭平申线平湖至海盐段进行一个月的应用测试，从平湖大桥站、海盐白苎站、海盐沈荡站三站分别选取了30艘样本船舶安装电子标签，成功采集船舶动态信息2万余条，信息读取的准确率接近100%，为实施动态管理提供了一种有效的科技手段。该项目的研究分别获得了“2008年度中国港口科技进步奖”和“2008年度中国航海学会科学技术奖”二项行业高级别科技奖。市运管处积极将县所的数据库统一集中在市处。

到2010年，嘉兴市交通系统电脑普及率已由“十一五”初期的80%提高到100%，信息网络已具规模，为打造我市“数字交通”提供了坚实的基础。市交通局机关对OA服务器、办公电脑、办公配套设施进行了升级改造，对服务器机房进行了防静电改造和强电线路改造，新购置了10KVUPS，加强了数据机房的安全系数。

2010年，浙江省嘉兴市港航管理局进行了嘉于硖线航道信息化建设，通过视频监控，射频系统，机房支撑升级等一系列建设，达到航道监管到位，船舶管理水平提升的目的，同时还进行了风光互补等清洁能源应用于行业管理及外场设施的尝试。继续推广船舶电子标签(射频)技术的应用和推广，进行了杭嘉湖航区的射频识别卡和读头的相关部署，共发放射频卡近万张，为世博安保的监管工作打下了扎实的硬件基础。同时也进行了内河船舶射频识别系统标准等相关研究。

第二节 管理和信息系统

交通部门政务信息化

图11-2-1 办公电脑化

建立完善“两网一库”为基本架构的电子政务系统，建立和完善市交通各系统内部办公业务网；市交通部门和各级政府的办公业务资源网；各级交通网站或网页；实施移动办公系统；交通系统共建共享的电子信息库的建设和完善。根据国家的有关标准要求，依托电子认证、电子印章、数字签名等先进技术手段，实现会议通知、正式公文、领导讲洁、工作简报等无纸化传输；应用视频会议系统，为各级交通主管部门提供图像信息服务，逐步实现办公业务的数字化和网络化，为交通各级部门的协商工作提供畅通快捷的信息化渠道。

高速(收费)公路管理信息系统

采用先进监控技术，提高交通安全管理、突发事件处理和路政管理水平；采用先进监测技术和流量分布优化技术，提高交通设施使用效益，减少交通拥堵，改善有关区域的环境保护；通过电子收费技术，缩短收费时间和解决现金收费弊端，逐步实现高速(收费)公路智能化管理。

1.高速公路管理系统：完成对内部业务数据及外部采集信息的抽取、融合、组织及发布，从而实现网络化管理。

2.工程建设管理系统：实现项目招投标、合同计划、进度、质量、投资控制、计量、变更、档案等电子化、网络化管理，使项目管理部门能及时、快速、准确地获取各类信息，加强对项目的监控和管理力度，实现降低工程造价，缩短工程，提高工程质量的目的。

3.高速公路机电工程：建立联网收费、通讯、交通监控与管理系统。

公路运输管理信息系统

重点发展人流、物流、信息流、资金流和覆盖全市的道路运输信息网络，全面提升嘉兴市道路运输业信息化整体水平和应用能力。逐步建立起包括智能管理、智能交易、智能安全的智能道路运输体系，使道路运输的决策、调控、服务、应急等方面的信息化能力与本市国民经济发展相适应。

1.公路运输共用信息平台：对现有系统进行整合，促进各系统信息交互。对于“浙江道路运输信息平台”，“浙江省公路规费征收系统”和“嘉兴道路运管稽征网”网站系统进行整合升级，建立“嘉兴市运输管理稽征处网上规费征收系统”；整合现有的“营业性驾驶员管理考试系统”和“浙江省道路运输信息平台系统”。利用现有嘉兴市范围内所有营业性驾驶员的相关信息，为“浙江省道路运输信息平台”、“浙江省道路运输违章处理系统”的稽查处理提供相关的依据。在业务系统应用完善的基础上，建成客运、货运、维检等共用信息子平台，完成对内部业务数据及外部采集信息的抽取、融合、组织及发布。以信息传输网络为基础进行数据传输，实现公路运输管理与服务信息的共享。

2.公路运输公众服务系统：开通“一号通”，扩展“96520”特服号码功能，通过中继线、3G系统、视频采集系统、高频对讲、短信平台更好地履行好管理职能，在出租车集中候客区域安装监控装置，市运管处建立监控中心与“96520”投诉平台互接，实现整个道路运输行业的市场监管与投诉受理，为公众提供更好的服务。完善公路运输公众服务网站，建立客运飞货运、维检等综合信息公众服务系统，开通网上审批、网上年审和信用查询等功能，在此基础上实现与省客运、货运信息公众服务系统的互联互通，并预留与相关部门(公安、城建、医疗、气象等)及其他运输方式(铁路等)的接口。

3.无线移动电子稽查系统：在稽查车辆上安装固定车载监控系统，稽查人员装备移动摄录像机，综合全面采集稽查现场的图像、语音数据，将稽查现场详细全面的情况进行记录，并将所采集信息存入车载电脑或移动存储器。达到全程取证监督的目的，从而增强运政执法的透明度和公正性。利用移动短信平台每月上旬和中旬对欠费车辆进行两次短信催缴，流动稽查人员也可通过移动边信平台及时掌握路上车辆的缴费信息，解决盲目拦车窘境，提高稽查人员的工作效率，方便车主。

4.决策支持系统(DSS)：在完善了系统功能实现了应用，并且完成了系统整合和信息交互后，面对大量的基础数据资源，需要将这些信息资源进行深加工，使其转化为有用的信息，转变为知识，为运政管理工作提供服务，为运输管理决策者做出决策提供帮助，逐步实现决策支持、知识管理。OA系统和“浙江省道路运输信息平台”系统相结合的知识管理系统，以办公自动化系统作为主体，将“浙江省道路运输信息平台”系统中相关的业务数据和OA做出相应的整合，这些数据信息就涵盖了整个业务管理和公文管理的基本内容，将OA升级到以“知识管理”为核心的第三代办公自动化系统。电子政务系统决策支持体系，通过建立正确的决策体系和决策支持模型，为我市运政管理决策提供科学的依据，提高运政管理决策的科学性、时效性和适应性。

5.车辆维修检测系统：包括维修企业管理系统、检测企业管理系统、车辆管理系统等。

6.客运站联网售票与清算系统：建成嘉兴市客运站联网售票与清算系统，建成客运票务数据库，实现市内所有一、二级客运站的联网售票。

7.客车卫星定位系统：建设3000辆客车规模的GPS行车记录管理系统。

8.公交车卫星定位系统：建设500辆公交车规模的GPS公众服务系统。

公路管理信息系统

实现公路管理地理信息的数字化管理，公路建设和管理过程中产生的各种静态信息和动态信息的管理，为公路发展规划、路网布局为公路建设与管理提供决策支持，实现对各种公路建设与管理信息的传输和融合，为总控信息平台提供技术支撑。

1.开发和完善公路信息网络系统平台。建立并完善全市公路信息网络(内网)系统，更新原有计算机设备，加强信息化硬件建设；同时完成全市公路管理系统办公自动化建设。

2.建立公众信息服务系统。开通“嘉兴公路”网站，建立并完善公路信息(InIternet)网站，提供公路相关信息咨询、政务公开(宣传)和网上办事(电子政务)、等服务：同时建立嘉兴公路(Internet)邮局，实现与省内交通系统之外的电子信息交流。实现交通动态信息、车载信息及行政管理信息的实时发布。

3.建立智能化公路数据库应用管理信息系统。结合地理信息系统，采用先进数据采集、处理技术，建立全市公路(国省县乡道路)及其设施相关信息数据库，包括基本路况、路面、桥梁、标志标线、施工设备等数据库应用子系统和养护行业管理、行政许可(审批、执法)等业务子系统，为公路建设、行业管理和社会提供全面的数据资料。

4.建成公路运行咨询管理共用信息平台。利用现代计算机和通信技术，建立公路(主要道路)运行咨询系统，完成对内部业务数据及外部采集信息的抽取、融合、组织及发布。提供实时公路路况以及附属设施、交通流量、施工等信息，为道路抢修、应急战备等工作服务，同时为嘉兴公路服务社会经济提供方便。

工程项目管理系统

实现项目计划、进度、质量、建设、监理与验收、招标、合同、经费预决算、经费审计、资料、档案等的电子化、网络化管理，从而使项目管理部门能及时、快速地获取各类项目信息，加强对项目的监控、管理力度，实现降成工程造价、缩短工期、提高工程质量的目的。

航运和港口管理信息系统

电子缴费信息系统

2003 年建成并投入使用的嘉兴港航电子化联网缴费信息系统，实现了征费票据网络化管理、规费资金自动化汇集管理、船户缴费电子化缴纳和网络出票等管理、服务功能。系统基于港航专网和 B/S 构架，将港航局、处、站三级缴费业务联成一个高效、安全、便捷的服务平台。

船舶电子通航管理平台

针对嘉兴航区内船舶动态监管、区域性报港的管理需求，开发建设了船舶电子通航管理平台，包括了船舶报港管理、船舶 IC 卡电子签证管理、海事业务报表管理、码头作业信息管理、危险货物及船舶网上申报服务、超限船舶船队申报处理等功能，为基层站点业务管理提供了各种网上申报功能，为服务船民打开了一扇新的窗口。

平台与IC卡、RFID电子标签等动态监控手段相结合，解决了航区内船舶动态监管的难题。

船舶业务

针对本港运输船舶业务管理，已实现了船舶登记、船舶检验、水运管理等多个业务系统的信息化应用。

1.船舶登记管理系统：网络版船舶登记管理系统吸取了以前船舶登记管理软件的优点，可满足船舶登记业务日常管理和资源共享。系统主要功能有：核船名、初始登记业务、特殊登记业务及附加登记业务，对船舶各项登记业务及各种证书进行计算机管理。

2.船舶检验管理信息系统：建立地市数据库，实现船舶检验流程、发证、收费、查询统计、机构人员、权限管理、数据处理、档案管理、行政许可、业务指南、在线升级等业务的网络信息化。

3.水路运输管理信息系统：利用信息化手段协助管理部门实现对水运企业及船物的管理，以提高工作效率、减少差错率，在市港航局建立水路运输管理信息数据库，利用现有网络资源实现全省水运信息的全面共享和统一的自动化管理。

4.内河船员管理系统：将船员管理纳入信息化管理的范围中，系统分为核心业务和辅助业务两大部分，核心业务部分主要完成服务簿办证、适任证办证、适任考试、船员培训等。辅助业务主要完成船员跟踪、船员违章、档案管理等。规范了船员管理这一海事重要业务，大大提高了工作效率。

航道网络数字监控系统研究

嘉兴市港航管理局早在 2003 年就积极探索研究航道网络数字化监控技术应用，通过港航内网实现了视频的采集、压缩、实时传送与还原，并实现网络远程控制。为建设水上交通指挥中心提供技术保障。该项目 2004 年通过省交通厅验收。

无线传感网在数字航道中的应用研究

嘉兴市港航管理局在市科技局的支持下，与中科院微系统所合作研究将先进的无线传感网络技术应用于航道监控、河道信息采集和应急指挥上。

该项研究完成了京杭运河嘉兴段、杭申线北郊河段两个试点航段的全视频覆盖，实现监控摄像机监控视频的可移动远程实时传送功能，实现实时的水位信息采集、处理，实现与指挥中心原有系统的无缝整合和视频的存储、显示、回放，弥补了固定监控的不足。

罚没款票据管理系统的开发与研究

为解决港航行政处罚管理现场各类设施不够齐全、对罚没款的现场执收及票据管理缺乏有效管理手段等问题，嘉兴市港航局进行了罚没款票据管理系统的开发与研究，使各港航管理站点实行票据管理网络化，摆脱手工开票，在全市港航系统实现联网票据管理、银行联网业务、电脑开票、报表统计、业务监管等功能，大大提高了工作效率，实现了罚没款的有效管理。该项目2005年通过省交通厅、省港航局、市财政的鉴定。

地方海事业务数据管理系统

2007年，嘉兴市港航局试点开发并实施地方海事业务数据管理系统，并在全省推广(2001年开发的浙江省水路稽征业务管理系统和2005年开发的行政许可处理信息系统，已先在全省推广运用)。不仅实现了包括海事业务数据处理、档案管理、历史数据查询、报表处理、报表上报与下载、系统维护等现有海事业务数据处理业务所有功能，使得海事部门的日常各项海事业务处理更加规范、高效，同时，可以通过对各种海事业务台账数据的统计和分析自动生成一系列相应报表，大大减轻人员工作量，并为各级管理人员也为众多新的业务变化和港航局其他业务的实现提供了极好的平台。该系统已正在全省推广。

第十二篇 职工队伍建设

第一章 人 物

嘉兴民间，对筑塘、浚河、建桥、铺路和造凉亭等义举，向为人民赞颂，或立碑，或建祠，以志纪念，然人志传世者却甚少，尤其劳动人民中的名工巧匠和英雄人物，名不见经传。今遵循“生不立传”的惯例，对嘉兴交通有功者的事迹，略予追记，以补前憾。

第一节 历史人物传

杨 枢

杨枢(1283—1331)，字伯机。嘉兴人。元大德五年(1301年)，率致用院宫本船浮海至西洋(今印度洋一带)贸易，逢亲王合赞遣使臣那怀等来中国朝贡，遂陪同至京师。贡毕，又护送其一行回国。授忠显校尉、海运副千户。大德八年(1304年)，再次浮海至波斯湾忽鲁谟思贸易，船只粮食自备，往返约六年。泰定四年(1327年)起，为昭信校尉，任常熟、江阴等处海运副千户。杨枢为人正直，任职期间，积极铲除积弊，后升松江、嘉定等处海运千户。

杨 梓

杨梓(？—1327)，海盐澉浦人。父杨发，宋右武大夫；入元，领浙东西市舶总司事，迁居海盐澉浦。杨家世代以海运为业，航海贸易往来于爪哇等地，远至波斯。元至元三十年(1293年)，兵征爪哇，任招谕宣慰官司，随大臣伊克穆苏率船10艘，500余人先往招谕获胜，以功升安护总管使。官至嘉议大夫、杭州路总管。后辞官归里。卒后，追封弘农郡候，谥康惠，葬于澉浦南北湖畔。

杨梓熟谙音律，以嗜南北曲著名，当时海盐流行南北歌调，杨家童仆都以善唱南北曲闻名。杨梓所作杂剧，有《下高丽敬德不伏老》、《明臣殿霍光鬼谏》、《忠义士豫让吞炭》3种，均存。其中《敬》剧明代被改编为传奇《金貂记》，昆曲折子戏采自此剧第三折。杨梓曾用日本铜铸成巨钟，重5480斤，悬于澉浦禅悦寺钟楼，为当地一大名胜。1966年9月“文化大革命”钟被毁。

解放前，澉浦杨家“牌子”远近闻名，其艺人侧自称为“杨氏后代”。

朱为弼

朱为弼(1770—1840)，字右甫，号椒堂，又号颐斋。平湖人。幼丧父母，以孝敬祖母而闻名乡里。通经学，喜金石，尤嗜钟鼎文。清嘉庆二年(1797年)，阮元在杭州创办诂经精舍，应聘修辑《经籍纂诂》，并为阮元所撰《积古斋钟鼎彝器款识》稿，审释、作序、编定。十年，中进士，授兵部主事历员外郎。道光元年(1821年)，授河南道监察御史，旋转掌京畿道，适值畿辅遭受水灾，疏请救灾。旋升礼科给事中，秦请疏浚浏河、吴淞江、太湖一带水道，以解决江苏海口壅塞和浙境上游淤害。四年，授顺天府府丞、府尹，正遇蝗害，单骑视察灾情，遇铺张款待，辞谢不赴，对下属说：“我为除蝗害而来，怎好让我作蝗虫呢？”林则徐对其清操自守、刚正不阿的品格，评价很高。十三年，累擢至兵部右侍郎，授总督仓场侍郎。翌年，升漕运总督，督理漕务。秦漕运章程10条，皆中时弊切。后以年老多病秦请免官回乡。殁后家无余资，乡人怀其勤慎清廉，让祀乡贤祠。著有《椒声馆诗文集》、《续纂积古斋彝器款识》、《吉金文释》、《鉏经堂集》、《古印证》等。

徐申如

徐申如(1872—1944)，名光溥，字曾阴。硖石人。徐志摩之父。交游甚广，与南通张謇尤为友善，深受其“实业救国”的影响。

徐氏世代经商，早年，他继承祖业独资经营徐裕丰酱园。清光绪二十三年(1897年)，合股创办硖石第一家钱庄——裕通钱庄，后又开设人和绸布号。光绪三十三年至民国24年间(1907—1935年)，先后任硖石商会总理、会长、主席近20年，曾因兴办实业，蜚声浙江。20世纪初，江、浙人士反对帝国主义侵略，力争自筑沪杭铁路，积极参与其事。任浙路公司董事，协助汤寿潜奔走规划，筹集资金。又与海宁地方人士协力促成沪杭铁路行径硖石，横穿海宁。铁路通车后，民国2年(1913年)与沈佐宸、沈叔英等集资建成硖石电灯公司，为浙江最早兴建的火力发电厂之一，后屡加扩充。民国6年，创办捷利电话公司。民国13年，与李伯禄等合资兴建双山丝厂。徐氏热心地方公益，与吴小鲁办硖石商团，与吴欣木等兴办消防事业，与兄徐蓉初创办贫民习艺所。清宣统三年(1911年)，徐申如曾递补为浙江省咨议局议员，又当选为硖石镇董事会总董。民国16年年初(1927年)，北伐军入浙，徐一度避居上海。民国23年，海宁大旱，他任县旱灾赈济委员会首席常务委员兼上海分会主任，积极奔走募款赈灾。抗战期间隐居上海，直至病逝。

朱馨谷

朱馨谷(1875—1935)，澉浦孙湾村农民，富正义感，一生为乡里做不少好事。清宣统三年(1911年)大旱，澉浦大部稻田颗粒无收，馨谷四处奔走，发动群众向上告荒，同时提出减租主张，与地主斗争。后被当局以“煽动民众造反”罪名拘捕入狱。市澉浦1000多农民联名具保，营救出狱。从此，地方上出现迫害农民、损害农民利益的事，他常挺身而出，维护农民利益。南北湖因湖泥淤淀，平时排水不畅。民国23年大旱，湖水干涸，朱馨谷发起募捐拓浚用以工代赈之法，总计挖深两段引河共300余丈，近2万土方。又将募捐所得，铺设从角里堰到南北湖，从徐湾到永安村，从孙湾到磊桥3条石路，共长10余里。这些工程既有益于灌溉和交通，又帮助农民度过荒年，深受群众拥护。民国24年5月，朱馨谷去上海募捐，不幸因车祸遇难。其灵柩从上海运回澉浦时，乡民持香迎葬者有数百人。民国36年，当地群众将他生前募捐建造的蔡家山凉亭，命名为“馨谷亭”。1983年，当地政府拔款重建次亭，成为南北湖的一处景点。

沈　怡

沈怡(1901—1980)，原名景清，字君怡。嘉兴人。民国元年(1912)秋，入青岛特别专门学堂中学部。民国3年秋，转入上海同济大学学习土木工程。民国8年，加入少年中国学会。民国10年，赴德国德累斯顿工业大学学习水利工程，获博士学位。民国15年回国，加入中国工程师学会、中国科学社；同年10月至12月，任汉口市工务局工程师兼设计科长。民国16年7月至26年10月，任上海市工务局局长。在此期间，兼任上海市中心区域建设委员会主席，国民政府导淮委员会委员，黄河水利委员会委员，国防设计委员会委员等职。民国26年，任资源委员会主任秘书兼工业处长。民国28年3月，任中国工程师学会香港分会计划委员会委员；4月，任中国经济建设协会第一理事。民国31年，任甘肃水利林木公司总经理；同年9月，任行政院水利委员会委员，兼任水利委员会技监。民国34年起，历任交通部政务次长、大连市市长(未赴任)、南京特别市市长，兼任全国经济委员会所属公共工程委员会主任委员。1949年，受聘为联合国亚洲暨远东经济委员会防洪局长，前后10年，曾发动湄公河下游水利开发。1960年5月，任台湾“交通部”部长。1968年，任台湾驻巴西“大使”。1970年3月，改任“总统府”国策顾问，旋受德国汉诺佛工业大学、慕尼黑工业大学、白朗许伐格工业大学及罗尔大学4校联合之聘，主讲水利工程与东南北缘政治课题。1974年起，历任台湾中国文化学院教授兼工学部主任及实业计划研究所主任，“中国工程师学会”理事长，“中国土木工程学会”理事长及国民党中央评议委员。1980年9月，逝世于美国。著有《沈怡自传》等书，译著有《社会进化史》(与人合译)等。

徐用福

徐用福(1829年—1909年)，字响王，号次云，晚号竹隐老人，浙江海盐县人，排行第二，誥授奉政大夫，晋赠荣禄大夫侍读内阁中书。

自幼苦读，年20游于库，不求仕进，以副贡生经其身，隐于身，尽心地方公益，其毕生善举有筑海塘、浚柳河、兴学校、修桥梁等，以利于民，合邑得其惠。

筑海塘。海盐之海塘，属嘉郡7县之险要，历代拨帑修筑，自咸丰以后，国运日衰，库银空虚，海塘长期失修，险情迭出，经暴风骤雨，海浪拍击，塘堤多处决口。徐用福亲往最险及次险处查勘，有1600余丈，但每年修筑仅数百丈，如此延搁工期，灾害更甚。乃一再陈情县府，然搪塞之举，不能御大患。光绪九年(1883年)夏秋之交，风潮大作，塘溃决，海水倒灌入河，居民人心惶惶，徐等发起筹款掩堵。后经(藩台)派员修培土塘，然未加固石塘。徐再次上书抚宪刘秉璋，抚院委知府向人冠同知马秉钧办理，并委徐会办。按例凡塘工之事为官办，因徐熟悉工程情况，故委之。先后4次加固加高，历时七寒暑，移治总长1400丈，动库银40万两。兴工期间，徐亲冒风雨，勤于督卒，务求坚固，浙抚赞徐之力，乃奏请朝廷嘉奖。得赏为内阁侍读衔。

建桥梁。光绪十五年，海盐软城桥倾斜垂危，徐发起重建，并邀同朱丙寿、王震元、贾宝儒等绅商，集资9千余元。徐首捐千元，自光绪十六年工启，次年告成。至今屹立如初。修建西塘桥，认捐巨款，重修完固，以便行人。此外，浚城河重建海盐西北两水门及浚海盐东汀河道，以通舟楫。

俞善庆

俞善庆(1866—1921年)，平湖县城关人，自幼家贫地，跟随大人给富户人家驳石埠，学手艺，后定居于衙前镇。长大后，从驳河埠，石岸开始，进而建造小石桥，技艺日进，渐有名望。为求深造，去苏州拜师学技2年，归时，适逢海盐县招工改建三环洞桥，该处水深流急，工程艰难。在请来2位苏州师傅帮助后，俞毅然应招承建该桥，获成功，因而名声大振。此后，他在海盐又承造东塘桥、西塘桥、径塘桥，后转入平湖境内，为故乡建桥事业出力，在盐船河、放港河、黄姑塘、山塘河、新港河上先后修建石拱桥、石平桥31座，其中较重要的有广陈桥、泗里桥、秀龙桥、放港河桥、姚家桥、庙桥、秀平桥、金丝娘桥、山塘桥、北庙桥。因操过度，于民国10年逝世于新仓工地，享年65岁。子、孙均承其业，曾孙俞田观现为平湖县桥梁队队长，前后4代，成为本市罕见的造桥世家。

徐骝良

徐骝良(1878—1942年)，又名徐策，号励身。海宁硖石镇人早年留学法国，毕业于法国塔贝尔工程大学和巴黎铁道大学。归国后，曾创办铁路讲习所，积极为国家培养铁路专业人才。当时有北詹(天佑)南徐(骝良)之称。清宣统二年(1910年)，任中国代表出席万国铁道会议，并对欧洲10多个国家的铁路工程及其他情况进行考察。辛亥革命前，徐投身于孙中山领导的革命工作，是同盟会会员，辛亥革命时，任浙江路局总工程师，为响应上海独立，奉命组织工兵铁道大队前往南京集中，大队被编为北伐军第八师交通团铁道营，徐被任命为营长。

民国5年(1916年)前后，徐私人出资造了一座水泥小桥(今硖石河西路13号处的花园桥)，为海宁第一座水泥质桥梁。徐一生大都分时间从事铁路勘测、设计、制图工作，沪杭铁路使是其中之一。徐历任浙赣铁路、陇海铁路、平汉铁路南段等铁路工程的总工程师。民国21年(1932年)，担任陕西省顾问，后又去平绥局工作。民国24年(1935年)，担任南京城防工程工程师，负责地下隧道工程。民国27年(1938年)后，任川滇公路督察工程师。

徐骝良一生著作手稿颇多，但均在战乱中遗失。写于民国3年(1914年)的《全国铁路路线意见书》，当时在全国颇有声誉。

张丰受

张丰受(？—1976)，民国13年，江浙一带军阀混战，不少殷富人家往上海避难，搬迁之际，叹感本县无自营客轮非常不便。有人乃向张尹之建议：丰受有才，可由他创办轮船公司，便利本县人士往来。翌年，丰受奉父命，离开木号积极筹组平沪轮局，集资十万银元。通过任职于民生轮船公司之同学钱君，与德商谦信洋行订立合同，订购德产155匹马力柴油内燃机两台，托上海半淞园路合鑫船厂建造“平沪”轮船身，于平湖至上海沿途建码头，招雇客轮机驾人员，一切准备就绪，平沪轮局于上海南市关桥开业，张丰受任经理，所属平沪号客轮于十一月行驶平申线，当日来回，此为县内柴油机客轮之始。张丰受善于经营管理，注意提高服务质量，在平湖、金山、闵行等地轮埠设待船楼茶馆，便利旅客候船。船上供应蛋炒饭等。民国19年，平沪轮局董事会创建大利轮船股份有限公司，张仍任经理。(在此以前，还兼任平湖明华电厂协理和平湖永通电话公司经理)公司与一些内河小轮实行干(干线)支(支线)联运，客货兼营，业务兴旺，名声大振，执沪松金平一带内河航运业之牛耳。张丰受因此被推为上海市内河轮船业同业公会主席。任职期间，他作风深入，处事公道，同业资金紧缺，能帮助借贷融通，发生纠纷，能及时调停解决，深受同业人士的信赖和钦敬。

抗战开始，大利客轮被征军用，公司业务停顿，张丰受转入上海益丰搪瓷厂工作。抗战后期，曾出力使当时明华电厂股票进入上海股票市场流通：抗战胜利后，他复致力于轮运事业。以原有客轮营运执照及照片为依据，向航政机关申请船舶所有权，然后多方设法在上海、汉口两地找回平湖号、上海号，经修理后，民国37年，恢复行驶平申线，重振大利声誉。后又被推为上海市内河轮船商业同业公会理事长，在大利公司内则任总经理。

解放后，私营轮船业逐步进行社会主义改造，张丰受努力学习，提高认识，顺应时代潮流，积极拥护改造，发挥骨干作用。1953年4月，任上海市内河私营轮船业联合管理委员会主任。1955年1月，任公私合营上海市内河航运公司私方代表，直至1958年转为国营时为止。

1976年，张丰受病逝于上海山阴路大陆新村寓所，享年85岁。

张康杰

张康杰，男，1984年2月出生，嘉兴市秀洲区新塍镇陡门村人，生前系浙江嘉兴国鸿集团汽车工业贸易有限公司青年员工。2002年6月毕业于新塍镇职业技术学校，先后在嘉兴市博腾汽车服务有限公司、嘉兴国鸿集团汽车工业贸易有限公司任汽车维修工。2002年1月加入中国共产主义青年团。2004年12月25日，嘉兴市公安局、团市委、市志愿者协会向社会招募反扒志愿者，张康杰闻讯后报了名，成为了我市首批反扒志愿者中的一员。2005年6月1日晚8时许，嘉兴市区一路口，一辆汽车与一辆摩托车发生轻微刮擦，车上的人开门下车时，恰好碰到了在路上闲逛的四川安岳人蒋某和谭某，双方发生激烈争吵。在一旁的摩托车驾驶员徐某上前劝阻，称你们打架，我可要报警了，边说边掏出手机。谁知，蒋、谭二人拔出尖刀就朝徐某大腿捅去，随后拔腿便逃。见此情形，刚好路过的张康杰立即追了上去。追赶中恼羞成怒的歹徒拔出尖刀刺向张康杰。尖刀刺中了张康杰的胸口，歹徒夺路而逃。受伤后的张康杰仍跌跌撞撞继续追赶，最后终因气力不支而倒地。随后赶到的民警迅速将张康杰送到医院抢救。经检查，尖刀正好刺进张康杰心脏部位，医生立即为他实施了手术。虽经医务人员全力抢救，但张康杰仍因伤势过重，在昏迷了整整25天后，于6月26日凌晨1点47分，永远离开了我们。牺牲时年仅22岁。被追授为“革命烈士”“浙江省见义勇为勇士”“浙江青年五四奖章”“嘉兴市劳动模范”“嘉兴市首届道德模范”等荣誉称号。

杨　彬

杨彬(1975—2007)，2007年11月7日凌晨3时18分，杨彬在王江泾治超检测站依法对超限运输车辆例行检查时，一辆涉嫌超载的货车为逃避检查突然加速冲卡，在同事朱伟坚遭遇生命危险时，毅然冲上前去制止，被该车拖带一千多米，不幸以身殉职，年仅32岁。

杨彬生前系乍嘉苏高速公路王江泾治超站治超分队长，湖南省绥宁县人，苗族，1975年7月出生，1993年12月入伍，1995年6月入党。在73026部队历任战士、班长、电影放映组长、专业军士。2006年1月退伍，进入嘉兴市公路路政管理支队高速公路大队。

杨彬不幸以身殉职后，各单位部门、各级领导都予以了极大的关注。浙江省副省长王永明、省交通厅厅长郭剑彪、嘉兴市副市长赵树梅等领导分别作了重要批示，交通部全国治超办、浙江省交通厅等上级单位先后发来了唁电，对杨彬的不幸遇难表示深切哀悼，对杨彬的亲属表示诚挚的慰问。省交通厅副厅长、省公路局局长李福良还亲自看望和慰问了杨彬的亲属。11月14日，嘉兴市交通局在嘉兴市殡仪馆隆重举行了杨彬遗体告别仪式。

杨彬用年轻的生命忠实履行了交通执法人员的神圣职责，用鲜血捍卫了治超和公路事业，充分展示了当代路政人员崭新的精神风貌。他是交通战线的优秀典范，是“和谐交通”建设的楷模，也是全市交通系统精神文明建设的杰出代表。为表彰他的先进事迹，弘扬他崇高的优秀品德和高尚精神，11月23日，嘉兴市公路管理处党总支发出了《关于开展向杨彬同志学习的决定》，11月27日，嘉兴市交通局党委发出了《关于开展向杨彬同志学习的决定》，号召在全市交通、公路系统中开展向杨彬同志学习的活动。学习他在危急关头挺身而出、奋不顾身的英雄气概。在涉嫌超限车辆恶意冲卡、同事有被冲撞危险的关键时刻，毫不犹豫，奋不顾身，毅然上前制止，以血肉之躯和实际行动忠实履行了一个路政执法者的神圣使命。学习和发扬他这种无私无畏、不怕牺牲的英雄气概，并将此转化为干事创业的原动力，为嘉兴公路事业的发展克己奉公，艰苦创业，奋勇争先。学习他忠诚事业、任劳任怨的优秀品质。在执法过程中，对违规违法的人和事，敢于坚持原则，依法履行职责，严格执行规定，办案规范。在对待执法相对人，始终满怀真诚，耐心进行教育，并帮助解决一些实际困难，使双超司机心悦诚服地接受处理。学习和发扬他这种作风严谨，细致认真，干在一线，冲在前列，一心扑在工作上，忠实履行党和人民赋予的光荣使命的这种对待工作、对待事业的高度的责任感和使命感。学习他坚持操守、保持本色的高尚情操。一身正气、廉洁治超、保持本色、高风亮节的职业操守，牢固树立正确的世界观、人生观、价值观。学习和发扬他坚持原则，秉公办事，坚决抵制拜金主义、享乐主义倾向，积极同各种不正之风和腐败现象作斗争，自觉维护党和政府在人民群众心目中的良好形象。学习他虚心好学、自强不息的人生态度。坚持岗位学习、岗位成才，虚心好学、自强不息、催人奋进的人生态度。在干中学、学中干，刻苦钻研业务技能，掌握并提高为民服务的知识与本领，在平凡的工作岗位上，进一步焕发热情，建功立业。学习他真诚友善、助人为乐的传统美德。在执行高速公路巡查任务中真诚友善、助人为乐的传统美德。始终牢记党的宗旨，一心爱民、一心为民，从群众最关心和最需要帮助的问题做起，时时处处把群众利益摆在首位，时时刻刻把群众冷暖放在心头，真正做到权为民所用，情为民所系，利为民所谋，当好人民群众的公仆。

图 12-1-1 2007 年摄“杨彬同志先进事迹报告会”

2007 年 12 月 5 日，嘉兴市交通局隆重举行杨彬同志先进事迹报告会，来自省交通厅、省公路局、市委宣传部、各县(市、区)交通局、局属各单位、嘉通集团、沪杭甬高速公路嘉兴管理处、乍嘉苏高速公路公司等单位领导干部、职工代表和局机关干部共 500 多人参加了报告会。12 月 18 日嘉兴市交通局党委发文，追授杨彬“优秀共产党员”称号。2008 年 1 月 8 日，浙江省交通厅党组发出《关于授予杨彬同志“交通卫士”称号的决定》，并号召全省交通战线干部职工开展向杨彬同志学习活动。

2008 年 4 月 9 日，中共嘉兴市委、市人民政府以嘉委〔2008〕15 号文，发出关于开展向杨彬同志学习的决定。4 月 10 日，嘉兴市王江泾超限运输检测站分队长杨彬在“感动嘉兴”电视颁奖晚会上获得 2007 年度最具影响力人物荣誉称号。4 月 23 日共青团浙江省委、浙江省青年联合会发出《关于追授杨彬同志“浙江青年五四奖章”的决定》，追授杨彬同志“浙江青年五四奖章”，并号召全省广大团员青年向杨彬学习。5 月 5 日，市交通局发出《关于命名乍嘉苏高速公路王江泾超限运输检测站一分队为“杨彬分队”的决定》。5 月 7 日，“杨彬分队”命名授旗仪式在乍嘉苏高速公路王江泾超限运输检测站举行，嘉兴市委副书记朱伟、副市长赵树梅、省交通厅副厅长储雪青、省公路局副局长钱立高等领导和全市交通系统领导及执法人员 500 余人参加了仪式。

田春良

田春良(1953—2009)，田春良系嘉兴市港航管理局城郊港航管理处职工。1953 年 7 月 6 日出生于上海，1969 年 11 月到黑龙江省呼玛县金山公社察哈彦大队插队落户，1975 年 5 月到哈尔滨铁路局加格达奇铁路分局工作，1986 年 6 月调入嘉兴市港航管理局城郊港航管理处，他在港航管理岗位工作 20 多年来，忠于职守、扎根基层、埋头苦干、兢兢业业、秉公执法、乐于奉献。

2009 年 2 月 16 日傍晚 6 时左右，天空下着细雨，突如其来的寒潮使日最高气温 26 度骤降至 3 度左右，田春良与两名同事顶着刺骨的寒风在京杭运河思古桥航段巡视。这时，由北向南驶来一艘 500 吨级满载货物的钢质货船，田春良和队友上船例行检查，发现该船配员不足，遂按照规定收存了对方的船舶证书和船员证书，并要求该船就近停航到思古桥检查站接受进一步调查。正当田春良和队友回到海巡艇时，货船上一男一女两名船员突然冲上来拉扯田春良抢夺证件，导致三人同时落水。在生死关头，具有良好水性的田春良，奋力救助不会游泳的船员，耗尽了最后一丝力气而溺水。船户得救了，而他终因抢救无效而因公殉职。事后经核查，两名船员所持的船员证书都是假证。

2009 年 3 月 31 日中共嘉兴市交通局委员会发出了《关于开展向田春良同志学习的决定》。2009 年 4 月 9 日浙江省港航管理局发出了《关于开展向田春良同志学习的活动通知》。2010 年，经浙江省人民政府批准为革命烈士。2011 年，被评为“感动嘉兴——2010 年度最具影响力人物”。

第二节 1955 年—1989 年市级以上先进集体和先进个人

1955 年

浙江省人民政府授予先进生产者名单：
嘉善客运站：沈寿观
平湖搬运工会：谢阿昌
海宁斜桥业务(搬运)接洽处：钱天庆
嘉兴区航运局平湖营业站：韩阿林、李金荣
国营平湖运输公司：王阿大、秦延林、阮荣生

1956 年

浙江汽运公司湖州运输段嘉兴中心站陆锦英被评为浙江省文教战线社会主义建设积极分子

1959 年

嘉兴专区汽车运输公司李鹿武被评为浙江省工业、基建、交通社会主义建设积极分子

嘉兴专区公路运输公司李新元被评为全国先进生产(工作)者

嘉兴专区航运公司柏鹤林被评为全国先进生产(工作)者

嘉兴县嘉兴搬运装卸站被评为全国工业、交通运输、基本建设、财贸方面社会主义建设先进集体

嘉兴县交通运输公司被评为全国工业、交通运输、基本建设、财贸方面社会主义建设先进集体

海宁县运输公司四一二一船队被评为全国工业、交通运输、基本建设、财贸方面社会主义建设先进集体

1960 年

上海铁路局表彰先进生产(工作)者名单：王定祖、张志皋、潘芝松

1962 年

浙江省人民政府授予先进生产者名单：

地方国营平商运输公司：王阿荣

海宁客运站：王桐甫

嘉航总公司：杨绍昌

1963 年

浙江省人民政府授予先进生产者名单：潘芝松(铁路)

地方国营平湖运输公司：王阿荣

海宁长安镇造船社：王木根

浙江省五好职工标兵名单：

嘉兴交通局三轮车站：刘学富

装卸站：管正明

修配厂：吴建华

嘉兴航运局：杨绍昌、潘根生

1977 年

嘉兴县劳动模范：桥梁队：朱明忠

1978 年

交通部"安全质量百日竞赛奖"获得者：

海宁长安镇搬运站：毛钊贵

海盐县运输公司：郁汉赋

浙江省公路管理局授予先进生产者名单：

海盐县公路段：曹炳观

嘉兴地区级先进生产者：

乍浦搬运站：周庆标

嘉兴县劳动模范：桥梁队：朱明忠

浙江省劳动模范：朱明忠

1979 年

中共浙江省委、省革命委员会授予先进生产(工作)者名单：

嘉善搬运装卸公司：佘莘潮

海宁长安镇搬运站：毛钊贵

浙扛省公路管理局授予先进生产者名单：

海盐县公路段：曹炳观

浙江省汽车运输公司授予先进生产者名单：

乍浦站：胡根良、叶益长

嘉兴县劳动模范名单：王加富、朱明忠

浙江省劳动模范：朱明忠

1980 年

浙江省公路管理局授予先进生产者名单：

海宁县公路段：李永康

海盐县公路段：胡春荣

嘉兴地区级先进生产(工作)者名单：

海宁县公路段：李永康

1981 年

浙江省人民政府授予劳动模范：朱明忠

浙江省公路管理局授予先进生产者名单：

海宁县车监站：鲁云

嘉兴地区级先进生产(工作)者名单：

海宁县公路段：李永康

浙江省汽车运输公司授予先进生产者名单：

乍浦汽车站：胡泉昌

浙江省航运局评定省航级先进生产者名单：

嘉善客运站：徐兆元

嘉兴市人民政府授予劳动模范名单：

王加富、王观成、徐兆元、朱明忠

上海铁路局授予先进工作者名单：

嘉善火车站：李鸿俊

1982 年

浙江省人民政府授予劳动模范：陆桂春(铁路)

嘉兴地区级先进生产者名单：

平湖营业站：尤松福

海宁县公路段：李永康
浙江省公路管理局授予先进生产者名单：
海盐县公路段：周胜祥
浙江省汽车运输公司授予先进生产者名单：
乍浦汽车站：尤甫堂
浙江省航运局评定省航级劳动模范：
嘉善客运站：徐兆元
嘉兴市人民政府授予劳动模范名单：
朱明忠、王观成、王加富、徐兆元、尤松福
浙江省航运局评定省航级先进生产者名单：
嘉善客运站：马国泰
嘉兴市航道机械厂：陶善康

1983 年

浙江省公路管理局授子先进生产(工作)者名单：
海宁县车监站：鲁云
浙江省航运局先进生产者名单：
嘉善客运站：马国泰
嘉兴市航道机械厂：陈洪华
浙江省航运公司授予先进生产者名单：
平湖营业站：尤松福
嘉兴市交通系统航运安全、运输质量先进标兵名单：
朱阜才、丁志根、余鑫付、赵阿根、王加富、郭金海、施永明、朱金生、张志芝、苗春雨、徐建忠、章掌官、蒲菊华

1983 年—1984 年

嘉兴地区级先进生产者名单：尤松福
嘉兴市人民政府授子劳动模范名单：朱明忠、王加富
嘉兴市人民政府授予先进生产者名单：
马阿根、邓隆超、周俊雄、凌浙俊、谈文浩、陆锦祥、王熊成、谢洗宜、叶海金、陈巧生、梁新连、陆罗英、邵先胜、王兆平、华炳林、王德法、张金成、屠继成、张锦浩

1984 年

浙江省公路管理局授予先进生产(工作)者名单：
海宁县车监站：鲁云
浙江省航运公司授予先进生产者名单：
平湖营业站：沈荣福
浙江省汽车运输公司授予先进生产者名单：
乍浦汽车站：胡泉昌
浙江省航运局授予先进生产者名单：
嘉善客运站：马国泰、何荣清

1985 年

浙江省公路管理局授予先进生产(工作)者名单：
海宁县交监所：孙田丰
平湖县交通监理站：马连明
海盐县公路段：张志君
浙江省航运局授予先进生产者名单；
嘉善客运站：何荣清
嘉善县航管所：朱文涛
海盐县航管所：缪鸿春
浙江省航运公司授予先进生产者名单：
平湖营业站：沈荣福、屠顺宝
浙江省汽车运输公司授予先进生产者名单：
乍浦片站：黄国民、姚琮、周丽菊

1985 年—1986 年

嘉兴市人民政府授予劳动模范名单：朱明忠、王德法
嘉兴市人民政府授予先进生产者(工作者)名单：
章掌官、王福根、周凤傲、谭永源、符德明、谢洗宜、陆锦祥、曹雪初、屠继成、许新荣、李顺泉、陆罗英、王金明
1986 年浙江省交通系统先进统计工作者名单：
李海鸿、赵雄、杭尧昌、朱作人

1986 年

交通部表彰全国交通系统物质文明和精神文明建设标兵名单：陆锦祥
浙江省交通系统先进生产(工作)者名单：
海宁长安交监站：沈建兴
浙江省汽车运输公司授予先进生产者名单：
乍浦片站：周丽菊
浙江省航运公司授予先进生产者名单：
平湖营业站：金柿燕

1987 年

浙江省交通厅表彰省交通系统物质文明和精神文明建设先进职工名单：
陆锦祥、徐根生、秦菊芬、倪家璋、周克儒
浙江省公路管理局授予先进生产者名单：屠生根
浙江航运公司嘉兴分公司王德法中华全国总工会授

予全国五一劳动奖章

1987 年—1988 年

嘉兴市人民政府授予劳动模范名单：陆锦祥、王金明

嘉兴市人民政府授予先进工作者名单：

吴福元、于天华、荀书学、沈阿照、钱大鹏、郦德木、张金成、屠继成、丁志根、沈熙、王兆平

1987 年 4 月浙江省交通厅表彰安全行车百万公里驾驶员名单：沈兆康

1988 年—1989 年

浙江省交通厅表彰省交通系统物质文明和精神文明建设先进职工名单：

陆锦祥、吴福元、戴启祥、邬建良、关建潮、唐学保、沈锦才、符德明

1989 年

嘉兴市新产品开发先进技术工作者金鹊奖名单：

嘉兴市造船厂：候春岳

浙江省公路管理局表彰全省公路系统"两个文明"建设职工标兵名单：

邬建良、钱金根、谈家欢

嘉兴市人民政府授予劳动模范名单：张锦浩、陶春华

嘉兴市人民政府授予先进生产(工作)者名单：

劳人伟、潘杏生、陈步青、高福龙、符德明、陆文钏、王士顺、戴启祥、张佩珍(女)、陆永根、吴云龙

第三节 1990 年—2010 年省级以上先进集体和先进个人

1990 年

嘉兴市航运管理处被省交通厅表彰为水路重点物资运输成绩显著单位；

海宁市道路运输管理所胡芹荪被评为省运输市场治理整顿先进个人；

海宁市运管稽征所获省车辆附加费征收先进集体；

嘉兴市公路运输稽征处获省运管统计报表质量考评优胜单位；

嘉兴市公路管理处获全省干线公路雨季路况竞赛评比优胜单位；

桐乡县汽车运输公司劳人伟被评为省级文明营运示范车；

桐乡县汽车运输公司韩世杰被评为省级文明营运示范车；

海盐县汽车运输公司浙江 06/D0262 潘泉和、浙江 06/D0229 徐国兵、海盐县汽车客运公司：浙江 06/D0337 黄海平被评为省级文明营运示范车。

1991 年

嘉兴市公路管理处获全省路政管理工作检查评比优胜单位；

平湖市天龙汽运公司潘杏生、沈海龙、张根法获省文明营运示范驾驶员；

海盐汽车站被评为省级文明车站三等奖；

嘉兴市公共交通公司蔡苏梅被评为浙江省 1990 年度先进团员；

嘉兴市公共交通公司"共青团号"车组被评为省"新长征突击队"。

1991—1993 年

桐乡市乌镇装卸运输公司水泥厂工班获全省交通系统两个文明建设先进集体；

平航公司获省两个文明建设先进单位。

1992 年

嘉善县道路运输管理所干国林获全省公路系统两个文明建设先进个人；

平湖市道路运输管理所获省局级先进单位；

海盐县航运管理所获交通部全国地方水上交通安全先进单位称号；

海盐县航运管理所被浙江省交通厅评为水上交通安全先进单位；

嘉兴市航运管理处冯永康获交通部"全国内河航道系统先进工作(安全)者"称号；

平湖市航运公司林钰明获省交通战备正规化建设先进个人；

嘉兴市公路运输稽征处获省公路养路费征收年报第三名；

嘉兴市公路运输稽征处获省车辆购置附加费征收年

报优胜单位；

嘉兴市公路管理处获全省干线公路雨季路况竞赛评比优胜单位；

嘉兴市公共交通公司许天明被评为全国城市公交安全行车优秀驾驶员；

嘉兴市公共交通公司蔡苏梅被评为全国城市公交优质服务竞赛优胜个人；

嘉兴市公共交通公司蔡苏梅被评为浙江省城市公交优质服务竞赛优质服务驾驶员；

嘉兴市公共交通公司周力慧被评为浙江省城市公交优质服务竞赛优质服务驾驶员；

嘉兴市公共交通公司陈晓峰被评为浙江省城市公交优质服务竞赛优质服务乘务员；

嘉兴市公共交通公司姚荣林被评为浙江省城市公交优质服务竞赛优秀组织工作者；

嘉兴市公共交通公司“蔡苏梅”车组被评为省全国城市公交优质服务竞赛优胜集体；

嘉兴市公共交通公司车队小修保养班被评为全国城市公交优质服务竞赛优胜集体；

嘉兴市公共交通公司被评为浙江省城市公交优质服务竞赛先进企业；

嘉兴市公共交通公司“蔡苏梅”车组被评为浙江省城市公交优质服务竞赛优质服务车组；

嘉兴市公共交通公司“王剑”车组被评为浙江省城市公交优质服务竞赛优质服务车组；

嘉兴市公共交通公司车队小修保养班被评为浙江省城市公交优质服务竞赛优质服务保修班组；

嘉兴市公共交通公司“共青团号”1路被评为浙江省城市公交优质服务竞赛优质服务线路。

1992—1997年

平湖市市天龙汽运公司获省级文明车站(平湖汽车客运站)。

1993年

海盐县汽车运输公司客运站被评为省级文明汽车站；

海盐县汽车客运公司：浙江06/D0252朱建良、浙江06/D0260汤国良、浙江06/D0337黄海平；

浙江06/D0499黄国民被评为省级文明营运示范车；

海盐县航运管理所被浙江省港航监督评为港航(务)监督工作考核先进集体；

平湖市交通局任纪贤获省企业基本国情与基本路线教育先进个人；

嘉兴市公路运输稽征处获省运管统计优胜单位(二等奖)；

嘉兴市公路运输稽征处获省编报车辆购置附加费会计决算报表第二名；

嘉兴市公路管理处获全省公路养护管理检查达标公路管理处；

嘉兴市公路管理处获全省公路路政工作优胜单位。

1994年

城郊航运管理所被浙江省人民政府授予“保障干线航道安全畅通先进集体”；

平湖市市天龙汽运公司获省级规范公安派出所；

嘉兴市公路管理处获省干线公路专线检查达标单位。

1995年

嘉兴市公路管理处获省320国道养护工作先进单位；

嘉兴市公路管理处获全省公路系统会计决算报表编制工作优胜单位；

嘉兴市航运管理处郑克宣被交通部评为水上安全监督工作先进个人；

海宁市运管稽征所获省稽征工作先进单位；

嘉兴市公路运输稽征处获省公路养路费征收会计决算表扬单位；

嘉兴市公路运输稽征处获省公建金征收会计决算表扬单位；

嘉兴市公路运输稽征处获省运输管理会计决算表扬单位；

嘉兴市保安出租车公司仲顺金被交通部公路管理司、中国道路运输协会评为“全国优质服务车”。

1995—1996年

嘉兴市港航管理局吴安琪被浙江省港航管理局表彰为“全省港航管理系统宣传报道先进个人”；

桐乡市汽车运输公司沈立新获省级文明营运示范车；

桐乡市汽车运输公司姚松喜获省级文明营运示范车。

1996年

嘉兴市桥梁工程队张锦浩获中华全国总工会“全国五一劳动奖章”；

嘉兴市道路运输管理处王洪获省级优秀职工；

海宁市道路运输管理所谈家欢被评为省稽征工作先进个人；

桐乡市道路运输管理所获省稽征工作先进单位；

海盐县道路运输管理所获省稽征工作先进单位；

海盐县道路运输管理所张祖荣被评为省稽征工作先进个人；

平湖市天龙汽运公司获省级规范公安派出所；

海宁市运管稽征所获省稽征工作先进单位；

嘉兴市公路运输稽征处获省年春运安全有序优质畅通竞赛活动优胜组织奖；

嘉兴市公路管理处获省公路路政专项整顿先进单位；

嘉兴市公路管理处获全省机料管理检查评比先进单位；

嘉兴市公路管理处获省级文明单位称号；

桐乡市交通局李建平获全省创建文明建设样板路活动先进个人；

桐乡市交通局马建良获全省创建文明建设样板路活动先进个人；

桐乡市交通局获全省创建文明建设样板路活动优胜单位；

嘉兴市交通局来益人获省“金桥工程”项目三等奖。

1997 年

嘉兴市公路管理处获全省公路绿化先进集体；

桐乡市公路管理段获全省创建文明建设样板路活动优胜单位；

嘉兴市交通局寿楚林获全国交通系统优秀工会干部；

嘉兴市公路管理处李杰获全省公路绿化先进个人；

嘉兴市道路运输管理处王洪获省级稽征工作先进个人；

平湖市道路运输管理所朱伯贤获省局级先进个人；

平湖市道路运输管理所夏永田获省“抗雪救灾保障春运”先进个人；

桐乡市道路运输管理所获省稽征工作先进单位；

海盐县道路运输管理所获全省公路稽征工作先进单位；

嘉兴市航运管理处船检科被省交通厅、团省委授予“青年文明号”，1999 年又继续认定；

嘉兴市航运管理处被省交通厅表彰为全省水上交通安全专项整治工作先进单位；

平湖市市运管稽征所获省局级先进单位；

平湖市市天龙汽运公司郎家华获省省优秀工会积极分子；

嘉兴市公路运输稽征处获全省创建文明建设样板路活动表扬单位；

桐乡市交通局安全办获全省渡口安全管理先进单位；

桐乡市交通局陈富潮获全省创建文明建设样板路活动先进个人；

海盐县云龙运输有限公司被评为省级行风建设先进集体；

海盐县云龙运输有限公司陈云龙被评为省级行风建设先进个人。

1997—1998 年

海盐县道路运输管理所获省级文明单位；

平湖市公路段获省创建文明建设样板路活动优胜单位。

1998 年

嘉兴市交通局获全省创建文明样板路活动表扬单位；

嘉兴市道路运输管理处王洪获省稽征工作先进个人；

嘉善县道路运输管理所莫正雄被评为创建文明样板路先进个人；

桐乡市道路运输管理所吴建松获省公路稽征工作先进个人；

海盐县道路运输管理所朱莉娅被评为省稽征工作先进个人；

嘉兴市航运管理处内河航道改造工程指挥部征迁部被评为 1998 年度省重点建设先进集体；

嘉兴市航运管理处陈月华被评为浙江省重点建设先进工作者；

嘉兴市航运管理处楼云芳被交通部授予“文明样板航道创建工作先进个人”称号；

嘉兴市航运管理处郑克宣被评为全国交通系统先进工作者；

平湖市运管稽征所金志芳获省交通系统行风建设先进个人；

海宁市运管稽征所获省稽征工作先进单位；

海宁市交通局获全省交通系统行风建设先进集体；

嘉兴市公路运输稽征处获全省交通系统行风评议“回头看”和推进政务公开先进集体；

嘉兴市公路管理处获全省创建文明样板路活动表扬单位；

嘉兴市公路管理处获全省公路路政管理工作先进集体；

嘉兴市公路管理处沈迪明、俞利群、王辉、张春荣、黄文山获全省创建文明样板路活动先进个人；

嘉兴市公路管理处黄文山获全省公路路政管理工作先进个人。

1998—1999 年

平湖市港航管理处获省文明航管所；

嘉兴市航运管理处被省交通厅评为文明航管处；

海盐县航运管理所被省交通厅分别评为文明航管处；

桐乡市汽车站售票房获省巾帼文明示范岗。

1999 年

海盐县交通局被评为省级文明建设样板路优胜单位；

海盐县公路管理段被评为省级文明建设样板路优胜单位；

海盐县公路管理段陆建根、宋建祥被评为省级文明建设样板路优胜个人；

嘉兴市航运管理处董长战获交通部第二次港口普查先进个人；

嘉兴市道路运输管理处唐国华获省级抗洪抢险先进个人；

平湖市航运公司丁士林获浙江省劳动模范；

平湖市公路段获省级文明公路段；

平湖市市天龙汽运公司获浙江省卫生先进单位；

平湖市市天龙汽运公司获省级文明车站(平湖汽车客运站)；

嘉兴市航运管理处被交通部安全委员会授予 1999 联合行动先进集体；

嘉兴市航运管理处港口普查办公室获第二次全国港口普查先进集体称号；

平湖航运管理所被浙江省交通厅评为“99 抗洪抢险先进集体”称号；

城郊航运管理所被浙江省交通厅评为“99 抗洪抢险先进集体”称号；

海盐航运管理所被浙江省交通厅评为“99 抗洪抢险先进集体”称号；

嘉善航运管理所被浙江省交通厅评为“99 抗洪抢险先进集体”称号；

嘉善航运管理所沈雪华被交通部安全委员会授予 99 联合行动先进个人；

嘉兴市航运管理处郑克宣、嘉善航运管理所冯其根、平湖航运管理所姚家明等被浙江省交通厅评为 99 抗洪抢险先进个人；

海宁市交通局获省公路建设质量年活动先进单位；

海宁市公路管理段获省文明公路路政管理大队；

海宁市公路管理段获全省公路管理文明单位；

嘉兴市公路运输稽征处获浙江省汽车维修行业“优质服务日”活动优胜单位；

嘉兴市公路运输稽征处获浙江省客运出租汽车行业“99 迎国庆、携手创文明”活动组织先进奖；

嘉兴市港航管理局吴安琪被浙江交通报社表彰为“积极通讯员”；

嘉兴市公路管理处获省公路绿化先进集体；

嘉兴市公路管理处张春荣、李杰获全省公路绿化先进个人；

嘉兴市公路管理处张春荣、李杰获省抗洪抢险先进个人；

桐乡市交通局杨荣江获抗洪抢险先进个人；

桐乡市交通局获抗洪抢险先进集体；

嘉兴市公共交通公司 3 路“603”车组被评为省“青年文明号”；

嘉兴市公共交通公司吴方瑾被评为浙江省 1998 年度优秀党员；

沪杭高速公路嘉兴建设指挥部被省高速公路指挥部授予“先进单位”，来益人、黄振亚等 100 名同志被授予“先进个人”。

1999—2000 年

海宁市公路管理段获省省级文明样板路(东西大道海宁段)；

海宁市大元运输公司获省级文明车站(海宁汽车站)；

海宁市大元运输公司获全国道路运输文明客运站。

2000 年

嘉通集团王卓琦获浙江省重点建设先进工作者；

嘉兴市公共交通公司 3 路线组被评为浙江省建设系统“文明服务示范点”；

嘉兴市交通局获省切实加强航道航政管理表彰；

嘉兴市道路运输管理处马有明获部级公路、水路运输全行业统计工作先进个人；

嘉兴市道路运输管理处方文理获全省创建文明建设样板路活动先进个人；

桐乡市道路运输管理所获省公路系统宣传报道工作先进单位；

海盐县航运管理所被浙江省交通厅评为文明航管所；

嘉兴市航运管理处李健被交通部交通安全委员会评为水上统一执法行动先进个人；

平湖市天龙汽运公司获浙江省无吸烟先进单位；

海宁市交通局获全省创建文明建设样板路活动优胜单位；

嘉兴市公路运输稽征处获全省创建文明建设样板路活动表扬单位；

嘉兴市公路管理处获全省交通系统创建文明样板路先进集体；

嘉兴市公路管理处张春荣、范永根、黄文山获全省交通系统创建文明样板路先进个人；

桐乡市交通局高富泉获全省交通系统创建文明建设样板路活动先进个人；

桐乡市交通局获全省创建文明建设样板路活动优胜单位。

2001 年

桐乡市交通局获全省交通系统文明建设样板路先进集体；

桐乡市交通局获京杭运河浙江航道改造工程通报表彰单位；

桐乡市交通局尹夏青获全省创建文明建设样板路活动先进个人；

桐乡市公路管理段获全省创建文明建设样板路活动优胜单位；

嘉兴市公路管理处获省级“治安安全单位”；

嘉兴市交通局获全省创建文明建设样板路活动先进

嘉兴市交通局获交通部水运工程质量奖；

嘉兴市道路运输管理处王洪获全国交通系统先进工作者；

嘉兴市道路运输管理处宣骆金获省级交通备战工作先进个人；

嘉善县道路运输管理所莫正雄被评为创建文明样板路先进个人；

桐乡市道路运输管理所获省公路系统宣传报道工作先进单位；

嘉兴市地方海事局(原嘉兴市港航监督处)被交通部命名为全国海事系统第三批文明达标单位；

京杭运河嘉兴段被交通部命名为“文明样板航道”；

嘉兴市地方海事局陈月华、夏惠人、沈立、楼云芳、徐陈彬、朱冬旭被交通部授予“文明样板航道创建工作先进个人”称号；

嘉兴市交通局获交通部颁发的水运工程质量奖；

嘉兴市公路运输稽征处获全省创建文明建设样板路活动表扬单位；

海宁市公路管理段获部级文明样板路（G320 国道海宁段)；

嘉兴市公共交通公司被评为省城市公交春运工作先进单位；

嘉兴市公共交通公司 3 路线组被评为省“青年文明号”。

2002 年

嘉通集团王卓琦被授予“浙江省高速公路建设先进个人”荣誉称号并记二等功；

嘉通集团吕为昱被授予“浙江省高速公路建设先进个人”荣誉称号并记二等功；

嘉兴市公共交通公司被评为省城市公交春运工作先进单位；

嘉兴市交通局获省公路绿色通道建设先进单位；

嘉兴市交通局严风祥获省高速公路建设功勋奖；

嘉兴市道路运输管理处刘自冉获全省道路运输管理优秀论文三等奖；

嘉兴市道路运输管理处樊军芳、傅学练、汪江波获全省道路运输管理优秀论文优秀奖；

嘉兴市道路运输管理处孙继峰获全省公路系统宣传报道先进个人；

嘉兴市道路运输管理处朱永领获全省公路系统宣传报道工作先进个人；

海宁处被交通部评为航道建设“先进集体”；

嘉兴市思古桥港航管理站被浙江省交通厅授予“浙江省交通系统文明示范窗口”称号；

嘉兴市港航管理局何宇健被中国水运报社、中国水运杂志社评为优秀通联工作者；

嘉兴市港航管理局吴安琪被浙江省港航管理局表彰为“全省港航管理系统宣传报道优秀通讯员”；

嘉兴市港航管理局李健被浙江省国防动员委员会评为全省交通战备系统先进工作者；

海宁市港航管理处获全国航道系统先进集体；

海宁市大元运输公司获省文明示范窗口；

桐乡市交通局获公路绿色通道建设先进单位；

嘉兴市公路管理处获全省交通系统创建文明样板路先进集体；

桐乡市公路管理段获全省交通系统文明建设样板路先进集体；

嘉善县公路管理段获全省创建文明建设样板路活动先进集体；

嘉善县公路管理段赵志超、薛中熊、沈志良获全省创建文明建设样板路活动先进个人；

嘉兴市交通工程质量安全监督站获交通部“全国公路建设质量年活动优秀项目奖”。

2002—2003年

嘉兴市港航管理系统思想政治工作政研会获“省职工思想政治工作研究会工作奖”。

2003年

嘉兴市交通局获全省交通系统安全生产知识竞赛组织奖；

嘉兴市交通局获全省交通系统第四届职工文艺汇演组织奖；

嘉兴市道路运输管理处朱永领、帅朝晖，嘉善县道路运输管理所傅翔获全省运管系统宣传报道先进通讯员奖；

秀洲区道路运输管理所获省市场监管先进单位；

嘉善县道路运输管理所傅翔获省公路系统宣传报道先进个人；

海盐县道路运输管理所朱森良被评为省交通部汽车维修市场整顿工作先进个人；

平湖市市运管稽征所获省厅级纠风建设先进单位；

平湖市交通局获省“乡村康庄工程”建设先进单位；

平湖市交通局获省交通“六大工程”建设先进单位；

平湖市征费所获省三星级文明收费站(嘉兴东西大道平湖收费站)；

嘉兴市港航管理局内河航道指挥部被省政府评为重点建设先进集体；

嘉兴市港航管理局被中国水运报刊社评为先进通联站；

嘉兴市港航管理局城郊处被省委省政府评为“浙江省省级文明单位”；

嘉兴市港航管理局被省港航局评为省港航系统通讯报道先进单位；

嘉兴市港航管理局团支部被共青团中央授予全国五四红旗团支部的称号；

嘉兴市港航管理局吴安琪在浙江省交通时报社举办新闻竞赛中获二等奖；

嘉兴市港航管理局吴建林被中共浙江省委宣传部、浙江省综合治理委员会、浙江省公安厅、浙江省见义勇为基金会授予第八届浙江省见义勇为先进分子称号；

嘉兴市公路运输稽征处获全省道路运输管理先进单位嘉兴市公路运输稽征处获省行风建设先进单位；

嘉兴市公路运输稽征处获省公路系统宣传报道先进单位；

嘉兴市公路运输稽征处获省稽征工作目标考核优秀单位；

嘉兴市公路运输稽征处获省宣传报道二等奖；

海宁市运管稽征所获省发展农村客运先进单位；

海宁市征费所获省青年文明号；

嘉兴市公共交通公司被评为省城市公交春运工作先进单位。

2003—2004年

嘉兴市港航管理局吴安琪被中国水运报社和中国水运杂志社表彰为“优秀通讯员”。

2003—2010年

嘉兴市公路管理处获部级“文明行业”(省局创建共享)。

2004年

嘉通集团王卓琦获浙江省优秀交通科技人才奖；

乍嘉苏高速公路(浙江段)获浙江省建设工程钱江杯奖(优质工程)；

嘉兴市公共交通公司被评为省城市公交春运工作先进单位；

嘉兴市港航管理局获省“水运强省”工程新闻报道一等奖；

嘉兴市交通局获全省交通行业人才工作先进集体；

嘉兴市道路运输管理处刘自冉获全省汽车维修市场整顿先进个人；

嘉兴市道路运输管理处郭林园获浙江省”巾帼建功”标兵；

平湖市道路运输管理所获省行风建设先进单位；

嘉兴市道路运输管理处朱永领获省级先进通讯员二等奖；

朱永领获全省公路系统宣传报道工作先进个人一等奖；

嘉善县道路运输管理所傅翔获全省公路系统宣传报道工作先进个人二等奖；

嘉兴市道路运输管理处周天乐获全省运管系统宣传报道优秀报道作品奖；

嘉善县道路运输管理所傅翔获省公路系统宣传报道先进个人；

海盐县道路运输管理所获省级卫生先进单位；

嘉兴市港航管理局吴安琪的作品“航道新貌”在浙江省企业(行业)文联和浙江省摄影家协会举办摄影大赛中获金奖；

嘉兴市港航管理局吴安琪的作品“西塘古镇”在浙江

省企业(行业)文联和浙江省摄影家协会举办摄影大赛中获银奖；

平湖市交通局获省乡村康庄工程双百达标单位；

平湖市公路段杨自忠获省治理车辆超限超载工作先进个人；

嘉兴市港航管理局被中国水运报刊社评为先进通联站；

嘉兴市港航管理局被省港航局评为省港航系统通讯报道先进集体；

嘉兴市港航管理局被省内河航道普查办公室评为“第二次全国内河航道普查先进集体”；

嘉兴市港航管理局在第二次全国内河航道普查中被交通部授予先进集体的荣誉称号；

嘉兴市港航管理局被省港航局评为淘汰营运水泥船工作先进单位；

嘉兴市港航管理局闻伟峰、吕健伟获全国内河航道普查工作先进个人；

嘉兴市港航管理局张伟获“全国优秀验船师”的称号；

海盐港航管理处顾平被浙江省船舶检验局授予全省优秀船检师荣誉称号；

海宁市交通局获全省行业人才先进单位；

海宁市港航管理处获省级文明单位；

杭申线嘉兴段被交通部命名为全国文明样板航道；

嘉兴市公路运输稽征处获省浙江省交通行业人才工作先进单位；

嘉兴市公路运输稽征处获省公路系统宣传报道先进单位；

嘉兴市公路管理处获省行风建设先进单位；

秀洲区治超办获全省治超先进单位；

秀洲区公路管理段谢树人获全省治理车辆超限超载工作先进个人；

桐乡市交通局获乡村康庄工程提前实现(双百)县(市、区)通报；

嘉兴市交通工程质量安全监督站获2004年度“中国建筑工程鲁班奖(国家优质工程)”；

嘉兴市交通工程质量监督站被交通部授予“全国先进工程质量监督站”荣誉称号；

海盐县交通局团委被评为省级先进团委；

嘉兴市交通局严风祥获省劳动模范荣誉称号；

2004—2005年

平湖市公路段获省治理车辆超限超载工作先进单位；

嘉兴市港航管理局吴安琪被中国水运报社和中国水运杂志社表彰为“优秀通讯员”；

嘉兴市交通局获省社会治安综合治理先进集体。

2005年

嘉通集团王卓琦被授予全国交通系统劳动模范；

嘉通集团王卓琦被授予第三届中国公路百名优秀工程师；

海盐县交通局吴建军被评为省级重点建设立功竞赛先进个人；

海盐县交通局陈叶峰被评为省级优秀团干部；

海盐县交通局被评为全省中小学生交通安全教育宣传月活动先进单位；

海盐县交通局胡志民被评为省优秀农村工作指导员；

海盐县交通局被评为省级建设“平安交通”先进单位；

嘉兴市交通局获优秀调研报告评比一等奖；

嘉兴市交通局获省工作目标综合考核优秀单位；

桐乡市港航管理处被省港航局表彰为省港航系统通讯报道先进单位；

嘉兴市港航局被省委、省政府授予文明行业称号；

杭申线浙境段被交通部授予“全国文明样板航道”称号；

嘉兴市港航局被中国水运报刊社评为先进通联站；

海盐县港航管理处、海宁市港航管理处获省级“文明单位”称号；

桐乡市港航管理处被省港航局评为省港航系统通讯报道先进单位；

海盐县航运管理处被省委组织部、省总工会评为党建带工建、三级联创“模范职工之家”；

平湖市港航处被省港航局评为港航系统通讯报道先进单位；

嘉兴市港航局宋明祥、裴晨彪、朱建生、王延洲、邬孝祥、徐建荣等6名同志被省港航局评为挂桨机船淘汰工作先进个人；

嘉兴市道路运输管理处朱永领获全省公路系统宣传报道工作先进个人一等奖；

嘉兴市道路运输管理处朱永领、樊军芳，嘉善县道路运输管理所傅翔获省运管系统宣传报道及政务信息工作优秀通讯员奖；

嘉兴市道路运输管理处帅朝晖获省运管系统宣传报道及政务信息工作优秀报道作品奖；

嘉善县道路运输管理所获省道路运输监管先进单位；

嘉善县道路运输管理所傅翔获省运管系统宣传报道先进个人；

嘉善县道路运输管理所傅翔获省公路系统宣传报道三等奖；

海盐县道路运输管理所获全省县级运管先进单位；

海盐县道路运输管理所、96520运政服务中心、违章处理中心被评为“五心级”服务达标窗口；

海盐县道路运输管理所获省级卫生先进单位；

海盐县道路运输管理所获省宣传报道工作先进组织奖；

嘉兴市港航管理局吴安琪被中国交通报社表彰为“优秀通讯员”；

嘉兴市港航管理局吴安琪的作品“淘汰挂桨机船”在浙江省港航管理局举办摄影大赛中获优秀奖；

嘉兴市港航管理局吴安琪的作品“水上运动会”在浙江省港航管理局举办摄影大赛中获优秀奖；

平湖市征费所获省三星级文明收费站(平湖收费站新埭补票点)；

平湖市征费所获省卫生先进单位；

平湖市天龙汽运公司获省级“巾帼文明示范岗”(天龙汽运公司快客班)；

嘉兴市港航管理局被省委、省政府授予文明行业称号；

杭申线浙境段被交通部授予“全国文明样板航道”称号；

嘉兴市港航管理局被中国水运报刊社评为先进通联站；

海盐县港航管理处、海宁市港航管理处获省级“文明单位”称号；

嘉兴市港航管理局被省港航局评为“水运强省”工程建设先进单位(安全管理优秀)；

嘉兴市港航管理局获全国交通系统先进集体荣誉称号；

嘉兴市港航管理局被省港航局评为挂桨机船淘汰工作先进单位；

京杭运河被部命名为“全国交通运输十佳文明畅通工程”；

嘉兴市港航管理局步海兵、吕林标、吴富根、杨军等人被交通部表彰为杭申线浙境段文明样板航道创建工作先进个人；

嘉兴市港航管理局施建耀被交通部表彰为“长江干线整治船员持假证上船任职统一执法行动”先进个人；

嘉兴市港航管理局吴安琪、何建春、沈立被中国水运报社、中国水运杂志社评为优秀特约记者；

嘉兴市港航管理局寿平的“26小时疏航纪实”摄影作品参加省港航管理系统举办的“浙江省首届港航风采摄影大赛”获金奖；

嘉兴市港航管理局寿平的摄影作品参加省妇联、省文化厅举办的“浙江省第二届家庭文化艺术节暨文明礼仪进家庭摄影书画展”获三等奖；

嘉兴市港航管理局获人事部、交通部全国交通系统先进集体；

嘉兴市港航管理局被浙江省委、省政府授予“全省文明行业”称号；

京杭运河被部命名为“全国交通运输十佳文明畅通工程”；

城郊港航管理处工会获全总颁发的“模范职工小家”；

嘉兴市公路运输稽征处获省级文明单位；

嘉兴市公路运输稽征处通过档案工作目标管理省级认定单位；

嘉兴市公路运输稽征处获全省运管系统宣传报道先进单位领导重视奖；

嘉兴市公路运输稽征处工会委员会获省模范职工之家；

海宁市交通局获全省乡村康庄工程双百达标单位；

海宁市大元运输公司获省三星级汽车站；

海宁市征费所获省三星级公路收费站(东西大道收费站、南北大道收费站)；

嘉善县治理车辆超限超载办公室获全省治理车辆超限超载工作先进集体；

嘉兴市公路管理处获全国精神文明建设工作先进单位；

嘉善县公路管理段刘金荣获全省治理车辆超限超载工作先进个人；

秀洲区公路管理段谭长欣、王祥获全省治理车辆超限超载工作先进个人；

南湖区公路管理段高义龙获全省治理车辆超限超载工作先进个人；

桐乡市交通局李建平获杭申线浙境段文明样板航道创建工作先进个人；

桐乡市交通局王宏欣获杭申线浙境段文明样板航道创建工作先进个人；

嘉兴市公共交通公司被评为省城市公交春运工作先进单位；

乍嘉苏高速公路(浙江段)获中国建筑工程鲁班奖(国家优质工程)；

申嘉湖高速公路项目部被授予“重点建设立功竞赛先进集体”。

2005—2009年

沪杭、杭浦、申嘉湖、北接线、乍嘉苏高速公路、浙07省道、01省道、湖盐公路等8条高速公路、国省道干线公路和11条农村公路创建成功省级文明公路。

2006 年

嘉兴市公共交通公司被评为省城市公交春运工作先进单位；

嘉兴市公共交通公司被评为浙江省建设系统“文明行业示范单位”；

中铁九局集团杭浦高速公路七合同项目经理部；

嘉通集团公司施国良被评为浙江省重点工程建设立功竞赛先进个人；

杭浦高速公路合同项目经理部王伟峰被评为浙江省重点工程建设立功竞赛先进个人；

嘉通集团公司陆永强被评为省重点建设立功竞赛先进个人；

嘉通集团公司许海云被评为省重点建设立功竞赛先进个人；

海盐县交通局孙峰被评为全省优秀驾驶员；

海盐县交通局党委被评为省级先进基层党组织；

海盐县交通局被评为省交通行业文明创建工作先进单位；

嘉兴市港航管理局思古桥港航管理检查站被省交通厅授予全省交通行业“十佳文明示范窗口”称号；

嘉兴市道路运输管理处于明桂获全省营运客车专项整治成绩突出个人；

嘉兴市道路运输管理处朱永领获省运管系统“宣报道工作突出个人”；

嘉善县道路运输管理所获省整治营运客车先进单位；

嘉善县道路运输管理所获省运管系统宣传报道先进单位；

嘉善县道路运输管理所傅翔获省运管系统宣传报道先进个人；

平湖市道路运输管理所获省局级先进单位；

平湖市道路运输管理所获省十佳打黑先进所；

平湖市道路运输管理所获省营运客车专项整治成绩突出单位；

平湖市道路运输管理所乍浦稽查站获省“五心级”服务基层运管示范站；

桐乡市道路运输管理所获省“五心级”96520 投诉服务示范窗口；

海盐县道路运输管理所获省运管系统宣传报道工作先进组织奖；

桐乡市港航管理处被省港航局表彰为省港航系统县(处)通讯报道先进单位；

嘉兴市港航管理局水上交通指挥中心系统被省职工经济技术创新活动领导小组授予创新优秀成果荣誉称号；

嘉兴市港航管理局被中国水运报社、中国水运杂志社表彰为先进通联站；

嘉兴市地方海事局、嘉善县地方海事处在防御 8 号台风(桑美)、及时处置“8.3”危险品船舶泄漏事故、上海合作组织峰会水上安全保障工作等三项重大事项中受到浙江省港航局通报表彰；

嘉兴市港航管理局被省交通厅授予全省交通行业文明创建工作“十佳先进单位”称号；

嘉兴市港航管理局被交通部表彰为“京杭运河船型标准化示范工程推进工作先进单位”；

嘉兴市港航管理局被中共浙江省委、浙江省人民政府命名表彰为“浙江省文明单位”；

嘉兴市港航管理局思古桥港航管理检查站被浙江省精神文明建设委员会命名表彰为“省级文明示范窗口”；

嘉兴市港航管理局城郊处吴建林被省交通厅授予“全省交通行业十佳文明标兵”荣誉称号；

嘉兴市港航管理局步海兵入选省“新世纪 151 人才工程”第三层次培养人员名单；

嘉兴市港航管理局吴安琪被中国交通报社表彰为优秀通讯员；

嘉兴市港航管理局步海兵获“浙江省劳动模范”称号；

嘉兴市港航管理局步海兵获中华全国总工会颁发的“全国五一劳动奖章”获得者；

嘉兴市港航管理局步海兵被中共浙江省委授予为“省优秀共产党员”称号；

嘉兴市港航管理局吴安琪被中国水运报社、中国水运杂志社表彰为优秀特约记者；

嘉兴市港航管理局谢宁被中国海员建设工会授予“金锚奖”称号；

嘉兴市港航管理局陈学华、卜建林、王延洲等人被交通部表彰为“京杭运河船型标准化示范工程推进工作先进个人”；

海宁市运管稽征所获省交通系统建设“平安交通”先进单位；

海宁市运管稽征所获全省道路运输行业十佳发展农村客运先进所；

海宁市运管稽征所获省公路和稽征部门基层先进单位；

海宁市运管稽征所获浙江省文明单位；

海宁市交通局获省级先进团委；

海宁市公路管理段获全省交通行业文明创建工作先进集体；

城郊港航管理处思古桥站获中国海员建设工会全国委员会颁发的全国水运系统船舶班组安全竞赛“安全优秀班组”；

城郊港航管理处“浙海巡0290号艇”被省交通工会表彰为全省水运系统“安全优秀船舶”；

嘉兴市公路运输管理处行政许可中心获省“五心级”服务示范窗口；

嘉兴市公路运输稽征处96520运政服务中心获省“五心级”服务示范窗口；

嘉兴市公路运输稽征处被省违章处理中心授予“五心级”服务示范窗口；

嘉兴市公路运输管理处行政许可中心获浙江省“巾帼文明示范岗”；

嘉兴市公路运输稽征处获省运管系统宣传报道及政务信息工作先进单位；

嘉兴市公路运输稽征处获省政务信息工作先进单位；

嘉兴市公路运输稽征处获省运管系统宣传报道先进单位进步奖；

嘉兴市港航局城郊处塘汇港航管理检查站被省交通工会省交通厅安委会表彰为“全省水运系统安全优秀班组”；

嘉兴市交通局获浙江省交通子网考核优秀单位；

嘉善县公路管理段获省公路管理工作先进单位；

G320国道嘉善超限运输检测站获全省治理车辆超限超载工作先进集体；

嘉善县公路管理段李小音获省迎接交通部干线公路检查和全省“百日”劳动竞赛活动先进个人；

嘉善县公路管理段王正、唐跃春获省治超工作先进个人；

秀洲区公路管理段王曦东获全省乡道砂石路面改造工程先进个人；

秀洲区公路管理段黄志忠获全省农村公路专项调查先进个人；

嘉兴市保安出租车公司仲顺金被浙江省交通厅道路运输管理局、浙江省城市出租车协会、浙江交通之声评为“浙江省首届最感动人的出租车司机”；

桐乡市汽车运输有限公司金伟良获全省实施“保护生命、平安出行”交通安全宣传教育工程优秀驾驶员。

2006—2009年

海宁市公路管理段获全省公路管理先进单位。

2007年

海盐县交通局团委被评为省级先进团委；

嘉兴市港航局城郊处证照管理科被浙江省巾帼建功和双学双比活动协调小组认定为“浙江省巾帼文明岗”；

海盐县航运管理处通过省一级档案目标管理认定；

嘉兴市港航局吴建林获“浙江交通十大感动人物”提名奖；

嘉兴市道路运输管理处陈翠萍、马有明、夏雪亭获全省公路系统优秀报道作品奖；

嘉兴市道路运输管理处王修建获全省公路系统团员青年“光荣与使命”演讲大赛三等奖；

嘉善县道路运输管理所获省打击无证营运工作先进单位；

嘉善县道路运输管理所获省群众满意基层站所办事窗口；

嘉善县道路运输管理所获省维修品牌建设先进单位；

嘉善县道路运输管理所获省运管系统县所宣传报道工作优秀奖；

平湖市道路运输管理所获省诚信市场建设先进单位；

桐乡市道路运输管理所获省级“卫生先进单位”；

海盐县道路运输管理所获省运管系统安全监管先进单位；

海盐县道路运输管理所获省级青年文明号；

海盐县道路运输管理所获省公路基层先进单位；

嘉兴市港航管理局被交通部表彰为“九五”和“十五”期全国内河水运建设先进集体；

杭申线浙境段航道改造工程被交通部表彰为“九五”和“十五”期全国内河水运建设优秀项目；

嘉兴市嘉于硖航道建设发展有限责任公司被浙江省总工会、浙江省发改委表彰为“省重点建设立功竞赛先进集体”；

嘉兴市港航管理局被中国水运报社、中国水运杂志社表彰为“先进通联站”；

嘉兴市港航管理局被省港航管理局考核为“水路运输经营资质管理工作优秀单位”；

嘉兴市港航管理局城郊港航处思古桥港航管理检查站获“全国青年文明号”殊荣；

嘉兴船文化博物馆被浙江省文物局定级为“三星级博物馆”；

嘉兴市港航管理局寿平摄影作品《茶馆》参加浙江省交通厅、省交通运输工会举办的“浙江省交通职工摄影展”获金奖；

嘉兴市港航管理局吴建林受浙江省总工会表彰，获浙江省五一劳动奖章；

嘉兴市港航管理局蒋永明被嘉兴市总工会、嘉兴市发展和改革委员会表彰为“重点建设立功竞赛先进个人”；

嘉兴市港航管理局步海兵被交通部表彰为“九五”和“十五”期全国内河水运建设先进个人；

嘉兴市港航管理局吕健伟被浙江省总工会、浙江省发改委表彰为“省重点建设立功竞赛先进个人”；

嘉兴市港航管理局蒋永明在全国交通建设优秀监理企业、优秀监理工程师表彰大会上受到表彰并获“交通建设优秀监理工程师”称号；

嘉兴市港航管理局吴建林被浙江省精神文明建设委员会授予“浙江省道德建设先进个人”；

嘉兴市港航管理局何建春被中国水运报刊社表彰为“优秀通联工作者”；

嘉兴市港航管理局吴安琪被中国水运报社和中国水运杂志社表彰为“优秀特约记者”；

嘉兴市港航管理局吴安琪被中国交通报社表彰为“优秀通讯员”；

嘉兴市港航管理局董长战被浙江省思想工作研究会表彰为“省政研会工作奖”；

嘉兴市港航管理局嘉兴市城郊港航管理处边胜荣同志被浙江省交通厅、浙江省文明办、浙江省总工会授予“浙江交通十大感动人物”；

嘉兴市公路运输稽征处获全省公路政务信息工作先进单位；

嘉兴市公路运输稽征处获省公路养路费征收突出贡献单位；

海宁市交通局获浙江省交通系统第五届职工文艺汇演一等奖；

海宁市运管稽征所获省农村客运大推动先进单位；

海宁市运管稽征所获省作风建设先进单位；

海宁市运管稽征所获省城乡客、货运一体化先进单位；

海宁市运管稽征所获全省交通系统群众满意基层站所；

嘉兴市公路管理处获省交通系统档案工作目标管理省二级级认定单位；

秀洲区公路管理段黄志忠获全省农村公路专项调查先进个人；

南湖区公路管理段高义龙获省“群众满意基层站所先进个人”；

南湖区公路管理段曹培庆获全省农村公路专项调查先进个人；

嘉兴市保安出租车公司仲顺金被浙江省道路运输管理处评为“出租车服务明星”；

嘉兴市公共交通公司被评为省城市公交春运工作先进单位。

2008 年

嘉通集团王卓琦获中国公路学会科学技术三等奖；

嘉通集团许海云被授予浙江省“五一劳动奖章”称号；

嘉通集团许海云被授予浙江省重点建设先进个人、浙江省“五大百亿”重点建设功臣；

嘉兴市公共交通公司杨德泉被评为全省交通行业抗雪救灾先进个人；

嘉兴市公共交通公司被评为省城市公交春运工作先进单位；

杭浦高速公路嘉兴段项目部被评为省重点建设立功竞赛先进集体；

嘉通集团公司方慈良被评为省重点建设立功竞赛先进个人；

嘉通集团公司赵先贵被评为省重点建设立功竞赛先进个人；

海盐县交通局肖雪林被评为创建省级文明行业先进个人；

嘉兴市道路运输管理处周天乐评为全省公路政务信息工作先进个人；

嘉兴市道路运输管理处王利君、崔吉茹获省运管系统宣传报道优秀通讯员奖；

嘉兴市港航局边胜荣被中共浙江省纪律检查委员会、省监察厅、省政府纠风办评为浙江省基层站所(办事窗口)行风建设先进个人；

嘉兴市道路运输管理处汪江波获省优秀报道作品奖；

嘉兴市道路运输管理处王洪获浙江省优秀共产党员；

嘉善县道路运输管理所创省级文明行业先进单位；

嘉兴市道路运输管理处管有明被评为浙江省交通战备工作先进个人；

嘉兴市道路运输管理处周天乐被评为创建省级文明行业先进个人；

秀洲区道路运输管理所程继华获省创建文明行业先进个人；

海宁市道路运输管理所濮民强被评为省级文明行业先进个人；

嘉善县道路运输管理所获省“天网二号”打击无证营运先进所；

嘉善县道路运输管理所《客运出租车盗窃防卫系统研制和应用》项目获省浙江省道路运输行业十大技术创新项目；

平湖市道路运输管理所获全省交通行业抗雪救灾先

进集体；

平湖市道路运输管理所黄建峰获创建省局文明行业先进个人；

平湖市道路运输管理所曹学彪获创建省局文明行业先进个人；

桐乡市道路运输管理所获省稽征工作先进单位；

桐乡市道路运输管理所获省公路工作先进单位；

桐乡市道路运输管理所朱凤萍作品《送法到乡镇》获骄傲的浙江交通人摄影大赛优秀奖；

桐乡市道路运输管理所许新农获省道路运输行业文明创建先进个人；

桐乡市道路运输管理所获省公路工作先进单位；

海盐县道路运输管理所获省安全监管先进单位；

海盐县道路运输管理所肖雪林被评为省创建省级文明行业先进个人；

嘉兴市港航局吴安琪、吴婷竹获省港航管理系统“水运新闻竞赛先进个人二等奖”；

嘉兴市港航局平湖处何海锋、海宁处范建祥获省港航管理系统“水运新闻竞赛先进个人三等奖”；

嘉兴市港航局吴安琪获省港航管理系统优秀通讯员一等奖；

嘉兴市港航局吴婷竹、海宁处范建祥、平湖处何海锋获省港航管理系统优秀通讯员三等奖；

嘉兴市港航局宋明祥参加省港航管理局举办的《浙江省港口管理条例》知识竞赛获个人一等奖；

京杭运河嘉兴段“全国文明样板航道”通过复评；

嘉兴船文化博物馆“巾帼文明示范岗”被浙江省“巾帼建功”和“双学双比”活动协调小组认定为浙江省“巾帼文明示范岗”；

嘉兴市港航管理局吴安琪在浙江省港航管理局举办的摄影大赛中获入围奖；

东宗线桐乡段被浙江省交通厅授予“文明航道”称号；

嘉兴市港航管理局思古桥港航管理检查站被中华全国总工会授予全国“工人先锋号”称号；

嘉兴市港航管理局机关工会被中华全国总工会授予“模范职工小家”荣誉称号；

嘉兴市港航管理局被中国水运报社、中国水运杂志社授予“先进通联站”；

嘉兴市港航管理局获中国航海学会颁发的“RFID 技术在港航管理中的应用”科学技术三等奖证书；

嘉兴市港航管理局被浙江省爱国卫生运动委员会命名为“浙江省卫生先进单位”；

嘉兴市港航管理局被浙江省交通厅授予“改革开放 30 年浙江交通创业创新先进集体”荣誉称号；

嘉兴市港航管理局吴建林被交通部表彰为“全国交通行业文明职工标兵”；

嘉兴市港航管理局边胜荣被中共浙江省纪律检查委员会、浙江省监察厅、浙江省政府纠风办评为浙江省基层站所(办事窗口)行风建设先进个人；

嘉兴市港航局蒋永明被浙江省人民政府授予“浙江省重点建设立功竞赛先进个人”称号；

嘉兴市港航管理局苏瑞明被中国水运报社、中国水运杂志社授予“优秀通联工作者”；

嘉兴市港航管理局城郊处裴晨彪被中国水运报社、中国水运杂志社授予“优秀通讯员”；

嘉兴市港航管理局顾国强的“基于主动式 RFID 的港航管理信息平台及关键技术研究”项目，获中国港口协会“中国港口科技进步奖三等奖”；

嘉兴市港航管理局顾国强的“PFID 技术在港航管理中的应用”项目，获中国航海学会三等奖；

嘉兴市港航管理局城郊港航管理处王江泾港航管理检查站边胜荣被交通运输部表彰为“全国交通行政执法文明标兵”；

嘉兴市交通局获省交通厅颁发的抗击雪灾先进集体；

嘉兴市公路运输稽征处获全省公路系统政务信息工作先进单位；

嘉兴市公路运输稽征处获省运管系统宣传报道优秀奖；

嘉兴市公路运输稽征处获省创建省级文明行业先进单位；

海宁市运管稽征所获创建省级文明行业先进单位；

海宁市运管稽征所获省服务新农村建设工作先进单位；

海宁市运管稽征所获省出租车服务管理工作先进单位；

桐乡市港航管理处被省港航局授予“省港航系统通讯报道先进单位”称号；

嘉兴市公路管理处获省抗冰雪先进单位；

嘉兴市公路管理处获全省交通行业抗震救灾先进集体；

南湖区公路管理段获全国交通行业抗灾保通先进集体；

新 07 省道被省交通厅命名为文明样板路；

南湖区公路段高义龙被省交通厅授予浙江省基层站所(办事窗口)行风建设先进个人；

南湖区交通局魏全林被评为省级农村优秀指导员；

嘉兴市公路管理处获省节能减排优秀合理化建议和先进组织单位；

桐乡市公路管理段获全省交通行为抗雪救灾先进集体；

嘉兴市公路管理处获全省抗冰雪灾害保畅通先进集体；

嘉兴市公路管理处获省级治安安全示范单位；

嘉兴市公路管理处蒋雪峰获全省交通行业抗震救灾先进个人；

嘉兴市公路路政管理支队高速公路大队“杨彬”分队获省交通卫士称号；

嘉兴市公路路政管理支队高速公路大队杨彬获浙江青年“五四”奖章；

嘉兴市公路管理处范永根获全国职工节能减排优秀合理化建议；

嘉兴市公路管理处杨永伟获省交通战备工作先进个人；

秀洲区公路管理段张永德获全省交通行业抗雪救灾先进个人；

海宁市公路管理段姚正庆获浙江省抗冰雪灾害优秀志愿者。

2009 年

嘉兴市交通投资集团有限责任公司被授予浙江省重点建设先进集体；

嘉通集团沈兰冠被授予浙江省重点建设先进个人；

嘉兴市国鸿汽车运输公司邱金泉被省总工会授予省“勇克时艰杰出职工”；

海盐县交通局朱森良被评为创建省级文明行业先进个人；

海盐县交通局妇工委被评为首批浙江省机关事业单位示范妇委会；

嘉兴市公路管理处方建义获“浙江省劳动模范”称号；

嘉兴市公路管理处获全省农村公路养护管理试点工作先进县市；

嘉兴市公路管理处获浙江省交通战备工作先进单位；

南湖区公路路政大队获浙江省“群众满意基层站所(服务窗口)”创建先进单位；

嘉兴市公路路政管理支队高速公路大队获省级青年文明号；

南湖区公路路政大队获浙江省交通系统“群众满意基层站所(服务窗口)”创建先进单位；

嘉兴市公路管理处获省级治安安全示范单位；

海盐县公路管理段嘉盐线获省级文明农村公路；

嘉兴市公路管理处获全省公路系统养护机械操作技能比武优胜单位；

高速路政大队沪杭巡查中队获省级青年文明号；

嘉兴市公路管理处王海涛获中国航海科技奖二等奖；

嘉兴市港航局城郊处思古桥站获“全省港航管理系统基层站所行风竞赛优胜单位”；

海盐县航运管理处被省港航管理局评为浙江省水路运输量专项调查及第三次全国港口普查先进集体；

平湖市港航管理处通过省一级档案工作目标管理认定；

嘉兴市港航局朱盛被省港航管理局、省交通旅游导报表彰为“港航强省新闻竞赛先进个人一等奖”；

嘉兴市港航局吴婷竹、嘉善处陈建枫被省港航管理局、省交通旅游导报表彰为“港航强省新闻竞赛先进个人三等奖”；

嘉兴市港航局顾金坤、龚雪明被交通运输部表彰为“第三次全国港口普查先进个人”；

嘉兴市道路运输管理处刘自冉获改革开放 30 年浙江交通创业创新先进个人；

嘉兴市道路运输管理处汪江波、崔吉茹获省运管系统宣传报道优秀通讯员奖；

嘉兴市道路运输管理处宣骆金获创建省级文明行业先进个人；

嘉兴市道路运输管理处孙继峰、费超勇被评为省春运工作先进个人；

秀洲区道路运输管理所获省出租车管理先进单位；

秀洲区道路运输管理所创建省级文明行业先进单位；

秀洲区道路运输管理所程继华获创建省级文明行业先进个人；

海宁市道路运输管理所濮民强获创建省级文明行业先进个人；

嘉善县道路运输管理所获省“天网三号”打击无证营运专项整治工作先进单位；

嘉善县道路运输管理所获省运管系统县所宣传报道工作优秀奖；

嘉善县道路运输管理所吴国光获创建省级文明行业先进个人；

嘉善县道路运输管理所陶利明获省道路运输管理行政窗口文明示范标兵；

嘉善县交通局樊关根获全国交通运输系统先进工作；

平湖市道路运输管理所获创建省级文明行业先进单位；

平湖市道路运输管理所获省局级通讯报道先进单位；

平湖市道路运输管理所丁毅获省局文明示范标兵；

桐乡市道路运输管理所恒通菊乡车队获省级文明出租车队；

桐乡市道路运输管理所获省节能减排工作先进单位；

桐乡市道路运输管理所获省市场监管工作先进单位；

桐乡市道路运输管理所获省级行业监管先进单位；

桐乡市道路运输管理所“宇石物流”获省级文明行业先进企业；

桐乡市道路运输管理所“96520”窗口获省运管系统文明示范岗；

海盐县道路运输管理所获省改革开放30年浙江交通创业创新先进集体；

海盐县道路运输管理所获浙江省道路运输行业“文明之行”摄影比赛组织奖；

海盐县道路运输管理所继续确认为浙江省卫生先进单位；

海盐县道路运输管理所获省行业统计工作先进单位；

海盐县道路运输管理所获创建省级文明行业先进运管单位；

海盐县道路运输管理所肖雪林获创建省级文明行业先进个人；

海盐县道路运输管理所叶中获创建省级文明行业“文明示范标兵”；

嘉兴市港航管理局被中央精神文明建设指导委员会授予第四批“全国精神文明建设工作先进单位”；

海宁市港航管理通过省级“文明单位”复评；

桐乡市港航管理处被浙江省委、省政府授予文明单位称号；

嘉兴市港航管理局城郊思古桥港航管理站被中共交通运输部海事局党组、交通运输部海事局授予“全国海事系统文明执法示范窗口”荣誉称号；

嘉兴市港航管理局被中国水运报刊社、中国水运杂志社授予“先进通联站”；

嘉兴市港航管理局被省港航局表彰为“水路运输经营资质管理工作考核优秀单位”；

嘉兴市港航管理局被交通运输部表彰为“第三次全国港口普查先进集体”；

嘉兴市港航管理局被省港航局表彰为“浙江省水路运输量专项调查及专项补充调查先进集体”；

平湖港航管理处大桥港航管理站被省港航管理局命名为“行风建设优胜单位”荣誉称号；

嘉兴市港航管理局城郊塘汇港航管理检查站被中国海员建设工会全国委员会、交通运输部交通安全委员会表彰为“全国水运系统安全优秀班组”；

嘉兴市港航管理局嘉善港航管理处太浦河港航管理站被省港航管理局授予“行风建设优胜单位”荣誉称号；

嘉兴市港航管理局顾金坤、龚雪明被交通运输部表彰为“第三次全国港口普查先进个人”；

嘉兴市港航管理局边胜荣被人力资源社会保障部、交通运输部授予“全国交通运输系统劳动模范”荣誉称号；

嘉兴市港航管理局城郊港航管理处陆建忠被省港航局表彰为“水路运输量专项调查及专项补充调查省级先进个人”；

嘉兴市港航管理局鲍大海被省港航局表彰为“第三次全国港口普查省级先进个人”；

浙江省文明单位：嘉兴汽车北站、桐乡市港航管理处；

浙江省农村公路养护管理试点工作先进市县：嘉兴市、海宁市；

嘉兴市公路运输稽征处获省“天网三号”打击无证营运专项整治行动先进单位；

嘉兴市公路运输稽征处获省春运工作先进单位；

嘉兴市公路运输稽征处获省交通物流公共信息系统建设先进单位；

嘉兴市公路运输稽征处获省行业监管工作先进单位；

嘉兴市公路运输稽征处获省重点工作考核中综合考核取得优秀等次；

嘉兴市公路运输稽征处获省行业创新先进单位；

嘉兴市公路运输稽征处获省道路运输行业安全责任制目标管理考核优秀单位；

嘉兴市公路运输稽征处获省运管系统宣传报道以及政务信息优秀单位；

嘉兴市交通工程质量安全监督站郛谷丰获全省重点建设立功竞赛先进个人；

嘉兴市交通局获省全省农村公路养护管理试点先进；

嘉兴市交通局孙建华获浙江省道路运输管理杰出贡献奖；

嘉兴市交通局张冬泉获全国交通运输行业精神文明建设先进工作者；

嘉兴市保安出租车公司仲顺金同志所在浙FT3019车被浙江电台交通之声评为“2009年度高考应急服务车”；

嘉兴市交通工程质量安全监督站获得中国公路学会科学技术奖；

嘉兴市交通工程质量安全监督站被省交通运输厅授予“浙江省公路水运工程试验检测专项治理工作先进单位”荣誉称号；

嘉兴市公共交通公司被评为全省城市公交春运工作先进单位；

嘉通集团申报的《Superpave 技术在浙北地区高速公路中的应用研究》的科研项目被评为“2008 年度中国公路学会科技奖”三等奖；

嘉兴市振禾出租汽车有限公司周勇同志被评为“浙江省服务明星”。

2010 年

嘉通集团许海云被确定为浙江省交通行业“283 拔尖人才”第二层次培养人员；

嘉兴市交通投资集团有限责任公司被授予省重点建设立功竞赛优秀组织单位；

嘉通集团黄筱璐被授予浙江省重点建设先进个人；

嘉兴市国鸿汽车运输公司邱金泉被省总工会授予“浙江省五一劳动奖章”；

嘉兴市道路运输管理处刘自冉获全国交通运输行业精神文明建设先进个人；

嘉兴市道路运输管理处胡海平、孙继峰、费超勇、徐伟获省道路运输行业上海世博会安保工作先进个人；

秀洲区道路运输管理所屠夏英获省创建文明行业先进个人；

秀洲区道路运输管理所程继华获省道路运输行业上海世博会安保工作先进个人；

海宁市道路运输管理所获省大物流建设工作先进单位；

海宁市道路运输管理所获省级文明行业先进运管单位；

海宁市道路运输管理所获全省道路运输行业上海世博会安保工作先进集体；

海宁市道路运输管理所沈一枫被评为省级文明行业先进个人；

海宁市道路运输管理所王小峰获全省道路运输行业上海世博会安保工作先进个人；

嘉善县道路运输管理所获省道路运输行业上海世博会安保工作先进集体；

嘉善县道路运输管理所俞晶俊获省道路运输行业上海世博会安保工作先进个人；

平湖市道路运输管理所获创建省级文明行业先进单位；

平湖市道路运输管理所获全省道路运输行业上海世博会安保工作先进集体；

平湖市道路运输管理所获省机动车维修和驾培管理工作先进单位；

平湖市道路运输管理所获省大物流建设工作先进单位；

平湖市道路运输管理所俞咬仁获“省十佳运管执法标兵”；

平湖市道路运输管理所沈嵩获省道路运输行业上海世博会安保先进个人；

桐乡市道路运输管理所浙江道路运输获创建省级文明行业先进单位；

桐乡市道路运输管理所获省道路运输行业上海世博会安保先进集体；

桐乡市道路运输管理所倪萍获省“96520”窗口文明示范标兵；

桐乡市道路运输管理所许新农获创建省级文明行业先进个人；

桐乡市道路运输管理所哀泳运获省道路运输行业上海世博会安保先进个人；

桐乡市道路运输管理所朱凤萍获创建省级文明行业先进个人；

海盐县道路运输管理所获全省道路运输行业上海世博会安保工作先进集体；

海盐县道路运输管理所朱森良获创建省级文明行业先进个人；

海盐县道路运输管理所获全省道路运输行业上海世博会安保工作先进集体；

海盐县道路运输管理所方春利获全省道路运输行业上海世博会安保工作先进个人；

嘉善处太浦河站被浙江省港航管理局评为基层站所行风竞赛优胜单位；

嘉兴市港航局朱盛获 “全省港航管理系统优秀通讯员”一等奖；

嘉兴市港航局吴婷竹获“全省港航管理系统优秀通讯员”二等奖；

嘉兴市港航局何建春、海宁处范建祥、城郊处孟立家、平湖处何海峰获“全省港航管理系统优秀通讯员”三等奖；

嘉兴市港航局尚云龙获全省第五届内河海事论坛一等奖；

嘉兴市港航局王凤鸣、邹金海、陈亦斌同志，平湖处冯爱观、丁金全、金美根、朱建生，城郊处卜建林，嘉善处周锦和、唐善荣、吴旭东、诸鉴镛，海宁处郧建龙，桐乡处丁建强，海盐处张瑛被省港航局授予“上海世博会安保工作先进个人”；

嘉兴市港航局卜建林被省港航局表彰为“上海世博会

环沪护城河水上交通安全保卫工作先进个人”；

嘉兴市港航管理局被浙江省交通战备办公室授予“2009年度浙江省交通战备工作先进单位”荣誉称号；

嘉兴市港航管理局城郊处思古桥港航管理检查站被省交通运输厅表彰为浙江省交通运输系统“群众满意基层站所(服务窗口)”创建工作先进单位；

嘉兴市港航管理局海盐县港航管理处被浙江省交通厅评为浙江省交通运输系统“群众满意基层站所(服务窗口)”创建工作先进单位；

嘉兴市港航管理局海盐县港航管理处经浙江省爱国卫生运动委员会复查确认继续保留浙江省“卫生先进单位”称号；

嘉兴市港航管理局大麻海事所被浙江省创建办授予省级卫生先进单位；

嘉兴市港航管理局海盐县港航管理处职工图书阅览室被浙江省总工会授予浙江省工会示范“职工书屋”；

嘉兴市港航管理局桐乡市港航管理处被交通运输部评为第二批交通运输文化建设示范单位；

嘉兴市港航管理局被浙江省公安厅、浙江省社会治安综合治理委员会评为“社会治安综合治理示范单位”；

嘉兴市港航管理局、平湖市港航管理处、平湖处大桥港航管理检查站、城郊港航管理处、嘉善县港航管理处被省港航管理局授予“浙江省港航管理系统上海世博会安保工作先进集体”；

嘉兴市港航管理局被省港航管理局授予“浙江省港航管理系统上海世博会安保工作先进集体”；

嘉兴市港航管理局完成的“内河安全监管关键技术研究”成果，被中国航海学会评定为“中国航海科技三等奖”；

嘉兴市港航管理局被中华人民共和国交通运输部授予“世博交通运输保障先进集体”荣誉称号；

嘉兴市地方海事局被交通运输部海事局精神文明建设指导委员会授予创建“安全畅通文明“航区(线)先进单位；

嘉兴市港航管理局被省港航局授予“浙江省船舶吨位丈量专项检查和大船小证综合治理工作先进单位”；

嘉兴市港航管理局塘汇港航管理检查站被浙江省“青年文明号、青年岗位能手”活动组委会评为“年度省级青年文明号”；

嘉兴市港航管理局平湖大桥海事所被中华人民共和国海事局授予上海世博会水上交通安全保障工作集体二等功；

嘉兴市港航管理局思古桥港航管理检查站被省港航管理局评为全省港航管理系统标准化示范化建设站所；

嘉善红旗塘海事所被中华人民共和国海事局授予“上海世博会水上交通安全保障工作集体二等功”；

桐乡市港航管理处被浙江省爱国卫生运动委员会命名为省级卫生先进单位；

嘉兴市港航管理局顾国强同志的“内河安全监管关键技术研究”项目，被中国航海学会授予“中国航海科技奖三等奖”；

嘉兴市港航管理局徐明华的“内河安全监管关键技术研究”项目，被中国航海学会授予“中国航海科技奖三等奖”；

平湖港航处冯爱观被中华人民共和国海事局授予“上海世博会水上交通安全保障工作二等功”；

嘉善港航处周锦和被中华人民共和国海事局授予“上海世博会水上交通安全保障工作二等功”；

嘉兴市港航管理局王凤鸣被中华人民共和国海事局授予“上海世博会水上交通安全保障工作三等功”；

嘉兴市公路运输稽征处获全省道路运输行业上海世博会安保工作先进单位；

浙江省交通运输财务审计工作先进集体名单：嘉兴市交通局、海宁市交通局、嘉兴市港航管理局；

浙江省交通运输财务审计工作先进个人名单：嘉兴市交通局花屹、嘉兴市港务管理局魏燕华、嘉善县交通局王定林、嘉兴市公路管理处徐杰；

嘉兴市港航管理局思古桥港航管理检查站田春良被浙江省人民政府授予革命烈士；

嘉兴市交通局获交通运输部世博交通运输保障先进集体；

嘉兴市交通局获浙江省上海世博会环沪护城河安保工作先进单位；

嘉兴市交通局获省级文明单位；

嘉兴市交通局获全省交通运输系统新闻宣传工作先进集体；

嘉兴市交通局洪国良、苏日彬获全省交通运输系统新闻宣传工作先进个人；

嘉兴市交通局获省交通运输系统上海世博安保先进集体；

嘉兴市交通局获新闻宣传工作先进集；

嘉兴市交通局获省交通运输财务审计工作先进集体；

嘉兴市交通局获省交通运输系统“五五”普法先进集体；

嘉兴市交通局获交通部交通运输行业精神文明建设先进集体；

嘉兴市公路运输管理处行政许可办证中心获交通部

交通运输行业精神文明建设先进集体；

嘉兴市交通局获全省交通运输运输系统安全质量年活动先进集体；

嘉兴市公路管理处获省交通运输系统上海世博安保先进集体；

嘉善县公路管理段宋福才获“浙江省五一劳动奖章”；

秀洲区公路管理段黄建良、沈玥获全省公路系统宣传报道工作先进个人；

秀洲区公路管理段黄建良获省优秀通讯员；

嘉兴市港航管理局王海涛获中国航海科技奖三等奖；

嘉兴市公路路政管理支队高速公路大队孟维建获上海世博会“环沪护城河”安保工作先进个人；

南湖区公路段王伟峰获上海世博会“环沪护城河”安保工作先进个人；

秀洲区公路管理段黄建良获上海世博会“环沪护城河”安保工作先进个人；

秀洲区公路段团支部黄建良获省优秀志愿者；

秀洲区公路管理段吕明贵获浙江省上海世博会“环沪护城河”安保先进个人；

嘉兴市公路管理处宋积慧获省优秀共青团干部；

嘉兴市公路管理处杨敏云获省交通运输系统上海世博安保先进个人；

嘉兴市保安出租车公司仲顺金被浙江省第十四届运动会组委会评为“浙江省第四届运动会筹办工作先进个人”；

嘉兴市保安出租车公司仲顺金被中共浙江省委宣传部、浙江省总工会评为“浙江省优秀职工”；

嘉兴市保安出租车公司仲顺金获中华全国总工会评为“全国五一劳动奖章”；

嘉兴市保安出租车公司仲顺金获“浙江省劳动模范”称号；

金平湖车队获省级文明车队称号；

平湖市交通工程建设管理处主任于立新获“浙江省五一劳动奖章”；

桐乡市交通局马建良获浙江省农村公路工作先进个人；

海盐县交通局陆林华被评为浙江省交通运输系统上海世博安保先进个人；

海盐县交通局储健康被评为全省交通运输系统职工书画展铜奖；

海盐县交通局被评为省重点建设立功竞赛先进集体；

海盐县交通建设管理处被评为浙江省“安康杯”竞赛优胜企业(单位)；

海盐县交通局沈金山、陈宇被评为全省农村公路工作先进个人；

海盐县交通局沈晓红被评为全省内部审计先进工作者；

海盐县交通局被评为全省公路水路交通运输行业人才资源统计调查工作先进集体。

第二章 交通工会

第一节 概 况

嘉兴市交通工会联合会1990年7月经嘉兴市总工会批复成立，属嘉兴市交通系统行业工会。办公所在地位于中山东路1005号(原中山西路225号)交通大楼4楼。1990年年底市交通系统(本级)有基层工会14家，会员人数近万人。至2010年，市交通系统(本级)有基层工会12家，会员776名。1992年9月，市编委批复市交通工会联合会正式事业编制2人。

根据工会组织“维护、参与、教育、建设”基本职能，嘉兴市交通工会联合会成立后，努力发挥行业工会作用，在开展扶贫帮困、合理化建议、职工文体活动、企业劳动竞赛、兴办工会三产等方面发挥了积极的作用。切实履行了工会组织的社会职能，坚持和完善企业民主管理制度，保障职工民主参与和民主监督的权利，依法维护职工的合法权益，深入开展送温暖活动，努力为困难职工办实事、办好事，充分发挥各专业委员会的作用，组织职工开展丰富多彩的文体活动，展示广大交通职工良好的精神风貌，指导基层工会做好推行集体协商、签订集体合同工作，促进稳定协调的劳动关系的形成。较好地发挥了工会组织党联系群众的桥梁纽带作用。

1992年10月，兴办工会第三产业“嘉兴市顺达交通服务公司”，主营人力客运三轮车服务，至2010年年底，有人力客运三轮车132辆。工会三产正常运作对增强行业工会实力，推进工会事业发展，组织开展职工文体活动等发挥了积极的作用。

1994年3月，成立嘉兴市交通系统职工扶困救急资金委员会，制定管理章程。通过市交通局行政拨款、基层工会、工会三产筹款等方式共筹集扶困救急资金25.85万元，为市交通系统困难职工定期或不定期提供帮助。至2010年，共计补助56人次，金额147574.98元。缓解了职工生活困难。

1999年5月，成立嘉兴市交通系统职工特殊疾病互助会，通过市交通局行政拨款、基层工会、交通工会筹款，会员交纳会费，共筹集资金523400元，主要为市交通系统患各类癌症、肾移植及尿毒症、肝硬化腹水、中风偏瘫会员提供补助。截至2010年，共计补助112人次，金额135188.85元。

第二节 代表大会

1990年7月7日，召开交通工会联合会第一次代表大会，一届一次全委会选举茆水山为主席(党委副书记兼)，董长战、倪中伟(兼)为副主席。

1993年6月，召开交通工会联合会第二次代表大会，二届一次全委会选举茆水山为主席(党委副书记兼)，黄光洪、王伯民(兼)为副主席。

1998年11月4日，召开交通工会联合会第三次代表大会，三届一次全委会选举茆水山为主席(党委副书记兼)，寿楚林、孙郎才(兼)为副主席。

2002年3月27日，召开交通工会联合会第四次代表大会，四届一次全委会选举洪国良为主席(党委副书记兼)，王国华、庄加模(兼)为副主席。

2005年12月9日，召开交通工会联合会第五次代表大会，五届一次全委会选举洪国良为主席(党委副书记兼)，陈虹(女)为副主席。

2008年4月日，召开交通工会联合会第六次代表大会，六届一次全委会选举洪国良为主席(党委副书记兼)，郭林园(女)为副主席。

第十三篇　交通文化

国民之魂，文以化之；国家之神，文以铸之。交通文化是社会主义先进文化的重要组成部分，是交通行业的灵魂，是实现交通又好又快发展的重要精神支柱。交通运输是支撑经济良性发展、促进社会全国进步的基础性、先导性产业和服务性行业，服务是其本质属性。基于这一认识，我们提出了“交通发展要服务国民经济和社会发展全局、服务社会主义新农村建设、服务人民群众安全便捷出行”，提出了“发展现代交通，建设一个更安全、更通畅、更便捷、更经济、更可靠、更和谐的现代公路水路交通系统”。从文化的角度看，这也正是我们基于交通运输的本质属性和交通行业的神圣使命所作出的价值选择，是交通文化的核心内涵，是引导交通事业科学发展的价值导向。

交通文化也是隶属于社会主文化的一种亚文化，交通文化建设的理论渊源是文化人类学。对于交通文化的概念，可以根据社会主文化概念的核心内容和基本要素作出界定：交通文化是交通行业在长期的交通建设、运输和管理实践中逐步形成并不断发展的为广大交通员工所普遍认同并付诸实践的具有鲜明行业特点和时代特征的价值理念，是交通行业各种精神文化、制度文化和物质文化的总和，是交通发展的重要成果，是交通文明的重要结晶。其中，精神文化是交通行业的核心文化，是交通行业纲领性的核心思想，是指导交通发展的核心价值；制度文化是交通行业的浅层文化，是交通行业制定并执行办事规程、道德规范和行为准则所秉承的价值理念；物质文化是交通行业的表层文化，是交通行业生产物质实体、展现外在形象所秉承的价值理念。

交通文化的核心内容是价值理念。价值理念属于意识形态或思想认识范畴，体现为交通行业，对交通发展所秉持的态度、所采取的方式和所表现的行为，为交通发展所倡导的精神、所制定的规范和所树立的形象，这些态度、方式和行为都自觉或不自觉地反映了交通行业所秉承的价值理念，从而形成了交通文化。

交通文化的本质要求是强调实践。交通文化是交通行业普遍认同并付诸实践的价值理念，其突出强调价值理念的实践性，强调所倡导的价值理念要得到普遍认同和真正落实，要使之内化于心、固化于制、外化于形，从而在交通建设、运输和管理实践中发挥出实际的作用，为交通发展提供精神动力、制度保障和物质基础。

交通文化的层次定位是行业文化。从价值理念的从属主体来看，有国家的、民族的、组织的和个人的价值理念等，交通文化则属于整个交通行业的价值理念。因此，交通文化是刘整个交通行业各部门、各单位价值理念的提炼与整合，代表了交通行业从业人员的主流思想，代表了整个行业广泛认同和普遍接受的价值理念。

交通文化的鲜明个性是交通特色。交通文化是交通行业的特色文化。各个行业的特色文化在真形成和发展过程中，虽然受到整个国家、民族的价值理念的影响，但各个行业生产特征、服务要求和管理模式存在很大差异，其价值取向也必然存在较大差异。交通作为经济社会发展的基础性产业和服务性行业，其所秉承的价值理念自然也有别于其他行业，从而有其自身鲜明的个性特色。

第一章　旅游交通

第一节　嘉兴船文化博物馆

坐落在嘉兴市西门、京杭古运河畔的嘉兴船文化博物馆，犹如一艘巨舶，白帆高张，登船的舷梯紧傍船侧，周围柱灯的罩板如展翅海鸥，三艘东海渔船在运河中鱼贯而泊，洋溢着浓烈的水乡船文化氛围。嘉兴船文化博物馆是由市港航管理局筹建并管理的行业博物馆，是用废弃了的原嘉兴船厂改建而成。占地面积 11 亩。主体建筑 8000 平方米，展厅面积1800平方米。博物馆有运河广场、休闲长廊、游船码头和停车场。已成为嘉兴市的文化窗口、旅游景点、休闲场所，更是青少年的爱国主义教育基地和科普教育基地，深得广大游客的喜爱。

图 13-1-1　嘉兴船文化博物馆

办馆宗旨及筹建概况

嘉兴地处江南水乡的区位中心，历史上属吴越之地，湖泊棋布、河流纵横，古老的京杭大运河穿城而过。千百年来，这里的先辈后民"以船为车、以辑为马"择水而居、渔耕而作。

那悠悠的运河、那柔柔的橹声，积淀成了浓郁的民俗风情和浓厚的船文化底蕴。1921年7月，中国共产党在嘉兴南湖的一条游船上光荣诞生，从此"南湖红船"的盛名传遍了海内外。船在嘉兴人的心目中，已不再是一般意义上的交通工具，它已成为人们心中的一座碑，成为嘉兴地名的代表与标志。

在这富有船文化底蕴的地方，兴建嘉兴船文化博物馆，就是要挖掘嘉兴深厚的文化底蕴，把积淀几千年的船文化展现出来，更好地弘扬江南水乡优秀文化，提高城市品位，推动经济发展，促进历史文化名城建设和文明城市创建工作。本着这一指导思想，与旧船坞一墙之隔的嘉兴市港航管理局，在市委、市政府和省交通厅、省港航管理局、市交通局各级领导的关心支持下，挑起了把旧日船坞改建成船文化博物馆的重任。

2002年5月27日，市港航局批准印发了嘉航管〔2002〕82号"关于成立嘉兴船文化博物馆筹备领导小组的通知"，从而嘉兴船文化博物馆的筹建工作正式启动。文件明确由局主要领导任组长，一位副局长任副组长，下设办公室，其主任由局办公室主任兼任，另设专职副主任2人，并明确了办公室工作人员。还得到嘉兴市文化局嘉文〔2003〕21号同意建立"嘉兴船文化博物馆"的批复。筹建工作很快得到开展。(1)积极收集资料，撰写大纲；(2)学习取经，曾到浙江省博物馆、澳门博物馆、福建泉州海事博物馆、上海董浩云博物馆、上海崇明博物馆、余杭良渚文化博物馆、嘉兴市和五县市等博物馆学习考察；(3)聘请船史专家、博物馆行家、旅游专业人士为顾问，多次召开恳谈会、论证会，听取专家意见、建议；(4)征集展品，寻找制作船模单位，曾到天津、新疆、江西、上海等地；(5)寻找设计布展单位，上门邀请上海、南京、杭州等地四家有实力的设计单位，采用请专家评标的方式，公开选择设计单位，最后选中了"对陈列大纲解读透彻，设计大方气派、可操作性强，能充分体现大纲意图，实现办馆宗旨"的杭州正野装饰设计公司。

在上述筹建的同时，局基建科对旧船坞进行了改造。由于领导重视，工作人员的努力，历时1年零5个月，于2003年10月26日嘉兴船文化博物馆落成开馆。

嘉兴船文化博物馆在筹建过程中，曾得到中国船史研究会会长辛元欧教授、副会长席龙飞教授和国家博物馆王冠倬研究员、省文物考古研究所王达明研究员以及上海海事大学、上海交通大学、武汉理工大学等单位和专家的关心和支持，并得到澳门海事博物馆、省博物馆和嘉兴市博物馆及余杭良渚文化博物馆、上海崇明博物馆的热情协助，还得到嘉兴26家示范船厂的资助及朱亦隆、章柏年、何云泉等社会各界朋友的支持。

嘉兴船文化博物馆筹建人员

总监制：施国良

监　制：顾国强、唐平

筹建办主任：何宇健

筹建办副主任：董长战、吴安琪

筹建办成员：杨洪明、李晋明、阮连根、于金良、邵剑飞

陈列布展：杭州正野装饰设计公司

陈展的主要内容

嘉兴船文化博物馆陈展的主要内容分为"舟船史话""水乡船韵""名船世界""船舶科技"四大部分。

图 13-1-2　漕舫船船模

序厅：是一艘造型优美的大船模——漕舫船。这是一艘明清时期运粮船。船模精雕细刻，制作精细，长5米，帆高4.5米，从一楼直插穹顶。内壁墙上镶嵌着15米长的放大喷绘全卷《清明上河图》。

舟船史话厅，即是一楼展厅。这里以舟船发展史为主线，以船的故事为主要内容重点阐述船舶在中国历史上与战争、政治、经济、海外关系中所起的作用。本厅由八个部分组成：舟船起源、划时代的木板船、从列国争雄看造船、闻名遐迩的汉代楼船、大运河开凿与隋唐舟船、规模空前的造船与漕船漕运、明清海事与郑和下西洋、中国古代发明对世界造船和航海事业的贡献。内含大禹治水，于越献舟，槜李之战，伍子胥挖邗沟，范蠡下商海，徐福东渡，赤壁水战，孙卢起义，杨素伐陈，车轮船抗金，郑和七下西洋，戚继光驱倭，郑成功收台，雅克萨抗俄，《红楼梦》从乍浦走出国门等许许多多船人船事。

水乡船韵即二楼展厅，主要由水乡船舶和民俗风情两部分组成，这里展示的有开壁新天地的南湖红船，有水乡客船、货船、渔船、书船、农船、游船等20多种杭嘉湖水乡船，有近代船图、小桥流水、渔网槽桨、古镇幽巷、三塔纤夫、水上戏台、船上迎亲、农民画、荡湖船、系船石、踏白船等，生动形象地展现了江南水乡舟楫人家尽枕河的风俗民情。这里还展有独具魅力的600余枚中外邮票，张扬了世界各地船舰的多姿多彩，极富知识性与观赏性。

图 13-1-3　水乡船韵展厅

三楼展厅为名船世界。由中国古船、西洋古船、近现代战船、现代民船四部分组成，展示着古今中外名船名舰，它们有中国古代三大名船沙船、福船、广船和明清封舟、舟山绿眉毛、乌江歪尾船、耆英号木帆船，古罗马桨帆船、哥仑布座椅、金鹿号、五月花、炮打冬宫的阿芙乐尔号、日本签字投降的密苏里号、甲午海战的致远舰，还有中山舰、航空母舰、补给舰、驱逐舰、护卫舰、战略核潜艇、捕鲸船、科考船、航天测量船、万吨巨轮、泰坦尼克世界大邮轮等等名舰巨船，洋洋大观，模型精致，展示了世界航海史上的伟大成果，人类探索大自然的杰作。

图 13-1-4　船舶科技厅

船舶科技厅：为船舶科技的互动场所，有10台电脑组成的操作平台，以多媒体知识短片及游戏拼装，形象地展示和介绍有关船舶科技知识和航海探险知识等。同时这里还有高科技大型船舶模拟驾驶系统，是博物馆的一大亮点，观众可亲自操驾，"游览"嘉兴环城河、南湖、江南古镇西塘、乌镇和上海黄浦江等水上景观。逼真的水景，穿梭的船艇，两岸高楼绿荫，让人身临其境。该模拟器还具有船员培训考试功能。

船文化博物馆，陈列内容丰富，布展手段新颖，现代科技含量高，声光电效果好。七台背投、等离子大电视，八台电脑视频、触摸点播设备，十八部含中、英、日、韩四国语言的自助导览机，一整套设施让观众可看、可听、可触摸、可操弄，在船的世界里，尽情领略舟船的风采，深切感受船文化的底蕴。

船博馆的社会影响

船文化博物馆开馆后，得到各级领导和广大市民的喜爱。时任省委书记习近平到馆考察时说："船文化博物馆办得非常好，很超前，适合各界人士参观，特别对中小学生很有教育意义。"国家博物馆副馆长董琦到馆考察后留言："嘉兴船文化博物馆融知识性、趣味性于一体，展示内容做到雅俗共赏、老少皆宜，真正做到了'贴近生活、贴近实际、贴近群众'，符合中央领导近期关于博物馆要为全社会提供先进文化的办馆宗旨。"上海交通大学教授、中国造船界元老、中国科学院资深院士杨槱两次到馆考察，赞扬船博馆办得好，并题写了："意义重大，美不胜收"八个大字。中国船史研究会会长、上海交通大学教授辛元欧考察博物馆后，称船文化博物馆"是国内一流的"。船博馆得到领导和专家的充分肯定和好评。第一年游客就达到2.2万多人次。

船文化博物馆不仅吸引广大市民、学生和外地游客纷纷前来参观，还成了市、区两级政府、部门接待国内外贵客的重要场所。开馆来先后接待了时任浙江省委书记习近平，浙江省委副书记周国富、夏宝龙、王奇超，博鳌亚洲论坛秘书长龙永图，全国政协副主席孙浮凌，交通部副部长翁孟勇，国家博物馆副馆长董琦，上海交通大学教授、中国科学院院士杨槱以及原省委书记铁瑛、薛驹，原省长葛洪升，原省委副书记张敬堂，原副省长翟翕武、吴敏达，原交通部副部长王展意、林祖乙、刘松全，原交通部副部长、现任中国国际工程咨询公司副总经理胡希捷，原海军副司令员、中将张序三，原海军装备部部长、少将郑明等几十位领导和专家。还曾接待来自美国、挪威、丹麦、法国、日本、韩国、印度、土耳其等20多个国家代表团和友人。

船文化博物馆开馆后，由何宇健兼任馆长，2006年12月起，由何建春兼任馆长，寿平任副馆长。馆内设宣教部、接待部、设备部和行政部四个部门。工作人员一直保持10人左右，除馆长和副馆长为港航管理局事业编制外，其余人员均为合同制职工。船文化博物馆被市委宣传部确定为“嘉兴市爱国主义教育基地”，被市科学技术协会确定为“嘉兴市科普教育基地”，被浙江理工大学生命科学学院定为“社会实践基地”，被嘉兴市栅堰小学、秀洲实验小学定为“德育基地”。2007年在省博物馆评估定级中被评为三星级博物馆，2008年被省巾帼建功和双学双比活动协调小组认定为“省巾帼文明岗”，2009年被市旅游局、市科学技术协会确定为“嘉兴市科普教育基地”。

第二节 运河文化

流淌千年的运河有兴有衰，但它从来没止息过在嘉兴的奔流。它滋养着嘉禾大地，润泽着芸芸众生，给予了嘉兴太多太深的记忆。这些正是如今嘉兴这座现代化城市的情感所系和心灵深处的灵魂。2500年以来，嘉兴一直呵护着运河，开凿、挖深、拓宽、截直等一个个与改变运河有关的关键词，写进了历代嘉兴的史志。今天的运河在嘉兴已不再是一条线，而是一个运河网络，甚至于是一个水系，沟通着嘉兴城镇以及广大农村的运河水系。

嘉兴运河

嘉兴运河位于江南运河的要冲，是大运河最早的一段河道，也是江南运河的精华和浓缩。嘉兴凑成了运河的完整，而运河沟通着嘉兴的水系，更维系着嘉兴成为南北交通干线的一个节点。南流北去的运河水，记住了嘉兴的辉煌，也持续着它发展的生命力。

嘉兴古运河开凿的历史，可以追溯到春秋时期，大运河始凿于春秋末期。公元前486年吴王夫差为了争霸中原，利用长江三角洲的天然河湖港汊，疏通了由今苏州经无锡至常州北入长江到扬州的“古故水道”，并开凿邗沟(自扬州到江水，东北通过射阳湖，再向西北至淮安入淮河)。后来秦、汉、魏、晋和南北朝继续施工延伸河道。公元587年，隋为兴兵伐陈，从今淮安到扬州，开山阳渎，后又整治取直，中间不再绕道射阳湖。炀帝即位后，都城由长安迁至洛阳，经济要依靠江淮。公元605年，他下令开通济渠。工程西段自今洛阳西郊引谷、洛二水入黄河，再自板渚(为板城渚口的简称，在今河南荥阳县汜水镇东北黄河侧)引黄河入汴河，经商丘、宿县、泗县入淮。通济渠又名汴渠，是漕运的干道。公元608年又开永济渠，引黄河支流沁水入今卫河至天津，继溯永定河通今北京。公元610年继开江南运河，由今镇江引江水经无锡、苏州、嘉兴至杭州通钱塘江。

图 13-1-5 *石门湾*

嘉兴运河的遗存

作为人工河道的运河，随地势变化高低起伏，有时水源不足，航行困难，必须修筑通航设施来保护通航。嘉禾大地至今还留下大量以这些设施命名的地名以及相关遗存。

嘉兴环城河

环城河嘉兴环城河主要由运河、秀水、漾河以及与其相连的西南湖等部分组成，全长6.6公里。其中，西北段

(分水墩—西丽桥)长2.6公里，历史上兼作大运河主航道，其余段落在历史上航运繁忙时期兼做航道使用，同时是城市外围其他河流上的船只进入大运河的通道。嘉兴环城河作为区域水流的交汇区，承担重要的水利转换功能，在调控大运河水量方面起到了重要作用。市区环城河沟通了自西南方向流入市区的杭州塘、长水塘、海盐塘和新滕塘，也沟通了向东北下泄的苏州塘、嘉善塘、三店塘、平湖塘，由此，共同构成嘉兴市区四进四出的"八水汇流"系统。但因地势相对平缓，有些河道如杭州塘、长水塘、海盐塘等既是排水河道，又是供水河道。市区内河道的供排水路复杂，河水流向在枯、丰水期会发生着变化。嘉兴环城河沿线保留了众多的历史遗存，主要有三大历史街区(梅湾、月河、芦席汇)、西水驿碑、天主教堂、金九避难处、朱生豪故居、汪胡祯故居等。

南湖

运河沿岸的湖泊洼地，就是运河的天然水柜。它们对运河的水量发挥着重要的调蓄作用，保证着运河四季通航供水的需要。同时，也发挥着水利灌溉、水产养殖等功用。

图 13-1-6　南湖红船

嘉兴南湖是浙江三大名湖之一，因位于嘉兴城南而得名。南湖原名滮湖、马场湖，又叫东湖，嘉兴城西南有西南湖，原称鸳鸯湖，南湖成为旅游地后，人们多把南湖叫做鸳鸯湖。据史籍记载，五代后晋天福年间(约936年)，这里芦蒿丛生，尚无景观，此后吴越王第四子广陵王钱元璙任中吴节度使时，在湖滨筑宾舍以为"登眺之所"，后才逐渐形成名胜。明朝嘉靖二十七年，嘉兴知府赵瀛修浚城河，运土填于南湖之中，成湖心小岛，并于次年迁建烟雨楼于岛上，从此形成湖中有岛、岛中有湖的独特景观。湖心岛位于南湖中心，全岛面积17亩。清以后又相继建成清晖堂、孤云移、小蓬莱、来许亭、鉴亭、宝梅亭、东和西御碑亭、访踪亭等建筑，形成了以烟雨楼为主体的古园林建筑群，亭台楼阁、假山回廊、古树碑刻，错落有致，是典型的江南园林。1921年7月，中国共产党第一次全国代表大会在南湖的一艘画舫上完成了最后议程，中国革命的航船从南湖扬帆起航。2001年6月，中共"一大"嘉兴南湖会址被国务院公布为全国重点文物保护单位。烟雨楼是湖心岛上的中心建筑，以唐朝诗人杜牧《江南春绝句》中的"南朝四百八十寺，多少楼台烟雨中"而得名，为中国八大名楼之一。现在的烟雨楼于1918年重建，高20米，面积640余平方米，为一座雕梁画栋、朱柱明窗的五楹二层重檐建筑，外加四周走廊，外观雄伟壮丽，在绿树掩映下，显得妖娆多姿。

嘉兴三塔

京杭大运河绕嘉兴而过，嘉兴也因此成为江南水乡文化名城。嘉兴三塔，耸立在嘉兴城西京杭运河三塔湾畔(今三塔路)，原茶禅寺南侧，三塔过去是大运河的标志，也是嘉兴的城标，是当地的一方名胜，因由三座塔组成起名为"三塔"。

三塔最早建于唐代，在清光绪二年(1876年)重建，以后屡毁屡建。1971年三塔拆除，现三塔为1999年10月8日重建。三塔均为七层砖塔，塔不高，中间最高一座也仅15米，塔实心，不可攀，每层都有佛龛，饰白黑红三色。运河到三塔这里，有一个急转弯，水流湍急。据《嘉禾志》记载：此处有白龙潭，水深流急，行舟过此多沉溺。相传唐高僧行云云游到此，见"白龙潭"水深流急，故运土填潭，并建塔三座，以"镇潭中白龙"。三塔面河背城，旧时操舟水手遥见三塔，遂小心行驶，其实三塔相当于航标。1926年美国《国家地理》曾将其作为京杭大运河标志物刊出，1931年日本《世界文化风俗大系》的封面也曾用过三塔湾的照片。

图 13-1-7　三塔湾

三塔塘是主要航运通道，在持续了一千多年的航运历史中，还能找到当年船运留下的一些痕迹。据了解，旧时往返于京杭运河的船只路经三塔塘均须拉纤，为防止纤绳损坏三塔，曾在塔旁竖起三条纤石，年深月久，石柱被勒出一道道深痕，重建后的三塔将尚存的二块旧纤石乃立于原址，以供游人参观。

过去每逢农历3月16日蚕花娘娘生日，在京杭运河三塔塘至血印寺一带水域的农民纷纷摇船祭神，并赛舟，名踏白船，运河两岸观者如云。这种踏白船也就是现在的划船比赛。

嘉兴水域广、航道里程长、水位基本无落差、水流平稳，嘉兴航道是浙江省接轨大上海融入长三角的“桥头堡”，也是长三角丰富的内河航运与上海港、乍浦港海运相联的“枢纽”。今天，古老的大运河并没有随着远去的船队而消失。

嘉兴长虹桥

在嘉兴市郊区王江泾镇一里街东南。始建于明万历年间，清康熙五年(1666年)重修，嘉庆十七年(1812年)再修，太平天国时桥栏石损毁，光绪六年(1880年)修复。长虹桥横跨大运河上，是嘉兴市最大的石拱桥，也是大运河上罕见的巨型三孔实腹石拱大桥，气势宏伟，形似长虹。桥全长为72.8米，桥面宽4.9米，东西桥阶斜长为30米，各有台阶57级，用长条石砌置。桥拱三孔，是纵联分节并列砌筑法的半圆形石拱。主孔净跨16.2米，拱矢高10.7米；东西两边孔净跨9.3米，拱矢高7.2米。长虹桥造型如长虹卧波，往昔天气晴明时，登桥远眺，北之吴江盛泽，南之嘉兴北门外隐隐可见。古人有“虹影卧澄波，登高供远瞻。南浮越水白，北接吴山绿”。长虹桥保存得很好。桥两坡各有57级石阶，用平整的长条石砌成，桥栏也是长条石，用石凿的榫卯联接，朝里侧凿成可供人坐憩的弧形。这里的每一块条石，都可以称之为修洁。1981年10月公布为嘉兴市级重点文物保护单位。

长安坝、长安闸

长安坝，初建于唐贞观八年(634年)，为土质坝，宋时改为瓦石坝，别名“长安堰”“长河坝”等。老坝处于上下河之间。“至正七年(1347年)，复置新堰于旧堰之西，今名长安坝。”

长安闸，因有上中下三道闸门，故惯称为长安三闸。据管振之《海昌胜迹志》载：“三闸在长安……相传始于唐，盖自杭而东，水势走下，故置以节宣也。”《宋史·河渠志》中已有“长安闸”之名，并称其“上彻临平，漕运往来，商旅络绎”。长安闸是连接运河和上塘河水系的重要水利枢纽工程，也是江南运河上最重要的水利水运设施——运河的重要遗产。

采用三闸两澳复式结构的长安闸，为古代江南科技含量最高的船闸。闸、坝、水澳原是很普通的水利工程，但长安闸通过巧妙的工程规划、澳与闸门联合运用和潮水的节制调蓄，形成了一项全新的工程类型——复闸，在运河史上为首创，有引潮行运、蓄积河水、水量循环利用的多重功能，这是中国古代水利技术领先于世界水平的良好佐证。

图 13-1-8　长安升船坝

闸旁凉亭内，一块高155、宽97厘米的新老两坝示禁勒索碑，碑文楷书约420字。为清光绪八年海宁知州汪肇敏立，记载了海宁州署关于新老两坝坝夫工资规定以及禁止坝夫向过往船只勒索刁难之事项。长安新老两坝位于上下塘河之间，船只由下塘河进入上塘河需要靠人力绞盘拔船过坝，从石碑上的文字，也可见证当时运输的繁忙和海宁人与运河相关的因素。

南宋时，长安镇是进出首都杭州的必经之地，范成大《长安闸》诗云：“是间袤几许，舳舻蔽天来。”清乾隆《杭州府志》称长安为“商贾舟航辐辏，昼夜喧沓，市无所不有”。当时商业之兴盛，经济之繁荣，可见一斑。

作为运河上的重要设施，坝闸经风历雨而遗存，有着丰富的人文内涵。宋神宗曾下诏加强坝闸管理。宋时日本人青山定男路经长安，在其作品中留有长安三闸的文字记述。还有杨万里也有描写长安闸的诗篇。苏轼在《请开河奏议》中提到过“长河堰”。史料有南宋皇帝赵构、诗人陆游等过长河堰的记载。

落帆亭与大运河

嘉兴城是大运河的重要码头，城北的运河上有一座闸门叫杉青闸。运河上南来北往的船舶不断，樯帆如林，商旅与游人停靠，闸口成为繁华热闹的集市。由于船经闸门必落帆才能驶过，后来有人在闸西侧建造了一座亭，命名为“落帆亭”。亭始建年代无记载，已不可考。据史书称，北宋神宗熙宁年初(1068年)曾经重修；后明代天启丙寅年(1626年)又重修。以后历经战火毁圮，清光绪六年(1880年)再建。由于亭修建在河闸堰上，它成为过往商旅特别是文人墨客的游乐休憩处所。有人留诗描绘亭周边景色，道是“浓绿暗宫柳，肥红绽野梅”。明代文人李肇亨以诗句摄下亭畔特有的风光：“柳枝沙岸夕阳边，依归帆樯卷暮烟。”后来嘉兴一段运河淤塞，杉青闸废，但落帆亭作为一个有历史意义的景观存留下来，人们以亭为中心建成了一处小园林，就以落帆亭命名。

杉青闸

杉青闸是古代大运河上的著名水闸，亦称“杉青第一闸”，随运河的开掘于隋唐时设置，由朝廷直接派官员管理，因此建有官署。杉青闸是宋孝宗赵昚的诞生地，《宋史·孝宗纪》：“建炎元年十月戊寅，生帝于秀州杉青闸之官舍。”赵昚的人物场景雕塑被安放在该公园杉青闸官署入口的正对面。“杉闸风帆”为“南湖八景”之一。明代李肇亨有诗句云：“柳枝沙岸夕阳边，依旧帆樯卷暮烟。”

嘉兴分水墩

分水墩面积约 2850 平方米，远处看去它好似千年古运河中的一条木船。此墩在明清以前就有了，是开浚城河时有意留下的土堆，它对于减缓大运河的急流有一定作用，是古运河上的一种水利设施。明清时这里曾是一个热闹的蔬菜果品集散地，这种水上农产品交易方式一直延续到 20 世纪 60 年代，它反映了大运河对国计民生带来的经济价值和经济利益。旧时墩上有水天庵庙宇，现已修复。

图 13-1-9　分水墩

栅堰

栅堰是古代新藤塘人入运河处的重要水利和交通设施，始建于宋朝以前，后才废堰坝建桥，为栅堰桥。

西水驿

据《嘉兴市志》记载，嘉兴地处要冲，“南通八闽，北通三吴，旁及江右”，沿海又是边防要地，驿站建立较早，秦汉时就北通京都，南达闽粤。嘉兴郡在唐贞观二十三年(649年)建有安运驿，宋代为嘉禾驿，属马驿，有驿马 90 匹，马户 830 名，船 80 只，船夫(户)760 名。名初称西水驿，设驿丞，建筑有厅堂廨舍。清康熙时建仪门、厅堂、轩室、夫房，规模更宏敞。该驿历史上接待过无数过往官员，明代曾有朝鲜创臣崔溥停息于此，题诗句：“今日又过嘉兴府，人自繁华竹自苞”。清代朱彝尊《鸳鸯湖棹歌》也有：“西水驿前津鼓声，原田角角野鸡鸣。苔心菜甲桃花里，未到天明棹入城。”之诗。嘉兴西门外古代为水陆交通枢纽，至清末时犹见报载嘉兴府官员日常在该地排班鸣炮，接送官员。

嘉兴西水驿是元初世祖至元十七年(1280 年)所置，地址就在西门外西丽坊，紧靠三塔塘。驿站是专门负责“递送使客、飞报军务、转运军需“的机构。西水驿是嘉兴的水陆门户之一，为兵家必争之地所以驿站多次遭受兵火毁坏，现仅存碑记。1999 年，在嘉兴环城绿化带改造时建造西驿亭，亭中立元“嘉兴路重建水驿碑”，碑高 2.2 米，宽 1.1 米，厚 0.29 米，碑文共 21 行，每行 37 字。

运河宗教

潺潺运河水，流淌着灵动，以它特有的温和与湿润，细细浸润，节节延伸，使宗教沿运河沿岸迅速传播。另一方面，运河又以它的大气和开放，使各种宗教信仰的集聚共存，使沿运河文化放射出闪耀的宗教文化的光辉。

血印寺和血印柱

血印寺在三塔塘路，俗称"血印和尚庙"。门前保存有明代司宪石牌坊一座，牌坊西柱上有红褐色宛如僧影的图案，传为一僧人舍身救人留下的印记。

岳王祠

为岳飞家祠，位于三塔与血印柱之间。牌楼庄重，气势非凡，大门两侧的墙壁上，“精忠报国“四个大字辉映运河。

20 世纪 40 年代的茶禅寺

乾隆巡游时，曾在寺中饮茶赋诗，题匾赐名“茶禅寺”德龙王和先蚕福主，反映水乡人民祈求风调雨顺，桑茂蚕丰的愿望。每逢农历三月十六，各地乡民纷纷摇船来茶禅寺祭神，并在寺旁运河水面上举行赛龙舟活动，俗称踏白船。

本觉寺

位于嘉兴陡门，原名报本寺，始建于唐代。北宋时期，四川名僧文善常主持该寺，大文豪苏轼三次过访文长老。嘉定甲申(1224 年)僧元澄在寺内建“三过堂“明万历，堂后建东坡祠，立东坡画像石。

水西寺

旧名“资圣院”因寺在爽溪之西，故名。今月河殿基湾，是其旧址。相传唐宣始移入城内。宗李忱尝隐迹在此寺中，故又称“龙兴之寺“。唐昭宗乾宁三年(890 年)筑郡城，始移入城内。

一宿庵

位于王江泾长虹桥西堍，原名一粟庵。前殿设有四大金刚和建造此庵的石碑。正殿供观音，门楣上挂有一圆镜，能照见长虹桥的全景。正殿右侧有千年古银杏树，耸立至今。

水天庵

唐神龙二年(706 年),在分水墩上建水天庵,成为一方名胜。

桐乡崇福寺

俗称西寺,在崇德县西闸市(今崇德路 52 号),建于梁天监二年(503 年),初名常乐寺,宋天禧二年(1018 年)易今名。东西列二塔,唐无着禅师造。该寺鼎盛时期,僧房殿堂林立,东至太平弄,西至五桂坊弄,北至演武场、南至大街,至清道光间,尚有僧众六十余,以后逐渐衰落,现仅存金刚殿。

桐乡福严禅寺

位于桐乡石门镇南 3 公里处的大运河边,始建于梁天监二年(503 年),唐乾符三年(876 年)敕额千乘禅院,宋大中祥符元年(1008 年)始易今名。寺内环位于桐乡石门镇南 3 公里处的大运河边。始建天南朝梁天监二年(503 年),唐境幽美,景色雅致,是清代"语溪十二景"之一,名为萧寺停云,历来是人们游览寻访的胜迹。石补钟、阴阳镜、马皮鼓等仍保存完整。每年农历六月二十八,是福严禅寺的香讯,热闹非凡,素有"小普陀"之称。

文生修道院圣母显灵堂

19 世纪末,西方传教士进入嘉兴,在城乡传播天主教信仰,并建立起专门从事修道士训练的文生修道院与巍峨的大教堂——圣母显灵堂。嘉兴毗邻上海,在西方文化的中国传播中扮演了重要的角色。

文生修道院

1902 年,天主教海盐总堂(车辐洪);去籍神父步师加在北门外建造法兰西嘉兴文生修道院。自 1903 年至 1908 年,嘉兴文生修道院为中国造使会的唯一总修院,又是总合院。后因北方修生不服江南水土,乃于 1909 年在北京大栅栏另建一座追使会修道院。文生修道院常住中外修士四五十名,研习教义,一经考核及格,晋为神父,派往全国各地教堂。

圣母显灵堂

1903 年嘉兴文生修道院建成后、天主教的影响得以扩展。翌年,在意大利籍神父和著名建筑师韩日禄的主持下,在子城脚下(今紫阳街)建造了一座小教堂,并把加尔默洛会(圣衣会)从海盐车辐浜迁至嘉兴城内。1917 年,韩日禄发起并主持修建嘉兴天主教堂大圣堂,历时 12 年之久,定名为圣母显灵堂,据称中国最大、远东第二。教堂落成后,天主教法国巴黎遣使会运来合金铸铁钟一口悬于钟楼上。圣母堂除主体建筑外,还有神父座堂(1945 年韩日禄病逝后即葬于此)、神职人员住宅等多处,形成一个法式建筑群。

清真寺

在市区环城东路,是穆斯林举行宗教仪式,传授伊斯兰教义的礼拜堂。始建于明万历三十年(1602 年),清乾隆年间曾进行过几次扩建,建筑格局和形制仍保留了伊斯兰"五门一照"的风格和明清建筑的特色。

"圣女小德肋撒"教堂

位于海宁长安镇辛江路 35 号。1928 年年初破土兴建,次年落成,为中国第一座由教徒自筹资金建造的教堂,亦为中国第一座以"圣女小德肋撒"命名的教堂。教堂主体为哥特式建筑,圣女小德肋撒的主体塑像由法国里昂圣母院院长小德肋撒的嫂嫂特别赠送。

运河风情

运河以它宽阔的胸怀和无尽的能量哺育着依河而居的人们,并在他们的生活中深深打下了自己的印记。渔夫、船家、码头工和拉纤人找到了自己的营生,他们一代又一代地在运河上劳作、生息,形成了运河人家生活的独特风情。运河有时也会发怒,吞噬着来往的航船。面对不测的风险,船工祭祀河神,祈求神灵保佑。岸上的人们则建起各种祭祀性建筑,点燃香火,祈求河上的人平安返家。

踏白船

踏白船也称摇快船,是一项盛行于浙江嘉兴水乡的民间水上竞技,是为祭蚕神而举行的一项活动。据说其名来由与宋将岳飞有关,宗泽因赞赏岳飞的才能与忠勇,任其为"踏白使",为鼓励赛船者以岳飞的无畏气概参加竞渡,故称。

踏白船的船只,即嘉兴水乡常见的农用船,这种船船体稍长,船底呈弧状,涉水阻力甚小,但急摇时左右稳定性较差,乡民称之为"活",因此成就了踏白船在表演时速度较快、惊险的特性。嘉兴三塔塘,位于京杭大运河嘉兴西南段,河道较宽,每年三月十六为蚕神生日,四乡八里的蚕民便摇船云集三塔塘。每条船经过改装,船艄搭上木板横"跳",船尾上安两支琵琶橹,两人一组同摇一橹,船舱帮口两边再安放四五排或五六排木桨,人手一桨,合力齐划,船头插上一面村坊旗号,也有应金、木、水、火、土五行插上相应的红、黄、蓝、白、黑五色牙旗。踏白船比快称"旱踏",竞险称"水踏",女子参赛称"女踏"。农民赛船,纯为娱乐,踏白船竞渡激烈,却无奖品,只是有下一年踏白船开赛发令的荣耀。结乡情,备春耕,是踏白船聚会的内涵所在。如今,踏白船已经被保护起来,它被列入浙江第三批非物质文化遗产名录。

网船会

据《苏州府志》记载,刘猛将军庙始建于南宋景定年间(即公元 1260 年—公元 1264 年),祭祀驱蝗有功的刘姓将军。刘猛将军为谁，历代说法不一，依次为刘锐、刘宰和刘承忠。清光绪《嘉兴府志》记载："雍正二年(1724 年)列入祀典，同治皇帝赠赐'普佑上天王'匾额。"为一年两祭，正月十三为诞祭，冬至后第三日为祭；而民间则以正月二十日为开印日，八月十四日为其诞辰日。历宋、元、明、清四代，刘猛将军庙始终香火兴旺，刘猛将军倍受江南渔家尊崇与敬仰。清朝开始，涟泗荡东北侧的刘猛将军庙开始名声鹊起。光绪十二年(1886 年)的《点石斋画报》载图《网船会》并附文："嘉兴北乡莲泗荡，八月十三日为刘王诞期，远近赴会者扁舟巨船不下四五千，自王江泾长虹桥至庙前十余里内排泊如鳞，是日奉神登舟，接荡巡行，午后回宫，俗名为网船会云"。清宣统年(1911 年)刻印的《闻川志稿》也有描述：一逢开印日与诞辰日，江浙渔船咸集荡中，以数万以为例。至二、三月之交，船之集尤多，谓之网船会。民国 36 年刘王庙庙会盛况文字记载："十八万三千之多的猪头献上神座"，"高高竖着桅杆的大船约有八百余艘，轮船二十四艘，其他汉口船三艘，青岛和香港来的船各一艘，其余小网船和民船更不知凡几"。民国 37 年 4 月 28 日《嘉善民权报》亦记载有刘王庙会"五十万人虔诚顶礼"，敬献给刘王的纱帽"价值黄金六两"。如此盛大的庙会，考之周边地区的佛事以及其他民俗活动，是罕有其匹的。此种大规模的庙会活动直至 1958 年才中止。但即使是刘王庙被拆除的"文化大革命"期间，民间小规模的祭祀活动仍是不绝如缕，从未曾停止过。网船会已于 2006 年列入浙江省非物质文化遗产名录，现正在积极申报国家级非遗名录。

南湖船菜

南湖船菜源于江南水乡，经过嘉兴南湖几代船娘的不断改良，已成为具有自己特色的宴席菜，为禾帮大菜中的一大菜系，在嘉兴烹饪史上独树一帜。追溯历史，南湖船菜在明、清时期盛名一时，当时的游船一般在后舱设有厨房，船娘们在不大的艄舱中，发挥着爆、炒、燎、煮、炸、熘、烩、焖等绝技，因"船"而宜，准备了各色各样的佳肴备料，随时等候客人的招呼享用。南湖船菜贵在精细，原料主要来自南湖特色时鲜，如鱼、虾、蟹、鳗之类，尤其注重原料新鲜和烹饪手艺。船菜的品目有：五香乳鸽、翡翠蟹斗、蜜汁火方、和合二鲜等，许多菜肴均在船上活捉、活杀、现烹、现吃，可谓鲜美绝口。南湖船菜中还有虾仁、虾圆、蟹粉、蹄筋、白木耳、莲子等，名菜有蟹黄鱼翅、八宝鸭、鱼肚、冷拌鳖裙、火腿幢、粉蒸肉等。一般分 6 大碗、6 小碗、4 大碗、4 小碗等规格。据徐珂《天苏阁集》中所载《民国八年嘉兴南湖船宴菜单》云："农历六月廿四、七月初七两期，价格昂贵，船寓大者，每席银洋 16 元或 14 元，次者每席银洋 12 元或 10 元。船菜中另有'呛虾'一品，颇具特色，以活虾剪去须足，用红乳腐卤麻油白糖蘸食，味极鲜美。冷盆中有以蟹腿肉植于盆周，中实蟹黄，风味独特。"一般情况下，一席船菜要分三个时段吃，正合今日的一日三餐制，主宾们初到时，先饷以点心，午餐饷以全餐的一小部分，而晚餐则饷以全餐的一大部分。在品船菜的游船中，一般还备有小食和点心，常备的有南湖菱和南湖风菱、瓜子、蜜饯、粽子、烧卖、包子等。如有特殊需要还可预约，如在大型游船上，可随时点品，如船上没有备货，船娘们会划小舟专门到附近的商行采购，为宾客的服务到位程度，真可谓是无微不至。此时，游客在"舟行明镜中"时，能享受边游边品尝美味佳肴的乐趣。

第三节　桐乡港航处文化建设

桐乡市港航管理处全力抓好站点站房建设，全处六个站点以"文明创建"为抓手，加大软硬件建设力度，做到环境优美、整齐划一。2009 年 2 月，浙江省委、省政府授予桐乡港航处浙江省文明单位称号，2010 年 9 月被交通运输部评为第二批交通运输文化建设示范单位。2009 年 9 月，取得了由桐乡市政府授予的"桐乡市第五批城市园林化单位"荣誉称号。处、站办公全部实现了无纸化、自动化，工作人员统一着装，亮牌上岗，执法船艇标识清晰，行业形象鲜明，为全系统职工工作、学习和生活提供了设施完备、技术领先、环境优美的条件。

抓好文化阵地建设，突出行业文化特色，编制了《职工手册》和《文化手册》，组建了游泳队、篮球队、港航文艺表演 3 支队伍。组织参与社区、广场演出活动，文艺表演队自编、自导、自演的《出航之前》《看看港航新面貌》《疏航》《笛子伴舞》等节目在市交通系统组织的文艺汇演中两次获得一等奖；结合水上行业管理的工作特点，组织开展游泳训练，在嘉兴市港航管理局举办的水上运动会上，连续三届夺得团体总分第一，同时也为市冬泳队培养了一批冬泳选手；还开办了"职工之家"，有图书室、健身房、乒乓室、篮球场。通过职工的踊跃参与，建起了集毛笔钢笔书法、书画、摄影、漫画于一体的"职工文化长廊"，办起了配有电视机、报刊、书籍、棋类等设施的"船员之家"，在户外为船员建起了健身活动场所。每艘巡航艇上配备了“流动药箱”；在办公大楼和各站建起了宣传栏、内部网站，及时更新宣传内容。2004—2008年连续五年被省港航局授予“全省港航管理系统通讯报道先进单位称号”。建起了荣誉栏和形象宣传栏，以实物、奖牌、图片、音像等资料显示港航工作业绩，展示单位形象；加强档案工作和档案室建设，跨入省二级档案达标行列；在京杭运河、杭申线、东宗线等主干线航道沿线设置宣传语、宣传画及公益广告牌，定期制作港航宣传手册、电视宣传片、宣传牌等，统一规范了港航环境形象宣传的视觉主题。

在抓好文化阵地硬件建设中，桐乡市港航管理处努力克服资金不足的矛盾，积极创新工作思路，在处工会组织的号召下，发动全处干部职工向处图书室自愿捐书活动，既解决了图书室购书资金不足的矛盾，丰富了藏书，又彰现了人人参与文化建设的主题。

第四节 旅游景区

嘉兴南湖

嘉兴南湖是浙江三大名湖之一，因位于嘉兴城南而得名。南湖原名马场湖，又叫东湖，嘉兴城西南有西南湖，原称鸳鸯湖，南湖成为旅游地后，人们多把南湖叫做鸳鸯湖。据史籍记载，五代后晋天福年间，这里芦蒿丛生，尚无景观，此后吴越王钱第四子广陵王钱元　任中吴节度使时，在湖滨筑宾舍以为“登眺之所”，后才逐渐形成名胜。明朝嘉靖二十七年，嘉兴知府赵瀛修浚城河，运土填于南湖之中，成湖心小岛，并于次年迁建烟雨楼于岛上，从此形成湖中有岛、岛中有湖的独特景观。

2000年，嘉兴市政府对南湖进行改造，实施南湖疏浚工程，同时进行鱼塘退塘还湖，湖面由原来0.48平方公里扩大为0.58平方公里。兴建和恢复了会景园、壕股塔院、鱼乐国、南湖渔村、放鹤洲等景区，使自然景观与人文景观实现统一，南湖成为四季宜人的江南旅游胜地。湖心岛：湖心岛位于南湖中心，全岛面积17亩。明嘉靖二十七年(公元1548年)嘉兴知府赵瀛组织疏浚城河，将淤泥垒土成岛，次年移建烟雨楼于岛上。清以后又相继建成清晖堂、孤云移、小蓬莱、来许亭、鉴亭、宝梅亭、东和西御碑亭、访踪亭等建筑，形成了以烟雨楼为主体的古园林建筑群，亭台楼阁、假山回廊、古树碑刻，错落有致，是典型的江南园林。1921年7月，中国共产党第一次全国代表大会在南湖的一艘画舫上完成了最后议程，中国革命的航船从南湖扬帆起航。2001年6月，中共“一大”嘉兴南湖会址被国务院公布为全国重点文物保护单位。烟雨楼：烟雨楼是湖心岛上的中心建筑，以唐朝诗人杜牧《江南春绝句》中的“南朝四百八十寺，多少楼台烟雨中”而得名，为中国八大名楼之一。据史籍记载，五代时吴越王第四子广陵王钱元辽任中吴节度使时，在湖滨筑宾舍以为“登眺之所”。嘉靖二十八年(1549)，烟雨楼迁建岛上，从此楼在湖中。现在的烟雨楼于1918年重建，高20米，面积640余平方米，为一座雕梁画栋、朱柱明窗的五楹二层重檐建筑，外加四周走廊，外观雄伟壮丽，在绿树掩映下，显得妖娆多姿。南湖革命纪念馆建于1959年，是中共“一大”嘉兴南湖会址的专题陈列馆。1985年9月，邓小平为纪念馆亲笔题写馆名。1991年6月，嘉兴人民集资320多万元在南湖之滨建成纪念馆，纪念馆从空中俯瞰为一个硕大的党徽图案，占地3800平方米，建筑面积1980平方米，展厅布置了《开天辟地——中国共产党第一次全国代表大会基本史料陈列》和辅助陈列以及部分革命文物。1997年，纪念馆被中宣部命名为全国百个爱国主义教育示范基地之一。2005年2月南湖列入全国百个红色经典景区。南湖画舫即游船一种，俗称丝网船，是南湖中的主要游览工具。画舫有双夹弄、单夹弄，可分前舱、中舱、后舱。前舱搭有凉棚，周饰以精美图案花纹，前舱与中舱间有舱门可以启闭。中为客舱，内有桌椅，可以聚餐娱乐，四周为雕花窗栏，舱顶有煤气灯。舱后为卧房，置有床枕。后舱为厨灶，用以烹饪南湖船菜等美味佳肴。在大、中型游船后还拖有一条小船，供船娘们进城购物及摆渡接客之用。1921年中共“一大”就是在一艘中型画舫中闭幕，并庄严宣告中国共产党成立。1959年在筹建南湖革命纪念馆时，根据“一大”代表及王会悟的回忆，经“一大”代表董必武审定，仿制了一艘画舫。画舫长16米，宽3米，船头平阔，舱内按原布置。现在这艘画舫停泊在烟雨楼前供游客瞻仰。南湖画舫已成为中国革命的象征。南湖革命纪念馆新馆位于南溪路市行政中心东侧，2006年6月28日动工，占地2.73公顷，建筑面积2万平方米，投资1.87亿元。项目的建成对于加强南湖红色旅游经典景区建设，提升党的诞生地形象，具有重要的现实意义和深远的历史意义。会景园：会景园坐落在南湖的南岸，呈半岛形，占地面积33600平方米。园内假山瀑布、楼台庭院、林荫步道、古桥流水，充分展现了江南园林风格。望湖楼台与烟雨楼遥相呼应，醉仙楼传承了金庸小说的神韵，红菱长廊体现了江南水乡风情……望湖广场是嘉兴市民和八方游客观光休闲的好去处，也是群众文娱活动和节日庆典的重要场所，游客服务中心、入口广场、渡游船码头，是南湖风景名胜区内重要的接待服务设施。会景园融望湖赏景、旅游休闲、文化娱乐和旅游接待服务于一体。揽秀园位于南湖西侧，占地11300余平方米。揽秀园之名出于《浙江通志》"秀水东会沪渎，西控语溪，襟带具区，独揽其秀"之语，是南湖风景名胜区内的一处文物碑刻主题公园。明代大书画家董其昌手书"嘉兴府学重修明伦堂记"碑记共1100余字，行笔流畅，风格逸秀，堪称镇园之宝，揽秀园独特的碑刻文物，蕴含了历史、文化、艺术等深层内涵，是嘉兴市重点文物保护单位。小瀛洲位于南湖东北部，是湖中小岛，与湖心岛上烟雨楼南北相望，旧称小瀛洲，俗称小南湖。初为渔民晒网之地，后渐成游览胜处，有仓圣祠、舞蛟石等。岛北为湖滨公园，有九曲桥相连。公园地广20余亩，树青草绿，有亭临湖，坐憩其间，得心旷神怡之趣。壕股塔是古时嘉兴七塔八寺之一，因北临城濠，水曲如股而得名。现重建的壕股塔位于南湖西侧的南湖渔村之中，塔高63.36米，七层，塔身为阁楼式，四周有回廊，沿袭宋代建筑风格。每层的四角翘檐上搁置一个精致佛像，下面垂挂古朴风铃，呈现"影荡玻璃碎，风铃柳外高"的意境。鱼乐国刻石位于南湖烟雨楼宝梅亭下西壁间，明万历三十三年(1605年)董其昌书。南湖渔村位于南湖西北，是明代勺园旧址。据吴藕汀《烟雨楼史话》记载：勺园初建时面积并不大，但到处是楼台亭榭，假山峭削，青松苍翠，秋枫红醉；池中荷花，北背城壕，烟雨楼台，近在咫尺，园楼相对，形成了一个由水系为纽带的建筑群体，环境相当幽雅。嘉兴革命烈士陵园，亦名英雄园，始建于1969年，原址在市区三塔路，是建国后为纪念曾经为嘉兴解放而英勇献身的革命先烈而建的，1996年5月搬迁到南湖风景名胜区。西南湖生态绿洲西南湖生态绿洲占地30公顷，区内拥有乔木、灌木、地被植物共计100多种，分布着葡萄园、枇杷园、桑果园、竹林、银杏林、香樟林、杉林等30多个植物园林，游客可以领略到的是"春看桃李夏赏荷，秋收百果冬看雪"的旖旎风光。放鹤洲：放鹤洲位于嘉兴市城南路西南湖畔，与西南湖生态绿洲隔湖相望。唐德宗时，贤相陆贽建宅园于放鹤洲，因园中有放鹤亭故称为鹤渚，2004年，南湖风景名胜区重建放鹤洲，使之成为南湖景区内又一处重要的人文休闲景点。

嘉善西塘古镇

西塘古镇位于江浙沪三省交界处的浙江省嘉善县，古名斜塘，平川，距嘉善市区10公里。西塘全镇总面积83.61平方公里，其中古镇区面积1.04平方里，人口近8.6万人。西塘——生活着的千年古镇，已被列入世界历史文化遗产预备名单，中国首批历史文化名镇，国家AAAA级旅游风景区，最具水乡魅力影视基地。西塘历史悠久，人文资源丰富，自然风景优美，是古代吴越文化的发祥地之一。早在春秋战国时期就是吴越两国的相交之地，故有"吴根越角"和"越角人家"之称。到元代初步形成市集。西塘与其它水乡古镇最大的不同在于古镇中临河的街道都有廊棚，总长近千米，就像颐和园的长廊一样。在西塘旅游，雨天不淋雨，晴天太阳也晒不到。

图13-1-10　古镇西塘

西塘地势平坦，河流密布，自然环境十分幽静。有9条河道在镇区交汇，把镇区分划成8个板块，而众多的桥梁又把水乡连成一体。古称"九龙捧珠""八面来风"。古镇区内有保存完好的明清建筑群多处，具有较高的艺术性和研究价值，为国内外研究古建筑的专家学者所瞩目。鸟瞰全镇，薄雾似纱，两岸粉墙高耸，瓦屋倒影。傍晚，夕阳斜照，渔舟唱晚，灯火闪耀，酒香飘溢，整座水乡古镇似诗如画，人处其间，恍然桃源琼瑶，不知是人在画中游，还是画在心中移。这是一座千年古镇。

古镇西塘，占地面积1平方公里，古镇区9条河道纵横交织，将古镇分为8个区块，在其中有27座古桥将市镇连通。古镇在春夏秋冬、晴阴雨雪的长久年代里，始终呈现着一幅"人家在水中，水上架小桥，桥上行人走，小舟行桥下，桥头立商铺，水中有倒影"的不断变幻的水乡风情画。

西塘坐落在水网之中，这里的居民惜土如金，无论是商号或是民居、馆舍，在建造时对面积都寸寸计较，房屋之间的空距压缩到最小范围，由此形成了120多条长长的、深而窄的弄堂，长的超过百米，窄的不到1米，形成了多处"一线天"。与此同时，街道弄堂的名称均形象地体现出古镇商贸的繁荣和弄堂的特色，如米行埭、灯烛街、油车弄、柴炭弄、石皮弄等数十个称号与当年的商贸、建筑等都有直接的联系。

到了西塘，临河而建的沿街廊棚最为引人，这里的街道临河而建，商铺的生意就在河边做成。往昔，水乡农家的出行以河为道，以舟代步，许多交易只能在船上岸边进行，为此，一种连接河道与店铺又可遮阳避雨的特殊建筑———廊棚便应运而生，并代代传承，相沿成习。实用的廊棚是水乡特有的建筑，西塘至今保存着1300多米长的廊棚已变成当代人赏古、探幽的休闲一餐。

西塘是个平民化的小镇，所有一切都如此朴素，没有周庄的繁华，没有南浔的富甲之态，没有浓厚的商业氛围，但是西塘的独特魅力令留宿旅者陶醉。

有关历史

西塘在唐、宋时期就已形成村镇，到了元、明朝时，西塘凭借鱼米之乡，丝绸之府的经济基础和水道之便，发展成一座繁华、富庶的大集镇，窑业、米市、食品、制陶业等行业日益兴旺。古镇现存的许多古宅大院，都是古镇先人当时致富后的结晶。由于当初西塘的通行以水路为主，外来骚扰较少，故能使西塘较完美地将古镇保留至今，使得祖先的遗产能延续下去。

地理位置

西塘是江南六大古镇之一，位于浙江省嘉善县。嘉善位于上海西南方向与上海零距离接壤，距上海市中心80公里，大虹桥商务区60公里，西至杭州110公里，南濒乍浦港35公里，北接苏州85公里，处于长江三角洲的中心地带。交通极其方便，沪杭铁路、沪杭高速铁路、沪杭高速公路、申嘉湖高速公路、杭州湾跨海大桥北连接线、亭枫高速连接线、G320国道，都穿境而过，乘坐汽车、高铁、火车均能到达。2010年10月26日，沪杭高铁通车，从嘉善到上海虹桥枢纽站仅需20分钟左右，从嘉善至杭州只需35分钟左右。周边有上海虹桥机场、上海浦东机场、杭州萧山机场三大机场。西塘在嘉善市区北10公里处，乘坐公交快客前往20~30分钟就能到达。风景优美。东侧假山上有“听涛轩”茶室，因假山上有白皮松1株，高数丈，风来稷稷有声，故名。1920年冬天诗人柳亚子来西塘，曾住西园并与西塘南社社友在西园摄影留念，题名为“西园雅集第二图”。1990年3月，在镇西善兴建了总面积16.6亩的公园，为纪念柳亚子来西园，名为“西园”。入园处小桥流水，石狮门厅，园内环绕砖砌花格游廊、水榭、曲桥、假山、凉亭、人工瀑布。有好几家建在该景点旁边的客栈也以此而命名，如西园雅居、西园客栈、西园驿站等等。

主要景点

西塘以“桥多、弄多、廊棚多”的三大特色而赢得广大游人们的青睐，其中西塘旅游公司开发的景点有11个，从逆时针方向走：由古镇中部的叶家弄进入，入西街右转，经“根雕馆(1)、瓦当馆(2)、薛宅钮扣馆(3)”；——到双桥处，直走过安境桥右转，在烧香港，游“倪居(4)、圣庙(5)、木雕馆(6)”；——延西塘港东边古街北上，过狮子桥，可见“黄酒馆(7)”；——沿细长的烟雨长廊，经送子来凤桥，一直往西，来到“醉园(8)、七老爷庙(9)”；——返回环秀桥，右转进“种福堂(10)”；沿西街往东，最终游览“西园(11)”。

西园

西塘西园旧址在西街计家弄内，系明代朱氏别业，后出让给孙氏。园内有树木、花草、假山、亭池等，风景优美。东侧假山上有“听涛轩”茶室，因假山上有白皮松1株，高数丈，风来稷稷有声，故名。1920年冬天诗人柳亚子来西塘，曾住西园并与西塘南社社友在西园摄影留念，题名为“西园雅集第二图”。1990年3月，在镇西善兴建了总面积16.6亩的公园，为纪念柳亚子来西园，名为“西园”。入园处小桥流水，石狮门厅，园内环绕砖砌花格游廊、水榭、曲桥、假山、凉亭、人工瀑布。有几家建在该景点旁边的客栈也以此而命名，如：西园雅居、西园客栈、西园驿站等等。

醉园

初建于明，现在庭院房屋保存完好。园设三进，厅堂回廊，碧池青石，回廊翠竹，秀色醉人。给人印象最深刻的是院子里那座仅容一身过的砖制袖珍小桥，玲珑剔透，具观赏性又有实用性。王氏世代诗书传家，祖父精于书法，父子痴迷版画艺术创作。园内书厅“艺香斋”设有王氏“水乡风韵”版画系列陈列。

廊棚

西塘古镇中最著名的风景线是一道长达近千米、造型古朴的廊棚，所谓廊棚，其实就是带屋顶的街。西塘的廊棚有的濒河，有的居中，沿河一侧有的还设有靠背长凳，供人歇息。廊棚以砖木结构为主，一色的墨瓦盖顶，沿河而建，连为一体，俗称“一落水”。既可遮阳避雨，又可驻足观景，沿途还有别致的小贩卖各种物品，漫步其中，一种思古之情油然而生。

陆坟银杏

陆坟银杏在西塘镇邮电路坟浜弄口，共两棵，雌雄一对。种植于明洪武年间，距今已有600多年。银杏老干婆娑，枝叶茂盛。雄银杏高13.5米，围抱3.92米；雌银杏高9.35米，围绕3.08米。墓主人陆邦出身西塘，做过都堂，为官清正，知识渊博，曾做过明朝通政御使赵文华的老师。传说陆邦的住宅是赵文华用监造嘉善城墙时所多余的城砖建造的，遗址即是现在西塘南棚下的俞家弄。墓现已无迹可寻，只留下了墓周围的石人石马与这两棵老银杏树，依旧屹立于此印证着这段历史。

石皮弄

古镇在明代以前大户人家有唐、王、赵、陆四姓，明以后又有倪、蒋、朱、卜、陆等大户，故多建有深宅大院。宅深形成长长的弄，镇上现仍长短不一的弄122条，其中百米以上的宅弄有5条，最有特色的一条露天弄名叫石皮弄。

石皮弄在西塘镇下西街，“种福堂”西首，是夹在两幢住宅之间的露天弄堂，建于明末清处。在西塘镇122条长短不一的弄中，石皮弄最窄，宽仅1米，弄口最窄处仅0.8米，全长68米，由166快石铺成，弄面平整，下为下水道。石皮弄左右两壁梯级状山墙有6~10米高，至今完整地保留着古老而又独特的风姿。

种福堂

种福堂系清代王氏私邸，王氏源起宋御营司都统制王渊，王渊护驾宋高宗赵构南渡后遭明受之变，其子孙隐没于杭嘉湖一带。清顺康年间，其中一脉子孙移居西塘，兴此宅第，前后七进加一后花园，为典型的明清民居风格。其第三进为正厅，厅堂正中央悬挂有康熙年间翰林侍读学士海宁陈邦彦题名为“种福堂”的匾额，以告诫后人“平日多行善积德，日后定能使子孙得福”。

民间瓦当陈列馆

瓦当是一种材质简陋的建筑装饰配件，由于它不易保存，年代久远，具有一定历史价值。该馆内有花边滴水、筷笼、步鸡、砖雕、古砖、陶俑六大类300多个品种，其中有及富美好愿望的传统瓦当；有带宗教色彩的寺庙瓦当，有表明一定历史时期的政治图案瓦当。

中国酒文化博物馆

古镇西塘在历史上就是个酒镇，“酌好酒，吟好诗”，一直是古代很多文人学士的两大追求。明代初年，大诗人高启乘舟过西塘，特地停下来寻问酒家。在清代，镇上名酒“梅花三白”闻香百里，民国初年的柳亚子多次醉饮镇上，西塘的酒文化，可以说与古镇同步，与古镇齐名。西部的酿酒世家刘西明先生看中了酒镇西塘，将他几辈人收藏的酒文化实物在这里陈列展示，在原有黄酒陈列馆的基础上新开了“中国酒文化博物馆”，从一个酒文化的侧面，用数百件实物对中国酒文化进行了全方位的探讨，融知识性、趣味性、学术性于一体，在追本溯源中，提示了中国酒文化的清晰背景及其深刻内涵，涉及到民俗学、史学、经济学、文学、艺术、医学等多种社会科学和自然科学知识，是中国传统文化的缩影。

倪天增祖居陈列馆

倪天增祖居坐落在西塘镇烧香港南33—35号。清末民初建筑。

倪天增(1937—1992年)，上海市原副市长，出生于宁波，祖籍浙江嘉善，祖父倪祖今为清末秀才，父亲倪维熊自幼接受新学，1929年赴鄞县县政府任建设科科长、局长，自此定居宁波。他为人和人民赤胆忠心，呕心沥血，是备受尊敬的人民公仆。

为缅怀倪天增，展示他勤廉兼优的时代风范，1999年4月，西塘镇人民政府筹款修建倪天增祖居陈列馆，2006年6月进行了改扩建。祖居面阔五间，坐南朝北，占地面积627.1平方米。现存三进，硬山顶。第一进为平房，通面宽16.3米，进深8米；第二进为二层楼房，通面宽13米，进深10.7米；第三进为二层楼房，通面宽9米，进深8.3米(现作为旅游景点及廉政教育基地只开放前二进)。修复建筑面积共428平方米。展馆用较丰富的实物、史料、照片，再现了倪天增同志的卓著功绩和公仆形象。

2004年1月倪天增祖居已被公布为县级文物保护单位。现在该处已成为青少年爱国主义教育基地及浙江省首批廉政文化教育基地。

尊闻堂

尊闻堂建于元末明初，其中堂内的百寿厅堪称一绝。厅内的梁柱、廊窗都有图案，形态逼真，刀法细腻，雕刻精湛。

钮扣博物馆

西塘是中国纽扣之乡，纽扣博物馆馆位于西街上，共有六个展厅：古代纽扣展示区、近代纽扣展示区、现代纽扣展示区、贝壳纽扣生产工艺流程展示区、纽扣应用区、中国结展示区。

根雕馆

西塘是块风水宝地，适合休养生息，还能激发艺术家的灵感。根艺雕刻家张正先生，他祖籍安徽舒城，杭州人，出生于1958年，1999年经人才引进，入住西塘。张正大师的作品立足七分天然，三分人工，有五百件多件大型作品被载入“吉尼斯之最”。张正大师以他出色的手艺与不怕困难的精神被列入世界名人录，誉为“东方之子”。

狮子桥

又名里仁桥，因桥栏望柱上雕有形态各异的小石狮八尊，民间又称此桥为狮子桥。

环秀桥

建于明代万历九年(1581年)，它跨当年的小桐、北翠两圩，环秀桥是西塘镇上最早的高桥。相传昔日晴天时站在桥顶可以北望太湖边上的青山。1997年重建石级拱桥。这里有幅对联：船从碧玉环中过，人步彩虹带上行，描写了过桥的两种方式。乘船是从碧玉环中过，步行则是人步彩虹带上行了。这副对联是脱胎于河北赵州桥上的对联：水从碧玉环中去，人在苍龙背上行。

五福桥

建于明正德年间，修于清光绪二十七年(1901年)。据西塘的老人说，从这桥上走过的人会带上五种福气，分别是：长寿、富贵、康宁、德行和善终。五福桥位于烧香港，倪天增祖居陈列馆以东。

卧龙桥

卧龙桥建成于1719年(清康熙五十八年)。位于北栅市河口，系单孔石拱桥，桥身长31.46米，宽4.95米，桥东坡32级，西坡30级，西堍朝南转角处还有9级。巡杖呈长方形，高44厘米，望柱高71厘米，柱头呈方形。拱圈为纵联并列砌置，工艺精湛，为镇上最高之桥梁。

送子来凤桥

清康熙四十八年、道光十五年重修。来凤桥于1997年重建，其造型及结构别致，适于旅游观赏，为新景点之一。老百姓俗称“晴雨桥”。桥顶的棚，和方砖铺就的长条凳，为游人提供了休息和观赏美景的好去处。而“送子来凤桥”最通体现西塘人细致周到的本性之处，在于桥体上的石阶被一分为二，左侧的石阶是供男人使用的；而右侧被设计成小小的斜坡；原因是，古人考虑到当时女子有缠小脚的陋习，迈步子小，台阶不方便行走，于是做成小斜坡供女子专用。国际影星《廊桥遗梦》的女主角梅利尔来到西塘，也走了这座廊桥。现在每逢周末或节假日，有当地戏迷在桥上自娱自乐吹拉弹唱，将江南水乡的休闲暇意体现得淋漓尽致。

平湖九龙山

平湖九龙山庄园平湖九龙山国家森林公园简介九龙山国家森林公园滨海而踞，位于杭州湾北岸，浙江嘉兴平湖市境内紧傍乍浦古镇。东西一线相距十三公里，共有大小二十四座山头，集山、海、岛和平原水乡风光于一体。

整个九龙山共分为七大区块，有雅山景区、南湾景区、陈山景区、中普陀景区、独山景区等五大景区和益山野营区、黄山渡假区两个功能区。中普陀景区、益山野营区、黄山渡假区合称为省级九龙山旅游渡假区。九龙山是集观光、旅游、渡假、避暑、休闲、疗养、海浴、森林浴及融科研教育于一体的综合性海滨森林公园。

九龙山地理位置优越，南临大海，北连平原；处于上海—杭州、苏州—宁波黄金走廊的十字中心，与四大城市车船行程在二、三小时以内，交通十分便捷；其海滨有“南方北戴河”美称。悠久的历史，丰富的资源，幽静的环境，宜人的气候，造就了众多的景观。奇峰怪石，海雾松涛，有“险、奇、幽、静、怪、绿”等独特的风格。主要景点景观有天然九龙山海滨浴场、南湾古炮台、龙湫石、天马峰、龟石、仙翁石、叠娘石、无欲泉、海红亭、文涛亭、贞女亭、翠微石掌、油港晨曦、日月并升、中普陀禅院、瑞祥晓钟、野生动物园等等。

海盐南北湖

南北湖古名永安湖，亦名澉湖、高士湖。宋绍定三年(1230年)《澉水志》载：“永安湖在镇西南五里，周围一十二里。元以民田为湖，储水灌溉，均其税于湖侧田上，税虽重而田少旱。四周皆山，中间小堤，春时游人竞渡行乐，号为小西湖。”见于文献记载的最早游南北湖者是元至正间(1341—1368年)，诗人顾仲瑛招友刘季章、夏仲信等同游南北湖，吟诗抒情写景，中有“啄花莺坐水杨柳，雪藕人歌山鹧鸪”句，大为当时诗坛泰斗杨维桢赞赏，并和诗《次仲瑛游永安湖韵》。北湖湖心墩白鹭洲，为赏月佳处。明代诗人徐泰来此赏月，留下诗篇，“澉湖湖上桂花秋，海月当年满画楼。仿佛钱塘六夜桥，至今人说小杭州。”明正德十三年(1518年)秋，地方名流许相卿偕友孙太初等泛湖赏月，饮酒赋诗。许相卿说：“昔青莲居士与张谓游汉阳湖，遂改名‘郎官’，今公至此，可名高士湖矣。”伺候南北湖遂被成为‘高士湖’。明清之际，名士冒辟疆偕董小宛来此避兵，今北湖畔鸡笼山麓犹有董小宛葬花处遗址。在北湖边万苍山下，有一座清代藏书楼——西涧草堂，系海宁蒋百里祖上在道光年间所建，曾藏书万卷。梁启超、王国维等都有诗文记述其事。现楼房庭院保存完好，俞平伯特为题额。离此不远处，是建筑精雅的载青别墅，韩国民族英雄金九曾于1932年来此避难，今建有金九事迹陈列馆，成为中韩人民友谊的桥梁。1932年春夏之交，上海明星影业公司来南北湖拍摄电影《盐潮》，编剧阿英，主要演员胡蝶，由地方人事吴侠虎接待，曾在此地盘桓，后有热心者发起纪念此事，在湖堤东首建“明星亭”。湖堤西首的“馨谷亭”，则为纪念热心公益人士朱馨谷。南北湖三面环山，一面临海，面积约35平方公里，地处杭沪苏甬等大中城市的中心地段，位于县城武原镇西南，距上海120公里，杭州80公里，苏州110公里，地域位置十分理想，交通便捷。整个风景区以南北湖为中心，东起长山，西至海宁界，北邻六里堰集镇，南濒杭州湾，由湖塘、三湾、鹰窠顶、谈仙岭、滨海五大景区组成。一堤横卧，分湖南北，不深却曲折，其间有岛；湖的南端是海，闻名中外的钱江潮在此形成，既能欣赏钱江潮源、石帆蜃气等奇景，也能海边拾趣；湖的四周山体连绵，松、竹、茶、橘……近翠远黛，簇拥一池碧水，可谓湖光山色，一片诗情画意。登山至鹰窠顶，将山海湖尽收眼底，农历十月初一，更可观东南奇景“日月并升”。南北湖春日桃红柳绿，百花争艳，茶树吐新；夏天万木垂荫，荷花竞放，湖海浪游；秋季遍野金黄，丹桂飘香，橘压枝头；冬时鹰窠晴雪，苍山皑皑，山海湖浑然一体。游山玩水看海，品茗品橘品笋，参与新鲜刺激的野外拓展训练，享受休闲度假之乐，一切近在南北湖！南北湖古名永安湖，历来是旅游胜地。宋绍定三年(1230)《海盐澉水志》卷三"水门"中记载："永安湖……四周皆山，中间小堤，春时游人竞渡行乐，号为小西湖。"历代文人雅士文徵明、黄宗羲、查慎行、许相卿、董沄、朱彝尊等曾专程往游，并留下不少唱和之作。明代董沄有《中秋泛永安湖》诗：

青山影里弄扁舟，海色湖光并作秋。
午夜云山悲玉笛，九天雨露湿琼楼。
直凌牛豆同清泛，应有鱼龙识醉游。
万里长空传浩啸，冷然鸾凤在沧州。

旧时，南北湖的人文自然景观屡遭兵祸。20世纪30年代初，上海的达官巨贾争相在此圈购土地，欲营建别墅，后因日军侵华战争爆发而终止。"文化大革命"期间，一些文物古迹又遭破坏。1984年，海盐县人民政府成立南北湖风景区规划领导小组(后改为南北湖风景区管理委员会)，对景区分级保护开发。

疏浚北湖和南湖，停办湖周围石厂，使风景区的山水得到较好保护；修复和新建西涧草堂、谈仙岭石城、载青别墅、三湾植物园、黄源藏书楼、陈从周艺术馆、吴越王庙、澉浦钟楼等新老景点；修筑三湾公路、南北湖大道及环湖公路等，各个景点交通大大改善；兴建一批服务设施。

1985年，浙江省人民政府将南北湖风景区列入省级风景名胜区。

海宁观潮

钱塘江

是天体引力和地球自转的离心作用，加上杭州湾喇叭口的特殊地形所造成的特大涌潮。"钱塘一望浪波连，顷刻狂澜横眼前；看似平常江水里，蕴藏能量可惊天"。潮头初临时，江面闪现出一条白练，伴之以隆隆的声响，潮头由远而近，飞驰而来，潮头推拥，鸣声如雷，顷刻间，潮峰耸起一面三四米高的水墙直立于江面，喷珠溅玉，势如万马奔腾。观潮始于汉魏，盛于唐宋，历经2000余年，已成为当地的习俗。钱塘江大潮：钱塘潮(Qiantang Tide)——最壮观的海潮中国历史上，最著名的涌潮有三处：山东青州涌潮、广陵涛和钱塘潮。而在世界上，钱塘潮是世界三大涌潮之一，分别是印度恒河潮，亚马孙潮与钱塘潮。

清费饧璜(1664—？年)《广陵涛辩》云："春秋时，潮盛于山东，汉及六朝盛于广陵。唐、宋以后，潮盛于浙江，盖地气自北而南，有真知其然者"。钱塘潮比广陵涛出现的时间晚一些，至迟在东汉就已形成。王充《论衡·书虚篇》提到"浙江、山阴江、上虞江皆有涛"。又说当时钱塘浙江"皆立子胥之庙，盖欲慰其恨心，止其猛涛也"。但是，王充只说"广陵曲江有涛，文人赋之"，没有说赋钱塘江潮。可见，东汉时，钱塘潮远没有广陵涛出名。估计，当时还未形成钱塘观潮风俗。

观潮风俗

每年农历八月十八，钱塘江涌潮最大，潮头可达数米。农历8月18日在钱塘江上检阅钱塘大潮水军，以后沿习成节。除农历8月18日前后三天观潮节外，农历每月初与月中皆有大潮可观，并可作一潮三看"追潮游"。在中秋佳节前后，八方宾客蜂拥而至，争睹钱江潮的奇观，盛况空前。距杭州50公里的海宁盐官镇是观潮最佳处。古时杭州观潮，以凤凰山、江干一带为最佳处。因地理位置的变迁，从明代起以海宁盐官为观潮第一胜地，故亦称"海宁观潮"。"钱江秋涛"闻名国内外，早在唐宋就已盛行。观潮之日，尤在农历八月十八日前后几天，路上车如水流，人如潮涌。远眺钱塘江出海的喇叭口，潮汐形成汹涌的浪涛，犹如万马奔腾，遇到澉浦附近河床沙坎受阻，潮浪掀起三至五米高，潮差竟达九至十米，确有"滔天浊浪排空来，翻江倒海山可摧"之势。不同的地段，可赏到不同的潮景：塔旁观"一线潮"，八堡看"汇合潮"，老盐仓可赏"回头潮"。钱江观潮位于杭州东北45公里海宁盐官镇。

交叉潮

距杭州湾55千米有一个叫大缺口的地方是观看十字交叉潮的绝佳地点。由于长期钱塘潮的泥沙淤积，在江中形成一个沙洲，将从杭州湾传来的潮波分成两股，即东潮和南潮，两股潮头在绕过沙洲后，就像两兄弟一样交叉相抱，形成变化多端、异常壮观的交叉潮，呈现出"海面雷霆聚，江心瀑布横"的壮观景象。两股潮在相碰的瞬间，激起一股水柱，高达数丈，浪花飞溅，惊心动魄。待到水柱落回江面，两股潮头已经呈十字形展现在江面上，并迅速向西奔驰。同时交叉点像雪崩似的迅速朝北转移，撞在顺直的海塘上，激起一团巨大的水花。

一线潮

大缺口交叉潮之后，赶快驱车到盐官，观看一线潮。未见潮影，先闻潮声。耳边传来轰隆隆的巨响，江面仍是风平浪静。响声越来越大，犹如擂起万面战鼓，震耳欲聋。远处，雾蒙蒙的江面出现一条白线，迅速西移，犹如"素练横江，漫漫平沙起白虹"。再近，白线变成了一堵水墙，逐渐升高，"欲识潮头高几许，越山横在浪花中"。随着一堵白墙的迅速向前推移，涌潮来到眼前，有万马奔腾之势，雷霆万钧之力，势不可挡。一线潮并非只有盐官才有。凡江道顺直，没有沙州的地方，潮头均呈一线，盐官位与河槽宽度向上游急剧收缩之后的不远处，东、南两股潮交会后刚好成一直线，潮能集中，潮头特别高，通常为1~2米，有时可达3米以上。气势磅礴，潮景壮观。

回头潮

从盐官逆流而上的潮水，到达下一个观潮景点老盐仓。老盐仓的地理环境不同于盐官，盐官河道顺直，涌潮毫无阻挡向西挺进，而老盐仓的河道上，出于围垦和保护海塘的需要，建有一条长达660米的拦河丁坝，咆哮而来的潮水遇到障碍后将被反射折回，在那里它猛烈撞击对面的堤坝，然后以泰山压顶之势翻卷回头，落到西进的急流上，形成一排“雪山”，风驰电掣地向东回奔，声如狮吼，惊天动地。

半夜潮

午夜，江面上隐隐传来“沙沙”响声，在蒙蒙的水面上一条黑色素练在浮动，时断时续，时隐时现。少顷，声音加骤，潮水夹着雷鸣般的轰响飞驰而来，把满江的月色打成碎银，潮头如千万匹灰鬃骏马在挤撞、在撕打，喷珠吐沫，直扑塘下，犹如十万大军兵临城下。涌潮前浪引后浪，后浪推前浪，在江面形成一垛高耸潮峰，波涛连天，好似冲向九天皓月。北宋诗人苏东坡还为此写下了这样一首诗篇：“定知玉兔十分圆，已作霜风九月寒；寄语重门休上钥，留得夜潮月中看”以表情怀。

盐官观潮景区景点介绍

海宁盐官观潮景区是中国历史文化名镇、国家AAAA旅游景区。地处钱塘江畔的古城盐官，2200年前的西汉，吴王刘濞设司盐之官于此，地以官名，为历代海宁州(县)治所在。盐官自古物华天宝、人文荟萃、宗教兴盛。景区集自然奇观与人文盛景于一地，这里有壮观天下无的海宁潮；有隐藏“乾隆身世”的陈阁老宅；有“江南紫禁城”之称的海神庙宫；有感受金庸先生儒雅气质和侠义精神的金庸书院；有再现央视版《鹿鼎记》中扬州古城风貌的宰相府第风情街；有孕育“国学第一人”的王国维故居；有感受身临其境观影体验的4D动感影院，有建设中的海宁中国武侠(影视)文化产业基地……一日游千年，满城尽奇观。

观潮胜地公园

是天下奇观“一线潮”的最佳观赏点。海宁盐官天天可观潮，月月有大潮，每月农历初一至初六，十五至二十均为大潮日，全年有150多个观潮佳日。公园全长1360米，内有体现潮文化历史和观潮习俗等景观多处，如国家级重点文物保护单位鱼鳞石塘，明代占鳌塔、乾隆手植古朴、白石台广场，还有潮文化展示馆、4D动感影院、房车露营基地等。

陈阁老宅

是清代大学士陈元龙的故居，距今已有400余年历史。现存有“陈家三宝”——明代陈氏法帖碑刻、雍正帝御赐的“躬劳著训”九龙原匾、青春依旧的600年古罗汉松。更有乾隆六下江南四驻海宁的史实和乾隆身世之谜的民间传说，使这座地位显赫而又讳莫如深的宰相府第充满了传奇色彩。

金庸书院

按清嘉庆年间的安澜书院之建筑格局设计建造，分东、中、西三路。东路为居住休息区；中路为藏书展示区；西路为接待游览区。书院较为全面地展示了金庸先生的学术成就，成为研究和弘扬金庸武侠文学的重要场所，以及金庸先生回乡讲学、传播学术思想的圣地。

海神庙

国家级重点文物保护单位。建于清代雍正八年(1730年)，素有“江南紫禁城”之美誉。除建筑肃穆端庄外，“海神身份”的传说使这里蒙上了“雍正篡位”的层层迷雾。内有清代四位帝皇所赐御匾五块，以及雍正、乾隆合题的父子双皇御碑，给海神庙带来了异乎寻常的皇家气度，也使“海神”之谜更加扑朔迷离。

王国维故居

国家级重点文物保护单位。建于1886年。“国学大师”王国维在此度过青少年时代的十二个春秋，以后即使游学在外，仍每年回来小住，王国维称其为“西城小屋”。(王国维是中国近代享有国际声誉的学者，与梁启超、赵元任、陈寅恪并称为清华四大导师，著有《人间词话》等著作62种)。

花居雅舍

相传原是宋代名妓李师师开设的“青月醉花楼”。现花居雅舍被辟为青楼文化陈列馆，探讨青楼作为文化现象在整个中国古代文化中的地位和得失，力求从文化的角度来展示、诠释中国古代的青楼形态。它也是央视版《鹿鼎记》中“丽春院”的主要场景地。

江南民俗风情馆

原是嘉善县孙县令的家宅，这座房屋的建筑挑梁完整，保存得比较好，现在这个馆里面着重展示了“人类非物质文化遗产”——海宁皮影戏的历史传承、制作工艺和传统剧目表演等，另有展现江南水乡农家生产用具和蚕桑习俗的“农耕时代”和“养蚕人家”。

国棋圣院

是乾隆、嘉庆年间两位围棋大师范西屏、施襄夏进行弈技切磋的主要场所。国棋圣院内有弈圣堂、天元楼、弈渊斋和厅竹轩四个展厅，主要展示了范西屏、施襄夏二人的生平史和中国围棋的发展史，天元楼也是当年乾隆皇帝与范、施二人纹枰对弈之处。院内还有双圣亭、荷花池、桃花泉等景点。

宰相府第风情街

是一条以宰相府第——陈阁老宅与乾隆帝密切关系为核心、蕴含深厚历史文化、再现江南千年古城风情的特色人文街区，全长700米。街区融名人故居、官僚豪宅、城隍古庙、传统商铺、民俗文化于一体，古风悠悠，风情独特。街区内拥有各类特色商铺、餐饮等近百家。

杨兵部宅(景疏园)

杨雍建老宅，现为景疏园展馆，是融合廉政文化和家训文化的市廉政文化教育基地和家训主题文化园。园内布展分“清朝第一谏臣”“海宁历史谏臣”“海宁廉洁家训”“古代廉洁家训”“当代红色家训”五个篇章，利用文史资料、实物、雕像及4D幻影成像等多种展示手段，集中展示了海宁古代清官廉吏、先贤乡绅的廉洁家训，以及老一辈无产阶级革命家教育子女的事迹。

晴雨楼藏砚馆

位于宰相府第风情街和潮韵街交界处，这里展示了千百年前各朝各代古砚和砚石标本六百余方，再现古砚的发展历史和文化内涵。每一方古砚背后凝结着都是勤奋与刻苦，或是莘莘学子的苦读，或是皓首穷经的沉吟，沧桑的古砚凹陷的砚堂会向人们还原一个个黄卷青灯的故事。

4D动感影院

位于观潮胜地公园潮文化展示馆内，采用国际先进的4D特效高清数字立体电影播放系统和JB15.1环绕立体声音响，拥有72座4D全功能动感座椅，将听觉、视觉、嗅觉、触觉及动感完美地融为一体，真切感受到“如梦如幻”、身临其境、全方位感受钱江大潮的4D震撼效果。

桐乡乌镇

乌镇自古繁华，千百年来，古镇民居临河而建、傍桥而市，镇内民风纯朴，是江南水乡“小桥、流水、人家”的典范，同时乌镇又有其他小镇所没有的临水建筑——水阁，乌镇由此又被称为“中国最后的枕水人家”。乌镇历史悠久，是典型的江南文化古镇。乌镇水乡风貌完整，保持了完整的江南水乡格局。乌镇民俗风情浓郁，是反映江南水乡生活的活化博物馆。乌镇经济发展迅猛，是长三角地区著名的富庶之镇。乌镇古镇得到了有效保护，在保护与开发中求得了持续和谐发展。2001年乌镇被列入世界文化遗产预备清单；2002年获国家AAAA级景区称号；2004年被建设部国家文物局命名为首批中国十大历史文化名镇，荣登浙江省十大人气最佳旅游景区首位，获联合国颁发的“2003年亚太地区遗产保护杰出成就奖”；乌镇已连续四年入选中国“黄金周”假日旅游预报统计重点景区名单。乌镇，正逐渐成长为一个世界的旅游品牌。

图13-1-11　乌镇老街

西栅

西栅景区由12座小岛组成，60多座小桥将这些小岛串连在一起，河流密度和石桥数量均为全国古镇之最。例如，通济桥和仁济桥两桥成直角相邻，不管站在哪一座桥边，都可以看到一个桥洞里的另一座桥，故有“桥里桥”之称。“桥里桥”是乌镇最美的古桥风景，堪称桥景一绝。

在西栅有许多“老底子”的东西——老街长达数公里、青石板路、屋子有一半挑在水上。有纯手工的制酱作坊，手工铸造的生铁锅，始创于光绪初年的益大丝号蚕丝，游客可以亲手在老底子的缫丝机上操作。

江南百床馆

江南百床馆，是中国第一家专门收藏、展出江南古床的博物馆，座落在乌镇东大街210号，又称赵家厅，面积约1200多平方米，内收数十张明、清、近代的江南古床精品。从富商大贾到极普通的平民百姓的各式木床无不具备，从一床一室到一床多室(床内备有化妆间、卫生间、仆人间等)。既有贵胄们的奢华，也有普通百姓的俭朴，此展览是中国床文化的集大成者。

馆内第一展厅陈列的有：明·马蹄足大笔管式架子床等，采用木架构造形式，造型简洁、朴素，比例均衡，并强调家具形体的线条形象，体现了明快的艺术风格，同时充分利用硬木的色泽和纹理特点，不事雕琢，多用原木漆，浑然天成；第二展厅的有清·拔步千工床等床，这批床材质优良，工艺复杂，制作精良，是木雕床中的精品，其中清·拔步千工床被誉为“镇馆之床”，用料为黄杨木，长217厘米，深366厘米，高292厘米，前后共有三叠，此床历时3年方才雕成，用工千余，故有其名。

这些雕工精美、历史悠久的古床在江南百床馆里可谓目不暇接，它们有的雕工精湛、风格独特，有的装饰华丽、豪华气派，无一不是江南木床中的精品。不由人不由衷地感叹中国文化的博大精深。同时它们也从一个侧面反映了中国劳动人民的高超工艺，对艺术的感悟及对结构造型的丰富想象力。

江浙分府

江浙分府明代称浙直分署，是乌镇历史上特有的一个政府机关。职掌巡盐捕盗，兼理地方词讼，俗称二府衙门。自明朝嘉靖间设立，至民国初撤销，几经革复，数易其址，历时三百七十余年。

乌镇地处两省(浙江、江苏)三府(嘉兴、湖州、苏州)七县(桐乡、石门、秀水、乌程、归安、吴江、震泽)交界，人烟辐辏，河港纵横，杂隶难治，易藏奸宄。明嘉靖十九年(1540年)，原任广东按察副使镇人施儒，奏请分立县治未果，部议添设通判一员，驻镇督理，建廨于普静寺之东，名添设馆署。隆庆二年(1568年)，为前官常有别项差委，不驻乌镇，实在郡城，遂指为冗员，奉议裁革。万历三年(1575年)，因乌镇周边盐盗猖獗，准参政朱炳如、巡抚谢鹏举、巡按萧禀的会疏，改添设总捕同知一员，钦给“督理巡盐捕盗同知”关防，常川驻劄乌镇，专一缉捕盗贼，兼管水利盐法，随便受理词讼，革除奸弊，附近府县悉听约束。由是扩建原有廨宇，称浙直分署。

清初沿袭明代建置，仍为添设同知，署所依旧。顺治四年(1647年)奉例裁革，廨宇尽毁。康熙元年(1662年)，准分守道张武烈条陈，将湖州府总捕同知移驻乌镇，给以“控制江浙巡盐捕盗”关防。镇人董汉策捐西中桥左之空房为廨，名督捕同知署。十八九年间署圮，官员回驻府城。雍正三年(1725年)，镇绅以盐盗不靖，吁请总捕同知仍驻乌镇，以资弹压。翌年，巡抚李卫题准，改湖州府总捕同知为乌镇捕盗同知，再无回驻郡城之虞。六年(1728年)给价买西栅官人桥西之进士唐彦晖故宅，拨官银改建为廨，称江浙分府。咸丰十年(1860年)兵燹，毁大堂，同治四年(1864年)重葺。民国成立废同知，衙成空屋，四年(1915年)标价售入民间，署宇卸除，渐次成为民宅。2004年，江浙分府依照清同治间的旧貌原址复建，以存历史陈迹。

江南民俗馆

东栅的金家，曾是这里的一方富庶，其居所成就了一段江南生活的记载，展示了晚清至民国时期乌镇民间有关寿庆礼仪、婚育习俗和岁时节令等民俗。精彩的蜡像塑出了一幕幕婚丧嫁娶的话剧，处处融入了对美好生活的期盼。衣俗厅以实物、蜡像、照片等不同手段展示百余年前江南民间穿着习俗，可以从中西合璧的风格中窥视历史的缩影。节俗厅通过一年不同节气中乌镇人不同的生活习俗，比如春节拜年、元宵走桥、清明香市、立夏秤人、端午吃粽、水龙大会、天贶晒虫、中元河灯、中秋赏月、重阳登高、冬至祭祖等，生动地展示了一幅江南水乡风情长卷。婚俗厅以喜堂拜堂为中心，通过新人、媒婆、父母等人物以及花轿、嫁妆等实物展示婚庆的热闹场景。寿俗厅以老人祝寿为主题，通过厅堂的吉庆实景和字画、寿幛、寿桃、寿面等特有的做寿物品，展示了敬老尊老的中华传统。

江南木雕陈列馆

原为东栅徐家的豪宅，又名百花厅，以其木雕精美而闻名。它雕梁画栋，尤其是门楣窗棂上的人物、飞禽、走兽，通过圆雕、平雕、透雕、镂空雕等表现手法表现得出神入化，正室偏屋内更陈列了丰富的中国古代木雕精品器件。

木雕馆里的木雕取材丰富，有“八仙过海”“郭子仪祝寿”等民间传说，有“打渔”“斗蟋蟀”“敲锣打鼓”等生活场景，也有“龙凤呈祥”“松鼠吃葡萄”“梅兰竹菊”等传统图样，以古朴的风格，细腻精巧的表现手法，刻画出具有江南地方特色的民俗风情。其中的郭子仪祝寿骑门雕花大梁长四米，宽约40厘米，用整块樟木精雕而成，雕刻着唐中兴名将郭子仪做寿的场面，人物个个神态逼真，栩栩如生，曾有客商出资数十万而欲购不得。

余榴梁钱币馆

余榴梁，土生土长的乌镇人，钱币收藏大家，著有《中国花钱》《中国鉴赏与收藏》《钱币》《钱币漫谈》《钱币学钢要》《世界流通铸币》等十多部学术专著。他苦心集藏四十年，拥有世界上230多个国家和地区的历代钱币近2.6万余种，其中有金属流通货币、纸币、花钱等，材质有金、银、铜、铁、锡、铝、铅、锑、陶、镍、纸、竹、骨、琉璃、塑料等15种，钱币馆内分批展出的皆为余先生数十年来收藏之精品，上起夏商，下至现代，绵延整整30个世纪，其数量之多、范围之广、品种之全在全国首屈一指。

文昌阁

立志书院门前河埠上有一幢楼阁，名文昌阁。书院与阁之间，仅隔一条不宽的观前街。旧时读书人到文昌阁，一般都有下人陪同乘坐小船前来。小船就泊在阁下的河埠边，读书人上楼，下人就在过道两旁的长凳上坐着等候。

清末科举废止，文昌阁便成了镇人游玩的地方，同时由于长期以来造就的中心地位，它又是镇人的新闻传播中心。

立志书院作为茅盾纪念馆的一部分，按原样恢复后，文昌阁重现飞檐临波的风姿。

茅盾故居

茅盾故居是嘉兴市唯一的中国全国重点文物保护单位，坐落在乌镇市河东侧的观前街17号，四开间两进两层木结构楼房，坐北朝南，总面积450平方米。故居分东西两个单元，是茅盾的曾祖父分两次购买。老屋临街靠西的一间房是茅盾曾读过书的家塾，故居内部的布置简单，却散发着沈家世代书香特有静雅之气。

茅盾故居本不是他的祖居，当年的祖居在乌镇的乡下。此处房屋是他成名后用稿费自行建造的一个住所，故居包括卧室、书房、餐厅等建筑，其家具与布置仍是茅盾当初居住时的样子。

夏同善旧宅地

夏同善本是浙江钱塘人(今杭州市)，清同治十年(1871年)任兵部右侍郎。夏自幼丧母，后其父续娶之女为桐乡乌镇人。继母婚后对夏同善关怀备至如同己出，在夏同善幼年读书之时，杭州城里其热无比，因此年年夏天他便到乌镇读书，年深日久乌镇就成了夏同善的第二个故乡了。

《杨乃武与小白菜》这个轰动江南的四大奇案之一，发生在杭州府余杭县，离乌镇及杭州都不过百里之遥。此案最后的审判者夏同善又与杨乃武有些瓜葛。《杨乃武与小白菜》一案昭雪后，杨乃武虽然已是举人但从此终生不第，以悬壶济世度过了余生。而小白菜葛秀姑却来到了桐乡的乌镇，来到了夏同善的外祖母家，为报答夏同善的救命之恩，情愿为他叠被铺床，侍奉晨昏三月有余，然后到乌镇的一个尼姑庵削发为尼。现悬挂夏同善画像的大厅就是夏同善与小白菜当年交好的地方。

古戏台

修真观戏台是道观的附属建筑，建于清乾隆十四年(1749年)，与修真观一样屡遭毁损，但1919年的那次修缮后，便一直保持到今天。戏台占地204平方米，北隔观前街与修真观相对，南临东市河，东倚兴华桥。戏台为歇山式屋顶，飞檐翘角，庄重中透着秀逸。梁柱之间的雀替均为精致的木雕，艺术价值极高。台为两层，底层用砖石围砌，进出有边门和前门。边门通河埠，底层后部有小梯通楼台，亦可通过翻板门从河埠下到船里。楼台分前后两部分，后部是化妆室，雕花矮窗，宽敞明亮；前部是戏台，正对广场。

旧时戏台两边的台柱都有对联，这个戏台也有一副：“锣鼓一场，唤醒人间春梦；宫商两音，传来天上神仙。”正中上方悬一横额“以古为鉴”。昔日，正月初五的迎财神会、三月廿八迎东岳庙会、五月十五迎瘟元帅会等，都要在戏台演神戏，招待修真观中的诸神。平时，还演出一些“罚戏”。罚戏是乌镇传统的一种解决纠纷的方法，凡有人损害公益犯了众怒的话，当事人得出钱请戏班子在神前演戏，以示忏悔。

1937年，上海救亡二团来乌镇宣传抗日，在戏台演出了当时很著名的话报剧《放下你的鞭子》。

汇源当铺

在应家桥和南花桥之间，五开间的门面，楼上楼下，1.8米高的柜台，煞是气派。据《乌青镇志》记载，乌镇典当行最多时达13家，太平天国前还有7家。到了1931年，只有汇源当1家还支撑着，到了日军入侵之前，典屋也只出不进，不久即告停业。自汇源当关门大吉，乌镇典当行的历史便划上了句号。

当铺四周有高墙围护，靠外墙脚均用一人头高的条石筑就，使盗贼无法翻墙、掘洞，更有高出屋顶的更楼有人日夜嘹望。大门用不易着火的厚实的银杏木制成，外包铁皮，内有坚实的门闩、落地闩，外人很难破门而入。进门有关帝堂，以示忠义为本，兼有驱除邪恶的企求。头埭为店厅，是收兑典物的交易场所，除汇源当外都设有高柜台、木栅栏。当典物者递上衣物后，听凭当里朝奉居高临下吆喝开价，低人一头。后埭是库房，为了防火，埭与埭的舍房各不相连，更在庭院中放了不少挑满水的七石缸，称之为“太平缸”。

汇源当是徐东号第九世孙徐焕藻(茗香)于道光年间创办的。徐东号资金雄厚，又好做善事，从以下两事看，他开典当不单是为了赚钱。一是不设高柜台和木栅栏，交易时双方可以平等论价。二是每年的十二月(初一到月底)千文以下的典户不计息，而且典值也放得比较宽，而且连石臼也可以入典，此举完全是为了照顾贫民。所以在乌镇徐东号无人不知。

第二章 文化精品

第一节 古桥楹联

三官堂桥(嘉善县)楹联:

东联:南极星临,快驾长虹以康济;东升日丽,请留司马之名题。

西联:名著见龙:即此卜当阳盛事;挠通画益,恰喜沾活水来源。

流庆桥(嘉善县)楹联:

上联中,有4字埋人土中,不可辨认。

下联:"翠柳拂长溪,平分八字;苍龙临下界,挠护三清。"

沈荡大桥(海盐县)楹联:

南正联:砥柱在中央,善西在宋坡,南通殷水;浮图同射影,严虹流华渚,星涣文昌。

北正联:螺来剧鲜妍,胜地接三塔,双溪不远;鸿工成略仢,文澜汇旋源,玉水长流。

南侧联:阁峙西南咫尺文星常朗照;塘分上下往来坦道庆同遵。

北侧联:雁酋重排数载经营汉旧制;红腰腹睹万年巩固镇中流。

欤城桥(海盐县)楹联:

东联:西流砍石东接秦溪帆影飞归青雀舫,南注海昌北连鸳水橹声荡人碧云天

西联:虹影喜重辉试看秋水长天舶舻千里,鸠工成不日从此夕阳古渡锁钥双流。

当湖第一桥(平湖县)楹联:

东面上联:影接梯云,万里程开腾骥足;

下联:潮来拓水,一声胪唱冠鳌峰;

西面上联:雄踞西关,一水潆洄钟淑美。

下联:恩迎北阙,群英次第践清华。

马厩庙大桥(平湖县)楹联:

东上联:半月偃赵径,五坊门户,隔岸拱星枢,南望海沙,北通汉水;

下联:长虹环马厩,三县交通,横塘澄月影,东连泽浦,西潮硖川。

西上联:扬机东驶,怪联三柳口,万狩渡景公,庙貌至今称马厩;

下联:驱车南望,遥指九峰巅,西区沿大易,塘名终古属赵泾。

秀源桥(平湖县)楹联:

上联:雉围右堞连云势,

下联:虹卧晴波映日晖。

南高桥(桐乡县)楹联:

上联:望一点含山西峙,遥看塔影小於鍼,

下联:接三条渚水南来,曲抱溪流清似玉。

大通新桥(桐乡县)楹联:

上联:虹梁跨塘北,重题柱石仿彭河;

下联:归路出城南,百里水程窥省会。

司马高桥(桐乡县)楹联:

东上联:碧浪驾舆梁,事隶夏官资共济

下联:白栏依雉堞,情深秋水溯伊人。

西联已残缺,有字迹隐约为:

司马赐嘉名,谁继长卿高风标题有兆。

第二节 有关文辑

赵文伟修运河塘记

明嘉靖二十六年(1547年)嘉兴赵瀛筑语儿塘。籍载《赵文华修运河塘记》:嘉兴为东南水陆之冲,运河经其城限延衮百余里,贡赋漕挽淌使皆出焉。南极语儿泾,为土塘,北人闻川(王江径镇古名)为石塘,皆水便陆,自闻川以南,处杭嘉下游,其水特大,时水泛滥,辄奔驰横决,伤沿河诸塘,而田则又依塘。浚河,行水溉田,故塘益受伤,其势易败,败则石渝干淘,桩戟立,往往触舟破之;石去而土溃,塘新如栉途,而纤者危饰不能度,则时有堕栩,风雨水雪之候,其患尤甚,使有司者时省而谨修之,其败虽易,可以即完,无患也,顾今吏多视时令堂陛跬步闻,忽漫不省,谁复介意水陆之行旅耶!……丁未九月令属邑司水者各修其

徐，而缮运河之塘，石塘起衫青，迄闻川；衮凡二十七里，广凡若干尺，……上塘起语儿，迄西水，凡百有十里，亦残缺不治矣，并令新工、凡再阅月而二塘告成。

民国时期“东方大港”计划

计划港当位于乍浦岬与澉浦岬之间。此两点相距约十五英里。应自此岬与彼岬建一海堤，而于乍浦一端离山数百尺之处，开一缺口，以为港之正门。此种海堤可分为五段，每段各长三英里，因现在先筑一段，长三英里，阔一英里半，已得三四方英里之港面，足供用矣。至于商务长进，则可以逐段加筑，以应其需用。前面海堤，应以石块或士敏土坚结筑之，其横于海堤与陆地间之堤，则可用沙及柴席垒成，作为暂时建造，以备扩张港面时之移动。此港一经作成，永无须为将来浚渫之计。盖此港近旁，并无挟之水，日后能填满此港面及其通路者也。在杭州湾中，此港正门为最深之部分，由此正门出至公海，平均低潮水深三十六尺至四十二尺，故最大之航洋船，可以随时进出口。故以此计划港作为中国中部一等海港、远胜上海也。

以抵抗最少之原则言：吾之计划，乃在未开辟地规划城市、发展实业皆有绝对自由，一切公共营造及交通计划均可以最新利之方法建设之。即此一层，已为我等之商港将来必须发展至大如纽约者之最重要之要素矣。且上海所有天然利益，如其为中国东部长江商港，为其中央市场，我之计划港亦复有之。更加以由铁路以与大江以南各大都市相交通，此港较之上海为近。抑且如将该地近旁与芜湖之间水路加以改良，则此港与长江上游水上交通，亦比上海为近。而上海所有一切人为的繁荣，所以成为一大商埠，为中国此方面商务之中心者，不待多年，此港已能追及之矣。以其建造将较上海廉数倍，工作亦简单数倍，故此计划港将为可获厚利之规划。

（孙中山著《建国方略》之二“实业计划”【民国10年版】）

重建皂林东桥记（1457年）

是桥名便民其最朔也，明天顺初改木桥为石，清乾隆二十九年(1764年)重建，榜白皂林桥。距今一百五十一年矣，逐渐损坏，北挽倾积，环洞顶缝亦松裂，势将倾倒。此处为吴越通津，日过千樯，危险殊甚。邑人士概然急谋兴修，以乏款未克鸠工。民国五年春，县知事昆陵余大钧捐俸，为倡众翁从元，时绣渔，褒忠祠。积有余款，公决移助三千金，其余则移公。好义者合力劝助，得金如用数。即筮日拆卸筑桩重建。邑绅金阁等，董其事阅，十月而桥，戊长一百九十尺，阔二十尺，高加其洞之九尺，式仍其旧，用钱七千一百九十千。此惠政之克，撮其概，略而为之记。

桐乡县知事：余大钧，民政科主任：沈思睿

发起人：劳乃宣、沈伯荣、程宗洛、徐堂、沈善保、刘富槐、吴宝清、沈承伟、黄际唐。

董事：金伦，监士：张九皋，石作：周加杰、汤贵仁

中华民国五年十月

民国时期的转运行、报行情况

民国时期，上海杭州运销浙西内地货物，以及内地驿出货物，铁道则有转运公司代为包办起卸，水道则有报关行专承报关包运，各取相当手续费，客商货主均获便利。据民国23年(1934年)《中国经济志》载：嘉兴县有转运公司18家，汇列如下表：

表 13-2-1　18家转运公司概况表

名称	地址	职员人数	资本额（元）	营业额（元）
裕兴隆	嘉禾路	4	200	1200
鼎　通	*	2	100	1000
赵敬川	*	2	100	800
大　兴	*	2	200	1500
乾大成	*	2	400	2300
泰来和	车站路	3	800	2700
同　业	竟成路	3	400	2600
安　泰	车站路	2	200	2300
协　和	*	2	300	2500
莫乾记	*	0	500	5500
徐大新	*	2	200	800
生　泰	竟成路	2	200	100
茂　记	*	2	300	1400
协　记	宣公桥堍	7	1000	3500
茂　新	春波桥	6	1000	4200
协济亨	王店镇	3	500	2300
徐大济	*	2	200	1800
华盛义	*	2	200	1500
合　计		54	6300	33900

注：各公司工人，均系临时雇佣，故未列入。至于运货每件价格，亦无规定，大抵取其轻重，视其大小，估计运费，高者的一角，低者三四分。

报关行有6家均设于洋关街，商民转运货物多不明报关手续，故愿出佣金委托报关行代为办理并转运。各报关行概况，如下表：

表 13-2-2 6家报关行概况表

牌号	地址	经理姓名	资本额（元）	全年营业额（元）	备注
祥记	石前街	陆锦富	500	1625	经营烟叶居多
屠炳记	洋关街	屠炳昌	400	1000	经营卷烟居多
丰顺公	*	罗春兰	600	2500	经运南北货大宗
永丰泰	*	王有生	600	1800	经运烟叶菊花
万永兴	*	陈钜卿	700	3500	经运火油
增华	*	朱秀山	1000	5000	
合计			3800	15425	

杭嘉段通车典礼

宣统元年闰二月二十五日(1909年4月16日)为全浙铁路杭(州)嘉(兴)段开通之第一日，各界发起欢迎会。公司中是日用新制头二等合轨车2辆，遍扎彩旗、花球、门额，其三等客车6辆，亦新制。上午九点钟，由闸口开行，乘客二百余人，在车招待者均制服。其浙路巡警、委员、童事均衣冠。九点二十分，由清泰站开行，过艮山分道，至笕桥，次临平，次许村，到长安是日。该处赛会，观者塞途，时已十一点钟。次周、斜桥、到硖石已十二点钟。该处亦赛会，观者数千人，公司职员，因此段路轨新铺，虑土方不胜，特令改换小车头开行，车速极缓，一点半钟到嘉兴，欢迎者唱歌申贺，车站一带除官绅、学商、团体外，来观者人山人海，万头横动，军乐雷鸣，各学生擎枪举手，队伍肃穆，总计约四百余人，按照预定单分赠旗匾。礼毕，嘉府杨太守遣代表钱大令暨嘉秀二县胡秦两大令，登车游观，款以茶点，三点三十分开车，军乐擎枪欢送如礼。六点钟到长安，换用大车头，至清泰下车时，仅七点半钟。

苏嘉铁路试车

苏州通信，横贯江浙两省、衔接京沪路及沪杭路之苏嘉铁路兴建以来，一载有半，各项业已全部告竣，惟沿路王江径、盛泽平望、北坼、吴江、相门、苏州等车站房屋，尚在建筑中，工程处限于一个月内完工，该路总工程师以及各段工程师等，二十七日上午九时，由嘉兴特开专车一列，缓行来苏，同时，沿途视察工程，至下午四时许，始到达苏州站，当晚寓苏站，京杭之杭甬两路局长暨该路秘书车务处长等，于二十八日上午八时，由沪乘第四次京沪特别快车来苏，于九时半到达苏站，十时许，改乘二十七日由嘉兴开来之公务事车，离苏驶往嘉兴，作为第一次正式试车，并视察各站工程，抵嘉兴后，即转道沪杭路返沪，至于通行客车，闻已之于七月一日，该路长七十五公里，将来通行客车时刻，尚在拟订中，而客车价目，已经车务处拟定，苏州至相门八分一厘(以三等为标准)，相门至吴江二角二分九厘半，吴江北坼一角六分二厘，北坼至平望一角六分二厘，平望至盛泽一角三分五厘，盛泽至王江泾九分四厘半，王江泾至嘉兴一角九分二厘半，其计算方法，以三等车每公里一分二厘半为准，此项票价，诶呈奉铁道部核准，即公布施行。

（原载民国25年4月29日上海《申报》）

铁路花名

正月梅花阵阵香，七月凤仙杆子青，
铁路花名唱开场，洋桥造来一天平，
光绪皇帝龙庭坐，上面过车下过船，
六部大臣来商量。铁栏扶杆两边分。
二月杏花朵朵开，八月桂花飞落地，
皇帝圣旨传下来，铁路造得两边低，
青草百花都晓得，四处百姓都来看，
铁路建筑大众办。大倌小女都到齐。
三月桃花真鲜艳，九月菊花是重阳，
铁路造到苏州城，铁路造来通两省，
大户房子都要拆，内人耐性生意好，
江北人动手刨高墩。早火轮一刻到城厢。
四月花开是蔷薇，十月芙蓉白淡淡，
宁波匠人都到齐，家家店店人人赞，
主人房屋都要拆，早火轮一鸣到上海，
该点田地啥稀奇。男女老少心开怀。
五月石榴是端阳，十一月水仙雪花飞，
千年祖坟要搬场，火轮开得能加快，
一幅告示三县出，上头好比乌云推，
有铜钿也勿敢响。下比飞马快十分。
六月荷花透水红，十二月腊梅花开完成，
铁路工程大开工，火轮个个码头都到齐，
逢水造桥逢山过，呒曾上船先买票，
花轿礼拜都停工。票子拿到就动身。

（嘉兴市步云乡钱三宝〈女〉唱）

学校旅行苏路(嘉兴至上海)车票规则

凡学校旅行人数在十人以上而有人带领者，在苏路沪嘉线内乘车，一律减收半价。照第一条办法，须有该校监督或校长之信函为凭，并须盖有该校之图记。无论官立、私立、公立或教会所立，均得照上开办法，惟须先向本公司营业所挂号，并附该校图记式样，以资查核。如人在五十以上应先期通知上车之站，以便预备。上车人数应于信函内叙明学生几人，职员几人，有无权服，并带领者之姓名，倘人数多于信函中之数，其所余之人，应照常例购票。如被查出假冒实据，应照常价加倍罚缴，惟出信之校是问。

（光绪三十四年七月初一日　苏省铁路公司订）

沪杭甬铁路借款合同

名称：中国国有沪杭甬铁路五分利借款

订约日及缔约人：光绪三十四年二月四日(1908年3月8日)

高而谦、胡维德、染土诒

债权者：英国中英公司

款用途：建筑上海、杭州、宁波间铁路并购置车辆等

举债总额：英金一百三十九万五千镑

年利：五分

实收价格：九三

实收总额：英金一百三十九万五千镑

担保：京奉铁路余利

年限：三十年

本金偿还期；自十年后起，二十年间分四十期偿还

本金偿还始期：民国七年十一月十七日

本金偿还终期：民国三十七年五月十七日

本金利息支付手续费：百分之二、五

（摘自中华民国十二年国庆日岳阳、阮湘《中国年鉴》）

第三节　嘉兴交通之最

最早的铁路：沪杭铁路。苏、浙两路分段开工建造，浙路于宣统元年(1909年)闰二月，自临平至嘉兴段竣工，周王庙、斜桥、硖石站自当年二月二十五日试车，王店自闰二月初一起试车，嘉兴站自闰二月二十五日起试车。同年，七月二十八日(1909年9月12日)，沪杭铁路全线通车。

最早的火车站：嘉兴火车站。光绪三十三年(1907年)建站，造价1411万元。初建时，占地4800英方尺，房屋16间，站屋为二层楼房。

最早的公路：沪杭线杭州至盐官段。民国17年(1928年)建成通车。

最早的马路：嘉兴东门马路。于民国13年(1924年)1月13日兴筑告竣，自东门至宣公桥，计长21丈，阔1.4丈，由旧嘉兴县令决议将吊桥填平，建造马路(石子路)。

最早水泥马路：建国路。自北丽桥至中山路止，长890英尺，宽19.6英尺，1951年6月1日开工浇筑水泥混凝土，同年9月27日完工，耗币76022.2万元(旧人民币)。

最早人工开凿河道：伍子塘。为春秋战国时，吴相伍员所凿南接汉塘，北接魏塘，全长40华里，纵贯嘉善县境。

最早航标：观山灯塔。清康熙二十三年(1684年)驰海禁后，于观山顶普照庵前植木悬灯，以照夜行贾舶。

最早的驿站：桑亭驿。在海宁县治盐官西北25里，唐贞观五年(631年)置，八年改义亭驿，西接临平驿，北接石门驿。明废。

最早城垣：子城。肇自三国吴黄龙时所筑的嘉兴子城，周二里十步，高一丈二尺，厚一丈二尺。唐乾宁中更筑其外，晋天福四年，吴越王元瓘拓罗城。宋谓郓城。元称罗城，周围12里，置四门，门有楼，东为青波，西为通越，南为澄海，北为望吴，四门外置吊桥，跨隍池，以通往来。今城池已废，子城尚在，为市级文物保护单位。

最早嘉兴汽车站：最早站址在环城东路中段，民国22年(1933年)2月17日开工建造，同年4月15日完工，6月26日验收后投入使用。

最早飞机场：嘉兴飞机场。建于民国23年(1934年)，场址在北草荡，共收买民地一千余亩，耗资18万元，由地方以田赋附税向杭州中国、地方两银行抵借。

最早海港：澉浦港。北宋始建码头。南宋迁都临安后，澉浦为畿辅之地，外贸较盛，“番船皆萃于浦”，远涉诸番，近通福广。元时，为商贾往来的要冲之地，与沪渎(今上海)、庆元(今宁波)两码头齐名。

最早海关：澉浦市舶场。南宋淳佑十年(1250年)置，主要管理海船和办理空发进出口货物许可证等，为全市最早的海关。

最早的公路养护：民国17年(1928年)杭州至海宁(盐官)段公路建成通车后，即由商筑杭海公司负责养路，计养路里程61.68公里，养路工8人，平均每月养路费支出约500元。

最早的造船业：檇李池(在嘉北王江泾一带)，春秋时为吴(国)造舰处。

最早造船厂：崇德造船厂。建于1954年，位于崇福镇，主要生产20吨以下小木船。

最早路灯：嘉兴城内外路灯。于民国11年(1922年)5月11日晚上起一齐燃点放光。

最早的轮船：清光绪八年(1882年)后，有官办招商局"翔枭"号轮船经营上海至硖石航线，为最早过境轮船。

最早的黄包车行：民国15年(1926年)乍浦秦记鱼行老板吴七购黄包车6辆，设福履人力车公司。

最早的脚踏车行(嘉兴城内)：东亚脚踏车行。民国37年(1948年)11月9日获准营业，开设于建国路，经理沙嘉祥，有脚踏车12辆，执照(硬牌)起讫1至12号。

最早三轮车运输：民国36年(1947年)7月14日准予开业的新昌三轮车行，开放20辆三轮车，给照行驶，为嘉兴最早的三轮车运输。经理王士达于民国36年3月28日，呈请报告开行，同年4月22日运车34辆抵禾(购自江苏)，报请县府派员检验，4月26日，将车辆全部送达县府广场验车发照，当天被数百名人力车夫将车辆击毁。经调解，由人力车夫约赔修理费用170万元，后运沪修理，耗币2102万元。

最早南湖游船捐：民国11年(1922年)5月1日(阴历)开征南湖游船捐，丝网船每只捐洋6角，头缝船(头棚船)每只捐洋3角。拙取之南湖游船捐，以作维修烟雨楼之用。

最早行车时刻表：杭嘉枫行车时刻表。清代宣统元年六月二十三日(1909年8月8日)颁布，有闸口至嘉兴、嘉兴至闸口、闸口至枫径、枫径至闸口各开一列旅客列车。

最早观潮专列：民国6年(1917年)10月3日(农历八月十八)上午，上海火车站添挂头二等客车7辆，开驶海宁观潮。所经各站除该路规定站略停二三分钟，以待少数乘客上车外，其余概不停靠，专车直达斜桥站。旅客下车后，登舟以达盐官观潮。

最早市区公交汽车：第一路公共汽车。于1955年4月16日，由省公路运输局嘉兴中心站开行，自环城东路汽车站至东栅口，长8.57公里，共设火车站、轮船码头、百货公司、角里街、东塔寺等12个停靠站。

最早个体客车：海宁市黄湾乡王剑秋购置一辆50座客车。于1985年7月1日起，每日往返行驶硖石一上海间。

最早货运汽车：1956年，嘉兴搬运公司购入一辆三吨货运汽车。

最早个体货运汽车：嘉兴市个体户唐根生第一个购置三吨钱塘江货车1辆，从事货运业务。

最早摩托车：1960年，嘉兴仅公安局有1辆二轮摩托车。

最早公路联运：民国23年(1934)6月，上海交通公司(即交通股份有限公司)的简称，于民国18年(1929年)由前交通部长高铁庵(高洪恩)暨沪商冯少山、项松茂、林康侯等，发起组织交通股份有限公司，租用沪闵南拓路线，行驶长途汽车。与浙江省公路局、江苏省公路管理处签订闵行轮渡联运合同，实行沪、平、乍旅客一票到底。

最早铁公联运：始于民国36年(1947年)9月1日，湖嘉、苏嘉路长途汽车公司与京沪区铁路管理局洽办铁公联运，以联运旅客和行李为限。

最早旅游客运：民国21年(1932年)沪杭公路全线通车后，每年阴历八月十八日，举办海宁观潮游览车，为最早旅游客运。

最早集装箱运输：铁路嘉兴站1978年后开展集装箱运输，陆续有1吨、5吨集装箱到发，主要对易碎、怕湿、贵重货物组织集装箱运输。

最早汽车加油站：府南加油站。1974年，由市石油公司建站，位于府南街4号，站区面积2625平方米，拥有加油机2台。

最早的管道运输：陈山原油管道运输。于1975年9月1日建成中国最大容量的浮顶式6万立方米储油罐，同年开始，原油从油船卸入储油罐，再通过24公里长输油管线运送至金山石化一厂提炼。

最早的交通行政管理机构：嘉兴地区行署交通运输管理局。创建于1954年8月，在嘉兴市原芝桥街办公。

最迟的黄包车：海宁盐官镇民办服务站沈南太拥有1辆黄包车。最后于1974年停止黄包车营运，全市黄包车绝迹。

最大驿站：西水驿。在府治西理，元初置，船30只，船户300户，清康熙十一年(1672年)造夫房20间，厅堂3间，卷轩3间，仪门门按俱备。清代，有驿差144名，驿皂2名，船11只，水手48名。

最大的古桥：长虹桥。位于嘉兴北王江径镇东郊，横跨京杭大运河，全长72.80米，桥宽5.35米，桥高8,75米，高大宏伟，犹如绚丽的彩虹自天而降，并以此而得名。

最大的单跨径公路桥：1989年11月5日竣工验收的市郊区腾云至栖真公路的南虹大桥，单跨径70米，为嘉兴市单跨径最大的公路桥。

最大的船闸：海宁市朝阳船闸。位于新塘河水系孙家堰，1978 年建成。耗费 50 万元。闸室长 105 米，宽 12 米，闸门宽度 6 米，设计标准 40 吨级，年船舶通过量近 100 万吨。

最大的客轮：浙航 402 号轮船，1978 年制成，长 30 米，宽 6 米，2484 匹马力，上下二层，229 客位，航行于平申(平湖至上海)线。

最大内河客运码头：嘉兴客运站码头。座落于中山西路桥堍。1988 年 12 月 10 日正式启用，占地面积 40.1 亩，有 1284 平方米的候船厅，配有问讯处、大小件行李寄存处、售票处。小卖部、招待所等服务设施。

最大的海运码头：乍浦港陈山原油码头。1975 年 7 月 29 日建成投产，为钢结构外海岛式专用码头，引桥长 434.7 米，宽 8. 3 米，东西泊位各长 319.2 米，码头前沿水深－11 至－15 米。1988 年 8 月 3 日至 5 日，停靠 6. 2 万吨级大庆 91 号油轮。

最大通航能力的航道：杭申乙线。水深一般 2. 5 米，可通航 100 吨级船舶。

最大通航密度航道：甪平申线，年通过量 1000 万吨以上。

最大运输企业：浙航嘉兴分公司。拥有职工 4096 人，自 1953 年创办以来，竭力从事水上客货运输，40 余年共运送物资达 7000 余万吨，为振兴嘉兴经济起了重要作用。

最大通车密度的公路：320 国道杭(州)枫(泾)段。1988 年交通量达每昼夜 5758 辆，其中汽车 5191 辆。1985 年开始按平丘加宽二级公路标准改建，路基宽度为 15 米，路面宽度为 12 米，路面两侧各设 1 米的沥青表处硬路肩和各 0.5 米宽度的土路肩。全线绕筑水泥混凝土或沥青混凝土路面。

最大航海巨商：杨耐翁。他祖代世居澉浦，祖辈从事海外贸易。其祖父为兼领澉浦、庆元(今宁波)、上海市舶司的福建安抚使杨发；其父每岁“招集舶商于蕃邦，博易珠翠香货等物”，次年回帆。到了杨耐翁(生于戊宋，卒于元皇庆年间)手中，航海贸易所得的巨额财富“已资广构房宇，招集海商蕃舶”的大富翁了。

最大水上交通事故：

1940 年 12 月 1 日，嘉善汾玉乡西浒同黎里附近一汽轮机器炸毁，船沉没，旅客死亡 20 余人。

1980 年夏，海宁许村丝厂为接送务工农民上下班，将一艘破损的 7 吨水泥农船加装挂机充当客轮，8 月 22 日 16 时 05 分，该船超载 72 名乘客，刚启船离岸几分钟即遭沉没，造成 26 人死亡的特大事故。

最大海上交通事故：1985 年 2 月 26 日，海盐县澉浦东方村 9 组农民谢登国等承包的一艘 12 马力、7.5 吨木质机帆船(无船舶证书、无船员证书、未经签证)载客 20 人，活羊 51 只，自行车 11 辆，鲜鱼 717 斤，从青山头开往余姚，16 时 40 分，在澉浦顾山海面被浪打翻，造成 12 人死亡的特大海上事故。

最大铁路事故：民国 35 年(1646 年)8 月 12 日载有棉花、麦粉等的一列货车(32 节车厢)，由上海麦根路站开驶杭州，至周王庙站附近，因轮轴损坏，出轨 8 节车厢互相倾倚竖，押货者 3 人中的 2 人受伤，1 人毙命。

最长的桥：苏嘉运河桥。位于杭枫公路嘉兴市区过境段新辟线路上。该桥共 10 孔，全长 248. 95 米，桥面净宽 12 米，两边各加人行道 1 米。

最长的水上客运路线：嘉兴至盐城。全长 384 公里，票价 15. 30 元。

最高汽车客运价：民国 38 年(1949 年)4 月 23 日，汽车客票价，每人每公里达金元券 2400 元。

最高汽车货运价：民国 38 年(1949 年)4 月，汽车货运价(三等品运价)达每吨公里金元券 19200 元。

最有意义的游船：中共一大南湖纪念船。现在南湖烟雨楼陈列的南湖纪念船，为中国共产党第一次代表大会召开时被租用游船的复制品，式样是中型单夹异丝网船。

使用期最短的铁路：苏(州)嘉(兴)铁路。民国 25 年(1936 年)7 月 15 日正式建成通车，全长 74. 48 公里，通车后苏州至嘉兴间铁路运输距离较经上海缩短 110 公里，但隔 7 年之后，在民国 32 年、33 年之交，苏嘉铁路被日伪军等全部拆除至今未复。

古桥梁最多的乡镇：乌镇。董志载：桥一百，多为明、清两代所建，现尚存古桥梁 20 余座。

现存最古老的石拱桥：流庆桥。位于嘉善县陶庄镇柳溪河上，建于宋代，清乾隆间重修，现为县级文物保护单位。

渡口最多的县：嘉善县。有渡口 92 处，占全市总共 143 口的 64.3%；渡船 22 艘，占全市总共 147 艘渡船的 62.3%。

第一座立交桥：嘉兴东门立交桥。位于中山东路、南湖路口，为下跨式三箱立交析，于 1985 年 12 月 29 日正式竣工通车，全长 45 米，其中通机动车的中孔为主箱涵，净宽 11.5 米，高 4.6 米。

杭州湾跨海大桥之最：

杭州湾跨海大桥全长 36 公里，其长度在当时世界上在建和己建的跨海大桥中位居第一。杭州湾跨海大桥地处强腐蚀海洋环境，为确保大桥寿命，在国内第一次明确提出了设计使用寿命大于等于 100 年的耐久性要求。杭州湾跨海大桥 50 米箱梁“梁上运架设”技术，架设运输重量从 900 吨提高到 1430 吨，刷新了目前世界上同类技术、同类地形地貌桥梁建设“梁上运架设”的新纪录。杭州湾跨海大桥深海区上部结构采用 70 米预应力混凝土箱梁整体预制和海上运架技术，为解决大型砼箱梁早期开裂的工程难题，开创性地提出并实施了“二次张拉技术”，彻底解决了这一工程“顽疾”。杭州湾跨海大桥钢管桩的最大直径 1.6 米，单桩最大长度 89 米，最大重量 74 吨，开创了国内外大直径超长整桩螺旋桥梁钢管桩之最。杭州湾跨海大桥南岸 10 公里滩涂底下蕴藏着大量的浅层沼气，对施工安全构成严重威胁。在滩涂区的钻孔灌注桩施工中，开创性地采用有控制放气的安全施工工艺，其施工工艺为世界同类似地理条件之首。

附　录

表附录-1　2010年各县(市、区)乡道公路表（注：因村道数量太多，不一一罗列）　单位：公里

单位名称/行政等级/路线名称	编号	里程	单位名称/行政等级/路线名称	编号	里程
南湖区	61	582.332	Y318 洪新线—天福村	338	4.029
乡道	77	178.554	Y319 洪新线—大桥	339	5.342
Y201 曹王—余南	78	7.55	**嘉善县**	750	681.839
Y202 东栅—七星	79	12.08	乡道	772	231.48
Y203 凤桥—利民	80	8.581	Y401 王家—潮泥滩	773	7.282
Y205 新丰—步云	81	4.358	Y402 东云—高一	774	5.241
Y206 乌桥—胥山	82	21.804	Y403 洪下线—范泾	775	15.865
Y207 新丰东—金章	83	7.279	Y404 姚庄—新轮	776	13.297
Y208 新丰—鲍桥	84	8.157	Y405 张汇—曙光	777	5.657
Y209 新丰西—罗家埭	85	8.09	Y406 缪家—洪家溇	778	6.77
Y211 凤桥—新篁	86	14.356	Y407 曹家—大通	779	7.253
Y212 凤桥—新民	87	4.994	Y408 干窑—倪家浜	780	5.547
Y213 焦山门—石堰	88	10.964	Y409 沉香—俞汇	781	7.991
Y214 余新—长秦	89	5.129	Y410 洪南—福善泾	782	2.808
Y215 中环南路—隆兴	90	3.413	Y411 洪溪—荡湾	783	4.764
Y216 梁林桥—三乡桥	91	6.581	Y412 西浒—大金	784	8.461
Y217 翁家浜—栖圣	92	5.257	Y413 陶芦公路—汾湖	785	5.711
Y218 栖柳—余篁	93	2.975	Y414 魏塘—先锋	786	11.351
Y219 清池—永红	94	2.854	Y415 嘉善大道—联星	787	7.621
Y220 兴隆桥—王道宅	95	4.807	Y416 人民大道—亭桥	788	3.75
Y221 打铁桥—吕华仁桥	96	2.527	Y417 国道—冯家浜	789	4.425
Y222 余西—马桥	97	3.778	Y418 庄港—西招圩	790	4.062
Y223 西湖墉桥—明星村	98	2.347	Y419 善江公路—里泽	791	5.326
Y224 东洲—焦山门	99	5.802	Y420 国道—毛家	792	6.186
Y225 竹林—赵家埭	100	2.727	Y421 人民大道—马家桥	793	6.71
Y226 七星—方家港	101	4.137	Y422 西塘—东汇	794	4.714
Y227 高丰村—张宇圩	102	3.32	Y423 西塘—舜东	795	8.454
Y228 央林浜桥—朝阳桥	103	3.59	Y424 西丁线—钟葫	796	3.244
Y229 大桥—嘉善	104	2.873	Y425 大舜—四吕	797	4.509
Y230 和合浜—丰南村	105	3.441	Y426 大舜—高家浜	798	4.064
Y231 金星—横港	106	4.783	Y427 西塘—雨落	799	5.166
秀洲区	300	787.86	Y428 天凝—张家浜	800	3.163
乡道	323	95.533	Y429 天凝—官娄	801	12.865
Y301 嘉塍公路—桃虹公路	324	6.265	Y430 善江公路—曹家	802	3.206
Y302 塘汇—栖真	325	6.418	Y431 善江公路—江家	803	3.452
Y303 塘汇—杨庙	326	7.324	Y432 姚庄—利锋	804	4.612
Y304 虹阳—盛泽	327	2.498	Y433 秀北—湾里	805	4.907
Y306 洛东—民合	328	5.459	Y434 魏俞公路—智果	806	4.18
Y307 顾家浜—义庄	329	3.658	Y435 国道—网埭	807	2.953
Y308 乌新线—嘉湖线	330	6.752	Y436 西丁线—南早	808	3.877
Y309 国庆—蚂桥	331	5.497	Y437 善新公路—斜泾	809	2.982
Y310 建设—濮院	332	6.903	Y439 光明—翁村	810	9.054
Y311 腾油线—古窦泾	333	6.068	**海盐县**	1025	875.6
Y312 田青—南汇	334	4.953	乡道	1044	187.225
Y313 荷花—油车港	335	6.224	Y601 澉浦—武原陈家门	1045	25.565
Y314 王店—蚂桥	336	9.483	Y602 八团—青莲寺	1046	9.045
Y315 新塍—陡门	337	8.66	Y603 元通—平湖亭子桥	1047	10.013

(续表附录-1)

单位名称/行政等级/路线名称	编号	里程	单位名称/行政等级/路线名称	编号	里程
Y604 茶院—雪水港	1048	6.944	Y725 荆山—盐官	1398	3.844
Y605 三友—沈荡	1049	7.217	Y726 斜桥—黄墩	1399	2.263
Y606 张桥—大刘	1050	15.2	Y727 红新—光辉	1340	8.197
Y607 首荡—南三	1051	7.708	Y728 盐仓—袁牧	1341	4.736
Y609 君原—王家堰	1052	16.616	Y729 立夏—包王	1402	1.116
Y610 城西大曲—东门村	1053	3.984	Y730 辛江—博儒	1403	7.233
Y611 淡井—富家亭	1054	4.244	Y731 盐官—翁金线	1404	5.596
Y620 中钱梅树低—中钱诸课地	1055	5.255	Y732 联农—城北	1405	6.136
Y621 天福桥—沈荡	1056	3.719	Y733 上林—建农	1406	4.758
Y630 底车河桥—保山村	1057	3.747	Y734 袁家坝—余杭	1407	7.744
Y631 核电取水口—南王线	1058	6.607	Y735 肖王—木香	1408	7.398
Y632 澉南村—南王线	1059	4.094	Y736 新风桥—和平	1409	4.842
Y634 翁金线东方桥—林龙港口	1060	3.222	Y737 许桥—红旗	1410	5.639
Y640 西塘强固桥—王庄吴家埭桥	1061	4.226	Y738 新民—盐仓	1411	5.173
Y641 平海路—海港大道	1062	4.031	Y739 东陈—虹金	1412	10.236
Y642 修戒桥—新篁	1063	3.838	Y740 新民—许村	1413	12.235
Y650 朝阳桥—中木桥	1064	3.915	Y741 虹金—团结	1414	8.003
Y651 新拱—东西大道	1065	4.392	Y742 翁埠—胜利	1415	6.634
Y652 石泉集镇—大通桥	1066	4.758	Y743 李介村—茗山村	1416	5.44
Y660 长川坝变电所—大北山石厂	1067	4.869	Y744 许村—永福	1417	5.114
Y661 大王桥—文溪桥	1068	4.237	Y745 教育路	1418	0.966
Y670 横港—北港六组	1069	4.266	Y746 永复线	1419	4.266
Y671 百步集镇百联—万胜村钱家汇	1070	3.741	**平湖市公路管理段(县乡)**	1772	1120.194
Y672 石桥头—冯家头	1071	3.622	乡道	1801	256.2
Y673 逍恬村民委—X115	1072	4.582	Y503 曹桥—通界桥	1802	3.903
Y674 沈钱堰—竹管泾桥	1073	3.568	Y505 建群—亭桥	1803	6.269
海宁市	1349	1141.881	Y506 牛桥—北荡	1804	4.81
乡道	1375	355.205	Y507 林埭—陈匠	1805	5.957
Y702 硖石—诸家桥	1376	14.233	Y511 徐家埭—徐东	1806	3.95
Y703 湖盐线—桐九线	1377	22.347	Y512 徐埭—双庙	1807	3.293
Y704 杨汇桥—东西大道	1378	7.617	Y513 周圩—水泥厂	1808	2.998
Y705 东郊—勤民	1379	4.555	Y517 新庙—钱圩	1809	1.939
Y706 农丰—彭墩—荷叶	1380	15.405	Y518 新仓—三叉河	1810	4.746
Y707 翁金线—尖山	1381	2.108	Y520 长寿—大进	1811	1.878
Y708 南郊—新场	1382	6.539	Y522 前港—红征	1812	6.511
Y710 袁花—夹山	1383	5.742	Y523 前港—曹港	1813	5.266
Y711 五丰—年长	1384	6.784	Y524 利群—新圩	1814	3.769
Y712 联和—民胜	1385	6.445	Y525 青阳汇—吕巷	1815	4.306
Y713 卫星—胡家斗	1386	35.812	Y526 平南—丁桥	1816	3.4
Y714 柏士—联众	1387	8.317	Y527 新埭—泖口	1817	4.923
Y715 金阳—洪福桥	1388	9.701	Y528 翠贞—丁桥	1818	4.236
Y716 翁金线—尖山高点	1389	10.471	Y532 白沙湾—X331	1819	7.622
Y717 联胜—芦湾	1390	3.238	Y533—庆丰村	1820	4.347
Y718 联胜—群力	1391	5.6	Y534 太平桥—平兴线	1821	10.244
Y719 翁金线—桃园	1392	8.256	Y535 省道—平廊线	1822	5.144
Y720 丁桥—郭盐线	1393	9.967	Y536 长福寺—洁县城	1823	4.201
Y721 金石—谈家兜	1394	2.358	Y538 裕洋桥—广平线	1824	3.709
Y722 双丰—五丰	1395	10.249	Y539 吴家浜—林家浜	1825	3.686
Y723 斜桥—万星	1396	7.627	Y541 鹁鸪浜—丁桥村	1826	3.525
Y724 陆泽—斜桥	1397	24.265	Y542 七星桥—平兴路	1827	5.42

（续表附录-1）

单位名称/行政等级/路线名称	编号	里程	单位名称/行政等级/路线名称	编号	里程
Y544 独广线—花园汇	1828	4.626	Y803 乌镇—民兴	2480	12.362
Y545 大齐塘—野桥	1829	5.08	Y804 乌镇—环湖	2481	5.103
Y546 石桥—兴旺	1830	8.291	Y805 横港—新生	2482	6.212
Y547 S202—钱家村	1831	2.833	Y806 后塘—石林	2483	9.072
Y548 新 07 省道—张钱桥	1832	2.451	Y807 南王—东方红	2484	7.542
Y549 金家路	1833	4.53	Y808 城南—濮院	2485	9.213
Y550 平斜路—南市中学	1834	4.046	Y809 百桃—红星	2486	15.079
Y551 东方路—X504	1835	2.123	Y810 灵安—史桥	2487	4.959
Y552 Y501—黄家浜村	1836	6.139	Y811 屠甸—南日	2488	6.89
Y553 城西路—兴平小区	1837	1.684	Y812 恒丰—桃园	2489	5.009
Y554 力双路—力行路	1838	1.114	Y813 骑力—漕泾	2490	2.518
Y555 Y529—X108	1839	3.388	Y814 崇福—骑塘	2491	11.106
Y556 宋家堰—X108	1840	3.049	Y815 泗渡洋—金家浜	2492	13.909
Y557 新桥—X108	1841	5.361	Y816 崇福—湘漾	2493	10.129
Y558 钟埭—兴工路	1842	1.137	Y817 斜板桥—百富	2494	10.685
Y559 平斜线—陆家头	1843	2.978	Y818 高桥—崇福	2495	10.671
Y560 金黄公路—马厩村	1844	3.202	Y819 芝村—岑山	2496	14.555
Y561 严家门—金黄公路	1845	1.88	Y820 景卫—新桥	2497	4.508
Y562 X331—牛桥	1846	2.061	Y821 河山—羔羊大桥	2498	13.648
Y563 S202—X331	1847	4.077	Y822 民合—五星	2499	4.039
Y564 瓦山—多凌路	1848	6.765	Y823 民丰—芽桥埭	2500	17.378
Y565 X331—Y505	1849	2.4	Y824 河山—练市	2501	2.443
Y566 X410—新华村	1850	1.443	Y825 河山—含山	2502	3.597
Y567 X504—C502	1851	1.937	Y826 钱林—翔厚	2503	11.94
Y568 Y516—X504	1852	1.858	Y827 青石—晚村	2504	6.67
Y569 全新路—新仓	1853	1.47	Y828 屠甸—高桥	2505	2.921
Y570 CF18—Y517	1854	2.521	Y829 灵安—同星	2506	8.039
Y571 S101—福克斯服装厂	1855	4.614	Y830 上市集镇—崇益	2507	5.048
Y572 般家桥—三官塘	1856	2.434	Y831 石山头—海华	2508	3.947
Y573 X106—渡船桥村	1857	4.43	Y832 东浜头—般家漾	2509	3.501
Y574 Y514—优胜路	1858	1.719	Y833 车介埭—俞家角	2510	3.62
Y575 建中村交界—界河	1859	2.049	Y834 百桃车站—塘官桥	2511	2.874
Y576 顾家桥—杨家桥	1860	1.637	Y835 红旗—西牛桥	2512	3.574
Y577 X331—C728	1861	3.338	Y836 新农村—合星	2513	6.959
Y578 星华路	1862	2.523	Y837 新农村—史桥	2514	3.891
Y579 白沙大道	1863	1.846	Y838 南士堡—元丰	2515	5.053
Y580 X107—双红村部	1864	1.494	Y839 皂林—龙泾	2516	5.379
Y581 X106—龙兴村	1865	2.336	Y840 新东—新港	2517	4.899
Y582 广陈镇—西加工厂	1866	3.103	Y841 油车桥—星旗	2518	4.704
Y583 种田桥—林陈公路	1867	3.624	Y842 分水墩—新翁	2519	4.056
Y584 九场线—曹胜路	1868	1.624	Y843 南庄—陈庄	2520	3.681
Y585 曹桥集镇—砖瓦厂	1869	2.042	Y844 海星—海宁	2521	3.358
Y586 九场线—六店大桥	1870	2.941	Y845 红总管塘—二四郎桥	2522	3.4
Y587 C515—CF26	1871	1.696	Y846 三村—亭桥	2523	2.109
Y588 双木桥—钟家汇	1872	1.732	Y847 大麻—海华	2524	2.454
Y589 竖头港—富庄浜	1873	2.522	Y848 湘漾—麻溪	2525	5.692
桐乡市	2446	1858.516	Y849 永丰—大麻	2526	3.485
乡道	2477	349.472	Y850 民联—春丽桥	2527	6.426
Y801 南日—高桥	2478	1.813	Y851 叶新—东池	2528	6.483
Y802 龙翔—河山	2479	22.869			

填报单位：嘉兴市公路管理处

表附录-2　2010年各县(市、区)公路桥梁情况表

表附录-2-1　南湖区公路桥梁情况表

序号	路线代码	路线简称	桥梁编号	桥梁名称	序号	路线代码	路线简称	桥梁编号	桥梁名称
1	G15W	常台高速	37	枢纽互通三号桥	51	G60	沪昆高速	24	九曲港桥
2	G15W	常台高速	38	枢纽互通五号桥	52	G60	沪昆高速	25	文前桥
3	G15W	常台高速	39	枢纽互通七号桥	53	G60	沪昆高速	26	杨板桥
4	G15W	常台高速	40	枢纽互通12号桥	54	G60	沪昆高速	27	朱家村桥
5	G15W	常台高速	41	枢纽互通13号桥	55	G60	沪昆高速	28	里长桥
6	G15W	常台高速	42	枢纽互通二号桥	56	G60	沪昆高速	29	西长浜桥
7	G15W	常台高速	43	枢纽互通八号桥	57	G60	沪昆高速	30	梅园桥
8	G15W	常台高速	44	枢纽互通四号桥	58	G60	沪昆高速	31	海盐塘桥
9	G15W	常台高速	45	枢纽互通11号桥	59	G60	沪昆高速	32	莲埔塘桥
10	G15W	常台高速	46	枢纽互通10号桥	60	G92	杭州湾环线高速	1	通道桥1
11	G15W	常台高速	47	枢纽互通九号桥	61	G92	杭州湾环线高速	2	通道桥2
12	G320	320国道	170	前中港桥	62	G92	杭州湾环线高速	3	港南桥
13	G320	320国道	180	平洋桥	63	G92	杭州湾环线高速	4	小圩分离桥
14	G320	320国道	190	颜庄桥	64	G92	杭州湾环线高速	5	联合桥
15	G320	320国道	200	湖曲港桥	65	G92	杭州湾环线高速	6	赵文桥
16	G320	320国道	210	河车港桥	66	G92	杭州湾环线高速	7	徐新桥
17	G320	320国道	220	三桥港桥	67	G92	杭州湾环线高速	8	西港河桥
18	G320	320国道	230	三桥港桥(左)	68	G92	杭州湾环线高速	9	东港桥
19	G320	320国道	410	西木桥	69	G92	杭州湾环线高速	10	东港分离桥
20	G320	320国道	420	顾家浜桥	70	G92	杭州湾环线高速	11	肖家木桥
21	G320	320国道	430	怀昌桥	71	G92	杭州湾环线高速	12	乌桥村分离桥
22	G320	320国道	440	睦家桥	72	G92	杭州湾环线高速	13	马家头桥
23	G320	320国道	450	汪家桥	73	S11	乍嘉苏高速	1	桥弯里桥
24	G320	320国道	460	新八号桥	74	S11	乍嘉苏高速	2	王家桥
25	G320	320国道	470	李家桥	75	S11	乍嘉苏高速	3	新篁互通D匝道桥
26	G320	320国道	480	柴家桥	76	S11	乍嘉苏高速	4	新篁互通主线桥
27	G320	320国道	490	机场立交桥	77	S11	乍嘉苏高速	5	新篁互通A匝道桥
28	G60	沪昆高速	1	祥宁浜桥	78	S11	乍嘉苏高速	6	新篁互通E匝道桥
29	G60	沪昆高速	2	小里港桥	79	S11	乍嘉苏高速	7	东塘桥
30	G60	沪昆高速	3	机通1	80	S11	乍嘉苏高速	8	凌塘桥
31	G60	沪昆高速	4	六里塘桥	81	S11	乍嘉苏高速	9	鲍家汇桥
32	G60	沪昆高速	5	机通2	82	S11	乍嘉苏高速	10	朱界浜桥
33	G60	沪昆高速	6	河泥浜桥	83	S11	乍嘉苏高速	11	桃花村桥
34	G60	沪昆高速	7	机通3	84	S11	乍嘉苏高速	12	南塘泾桥
35	G60	沪昆高速	8	新桥	85	S11	乍嘉苏高速	13	鲍塔里桥
36	G60	沪昆高速	9	立新桥	86	S11	乍嘉苏高速	14	南木桥
37	G60	沪昆高速	10	放生河桥	87	S11	乍嘉苏高速	15	胡家树桥
38	G60	沪昆高速	11	汽通1	88	S11	乍嘉苏高速	16	梅花塘桥
39	G60	沪昆高速	12	马家缕桥	89	S11	乍嘉苏高速	17	厚塍桥
40	G60	沪昆高速	13	嘉善塘桥	90	S11	乍嘉苏高速	18	梅花港桥
41	G60	沪昆高速	14	平湖塘桥	91	S11	乍嘉苏高速	19	东新浜桥
42	G60	沪昆高速	15	人通1	92	S11	乍嘉苏高速	20	德星桥
43	G60	沪昆高速	16	陶家庄桥	93	S11	乍嘉苏高速	21	慎思桥
44	G60	沪昆高速	17	汽通2	94	S11	乍嘉苏高速	22	王家埭桥
45	G60	沪昆高速	18	殳庄港桥	95	S11	乍嘉苏高速	23	宁浜桥
46	G60	沪昆高速	19	人通2	96	S11	乍嘉苏高速	24	曹王桥
47	G60	沪昆高速	20	张泾港桥	97	S11	乍嘉苏高速	25	庄桥港
48	G60	沪昆高速	21	汽通3	98	S11	乍嘉苏高速	26	矛家浜桥
49	G60	沪昆高速	22	王庙塘桥	99	S11	乍嘉苏高速	27	千家村桥
50	G60	沪昆高速	23	沙桥港桥	100	S11	乍嘉苏高速	28	新桥港桥

（续表附录-2-1）

序号	路线代码	路线简称	桥梁编号	桥梁名称	序号	路线代码	路线简称	桥梁编号	桥梁名称
101	S11	乍嘉苏高速	29	西兆浜桥	715	C214	北窑桥—工农桥	20	小桥
102	S11	乍嘉苏高速	30	A 匝道跨线桥	716	C217	新民村—金塘桥	30	老高桥
104	S11	乍嘉苏高速	32	余南村小桥	717	C218	打铁桥—麻泾桥	40	钟家石桥
105	S11	乍嘉苏高速	33	海盐塘大桥	718	C218	打铁桥—麻泾桥	10	李家木桥
106	S11	乍嘉苏高速	34	范罗浜桥	719	C218	打铁桥—麻泾桥	10	平桥
107	S11	乍嘉苏高速	35	枢纽互通一号桥	720	C218	打铁桥—麻泾桥	10	庙西桥
108	S11	乍嘉苏高速	36	枢纽互通六号桥	721	C222	高地上—仁庄桥	20	老横桥
109	S202	乍浦—王江泾	240	大石泾桥	722	C224	星火村—湖南桥	10	过水桥
110	S202	乍浦—王江泾	250	东青龙桥	723	C224	星火村—湖南桥	20	张家木桥
111	S202	乍浦—王江泾	260	西青龙桥	724	C226	盛祥桥—星火村	10	张家桥
112	S202	乍浦—王江泾	270	毛桥	725	C228	联丰—东庄桥	10	福星桥
113	S202	乍浦—王江泾	280	堆金桥	726	C228	联丰—东庄桥	20	杨河桥
114	S202	乍浦—王江泾	290	万安桥	727	C228	联丰—东庄桥	30	青龙桥
115	S202	乍浦—王江泾	300	石坝桥	728	C230	双石桥—甲娄桥	10	赖水浜
116	S202	乍浦—王江泾	310	香花坝桥	729	C231	罗汉塘桥—联丰	10	沙家木桥
117	S202	乍浦—王江泾	320	新开河桥	730	C231	罗汉塘桥—联丰	20	西桥
118	S202	乍浦—王江泾	330	焦山门大桥	731	C232	大星—三星	30	汪家浜桥
119	S202	乍浦—王江泾	340	常径桥	732	C233	窑弯—丁家村	10	圣塘桥
120	S202	乍浦—王江泾	350	兴安桥	733	C236	桥里—火打泾	10	寺前桥
121	S202	乍浦—王江泾	360	十八里互通立交桥	734	C238	长浜—钱家村	20	人民桥
122	S202	乍浦—王江泾	370	杨桥	735	C239	增产桥—三角汇	10	农兴桥
123	S202	乍浦—王江泾	380	断头河桥	736	C240	庄史—东庄桥	20	朱家桥
124	S202	乍浦—王江泾	390	新桥	737	C240	庄史—东庄桥	10	永丰桥
125	S202	乍浦—王江泾	400	西木桥	738	C240	庄史—东庄桥	20	沈家木桥
126	S202	乍浦—王江泾	410	雀墓桥	739	C240	庄史—东庄桥	10	砖桥
127	S202	乍浦—王江泾	420	嘉善塘桥	740	C241	钟家石桥—联丰	20	打水桥
128	S202	乍浦—王江泾	430	糠江洋桥	741	C304	章泾港—余沈公路	30	石灰桥
129	S202	乍浦—王江泾	440	农药厂桥	742	C307	六横桥—横桥	10	陆家汇桥
130	S202	乍浦—王江泾	450	盛浜河桥	743	C307	六横桥—横桥	10	毛家木桥
131	S202	乍浦—王江泾	460	十字洋桥	744	C308	过水桥—余南村	10	般马桥
132	S202	乍浦—王江泾	470	许安浜桥	745	C308	过水桥—余南村	10	义安桥
133	S202	乍浦—王江泾	480	许王村桥	746	C309	余南村—三星	10	前木桥
696	C101	东栅—邱家桥村	20	南前进桥	747	C310	幸福村—东余线	10	元通桥
697	C101	东栅—邱家桥村	30	毛家塘桥	748	C310	幸福村—东余线	20	龙兴桥
698	C102	七里店—东栅	40	石皮桥	749	C310	幸福村—东余线	10	红星桥
699	C104	东栅—缪家圩村	10	小石桥	750	C312	永明村—赖水浜	10	施家洋桥
700	C105	汇农—东栅	10	放泾桥	751	C314	东余公路—嘉余公路	10	白泾桥
701	C107	白虎桥—许安	20	湖南桥	752	C314	东余公路—嘉余公路	20	石家桥
702	C108	半墩—东横泾	10	盛祥桥	753	C314	东余公路—嘉余公路	10	文龙桥
703	C201	三星—观音桥	10	新桥	754	C315	盛塘桥—谈公桥	20	钟响老桥
704	C205	嘉盐公路—王家桥	20	邱农桥	755	C316	永利村—白须坟	10	高家木桥
705	C205	嘉盐公路—王家桥	30	无名桥	756	C316	永利村—白须坟	10	小桥
706	C206	珠泾港—吉福桥	10	甲娄桥	757	C317	东余公路—盛家浜	10	东胜桥
707	C208	余篁公路—大星村	10	罗汉塘桥	758	C317	东余公路—盛家浜	20	三官塘桥面
708	C209	凤桥—联丰村	20	于家塘桥	759	C319	东余公路—杨板桥	30	章和尚桥
709	C210	金塘桥—王道宅	10	南窑桥	760	C319	东余公路—杨板桥	40	交界桥
710	C213	工农桥—曹王村	10	杨家桥	761	C322	曹庄—东洋浜	10	范家桥
711	C213	工农桥—曹王村	10	桥里桥	762	C322	曹庄—东洋浜	20	周家港桥
712	C213	工农桥—曹王村	10	新洋桥	763	C322	曹庄—东洋浜	30	姜安桥
713	C214	北窑桥—工农桥	10	群兴桥	764	C323	启明桥—陆家场	10	乌金桥
714	C214	北窑桥—工农桥	10	景阳桥	765	C327	毛家木桥—郁家浜	20	金家桥

（续表附录-2-1）

序号	路线代码	路线简称	桥梁编号	桥梁名称	序号	路线代码	路线简称	桥梁编号	桥梁名称
766	C328	郁家浜—余王公路	30	普全桥	817	C514	陈塘浜—东长浜	20	古项桥
767	C329	新建桥—假山	40	陶全桥	818	C514	陈塘浜—东长浜	10	勤丰桥
768	C330	西湖村—余王公路	10	大王庙桥	819	C514	陈塘浜—东长浜	10	服务桥
769	C331	新开河—黎明桥	20	观丁桥面	820	C515	杨家浜—丁东浜	20	姚泗桥
770	C331	新开河—黎明桥	10	新粮桥	821	C516	新开河—洪家村	30	李介埭桥
771	C332	粮道坟—肖家头	20	万丰西桥	822	C516	新开河—洪家村	40	周洋桥
772	C333	明星—顾家庄	10	由桥	823	C517	乌龙桥—西长浜	10	阔家桥
773	C335	茜泾—曹墩	20	凤凰桥	824	C518	陈家桥—项家池	10	谈公桥
774	C335	茜泾—曹墩	10	千步径桥	825	C519	320国道—电镀厂	10	许文桥
775	C338	石泾桥—李青石桥	20	富林桥	826	C520	东进—大树	10	白船浜桥
776	C338	石泾桥—李青石桥	10	沈家木桥	827	C520	东进—大树	10	永福桥
777	C339	钟响桥—朝阳庙桥	10	刘家坟桥	828	C601	建国—渡船浜	10	丁家圩桥
778	C346	毛家浜—十五组桥	10	郜家埭桥	829	C601	建国—渡船浜	10	七里塘桥
779	C401	镇北—农建	10	洗车浜桥	830	C602	建国—小横港桥	10	蒋家桥
780	C401	镇北—农建	20	徐祥木桥	831	C603	桥西村—石街	20	无名桥
781	C401	镇北—农建	10	方升桥	832	C603	桥西村—石街	10	观音桥
782	C401	镇北—农建	10	五金湾桥	833	C603	桥西村—石街	10	文兴桥
783	C402	荣耀—蔡家头	10	林家堰桥	834	C604	云东村—大云	10	张家浜
784	C402	荣耀—蔡家头	10	费家桥	835	C604	云东村—大云	10	红星桥
785	C402	荣耀—蔡家头	10	工农桥	836	C605	步云社区—章介桥	20	山塘桥
786	C403	项前—陶金桥	10	文全桥	837	C605	步云社区—章介桥	10	钟家浜
787	C403	项前—陶金桥	20	戴家埭桥	838	C606	联合村—云东村	20	蒋浜桥
788	C403	项前—陶金桥	10	永红1号桥	839	C606	联合村—云东村	10	周家桥
789	C403	项前—陶金桥	10	七星大桥	840	C609	和合浜—丰南村	20	万里塘桥
790	C404	项前—观丁	20	七星2号桥	841	C610	姚浜—姚泗桥	10	陆里塘桥
791	C404	项前—观丁	30	七星3号桥	842	C610	姚浜—姚泗桥	20	潘家桥
792	C407	北庄—陈坟桥	10	遇世桥	843	C610	姚浜—姚泗桥	30	南竹桥
793	C407	北庄—陈坟桥	10	新开河桥	844	C610	姚浜—姚泗桥	10	横塘坝桥
794	C409	由桥—凤桥永红	20	高家湾桥	845	C611	塘家桥—阔家桥	10	张泾桥
795	C409	由桥—凤桥永红	10	平桥	846	C612	中环路—戴公桥	10	施家村桥
796	C410	余云公路—赵家埭	20	虹桥	847	C613	十八里桥—渡船浜	20	东泥桥
797	C410	余云公路—赵家埭	30	杨家头桥	848	C614	中华村—喜洋桥	10	西浜桥
798	C411	沈家村—章浜	10	新开河一号桥	849	C615	阔家桥—永福桥	20	河桥
799	C413	石人浜—刘家坟	10	无名桥	850	C616	沈家桥—和合浜	10	东丰桥
800	C414	郜家埭—吴家浜	20	小浜桥	851	C618	丰南—七星塘桥	10	季家桥
801	C416	嘉盐公路—陈庄桥	10	乌龙小桥	852	C620	亭子桥—石街	10	方家浜桥
802	C416	嘉盐公路—陈庄桥	10	陈家小桥	853	C620	亭子桥—石街	10	天仙桥
803	C419	肖家浜—雪家浜	10	1号桥	854	C621	永丰桥—卫星	20	瑞顺桥
804	C422	乌金浜—五金湾桥	10	1号桥	855	C623	神龙浜—朱家浜	30	益民桥
805	C424	金章村—新开河	20	2号桥	856	C626	张家浜—新村桥	40	池家桥
806	C425	汤家门—吴家浜	10	油车港桥	857	C627	红星—山塘桥	50	洪胜桥
807	C429	和尚浜—谈西	20	万星桥	858	C627	红星—山塘桥	10	莫家桥
808	C432	永康—吴家浜	10	夹娄浜桥	859	C628	孙家浜—李木桥	20	顾家桥
809	C432	永康—吴家浜	10	新民桥	860	C628	孙家浜—李木桥	10	登攀桥
810	C502	七星村—高丰村	20	金介浜桥	861	C629	沈家浜—万里塘桥	20	打钉桥
811	C504	七星镇—乌龙桥	30	百介金桥	862	C629	沈家浜—万里塘桥	30	扒泥浜桥
812	C504	七星镇—乌龙桥	10	梅庵桥	863	C630	石街—花园	10	掌兴桥
813	C504	七星镇—乌龙桥	20	人民桥	864	C630	石街—花园	20	严家浜桥
814	C507	320国道—湘店	10	赵家桥	865	C630	石街—花园	10	乐家浜桥
815	C511	新开河—半墩	20	花园桥	866	C633	花园—小里港	20	横泾港桥
816	C511	新开河—半墩	10	潘项桥	867	C635	东洋桥—张经桥	30	北木桥

（续表附录-2-1）

序号	路线代码	路线简称	桥梁编号	桥梁名称	序号	路线代码	路线简称	桥梁编号	桥梁名称
868	C637	施家村—梅园	40	老长桥	919	X116	嘉兴—嘉善	30	大浜桥
869	C637	施家村—梅园	50	长新桥	920	X116	嘉兴—嘉善	10	大树南桥
870	C639	云东村—河桥	60	新联桥	921	X116	嘉兴—嘉善	20	大树北桥
871	C639	云东村—河桥	70	双坟桥	922	X116	嘉兴—嘉善	10	沈章塘桥
872	C642	旗杆—大云	10	新毛桥	923	X116	嘉兴—嘉善	20	王家头桥
873	C643	双云桥—河家浜	20	黄鹤桥	924	X116	嘉兴—嘉善	30	王家头桥 2
874	C644	双云桥—古项桥	30	全家渚桥	925	X116	嘉兴—嘉善	40	东青龙桥
875	C801	莫家泾村—八号桥	40	南汤浜桥	926	X116	嘉兴—嘉善	50	堰西桥
876	C801	莫家泾村—八号桥	50	北朱北桥	927	X116	嘉兴—嘉善	60	罗秋浜桥
877	C801	莫家泾村—八号桥	60	北朱南桥	928	X116	嘉兴—嘉善	70	车夫浜桥
878	C801	莫家泾村—八号桥	70	杨家埭桥	929	X116	嘉兴—嘉善	80	油车浜桥
879	C801	莫家泾村—八号桥	80	胡家埭桥	930	X116	嘉兴—嘉善	90	沈家浜桥
880	C802	小猪汇—顾家桥	90	南埭廊桥	931	X116	嘉兴—嘉善	100	亭子桥
881	C802	小猪汇—顾家桥	100	叶家桥	932	X116	嘉兴—嘉善	110	仁康塘桥
882	C803	永联—六苍桥	110	周店桥	933	X116	嘉兴—嘉善	120	马家浜桥
883	C803	永联—六苍桥	120	老乌桥	934	X116	嘉兴—嘉善	130	染店港桥
884	C803	永联—六苍桥	130	香花桥	935	X116	嘉兴—嘉善	140	沙海桥
885	C804	打钉桥—真如村	140	泥桥	936	X116	嘉兴—嘉善	150	姚泗桥
886	C804	打钉桥—真如村	150	新篁互通式立交桥	937	X116	嘉兴—嘉善	160	夏河桥
887	C805	四号桥—双坟桥	160	石蟹桥	938	X116	嘉兴—嘉善	170	戚家浜桥
888	C805	四号桥—双坟桥	170	增产桥	939	X116	嘉兴—嘉善	180	空庙塘桥
889	C805	四号桥—双坟桥	180	过水桥	940	X116	嘉兴—嘉善	190	严家桥
890	C805	四号桥—双坟桥	10	中心河桥	941	X116	嘉兴—嘉善	200	圣塘头桥
891	C805	四号桥—双坟桥	20	北姚浜桥	942	X201	大树—天凝	210	沪杭高速公路跨线桥
892	C805	四号桥—双坟桥	30	曹家桥	943	X201	大树—天凝	220	殳家埭桥
893	C805	四号桥—双坟桥	40	山塘港桥	944	X202	乍浦—嘉兴	230	王庙塘桥
894	X104	嘉兴—海盐	50	里木桥	945	X202	乍浦—嘉兴	240	湖泥浜桥
895	X104	嘉兴—海盐	60	卫国桥	946	X202	乍浦—嘉兴	250	夏家浜桥
896	X104	嘉兴—海盐	70	新开河桥	947	X202	乍浦—嘉兴	260	顾家浜桥
897	X104	嘉兴—海盐	80	盛家浜桥	948	X202	乍浦—嘉兴	270	王三庙桥
898	X104	嘉兴—海盐	90	南子村桥	949	X202	乍浦—嘉兴	280	白寺塘桥
899	X104	嘉兴—海盐	100	江南桥	950	X202	乍浦—嘉兴	290	陆家荡桥
900	X104	嘉兴—海盐	110	十八里桥跨线桥	951	X202	乍浦—嘉兴	300	西车浜桥
901	X104	嘉兴—海盐	120	十八里大桥	952	X202	乍浦—嘉兴	310	顾泾港大桥
902	X104	嘉兴—海盐	130	大浜桥	953	X202	乍浦—嘉兴	320	南埭桥
903	X104	嘉兴—海盐	140	竹丝桥	954	X202	乍浦—嘉兴	330	陆家浜桥
904	X104	嘉兴—海盐	150	横港桥	955	X202	乍浦—嘉兴	340	六塔里桥
905	X104	嘉兴—海盐	160	王庙塘桥	956	X202	乍浦—嘉兴	10	江南桥
906	X104	嘉兴—海盐	170	马家桥	957	X202	乍浦—嘉兴	20	倪家浜桥
907	X104	嘉兴—海盐	180	亭子浜桥	958	X202	乍浦—嘉兴	30	人民桥
908	X104	嘉兴—海盐	190	九曲里桥	959	X202	乍浦—嘉兴	40	联合桥
909	X104	嘉兴—海盐	200	富民桥	960	X202	乍浦—嘉兴	50	联新桥
910	X104	嘉兴—海盐	210	郭家桥	961	X202	乍浦—嘉兴	60	央林浜桥
911	X104	嘉兴—海盐	220	普明寺桥	962	X202	乍浦—嘉兴	70	斜家滩桥
912	X116	嘉兴—嘉善	230	长中港桥	963	X202	乍浦—嘉兴	80	双云桥
913	X116	嘉兴—嘉善	240	青龙大桥	964	X202	乍浦—嘉兴	10	闻贤桥
914	X116	嘉兴—嘉善	250	苏家桥	965	X202	乍浦—嘉兴	20	仙板桥
915	X116	嘉兴—嘉善	260	嘉兴大桥	966	X202	乍浦—嘉兴	30	尹庄桥
916	X116	嘉兴—嘉善	270	三家桥	967	X202	乍浦—嘉兴	40	复兴桥
917	X116	嘉兴—嘉善	280	真如桥	968	X202	乍浦—嘉兴	50	余贤桥
918	X116	嘉兴—嘉善	290	小浜桥	969	X202	乍浦—嘉兴	60	永丰分离式立交桥

（续表附录-2-1）

序号	路线代码	路线简称	桥梁编号	桥梁名称	序号	路线代码	路线简称	桥梁编号	桥梁名称
970	X202	乍浦—嘉兴	70	杨板桥	1021	X208	余新—沈荡	50	王庙塘桥
971	X202	乍浦—嘉兴	80	乔湾桥	1022	X208	余新—沈荡	60	古牛桥
972	X202	乍浦—嘉兴	90	丁家桥	1023	X208	余新—沈荡	70	古牛东桥
973	X202	乍浦—嘉兴	100	李长桥	1024	X209	余新—王店	80	举叉浜桥
974	X202	乍浦—嘉兴	10	五号桥	1025	X209	余新—王店	90	空庙塘桥
975	X202	乍浦—嘉兴	20	四号桥	1026	X209	余新—王店	100	肖家木桥
976	X202	乍浦—嘉兴	30	三号桥	1027	X209	余新—王店	10	平林大桥
977	X202	乍浦—嘉兴	40	二号桥	1028	X209	余新—王店	20	夏家头桥
978	X203	焦山门—大云	50	一号桥	1029	X209	余新—王店	30	仁康塘桥
979	X203	焦山门—大云	60	学官分离式立交桥	1030	X209	余新—王店	40	赵家楼桥
980	X203	焦山门—大云	10	青龙桥 1	1031	X210	余新工业区—新丰竹林村	50	顾家埭桥
981	X203	焦山门—大云	20	施家桥	1032	X210	余新工业区—新丰竹林村	60	朱四浜桥
982	X203	焦山门—大云	40	工农桥	1033	X210	余新工业区—新丰竹林村	70	申板桥
983	X203	焦山门—大云	50	福兴立交桥	1034	X210	余新工业区—新丰竹林村	10	新桥
984	X203	焦山门—大云	60	青龙桥	1035	X210	余新工业区—新丰竹林村	20	2 号桥
985	X203	焦山门—大云	70	兴隆桥	1036	X210	余新工业区—新丰竹林村	30	3 号桥
986	X205	东栅—余新	80	新塘桥	1037	X210	余新工业区—新丰竹林村	40	4 号桥
987	X205	东栅—余新	90	珠泾港桥	1038	X210	余新工业区—新丰竹林村	10	厉家桥
988	X205	东栅—余新	100	众安桥	1039	X211	余新—步云	20	横桥
989	X205	东栅—余新	110	小环桥	1040	X211	余新—步云	30	乍嘉苏余南大桥
990	X205	东栅—余新	120	东庄桥	1041	X211	余新—步云	40	汪家桥
991	X205	东栅—余新	130	新桥	1042	X211	余新—步云	50	盛家木桥
992	X205	东栅—余新	140	大有桥	1043	X211	余新—步云	10	陈庄桥
993	X205	东栅—余新	150	相思桥	1044	X211	余新—步云	20	胜利桥
994	X205	东栅—余新	160	张汾塘桥	1045	X211	余新—步云	30	景运桥
995	X205	东栅—余新	170	新篁大桥	1046	X211	余新—步云	40	陈塘浜桥
996	X206	嘉兴—余新	10	油车桥	1047	X211	余新—步云	50	水泥桥
997	X206	嘉兴—余新	20	余新大桥	1048	X211	余新—步云	60	坤江桥
998	X206	嘉兴—余新	30	范罗浜分离式立交桥	1049	X212	新丰—大桥	70	新华桥
999	X206	嘉兴—余新	40	钟响桥	1050	X212	新丰—大桥	80	陈家桥
1000	X206	嘉兴—余新	50	马家桥	1051	X212	新丰—大桥	90	联新桥
1001	X206	嘉兴—余新	60	横泾港桥	1052	X212	新丰—大桥	100	三里港桥
1002	X207	余新—新篁	10	茜泾桥	1053	X212	新丰—大桥	110	南湾桥
1003	X207	余新—新篁	20	姜贤桥	1054	X212	新丰—大桥	120	拥军桥
1004	X207	余新—新篁	30	九九桥	1055	X212	新丰—大桥	130	兴星桥
1005	X207	余新—新篁	40	红金桥	1056	X213	余新—乍嘉苏	10	孔庙桥
1006	X207	余新—新篁	50	何家桥	1057	X213	余新—乍嘉苏	20	富农桥
1007	X207	余新—新篁	60	贞姑庙桥	1058	X213	余新—乍嘉苏	30	小木桥
1008	X207	余新—新篁	70	新建桥	1059	X213	余新—乍嘉苏	40	凤啟桥
1009	X207	余新—新篁	30	牌楼浜桥	1060	Y201	曹王—余南	50	毛桥
1010	X207	余新—新篁	40	百官桥	1061	Y201	曹王—余南	60	邱家桥
1011	X207	余新—新篁	50	翁家浜桥	1062	Y201	曹王—余南	70	民富桥
1012	X207	余新—新篁	60	周墩桥	1063	Y201	曹王—余南	80	戴家桥
1013	X207	余新—新篁	70	葛羊桥	1064	Y201	曹王—余南	90	宏安桥
1014	X207	余新—新篁	80	马长桥	1065	Y202	东栅—七星	10	马塘汇桥
1015	X207	余新—新篁	90	杨家木桥	1066	Y202	东栅—七星	20	登青庙桥
1016	X207	余新—新篁	100	张家桥	1067	Y202	东栅—七星	30	渡船桥
1017	X207	余新—新篁	10	小桥	1068	Y202	东栅—七星	40	彭家桥
1018	X208	余新—沈荡	20	丁家浜桥	1069	Y202	东栅—七星	50	和合桥
1019	X208	余新—沈荡	30	杨树里桥	1070	Y202	东栅—七星	60	西河桥
1020	X208	余新—沈荡	40	浦家头桥	1071	Y202	东栅—七星	10	乌桥

（续表附录-2-1）

序号	路线代码	路线简称	桥梁编号	桥梁名称	序号	路线代码	路线简称	桥梁编号	桥梁名称
1072	Y202	东栅—七星	20	屠家木桥	1123	Y208	新丰—鲍桥	120	鲍西桥
1073	Y202	东栅—七星	30	东风桥	1124	Y208	新丰—鲍桥	130	鲍中桥
1074	Y202	东栅—七星	40	人民桥	1125	Y208	新丰—鲍桥	140	鲍家桥
1075	Y202	东栅—七星	50	陈文桥	1126	Y209	新丰西—罗家埭	150	汤江桥
1076	Y202	东栅—七星	60	北牛桥	1127	Y209	新丰西—罗家埭	160	陆家木桥
1077	Y202	东栅—七星	70	戴家大桥	1128	Y209	新丰西—罗家埭	170	双石桥
1078	Y203	凤桥—利民	80	章介桥	1129	Y209	新丰西—罗家埭	180	西西桥
1079	Y203	凤桥—利民	90	花园桥	1130	Y209	新丰西—罗家埭	10	德兴桥
1080	Y203	凤桥—利民	100	徐婆桥	1131	Y209	新丰西—罗家埭	20	慎思桥
1081	Y203	凤桥—利民	110	亭子桥	1132	Y209	新丰西—罗家埭	30	金塘桥
1082	Y203	凤桥—利民	120	永丰桥	1133	Y209	新丰西—罗家埭	40	丰乐桥
1083	Y203	凤桥—利民	130	中阳桥	1134	Y211	凤桥—新篁	10	唐家桥
1084	Y203	凤桥—利民	140	中华桥	1135	Y211	凤桥—新篁	20	严家桥
1085	Y203	凤桥—利民	150	三子桥	1136	Y211	凤桥—新篁	30	迎春桥
1086	Y203	凤桥—利民	160	大桥桥	1137	Y211	凤桥—新篁	40	月宫桥
1087	Y205	新丰—步云	170	胜利桥	1138	Y211	凤桥—新篁	50	张泾桥
1088	Y205	新丰—步云	180	胥山桥	1139	Y211	凤桥—新篁	60	王庙桥
1089	Y205	新丰—步云	10	金丰桥	1140	Y211	凤桥—新篁	70	大火桥
1090	Y205	新丰—步云	20	福家桥	1141	Y211	凤桥—新篁	80	庆丰桥
1091	Y205	新丰—步云	30	独圩桥	1142	Y211	凤桥—新篁	90	西木桥
1092	Y205	新丰—步云	40	东木桥	1143	Y211	凤桥—新篁	100	南庄桥
1093	Y206	乌桥—胥山	50	王店桥	1144	Y211	凤桥—新篁	110	永欣桥
1094	Y206	乌桥—胥山	60	中和桥	1145	Y211	凤桥—新篁	10	余双桥
1095	Y206	乌桥—胥山	70	金章庙桥	1146	Y211	凤桥—新篁	20	蒋家浜桥
1096	Y206	乌桥—胥山	10	北章桥	1147	Y211	凤桥—新篁	30	沪杭高速大桥
1097	Y206	乌桥—胥山	20	横港桥	1148	Y211	凤桥—新篁	40	永丰桥
1098	Y206	乌桥—胥山	30	南庄桥	1149	Y211	凤桥—新篁	50	陆斤桥
1099	Y206	乌桥—胥山	40	寿山桥	1150	Y211	凤桥—新篁	60	张泾桥
1100	Y206	乌桥—胥山	50	洋金桥	1151	Y211	凤桥—新篁	70	毛家浜桥
1101	Y206	乌桥—胥山	60	赵家桥	1152	Y212	凤桥—新民	80	新桥
1102	Y206	乌桥—胥山	70	叶家桥	1153	Y212	凤桥—新民	10	花园桥
1103	Y206	乌桥—胥山	80	金塘桥	1154	Y212	凤桥—新民	20	珠庵桥
1104	Y206	乌桥—胥山	10	1号桥	1155	Y212	凤桥—新民	30	马塘泾桥
1105	Y206	乌桥—胥山	20	东汤桥	1156	Y213	焦山门—石堰	10	安福桥
1106	Y206	乌桥—胥山	30	沈家浜桥	1157	Y213	焦山门—石堰	20	农校东桥
1107	Y206	乌桥—胥山	40	徐祥浜桥	1158	Y213	焦山门—石堰	30	农校南桥
1108	Y206	乌桥—胥山	50	周家木桥	1159	Y213	焦山门—石堰	40	农贸市场桥
1109	Y206	乌桥—胥山	60	竹林庙桥	1160	Y213	焦山门—石堰	50	金姑银桥
1110	Y206	乌桥—胥山	70	大池桥	1161	Y213	焦山门—石堰	60	莫家泾桥
1111	Y207	新丰东—金章	80	吴家庙桥	1162	Y213	焦山门—石堰	70	俞泾石桥
1112	Y207	新丰东—金章	10	新仁家桥	1163	Y213	焦山门—石堰	80	杨家桥
1113	Y207	新丰东—金章	20	太平桥	1164	Y213	焦山门—石堰	90	三乡桥
1114	Y207	新丰东—金章	30	前木桥	1165	Y213	焦山门—石堰	10	东张桥
1115	Y207	新丰东—金章	40	梅花塘桥	1166	Y213	焦山门—石堰	20	北皋桥
1116	Y207	新丰东—金章	50	麻泾桥	1167	Y214	余新—长秦	30	猪丰泾桥
1117	Y207	新丰东—金章	60	高瓦桥	1168	Y214	余新—长秦	40	胡庵桥
1118	Y208	新丰—鲍桥	70	中塘泾桥	1169	Y214	余新—长秦	50	栖圣桥
1119	Y208	新丰—鲍桥	80	堆金桥	1170	Y214	余新—长秦	10	金坛桥
1120	Y208	新丰—鲍桥	90	杨合桥	1171	Y214	余新—长秦	20	朱家浜大桥
1121	Y208	新丰—鲍桥	100	新桥	1172	Y214	余新—长秦	30	通镇桥
1122	Y208	新丰—鲍桥	110	净湘桥	1173	Y214	余新—长秦	10	圣塘桥

(续表附录-2-1)

序号	路线代码	路线简称	桥梁编号	桥梁名称	序号	路线代码	路线简称	桥梁编号	桥梁名称
1174	Y214	余新—长秦	20	永久桥	1208	Y222	余西—马桥	40	朝阳桥
1175	Y215	中环南路—隆兴	30	吴椿桥	1209	Y222	余西—马桥	10	山子桥
1176	Y215	中环南路—隆兴	40	积功桥	1210	Y223	西湖塘桥—明星村	20	吴掌圩桥
1177	Y215	中环南路—隆兴	10	香花桥	1211	Y223	西湖塘桥—明星村	30	夹娄浜桥
1178	Y216	梁林桥—三乡桥	20	永福桥	1212	Y223	西湖塘桥—明星村	10	小圩桥
1179	Y216	梁林桥—三乡桥	30	大墙桥	1213	Y224	东洲—焦山门	20	张家小桥
1180	Y216	梁林桥—三乡桥	10	打铁桥	1214	Y224	东洲—焦山门	10	1号桥
1181	Y216	梁林桥—三乡桥	20	益寿桥	1215	Y224	东洲—焦山门	20	2号桥
1182	Y216	梁林桥—三乡桥	30	吕仁华桥	1216	Y224	东洲—焦山门	30	五儿子桥
1183	Y216	梁林桥—三乡桥	10	毛家木桥	1217	Y224	东洲—焦山门	40	启明桥
1184	Y216	梁林桥—三乡桥	20	永福桥	1218	Y225	竹林—赵家埭	50	日辉桥
1185	Y216	梁林桥—三乡桥	30	报恩桥	1219	Y225	竹林—赵家埭	10	戚家港桥
1186	Y216	梁林桥—三乡桥	40	新开河桥	1220	Y225	竹林—赵家埭	20	西潜桥
1187	Y217	翁家浜—栖圣	50	何家桥	1221	Y226	七星—方家港	10	施家港桥
1188	Y217	翁家浜—栖圣	10	西湖塘	1222	Y226	七星—方家港	10	新开河桥
1189	Y217	翁家浜—栖圣	20	东桥	1223	Y226	七星—方家港	10	北港桥
1190	Y217	翁家浜—栖圣	30	明星桥	1224	Y226	七星—方家港	10	永新桥
1191	Y217	翁家浜—栖圣	10	东汶浜桥	1225	Y226	七星—方家港	20	嘉利新桥
1192	Y218	栖柳—余篁	20	杨家木桥	1226	Y227	高丰村—张宇圩	30	大坝桥
1193	Y218	栖柳—余篁	30	方家楼桥	1227	Y228	央林浜桥—朝阳桥	10	永北桥
1194	Y218	栖柳—余篁	40	朱四浜桥	1228	Y228	央林浜桥—朝阳桥	20	大湾柳浜桥
1195	Y219	清池—永红	50	钱家浜桥	1229	Y228	央林浜桥—朝阳桥	10	消家湾桥
1196	Y219	清池—永红	10	新桥1号	1230	Y228	央林浜桥—朝阳桥	10	长脉头桥
1197	Y219	清池—永红	20	新桥2号	1231	Y229	大桥—嘉善	10	张家桥
1198	Y219	清池—永红	30	新桥3号	1232	Y229	大桥—嘉善	10	陆家池桥
1199	Y220	兴隆桥—王道宅	10	七星桥	1233	Y229	大桥—嘉善	10	秀虹桥
1200	Y220	兴隆桥—王道宅	20	桐星桥	1234	Y230	和合浜—丰南村	10	大家港桥
1201	Y220	兴隆桥—王道宅	30	南湾桥	1235	Y230	和合浜—丰南村	10	陆鸭桥
1202	Y221	打铁桥—吕华仁桥	40	三里港桥	1236	Y231	金星—横港	10	小曲桥
1203	Y221	打铁桥—吕华仁桥	50	联新桥	1237	Y231	金星—横港	10	金银浜桥
1204	Y221	打铁桥—吕华仁桥	10	1号桥	1238	Y231	金星—横港	10	张家漾桥
1205	Y222	余西—马桥	10	斜港桥	1239	Y231	金星—横港	10	坟西港桥
1206	Y222	余西—马桥	20	丰兆桥	1240	Y231	金星—横港	10	陈义之港桥
1207	Y222	余西—马桥	30	平桥					

表附录-2-2 秀洲区公路桥梁情况表

序号	路线代码	路线简称	桥梁编号	桥梁名称	序号	路线代码	路线简称	桥梁编号	桥梁名称
134	G15W	常台高速	580	大溪港桥	147	G15W	常台高速	710	占鱼坝河桥
135	G15W	常台高速	590	西泾浜桥	148	G15W	常台高速	720	新桥洋桥
136	G15W	常台高速	600	赵家湾桥	149	G15W	常台高速	730	龙王庙中桥
137	G15W	常台高速	610	草庵头桥	150	G15W	常台高速	740	徐家洋桥
138	G15W	常台高速	620	潘香港桥	151	G15W	常台高速	750	何家浜桥
139	G15W	常台高速	630	墓城港河桥	152	G15W	常台高速	760	新塍塘大桥
140	G15W	常台高速	640	乌沙河桥	153	G15W	常台高速	770	三家浜桥
141	G15W	常台高速	650	俞金港桥	154	G15W	常台高速	780	象贤互通区主线桥
142	G15W	常台高速	660	永红港桥	155	G15W	常台高速	790	象贤互通区F匝道桥
143	G15W	常台高速	670	合观港桥	156	G15W	常台高速	800	象贤互通区F匝道
144	G15W	常台高速	680	俞家浜桥	157	G15W	常台高速	810	象贤互通区A匝道桥
145	G15W	常台高速	690	新农港桥	158	G15W	常台高速	820	象贤互通区主线一号
146	G15W	常台高速	700	陈家埭桥	159	G15W	常台高速	830	杭申线特大桥

（续表附录-2-2）

序号	路线代码	路线简称	桥梁编号	桥梁名称	序号	路线代码	路线简称	桥梁编号	桥梁名称
160	G15W	常台高速	840	铁仙桥	211	G60	沪昆高速	700	建设新港桥
161	G15W	常台高速	850	北港桥	212	G60	沪昆高速	710	机通 2#桥
162	G15W	常台高速	860	钱家埭桥	213	G60	沪昆高速	720	何家村桥
163	G15W	常台高速	870	西河北浜桥	214	G60	沪昆高速	730	金家村桥
164	G15W	常台高速	880	嘉兴互通主线桥	215	G60	沪昆高速	740	罗家村桥
165	G15W	常台高速	890	嘉兴互通式 A 匝立交	216	G60	沪昆高速	750	耆宿桥
166	G15W	常台高速	900	嘉兴互通式匝道引桥	217	S12	申嘉湖高速	260	未名 1#
167	G15W	常台高速	910	嘉兴 F 匝跨 320 桥	218	S12	申嘉湖高速	270	未名 2#
168	G15W	常台高速	920	嘉兴互通式立交 2 号	219	S12	申嘉湖高速	280	未名 3#
169	G15W	常台高速	930	嘉兴互通式立交一号	220	S12	申嘉湖高速	290	未名 4#
170	G15W	常台高速	940	东章桥	221	S12	申嘉湖高速	300	未名 5#
171	G15W	常台高速	950	九里江桥	222	S12	申嘉湖高速	310	未名 6#
172	G15W	常台高速	960	红旗村桥	223	S12	申嘉湖高速	320	未名 7#
173	G15W	常台高速	970	双文村港桥	224	S12	申嘉湖高速	330	未名 8#
174	G15W	常台高速	980	李花村桥	225	S12	申嘉湖高速	340	未名 9#
175	G15W	常台高速	990	国庆桥	226	S12	申嘉湖高速	350	未名 10#
176	G15w	常台高速	1000	公铁立交桥	227	S12	申嘉湖高速	360	未名 11#
177	G15W	常台高速	1010	三星桥	228	S12	申嘉湖高速	370	未名 12#
178	G15W	常台高速	1020	青龙桥	229	S12	申嘉湖高速	380	未名 13#
179	G320	320 国道	240	三店塘桥	230	S12	申嘉湖高速	390	未名 14#
180	G320	320 国道	250	三店塘桥（左）	231	S12	申嘉湖高速	400	未名 15#
181	G320	320 国道	260	张家港桥	232	S12	申嘉湖高速	410	未名 16#
182	G320	320 国道	270	龙星桥	233	S12	申嘉湖高速	420	未名 17#
183	G320	320 国道	280	陆里长泾桥	234	S12	申嘉湖高速	430	未名 18#
184	G320	320 国道	290	闸门桥	235	S12	申嘉湖高速	440	未名 19#
185	G320	320 国道	300	将军港桥	236	S12	申嘉湖高速	450	未名 20#
186	G320	320 国道	310	苏州塘桥	237	S12	申嘉湖高速	460	未名 21#
187	G320	320 国道	320	短浜桥	238	S12	申嘉湖高速	470	未名 22#
188	G320	320 国道	330	化农桥	239	S12	申嘉湖高速	480	未名 23#
189	G320	320 国道	340	华云桥	240	S202	乍浦—王江泾	490	长扦塘桥
190	G320	320 国道	350	万兴桥	241	S202	乍浦—王江泾	500	施家浜桥
191	G320	320 国道	360	顾家浜桥	242	S202	乍浦—王江泾	510	吴丰港桥
192	G320	320 国道	370	雁金桥	243	S202	乍浦—王江泾	520	小里港桥
193	G320	320 国道	380	新塍塘桥	244	S202	乍浦—王江泾	530	苏嘉运河桥
194	G320	320 国道	390	殷秀桥	245	S202	乍浦—王江泾	540	穆河溪桥
195	G320	320 国道	400	杭州塘桥	246	S202	乍浦—王江泾	550	火车港桥
196	G320	320 国道	500	黎明	247	S202	乍浦—王江泾	560	大井头桥
197	G320	320 国道	510	马家桥	248	S202	乍浦—王江泾	570	北郊河大桥
198	G60	沪昆高速	570	西庄桥	249	S202	乍浦—王江泾	580	北圣桥
199	G60	沪昆高速	580	杜家兜桥	250	S202	乍浦—王江泾	590	大沙河桥
200	G60	沪昆高速	590	川塘桥	251	S202	乍浦—王江泾	600	陈家桥
201	G60	沪昆高速	600	王店公铁立交桥	252	S202	乍浦—王江泾	610	双桥
202	G60	沪昆高速	610	长水塘桥	253	S202	乍浦—王江泾	620	港达桥
203	G60	沪昆高速	620	姚家庄桥	254	S202	乍浦—王江泾	630	新桥
204	G60	沪昆高速	630	庄家头桥	255	S202	乍浦—王江泾	640	腾云桥
205	G60	沪昆高速	640	唐家桥	256	S202	乍浦—王江泾	650	富星桥
206	G60	沪昆高速	650	车河头桥	257	S202	乍浦—王江泾	660	前富庄桥
207	G60	沪昆高速	660	汽通 1#桥	258	S202	乍浦—王江泾	670	后富庄桥
208	G60	沪昆高速	670	刘家坝桥	1241	C101	田黎线—双塔村	10	横港桥
209	G60	沪昆高速	680	缪家头桥	1242	C101	田黎线—双塔村	10	升平桥
210	G60	沪昆高速	690	莲花港桥	1243	C103	田黎线—栋梁村	20	小港桥

（续表附录-2-2）

序号	路线代码	路线简称	桥梁编号	桥梁名称	序号	路线代码	路线简称	桥梁编号	桥梁名称
1244	C105	王黎线—市泾村	30	全家塘桥	1295	C185	嘉塍线—宇四浜村西	30	全家桥
1245	C106	村部—商字圩	40	太平桥	1296	C188	嘉塍线—金鱼桥村	10	濮家湾桥
1246	C110	田乐—大坝	50	3 桥	1297	C189	沈家桥—虹阳	20	小桥
1247	C110	田乐—大坝	60	杨家村桥	1298	C189	沈家桥—虹阳	10	东昇南桥
1248	C110	田乐—大坝	70	万安桥	1299	C189	沈家桥—虹阳	10	陶家桥
1249	C111	消家湾—北海圩	10	彩虹桥	1300	C189	沈家桥—虹阳	20	哑吧桥
1250	C111	消家湾—北海圩	20	南埭桥	1301	C189	沈家桥—虹阳	10	朱家港桥
1251	C112	朱庆庵—朱家路	10	巩固桥	1302	C189	沈家桥—虹阳	20	加工厂桥
1252	C114	王黎线—东庄角	10	路家泾桥	1303	C192	西雁村—阳城村	30	竖头港桥
1253	C115	后浜—师家浜	10	丰产桥	1304	C192	西雁村—阳城村	10	姚径港桥
1254	C117	村部—项家厍	20	东木港桥	1305	C192	西雁村—阳城村	20	河西桥
1255	C120	北家港—平家娄	10	一号桥	1306	C192	西雁村—阳城村	10	年丰桥
1256	C125	建汾线—小双圩	20	永安桥	1307	C192	西雁村—阳城村	10	新安港桥
1257	C130	华溪—钮北	30	园通安桥	1308	C195	水厂—天星	10	车家港桥
1258	C133	建汾线—花联	10	龙象庵桥	1309	C195	水厂—天星	20	普安桥
1259	C134	金银浜—廊下	20	新桥	1310	C196	石桥湾—西雁村	30	孔家桥
1260	C136	忭家港—汇西公路	10	厍南桥	1311	C197	中城浜—盛泽	40	万福桥
1261	C141	红联—莫家甸	10	创新四号桥	1312	C203	塘杨线—盛家浜	50	同联大桥
1262	C142	红联—莫家甸	10	九曲桥	1313	C203	塘杨线—盛家浜	60	杨厍大桥
1263	C143	红联—横港桥	10	张家浜桥	1314	C203	塘杨线—盛家浜	10	木桥港桥
1264	C144	赵家浜—王黎线	10	民和大桥	1315	C204	塘杨线—百花庄	20	旗带港桥
1265	C144	赵家浜—王黎线	10	外桥	1316	C204	塘杨线—百花庄	10	斜桥
1266	C144	赵家浜—王黎线	10	城寿桥	1317	C204	塘杨线—百花庄	20	缪思港桥
1267	C144	赵家浜—王黎线	10	延寿桥	1318	C205	百花庄—濮家湾	10	横春桥
1268	C144	赵家浜—王黎线	10	向阳桥	1319	C205	百花庄—濮家湾	20	大木桥
1269	C144	赵家浜—王黎线	10	小洋桥	1320	C206	塘栖线—濮家湾	30	胜塘港桥
1270	C144	赵家浜—王黎线	20	钮家桥	1321	C207	北郊河—残联	10	迎归桥
1271	C149	工业小区—南埭	30	大兴桥	1322	C207	北郊河—残联	10	水北桥
1272	C149	工业小区—南埭	10	化龙桥	1323	C208	高家坝—塘栖线	20	庵西埭桥
1273	C150	开发区—太平村	10	长泾港桥	1324	C208	高家坝—塘栖线	10	桃墩大桥
1274	C152	浩浜路口—浩浜	10	金鱼桥	1325	C208	高家坝—塘栖线	10	宁春桥
1275	C156	大园—东木港	10	庆月桥	1326	C209	徐林庵—河西	10	上睦桥
1276	C156	大园—东木港	20	东石桥	1327	C209	徐林庵—河西	10	丰收桥
1277	C158	王黎线—民和	30	干家埭桥	1328	C210	塘栖线—欢喜港	10	扬西河桥
1278	C158	王黎线—民和	40	小河桥	1329	C211	塘栖线—探花浜	20	西兴桥
1279	C158	王黎线—民和	50	合观桥	1330	C213	塘栖线—上睦村	10	一雨桥
1280	C159	建汾线—龙象庵桥	60	2 号桥	1331	C213	塘栖线—上睦村	20	二雨桥
1281	C159	建汾线—龙象庵桥	10	双阳湾桥	1332	C213	塘栖线—上睦村	10	秀心桥
1282	C160	龙象庵—厍浜	20	圣堂桥	1333	C213	塘栖线—上睦村	10	石前桥
1283	C163	建汾线—东荷	30	寺东埭桥	1334	C213	塘栖线—上睦村	10	新桥
1284	C168	王家浜—杨家浜	40	长浜北桥	1335	C213	塘栖线—上睦村	10	东风大桥
1285	C169	东林港—张家浜	50	磐香桥	1336	C214	罗家甸—吴家埭	20	麦西港桥
1286	C171	下北港东—建汾线	10	塔上桥	1337	C214	罗家甸—吴家埭	30	王湾泾桥
1287	C173	王黎线—花字圩	20	南港桥	1338	C216	吴家头—金家桥	40	喷香港桥
1288	C175	07 省道—古塘村	10	石桥湾桥	1339	C216	吴家头—金家桥	50	杨鳗大桥
1289	C179	味达港—计家桥	10	麻溪港桥	1340	C217	塘栖线—胜塘	10	金塘桥
1290	C181	07 省道—野毛汇	10	哑子桥	1341	C217	塘栖线—胜塘	10	朱家浜桥
1291	C182	07 省道—东风村	20	永红桥	1342	C217	塘栖线—胜塘	20	李马桥
1292	C182	07 省道—东风村	30	小陆家浜桥	1343	C218	施家湾—钱家港南	10	1 号桥
1293	C182	07 省道—东风村	10	外庄桥	1344	C219	塘栖线—姚河子浜	10	高家桥
1294	C183	07 省道—收藏村	20	里庄桥	1345	C219	塘栖线—姚河子浜	20	毛家板桥

（续表附录-2-2）

序号	路线代码	路线简称	桥梁编号	桥梁名称	序号	路线代码	路线简称	桥梁编号	桥梁名称
1346	C221	腾油线—小圩	30	圣堂桥	1397	C334	嘉塍公路—桃虹公路	30	南兜
1347	C223	腾油线—南张浜	10	杨家桥	1398	C334	嘉塍公路—桃虹公路	10	廊港桥
1348	C225	腾油线—小学	10	陆家桥	1399	C334	嘉塍公路—桃虹公路	10	周吉桥
1349	C226	南桥—坝浜	20	群力港桥	1400	C334	嘉塍公路—桃虹公路	20	双圣桥
1350	C228	腾油线—西湖	10	小庙桥	1401	C334	嘉塍公路—桃虹公路	10	朝阳桥
1351	C228	腾油线—西湖	10	王家浜桥	1402	C334	嘉塍公路—桃虹公路	10	庙运桥
1352	C229	仓库—西湖	10	C315 线 1 号桥	1403	C336	日井港—外丝桥	10	东中浜桥
1353	C229	仓库—西湖	20	七一桥	1404	C337	南洋—吴家埭	20	九曲浜桥
1354	C230	塘家桥—卜家潭	30	红福安桥	1405	C337	南洋—吴家埭	10	攀登桥
1355	C231	池湾—石匠浜	40	红光桥	1406	C338	嘉铜公路—太平桥	20	梳妆桥
1356	C232	洪家浜—石匠浜	50	车介桥	1407	C339	小金港—沙泥港	30	昌浦桥
1357	C242	腾油线—杨溪	60	陈塘山桥	1408	C342	桃虹公路—仲店木桥	10	滑渡桥
1358	C242	腾油线—杨溪	10	万民桥	1409	C342	桃虹公路—仲店木桥	10	西竹管浜桥
1359	C242	腾油线—杨溪	10	西八字桥	1410	C344	庙桥—桃圆	20	东竹管浜桥
1360	C242	腾油线—杨溪	10	观音桥	1411	C344	庙桥—桃圆	10	向前港 1 号桥
1361	C242	腾油线—杨溪	20	幸福桥	1412	C346	桃西公路—钱码头	20	张墩桥
1362	C304	嘉铜公路—走星桥	10	走水落港	1413	C346	桃西公路—钱码头	10	新桥头
1363	C306	火炬—高照	20	新农港二号桥	1414	C348	钱码头—东浜	10	环桥头桥
1364	C306	火炬—高照	30	米仓桥	1415	C348	钱码头—东浜	10	红东浜桥
1365	C307	老嘉湖线—砖瓦三厂	10	周家坝	1416	C351	嘉洛线—打落桥	10	牌路桥
1366	C308	高照—新高路	20	鲶鱼桥	1417	C352	嘉洛线—桃西路	10	牌楼桥
1367	C308	高照—新高路	30	陈家埭桥	1418	C352	嘉洛线—桃西路	10	太虹桥
1368	C308	高照—新高路	40	东石桥	1419	C352	嘉洛线—桃西路	10	连心桥
1369	C309	老嘉湖线—南张门	10	新农四号桥	1420	C353	桃洛路—朱家浜	20	闸门桥
1370	C311	施家浜—运河塘	10	东方二桥	1421	C354	嘉洛线—毛桥	30	沈家石桥
1371	C311	施家浜—运河塘	20	东方一桥	1422	C354	嘉洛线—毛桥	40	七一桥
1372	C313	浪柱浜—陡门	10	新马桥	1423	C356	象贤—斜街头	50	姚家桥
1373	C314	南板桥—夏陈	10	寺桥	1424	C357	洪新线—庙运桥	60	洪家桥
1374	C315	洪新线—天福村	10	小观音桥	1425	C362	屠家埭—小桥头	10	钱家门桥
1375	C315	洪新线—天福村	20	新农三号桥	1426	C362	屠家埭—小桥头	10	新庄桥
1376	C315	洪新线—天福村	30	丁家桥	1427	C363	洪新线—新庄	10	翰棚桥
1377	C315	洪新线—天福村	40	发龙桥	1428	C363	洪新线—新庄	10	凤珍桥
1378	C315	洪新线—天福村	50	日井港桥	1429	C363	洪新线—新庄	20	河宝桥
1379	C315	洪新线—天福村	60	金洋桥	1430	C365	大寨路—东纹浜	10	接连桥
1380	C317	天福—沈家石桥	70	四号桥	1431	C366	西竹管浜—东竹管浜	10	李家桥
1381	C318	八字桥—彭家埭	10	石桥	1432	C366	西竹管浜—东竹管浜	10	何届木桥
1382	C319	薛家浜—马家浜	10	吴家埭桥	1433	C369	桃园公路—康和桥	20	西河村桥
1383	C319	薛家浜—马家浜	20	胜利桥	1434	C369	桃园公路—康和桥	30	长洛泾桥
1384	C325	园田里—嘉塍线	10	太平桥	1435	C373	洛民线—蔡家浜	10	庄板木桥
1385	C325	园田里—嘉塍线	10	小金港	1436	C374	洛民线—村西头	10	新桥
1386	C325	园田里—嘉塍线	10	新浜桥	1437	C376	洛民线—芦花浜	10	乐家桥
1387	C326	嘉塍公路—陈家埭	20	永红桥	1438	C377	洛民线—思古桥村部	10	毛亭桥
1388	C326	嘉塍公路—陈家埭	10	解放桥	1439	C378	嘉洛线—思古桥	20	介民桥
1389	C326	嘉塍公路—陈家埭	20	西新桥	1440	C385	嘉洛线—三家村	30	丰收桥
1390	C326	嘉塍公路—陈家埭	10	鲁鱼港桥	1441	C388	乌新线—嘉湖线	40	大石桥
1391	C328	四号桥—仲昌桥	20	西浜桥	1442	C388	乌新线—嘉湖线	10	高家桥
1392	C329	观音桥—新塍公路	10	东浜桥	1443	C388	乌新线—嘉湖线	20	杨家桥
1393	C329	观音桥—新塍公路	20	南港桥	1444	C388	乌新线—嘉湖线	30	西石桥
1394	C332	新塍公路—砖瓦厂	10	幸福桥	1445	C388	乌新线—嘉湖线	10	北水亩桥
1395	C333	寺桥—石家浜	10	惠思桥	1446	C388	乌新线—嘉湖线	20	太平桥
1396	C334	嘉塍公路—桃虹公路	20	念六桥	1447	C389	大寨路—庄家石前	10	庆丰桥

(续表附录-2-2)

序号	路线代码	路线简称	桥梁编号	桥梁名称	序号	路线代码	路线简称	桥梁编号	桥梁名称
1448	C390	大寨路—东文浜	20	庆丰小桥	1499	C443	联谊桥—南星桥	10	三宝桥
1449	C394	徐家浜—廊柱浜	30	秋泾桥	1500	C444	南星桥—五一	10	陆家桥
1450	C402	海王公路—胜利	10	陈保庙桥	1501	C444	南星桥—五一	10	徐王桥
1451	C402	海王公路—胜利	10	南如桥	1502	C447	王建线—清泰桥	10	大德桥
1452	C403	南坟浜—海王公路	10	鲁安桥	1503	C447	王建线—清泰桥	10	张宝里
1453	C404	余王线—毛竹园	10	水录桥	1504	C447	王建线—清泰桥	20	穿堂桥
1454	C406	余王线—长绿泾桥	10	扬旗桥	1505	C448	王建线—程家桥	30	五泾桥
1455	C406	余王线—长绿泾桥	20	赵家桥	1506	C449	张坝桥—王建线	10	推拔桥
1456	C406	余王线—长绿泾桥	10	荣中桥	1507	C505	嘉塍公路—龙王庙桥	10	东曹保桥
1457	C407	余王线—庄安	10	潘家头桥	1508	C505	嘉塍公路—龙王庙桥	10	岳家浜桥
1458	C408	庄安—红联	10	大雷港桥	1509	C505	嘉塍公路—龙王庙桥	20	贾家桥
1459	C409	余王公路—庄安	10	迎春桥	1510	C505	嘉塍公路—龙王庙桥	10	雪渡桥
1460	C410	海王公路—南梅	10	万红桥	1511	C505	嘉塍公路—龙王庙桥	10	俞家泾桥
1461	C410	海王公路—南梅	20	四称桥	1512	C601	蒋家头—洪硖线	10	志酿桥
1462	C410	海王公路—南梅	10	新桥	1513	C601	蒋家头—洪硖线	10	洪西桥
1463	C410	海王公路—南梅	10	众心桥	1514	C602	张家湾—河南埭	20	王家桥
1464	C411	高家桥—干四村	20	胜利桥	1515	C602	张家湾—河南埭	30	庄家石桥
1465	C411	高家桥—干四村	10	盛家头桥	1516	C602	张家湾—河南埭	10	陈家木桥
1466	C411	高家桥—干四村	20	河西桥	1517	C602	张家湾—河南埭	10	王家桥
1467	C413	懂家村—圣莱特	30	建丰桥	1518	C603	洪硖线—绿华观光园区	20	高家浜桥
1468	C413	懂家村—圣莱特	40	鲁家桥	1519	C606	洪硖线—聚宝里	30	新合勺桥
1469	C415	嘉海公路—庆丰	10	斜港桥	1520	C609	洪硖线—高宝兜	10	望云桥
1470	C415	嘉海公路—庆丰	20	最胜庵桥	1521	C610	张家木桥—水清石桥	10	五星桥
1471	C415	嘉海公路—庆丰	10	前木桥	1522	C611	蒋家头—张家湾	10	杨庵浜桥
1472	C416	唐家浜—妙保里	10	缪家头	1523	C612	洪硖线—王家埭	10	永兴桥
1473	C417	南如桥—野猫汇	10	姚家兜桥	1524	C613	李家埭—洪硖线	20	新开河桥
1474	C418	王建线—建农	20	南星桥	1525	C616	张保里北—中王村	30	新洋桥
1475	C419	车河头—懂家村	30	西马浜桥	1526	C616	张保里北—中王村	10	越家桥
1476	C420	嘉海线—泰石	10	南木桥	1527	C616	张保里北—中王村	10	灵观庙桥
1477	C420	嘉海线—泰石	20	迎秀桥	1528	C617	推拔桥—洪硖线	20	濮九娘桥
1478	C422	火烧桥—红联	10	新港一号桥	1529	C618	东邵保—王店变	10	良三桥
1479	C423	潘家头—长水塘	20	武康桥	1530	C620	岳家浜北—王店变	20	迎春桥
1480	C424	陈家金港—大雷港	10	永昌桥	1531	C620	岳家浜北—王店变	30	长远浜桥
1481	C425	新民桥—林家浜	20	清泰桥	1532	C622	姚家弄—洪硖线	40	胡家木桥
1482	C431	四联—砖瓦厂	30	长浜桥	1533	C623	砖瓦厂—蒋家头	50	富春桥
1483	C431	四联—砖瓦厂	10	程家桥	1534	C624	王店变—砖瓦厂	60	砖瓦厂桥
1484	C433	嘉海线—盛安桥	10	建红桥	1535	C630	320国道—冯家头南	70	太平桥
1485	C434	嘉海线—众心桥	10	三十亩桥	1536	C630	320国道—冯家头南	10	旺家桥
1486	C434	嘉海线—众心桥	20	联合桥	1537	C630	320国道—冯家头南	10	张几门桥
1487	C437	洪硖线—三建	30	王家木桥	1538	C631	冯家头—倪家园	10	太平桥
1488	C437	洪硖线—三建	40	横板桥	1539	C632	王家桥—邵家浜	10	利民桥
1489	C437	洪硖线—三建	50	乌桥	1540	C632	王家桥—邵家浜	10	庄家木桥
1490	C437	洪硖线—三建	10	应声桥	1541	C632	王家桥—邵家浜	10	过水桥
1491	C438	王建线—斜港桥	20	致富桥	1542	C633	泰石桥村—合勺桥	10	永乐桥
1492	C438	王建线—斜港桥	10	泰凤桥	1543	C634	西黎舍—徐家舍	20	杨家木桥
1493	C439	王建线—浦家村	20	西木桥	1544	C635	杨庵浜—王家桥	10	卜家门桥
1494	C440	洪硖线—潘家头	30	李介桥	1545	C638	北扇浜—机场	10	新桥
1495	C441	王建线—南星桥	40	河南埭桥	1546	C638	北扇浜—机场	10	盛主管桥
1496	C441	王建线—南星桥	10	杜家桥	1547	C638	北扇浜—机场	10	万年桥
1497	C441	王建线—南星桥	10	聚宝桥	1548	C640	旗杆下—野竹梗	10	长春桥
1498	C443	联谊桥—南星桥	10	道德桥	1549	C644	洪新线—濮院	10	西张桥

（续表附录-2-2）

序号	路线代码	路线简称	桥梁编号	桥梁名称	序号	路线代码	路线简称	桥梁编号	桥梁名称
1550	C644	洪新线—濮院	10	凤鸣桥	1601	X102	嘉兴—湖州	190	坝桥头桥
1551	C645	庙后浜—姚家浜	10	张鹤桥	1602	X102	嘉兴—湖州	200	莲花港桥
1552	C645	庙后浜—姚家浜	10	樟木桥	1603	X102	嘉兴—湖州	210	油车浜桥
1553	C645	庙后浜—姚家浜	10	北圣木桥	1604	X102	嘉兴—湖州	220	分界桥
1554	C645	庙后浜—姚家浜	10	苏头木桥	1605	X103	嘉兴—海宁	10	夏婆桥
1555	C645	庙后浜—姚家浜	10	高家桥	1606	X103	嘉兴—海宁	20	隆兴桥
1556	C645	庙后浜—姚家浜	10	陈麦西桥	1607	X103	嘉兴—海宁	30	瑞丰桥
1557	C645	庙后浜—姚家浜	10	圣堂桥	1608	X103	嘉兴—海宁	40	吴家木桥
1558	C647	旺家桥—小园	10	马家桥	1609	X103	嘉兴—海宁	50	马泾桥
1559	C653	郁家门东—张家门	20	黎明桥	1610	X103	嘉兴—海宁	60	南马泾桥
1560	C654	村小学—太平桥	10	黎明桥	1611	X103	嘉兴—海宁	70	伍科泾桥
1561	C656	崇福庵—洪昌桥	20	马家桥	1612	X103	嘉兴—海宁	80	圣堂桥
1562	C660	文耳浜—洪新线	10	分离立交	1613	X103	嘉兴—海宁	90	道成桥
1563	C661	太平桥—文耳浜	10	腾云—油车港分离	1614	X103	嘉兴—海宁	100	万丰桥
1564	C663	砖瓦厂—洪合镇	10	大港桥	1615	X103	嘉兴—海宁	110	万进桥
1565	C663	砖瓦厂—洪合镇	10	谢河桥	1616	X103	嘉兴—海宁	10	公铁立交桥
1566	C672	文耳浜—卜家门北	20	迎宾桥	1617	X103	嘉兴—海宁	20	匝道DK桥
1567	C675	西姚埭西—推拔桥	30	陆家泾桥	1618	X103	嘉兴—海宁	30	匝道桥
1568	C677	苏头木桥—早菜浜	10	溇下浜桥	1619	X103	嘉兴—海宁	10	假山石桥
1569	C679	早菜浜—建濮线	20	过店桥	1620	X103	嘉兴—海宁	20	曹家石桥
1570	C680	建濮线—李家场	10	振塘桥	1621	X103	嘉兴—海宁	30	镇东大桥
1571	C681	建濮线—西张桥	10	秀才桥	1622	X103	嘉兴—海宁	10	凉山桥
1572	C683	320国道—凤桥	10	庙下桥	1623	X103	嘉兴—海宁	20	兴隆桥
1573	C685	洪硖线—铁丁浜	10	隆兴桥	1624	X103	嘉兴—海宁	30	花园桥
1574	C686	凤桥里—泰石桥村	20	干港桥	1625	X103	嘉兴—海宁	40	毛家桥
1575	C689	南池浜—泰石桥村	30	肖家浜桥	1626	X103	嘉兴—海宁	50	德明桥
1576	C691	樟木桥—泾桥	40	戴公桥	1627	X117	嘉兴—湖州（老）	60	银河东桥
1577	C694	高家桥—濮院	50	王家浜桥	1628	X117	嘉兴—湖州（老）	70	圣龙桥
1578	C695	徐家兜—陈麦西桥	60	张家埭桥	1629	X117	嘉兴—湖州（老）	80	嘉民桥
1579	C698	万隆浜—叶家浜	70	南家浜桥	1630	X117	嘉兴—湖州（老）	90	福达桥
1580	C701	新王桥—洪合	80	潘家门桥	1631	X117	嘉兴—湖州（老）	100	1号桥
1581	C701	新王桥—洪合	90	曹家门桥	1632	X117	嘉兴—湖州（老）	110	倪曹保桥
1582	C702	洪合—新王桥	100	万家桥	1633	X117	嘉兴—湖州（老）	120	北新桥
1583	C702	洪合—新王桥	10	盛安桥	1634	X117	嘉兴—湖州（老）	130	双木桥
1584	C704	新腾线—改线	20	国庆桥	1635	X117	嘉兴—湖州（老）	140	枣树下桥
1585	C705	腾油线—改线	30	蚂桥公铁立交	1636	X117	嘉兴—湖州（老）	150	木桥湾桥
1586	C706	麦家—胜丰	40	毛家湾桥	1637	X117	嘉兴—湖州（老）	160	庄家桥
1587	C707	太平村—田丰	50	陈家门桥	1638	X202	乍浦—王江泾	10	红光桥
1588	C707	太平村—田丰	60	新塘桥	1639	X202	乍浦—王江泾	20	杜家桥
1589	C707	太平村—田丰	70	王家头桥	1640	X202	乍浦—王江泾	30	追回桥
1590	C709	西雁—07省道	80	红桥头桥	1641	X209	余新—王店	40	杨泾桥
1591	C709	西雁—07省道	90	太平桥	1642	X209	余新—王店	50	杨红桥
1592	C801	振塘桥—姚河浜	100	蒋家浜桥	1643	X209	余新—王店	60	乌船村立交桥
1593	C802	秀才桥—秀才村	110	扬树浪桥	1644	X301	王店—建设	70	荣归桥
1594	C803	庙下桥—王家浜	120	姚家庄桥	1645	X301	王店—建设	80	荣归新桥
1595	X102	嘉兴—湖州	130	王店高速上跨	1646	X301	王店—建设	90	白云桥
1596	X102	嘉兴—湖州	140	塔浪头桥	1647	X301	王店—建设	10	牛桥港桥
1597	X102	嘉兴—湖州	150	镇西桥	1648	X301	王店—建设	20	北牛桥
1598	X102	嘉兴—湖州	160	王家汇桥	1649	X301	王店—建设	30	阮家桥
1599	X102	嘉兴—湖州	170	前进浜桥	1650	X301	王店—建设	40	大通桥
1600	X102	嘉兴—湖州	180	牛头桥	1651	X301	王店—建设	50	金家环桥

（续表附录-2-2）

序号	路线代码	路线简称	桥梁编号	桥梁名称	序号	路线代码	路线简称	桥梁编号	桥梁名称
1652	X301	王店—建设	60	9 号桥	1703	X305	嘉兴—新塍	150	曾家桥
1653	X301	王店—建设	70	8 号桥	1704	X305	嘉兴—新塍	160	坝港桥
1654	X301	王店—建设	80	铁店桥	1705	X305	嘉兴—新塍	170	南溪桥
1655	X301	王店—建设	90	上仁桥	1706	X305	嘉兴—新塍	180	小金桥
1656	X301	王店—建设	100	桐梧桥	1707	X305	嘉兴—新塍	190	洋娄泾桥
1657	X301	王店—建设	110	桐家桥	1708	X305	嘉兴—新塍	10	腾云桥
1658	X301	王店—建设	120	唐明桥	1709	X305	嘉兴—新塍	20	南虹大桥
1659	X301	王店—建设	130	2 号桥	1710	X305	嘉兴—新塍	30	小港桥
1660	X302	洪合—硖石	140	夏家桥	1711	X306	新塍—腾云	40	上睦港桥
1661	X302	洪合—硖石	150	0 号桥	1712	X306	新塍—腾云	50	西夹港桥
1662	X302	洪合—硖石	160	安定桥	1713	X306	新塍—腾云	60	东夹港桥
1663	X302	洪合—硖石	170	凤舞桥	1714	X306	新塍—腾云	70	朱家港桥
1664	X302	洪合—硖石	10	冯家浜桥	1715	X306	新塍—腾云	80	广福桥
1665	X302	洪合—硖石	20	秀清桥	1716	X306	新塍—腾云	90	油瓶湾桥
1666	X302	洪合—硖石	30	老笕桥	1717	X306	新塍—腾云	100	万安桥
1667	X302	洪合—硖石	40	象贤高速上跨	1718	X306	新塍—腾云	110	东阳港桥
1668	X302	洪合—硖石	50	象贤桥	1719	X306	新塍—腾云	120	瑞丰桥
1669	X303	洪合—新塍	260	洛东 1 号桥	1720	X306	新塍—腾云	130	烂木桥
1670	X303	洪合—新塍	270	洛东 2 号桥	1721	X306	新塍—腾云	140	三多桥
1671	X303	洪合—新塍	280	洛东 3 号桥	1722	X306	新塍—腾云	150	澄溪大桥
1672	X303	洪合—新塍	290	洛东 4 号桥	1723	X306	新塍—腾云	10	万福桥
1673	X303	洪合—新塍	300	洛东 5 号桥	1724	X306	新塍—腾云	20	北虹大桥
1674	X303	洪合—新塍	310	思古桥	1725	X306	新塍—腾云	30	吴家桥
1675	X303	洪合—新塍	10	光辉桥	1726	X306	新塍—腾云	40	太平桥
1676	X303	洪合—新塍	20	平桥	1727	X306	新塍—腾云	50	大有桥
1677	X303	洪合—新塍	30	为民桥	1728	X306	新塍—腾云	60	唐家路桥
1678	X303	洪合—新塍	40	新桥	1729	X306	新塍—腾云	70	斜路港桥
1679	X303	洪合—新塍	50	伟跃桥	1730	X307	腾云—油车港	80	市泾浜桥
1680	X303	洪合—新塍	60	沈家桥	1731	X307	腾云—油车港	90	上岸路桥
1681	X303	洪合—新塍	70	庙桥	1732	X307	腾云—油车港	100	长脚浜桥
1682	X303	洪合—新塍	80	升芦桥	1733	X307	腾云—油车港	110	朱家路桥
1683	X303	洪合—新塍	90	龙王庙立交桥	1734	X307	腾云—油车港	120	庞家桥
1684	X303	洪合—新塍	100	竹管泾桥	1735	X307	腾云—油车港	130	田西桥
1685	X303	洪合—新塍	110	马桥	1736	X307	腾云—油车港	140	小港桥
1686	X304	嘉兴—洛东	120	妙智桥	1737	X307	腾云—油车港	150	南长港桥
1687	X304	嘉兴—洛东	130	万兴桥	1738	X307	腾云—油车港	160	北长港桥
1688	X304	嘉兴—洛东	140	红眼睛桥	1739	X307	腾云—油车港	170	广阳庙桥
1689	X304	嘉兴—洛东	10	新农 1 号桥	1740	X307	腾云—油车港	180	南厅港桥
1690	X304	嘉兴—洛东	20	景建桥	1741	X307	腾云—油车港	190	双塔新桥
1691	X304	嘉兴—洛东	30	来龙桥	1742	X307	腾云—油车港	200	塔桥
1692	X304	嘉兴—洛东	40	渡虹桥	1743	X307	腾云—油车港	10	创业桥
1693	X304	嘉兴—洛东	50	倪中桥	1744	X307	腾云—油车港	20	钱家桥
1694	X304	嘉兴—洛东	60	西港桥	1745	X308	王江泾—黎里	30	新浜桥
1695	X304	嘉兴—洛东	70	向前港桥 2#桥	1746	X308	王江泾—黎里	40	宜观桥
1696	X304	嘉兴—洛东	80	康和桥	1747	X308	王江泾—黎里	50	小河桥
1697	X305	嘉兴—新塍	90	麻皮桥	1748	X308	王江泾—黎里	60	平安桥
1698	X305	嘉兴—新塍	100	雷屠桥	1749	X308	王江泾—黎里	70	小中桥
1699	X305	嘉兴—新塍	110	张港桥	1750	X308	王江泾—黎里	80	大中桥
1700	X305	嘉兴—新塍	120	桃虹桥	1751	X308	王江泾—黎里	90	人民桥
1701	X305	嘉兴—新塍	130	闸门桥	1752	X308	王江泾—黎里	100	长溪桥
1702	X305	嘉兴—新塍	140	虹阳港桥	1753	X308	王江泾—黎里	110	溪中桥

（续表附录-2-2）

序号	路线代码	路线简称	桥梁编号	桥梁名称	序号	路线代码	路线简称	桥梁编号	桥梁名称
1754	X308	王江泾—黎里	120	钮北桥	1805	X312	嘉兴—桐乡	40	毛家桥
1755	X308	王江泾—黎里	130	华溪桥	1806	X312	嘉兴—桐乡	50	查安桥
1756	X308	王江泾—黎里	140	金珍桥	1807	X312	嘉兴—桐乡	60	新开河桥
1757	X308	王江泾—黎里	150	东听港桥	1808	X312	嘉兴—桐乡	70	千亩塘桥
1758	X308	王江泾—黎里	10	高照港桥	1809	X312	嘉兴—桐乡	80	青龙港桥
1759	X308	王江泾—黎里	20	X310 二号桥	1810	X312	嘉兴—桐乡	10	振塘大桥
1760	X308	王江泾—黎里	30	X310 三号桥	1811	X312	嘉兴—桐乡	20	正阳桥
1761	X308	王江泾—黎里	40	新运桥	1812	X312	嘉兴—桐乡	30	三阳桥
1762	X308	王江泾—黎里	50	X310 五号桥	1813	X312	嘉兴—桐乡	40	增产桥
1763	X308	王江泾—黎里	60	X310 六号桥	1814	X604	南北湖—王店	50	染店浜桥
1764	X308	王江泾—黎里	70	X310 七号桥	1815	X604	南北湖—王店	60	古窦泾桥
1765	X309	建有—汾玉	80	X310 八号桥	1816	X604	南北湖—王店	70	南红桥
1766	X309	建有—汾玉	90	X310 九号桥	1817	X604	南北湖—王店	10	北蒋桥
1767	X309	建有—汾玉	100	新塍塘大桥	1818	X604	南北湖—王店	10	曙光桥
1768	X309	建有—汾玉	110	X310 十一号桥	1819	X811	乌镇—新塍	20	庆丰桥
1769	X309	建有—汾玉	120	X310 十二号桥	1820	X811	乌镇—新塍	30	塘南桥
1770	X309	建有—汾玉	130	X310 十三号桥	1821	X811	乌镇—新塍	40	胜塘桥
1771	X309	建有—汾玉	140	来龙港桥	1822	X811	乌镇—新塍	50	来凤桥
1772	X309	建有—汾玉	150	姚家浜桥	1823	X814	濮院—新生	60	双红桥
1773	X309	建有—汾玉	160	谢洞里桥	1824	Y302	塘汇—栖真	10	五号桥
1774	X309	建有—汾玉	170	蒋家薪桥	1825	Y302	塘汇—栖真	20	冷水湾桥
1775	X309	建有—汾玉	180	西门桥	1826	Y302	塘汇—栖真	30	洛东大桥
1776	X309	建有—汾玉	190	洛新桥	1827	Y302	塘汇—栖真	40	北山桥
1777	X309	建有—汾玉	200	丁家浜二号桥	1828	Y302	塘汇—栖真	50	杨山桥
1778	X309	建有—汾玉	210	丁家浜桥	1829	Y302	塘汇—栖真	60	白家桥
1779	X309	建有—汾玉	10	大木桥	1830	Y302	塘汇—栖真	10	东方红桥
1780	X310	嘉兴—铜罗	20	圣堂港桥	1831	Y302	塘汇—栖真	20	沈木桥
1781	X310	嘉兴—铜罗	30	杨家埭桥	1832	Y303	塘汇—杨庙	10	蚂蝗塘桥
1782	X310	嘉兴—铜罗	40	欢喜港桥	1833	Y303	塘汇—杨庙	20	三星桥
1783	X310	嘉兴—铜罗	10	未明 1	1834	Y303	塘汇—杨庙	30	坟庄漾桥
1784	X310	嘉兴—铜罗	20	未明 2	1835	Y303	塘汇—杨庙	10	常睦桥
1785	X310	嘉兴—铜罗	30	未明 3	1836	Y303	塘汇—杨庙	20	赵家桥
1786	X310	嘉兴—铜罗	40	未明 4	1837	Y303	塘汇—杨庙	30	翁亭港桥
1787	X310	嘉兴—铜罗	50	未明 5	1838	Y303	塘汇—杨庙	40	墩头桥
1788	X310	嘉兴—铜罗	60	太平桥	1839	Y304	虹阳—盛泽	50	瞿家漾桥
1789	X310	嘉兴—铜罗	70	里八字桥	1840	Y305	洛东—桃园	60	建北桥
1790	X310	嘉兴—铜罗	80	濮院港桥	1841	Y305	洛东—桃园	70	塘子经桥
1791	X310	嘉兴—铜罗	90	横埭桥	1842	Y305	洛东—桃园	80	钱家头桥
1792	X310	嘉兴—铜罗	10	盛家桥	1843	Y305	洛东—桃园	90	三官塘桥
1793	X310	嘉兴—铜罗	20	铁拐桥	1844	Y305	洛东—桃园	10	池湾桥
1794	X310	嘉兴—铜罗	30	花园桥	1845	Y305	洛东—桃园	20	立新大桥
1795	X310	嘉兴—铜罗	40	铁龙桥	1846	Y306	洛东—民合	30	横溇桥
1796	X310	嘉兴—铜罗	50	百乐桥	1847	Y306	洛东—民合	40	南弹华港桥
1797	X310	嘉兴—铜罗	10	大寨桥	1848	Y306	洛东—民合	50	麦家港桥
1798	X310	嘉兴—铜罗	20	人民桥	1849	Y306	洛东—民合	60	南埭桥
1799	X310	嘉兴—铜罗	30	本山桥	1850	Y306	洛东—民合	70	秀善桥
1800	X310	嘉兴—铜罗	40	团结桥	1851	Y306	洛东—民合	10	奈字圩桥
1801	X311	申嘉湖—油车港	10	新运桥	1852	Y307	顾家浜—义庄	20	夹港大桥
1802	X311	申嘉湖—油车港	10	庙下桥	1853	Y307	顾家浜—义庄	30	西汀港桥
1803	X311	申嘉湖—油车港	20	马厍桥	1854	Y309	国庆—蚂桥	40	廊下大桥
1804	X311	申嘉湖—油车港	30	窑家桥	1855	Y309	国庆—蚂桥	50	建工桥

（续表附录-2-2）

序号	路线代码	路线简称	桥梁编号	桥梁名称	序号	路线代码	路线简称	桥梁编号	桥梁名称
1856	Y309	国庆—蚂桥	60	姚家桥	1882	Y313	荷花—油车港	70	智慧桥
1857	Y310	建设—濮院	70	横港桥	1883	Y313	荷花—油车港	80	吴家坝桥
1858	Y310	建设—濮院	80	坟东港桥	1884	Y313	荷花—油车港	90	永新桥
1859	Y310	建设—濮院	90	平安桥	1885	Y313	荷花—油车港	10	中心河 11 号桥
1860	Y310	建设—濮院	10	姚家桥	1886	Y313	荷花—油车港	20	唐家庄桥
1861	Y310	建设—濮院	20	汲水桥	1887	Y313	荷花—油车港	10	洋桥
1862	Y310	建设—濮院	30	东津浜桥	1888	Y313	荷花—油车港	10	横泾桥
1863	Y310	建设—濮院	40	蒋家湾桥	1889	Y314	王店—蚂桥	20	北青云桥
1864	Y310	建设—濮院	50	万丰桥	1890	Y314	王店—蚂桥	10	六生和桥
1865	Y310	建设—濮院	60	姚煤港桥	1891	Y314	王店—蚂桥	10	王家小木桥
1866	Y311	腾油线—古窦泾	70	油车港大桥	1892	Y314	王店—蚂桥	20	下北港桥
1867	Y311	腾油线—古窦泾	10	兴乐桥	1893	Y314	王店—蚂桥	10	干泾桥
1868	Y311	腾油线—古窦泾	20	新民桥	1894	Y314	王店—蚂桥	10	林家河桥
1869	Y311	腾油线—古窦泾	30	团结桥	1895	Y314	王店—蚂桥	10	曹家反修河桥
1870	Y311	腾油线—古窦泾	40	新民桥	1896	Y314	王店—蚂桥	20	夏家桥
1871	Y311	腾油线—古窦泾	50	团结桥	1897	Y314	王店—蚂桥	10	沙浜桥
1872	Y311	腾油线—古窦泾	60	新联桥	1898	Y315	新塍—陡门	10	中心河 1 号桥
1873	Y312	田青—南汇	70	火烧桥	1899	Y315	新塍—陡门	20	横港桥
1874	Y312	田青—南汇	80	梅家桥	1900	Y315	新塍—陡门	10	寺家桥
1875	Y312	田青—南汇	90	马桥	1901	Y315	新塍—陡门	20	中心河 4 号桥
1876	Y312	田青—南汇	10	东方红桥	1902	Y315	新塍—陡门	10	窑厂桥
1877	Y312	田青—南汇	20	平桥	1903	Y315	新塍—陡门	20	新兴桥
1878	Y312	田青—南汇	30	杨安桥	1904	Y315	新塍—陡门	10	曙埭桥
1879	Y312	田青—南汇	40	智远桥	1905	Y315	新塍—陡门	20	唐介桥
1880	Y312	田青—南汇	50	打铁桥	1906	Y315	新塍—陡门	30	道庵桥
1881	Y312	田青—南汇	60	大兴桥					

表附录-2-3 嘉善县公路桥梁情况表

序号	路线代码	路线简称	桥梁编号	桥梁名称	序号	路线代码	路线简称	桥梁编号	桥梁名称
259	G320	320 国道	10	北陶浜桥	280	G60	沪昆高速	6	陆章江桥
260	G320	320 国道	20	虹桥	281	G60	沪昆高速	7	沈家埭桥
261	G320	320 国道	30	化成桥	282	G60	沪昆高速	8	汽通桥 2
262	G320	320 国道	40	罗家纹桥	283	G60	沪昆高速	9	周家浜
263	G320	320 国道	50	里泽桥	284	G60	沪昆高速	10	米杖港桥
264	G320	320 国道	60	永宁桥	285	G60	沪昆高速	11	人通桥 1
265	G320	320 国道	70	南桥	286	G60	沪昆高速	12	陆家浜桥
266	G320	320 国道	80	石灰桥	287	G60	沪昆高速	13	梅家兜桥
267	G320	320 国道	90	小寺桥	288	G60	沪昆高速	14	白水塘桥
268	G320	320 国道	100	狗头泾桥	289	G60	沪昆高速	15	汽通桥 3
269	G320	320 国道	110	伍子塘桥	290	G60	沪昆高速	16	戈家桥
270	G320	320 国道	120	庄港桥	291	G60	沪昆高速	17	彭家圩桥
271	G320	320 国道	130	三店桥	292	G60	沪昆高速	18	中心河桥
272	G320	320 国道	140	小三店桥	293	G60	沪昆高速	19	唐桶浜
273	G320	320 国道	150	摇灯港桥	294	G60	沪昆高速	20	汽通桥 4
274	G320	320 国道	160	后中港桥	295	G60	沪昆高速	21	冯家兜桥
275	G60	沪昆高速	1	新桥港桥	296	G60	沪昆高速	22	张家浜
276	G60	沪昆高速	2	金刚桥	297	G60	沪昆高速	23	汽通桥 5
277	G60	沪昆高速	3	汽通桥 1	298	G60	沪昆高速	24	北小桥
278	G60	沪昆高速	4	朱家浜桥	299	S12	申嘉湖高速	10	白滩港大桥
279	G60	沪昆高速	5	横泾港桥	300	S12	申嘉湖高速	20	主线中桥

（续表附录-2-3）

序号	路线代码	路线简称	桥梁编号	桥梁名称	序号	路线代码	路线简称	桥梁编号	桥梁名称
301	S12	申嘉湖高速	30	主线中桥	1934	C033	新润—大泖	10	中华栅桥
302	S12	申嘉湖高速	40	4#高速桥	1935	C034	陆素—曹家	10	陆素泾桥
303	S12	申嘉湖高速	50	东栅大桥	1936	C034	陆素—曹家	20	西文泾桥
304	S12	申嘉湖高速	60	主线中桥	1937	C040	凌塘湾—长丰	10	长丰桥
305	S12	申嘉湖高速	70	主线小桥	1938	C040	凌塘湾—长丰	20	长丰永兴桥
306	S12	申嘉湖高速	80	和尚塘大桥	1939	C042	黎明—干窑	10	施家浜桥
307	S12	申嘉湖高速	90	9#高速桥	1940	C042	黎明—干窑	20	小窑港桥
308	S12	申嘉湖高速	100	中桥	1941	C046	朱孔浜—洪阳	10	朱孔浜桥
309	S12	申嘉湖高速	110	中桥	1942	C048	俞曹—善江公路	10	黎俞大桥
310	S12	申嘉湖高速	120	中桥	1943	C049	胡家埭—沈家埭	10	东龙港桥
311	S12	申嘉湖高速	130	陆斜塘大桥	1944	C050	北范泾—长浜	10	北港口桥
312	S12	申嘉湖高速	140	平黎公路高架桥	1945	C050	北范泾—长浜	20	长浜大桥
313	S12	申嘉湖高速	150	中桥	1946	C052	胡家埭—姚庄	10	高速公路跨线桥
314	S12	申嘉湖高速	160	林家塘桥	1947	C052	胡家埭—姚庄	20	小港桥
315	S12	申嘉湖高速	170	白老鼠湾大桥	1948	C053	长生—上巷	10	上巷港桥
316	S12	申嘉湖高速	180	芦墟塘大桥	1949	C061	姚庄—武长	10	新姚桥
317	S12	申嘉湖高速	190	中桥	1950	C061	姚庄—武长	20	石家湾桥
318	S12	申嘉湖高速	200	20#高速桥	1951	C061	姚庄—武长	30	南叶湾桥
319	S12	申嘉湖高速	210	小桥	1952	C062	魏俞线—武长	10	宝群路桥
320	S12	申嘉湖高速	220	杨庙港大桥	1953	C063	魏俞线—展丰	10	南鹿浜桥
321	S12	申嘉湖高速	230	中桥	1954	C063	魏俞线—展丰	20	长纹港桥
322	S12	申嘉湖高速	240	小桥	1955	C064	北鹤大桥—北鹤	10	南姚浜桥
323	S12	申嘉湖高速	250	中桥	1956	C065	北鹤大桥—和尚塘	10	白毛河桥
324	S7	北接线	10	0.012 桥梁	1957	C065	北鹤大桥—和尚塘	20	和尚塘桥
1907	C005	东云—缪家	10	中心河 11 号桥	1958	C067	小墩头—来自	10	新开河桥
1908	C005	东云—缪家	20	唐家庄桥	1959	C070	魏俞线—袁家埭	10	新民大桥
1909	C006	洋桥—江家	10	洋桥	1960	C070	魏俞线—袁家埭	20	中云河桥
1910	C007	曹家—新润	10	横泾桥	1961	C071	袁家埭—展幸	10	袁家埭桥
1911	C007	曹家—新润	20	北青云桥	1962	C071	袁家埭—展幸	20	天桥
1912	C009	江家—大云	10	六生和桥	1963	C071	袁家埭—展幸	30	大往圩桥
1913	C010	东云—施家	10	王家小木桥	1964	C071	袁家埭—展幸	40	新景港六号桥
1914	C010	东云—施家	20	下北港桥	1965	C072	展丰—新元	10	滩西浜一号桥
1915	C013	缪洪公路—五七农场	10	干泾桥	1966	C072	展丰—新元	20	东港桥
1916	C014	平黎公路—韩家浜	10	林家河桥	1967	C075	南鹿村部—南鹿浜	10	南鹿浜桥
1917	C015	曹家—惠民张汇	10	曹家反修河桥	1968	C075	南鹿村部—南鹿浜	20	新颜河桥
1918	C015	曹家—惠民张汇	20	夏家桥	1969	C077	利锋村部—吴家浜	10	吴家浜一号桥
1919	C021	大泖—善新公路	10	沙浜桥	1970	C077	利锋村部—吴家浜	20	吴家浜二号桥
1920	C022	大泖—斜泾	10	中心河 1 号桥	1971	C078	清凉—莲河浜	10	沙下泾桥
1921	C022	大泖—斜泾	20	横港桥	1972	C078	清凉—莲河浜	20	肖家港桥
1922	C023	善新公路—斜泾	10	寺家桥	1973	C080	西丁线—星火	10	星火桥
1923	C023	善新公路—斜泾	20	中心河 4 号桥	1974	C081	西丁线—北港	10	水利桥
1924	C026	善新公路—优家	10	窑厂桥	1975	C082	西丁线—银水庙	10	群风港桥
1925	C026	善新公路—优家	20	新兴桥	1976	C083	丁俞线—中联	10	新开河桥
1926	C027	曙光—新华	10	曙埭桥	1977	C084	俞汇—华东	10	华东桥
1927	C027	曙光—新华	20	唐介桥	1978	C085	俞北—池雷	10	池雷桥
1928	C027	曙光—新华	30	道庵桥	1979	C087	华东—沉香	10	洪字圩桥
1929	C027	曙光—新华	40	龙庵桥	1980	C087	华东—沉香	20	南赵田桥
1930	C028	大通—新润	10	防修河 1 号桥	1981	C087	华东—沉香	30	赵田桥
1931	C029	横泾—新桥头	10	横泾桥	1982	C101	洪南—福善泾	10	三联桥
1932	C032	王家—平湖钟埭	10	独社浜桥	1983	C102	洪下线—金道浜	10	杨家渡桥
1933	C032	王家—平湖钟埭	20	寿山朋桥	1984	C106	乐荆桥—杨树	10	杨树大桥

(续表附录-2-3)

序号	路线代码	路线简称	桥梁编号	桥梁名称	序号	路线代码	路线简称	桥梁编号	桥梁名称
1985	C107	洪下线—塘东	10	乐荆桥	2036	C183	卯家浜—宝林	10	塘施古桥
1986	C107	洪下线—塘东	20	五眼桥	2037	C183	卯家浜—宝林	20	史家木桥
1987	C109	史巷港—六合浜	10	史巷港桥	2038	C185	智果—里项	10	徐宅楼桥
1988	C109	史巷港—六合浜	20	方家浜桥	2039	C189	联丰—芦花	10	联丰桥
1989	C109	史巷港—六合浜	30	上巷港桥	2040	C192	联星—鑫鑫	10	小港桥
1990	C109	史巷港—六合浜	40	幸福桥	2041	C192	联星—鑫鑫	20	黄家木桥
1991	C110	新开河—马塔塘	10	马塔塘新开河桥	2042	C193	先锋—博山	10	西涨桥
1992	C112	洪南小区—合心	10	张安港桥	2043	C194	马家港—联星	10	横港桥
1993	C112	洪南小区—合心	20	梅家浜桥	2044	C195	化成桥—里泽	10	南洋桥
1994	C116	建设—塘东	10	洪溪东大桥	2045	C195	化成桥—里泽	20	李家港桥
1995	C121	杨庙—三店	10	浜口桥	2046	C200	蒋家浜—长浜大桥	10	红旗塘长浜大桥
1996	C121	杨庙—三店	20	三秋圩桥	2047	C201	红旗塘—地甸	10	祥宁桥
1997	C121	杨庙—三店	30	四秋圩桥	2048	C202	西塘—东汇	10	泥渔塘大桥
1998	C124	大天线—勤丰	10	夏家桥	2049	C203	西塘—费家	10	燕西桥
1999	C126	朱家港—北小圩	10	新联大桥	2050	C203	西塘—费家	20	南塘港桥
2000	C130	杨庙—油车	10	东港桥	2051	C204	西丁线—茜墩	10	白莲泾桥
2001	C131	东南—杨庙	10	东珠桥	2052	C204	西丁线—茜墩	20	鹤河桥
2002	C132	三店新村—申嘉湖洪溪连接线	10	北珠浜桥	2053	C206	西丁线—北卓	10	南町港桥
2003	C140	陶南—陶家汇	10	陶南大寨河桥	2054	C208	云田岸—雅鹊	10	三家桥
2004	C141	陶芦公路—袁家埭	10	陶庄水闸桥	2055	C208	云田岸—雅鹊	20	西河里桥
2005	C141	陶芦公路—袁家埭	20	花园港桥	2056	C215	西汾线—星建	10	歪桥港桥
2006	C142	陶芦公路—丁家	10	丁家团结桥	2057	C217	平黎公路—朱家浜	10	生庆桥
2007	C142	陶芦公路—丁家	20	龙华水闸桥	2058	C218	洪下线—金家埭	10	郭家埭桥
2008	C145	西浒—大全	10	陶西大寨河桥	2059	C221	捻墓娄—肖家圩	10	星建桥
2009	C145	西浒—大全	20	螃蜞桥	2060	C224	东汇—姚庄北岳	10	东娄桥
2010	C145	西浒—大全	30	陶东大桥	2061	C224	东汇—姚庄北岳	20	前村桥
2011	C146	李家港桥—肖家坝	10	幸福桥	2062	C225	吴家栅—金明	10	吴家栅东桥
2012	C146	李家港桥—肖家坝	20	利生桥	2063	C227	西丁线—渔民村	10	程家栅桥
2013	C146	李家港桥—肖家坝	30	利中桥	2064	C227	西丁线—渔民村	20	蛇皮溇桥
2014	C146	李家港桥—肖家坝	40	生字港桥	2065	C229	平黎公路—坟浜	10	陈家浜桥
2015	C151	体字—汾南	10	康庄桥	2066	C230	礼庙—卫红	10	金家埭桥
2016	C151	体字—汾南	20	冯河桥	2067	C230	礼庙—卫红	20	王家埭桥
2017	C152	金库—湖滨	10	寿人桥	2068	C231	善江公路—下甸庙	10	雀塘湾桥
2018	C152	金库—湖滨	20	富民桥	2069	C232	善西公路—董家村	10	苏家浜桥
2019	C153	新胜—陶庄	10	新村桥	2070	C232	善西公路—董家村	20	董家村桥
2020	C161	嘉善大道—联星	10	后塘泾港桥	2071	C234	六号桥—南港	10	陈河娄桥
2021	C162	人民大道—亭桥	10	向阳桥	2072	C234	六号桥—南港	20	西港头桥
2022	C162	人民大道—亭桥	20	联谊桥	2073	C234	六号桥—南港	30	来凤港桥
2023	C163	钟家浜—万家浜	10	万家桥	2074	C235	沈道浜—平黎公路	10	沈道浜桥
2024	C164	马家桥—姚浜	10	姚浜桥	2075	C235	沈道浜—平黎公路	20	西塘港桥
2025	C167	新开河—秀北	10	董福桥	2076	C236	荷池—六号桥	10	诸油港桥
2026	C167	新开河—秀北	20	董家埭桥	2077	C240	坟头浜—陶墓东浜	10	计秀才港桥
2027	C170	六庵浜—国庆	10	国庆 1 号桥	2078	C240	坟头浜—陶墓东浜	20	翁家港桥
2028	C170	六庵浜—国庆	20	盛家桥	2079	C240	坟头浜—陶墓东浜	30	练市港桥
2029	C171	320 国道—里项	10	智果桥	2080	C242	陶墓东浜—南熟	10	南无埭桥
2030	C174	320 国道—朝南	10	月湾泾桥	2081	C242	陶墓东浜—南熟	20	陶士港桥
2031	C174	320 国道—朝南	20	朝南桥	2082	C244	正联—九军河	10	十字路桥
2032	C176	320 国道—虹桥	10	月虹桥	2083	C249	东顺—天基	10	迁善桥
2033	C177	新光—西横泾	10	西横泾桥	2084	C250	天凝—官娄	10	盛家浜桥
2034	C182	蔡家桥—嘉善大道	10	湾里桥	2085	C252	展幸—大往圩	10	莲花寺桥
2035	C182	蔡家桥—嘉善大道	20	盛家湾桥	2086	C253	展幸—北鹤	10	新开河桥

（续表附录-2-3）

序号	路线代码	路线简称	桥梁编号	桥梁名称	序号	路线代码	路线简称	桥梁编号	桥梁名称
2087	C253	展幸—北鹤	20	道义生桥	2138	X108	平湖—黎里	430	创业河桥
2088	C254	魏俞公路—利锋	10	荡上河桥	2139	X108	平湖—黎里	440	民丰桥
2089	C254	魏俞公路—利锋	20	东徐浜桥	2140	X108	平湖—黎里	450	南胜运河桥
2090	C254	魏俞公路—利锋	30	横廾港 2 号桥	2141	X108	平湖—黎里	460	北胜村桥
2091	C254	魏俞公路—利锋	40	戴浜桥	2142	X116	嘉兴交界—G320交叉口	10	潘家浜桥
2092	C255	展丰—李厍	10	滩西浜桥	2143	X116	嘉兴交界—G320交叉口	20	西施湾桥
2093	C255	展丰—李厍	20	奄浜桥	2144	X116	嘉兴交界—G320交叉口	30	戴向东桥
2094	C256	姚庄—干窑胡家埭	10	庙家浜 2 号桥	2145	X116	嘉兴交界—G320交叉口	40	盛家湾桥
2095	C256	姚庄—干窑胡家埭	20	姚庄和尚塘南北渡桥	2146	X116	嘉兴交界—G320交叉口	50	吴家坟桥
2096	X108	平湖—黎里	10	丁家浜桥	2147	X116	嘉兴交界—G320交叉口	60	鲁史泾港桥
2097	X108	平湖—黎里	20	南新浜桥	2148	X116	嘉兴交界—G320交叉口	70	嘉善大桥
2098	X108	平湖—黎里	30	钱泾桥	2149	X201	大树—天凝	10	杨庙南龙大桥
2099	X108	平湖—黎里	40	大云互通立交桥	2150	X201	大树—天凝	20	南龙浜小桥
2100	X108	平湖—黎里	50	石堰港桥	2151	X201	大树—天凝	30	杨庙南龙小桥
2101	X108	平湖—黎里	60	反修河桥	2152	X201	大树—天凝	40	杨庙保障桥
2102	X108	平湖—黎里	70	卓家湾桥	2153	X201	大树—天凝	50	南星桥
2103	X108	平湖—黎里	80	嘉善塘桥	2154	X201	大树—天凝	60	西木桥
2104	X108	平湖—黎里	90	夏家堰桥	2155	X201	大树—天凝	70	钱成港桥
2105	X108	平湖—黎里	100	南马泾浜桥	2156	X201	大树—天凝	80	张家浜大桥
2106	X108	平湖—黎里	110	北马泾浜桥	2157	X201	大树—天凝	90	杨树港桥
2107	X108	平湖—黎里	120	新泾港桥	2158	X201	大树—天凝	100	开发区小桥
2108	X108	平湖—黎里	130	全家堰公铁立交	2159	X201	大树—天凝	110	天凝市河桥
2109	X108	平湖—黎里	140	320 国道分离立交	2160	X203	焦山门—大云	10	钱港桥
2110	X108	平湖—黎里	150	罗桔港桥	2161	X309	建有—汾玉	10	大号圩港桥
2111	X108	平湖—黎里	160	寺桥港桥	2162	X401	嘉善—西塘	10	哑子桥
2112	X108	平湖—黎里	170	大娄浜桥	2163	X401	嘉善—西塘	20	新开河桥
2113	X108	平湖—黎里	180	伍子塘桥	2164	X401	嘉善—西塘	30	北署桥
2114	X108	平湖—黎里	190	管家埭小桥	2165	X401	嘉善—西塘	40	凤桐桥
2115	X108	平湖—黎里	200	小窑港桥	2166	X401	嘉善—西塘	50	药师庵桥
2116	X108	平湖—黎里	210	亭子桥	2167	X401	嘉善—西塘	60	北环桥
2117	X108	平湖—黎里	220	鹿形浜桥	2168	X401	嘉善—西塘	70	南急水桥
2118	X108	平湖—黎里	230	九曲河桥	2169	X401	嘉善—西塘	80	幸福河桥
2119	X108	平湖—黎里	240	幸福河桥	2170	X402	丁栅—枫泾	10	华西桥
2120	X108	平湖—黎里	250	长远浜桥	2171	X402	丁栅—枫泾	20	华厅桥
2121	X108	平湖—黎里	260	宋家浜桥	2172	X402	丁栅—枫泾	30	东厅桥
2122	X108	平湖—黎里	270	红旗塘大桥	2173	X402	丁栅—枫泾	40	华东大桥
2123	X108	平湖—黎里	280	顾家浜桥	2174	X402	丁栅—枫泾	50	陈汇桥
2124	X108	平湖—黎里	290	翠南村桥	2175	X402	丁栅—枫泾	60	沈家桥
2125	X108	平湖—黎里	300	梅家浜桥	2176	X402	丁栅—枫泾	70	南古桥
2126	X108	平湖—黎里	310	新开河桥	2177	X402	丁栅—枫泾	80	南古南桥
2127	X108	平湖—黎里	320	邗上村桥	2178	X402	丁栅—枫泾	90	东栅塘桥
2128	X108	平湖—黎里	330	芦墟塘桥	2179	X402	丁栅—枫泾	100	横港小桥
2129	X108	平湖—黎里	340	潮水港桥	2180	X402	丁栅—枫泾	110	红旗塘大桥
2130	X108	平湖—黎里	350	鹤塘湾桥	2181	X402	丁栅—枫泾	120	申嘉湖高速南鹿跨线桥
2131	X108	平湖—黎里	360	外港头桥	2182	X402	丁栅—枫泾	130	新景港四号桥
2132	X108	平湖—黎里	370	斜港桥	2183	X402	丁栅—枫泾	140	管家湾桥
2133	X108	平湖—黎里	380	曹家浜桥	2184	X402	丁栅—枫泾	150	清凉大桥
2134	X108	平湖—黎里	390	凌塘湾桥	2185	X402	丁栅—枫泾	160	施家庵桥
2135	X108	平湖—黎里	400	南陶家池桥	2186	X403	干窑—洪溪	10	张安港中桥
2136	X108	平湖—黎里	410	团结河桥	2187	X403	干窑—洪溪	20	凤桐河大桥
2137	X108	平湖—黎里	420	南许村桥	2188	X403	干窑—洪溪	30	干窑市河桥

(续表附录-2-3)

序号	路线代码	路线简称	桥梁编号	桥梁名称	序号	路线代码	路线简称	桥梁编号	桥梁名称
2189	X403	干窑—洪溪	40	邬家桥	2240	X408	丁栅—俞汇	30	大石港桥
2190	X403	干窑—洪溪	50	杨家浜桥	2241	X408	丁栅—俞汇	40	西江港桥
2191	X403	干窑—洪溪	60	长生桥	2242	X408	丁栅—俞汇	50	夜叉港桥
2192	X403	干窑—洪溪	70	新泾港桥	2243	X408	丁栅—俞汇	60	夏玉港桥
2193	X403	干窑—洪溪	80	七星大桥	2244	X408	丁栅—俞汇	70	西泾港桥
2194	X403	干窑—洪溪	90	张步港桥	2245	X408	丁栅—俞汇	80	俞汇市河桥
2195	X403	干窑—洪溪	120	俞家木桥	2246	X408	丁栅—俞汇	90	李家港桥
2196	X404	天凝—洪溪	10	般家桥	2247	X408	丁栅—俞汇	100	蒸西河桥
2197	X404	天凝—洪溪	20	天凝市河桥	2248	X409	魏中—俞汇	10	永宁桥
2198	X404	天凝—洪溪	30	关杨庙桥	2249	X409	魏中—俞汇	20	吴泾桥
2199	X404	天凝—洪溪	40	菱塘湾桥	2250	X409	魏中—俞汇	30	墙门埭桥
2200	X405	洪溪—下甸庙	10	芮家湾桥	2251	X409	魏中—俞汇	40	茜泾塘桥
2201	X405	洪溪—下甸庙	20	红旗塘桥	2252	X409	魏中—俞汇	50	任天浜桥
2202	X405	洪溪—下甸庙	30	新开河桥	2253	X409	魏中—俞汇	60	斜路港桥
2203	X405	洪溪—下甸庙	40	安兰桥	2254	X409	魏中—俞汇	70	新中河桥
2204	X405	洪溪—下甸庙	50	斜塘桥	2255	X409	魏中—俞汇	80	冻刹港桥
2205	X405	洪溪—下甸庙	60	皮河浜桥	2256	X409	魏中—俞汇	100	新景桥
2206	X405	洪溪—下甸庙	70	南庄桥	2257	X409	魏中—俞汇	110	南鹿桥
2207	X405	洪溪—下甸庙	80	沙塔浜桥	2258	X409	魏中—俞汇	120	陆斛浜桥
2208	X405	洪溪—下甸庙	90	水泥厂桥	2259	X409	魏中—俞汇	130	横港大桥
2209	X406	洪溪—三店	10	俞家木桥	2260	X409	魏中—俞汇	140	横港市河桥
2210	X406	洪溪—三店	20	申嘉湖高速洪溪跨线桥	2261	X409	魏中—俞汇	150	横枫泾桥
2211	X406	洪溪—三店	30	唐家港桥	2262	X409	魏中—俞汇	160	荡滩中桥
2212	X406	洪溪—三店	40	翁村港桥	2263	X409	魏中—俞汇	170	申港桥
2213	X406	洪溪—三店	50	芦荡头桥	2264	X410	嘉善—新埭	10	王家泾港桥
2214	X406	洪溪—三店	60	前里桥	2265	X410	嘉善—新埭	20	西港桥
2215	X406	洪溪—三店	70	杨庙三店塘大桥	2266	X410	嘉善—新埭	30	赵家窑港桥
2216	X407	西塘—丁栅	10	水闸桥	2267	X410	嘉善—新埭	50	朱家港桥
2217	X407	西塘—丁栅	20	迎秀桥	2268	X410	嘉善—新埭	60	惠民市河桥
2218	X407	西塘—丁栅	30	迎凤桥	2269	X410	嘉善—新埭	70	惠民长桥
2219	X407	西塘—丁栅	40	高家浜桥	2270	X410	嘉善—新埭	80	张家堰桥
2220	X407	西塘—丁栅	50	曹坟港桥	2271	X410	嘉善—新埭	90	小桥港桥
2221	X407	西塘—丁栅	60	西根圩桥	2272	X410	嘉善—新埭	100	东石戴家桥
2222	X407	西塘—丁栅	70	塘港大桥	2273	X410	嘉善—新埭	110	东石徐家桥
2223	X407	西塘—丁栅	80	新港桥	2274	X410	嘉善—新埭	120	北罗金港桥
2224	X407	西塘—丁栅	90	东港桥	2275	X410	嘉善—新埭	130	大茅港桥
2225	X407	西塘—丁栅	100	东后港桥	2276	X410	嘉善—新埭	140	西加泾港桥
2226	X407	西塘—丁栅	110	荻沼塘小桥	2277	X410	嘉善—新埭	150	牛力泾港桥
2227	X407	西塘—丁栅	120	荻沼塘大桥	2278	X410	嘉善—新埭	160	浙沪界河桥
2228	X407	西塘—丁栅	130	北港西桥	2279	X411	嘉善—大云互通	10	相家堰桥
2229	X407	西塘—丁栅	140	北港东桥	2280	X411	嘉善—大云互通	20	反修河桥
2230	X407	西塘—丁栅	150	丁栅丝厂桥	2281	X411	嘉善—大云互通	30	油车港桥
2231	X407	西塘—丁栅	160	丁栅市河桥	2282	X412	杨秀泾桥—汾湖	10	杨秀泾港桥
2232	X407	西塘—丁栅	170	丁栅北睦桥	2283	X412	杨秀泾桥—汾湖	20	金家港桥
2233	X407	西塘—丁栅	180	洪水洋桥	2284	X412	杨秀泾桥—汾湖	30	芦墟塘桥
2234	X407	西塘—丁栅	190	倪家圩桥	2285	X412	杨秀泾桥—汾湖	40	潮水港桥
2235	X407	西塘—丁栅	200	渔民村桥	2286	X412	杨秀泾桥—汾湖	50	西村港桥
2236	X407	西塘—丁栅	210	张家圩桥	2287	X412	杨秀泾桥—汾湖	60	厍浜桥
2237	X407	西塘—丁栅	220	北蔡大桥	2288	X412	杨秀泾桥—汾湖	70	斜家港桥
2238	X408	丁栅—俞汇	10	和家路桥	2289	X412	杨秀泾桥—汾湖	80	北长河桥
2239	X408	丁栅—俞汇	20	塘港大桥	2290	X412	杨秀泾桥—汾湖	90	大寨河桥

（续表附录-2-3）

序号	路线代码	路线简称	桥梁编号	桥梁名称	序号	路线代码	路线简称	桥梁编号	桥梁名称
2291	X412	杨秀泾桥—汾湖	100	陆家湾桥	2342	Y404	姚庄—新轮	170	北鹤大桥
2292	X412	杨秀泾桥—汾湖	110	陶庄市河桥	2343	Y404	姚庄—新轮	180	上玉桥
2293	X412	杨秀泾桥—汾湖	120	南姚浜桥	2344	Y404	姚庄—新轮	190	渔民村水闸桥
2294	X412	杨秀泾桥—汾湖	130	团结桥	2345	Y404	姚庄—新轮	200	横港桥
2295	X412	杨秀泾桥—汾湖	140	冯家浜桥	2346	Y404	姚庄—新轮	210	李厍桥
2296	X412	杨秀泾桥—汾湖	150	创业河桥	2347	Y405	张汇—曙光	10	卞家桥
2297	X413	沙塔浜—变电所	10	李家浜桥	2348	Y405	张汇—曙光	20	东海桥
2298	Y401	王家—潮泥滩	10	王家湾桥	2349	Y405	张汇—曙光	30	新桥
2299	Y401	王家—潮泥滩	20	中心河 2 号桥	2350	Y405	张汇—曙光	40	洪泾港桥
2300	Y401	王家—潮泥滩	30	朱港桥	2351	Y406	缪家—洪家溇	10	横港桥
2301	Y401	王家—潮泥滩	40	三星大桥	2352	Y406	缪家—洪家溇	20	横泾港桥
2302	Y401	王家—潮泥滩	50	石牌泾港桥	2353	Y406	缪家—洪家溇	30	跃进港桥
2303	Y401	王家—潮泥滩	60	牛力泾桥	2354	Y406	缪家—洪家溇	40	张圣塘桥
2304	Y401	王家—潮泥滩	70	东加泾桥	2355	Y406	缪家—洪家溇	50	朱家林桥
2305	Y401	王家—潮泥滩	80	大泖塘桥	2356	Y406	缪家—洪家溇	60	林家小桥
2306	Y401	王家—潮泥滩	90	中黄沙泾桥	2357	Y406	缪家—洪家溇	70	康新桥
2307	Y402	东云—高一	10	周家桥（大）	2358	Y406	缪家—洪家溇	80	新桥浜桥
2308	Y402	东云—高一	20	周家桥（小）	2359	Y406	缪家—洪家溇	90	丰钱桥
2309	Y402	东云—高一	30	计家桥	2360	Y407	曹家—大通	10	后堰桥
2310	Y402	东云—高一	40	罗家桥	2361	Y407	曹家—大通	20	建设桥
2311	Y402	东云—高一	50	圣塘桥	2362	Y407	曹家—大通	30	红联河桥
2312	Y402	东云—高一	60	中心河 9 号桥	2363	Y407	曹家—大通	40	马墩桥
2313	Y403	洪下线—范泾	10	库港桥	2364	Y407	曹家—大通	50	义浜桥
2314	Y403	洪下线—范泾	20	塘东大桥	2365	Y407	曹家—大通	60	双溪新桥
2315	Y403	洪下线—范泾	30	黄家浜桥	2366	Y407	曹家—大通	70	桥港桥
2316	Y403	洪下线—范泾	40	塘东桥	2367	Y407	曹家—大通	80	罗泾桥
2317	Y403	洪下线—范泾	50	新开河桥	2368	Y407	曹家—大通	90	长江桥
2318	Y403	洪下线—范泾	60	开源大桥	2369	Y407	曹家—大通	100	摇米桥
2319	Y403	洪下线—范泾	70	范泾桥	2370	Y407	曹家—大通	110	石牌泾港中桥
2320	Y403	洪下线—范泾	80	幸福河桥	2371	Y408	干窑—倪家浜	10	窑兴桥
2321	Y403	洪下线—范泾	90	范泾港桥	2372	Y408	干窑—倪家浜	20	塘北桥
2322	Y403	洪下线—范泾	100	洪家浜桥	2373	Y408	干窑—倪家浜	30	南宙跨线桥
2323	Y403	洪下线—范泾	110	伍子塘桥	2374	Y409	沉香—俞汇	10	九曲桥
2324	Y403	洪下线—范泾	120	茆港桥	2375	Y409	沉香—俞汇	20	西大圩桥
2325	Y403	洪下线—范泾	130	新开河桥	2376	Y409	沉香—俞汇	30	东大圩桥
2326	Y403	洪下线—范泾	140	唐四浜桥	2377	Y409	沉香—俞汇	40	庄荡桥
2327	Y403	洪下线—范泾	150	长虹桥	2378	Y409	沉香—俞汇	50	庄港桥
2328	Y403	洪下线—范泾	160	长浜大桥	2379	Y409	沉香—俞汇	60	东港桥
2329	Y404	姚庄—新轮	10	牛桥港桥	2380	Y409	沉香—俞汇	70	马家浜桥
2330	Y404	姚庄—新轮	20	新景港 2 号桥	2381	Y409	沉香—俞汇	80	俞汇大桥
2331	Y404	姚庄—新轮	30	戴浜桥	2382	Y410	洪南—福善泾	10	福善桥
2332	Y404	姚庄—新轮	40	清凉桥	2383	Y410	洪南—福善泾	20	福善泾桥
2333	Y404	姚庄—新轮	50	星轮水闸桥	2384	Y411	洪溪—荡湾	10	沈北泾桥
2334	Y404	姚庄—新轮	60	管家湾桥	2385	Y411	洪溪—荡湾	20	新开河桥
2335	Y404	姚庄—新轮	100	洪福桥	2386	Y411	洪溪—荡湾	30	河泥潮桥
2336	Y404	姚庄—新轮	110	太子荡桥	2387	Y412	西浒—大全	10	西浒桥
2337	Y404	姚庄—新轮	120	新景港桥	2388	Y412	西浒—大全	20	梅台港桥
2338	Y404	姚庄—新轮	130	武殿浜桥	2389	Y412	西浒—大全	30	金望桥
2339	Y404	姚庄—新轮	140	长缕桥	2390	Y412	西浒—大全	40	汾湖新桥
2340	Y404	姚庄—新轮	150	长浜桥	2391	Y412	西浒—大全	50	六聚桥
2341	Y404	姚庄—新轮	160	河泥潸桥	2392	Y412	西浒—大全	60	南全村桥

（续表附录-2-3）

序号	路线代码	路线简称	桥梁编号	桥梁名称	序号	路线代码	路线简称	桥梁编号	桥梁名称
2393	Y412	西浒—大金	70	北许港桥	2444	Y421	人民大道—马家桥	20	白水塘桥
2394	Y412	西浒—大金	80	南许港桥	2445	Y421	人民大道—马家桥	30	亭子桥
2395	Y412	西浒—大金	90	圩水港桥	2446	Y421	人民大道—马家桥	40	北施王港桥
2396	Y412	西浒—大金	100	南成港桥	2447	Y421	人民大道—马家桥	50	跃进港桥
2397	Y412	西浒—大金	110	体字桥	2448	Y421	人民大道—马家桥	60	马家桥
2398	Y412	西浒—大金	120	大金桥	2449	Y422	西塘—东汇	10	里仁港桥
2399	Y413	陶芦公路—汾湖	10	金子港桥	2450	Y422	西塘—东汇	20	十里港桥
2400	Y413	陶芦公路—汾湖	20	杨家坝桥	2451	Y422	西塘—东汇	30	储家汇桥
2401	Y413	陶芦公路—汾湖	30	将军桥	2452	Y423	西塘—舜东	10	三里塘桥
2402	Y413	陶芦公路—汾湖	40	湖宾水闸桥	2453	Y423	西塘—舜东	20	电渡厂桥
2403	Y414	魏塘—先锋	10	鲁水泾港桥	2454	Y423	西塘—舜东	30	庆丰桥
2404	Y414	魏塘—先锋	20	周胜桥	2455	Y423	西塘—舜东	40	费家港桥
2405	Y414	魏塘—先锋	30	新桥	2456	Y423	西塘—舜东	50	塘港大桥
2406	Y414	魏塘—先锋	40	和合港桥	2457	Y423	西塘—舜东	60	舜东桥
2407	Y414	魏塘—先锋	50	胜家港桥	2458	Y424	西丁线—钟葫	10	缩段桥
2408	Y414	魏塘—先锋	60	洋湾桥	2459	Y424	西丁线—钟葫	20	新开河桥
2409	Y414	魏塘—先锋	70	蔡家桥	2460	Y424	西丁线—钟葫	30	钟葫水闸桥
2410	Y414	魏塘—先锋	80	孙家港桥	2461	Y424	西丁线—钟葫	40	南花笼桥
2411	Y414	魏塘—先锋	90	喜神浜桥	2462	Y425	大舜—四吕	10	长浜桥
2412	Y414	魏塘—先锋	100	梅家坝桥	2463	Y425	大舜—四吕	20	上项水闸桥
2413	Y414	魏塘—先锋	110	毛家洋桥	2464	Y425	大舜—四吕	30	渔塘桥
2414	Y414	魏塘—先锋	120	先锋桥	2465	Y425	大舜—四吕	40	三官桥
2415	Y415	嘉善大道—联星	10	蔡家港桥	2466	Y425	大舜—四吕	50	庄王桥
2416	Y415	嘉善大道—联星	20	横泾桥	2467	Y425	大舜—四吕	60	四吕大桥
2417	Y415	嘉善大道—联星	30	凤联桥	2468	Y426	大舜—高家浜	10	天水桥
2418	Y415	嘉善大道—联星	40	厍浜桥	2469	Y426	大舜—高家浜	20	红菱桥
2419	Y415	嘉善大道—联星	50	白马龙桥	2470	Y426	大舜—高家浜	30	三成水闸桥
2420	Y415	嘉善大道—联星	60	联星桥	2471	Y426	大舜—高家浜	40	高家浜桥
2421	Y415	嘉善大道—联星	70	朱家木桥	2472	Y427	西塘—雨落	10	陆家河桥
2422	Y415	嘉善大道—联星	80	柱港桥	2473	Y427	西塘—雨落	20	颜店桥
2423	Y415	嘉善大道—联星	90	小横港桥	2474	Y427	西塘—雨落	30	建新桥
2424	Y416	人民大道—亭桥	10	送子旺生桥	2475	Y427	西塘—雨落	40	胡家埭桥
2425	Y416	人民大道—亭桥	20	朝阳桥	2476	Y427	西塘—雨落	50	雨落大桥
2426	Y416	人民大道—亭桥	30	爱国桥	2477	Y428	天凝—张家浜	10	东顺桥
2427	Y417	320 国道—冯家浜	10	立康桥	2478	Y428	天凝—张家浜	20	南雪娄桥
2428	Y417	320 国道—冯家浜	20	安港桥	2479	Y429	天凝—官娄	10	天凝大桥
2429	Y418	庄港—西招圩	10	前港桥	2480	Y429	天凝—官娄	20	安西桥
2430	Y418	庄港—西招圩	20	建设桥	2481	Y429	天凝—官娄	30	蒋村牛桥
2431	Y418	庄港—西招圩	30	南木桥	2482	Y429	天凝—官娄	40	青龙港桥
2432	Y418	庄港—西招圩	40	打铁桥	2483	Y429	天凝—官娄	50	施家湾桥
2433	Y419	善江公路—里泽	10	倪家泾桥	2484	Y429	天凝—官娄	60	姚家扇桥
2434	Y419	善江公路—里泽	20	胜利桥	2485	Y429	天凝—官娄	70	鲶鱼港桥
2435	Y419	善江公路—里泽	30	章浜桥	2486	Y429	天凝—官娄	80	和尚桥
2436	Y419	善江公路—里泽	40	岳家大桥	2487	Y429	天凝—官娄	90	高家港桥
2437	Y419	善江公路—里泽	50	沈家泾桥	2488	Y429	天凝—官娄	100	戴西港桥
2438	Y420	320 国道—毛家	10	枫南集镇桥	2489	Y429	天凝—官娄	110	陶墓塘桥
2439	Y420	320 国道—毛家	20	五堰店桥	2490	Y429	天凝—官娄	120	龙口大桥
2440	Y420	320 国道—毛家	30	四堰店桥	2491	Y429	天凝—官娄	130	烧鸡港桥
2441	Y420	320 国道—毛家	40	三堰店桥	2492	Y430	善江公路—曹家	10	砖桥
2442	Y420	320 国道—毛家	50	杨家桥	2493	Y430	善江公路—曹家	20	盛家桥
2443	Y421	人民大道—马家桥	10	薛家桥	2494	Y430	善江公路—曹家	30	戈家桥

（续表附录-2-3）

序号	路线代码	路线简称	桥梁编号	桥梁名称	序号	路线代码	路线简称	桥梁编号	桥梁名称
2495	Y431	善江公路—江家	10	丰收桥	2518	Y436	西丁线—南早	30	南港桥
2496	Y431	善江公路—江家	20	浦家桥	2519	Y436	西丁线—南早	40	南早桥
2497	Y431	善江公路—江家	30	中心河 16 号桥	2520	Y437	善新公路—钭泾	10	杨贵桥
2498	Y431	善江公路—江家	40	钱江桥	2521	Y437	善新公路—钭泾	20	机埠桥
2499	Y432	姚庄—利锋	10	新仁天浜桥	2522	Y437	善新公路—钭泾	30	沈家浜桥
2500	Y432	姚庄—利锋	20	庄浜桥	2523	Y437	善新公路—钭泾	40	钭泾桥
2501	Y432	姚庄—利锋	30	滩西浜一号桥	2524	Y438	陶庄—芦墟	10	雄鹰 1 号桥
2502	Y432	姚庄—利锋	40	南鹿浜桥	2525	Y438	陶庄—芦墟	20	大明港桥
2503	Y432	姚庄—利锋	50	新颜河桥	2526	Y438	陶庄—芦墟	30	陶家池桥
2504	Y433	秀北—湾里	10	南里港桥	2527	Y438	陶庄—芦墟	40	太河泾港桥
2505	Y433	秀北—湾里	20	北里港桥	2528	Y438	陶庄—芦墟	50	田多里桥
2506	Y433	秀北—湾里	30	湾里桥	2529	Y438	陶庄—芦墟	60	义和桥
2507	Y433	秀北—湾里	40	戴家浜桥	2530	Y438	陶庄—芦墟	70	唐家港桥
2508	Y433	秀北—湾里	50	三泾港桥	2531	Y438	陶庄—芦墟	80	陈河港桥
2509	Y434	魏俞公路—智果	10	石灰港水闸桥	2532	Y438	陶庄—芦墟	90	墟纽桥
2510	Y434	魏俞公路—智果	20	向福桥	2533	Y439	光明—翁村	10	龙口桥
2511	Y435	320 国道—网埭	10	九曲港桥	2534	Y439	光明—翁村	20	油车港桥
2512	Y435	320 国道—网埭	20	幸福桥	2535	Y439	光明—翁村	30	朱家港桥
2513	Y435	320 国道—网埭	30	小堰桥	2536	Y439	光明—翁村	40	亭子桥
2514	Y435	320 国道—网埭	40	网埭港桥	2537	Y439	光明—翁村	60	东厍桥
2515	Y435	320 国道—网埭	50	胡家木桥	2538	Y439	光明—翁村	70	中学桥
2516	Y436	西丁线—南早	10	曹坟港桥	2539	Y439	光明—翁村	80	蒋家浜桥
2517	Y436	西丁线—南早	20	小娄桥	2540	Y439	光明—翁村	90	翁村桥

表附录-2-4　平湖市公路桥梁情况表

序号	路线代码	路线简称	桥梁编号	桥梁名称	序号	路线代码	路线简称	桥梁编号	桥梁名称
510	G15	沈海高速	10	全衙分离式立交桥	534	S101	杭沪线	1910	陶家木桥
511	G15	沈海高速	30	黄姑塘大桥	535	S101	杭沪线	1920	陶家木桥（左）
512	G15	沈海高速	40	乍浦塘大桥	536	S101	杭沪线	1930	操马浜桥
513	G15	沈海高速	50	盐平塘大桥	537	S101	杭沪线	1940	操马浜桥（左）
514	G92	杭州湾环线高速	10	平湖塘特大桥	538	S101	杭沪线	1950	渤塘桥
515	G92	杭州湾环线高速	50	平湖互通三号桥	539	S101	杭沪线	1960	油车港桥
516	S11	乍嘉苏高速公路	40	西黄家浜	540	S101	杭沪线	1970	油车港桥（左）
517	S11	乍嘉苏高速公路	50	甘蔗浜	541	S101	杭沪线	1980	铜勺浜桥
518	S11	乍嘉苏高速公路	60	石球洋	542	S101	杭沪线	1990	铜勺浜桥（左）
519	S11	乍嘉苏高速公路	70	东浜桥	543	S101	杭沪线	2000	全丰桥
520	S11	乍嘉苏高速公路	80	青龙港桥	544	S101	杭沪线	2010	全丰桥（左）
521	S11	乍嘉苏高速公路	90	东丁桥	545	S101	杭沪线	2020	郭家浜桥
522	S11	乍嘉苏高速公路	100	油车浜桥	546	S101	杭沪线	2030	郭家浜桥（左）
523	S101	杭沪线	1800	泥桥	547	S101	杭沪线	2040	独山塘桥
524	S101	杭沪线	1810	泥桥（左）	548	S101	杭沪线	2050	独山塘桥（左）
525	S101	杭沪线	1820	直龙港桥	549	S101	杭沪线	2060	丰收河桥
526	S101	杭沪线	1830	直龙港桥（左）	550	S101	杭沪线	2070	丰收河桥（左）
527	S101	杭沪线	1840	马家桥	551	S101	杭沪线	2080	黄姑塘桥
528	S101	杭沪线	1850	马家桥（左）	552	S101	杭沪线	2090	黄姑塘桥（左）
529	S101	杭沪线	1860	十字洋桥	553	S101	杭沪线	2100	新开河桥
530	S101	杭沪线	1870	十字洋桥（左）	554	S101	杭沪线	2110	新开河桥（左）
531	S101	杭沪线	1880	乍浦塘大桥	555	S101	杭沪线	2120	卫国河桥
532	S101	杭沪线	1890	乍浦塘大桥（左）	556	S101	杭沪线	2130	卫国河桥（左）
533	S101	杭沪线	1900	渤塘桥（左）	557	S101	杭沪线	2140	山西沼桥

(续表附录-2-4)

序号	路线代码	路线简称	桥梁编号	桥梁名称	序号	路线代码	路线简称	桥梁编号	桥梁名称
558	S101	杭沪线	2150	山西沼桥(左)	609	S202	乍浦—王江泾	230	渡船河桥
559	S101	杭沪线	2160	南中荡桥	4321	C002	东方路—X504	10	店口桥
560	S101	杭沪线	2170	南中荡桥(左)	4322	C002	东方路—X504	20	西新村桥
561	S101	杭沪线	2180	沈家浜桥	4323	C003	三平路—施家漾桥	30	称沟浜桥
562	S101	杭沪线	2190	沈家浜桥(左)	4324	C004	三平路—东塘桥	10	花农桥
563	S101	杭沪线	2200	东横沼桥	4325	C004	三平路—东塘桥	20	中心桥
564	S101	杭沪线	2210	东横沼桥(左)	4326	C005	三平路—友谊桥	10	张家泾桥
565	S101	杭沪线	2220	陆家沼桥	4327	C007	三双路—东湖浜	10	大兴桥
566	S101	杭沪线	2230	陆家沼桥(左)	4328	C009	Y512—马长桥	10	兴水桥
567	S101	杭沪线	2240	夏家浜桥	4329	C009	Y512—马长桥	10	文池浜桥
568	S101	杭沪线	2250	夏家浜桥(左)	4330	C009	Y512—马长桥	10	晒浜桥
569	S101	杭沪线	2260	农场圩桥	4331	C011	S202—钱家村	10	方家桥
570	S101	杭沪线	2270	农场圩桥(左)	4332	C012	S202—钱家村	10	毛堰桥
571	S101	杭沪线	2280	新港河桥	4333	C012	S202—钱家村	10	河田桥
572	S101	杭沪线	2290	新港河桥(左)	4334	C012	S202—钱家村	10	水南斗桥
573	S101	杭沪线	2300	北王河桥	4335	C012	S202—钱家村	20	春泉河二号桥
574	S101	杭沪线	2310	北王河桥(左)	4336	C013	新07省道—张钱桥	10	图泽桥
575	S101	杭沪线	2320	会龙河桥	4337	C014	钱家路—周家门	20	春泉河一号桥
576	S101	杭沪线	2330	会龙河桥(左)	4338	C014	钱家路—周家门	10	春泉四号桥
577	S101	杭沪线	2340	前新河桥	4339	C015	S202—全家村	20	王家埭桥
578	S101	杭沪线	2350	前新河桥(左)	4340	C016	虹霓—全家村	10	红新桥
579	S101	杭沪线	2360	平安桥	4341	C016	虹霓—全家村	20	南阳桥
580	S101	杭沪线	2370	平安桥(左)	4342	C016	虹霓—全家村	30	春泉河三号桥
581	S101	杭沪线	2380	九机厅桥	4343	C017	沈家—称沟浜桥	10	陆窑桥
582	S101	杭沪线	2390	九机厅桥(左)	4344	C017	沈家—称沟浜桥	10	卫星桥
583	S101	杭沪线	2400	金沙河桥	4345	C017	沈家—称沟浜桥	10	安桥
584	S101	杭沪线	2410	金沙河桥(左)	4346	C018	S202—东新	10	渡船桥
585	S101	杭沪线	2420	东界河桥	4347	C018	S202—东新	20	黑木洋桥
586	S101	杭沪线	2430	东界河桥(左)	4348	C019	全家村—淡水桥	10	中心桥
587	S202	乍浦—王江泾	10	闸桥	4349	C021	金水路—大兴桥	20	祥全浜桥
588	S202	乍浦—王江泾	20	泥桥	4350	C022	淡水桥—宋行浜	10	狮益桥
589	S202	乍浦—王江泾	30	长胜桥	4351	C023	北赵家—文池浜	20	树金堰桥
590	S202	乍浦—王江泾	40	三里桥	4352	C024	金水路—晒浜桥	10	水桨堰桥
591	S202	乍浦—王江泾	50	六里桥	4353	C025	汤家埭—全家村	20	杜堰桥
592	S202	乍浦—王江泾	60	和尚桥	4354	C030	黑木洋桥—通界村	10	新开河桥
593	S202	乍浦—王江泾	70	车路径桥	4355	C031	通界村—河田桥	20	新开河二桥
594	S202	乍浦—王江泾	80	杨树径桥	4356	C033	春泉河一号桥—水南斗	30	蚊浜桥
595	S202	乍浦—王江泾	90	远车桥	4357	C033	春泉河一号桥—水南斗	40	吴家桥
596	S202	乍浦—王江泾	100	高桥	4358	C039	大通—春泉河一号桥	10	黄泥泾桥
597	S202	乍浦—王江泾	110	古横桥	4359	C039	大通—春泉河一号桥	10	钟埭河八号桥
598	S202	乍浦—王江泾	120	北河桥	4360	C043	春泉河四号桥—俞家堰	10	钟埭河六号桥
599	S202	乍浦—王江泾	130	新桥	4361	C043	春泉河四号桥—俞家堰	10	小毛家桥
600	S202	乍浦—王江泾	140	城南桥	4362	C044	黄家浜村—春泉河三号桥	10	墙门桥
601	S202	乍浦—王江泾	150	魁星桥	4363	C044	黄家浜村—春泉河三号桥	20	龙梢浜桥
602	S202	乍浦—王江泾	160	东文王桥	4364	C044	黄家浜村—春泉河三号桥	10	强家廊桥
603	S202	乍浦—王江泾	170	西文王桥	4365	C046	春泉河—陆窑	20	定心桥
604	S202	乍浦—王江泾	180	六店大桥	4366	C047	平斜路—南阳桥	10	仁送桥
605	S202	乍浦—王江泾	190	沙家桥	4367	C048	Y501—黄家浜村	20	兴平三路三桥
606	S202	乍浦—王江泾	200	胡家桥	4368	C051	S202—黑木洋桥	30	孔家汇桥
607	S202	乍浦—王江泾	210	伍家桥	4369	C051	S202—黑木洋桥	40	一号桥
608	S202	乍浦—王江泾	220	蒋家桥	4370	C053	大兴路—大兴桥	10	兴禾桥

（续表附录-2-4）

序号	路线代码	路线简称	桥梁编号	桥梁名称	序号	路线代码	路线简称	桥梁编号	桥梁名称
4371	C053	大兴路—大兴桥	10	郁家桥	4422	C156	钟埭街道—嘉善塘	10	新桥
4372	C058	当湖路—树金堰	10	兴平一路四桥	4423	C156	钟埭街道—嘉善塘	10	陈家桥
4373	C058	当湖路—树金堰	20	种田桥	4424	C160	钥匙桥—三家村	10	滩石桥
4374	C105	X501—夏小浜	30	李龙港桥	4425	C163	南增塘—Y529	20	李家桥
4375	C105	X501—夏小浜	40	兴平一路李家堰桥	4426	C164	新华路—兴平五路	10	杨树桥
4376	C110	城西路—兴平小区	10	二号桥	4427	C166	虾塘—黄泥浜	10	百寿桥
4377	C110	城西路—兴平小区	10	泥桥	4428	C168	催泾桥—姚白泾港桥	20	金家浜桥
4378	C110	城西路—兴平小区	10	周家浜桥	4429	C168	催泾桥—姚白泾港桥	10	小斜桥
4379	C110	城西路—兴平小区	10	社教桥	4430	C168	催泾桥—姚白泾港桥	20	蒋家浜桥
4380	C111	童家村—黄泥浜	20	横塘港桥	4431	C171	周胜塘—Y529	10	张家桥
4381	C112	钟埭河八号桥—Y529	10	丁家桥	4432	C172	X108—顾家桥	10	振鑫桥
4382	C116	Y529—曹家浜	20	战斗河桥	4433	C173	C150—曙光村部	20	宏达桥
4383	C119	白荡浜—夏家浜	30	定云堰桥	4434	C174	曙光村部—X108	10	方家小桥
4384	C120	丁家村—X107	10	一号桥	4435	C174	曙光村部—X108	20	戴家桥
4385	C120	丁家村—X107	20	二号桥	4436	C175	X108—步机桥	10	木行桥
4386	C121	力双路—力行路	30	三号桥	4437	C178	C179—东村	10	龙王村桥
4387	C121	力双路—力行路	40	四号桥	4438	C179	X107—二十五浜北	10	毛家村西桥
4388	C122	兴平五路—城西路	10	钟埭河四号桥	4439	C179	X107—二十五浜北	10	黄水港桥
4389	C122	兴平五路—城西路	10	陆家浜桥	4440	C180	X501—X107	10	加平桥
4390	C122	兴平五路—城西路	10	池桥	4441	C188	夏家浜—东夏家浜	10	过水桥
4391	C122	兴平五路—城西路	10	新桥	4442	C191	韩定路—开发路	10	余泾港西桥
4392	C123	兴平五路—X108	20	塘口桥	4443	C191	韩定路—开发路	10	尖前浜桥
4393	C125	战斗河—郁家桥	30	姚家桥	4444	C194	大力五组—玉龙葡萄圆	20	西丁桥
4394	C128	嘉善塘—城西路	40	姚白泾	4445	C201	西陈家头—蒋家浜	10	斜桥
4395	C128	嘉善塘—城西路	50	黄泥浜桥	4446	C202	平斜线—陆家头	20	汉宁滩桥
4396	C128	嘉善塘—城西路	60	孔家池桥	4447	C202	平斜线—陆家头	30	泗顾桥
4397	C128	嘉善塘—城西路	10	兴平二路二号桥	4448	C203	杨树桥—大桥新村	10	钟家桥
4398	C130	兴平四路—兴平一路	20	李龙港桥	4449	C210	百寿桥—平斜路	10	车花桥
4399	C131	周家浜—石柱头	30	蔡家港桥	4450	C210	百寿桥—平斜路	10	观音庙桥
4400	C133	北虹桥—周家浜	40	陆家桥	4451	C211	斜桥—富家湾	10	台家堰桥
4401	C135	X107—强家庙	50	北小桥	4452	C211	斜桥—富家湾	10	北庄桥
4402	C135	X107—强家庙	10	刘家浜桥	4453	C213	平斜线—老泗顾桥	20	南庄堰桥
4403	C139	Y529—X108	10	钥匙桥	4454	C215	马厩—通界	30	网船桥
4404	C139	Y529—X108	10	团结桥	4455	C215	马厩—通界	10	章桥
4405	C139	Y529—X108	10	方家桥	4456	C217	旺洪坟—金黄公路	10	广泰桥
4406	C142	兴平一路—新丰交界	10	催泾桥	4457	C217	旺洪坟—金黄公路	20	广福桥
4407	C142	兴平一路—新丰交界	20	田涂桥	4458	C218	金黄公路—俞家浜	10	兴隆桥
4408	C142	兴平一路—新丰交界	30	新桥	4459	C222	金黄公路—泗网船	10	沙廊桥
4409	C142	兴平一路—新丰交界	10	杨柳河桥	4460	C223	金黄公路—毛家村	20	牛长桥
4410	C144	永兴村部—X108	10	顾家桥	4461	C227	坟树堰—马通路	10	C304一桥
4411	C150	X108—曹家塔	10	周家村桥	4462	C230	野丁公路—加平桥	10	新长桥
4412	C151	宋家堰—X108	10	吴家桥	4463	C236	野丁路—南高速公路	20	谢家桥
4413	C153	新桥—X108	20	徐家堰桥	4464	C243	南丁村—野丁公路	10	沈家桥
4414	C153	新桥—X108	10	钟埭河三号桥	4465	C245	野丁公路—西丁桥	10	丰收河一号桥
4415	C153	新桥—X108	10	东村桥	4466	C245	野丁公路—西丁桥	20	张家堰桥
4416	C153	新桥—X108	10	花园桥	4467	C249	斜桥—新泗顾桥	30	小牛桥
4417	C153	新桥—X108	20	豆腐桥	4468	C249	斜桥—新泗顾桥	10	潘家桥
4418	C153	新桥—X108	10	大德桥	4469	C249	斜桥—新泗顾桥	20	染店桥
4419	C156	钟埭街道—嘉善塘	10	沈家木桥	4470	C250	野丁公路—野马村	10	染店桥
4420	C156	钟埭街道—嘉善塘	10	开发桥	4471	C253	野丁公路—车花桥	20	陈家汇桥
4421	C156	钟埭街道—嘉善塘	20	急水港桥	4472	C258	九场线—钟家头	30	北门桥

（续表附录-2-4）

序号	路线代码	路线简称	桥梁编号	桥梁名称	序号	路线代码	路线简称	桥梁编号	桥梁名称
4473	C260	愚桥村—九场线	40	天妃桥	4524	C360	瓦山—多凌路	20	中村桥
4474	C262	曹胜路—网船桥	10	南姚桥	4525	C360	瓦山—多凌路	10	大寨河桥
4475	C262	曹胜路—网船桥	20	北姚桥	4526	C362	三叉口—八字村	20	油车浜桥
4476	C262	曹胜路—网船桥	30	匠艺桥	4527	C362	三叉口—八字村	10	向阳河桥
4477	C263	曹胜公路—邱家湾	40	王家庄桥	4528	C363	X331—Y505	10	东风机埠桥
4478	C281	严家门—吴汇埭	10	赵家桥	4529	C363	X331—Y505	20	南巷港桥
4479	C281	严家门—吴汇埭	20	东浜桥	4530	C363	X331—Y505	30	前进河桥
4480	C284	严家门—金黄公路	10	二丈金桥	4531	C363	X331—Y505	40	跃进河桥
4481	C303	永安村—X331	10	刘家桥	4532	C402	石桥头—曹港村北	10	大寨河桥
4482	C303	永安村—X331	10	丰收河四号桥	4533	C402	石桥头—曹港村北	20	南阳村部桥
4483	C304	X331—嘉电厂	20	八字桥	4534	C402	石桥头—曹港村北	10	张小金桥
4484	C307	新长桥—孙家头	30	吴冲汇桥	4535	C402	石桥头—曹港村北	10	方塘港桥
4485	C307	新长桥—孙家头	40	八字二号桥	4536	C402	石桥头—曹港村北	10	潘晒浜桥
4486	C309	长桥—新长桥	10	卫东桥	4537	C402	石桥头—曹港村北	20	盘家桥
4487	C311	X331—牛桥	10	林家桥	4538	C402	石桥头—曹港村北	10	杨道泾桥
4488	C311	X331—牛桥	10	高家桥	4539	C406	王家木桥—曹家港	20	斜河浜桥
4489	C311	X331—牛桥	10	戴家桥	4540	C406	王家木桥—曹家港	10	庄官塘桥
4490	C313	染店—S202	10	赵家桥	4541	C409	张龙汇—石桥头	20	地蒲娄桥
4491	C313	染店—S202	10	三里桥	4542	C409	张龙汇—石桥头	30	东港桥
4492	C314	S202—X331	10	顾庄桥	4543	C410	新林浜—象龙浜	40	战斗河五号桥
4493	C314	S202—X331	10	刘家桥	4544	C412	彭谢—荒田浜	10	战斗河三号桥
4494	C314	S202—X331	20	刘家桥	4545	C413	鱼圻塘—湾里	20	新桥
4495	C314	S202—X331	30	雅山大桥	4546	C413	鱼圻塘—湾里	10	中心河桥
4496	C318	南姚桥—转塘桥	40	东城桥	4547	C414	大索浜—泖河	10	中心河桥
4497	C318	南姚桥—转塘桥	50	江家浜	4548	C414	大索浜—泖河	20	泖口河桥
4498	C318	南姚桥—转塘桥	60	周家埭桥	4549	C415	湾里—南阳村	10	网埭桥
4499	C318	南姚桥—转塘桥	70	丁油车桥	4550	C419	马浜—石文浜	20	南埭桥
4500	C319	亭子桥—东浜	80	堰庄桥	4551	C419	马浜—石文浜	30	中心河桥
4501	C319	亭子桥—东浜	90	缪港桥	4552	C419	马浜—石文浜	40	南港桥
4502	C320	Y505—新07省道	100	柏树坟桥	4553	C419	马浜—石文浜	10	孝娘浜桥
4503	C325	S202—省油车	110	庄家泾桥	4554	C425	广新线—南阳村	10	双木桥
4504	C333	马家圩—潘家村	10	杨家门桥	4555	C425	广新线—南阳村	10	新东路一号桥
4505	C333	马家圩—潘家村	20	兴潘桥	4556	C426	田圩—彩瓦厂	20	新东路二号桥
4506	C333	马家圩—潘家村	10	卫国河一号桥	4557	C430	黄泥浜—陈马浜	30	下坊浜桥
4507	C333	马家圩—潘家村	20	丰收河二号桥	4558	C433	后市河—大方泾	10	迎新河桥
4508	C337	Y505—五炮台	30	兴荡桥	4559	C433	后市河—大方泾	20	下坊浜桥
4509	C348	雅山西路—林家荡	40	新塘桥	4560	C438	宝欢庵—斜河浜	10	酒鬼桥
4510	C349	龙王路—高家桥	10	长浜桥	4561	C438	宝欢庵—斜河浜	10	陈家浜桥
4511	C354	赵亭路—陆家浜	20	石眉港桥	4562	C441	宝欢庵—双庙村	10	周家漾
4512	C355	赵亭路—赵家村	30	大寨河五号桥	4563	C441	宝欢庵—双庙村	10	新泾港桥
4513	C357	S202—软店新村	40	小鱼池桥	4564	C441	宝欢庵—双庙村	10	全家桥
4514	C358	钱家—顾庄	50	杨家屋桥	4565	C441	宝欢庵—双庙村	20	李马桥
4515	C360	瓦山—多凌路	60	黄泥浜桥	4566	C442	徐家浜—西长浜	10	土廊浜桥
4516	C360	瓦山—多凌路	70	曹家港桥	4567	C442	徐家浜—西长浜	20	徐家浜桥
4517	C360	瓦山—多凌路	10	王家木桥	4568	C443	鱼池里—地蒲娄	10	斜港河桥
4518	C360	瓦山—多凌路	20	高家浜桥	4569	C444	X410—新华村	20	四号河桥
4519	C360	瓦山—多凌路	10	张龙汇桥	4570	C444	X410—新华村	30	莘贞港桥
4520	C360	瓦山—多凌路	20	张家埭桥	4571	C446	网埭—火烧桥	10	港尾桥
4521	C360	瓦山—多凌路	10	赵家坟桥	4572	C446	网埭—火烧桥	20	高宅基桥
4522	C360	瓦山—多凌路	10	朝阳河桥	4573	C446	网埭—火烧桥	10	秋浜桥
4523	C360	瓦山—多凌路	10	红旗河桥	4574	C446	网埭—火烧桥	20	石堰桥

（续表附录-2-4）

序号	路线代码	路线简称	桥梁编号	桥梁名称	序号	路线代码	路线简称	桥梁编号	桥梁名称
4575	C447	孝娘浜—五星	30	朝阳河桥	4626	C532	Y517—三纲河一号桥	10	一号河二号桥
4576	C449	双木桥—火车浜	40	唐家桥	4627	C533	全塘界—仓庆路	10	东友谊河二号桥
4577	C451	汽车站—下坊浜	10	油车桥	4628	C534	刘家宅基—陆家宅基	20	洋家堰二号桥
4578	C451	汽车站—下坊浜	20	跃进河六号桥	4629	C537	吴家桥—殷家圩	30	黄家浜桥
4579	C451	汽车站—下坊浜	30	三组农桥	4630	C537	吴家桥—殷家圩	40	丰收河一号桥
4580	C452	杨家浜—洋浜	40	三百亩桥	4631	C537	吴家桥—殷家圩	50	马家桥
4581	C452	杨家浜—洋浜	10	合家桥	4632	C537	吴家桥—殷家圩	10	陆家桥
4582	C453	新中路—鱼池浜	20	朝阳河桥	4633	C538	Y517—吴家宅基	20	新征河四号桥
4583	C455	闻家浜—东陆	10	跃进河五号桥	4634	C540	村部—杨家宅基	10	跃进河桥
4584	C456	闻家浜—短浜	10	胡家桥	4635	C541	C515—C540	20	磨子桥
4585	C459	大齐塘—杨坟浜	10	陆家桥	4636	C542	C54—C541	10	东友谊河一号桥
4586	C460	全家桥—麻园港	20	朝阳河桥	4637	C544	王家宅基—友谊河桥	10	赵家浜桥
4587	C460	全家桥—麻园港	10	四组农桥	4638	C544	王家宅基—友谊河桥	20	陆家浜西桥
4588	C463	洁具城—窑厂	20	十组农桥	4639	C545	柳家宅基—芦湾村部	30	项家浜桥
4589	C463	洁具城—窑厂	10	朝阳河桥	4640	C547	C541—芦湾	10	新征河一号桥
4590	C466	丁桥水厂—萃贞村	10	七家河桥	4641	C548	刘家桥—万村一组	20	祥圈港
4591	C466	丁桥水厂—萃贞村	10	向阳河一号桥	4642	C548	刘家桥—万村一组	30	马家桥
4592	C466	丁桥水厂—萃贞村	20	半夜浜桥	4643	C548	刘家桥—万村一组	10	勾泾桥
4593	C469	港尾—丁桥水厂	10	朝阳河五号桥	4644	C548	刘家桥—万村一组	20	创新河一号桥
4594	C469	港尾—丁桥水厂	10	胡家桥	4645	C549	杉青港—姚家桥	10	商店桥
4595	C501	X504—C502	10	红星河桥	4646	C551	韩家宅基—竹墩港桥	20	紫柏庵桥
4596	C501	X504—C502	10	红星河桥	4647	C551	韩家宅基—竹墩港桥	10	陆家浜东桥
4597	C501	X504—C502	10	红星河桥	4648	C552	全家宅基—沈家宅基	20	盐新河桥
4598	C501	X504—C502	10	三纲河桥	4649	C560	Y517—CF19	30	纪家浜桥
4599	C502	油车桥—三百亩	10	张家宅基桥	4650	C560	Y517—CF19	10	沈家宅基
4600	C502	油车桥—三百亩	20	洞桥	4651	C560	Y517—CF19	20	长寿浜桥
4601	C502	油车桥—三百亩	30	东红旗河桥	4652	C560	Y517—CF19	10	傅家浜桥
4602	C502	油车桥—三百亩	10	瞿家桥	4653	C560	Y517—CF19	10	顾家浜
4603	C503	计家圩—X504	10	双纲河桥	4654	C561	CF18—Y517	10	油车桥
4604	C503	计家圩—X504	20	三纲河一号桥	4655	C561	CF18—Y517	10	新港河十五号桥
4605	C504	杨盛村部—中华村	10	向阳河大桥	4656	C562	CF18—磨子桥	20	战斗河一号桥
4606	C505	三百亩—幼儿园	10	曹家圩桥	4657	C562	CF18—磨子桥	10	东红星河桥
4607	C506	杨盛村部—C501	10	周家桥	4658	C563	顾家宅基—新征村	10	战斗河二号桥
4608	C506	杨盛村部—C501	20	丰收河桥	4659	C564	X510—紫柏庵	10	卫国河桥
4609	C507	C502—C506	30	友谊河桥	4660	C564	X510—紫柏庵	20	山西沼桥
4610	C507	C502—C506	40	范家桥	4661	C564	X510—紫柏庵	10	殷家桥
4611	C509	联盟—秦沙	10	王家桥	4662	C578	新征—CF18	20	丰收河 8 号桥
4612	C510	虎上头村—Y516	10	吴家桥	4663	C578	新征—CF18	30	酱油港桥
4613	C511	CF26—虎山路	10	姚家桥	4664	C578	新征—CF18	40	三官塘桥
4614	C511	CF26—虎山路	10	吴家桥	4665	C579	坟浜—创新河一号桥	50	西港桥
4615	C512	Y516—X504	10	友谊河桥	4666	C579	坟浜—创新河一号桥	10	翁家泥桥
4616	C518	Y519—C519	20	柳家桥	4667	C590	村部—紫柏庵	20	横泾河桥
4617	C521	赵家埭—董家圩	10	柳家二桥	4668	C590	村部—紫柏庵	10	丁家桥
4618	C522	水泥厂—Y519	10	查家桥	4669	C591	陆家浜—X504	10	建设河二号桥
4619	C524	水泥厂—红星河桥	10	斜河桥	4670	C591	陆家浜—X504	20	唐家桥
4620	C528	村部—夏家宅基	20	跃进河桥	4671	C591	陆家浜—X504	10	花园汇北桥
4621	C529	夏家宅基—孙赵林	30	夏家浜桥	4672	C592	大进—种子厂	20	燕桥
4622	C529	夏家宅基—孙赵林	40	创新河二号桥	4673	C592	大进—种子厂	30	新桥
4623	C529	夏家宅基—孙赵林	10	杉青港桥	4674	C593	付家浜—造粒厂	10	闻家桥
4624	C531	角子村—村部	10	一号河一号桥	4675	C594	粮管所—石角荡	20	新港河桥
4625	C532	Y517—三纲河一号桥	20	竹墩港桥	4676	C595	新星小学—中蒋浜西桥	30	马家宅基桥

（续表附录-2-4）

序号	路线代码	路线简称	桥梁编号	桥梁名称	序号	路线代码	路线简称	桥梁编号	桥梁名称
4677	C597	CFO1—战斗河一号桥	40	香花桥	4728	C635	韩庙水厂—沈家廊	10	杨家桥
4678	C597	CFO1—战斗河一号桥	50	周家桥	4729	C635	韩庙水厂—沈家廊	10	木石桥
4679	C598	C524—CF26	60	幸福桥	4730	C635	韩庙水厂—沈家廊	10	小河荡南桥
4680	C599	CF01—金塘交界	10	罗家桥	4731	C636	X504—周家村	10	张家板桥
4681	C602	S101—福克斯服装厂	20	沈家桥	4732	C636	X504—周家村	10	跳板桥
4682	C602	S101—福克斯服装厂	30	五组桥	4733	C636	X504—周家村	10	木瓜桥
4683	C603	殷家桥—三官塘	40	陆家桥	4734	C639	六组—X106	20	中心河桥
4684	C603	殷家桥—三官塘	50	浦江桥	4735	C641	丰收河—大治圩	30	界河桥
4685	C603	殷家桥—三官塘	10	假山桥	4736	C642	周家圩—唐家浜	10	顾家桥
4686	C603	殷家桥—三官塘	20	周家桥	4737	C642	周家圩—唐家浜	20	沈家桥
4687	C603	殷家桥—三官塘	30	独山河桥	4738	C642	周家圩—唐家浜	30	落井水泵桥
4688	C605	X106—渡船桥村	10	卫国河八号桥	4739	C643	百灵桥—C603	40	杨家桥
4689	C605	X106—渡船桥村	20	谢家桥	4740	C643	百灵桥—C603	10	新店桥
4690	C609	S101—C605	30	陆家宅桥	4741	C644	C609—黄姑大道	10	颜家桥
4691	C611	黄姑镇—C604	10	营建桥	4742	C645	Y513—酱油港	20	南星桥
4692	C611	黄姑镇—C604	20	祥林埭桥	4743	C645	Y513—酱油港	30	宋家西桥
4693	C612	花园汇—沈窑	10	朱家浜桥	4744	C645	Y513—酱油港	40	宋家东桥
4694	C612	花园汇—沈窑	10	西横沼桥	4745	C701	Y514—优胜路	10	金沙大桥
4695	C612	花园汇—沈窑	10	白水沼桥	4746	C701	Y514—优胜路	20	金塘河桥
4696	C614	C603—C606	20	建设河三号桥	4747	C703	C701—穗胜村	30	裴家桥
4697	C614	C603—C606	30	营建河桥	4748	C704	化工厂—浦江河	10	金沙河二号桥
4698	C614	C603—C606	10	特板桥	4749	C704	化工厂—浦江河	20	小界河桥
4699	C614	C603—C606	10	平家桥	4750	C706	C702—C704	10	冰厂桥
4700	C614	C603—C606	10	跃进桥	4751	C708	连接线—Y515	10	金沙桥
4701	C614	C603—C606	10	毛家桥	4752	C709	Y514—凯辉公司	10	金公亭桥
4702	C617	友谊村—民丰村	10	钱家桥	4753	C710	Y514—接线	10	小金桥
4703	C617	友谊村—民丰村	20	刘家桥	4754	C712	C711—界河	10	曹家港大桥
4704	C617	友谊村—民丰村	10	俞家浜桥	4755	C713	建中村交界—界河	10	曹港三号桥
4705	C617	友谊村—民丰村	20	杨家桥	4756	C713	建中村交界—界河	10	十六组桥
4706	C617	友谊村—民丰村	30	南沼桥	4757	C713	建中村交界—界河	20	十二组桥
4707	C618	X331—渡船桥村	40	翁家桥	4758	C714	顾家桥—杨家桥	10	张家桥
4708	C618	X331—渡船桥村	50	丰收河一号桥	4759	C714	顾家桥—杨家桥	20	钟家湾桥
4709	C618	X331—渡船桥村	10	八字桥	4760	C714	顾家桥—杨家桥	10	前港河桥
4710	C619	C616—X504	20	机埠桥	4761	C714	顾家桥—杨家桥	20	诸巷港桥
4711	C619	C616—X504	30	蔡家桥	4762	C715	C711—C714	30	八组桥
4712	C619	C616—X504	10	梅家桥	4763	C717	Y515—生塘口	10	黄沙石桥
4713	C620	X331—祥林埭	10	丰收河十号桥	4764	C717	Y515—生塘口	10	冯前浜桥
4714	C620	X331—祥林埭	10	钱家桥	4765	C717	Y515—生塘口	20	中心桥
4715	C621	C608—朱家浜	20	堰桥	4766	C717	Y515—生塘口	30	章家桥
4716	C622	C611—南横沼桥	30	唐家浜桥	4767	C718	服装厂—Y515	40	前眉桥
4717	C624	C608—海丰	10	北长浜桥	4768	C718	服装厂—Y515	10	大落汇桥
4718	C624	C608—海丰	20	东洋板桥	4769	C718	服装厂—Y515	20	小石桥
4719	C624	C608—海丰	10	北界河桥	4770	C719	Y515—C722	10	新开河桥
4720	C626	Y513—杜堰头	10	小桥	4771	C719	Y515—C722	20	网船桥
4721	C627	立新—陈家浜	20	赵家木桥	4772	C722	三八村—S101	30	毛家门桥
4722	C628	C603—陆家滩	30	九曲桥	4773	C723	S101—潘家荡	10	靠山港桥
4723	C630	横塘廊—高家宅基	10	园拱桥	4774	C726	X331—金公亭	10	金小圩桥
4724	C631	沈家宅基—园池口	20	李家桥	4775	C801	西北长浜—曹港路	20	杨家泾四号桥
4725	C631	沈家宅基—园池口	10	大寨河桥	4776	C803	Y523—曹家港大桥	10	沈家浜机埠桥
4726	C635	韩庙水厂—沈家廊	10	老虎圩	4777	C804	曹港路—C802	20	潘家坛桥
4727	C635	韩庙水厂—沈家廊	20	环村路桥	4778	C807	X107—西窑池浜	10	牛桥

（续表附录-2-4）

序号	路线代码	路线简称	桥梁编号	桥梁名称	序号	路线代码	路线简称	桥梁编号	桥梁名称
4779	C807	X107—西窑池浜	20	朱家浜机埠桥	4830	C845	广山公路—三久	20	前进河桥
4780	C808	石鱼湾—X107	30	石港桥	4831	C845	广山公路—三久	10	菜园桥
4781	C808	石鱼湾—X107	40	炮竹桥	4832	C845	广山公路—三久	10	东长港一号桥
4782	C815	前港—诸巷浜	10	前港河桥	4833	C846	杨盛—施家堰	10	沈家宅基桥
4783	C815	前港—诸巷浜	10	砖桥	4834	C846	杨盛—施家堰	10	十一组桥
4784	C815	前港—诸巷浜	10	黄沙石桥	4835	C846	杨盛—施家堰	20	十三组桥
4785	C816	三红村部—大寨河	20	杨家桥	4836	C846	杨盛—施家堰	10	广陈二蛤河桥
4786	C817	X107—双红村部	10	杨小桥	4837	C849	泗泾村部—广山公路	20	广陈一号河桥
4787	C817	X107—双红村部	10	湾里塘桥	4838	C849	泗泾村部—广山公路	10	前进河桥
4788	C817	X107—双红村部	20	胡桥	4839	C851	三久—广山公路	20	三组西桥
4789	C817	X107—双红村部	10	太白洋机埠桥	4840	C851	三久—广山公路	30	三组东桥
4790	C819	Y522—三红村	20	池桥	4841	C852	广陈镇—西加工厂	40	千斤河桥
4791	C819	Y522—三红村	10	豆腐桥	4842	C852	广陈镇—西加工厂	10	前进河桥
4792	C825	渔池圩—毛家门	20	兴隆桥	4843	C852	广陈镇—西加工厂	20	宋家桥
4793	C825	渔池圩—毛家门	30	中机埠桥	4844	C852	广陈镇—西加工厂	30	跃进河桥
4794	C825	渔池圩—毛家门	40	丰收河十四号桥	4845	C852	广陈镇—西加工厂	10	水果园桥
4795	C826	杨家泾—费庄村	10	千斤河桥	4846	C852	广陈镇—西加工厂	20	张家桥
4796	C827	金小浜—杨家泾	20	点港石桥	4847	C852	广陈镇—西加工厂	30	马家桥
4797	C827	金小浜—杨家泾	10	兴美桥	4848	C852	广陈镇—西加工厂	40	前进河桥
4798	C829	沈家浜—X108	20	金家沼桥	4849	C852	广陈镇—西加工厂	10	廊下大桥
4799	C829	沈家浜—X108	30	王字桥	4850	C854	北浜机埠—杨树桥	20	牛桥
4800	C830	牛桥—炮竹桥	40	长沼桥	4851	C856	龙珠桥—广山公路	10	龙珠桥一号河桥
4801	C830	牛桥—炮竹桥	10	卫国河十二号桥	4852	C856	龙珠桥—广山公路	10	前港河桥
4802	C830	牛桥—炮竹桥	20	半路桥	4853	C857	跃进河桥—广山公路	10	李家港东桥
4803	C830	牛桥—炮竹桥	10	卫国河十号桥	4854	C858	广山公路—南龙沟	10	西木桥
4804	C831	X106—新石桥	10	前进河桥	4855	C859	广山公路—戚家宅基	10	戴王浜西桥
4805	C832	X107—六里坟	20	纪家桥	4856	C860	广山公路—十三组	20	戴王浜东桥
4806	C833	X106—龙兴村	30	沙涂河桥	4857	C860	广山公路—十三组	10	椿树桥
4807	C833	X106—龙兴村	10	曹家桥	4858	C867	X106—海达化工	10	石桥
4808	C834	龙兴公路—新桥	20	卫国河桥	4859	C867	X106—海达化工	10	陶家桥
4809	C835	丰收河十四号桥—龙兴村部	30	三家村	4860	C869	X106—沙东	20	倪家桥
4810	C835	丰收河十四号桥—龙兴村部	40	红卫河桥	4861	C869	X106—沙东	30	月河桥
4811	C836	龙兴村部—池桥	10	北机埠桥	4862	C869	X106—沙东	40	石角路桥
4812	C836	龙兴村部—池桥	20	夏家浜桥	4863	C869	X106—沙东	50	振农桥
4813	C837	共建水泥厂—龙兴公路	30	戴家浜桥	4864	C870	停车场—陈家宅基	10	沈家埭桥
4814	C837	共建水泥厂—龙兴公路	40	施家堰桥	4865	C870	停车场—陈家宅基	10	章家堰桥
4815	C837	共建水泥厂—龙兴公路	10	泗泾河桥	4866	C870	停车场—陈家宅基	20	种福桥
4816	C837	共建水泥厂—龙兴公路	20	张家堰桥	4867	C872	129—C852	30	吴家弄桥
4817	C838	李家宅基—金家沼	10	卫国河桥	4868	C872	129—C852	40	弯塘桥
4818	C838	李家宅基—金家沼	20	泗里桥	4869	C872	129—C852	50	姚桥
4819	C839	沙东—X106	10	广陈二号河桥	4870	C872	129—C852	60	陈匠浜桥
4820	C839	沙东—X106	20	南塘港桥	4871	C873	李马—黄家浜	70	陈匠桥
4821	C839	沙东—X106	30	黄坟浜桥	4872	C873	李马—黄家浜	10	丰收河九号桥
4822	C839	沙东—X106	40	广陈一号河桥	4873	C877	龙珠桥—中丰	20	跃进桥
4823	C840	施方—三久	50	北塘河桥	4874	C881	X107—石洞头	10	光明二号桥
4824	C840	施方—三久	60	跃进河桥	4875	C884	曹港路—石洞头	10	大坟桥
4825	C841	X504—沙东	70	网船浜桥	4876	C885	X108—324	10	王家桥
4826	C844	X106—华鑫制衣	80	建设河桥	4877	C888	戴王浜西桥—X107	10	建设河桥
4827	C844	X106—华鑫制衣	90	杨树港桥	4878	C888	戴王浜西桥—X107	20	龙梢浜桥
4828	C844	X106—华鑫制衣	10	港东圩桥	4879	C902	椿树头—鱼池漾	10	仓基圩桥
4829	C845	广山公路—三久	10	龙桥河二号桥	4880	C903	鱼池漾—石桥湾	20	曹家浜桥

(续表附录-2-4)

序号	路线代码	路线简称	桥梁编号	桥梁名称	序号	路线代码	路线简称	桥梁编号	桥梁名称
4881	C904	石桥湾—青龙珠	30	幸福河三号桥	4932	C998	庄基浜—金家廊	10	西王家浜桥
4882	C904	石桥湾—青龙珠	10	姚家桥	4933	CB02	交界—CB01	20	董家堰桥
4883	C904	石桥湾—青龙珠	10	曹家圩桥	4934	CB02	交界—CB01	10	黄水浜桥
4884	C904	石桥湾—青龙珠	10	北河浜桥	4935	CB03	CB01—兴平四路	20	乐安桥
4885	C904	石桥湾—青龙珠	10	陶家桥	4936	CB03	CB01—兴平四路	10	吴桥
4886	C906	倪家—沈家埭	20	西桥	4937	CC02	曹胜公路—吴家湾	20	白云桥
4887	C909	种田桥—林陈公路	30	王桥	4938	CC09	九场线—曹胜路	30	六店桥
4888	C909	种田桥—林陈公路	40	孙家桥	4939	CC09	九场线—曹胜路	40	胡桥
4889	C909	种田桥—林陈公路	50	孙婆堰桥	4940	CC13	箱包厂—王草浜	10	中蒋浜东桥
4890	C909	种田桥—林陈公路	10	清溪二桥	4941	CC15	麻皮桥—墙里	20	新港河十四号桥
4891	C909	种田桥—林陈公路	20	小康桥	4942	CC18	胡家浜—乍王公路	30	团结河东一号桥
4892	C909	种田桥—林陈公路	10	周家浜桥	4943	CC20	金家浜—景兴东路	40	落水牛桥
4893	C909	种田桥—林陈公路	20	向阳桥	4944	CC26	九场线—百家老村	10	洋松桥
4894	C910	加油站—林陈公路	10	黄家桥	4945	CC33	孔家堰—野丁公路	20	战斗桥
4895	C910	加油站—林陈公路	10	北小桥	4946	CC34	曹桥集镇—砖瓦厂	10	新开河桥
4896	C912	地藏桥—蔡家廊	20	竹墩堰桥	4947	CC34	曹桥集镇—砖瓦厂	20	红旗河二号桥
4897	C913	林陈公路—东西大道	10	连心桥	4948	CC35	孔家路—九场线	30	横港河桥
4898	C919	东西大道—群丰村	20	山界桥	4949	CC39	九场线—宋家村	40	叉路头桥
4899	C926	东西大道—龙梢浜	10	屠家木桥	4950	CC40	孔家路—黄中桥	10	向阳河七号桥
4900	C926	东西大道—龙梢浜	10	独圩桥	4951	CC44	汤家浜—大沈桥	10	陆家桥
4901	C931	东西大道—萝卜圩	20	跳板桥	4952	CC47	金黄公路—平安桥	20	黑墙头桥
4902	C931	东西大道—萝卜圩	10	柳音桥	4953	CC47	金黄公路—平安桥	10	北横港二号桥
4903	C931	东西大道—萝卜圩	20	鸟雀浜桥	4954	CC48	乍嘉苏桥—董家堰桥	20	周家桥
4904	C965	东西大道—南金家浜	30	李家堰桥	4955	CC48	乍嘉苏桥—董家堰桥	10	北横港一号桥
4905	C966	徐林公路—长家浜	40	屠桥	4956	CC53	马通路—乐安桥	10	九曲河桥
4906	C969	徐林公路—北柳庄	10	三家村桥	4957	CC53	马通路—乐安桥	10	北横港河桥
4907	C978	共和村—孙婆堰	20	孙王桥	4958	CC54	九场线—六店大桥	20	唐家桥
4908	C978	共和村—孙婆堰	30	陶家木桥	4959	CC54	九场线—六店大桥	10	横桥
4909	C978	共和村—孙婆堰	10	瓦条港桥	4960	CC54	九场线—六店大桥	10	郭家桥
4910	C978	共和村—孙婆堰	20	上旺桥	4961	CC54	九场线—六店大桥	20	杨家桥
4911	C978	共和村—孙婆堰	10	鲁行桥	4962	CF01	全塘交界—落水牛桥	30	孟家桥
4912	C979	西桥—陈农路	20	杨家桥	4963	CF01	全塘交界—落水牛桥	40	跃进河桥
4913	C979	西桥—陈农路	10	胡家桥	4964	CF01	全塘交界—落水牛桥	50	盐新河桥
4914	C983	北港—林埭中学	20	路家木桥	4965	CF01	全塘交界—落水牛桥	10	大治河桥
4915	C983	北港—林埭中学	10	夏大桥	4966	CF02	CF01—战斗桥	20	王家桥
4916	C985	马宝狮—陶家浜	10	一号桥	4967	CF02	CF01—战斗桥	30	闭口桥
4917	C986	虹霓桥—曲尺浜	20	二号桥	4968	CF03	C515—CF26	10	孟家三号桥
4918	C986	虹霓桥—曲尺浜	10	干家汇桥	4969	CF03	C515—CF26	10	朝阳河桥
4919	C988	竹墩堰—厍浜	10	麻皮桥	4970	CF03	C515—CF26	20	马家桥
4920	C988	竹墩堰—厍浜	10	为民桥	4971	CF03	C515—CF26	30	中华河桥
4921	C989	屠家木桥—连心路	10	石龙桥	4972	CF04	CF26—Y516	40	朝阳河二号桥
4922	C990	后独圩—虹林公路	10	张家桥	4973	CF05	CF03—C515	1	放港河桥
4923	C990	后独圩—虹林公路	10	孔家堰桥	4974	CF05	CF03—C515	10	冯家桥
4924	C992	厍浜—李家堰	10	雪溪桥	4975	CF06	三久厂—许家浜	2	跃进河三号桥
4925	C992	厍浜—李家堰	20	大通桥	4976	CF06	三久厂—许家浜	3	赵家桥
4926	C992	厍浜—李家堰	10	桥头港桥	4977	CF07	CF06—三久村	10	赵家桥
4927	C992	厍浜—李家堰	10	新木桥	4978	CF08	Y519—九曲河桥	10	新桥
4928	C995	虹林公路—陶家木桥	10	陶鞋桥	4979	CF09	CF09—友谊河四号桥	10	小石桥
4929	C995	虹林公路—陶家木桥	10	河长浜桥	4980	CF09	CF09—友谊河四号桥	10	平桥
4930	C995	虹林公路—陶家木桥	10	高楼浜桥	4981	CF10	横桥—民丰	20	齐心桥
4931	C998	庄基浜—金家廊	20	平安桥	4982	CF14	朝阳河—盐新河桥	10	泥桥

（续表附录-2-4）

序号	路线代码	路线简称	桥梁编号	桥梁名称
4983	CF14	朝阳河—盐新河桥	20	种田桥
4984	CF14	朝阳河—盐新河桥	10	张小桥
4985	CF14	朝阳河—盐新河桥	20	石家桥
4986	CF14	朝阳河—盐新河桥	30	丁家桥
4987	CF15	大治河桥—CF13	40	般家刷桥
4988	CF15	大治河桥—CF13	10	新机埠桥
4989	CF15	大治河桥—CF13	20	南油车桥
4990	CF16	孟家三号桥—潘家宅基	10	金兰桥
4991	CF17	X504—亚鑫街	10	东塘港桥
4992	CF17	X504—亚鑫街	10	金刚汇桥
4993	CF17	X504—亚鑫街	20	王庙浜桥
4994	CF17	X504—亚鑫街	10	独圩桥
4995	CF18	X504—杉青港	10	庙海圩桥
4996	CF22	CF13—Y519	10	乌鸡港桥
4997	CF52	CF01—全塘交界	10	石桥
4998	CF52	CF01—全塘交界	10	三都桥
4999	CJ08	徐林公路—东腰圩	10	干泾桥
5000	CJ09	徐东路—竖头港	10	沈家庙桥
5001	CJ11	徐东路—谢家浜西	10	独圩桥
5002	CJ12	双木桥—钟家汇	10	胡家浜桥
5003	CJ12	双木桥—钟家汇	10	陶家桥
5004	CJ19	徐东路—种田桥	10	西官殿桥
5005	CJ19	徐东路—种田桥	20	大堰桥
5006	CJ20	姚家桥—般家刷	10	华丰西大桥
5007	CJ20	姚家桥—般家刷	10	新木桥
5008	CJ20	姚家桥—般家刷	20	姜家桥
5009	CJ20	姚家桥—般家刷	10	沙腰弯桥
5010	CJ21	姚家宅基—南油车	20	幸福桥
5011	CJ21	姚家宅基—南油车	9	新林港桥
5012	CJ23	平廊公路—楼屋浜	10	北池桥
5013	CJ24	邹南村—沈荡浜	10	独山塘桥
5014	CJ25	金刚汇桥—沈荡桥	20	十房宅基桥
5015	CJ25	金刚汇桥—沈荡桥	30	林家石桥
5016	CJ34	范家堰—窑浜	40	卫国河桥
5017	CJ35	范家堰—庙海圩桥	50	黄姑塘桥
5018	CJ39	竖头港—富庄浜	60	牛角尖桥
5019	CJ40	石桥头—庙浜	70	大主堂桥
5020	CJ42	平廊公路—都家浜西	80	高家浜桥
5021	CJ43	平廊公路—干泾	90	黄姑桥
5022	CJ44	平廊公路—沈家庙	100	斜桥
5023	CJ51	平廊公路—独圩头	110	杨家沼桥
5024	CJ55	沈家村—华丰路	120	横浜桥
5025	CJ56	华丰路—北塘	130	大治河桥
5026	CJ57	西管殿桥—大堰桥	140	丁家漾桥
5027	CJ57	西管殿桥—大堰桥	150	新港河桥
5028	CJ58	华丰路—金家浜	160	刘家桥
5029	CJ61	平廊公路—华丰桥	170	增产河桥
5030	CJ61	平廊公路—华丰桥	180	杜堰桥
5031	CJ62	徐林公路—王桥	190	观音堂桥
5032	CJ62	徐林公路—王桥	200	建设河桥
5033	CJ65	杨家浜—富庄	210	广陈大桥
5034	CJ65	杨家浜—富庄	220	六里塘桥
5035	X106	独山—广陈	230	戴王桥
5036	X106	独山—广陈	10	港海桥
5037	X106	独山—广陈	20	前港大桥
5038	X106	独山—广陈	30	民主桥
5039	X106	独山—广陈	40	赵家浜桥
5040	X106	独山—广陈	50	奄娄桥
5041	X106	独山—广陈	60	钱家浜桥
5042	X106	独山—广陈	70	东园大桥
5043	X106	独山—广陈	80	顾家浜桥
5044	X106	独山—广陈	10	万盛桥
5045	X106	独山—广陈	20	一号桥
5046	X106	独山—广陈	30	二号桥
5047	X106	独山—广陈	40	李弄港桥
5048	X106	独山—广陈	50	池家浜桥
5049	X106	独山—广陈	60	胡庄桥
5050	X106	独山—广陈	70	陆家桥
5051	X106	独山—广陈	80	曹家桥
5052	X106	独山—广陈	90	洋眼桥
5053	X106	独山—广陈	100	嘉善塘桥
5054	X106	独山—广陈	110	灶王桥
5055	X106	独山—广陈	120	张家木桥
5056	X106	独山—广陈	10	大桥港桥
5057	X106	独山—广陈	20	汤家头桥
5058	X107	广陈—平湖	30	祥刘浜桥
5059	X107	广陈—平湖	40	河神塘桥
5060	X107	广陈—平湖	50	丁家埭桥
5061	X107	广陈—平湖	60	盐平塘大桥
5062	X107	广陈—平湖	70	通界新桥
5063	X107	广陈—平湖	80	西弓浜桥
5064	X107	广陈—平湖	90	河田里桥
5065	X107	广陈—平湖	100	幸福桥
5066	X108	平湖—黎里	110	狮益桥
5067	X108	平湖—黎里		
5068	X108	平湖—黎里	120	界泾塘大桥
5069	X108	平湖—黎里	130	东港桥
5070	X108	平湖—黎里	140	邱家湾桥
5071	X108	平湖—黎里	150	赵照浜桥
5072	X108	平湖—黎里	160	徐家头桥
5073	X108	平湖—黎里	170	方家浜桥
5074	X108	平湖—黎里	180	愚桥浜桥
5075	X108	平湖—黎里	10	陆家桥
5076	X108	平湖—黎里	20	顾家桥
5077	X108	平湖—黎里	30	缪家桥
5078	X202	新 07	40	何家桥
5079	X202	新 07	50	岔路桥
5080	X202	新 07	60	长安桥
5081	X202	新 07	70	全塘桥
5082	X202	新 07	10	双木桥
5083	X202	新 07	20	徐泾港桥
5084	X202	新 07	30	战斗河二号桥

（续表附录-2-4）

序号	路线代码	路线简称	桥梁编号	桥梁名称	序号	路线代码	路线简称	桥梁编号	桥梁名称
5085	X202	新 07	40	砖桥港桥	5135	X501	平湖—兴塔	80	如意桥
5086	X202	新 07	60	后市河桥	5136	X501	平湖—兴塔	90	庞家桥
5087	X202	新 07	70	市河桥	5137	X501	平湖—兴塔	100	钱家桥
5088	X202	新 07	80	新开河桥	5138	X501	平湖—兴塔	110	太平桥
		7	90	溪洋桥	5139	X502	平湖—钟埭	120	界河桥
5089	X202	新 07	260	庄官塘桥	5140	X503	广陈—新埭	130	三官塘二号桥
5090	X202	新 07	10	牛头漾港桥	5141	X503	广陈—新埭	140	丰收河桥
5091	X202	新 07	20	乌纱漾桥	5142	X503	广陈—新埭	150	殷家桥
5092	X202	新 07	30	长塘河桥	5143	X503	广陈—新埭	160	黄沼河桥
5093	X202	新 07	40	彩云桥	5144	X503	广陈—新埭	170	姚家河桥
5094	X202	新 07	50	旺财桥	5145	X503	广陈—新埭	180	丁家桥
5095	X202	新 07	60	孙潭桥	5146	X503	广陈—新埭	190	卫国河桥
5096	X331	翁家埠—金丝娘桥	70	韩家桥	5147	X503	广陈—新埭	200	陆家沼桥
5097	X331	翁家埠—金丝娘桥	80	菜塘桥	5148	X503	广陈—新埭	210	姚家沼桥
5098	X331	翁家埠—金丝娘桥	90	斜尖浜桥	5149	X503	广陈—新埭	220	盐新河桥
5099	X331	翁家埠—金丝娘桥	100	钟埭河桥	5150	X504	平湖—廊下	230	朝阳河桥
5100	X331	翁家埠—金丝娘桥	110	玉圩村桥	5151	X504	平湖—廊下	240	盐船河桥
5101	X331	翁家埠—金丝娘桥	120	大齐塘桥	5152	X504	平湖—廊下	250	红卫河桥
5102	X331	翁家埠—金丝娘桥	130	麻沿港桥	5153	X504	平湖—廊下	260	黄家埭桥
5103	X410	嘉善—新埭	140	沈荡漾桥	5154	X504	平湖—廊下	270	新仓桥
5104	X410	嘉善—新埭	150	四号河桥	5155	X504	平湖—廊下	280	黄家桥
5105	X410	嘉善—新埭	160	新埭河桥	5156	X504	平湖—廊下	290	全家桥
5106	X410	嘉善—新埭	170	大寨河桥	5157	X504	平湖—廊下	300	友谊河桥
5107	X410	嘉善—新埭	180	丰收河桥	5158	X504	平湖—廊下	310	周家桥
5108	X410	嘉善—新埭	190	二号河桥	5159	X504	平湖—廊下	320	平家桥
5109	X410	嘉善—新埭	200	东王家村桥	5160	X504	平湖—廊下	330	跃进河桥
5110	X410	嘉善—新埭	210	新开河桥	5161	X504	平湖—廊下	340	秋浜桥
5111	x410	嘉善—新埭	220	跃进河桥	5162	X504	平湖—廊下	350	路顺汇桥
5112	X501	平湖—兴塔	230	前市河桥	5163	X504	平湖—廊下	10	虹霓大桥
5113	X501	平湖—兴塔	240	后市河桥	5164	X504	平湖—廊下	20	曹家桥
5114	X501	平湖—兴塔	250	砖桥港桥	5165	X504	平湖—廊下	30	刘家坟桥
5115	X501	平湖—兴塔	270	蒋家浜桥	5166	X504	平湖—廊下	10	一号桥
5116	X501	平湖—兴塔	280	卯口河桥	5167	X504	平湖—廊下	20	二号桥
5117	X501	平湖—兴塔	10	山茶花浜桥	5168	X504	平湖—廊下	30	三号桥
5118	X501	平湖—兴塔	10	花园汇桥	5169	X504	平湖—廊下	40	四号桥
5119	X501	平湖—兴塔	20	高马桥	5170	X504	平湖—廊下	10	大丰桥
5120	X501	平湖—兴塔	30	戚章桥	5171	X504	平湖—廊下	20	曹家桥
5121	X501	平湖—兴塔	40	永庆汇桥	5172	X504	平湖—廊下	30	黄中桥
5122	X501	平湖—兴塔	50	北走马桥	5173	X504	平湖—廊下	40	宋家滩桥
5123	X501	平湖—兴塔	60	红卫河桥	5174	X504	平湖—廊下	50	一里泾桥
5124	X501	平湖—兴塔	70	通长港桥	5175	X504	平湖—廊下	60	积丰桥
5125	X501	平湖—兴塔	80	向阳河桥	5176	X504	平湖—廊下	70	杨日辉桥
5126	X501	平湖—兴塔	90	中机埠桥	5177	X504	平湖—廊下	10	X511 一号桥
5127	X501	平湖—兴塔	100	青阳汇大桥	5178	X504	平湖—廊下	20	X511 二号桥
5128	X501	平湖—兴塔	10	乍浦塘桥	5179	X504	平湖—廊下	30	X511 三桥
5129	X501	平湖—兴塔	20	六里塘桥	5180	X504	平湖—廊下	40	X511 四桥
5130	X501	平湖—兴塔	30	六平申线桥	5181	X504	平湖—廊下	10	江家堰桥
5131	X501	平湖—兴塔	40	鸟船浜桥	5182	X504	平湖—廊下	20	许家桥
5132	X501	平湖—兴塔	50	三官塘一号桥	5183	X504	平湖—廊下	30	沈庄桥
5133	X501	平湖—兴塔	60	杨家浜桥	5184	X504	平湖—廊下	40	章典桥
5134	X501	平湖—兴塔	70	三都桥	5185	X505	虹霓—林埭	50	耀彩水桥

（续表附录-2-4）

序号	路线代码	路线简称	桥梁编号	桥梁名称	序号	路线代码	路线简称	桥梁编号	桥梁名称
5186	X505	虹霓—林埭	60	永丰桥	5237	X516	庆丰—Y517	40	界泾桥
5187	X505	虹霓—林埭	70	钟埭桥	5238	X516	庆丰—Y517	10	严家桥
5188	X506	平湖—乍浦	80	盛店桥	5239	X516	庆丰—Y517	20	新木桥
5189	X506	平湖—乍浦	90	钥匙桥	5240	X516	庆丰—Y517	30	通界桥
5190	X506	平湖—乍浦	10	全塘大桥	5241	X516	庆丰—Y517	10	金龙桥
5191	X506	平湖—乍浦	20	邬家桥	5242	X516	庆丰—Y517	20	马厩西桥
5192	X509	九里亭—场前	30	新港河桥	5243	X516	庆丰—Y517	30	戴家桥
5193	X509	九里亭—场前	40	新仓桥	5244	X516	庆丰—Y517	40	南星桥
5194	X509	九里亭—场前	50	盐船河桥	5245	X516	庆丰—Y517	10	亭建一号桥
5195	X509	九里亭—场前	60	向阳河桥	5246	X516	庆丰—Y517	20	斜尖桥
5196	X509	九里亭—场前	70	邹家桥	5247	X516	庆丰—Y517	30	胜利桥
5197	X509	九里亭—场前	80	张家桥	5248	X516	庆丰—Y517	50	杨家桥
5198	X509	九里亭—场前	90	朝阳河桥	5249	Y501	平湖—斜桥	60	新桥
5199	X511	陆家桥—许家桥	100	李家圩桥	5250	Y501	平湖—斜桥	10	牛桥
5200	X511	陆家桥—许家桥	10	施家桥	5251	Y501	平湖—斜桥	20	朱家桥
5201	X511	陆家桥—许家桥	20	长胜桥	5252	Y501	平湖—斜桥	30	卖盐桥
5202	X511	陆家桥—许家桥	1	杨家浜北桥	5253	Y501	平湖—斜桥	40	乍林桥
5203	X512	福臻—嘉善	2	向家堰桥	5254	Y501	平湖—斜桥	10	二号桥
5204	X512	福臻—嘉善	3	潘家桥	5255	Y501	平湖—斜桥	20	三号桥
5205	X512	福臻—嘉善	4	西塘港桥	5256	Y502	曹桥—曹兑港	30	四号桥
5206	X512	福臻—嘉善	5	徐丰东桥	5257	Y502	曹桥—曹兑港	40	五号桥
5207	X512	福臻—嘉善	6	干泾桥	5258	Y502	曹桥—曹兑港	50	六号桥
5208	X512	福臻—嘉善	7	新桥	5259	Y502	曹桥—曹兑港	10	林金公路桥
5209	X512	福臻—嘉善	8	杨家浜桥	5260	Y503	曹桥—通界桥	1	薛家桥
5210	X512	福臻—嘉善	10	西湖店桥	5261	Y503	曹桥—通界桥	2	李家沼桥
5211	X512	福臻—嘉善	11	子孙桥	5262	Y503	曹桥—通界桥	3	陆家沼桥
5212	X513	全塘—新仓	12	对石桥	5263	Y504	金龙—黄家浜	4	东长桥
5213	X513	全塘—新仓	51	林丰路三号桥	5264	Y504	金龙—黄家浜	5	中心桥
5214	X513	全塘—新仓	90	朝阳桥	5265	Y504	金龙—黄家浜	6	姚家桥
5215	X513	全塘—新仓	1	金丝娘桥	5266	Y504	金龙—黄家浜	1	关桥
5216	X513	全塘—新仓	2	金沙桥	5267	Y505	建群—亭桥	2	双木桥
5217	X513	全塘—新仓	3	全塘河桥	5268	Y505	建群—亭桥	3	船厂桥
5218	X513	全塘—新仓	4	裴家桥	5269	Y505	建群—亭桥	4	徐丰西桥
5219	X513	全塘—新仓	5	盛家桥	5270	Y505	建群—亭桥	10	周圩新桥
5220	X513	全塘—新仓	6	转角弯桥	5271	Y505	建群—亭桥	20	王家桥
5221	X513	全塘—新仓	10	红旗河四号桥	5272	Y506	牛桥—北荡	30	夏家堰桥
5222	X514	长胜路	11	十三组桥	5273	Y506	牛桥—北荡	40	拔淡桥
5223	X514	长胜路	12	范家桥	5274	Y506	牛桥—北荡	50	李家浜桥
5224	x515	当湖—乍浦	13	郑家桥	5275	Y506	牛桥—北荡	60	立新大桥
5225	X515	当湖—乍浦	20	丰收河三号桥	5276	Y507	林埭—陈匠	70	泥桥
5226	X515	当湖—乍浦	30	友谊河三号桥	5277	Y507	林埭—陈匠	10	全塘桥
5227	X515	当湖—乍浦	10	广福桥	5278	Y507	林埭—陈匠	20	朱家桥
5228	X515	当湖—乍浦	20	曹兑港桥	5279	Y507	林埭—陈匠	30	徐家桥
5229	X515	当湖—乍浦	30	幸福桥	5280	Y507	林埭—陈匠	40	新港河桥
5230	X515	当湖—乍浦	40	通界小桥	5281	Y508	林埭—泥堰桥	50	钱家宅基桥
5231	X515	当湖—乍浦	50	前进大桥	5282	Y511	徐家埭—徐东	60	沈家桥
5232	X515	当湖—乍浦	60	横河桥	5283	Y511	徐家埭—徐东	70	盐船河桥
5233	X515	当湖—乍浦	70	富家桥	5284	Y511	徐家埭—徐东	7	新桥
5234	X515	当湖—乍浦	10	高峰桥	5285	Y511	徐家埭—徐东	8	放港河桥
5235	X515	当湖—乍浦	20	明靖桥	5286	Y511	徐家埭—徐东	10	向阳河桥
5236	x515	当湖—乍浦	30	施家浜桥	5287	Y511	徐家埭—徐东	20	跃进河桥

(续表附录-2-4)

序号	路线代码	路线简称	桥梁编号	桥梁名称	序号	路线代码	路线简称	桥梁编号	桥梁名称
5288	Y512	徐埭—双庙	30	联盟村桥	5339	Y521	广陈—山塘	50	方塘港桥
5289	Y512	徐埭—双庙	40	红旗河桥	5340	Y521	广陈—山塘		
5290	Y512	徐埭—双庙	50	沙滩河桥	5341	Y521	广陈—山塘	10	杨根浜桥
5291	Y512	徐埭—双庙	60	小中河桥	5342	Y521	广陈—山塘	20	烟冲港桥
5292	Y513	周圩—水泥厂	10	小石桥	5343	Y521	广陈—山塘	30	曹泾港桥
5293	Y513	周圩—水泥厂	20	纪家桥	5344	Y522	前港—红征	40	丁丁桥
5294	Y513	周圩—水泥厂	10	白洋桥	5345	Y522	前港—红征	10	迎新河桥
5295	Y513	周圩—水泥厂	20	朝阳河桥	5346	Y522	前港—红征	20	中心河桥
5296	Y513	周圩—水泥厂	30	团结河桥	5347	Y522	前港—红征	30	泖口河桥
5297	Y513	周圩—水泥厂	40	胡家桥	5348	Y522	前港—红征	10	二号河桥
5298	Y513	周圩—水泥厂	50	三叉河桥	5349	Y523	前港—曹港	20	斜港河桥
5299	Y514	全塘—衙前	60	庞家宅基桥	5350	Y523	前港—曹港	30	曹家埭桥
5300	Y514	全塘—衙前	10	风雷河桥	5351	Y523	前港—曹港	40	朱家村桥
5301	Y514	全塘—衙前	20	塘坊桥	5352	Y523	前港—曹港	50	跃进河桥
5302	Y514	全塘—衙前	30	道院桥	5353	Y523	前港—曹港	10	百家湾一号桥
5303	Y514	全塘—衙前	40	西马桥	5354	Y523	前港—曹港	20	百家湾二号桥
5304	Y514	全塘—衙前	50	大治河桥	5355	Y524	利群—新圩	30	邓桥
5305	Y514	全塘—衙前	60	秀平桥	5356	Y524	利群—新圩	40	小牛桥
5306	Y515	金桥—衙前	70	营建河二号桥	5357	Y525	青阳汇—吕巷	50	大牛桥
5307	Y515	金桥—衙前	80	蒋家桥	5358	Y525	青阳汇—吕巷	60	沈窑桥
5308	Y516	新庙—衙前	90	黄家桥	5359	Y525	青阳汇—吕巷	70	大沈桥
5309	Y516	新庙—衙前	100	姜家桥	5360	Y525	青阳汇—吕巷	80	丁店桥
5310	Y516	新庙—衙前	10	马福林桥	5361	Y525	青阳汇—吕巷	90	车台云桥
5311	Y516	新庙—衙前	20	大治河桥		0	不通航	100	余泾港桥
5312	Y516	新庙—衙前	10	前进河桥	5362	Y526	平南—丁桥	110	野马桥
5313	Y516	新庙—衙前	20	黄沙石桥	5363	Y526	平南—丁桥	10	朝阳河桥
5314	Y517	新庙—钱圩	30	曲家桥	5364	Y526	平南—丁桥	1	毛家浜桥
5315	Y517	新庙—钱圩	40	跃进河桥	5365	Y526	平南—丁桥	2	红星河桥
5316	Y518	新仓—三叉河	50	青里桥	5366	Y527	新埭—泖口	3	谢家桥
5317	Y518	新仓—三叉河	60	卫国河桥	5367	Y527	新埭—泖口	4	朝阳河桥
5318	Y518	新仓—三叉河	70	轮窑厂桥	5368	Y527	新埭—泖口	5	向阳河桥
5319	Y518	新仓—三叉河	80	豆腐桥	5369	Y528	翠贞—丁桥	10	八寺桥
5320	Y518	新仓—三叉河	90	顾家桥	5370	Y528	翠贞—丁桥	20	腾桥
5321	Y518	新仓—三叉河	100	山塘桥	5371	Y528	翠贞—丁桥	30	永兴桥
5322	Y519	石路—联群	10	郭家塘桥	5372	Y528	翠贞—丁桥	40	池桥
5323	Y519	石路—联群	20	丰收桥	5373	Y528	翠贞—丁桥	50	钟埭河五号桥
5324	Y519	石路—联群	30	先锋桥	5374	Y531	野马—07省道	90	新桥
5325	Y519	石路—联群	40	钱家湾桥	5375	Y531	野马—07省道	10	冯家桥
5326	Y519	石路—联群	50	半路桥	5376	Y531	野马—07省道	20	远景河桥
5327	Y519	石路—联群	10	民主桥	5377	Y531	野马—07省道	30	卫东河桥
5328	Y519	石路—联群	20	李家港桥	5378	Y531	野马—07省道	40	横沼河桥
5329	Y519	石路—联群	30	长江桥	5379	Y531	野马—07省道	50	大治河桥
5330	Y519	石路—联群	40	曹港一号桥	5380	Y531	野马—07省道	60	倪家桥
5331	Y519	石路—联群	50	民主桥	5381	Y531	野马—07省道	70	新港河桥
5332	Y520	长寿—大进	90	螺丝桥	5382	Y531	野马—07省道	10	观音桥
5333	Y520	长寿—大进	10	大寨河桥	5383	Y531	野马—07省道	20	中心河桥
5334	Y521	广陈—山塘	20	泖河桥	5384	Y531	野马—07省道	30	四号河桥
5335	Y521	广陈—山塘	10	荷花浜桥	5385	Y532	白沙湾—X331	40	丰收河桥
5336	Y521	广陈—山塘	20	石盾港桥	5386	Y533	X504—庆丰村	10	城隍桥
5337	Y521	广陈—山塘	30	大寨河桥	5387	Y533	X504—庆丰村	20	竹桥
5338	Y521	广陈—山塘	40	石庄港桥	5388	Y533	X504—庆丰村	30	小桥村桥

（续表附录-2-4）

序号	路线代码	路线简称	桥梁编号	桥梁名称	序号	路线代码	路线简称	桥梁编号	桥梁名称
5389	Y533	X504—庆丰村	40	毛家桥	5417	Y540	平廊公路—半路桥	50	红旗河桥
5390	Y533	X504—庆丰村	10	姐妹双桥	5418	Y541	鹁鸪浜—丁桥村	60	油车浜桥
5391	Y534	太平桥—X510	20	东王庙桥	5419	Y541	鹁鸪浜—丁桥村	70	向阳河桥
5392	Y534	太平桥—X510	30	北虹桥	5420	Y542	七星桥—X510	80	长福浜桥
5393	Y534	太平桥—X510	10	祥中桥	5421	Y542	七星桥—X510	90	跃进河三号桥
5394	Y534	太平桥—X510	20	范家堰桥	5422	Y542	七星桥—X510	10	陆家木桥
5395	Y534	太平桥—X510	30	建新桥	5423	Y542	七星桥—X510	20	窑资桥
5396	y534	太平桥—X510	10	溪洋港桥	5424	Y544	X106—花园汇	30	戴家桥
5397	Y535	S101—X504	20	丰收河桥	5425	Y544	X106—花园汇	40	三官塘桥
5398	Y535	S101—X504	3	七星桥	5426	Y544	X106—花园汇	10	柏家桥
5399	Y535	S101—X504	4	联丰大桥	5427	Y544	X106—花园汇	10	文苑桥
5400	Y535	S101—X504	5	干经港桥	5428	Y544	X106—花园汇	20	兴业桥
5401	Y535	S101—X504	6	急水港桥	5429	Y544	X106—花园汇	10	稻乐桥
5402	Y535	S101—X504	10	韩庙东桥	5430	Y544	X106—花园汇	20	马家桥
5403	Y535	S101—X504	20	吾龙桥	5431	Y544	X106—花园汇	10	车家桥
5404	Y536	长福寺—洁县城	30	丰收河四号桥	5432	Y545	大齐塘—野桥	20	小车家桥
5405	Y536	长福寺—洁县城	40	花园汇桥	5433	Y545	大齐塘—野桥	30	顺家浜桥
5406	Y536	长福寺—洁县城	50	张家桥	5434	Y545	大齐塘—野桥	40	万年桥
5407	Y536	长福寺—洁县城	60	沉桥	5435	Y546	石桥—兴旺	50	陈家石桥
5408	Y538	裕洋桥—X107	70	三家塘桥	5436	Y546	石桥—兴旺	60	杨和亭子桥
5409	Y538	裕洋桥—X107	80	梅家桥	5437	Y546	石桥—兴旺	70	丁丝桥
5410	Y538	裕洋桥—X107	10	友谊桥	5438	Y546	石桥—兴旺	10	道士斗桥
5411	Y538	裕洋桥—X107	20	石人汇桥	5439	Y546	石桥—兴旺	10	圣堂桥
5412	Y539	吴家浜—林家浜	30	小桥头桥	5440	Y546	石桥—兴旺	10	醉李桥
5413	Y539	吴家浜—林家浜	10	大寨河三号桥	5441	Y546	石桥—兴旺	10	起龙桥
5414	Y539	吴家浜—林家浜	20	泾石桥	5442	Y546	石桥—兴旺	20	跨凤桥
5415	Y540	平廊公路—半路桥	30	石屑港桥	5443	Y546	石桥—兴旺	30	万年桥
5416	Y540	平廊公路—半路桥	40	红卫河桥					

表附录-2-5　海盐县公路桥梁情况表

序号	路线代码	路线简称	桥梁编号	桥梁名称	序号	路线代码	路线简称	桥梁编号	桥梁名称
325	G15	沈海高速	1	A	344	S101	杭州—金丝娘桥	1320	贯贯桥（左）
326	G15	沈海高速	2	B	345	S101	杭州—金丝娘桥	1330	贯贯桥
327	G15	沈海高速	3	C	346	S101	杭州—金丝娘桥	1340	西埝桥（左）
328	G15	沈海高速	4	D	347	S101	杭州—金丝娘桥	1350	西埝桥
329	S11	乍嘉苏高速	1	墙弯里桥	348	S101	杭州—金丝娘桥	1360	肖家木桥（左）
330	S11	乍嘉苏高速	2	强家头桥	349	S101	杭州—金丝娘桥	1370	肖家木桥
331	S11	乍嘉苏高速	3	盐平塘大桥	350	S101	杭州—金丝娘桥	1380	支家木桥（左）
332	S101	杭州—金丝娘桥	1200	长山河桥	351	S101	杭州—金丝娘桥	1390	支家木桥
333	S101	杭州—金丝娘桥	1210	长山河桥（左）	352	S101	杭州—金丝娘桥	1400	高昌堰桥（左）
334	S101	杭州—金丝娘桥	1220	南大埝桥	353	S101	杭州—金丝娘桥	1410	高昌堰桥
335	S101	杭州—金丝娘桥	1230	南大埝桥（左）	354	S101	杭州—金丝娘桥	1420	朱家木桥（左）
336	S101	杭州—金丝娘桥	1240	小桥浜桥	355	S101	杭州—金丝娘桥	1430	朱家木桥
337	S101	杭州—金丝娘桥	1250	小桥浜桥（左）	356	S101	杭州—金丝娘桥	1440	麻泾港桥（左）
338	S101	杭州—金丝娘桥	1260	常慕大桥	357	S101	杭州—金丝娘桥	1450	麻泾港桥
339	S101	杭州—金丝娘桥	1270	常慕大桥（左）	358	S101	杭州—金丝娘桥	1460	李家港桥（左）
340	S101	杭州—金丝娘桥	1280	直海浜桥（左）	359	S101	杭州—金丝娘桥	1470	李家港桥
341	S101	杭州—金丝娘桥	1290	直海浜桥	360	S101	杭州—金丝娘桥	1480	莳安桥
342	S101	杭州—金丝娘桥	1300	理洪塘桥（左）	361	S101	杭州—金丝娘桥	1490	莳安桥（左）
343	S101	杭州—金丝娘桥	1310	理洪塘桥	362	S101	杭州—金丝娘桥	1500	盐嘉塘桥（左）

(续表附录-2-5)

序号	路线代码	路线简称	桥梁编号	桥梁名称	序号	路线代码	路线简称	桥梁编号	桥梁名称
363	S101	杭州—金丝娘桥	1510	盐嘉塘桥	2563	C118	盐北许家场—明珠外塘	10	西泾桥
364	S101	杭州—金丝娘桥	1520	点垢庵桥	2564	C118	盐北许家场—明珠外塘	10	五圣塘桥
365	S101	杭州—金丝娘桥	1530	点垢庵桥(左)	2565	C119	X603 黄桥—姚桥	20	唐家木桥
366	S101	杭州—金丝娘桥	1540	古荡河桥	2566	C119	X603 黄桥—姚桥	10	红光桥
367	S101	杭州—金丝娘桥	1550	古荡河桥(左)	2567	C121	小曲宜家北—新蕾丝织厂	20	宝路桥
368	S101	杭州—金丝娘桥	1560	团结港桥(左)	2568	C121	小曲宜家北—新蕾丝织厂	10	三官堂
369	S101	杭州—金丝娘桥	1570	团结港桥	2569	C201	沈荡医院—永庆李家桥	20	马头墙桥
370	S101	杭州—金丝娘桥	1580	盐平塘桥(左)	2570	C202	永庆万善—永庆西彭城桥	10	闸门桥
371	S101	杭州—金丝娘桥	1590	盐平塘桥	2571	C202	永庆万善—永庆西彭城桥	10	荡口桥
372	S101	杭州—金丝娘桥	1600	泾口河桥(左)	2572	C207	永庆冯家浜—永庆西场桥	10	为民桥
373	S101	杭州—金丝娘桥	1610	泾口桥	2573	C208	X208—半路桥	10	水耕桥
374	S101	杭州—金丝娘桥	1620	五联桥(左)	2574	C209	尤用村民委—尤用吴家木桥	10	吉福桥
375	S101	杭州—金丝娘桥	1630	五联桥	2575	C210	X208 尤用陆家头—新善寺	10	惠中港一号桥
376	S101	杭州—金丝娘桥	1640	牛桥	2576	C211	横泾宁梓垫—横泾魏家弄	20	刘家桥
377	S101	杭州—金丝娘桥	1650	牛桥(左)	2577	C211	横泾宁梓垫—横泾魏家弄	10	王介桥
378	S101	杭州—金丝娘桥	1660	野猫桥(左)	2578	C213	X602 简家浜—五圣周家汇	10	朝阳桥
379	S101	杭州—金丝娘桥	1670	野猫桥	2579	C213	X602 简家浜—五圣周家汇	10	六忠三号桥
380	S101	杭州—金丝娘桥	1680	江家桥(左)	2580	C214	白洋周家村—齐家集镇	20	石牌桥
381	S101	杭州—金丝娘桥	1690	江家桥	2581	C215	白漾村民委—白漾盛家埭	10	对方桥
382	S101	杭州—金丝娘桥	1700	永丰大桥(左)	2582	C215	白漾村民委—白漾盛家埭	20	太平桥
383	S101	杭州—金丝娘桥	1710	永丰大桥	2583	C215	白漾村民委—白漾盛家埭	30	茶园大桥
384	S101	杭州—金丝娘桥	1720	青年河桥(左)	2584	C216	白漾周家村—白漾苏家浜	10	陈河桥
385	S101	杭州—金丝娘桥	1730	青年河桥	2585	C219	X601 白漾—白漾西泾浜	20	传方浜桥
386	S101	杭州—金丝娘桥	1740	泾海桥(左)	2586	C220	X602 五圣—五圣唐家木桥	10	六里北桥
387	S101	杭州—金丝娘桥	1750	泾海桥	2587	C220	X602 五圣—五圣唐家木桥	10	油车桥
388	S101	杭州—金丝娘桥	1760	桑园河桥(左)	2588	C221	X602 五圣—中钱	10	泾水堰桥
389	S101	杭州—金丝娘桥	1770	桑园河桥	2589	C221	X602 五圣—中钱	10	杨山桥
390	S101	杭州—金丝娘桥	1780	北晒桥(左)	2590	C223	中钱诸课地—中钱东	10	永乐桥
391	S101	杭州—金丝娘桥	1790	北晒桥	2591	C223	中钱诸课地—中钱东	20	太平桥
2541	C101	X115—城南村	10	庆丰桥	2592	C224	茅草里—白洋桥	10	朱桥
2542	C103	X115 淡井—富家亭	20	石盾圩桥	2593	C229	西彭城桥—C228	10	牛桥
2543	C103	X115 淡井—富家亭	10	占家桥	2594	C230	X604—为民桥	10	长河桥
2544	C103	X115 淡井—富家亭	20	反修桥	2595	C231	永庆西路—团结桥	10	长丰桥
2545	C103	X115 淡井—富家亭	10	海西桥	2596	C232	新丰村—嘉兴(凤桥)	10	东门吊桥
2546	C104	X109 常绿桥—首荡吴家场	20	新蕾桥	2597	C301	翁金线—六忠三号桥南	10	东门大桥
2547	C104	X109 常绿桥—首荡吴家场	10	万善桥	2598	C301	翁金线—六忠三号桥南	20	南门桥
2548	C105	S101 罗家埝—钱王塘	10	西彭城桥	2599	C303	翁金线—紫云场西	10	南门闸桥
2549	C105	S101 罗家埝—钱王塘	20	西彭城大桥	2600	C304	紫云钟家—朝阳桥	10	闸口桥
2550	C106	华星长木桥—于城构塍	10	西场桥	2601	C305	六忠三号桥—茶园大桥	20	红卫新桥
2551	C107	华星范家埝—华星夏家浜	10	半路桥	2602	C305	六忠三号桥—茶园大桥	30	张家桥
2552	C107	华星范家埝—华星夏家浜	10	尤创桥	2603	C306	长木桥—茶园村部	10	东方红桥
2553	C108	金星北叶—金星白洋河桥	10	王道石桥	2604	C306	长木桥—茶园村部	20	孙家埝桥
2554	C108	金星北叶—金星白洋河桥	10	李家木桥	2605	C306	长木桥—茶园村部	10	仁和桥
2555	C108	金星北叶—金星白洋河桥	20	北堰桥	2606	C307	茶园大桥—佛山墩	20	马路桥
2556	C109	建新朱家桥—建新新建桥	10	简家石桥	2607	C307	茶园大桥—佛山墩	10	长虹桥
2557	C110	X109 南环村—唐家浜	20	同心桥	2608	C310	堰山路—永乐路	20	联心桥
2558	C110	X109 南环村—唐家浜	10	镇东桥	2609	C316	保山村—白墙门	10	低车河桥
2559	C110	X109 南环村—唐家浜	10	新桥	2610	C317	白墙门—泾水堰	10	修戒桥
2560	C112	X109 常绿桥—C110 石桥	20	大珠桥	2611	C318	齐心组—陆家埭	20	葛肖桥
2561	C116	S101 吉安纸容器厂—X104	30	闸	2612	C319	赵家埭—西城湾	30	时家桥
2562	C117	X104 盐北马家浜—明珠村	10	联群桥	2613	C319	赵家埭—西城湾	40	油车桥

（续表附录-2-5）

序号	路线代码	路线简称	桥梁编号	桥梁名称	序号	路线代码	路线简称	桥梁编号	桥梁名称
2614	C320	朱桥—东城湾	10	富大泾桥	2665	C419	西塘飞龙—西塘仁安桥	20	长丰桥
2615	C321	牛桥—严家湾石厂	20	西湖堰桥	2666	C421	王庄—东港郑家埭	30	北小桥
2616	C323	长河窑厂—利溪桥	10	香花桥	2667	C421	王庄—东港郑家埭	10	姜家堰桥
2617	C324	翁金线—造纸厂	20	汤家桥	2668	C422	王庄双堰头—曙光庵里宅基	20	施家桥
2618	C325	镇中村村部—青山脚	10	联丰桥	2669	C423	新胜小学—王庄黄家头	10	新桥
2619	C327	东门桥—澉浦中学	20	宋家桥	2670	C425	X509—北接线	10	石角桥
2620	C327	东门桥—澉浦中学	10	凤凰堰桥	2671	C425	X509—北接线	20	陆家木桥
2621	C329	南王线—南门	20	凤凰堰桥右	2672	C426	C420—X331	10	齐家木桥
2622	C331	澉南村—闸口	30	张家桥	2673	C426	C420—X331	20	合心桥
2623	C331	澉南村—闸口	10	顺流桥	2674	C428	北堰桥西塘村—西塘村8组	30	红星桥
2624	C331	澉南村—闸口	20	八字桥	2675	C428	北堰桥西塘村—西塘村8组	10	寒小木桥
2625	C333	东方红桥—孙弯	30	虎眼桥	2676	C429	C401蒋家浜—北星桥	10	八一桥
2626	C333	东方红桥—孙弯	10	全家汇桥	2677	C430	Y603凤凰村—C409磷肥厂	20	管山桥
2627	C339	南王线—翁金线	10	张家门桥	2678	C431	C411大宁路—王家桥	10	西沿塘桥
2628	C339	南王线—翁金线	20	黄庵头桥	2679	C431	C411大宁路—王家桥	10	长生桥
2629	C342	通六桥—保丰桥	30	六团桥	2680	C432	C431盐水港—新木桥	10	窑墩桥
2630	C342	通六桥—保丰桥	10	新阳桥	2681	C433	X104永福—Y602凤凰村	10	新浦桥
2631	C344	低车河桥—X604倪家桥	10	落西桥	2682	C433	X104永福—Y602凤凰村	20	五星桥
2632	C401	修戒桥—新篁	20	朱家桥	2683	C502	黄家浜—通元集镇	30	祥义桥
2633	C401	修戒桥—新篁	10	永庆桥	2684	C502	黄家浜—通元集镇	10	永生桥
2634	C401	修戒桥—新篁	20	大宁桥	2685	C504	宁海寺桥—五届桥	10	秦皇庙桥
2635	C401	修戒桥—新篁	10	新木桥	2686	C505	宁海寺桥—北小桥	20	东霞桥
2636	C402	赵家桥—朱家村	20	董家堰桥	2687	C505	宁海寺桥—北小桥	10	新桥
2637	C402	赵家桥—朱家村	10	一杭桥	2688	C505	宁海寺桥—北小桥	10	长乐桥
2638	C403	元通集镇—凤凰村	10	凌家浜桥	2689	C506	丰山—利河桥	10	钱家门桥
2639	C403	元通集镇—凤凰村	10	海利桥	2690	C506	丰山—利河桥	10	雪家桥
2640	C404	银燕—元通水泥厂	20	中心小学桥	2691	C507	村部—山前埭	10	新桥
2641	C404	银燕—元通水泥厂	30	陆家门桥	2692	C508	丰义机站—崔家	20	郭老桥
2642	C405	电庄—凤凰李介	40	永丰桥	2693	C508	丰义机站—崔家	10	张家浜桥
2643	C405	电庄—凤凰李介	10	仁安桥	2694	C509	齐家木桥—五一	20	风青桥
2644	C405	电庄—凤凰李介	10	北佰坟桥	2695	C509	齐家木桥—五一	30	楮家桥
2645	C406	顺流桥—老电庄	20	南佰坟桥	2696	C509	齐家木桥—五一	40	倪家浜桥
2646	C406	顺流桥—老电庄	10	石桥头	2697	C510	红卫组—东风组	10	张鼎桥
2647	C406	顺流桥—老电庄	10	徐家堰桥	2698	C511	杨山湾=—甘介	20	新木桥
2648	C407	S101—全家汇桥	10	青年河桥	2699	C511	杨山湾=—甘介	10	张家埭桥
2649	C408	S101—六团	20	泾海河桥	2700	C512	集善桥—西沿塘桥	20	农兴桥
2650	C408	S101—六团	10	B4青年河桥	2701	C514	茹家门—陆家	10	北大堰桥
2651	C408	S101—六团	20	白洋河桥	2702	C515	泾家—黄家浜	10	南大堰桥
2652	C409	S101—磷肥厂	10	文武桥	2703	C516	南王线—祥义桥	20	红星桥
2653	C410	西塘桥镇—东塘桥	20	夜叉桥	2704	C516	南王线—祥义桥	10	西红峰桥
2654	C410	西塘桥镇—东塘桥	10	北星桥	2705	C516	南王线—祥义桥	10	庄家木桥
2655	C411	东塘桥—大宁桥	10	北阳新桥	2706	C517	南王线—李家堰	10	圣驾庙桥
2656	C411	东塘桥—大宁桥	10	种田家	2707	C518	祥义—何家浜	10	月秀桥
2657	C412	东塘桥—董家堰桥	20	王家桥	2708	C518	祥义—何家浜	10	东风大桥
2658	C412	东塘桥—董家堰桥	10	盐水港	2709	C519	陈家埭—海宁年长桥	20	斜漾桥
2659	C413	刘庄—青莲寺	10	思古桥	2710	C522	高地—东西大道	30	章塘桥
2660	C416	永福—新墓浜	20	永福万年桥	2711	C523	钱家门—南王线	40	大廊庙桥
2661	C418	新城南胜埭—新城朱杨浜	10	阮庆桥	2712	C525	村部南—水厂	10	杨家桥
2662	C418	新城南胜埭—新城朱杨浜	20	新桥	2713	C528	南王线—夏家浜	20	西小吕洪桥
2663	C418	新城南胜埭—新城朱杨浜	10	宁海寺桥	2714	C528	南王线—夏家浜	30	阮家坟桥
2664	C418	新城南胜埭—新城朱杨浜	10	中木桥	2715	C531	良贤—张桥	40	沈家桥

(续表附录-2-5)

序号	路线代码	路线简称	桥梁编号	桥梁名称	序号	路线代码	路线简称	桥梁编号	桥梁名称
2716	C531	良贤—张桥	10	王家店桥	2767	C617	胡家场—百家桥	30	友谊桥
2717	C531	良贤—张桥	20	同心桥	2768	C617	胡家场—百家桥	40	老坟前桥
2718	C531	良贤—张桥	30	新隆桥	2769	C619	对泥堰—芦荟基地	50	胜利桥
2719	C532	百石线—新木桥	10	小青桥	2770	C620	大王桥—文溪坞	60	联丰桥
2720	C532	百石线—新木桥	20	薛家桥	2771	C620	大王桥—文溪坞	70	联兴桥
2721	C533	张桥—跨河桥	10	肖泾桥	2772	C621	隐马山—周家舍桥	10	郁家桥
2722	C533	张桥—跨河桥	10	镇南桥	2773	C622	寨于里—合兴石料厂	20	万兴桥
2723	C535	小跃进桥—北大堰桥	20	西周桥	2774	C623	盛家湾—洋灯屿	30	月湾桥
2724	C536	王家堰—原康水村	10	对泥堰桥	2775	C623	盛家湾—洋灯屿	10	堰桥
2725	C536	王家堰—原康水村	20	东宋桥	2776	C624	百家桥—南周洋	10	新文桥
2726	C538	西红丰桥—东西大道	30	南小桥	2777	C624	百家桥—南周洋	10	少港水闸桥
2727	C539	小猪房—张家木桥	10	姜家桥	2778	C624	百家桥—南周洋	20	丁渭桥
2728	C541	阮家—圣驾庙桥	20	马家堰桥	2779	C632	落许线与东西大道匝道	10	新港桥
2729	C543	新拱—新拱小学	10	翁东桥	2780	C701	沈钱堰—竹管泾	10	小木桥
2730	C544	长山河边—通元	20	大木桥	2781	C701	沈钱堰—竹管泾	20	广郎桥
2731	C544	长山河边—通元	10	大堰桥	2782	C702	超同陈家门—新升徐家浜	30	王坟桥
2732	C544	长山河边—通元	20	秦山桥	2783	C702	超同陈家门—新升徐家浜	10	反修桥
2733	C544	长山河边—通元	30	老同丰桥	2784	C702	超同陈家门—新升徐家浜	20	王家浜桥
2734	C547	杨家桥—通元大桥	10	同丰桥	2785	C703	X607新升周陈浜—道恬	30	冯家木桥
2735	C547	杨家桥—通元大桥	10	乌木桥	2786	C703	新升周陈浜—道恬	10	星三桥
2736	C547	杨家桥—通元大桥	20	陆家木桥	2787	C704	道恬村民委—农丰郎船浜	20	茹安桥
2737	C547	杨家桥—通元大桥	10	沈家桥	2788	C704	道恬村民委—农丰郎船浜	30	南机站桥
2738	C555	X607—良贤横水塘桥	10	安静桥	2789	C704	道恬村民委—农丰郎船浜	40	南倪桥
2739	C555	X607—良贤横水塘桥	20	塘桥	2790	C704	道恬村民委—农丰郎船浜	50	丁家木桥
2740	C555	X607—良贤横水塘桥	10	土山桥	2791	C704	道恬村民委—农丰郎船浜	10	自愿桥
2741	C556	X606(通元大桥)—敬老院	20	庆丰桥	2792	C704	道恬村民委—农丰郎船浜	10	长浜桥
2742	C556	X606(通元大桥)—敬老院	10	周家桥	2793	C704	道恬村民委—农丰郎船浜	20	北渠桥
2743	C557	造船厂—肖泾桥	10	伊家桥	2794	C705	X115沈家漾—X607	10	风庄桥
2744	C558	南王线通元—石路上	10	太平桥	2795	C705	X115沈家漾—X607	20	元子桥
2745	C558	南王线通元—石路上	10	万兴桥	2796	C705	X115沈家漾—X607	10	天子堰桥
2746	C602	对泥堰—翁金线	20	百家桥	2797	C706	X607百联—百联万宁	10	南木桥
2747	C602	对泥堰—翁金线	10	大北山桥	2798	C709	胜利小学—南机站桥	10	曹陆港桥
2748	C602	对泥堰—翁金线	10	大王桥	2799	C711	桃北新利桥—桃北丁渭桥	20	陶界桥
2749	C603	翁金线—翁东桥	20	文溪桥	2800	C711	桃北新利桥—桃北丁渭桥	10	万丝港桥
2750	C603	翁金线—翁东桥	10	周家舍桥	2801	C712	桃北新利桥—桃北许家场	10	岳贵桥
2751	C604	翁东桥—邓牙桥	10	军民桥	2802	C713	桃北小木桥—桃北横西桥	10	麻夏桥
2752	C604	翁东桥—邓牙桥	10	盛家木桥	2803	C713	桃北小木桥—桃北横西桥	10	陈家木桥
2753	C605	翁金线—老同丰桥	20	东阳桥	2804	C713	桃北小木桥—桃北横西桥	10	东堰桥
2754	C605	翁金线—老同丰桥	10	佰家桥	2805	C715	万胜得机桥—横港集镇	10	新木桥
2755	C605	翁金线—老同丰桥	20	沈家亭桥	2806	C715	万胜得机桥—横港集镇	20	联合桥
2756	C606	翁金线—核电二期	30	南周洋桥	2807	C715	万胜得机桥—横港集镇	30	太平桥
2757	C609	官塘集镇—塘桥西	10	戴汶桥	2808	C716	横港教堂—横港南机站桥	40	长浜桥
2758	C609	官塘集镇—塘桥西	10	新升桥	2809	C716	横港教堂—横港南机站桥	50	为民桥
2759	C610	塘桥东—大刘	20	丰家桥	2810	C716	横港教堂—横港南机站桥	10	坛墩庙桥
2760	C611	东西大道—庆丰	10	太保桥	2811	C716	横港教堂—横港南机站桥	10	柴堰桥
2761	C611	东西大道—庆丰	20	五星桥	2812	C716	横港教堂—横港南机站桥	20	小驮桥
2762	C612	红星组—盐嘉线	30	北星桥	2813	C718	五丰郎家桥—五丰郑家头	10	八字桥
2763	C612	红星组—盐嘉线	10	杨家桥	2814	C720	胜利长浜—胜利北渠桥	20	冯家场桥
2764	C613	盐嘉线—周家桥	20	张家桥	2815	C720	胜利长浜—胜利北渠桥	10	千福泾新桥
2765	C615	翁金线—桃花河	10	跃进桥	2816	C721	横港晒头—桃北元子桥	10	京新桥
2766	C616	秦山村—翁金线	20	河田木桥	2817	C721	横港晒头—桃北元子桥	10	陈家门桥

（续表附录-2-5）

序号	路线代码	路线简称	桥梁编号	桥梁名称	序号	路线代码	路线简称	桥梁编号	桥梁名称
2818	C723	横港俞家头—横港天子庵桥	10	庄田桥	2869	X104	嘉兴—海盐	30	沈家桥
2819	C724	横港镇中桥—横港南木桥	10	何家木桥	2870	X104	嘉兴—海盐	40	百步大桥
2820	C725	万胜高捻浜—超同村	10	于城环桥	2871	X104	嘉兴—海盐	50	沈钱堰桥
2821	C725	万胜高捻浜—超同村	10	白水漾桥	2872	X104	嘉兴—海盐	60	双木桥
2822	C727	横港绢纺厂—横港堰桥	20	粮船港桥	2873	X104	嘉兴—海盐	70	五联桥
2823	C729	姜家桥—逍恬南堰桥	30	鸳鸯桥	2874	X104	嘉兴—海盐	80	长寿桥
2824	C730	百步集镇—百联龙潭圩	40	张家堰桥	2875	X104	嘉兴—海盐	90	红卫桥
2825	C732	C724—C723	10	红光桥	2876	X104	嘉兴—海盐	100	吕冢塘桥
2826	C801	奶娘坟头—东堰桥	20	于三桥	2877	X104	嘉兴—海盐	110	鸳鸯桥
2827	C802	麻田头—为民桥南	30	渡船桥	2878	X104	嘉兴—海盐	120	德胜桥
2828	C802	麻田头—为民桥南	10	何家木桥	2879	X104	嘉兴—海盐	130	于城南桥
2829	C802	麻田头—为民桥南	20	顺白塘桥	2880	X104	嘉兴—海盐	140	跃新四桥
2830	C802	麻田头—为民桥南	30	亭子桥	2881	X104	嘉兴—海盐	150	吾介桥
2831	C802	麻田头—为民桥南	10	新木桥	2882	X104	嘉兴—海盐	160	杭浦立交
2832	C803	坛墩庙后—沧浜头	20	小何家桥	2883	X104	嘉兴—海盐	170	北汶桥
2833	C804	王家组—柴埝桥	30	茧厂木桥	2884	X104	嘉兴—海盐	180	大麻泾桥
2834	C804	王家组—柴埝桥	10	石墩桥	2885	X104	嘉兴—海盐	190	小麻泾桥
2835	C805	何家浜—千福泾桥	10	胡家木桥	2886	X104	嘉兴—海盐	200	蒋目堰桥
2836	C805	何家浜—千福泾桥	20	虎啸亭桥	2887	X104	嘉兴—海盐	210	南环桥
2837	C806	储家场—王家浜	30	便桥	2888	X104	嘉兴—海盐	220	清风桥
2838	C807	费家塔—陆家浜	40	光明桥	2889	X109	湖州—海盐	230	武通桥
2839	C808	镇工业园区—陈家门	50	宋家木桥	2890	X109	湖州—海盐	240	建新桥
2840	C810	王家浜—姜家堰	10	镇中桥	2891	X109	湖州—海盐	250	苏家桥
2841	C811	富裕桥—三联	10	堰桥	2892	X109	湖州—海盐	260	姚家桥
2842	C813	露水桥—鸳鸯桥	20	肖家桥	2893	X109	湖州—海盐	10	徐家桥
2843	C814	白水洋桥—庄家	30	皇王桥	2894	X109	湖州—海盐	20	沈家桥
2844	C814	白水洋桥—庄家	40	田家村桥	2895	X109	湖州—海盐	30	百步桥
2845	C814	白水洋桥—庄家	50	王家浜桥	2896	X109	湖州—海盐	40	沈钱堰桥
2846	C814	白水洋桥—庄家	60	杭浦立交	2897	X109	湖州—海盐	50	双木桥
2847	C815	于三—新盐湖线	70	海盐大桥	2898	X109	湖州—海盐	60	长寿桥
2848	C815	于三—新盐湖线	80	盐北桥	2899	X109	湖州—海盐	70	红卫二桥
2849	C815	于三—新盐湖线	90	凉亭大桥	2900	X109	湖州—海盐	80	红卫一桥
2850	C817	南王线—亭子桥	100	新桥	2901	X109	湖州—海盐	90	斜港桥 1
2851	C817	南王线—亭子桥	110	南门桥	2902	X109	湖州—海盐	100	斜港桥
2852	C817	南王线—亭子桥	120	众安桥	2903	X109	湖州—海盐	110	于城西桥
2853	C818	钱家—何家	130	夏家木桥	2904	X109	湖州—海盐	120	于城南桥
2854	C818	钱家—何家	140	夏家木桥左	2905	X109	湖州—海盐	130	跃新桥
2855	C818	钱家—何家	150	沈家兜桥	2906	X109	湖州—海盐	140	吾介桥
2856	C819	王马堰—火烧亭	160	沈家兜桥左	2907	X109	湖州—海盐	150	夏家桥
2857	C823	老湖盐线—宋家木桥	170	太平村桥	2908	X109	湖州—海盐	160	坟桥
2858	C823	老湖盐线—宋家木桥	180	太平村桥左	2909	X109	湖州—海盐	170	大麻泾桥
2859	C823	老湖盐线—宋家木桥	190	汤家场桥	2910	X109	湖州—海盐	180	小麻泾桥
2860	C823	老湖盐线—宋家木桥	200	汤家场桥左	2911	X109	湖州—海盐	190	和尚桥
2861	C823	老湖盐线—宋家木桥	210	宋塘桥	2912	X109	湖州—海盐	200	楞子桥
2862	C824	镇中桥—老湖盐线	220	宋塘桥左	2913	X109	湖州—海盐	210	常绿桥
2863	X104	嘉兴—海盐	230	秦溪桥	2914	X109	湖州—海盐	220	秦山桥
2864	X104	嘉兴—海盐	240	秦溪桥左	2915	X115	硖石—海盐	10	桥 1
2865	X104	嘉兴—海盐	250	大王桥	2916	X115	硖石—海盐	20	桥 2
2866	X104	嘉兴—海盐	260	大王桥左	2917	X115	硖石—海盐	30	朱家木桥
2867	X104	嘉兴—海盐	10	徐家桥	2918	X115	硖石—海盐	40	南张家桥
2868	X104	嘉兴—海盐	20	聚家桥	2919	X115	硖石—海盐	50	南木家桥

（续表附录-2-5）

序号	路线代码	路线简称	桥梁编号	桥梁名称	序号	路线代码	路线简称	桥梁编号	桥梁名称
2920	X115	硖石—海盐	60	滕泾桥	2971	X509	九里亭—场前	110	群红桥
2921	X115	硖石—海盐	70	滕泾西桥	2972	X509	九里亭—场前	120	齐家桥
2922	X115	硖石—海盐	10	尤六桥	2973	X509	九里亭—场前	130	保安桥
2923	X115	硖石—海盐	20	建设桥	2974	X509	九里亭—场前	140	圣塘桥
2924	X115	硖石—海盐	30	新桥	2975	X509	九里亭—场前	10	东横桥
2925	X115	硖石—海盐	40	京联桥	2976	X509	九里亭—场前	20	和睦桥
2926	X115	硖石—海盐	50	夏家浜桥 1	2977	X509	九里亭—场前	30	升界桥
2927	X115	硖石—海盐	60	东彭城桥	2978	X509	九里亭—场前	40	杭浦立交
2928	X115	硖石—海盐	70	苏家汇桥	2979	X509	九里亭—场前	50	后汤桥
2929	X115	硖石—海盐	80	工农桥	2980	X509	九里亭—场前	60	石桥
2930	X115	硖石—海盐	90	宋坡桥	2981	X509	九里亭—场前	70	长浜桥
2931	X115	硖石—海盐	100	韦陀桥	2982	X509	九里亭—场前	80	秦聚里桥
2932	X115	硖石—海盐	110	高福桥	2983	X601	元通—新善寺	90	潘秀桥
2933	X115	硖石—海盐	120	竹管泾桥	2984	X601	元通—新善寺	100	迎春桥
2934	X115	硖石—海盐	130	后港桥	2985	X601	元通—新善寺	110	顺水桥
2935	X115	硖石—海盐	140	叶家桥	2986	X601	元通—新善寺	120	沈荡大桥
2936	X115	硖石—海盐	150	夏家浜桥	2987	X601	元通—新善寺	130	镇中桥
2937	X119	嘉兴—南北湖	10	小阳春桥	2988	X601	元通—新善寺	150	团结桥
2938	X119	嘉兴—南北湖	20	狮子浜桥	2989	X601	元通—新善寺	160	大雁桥(沈荡丽庄水闸)
2939	X119	嘉兴—南北湖	30	烧香浜桥	2990	X601	元通—新善寺	170	龙露桥
2940	X119	嘉兴—南北湖	40	六里堰桥	2991	X601	元通—新善寺	180	万丰桥
2941	X119	嘉兴—南北湖	50	猫儿桥	2992	X601	元通—新善寺	190	高埝桥
2942	X119	嘉兴—南北湖	60	施家埭桥	2993	X601	元通—新善寺	200	钟仁木桥
2943	X119	嘉兴—南北湖	70	澉浦大桥	2994	X601	元通—新善寺	210	得机桥
2944	X208	余新—百步超同	80	东方桥	2995	X601	元通—新善寺	220	泉家汇桥
2945	X208	余新—百步超同	90	石鼓桥	2996	X601	元通—新善寺	230	小横港桥
2946	X208	余新—百步超同	100	秦山桥	2997	X602	海盐—百步五丰	240	横港桥
2947	X208	余新—百步超同	110	南闸门桥	2998	X602	海盐—百步五丰	250	练浦桥
2948	X208	余新—百步超同	120	场前桥	2999	X602	海盐—百步五丰	260	顾家堰桥
2949	X208	余新—百步超同	10	立交桥	3000	X602	海盐—百步五丰	270	五丰桥
2950	X208	余新—百步超同	20	西曹三号桥	3001	X602	海盐—百步五丰	280	长路泾桥
2951	X208	余新—百步超同	30	西曹二号桥	3002	X602	海盐—百步五丰	10	迎城桥
2952	X208	余新—百步超同	40	李家桥	3003	X602	海盐—百步五丰	20	迎丰桥
2953	X208	余新—百步超同	50	杭浦立交	3004	X602	海盐—百步五丰	30	迎昌桥
2954	X208	余新—百步超同	60	西曹一号桥	3005	X602	海盐—百步五丰	40	迎宾桥
2955	X208	余新—百步超同	70	西塘桥	3006	X602	海盐—百步五丰	50	黄桥
2956	X208	余新—百步超同	80	仁安桥	3007	X602	海盐—百步五丰	60	千福泾桥
2957	X208	余新—百步超同	90	强固桥	3008	X602	海盐—百步五丰	70	文安桥
2958	X208	余新—百步超同	100	徐家桥	3009	X602	海盐—百步五丰	80	徐家桥
2959	X331	翁家埠—金丝娘桥	110	纪家桥	3010	X602	海盐—百步五丰	90	于城北桥
2960	X331	翁家埠—金丝娘桥	120	场前东桥	3011	X602	海盐—百步五丰	10	潮源桥
2961	X331	翁家埠—金丝娘桥	10	石角桥	3012	X602	海盐—百步五丰	20	永红桥
2962	X331	翁家埠—金丝娘桥	20	凌家浜桥	3013	X602	海盐—百步五丰	30	姚家桥 1
2963	X331	翁家埠—金丝娘桥	30	储龙桥	3014	X602	海盐—百步五丰	40	钟立桥
2964	X331	翁家埠—金丝娘桥	40	南德桥	3015	X602	海盐—百步五丰	50	澉南大桥
2965	X331	翁家埠—金丝娘桥	50	赵家桥	3016	X602	海盐—百步五丰	60	互通
2966	X331	翁家埠—金丝娘桥	60	齐元桥	3017	X602	海盐—百步五丰	70	南门桥
2967	X331	翁家埠—金丝娘桥	70	戴家石桥	3018	X602	海盐—百步五丰	80	城南桥
2968	X331	翁家埠—金丝娘桥	80	新吴家桥	3019	X602	海盐—百步五丰	90	北湖桥 0
2969	X331	翁家埠—金丝娘桥	90	镇东桥	3020	X602	海盐—百步五丰	100	北湖桥 1
2970	X331	翁家埠—金丝娘桥	100	艳阳桥	3021	X602	海盐—百步五丰	110	六中一号桥

（续表附录-2-5）

序号	路线代码	路线简称	桥梁编号	桥梁名称	序号	路线代码	路线简称	桥梁编号	桥梁名称
3022	X602	海盐—百步五丰	120	倪家桥	3073	X605	落塘—许油车	180	新百花桥
3023	X602	海盐—百步五丰	130	磨子桥	3074	X605	落塘—许油车	190	新毛灰桥
3024	X603	海盐—于城	140	通六桥	3075	X605	落塘—许油车	200	新建平桥
3025	X603	海盐—于城	150	龙舌嘴桥	3076	X605	落塘—许油车	210	二娘子桥
3026	X603	海盐—于城	160	仲寺桥	3077	X605	落塘—许油车	10	罗家头桥
3027	X603	海盐—于城	170	韩家桥	3078	X606	核电厂—海宁夹山	20	建新桥
3028	X603	海盐—于城	180	道塘庙桥	3079	X606	核电厂—海宁夹山	30	袁家门桥
3029	X603	海盐—于城	190	杭浦立交	3080	X606	核电厂—海宁夹山	40	胜利桥
3030	X603	海盐—于城	200	马油车桥	3081	X606	核电厂—海宁夹山	50	普安桥
3031	X603	海盐—于城	210	林伯堰桥	3082	X606	核电厂—海宁夹山	60	左家木桥
3032	X603	海盐—于城	220	姚家桥	3083	X606	核电厂—海宁夹山	70	利群桥
3033	X604	南北湖—王店	230	粪桶泾桥.	3084	X606	核电厂—海宁夹山	80	外浜桥
3034	X604	南北湖—王店	260	鹭鸶桥	3085	X606	核电厂—海宁夹山	90	仁祠堂桥
3035	X604	南北湖—王店	270	天福桥	3086	X606	核电厂—海宁夹山	100	殷廊桥
3036	X604	南北湖—王店	280	翁东港桥	3087	X606	核电厂—海宁夹山	110	三联桥
3037	X604	南北湖—王店	290	陈家港桥	3088	X606	核电厂—海宁夹山	120	潜龙堰桥
3038	X604	南北湖—王店	300	东家浜桥	3089	X606	核电厂—海宁夹山	150	仁寿桥
3039	X604	南北湖—王店	310	康家桥	3090	X606	核电厂—海宁夹山	160	姜家桥
3040	X604	南北湖—王店	320	镇东桥	3091	X606	核电厂—海宁夹山	170	秀才桥
3041	X604	南北湖—王店	330	申庄港桥	3092	X606	核电厂—海宁夹山	180	富家桥
3042	X604	南北湖—王店	340	夏家港桥	3093	X606	核电厂—海宁夹山	190	盛家桥
3043	X604	南北湖—王店	350	京联桥	3094	X606	核电厂—海宁夹山	200	庙浜桥
3044	X604	南北湖—王店	360	渡船桥	3095	X606	核电厂—海宁夹山	210	倪王庙桥
3045	X604	南北湖—王店	370	宋全桥	3096	X606	核电厂—海宁夹山	220	潘家堰桥
3046	X604	南北湖—王店	390	勤民桥	3097	X606	核电厂—海宁夹山	230	张家浜桥
3047	X604	南北湖—王店	400	郎家桥	3098	X606	核电厂—海宁夹山	240	新东桥
3048	X604	南北湖—王店	410	五丰桥	3099	X607	王店—石泉	250	石泉大桥
3049	X604	南北湖—王店	10	落塘桥	3100	X607	王店—石泉	10	白洋桥
3050	X604	南北湖—王店	20	王家桥	3101	X607	王店—石泉	20	萧家堰桥
3051	X604	南北湖—王店	30	东风大桥	3102	X607	王店—石泉	30	庄星桥
3052	X604	南北湖—王店	40	长生桥	3103	X607	王店—石泉	40	南星桥
3053	X604	南北湖—王店	50	许油车桥	3104	X607	王店—石泉	50	鹤鹊桥
3054	X604	南北湖—王店	60	何家桥	3105	X607	王店—石泉	60	江渭桥
3055	X604	南北湖—王店	70	沈家木桥	3106	X607	王店—石泉	70	大船桥
3056	X604	南北湖—王店	10	白洋河桥(左)	3107	X607	王店—石泉	80	珠沙桥
3057	X604	南北湖—王店	20	白洋河桥(右)	3108	X607	王店—石泉	90	南港桥
3058	X604	南北湖—王店	30	张家堆桥(左)	3109	X607	王店—石泉	100	钱家堰
3059	X604	南北湖—王店	40	张家堆桥(右)	3110	X607	王店—石泉	110	于城小桥
3060	X604	南北湖—王店	50	虎啸桥	3111	X607	王店—石泉	120	于城东桥
3061	X604	南北湖—王店	60	马介石桥	3112	X607	王店—石泉	130	跃胜桥
3062	X604	南北湖—王店	70	丰山桥	3113	X607	王店—石泉	140	南圣石桥
3063	X604	南北湖—王店	80	新木桥	3114	X607	王店—石泉	150	胜进桥
3064	X604	南北湖—王店	90	利河桥	3115	X607	王店—石泉	160	挺进桥
3065	X604	南北湖—王店	100	牌楼洋桥	3116	X607	王店—石泉	170	顺风堰桥
3066	X604	南北湖—王店	110	宏丰桥	3117	X607	王店—石泉	180	缪家新桥
3067	X604	南北湖—王店	120	庆丰桥	3118	X607	王店—石泉	190	北俞桥
3068	X604	南北湖—王店	130	育才北桥	3119	X607	王店—石泉	200	王华桥
3069	X604	南北湖—王店	140	冯家桥	3120	X607	王店—石泉	10	长丰桥
3070	X604	南北湖—王店	150	通元大桥	3121	X607	王店—石泉	20	大河堰桥
3071	X605	落塘—许油车	160	白虎桥	3122	X608	沈荡萧家堰—通元镇北	30	北木桥
3072	X605	落塘—许油车	170	新长大桥	3123	X608	沈荡萧家堰—通元镇北	40	陶家桥

(续表附录-2-5)

序号	路线代码	路线简称	桥梁编号	桥梁名称	序号	路线代码	路线简称	桥梁编号	桥梁名称
3124	X608	沈荡萧家堰—通元镇北	50	新华大桥	3175	Y602	八团—青莲寺	40	磨子桥
3125	X608	沈荡萧家堰—通元镇北	60	青龙桥	3176	Y602	八团—青莲寺	50	通六桥
3126	X608	沈荡萧家堰—通元镇北	70	六里桥	3177	Y602	八团—青莲寺	60	张家桥
3127	X608	沈荡萧家堰—通元镇北	80	沈家平桥	3178	Y602	八团—青莲寺	70	东洋桥
3128	X608	沈荡萧家堰—通元镇北	90	六中桥	3179	Y602	八团—青莲寺	10	杜家桥
3129	X608	沈荡萧家堰—通元镇北	100	潘家堰桥	3180	Y602	八团—青莲寺	20	横水塘桥
3130	X608	沈荡萧家堰—通元镇北	110	顾家桥	3181	Y602	八团—青莲寺	40	俞家石桥
3131	X608	沈荡萧家堰—通元镇北	120	紫云桥	3182	Y602	八团—青莲寺	50	葫芦浜桥
3132	X608	沈荡萧家堰—通元镇北	130	紫金山桥	3183	Y603	元通—平湖亭子桥	60	吕冢大桥
3133	X608	沈荡萧家堰—通元镇北	10	新双桥	3184	Y603	元通—平湖亭子桥	80	千亩塘西大桥
3134	X608	沈荡萧家堰—通元镇北	20	积善桥	3185	Y603	元通—平湖亭子桥	90	翁东桥
3135	X608	沈荡萧家堰—通元镇北	30	北司空桥	3186	Y603	元通—平湖亭子桥	100	金带桥
3136	X608	沈荡萧家堰—通元镇北	40	新友桥	3187	Y603	元通—平湖亭子桥	110	吴家亭桥
3137	X608	沈荡萧家堰—通元镇北	50	梅圆桥	3188	Y603	元通—平湖亭子桥	10	大张桥
3138	X608	沈荡萧家堰—通元镇北	60	滕泾大桥	3189	Y603	元通—平湖亭子桥	20	张港桥
3139	X608	沈荡萧家堰—通元镇北	70	鹤鹊桥	3190	Y603	元通—平湖亭子桥	30	大跃进桥
3140	X608	沈荡萧家堰—通元镇北	80	介泾桥	3191	Y603	元通—平湖亭子桥	40	小跃进桥
3141	X608	沈荡萧家堰—通元镇北	90	金介渡船桥	3192	Y603	元通—平湖亭子桥	50	育才大桥
3142	X609	秦山—紫金山	100	富裕桥	3193	Y603	元通—平湖亭子桥	70	龙桥
3143	X609	秦山—紫金山	110	便桥	3194	Y604	茶院—雪水港	80	九曲港桥
3144	X609	秦山—紫金山	120	小八字桥	3195	Y604	茶院—雪水港	90	八字桥
3145	X609	秦山—紫金山	130	小平桥	3196	Y604	茶院—雪水港	100	油车浜桥
3146	X609	秦山—紫金山	140	便桥 3	3197	Y604	茶院—雪水港	110	姜家木桥
3147	X609	秦山—紫金山	150	泥桥	3198	Y604	茶院—雪水港	120	百同桥
3148	X609	秦山—紫金山	10	中心桥	3199	Y604	茶院—雪水港	150	曹家桥
3149	X609	秦山—紫金山	20	横泾桥	3200	Y604	茶院—雪水港	160	凌家桥
3150	X609	秦山—紫金山	30	共建桥	3201	Y605	三友—沈荡	170	团结桥
3151	X609	秦山—紫金山	40	沙海堰桥	3202	Y605	三友—沈荡	180	赵家桥
3152	X609	秦山—紫金山	50	胡家桥	3203	Y605	三友—沈荡	190	堰桥
3153	X609	秦山—紫金山	60	杨家蔚桥	3204	Y605	三友—沈荡	200	张家木桥
3154	X609	秦山—紫金山	70	庄里桥	3205	Y605	三友—沈荡	10	陶家湾桥
3155	Y601	澉浦—江渭	80	大河桥	3206	Y605	三友—沈荡	20	中草鞋桥
3156	Y601	澉浦—江渭	90	陈家桥	3207	Y605	三友—沈荡	30	南草鞋桥
3157	Y601	澉浦—江渭	100	金家桥	3208	Y605	三友—沈荡	50	夏家木桥
3158	Y601	澉浦—江渭	110	洪明桥	3209	Y605	三友—沈荡	60	山后桥
3159	Y601	澉浦—江渭	120	许同桥	3210	Y606	张桥—大刘	80	兴隆桥
3160	Y601	澉浦—江渭	130	宁观音桥	3211	Y606	张桥—大刘	90	北团桥
3161	Y601	澉浦—江渭	10	大庙桥	3212	Y606	张桥—大刘	10	高桥
3162	Y601	澉浦—江渭	20	东风桥	3213	Y606	张桥—大刘	20	后新木桥
3163	Y601	澉浦—江渭	60	弯里桥	3214	Y606	张桥—大刘	30	万斤桥
3164	Y601	澉浦—江渭	70	北堰桥	3215	Y606	张桥—大刘	40	叶家坟桥
3165	Y601	澉浦—江渭	80	日晖桥	3216	Y606	张桥—大刘	50	大风桥
3166	Y601	澉浦—江渭	90	东塘桥	3217	Y606	张桥—大刘	60	堰斗桥
3167	Y601	澉浦—江渭	100	曙光桥	3218	Y606	张桥—大刘	70	双福桥
3168	Y601	澉浦—江渭	110	红新志桥	3219	Y606	张桥—大刘	80	松江木桥
3169	Y601	澉浦—江渭	120	毛家桥	3220	Y606	张桥—大刘	90	顺流一桥
3170	Y602	八团—青莲寺	130	东方红桥	3221	Y606	张桥—大刘	100	白苎桥
3171	Y602	八团—青莲寺	140	升家桥	3222	Y606	张桥—大刘	110	黄家堰桥
3172	Y602	八团—青莲寺	10	长木桥	3223	Y606	张桥—大刘	120	黄家炎堰桥
3173	Y602	八团—青莲寺	20	红星桥	3224	Y606	张桥—大刘	130	凉亭桥
3174	Y602	八团—青莲寺	30	九曲港桥	3225	Y606	张桥—大刘	10	大曲桥

（续表附录-2-5）

序号	路线代码	路线简称	桥梁编号	桥梁名称	序号	路线代码	路线简称	桥梁编号	桥梁名称
3226	Y606	张桥—大刘	20	头亭子桥	3262	Y640	西塘强固桥—王庄吴家埭桥	60	孙家木桥
3227	Y607	首荡—南三	30	万昌桥	3263	Y640	西塘强固桥—王庄吴家埭桥	10	兴横桥
3228	Y607	首荡—南三	10	梅树底桥	3264	Y640	西塘强固桥—王庄吴家埭桥	20	新谊桥
3229	Y607	首荡—南三	20	黄泥浦东桥	3265	Y650	朝阳桥—中木桥	30	南机站桥
3230	Y607	首荡—南三	30	佶达桥	3266	Y650	朝阳桥—中木桥	40	横西桥
3231	Y607	首荡—南三	40	中钱桥	3267	Y650	朝阳桥—中木桥	50	新利桥
3232	Y607	首荡—南三	50	文西阁桥	3268	Y651	新拱—东西大道	60	友谊桥
3233	Y607	首荡—南三	10	利溪桥	3269	Y651	新拱—东西大道	70	道士浜桥
3234	Y609	君原—王家堰	20	保丰大桥	3270	Y651	新拱—东西大道	10	关心桥
3235	Y609	君原—王家堰	10	迎宾桥	3271	Y651	新拱—东西大道	20	万宁桥
3236	Y609	君原—王家堰	20	垂虹桥	3272	Y651	新拱—东西大道	30	鹤嘴桥
3237	Y609	君原—王家堰	30	永安桥	3273	Y652	石泉集镇—大通桥	10	网船桥
3238	Y609	君原—王家堰	40	小婉桥	3274	Y652	石泉集镇—大通桥	20	小网船桥
3239	Y609	君原—王家堰	10	向红桥	3275	Y652	石泉集镇—大通桥	30	镇中桥
3240	Y609	君原—王家堰	20	A4 泾海河桥	3276	Y652	石泉集镇—大通桥	10	李家桥
3241	Y609	君原—王家堰	30	胜丰桥	3277	Y652	石泉集镇—大通桥	20	光耀桥
3242	Y609	君原—王家堰	40	吴家埭桥	3278	Y652	石泉集镇—大通桥	10	跃进桥
3243	Y609	君原—王家堰	10	姚家桥	3279	Y660	长川坝变电所—大北山石厂	20	金星桥
3244	Y609	君原—王家堰	20	五届桥	3280	Y660	长川坝变电所—大北山石厂	30	万安桥
3245	Y609	君原—王家堰	30	通石桥	3281	Y660	长川坝变电所—大北山石厂	40	东聚金桥
3246	Y609	君原—王家堰	10	南章桥	3282	Y660	长川坝变电所—大北山石厂	10	陆家桥
3247	Y610	城西大曲—东门村	20	小石桥	3283	Y660	长川坝变电所—大北山石厂	20	丘家浜桥
3248	Y610	城西大曲—东门村	30	水北大桥	3284	Y660	长川坝变电所—大北山石厂	10	千家桥
3249	Y610	城西大曲—东门村	40	六苏斗桥	3285	Y670	横港—北港六组	20	南木桥
3250	Y620	中钱梅树低—中钱诸课地	50	乔屋木桥	3286	Y670	横港—北港六组	30	杨佳桥
3251	Y620	中钱梅树低—中钱诸课地	10	虎溪大桥	3287	Y670	横港—北港六组	10	小桥港桥
3252	Y620	中钱梅树低—中钱诸课地	20	水闸桥	3288	Y670	横港—北港六组	20	冯南桥
3253	Y620	中钱梅树低—中钱诸课地	30	堰斗村桥	3289	Y670	横港—北港六组	10	长生桥
3254	Y620	中钱梅树低—中钱诸课地	40	蒋家桥	3290	Y670	横港—北港六组	10	东汇桥
3255	Y630	底车河桥—保山村	50	潭桥	3291	Y670	横港—北港六组	10	朝阳桥
3256	Y630	底车河桥—保山村	60	大通桥	3292	Y671	百步百联—万胜村钱家汇	10	联丰桥
3257	Y631	核电取水口—南王线	10	钟家木桥	3293	Y671	百步百联—万胜村钱家汇	10	小桥头桥
3258	Y631	核电取水口—南王线	20	杨家堰桥	3294	Y671	百步百联—万胜村钱家汇	10	群英桥
3259	Y631	核电取水口—南王线	30	沈家桥	3295	Y672	石桥头—冯家头	20	巫师桥
3260	Y631	核电取水口—南王线	40	大长桥	3296	Y672	石桥头—冯家头	30	大桥
3261	Y640	西塘强固桥—王庄吴家埭桥	50	迎驾桥	3297	Y672	石桥头—冯家头	40	雷诺桥

表附录-2-6　海宁市公路桥梁情况表

序号	路线代码	路线简称	桥梁编号	桥梁名称	序号	路线代码	路线简称	桥梁编号	桥梁名称
392	G320	320 国道	860	海宁 14 号桥	403	G60	沪昆线	4	牛桥港桥
393	G320	320 国道	870	海宁 13 号桥	404	G60	沪昆线	5	全家港桥
394	G320	320 国道	880	海宁 12 号桥	405	G60	沪昆线	6	人行通道 1 号
395	G320	320 国道	890	海宁 11 号桥	406	G60	沪昆线	7	人家港桥
396	G320	320 国道	900	海宁 10 号桥	407	G60	沪昆线	8	人行通道 2 号
397	G320	320 国道	910	海宁 9 号桥	408	G60	沪昆线	9	长辛塘桥
398	G320	320 国道	920	海宁 8 号桥	409	G60	沪昆线	10	修川路桥
399	G320	320 国道	930	海宁 7 号桥	410	G60	沪昆线	11	南涵洞桥
400	G320	320 国道	940	海宁 6 号桥	411	G60	沪昆线	12	斗门港桥
401	G60	沪昆线	2	四角洋桥	412	G60	沪昆线	13	杜家浜桥
402	G60	沪昆线	3	杨家浜桥	413	G60	沪昆线	14	各界洋桥

(续表附录-2-6)

序号	路线代码	路线简称	桥梁编号	桥梁名称	序号	路线代码	路线简称	桥梁编号	桥梁名称
414	G60	沪昆线	15	长安公铁	465	G92	杭州湾环线高速	39	上塘河桥
415	G60	沪昆线	16	汽车通道1号	466	G92	杭州湾环线高速	40	徐家埭桥
416	G60	沪昆线	17	人行通道3号	467	G92	杭州湾环线高速	41	蔡介洋桥
417	G60	沪昆线	18	孙家浜桥	468	G92	杭州湾环线高速	42	骑荆分离桥
418	G60	沪昆线	19	上塘河桥	469	G92	杭州湾环线高速	43	汽通桥
419	G60	沪昆线	20	俞打石汽车通道	470	G92	杭州湾环线高速	44	金田桥
420	G60	沪昆线	21	翁家埭桥	471	G92	杭州湾环线高速	45	蔡家石桥
421	G60	沪昆线	22	翁家埭汽车通道	472	G92	杭州湾环线高速	46	通道桥
422	G60	沪昆线	23	海宁互通主线桥	473	G92	杭州湾环线高速	47	里港桥
423	G60	沪昆线	24	贾洋村汽车通道	474	G92	杭州湾环线高速	48	长安镇桥
424	G60	沪昆线	25	袁家坝汽车通道	475	G92	杭州湾环线高速	49	沈马埭桥
425	G60	沪昆线	26	红色村机动车道	476	G92	杭州湾环线高速	50	农发大道分离桥
426	G60	沪昆线	27	01省道桥	477	S2	杭州绕城公路	1	人行通道4号
427	G92	杭州湾环线高速	1	年长港桥	478	S2	杭州绕城公路	2	汽车通道2号
428	G92	杭州湾环线高速	2	详艺浜桥	479	S2	杭州绕城公路	3	长圆坝港桥
429	G92	杭州湾环线高速	3	东港桥	480	S2	杭州绕城公路	4	上塘河桥
430	G92	杭州湾环线高速	4	通道桥	481	S2	杭州绕城公路	5	汽车通道3号
431	G92	杭州湾环线高速	5	东草港桥	482	S2	杭州绕城公路	6	石桥浜桥
432	G92	杭州湾环线高速	6	袁尖公路分离立交桥	483	S2	杭州绕城公路	7	东斜港桥
433	G92	杭州湾环线高速	7	袁硖港大桥	484	S2	杭州绕城公路	8	汽车通道4号
434	G92	杭州湾环线高速	8	通道桥	485	S2	杭州绕城公路	9	西沙港桥
435	G92	杭州湾环线高速	9	呈祥港桥	486	S2	杭州绕城公路	10	运输河桥
436	G92	杭州湾环线高速	10	通道桥	487	S2	杭州绕城公路	11	红星港桥
437	G92	杭州湾环线高速	11	朱家堰桥	488	S2	杭州绕城公路	12	人行通道5号
438	G92	杭州湾环线高速	12	贯六堰港桥	489	S2	杭州绕城公路	13	白龙江桥
439	G92	杭州湾环线高速	13	通道桥	490	S2	杭州绕城公路	14	汽车通道5号
440	G92	杭州湾环线高速	14	瓦登泽港桥	491	S2	杭州绕城公路	15	横品河桥
441	G92	杭州湾环线高速	15	旧仓港桥	492	S2	杭州绕城公路	16	龙河桥
442	G92	杭州湾环线高速	16	通道桥	493	S203	海宁-新仓	10	中凉亭桥
443	G92	杭州湾环线高速	17	九曲港桥	494	S203	海宁-新仓	20	万新桥
444	G92	杭州湾环线高速	18	麻泾港桥	495	S203	海宁-新仓	30	范家木桥
445	G92	杭州湾环线高速	19	丁桥分离立式交桥	496	S203	海宁-新仓	40	钱塔桥
446	G92	杭州湾环线高速	20	镇保公路分离立交桥	497	S203	海宁-新仓	50	伞树庙桥
447	G92	杭州湾环线高速	21	通道桥	498	S203	海宁-新仓	60	金阳桥
448	G92	杭州湾环线高速	22	青春村桥	499	S203	海宁-新仓	70	凉棚桥
449	G92	杭州湾环线高速	23	青春村汽通	500	S203	海宁-新仓	80	宁袁塘桥
450	G92	杭州湾环线高速	24	新桥港桥	501	S203	海宁-新仓	90	六十里塘桥
451	G92	杭州湾环线高速	25	通道桥	502	S203	海宁-新仓	100	新塘河桥
452	G92	杭州湾环线高速	26	麦帛港桥	503	S16	杭浦高速	1	绕城东枢纽桥
453	G92	杭州湾环线高速	27	丁桥分离立交桥	504	S16	杭浦高速	2	朱家桥
454	G92	杭州湾环线高速	28	陈坟港桥	505	S16	杭浦高速	3	汽通桥
455	G92	杭州湾环线高速	29	尤车港桥	506	S16	杭浦高速	4	戴家河桥
456	G92	杭州湾环线高速	30	诸桥分离立交桥	507	S16	杭浦高速	5	塘洲公路分离桥
457	G92	杭州湾环线高速	31	倪桥港桥	508	S16	杭浦高速	6	新塘河桥
458	G92	杭州湾环线高速	32	宁袁塘1号桥	509	S16	杭浦高速	7	新开河桥
459	G92	杭州湾环线高速	33	汽通桥	3298	C001	湖盐线-海盐界	10	伊桥
460	G92	杭州湾环线高速	34	六里港桥	3299	C001	湖盐线-海盐界	20	陈家木桥
461	G92	杭州湾环线高速	35	汽通桥	3300	C002	勤全线	30	双凤桥
462	G92	杭州湾环线高速	36	双木桥	3301	C002	勤全线	10	沙泾港桥
463	G92	杭州湾环线高速	37	刘王庙桥	3302	C002	勤全线	10	小桥
464	G92	杭州湾环线高速	38	盐官大桥	3303	C002	勤全线	20	汇浪桥

（续表附录-2-6）

序号	路线代码	路线简称	桥梁编号	桥梁名称	序号	路线代码	路线简称	桥梁编号	桥梁名称
3304	C003	湖盐线—长山南	30	新木桥	3355	C030	镇北路路口—八字桥	10	彩虹桥
3305	C003	湖盐线—长山南	40	黄泥堰桥	3356	C031	新场村—08省道路口	10	粮站桥
3306	C004	东勤线—杨家桥南	50	白公堰桥	3357	C031	新场村—08省道路口	10	东风桥
3307	C004	东勤线—杨家桥南	10	袁家木桥	3358	C031	新场村—08省道路口	20	汪家堰桥
3308	C004	东勤线—杨家桥南	20	荡北桥	3359	C032	08省道—三村联合路路口	30	荷花池桥
3309	C007	利民—双冯	30	绿洲桥	3360	C032	08省道—三村联合路路口	10	禾家桥
3310	C007	利民—双冯	10	大陈桥	3361	C032	08省道—三村联合路路口	20	沈家跳桥
3311	C008	湖盐线—长生桥	20	梅家桥	3362	C032	08省道—三村联合路路口	10	唐明桥
3312	C010	长山西—长山东	30	竹桥	3363	C033	08省道路口—联民路口	20	南塘桥
3313	C013	双喜村—北许家门村	40	陈水桥	3364	C033	08省道路口—联民路口	10	向阳桥
3314	C015	迎丰村北—迎丰村	50	小桥浜桥	3365	C034	东西大道路口—腾桥北	10	永利桥
3315	C016	迎丰村南—小桥头桥	60	八哥桥	3366	C034	东西大道路口—腾桥北	10	谈桥
3316	C017	老硖斜线—雷诺桥	10	塘家桥	3367	C034	东西大道路口—腾桥北	10	全家桥
3317	C017	老硖斜线—雷诺桥	10	三官塘桥	3368	C035	红旗路路口—新建路路口南	20	胜利桥
3318	C017	老硖斜线—雷诺桥	20	殳家堰桥	3369	C035	红旗路路口—新建路路口南	30	大寨桥
3319	C017	老硖斜线—雷诺桥	30	眼睛浜桥	3370	C036	翁金线路口—黄湾8组	10	新木桥
3320	C019	沪杭铁路交叉口—双凤村	10	姚家亭子桥	3371	C038	翁金线路口—袁花	10	许家石桥
3321	C019	沪杭铁路交叉口—双凤村	20	联丰桥	3372	C038	翁金线路口—袁花	10	稳富桥
3322	C019	沪杭铁路交叉口—双凤村	30	黛王桥	3373	C041	黄尖线路口—腾飞桥	10	呈祥桥
3323	C020	体育场—双伊线路口	40	蒋家湾桥	3374	C041	黄尖线路口—腾飞桥	10	无名桥
3324	C021	西环村—碧云路口	50	太平桥	3375	C042	彭肖路—王圩村	20	朱介桥
3325	C021	西环村—碧云路口	10	红星桥	3376	C043	肖埭公路—彭肖公路	10	潭桥
3326	C021	西环村—碧云路口	20	太平桥	3377	C044	彭肖路—彭肖路南	10	民丰桥
3327	C021	西环村—碧云路口	10	低桥	3378	C045	硖尖线—上岸村	10	西建桥
3328	C021	西环村—碧云路口	10	镇北桥	3379	C046	车里村—硖尖线	10	木架桥
3329	C022	农肖公路路口—绿洲桥	10	吴桥	3380	C046	车里村—硖尖线	10	兴隆桥
3330	C022	农肖公路路口—绿洲桥	20	九曲港桥	3381	C046	车里村—硖尖线	10	黄家桥
3331	C022	农肖公路路口—绿洲桥	30	杨家桥	3382	C048	硖尖线西—海盐界	20	方家小桥
3332	C023	08省道路口—永丰村	40	万家小桥	3383	C048	硖尖线西—海盐界	30	杨窑大桥
3333	C023	08省道路口—永丰村	50	八字桥	3384	C050	硖尖线东—小浜	40	蒋家桥
3334	C023	08省道路口—永丰村	10	吕营桥	3385	C050	硖尖线东—小浜	10	永安桥
3335	C023	08省道路口—永丰村	20	九曲港桥	3386	C051	硖尖线—东西大道	20	西仓木桥
3336	C023	08省道路口—永丰村	30	教育桥	3387	C052	东西大道—永利桥	10	东风桥
3337	C023	08省道路口—永丰村	10	胜利桥	3388	C054	承花—谈桥	20	夹山大桥
3338	C024	周闸路口—石南路路口南	20	漳桥	3389	C055	硖尖线—原梨园村	10	向阳桥
3339	C025	菏叶路口—军胡路路口	30	丁国师桥	3390	C055	硖尖线—原梨园村	20	杨家堰桥
3340	C025	菏叶路口—军胡路路口	40	南北1桥	3391	C055	硖尖线—原梨园村	30	河西桥
3341	C025	菏叶路口—军胡路路口	10	野鸡桥	3392	C056	梨园路—新木桥	10	工农桥
3342	C026	姚家亭子桥—西粮路路口	20	贾公桥	3393	C057	梨园路—许家石桥	10	大河桥
3343	C026	姚家亭子桥—西粮路路口	10	陈家斗桥	3394	C058	果园路—硖尖线	20	海基桥
3344	C026	姚家亭子桥—西粮路路口	20	联中桥	3395	C059	谈袁线—红光线	10	北沈坟桥
3345	C026	姚家亭子桥—西粮路路口	30	腾桥	3396	C060	金闸线—朱介村	10	新横桥
3346	C026	姚家亭子桥—西粮路路口	10	庆丰桥	3397	C060	金闸线—朱介村	20	新丰桥
3347	C027	荷叶村—双合村	20	行桥	3398	C061	朱介村—龙联村委	10	吴家桥
3348	C027	荷叶村—双合村	10	七桥	3399	C064	民丰东—民丰桥	20	群英桥
3349	C028	周闸路口—硖石街道养护站	10	大路桥	3400	C065	谈袁线—西建桥	30	东风桥
3350	C029	08省道路口—新场路路口	20	大临桥	3401	C066	袁花镇北—红晓村委	40	农兴桥
3351	C030	镇北路路口—八字桥	10	黄河桥	3402	C068	虎啸路—龙啸村委	10	水路浜桥
3352	C030	镇北路路口—八字桥	20	腾飞桥	3403	C069	硖尖线—五年线	20	潘家桥
3353	C030	镇北路路口—八字桥	10	利群桥	3404	C069	硖尖线—五年线	10	郁家桥
3354	C030	镇北路路口—八字桥	10	周家桥	3405	C069	硖尖线—五年线	20	华丰大桥

(续表附录-2-6)

序号	路线代码	路线简称	桥梁编号	桥梁名称	序号	路线代码	路线简称	桥梁编号	桥梁名称
3406	C069	硖尖线—五年线	30	群英桥	3457	C104	08省道—镇保公路	10	永星桥
3407	C070	虎啸路—西仓木桥	10	戴公桥	3458	C104	08省道—镇保公路	10	薛家桥
3408	C070	虎啸路—西仓木桥	10	万兴桥	3459	C104	08省道—镇保公路	10	平阳堰桥
3409	C071	东风桥—张其埭村	20	天顺桥	3460	C105	Y722—李家桥	20	杜家木桥
3410	C071	东风桥—张其埭村	10	漾桥	3461	C105	Y722—李家桥	30	江介堰桥
3411	C072	向阳村—镇东村	20	洛龙亭桥	3462	C105	Y722—李家桥	40	王介小桥
3412	C072	向阳村—镇东村	10	红益桥	3463	C106	08省道—民联桥	50	新民桥
3413	C072	向阳村—镇东村	20	新黄墩庙桥	3464	C106	08省道—民联桥	60	李家堰桥
3414	C073	工农桥—硖尖线	10	油桥	3465	C106	08省道—民联桥	10	涵桥
3415	C074	北山路—原长虹村	10	王家石桥	3466	C108	民丰桥—无名桥	10	天诚路桥
3416	C074	北山路—原长虹村	20	坟桥	3467	C108	民丰桥—无名桥	10	丰登木桥
3417	C075	北沈坟桥—镇东牌坊	30	小桥村桥	3468	C110	08省道—镇保公路	10	扇面桥
3418	C076	斜桥—庆云村委	10	博士桥	3469	C111	08省道—镇保公路	20	反修桥
3419	C076	斜桥—庆云村委	10	油车港桥	3470	C111	08省道—镇保公路	10	海星桥
3420	C078	金丰线	20	宏洋箱桥	3471	C112	镇保公路—金阳西路	20	高官桥
3421	C078	金丰线	10	松鹤桥	3472	C114	镇保公路—联群	10	群英桥
3422	C078	金丰线	20	建新桥	3473	C114	镇保公路—联群	20	长征桥
3423	C078	金丰线	10	环镇桥	3474	C114	镇保公路—联群	10	孙家堰
3424	C079	东西大道—祝庆线	20	西斗门桥	3475	C116	翁金线—八一西路	20	八一桥
3425	C079	东西大道—祝庆线	10	长富桥	3476	C117	青春路口—Y718	10	孙家桥
3426	C080	祝森线	10	陆家义桥	3477	C118	联群路口—镇保公路	10	诸嘉桥
3427	C080	祝森线	20	永丰桥	3478	C119	芦湾村—联群路	10	群海1号桥
3428	C080	祝森线	10	寺桥	3479	C120	联丁路口—联群	10	群海桥
3429	C081	庆长线	20	油车桥	3480	C121	东西大道—联丁公路	20	群海3号桥
3430	C082	乐新线	30	青春桥	3481	C122	两丰路—联群路	10	无名桥
3431	C082	乐新线	10	叶介西河桥	3482	C122	两丰路—联群路	10	群英桥
3432	C083	黄墩路—乐农村委	20	季家斗桥	3483	C122	两丰路—联群路	20	花甲桥
3433	C083	黄墩路—乐农村委	10	荆山二号路	3484	C122	两丰路—联群路	10	勒转桥
3434	C084	黄墩路—黄墩庙村	10	陈岸桥	3485	C122	两丰路—联群路	10	长生桥
3435	C084	黄墩路—黄墩庙村	10	三多桥	3486	C122	两丰路—联群路	10	世纪大桥
3436	C087	星骑公路	20	万兴桥	3487	C123	民丰路—阳光路	20	西白塔坝桥
3437	C088	星火公路	30	马嘴浜桥	3488	C124	联丁路—民丰路	30	安星桥
3438	C088	星火公路	10	永新桥	3489	C126	阳光路—孙家场	2	金家木桥
3439	C088	星火公路	20	利群桥	3490	C127	大明制衣厂—祁家北路	10	油车桥
3440	C090	长博公路	30	李家桥	3491	C127	大明制衣厂—祁家北路	20	红港九号桥
3441	C091	陆博公路	10	曙阳桥	3492	C129	海星桥—高官桥	10	红江4号桥
3442	C091	陆博公路	20	北平桥	3493	C129	海星桥—高官桥	20	董家木桥
3443	C093	上长公路	30	民联桥	3494	C130	翁金线—联丁公路	30	邱家桥
3444	C093	上长公路	10	民丰桥	3495	C130	翁金线—联丁公路	10	新城桥
3445	C094	程周公路	20	无名桥	3496	C132	八一路	10	长山桥
3446	C094	程周公路	10	粮丰桥	3497	C132	八一路	20	陆家桥
3447	C095	陈桥公路	10	朝阳桥	3498	C133	08省道路口—贯家新桥	30	联丰桥
3448	C096	双涧公路	20	虎啸桥	3499	C134	群海村—宁袁塘路	40	联丰大桥
3449	C096	双涧公路	10	横河桥	3500	C135	群新路—翁金线	50	西厢桥
3450	C098	民云公路	10	陈家桥	3501	C136	群新路—翁金线	10	广联桥
3451	C098	民云公路	20	夏家桥	3502	C136	群新路—翁金线	20	创丰桥
3452	C098	民云公路	30	念佛桥	3503	C140	曙阳路—民联	10	红谊桥
3453	C100	胡荆公路	10	新胜桥	3504	C142	金阳西路—新风路	10	福盛桥
3454	C100	胡荆公路	10	尖家桥	3505	C142	金阳西路—新风路	10	庙桥
3455	C101	荆木公路	10	褚家桥	3506	C143	祁家路—海丰路	20	九头浜桥
3456	C102	陈桥二线	10	文漾桥	3507	C144	海丰路—祁家北路	30	沈家石桥

（续表附录-2-6）

序号	路线代码	路线简称	桥梁编号	桥梁名称	序号	路线代码	路线简称	桥梁编号	桥梁名称
3508	C147	郭店街—盐翁线(乡道)	10	转向桥	3559	C188	大陆路—沈士界	20	夏家弄桥
3509	C147	郭店街—盐翁线(乡道)	20	盛家桥	3560	C191	新许线—海巷线(村道)	10	农建一桥
3510	C147	郭店街—盐翁线(乡道)	10	义仰桥	3561	C192	东西大道—徐家组	20	木行桥
3511	C148	红江三号桥—桐九线	10	吕家石桥	3562	C192	东西大道—徐家组	10	瑞丰桥
3512	C149	中新路	20	彭公桥	3563	C193	东西大道—南联线(村道)	10	渡船桥
3513	C149	中新路	30	新河伦桥	3564	C193	东西大道—南联线(村道)	20	周介石桥
3514	C151	新平路	10	祝家桥	3565	C193	东西大道—南联线(村道)	10	四号桥
3515	C151	新平路	20	过孟桥	3566	C194	许红线(乡道)—群乐组	10	郭湾桥
3516	C151	新平路	10	童儿塔桥	3567	C194	许红线(乡道)—群乐组	20	王安桥
3517	C153	联城路(乡道)—谈家桥	10	郭家桥	3568	C196	跃许线(村道)—长安界	30	东浜桥
3518	C155	老盐官—西厢桥	20	鹰雀花桥	3569	C197	姚打铁桥—蒋家桥	10	许树桥
3519	C155	老盐官—西厢桥	10	幸福桥	3570	C197	姚打铁桥—蒋家桥	10	孙家庄桥
3520	C155	老盐官—西厢桥	10	褚石大桥	3571	C198	朱家桥—袁余线(乡道)	20	群益桥
3521	C155	老盐官—西厢桥	20	秀才桥	3572	C198	朱家桥—袁余线(乡道)	30	新益大桥
3522	C155	老盐官—西厢桥	10	联新桥	3573	C199	袁余线(乡道)—东西大道	40	建设桥
3523	C157	联丰路	10	杨渡桥	3574	C201	村民委—袁余线(乡道)	50	建谊桥
3524	C157	联丰路	10	双家石桥	3575	C201	村民委—袁余线(乡道)	60	朱家桥
3525	C158	南何家角—陈家坝	10	五金桥	3576	C202	塘坊组—寺东桥	10	科同桥
3526	C160	盐官街道—陆斜线(乡道)	20	万兴大桥	3577	C203	高家组—塘坊桥	10	祥迎桥
3527	C161	郭北路	10	小新桥	3578	C203	高家组—塘坊桥	10	杨安桥
3528	C161	郭北路	10	新丰桥	3579	C204	红星组—高家组	20	胜堂桥
3529	C161	郭北路	20	殷家埭桥	3580	C205	东西大道—翁金线(县道)	10	黄泥坝桥
3530	C162	盐翁线东—翁桃线(乡道)	30	白洋涧桥	3581	C205	东西大道—翁金线(县道)	10	许介桥
3531	C162	盐翁线东—翁桃线(乡道)	40	白洋涧大桥	3582	C206	家山组—红星中心	10	陶家庄桥
3532	C163	塘南路	10	西庙桥	3583	C206	家山组—红星中心	20	杨林港桥
3533	C164	白家石桥—新河伦桥	20	东庙桥	3584	C207	余杭界—前进路	10	浦鞋桥
3534	C164	白家石桥—新河伦桥	10	红阳桥	3585	C208	东西大道—余杭界东	10	齐心桥
3535	C164	白家石桥—新河伦桥	10	新联桥	3586	C208	东西大道—余杭界东	10	张石坝桥
3536	C165	硖诸线—祝家桥东	20	沈家木桥	3587	C210	东西大道—许巷小学	10	新胜桥
3537	C165	硖诸线—祝家桥东	10	觉贤桥	3588	C211	景树西集镇—高速上跨	10	梦荡港桥
3538	C167	东西大道—儿童塔桥	10	东风桥	3589	C211	景树西集镇—高速上跨	10	庆丰桥
3539	C171	周王庙界—东翁路	10	海王三桥	3590	C211	景树西集镇—高速上跨	10	姚家大桥
3540	C171	周王庙界—东翁路	20	海王二桥	3591	C212	翁胜线—袁余线(乡道)	20	凌家桥
3541	C172	农发大道—盐仓村	10	海王一桥	3592	C216	老塘许线—朱家桥路	10	柴家石桥
3542	C173	褚石村委—农发大道	20	曹司桥	3593	C216	老塘许线—朱家桥路	10	马家桥
3543	C173	褚石村委—农发大道	30	八字桥	3594	C216	老塘许线—朱家桥路	10	新孙大桥
3544	C174	许村界—农发大道	10	濮家桥	3595	C216	老塘许线—朱家桥路	10	菖蒲港桥
3545	C175	东西大道—许村界	20	凌家石桥	3596	C216	老塘许线—朱家桥路	10	新桥
3546	C176	卫胡线—原万渡村	10	马家桥	3597	C216	老塘许线—朱家桥路	10	园区大桥
3547	C180	辛博线—陆斜线(乡道)	10	姚打铁桥	3598	C217	320 国道—周家湾	10	石路旁桥
3548	C180	辛博线—陆斜线(乡道)	20	蒋家桥	3599	C218	320 国道—周家湾	20	太平桥
3549	C181	辛博线—陆斜线(乡道)	10	朱家桥	3600	C221	科天线—杨环线	10	树桥
3550	C183	德丰—东升	20	天井东桥	3601	C221	科天线—杨环线	10	团报桥
3551	C183	德丰—东升	10	天井桥	3602	C222	X712—联盟线	10	喷灌桥
3552	C183	德丰—东升	10	朱家桥	3603	C224	长许线—李家村	10	联茗桥
3553	C183	德丰—东升	20	高家桥	3604	C225	G320—铁路交叉	20	新桥
3554	C184	陆博线(乡道)—狼神公司	10	寺东桥	3605	C225	G320—铁路交叉	10	太平桥
3555	C184	陆博线(乡道)—狼神公司	10	陆坝桥	3606	C226	沈士大道—念九河	10	大光明桥
3556	C185	狼神公司—石家道村	20	塘坊桥	3607	C227	X713—新华南路	10	陈桥三桥
3557	C187	崇长线—泰山村西	10	塘花桥	3608	C228	沈士大道—长安界	10	麦帛港桥
3558	C187	崇长线—泰山村西	10	花园大桥	3609	C229	杨环集镇—Y739	10	大宅桥

（续表附录-2-6）

序号	路线代码	路线简称	桥梁编号	桥梁名称	序号	路线代码	路线简称	桥梁编号	桥梁名称
3610	C231	320国道—庄湾村委	10	大北港桥	3661	C801	钱江东路	90	许巷桥
3611	C232	新孙大道—庄湾路	20	丈古浜桥	3662	C801	钱江东路	100	海王桥
3612	C233	桐乡界—320国道	10	道南桥	3663	C804	东塘路	110	海王桥
3613	C233	桐乡界—320国道	20	新胜桥	3664	C804	东塘路	120	刺史桥
3614	C234	320国道—桐乡界	30	水门桥	3665	C805	黄尖公路东延	130	刺史桥
3615	C235	320国道—塘许线	40	石前桥	3666	C808	星长路	140	新富桥
3616	C236	老塘许线—孙桥公路	10	双丰桥	3667	C990	斜桥—万星	150	新富桥
3617	C237	320国道—永李线	10	杏花村桥	3668	C990	斜桥—万星	160	霸桥
3618	C239	老塘许线路—永福村	10	临海桥	3669	C995	新农线南段	170	霸桥
3619	C240	荡新线—塘许线	10	新塘桥	3670	C996	仲乐线	180	鱼家桥
3620	C241	报国莫家—团报路	10	塘口桥	3671	C997	湖塘变路	190	鱼家桥
3621	C241	报国莫家—团报路	10	李家木桥	3672	C997	湖塘变路	200	打铁桥1号
3622	C501	荡湾线	10	东郊桥	3673	C999	辛陆路	210	打铁桥1号
3623	C505	团报路	10	杨窑桥	3674	C999	辛陆路	220	石灰桥
3624	C507	喷灌路	20	大俞家桥	3675	C999	辛陆路	230	石灰桥
3625	C508	联茗路	10	八字桥	3676	S101	杭州—金丝娘桥	240	中心桥
3626	C508	联茗路	20	龙晓大桥	3677	S101	杭州—金丝娘桥	250	中心桥
3627	C515	长李路	10	塘油车桥	3678	S101	杭州—金丝娘桥	260	三里桥
3628	C516	亭爱公路	10	大虹桥	3679	S101	杭州—金丝娘桥	270	三里桥
3629	C522	陈桥路	20	小虹桥	3680	S101	杭州—金丝娘桥	280	桃花桥
3630	C526	群丁公路	10	百余桥	3681	S101	杭州—金丝娘桥	290	桃花桥
3631	C527	六十里塘路	10	红江三号桥	3682	S101	杭州—金丝娘桥	300	云桥
3632	C528	姚森线	20	祝会桥	3683	S101	杭州—金丝娘桥	310	云桥
3633	C528	姚森线	10	小李家桥	3684	S101	杭州—金丝娘桥	320	小龙桥
3634	C529	共前线	10	沈家坝桥	3685	S101	杭州—金丝娘桥	330	小龙桥
3635	C529	共前线	10	姜墩庙桥	3686	S101	杭州—金丝娘桥	340	龙安大桥
3636	C529	共前线	10	永红桥	3687	S101	杭州—金丝娘桥	350	龙安大桥
3637	C529	共前线	10	范家桥	3688	S101	杭州—金丝娘桥	360	民谊桥
3638	C537	双丰公路	10	花园桥	3689	S101	杭州—金丝娘桥	370	民谊桥
3639	C542	杏花路	20	新华桥	3690	S101	杭州—金丝娘桥	380	李闸桥
3640	C545	临海路	30	东方桥	3691	S101	杭州—金丝娘桥	390	李闸桥
3641	C546	矿业路	10	俞家桥	3692	S101	杭州—金丝娘桥	400	先生桥
3642	C547	王家场路	20	徐家桥	3693	S101	杭州—金丝娘桥	410	先生桥
3643	C548	兴业路	10	红旗桥	3694	S101	杭州—金丝娘桥	420	王马桥
3644	C601	硖东路	10	星堰桥	3695	S101	杭州—金丝娘桥	430	王马桥
3645	C610	新长公路	10	新农二号桥	3696	S101	杭州—金丝娘桥	440	平桥
3646	C610	新长公路	20	新农一号桥	3697	S101	杭州—金丝娘桥	450	平桥
3647	C611	红晓公路	10	万安桥	3698	S101	杭州—金丝娘桥	460	陈岸桥
3648	C611	红晓公路	10	界墩桥	3699	S101	杭州—金丝娘桥	470	陈岸桥
3649	C612	梨园公路	10	宁桥	3700	S101	杭州—金丝娘桥	480	打铁桥2号
3650	C613	山虹公路北延	20	董家木桥	3701	S101	杭州—金丝娘桥	490	打铁桥2号
3651	C613	山虹公路北延	10	南涵桥	3702	S101	杭州—金丝娘桥	500	广福桥
3652	C614	梨园南路	20	庄婆堰桥	3703	S101	杭州—金丝娘桥	510	广福桥
3653	C706	联新路	30	登车浜桥	3704	S101	杭州—金丝娘桥	520	联丰桥
3654	C706	联新路	20	老虎浜桥	3705	S101	杭州—金丝娘桥	530	联丰桥
3655	C710	芦丰公路延伸	30	老虎浜桥	3706	S101	杭州—金丝娘桥	540	清河桥
3656	C711	新塘路	40	瑞丰桥	3707	S101	杭州—金丝娘桥	550	清河桥
3657	C713	海丰路	50	瑞丰桥	3708	S101	杭州—金丝娘桥	560	郭店大桥
3658	C716	永红路	60	罗桥	3709	S101	杭州—金丝娘桥	570	郭店大桥
3659	C719	丁桥南路	70	罗桥	3710	S101	杭州—金丝娘桥	580	宁郭塘桥
3660	C801	钱江东路	80	许巷桥	3711	S101	杭州—金丝娘桥	590	宁郭塘桥

（续表附录-2-6）

序号	路线代码	路线简称	桥梁编号	桥梁名称	序号	路线代码	路线简称	桥梁编号	桥梁名称
3712	S101	杭州—金丝娘桥	600	辛江塘桥	3763	S101	杭州—金丝娘桥	1110	徐滨桥
3713	S101	杭州—金丝娘桥	610	辛江塘桥	3764	S101	杭州—金丝娘桥	1120	南对方桥
3714	S101	杭州—金丝娘桥	620	群益桥	3765	S101	杭州—金丝娘桥	1130	南对方桥
3715	S101	杭州—金丝娘桥	630	群益桥	3766	S101	杭州—金丝娘桥	1140	东庄桥
3716	S101	杭州—金丝娘桥	640	群利桥	3767	S101	杭州—金丝娘桥	1150	东庄桥
3717	S101	杭州—金丝娘桥	650	群利桥	3768	S101	杭州—金丝娘桥	1160	章桥
3718	S101	杭州—金丝娘桥	660	福寿桥	3769	S101	杭州—金丝娘桥	1170	章桥
3719	S101	杭州—金丝娘桥	670	福寿桥	3770	S101	杭州—金丝娘桥	1180	钟桥
3720	S101	杭州—金丝娘桥	680	红联桥	3771	S101	杭州—金丝娘桥	1190	钟桥
3721	S101	杭州—金丝娘桥	690	红联桥	3772	S101	杭州—金丝娘桥	10	新村浜桥
3722	S101	杭州—金丝娘桥	700	高桥	3773	S101	杭州—金丝娘桥	20	无名桥
3723	S101	杭州—金丝娘桥	710	高桥	3774	S101	杭州—金丝娘桥	30	联村桥
3724	S101	杭州—金丝娘桥	720	扁梁桥	3775	S101	杭州—金丝娘桥	40	长山河桥
3725	S101	杭州—金丝娘桥	730	扁梁桥	3776	S101	杭州—金丝娘桥	50	火炬桥
3726	S101	杭州—金丝娘桥	740	群新桥	3777	S101	杭州—金丝娘桥	60	刘家港桥
3727	S101	杭州—金丝娘桥	750	群新桥	3778	S101	杭州—金丝娘桥	70	农兴港桥
3728	S101	杭州—金丝娘桥	760	陆家桥	3779	S101	杭州—金丝娘桥	80	三联桥
3729	S101	杭州—金丝娘桥	770	陆家桥	3780	S101	杭州—金丝娘桥	90	三里港桥
3730	S101	杭州—金丝娘桥	780	金水桥	3781	S101	杭州—金丝娘桥	100	洛塘河桥
3731	S101	杭州—金丝娘桥	790	金水桥	3782	S101	杭州—金丝娘桥	110	丁桥港桥
3732	S101	杭州—金丝娘桥	800	韩泾桥	3783	S101	杭州—金丝娘桥	120	姚家埭桥
3733	S101	杭州—金丝娘桥	810	韩泾桥	3784	S101	杭州—金丝娘桥	130	墩头汇桥
3734	S101	杭州—金丝娘桥	820	联胜桥	3785	S101	杭州—金丝娘桥	140	张家桥
3735	S101	杭州—金丝娘桥	830	联胜桥	3786	S101	杭州—金丝娘桥	150	顾家埭桥
3736	S101	杭州—金丝娘桥	840	花甲桥	3787	S101	杭州—金丝娘桥	160	吕家营桥
3737	S101	杭州—金丝娘桥	850	花甲桥	3788	S101	杭州—金丝娘桥	10	文浜桥
3738	S101	杭州—金丝娘桥	860	乌金桥	3789	S101	杭州—金丝娘桥	20	联丰桥
3739	S101	杭州—金丝娘桥	870	乌金桥	3790	S101	杭州—金丝娘桥	30	陆家漾桥
3740	S101	杭州—金丝娘桥	880	南丁国师桥	3791	S101	杭州—金丝娘桥	40	公铁立交桥
3741	S101	杭州—金丝娘桥	890	南丁国师桥	3792	S101	杭州—金丝娘桥	50	徐家场桥
3742	S101	杭州—金丝娘桥	900	黄墩桥	3793	S101	杭州—金丝娘桥	60	方家汇桥
3743	S101	杭州—金丝娘桥	910	黄墩桥	3794	X103	嘉兴—海宁	70	徐家门桥
3744	S101	杭州—金丝娘桥	920	正阳桥	3795	X103	嘉兴—海宁	80	孟家头桥
3745	S101	杭州—金丝娘桥	930	正阳桥	3796	X103	嘉兴—海宁	10	夏水角桥
3746	S101	杭州—金丝娘桥	940	金鸡桥	3797	X103	嘉兴—海宁	20	毛家桥
3747	S101	杭州—金丝娘桥	950	金鸡桥	3798	X103	嘉兴—海宁	30	俞家门桥
3748	S101	杭州—金丝娘桥	960	庆丰桥	3799	X103	嘉兴—海宁	40	新泽大桥
3749	S101	杭州—金丝娘桥	970	庆丰桥	3800	X103	嘉兴—海宁	50	石坟头互通立交
3750	S101	杭州—金丝娘桥	980	新木长桥	3801	X103	嘉兴—海宁	60	胡家兜桥
3751	S101	杭州—金丝娘桥	990	新木长桥	3802	X103	嘉兴—海宁	70	大型桥
3752	S101	杭州—金丝娘桥	1000	棱秀桥	3803	X103	嘉兴—海宁	80	上田塍桥
3753	S101	杭州—金丝娘桥	1010	棱秀桥	3804	X103	嘉兴—海宁	90	城西大桥
3754	S101	杭州—金丝娘桥	1020	友谊桥	3805	X103	嘉兴—海宁	100	崔家石桥
3755	S101	杭州—金丝娘桥	1030	友谊桥	3806	X103	嘉兴—海宁	110	仙鹤桥
3756	S101	杭州—金丝娘桥	1040	建设桥	3807	X103	嘉兴—海宁	120	高速一号桥
3757	S101	杭州—金丝娘桥	1050	建设桥	3808	X103	嘉兴—海宁	130	高速二号桥
3758	S101	杭州—金丝娘桥	1060	承基桥	3809	X103	嘉兴—海宁	140	高速三号桥
3759	S101	杭州—金丝娘桥	1070	承基桥	3810	X109	湖盐线海宁段	150	高速四号桥
3760	S101	杭州—金丝娘桥	1080	谈桥	3811	X109	湖盐线海宁段	160	高速五号桥
3761	S101	杭州—金丝娘桥	1090	谈桥	3812	X109	湖盐线海宁段	10	顺路桥
3762	S101	杭州—金丝娘桥	1100	徐滨桥	3813	X109	湖盐线海宁段	10	翁家埠桥

（续表附录-2-6）

序号	路线代码	路线简称	桥梁编号	桥梁名称	序号	路线代码	路线简称	桥梁编号	桥梁名称
3814	X109	湖盐线海宁段	20	杨家池分离立交	3865	X702	金阳—闸口	110	亭候桥
3815	X109	湖盐线海宁段	30	围垦桥	3866	X702	金阳—闸口	120	双仁坝桥
3816	X109	湖盐线海宁段	40	谈家桥	3867	X702	金阳—闸口	130	水潭坝桥
3817	X109	湖盐线海宁段	50	新海宁桥	3868	X702	金阳—闸口	140	塘宾坝桥
3818	X110	崇福—长安	60	寿宁桥	3869	X703	郭店—周王庙	150	公兴桥
3819	X110	崇福—长安	70	盐官桥	3870	X703	郭店—周王庙	160	红卫桥
3820	X110	崇福—长安	80	大东门桥	3871	X703	郭店—周王庙	170	油车桥
3821	X110	崇福—长安	90	新塘河桥	3872	X703	郭店—周王庙	180	兴隆桥
3822	X110	崇福—长安	100	闸口桥	3873	X703	郭店—周王庙	190	安桥
3823	X110	崇福—长安	110	花山汇闸桥	3874	X704	马桥新中—新仓	10	白虎桥
3824	X110	崇福—长安	120	黄湾一号桥	3875	X704	马桥新中—新仓	20	太平桥
3825	X110	崇福—长安	130	黄湾二号桥	3876	X704	马桥新中—新仓	30	棒日桥
3826	X110	崇福—长安	10	大坟桥	3877	X705	硖石—斜桥	40	宜桥
3827	X110	崇福—长安	20	东风桥	3878	X705	硖石—斜桥	50	西至桥
3828	X110	崇福—长安	30	濮桥	3879	X705	硖石—斜桥	10	友谊桥
3829	X110	崇福—长安	40	万里桥	3880	X705	硖石—斜桥	20	留茶桥
3830	X110	崇福—长安	50	唐章桥	3881	X705	硖石—斜桥	30	祝场桥
3831	X110	崇福—长安	60	联红桥	3882	X705	硖石—斜桥	40	卡森大桥
3832	X110	崇福—长安	70	勤丰桥	3883	X705	硖石—斜桥	10	丁盛桥
3833	X110	崇福—长安	80	虎啸桥	3884	X705	硖石—斜桥	20	丁桥2号桥
3834	X302	洪合—硖石	90	天仙大桥	3885	X705	硖石—斜桥	30	丁桥1号桥
3835	X331	翁家埠—金丝娘桥	100	长岸桥	3886	X705	硖石—斜桥	10	花园浜桥
3836	X331	翁家埠—金丝娘桥	110	镇东桥	3887	X705	硖石—斜桥	20	宁郭桥
3837	X331	翁家埠—金丝娘桥	120	黄山桥	3888	X705	硖石—斜桥	10	三联桥
3838	X331	翁家埠—金丝娘桥	130	北池桥	3889	X705	硖石—斜桥	1	农丰桥
3839	X331	翁家埠—金丝娘桥	140	群乐桥	3890	X705	硖石—斜桥	2	长园桥
3840	X331	翁家埠—金丝娘桥	10	石佛寺桥	3891	X705	硖石—斜桥	3	锦钟桥
3841	X331	翁家埠—金丝娘桥	20	利群桥	3892	X705	硖石—斜桥	4	南港桥
3842	X331	翁家埠—金丝娘桥	30	东方桥	3893	X705	硖石—斜桥	5	大浜桥
3843	X331	翁家埠—金丝娘桥	40	念佛寺桥	3894	X705	硖石—斜桥	6	胜丰桥
3844	X331	翁家埠—金丝娘桥	50	杨家埝桥	3895	X705	硖石—斜桥	7	杨汇桥
3845	X331	翁家埠—金丝娘桥	60	花宾埝桥	3896	X706	庆云—晏城	8	吴家石桥
3846	X331	翁家埠—金丝娘桥	70	新跨塘桥	3897	X706	庆云—晏城	9	苏家桥
3847	X331	翁家埠—金丝娘桥	10	羊全桥	3898	X706	庆云—晏城	10	谢海桥
3848	X701	硖石—尖山	20	天通大桥	3899	X706	庆云—晏城	10	新联桥
3849	X701	硖石—尖山	30	孙家角桥	3900	X706	庆云—晏城	20	报国桥
3850	X701	硖石—尖山	40	黄泥港桥	3901	X707	祝场—庆云	10	联益桥
3851	X701	硖石—尖山	50	蒋家洋桥	3902	X707	祝场—庆云	20	无名桥
3852	X701	硖石—尖山	10	群胜桥	3903	X707	祝场—庆云	30	南河埭分离式立交
3853	X701	硖石—尖山	20	联群桥	3904	X707	祝场—庆云	40	新华桥
3854	X701	硖石—尖山	30	镇海桥	3905	X708	联胜—丁桥	50	联合桥
3855	X701	硖石—尖山	10	沿泾桥	3906	X708	联胜—丁桥	60	朱福灵桥
3856	X701	硖石—尖山	20	管泾桥	3907	X708	联胜—丁桥	70	尤家桥
3857	X701	硖石—尖山	30	北张泾桥	3908	X709	郭店—盐官	10	塘桥
3858	X701	硖石—尖山	40	秀才桥	3909	X709	郭店—盐官	20	石西桥
3859	X701	硖石—尖山	50	攀龙桥	3910	X710	天明—盐仓	30	分水桥
3860	X701	硖石—尖山	60	周家桥	3911	X711	农丰—彭墩	40	倒庄里分离立交
3861	X701	硖石—尖山	70	陆家桥	3912	X711	农丰—彭墩	50	天顺桥
3862	X702	金阳—闸口	80	顾家桥	3913	X711	农丰—彭墩	60	公铁立交
3863	X702	金阳—闸口	90	白狞桥	3914	X711	农丰—彭墩	70	塘许2号桥
3864	X702	金阳—闸口	100	小石桥	3915	X711	农丰—彭墩	80	塘许1号桥

（续表附录-2-6）

序号	路线代码	路线简称	桥梁编号	桥梁名称	序号	路线代码	路线简称	桥梁编号	桥梁名称
3916	X711	农丰—彭墩	10	黄板桥	3967	X719	周王庙—斜桥	50	友谊桥
3917	X711	农丰—彭墩	20	盛家浜桥	3968	X719	周王庙—斜桥	60	新生桥
3918	X711	农丰—彭墩	30	薛家浜桥	3969	X719	周王庙—斜桥	10	永正桥
3919	X711	农丰—彭墩	40	念亩浜桥	3970	X719	周王庙—斜桥	20	沿泾桥
3920	X711	农丰—彭墩	50	全家浜桥	3971	X719	周王庙—斜桥	30	张泾桥
3921	X712	科同—天明	60	九曲港桥	3972	X802	桐乡—九里桥	40	牛桥
3922	X712	科同—天明	70	华森桥	3973	X802	桐乡—九里桥	50	章桥
3923	X713	长安—许村荡湾	80	绵长港桥	3974	X802	桐乡—九里桥	60	沈家坝桥
3924	X713	长安—许村荡湾	90	许家桥	3975	X802	桐乡—九里桥	70	张店桥
3925	X713	长安—许村荡湾	100	河石村桥	3976	X802	桐乡—九里桥	80	殳家坝桥
3926	X713	长安—许村荡湾	110	严家桥	3977	X802	桐乡—九里桥	90	新安桥
3927	X713	长安—许村荡湾	10	皋有石桥	3978	X802	桐乡—九里桥	100	同仁桥
3928	X713	长安—许村荡湾	20	莫家桥	3979	X802	桐乡—九里桥	110	洛塘桥
3929	X713	长安—许村荡湾	30	袁花1号桥	3980	X802	桐乡—九里桥	120	庆云大桥
3930	X714	塘桥—许村荡湾	40	袁花2号桥	3981	X802	桐乡—九里桥	130	人民桥
3931	X714	塘桥—许村荡湾	50	白水堰桥	3982	X802	桐乡—九里桥	140	庆丰桥
3932	X714	塘桥—许村荡湾	60	袁花3号桥	3983	X802	桐乡—九里桥	150	华林桥
3933	X714	塘桥—许村荡湾	10	永丰桥	3984	X802	桐乡—九里桥	160	万寿桥
3934	X714	塘桥—许村荡湾	20	长和桥	3985	X804	骑塘—荆山	170	大桥
3935	X714	塘桥—许村荡湾	30	广场桥	3986	X804	骑塘—荆山	180	茅家桥
3936	X714	塘桥—许村荡湾	40	利塘桥	3987	X804	骑塘—荆山	10	双喜桥
3937	X714	塘桥—许村荡湾	50	丰塘桥	3988	X804	骑塘—荆山	20	红旗桥
3938	X715	硖石—斜桥(新)	10	亭子桥	3989	X804	骑塘—荆山	30	鲍泾桥
3939	X715	硖石—斜桥(新)	20	周家桥	3990	X804	骑塘—荆山	40	双山村桥
3940	X715	硖石—斜桥(新)	30	竺桥	3991	Y702	硖石—诸家桥	50	三农桥
3941	X715	硖石—斜桥(新)	40	丰介桥	3992	Y702	硖石—诸家桥	60	双圩桥
3942	X715	硖石—斜桥(新)	50	佐隆桥	3993	Y702	硖石—诸家桥	70	鲍泾桥
3943	X715	硖石—斜桥(新)	60	长木桥	3994	Y702	硖石—诸家桥	80	毛家桥
3944	X715	硖石—斜桥(新)	70	新教家小桥	3995	Y702	硖石—诸家桥	90	无名桥
3945	X715	硖石—斜桥(新)	80	四都浜桥	3996	Y702	硖石—诸家桥	100	双山桥
3946	X715	硖石—斜桥(新)	90	新周家坝桥	3997	Y702	硖石—诸家桥	110	胜万桥
3947	X715	硖石—斜桥(新)	100	镇中桥	3998	Y702	硖石—诸家桥	120	隆兴桥
3948	X715	硖石—斜桥(新)	110	唐家浜桥	3999	Y702	硖石—诸家桥	130	洛阳泾桥
3949	X716	谈桥—袁花	120	长浜桥	4000	Y702	硖石—诸家桥	140	洛隆格
3950	X716	谈桥—袁花	10	南斜桥	4001	Y702	硖石—诸家桥	150	桐乡港桥
3951	X716	谈桥—袁花	20	福寿桥	4002	Y702	硖石—诸家桥	160	状元桥
3952	X716	谈桥—袁花	30	仲乐桥	4003	Y702	硖石—诸家桥	170	迎丰桥
3953	X716	谈桥—袁花	40	红星桥	4004	Y702	硖石—诸家桥	180	鹿街桥
3954	X716	谈桥—袁花	50	前步桥	4005	Y702	硖石—诸家桥	190	日晖桥
3955	X718	金阳—大明制衣	60	金桥	4006	Y702	硖石—诸家桥	200	东高桥
3956	X718	金阳—大明制衣	70	三联桥	4007	Y702	硖石—诸家桥	210	塔桥
3957	X718	金阳—大明制衣	80	顺风桥	4008	Y702	硖石—诸家桥	220	营里桥
3958	X718	金阳—大明制衣	90	友谊桥	4009	Y703	湖盐线—桐九线	230	亭溪桥
3959	X718	金阳—大明制衣	100	丰士大桥	4010	Y703	湖盐线—桐九线	240	德明桥
3960	X719	周王庙—斜桥	110	红联桥	4011	Y703	湖盐线—桐九线	250	龙兴桥
3961	X719	周王庙—斜桥	120	双联桥	4012	Y703	湖盐线—桐九线	260	红旗桥
3962	X719	周王庙—斜桥	130	九里桥	4013	Y703	湖盐线—桐九线	270	新桥
3963	X719	周王庙—斜桥	10	石王庙桥	4014	Y703	湖盐线—桐九线	280	大悲桥
3964	X719	周王庙—斜桥	20	长春桥	4015	Y703	湖盐线—桐九线	10	大兴桥
3965	X719	周王庙—斜桥	30	周王庙桥	4016	Y703	湖盐线—桐九线	20	大公桥
3966	X719	周王庙—斜桥	40	石井大桥	4017	Y703	湖盐线—桐九线	30	旺岸桥

（续表附录-2-6）

序号	路线代码	路线简称	桥梁编号	桥梁名称	序号	路线代码	路线简称	桥梁编号	桥梁名称
4018	Y703	湖盐线—桐九线	40	南金家桥	4069	Y710	袁花—夹山	2	丰收桥
4019	Y703	湖盐线—桐九线	50	凌家木桥	4070	Y711	五丰—年长	3	陆家大桥
4020	Y703	湖盐线—桐九线	10	打铁桥	4071	Y711	五丰—年长	4	姚家桥
4021	Y703	湖盐线—桐九线	20	汪堰桥	4072	Y711	五丰—年长	5	姚公桥
4022	Y703	湖盐线—桐九线	30	西燕桥	4073	Y711	五丰—年长	6	会隆桥
4023	Y703	湖盐线—桐九线	40	荷花寺桥	4074	Y711	五丰—年长	7	刘家桥
4024	Y703	湖盐线—桐九线	50	西聚金桥	4075	Y711	五丰—年长	8	横板桥
4025	Y703	湖盐线—桐九线	60	南圩桥	4076	Y711	五丰—年长	9	打纸桥
4026	Y703	湖盐线—桐九线	10	小坟桥	4077	Y711	五丰—年长	10	新光桥
4027	Y703	湖盐线—桐九线	20	新塘桥	4078	Y711	五丰—年长	11	向红桥
4028	Y703	湖盐线—桐九线	30	弯里桥	4079	Y711	五丰—年长	12	封家木桥
4029	Y703	湖盐线—桐九线	40	联军桥	4080	Y711	五丰—年长	13	钟家石桥
4030	Y703	湖盐线—桐九线	50	黄家木桥	4081	Y712	联和—民胜	14	新石桥
4031	Y703	湖盐线—桐九线	60	秀才桥	4082	Y712	联和—民胜	15	郭家木桥
4032	Y703	湖盐线—桐九线	70	公路四号桥	4083	Y712	联和—民胜	16	立夏桥
4033	Y703	湖盐线—桐九线	80	公路三号桥	4084	Y712	联和—民胜	17	吴家桥
4034	Y703	湖盐线—桐九线	90	公路二号桥	4085	Y712	联和—民胜	18	斜港桥
4035	Y703	湖盐线—桐九线	100	公路一号桥	4086	Y712	联和—民胜	19	崩开桥
4036	Y703	湖盐线—桐九线	10	勤利桥	4087	Y712	联和—民胜	10	居家石桥
4037	Y704	杨汇桥—东西大道	20	群欢桥	4088	Y712	联和—民胜	20	高嘉桥
4038	Y704	杨汇桥—东西大道	10	泥公桥	4089	Y712	联和—民胜	30	杨塘桥
4039	Y704	杨汇桥—东西大道	20	东张桥	4090	Y713	卫星—胡家斗	40	南麻泾港桥
4040	Y704	杨汇桥—东西大道	30	漳桥	4091	Y713	卫星—胡家斗	50	应家桥
4041	Y704	杨汇桥—东西大道	10	戴家桥	4092	Y713	卫星—胡家斗	20	周镇桥
4042	Y705	东郊—勤民	20	方大桥	4093	Y713	卫星—胡家斗	21	北木桥
4043	Y705	东郊—勤民	30	花溪桥	4094	Y713	卫星—胡家斗	22	安桥
4044	Y705	东郊—勤民	40	大培桥	4095	Y713	卫星—胡家斗	23	卫国新桥
4045	Y705	东郊—勤民	50	河界埝桥	4096	Y713	卫星—胡家斗	24	东关桥
4046	Y705	东郊—勤民	60	大寨桥	4097	Y713	卫星—胡家斗	25	长安桥
4047	Y705	东郊—勤民	70	长木桥	4098	Y713	卫星—胡家斗	26	万福桥
4048	Y706	农丰—彭墩—荷叶	10	万安桥	4099	Y713	卫星—胡家斗	27	胡斗桥
4049	Y706	农丰—彭墩—荷叶	20	薛家浜桥	4100	Y713	卫星—胡家斗	10	黄河口桥
4050	Y706	农丰—彭墩—荷叶	30	贯家浜桥	4101	Y713	卫星—胡家斗	20	胜利桥
4051	Y706	农丰—彭墩—荷叶	40	桥门头桥	4102	Y713	卫星—胡家斗	30	杨家曲桥
4052	Y706	农丰—彭墩—荷叶	50	孙家木桥	4103	Y713	卫星—胡家斗	40	小学桥
4053	Y706	农丰—彭墩—荷叶	60	月湖洋桥	4104	Y713	卫星—胡家斗	10	夏家坟桥
4054	Y706	农丰—彭墩—荷叶	70	砂塘桥	4105	Y713	卫星—胡家斗	20	群英桥
4055	Y706	农丰—彭墩—荷叶	80	枫泾桥	4106	Y713	卫星—胡家斗	30	凤凰桥
4056	Y706	农丰—彭墩—荷叶	90	季家浜桥	4107	Y713	卫星—胡家斗	10	徐良桥
4057	Y706	农丰—彭墩—荷叶	100	新桥	4108	Y713	卫星—胡家斗	20	群星桥
4058	Y707	翁金线—尖山	110	年长桥	4109	Y714	柏士—联众	30	群联桥
4059	Y707	翁金线—尖山	10	白石桥	4110	Y714	柏士—联众	40	群力桥
4060	Y708	南郊—新场	20	打铁桥	4111	Y714	柏士—联众	10	群海二号桥
4061	Y708	南郊—新场	30	千和桥	4112	Y714	柏士—联众	20	东府桥
4062	Y708	南郊—新场	40	小河桥	4113	Y714	柏士—联众	30	杨学官桥
4063	Y710	袁花—夹山	50	联丰桥	4114	Y715	金阳—大明制衣	40	民主桥
4064	Y710	袁花—夹山	60	洁华桥	4115	Y715	金阳—大明制衣	50	新丰桥
4065	Y710	袁花—夹山	70	姚家跳桥	4116	Y715	金阳—大明制衣	60	长春庵桥
4066	Y710	袁花—夹山	80	黄板桥	4117	Y715	金阳—大明制衣	70	东孔泾桥
4067	Y710	袁花—夹山	90	民胜桥	4118	Y715	金阳—大明制衣	80	西孔泾桥
4068	Y710	袁花—夹山	1	顾蔡桥	4119	Y715	金阳—大明制衣	90	杨家桥

（续表附录-2-6）

序号	路线代码	路线简称	桥梁编号	桥梁名称	序号	路线代码	路线简称	桥梁编号	桥梁名称
4120	Y715	金阳—大明制衣	100	新桥	4171	Y724	陆泽—斜桥	30	斜长桥
4121	Y715	金阳—大明制衣	110	太平桥	4172	Y724	陆泽—斜桥	10	潘家大桥
4122	Y716	翁金线—尖山高点	10	丁桥西桥	4173	Y724	陆泽—斜桥	20	新木桥
4123	Y716	翁金线—尖山高点	20	唐家堰桥	4174	Y724	陆泽—斜桥	30	龙尾大桥
4124	Y716	翁金线—尖山高点	30	二塘桥	4175	Y724	陆泽—斜桥	50	中塘桥
4125	Y716	翁金线—尖山高点	40	永康桥	4176	Y724	陆泽—斜桥	60	旧仓桥
4126	Y717	联胜—芦湾	50	环桥	4177	Y724	陆泽—斜桥	70	跃进桥
4127	Y717	联胜—芦湾	60	孔泾港桥	4178	Y724	陆泽—斜桥	80	孙家桥
4128	Y717	联胜—芦湾	70	三里桥	4179	Y724	陆泽—斜桥	10	官石桥
4129	Y718	联胜—群力	80	小东门桥	4180	Y724	陆泽—斜桥	20	孟子桥
4130	Y718	联胜—群力	10	金艺桥	4181	Y724	陆泽—斜桥	30	万寿桥
4131	Y718	联胜—群力	20	伍号桥	4182	Y724	陆泽—斜桥	40	红色四号桥
4132	Y718	联胜—群力	30	四号桥	4183	Y724	陆泽—斜桥	10	包王桥
4133	Y719	翁金线—桃园	10	曙光桥	4184	Y725	荆山—盐官	10	辛德大桥
4134	Y719	翁金线—桃园	20	黄金桥	4185	Y725	荆山—盐官	20	和睦桥
4135	Y719	翁金线—桃园	30	许雯桥	4186	Y725	荆山—盐官	30	光家桥
4136	Y719	翁金线—桃园	40	官司弄桥	4187	Y725	荆山—盐官	40	大安桥
4137	Y719	翁金线—桃园	50	建丰桥	4188	Y725	荆山—盐官	50	小安桥
4138	Y719	翁金线—桃园	60	民生桥	4189	Y725	荆山—盐官	60	砖瓦厂桥
4139	Y719	翁金线—桃园	70	船闸桥	4190	Y725	荆山—盐官	70	博儒桥
4140	Y719	翁金线—桃园	80	黄山大桥	4191	Y726	斜桥—黄墩	80	司古机站桥
4141	Y719	翁金线—桃园	90	五一桥	4192	Y726	斜桥—黄墩	10	新塘桥
4142	Y719	翁金线—桃园	10	周家坟桥	4193	Y726	斜桥—黄墩	20	桃园桥
4143	Y719	翁金线—桃园	20	三联桥	4194	Y727	红新—光辉	30	曹家桥
4144	Y720	丁桥—郭盐线	30	三星桥	4195	Y727	红新—光辉	40	新星桥
4145	Y720	丁桥—郭盐线	40	人民桥	4196	Y727	红新—光辉	50	三里桥
4146	Y720	丁桥—郭盐线	50	秀才桥	4197	Y727	红新—光辉	60	红江桥
4147	Y720	丁桥—郭盐线	60	大善桥	4198	Y727	红新—光辉	10	万全桥
4148	Y720	丁桥—郭盐线	70	齐心桥	4199	Y727	红新—光辉	20	联农桥
4149	Y720	丁桥—郭盐线	1	泥水桥	4200	Y727	红新—光辉	30	农丰桥
4150	Y720	丁桥—郭盐线	2	泰山桥	4201	Y728	盐仓—袁牧	40	俞家桥
4151	Y720	丁桥—郭盐线	3	建城桥	4202	Y728	盐仓—袁牧	50	东罗家桥
4152	Y721	金石—谈家兜	4	俞家桥	4203	Y728	盐仓—袁牧	60	徐步桥
4153	Y721	金石—谈家兜	5	苏家桥	4204	Y728	盐仓—袁牧	10	创新桥
4154	Y721	金石—谈家兜	6	桃花桥	4205	Y729	立夏—包王	20	新农桥
4155	Y722	曙光—五丰	7	无名桥	4206	Y730	辛江—博儒	10	费漾桥
4156	Y722	曙光—五丰	8	上跨高速	4207	Y730	辛江—博儒	20	陆家桥
4157	Y722	曙光—五丰	9	孙家桥	4208	Y730	辛江—博儒	30	许巷大桥
4158	Y722	曙光—五丰	10	建新桥	4209	Y730	辛江—博儒	40	周家天桥
4159	Y722	曙光—五丰	11	永宁桥	4210	Y730	辛江—博儒	50	鲁家桥
4160	Y722	曙光—五丰	12	无名桥	4211	Y730	辛江—博儒	60	扩杨桥
4161	Y722	曙光—五丰	13	无名二桥	4212	Y730	辛江—博儒	70	东港桥
4162	Y722	曙光—五丰	10	费元机站桥	4213	Y730	辛江—博儒	10	云肖桥
4163	Y722	曙光—五丰	20	长乐新桥	4214	Y731	盐官—翁金线	20	云新桥
4164	Y723	斜桥—万星	30	长乐机站桥	4215	Y731	盐官—翁金线	30	马家桥
4165	Y723	斜桥—万星	40	长陈桥	4216	Y731	盐官—翁金线	40	张孟西桥
4166	Y723	斜桥—万星	50	无名桥	4217	Y731	盐官—翁金线	50	郇家桥
4167	Y723	斜桥—万星	60	陈桥	4218	Y731	盐官—翁金线	60	方家桥
4168	Y723	斜桥—万星	70	观音桥	4219	Y731	盐官—翁金线	70	钱家桥
4169	Y723	斜桥—万星	10	一号桥	4220	Y732	联农—城北	80	石井大桥
4170	Y723	斜桥—万星	20	二号桥	4221	Y732	联农—城北	90	范家桥

(续表附录-2-6)

序号	路线代码	路线简称	桥梁编号	桥梁名称	序号	路线代码	路线简称	桥梁编号	桥梁名称
4222	Y732	联农—城北	100	木香二号桥	4272	Y740	新民—许村	100	庙桥
4223	Y732	联农—城北	110	木香一号桥	4273	Y740	新民—许村	110	图强桥
4224	Y732	联农—城北	120	春富庵桥	4274	Y740	新民—许村	10	红波大桥
4225	Y732	联农—城北	10	新风桥	4275	Y740	新民—许村	20	翁埠新桥
4226	Y733	上林—建农	20	贝家桥	4276	Y740	新民—许村	30	联胜桥
4227	Y733	上林—建农	60	石井桥	4277	Y740	新民—许村	40	闵介桥
4228	Y734	袁家坝—余杭	10	跃进桥	4278	Y740	新民—许村	10	光明桥
4229	Y734	袁家坝—余杭	20	马介三桥	4279	Y740	新民—许村	20	李家河桥
4230	Y734	袁家坝—余杭	30	红旗桥	4280	Y740	新民—许村	30	红星桥
4231	Y734	袁家坝—余杭	40	红旗桥	4281	Y740	新民—许村	40	茗山桥
4232	Y734	袁家坝—余杭	10	诸石桥	4282	Y740	新民—许村	50	茗山桥
4233	Y734	袁家坝—余杭	20	东风桥	4283	Y740	新民—许村	60	鲍洋桥
4234	Y734	袁家坝—余杭	10	东陈大桥	4284	Y740	新民—许村	10	许村大桥
4235	Y735	肖王—木香	20	袁介石桥	4285	Y741	虹全—团结	20	张介角桥
4236	Y735	肖王—木香	30	南潘桥	4286	Y741	虹全—团结	30	尖嘴漾桥
4237	Y735	肖王—木香	40	东陈桥	4287	Y741	虹全—团结	40	共和桥
4238	Y735	肖王—木香	50	康安桥	4288	Y741	虹全—团结	50	宋家木桥
4239	Y735	肖王—木香	60	老庄桥	4289	Y741	虹全—团结	10	望子桥
4240	Y735	肖王—木香	70	环镇西桥	4290	Y741	虹全—团结	10	南石桥
4241	Y735	肖王—木香	80	唐家桥	4291	Y741	虹全—团结	20	胜利桥
4242	Y735	肖王—木香	90	反修桥	4292	Y741	虹全—团结	30	官墩桥
4243	Y735	肖王—木香	100	祝家浜桥	4293	Y741	虹全—团结	40	东风桥
4244	Y735	肖王—木香	110	陡门桥	4294	Y741	虹全—团结	10	后港桥
4245	Y735	肖王—木香	10	东桥	4295	Y741	虹全—团结	20	新章桥
4246	Y735	肖王—木香	20	蔡介桥	4296	Y742	翁埠—胜利	10	飞浦桥
4247	Y736	新风桥—和平	30	蛮石桥	4297	Y742	翁埠—胜利	20	北浦桥
4248	Y736	新风桥—和平	40	西木桥	4298	Y742	翁埠—胜利	30	黄家漾桥
4249	Y736	新风桥—和平	50	天明桥	4299	Y742	翁埠—胜利	10	牌楼桥
4250	Y737	许桥—红旗	60	坝头桥	4300	Y743	李介村—茗山村	20	加莱港桥
4251	Y737	许桥—红旗	70	许介石桥	4301	Y743	李介村—茗山村	10	施家漾桥
4252	Y737	许桥—红旗	80	孔家桥	4302	Y743	李介村—茗山村	10	鸟船桥
4253	Y737	许桥—红旗	90	谢家埭桥	4303	Y743	李介村—茗山村	20	东塘桥
4254	Y738	新民—盐仓	100	虹桥	4304	Y743	李介村—茗山村	10	友谊桥
4255	Y738	新民—盐仓	110	桃李桥	4305	Y743	李介村—茗山村	10	农会桥
4256	Y739	东陈—虹全	120	镇南桥	4306	Y744	许村—永福	10	横塘桥
4257	Y739	东陈—虹全	130	长丰桥	4307	Y744	许村—永福	20	新开河桥
4258	Y739	东陈—虹全	140	小桥	4308	Y744	许村—永福	30	马长桥
4259	Y739	东陈—虹全	150	太平桥	4309	Y744	许村—永福	10	港海廊桥
4260	Y739	东陈—虹全	160	七公棠桥	4310	Y744	许村—永福	10	施家木桥
4261	Y739	东陈—虹全	170	全安港桥	4311	Y745	教育路	20	张钱桥
4262	Y739	东陈—虹全	180	应家石桥	4312	Y746	永复线	30	九曲港桥
4263	Y739	东陈—虹全	10	东方红桥	4313	Y746	永复线	40	钱家桥
4264	Y739	东陈—虹全	20	红墩桥	4314	Y746	永复线	10	东方红桥
4265	Y739	东陈—虹全	30	报国寺桥	4315	Y746	永复线	10	石桥港桥
4266	Y739	东陈—虹全	40	状元港桥	4316	Y747	万西路1	20	南钱家桥
4267	Y740	新民—许村	50	东桥	4317	Y747	万西路1	10	全虹桥
4268	Y740	新民—许村	60	磨芽桥	4318	Y748	红旗路西延	10	虹霓村新桥
4269	Y740	新民—许村	70	太平桥	4319	Y748	红旗路西延	20	全家桥
4270	Y740	新民—许村	80	新联桥	4320	Y748	红旗路西延	30	蒋家头桥
4271	Y740	新民—许村	90	戚家石桥					

表附录-2-7　桐乡市公路桥梁情况表

序号	路线代码	路线简称	桥梁编号	桥梁名称	序号	路线代码	路线简称	桥梁编号	桥梁名称
610	G320	320国道	520	月河桥	663	G60	沪昆高速	170	斜港桥
611	G320	320国道	530	叙星桥	664	G60	沪昆高速	180	陈家木桥
612	G320	320国道	540	灰土桥	665	G60	沪昆高速	190	南日港桥
613	G320	320国道	550	报恩桥	666	G60	沪昆高速	200	新河桥
614	G320	320国道	560	浮石桥	667	G60	沪昆高速	210	宋家埭桥
615	G320	320国道	570	后村桥	668	G60	沪昆高速	220	石晖港桥
616	G320	320国道	580	殳家埭桥	669	G60	沪昆高速	230	汽通三号
617	G320	320国道	590	范家埭桥	670	G60	沪昆高速	240	中沙渚塘桥
618	G320	320国道	600	北港桥	671	G60	沪昆高速	250	人通
619	G320	320国道	610	新南桥	672	G60	沪昆高速	260	祝家浜桥
620	G320	320国道	620	梧桐桥	673	G60	沪昆高速	270	汽通四号
621	G320	320国道	630	荡四里桥	674	G60	沪昆高速	280	马西浜桥
622	G320	320国道	640	水眼桥	675	G60	沪昆高速	290	南沙渚塘桥
623	G320	320国道	650	蒋家桥	676	G60	沪昆高速	300	章家塔桥
624	G320	320国道	660	热电厂桥	677	G60	沪昆高速	310	汽通五号
625	G320	320国道	670	灵安桥	678	G60	沪昆高速	320	陈家浜桥
626	G320	320国道	680	双坟头桥	679	G60	沪昆高速	330	计家浜桥
627	G320	320国道	690	西河坝桥	680	G60	沪昆高速	340	新开河桥
628	G320	320国道	700	蒋子庙桥	681	S12	申嘉湖高速	490	1
629	G320	320国道	710	徐家庙桥	682	S12	申嘉湖高速	500	2
630	G320	320国道	720	泗渡洋桥	683	S12	申嘉湖高速	510	3
631	G320	320国道	730	桐乡六号桥	684	S12	申嘉湖高速	520	4
632	G320	320国道	740	桐乡五号桥	685	S12	申嘉湖高速	530	5
633	G320	320国道	750	桐乡四号桥	686	S12	申嘉湖高速	540	6
634	G320	320国道	760	小虎啸桥	687	S12	申嘉湖高速	550	7
635	G320	320国道	770	虎啸桥	688	S12	申嘉湖高速	560	8
636	G320	320国道	780	中沙诸塘桥	689	S12	申嘉湖高速	570	9
637	G320	320国道	790	崇福南门桥	690	S12	申嘉湖高速	580	10
638	G320	320国道	800	南沙诸塘桥	691	S12	申嘉湖高速	590	11
639	G320	320国道	810	南山里桥	692	S12	申嘉湖高速	600	12
640	G320	320国道	820	上市桥	693	S12	申嘉湖高速	610	13
641	G320	320国道	830	马西浜桥	694	S12	申嘉湖高速	620	14
642	G320	320国道	840	许关村桥	695	S12	申嘉湖高速	630	15
643	G320	320国道	850	俞家渡桥	5445	C002	陆家木桥-三官塘	10	新玄桥
647	G60	沪昆高速	1	喇叭港桥	5446	C002	陆家木桥-三官塘	20	新河桥
648	G60	沪昆高速	20	陆家浜桥	5447	C002	陆家木桥-三官塘	30	万安桥
649	G60	沪昆高速	30	人行通道	5448	C003	杨介弄-庄介板桥	40	陈家浜桥
650	G60	沪昆高速	40	长山河大桥	5449	C004	国道-世纪大道	50	通兴桥
651	G60	沪昆高速	50	康泾塘桥	5450	C004	国道-世纪大道	10	新牛桥
652	G60	沪昆高速	60	王家门港桥	5451	C010	世纪大道-横经上	10	石坝桥
653	G60	沪昆高速	70	塘子河桥	5452	C010	世纪大道-横经上	10	新港桥
654	G60	沪昆高速	80	汽通一号	5453	C011	逾桥村-稻乐桥	20	戴公桥
655	G60	沪昆高速	90	毛竹港桥	5454	C011	逾桥村-稻乐桥	10	二十八桥
656	G60	沪昆高速	100	机耕路通道	5455	C011	逾桥村-稻乐桥	20	金星桥
657	G60	沪昆高速	110	石灰浜桥	5456	C011	逾桥村-稻乐桥	10	钱林东桥
658	G60	沪昆高速	120	石桥港桥	5457	C011	逾桥村-稻乐桥	20	钱林桥
659	G60	沪昆高速	130	十七图桥	5458	C011	逾桥村-稻乐桥	10	花园桥
660	G60	沪昆高速	140	汽通二号	5459	C011	逾桥村-稻乐桥	10	三新桥
661	G60	沪昆高速	150	作水板桥	5460	C012	新桥-道士斗	10	杨兴木桥
662	G60	沪昆高速	160	文桥港桥	5461	C013	严家埭-垃圾场	20	新南桥

（续表附录-2-7）

序号	路线代码	路线简称	桥梁编号	桥梁名称	序号	路线代码	路线简称	桥梁编号	桥梁名称
5462	C016	百福村—百福线	10	园区新桥	5513	C088	小李家埭—马家湾	30	金步桥
5463	C018	张家村—长山桥	10	富饶桥	5514	C089	同石公路—黄家角	10	西塘桥
5464	C018	张家村—长山桥	10	杨岳桥	5515	C091	乐家门—公墓	10	浙丰桥
5465	C018	张家村—长山桥	10	老三浜桥	5516	C095	泥司浜—陈家里	10	万福桥
5466	C019	吴其文桥—圣皇庙	20	果园桥	5517	C102	西昌桥—蚕桑场	10	三珍桥
5467	C021	桃园车站—爱国	10	池塘洋	5518	C102	西昌桥—蚕桑场	10	顾家斗桥
5468	C021	桃园车站—爱国	20	八字桥	5519	C103	史家埭—朝北屋组	10	新桥
5469	C021	桃园车站—爱国	30	南八士桥	5520	C106	魏家埭—钟家弄	10	沐恩桥
5470	C021	桃园车站—爱国	10	俞家浜桥	5521	C107	绕城公路—天仁桥	20	铁塔桥
5471	C021	桃园车站—爱国	10	打铁桥	5522	C120	乌塍公路—中新公路	10	新桥
5472	C022	周家庄—施介桥	10	长新桥	5523	C121	乌塍公路—砖瓦厂	10	地心桥
5473	C026	太平桥—高家湾	10	钱家门桥	5524	C122	新翁桥东—九里大桥	10	陆公桥
5474	C029	楝树浜—熊家埭	10	新兴二号桥	5525	C123	吴家浜路—新翁路	20	下塔庙桥
5475	C029	楝树浜—熊家埭	20	新兴三号桥	5526	C124	长浜—分水墩	30	泥桥
5476	C031	二十八桥—原金星村	30	新兴四号桥	5527	C124	长浜—分水墩	10	光辉桥
5477	C031	二十八桥—原金星村	40	胜长桥	5528	C125	新翁公路—乌塍公路	10	加福桥
5478	C035	原绢纺厂—高介湾	50	木桥头	5529	C126	颜家村—乌塍公路	10	永新桥
5479	C035	原绢纺厂—高介湾	60	古店桥	5530	C127	谢西南—长下路	10	观音桥
5480	C037	坝鱼头—原东风村	70	道地桥	5531	C134	凤头—碓坊桥南	10	顺公桥
5481	C044	庆丰路加油站—梧桐停车场	10	冯家木桥	5532	C135	民石公路—洪家村	10	文革桥
5482	C049	联新—方家埭	10	王板桥	5533	C137	长浜—下塔庙桥	10	南庄桥
5483	C049	联新—方家埭	20	杀牛桥	5534	C137	长浜—下塔庙桥	10	谢家桥
5484	C050	G320—斛子浜	30	红星桥	5535	C137	长浜—下塔庙桥	10	中浜桥
5485	C051	G320—徐家兜	10	凤仙桥	5536	C138	擢网扇—西塘桥北	20	摸乃桥
5486	C052	北孟庙—旺岳桥	10	念五桥	5537	C149	乌塍公路—吴家浜东路	1	一心桥
5487	C054	薛家湾—醉李桥	10	八字桥	5538	C151	马安池—中浜东底	10	蔡家桥
5488	C054	薛家湾—醉李桥	10	小桥浜桥	5539	C153	东浜—九里大桥	10	吉婆桥
5489	C062	桐九线—俞家浜	20	建农桥	5540	C157	浙月村村委—吴家浜路	10	华章桥
5490	C062	桐九线—俞家浜	10	建富桥	5541	C171	胜天路—群凌路	10	上塔桥
5491	C062	桐九线—俞家浜	10	南浜头桥	5542	C176	五星公路—严家浜	20	谭家桥
5492	C064	河东—车家兜	10	黄家各桥	5543	C176	五星公路—严家浜	10	南宫桥
5493	C067	邱家埭—庙前村	10	林家木桥	5544	C191	民合集镇—九曲	10	圣堂桥
5494	C071	油车桥—魏家埭	10	泥水浜桥	5545	C202	湖盐线—振兴路	10	七号桥
5495	C072	古店桥—长新桥	10	西昌桥	5546	C206	乌塍公路—虹桥	20	六号桥
5496	C073	卫生院—道地桥	20	蚕桑桥	5547	C206	乌塍公路—虹桥	30	五号桥
5497	C073	卫生院—道地桥	10	水闸桥	5548	C206	乌塍公路—虹桥	10	北虹桥
5498	C073	卫生院—道地桥	10	长庆桥	5549	C211	湖盐线—东庄头	10	百子桥
5499	C073	卫生院—道地桥	10	中路过桥	5550	C212	洪家村—五启桥	10	戴家桥
5500	C073	卫生院—道地桥	10	丰收桥	5551	C213	加福桥—林木厂	10	吴兴大桥
5501	C073	卫生院—道地桥	10	浙翁桥	5552	C214	薛家里—仪宝塘	10	伍启桥
5502	C073	卫生院—道地桥	10	西腐塘桥	5553	C223	中家河桥—湖盐线	10	新泥桥
5503	C074	李家弄—公墓	10	东吴池塘桥	5554	C225	湖盐线—文革桥堍	10	庙西闸桥
5504	C078	路家园组—高家浜	10	油车桥	5555	C229	姚太线—陆小桥	10	九曲港桥
5505	C078	路家园组—高家浜	20	新翁桥	5556	C236	唐桥小学—民新公路	20	永新三号桥
5506	C078	路家园组—高家浜	10	群凌桥	5557	C239	王桥—西浜	10	永新四号桥
5507	C081	唐家村—国道	10	众安桥	5558	C239	王桥—西浜	20	河义墩桥
5508	C082	第九中学—蒋家浜	10	下脚桥	5559	C244	苏家浜—周家汇	10	龙腰宝桥
5509	C084	同石公路—屯桥头	10	民兴桥	5560	C248	陆家村—双木桥	20	永新五号桥
5510	C086	路家园—公墓	10	野庙桥	5561	C253	南浜—白马墩	10	郑家桥
5511	C086	路家园—公墓	10	胜桥	5562	C257	黄家桥—布厂	10	龙翔大桥
5512	C087	泮家洋—路家石桥	20	南千金桥	5563	C260	木庄桥—西横头	10	俞王郑桥

（续表附录-2-7）

序号	路线代码	路线简称	桥梁编号	桥梁名称	序号	路线代码	路线简称	桥梁编号	桥梁名称
5564	C260	木庄桥—西横头	20	董家桥	5615	C389	麻溪北角里—湘洋东南	20	东双桥
5565	C266	姚太线—渔业村	30	林家石桥	5616	C390	湘洋南—川堂里	30	花卜桥
5566	C272	园区—圣堂桥	10	东升桥	5617	C391	吉浜河—高家河	10	庙前桥
5567	C279	太师桥—环湖大道	10	周家庄桥	5618	C391	吉浜河—高家河	20	三登桥
5568	C279	太师桥—环湖大道	20	人民桥	5619	C394	大洋里—杨家木桥南	30	画圣桥
5569	C279	太师桥—环湖大道	10	新木桥	5620	C398	百富村委—养殖园区南	40	八泉桥
5570	C282	乌镇大桥—北村	10	牛桥	5621	C401	百富村委—黎明村南	10	许家木桥
5571	C284	隆源路—心田村	20	顺利桥	5622	C401	百富村委—黎明村南	10	梅家桥
5572	C285	戴家桥—南大街船厂	30	沈家桥	5623	C401	百富村委—黎明村南	20	和睦桥
5573	C286	戴家桥—造纸厂	40	东桥	5624	C401	百富村委—黎明村南	10	无名桥
5574	C298	长枉埭—老坟头	50	莫家兜	5625	C402	黎明村—科洲线东	10	杨塘桥
5575	C302	中新公路—谢西	60	姚家汇桥	5626	C404	石料场—土桥横	10	新东桥
5576	C303	乌塍线—张家门	10	东升三号桥	5627	C404	石料场—土桥横	10	渭头大桥
5577	C321	海盛建材—永新三号桥	10	大庙桥	5628	C405	张家塘—石东	10	长秀大桥
5578	C321	海盛建材—永新三号桥	20	南城桥	5629	C405	张家塘—石东	10	宝珠桥
5579	C322	单桥—东村	30	新木桥	5630	C405	张家塘—石东	10	渡圣桥
5580	C322	单桥—东村	10	文新桥	5631	C407	运河塘—浜底头	10	史家里水闸桥
5581	C326	单桥穆家埭—单桥中家田王	10	太平桥	5632	C409	洋口—胡家庄	10	民心桥
5582	C326	单桥穆家埭—单桥中家田王	10	东升桥	5633	C410	人民桥—郑家浜	10	广福庵桥
5583	C327	新生路口—南环桥	10	东升 5 号桥	5634	C413	百富村—桥西	10	杨塘桥
5584	C328	龙翔街道办事处—杨元	10	灵云桥	5635	C415	陆家里—范家河	10	倪家板桥
5585	C330	金牛—林家石桥	20	翟家木桥	5636	C420	王家弄—空计浜	20	黑板桥
5586	C330	金牛—林家石桥	10	永新一号桥	5637	C420	王家弄—空计浜	10	南木桥
5587	C330	金牛—林家石桥	20	南总管塘桥	5638	C420	王家弄—空计浜	10	北木桥
5588	C331	南环桥—湖盐线收费站	10	明益桥	5639	C421	堰头—陈家埭	20	堰头桥
5589	C332	皂林宗阳庙—皂林委会	20	平家桥	5640	C421	堰头—陈家埭	10	韩家桥
5590	C332	皂林宗阳庙—皂林委会	30	赏家桥	5641	C421	堰头—陈家埭	10	韩家桥
5591	C333	施介桥—董家小学	10	西京桥	5642	C421	堰头—陈家埭	10	潘家桥
5592	C334	南环桥—南王新村	10	北庄桥	5643	C422	子兴桥—西圣埭	10	建设桥
5593	C334	南环桥—南王新村	10	天王桥	5644	C424	石栏桥村—大华板厂	20	中学桥
5594	C334	南环桥—南王新村	10	跃进桥	5645	C424	石栏桥村—大华板厂	10	庙头桥
5595	C334	南环桥—南王新村	10	旧石里桥	5646	C426	梦墩郎—水泥厂	10	无名桥
5596	C334	南环桥—南王新村	20	程家角桥	5647	C429	新东桥—良种场	10	砖桥
5597	C334	南环桥—南王新村	10	正果桥	5648	C430	梦墩郎—示范区	10	东桥
5598	C335	湖盐线新生路—金牛小桥浜	10	濮家横桥	5649	C431	花光寺—渭头	20	曹家桥
5599	C341	三家村—蟹脚里	10	海卸大桥	5650	C432	良村桥—长秀桥	10	凤桥
5600	C341	三家村—蟹脚里	20	振海桥	5651	C434	长华—河山纪	10	龙桥
5601	C341	三家村—蟹脚里	30	万顺桥	5652	C435	杨家汇—五泾村	10	八圣桥
5602	C347	朱介里—中埭	40	永顺桥	5653	C437	史家里—黑板桥	10	范家木桥
5603	C355	水角浜—泮家浜	10	华家桥	5654	C440	王家弄村—倪家坝	10	南双桥
5604	C357	变电所—孟知桥	10	丁家桥	5655	C442	六福庵桥—汽车修配厂	20	北双桥
5605	C368	假山头—打竹浜	20	无名桥	5656	C444	张家里—正大包装厂	10	仁安坝桥
5606	C371	利东—管家埭南	10	郑家埭桥	5657	C446	长河浜—东华台	10	无名桥
5607	C371	利东—管家埭南	20	姚家埭桥	5658	C446	长河浜—东华台	10	打铁桥
5608	C374	杨园村—花园景	30	霍雀桥	5659	C451	学校—葛家桥	10	界金桥
5609	C374	杨园村—花园景	10	东永丰桥	5660	C452	东浜里—观音桥	10	聚财桥
5610	C380	科洲公路—光明砖瓦厂	10	永和桥	5661	C452	东浜里—观音桥	20	大寨桥
5611	C380	科洲公路—光明砖瓦厂	10	人民大桥	5662	C453	做戏浜—钟家湾	10	长宇桥
5612	C380	科洲公路—光明砖瓦厂	10	东风大桥	5663	C456	唐家里—寿纪桥	20	如意桥
5613	C381	西景桥—沈家埭	10	夏石桥	5664	C459	做戏湾—唐家里	30	重建宝善桥
5614	C384	朱家角—大麻梢	10	西双桥	5665	C461	含仁—中学桥	10	东风桥

（续表附录-2-7）

序号	路线代码	路线简称	桥梁编号	桥梁名称	序号	路线代码	路线简称	桥梁编号	桥梁名称
5666	C461	含仁—中学桥	10	砖厂桥	5717	C564	蔡家埭—赵家角	10	文桥
5667	C470	庙头村委—庙头公交车站	20	濮家桥	5718	C564	蔡家埭—赵家角	20	凌家桥
5668	C474	铁店村—大闸桥	30	富翁桥	5719	C565	漾口埭—东田新区	30	大桥水闸
5669	C476	南圣浜—陈介埭	10	胜利桥	5720	C567	善仁埭—崇新线	10	庄橙桥
5670	C483	叶家桥—石家村	10	陆家桥	5721	C567	善仁埭—崇新线	10	太平桥
5671	C483	叶家桥—石家村	20	慈寿桥	5722	C568	砖瓦厂—桐德公路	10	新红桥
5672	C485	凤桥头—曹家桥	30	南庄桥	5723	C572	青河桥—兜心里	10	福塘桥
5673	C486	龙桥—大家浜	10	圣塘大桥	5724	C573	东南角—庵后头	20	新宁桥
5674	C487	杨家坝桥—凤桥头	20	新马桥	5725	C575	朱义马—陵家桥	10	高桥
5675	C488	双园村—范家木桥	10	田塍村桥	5726	C576	东仁村—庵后头	20	苏木浜桥
5676	C490	五泾村—堰头	20	大有桥	5727	C579	洲泉汽车站—南市桥	10	子恺桥
5677	C490	五泾村—堰头	10	新安桥	5728	C580	晚村集镇—泉溪	10	俞家桥
5678	C520	仁安坝—中宫里	20	北杨桥	5729	C580	晚村集镇—泉溪	20	新桥
5679	C524	石林—油车桥	30	南圣塘桥	5730	C580	晚村集镇—泉溪	30	工农桥
5680	C525	高桥头—永安桥	40	庙桥	5731	C580	晚村集镇—泉溪	10	南高桥
5681	C527	桥东—红灯浜	10	新坝桥	5732	C580	晚村集镇—泉溪	10	阴井桥
5682	C530	如意桥—北洋桥	10	湘溪大桥	5733	C583	上丰浜—崇新线	20	颜井桥
5683	C530	如意桥—北洋桥	20	振兴桥	5734	C583	上丰浜—崇新线	10	凌家木桥
5684	C531	屈家里—薛如意	30	日晖桥	5735	C584	小元头村—羊汇头	20	李家木桥
5685	C531	屈家里—薛如意	10	东庄浜桥	5736	C585	青石丝厂—马家桥	10	东池桥
5686	C531	屈家里—薛如意	10	识马桥	5737	C585	青石丝厂—马家桥	10	闸湾里桥
5687	C532	三房里—东桥	20	华亩小桥	5738	C585	青石丝厂—马家桥	10	马鱼桥
5688	C536	毛家湾—永秀集镇	30	仰思新桥	5739	C587	原南庄村部—合兴村	10	堰桥
5689	C536	毛家湾—永秀集镇	40	和睦桥	5740	C587	原南庄村部—合兴村	20	和尚桥
5690	C536	毛家湾—永秀集镇	10	八公桥	5741	C587	原南庄村部—合兴村	10	大庄桥
5691	C539	京马路—周家坝	10	鱼桥	5742	C590	夏家桥—北沈	10	邱家浜桥
5692	C543	陆家桥—原南庄村部	20	马家桥	5743	C591	京马路转盘—太平桥	10	西村桥
5693	C543	陆家桥—原南庄村部	10	善仁塘桥	5744	C594	王家坝—小红桥	20	钱王桥
5694	C543	陆家桥—原南庄村部	10	德胜大桥	5745	C600	二渡埭村部—羔羊水泥厂	10	李庄大桥
5695	C544	俞家斗—喜南户	10	蔡家桥	5746	C600	二渡埭村部—羔羊水泥厂	10	寺后桥
5696	C544	俞家斗—喜南户	20	东桥	5747	C601	寺后斗—高家埭	20	董家桥
5697	C545	永发电子厂—镇垃圾场	10	东田大桥	5748	C601	寺后斗—高家埭	10	铁路下桥
5698	C545	永发电子厂—镇垃圾场	10	陈家桥	5749	C605	叶新—石门农行	10	蔡家桥
5699	C546	河南组—张家小店	20	姚家桥	5750	C606	寺弄北—南高桥	10	杨林桥
5700	C546	河南组—张家小店	10	青石桥	5751	C606	寺弄北—南高桥	10	永安桥
5701	C546	河南组—张家小店	10	清河桥	5752	C606	寺弄北—南高桥	10	西舍渡桥
5702	C546	河南组—张家小店	10	鱼家桥	5753	C607	叶新小学—马鱼桥新村	20	姚家里桥
5703	C548	沈家组—新环桥	10	乐家桥	5754	C609	蔬菜队—石门水厂	10	东庄桥
5704	C551	派出所—新环桥	10	通富大桥	5755	C609	蔬菜队—石门水厂	10	新建设桥
5705	C551	派出所—新环桥	10	庄前桥	5756	C610	和睦桥—石门交管站	10	竹园里桥
5706	C551	派出所—新环桥	10	西浜里桥	5757	C610	和睦桥—石门交管站	10	祝桥
5707	C554	长春里—吴家埭	20	南塘桥	5758	C611	姚家浜—西圣埭	20	王家埭桥
5708	C556	识马桥—河山	30	泉溪大桥	5759	C612	创业路—颜介里	10	徐步桥
5709	C556	识马桥—河山	40	陈家浜桥	5760	C614	马鱼桥新村—白象头	10	叶家桥
5710	C556	识马桥—河山	50	千斤大桥	5761	C615	寺弄口—石门丝厂	10	万年桥
5711	C556	识马桥—河山	10	万宁桥	5762	C615	寺弄口—石门丝厂	20	万年桥
5712	C557	岑山村—岸秧浜	20	长发桥	5763	C616	陆家庄村—村委	30	丰登桥
5713	C558	河山—羔羊	10	富介桥	5764	C619	民丰村—南双桥	10	庆丰桥
5714	C558	河山—羔羊	10	赵家桥	5765	C620	养鸭基池—河泥浜	10	长春桥
5715	C561	赵家埭—善仁埭	20	马家桥	5766	C620	养鸭基池—河泥浜	10	东方红桥
5716	C563	田陀—德胜桥	30	庄富板桥	5767	C621	油车桥—羊市场	10	兴华桥

（续表附录-2-7）

序号	路线代码	路线简称	桥梁编号	桥梁名称	序号	路线代码	路线简称	桥梁编号	桥梁名称
5768	C623	石安水泥路口—董家桥	20	华丰桥	5819	C668	董家门—南板桥	10	蒋军桥
5769	C623	石安水泥路口—董家桥	30	裕丰桥	5820	C668	董家门—南板桥	20	柏家坝桥
5770	C624	嘉兴铁塔厂—无量桥	40	晏西桥	5821	C669	原和平村村委—俞家门	10	小石桥
5771	C625	钟家庄—田畈村	50	罗庄桥	5822	C670	曹家浜—范家里	20	钮家湾桥
5772	C628	周士塘村部—陆家庄陈家庙	10	东桥	5823	C671	雪婆桥—许家浜	10	平家桥
5773	C629	东环—吴家庄	10	北塘木桥	5824	C672	屠新线—黑子桥	20	中埭村桥
5774	C630	陆家庄村—墅丰姚家里	20	徐家桥	5825	C672	屠新线—黑子桥	10	徐吴桥
5775	C630	陆家庄村—墅丰姚家里	30	北木桥	5826	C673	马头浜—元宝桥	10	大同浜桥
5776	C631	黄家埭—叶星	40	塘子桥	5827	C674	屠南线—大脚湾	10	永宁公路桥
5777	C633	白马塘村委—王家埭	50	星新东桥	5828	C675	元帅桥—石灰浜	20	油车桥
5778	C636	殷家漾梨园北—梨园南	60	新建桥	5829	C675	元帅桥—石灰浜	10	谢家桥
5779	C637	杨家埭—石道地	70	星星桥	5830	C676	南蒋桥—合新	20	吴家桥
5780	C637	杨家埭—石道地	80	罗青桥	5831	C677	施家村—陈家门	10	迎龙桥
5781	C638	石前浜—西谈村	10	AAA	5832	C683	皇母桥—海宁台商区	10	姚家村桥
5782	C639	六塔村—八泉村	20	金家木桥	5833	C688	三门家大桥—贾家兜	10	祚家桥
5783	C640	泥司下—丰登桥	30	肖王庙桥	5834	C688	三门家大桥—贾家兜	10	机埠桥
5784	C640	泥司下—丰登桥	10	利丰桥	5835	C689	文桥头—肖家斗	20	里门桥
5785	C640	泥司下—丰登桥	10	万寿桥	5836	C696	河桥头—徐家场	10	陈家角桥
5786	C642	白祥浜—新华村	10	田心里桥	5837	C696	河桥头—徐家场	10	无名桥
5787	C644	长春桥—马家汇	10	宋家石桥	5838	C696	河桥头—徐家场	10	元官桥
5788	C648	羔民线—北阳庄	20	青河桥	5839	C697	徐家角—凌家湾	20	太平桥
5789	C650	于介埭—罗青浜	10	竹水板桥	5840	C698	王家门—陆家庄	10	禾家木桥
5790	C650	于介埭—罗青浜	20	门楼桥	5841	C705	湖盐线—双养门	10	振兴大桥
5791	C650	于介埭—罗青浜	10	谢家桥	5842	C705	湖盐线—双养门	10	渡圣桥
5792	C650	于介埭—罗青浜	10	民丰桥	5843	C706	花果园—旗杆下	10	环桥
5793	C650	于介埭—罗青浜	10	桂家木桥	5844	C706	花果园—旗杆下	10	红旗桥
5794	C651	罗青浜—陈介门	20	东升桥	5845	C721	平家桥—利庄门	10	仙驾桥
5795	C652	孙家门—罗青浜	30	望景桥	5846	C721	平家桥—利庄门	20	东方红桥
5796	C652	孙家门—罗青浜	10	唐官桥	5847	C722	元宝桥—三村西村	10	沈介角桥
5797	C652	孙家门—罗青浜	10	看碶桥	5848	C723	平家桥—大同浜	10	骑塘桥
5798	C652	孙家门—罗青浜	20	南板桥	5849	C730	屠新线—油车桥	10	徐家门桥
5799	C652	孙家门—罗青浜	10	高家木桥	5850	C730	屠新线—油车桥	20	新桥
5800	C652	孙家门—罗青浜	10	曹家浜水闸桥	5851	C735	谢家桥—新丰万岁桥	10	机埠桥
5801	C652	孙家门—罗青浜	10	薛婆桥	5852	C735	谢家桥—新丰万岁桥	20	塔石桥
5802	C652	孙家门—罗青浜	10	无名桥	5853	C736	南日中心小学—腊烛村	10	湘庄桥
5803	C653	千金—万星	20	黑子桥	5854	C740	毛水浜村—油车浜	20	张家洋桥
5804	C653	千金—万星	10	机埠桥	5855	C743	酒店浜—花木场	10	漕泾桥
5805	C653	千金—万星	10	范家湖水闸桥	5856	C744	张家门—骑漕线	10	新木桥
5806	C654	马家埭—东晏城	10	元帅庙桥	5857	C744	张家门—骑漕线	10	万丰桥
5807	C655	石灰浜—余家门	20	金岳门桥	5858	C746	骑荆线—沈家角	10	越丰桥
5808	C657	华丰—田心里	10	南蒋桥	5859	C747	崇楼线—落晚桥	20	李家木桥
5809	C658	越丰—路仲	10	施家桥	5860	C748	曹将村北—杨柳浜	30	扶国桥
5810	C658	越丰—路仲	10	新黄鹤桥	5861	C748	曹将村北—杨柳浜	10	同和桥
5811	C659	晏城小学—门楼村	10	拱枢桥	5862	C749	高桥小学—马家门西	10	南星桥
5812	C659	晏城小学—门楼村	20	东河桥	5863	C750	桐斜线—徐家小桥	20	陈家浜桥
5813	C663	于家浜—仲乐	10	允文桥	5864	C751	朱家浜—渡圣桥	10	凌家木桥
5814	C664	沈濮村—王桥头	10	西河北桥	5865	C758	姚家门—环桥头	20	邵家浜桥
5815	C665	屠南线—周介斗	20	王家木桥	5866	C763	骑荆线—扶驾桥	30	平安桥
5816	C665	屠南线—周介斗	30	徐家场桥	5867	C765	高崇线—制革厂	40	周家石桥
5817	C665	屠南线—周介斗	10	徐家角桥	5868	C765	高崇线—制革厂	50	茅家浜桥
5818	C667	和平村村委—顾介里	10	西木桥	5869	C766	利大桥—崇骑线	10	青石桥

(续表附录-2-7)

序号	路线代码	路线简称	桥梁编号	桥梁名称	序号	路线代码	路线简称	桥梁编号	桥梁名称
5870	C768	骑力桥—骑塘桥	10	助先桥	5921	C853	张家湾—王店村	10	陆家门桥
5871	C771	徐家门—羊桥	10	渔船汇桥	5922	C853	张家湾—王店村	10	雁团桥
5872	C771	徐家门—羊桥	20	蒋官桥	5923	C854	王家埭—张家湾	20	庄桥
5873	C772	骑荆线—骑漕线	30	柴家斗桥	5924	C854	王家埭—张家湾	10	旺屋桥
5874	C772	骑荆线—骑漕线	10	夏家斗桥	5925	C854	王家埭—张家湾	20	大桥
5875	C773	骑荆线—濮新线	20	杨家村桥	5926	C863	俞家场—高家兜	10	黄河桥
5876	C773	骑荆线—濮新线	30	梅家村桥	5927	C865	罗家桥—金家门	10	无名桥
5877	C774	漕泾小学—范家门	40	陈会角桥	5928	C872	孟家园—朱家兜	10	群英桥
5878	C777	南高线—秀才桥	10	太平桥	5929	C873	王母桥—永兴港	10	崇益桥
5879	C778	桐九线—王家斗	10	新民桥	5930	C873	王母桥—永兴港	10	东木桥
5880	C779	桐九线—越丰小学	10	联民桥	5931	C875	永兴港—凯旋路	10	钱西北桥
5881	C779	桐九线—越丰小学	10	环桥	5932	C875	永兴港—凯旋路	20	杨梅湾桥
5882	C779	桐九线—越丰小学	10	跃进桥	5933	C876	永乐村委—320国道	10	边家桥
5883	C780	桐九线—同和桥	10	联新桥	5934	C877	加油站—塘田里	10	长利桥
5884	C783	新文桥—油车桥	20	新旗桥	5935	C882	320国道—徐家浜	10	沈家角桥
5885	C783	新文桥—油车桥	10	群丰西桥	5936	C887	双园路—黄河公路	10	外浜桥
5886	C800	新农村—茅家浜桥	20	石灰桥	5937	C887	双园路—黄河公路	10	御驾桥
5887	C800	新农村—茅家浜桥	10	南圣桥	5938	C888	320国道—黄河小学	10	加清庵桥
5888	C800	新农村—茅家浜桥	20	打六浜桥	5939	C888	320国道—黄河小学	20	同家浜桥
5889	C800	新农村—茅家浜桥	10	魏家门桥	5940	C888	320国道—黄河小学	30	逢吉桥
5890	C800	新农村—茅家浜桥	10	王家浜桥	5941	C890	茅家桥—夏家埭	10	永安桥
5891	C801	新羔线—谈家门	20	先锋桥	5942	C891	李北—公墓	10	陆家木桥
5892	C803	屠新线—南墙门	10	盛家桥	5943	C892	新河村村委—旺屋桥	10	毛家木桥
5893	C804	王家村—柴家斗	20	朱家石桥	5944	C893	徐家浜—罗秋浜	10	小西湖桥
5894	C804	王家村—柴家斗	10	对夫桥	5945	C893	徐家浜—罗秋浜	20	小木桥
5895	C804	王家村—柴家斗	20	小洋桥	5946	C896	旺屋桥—沈家木桥	10	石步桥
5896	C806	石桥头—杨园新村	10	小洋桥	5947	C896	旺屋桥—沈家木桥	10	民丰桥
5897	C806	石桥头—杨园新村	20	马家桥	5948	C897	恒丰漂染公司—李家鱼池	20	京报旨桥
5898	C806	石桥头—杨园新村	30	张店桥	5949	C898	良种厂—庄敬里	10	青阳桥
5899	C806	石桥头—杨园新村	40	幸福桥	5950	C905	村委东口子—吉字浜北	20	张富板桥
5900	C811	太平桥—中群村	50	石蟹坟桥	5951	C912	郑桥—北沙浜	10	宋家木桥
5901	C823	鸦鹊浜—北姚浜	10	团结桥	5952	C918	东木桥—西木桥	10	范家木桥
5902	C824	朝东屋—北姚浜	20	万寿桥	5953	C920	钱家埭组—钟夫	10	兴隆桥
5903	C827	环桥—秀洲	30	福森桥	5954	C920	钱家埭组—钟夫	10	中庙桥
5904	C830	周家汇—东塘田	10	乐安桥	5955	C924	泗金线—边家桥	10	陈家桥
5905	C832	联丰桥—铁家浜	10	西沈家桥	5956	C926	热电厂—黄家桥	20	小康桥
5906	C832	联丰桥—铁家浜	10	大寨桥	5957	C928	国道—沈家角	10	范家庄
5907	C833	杨树下—新妙智	10	竹西桥	5958	C935	杨家岗—理环桥西村	20	机埠桥
5908	C833	杨树下—新妙智	20	红晓大桥	5959	C943	崇楼线—御家桥村	10	圣家角桥
5909	C834	孔家门—鱼船浜	10	永安二桥	5960	C944	王家石桥—留良桥	20	南村桥
5910	C834	孔家门—鱼船浜	20	永安桥	5961	C944	王家石桥—留良桥	10	顾家木桥
5911	C843	陆家浜—鱼船浜	10	文苑桥	5962	C944	王家石桥—留良桥	10	皇过此桥
5912	C845	朱家浜—北大池	10	柴家桥	5963	C945	景新线—庵桥头	10	永庆桥
5913	C845	朱家浜—北大池	10	富民桥	5964	C949	陆家木桥—朱家木桥	10	曹家桥
5914	C848	永兴—妙智	10	双园桥	5965	C950	崇长线—环宇经编厂	20	利市桥
5915	C848	永兴—妙智	20	金塘桥	5966	C952	联丰小学—崇新线	30	闸口桥
5916	C852	浮石桥—塘头浜	10	齐宏桥	5967	C952	联丰小学—崇新线	10	张步桥
5917	C852	浮石桥—塘头浜	20	大队机桥	5968	C959	皇过此桥—郁家湾	10	建业桥
5918	C853	张家湾—王店村	30	陶家桥	5969	C963	泗金线—北徐村	10	徐家睦桥
5919	C853	张家湾—王店村	10	万子桥	5970	C963	泗金线—北徐村	20	火炬桥
5920	C853	张家湾—王店村	10	博士桥	5971	C973	国道—褚家里	10	沈家桥

（续表附录-2-7）

序号	路线代码	路线简称	桥梁编号	桥梁名称	序号	路线代码	路线简称	桥梁编号	桥梁名称
5972	C973	国道—褚家里	20	单饭桥	6023	CB54	合家桥组—芝村桥	20	长生桥
5973	C976	崇楼线—圣瑞斯	10	新生桥	6024	CB57	胜利饭后—木西浜	10	周家角桥
5974	C977	崇楼线—建场厂	20	小桥	6025	CB57	胜利饭后—木西浜	20	太子塘桥
5975	C978	元宝桥港—王家门	10	王家桥	6026	CB57	胜利饭后—木西浜	30	观庄桥
5976	C986	陈家埭组—八字桥	10	曹家墩桥	6027	CB57	胜利饭后—木西浜	10	匠人桥
5977	C990	崇楼线—李家浜	20	羊毛衫厂桥	6028	CB57	胜利饭后—木西浜	20	徐家桥
5978	C990	崇楼线—李家浜	10	百岁桥	6029	CB57	胜利饭后—木西浜	30	盛家浜桥
5979	C996	南阳村委—方家凉棚	20	保蚕桥	6030	CB59	建设大桥东境—民利村	40	汤家桥
5980	C996	南阳村委—方家凉棚	10	小科同桥	6031	CB60	东安村—太平庙	50	乌鸦桥
5981	C998	罗上村—南村桥	10	北平桥	6032	CB60	东安村—太平庙	10	马桥
5982	C998	罗上村—南村桥	10	富村桥	6033	CB60	东安村—太平庙	10	姚家桥
5983	CA05	鱼家浜—木西浜南	10	安乐桥	6034	CB61	上市集镇—大通新桥	10	濮家桥
5984	CA13	徐家埭—皇过此桥	20	西圣德桥	6035	CB61	上市集镇—大通新桥	20	西万桥
5985	CA16	崇楼线—卫曹庙	10	泥马桥	6036	CB61	上市集镇—大通新桥	10	囡儿港桥
5986	CA31	占居斗—国道	20	南庙桥	6037	CB61	上市集镇—大通新桥	20	虎啸二号桥
5987	CA31	占居斗—国道	30	松老高桥	6038	CB62	城郊村—芝村石马	30	牛桥
5988	CA31	占居斗—国道	10	东圣德桥	6039	CB62	城郊村—芝村石马	40	蔡仰桥
5989	CA38	南新社区—卜家埭	10	李家桥	6040	CB62	城郊村—芝村石马	50	西文桥
5990	CA59	建业路—青阳西路	10	无名桥	6041	CB63	新庄桥—芝村石马	60	东文桥
5991	CA68	菩萨庙桥—丁村埭	20	太子塘桥	6042	CB64	五丰大桥—南维桥	70	观音桥
5992	CA68	菩萨庙桥—丁村埭	10	祝香桥	6043	CB64	五丰大桥—南维桥	80	出浜桥
5993	CA74	村委南路—圣塘港边	20	大头桥	6044	CB65	芝村丝厂—盛家浜桥	90	庙桥
5994	CA74	村委南路—圣塘港边	10	鱼家桥	6045	CB65	芝村丝厂—盛家浜桥	100	善人桥
5995	CA77	上市机埠—小桥头	20	晏公桥	6046	CB66	五丰小学—宏图公司	110	永丰桥
5996	CA77	上市机埠—小桥头	10	陈家桥	6047	CB66	五丰小学—宏图公司	120	元宝桥
5997	CA80	青杨路王家桥—李家村西	10	马南桥	6048	CB66	五丰小学—宏图公司	10	里浜桥
5998	CA86	新市线—崇福猪羊市场	20	汤家浜桥	6049	CB67	五丰小学—前进桥	10	肇昌桥
5999	CA86	新市线—崇福猪羊市场	10	洪春桥	6050	CB67	五丰小学—前进桥	10	新建桥
6000	CA87	东牌楼下—顺利村委	10	合家桥	6051	CB67	五丰小学—前进桥	10	水闸桥
6001	CA87	东牌楼下—顺利村委	20	寺东桥	6052	CB67	五丰小学—前进桥	10	马墩桥
6002	CA90	盛家木桥—萧居豆	10	邓家桥	6053	CB67	五丰小学—前进桥	10	和谐桥
6003	CA96	丰利桥—莲花浜	20	斜径桥	6054	CB69	上莫村—新益树脂厂	10	周家河桥
6004	CB01	太子塘桥—砖瓦厂	30	跳板桥	6055	CB70	李家坝村—钱家埭	10	过水桥
6005	CB14	泗金线—西圣德桥	40	曹家弄桥	6056	CB71	钟夫村委—景卫	20	张大桥
6006	CB14	泗金线—西圣德桥	50	谢步桥	6057	CB71	钟夫村委—景卫	10	盛家桥
6007	CB24	南维—松老高桥	60	木西浜桥	6058	CB73	虎啸水泥厂—元宝桥	10	永久桥
6008	CB24	南维—松老高桥	10	永宁庙桥	6059	CB73	虎啸水泥厂—元宝桥	10	东升七号桥
6009	CB24	南维—松老高桥	10	章桥	6060	CB73	虎啸水泥厂—元宝桥	10	东升六号桥
6010	CB30	中晒头—东圣德桥	20	凯虹桥	6061	CB73	虎啸水泥厂—元宝桥	10	木桥头桥
6011	CB31	芝村村委—李家桥	30	鸽子浜桥	6062	CB73	虎啸水泥厂—元宝桥	10	思源桥
6012	CB34	姚匠桥—西木家兜	10	章士桥	6063	CB73	虎啸水泥厂—元宝桥	10	罗家桥
6013	CB34	姚匠桥—西木家兜	20	菩萨庙桥	6064	CB73	虎啸水泥厂—元宝桥	10	沈家木桥
6014	CB37	上莫桥—大头桥	30	采水港桥	6065	CB73	虎啸水泥厂—元宝桥	20	南浜桥
6015	CB37	上莫桥—大头桥	40	里虹桥	6066	CB73	虎啸水泥厂—元宝桥	10	土桥
6016	CB38	马家埭—晏公桥	10	大通新桥	6067	CB73	虎啸水泥厂—元宝桥	10	弟字圩桥
6017	CB38	马家埭—晏公桥	20	庙港桥	6068	CB73	虎啸水泥厂—元宝桥	10	西桥
6018	CB42	陈家桥—丰富村	30	富民大桥	6069	CB73	虎啸水泥厂—元宝桥	10	香子春桥
6019	CB46	柒家浜—青石	10	新庄桥	6070	CB75	富家坝—扶驾桥	10	万利桥
6020	CB46	柒家浜—青石	10	圣塘桥	6071	CB76	湾里村—肇昌桥	10	新桥
6021	CB52	田心里—越茂桥	20	南维桥	6072	CB77	御家桥—庄安	10	秀才桥
6022	CB54	合家桥组—芝村桥	10	华家桥	6073	CB79	芦母加油站—芦母村	10	新石桥

（续表附录-2-7）

序号	路线代码	路线简称	桥梁编号	桥梁名称	序号	路线代码	路线简称	桥梁编号	桥梁名称
6074	CD01	大庄村小学—蔡家塘	10	洪通桥	6125	X102	嘉兴—湖州	210	朱家兜中桥
6075	CD02	蔡家埭桥—荒头河	10	砖瓦厂桥	6126	X102	嘉兴—湖州	220	大道场桥
6076	CD03	周家河—庄河里	10	王泾港桥	6127	X109	湖洲—海盐	230	莲花桥
6077	CL02	过水桥—蒋家湾	10	聚贤桥	6128	X109	湖洲—海盐	240	杨喜木桥
6078	CL02	过水桥—蒋家湾	10	东平桥	6129	X109	湖洲—海盐	250	连心桥
6079	CL03	盛家桥—过水桥	20	永益桥	6130	X109	湖洲—海盐	260	西水桥
6080	CL05	单桥村委—四号桥路	30	王家桥	6131	X109	湖洲—海盐	270	朱家桥
6081	CL11	林家石桥—农炉线	10	中洲桥	6132	X109	湖洲—海盐	280	朱家桥(左)
6082	CL12	朱家浜—嘉湖线	20	永兴桥	6133	X109	湖洲—海盐	290	胡家桥
6083	CL16	全家里—利东	10	玉泉桥	6134	X109	湖洲—海盐	300	胡家桥(左)
6084	CP05	凯旋路—320国道	20	富贵桥	6135	X109	湖洲—海盐	310	田鸡浜桥
6085	CS01	罗家桥—长浜	10	新木桥	6136	X109	湖洲—海盐	320	田鸡浜桥(左)
6086	CS02	塘田里—西牛桥村	10	夜明桥	6137	X109	湖洲—海盐	330	施家桥
6087	CS02	塘田里—西牛桥村	10	新桥	6138	X109	湖洲—海盐	340	施家桥(左)
6088	CS03	土桥头—朱中桥	10	新升桥	6139	X109	湖洲—海盐	350	陈家浜桥
6089	CS08	花岗寺—姚家浜	10	小康桥	6140	X109	湖洲—海盐	360	陈家浜桥(左)
6090	CS10	董春线—马家汇	20	南道桥	6141	X109	湖洲—海盐	370	李家桥
6091	CS11	朝阳桥—俞家湾	30	东大寺桥	6142	X109	湖洲—海盐	380	李家桥(左)
6092	CS16	做戏里—陆家下	10	积金桥	6143	X109	湖洲—海盐	390	东港桥
6093	CS19	宋家桥—新桥头	10	砖桥	6144	X109	湖洲—海盐	400	东港桥(左)
6094	CS21	李庄—秀才桥	10	沈家场桥	6145	X109	湖洲—海盐	410	肖家桥
6095	CX03	博农公司—新石桥	20	计家板桥	6146	X109	湖洲—海盐	420	肖家桥(左)
6096	CX07	柏家桥—罗家浜	30	大水板桥	6147	X109	湖洲—海盐	430	屠甸立交桥
6097	CX08	钱林砖瓦厂—南兜组	40	北永兴港桥	6148	X109	湖洲—海盐	440	屠甸立交桥(左)
6098	CX10	谈家里—三官塘	50	花石桥	6149	X109	湖洲—海盐	450	朱家头桥
6099	CZ01	木介梢—落八里	60	王家板桥	6150	X109	湖洲—海盐	460	杨家桥
6100	CZ03	三峰鞋业—杨家桥	70	大树桥	6151	X109	湖洲—海盐	470	杨家桥(左)
6101	CZ03	三峰鞋业—杨家桥	80	杜家木桥	6152	X109	湖洲—海盐	10	杜安埭桥
6102	CZ03	三峰鞋业—杨家桥	90	董家桥	6153	X109	湖洲—海盐	20	毛家埭桥
6103	CZ04	中洲化纤厂—合兴村	100	朱家桥	6154	X109	湖洲—海盐	10	城郊桥
6104	CZ04	中洲化纤厂—合兴村	110	姚堡里立交桥	6155	X109	湖洲—海盐	20	语溪大桥
6105	CZ07	徐家浜—联丰村	10	民兴桥	6156	X109	湖洲—海盐	30	新星桥
6106	CZ07	徐家浜—联丰村	20	朝阳桥	6157	X109	湖洲—海盐	40	长乐桥
6107	CZ08	石墩机埠—顾家角	30	竹叶桥	6158	X109	湖洲—海盐	50	新兴大桥
6108	CZ10	河介桥北—谈家浜	40	九里松桥	6159	X109	湖洲—海盐	60	姚匠桥
6109	CZ11	河东浜—田心里	50	炉头桥	6160	X109	湖洲—海盐	70	姚匠桥(左)
6110	CZ12	曼头浜—义马集镇	60	炉头桥(左)	6161	X109	湖洲—海盐	80	上莫桥
6111	CZ21	大夫桥—东大寺桥	70	高家埭桥	6162	X109	湖洲—海盐	90	前进桥
6112	CZ21	大夫桥—东大寺桥	80	高家埭桥(左)	6163	X109	湖洲—海盐	100	新环桥
6113	CZ21	大夫桥—东大寺桥	90	东升新桥	6164	X109	湖洲—海盐	110	钟家桥
6114	CZ22	崇新线—西南户	100	东升新桥(左)	6165	X109	湖洲—海盐	120	泗水桥
6115	CZ23	新桥头—金鸡路	110	西双桥	6166	X109	湖洲—海盐	130	钱家埭桥
6116	X102	嘉兴—湖州	120	西双桥(左)	6167	X109	湖洲—海盐	140	长山河大桥
6117	X102	嘉兴—湖州	130	逾新桥	6168	X109	湖洲—海盐	150	叶家桥
6118	X102	嘉兴—湖州	140	栅口桥	6169	X109	湖洲—海盐	160	新安桥
6119	X102	嘉兴—湖州	150	塘湾兜桥	6170	X109	湖洲—海盐	170	永福桥
6120	X102	嘉兴—湖州	160	逾城桥	6171	X109	湖洲—海盐	180	庙桥
6121	X102	嘉兴—湖州	170	钱家木桥	6172	X109	湖洲—海盐	190	章家埭桥
6122	X102	嘉兴—湖州	180	於家门桥	6173	X109	湖洲—海盐	10	太平桥
6123	X102	嘉兴—湖州	190	浜南桥	6174	X110	崇福—长安	20	张家桥
6124	X102	嘉兴—湖州	200	浮石桥立交	6175	X110	崇福—长安	30	吴家桥

（续表附录-2-7）

序号	路线代码	路线简称	桥梁编号	桥梁名称	序号	路线代码	路线简称	桥梁编号	桥梁名称
6176	X111	崇福—新市	40	妙新桥	6227	X801	屠甸—新农村	150	密竹浜桥
6177	X111	崇福—新市	50	为新桥	6228	X802	桐乡—九里桥	10	星石桥
6178	X111	崇福—新市	60	新木桥	6229	X802	桐乡—九里桥	20	木芽桥
6179	X111	崇福—新市	70	莊桥	6230	X802	桐乡—九里桥	30	骑力桥
6180	X111	崇福—新市	80	蒋家桥	6231	X802	桐乡—九里桥	40	果园子桥
6181	X111	崇福—新市	90	南王桥	6232	X802	桐乡—九里桥	10	大麻一号桥
6182	X111	崇福—新市	100	南石桥	6233	X802	桐乡—九里桥	20	华世桥
6183	X111	崇福—新市	110	殷家桥	6234	X802	桐乡—九里桥	30	蒋家里桥
6184	X111	崇福—新市	120	立新桥	6235	X803	崇福—楼下角	40	葡萄河桥
6185	X111	崇福—新市	130	光明桥	6236	X803	崇福—楼下角	50	柏树桥
6186	X111	崇福—新市	140	和顺桥	6237	X803	崇福—楼下角	60	唐家角桥
6187	X111	崇福—新市	10	双县桥	6238	X803	崇福—楼下角	70	大麻桥
6188	X111	崇福—新市	20	新桥	6239	X803	崇福—楼下角	80	丁家桥
6189	X111	崇福—新市	10	山门街大桥	6240	X803	崇福—楼下角	90	光明桥
6190	X111	崇福—新市	20	松嶺桥	6241	X803	崇福—楼下角	100	大红桥
6191	X111	崇福—新市	30	木长桥	6242	X803	崇福—楼下角	110	李家桥
6192	X111	崇福—新市	40	小木桥	6243	X803	崇福—楼下角	120	俞家兜桥
6193	X111	崇福—新市	50	毛竹港桥	6244	X803	崇福—楼下角	130	振南桥
6194	X111	崇福—新市	60	金西桥	6245	X803	崇福—楼下角	140	积金桥
6195	X117	农垦场—炉头	70	吉庆桥	6246	X803	崇福—楼下角	150	金家桥
6196	X117	农垦场—炉头	80	朱家木桥	6247	X803	崇福—楼下角	10	同福三号桥
6197	X117	农垦场—炉头	90	晏城桥	6248	X803	崇福—楼下角	20	同福二号桥
6198	X117	农垦场—炉头	100	太平桥	6249	X803	崇福—楼下角	30	同福一号桥
6199	X117	农垦场—炉头	110	王家桥	6250	X804	骑塘—荆山	40	联胜桥
6200	X117	农垦场—炉头	120	御家桥	6251	X804	骑塘—荆山	50	羔羊大桥
6201	X117	农垦场—炉头	130	拔兔桥	6252	X804	骑塘—荆山	60	羔羊大桥（左）
6202	X117	农垦场—炉头	140	永新桥	6253	X804	骑塘—荆山	70	长征桥
6203	X117	农垦场—炉头	150	新文桥	6254	X805	科同—洲泉	80	安全桥
6204	X117	农垦场—炉头	160	太河荡桥	6255	X805	科同—洲泉	10	杨塘中桥
6205	X117	农垦场—炉头	170	天成桥	6256	X805	科同—洲泉	20	杨塘中桥（左）
6206	X117	农垦场—炉头	10	熊家村桥	6257	X805	科同—洲泉	30	河山大桥
6207	X117	农垦场—炉头	20	新日桥	6258	X805	科同—洲泉	40	张家港桥
6208	X117	农垦场—炉头	30	邱家塘桥	6259	X805	科同—洲泉	50	罗带堡桥
6209	X706	庆云—晏城	40	徐家桥	6260	X805	科同—洲泉	60	北浜闸桥
6210	X706	庆云—晏城	70	新越桥	6261	X805	科同—洲泉	10	钱林一号桥
6211	X801	屠甸—新农村	80	越丰立交桥	6262	X805	科同—洲泉	20	钱林二号桥
6212	X801	屠甸—新农村	90	越丰桥	6263	X805	科同—洲泉	30	钱林二号桥（左）
6213	X801	屠甸—新农村	10	留良一号桥	6264	X805	科同—洲泉	40	南文桥
6214	X801	屠甸—新农村	20	留良二号桥	6265	X805	科同—洲泉	50	南文桥（左）
6215	X801	屠甸—新农村	30	天仁桥（留良三号桥）	6266	X805	科同—洲泉	60	钱林四号桥
6216	X801	屠甸—新农村	40	留良四号桥	6267	X805	科同—洲泉	70	钱林四号桥（左）
6217	X801	屠甸—新农村	50	留良五号桥	6268	X805	科同—洲泉	80	钱林五号桥
6218	X801	屠甸—新农村	60	留良六号桥（庄安桥）	6269	X806	新农村—羔羊	90	钱林五号桥（左）
6219	X801	屠甸—新农村	70	六加桥	6270	X806	新农村—羔羊	100	和睦桥
6220	X801	屠甸—新农村	80	和家浜桥	6271	X806	新农村—羔羊	110	和睦桥（左）
6221	X801	屠甸—新农村	90	罗丝庄桥	6272	X806	新农村—羔羊	120	颜井桥
6222	X801	屠甸—新农村	100	尤家埭桥	6273	X806	新农村—羔羊	130	颜井桥（左）
6223	X801	屠甸—新农村	110	九曲桥	6274	X806	新农村—羔羊	140	石门大桥
6224	X801	屠甸—新农村	120	周家港桥	6275	X806	新农村—羔羊	150	沈店桥
6225	X801	屠甸—新农村	130	楼下角一号桥	6276	X806	新农村—羔羊	160	沈店桥（左）
6226	X801	屠甸—新农村	140	沈家祥桥	6277	X807	河山—道村	170	夏圣桥

(续表附录-2-7)

序号	路线代码	路线简称	桥梁编号	桥梁名称	序号	路线代码	路线简称	桥梁编号	桥梁名称
6278	X807	河山—道村	180	子兴桥	6329	X810	桐乡—斜桥	40	杨树桥(左)
6279	X807	河山—道村	190	日晖桥	6330	X810	桐乡—斜桥	50	西邱港桥
6280	X807	河山—道村	200	塘丰高桥	6331	X810	桐乡—斜桥	60	西邱港桥(左)
6281	X807	河山—道村	210	无名桥	6332	X810	桐乡—斜桥	70	蒋塔桥
6282	X807	河山—道村	220	无名桥(左)	6333	X810	桐乡—斜桥	80	蒋塔桥(左)
6283	X808	桐乡—德清	230	石栏桥	6334	X810	桐乡—斜桥	90	浮澜桥
6284	X808	桐乡—德清	240	木桥里桥	6335	X810	桐乡—斜桥	100	浮澜桥(左)
6285	X808	桐乡—德清	250	道村桥	6336	X810	桐乡—斜桥	110	东栅桥
6286	X808	桐乡—德清	260	冯家埭桥	6337	X810	桐乡—斜桥	120	小河东桥
6287	X808	桐乡—德清	10	大冶桥	6338	X810	桐乡—斜桥	130	北栅大桥
6288	X808	桐乡—德清	20	油车桥	6339	X811	乌镇—新塍	140	太师大桥
6289	X808	桐乡—德清	30	匠人桥	6340	X811	乌镇—新塍	10	柴家桥
6290	X808	桐乡—德清	40	庵星桥	6341	X811	乌镇—新塍	20	庙家桥
6291	X808	桐乡—德清	50	行驾桥	6342	X811	乌镇—新塍	30	桐星大桥
6292	X808	桐乡—德清	60	才丁木桥	6343	X811	乌镇—新塍	40	新生一号桥
6293	X808	桐乡—德清	70	彩丰桥	6344	X811	乌镇—新塍	50	凤船桥
6294	X808	桐乡—德清	80	环西大桥	6345	X811	乌镇—新塍	60	金家浜桥
6295	X808	桐乡—德清	90	小和尚桥	6346	X811	乌镇—新塍	70	建利桥
6296	X808	桐乡—德清	120	宜家桥	6347	X811	乌镇—新塍	80	塘庵头桥
6297	X808	桐乡—德清	130	钟家桥	6348	X812	姚堡里—太师桥	90	金塘桥
6298	X808	桐乡—德清	140	无量桥	6349	X812	姚堡里—太师桥	100	民合桥
6299	X808	桐乡—德清	150	南珠桥	6350	X812	姚堡里—太师桥	110	申嘉湖跨线桥
6300	X808	桐乡—德清	160	水闸桥	6351	X812	姚堡里—太师桥	10	新建桥
6301	X808	桐乡—德清	170	宝善桥	6352	X812	姚堡里—太师桥	20	濮家浜桥
6302	X808	桐乡—德清	180	新庙桥	6353	X812	姚堡里—太师桥	30	旱桥
6303	X808	桐乡—德清	190	章家埭桥	6354	X812	姚堡里—太师桥	40	龙潭泽桥
6304	X808	桐乡—德清	200	安桥	6355	X812	姚堡里—太师桥	50	朱龙桥
6305	X808	桐乡—德清	10	北公桥	6356	X812	姚堡里—太师桥	60	新桥
6306	X808	桐乡—德清	20	南花墙桥	6357	X812	姚堡里—太师桥	10	报恩桥
6307	X808	桐乡—德清	30	长山河大桥	6358	X812	姚堡里—太师桥	20	幸福桥
6308	X808	桐乡—德清	40	谢南桥	6359	X812	姚堡里—太师桥	30	群益桥
6309	X809	羔羊—民兴	50	积钱桥	6360	X812	姚堡里—太师桥	40	永生桥
6310	X809	羔羊—民兴	60	新竹桥	6361	X812	姚堡里—太师桥	50	东升桥
6311	X809	羔羊—民兴	70	高桥立交桥	6362	X813	濮院—民合	60	长生桥
6312	X809	羔羊—民兴	80	高桥立交桥(左)	6363	X813	濮院—民合	70	联胜桥
6313	X809	羔羊—民兴	90	高桥	6364	X813	濮院—民合	80	迎腾桥
6314	X809	羔羊—民兴	100	东风一号桥	6365	X813	濮院—民合	90	石林大桥
6315	X809	羔羊—民兴	110	东木桥	6366	X813	濮院—民合	100	石象浜桥
6316	X809	羔羊—民兴	120	斜长桥	6367	X813	濮院—民合	110	包家里桥
6317	X809	羔羊—民兴	10	西洋桥	6368	X813	濮院—民合	120	浪桥
6318	X809	羔羊—民兴	20	新木桥	6369	X813	濮院—民合	130	众安桥
6319	X809	羔羊—民兴	30	打铁高桥	6370	X813	濮院—民合	140	仁安桥
6320	X809	羔羊—民兴	40	严家浜桥	6371	X813	濮院—民合	10	王家桥
6321	X809	羔羊—民兴	50	长春桥	6372	X813	濮院—民合	20	丰利桥
6322	X809	羔羊—民兴	60	施家桥	6373	X814	濮院—新生	30	青石桥
6323	X809	羔羊—民兴	70	铁家桥	6374	X814	濮院—新生	40	章安桥
6324	X809	羔羊—民兴	80	削刀桥	6375	X814	濮院—新生	50	柴家浜桥
6325	X809	羔羊—民兴	90	庙西桥	6376	X814	濮院—新生	10	凤鸣互通
6326	X809	羔羊—民兴	10	东风桥	6377	X814	濮院—新生	20	朱家木桥
6327	X810	桐乡—斜桥	20	东风桥(左)	6378	X814	濮院—新生	30	乌板桥
6328	X810	桐乡—斜桥	30	杨树桥	6379	X815	俞家兜—众安	40	城众桥

（续表附录-2-7）

序号	路线代码	路线简称	桥梁编号	桥梁名称	序号	路线代码	路线简称	桥梁编号	桥梁名称
6380	X815	俞家兜—众安	50	金星桥	6431	X820	新生—民合	190	水闸南桥
6381	X815	俞家兜—众安	60	朱家兜桥	6432	X820	新生—民合	200	永星桥
6382	X815	俞家兜—众安	70	费家浜桥	6433	Y801	南日—高桥	210	永福桥
6383	X815	俞家兜—众安	80	罗家浜桥	6434	Y801	南日—高桥	220	庵东桥
6384	X815	俞家兜—众安	90	禾盛大桥	6435	Y802	龙翔—河山	10	中塔桥
6385	X815	俞家兜—众安	100	安木立交	6436	Y802	龙翔—河山	20	黄家桥
6386	X815	俞家兜—众安	10	杨家筧桥	6437	Y802	龙翔—河山	30	东升桥
6387	X815	俞家兜—众安	20	正家筧桥	6438	Y802	龙翔—河山	40	陆家桥
6388	X815	俞家兜—众安	30	金家门桥	6439	Y802	龙翔—河山	50	木庄桥
6389	X815	俞家兜—众安	40	运安新桥	6440	Y802	龙翔—河山	60	北庄桥
6390	X815	俞家兜—众安	50	永兴港桥	6441	Y802	龙翔—河山	70	桂香桥
6391	X815	俞家兜—众安	60	严家埭互通	6442	Y802	龙翔—河山	80	摸鸭桥
6392	X815	俞家兜—众安	150	百桃立交	6443	Y802	龙翔—河山	90	道木桥
6393	X816	崇福—永秀	160	杨园桥	6444	Y802	龙翔—河山	100	碓坊桥
6394	X816	崇福—永秀	170	乌朱桥	6445	Y802	龙翔—河山	110	上庄桥
6395	X816	崇福—永秀	180	庆丰互通	6446	Y802	龙翔—河山	120	钟家河桥
6396	X816	崇福—永秀	190	环庆桥	6447	Y802	龙翔—河山	10	乌镇大桥
6397	X816	崇福—永秀	200	南康泾塘桥	6448	Y802	龙翔—河山	20	振隆桥
6398	X817	灵安—安木立交桥	10	果园桥	6449	Y802	龙翔—河山	30	兴隆桥
6399	X817	灵安—安木立交桥	20	新开河桥	6450	Y802	龙翔—河山	40	铁栏杆桥
6400	X817	灵安—安木立交桥	30	众元福桥	6451	Y802	龙翔—河山	50	幸福桥
6401	X817	灵安—安木立交桥	40	春蚕桥	6452	Y802	龙翔—河山	10	千家桥
6402	X817	灵安—安木立交桥	50	莲花桥	6453	Y802	龙翔—河山	20	种瓜桥
6403	X817	灵安—安木立交桥	60	谢壬桥	6454	Y802	龙翔—河山	30	邮亭桥
6404	X817	灵安—安木立交桥	70	世纪桥	6455	Y802	龙翔—河山	40	无名桥
6405	X817	灵安—安木立交桥	80	梧桐桥	6456	Y802	龙翔—河山	50	星旗桥
6406	X817	灵安—安木立交桥	90	梧桐桥（左）	6457	Y803	乌镇—民兴	10	北道桥
6407	X817	灵安—安木立交桥	10	联丰桥	6458	Y803	乌镇—民兴	20	德胜桥
6408	X818	嘉兴—桐乡	20	新生桥	6459	Y803	乌镇—民兴	30	北圣塘桥
6409	X818	嘉兴—桐乡	30	新港桥	6460	Y803	乌镇—民兴	40	吉善桥
6410	X818	嘉兴—桐乡	40	金塘桥	6461	Y803	乌镇—民兴	50	永胜桥
6411	X818	嘉兴—桐乡	10	许家桥	6462	Y803	乌镇—民兴	60	永安桥
6412	X818	嘉兴—桐乡	20	陈家桥	6463	Y803	乌镇—民兴	10	东升 8 号桥
6413	X818	嘉兴—桐乡	10	炉头一号桥	6464	Y803	乌镇—民兴	20	东双桥
6414	X818	嘉兴—桐乡	20	南环桥	6465	Y803	乌镇—民兴	30	无名桥
6415	X818	嘉兴—桐乡	30	新民桥	6466	Y803	乌镇—民兴	40	东港桥
6416	X818	嘉兴—桐乡	40	朱家木桥	6467	Y803	乌镇—民兴	50	陆百水桥
6417	X818	嘉兴—桐乡	50	前进桥	6468	Y803	乌镇—民兴	10	章家桥
6418	X818	嘉兴—桐乡	60	王家小桥	6469	Y804	乌镇—环湖	20	茅家桥
6419	X818	嘉兴—桐乡	70	对丰桥	6470	Y804	乌镇—环湖	30	九曲桥
6420	X819	安木立交桥—梧桐	80	悦家桥	6471	Y804	乌镇—环湖	40	双龙桥
6421	X819	安木立交桥—梧桐	90	东方红桥	6472	Y804	乌镇—环湖	50	工胜桥
6422	X819	安木立交桥—梧桐	100	元春桥	6473	Y804	乌镇—环湖	10	梧桐桥
6423	X819	安木立交桥—梧桐	110	佛新桥	6474	Y805	横港—新生	20	席家木桥
6424	X819	安木立交桥—梧桐	120	周墅塘桥	6475	Y805	横港—新生	30	新运桥
6425	X819	安木立交桥—梧桐	130	伍字庙桥	6476	Y805	横港—新生	40	费家石桥
6426	X819	安木立交桥—梧桐	140	庙后桥	6477	Y805	横港—新生	50	尚书桥
6427	X819	安木立交桥—梧桐	150	五泾大桥	6478	Y805	横港—新生	60	壇头村桥
6428	X819	安木立交桥—梧桐	160	牵路桥	6479	Y806	后塘—石林	70	文桥
6429	X820	新生—民合	170	水闸北桥	6480	Y806	后塘—石林	80	肖家村桥
6430	X820	新生—民合	180	木材厂桥	6481	Y806	后塘—石林	90	顺德桥

（续表附录-2-7）

序号	路线代码	路线简称	桥梁编号	桥梁名称	序号	路线代码	路线简称	桥梁编号	桥梁名称
6482	Y806	后塘—石林	100	万星桥	6533	Y814	崇福—骑塘	70	五星桥
6483	Y806	后塘—石林	110	五星桥	6534	Y814	崇福—骑塘	80	劳家高桥
6484	Y806	后塘—石林	120	泰安桥	6535	Y814	崇福—骑塘	90	光明桥
6485	Y807	南王—东方红	130	杨家木桥	6536	Y814	崇福—骑塘	100	会家村桥
6486	Y807	南王—东方红	140	屠家木桥	6537	Y814	崇福—骑塘	110	新港子桥
6487	Y807	南王—东方红	150	晏公庙桥	6538	Y814	崇福—骑塘	120	杨家木桥
6488	Y807	南王—东方红	160	西河南桥	6539	Y814	崇福—骑塘	130	乡试桥
6489	Y807	南王—东方红	170	詹君桥	6540	Y815	泗渡洋—金家浜	140	新环桥
6490	Y808	城南—濮院	180	同善桥	6541	Y815	泗渡洋—金家浜	150	蚕种场桥
6491	Y808	城南—濮院	190	万福木桥	6542	Y815	泗渡洋—金家浜	160	东板桥
6492	Y808	城南—濮院	10	新兴桥	6543	Y815	泗渡洋—金家浜	170	徐家场桥
6493	Y808	城南—濮院	20	王家木桥	6544	Y815	泗渡洋—金家浜	10	斜板桥
6494	Y808	城南—濮院	30	万安桥	6545	Y815	泗渡洋—金家浜	20	大麻高桥
6495	Y809	百桃—红星	40	油车桥	6546	Y815	泗渡洋—金家浜	30	中九里桥
6496	Y809	百桃—红星	50	章南汇桥	6547	Y815	泗渡洋—金家浜	40	西九里桥
6497	Y809	百桃—红星	60	马家桥	6548	Y815	泗渡洋—金家浜	50	永福桥
6498	Y809	百桃—红星	10	顾松桥	6549	Y816	崇福—湘溇	60	百富大桥
6499	Y809	百桃—红星	20	大板桥	6550	Y816	崇福—湘溇	70	百富北桥
6500	Y809	百桃—红星	30	唐官桥	6551	Y816	崇福—湘溇	10	和义桥
6501	Y809	百桃—红星	40	新丰新环桥	6552	Y816	崇福—湘溇	20	王家桥
6502	Y809	百桃—红星	10	宋家石桥	6553	Y816	崇福—湘溇	30	日晖桥
6503	Y809	百桃—红星	20	新凤西桥	6554	Y816	崇福—湘溇	40	向红桥
6504	Y809	百桃—红星	30	向阳桥	6555	Y816	崇福—湘溇	50	腰桥
6505	Y809	百桃—红星	10	陈星桥	6556	Y816	崇福—湘溇	60	范家桥
6506	Y809	百桃—红星	20	王家木桥	6557	Y816	崇福—湘溇	70	费家埭桥
6507	Y809	百桃—红星	30	水渡桥	6558	Y816	崇福—湘溇	80	三连寺桥
6508	Y809	百桃—红星	10	姚家木桥	6559	Y816	崇福—湘溇	90	催家桥
6509	Y809	百桃—红星	20	施家桥	6560	Y816	崇福—湘溇	10	中山大桥
6510	Y809	百桃—红星	30	吕家桥	6561	Y816	崇福—湘溇	20	仙女浜桥
6511	Y809	百桃—红星	40	西经桥	6562	Y816	崇福—湘溇	30	春雷桥
6512	Y809	百桃—红星	50	红星桥	6563	Y816	崇福—湘溇	40	五丰桥
6513	Y809	百桃—红星	60	鲍家桥	6564	Y816	崇福—湘溇	50	捻鱼浜桥
6514	Y810	灵安—史桥	70	章家塔桥	6565	Y816	崇福—湘溇	60	越茂桥
6515	Y810	灵安—史桥	80	友谊桥	6566	Y817	斜板桥—百富	70	莫家兜桥
6516	Y810	灵安—史桥	90	墙里木桥	6567	Y817	斜板桥—百富	90	芝村桥
6517	Y810	灵安—史桥	100	大王浜桥	6568	Y817	斜板桥—百富	100	无名桥
6518	Y810	灵安—史桥	10	起农桥	6569	Y817	斜板桥—百富	110	朝阳桥
6519	Y810	灵安—史桥	20	庆丰桥	6570	Y817	斜板桥—百富	120	人民桥
6520	Y811	屠甸—南日	30	李西桥	6571	Y817	斜板桥—百富	130	许家桥
6521	Y811	屠甸—南日	40	北三里桥	6572	Y817	斜板桥—百富	140	青石桥
6522	Y811	屠甸—南日	50	茶安桥	6573	Y818	高桥—崇福	150	乐驾桥
6523	Y811	屠甸—南日	60	九曲港桥	6574	Y818	高桥—崇福	160	富民桥
6524	Y812	恒丰—桃园	70	宝蚕桥	6575	Y818	高桥—崇福	170	南上丰桥
6525	Y812	恒丰—桃园	80	圣堂桥	6576	Y818	高桥—崇福	180	夏家桥
6526	Y812	恒丰—桃园	90	京马大桥	6577	Y818	高桥—崇福	10	虎啸大桥
6527	Y813	骑力—漕泾	10	下士浜桥	6578	Y818	高桥—崇福	20	景卫大桥
6528	Y813	骑力—漕泾	20	红星桥	6579	Y818	高桥—崇福	30	石庄桥
6529	Y813	骑力—漕泾	30	斜桥	6580	Y818	高桥—崇福	50	人民桥
6530	Y814	崇福—骑塘	40	油车桥	6581	Y818	高桥—崇福	60	留良桥
6531	Y814	崇福—骑塘	50	沈家小桥	6582	Y819	芝村—岑山	10	河山南大桥
6532	Y814	崇福—骑塘	60	千斤桥	6583	Y819	芝村—岑山	20	向阳桥

（续表附录-2-7）

序号	路线代码	路线简称	桥梁编号	桥梁名称	序号	路线代码	路线简称	桥梁编号	桥梁名称
6584	Y819	芝村—岑山	30	石栏桥	6635	Y823	民丰—茅桥埭	30	永安桥
6585	Y819	芝村—岑山	40	张诸大桥	6636	Y823	民丰—茅桥埭	40	花园桥
6586	Y819	芝村—岑山	50	马鞍桥	6637	Y823	民丰—茅桥埭	50	安桥
6587	Y819	芝村—岑山	60	昴星桥	6638	Y824	河山—练市	60	晚村大桥
6588	Y819	芝村—岑山	70	杨家桥	6639	Y825	河山—含山	70	南小桥
6589	Y819	芝村—岑山	80	部村桥	6640	Y825	河山—含山	80	道村庙桥
6590	Y819	芝村—岑山	90	人民桥	6641	Y825	河山—含山	90	章家埭桥
6591	Y819	芝村—岑山	100	利民桥	6642	Y825	河山—含山	10	大兴木桥
6592	Y819	芝村—岑山	110	中学桥	6643	Y825	河山—含山	40	新画师桥
6593	Y819	芝村—岑山	120	富民桥	6644	Y826	钱林—翔厚	10	灵安一号桥
6594	Y819	芝村—岑山	130	金凤大桥	6645	Y826	钱林—翔厚	20	灵安二号桥
6595	Y819	芝村—岑山	140	东风桥	6646	Y826	钱林—翔厚	30	灵安三号桥
6596	Y819	芝村—岑山	10	董家桥	6647	Y826	钱林—翔厚	40	灵安四号桥
6597	Y819	芝村—岑山	20	富龙新桥	6648	Y826	钱林—翔厚	50	新建桥
6598	Y819	芝村—岑山	30	庙东桥	6649	Y826	钱林—翔厚	60	庆丰桥
6599	Y820	景卫—新桥	40	南桥	6650	Y826	钱林—翔厚	70	朝阳桥
6600	Y820	景卫—新桥	10	南桥	6651	Y826	钱林—翔厚	80	桂花村桥
6601	Y820	景卫—新桥	20	民丰桥	6652	Y826	钱林—翔厚	10	上市桥
6602	Y820	景卫—新桥	30	朝西圣塘桥	6653	Y826	钱林—翔厚	20	西坝桥
6603	Y820	景卫—新桥	40	双荡湾桥	6654	Y826	钱林—翔厚	30	建设桥
6604	Y821	河山—羔羊大桥	50	洪泾桥	6655	Y827	青石—晚村	40	匠泥浜桥
6605	Y821	河山—羔羊大桥	70	元帅庙桥	6656	Y827	青石—晚村	10	游搓桥
6606	Y821	河山—羔羊大桥	80	王高桥	6657	Y827	青石—晚村	20	钱家角桥
6607	Y821	河山—羔羊大桥	90	三圣堂桥	6658	Y827	青石—晚村	30	关王桥
6608	Y821	河山—羔羊大桥	100	永昌庙桥	6659	Y827	青石—晚村	10	大闸桥
6609	Y821	河山—羔羊大桥	110	五社庙桥	6660	Y827	青石—晚村	20	圆泽桥
6610	Y821	河山—羔羊大桥	120	姚家桥	6661	Y827	青石—晚村	10	峨眉桥
6611	Y821	河山—羔羊大桥	130	胜丰桥	6662	Y827	青石—晚村	20	金星桥
6612	Y821	河山—羔羊大桥	140	八字桥	6663	Y827	青石—晚村	30	中福寺桥
6613	Y821	河山—羔羊大桥	150	止马桥	6664	Y828	屠甸—高桥	10	章家村桥
6614	Y821	河山—羔羊大桥	160	经驾桥	6665	Y828	屠甸—高桥	20	百桃桥
6615	Y821	河山—羔羊大桥	170	长生庵桥	6666	Y829	灵安—同星	30	永筑桥
6616	Y821	河山—羔羊大桥	10	王家高桥	6667	Y829	灵安—同星	40	太平桥
6617	Y821	河山—羔羊大桥	10	平桥	6668	Y829	灵安—同星	50	长山桥
6618	Y822	民合—五星	20	车字桥	6669	Y829	灵安—同星	10	盛家木桥
6619	Y822	民合—五星	30	永兴桥	6670	Y829	灵安—同星	20	严家坝桥
6620	Y822	民合—五星	40	里通桥	6671	Y829	灵安—同星	30	路家园桥
6621	Y822	民合—五星	50	果境桥	6672	Y829	灵安—同星	40	路家木桥
6622	Y823	民丰—茅桥埭	10	东风桥	6673	Y829	灵安—同星	10	俞家桥
6623	Y823	民丰—茅桥埭	20	钱林石坝桥	6674	Y830	上市集镇—崇益	20	仙鹤桥
6624	Y823	民丰—茅桥埭	30	永胜桥	6675	Y830	上市集镇—崇益	30	高道庙桥
6625	Y823	民丰—茅桥埭	40	环桥	6676	Y830	上市集镇—崇益	40	龙皇庙桥
6626	Y823	民丰—茅桥埭	50	钱城桥	6677	Y830	上市集镇—崇益	50	杨树浜桥
6627	Y823	民丰—茅桥埭	60	三官堂桥	6678	Y831	石山头—海华	60	马家桥
6628	Y823	民丰—茅桥埭	70	戴家桥	6679	Y831	石山头—海华	1	太平桥
6629	Y823	民丰—茅桥埭	80	穆家埭桥	6680	Y831	石山头—海华	2	东木桥
6630	Y823	民丰—茅桥埭	90	大庙览桥	6681	Y832	东浜头—般家漾	30	唐家木桥
6631	Y823	民丰—茅桥埭	100	永新大桥	6682	Y832	东浜头—般家漾	1	全圣庵桥
6632	Y823	民丰—茅桥埭	110	厚阳桥	6683	Y833	车介埭—俞家角	2	永新二号桥
6633	Y823	民丰—茅桥埭	10	朱文桥	6684	Y833	车介埭—俞家角	3	国堡桥
6634	Y823	民丰—茅桥埭	20	南市桥	6685	Y833	车介埭—俞家角	4	三元桥

（续表附录-2-7）

序号	路线代码	路线简称	桥梁编号	桥梁名称	序号	路线代码	路线简称	桥梁编号	桥梁名称
6686	Y834	百桃车站—塘官桥	10	秀溪桥	6716	Y841	油车桥—星旗	40	春丽桥
6687	Y834	百桃车站—塘官桥	20	坛头桥	6717	Y841	油车桥—星旗	10	西汤桥
6688	Y834	百桃车站—塘官桥	30	朱唯桥	6718	Y842	分水墩—新翁	20	陈麻皮桥
6689	Y834	百桃车站—塘官桥	40	万安桥	6719	Y843	南庄—陈庄	30	崇安桥
6690	Y834	百桃车站—塘官桥	50	总管桥	6720	Y843	南庄—陈庄	40	牛桥
6691	Y835	红旗—西牛桥	60	中北桥	6721	Y844	海星—海宁	50	潘家里桥
6692	Y835	红旗—西牛桥	10	竹小桥	6722	Y844	海星—海宁	60	无名桥
6693	Y835	红旗—西牛桥	10	孟家汇桥	6723	Y844	海星—海宁		
6694	Y835	红旗—西牛桥	20	谢仁桥	6724	Y845	红总管塘—二四郎桥		
6695	Y836	新农村—合星	30	群丰桥	6725	Y845	红总管塘—二四郎桥		
6696	Y836	新农村—合星	10	浙翁桥	6726	Y846	三村—亭桥		
6697	Y836	新农村—合星	20	引郎桥	6727	Y847	大麻—海华		
6698	Y836	新农村—合星	30	陈庄桥	6728	Y848	湘漾—麻溪		
6699	Y836	新农村—合星	10	沈家村桥	6729	Y848	湘漾—麻溪		
6700	Y836	新农村—合星	20	祝华斗桥	6730	Y848	湘漾—麻溪		
6701	Y837	新农村—史桥	30	曲尺浜桥	6731	Y849	永丰—大麻		
6702	Y837	新农村—史桥	10	颜家桥	6732	Y849	永丰—大麻		
6703	Y837	新农村—史桥	20	二四郎桥	6733	Y849	永丰—大麻		
6704	Y838	南士堡—元丰	10	亭子桥	6734	Y849	永丰—大麻		
6705	Y838	南士堡—元丰	10	新卖元桥	6735	Y850	民联—春丽桥		
6706	Y838	南士堡—元丰	10	肖家桥	6736	Y850	民联—春丽桥		
6707	Y838	南士堡—元丰	20	大洋桥	6737	Y850	民联—春丽桥		
6708	Y839	皂林—龙泾	30	南星桥	6738	Y850	民联—春丽桥		
6709	Y839	皂林—龙泾	4	通仙桥	6739	Y851	叶新—东池		
6710	Y839	皂林—龙泾	10	通圣桥	6740	Y851	叶新—东池		
6711	Y839	皂林—龙泾	20	吉新桥	6741	Y851	叶新—东池		
6712	Y839	皂林—龙泾	30	东九里港桥	6742	Y851	叶新—东池		
6713	Y839	皂林—龙泾	10	墅甸庵桥	6743	Y851	叶新—东池		
6714	Y840	新东—新港	20	幸福桥	6744	Y851	叶新—东池		
6715	Y841	油车桥—星旗	30	舍渡桥					

主要参考文献

《嘉禾志》（元至元二十五年修，单庆修，徐硕纂）
《嘉兴府志》（清康熙六十年刻本，吴永芳修、高孝本等纂）
《嘉兴府志》（清嘉庆五年修，伊汤安修，冯应榴纂）
《嘉兴府志》（清光绪三年修，许瑶光修，吴仰贤等纂）
《嘉府典故纂要》（清乾隆五十四年刻，王惟梅纂）
《嘉兴县志》（清康熙二十三年修，何鋕修，王庭、徐发纂）
《嘉兴县志》（清嘉庆七年刻本，司能任修，屠本仁纂）
《嘉兴县志》（清光绪三十四年刻本，赵惟嵛修，石中玉纂）
《嘉兴县新志（上编）》（民国18年铅印本，闾幼甫修，陆志鸿纂）
《浙江通志》（清光绪二十五年重刊）
《浙江官报》（清宣统一至三年，官报编著）
《浙江沿海图说》（清光绪二十五年何正元撰）
《澉水新志》（清道光二十八年8月，澉浦方溶修纂）
《清代经济史简编》（郭蕴静著，河南人民出版社出版）（1984年7月）
《申报年鉴》（申报社出版）
《中国年鉴》（岳阳阮湘编）
《新国民年鉴》（民国18年版）
《中华年鉴》（民国37年版）
《浙江经济年鉴》（民国37年版，浙江省银行经济研究室编）
《交通年鉴》（民国24年版）
《上海市年鉴》（民国25年版）
《中国近代铁路史资料》（二、三册）
《中国铁路发展史（1876—1949）》（金士宣，徐文述）
《中国铁路建筑编年简史（1881—1981）》（马千里等编，中国铁道出版社出版）
《中国现代交通史（第一版）》（1931年8月出版）
《中国交通史》（民国25年12月，白寿彝著，商务印书馆出版）
《中国之交通》（民国25年12月出版）
《中国古代邮驿史》（刘广生主编）
《中国轮船航运业的兴起》（樊百川著）
《宋元时期的海外贸易》（陈高华，吴泰著，1981年9月出版）
《海关十年报告》译编（徐雪筠等译编，上海社会科学院出版）
《中国经济志》（民国23年出版，张人杰题）
《经济地理与中国问题》（韩亮仙著，民国23年1月初版）
《中国近代经济史问答》（蒋建平，柳思维编，广西人民出版社出版）
《浙江省建设月刊》（民国16—19年6月，共36期，浙江省建设厅编印出版）
《浙江省建设月刊》（民国19年7月—26年6月，浙江省建设厅编印出版）
《浙江道路什志》（民国12—13年，中华道路协会浙江分会编印出版）
《浙江省公路局汇刊》（民国18—21年共三期浙江省公路局、公路管理局编印）
《交通什志》（民国22年—26年7月版）

《交通史航政编》
《交通史路政编》
《浙江省建设厅清理公路资产报告》（民国26年8月刊印，浙江省建设厅编）
《浙江公路史（第一册 近代公路）》（人民交通出版社出版）
《浙江公路运输史，（第一册 近代公路运输）》（人民交通出版社出版）
《航运史话》（上海海运局，长航局上海分局编写组）
《交通建设》（民国32年版）
《浙江百年大事记》（浙江人民出版社出版）
《浙江公报》（省长公署编印）
《浙赣路讯》（民国36年刊）
《浙江商务月刊》（1936年版）
《浙江民政年刊》（民国17—23年，浙江省民政厅编印）
《浙江经济纪略》（魏颂唐稿）
《浙江月刊》（民国25年刊）
《浙江省省内外经济大事日记》（民国25年10月出版）
《浙江经济》（民国35—36年版）
《嘉兴市志》
《嘉兴水利志》
《嘉兴年鉴（1998—2010）》
《嘉善年鉴》
《平湖年鉴》
《海盐年鉴》
《海宁年鉴》
《桐乡年鉴》
《嘉兴交通年鉴》
《浙江交通年鉴》
《嘉兴航运志》
《嘉善交通志》
《平湖交通志》
《海盐交通志》
《海宁交通志》
《桐乡交通志》
《嘉兴市公路水路交通“十一·五”规划》
《浙航嘉兴分公司史（1950—1985）》
《嘉兴市公共交通史（1984—2009）》
《浙江省志（交通篇）》
《浙江省交通志》（稿）
《嘉兴市内河岸线利用与发展规划》
《嘉兴日报》
《南湖晚报》
《嘉兴古桥撷英》
《古桥风韵》

编后记

《嘉兴市交通志》是根据浙江省交通厅的统一部署，在嘉兴市交通运输局的领导下和嘉兴市地方志编纂委员会的指导下，由嘉兴市交通志编纂委员会组织编纂的。

编纂本志，志稿编纂工作经历了二个阶段。

第一个阶段，前后历时4年。1988年7月31日，由嘉兴市交通局发文，正式成立嘉兴市交通志编纂委员会和办公室、接着就拟订篇目，搜集资料，修志人员先后走访有关资料档案收藏单位10余家，查阅搜集各种文献资料，到1992年初步写成，但未正式成稿，编纂年限为远古时期至1990年。

第二个阶段，2007年8月，启动第二轮编纂《嘉兴市交通志》工作。为做好《嘉兴市交通志》的编纂工作，成立以嘉兴市交通运输局一把手为组长的《嘉兴市交通志》编纂工作领导小组，确定编志办公室专职人员。搭建《嘉兴市交通志》的基本框架结构，确定《嘉兴市交通志》的篇、章、节、目。于2008年11月在平湖召开了由嘉兴市各县(市、区)交通局、局属各单位参加的《嘉兴市交通志》编纂工作会议，要求各单位把自己单位材料整理好，交给《嘉兴市交通志》办公室。根据分工开展编写篇、章、节、目，评议，完成序、目录、后记、跋，确定和落实全书的图片、插图，到2014年完成《嘉兴市交通志》的初稿。初稿发各有关单位、局机关各处室和相关单位进行评审，根据评审意见作进一步修改，送相关专家进行修改。编纂年限为远古时期至2010年。

2015年9月《嘉兴市交通志送审稿》再印刷200册，分发到市局内部各科室、下属各企事业单位及担任过局领导的部分老干部审阅。2015年11月，《送审稿》得到市史志办邱阳专家的审核,并得到省交通厅交通志编志办多位老师的指教,最后由北京方志出版社定稿。这样通过自下而上地反复多次修改，并多次征求有关方面专家的意见，力求确保志书质量。至2015年12月，修改后的送审稿完成。

我们编纂原则是：详今明古，厚今薄古；立足现状，重点记述；科学分类，特色突出；门类合理，归属得当；层次分明，形式新颖。

整个过程六改编目，三易其稿。

在二个阶段编纂过程中，先后得到了嘉兴市辖各县(市、区)交通运输局、市港航管理局、市公路管理局、市运管局、嘉兴港务局、市航运总公司、二运、市联运公司、市造船厂、市汽车配件公司、市公交公司和上海石化总厂陈山原油码头作业区、嘉兴市交通工程质量安全监督站、中华人民共和国嘉兴海事局、嘉兴市交通投资集团有限责任公司、嘉兴车务段等单位大力支持，都为本志提供了比较系统的资料。

《浙江省交通志》编写办公室、浙江省档案馆、省图书馆古籍部、上海市图书馆古籍部、湖州市档案馆、嘉兴市档案馆、嘉兴市图书馆古籍部、嘉兴市地方志编纂室、市交通局档案室以及湖州市交通志办公室、杭州市交通志办公室、德清县交通运输局交通志办公室等单位，也都曾给本志提供史料给予大力支持、帮助。

本志在编辑过程中，还得到夏文建、顾益民、薛成宛、董长战、朱国斌、章苗初、施建耀、陈亦斌、郑松、王凤鸣、沈伯荣、邹金海、吕健伟、金晓萍、冯毕铭、王立岷、刘华、俞斌、谢宁、李杰、盛雄、陶宇军、刘端阳、曹铭辉、叶军、孙继峰、马有明、胡海平、胡秋晔、王伟峰、步伯康、范建祥、应一江、范明炬、阮如贤、高庭栋、吴齐正、尤裕森、朱亦隆、阮连根、蒋雪峰等同志也提供了一些高质量材料和照片，在此，一并致谢！

稚犊试耕，经验不足，志稿在内容、资料、文字等方面难免有疏漏或谬误之处，恳请领导、专家、学者以及广大读者不吝赐教，批评指正。

编 写 组

二〇一五年十月

图书在版编目（CIP）数据

嘉兴市交通志 / 嘉兴市交通志编纂委员会编. —— 北京 : 方志出版社，2016.4
ISBN 978-7-5144-1972-6

Ⅰ. ①嘉… Ⅱ. ①嘉… Ⅲ. ①交通运输史—嘉兴市 Ⅳ. ①F512.9

中国版本图书馆CIP数据核字(2016)第064623号

嘉兴市交通志

编　　者：嘉兴市交通志编纂委员会
责任编辑：王笃银

出 版 人：冀祥德
出 版 者：方志出版社
地址　北京市朝阳区潘家园东里9号（国家方志馆4层）
邮编　100021
网址　http://www.fzph.org
发　　行：方志出版社发行中心
电话（010）67110500
经　　销：各地新华书店
印　　刷：嘉兴市文教印刷有限责任公司

开　　本：889×1194　　1/16
印　　张：60
字　　数：2048千
版　　次：2016年4月第1版　　2016年4月第1次印刷
印　　数：0001~2000册

ISBN 978-7-5144-1972-6　　定价：500.00元